Münchener Vertragshandbuch
Band 4: Bürgerliches Recht
2. Halbband

Münchener Vertragshandbuch

Band 4. Bürgerliches Recht

2. Halbband

Herausgegeben von

Prof. Dr. Gerrit Langenfeld

Notariatsdirektor in Karlsruhe, Honorarprofessor der
Universität Heidelberg

Bearbeitet von

Dr. Thomas Kantenwein, Rechtsanwalt, Steuerberater und Wirtschaftsprüfer in München; *Professor Dr. Gerrit Langenfeld,* Notariatsdirektor in Karlsruhe, Honorarprofessor der Universität Heidelberg; *Dipl.-Kfm. Dr. Klaus Neuhoff,* Essen; *Dr. Heinrich Nieder,* Notariatsdirektor a. D. in Bretten; *Friedrich Schmidt,* Notar a. D. in Bayreuth; *Dr. Sebastian Spiegelberger,* Notar in Rosenheim; *Dr. Karl Winkler,* Notar in München, Lehrbeauftragter an der Universität München

4., neubearbeitete und erweiterte Auflage

C. H. Beck'sche Verlagsbuchhandlung
München 1998

Die Deutsche Bibliothek – CIP-Einheitsaufnahme

Münchener Vertragshandbuch – München : Beck
   ISBN 3 406 41258 0 (4. Aufl.)
   ISBN 3 406 34321 X (3. Aufl.)
   ISBN 3 406 31054 0 (2. Aufl.)

Bd. 4. Bürgerliches Recht / hrsg. von Gerrit Langenfeld
Halbbd. 2. Bearb. von Gerrit Langenfeld ...
– 4. neubearb. und erw. Aufl. – 1998
   ISBN 3 406 41586 5

ISBN 3 406 41586 5

Umschlag- und Einbandentwurf von Bruno Schachtner, Dachau
Druck der C. H. Beck'schen Buchdruckerei, Nördlingen
Gedruckt auf säurefreiem, alterungsbeständigem Papier
(hergestellt aus chlorfrei gebleichtem Zellstoff).

Vorwort zur 4. Auflage (2. Halbband)

Das Münchener Vertragshandbuch gibt seit über 15 Jahren der Kautelarjurisprudenz Standards vor. Es ist maßgeblich an der Entwicklung hin zu einer inhaltlich bestimmten Vertragsgestaltung beteiligt und verwirklicht immer mehr das Konzept der Vertragsgestaltung nach Fallgruppen und Vertragstypen (dazu *Langenfeld*, Vertragsgestaltung, Methode – Verfahren – Vertragstypen, 2. Auflage 1997). Wer einen Überblick über den aktuellen Stand der Vertragspraxis sucht, erhält ihn aus diesem Werk. Dies wird auch der Wissenschaft und der Rechtsprechung zunehmend bewußt. So ist erfreulicherweise festzustellen, daß das Münchener Vertragshandbuch in der höchstrichterlichen Rechtsprechung immer dann und immer häufiger zitiert wird, wenn es um die vertragsjuristische Praxis geht. So tragen das Handbuch insgesamt und als Teil desselben die Bände 4 zur Durchsetzung einer inhaltlichen Vertragslehre bei.

Für den einzelnen Vertragsjuristen als Benutzer des Handbuchs wurden anläßlich der Neuauflage alle Formulare und Kommentierungen sorgfältig überprüft und aktualisiert. Darüber hinaus wurden neue Formulare und Kommentierungen aufgenommen. So wurde ein neues Kapitel über Vollmachten eingefügt. Dort wurde die zur Vermeidung einer Betreuung besonders aktuelle Vorsorgevollmacht formuliert und kommentiert. Sie enthält auch ein Patiententestament zur Verhinderung sinnlos lebensverlängernder ärztlicher Maßnahmen. Weiterhin wurde ein Muster einer Betreuungsverfügung neu eingefügt. Umfangreiche Änderungen der Gesetze im Bereich des Kindschaftsrechts und des Kindesunterhalts waren in die Scheidungsvereinbarungen und die Adoptionsanträge einzufügen. Das Wohnungseigentum ist ein Rechtsgebiet, auf dem laufend neue und wichtige Gerichtsentscheidungen ergehen, die sich auf die Vertragsgestaltung auswirken. Dem wurde Rechnung getragen. Auch die gesetzlichen und sonstigen Änderungen im Bereich des Erbbaurechts wurden eingearbeitet. Grundlegenden Änderungsbedarf brachte für die Zuwendungsverträge und die erbrechtlichen Gestaltungen das neue Erbschaft- und Schenkungssteuerrecht mit sich. Bei den Zuwendungsverträgen war auch der Rentenerlaß (BMF-Schreiben vom 23. 12. 1996) einzuarbeiten. Im Bereich des Stiftungsrechts ist ein Formular zur Vorstiftung hinzugekommen.

Die Beispiele machen deutlich, daß dieser Halbband des Vertragshandbuchs nicht zuletzt die Rechtswirklichkeit und die Rechtskultur unserer staatlichen Ordnung wiedergibt. Es wird offenkundig, daß die Vertragsfreiheit als Teil unserer freiheitlichen Rechtsordnung nur gewahrt bleiben kann, wenn jeder Vertragsjurist sich an konsensfähigen und durch den Konsens der Fachleute legitimierten Gestaltungen ausrichtet.

Der Dank des Herausgebers gilt wiederum den Anregungen aus dem Benutzerkreis, den Autoren, den Lektoren des Verlages und Herrn Jörn Hennig, München, für die Fortführung des Sachregisters.

Karlsruhe, im Juli 1998   Gerrit Langenfeld

Vorwort zur 1. Auflage

Der vorliegende Band 4 des Münchener Vertragshandbuchs behandelt neben den klassischen zivilrechtlichen Gebieten des Sachen-, Familien- und Erbrechts die im bürgerlichen Recht verwurzelten, mehr oder weniger stark von sozialrechtlichen Schutzgedanken bestimmten Spezialgebiete des Mietrechts, Maklerrechts, Arbeits- und Betriebsverfassungsrechts und des Rechts der Allgemeinen Geschäftsbedingungen. Dieser Kernbereich jeder kautelarjuristischen Tätigkeit wurde entsprechend den Zielen des Gesamtwerkes unter vollständiger Berücksichtigung von Rechtsprechung und Literatur für die Vertragsgestaltung bearbeitet.

Bei ihrer Arbeit haben sich die Autoren – alle erfahrene Praktiker in ihren Gebieten – das Ziel gesetzt, die vielfältigen Gestaltungsmöglichkeiten sowie die hiermit zusammenhängenden Rechtsprobleme umfassend darzustellen und in Formulare umzusetzen. Sie haben dabei wertvolle Anregungen, die in der fast unübersehbaren Literatur verloren zu gehen drohen, aufgegriffen und verarbeitet. Ebenso haben sie sich nicht gescheut, sich aus der intensiven Beschäftigung mit der Materie eröffnende neue Wege zu beschreiten.

Derartige Pionierarbeit bot sich nicht nur in den Bereichen an, in denen dies neue Gesetze oder wichtige Gesetzesänderungen erforderten, sondern auch in anscheinend ruhigeren Materien wie dem Erbrecht, dessen Bearbeitung hier beispielhaft für die Eigenständigkeit der Kautelarjurisprudenz stehen kann.

In nicht wenigen Fällen, etwa beim Grundstücksnießbrauch als einem Instrument der Steuerung lebzeitiger oder letztwilliger Vermögensnachfolge, wird die Vertragsgestaltung sehr stark durch steuerrechtliche Überlegungen beeinflußt oder diktiert. Aber auch in allen anderen Fällen wurde das Steuerrecht bei der Gestaltung der Formulare berücksichtigt.

Wie in den bereits erschienenen Bänden des Münchener Vertragshandbuchs waren Herausgeber und Autoren gleichermaßen bestrebt, die Anmerkungen zu den einzelnen Formularen so aufzubauen und zu gestalten, daß sie sich auch als Einführung in die jeweilige Materie sowie zur Vertiefung vorhandener Kenntnisse eignen. Vor allem dienen die Anmerkungen jedoch dazu, alternative Gestaltungsmöglichkeiten zu den gewählten Formularen aufzuzeigen, da diese grundsätzlich nur Vorschlagscharakter haben und den Besonderheiten des einzelnen Falles angepaßt werden müssen.

Der Herausgeber möchte an dieser Stelle nicht nur den Mitautoren für die ausgezeichnete Zusammenarbeit, den Mitarbeitern des Verlages für die Förderung und Betreuung des Werkes danken, sondern auch Frau Rechtsanwältin Beate Heiß für die mühevolle Erstellung des Sachregisters.

Gewicht und Verantwortung der Kautelarjurisprudenz liegen in ihrer Funktion, Rechtsverhältnisse zukunftsweisend – nicht selten über Jahrzehnte hinweg – zu gestalten. Da dies die vom Gesetzgeber und Richter zu gewährleistende Rechtssicherheit und damit auch die Verläßlichkeit einmal gesetzten Rechts voraussetzt, sind ihre Feinde insofern eine übereilte, nur am politischen Tageserfolg orientierte Gesetzgebung sowie eine zu sehr auf die gerechte Lösung des Einzelfalls ausgerichtete Rechtsprechung. Es ist der Wunsch des Herausgebers und der Autoren, mit diesem Band auch dazu beizutragen, den Blick wieder mehr auf die Rechtssicherheit zu lenken, die der englische Rechtsdenker Bentham als Grundlage allen Planens, Arbeitens und Sparens, als Garanten der Kontinuität des Lebens und als entscheidendes Kennzeichen der Zivilisation gefeiert hat.

Karlsruhe, im März 1983   Gerrit Langenfeld

Inhaltsübersicht

Band 1 (Gesellschaftsrecht)

I. Gesellschaft des bürgerlichen Rechts, Partnerschaftsgesellschaft
II. Offene Handelsgesellschaft
III. Kommanditgesellschaft
IV. Gesellschaft mit beschränkter Haftung
V. Aktiengesellschaft
VI. Genossenschaft
VII. Stiftung
VIII. Stille Beteiligung, Unterbeteiligung, gesellschaftsrechtliche Treuhand
IX. Unternehmensverträge, Eingliederung
X. Verschmelzung
XI. Spaltung
XII. Formwechselnde Umwandlung
XIII. Gesellschaften in den neuen Bundesländern
XIV. Europäische wirtschaftliche Interessenvereinigung

Band 2 (Handels- und Wirtschaftsrecht)

I. Vertriebsverträge
II. Unternehmenskauf/Unternehmenspacht
III. Internationales Anlagengeschäft
IV. Internationales Transportrecht (einschl. Lager- und Distributionsvertrag)
V. Energielieferungsvertrag
VI. Kartellvertragsrecht
VII. Öffentliches Baurecht
VIII. Forschungs- und Entwicklungsverträge

Band 3 (Deutsches und internationales Wirtschaftsrecht)

1. Halbband: Wirtschaftsrecht

I. Kreditsicherungen
II. Finanzierungsverträge
III. Bankrecht
IV. Franchising
V. Computerrecht
VI. Patent- und Know-how-Lizenzvertragsrecht
VII. Arbeitnehmererfindungsrecht
VIII. Markenrecht
IX. Urheber- und Verlagsrecht
X. Werbe- und Wettbewerbsrecht
XI. Sport- und Sendungssponsoring

2. Halbband: Internationales Wirtschaftsrecht

I. Vertragsvorbereitende und -begleitende Maßnahmen
II. Vertriebsverträge
III. Lieferverträge
IV. Bankgeschäfte
V. Seefrachtrecht
VI. Lizenz- und Know-how-Verträge

Inhalt

Band 4 (Bürgerliches Recht)
1. Halbband

I. Grundstückskaufverträge
II. Mietrecht
III. Dienstleistungs- und Herstellungsverträge
IV. Dienst- und Arbeitsvertragsrecht
V. Betriebsvereinbarungen
VI. Einheitsverträge und AGB

2. Halbband

VII. Zuwendungsverträge
VIII. Erbbaurechtsverträge
IX. Wohnungseigentum
X. Sachenrechtliche Verträge und Erklärungen, Vollmachten
XI. Eheverträge, Scheidungsvereinbarungen
XII. Der Vertrag der nichtehelichen Lebensgemeinschaft
XIII. Annahme als Kind
XIV. Sonstige familienrechtliche Rechtsgeschäfte
XV. Formelle Gestaltung der Verfügung von Todes wegen
XVI. Zuwendung des Nachlasses im Ganzen oder zu Bruchteilen
XVII. Unselbständige Stiftung
XVIII. Erb- und Pflichtteilsverzicht
XIX. Erbauseinandersetzung
XX. Erbschaftskauf

Inhaltsverzeichnis

2. Halbband

Vorwort zur 4. Auflage	V
Vorwort zur 1. Auflage	VI
Inhaltsübersicht	VII
Bearbeiterverzeichnis	XVII
Abkürzungsverzeichnis	XIX

VII. Zuwendungsverträge

1. Übertragung eines Mehrfamilienhauses mit einer vom Übergeber selbstgenutzten Wohnung (Vereinbarung einer dauernden Last, eines Mietvertrages und einer Rückfallklausel) ... 1
2. Vorweggenommene Erbfolge mit Nießbrauchsvorbehalt ... 12
3. Vertrag der vorweggenommenen Erbfolge mit Leibgedingsvorbehalt ... 23
4. Übergabe eines landwirtschaftlichen Betriebs ... 32
5. Übergabe eines Gewerbebetriebs ... 42
6. Grundstücksschenkung ... 50
7. Ehebedingte „unbenannte" Zuwendung der Miteigentumshälfte am Familienheim im gesetzlichen Güterstand zum vorweggenommenen Zugewinnausgleich ... 51
8. Ehebedingte „unbenannte" Zuwendung einer Eigentumswohnung bei Gütertrennung zum freiwilligen Zugewinnausgleich ... 61
9. Ehebedingte „unbenannte" Zuwendung der Miteigentumshälfte am Familienheim aus Haftungsgründen ... 62
10. Erwerbsrecht für den ein Hausgrundstück finanzierenden Ehegatten ... 64
11. Ausstattung mit anschließender ehebedingter Zuwendung und Rückforderungsrechten ... 65

VIII. Erbbaurechtsverträge

1. Erbbaurechtsvertrag mit festem Erbbauzins (Kurzfassung) ... 71
2. Erbbaurechtsvertrag mit gleitendem Erbbauzins zur Errichtung von Wohngebäuden mit der Möglichkeit der Aufteilung nach dem Wohnungseigentumsgesetz ... 94
3. Erbbaurechtsvertrag zur Errichtung einer gewerblichen Anlage mit gleitendem Erbbauzins an einem zu vermessenden Grundstück ... 114
4. Gesamterbbaurecht ... 129
5. Rangrücktritt und Pfänderstreckung von Belastungen in Abt. II des Grundbuchs zur Erlangung der ersten Rangstelle des Erbbaurechts ... 135
6. Löschung von Vorlasten in Abt. III des Grundbuchs zur Erlangung der ersten Rangstelle des Erbbaurechts ... 140
7. Nachtrag mit Messungsanerkennung ... 141
8. Erbbauzinserhöhung ... 143
9. Realteilung eines Erbbaurechts in zwei Erbbaurechte vor Vermessung des Grundstücks ... 146
10. Realteilung eines Erbbaurechts in zwei Erbbaurechte nach Vermessung des Grundstücks ... 151
11. Realteilung und Übertragung des Erbbaurechts ... 154
12. Aufteilung eines Erbbaurechts nach § 8 WEG ... 160
13. Aufteilung eines Erbbaurechts nach § 8 WEG (Kurzfassung, z. B. für Reihenhäuser) ... 164
14. Aufteilung des Erbbauzinses ... 167
15. Verpflichtung des Eigentümers zur Belastungszustimmung und zum Rücktritt nach Bildung von Wohnungserbbaurecht ... 168
16. Kaufvertrag über eine Erbbaurechtswohnung ... 171

Inhalt 2. Halbband

17. Bestellung einer Buchgrundschuld mit Unterwerfungsklausel und persönlicher Haftung unter Mitwirkung des Verkäufers 180
18. Zustimmungserklärung zur Veräußerung des Erbbaurechts 184
19. Zustimmungserklärung zur Belastung des Erbbaurechts und Rangrücktritt 185
20. Zustimmungserklärung zur Belastung und Zwangsversteigerung 186
21. Stillhalteerklärung des Gläubigers, der den Vorrang erhält 189
22. Stillhalteerklärung des erbbauzinsberechtigten Eigentümers, der den Vorrang behält 192
23. Zumessung und Wegmessung an Erbbaurechten 194
24. Zumessung und Wegmessung von Teilflächen im Tauschweg zwischen zwei Erbbaugrundstücken 199
25. Aufhebung eines Erbbaurechts 202
26. Erbbaurechtsvertrag (Sachenrechtsbereinigung) 206
27. Erbbaurechtsvertrag und Begründung von Wohnungserbbaurechten (Sachenrechtsbereinigung) 222

IX. Wohnungseigentum

1. Teilungserklärung mit Gemeinschaftsordnung und Baubeschreibung 233
2. Teilungserklärung nach § 8 WEG (Kurzform) 291
3. Teilungserklärung mit Gemeinschaftsordnung und Baubeschreibung (Mehrhausanlage) 294
4. Teilungsvertrag nach § 3 WEG (Dreifamilienhaus) 311
5. Grundstücksüberlassung mit Teilungsvertrag nach § 3 WEG (Doppelhaus) 318
6. Kellertausch unter Wohnungseigentümern 324
7. Übertragung eines Sondernutzungsrechtes an einem Kraftfahrzeugstellplatz 328
8. Änderung der Gemeinschaftsordnung 330
9. Unterteilung einer Eigentumswohnung 334
10. Umwandlung von Gemeinschaftseigentum in Sondereigentum 337
11. Umwandlung von Sondereigentum in Gemeinschaftseigentum 341
12. Aufhebung von Sondereigentum mit Übertragung von Miteigentumsanteilen 344
13. Verwaltervertrag 347
14. Verwaltervollmacht 357

X. Sachenrechtliche Verträge und Erklärungen, Vollmachten

Teilung, Vereinigung, Zuschreibung

1. Teilung eines Grundstücks nach erfolgter Vermessung 359
2. Vereinigung von Grundstücken 362
3. Zuschreibung von Grundstücken 369

Buchungsfreiheit

4. Nachträgliche Buchung eines buchungsfreien Grundstücks 373
5. Ausbuchung eines gebuchten, aber buchungsfreien Grundstücks 376

Auflassung

6. Auflassung (nach vorausgegangenem schuldrechtlichen Vertrag) 377

Aufgabe und Aneignung von Grundstücken

7. Aufgabe des Eigentums an einem Grundstück 382
8. Aneignung eines aufgegebenen Grundstücks 384

Garantieverträge für die Zwangsversteigerung

9. Ausbietungsgarantie 386
10. Ausführliche Ausfallgarantie 394

Inhalt 2. Halbband

11. Kürzere Ausfallgarantie 398
12. Ausbietungsvertrag 400

Überbau und Notweg

13. Vertragliche Feststellung der Höhe einer Überbaurente 403
14. Eintragung der vereinbarten Rentenhöhe beim rentenberechtigten Grundstück 407
15. Vereinbarte Eintragung der gerichtlich festgestellten Höhe einer Notwegrente 408
16. Verzicht auf eine Überbaurente 411
17. Verlangen auf Grundabnahme gegen Wertersatz 414

Miteigentümervereinbarung

18. Miteigentümervereinbarungen nach § 1010 BGB (Vertrag zur Regelung eines Gemeinschaftsverhältnisses) 416

Dienstbarkeiten, Baulast

19. Grunddienstbarkeit für Wege- und Versorgungsleitungsrecht 422
20. Baulast 431
21. Benutzungsdienstbarkeit 434
22. Unterlassungsdienstbarkeit 438

Nießbrauch und Wohnungsrecht

23. Zuwendungsnießbrauch 440
24. Zuwendungswohnungsrecht 447

Vorkaufsrecht

25. Schuldrechtliches Vorkaufsrecht und Auflassungsvormerkung 455
26. Dingliches Vorkaufsrecht 461
27. Vorkaufsrecht und Ankaufsrecht 464

Wiederkaufsrecht

28. Wiederkaufsrecht mit Auflassungsvormerkung 466
29. Eigentumsähnliches Dauerwohnrecht 470

Grundschuld

30. Bestellung einer Buchgrundschuld 475
31. Abtretung einer Buchgrundschuld 499
32. Bestellung einer Eigentümergrundschuld 500
33. Abtretung einer Eigentümerbriefgrundschuld 505
34. Schuldbekenntnis mit Hypothekenbestellung 507
35. Zwangshypothek 515
36. Arresthypothek 518

Löschungsvormerkung und Übertragungsvormerkung bei Grundpfandrechten

37. Ausschluß des gesetzlichen Löschungsanspruchs bei Grundpfandrechtsbestellung 519
38. Späterer Ausschluß des gesetzlichen Löschungsanspruchs hinsichtlich eines bestimmten vorrangigen Grundpfandrechts 522
39. Aufhebung des Ausschlusses des gesetzlichen Löschungsanspruchs 524
40. Löschungsvormerkung für alle Fälle der Vereinigung mit dem Eigentum, bestellt zusammen mit dem begünstigten Recht 525
41. Löschungsvormerkung nur für die zukünftige Vereinigung mit dem Eigentum, nachträglich bestellt 527
42. Abtretung von Rückgewähransprüchen mit Vormerkung bei einer eingetragenen Grundschuld für ein neues Recht 528
43. Übertragungsvormerkung bei einer Grundschuld, bestellt zusammen mit dieser Grundschuld 531

Inhalt 2. Halbband

Rangregelungen

44. Rangvorbehalt bei Bestellung eines Rechts 532
45. Rangvorbehalt nach Bestellung eines Rechts 535
46. Ausnutzung eines Rangvorbehalts bei Bestellung eines neuen Rechts 537
47. Nachträgliche Ausnutzung eines Rangvorbehalts 538
48. Rangrücktrittserklärung eines Grundpfandgläubigers mit Eintragungsbewilligung und -antrag des Eigentümers 539
49. Bewilligung und Antrag des Eigentümers auf Vollzug einer Rangänderungserklärung gleichzeitig mit Bestellung des neuen Rechts 542
50. Nachträgliche Rangänderung eingetragener Rechte 543
51. Spezialvollmacht und Generalvollmacht 544
52. Vollmachten im Grundstücksverkehr 546
53. Vorsorgevollmacht und Patiententestament 549
54. Vollmachten mit erbrechtlichem Bezug 554
55. Vollmachten im Gesellschaftsrecht 555
56. Notarielle Vollzugsvollmachten 556
57. Internationale Vollmachten 559

XI. Eheverträge, Scheidungsvereinbarungen

Eheverträge

1. Ehevertrag der berufstätigen Verlobten 561
2. Ehevertrag über die gegenständliche Herausnahme von Betriebsvermögen oder Anfangsvermögen aus dem Zugewinnausgleich 569
3. Ehevertrag bei Verheiratung mit einem verschuldeten Partner (Vereinbarung negativen Anfangsvermögens, Vermögensverzeichnis) 571
4. Ehevertrag der kinderlosen Partnerschaftsehe (Modifizierte Zugewinngemeinschaft, Ausschluß des Versorgungsausgleichs, Unterhaltsverzicht) 573
5. Ehevertrag des Unternehmers (Modifizierungen der Scheidungsfolgen, insbesondere des nachehelichen Unterhalts) 576
6. Ehevertrag des Kaufmanns oder Freiberuflers (Gütertrennung, Ausschluß des Versorgungsausgleichs gegen Lebensversicherung) 578
7. Ehevertrag der Diskrepanzehe (Herabsetzung der Zugewinnausgleichsquote, Ausschluß des Versorgungsausgleichs mit Gegenleistung, Herabsetzung des Unterhaltsmaßstabs) 580
8. Ehe- und Erbvertrag bei Wiederverheiratung jüngerer Eheleute mit jeweils einseitigen Kindern (Vereinbarungen zum Stiefkindunterhalt, Erbvertrag) 582
9. Ehevertrag, Erbvertrag und Pflichtteilsverzichtsvertrag bei Wiederverheiratung älterer Eheleute 584
10. Rückwirkende Vereinbarung von Zugewinngemeinschaft unter Aufhebung der bisherigen Gütertrennung 586
11. Wahl deutschen Ehegüterrechts bei gemischt nationaler Ehe 587
12. Rechtswahl für unbewegliches Vermögen 588
13. Ehevertrag nach islamischem Recht 590
14. Ausschluß des Geschäftsbesorgungsrechts nach § 1357 BGB 594

Getrenntleben

15. Vertrag der getrennt lebenden Eheleute 595

Scheidungsvereinbarungen

16. Scheidungsbezogener Ehevertrag zwecks einverständlicher Scheidung 599
17. Vereinbarung nach § 1587 o BGB über den Ausschluß des Wertausgleichs zugunsten des Schuldrechtlichen Versorgungsausgleichs 602
18. Scheidungsvereinbarung über den Ausschluß des Versorgungsausgleichs gegen private Lebensversicherung mit Beitragsdepot 605
19. Scheidungsvereinbarung über den Ausschluß des Versorgungsausgleichs gegen private Lebensversicherung mit laufender Beitragszahlung 607

Inhalt 2. Halbband

20. Scheidungsvereinbarung über den Einkauf in die gesetzliche Rentenversicherung 609
21. Aufgeschobener Unterhaltsverzicht nach § 5 VAHRG 611
22. Scheidungsvereinbarung über Modifizierungen des nachehelichen Unterhalts und des Kindesunterhalts 611
23. Scheidungsvereinbarung über befristeten nachehelichen Unterhalt als Übergangsbeihilfe . 615
24. Scheidungsvereinbarung über Unterhaltsverzicht gegen Leibrente 616
25. Scheidungsvereinbarung über die Vermögensauseinandersetzung im Zusammenhang mit den sonstigen Scheidungsfolgen 618
26. Steuergünstige Scheidungsvereinbarung über den nachehelichen Unterhalt 623
27. Steuergünstige Scheidungsvereinbarung über den Zugewinnausgleich 624

XII. Der Vertrag der nichtehelichen Lebensgemeinschaft

1. Partnerschaftsvertrag der Ehe auf Probe 627
2. Partnerschaftsvertrag der nichtehelichen Lebensgemeinschaft 628

XIII. Annahme als Kind

1. Ehegatten nehmen gemeinsam ein nichteheliches Kind an (§§ 1741 Abs. 2 S. 2, 1752, 1754 ff. BGB) 651
2. Ein Ehegatte nimmt das Kind des anderen aus dessen durch den Tod aufgelöster Ehe an (§§ 1741 Abs. 2 S. 2, 1752, 1754 ff. BGB) 655
3. Vertrag über den Unterhalt des Stiefkindes (§ 328 Abs. 2 BGB) 656
4. Annahme des verwaisten Kindes durch die unverheiratete Tante (§§ 1741 Abs. 2 S. 1, 1752, 1754 ff. BGB) 657
5. Einwilligung des Kindes in die Annahme (§§ 1746, 1750 BGB) 658
6. Einwilligung der Kindeseltern in die Annahme (§§ 1747, 1750 BGB) 659
7. Einwilligung in die Inkognito-Adoption (§ 1747 Abs. 2 S. 2, 1750 BGB) 659
8. Verzicht des Vaters auf Beantragung der Übertragung der Sorge für das nichteheliche Kind (§ 1747 Abs. 3 Nr. 3 BGB) 660
9. Widerruf der Einwilligung durch das vierzehnjährige nicht geschäftsunfähige Kind (§ 1746 Abs. 2 BGB) 661
10. Annahme eines Volljährigen (§§ 1767 ff. BGB) 661

XIV. Sonstige familienrechtliche Rechtsgeschäfte

1. Antrag auf Bestellung eines Ergänzungspflegers (§ 1909 BGB, §§ 12, 37 FGG) 663
2. Doppelbevollmächtigung des Notars hinsichtlich der vormundschaftsgerichtlichen Genehmigung 663
3. Betreuung 664
4. Betreuungsverfügung 666

XV. Formelle Gestaltung der Verfügungen von Todes wegen

1. Notarielles Testament durch mündliche Erklärung 669
2. Notarielles Testament durch Übergabe einer offenen Schrift 680
3. Notarielles Testament durch Übergabe einer verschlossenen Schrift 682
4. Übersicht über Sondervorschriften für Verfügungen von Todes wegen behinderter Personen 683
5. Notarielles Testament eines Schreibunfähigen 685
6. Notarielles Testament eines Blinden 688
7. Notarielles Testament eines Tauben (Gehörlosen), mit dem eine schriftliche Verständigung möglich ist 690
8. Notarielles Testament eines Tauben (Gehörlosen), mit dem eine schriftliche Verständigung nicht möglich ist, der jedoch sprechen kann 692

Inhalt 2. Halbband

9. Notarielles Testament eines Stummen ... 694
10. Notarielles Testament eines Taubstummen ... 697
11. Notarielles Testament eines der deutschen Sprache Unkundigen ... 699
12. Mündlich erklärtes notarielles Testament durch Jasagen ... 702
13. Nottestament vor dem Bürgermeister durch mündliche Erklärung ... 705
14. Dreizeugentestament ... 709
15. Erbvertragsbeurkundung ... 712
16. Beurkundung eines Ehe- und Erbvertrages ... 718

XVI. Testamente, Erbverträge

Zuwendung des Nachlasses im Ganzen oder zu Bruchteilen

1. Checkliste zur Errichtung von Verfügungen von Todes wegen ... 721
2. Testament mit Erb- und Ersatzerbeinsetzung, gemeinschaftlichem Erbteil und Anwachsung ... 725

Zuwendung einzelner Nachlaßgegenstände

3. Testament mit Vermächtnisanordnungen verschiedener Art und Auflagen ... 738
4. Testament mit gegenständlicher Verteilung des Nachlasses und Bestimmungsrecht des Testamentsvollstreckers ... 746
5. Auf den Tod des Erben aufschiebend befristetes Herausgabevermächtnis ... 753
6. Testament mit Nachvermächtnis und Untervermächtnis ... 758
7. Vorzeitiges Unternehmertestament ... 760
8. Vermächtnis einer Rente, einer dauernden Last und eines Wohnungsrechts ... 772
9. Kapitalvermächtnis mit Rentenoption ... 781
10. Nachfolgeregelungen auf den Todesfall bei Personengesellschaften ... 786

Zuwendung der Nutzung am Nachlaß und an Nachlaßgegenständen

11. Gemeinschaftliches Ehegattentestament mit Vorerbschaft des Überlebenden ... 818
12. Testament mit Nacherbfolge an einem einzelkaufmännischen Unternehmen und der Befugnis des Vorerben zur Auswahl des Nacherben ... 840
13. Anordnung mehrfacher Nacherbfolge ... 848
14. Testament mit „gegenständlicher" Nacherbfolge an Grundstücken ... 852
15. Erbvertrag mit Nacherbfolge und Pflichtteilsverzicht des Vorerben zwecks Ausschließung der Weitervererbung und Ausschaltung entfernterer Pflichtteilsberechtigter ... 854
16. Geschiedenen-Testament ... 858
17. Der im eigenen Interesse durch Nacherbfolge und Testamentsvollstreckung beschränkte überschuldete Ehegatte ... 862
18. Wohlmeinende Pflichtteilsbeschränkung eines überschuldeten Abkömmlings durch Nacherbfolge und Testamentsvollstreckung ... 867
19. Das Behindertentestament ... 871
20. Ehegattentestament mit Nießbrauchsvermächtnis des Überlebenden und seiner Einsetzung als Testamentsvollstrecker ... 876
21. Nießbrauchsvermächtnis an Erbteilen ... 887
22. Vermächtnis eines Quotennießbrauchs an einem Grundstück und eines Nießbrauchs an Wertpapieren mit Einsetzung des Nießbrauchers als Testamentsvollstrecker ... 891
23. Nießbrauchsvermächtnis an einem Einzelunternehmen mit Rentenoption und Bestellung des Nießbrauchers zum Testamentsvollstrecker (Dispositionsnießbrauch) ... 896
24. Nießbrauchsvermächtnis an der Beteiligung an einer OHG ... 904
25. Nießbrauchsvermächtnis an der Beteiligung an einer KG ... 912
26. Nießbrauchsvermächtnis am Geschäftsanteil einer GmbH ... 919

Einflußnahme des Erblassers auf den Nachlaß über den Tod hinaus

27. Testament mit Vermächtnissen, Auflagen, Verwirkungsklauseln, Teilungsanordnungen und -verboten, Übernahmerechten, Ausgleichsanordnung, familienrechtlichen Anordnungen, Testamentsvollstreckung und Schiedsklausel ... 925

Inhalt 2. Halbband

Bindung an Verfügungen von Todes wegen und ihre Grenzen

28. Gegenseitiges Berliner Testament	949
29. Berliner Testament mit gegenständlich beschränkter Freistellung	972
30. Gemeinschaftliches Testament mit Auslandsberührung	975
31. Erbvertrag mit Unterhalts- und Verfügungsunterlassungsvertrag	996
32. Erbvertrag bei nichtehelicher Lebensgemeinschaft	1010
33. Schenkungsvertrag mit auf den Tod verzögerter Erfüllung	1013

XVII. Unselbständige Stiftung

1. Erbeinsetzung	1019
2. Vermächtnis/Auflage	1025
3. Satzung	1026
4. Treuhandvertrag	1035
5. Zweckvermögen	1037
6. Vertrag über eine Vorstiftung	1042

XVIII. Erb- und Pflichtteilsverzicht

1. Bedingter und gegenständlich beschränkter Pflichtteilsverzicht	1047
2. Vorzeitiger Erbausgleich eines nichtehelichen Kindes nach altem Recht *(Hinweise)*	1069
3. Übersicht über die Pflichtteilsrechte von Erben und Vermächtnisnehmern	1071

XIX. Erbauseinandersetzung

1. Erbauseinandersetzungsvertrag	1075

XX. Erbschaftskauf

1. Erbteilskauf- und Übertragungsvertrag	1089
Sachregister	1105

Bearbeiter der 4. Auflage

2. Halbband

Dr. Thomas Kantenwein	Mitwirkung bei steuerlichen Anmerkungen
Prof. Dr. Gerrit Langenfeld	VII. Zuwendungsverträge 6–11
	X. Sachenrechtliche Verträge und Erklärungen, Vollmachten 1–20, 25–28, 44–57
	XI. Eheverträge, Scheidungsvereinbarungen
	XII. Der Vertrag der nichtehelichen Lebensgemeinschaft
	XIII. Annahme als Kind
	XIV. Sonstige familienrechtliche Rechtsgeschäfte
Dr. Klaus Neuhoff	XVII. Unselbständige Stiftung
Dr. Heinrich Nieder	XV. Formelle Gestaltung der Verfügungen von Todes wegen
	XVI. Testamente, Erbverträge
	XVIII. Erb- und Pflichtteilsverzicht
	XIX. Erbauseinandersetzung
	XX. Erbschaftskauf
Friedrich Schmidt	IX. Wohnungseigentum
	X. Sachenrechtliche Verträge und Erklärungen 30–43
Dr. Sebastian Spiegelberger	VII. Zuwendungsverträge 1–5
	X. Sachenrechtliche Verträge und Erklärungen 21–24, 29
Dr. Karl Winkler	VIII. Erbbaurechtsverträge

Abkürzungsverzeichnis

a.	auch
aA.	andere Ansicht
aaO.	am angegebenen Ort
abgedr.	abgedruckt
abl.	ablehnend
ABl.	Amtsblatt der Europäischen Gemeinschaften, Reihe C und L
Abs.	Absatz
Abschn.	Abschnitt
Abt.	Abteilung
abw.	abweichend
AcP	Archiv für civilistische Praxis
Adler/Düring/Schmaltz	Adler/Düring/Schmaltz ua., Rechnungslegung und Prüfung der Unternehmen (4 Bde.), 5. Aufl. 1987–1992 (§§, Tz.)
Änd.	Änderung
ÄndG	Gesetz zur Änderung
aF.	Alte Fassung
AfA	Absetzung für Abnutzung
AG	Aktiengesellschaft; Die Aktiengesellschaft (Jahr u. Seite); Amtsgericht
AGB	Allgemeine Geschäftsbedingungen
AGBG	Gesetz zur Regelung des Rechts der Allgemeinen Geschäftsbedingungen
AgrarR	Zeitschrift für das gesamte Recht der Landwirtschaft, der Agrarmärkte und des ländlichen Raumes (Jahr u. Seite)
AiB	Arbeitsrecht im Betrieb (Jahr u. Seite)
AIZ	Allgemeine Immobilienzeitung (Jahr u. Seite)
AktG	Aktiengesetz
AktO	Aktenordnung
allg.	allgemein
allgM	Allgemeine Meinung
AltKomm/Bearbeiter	Kommentar zum Bürgerlichen Gesetzbuch – Reihe Alternativkommentare, 2. Aufl. 1980–91 (§§, Rdn.)
aM	anderer Meinung
ANBA	Amtliche Nachrichten der Bundesanstalt für Arbeit
Anh.	Anhang
AngKG	Gesetz über die Fristen für die Kündigung von Angestellten
Anm.	Anmerkungen
AOAnpG	Gesetz zur Anpassung von Gesetzen an die Abgabenordnung
AP	Arbeitsrechtliche Praxis, Nachschlagewerk des Bundesarbeitsgerichts (Jahrgang u. Seite; seit 1954 Gesetzesstelle u. Entscheidungsnr.)
AO	Abgabenordnung; Anordnung
ArbG	Arbeitgeber
ArbGG	Arbeitsgerichtsgesetz
AR-Blattei	Arbeitsrechts-Blätter
ArbN	Arbeitnehmer
ArbPlSchG	Arbeitsplatzschutzgesetz
ArbRSamml.	Arbeitsrechtssammlung mit Entscheidungen des Reichsarbeitsgerichts, der Landesarbeitsgerichte und Arbeitsgerichte (Band u. Seite)
Art.	Artikel
ArbuR	Arbeit und Recht, Zeitschrift für Arbeitsrechtspraxis
ATV	Allgemeine technische Vorschriften für Bauleistungen
AÜG	Gesetz zur Regelung der gewerbsmäßigen Arbeitnehmerüberlassung
Aufl.	Auflage

Abkürzungen

AVA	Allgemeine Vertragsbestimmungen für Architekten
AVG	Angestelltenversicherungsgesetz
AVO	Vorläufige Arbeitsverwaltungsordnung für die Vollzugsanstalten der Reichsjustizverwaltung (v. 14. 3. 1936); Ausführungsverordnung
AVO (RHeimStG)	Ausführungsverordnung zum Reichsheimstättengesetz
AVV	Allgemeine Verwaltungsvorschrift über das Zusammenwirken der technischen Aufsichtsbeamten der Träger der Unfallversicherung mit den Betriebsvertretungen
Az.	Aktenzeichen
AZO	Arbeitszeitordnung
Bärmann/Pick/Merle	Bärmann/Pick/Merle, Wohnungseigentumsgesetz mit Erläuterungen, 7. Aufl. 1997
Bärmann Praxis	Bärmann/Seuss, Praxis des Wohnungseigentums, 4. Aufl. 1997
Bad.-Württ.	Baden-Württemberg
BAG	Bundesarbeitsgericht, auch Entscheidungen des Bundesarbeitsgerichts
BAGGS	Bundesarbeitsgericht Großer Senat
BAnstArb.	Bundesanstalt für Arbeit
BAnz.	Bundesanzeiger
Barthelmess	Barthelmess, Zweites Wohnraumkündigungsschutzgesetz, Miethöhegesetz, 5. Aufl. 1995 (§§, Rdn.)
BAT	Bundesangestelltentarifvertrag
BauGB	Baugesetzbuch
BauR	Baurecht (Jahr u. Seite)
BaWüAGBGB	baden-württembergisches Ausführungsgesetz zum BGB
BayObLG	Bayerisches Oberstes Landesgericht, auch Entscheidungssammlungen in Zivilsachen
BB	Betriebs-Berater (Jahr u. Seite)
BBauBl.	Bundesbaublatt (Jahr u. Seite)
BBG	Bundesbeamtengesetz i. d. F. v. 3. 1. 1977 (BGBl. I 1)
BBiG	Berufsbildungsgesetz
Bd.	Band
BdF	Bundesminister der Finanzen
BeamtVG	Beamtenversorgungsgesetz
begl.	beglaubigt
Begr.	Begriff, Begründung
Beil.	Beilage
Bengel/Simmerding	Grundbuch, Grundstück, Grenze, 4. Aufl. 1995
Bergerfurth	Bergerfurth, Der Ehescheidungsprozeß und die anderen Eheverfahren, 10. Aufl. 1996
BeschFG	Gesetz über arbeitsrechtliche Vorschriften zur Beschäftigungsförderung
Beschl.	Beschluß
bestr.	bestritten
BestVerz.	Bestandsverzeichnis
Betr.	Der Betrieb (Jahr u. Seite)
BetrAV	Betriebliche Altersversorgung (Jahr u. Seite)
BetrAVG	Gesetz zur Verbesserung der betrieblichen Altersversorgung
BetrVG	Betriebsverfassungsgesetz
BeurkG	Beurkundungsgesetz
BewG	Bewertungsgesetz
BFH	Bundesfinanzhof, auch Sammlung der Entscheidungen und Gutachten des Bundesfinanzhofs (Band u. Seite)
BGB	Bürgerliches Gesetzbuch
BGBl.	Bundesgesetzblatt
BGH	Bundesgerichtshof, auch Entscheidungen in Zivilsachen
BGHZ	Entscheidungen des Bundesgerichtshofs in Zivilsachen
BKartA	Bundeskartellamt
BKGG	Bundeskindergeldgesetz

Abkürzungen

Bl.	Blatt
Blank	Mietrecht von A–Z, 16. Aufl. 1998
BlGBW	Blätter für Grundstücks-, Bau- und Wohnungsrecht (Jahr u. Seite)
BlStSozArbR	Blätter für Steuerrecht, Sozialversicherung und Arbeitsrecht
BMA	Bundesminister für Arbeit
BMT-G	Bundesmanteltarifvertrag gemeindlicher Verwaltungen und Betriebe
BNotK	Bundesnotarkammer
BNotO	Bundesnotarordnung
Boruttau/Bearbeiter GrEStG	Boruttau/Egly/Sigloch/Fischer/Sack/Viskorf, Grunderwerbsteuergesetz, 14. Aufl. 1997 (§§, Rdn.)
BPflVO	Bundespflegesatzverordnung
BR-Drucks.	Bundesrat-Drucksache
Breith	Sammlung von Entscheidungen aus dem Sozialrecht. Begründet von Breithaupt (Jahrgang u. Seite)
BremGBl.	Gesetzblatt (Bremen)
Brüggemann/Claßen	Erbschaftsteuerrecht, 1998
BStBl.	Bundessteuerblatt
BT	Bundestag
BT-Drucks.	Bundestag-Drucksache
Buchst.	Buchstabe
BUrlG	Bundesurlaubsgesetz
BV	Bestandsverzeichnis
II. BV	VO über wohnungswirtschaftliche Berechnungen (Zweite Berechnungsverordnung) v. 21. 2. 1975 (BGBl. I 570)
BVerfG	Bundesverfassungsgericht
BVerfGE	Entscheidungen des Bundesverfassungsgerichts
BVerwG	Bundesverwaltungsgericht
BVSG-Saarland	Gesetz Nr. 768 über einen Bergmannsversorgungsschein im Saarland
BVSG-Niedersachsen	Gesetz über einen Bergmannsversorgungsschein im Lande Niedersachsen
BVSG-NRW	Gesetz über einen Bergmannsversorgungsschein in NRW
BWNotZ	Mitteilungen aus der Praxis. Zeitschrift für das Notariat in Baden-Württemberg (Jahr u. Seite)
bzgl.	bezüglich
BZRG	Bundeszentralregistergesetz
bzw.	beziehungsweise
Christoffel/Geckle/Pahlke	Erbschaftsteuergesetz, 1998
DAG	Deutschen Angestelltengewerkschaft
Däubler/Kittner/Klebe	Betriebsverfassungsgesetz, 5. Aufl. 1996
Daimer/Reithmann	Die Prüfungs- und Belehrungspflicht des Notars, 5. Aufl. 1982
Demharter, GBO	Grundbuchordnung, 22. Aufl. 1997
dergl.	dergleichen
ders.	derselbe
DGB	Deutscher Gewerkschaftsbund
DGWR	Deutsches Gemein- und Wirtschaftsrecht
dh.	das heißt
Dietz/Richardi BetrVG	Dietz/Richardi, Betriebsverfassungsgesetz, 6. Aufl. 1981/82 (§§, Rdn.); Neuauflage: s. Richardi
DIN	Deutsche Industrienorm
dingl.	dinglich
Dipl.-Ing.	Diplom-Ingenieur
Dittmann/Reimann/Bengel	Testament und Erbvertrag, 2. Aufl. 1986
DNotV	Zeitschrift des Deutschen Notarvereins
DNotZ	Deutsche Notar-Zeitschrift (Jahr u. Seite)
DONot.	Dienstordnung für Notare
DR	Deutsches Recht (Jahr u. Seite)
DRV	Deutsche Rentenversicherung

Abkürzungen

DStR	Deutsches Steuerrecht (Jahr u. Seite)
DStZ	Deutsche Steuerzeitung (Jahr u. Seite)
DWW	Deutsche Wohnungswirtschaft (Jahr u. Seite)
e.	eines
ebd.	ebenda
EDV	Elektronische Datenverarbeitung
EFG	Entscheidungen der Finanzgerichte
EG	Einführungsgesetz; Europäische Gemeinschaft
EGAO	Einführungsgesetz zur Abgabenordnung
EGBGB	Einführungsgesetz zum Bürgerlichen Gesetzbuch
eGmbH	Eingetragene Genossenschaft mit beschränkter Haftung
EGV	Vertrag zur Gründung der Euorpäischen Gemeinschaft
EGZVG	Einführungsgesetz zum Zwangsversteigerungsgesetz
EheG	Ehegesetz
EheRG	Gesetz zur Reform des Ehe- und Familienrechts
Einf.	Einführung
Einl.	Einleitung
einschl.	einschließlich
elterl.	elterliche
Emmerich/Sonnenschein	Emmerich/Sonnenschein, Miete (Handkommentar zu §§ 535–580a BGB), 6. Aufl. 1991 (§§, Rdn.)
EntgeltFZG	Entgeltfortzahlungsgesetz
entspr.	entsprechend, entspricht
ErbbauVO	Verordnung über das Erbbaurecht
ErbbRVO	Verordnung über das Erbbaurecht
ErbStDVO	Erbschaftsteuerdurchführungsverordnung
ErbStG	Erbschaftsteuer- und Schenkungsteuergesetz
Erman/Bearbeiter	Erman, Handkommentar zum Bürgerlichen Gesetzbuch, 9. Aufl. 1993 (§§, Rdn.)
Esch/Baumann/ Schulze zur Wiesche	Handbuch der Vermögensnachfolge, 5. Aufl. 1997
EStDV	Einkommensteuerdurchführungsverordnung
ESt	Einkommensteuer
EStG	Einkommensteuergesetz
EStR	Einkommensteuerrichtlinien
EuGH	Europäischer Gerichtshof
EuroEG	Euro-Einführungsgesetz v. 9. 6. 1998 (BGBl. I S. 1242)
eV.	eingetragener Verein
evtl.	eventuell
EWG	Europäische Wirtschaftsgemeinschaft
EzA	Stahlhacke, Entscheidungen zum Arbeitsrecht
f.	folgend
FamRZ	Zeitschrift für das gesamte Familienrecht (Jahr u. Seite)
Faßbender, HöfeO	Faßbender/Hötzel/von Jeinsen/Pikalo, Höfeordnung, 3. Aufl. 1994
ff.	folgende
FGG	Reichsgesetz über die freiwillige Gerichtsbarkeit
FGPrax.	Praxis der Freiwilligen Gerichtsbarkeit (seit 1995 vereinigt mit OLGZ)
Firsching/Graba	Familienrecht, 1. Halbbd. Familiensachen (HRP Bd. 5a), 5. Aufl. 1992
Firsching/Graf	Nachlaßrecht (HRP Bd. 6), 7. Aufl. 1994
Firsching/Ruhl	Familienrecht, 2. Halbbd. Vormundschafts- und Betreuungssachen (HRP Bd. 5b), 5. Aufl. 1992
Fitting/Kaiser/Heither/Engels BetrVG	Betriebsverfassungsgesetz, 18. Aufl. 1996 (§§, Rdn.)
Fitting/Wlotzke/Wissmann MitbestG	Mitbestimmungsgesetz, 2. Aufl. 1978 (§§, Rdn.)

Abkürzungen

FlNr.	Flurnummer
FlSt.	Flurstück
FlStNr.	Flurstücknummer
Fn.	Fußnote
Form.	Formular
FR	Finanzrundschau (Jahr u. Seite)
FS	Festschrift
Fußn.	Fußnote
FWW	Die freie Wohnungswirtschaft (Jahr u. Seite)
GB	Grundbuch
GBA	Grundbuchamt
GBGA	Geschäftsanweisung für die Behandlung der Grundbuchsachen (JMBl. 1981, S. 190)
GBO	Grundbuchordnung
GBVfg.	Allgemeine Verfügung über die Einrichtung und Führung des Grundbuchs
geb.	geboren
gem.	gemäß
GemSOGB	Gemeinsamer Senat der obersten Gerichtshöfe des Bundes
Ges.	Gesetz
GesBl.	Gesetzblatt
Geßler/Hefermehl AktG/Bearbeiter	Geßler/Hefermehl/Eckardt/Kropff/Bungeroth u. a., Aktiengesetz, 1974 ff. (§§, Rdn.)
GewArch.	Gewerbearchiv
GewO	Gewerbeordnung
GewStG	Gewerbesteuergesetz
gez.	gezeichnet
GG	Grundgesetz
ggf.	gegebenenfalls
GK-MitbestG/Bearbeiter	Gemeinschaftskommentar zum Mitbestimmungsgesetz, herausgegeben von Fabricius, 1991 (§§, Rdn.)
gGmbH	gemeinnützige GmbH
GmbH	Gesellschaft mit beschränkter Haftung
GmbHG	Gesetz betr. die Gesellschaften mit beschränkter Haftung
GmbHRdsch.	Rundschau für GmbH (Jahr u. Seite)
GO	Geschäftsordnung
GOA	Gebührenordnung für Architekten
Göppinger/Bearbeiter	Göppinger/Börger, Vereinbarungen anläßlich der Ehescheidung, 7. Aufl. 1997 (Seite)
GrdstVG	Grundstückverkehrsgesetz
GrESt.	Grunderwerbsteuer
GrEStDV	Durchführungsverordnung zum Grunderwerbsteuergesetz
GrEStG	Grunderwerbsteuergesetz
GrZS	Großer Senat in Zivilsachen
GS	Großer Senat
GVBl.	Gesetz- und Verordnungsblatt
GVNW	Gesetz- und Verordnungsblatt für das Land Nordrhein-Westfalen
GWB	Gesetz gegen Wettbewerbsbeschränkungen
hA.	herrschende Auffassung
Haegele GrBR	Haegele/Schöner/Stöber, Grundbuchrecht, 11. Aufl. 1997
Haegele/Winkler	Der Testamentsvollstrecker, 13. Aufl. 1994
HAG	Heimarbeitsgesetz
Halbs.	Halbsatz
Hartmann	Hartmann, Kostengesetze, 27. Aufl. 1997
HausratsVO	Hausratsverordnung
Hdb.	Handbuch

Abkürzungen

Herrmann/Heuer/Raupach .	Herrmann/Heuer/Raupach, Kommentar zur Einkommensteuer und Körperschaftsteuer, Stand 1997, (§§ EStG, KStG u. Nebengesetze, Rdn.)
HEZ	Höchstrichterliche Entscheidungen in Zivilsachen
HFA	Hauptfachausschuß
HFR	Höchstrichterliche Finanzrechtsprechung
HGB	Handelsgesetzbuch
hins.	hinsichtlich
hL.	herrschende Lehre
hM.	herrschende Meinung
HOAI	Verordnung über die Honorare für Leistungen der Architekten und Ingenieure (Honorarordnung für Architekten und Ingenieure) idF. v. 4. 3. 1991 (BGBl. I S. 533)
HöfeO	Höfeordnung
HöfeVfO	Verfahrensordnung für Höfesachen
v. Hoyningen-Huene	Kündigungsvorschriften im Arbeitsrecht, 2. Aufl. 1994
HReg.	Handelsregister
HRR	Höchstrichterliche Rechtsprechung
HRV	Handelsregisterverfügung v. 12. 8. 1937 mit späteren Änd.
IAO	Internationale Arbeitsorganisation
idÄnd.	in der Änderung
idF	in der Fassung
idR	in der Regel
IDW	Institut der Wirtschaftsprüfer
IG	Industrie-Gewerkschaft
IHK	Industrie- und Handelskammer
iL	in Liquidation
Inf.	Die Information über Steuer und Wirtschaft
insbes.	insbesondere
iRd.	im Rahmen des
iS	im Sinne
iSd.	im Sinne des, der
iSv.	im Sinne von
iü.	im übrigen
iVm.	in Verbindung mit
iW	in Worten
JArbSchG	Gesetz zum Schutze der arbeitenden Jugend (Jugendarbeitsschutzgesetz)
Jauernig/Bearbeiter	Jauernig/Schlechtriem u. a., Bürgerliches Gesetzbuch, 8. Aufl. 1997
JBeitrO	Justizbeitreibungsordnung
Jerschke	Jerschke, Mein und Dein in der Ehe, 7. Aufl. 1994 (Jahr u. Seite)
JFG	Jahrbuch für Entscheidungen in Angelegenheiten der Freiwilligen Gerichtsbarkeit und des Grundbuchrechts
Jher.Jb.	Jherings Jahrbücher für Dogmatik des bürgerlichen Rechts
JMBl.	Justizministerialblatt
Jürgens, BtR	Jürgens (Hg.), Betreuungsrecht (Kommentar), 1995 m. Nachtr.
Jürgens/K./M./W., Das neue BtR	Jürgens/Kröger/Marschner/Winterstein, Das neue Betreuungsrecht, 3. Aufl. 1994
jur.	juristisch
JurBüro	Das juristische Büro (Jahr u. Seite)
JuS	Juristische Schulung (Jahr u. Seite)
JW	Juristische Wochenschrift (Jahr u. Seite)
JZ	Juristen-Zeitung (Jahr u. Seite)
KAG	Kommunalabgabengesetz
KapErhG	Gesetz über die Kapitalerhöhung aus Gesellschaftsmitteln und über die Verschmelzung von Gesellschaften mit beschränkter Haftung

Abkürzungen

KapErhStG	Gesetz über steuerrechtliche Maßnahmen bei Erhöhung des Nennkapitals aus Gesellschaftsmitteln und bei Überlassung von eigenen Aktien an Arbeitnehmer
Kapp ErbStG	Kapp/Ebeling, Kommentar zum Erbschaftsteuer- und Schenkungsteuergesetz (Loseblattsammlung, Stand 1997)
Keidel/Kuntze/Winkler	Keidel/Kuntze/Winkler, Freiwillige Gerichtsbarkeit, Kommentar, 13. Aufl. 1992/97 (§§ FGG bzw. BeurkG)
KEHE/Bearbeiter	Kuntze/Ertl/Herrmann/Eickmann, Grundbuchrecht, 4. Aufl. 1991
Kerscher/Tank	Pflichtteilsrecht, 1997
Kfz.	Kraftfahrzeug
KG	Kammergericht; Kommanditgesellschaft
KGaA	Kommanditgesellschaft auf Aktien
KGJ	Jahrbuch für Entscheidungen des Kammergerichts
KHG	Krankenhausfinanzierungsgesetz
KJHG	Kinder- und Jugendhilfegesetz
kläger.	klägerisch(es)
KO	Konkursordnung
Köhler Handbuch	Köhler/Kossmann, Handbuch der Wohnraummiete, 4. Aufl. 1996 (§§, Rdn.)
Komm.	Kommentar
Kons G	Konsulargesetz
Korintenberg/Lappe/Bengel/Reimann KostO	Korintenberg/Lappe/Bengel/Reimann, Kostenordnung, Kommentar, 13. Aufl. 1995
KostO	Kostenordnung
KR/Bearbeiter	Gemeinschaftskommentar zum Kündigungsschutzgesetz, 4. Aufl. 1996
KRsp.	Rechtsprechung zum Kostenrecht, Entscheidungssammlung
KSchG	Kündigungsschutzgesetz
KSt	Körperschaftsteuer
KStG	Körperschaftsteuergesetz
KVStDV	Kapitalverkehrsteuer-Durchführungsverordnung
KVStG	Kapitalverkehrsteuergesetz
LAG	Landesarbeitsgericht
Lange/Wulff/Lüdtke-Handjery	Lange/Wulff/Lüdtke-Handjery, Höfeordnung, 9. Auflage 1991
Langenfeld Ehevertrag	Langenfeld, Der Ehevertrag, 7. Aufl. 1997 (Seite)
Langenfeld Handbuch	Langenfeld, Handbuch der Eheverträge und Scheidungsvereinbarungen, 3. Aufl. 1996 (Rdn.)
Langenfeld Schenkung	Langenfeld, Grundstückszuwendungen im Zivil- und Steuerrecht, 3. Aufl. 1992
Langenfeld Testament	Langenfeld, Das Testament des Gesellschafter-Geschäftsführers einer GmbH und GmbH & Co, 1980 (Seite)
Langenfeld Vertragsgestaltung	Langenfeld, Vertragsgestaltung, 2. Aufl. 1997
Langenfeld/Gail	Langenfeld/Gail, Handbuch der Familienunternehmen, Stand 1991 (Rdz., röm. Ziff., arab. Ziff.)
Lappe Kosten	Lappe, Justizkostenrecht, 2. Aufl. 1995 (Seite)
lfd.	laufend
LG	Landgericht
Lgb.	Lagebuchnummer
lit.	litera (= Buchstabe)
Lit.	Literatur
LM	Das Nachschlagewerk des Bundesgerichtshofs in Zivilsachen, herausgegeben von Lindenmaier und Möhring (Gesetzesstelle u. Entscheidungsnr.)
Locher	Locher, Recht der Allgemeinen Geschäftsbedingungen, 3. Aufl. 1997
LohnfzG	Lohnfortzahlungsgesetz (s. jetzt EntgeltFZG)

XXV

Abkürzungen

LPachtG	Landpachtgesetz
LStDVO	Lohnsteuerdurchführungsverordnung
LStR	Lohnsteuerrichtlinien
LwErbR	Landwirtschaftserbrecht
LZ	Leipziger Zeitschrift (Jahr u. Seite)
m.	mit
MaBV	Makler- und Bauträgerverordnung idF v. 7. 11. 1990 (BGBl. I 2479)
MDR	Monatsschrift für Deutsches Recht (Jahr u. Seite)
ME	Miteigentum
MHG	Gesetz zur Regelung der Miethöhe v. 18. 12. 1974 (BGBl. I 3603) mit späteren Änd.
Min.	Ministerium
Mio.	Millionen
MitbestG	Gesetz über die Mitbestimmung der Arbeitnehmer
MittBayNot	Mitteilungen des Bayerischen Notarvereins, der Notarkasse und der Landesnotarkammer Bayern (Jahr u. Seite)
MittRhNotK	Mitteilungen der Rheinischen Notarkammer
MMV	Mustermietvertrag
ModEnG	Modernisierungs- und Energieeinsparungsgesetz (BGBl. 1978 I 993)
MTV	Manteltarifvertrag
MünchKomm/Bearbeiter	Münchener Kommentar zum Bürgerlichen Gesetzbuch, 3. Aufl. 1992 ff. (§§, Rdn.)
MuSchG	Gesetz zum Schutz der erwerbstätigen Mutter
mwN	mit weiteren Nachweisen
MWSt	Mehrwertsteuer
Nachf.	Nachfolger
Nachw.	Nachweise
NÄG	Namensänderungsgesetz
NAK	Notaranderkonto
NBildUG	Niedersächsisches Gesetz über den Bildungsurlaub für den Arbeitnehmer
nF.	neue Fassung
NJW	Neue Juristische Wochenschrift
NMV	Neubaumietenverordnung
Nr.	Nummer
NRW	Nordrhein-Westfalen
NStZ	Neue Zeitschrift für Strafrecht
NWB	Neue Wirtschaftsbriefe
NZA	Neue Zeitschrift für Arbeitsrecht; bis 1991 Neue Zeitschrift für Arbeits- und Sozialrecht (Jahr u. Seite)
NZM	Neue Zeitschrift für Miet- und Wohnungsrecht (Jahr und Seite)
o.	oben
oa.	oben angegeben(en)
oä.	oder ähnlich
ÖTV	Gewerkschaft öffentliche Dienste, Transport u. Verkehr
OFD	Oberfinanzdirektion
OGHbrZ	Oberster Gerichtshof für die britische Zone
OHG	offene Handelsgesellschaft
OLG	Oberlandesgericht
OLGZ	Entscheidungen der Oberlandesgerichte in Zivilsachen, seit 1995 vereinigt mit FGPrax
p. a.	pro anno
Palandt/Bearbeiter	Palandt, Bürgerliches Gesetzbuch, 57. Aufl. 1998 (§§, Rn.)
Paulick/Blaurock	Handbuch der stillen Gesellschaft, 5. Aufl. 1996
PersGes.	Personengesellschaft

Abkürzungen

phG	persönlich haftender Gesellschafter
pol.	polizeilich
Pos.	Position
ppa.	per procura
PStG	Personenstandsgesetz
RABl.	Reichsarbeitsblatt
RAM	Reichsarbeitsminister
RBerG	Rechtsberatungsgesetz
RdA	Recht der Arbeit (Jahr u. Seite)
RdL	Recht der Landwirtschaft (Jahr u. Seite)
Rdn.	Randnummer
Rdz.	Randziffer
RE	Rechtsentscheid
Recht	Das Recht (Jahr u. Seite)
RegEntw.	Regierungsentwurf
RegNr.	Registernummer
RFH	Reichsfinanzhof
RG	Reichsgericht
RGBl.	Reichsgesetzblatt
RGRK/Bearbeiter	Kommentar, herausgegeben von Reichsgerichtsräten und Bundesrichtern, 12. Aufl. 1974 ff. (§§, Rdz.)
RGZ	Entscheidungen des Reichsgerichts in Zivilsachen
RHeimStG	Reichsheimstättengesetz
Richardi, BetrVG	Richardi, Betriebsverfassungsgesetz, 7. Aufl. 1998 (früher Dietz/Richardi)
RLNot.	Allgemeine Richtlinien für die Berufsausübung der Notare
Rohs/Wedewer KostO	Rohs/Wedewer, Kostenordnung, Loseblatt-Kommentar, Stand 1997
Rolland	Rolland, Kommentar zum 1. Eherechtsreformgesetz, Loseblatt, Stand 1994
RPfleger	Der Deutsche Rechtspfleger (Jahr u. Seite)
RpflJB	Rechtspflegerjahrbuch
RRG	Rentenreformgesetz
RStBl.	Reichssteuerblatt
Rspr.	Rechtsprechung
Ruland/Tiemann	Ruland/Tiemann, Versorgungsausgleich und steuerliche Folgen der Ehescheidung, 1977 m. Beiheft 1983
RuStAG	Reichs- und Staatsangehörigkeitsgesetz
RVO	Reichsversicherungsordnung
S.	Satz, Seite
s.	siehe
Sartorius II	Internationale Verträge/Europarecht (Loseblatt-Textsammlung), 10. Aufl.
SchadErsAnspr.	Schadensersatzanspruch
Schaub ArbR-Formb.	Schaub, Arbeitsrechtliche Formularsammlung und Arbeitsgerichtsverfahren, 6. Aufl. 1994
Schaub ArbR-Hdb.	Schaub, Arbeitsrechts-Handbuch, 8. Aufl. 1996
Schaub Betriebsrat	Schaub, Der Betriebsrat, 6. Aufl. 1995
SchiffsR	Schiffsrecht
SchiffsRegR	Schiffsregisterrecht
SchiffsRG	Schiffsrechtegesetz
SchiffsRegO	Schiffsregisterordnung
SchlHA	Schleswig-Holsteinische Anzeigen
Schmidt, EStG	Ludwig Schmidt, Einkommensteuergesetz, 17. Aufl. 1998
Schmidt-Futterer/Blank, Wohnraumschutzgesetze	Schmidt-Futterer/Blank, Wohnraumschutzgesetze, 6. Aufl. 1988 (§§, Rdn.)
SchwBG	Schwerbehindertengesetz

Abkürzungen

SE	Sondereigentum
SeemG	Seemannsgesetz
SeuffA	Seuffart's Archiv
SF	Sozialer Fortschritt (Jahr u. Seite)
SGV NW	Sammlung des bereinigten Gesetz- und Verordnungsblattes für das Land Nordrhein-Westfalen
so.	siehe oben
Soergel/Bearbeiter	Soergel/Siebert, Kommentar zum Bürgerlichen Gesetzbuch, 12. Aufl. 1987 ff. (§§, Rdn.)
sog.	sogenannt
Sp.	Spalte
spät.	spätestens
Spiegelberger	Vermögensnachfolge, 1994
städt.	städtisch(e)
Stahlhacke/Preis	Kündigung und Kündigungsschutz, Schriftenreihe der NJW, 6. Aufl. 1995
Staudinger/Bearbeiter	Staudinger, Kommentar zum Bürgerlichen Gesetzbuch, 12. Aufl. 1978 ff., teilw. 13. Aufl. 1993 ff. (§§, Rdn.)
StAZ	Das Standesamt (Jahr u. Seite)
StbJb.	Steuerberaterjahrbuch
Sternel, Mietrecht	Sternel, Mietrecht, 3. Aufl. 1988 (Rdn.)
Sternel, Mietrecht aktuell	Sternel, Mietrecht aktuell, 3. Aufl. 1996
StEK	Steuererlasse in Karteiform
StKongrRep.	Steuerberaterkongreß-Report
StLex	Steuerlexikon
str.	strittig
stRspr.	ständige Rechtsprechung
StuW	Steuer und Wirtschaft
StW	Steuer-Warte
su.	siehe unten
Sudhoff	Handbuch der Unternehmensnachfolge, 3. Aufl. 1984
SVG	Soldatenversorgungsgesetz
teilw.	teilweise
Troll, ErbStG	Troll, Erbschaftsteuer- und Schenkungsteuergesetz (Loseblatt-Kommentar), 6. Aufl., Stand März 1997
TÜV	Technischer Überwachungsverein
TVG	Tarifvertragsgesetz
Tz.	Textziffer
u.	unten; und
ua.	unter anderem
uä.	und ähnliche
UB	Unbedenklichkeitsbescheinigung
Überbl.	Überblick
UFITA	Archiv für Urheber-, Film-, Funk- und Theaterrecht
Ulmer/Brandner/Hensen AGBG	Kommentar zum AGBG, 8. Aufl. 1997
UmstG	Umstellungsgesetz
UmwG	Umwandlungsgesetz
UmwStG	Umwandlungssteuergesetz
unstr.	unstreitig
UR	Urkundenrolle
URNr.	Urkundenrollennummer
USt	Umsatzsteuer
UStG	Umsatzsteuergesetz
usw.	und so weiter
uU.	unter Umständen
UWG	Gesetz gegen den unlauteren Wettbewerb

Abkürzungen

v.	von
VBG	Allgemeine Vorschriften der Berufsgenossenschaften zur Verhütung von Arbeitsunfällen
VerBAV	Veröffentlichungen des Bundesaufsichtsamtes für das Versicherungs- und Bausparwesen
VerbrKrG	Verbraucherkreditgesetz
VerglO	Vergleichsordnung
VersR	Versicherungsrecht (Jahr u. Seite)
VGH	Verwaltungsgerichtshof
vgl.	vergleiche
vH	vom Hundert
VO	Verordnung
VOB	Verdingungsordnung für Bauleistungen
VOL	Verdingungsordnung für Leistungen – ausgenommen Bauleistungen
vollst.	vollständig
Vorbem.	Vorbemerkung
VR	Vereinsregister
VSt	Vermögensteuer (ehemalige)
vT.	von Tausend
VV	Verwaltungsvorschrift
VVaG	Versicherungsverein auf Gegenseitigkeit
VVG	Gesetz über den Versicherungsvertrag
VW	Versicherungswirtschaft
WarnR	Rechtsprechung des Reichsgerichts, herausgegeben von Warneyer
WährG	Währungsgesetz
WE	Wohnungseigentum (Jahr u. Seite)
WEG	Wohnungseigentumsgesetz
Weingärtner/Schöttler DONot.	Weingärtner/Schöttler, Dienstordnung der Notare, 5. Aufl. 1991
WEM	Wohnungseigentümer-Magazin
WGB	Wohnungsgrundbuch
WKSchG	Wohnraumkündigungsschutzgesetz
Wlotzke	Betriebsverfassungsgesetz mit Wahlordnung, 2. Aufl. 1992
WM	Wohnungswirtschaft und Mietrecht (Jahr u. Seite)
WoBindG	Wohnungsbindungsgesetz
WohnbauG	Wohnungsbaugesetz
Wolf/Horn/Lindacher	AGB-Gesetz, 3. Aufl. 1994
WPg	Die Wirtschaftsprüfung (Jahr u. Seite)
WPM	Wertpapier-Mitteilungen (Jahr u. Seite)
WuW/E	Wirtschaft und Wettbewerb, Entscheidungssammlung zum Kartellrecht
WZG	Warenzeichengesetz
ZAKDR	Zeitschrift der Akademie für Deutsches Recht
zB.	zum Beispiel
ZBlFG	Zentralblatt für freiwillige Gerichtsbarkeit und Notariat (Jahr und Seite)
ZBlJugR	Zentralblatt für Jugendrecht und Jugendwohlfahrt
ZbR	Zurückbehaltungsrecht
Zeller ZVG	Zeller/Stöber, ZVG, Kurzkommentar, 15. Aufl. 1996
ZFA	Zeitschrift für Arbeitsrecht
ZFS	Zentralblatt für Sozialversicherung
ZGR	Zeitschrift für Unternehmens- und Gesellschaftsrecht (Jahr u. Seite)
ZHR	Zentralblatt für Handelsrecht (Jahr u. Seite)
Ziff.	Ziffer
ZMR	Zeitschrift für Miet- und Raumrecht (Jahr u. Seite)
ZPO	Zivilprozeßordnung
zT	zum Teil

Abkürzungen

zus.	zusammen
ZVG	Zwangsversteigerungsgesetz
ZvglRWiss.	Zeitschrift für vergleichende Rechtswissenschaft
ZZP	Zeitschrift für Zivilprozeß
zZt.	zur Zeit

VII. Zuwendungsverträge

1. Übertragung eines Mehrfamilienhauses mit einer vom Übergeber selbstgenutzten Wohnung
(Vereinbarung einer dauernden Last, eines Mietvertrages und einer Rückfallklausel)

Beurkundet am ......

I. Vertragsgegenstand

Im Grundbuch des Amtsgerichtes ...... für ...... Band ...... Blatt ...... ist an dem dort vorgetragenen und in der Gemarkung ...... gelegenen Grundbesitz Flst.Nr. ......
Herr A als Alleineigentümer eingetragen.
Der Grundbesitz ist in Abt. II unbelastet.
In Abt. III des Grundbuches ist eine Buchgrundschuld über 30.000,– DM zu Gunsten der X-Bank eingetragen.

II. Überlassung, Auflassung

Herr A überläßt unter Zustimmung seiner Ehefrau, Frau A – beide im folgenden als „Übergeber oder Veräußerer" bezeichnet – hiermit den in Abschnitt I. dieser Urkunde näher bezeichneten Vertragsgrundbesitz mit allen Rechten und Pflichten, den Bestandteilen und dem gesetzlichen Zubehör

an
seine Tochter Frau B
– zum Alleineigentum –
– im folgenden als „der Erwerber" bezeichnet –.

III. Auflassung

Die Vertragsteile sind darüber
einig,
daß das Eigentum an dem überlassenen Vertragsgrundbesitz vom Veräußerer auf den Erwerber übergeht.
Der Veräußerer
bewilligt
und der Erwerber
beantragt
die Eintragung der Rechtsänderung im Grundbuch.
Die Eintragung einer Auflassungsvormerkung gemäß § 883 BGB wird vorläufig nicht gewünscht.
Vollzugsmitteilung an die Beteiligten und an den Notar wird
beantragt.

IV. Besitz, Nutzungen, Lasten

Der Besitz, die Nutzungen und die Lasten aller Art, einschließlich der Steuern und Abgaben, sowie die Gefahren eines zufälligen Unterganges oder einer zufälligen Ver-

schlechterung gehen ab dem auf die Beurkundung folgenden Monatsersten auf den Erwerber über. Der Veräußerer versichert, daß etwaige ihm in Rechnung gestellte Erschließungs- und Anliegerkosten bezahlt sind.
Alle übrigen Erschließungs- und Anliegerkosten, auch für bereits ganz oder teilweise fertiggestellte, aber noch nicht abgerechnete Anlagen hat der Erwerber zu tragen und den Veräußerer von einer Inanspruchnahme freizustellen.
Der Vertragsgegenstand ist nicht vermietet.

V. Gewährleistung

Der Veräußerer haftet lediglich dafür, daß
a) Besitz und Eigentum am Vertragsgrundbesitz ungehindert, insbesondere frei von etwaigen im Grundbuch eingetragenen Belastungen, und ohne sonstige Rechte Dritter auf den Erwerber übergehen, soweit in dieser Urkunde nichts anderes vereinbart ist,
b) Rückstände an Grundsteuern und sonstigen Abgaben nicht vorhanden sind.

Soweit Belastungen im Grundbuch eingetragen sind und diese vom Erwerber nicht übernommen werden, stimmen die Vertragsteile den zur Lastenfreistellung erforderlichen Freigaben und Löschungen mit dem Antrag auf Vollzug im Grundbuch zu.
Im übrigen leistet der Veräußerer keine Gewähr für Sach- oder Rechtsmängel jeder Art, insbesondere nicht für Größe, Grenzverlauf, Beschaffenheit und Verwertbarkeit des Vertragsgrundbesitzes.

VI. Auflage

1. Dauernde Last

Der Erwerber verpflichtet sich, an Herrn A auf dessen Lebensdauer als
dauernde Last
monatlich einen Betrag in Höhe von 1.000,– DM
– eintausend Deutsche Mark –
im voraus je bis zum 3. eines jeden Monats, erstmals für den auf die Beurkundung folgenden Monat, zu zahlen. Nach dem Ableben von Herrn A ist die dauernde Last in der zuletzt an Herrn A entrichteten Höhe an Frau A auf deren Lebensdauer unter Anwendung der vereinbarten Anpassungs- und Wertsicherungsklausel weiter zu zahlen.

2. Anpassung

Sofern durch eine Änderung der wirtschaftlichen Verhältnisse der standesgemäße Unterhalt des Erwerbers oder der Übergeber nicht mehr gewährleistet ist, kann jeder Abänderung in entsprechender Anwendung von § 323 ZPO verlangen.
Eine Abänderung kann insbesondere auch aus dem Mehrbedarf abgeleitet werden, der sich in Folge dauernder Pflegebedürftigkeit eines Übergebers oder aufgrund der Aufnahme in ein Alters- oder Pflegeheim ergibt. Sobald die vom Erwerber insgesamt aufgebrachten monatlichen Zahlungen den Verkehrswert des Anwesens zum Zeitpunkt der Übergabe erreichen, richtet sich die Höhe der weitergehenden Zahlungen nach § 1601 BGB.

3. Wertsicherungsklausel

Der als dauernde Last jeweils zu zahlende Betrag soll wertbeständig sein.
Er erhöht oder vermindert sich in demselben prozentualen Verhältnis, in dem sich der vom
Statistischen Bundesamt in Wiesbaden
für jeden Monat festgestellte und veröffentlichte Preisindex für die
Gesamtlebenshaltung aller privaten Haushalte in Deutschland
auf der Basis 1994 = 100 gegenüber dem für den auf die Beurkundung folgenden Monat festzustellenden Index erhöht oder vermindert.

1. Übertragung eines Mehrfamilienhauses VII. 1

Eine Erhöhung oder Verminderung des jeweils zu zahlenden Betrages tritt jedoch erst dann ein, wenn die Indexveränderung zu einer Erhöhung oder Verminderung des jeweils zu zahlenden Betrages um mindestens 10% – zehn vom Hundert – führt.
Die aufgrund der Wertsicherungsklausel erhöhte oder ermäßigte dauernde Last ist erstmals für den Monat, für den eine Index-Änderung um mindestens 10% festgestellt wird, zu entrichten, ohne daß es einer Aufforderung durch die begünstigte Vertragspartei bedarf. Differenzbeträge für die bis zur Indexveröffentlichung verstreichende Zeit sind unverzüglich nach Bekanntgabe des maßgeblichen Indexes ohne Beilage von Zinsen auszugleichen.
Diese Wertsicherungsklausel findet immer wieder erneut Anwendung, wenn sich der Lebenshaltungsindex um weitere 10% – zehn vom Hundert – nach oben oder unten verändert.
Nach Hinweis auf das noch bis 31. 12. 1998 bestehende Erfordernis einer Genehmigung der vorstehenden Wertsicherungsklausel nach § 3 WährG
beantragen
die Vertragsteile hiermit diese Genehmigung und beauftragen den Notar, diese bei der Landeszentralbank für sie einzuholen und entgegenzunehmen.

4. Reallast

Zur Sicherung aller Ansprüche auf Zahlung des vorstehend vereinbarten, als dauernde Last monatlich wiederkehrend zu entrichtenden Betrages in Höhe des Ausgangsbetrages in der vereinbarten wertgesicherten Form nach vorstehender Ziffer 3. – jedoch ohne der vereinbarten Anpassungsmöglichkeit nach vorstehender Ziffer 2. – bestellt der Erwerber zugunsten Herrn A und zugunsten von Frau A
je eine
Reallast
am vertragsgegenständlichen Grundbesitz, wobei die Reallast zugunsten von Frau A aufschiebend bedingt ist durch das Vorversterben des Herrn A.
Die Vertragsteile
bewilligen und beantragen
die Eintragung der Reallasten – im Gleichrang untereinander – in das Grundbuch an nächstoffener Rangstelle mit dem Vermerk, daß zur Löschung der Nachweis des Todes des jeweiligen Berechtigten genügen soll.
Auf die Eintragung einer Sicherungshypothek für die Erhöhung der dauernden Last aufgrund der Anpassungsklausel gem. § 323 ZPO wird ausdrücklich verzichtet.

5. Zwangsvollstreckungsunterwerfung

Der Erwerber unterwirft sich wegen der dinglichen und wegen der persönlichen Ansprüche aus den Reallasten sowie wegen der persönlichen Verpflichtung auf Zahlung des als dauernde Last zu entrichtenden Betrages – jeweils in Höhe des genannten Ausgangsbetrages gemäß vorstehender Ziffer1. – der
sofortigen Zwangsvollstreckung
aus dieser Urkunde in sein gesamtes Vermögen.
Ferner verpflichtet sich der Erwerber, sich wegen Erhöhungen des als dauernde Last zu zahlenden Betrages aufgrund der Anpassungsklausel gemäß vorstehender Ziffer 2. und 3. der sofortigen Zwangsvollstreckung zu unterwerfen, soweit der Berechtigte dies verlangt.

VII. Grundschuldübernahme

Die an dem Vertragsgegenstand lastende Grundschuld über 30.000,– DM zu Gunsten der X-Bank ist nach Angabe der Beteiligten nicht valutiert. Der Erwerber übernimmt diese Grundschuld für eigene Kreditzwecke. Die Umschreibung entstandener Eigentümerrechte auf den Erwerber wird bewilligt. Rückgewähr- und Löschungsansprüche werden an den Erwerber abgetreten.

Zum Zwecke der Neuvalutierung übernimmt der Erwerber für den Eingang des Grundschuldbetrages die persönliche Haftung und unterwirft sich der Zwangsvollstreckung aus dieser Grundschuld in sein gesamtes Vermögen. Die Grundschuldgläubigerin darf den Erwerber persönlich vor der Vollstreckung in den Pfandgrundbesitz in Anspruch nehmen.

Auf das Erfordernis der Änderung der Zweckbestimmungserklärung wurden die Beteiligten hingewiesen.

VIII. Mietvertrag

1.

Der Erwerber vermietet an den Übergeber mit Wirkung von dem auf die Beurkundung folgenden Monatsersten an die im übergebenen Anwesen gelegene Dachgeschoßwohnung, bestehend aus Wohnzimmer, Schlafzimmer, Küche, Bad/WC und Flur.

2.

Das Mietverhältnis wird auf Lebenszeit der Übergeber und des Längstlebenden von ihnen geschlossen und ist somit seitens des Erwerbers unkündbar. Eine Kündigung gem. § 554a BGB bleibt in jedem Fall vorbehalten. Der Übergeber kann das Mietverhältnis jederzeit unter Einhaltung einer Frist von zwei Monaten kündigen.

3.

Der Mietzins beträgt monatlich 400,- DM
– vierhundert Deutsche Mark –.

Im Mietzins sind alle Nebenkosten mit Ausnahme der Kosten für Beheizung, Beleuchtung, Strom, Wasser und Müllabfuhr enthalten.

Für die im Mietzins nicht enthaltenen Kosten leistet der Übergeber eine monatliche Vorauszahlung, deren Höhe bis zum Ablauf des ersten Kalenderjahres auf DM 150,00 monatlich festgelegt wird.

Am Ende eines jeden Kalenderjahres erfolgt eine genaue Abrechnung der Nebenkosten, wobei die Umlegung im Verhältnis der Nutzflächen erfolgt, soweit keine Zwischenzähler vorhanden sind.

Aus dem festgestellten Jahresbetrag der Nebenkosten werden zugleich die Monatsvorauszahlungen für das folgende Jahr errechnet.

Der Mietzins und der Nebenkostenpauschalbetrag sind spätestens am 5. eines jeden Monats im voraus zur Zahlung fällig.

4.

Im übrigen gelten für das Mietverhältnis die gesetzlichen Bestimmungen, insbesondere für etwaige Mietzinserhöhungen.

IX. Rückgabe

1. Rücktritt

Herr A ist berechtigt, von dem schuldrechtlichen Teil dieses Vertrages zurückzutreten und die Rückauflassung des Vertragsgegenstandes zu verlangen, wenn

a) der Erwerber vor den Übergebern oder dem längstlebenden Übergeberteil verstirbt, ohne daß das Eigentum an dem Vertragsgegenstand ausschließlich auf leibliche Abkömmlinge der Übergeber übergeht,

b) der Erwerber oder dessen Ehegatte Scheidungsklage erhebt und Zugewinnausgleichsansprüche hinsichtlich des Vertragsgegenstandes geltend gemacht werden,

c) die Übergeber berechtigt sind, dem Erwerber den Pflichtteil zu entziehen oder

d) über das Vermögen des Erwerbers das Konkurs- oder Vergleichsverfahren eröffnet oder mangels Masse abgelet wird oder die Zwangsversteigerung oder Zwangsverwaltung des Vertragsgegenstandes eingeleitet wird.

2. Investitionen

Werterhöhende Investitionen sind dem Erwerber zu dem im Zeitpunkt der Rückübertragung bestehenden Zeitwert zu ersetzen. Eine Ersatzpflicht scheidet aus, wenn die Investitionsmaßnahmen ohne Zustimmung der Übergeber erfolgt sind. Grundpfandrechte haben die Übergeber nur insoweit zu übernehmen, als sie gegenwärtig bestehen oder Verbindlichkeiten sichern, zu deren Erfüllung die Übergeber verpflichtet sind. Die durch die Rückübertragung entstehenden Kosten hat der Erwerber zu tragen. Im übrigen gelten die gesetzlichen Rücktrittsbestimmungen.

3. Ausübung

Der Rücktritt kann nur durch schriftliche Erklärung gegenüber dem Erwerber oder dessen Erben geltend gemacht werden. Nach dem Ableben von Herrn A steht Frau A ein Erwerbsrecht in entsprechender Anwendung der Rücktrittsvereinbarungen zu. Im übrigen ist das Rücktrittsrecht weder vererblich noch übertragbar.

4. Vormerkung

Zur Sicherung des aufschiebend bedingten (Rück-)Erwerbsanspruches bestellt der Erwerber zu Gunsten von Herrn A und zu Gunsten von Frau A, im Gleichrang untereinander, je eine Auflassungsvormerkung gemäß § 883 BGB an dem Vertragsgegenstand und bewilligt und beantragt die Eintragung im Grundbuch im Rang nach allen bestehenden und in dieser Urkunde bestellten Rechten.

X. Pflichtteilsverzicht

Im Hinblick auf die in dieser Urkunde vereinbarte Grundstücksübertragung verzichtet der Erwerber gegenüber den Übergebern auf sein gesetzliches Pflichtteilsrecht am künftigen Nachlaß der Übergeber mit Wirkung für sich und seine Abkömmlinge einschließlich etwaiger Pflichtteilsergänzungsansprüche.
Die Übergeber nehmen diesen Pflichtteilsverzicht hiermit an.
Der Pflichtteilsverzicht entfällt, wenn aufgrund des vorstehend vereinbarten Rücktrittsrechtes der Vertragsgegenstand zurückübertragen wird.

XI. Hinweise, Belehrungen

Die Beteiligten wurden vom Notar darüber belehrt, daß
- alle Vereinbarungen vollständig beurkundet sein müssen, da andernfalls der Vertrag nichtig sein könnte;
- für Rückstände an öffentlichen Lasten und Abgaben, insbesondere für Erschließungsbeiträge sowie für etwaige im Grundbuch eingetragene Belastungen bis zur Freistellung weiterhin der Vertragsgrundbesitz haftet;
- für Kosten und Steuern kraft Gesetzes alle Beteiligten haften, auch wenn eine Partei sie vertraglich alleine übernommen hat;
- das Eigentum erst mit Eintragung im Grundbuch auf den Erwerber übergeht.

XII. Kosten und Steuern

Die Kosten dieser Urkunde und des grundbuchamtlichen Vollzuges sowie eine etwaige Schenkungsteuer hat der Erwerber zu tragen.

XIII. Ausfertigungen und Abschriften

Von dieser Urkunde erhalten die Vertragsteile je eine Ausfertigung;

beglaubigte Abschriften erhalten
- das Grundbuchamt,
- das Zentralfinanzamt – Schenkungsteuerstelle –,
- die Grundpfandrechtsgläubigerin.

Schrifttum: Amann, Das gemeinschaftliche Recht, das dem überlebenden Berechtigten allein zusteht, MittBayNot 1990, 225; BMF-Schreiben v. 23. 12. 1996 BStBl. 1996 I 1508: Einkommensteuerrechtliche Behandlung von wiederkehrenden Leistungen im Zusammenhang mit der Übertragung von Privat- oder Betriebsvermögen – Rentenerlaß –; *Bühler,* Ersatzlösungen für den Vorbehalts- und Vermächtnisnießbrauch mit Formulierungsvorschlägen, BWNotZ 1985, 25; *Fischer,* Wiederkehrende Bezüge und Leistungen, 1994; *Kohler,* Vormerkbarkeit eines durch abredewidrige Veräußerung bedingten Rückerwerbsanspruchs, DNotZ 1989, 339; *Langenfeld,* Grundstückszuwendungen im Zivil- und Steuerrecht, 3. Aufl. 1992; *Reiff,* Die Abgrenzung der Duldungs- von der Leistungsauflage im Schenkungssteuerrecht, DStR 1990, 231; *Seithel,* Einkommensteuerrechtliche Behandlung des Nießbrauchs, 3. Aufl. 1985; *Spiegelberger,* Der Versorgungsvertrag bei der vorweggenommenen Erbfolge, Stbg 1995, 481; *ders.,* Vermögensnachfolge, 1994; *Weber-Grellet,* Vermögensübertragungen Stbg 1998, 14; *Wegmann,* Grundstücksüberlassung, 1994.

Anmerkungen

1. Sachverhalt. Der 65jährige A will sein stark renovierungsbedürftiges Zweifamilienhaus seiner Tochter T übertragen, weiterhin aber auf Lebensdauer in der bisherigen Wohnung bleiben. Gleichzeitig soll die Ehefrau des A auf Lebensdauer versorgt sein. Um die Kosten der Renovierung und Erhaltung der von den Eheleuten A bewohnten Wohnung als Werbungskosten geltend machen zu können, soll auf Anraten des Steuerberaters kein dingliches Nutzungsrecht, sondern ein Mietvertrag vereinbart werden.

2. Gestaltungsalternativen. Die traditionellen Gestaltungsvarianten, nämlich die Übertragung von Grundbesitz unter Vorbehalt des Nießbrauches oder eines Wohnungsrechtes (vgl. Form. VII. 2 und VII. 3) sind unter ausschließlich zivilrechtlicher Betrachtung zu bevorzugen, da sie die einfachste und sicherste Gestaltung für den Übergeber erlauben. Ein im Grundbuch an erster Rangstelle eingetragener Nießbrauch sichert den Übergeber selbst bei Veräußerung oder Zwangsversteigerung des übergebenen Anwesens. Die Steuernachteile, die durch die Nießbrauchsrechtsprechung des BFH BStBl. 1981 II 295, 297 und 299 und durch den II. Nießbraucherlaß BStBl. 1984 I, 561 eingetreten sind, haben den Anwendungsbereich von Vorbehaltsnießbrauchs- und Vorbehaltswohnungsrechten erheblich geschmälert. Aufgrund dieser Rechtsprechung wird beim Vorbehaltsnießbrauch nur der – u. U. im Ruhestand befindliche und einkommensschwache – Nutzungsberechtigte zur Geltendmachung von AfA und Werbungskosten zugelassen, während der Übernehmer als bürgerlich-rechtlicher Eigentümer den Wertverzehr und seine Instandhaltungsaufwendungen für die vom Nutzungsrecht erfaßten Räume steuerlich nicht geltend machen kann.

Darüber hinaus führt die auf dem WohneigFG beruhende „Privatgutlösung" dazu, daß während der Dauer der Selbstnutzung einer Wohnung der Nutzungswert einkommensteuerlich nicht mehr erfaßt und damit auch der Werbungskostenabzug ausgeschlossen ist, vgl. *Spiegelberger* DNotZ 1988, 214. Darüber hinaus will die Finanzverwaltung BStBl. 1996 I 1508 Tz. 10, gestützt auf BFH BStBl. 1992 II 803 und 1994 II 19, neben einem vorbehaltenen Totalnießbrauch keinerlei Versorgungsleistungen zum Sonderausgabenabzug zulassen.

1. Übertragung eines Mehrfamilienhauses   **VII. 1**

Aufgrund dieser für die Erhaltung von Wohngebäuden ungünstigen Steuerfolgen weicht die Praxis auf Gestaltungen aus, wonach Grundstücke gegen Leibrente oder dauernde Last übertragen werden und dem Übergeber lediglich mietvertraglich der weitere Verbleib im Anwesen gesichert wird, vgl. Form. VII. 3; *Bühler* BWNotZ 1985, 25; *Langenfeld*, Grundstückszuwendungen im Zivil- und Steuerrecht, S. 188; *Spiegelberger*, Vermögensnachfolge, Rn. 139 ff; *Wegmann*, Grundstücksüberlassung Rn. 330 ff.

Bei der Vereinbarung eines Mietvertrages erlangt der Erwerber den uneingeschränkten Werbungskosten- und AfA-Abzug; darüberhinaus darf der Erwerber die dem Übergeber entrichteten Leistungen als Sonderausgaben geltend machen, vgl. unten 5.

3. Rückauflassungsvormerkung. Über die im Formularvorschlag aufgeführten Rücktrittsfälle hinaus werden in der Praxis häufig noch die Fälle der Veräußerung oder Belastung des Vertragsgegenstandes ohne Zustimmung der Übergeber als Rücktrittsgrund vorgesehen. Gem. § 137 BGB kann die Befugnis zur Verfügung über ein veräußerliches Recht nicht durch Rechtsgeschäft ausgeschlossen oder beschränkt werden. Die Wirksamkeit einer Verpflichtung, über ein solches Recht nicht zu verfügen, wird durch diese Vorschrift nicht berührt. Um das berechtigte Interesse der Übergeber an der Erhaltung ihrer Existenzgrundlage zu sichern, läßt die ganz h. M. eine Vormerkung zum Schutz des durch verfügungsverbotswidrige Veräußerung bedingten Rückauflassungsanspruchs zu, vgl. *Kohler* DNotZ 1989, 343 mit Nachweisen. Nur dann, wenn die Beteiligten einen gläubigerbenachteiligenden Effekt erzielen wollen oder eine Knebelung des Erwerbers in der wirtschaftlichen Bewegungsfreiheit eintritt, kommt die Nichtigkeit dieser Vereinbarung gem. § 137 Satz 1 oder § 138 Abs. 1 BGB in Betracht. Eine Vorlöschungsklausel gem. § 23 Abs. 2 GBO, wonach die Vormerkung bei Nachweis des Todes des Berechtigten gelöscht werden kann, ist nicht zulässig, vgl. BGH DNotZ 1992, 569; 1996, 453 m. Anm. *Lülsdorf*. Nach Auffassung des BayObLG MittBayNot 1990, 37 (m. Anm. *Ertl*) ist der in einem Übergabevertrag vorgesehene Rückübereignungsanspruch in der Regel auf die Lebenszeit des Veräußerers beschränkt. § 23 GBO ist dann nicht anwendbar, so daß die Vormerkung ohnehin bei Nachweis des Todes gem. § 22 GBO gelöscht werden kann; ist der Rückforderungsanspruch vererblich, kann die Löschung nur mit Zustimmung der Erben erfolgen, vgl. BayObLG DNotZ 1996, 156; *Jerschke* in Beck'sches Notarhandbuch AV Rz. 237.

Die Vereinbarung von Rückauflassungsansprüchen ist auch aus einkommensteuerlichen Gründen begrenzt. Sofern sich der Übergeber die Nutzung des Vertragsgegenstandes unter Vereinbarung eines umfangreichen Widerrufsrechtes, gesichert durch Rückauflassungsvormerkung und Einräumung unwiderruflicher Vollmachten zur Rückabwicklung vorbehält, kann das wirtschaftliche Eigentum beim Übergeber bleiben, vgl. BFH BStBl. 1983 II 631, so daß einkommensteuerlich der Vertragsgegenstand weiterhin dem Übergeber zugerechnet wird (anders für die Schenkungsteuer, vgl. BFH BStBl. 1983 II 179). Die BadWürtt. Finanzverwaltung hat in einem Schreiben vom 26. 2. 1985 (zitiert nach *Bühler* BWNotZ 1985, 29) erklärt, daß aus folgenden, durch Rückauflassungsvormerkung abgesicherten Rückübertragungsansprüchen noch kein wirtschaftliches Eigentum abgeleitet werden könne:

a) wenn der Eigentümer verstirbt,
b) die gerichtliche Auflösung der Ehe des Eigentümers beantragt wird,
c) in der Person des Eigentümers ein Grund entsteht, der den Berechtigten oder seinen Ehegatten zur Pflichtteilsentziehung berechtigt und
d) über das Vermögen des Eigentümers das Konkursverfahren oder das Vergleichsverfahren zur Abwendung des Konkurses eröffnet wird.

Aus dieser Stellungnahme kann nicht gefolgert werden, daß weitergehende Rücktrittsgründe bereits zum wirtschaftlichen Eigentum führen. In Zweifelsfällen sollte eine verbindliche Auskunft des Finanzamtes nach Maßgabe des BFM-Schreibens BStBl. 1987 I 474 vor der Beurkundung eingeholt werden. Vor allzu weit gehenden Rücktrittsrechten ist aus den angegebenen Gründen zu warnen, zumal jede im Grundbuch eingetragene

Rückauflassungsvormerkung eine „Schattenwirkung" (vgl. Bühler BWNotZ 1985, 29) in der Weise mit sich bringt, daß der Eigentümer ohne Mitwirkung des Vormerkungsberechtigten faktisch nicht mehr über das Grundstück verfügen kann.

4. Reallast. Soll an Stelle einer Leibrente, die gem. § 10 Abs. 1 Nr. 1a Satz 2 EStG von dem Erwerber nur mit dem Ertragsanteil als Sonderausgabe abgezogen werden darf, eine sog. dauernde Last vereinbart werden, die in vollem Umfang abzugsfähig ist, muß hinsichtlich der Absicherung durch Reallast im Grundbuch der sachenrechtliche Bestimmtheitsgrundsatz beachtet werden. Im Unterschied zu einer Rente weist eine dauernde Last nicht das Merkmal der gleichbleibenden Höhe auf, vgl. *Schaeberle/Utech,* Deutsches Steuerlexikon, Stichwort „Renten", S. 1. Durch eine Reallast können auch Geld- und Naturalleistungen gesichert werden, die gem. § 323 ZPO ihrer Höhe nach unter bestimmten Voraussetzungen angepaßt werden können, sofern die Anpassungsmaßstäbe für die Abänderung inhaltlich ausreichend bestimmt sind, vgl. BayObLG MittBayNot 1987, 94; *Amann* MittBayNot 1979, 220.

Bei einer Regelung, wonach eine Anpassung der monatlichen Zahlungen gem. § 323 ZPO erfolgen soll, wenn z.B. der **standesgemäße Unterhalt** des Empfängers oder des Zahlenden nicht mehr gesichert ist, bestehen hinsichtlich des Bestimmtheitsgrundsatzes keine Bedenken, vgl. *Staudinger/Amann* § 1105 BGB Rdn. 12; eine nur schuldrechtliche Anpassungsklausel kann nicht zum Inhalt einer Reallast gemacht werden, vgl. OLG Hamm, RPfleger 1988, 404; auch der allgemeine Hinweis auf § 323 ZPO ist nicht ausreichend, vgl. OLG Frankfurt, RPfleger 1988, 247. Aufgrund der im Formulierungsvorschlag enthaltenen Einbeziehung des Pflegefallrisikos in die dauernde Last könnte die Wahrung des Bestimmtheitsgrundsatzes zweifelhaft sein. Nach LG München II MittBayNot 1990, 244 kann die Tragung der Kosten einer Unterbringung in einem Alters- oder Pflegeheim Inhalt einer Reallast sein. Danach ist trotz der Möglichkeit unterschiedlich hoher Pflegesätze eine derartige Verpflichtung ausreichend bestimmbar. Beschränkt man die Reallast auf den Ausgangsbetrag, kann der hypothetische Erhöhungsbetrag in jedem Fall durch Sicherungshypothek gesichert werden. Bei der Zwangsvollstreckungsunterwerfung ist in jedem Fall die Beschränkung auf den Ausgangsbetrag erforderlich, vgl. Form. VII. 2 Anm. 4.

Von den Beteiligten wird häufig gewünscht, das Pflegefallrisiko aus der Reallastanpassung aufzunehmen, insbesondere um öffentlich-rechtliche Leistungsansprüche zu erhalten oder Rückgriffsrechte des Sozialhilfeträgers zu vermeiden; zum Einfluß des Sozialrechts auf die Vertragsgestaltung vgl. *Gitter* DNotZ 1984, 595; *Krauß* MittBayNot 1992, 77; *Jerschke* in Beck'sches Notarhandbuch AV Rz. 214. Dabei wird übersehen, daß der Sozialhilfeträger das nach § 528 gegebene Rückforderungsrecht des Übergebers wegen Bedürftigkeit gem. § 90 Abs. 1 BSHG auf sich überleiten kann, vgl. Münch-Komm/*Kollhosser* § 528 Rdnr. 7. Wird ein im Eigentum des Sozialhilfeempfängers stehendes Grundstück allein zu dem Zweck auf einen Dritten übertragen, den Zugriff des Sozialhilfeträgers auf das Grundstück zu vereiteln, so ist nach OVG Münster MittBayNot 1990, 95 die Auflassung nichtig, so daß der Sozialhilfeträger unmittelbar das Grundstück in Anspruch nehmen kann.

5. Einkommenbesteuerung der Versorgungsrenten.

(1) **Abgrenzung zur Unterhaltsrente.** In den Fällen vorweggenommener Erbfolge unter nahen Angehörigen stehen nicht kaufmännische Abwägungen im Vordergrund, so daß vereinbarte wiederkehrende Bezüge regelmäßig private Versorgungsrenten in der Form einer Leibrente oder dauernden Last darstellen, vgl. BFH DB 1992, 972; BFH BFH/NV 1992, 166. Die Abgrenzung zur **Unterhaltsrente,** die gem. § 12 Nr. 2 EStG steuerlich nicht abzugsfähig ist, erfolgt unter Berücksichtigung der Wertrelationen des übertragenen Vermögens und des Barwertes der vereinbarten wiederkehrenden Bezüge. Sofern der Rentenbarwert mehr als das Doppelte des Wertes des übertragenden Vermögens ausmacht, handelt es sich um eine reine Unterhaltsrente, die gem. § 12 Nr. 2 EStG in keiner

1. Übertragung eines Mehrfamilienhauses VII. 1

Weise, also auch nicht anteilig, steuerlich berücksichtigt werden kann, vgl. R 123 Satz 6 EStR 1996. Hingegen ist eine private Versorgungsrente in der Form einer Leibrente bei dem Berechtigten mit dem Ertragsanteil und, soweit es sich um eine dauernde Last handelt, in voller Höhe zu erfassen, vgl. BFH BStBl. 1965 III, 706; umgekehrt kann der Übernehmer des Vermögens die Rente in gleichem Umfang gem. § 10 Abs. 1 Nr. 1a EStG als Sonderausgabe abziehen, wie sie beim Berechtigten zu dessen steuerpflichtigen Einkünften gehört, vgl. BFH BStBl. 1996 II 157; BMF-Schreiben BStBl. 1996 I 1512 Rz. 35.

(2) **Leibrenten.** Leibrenten sind nach bisher h.M. wiederkehrende Bezüge, die auf einem einheitlichen Rentenstammrecht beruhen und von der Lebensdauer einer Person abhängen, BFH BStBl. 1967 III 179. Wegen der Unbestimmtheit der Laufzeit sind sie mit einem Wagnis verbunden, vgl. *Schmidt/Heinicke* EStG § 22 Rz. 41. Die Vereinbarung einer Wertsicherungsklausel, also insbesondere die Anpassung an den jeweiligen Lebenshaltungskostenindex oder an Lohnbezüge, beseitigt nicht die eine Leibrente charakterisierende gleichmäßige Leistung, vgl. BFH BStBl. 1986, 261; *Schmidt/Heinicke* EStG § 22 Rz. 32; gegen eine Anknüpfung an den bürgerlich-rechtlichen Leibrentenbegriff gem. § 759 BGB ist *Fischer* a.a.O. Rz. 111 und 144.

(3) **Dauernde Last.** Soweit keine gleichmäßigen Leistungen vereinbart werden, sondern sich die Leistungen z.B. nach dem Umsatz oder dem Gewinn eines Unternehmens richten oder die jeweilige Höhe von den wirtschaftlichen Verhältnissen des Verpflichteten oder Berechtigten abhängig ist, vgl. BFH BStBl. 1965 III, 166, im übrigen aber den Charakter einer Leibrente gegeben wäre, handelt es sich um sonstige wiederkehrende Bezüge in der Form sog. dauernder Lasten, die beim Empfänger in voller Höhe steuerlich erfaßt werden. Wiederkehrende Bezüge, die im übrigen Voraussetzungen einer Leibrente erfüllen, können vertragstechnisch durch die Anpassung an die jeweiligen wirtschaftlichen Verhältnisse entsprechend § 323 ZPO in eine dauernde Last umgestaltet werden. Der Große Senat des BFH BStBl. 1992 II 78 hat die bisherige Rechtsprechung hinsichtlich der Abgrenzung zwischen Leibrente und dauernder Last mit der Einschränkung bestätigt, daß sich die für die dauernde Last charakteristische Abänderbarkeit entweder aus einer ausdrücklichen Bezugnahme auf § 323 ZPO oder in **anderer Weise** aus dem Vertrag ergeben könne.

(4) **Nachträgliche Änderungen.** Im nachhinein kann eine Leibrente durch die Bezugnahme auf § 323 ZPO nicht in eine dauernde Last umqualifiziert werden, vgl. BFH BStBl. 1981 II 26; FG Nürnberg EFG 1988, 599. Da der Große Senat GrS 1/90 BStBl. 1992 II 78 und insbesondere der X. Senat BStBl. 1992 II 1022 auf die Rechtsnatur des Übergabevertrages als Versorgungsvertrag abstellen, wird die Abänderbarkeit der Versorgungsleistungen und damit die Einstufung als dauernde Last vermutet, selbst wenn die vereinbarten Leistungen bisher als Leibrente steuerlich beurteilt wurden. In vielen Fällen wird sich somit eine Umqualifizierung ergeben, ohne daß es einer Nachtragsbeurkundung bedarf.

(5) **Mindestleistung.** Die Vereinbarung einer Mindestleistung ist nicht unbedenklich. Sofern die Leistung jedoch so bemessen wird, daß bei wirklichkeitsnaher Betrachtung eine Schwankungsmöglichkeit über die Mindestleistung hinaus nach oben und wieder zurück nach den gegebenen Verhältnissen tatsächlich nicht ausgeschlossen ist, will der BFH BStBl. 1980 II 575 die Gesamtleistung als dauernde Last beurteilen. Bei ähnlichen Gestaltungen hat der BFH BStBl. 1980 II 501 jedoch die Mindestleistung als Leibrente und lediglich den Schwankungsbetrag als dauernde Last behandelt, vgl. *Richter* DB 1984, 1547 und 1950; *Spiegelberger* KÖSDI 1985, 5848.

(6) **Einkommensteuerung der Gegenleistungsrenten**

(6.1) **Kaufverträge.** Gem. Tz. 45 BFM-Schreiben 1996 BStBl. 1996 I 1508 (Rentenerlaß) werden wiederkehrende Leistungen **entgeltlich** im Austausch mit einer Gegenleistung erbracht, wenn die Beteiligten Leistung und Gegenleistung nach kaufmännischen Gesichtspunkten gegeneinander abgewogen haben und **subjektiv** von der Gleichwertigkeit der beiderseitigen Leistungen ausgegangen sind. Soweit bei der Veräußerung eines Betriebes, Teilbetriebes oder Gesellschaftsanteils unter Fremden wiederkehrende Bezüge vereinbart werden, handelt es sich meist um betriebliche Veräußerungsrenten. Leistung und Gegenleistung werden dabei nach kaufmännischen Grundsätzen beurteilt, vgl. BFH BStBl. 1955 III 302. Dieses Abgrenzungskriterium gilt auch bei der Übertragung von steuerlichem Privatvermögen. Nach ganz h. M. sind bei kaufmännischer Abwägung von Leistung und Gegenleistung, sowohl bei der betrieblichen als auch bei der privaten Veräußerungsrente, Anschaffungskosten auf Seiten des Erwerbers gegeben, vgl. BFH/NV 1992, 30; *Blümich/Ehmcke* EStG § 6 Rdnr. 186. Dabei macht es nach der neueren BFH-Rechtsprechung keinen Unterschied, ob bei derartigen Veräußerungsgeschäften Leibrenten oder dauernde Lasten vereinbart werden, d. h. der BFH hält bei entgeltlichen wiederkehrenden Leistungen in der Form der dauernden Last eine Trennung der Vermögensumschichtung vom steuerlichen Zins- bzw. Ertragsanteil für geboten, vgl. BFH BStBl. 1993 II 299 und BStBl. 1995 II 54; *Stephan* DB Beil. Nr. 4/97 S. 14; *Fischer* Stbg 1997, 203.

(6.2) **Kauf- und darlehensähnliche Rechtsgeschäfte.** Bei dauernden Lasten, die eine Gegenleistung aufgrund kauf- oder darlehensähnlicher Geschäfte darstellen, hat der BFH BStBl. 1985 II 709 eine Wertverrechnung mit der im Austausch erbrachten Gegenleistungen vorgenommen, bevor wiederkehrende Leistungen als dauernde Last abgezogen werden durften. Verpflichtete sich ein Ehegatte in einer Vereinbarung über die Scheidungsfolgen, den anderen Ehegatten lebenslänglich zu versorgen, während dieser dafür auf seinen Zugewinnausgleich verzichtete, so konnte der Verpflichtete seine wiederkehrenden Versorgungsleistungen als dauernde Last abziehen, als ihr Wert denjenigen des Zugewinnausgleichsanspruchs überstieg, vgl. BFH BStBl. 1986 II 674. Aufgrund des Umstandes, daß auch in abänderbaren Leistungen im Austausch mit einer Gegenleistung von Anfang an über die gesamte Laufzeit hinweg ein Zinsanteil enthalten ist, hat der Begriff der dauernden Last im Bereich der Gegenleistungsrenten keine Bedeutung mehr, so zutreffend *Fischer,* Wiederkehrende Bezüge und Leistungen Rdnr. 187. Während der gesamten Laufzeit der abänderbaren wiederkehrenden Leistungen ist der um die Zinsanteile bereinigte Barwert der wiederkehrenden Leistungen die AfA-Bemessungsgrundlage für die Anschaffungskosten.

(6.3) **Zeitrenten.** Gem. Tz. 50 BMF-Schreiben Rentenerlaß sind in Zusammenhang mit einer Vermögensübertragung vereinbarte wiederkehrende Leistungen auf bestimmte Zeit oder die Lebenszeit des Berechtigten, die auf eine bestimmte Zeit beschränkt sind (sog. abgekürzte Leibrenten oder dauernde Lasten) regelmäßig nach den Grundsätzen über wiederkehrende Leistungen im Austausch mit einer Gegenleistung zu behandeln. Das BMF-Schreiben übernimmt damit die Auffassung des X. BFH-Senats, daß Versorgungsleistungen regelmäßig nur auf die Lebenszeit des Empfängers vereinbart werden können. Abgekürzte Leibrenten und dauernde Lasten sind somit nach den Grundsätzen über wiederkehrende Leistungen im Austausch mit einer Gegenleistung zu behandeln, auch wenn sie nicht wie unter fremden Dritten nach kaufmännischen Gesichtspunkten abgewogen sind. Nur dann, wenn die zeitliche Beschränkung dem etwaigen künftigen Wegfall der Versorgungsbedürftigkeit des Berechtigten Rechnung trägt, also eine Versorgungslücke geschlossen wird, soll eine Versorgungsrente vorliegen, vgl. BFH BStBl. 1994 II 633. Auch verlängerte Leibrenten oder dauernde Lasten werden als wiederkehrende Leistungen im Austausch mit einer Gegenleistung behandelt, wenn die Mindestlaufzeit die nach Anh. 4 VermStR 1995 zu bemessende Lebenserwartung des Berechtigten übersteigt (zu Ausweichgestaltungen vgl. *Spiegelberger* DSWR 1997, 88).

6. Einkünfte aus Vermietung und Verpachtung. (1) **Steuerliche Anerkennung des Mietvertrages.** Inhalt des Überlassungsvertrages gegen Rente oder dauernde Last kann zugleich die Vereinbarung eines Mietvertrages mit dem Übergeber sein, vgl. Seithel S. 62. Die Reallast und der Mietvertrag haben ein rechtlich selbständiges Schicksal, so daß die wiederkehrenden Zahlungen und die Miete getrennt gesehen werden müssen und nicht etwa zu saldieren sind. Im Gegensatz zum Zuwendungsnießbrauch, bei dem die Vermietung an den Eigentümer eine Rückgängigmachung des Nießbrauches oder ein Mißbrauch von rechtlichen Gestaltungsmöglichkeiten darstellen kann, insbesondere, wenn das Nießbrauchsrecht mit einem unkündbaren Mietvertrag verbunden ist, vgl. Tz. 15 II. Nießbraucherlaß BStBl. 1984 I 561, bestehen bei der Rückvermietung an den Eigentümer im Fall des Vorbehaltsnießbrauches keine Bedenken, vgl. BFH BStBl. 1976 II 537; ebenso bei Vermietung an den Veräußerer, vgl. FG Rheinland-Pfalz EFG 1989, 179. Dies gilt auch bei der Übertragung eines Grundstückes gegen Leibrente oder dauernder Last mit Rückvermietung an den Übergeber auf dessen Lebensdauer, vgl. Schreiben des FinMin Baden-Württemberg an den Württ. Notarverein v. 27. 2. 1985 BWNotZ 1985, 33; Bühler BWNotZ 1986, 13. Die in diesem Schreiben für den Fall der Nießbrauchsablösung geforderte getrennte Urkunde für den Mietvertrag kann dann, wenn daß das Mietverhältnis von vorneherein bei der Übergabe vereinbart wurde, nicht verlangt werden.

(2) **Verbilligter Mietzins.** Aufgrund des durch das WohneigFG neugefaßten § 21 Abs. 2 EStG kann sogar ein unter der Marktmiete liegender Mietzins vereinbart werden, ohne Einschränkungen bei dem Werbungskostenabzug zu riskieren. Insbesondere bei Vermietungen an Verwandte ist es eine gesetzgeberische Wohltat, nicht die Grenze der Marktmiete ausschöpfen zu müssen, um den Werbungskostenabzug ungeschmälert zu erhalten. Sofern allerdings die Miete um mehr als 50% verbilligt wird, ist die Nutzungsüberlassung im Verhältnis des Preisnachlasses zur Marktmiete als unentgeltlich einzustufen mit der Folge des anteiligen Werbungskostenverlustes.

Äußerungen in der Literatur zeigen, daß die Großzügigkeit des Gesetzgebers nicht überall auf Verständnis stößt. Nach *Drenseck* DStR 1986, 383 kann im Einzelfall trotz der gesetzlichen Regelung der Vermieter Gefahr laufen, daß das Finanzamt die Einkunftserzielungsabsicht verneint. Dies könne insbesondere dann der Fall sein, wenn die verbilligte Wohnungsüberlassung auf privaten Gründen beruhe wie hier OFD Cottbus DB 1991, 1494 und *Apitz* DStR 1992, 242.

(3) **Kombination Mietvertrag/dauernde Last (Rente).** *Wegmann* MittBayNot 1994, 311, sieht in der geschilderten Gestaltung so erhebliche Gestaltungsrisiken, daß die Kombination Mietvertrag/dauernde Last in Zukunft nicht mehr empfohlen werden sollte. In einer Entscheidung vom 13. 10. 1993, MittBayNot 1994, 362, versagte der BFH der Kombination Mietvertrag/dauernde Last bei der Aufhebung eines Wohnungsrechtes die steuerliche Anerkennung; nach Auffassung des FG Nürnberg EFG 1996, 279 liegt ein Mißbrauch von Gestaltungsmöglichkeiten des Rechts gem. § 42 AO vor, wenn anläßlich der Übertragung eines Grundstückes im Wege der vorweggenommenen Erbfolge sowohl monatlich wiederkehrende Zahlungen des Übernehmers zugunsten beider Elternteile auf deren Lebensdauer als auch die lebenslängliche entgeltliche Nutzung einer Wohnung im übertragenen Anwesen durch die Eltern unter Beschränkung des gesetzlichen Kündigungsrechts des Eigentümers vereinbart werden, wobei im entschiedenen Fall die monatlich zu zahlende Miete in etwa der dauernden Last entsprach.

Generell gilt, daß es den Beteiligten freisteht, entweder ein dingliches Wohnungsrecht zu vereinbaren oder einen Mietvertrag abzuschließen. Der Umstand, daß die Miete aus dem früheren Vermögen des Mieters aufgebracht wird, ist ebenfalls grundsätzlich unbeachtlich. Der BFH hat die Wohnungsvermietung im Rahmen einer Scheidung auch bei Verrechnung des Mietzinses mit Unterhaltszahlung anerkannt, vgl. BFH DB 1996, 814, wenn der Mietvertrag einem Fremdvergleich standhält. Haben Eltern ihrem volljährigen Sohn 130.000,– DM geschenkt oder entrichtet der Sohn für eine den Eltern gehörende Wohnung Miete aus den Mitteln dieses Betrages, liegt in dem Abschluß des Mietvertrages zwischen Eltern und Sohn kein Gestaltungsmißbrauch i.S. des § 42 AO, vgl. BFH BStBl. 1994 II, 694. Nach Auffassung des IX. BFH-Senats DB 1996, 74 liegt selbst dann kein Gestaltungsmißbrauch vor, wenn ein Zweifamilienhaus in zwei Eigentumswohnungen aufgeteilt wird und die Mutter nicht die von dem Sohn bewohnte Eigentumswohnung überträgt, sondern die von ihr selbst bewohnte Eigentumswohnung anmietet. Folgt man dem X. Senat, wonach eine dauernde Last höchstens in Höhe des Ertrags des übertragenden Gegenstands vereinbart werden kann, ist die Vermietung an den Übergeber sinnvoll, da in diesem Fall der Erwerber eine Einkunftsquelle hat. Ein Hinweis des Notars auf das Risiko der steuerrechtlichen Anerkennung ist in jedem Fall empfehlenswert; eine Hinweispflicht im haftungsrechtlichen Sinn besteht jedoch nicht, vgl. *Reithmann/Albrecht/Basty*, Handbuch der notariellen Vertragsgestaltung, Rdnr. 227.

7. Schenkungsteuer. Spätestens mit Grundbucheintragung ist die Schenkung vollzogen, auch wenn sich der Schenker den jederzeitigen Widerruf der Schenkung vorbehält oder ihm vertraglich ein Rücktrittsrecht eingeräumt wurde; das Wesen der Schenkung wird dadurch nicht beeinträchtigt, vgl. *Staudinger/Reuss* § 530 Rdnr. 18; *Münch/Kollhosser* § 517 Rdnr. 5. In der steuerrechtlichen Literatur haben sich *Knobbe-Keuk*, Bilanz- und Unternehmenssteuerrecht, 6. Aufl. S. 755 und *Kapp* § 29 ErbStG, Rdnr. 28 dafür ausgesprochen, daß in einer mit freiem Widerrufsvorbehalt oder in einer mit einer auflösenden Wollensbedingung versehenen Schenkung kein schenkungsteuerpflichtiger Vorgang zu sehen sei; a.A. *Petzoldt* § 7 ErbStG Rdnr. 80; *Troll* § 7 ErbStG Rdnr. 6. Nach BFH BStBl. 1989 II 1034 ist eine Schenkung auch dann vollzogen, wenn sie unter freiem Widerrufsvorbehalt steht und dem Zuwendenden eine Verfügungsvollmacht des Zuwendungsempfängers erteilt wurde; ebenso *Spiegelberger* DStR 1995, 1702.

Wegen der Berechnung der Schenkungsteuer vgl. Form. VII. 2 Anm. 14 und VII. 5 Anm. 10.

8. Grunderwerbsteuer. Gem. § 3 Nr. 6 GrEStG ist die Übertragung auf Abkömmlinge von der Grunderwerbsteuer befreit.

8 a. Wertsicherungsklausel. Das in VI. 3 des Form. statuierte Genehmigungserfordernis nach § 3 WährG ist ab 1. 1. 1999 (Aufhebung des § 3 WährG durch Art. 9 § 1 EuroEG v. 9. 6. 1998, BGBl. I S. 1242/1253) obsolet.

9. Kosten. Notar: doppelte Gebühr gem. § 36 Abs. 2 KostO aus dem Verkehrswert des Grundstückes gem. § 19 KostO und $^5/_{10}$ Vollzugsgebühr gem. § 146 Abs. 1 Satz 1 KostO für die Einholung der Genehmigung der Landeszentralbank.

Grundbuchamt: $^5/_{10}$ Gebühr gem. § 60 Abs. 2 KostO für die Eintragung der Auflassung (Wert gem. § 19 KostO), je eine $^5/_{10}$ Gebühr für die Eintragung der Reallast (Wert gem. § 24 KostO, höchstens 5facher Jahreswert) und für die Eintragung der Vormerkung gem. § 66 KostO.

2. Vorweggenommene Erbfolge mit Nießbrauchsvorbehalt

Verhandelt am ......
in ......

§ 1 Grundbuchstand[1]

Im Grundbuch des Amtsgerichts ...... (Ort) für ...... (Gemarkung) Band ...... Blatt ......
ist an dem dort vorgetragenen Grundbesitz der Gemarkung ......
Fl. Nr. ......

2. Vorweggenommene Erbfolge mit Nießbrauchsvorbehalt VII. 2

A als Alleineigentümer eingetragen.
Der Grundbesitz ist in Abt. II unbelastet.
In Abt. III ist eine Buchgrundschuld über DM 50.000,– zugunsten der ...... (Bank) eingetragen.

§ 2 Überlassung[2]

Herr A
– im folgenden „Übergeber" oder „Nießbraucher" genannt –
überläßt hiermit unter Zustimmung seiner Ehefrau den vorbezeichneten Grundbesitz mit allen Rechten und Pflichten, den wesentlichen Bestandteilen und dem gesetzlichen Zubehör an seine Tochter, Frau B
– im folgenden „Erwerber" genannt –
zum Alleineigentum.

§ 3 Auflassung

Die Vertragsteile sind über den Eigentumsübergang einig. Der Übergeber bewilligt und der Erwerber beantragt die Eintragung der Rechtsänderung im Grundbuch. Auf die Bestellung einer Auflassungsvormerkung wird vorläufig verzichtet.

§ 4 Besitz, Nutzungen, Lasten[3]

Der mittelbare Besitz, die Gefahr des zufälligen Untergangs und der zufälligen Verschlechterung gehen sofort auf den Erwerber über, der unmittelbare Besitz, die Nutzungen und die übrigen Lasten mit Beendigung des nachfolgend bestellten Nießbrauchs.

§ 5 Gewährleistung

Der Übergeber haftet dafür, daß der Vertragsgegenstand lastenfrei mit Ausnahme der nachfolgend übernommenen und bestellten Rechte auf den Erwerber übergeht. Im übrigen leistet der Übergeber keinerlei Gewähr für Sach- oder Rechtsmängel jeder Art.

§ 6 Schuldübernahme[4, 5]

Der Erwerber übernimmt anstelle des Übergebers die an dem Vertragsgegenstand in Abt. III des Grundbuchs eingetragene Grundschuld über DM 50.000,– in dinglicher Haftung sowie die zugrundeliegende Schuldverpflichtung in Höhe von ...... (Betrag) zur ferneren Verzinsung und Rückzahlung mit allen aus der Bestellungsurkunde und dem Darlehensvertrag sich ergebenden Verpflichtungen. Die befreiende Schuldübernahme erfolgt mit sofortiger Wirkung mit dem zum gegenwärtigen Zeitpunkt gegebenen Stand der Darlehensverbindlichkeit.
Die Zins- und Zahlungsbestimmungen sind dem Erwerber bekannt.
Entstandene Eigentümerrechte und Rückgewährungsansprüche werden entschädigungslos auf den Erwerber mit dessen Zustimmung übertragen mit der Maßgabe, darüber nur zum Zweck der Löschung zu verfügen. Die befreiende Schuldübernahme wird dem Gläubiger durch Übersendung einer begl. Abschrift dieser Urkunde mitgeteilt. Die gem. §§ 415 ff. BGB erforderliche Genehmigung werden die Vertragsteile selbst einholen. Auf das Erfordernis der Änderung der Zweckbestimmungserklärung wurde hingewiesen.

§ 7 Zwangsvollstreckungsunterwerfung[4]

Der Erwerber unterwirft sich wegen der in dieser Urkunde eingegangenen und übernommenen Zahlungsverpflichtungen der sofortigen Zwangsvollstreckung aus dieser Urkunde in sein gesamtes Vermögen. Hinsichtlich der übernommenen Grundschuld übernimmt der Erwerber für den Eingang des Grundschuldbetrages einschließlich Zins- und

Nebenleistungen die volle persönliche Haftung und unterwirft sich auch insoweit der sofortigen Zwangsvollstreckung aus dieser Urkunde in sein gesamtes Vermögen. Der Gläubiger ist berechtigt, sich jederzeit eine vollstreckbare Ausfertigung dieser Urkunde ohne Fälligkeitsnachweis auf Kosten des Erwerbers erteilen zu lassen und den Erwerber aus der persönlichen Haftung schon vor der Vollstreckung in den Pfandbesitz in Anspruch zu nehmen.

§ 8 Nießbrauch[6-17]

Der Übergeber behält sich auf seine Lebensdauer das unentgeltliche Nießbrauchsrecht an dem Vertragsgegenstand vor. Danach ist der Übergeber berechtigt, sämtliche Nutzungen aus dem Vertragsgegenstand zu ziehen und verpflichtet, sämtliche auf dem Vertragsgegenstand ruhenden privaten und öffentlichen Lasten einschließlich der außerordentlichen öffentlichen Lasten zu tragen. Der Nießbrauch hat auch die nach der gesetzlichen Lastenverteilungsregelung dem Eigentümer obliegenden privaten Lasten zu tragen, insbesondere die außergewöhnlichen Ausbesserungen und Erneuerungen.

Nach dem Ableben des Übergebers steht das Nießbrauchsrecht mit demselben Inhalt dessen Ehefrau A auf deren Lebensdauer zu.

Die Vertragsteile bewilligen und beantragen die Eintragung des Nießbrauchsrechts zugunsten des Übergebers sowie des aufschiebenden Nießbrauchsrechts zugunsten von Frau A an nächstoffener Rangstelle im Gleichrang untereinander im Grundbuch mit dem Vermerk, daß zur Löschung eines jeden Rechts der Nachweis des Todes des Berechtigten genügt.

§ 9 Löschungsvormerkung[5]

Der Erwerbver verpflichtet sich gegenüber den Nießbrauchern, die vorstehend bezeichnete Grundschuld löschen zu lassen, wenn sie sich mit dem Eigentum in einer Person vereinigt und bewilligt und beantragt die Eintragung je einer Löschungsvormerkung zugunsten von Herrn A und Frau A. Die bestehenden und künftig entstehenden Ansprüche auf Löschung oder Rückgewähr der Grundschuld tritt der Erwerber an die Eheleute A als Gesamtberechtigte gem. § 428 BGB ab.

§ 10 Pflichtteilsanrechnung

Der Erwerber hat sich den gegenwärtigen Verkehrswert des überlassenen Anwesens abzüglich des Werts der kapitalisierten Nießbrauchsrechte auf sein gesetzliches Pflichtteilsrecht am künftigen Nachlaß des Übergebers anrechnen zu lassen. Eine Ausgleichungspflicht gem. § 2050 BGB wird ausgeschlossen.

§ 11 Hinweise

Die Vertragsteile wurden vom Notar hingewiesen auf
a) den Zeitpunkt und die Voraussetzung des Eigentumsübergangs,
b) das Erfordernis der vollständigen Beurkundung der getroffenen Vereinbarung,
c) die mögliche Schenkungsteuerpflicht,[15]
d) die Haftung des Grundbesitzes für öffentliche Lasten und Abgaben,
e) die gesamtschuldnerische Haftung der Beteiligten für Kosten und Steuern unbeschadet der im Innenverhältnis getroffenen Vereinbarungen.

§ 12 Kosten[18]

Die Kosten dieser Urkunde und des Vollzuges trägt der Erwerber, eine etwa anfallende Schenkungsteuer trägt jeder Empfänger für seinen Erwerb.

2. Vorweggenommene Erbfolge mit Nießbrauchsvorbehalt VII. 2

§ 13 Ausfertigung und Abschriften

Von dieser Urkunde erhalten die Vertragsteile und das Grundbuchamt je eine Ausfertigung, das Zentralfinanzamt – Schenungsteuerstelle – eine bgl. Abschrift, das Finanzamt – Grunderwerbsteuerstelle –[16] eine einfache Abschrift.

Schrifttum: Bühler, Ersatzlösungen für den Vorbehalts- und Vermächtnisnießbrauch mit Formulierungsvorschlägen BWNotZ 1985, 25; *Esch/Baumann/Schulze zur Wiesche,* Handbuch der Vermögensnachfolge, 1997; *Jansen/Jansen,* Der Nießbrauch im Zivil- und Steuerrecht 5. Aufl. 1993; *Schön,* Der Nießbrauch an Sachen, 1992; *Spiegelberger,* Vorbehaltsnießbrauch an Grundstücken des Privatvermögens ZEV 1994, 214; siehe ferner Form. VII. 1.

Anmerkungen

1. **Sachverhalt.** Das Anwesen ist vermietet. Die Erträge dienen dem Lebensunterhalt der Eheleute A. Die Übertragung erfolgt auf Anraten des Steuerberaters, um den Schenkungsteuerfreibetrag des § 16 Abs. 1 Nr. 2 ErbStG im 10-Jahres-Turnus auszuschöpfen.

2. **Anwendungsfälle.** Bei dem Vorbehaltsnießbrauch handelt es sich regelmäßig um einen Versorgungsnießbrauch. Es entspricht einer alten deutsch-rechtlichen Tradition bei Überlassungsverträgen zwischen Verwandten, daß sich die übertragenden Altbesitzer den Versorgungsnießbrauch vorbehalten, vgl. OLG Hamm DNotZ 1970, 37; *Hornung* Rpfleger 1982, 299. Der Nießbrauch spielt als Gestaltungsmittel eine bedeutende Rolle bei der Regelung der Erbfolge, zur Alterssicherung und zur Substanzerhaltung sowie in Einzelfällen zur Pflichtteilsbegrenzung und Haftungsbeschränkung, da mit der Übertragung die Fristen des § 3 AnfG zu laufen beginnen.

3. **Gefahrenübergang.** Gemäß § 69 Abs. 1 VVG tritt der Erwerber anstelle des Übergebers in die Sachversicherungsverträge kraft Gesetzes, vorbehaltlich der Kündigungsrechte gem § 70 VVG, ein. Die Versicherungsprämien hat jedoch gem. § 1045 BGB weiterhin der Übergeber aufgrund des bestellten Nießbrauchs zu tragen.

4. **Schuldübernahme.** Da die Schuldübernahme keine Rechtsnachfolge darstellt (BGHZ 61, 140), ist eine erneute Unterwerfung des Schuldübernehmers unter die Zwangsvollstreckung erforderlich, vgl. *Wolfsteiner,* Die vollstreckbare Urkunde, § 16, 13. Aufgrund des Erfordernisses der Bestimmtheit des Anspruches kann eine vollstreckbare Ausfertigung gem. § 794 Abs. 1 Nr. 5 ZPO nur erteilt werden, wenn bei der Schuldübernahme der genaue Schuldbetrag oder, soweit dieser nicht feststeht, ein Mindestbetrag angegeben wird. Während eine erneute dingliche Zwangsvollstreckungsunterwerfung gem § 800 ZPO nicht erforderlich ist, wird von den Kreditinstituten regelmäßig ein abstraktes Schuldversprechen gem. § 780 BGB mit Zwangsvollstreckungsunterwerfung als Voraussetzung für die Genehmigung der Schuldübernahme verlangt, um die Beitreibung der Forderung zu erleichtern, vgl. BGH NJW 1976, 567; *Palandt/Thomas* § 780 Einf. v. § 780 Rz. 3. Das Recht, den Schuldübernehmer aus der persönlichen Haftung vor der Vollstreckung in den Pfandbesitz in Anspruch zu nehmen, führt bei mehreren Schuldnern zur Ausweitung der Haftung, da das Kreditinstitut in diesem Fall vorab die persönliche Haftung geltend machen und hinsichtlich des nicht befriedigten Restbetrages das Grundstück in Beschlag nehmen kann.

5. **Löschungsvormerkung.** Die Bestellung einer Löschungsvormerkung sowie bei Grundschulden die zusätzliche Abtretung der Rückgewähr- und Löschungsansprüche stellt eine Sicherung des Nießbrauchers dar. Zusätzlich kann die Eintragung von Vormerkungen zur Sicherung der Rückgewährungsansprüche erfolgen, die allerdings von den vorrangigen Grundschuldgläubigern zu bewilligen ist, vgl. KG OLGZ 1976, 44; OLG Saarbrücken DNotZ 1980, 504.

6. Nießbrauch. (1) Gesetzlicher Inhalt, Nettonießbrauch. Der Nießbrauch gem. §§ 1030 ff. BGB ist im Abschnitt „Dienstbarkeiten" geregelt; er stellt inhaltlich die umfangreichste Dienstbarkeit dar, die das BGB kennt, und beinhaltet das Recht, sämtliche Nutzungen aus dem belasteten Gegenstand zu ziehen. Damit korrespondiert die Pflicht, die bisherige wirtschaftliche Bestimmung der Sache aufrechtzuerhalten und nach den Regeln einer ordnungsgemäßen Wirtschaft zu verfahren, insbesondere gem. § 1041 BGB für die Erhaltung der Sache in ihrem wirtschaftlichen Bestand zu sorgen, wobei Ausbesserungen und Erneuerungen dem Nießbraucher nur soweit obliegen, als sie zu der gewöhnlichen Unterhaltung der Sache gehören. Gem. § 1045 BGB hat der Nießbraucher die Sache gegen Brandschaden und sonstige Unfälle auf seine Kosten insoweit zu versichern, als dies einer ordnungsgemäßen Wirtschaft entspricht. Gem. § 1047 BGB muß der Nießbraucher die auf der Sache ruhenden öffentlichen Lasten mit Ausschluß der außerordentlichen Lasten, die auf den Stammwert als gelegt gelten (z. B. Erschließungskosten) sowie diejenigen privatrechtlichen Lasten tragen, die schon zur Zeit der Bestellung des Nießbrauchs auf der Sache ruhten, also insbesondere Zinsen für eingetragene Grundpfandrechte.

Der natürlichen Personen bestellte Nießbrauch ist nicht übertragbar (§ 1059 S. 1 BGB) und vererblich (§ 1061 BGB); die Ausübungsbefugnis kann allerdings Dritten überlassen werden, § 1059 S. 2 BGB.

Der vorstehend dargestellte gesetzlich geregelte Normalfall des Nießbrauchs wird im steuerlichen Sprachgebrauch als Nettonießbrauch bezeichnet.

In dem Formulierungsvorschlag werden, abweichend von der gesetzlichen Regelung, die außerordentlichen öffentlichen Lasten sowie die außergewöhnlichen Ausbesserungen und Erneuerungen dem Nießbraucher auferlegt, da der Eigentümer von der Geltendmachung von Werbungskosten aufgrund des mit der unentgeltlichen Nießbrauchbestellung verbundenen Verzichts auf Einnahmen ausgeschlossen ist, vgl. Anm. 10.

(2) **Bruttonießbrauch.** Sofern die Beteiligten vereinbaren, daß der Eigentümer abweichend von der gesetzlichen Lastentragung alle auf der Sache ruhenden öffentlichen und privaten Lasten trägt, so daß dem Nießbraucher die Bruttoeinnahmen ohne jeden Abzug verbleiben, spricht man von einem Bruttonießbrauch; zur steuerlichen Zulässigkeit vgl. BFH BStBl. 1981 II 299; da der Werbungskostenabzug insgesamt verloren geht, ist in der Regel von einem Bruttonießbrauch abzuraten.

(3) **Zuwendungsnießbrauch.** Unter einem Zuwendungsnießbrauch versteht man die Einräumung eines Nießbrauchsrechts zugunsten eines Dritten. Der im Formulartext vorgesehene (aufschiebend bedingte) Nießbrauch zugunsten der Ehefrau des Übergebers ist ein Zuwendungsnießbrauch; in der Beurkundungspraxis wird versucht, durch eine Zwischenübertragung auf den Ehegatten unter Nießbrauchsvorbehalt einen Zuwendungsnießbrauch zu umgehen.

(4) **Vorbehaltsnießbrauch.** Der Vorbehaltsnießbrauch ist das vom Eigentümer an dem übertragenen Grundstück für sich vorbehaltene Nießbrauchsrecht (Eigentümernießbrauch), vgl. *Philipp Heck,* Grundriß des Sachenrechts, § 21 8 b. Darüberhinaus wird auch der vom Erwerber zugunsten des veräußernden Eigentümers bestellte Nießbrauch als Vorbehaltsnießbrauch angesehen.

(5) **Vermächtnisnießbrauch.** Ein Nießbrauchsvermächtnis beinhaltet den schuldrechtlichen Anspruch des Bedachten, vom Erben die Bestellung eines Nießbrauchsrechts zu verlangen, im Falle des Vermächtnisnießbrauchs an einem Grundstück somit die Abgabe der Eintragungsbewilligung in der Form des § 29 GBO. Entgegen Tz. 51 II. Nießbraucherlaß BStBl. 1984 I 565 wird der Vermächtnisnießbrauch wie ein Zuwendungsnießbrauch (mit AfA-Verlust) behandelt, vgl. BFH BStBl. 1994 II 319; BFH/NV 96, 22; *Schmidt-Drenseck* § 7 Rz. 50.

(6) **Quotennießbrauch,** Dispositionsnießbrauch, Sicherungsnießbrauch, Unternehmens- und Nachlaßnießbrauch sowie Eigentümernießbrauch siehe Form. X. 23 Anm. 3.

2. Vorweggenommene Erbfolge mit Nießbrauchsvorbehalt VII. 2

(7) **Belastungsgegenstand.** Gegenstand eines Immobiliennießbrauchs kann außer einem Grundstück auch ein Miteigentumsanteil sowie ein grundstücksgleiches Recht, z. B. ein Erbbaurecht sein, ebenso auch eine Eigentumswohnung, vgl. *Staudinger/Frank* § 1030 Rz. 12. In diesem Fall führt die Nießbrauchsbestellung zur Aufspaltung des Stimmrechts in der Wohnungseigentümerversammlung: Dem Nießbraucher steht das Stimmrecht in allen Fällen zu, die die Verwaltung und die Art der Benutzung des gemeinschaftlichen Eigentums betreffen, §§ 15, 16 und 21 WEG, während im übrigen das Stimmrecht beim Eigentümer bleibt, vgl. *Schöner* DNotZ 1975, 78/79; *Bärmann/Pick* § 25 III 4; KG WE 1987, 126 mit ablehnender Anm. v. *Weitnauer*.

8. Gestaltungsvarianten. Das zwischen dem Eigentümer und dem Nießbraucher entstehende gesetzliche Schuldverhältnis kann mit dinglicher Wirkung abgeändert werden, allerdings – aufgrund des Typenzwanges im Sachenrecht – nur insoweit, als das Wesen des Nießbrauchs nicht beeinträchtigt wird. Eine unzulässige Beeinträchtigung wäre gegeben, wenn der Grundsatz der Substanzerhaltung der nießbrauchsbelasteten Sache verletzt oder wenn eine Leistungspflicht des Eigentümers zum Inhalt des dinglichen Rechts gemacht würde, vgl. *Staudinger/Frank* Vorbem. 13 vor § 1030; BayObLG Rpfleger 1985, 286; *Langenfeld* S. 89; allerdings können die Beteiligten derartige Vereinbarungen mit schuldrechtlicher Wirkung treffen. Der Nießbrauch kann gem. § 1030 Abs. 2 BGB durch den Ausschluß einzelner Nutzungen beschränkt werden, allerdings ist dabei die Grenze zur beschränkten persönlichen Dienstbarkeit zu beachten, vgl. hierzu *Schöner* DNotZ 1982, 416. Unzulässig ist es, Gebäude oder Gebäudeteile aus dem Nießbrauchsrecht auszunehmen, da diese gem. §§ 93, 94 Abs. 1 BGB wesentliche Bestandteile des Grundstückes sind. Somit ist es auch unzulässig, wenn sich der Eigentümer bei Bestellung des Nießbrauchs etwa die Nutzung einer bestimmten Wohnung des auf dem Grundstück errichteten Gebäudes vorbehält, vgl. BayObLG DNotZ 1980, 479; ein dingliches Nutzungsrecht des Eigentümers kann aber wohl durch Bestellung eines Eigentümerwohnrechts im Rang vor einem Nießbrauch zugunsten eines Dritten entstehen. Zulässig ist es, Teilflächen eines Grundstückes von der Nießbrauchsbestellung auszunehmen, vgl. *Soergel/Baur* § 1030 Rdn. 7; nach *Haegele/Schöner/Stöber* Rdn. 592 soll es auch zulässig sein, daß sich der Eigentümer anläßlich der Nießbrauchsbestellung die Nutzung an der Garage vorbehält. Bis 30. 9. 1985 konnten gem. Tz. 61 II. Nießbrauchserlaß BStBl. 1984 I 566 (mit Fristverlängerung BStBl. 1985 I 121) vor dem 22. 11. 1984 bestellte Nießbrauchsrechte rückwirkend zum 1. 1. 1984 der geänderten Steuerrechtsprechung angepaßt werden. Auch darüber hinaus sind Nießbrauchsanpassungen, aber ohne Rückwirkung, möglich, vgl. *Spiegelberger* StRK EStG 1975 § 21 Abs. 1 NutzRecht R. 8; zur Ablösung eines Nießbrauchs durch Leibrente oder dauernde Last vgl. *Spiegelberger,* Vermögensnachfolge Rz. 542 ff.

9. Minderjährige. Im Gegensatz zum Zuwendungsnießbrauch ist nach h. M. beim Vorbehaltsnießbrauch eine Pflegerbestellung nicht erforderlich, selbst dann nicht, wenn das Grundstück zusätzlich mit Grundpfandrechten belastet ist und die Grundpfandrechte den Wert des Grundstückes ausschöpfen oder übersteigen. Die Eltern können daher in diesem Fall die Auflassung des Grundstücks an ein minderjähriges Kind im eigenen Namen und als gesetzlicher Vertreter des Kindes unbeschadet der Vorschrift des § 181 BGB wirksam erklären (anders jedoch bei Schuldübernahme), BayObLG DNotZ 1979, 543; OLG Frankfurt MittBayNot 1981, 66, *Soergel/Hefermehl* § 107 Rdn. 3; MünchKomm/ *Gitter* § 107 Rdn. 17, *Winkler* DNotZ 1974, 736/738. Dies wird damit begründet, daß der Minderjährige aus seinem Vermögen nichts aufgibt und daß er keine neue Belastungen auf sich nehmen muß, damit der Vertrag zustandekommt. Die mit dem Rechtsübergang verbundenen öffentlich-rechtlichen Nachteile, z. B. die Vermögensteuerpflicht, bleiben nach h. M. außer Betracht. Die Schenkung einer Eigentumswohnung unter Vorbehalt des Nießbrauchs beinhaltet jedoch einen rechtlichen Nachteil, wenn der Minderjährige in den Verwaltungsvertrag eintritt, OLG Celle NJW 1976, 2214, oder wenn die

Teilungserklärung wesentliche strengere Verpflichtungen begründet als das Gesetz, vgl. BGH NJW 1981, 109; *Langenfeld* S. 86. Die h. M. im Zivilrecht, wonach bei einem Zuwendungsnießbrauch zugunsten Minderjähriger die Bestellung eines Ergänzungspflegers erforderlich ist (ebenso für die steuerliche Anerkennung BFH BStBl. 1992 II 506; BMF BStBl. 1992 I 370), hingegen die Grundstücksschenkung unter Nießbrauchsvorbehalt einen reinen rechtlichen Vorteil darstellt, stellt die Rechtslage auf den Kopf und verkennt insbesondere die Lastentragungsregelung im Nießbrauchsrecht: Während der Nießbraucher nur geringfügige Erhaltungsaufwendungen auf eigene Kosten durchzuführen hat, obliegt dem Eigentümer des nießbrauchsbelasteten Grundstücks die Lastentragung für alle außergewöhnlichen Ausbesserungen und Erneuerungen gem. § 1041 Satz 2 BGB, also insbesondere die Kostentragung für Großreparaturen. Da der Erwerber eines nießbrauchsbelasteten Grundstücks somit ganz erhebliche Verpflichtungen eingeht, erscheint auch bei dem Fall der Überlassung eines Grundstückes an Minderjährige unter Vorbehalt des Nießbrauchs die Bestellung eines Ergänzungspflegers als erforderlich; bei Vereinbarung einer Schuldübernahme ist die Bestellung eines Ergänzungspflegers bereits aus diesem Grunde notwendig. Sofern es sich nicht um eine Auflagenschenkung, sondern um eine gemischte Schenkung handelt, ist die vormundschaftliche Genehmigung gem. § 1821 Abs. 1 Nr. 5 BGB erforderlich, vgl. MünchKomm/ *Schwab* § 1821 Rdn. 46.

10. Grundbucheintragung. Da die Nießbrauchsbestellung im Zusammenhang mit einer Grundstücksübertragung vereinbart wird, ergibt sich das Erfordernis der notariellen Beurkundung aus § 313 S. 1 BGB. Damit ist auch die für die Eintragungsbewilligung (§ 19 GBO) erforderliche Form (§ 29 GBO) gewahrt. Als Berechtigungsverhältnis gem. § 47 GBO kommt für im gesetzlichen Güterstand oder in Gütertrennung lebende Ehegatten die Eintragung als Gesamtgläubiger gem. § 428 BGB in Betracht, vgl. BGH DNotZ 1981, 121, oder, anstelle einer Gesamtberechtigung, die Eintragung mehrerer gleichrangiger Rechte. Diese nebeneinander bestehenden Rechte beschränken sich gegenseitig in der Ausübung, §§ 1024, 1060 BGB. Bei dem Versterben eines Berechtigten bleibt das Nießbrauchsrecht des Überlebenden uneingeschränkt in vollem Umfang bestehen. Sofern der Übergeber als Alleineigentümer im Grundbuch eingetragen ist, und auch dessen Ehegatten eine Nießbrauchsberechtigung eingeräumt werden soll, empfiehlt sich insoweit die Vereinbarung eines auf den Tod des Übergebers aufschiebend bedingten Nießbrauchsrechtes, da bei einer vorherigen Mitberechtigung des Ehegatten nach Auffassung des BFH BStBl. 1984 II 266 insoweit ein Zuwendungsnießbrauch vorliegt, der zur AfA-Kürzung führen kann, vgl. aber FG Düsseldorf EFG 1991, 73; noch günstiger ist die Zwischenschaltung des Ehegatten als Miteigentümer vor der Durchführung der vorweggenommenen Erbfolge, vgl. oben Anm. 6 (3) und unten Anm. 13 (1). Zur Erleichterung der Löschung eines Nießbrauchs nach dem Versterben des Berechtigten empfiehlt es sich, bereits bei der Bestellung des Rechts eine Löschungsklausel des Inhalts zu vereinbaren, daß zur Löschung des Rechts der Nachweis des Todes des Berechtigten (durch Sterbeurkunde) genügen soll. Da es sich bei dem Nießbrauch um ein Recht handelt, bei dem Rückstände von Leistungen nicht ausgeschlossen sind, vgl. *Demharter* § 23 Anm 3a, steht der Eintragung einer entsprechenden Löschungsklausel bei einer Nießbrauchsbestellung nichts im Wege. Die Bewilligung des Nießbrauchers ist nicht erforderlich, vgl. BGHZ 66, 341.

Die Vereinbarung, daß der Nießbraucher die Kosten auch für außerordentliche Ausbesserungen und Erneuerungen des Grundstücks zu tragen hat, kann als zulässige Abänderung des gesetzlichen Schuldverhältnisses zwischen Eigentümer und Nießbraucher in das Grundbuch eingetragen werden, vgl. BayObLG MittBayNot 1985, 70.

11. Zwangsvollstreckung. Nach h. M. kann einem Leibgedingsvertrag, der Dienstbarkeiten und Reallasten enthält, zur dinglichen Sicherung der Einzelleistungen auch ein Nießbrauch gem. § 1030 BGB einbezogen werden, so daß ein Pfändungsschutz gem. § 850b Abs. 1 Nr. 3 ZPO eintritt; dagegen soll ein Leibgeding, das nur aus einem Nieß-

2. Vorweggenommene Erbfolge mit Nießbrauchsvorbehalt

brauch besteht, unzulässig sein, vgl. BayObLG DNotZ 1975, 622; LG Oldenburg Rpfleger 1982, 298; zu Recht differenzierend *Staudinger/Frank* Vorbem. 58 vor § 1030. Betreibt ein vor- oder gleichrangiger Pfandgläubiger das Zwangsvollstreckungsverfahren in das nießbrauchsbelastete Grundstück, so erlischt der Nießbrauch mit dem Zuschlag, §§ 52 Abs. 1, 91 Abs. 1 ZVG, soweit die Beteiligten nicht eine Liegenbelassungsvereinbarung gem. § 91 Abs. 2 ZVG treffen. An die Stelle des weggefallenen Nießbrauchs tritt der Anspruch auf Wertersatz aus dem Erlös, der durch Zahlung einer Geldrente zu leisten ist, wobei der kapitalisierte Gesamtwert der Rente gem. § 121 Abs. 1 ZVG in den Teilungsplan aufzunehmen ist, höchstens der 25fache Jahreswert.

12. Steuerliche Anerkennung. Bei Verträgen zwischen Familienangehörigen trifft den Steuerpflichtigen, der sich auf die steuerliche Wirksamkeit dieser Vereinbarungen beruft, eine erhöhte Nachweispflicht, vgl. hierzu BVerfG BStBl. 1959 I 204; BFH BStBl. 1957 III 419 und 1958 III 254. Ein Nießbrauchsrecht unter nahestehenden Personen wird nur anerkannt, wenn
- der Nießbrauch bürgerlich-rechtlich wirksam bestellt wurde und die Vereinbarungen ernsthaft, klar und eindeutig sind,
- der Nießbrauch tatsächlich ausgeübt wird, also insbesondere das Grundstück vom Nießbraucher in Besitz genommen und verwaltet wird (BFH BStBl. 1976 II 613),
- die Beteiligten aus der Nießbrauchsbestellung alle steuerrechtlichen und bürgerlich-rechtlichen Konsequenzen auf sich genommen haben (BFH BStBl. 1976 II 537), vgl. *von Bornhaupt* NWB Fach 3, S. 4799/4801.

Außer der zu empfehlenden Pflegerbestellung bei Beteiligung Minderjähriger, vgl. oben Anm. 9, ist bei Fremdvermietung die Benachrichtigung der Mieter und eine entsprechende Kontenänderung durchzuführen (vgl. OFD München StEK § 21 Nr. 117, Abschn. IV Tz. 4.1.).

Die Rückvermietung an den Eigentümer ist im Fall des Vorbehaltsnießbrauchs steuerunschädlich, BFH BStBl. 1976 II 537.

Das Abzugsverbot gem. § 12 Nr. 2 EStG, wonach freiwillige und freiwillig begründete Zuwendungen sowie Zuwendungen an nahestehende Personen nicht vom Gesamtbetrag der Einkünfte abgezogen werden dürfen, findet beim dinglichen Vorbehaltsnießbrauch von vornherein keine Anwendung, soweit die Grundstücksübertragung im Vordergrund steht und das Rechtsgeschäft insgesamt nicht Unterhaltscharakter aufweist, vgl. *Seithel* DStR 1980, 582; *Bartels* DB 1980, 179; *Jansen/Jansen* Rz. 146; *Märkle* DB 1979, 1057; *Meyer* DB 1981, 498; im Hinblick auf die Entscheidung des BFH BStBl. 1984 II 366, wonach selbst bei schuldrechtlichen Nutzungsrechten § 12 Nr. 2 EStG keine Anwendung findet, wenn der Nutzende eine gegen Entzug gesicherte Rechtsposition innehat, bleibt das Abzugsverbot außer Betracht.

13. Einkommensteuer. (1) **Abgrenzung Vorbehaltsnießbrauch – Zuwendungsnießbrauch:** Die in der Zivilistik vereinzelt vertretene (vgl. *Philipp Heck,* Grundriß des Sachenrechts § 21 8 b (S. 83); *Flume,* Allgemeiner Teil BGB, 2. Bd., 3. Aufl. S. 192; BGHZ 24, 374), aber nicht unbestrittene (vgl. *Staudinger/Dilcher* § 107 Rdn. 16) Auffassung besagt, daß der Eigentümer, der bei der Veräußerung seines Grundstückes sich den Nießbrauch vorbehält, dem Wortsinne nach das aus dem Eigentumsrecht fließende Nutzungsrecht zurückbehält und somit nur das um die Nutzungsmöglichkeit entkleidete Eigentum veräußert. Dabei soll es keinen Unterschied machen, ob rechtstechnisch noch der Veräußerer das Recht als Eigentümernießbrauch bestellt oder die Rechtseinräumung bereits durch den Erwerber erfolgt. Ähnlich wie ein wirtschaftlicher Eigentümer übe der Vorbehaltsnießbraucher weiterhin ein nicht von der Rechtsmacht des Erwerbers abgeleitetes Nutzungsrecht aus; dies rechtfertige es, den Nutzungswert weiterhin dem Nutzungsberechtigten zuzurechnen und diesem auch alle Werbungskosten einschließlich der AfA zu gewähren, vgl. BStBl. 1983 II 627. Im Ergebnis bleibt somit einkommensteuerrechtlich alles beim alten; wegen der Lastentragungsregelung vgl. unten Anm. (3).

Spiegelberger

Aufgrund der Zurückbehaltung des Nutzungsrechts durch den veräußernden Eigentümer gibt es keine Differenzierung in entgeltliche und unentgeltliche Vorbehaltsnießbrauchsrechte. Das bei einer unentgeltlichen Grundstücksüberlassung vorbehaltene Nießbrauchsrecht wird einkommensteuerrechtlich genauso behandelt wie das bei einer entgeltlichen Grundstücksveräußerung durch den Eigentümer unter Anrechnung auf den Kaufpreis ausbedungene, vgl. BFH BStBl. 1982 II 379.

Der Begriff des Zuwendungsnießbrauchs umfaßt alle Nießbrauchsbestellungen zugunsten *Dritter*, gleichgültig, ob dies anläßlich einer Eigentumsübertragung oder ohne Eigentumswechsel erfolgt. Sofern der Übergeber als Alleineigentümer im Grundbuch eingetragen ist und auch dessen Ehegatte ein Nießbrauchsrecht erhalten soll stellt eine Mitberechtigung des Ehegatten gem. § 428 BGB nach Auffassung des BFH BStBl. 1984 II 266 ein Zuwendungsnießbrauchsrecht dar, das zur hälftigen AfA-Kürzung führt, sofern nicht der Übergeber weiterhin **allein** die Vermietungsleistungen erbringt, vgl. BFH BStBl. 1986 II 12; DB 1989, 299. Eine steuerschädliche AfA-Kürzung kann vermieden werden, wenn der Ehegatte des Übergebers das Nießbrauchsrecht nur aufschiebend bedingt für den Fall des Vorablebens des Übergebers erhält. Noch günstiger ist die Zwischenschaltung des Ehegatten als Miteigentümer vor der Durchführung der vorweggenommenen Erbfolge. Diese Art einer „Kettenschenkung" stellt nach *L. Schmidt* FR 1983, 354 keinen Gestaltungsmißbrauch dar, vgl. oben Anm. 6 (3).

(2) **Wirtschaftliches Eigentum.** Der Vorbehaltsnießbraucher ist nicht wirtschaftlicher Eigentümer des von ihm genutzten Grundstücks, vgl. BFH BStBl. 1983 II 627 und DB 1991, 2576; seine Rechtsprechung, wonach wirtschaftliches Eigentum des Nießbrauchers anzunehmen ist, wenn Grundstücke im Wege der vorweggenommenen Erbfolge schenkweise übertragen werden und der Übertragende aufgrund unentgeltlichen, auf Lebenszeit vorbehaltenen Nießbrauchsrecht das übereignete Grundstück wirtschaftlich unverändert, insbesondere in gleichem Maße in gleicher Weise, gegen Entzug gleich gesichert und auf die gleiche Dauer wie zuvor nutzte (BFH BStBl. 1977 II 629 und 1978 II 303), hat der Bundesfinanzhof aufgegeben und ist zu der früheren Rechtsprechung zurückgekehrt, wonach nur bei atypischen Gestaltungen (vgl. z.B. BFH HFR 1963, 229 und BStBl. 1983 II 631) wirtschaftliches Eigentum des Nießbrauchers vorliegt.

(3) **Nutzungswertzurechnung.** a) **Vermietung:** Obwohl der Vorbehaltsnießbraucher nicht wirtschaftlicher Eigentümer ist, nutzt er aber das nießbrauchsbelastete Grundstück vergleichbar einem Eigentümer aufgrund des bei der Eigentumsübertragung vorbehaltenen Nutzungsrechtes, das unmittelbar aus seinem früheren Eigentum stammt, wie wenn sich der Nießbraucher vor der Veräußerung den Nießbrauch am eigenen Grundstück als Eigentümernießbrauch bestellt hätte.

Da die Nutzungswertzurechnung bei Vermietung gem. § 21 Abs. 1 Nr. 1 EStG beim Vorbehaltsnießbraucher erfolgt, kann er weiterhin die AfA von den von ihm getragenen Anschaffungs- oder Herstellungskosten in Anspruch nehmen, vgl. BFH BStBl. 1982 II 380 und 1983 II 6; Tz. 41 II. Nießbraucherlaß. Der Vorbehaltsnießbraucher kann auch die von ihm getragenen Aufwendungen für das Gebäude als Werbungskosten abziehen, soweit er diese Verpflichtungen vertraglich übernommen hat, so daß auch von der gesetzlichen Lastenverteilungsregelung abweichende Vereinbarungen von der Finanzverwaltung anerkannt werden, vgl. Tz. 40 II. Nießbraucherlaß; BFH BStBl. 1990, 462. Somit besteht die Möglichkeit, alle, sowohl die gewöhnlichen als auch die außergewöhnlichen Ausbesserungen und Erneuerungen dem Nießbraucher aufzuerlegen, um den Werbungskostenleerlauf zu vermeiden. Dem bürgerlich-rechtlichen Eigentümer hingegen sind weder Einnahmen zuzurechnen (auch nicht bei entgeltlicher Grundstücksübertragung!) noch kann dieser Aufwendungen für das Gebäude als Werbungskosten geltend machen, vgl. Tz. 44 II. Nießbraucherlaß. Erst nach dem Erlöschen des Nießbrauchs steht dem bürgerlich-rechtlichen Eigentümer auch die AfA für das Gebäude zu.

2. Vorweggenommene Erbfolge mit Nießbrauchsvorbehalt VII. 2

b) **Selbstnutzung zu Wohnzwecken:** Durch das WohneigFG scheidet jede ab 1. 1. 1987 angeschaffte oder hergestellte Wohnung, soweit sie selbst genützt oder Dritten unentgeltlich zur Wohnungsnutzung überlassen wird, aus der Einkünfteermittlung aus, so daß weder eine Nutzungswertzurechnung noch ein Werbungskostenabzug erfolgt. Für Altfälle, in denen nicht für die Anwendung des WohneigFG optiert wurde, sieht § 52 Abs. 21 EStG eine bis 31. 12. 1998 dauernde Übergangsregelung vor. Die vorweggenommene Erbfolge bei Altfällen kann zum Werbungskostenverlust führen, vgl. *Spiegelberger* DNotZ 1988, 224.

(4) **Schuldrechtliche Vorbehaltsnutzungsrechte.** a) **Vermietung:** Während dingliche und schuldrechtliche Zuwendungsnutzungsrechte sowohl hinsichtlich der Nutzungswertzurechnung als auch hinsichtlich der sonstigen Besteuerungsfolgen schon bisher gleich behandelt wurden, differenzierte die Rechtsprechung bisher (vgl. auch Tz. 52 II. Nießbraucherlaß) zwischen dinglichen und schuldrechtlichen Vorbehaltsnutzungsrechten. Diese Differenzierung ist durch die BFH-Entscheidung BStBl. 1989 II 872 überholt, da darin ausdrücklich bestätigt wurde, daß dem dinglichen Nießbrauchsvorbehalt der obligatorische gleichsteht; es mache keinen Unterschied, ob sich die Berechtigung aus einem dinglich gesicherten oder nur aus einem schuldrechtlich vereinbarten Nutzungsrecht ergibt, ebenso BFH BStBl. 1990 II 368; BFH GrS BStBl. 1995 II 281; *Schmidt/Drenseck* § 7 Rz. 28 und 45.

b) **Selbstnutzung zu Wohnzwecken:** vgl. oben Anm. (3) b.

(5) **Betriebsvermögen.** Die Bestellung eines Nießbrauches an einem Betriebsgrundstück kann zur Entnahme führen, wenn der Nießbraucher wirtschaftlicher Eigentümer wird oder wenn der betriebliche Zusammenhang endgültig unterbrochen wird, vgl. *Schmidt/Heinicke* EStG § 4 Rn. 360 (Nießbrauch). Die Übertragung eines Betriebsgrundstückes in Vorwegnahme der Erbfolge unter Vorbehalt des Nießbrauchs stellt eine Entnahme zum vollen Teilwert dar, vgl. BFH BStBl. 1974 II 481 und 1983 II 375; zum Nießbrauch als Entnahmebestand vgl. *Winkeljohann* DStR 1985, 227; *Barth* DB 1987, 1162; *Brandenberg* DB 1990, 1835 auch zu Möglichkeiten der Vermeidung der Entnahmewirkungen.

14. Schenkungsteuer. a) **Zuwendungsnießbrauch.** Für das einem Dritten (hier der Ehefrau A) eingeräumte Nießbrauchsrecht ist gem. § 23 ErbStG Schenkungsteuer zu erheben, allerdings erst nach Eintritt der aufschiebenden Bedingung, also dem Vorversterben von Herrn A. Danach hat der Zuwendungsnießbraucher entweder die Steuer vom Kapitalwert oder jährlich im Voraus in Höhe des Jahreswertes zu entrichten. Auch bei der Versteuerung des jeweiligen Jahreswertes kann der Nießbrauchsberechtigte die Steuer zum nächsten Fälligkeitstermin mit ihrem Kapitalwert ablösen, § 23 Abs. 2 Satz 1 ErbStG.

b) **Grundstücksübertragung unter Nießbrauchsvorbehalt.** Gem. § 10 Abs. 1 Satz 1 ErbStG gilt als steuerpflichtiger Erwerb die Bereicherung des Erwerbers, soweit sie nicht steuerfrei ist.

Nach Maßgabe der Gleichlautenden Erlasse der Obersten Finanzbehörden der Länder BStBl. 1983 I 238 ermittelt die Finanzverwaltung nach dem sog. Wertermittlungsgrundsatz den Steuerwert der Bereicherung nach folgender Formel:

$$\frac{\text{Steuerwert der Leistung des Schenkers} \times \text{Verkehrswert der Bereicherung des Beschenkten}}{\text{Verkehrswert der Leistung des Schenkers}} = \text{Steuerwert der freigebigen Zuwendung}$$

Der BFH hat die Gleichbehandlung von Auflagenschenkungen und gemischter Schenkung von vorne herein nicht akzeptiert und zur Auflagenschenkung folgende Differenzierung eingeführt (BStBl. 1989 II 524):

1. Bei einer Schenkung unter Auflage sind schenkungsteuerrechtlich die dem Bedachten auferlegten Aufwendungen von den ihm obliegenden Duldungspflichten zu unterscheiden (Modifizierung von BFH BStBl. II 1982, 83).

2. Soweit dem Bedachten Aufwendungen auferlegt sind, die ihn zu Leistungen verpflichten, ist er insoweit – wie bei einer gemischten Schenkung – nicht i.S. des § 7 Abs. 1 Nr. 1 ErbStG 1974 auf Kosten des Zuwendenden bereichert.

3. Soweit dem Bedachten die Nutzungen des Schenkungsgegenstandes zeitlich befristet nicht gebühren, weil ein Nutzungsrecht besteht oder im Zuge der Schenkung zu bestellen ist, obliegt ihm lediglich eine zeitlich beschränkte Duldungspflicht, die durch Abzug der Last zu berücksichtigen ist, soweit § 25 Abs. 1 ErbStG 1974 dies nicht ausschließt.

Die Finanzverwaltung hat sich in Gleichlautenden Erlassen vom 9. 11. 1989 BStBl. 1989 I 445 der nunmehrigen BFH-Rechtsprechung angeschlossen, so daß in der Praxis zwischen Nutzungs- und Leistungsauflagen zu unterscheiden ist. Somit findet § 25 ErbStG für Nutzungsauflagen (z.B. Nießbrauch, Wohnungsrecht) Anwendung, während dies für Leistungsauflagen (z.B. Leibrenten und dauernde Lasten) nicht der Fall ist. *Kapp/Oltmanns* DB 1989, 2351 weisen zu Recht darauf hin, daß damit wirtschaftlich gleichliegende Sachverhalte steuerlich unterschiedlich behandelt werden; a.A. *Reiff* DStR 1990, 231.

Im Ergebnis führt der vom Übergeber vorbehaltene Nießbrauch, sowie der zu Gunsten des Ehegatten eingeräumte aufschiebend bedingte Nießbrauch gem. § 25 Abs. 1 Satz 2 ErbStG nicht zu einer Minderung der Schenkungsteuer, sondern nur zu einer Stundung der auf den Kapitalwert der Nießbrauchsbelastung entfallenden Steuer.

Der Wegfall des Nießbrauchsrechts durch freiwilligen Verzicht, z.B. durch Löschung ohne Gegenleistung nach Maßgabe des II. Nießbraucherlasses, führt zu einem neuen Steuerfall; der ursprüngliche Steuerbescheid wird nicht berichtigt, vgl. BFH DB 1989, 2313. Zur Berechnung der anfallenden Schenkungsteuer vgl. *Troll* BB 1984, 1292.

Gemäß § 34 ErbStG hat der Notar beurkundete Schenkungen dem Finanzamt anzuzeigen. Die Beteiligten sind auf die mögliche Schenkungsteuerpflicht hinzuweisen, § 13 ErbStDVO.

15. Grunderwerbsteuer. Die Übertragung eines Grundstückes unter Vorbehalt eines Nießbrauchrechts sowie die Übernahme eines bereits bestehenden Nießbrauchrechts ist ein grunderwerbsteuerbarer Vorgang. Die Steuer ist aus dem Wert der Gegenleistung zu berechnen, wobei für Nießbrauchrechte nicht die Höchstbegrenzung des § 16 BewG (1/18,6 des Grundbesitzwertes des Grundstückes) Anwendung findet; vielmehr ist für die Besteuerung der nach den üblichen Mittelpreisen des Verbrauchsortes anzusetzende Wert maßgeblich, § 17 Abs. 3 Satz 2, § 15 Abs. 2 BewG i.V. mit § 8 Abs. 2 Satz 1 EStG. Bei Grundstücksübertragungen an in gerader Linie Verwandte greift der Befreiungstatbestand des § 3 Nr. 6 GrEStG ein, bei dem Grundstückserwerb durch Ehegatten die Befreiung gem. § 3 Nr. 4 GrEStG. Eine verfassungswidrige Doppelbelastung mit Schenkungsteuer und Grunderwerbsteuer (BVerfG BStBl. 1984 II 608) tritt aufgrund der Neufassung des § 3 Nr. 2 S. 2 GrEStG durch das Gesetz v. 20. 12. 1996 BGBl. I S. 2049 nicht mehr ein.

In Bayern ist wegen § 61f GBGA die grunderwerbsteuerliche Unbedenklichkeitsbescheinigung entbehrlich bei Grundstücksübertragungen in gerader Linie.

16. Umsatzsteuer. Gemäß § 4 Nr. 12c UStG sind dingliche Nutzungsrechte an Grundstücken umsatzsteuerbefreit. Dennoch können sich bei der Überlassung von Grundbesitz unter Nießbrauchsvorbehalt umsatzsteuerliche Folgen ergeben, wenn das betroffene Gebäude (z.B. bei im Bauherrenmodell vor dem 1. 4. 1985 bezugsfertig erstelltem Wohnraum) umsatzsteuerpflichtig vermietet ist. Die Grundstücksübertragung unter Vorbehalt des Nießbrauchs stellt nämlich einen Eigenverbrauch gem. § 1 Abs. 1 Nr. 2a UStG dar, der nach § 4 Nr. 9a UStG steuerbefreit ist, so daß die Vorsteuerberichtigung gem. § 15a UStG eingreift, vgl. OFD Saarbrücken StEK UStG § 15a Nr. 8, es sei denn, daß der Übergeber wirtschaftlicher Eigentümer bleibt, vgl. *Sölch/Ringleb/List* UStG § 15a Rdnr. 34.

17. Kosten, Notar. Der Überlassungsvertrag löst eine doppelte Gebühr gem. § 36 Abs. 2 KostO aus, wobei der Verkehrswert des Grundstückes nach § 19 KostO anzusetzen ist. Für den (kostenrechtlich) als Gegenleistung bestellten Nießbrauch fällt keine gesonderte Gebühr an.

Grundbuchamt: $5/10$ Gebühr gem. § 60 Abs. 2 KostO für die Eintragung der Auflassung (Wert gem. § 19 KostO); je eine $5/10$ Gebühr für die gleichzeitige Eintragung der Nießbrauchsrechte (Wert gem. § 24 KostO); die Löschungsvormerkungen sind ein gebührenfreies Nebengeschäft gem. § 62 Abs. 2 Satz 2 KostO.

3. Vertrag der vorweggenommenen Erbfolge mit Leibgedingsvorbehalt

Verhandelt am ......
in ......

§ 1 Sachstand[1, 5]

Im Grundbuch des Amtsgerichts ...... (Ort) für ...... (Gemarkung) Band ...... Blatt ...... ist an dem dort vorgetragenen Grundbesitz der Gemarkung ...... FlNr. ......
Frau W als Eigentümer eingetragen.
Der Grundbesitz ist in Abt. II unbelastet. In Abt. III ist eine Buchgrundschuld über DM 50.000,– zugunsten der ...... (Bank) eingetragen.
Das auf dem Grundstück befindliche Wohngebäude, bestehend aus drei gleichgroßen Wohnungen, wird von den Beteiligten bewohnt; eine Wohnung ist vermietet.

§ 2 Überlassung[2]

Frau W
– im folgenden „Übergeber" oder „Wohnungsberechtigter" genannt –
überläßt hiermit den vorbezeichneten Grundbesitz mit allen Rechten und Pflichten, den wesentlichen Bestandteilen und dem gesetzlichen Zubehör an ihre Tocher, Frau E
– im folgenden „Erwerber" oder „Eigentümer" genannt –
zum Alleineigentum.
Die Vertragsteile sind über den Eigentumsübergang einig.
Die Eintragung von Frau E als Alleineigentümerin im Grundbuch wird bewilligt und beantragt. Auf die Bestellung einer Auflassungsvormerkung wird vorläufig verzichtet.

§ 3 Besitzübergang

Besitz, Nutzungen und Lasten gehen mit sofortiger Wirkung auf den Erwerber über, hinsichtlich der vom Übergeber vorbehaltenen Wohnung gehen unmittelbarer Besitz und Nutzungen jedoch erst mit Beendigung des Wohnungsrechtes über.
Der Übergeber haftet dafür, daß das Eigentum an dem Vertragsgegenstand nur mit den in dieser Urkunde übernommenen Belastungen auf den Erwerber übergeht. Im übrigen leistet der Übergeber keinerlei Gewähr für Sach- oder Rechtsmängel jeder Art.

§ 4 Schuldübernahme, Zwangsvollstreckungsunterwerfung[3]

Der Erwerber übernimmt anstelle des Übergebers die an dem Vertragsgegenstand in Abt. III des Grundbuches eingetragene Grundschuld über DM 50.000,– in dinglicher Haftung sowie zugrundeliegende Schuldverpflichtung, somit einen Betrag in Höhe von ...... zur ferneren Verzinsung und Rückzahlung mit allen aus der Bestellungsurkunde und dem Darlehensvertrag sich ergebenden Verpflichtungen. Die befreiende Schuldübernahme erfolgt mit sofortiger Wirkung mit dem zum gegenwärtigen Zeitpunkt gegebenen Stand der Darlehensverbindlichkeit.

Die Zins- und Zahlungsbestimmungen sind dem Erwerber bekannt.

Entstandene Eigentümerrechte und Rückgewähransprüche werden entschädigungslos auf den Erwerber mit dessen Zustimmung übertragen mit der Maßgabe, über diese nur zum Zwecke der Löschung zu verfügen; die Umschreibung im Grundbuch wird bewilligt. Die befreiende Schuldübernahme wird dem Gläubiger durch Übersendung einer begl. Abschrift dieser Urkunde mitgeteilt. Die gem. §§ 415 ff. BGB erforderliche Genehmigung werden die Vertragsteile selbst einholen. Auf das Erfordernis der Änderung der Zweckbestimmungserklärung wurde hingewiesen.

Hinsichtlich der übernommenen Grundschuld übernimmt der Erwerber für den Eingang des Grundschuldbetrages einschließlich Zins- und Nebenleistungen die volle persönliche Haftung und unterwirft sich auch insoweit der sofortigen Zwangsvollstreckung aus dieser Urkunde in sein gesamtes Vermögen. Der Gläubiger ist berechtigt, sich jederzeit eine vollstreckbare Ausfertigung dieser Urkunde ohne Fälligkeitsnachweis auf Kosten des Erwerbers erteilen zu lassen und den Erwerber aus der persönlichen Haftung schon vor der Vollstreckung in den Pfandbesitz in Anspruch zu nehmen.

§ 5 Wohnungsrecht[4, 9–17]

Frau W behält sich auf ihre Lebensdauer das in der Ausübung unentgeltliche ausschließliche Wohnungsrecht an der gesamten Parterrewohnung des Anwesens vor. Damit verbunden ist das Recht auf Mitbenützung der zum gemeinschaftlichen Gebrauch der Hausbewohner bestimmten Anlagen und Einrichtungen, insbesondere des Kellers und des Speichers sowie von Hof und Garten.

Die Überlassung der Ausübung des Wohnungsrechtes an Dritte ist gestattet.

Die Eintragung des vorstehend bestellten Wohnungsrechtes als beschränkte persönliche Dienstbarkeit zugunsten von Frau W wird bewilligt und beantragt.

§ 6 Lastentragung[6]

Der Eigentümer ist verpflichtet, die Parterreräume in bewohnbarem Zustand zu erhalten und im Fall der Zerstörung wieder herzustellen. Der Eigentümer hat auch die auf die Parterrewohnung entfallenden Kosten für Schönheitsreparaturen, Strom, Wasser, Heizung, Müllabfuhr, Kanal, Kaminreinigung sowie die sonstigen Nebenkosten zu tragen und den Wohnungsberechtigten von jeder Inanspruchnahme freizustellen.

Zur Sicherung dieser Ansprüche bestellt der Eigentümer E zugunsten des Wohnungsberechtigten W eine

Reallast

an dem Grundstück Flst.Nr...... und bewilligt die Eintragung im Grundbuch.

Es wird bewilligt und beantragt das in § 5 bestellte Wohnungsrecht und die in § 6 bestellte Reallast als

Leibgeding
gem. § 49 GBO

zugunsten von Frau W im Grundbuch einzutragen mit dem Vermerk, daß zur Löschung der Nachweis des Todes der Berechtigten genügt.

§ 7 Belastungs- und Veräußerungsverbot[8]

Sofern der Erwerber zu Lebzeiten des Wohnungsberechtigten den Vertragsgrundbesitz ohne dessen Zustimmung veräußert oder belastet, ist die Wohnungsberechtigte zum Rücktritt von dem schuldrechtlichen Teil dieses Vertrages berechtigt. Bei Ausübung des Rücktrittsrechtes ist der Vertragsgegenstand unentgeltlich zurückzuübertragen.

Zur Sicherung des aufschiebend bedingten Rückübertragungsanspruches des Wohnungsberechtigten gem. § 8 und § 9 dieses Vertrages wird die Eintragung einer Rück-

3. Vertrag der vorweggenommenen Erbfolge mit Leibgedingsvorbehalt VII. 3

auflassungsvormerkung gem. § 883 BGB im Rang nach dem Leibgeding im Grundbuch bewilligt und beantragt.

§ 8 Pflichtteilsanrechnung

Die Überlassung erfolgt unentgeltlich, jedoch in Anrechnung auf die Pflichtteilsansprüche des Erwerbers am künftigen Nachlaß des Übergebers. Eine Ausgleichspflicht gem. § 2050 BGB wird ausgeschlossen.

§ 9 Hinweise

Die Vertragsteile wurden vom Notar hingewiesen auf
a) den Zeitpunkt und die Voraussetzung des Eigentumsüberganges,
b) das Erfordernis der vollständigen Beurkundung der getroffenen Vereinbarungen,
c) die mögliche Schenkungsteuerpflicht,
d) die Haftung des Grundbesitzes für öffentliche Lasten und Abgaben,
e) die gesamtschuldnerische Haftung der Beteiligten für Kosten und Steuern, unbeschadet der im Innenverhältnis getroffenen Vereinbarungen.

§ 10 Schlußbestimmungen

Die Kosten dieser Urkunde und des Vollzuges trägt der Erwerber.
Von dieser Urkunde erhalten
– die Vertragsteile und das Grundbuchamt je eine Ausfertigung
– das Zentralfinanzamt – Schenkungsteuerstelle – eine beglaubigte Abschrift
– das Finanzamt – Grunderwerbsteuerstelle – eine einfache Abschrift.

Schrifttum: Amann, Wart und Pflege in Übergabeverträgen DNotI-Report 1995, 62; *Krauß,* Überlassung und Übergaben im Lichte des Sozialrechts MittBayNot 1992, 77; *Jörg Mayer,* Die Pflicht zur Pflege ZEV 1995, 269; *ders.,* Vertragliche Pflegeverpflichtung contra Pflegeversicherung?, DNotZ 1995, 571; *Wahl,* Vertragliche Versorgungsrechte in Übergabeverträgen und sozialrechtliche Ansprüche, Diss. Bayreuth 1989 mit Bespr. von *Feller* in MittBayNot 1990, 17; ferner Form. VII. 1.

Anmerkungen

1. Vertragstyp. Die Überlassung des selbstgenutzten Wohnhauses mit einem Leibgedingsvorbehalt ist der Urtyp der vorweggenommenen Erbfolge. Die den bäuerlichen Verhältnissen entlehnte Vertragsgestaltung spielt bei jeder Vorwegerbfolge eine wichtige Rolle, da sie dem Versorgungsbedürfnis der älteren Generation besonders Rechnung trägt. Im Vorfeld der gegenseitigen Unterhaltsverpflichtung des § 1601 BGB angesiedelt, ist diese Form des familienrechtlichen Versorgungsvertrages auch rechtspolitisch erwünscht, vgl. *Spiegelberger* Stbg 1995, 493. Ein bei der Vermögensübertragung vereinbartes Leibgeding enthält regelmäßig ein Wohnungsrecht, die Verpflichtung zur Wart und Pflege und – je nach den Vermögensverhältnissen der Beteiligten – Versorgungszahlungen an die Übergeber. Aufgrund des am 1. 1. 1997 in Kraft getretenen WohnEigFG können für den selbstgenutzten Wohnraum keine Werbungskosten mehr geltend gemacht werden; zur Übergangsregelung vgl. Anm. 13.

Daher weicht die Praxis auf Gestaltungen aus, wonach Grundstücke gegen Leibrente oder dauernde Last übertragen werden und dem Übergeber lediglich mietvertraglich der weitere Verbleib im Anwesen gesichert wird, vgl. Form VII. 1. Bei dieser Gestaltung erlangt der Erwerber uneingeschränkt die AfA-Befugnis, muß sich aber die Miete anrechnen lassen.

Bei dem vorstehenden Formularvorschlag kann der Erwerber eine dauernde Last in Höhe der auf das Wohnungsrecht entfallenden Bewirtschaftungskosten als Sonderausgabe gem. § 10 Abs. 1 Nr. 1 a EStG geltend machen, vgl. Anm. 13 (5).

2. Beurkundungspflicht. Wegen der zugrundeliegenden Grundstücksübertragung ergibt sich das Erfordernis der notariellen Beurkundung aller Vereinbarungen aus § 313 Satz 1 BGB. Soweit anstelle eines Vorbehaltswohnungsrechtes eine mietvertragliche Regelung getroffen wird, bedarf auch diese wegen des Zusammenhanges mit der Grundstücksübertragung der notariellen Beurkundung. Die Zerlegung in mehrere Urkunden ist beurkundungsrechtlich bedenklich, da regelmäßig nach dem Parteiwillen ein einheitliches Rechtsgeschäft vorliegt. Gem. Tz. 2 des Schreibens des FinMin Baden-Württemberg v. 26. 2. 1985 BWNotZ 1985, 33 sollen die Grundstücksübertragung mit der dauernden Last einerseits und das Mietverhältnis andererseits in getrennten Urkunden schriftlich vereinbart werden; zustimmend *Bühler* BWNotZ 1985, 30. Die von der Bad.Württ. Finanzverwaltung geforderte getrennte Beurkundung des Mietvertrages findet weder im BGB noch in der Rechtsprechung des Bundesfinanzhofs zur steuerlichen Anerkennung von Rechtsverhältnissen unter nahestehenden Personen, vgl. Form. VII. 2 Anm. 12, irgendeine Stütze. Die steuerliche Prämisse, daß Mietvertrag und dauernde Last ein rechtlich selbständiges Schicksal haben, rechtfertigt nicht das Verlangen, die einzelnen Vereinbarungen auf verschiedene Urkunden zu verteilen, vgl. auch *Bühler* BWNotZ 1986, 13.

3. Schuldübernahme; siehe Form. VII. 2 Anm. 4.

4. Wohnungsrecht. Das im BGB in Abschn. „Dienstbarkeiten" geregelte dingliche Wohnungsrecht gem. § 1093 BGB stellt eine besondere Form der beschränkten persönlichen Dienstbarkeit dar und beinhaltet das Recht, ein Gebäude oder einen Gebäudeteil unter Ausschluß des Eigentümers als Wohnung zu benutzen. Ist das Recht auf einen Teil des Gebäudes beschränkt, so kann der Berechtigte die zum gemeinschaftlichen Gebrauch der Bewohner bestimmten Anlagen und Einrichtungen mitbenutzen, § 1093 Abs. 3 BGB.

Gem. § 1092 Abs. 1 S. 2 BGB kann vereinbart werden, daß die Ausübung der Dienstbarkeit einem Dritten überlassen wird, so daß ein so ausgestaltetes Wohnungsrecht auch zur Vermietung berechtigt.

Aus steuerlichen Gründen ist streng zwischen Zuwendungs- und Vorbehaltswohnungsrechten zu unterscheiden. Ähnlich wie beim Nießbrauch versteht man unter einem Zuwendungswohnungsrecht die Einräumung eines Wohnungsrechtes zugunsten eines Dritten, während das vom Eigentümer an einem übertragenen Grundstück für sich vorbehaltene Wohnungsrecht als Vorbehaltswohnungsrecht bezeichnet wird, vgl. *Philipp Heck,* Grundriß des Sachenrechts, § 21 8 b; *Seithel* S. 45. Darüber hinaus wird auch das vom Erwerber zugunsten des veräußernden Eigentümers bestellte Wohnungsrecht als Vorbehaltswohnungsrecht angesehen.

Außerhalb des Regelungsbereiches des § 1093 BGB kommen folgende Nutzungsrechte in Betracht:

(1) **Beschränkte persönliche Dienstbarkeit gem. § 1090 BGB,** wonach die Mitbenutzung zum Wohnen gemeinsam mit dem Eigentümer vereinbart werden kann, BayObLG DNotZ 1965, 166.

(2) **Wohnungsreallast gemäß § 1105 BGB:** Sofern nur allgemein die Gewährung von Wohnung als dingliche Verpflichtung vereinbart wird, insbesondere dem Berechtigten die Auswahl der Räume, die von ihm benutzt werden, vorbehalten bleibt, liegt kein Wohnungsrecht, sondern eine Reallast vor, vgl. BayObLGZ 1964, 1; BGHZ 58, 57; OLG Hamm DNotZ 1976, 230; *Staudinger/Ring* § 1093 Rdn. 1.

(3) **Dauerwohnrecht gem. § 31 WEG:** Im Gegensatz zum Wohnungsrecht gem. § 1093 BGB ist das Dauerwohnrecht veräußerlich und vererblich; die weitere Besonderheit liegt darin, daß die Ausgestaltung des Nutzungsverhältnisses mietähnlich oder eigentumsähn-

lich erfolgen kann, vgl. *Bärmann/Pick/Merle* § 31 WEG Rdn. 117. Da das unentgeltlich bestellte Wohnungsrecht aufgrund der BFH-Rechtsprechung (BStBl. 1981 II 299; vgl. unten Anm. 13) zum AfA-Leerlauf führt, wird das eigentumsähnlich ausgestaltete Dauerwohnrecht, das wirtschaftlich einer Eigentumswohnung gleichgestellt ist (vgl. Form. X. 29), künftig in der Praxis mehr Bedeutung erlangen.

(4) **Nießbrauch gem.** § 1030 BGB: Im Zweifel ist ein Nießbrauchsrecht anzunehmen, wenn ein ganzes Wohngebäude zur vollständigen Benutzung überlassen wird, während bei der Überlassung einzelner Gebäudeteile oder einzelner Zimmer für Wohnzwecke ein Wohnungsrecht nach § 1093 BGB vorliegt, vgl. RGZ 164, 196; nach *Staudinger/Ring* § 1090 Rdn. 1 kann ein Wohnungsrecht als beschränkte persönliche Dienstbarkeit nur bestellt werden, wenn nicht sämtliche im Sondereigentum stehenden Räume vom Wohnungsrecht erfaßt werden; die Nutzung der gesamten Eigentumswohnung sei dem Wesen nach nicht mehr Dienstbarkeit, sondern ein Nießbrauch; a. A. zu Recht *Haegele/Schöner/Stöber* Grundbuchrecht Rdn. 1237.

(5) **Mietvertrag gem.** § 535 BGB: Miete und Wohnungsrecht nach § 1093 BGB schließen einander nicht gegenseitig aus; es können über den gleichen Gegenstand ein Mietvertrag und eine Dienstbarkeit bestehen, BGH BB 1968, 767; *Staudinger/Ring* § 1093 Anm. 3.

(6) **Leihvertrag gem.** § 598 BGB: Unentgeltliche obligatorische Nutzungsrechte sowie rechtswirksam getroffene, aber im Grundbuch nicht vollzogene Wohnungsrechtsvereinbarungen werden einkommensteuerlich bei dem Vorliegen einer gesicherten Rechtsposition anerkannt (vgl. BFH BStBl. 1984 II 366), wobei die Finanzverwaltung allerdings Schriftform und eine Mindestlaufzeit von einem Jahr fordert, Tz. 54 II. Nießbraucherlaß BStBl. 1984 I 565.

5. Belastungsgegenstand. Das Wohnungsrecht kann an einem Gebäude oder Gebäudeteil lasten; ein Miteigentumsanteil an einem Grundstück kann nicht Belastungsgegenstand sein. An einem rechtlich selbständigen Gartengrundstück, auf das sich das Mitbenutzungsrecht des am Hausgrundstück bestellten Wohnungsrechts erstreckt, kann das Wohnungsrecht nicht eingetragen werden, vgl. BayObLG DNotZ 1976, 227. Die dem Wohnungsberechtigten zur ausschließlichen Nutzung zugewiesenen Räume müssen in der Eintragungsbewilligung so genau beschrieben sein, daß jeder Dritte ohne weiteres feststellen kann, welche Räume gemeint sind, vgl. OLG Hamm DNotZ 1970, 417; *Haegele/Schöner/Stöber* Rdn. 1258.

6. Gesetzliche Lastentragung. Nach der gesetzlichen Regelung hat der Wohnungsberechtigte gem. § 1041 Abs. 1 BGB nur die gewöhnlichen Ausbesserungs- und Erneuerungsaufwendungen, somit im Normalfall die Schönheitsreparaturen innerhalb der Wohnung zu tragen, vgl. *Haegele/Schöner/Stöber* Rdn. 1250. Eine davon abweichende Lastenverteilungsregelung mit dinglicher Wirkung, ähnlich wie beim Nießbrauch, vgl. Form. VII. 2 Anm. 6, ist nicht möglich, da § 1047 BGB, auf den die genannten Gestaltungsmöglichkeiten beim Nießbrauchsrecht gestützt werden, gemäß § 1093 Abs. 1 Satz 2 BGB keine Anwendung bei Wohnungsrechten findet. Eine Vereinbarung, daß der Wohnungsberechtigte die Hälfte sämtlicher Grundstückslasten zu tragen hat, kann nicht zum dinglichen Inhalt eines Wohnungsrechtes gemacht werden, vgl. BayObLG MittBay Not 1988, 234.

7. Lastenabwälzung auf Eigentümer. Nach überwiegender Auffassung ist der Eigentümer dem Wohnungsberechtigten gegenüber nicht verpflichtet, die Räume in einem gebrauchsfähigen Zustand zu erhalten, vgl. BGH DNotZ 1970, 31; *Haegele/Schöner/Stöber* Rdn. 1250. Es ist aber zulässig, durch vertragliche Regelung die Übernahme der Kosten für Strom, Wasser und Heizung durch den Eigentümer zum dinglichen Inhalt eines Wohnungsrechtes zu machen, vgl. Bay ObLG MittBay Not 1980, 154, ebenso die Wiederaufbauverpflichtung, vgl. *Haegele/Schöner/Stöber* Rdn. 1272.

Diese Nebenleistungspflichten des Eigentümers können auch durch die Bestellung einer gesonderten Reallast gesichert werden, allerdings bestehen insoweit Einschränkungen im Geltungsbereich des Art. 30 PreußAGBGB, also in Nordrhein-Westfalen, in Teilen des Saarlandes und in Schleswig-Holstein (vgl. *Staudinger/Amann* Vorbem. 11, 13 und 14 zu §§ 1105–1112 BGB).

8. Belastungs- und Veräußerungsverbot. Häufig entspricht es dem Parteiwillen, daß zu Lebzeiten der Wohnungsberechtigten das übergebene Anwesen nicht an Dritte veräußert werden darf. Da gem. § 137 Satz 2 BGB durch ein rechtsgeschäftliches Veräußerungsverbot nicht die Rechtsmacht des Eigentümers eingeschränkt wird, somit trotz der eingegangenen Verpflichtung über den Gegenstand rechtswirksam zu verfügen, empfiehlt sich zur Absicherung die Vereinbarung eines Rücktrittsrechts, wonach bei Verstoß gegen das Veräußerungsverbot der Übergeber von dem schuldrechtlichen Teil des Übergabevertrages zurücktreten darf. Sofern dieser aufschiebend bedingte Rückauflassungsanspruch durch eine Vormerkung gem. § 883 BGB gesichert wird, ist die Veräußerung des Anwesens an Dritte zu Lebzeiten der Übergeber faktisch ausgeschlossen. Aus Sicherheitsgründen empfiehlt es sich, auch ein entsprechendes Belastungsverbot vorzusehen; zur Zulässigkeit derartiger Vereinbarungen vgl. *Kohler* DNotZ 1989, 343; *Spiegelberger* Vermögensnachfolge Rz. 147.

9. Grundbucheintragung. Bei der Bestellung von Wohnungsrechten zugunsten mehrerer Personen ist gem. § 47 GBO die Angabe des Berechtigungsverhältnisses erforderlich. Soweit ein Wohnungsrecht für Ehegatten bestellt wird und diese im Güterstand der Zugewinngemeinschaft oder im Güterstand der Gütertrennung leben, kann ihnen das Wohnungsrecht als Gesamtgläubiger gem. § 428 BGB eingeräumt werden, vgl. BGH DNotZ 1981, 121. Danach kann jeder der Gesamtgläubiger den Anspruch geltend machen. Anstelle einer Gesamtberechtigung gem. § 428 BGB ist die Eintragung mehrerer gleichrangiger Rechte möglich. Die nebeneinander bestehenden Rechte beschränken sich gegenseitig in der Ausübung, § 1024 BGB analog. Bei dem Versterben eines der Berechtigten bleibt das Wohnungsrecht des Überlebenden uneingeschränkt in vollem Umfang bestehen. Die Einräumung eines Wohnungsrechtes nach Bruchteilen ist unzulässig, vgl. *Bader* DNotZ 1965, 682. Sofern zwischen Ehegatten Gütergemeinschaft besteht, fällt das zu ihren Gunsten bestellte Wohnungsrecht in das Gesamtgut, so daß die Eintragung der Ehegatten als Berechtigte in Gütergemeinschaft erfolgt, vgl. *Palandt/Bassenge* § 1093 Rz. 7; die gleichzeitige Zuordnung des Rechts als Gesamtgläubiger nach § 428 BGB ist unzulässig. BayObLGZ 67, 480. Bestellung aufschiebend oder auflösend bedingter Wohnungsrechte ist zulässig, wobei das Erlöschen eines Wohnungsrechtes Bedingung für das Entstehen eines anderen Wohnungsrechtes sein kann, vgl. *Dammertz* S. 36.

10. Zwangsvollstreckung. Wohnungsrechte sind wegen ihrer Übertragbarkeit unpfändbar, §§ 1092, 1274 Abs. 2 BGB; ausnahmsweise ist die Pfändbarkeit gem. § 857 Abs. 3 ZPO gegeben, wenn ausdrücklich die Überlassung der Ausübung des Wohnungsrechtes an Dritte vereinbart wurde und diese Gestattung durch Eintragung im Grundbuch zum Inhalt des Rechtsgeschäftes gemacht wurde, vgl. *Haegele* DNotZ 1976, 8.

Betreibt ein vor- oder gleichrangiger Pfandgläubiger das Zwangsversteigerungsverfahren, so erlischt das Wohnungsrecht mit dem Zuschlag, §§ 52 Abs. 1, 91 Abs. 1 ZVG, soweit die Beteiligten nicht eine Liegenbelassungsvereinbarung gem. § 91 Abs. 2 ZVG treffen. An die Stelle des weggefallenen Wohnungsrechtes tritt der Anspruch auf Wertersatz aus dem Erlös, der durch Zahlung einer Geldrente zu leisten ist, wobei der kapitalisierte Gesamtwert der Rente gem. § 121 Abs. 1 ZVG in den Teilungsplan aufzunehmen ist, höchstens der 25fache Jahreswert.

11. Minderjährige. Übertragen Eltern Grundstücke auf ihre minderjährigen Kinder unter Vorbehalt des Wohnungsrechtes, ist nach h. M. die Bestellung eines Ergänzungs-

3. Vertrag der vorweggenommenen Erbfolge mit Leibgedingsvorbehalt VII. 3

pflegers nicht erforderlich, vgl. BayObLG NJW 1967, 1912; vgl. Form. VII. 2 Anm. 9. Sofern wie in dem vorstehenden Formularvorschlag, abweichend von der gesetzlichen Lastenverteilung, die Minderjährigen sich zur Übernahme der Instandhaltungskosten verpflichten, werden persönliche Leistungspflichten der Minderjährigen begründet, die die Bestellung eines Ergänzungspflegers erforderlich machen.

12. Steuerliche Anerkennung. Bei Verträgen zwischen Familienangehörigen trifft den Steuerpflichtigen, der sich auf die steuerliche Wirksamkeit dieser Vereinbarungen beruft, eine erhöhte Nachweispflicht, vgl. hierzu BVerfG BStBl. 1959 I 204; BFH BStBl. 1957 III 419 und 1958 III 254; Form. VII. 2 Anm. 12.

13. Einkommensteuer. (1) **Abgrenzung, Vorbehaltswohnungsrecht – Zuwendungswohnungsrecht.** Die der Zivilistik entnommene, aber keineswegs zwingende, (vgl. Form. VII. 2 Anm. 13 (1) Differenzierung besagt, daß der Eigentümer, der bei der Veräußerung seines Grundstückes sich den Nießbrauch oder das Wohnungsrecht vorbehält, dem Wortsinne nach das aus dem Eigentumsrecht fließende Nutzungsrecht zurückbehält und somit nur das um die Nutzungsmöglichkeit entkleidete Eigentum veräußert, vgl. BFH BStBl. 1982 II 379 unter Berufung auf *Philipp Heck,* Grundriß des Sachenrechts, § 21 8 b (S. 83). Ähnlich wie ein wirtschaftlicher Eigentümer übt der Vorbehaltsnutzungsberechtigte weiterhin ein nicht von der Rechtsmacht des Erwerbers abgeleitetes Nutzungsrecht aus.

Aufgrund der Zurückbehaltung des Nutzungsrechtes durch den veräußernden Eigentümer gibt es keine Differenzierung in entgeltliche und unentgeltliche Vorbehaltsnutzungsrechte. Das bei einer unentgeltlichen Grundstücksüberlassung vorbehaltene Wohnungsrecht wird einkommensteuerlich genauso behandelt wie das bei einer entgeltlichen Grundstücksveräußerung durch den Eigentümer unter Anrechnung auf den Kaufpreis ausbedungene Wohnungsrecht, vgl. BFH BStBl. 1982 II 379.

Der Begriff des Zuwendungswohnungsrechtes umfaßt alle Wohnungsrechtsbestellungen zugunsten *Dritter,* gleichgültig ob dies anläßlich einer Eigentumsübertragung oder ohne Eigentumswechsel geschieht.

(2) **Nutzungswertzurechnung.** a) **Selbstnutzung zu Wohnzwecken.** Durch den WohneigFG scheidet jede ab 1. 1. 1987 angeschaffte oder hergestellte Wohnung, soweit sie selbst genutzt oder Dritten unentgeltlich zur Wohnungsnutzung überlassen wird, aus der Einkünfteermittlung aus, so daß weder eine Nutzungswertzurechnung, noch ein Werbungskostenabzug erfolgt; für Altfälle vgl. oben Form. VII. 2 Anm. 13 (3) b.

b) **Vermietung.** Soweit die Nutzungswertzurechnung bei Vermietung gem. § 21 Abs. 1 Nr. 1 EStG beim Vorbehaltswohnungsberechtigten erfolgt, kann er weiterhin die AfA von den von ihm getragenen Anschaffungs- oder Herstellungskosten für den wohnungsrechtsbelasteten Gebäudeteil in Anspruch nehmen, vgl. BFH BStBl. 1982 II 380 und 1983 II 6; Tz. 41 II. Nießbraucherlaß. Der Vorbehaltswohnungsberechtigte kann auch die von ihm getragenen Aufwendungen für das Gebäude als Werbungskosten abziehen, soweit sie auf die wohnungsrechtsbelasteten Teile entfallen und der Vorbehaltswohnungsberechtigte diese Verpflichtung vertraglich übernommen hat, so daß auch von der gesetzlichen Lastenverteilungsregelung abweichende Vereinbarungen von der Finanzverwaltung anerkannt werden, vgl. Tz. 40 II. Nießbraucherlaß. Somit besteht die Möglichkeit, alle, sowohl die gewöhnlichen als auch die außergewöhnlichen Ausbesserungen und Erneuerungen dem Wohnungsberechtigten aufzuerlegen, um den Werbungskostenleerlauf zu vermeiden.

Dem bürgerlich-rechtlichen Eigentümer hingegen sind weder Einnahmen zuzurechnen (auch nicht bei entgeltlicher Grundstücksübertragung!) noch kann dieser Aufwendungen für das Gebäude als Werbungskosten geltend machen, soweit es die wohnungsrechtsbelasteten Gebäudeteile betrifft, vgl. Tz. 44 II. Nießbraucherlaß. Erst nach dem Erlöschen des Vorbehaltswohnungsrechtes steht dem bürgerlich-rechtlichen Eigentümer auch die AfA für die wohnungsrechtsbelasteten Teile zu.

(3) **Schuldrechtliche Vorbehaltsnutzungsrechte.** Die Ausführungen zu Form VII. 2 Anm. 13 (4) gelten entsprechend.

(4) **Eigenheimzulage.** Nach der früheren Eigenheimförderung gem. § 10 e EStG durften für alle Bauvorhaben mit Baubeginn vor dem 1. 1. 1996 (oder dem Abschluß eines Kaufvertrages vor diesem Zeitpunkt) in den ersten vier Jahren 6% von den Herstellungskosten zuzüglich der Hälfte der Anschaffungskosten für den dazugehörigen Grund und Boden (Bemessungsgrundlage), höchstens jedoch aus 330.000,- DM, höchstens somit 19.800,- DM, und in den vier Folgejahren 5% der Bemessungsgrundlage, höchstens somit 16.500,- DM, als Sonderausgaben geltend gemacht werden, wenn der Gesamtbetrag der Einkünfte 120.000,- DM, bei Zusammenveranlagten 240.000,- DM, pro Veranlagungszeitraum nicht überstieg. Für Altbauprojekte, d. h. wenn die Anschaffung nicht bis zum Ende des 2. auf das Jahr der Fertigstellung folgenden Jahres erfolgte, belief sich der Höchstbetrag der steuerlichen Förderung für die ersten vier Jahre auf 9.000,- DM und für die folgenden vier Jahre auf 7.500,- DM. Dieser Sonderausgabenabzug wird nur dem selbstnutzenden Eigentümer der Wohnung, nicht etwa einem Nutzungsberechtigten, gewährt. Nach dem ab 1. 1. 1996 in Kraft getretenen Eigenheimzulagengesetz (BStBl. 1995 I, 775), das für alle nach dem 31. 12. 1995 angeschafften Objekte gilt (ebenso für den Fall des Beginns der Herstellung nach diesem Zeitpunkt), wird ein Fördergrundbetrag in Höhe von 5% der Bemessungsgrundlage, höchstens 5.000,- DM jährlich, für einen Zeitraum von acht Jahren gewährt. Das Eigenheimzulagengesetz orientiert sich im übrigen weitgehend an der Systematik des bisherigen § 10 e EStG.

Zur früheren Rechtslage hinsichtlich des Sonderausgabenabzuges gem. § 10 e EStG vgl. 3. Aufl. Form. VII. 3 Anm. 13 (4).

(5) **Kostentragung.** Gem. Tz. 13 BMF-Schreiben BStBl. 1996 I 1508 (Rentenerlaß) wird die Übertragung von Wohnraum unter Einräumung eines Wohnungsrechtes für den Übergeber den Totalnießbrauchfällen gleichgestellt, so daß vom Erwerber übernommene Bewirtschaftungskosten nicht mehr als Sonderausgaben geltend gemacht werden können; *Fischer*, Wiederkehrende Bezüge und Leistungen Rz. 339 meint, daß auch die Übergabe eines vom Übernehmer selbst bewohnten Einfamilienhauses oder einer Eigentumswohnung zum Sonderausgabenabzug führen kann, obwohl diese Wirtschaftseinheiten dem Typus der Hof- und Geschäftsübergabe nur in einem übertragenen Sinn zugeordnet werden können; die Rechtsprechung des BFH BStBl. 1992 II 609 habe letztlich eine Ausweitung des Begriffs „der Existenz wenigstens teilweise sichernden Wirtschaftseinheit" vorgenommen, um auf Rechtskontinuität und auf die Einfachheit der Rechtsanwendung bedacht zu nehmen. Der XI. BFH-Senat BStBl. 1992 II 526 bezieht ertragloses Vermögen in die vorweggenommene Erbfolge ein. Der Sonderausgabenabzug der Bewirtschaftungskosten, die auf die Räume der Wohnungsberechtigten entfallen, durch den Eigentümer (vgl. *Seithel* S. 45, *L. Schmidt* FR 1983, 510) beruhte früher darauf, daß im Rahmen einer vorweggenommenen Erbfolge periodische Geldzahlungen des Erwerbers an den Übergeber in der Form einer Leibrente oder dauernden Last vereinbart werden können, die gem. § 10 Abs. 1 Nr. 1a EStG bei Leibrenten hinsichtlich des Ertragsanteiles und bei dauernden Lasten in vollem Umfang als Sonderausgaben von dem Erwerber geltend gemacht werden dürfen, soweit im übrigen die Tatbestandsvoraussetzungen, insbesondere lebenslange Laufzeit, vorliegen und der Gesichtspunkt der Vermögensübertragung im Vordergrund steht; dies gilt noch als gewahrt, wenn der kapitalisierte Wert der Leibrente oder der dauernden Last den Wert des übertragenen Gegenstandes nicht um mehr als das Doppelte übersteigt, vgl. R 123 Satz 6 EStR. Anstelle periodischer Geldzahlung in bestimmter betragsmäßiger Höhe konnte auch vereinbart werden, daß der Erwerber die nach der gesetzlichen Regelung dem Wohnungsberechtigten obliegenden Bewirtschaftungs- und Unterhaltungskosten trägt, vgl. auch OFD Münster DB 1989, 1057. Der Abzug der Bewirtschaftungskosten der

vom Übergeber genutzten Wohnung als Sonderausgaben ist aufgrund Tz. 13 BMF-Schreiben BStBl. 1996 I 1508 entfallen.

(6) **Wohnungsrechtsablösung.** Grundsätzlich gelten für die Ablösung eines Wohnungsrechtes die selben Grundsätze wie bei der Nießbrauchsablösung, so daß je nach Gestaltung der Verzicht Gegenstand eines entgeltlichen Vertrages oder wiederum eine Vermögensübergabe gegen Versorgungsleistungen darstellt, da auch ein Wohnungsrecht ein vermögenswerter Gegenstand des Rechtsverkehrs wie das belastete Grundstück selbst sein kann, vgl. *Spiegelberger,* Vermögensnachfolge Rz. 109. In der Ablösung eines Wohnungsrechtes gegen Vereinbarung einer Leibrente und Abschluß eines Mietvertrages über die bisher vom Wohnungsrecht erfaßten Räume sieht das Niedersächsische FG DB 1995, 119 einen Gestaltungsmißbrauch gem. § 42 AO. Die Unterscheidung zwischen der ursprünglich dinglichen Nutzungsbefugnis und der vereinbarten schuldrechtlichen Nutzung sei lediglich formaler Natur; ähnlich BFH/NV 1996, 123. Der Verzicht auf ein testamentarisch vermachtes obligatorisches Wohnungsrecht gegen Entgelt ist im privaten Bereich nicht steuerbar, vgl. BFH BStBl. 1990 II 1026.

14. Schenkungsteuer: vgl. Form. VII. 2 Anm. 14 b.

Im Ergebnis führt das vom Übergeber vorbehaltene Wohnungsrecht nicht zu einer Minderung der Schenkungsteuer, sondern nur zu einer Stundung der auf den Kapitalwert des Wohnungsrechtes entfallenden Steuer.

Der Wegfall des Wohnungsrechts durch freiwilligen Verzicht, z.B. durch Löschung ohne Gegenleistung nach Maßgabe des II. Nießbraucherlasses, führt zu einem neuen Steuerfall. Zur Berechnung der anfallenden Schenkungsteuer vgl. *Troll* BB 1984, 1292 und 1985, 2099.

Gemäß § 34 ErbStG hat der Notar beurkundete Schenkungen dem Finanzamt anzuzeigen. Die Beteiligten sind auf die mögliche Schenkungsteuerpflicht hinzuweisen, § 13 ErbStDVO.

Die Schenkung eines Geldbetrages unter der Bedingung, ein Grundstück zu erwerben und/oder ein Gebäude zu errichten; kann schenkungssteuerlich eine **mittelbare Grundstücksschenkung** darstellen, vgl. BFH BStBl. 1985 II 160. Wird die Schenkung in der Weise ausgeführt, daß der Schenker für die Anschaffung eines genau bestimmten Grundstückes den dafür erforderlichen vollen Kaufpreis zur Verfügung stellt, so ist das Grundstück – unter Zugrundelegung des **Einheitswertes** – als zugewendet angesehen. Will der Schenker dem Beschenkten nur einen Teil eines bestimmten Grundstückes zuwenden, so gilt der Teil des Grundstückes als zugewendet, der dem Verhältnis des zugewendeten Geldbetrages zum Gesamtkaufpreis entspricht. Trägt der Schenker nur einen unbedeutenden Teil (bis etwa 10%) des im übrigen vom Beschenkten aufgebrachten Kaufpreises, ist in der Regel lediglich ein Geldzuschuß anzunehmen, vgl. Gleichlautende Erlasse BStBl. 1989 I 443.

15. Grunderwerbsteuer. Die Übertragung eines Grundstückes unter Vorbehalt eines Wohnungsrechtes oder Übernahme eines bereits bestehenden Wohnungsrechtes ist ein grunderwerbsteuerbarer Vorgang. Die Steuer ist aus dem Wert der Gegenleistung zu berechnen, wobei für Wohnungsrechte nicht die Höchstbegrenzung des § 16 BewG Anwendung findet; vielmehr ist für die Besteuerung der nach den üblichen Mittelpreisen des Verbrauchsortes anzusetzende Mietwert maßgeblich; § 17 Abs. 3 Satz 2, § 15 Abs. 2 BewG i. V. mit § 8 Abs. 2 Satz 1 EStG. Bei Grundstücksübertragungen an in gerader Linie Verwandte greift der Befreiungstatbestand des § 3 Nr. 6 GrEStG ein, Ehegatten sind gem. § 3 Nr. 4 von der Grunderwerbsteuer befreit. Eine verfassungswidrige Doppelbelastung mit Schenkungsteuer und Grunderwerbsteuer (BVerfG Betr. 1984, 1711) tritt aufgrund der Änderung von § 3 Nr. 2 GrEStG durch G. v. 20. 12. 1996 BGBl. I S. 2049 nicht mehr ein.

In Bayern ist wegen § 61 f GBGA die grunderwerbsteuerliche Unbedenklichkeitsbescheinigung entbehrlich bei Grundstücksübertragungen in gerader Linie.

16. **Umsatzsteuer.** Gemäß § 4 Nr. 12c UStG sind dingliche Nutzungsrechte an Grundstücken umsatzsteuerbefreit.

17. **Kosten, Notar.** Für den Übergabevertrag ist eine doppelte Gebühr gem. § 36 Abs. 2 KostO aus dem Verkehrswert des Grundstückes (§ 19 KostO) zu erheben.

Grundbuchamt: $^{10}/_{10}$ Gebühr gem. § 60 Abs. 1 KostO für die Eintragung der Auflassung (Wert gem. § 19 KostO); $^{5}/_{10}$ Gebühr für die gleichzeitige Eintragung des Leibgedings gem. § 62 Nr. 2 (Wert gem. § 24).

4. Übergabe eines landwirtschaftlichen Betriebs

Verhandelt am ......
in ......

§ 1 Vertragsgegenstand[1, 2]

Im Grundbuch des Amtsgerichts ...... (Ort für ...... (Gemarkung) Band ...... Blatt ......
sind die Eheleute E als Eigentümer in Gütergemeinschaft des dort vorgetragenen Anwesens FlNr. ...... eingetragen. Der Grundbesitz ist in Abt. II unbelastet. In Abt. III ist eine Buchgrundschuld über DM 50.000,– zugunsten der ...... (Bank) eingetragen.

Vertragsgegenstand ist das vorbezeichnete landwirtschaftliche Anwesen mit dem gesamten Grundbesitz und allen darauf errichteten Gebäuden, dem landwirtschaftlichen Betrieb mit allen Aktiven und Passiven einschließlich des gesamten lebenden und toten landwirtschaftlichen Inventars, der vorhandenen Lebensmittel, Futter- und Erntevorräte.

§ 2 Übergabe[3, 8, 9]

Die Eheleute E
– im folgenden kurz „Übergeber" genannt –
übergeben hiermit den vorbezeichneten Vertragsgegenstand mit allen Rechten und Pflichten an
ihren Sohn, Herrn S
– im folgenden kurz „Erwerber" genannt –
zum Alleineigentum.

Die Vertragsteile sind über den Eigentumsübergang einig und bewilligen und beantragen die Eintragung der Rechtsänderung in das Grundbuch.

Die Eintragung einer Auflassungsvormerkung gem. § 883 BGB wird bewilligt, aber vorerst nicht beantragt.

Auch hinsichtlich der beweglichen Gegenstände, die nicht durch die Auflassung auf den Erwerber übergehen, sind die Vertragsteile über den Eigentumsübergang einig. Mitübergebene Rechte und Forderungen werden an den Erwerber mit Wirkung vom Tag der Besitzübergabe an abgetreten.

In sämtliche betriebliche Dauerschuldverhältnisse und sonstige betriebliche Rechte und Pflichten tritt der Erwerber anstelle des Übergebers mit Wirkung vom Tag der Besitzübergabe an ein.

Sollten dem Übergeber noch weitere Grundstücke, Grundstücksanteile oder den landwirtschaftlichen Betrieb betreffende Rechte gehören, die in dieser Urkunde nicht aufgeführt sind und auch nicht ausdrücklich zurückbehalten wurden, sollen auch diese mitübergeben sein. Der Erwerber wird unter Befreiung von § 181 BGB bevollmächtigt, alle Erklärungen abzugeben, die zum Eigentumsübergang auf den Erwerber erforderlich oder zweckdienlich sind. Die Vollmacht erlischt nicht durch den Tod des Übergebers.

4. Übergabe eines landwirtschaftlichen Betriebs VII. 4

Die Übergabe erstreckt sich nicht auf die persönliche Habe des Übergebers, insbesondere nicht auf dessen Hausrat und Mobiliar.

§ 3 Gewährleistung

Besitz, Nutzungen und Lasten sowie die Gefahr des zufälligen Untergangs oder der zufälligen Verschlechterung gehen mit Wirkung vom ...... auf den Erwerber über. Alle ab heute fällig werdende Erschließungs- und Anliegerkosten, auch für bereits ganz oder teilweise fertiggestellte, aber noch nicht abgerechnete Anlagen, hat der Erwerber zu tragen. Der Übergeber versichert, daß alle in Rechnung gestellten Erschließungs- und Anliegerkosten bezahlt sind.

Der Übergeber haftet für ungehinderten Besitz- und Eigentumsübergang sowie für die Freiheit von grundbuchmäßigen Belastungen, soweit diese nicht ausdrücklich vom Erwerber übernommen werden. Für das Nichtbestehen altrechtlicher Dienstbarkeiten wird keine Haftung übernommen.

Der Übergeber haftet auch dafür, daß Rückstände an Grundsteuern und sonstigen öffentlichen Abgaben und Steuern nicht bestehen.

§ 4 Leibgeding[3]

Der Erwerber gewährt seinen Eltern als Berechtigte in Gütergemeinschaft je auf deren Lebensdauer ein unentgeltliches Leibgeding bestehend aus:
1. Einem Wohnungsrecht, wonach die Übergeber berechtigt sind, die Wohnung im 1. Obergeschoß des Hauses auf Fl.Nr. ...... bestehend aus Wohnzimmer, Schlafzimmer, Küche, Bad/WC und Flur ausschließlich zu benutzen sowie die gemeinschaftlichen Anlagen und Einrichtungen, insbesondere Keller, Speicher Hof und Garten mitzubenützen.
2. Gewährung einer anderweitigen standesgemäßen Wohnung auf dem Anwesen für den Fall der Zerstörung des Wohngebäudes,
3. Übernahme der Kosten für Schönheitsreparaturen, Strom, Wasser, Heizung, Kaminkehrer, Müllabfuhr, Kanalbenützung und ähnliche öffentliche Gebühren,
4. Verköstigung am Familientisch gemeinsam mit dem Erwerber mit Speisen und Getränken zu allen Mahlzeiten, wie sie der Erwerber selbst genießt, erforderlichenfalls passende Kranken- oder Diätkost. Die einzelnen Mahlzeiten sind den Übergebern auf deren Wunsch in deren Wohnräume oder an das Bett zu bringen. Neben der Tischkost haben die Übergeber das Recht, von den im Anwesen jeweils vorhandenen Lebensmitteln und dem Haustrunk nach Belieben zum eigenen Verbrauch und Verzehr zu nehmen.
5. Wart(ung) und Pflege, Reinigung der Kleidung und des Schuhwerks sowie die Erledigung erforderlicher Besorgungen; diese Verpflichtungen erlöschen, wenn die Übergeber in ein Alters- oder Pflegeheim aufgenommen werden oder vom Anwesen wegziehen.
6. Übernahme der Krankheitskosten der Übergeber, insbesondere Zahlung der Arzt-, Apotheker- und Krankenhausrechnungen, soweit diese nicht von der Krankenkasse getragen werden.
7. Versorgungszahlungen in Höhe von ...... monatlich, an jedem Monatsersten im voraus zahlbar, erstmals an dem auf die Übergabe folgenden Monatsersten. Die Rente des Übergebers aus dem Gesetz über die Altershilfe für Landwirte und sonstige Rentenansprüche werden auf das Taschengeld nicht angerechnet. Die monatliche Versorgungszahlung erhöht oder ermäßigt sich um denselben Prozentsatz, um den sich die Gesamtlebenshaltungskosten für alle privaten Haushalte in Deutschland auf der Basis 1994 = 100 gegenüber dem ersten Fälligkeitsmonat verändert, erstmals bei einer Indexänderung um 10% und jeweils erneut, wenn eine weitere Indexänderung um 10% eintritt. Darüberhinaus kann jeder Beteiligte eine Anpassung in entspre-

chender Anwendung des § 323 ZPO verlangen, wenn durch die Änderung der wirtschaftlichen Verhältnisse der standesgemäße Unterhalt der Übergeber oder des Erwerbers nicht mehr gewährleistet ist. Ein höherer Geldbedarf durch den Aufenthalt in einem Alters- oder Pflegeheim berechtigt die Übergeber nicht zu einem Änderungsverlangen gem. § 323 ZPO.

8. Übernahme der Kosten der standesgemäßen und ortsüblichen Beerdigung, für die üblichen Gottesdienste, die Errichtung eines Grabmales und die Grabpflege. Zahlungen durch Sterbegeldversicherung gebühren dem Erwerber.

Die vereinbarten Leistungen verringern sich durch den Tod eines Berechtigten nicht.

Die Grundbucheintragung des zu Ziff. 1 bestellten Wohnrechtes an Fl.Nr....... als beschränkte persönliche Dienstbarkeit

und die Sicherung der zu Ziff. 2–7 bestellten Rechte am gesamten übergebenen Grundbesitz durch

Reallast, hinsichtlich der Versorgungszahlungen gem. Ziffer 7 in Höhe des wertgesicherten Ausgangsbetrages, jedoch ohne die Anpassungsmöglichkeit gem. § 323 ZPO, wird bewilligt und beantragt, und zwar gem. § 49 GBO als

Leibgeding

zugunsten der Eheleute E als Berechtigte in Gütergemeinschaft mit dem Vermerk, daß zur Löschung der Nachweis des Todes des Berechtigten genügt.[6]

§ 5 Schuldübernahme[4]

Der Erwerber übernimmt anstelle des Übergebers die an dem Vertragsgegenstand in Abt. III des Grundbuches eingetragene Grundschuld über DM 50.000,– in dinglicher Haftung sowie die zugrundeliegende Schuldverpflichtung in Höhe von ...... (Betrag zur ferneren Verzinsung und Rückzahlung mit allen aus der Bestellungsurkunde und dem Darlehensvertrag sich ergebenden Verpflichtungen. Die befreiende Schuldübernahme erfolgt mit sofortiger Wirkung mit dem zu diesem Zeitpunkt gegebenen Stand der Darlehensverbindlichkeit.

Die Zins- und Zahlungsbestimmungen sind dem Erwerber bekannt.

Entstandene Eigentümerrechte und Rückgewährungsansprüche werden entschädigungslos auf den Erwerber mit dessen Zustimmung übertragen; die Umschreibung im Grundbuch wird bewilligt. Die befreiende Schuldübernahme wird dem Gläubiger durch Übersendung einer begl. Abschrift dieser Urkunde mitgeteilt. Die gem. §§ 415 ff. BGB erforderliche Genehmigung werden die Vertragsteile selbst einholen. Auf das Erfordernis der Änderung der Zweckbestimmungserklärung wurde hingewiesen.

§ 6 Geschwisterabfindung[5]

Die Übergabe des Anwesens erfolgt zum Ertragswert gem. § 2312 BGB.

Der Erwerber verpflichtet sich, an seine Schwester Frau T in Anrechnung auf deren Pflichtteils- und Pflichtteilsergänzungsansprüche nach ihren Eltern einen Betrag in Höhe von DM 30.000,– bis zum ...... ohne Beilage von Zinsen auszuzahlen. Auf dingliche Sicherung wird verzichtet. Wegen dieser Abfindungszahlung verzichtet T auf die Geltendmachung von Pflichtteils- und Pflichtteilsergänzungsansprüchen hinsichtlich des vertragsgegenständlichen Anwesens. Die Übergeber und der Erwerber nehmen diesen Verzicht an.

Hinsichtlich des den Übergebern verbleibenden Vermögens behält sich T ihre Pflichtteilsansprüche vor.

§ 7 Zwangsvollstreckungsunterwerfung[4]

Der Erwerber unterwirft sich wegen der in dieser Urkunde eingegangenen und übernommenen Zahlungsverpflichtungen der sofortigen Zwangsvollstreckung aus dieser Urkunde in sein gesamtes Vermögen. Hinsichtlich der übernommenen Grundschuld übernimmt der Erwerber für den Eingang des Grundschuldbetrages einschließlich Zins- und Nebenleistungen die volle persönliche Haftung und unterwirft sich auch insoweit der sofortigen Zwangsvollstreckung aus dieser Urkunde in sein gesamtes Vermögen. Der Gläubiger ist berechtigt, sich jederzeit eine vollstreckbare Ausfertigung dieser Urkunde ohne Fälligkeitsnachweis auf Kosten des Erwerbers erteilen zu lassen und den Erwerber aus der persönlichen Haftung schon vor der Vollstreckung in den Pfandbesitz in Anspruch zu nehmen.

§ 8 Hinweise

Die Vertragsteile wurden vom Notar hingewiesen auf die
a) Voraussetzungen für den Eigentumsübergang,
b) Beurkundungspflicht für alle getroffenen Vereinbarungen,
c) mögliche Schenkungsteuerpflicht,[15]
d) Haftung des Grundbesitzes für öffentliche Lasten und Abgaben,
e) gesamtschuldnerische Haftung der Beteiligten für Kosten und Steuern unbeschadet der im Innenverhältnis getroffenen Vereinbarungen,
f) erforderliche Genehmigung der Landeszentralbank gem. § 3 WährG für die vereinbarte Wertsicherungsklausel,
g) landesrechtlichen Leibgedingsbestimmungen und die
h) erforderliche Genehmigung gem. § 2 GrdstVG.

§ 9 Kosten[10]

Die Kosten dieser Urkunde und des Vollzuges trägt der Erwerber, etwa anfallende Schenkungsteuern trägt jeder Empfänger für seinen Erwerb.

§ 10 Ausfertigung und Abschriften

Von dieser Urkunde erhalten die Vertragteile und das Grundbuchamt je eine Ausfertigung, das Zentralfinanzamt – Schenkungsteuerstelle – eine bgl. Abschrift, das Finanzamt – Grunderwerbsteuerstelle – und die Landeszentralbank[16] eine einfache Abschrift.

Schrifttum: Amann, Zur dinglichen Sicherung von Nebenleistungspflichten bei Wohnungsrechten und anderen Dienstbarkeiten, DNotZ 1982, 396; *Böhringer*, Das Altenteil in der notariellen Praxis, MittBayNot 1988, 103; *Eckhardt*, Ein „bayer. Höferecht". – Zur Gestaltung der Hofübergabeverträge, AgrarR 1975, 136; *Faßbender,* Zur Hofübergabe, DNotZ 1986, 67; *Haegele,* Wohnungsrecht, Leibgeding und ähnliche Rechte in Zwangsvollstreckung, Konkurs und Vergleich, DNotZ 1976, 5; *Herzig,* Faktische Mitunternehmerschaft in der Landwirtschaft, BB 1986, 533; *Hiller,* Die Hofübergabe Inf. 1993, 217 und 245; *Langenfeld,* Grundstückszuwendungen im Zivil- und Steuerrecht, 3. Aufl. 1992; *Linde,* Beck'sches Formularbuch zum Bürgerlichen, Handels- und Wirtschaftsrecht, 5. Aufl. 1991; *Lüdtke-Handjery,* Hofübergabe als vertragliche und erbrechtliche Nachfolge, DNotZ 1985, 332; *Jachmann,* Einkommensteuerrechtliche Aspekte des Wechsels von landwirtschaftlichem Grund und Boden zum Privatvermögen; *Mayer,* Leibgedingsrechte und Leistungsstörung, MittBayNot 1990, 149; *B. Meyer,* Die Hofübergabe in heutiger Zeit, BWNotZ 1997, 114; *Müller-Feldhammer,* Das Ertragswertverfahren bei der Hofübergabe, ZEV 1995, 161; *Nieder,* Die dingliche Sicherung von Leibgedingen (Altenteilen) BWNotZ 1975, 3; *Ochs,* Einkommensteuerrechtliche Probleme von Land- und Forstwirten im Zusammenhang mit der Hofübergabe, MittBayNot 1985, 171; *Spielberger,* Vermögensnachfolge 1994; *Weidlich,* Ertragswertanordnung und Ehegattenbeteiligung an einem Landgut, ZEV 1996, 380; *Winkler,* Randfragen zum Übergabevertrag, AgrarR 1979, 237 = MittBayNot 1979, 53; *Wahl,* Vertragliche Versorgungsrechte in Übergabeverträgen und sozialrechtliche Ansprüche, Rehau 1988; *Weirich,* Der gegenständlich beschränkte Pflichtteilsverzicht, DNotZ 1986, 5; *Wöhrmann/Stöcker,* Landwirtschaftsrecht, 4. Aufl.

Anmerkungen

1. Bundes- und landesrechtliche Regelungen. (1) **Überblick.** Die vorweggenommene Erbfolge ist im Bereich der Land- und Forstwirtschaft der Regelfall, einerseits um den Hof zu erhalten, andererseits um dem Übergeber den Bezug der landwirtschaftlichen Altersrente zu ermöglichen. Im Wege eines „sozialmotivierten Versorgungsvertrages" werden alle für die Alterssicherung der Übergeber erforderlichen Rechte (in der Regel Wohnungsrecht, Wart, Pflege und Verköstigung, Versorgungszahlungen und Übernahme der Beerdigungskosten) und zugleich, um Erbstreitigkeiten auszuschließen, die Ansprüche der Geschwister des Erwerbers festgelegt, z. B. Wohnungsrecht auf die Dauer des ledigen Standes und Geldabfindung mit (beschränktem) Pflichtteilverzicht. Mit dem Ableben der Übergeber enden die vereinbarten Versorgungsleistungen mit Ausnahme etwaiger rechtshängiger Rückstände. Die einzelnen Bestandteile des Altenteils sind auch außerhalb des landwirtschaftlichen Bereichs von Bedeutung; auch die Übergabe eines Hausgrundstückes im Stadtbereich kann Altenteilcharakter haben, vgl. BGH NJW 1981, 2568; Langenfeld S. 130; andererseits wird eine Grundstücksübertragung nicht allein durch eine Wohnrechtsgewährung mit Pflege- und Versorgungsverpflichtung zum Altenteilvertrag i. S. des Art. 96 EGBGB, vgl. BGH MittBayNot 1989, 81.

(2) Im Geltungsbereich der Höfeordnung BGBl. I 1976, 1933, also in den Ländern Hamburg, Niedersachsen, Nordrhein-Westfalen und Schleswig-Holstein erfolgt die Hoferbenbestimmung durch Verfügung von Todes wegen, Übergabevertrag, Übertragung der Bewirtschaftung oder durch Beschäftigung auf dem Hof, vgl. § 7 Abs. 1 und 2 HöfeO. Die Hofeigenschaft ist nur fakultativ; gem. § 1 Abs. 4 HöfeO geht die Hofeigenschaft unter, wenn der Hofvermerk im Grundbuch gelöscht wird; der Eigentümer ist auch berechtigt, Teile des landwirtschaftlichen Grundbesitzes vom Hof abzuschreiben, vgl. OLG Hamm DNotZ 1986, 558. Die Hofaufhebungserklärung ist kein Antrag an das Grundbuchamt, sondern eine Erbrechtswahl, vgl. *Faßbender/Hötzel/von Jeinsen/Pikalo* 3. Aufl. § 1 HöfeO Rdn. 86. Aus dem Grundbuch ist die Hofeigenschaft nicht verbindlich ersichtlich. Das Bundesverfassungsgericht AgrarR 1985, 12 fordert die Leistungsfähigkeit des Betriebes als Voraussetzung seiner Sonderrechtsfähigkeit. Die als partielles Bundesrecht geltende HöfeO bestimmt in § 4, daß der Hof als Teil der Erbschaft kraft Gesetzes nur **einem** der Erben zufällt, so daß eine gesetzliche Sondererbfolge besteht, die eine Ausnahme von der in § 1922 BGB geregelten Universalsukzession darstellt und eine gesetzliche Teilungsanordnung beinhaltet, die zu einem unmittelbaren Anfall des Hofes mit dinglicher Wirkung auf den Hofeigentümer führt. Der Hof i. S. der HöfeO gehört nicht zum Nachlaß. Die weichenden Miterben erhalten nur schuldrechtliche Abfindungsansprüche, vgl. BGHZ 28, 199, die sich aus dem Hofeswert errechnen, der gemäß § 12 Abs. 2 HöfeO grundsätzlich das Eineinhalbfache des zuletzt festgestellten Einheitswertes beträgt. Diese Abfindungsansprüche und die Ergänzungsabfindung gemäß § 13 HöfeO stellen keine Gegenleistung des Hoferben dar.

(3) **Landesrechtliche Sondererbfolge.** § 14 des Rheinland-pfälzischen Landesgesetzes über die HöfeO regelt die Erbfolge wie in § 4 der HöfeO. Gem. § 9 Abs. 1 des Bremischen HöfeG fällt der Hof als Teil der Erbschaft nur einem Erben zu. Gem. Art. 9 des Württembergischen Anerbengesetzes erwirbt der Anerbe das Eigentum an dem Anerbengut mit dem Erwerb der Erbschaft, also durch Nachlaßspaltung wie im System des Höferechts.

(4) **Anerbenrecht.** Nach dem Badischen Hofgütergesetz und der Hessischen Landgüterordnung geht der Hof zunächst auf die Erbengemeinschaft über, so daß eine Gesamthandsgemeinschaft entsteht. Die Vergütung, die der Hofübernehmer aufgrund des Anerbenrechts an die Erbengemeinschaft entrichtet, stellt gem. Tz. 93 BMF-Schreiben

Erbauseinandersetzung eine Gegenleistung dar, die, sofern das Kapitalkonto überschritten wird, zur Gewinnrealisierung bei der Erbengemeinschaft führt.

(5) **Geltung des BGB.** Die Länder Bayern, Berlin, Brandenburg, Mecklenburg-Vorpommern, Saarland, Sachsen, Sachsen-Anhalt und Thüringen haben keine landesrechtliche Sonderregelung getroffen, so daß nur die Bestimmungen des BGB, insbesondere §§ 2049 und 2312 BGB, von Bedeutung sind.

2. Vertragsgegenstand. Zur Hoferhaltung werden regelmäßig alle zum landwirtschaftlichen Betriebsvermögen gehörenden Wirtschaftsgüter übertragen, also Grundstücke, Gebäude und das landwirtschaftliche Inventar (§ 98 Nr. 2 BGB), insbesondere auch alle Arbeitsgeräte, das Vieh und die landwirtschaftlichen Erzeugnisse. Auch Mitgliedschaftsrechte, insbesondere Genossenschaftsanteile werden regelmäßig übertragen. Aus der Zurückbehaltung von Grundstücken können sich nicht nur Probleme im Hinblick auf das Grundstücksverkehrsgesetz und die landwirtschaftliche Altersrente ergeben (vgl. *Winkler* MittBayNot 1979, 56), sondern auch erhebliche steuerliche Entnahmegewinne, vgl. unten Anm. 8. Empfehlenswert ist eine Vollmacht, wonach der Erwerber etwaige nicht im Übergabevertrag aufgeführte landwirtschaftliche Grundstücke an sich auflassen darf, vgl. *Reithmann/Röll/Geßele* Rdn. 425.

3. Leibgeding. Das Altenteilsrecht ist ein Inbegriff dinglich gesicherter Nutzungen sowie Sach- und Dienstleistungen, die aus oder auf einem Grundstück zum Zwecke der allgemeinen leiblichen und persönlichen Versorgung des Berechtigten zu gewähren sind, vgl. RG 162, 52; BayObLG DNotZ 1975, 622. Im Leibgeding (Altenteil, Auszug, Leibzucht) sind zahlreiche Einzelrechte, insbesondere beschränkte persönliche Dienstbarkeiten, Reallasten und ggf. auch Nießbrauchsrechte in einem Sammelbegriff zusammengefaßt; für die Einbeziehung von Nießbrauchsrechten KG OLG 40, 52; *Meikel/Imhof/Riedel* § 49 Bem. 2.

Aufgrund des Vorbehalts in Art. 96 EGBGB bestehen zahlreiche landesrechtliche Vorschriften; einen Überblick gibt *Böhringer* MittBayNot 1988, 106; zu den Übergabegewohnheiten in den einzelnen Bundesländern vgl. *Lüdtke-Handjery*, Beck'sches Formularbuch zum Bürgerlichen, Handels- und Wirtschaftsrecht, 6. Aufl. Form. III. E. 15 Anm. 2.

Im einzelnen sind in einem Leibgeding folgende Einzelrechte regelmäßig enthalten:

(1) **Wohnungsrecht** als beschränkte persönliche Dienstbarkeit gem. § 1093 BGB: An rechtlich selbständigen Grundstücken, auf die sich das Mitbenützungsrecht des am Hausgrundstück bestellten Wohnungsrechtes erstreckt, kann das Wohnungsrecht nicht eingetragen werden, vgl. BayObLG DNotZ 1976, 227; darauf ist bereits in der Eintragungsbewilligung zu achten, vgl. *Haegele* RPfleger 1960, 404. Als Inhalt der Dienstbarkeit übernimmt der Eigentümer regelmäßig alle Nebenkosten, insbesondere auch für Heizung, Strom, Wasser, Müllabfuhr und für die gewöhnliche und außergewöhnliche Instandhaltung vgl. *Amann* DNotZ 1982, 411. Die Nebenleistungspflichten des Eigentümers können aber auch durch gesonderte Reallast gesichert werden, soweit nicht landesrechtliche Bestimmungen z.B. Art. 30 PreußAGBGB entgegenstehen. Über § 1093 BGB hinausgehende Mitbenützungsrechte können als einfache beschränkte persönliche Dienstbarkeit gem. § 1090 BGB bestellt werden.

(2) **Wohnungsreallast.** Da das Wohnungsrecht mit der Zerstörung eines Gebäudes erlischt, empfiehlt es sich zusätzlich, ganz allgemein die Verpflichtung zur Gewährung von Wohnraum als Inhalt einer Reallast zu vereinbaren, vgl. *Ripfel* Grundbuchrecht S. 152; *Böhringer* BWNotZ 1990, 153.

(3) **Verköstigung.** Die früher üblichen Naturalleistungen anstelle der täglichen Tischkost werden im allgemeinen nicht mehr vereinbart, da aufgrund der Spezialisierung in der Landwirtschaft der Landwirt selbst in erheblichem Umfang Lebensmittel zukaufen muß.

(4) **Wart(ung) und Pflege.** Für den Fall der Gebrechlichkeit und der Krankheit der Übergeber wird der jeweilige Eigentümer zu im einzelnen aufgeführten Pflegeleistungen verpflichtet, die als Naturalleistungen im Wege der Reallast gem. § 1105 BGB dinglich gesichert werden können. Damit verbunden ist regelmäßig die Übernahme der Beerdigungs- und Grabpflegekosten, die in die Reallast einbezogen werden können, vgl. BayObLG DNotZ 1970, 415. Im Formular wird die Übernahme dieser Kosten nicht durch die Reallast abgesichert, da andernfalls die Löschungserleichterung gem. § 23 Abs. 2 GBO nicht eintragbar wäre, vgl. BayObLG MittBayNot 1983, 170; RPfleger 1988, 98. Im allgemeinen ist der Übernehmer wirtschaftlich nicht in der Lage, die außerordentlich hohen Pflegesätze bei der Verbringung der Übergeber in Alters- und Pflegeheime zu tragen, so daß häufig ein vertraglicher Leistungsausschluß vereinbart wird, vgl. auch *Winkler* S. 58.

(5) **Versorgungszahlungen.** Der als Reallast zu sichernde bare Versorgungsanspruch sollte mit einer Wertsicherungsklausel gegen Geldentwertung gesichert werden. Die Einholung der Genehmigung gem. § 3 WährG oder eines Negativattestes durch den Notar ist empfehlenswert. Aus den unter Anm. 8 genannten steuerlichen Gründen ist zusätzlich die Vereinbarung einer Anpassungsmöglichkeit gem. § 323 ZPO erforderlich. Die pauschale Bezugnahme auf § 323 ZPO bedeutet jedoch, daß eine Eintragung im Grundbuch als Reallast ausscheidet, weil der sachenrechtliche Bestimmbarkeitsgrundsatz nicht mehr gewahrt ist. Eine Formulierung, wonach eine Anpassung gem. § 323 ZPO erfolgen soll, wenn der standesgemäße Unterhalt der Beteiligten nicht mehr gesichert ist, führt wegen der damit verbundenen Konkretisierung der Anpassung zur Eintragungsfähigkeit als Reallast, vgl. *Staudinger/Amann* § 1105 BGB Rdn. 12; BayObLG MittBayNot 1987, 94; der zusätzliche Ausschluß des Pflegefallrisikos aus der Anpassung entspricht im Regelfall den Vorstellungen der Beteiligten, vgl. *Spiegelberger* KÖSDI 1985, 5848, ist aber bedenklich, vgl. Form. VII. 1 Anm. 4.

4. Schuldübernahme. Da die Schuldübernahme keine Rechtsnachfolge darstellt (BGHZ 61, 140), ist eine erneute Unterwerfung des Schuldübernehmers unter die Zwangsvollstreckung erforderlich, vgl. *Wolfsteiner*, Die vollstreckbare Urkunde, § 16, 13. Aufgrund des Erfordernisses der Bestimmtheit des Anspruches kann eine vollstreckbare Ausfertigung gem. § 794 Abs. 1 Nr. 5 ZPO nur erteilt werden, wenn bei der Schuldübernahme der genaue Schuldbetrag oder, soweit dieser nicht feststeht, ein Mindestbetrag angegeben wird. Während eine erneute dingliche Zwangsvollstreckungsunterwerfung gem. § 800 ZPO nicht erforderlich ist, wird von den Kreditinstituten jedoch ein abstraktes Schuldversprechen gem. § 780 BGB mit Zwangsvollstreckungsunterwerfung als Voraussetzung für die Genehmigung der Schuldübernahme verlangt, um die Beitreibung der Forderung zu erleichtern, vgl. BGH NJW 1976, 567; *Palandt/Thomas* Einf. v. § 780 Rz. 3.

5. Geschwisterabfindung, Pflichtteilsverzicht. Zur Vermeidung von Pflichtteils- und Pflichtteilsergänzungsansprüchen werden regelmäßig Geschwisterabfindungen in Verbindung mit Pflichtteilsverzichten in den Übergabevertrag aufgenommen. Andernfalls ist die Vereinbarung der Ertragswertklausel gem. § 2312 BGB dringend anzuraten, diese verstößt nicht gegen den Gleichheitssatz, wenn sie der Erhaltung eines leistungsfähigen landwirtschaftlichen Betriebes dient, vgl. BGH MittBayNot 1987, 149. Praktisch baureife Grundstücke, die ohne Gefahr für die dauernde Lebensfähigkeit aus dem Landgut herausgelöst werden können, fallen nicht unter das Privileg des § 2312 BGB bei der Pflichtteilsberechnung, vgl. BGH DNotZ 1987, 764.

Einmalige Abfindungszahlungen an Geschwister können nicht als Nebenbestimmung in das Leibgeding einbezogen werden, so daß die dingliche Sicherung nur durch Grundpfandrechte erfolgen kann. Dies gilt auch für etwaige Ausgleichszahlungen, die der Übernehmer an seine Geschwister zu entrichten hat, wenn er das übernommene Anwesen oder einzelne Grundstücke innerhalb eines überschaubaren Zeitraumes verkauft, vgl. hierzu *Reithmann/Röll/Geßele* Rdn. 431; BGH DNotZ 1986, 242.

4. Übergabe eines landwirtschaftlichen Betriebs   VII. 4

6. Grundbucheintragung. Für die einzelnen im Leibgeding zusammengefaßten dinglichen Rechte bietet sich die Gesamtgläubigerschaft gem. § 428 BGB an, so daß die Gesamtleistung erst mit der allen Gläubigern geschuldeten Gesamtleistung erbracht ist, vgl. *Haegele/Schöner/Stöber* Rdn. 1335; BayObLG DNotZ 1975, 618. Die Einräumung eines Wohnungsrechtes nach Bruchteilen ist unzulässig, vgl. *Bader* DNotZ 1965, 680, im Falle des Nießbrauches unzweckmäßig, da beim Versterben eines Berechtigten automatisch ein Quotennießbrauch entstünde. Anstelle einer Gesamtberechtigung gem. § 428 BGB kann auch die Eintragung mehrerer gleichrangiger Leibgedingsrechte erfolgen (allerdings Verdoppelung der Grundbuchkosten für die Altenteilseintragung). Besteht zwischen Ehegatten Gütergemeinschaft, fallen die zu ihren Gunsten bestellten Rechte in das Gesamtgut, so daß sie als Berechtigte in Gütergemeinschaft einzutragen sind, vgl. *Palandt/Bassenge* § 1093 Rz. 7.

Eine Löschungsklausel für den Todesfall gem. § 23 GBO ist möglich, da es sich bei dem Leibgeding um einen Rechtsinbegriff handelt, bei dem Rückstände von Leistungen nicht ausgeschlossen sind, vgl. *Horber* § 23 Anm. 3a. Spätere Inhaltsänderungen des Leibgedinges können im Grundbuch eingetragen werden, ohne daß die einzelnen im Leibgeding zusammengefaßten Rechte dieselbe Rangstelle haben.

7. Zwangsvollstreckung. Aufgrund des Vorbehaltes in § 9 EGZVG haben fast alle Bundesländer eine Regelung getroffen, wonach das Leibgeding auch dann bestehen bleiben kann, wenn das Recht nicht im geringsten Gebot enthalten ist. Da andererseits gem. § 9 Abs. 2 EGZVG die Gläubiger vor- oder gleichrangiger Rechte ein sog. Doppelausgebot verlangen können, wonach das Grundstück sowohl unter der Bedingung des Bestehenbleibens des Altenteils als auch unter der Bedingung seines Erlöschens ausgeboten wird, spielt das Versteigerungsprivileg des Altenteils in der Praxis nur eine geringe Rolle; ausführlich hierzu Langenfeld S. 131. Größere Bedeutung hat die Pfändungsschutzbestimmung des § 850b Abs. 1 Nr. 3 ZPO, wonach fortlaufende Einkünfte aufgrund eines Altenteils unpfändbar sind.

8. Einkommensteuer. (1) **Allgemeines.** Gewinne aus Land- und Forstwirtschaft werden durch Betriebsvermögensvergleich (§ 4 Abs. 1 EStG), Überschußrechnung (§ 4 Abs. 3 EStG), Schätzung oder gem. § 13a EStG nach Durchschnittssätzen ermittelt. Das land- und forstwirtschaftliche Betriebsvermögen umfaßt den Grund und Boden einschließlich des Bauerwartungslands sowie die Betriebsgebäude. Die Wohnung des Landwirts und die Altenteilerwohnung sowie der dazugehörende Grund und Boden können seit dem 1. 1. 1987 gem. § 52 Abs. 15 Satz 7 EStG steuerfrei aus dem Betriebsvermögen in das Privatvermögen überführt werden. Diese Billigkeitsregelung endet zum 31. 12. 1998, vgl. BMF-Schreiben BStBl. 1998 I 356. Gewillkürtes Betriebsvermögen können nur buchführende Landwirte bilden. Nutzungsänderungen vor dem 1. 7. 1979 (z.B. Verpachtung eines Grundstückes an einen anderen Landwirt) führten bei nichtbuchführenden Landwirten zur Entnahme ohne Gewinnrealisierung, vgl. BStBl. 1979 I 162. Die in ein Umlegungsverfahren (Flurbereinigungsverfahren) eingebrachten und die daraus im Zuteilungswege erlangten Grundstücke sind einkommensteuerrechtlich identisch; die Betriebsvermögenseigenschaft setzt sich an den erlangten Grundstücken unverändert fort, vgl. BFH BStBl. 1986 II 711.

Die Betriebsübergabe im Wege der vorweggenommenen Erbfolge stellt keine Gewinnrealisierung dar, § 7 Abs. 1 EStDV. Überträgt ein Landwirt seinen Betrieb unentgeltlich auf seinen Sohn, behält aber 18% der landwirtschaftlichen Fläche zurück und überführt sie ins Privatvermögen, so liegt keine Betriebsübertragung im ganzen, sondern eine Betriebsaufgabe vor. Das gilt jedenfalls dann, wenn die zurückbehaltene Fläche gegenüber der übertragenen der Bonität nach annähernd gleichwertig ist, vgl. BFH BStBl. 1990 II 428. Die früher weit verbreitete Zurückbehaltung von Grundstücken bei der Hofübergabe als „Notpfennig" (vgl. *Faber* BWNotZ 1978, 151) stellt in jedem Fall eine Entnahme dar, so daß den Beteiligten dringend davon abzuraten ist. Eine Besonderheit gilt

Spiegelberger 39

für **forstwirtschaftliche** Grundstücke. Behält der Übergeber ein Waldgrundstück zurück, das mit echter Gewinnabsicht bewirtschaftet werden kann – bei einem forstwirtschaftlichen Betrieb muß im allgemeinen eine Fläche von einigen Hektar gefordert werden, vgl. BFH BStBl. 1985 II 550 – kann der Übergeber Forstwirt bleiben und das Grundstück in seinem Betriebsvermögen ohne Gewinnrealisierung fortführen, vgl. *Ochs* MittBayNot 1985, 171. Erwirbt jemand im Wege vorweggenommener Erbfolge einen landwirtschaftlichen Betrieb unter dem Vorbehalt des Nießbrauchs des bisherigen Eigentümers und veräußert er während der Dauer des Nießbrauchs den landwirtschaftlichen Betrieb weiter, ist der bei der Veräußerung erzielte Veräußerungsgewinn ihm zuzurechnen, vgl. BFH BStBl. 1987 II 772.

Unter den Voraussetzungen des § 14a Abs. 4 EStG kann ein Landwirt bei der Veräußerung oder Entnahme von Grundbesitz einen Freibetrag in Höhe von 120.000,– DM für die Abfindung eines jeden weichenden Erben geltend machen, vgl. BFH BStBl. 1988 II 249. Bei der Gewinnermittlung gem. § 4 Abs. 1 und Abs. 3 EStG sowie gem. § 13a EStG nach Durchschnittssätzen (also nicht bei Schätzungslandwirten!) dürfen bei Grundstücksveräußerungen steuerfrei Rücklagen gem. §§ 6b und 6c EStG zum Zwecke der Reinvestition gebildet werden. Die Veräußerung land- und forstwirtschaftlich genutzter Grundstücke ist ein Hilfsgeschäft eines land- und forstwirtschaftlichen Betriebes und nicht Gegenstand eines selbständigen gewerblichen Unternehmens, es sei denn, der Landwirt veräußert wiederholt innerhalb eines überschaubaren Zeitraumes land- und forstwirtschaftliche Grundstücke oder Betriebe in Gewinnabsicht, die er bereits in der Absicht einer Weiterveräußerung erworben hat, vgl. BFH MittBayNot 1984, 275; FG Bremen EFG 1988, 300. Wer einen land- und forstwirtschaftlichen Betrieb entgeltlich erwirbt, ihn aber nicht selbst bewirtschaftet, sondern im unmittelbaren Anschluß an den Erwerb verpachtet, kann als Verpächter nur Einkünfte aus Vermietung und Verpachtung, nicht Einkünfte aus Land- und Forstwirtschaft beziehen. Ein Verpächterwahlrecht, wie im Fall der Verpachtung eines bislang selbst bewirtschafteten land- und forstwirtschaftlichen Betriebes steht ihm nicht zu, vgl. BFH BStBl. 1989 II 863.

(2) **Leibgedingsbesteuerung.** a) **Natural-, Sach- und Geldleistungen.** Die im Leibgeding zusammengefaßten Natural-, Sach- und Geldleistungen kann der Betriebsinhaber als Sonderausgaben gem. § 10 Abs. 1 Nr. 1a EStG abziehen. Werden unbare Altenteilsleistungen für Verpflegung mit den Werten der SachBezV abgezogen, ist für ein Altenteilerehepaar der um 80 v. H. erhöhte Wert des § 1 Abs. 2 SachBezV anzusetzen, vgl. BFH BStBl. 1991 II 354; (Nicht-Beanstandungsgrenze für 1997 bei einem Altenteiler 5.149,– DM und bei einem Altenteiler-Ehepaar 9.269,– DM). Aufwendungen für die Beerdigung eines Altenteilsberechtigten stellen keine dauernde Last nach § 10 Abs. 1 Nr. 1a EStG dar, vgl. BFH BStBl. 1985 II 43.

b) **Besteuerung der selbstgenutzten Wohnung.** Die im landwirtschaftlichen Anwesen befindliche selbstgenutzte Wohnung des Landwirts sowie die Altenteilerwohnung zählten bis zum 31. 12. 1986 zum einkommensteuerlichen Betriebsvermögen des Landwirts. Der Nutzungswert dieser Wohnungen wurde dem Landwirt gem. §§ 13 Abs. 2 Nr. 2 und 13a Abs. 3 Nr. 4 und Abs. 7 EStG zugerechnet. Auch hinsichtlich dieser Wohnungen sieht das WohneigFG die Privatgutlösung vor. Gem. § 52 Abs. 15 Satz 4 EStG kann der Landwirt die bisherige Nutzungswertbesteuerung bis einschließlich Veranlagungszeitraum 1998 fortführen oder für die Privatgutlösung optieren. Mit der unwiderruflichen Option, spätestens mit Ablauf des Veranlagungszeitraumes 1998, gilt die Wohnung des Landwirts und die Altenteilwohnung sowie der dazugehörende Grund und Boden als entnommen, wobei ein Entnahmegewinn außer Ansatz bleibt. Ein Hausgarten bis zur Größe von 1.000 qm ist in der Regel allein dem Wohnteil zuzuordnen. Ist ein katastermäßig abgegrenztes Flurstück dem Wohnhaus zugeordnet, gilt dieses als steuerfrei entnommen.

Wird bei einer Vermögensübergabe im Wege der vorweggenommenen Erbfolge dem Übergeber im Rahmen eines Leibgedings ein Wohnungsrecht an **einzelnen** Räumen der Wohnung des Übernehmers eingeräumt, so ist der Nutzungswert der Wohnung im vol-

4. Übergabe eines landwirtschaftlichen Betriebs

len Umfang dem Übernehmer zuzurechnen. Die Überlassung einzelner Wohnräume stellt für den Übernehmer eine dauernde Last im Sinn von § 10 Abs. 1 Nr. 1a EStG dar, vgl. *BFH* BStBl. 1993 II 31. Wird eine Wohnung aufgrund eines Altenteilsvertrags überlassen, ist der Nutzungswert der Wohnung, wenn § 13 Abs. 2 Nr. 2 und § 13 Abs. 3 Nr. 4 u. Abs. 7 EStG nicht mehr angewendet werden, weder beim Altenteilsverpflichteten als dauernde Last i. S. d. § 10 Abs. 1 Nr. 1a EStG noch beim Altenteiler als wiederkehrende Bezüge i. S. d. § 22 Nr. 1 Satz 1 EStG zu erfassen. Dagegen sind beim Altenteilsverpflichteten solche mit der Wohnungsüberlassung verbundenen Aufwendungen als dauernde Last abzugsfähig, die dem Altenteiler als wiederkehrende Sachleistungen zufließen. Zu erfassen sind demnach insbesondere Aufwendungen für Strom, Heizung, Wasser und Schönheitsreparaturen, nicht hingegen Absetzungen für Abnutzung und Zinsen, vgl. BFH BStBl. 1983 II 711; OFD München Verf. v. 22. 3. 1993 S. 2221–95 St. 417.

c) **Anwendung der BMF-Schreiben vom 13. 1. 1993 BStBl. 1993 I 80 (Vorwegerbfolge) und vom 11. 1. 1993 BStBl. 1993 I 62 (Erbauseinandersetzung).** Zu unterscheiden ist zwischen Übergaben im Bereich der HöfeO und den übrigen Ländern, die eine Sondererbfolge anordnen einerseits und den Übertragungen von Bauernhöfen im übrigen Bundesgebiet andererseits. Gem. § 17 Abs. 2 HöfeO gilt zugunsten der anderen Abkömmlinge der Erbfall hinsichtlich des Hofes mit dem Zeitpunkt der Übertragung als eingetreten, wenn der Eigentümer den Hof an einen hoferbenberechtigten Abkömmling übergibt. Aufgrund dieser Vorschrift nimmt *Felix* FR 1991, 657 zu Recht an, daß der Übergabevertrag nach Höferecht nicht der vorweggenommenen Erbfolge, sondern dem Erbauseinandersetzungs-Beschluß des GrS 2/89 und somit dem BMF-Schreiben Erbauseinandersetzung unterliegt. Nur dann, wenn der Hofvermerk gemäß § 1 Abs. 4 Satz 1 HöfeO im Grundbuch gelöscht wird, scheidet die Hofübergabe aus dem Geltungsbereich des besonderen Höferechts aus. Für Abfindungen und Ergänzungsabfindungen, die der Übernehmer eines land- und forstwirtschaftlichen Betriebes nach §§ 12, 13 und 17 Abs. 2 HöfeO an andere Abkömmlinge des Übernehmers zahlen muß, sind die Grundsätze der ertragsteuerlichen Behandlung der **Erbauseinandersetzung** (Tz. 89 des BMF-Schreibens Erbauseinandersetzung) anzuwenden, vgl. Tz. 44 BMF-Schreiben Vorweggenommene Erbfolge. Danach sind diese Leistungen nicht als Entgelt anzusehen. Es spielt also keine Rolle, ob die betreffenden Leistungen den Buchwert des landwirtschaftlichen Betriebes übersteigen. Nur soweit hoffreies Vermögens übergeben wird, stellen Abfindungsleistungen, die das hoffreie Vermögen betreffen, ein Entgelt dar. Überschreiten aber diese Abfindungsleistungen nicht den Buchwert des hoffreien Vermögens, tritt keine Gewinnrealisierung ein.

Außerhalb des Geltungsbereiches der HöfeO und der übrigen Länder, die eine Sondererbfolge anordnen, gelten hingegen die allgemeinen Grundsätze der vorweggenommenen Erbfolge. Abfindungszahlungen und Geschwistergleichstellungsgelder sowie eine Ergänzungsabfindung bei einem späteren Verkauf des landwirtschaftlichen Anwesens stellen eine Gegenleistung dar, die der **Betriebsübergeber** zu versteuern hat, sofern sie das Kapitalkonto überschreiten. Sofern der Erwerber das landwirtschaftliche Anwesen nach dem Versterben des Übergebers veräußert und eine Ergänzungsabfindung zu entrichten ist, geht der sich daraus ergebende Veräußerungsgewinn zu Lasten der **Erben**, die nach den Vorstellungen der Beteiligten in der Regel damit gerade nicht belastet werden sollen, so daß im Übergabevertrag eine entsprechende Vorsorge zu treffen ist.

9. Schenkungsteuer. Wird ein Betriebsvermögen oder ein Betriebsvermögensanteil zugewendet, so gilt der Unterschiedsbetrag zwischen den Steuerwerten der Besitzposten und den Steuerwerten der Schuldposten bzw. der entsprechende Anteil an diesem Unterschiedsbetrag als Steuerwert der Schenkung gem. § 12 Abs. 5 ErbStG. Die **Wertermittlungsmethode** nach Maßgabe des Gemeinsamen Ländererlasses BStBl. 1983 I 238 wird insoweit von der Finanzverwaltung nicht angewendet, vgl. FinMin Bayern DStR 1984, 44; zustimmend *Petzoldt* § 7 RdNr. 43. Die Wertermittlungsmethode wird nur angewendet, wenn der Beschenkte andere Schulden und Lasten als Betriebsschulden zu übernehmen hat, also z. B. eine Versorgungsrente für den Übergeber oder Gleichstellungsgelder an die Geschwister; vgl. *Spiegelberger* Vermögensnachfolge Rz. 311.

Anders ist die Rechtslage, wenn ein Nießbrauch an dem übertragenen Unternehmen vorbehalten wird, BFH BStBl. 1989 II 524, ebenso Gleichlautende Ländererlasse BStBl. 1989 I 445. Der dem Übergeber oder dem Ehegatten des Übergebers vorbehaltene Nießbrauch führt nicht zu einer Minderung der Bereicherung, sondern gem. § 25 Abs. 1 Satz 2 ErbStG nur zur Stundung der Steuer, die auf den Kapitalwert der Belastung entfällt.

Durch das Jahressteuergesetz 1997 wurde der Grundbesitzwert für das land- und forstwirtschaftliche Vermögen in den §§ 140–144 BewG neu geregelt.

Gem. § 144 BewG setzt sich der Wert eines land- und forstwirtschaftlichen Betriebes aus Betriebswert + Wohnteil + Betriebswohnung zusammen. Der Betriebsteil wird gem. § 142 Abs. 2 BewG in einem stark vereinfachten Ertragswertverfahren ermittelt. Dabei werden die Grundsätze, die bisher bei der Einheitsbewertung des land- und forstwirtschaftlichen Vermögens galten, übernommen. Ein Unterschied besteht nur insoweit, als gem. § 142 Abs. 1 BewG der Kapitalisierungsfaktor 18,6 beträgt, während bei der Einheitsbewertung der Ertragswert das 18-fache des Reinertrags ist.

10. Kosten. Notar: Doppelte Gebühr gem. § 36 Abs. 2 KostO. Durch das Gesetz zur Regelung des Geschäftswertes bei land- oder forstwirtschaftlichen Betriebsübergaben und zur Änderung sonstiger kostenrechtlicher Vorschriften vom 15. 6. 1989 BGBl. I 1082 wurde dem § 19 KostO der Absatz 4 angefügt, wonach bei Geschäften, die die Überlassung eines land- oder forstwirtschaftlichen Betriebes mit Hofstelle betreffen, der Wert des Betriebsvermögens mit dem Vierfachen des letzten Einheitswertes anzusetzen ist. Grundstücksflächen, die in absehbarer Zeit anderen als land- oder forstwirtschaftlichen Zwecken, insbesondere als Bau- oder Industrieland oder für Verkehrszwecke dienen werden, sind anteilig aus dem Einheitswert herauszurechnen, vgl. *Reimann* Mitt-BayNot 1989, 117.

Für die Erholung der erforderlichen behördlichen Genehmigung gem. § 2 GrdstVG und § 3 WährG erhält der Notar eine $5/10$ Vollzugsgebühr gem. § 146 Abs. 1 KostO aus dem Geschäftswert.

Grundbuchamt: Eine halbe Gebühr gem. § 60 Abs. 2 KostO für die Eintragung der Auflassung und eine weitere halbe Gebühr gem. § 62 Abs. 2 KostO für die Eintragung des Leibgedings aus dem Jahreswert der Leibgedingsleistungen, vervielfältigt mit der Lebenserwartung gem. § 24 Abs. 2 KostO, höchstens fünffacher Wert gem. § 24 Abs. 3 KostO.

5. Übergabe eines Gewerbebetriebs

Beurkundet am ......

§ 1 Vertragsgegenstand

Herr E betreibt unter der Firma

E Autohaus

in

ein Einzelunternehmen, das die Führung eines Autohauses mit Reparaturwerkstätte zum Gegenstand hat. Der Betrieb ist im Handelsregister des Amtsgerichts ...... unter HR A ...... eingetragen. Werkstatt und Wohnhaus befinden sich auf Flst.Nr. ...... Gemarkung ......, eingetragen im Grundbuch des Amtsgerichts ...... für ...... Band ...... Blatt ......

5. Übergabe eines Gewerbebetriebs

§ 2 Überlassung

Herr E – im folgenden „Übergeber" genannt, überläßt hiermit sein vorbezeichnetes Anwesen Flst.Nr....... mit allen Rechten und Bestandteilen sowie dem darin ausgeübten Gewerbebetrieb mit allen Aktiven und Passiven mit Wirkung zum 1. 1. 1998

an

seinen Sohn, Herrn S – im folgenden „Erwerber" genannt,
der das Unternehmen unter der bisherigen Firma ohne Beifügung eines Nachfolge- oder Inhaberzusatzes fortführt.

Für den Bestand der Aktiva und Passiva ist die von Herrn Steuerberater V zum 31. 12. 1997 zu erstellende Schlußbilanz maßgebend. Der einem ordnungsgemäßen Geschäftsgang entsprechende Bestand an Vorräten wird durch eine am 31. 12. 1997 vorzunehmende Inventur ermittelt.

§ 3 Auflassung, Vormerkung

§ 4 Bewegliche Gegenstände, Forderungen

Die Vertragsteile sind über den Eigentumsübergang der am Tag des Besitzüberganges vorhandenen, zum Betriebsvermögen zählenden beweglichen Gegenstände, insbesondere der Geschäftsausstattung und der Vorräte, einig. Die Übergabe erfolgt am 1. 1. 1998.

Ferner tritt der Übergeber sämtliche Forderungen aus Lieferungen und Leistungen sowie die sonstigen betrieblichen Ansprüche, insbesondere Guthaben auf betrieblichen Bank- und Postscheckkonten, wie diese am Tag des Besitzüberganges bestehen, an den Erwerber ab, der die Übertragung annimmt. Die Abtretung der Forderungen werden die Vertragsteile gemeinsam den Gläubigern anzeigen.

§ 5 Ausschluß der Rechts- und Sachmängelhaftung

Der Übergeber verpflichtet sich, das Unternehmen und alle Gegenstände des Betriebsvermögens in einem ordnungsgemäßen Zustand zu erhalten und bis zur Übergabe keine ungewöhnlichen Geschäfte vorzunehmen und keine größeren Investitionen zu tätigen, ferner alle betrieblichen Vermögensgegenstände lastenfrei mit Ausnahme der in dieser Urkunde vom Erwerber ausdrücklich übernommenen Verpflichtungen zu übergeben. Darüber hinaus wird jegliche Rechts- und Sachmängelhaftung ausgeschlossen, insbesondere eine Haftung für Umsatz und Ertrag.

§ 6 Dauerschuldverhältnisse, Arbeitsverträge

Die bestehenden Miet-, Leasing-, Wartungs- und Versicherungsverträge sowie die sonstigen betrieblichen Dauerschuldverhältnisse sind dem Erwerber bekannt. Er tritt mit dem Tag des Besitzüberganges an Stelle des Erwerbers in alle Verpflichtungen aus diesen Schuldverhältnissen ein mit der Verpflichtung, den Übergeber von jeglicher Inanspruchnahme freizustellen. Die erforderliche Zustimmung der Vertragspartner werden die Beteiligten selbst einholen.

Ebenso übernimmt der Erwerber entsprechend der gesetzlichen Regelung des § 613a BGB alle bei Besitzübergang bestehenden Arbeitsverhältnisse. Der Übergeber versichert, daß betriebliche Pensionszusagen nicht erteilt wurden.

§ 7 Gewährleistung, Schuldübernahme

In der Schlußbilanz zum 31. 12. 1992 werden die betriebsüblichen Rückstellungen für Gewährleistung ausgewiesen. Der Erwerber verpflichtet sich, alle in der Vergangenheit entstandenen und bis zur Besitzübergabe entstehenden Gewährleistungsansprüche an Stelle des Übergebers zu erfüllen und den Übergeber von jeglicher Inanspruchnahme freizustellen, auch soweit Gewährleistungsrisiken gegenwärtig nicht erkennbar sind.

Der Erwerber übernimmt an Stelle des Übergebers die im Grundbuch eingetragenen Grundpfandrechte über ...... in dinglicher Haftung sowie die zugrundeliegenden Schuldverpflichtungen in der bei Besitzübergang tatsächlich bestehenden Höhe zur ferneren Verzinsung und Rückzahlung mit allen aus den Bestellungsurkunden und den Darlehensverträgen sich ergebenden Verpflichtungen. Die Zins- und Zahlungsbestimmungen sind dem Erwerber bekannt.

Am Tag des Besitzüberganges bestehende Eigentümerrechte und Rückgewähransprüche werden auf den Erwerber übertragen; die Umschreibung im Grundbuch wird bewilligt. Die befreiende Schuldübernahme wird den Grundpfandrechtsgläubigern durch Übersendung einer beglaubigten Abschrift dieser Urkunde mitgeteilt. Die gem. §§ 415 ff. BGB erforderlichen Genehmigungen werden die Vertragsteile selbst einholen. Auf das Erfordernis der Änderung der Zweckbestimmungserklärung wurde hingewiesen.

Der Erwerber übernimmt an Stelle des Übergebers auch die übrigen in der Bilanz zum 31. 12. 1997 ausgewiesenen betrieblichen Verbindlichkeiten und stellt den Übergeber von jeder Inanspruchnahme frei.

§ 8 Betriebsprüfungsrisiko

Der sich nach Maßgabe der Schlußbilanz zum 31. 12. 1997 ergebende Gewinn, soweit er nicht durch Entnahmen verwendet wurde, verbleibt dem Erwerber. Sofern sich aufgrund einer Betriebsprüfung Nachzahlungen für betriebliche Steuern (Umsatzsteuer, Gewerbesteuer, Lohnsteuer usw.) ergeben oder zu Lasten des Übergebers höhere Einkommen- und Kirchensteuerzahlungen aus den betrieblichen Einkünften für den Zeitraum bis zum Besitzübergang festgesetzt werden, übernimmt der Erwerber an Stelle des Übergebers diese Zahlungsverpflichtungen und verpflichtet sich, den Über-geber von jeglicher Inanspruchnahme freizustellen. Die Abschlußzahlungen, die sich aufgrund der Veranlagungen bis 31. 12. 1997 ergeben, werden vom Erwerber getragen.

§ 9 Wohnungsrecht für Übergeber

Herr E behält sich auf seine Lebensdauer das in der Ausübung unentgeltliche Wohnungsrecht in der im ersten Stock des übergebenen Anwesens gelegenen Wohnung vor. Danach ist Herr E berechtigt, unter Ausschluß des Eigentümers auf seine Lebensdauer sämtliche Räume der im ersten Stock gelegenen Wohnung zu bewohnen. Damit verbunden ist das Recht auf Mitbenützung der zum gemeinschaftlichen Gebrauch der Hausbewohner bestimmten Anlagen und Einrichtungen, insbesondere des Kellers und des Speichers, sowie von Hof und Garten. Der Eigentümer hat das Gebäude zur Ausübung des Wohnungsrechtes instandzuhalten.

Die Überlassung der Ausübung des Wohnungsrechtes an Dritte ist gestattet. Der jeweilige Eigentümer hat auch die auf die Wohnung im ersten Stock entfallenden Kosten für Schönheitsreparaturen, Strom, Wasser, Heizung, Kanal, Müllabfuhr, Kaminkehrer, sowie alle sonstigen auf die Wohnung entfallenden Unkosten zu tragen.

Auch im Falle der Zerstörung des Gebäudes hat der Eigentümer Herrn E eine standesgemäße Wohnung auf dem Anwesen zu gewähren.

Die Eintragung des vorstehend bestellten Wohnungsrechtes als
beschränkte persönliche Dienstbarkeit
an Flst.Nr....... zugunsten von Herrn E, sowie die Eintragung einer
Reallast gem. § 1105 BGB
zur Sicherung der Nebenkostenzahlung und der Gewährung einer anderweitigen Wohnung bei Zerstörung des Gebäudes an Flst.Nr...... für Herrn E wird bewilligt.

5. Übergabe eines Gewerbebetriebs

§ 10 Dauernde Last

1) Der Erwerber verpflichtet sich an den Übergeber auf dessen Lebensdauer als

   dauernde Last

   monatlich einen Betrag in Höhe von 3.000,– DM
   – dreitausend Deutsche Mark –
   im voraus je bis zum Dritten eines jeden Monats, erstmals für den auf die Beurkundung folgenden Monat, zu zahlen.

2) Sofern durch eine Änderung der wirtschaftlichen Verhältnisse der standesgemäße Unterhalt des Übergebers oder des Erwerbers nicht mehr gewährleistet ist, kann jeder Vertragsteil eine Erhöhung oder Ermäßigung der dauernden Last in analoger Anwendung des § 323 ZPO verlangen. Eine Abänderung kann insbesondere auch aus dem Mehrbedarf abgeleitet werden, der sich infolge dauernder Pflegebedürftigkeit des Übergebers oder aufgrund der Aufnahme in ein Alters- oder Pflegeheim ergibt. Die Zahlungspflicht des Erwerbers reduziert sich jedoch mit Ablauf des Monats, in dem die vom Erwerber insgesamt aufgrund dieser Urkunde aufgebrachten und übernommenen Zahlungen den Verkehrswert des Unternehmens zum Zeitpunkt der Übergabe erreichen. Für die Höhe der weitergehenden Zahlungspflicht gelten ausschließlich die gesetzlichen Bestimmungen, insbesondere gem. § 1601 BGB.

3) Der als dauernde Last jeweils zu zahlende Betrag soll wertbeständig sein. Er erhöht oder vermindert sich in demselben prozentualen Verhältnis, in dem sich der vom Statistischen Bundesamt in Wiesbaden für jeden Monat festgestellte und veröffentlichte Preisindex für die Gesamtlebenshaltung alle privaten Haushalte in Deutschland auf der Basis 1994 = 100 gegenüber dem für den ersten Fälligkeitsmonat festzustellenden Index erhöht oder vermindert. Eine Erhöhung oder Verminderung des jeweils zu zahlenden Betrages tritt jedoch erst dann ein, wenn die Indexveränderung zu einer Erhöhung oder Verminderung des jeweils zu zahlenden Betrages um mindestens 10% – zehn vom Hundert – führt.
   Die aufgrund der Wertsicherungsklausel erhöhte oder ermässigte dauernde Last ist erstmals für den Monat zu entrichten, für den eine Indexänderung um mindestens 10% festgestellt wird, ohne daß es einer Aufforderung durch die begünstigte Vertragspartei bedarf. Differenzbeträge für die bis zur Indexveröffentlichung verstrichene Zeit sind unverzüglich nach Bekanntgabe des maßgeblichen Indexes ohne Beilage von Zinsen auszugleichen.
   Nach Hinweis auf die bis 31. 12. 1998 erforderliche Genehmigung nach § 3 WährG beauftragen die Vertragsteile hiermit den Notar, eine Genehmigung der Landeszentralbank einzuholen.

4) Zur Sicherung aller Ansprüche auf Zahlung des vorstehend vereinbarten, als dauernde Last monatlich wiederkehrend zu entrichtenden Betrages in der vereinbarten wertgesicherten Form – ohne Berücksichtigung der vereinbarten Anpassungsmöglichkeit gem. § 323 ZPO – bestellt der Erwerber zu Gunsten des Übergebers eine

   Reallast

   am vertragsgegenständlichen Grundbesitz.

5) Die Vertragsteile bewilligen und beantragen die beschränkte persönliche Dienstbarkeit und die Reallast gem. § 9 dieses Vertrages sowie die Reallast gem. § 10 dieses Vertrages als

   Leibgeding gem. § 49 GBO

   an Flst.Nr....... einzutragen mit dem Vermerk, daß zur Löschung der Nachweis des Todes des Berechtigten genügen soll.

6) Auf eine Sicherung der Erhöhungsbeträge der dauernden Last aufgrund der vereinbarten Anpassungsmöglichkeit gem. § 323 ZPO durch Eintragung einer Sicherungshypothek wird verzichtet, obwohl der Notar auf die damit verbundenen Gefahren hingewiesen hat.

§ 11 Geschwisterabfindung

Der Erwerber verpflichtet sich, an seine SchwesterT unter Anrechnung auf deren Pflichtteilsrechte am künftigen Nachlaß des Übergebers einen Betrag in Höhe von 100.000,- DM
- einhunderttausend Deutsche Mark -
bis zum 31. 12. 1997 ohne Beilage von Zinsen auszuzahlen. Die SchwesterT erwirbt ein unmittelbares Forderungsrecht aufgrund dieser Urkunde, das ohne deren Zustimmung nicht mehr aufgehoben oder geändert werden kann.
Eine Ausgleichungspflicht des Erwerbers gem. § 2050 BGB wird ausgeschlossen.

§ 12 Zwangsvollstreckungsunterwerfung

Der Erwerber unterwirft sich wegen der in dieser Urkunde eingegangenen und übernommenen Zahlungsverpflichtungen – hinsichtlich der in § 10 vereinbarten Reallast in Höhe des Ausgangsbetrages – der sofortigen Zwangsvollstreckung aus dieser Urkunde in sein gesamtes Vermögen. Hinsichtlich der übernommenen Grundpfandrechte für ...... in Höhe von ...... übernimmt der Erwerber für den Eingang der Grundschuldbeträge einschließlich Zins- und Nebenleistungen die volle persönliche Haftung und unterwirft sich auch insoweit der sofortigen Zwangsvollstreckung aus dieser Urkunde in sein gesamtes Vermögen. Der Gläubiger ist berechtigt, sich jederzeit eine vollstreckbare Ausfertigung dieser Urkunde ohne Fälligkeitsnachweis auf Kosten des Erwerbers erteilen zu lassen und den Erwerber aus der persönlichen Haftung schon vor der Vollstreckung in den Pfandbesitz in Anspruch zu nehmen.

§ 13 Hinweise

Die Beteiligten wurden hingewiesen:
a) auf das Erfordernis der Beurkundung aller Vereinbarungen,
b) auf die gesetzlichen Haftungsbestimmungen der §§ 419 BGB, 25 Abs. 1 HGB und 75 AO,
c) auf die mögliche Genehmigungspflicht gem. § 3 WährG,
d) auf die Voraussetzungen für die Eigentumsumschreibung im Grundbuch,
e) auf die Schenkungsteuerpflicht gem. § 7 ErbStG.

§ 14 Kosten, Ausfertigungen, Abschriften

Schrifttum: Arbeitskreis „Unternehmensnachfolge" des Instituts der Wirtschaftsprüfer, Erbfolge und Erbauseinandersetzung bei Unternehmen 2. Aufl. 1995; *ders.,* Steuerliche Probleme bei Praxisübertragungen von Angehörigen der wirtschaftsprüfenden und steuerberatenden Berufe 3. Aufl. 1995; *Gebel,* Betriebsvermögen und Unternehmensnachfolge, 1997; *Götzenberger,* Optimale Vermögensübertragung; *Hörger/Stephan,* Die Vermögensnachfolge im Erbschaft- und Ertragsteuerrecht; *Hofer,* Vorweggenommene Erbfolgeregelungen gegen private Versorgungsleistungen, 1995; *Hübner,* Die Unternehmensnachfolge im Erbschaft- und Schenkungssteuerrecht, 1998; *Janssen/Nickel,* Unternehmensnießbrauch, 1998; *Limmer,* Nachfolgeregelungen durch den Notar bei mittelständischen Unternehmen, in: FG für Willi Weichler (1997), S. 67; *Lohr,* der Nießbrauch an Unternehmen und Unternehmensanteilen, 1989; *Luckey,* Unternehmensnachfolge 1991; *Müller/Ohland,* Gestaltung der Erb- und Unternehmensnachfolge in der Praxis 1991; *Pietsch/Tehler,* Betriebsaufgabe und Unternehmensnachfolge 3. Aufl. 1996; *Obermeier,* Vorweggenommene Erbfolge und Erbauseinandersetzung, 1993; *Reimann/Spiegelberger,* Aktuelle Unternehmensnachfolge RWS-Skript 163; *Riedel,* Unternehmensnachfolge regeln 1994; *Schön,* Der Nießbrauch an Sachen, 1992; *Schoor,* Unternehmensnachfolge in der Praxis 1992; *Söffing,* Nutzungsüberlassung im Ertragsteuerrecht; *Spiegelberger,* Nachfolge von Todes wegen bei Einzelunternehmen und Gesellschaftsanteilen DStR

1992, 584 und 618; *ders.*, Vermögensnachfolge 1994; *Stehle,* Familienunternehmen, 4. Aufl. 1997; *Theilacker,* Vorweggenommene Erbfolge im Einkommensteuerrecht 1992; *Trompeter,* Vorweggenommene Erbfolge durch Betriebsübertragung 1994; *Wassermeyer,* Die Übertragung von Wirtschaftsgütern unter Vermeidung der Aufdeckung stiller Reserven BB 1994, 1.

Anmerkungen

1. **Unternehmenskontinuität.** *Flämig* DB 1978 Beilage Nr. 22, S. 2 nennt es eine Binsenwahrheit, daß bereits die Ankündigung einer Unternehmensnachfolge, erst recht deren plötzlicher Eintritt, in dem Organismus eines jeden Unternehmens zu Erschütterungen führt, die – wenn hiergegen nicht rechtzeitige Vorkehrungen getroffen werden – die Existenz des Unternehmens in Frage stellen könnten. Je stärker dabei der Bestand eines Unternehmens mit der Person des Unternehmers verbunden ist, um so eher können Erbfälle Anlaß zu Unternehmenskrisen werden. Die Überleitung der Verantwortung für ein Familienunternehmen erfolgt somit am besten im Wege der umschauend geplanten vorweggenommenen Erbfolge, entweder stufenweise durch Aufnahme des Unternehmensnachfolgers als Gesellschafter und späterem Ausscheiden des Seniors oder unter Betriebsübergabe im ganzen.

2. **Vertragsgegenstand.** Als Übergabezeitpunkt wird meist ein Bilanzstichtag gewählt, insbesondere auch um die Kosten einer Zwischenbilanz zu ersparen. Bei einer Übertragung zu einem vom Geschäftsjahr abweichenden Zeitpunkt kann zur Vermeidung einer Zwischenbilanz eine Verteilung des Gewinnes durch eine pauschale Quotelung nach Monaten erfolgen. Zur Konkretisierung des Vertragsgegenstandes ist im allgemeinen die Bezugnahme auf die zum Ende des Geschäftsjahres ohnehin zu erstellende Bilanz ausreichend; für die Beurkundung selbst ist das Vorliegen einer Bilanz nicht notwendig. Sofern im Einzelfall Abgrenzungsschwierigkeiten bestehen sollten, kann die Vereinbarung einer Schiedsgutachterklausel gem. § 317 BGB sinnvoll sein.

3. **Haftung.** Die Übertragung erfolgt in aller Regel ohne Haftung für Sach- und Rechtsmängel, insbesondere auch ohne Haftung für Umsatz und Ertrag.
   Bei stark verschuldeten Betrieben ist die Haftung des Erwerbers gemäß § 25 Abs. 1 HGB sowie gemäß § 75 AO für betriebliche Steuern zu berücksichtigen.

4. **Gewährleistungsübernahme.** Der im Ruhestand befindliche Übergeber ist nicht mehr in der Lage, Gewährleistungsarbeiten durchzuführen. Im allgemeinen ist es sinnvoll, den Übergeber auch von der Haftung für Gewährleistungsrisiken freizustellen, da die Haftungsgrundlage, nämlich der Betrieb, übertragen wird.

5. **Betriebsprüfungsrisiko.** Die Beendigung der beruflichen Tätigkeit ist häufig ein Anlaß für die Finanzverwaltung zu einer Betriebsprüfung. Steuernachzahlungen für Umsatzsteuer, Gewerbesteuer und Lohnsteuer übernimmt in aller Regel der Erwerber. Aber auch die Nacherhebung von Einkommen- und Kirchensteuer kann für den Übergeber so gravierend sein, daß die Zahlung durch den Erwerber als Vermögensübernehmer sinnvoll ist. Die Übernahme von Steuernachzahlungen stellt einkommensteuerlich eine Gegenleistung dar, so daß bei einem negativen Kapitalkonto Gewinnrealisierung droht.

6. **Dauerschuldverhältnisse, Arbeitsverträge.** Arbeitsverhältnisse werden kraft Gesetzes gem. § 613a BGB übergeleitet. Für betriebliche Pensionszusagen haftet weiterhin der Übergeber, selbst wenn eine befreiende Schuldübernahme vereinbart wird, da die Zustimmung des Pensionssicherungsvereins (vgl. § 4 BetrAVG) im allgemeinen nicht erreichbar ist. Durch die Übernahme der Dauerschuldverhältnisse wird der Übergeber vor Inanspruchnahme geschützt, zumal Kündigungsmöglichkeiten häufig nicht bestehen, allerdings ohne Zustimmung der Gläubiger nur im Innenverhältnis. Der Schutz der über-

tragenden Generation vor Haftung und Inanspruchnahme seitens der Gläubiger ist ein nobile officium des Notars.

7. Versorgung des Übergebers. Bei mittelständischen Familienbetrieben erfolgt die Versorgung des Übergebers und seines Ehegatten meist durch Vereinbarung eines Wohnungsrechtes und wiederkehrender, wertgesicherter Bezüge; wegen der Einbeziehung des Pflegefallrisikos vgl. Form. VII. 1 Anm. 4. Darüber hinaus ist auch die Vereinbarung einer befreienden Schuldübernahme für alle betrieblichen Verbindlichkeiten (Genehmigungserfordernis gem. §§ 415 ff. BGB!) üblich. Soweit Grundbesitz übertragen wird, ist auf die Sicherung der vereinbarten Gegenleistungen durch Eintragung von Wohnungsrechten und Reallasten im Grundbuch zu achten.

Möglich ist auch die Versorgung des Übergebers durch Bestellung eines Nießbrauches an dem übergebenen Unternehmen, wobei folgende Gestaltungsalternativen in Betracht kommen:
– Der Einzelunternehmer bestellt seinem Nachfolger einen Nießbrauch, so daß dieser alle unternehmerischen oder gesellschaftsvertraglichen Rechte ausübt, die Vermögenssubstanz selbst aber dem bisherigen Inhaber verbleibt,
– das Einzelunternehmen wird auf den Nachfolger übertragen, wobei sich der bisherige Inhaber das Nießbrauchsrecht vorbehält und somit wie bisher tätig bleibt oder
– das Einzelunternehmen wird unter Nießbrauchsvorbehalt übertragen, die Ausübung des Nießbrauches wird aber gegen Rente oder dauernde Last zugleich dem Erwerber überlassen, so daß nur dieser unternehmerisch tätig wird und der bisherige Inhaber lediglich wiederkehrende Bezüge erhält, vgl. *Spiegelberger* Vermögensnachfolge Rz. 290–308.

8. Rücktritts- und Widerrufsrechte. Die bei Grundstücksübertragung häufig vereinbarten Widerrufs- und Rücktrittsrechte können auch im gewerblichen Bereich vereinbart und durch Rückauflassungsvormerkung im Grundbuch gesichert werden, vgl. *Haegele/Litfin/Langenfeld*, Handbuch der Familienunternehmen, Teil IV Rdn. 457, beschränken aber die Kreditmöglichkeiten des Erwerbers außerordentlich. Eine Übertragung unter freiem Widerrufsvorbehalt, verbunden mit umfangreichen Verwaltungs- und Verfügungsrechten des Übergebers kann sogar dazu führen, daß das wirtschaftliche Eigentum beim Übergeber verbleibt, vgl. BFH BStBl. 1983 II 631; *Knobbe-Keuk*, „Verunglückte Schenkungen" in Festschrift für Werner Flume, Bd. II S. 152.

9. Einkommensteuer. Wird ein Betrieb im ganzen unentgeltlich auf einen Dritten übertragen, ist weder der Tatbestand der Betriebsveräußerung noch der Betriebsaufgabe oder der Entnahme erfüllt. Versorgungsleistungen, die anläßlich der Übertragung von Vermögen im Wege der vorweggenommenen Erbfolge zugesagt werden, stellen weder Veräußerungsentgelt noch Anschaffungskosten dar, vgl. BFH BStBl. 1990 II 852. Auch die Übernahme **betrieblicher** Verbindlichkeiten ist kein Entgelt; der Erwerber knüpft hinsichtlich der vorhandenen positiven und negativen Wirtschaftsgüter des Betriebes an die Buchwerte seines Vorgängers gem. § 7 Abs. 1 EStDV an, vgl. BFH BStBl. 1990 II 854. Hingegen stellen Ausgleichsleistungen und Abstandszahlungen ein Entgelt dar, das, soweit diese das Kapitalkonto des Übergebers übersteigen, zu einem Veräußerungsgewinn des Übergebers führt, vgl. BFH BStBl. 1990 II 853. Die Zahlung der die Wohnung betreffenden Erhaltungsaufwendungen hat der BFH als abziehbare Sonderausgabe gem. § 10 Abs. 1 Nr. 1 a EStG anerkannt, vgl. BFH BStBl. 1983 II 662; *Herden/Gmach* NJW 1986, 2029.

10. Schenkungsteuer. Wird ein Betriebsvermögen oder ein Betriebsvermögensanteil zugewendet, so gilt nach § 12 Abs. 5 ErbStG als Steuerwert der Schenkung der Unterschiedsbetrag zwischen den Steuerwerten der Besitzposten und den Steuerwerten der Schuldposten bzw. der entsprechende Anteil an diesem Unterschiedsbetrag. Die **Wertermittlungsmethode** nach Maßgabe des Gemeinsamen Ländererlasses BStBl. 1983 I 238

5. Übergabe eines Gewerbebetriebs

wird insoweit von der Finanzverwaltung nicht angewendet, vgl. Schreiben FM Bayern vom 20. 10. 1983 DStR 1984, 44; zustimmend *Petzoldt* § 7 Rdn. 43. Die Wertermittlungsmethode wird nur angewendet, wenn der Beschenkte andere Schulden und Lasten als Betriebsschulden zu übernehmen hat, also z.B. eine Versorgungsrente für den Übergeber.

Beispiel: Bei einer Betriebsübergabe im Wege der vorweggenommenen Erbfolge mit einem Steuerwert von 2,8 Mio DM und einem Verkehrswert von 4,2 Mio DM verpflichtet sich der Sohn, an die Eltern eine lebenslange Leibrente mit einem Barwert in Höhe von 2,1 Mio DM zu entrichten. Die bürgerlich-rechtliche Bereicherung beträgt somit 4,2 Mio DM ./. 2,1 Mio DM.

Hinweis:
Nach der Formel

$$\frac{\text{Steuerwert der Bereicherung des Schenkers} \times \text{Verkehrswert der Bereicherung des Beschenkten}}{\text{Verkehrswert der Leistung des Schenkers}} = \text{Leistung der freigiebigen Zuwendung}$$

berechnet sich der Schenkungsteuerwert wie folgt:

$$\frac{2{,}8 \text{ Mio} \times 2{,}1 \text{ Mio}}{4{,}2 \text{ Mio}} = 1{,}4 \text{ Mio}$$

Aufgrund des Freibetrags gem. § 16 Abs. 1 Nr. 2 ErbStG in Höhe von 400.000,– DM und des betrieblichen Freibetrags in Höhe von 500.000,– DM gem. § 13a ErbStG einschließlich des 40%igen Bewertungsabschlages ergibt sich eine zu versteuernde Schenkung von 140.000,– DM, also eine Steuerschuld i.H.v. 15.400,– DM.

11. Umsatzsteuer. Nach Jahrzehnte alter Auffassung stellt eine Unternehmensübertragung im Wege der vorweggenommenen Erbfolge keine steuerbare Leistung dar, vgl. BMF BStBl. 1980 I 418. Auch ein Eigenverbrauch war nicht gegeben, weil aus dem Unternehmen keine Wertabgaben für außerunternehmerische Zwecke erfolgten, sofern das gesamte Unternehmen übertragen wurde, vgl. *Korn* KÖSDI 1984, 5476.

Zu einer umsatzsteuerlichen Erschwerung der vorweggenommenen Erbfolge führte das Urteil des BFH BStBl. 1987 II 655. Danach liegt steuerbarer Eigenverbrauch auch vor, wenn ein Unternehmer ein bebautes Grundstück, das die wesentliche Grundlage seiner unternehmerischen Tätigkeit darstellt, unentgeltlich überträgt; zum Rechtszustand bis 31. 12. 1993 vgl. 3. Aufl. Anm. 11; *Spiegelberger,* Vermögensnachfolge Rz. 314–316.

Das Mißbrauchsbekämpfungs- und Steuerbereinigungsgesetz v. 21. 12. 1993 BGBl. I 2310 hat in § 1 UStG einen Abs. 1a eingefügt, wonach die Umsätze im Rahmen einer Geschäftsveräußerung an einen anderen Unternehmer für dessen Unternehmen generell nicht der Umsatzsteuer unterliegen. Gem. § 15a Abs. 6a UStG wird bei einer Geschäftsveräußerung der für das Wirtschaftsgut maßgebliche Berichtigungszeitraum nicht unterbrochen; vgl. KÖSDI 1993, 9598.

12. Grunderwerbsteuer. Bei Grundstücksübertragungen an in gerader Linie Verwandte greift der Befreiungstatbestand des § 3 Nr. 6 GrEStG ein.

12a. Wertsicherungsklausel. Die in § 10 (3) des Form. angesprochene Genehmigung nach § 3 WährG entfällt ab 1. 1. 1999 (Art. 9 § 1 EuroEG v. 9. 6. 1998, BGBl. I S. 1242/1253).

13. Kosten. Notar: Doppelte Gebühr gem. § 36 Abs. 2 KostO aus der Summe aller Aktiven einschließlich stiller Reserven und des Firmenwerts ohne Schuldenabzug; Vollzugsgebühr gem. § 146 Abs. 1 Satz 1 KostO aus dem gesamten Gegenstandswert für die Einholung der Genehmigung gem. § 3 WährG.

Grundbuchamt: ⁵/₁₀ Gebühr gem. § 60 Abs. 2 KostO für die Eintragung der Auflassung (Wert gem. § 19 KostO); eine weitere ⁵/₁₀ Gebühr gem. § 62 Abs. 2 KostO für die Eintragung des Leibgedings aus dem Jahreswert der Leibgedingsleistungen, vervielfältigt mit der Lebenserwartung gem. § 24 Abs. 2 KostO, höchstens dem 5fachen Wert gem. § 24 Abs. 3 KostO.

6. Grundstücksschenkung

Verhandelt zu ...... am ......
Vor dem Notar ......
sind erschienen, durch Lichtbildausweise ausgewiesen:
1. Herr A ......
2. Frau B ......, die Nichte von Herrn A,
und erklären

Schenkung

I. Herr A ist im Grundbuch von ...... als Eigentümer des lastenfreien Wohnungseigentums (Beschrieb) eingetragen.
II. Herr A schenkt das Wohnungseigentum seiner Nichte, Frau B, die die Schenkung annimmt. Einig über den Eigentumsübergang bewilligen und beantragen die Beteiligten den Vollzug im Grundbuch.
III. Der Besitzübergang erfolgt sofort und ohne jede Gewähr. Der Notar wird beauftragt, die erforderliche Verwaltergenehmigung einzuholen. Er hat auf die Bedeutung der Genehmigung, den Eintritt der Beschenkten in das bestehende Mietverhältnis, den Zeitpunkt des Eigentumsübergangs und etwaige Schenkungsteuer hingewiesen.

(Schlußvermerke, Schlußformel, Unterschriften)

Schrifttum: Langenfeld, Grundstückszuwendungen im Zivil- und Steuerrecht, 3. A. 1992.

Anmerkungen

1. Bereich der Grundstücksschenkung. Im Bereich der Grundstückszuwendungen ist die reine, direkt den Vorschriften der §§ 516 ff. BGB unterfallende Schenkung zum Ausnahmefall geworden (*Langenfeld,* Grundstückszuwendungen Rdn. 11 ff.). Im Verhältnis zwischen Eltern und Kindern werden Grundstücke regelmäßig im Wege der vorweggenommenen Erbfolge (*Langenfeld,* Grundstückszuwendungen Rdn. 31 ff.; Form. VII. 1 ff.) oder der Ausstattung (*Langenfeld,* Grundstückszuwendungen Rdn. 26 ff.; Form. VII. 11 und I. 16) übergeben, im Verhältnis zwischen Ehegatten regelmäßig im Wege der ehebedingten „unbenannten" Zuwendung (*Langenfeld,* Grundstückszuwendungen Rdn. 51 ff.). Schenkungen sind fast ausschließlich nur noch im Verhältnis zwischen sonstigen Personen möglich.

2. Vertragstyp. Der Vertragstyp Schenkung ist im Sinne der Unterscheidung von Vertragstypen nach dem Vertragszweck (dazu *Langenfeld,* Vertragsgestaltung, Methode-Verfahren-Vertragstypen, 1991) durch die Freigebigkeit der Zuwendung gekennzeichnet (so ausführlich *Langenfeld,* Grundstückszuwendungen Rdn. 21 ff. im Anschluß an Flume, AT II § 12 II 4c, *Kulka* ÖJZ 1969, 477, *Hepting,* Ehevereinbarungen S. 40, 418 und *Karakatsanes* FamRZ 1986, 1053; zustimmend weiter BGH FamRZ 1990, 600 =

NJW-RR 1990, 386 = MittBayNot 1990, 178 am Ende der Urteilsgründe). Die bloße Unentgeltlichkeit der Zuwendung ist zur Abgrenzung des Vertragstyps ungeeignet. Abgrenzen kann die Grundstücksschenkung von der vorweggenommenen Erbfolge, der Ausstattung und der ehebedingten Zuwendung vielmehr nur der Vertragszweck der reinen Freigebigkeit.

3. **Regelungsumfang.** Die gesetzliche Regelung der §§ 516 ff. BGB mit ihren Haftungsprivilegien, gesetzlichen Rückforderungs- und Widerrufsrechten und Gläubigerschutzvorschriften (dazu *Langenfeld,* Grundstückszuwendungen Rdn. 11 ff.), die im Regelfall zweckmäßig, teilweise auch zwingend sind, erlaubt eine knappe Vertragsgestaltung.

4. **Steuern.** Die Grundstücksschenkung ist ein nach §§ 1 Abs. 1 Nr. 2, 7 Abs. 1 Nr. 1 ErbStG schenkungsteuerbarer Vorgang. Die Steuer entsteht nach § 9 Abs. 1 Nr. 2 ErbStG mit dem Zeitpunkt der Ausführung der Zuwendung. Dies ist der Zeitpunkt, in dem die Auflassung erklärt ist und alle zur Eintragung des Eigentumswechsels erforderlichen sonstigen Erklärungen, hier also auch die Verwaltergenehmigung, vorliegen (*Meincke/Michel* § 9 ErbStG Rdn. 45 ff. m.w.N.). Auf diesen Zeitpunkt wird der Wert ermittelt. Die Berechnung der Steuer erfolgt nach §§ 14 ff. ErbStG.

5. **Kosten.** Es entsteht das Doppelte der vollen Gebühr nach § 36 Abs. 2 KostO und eine Gebühr nach § 146 KostO, beide nach dem Wert des § 19 Abs. 2 KostO.

7. Ehebedingte „unbenannte" Zuwendung der Miteigentumshälfte am Familienheim im gesetzlichen Güterstand zum vorweggenommenen Zugewinnausgleich

Verhandelt zu ...... am ......
vor dem Notar ......
erschienen, persönlich bekannt: Eheleute ...... und erklären

Ehebedingte Zuwendung

§ 1 **Vertragsobjekt**

(1) Der Ehemann ist Alleineigentümer des Familienheims (Beschrieb nach dem Grundbuch). Erwerb und bisherige Finanzierung erfolgten aus ehezeitlichem Zugewinn.

(2) Das Hausgrundstück ist mit einer vollstreckbaren Briefgrundschuld über 200.000,– DM für die Sparkasse ...... und einer Buchgrundschuld über 50.000,– DM für die Bausparkasse ...... belastet. Die Darlehen, die derzeit noch mit etwa 180.000,– DM valutieren, werden von den Eheleuten gesamtschuldnerisch geschuldet. Entstandene Eigentümerrechte werden der Ehefrau hiermit hälftig abgetreten.

§ 2 **Ehebedingte Zuwendung**

(1) Der Ehemann wendet der Ehefrau hiermit im Wege der ehebedingten Zuwendung zum vorzeitigen Ausgleich des Zugewinns eine Miteigentumshälfte an dem Vertragsobjekt zu.

(2) Ein Rückforderungsrecht für den Scheidungsfall wird nicht vereinbart. Der Notar hat über Möglichkeit und Inhalt derartiger Scheidungsklauseln belehrt.

§ 3 Besitzübergang, Gewährleistung

(1) Der Besitzübergang erfolgt sofort.

(2) Die eingetragenen Grundpfandrechte werden geduldet. Jegliche Gewährleistung für Sach- und Rechtsmängel aller Art ist ausgeschlossen.

§ 4 Kosten, Steuern

Die Kosten dieses Vertrags und seines Vollzugs trägt die Ehefrau. Der Notar hat auf die Vorschriften des Erbschaft- und Schenkungssteuergesetzes hingewiesen.

Auflassung

Einig über den Eigentumsübergang gemäß §§ 1 und 2 dieser Urkunde bewilligen und beantragen die Beteiligten den Vollzug im Grundbuch.

(Schlußvermerke, Schlußformel, Unterschriften)

Schrifttum: Arend, Übertragung zwischen Ehegatten, MittRhNotK 1990, 65; *Brambring,* Abschied von der „ehebedingten Zuwendung" außerhalb des Scheidungsfalls und neue Lösungswege, ZEV 1996, 248 und ZEV 1997, 7; *Cypionka,* Vereinbarungen über den Zugewinnausgleich in Eheverträgen und in Scheidungsfolgenverträgen, MittRhNotK 1986, 157; *Franz,* Anmerkung zu BGH 17. 1. 1990 MittBayNot. 1990, 181; *Friedrich,* Rückabwicklung der Schenkungen und Zuwendungen unter Ehegatten nach der Scheidung, JR 1986, 1; *Gernhuber,* Probleme der Zugewinngemeinschaft, NJW 1991, 2238; *Graba,* Das Familienheim beim Scheitern der Ehe, NJW 1987, 1721; *Grünenwald,* Die neue Rechtsprechung und Lehre zu § 1380 BGB, NJW 1988, 109; *Holzhauer,* Schuld- und güterrechtlicher Ausgleich von Zuwendungen unter Ehegatten – BGHZ 2, 227, JuS 1983, 830; *Jaeger,* Zur rechtlichen Bedeutung ehebezogener (sog. unbenannter) Zuwendungen und zu ihrer Rückabwicklung nach Scheitern der Ehe, DNotZ 1991, 431; *Langenfeld,* Handbuch der Eheverträge und Scheidungsvereinbarungen, 1984, Rdn. 190 ff.; 286 ff., 347 ff., 668 ff. (jetzt 3. A. 1996 Rdn. 168 ff., 890 ff.); *ders.,* Möglichkeiten und Grenzen notarieller Vertragsgestaltung bei Eheverträgen und Scheidungsvereinbarungen, DNotZ-Sonderheft 1985, 1167; *ders.,* Zur Rückabwicklung von Ehegattenzuwendungen im gesetzlichen Güterstand, NJW 1986, 2541; *ders.,* Grundstückszuwendungen im Zivil- und Steuerrecht, 3. A. 1992, 20 ff.; *ders.,* Die Bestandskraft ehebedingter Zuwendungen im Verhältnis zu Vertragserben und Pflichtteilsberechtigten, ZEV 1994, 129; *ders.,* Kein Abschied von der ehebedingten Zuwendung im Verhältnis zu den pflichtteilsberechtigten Abkömmlingen, ZEV 1997, 6; *Lieb,* Die Ehegattenmitarbeit im Spannungsfeld zwischen Rechtsgeschäft, Bereicherungsausgleich und gesetzlichem Güterstand, 1970, S. 121 ff; *ders.* Unbenannte Zuwendungen und Schenkungsteuer, MittBayNot. 1989, 194; *Netzer,* Die Berücksichtigung von Zuwendungen zwischen Ehegatten im Zugewinnausgleich – §§ 1372 ff. BGB, FamRZ 1987, 676; *Petzoldt,* Zur steuerlichen Behandlung sog. unbenannter Zuwendungen unter Ehegatten (zu BFH 28. 11. 1984), DNotZ 1986, 532; *ders.,* Zuwendungen unter Ehegatten, NWB F. 10, 605; *Reinicke/Tiedtke,* Güterrechtlicher Ausgleich bei Zuwendungen eines Ehegatten an den anderen und Wegfall der Geschäftsgrundlage, WM 1982, 946; *Rossak,* „Benannte" und „unbenannte" Zuwendungen zwischen Ehegatten im gesetzlichen Güterstand, MittBayNot 1984, 74; *Sandweg,* Zuwendungen zwischen Ehegatten in der notariellen Praxis, BWNotZ 1985, 34; *ders.,* Ehebedingte Zuwendungen und ihre Drittwirkung, NJW 1989, 1925; *Schotten,* Die ehebedingte Zuwendung – ein überflüssiges Rechtsinstitut? NJW 1990, 2841; *ders.,* Die Wirkung ehebedingter Zuwendungen im Verhältnis zu Dritten, NJW 1991, 2687; *Seutemann,* Anrechnung, Hinzurechnung und „Rückrechnung" von Ehegattenzuwendungen im Rahmen des Zugewinnausgleichs, FamRZ 1989, 1023.

7. Ehebedingte „unbenannte" Zuwendung der Miteigentumshälfte VII. 7

Anmerkungen

1. Fallgruppen der ehebedingten (unbenannten) Zuwendung. Der aufgrund einer mittlerweile gefestigten neueren Rechtsprechung des BGH (Anm. 3) von der Kautelarjurisprudenz entwickelte Vertragstyp der ehebedingten „unbenannten" Zuwendung (Anm. 2) knüpft an in der Rechtswirklichkeit vorfindbare Fallgruppen von Ehegattenzuwendungen an, die durch ihre Ehebezogenheit gekennzeichnet sind. Die Bildung von Fallgruppen und Vertragstypen im Bereich der Ehegattenzuwendungen ist ein kennzeichnendes Beispiel für die kautelarjuristische Methode der Bildung eigenständiger kautelarjuristischer Vertragstypen auf der Grundlage der Fallgruppenbildung unter Berücksichtigung des Vertragszwecks (dazu *Langenfeld*, Vertragsgestaltung-Methode-Verfahren-Vertragstypen, 1991).

Zuwendungen eines Ehegatten an den anderen erfolgen regelmäßig zur Verwirklichung der ehelichen Lebensgemeinschaft, auch wenn sie über den angemessenen Familienunterhalt i. S. von § 1360a BGB hinausgehen. Derartige Zuwendungen stehen häufig im Zusammenhang mit dem Erwerb, der Errichtung oder der Erhaltung des Familienheims. Typische Fälle sind
- schlüsselfertiger Erwerb des Familienheims oder seine Errichtung auf erworbenem Bauplatz zu je hälftigem Miteigentum aus Mitteln, die der alleinverdienende Ehegatte während der Ehe erarbeitet hat;
- Erwerb oder Errichtung des Familienheims zu je hälftigem Miteigentum aus Anfangsvermögen eines Ehegatten nach § 1374 I BGB oder privilegiertem Erwerb eines Ehegatten nach § 1374 II BGB;
- die Weitergabe eines hälftigen Miteigentumsanteils seitens des Ehegatten, der das Haus ererbt oder im Wege vorweggenommener Erbfolge (dazu *Langenfeld*, Grundstückszuwendungen im Zivil- und Steuerrecht, 3. A. 1992, Rdn. 31 ff.) erworben hat, an den anderen Ehegatten, weil dieser sich an Umbau, Ausbau, Renovierung und Unterhaltung des Familienheims beteiligen soll;
- Verwendung von Geld oder Arbeitskraft auf das im Alleineigentum des anderen Ehegatten stehende Familienheim;
- Erwerb des Familienheims zum Alleineigentum des betrieblich nicht haftenden Ehegatten oder Übertragung des Eigentums oder Miteigentumsanteils des betrieblich haftenden Ehegatten auf den betrieblichen nicht haftenden Ehegatten zur Vermeidung eines etwaigen Gläubigerzugriffs;
- Erwerb des Familienheims durch einen Ehegatten allein zu dessen Altersversorgung, insbesondere wenn der andere Ehegatte wesentlich älter ist und Kinder aus vorangegangenen Ehen hat;
- Erwerb des auch freiberuflich oder betrieblich genutzten Hausgrundstücks durch den Ehegatten des Freiberuflers oder Betriebsinhabers zur Erzielung eines steuersparenden Verpachtungsmodells.

Derartige Zuwendungen sind keine im Rahmen des § 1360a BGB geschuldeten laufenden Unterhaltsleistungen. Der Erwerb oder Aufbau eines Eigenheims anstelle der Mietwohnung und die im Zusammenhang damit erbrachten Aufwendungen und Zuwendungen sind vielmehr ein außerordentlicher, regelmäßig einmaliger Vorgang, den kein Ehegatte dem anderen schuldet, der aber dennoch der Verwirklichung der ehelichen Lebensgemeinschaft dient. Deshalb wird auch von den beteiligten Ehegatten das hälftige Miteigentum am Familienheim unabhängig vom Güterstand, von der Art seines Erwerbs und der Herkunft der Mittel als die „normale" ehegerechte Vermögenszuordnung angesehen, wie die notarielle Praxis zeigt.

Die Berechtigung dieser dinglichen Zuordnung bzw. des Halbteilungsgrundsatzes des schuldrechtlichen Zugewinnausgleichs wird aber häufig beim Scheitern der Ehe von dem Ehegatten, der im Zusammenhang mit dem Familienheim dem anderen Zuwendungen gemacht hat, in Frage gestellt, wenn

- der andere Ehegatte am Scheitern der Ehe schuld ist,
- oder die Zuwendung aus Anfangsvermögen oder privilegiertem Erwerb erfolgte und ihr Wert unter Anwendung der Grundsätze des Zugewinnausgleichs nicht voll zurückzuerstatten ist,
- oder die Zuwendung die hälftige Zugewinnbeteiligung des anderen Ehegatten übersteigt und der Mehrwert unter Anwendung der Grundsätze des Zugewinnausgleichs nicht voll zurückzuerstatten ist,
- oder schließlich der dingliche Verlust des Zuwendungsobjekts auch bei geldlichem Wertausgleich durch den Zugewinnausgleich vom Zuwendenden nicht akzeptiert wird.

Der Zuwendende ist in diesen Fällen bestrebt, durch Geltendmachung von Rückforderungsrechten die vor Zuwendung bestehende dingliche Rechtslage wiederherzustellen oder eine die Vermögensaufwendungen widerspiegelnde dingliche Rechtslage herzustellen, wobei er dann die Durchführung des Zugewinnausgleichs auf der Grundlage der korrigierten dinglichen Rechtslage akzeptiert oder aber auch den Zugewinnausgleich wegen des Scheidungsverschuldens des anderen Teils nicht dulden will. Deshalb wird versucht, die gesetzlichen Regeln des Zugewinnausgleichs zu überspielen oder zu ergänzen, dies insbesondere über den Schenkungswiderruf nach § 530 BGB, Bereicherungsansprüche nach § 812 Abs. 1 S. 2 BGB, gesellschaftsrechtliche Auseinandersetzungsansprüche oder Ansprüche auf Rückgewähr oder Wertersatz nach Billigkeit wegen Wegfalls der Geschäftsgrundlage.

2. Vertragstypen der ehebedingten (unbenannten) Zuwendung. Die Rechtsprechung des BGH zu den unbenannten Zuwendungen fügt sich nahtlos in die durch die Orientierung an Fallgruppen und Vertragstypen bestimmte (dazu *Langenfeld*, Grundstückszuwendungen S. 1 ff.; *ders.*, Vertragsgestaltung-Methode-Verfahren-Vertragstypen, 2. Aufl. 1997) kautelarjuristische Betrachtungsweise ein. Der Kautelarjurist kennt neben den gesetzlich geregelten Vertragstypen wie Kaufvertrag, Werkvertrag, Schenkung oder Ausstattung eine ganze Palette weiterer Vertragstypen, die sich entweder aus der Kombination gesetzlicher Typen ergeben, wie der aus kaufvertraglichen und werkvertraglichen Elementen bestehende Bauträgervertrag, oder eigenen, gesetzlich nicht geregelten Charakter haben, wie der Vertrag der vorweggenommenen Erbfolge oder eben die unbenannte Zuwendung. Gesetzlich nicht geregelte Vertragstypen sind nicht etwa causalos, sondern haben eine eigene, gesetzlich nicht geregelte causa. Diese causa und damit der Vertragstyp werden gebildet und bestimmt durch den Vertragszweck. Der Vertragszweck kann nicht rein objektiv ermittelt werden, sondern wird zumindest gleichwertig durch die gemeinsamen Vorstellungen der Vertragspartner bestimmt (*Hepting*, Ehevereinbarungen, S. 421 ff.).

Vertragszweck der unbenannten Zuwendung ist die Verwirklichung der ehelichen Lebensgemeinschaft. Die Zuwendung geschieht um der Ehe willen und als Beitrag zur Verwirklichung oder Ausgestaltung, Erhaltung oder Sicherung der ehelichen Lebensgemeinschaft (BGH FamRZ 1990, 600 = NJW-RR 1990, 386). Der Bestand der Ehe ist nicht Vertragszweck und damit causa der unbenannten Zuwendung, sondern ihre Vertragsgrundlage. Die Rechtsprechung des BGH, die die Ehescheidung nicht als Wegfall des Rechtsgrundes der unbenannten Zuwendung mit der Folge der Rückabwicklung über Bereicherungsrecht begreift, sondern als Wegfall der Geschäftsgrundlage der Zuwendung, ist also trotz der teilweise mißverständlichen Berufung auf die von Lieb formulierte „Causalosigkeit" der unbenannten Zuwendung folgerichtig und dogmatisch exakt.

Die Verwirklichung der ehelichen Lebensgemeinschaft als Vertragszweck und damit causa der unbenannten Zuwendung kennzeichnet zwar den Vertragstyp unbenannter Zuwendung in seiner grundsätzlichen Unterscheidung von anderen Vertragstypen wie Kauf oder Schenkung, bedarf aber weiterer Konkretisierung. Innerhalb des Bereichs der unbenannten Zuwendung gibt es wiederum Fallgruppen, die durch eigene Ausgangssi-

7. Ehebedingte „unbenannte" Zuwendung der Miteigentumshälfte   VII. 7

tuationen, Abläufe und Zwecke gekennzeichnet sind. Die Unterscheidung einzelner Typen der ehebedingten Zuwendung (*Langenfeld,* DNotZ-Sonderheft 1985, 167/177; *ders.,* Grundstückszuwendungen Rdn. 61 ff.) wurde vom BGH ausdrücklich übernommen (BGH FamRZ 1990, 600 = NJW-RR 1990, 386 = MittBayNot 1990, 178 m. Anm. *Frank*). Im einzelnen gilt: Zweck der Zuwendung kann sein, den Zuwendungsempfänger im Sinne des vorzeitigen Zugewinnausgleichs im gesetzlichen Güterstand oder freiwilligen Zugewinnausgleich bei Gütertrennung dinglich am bisherigen ehelichen Zugewinn zu beteiligen (*Morhard* NJW 1987, 1734). Dies ist der Fall des Formulars. Er ist, wie die notarielle Praxis zeigt, häufig (a.A. irrig *Jaeger* DNotZ 1991, 431/449), ja in der Form der Verwendung von einem Ehegatten aufgesparter Mittel auf den Hauserwerb zu je einhalb Miteigentum sogar der häufigste Fall der unbenannten Zuwendung.

Der Bereich der ehebedingten unbenannten Zuwendungen, die in allen Güterständen möglich sind, beschränkt sich aber nicht etwa auf die ehebedingten Zuwendungen, die wertmäßig im Rahmen eines hypothetischen Zugewinnanspruchs, berechnet auf den Zeitpunkt der Zuwendung, verbleiben. Vielmehr sind, was der BGH richtig gesehen hat, auch ehebedingte übermäßige Zuwendungen und sogar Zuwendungen des Anfangsvermögens unbenannte Zuwendungen, wenn sie der Verwirklichung der ehelichen Lebensgemeinschaft dienen.

Ein typischer Fal ist hier der, daß ein Ehegatte einen Bauplatz oder ein Hausgrundstück im Wege der vorweggenommenen Erbfolge von seinen Eltern erhält und er sogleich einen hälftigen Miteigentumsanteil an den anderen Ehegatten weitergibt, weil die Bebauung, der Ausbau oder die Sanierung gemeinsam erfolgen soll (vgl. *Langenfeld* NJW 1986, 2541). Der ehebedingte Zweck ist hier die Schaffung des Familienheims, bei der die hälftige dingliche Teilhabe beider Ehegatten von diesen ehebedingt als gerecht und angemessen empfunden wird.

Auch Zuwendungen zur Vermeidung des Gläubigerzugriffs auf den Kern des Familienvermögens, etwa das Eigenheim, also Rechtsgeschäfte zwischen Ehegatten zur haftungsgünstigen Verteilung des Familienvermögens, sind ehebedingt und erfolgen zur Verwirklichung der ehelichen Lebensgemeinschaft, da sie der Sicherung der Lebensgrundlage der Ehe und Familie dienen sollen. Auch sie sind deshalb dem Vertragstyp nach unbenannte Zuwendung (*Langenfeld,* DNotZ-Sonderheft 1985, 177; zustimmend BGH NJW-RR 1990, 386 = FamRZ 1990, 600 = MittBayNot 1990, 178 m. Anm. *Frank*; auch BGH NJW 1992, 238 = FamRZ 1992, 293 = DNotZ 1992, 439).

Weitere Typen der ehebedingten Zuwendung werden bestimmt durch den Zweck der Versorgung, insbesondere der Altersversorgung des anderen Ehegatten (BGH FamRZ 1988, 485 = NJW-RR 1988, 962; BFH NJW 1989, 1986 = FamRZ 1989, 599) oder durch steuerliche Zwecke (BGH NJW-RR 1993, 1410).

Was den Ablauf der unbenannten Zuwendung betrifft, so sind die Fälle direkter Zuwendung von Eigentum oder Miteigentum am Zuwendungsobjekt, regelmäßig einem Grundstück, von einem Ehegatten an den anderen von den Fällen zu unterscheiden, bei denen ein Ehegatte dem anderen die Geldmittel zum Erwerb eines Vermögensgegenstandes von einem Dritten zuwendet. Häufig ist hier der Fall, daß der Erwerb des Familienheims zu je hälftigem Miteigentum ausschließlich von einem Ehegatten finanziert wird (vgl. BGH NJW 1977, 1234, BGH FamRZ 1982, 778). Hier hat der BGH in gelegentlich kritisierter Weise (*Holzhauer* JuS 1983, 830/832), im Ergebnis aber zu Recht, die unbenannte Zuwendung auf das von dem Dritten erworbene Grundstück bzw. den Miteigentumsanteil hieran bezogen und die Rückforderungsproblematik so behandelt, als stamme das Grundstück aus dem Vermögen des zuwendenden Ehegatten.

Was den Ausgangspunkt der unbenannten Zuwendung betrifft, so liegt zumindest im gesetzlichen Güterstand eine grundlegende, insbesondere bei der Rückforderungsproblematik zu bedenkende Unterscheidung darin, ob die unbenannte Zuwendung aus Vermögen erfolgt, das gesetzlichen Zugewinn darstellt, oder aus Vermögen, das als Anfangsvermögen nach § 1374 Abs. 1 BGB oder privilegierter Erwerb nach § 1374 Abs. 2 BGB wertmäßig dem Zugewinnausgleich entzogen ist.

3. Die Rechtsprechung des BGH zur Rückabwicklung ehebedingter Zuwendungen im Scheidungsfall. Die Rückabwicklung ehebedingter Zuwendungen ist Gegenstand einer nunmehr gefestigten Rechtsprechung des BGH (BGHZ 65, 320 = NJW 1976, 328 = FamRZ 1976, 82 = JZ 1976, 486 m. Anm. *Kühne*; BGH FamRZ 1976, 334 = NJW 1976, 2131 = JR 1977, 22 m. Anm. *Kühne*; BGHZ 68, 299 = FamRZ 1977, 458 = NJW 1977, 1234 = DB 1977, 1181 = JR 1977, 501 = WM 1977, 631; BGHZ 82, 227 = FamRZ 1982, 246 m. Anm. *Bosch* = JR 1982, 234 m. Anm. *Kühne* = NJW 1982, 1093 = JZ 1982, 255 = WM 1982, 189; BGH, FamRZ 1982, 778 = WM 1982, 697 = DNotZ 1983, 177; BGHZ 84, 361 = JR 1982, 493 m. Anm. *Olzen* = FamRZ 1982, 910 = NJW 1982, 2236 = JZ 1982, 805 = DNotZ 1983, 180; BGH FamRZ 1983, 797 = WM 1983, 705; BGHZ 87, 265 = FamRZ 1983, 795 = JZ 1983, 852 m. Anm. *Frank* = NJW 1983, 845 = BGH FamRZ 1983, 668 = JR 1983, 453 m. Anm. *Olzen*; BGH FamRZ 1987, 791; BGH NJW-RR 1988, 962; BGH FamRZ 1988, 481 = NJW RR 1988, 965; BGH MittBayNot 1989, 157; BGH NJW-RR 1989, 1220; BGH FamRZ 1990, 600 = NJW-RR 1990, 386 = MittBayNot 1990, 178 m. Anm. *Frank*).

Für die Rückabwicklung von Zuwendungen nach Scheidung der Ehe gelten grundsätzlich abschließend die Regeln des gesetzlichen Zugewinnausgleichs. Der BGH sieht die Ehescheidung als Wegfall der Geschäftsgrundlage derartiger Zuwendungen an. Soweit die güterrechtlichen Bestimmungen des Zugewinnausgleichs eingreifen, bedarf es in aller Regel eines Rückgriffs auf die zum Wegfall der Geschäftsgrundlage entwickelten Grundsätze nicht. Diese werden vielmehr durch die Zugewinnausgleichsregeln als spezielle gesetzliche Ausprägung des Wegfalls der Geschäftsgrundlage bei Ehescheidung verdrängt. Lediglich im Ausnahmefall extrem ungerechter und dem Zuwendenden nicht zumutbarer Vermögensverteilung kann über § 242 BGB in der Form des Wegfalls der Geschäftsgrundlage eine dingliche Rückabwicklung der Zuwendung in Betracht kommen (BGH NJW 1993, 386). Auf der Grundlage der so hergestellten dinglichen Vermögensverwendung und Zug um Zug mit deren Herstellung hat dann aber der schuldrechtliche Zugewinnausgleich zu erfolgen.

Eine Rückabwicklung der unbenannten Zuwendung über andere Anspruchsgrundlagen lehnt der BGH ab. Ein Anspruch aus § 812 Abs. 1, S. 2, 1. Alternative BGB – condictio ob causam finitam – kommt nicht in Betracht. Er setzt den Wegfall einer Verpflichtung voraus, zu deren Erfüllung geleistet worden war. Aufgrund der durch die Scheidung weggefallenen ehelichen Lebensgemeinschaft bestand aber keine Verpflichtung zur Vornahme der Zuwendung. Die eheliche Lebensgemeinschaft war lediglich die Geschäftsgrundlage der Zuwendung. Ebenso scheidet ein Anspruch aus § 812 Abs. 1, S. 2, 2. Alternative BGB – condictio ob rem – aus. Er setzt voraus, daß der mit der Leistung nach dem Inhalt des Rechtsgeschäfts bezweckte Erfolg nicht eintritt. Der bezweckte Erfolg ist aber nicht etwa die Aufrechterhaltung der ehelichen Lebensgemeinschaft, sondern ein bestimmtes Vorhaben im Rahmen und auf der Grundlage der ehelichen Lebensgemeinschaft, also etwa die Schaffung eines Familienheims. Mit dessen Erstellung und Bezug ist und bleibt der gesetzliche Erfolg erreicht, auch wenn die Ehe dann scheitert. Mangels ausdrücklich vereinbarter Gesellschaft des bürgerlichen Rechts kann schließlich eine durch schlüssiges Verhalten zustandegekommene Ehegattengesellschaft nicht angenommen werden, wenn ein Ehegatte – wie bei Zuwendungen im Rahmen der Schaffung eines Familienheims – nur Beiträge leistet, die der Verwirklichung der ehelichen Lebensgemeinschaft dienen.

Unbenannte Zuwendungen entfalten damit regelmäßig nur im Rahmen des gesetzlichen Zugewinnausgleichs Wirkung. Soweit sie von nicht unerheblichem Wert sind, erfolgt mangels ausdrücklichen Ausschlusses ihre Anrechnung auf die Ausgleichsforderung des Empfängers gem. § 1380 BGB. Dabei kommt § 1380 BGB nur zur Anwendung, wenn der Zugewinnausgleichsanspruch des Empfängers höher ist als der Wert der Zu-

7. Ehebedingte „unbenannte" Zuwendung der Miteigentumshälfte VII. 7

wendung im Zeitpunkt der Zuwendung. Dann wird der Wert der Zuwendung zur Berechnung der Ausgleichsforderung dem Vermögen des Ehegatten hinzugerechnet, der die Zuwendung gemacht hat, sowie, was das Gesetz nicht ausdrücklich anordnet, vom Vermögen des Ehegatten abgezogen, der die Zuwendung erhalten hat. Zur Neutralisierung der Zuwendung im Vermögen des Zuwendungsempfängers wird § 1374 Abs. 2 BGB also nicht benötigt. Auf den dann sich ergebenden Zugewinnausgleichsanspruch wird der Wert der Zuwendung angerechnet.

In einem Beispiel soll das Anfangsvermögen beiderseits Null sein. Der Mann hat in der Ehe 30.000,– DM erworben und der Frau hiervon 10.000,– DM zugewendet. Im ersten Schritt wird dem Endvermögen des Mannes von 20.000,– DM der Wert der Zuwendung von 10.000,– DM hinzugerechnet, was 30.000,– DM ergibt. Gleichzeitig wird der Wert der Zuwendung vom Endvermögen der Frau abgezogen, sodaß dieses Endvermögen damit Null ist. Dann hat die Frau gegen den Mann einen Zugewinnausgleichsanspruch von 15.000,– DM. Im zweiten Schritt wird auf diesen Zugewinnausgleichsanspruch der Wert der Zuwendung angerechnet, also 10.000,– DM auf 15.000,– DM, weshalb die Frau noch 5.000,– DM Zugewinnausgleichsanspruch hat.

Ohne das komplizierte Anrechnungsverfahren wäre das rechnerische Ergebnis auf der Grundlage der tatsächlichen Endvermögen von 20.000,– DM beim Mann und 10.000,– DM bei der Frau hier das gleiche. Dies gilt jedoch nur dann, wenn der Wert der Zuwendung im Vermögen der Frau noch vorhanden ist. Hat jedoch die Frau die Zuwendung ersatzlos ausgegeben, so wird das Verfahren nach § 1380 BGB erforderlich, um die Anrechnung der Zuwendung sicherzustellen. Dies ist der Sinn von § 1380 BGB. Der Gesetzgeber wollte den Wert der Zuwendung zum Zeitpunkt der Zuwendung als unveränderlichen Berechnungsfaktor für den Zugewinnausgleich erhalten. Das Schicksal der Zuwendung im Vermögen des Empfängers, das dieser nach § 1364 BGB ja selbständig verwaltet, sollte unerheblich sein.

Die Anwendung von § 1380 BGB hat also immer zur Folge, daß sich der Zugewinnausgleichsanspruch des Zuwendungsempfängers um die Hälfte des Wertes der Zuwendung verringert.

Bei Zuwendungen über den Ausgleichsanspruch hinaus schließt § 1380 BGB nicht etwa einen Ausgleichsanspruch des Zuwendungsempfängers aus. Vielmehr kommt § 1380 BGB nicht zur Anwendung. Der Zugewinnausgleich wird unter Berücksichtigung der tatsächlichen Vermögenssalden ohne Zu- oder Abrechnungen ermittelt.

Im Beispiel sollen die Ehegatten jeweils 30.000,– DM Zugewinn erzielt haben. Kurz vor Beendigung des Güterstandes wendet der Mann der Frau seine 30.000,– DM zu. Sein Endvermögen ist damit Null, das der Frau beträgt 60.000,– DM. Über den Zugewinnausgleich erhält der Mann damit seine 30.000,– DM voll zurück.

Hatte nur der Mann 30.000,– DM erworben, während die Frau selbst keinen Zugewinn erzielt hatte, und wendet der Mann der Frau kurz vor Beendigung des Güterstandes diese 30.000,– DM zu, so erhält er sie zur Hälfte zurück. Die Ergebnisse entsprechen dem Halbteilungsgrundsatz des Zugewinnausgleichs.

Ehegattenzuwendungen im Güterstand der Gütertrennung werden entsprechend behandelt, soweit nicht die Sonderregeln des Zugewinnausgleichs eine Rolle spielen. Auch bei Zuwendungen im Güterstand der Gütertrennung handelt es sich regelmäßig nicht um Schenkungen, sondern um ehebedingte unbenannte Zuwendungen. Deren Geschäftsgrundlage fällt bei Ehescheidung weg. Die Anwendung der Grundsätze über den Wegfall der Geschäftsgrundlage wird dann aber nicht wie bei der Zugewinngemeinschaft durch spezielle güterrechtliche Auseinandersetzungsregeln verdrängt. Die Grundsätze des Wegfalls der Geschäftsgrundlage nach § 242 BGB kommen vielmehr voll zur Anwendung, wobei es auf die Umstände des Einzelfalles ankommt. Die dingliche Rückabwicklung ist nur eine extreme Möglichkeit, der regelmäßig ein angemessener Ausgleich in Geld vorzuziehen sein wird. Ob und in welcher Form ein Ausgleich gegeben ist, hängt nach dem BGH (NJW 1982, 2236) von den besonderen Umständen des Falles, insbesondere der Dauer der Ehe, dem Alter der Parteien, Art und Umfang der erbrachten Leistungen, der Höhe der dadurch bedingten und noch vorhandenen Vermögensmehrung und von den Einkommens- und Vermögensverhältnissen der Ehegatten überhaupt ab. Etwaige Ausgleichsansprüche verjähren nach § 195 BGB (BGH NJW-RR 1994, 258).

4. Die Rechtsprechung des BGH zur Ehegattenschenkung. Der BGH (BGHZ 82, 227 = FamRZ 1982, 246 = NJW 1982, 1093 = JR 1982, 234 m. Anm. *Kühne;* BGH FamRZ 1982, 778; BGH FamRZ 1982, 1066 m. Anm. *Bosch;* BGHZ 87, 142 = FamRZ 1983, 668 m. Anm. *Seutemann;* FamRZ 1983, 990 = NJW 1983, 1611 = JR 1983, 453 m. Anm. *Olzen;* BGH FamRZ 1985, 351 m. Anm. *Seutemann* und Anm. *Karakatsanes* FamRZ 1986, 1049; BGH NJW-RR 1986, 1202; BGH FamRZ 1987, 791; BGH FamRZ 1988, 373) geht davon aus, daß Zuwendungen unter Ehegatten in der Regel keine Schenkungen i. S. der §§ 516 ff. BGB, sondern unbenannte ehebedingte Zuwendungen sind. Im Ausnahmefall kann aber auch Schenkung vorliegen.

Ausgehend von der traditionellen, im Wortlaut des § 516 Abs. 1 BGB zum Ausdruck kommenden Definition, daß Schenkung dann vorliegt, wenn beide Teile darüber einig sind, daß die Zuwendung unentgeltlich erfolgt, bestimmt der BGH (FamRZ 1990, 600 = NJW-RR 1990, 386 = MittBayNot 1990, 178 m. Anm. *Frank*) die Unentgeltlichkeit unter Berücksichtigung des Geschäftszwecks und der Vertragsgrundlage, also nach inhaltlichen Kriterien. Unentgeltlichkeit fehlen nicht nur dann, wenn der Zuwendung nach dem Inhalt des Rechtsgeschäfts eine Leistung des Zuwendungsempfängers gegenüber stehe, die zu ihr in einem Gegenseitigkeitsverhältnis steht, sondern auch dann, wenn die Zuwendung rechtlich die Geschäftsgrundlage habe, daß dafür eine Verpflichtung eingegangen oder eine Leistung bewirkt wird. Dabei brauche diese Leistung nicht geldwerter oder vermögensrechtlicher Art zu sein, sie könne auch immateriellen Charakter haben. Hieraus ergebe sich, daß eine Zuwendung unter Ehegatten, der die Vorstellung oder Erwartung zugrunde liege, daß die eheliche Lebensgemeinschaft Bestand haben werde, oder die sonst um der Ehe willen und als Beitrag zur Verwirklichung oder Ausgestaltung, Erhaltung oder Sicherung der ehelichen Lebensgemeinschaft erbracht werde und die darin ihre Geschäftsgrundlage habe, keine Schenkung, sondern eine ehebedingte Zuwendung darstelle.

Schenkung scheidet also nach Ansicht des BGH nicht nur dann aus, wenn der Vertragsinhalt des Zuwendungsgeschäfts ehebestimmt ist, sondern auch dann, wenn die Zuwendung auf ehebestimmter Geschäftsgrundlage erfolgt. Ehegattenschenkung kann damit nur vorliegen, wenn das Zuwendungsgeschäft objektiv und subjektiv unentgeltlich ist und seine Geschäftsgrundlage nicht die Ehe ist.

Der BGH (aaO.) zitiert auch zustimmend die unten (Anm. 5) näher erläuterte Auffassung (*Langenfeld,* DNotZ-Sonderheft 1985, 177), Schenkung komme nur dann in Frage, wenn es sich um von beiden Ehegatten akzeptierte echte Freigebigkeit ohne spezifisch ehebedingte Gründe handele.

Ziel der Berufung des zuwendenden Ehegatten auf Schenkungsrecht ist regelmäßig, über den Schenkungswiderruf wegen groben Undanks nach § 530 BGB die dingliche Rückabwicklung der Zuwendung außerhalb des Zugewinnausgleichs zu erreichen. Der BGH läßt auch bei Berufung auf eheliches Fehlverhalten den Widerruf nach den allgemeinen Grundsätzen zu (BGHZ 87, 142 = FamRZ 1983, 688 = NJW 1983, 1611; so auch OLG Düsseldorf FamRZ 1980, 446; OLG Köln FamRZ 1981, 779, OLG Frankfurt FamRZ 86, 576). Danach setzt eine schwere Verfehlung objektiv ein bestimmtes Muß von Schwere und subjektiv einen erkennbaren Mangel an Dankbarkeit voraus. Die gesamten Umstände des Einzelfalls, also auch die aus der Ehe fließenden besonderen Beziehungen, sind zu würdigen. Berücksichtigt werden muß auch das Verhalten des Schenkers. Es kann die Verfehlungen des Beschenken zwar nicht schlechthin rechtfertigen, aber in milderem Licht erscheinen lassen. Die von *Bosch* (Festschrift für Beitzke 1979, 211, FamRZ 1980, 446; 1980, 782; 1982, 1067; OLG Frankfurt FamRZ 1981, 778; LG Bonn FamRZ 1980, 359; LG Essen FamRZ 1980, 791) vertretene Ansicht, nach dem Wegfall des Verschuldensprinzips könne nur ein exzessives eheliches Fehlverhalten einen Schenkungswiderruf wegen groben Undanks rechtfertigen, lehnt der BGH ab. Ob neben der Rückforderung nach § 530 BGB auch noch eine dingliche Rückabwicklung der Ehegattenschenkung über die Grundsätze des Wegfalls der Geschäftsgrundlage in Betracht kommen kann, hat der BGH noch nicht entschieden (vgl. dazu OLG Stuttgart NJW-RR 1988, 135/135).

Soweit eine gegenständliche Rückgewähr der Zuwendung nach § 530 BGB erfolgt, findet im Anschluß an die dingliche Rückabwicklung der Zugewinnausgleich auf der Grundlage der dann bestehenden Vermögenszuordnung statt. Wenn dem Zuwendenden die Rückforderung versagt wird, wird die Ehegattenschenkung wie die unbenannte Zuwendung nach den zu § 1380 BGB entwickelten Grundsätzen behandelt.

Dabei kann sich der beschenkte Ehegatte nicht darauf berufen, die Zuwendung sei nach § 1374 Abs. 2 BGB seinem Anfangsvermögen hinzuzurechnen und damit wertmäßig dem Zugewinnausgleich entzogen. Wie bei der unbenannten Zuwendung (BGHZ 82, 227 = FamRZ 1982, 246 = NJW 1982, 1093) hat der BGH (FamRZ 1987, 791) auch für die Ehegattenschenkung entschieden, daß die Anordnung von § 1374 Abs. 2 BGB auf Zuwendungen von dritter Seite beschränkt ist. Die Vorschrift paßt nicht auf Zuwendungen zwischen Ehegatten (a. A. *Lipp* JuS 1993, 89).

5. Der Vertragstypus Ehegattenschenkung. Die Rechtsprechung des BGH, nach der bei Ehegattenzuwendungen regelmäßig der eigenständige Vertragstyp der unbenannten Zuwendung vorliegt und nur im Ausnahmefall der ausdrücklichen Unentgeltlichkeitsabrede Schenkung anzunehmen ist, ist von der Literatur überwiegend dem Grundsatz nach akzeptiert worden (*Bosch*, Festschrift Beitzke S. 136 ff.; *Hülsheger*, Zuwendungen zwischen Ehegatten zu gemeinsamen Hausbau, S. 106; *Reinicke/Tiedtke* WP 1982, 946/947; *Tiedtke* DNotZ 1983, 2236; *Rossak* MittBayNot 1984, 74; *Schwab* FamRZ 1984, 525/527, *Sandweg* BWNotZ 1985, 34; *Langenfeld* NJW 1986, 2541; *Morhard* NJW 1987, 1734; *Graba* NJW 1987, 1721/1725; MünchKomm/*Kollhosser* § 516 Rdn. 49 a; *Göppinger*, Vereinbarungen anläßlich der Ehescheidung, 6. Aufl., Rdn. 517 ff.; *Johannsen/Henrich/Jaeger*, Eherecht § 1372, Rdn. 5 ff.; *Lipp,* Die eherechtlichen Pflichten und ihre Verletzung, 1988, S. 101 ff./110; *Jaeger* DNotZ 1991, 431/436 ff.). Die Literaturmeinungen, die unter Negierung der Möglichkeit außergesetzlicher Vertragstypen alle nicht direkt mit einer Gegenleistung verbundenen Rechtsgeschäfte in das gesetzliche Schenkungsrecht pressen wollen und deshalb auch die Ehegattenzuwendung grundsätzlich als Schenkung betrachten, sind in die Minderheit geraten (*Kühne* JR 1982, 237/238; *Kralemann,* Die Rückforderung von Ehegattenschenkungen im Falle der Scheidung, 1983, S. 39; *Seutemann* FamRZ 1983, 990, 991, *ders.* Der Widerruf von Schenkungen unter Ehegatten, 1984; *Friedrich* JR 1986, 1; *Rauscher* AcP, 186, 529). Soweit bei Ehegattenzuwendungen weitgehend Pflicht- oder Anstandsschenkungen angenommen werden (so *Karakatsanes* FamRZ 1986, 1049 und 1178) oder ein besonderer Vertragstyp der „ehebezogenen Schenkung" gebildet wird (so *Holzhauer* JuS 1983, 830/834), ist der Schritt aus dem allgemeinen Schenkungsrecht zur Anerkennung eines eigenständigen Vertratstyps der ehebedingten Zuwendung schon getan und das ganze nur noch eine Definitionsfrage.

Eine überzeugende Abgrenzung der Schenkung von anderen Vertragstypen, insbesondere der Unterhaltszahlung, ist möglich, wenn man als Kriterium der Schenkung nicht nur die Unentgeltlichkeit, sondern in erster Linie den Vertragszweck der Freigebigkeit ansieht.

Die h. L. glaubt, die Schenkung allein mit dem Tatbestandsmerkmal der Unentgeltlichkeit von anderen Zuwendungstypen abgrenzen zu können. Eine derartige Abgrenzung anhand der Unentgeltlichkeit im Sinne des beabsichtigten Fehlens einer Gegenleistung läuft auf einen reinen Voluntarismus ohne Berücksichtigung des typischen Vertragszwecks hinaus (*Hepting,* Ehevereinbarungen, S. 416). Danach liegt Schenkung vor und ist eine Zuwendung im Grundstücksbereich als Schenkung zu beurkunden, wenn die Beteiligten sie als Schenkung wollen, auch wenn dies mit dem offenkundigen

Zweck des Rechtsgeschäfts nicht vereinbar ist. Entscheidend für den Rechts-charakter und die Rechtsfolgen der Zuwendung wäre dann die Überschrift und Formulierung des Notars. Ein derartiger Voluntarismus entspricht weder den Grundsätzen zweckorientierter Vertragstypologie noch einem wirklichen Interessenausgleich zwischen den Beteiligten. Maßgeblich für die sachgerechte Bezeichnung und Beurkundung des Rechtsgeschäfts und die Festlegung der Rechtsfolgen muß vielmehr der Vertragszweck sein.

Vertragszweck der Schenkung in diesem Sinn ist die Freigebigkeit, Freiwilligkeit oder Liberalität (so auch *Flume*, Allgemeiner Teil BGB II § 12 II 4c; *Kulka* ÖJZ 1969, 477; *Hepting* Ehevereinbarungen S. 40; *Karakatsanes* FamRZ 1986, 1053; *Langenfeld*, Grundstückszuwendungen Rdn. 21 ff.; *Jaeger* DNotZ 1991, 431/436 ff.). Die Zuwendung soll nach dem typischen Vertragszweck nicht nur schlicht und wertneutral unentgeltlich sein, sondern bewußt und von beiden Vertragsteilen gewollt freiwillig und freigebig erfolgen. Der Schenkungsbegriff erhält über die zu blasse Unentgeltlichkeitsabrede hinaus erst dann Konturen, wenn man ihn durch den Vertragszweck Freigebigkeit als gekennzeichnet ansieht.

Stellt man für Schenkungen zwischen Ehegatten auf den Vertragszweck Freigebigkeit ab, so bestätigt sich die Richtigkeit des vom BGH angenommenen Regel-Ausnahmeverhältnisses zwischen unbenannter Zuwendung und Schenkung insbesondere für Zuwendungen im gesetzlichen Güterstand. Alle Zuwendungen, die im System des Zugewinnausgleichs verbleiben sollen, insbesondere die Zuwendungen, deren Anrechnung i.S. von § 1380 BGB bestimmt oder anzunehmen ist, sind unbenannte Zuwendung. Für die Ehegattenschenkungen verbleiben nur die echten Freigebigkeiten außerhalb des Zugewinnausgleichs, also insbesondere oder sogar ausschließlich (so richtig *Schwab* FamRZ 1984, 525/527) die Zuwendungen, deren Nichtanrechnung i.S. von § 1380 BGB bestimmt ist.

6. Rechtsfolgen ehebedingter Zuwendungen im Verhältnis zu Dritten. (1) *Konkurs- und Gläubigeranfechtung*. Bei den Anfechtungsrechten der Gläubiger nach §§ 3 Abs. 1 Nr. 4 AnfG, 32 Nr. 2, 63 Nr. 4 KO sind ehebedingte Zuwendungen wie Schenkungen zu behandeln. Es ist interessengerecht und zumutbar, den Ehegatten innerhalb der Anfechtungsfristen Zuwendungen nur dann zu gestatten, wenn dies nicht auf Kosten der Gläubiger geht (*Langenfeld*, Handbuch, Rdn. 938; BGHZ 71, 61/69 = NJW 1978, 1326; BGHZ 113, 393 = NJW 1991, 1610).

(2) *Herausgabeansprüche von Vertragserben, Pflichtteilsergänzung*. Nach §§ 2287, 2288 BGB kann der Vertragserbe, nachdem ihm die Erbschaft angefallen ist, in dem Fall, daß der Erblasser in Beeinträchtigungsabsicht eine Schenkung gemacht hat, von dem Beschenkten die Herausgabe des Geschenks nach den Vorschriften über die Herausgabe einer ungerechtfertigten Bereicherung fordern. Dasselbe gilt für den Vertragsvermächtnisnehmer. Nach §§ 2325, 2329 BGB kann der Pflichtteilsberechtigte dann, wenn der Erblasser einem Dritten eine Schenkung gemacht hat, als Ergänzung des Pflichtteils den Betrag verlangen, um den sich der Pflichtteil erhöht, wenn der verschenkte Gegenstand dem Nachlaß hinzugerechnet wird. Soweit der Erbe zur Ergänzung des Pflichtteils nicht verpflichtet ist, kann der Pflichtteilsberechtigte von dem Beschenkten die Herausgabe des Geschenks nach den Vorschriften über die Herausgabe einer ungerechtfertigten Bereicherung fordern. Ob und inwieweit diese Vorschriften auf ehebedingte Zuwendungen anzuwenden sind, war lange streitig und ist immer noch nicht endgültig geklärt. Der Erbrechtssenat des BGH hat in seinem Urteil vom 27. 11. 1991 (BGHZ 116, 167 = NJW 1992, 564) nach Abstimmung mit dem Familienrechtssenat den Grundsatz aufgestellt, daß die unbenannte Zuwendung in der Regel objektiv unentgeltlich ist und deshalb im Erbrecht grundsätzlich wie eine Schenkung zu behandeln ist. In der Literatur war diese Auffassung teilweise befürwortet worden (*Sandweg* NJW 1989, 1965; *Schotten* NJW 1990, 2841; *Jaeger* DNotZ 1991, 431/437/442). Andere Stimmen der Literatur (*Morhard* NJW 1987, 1734; *Langenfeld*, Handbuch der Eheverträge und Scheidungsvereinbarungen, 2. Aufl., Rdn. 413) hatten die Ansicht vertreten, daß Ehegat-

tenzuwendungen zum vorzeitigen oder freiwilligen Zugewinnausgleich nicht als unentgeltlich anzusehen seien und deshalb nicht den Anfechtungsrechten des Vertragserben und Pflichtteilsergänzungsansprüchen unterlägen.

Das Urteil des BGH vom 27. 11. 1991 ist durch Fallgruppenbildung zu relativieren (vgl. *Langenfeld,* Handbuch der Eheverträge und Scheidungsvereinbarungen, 3. Aufl. 1996, Rdn. 926 ff.). Grundsätzlich ist mit dem BGH davon auszugehen, daß die ehebedingte Zuwendung als familienrechtlicher Verpflichtungsvertrag eigener Art dem Bereich der Unentgeltlichkeit und damit dem Schutzbereich der §§ 2287, 2288 und 2325 BGB zuzuordnen ist. Dennoch rechtfertigt es der Gedanke des Zugewinnausgleichs, dem auch der Unterhalts- und der Versorgungsgedanke immanent ist, ehebedingte Zuwendungen zur Verwirklichung der Teilhabe am ehezeitlichen Vermögenserwerb als anfechtungs- und pflichtteilsfest anzusehen. Hier stellen die das Familienheim betreffenden Fälle der Ehegattenzuwendung eine Fallgruppe besonderer Eigenart dar. Die Finanzverwaltung hat in Anerkennung dieses Gedankens Ehegattenzuwendungen das Familienheim betreffend als schenkungsteuerfrei angesehen (Ländererlaß vom 10. 11. 1988, BStBl. 1988 I, 513). Deshalb muß die hälftige Eigentumszuordnung am Familienheim, gleichgültig auf welchem Weg sie rechtlich herbeigeführt wird, den Ansprüchen der Kinder aus §§ 2287, 2288, 2325 BGB standhalten. Die Herbeiführung der hälftigen Teilhabe am Familienheim durch ehebedingte Zuwendung ist regelmäßig kein Mißbrauch und kein Schleichweg, sondern die Verwirklichung angemessener Beteiligung des Ehegatten an einem für die Eheverwirklichung zentralen Gegenstand (zur Kontroverse hierum vgl. *Langenfeld* ZEV 1994, 129; *Wegmann* ZEV 1996, 201; *Brambring* ZEV 1996, 248; *Langenfeld* ZEV 1997, 6 und *Brambring* ZEV 1997, 7).

7. **Steuern.** Nach § 13 Abs. 1 Nr. 4a sind Ehegattenzuwendungen betreffend das Familienheim von der Schenkungsteuer befreit. Danach sind befreit die Übertragung des Eigentums oder Miteigentums an dem einem Ehegatten bereits gehörenden Grundstück oder Wohnungseigentum, der Kauf oder die Herstellung aus den Mitteln eines Ehegatten bei gleichzeitiger Einräumung einer Miteigentümerstellung des anderen Ehegatten, die Anschaffung oder Herstellung durch einen Ehegatten aus Mitteln, die allein oder überwiegend vom zuwendenden Ehegatten stammen, die Tilgung eines im Zusammenhang mit dem Kauf oder der Herstellung eines Familienheims von einem oder von beiden Ehegatten aufgenommenen Darlehens ausschließlich aus dem Einkommen des zuwendenden Ehegatten und die Begleichung nachträglicher Herstellungs- und Erhaltungsaufwendungen am Familienwohnheim aus Mitteln eines Ehegatten, auch wenn der andere Ehegatte Eigentümer oder Miteigentümer ist. Grunderwerbsteuer entsteht nach § 3 Nr. 4 des Grunderwerbsteuergesetzes bei Erwerbsvorgängen zwischen Ehegatten nicht.

8. **Kosten.** Wertermittlung gem. § 19 KostO. Aus der Hälfte des Grundstückswertes eine doppelte Gebühr gem. § 36 Abs. 2 KostO.

8. Ehebedingte „unbenannte" Zuwendung einer Eigentumswohnung bei Gütertrennung zum freiwilligen Zugewinnausgleich

Verhandelt zu ...... am ......
Vor dem Notar ...... sind erschienen: Eheleute ......
und erklären

Ehebedingte Zuwendung

§ 1 Vertragsobjekt

(1) Der Ehemann ist Alleineigentümer des Wohnungseigentums (Beschrieb nach dem Grundbuch).

(2) Das Wohnungseigentum ist lastenfrei. Seine Veräußerung an den Ehegatten ist nach der Teilungserklärung vom Erfordernis der Verwaltergenehmigung ausgenommen.

§ 2 Ehebedingte Zuwendung

(1) Der Ehemann wendet der Ehefrau hiermit im Wege der ehebedingten Zuwendung zum freiwilligen Zugewinnausgleich das Vertragsobjekt zu.

(2) Die heutige Zuwendung soll dem Empfänger auch dann endgültig verbleiben, wenn die Ehe geschieden wird. Die Rückforderung ist auf jeder Anspruchsgrundlage ausgeschlossen. Auf das Verschulden am Scheitern der Ehe kommt es nicht an. Die Scheidung führt nicht zum Wegfall der Geschäftsgrundlage der Zuwendung.

(Schlußvermerke, Schlußformel, Unterschriften)

Schrifttum: Vgl. Form. I. 7.

Anmerkungen

1. **Sachverhalt, Vertragstyp.** Gütertrennungs-Ehen funktionieren in der Praxis regelmäßig gut. Dies liegt vor allem auch daran, daß die Eheleute neben Vermögenstransaktionen auf den betrieblich nicht haftenden Ehegatten zur Erhaltung des Privatvermögens (vgl. Form. VII. 6) regelmäßig auch Zuwendungen im Wege eines „freiwilligen" Zugewinnausgleichs vornehmen. Neben der Übertragung bereits im Eigentum des Zuwendenden stehender Vermögensgegenstände kommt auch der von der Interessenlage her gleichgelagerte Fall des Erwerbs etwa einer Immobilie auf den Namen eines Ehegatten aus Mitteln des anderen Ehegatten oder von diesem finanziert in Betracht. Bei derartigem freiwilligen Zugewinnausgleich handelt es sich um einen typischen Fall der ehebedingten, unbenannten Zuwendung, der auch als solche zu beurkunden ist (vgl. Form. VII. 7 Anm. 1, 2).

2. **Ausschluß von Rückforderungsrechten.** Unbenannte Zuwendungen im Güterstand der Gütertrennung unterliegen, wie in Form. VII. 7 Anm. 3 dargelegt, bei Scheidung der Ehe der Rückabwicklung nach den Grundsätzen des Wegfalls der Geschäftsgrundlage (BGH NJW 1982, 2236). Die hier bestehende Rechtsunsicherheit zwingt zu ausdrücklicher vertraglicher Regelung der Rückabwicklungsfrage. Entsprechend der Interessenlage schließt das Formular jede Rückforderung aus (vgl. dazu *Langenfeld*, Handbuch, Rdn. 891 ff.). Die Geschäftsgrundlage steht zur vertraglichen Disposition der Beteiligten. Sie können es zur Geschäftsgrundlage der Zuwendung machen, daß diese auch im Fall der Ehescheidung Bestand haben soll.

3. **Steuern, Kosten.** Vgl. Form. VII. 7 Anm. 7, 8.

9. Ehebedingte „unbenannte" Zuwendung der Miteigentumshälfte am Familienheim aus Haftungsgründen

Verhandelt zu ...... am ......
Vor dem Notar ...... erschienen: Eheleute ......
und erklären

9. Ehebedingte „unbenannte" Zuwendung der Miteigentumshälfte VII. 9

Ehebedingte Zuwendung

§ 1 Vertragsobjekt

(1) Die Eheleute sind je hälftige Miteigentümer des Familienheims (Beschrieb nach dem Grundbuch). Sie haben ehevertraglich den Zugewinnausgleich im Scheidungsfall ausgeschlossen. Der Ehemann ist selbständiger Kaufmann, die Ehefrau Hausfrau.

(2) Das Vertragsobjekt ist unbelastet.

§ 2 Ehebedingte Zuwendung

(1) Der Ehemann wendet der Ehefrau hiermit seine Miteigentumshälfte an dem Vertragsobjekt im Wege der ehebedingten Zuwendung zur Herstellung einer zweckmäßigen ehelichen Vermögensordnung zu. Einig über den Eigentumsübergang bewilligen und beantragen die Beteiligten den Vollzug im Grundbuch.

(2) Der Ehemann kann im Falle der Scheidung den heute zugewendeten Miteigentumsanteil zurückfordern. Hat die Ehefrau auf den Miteigentumsanteil aus ihrem Vermögen Verwendungen gemacht, so sind ihr diese zu erstatten. Die Kosten der Rückforderung trägt der Ehemann.

(3) Zur Sicherung des Rückforderungsrechts ist eine Eigentumsvormerkung zum Rückerwerb des hälftigen Mieteigentums für den Ehemann einzutragen, deren Eintragung hiermit bewilligt und beantragt wird.

§ 3 Sonstige Bestimmungen

(1) Der Besitzübergang erfolgt sofort.

(2) Jegliche Gewährleistung für Rechts- und Sachmängel aller Art ist ausgeschlossen. Die Kosten und etwaige Steuern trägt der Ehemann.

(Schlußvermerke, Schlußformel, Unterschriften)

Schrifttum: vgl. Form. VII. 7.

Anmerkungen

1. Fallgruppe, Vertragstyp. Die Zuordnung des Familienheims oder sonstigen privaten Grundbesitzes zum beruflich oder betrieblich nicht haftenden Ehegatten zur Vermeidung eines etwaigen Gläubigerzugriffs ist ein anerkannter Vertragstyp der ehebedingten Zuwendung (*Langenfeld*, DNotZ-Sonderheft 1985, 177; zustimmend BGH NJW-RR 1990, 386 = FamRZ 1990, 600 = MittBayNot 1990, 178 m. Anm. *Frank*). Die Zuwendung zur Erzielung einer haftungsgünstigen ehelichen Vermögensordnung dient der Sicherstellung der Lebensgrundlage der Ehe und Familie und ist deshalb ehebedingte Zuwendung und keine Schenkung (vgl. Form. VII. 7 Anm. 1 ff.). Wie alle Vertragstypen der unbenannten Zuwendung ist auch dieser güterstandsunabhängig und etwa auch im Güterstand der Gütergemeinschaft als Zuwendung zum Vorbehaltsgut denkbar.

2. Scheidungsklausel. Bei diesem Vertragstyp stellen die Ehegatten regelmäßig die im Innenverhältnis als gerecht empfundene Vermögenszuordnung, im Fall des Formulars das je hälftige Miteigentum am Familienheim, hinter die aus Haftungsgründen zweckmäßige Zuordnung zurück. Realisiert sich nicht das Haftungsrisiko, sondern das Eherisiko, so muß der durch die Zuwendung enteignete Ehegatte die Möglichkeit der Rückforderung haben. Dies gilt insbesondere bei Gütertrennung oder modifizierter Zugewinngemeinschaft, da hier ein Ausgleich in Geld über den Zugewinnausgleich nicht stattfindet. Deshalb ist das Rückforderungsrecht des Formulars unerläßlich (eingehend zu Rückforderungsrechten *Langenfeld* Handbuch der Eheverträge und Scheidungsvereinbarungen, 3. A. 1996 Rdn. 890 ff.). Seine Absicherung im Grundbuch durch Eintragung einer Vormerkung verhindert die Vereitelung des Rückforderungsrechts durch Veräußerung an einen gutgläubigen Dritten.

3. Pfändbarkeit des Rückforderungsanspruchs? Das Rückforderungsrecht ist wegen seines höchstpersönlichen und zweckgebundenen Charakters nicht abtretbar (*Langenfeld* aaO. Rdn. 890). Es ist damit jedenfalls nur beschränkt pfändbar (§§ 399, BGB, 782 Abs. 2 ZPO). Darüber hinaus wird die Pfändbarkeit aber in entsprechender Anwendung von § 852 ZPO ganz zu verneinen sein (zu diesem Fragenkreis vgl. *Wüllenkemper* JR 1988, 353).

4. Steuern. Vgl. Form. VII. 7 Anm. 7.

5. Kosten. Vgl. Form. VII. 7 Anm. 8.

10. Erwerbsrecht für den ein Hausgrundstück finanzierenden Ehegatten

Verhandelt zu ...... am ......
Vor dem unterzeichneten Notar ...... erschienen ......
und erklären

Erwerbsrecht

Die Ehefrau ist Eigentümerin des Mehrfamilienhauses (Ort, Straße, grundbuchmäßiger Beschrieb). Das Hausgrundstück wurde aus Mitteln des Ehemannes erworben. Im Falle der Scheidung soll es in das Alleineigentum des Ehemannes übergehen, der das Hausgrundstück als seine Altersversorgung betrachtet. Es wird vereinbart, daß der Ehemann im Scheidungsfall die Übereignung des Grundstücks auf sich verlangen kann. Die Kosten und etwaigen Steuern trägt der Ehemann. Etwaige Grundpfanddarlehen hat er zur Alleinschuld zu übernehmen. Zur Sicherung dieses Erwerbsrechts wird die Eintragung einer Vormerkung im Grundbuch bewilligt und beantragt.

(Schlußvermerke, Schlußformeln, Unterschriften)

Anmerkungen

1. Sachverhalt, Rechtsfolgen. Das Erwerbsrecht entspricht von der Interessenlage her dem Rückforderungsrecht (Form. VII. 9). Auch die Zuwendung von Geld zum Grundstückserwerb ist ehebedingte unbenannte Zuwendung (vgl. Form. VII. 7 Anm. 2).

Erwerb auf den anderen Ehegatten kommt in beiden Güterständen aus Haftungsgründen (Form. VII. 9) vor, aber auch z. B. zur Vermeidung oder Herabsetzung von Pflichtteilsansprüchen erstehelicher Abkömmlinge.

Das Erwerbsrecht sichert dem den Erwerb finanzierenden Ehegatten die wirklich gewollte Vermögensverteilung im Scheidungsfall.

2. Steuern. Vgl. Form. VII. 7 Anm. 7.

3. Kosten. Vgl. Form. VII. 7 Anm. 8.

11. Ausstattung mit anschließender ehebedingter Zuwendung und Rückforderungsrechten

Verhandelt zu ...... am ......
Vor dem Notar ...... sind erschienen:
1. Herr Karl A, Kaufmann ......
2. dessen Tochter, Frau Anita B geb. A. ......
3. deren Ehemann, Herr Fritz B ......
Die Erschienenen erklären die folgende

Ausstattung und ehebedingte Zuwendung

I. Ausstattung

§ 1 Vertragsobjekt

Herr A ist Eigentümer des nach Auszug des bisherigen Mieters leerstehenden, nach dem Grundbuch lastenfreien Einfamilienhauses (Beschrieb).

§ 2 Ausstattung

Herr A übergibt das Vertragsobjekt im Wege der Ausstattung mit Rücksicht auf ihre Verheiratung seiner Tochter AnitaB geb. A. Einig über den Eigentumsübergang bewilligen und beantragen die Beteiligten den Vollzug im Grundbuch.

§ 3 Rückforderungsrecht

(1) Herr A kann das Vertragsobjekt zurückfordern, wenn die Ehe seiner Tochter Anita B geschieden wird. Er ist verpflichtet, auf Verlangen der B die von dieser oder ihrem Ehemann getätigten nachgewiesenen Verwendungen auf das Vertragsobjekt zu erstatten und etwa noch bestehende Finanzierungsdarlehen für Verwendungen zur Alleinschuld zu übernehmen.

(2) Auf Sicherung des Rückforderungsrechts durch Vormerkung wird verzichtet.

§ 4 Besitzübergang, Gewährleistung

Der Besitzübergang erfolgt sofort. Jede Gewährleistung für Rechts- und Sachmängel aller Art ist ausgeschlossen.

II. Ehebedingte Zuwendung

§ 1 Zuwendung

Wegen der geplanten gemeinsamen Sanierung des Vertragsobjekts wendet Frau AnitaB ihrem Ehemann FritzB einen Miteigentumsanteil von einhalb an dem Vertragsobjekt ebedingt zu. Einig über den Eigentumsübergang bewilligen und beantragen die Beteiligten den Vollzug im Grundbuch.

§ 2 Rückforderungsrecht

(1) Der zuwendende Ehegatte hat das Recht, im Falle der Scheidung der Ehe die Rückforderung des heute überlassenen Miteigentumsanteils verlangen zu können.

(2) Hat der Zuwendungsempfänger aus seinem vorehelichen Vermögen oder aus einer während der Ehe erworbenen Erbschaft, einem Vermächtnis, einer Schenkung oder Aus-

stattung Verwendungen auf das Grundstück gemacht, so sind ihm diese Zug um Zug gegen Rückforderung zu erstatten.

(3) Der Zuwendende hat Zug um Zug gegen Rückforderung etwaige auf das Grundstück verwendete Grundpfanddarlehen zur Alleinschuld zu übernehmen, wobei der Zuwendungsempfänger von den Gläubigern freizustellen ist.

(4) Die Rückforderung ist nur zulässig, wenn der Zugewinn des Zuwendenden mindestens so hoch ist wie die in der Ehezeit eingetretene Wertsteigerung des Grundstücks nach Abzug der dem Zuwendungsempfänger gemäß obigem Absatz 2 zu erstattenden Verwendungen.

(5) Zug um Zug mit der Rückforderung nach Maßgabe obiger Vereinbarungen findet dann auf der Grundlage der nach Rückforderung und Rückerstattung von Verwendungen bestehenden Vermögenslage der gesetzliche Zugewinnausgleich statt.

(6) Zur Sicherung des Rückforderungsrecht ist für Frau AnitaB eine Rückauflassungsvormerkung einzutragen, deren Eintragung bewilligt und beantragt wird.

§ 3 Besitzübergang, Gewährleistung

(1) Der Besitzübergang erfolgt sofort. Herr FritzB bewilligt die Eintragung einer Rückauflassungsvormerkung für seine Ehefrau zum Rückerwerb des Miteigentumsanteils nach Rückforderung, deren Eintragung beantragt wird.

(2) Jegliche Gewährleistung für Sach- und Rechtsmängel aller Art ist ausgeschlossen.

III. Kosten, Steuern

§ 1 Kosten

Die Kosten dieses Vertrags und seines Vollzugs tragen die EheleuteB je hälftig.

§ 2 Steuern

Anfallende Steuern trägt jeder Beteiligte für seinen Erwerb. Der Notar hat auf mögliche Schenkungsteuer hingewiesen.

(Schlußvermerke, Schlußformel, Unterschriften).

Schrifttum: Langenfeld, Zur Rückabwicklung von Ehegattenzuwendungen im gesetzlichen Güterstand, NJW 1986, 2541; *ders.,* Grundstückszuwendungen im Zivil- und Steuerrecht, 3. A. 1992 Rdn. 26 ff.; *Schmid,* Ausstattung und Schenkung, BWNotZ 1971, 29; vgl. auch das Schrifttum bei Form. I. 12).

Anmerkungen

1. Fallgruppe, Vertragstypen. (1) Gestufte Grundstückszuwendungen in der Weise, daß zunächst die Eltern dem Kind das Grundstück zuwenden, und dieses dann seinem Ehegatten einen hälftigen Miteigentumsanteil weitergibt, sind häufig. Sie haben sich in der Kautelarpraxis vorwiegend aus schenkungsteuerlichen Gründen als sog. „Kettenschenkung" entwickelt (dazu *Langenfeld,* Grundstückszuwendungen Rdn. 88 f.). Die direkte Zuwendung eines hälftigen Miteigentumsanteils seitens der Eltern an das Schwiegerkind empfiehlt sich schenkungsteuerlich nicht, da dessen Freibetrag nur 20.000,– DM beträgt (§§ 16 Abs. 1 Nr. 4, 15 Abs. 1 ErbStG). Die gestufte Zuwendung ermöglicht dagegen die Ausnutzung der Eltern-Kind- und Ehegattenfreibeträge (§ 16 Abs. 1, 2 ErbStG). Die „Kettenschenkung" ist als steuerlich legitime Gestaltungsform anerkannt (BFH BStBl. 1962 III 206; *Moench* StbJb 1982/83 S. 106; *Meincke/Michel* ErbStG § 7

11. Ausstattung mit anschließender ehebedingter Zuwendung

Rdn. 34). Die Berechtigung ihrer steuerlichen Anerkennung wird untermauert durch die notwendige zivilrechtliche Unterscheidung der beiden Zuwendungsgeschäfte. Die Zuwendung von den Eltern an das Kind ist vom Vertragstyp her vorweggenommene Erbfolge (*Langenfeld*, Grundstückszuwendungen, Rdn. 31 ff.) oder Ausstattung (vgl. Anm. 2) oder selten Schenkung, die Zuwendung zwischen den Ehegatten ehebedingte unbenannte Zuwendung (vgl. Anm. 3). Die Unterscheidung ist insbesondere für die Rückforderungsproblematik wichtig (vgl. Anm. 4).

2. Ausstattung. (1) Die Ausstattung als besonderer Vertragstyp im Bereich der Zuwendungsverträge ist in § 1624 BGB gesetzlich geregelt. Das Gesetz nimmt sie weitgehend vom Schenkungsrecht aus. Nicht anwendbar sind §§ 518, 521, 522 und 528 ff. BGB. Dagegen sind nach § 1624 Abs. 2 BGB die Rechts- und Sachmängelgewährleistungsvorschriften der §§ 523, 524 BGB anzuwenden. Im erbrechtlichen Bereich ist nach § 2050 Abs. 1 BGB die Ausstattung zur Ausgleichung zu bringen, soweit nicht der Erblasser etwas anderes angeordnet hat. Für die Schenkung gilt nach § 2050, Abs. 3 das umgekehrte Regel-Ausnahmeverhältnis. Von höchster praktischer Wichtigkeit ist, daß die Ausstattung nicht der Pflichtteilsergänzung nach § 2325 BGB unterfällt (*Haegele* BWNotZ 1976, 29). Die Ermittlung der Voraussetzungen der Ausstattung durch den Berater und Notar und die entsprechende Bezeichnung des Vertrages ist angesichts dieser Unterschiede zur Schenkung und der ihr hinsichtlich der Rechtsfolgen gleichgestellten vorweggenommenen Erbfolge (dazu *Langenfeld*, Grundstückszuwendungen Rdn. 21 ff.) nicht nur ein Gebot der Vertragstypenunterscheidung, sondern von erheblicher Bedeutung im Rechtsfolgenbereich.

(2) Der den Vertragstyp der Ausstattung kennzeichnende Vertragszweck ist die Begründung oder Erhaltung einer selbständigen Lebensstellung des Kindes. Ihre Vertragsgrundlage ist die Verheiratung oder Existenzgründung (dazu *Langenfeld*, Grundstückszuwendungen Rdn. 26 ff.). Scheitert die die Vertragsgrundlage bildende Ehe des Kindes, so kann sich hieraus mangels besonderer Umstände ein Rückforderungsrecht der Eltern nicht ergeben (*Staudinger/Coester* § 1624 Rdn. 20). Es ist deshalb immer zu erwägen, ob Rückforderungsrechte vereinbart werden sollen.

3. Unbenannte ehebedingte Zuwendung. Die zweite Stufe der „Kettenschenkung", die Weitergabe eines hälftigen Miteigentumsanteils an den Ehegatten, ist eine ehebedingte unbenannte Zuwendung (vgl. Form. VII. 7 Anm. 1, 2). Ihr Zweck ist die Herstellung einer von den Eheleuten als angemessen empfundenen ehelichen Vermögensordnung. Der Ehegatte des von den Eltern Bedachten soll sein Vermögen und seinen künftigen Verdienst nicht auf das alleinige Eigentum des anderen verwenden müssen. Die Entscheidung für eine derartige ehebedingte Miteigentumszuwendung wird dem von den Eltern Bedachten umso leichter fallen, je geringer der Wert der Zuwendung im Vergleich zu den geplanten Investitionen auf das Zuwendungsobjekt ist. Soll also der von den Eltern stammende Bauplatz im Wert von 200.000,– DM mit einem von den Eheleuten finanzierten Haus im Wert von 800.000,– DM bebaut werden, so wird der Berater den Entschluß der Eheleute zur Weitergabe eines hälftigen Miteigentumsanteils am Bauplatz nicht in Frage stellen. Anders wird dies sein, wenn das Grundstück schon bebaut ist und die erforderlichen Sanierungen durch die Eheleute nur einen Bruchteil seines Wertes ausmachen.

4. Vereinbarte Rückforderungsrechte. (1) Bei der gestuften Zuwendung ist nicht nur das Rückforderungsinteresse des zuwendenden Ehegatten im Fall der Scheidung der Ehe, sondern auch das Rückforderungsinteresse der Eltern des zuwendenden Ehegatten zu berücksichtigen. Diese wollen regelmäßig nicht, daß das zugewendete Grundstück auch im Scheidungsfall dinglich im Miteigentum des Schwiegerkindes verbleibt. Weiterhin wollen sie nicht, daß ihr Kind im Zugewinnausgleich Anfangsvermögen i. S. von § 1374 Abs. 2 BGB hälftig verliert, nur weil es dem Ehegatten eine ehebedingte Zuwendung gemacht hat. Beiden Gefahren kann nur durch Vereinbarung von Rückforderungsrechten begegnet werden (dazu eingehend mit Berechnungsbeispielen *Langenfeld,* NJW 1986, 2541 und *Langenfeld,* Handbuch der Eheverträge und Scheidungsvereinbarungen Rdn. 903 b ff.; weitgehend zustimmend *Arend* MittRhNotK 1990, 73 ff.; vgl. auch *Geßele* in Reithmann/Röll/Geßele, Handbuch der notariellen Vertragsgestaltung, Rdn. 948 ff.). Lediglich für die Fälle, in denen der übergebende Bauplatz bei Stellung des Scheidungsantrags bereits bebaut ist, kann man statt der dinglichen Rückforderung einen Ausgleich in Geld für den zugewendeten Grundstückswert vorsehen (Vorschlag von *Arend* MittRhNotK 1990, 65/74 f.).

(2) Vorrangige Gestaltungsaufgabe ist das Rückforderungsrecht des ehebedingt zuwendenden Ehegatten (II § 2 des Formulars). Neben der Begründung des Rückforderungsanspruchs hat es die Verpflichtung zur Rückerstattung verwendeten Anfangsvermögens an den Rückforderungsgegner zu enthalten (vgl. das Zahlenbeispiel bei *Langenfeld,* Handbuch Rdn. 895), ferner die Verpflichtung des Rückfordernden zur Übernahme von Grundpfanddarlehen (vgl. das Zahlenbeispiel bei *Langenfeld,* Handbuch Rdn. 894), und schließlich die Vorsorge für den Fall, daß der Wert des Rückerwerbs im Vermögen des Rückfordernden durch Negativposten neutralisiert wird (vgl. *Langenfeld,* Handbuch Rdn. 893). Denn im gesetzlichen Güterstand findet auf der Grundlage der nach Rückforderung gegebenen Vermögensverteilung der Zugewinnausgleich statt. Das ausgleichspflichtige Vermögen des Rückfordernden vermehrt sich also um den Wert des Rückforderungsobjekts, sein Zugewinn damit um die Differenz zwischen dem Wert des Objekts bei Erhalt von den Eltern und dem Wert bei Rückforderung. Von dieser ausgleichspflichtigen Wertsteigerung, die etwa durch Verwendungen aus Familieneinkommen herbeigeführt sein kann, erhält der Rückforderungsverpflichtete also die Hälfte im Zugewinnausgleich in Geld zurück. Dieser Mechanismus ist gestört, wenn der Rückerwerb nicht zu einer entsprechenden Vermögensvermehrung beim Rückfordernden führt, weil er durch sonstige Negativposten neutralisiert wird. Dies wird durch den Ausschluß des Rückforderungsrechts für diesen Fall nach II § 2 Abs. 4 des Musters verhindert. Eine andere Lösung ist, dem Rückforderungsberechtigten in diesem Fall die Rückforderung nur Zug um Zug gegen Zahlung der hälftigen Wertsteigerung zu gestatten (*Arend* MittRhNotK 1990, 65/74): „*Erhält der Rückforderungsverpflichtete nicht die Hälfte der von den Eheleuten in der Ehezeit durch Verwendungen aus Zugewinn herbeigeführten Wertsteigerung im Zugewinnausgleich zurück, so ist die Rückforderung nur zulässig, wenn ihm der Rückforderungsberechtigte diesen Betrag Zug um Zug gegen Rückforderung zahlt*".

(3) Zusätzlich zum Rückforderungsrecht des ehebedingt zuwendenden Ehegatten kann auch noch ein Rückforderungsrecht für den ausstattenden Elternteil vorgesehen werden (I § 3 des Formulars). Mit diesem Rückforderungsrecht kann sichergestellt werden, daß nur die von dem rückfordernden Elternteil zu erstattenden Verwendungen im zugewinnausgleichspflichtigen Vermögen des Kindes bleiben. Um dies sicherzustellen, sollte es dabei bleiben, daß die Eltern nur im Verhältnis zu ihrem Kind und in Übereinstimmung mit ihm „in guter Absicht" zurückfordern können, ihr Rückforderungsrecht also die vorherige Ausübung des Rückforderungsrechts des Kindes voraussetzt. Deshalb sollte auch keine Vormerkung zur Sicherung des Rückforderungsrechts der Eltern eingetragen werden, die dann auch den an das Schwiegerkind weitergegebenen Miteigentumsanteil belasten würde, sondern lediglich eine Rückauflassungsvormerkung für das Kind auf dem Miteigentumsanteil des Ehegatten (vgl. auch *Langenfeld,* Handbuch Rdn. 888).

5. Steuern. (1) Schenkungsteuer: Die Ausstattung ist ein schenkungsteuerbarer Vorgang, nachdem § 3 Abs. 5 ErbStG a. F. in der Gesetzesform 1974 gestrichen wurde (dazu *Langenfeld,* Grundstückszuwendungen Rdn. 83).

(2) Grunderwerbsteuer fällt nach § 3 Nr. 6 bzw. § 3 Nr. 4 GrEStG weder für die Ausstattung noch die ehebedingte Zuwendung an.

11. Ausstattung mit anschließender ehebedingter Zuwendung   VII. 11

6. Kosten. Der Wert des Hausgrundstücks ist gem. § 19 KostO zu ermitteln. Dieser Wert ist mit 1,5 zu multiplizieren, was sich aus § 44 Abs. 2 Buchst. a) KostO ergibt:

Übergabe des gesamten Hausgrundstücks von Herrn A an Tochter Anita B geb. A., ehebedingte Zuwendung des Miteigentumsanteils von ½ von Frau Anita B an ihren Ehemann Fritz B.

Hieraus das Doppelte der vollen Gebühr nach § 36 Abs. 2 KostO.

VIII. Erbbaurechtsverträge

1. Erbbaurechtsvertrag mit festem Erbbauzins[1] (Kurzfassung)[2]

Heute am ......
sind vor mir, ..., Notar in ...... anwesend:
A ....
B ....
Nach Unterrichtung über den Grundbuchstand beurkunde ich bei gleichzeitiger Anwesenheit der Beteiligten ihren Erklärungen gemäß folgenden

Erbbaurechtsvertrag:

I. Grundbuchstand

Im Grundbuch des Amtsgerichts ...... für ...... Band ...... Blatt ......
ist die Stadt A als Eigentümerin des lastenfreien[3] Grundstücks der Gemarkung ......
Flst.Nr. ...... (Beschrieb) ...... zu ...... qm
eingetragen.

II. Bestellung des Erbbaurechts

Die Stadt A
– nachstehend als „Grundstückseigentümer" bezeichnet –
bestellt hiermit zugunsten des
Tennisclubs B eV
– im folgenden als „Erbbauberechtigter" bezeichnet –
als Alleinberechtigtem
an dem in Ziffer I bezeichneten Grundbesitz ein

Erbbaurecht

im Sinn der Erbbaurechtsverordnung. Dies ist das veräußerliche und vererbliche Recht, auf oder unter der Oberfläche eines Grundstücks ein oder mehrere Bauwerke zu haben.

Die Bestellung des Erbbaurechts erfolgt auf die Dauer von 99 – i.W. neunundneunzig – Jahren,[4] gerechnet vom Tag der Eintragung des Erbbaurechts im Grundbuch[5] an. Für das Erbbaurecht gelten außer der Verordnung über das Erbbaurecht folgende Bestimmungen:[6]

§ 1 Bauwerk, Nebenflächen

(1) Der Erbbauberechtigte ist berechtigt und verpflichtet, auf dem Erbbaugelände ein Clubheim, Tennisplätze, Parkplätze und dazugehörige Nebenanlagen zu errichten und zu belassen nach Maßgabe eines vom Grundstückseigentümer zu genehmigenden Bauplanes.[7] Das Erbbaurecht erstreckt sich auch auf den für die Baulichkeiten nicht erforderlichen Teil des Erbbaurechtsgrundbesitzes, wobei das Bauwerk wirtschaftlich die Hauptsache bleibt.[8]

(2) Eine Änderung des in Abs. 1 vereinbarten Verwendungszwecks bedarf der vorherigen schriftlichen Zustimmung des Grundstückseigentümers.[9]

§ 2 Bau- und Unterhaltungsverpflichtung

(1) Der Erbbauberechtigte ist verpflichtet, die in § 1 genannten Bauwerke und baulichen Anlagen nach den allgemein anerkannten Regeln der Technik und nach den Auflagen und Vorschriften der Baubehörden innerhalb von zwei Jahren nach Abschluß dieses Vertrags zu errichten.[10]

(2) Der Erbbauberechtigte hat die Bauwerke und baulichen Anlagen nebst Zubehör und Außenanlagen stets in gutem Zustand zu erhalten. Die zu diesem Zweck erforderlichen Ausbesserungen und Erneuerungen sind jeweils unverzüglich vorzunehmen.[11]

(3) Kommt der Erbbauberechtigte diesen Verpflichtungen trotz Aufforderung innerhalb einer angemessenen Frist nicht oder nur ungenügend nach, so ist der Grundstückseigentümer berechtigt, die Arbeiten auf Kosten des Erbbauberechtigten vornehmen zu lassen.[12]

(4) Sämtliche Gebäude und bauliche Anlagen dürfen nur mit schriftlicher Zustimmung des Grundstückseigentümers abgebrochen oder wesentlich verändert werden.[13]

§ 3 Besichtigungsrecht[14]

Der Grundstückseigentümer ist berechtigt, das Erbbaugrundstück und die Bauwerke nach vorheriger Absprache zu besichtigen oder durch Beauftragte oder Bevollmächtigte besichtigen und auf ihren baulichen Zustand und ihre vertragsgemäße Verwendung prüfen zu lassen.

§ 4 Versicherungen[15]

(1) Der Erbbauberechtigte ist verpflichtet, die auf dem Erbbaugrundstück befindlichen Bauwerke nebst Zubehör und Nebenanlagen zum vollen Wert gegen Brandschaden in der Form einer Neuwertversicherung zu versichern und während der ganzen Laufzeit des Erbbaurechts versichert zu halten. Dem Grundstückseigentümer ist auf Verlangen das Bestehen dieser Versicherungen nachzuweisen.

(2) Kommt der Erbbauberechtigte trotz schriftlicher Mahnung dieser Verpflichtung binnen angemessener Frist nicht oder nur ungenügend nach, so ist der Grundstückseigentümer berechtigt, auf Kosten des Erbbauberechtigten für die Versicherungen selbst zu sorgen.

(3) Werden die Baulichkeiten ganz oder teilweise zerstört, so ist der Erbbauberechtigte verpflichtet, diese binnen angemessener Zeit wieder herzustellen.[16]

§ 5 Haftung, Lastentragung

(1) Der Erbbauberechtigte haftet vom Zeitpunkt der Übergabe ab für den verkehrssicheren Zustand des Erbbaugrundstücks einschließlich seines etwaigen Aufwuchses. Er hat den Grundstückseigentümer von etwaigen Schadenersatzansprüchen freizustellen, die wegen Verletzung der genannten Pflichten gegenüber dem Grundstückseigentümer geltend gemacht werden.[17]

(2) Der Erbbauberechtigte hat alle auf das Erbbaugrundstück und das Erbbaurecht entfallenden einmaligen und wiederkehrenden öffentlichen[18] und privatrechtlichen[19] Lasten, Abgaben und Pflichten, die den Grundstücks- oder Gebäudeeigentümer als solchen betreffen, einschließlich der Grundsteuer und etwaiger gemeindlicher Lasten nach dem Kommunalabgabengesetz für die Dauer des Erbbaurechts zu tragen sowie für die Erfüllung aller etwaiger behördlicher Auflagen zu sorgen. Ausgenommen sind alle gegenwärtigen oder künftigen grundbuchmäßigen Belastungen des Grundstücks, soweit für sie nicht eine abweichende Regelung getroffen wird.

(3) Die Kosten für bis Besitzübergang erstellte Erschließungsanlagen trägt der Grundstückseigentümer; ab Besitzübergang zu errichtende Erschließungsanlagen gehen zu La-

1. Erbbaurechtsvertrag mit festem Erbbauzins (Kurzfassung)　　　　　　　VIII. 1

sten des Erbbauberechtigten. Diese Regelung gilt unabhängig davon, wann und wem der Beitragsbescheid zugestellt wird. Der Eigentümer versichert, daß alle Erschließungsbeiträge für die derzeit bestehenden Anlagen voll beglichen sind.[20]

§ 6 Zustimmung zur Veräußerung, Belastung und Vermietung[21]

(1) Der Erbbauberechtigte bedarf der schriftlichen Zustimmung des Grundstückseigentümers

a) zur Veräußerung des Erbbaurechts oder eines Teils davon;[22] dies gilt nicht für die Erteilung des Zuschlags in einem Zwangsversteigerungsverfahren, das aus einem Grundpfandrecht betrieben wird, das mit Zustimmung des Grundstückseigentümers eingetragen worden ist,[23]

b) zur Belastung des Erbbaurechts mit Grundpfandrechten, Dauerwohn- und Dauernutzungsrechten und Reallasten sowie zur Änderung des Inhalts eines dieser Rechte, wenn die Änderung eine weitere Belastung des Erbbaurechts enthält,[24]

c) zur Vermietung oder Gebrauchsüberlassung der in § 1 genannten Anlagen an Dritte.[25]

(2) Die Zustimmung kann aus einem § 7 ErbbVO entsprechenden Grund versagt werden. Sie gilt als erteilt, falls sie nicht innerhalb eines Monats nach Eingang der mittels eingeschriebenen Briefs zugegangenen Anfrage des Erbbauberechtigten unter Angabe von Gründen durch den Grundstückseigentümer verweigert wird.[26]

§ 7 Heimfall[27]

Der Grundstückseigentümer kann die Übertragung des Erbbaurechts an sich oder an einen von ihm zu bezeichnenden Dritten[28] vor Ablauf der vereinbarten Dauer des Erbbaurechts auf Kosten des Erbbauberechtigten verlangen

– Heimfall –,

wenn

a) der Erbbauberechtigte den in Ziffer II §§ 1, 2, 3, 4, 5 und VI dieses Vertrags aufgeführten Verpflichtungen trotz Abmahnung zuwiderhandelt,

b) die Zwangsversteigerung (nicht die Teilungsversteigerung) oder Zwangsverwaltung des Erbbaurechts angeordnet wird,

c) über das Vermögen des Erbbauberechtigten das Konkurs- oder Vergleichsverfahren eröffnet oder die Eröffnung mangels Masse abgelehnt wird,

d) der Erbbauberechtigte mit der Zahlung des Erbbauzinses in Höhe von 2 Jahresraten im Rückstand ist,

e) wenn der Erbbauberechtigte das Erbbaurecht vor Errichtung des Bauwerks veräußert.

§ 8 Entschädigung bei Heimfall[29] und Zeitablauf[30]

(1) Macht der Grundstückseigentümer von seinem Heimfallanspruch gemäß § 7 Gebrauch oder erlischt das Erbbaurecht durch Zeitablauf, so hat der Grundstückseigentümer dem Erbbauberechtigten eine Entschädigung zu gewähren. Die Entschädigung beträgt $2/3$ des Verkehrswertes der Gebäude und baulichen Anlagen zum Zeitpunkt des Heimfalls bzw. bei Zeitablauf. Bei Bewertung des Erbbaurechts oder der Gebäulichkeiten sind die vom Erbbauberechtigten aufgewendeten Erschließungskosten mit zu berücksichtigen.

(2) Übernimmt der Grundstückseigentümer gemäß § 33 Erbbaurechtsverordnung Lasten, so sind diese auf die Vergütung anzurechnen. Übersteigen sie die Vergütung, so ist der Erbbauberechtigten verpflichtet, die überschließenden Beträge dem Grundstückseigentümer zu erstatten.[31]

(3) Kommt es über die Höhe der Entschädigungssumme zwischen den Beteiligten zu keiner Einigung, so soll diese ein Schiedsgutachter bestimmen, der vom Präsidenten der Industrie- und Handelskammer ...... ernannt wird. Der von diesem festgelegte Betrag gilt als zwischen den Beteiligten vereinbart. Die Kosten des Schiedsgutachtens haben die Beteiligten je zur Hälfte zu tragen.

(4) Für die Fälligkeit der Entschädigung gilt folgendes:[32]
a) Im Fall des Erlöschens des Erbbaurechts durch Zeitablauf ist die Entschädigung am Tag nach dem Erlöschen zu bezahlen.
b) Beim Heimfall hat die Übertragung des Erbbaurechts zu erfolgen, sobald die Höhe der zu zahlenden Entschädigung feststeht. Die Entschädigung ist bei Beurkundung der Übertragung ohne Zinsbeilage zu bezahlen.

§ 9 Vorrecht auf Erneuerung[33]

Nach Ablauf des Erbbaurechts hat der Erbbauberechtigte unter den Voraussetzungen des § 31 Erbbaurechtsverordnung das Vorrecht auf Erneuerung.

§ 10 Wirkung gegen Rechtsnachfolger

Die Beteiligten sind sich darüber einig, daß die §§ 1 bis 9 dieses Vertrags Inhalt des Erbbaurechts sind.[34]

III. Erbbauzins[35]

(1) Für die Einräumung des Erbbaurechts hat der Erbbauberechtigte vom Tag der Eintragung des Erbbaurechts im Grundbuch an auf die Dauer des Erbbaurechts einen jährlichen Erbbauzins zu bezahlen. Der Erbbauzins ist in 12 gleichen Teilbeträgen jeweils im voraus bis spätestens zum Ersten eines jeden Monats an den Grundstückseigentümer zu zahlen, erstmals an dem auf die Eintragung des Erbbaurechts folgenden Monatsersten.

(2) Der jährliche Erbbauzins beträgt pro Quadratmeter DM 5,–,
bei einer Fläche des Erbbaugrundstücks von 1000 m² somit DM 5.000,–
i. W. fünftausend Deutsche Mark.

(3) Der Erbbauzins ist im Grundbuch als Reallast einzutragen.[36]
oder zusätzlich
Als dinglicher Inhalt des Erbbauzinses wird vereinbart, daß die Reallast abweichend von § 52 Abs. 1 des Gesetzes über die Zwangsversteigerung und die Zwangsverwaltung mit ihrem Hauptanspruch bestehen bleibt, wenn der Grundstückseigentümer aus der Reallast oder der Inhaber eines im Rang vorgehenden oder gleichstehenden dinglichen Rechts die Zwangsversteigerung des Erbbaurechts betreibt.[37]

(4) Auf Wertsicherung des Erbbauzinses wird verzichtet.[38]

(5) Vom Besitzübergang bis zur Eintragung des Erbbaurechts im Grundbuch hat der Erbbauberechtigte an den jeweiligen Grundstückseigentümer ein jährliches Nutzungsentgelt[39] in Höhe des vorvereinbarten Erbbauzinses zu leisten. Dieses Nutzungsentgelt ist in 12 gleichen Teilbeträgen jeweils im voraus bis spätestens zum Ersten eines jeden Monats zu entrichten.

IV. Zwangsvollstreckungsunterwerfung[40]

Der Erbbauberechtigte unterwirft sich wegen aller in dieser Urkunde eingegangenen Zahlungsverpflichtungen zur Leistung bestimmter Geldbeträge samt Zinsen und Nebenleistungen der sofortigen Zwangsvollstreckung aus dieser Urkunde in sein gesamtes Vermögen mit der Maßgabe, daß es zur Erteilung der vollstreckbaren Ausfertigung des Nachweises der Fälligkeit nicht bedarf. Eine Beweislastumkehr ist damit nicht verbunden.

1. Erbbaurechtsvertrag mit festem Erbbauzins (Kurzfassung) VIII. 1

V. Besitzübergang[41]

Die Besitzübergabe erfolgt heute. Nutzen und Lasten sowie die Gefahr eines zufälligen Untergangs oder einer zufälligen Verschlechterung gehen vom gleichen Zeitpunkt auf den Erbbauberechtigten über.

VI. Haftpflichtversicherung[42]

Die Erbbauberechtigten ist neben der Verpflichtung aus Ziff. II § 4 weiter verpflichtet, eine ausreichende Haftpflichtversicherung abzuschließen, die sich zugunsten des Eigentümers auf dessen allgemeine Haftpflicht bezüglich des Grundbesitzes, insbesondere auf dessen Verkehrssicherheit zu erstrecken hat. Nachweise hierüber sind dem Eigentümer auf Verlangen zu erbringen.

Kommt der Erbbauberechtigte der vorstehenden Verpflichtung nicht nach, so kann der Eigentümer auf Kosten des Erbbauberechtigten die Versicherung abschließen. Im übrigen gilt Ziff. II § 4 Abs. 2.

VII. Gewährleistung[43]

(1) Der Grundstückseigentümer haftet dafür, daß das Erbbaurecht die erste Rangstelle erhält.

(2) Der Grundstückseigentümer haftet nicht für Sachmängel gleich welcher Art, insbesondere nicht für die Bodenbeschaffenheit, die Richtigkeit des angegebenen Flächenmaßes und für die Ausnutzbarkeit des Erbbaugrundstücks für die Zwecke des Erbbauberechtigten. Die Einholung der Genehmigung der Baubehörde ist Sache des Erbbauberechtigten.

VIII. Gegenseitiges Vorkaufsrecht[44]

Der Grundstückseigentümer räumt dem jeweiligen Erbbauberechtigten am Erbbaugrundstück, der Erbbauberechtigte dem jeweiligen Eigentümer des Erbbaugrundstücks am Erbbaurecht das dingliche

Vorkaufsrecht für alle Verkaufsfälle

ein. Für die Vorkaufsrechte gelten die gesetzlichen Bestimmungen.

IX. Rechtsnachfolger

Soweit die Verpflichtungen dieses Vertrags nicht kraft Gesetzes auf die Rechtsnachfolger übergehen,[34] ist jeder Vertragsteil verpflichtet, seine sämtlichen Verpflichtungen aus diesem Vertrag seinen sämtlichen Sonderrechtsnachfolgern mit der Weiterübertragungsverpflichtung aufzuerlegen. Wenn ein Sonderrechtsnachfolger des Erbbauberechtigten nicht alle Verpflichtungen aus diesem Vertrag übernimmt, so ist dies ein Grund, die nach § 6 erforderliche Zustimmung zur Übertragung des Erbbaurechts zu verweigern.[22]

X. Grundbuchanträge

(1) Grundstückseigentümer und Erbbauberechtigter sind darüber einig, daß das Erbbaurecht und die nachfolgenden Rechte bestellt werden. Sie bewilligen und der Erbbauberechtigte beantragt in das Grundbuch einzutragen:[45]
a) das Erbbaurecht mit dem gesetzlichen und dem vertraglichen Inhalt,
b) den Erbbauzins,
c) das Vorkaufsrecht am Grundstück im Rang nach dem Erbbaurecht und das Vorkaufsrecht am Erbbaurecht im Rang nach dem Erbbauzins.

(2) Auf die Eintragung einer Vormerkung zur Sicherung des Anspruchs auf Eintragung des Erbbaurechts wird verzichtet.

XI. Zustimmung zur Belastung[46]

Der Eigentümer stimmt schon heute der einmaligen Belastung des Erbbaurechts mit Grundpfandrechten bis zur Höhe von 80 vom Hundert der nachgewiesenen Herstellungskosten zu, wenn sie
a) zum Zweck der Finanzierung der Baukosten bewilligt werden,
b) mit Rang nach dem Erbbauzins und dem Vorkaufsrecht des Grundstückseigentümers im Grundbuch eingetragen werden,
c) zugunsten von Kreditinstituten bestellt werden, die der staatlichen Aufsicht unterliegen.

XII. Salvatorische Klausel[47]

Sollte eine Bestimmung dieses Vertrags unwirksam sein oder werden, so ist der übrige Vertrag dennoch gültig. Die Vertragsparteien verpflichten sich zum Abschluß einer neuen Vereinbarung, die dem mit der unwirksamen Bestimmung gewollten Zweck wirtschaftlich am nächsten kommt.

XIII. Kosten[55]

Der Erbbauberechtigte trägt die Kosten dieses Vertrages, seines Vollzugs, die Grunderwerbsteuer,[54] ebenso die Kosten des Heimfalls, der Löschung des Erbbaurechts und der Schließung des Erbbaugrundbuchs.

XIV. Ausfertigung der Urkunde[48]

Von dieser Urkunde erhalten
jeder Vertrtagsteil sofort eine beglaubigte Abschrift und nach Vollzug eine Ausfertigung,
der Eigentümer auf Verlangen eine vollstreckbare Ausfertigung,
das Grundbuchamt . . . . . . eine beglaubigte Abschrift,
das Finanzamt . . . . . . – Grunderwerbsteuerstelle – eine einfache Abschrift.

XV. Ermächtigung

Die Vertragsteile beauftragen den Notar, alle Genehmigungen und sämtliche zum Vollzug dieses Vertrags erforderlichen Erklärungen zu erholen. Der Notar wird bevollmächtigt, Genehmigungen, die ohne Bedingungen und Auflagen erteilt werden, für die Vertragsteile entgegenzunehmen, gegenseitig mitzuteilen und diese Mitteilung jeweils in Empfang zu nehmen, die Urkunde zum Teilvollzug vorzulegen, sowie Anträge zurückzunehmen. Alle zu diesem Vertrag erforderlichen Zustimmungserklärungen sollen mit dem Eingang beim Notar den Vertragsteilen als zugegangen gelten und wirksam sein.

XVI. Belehrungen

Die Beteiligten wurden vom Notar u. a. belehrt,
a) daß das Erbbaurecht erst mit der Eintragung im Grundbuch entsteht und daß hierzu das Vorliegen der finanzamtlichen Unbedenklichkeitsbescheinigung erforderlich ist,[49]
b) daß das Erbbaurecht nur an ausschließlich erster Rangstelle bestellt werden kann,[3]
c) daß alle Vereinbarungen richtig und vollständig beurkundet sein müssen und alle nicht beurkundeten Abreden nichtig sind und die Wirksamkeit des ganzen Vertrages in Frage stellen,[50]
d) daß zur Bebauung die behördlichen Genehmigungen erforderlich sind,[51]

1. Erbbaurechtsvertrag mit festem Erbbauzins (Kurzfassung)   VIII. 1

e) daß die Beteiligten für die Kosten bei Gericht und Notar und die Grunderwerbsteuer als Gesamtschuldner haften,
f) daß bei einer Versteigerung des Erbbaurechts durch einen Grundpfandrechtsgläubiger, dem der erbbauzinsberechtigte Eigentümer den Vorrang eingeräumt hat, der Erbbauzins für die restliche Dauer des Erbbaurechts erlischt,[52]
oder
daß die Erbbauzinsreallast in der Zwangsversteigerung des Erbbaurechts grundsätzlich bestehen bleibt.[53]

Schrifttum: Kommentare: *Boruttau/Egly/Sigloch,* Kommentar zum Grunderwerbsteuergesetz 14. Aufl. 1997; *Ingenstau,* Kommentar zum Erbbaurecht 7. Aufl. 1994; *Korintenberg/Lappe/Bengel/Reimann,* Kommentar zur Kostenordnung 13. Aufl. 1995; Münchner Kommentar/*v. Oefele,* BGB, 3. Aufl. 1992; *Palandt/Bassenge,* BGB, 57. Aufl. 1998; RGRK/*Räfle,* BGB, 12. Aufl. 1986; *Staudinger/Ring,* BGB, 13. Aufl. 1994.

Monografien: *Geißel,* Der Erbbauzins in der Zwangsversteigerung, 1992; *Glaser,* Das Erbbaurecht in der Praxis, 2. Aufl. 1975; *Dürkes/Feller,* Wertsicherungsklauseln, 10. Aufl. 1992; *Linde/Richter,* Erbbaurecht und Erbbauzins in Recht und Praxis 2. Aufl. 1993; *Mohrbutter,* Die Eigentumsrechte und der Inhalt des Erbbaurechts bei dessen Zwangsversteigerung, 1995; *von Oefele/Winkler,* Handbuch des Erbbaurechts 2. Aufl. 1995; *Stahlhacke,* Vorschläge zur Neuordnung des Erbbaurechts, 2. Aufl. 1960.

Aufsätze: *Bertolini,* Erbbauzins und Vereinbarung gemäß § 59 Abs. 1 ZVG, MittBayNot 1983, 112; *Demmer,* Kaufzwangsklauseln in Erbbaurechtsverträgen, NJW 1983, 1636; *Dürkes,* Die Wertsicherung von Erbbauzinsen, BB 1980, 1611; *Esser,* Richterrecht und Privatautonomie im Erbbaurecht, NJW 1974, 921; *Glaser,* Ermittlung des Verkehrswertes eines Erbbaurechts, Betr. 1978, 1775; *Götz,* Die Beleihbarkeit von Erbbaurechten, DNotZ 1980, 3; *Groth,* Erbbaurecht ohne Erbbauzins? DNotZ 1983, 652; *ders.,* Nochmals: Erbbaurecht ohne Erbbauzins? DNotZ 1984, 372; *Haegele,* Streitfragen und Probleme des Erbbaurechts, RPfleger 1967, 279; *ders.,* Folgen der Unwirksamkeit eines Erbbaurechts, RPfleger 1957, 108; *Karow,* Rangkonflikt Erbbauzinsreallast/Grundpfandrecht – Lösung durch Stillhalteerklärung? NJW 1984, 2669; *Kollhosser,* Kaufzwangsklauseln in Erbbaurechtsverträgen, NJW 1974, 1302; *Krämer,* Grenzüberschreitende Bebauung benachbarter Grundstücke in Ausübung von Erbbaurechten, DNotZ 1974, 647; *Lutter,* Gesamterbbaurecht und Erbbaurechtsteilung, DNotZ 1960, 80; *ders.,* Zustimmung zur Erbbaurechtsübertragung für den Fall der Zwangsversteigerung, DNotZ 1960, 235; *Macke,* Die rechtliche Behandlung von Kaufzwangklauseln in Erbbaurechtsverträgen, NJW 1977, 2233; *Mattern,* Wohnungseigentum und Erbbaurecht in der Rechtsprechung des Bundesgerichtshofes, WM 1973, 662; *Mohrbutter/Riedel,* Zweifelsfragen zum Erbbaurecht, NJW 1957, 1500; *v. Oefele,* Zur Hauptsacheeigenschaft des Bauwerks gemäß § 1 Abs. 2 ErbbVO, MittBayNot 1992, 29; *Pikalo,* Besonderheiten des Erbbaurechts, RdL 1970, 92; *Pikat,* Die Rechtsprechung des Bundesgerichtshofs zum Erbbaurecht, WM 1967, 1026; *Pöschl,* Zwangsversteigerung von Erbbaurechten, BB 1961, 581; *Promberger,* Vertragsklauseln über die Dauer des Erbbaurechts und ihre Auslegung, RPfleger 1975, 233; *Räfle,* Die neuere Rechtsprechung des Bundesgerichtshofs zum Erbbaurecht, WM 1982, 1038; *Riedel,* Gesamterbbaurecht und Erbbaurechtsteilung, DNotZ 1960, 375; *Ripfel,* Konkretisierte Bestellung des Erbbaurechts, NJW 1957, 1826; *Rohloff,* Die Teilung eines Erbbaurechts und ihre Eintragung in das Grundbuch, RPfleger 1954, 84; *Rothoeft,* Grenzüberschreitende Bebauung bei Erbbaurechten, NJW 1974, 665; *Ruland,* Wegfall des Erbbauzinses in der Zwangsversteigerung, NJW 1983, 96; *Schneider,* Über die Möglichkeit der Bestellung eines Erbbaurechts an einem Erbbaurecht, DNotZ 1955, 70; *ders.,* Das Untererbbaurecht, DNotZ 1976, 411; *Schöpe,* Das Erbbaurecht, insbesondere der Erbbauzins, BB 1967, 1108; *Schraepler,* Gemeinsames Bebauen benachbarter Grundstücke im Erbbaurecht, NJW 1972, 1981; *ders.,* Gebäudeschicksal nach Heimfall oder Erlöschen von

Nachbarerbbaurechten, NJW 1973, 738; *ders.,* Freiheit und Bindung der Eigentümer bei Nachbarerbbaurechten, NJW 1974, 2076; *Sperling,* Die Stillhalteerklärung als Mittel zur Sicherung des Erbbauzinses im Fall der Zwangsversteigerung, NJW 1983, 2487; *Stahl-Sura,* Formen der Bestellung des Erbbaurechts, DNotZ 1981, 604; *Tradt,* Der Erbbauzins und die Zwangsversteigerung des Erbbaurechts, NDotZ 1984, 370; *Uibel,* Grundstückswertminderung und Erbbauzins, NJW 1983, 211; *Weitnauer,* Zum Erbbaurecht an vertikal abgeteilten Gebäudeteilen, DNotZ 1958, 413; *ders.,* Können Erbbaurecht und Dauerwohnrecht zugunsten des Eigentümers bestellt werden? DNotZ 1958, 352; *Winkler,* Der Erbbauzins in der Zwangsversteigerung des Erbbaurechts, DNotZ 1970, 390; *ders.,* Erbbaurechtsbestellung durch den nicht befreiten Vorerben ohne Zustimmung des Nacherben, DNotZ 1970, 651; *ders.,* Der Erbbauzins in der Zwangsversteigerung des Erbbaurechts, NJW 1985, 940; *ders.,* Das Erbbaurecht, NJW 1992, 2514; *Wufka,* Rechtseinheit zwischen Kausalgeschäft und Einigung bei Erbbaurechtsbestellungen – zugleich ein Beitrag zu Fragen der Rechtsnatur des Erbbaurechts, der Beurkundungspflicht von Kausalgeschäft und Einigung sowie der diesbezüglichen Prüfungspflicht und des Mitwirkungsumfangs von Grundbuchamt und Notar, DNotZ 1985, 651.

Zum Erbbaurecht in der *Sachenrechtsbereinigung* s. unten Form. VIII. 26 und 27.

Anmerkungen

1. Sachverhalt. Der Sachverhalt ergibt sich aus dem Formular. Die Belastung eines Grundstücks mit einem Erbbaurecht gibt dem Berechtigten das veräußerliche und vererbliche Recht, auf oder unter der Oberfläche des Grundstücks ein Bauwerk jeder Art zu haben (§ 1 Abs. 1 ErbbVO). Der Erbbauberechtigte ist Eigentümer des Bauwerks, ohne aber Eigentümer des Grundstücks zu sein, da das Bauwerk als wesentlicher Bestandteil des Erbbaurechts gilt (§ 12 Abs. 1 ErbbVO). Falls Grundstück bzw. Gebäude in der ehemaligen DDR liegen, s. unten Form. VIII. 26 und 27.

2. Wahl des Formulars. Es handelt sich um einen einfachen Erbbaurechtsvertrag mit festem Erbbauzins. In dieser Form kommt der Abschluß etwa in Frage, wenn der Eigentümer das Erbbaurecht dem Erbbauberechtigten nicht in erster Linie wegen der wirtschaftlichen Auswirkungen einräumt, etwa wenn eine Gemeinde einem Verein gestattet, auf einem gemeindeeigenen Grundstück die für das Vereinsleben erforderlichen Anlagen zu errichten; in diesem Fall steht nicht so sehr die Zahlungsverpflichtung im Vordergrund als vielmehr die Überlegung, daß einerseits die Gemeinde Eigentümerin des Grundstücks bleiben will, andererseits dem Verein der Kauf eines teuren Grundstücks erspart wird, das er sich in der Regel nicht leisten könnte. Ähnlich liegt es, wenn eine Gemeinde oder kirchliche Institution ein Erbbaurecht zum Bau von Wohnungen für sozial schwache Personenkreise ausgibt.

3. Rangstelle. (1) Das Erbbaurecht kann nur zur ausschließlich ersten Rangstelle bestellt werden; dieser Rang kann nicht geändert werden (§ 10 ErbbVO). Sowohl der Nachrang als auch der Gleichrang zu einem anderen Recht ist unzulässig. Die ausschließlich erste Rangstelle muß aber erst bei der Eintragung im Grundbuch zur Verfügung stehen, so daß die Vorlage von Rangrücktritten (§ 880 BGB) oder Löschungen (§ 875 BGB) der vorgehenden Berechtigten gleichzeitig mit der Eintragung genügt. Der Wert und die Bedeutung des anderen Rechts spielt keine Rolle, so daß auch geringfügige oder nicht mehr ausgeübte Belastungen entgegenstehen, selbst wenn diese tatsächlich nicht schaden können (BGH NJW 1954, 1443). Dem erforderlichen Rang stehen daher insbesondere entgegen: Grundschuld, Hypothek, Rentenschuld, Dauerwohnrecht, Dauernutzungsrecht, Nießbrauch, Grunddienstbarkeit, beschränkte persönliche Dienstbarkeit, Vorkaufsrecht, Vormerkung; auch ein Rangvorbehalt nach § 881 BGB ist unzuläs-

1. Erbbaurechtsvertrag mit festem Erbbauzins (Kurzfassung) **VIII. 1**

sig. Soweit eine Löschung nicht in Frage kommt, werden Gläubiger solcher Rechte (z. B. Geh- und Fahrtrecht) unter Umständen bereit sein, einem Rangrücktritt oder einer Löschung im Grundbuch des Erbbaugrundstücks zuzustimmen, wenn das Recht auf das Erbbaurecht erstreckt, dieses also mit dem gleichen Recht belastet wird (s. Form. VIII. 5 und 6).

(2) Keine Hindernisse im Sinn von § 10 Abs. 1 ErbbVO sind Verfügungsbeschränkungen des Grundstückseigentümers, da sie nicht rangfähig im Sinn von § 879 BGB sind, wie z. B. der Zwangsversteigerungsvermerk nach § 19 ZVG, der Umlegungsvermerk nach § 54 Abs. 1 BauGB, der Sanierungsvermerk nach § 143 Abs. 4 BauGB, ferner der Nacherbenvermerk (h. M., OLG Hamburg DNotZ 1967, 373; *Ingenstau* § 10 Rdn. 7; MünchKomm/*v. Oefele* § 10 Rdn. 4; *Staudinger/Ring* § 10 Rdn. 9; *Winkler* DNotZ 1970, 651/654; zur Bestellung durch den nicht befreiten Vorerben s. MünchKomm/ *v. Oefele* § 1 Rdn. 79–80).

(3) Rechte, die aus dem Grundbuch nicht ersichtlich sind, bleiben außer Betracht (§ 10 Abs. 1 S. 2 ErbbVO), wie Überbau- und Notwegrenten (§ 914 Abs. 2, § 917 Abs. 2 BGB), altrechtliche Dienstbarkeiten (Art. 184, 187 EGBGB), gesetzliche Vorkaufsrechte (z. B. §§ 24 f. BauGB), öffentliche Lasten (MünchKomm/*v. Oefele* § 10 Rdn. 6).

(4) Das für den jeweiligen Erbbauberechtigten bestellte, also subjektiv dingliche Vorkaufsrecht kann jedoch auf dem Grundstück im gleichen Rang mit dem Erbbaurecht selbst eingetragen werden, weil es einen Bestandteil des Erbbaurechts bildet (BGH RPfleger 1973, 355). Auch die Ranggleichheit des Erbbaurechts mit einem subjektiv persönlichen Vorkaufsrecht des Erbbauberechtigten ist als unschädlich anzusehen, sofern das betreffende Vorkaufsrecht nach seinem Inhalt nicht übertragbar, wenn auch vererblich ist (OLG Düsseldorf NJW 1956, 875).

4. Dauer des Erbbaurechts. Zum wesentlichen Inhalt eines Erbbaurechts gehört seine Laufzeit (BayObLGZ 1995, 379). Die Dauer des Erbbaurechts ist im Gesetz nicht geregelt; es ist weder eine Mindest- noch eine Höchstdauer festgelegt. Auch ein völlig unbefristetes Erbbaurecht ist daher zulässig (MünchKomm/*v. Oefele* § 1 Rdn. 70). Mit der Beendigung des Erbbaurechts durch Zeitablauf gehen alle darauf liegenden dinglichen Rechte unter. Eine Beschränkung der Dauer des Erbbaurechts ist üblich, um den Grundstückseigentümer zur Einräumung des Rechts mit der Aussicht zu bestimmen, das Grundstück nach einer bestimmten Zeit wieder zur freien Verfügung zurückzuerhalten und das Bauwerk nach Beendigung des Rechts zu erwerben. Die zeitliche Begrenzung erfolgt in der Regel auf 30 bis 100, häufig auf 99 Jahre. Die Vereinigung mehrerer Erbbaurechte zu einem Gesamterbbaurecht (s. Form. VIII. 4) ist nur zulässig, wenn sie die gleiche Laufzeit haben.

Anstelle eines bestimmten Zeitpunkts kann auch ein bestimmtes Ereignis als Endtermin vereinbart werden. Dadurch darf aber weder die Veräußerlichkeit noch die Vererblichkeit in Frage gestellt, noch eine nach § 1 Abs. 4 ErbbVO unzulässige auflösende Bedingung vereinbart werden. Unzulässig ist daher die Vereinbarung, daß das Erbbaurecht mit dem Tod des Erbbauberechtigten erlischt (MünchKomm/*v. Oefele* § 1 Rdn. 72; *Staudinger/Ring* § 1 Rdn. 28; a. A. *Diester* NJW 1963, 183/185; RPfleger 1964, 214) oder daß es „bis zum Fortfall des Gebäudes" bestellt wird (*Staudinger/Ring* § 1 Rdn. 31).

5. Beginn des Erbbaurechts. Der Beginn des Erbbaurechts kann frühestens für den Zeitpunkt der Eintragung im Grundbuch vereinbart werden (BGH RPfleger 1973, 355; Kersten/Bühling § 64 Anm. 2). Schuldrechtlich können die Wirkungen der Bestellung schon vorher bestimmt werden. Dennoch kann die Dauer bis zur Beendigung auch von einem vor der Eintragung des Erbbaurechts liegenden Zeitpunkt an berechnet werden, z. B. vom Tag der Beurkundung ab; darin liegt keine unzulässige Bestimmung des Anfangszeitpunkts, sondern eine zulässige des Fristendes (MünchKomm/*v. Oefele* § 1 Rdn. 71; *Promberger* RPfleger 1975, 233).

6. Gesetzliche und vertragliche Bestimmungen. Die Erbbaurechtsverordnung überläßt die Ausgestaltung im wesentlichen dem Erbbaurechtsbestellungsvertrag. Weil sie keine Regelvorschriften enthält, die nur im Bedarf abzuändern wären, sind umfangreiche Vereinbarungen erforderlich. Die Vereinbarung der Beteiligten über ihre einzelnen Rechte und Pflichten sind schuldrechtlicher Natur, wirken also nur für und gegen den Erbbauberechtigten sowie für und gegen den Grundstückseigentümer und deren Erben, nicht aber gegenüber den einzelnen Sonderrechtsnachfolgern, insbesondere auch nicht gegenüber einem etwaigen Ersteher im Zwangsversteigerungsverfahren (vgl. *Winkler* DNotZ 1970, 390). Es besteht aber gerade im Hinblick auf die lange Dauer des Erbbaurechts ein dringendes Bedürfnis, daß die aufgestellten Vertragsbestimmungen fortgesetzt von dem jeweiligen Erbbauberechtigten und Grundstückseigentümer eingehalten werden. Dies erreicht die ErbbVO dadurch, daß sie in § 2 ErbbVO einen Katalog von Vereinbarungen aufstellt, die zum „Inhalt des Erbbaurechts" erklärt werden können; diese „absolute Wirkung" hat jedoch nicht die Bedeutung, daß das Grundstück oder das Erbbaurecht selbst davon erfaßt wird, liegt vielmehr nur darin, daß der jeweilige Rechtsträger in das Schuldverhältnis mit einbezogen wird (*v. Oefele/Winkler* Rdn. 4.26 ff.; *Staudinger/Ring* § 2 Rdn. 2). Gemäß § 2 ErbbVO, also mit Wirkung für und gegen Rechtsnachfolger und Dritte, können Vereinbarungen getroffen werden über die Errichtung, Instandhaltung, Verwendung, Versicherung, den Wiederaufbau, die Tragung der Lasten, die Verpflichtung des Erbbauberechtigten, das Recht unter bestimmten Voraussetzungen dem Grundstückseigentümer zu übertragen (Heimfall), ein Vorrecht auf Erneuerung des Erbbaurechts nach Ablauf, die Verpflichtung zur Zahlung von Vertragsstrafen und die Verpflichtung des Grundstückseigentümers, das Grundstück an den jeweiligen Erbbauberechtigten zu verkaufen (vgl. Anm. 34). Die Vereinbarung des Erbbauzinses fällt nicht hierunter; dieser kann jedoch gemäß § 9 Abs. 3 idF des SachenRÄndG v. 21. 9. 1994 zwangsversteigerungsfest vereinbart werden (s. unten Anm. 37).

7. Zweckbestimmung. Gemäß § 1 Abs. 1 ErbbVO hat der Erbbauberechtigte nur ein Recht, aber keine Pflicht zur Errichtung des Bauwerks. Diese Pflicht kann gemäß § 2 Nr. 1 ErbbVO vereinbart werden. Über das nach § 1 Abs. 1 ErbbVO erforderliche Maß an Bestimmtheit kann die Art und Weise der Bebauung weiter konkretisiert werden; so können Einzelbestimmungen über die Art der zu errichtenden Bauwerke getroffen werden, z. B. nur Kleinbauten, Einfamilienhäuser, oder über die Höhe des Bauwerks, Zahl und Art der Geschosse, Größe der zu überbauenden Fläche usw. (MünchKomm/ *v. Oefele* § 2 Rdn. 10; *Staudinger/Ring* § 2 Rdn. 12; vgl. auch BGH DNotZ 1985, 370). Für den Bauwerksbegriff ist der allgemeine Sprachgebrauch maßgebend; Problemfälle sind etwa Sportplätze, wie Fußball- oder Golfplätze, die nur dann erbbaurechtsfähig sind, wenn mehr als nur Erdarbeiten (Planierung und Auffüllung) vorgenommen werden, z. B. der Bau eines Sportlerheims (vgl. *v. Oefele/Winkler* Rdn. 2.11 ff.).

8. Ausübungsbereich. Das Erbbaurecht kann auf einen für das Bauwerk nicht erforderlichen Teil des Grundstücks erstreckt werden, sofern das Bauwerk wirtschaftlich die Hauptsache bleibt (§ 1 Abs. 2 ErbbVO). Eine Beschränkung der Ausübung des auf dem ganzen Grundstück bestellten Erbbaurechts ist auch auf einen bestimmt bezeichneten Teil zulässig (OLG Hamm DNotZ 1972, 496). Die Beschränkung des Erbbaurechts auf einen Teil eines Gebäudes, insbesondere ein Stockwerk, ist unzulässig (§ 1 Abs. 3 ErbbVO).

9. Änderung des Verwendungszwecks. Aus der Konkretisierungsmöglichkeit für die Erstbebauung ergibt sich negativ die Zulässigkeit des Ausschlusses unerwünschter Änderungen. Eine Veränderung des Bauwerks nach seiner Errichtung kann daher an die Zustimmung des Grundstückseigentümers gebunden werden (*Ingenstau* § 2 Rdn. 8; MünchKomm/*v. Oefele* § 2 Rdn. 11).

1. Erbbaurechtsvertrag mit festem Erbbauzins (Kurzfassung) **VIII. 1**

10. Bauverpflichtung. Aus dem überragenden Interesse des Grundstückseigentümers an der Errichtung des Bauwerks und seiner Erhaltung, wie es sich in § 2 Nr. 1 und Nr. 2 ErbbVO niederschlägt, ergibt sich auch, daß Bauwerke und Anlagen nach den allgemein anerkannten Regeln der Technik und nach den Auflagen und Vorschriften der Baubehörden zu errichten sind; dies folgt ferner auch aus den öffentlichrechtlichen Bauordnungsvorschriften. Im Rahmen der Pflicht zur Errichtung des Bauwerks kann auch eine Frist für die Errichtung, gegebenenfalls auch eine Sanktion für die Nichterfüllung dieser Pflicht vereinbart werden (MünchKomm/*v. Oefele* § 2 Rdn. 9).

11. Instandhaltung. Die Instandhaltungspflicht sollte in jeden Erbbaurechtsvertrag ausdrücklich aufgenommen werden. Denn grundsätzlich sind weder Grundstückseigentümer noch Erbbauberechtigter zivilrechtlich zur Instandhaltung verpflichtet; der Erbbauberechtigte kann die Bauwerke verfallen lassen, soweit nicht öffentlich-rechtliche Vorschriften entgegenstehen. Lediglich etwaige Entschädigungsansprüche bei Beendigung des Erbbaurechts oder beim Heimfall (siehe unten § 8 des Formulars), ferner ein etwaiges Vorrecht auf Erneuerung (siehe unten § 9 des Formulars) sowie die Beleihbarkeit fördern das Erhaltungsinteresse des Erbbauberechtigten (MünchKomm/*v. Oefele* § 2 Rdn. 13; *Staudinger/Ring* § 1 Rdn. 40; § 2 Rdn. 13).

Zur Instandhaltung gehören nicht nur die laufenden, sondern auch die außergewöhnlichen Unterhaltungs- bzw. Erhaltungskosten, insbesondere für substanzerhaltende Reparaturen und Erneuerungen. Hier können beliebige Regelungen getroffen werden, auch darüber, wer die Maßnahmen durchzuführen hat und wer dann die Kosten trägt. Die Instandhaltungspflicht kann auch aufgeteilt werden (MünchKomm/*v. Oefele* § 2 Rdn. 14).

12. Ersatzvornahme. Da ein Rücktrittsrecht nach Eintragung des Erbbaurechts nicht mehr besteht (vgl. § 1 Abs. 4 S. 2 ErbbVO; BGH NJW 1969, 1112), müssen für den Fall der Nichterfüllung der im Erbbaurechtsvertrag genannten Pflichten Sanktionen bestimmt werden, z.B. durch Heimfall oder Vertragsstrafe. Dem Eigentümer steht auch der Erfüllungs- bzw. ein Schadensersatzanspruch zu. Am besten ist der Eigentümer dadurch abgesichert, daß er zur Ersatzvornahme berechtigt ist.

13. Bauliche Veränderungen. Aus der Pflicht des Erbbauberechtigten, die Erbbaugebäude in gutem Zustand zu erhalten, woran der Grundstückseigentümer in hohem Maß interessiert ist, ergibt sich das Interesse des Eigentümers, daß die Gebäude nur mit seiner Zustimmung abgebrochen oder verändert werden dürfen (vgl. *Ingenstau* § 2 Rdn. 12).

14. Besichtigungsrecht. Auch das Besichtigungsrecht dürfte ein Ausfluß der Bau- und Unterhaltungsverpflichtung sein, da andernfalls der Grundstückseigentümer die Einhaltung dieser Pflichten nicht kontrollieren kann; um Streitigkeiten aus dem Wege zu gehen, sollte vorsorglich das Besichtigungsrecht stets als Durchführungsbestimmung zur Bau- und Unterhaltsverpflichtung festgelegt werden (MünchKomm/*v. Oefele* § 2 Rdn. 18).

15. Versicherungspflicht. Auch die Versicherungspflicht gehört zu den grundlegenden Interessen des Grundstückseigentümers, da sie die wirtschaftliche Absicherung des Erbbaurechts im Schadensfall und damit auch des Erbbauzinses bedeutet. Hierunter fällt vor allen Dingen die Versicherung des Bauwerks gegen Feuer, aber auch gegen andere Gefahren, z.B. Sturm, Leitungswasser, Heizöl etc. Im übrigen kann nach § 2 Nr. 2 ErbbVO nicht nur die Pflicht zur Versicherung, sondern auch der nähere Inhalt vereinbart werden, wie die Art der Versicherung (z.B. Neuwert oder Zeitwert), wer die Prämien zu tragen hat, die Pflicht zur Vorlage von Nachweisen über die Prämienzahlung. Kommt der Erbbauberechtigte seinen diesbezüglichen Verpflichtungen nicht nach, so besteht kein Rücktrittsgrund, sondern müssen gesonderte Sanktionen festgelegt sein. Am sichersten für den Grundstückseigentümer ist, wenn er auf Kosten des Erbbauberechtigten für die Versicherungen selbst sorgen kann bzw. wenn die Nichterfüllung seinen Heimfallanspruch auslöst. Es wird insoweit auf Anm. 12 und 27 verwiesen.

16. Wiederaufbau. Eine Pflicht zum Wiederaufbau im Fall der Zerstörung des Bauwerks betrifft neben den versicherten Fällen grundsätzlich jede mögliche Zerstörung, gleich aus welchem Grund. Es können auch hier beliebige Abmachungen getroffen werden, z. B. nur für bestimmte Zerstörungsarten. Ist die Pflicht zur Wiedererrichtung des Gebäudes nach Zerstörung schlechthin vereinbart worden, so trifft den Erbbauberechtigten diese Pflicht ohne Rücksicht darauf, ob ein Verschulden seinerseits vorliegt oder ob ihm die Mittel für den Wiederaufbau zur Verfügung stehen; denn die wirtschaftlichen Verhältnisse des Erbbauberechtigten spielen für seine Verpflichtungen aus dem Erbbaurechtsvertrag grundsätzlich keine Rolle (MünchKomm/*v. Oefele* § 2 Rdn. 20; *Staudinger/Ring* § 2 Rdn. 16).

17. Haftung. Die allgemeine Haftung des Grundstückseigentümers für den verkehrssicheren Zustand des Erbbaugrundstücks wird durch den Abschluß eines Erbbaurechtsvertrags nicht berührt. Der Eigentümer haftet gegenüber Geschädigten. Da er jedoch keinen Einfluß auf den Zustand von Grundstück und Gebäuden hat, empfiehlt es sich, die Haftung im Innenverhältnis auf den Erbbauberechtigten abzuwälzen, der die Möglichkeit der Einflußnahme auf Grundstück und Gebäude besitzt. Ist der Erbbauberechtigte dem Eigentümer im Innenverhältnis ersatzpflichtig, so sollte dies durch die Verpflichtung des Erbbauberechtigten zum Abschluß einer Haftpflichtversicherung abgesichert sein. Diese Bestimmung ist im vorliegenden Vertrag in Ziffer VI enthalten (unten Anm. 42).

18. Öffentliche Lasten. Der Begriff „öffentliche Lasten und Abgaben" bestimmt sich nach dem öffentlichen Recht. Dazu gehören insbesondere die an die Kommunen und die öffentliche Hand etc. zu entrichtenden Lasten. Fehlen Vereinbarungen, so verbleibt es bei der gesetzlichen Regelung; danach hat der Grundtückseigentümer die auf das Grundstück entfallenden Lasten (z. B. Grundsteuer für Boden) und der Erbbauberechtigte die auf das Gebäude entfallenden Lasten (Grundsteuer für Gebäude) zu tragen.

19. Privatrechtliche Lasten. Der Begriff „privatrechtliche Lasten" entspricht dem des § 1047 BGB. Dazu gehören insbesondere Reallasten oder Lasten mit reallastartigem Charakter, Zinsen von Hypotheken oder Grundschulden, nicht dagegen Tilgungsleistungen. Da Zinsen von Grundschulden oder Hypotheken des Grundstückseigentümers (soweit Grundpfandrechte im Rang nach dem Erbbaurecht überhaupt in Frage kommen) von diesem zu tragen sind, empfiehlt sich eine entsprechende Erwähnung. Sind keine Vereinbarungen getroffen, verbleibt es bei der jeweiligen vertraglichen Haftung (MünchKomm/*v. Oefele* § 2 Rdn. 23; *Staudinger/Ring* § 2 Rdn. 17).

20. Erschließungskosten. Zu den öffentlichen Lasten und Abgaben gehören auch die Erschließungskosten. Hierzu empfiehlt sich eine gesonderte Regelung, da sie wirtschaftlich von großer Bedeutung sind und erfahrungsgemäß häufig zu Streitigkeiten Anlaß geben. Ist keine Vereinbarung getroffen, so hat der Grundstückseigentümer die auf das Grundstück entfallenden Erschließungskosten (ohne Anschlußgebühren) und der Erbbauberechtigte die auf das Gebäude entfallenden Erschließungskosten, wie Anschlußgebühren für Kanal und Wasserleitung etc. zu tragen. In der Regel wird vereinbart, daß auch erstere der Erbbauberechtigte zu bezahlen hat, da auch sie im Zusammenhang mit der Gebäudeerrichtung stehen.

Streitigkeiten ergeben sich häufig aus der Frage, ob Erschließungskosten vor oder nach Besitzübergabe angefallen sind. Oft sind Erschließungsanlagen längst in der Natur errichtet, die Gemeinde hat aber noch nicht abgerechnet und erläßt erst Jahre später den Erschließungskostenbescheid, zu einem Zeitpunkt also, in dem der Erbbauberechtigte Besitzer des Grundstücks ist. Nach § 134 Abs. 1 S. 1 BauGB ist derjenige beitragspflichtig, der im Zeitpunkt der Zustellung des Beitragsbescheids Grundstückseigentümer ist. Ist das Grundstück mit einem Erbbaurecht belastet, was erst vom Zeitpunkt der Eintragung des Erbbaurechts im Grundbuch an der Fall ist, so ist gemäß § 134 Abs. 1 S. 2 BauGB anstelle des Eigentümers der Erbbauberechtigte beitragspflichtig. Es empfiehlt

1. Erbbaurechtsvertrag mit festem Erbbauzins (Kurzfassung) VIII. 1

sich daher klarzustellen, ob es auf die Zustellung der Erschließungskostenbescheide ankommen soll, wie vom Gesetz vorgesehen, oder ob es auf die Errichtung der Erschließungsanlage in der Natur ankommt, gleichgültig wann die Erschließungskostenbescheide zugestellt werden, was wohl sachgerechter ist.

21. Zustimmung zur Verfügung über das Erbbaurecht. Der Grundstückseigentümer hat ein erhebliches Interesse daran, wer der Erbbauberechtigte ist, da die Erfüllung der Vertragspflichten während dieser Dauerrechtsbeziehung wesentlich von dessen Person abhängt, ferner soll die Spekulation mit dem Erbbaurecht verhindert werden. Dem Grundstückseigentümer ist ferner daran gelegen, eine überhöhte Belastung des Erbbaurechts zu verhindern, da diese beim Heimfall von ihm zu übernehmen ist (§ 33 ErbbVO) und schon vorher sonst die Gefahr von Zwangsvollstreckungsmaßnahmen besteht. § 8 ErbbVO erweitert diesen Schutz des Grundstückseigentümers noch auf Verfügungen im Weg der Zwangsvollstreckung oder Arrestvollziehung oder durch den Konkursverwalter. Dadurch soll die Möglichkeit einer Umgehung der Verpflichtungen nach § 5 ErbbVO ausgeschaltet werden. Als Ausleich hierfür besteht gemäß § 7 ErbbVO ein Anspruch auf Zustimmung, wenn Interessen des Grundstückseigentümers nicht beeinträchtigt werden.

Mit den §§ 5 bis 8 ErbbVO wird der Grundsatz des § 137 BGB durchbrochen, wonach die Befugnis zur Verfügung über ein veräußerliches Recht nicht durch Rechtsgeschäft ausgeschlossen oder beschränkt werden kann. § 5 ErbbVO regelt die Zustimmungspflicht, § 7 ErbbVO deren Grenzen, § 6 ErbbVO und § 15 ErbbVO die Rechtsfolgen, § 8 ErbbVO erweitert die Zustimmungspflicht auf die dort genannten nicht rechtsgeschäftlichen Verfügungen. Das Grundbuchamt darf den Rechtsübergang und die Belastung erst eintragen, wenn ihm die Zustimmung des Grundstückseigentümers in der Form des § 29 Grundbuchordnung nachgewiesen ist oder ein rechtskräftiger Ersetzungsbeschluß gemäß § 7 Abs. 3 ErbbVO vorgelegt wird (MünchKomm/*v. Oefele* § 5 Rdn. 1; § 15 Rdn. 1).

22. Zustimmung zur Veräußerung. Veräußerung im Sinn dieser Vorschrift ist die Übertragung des Erbbaurechts durch Rechtsgeschäft unter Lebenden. Dagegen ist die Übertragung eines Erbanteils auch dann keine Veräußerung im Sinn dieser Vorschrift, wenn zum Nachlaß ausschließlich ein Erbbaurecht gehört (BayOLG RPfleger 1968, 188). Keine Veräußerung ist die reale Teilung (LG Bochum NJW 1969, 1673) oder eine Teilung des Erbbaurechts gemäß §§ 3, 8 WEG (LG München MittBayNot 1977, 68). Dagegen ist eine Erbauseinandersetzung oder sonstige Gesamthandsauseinandersetzung oder eine Übertragung im Weg der vorweggenommenen Erbfolge eine Veräußerung.

Das Zustimmungserfordernis erfaßt gemäß § 8 ErbbVO auch das Zwangsversteigerungsverfahren. Nach h. M. wird im Fall des Zwangsversteigerungsverfahrens der künftige Erwerber erst nach Abgabe des Meistgebots bekannt und kann der Grundstückseigentümer dessen Person und eine etwaige Gefährdung des Zwecks des Erbbaurechts im Sinn von § 7 Abs. 1 ErbbVO überprüfen; erst jetzt steht sein Recht nach § 5 Abs. 1 ErbbVO dem Zuschlag entgegen; seine Zustimmung muß also spätestens bei der Entscheidung über den Zuschlag vorliegen (BGHZ 33, 76 = NJW 1960, 2093; *Ingenstau* § 8 Rdn. 7; MünchKomm/*v. Oefele* § 8 Rdn. 8). Zu der vom BGH (NJW 1987, 1942) gemachten Einschränkung, wenn der Grundstückseigentümer mit seiner Erbbauzinsreallast hinter das betreibende Grundpfandrecht zurückgetreten ist, siehe Form. VIII. 2 Anm. 12 und *v. Oefele/Winkler* Rdn. 4.277, 6.266–6.269, 6.41.

23. Zustimmung zur Zwangsversteigerung. Sind Vereinbarungen nach § 5 Abs. 1 und 2 ErbbVO getroffen und hat der Grundstückseigentümer die Zustimmung zur Belastung nach § 5 Abs. 2 ErbbVO ohne Einschränkung erteilt, so war nach früher h. M. in dieser Zustimmung stillschweigend auch die Zustimmung zur Zwangsversteigerung nach § 5 Abs. 1, § 8 ErbbVO enthalten. Seit der Entscheidung des BGH (BGHZ 33, 76 = NJW 1960, 2093) ist jetzt h. M., daß eine weitere Zustimmung zur Zwangsversteigerung erforderlich ist (*Ingenstau* § 8 Rdn. 7; MünchKomm/*v. Oefele* § 8 Rdn. 10; *Staudinger/Ring* § 8 Rdn. 10; s. Anm. 23). Siehe aber für den Fall des Rücktritts des Grundstückseigentümers mit seiner Erbbauzinsreallast hinter das betreibende Grundpfandrecht Form. VIII. 2 Anm. 12 und *v. Oefele/Winkler* Rdn. 4.277, 6.266–6.269, 6.41.

24. Zustimmung zur Belastung. Der Grundstückseigentümer hat ein Interesse daran, eine überhöhte Belastung des Erbbaurechts zu verhindern, da diese beim Heimfall von ihm zu übernehmen ist (§ 33 ErbbVO) und schon vorher sonst die Gefahr von Zwangsvollstreckungsmaßnahmen besteht. § 33 ErbbVO erwähnt zwar nur das Bestehenbleiben von Hypotheken, Grund- und Rentenschulden. Da nach § 42 Abs. 2 Wohnungseigentumsgesetz auch Dauerwohn- oder Dauernutzungsrechte beim Heimfall bestehenbleiben, kann – über den Wortlaut des § 5 ErbbVO hinaus – auch als Inhalt des Erbbaurechts vereinbart werden, daß dessen Belastung mit einem Dauerwohn- oder Dauernutzungsrecht der Zustimmung des Eigentümers bedarf (*v. Oefele/Winkler* Rdn. 4.224, h. M. im Anschluß an OLG Suttgart NJW 1952, 979).

Auch die Bauhandwerkerhypothek gemäß § 648 BGB und die Sicherungshypothek gemäß § 1287 S. 2 BGB fallen unter den Zustimmungsvorbehalt (*Ingenstau* § 5 Rdn. 11; MünchKomm/*von Oefele* § 5 Rdn. 12). Der Schutz des Grundstückseigentümers wird durch § 8 ErbbVO auch auf Verfügungen im Weg der Zwangsvollstreckung oder Arrestvollziehung oder durch den Konkursverwalter erweitert. Das Zustimmungserfordernis des Eigentümers könnte z. B. vereitelt werden durch die Zwangshypothek (§§ 867, 864 Abs. 1 S. 2, 866 ZPO) oder auch durch die Sicherungshypothek nach § 848 Abs. 2 S. 2 ZPO. Auch diese Maßnahmen bedürfen somit der Zustimmung des Grundstückseigentümers. Ist die Zustimmung zu einer Belastung mit einem Grundpfandrecht erteilt, so ist dennoch bei einer Zwangsversteigerung aus diesem eine besondere Zustimmung zur Veräußerung erforderlich (s. Anm. 22).

25. Zustimmung zur Vermietung. Unter den Begriff „Verwendung" des Bauwerks in § 2 Nr. 1 ErbbVO fällt auch die Vereinbarung, daß der Berechtigte zur Vermietung und Verpachtung des Bauwerks die Zustimmung des Grundstückseigentümers benötigt; das Zustimmungserfordernis kann somit zum Inhalt des Erbbaurechts gemacht werden (*Ingenstau* § 2 Rdn. 19; *Palandt/Bassenge* § 2 ErbbVO Rz. 2; RGRK/*Räfle* § 2 ErbbVO Rz. 12). Der Miet- oder Pachtvertrag ist bei fehlender Zustimmung aber wirksam (BGH DNotZ 1968, 302).

26. Verweigerung der Zustimmung. Nach § 7 ErbbVO besteht ein gesetzlicher Anspruch auf Zustimmung zur Veräußerung und Belastung des Erbbaurechts. Der Rechtsübergang und die Belastung darf nach § 15 ErbbVO erst eingetragen werden, wenn dem Grundbuchamt die Zustimmung des Eigentümers in der Form des § 29 Grundbuchordnung nachgewiesen ist. Wird die Zustimmung des Grundstückseigentümers ohne ausreichenden Grund verweigert, so kann sie auf Antrag des Erbbauberechtigten durch das Amtsgericht ersetzt werden. Der Anspruch des Erbbauberechtigten nach § 7 ErbbVO kann erweitert, nicht aber eingeschränkt werden. Ein Anspruch der Erbbauberechtigten auf einen Rangrücktritt des Eigentümers mit seinen Rechten hinter eine Belastung besteht nicht.

27. Heimfall. Der Heimfallanspruch hat vor allem den Zweck, das durch § 1 Abs. 4 ErbbVO ausgeschlossene Rücktrittsrecht sowie das außerordentliche Kündigungsrecht bei Dauerschuldverhältnissen zu ersetzen. Durch das Bestehenbleiben des Erbbaurechts und aller Belastungen daran (vgl. § 33 ErbbVO) beim Heimfall wird dessen Kreditfähigkeit verbessert (MünchKomm/*v. Oefele* § 2 Rdn. 25). Die Heimfallgründe sind im Gesetz nicht geregelt, so daß der Grundsatz der Vertragsfreiheit gilt. Dieser ist zweifach eingeschränkt: gemäß § 9 Abs. 4 ErbbVO kann der Heimfall bei Rückstand mit dem Erbbauzins nur vereinbart werden, wenn dieser mindestens 2 Jahresbeträge erreicht hat; ferner kann der Heimfall gemäß § 6 Abs. 2 ErbbVO nicht wegen eines Verstoßes gegen

1. Erbbaurechtsvertrag mit festem Erbbauzins (Kurzfassung)   VIII. 1

das nach § 5 ErbbVO vereinbarte Zustimmungserfordernis des Eigentümers zu Veräußerung oder Belastung des Erbbaurechts vereinbart werden. Üblich und zulässig als Heimfallgründe sind Verstöße gegen die Verpflichtungen gemäß § 2 Nr. 1, 2 und 3 ErbbVO, also insbesondere gegen die Pflicht zur Errichtung, Instandhaltung, Verwendung (vgl. BGH DNotZ 1985, 370), Versicherung, den Wiederaufbau, die Tragung der öffentlich- und privatrechtlichen Lasten und Abgaben. Aber auch sonstige Gründe, die sich nicht aus § 2 ErbbVO ergeben, können vereinbart werden, wie z. B. Konkurs oder Vergleich des Erbbauberechtigten, Zwangsversteigerung oder Zwangsverwaltung des Erbbaurechts, sowie Rückstand mindestens in Höhe zweier Jahresbeträge (§ 9 Abs. 4 ErbbVO). Der Heimfallgrund muß mit dem dinglichen Rechtsverhältnis Grundstückseigentümer – Erbbauberechtiger zusammenhängen (*Ingenstau* § 2 Rdn. 44; *v. Oefele/ Winkler* Rdn. 4.83).

28. **Übertragung des Erbbaurechts.** Nach Übertragung auf den Eigentümer besteht ein Eigentümererbbaurecht (vgl. dazu MünchKomm/*von Oefele* § 1 Rdn. 61). Beide Grundbücher, für Grundstück und Erbbaurecht, bleiben bestehen, ebenso alle dinglichen Rechte am Grundstück, dingliche Rechte am Erbbaurecht dagegen nur nach Maßgabe von § 33 ErbbVO. Will der Grundstückseigentümer das Eigentümererbbaurecht aufgeben, so kann er entweder das Erbbaurecht auf einen Dritten übertragen oder das Erbbaurecht zum Erlöschen bringen (vgl. § 26 ErbbVO; vgl. Form. VIII. 25). Der Heimfallanspruch kann als solcher zwar nicht vom Grundstück losgelöst übertragen werden (§ 3 S. 1 ErbbVO), § 3 S. 2 ErbbVO stellt aber klar, daß trotzdem seine Erfüllung durch Leistung an einen Dritten zulässig ist, was bedeutet, daß nur die dingliche Erfüllung an den Dritten erfolgt, der zugrundeliegende Heimfallanspruch aber beim Grundstückseigentümer bleibt und nicht gesondert übertragbar ist. Die Benennung des Dritten kann geändert werden (MünchKomm/*v. Oefele* § 3 Rdn. 4).

29. **Entschädigung beim Heimfall.** Es steht den Beteiligten frei, Vereinbarungen über die Höhe der Vergütung und die Art ihrer Zahlung zu treffen. Grundsätzlich hat der Eigentümer dem Erbbauberechtigten eine angemessene Vergütung für das Erbbaurecht zu gewähren (§ 32 ErbbVO). Auch der Ausschluß einer Vergütung kann vereinbart werden. Ausgenommen ist lediglich der Fall, daß das Erbbaurecht zur Befriedigung des Wohnbedürfnisses minderbemittelter Bevölkerungskreise bestellt wird; in diesem Fall darf die Zahlung einer angemessenen Vergütung für das Erbbaurecht, die mindestens $2/3$ des gemeinen Werts des Erbbaurechts zur Zeit der Übertragung beträgt, nicht ausgeschlossen werden (§ 32 Abs. 2 ErbbVO).

30. **Entschädigung bei Zeitablauf.** Erlischt das Erbbaurecht durch Zeitablauf, so hat der Eigentümer dem Erbbauberechtigten eine Entschädigung für das Bauwerk zu leisten. Als Inhalt des Erbbaurechts können Vereinbarungen über die Höhe der Entschädigung und die Art ihrer Zahlung sowie über ihre Ausschließung getroffen werden (§ 27 Abs. 1 ErbbVO). Es gilt aber die Einschränkung, daß bei Erbbaurechten zur Befriedigung des Wohnbedürfnisses minderbemittelter Bevölkerungskreise die Entschädigung mindestens $2/3$ des gemeinen Werts betragen muß, den das Bauwerk bei Ablauf des Erbbaurechts hat (§ 27 Abs. 2 ErbbVO). Der Eigentümer kann seine Verpflichtung zur Zahlung der Entschädigung dadurch abwenden, daß er dem Erbbauberechtigten das Erbbaurecht vor dessen Ablauf für die voraussichtliche Standdauer des Bauwerks verlängert; lehnt der Erbbauberechtigte die Verlängerung ab, so erlischt der Anspruch auf Entschädigung (§ 27 Abs. 3 ErbbVO).

31. **Übernahme von Belastungen.** Hypothek, Grund- und Rentenschuld und Reallast bleiben beim Heimfall des Erbbaurechts bestehen, soweit sie nicht dem Erbbauberechtigten selbst zustehen. Das gleiche gilt gemäß §§ 42 Abs. 2, 31 WEG für das Dauerwohn- und Dauernutzungsrecht. Aus diesem Grund kann für die Belastung des Erbbaurechts mit diesen Rechten gemäß § 5 ErbbVO das Erfordernis der Zustimmung durch den Ei-

gentümer vereinbart werden (siehe oben Anm. 24). Haftet bei einer Hypothek oder Grundschuld, die bestehen bleibt, der Erbbauberechtigte zugleich persönlich, so tritt mit Ausübung des Heimfalls eine befreiende Schuldübernahme kraft Gesetzes durch den Grundstückseigentümer ein. Für diese ist die Genehmigung des Gläubigers gemäß § 415 BGB erforderlich, die gemäß § 416 BGB erfolgen kann (§ 33 Abs. 2 S. 2 ErbbVO). Vor Erteilung der Genehmigung oder bei ihrer Versagung liegt eine Erfüllungsübernahme nach § 415 Abs. 3 BGB vor (*Ingenstau* § 33 Rdn. 10; MünchKomm/*v. Oefele* § 33 Rdn. 4). Nach § 33 Abs. 3 ErbbVO werden die Forderungen, die der Grundstückseigentümer nach Abs. 2 übernimmt, auf die Vergütung angerechnet, und zwar in Höhe der zur Zeit der Schuldübernahme geschuldeten Verbindlichkeiten, ohne Rücksicht auf deren Fälligkeit. Für den Fall, daß die übernommenen Schulden höher sind als die Entschädigung nach § 32 ErbbVO oder wenn eine solche überhaupt vertraglich ausgeschlossen ist, enthält das Gesetz keine Regelung. Da die unabdingbare gesetzliche Schuldübernahme gemäß § 33 ErbbVO auch hier nicht entfällt, hat der Grundstückseigentümer nur einen Ausgleichsanspruch aus ungerechtfertigter Bereicherung. Befriedigt dagegen der bisherige Erbbauberechtigte die Gläubiger, so steht ihm kein bereicherungsrechtlicher Rückgriffsanspruch gegen den Grundstückseigentümer zu. Er behält in diesem Fall aber den Vergütungsanspruch nach § 32 ErbbVO gegen den Grundstückseigentümer, wenn und soweit dieser noch nicht erfüllt ist (*Ingenstau* § 33 Rdn. 13; MünchKomm/*v. Oefele* § 33 Rdn. 5; *v. Oefele/Winkler* Rdn. 4.122).

32. Fälligkeit der Entschädigung. Als Inhalt des Erbbaurechts können Vereinbarungen über die Höhe der Entschädigung und die Art ihrer Zahlung sowohl beim Zeitablauf wie auch beim Heimfall getroffen werden (§ 27 Abs. 1 S. 2, § 32 Abs. 1 S. 2 ErbbVO).

33. Vorrecht auf Erneuerung. Das Vorrecht auf Erneuerung des Erbbaurechts ist vergleichbar mit dem Vorkaufsrecht bei Abschluß eines Kaufvertrags. Ist dem Erbbauberechtigten ein Vorrecht auf Erneuerung eingeräumt, so kann er nach dem Erlöschen seines Erbbaurechts das Vorrecht ausüben, sobald der Eigentümer mit einem Dritten einen Vertrag über die Bestellung eines Erbbaurechts an dem Grundstück geschlossen hat. Durch die wirksame Ausübungserklärung (§ 505 Abs. 1 BGB) kommt zwischen Grundstückseigentümer und (altem) Erbbauberechtigten ein neuer Erbbaurechtsvertrag mit dem gleichen Inhalt zustande, den der mit dem Dritten abgeschlossene Vertrag hatte (§ 505 Abs. 2 BGB). Das Vorrecht erlischt 3 Jahre nach Ablauf der Zeit, für die das Erbbaurecht bestellt war. Seine Ausübung ist ausgeschlossen, wenn das für den Dritten zu bestellende Erbbaurecht einem anderen wirtschaftlichen Zweck zu dienen bestimmt ist (§ 31 ErbbVO).

34. Inhalt des Erbbaurechts. Die Wirkung der zulässigen vertraglichen Inhaltsregelungen gemäß § 2 ErbbVO besteht darin, daß diese während der ganzen Dauer des Erbbaurechts gelten gegenüber dem jeweiligen Grundstückseigentümer und Erbbauberechtigten. Sie wirken für und gegen jeden Rechtsnachfolger, insbesondere auch bei der Zwangsversteigerung, ohne daß es einer besonderen Übernahme bedürfte. Diese „absolute" Wirkung hat jedoch nicht die Bedeutung, daß das Grundstück oder das Erbbaurecht selbst davon erfaßt wird, liegt vielmehr nur darin, daß der jeweilige Rechtsträger in das Schuldverhältnis mit einbezogen wird (*Staudinger/Ring* § 2 Rdn. 2; *Wufka* DNotZ 1985, 651 f.). Bestimmungen, die über § 2 ErbbVO hinausgehen, wirken für und gegen Sonderrechtsnachfolger nur, wenn sie in der Übertragungsurkunde ausdrücklich vom Erwerber übernommen sind (vgl. daher Ziffer IX des Formulars).

35. Erbbauzins. Wenn die Bestellung des Erbbaurechts entgeltlich geschieht, ist die Vereinbarung eines Erbbauzinses die Regel. Sie braucht nicht notwendig in Geld zu bestehen. Auch die wiederkehrenden Leistungen (§ 9 Abs. 1 ErbbVO) von Nutzholz, Stahl sowie von Getreide können „aus dem Grundstück", das heißt durch Zwangsvollstreckung in das Grundstück entrichtet werden. Eine solche reine Sachschuld ist genehmi-

1. Erbbaurechtsvertrag mit festem Erbbauzins (Kurzfassung) VIII. 1

gungsfrei, d. h. sie bedarf keiner Genehmigung nach § 3 Währungsgesetz durch die Landeszentralbank.

Nach der bis 30. 9. 1994 geltenden Regelung mußte der Erbbauzins nach Zeit und Höhe für die ganze Erbbauzeit im voraus bestimmt sein (§ 9 Abs. 2 S. 1 ErbbVO a. F.). Dieser Grundsatz galt nur für den dinglichen Erbbauzins, nicht dagegen für zusätzliche Vereinbarungen, wie etwa eine schuldrechtliche Anpassungsklausel (vgl. unten Form. VIII. 2 Anm. 8). Bestimmbarkeit, wie bei der Reallast, genügte nicht (BGHZ 22, 220 = NJW 1957, 98). Das Sachenrechtsbereinigungsgesetz v. 21. 9. 1994 hat die geltende Rechtslage mit Wirkung zum 1. 10. 1994 dadurch geändert, daß gemäß dem geänderten § 9 Abs. 2 Satz 1 der Erbbauzins nach Zeit und Höhe für die gesamte Erbbauzeit im voraus bestimmt werden **kann** und gemäß dem neu eingefügten Satz 2 auch eine Anpassungsklausel Inhalt des Erbbauzinses sein kann. Die neue seit 1. 10. 1994 geltende Rechtslage für den Erbbauzins stimmt also nunmehr mit dem allgemeinen Recht der Reallast überein, wonach der Erbbauzins hinreichend bestimmbar sein muß.

Die Vereinbarung einer Höchst- oder Mindestgrenze enthält keine ausreichende Bestimmtheit. Damit sollen die nachrangigen Grundpfandrechtsgläubiger über den Umfang des ihnen vorgehenden Erbbauzinses unterrichtet werden. Der Erbbauzins muß nicht die ganze Zeit (z. B. für 99 Jahre) gleich, sondern kann für verschiedene Zeitabschnitte verschieden hoch sein. Zu einer nachträglichen Erhöhung des Erbbauzinses ist – soweit nicht eine zulässige Wertsicherungsklausel vereinbart ist (unten Form. VIII. 2 Ziffer IV) – eine Einigung des Eigentümers und des Erbbauberechtigten und die Eintragung im Erbbaugrundbuch (§§ 873, 877 BGB) sowie die Zustimmung der gegenüber dem Erbbauzins nachrangigen Beteiligten erforderlich (§ 880 BGB). Ohne sie kann eine Erhöhung nur an nächstoffener Rangstelle im Grundbuch eingetragen werden (LG Hamburg RPfleger 1960, 170), wenn der Anspruch auf Eintragung nicht durch eine Vormerkung oder durch einen Rangvorbehalt gesichert ist (§ 11 Abs. 1 ErbbVO iVm. §§ 882, 881 BGB; dazu Form VIII. 2 und 3, je Ziffer IV). Zu einer nachträglichen Ermäßigung bedarf es der Zustimmung aller am Grundstück dinglich Berechtigten (§§ 876 S. 2, 877 BGB).

36. Reallast. Der Erbbauzins wird als Reallast zugunsten des Grundstückseigentümers im Erbbaugrundbuch eingetragen (§ 9 ErbbVO und § 1105 BGB). Der Erbbauzins ist nicht Inhalt des Erbbaurechts, sondern eine dingliche Belastung desselben. Er kann nicht als Inhalt des Erbbaurechts im Sinn des § 2 ErbbVO vereinbart werden (vgl. Anm. 6). Dies hat insbesondere zur Folge, soweit er nicht als zwangsversteigerungsfest nach § 9 Abs. 3 Nr. 1 n. F. ErbbVO (ausführlich dazu Anm. 37) vereinbart wird, daß ein Ersteher des Erbbaurechts bei dessen Zwangsversteigerung für die restliche Dauer des Erbbaurechts keinen Erbbauzins zahlen muß, wenn die Erbbauzinsreallast nicht in das geringste Gebot fällt (*Winkler* DNotZ 1970, 390; NJW 1985, 940; dazu Form. VIII. 21 und 22). Ein Rücktritt des Eigentümers mit seiner Reallast hinter ein Grundpfandrecht kann im Fall der Versteigerung durch den Grundpfandrechtsgläubiger dazu führen, wie vom BGH entschieden wurde (BGHZ 81, 358 = NJW 1982, 234), daß das auf 99 Jahre bestellte Erbbaurecht bereits nach 4 (!) Jahren erlischt, so daß der Eigentümer die restlichen 95 (!) Jahre keinen Erbbauzins mehr erhält.

37. Das Sachenrechtsbereinigungsgesetz vom 21. 9. 1994 (BGBl. I S. 2457/2489) hat die geltende Rechtslage mit Wirkung zum 1. Oktober 1994 dadurch verändert, daß gemäß dem neu eingefügten § 9 Abs. 3 Nr. 1 ErbbVO vereinbart werden kann, daß die Reallast abweichend von § 52 Abs. 1 ZVG mit ihrem Hauptanspruch bestehen bleibt, wenn der Grundstückseigentümer aus der Reallast oder der Inhaber eines vorrangigen oder gleichstehenden Rechts die Zwangsversteigerung des Erbbaurechts betreibt. Seit 1. 10. 1994 kann also die Begründung einer *zwangsversteigerungsfesten Erbbauzinsreallast* vereinbart werden. Ist eine solche Vereinbarung getroffen, so findet grundsätzlich keine Kapitalisierung des Erbbauzinses mehr statt (§ 19 Abs. 2 Satz 2 ErbbVO). In der Zwangsversteigerung bleibt der Erbbauzins gemäß § 52 Abs. 2 Satz 2 ZVG und abweichend von § 52 Abs. 1 ZVG auch dann bestehen, wenn er zwar bei der Feststellung des geringsten Gebots nicht berücksichtigt ist, aber nach § 9 Abs. 3 ErbbVO das Bestehenbleiben des Erbbauzinses als Inhalt der Reallast vereinbart worden ist. Die Erbbauzinsreallast bleibt lediglich dann nicht bestehen, sondern ist zu kapitalisieren, wenn aus den Rangklassen 1–3 des § 10 Abs. 1 ZVG versteigert wird, insbesondere also aus rückständigen öffentlichen Lasten (z. B. Erschließungskosten).

Der *Rang* der Reallast ist also nur noch maßgeblich dafür, ob der Anspruch des Grundstückseigentümers auf rückständigen und laufenden Erbbauzins innerhalb der zeitlichen Grenzen nach § 10 Abs. 1 Nr. 4 ZVG (Rückstände maximal aus 2 Jahren vor Beschlagnahme nach § 20 ZVG) im Verfahren auf Anmeldung berücksichtigt werden kann. Geht die *Reallast* dem betreibenden Gläubiger *im Rang vor,* so fällt nur noch der Anspruch auf laufende und rückständige Erbbauzinsen in das geringste Gebot (§ 19 Abs. 2 Satz 2 ErbbVO n. F. i. V. m. § 45 ZVG). Geht die Reallast *im Rang nach,* so hat der Grundstückseigentümer hinsichtlich rückständiger Erbbauzinsen einen Anspruch nach § 52 Abs. 1 ZVG; § 92 Abs. 2 ZVG ist nicht anwendbar.

Das bedeutet im einzelnen:

a) Betreibt der Eigentümer als Berechtigter der Erbbauzinsreallast die Zwangsversteigerung des Erbbaurechts, so steht seine Reallast nach § 9 Abs. 3 Satz 1 Nr. 1 ErbbVO in der Zwangsversteigerung gemäß § 52 Abs. 2 Satz 2 ZVG n. F. der Überbaurente gleich (so bereits der Vorschlag des Verfassers 1970: *Winkler* DNotZ 1970, 390). Die Erbbauzinsreallast bleibt mit ihrem Hauptanspruch bestehen. Die laufenden und aus den letzten zwei Jahren rückständigen Erbbauzinsen werden gemäß § 10 Abs. 1 Nr. 4 ZVG an der Rangstelle der Reallast berücksichtigt und bar bezahlt. Ältere Rückstände erleiden den Rangverlust. Der Ersteher hat die Erbbauzinsen gemäß § 56 Satz 2 ZVG ab Zuschlag zu zahlen.

b) Betreibt der Inhaber eines der Erbbauzinsreallast *vor*gehenden oder *gleich*stehenden *dinglichen Rechts* die Zwangsversteigerung des Erbbaurechts, so bleibt die Erbbauzinsreallast mit ihrem Hauptanspruch bestehen. Rückständige Erbbauzinsen fallen nicht ins geringste Gebot, sodaß der Grundstückseigentümer nur einen Anspruch nach § 92 Abs. 1 ZVG hat. Das betreibende Recht erlischt, sodaß die Erbbauzinsreallast im Rang aufrückt. Zur Möglichkeit der Vereinbarung eines Rangvorbehalts gemäß § 9 Abs. 3 Satz 1 Nr. 2 n. F. ErbbVO siehe unten Form. VIII. 2 Ziffer III (3) b und Anm. 14.

c) Betreibt der Inhaber eines der Erbbauzinsreallast im Rang *nach*stehenden Rechts die Zwangsversteigerung des Erbbaurechts, so bleibt die Erbbauzinsreallast bestehen (§ 52 Abs. 1 Satz 1 ZVG). Nach der Neufassung der § 19 Abs. 2 Satz 2 ErbbVO, § 52 Abs. 2 Satz 2 ZVG fallen nur noch laufende und aus den letzten zwei Jahren rückständige Zinsen gemäß § 10 Abs. 1 Nr. 4 ZVG in das geringste Gebot. Mit dem Zuschlag übernimmt der Ersteher die dingliche Haftung für die nach dem Zuschlag fällig werdenden Erbbauzinsen.

d) Etwas anderes gilt dann, wenn Gläubiger der Rangklassen des § 10 Abs. 1 Nr. 1, 2, 3 ZVG die Zwangsversteigerung betreiben, insbesondere also aus rückständigen *öffentlichen* Lasten, z. B. Erschließungskosten. In diesen Fällen bleibt die Erbbauzinsreallast nicht bestehen, sondern erlischt und ist zu kapitalisieren.

e) Im Fall einer Erbbauzinsreallast mit dem Inhalt gemäß § 9 Abs. 3 Satz 1 Nr. 1 ErbbVO bedarf es künftig bei der Belastung des Erbbaurechts mit Grundpfandrechten weder eines Rangrücktritts des Reallastberechtigten noch der Abgabe sogenannter Stillhalteerklärungen (dazu unten Form. VIII. 21 Anm. 2). Eine Kapitalisierung des künftigen Erbbauzinses entfällt mit der Folge einer erheblichen Erhöhung des Finanzierungsrahmens auch bei nachrangiger Beleihung (Einzelheiten *v. Oefele/Winkler* Rdn. 6. 270 ff.).

38. Wertsicherung. Da das Erbbaurecht regelmäßig auf längere Dauer bestellt wird, knüpfen die Beteiligten den Erbbauzins in den meisten Fällen an eine Gleitklausel (dazu

1. Erbbaurechtsvertrag mit festem Erbbauzins (Kurzfassung) VIII. 1

Form. VIII. 3 Ziffer IV und dazu Anm. 8). Für Erbbaurechte zum Zweck der Errichtung von Wohngebäuden enthält hier § 9a ErbbVO Einschränkungen (s. Form. VIII. 2 Ziffer IV und Anm. 9). Falls ausnahmsweise auf Wertsicherung verzichtet wird, empfiehlt es sich, dies ausdrücklich klarzustellen.

39. Nutzungsentgelt. Der Anfangszeitpunkt des Erbbaurechts kann nicht vor Eintragung des Erbbaurechts im Grundbuch liegen, da § 873 BGB Einigung und Eintragung verlangt (vgl. BGH RPfleger 1973, 355; *Promberger* RPfleger 1975, 233). Schuldrechtlich können die Wirkungen der Bestellung aber schon vorher vereinbart werden. Es empfiehlt sich daher, vor Eintragung des Erbbaurechts im Grundbuch die Zahlung eines Nutzungsentgelts in Höhe des Erbbauzinses zu vereinbaren.

40. Zwangsvollstreckungsunterwerfung. Die Unterwerfung unter die sofortige Zwangsvollstreckung ist mit Wirkung gegen den jeweiligen Erbbauberechtigten gemäß §§ 794 Abs. 1 Nr. 5, 800 ZPO nicht möglich, da § 800 ZPO auf eine Reallast und somit auf den Erbbauzins nicht anwendbar ist. Der Erbbauzins kann daher nur ohne dingliche Zwangsvollstreckungsunterwerfung im Grundbuch eingetragen werden. Es ist aber zulässig, daß sich der Erbbauberechtigte persönlich wegen seiner Zahlungsverpflichtung gemäß § 794 Abs. 1 Nr. 5 ZPO der sofortigen Zwangsvollstreckung unterwirft und sich auch verpflichtet, bei einer Veräußerung des Erbbaurechts auch seinen Rechtsnachfolger zu einer solchen persönlichen Zwangsvollstreckungsunterwerfung zu veranlassen (BayOLG NJW 1959, 1876; *Staudinger/Ring* § 9 Rdn. 6). Gegen den Erwerber des Erbbaurechts wie auch gegen Gesamtrechtsnachfolger läßt sich die Vollstreckungsklausel nach §§ 727, 795, 797 ZPO umschreiben, so daß sich die persönliche Unterwerfung des ersten Erbbauberechtigten auch gegen die Rechtsnachfolger auswirkt (BayOLG NJW 1959, 1876). Kommt der Erbbauberechtigte bei einer Veräußerung dieser Verpflichtung nicht nach, so kann der Grundstückseigentümer seine Zustimmung zur Veräußerung verweigern, wenn er sich die Zustimmungsbedürftigkeit gemäß § 5 Abs. 1 ErbbVO vorbehalten hat (s. unten Ziffer IX).

41. Besitz. Der Erbbauberechtigte ist unmittelbarer Eigenbesitzer des Bauwerks und hat allein die Rechte aus dem Besitz, einschließlich des Besitzschutzes; er vermittelt für den Grundstückseigentümer keinen mittelbaren Besitz, da dieser in keiner dinglichen Beziehung zu dem Bauwerk für die Dauer des Erbbaurechts steht. Am Grundstück ist der Erbbauberechtigte unmittelbarer Fremdbesitzer und der Grundstückseigentümer mittelbarer Eigenbesitzer (*Ingenstau* § 1 Rdn. 17; § 12 Rdn. 4). Der Gefahrenübergang geschieht gemäß § 11 Abs. 1 ErbbVO iVm. § 446 Abs. 1 BGB mit der Übergabe. Wird der Erbbauberechtigte vor der Übergabe in das Grundbuch eingetragen, erfolgt der Gefahrenübergang mit Eintragung im Grundbuch (§ 446 Abs. 2 BGB), falls nichts anderes vereinbart ist.

42. Haftpflichtversicherung. Eine Haftpflichtversicherung, etwa zur Abdeckung des Risikos der Verletzung der Verkehrssicherungspflicht, gehört nicht zu den in § 2 Nr. 2 ErbbVO genannten Versicherungen des Bauwerks (vgl. oben Ziff. II § 4), sollte aber auch abgeschlossen werden, um eventuelle Haftungsrisiken abzudecken; falls sie der Erbbauberechtigte tragen soll, ist es zweckmäßig, die Abschlußpflicht im Erbbaurechtsvertrag zu vereinbaren. Für den Fall des Verstoßes empfiehlt es sich, Ersatzvornahme und Heimfall vorzusehen.

43. Gewährleistung. Für Rechtsmängel gelten gemäß § 11 Abs. 1 ErbbVO die §§ 445, 434f. BGB, insbesondere §§ 436, 439 BGB bezüglich des Besitzes Dritter und öffentlicher Lasten (MünchKomm/*v. Oefele* § 11 Rdn. 8). Zur ausschließlich ersten Rangstelle s. § 10 ErbbVO und Anm. 3. Für Sachmängel am Grundstück gelten gemäß § 11 Abs. 1 ErbbVO die §§ 459 ff. BGB entsprechend, wenn es sich um einen kaufähnlichen Vertrag handelt (§ 493 BGB), insbesondere §§ 468, 477 BGB (OLG Düsseldorf NJW 1971, 436; vgl. auch BGH NJW 1965, 532 zum Kauf eines Erbbaurechts).

44. Vorkaufsrecht. Ein dingliches Vorkaufsrecht am Erbbaurecht für den jeweiligen Grundstückseigentümer wird häufig bestellt. Ein dingliches Vorkaufsrecht am Grundstück für den jeweiligen Erbbauberechtigten ist sogar die Regel und wird kostenrechtlich nicht gesondert bewertet (s. Anm. 55).

45. Einigung und Eintragung. Auf das Erbbaurecht finden nach § 11 ErbbVO grundsätzlich die sich auf Grundstücke beziehenden Vorschriften des BGB Anwendung. Gemäß § 11 Abs. 2 ErbbVO bedarf das schuldrechtliche Grundgeschäft der Form des § 313 BGB. Der Formzwang erstreckt sich auf den gesamten Vertrag, somit auf alle Vereinbarungen, aus denen sich nach dem Willen der Parteien das Rechtsgeschäft zusammensetzt und die nach ihrem Willen rechtlich eine Einheit bilden. Da § 11 Abs. 1 S. 1 ErbbVO die entsprechende Grundstücksvorschrift des § 925 BGB ausdrücklich ausschließt, geschieht die Bestellung nach § 873 Abs. 1 BGB durch Einigung und Eintragung. Beim Eigentümer-Erbbaurecht erfolgt sie einseitig durch Erklärung des Eigentümers und Eintragung. Die Einigung ist gemäß § 873 BGB materiellrechtlich formlos wirksam, aber gemäß §§ 20, 29 Grundbuchordnung formellrechtlich formbedürftig; sie ist im formbedürftigen Erbbaurechtsvertrag mit enthalten (*Ingenstau* § 11 Rdn. 38; MünchKomm/*v. Oefele* § 11 Rdn. 9; ausführlich *Wufka* DNotZ 1985, 651).

46. Zustimmung zur Belastung. Im Zug der Bestellung des Erbbaurechts stimmt häufig der Grundstückseigentümer bereits einer Belastung zu. Wegen § 33 ErbbVO (siehe Anm. 31) und wegen der Möglichkeit von Zwangsvollstreckungsmaßnahmen wird er einer Belastung regelmäßig nur bis zu einer bestimmten Höhe unter bestimmten Voraussetzungen zustimmen. Es sind hier die gleichen Gesichtspunkte wie zu § 5 Abs. 2 ErbbVO maßgeblich (s. Anm. 24). Tritt der erbbauzinsberechtigte Eigentümer mit seinen Rechten im Rang hinter das Grundpfandrecht zurück, wovon ihm im Normalfall abzuraten ist (s. Anm. 35, 37, 52 und Form. VIII. 2 Anm. 17), so sind besondere Sicherungsmaßregeln zu beachten (s. Form. VIII. 2 Ziffer XIII und Form. VIII. 3 Ziffer XII sowie Form. VIII. 21, je mit Anmerkungen). Eine andere Frage ist, wie sich der Grundpfandrechtsgläubiger absichert, wenn der erbbauzinsberechtigte Eigentümer den Rang vor ihm behält und nicht zurücktritt (dazu *Winkler* NJW 1985, 940; s. Form. VIII. 22).

47. Teilnichtigkeit. Gemäß § 11 Abs. 2 ErbbVO iVm. § 313 BGB bedarf der Erbbaurechtsvertrag der notariellen Form. Der Formzwang erstreckt sich auf den ganzen Vertrag. Alle Abreden, die die Parteien als für den Vertragsschluß wesentlich erachten, müssen in die Urkunde aufgenommen werden. Nichtigkeit oder Nichtbeurkundung einer Einzelbestimmung führt dann zur Nichtigkeit des gesamten Erbbaurechtsvertrags gemäß § 139 BGB, wenn der nichtige Teil mit ihm eine rechtliche Einheit bildet und die Parteien den Vertrag ohne den nichtigen Teil nicht abgeschlossen hätten (eingehend *Wufka* DNotZ 1985, 651 f.; s. auch Anm. 48).

48. Ausfertigung. Das Recht, Ausfertigungen oder beglaubigte Abschriften zu verlangen, richtet sich nach § 51 Beurkundungsgesetz. Danach sind anspruchsberechtigt die Personen, die Erklärungen im eigenen Namen abgegeben haben oder in deren Namen die Erklärungen abgegeben worden sind. Da der Anspruch auf die Erteilung einer vollstreckbaren Ausfertigung in Ausnahmefällen problematisch sein kann, empfiehlt es sich, die vollstreckbare Ausfertigung gesondert zu erwähnen (dazu *Keidel/Winkler* § 52 BeurkG Rdn. 32 ff.). Zur Anzeigepflicht an das Finanzamt s. § 51 Abs. 4 Beurkundungsgesetz iVm. § 102 Abs. 4 Abgabenordnung, § 5 Art. 97 Einführungsgesetz zur Abgabenordnung 1977 (*Keidel/Winkler* § 51 BeurkG Rdn. 53; vgl. auch Anm. 49).

49. Steuerliche Unbedenklichkeitsbescheinigung. Gemäß § 7 Art. 97 Einführungsgesetz zur Abgabenordnung 1977, § 9 Grunderwerbsteuerdurchführungsverordnung darf der Erwerber eines Erbbaurechts im Grundbuch erst dann eingetragen werden, wenn eine Bescheinigung des Finanzamts vorgelegt wird, daß der Eintragung steuerliche Bedenken nicht entgegenstehen. Auf das Erfordernis dieser Unbedenklichkeitsbescheinigung hat der Notar hinzuweisen. Er erhält sie vom Finanzamt aufgrund der Veräußerungsanzeige (§ 5 Art. 97 Einführungsgesetz zur Abgabenordnung 1977). Nach der Rechtsprechung des BFH gilt dies auch für den Erwerb, den Heimfall sowie die Aufhebung des Erbbaurechts (BFH MittBayNot 1980, 90). Über die Höhe oder über die Frage, ob im Einzelfall Steuer anfällt (dazu unten Anm. 54) braucht der Notar nicht zu belehren (*Keidel/Winkler* § 19 BeurkG Rdn. 5).

50. Beurkundungsform. Gemäß § 11 Abs. 2 ErbbVO finden auf das schuldrechtliche Grundgeschäft zur Bestellung des Erbbaurechts die Vorschriften des § 313 BGB Anwendung. Der Formzwang erstreckt sich auf den gesamten Vertrag, somit auf alle Vereinbarungen, aus denen sich nach dem Willen der Parteien das Rechtsgeschäft zusammensetzt und die nach ihrem Willen rechtlich eine Einheit bilden. Es müssen daher alle Abreden, die die Parteien als für den Vertragsschluß wesentlich erachten, in die Urkunde aufgenommen werden. Nach § 11 Abs. 2 ErbbVO gelten auch die Vorschriften des § 313 S. 2 BGB über die Heilung eines formnichtigen Vertrags entsprechend, wonach der Vertrag seinem ganzen Inhalt nach gültig wird, wenn die Einigung und die Eintragung in das Grundbuch erfolgen. Die Heilungswirkung erstreckt sich in der Regel auf den gesamten Inhalt der vertraglichen einschließlich der formlosen Vereinbarungen (MünchKomm/*v. Oefele* § 11 Rdn. 6; *Wufka* DNotZ 1985, 651).

51. Behördliche Genehmigungen. Behördliche Genehmigungen bei einer Erbbaurechtsbestellung können erforderlich sein gemäß § 19 BauGB (Grundstücksteilung), soweit die Gemeinde dies durch Satzung bestimmt hat, § 144 Abs. 2 Nr. 1, 3 BauGB (Sanierungsgebiet), nach § 1821 Abs. 1 Nr. 1, § 1643 BGB durch das Vormundschaftsgericht bei Beteiligung Minderjähriger. Nach dem Grundstücksverkehrsgesetz ist eine Genehmigung zum Erbbaurecht nicht vorgesehen (BGH NJW 1976, 519; MünchKomm/*v. Oefele* § 11 Rdn. 41; h.M., streitig). Der Notar soll die Beteiligten darauf hinweisen und dies in der Niederschrift vermerken (§ 18 Beurkundungsgesetz). Zur Genehmigungspflicht bei Erbbaurechten im Gebiet der ehemaligen DDR nach der Grundstücksverkehrsordnung s. unten Form. VIII. 26 Anm. 34.

52. Erbbauzins in der Zwangsversteigerung. Für ein Erbbaurecht alten Rechts, dessen Erbbauzins nicht gemäß § 9 Abs. 3 Nr. 1 ErbbVO zwangsversteigerungsfest vereinbart wird (oben Anm. 35, 37), gilt folgendes: Bei der Zwangsversteigerung des Erbbaurechts bleibt der Erbbauzins nur bestehen, wenn er dem bestrangig betreibenden Gläubiger vorgeht; andernfalls erlischt er und der Erlös des Wertes aus dem Versteigerungserlös tritt an seine Stelle (§ 92 Abs. 1 ZVG). Da der Erbbauzins nicht zum „dinglich" wirkenden Inhalt des Erbbaurechts im Sinn des § 2 ErbbVO gemacht werden kann (Ziffer II §§ 1–9; s. oben Anm. 34, 37), wird die dem betreibenden Grundpfandrechtsgläubiger im Rang nachgehende Reallast nicht in das geringste Gebot aufgenommen (§ 10 Abs. 1 Nr. 6 ZVG). Der Eigentümer kann deshalb, wie in dem vom BGH (BGHZ 81, 358 = NJW 1982, 234) entschiedenen Fall, mit seinem Erbbauzins hinter Grundpfandrechten nach einer Zwangsversteigerung des Erbbaurechts durch die Grundpfandrechtsgläubiger für die ganze restliche Dauer des Erbbaurechts ausfallen (MünchKomm/*v. Oefele* § 9 Rdn. 17; *Staudinger/Ring* § 9 Rdn. 8; *Winkler* DNotZ 1970, 390). Zur Möglichkeit wenigstens einer teilweisen Absicherung s. Form VIII. 2 Ziffer XIII und Form. VIII. 3 Ziffer XII sowie Form. VIII. 21, je mit Anmerkungen (s. auch *Winkler* NJW 1985, 940).

53. Wenn der Erbbauzins gemäß dem Sachenrechtsänderungsgesetz zwangsversteigerungsfest vereinbart ist (§ 9 Abs. 3 Nr. 1 ErbbVO), vgl. Anm. 37.

54. Grunderwerbsteuer. Das Erbbaurecht ist nach § 2 Abs. 2 Nr. 1 GrEStG einem Grundstück gleichgestellt. Damit sind die auf Grundstücke abgestellten Tatbestände des § 1 GrEStG auf das Erbbaurecht entsprechend anzuwenden (*Boruttau/Egly/Sigloch*, § 2 GrEStG Rdnr. 156 stellen unter Bezugnahme auf einen Verwaltungserlaß die steuerrelevanten Erbbaurechtsvorgänge zusammen).

VIII. Erbbaurechtsverträge

1.1 Nach § 1 Abs. 1 Nr. 1 GrEStG
1.1.1 Ein Vertrag, der den Anspruch auf Bestellung eines Erbbaurechts begründet.[1]
1.1.2 Ein Vertrag, der den Anspruch auf Übertragung eines Erbbaurechts begründet.[2]
1.1.3 Die Ausübung des Vorrechts auf Erneuerung des Erbbaurechts nach § 31 ErbbauVO
1.2 Nach § 1 Abs. 1 Nr. 2 GrEStG
1.2.1 eine auf die Bestellung des Erbbaurechts gerichtete Einigung, wenn kein Rechtsgeschäft im Sinne der vorstehenden Nr. 1.1.1 vorausgegangen ist,
1.2.2 eine auf die Übertragung eines Erbbaurechts gerichtete Einigung, wenn kein Rechtsgeschäft im Sinne der vorstehenden Nr. 1.1.2 vorausgegangen ist,
1.2.3 ein Rechtsgeschäft, durch das ein Erbbaurecht vor dem vereinbaren Zeitablauf aufgehoben oder auf ein Erbbaurecht verzichtet wird[3]
1.2.4 der Heimfall eines Erbbaurechts nach § 32 ErbbauVO[4]
1.3 nach § 1 Abs. 1 Nr. 3 GrEStG
1.3.1 der Übergang eines Erbbaurechts kraft Gesetzes und die Übertragung eines Erbbaurechts durch behördlichen Ausspruch,
1.3.2 die vorzeitige Löschung eines nicht dem Grundstückseigentümer selbst zustehenden Erbbaurechts im Erbbaugrundbuch, wenn kein Rechtsgeschäft im Sinne der vorstehenden Nr. 1.2.3 vorausgegangen ist,
1.3.3 das Erlöschen eines Erbbaurechts durch Zeitablauf nach § 27 Abs. 1 ErbbauVO.
1.4 Nach § 1 Abs. 1 Nr. 4 GrEStG
das Meistgebot im Zwangsversteigerungsverfahren über ein Erbbaurecht.
1.5 Nach § 1 Abs. 1 Nr. 5 GrEStG
ein Rechtsgeschäft, das den Anspruch auf Abtretung eines Anspruchs auf Bestellung oder Übertragung eines Erbbaurechts oder der Rechte aus einem Meistgebot begründet[5]
1.6 Nach § 1 Abs. 1 Nr. 6 GrEStG
ein Rechtsgeschäft, das den Anspruch auf Abtretung der Rechte aus einem Angebot zum Abschluß eines Vertrages begründet, kraft dessen die Bestellung oder Übertragung eines Erbbaurechts verlangt werden kann.
1.7 Nach § 1 Abs. 1 Nr. 7 GrEStG
die Abtretung eines der in der Nr. 1.5 und 1.6 bezeichneten Rechte, wenn kein Rechtsgeschäft vorausgegangen ist, das den Anspruch auf Abtretung der Rechte begründet.
2. Aufgrund der BFH-Urteile vom 24. 2. 1982 (BStBl II, 625) und vom 23. 6. 1982 (BStBl. II, 630) ist die Verlängerung eines bestehenden Erbbaurechts nicht als ein selbständiger, der Grunderwerbsteuer unterliegender Rechtsvorgang anzusehen. Mit der Vereinbarung der Verlängerung eines Erbbaurechts – ggf. ihrer Genehmigung – entsteht jedoch eine zusätzliche Grunderwerbsteuer auf den ursprünglichen Erwerbsvorgang insoweit, als bei der Verlängerung des Erbbaurechts eine Gegenleistung vereinbart worden ist.[6] Dies gilt auch dann, wenn das Erbbaurecht von einem früheren Erbbauberechtigten erworben wurde.

Die Besteuerung richtet sich nach der im Zeitpunkt der Verlängerung des Erbbaurechts geltenden Rechtslage. Die Grunderwerbsteuer für die Verlängerung des Erbbaurechts ist ggf. durch Ergänzungsbescheid festzusetzen.

Die Grunderwerbsteuer ist, sofern eine Gegenleistung vorhanden ist, vom Wert der Gegenleistung zu berechnen (§ 8 GrEStG). Gegenleistung ist der nach § 13 BewG kapi-

---

[1] BHF, BStBl 1980 II, 135 und 136 mit weiteren Nachweisen.
[2] BHF, BStBl 1980 II, 136.
[3] BFH, BStBl 1980 II, 136
[4] BFH, BStBl 1970 II, 130.
[5] BFH, BStBl 1968 II, 222.
[6] BFH, BStBl 1982 II, 625.

1. Erbbaurechtsvertrag mit festem Erbbauzins (Kurzfassung) VIII. 1

talisierte Wert der Erbbauzinsverpflichtung zuzüglich etwa vereinbarter Zuzahlungen oder sonstiger Leistungen. Bei der Kapitalisierung der Erbbauzinsverpflichtung nach § 13 BewG (Jahreswert × Laufzeit abhängiger Vervielfacher) findet keine Wertkorrektur durch Vergleich mit dem Wert des Grundstückes statt. Das heißt mit den Begriffen des Bewertungsgesetzes ausgedrückt: Eine Begrenzung des Jahreswertes auf den 18,6ten Teil des Wertes des Wirtschaftsgutes, wie dies § 16 BewG vorsieht, findet nach § 17 Abs. 3 Satz 2 BewG nicht statt.

Zum Fall des Formulares: Die Laufzeit des Erbbaurechtes beträgt 99 Jahre ab dem Tag der Eintragung. Mit dem Tag der Eintragung beginnt auch die Pflicht zur Zahlung des Erbbauzinses. Besitz, Nutzen, Lasten gehen jedoch mit Vertragsschluß über. Dafür hat der Erbbauberechtigte ab sofort ein Nutzungsentgelt in Höhe des Erbbauzinses zu leisten. Nach *Boruttau/Egly/Sigloch* (§ 9 GrEStG Rdnr. 555) sind diese Nutzungsentschädigungen Gegenleistung i.S.d. GrEStG, d.h. es ist die Erbbaurechtslaufzeit von 99 Jahren um den Zeitraum zwischen Vertragsschluß und Eintragung zu ergänzen. Damit erhöht sich aber die Bemessungsgrundlage nur unerheblich (Vervielfältiger bei 99 Jahren 18,589, bei 100 Jahren 18,593; multipliziert mit Jahreswert von DM 5.000,00 = Besteuerungsgrundlage von DM 92.945,00 bei 99 Jahren bzw. DM 92.965,00 bei 100 Jahren). Das Formular enthält Regelungen zu Entschädigung bei Zeitablauf, Heimfall, Vorrecht auf Erneuerung. Diese potentiellen Sachverhalte sind noch nicht realisiert und damit noch nicht steuerrelevant. Die Erneuerung des Erbbaurechtes wird behandelt wie eine erstmalige Bestellung und ist grunderwerbsteuerpflichtig. Bemessungsgrundlage ist auch hier die Gegenleistung ggf. der kapitalisierte Erbbauzins.[7]

Wenn keine Gegenleistung vereinbart ist, ist die Steuer aus dem Grundbesitzwert des Erbbaurechtes zu ermitteln (§ 8 Abs. 2 Satz 1 GrEStG). Solange die durch das Jahressteuergesetz 1997 vom 20. 12. 1997 eingeführten Bewertungsvorschriften der §§ 145–150 BewG noch nicht umgesetzt sind, fehlen für Zwecke der GrESt-Berechnung die entsprechenden Ausgangswerte. Dennoch muß zügig die Grunderwerbsteuer veranlagt werden, nicht zuletzt auch, um Unbedenklichkeitsbescheinigungen ausstellen zu können. Zum Zeitpunkt der Abfassung dieser Anmerkungen haben die Landesfinanzverwaltungen im Erlaßweg Übergangsregelungen vorbereitet: Vorläufige Veranlagung nach § 165 AO auf der Wertbasis des 3,5-fachen des alten Einheitswertes, dann später Anpassung nach § 175 AO, sobald der Grundbesitzwert nach § 138 ff. BewG festgestellt ist.

55. Kosten.
(1) Notar:
a) Geschäftswerte:
Grundlage für die Wertbestimmung des Erbbaurechts sind §§ 21 Abs. 1, 30 Abs. 1 Kostenordnung. Nach § 21 Abs. 1 KostO sind gegenüberzustellen 80% des Grundstückswerts und der nach § 24 Abs. 1a KostO kapitalisierte Erbbauzins; der höhere Wert ergibt den Geschäftswert. Mit diesem Wert ist alles erfaßt, was zum Inhalt des Erbbaurechts gehört, auch schuldrechtliche Vereinbarungen, z. B. Bauverpflichtung, Übernahme der öffentlichen Lasten und Abgaben, künftige Erschließungskosten, Heimfallrecht, Vorrecht auf Erneuerung des Erbbaurechts, Erfordernis der Zustimmung zur Veräußerung und Belastung des Erbbaurechts, ferner das Vorkaufsrecht des Erbbauberechtigten am Erbbaugrundstück (*Korintenberg/Lappe/Bengel/Reimann* § 21 Rdn. 26).

Das Vorkaufsrecht des Grundstückseigentümers am Erbbaurecht ist getrennt zu bewerten. Grundlage für die Bewertung des Vorkaufsrechts am Erbbaurecht ist der nach § 19 Abs. 2 KostO zu bestimmende *Wert des Erbbaurechts*. Dabei ist nicht nur die künftige Bebauung (Baukosten), sondern auch der Wert des Erbbaurechts vor Errichtung des Bauwerks zu berücksichtigen (BayObLG DNotZ 1984, 113; Hartmann § 20 Anm. 3 B). Der Wert des Erbbaurechts vor der Bebauung ist im Wege der

---
[7] *Boruttau/Egly/Sigloch* § 9 Rdnr. 561.

Schätzung nach § 30 Abs. 1 KostO zu ermitteln; ein Wertansatz bis zu 80% des Grundstückswertes entsprechend den Bewertungsgrundsätzen des § 21 Abs. 1 Satz 1 liegt nach BayObLG noch im Ermessensrahmen (ähnlich OLG Düsseldorf DNotZ 1975, 434). Der Geschäftswert des Vorkaufsrechts am Erbbaurecht ist nach § 30 Abs. 1, § 20 Abs. 2 KostO in der Regel mit 50% des Wertes des Erbbaurechts nach Bebauung anzunehmen. Ist jedoch zur Veräußerung des Erbbaurechts die Zustimmung des Grundstückseigentümers erforderlich, muß der Wert geringer angesetzt werden, etwa mit 10% des Erbbaurechtswertes *(Korintenberg/Lappe/Bengel/Reimann* § 21 Rdn. 25). A.A. ist das OLG Schleswig (JurBüro 1982, 1867), das das Vorkaufsrecht als gleichen Gegenstand nicht gesondert bewertet.

Eine im Erbbaurechtsvertrag bereits erteilte Zustimmung des Grundstückseigentümers zur Belastung des Erbbaurechts mit bestimmten dinglichen Rechten ist Inhalt des Erbbaurechts und nicht gesondert zu bewerten (*Korintenberg/Lappe/Bengel/Reimann* § 21 Rdn. 30); das gleiche gilt für eine im Erbbaurechtsvertrag mitabgegebene Rangrücktrittserklärung hinsichtlich des Erbbauzinses und des Vorkaufsrechts am Erbbaurecht.

b) Gebühren:
Aus dem nach § 44 Abs. 2a KostO ermittelten Gesamtwert sind zwei volle Gebühren gemäß § 36 Abs. 2 KostO zu erheben.

c) Bewertungsbeispiel:
Geschäftswert
a) Erbbaurechtsbestellung gemäß § 21 Abs. 1 KostO: kapitalisierter Erbbauzins 5000 × 25 =   DM 125.000,–
b) Vorkaufsrecht am Erbbaurecht (§§ 20 Abs. 2, 30 Abs. 1 KostO) 10% des bebauten Erbbaurechts (80% des Grundstückswerts + Baukosten), z. B.   DM 50.000,–
zusammen gemäß § 44 Abs. 2a KostO   DM 175.000,–

Gebührenansatz: 20/10 nach § 36 Abs. 2 KostO.

(2) Grundbuch:
a) Erbbaurecht:
Für den Wert gilt das oben (1) Ausgeführte. Es wird eine Gebühr aus § 62 Abs. 1 KostO erhoben, womit die Anlegung des Erbbaugrundbuchs (§ 14 ErbbVO) abgegolten ist (*Korintenberg/Lappe/Bengel/Reimann* § 62 Rdn. 10).

b) Vorkaufsrecht am Erbbaurecht:
Für den Wert gilt das oben (1) Ausgeführte. Es wird eine Gebühr aus § 62 Abs. 1 KostO erhoben.

c) Erbbauzins:
Der Wert der Erbbauzinsreallast bemißt sich nach § 24 Abs. 1 KostO. Es wird eine Gebühr aus § 62 Abs. 1 KostO erhoben. Wird die Erbbauzinsreallast bei dem herrschenden Grundstück gemäß § 9 GBO auf einen (formlosen) Antrag hin vermerkt, so wird 1/4-Gebühr nach diesem Wert erhoben (§ 67 Abs. 1 Nr. 3 KostO).

2. Erbbaurechtsvertrag mit gleitendem Erbbauzins zur Errichtung von Wohngebäuden mit der Möglichkeit der Aufteilung nach dem Wohnungseigentumsgesetz[1,2]

Heute, am ......
sind vor mir, ..., Notar in ...... anwesend:
......
Nach Unterrichtung über den Grundbuchstand beurkunde ich bei gleichzeitiger Anwesenheit der Beteiligten ihren Erklärungen gemäß folgenden

2. Erbbaurechtsvertrag mit gleitendem Erbbauzins VIII. 2

Erbbaurechtsvertrag:

I. Grundbuchstand

Im Grundbuch des Amtsgerichts ...... für ......
Band ...... Blatt ......
sind die Ehegatten A als Miteigentümer je zur Hälfte des folgenden Grundbesitzes der Gemarkung ...... eingetragen:
Flst.Nr. ...... (Beschrieb) ...... zu ...... qm,
Flst.Nr. ...... (Beschrieb) ...... zu ...... qm.[3]
Der Grundbesitz ist in Abteilung II belastet mit einer Auflassungsvormerkung für die Stadt[4] ...... wegen einer Teilfläche von ca. 12 m^2 an Flst.Nr. ...... der Gemarkung ......
In Abteilung III ist eingetragen:
DM 100.000,– Buchgrundschuld für die ...... Bank.

II. Bestellung des Erbbaurechts

Die Ehegatten A
– nachstehend als „Grundstückseigentümer" bezeichnet –
bestellen hiermit den Herren B, C und D als Gesellschaften bürgerlichen Rechts[5]
– nachstehend als „Erbbauberechtigter" bezeichnet –
an dem in Ziffer I bezeichneten Grundbesitz ein

Erbbaurecht

im Sinn der Erbbaurechtsverordnung. Dies ist das veräußerliche und vererbliche Recht, auf oder unter der Oberfläche eines Grundstücks ein oder mehrere Bauwerke nach Maßgabe dieses Vertrags zu haben. Für das Erbbaurecht gelten außer der Verordnung über das Erbbaurecht folgende Bestimmungen:

§ 1 Bauwerk, Nebenflächen

(1) Der Erbbauberechtigte ist berechtigt und verpflichtet, auf dem Erbbaugelände auf seine Kosten eine Wohnanlage nebst den dazu erforderlichen Nebenanlagen, wie Tiefgaragen, Straßen, Wegen etc. zu errichten und zu belassen nach Maßgabe eines vom Grundstückseigentümer zu genehmigenden Bauplanes.

(2) Das Erbbaurecht erstreckt sich auch auf den für die Gebäude nicht erforderlichen Teil der Grundstücke, wobei das Bauwerk wirtschaftlich die Hauptsache bleibt.

(3) Der Erbbauberechtigte ist berechtigt, das Erbbaurecht aufzuteilen und die aufgeteilten Erbbaurechte weiter zu veräußern.[17]

(4) Eine Änderung des in Absatz 1 vereinbarten Verwendungszwecks bedarf der vorherigen schriftlichen Zustimmung des Grundstückseigentümers.

§ 2 Bau- und Unterhaltungsverpflichtung

(1) Der Erbbauberechtigte ist verpflichtet, die in § 1 genannten Gebäude innerhalb von drei Jahren nach Abschluß dieses Vertrages bezugsfertig zu errichten.

(2) Die Bauwerke sind unter Verwendung guter und dauerhafter Baustoffe und unter Beachtung der allgemein anerkannten Regeln der Baukunst und der Bauvorschriften zu erstellen. Auf Verlangen sind dem Eigentümer die bei der Bauausführung zugrundeliegenden Baupläne mit Baubeschreibung vorzulegen.

(3) Der Erbbauberechtigte ist verpflichtet, die auf dem Erbbaugrundstück befindlichen Bauwerke einschließlich der Außenanlagen und der besonderen Betriebseinrichtungen in gutem Zustand zu halten und die erforderlichen Reparaturen und Erneuerungen unver-

züglich auf eigene Kosten vorzunehmen. Kommt der Erbbauberechtigte diesen Verpflichtungen trotz Aufforderung innerhalb angemessener Frist nicht oder nur ungenügend nach, so ist der Grundstückseigentümer berechtigt, die Arbeiten auf Kosten des Erbbauberechtigten vornehmen zu lassen.

(4) Auch nach Aufteilung gemäß WEG hat der jeweilige Erbbauberechtigte gegenüber dem Grundstückseigentümer die Pflichten zu ordnungsgemäßer Verwaltung nach dem WEG bezüglich des Erbbauwerkes zu erfüllen.[17]

(5) Die Baulichkeiten dürfen nur mit Zustimmung des Grundstückseigentümers ganz oder teilweise abgebrochen oder wesentlich verändert werden.

§ 3 Besichtigungsrecht

Der Grundstückseigentümer ist zweimal im Jahr nach vorheriger Absprache berechtigt, das Grundstück und die Gebäude zu besichtigen oder durch Beauftragte oder Bevollmächtigte besichtigen und auf ihren baulichen Zustand und ihre vertragsgemäße Verwendung prüfen zu lassen. Bei berechtigten Beanstandungen ist der Grundstückseigentümer solange zu mehrfacher Besichtigung berechtigt, bis die Mängel behoben sind.

§ 4 Versicherungsverpflichtung

(1) Der Erbbauberechtigte ist verpflichtet, die auf dem Erbbaugrundstück befindlichen Bauwerke zum frühest möglichen Zeitpunkt mit dem vollen Wert gegen Brand-, Sturm-, Heizöl- und Leitungswasserschäden in der Form einer Neuwertversicherung auf eigene Kosten zu versichern. Die Versicherungen sind während der ganzen Laufzeit des Erbbaurechts aufrecht zu erhalten. Dem Grundstückseigentümer ist auf Verlangen das Bestehen der Versicherungen nachzuweisen.

(2) Kommt der Erbbauberechtigte trotz schriftlicher Mahnung dieser Verpflichtung binnen angemessener Frist nicht oder nur ungenügend nach, so ist der Grundstückseigentümer berechtigt, auf Kosten des Erbbauberechtigten für die Versicherungen selbst zu sorgen.

(3) Der Erbbauberechtigte ist verpflichtet, bei Eintritt des Versicherungsfalls die Bauwerke in dem vorherigen Umfang wieder aufzubauen. Dabei sind die Versicherungs- oder sonstigen Entschädigungsleistungen in vollem Umfang zur Wiederherstellung zu verwenden. Bei Zerstörungen, die nicht durch eine Versicherung abgedeckt sind, ist der Erbbauberechtigte zum Wiederaufbau nur verpflichtet, wenn er die Nicht- oder Unterversicherung zu vertreten hat.

§ 5 Vertragsdauer

Das Erbbaurecht beginnt mit der Eintragung im Grundbuch und endet am
31. Dezember 2097.
Nach Beendigung des Erbbaurechts gehen die Gebäulichkeiten und baulichen Anlagen in das Eigentum des Grundstückseigentümers über. Anfallende Vollzugskosten trägt der Grundstückseigentümer.

§ 6 Lastentragung

(1) Der Erbbauberechtigte trägt alle öffentlichen Lasten und Abgaben des Grundstücks und des Erbbaurechts, insbesondere die Grund- und Gebäudesteuern, Kanal-, Straßenreinigungs-, Müllabfuhr- und Kaminkehrerkosten.

(2) Der Erbbauberechtigte trägt auch alle privatrechtlichen Lasten des Erbbaugrundstücks und des Erbbaurechts. Ausgenommen sind alle gegenwärtigen und künftigen grundbuchmäßigen Belastungen des Grundstücks, soweit für sie nicht eine abweichende Regelung getroffen wird.

2. Erbbaurechtsvertrag mit gleitendem Erbbauzins

(3) Der Erbbauberechtigte hat alle mit der Erschließung zusammenhängenden Kosten zu tragen, soweit Erschließungsanlagen nicht bereits vor Abschluß des Erbbaurechtsvertrags hergestellt worden sind. Diese Regelung gilt unabhängig davon, wann und wem ein Beitragsbescheid zugestellt wird.

§ 7 Zustimmungserfordernis

(1) Der Erbbauberechtigte bedarf der schriftlichen Zustimmung des Grundstückseigentümers

a) zur Veräußerung des Erbbaurechts. Die Zustimmung zur Belastung gilt auch als Zustimmung zur Versteigerung des Erbbaurechts aus dem genehmigten Recht. Zur ersten Veräußerung der aufgeteilten Erbbaurechte wird die Zustimmung hiermit erteilt,[17]

b) zur Belastung des Erbbaurechts mit Grundpfandrechten, Dauerwohn- und Dauernutzungsrechten und Reallasten sowie zur Änderung des Inhalts eines dieser Rechte, wenn die Änderung eine weitere Belastung des Erbbaurechts enthält,

c) zur wesentlichen Veränderung oder zum ganzen oder teilweisen Abbruch der Gebäulichkeiten und der Nebenanlagen.

(2) Die Zustimmung kann nur aus einem § 7 ErbbVO entsprechenden Grund versagt werden.

(3) Die Zustimmung gilt als erteilt, falls sie nicht innerhalb eines Monats nach Eingang der mittels eingeschriebenen Briefs zugegangenen Anfrage des Erbbauberechtigten unter Angabe von Gründen durch den Eigentümer verweigert wird.

§ 8 Heimfall[6]

(1) Der Grundstückseigentümer kann die Übertragung des *gesamten Erbbaurechts*[18], also nach der Aufteilung gemäß WEG sämtliche Wohnungs- und Teilerbbaurechte, auf sich oder an einen von ihm zu bezeichnenden Dritten auf Kosten der Erbbauberechtigten (Eigentümergemeinschaft) verlangen

– Heimfall –,

wenn
die Erbbauberechtigten (Eigentümergemeinschaft) den in Ziffer II §§ 1, 2, 3, 4, 6 und Ziffer IX Abs. 4 dieses Vertrages aufgeführten Verpflichtungen bezüglich des gemeinschaftlichen Eigentums trotz Abmahnung schuldhaft zuwiderhandeln.

(2) Der Grundstückseigentümer kann die Übertragung *eines einzelnen Wohnungs- bzw. Teilerbbaurechts*[18] auf sich oder auf einen von ihm zu bezeichnenden Dritten auf Kosten des Erbbauberechtigten verlangen

– Heimfall –

wenn

a) der Erbbauberechtigte mit der Zahlung des Erbbauzinses in Höhe von 2 Jahresraten im Rückstand ist,

b) ein Veräußerungsvertrag über das Erbbaurecht abgeschlossen wurde, ohne daß der Erwerber gemäß Ziffer XI dieses Erbbaurechtsvertrages in alle schuldrechtlichen Verpflichtungen aus diesem Erbbaurechtsvertrag mit Weiterübertragungsverpflichtung eingetreten ist,

c) der Erbbauberechtigte den Verpflichtungen aus diesem Vertrag trotz Abmahnung zuwiderhandelt, soweit sie das Sondereigentum betreffen,

d) die Zwangsversteigerung oder Zwangsverwaltung des Erbbaurechts angeordnet wird,

e) über das Vermögen des Erbbauberechtigten das Konkurs- oder Vergleichsverfahren eröffnet oder die Eröffnung mangels Masse abgelehnt wird,

(3) Übernimmt der Grundstückseigentümer gemäß § 33 Erbbaurechtsverordnung Lasten, so sind diese auf die nach § 9 zu zahlende Vergütung anzurechnen. Übersteigen

diese die Vergütung, so ist der Erbbauberechtigte verpflichtet, die überschießenden Beträge dem Grundstückseigentümer zu erstatten.

§ 9 Entschädigung bei Heimfall und Zeitablauf[7]

(1) Macht der Grundstückseigentümer von seinem Heimfallanspruch Gebrauch oder erlischt das Erbbaurecht durch Zeitablauf, so hat der Grundstückseigentümer dem Erbbauberechtigten eine Entschädigung zu gewähren.

(2) Die Entschädigung beträgt ⅔ des Verkehrswerts, den die Bauwerke und Anlagen zum Zeitpunkt des Heimfalls bzw. beim Erlöschen des Erbbaurechts haben. Bei Bewertung der Gebäulichkeiten sind die vom Erbbauberechtigten aufgewendeten Erschließungskosten mit zu berücksichtigen.

(3) Einigen sich die Beteiligten über den Verkehrswert nicht, so ist dieser durch zwei vereidigte Sachverständige festzustellen, von denen Grundstückseigentümer und Erbbauberechtigter je einen ernennen. Benennt einer den Sachverständigen nicht binnen 2 Wochen nach schriftlicher Aufforderung durch den anderen, so geht das Recht des säumigen Beteiligten zur Benennung des Schätzmannes auf den anderen Beteiligten über. Einigen sich die Sachverständigen nicht, so wählen sie einen Obmann. Kommt es über dessen Person zu keiner Einigung, so wird er durch den Vorstand der Industrie- und Handelskammer für ...... ernannt. Können sich die drei Schätzer über den Wert nicht einigen, so ist der Durchschnitt der zuletzt von jedem der drei Schätzer ermittelten Werte maßgebend. Der festgelegte Betrag gilt als zwischen den Beteiligten vereinbart.

(4) Im Fall des Erlöschens des Erbbaurechts durch Zeitablauf ist die Entschädigung am Tag nach dem Erlöschen zu bezahlen.

(5) Beim Heimfall hat die Übertragung des Erbbaurechts zu erfolgen, sobald die Höhe der zu zahlenden Entschädigung feststeht. Die Entschädigung ist bei Beurkundung der Übertragung ohne Zinsbeilage zu bezahlen.

§ 10 Vorrecht auf Erneuerung

Der Grundstückseigentümer räumt dem Erbbauberechtigten ein

Vorrecht

auf Erneuerung des Erbbaurechts nach Ablauf des Erbbaurechts ein. Der Erbbauberechtigte kann demnach sein Vorrecht ausüben, wenn der Grundstückseigentümer mit einem Dritten einen Vertrag über die Bestellung eines Erbbaurechts an dem Vertragsgrundstück geschlossen hat. Das Vorrecht erlischt drei Jahre nach Ablauf der Zeit, für die das Erbbaurecht bestellt war.

III. Erbbauzins

(1) Der jährliche Erbbauzins beträgt DM 180.000,– – i.W. einhundertachtzigtausend Deutsche Mark –. Er ist in monatlichen Raten von je DM 15.000,– im voraus bis zum Ersten eines jeden Monats zu entrichten; erstmals an dem auf die Eintragung des Erbbaurechts im Grundbuch folgenden Monatsersten.

(2) Der Erbbauzins samt Anpassungsklausel gemäß Ziffer IV ist im Grundbuch als Reallast einzutragen.

(3) Als dinglicher Inhalt des Erbbauzinses wird vereinbart[12], daß
a) die Reallast abweichend von § 52 Abs. 1 des Gesetzes über die Zwangsversteigerung und die Zwangsverwaltung mit ihrem Hauptanspruch bestehenbleibt, wenn der Grundstückseigentümer aus der Reallast oder der Inhaber eines im Range vorgehenden oder gleichstehenden dinglichen Rechts die Zwangsversteigerung des Erbbaurechts betreibt und

2. Erbbaurechtsvertrag mit gleitendem Erbbauzins

b) der jeweilige Erbbauberechtigte dem jeweiligen Inhaber der Reallast gegenüber berechtigt ist, das Erbbaurecht mit einer der Reallast in Rang vorgehenden Grundschuld oder Hypothek in Höhe von DM ...... nebst Zinsen und sonstigen Nebenleistungen zusammen bis 20% jährlich ab Eintragung des vorbehaltenen Rechts im Erbbaugrundbuch zu belasten.[14]

(4) Bei der Aufteilung des Erbbaurechts ist der Erbbauzins auf die einzelnen Wohnungs- bzw. Teilerbbaurechte zu verteilen.[17]

(5) Bis zur Eintragung des Erbbaurechts im Grundbuch hat der Erbbauberechtigte an den jeweiligen Grundstückseigentümer von dem auf den Besitzübergang folgenden Monatsersten an eine jährliche Nutzungsentschädigung in Höhe des vorvereinbarten Erbbauzinses zu leisten. Die Nutzungsentschädigung ist in zwölf gleichen Teilbeträgen jeweils im voraus bis spätestens zum Ersten eines jeden Monats zu entrichten, erstmals an dem auf die Besitzübergabe folgenden Monatsersten.

(6) Schuldrechtlich wird vereinbart, daß bis zur Baufertigstellung monatlich folgende Beträge zu bezahlen sind:
a) ab dem auf den Besitzübergang folgenden Monatsersten   DM 1.000,–,
b) ab dem auf die Erteilung der endgültigen Baugenehmigung folgenden
   Monatsersten   DM 2.000,–,
c) ab dem auf den Baubeginn folgenden Monatsersten, spätestens jedoch
   sechs Monate nach Erteilung der Baugenehmigung   DM 3.000,–,
d) ab dem auf die Baufertigstellung folgenden Monatsersten, spätestens
   jedoch zwölf Monate nach Baubeginn, der volle Erbbauzins.

IV. Erbbauzinsanpassung[8, 11]

(1) Als Inhalt des Erbbauzinses vereinbaren die Vertragsteile folgendes: Der Erbbauzins ist auf der Grundlage der Lebenshaltungskosten vereinbart und soll wertgesichert sein.[8, 9]
a) Ändert sich künftig der vom Statistischen Bundesamt in Wiesbaden ermittelte Preisindex für die Gesamtlebenshaltung aller privaten Haushalte in Deutschland auf der Basis von 1991 = 100 gegenüber dem für den Beurkundungsmonat geltenden Index, so erhöht oder vermindert sich im gleichen Verhältnis die Höhe des zu zahlenden Erbbauzinses.[9]
b) Erhöht sich der Preisindex für die Gesamtlebenshaltung aller privaten Haushalte stärker als der Durchschnittswert der Indizes der Bruttomonatsverdienste der Angestellten in Industrie und Handel sowie der Arbeiter in der Industrie und im Hoch- und Tiefbau, so kann eine Erhöhung des Erbbauzinses höchstens um den Prozentsatz verlangt werden, der dem Mittelwert der Veränderung des Durchschnittswerts der beiden genannten Indizes der Monatsverdienste einerseits und der Veränderung des Lebenshaltungskostenindex andererseits entspricht.[10]

(2) Eine Änderung kann frühestens nach Ablauf von 3 Jahren ab heute und darauf frühestens wieder jeweils nach Ablauf von 3 Jahren nach der jeweils letzten Änderung verlangt werden.

V. Haftung als Gesamtschuldner

Mehrere Erbbauberechtigte haften für alle Verpflichtungen aus diesem Vertrag als Gesamtschuldner. Dies gilt nicht nach der Aufteilung des Erbbaurechts im Verhältnis der Erwerber einzelner Wohnungs- bzw. Teilerbbaurechte.[17]

VI. Zwangsvollstreckungsunterwerfung

(1) Der Erbbauberechtigte unterwirft sich wegen aller in der Urkunde eingegangenen Zahlungsverpflichtungen zur Leistung bestimmter Geldbeträge und – soweit zulässig –

auch wegen der Wertsicherungsklausel als Gesamtschuldner der sofortigen Zwangsvollstreckung aus dieser Urkunde in sein gesamtes Vermögen.[14]

(2) Im Fall der Erhöhung des Erbbauzinses durch Neufestsetzung gemäß Ziffer IV dieser Urkunde ist der Erbbauberechtigte verpflichtet, sich auf Verlangen des Grundstückseigentümers auch wegen des Erhöhungsbetrages in einer notariellen Urkunde der sofortigen Zwangsvollstreckung zu unterwerfen.[15]

(3) Vollstreckbare Ausfertigung ist auf Antrag ohne Fälligkeitsnachweis dem Eigentümer zu erteilen. Eine Umkehr der Beweislast ist damit nicht verbunden.

VII. Besitzübergang

(1) Der Grundbesitz wird dem Erbbauberechtigten am kommenden Monatsersten übergeben.

(2) Von diesem Zeitpunkt an gehen Nutzen und Lasten sowie die Gefahr eines zufälligen Untergangs oder einer zufälligen Verschlechterung auf den Erbbauberechtigten über.

VIII. Teilflächenfreigabe[4]

(1) Für den Fall, daß die Stadt ...... als Berechtigte der Auflassungsvormerkung gemäß Ziffer I dieser Urkunde im Rang hinter das Erbbaurecht zurücktritt, verpflichtet sich der Erbbauberechtigte, an der Fläche, die an den Berechtigten aufzulassen ist, sein Erbbaurecht aufzuheben und gegebenenfalls die Gläubiger des Erbbaurechts darauf hinzuweisen, alle Erklärungen abzugeben, die zum Vollzug des die Vermessung enthaltenden Veränderungsnachweises erforderlich sind. Diese Kosten hat der Grundstückseigentümer zu tragen. An der Höhe des Erbbauzinses ändert sich hierdurch nichts.

(2) Nach der Bauleitplanung der Stadt ...... werden aufgrund der geplanten Bebauung aus dem Vertragsgrundbesitz Gemeinbedarfsflächen benötigt. Der Eigentümer verpflichtet sich, die hierfür erforderlichen Flächen unverzüglich auf Anforderung an die Stadt abzutreten. Der Erbbauberechtigte verpflichtet sich, das Erbbaurecht soweit aufzuheben und gegebenenfalls seine Gläubiger darauf hinzuweisen, alle Erklärungen abzugeben, die zum Vollzug des die Vermessung enthaltenden Veränderungsnachweises erforderlich sind. Soweit die Stadt für die Abtretung eine Entschädigung bezahlt, steht sie dem Grundstückseigentümer zu. Soweit sich dadurch die Fläche des Erbbaugrundstücks mindert, vermindert sich auch der Erbbauzins anteilig. Die Beteiligten sind verpflichtet, den Erbbauzins in einer Nachtragsurkunde neu festzulegen. Die hiermit im Zusammenhang stehenden Kosten hat der Grundstückseigentümer zu tragen.

IX. Haftung, Gewährleistung

(1) Der Eigentümer haftet dafür, daß das Erbbaurecht die erste Rangstelle erhält. Er ist verpflichtet, die Lastenfreistellung bzw. Rangrücktritte der in Ziffer I bezeichneten Rechte unverzüglich auf seine Kosten herbeizuführen.

(2) Der Grundstückseigentümer übernimmt keine Haftung dafür, daß das Grundstück für die Errichtung der beabsichtigten Bauwerke und der sonstigen Anlagen geeignet ist und daß die notwendigen behördlichen Genehmigungen erteilt werden. Er haftet nicht für Sachmängel gleich welcher Art, insbesondere nicht für die Bodenbeschaffenheit und die Richtigkeit des angegebenen Flächenmaßes.

(3) Der Erbbauberechtigte haftet dem Grundstückseigentümer für alle bei der Ausübung des Erbbaurechts und der mit diesem verbundenen Rechte entstehenden Schäden, vor allem für solche durch vertragswidrige Inanspruchnahme der Vertragsflächen und der Verkehrswege und durch mangelhafte Unterhaltung und unzureichende Verkehrssi-

cherung der Bauwerke, Baustellen und Verkehrsanlagen. Der Erbbauberechtigte haftet für sich und seine Leute, Kunden, Besucher und Zulieferer, es sei denn, daß weder ihn noch seine Leute ein Verschulden trifft.

(4) Zur Abdeckung dieser Haftung hat der Erbbauberechtigte eine Haftpflichtversicherung mit ausreichender Deckungssumme abzuschließen und auf die Dauer des Erbbaurechtsvertrags aufrecht zu erhalten. Im Zweifelsfall ist die Deckungssumme von dem Versicherer in angemessener Höhe festzusetzen. Kommt der Erbbauberechtigte der Versicherungspflicht nicht nach, so kann der Grundstückseigentümer auf Kosten des Erbbauberechtigten für die notwendige Versicherung sorgen.

X. Gegenseitiges Vorkaufsrecht

(1) Der Grundstückseigentümer räumt dem jeweiligen Erbbauberechtigten am Erbbaugrundstück, der Erbbauberechtigte dem jeweiligen Grundstückseigentümer am Erbbaurecht das dingliche

Vorkaufsrecht für alle Verkaufsfälle

ein. Für die Vorkaufsrechte gelten die gesetzlichen Bestimmungen.

(2) Bei Aufteilung des Erbbaurechts steht auch den jeweiligen Inhabern der Wohnungs- bzw. Teilerbbaurechte das oben bezeichnete Vorkaufsrecht entsprechend dem jeweiligen Grundstücksanteil zu bzw. dem jeweiligen Grundstückseigentümer das Vorkaufsrecht an den Wohnungs- bzw. Teilerbbaurechten.[17]

(3) Der Grundstückseigentümer ist nicht berechtigt, dieses Vorkaufsrecht beim ersten Verkaufsfall des aufgeteilten Erbbaurechts durch den jetzigen Erbbauberechtigten auszuüben.

XI. Rechtsnachfolge

Soweit die Verpflichtungen dieses Vertrags nicht kraft Gesetzes auf die Rechtsnachfolger übergehen, ist jeder Vertragsteil verpflichtet, seine sämtlichen Verpflichtungen aus diesem Vertrag seinen sämtlichen Sonderrechtsnachfolgern mit der Weiterübertragungsverpflichtung aufzuerlegen. Wenn ein Sonderrechtsnachfolger des Erbbauberechtigten nicht alle Verpflichtungen aus diesem Vertrag übernimmt, so ist dies ein Grund, die nach Ziffer II § 8 erforderliche Zustimmung zur Übertragung des Erbbaurechts zu verweigern.

XII. Grundbuchanträge

Die Beteiligten sind über die Bestellung der nachfolgenden Rechte einig und bewilligen und der Erbbauberechtigte beantragt

(1) in das Grundbuch des in Ziffer I bezeichneten Grundstücks einzutragen:
a) die in Ziffer I genannten Grundstücke im Weg der Vereinigung als ein Grundstück,[3]
b) in Abteilung II an erster Rangstelle das Erbbaurecht gemäß den Bestimmungen dieses Vertrags,
c) das Vorkaufsrecht gemäß Ziffer X im Rang nach dem Erbbaurecht,
d) die zur Rangbeschaffung für das Erbbaurecht erforderlichen Erklärungen,

(2) für das vereinbarte Erbbaurecht ein Erbbaugrundbuch anzulegen und in dieses einzutragen:
a) das Erbbaurecht,
b) die Reallast für den Erbbauzins[11] gemäß Ziffer III zugunsten des jeweiligen Grundstückseigentümers samt dem Rangvorbehalt,
c) das Vorkaufsrecht gemäß Ziffer X im Rang nach dem Erbbauzins.

XIII. Zustimmung zur Belastung, Verpflichtung zum Rangrücktritt[16]

(1) Der Erbbauberechtigte und später die jeweiligen Inhaber der aufgeteilten Erbbaurechte entsprechend ihrem Bruchteil haben das Recht, Grundpfandrechte bis zur Höhe von insgesamt DM 7.500.000,– im Rang vor der Reallast und dem Vorkaufsrecht zu bestellen. Bei einer Aufteilung des Erbbaurechts in Wohnungs- bzw. Teilerbbaurechte dürfen die endgültigen Gesamtbelastungen der Wohnungs- und Teilerbbaurechte DM 7.500.000,– nicht übersteigen.[17] Dieser Höchstbetrag setzt eine erzielte Nutzfläche von 12.500 m² voraus; bei einer höheren oder geringeren Nutzfläche ändert sich die Belastungshöhe entsprechend.

(2) Der Grundstückseigentümer stimmt dem bereits jetzt zu und verpflichtet sich zum entsprechenden Rangrücktritt mit seinen Rechten auf Kosten des Erbbauberechtigten, wenn gesichert ist, daß die Grundpfandrechte zugunsten von Kreditinstituten bestellt werden, die der staatlichen Aufsicht unterliegen, und daß die Valuta zur Finanzierung der Erbbaurechtsgebäude verwendet wird und

a) bei Bestellung einer Grundschuld der Erbbauberechtigte seine bestehenden und künftigen, auch bedingten oder befristeten Ansprüche auf vollständige oder teilweise Aufgabe dieser Grundschuld durch Abtretung, Verzicht oder Löschung sowie auf Herausgabe des sich bei der Verwertung dieser Grundschuld ergebenden Erlöses, soweit dieser die durch sie gesicherten schuldrechtlichen Forderungen übersteigt, auf den Eigentümer überträgt,

b) bei Bestellung einer Hypothek sich der Erbbauberechtigte gegenüber dem jeweiligen Eigentümer verpflichtet, die Hypothek auf seine Kosten löschen zu lassen für den Fall, daß die bestellte Hypothek ganz oder teilweise dem Erbbauberechtigten zusteht oder sich mit dem Erbbaurecht in einer Person vereinigt oder bereits vereinigt hat, und zwar auch für den Fall des § 1163 Abs. 1 Satz 1 BGB,

c) eine diesbezügliche Löschungsvormerkung im Grundbuch eingetragen wird.

XIV. Vollmacht zur Teilung[17]

(1) Der Grundstückseigentümer stimmt schon heute der Aufteilung des Erbbaurechts in Wohnungs- bzw. Teilerbbaurechte, der Aufteilung des Erbbauzinses und des Vorkaufsrechts vorbehaltlos zu. Er bevollmächtigt hiermit den Erbbauberechtigten unwiderruflich unter Befreiung von den Beschränkungen des § 181 BGB, alle diesbezüglich notwendigen und zweckdienlichen Erklärungen auch in seinem Namen abzugeben.

(2) Im Fall der Aufteilung in Wohnungs- bzw. Teilerbbaurechte hat der jeweilige Verwalter den Erbbauzins auf Kosten der Erbbauberechtigten einzuziehen. Der Gesamterbbauzins ist vom Verwalter an den Grundstückseigentümer abzuliefern.

XV. Vormerkung[19]

(1) Die Vertragsteile bewilligen und der Erbbauberechtigte beantragt vorerst die Eintragung einer

Vormerkung nach § 883 BGB

zur Sicherung des Anspruchs des Erbbauberechtigten auf Einräumung des Erbbaurechts an dem Vertragsgrundbesitz im Grundbuch an nächstoffener Rangstelle zu dem in Abschnitt II angegebenen Erwerbsverhältnis.

(2) Diese Vormerkung beantragt der Erbbauberechtigte mit Eintragung des Erbbaurechts wieder zu löschen, vorausgesetzt, daß seit Eintragung der Vormerkung keine Zwischeneintragungen erfolgt sind und keine Eintragungsanträge vorliegen, wodurch seine Rechte beeinträchtigt werden.

XVI. Salvatorische Klausel[20]

Sollte eine Bestimmung dieses Vertrags unwirksam sein oder werden, so wird dadurch die Wirksamkeit des Vertrags und des Erbbaurechts im übrigen nicht berührt. Die Vertragsteile sind dann verpflichtet, den Vertrag durch eine Regelung zu ergänzen, die der unwirksamen Bestimmung wirtschaftlich am nächsten kommt.

XVII. Kosten[29]

Sämtliche mit dieser Beurkundung verbundenen Kosten, einschließlich der Genehmigung, der Ausfertigung, des grundbuchamtlichen Vollzugs, ferner die Grunderwerbsteuer[21] trägt der Erbbauberechtigte, ebenso die Kosten des Heimfalls, der Löschung des Erbbaurechts und der Schließung des Erbbaugrundbuchs.

XVIII. Ausfertigung der Urkunde[22]

Von dieser Urkunde erhalten:
Jeder Vertragsteil sofort eine beglaubigte Abschrift und nach Vollzug eine Ausfertigung, der Grundstückseigentümer auf Verlangen eine vollstreckbare Ausfertigung,
das Amtsgericht ...... – Grundbuchamt – eine beglaubigte Abschrift,
das Finanzamt ...... für Grundbesitz und Verkehrsteuern – Grunderwerbsteuerstelle – eine Abschrift,
die Landeszentralbank in ...... zur Genehmigung nach § 3 Währungsgesetz eine Abschrift.

XIX. Ermächtigung des Notars[25]

Der beurkundende Notar wird ermächtigt, die zu diesem Vertrag erforderlichen Genehmigungen zu erholen und entgegenzunehmen, Anträge – auch geteilt – zu stellen, zurückzunehmen und zu ergänzen, ohne Rücksicht auf die gesetzliche Vollmacht. Alle zu diesem Vertrag erforderlichen Zustimmungserklärungen sollen mit dem Eingang beim Notar den Vertragsteilen als zugegangen gelten und wirksam sein.

XX. Belehrungen[23]

Die Beteiligten wurden vom Notar u. a. darüber belehrt, daß
a) das Erbbaurecht erst mit der Eintragung im Grundbuch entsteht,
b) das Erbbaurecht ausschließlich erste Rangstelle im Grundbuch erhalten muß,[24]
c) die Eintragung erst erfolgen kann, wenn die finanzamtliche Unbedenklichkeitsbescheinigung wegen der Grunderwerbsteuer dem Notar vorliegt,[25]
d) die Wertsicherungsklausel in Ziffer IV der Genehmigung durch die Landeszentralbank in ...... nach § 3 Währungsgesetz bedarf,[26]
e) alle Vereinbarungen richtig und vollständig beurkundet sein müssen, alle nicht beurkundeten Abreden nichtig sind und die Wirksamkeit des ganzen Vertrages in Frage stellen können,
f) die Beteiligten für die Kosten bei Gericht und Notar sowie die Grunderwerbsteuer als Gesamtschuldner haften,
g) zur Bebauung die behördlichen Genehmigungen erforderlich sind,
h) daß die Erbbauzinsreallast in der Zwangsversteigerung des Erbbaurechts grundsätzlich bestehen bleibt.[27]
oder
h) bei einer Versteigerung des Erbbaurechts durch einen Grundpfandrechtsgläubiger, dem der erbbauzinsberechtigte Eigentümer den Vorrang eingeräumt hat, der Erbbauzins für die restliche Dauer des Erbbaurechts erlischt.[28]

Anmerkungen

1. Sachverhalt. Der Sachverhalt entspricht Form. VIII. 1. Jedoch ist der Erbbauzins an eine Währungsklausel geknüpft, erhöht sich also entsprechend der wirtschaftlichen Entwicklung. Während in Form. VIII. 3 das Erbbaurecht auf die Erstellung gewerblicher Bauten gerichtet ist, berechtigt und verpflichtet das Erbbaurecht in diesem Formular zum Bau von Wohngebäuden. Vorgesehen ist, daß der Erbbauberechtigte eine Aufteilung gemäß § 8 WEG in Wohnungs- und Teilerbbaurechte vornimmt. Das Erbbaurecht soll sich über zwei Grundstücke erstrecken. Von der Erbbaurechtsfläche wird später für die Gemeinde noch eine Teilfläche von circa 12 m² weggemessen, für die derzeit eine Vormerkung im Grundbuch eingetragen ist. Soweit Anmerkungen fehlen, wird auf die Anmerkungen zu Form. VIII. 1. verwiesen.

2. Wahl des Formulars. Das Formular ist aus Form. VIII. 1 entwickelt. Es weicht hiervon vor allem dadurch ab, daß es sich um zwei Grundstücke handelt, die mit dem Erbbaurecht belastet werden (Ziffer I des Vertrags und Anm. 3), daß noch eine Teilfläche weggemessen wird (Ziffer VIII des Vertrags und Anm. 4), daß Wohngebäude errichtet werden (Ziffer II § 1), daß der Erbbauzins den wirtschaftlichen Verhältnissen angepaßt werden kann (Ziffer IV und Anm. 8 und 9). Zusätzlich ist in Ziffer XIII eine Zustimmung des Eigentümers zur Belastung mit Grundpfandrechten bereits im Erbbaurechtsvertrag erteilt und eine Rücktrittsverpflichtung mit der Reallast und dem Vorkaufsrecht unter bestimmten Voraussetzungen (s. Anm. 16). Ferner ist in Ziffer XV eine Vormerkung zur Sicherung des Anspruchs des Erbbauberechtigten auf Einräumung des Erbbaurechts bis zur Eintragung im Grundbuch enthalten (s. Anm. 19). Es ist vorgesehen, daß das Erbbaurecht nach dem Wohnungseigentumsgesetz aufgeteilt wird (s. insbesondere Ziffer II § 1 (3), XIV und Anm. 17); die Aufteilung in Wohnungseigentum bedarf zwar nicht der Zustimmung des Grundstückseigentümers; es empfiehlt sich aber trotzdem, sie bei entsprechender Absicht bereits im Erbbaurechtsvertrag mit zu berücksichtigen (s. Anm. 17).

3. Gesamterbbaurecht. Ein Gesamterbbaurecht ist ein einheitliches Erbbaurecht, das als Gesamtrecht an mehreren rechtlich selbständigen Grundstücken lastet. Es entsteht auch durch die nachträgliche Teilung eines Grundstücks oder die Erstreckung eines bereits bestehenden Erbbaurechts auf ein weiteres Grundstück (BayObLG DNotZ 1985, 375). Ein Gesamterbbaurecht kann auch an mehreren Grundstücken verschiedener Eigentümer bestellt werden. Begrifflich handelt es sich auch dann um ein einziges Erbbaurecht, das auf mehreren Grundstücken lastet (BGH, BGHZ 65, 347 = NJW 1976, 519; *Ingenstau* § 1 Rdn. 34 ff; MünchKomm/*v. Oefele* § 1 Rdn. 40; a.A. *Staudinger/Ring* § 1 Rdn. 22; s.u. Form. VIII. 4 Anm. 3). Auf mehreren aneinander grenzenden Grundstücken kann auch je ein einzelnes Erbbaurecht zur Errichtung eines einheitlichen großen Gebäudes bestellt werden, das sich über alle Grundstücke erstrecken soll (OLG Stuttgart DNotZ 1975, 491). Kein Gesamterbbaurecht entsteht dagegen, wenn, wie im vorliegenden Formular, zwei Grundstücke gemäß § 890 Abs. 1 BGB vereinigt oder ein Grundstück einem anderen nach § 890 Abs. 2 BGB zugeschrieben wird (s. auch Form. VIII. 23 Anm. 2). Belastungsgegenstand ist hier jeweils nur ein einziges Grundstück (*v. Oefele/ Winkler* Rdn. 3.43).

Jedes mit dem Gesamterbbaurecht belastete Einzelgrundstück ist frei veräußerlich, da das Verfügungsrecht des Grundstückseigentümers durch das Erbbaurecht nicht eingeschränkt wird (OLG Hamm NJW 1959, 2169). Stehen die einzelnen Grundstücke im Eigentum verschiedener Personen, so sollte im Erbbaurechtsvertrag auch geregelt werden, in welchem Verhältnis die Eigentümer beim Heimfall das Erbbaurecht bzw. beim Erlöschen des Erbbaurechts die auf den Grundstücken befindlichen Gebäude erwerben und von wem welche Entschädigung an den Erbbauberechtigten zu bezahlen ist (dazu

2. Erbbaurechtsvertrag mit gleitendem Erbbauzins VIII. 2

Form. VIII. 4). Dabei erwirbt nach allerdings streitiger Ansicht (MünchKomm/v. *Oefele* § 1 Rdn. 42) nicht jeder Eigentümer unter vertikaler Aufteilung gemäß den Grundstücksgrenzen die auf sein Grundstück entfallenden unselbständigen Gebäudeteile, vielmehr bestimmen sich wegen der faktischen Unteilbarkeit des Gebäudes, auch wenn es auf mehreren Grundstücken verschiedener Eigentümer steht, die Rechte nach §§ 741 ff. BGB. Das Bruchteilsverhältnis der Eigentümer untereinander dürfte sich nach dem Wert der auf jedem Grundstück befindlichen Gebäudeteile bemessen. Entsprechend dürfte jeder Eigentümer zur Entschädigung im Verhältnis der auf seinem Grundstück befindlichen Bausubstanz verpflichtet sein.

4. Auflassungsvormerkung am Grundstück. Ist am Grundstück eine Auflassungsvormerkung für eine Teilfläche eingetragen, so gibt es zwei Möglichkeiten: man kann die Vermessung der Teilfläche abwarten und an der Restfläche das Erbbaurecht bestellen. Da dies aber häufig zeitlich nicht möglich ist, wird der Auflassungsvormerkungsberechtigte dem Erbbaurecht den unbedingt erforderlichen ersten Rang (§ 10 Abs. 1 ErbbVO) nur dann einräumen und hinter das Erbbaurecht zurücktreten (s. dazu auch Form. VIII. 5), wenn der Erbbaurechtsvertrag eine Verpflichtung enthält, daß das Erbbaurecht gegebenenfalls an der wegzumessenden Teilfläche aufgehoben wird. Eine solche Verpflichtung ist im Vertrag in Ziffer VIII enthalten. Dabei sollte auch daran gedacht werden, ob sich der Erbbauzins durch die Verkleinerung des Grundstücks aufgrund der Wegmessung ändert oder nicht.

5. Erbbauberechtigter. Das Erbbaurecht kann für eine natürliche oder eine juristische Person bestellt werden. Dies kann nach herrschender Meinung auch der Grundstückseigentümer selbst sein, dieser kann also an seinem eigenen Grundstück für sich ein Erbbaurecht bestellen (OLG Düsseldorf NJW 1957, 1194); auch beim Heimfall (§ 2 Nr. 4 ErbbVO), bei Ausübung eines Ankaufsrechts (§ 2 Nr. 7 ErbbVO) oder bei Ausübung eines vereinbarten Vorkaufsrechts wird der Grundstückseigentümer gleichzeitig Erbbauberechtigter, so daß ein Eigentümererbbaurecht entsteht (ausführlich MünchKomm/ v. *Oefele* § 1 Rdn. 6; OLG Hamm RPfleger 1985, 233).

Die Berechtigung mehrerer zu Bruchteilen oder zur gesamten Hand ist wie beim Grundstückseigentum zulässig (§ 11 ErbbVO). Die Bestellung für mehrere Berechtigte nach Bruchteilen oder in bürgerlich-rechtlicher Gesellschaft ist daher zulässig. Eine Gesamtberechtigung gemäß § 428 BGB ist für das Erbbaurecht abzulehnen, da auf das Erbbaurecht die sich auf Grundstücke beziehenden Vorschriften Anwendung finden (§ 11 ErbbVO), die Gesamtberechtigung aber für das Eigentum unzulässig ist. Die Gesamtberechtigung setzt eine forderungsähnliche Rechtsbeziehung zwischen Berechtigtem und Grundstückseigentümer voraus, die beim Erbbaurecht als einem nur noch absoluten Recht nicht gegeben ist (MünchKomm/v. *Oefele* § 1 Rdn. 63, 64; streitig; a. A. z. B. LG Bielefeld RPfleger 1985, 248).

6. Heimfall beim Gesamterbbaurecht. Es wird allgemein auf Form. VIII. 1 Anm. 27 und Form. 4 verwiesen. Stehen die einzelnen Grundstücke im Eigentum verschiedener Personen, so sollte, wie bereits in Anm. 3 erwähnt, im Erbbaurechtsvertrag auch geregelt sein, in welchem Verhältnis die Eigentümer beim Heimfall das Erbbaurecht erwerben und von wem welche Entschädigung an den Erbbauberechtigten zu bezahlen ist. Nach wohl richtiger, aber streitiger Ansicht (MünchKomm/v. *Oefele* § 1 Rdn. 42) erwirbt nicht jeder Eigentümer unter vertikaler Aufteilung gemäß den Grundstücksgrenzen die auf sein Grundstück entfallenden unselbständigen Gebäudeteile, vielmehr bestimmen sich wegen der faktischen Unteilbarkeit des Gebäudes, auch wenn es auf mehreren Grundstücken verschiedener Eigentümer steht, die Rechte nach §§ 741 ff. BGB. Das Bruchteilsverhältnis der Eigentümer untereinander dürfte sich allerdings nach dem Wert der auf jedem Grundstück befindlichen Gebäudeteile bemessen. Entsprechend ist jeder Eigentümer zur Entschädigung im Verhältnis der auf seinem Grundstück befindlichen Bausubstanz verpflichtet. Zum Heimfall nach Aufteilung des Erbbaurechts nach dem WEG s. unten Anm. 18.

7. Erwerb und Entschädigung beim Gesamterbbaurecht. Es wird allgemein auf Form. VIII. 1 Anm. 29, 30 und Form. VIII. 4 verwiesen. Auch hier gilt das in Anm. 3 bereits Gesagte, daß der Erbbaurechtsvertrag bei Vorhandensein mehrerer Eigentümer eine besondere Regelung treffen sollte, in welchem Verhältnis die einzelnen Eigentümer bei Erlöschen des Erbbaurechts durch Zeitablauf das Gebäude erwerben. Nach dem Grundsatz der Unteilbarkeit des Gebäudes und seiner faktischen Einheit findet richtigerweise kein Erwerb der auf einem Grundstück jeweils befindlichen Gebäudeteile durch den jeweiligen Grundstückseigentümer statt, sondern alle Eigentümer erwerben das Gebäude in Bruchteilsgemeinschaft nach §§ 741 ff. BGB. Im Innenverhältnis sind sie allerdings nach dem Verhältnis der auf ihrem jeweiligen Grundstück befindlichen Bausubstanz beteiligt. Die Entschädigung ist von jedem einzelnen Eigentümer gemäß dem Wert der auf seinem Grundstück befindlichen Bausubstanz an den Erbbauberechtigten zu leisten.

8. Erbbauzinsanpassung. (1) Nach der bis 30. 9. 1994 geltenden Regelung mußte der Erbbauzins nach Zeit und Höhe für die ganze Erbbauzeit im voraus bestimmt sein. Dieser Grundsatz galt nur für den dinglichen Erbbauzins, nicht dagegen für zusätzliche Vereinbarungen, wie etwa eine schuldrechtliche Anpassungsklausel. Bestimmbarkeit, wie bei der Reallast, genügte nicht. Das Sachenrechtsbereinigungsgesetz vom 21. 9. 1994 hat die geltende Rechtslage mit Wirkung zum 1. 10. 1994 dadurch geändert, daß gemäß dem geänderten § 9 Abs. 2 Satz 1 der Erbbauzins nach Zeit und Höhe für die gesamte Erbbauzeit im voraus bestimmt werden kann und gemäß dem neu eingefügten Satz 2 auch eine Anpassungsklausel Inhalt des Erbbauzinses sein kann. Die neue seit 1. 10. 1994 geltende Rechtslage für den Erbbauzins stimmt also nunmehr mit dem allgemeinen Recht der Reallast überein, wonach der Erbbauzins hinreichend bestimmbar sein muß. Das Bestimmtheitserfordernis bedeutete aber auch nach früherem Recht nicht, daß die Höhe gleichbleibend und die Fälligkeitsdaten gleichmäßig sein mußten. Es war und ist zulässig, die Zeitabschnitte unregelmäßig festzusetzen oder den Erbbauzins für die Zeitabschnitte in verschiedener Höhe festzulegen (MünchKomm/*v. Oefele* § 9 Rdn. 25).

(2) Das Sachenrechtsbereinigungsgesetz hat aus der muß-Vorschrift § 9 Abs. 2 Satz 1 ErbbVO eine kann-Vorschrift gemacht und damit viele Streitfragen und Komplikationen beseitigt. Während der Erbbauzins bisher nach Zeit und Höhe für die gesamte Erbbauzeit im voraus bestimmt werden mußte, kann nunmehr eine Wertsicherung der Reallast als Inhalt des dinglichen Rechts vereinbart werden. Hierdurch ist das zwingende Erfordernis der Festlegung für die gesamte Laufzeit des Erbbaurechts entfallen; sie ist aber nach wie vor zulässig; so jetzt auch *Palandt/Bassenge* § 9 ErbbVO Rz. 4, 5. Die beiden Sätze 1 und 2 sind nicht als Gegensatz zu sehen, sondern ergänzen sich: Da der Gesetzgeber die Möglichkeit des für die gesamte Vertragsdauer bestimmten Erbbauzinses ausdrücklich zugelassen hat, folgt ebenso wie aus der kann-Formulierung, daß die Vertragsparteien hier ein weitgehendes Wahlrecht haben sollen (*Klawikowsky* Rpfleger 1995, 145). Sie können daher auch eine Wertsicherung der Reallast als Inhalt des dinglichen Rechts vereinbaren. Danach kann als Inhalt des Erbbauzinses eine Verpflichtung zu seiner Anpassung an veränderte Verhältnisse vereinbart werden, wenn die Anpassung nach Zeit und Wertmaßstab bestimmbar ist. Die Bestimmbarkeit mußte bisher im Rahmen der schuldrechtlichen Anpassungsklausel geprüft werden und zwar bei der Frage, ob der Anpassungsanspruch auf Erhöhung des Erbbauzinses durch eine Vormerkung im Grundbuch abgesichert werden kann. Die Prüfung von Bewertungsmaßstab, Zeitpunkt und Bestimmbarkeit wurde durch die Neuregelung von der schuldrechtlichen Anpassungsklausel in den dinglichen Erbbauzins selbst verlagert.

(3) Die übliche Gleitklausel bei der Reallast führt zu einer automatischen Anpassung bzw. Änderung der Reallast, wobei es nicht schadet, wenn die Erhöhung nur auf Verlangen eines Beteiligten, etwa des Gläubigers eintritt. Da die Reallast somit automatisch durch den Wertmesser bestimmt wird, bedarf es keiner zukünftigen Eintragung einer Reallast mit geändertem Inhalt, die etwa durch Vormerkung zu sichern wäre. Die Neu-

2. Erbbaurechtsvertrag mit gleitendem Erbbauzins VIII. 2

fassung des § 9 Abs. 2 ErbbVO sollte ermöglichen, zum Inhalt der Erbbauzinsreallast eine Anpassungsklausel zu machen, die bei Veränderung des Maßstabs den Erbbauzins unmittelbar – automatisch – anpaßt, wobei es genügt, wenn die Anpassung vom einseitigen Verlangen des Gläubigers abhängt. Der Gesetzgeber wollte die „heute übliche Wertsicherung durch eine schuldrechtliche Vereinbarung auf Anpassung des Erbbauzinses und die Sicherung dieses Anspruchs durch eine Vormerkung entbehrlich" machen (BT-Drucks. 12/5992 S. 193, 194). Ob er dieses Ziel erreicht hat, war anfangs umstritten, weil es in § 9 Abs. 2 Satz 2 ErbbVO heißt, daß „auch eine *Verpflichtung* zu seiner Anpassung an veränderte Verhältnisse" Inhalt des Erbbauzinses sein könne. Es war streitig, ob das Wort „Verpflichtung" sich auf die Anpassungsvereinbarung als Stammrecht bezieht oder auf den aus dem Stammrecht fließenden Anspruch auf Erbbauzinserhöhung bei Erfüllung der in der Anpassungsvereinbarung genannten Voraussetzungen (Einzelheiten *v. Oefele/Winkler* Rdn. 6.80 ff.). Zwischenzeitlich wird allgemein auch eine echte Gleitklausel für zulässig gehalten, wonach sich die Erbbauzinsreallast automatisch anpaßt – ohne Veränderung im Grundbuch. Es ist nunmehr einhellige und zwischenzeitlich auch vom BayObLG bestätigte Meinung (BayObLGZ 1996, 159 = MittBayNot 1996, 372 mit Anm. *Ring;* zweifelnd noch BayObLGZ 1996, 114 = FG Prax 1996, 130), daß die Gleitklausel dinglicher Inhalt der Reallast sein kann. Auf die Vereinbarung einer schuldrechtlichen Wertsicherungsklausel, die durch Vormerkung gesichert wird, kann daher verzichtet werden (*Eickmann,* Sachenrechtsbereinigung § 9 ErbbVO Rz. 6 a; *Eichel* MittRhNotK 1995, 193, 194; *Maaß* NotBZ 1997, 44; *v. Oefele* DNotZ 1995, 643; *Palandt/Bassenge* § 9 ErbVO Rz. 4; *Wilke* DNotZ 1995, 654, 659).

(4) Unklar ist ebenfalls in der Auslegung die Neuregelung des § 9 Abs. 2 Satz 3 ErbbVO, wonach für die Vereinbarung über die Anpassung des Erbbauzinses die Zustimmung der Inhaber *dinglicher Rechte* des Erbbaurechts erforderlich ist. Hier wurde zunächst teilweise die Auffassung vertreten, daß dinglich Berechtigte jeder Anpassung zustimmen müssen, weil die Anpassung am Rang der Erbbauzinsreallast teilnehme; bei Fehlen der notwendigen Zustimmung gehe der Anspruch auf Bestellung einer zusätzlichen Reallast an der nächstoffenen Rangstelle. Würde man dieser Auffassung folgen, dann würde die Neuregelung im Vergleich zum früheren Verfahren mit der Vormerkung einen Rückschritt bedeuten, da in diesem Fall die dinglich Berechtigten nach § 888 BGB zur Zustimmung verpflichtet waren. Richtigerweise ist mit Vereinbarung über die Anpassung des Erbbauzinses in Satz 3 vielmehr eine *nachträgliche* Veränderung oder Einführung einer Wertsicherungsklausel gemeint, insbesondere deren vom Gesetzgeber nunmehr ermöglichte Verdinglichung; nur sie bedarf der Zustimmung der dinglich Berechtigten; die darauf beruhenden Anpassungen des Erbbauzinses bedürfen dann keiner Zustimmung der dinglich Berechtigten mehr (BayObLGZ 1996, 159 = MittBayNot 1996, 372 mit Anm. *Ring; Palandt/Bassenge* § 9 ErbVO Rz. 11). Im übrigen bedürfen diese keines Schutzes, da sie bei Begründung ihres Rechts die vorrangige Anpassungsverpflichtung kannten.

9. Gleitklausel. Eine Gleitklausel liegt vor, wenn sie automatisch wirkt (auch dann, wenn sie einen weiteren Rechtsakt, die Geltendmachung des Erhöhungsanspruchs, voraussetzt); sie ist nach § 3 WährG noch bis 31. 12. 1998 (Aufhebung mWv. 1. 1. 1999 durch Art. 9 § 1 EuroEG) genehmigungspflichtig. Genehmigungsfrei sind Wertsicherungsklauseln, bei denen Geldschulden und Wertmaßstab nach der Verkehrsanschauung gleichartig, zumindest vergleichbar sind (BGH NJW 1976, 422; *Dürkes/Feller* D 33); sie werden als Spannungsklauseln bezeichnet. Von einem Leistungsvorbehalt spricht man, wenn bei der Festsetzung der Erbbauzinserhöhung ein Ermessensspielraum für eine Abwägung gegeben ist. Ein solcher Leistungsvorbehalt ist genehmigungsfrei und liegt etwa vor, wenn bei einer bestimmten Indexänderung eine „angemessene Änderung des Erbbauzinses" verlangt werden kann (BGH DNotZ 1969, 96; *Dürkes/Feller* D 148).

10. § 9a ErbbVO. Dient das aufgrund eines Erbbaurechts errichtete Bauwerk Wohnzwecken, so begründet eine Vereinbarung, daß eine Änderung des Erbbauzinses verlangt werden kann, einen Anspruch auf Erhöhung des Erbbauzinses nur, soweit diese unter Berücksichtigung aller Umstände des Einzelfalles nicht unbillig ist (*Dürkes/Feller* C 208). Ein Erhöhungsanspruch ist gemäß § 9a ErbbVO regelmäßig als unbillig anzusehen, wenn und soweit die nach der vereinbarten Bemessungsgrundlage zu errechnende Erhöhung über die seit Vertragsabschluß eingetretene Änderung der allgemeinen wirtschaftlichen Verhältnisse hinaus geht (*v. Oefele/Winkler* Rdn. 6.139 ff.). Der BGH (NJW 1980, 181) hat hierzu entschieden, daß bei dieser Billigkeitsprüfung nicht ausschließlich der Lebenshaltungskostenindex als Bemessungsfaktor heranzuziehen sei. Dieser Index stelle zwar hinsichtlich der Veränderung der allgemeinen wirtschaftlichen Verhältnisse einen gewichtigen Faktor dar. Es sei aber auch die Entwicklung der Einkommen der einzelnen Erwerbstätigen und der privaten Haushalte mit heran zu ziehen. Nur auf diese Weise werde Einnahmenseite und Ausgabenseite gebührend berücksichtigt (*Dürkes/Feller* D 335 ff.). Anstelle der in Ziffer IV Abs. 4 enthaltenen Formulierung würde auch eine auf § 9a ErbbVO hinweisende Klausel ausreichen, etwa: „§ 9a ErbbVO bleibt unberührt".

Eine Wertsicherungsklausel, die als Maßstab den Lebenshaltungskostenindex nimmt, wird gemäß § 3 Währungsgesetz genehmigt; dies gilt jedoch nicht für eine an die Löhne und Gehälter anknüpfende Klausel. Im vorliegenden Fall ist daher wegen der Genehmigungsfähigkeit im Grundsatz vom Lebenshaltungskostenindex ausgegangen, der aber begrenzt wird von dem Index für Löhne und Gehälter. Diese Klausel bedarf zu ihrer Rechtswirksamkeit der Genehmigung nach § 3 Währungsgesetz und wird auch genehmigt. Voraussetzung ist dabei, daß der Erbbaurechtsvertrag auf die Dauer von mindestens 10 Jahren abgeschlossen wird und im übrigen keine Bestimmungen enthält, die der Genehmigungsfähigkeit entgegenstehen (*v. Oefele/Winkler* Rdn. 6.111 ff.).

Nach § 9a ErbbVO darf ein Anspruch auf Erhöhung des Erbbauzinses frühestens nach Ablauf von 3 Jahren seit Vertragsabschluß und, wenn eine Erhöhung des Erbbauzinses bereits erfolgt ist, frühestens nach Ablauf von 3 Jahren seit der jeweils letzten Erhöhung des Erbbauzinses geltend gemacht werden.

11. Vormerkung. Ist die Anpassungsklausel nicht Inhalt des Erbbauzinses, so ist zu einer nachträglichen Erhöhung des Erbbauzinses grundsätzlich eine Einigung des Eigentümers und des Erbbauberechtigten und die Eintragung im Erbbaugrundbuch (§§ 873, 877 BGB) sowie die Zustimmung der gegenüber dem Erbbauzins nachrangigen Berechtigten erforderlich (§ 880 BGB). Ohne sie kann eine Erhöhung nur an nächstoffener Rangstelle eingetragen werden (LG Hamburg RPfleger 1960, 170), wenn der Anspruch auf Eintragung nicht durch eine Vormerkung oder durch einen Rangvorbehalt gesichert ist (§ 11 Abs. 1 ErbbVO iVm. §§ 882, 881 BGB).

Der Anspruch auf Änderung des Inhalts der mit einem festen Betrag eingetragenen Reallast wird daher regelmäßig durch eine Vormerkung im Grundbuch abgesichert. Die Vormerkung ist auch bei Wohnbauten zulässig (§ 9a Abs. 3 ErbbVO). Im Gegensatz zu früher ist es seit der Entscheidung des BayObLG (DNotZ 1978, 239) möglich, *eine* Vormerkung zur Sicherung aller künftigen Anpassungen (nicht nur der nächsten) zu bestellen. Früher mußte ein umständliches Verfahren eingehalten werden, indem nämlich die Vormerkung auf Erhöhung im Grundbuch in eine Reallast umgeschrieben und erneut eine Vormerkung bestellt wurde (*Dürkes/Feller* D 309).

In diesem Fall ist der Ziffer IV ein Absatz 3 anzufügen: „Zur Sicherung dieses Anspruchs des jeweiligen Grundstückseigentümers auf Erhöhung des Erbbauzinses wird die Eintragung einer Vormerkung nach § 883 BGB im Gleichrang mit dem Erbbauzins am Erbbaurecht für den jeweiligen Grundstückseigentümer bewilligt."

Ist die Anpassung des Erbbauzinses an veränderte Verhältnisse gemäß § 9 Abs. 2 Satz 2 ErbbVO als Inhalt des Erbbauzinses vereinbart, so erübrigt sich die bisher notwendige Absicherung der Anpassungsverpflichtung durch Eintragung einer Vormerkung

2. Erbbaurechtsvertrag mit gleitendem Erbbauzins   VIII. 2

auf Erhöhung des Erbbauzinses bzw. Neubestellung einer Reallast für den Differenzbetrag des erhöhten Erbbauzinses; dies bedeutet für das Erbbaurecht eine erhebliche Vereinfachung und Kostenersparnis im Grundbuchverfahren.

12. Dinglicher Inhalt des Erbbauzinses. Hierzu siehe ausführlich Form. VIII. 1 Anm. 37.

13. Rangvorbehalt. Betreibt der Inhaber eines der Erbbauzinsreallast vorgehenden oder gleichstehenden dinglichen Rechts die Zwangsversteigerung des Erbbaurechts, so bleibt, wie Anm. 37 zu Form. VIII. 1 ausgeführt, die Erbbauzinsreallast mit ihrem Hauptanspruch bestehen. Das betreibende Recht erlischt, sodaß die Erbbauzinsreallast im Rang aufrückt. Hierdurch würde dem Ersteher jedoch der Raum für eine erstrangige Finanzierung verloren gehen, was die Beleihbarkeit des Erbbaurechts einschränken kann. Der Grundstückseigentümer würde eine bessere Rechtsposition erhalten, als er sie vor dem Versteigerungsverfahren hatte. Einer solchen erstrangigen Absicherung des Erbbauzinses bedarf der Grundstückseigentümer aber nicht mehr, da die Reallast auch in einer erneuten Zwangsversteigerung des Erbbaurechts bestehen bleibt. Um diese geschilderten nachteiligen Wirkungen zu verhindern, kann gemäß § 9 Abs. 3 Satz 1 Nr. 2 ErbbVO n. F. seit 1. 10. 1994 ein Rangvorbehalt zu Gunsten des jeweiligen Erbbauberechtigten begründet werden, wonach der jeweilige Erbbauberechtigte dem Inhaber der Reallast gegenüber berechtigt ist, das Erbbaurecht in einem bestimmten Umfang mit einer der Reallast im Rang vorgehenden Grundschuld, Hypothek oder Rentenschuld im Erbbaugrundbuch zu belasten. Dadurch wird erreicht, daß dem Ersteher des Erbbaurechts die Möglichkeit zu einer erstrangigen Belastung des Erbbaurechts erhalten bleibt (*v. Oefele/Winkler* Rdn. 6.276).

14. Zwangsvollstreckungsunterwerfung. Die Unterwerfung unter die sofortige Zwangsvollstreckung mit Wirkung gegen den jeweiligen Erbbauberechtigten gemäß §§ 794 Abs. 1 Nr. 5, 800 ZPO ist nicht möglich, da § 800 ZPO auf eine Reallast nicht anwendbar ist. Der Erbbauzins kann daher nur ohne dingliche Zwangsvollstreckungsunterwerfung eingetragen werden (BayObLG NJW 1959, 1876; *Staudinger/Ring* § 9 Rdn. 6). Es ist aber zulässig, daß sich der Erbbauberechtigte persönlich wegen seiner Zahlungsverpflichtung der sofortigen Zwangsvollstreckung unterwirft und sich verpflichtet, bei einer Veräußerung des Erbbaurechts auch seinen Rechtsnachfolger zu einer solchen persönlichen Zwangsvollstreckungsunterwerfung zu veranlassen. Gegen den Erwerber des Erbbaurechts wie auch gegen einen Gesamtrechtsnachfolger läßt sich die Vollstreckungsklausel nach §§ 727, 795, 797 ZPO umschreiben, so daß die persönliche Unterwerfung des ersten Erbbauberechtigten sich gegen die Rechtsnachfolger auswirkt (BayObLG NJW 1959, 876). Kommt der Erbbauberechtigte bei einer Veräußerung dieser Verpflichtung nicht nach, so kann der Grundstückseigentümer seine Zustimmung zur Veräußerung verweigern, wenn er sich die Zustimmungsbedürftigkeit vorbehalten hat (§ 5 Abs. 1 ErbbVO).

15. Bestimmtheitsprinzip. Nach § 795 Abs. 1 Nr. 5 ZPO kann sich der Erbbauberechtigte der sofortigen Zwangsvollstreckung nur wegen Zahlungsverpflichtungen zur Leistung bestimmter Geldbeträge unterwerfen. Es ist streitig, wie sich dies auf Wertsicherungsklauseln auswirkt. Zu fragen ist, ob die vollstreckbare Urkunde dem Vollstreckungsorgan eine hinreichend sichere Grundlage für die Vollstreckung bietet. Der BGH erklärt die Unterwerfung unter die sofortige Zwangsvollstreckung wegen einer Verpflichtung zur Zahlung einer Rente in Höhe der Hälfte der (jeweiligen) Höchstpension eines bayerischen Notars wegen Unbestimmtheit der zu leistenden Geldsumme für unwirksam; die Bezifferung der Geldschuld müsse sich exakt und eindeutig aus der Urkunde selbst ergeben, ohne daß erst noch amtliche Auskünfte oder sonstige Berechnungsfaktoren hinzugezogen würden (BGHZ 22, 54 = NJW 1957, 23 = DNotZ 1957, 200; NJW 1980, 1051). Dagegen hat er für den statistischen monatlichen Lebenshaltungskostenindex Offenkundigkeit im Sinn des § 291 ZPO bejaht, weil die Indexentwicklung der Lebenshaltungskosten – nicht auch der Einkommen – regelmäßig in der Fachpresse, z. B. in der NJW, veröffentlicht wird (BGH NJW 1992, 2088). Nach überwiegender Meinung ist es ausreichend und im prozeßökonomischen Sinn auch geboten, daß die Geldschuld bestimmbar ist, wenn nur die Einholung der einschlägigen Indizes unschwer möglich ist. Außerhalb der Urkunde liegende Berechnungsfaktoren können nur berücksichtigt werden, wenn auf sie in der Urkunde eindeutig Bezug genommen wird und sie dem Vollstreckungsorgan allgemein zugänglich sind, sodaß der Betrag der Geldschuld mühelos errechnet werden kann (v. Oefele/Winkler Rdn. 6.246 ff.).

Will der Eigentümer sicher gehen, daß eine Zwangsvollstreckung problemlos verläuft, so empfiehlt es sich, daß sich der Erbbauberechtigte nur wegen des festen ziffernmäßig bestimmten Erbbauzinses der Zwangsvollstreckung unterwirft und sich verpflichtet, bei Erhöhungen des Erbbauzinses sich erneut auf Anfordern der Zwangsvollstreckung zu unterwerfen.

16. Zustimmung zur Belastung, Rangrücktritt. (1) Der Erbbaurechtsvertrag enthält nicht selten bereits eine Verpflichtung des Eigentümers, Grundpfandrechten bis zu einer bestimmten Höhe zuzustimmen; auch kann die Zustimmung im Erbbaurechtsvertrag selbst bereits erteilt werden. Er kann sich eine solche Zustimmung aber auch vorbehalten und sie gesondert erteilen (dazu unten Form. VIII. 18, 19). Ist gemäß dem neuen § 9 Abs. 3 Nr. 1 ErbbVO vereinbart, daß die Erbbauzinsreallast abweichend von § 52 Abs. 1 ZVG in der Zwangsversteigerung des Erbbaurechts bestehen bleibt (oben Form. VIII. 1 Anm. 37), sind die in Ziffer XIII Abs. 2 enthaltenen Sicherungsmaßregeln nicht mehr erforderlich.

(2) Bei einem Erbbaurecht, dessen Inhalt nicht nach § 9 Abs. 3 Nr. 1 ErbbVO n. F. zwangsversteigerungsfest vereinbart ist (ausführlich dazu oben Form. VIII. 1 Anm. 37), ist dem erbbauzinsberechtigten Eigentümer grundsätzlich davon abzuraten, mit seinen Rechten im Rang hinter das Grundpfandrecht zurückzutreten. Denn bei der Zwangsversteigerung des Erbbaurechts bleibt der Erbbauzins nur bestehen, wenn er dem bestrangig betreibenden Gläubiger vorgeht. Räumt der Grundstückseigentümer dagegen dem Grundpfandrechtsgläubiger den Vorrang ein, so geht der Erbbauzins den Rechten des betreibenden Gläubigers nach und fällt nicht in das geringste Gebot, sondern erlischt vielmehr nach § 91 ZVG, so daß der Ersteher insoweit lastenfrei erwirbt. Der Ersteher tritt nur in den nach § 2 ErbbVO auch gegen Sonderrechtsnachfolger wirkenden Erbbaurechtsinhalt (Ziff. II §§ 1–11) ein, zu dem jedoch der Erbbauzins gerade nicht gehört, nicht dagegen in schuldrechtliche Vereinbarungen, soweit diese nicht wiederum dinglich gesichert sind. Dies kann, wie in dem vom BGH mit Urteil vom 25. 9. 1981 entschiedenen Fall (BGHZ 81, 358 = NJW 1982, 234) dazu führen, daß das auf 99 Jahre bestellte Erbbaurecht bereits nach 4 (!) Jahren keinen Erbbauzins mehr erhält (v. Oefele/Winkler Rdn. 6.254; Winkler DNotZ 1970, 390). Wenn der BGH „weitgehende Möglichkeiten des Grundstückseigentümers, seine Rechtsstellung gegenüber dem Erbbauberechtigten und dessen Gläubigern abzusichern", sieht und empfiehlt, so muß klar gesagt werden, daß diese Möglichkeiten (unten Anm. 6 zu Form. VIII. 15) in der Praxis nur geringen Wert haben (Groth DNotZ 1983, 652; Ruland NJW 1983, 97; Winkler NJW 1985, 940). Hat der Eigentümer der Belastung des Erbbaurechts mit einem Grundpfandrecht zugestimmt und ist er hinter dieses mit seiner Erbbauzinsreallast zurückgetreten, so wird darüber hinaus im Fall der Zwangsversteigerung die nach §§ 5 Abs. 1, 8 ErbbVO für den Zuschlag erforderliche Zustimmung des Eigentümers nach § 7 Abs. 3 ErbbVO ersetzt, wenn der Grundstückseigentümer die Verweigerung der Zustimmung lediglich darauf stützt, daß die Erbbauzinsreallast infolge des Zuschlags erlischt und der Meistbietende nicht bereit ist, in die schuldrechtlichen Verpflichtungen des zahlungsunfähigen Erbbauberechtigten hinsichtlich des Erbbauzinses einzutreten (BGH NJW 1987, 1942; dagegen v. Oefele/Winkler Rdn. 4.277, 6.266). Der BGH führt hiermit gleichsam über die Hintertür die im Einklang mit der h. L. zunächst abgelehnte Folge wieder ein, daß in der

2. Erbbaurechtsvertrag mit gleitendem Erbbauzins

Zustimmung des Grundstückseigentümers zur Belastung des Erbbaurechts mit einem Grundpfandrecht gleichzeitig auch die Zustimmung zu einer Veräußerung des Erbbaurechts durch Zuschlag in der Zwangsversteigerung zu erblicken ist, die aus dem Grundpfandrecht betrieben wird, wenn diesem der Vorrang vor der Erbbauzinsreallast eingeräumt ist.

Im Fall des Rücktritts mit seinen Rechten hinter das Grundpfandrecht muß dem Grundstückseigentümer daran gelegen sein, Sicherungen für den Fall der Zwangsversteigerung zu erhalten bzw. wieder die erste Rangstelle zu bekommen, wenn das Grundpfandrecht nicht mehr valutiert ist (wegen des nur sehr bedingten Werts dieser Sicherungen vgl. *Groth* DNotZ 1983, 652; *Ruland* NJW 1983, 97; *Winkler* NJW 1985, 940). Hierbei ist zwischen Grundschuld und Hypothek zu unterscheiden, da erstere von der zugrundeliegenden Forderung unabhängig ist, also weiterbesteht, auch wenn die Grundschuld nicht mehr valutiert ist, letztere sich aber gemäß §§ 1163, 1177 BGB in eine Eigentümergrundschuld umwandelt.

a) Der Erbbauberechtigte kann vom Gläubiger nach Rückzahlung des Kredits Löschung, Verzicht oder Abtretung der Grundschuld verlangen (*Reithmann* DNotZ 1982, 79); Anspruchsgrundlage ist die Sicherungsabrede gemäß §§ 241, 305 BGB oder ungerechtfertigte Bereicherung gemäß § 812 BGB. Wie weit Klauseln, die in Grundschuldformularen enthalten sind und diese Rechte einschränken, mit dem Gesetz zur Regelung der Allgemeinen Geschäftsbedingungen in Einklang stehen, ist hier nicht zu prüfen. Es dürfte wohl unzulässig sein, daß nicht dem Erbbauberechtigten, sondern dem Gläubiger das Wahlrecht zusteht und der Erbbauberechtigte lediglich einen Anspruch auf die Löschungsbewilligung erhält (vgl. § 3 Abs. 2 Nr. 1 AGBG). Nach Beendigung des Kreditverhältnisses mit der Bank kann dieser keine Befugnis zuerkannt werden, zu bestimmen, was mit der Grundschuld zu geschehen hat. Der Eigentümer kann z. B. ein wichtiges Interesse haben, den Rang zu wahren und deswegen Abtretung an sich oder einen Dritten zu verlangen. Wird die Rückgewähr davon abhängig gemacht, daß keinerlei Verbindlichkeiten gegenüber der Bank mehr bestehen und hat die Bank hierbei eine Übersicherung, so ist eine solche Klausel unwirksam und nicht anwendbar; die Bank ist zur Teillöschung bzw. Rückgewähr verpflichtet (BGH NJW 1981, 571).

Die Abtretung der Rückgewähransprüche des Erbbauberechtigten gegenüber Gläubigern vor- und gleichrangiger Grundschulden an den erbbauzinsberechtigten Eigentümer ist ein notwendiges Sicherungsmittel, um im Fall einer Zwangsversteigerung dem Erbbauberechtigten nicht zu Lasten des Eigentümers Vorteile zu verschaffen. Die Abtretung der Rückgewähransprüche ist bei vor- und gleichrangigen Grundschulden um so wichtiger, als Eigentümergrundschulden im Gegensatz zur Hypothek (§ 1163 BGB) bei Grundschulden in der Regel nicht entstehen und damit der gesetzliche Löschungsanspruch des § 1179 BGB nicht zum Zug kommt (vgl. dazu *Reithmann* DNotZ 1982, 82). Der Rückgewähranspruch entsteht mit Abschluß des Sicherungsvertrags als durch die Tilgung der gesicherten Forderung aufschiebend bedingter Anspruch (BGH NJW 1977, 247; 1982, 928). Er steht dem Erbbauberechtigten zu und kann nach § 398 BGB formlos abgetreten werden. Der Erbbauberechtigte kann den Rückgewähranspruch jedoch nur einmal abtreten. Hat bei mehreren vorrangigen Grundschulden der Erbbauberechtigte den Anspruch schon an einen anderen abgetreten, so ist die Abtretung die Verfügung eines Nichtberechtigten (§ 185 BGB) und wird wirksam, wenn der Berechtigte (der erste Zessionar) zustimmt oder die vorhergehende Abtretung rückgängig gemacht wird (§ 185 Abs. 2 BGB; *Reithmann* DNotZ 1982, 80). Sind mehrere Abtretungen erfolgt, so kommt es auf die zeitliche Reihenfolge an.

Der Rückgewähranspruch wird erfüllt
- durch Abtretung der Grundschuld an den Anspruchsberechtigten (§ 1154 BGB); dabei ist es möglich, daß der Anspruch auf Abtretung ausgeschlossen ist;
- durch Aufhebung und Löschung der Grundschuld (§§ 875, 1183, 1192 BGB);
- durch Verzicht auf die Grundschuld (§§ 1168, 1192 BGB), wobei die Grundschuld gemäß § 1168 BGB auf den Erbbauberechtigten übergeht.

Über § 1179 BGB hat der nachrangige erbbauzinsberechtigte Eigentümer dann einen Löschungsanspruch hinsichtlich der Grundschuld selbst.

b) Anders ist es bei der Hypothek wegen deren Forderungsabhängigkeit. Wenn die zugrundeliegende Forderung nicht entstanden ist oder nicht mehr besteht, wird sie gemäß §§ 1163, 1177 BGB zur Eigentümergrundschuld und steht im vorliegenden Fall dem Erbbauberechtigten zu. Es handelt sich also hier nicht um einen Anspruch, der dem Erbbauberechtigten gegenüber dem Grundschuldgläubiger zusteht und der an den erbbauzinsberechtigten Eigentümer abzutreten ist, sondern um eine dem Erbbauberechtigten selbst zustehende Eigentümergrundschuld. Gemäß § 1179 BGB hat der nachrangige erbbauzinsberechtigte Eigentümer einen Löschungsanspruch für diese Eigentümergrundschuld.

17. Begründung von Wohnungseigentum. Wohnungseigentum wird gemäß § 2 WEG durch die vertragliche Einräumung von Sondereigentum (§ 3 WEG) oder durch Teilung (§ 8 WEG) begründet. Steht ein Erbbaurecht mehreren gemeinschaftlich nach Bruchteilen zu, so können die Anteile in der Weise beschränkt werden, daß jedem der Mitberechtigten das Sondereigentum an einer bestimmten Wohnung oder an nicht zu Wohnzwecken dienenden bestimmten Räumen in einem aufgrund des Erbbaurechts errichteten oder zu errichtenden Gebäude eingeräumt wird (Wohnungserbbaurecht, Teilerbbaurecht); Gesellschafter oder Miterben müssen hierzu zuerst die Gesamthandsgemeinschaft aufheben und sich dergestalt auseinandersetzen, daß sie Miteigentum nach Bruchteilen gemäß § 1008 BGB erwerben. Ein oder mehrere Erbbauberechtigte können das Erbbaurecht auch gemäß § 8 WEG teilen (s. unten Form. VIII. 12, 13, 27). Für jeden Anteil wird von Amts wegen ein besonderes Erbbaugrundbuchblatt angelegt (Wohnungserbbaugrundbuch, Teilerbbaugrundbuch). Im übrigen gelten für Wohnungs- und Teilerbbaurecht die Vorschriften über das Wohnungs- und Teileigentum entsprechend (§ 30 WEG). Wohnungs- und Teilerbbaurecht sind also eine Bruchteilsberechtigung am Erbbaurecht, verbunden mit dem Sondereigentum an einer Wohnung (Wohnungserbbaurecht) oder an nicht zu Wohnzwecken dienenden Räumen (Teilerbbaurecht). Verboten ist jedoch weiterhin gemäß § 1 Abs. 3 ErbbVO, das Erbbaurecht auf ein Stockwerk zu beschränken.

Es ist gesetzlich nicht ausdrücklich geregelt, ob und inwieweit der Grundstückseigentümer bei der Schaffung von Wohnungs- und Teilerbbaurechten mitwirken muß. Grundsätzlich bedarf es der Zustimmung des Grundstückseigentümers dazu nicht, und zwar muß der Eigentümer weder als solcher noch als Reallastgläubiger, das heißt als Erbbauzinsberechtigter zustimmen (§§ 877, 876 BGB) (*Ingenstau* § 1 Rdn. 91).

Es empfiehlt sich jedoch, falls eine Aufteilung gemäß WEG geplant ist, dies bereits im Erbbaurechtsvertrag niederzulegen, da ein Teil der Bestimmungen des Erbbaurechtsvertrags durch die Aufteilung in Wohnungseigentum modifiziert wird. So paßt zum Beispiel die Haftung mehrerer Erbbauberechtigter als Gesamtschuldner gemäß Ziffer V des Formulars nicht, wenn das Erbbaurecht aufgeteilt ist. Umgekehrt sollte der Eigentümer darauf bestehen, es nicht mit den einzelnen, oft sehr vielen Erbbauberechtigten nach Aufteilung zu tun haben, sondern seinen Erbbauzins von einer einzigen bestimmten Person zu erhalten, zweckmäßigerweise etwa vom jeweiligen Verwalter. Beim gegenseitigen Vorkaufsrecht (Ziffer X) ist die Aufteilung ebenso wie bei der Zustimmung zu Belastungen (Ziffer XIII Abs. 1 S. 2) zu berücksichtigen. Insbesondere sollte auch festgelegt werden, daß der Grundstückseigentümer nicht berechtigt ist, das Vorkaufsrecht beim ersten Verkaufsfall des aufgeteilten Erbbaurechts durch den jetzigen Erbbauberechtigten auszuüben (Ziffer X Abs. 3). Um die Aufteilung des Erbbaurechts ohne Probleme durchführen zu können, empfiehlt es sich, daß der Grundstückseigentümer dem Erbbauberechtigten eine Vollmacht zu allen erforderlichen und zweckdienlichen Erklärungen erteilt.

18. Verhalten einzelner Eigentümer. Es ist streitig, ob ein Verhalten eines einzelnen Wohnungseigentümers zu einem Gesamtheimfall führen kann (bejahend *Henkes/Nieder-*

2. Erbbaurechtsvertrag mit gleitendem Erbbauzins VIII. 2

führ/Schulze § 30 WEG Rz. 44; verneinend *Bärmann/Pick/Merle* § 30 WEG Rz. 76), aber wohl abzulehnen. Es erscheint nicht angemessen, allen ihre Rechte zu nehmen, wenn ein Mitglied der Gemeinschaft seine Pflichten nicht erfüllt, z. B. den Erbbauzins nicht bezahlt. Den Interessen des Grundstückseigentümers ist Genüge getan, wenn er das Wohnerbbaurecht des betreffenden Erbbauberechtigten durch den Heimfall erhält (so zutreffend Schmidt in *Bärmann/Seuß*, Praxis des Wohnungseigentums, 4. Aufl. 1996, A 678). Es ist daher empfehlenswert, beide Heimfallsituationen im Erbbaurechtsvertrag auseinanderzuhalten.

19. Vormerkung. Zwischen der Eintragung des Erbbaurechts und der notariellen Beurkundung liegt eine mehr oder weniger lange Zeitspanne, da die Unbedenklichkeitsbescheinigung des Finanzamts, die verschiedenen etwa erforderlichen Genehmigungen sowie die Rangerklärungen beschafft werden müssen. In der Zwischenzeit kann der Erbbauberechtigte durch eine Vormerkung gemäß § 883 BGB abgesichert werden. Sobald der Antrag auf Eintragung der Vormerkung beim Grundbuchamt eingegangen ist, können Zwischeneintragungen oder sonstige Eintragungsanträge seine Rechte nicht mehr beeinträchtigen.

20. Salvatorische Klausel. S. Form. VIII. 1 Anm. 47.

21. Grunderwerbsteuer. Wegen der Grunderwerbsteuer wird auf Form. VIII. 1 Anm. 54 verwiesen. Die Vereinbarung einer Anpassungsklausel hat keinen Einfluß auf die Bemessungsgrundlage der Grunderwerbsteuer, d. h. die zu besteuernde Gegenleistung für die Einräumung der Erbbaurechte ermittelt sich nur nach dem Erbbauzins (**kapitalisierter Jahreswert**) im Zeitpunkt der Verwirklichung des Steuertatbestandes *(Boruttau/Egly/Sigloch* Rdn. 81 zu § 9).

22. Ausfertigung. S. Form. VIII. 1 Anm. 48.

23. Belehrungen. S. Form. VIII. 1 Anm. 49–53.

24. Rangstelle. S. Form. VIII. 1 Anm. 3.

25. Unbedenklichkeitsbescheinigung. S. Form. VIII. 1 Anm. 49.

26. LZB-Genehmigung. S. Form. VIII. 2 Anm. 9.

27. Erbbauzins nach SachenRBerG in Ziffer III Abs. 3 a dieses Formulars, dazu Form. VIII. 1 Anm. 53.

28. Erbbauzins alt. S. Form. VIII. 1 Anm. 52.

29. Kosten. In Ergänzung zu Anm. 55 zu Form. VIII. 1 ist die Vereinbarung einer Wertsicherungsklausel für den Erbbauzins zusätzlich zu bewerten (BayObLG DNotZ 1975, 750; a. A. OLG Schleswig JurBüro 1982, 1867; DNotZ 1986, 440). Auszugehen ist gemäß § 30 Abs. 1 KostO von etwa 10–20% des Kapitalwerts des Erbbauzinses.

Neben der Beurkundungsgebühr ist die Vollzugsgebühr nach § 146 Abs. 1 KostO zu erheben, wenn die Voraussetzungen hierfür gegeben sind, wie hier etwa gemäß § 3 Währungsgesetz die Genehmigung der Wertsicherungsklausel. Der Geschäftswert für die Vollzugsgebühr bestimmt sich jedoch nur nach dem Wert des Erbbaurechtsvertrags ohne den Wert des mitbestellten Vorkaufsrechts am Erbbaurecht.

Demgemäß ergibt sich folgendes Bewertungsbeispiel für Notarkosten:
Geschäftswert
a) Erbbaurechtsbestellung gemäß § 21 Abs. 1 KostO: kapitalisierter
   Erbbauzins DM 180.000,– × 25 =   DM 4.500.000,–,
b) Wertsicherungsklausel, 10% des Kapitalwerts des Erbbauzinses
   =   DM   450.000,–,
c) Vorkaufsrecht am Erbbaurecht (§§ 20 Abs. 2, 30 Abs. 1 KostO)
   10% des bebauten Erbbaurechts (80% des Grundstückswerts +
   Baukosten) z. B.   750.000,–,
zusammen gemäß § 44 Abs. 2 a KostO   DM 5.700.000,–

d) Vollzugsgebühr, § 146 Abs. 5 KostO   DM 4.950.000,–
Gebührensatz: $^{20}/_{10}$ nach § 36 Abs. 2 KostO aus Geschäftswert a) – c),
$^{5}/_{10}$ Vollzugsgebühr nach § 146 Abs. 1 KostO aus Geschäftswert d).
Grundbuch: Werte s. Form. VIII. 1. Anm. 55. $^{10}/_{10}$ Gebühr nach § 62 Abs. 1 KostO. Die Vereinigung der beiden Grundstücke löst ¼ Gebühr nach § 67 Abs. 1 Nr. 4 KostO aus.

3. Erbbaurechtsvertrag zur Errichtung einer gewerblichen Anlage mit gleitendem Erbbauzins an einem zu vermessenden Grundstück[1, 2]

Heute am ......
sind vor mir, ..., Notar in ...... anwesend: ......
Nach Unterrichtung über den Grundbuchstand beurkunde ich bei gleichzeitiger Anwesenheit der Beteiligten ihren Erklärungen gemäß folgenden
Erbbaurechtsvertrag:

I. Grundbuchstand

Im Grundbuch des Amtsgerichts ...... für ...... Band ...... Blatt ......
sind die Ehegatten A als Eigentümer je zur Hälfte des folgenden Grundbesitzes der Gemarkung ......
Flst.Nr. ...... (Beschrieb) ...... zu ...... qm eingetragen.
Der Grundbesitz ist in Abteilung II belastet mit einem Geh- und Fahrtrecht für den jeweiligen Eigentümer der Flst.Nr. ......
In Abteilung III ist eine Grundschuld zu DM 50.000,– der ...... (Bank) eingetragen.

II. Bestellung des Erbbaurechts

(1) Die Ehegatten A
– nachstehend als „Grundstückseigentümer" bezeichnet –
bestellen hiermit zugunsten der Firma
B GmbH mit dem Sitz in ......
– nachstehend als „Erbbauberechtigter" bezeichnet –
als Alleinberechtigter
an einer den Beteiligten nach Lage und Grenzen genau bekannten Teilfläche von etwa 2.500 m² aus dem in Ziffer I bezeichneten Grundbesitz ein

Erbbaurecht

im Sinn der Erbbaurechtsverordnung. Das ist das veräußerliche und vererbliche Recht, auf oder unter der Oberfläche eines Grundstücks ein oder mehrere Bauwerke nach Maßgabe dieses Vertrags zu haben.

(2) Das Erbbaugrundstück ist in dem beigehefteten Lageplan, der dieser Urkunde als Anlage beigeheftet ist und auf den verwiesen wird, rot schraffiert. Es muß zur Eintragung des Erbbaurechts im Grundbuch noch amtlich vermessen werden. Die Vertragsteile verpflichten sich, unverzüglich nach Vorliegen des amtlichen Messungsergebnisses das Ergebnis der amtlichen Vermessung in einer Nachtragsurkunde anzuerkennen und die Einigung über die Bestellung des Erbbaurechts zu erklären sowie die Eintragung im Grundbuch zu bewilligen und zu beantragen. Den Antrag auf Vermessung stellen die Vertragsteile selbst, wozu jeder Vertragsteil berechtigt ist.[3]

(3) Schuldrechtlich wird im Innenverhältnis vereinbart, daß die Rechte und Pflichten mit Wirkung vom Tag des Besitzübergangs zwischen den Vertragsteilen so entstehen, als ob das Erbbaurecht zu diesem Zeitpunkt begonnen hätte.

(4) Für das Erbbaurecht gelten außer der Verordnung über das Erbbaurecht folgende Bestimmungen:

§ 1 Bauwerk, Nebenflächen

(1) Das Erbbaurecht wird bestellt für die Errichtung eines Bürogebäudes oder Hotels sowie von Läden nebst den dazu erforderlichen Anlagen wie Garagen, Parkplätzen, Straßen etc.

(2) Das Erbbaurecht erstreckt sich auch auf den für die Bauwerke nicht erforderlichen Teil des Grundstücks, den der Erbbauberechtigte als Hofraum, Zufahrt, Lagerplatz, Garten etc. benutzen darf, wobei das Bauwerk wirtschaftlich die Hauptsache bleibt.

(3) Eine Änderung des in Abs. 1 vereinbarten Verwendungszwecks bedarf der vorherigen schriftlichen Zustimmung des Grundstückseigentümers.

§ 2 Bauverpflichtung

(1) Der Erbbauberechtigte ist verpflichtet, die in § 1 genannten Baulichkeiten innerhalb von zwei Jahren ab heute nach den Plänen und in der Ausführungsweise, die von der Baubehörde genehmigt wird, sachgemäß zu errichten.

(2) Die Gebäude sind solide auszuführen und mit den aus gesundheitlichen und feuerpolizeilichen Gründen erforderlichen Einrichtungen zu versehen. Der Erbbauberechtigte ist auch verpflichtet, Hofraum, Parkplätze, Lagerplatz und Garten anzulegen.

(3) Der Erbbauberechtigte ist verpflichtet, die Baupläne dem Grundstückseigentümer zur Prüfung und Genehmigung vorzulegen sowie ihm die Herstellungskosten des Bauwerks nach Fertigstellung durch Vorlage der Unternehmerrechnungen nachzuweisen.

(4) Wesentliche bauliche Veränderungen der Bauwerke und Nebenanlagen bzw. deren teilweiser oder ganzer Abbruch bedürfen der vorherigen schriftlichen Zustimmung des Grundstückseigentümers.

§ 3 Unterhaltungsverpflichtung

(1) Der Erbbauberechtigte hat die zu errichtenden Gebäude nebst Zubehör und Nebenanlagen stets in gutem Zustand zu erhalten. Die zu diesem Zweck erforderlichen Ausbesserungen und Erneuerungen sind jeweils unverzüglich vorzunehmen.

(2) Kommt der Erbbauberechtigte diesen Verpflichtungen trotz Aufforderung innerhalb angemessener Frist nicht oder nur ungenügend nach, so ist der Grundstückseigentümer berechtigt, die Arbeiten auf Kosten des Erbbauberechtigten vornehmen zu lassen.

(3) Die zu errichtenden Gebäude dürfen nur mit vorheriger schriftlicher Zustimmung des Grundstückseigentümers ganz oder teilweise abgebrochen oder wesentlich verändert werden.

§ 4 Besichtigungsrecht

Der Grundstückseigentümer ist zu jeder angemessenen Tageszeit berechtigt, das Erbbaugrundstück, die Bauwerke und die Anlagen zu besichtigen oder durch Beauftragte oder Bevollmächtigte besichtigen und auf ihren baulichen Zustand und ihre vertragsgemäße Verwendung prüfen zu lassen.

§ 5 Versicherungsverpflichtung

(1) Der Erbbauberechtigte ist verpflichtet, sämtliche auf dem Grundstück zu erstellenden Bauwerke bis zur vollen Höhe ihres Wertes gegen Brand-, Sturm-, Heizöl- und Leitungswasserschäden in der Form einer Neuwertversicherung zu versichern. Die Versi-

cherungen sind während der ganzen Dauer des Erbbaurechts aufrecht zu erhalten. Nachweise sind dem Grundstückseigentümer jeweils auf Verlangen vorzulegen.

(2) Kommt der Erbbauberechtigte den vorstehenden Verpflichtungen nicht oder nur ungenügend nach, so ist der Grundstückseigentümer berechtigt, auf Kosten des Erbbauberechtigten für die Versicherungen selbst zu sorgen.

(3) Bei Eintritt des Versicherungsfalls ist der Erbbauberechtigte verpflichtet, die Bauwerke in dem vorherigen Umfang wieder herzustellen. Dabei sind die Versicherungs- oder sonstigen Entschädigungsleistungen in vollem Umfang zur Wiederherstellung zu verwenden. Bei Zerstörungen, die nicht durch eine Versicherung abgedeckt sind, ist der Erbbauberechtigte zum Wiederaufbau nur verpflichtet, wenn er die Nicht- oder Unterversicherung zu vertreten hat.

§ 6 Dauer des Erbbaurechts

(1) Das Erbbaurecht wird auf die Dauer von 75 Jahren, gerechnet vom heutigen Tag an, bestellt; es endet somit am ......

(2) Ein Vorrecht auf Erneuerung (§ 31 der Erbbaurechtsverordnung) wird nicht bedungen.

§ 7 Beendigung des Erbbaurechts

(1) Bei Beendigung des Erbbaurechts durch Zeitablauf hat der Grundstückseigentümer dem Erbbauberechtigten den dann geltenden Verkehrswert der zum Erbbaurecht gehörenden Bauwerke zu vergüten, die in sein Eigentum übergehen, es sei denn, daß ein Fall des Absatzes 2 vorliegt. Bei Bewertung des Erbbaurechts oder der Gebäulichkeiten sind die vom Erbbauberechtigten aufgewendeten Erschließungskosten mit zu berücksichtigen.

(2) Der Grundstückseigentümer kann das Erbbaurecht dem Erbbauberechtigten für 20 Jahre verlängern, indem er dies spätestens ein Jahr vor Ablauf dem Erbbauberechtigten gegenüber schriftlich erklärt. Das Erbbaurecht kann auf diese Weise mehrmals für jeweils 20 Jahre verlängert werden. Lehnt der Erbbauberechtigte die Verlängerung ab, so erlischt die Entschädigungspflicht.[4]

(3) Entfällt für den Grundstückseigentümer die Entschädigungspflicht nach Absatz 2, so ist der Erbbauberechtigte berechtigt und verpflichtet, unverzüglich nach dem Ablauf des Erbbaurechts die Bauwerke mit allen Bestandteilen auf seine Kosten abzubrechen und das Grundstück in einen ordnungsgemäßen Zustand zu versetzen. Ausnahmen von der Verpflichtung zur Wiederherstellung des früheren Zustandes können vereinbart werden, wenn dem Grundstückseigentümer vom Erbbauberechtigten ein genehmer Nutzer nachgewiesen wird oder der Grundstückseigentümer über die Nutzung der Anlagen selbst verfügen will.

(4) Kommt es im Fall des Absatzes 1 über die Höhe der Entschädigungssumme zwischen den Beteiligten zu keiner Einigung, so wird der Verkehrswert der Baulichkeiten durch zwei vereidigte Schätzer ermittelt, von denen der eine vom Grundstückseigentümer und der andere vom Erbbauberechtigten benannt wird. Das Recht eines Beteiligten zur Benennung eines Schätzers geht auf den anderen Beteiligten über, wenn jener der an ihn mittels eingeschriebenen Briefs ergangenen Aufforderung zur Benennung eines Schätzers nicht binnen zwei Monaten nachkommt. Einigen sich die Schätzer nicht über die Höhe des festzustellenden Verkehrswerts, so wählen sie einen Obmann. Kommt es über dessen Person zu keiner Einigung, so wird die Industrie- und Handelskammer ...... um eine Ernennung gebeten. Können sich die drei Schätzer über den Wert nicht einigen, so ist der Durchschnitt der zuletzt von jedem der drei Schätzer ermittelten Werte maßgebend. Der festgelegte Betrag gilt als zwischen den Beteiligten ver-

einbart. Die Entschädigung ist am Tag nach dem Erlöschen des Erbbaurechts zu bezahlen.

§ 8 Lastentragung, Erschließung

(1) Der Erbbauberechtigte trägt alle öffentlichen Lasten und Abgaben des Grundstücks und des Erbbaurechts, insbesondere die Grund- und Gebäudesteuern, Kanal-, Straßenreinigungs-, Müllabfuhr- und Kaminkehrerkosten.

(2) Der Erbbauberechtigte trägt auch alle privatrechtlichen Lasten des Erbbaugrundstücks und des Erbbaurechts. Ausgenommen sind alle gegenwärtigen und künftigen grundbuchmäßigen Belastungen des Grundstücks, soweit für sie nicht eine abweichende Regelung getroffen wird.

(3) Die Kosten für bis Besitzübergang erstellte Erschließungsanlagen trägt der Grundstückseigentümer. Ab Besitzübergang zu errichtende Erschließungsanlagen gehen zu Lasten des Erbbauberechtigten. Diese Regelung gilt unabhängig davon, wann und wem ein Beitragsbescheid zugestellt wird. Der Eigentümer versichert, daß alle Erschließungsbeiträge für die derzeit bestehenden Anlagen voll beglichen sind.

§ 9 Zustimmungserfordernis des Grundstückseigentümers

(1) Der Erbbauberechtigte bedarf der schriftlichen Zustimmung des Grundstückseigentümers
a) zur ganzen oder teilweisen Veräußerung des Erbbaurechts.
b) zur Belastung des Erbbaurechts mit Hypotheken, Grundschulden, Rentenschulden, Reallasten, Dauerwohnrechten und Dauernutzungsrechten sowie zur Änderung des Inhalts eines dieser Rechte, wenn die Änderung eine weitere Belastung des Erbbaurechts enthält; die Zustimmung zur Belastung gilt auch als Zustimmung zur Versteigerung des Erbbaurechts aus dem genehmigten Recht.
c) zur Vermietung, Verpachtung und sonstigen Gebrauchsüberlassung; wird auf dem Erbbaurechtsgrundstück ein Hotel errichtet, so fällt hierunter nur die Vermietung des Hotels im ganzen.

(2) Die Zustimmung kann nur aus einem § 7 ErbbVO entsprechenden Grund versagt werden.

§ 10 Heimfall

(1) Der Grundstückseigentümer ist berechtigt, die Übertragung des Erbbaurechts auf sich oder einen von ihm zu bezeichnenden Dritten auf Kosten des Erbbauberechtigten zu verlangen
– Heimfall –,
wenn
a) der Erbbauberechtigte den in Ziffer II §§ 1, 2, 3, 4, 5, 8 und Ziffer VI dieses Vertrages aufgeführten Verpflichtungen trotz Abmahnung schuldhaft zuwiderhandelt,
b) die Zwangsversteigerung oder Zwangsverwaltung des Erbbaurechts angeordnet wird,
c) über das Vermögen des Erbbauberechtigten das Konkurs- oder Vergleichsverfahren eröffnet oder die Eröffnung mangels Masse abgelehnt wird,
d) der Erbbauberechtigte mit der Zahlung des Erbbauzinses in Höhe von 2 Jahresraten im Rückstand ist,
e) ein Veräußerungsvertrag über das Erbbaurecht abgeschlossen wurde, ohne daß der Erwerber gemäß Ziffer X dieses Erbbaurechtsvertrags in alle schuldrechtlichen Verpflichtungen aus diesem Erbbaurechtsvertrag mit Weiterübertragungsverpflichtung eingetreten ist.

(2) Tritt nach diesen Bestimmungen der Heimfall ein, so kann der Erbbauberechtigte keine Vergütung verlangen.[5]

§ 11 Ankaufsrecht[6]

Der Eigentümer ist auf Verlangen des Erbbauberechtigten verpflichtet, diesem das Erbbaugrundstück zum Verkehrswert im Zeitpunkt des gestellten Verlangens dieses Ankaufsrecht zu verkaufen. Das Recht steht dem Erbbauberechtigten nur während der Dauer des Erbbaurechts und erst nach Ablauf von 25 Jahren ab heute zu. Kommt es über die Höhe des Verkehrswerts zwischen den Beteiligten zu keiner Einigung, so gilt § 7 Abs. 4 entsprechend.

III. Erbbauzins[7]

(1) Der Erbbauzins beträgt jährlich DM 120.000,– – i.W. einhundertzwanzigtausend Deutsche Mark –.

(2) Der Erbbauzins ist in monatlichen Teilbeträgen von DM 10.000,– – i.W. zehntausend Deutsche Mark – jeweils am ersten Werktag eines Monats zur Zahlung fällig, erstmals an dem auf die Eintragung des Erbbaurechts folgenden Monatsersten.

(3) Bis zur Eintragung des Erbbaurechts im Grundbuch ist ein Nutzungsentgelt in Höhe des vereinbarten Erbbauzinses zu zahlen.

(4) Der Erbbauzins samt Anpassungsklausel gemäß Ziffer IV ist im Grundbuch als Reallast einzutragen. Als dinglicher Inhalt des Erbbauzinses wird vereinbart, daß die Reallast abweichend von § 52 Abs. 1 des Gesetzes über die Zwangsversteigerung und die Zwangsverwaltung mit ihrem Hauptanspruch bestehenbleibt, wenn der Grundstückseigentümer aus der Reallast oder der Inhaber eines im Range vorgehenden oder gleichstehenden dinglichen Rechts die Zwangsversteigerung des Erbbaurechts betreibt.

(5) Die Höhe des Erbbauzinses bzw. des Nutzungsentgelts ist nach dem Ergebnis der amtlichen Vermessung des Erbbaugrundstücks entsprechend der sich ergebenden Quadratmeterzahl neu festzusetzen. Die Neufestsetzung des endgültigen Erbbauzinses ist in die Nachtragsurkunde über die Messungsanerkennung aufzunehmen.

(6) Schuldrechtlich vereinbaren die Vertragsteile folgendes: Für die Zeit vom Besitzübergang bis zur Fertigstellung der neu zu errichtenden Erbbaurechtsgebäude, längstens jedoch auf die Dauer von 2 Jahren, von heute an gerechnet, beträgt der Erbbauzins bzw. das Nutzungsentgelt jährlich DM 60.000,– – i.W. sechzigtausend Deutsche Mark –, und zwar ohne Rücksicht auf das Ergebnis der amtlichen Vermessung.

IV. Erbbauzinsanpassung[8, 9]

(1) Der Erbbauzins gemäß Ziffer III Abs. 1 ist auf der Grundlage der Lebenshaltungskosten vereinbart und soll wertgesichert sein. Ändert sich künftig der vom Statistischen Bundesamt in Wiesbaden ermittelte Preisindex der Lebenshaltungskosten aller privaten Haushalte in Deutschland auf der Basis von 1994 = 100 gegenüber dem für den auf die Beurkundung folgenden Monat geltenden Index, so erhöht oder vermindert sich im gleichen Verhältnis die Höhe des monatlich zu zahlenden Erbbauzinses.

(2) Eine Änderung bleibt außer Betracht, wenn sich der Lebenshaltungskostenindex um weniger als 5 Punkte ändert. Der erhöhte oder ermäßigte Erbbauzins ist erstmals für den Monat zu bezahlen, der dem Monat folgt, in dem sich der Lebenshaltungskostenindex um 5 Punkte erhöht oder vermindert hat. Nach Anpassung des Erbbauzinses aufgrund der vorstehenden Wertsicherungsklausel ist der Erbbauzins erneut bei einer Änderung des Lebenshaltungskostenindex um 5 Punkte nach oben oder nach unten anzupassen.

(3) Die vorstehende Wertsicherungsklausel gilt auch für das Nutzungsentgelt.

V. Zwangsvollstreckungsunterwerfung[10]

(1) Der Erbbauberechtigte unterwirft sich wegen aller in dieser Urkunde eingegangenen Zahlungsverpflichtungen zur Leistung bestimmter Geldbeträge und – soweit zulässig – auch wegen der Wertsicherungsklausel der sofortigen Zwangsvollstreckung aus dieser Urkunde in sein gesamtes Vermögen mit der Maßgabe, daß es zur Erteilung der vollstreckbaren Ausfertigung des Nachweises der Fälligkeit nicht bedarf.

(2) Im Fall der Erhöhung des Erbbauzinses durch Neufestsetzung gemäß Ziffer IV dieser Urkunde ist der Erbbauberechtigte verpflichtet, sich auf Verlangen des Grundstückseigentümers auch wegen des Erhöhungsbetrages in einer notariellen Urkunde der sofortigen Zwangsvollstreckung zu unterwerfen.

VI. Haftung des Erbbauberechtigten

(1) Der Erbbauberechtigte haftet dem Grundstückseigentümer für alle bei der Ausübung des Erbbaurechts und der mit diesem verbundenen Rechte entstehenden Schäden, vor allem für solche durch vertragswidrige Inanspruchnahme der Vertragsflächen, durch mangelhafte Unterhaltung und unzureichende Verkehrssicherung der Bauwerke, Baustellen und Nebenanlagen. Der Erbbauberechtigte haftet dem Grundstückseigentümer ferner für alle Schäden, die durch den Erbbauberechtigten, dessen Leute, Kunden, Besucher oder Zulieferer verursacht werden, es sei denn, daß weder ihn noch seine Leute ein Verschulden trifft.

(2) Zur Abdeckung dieser Haftung hat der Erbbauberechtigte eine Haftpflichtversicherung mit ausreichender Deckungssumme abzuschließen und auf die Dauer dieses Erbbaurechtsvertrags aufrecht zu erhalten. Im Zweifelsfall ist die Deckungssumme von dem Versicherer in angemessener Höhe festzusetzen. Kommt der Erbbauberechtigte der Versicherungspflicht nicht nach, so kann der Grundstückseigentümer zu Lasten des Erbbauberechtigten für die Versicherung sorgen.

VII. Gewährleistung[11]

(1) Der Grundstückseigentümer haftet dafür, daß das Erbbaurecht die erste Rangstelle erhält. Er ist verpflichtet, die Lastenfreistellung bzw. Rangrücktritte der in Ziffer I bezeichneten Rechte unverzüglich auf seine Kosten herbeizuführen. Der Erbbauberechtigte erstreckt hiermit das am Grundstück eingetragene, in Ziffer I erwähnte Geh- und Fahrtrecht auf das Erbbaurecht im Rang vor dem Erbbauzins und dem Vorkaufsrecht.

(2) Der Grundstückseigentümer übernimmt keinerlei Gewähr für die Eignung und Ausnutzbarkeit des Erbbaugrundstücks für die Zwecke des Erbbauberechtigten. Er haftet auch nicht für das genaue Flächenmaß, für die Beschaffenheit von Grund und Boden und für die Freiheit von Mängeln.

VIII. Besitzübergang

Die Besitzübergabe zur Ausübung des Erbbaurechts erfolgt heute. Zum gleichen Zeitpunkt gehen Nutzen und Lasten sowie die Gefahr eines zufälligen Untergangs oder einer zufälligen Verschlechterung auf den Erbbauberechtigten über.

IX. Gegenseitiges Vorkaufsrecht

Der Grundstückseigentümer räumt dem jeweiligen Erbbauberechtigten am Erbbaugrundstück, der Erbbauberechtigte dem jeweiligen Eigentümer des Erbbaugrundstücks am Erbbaurecht das dingliche
Vorkaufsrecht für alle Verkaufsfälle
ein. Für die Vorkaufsrechte gelten die gesetzlichen Bestimmungen.

X. Rechtsnachfolge

Soweit die Verpflichtungen dieses Vertrags nicht kraft Gesetzes auf die Rechtsnachfolger übergehen, ist jeder Vertragsteil verpflichtet, seine sämtlichen Verpflichtungen aus diesem Vertrag seinen sämtlichen Sonderrechtsnachfolgern mit der Weiterübertragungspflicht aufzuerlegen. Wenn ein Sonderrechtsnachfolger des Erbbauberechtigten nicht alle Verpflichtungen aus diesem Vertrag übernimmt, ist dies ein Grund, die nach Ziffer II § 9 erforderliche Zustimmung zur Übertragung des Erbbaurechts zu verweigern.

XI. Grundbuchanträge[12]

Grundstückseigentümer und Erbbauberechtigter sind darüber einig, daß das Erbbaurecht und die nachfolgenden Recht bestellt werden. Sie bewilligen

(1) in das Grundbuch des in Ziffer I bezeichneten Grundstücks einzutragen:
a) in Abteilung II an erster Rangstelle das Erbbaurecht gemäß den Bestimmungen dieses Vertrags,
b) das Vorkaufsrecht gemäß Ziffer IX im Rang nach dem Erbbaurecht,
c) die zur Rangbeschaffung für das Erbbaurecht erforderlichen Erklärungen,

(2) für das vereinbarte Erbbaurecht ein Erbbaugrundbuch anzulegen und in dieses einzutragen:
a) das Erbbaurecht,
b) das Geh- und Fahrtrecht für den jeweiligen Eigentümer der Flst.Nr. . . . .
c) die Reallast für den Erbbauzins gemäß Ziffer III zugunsten des jeweiligen Grundstückseigentümers an zweiter Rangstelle,[9]
d) das Vorkaufsrecht gemäß Ziffer IX im Rang nach dem Geh- und Fahrtrecht, dem Erbbauzins und der Vormerkung zur Sicherung des Erbbauzinserhöhungsanspruchs.

(3) Die Eintragungsanträge werden der Nachtragsurkunde vorbehalten.

XII. Belastungszustimmung

(1) Der Eigentümer stimmt schon heute der einmaligen Belastung des Erbbaurechts bis zur Höhe von 75 vom Hundert der nachgewiesenen Herstellungskosten zugunsten von Kreditinstituten zu, die der staatlichen Aufsicht unterliegen, und verpflichtet sich, mit seinen zur Eintragung kommenden Rechten, also insbesondere dem Erbbauzins[9] und dem Vorkaufsrecht hinter diese Belastung zurückzutreten.

(2) Voraussetzung hierfür ist, daß
a) bei Bestellung einer Grundschuld der Erbbauberechtigte seine bestehenden und künftigen, auch bedingten oder befristeten Ansprüche auf vollständige oder teilweise Aufgabe dieser Grundschuld durch Abtretung, Verzicht oder Löschung sowie auf Herausgabe des sich bei der Verwertung dieser Grundschuld ergebenden Erlöses, soweit dieser die durch sie gesicherten schuldrechtlichen Forderungen übersteigt, auf den Eigentümer überträgt,
b) bei Bestellung einer Hypothek sich der Erbbauberechtigte gegenüber dem jeweiligen Eigentümer verpflichtet, die Hypothek auf seine Kosten löschen zu lassen für den Fall, daß die bestellte Hypothek ganz oder teilweise dem Erbbauberechtigten zusteht oder sich mit dem Erbbaurecht in einer Person vereinigt oder bereits vereinigt hat und zwar auch für den Fall des § 1163 Abs. 1 Satz 1 BGB,
c) eine diesbezügliche Löschungsvormerkung im Grundbuch eingetragen wird.

XIII. Vormerkung[13]

(1) Die Vertragsteile bewilligen und der Erbbauberechtigte beantragt vorerst die Eintragung einer

3. Erbbaurechtsvertrag mit gleitendem Erbbauzins VIII. 3

Vormerkung nach § 883 BGB
zur Sicherung des Anspruchs des Erbbauberechtigten auf Einräumung des Erbbaurechts an dem Vertragsgrundbesitz im Grundbuch an nächstoffener Rangstelle.

(2) Diese Vormerkung beantragt der Erbbauberechtigte mit Eintragung des Erbbaurechts wieder zu löschen, vorausgesetzt, daß seit Eintragung der Vormerkung ohne seine Zustimmung keine Zwischeneintragungen erfolgt sind und keine Eintragungsanträge vorliegen, wodurch seine Rechte beeinträchtigt werden.

XIV. Salvatorische Klausel

Sollte eine Bestimmung dieses Vertrags unwirksam sein oder werden, so wird dadurch die Wirksamkeit des Vertrags und des Erbbaurechts im übrigen nicht berührt. Die Vertragsteile sind dann verpflichtet, den Vertrag durch eine Regelung zu ergänzen, die der unwirksamen Bestimmung wirtschaftlich am nächsten kommt.

XV. Kosten[17]

Sämtliche mit dieser Beurkundung verbundenen Kosten, einschließlich der Genehmigung, der Ausfertigung, des grundbuchamtlichen Vollzugs, Vermessungs- und Vermarktungskosten, ferner die Grunderwerbsteuer[16] trägt der Erbbauberechtigte, ebenso die Kosten des Heimfalls, der Löschung des Erbbaurechts und der Schließung des Erbbaugrundbuchs.

Rangbeschaffungskosten trägt der Eigentümer.

XVI. Ausfertigung der Urkunde

Von dieser Urkunde erhalten:
Jeder Vertragsteil sofort eine beglaubigte Abschrift und nach Vollzug eine Ausfertigung, der Grundstückseigentümer auf Verlangen eine vollstreckbare Ausfertigung,
das Amtsgericht ...... – Grundbuchamt – eine beglaubigte Abschrift,
die Landeszentralbank in ...... zur Genehmigung nach § 3 Währungsgesetz eine beglaubigte Abschrift,
das Finanzamt ...... für Grundbesitz und Verkehrsteuern – Grunderwerbsteuerstelle – eine Abschrift.

XVII. Ermächtigung des Notars

Der beurkundende Notar wird ermächtigt, die zu diesem Vertrag erforderlichen Genehmigungen zu erholen und entgegenzunehmen, Anträge – auch geteilt – zu stellen, zurückzunehmen und zu ergänzen, ohne Rücksicht auf die gesetzliche Vollmacht.

Alle zu diesem Vertrag erforderlichen Zustimmungserklärungen sollen mit dem Eingang beim Notar den Vertragsteilen als zugegangen gelten und wirksam sein.

XVIII. Belehrungen

Die Beteiligten wurden vom Notar u. a. darüber belehrt, daß
a) das Erbbaurecht erst mit der Eintragung im Grundbuch entsteht,
b) das Erbbaurecht ausschließlich erste Rangstelle im Grundbuch erhalten muß,
c) die Eintragung erst erfolgen kann, wenn das Grundstück vermessen und die Messungsanerkennung und dingliche Einigung beurkundet und im Grundbuch vollzogen ist, die finanzamtliche Unbedenklichkeitsbescheinigung wegen der Grunderwerbsteuer dem Notar vorliegt und erforderliche Genehmigungen erteilt sind,[14]
d) die Wertsicherungsklausel in Ziffer IV der Genehmigung durch die Landeszentralbank in ...... nach § 3 Währungsgesetz bedarf,

VIII. 3

e) alle Vereinbarungen richtig und vollständig beurkundet sein müssen, alle nicht beurkundeten Abreden nichtig sind und die Wirksamkeit des ganzen Vertrages in Frage stellen können,
f) die Beteiligten für die Kosten bei Gericht und Notar sowie die Grunderwerbsteuer als Gesamtschuldner haften,
g) zur Bebauung die behördlichen Genehmigungen erforderlich sind,
h) daß die Erbbauzinsreallast in der Zwangsversteigerung des Erbbaurechts grundsätzlich bestehen bleibt.[15]

Anmerkungen

1. Sachverhalt. Der Sachverhalt entspricht dem in Form. VIII. 1. Im Gegensatz zu Form. VIII. 2 behandelt das Formular die Errichtung einer gewerblichen Anlage, nicht von Wohngebäuden, so daß der Erbbauzins nicht den Einschränkungen des § 9a ErbbVO und der Entscheidung des BGH vom 18. 5. 1979 (NJW 1980, 181) unterworfen ist, sondern unbeschränkt an einen Lebenshaltungskostenindex anknüpfen kann. Das Erbbaurecht wird an einem noch zu vermessenden Grundstück bestellt, kann also erst nach Vermessung und Feststehen der genauen Fläche des mit dem Erbbaurecht zu belastenden Grundstücks im Grundbuch eingetragen werden. Der entsprechende Nachtrag über die Messungsanerkennung und Einigung zum Erbbaurechtsvertrag ist in Form. VIII. 7 enthalten. Soweit Anmerkungen fehlen, wird auf die Anmerkungen zu Form VIII. 1 und 2 verwiesen.

2. Wahl des Formulars. Das Formular ist aus Form. VIII. 1 entwickelt. Es weicht hiervon im wesentlichen dadurch ab, daß das Erbbaurecht an einem noch zu vermessenden Grundstück bestellt wird, also zunächst noch nicht eingetragen werden kann. Während in Form. VIII. 2 noch eine Teilfläche wegzumessen ist, was durch eine Aufhebungsverpflichtung zu gewährleisten ist (vgl. Ziffer VIII in Form. VIII. 2), ist im vorliegenden Formular zur Eintragung des Erbbaurechts eine Vermessung erforderlich. Die Eintragung des Erbbaurechts im Grundbuch ist daher zunächst aufgeschoben und kann erst nach Vermessen des Grundstücks erfolgen. Zur Sicherung des Erbbauberechtigten kommt daher eine Vormerkung gemäß § 883 BGB zur Eintragung (Ziffer XIII). Die dann noch erforderliche Messungsanerkennung und Einigung über die Entstehung des Erbbaurechts ist in Form. VIII. 7 enthalten. Die Grundbuchanträge auf Eintragung der einzelnen Rechte können erst in der Nachtragsurkunde gestellt werden, während im Erbbaurechtsvertrag selbst nur die Bewilligungen enthalten sind (s. Ziffer XI). Das Formular unterscheidet sich von den beiden vorhergehenden ferner dadurch, daß der Erbbauberechtigte zur Errichtung einer gewerblichen Anlage berechtigt und verpflichtet ist, was insbesondere für die Gleitklausel hinsichtlich des Erbbauzinses von Bedeutung ist; es gilt dann nicht die Einschränkung des § 9a ErbbVO (vgl. auch die in Anm. 1 erwähnte BGH-Entscheidung), sondern die Gleitklausel kann unabhängig von der Änderung des Einkommens lediglich an den Lebenshaltungskosten orientiert werden. Bei den im Grundbuch des Grundstücks eingetragenen Belastungen ist zu beachten, daß die Briefgrundschuld zu löschen ist, während das in Abteilung II eingetragene Geh- und Fahrtrecht auf das Erbbaurecht erstreckt werden muß, bevor der Inhaber des Geh- und Fahrtrechts mit seinem Recht am Grundstück hinter das Erbbaurecht zurücktritt (siehe Ziffer VII Abs. 1 in Form. VIII. 3, ferner Form. VIII. 5). Zusätzlich enthält das Formular in § 11 ein Ankaufsrecht des Grundstückseigentümers, wie es gemäß § 2 Nr. 7 ErbbVO als vertragsmäßiger Inhalt des Erbbaurechts vereinbart werden kann.

3. Messungsanerkennung. Die Messungsanerkennung und Einigung über die Bestellung des Erbbaurechts befindet sich in Form. VIII. 7. Bis zur Messungsanerkennung und Eintragung im Grundbuch besteht das Erbbaurecht noch nicht und ist insbesondere le-

3. Erbbaurechtsvertrag mit gleitendem Erbbauzins

diglich eine Nutzungsentschädigung zu bezahlen (siehe Ziffer III Nr. 3). Schuldrechtlich wird in Ziffer II Abs. 3 im Innenverhältnis vereinbart, daß Rechte und Pflichten mit Wirkung vom Tag des Besitzübergangs zwischen den Vertragsteilen so entstehen, als ob das Erbbaurecht zu diesem Zeitpunkt begonnen hätte.

4. Entschädigung bei Beendigung des Erbbaurechts. Erlischt das Erbbaurecht durch Zeitablauf, so hat der Grundstückseigentümer dem Erbbauberechtigten eine Entschädigung für das Bauwerk zu leisten. Vereinbarungen über die Höhe der Entschädigung, die Art der Zahlung sowie über die Ausschließung können als Inhalt des Erbbaurechts getroffen werden (§ 27 ErbbVO). Lediglich bei Erbbaurechten zur Befriedigung des Wohnbedürfnisses minderbemittelter Bevölkerungskreise muß die Entschädigung mindestens zwei Drittel des gemeinen Werts betragen, den das Bauwerk bei Ablauf des Erbbaurechts hat; auf eine abweichende Vereinbarung kann sich der Grundstückseigentümer nicht berufen (§ 27 Abs. 2 ErbbVO). Es soll jedoch vermieden werden, den Grundstückseigentümer, der die Entschädigungssumme nicht zur Verfügung hat, in wirtschaftliche Schwierigkeiten zu bringen. Deshalb hat der Gesetzgeber für den Grundstückseigentümer eine Möglichkeit geschaffen, den Entschädigungsanspruch abzuwenden. Die Vorschrift des § 27 Abs. 3 ErbbVO gibt dem Erbbauberechtigten kein Recht auf Verlängerung; er kann also nicht anstelle der Entschädigung die Verlängerung beanspruchen (*Ingenstau* § 27 Rdn. 16). Das Verlängerungsrecht des Grundstückseigentümers ist für alle Fälle des Erbbaurechts gegeben, auch wenn es sich um den sozialen Wohnungsbau handelt (*Staudinger/Ring* § 27 Rdn. 16). Soweit es sich nicht um sozialen Wohnungsbau handelt, sind Vereinbarungen zwischen Erbbauberechtigtem und Eigentümer über Entschädigung bzw. deren Ausschluß, über Abwendung des Entschädigungsanspruchs durch Verlängerung etc. uneingeschränkt möglich.

5. Vergütung beim Heimfall. Wie bei der Vergütung bei Zeitablauf können auch beim Heimfall gemäß § 32 ErbbVO Vereinbarungen über die Höhe dieser Vergütung und die Art ihrer Zahlung sowie ihre Ausschließung als Inhalt des Erbbaurechts getroffen werden. Die Vergütung kann also auch ausgeschlossen werden. Lediglich im Fall von Erbbaurechten zur Befriedigung des Wohnbedürfnisses minderbemittelter Bevölkerungskreise darf die Zahlung einer angemessenen Vergütung für das Erbbaurecht nicht ausgeschlossen werden, die mindestens zwei Drittel des gemeinen Wertes des Erbbaurechts zur Zeit der Übertragung betragen muß (§ 32 Abs. 2 ErbbVO).

6. Ankaufsrecht. Gemäß § 2 Nr. 7 ErbbVO kann zum vertragsmäßigen Inhalt des Erbbaurechts auch eine Verpflichtung des Grundstückseigentümers gemacht werden, das Grundstück an den jeweiligen Erbbauberechtigten zu verkaufen. Die Verpflichtung des Grundstückseigentümers, das Grundstück an den jeweiligen Erbbauberechtigten zu verkaufen, ist ein einseitiges dingliches Gestaltungsrecht des Erbbauberechtigten. Das Ankaufsrecht wird durch einseitige, formlose und empfangsbedürftige Willenserklärung gegenüber dem Grundstückseigentümer ausgeübt. Dadurch kommt ein Kaufvertrag zu den in der Vereinbarung festgelegten Bedingungen zustande, aus dem sich ein Anspruch auf Auflassung (§ 925 BGB) ergibt (BGH DB 1973, 1594; MünchKomm/*v. Oefele* § 2 Rdn. 37). Solche dinglichen Inhaltsregelungen können ihrem Wesen nach nur während der Dauer des Erbbaurechts gelten. Nach § 2 Nr. 7 ErbbVO kann daher keine Verpflichtung des Grundstückseigentümers vereinbart werden, das Erbbaurecht an den Erbbauberechtigten zu verkaufen, falls er nach Beendigung des Erbbaurechts die Entschädigung nicht zahlen kann oder will. Streitig ist, ob vor der Ausübung die Vereinbarung gemäß § 2 Nr. 7 ErbbVO durch eine besondere Auflassungsvormerkung abgesichert werden kann (dafür die h.M., z. B. *Ingenstau* § 2 Rdn. 70; *Staudinger/Ring*, § 2 Rdn. 32; *Palandt/Bassenge* § 2 Anm. 2g; a.A. MünchKomm/*v. Oefele* § 2 Rdn. 39). Nach Ausübung und Vollzug im Grundbuch entsteht ein Eigentümererbbaurecht (§ 889 BGB).

Von diesem Ankaufsrecht sind andere nur schuldrechtlich mögliche Verpflichtungen der Parteien zu unterscheiden, etwa eine Erwerbspflicht des Erbbauberechtigten, wo-

VIII. 3   VIII. Erbbaurechtsverträge

nach dieser das Grundstück nach Geltendmachung des Grundstückseigentümers während der Laufzeit des Erbbaurechts zu einem bestimmten oder zu bestimmenden Kaufpreis kaufen muß; nur in Ausnahmefällen verstößt ein Erbbaurechtsvertrag mit einer Kaufzwangklausel des Erbbauberechtigten gegen die guten Sitten (vgl. BGH BGHZ 68, 1 = NJW 1977, 761; BGHZ 75, 15 = DNotZ 1979, 733; *Ingenstau* § 2 Rdn. 74; MünchKomm/*v. Oefele* § 2 Rdn. 40; *Staudinger/Ring* § 2 Rdn. 36).

7. Erbbauzins. Es kann vereinbart werden, daß bis zur Entstehung des Erbbaurechts durch Eintragung im Grundbuch ein Nutzungsentgelt zu bezahlen ist, dessen Höhe dem Erbbauzins entspricht (Ziffer III Abs. 3). Der endgültige Erbbauzins ist erst nach der amtlichen Vermessung und in der Urkunde über die Messungsanerkennung und Einigung über die Bestellung des Erbbaurechts festzulegen; es kann bestimmt werden, daß dies entsprechend der sich bei der Vermessung ergebenden Fläche geschieht (Ziffer II Abs. 2 und 3, Ziffer III Abs. 5).

8. Erbbauzinsanpassung. (1) Nach der bis 30. 9. 1994 geltenden Regelung mußte der Erbbauzins nach Zeit und Höhe für die ganze Erbbauzeit im voraus bestimmt sein. Dieser Grundsatz galt nur für den dinglichen Erbbauzins, nicht dagegen für zusätzliche Vereinbarungen, wie etwa eine schuldrechtliche Anpassungsklausel. Bestimmbarkeit, wie bei der Reallast, genügte nicht. Das Sachenrechtsbereinigungsgesetz vom 21. 9. 1994 hat die geltende Rechtslage mit Wirkung zum 1. 10. 1994 dadurch geändert, daß gemäß dem geänderten § 9 Abs. 2 Satz 1 der Erbbauzins nach Zeit und Höhe für die gesamte Erbbauzeit im voraus bestimmt werden kann und gemäß dem neu eingefügten Satz 2 auch eine Anpassungsklausel Inhalt des Erbbauzinses sein kann. Die neue seit 1. 10. 1994 geltende Rechtslage für den Erbbauzins stimmt also nunmehr mit dem allgemeinen Recht der Reallast überein, wonach der Erbbauzins hinreichend bestimmbar sein muß. Das Bestimmtheitserfordernis bedeutete aber auch nach früherem Recht nicht, daß die Höhe gleichbleibend und die Fälligkeitsdaten gleichmäßig sein mußten. Es war und ist zulässig, die Zeitabschnitte unregelmäßig festzusetzen oder den Erbbauzins für die Zeitabschnitte in verschiedener Höhe festzulegen (MünchKomm/*v. Oefele* § 9 Rdn. 25).

(2) Das Sachenrechtsbereinigungsgesetz hat aus der muß-Vorschrift § 9 Abs. 2 Satz 1 ErbbVO eine kann-Vorschrift gemacht und damit viele Streitfragen und Komplikationen beseitigt. Während der Erbbauzins bisher nach Zeit und Höhe für die gesamte Erbbauzeit im voraus bestimmt werden mußte, kann nunmehr eine Wertsicherung der Reallast als Inhalt des dinglichen Rechts vereinbart werden. Hierdurch ist das zwingende Erfordernis der Festlegung für die gesamte Laufzeit des Erbbaurechts entfallen; sie ist aber nach wie vor zulässig; so jetzt auch *Palandt/Bassenge* § 9 ErbbVO Rz. 4, 5. Die beiden Sätze 1 und 2 sind nicht als Gegensatz zu sehen, sondern ergänzen sich: Da der Gesetzgeber die Möglichkeit des für die gesamte Vertragsdauer bestimmten Erbbauzinses ausdrücklich zugelassen hat, folgt ebenso wie aus der kann-Formulierung, daß die Vertragsparteien hier ein weitgehendes Wahlrecht haben sollen (*Klawikowsky* Rpfleger 1995, 145). Sie können daher auch eine Wertsicherung der Reallast als Inhalt des dinglichen Rechts vereinbaren. Danach kann als Inhalt des Erbbauzinses eine Verpflichtung zu seiner Anpassung an veränderte Verhältnisse vereinbart werden, wenn die Anpassung nach Zeit und Wertmaßstab bestimmbar ist. Die Bestimmbarkeit mußte bisher im Rahmen der schuldrechtlichen Anpassungsklausel geprüft werden und zwar bei der Frage, ob der Anpassungsanspruch auf Erhöhung des Erbbauzinses durch eine Vormerkung im Grundbuch abgesichert werden kann. Die Prüfung von Bewertungsmaßstab, Zeitpunkt und Bestimmbarkeit wurden durch die Neuregelung von der schuldrechtlichen Anpassungsklausel in den dinglichen Erbbauzins selbst verlagert.

(3) Die übliche Gleitklausel bei der Reallast führt zu einer automatischen Anpassung bzw. Änderung der Reallast, wobei es nicht schadet, wenn die Erhöhung nur auf Verlangen eines Beteiligten, etwa des Gläubigers eintritt. Da die Reallast somit automatisch

durch den Wertmesser bestimmt wird, bedarf es keiner zukünftigen Eintragung einer Reallast mit geändertem Inhalt, die etwa durch Vormerkung zu sichern wäre. Die Neufassung des § 9 Abs. 2 ErbbVO sollte ermöglichen, zum Inhalt der Erbbauzinsreallast eine Anpassungsklausel zu machen, die die Veränderung des Maßstabs den Erbbauzins unmittelbar – automatisch – anpaßt, wobei es genügt, wenn die Anpassung vom einseitigen Verlangen des Gläubigers abhängt. Der Gesetzgeber wollte die „heute übliche Wertsicherung durch eine schuldrechtliche Vereinbarung auf Anpassung des Erbbauzinses und die Sicherung dieses Anspruchs durch eine Vormerkung entbehrlich" machen (BT-Drucks. 12/5992 S. 193, 194). Ob er dieses Ziel erreicht hat, war anfangs umstritten, weil es in § 9 Abs. 2 Satz 2 ErbbVO heißt, daß „auch eine *Verpflichtung* zu seiner Anpassung an veränderte Verhältnisse" Inhalt des Erbbauzinses sein könne. Es war streitig, ob das Wort „Verpflichtung" sich auf die Anpassungsvereinbarung als Stammrecht bezieht oder auf den aus dem Stammrecht fließenden Anspruch auf Erbbauzinserhöhung bei Erfüllung der in der Anpassungsvereinbarung genannten Voraussetzungen (Einzelheiten *v. Oefele/Winkler* Rdn. 6.80 ff.). Zwischenzeitlich wird allgemein auch eine echte Gleitklausel für zulässig gehalten, wonach sich die Erbbauzinsreallast automatisch anpaßt – ohne Veränderung im Grundbuch. Es ist nunmehr einhellige und zwischenzeitlich auch vom BayObLG bestätigte Meinung (BayObLGZ 1996, 159 = MittBayNot 1996, 372 mit Anm. *Ring;* zweifelnd noch BayObLGZ 1996, 114 = FGPrax 1996, 130), daß die Gleitklausel dinglicher Inhalt der Reallast sein kann. Auf die Vereinbarung einer schuldrechtlichen Wertsicherungsklausel, die durch Vormerkung gesichert wird, kann daher verzichtet werden (*Eickmann,* Sachenrechtsbereinigung § 9 ErbbVO Rz. 6 a; *Eichel* MittRhNotK 1995, 193, 194; *Maaß* NotBZ 1997, 44; *v. Oefele* DNotZ 1995, 643; *Palandt/Bassenge* § 9 ErbbVO Rz. 4; *Wilke* DNotZ 1995, 654, 659).

(4) Unklar ist ebenfalls in der Auslegung die Neuregelung des § 9 Abs. 2 Satz 3 ErbbVO, wonach für die Vereinbarung über die Anpassung des Erbbauzinses die Zustimmung der Inhaber *dinglicher Rechte* des Erbbaurechts erforderlich ist. Hier wurde zunächst teilweise die Auffassung vertreten, daß dingliche Berechtigte jeder Anpassung zustimmen müssen, weil die Anpassung am Rang der Erbbauzinsreallast teilnehme; bei Fehlen der notwendigen Zustimmung gehe der Anspruch auf Bestellung einer zusätzlichen Reallast an der nächstoffenen Rangstelle. Würde man dieser Auffassung folgen, dann würde die Neuregelung im Vergleich zum früheren Verfahren mit der Vormerkung einen Rückschritt bedeuten, da in diesem Fall die dinglich Berechtigten nach § 888 BGB zur Zustimmung verpflichtet waren. Richtigerweise ist mit Vereinbarung über die Anpassung des Erbbauzinses in Satz 3 vielmehr eine *nachträgliche* Veränderung oder Einführung einer Wertsicherungsklausel gemeint, insbesondere deren vom Gesetzgeber nunmehr ermöglichte Verdinglichung; nur sie bedarf der Zustimmung der dinglich Berechtigten, die darauf beruhenden Anpassungen des Erbbauzinses bedürfen dann keiner Zustimmung der dinglich Berechtigten mehr (BayObLGZ 1996, 159 = MittBayNot 1996, 372 mit Anm. *Ring; Palandt/Bassenge* § 9 ErbbVO Rz. 11). Im übrigen bedürfen diese keines Schutzes, da sie bei Begründung ihres Rechts die vorrangige Anpassungsverpflichtung kannten.

(5) Da das Erbbaurecht zur Errichtung gewerblicher Gebäude bestellt ist, gilt die Einschränkung des **§ 9 a** ErbbVO nicht, so daß sich die Erhöhung des Erbbauzinses allein am Lebenshaltungskostenindex orientieren darf. Zu § 9 a ErbbVO hat der BGH mit Urteil vom 18. 5. 1979 (NJW 1980, 181) entschieden, daß eine Anpassung gemäß dem Lebenshaltungskostenindex bei Wohnungserbbaurechten allein nicht zulässig ist, daß sich vielmehr die Erhöhung sowohl an der Ausgabenseite (Lebenshaltungskostenindex) wie an der Einnahmenseite (Löhne und Gehälter) orientieren muß. Diese in Form. VIII. 2 berücksichtigte Einschränkung ist hier nicht erforderlich.

(6) Die Wertsicherungsklausel bedarf zu ihrer Rechtswirksamkeit der Genehmigung nach § 3 S. 2 WährG noch bis 31. 12. 1998 (Aufhebung mWv. 1. 1. 1999 durch

Art. 9 § 1 EuroEG). Diese währungsrechtliche Genehmigung wird zu vorstehender Klausel erteilt, wobei selbstverständlich davon auszugehen ist, daß der jeweilige Erbbaurechtsvertrag auf die Dauer von mindestens 10 Jahren abgeschlossen wird und im übrigen keine Bestimmungen enthält, die der Genehmigungsfähigkeit entgegenstehen.

(7) Eine Gleitklausel liegt vor, wenn sie automatisch wirkt (auch dann, wenn sie einen weiteren Rechtsakt, nämlich die Geltendmachung des Erhöhungsanspruchs, voraussetzt). Genehmigungsfrei sind dagegen Wertsicherungsklauseln, bei denen Geldschulden und Wertmaßstab nach der Verkehrsanschauung gleichartig, zumindest vergleichbar sind (z. B. Erbbauzins und Miete) (BGH NJW 1976, 422; *Dürkes/Feller* D 33); sie werden als Spannungsklauseln bezeichnet. Sind Wertmaßstab andere Güter oder Leistungen, liegt also keine Spannungsklausel vor, so handelt es sich um einen Leistungsvorbehalt, wenn bei der Festsetzung der Erbbauzinserhöhung ein Ermessensspielraum für eine Abwägung gegeben ist. Ein solcher Leistungsvorbehalt ist genehmigungsfrei und liegt etwa vor, wenn bei einer bestimmten Indexänderung eine „angemessene Änderung des Erbbauzinses" verlangt werden kann (BGH DNotZ 1969, 69; *Dürkes/Feller* D 148).

9. Vormerkung. (1) Ist die Anpassungsklausel nicht Inhalt des Erbbauzinses, so kann ohne Zustimmung der gegenüber dem Erbbauzins nachrangigen Berechtigten (§ 880 BGB) eine Erhöhung nur an nächstbereiter Rangstelle eingetragen werden und wird der Anspruch auf Eintragung der Erhöhung des Erbbauzinses regelmäßig durch eine Vormerkung abgesichert. Im Gegensatz zu früher ist es seit der Entscheidung des BayObLG (DNotZ 1978, 239) möglich, die Vormerkung zur Sicherung *aller* künftigen Anpassungen (nicht nur der nächsten) zu bestellen (*Dürkes/Feller* D 309).
In diesem Fall würde Ziffer IV durch einen Absatz 4 ergänzt:
„Zur Sicherung dieses Anspruchs auf Erhöhung des Erbbauzinses zugunsten des jeweiligen Grundstückseigentümers bestellt der Erbbauberechtigte eine
Vormerkung gemäß § 883 BGB[9]
am Erbbaurecht zugunsten des jeweiligen Grundstückseigentümers und bewilligt die Eintragung im Grundbuch. Die Vormerkung soll Gleichrang mit dem Erbbauzins erhalten."

(2) Ist die Anpassung des Erbbauzinses an veränderte Verhältnisse gemäß § 9 Abs. 2 Satz 2 ErbbVO als Inhalt des Erbbauzinses vereinbart, so erübrigt sich die bisher notwendige Absicherung der Anpassungsverpflichtung durch Eintragung einer Vormerkung auf Erhöhung des Erbbauzinses bzw. Neubestellung einer Reallast für den Differenzbetrag des erhöhten Erbbauzinses; dies bedeutet für das Erbbaurecht eine erhebliche Vereinfachung und Kostenersparnis im Grundbuchverfahren.

10. Zwangsvollstreckungsunterwerfung. Die Unterwerfung unter die sofortige Zwangsvollstreckung mit Wirkung gegen den jeweiligen Erbbauberechtigten gemäß §§ 794 Abs. 1 Nr. 5, 800 ZPO ist nicht möglich, da § 800 ZPO auf eine Reallast nicht anwendbar ist. Der Erbbauzins kann daher nur ohne dingliche Zwangsvollstreckungsunterwerfung eingetragen werden (BayObLG NJW 1959, 1876; *Staudinger/Ring* § 9 Rdn. 6). Es ist aber zulässig, daß sich der Erbbauberechtigte persönlich wegen seiner Zahlungsverpflichtung der sofortigen Zwangsvollstreckung unterwirft und sich verpflichtet, bei einer Veräußerung des Erbbaurechts auch seinen Rechtsnachfolger zu einer solchen persönlichen Zwangsvollstreckungsunterwerfung zu veranlassen. Gegen den Erwerber des Erbbaurechts wie auch gegen einen Gesamtrechtsnachfolger läßt sich die Vollstreckungsklausel nach §§ 727, 795, 797 ZPO umschreiben, so daß die persönliche Unterwerfung des ersten Erbbauberechtigten sich gegen die Rechtsnachfolger auswirkt (BayObLG NJW 1959, 876). Kommt der Erbbauberechtigte bei einer Veräußerung dieser Verpflichtung nicht nach, so kann der Grundstückseigentümer seine Zustimmung

3. Erbbaurechtsvertrag mit gleitendem Erbbauzins VIII. 3

zur Veräußerung verweigern, wenn er sich die Zustimmungsbedürftigkeit vorbehalten hat (§ 5 Abs. 1 ErbbVO).

Nach § 795 Abs. 1 Nr. 5 ZPO kann sich der Erbbauberechtigte der sofortigen Zwangsvollstreckung nur wegen Zahlungsverpflichtungen zur Leistung *bestimmter* Geldbeträge unterwerfen. Es ist streitig, wie sich dies auf Wertsicherungsklauseln auswirkt. Zu fragen ist, ob die vollstreckbare Urkunde dem Vollstreckungsorgan eine hinreichend sichere Grundlage für die Vollstreckung bietet. Der BGH erklärte die Unterwerfung unter die sofortige Zwangsvollstreckung wegen einer Verpflichtung zur Zahlung einer Rente in Höhe der Hälfte der (jeweiligen) Höchstpension eines bayerischen Notars wegen Unbestimmtheit der zu leistenden Geldsumme für unwirksam; die Bezifferung der Geldschuld müsse sich exakt und eindeutig aus der Urkunde selbst ergeben, ohne daß erst noch amtliche Auskünfte oder sonstige Berechnungsfaktoren hinzugezogen würden (BGHZ 22, 54 = NJW 1957, 23 = DNotZ 1957, 200; NJW 1980, 1051). Dagegen hat er für den statistischen monatlichen Lebenshaltungskostenindex Offenkundigkeit im Sinn des § 291 ZPO bejaht, weil die Indexentwicklung der Lebenshaltungskosten – nicht auch der Einkommen – regelmäßig in der Fachpresse, z.B. in der NJW, veröffentlicht wird (BGH NJW 1992, 2088). Nach überwiegender Meinung ist es ausreichend und im prozeßökonomischen Sinn auch geboten, daß die Geldschuld bestimmbar ist, wenn nur die Einholung der einschlägigen Indizes unschwer möglich ist. Außerhalb der Urkunde liegende Berechnungsfaktoren können nur berücksichtigt werden, wenn auf sie in der Urkunde eindeutig Bezug genommen wird und sie dem Vollstreckungsorgan allgemein zugänglich sind, sodaß der Betrag der Geldschuld mühelos errechnet werden kann (*v. Oefele/Winkler* Rdn. 6.246 ff.). Will der Eigentümer sicher gehen, daß eine Zwangsvollstreckung problemlos verläuft, so empfiehlt es sich, daß sich der Erbbauberechtigte nur wegen des festen ziffernmäßig bestimmten Erbbauzinses der Zwangsvollstreckung unterwirft und sich verpflichtet, bei Erhöhungen des Erbbauzinses sich erneut auf Anfordern der Zwangsvollstreckung zu unterwerfen.

11. Gewährleistung. Da das Erbbaurecht die erste Rangstelle erhalten muß, müssen am Grundstück eingetragene Rechte gelöscht werden oder hinter das Erbbaurecht zurücktreten. Soweit es sich um Dienstbarkeiten handelt, wie etwa im vorliegenden Fall um ein Geh- und Fahrtrecht, kann dieses auf das Erbbaurecht pfanderstreckt werden, so daß der Berechtigte ohne Einschränkung seiner Sicherheit im Grundbuch des Grundstücks hinter das Erbbaurecht zurücktreten kann. Es wird insoweit auch auf Form. VIII. 5 verwiesen.

12. Grundbuchanträge. Da das Erbbaurechtsgrundstück erst vermessen werden muß, kann das Erbbaurecht noch nicht im Grundbuch eingetragen werden. Dazu ist noch die Vermessung, die Messungsanerkennung und Einigung über die Bestellung des Erbbaurechts erforderlich. Im Erbbaurechtsvertrag sind in diesem Fall daher nur die Bewilligung, noch nicht aber die Antragstellung an das Grundbuchamt enthalten. Die Eintragungsanträge bleiben vielmehr der Nachtragsurkunde über die Messungsanerkennung und Einigung vorbehalten (siehe unten Form. VIII. 7).

13. Vormerkung. Da die Vermessung mitunter längere Zeit in Anspruch nehmen und das Erbbaurecht somit noch nicht eingetragen werden kann, ist zu überlegen, ob der Anspruch auf Eintragung des Erbbaurechts durch die Eintragung einer Vormerkung gemäß § 883 BGB im Grundbuch abgesichert wird. Dadurch wird der zukünftige Erbbauberechtigte dagegen gesichert, daß nach Eingang der Vormerkung beim Grundbuchamt Zwischeneintragungen erfolgen oder Eintragungsanträge gestellt werden, wodurch seine Rechte auf Eintragung des Erbbaurechts beeinträchtigt werden.

14. Genehmigungen. Bei einer Erbbaurechtsbestellung ist gemäß § 19 BauGB die Grundstücksteilung in den in § 19 genannten Fällen genehmigungspflichtig, soweit die

Gemeinde dies durch Satzung bestimmt hat. Liegt das Erbbaugrundstück im Sanierungsgebiet, ist die Bestellung eines Erbbaurechts gemäß § 144 Abs. 2 Nr. 1, 3 BauGB genehmigungspflichtig. Bei Beteiligung Minderjähriger muß die Genehmigung durch das Vormundschaftsgericht eingeholt werden (§ 1821 Abs. 1 Nr. 1, § 1643 BGB). Ob die Bestellung eines Erbbaurechts der Genehmigungspflicht nach § 2 Abs. 1 Grundstücksverkehrsgesetz unterliegt, ist streitig; mit der h. M. (BGH NJW 1976, 519; OLG Hamm NJW 1966, 1416; MünchKomm/v. *Oefele* § 11 Rdn. 41) ist dies abzulehnen, da § 2 eine abschließende Aufzählung enthält und eine staatliche Eingriffsnorm auf im Gesetz nicht genannte Fälle grundsätzlich nicht ausgedehnt werden darf. Auf die Genehmigungspflicht der Gleitklausel nach § 3 Währungsgesetz wurde bereits hingewiesen. Zur Genehmigungspflicht nach der Grundstücksverkehrsordnung in der ehemaligen DDR s. unten Form. VIII. 26 Anm. 34.

15. Belehrungen. Hierzu wird auf Form. VIII. 1 Anm. 49–53 verwiesen.

16. Grunderwerbsteuer. Wegen der Grunderwerbsteuer wird auf Form. VIII. 1 Anm. 54 verwiesen.

17. Kosten. Wegen der Kosten wird auf Form. VIII. 1 Anm. 55 verwiesen. In Ergänzung hierzu ist zu bemerken, daß die Vereinbarung der Wertsicherungsklausel für den Erbbauzins zusätzlich zu bewerten ist (BayObLG DNotZ 1975, 750). Gemäß § 30 Abs. 1 KostO ist von einem bestimmten Bruchteil des Kapitalwerts des Erbbauzinses auszugehen, etwa von 10 bis 20%. Das gemäß Ziffer II § 11 vereinbarte Ankaufsrecht des Erbbauberechtigten am Grundstück ist nach § 2 Nr. 7 ErbbVO als Inhalt des Erbbaurechts vereinbart, also dessen wesentlicher Bestandteil und nicht besonders zu bewerten und zu berechnen.

Neben der Beurkundungsgebühr ist die Vollzugsgebühr nach § 146 Abs. 1 KostO zu erheben, da die Genehmigungen gemäß § 3 Währungsgesetz und nach § 19 BauGB erforderlich sind; die Gebühr gemäß § 146 KostO wird nur einmal erhoben. Der Geschäftswert für die Vollzugsgebühr bestimmt sich jedoch nur nach dem Wert des Erbbaurechtsvertrags ohne den Wert des mitbestellten Vorkaufsrechts am Erbbaurecht.

Bewertungsbeispiel für Notarkosten:
Geschäftswert
a) Erbbaurechtsbestellung gemäß § 21 Abs. 1 KostO: kapitalisierter
 Erbbauzins DM 120.000,– × 25 = DM 3.000.000,–,
b) Wertsicherungsklausel, 10% des Kapitalwertes des Erbbauzinses
 = DM 300.000,–,
c) Vorkaufsrecht am Erbbaurecht (§§ 20 Abs. 2, 30 Abs. 1 KostO)
 10% des bebauten Erbbaurechts (80% des Grundstückswerts +
 Baukosten), z. B. DM 500.000,–
 zusammen gemäß § 44 Abs. 2 a KostO DM 3.800.000,–,
d) Vollzugsgebühr § 146 Abs. 5 KostO DM 3.300.000,–;
Gebührenansatz: $20/10$ nach § 36 Abs. 2 aus Geschäftswert a) bis c), $5/10$ Vollzugsgebühr nach § 146 Abs. 1 aus Geschäftswert d).

Grundbuch: Werte siehe Anm. 55 in Form. VIII. 1. $10/10$ Gebühr nach § 62 Abs. 1 KostO.

Da das Erbbaurecht erst nach Vermessung und Messungsanerkennung im Grundbuch eingetragen werden kann, ist zunächst gemäß Ziffer XII eine Vormerkung nach § 883 BGB einzutragen, deren Eintragung $1/2$ Gebühr nach § 66 KostO und deren Löschung $1/4$ Gebühr nach § 68 KostO auslöst.

4. Gesamterbbaurecht[1]

Heute den ......
sind vor mir, ...,
Notar in ......,
anwesend:
1. Ehegatten A
2. Ehegatten B
3. Firma C
Nach Unterrichtung über den Grundbuchstand beurkunde ich bei gleichzeitiger Anwesenheit der Beteiligten ihren Erklärungen gemäß folgenden

Erbbaurechtsvertrag:

I. Grundbuchstand[2]

Im Grundbuch des Amtsgerichts ...... für die Gemarkung ...... sind die Ehegatten A als Eigentümer des lastenfreien Grundstücks.
Flst.-Nr. ...... (Beschrieb) ...... zu qm
Band ...... Blatt ......
und die Ehegatten B als Eigentümer des lastenfreien Grundstücks
Flst.-Nr. ...... (Beschrieb) ...... zu qm
Band ...... Blatt ......
eingetragen.

II. Bestellung eines Gesamterbbaurechts[3]

A ...... und B ......
– nachstehend als „die Grundstückseigentümer" bezeichnet –
bestellen hiermit für
die Firma C
– nachstehend als „Erbbauberechtigter" bezeichnet –
an den in Ziffer I bezeichneten Grundstücken ein

Gesamterbbaurecht

im Sinn der Erbbaurechtsverordnung. Dies ist das veräußerliche und vererbliche Recht, auf oder unter der Oberfläche eines Grundstücks ein oder mehrere Bauwerke zu haben. Die Bestellung des Erbbaurechts erfolgt auf die Dauer von 99 – i.W. neunundneunzig – Jahren[4], gerechnet vom Tag der Eintragung des Erbbaurechts im Grundbuch an.[5] Für das Erbbaurecht gelten außer der Verordnung über das Erbbaurecht folgende Bestimmungen:[6]

§ 1 Bauwerk, Nebenfläche[7]

(...)

§ 2 Bau- und Unterhaltungsverpflichtung[8]

(...)

§ 3 Besichtigungsrecht[9]

(...)

§ 4 Versicherungen[10]

(...)

§ 5 Lastentragung[11]

(...)

§ 6 Zustimmung zur Veräußerung, Belastung und Vermietung[12]

(...)

§ 7 Berechtigungsverhältnis der Grundstückseigentümer[13]

(1) Alle Rechte der Grundstückseigentümer, die sich auf das Erbbaurecht selbst beziehen, stehen grundsätzlich allen Grundstückseigentümern gemeinschaftlich zu. Soweit sich die Rechte der Grundstückseigentümer auf getrennte Leistungen des Erbbauberechtigten beziehen, z.B. Tragung der öffentlichen Lasten gemäß § 5, kann der betreffende Grundstückseigentümer diese Rechte hinsichtlich seines Grundstücks getrennt, also allein geltend machen. Soweit sich die Rechte auf teilbare Leistungen beziehen, kann der Grundstückseigentümer die Leistungen des auf ihn entfallenden Teils an sich getrennt verlangen. Soweit sich die Rechte dagegen auf eine unteilbare Leistung beziehen, kann grundsätzlich die Leistung an alle Grundstückseigentümer nur gemeinschaftlich verlangt werden.

(2) Das Berechtigungsverhältnis der Grundstückseigentümer errechnet sich aus der Nettofläche (also einschließlich zuerworbener Teilfläche jedoch abzüglich veräußerter Fläche) aller Erbbaugrundstücke des betreffenden Grundstückseigentümers, geteilt durch die Summe der Nettoflächen aller Erbbaugrundstücke beider Grundstückseigentümer; diese Nettoflächen sind in Anlage 1 aufgeführt; es ergibt sich sonach für A ein Berechtigungsverhältnis vom 38.000:95.000 und für B von 57.000:95.000.

(3) Die vorstehenden Regelungen gelten nur, soweit gesetzlich zulässig. Sie gelten entsprechend, soweit ein Grundstückseigentümer Verpflichtungen aus dem Inhalt des Erbbaurechts hat.

§ 8 Heimfall[14]

(...)
(...)
(...) Die Grundstückseigentümer sind untereinander Berechtigte entspr. §§ 513, 1098 BGB; danach kann der Heimfall nur im Ganzen ausgeübt werden. Übt ein Grundstückseigentümer seinen Heimfallanspruch nicht aus, sind die übrigen Grundstückseigentümer berechtigt, den Heimfallanspruch im Ganzen auszuüben. Für den Heimfall gilt das Berechtigungsverhältnis gemäß § 7. Im Innenverhältnis sind die Grundstückseigentümer zur Zahlung der Entschädigung für den Heimfall entsprechend ihrem Mitberechtigungsanteil am Gesamterbbaurecht nach Vollzug des Heimfalls zahlungspflichtig.[15]

§ 9 Entschädigung bei Heimfall und Zeitablauf[16]

(...)

III. Erbbauzins[17]

(...)
(...)
(...) Der Erbbauzins steht den Grundstückseigentümern als Gesamtberechtigten gemäß § 428 BGB zu. Das Mitberechtigungsverhältnis richtet sich im Innenverhältnis nach dem Wert ihrer Grundstücke samt Bauwerken. Sollten sich diese Verhältnisse spä-

ter ändern, kann jeder Grundstückseigentümer die Abänderung im Innenverhältnis verlangen. Das Forderungsrecht jedes Grundstückseigentümers wird auf seinen Anteil am Erbbauzins beschränkt. Entsprechendes gilt für die Anpassungsverpflichtung.

IV. Zwangsvollstreckungsunterwerfung[18]

(...)

V. Besitzübergang[19]

(...)

VI. Gewährleistung[20]

(...)

VII. Gegenseitiges Vorkaufsrecht[21]

(1) Jeder Grundstückseigentümer räumt an seinem Erbbaugrundstück das dingliche
Vorkaufsrecht
für alle Verkaufsfälle zugunsten des jeweiligen Inhabers des Gesamterbbaurechts ein.
Es wird also an jedem einzelnen Erbbaugrundstück ein gesondertes Vorkaufsrecht bestellt.

(2) Der Erbbauberechtigte räumt am Gesamterbbaurecht ein einheitliches dingliches
Vorkaufsrecht
für alle Verkaufsfälle zugunsten aller Eigentümer der Erbbaugrundstücke ein.
Der Mitberechtigungsanteil eines jeden Vorkaufsberechtigten ergibt sich aus Anlage 2. Im übrigen sind die Vorkaufsberechtigten nach §§ 513, 1098 BGB berechtigt.

(3) Im übrigen gelten für die Vorkaufsrechte jeweils die gesetzlichen Bestimmungen.

VIII. Rechtsnachfolge[22]

(...)

IX. Grundbuchanträge[23]

Grundstückseigentümer und Erbbauberechtigter sind sich darüber einig, daß das Gesamterbbaurecht mit den vereinbarten vertraglichen und gesetzlichen Inhalt bestellt wird, sowie ebenso die weiteren nachfolgenden Rechte.
Sie
bewilligen und beantragen
jeweils in das Grundbuch einzutragen:

(1) in die Grundstücksgrundbücher an den Erbbaugrundstücken:
a) in Abteilung II. an erster Rangstelle das Gesamterbbaurecht gemäß den Bestimmungen dieses Vertrages,
b) an jedem einzelnen Erbbaugrundstück das Vorkaufsrecht gemäß Ziffer VII. im Rang nach dem Gesamterbbaurecht,
c) in jedem einzelnen Grundstücksgrundbuch alle die zur Rangbeschaffung für das Erbbaurecht erforderlichen Erklärungen, denen zugestimmt wird.

(2) für das vereinbarte Erbbaurecht ein Erbbaugrundbuch anzulegen und in dieses einzutragen:
a) das Gesamterbbaurecht mit dem vertraglichen und gesetzlichen Inhalt,
b) soweit ein Erbbaugrundstück bei Bestellung des Erbbaurechts mit einer Grunddienstbarkeit oder beschränkten persönlichen Dienstbarkeit belastet sein sollte, wird dessen

Rechtsinhalt auf das Gesamterbbaurecht ausgedehnt; wegen des Rechtsinhalts wird auf die jeweilige Bestellungsurkunde Bezug genommen, jedoch mit der Maßgabe, daß diese am Gesamterbbaurecht nur insoweit gilt, als der Inhalt des Gesamterbbaurechts dies zuläßt und als andererseits die Befugnisse des Erbbauberechtigten insoweit eingeschränkt werden; soweit mehrere Ausdehnungen erfolgen, erhalten die beim gleichen Erbbaugrundstück bisher eingetragenen Rechte untereinander das bisherige Rangverhältnis; soweit derzeit mehrere Rechte an verschiedenen Erbbaugrundstücken bestehen, erhalten sie untereinander Gleichrang:

c) die Reallasten für den Erbbauzins gemäß Ziffer III zugunsten der jeweiligen Grundstückseigentümer an erster Rangstelle nach dem Recht zu b) und untereinander im Gleichrang,

d) das Vorkaufsrecht gemäß Ziffer VII für die Grundstückseigentümer im dort angegebenen Anteils- bzw. Gemeinschaftsverhältnis, im Rang nach dem Erbbauzins.

(3) Teilvollzug. Soweit das Gesamterbbaurecht an einzelnen Erbbaugrundstücken bei Vorlage des Gesamterbbaurechts an das Grundbuch noch nicht eingetragen werden kann, so ist das Gesamterbbaurecht dinglich an den Erbbaugrundstücken bestellt und einzutragen, an denen der Vollzug zu diesem Zeitpunkt möglich ist. Die Einigung wird über die Bestellung dieses Gesamterbbaurechts erklärt. Gleichzeitig sind Belastungen am Gesamterbbaurecht nur zugunsten dieser Grundstücke einzutragen. Entsprechender Vollzug im Grundbuch und Erbbaugrundbuch wird

bewilligt und beantragt.

(4) Ausdehnung. Soweit ein Vollzug des Gesamterbbaurechts an einem bzw. mehreren Erbbaugrundstücken erst nach Vollzug des Gesamterbbaurechts an den übrigen bzw. anderen Grundstücken möglich sein sollte, wird das Gesamterbbaurecht auf dieses bzw. diese weiteren Erbbaugrundstücke ausgedehnt (Rechtsausdehnung) mit dem Inhalt gem. der Urkunde, ebenso gelten dann die Grundbucherklärungen gem. Absatz 1.b.) und c) an dem weiteren Erbbaugrundstück und gelten andererseits die Bestimmungen von Absatz 2.b) (Rechtsausdehnung von Dienstbarkeiten) hinsichtlich des weiteren Erbbaugrundstücks und wird eine Ergänzung der Rechte gem. Absatz 2.c) und d) dahingehend durchgeführt, daß diese Rechte nun auch dem/den weiteren Erbbauberechtigten zustehen; der Vollzug aller vorstehenden Erklärungen im Grundbuch bzw. Erbbaugrundbuch wird

bewilligt und beantragt.

Ebenso erstrecken sich dann alle sonstigen am Gesamterbbaurecht eingetragenen Rechte, ggf. einschließlich der dinglichen Zwangsvollstreckungsunterwerfung, auf die Erweiterung des Gesamterbbaurechts; auch insoweit wird der Vollzug im Grundbuch

bewilligt und beantragt.

X. Zustimmung zur Belastung[24]

(...)

XI. Salvatorische Klausel[25]

(...)

XII. Kosten[26]

(...)

XIII. Ausfertigung der Urkunde[27]

(...)

XIV. Vereinbarung über die Gebäude der Erbbauberechtigten bei Erlöschen durch Zeitablauf[28]

(1) Schuldrechtlich vereinbaren die Grundstückseigentümer untereinander für den Fall des Erlöschens des Gesamterbbaurechts durch Zeitablauf, wobei vom Notar darauf hingewiesen wurde, daß dann nach § 12 Abs. 3 ErbVO die Gebäude/Bauwerke jeweils Bestandteile des betreffenden Erbbaugrundstücks werden:
Falls kein Abbruch der Gebäude verlangt wird bzw. falls der Erbbauberechtigte sein Ankaufsrecht bezgl. des Erbbaugrundstücks nicht ausübt, gilt:

(2) Soweit ein Gebäude sich über mehrere Grundstücke verschiedener Eigentümer erstreckt, hat eine Aufgliederung des Gebäudes in wirtschaftlich sinnvolle Einheiten den Vorrang; soweit sich also auf einem Erbbaugrundstück (bzw. auf mehreren Erbbaugrundstücken des gleichen Grundstückseigentümers) selbständige Raumeinheiten befinden, die als solche wirtschaftlich und tatsächlich nutzbar sind, stehen diese im Alleineigentum des betreffenden Grundstückseigentümers.

(3) Soweit eine solche Aufgliederung nicht möglich ist, also bei solchen Raumeinheiten, die von der Grundstücksgrenze verschiedener Grundstückseigentümer durchschnitten werden, steht das entsprechende Gebäude bzw. der entsprechende Gebäudeteil entsprechend dem Verteilungsmodus des § 947 BGB (also entsprechend dem Wertanteil der einzelnen Grundstücke) im Miteigentum der betroffenen Grundstückseigentümer. Im letzten Fall bestimmen sich die Rechtsbeziehungen der betroffenen Grundstückseigentümer insoweit nach den Vorschriften der Bruchteilsgemeinschaft (§§ 741 ff. BGB).

(4) Die Entschädigung für das Gebäude bzw. die Bauwerke ist entsprechend dem jeweiligen anteiligen bzw. alleinigen Eigentumserwerb an den Bauwerken aufzuteilen.
Eine dingliche Sicherung dieser Vereinbarungen wird derzeit nicht gewünscht. Jeder Grundstückseigentümer verpflichtet sich jedoch, alle seine Rechtsnachfolger in die entsprechenden Vereinbarungen eintreten zu lassen, mit der Verpflichtung, diese Vereinbarung wieder an die Rechtsnachfolger weiterzugeben.

(5) Soweit der Heimfall ausgeübt wird, gelten die vorstehenden Vereinbarungen entsprechend als Verpflichtung zur Aufteilung des Gesamterbbaurechts unter den Grundstückseigentümern.

XV. Sachverständige[29]

Sollte zwischen den Beteiligten über den Wert der Grundstücke oder Bauwerke keine Einigung zustande kommen, so wird dieser gemäß § 317 BGB von einem Sachverständigen festgesetzt, den die Beteiligten einvernehmlich benennen. Für den Fall der Nichteinigung über die Person des Sachverständigen wird dieser auf Antrag einer Partei vom Präsidenten der Industrie- und Handelskammer ...... benannt. Die Kosten des Sachverständigen tragen die Grundstückseigentümer im Verhältnis des Wertes ihrer Grundstücke samt Bauwerken.

XVI. Ermächtigung des Notars[30]

(...)

XVII. Belehrungen[31]

(...)

Anmerkungen

1. **Sachverhalt.** Mehrere Eigentümer bestellen an verschiedenen Grundstücken ein Erbbaurecht. Das Formular enthält nur die das Gesamterbbaurecht betreffenden Be-

stimmungen, die anderen Vereinbarungen können den übrigen Formularen entnommen werden.

2. Kein Gesamterbbaurecht. Handelt es sich lediglich um *ein* Grundstück, das im Eigentum mehrerer Eigentümer steht, besteht selbstverständlich kein Gesamterbbaurecht. Hier gelten die allgemeinen Regeln. Stehen alle Grundstücke den gleichen Eigentümern im gleichen Rechtsverhältnis zu, so können sie gemäß § 890 Abs. 1 BGB vereinigt oder kann ein Grundstück einem anderen nach § 890 Abs. 2 BGB zugeschrieben werden (s. auch Form. VIII. 23 Anm. 2); auch hier handelt es sich nicht um ein Gesamterbbaurecht; Belastungsgegenstand ist nur ein Grundstück im Rechtssinn.

3. Gesamterbbaurecht. Ein Gesamterbbaurecht entsteht, wenn einzelne Grundstücke mit einem einheitlichen Erbbaurecht belastet werden. Es entsteht auch durch nachträgliche Teilung eines Grundstücks oder die Erstreckung eines bereits bestehenden Erbbaurechts auf ein weiteres Grundstück (BayObLG DNotZ 1985, 375; Form. VIII. 2 Anm. 3). Dabei ist es möglich, daß einzelne Grundstücke, die mit einem einheitlichen (Gesamt-)Erbbaurecht belastet sind, im Eigentum verschiedener Personen stehen. Dies kann von vornherein der Fall sein, aber auch nachträglich geschehen. Denn jedes mit dem Gesamterbbaurecht belastete Einzelgrundstück ist frei veräußerlich, da das Verfügungsrecht des Grundstückseigentümers durch das Erbbaurecht nicht eingeschränkt wird (OLG Hamm NJW 1959, 2169).

Mehrere Erbbaurechte können auch zu einem Gesamterbbaurecht vereinigt werden; dies ist nur zulässig, wenn die Erbbaurechte die gleiche Laufzeit haben, da diese zum wesentlichen Inhalt eines Erbbaurechts gehört (BayObLGZ 1995, 379).

4. Dauer. Es wird auf Form. VIII. 1 Anm. 4 verwiesen.

5. Beginn. Es wird auf Form. VIII. 1 Anm. 5 verwiesen.

6. Gesetzliche und vertragliche Bestimmungen. S. Form. VIII. 1 Anm. 6.

7. Zweckbestimmung, Ausübungsbereich. S. Form. VIII. 1 Anm. 7, 8, 9.

8. Bau- und Unterhaltungsverpflichtung. S. Form. VIII. 1 Ziffer II § 1 und Anm. 10–13.

9. Besichtigungsrecht. Es wird auf Form. VIII. 1 Ziffer II § 3 und Anm. 14 verwiesen.

10. Versicherungen. Es wird auf Form. VIII. 1 Ziffer II § 4 und Anm. 15, 16 verwiesen.

11. Haftung, Lastragung. S. Form. VIII. 1 Ziffer II § 5 und Anm. 17–20, 42.

12. Zustimmungserfordernis. Es wird auf Form. VIII. 1 Ziffer II § 6 und Anm. 21–26 verwiesen.

13. Rechte der Grundstückseigentümer. Die Rechte des Grundstückseigentümers gemäß der Erbbaurechtsbestellung stehen allen Grundstückseigentümern grundsätzlich gemeinschaftlich zu. Wie diese Rechte aber im einzelnen Fall auszuüben sind, ist in Rechtsprechung und Literatur kaum behandelt.

Abzustellen ist dabei jeweils auf die Rechtsnatur des einzelnen Rechts der Grundstückseigentümer.

Soweit die Rechte der Grundstückseigentümer auf getrennte Leistungen des Erbbauberechtigten zielen, z.B. Tragung der öffentlichen Lasten eines einzelnen Erbbaugrundstücks, kann der betreffende Grundstückseigentümer dieses Recht auch getrennt geltend machen. Soweit sich die Rechte auf teilbare Leistungen beziehen, z.B. Zahlung einer Vertragsstrafe, wird im Zweifel jeder Grundstückseigentümer die Leistungen des auf ihn entfallenden Teiles nur an sich getrennt verlangen können. Soweit sich die Rechte dagegen auf eine unteilbare Leistung beziehen, wird im Zweifel nach den Grundsätzen des § 432 BGB jeder Grundstückseigentümer nur die Leistung an alle Grundstückseigentümer gemeinschaftlich verlangen können (*v. Oefele/Winkler* Rdn. 3.50). Gestaltungsrechte, z.B. das Vorkaufsrecht, können verschiedene Eigentümer entsprechend §§ 513, 1098 BGB nur im ganzen ausüben.

5. Besonderheiten bei Rangrücktritt und Pfanderstreckung   VIII. 5

14. Heimfall. Es wird auf Form. VIII. 1 Ziffer II § 7 und Anm. 27 und 28 verwiesen.

15. Verhältnis der Eigentümer. Insbesondere sollte auch geregelt sein, in welchem Verhältnis die Eigentümer beim Heimfall des Erbbaurechts bzw. beim Erlöschen des Erbbaurechts die auf den Grundstücken befindlichen Gebäude erwerben und von wem welche Entschädigung an den Erbbauberechtigten zu zahlen ist. Dabei erwirbt nach allerdings streitiger Ansicht (MünchKomm/*v. Oefele* § 1 Rdn. 42) nicht jeder Eigentümer unter vertikaler Aufteilung gemäß den Grundstücksgrenzen die auf sein Grundstück entfallenden unselbständigen Gebäudeteile; vielmehr bestimmen sich wegen der faktischen Unteilbarkeit des Gebäudes, auch wenn es auf mehreren Grundstücken verschiedener Eigentümer steht, die Rechte nach §§ 741 ff. BGB. Das Bruchteilsverhältnis der Eigentümer untereinander dürfte sich nach dem Wert der auf jedem Grundstück befindlichen Gebäudeteile bemessen. Entsprechend dürfte jeder Eigentümer zur Entschädigung im Verhältnis der auf seinem Grundstück befindlichen Bausubstanz verpflichtet sein (Einzelheiten dazu *v. Oefele/Winkler* Rdn. 3.50 ff.; *Haegele/Schöner/Stöber* Rdn. 1696).

16. Entschädigung. Auf Anm. 15 und 28 wird verwiesen, ferner auf Form. VIII. 1 Ziffer II § 8 und Anm. 29–32.

17. Erbbauzins. Auf die Anm. 15 sowie auf Form. VIII. 1 Ziffer III und Anm. 35–39 wird verwiesen.

18. Zwangsvollstreckung. Es wird auf Form. VIII. 1 Ziffer IV und Anm. 40 verwiesen.

19. Besitzübergang. S. Form. VIII. 1 Ziffer V und Anm. 41.

20. Gewährleistung. Es wird auf Form. VIII. 1 Ziffer VII und Anm. 43 verwiesen.

21. Vorkaufsrechte. Auf Anm. 13 sowie Form. VIII. 1 Ziffer VIII und Anm. 44 wird verwiesen.

22. Rechtsnachfolge. Auf Form. VIII. 1 Ziffer IX und Anm. 22 und 34 wird verwiesen.

23. Grundbuchanträge. Auf Form. VIII. 1 Ziffer X und Anm. 45 wird verwiesen.

24. Belastungszustimmung. S. Form. VIII. 1 Ziffer XI und Anm. 46.

25. Salvatorische Klausel. S. Form. VIII. 1 Ziffer XII und Anm. 47.

26. Kosten. Es wird auf Form. VIII. 1 Ziffer XIII und Anm. 55 verwiesen.

27. Ausfertigung. Es wird auf Form. VIII. 1 Ziffer XIV und Anm. 48 verwiesen.

28. Zeitablauf. Auf Anm. 15, 16 sowie auf Form. VIII. 1 Anm. 30, 31, 32 wird verwiesen.

29. Sachverständige. Angesichts möglicher Streitigkeiten über den Wert von Grundstücken und Bauwerk ist eine Sachverständigenklausel zu empfehlen.

30. Ermächtigung. S. Form. VIII. 1 Ziffer XV.

31. Belehrungen. S. Form. VIII. 1 Ziffer XVI und Anm. 3, 49, 50–53.

5. Rangrücktritt und Pfanderstreckung von Belastungen in Abt. II des Grundbuchs zur Erlangung der ersten Rangstelle des Erbbaurechts[1]

Heute, am ......
sind vor mir, ..., Notar in ...... anwesend
1. Ehegatten A ......
2. Firma B-GmbH
Nach Unterrichtung über den Grundbuchstand beurkunde ich bei gleichzeitiger Anwesenheit der Beteiligten ihre Erklärungen gemäß folgendem

VIII. 5

Erbbaurechtsvertrag:

I. Grundbuchstand

Im Grundbuch des Amtsgerichts ...... für ...... Band ...... Blatt ......
sind die Ehegatten A als Eigentümer je zur Hälfte des folgenden Grundbesitzes der Gemarkung ......
          Flst.Nr. ...... (Beschrieb) ...... zu ...... m^2
eingetragen.
Der Grundbesitz ist in Abteilung II belastet mit einem Geh- und Fahrtrecht für den jeweiligen Eigentümer der Flst.Nr. X ......[2]
Abt. III ist lastenfrei.[3]

II. Bestellung des Erbbaurechts

(...)

§ 7 Heimfall

(...)
(...)
(...) Zwischen dem Grundstückseigentümer und dem Erbbauberechtigten wird ausdrücklich vereinbart, daß der Heimfallanspruch nur unter folgenden Bedingungen ausgeübt werden kann.[4]

Der jeweilige Eigentümer oder der oder die Dritten, auf den oder die das Erbbaurecht beim Heimfall zu übertragen ist, hat bzw. haben dem Eigentümer des Grundstücks Flst. X unverzüglich nach Geltendmachung des Heimfallanspruchs die Neubestellung der derzeit im Grundbuch ...... zu seinen Gunsten eingetragenen Grunddienstbarkeit zu Lasten des Erbbaurechts an der bisherigen, also vor dem Heimfall geltenden Rangstelle anzubieten und gleichzeitig alle hierzu notwendigen Erklärungen, Bewilligungen und Anträge in der erforderlichen Form abzugeben, entgegenzunehmen und zu stellen, die zur Neueintragung dieser Grunddienstbarkeit an der bisherigen Rangstelle erforderlich sind. Diese Erklärungen müssen gegenüber dem Eigentümer des Grundstücks Flst. X in notariell beurkundeter Form abgegeben werden bzw. abgegeben sein. Eine Ausfertigung dieser Erklärung ist dem Eigentümer des Grundstücks Flst. X zu übergeben.

Der Eigentümer bzw. der oder die Dritten, auf den oder die das Erbbaurecht beim Heimfall zu übertragen ist, hat bzw. haben dem Eigentümer des Grundstücks Flst. X die Rangrücktrittserklärung aller Berechtigten aus den nach § 33 Abs. 1 ErbbVO bestehenbleibenden Rechten, insbesondere aller Grundpfandgläubiger, in grundbuchmäßiger Form (§ 29 GBO) vorzulegen. Dies gilt entsprechend und sinngemäß für alle weiteren etwa zwischenzeitlich eingetragenen Rechte, insbesondere Hypotheken, Grund- und Rentenschulden oder Reallasten, die möglicherweise Rang vor diesen Grunddienstbarkeiten haben.

Da zur Berichtigung des Grundbuchs beim Heimfall des Erbbaurechts im Hinblick auf die Löschung der Grunddienstbarkeit des Eigentümers des Grundstücks Flst. X dessen Berichtigungsbewilligung erforderlich ist, wird vereinbart:

Der Erbbauberechtigte kann die Abgabe einer Berichtigungsbewilligung vom Eigentümer des Grundstücks Flst. X erst dann verlangen, wenn diesem die Bestellung seiner Grunddienstbarkeit am Erbbaurecht an derselben Rangstelle, an der sie nach den Bestimmungen des gegenwärtigen Vertrags einzutragen sind, formgerecht angeboten wurde, und alle zur Beschaffung dieser Rangstelle notwendigen Zustimmungs- oder Rangrücktrittserklärungen Drittberechtigter in grundbuchmäßiger Form (§ 29 GBO) vorliegen.

5. Besonderheiten bei Rangrücktritt und Pfanderstreckung

Die Urschriften bzw. Ausfertigungen dieser Erklärungen müssen dem Berechtigten dieser Dienstbarkeit, das heißt dem Eigentümer des Grundstücks Flst. X, auflagenfrei ausgehändigt sein, ebenso etwaige Rangrücktrittserklärungen aller Berechtigter der nach § 33 ErbbVO bestehen bleibenden Rechte. Alle diese Erklärungen bedürfen der Form des § 29 GBO.

(...)

§ 8 Entschädigung

(...)
(...)
(...) Der Entschädigungsanspruch gemäß § 27 ErbbVO kann erst geltend gemacht werden, wenn der Grundstückseigentümer der Grunddienstbarkeit des Grundstücks Flst. X dieselbe Rangstelle verschafft hat, die sie derzeit hat.[5]

XX. Vereinbarungen im Zusammenhang mit dem Geh- und Fahrtrecht des Grundstücks Flst. X

(1) Der Eigentümer verpflichtet sich, unverzüglich auf seine Kosten den Rangrücktritt des in Ziffer I bezeichneten Geh- und Fahrtrechts hinter das Erbbaurecht herbeizuführen.

(2) Der Erbbauberechtigte erstreckt hiermit das am Grundstück eingetragene in Ziffer I bezeichnete Geh- und Fahrtrecht auf das Erbbaurecht im Rang vor dem Erbbauzins und dem Vorkaufsrecht bzw. bestellt dieses Geh- und Fahrtrecht hiermit neu.

(3) Der Grundstückseigentümer verpflichtet sich gegenüber dem jeweiligen Eigentümer des Grundstücks Flst. X, diesem jeglichen Schaden zu ersetzen, der diesem daraus entstehen könnte, daß seine Grunddienstbarkeit am Erbbaurechtsgrundstück im Fall des Erlöschens des Erbbaurechts nicht wieder die in diesem Vertrag vereinbarte Rangstelle am Erbbaugrundstück erhalten sollte, oder für den Fall, daß beim Heimfall des Erbbaurechts die Grunddienstbarkeit am Erbbaurecht nicht wieder mit dem Rang im Grundbuch eingetragen werden sollte, den sie zum Zeitpunkt ihres Erlöschens gemäß § 33 ErbbVO hatte.[6]

(4) Der Erbbauberechtigte bestellt schon heute für den jeweiligen Eigentümer des Grundstücks Flst. X als Drittberechtigtem gemäß § 328 BGB an der Entschädigungsforderung gemäß § 27 ErbbVO bzw. an dem Vergütungsanspruch nach § 32 ErbbVO ein aufschiebend bedingtes Pfandrecht zur Sicherung aller Schadensersatzansprüche gemäß Absatz 3.[7] Die Bedingung tritt ein, wenn die Abtretbarkeit der Entschädigungsforderung nach § 27 Abs. 4 ErbbVO in Verbindung mit der nachfolgenden Bestimmung erstmals gegeben ist.
Die Entschädigungsforderung nach § 27 ErbbVO wird erst dann zur Zahlung fällig, wenn diejenigen Rangrücktrittserklärungen der Berechtigten aus Hypotheken, Grund- und Rentenschulden oder Reallasten in grundbuchmäßiger Form (§ 29 GBO), die zur Verschaffung der ersten Rangstelle für das in Satz 1 vorgesehene Pfandrecht an der Entschädigungsforderung erforderlich sind, beim Eigentümer des Grundstücks Flst. X vollzugsreif vorliegen. Über die Problematik der Vorschrift des § 27 Abs. 4 ErbbauVO, wonach die Entschädigungsforderung nicht vor ihrer Fälligkeit abgetreten und demzufolge auch nicht verpfändet werden kann, hat der Notar belehrt.[8]

(...)

XXI. Rechtsnachfolgeklausel[9]

(...)

XXII. Grundbuchanträge

Die Beteiligten beantragen die Eintragung
a) des Rangrücktritts des Geh- und Fahrtrechts im Grundbuch des in Ziffer I bezeichneten Grundstücks und
b) der Pfanderstreckung bzw. Neubestellung des Geh- und Fahrtrechts im Erbbaugrundbuch.

Die Eintragung des Rangrücktritts soll nur zum Zug gegen Eintragung der Pfanderstreckung erfolgen.[10]

Anmerkungen

1. Sachverhalt. Die Ehegatten A sind Eigentümer eines Grundstücks, das in Abteilung II und III belastet ist. Da das Erbbaurecht nur zur ausschließlich ersten Rangstelle bestellt werden kann (§ 10 Abs. 1 ErbbVO; Form. VIII. 1 Anm. 3), müssen diese Belastungen dem Erbbaurecht im Rang ausweichen. Ein Rücktritt hinter das Erbbaurecht wird in den seltensten Fällen in Frage kommen, da dieser Rang in der Zwangsversteigerung wertlos ist. Die einzelnen Klauseln können zwar auch in einer Ziffer zusammengefaßt werden, sind im Formular des besseren Verständnisses wegen aber als Absätze zu den jeweiligen Bestimmungen im Erbbaurechtsvertrag vorgesehen, also zum Heimfall, zur Entschädigung etc.

2. Rechte in Abteilung II. Diese Rechte werden meist nicht ohne weiteres zu löschen sein, da sie häufig auf Dauer angelegte Duldungspflichten des Eigentümers oder Nutzungsrechte zum Gegenstand haben. Ihr Inhalt bleibt jedoch dann unverändert bestehen und im Grundbuch abgesichert, wenn sie auf das *Erbbaurecht* erstreckt werden und dadurch während der Laufzeit des Erbbaurechts in gleicher Weise ausgeübt werden können (*v. Oefele/Winkler* Rdn. 2.100). Gläubiger in Abteilung II werden daher in der Regel bereit sein, einem Rangrücktritt oder einer Löschung im Grundbuch des Erbbaugrundstücks zuzustimmen, wenn das Recht auf das Erbbaurecht erstreckt, dieses also mit den gleichen Rechten belastet wird. Im folgenden sind zusätzliche Sonderbestimmungen vorgeschlagen, die das berechtigte Interesse der Dienstbarkeitsberechtigten sichern sollen.

3. Rechte in Abt. III. S. dazu Form VIII. 6.

4. Heimfall. Beim **Heimfall** des Erbbaurechts greift § 33 Abs. 1 Satz 3 ErbbVO ein: Das Erbbaurecht erlischt zwar nicht, sondern bleibt beim Heimfall als selbständiges Recht bestehen, das auf den Eigentümer oder einen von ihm zu bezeichnenden Dritten zu übertragen ist; mit Ausübung des Heimfalls erlöschen aber Dienstbarkeiten, die auf dem Erbbaurecht ruhen, gemäß § 33 Abs. 1 Satz 3 ErbbVO.

Diese mißliche Folge für den Dienstbarkeitsberechtigten kann man dadurch ausschalten, daß im Erbbaurechtsvertrag als Voraussetzung für die Ausübung des Heimfalls vereinbart wird, daß gleichzeitig der Eigentümer oder der Dritte die Bestellung einer gleichartigen Dienstbarkeit am Erbbaurecht anbietet.

Es bleibt das Rangproblem, wonach die erneute Bestellung der Grunddienstbarkeit nur an nächstoffener Rangstelle möglich ist; dies kann dadurch gelöst werden, daß als weitere Voraussetzung des Heimfalls vereinbart wird, daß der Eigentümer die Rücktrittserklärungen der nach § 33 Abs. 1 ErbbVO bestehenbleibenden Rechte, insbesondere also Grundpfandrechte, in grundbuchmäßiger Form beibringt; diese zu beschaffen wird meist keine Schwierigkeiten machen, da eine vorrangige Grunddienstbarkeit von Grundpfandrechtsgläubigern regelmäßig nicht als wertminderndes Recht angesehen wird.

5. Besonderheiten bei Rangrücktritt und Pfanderstreckung VIII. 5

5. Erlöschen des Erbbaurechts. Beim Erlöschen des Erbbaurechts kann bei einer Versteigerung aus dem Entschädigungsanspruch gemäß § 27 ErbbVO die Grunddienstbarkeit ausfallen. Erlischt nämlich das Erbbaurecht durch Zeitablauf, so hat der Grundstückseigentümer dem Erbbauberechtigten eine Entschädigung für das Bauwerk zu leisten. Gemäß § 27 Abs. 1 ErbbVO haftet der Grundstückseigentümer zum Zeitpunkt des Erlöschens persönlich. Mit dem Erlöschen des Erbbaurechts haftet gemäß § 28 ErbbVO diese Entschädigungsforderung gemäß § 27 ErbbVO – gleichgültig ob es sich um den gesetzlichen Entschädigungsanspruch nach § 27 Abs. 1 Satz 1 ErbbVO oder den dinglich vereinbarten Entschädigungsanspruch gemäß § 27 Abs. 1 Satz 2 ErbbVO handelt – auf dem Grundstück anstelle des Erbbaurechts und mit dessen Rang. Es tritt also kraft Gesetzes eine dingliche Surrogation ein (v. Oefele/Winkler, Rdn. 5211, 5236). Die dingliche Entschädigungsforderung erhält den Rang des ursprünglichen Erbbaurechts. Dadurch wird die Gefahr des Ausfalls bei der Zwangsversteigerung aus der Entschädigungsforderung für die Rechte begründet, die dem Erbbaurecht gemäß § 10 ErbbVO den Vorrang eingeräumt haben (BGH WM 1974, 429, 430; v. Oefele/Winkler Rdn. 5241).

Um dies zu verhindern, müßte im Erbbaurechtsvertrag eine Regelung hinsichtlich des Entschädigungsanspruchs als Inhalt des Erbbaurechts getroffen werden. Dies könnte einmal dadurch geschehen, daß der Entschädigungsanspruch nach § 27 ErbbVO ausgeschlossen wird, was regelmäßig aber nicht geschieht. Die Ausschließung des dinglichen Entschädigungsanspruchs nach § 27 Abs. 1 Satz 2 ErbbVO läßt jedoch einen Regelungsspielraum. Möglich wäre daher eine Vereinbarung mit dem Inhalt, daß der Entschädigungsanspruch unter der Bedingung ausgeschlossen wird, daß er erst verlangt werden kann, wenn der Grundstückseigentümer der Grunddienstbarkeit den ursprünglichen Rang wieder verschafft hat (v. Oefele/Winkler Rdn. 2100).

6. Schadenersatz. Da der Grunddienstbarkeitsberechtigte u. U. auf das Bestehen seines Rechts existentiell angewiesen sein kann, z. B. das Geh- und Fahrtrecht den einzigen Zugang zu seinem Grundstück darstellt, empfiehlt es sich, Schadensersatzansprüche ausdrücklich aufzunehmen.

7. Pfandrecht. Durch das Pfandrecht wird verhindert, daß Gläubiger des Erbbauberechtigten die Entschädigung pfänden und u. U. die Zwangsversteigerung des Grundstücks betreiben (vgl. § 28 ErbbVO) mit Risiken für die nachrangige Stellung der Grunddienstbarkeit.

8. Anspruchsabtretung. Vgl. dazu v. Oefele/Winkler Rdn. 214, 241.

9. Rechtsnachfolger. Die Rechtsnachfolgeklausel sollte in keinem Fall fehlen; ist sie ohnehin im Erbbaurechtsvertrag enthalten (s. oben Form. VII. 1 Ziffer IX, Form. VIII. 2 Ziffer XI), so bedarf es keiner Änderung und sind die vorstehenden Klauseln auch von ihr erfaßt.

10. Eintragung. Zur Absicherung des Berechtigten des Geh- und Fahrtrechts empfiehlt sich die Verknüpfung beider Anträge. Als Verfahrenshandlung kann ein Antrag an das Grundbuchamt zwar nicht unter einer Bedingung oder mit einer Befristung gestellt werden (§ 16 Abs. 1 GBO). Eine wichtige Ausnahme davon macht jedoch § 16 Abs. 2 GBO, wonach der Antrag mit dem Vorbehalt verbunden werden kann, daß mehrere beantragte Eintragungen nur zusammen vorgenommen werden sollen.

6. Löschung von Vorlasten in Abt. III des Grundbuchs zur Erlangung der ersten Rangstelle des Erbbaurechts[1,2]

I. Grundbuchstand

Im Grundbuch des Amtsgerichts ...... für ...... Band ...... Blatt ...... sind die Ehegatten A als Eigentümer je zur Hälfte des folgenden Grundbesitzes der Gemarkung ......

        Flst.Nr. ...... (Beschrieb) ...... zu ...... m²

eingetragen.
Der Grundbesitz ist in Abteilung II lastenfrei.[3]
In Abteilung III ist eine Briefgrundschuld zu DM 50.000,– der ...... Bank eingetragen.

II. Löschungsverpflichtung

Der Grundstückseigentümer verpflichtet sich, unverzüglich auf seine Kosten die Löschung der in Ziffer I bezeichneten Grundschuld herbeizuführen.[4]
Der Erbbauberechtigte wird die Grundschuld für Rechnung des Eigentümers ablösen. Auf die Grundschuld sind nach Angabe noch DM ...... geschuldet. Dieser Betrag wird auf die vom ...... an zu zahlenden Erbbauzinsen angerechnet, so daß diese damit bis ...... bezahlt sind.

III. Grundbuchanträge

Die Beteiligten beantragen die Eintragung der Löschung der Grundschuld.[5]

IV. Kosten und Abschriften

Die Kosten dieser Urkunde und ihres Vollzuges trägt der Grundstückseigentümer.[6]
Dem Grundstückseigentümer, dem Erbbauberechtigten und dem Grundbuchamt ist je eine beglaubigte Abschrift dieser Urkunde zu erteilen.

Anmerkungen

1. Sachverhalt. Die Ehegatten A sind Eigentümer eines Grundstücks, das in Abteilung III belastet ist. Da das Erbbaurecht nur zur ausschließlich ersten Rangstelle bestellt werden kann (§ 10 Abs. 1 ErbbVO; Form. VIII. 1 Anm. 3), müssen diese Belastungen dem Erbbaurecht im Rang ausweichen. Ein Rücktritt hinter das Erbbaurecht wird in den seltensten Fällen in Frage kommen, da dieser Rang in der Zwangsversteigerung wertlos ist. Da der Eigentümer im vorliegenden Fall zur Ablösung der Grundschuld selbst nicht in der Lage ist, erklärt sich der Erbbauberechtigte bereit, sie für Rechnung des Eigentümers unter Verrechnung mit den späteren Erbbauzinsen abzulösen.

2. Form. Die Löschungserklärung ist dem Grundbuchamt gemäß § 29 GBO in öffentlicher oder öffentlich beglaubigter Urkunde vorzulegen.

3. Rechte in Abteilung II. S. dazu Form. VIII. 5.

4. Rechte in Abteilung III. Grundschulden und Hypotheken, die auf dem Grundbesitz lasten, werden regelmäßig zur Löschung kommen, weil eine Übernahme durch den Erbbauberechtigten in den seltensten Fällen in Frage kommt.

5. Löschung. Löschung ist die Löschungsbewilligung des Gläubigers und der Grundbuchantrag des Eigentümers erforderlich (§§ 13, 19, 27 GBO).

7. Nachtrag mit Messungsanerkennung   VIII. 7

6. Kosten. (1) Notar: Notarkosten fallen nur dann an, wenn die Erklärungen nicht in den Erbbaurechtsvertrag aufgenommen werden können, weil anderenfalls die getrennte Beurkundung eine falsche Sachbehandlung i. S. des § 16 KostO darstellt. Bei Aufnahme der Rangbeschaffungserklärungen im Erbbaurechtsvertrag liegt Gegenstandsgleichheit i. S. von § 44 Abs. 1 KostO vor.
Löschungs- und Zahlungsverpflichtung
Geschäftswert § 23 Abs. 2 KostO: 50.000,– DM (Nennbetrag)
Gebührenansatz $^{20}/_{10}$ nach § 36 Abs. 2 KostO; der Löschungsantrag allein würde eine $^{5}/_{10}$-Gebühr nach § 38 Abs. 2 Nr. 5 KostO auslösen.

(2) Grundbuch: Für die Löschung der Grundschuld wird ½ Gebühr gemäß § 68 KostO erhoben.

7. Nachtrag mit Messungsanerkennung[1]

Heute, am ......
sind vor mir, ...
Notar in ...... anwesend:
1. Ehegatten A ......
2. Firma B-GmbH ......
Nach Unterrichtung über den Grundbuchstand beurkunde ich bei gleichzeitiger Anwesenheit der Beteiligten ihren Erklärungen gemäß folgenden

Nachtrag zum Erbbaurechtsvertrag vom ......

I. Sachstand

Das gemäß Erbbaurechtsvertrag vom ......, URNr. ...... des Notars ...... in ......,
– nachstehend „Vorurkunde" genannt –
mit einem Erbbaurecht für die Firma B-GmbH mit dem Sitz in ......
zu belastende Grundstück der Ehegatten A ist nun vermessen. Die Vermessung ist in dem Veränderungsnachweis Nr. ...... des Vermessungsamtes ...... für die Gemarkung ...... enthalten.
Das Grundstück ist danach wie folgt beschrieben:
Flst.Nr. ...... (Beschrieb) ...... zu ...... m²,
vorgetragen im Grundbuch des Amtsgerichts ...... für ...... Band ......

II. Einigung[2]

Die Beteiligten erkennen das Messungsergebnis als richtig und ihrem Willen entsprechend an.
Sie sind darüber einig, daß das Erbbaurecht an dem Grundstück der Gemarkung ...... mit dem in der Vorurkunde vom ...... vereinbarten Inhalt bestellt werden soll.
Nach dem Messungsergebnis berechnet sich der endgültige Erbbauzins bzw. das Nutzungsentgelt rückwirkend ab ......
auf jährlich
DM 125.000,–
– i. W. einhundertfünfundzwanzigtausend Deutsche Mark –.

III. Zwangsvollstreckungsunterwerfung[3]

Der Erbbauberechtigte unterwirft sich wegen des jeweils fälligen Erbbauzinses der sofortigen Zwangsvollstreckung aus dieser Urkunde in sein gesamtes Vermögen. Vollstreckbare Ausfertigung ist auf Antrag ohne Fälligkeitsnachweis dem Eigentümer zu erteilen. Eine Umkehr der Beweislast ist damit nicht verbunden.

IV. Grundbuchanträge[4]

Entsprechend Ziffer X der Vorurkunde bewilligen und beantragen die Vertragsteile einzutragen:

(1) in das Grundbuch des in Ziffer I bezeichneten Grundstücks:
a) den Vollzug des vorstehenden Veränderungsnachweises,
b) das Erbbaurecht für die Firma B-GmbH mit dem Sitz in ...... mit dem gesetzlichen und dem vertraglichen Inhalt,
c) das Vorkaufsrecht gemäß Ziffer VIII der Vorurkunde im Rang nach dem Erbbaurecht,
d) die zur Rangbeschaffung für das Erbbaurecht erforderlichen Erklärungen.

(2) in das Erbbaugrundbuch:
a) das Geh- und Fahrtrecht für den jeweiligen Eigentümer der Flst.Nr. ....,
b) die Reallast samt Anpassungsklausel für den Erbbauzins gemäß Ziffer III der Vorurkunde zugunsten des jeweiligen Grundstückseigentümers,
c) das Vorkaufsrecht gemäß Ziffer VIII der Vorurkunde im Rang nach dem Erbbauzins und der Vormerkung zur Sicherung des Erbbauzinserhöhungsanspruches.

V. Allgemeine Bestimmungen

Im übrigen bleibt es bei den Bestimmungen der Vorurkunde.[5, 6]
Dieser Nachtrag ist mit der Vorurkunde zu verbinden und wie diese auszufertigen.

Anmerkungen

1. Sachverhalt. An einem noch zu vermessenden Grundstück wurde ein Erbbaurecht bestellt (vgl. z. B. Form. VIII. 3). Die Vermessung ist erfolgt.

2. Einigung. Nachdem das Grundstück vermessen ist und die genaue Fläche feststeht, auf der das Erbbaurecht bestellt wird, kann die dingliche Einigung erfolgen und die Eintragung im Grundbuch. Hängt die Höhe des Erbbauzinses von der Fläche des Erbbaugrundstückes ab, so kann nunmehr der endgültige Erbbauzins berechnet werden. Da bis zur Eintragung im Grundbuch das Erbbaurecht nicht besteht, werden vorherige Zahlungen zweckmäßig als Nutzungsentgelt oder ähnlich bezeichnet. Zur Abstraktion von Einigung und Kausalgeschäft ausführlich *Wufka* DNotZ 1985, 651 ff.

3. Zwangsvollstreckungsunterwerfung. Steht der Erbbauzins in seiner Höhe nunmehr genau fest, so ist es zweckmäßig, die Zwangsvollstreckungsunterwerfung in der Nachtragsurkunde ausdrücklich zu wiederholen. Unberührt hiervon bleibt die in der Vorurkunde enthaltene Verpflichtung des Erbbauberechtigten, sich wegen jeder aufgrund der Gleitklausel ergebenden Erbbauzinserhöhung erneut der Zwangsvollstreckung zu unterwerfen.

4. Grundbuchanträge. Solange das Erbbaurecht mangels Vermessung nicht eingetragen werden konnte, war nur eine Bewilligung des Erbbaurechts möglich, noch nicht aber der Eintragungsantrag selbst. Dieser kann nunmehr an das Grundbuchamt gestellt werden. Gleichzeitig ist der Vollzug des Veränderungsnachweises zu beantragen.

5. Grunderwerbsteuer. Die Einigung über das Erbbaurecht löst als solche keine Grunderwerbsteuer aus, da maßgeblich der Vertrag über die Bestellung des Erbbaurechts ist (§ 1 Abs. 1 Nr. 1 Grunderwerbsteuergesetz). Nur wenn kein Rechtsgeschäft im Sinn des § 1 Abs. 1 Nr. 1 Grunderwerbsteuergesetz vorausgegangen ist, unterliegt die

8. Erbbauzinserhöhung VIII. 8

auf die Bestellung des Erbbaurechts gerichtete Einigung gemäß § 1 Abs. 1 Nr. 2 Grunderwerbsteuergesetz der Grunderwerbsteuer. Wegen der Bemessungsgrundlage siehe Anmerkung 54 zu Form. VIII. 1.

6. Kosten.
(1) Notar: Es wird davon ausgegangen, daß der im Erbbaurechtsvertrag vor Vermessung vereinbarte Erbbauzins von DM 120.000,- jährlich betragen hat, so daß die Vermessung eine Erhöhung von jährlich DM 5.000,- ergibt.
Geschäftswert:
a) dingliche Einigung nach §§ 21 Abs. 1, 24 Abs. 1 a KostO:
DM 125.000,- × 25   DM 3.125.000,-,
zuzüglich Vorkaufsrecht am Erbbaurecht (s. Form. VIII. 1 Anm. 52,
Form. VIII. 3 Anm. 14), z. B.   DM   500.000,-,
    DM 3.625.000,-,
b) Änderung nach § 39 Abs. 1 KostO: DM 5.000,- × 25   DM   125.000,-.

8. Erbbauzinserhöhung[1]

Heute, am ......
sind vor mir, ..., Notar in ...... anwesend:
1. Ehegatten A ......
2. Firma B-GmbH ......
Nach Unterrichtung über den Grundbuchstand beurkunde ich bei gleichzeitiger Anwesenheit der Beteiligten ihren Erklärungen gemäß folgenden

         Nachtrag zum Erbbaurechtsvertrag vom ......
         URNr....... des Notars ......
         – nachstehend „Vorurkunde" genannt –:

I. Grundbuchstand

Die Firma B-GmbH ist Inhaberin des im Erbbaugrundbuch des Amtsgerichts ...... für
......
Band ...... Blatt ......
vorgetragenen Erbbaurechts,
eingetragen an dem Grundstück der Gemarkung ......
Flst.Nr....... (Beschrieb) zu ...... m².
Das Erbbaurecht wurde in der Vorurkunde begründet.

Das Erbbaurecht ist belastet mit:
In Abteilung II des Grundbuchs:
Vorkaufsrecht,
Erbbauzins von jährlich DM 120.000,-,
Vormerkung auf Eintragung einer Reallast – Erhöhung des Erbbauzinses,[2]
je für den jeweiligen Eigentümer von Flst.Nr.......
In Abteilung III des Grundbuchs:
......

II. Erbbauzinserhöhung

Nach dem Bericht des Statistischen Bundesamts vom ...... hat sich der Lebenshaltungskostenindex aller privaten Haushalte für Deutschland auf der Basis von 1991 = 100 gegenüber dem für den auf die Beurkundung folgenden Monat geltenden Index um mehr als 5 Punkte erhöht. Damit sind die Voraussetzungen gemäß Abschnitt IV der Vorurkunde vom ...... für die Erhöhung des Erbbauzinses eingetreten.

Der Erbbauzins erhöht sich demnach von bisher jährlich	DM 120.000,–
um	DM 4.800,–
auf jährlich	DM 124.800,–
Ab ...... beträgt der monatliche Erbbauzins somit	DM 10.400,–
Der Erbbauberechtigte bestellt hiermit für den Differenzbetrag zwischen dem bisher im Grundbuch eingetragenen Erbbauzins zu jährlich	DM 120.000,–
auf dem nunmehrigen Erbbauzins in Höhe von jährlich	DM 124.800,–
also für einen Betrag von jährlich	DM 4.800,–

dem jeweiligen Eigentümer des genannten Grundstücks eine Reallast,[3] wobei der Erhöhungsbetrag ab dem auf die Eintragung der Reallast folgenden Monatsersten dinglich gesichert ist.

III. Grundbuchantrag

Der Erbbauberechtigte bewilligt und
                     beantragt
die Eintragung dieser Reallast in das Grundbuch im Gleichrang mit der Vormerkung auf Einräumung von Reallasten.
Der Grundstückseigentümer stimmt dieser Änderung zu und schließt sich dem Antrag an.

IV. Zwangsvollstreckungsunterwerfung[4]

Der Erbbauberechtigte unterwirft sich wegen der in dieser Urkunde eingegangenen Verpflichtung auf Zahlung des Unterschiedsbetrages des Erbbauzinses in Höhe von jährlich DM 4800,– der sofortigen Zwangsvollstreckung aus dieser Urkunde in sein gesamtes Vermögen. Der Notar wird ermächtigt, dem Grundstückseigentümer ohne Nachweis der die Zwangsvollstreckung begründenden Tatsachen eine vollstreckbare Ausfertigung dieser Urkunde zu erteilen. Eine Umkehr der Beweislast ist damit nicht verbunden.

V. Allgemeines

Im übrigen bleibt es bei den Bestimmungen der Vorurkunde.

VI. Kosten[6]

Die Kosten dieser Urkunde, ihrer Ausfertigung, ihres grundbuchamtlichen Vollzugs und etwaige Steuern[5] trägt der Erbbauberechtigte.

VII. Ausfertigung

Von dieser Urkunde erhalten:
Der Eigentümer eine vollstreckbare Ausfertigung und eine beglaubigte Abschrift,
der Erbbauberechtigte und das Amtsgericht – Grundbuchamt – ...... je eine beglaubigte Abschrift.

Anmerkungen

1. Sachverhalt. Im Erbbaurechtsvertrag ist der Erbbauzins an eine Gleitklausel gebunden, wonach sich der Erbbauzins automatisch gemäß dem Lebenshaltungskostenindex verändert, wenn sich der Index um mehr als 5 Punkte vermindert oder erhöht hat. Der

8. Erbbauzinserhöhung   VIII. 8

Erbbauzins von bisher jährlich DM 120.000,– wird um DM 4.800,– auf DM 124.800,– jährlich angehoben. Im Formular wird davon ausgegangen, daß der Erbbaurechtsvertrag noch vor Geltung des SachenrechtsänderungsG vom 21. 9. 1994 (BGBl. I S. 2457), also vor dem 1. 10. 1994 abgeschlossen ist. Ist in einem danach abgeschlossenen Vertrag bereits von der neuen Regelung ausgegangen, wonach gemäß § 9 Abs. 2 Satz 2 ErbbVO die Indexklausel als Inhalt des Erbbauzinses vereinbart werden kann (oben Form. VIII. 2 Anm. 8), bedarf es nicht der Bestellung einer neuen, sondern nur der Erhöhung der alten Reallast.

2. Vormerkung wegen Erhöhung des Erbbauzinses. Zu einer nachträglichen Erhöhung des Erbbauzinses ist grundsätzlich eine Einigung des Eigentümers und des Erbbauberechtigten und die Eintragung im Erbbaugrundbuch (§§ 873, 877 BGB) sowie die Zustimmung der gegenüber dem Erbbauzins nachrangigen Berechtigten erforderlich (§ 880 BGB). Ohne sie kann eine Erhöhung nur an nächstoffener Rangstelle eingetragen werden (LG Hamburg RPfleger 1960, 170), wenn der Anspruch auf Eintragung nicht durch eine Vormerkung oder durch einen Rangvorbehalt gesichert ist (§ 11 Abs. 1 ErbbVO i. V. m. §§ 882, 881 BGB).

Der Anspruch auf Änderung des Inhalts der mit einem festen Betrag eingetragenen Reallast wird daher regelmäßig durch eine Vormerkung im Grundbuch abgesichert. Im Gegensatz zu früher ist es seit der Entscheidung des BayObLG (DNotZ 1978, 239) möglich, eine Vormerkung zur Sicherung *aller* künftigen Anpassungen (nicht nur der nächsten) zu bestellen. Das frühere umständliche Verfahren, nach dem die Vormerkung auf Erhöhung im Grundbuch in eine Reallast umgeschrieben und erneut eine Vormerkung bestellt werden mußte, ist damit entfallen (*Dürkes/Feller* D 309).

Bei neuen, nach dem 1. 10. 1994 mit der neuen Regelung des § 9 Abs. 2 n. F. ErbbVO abgeschlossenen Verträgen ist eine Vormerkung nicht mehr notwendig (Form. VIII. 2 Anm. 11).

3. Reallast. Gemäß § 9 Abs. 2 S. 1 ErbbVO a. F. mußte der Erbbauzins nach Zeit und Höhe für die ganze Dauer des Erbbaurechts im voraus bestimmt sein; d. h. die Fälligkeit aller Leistungen mußte datumsmäßig feststehen und für ihre Höhe mußten feste Zahlen festgelegt sein. Zeit und Höhe mußten bestimmt sein; Bestimmbarkeit, wie bei der Reallast, genügte nicht.

Der Bestimmtheitsgrundsatz des § 9 Abs. 2 S. 1 ErbbVO a. F. bezog sich nur auf den dinglichen Erbbauzins, schloß aber nicht aus, daß neben ihm zusätzliche Gegenleistungen schuldrechtlicher Natur vereinbart werden. Es ist daher möglich und auch regelmäßig der Fall, daß sich die Beteiligten schuldrechtlich verpflichten, den Erbbauzins veränderten Verhältnissen anzupassen und eine weitere Erbbauzinsreallast für den jeweils entsprechenden geänderten Erbbauzins einzutragen bzw. die Erbbauzinsreallast entsprechend zu ändern. Demgemäß besteht die schuldrechtliche Verpflichtung darin, für den Differenzbetrag zwischen dem bisher im Grundbuch eingetragenen Erbbauzins und dem nunmehrigen Erbbauzins eine Reallast neu zu bestellen und im Grundbuch eintragen zu lassen.

Ist ein Vertrag nach dem 1. 10. 1994 abgeschlossen und bereits die neue Regelung des § 9 Abs. 2 Satz 2 ErbbVO enthalten, wonach die Indexklausel als Inhalt des Erbbauzinses vereinbart werden kann (oben Form. VIII. 2 Anm. 8), bedarf es nicht der Bestellung einer neuen, sondern nur der Erhöhung der alten Reallast.

4. Zwangsvollstreckungsunterwerfung. Da sich auch die Zwangsvollstreckungsunterwerfung gemäß § 794 Abs. 1 Nr. 5 ZPO nur auf Zahlungsverpflichtungen zur Leistung bestimmter Geldbeträge erstrecken kann, muß sich der Erbbauberechtigte wegen der jeweiligen Erhöhung stets erneut der sofortigen Zwangsvollstreckung unterwerfen. Dementsprechend sollte sich im Erbbaurechtsvertrag eine entsprechende Verpflichtung befinden (vgl. z. B. Form. VIII. 2 Ziffer VI Abs. 2).

5. **Grunderwerbsteuer.** Die Anpassung des Erbbauzinses löst keine GRESt aus, unabhängig davon, ob mit oder ohne zugrundeliegender Wertsicherungsklausel (*Boruttau/ Egly/Sigloch* Rdn. 557 zu § 9).

6. **Kosten.** (1) Notar: Geschäftswert § 21 Abs. 1 KostO kapitalisierte Erbbauzinserhöhung DM 4.800,– × 25   DM 120.000,–,
Gebührenansatz $^{10}/_{10}$ nach § 42 KostO.

(2) Grundbuch: Geschäftswert s. oben; ½ Gebühr gemäß § 64 KostO.

9. Realteilung eines Erbbaurechts in zwei Erbbaurechte vor Vermessung des Grundstücks[1]

Heute, am ......
sind vor mir, ... Notar in ......
anwesend:
1. Ehegatten A ......
2. Firma B-AG ......
Nach Unterrichtung über den Grundbuchstand beurkunde ich bei gleichzeitiger Anwesenheit der Beteiligten ihren Erklärungen gemäß folgenden

Nachtrag zum Erbbaurechtsvertrag des Notars ......, URNr. ...... vom ......

I. Grundbuchstand

(1) Im Grundbuch des Amtsgerichts ...... für ...... Band ...... Blatt ......
ist die Firma B-AG mit dem Sitz in ......
als Alleinberechtigte des Erbbaurechts an dem Grundstück der Gemarkung ......
Flst.Nr. 137/58 ...... (Beschrieb) ...... zu 0,4212 ha
auf die Dauer bis zum 31. März 2050 eingetragen.
Das Erbbaurecht ist in Abteilung II belastet mit
Vorkaufsrecht für alle Verkaufsfälle,
Erbbauzins von jährlich DM 19.796,40,
Vormerkung zur Sicherung des Anspruchs des jeweiligen Grundstückseigentümers auf Eintragung einer Reallast-Erhöhung des Erbbauzinses,
je für den jeweiligen Grundstückseigentümer,
Recht zum Errichten, Verlegen und Belassen einer Anschluß- und Übergabeanlage sowie Kabelleitungsrecht und Geh- und Fahrtrecht für die Stadt ....
In Abteilung III ist das Erbbaurecht mit einer Grundschuld zu DM 100.000,– für die ...... Bank belastet.

(2) Die Ehegatten A sind als Eigentümer je zur Hälfte des mit dem Erbbaurecht belasteten Grundstücks Flst.Nr. 137/58 im Grundbuch des Amtsgerichts ...... für ...... Band ...... Blatt ...... eingetragen.
In Abteilung II ist eingetragen
Erbbaurecht für die B-AG mit dem Sitz in ...... ,
Vorkaufsrecht für alle Verkaufsfälle für den jeweiligen Berechtigten des Erbbaurechts.
In Abteilung III ist das Grundbuch lastenfrei.

II. Teilung des Erbbaugrundstücks[2]

(1) Der Grundstückseigentümer teilt der Erbbaugrundstück
Flst.Nr. 137/58 zu 0,4212 ha
in zwei selbständige Grundstücke wie folgt:

9. Realteilung eines Erbbaurechts in zwei Erbbaurechte VIII. 9

Auf dem Erbbaugrundstück stehen zwei Hallen, die in Nord-Süd-Richtung durch eine Trennmauer voneinander getrennt sind. Die neu zu errichtende Grenze verläuft in der Mitte dieser Trennmauer mit geradliniger Verlängerung nach Norden und Süden, bis zu den bestehenden Grundstücksgrenzen.

(2) Das östliche Erbbaugrundstück wird nach der Teilung einen Flächeninhalt von ca. 2212 m², das westliche Erbbaugrundstück einen Flächeninhalt von ca. 2000 m² haben. Für die Teilung des Grundstücks ist im übrigen die dieser Urkunde als Anlage beigefügte Planskizze maßgebend, in der das östliche Erbbaugrundstück rot und das westliche Erbbaugrundstück grün umrandet ist.

(3) Die Vermessung des Erbbaugrundstücks wird durch den Erbbauberechtigten veranlaßt. Sämtliche hierdurch und durch den Vollzug der Vermessung entstehenden Kosten trägt der Erbbauberechtigte. Beim Abmarkungstermin ist der Eigentümer zu beteiligen.

III. Teilung des Erbbaurechts[3]

(1) Der Erbbauberechtigte teilt hiermit das auf dem Gesamtgrundstück ruhende Erbbaurecht in zwei Erbbaurechte im eigenen Besitz in der Weise auf, daß
a) ein Erbbaurecht auf der im beiliegenden Lageplan rot umrandeten Fläche entsteht (nachfolgend als „Erbbaurecht I" bezeichnet) und
b) ein Erbbaurecht auf der im beliegenden Lageplan grün umrandeten Fläche entsteht (nachfolgend als „Erbbaurecht II" bezeichnet).[4]
Für jedes Erbbaurecht gelten die Bedingungen des Erbbaurechtsvertrags des Notars ...... in ...... vom ......, URNr. ......, jedoch mit den im folgenden vereinbarten Änderungen.[5]

(2) Eigentümer und Erbbauberechtigter verpflichten sich, unverzüglich nach Vorliegen des amtlichen Messungsergebnisses in einer Nachtragsurkunde das Messungsergebnis anzuerkennen und die Einigung über die Entstehung der beiden Erbbaurechte an den Teilflächen zu erklären und entgegenzunehmen.

IV. Erbbauzins, Vorkaufsrecht, Vormerkung[6]

(1) Der auf die beiden Erbbaurechte entfallende Erbbauzins in Höhe von DM 19.796,40 wird auf der Grundlage des Quadratmeter-Satzes von DM 4,70 pro Jahr wie folgt verteilt:
a) Er beträgt für das Erbbaurecht I   DM 10.396,40
und
b) für das Erbbaurecht II   DM 9.400,—
jeweils jährlich und zuzüglich gesetzlicher Mehrwertsteuer.
Nach Vorliegen des Messungsergebnisses wird der Erbbauzins erneut nach der oben angegebenen Grundlage berechnet.

(2) Da sich die in der Vorurkunde enthaltene Wertsicherungsklausel auch auf den Nutzungswert des Grundstücks bezieht und das Hinterliegergrundstück geringer bewertet werden könnte, könnte der Fall eintreten, daß der Erbbauzins für das Erbbaugrundstück I sich nicht im gleichen Umfang erhöht wie der Erbbauzins für das Erbbaugrundstück II. Um dies zu verhindern, verpflichtet sich der Erbbauberechtigte, alle in Zukunft vereinbarten oder rechtswirksam festgesetzten Erbbauzinsveränderungen bezüglich des Erbbaugrundstücks II in gleichem Umfang in Bezug auf das Erbbaugrundstück I mit zu vollziehen, so daß also für das hintere Erbbaugrundstück I stets derselbe Erbbauzins pro Quadratmeter zu zahlen ist wie für das vordere Erbbaugrundstück II, es sei denn, daß der Erbbauzins für das Hinterliegergrundstück I höher vereinbart oder festgesetzt wird als für das Erbbaugrundstück II.

Klargestellt wird, daß die für das Erbbaugrundstück I am Erbbaugrundstück II zu bestellenden Dienstbarkeiten bei Erbbauzinsneufestsetzungen für das Erbbaugrundstück II nicht wertmindernd berücksichtigt werden dürfen.

(3) Die in Ziffer I erwähnten Vorkaufsrechte werden dahingehend geändert, daß dem jeweiligen Erbbauberechtigten des Erbbaurechts I ein Vorkaufsrecht an dem Grundstück I, dem jeweiligen Erbbauberechtigten des Erbbaurechts II ein Vorkaufsrecht an dem Grundstück II, dem jeweilige Eigentümer des Erbbaugrundstücks I ein Vorkaufsrecht am Erbbaurecht I und dem jeweiligen Eigentümer des Erbbaugrundstücks II ein Vorkaufsrecht am Erbbaurecht II zusteht.

(4) Die Vormerkung auf Eintragung einer Reallast bei Erhöhung des Erbbauzinses[7] ist wegen obiger Änderung der zugrundeliegenden Verpflichtung an den beiden entstehenden Erbbaurechten I und II zu bestellen; sie sichert nur den das belastete Erbbaurecht betreffenden Erhöhungsanspruch. Sie wird gleichzeitig wegen der in Abs. 1 enthaltenen Änderung in Bezug auf Erbbauzinsveränderungen in ihrem Inhalt erweitert.

(5) Vorsorglich entläßt der Erbbauberechtigte die von den jeweiligen Erbbaurechten I und II nicht betroffenen Grundstücksflächen aus der Mithaftung. Die Eintragung der Enthaftung wird in der Nachtragsurkunde beantragt.

V. Bewilligungen

(1) Die Eintragung der Teilung des Erbbaugrundstücks gemäß Ziffer II dieser Urkunde und der Teilung des Erbbaurechts gemäß Ziffer III dieser Urkunde im eigenen Besitz wird bewilligt.

(2) Grundstückseigentümer und Erbbauberechtigter sind über die Aufteilung des Erbbaurechts gemäß den Abschnitten II und III und die Teilung des Erbbauzinses einig und bewilligen
den Vollzug im Grundbuch und Erbbaugrundbuch.

(3) Sie
bewilligen
in das Grundbuch und Erbbaugrundbuch einzutragen:
a) Die Teilung des Erbbaugrundstücks im eigenen Besitz,
b) die Aufteilung des Erbbaurechts in die Erbbaurechte I und II,
c) die Aufteilung des Erbbauzinses,
d) die Aufteilung der im Erbbaugrundbuch am Erbbaurecht für den Grundstückseigentümer eingetragenen Rechte (Vorkaufsrecht, Reallast, Vormerkung auf Reallasterhöhung) auf die entstehenden Erbbaurechte I und II sowie die Inhaltsänderung der Vormerkung auf Reallasterhöhung gemäß Ziffer IV Abs. 2 am Erbbaurecht I,
e) die Aufteilung des am Erbbaugrundstück eingetragenen Vorkaufsrechts für den jeweiligen Erbbauberechtigten auf das neu gebildete Erbbaugrundstück I zugunsten des jeweiligen Inhabers des Erbbaurechts I einerseits und auf das neu gebildete Erbbaugrundstück II zugunsten des jeweiligen Inhabers des Erbbaurechts II andererseits.

(4) Die Beteiligten verpflichten sich, in der Nachtragsurkunde über die Messungsanerkennung und Einigung die erforderlichen Eintragungsanträge zu stellen und hierbei die betroffenen Grundstücke und Erbbaurechte genau zu bezeichnen.

VI. Kosten, Ausfertigung

(1) Die Kosten dieser Urkunde,[10] etwaiger Genehmigungen, ihres Vollzugs und etwaiger Steuern trägt der Erbbauberechtigte.

(2) Von dieser Urkunde erhalten
die Vertragsteile,
das Amtsgericht ...... – Grundbuchamt –,

9. Realteilung eines Erbbaurechts in zwei Erbbaurechte VIII. 9

die Genehmigungsbehörde gemäß § 19 BauGB,
das Vermessungsamt ...... je beglaubigte Abschriften,
das Finanzamt ...... für Grundbesitz und Verkehrsteuern – Grunderwerbsteuerstelle –
einfache Abschrift.

VII. Belehrungen

Die Beteiligten wurden u. a. hingewiesen
1. auf die Voraussetzungen der Teilung des Erbbaurechts, insbesondere das Erfordernis der Vermessung
2. auf das Erfordernis der Zustimmung der Gläubiger der dinglichen Belastungen, nämlich der ...... Bank,[8]
3. auf das Erfordernis der Genehmigung gemäß § 19 Abs. 2 Nr. 1 BBauG,[9]
4. auf die Haftung sämtlicher Beteiligter für Kosten und Steuern,
5. auf das Erfordernis der Beurkundung sämtlicher Vereinbarungen.

VIII. Ermächtigung

Der amtierende Notar wird beauftragt, die zu diesem Vertrag erforderlichen Genehmigungen einzuholen und bevollmächtigt, Erklärungen zur Durchführung des Rechtsgeschäfts abzugeben und entgegenzunehmen, Anträge – auch geteilt und beschränkt – zu stellen, zurückzunehmen, abzuändern und zu ergänzen, ohne Beschränkung auf die gesetzliche Vollmacht (§ 15 GBO).

Anmerkungen

1. **Sachverhalt.** Auf einem mit einem Erbbaurecht belasteten Grundstück stehen zwei Hallen, die in Nord-Süd-Richtung durch eine Trennmauer voneinander getrennt sind. Erbbaugrundstück und Erbbaurecht sollen entsprechend dieser Trennmauer in zwei Grundstücke bzw. Erbbaurechte aufgeteilt werden. Der Erbbauzins soll entsprechend den neuen Flächen verteilt werden. Da durch die Teilung ein Grundstück (das Hinterliegergrundstück I) nicht unmittelbar an der Straße liegt, muß auf dem Vordergrundstück (Grundstück II) eine Dienstbarkeit eingetragen werden. Weil die Wertsicherungsklausel sich auch auf den Nutzungswert des Grundstücks bezieht, was im gewerblichen Bereich nicht selten vereinbart wird, will der Grundstückseigentümer ferner sicherstellen und macht seine Mitwirkung davon abhängig, daß der Erbbauzins für das Hinterliegergrundstück sich nicht weniger erhöht als der Erbbauzins für das vordere Grundstück (vgl. Ziffer IV).

2. **Teilung des Grundstücks.** Aus dem Eigentumsinhalt fließt gemäß § 903 BGB grundsätzlich auch die Befugnis des Grundstückseigentümers, sein Grundstück zu teilen. Diese Teilungsbefugnis wird durch das Bestehen eines Erbbaurechts nicht eingeschränkt (OLG Hamm NJW 1959, 2169). Bei der Teilung in mehrere selbständige Grundstücke ohne entsprechende Teilung des Erbbaurechts bleibt das Erbbaurecht unverändert einheitlich bestehen und lastet als Gesamtrecht (Gesamterbbaurecht) am veränderten Belastungsgegenstand, nämlich den Teilgrundstücken (MünchKomm/*v. Oefele* § 1 Rdn. 39). Durch das Gesamterbbaurecht bleibt der Rechtsinhalt ungeteilt und unverändert zulässig. Die Zulässigkeit des Gesamterbbaurechts ist zwar nicht positiv geregelt, aber auch nicht durch das Wesen des Erbbaurechts verhindert, sondern zwingend aus der freien Teilbarkeit des Grundstücks zu folgern (Einzelheiten siehe Form. VIII. 1 Anm. 3 und Form. VIII. 4).

3. **Teilung des Erbbaurechts.** Voraussetzung jeder Erbbaurechtsteilung ist nach h. M., daß eine Teilung des Erbbaugrundstücks in mehrere Grundstücke im Rechtssinn (§ 7

Abs. 1 GBO) erfolgt und das Erbbaurecht dementsprechend geteilt wird, so daß Belastungsgegenstand nach Teilung für jedes neue einzelne Erbbaurecht das neue einzelne Grundstück ist. Das Erbbaurecht ist nicht generell teilbar oder unteilbar. Die Zulässigkeit der Teilung hängt vielmehr davon ab, ob der Rechtsinhalt des Erbbaurechts in der vorgesehenen Weise teilbar ist (*Ingenstau* § 11 Rdn. 124; MünchKomm/*v. Oefele* § 1 Rdn. 43; streitig). Zum Erfordernis behördlicher Genehmigungen s. u. Anm. 9.

4. Bereits errichtete Gebäude. Sind die Gebäude bereits errichtet, darf die Teilung nicht so erfolgen, daß die neue Grenze durch ein Gebäude verläuft und sich dadurch auf den Teilgrundstücken unselbständige Gebäudeteile befinden würden (§ 1 Abs. 3 ErbbVO). Die Teilung ist ferner unzulässig, wenn sich nicht auf jedem neuen Teilgrundstück ein Bauwerk befindet oder die Befugnis zu dessen Bebauung besteht (vgl. § 1 Abs. 1, 2 ErbbVO).

5. Noch nicht errichtete Gebäude. Sind die Erbbaurechtsgebäude noch nicht errichtet, ihre Zahl und Lage aber nach der Erbbaurechtsbestellungsurkunde bindend und zweifelsfrei bestimmt, z. B. durch einen Lageplan, so gilt das gleiche wie in Anm. 4 bereits erwähnt. Ist die Zahl und Lage der Gebäude noch nicht genau bestimmt, z. B. bei Befugnis zur künftigen Bebauung mit „mehreren Gebäuden", so hat der Erbbauberechtigte noch das Konkretisierungsrecht bezüglich der genauen Anzahl und Lage der Gebäude. Nach dem ursprünglichen Rechtsinhalt könnte er somit die neue Teilungsgrenze beliebig überbauen, einzelne entstehende Teilgrundstücke nicht oder mehrfach bebauen. Hier darf eine Erbbaurechtsteilung nur geschehen, wenn gewährleistet ist, daß künftig kein Grenzüberbau erfolgt und zu jedem Erbbaurecht eine bestimmte Bebauungsbefugnis gehört.

6. Einschränkung der Rechte. Die Beschränkung der bestehenden Erbbaurechte auf die entstehenden Teilgrundstücke und umgekehrt die Beschränkung der Rechte des Grundstückseigentümers auf die entstehenden Erbbaurechte bedeutet eine Teilaufhebung des bisherigen Erbbaurechts (§§ 875, 876 BGB). Daher ist für die Teilung des Erbbaurechts erforderlich: Grundstücksteilung, Erklärung des Erbbauberechtigten, Enthaftungserklärung gemäß § 875 BGB (nach OLG Neustadt NJW 1960, 1157 bereits in der Erklärung des Erbbauberechtigten enthalten), Zustimmung des Grundstückseigentümers gemäß § 26 ErbbVO, Nachweis der Teilbarkeit.

7. Die Vormerkung ist nur erforderlich, wenn der Erbbaurechtsvertrag noch vor Geltung des SachenrechtsänderungsG vom 21. 9. 1994 (BGBl. I S. 2457), also vor dem 1. 10. 1994 abgeschlossen ist. Ist in einem danach geschlossenen Vertrag bereits von der neuen Regelung ausgegangen, wonach gemäß § 9 Abs. 2 Satz 2 ErbbVO die Gleitklausel als Inhalt des Erbbauzinses vereinbart werden kann (oben Form. VIII. 2 Anm. 8) bedarf es keiner Vormerkung auf Eintragung einer Reallast bei Erhöhung des Erbbauzinses (oben Form. VIII. 2 Anm. 11, VIII. 3 Anm. 9).

8. Zustimmung von Belastungsgläubigern. Es ist streitig, ob diese gemäß § 876 BGB erforderlich ist. Nach der Teilung setzen sich die Grundpfandrechte und Reallasten als Gesamtrechte an den entstandenen einzelnen Erbbaurechten fort, andere Rechte, wie Nießbrauch, Dienstbarkeit, Vorkaufsrecht dagegen als selbständige Teilrechte an den einzelnen Erbbaurechten. Teilweise wird eine Zustimmung deshalb nicht für erforderlich gehalten, da ein Rechtsnachteil für den Berechtigten nicht entstehen kann (*Lutter* DNotZ 1960, 80, 93). Der Wert der Summe der einzelnen Erbbaurechte kann aber sehr wohl anders sein als der eines einzigen Erbbaurechts, insbesondere auch der Erlös im Fall der Zwangsversteigerung. Daher ist die Zustimmung von Grundpfandrechts- und Reallastgläubigern erforderlich (*Ingenstau* § 11 Rdn. 126; MünchKomm/*v. Oefele*, § 1 Rdn. 47; *Staudinger/Ring* § 11 Rdn. 16).

9. Genehmigungen. Zur Aufteilung des Erbbaugrundstücks ist gemäß § 19 eine Teilungsgenehmigung erforderlich, soweit die Gemeinde dies durch Satzung bestimmt hat, falls es in einem Sanierungsgebiet liegt, auch gemäß § 144 Abs. 1 Nr. 2 BauGB.

10. Realteilung eines Erbbaurechts in zwei Erbbaurechte VIII. 10

10. Kosten (1) Des Notars:
Geschäftswert:
Teilung des Erbbaurechts § 30 Abs. 1 KostO, Schätzwert 20%–30%
des Werts des bebauten Erbbaurechts (= Erbbaurecht und Gebäude),
s. Form. VIII. 1 Anm. 55), z. B.   DM 300.000,–,
Verteilung des Erbbauzinses § 24 Abs. 1a KostO, Kapitalwert   DM 494.910,–
                                                                            DM 794.910,–.

Gebührenansatz:
10/10 nach § 42 KostO.
Es handelt sich um die Veränderung eines bestehenden Rechtsverhältnisses nach § 39 Abs. 1 S. 2 KostO und um eine Änderung im Sinn des § 42 KostO. Der Geschäftswert für die Teilung des Erbbaurechts ist nach § 30 Abs. 1 KostO zu bestimmen; ein Schätzwert von etwa 20%–30% des Werts des bebauten Erbbaurechts (= Wert des Erbbaurechts und der Gebäude) erscheint hierfür angemessen.
Da auch der Erbbauzins verteilt wird, ist der Kapitalwert des Erbbauzinses gleichfalls anzusetzen (DM 19.796,40 × 25 gemäß § 24 Abs. 1a KostO = DM 494.910,–).
Die mit der Erbbaurechtsbestellung verbundene Teilung des Erbbaugrundstücks sowie die Änderung der Vorkaufsrechte sind Durchführungserklärungen zur Teilung des Erbbaurechts, also gegenstandsgleich nach § 44 Abs. 1 KostO und nicht gesondert zu bewerten. Die Einholung der zur Teilung von Grundstück und Erbbaurecht erforderlichen Genehmigung nach § 19 BauGB fällt nicht unter § 146 Abs. 1 KostO, da kein Grundstücksveräußerungsgeschäft vorliegt.

(2) Grundbuch: Vor Vermessung ist eine Eintragung der Teilung im Grundbuch nicht möglich.

10. Realteilung eines Erbbaurechts in zwei Erbbaurechte nach Vermessung des Grundstücks[1,2]

Heute, am ......
sind vor mir, ... Notar in ......
anwesend:
1. Ehegatten A ......
2. Firma B-AG ......
Nach Unterrichtung über den Grundbuchstand beurkunde ich bei gleichzeitiger Anwesenheit der Beteiligten ihren Erklärungen gemäß folgenden

Nachtrag zum Erbbaurecht des Notars ......, URNr. .... vom ...... :

I. Grundbuchstand

(1) Im Grundbuch des Amtsgerichts ...... für ...... Band ...... Blatt ......
sind die Ehegatten A als Eigentümer je zur Hälfte des Grundstücks
Flst.Nr. 181/2 ...... (Beschrieb) ...... zu 0,5094 ha
eingetragen.
Abteilung II ist mit einem Erbbaurecht für die Firma B-AG mit dem Sitz in ...... und einem Vorkaufsrecht für den jeweiligen Erbbauberechtigten belastet,
Abteilung III ist unbelastet.

(2) Im Erbbaugrundbuch des Amtsgerichts ...... für ...... Band ...... Blatt ......
ist an Flst.Nr. 181/2 ein Erbbaurecht für die Firma B-AG mit dem Sitz in ...... eingetragen.

Abteilung II ist belastet
mit einem Vorkaufsrecht für alle Verkaufsfälle,
mit dem Erbbauzins und
einer Vormerkung auf Reallasteintragung wegen Erhöhung des Erbbauzinses,
je für den jeweiligen Grundstückseigentümer von Flst.Nr. 181/2.
Abteilung III ist belastet mit einer Buchhypothek für die ...... Bank in Höhe von DM 340.000,–.

II. Vermessung[3]

Gemäß Auszug aus dem Veränderungsnachweis Nr....... des Vermessungsamts ...... Gemarkung ...... wurde die Flst.Nr. 181/2 (alt) aufgeteilt in
Flst.Nr. 181/2 ...... (Beschrieb) ...... zu 0,3320 ha
und
Flst.Nr. 181/5 ...... (Beschrieb) ...... zu 0,1774 ha.
Dieses Messungsergebnis wird von den Beteiligten als richtig und ihrem Willen entsprechend anerkannt.

III. Aufteilung des Erbbaurechts

(1) Grundstückseigentümer und Erbbauberechtigter vereinbaren hiermit, das in Ziffer I bezeichnete Erbbaurecht in der Weise zu teilen, daß in Zukunft je ein selbständiges Erbbaurecht an den Flst.Nr. 181/2 (neu) und 181/5 besteht.

(2) Für jedes Erbbaurecht gelten die Bestimmungen des Erbbaurechtsvertrages vom ......, URNr....... des Notars .... Es werden jedoch folgende Änderungen vereinbart:
a) Der auf die beiden Erbbaurechte entfallende Erbbauzins wird auf der Grundlage des bisherigen qm-Satzes von DM 2,40 pro Jahr wie folgt verteilt:
Der Erbbauzins beträgt für das Erbbaurecht an Flst.Nr. 181/2 jährlich DM 7.968,–
– i.W. siebentausendneunhundertachtundsechzig Deutsche Mark –,
die monatliche Rate beträgt DM 664,–
– i.W. sechshundertvierundsechzig Deutsche Mark –.
Der Erbbauzins für das Erbbaurecht an Flst.Nr. 181/5 beträgt jährlich DM 4.257,60
– i.W. viertausendzweihundertsiebenundfünfzig Deutsche Mark 60/100 –,
die monatliche Rate beträgt DM 354,80
– i.W. dreihundertvierundfünfzig Deutsche Mark 80/100 –.
Wegen des jeweils fälligen Erbbauzinses unterwirft sich der Erbbauberechtigte der sofortigen Zwangsvollstreckung aus dieser Urkunde in sein gesamtes Vermögen.
b) Die in Ziffer I bezeichneten Vorkaufsrechte werden dahin eingeschränkt, daß dem jeweiligen Erbbauberechtigten von Flst.Nr. 181/2 ein Vorkaufsrecht an diesem Grundstück und dem jeweiligen Erbbauberechtigten von Flst.Nr. 181/5 ein Vorkaufsrecht an diesem Grundstück zusteht. Ebenso steht dem jeweiligen Eigentümer von Flst.Nr 181/2 ein Vorkaufsrecht am entsprechenden Erbbaurecht und dem jeweiligen Eigentümer von Flst.Nr. 181/5 ein Vorkaufsrecht am entsprechenden Erbbaurecht zu.
c) Die Vormerkung auf Eintragung einer Reallast bei Erhöhung wird aufgeteilt und jeweils auf den oben vereinbarten neuen Erbbauzins beschränkt.[4]
d) die Bestimmungen in Ziffer II § 1 des Erbbaurechtsvertrags vom ...... werden wie folgt abgeändert:
Der Erbbauberechtigte ist berechtigt und verpflichtet, auf Flst.Nr. 181/5 unverzüglich auf eigene Kosten Lagerhallen mit Büros im Gesamtkostenaufwand von DM 320.000,– zu errichten. Die im Erbbaurechtsvertrag genannte Verpflichtung zum

Bau von Lagerhallen mit Büros im Gesamtkostenaufwand von DM 680.000,– gilt nun für Flst.Nr. 181/2.

e) die in Ziffer XI des Erbbaurechtsvertrags vom ...... enthaltene Verpflichtung zur Zustimmung zur Eintragung von Grundpfandrechten wird bezüglich des Erbbaurechts an Flst.Nr. 181/5 dahingehend eingeschränkt, daß sie nur in Höhe von DM 160.000,– besteht. Hinsichtlich der in Abteilung III des Erbbaugrundbuchs eingetragenen Buchhypothek der ...... Bank in Höhe von DM 340.000,– wird die Bank das Erbbaurecht an Flst.Nr. 181/5 freigeben. Der Vollzug im Grundbuch wird beantragt.

IV. Einigung, Grundbuchanträge

Grundstückseigentümer und Erbbauberechtigter sind über die vorgenannte Teilung des Erbbaurechts und des Erbbauzinses einig und bewilligen und
beantragen
den Vollzug im Grundbuch.
Es wird beantragt einzutragen
den Vollzug des Veränderungsnachweises,
die Aufteilung des Erbbaurechts und des Erbbauzinses,
ferner, daß die im Erbbaugrundbuch eingetragenen Rechte (Vorkaufsrecht, Reallastvormerkung) und das im Grundbuch eingetragene Vorkaufsrecht nunmehr jeweils die einzelnen Grundstücke bzw. Erbbaurechte betreffen.

V. Allgemeines

Im übrigen bleibt es bei den Bestimmungen der erwähnten Vorurkunde.

VI. Kosten[5]

Die Kosten dieser Urkunde, des Vollzugs und eventuelle Steuern trägt der Erbbauberechtigte.

VII. Ausfertigung

Von dieser Urkunde erhalten jeder Vertragsteil sofort eine beglaubigte Abschrift und nach Vollzug eine Ausfertigung,
der Eigentümer eine vollstreckbare Ausfertigung,
das Amtsgericht ...... – Grundbuchamt – beglaubigte Abschrift,
das Finanzamt ...... für Grundbesitz und Verkehrssteuern – Grunderwerbsteuerstelle – einfache Abschrift.

VIII. Belehrungen

Die Beteiligten wurden u. a. hingewiesen
1. auf die Voraussetzungen der Teilung des Erbbaurechts,[3]
2. auf die Haftung sämtlicher Beteiligter für Kosten und Steuern,
3. auf das Erfordernis der Beurkundung sämtlicher Vereinbarungen.

IX. Ermächtigung des Notars

Der amtierende Notar wird beauftragt, die zu diesem Vertrag erforderlichen Genehmigungen einzuholen und bevollmächtigt, Erklärungen zur Durchführung des Rechtsgeschäftes abzugeben und entgegenzunehmen, Anträge – auch geteilt und beschränkt – zu stellen, zurückzunehmen, abzuändern und zu ergänzen, ohne Beschränkung auf die gesetzliche Vollmacht (§ 15 GBO).

Anmerkungen

1. Sachverhalt. Der Sachverhalt entspricht dem in Form. VIII. 9. Jedoch ist das Gesamtgrundstück bereits vermessen und liegt der Veränderungsnachweis über die beiden neuen Grundstücke bereits vor. Im Gegensatz zu Form. VIII. 9 ist auf dem einen Grundstück bereits eine Halle errichtet, während auf dem anderen eine neue Halle gebaut werden soll.

2. Wahl des Formulars. Das Formular ist aus Form. VIII. 9 entwickelt. Es weicht hiervon nur dadurch ab, daß die beiden neuen Grundstücke bereits vermessen sind. Ferner wird der Erbbaurechtsvertrag dahingehend abgeändert, daß der Gesamtkostenaufwand für die beiden neuen Grundstücke getrennt aufgeführt wird. Entsprechend wird auch die Zustimmung des Eigentümers zur Eintragung von Grundpfandrechten für die beiden neuen Grundstücke in jeweils verschiedener Höhe neu erteilt.

3. Vermessung. Da die Vermessung nur bei Vorliegen der Genehmigung nach § 19 BauGB durchgeführt wird, ist kein entsprechender Antrag mehr erforderlich.

4. Zur Vormerkung s. oben Form. VIII. 9 Anm. 7.

5. Kosten. (1) Notar: S. Form. VIII. 9 Anm. 9.

(2) Grundbuch: Gemäß § 77 KostO findet § 64 Abs. 1 KostO auf die Teilung von Erbbaurechten Anwendung, wonach ½ Gebühr anfällt (*Ingenstau* Anh. II Rdn. 31).

11. Realteilung und Übertragung des Erbbaurechts[1, 2]

Heute, am ......
sind vor mir ......, Notar in ...... anwesend:
1. Die Ehegatten A
2. A-GmbH
3. B-AG
Nach Unterrichtung über den Grundbuchstand beurkunde ich bei gleichzeitiger Anwesenheit der Beteiligten ihren Erklärungen gemäß folgende

Aufteilung und Übertragung eines Erbbaurechts:

I. Grundbuchstand

(1) Im Grundbuch des Amtsgerichts ...... für ...... Band ...... Blatt ......
ist die Firma A-GmbH mit dem Sitz in ...... als Berechtigte des Erbbaurechts an dem Grundstück der Gemarkung ......
Flst.Nr. ...... (Beschrieb) ...... zu ...... m²
eingetragen.
An dem Erbbaurecht lasten in Abteilung II:
1. Vorkaufsrecht für den jeweiligen Eigentümer der Flst.Nr. ...... der Gemarkung ......,
2. Erbbauzins von DM 28.783,20 jährlich,
3. Vormerkung auf Eintragung von Erbbauzinserhöhungen.[3]
Weiter kommt eine Grunddienstbarkeit für die Stadt ...... zur Eintragung (Errichtung einer Anschluß- und Übergabeanlage und Kabelzu- und -fortleitungsrecht).
In Abteilung III ist eine Buchhypothek von DM 180.000,– für die ...... Bank eingetragen.

11. Realteilung und Übertragung des Erbbaurechts VIII. 11

Das Erbbaurecht wurde bestellt mit Urkunde vom ......, URNr. .... des Notars ...... in ......

(2) Das Erbbaugrundstück ist im Grundbuch des Amtsgerichts ...... für ...... Band ...... Blatt ......
eingetragen und steht im Eigentum der Ehegatten A. Es ist in Abteilung II mit dem erwähnten Erbbaurecht und einem Vorkaufsrecht für den jeweiligen Erbbauberechtigten belastet und in Abteilung III lastenfrei.

II. Teilung des Grundstücks und des Erbbaurechts

(1) Der Erbbauberechtigte und der Grundstückseigentümer vereinbaren hiermit, das vorbezeichnete Erbbaurecht und das Grundstück in der Weise zu teilen, daß in Zukunft je ein selbständiges Erbbaurecht an der im beiliegenden Lageplan, auf den verwiesen wird und der dieser Urkunde als Anlage beigefügt ist, rot schraffierten Fläche von ca. 4000 m^2 und an der dem Erbbauberechtigten verbleibenden und im beiliegenden Lageplan blau schraffierten Restfläche lasten soll.

(2) Der Erbbauberechtigte verpflichtet sich dem Eigentümer gegenüber, umgehend die Vermessung des Grundstücks auf seine Rechnung zu beantragen. Die amtliche Vermessung ist im eigenen Besitz zu vollziehen. Die künftigen Grundstücksgrenzen verlaufen nicht durch ein auf dem Erbbaurechtsgrundstück befindliches Gebäude.

(3) Erbbauberechtigter und Grundstückseigentümer verpflichten sich, in einer Nachtragsurkunde das Messungsergebnis anzuerkennen und die Einigung über die Entstehung der beiden Erbbaurechte an den Teilflächen nach Maßgabe des jetzt bestehenden Erbbaurechtsvertrags und der folgenden Vereinbarungen zu erklären und entgegenzunehmen.

(4) Vorsorglich entläßt der Erbbauberechtigte das neu zu vermessende rot schraffierte Grundstück aus der Haftung für das ursprüngliche Erbbaurecht, soweit dieses nach der Teilung nicht mehr auf diesem Grundstück lasten soll. Die Eintragung der Enthaftung wird in einer Nachtragsurkunde beantragt.

(5) Auf dingliche Sicherung des Aufteilungsanspruchs wird verzichtet.

III. Vorkaufsrecht und Erbbauzins

(1) Das Vorkaufsrecht und die Vormerkung auf Erhöhung des Erbbauzinses[3] beziehen sich nach der Vermessung jeweils auf die neuen Grundstücke bzw. die neuen Erbbaurechte. Die Einschränkung der Rechte wird insoweit in der Nachtragsurkunde beantragt werden.

(2) Der auf das dem Erbbauberechtigten verbleibende Grundstück treffende Erbbauzins wird auf der Grundlage des bisherigen Quadratmetersatzes nach der Vermessung für das dem Erbbauberechtigten verbleibende Erbbaugrundstück festgelegt. Er beträgt auf der Grundlage der angenommenen Fläche von 7993 m^2 jährlich   DM 19.183,20
zuzüglich Mehrwertsteuer in Höhe des jeweiligen gesetzlichen Steuersatzes.

(3) Der Erbbauberechtigte und der Eigentümer vereinbaren hiermit, daß der auf das im beiliegenden Lageplan rot schraffierte Grundstück mit einer Fläche von ca. 4000 m^2 treffende Erbbauzins mit Wirkung ab 1. 9. 1985 nicht mehr wie bisher jährlich DM 2,40 pro Quadratmeter, sondern DM 4,70 beträgt. Bei einer angenommenen Fläche von 4000 m^2 beträgt der Erbbauzins für dieses Grundstück somit nunmehr im Jahr
                                                                    DM 18.800,–
zuzüglich Mehrwertsteuer in Höhe des jeweiligen gesetzlichen Steuersatzes.

(4) Der Erbbauberechtigte bestellt für den Mehrbetrag eine Reallast zugunsten des Eigentümers. Der Eigentümer tritt mit seiner Vormerkung auf Erhöhung von Reallasten[3]

hinter die erhöhte Reallast zurück. Die erforderlichen Eintragungsanträge werden die Beteiligten in einer Nachtragsurkunde stellen.

(5) Im übrigen bleiben die Bestimmungen des oben erwähnten Erbbaurechtsvertrags unverändert.

IV. Übertragung des Erbbaurechts

(1) Die Fa. A-GmbH mit dem Sitz in ......
– nachstehend „Veräußererer" genannt –
überträgt hiermit das Erbbaurecht an der vorbezeichneten und im beiliegenden Lageplan rot schraffierten Teilfläche
an die Firma B-AG mit dem Sitz in ......
– nachstehend „Erwerber" genannt –.

(2) Die Beteiligten verpflichten sich, nach durchgeführter Vermessung und Aufteilung des Erbbaurechts im Grundbuch die Einigung zu erklären und entgegenzunehmen.

V. Vormerkung

(1) Der Veräußerer bewilligt, der Erwerber beantragt, im Erbbaugrundbuch für den Erwerber eine
Vormerkung gemäß § 883 BGB
zur Sicherung seines durch Aufteilung und Einigung zwischen dem Eigentümer und dem Veräußerer bedingten Übertragungsanspruchs hinsichtlich des Erbbaurechts an der im beiliegenden Lageplan rot schraffierten Teilfläche einzutragen.

(2) Der Erwerber gibt schon heute das neu entstehende Erbbaurecht, das in dem beiliegenden Lageplan blau schraffiert ist, von seiner Vormerkung frei und bewilligt und beantragt die pfandfreie Abschreibung im Grundbuch.

(3) Schon heute wird bewilligt und beantragt, diese Vormerkung im Grundbuch Zug um Zug mit der Eintragung der Übertragung des Erbbaurechts wieder zu löschen, vorausgesetzt, daß keine den Erwerber beeinträchtigenden Zwischeneintragungen erfolgt sind und keine Eintragungsanträge vorliegen, wodurch seine Rechte beeinträchtigt werden.

VI. Eintritt in den Erbbaurechtsvertrag

Der Erwerber tritt hiermit gegenüber dem Eigentümer in sämtliche Rechte und Pflichten ein, wie sie in dem Erbbaurechtsvertrag vom ......, URNr....... des Notars ......, sowie in Ziffer III dieser Urkunde enthalten sind, mit folgenden Abweichungen
1. zu Ziffer I § 1: Die Verpflichtung zur Errichtung von Gebäuden wird dahin abgeändert, daß die Firma B-AG berechtigt und verpflichtet ist, auf ihrem Erbbaugrundstück unverzüglich auf eigene Kosten eine Lagerhalle, Lohnhärterei und Büroräume nebst den dazu erforderlichen Nebenanlagen mit einem Gesamtkostenaufwand von ca. DM 1.200.000,– sachgemäß und sorgfältig gemäß den behördlich genehmigten Bauplänen zu errichten und samt Zubehör dauernd in gutem Zustand zu erhalten. Der Erbbauberechtigte hat das Recht, auf dem Erbbaugrundstück folgende Unternehmen zubetreiben: Vertrieb der Erzeugnisse der B-AG mit dem Sitz in ...... sowie von Fremderzeugnissen der gleichen Branche sowie thermische Behandlung von Eigen- und Fremderzeugnissen.
2. zu Ziffer III: Die erste Neufestsetzung des Erbbauzinses kann am ...... verlangt werden. Im übrigen bleibt Ziffer III unverändert.
3. zu Ziffer XI: Die Verpflichtung des Eigentümers, die Zustimmung zur Eintragung von Grundpfandrechten zu erteilen, bezieht sich auf den Betrag von DM 600.000,–.

11. Realteilung und Übertragung des Erbbaurechts VIII. 11

VII. Gegenleistungen

Für die Übertragung des Erbbaurechts verpflichtet sich der Erwerber zu folgenden Gegenleistungen:

(1) Der Veräußerer hat für Bereitstellungskosten, Erbbauzinsen, Erschließungs- und Instandhaltungskosten, Kosten für ein Bodengutachten und Maklergebühr etc. insgesamt für sein Erbbaurecht bis zum ...... DM 168.467,– aufgewendet. Der Erwerber verpflichtet sich, dem Veräußerer den auf die erworbene Teilfläche von 4000 m² entfallenden anteiligen Betrag von DM 56.189,– zuzüglich Mehrwertsteuer unverzüglich zu erstatten.

(2) Der Veräußerer hat dem Eigentümer als Vorausleistung für Benutzungsentgelt für Kanal, Wasserleitungen etc. ein Darlehen gewährt, dessen Höhe – berechnet auf die Teilfläche von 4000 m² nach dem Schlüssel:
4000 m² × 0,50 × 17 Jahre 4 Monate – per 1. 9. 1991 DM 34.833,– beträgt. Dieses Darlehen wird insoweit vom Eigentümer dem Veräußerer zurückerstattet. Der Erwerber verpflichtet sich, dem Eigentümer zum 1. 9. 1991 ein entsprechendes Darlehen zum gleichen Zweck in der genannten Höhe von DM 34.833,– zu gewähren. Das Darlehen ist unverzinslich und läuft bis zum 31. 12. 2000. Es ist in monatlichen Raten zurückzubezahlen.

(3) Der Veräußerer hat für das Gesamtgrundstück einen Gleisanschluß errichtet. Der Erwerber verpflichtet sich, einen Teil des Gleisstranges in Länge des an ihn übergehenden Grundstücksteils mit einem Betrag von vorläufig DM 16.108,– zuzüglich Mehrwertsteuer abzulösen. Er verpflichtet sich weiterhin, den Veräußerer diesen übernommenen Gleisstrang benützen zu lassen. Die Entschädigung hierfür wird in einem Gleisanschlußvertrag geregelt.

(4) Die Beteiligten verpflichten sich hinsichtlich der vorstehenden Absätze 1 und 2 Ausgleichsbeträge, die sich aufgrund eines sich aus der Vermessung ergebenden Mehr- oder Mindermaßes gegenüber der in diesem Vertrag angenommenen Fläche von 4000 m² ergeben, unverzüglich nach Beurkundung der Messungsanerkennung bar und kostenfrei und ohne Zinsen gegenseitig auszugleichen. Dies gilt für Absatz 3 entsprechend unter Zugrundelegung eines laufenden Gleismeterpreises von DM 419,– zuzüglich Mehrwertsteuer.

(5) Sonstige Gegenleistungen werden nicht vereinbart.

VIII. Besitzübergang

Besitz, Nutzen und Lasten hinsichtlich des Erbbaurechts für den Erwerber gehen mit Wirkung ab
......
auf den Erwerber über.

IX. Rechtsmängelhaftung

(1) Der Veräußerer haftet für ungehinderten Besitz- und Rechtsübergang und für Freiheit von Belastungen jeder Art, soweit sie nicht ausdrücklich übernommen werden.

(2) Die in Abteilung II des Grundbuchs eingetragenen in Ziffer I aufgeführten Belastungen sind bekannt und werden zur weiteren Duldung übernommen, ebenfalls die noch zur Eintragung gelangende Dienstbarkeit für die Stadt ....

(3) Der Veräußerer verpflichtet sich zur Freistellung des veräußerten Erbbaurechts von der in Abteilung III des Erbbaugrundbuchs eingetragenen Buchhypothek für die ...... Bank in Höhe von DM 180.000,–.

X. Zustimmung

Der Eigentümer stimmt vorstehenden Vereinbarungen vorbehaltslos zu.

XI. Zwangsvollstreckungsunterwerfung

(1) Der Erwerber unterwirft sich wegen des Erbbauzinses in der derzeitigen Höhe von DM 18.800,– sowie, soweit zulässig, wegen des jeweiligen Erhöhungsbetrags zuzüglich der Mehrwertsteuer in Höhe des jeweiligen gesetzlichen Steuersatzes der sofortigen Zwangsvollstreckung aus dieser Urkunde in sein gesamtes Vermögen.

(2) Im Fall der Erhöhung des Erbbauzinses durch Neufestsetzung gemäß Ziffer III des erwähnten Erbbaurechtsvertrags ist er verpflichtet, sich auch wegen des erhöhten Betrags in einer notariellen Urkunde der sofortigen Zwangsvollstreckung zu unterwerfen.

(3) Vollstreckbare Ausfertigung ist auf Antrag ohne Fälligkeitsnachweis dem Eigentümer zu erteilen. Eine Beweislastumkehr ist damit nicht verbunden.

XII. Weiterveräußerung

Bei einer späteren Weiterveräußerung hat der Erwerber sämtliche Verpflichtungen aus diesem Vertrag sowie aus dem in Ziffer I erwähnten Erbbaurechtsvertrag seinem Sonderrechtsnachfolger mit der Weiterübertragungsverpflichtung aufzuerlegen, soweit sie nicht kraft Gesetzes auf den neuen Erwerber übergehen.

XIII. Kosten[7]

Die Kosten dieses Vertrags, der Nachtragsurkunde, des grundbuchamtlichen Vollzugs, die Grunderwerbsteuer[6] sowie die Kosten der Vermessung trägt der Erwerber.

XIV. Ausfertigungen

Von dieser Urkunde erhalten die Beteiligten sofort je eine beglaubigte Abschrift und nach Vollzug je eine Ausfertigung,
der Eigentümer zusätzlich eine vollstreckbare Ausfertigung,
das Amtsgericht ...... – Grundbuchamt – beglaubigte Abschrift,
das Finanzamt ...... für Grundbesitz und Verkehrssteuern – Grunderwerbsteuerstelle – einfache Abschrift,
die Genehmigungsbehörde gemäß § 19 BauGB einfache Abschrift.

XV. Belehrungen

Die Beteiligten wurden u. a. auf folgendes hingewiesen:
a) darauf, daß das Erbbaurecht auf den Erwerber erst mit Eintragung im Grundbuch übergeht, und daß diese Eintragung erst nach Vorliegen der Unbedenklichkeitsbescheinigung des Finanzamtes wegen der Grunderwerbsteuer und der Genehmigung gemäß § 19 BauGB[4] möglich ist, ferner erst, wenn die Vermessung durchgeführt und in einer Nachtragsurkunde die Messungsanerkennung und Einigung erklärt ist,
b) auf die Haftung der Vertragsteile als Gesamtschuldner für die Kosten und die Grunderwerbsteuer,
c) auf die Folgen nicht beurkundeter Nebenabreden,
d) auf die Forthaftung des Vertragsbesitzes für Rückstände an öffentlichen Lasten und Abgaben, insbesondere für einen etwaigen Erschließungsbeitrag – hierzu versichert der Veräußerer, daß keine Rückstände bestehen,
e) auf die Forthaftung des Vertragsbesitzes für die im Grundbuch eingetragenen Belastungen bis zur Freistellung durch die Berechtigten.

XVI. Ermächtigung

Der amtierende Notar wird beauftragt, die zu diesem Vertrag erforderlichen Genehmigungen zu beschaffen und bevollmächtigt, Erklärungen zur Durchführung des Rechtsgeschäfts abzugeben und entgegenzunehmen, Anträge – auch geteilt und beschränkt – zu stellen, zurückzunehmen, abzuändern und zu ergänzen, ohne Beschränkung auf die gesetzliche Vollmacht (§ 15 GBO).[5]

Anmerkungen

1. Sachverhalt. Das ursprünglich bestellte Erbbaurecht ist dem bisherigen Erbbauberechtigten flächenmäßig zu groß. Er möchte sein Erbbaurecht an einer kleineren Fläche bestehen lassen und veräußert einen Teil mit Zustimmung des Eigentümers an einen Erwerber. Der Sachverhalt entspricht dem in Form. VIII. 9 und geht von der Teilung in zwei neu zu vermessende Grundstücke bzw. Erbbaurechte aus. Jedoch wird an dem einen Teilgrundstück der Erbbauzins erhöht und das Erbbaurecht an einen Dritten übertragen.

2. Wahl des Formulars. Das Formular ist aus Form. VIII. 9 entwickelt und enthält zusätzlich die Übertragung des Erbbaurechts an einer Teilfläche, nachdem vorher der Erbbauzins hieran erhöht wurde. Der Anspruch auf Übereignung ist durch eine Vormerkung des Erwerbers abgesichert. Der Erwerber tritt in den Erbbaurechtsvertrag ein unter Änderung der Bauverpflichtung, der Zustimmungsverpflichtung des Eigentümers zur Bestellung von Grundpfandrechten und der Festlegung der erstmaligen Möglichkeit einer Neufestsetzung des Erbbauzinses. Die Gegenleistungen des Erwerbers bestehen im wesentlichen in den Aufwendungen, die der Veräußerer für das veräußerte aufgeteilte Erbbaurecht bisher seinerseits geleistet hat.

3. Zur Vormerkung s. oben Form. VIII. 9 Anm. 7.

4. Behördliche Genehmigungen. Zur Teilung des Erbbaugrundstücks ist gemäß § 19 BauGB eine Teilungsgenehmigung erforderlich, soweit die Gemeinde dies durch Satzung bestimmt hat, sowie, falls es in einem Sanierungsgebiet liegt, eine Genehmigung gemäß § 144 Abs. 1 Nr. 2 BauGB. Für die Übertragung können Genehmigungen in Frage kommen z.B. gemäß § 144 Abs. 2 Nr. 1 BauGB (Sanierungsgebiet), § 1821 Abs. 1 Nr. 1, § 1643 BGB (Vormundschaftsgericht bei Beteiligung Minderjähriger). Eine Genehmigungspflicht nach § 2 Abs. 1 Grundstücksverkehrsgesetz für die Übertragung des Erbbaurechts ist abzulehnen (BGH NJW 1976, 519; OLG Hamm NJW 1966, 1416; streitig).

Zur Genehmigungspflicht nach der Grundstücksverkehrsordnung im Gebiet der ehemaligen DDR s. unten Form. VIII. 26 Anm. 34.

5. Gesetzliche Vorkaufsrechte. Der Verkauf eines Erbbaurechts löst kein Vorkaufsrecht der Gemeinde nach dem BauGB aus (§ 24 Abs. 2 BauGB).

6. Grunderwerbsteuer. Zur Grunderwerbsteuerpflicht bei der Veräußerung s. Anm. 10 zu Form. VIII. 16.

7. Kosten. (1) Notar:
a) Teilung, Verteilung des Erbbauzinses
  Geschäftswert:
  Teilung des Erbbaurechts, § 30 Abs. 1 KostO, Schätzwert 20%–
    30% des Werts des bebauten Erbbaurechts z.B.   DM 300.000,–,
  Verteilung des Erbbauzinses, § 24 Abs. 1a KostO, Kapitalwert   DM 719.580,–,
  Erhöhung des Erbbauzinses für eines der geteilten Erbbaurechte
  (DM 4,70 – DM 2,40) × 4000 m² × 25   DM 230.000,–
                                                                          DM 1.249.580,–.

Gebührenansatz: $^{10}/_{10}$ nach § 42 KostO.

Es handelt sich um die Veränderung eines bestehenden Rechtsverhältnisses nach § 39 Abs. 1 S. 2 KostO und um eine Änderung im Sinn des § 42 KostO (*Korintenberg/Lappe/Bengel/Reimann* § 21 KostO Rdn. 28). Der Geschäftswert für die Teilung des Erbbaurechts ist nach § 30 Abs. 1 KostO zu bestimmen; ein Schätzwert von etwa 20%–30% des Wertes des bebauten Erbbaurechts (Erbbaurecht und Gebäude, s. Form. VIII. 1 Anm. 55) erscheint hierfür angemessen.

Da auch der Erbbauzins verteilt wird, ist der Kapitalwert des Erbbauzinses gleichfalls anzusetzen (DM 28.783,20 × 25 gemäß § 24 Abs. 1a KostO = DM 719.580,–); ebenso die Erhöhung des Erbbauzinses für eines der neu gebildeten Erbbaurechte, nämlich die Differenz von DM 2,30 (DM 4,70–DM 2,40) × 4000 m² × 25 = DM 230.000,–.

Die mit der Erbbaurechtsteilung verbundene Teilung des Erbbaugrundstücks sowie die Änderung der Vorkaufsrechte sind Durchführungserklärungen zur Teilung des Erbbaurechts, also gegenstandsgleich und nicht gesondert zu bewerten.

Die Einholung der zur Teilung von Grundstück und Erbbaurecht erforderlichen Genehmigung nach § 19 BauGB fällt nicht unter § 146 Abs. 1 KostO, da kein Grundstücksveräußerungsgeschäft vorliegt.

b) Übertragung eines der neu gebildeten Erbbaurechte. Die Wertbestimmung erfolgt beim Kauf nach § 20 Abs. 1 KostO, bei sonstiger Übertragung nach § 39 Abs. 2 KostO. Es sind der Wert des bebauten Erbbaurechts (s. Form. VIII. 1 Anm. 55) und die Gegenleistungen (vgl. Ziffer VII) gegenüberzustellen; der höhere Wert bildet den Geschäftswert.

Gebührenansatz: 20/10 nach § 36 Abs. 2 KostO.

Die Übernahme des Erbbauzinses bleibt bei der Bestimmung des Geschäftswerts außer Ansatz, da es sich um eine dauernde Last handelt (OLG Celle DNotZ 1960, 410; h. M., die gegenteilige Meinung von *Kahlke* DNotZ 1983, 526 findet in der Literatur und Kostenrechtsprechung keine Unterstützung); gleiches gilt für die Übernahme des Vorkaufsrechts am Erbbaurecht (OLG Celle DNotZ 1973, 47). Unter „vom Käufer übernommene oder ihm sonst infolge der Veräußerung obliegenden Leistungen" sind alle Vermögensvorteile zu verstehen, die der Verkäufer außer dem Kaufpreis und den vorbehaltenen Nutzungen aufgrund einer kaufvertraglichen Vereinbarung vom Käufer fordern kann (*Korintenberg/Lappe/Bengel/Reimann* § 20 Rdn. 19).

Von einer Leistungsverpflichtung in diesem Sinn, deren Erfüllung der Veräußerer des Erbbaurechts von dem Erwerber fordern könnte, kann keine Rede sein, wenn in dem Veräußerungsvertrag von den auf dem Erbbaurecht ruhenden Lasten gesagt wird, sie würden „übernommen"; die Übernahme dieser Rechte stellt nicht mehr als einen wertbildenden Faktor dar, der bereits in der Bemessung der Gegenleistungen enthalten ist.

(2) Grundbuchamt: Vor Vermessung ist eine Eintragung der Teilung im Grundbuch nicht möglich (dazu Form. VIII. 10 Anm. 4; zur Übertragung Form. VIII. 16 Anm. 11). Es kann nur eine Vormerkung eingetragen werden, für deren Eintragung ½ Gebühr gemäß KostO und für deren Löschung ¼ Gebühr gemäß § 68 KostO anfällt.

12. Aufteilung eines Erbbaurechts nach § 8 WEG

I. Teilungserklärung[1, 2]

§ 1 Vorbemerkung

Herr A ist als Erbbauberechtigter[3] des im Erbbaugrundbuch des Amtsgerichts ......
für ...... Band ...... Blatt ......
eingetragenen Erbbaurechts an dem Grundstück der Gemarkung ......
Flst.Nr. ...... (Beschrieb) ...... zu ...... ha
eingetragen.

12. Aufteilung eines Erbbaurechts nach § 8 WEG

Im Wege des Erbbaurechts wird auf diesem Grundstück eine Wohnanlage mit 162 Eigentumswohnungen, 11 Hobbyräumen, 1 Lokal, 1 Laden sowie 2 Tiefgaragen mit 180 Kfz-Abstellplätzen und 1 Abstellraum errichtet.

§ 2 Teilung und Verbindung mit Sondereigentum[4, 5]

Herr A teilt hiermit gemäß § 8 Wohnungseigentumsgesetz (WEG) vom 15. 3. 1951 das Erbbaurecht an dem in § 1 näher bezeichneten Grundbesitz in Miterbbaurechtsanteile wie folgt und zwar dergestalt auf, daß mit jedem Anteil das Wohnungserbbaurecht an einer bestimmten Wohnung bzw. das Teilerbbaurecht an nicht zu Wohnzwecken dienenden Räumen verbunden ist. Auf die beiliegenden Aufteilungspläne nebst Abgeschlossenheitsbescheinigung der Stadt ...... vom ...... wird verwiesen.

Das Erbbaurecht wird in folgende mit Sondereigentum bzw. Teileigentum verbundene Miterbbaurechtsanteile aufgeteilt:
1. Miterbbaurechtsanteil von ..../1000 verbunden mit dem Sondereigentum an der im Aufteilungsplan mit Nr. 1 bezeichneten Wohnung im Gebäude ...... Straße ......, Erdgeschoß links, bestehend aus 4 Zimmern, Küche, Bad mit WC, Duschbad mit WC, 2 Fluren, Loggia, Kelleranteil, mit einer Wohnfläche von ca. ...... m²,
2. ......
3. ......

§ 3. Begriffsbestimmungen

1. Wohnungserbbaurecht ist das Sondereigentum an einer Wohnung, Teilerbbaurecht das Sondereigentum an nicht zu Wohnzwecken dienenden Räumen, je in Verbindung mit dem Miterbbaurechtsanteil an dem gemeinschaftlichen Erbbaurecht, zu dem es gehört.
2. Gemeinschaftliches Eigentum sind die Teile, Anlagen und Einrichtungen des Gebäudes, die nicht im Sondereigentum oder im Eigentum eines Dritten stehen.
3. Gegenstand des Sondereigentums sind die in § 2 dieser Teilungserklärung bezeichneten Räume sowie die zu diesen Räumen gehörenden Bestandteile des Gebäudes, die verändert, beseitigt oder eingefügt werden können, ohne daß dadurch das gemeinschaftliche Eigentum oder ein auf Sondereigentum beruhendes Recht eines anderen Wohnungsinhabers über das nach § 14 WEG und nach dieser Teilungserklärung zulässige Maß hinaus beeinträchtigt oder die äußere Gestaltung des Gebäudes verändert wird.

II. Bestimmungen über das Verhältnis der Wohnungseigentümer untereinander und über die Verwaltung[6]

Das Verhältnis der Wohnungseigentümer untereinander bestimmt sich nach den Vorschriften der §§ 10 bis 29 des Wohnungseigentumsgesetzes, soweit im folgenden nicht etwas anderes bestimmt ist.

§ 1 Zweckbestimmung

Die Zweckbestimmung des Erbbaurechts gemäß Ziffer II § 1 Erbbaurechtsvertrag gilt auch zwischen den Wohnungserbbauberechtigten. Soweit danach gegenüber dem Grundstückseigentümer eine Änderung der Nutzung zulässig ist, gilt dies grundsätzlich auch zwischen den Wohnungserbbauberechtigten. In einem derartigen Fall können der Hausverwalter bzw. die Eigentümergemeinschaft die Zustimmung nur aus wichtigem Grund verweigern; als wichtiger Grund ist insbesondere anzusehen, wenn die Ausübung eines Gewerbes oder Berufs eine erhebliche Beeinträchtigung der Wohnungs- bzw. Teileigentümer oder eine übermäßige Abnutzung des gemeinschaftlichen Eigentums mit sich bringt.

......

III. Grundbuchanträge[7]

Es wird bewilligt und
beantragt
in das Erbbaugrundbuch einzutragen:
a) die Teilung gemäß Abschnitt I und die Verbindung mit Sondereigentum,
b) als Inhalt des Sondereigentums in Abweichung und Ergänzung von den Bestimmungen des Wohnungseigentumsgesetzes die in Abschnitt II enthaltenen Bestimmungen.

IV. Kosten

Die Kosten dieser Urkunde und ihres Vollzugs trägt der Erbbauberechtigte.

V. Ausfertigung[8]

Von dieser Urkunde erhalten
der Erbbauberechtigte und das Amtsgericht ...... – Grundbuchamt – je beglaubigte Abschriften,
das Finanzamt ...... für Grundbesitz und Verkehrsteuern – Grunderwerbsteuerstelle – einfache Abschrift.

VI. Ermächtigung des Notars

Der amtierende Notar wird beauftragt, die zu diesem Rechtsgeschäft erforderlichen Genehmigungen einzuholen und bevollmächtigt, Erklärungen zur Durchführung des Rechtsgeschäfts abzugeben und entgegenzunehmen, Anträge – auch geteilt und beschränkt – zu stellen, zurückzunehmen, abzuändern und zu ergänzen, ohne Beschränkung auf die gesetzliche Vollmacht (§ 15 GBO)
......, den ......

Anmerkungen

1. **Sachverhalt.** A teilt sein Erbbaurecht im Weg der sogenannten Vorratsteilung gemäß § 8 WEG in einzelne Miterbbaurechtsanteile auf. Dies ist der häufigste Fall der Teilung im Rahmen des Wohnungseigentumsgesetzes. Die Abgeschlossenheitsbescheinigung der zuständigen Behörde liegt bereits vor. Sobald die Teilungserklärung beurkundet ist, können Verkäufe der einzelnen Wohnungs- bzw. Teilerbbaurechtseinheiten erfolgen.

2. **Wahl des Formulars.** Es handelt sich um eine Kurzfassung einer Teilungserklärung, bei der lediglich die spezifischen Unterschiede des Erbbaurechts zum normalen Wohnungseigentum herausgearbeitet sind. Auf eine Gemeinschaftsordnung ist bewußt verzichtet worden, da einmal für das Rechtsverhältnis der Wohnungserbbauberechtigten untereinander das WEG gilt (§ 30 Abs. 3 S. 2 WEG), ferner die Regeln der Gemeinschaftsordnung in den Formularen zum WEG zu finden sind (vgl. auch Form. IX. 1 ff.). Zur Frage der Beurkundungsform s. Anm. 5. Die Besonderheiten des Erbbaurechtsvertrags bei Planung der Aufteilung nach WEG sind in Form. VIII. 2 berücksichtigt; vgl. dazu insbesondere Form. VIII. 2 Anm. 17, 18.

3. **Zustimmung des Eigentümers.** Es ist gesetzlich nicht ausdrücklich geregelt, ob und inwieweit der Grundstückseigentümer bei der Schaffung von Wohnungs- und Teilerbbaurechten mitwirken muß. Grundsätzlich bedarf es der Zustimmung des Grundstückseigentümers nicht. Der Grundstückseigentümer braucht weder als solcher noch als Reallastgläubiger, d.h. als Erbbauzinsberechtigter zuzustimmen (§§ 876, 877 BGB) (*Ingenstau* § 1 Rdn. 91; s. Form. VIII. 2 Anm. 17).

4. Aufteilung in Wohnungs- bzw. Teileigentum. Es handelt sich hierbei um eine Bruchteilsberechtigung am Erbbaurecht, verbunden mit dem Sondereigentum an einer abgeschlossenen Wohnung (Wohnungserbbaurecht) oder an nicht zu Wohnzwecken dienenden bestimmten Räumen (Teilerbbaurecht), somit um eine Verbindung von ideeller und teilweise realer Teilung (Sondereigentum). Die Vorschriften der ErbbVO und des WEG müssen hier aufeinander abgestimmt werden.

Die Aufteilung kann gemäß § 3 WEG oder § 8 WEG erfolgen. Steht ein Erbbaurecht mehreren gemeinschaftlich nach Bruchteilen zu, so können die Anteile in der Weise beschränkt werden, daß jedem der Mitberechtigten das Sondereigentum an einer bestimmten Wohnung oder an nicht zu Wohnzwecken dienenden bestimmten Räumen in einem aufgrund des Erbbaurechts errichteten oder zu errichtenden Gebäude eingeräumt wird (§§ 3, 30 Abs. 1 WEG). Ein Erbbauberechtigter oder auch mehrere können das Erbbaurecht auch in entsprechender Anwendung des § 8 WEG teilen wie in diesem Formular (§§ 8, 30 Abs. 2 WEG) (sog. Vorratsteilung).

Sobald die Teilungserklärung beurkundet ist, können Wohnungs- bzw. Teilerbbaurechte verkauft werden. Da die Teilungserklärung Inhalt der zu verkaufenden Erbbaurechte ist, muß sie Gegenstand des Vertrages sein; d.h. die im Grundbuch noch nicht vollzogene Teilungserklärung muß gemäß § 9 Abs. 1 S. 2 Beurkundungsgesetz der Niederschrift als Anlage beigefügt und somit auch verlesen werden. Es besteht aber auch die Möglichkeit, auf die Teilungserklärung gemäß § 13a Beurkundungsgesetz zu verweisen; in diesem Fall muß sie nicht vorgelesen und beigefügt werden. Diese Vereinfachung ist aber nur gegeben, wenn die Teilungserklärung beurkundet und nicht lediglich beglaubigt ist, da § 13a Beurkundungsgesetz als Bezugsurkunde eine Niederschrift verlangt (vgl. Anm. 5). Eine Möglichkeit, Kaufverträge vor der Teilungserklärung abzuschließen, besteht darin, daß einer der Vertragspartner oder ein Dritter die Einzelheiten gemäß §§ 315 ff. BGB einseitig bestimmen darf; wie der BGH entschieden hat, kann beim Kauf noch zu begründenden Wohnungseigentums dem Verkäufer vertraglich das Recht vorbehalten werden, in der Teilungserklärung Bestimmungen zur Regelung des Gemeinschaftsverhältnisses zu treffen (NJW 1986, 845; dazu vgl. *Reinelt* NJW 1986, 826; *Brych* NJW 1986, 1478; *Löwe* BB 1986, 152). Dann ist nur diese Vereinbarung im Kaufvertrag formbedürftig, während es hinsichtlich der dem Bestimmungsrecht unterliegenden Einzelheiten gerade an dem Formzwang unterliegenden Vertragsvereinbarungen fehlt (KG DNotZ 1985, 305/308). Sobald die Teilungserklärung im Grundbuch vollzogen ist, hat das Sondereigentum bereits sachenrechtlich verbindlichen Inhalt (§ 10 Abs. 2 WEG), ohne daß es einer Vereinbarung durch die Beteiligten noch zugänglich ist (BGH NJW 1979, 1498; *Röll* MittBayNot 1980, 1 ff.; *Keidel/Winkler* § 9 BeurkG Rz. 16 ff.; § 13a BeurkG Rz. 25, 32).

5. Beurkundungsform der Teilungserklärung. Während die Aufteilung nach § 3 WEG vertraglich erfolgt, also in Form einer Niederschrift beurkundet werden muß, genügt im Fall der einseitigen Aufteilung gemäß § 8 WEG Beglaubigungsform. Sollen aber bereits vor Eintragung der Teilungserklärung im Grundbuch Einheiten verkauft werden, empfiehlt sich die Beurkundung in Form der notariellen Niederschrift, da § 13a Beurkundungsgesetz eine vereinfachende Bezugnahme nur zuläßt, wenn die in Bezug genommene Urkunde eine Niederschrift und nicht lediglich eine Beglaubigung ist. Ist die Teilungserklärung nur beglaubigt, ist bei Abschluß der notariellen Veräußerungsverträge ein Verfahren nach § 13a Beurkundungsgesetz nicht möglich; in diesem Fall ist auf sie bis zur Eintragung im Grundbuch (vgl. Anm. 4 Absatz 3) in jedem Veräußerungsvertrag gemäß § 9 BeurkG zu verweisen mit der Folge, daß sie vorgelesen und als Anlage beigefügt werden muß (*Keidel/Winkler* § 9 BeurkG Rz. 16 ff.; § 13a BeurkG Rz. 25, 32).

6. Verhältnis der Wohnungserbbauberechtigten. Die Vorschriften des Erbbaurechtsvertrags und der Aufteilung nach dem Wohnungseigentumsgesetz müssen aufeinander abgestimmt werden. Nähere Einzelheiten hat der Gesetzgeber insoweit nicht geregelt, sondern lediglich in § 30 Abs. 3 S. 2 WEG die entsprechende Anwendung der Vorschriften über das Wohnungseigentum bzw. Teileigentum angeordnet. Dies dürfte darauf zurückzuführen sein, daß das Erbbaurecht, obwohl es sich um ein Recht handelt, als Sache angesehen wird und der rechtlichen Behandlung eines Grundstücks am nächsten kommt (*Ingenstau* § 1 Rdn. 87). Die Besonderheiten des Erbbaurechtsvertrages bei Planung der Aufteilung nach WEG sind in Form. VIII. 2 berücksichtigt; vgl. dazu insbesondere Anm. 17, 18. Im übrigen wird wegen der Gemeinschaftsordnung auf die Formulare zum Wohnungseigentum verwiesen.

7. **Grundbuch.** Für jedes Wohnungs- bzw. Teilerbbaurecht wird von Amts wegen ein besonderes Erbbaugrundbuchblatt angelegt (Wohnungserbbaugrundbuch, Teilerbbaugrundbuch).

8. **Kosten.** (1) Notar:
Geschäftswert:
Der Geschäftswert bestimmt sich nach § 21 Abs. 2 und 3 KostO und beträgt ½ des Wohnungserbbaurechts:
80% des Wertes des Grundstücks ....
Baukosten in voller Höhe ....
Wert des Erbbaurechts ....

Mit diesem Wert ist alles erfaßt, was zum Inhalt des Wohnungserbbaurechts gehört (s. Form. VIII. 1 Anm. 55).

Davon ½ Wert für die Begründung der Wohnungserbbaurechte.

Gebühr: Wird die Begründung des Wohnungserbbaurechts wie im vorliegenden Fall einseitig gemäß § 8 Wohnungseigentumsgesetz vorgenommen, so wird eine $^{10}/_{10}$ Gebühr nach § 36 Abs. 1 KostO erhoben. Geschieht die Begründung gemäß § 3 Wohnungseigentumsgesetz in Vertragsform, so wird eine $^{20}/_{10}$ Gebühr nach § 36 Abs. 2 KostO erhoben.

(2) Grundbuch: Für die Eintragung von Wohnungs- bzw. Teilerbbaurechten und die Anlegung der Wohnungs- und Teilerbbaugrundbücher gemäß §§ 8 bzw. 30 Abs. 2 WEG fällt ½ Gebühr nach § 76 Abs. 1 und Abs. 4 KostO an.

13. Aufteilung eines Erbbaurechts nach § 8 WEG[1] (Kurzfassung, z. B. für Reihenhäuser)[2]

Heute, am ......
ist vor mir, ... Notar in ......
anwesend:
Firma B-GmbH ......[3]
Nach Unterrichtung über den Grundbuchstand beurkunde ich den Erklärungen der Beteiligten gemäß folgenden

Nachtrag zum Erbbaurechtsvertrag des Notars ......, URNr....... vom ......:

I. Grundbuchstand

Im Grundbuch des Amtsgerichts ...... für ......
Band ...... Blatt ......
ist die B-GmbH mit dem Sitz in ...... als Alleinberechtigte des Erbbaurechts an dem Grundstück Flst.Nr....... (Beschrieb) ...... zu ...... m^2
eingetragen.
Der Erbbauberechtigte hat in Ausübung seines Erbbaurechts auf dem vorbezeichneten Grundbesitz zwei Gebäudekomplexe errichtet.

II. Aufteilung[4]

Der Erbbauberechtigte teilt das Erbbaurecht an dem vorbezeichneten Grundbesitz gemäß §§ 8, 30 Abs. 2 WEG in der Weise auf, daß mit jedem Anteil das Sondereigentum an bestimmten Räumen in den auf dem Grundstück errichteten Gebäuden verbunden ist, und zwar wie folgt:
1. Anteil von $^{600}/_{1000}$
verbunden mit dem Sondereigentum an den im Aufteilungspläne mit Nr. 1 bezeichneten Räumen,
2. Anteil von $^{600}/_{1000}$
verbunden mit dem Sondereigentum an den im Aufteilungsplan mit Nr. 2 bezeichneten Räumen.

Die Räume sind in sich im Sinn des § 3 Abs. 2 WEG abgeschlossen und im Aufteilungsplan mit den entsprechenden Nummern bezeichnet. Aufteilungspläne nebst Abgeschlossenheitsbescheinigung des Landratsamtes ...... vom ...... liegen vor und sind dieser Urkunde beigefügt.

III. Verhältnis der Wohnungserbbauberechtigten[5]

Das Verhältnis der Wohnungserbbauberechtigten bestimmt sich nach den Vorschriften der §§ 30 Abs. 3, 10–29 WEG.
In Abweichung und Ergänzung dieser Vorschriften wird jedoch gemäß § 10 Abs. 2 WEG als Inhalt des Sondereigentums bestimmt:
1. Die Zweckbestimmung des Erbbaurechts gemäß Ziffer II § 1 des Erbbaurechtsvertrags gilt auch zwischen den Wohnungserbbauberechtigten. Soweit danach gegenüber dem Grundstückseigentümer eine Änderung der Nutzung zulässig ist, gilt dies grundsätzlich auch zwischen den Wohnungserbbauberechtigten. In einem solchen Fall kann der andere Wohnungserbbauberechtigte die Zustimmug nur aus wichtigem Grund verweigern. Als wichtiger Grund ist insbesondere anzusehen, wenn die Ausübung eines Gewerbes oder Berufes eine erhebliche Beeinträchtigung der Wohnungs- bzw. Teileigentümer mit sich bringt.
2. Die Benützung des Grundstücks wird in der Weise geregelt, daß je zum ausschließlichen Gebrauch zustehen:
   a) dem jeweiligen Berechtigten der mit Nr. 1 bezeichneten Räume die auf dem beiliegenden Plan durch rote Umrandung gekennzeichnete Fläche,
   b) dem jeweiligen Berechtigten der mit Nr. 2 bezeichneten Räume die auf dem beiliegenden Plan durch blaue Umrandung gekennzeichnete Fläche.
3. Die jeweiligen Berechtigten der mit Nr. 1 und Nr. 2 bezeichneten Räume sind so zu stellen, daß sie einem Alleinberechtigten möglichst nahe stehen, wie wenn die in Ziffer 1 und 2 bezeichneten Flächen vermessen wären und eigene Flurstücknummern hätten. Demgemäß hat jeder die Kosten und Abgaben, die Reparatur- und Erneuerungskosten, Grundsteuer, Versicherungsprämien etc. auch für die auf der ihm zustehenden Fläche befindlichen gemeinschaftlichen Gebäudeteile zu tragen.
4. Ein Verwalter wird vorerst nicht bestellt. Seine Bestellung kann jedoch jederzeit verlangt werden (§ 20 Abs. 2 WEG).
5. Auf die Aufstellung eines Wirtschaftsplans und auf die Bildung einer Instandhaltungsrücklage wird vorerst verzichtet.

IV. Grundbuchanträge[6]

Die B-GmbH mit dem Sitz in ...... bewilligt und beantragt im Grundbuch einzutragen
a) die Teilung des Erbbaurechts gemäß Ziffer II,
b) die Bestimmungen in Ziffer III als Inhalt des Sondereigentums, sowie die Sondernutzungsrechte

V. Kosten, Ausfertigung[7]

(1) Die Kosten dieser Urkunde und ihres Vollzugs trägt der Erbbauberechtigte.

(2) Von dieser Urkunde erhalten
der Erbbauberechtigte und das Amtsgericht ......
– Grundbuchamt – je eine beglaubigte Abschrift,
das Finanzamt ...... für Grundbesitz und Verkehrsteuern – Grunderwerbsteuerstelle – einfache Abschrift.

VI. Ermächtigung des Notars

Der amtierende Notar wird beauftragt, die zu diesem Rechtsgeschäft erforderlichen Genehmigungen einzuholen und bevollmächtigt, Erklärungen zur Durchführung des Rechtsgeschäfts abzugeben und entgegenzunehmen, Anträge – auch geteilt und beschränkt – zu stellen, zurückzunehmen, abzuändern und zu ergänzen, ohne Beschränkung auf die gesetzliche Vollmacht (§ 15 GBO).

Anmerkungen

1. **Sachverhalt.** Der Erbbauberechtigte hat in Ausübung seines Erbbaurechts zwei Gebäudekomplexe errichtet bzw. will sie errichten. Da eine reale Aufteilung durch eine Vermessung (diese Fälle s. Form. VIII. 9, 10, 11) nicht möglich ist, teilt er das Erbbaurecht gemäß § 8 WEG in zwei Einheiten auf, die jeweils in sich abgeschlossen und im Aufteilungsplan mit den Nummern 1 und 2 bezeichnet sind. Häufig geschieht dies z.B. auch bei Reihenhäusern, wenn eine Realteilung nicht möglich ist, im Beispielsfall könnte es sich z.B. um zwei Doppelhaushälften handeln. Die Abgeschlossenheitsbescheinigung der Stadt oder des Landratsamtes liegt bereits vor.

2. **Wahl des Formulars.** Es handelt sich um eine Kurzfassung einer Teilungserklärung, bei der lediglich die Unterschiede des Erbbaurechts zum normalen Wohnungseigentum herausgearbeitet sind. Auf eine Gemeinschaftsordnung ist bewußt verzichtet worden, da für das Rechtsverhältnis der Wohnungserbbauberechtigten untereinander das WEG gilt (§ 30 Abs. 3 S. 2 WEG), ferner die Regeln der Gemeinschaftsordnung in den Formularen zum WEG zu finden sind. Zur Frage der Beurkundungsform s. Form. VIII. 12 Anm. 5.

3. **Zustimmung des Eigentümers.** Es ist gesetzlich nicht ausdrücklich geregelt, ob und inwieweit der Grundstückseigentümer bei der Schaffung von Wohnungs- und Teilerbbaurechten mitwirken muß. Grundsätzlich bedarf es der Zustimmung des Grundstückseigentümers nicht, und zwar braucht der Grundstückseigentümer weder als solcher noch als Reallastgläubiger, d.h. als Erbbauzinsberechtigter zuzustimmen (§§ 876, 877 BGB) (*Ingenstau* § 1 Rdn. 91; s. Form. VIII. 2 Anm. 17).

4. **Aufteilung in Wohnungs- bzw. Teileigentum.** Beim Wohnungserbbaurecht handelt es sich um eine Bruchteilsberechtigung am Erbbaurecht, verbunden mit dem Sondereigentum an einer abgeschlossenen Wohnung (Wohnungserbbaurecht) oder an nicht zu Wohnzwecken dienenden bestimmten Räumen (Teilerbbaurecht). Die Aufteilung kann gemäß § 3 WEG oder § 8 WEG erfolgen. Steht ein Erbbaurecht mehreren gemeinschaftlich nach Bruchteilen zu, so können die Anteile in der Weise beschränkt werden, daß jedem der Mitberechtigten das Sondereigentum an einer bestimmten Wohnung oder an nicht zu Wohnzwecken dienenden bestimmten Räumen in einem aufgrund des Erbbaurechts errichteten oder zu errichtenden Gebäude eingeräumt wird (§§ 3, 30 Abs. 1 WEG). Ein Erbbauberechtigter kann das Erbbaurecht auch in entsprechender Anwen-

14. Aufteilung des Erbbauzinses   VIII. 14

dung des § 8 WEG teilen (§§ 8, 30 Abs. 2 WEG), wie es im vorliegenden Formular geschieht.

   5. **Verhältnis der Wohnungserbbauberechtigten.** Die Vorschriften des Erbbaurechtsvertrags und der Teilungserklärung nach dem Wohnungseigentumsgesetz müssen aufeinander abgestimmt werden. Nähere Einzelheiten hat der Gesetzgeber insoweit nicht geregelt, sondern lediglich in § 30 Abs. 3 S. 2 WEG die entsprechende Anwendung der Vorschriften über das Wohnungseigentum bzw. Teileigentum angeordnet. Die Besonderheiten des Erbbaurechtsvertrags bei Planung der Aufteilung nach WEG sind in Form. VIII. 2 berücksichtigt; vgl. dazu insbesondere Anm. 17, 18.

   6. **Grundbuch.** Für jedes Wohnungs- bzw. Teilerbbaurecht wird von Amts wegen ein besonderes Erbbaugrundbuchblatt angelegt (Wohnungserbbaugrundbuch, Teilerbbaugrundbuch).

   7. **Kosten.** Siehe Form. VIII. 12 Anm. 8.

14. Aufteilung des Erbbauzinses[1]

I. Grundbuchstand

Herr A ist als Inhaber des im Erbbaugrundbuch des Amtsgerichts ...... für ......
Band ...... Blatt ......
eingetragenen
Erbbaurechts an dem Grundstück der Gemarkung ...... ,
Flst.Nr. ...... (Beschrieb) ...... zu ...... qm
eingetragen.
Das Grundstück ist vorgetragen im Grundbuch des Amtsgerichts ...... für ...... Band
...... Blatt ....
Als Eigentümer des genannten Grundstücks ist Frau D ...... im Grundbuch eingetragen.
Das vorangeführte Erbbaurecht ist in Abteilung II des Grundbuchs u. a. belastet mit:
Erbbauzins von jährlich DM 105.000,- für den jeweiligen Eigentümer des Grundstücks
Flst.Nr. ...... ,
Vormerkung zur Sicherung des Anspruchs auf Erhöhung des Erbbauzinses zugunsten des jeweiligen Eigentümers des Grundstücks Flst.Nr. ....

II. Teilungserklärung

Mit Erklärung vom ...... hat der vorangeführte Inhaber des Erbbaurechts das Erbbaurecht in Miterbbaurechtsanteile in der Weise aufgeteilt, daß mit jedem Miterbbaurechtsanteil das Sondereigentum an einer bestimmten Wohnung (Wohnungserbbaurecht) oder an nicht zu Wohnzwecken dienenden Räumen (Teilerbbaurecht) verbunden ist. Die Teilungserklärung ist im Grundbuch noch nicht vollzogen.

III. Erbbauzinsaufteilung

Der an den einzelnen Miterbbaurechtsanteilen, verbunden mit dem jeweiligen Sondereigentum, bislang unverteilt lastende Erbbauzins in Höhe von DM 105.000,- jährlich wird nunmehr dergestalt verteilt, daß künftig die nachstehend aufgeführten Miterbbaurechtsanteile mit dem damit verbundenen Sondereigentum in Höhe der nachstehend aufgeführten Erbbauzinsteilbeträge haften:

Nr. des Aufteilungs- plans gemäß Teilungs- erklärung	/1000 an dem Erbbaurecht an Flst.Nr. . . . . der Ge- markung	Erbbauzins in Höhe von DM jährlich
1	7,20	DM 756,–
2	3,90	DM 409,50
. . . . . .	. . . . . .	DM . . . . . .
		DM 105.000,–

IV. Grundbuchantrag

Die Eintragung dieser Erbbauzinsverteilung in das jeweilige Erbbaugrundbuch wird bewilligt und

beantragt.

V. Kosten[2]

Die Kosten dieser Erklärung trägt der Erbbauberechtigte, ebenso die Kosten des grundbuchamtlichen Vollzugs.

VI. Ausfertigung

Von dieser Erklärung erhalten:
Die Grundstückseigentümerin, der Erbbauberechtigte und das Amtsgericht . . . . . . –
Grundbuchamt – je eine beglaubigte Abschrift
. . . ., den . . . . . .

Anmerkungen

1. Sachverhalt. A hat sein Erbbaurecht gemäß § 8 Wohnungseigentumsgesetz aufgeteilt. Der Erbbauzins lastet bisher unverteilt auf sämtlichen Wohnungs- bzw. Teilerbbaurechten. Der Erbbauzins in Höhe von jährlich DM 105.000,– wird nunmehr auf die einzelnen Miterbbaurechtsanteile verteilt.

2. Kosten. (1) Notar:
Geschäftswert:
§ 24 Abs. 1 a KostO, Kapitalwert
DM 105.000,– × 25   DM 2.625.000,–
Gebührenansatz: ½ Gebühr nach § 38 Abs. 2 Nr. 5 a KostO.
Liegt keine bloße Eintragungsbewilligung vor, sondern werden materiellrechtliche Vereinbarungen zwischen Grundstückseigentümer und Erbbauberechtigtem mitbeurkundet, so fällt eine Gebühr nach § 42 KostO an.

(2) Grundbuch: Für die Eintragung von Veränderungen bei einem Erbbaurecht wird nach § 64 KostO ½ Gebühr erhoben.

15. Verpflichtung des Eigentümers zur Belastungszustimmung und zum Rücktritt nach Bildung von Wohnungserbbaurecht[1]

I. Grundbuchstand

(1) Im Grundbuch des Amtsgerichts . . . . . . für . . . . . . Band . . . . . . Blatt . . . . . .
sind die Ehegatten A als Eigentümer des folgenden Grundbesitzes eingetragen:
Flst.Nr. . . . . . . (Beschrieb) . . . . . . zu . . . . . . m².

15. Verpflichtung zur Belastungszustimmung VIII. 15

(2) An diesem Grundbesitz ist in Abteilung II ein Erbbaurecht für die Firma B-GmbH mit dem Sitz in ...... eingetragen.
Das Erbbaurecht ist vorgetragen im Erbbaugrundbuch des Amtsgerichts ...... für ...... Band ...... Blatt ....

(3) Mit Erklärung vom ...... , URNr. .... des Notars ...... in ...... , hat die Firma B-GmbH ihr Erbbaurecht gemäß §§ 8, 30 des Wohnungseigentumsgesetzes in 45 Erbbaurechtsbruchteile in der Weise aufgeteilt, daß mit jedem Erbbaurechtsanteil das Sondereigentum an einer bestimmten Wohnung (Wohnungserbbaurecht) oder an nicht zu Wohnzwecken dienenden bestimmten Räumen (Teilerbbaurecht) verbunden ist.
Gemäß Ziffer XI des Erbbaurechtsvertrags vom ...... , URNr. .... des Notars ...... in ...... , bedürfen die Erbbauberechtigten zur Belastung des Erbbaurechts der Zustimmung des Grundstückseigentümers.[2]

II. Zustimmungsverpflichtung

Der Grundstückseigentümer verpflichtet sich einer Belastung der einzelnen neu zu bildenden Wohnungs- bzw. Teilerbbaurechte mit Grundpfandrechten zuzustimmen, wenn
a) der jeweilige Erbbauberechtigte bei Bestellung einer Grundschuld seine bestehenden und künftigen, auch bedingten oder befristeten Ansprüche auf vollständige oder teilweise Aufgabe dieser Grundschulden durch Abtretung, Verzicht oder Löschung sowie auf Herausgabe des sich bei der Verwertung dieser Grundschuld ergebenden Erlöses, soweit dieser die durch sie gesicherten schuldrechtlichen Forderungen übersteigt, auf den Eigentümer überträgt;[3]
b) der jeweilige Erbbauberechtigte sich bei Bestellung einer Hypothek gegenüber dem jeweiligen Eigentümer verpflichtet, die Hypothek auf seine Kosten löschen zu lassen für den Fall, daß die bestellte Hypothek ganz oder teilweise dem Erbbauberechtigten zusteht oder sich mit dem Erbbaurecht in einer Person vereinigt oder bereits vereinigt hat, und zwar auch für den Fall des § 1163 Abs. 1 S. 1 BGB;[4]
c) der jeweilige Erbbauberechtigte eine diesbezügliche Löschungsvormerkung im Grundbuch eintragen läßt;[5]
d) die Gesamtnutzfläche der im Rahmen des Erbbaurechts errichteten Wohnanlage 13.000 m^2 beträgt; dem Grundstückseigentümer ist dies durch Vorlage der Baugenehmigung samt Plänen nachzuweisen;
e) die Belastung des einzelnen Wohnungs- bzw. Teilerbbaurechts 70% des jeweiligen Kaufpreises für das Wohnungs- bzw. Teilerbbaurecht nicht übersteigt;
f) die gesamte Belastung der Wohnungs- und Teilerbbaurechte DM 10.000.000,– nicht übersteigt.
Dem Grundbuchamt gegenüber ist die Erfüllung der Bedingungen zu d) und f) nicht nachzuweisen.

III. Rücktrittsverpflichtung

Der Grundstückseigentümer verpflichtet sich, mit den für ihn am jeweiligen Wohnungs- bzw. Teilerbbaurecht eingetragenen Rechten, nämlich Vorkaufsrecht für alle Verkaufsfälle, Erbbauzins, Vormerkung zur Sicherung des Anspruchs auf Einräumung einer Reallast,[6] unter den in Abschnitt II aufgeführten Voraussetzungen hinter die am einzelnen Wohnungs- bzw. Teilerbbaurecht zur Eintragung kommenden Belastungen zurückzutreten.[7]

IV. Kosten[8]

Die Kosten dieser Urkunde trägt die B-GmbH.
......, den ......

Anmerkungen

1. Sachverhalt. Die B-GmbH hat ihr Erbbaurecht gemäß § 8 WEG in Wohnungs- bzw. Teilerbbaurechte aufgeteilt. Der Grundstückseigentümer ist bereit, unter bestimmten Voraussetzungen nicht nur der Belastung der einzelnen Wohnungs- bzw. Teilerbbaurechtseinheiten mit Grundpfandrechten zuzustimmen, sondern darüber hinaus auch mit den für ihn am jeweiligen Wohnungs- bzw. Teilerbbaurecht eingetragenen Rechten, nämlich dem Vorkaufsrecht, dem Erbbauzins und der Vormerkung zur Sicherung des Anspruchs auf Einräumung einer Reallast, hinter das jeweilige Grundpfandrecht zurückzutreten.

2. Aufteilung, Belastung. Zur Aufteilung gemäß §§ 8, 30 Wohnungseigentumsgesetz siehe Form. VIII. 12 und 13 sowie 27 (Sachenrechtsbereinigung). Das Erfordernis der Zustimmung des Eigentümers zur Belastung gemäß § 5 Abs. 2 ErbbVO ist regelmäßig im Erbbaurechtsvertrag niedergelegt.

3. Rückgewähransprüche. Der Erbbauberechtigte kann vom Gläubiger nach Rückzahlung des Kredits Löschung, Verzicht oder Abtretung der Grundschuld verlangen (*Reithmann* DNotZ 1982, 79). Anspruchsgrundlage ist die Sicherungsabrede gemäß §§ 241, 305 BGB oder ungerechtfertigte Bereicherung gemäß § 812 BGB. Die Abtretung der Rückgewähransprüche des Erbbauberechtigten gegenüber Gläubigern vor- und gleichrangiger Grundschulden an den erbbauzinsberechtigten Eigentümer ist ein notwendiges Sicherungsmittel, um im Fall einer Zwangsversteigerung dem Erbbauberechtigten nicht zu Lasten des Eigentümers Vorteile zu verschaffen. Die Abtretung der Rückgewähransprüche ist bei vor- und gleichrangigen Grundschulden um so wichtiger, als Eigentümergrundschulden im Gegensatz zur Hypothek (§ 1163 BGB) bei Grundschulden in der Regel nicht entstehen und damit der gesetzliche Löschungsanspruch des § 1179 BGB nicht zum Zug kommt (vgl. dazu *Reithmann* DNotZ 1982, 82). Die Rückgewähransprüche stehen dem Erbbauberechtigten zu und können nach § 398 BGB formlos abgetreten werden.

Der Rückgewähranspruch wird erfüllt
a) durch Abtretung der Grundschuld an den Anspruchsberechtigten (§ 1154 BGB),
b) durch Aufhebung und Löschung der Grundschuld (§§ 875, 1183, 1192 BGB),
c) durch Verzicht auf die Grundschuld (§§ 1168, 1192 BGB).

4. Hypothek. Handelt es sich um eine Hypothek, sind die aufgrund deren Abhängigkeit von der Forderung bestehenden Besonderheiten zu berücksichtigen. Ist die zugrundeliegende Forderung nicht entstanden oder besteht sie nicht mehr, so wird die Hypothek gemäß §§ 1163, 1177 BGB zur Eigentümergrundschuld und steht dem Erbbauberechtigten zu. Es handelt sich also nicht um ein Recht, das der Erbbauberechtigte gegenüber dem Grundschuldgläubiger hat und das an den erbbauzinsberechtigten Eigentümer erst abzutreten ist, sondern um eine dem Erbbauberechtigten selbst zustehende Eigentümergrundschuld.

5. Löschungsvormerkung. Gemäß § 1179 BGB kann bei Grundschulden dem erbbauzinsberechtigten Eigentümer aufgrund der Abtretung des Löschungsanspruchs des Erbbauberechtigten bzw. bei der Hypothek unmittelbar gemäß §§ 1163, 1177 BGB eine Löschungsvormerkung zur Sicherung des Anspruchs auf Löschung des vor- oder gleichrangigen Grundpfandrechts eingetragen werden.

6. Zur Vormerkung s. oben Form. VIII. 9 Anm. 7.

7. Rücktrittsverpflichtung. Der Eigentümer wird versuchen, sich bei Zustimmung zu Grundpfandrechten durch diese Möglichkeiten in beschränktem Umfang abzusichern. Vollends muß er dies, wenn er sich verpflichtet, mit seinen am Erbbaurecht eingetragenen Rechten, nämlich Vorkaufsrecht, Erbbauzins und Vormerkung hinter ein Grundpfandrecht zurückzutreten. Nur so wahrt er eine Chance, im Rang wieder vorzurücken, wenn das Grundpfandrecht nicht mehr valutiert ist; dabei kommt es allerdings ganz erheblich auf den Umfang der Sicherungsabrede an. Wenn der BGH (BGHZ 81, 358 = NJW 1982, 234) diese „weitgehenden Möglichkeiten des Grundstückseigentümers, seine Rechtsstellung gegenüber dem Erbbauberechtigten und dessen Gläubigern abzusichern," empfiehlt, so muß klar hervorgehoben werden, daß diesen Möglichkeiten in der Praxis keine große Wirksamkeit zukommt (*Groth*, DNotZ 1983, 652; *Ruland* NJW 1983, 97). Die Abtretung der Rückgewähransprüche gegen den Grundpfandrechtsgläubiger und deren Sicherung durch Eintragung einer Vormerkung hilft z. B. bei bereits valutierten Grundpfandrechten nicht und ist auch deshalb wenig praktikabel, weil diese Rückgewähransprüche häufig schon vorher an nachrangige Gläubiger abgetreten sind (*Groth* DNotZ 1983, 653). Zumindest ergänzend sei hier auf die Möglichkeit verwiesen, nach § 59 ZVG eine von den gesetzlichen Vorschriften abweichende Feststellung des geringsten Gebots und der Versteigerungsbedingungen zu verlangen (dazu *Winkler* NJW 1985, 940). Eine solche „Stillhalteerklärung" des Gläubigers ist in Form. VIII. 21 enthalten.

Das Problem ist bei Erbbaurechten, die nach dem 1. 10. 1994 begründet wurden und bei denen von der Möglichkeit des § 9 Abs. 3 ErbbVO i. d. F. des Sachenrechtsbereinigungsgesetzes Gebrauch gemacht wurde, das Bestehenbleiben der Erbbauzinsreallast in der Zwangsversteigerung des Erbbaurechts zu vereinbaren, weitgehend entschärft (s. oben Form. VIII. 1 Anm. 37).

8. Kosten.

Geschäftswert nach § 23 Abs. 2 KostO: DM 10.000.000,–,
Gebührenansatz 10/10 nach § 36 Abs. 1 KostO.
Nennbetrag der Grundpfandrechte = DM 10.000.000,– (*Korintenberg/Lappe/Bengel/ Reimann* § 21 Rdn. 30). Der Rangrücktritt ist gemäß § 44 Abs. 3 KostO auf die neubestellten Grundpfandrechte zu beziehen; er ist damit gegenstandsgleich mit der Zustimmung und nicht gesondert zu bewerten (OLG Hamm RPfleger 1966, 92).

16. Kaufvertrag über eine Erbbaurechtswohnung[1, 2]

Heute, am ......
sind vor mir, ... Notar in ......
anwesend:
1. Ehegatten A ......
2. Frau B ......
Nach Unterrichtung über den Grundbuchstand beurkunde ich bei gleichzeitiger Anwesenheit der Beteiligten ihren Erklärungen gemäß folgenden

Kaufvertrag:

I. Grundbuchstand

Im Wohnungserbbaugrundbuch des Amtsgerichts ...... für ......
Band ...... Blatt ......
sind die Ehegatten A als Inhaber je zur Hälfte des folgenden Besitztums eingetragen:
19,98/1000 Miterbbaurechtsanteil an dem Erbbaurecht an dem Grundstück der Gemarkung ......
Flst.Nr. ...... (Beschrieb) ...... zu ...... m²,
verbunden mit dem Sondereigentum an der im Aufteilungsplan mit Nr. 27 bezeichneten Wohnung.

Das Erbbaurecht ist eingetragen auf die Dauer von 99 Jahren, vom ...... an gerechnet.[3]
Zur Veräußerung des Wohnungserbbaurechts ist die Zustimmung des Hausverwalters und des Grundstückseigentümers in öffentlich beglaubigter Form erforderlich.
Die vorangeführte Erbbaurechtswohnung ist belastet
in Abteilung II des Grundbuchs:
Verteilter Erbbauzins von DM 312,31 jährlich,
Vormerkung zur Sicherung des Anspruchs auf Eintragung einer Reallast (Erbbauzinserhöhung),
Vorkaufsrecht für alle Verkaufsfälle,
je für den jeweiligen Eigentümer des Erbbaugrundstücks,
in Abteilung III des Grundbuchs:
DM 42.000,– Buchgrundschuld für die ...... Bank.
Dem jeweiligen Inhaber des Wohnungserbbaurechts Nr. 27 ist das Sondernutzungsrecht an dem auf dem Parkdeck befindlichen, im Aufteilungsplan mit Nr. 4 bezeichneten Parkplatz eingeräumt.

II. Verkauf

Die Ehegatten A
– nachstehend als „Verkäufer" bezeichnet –
v e r k a u f e n
hiermit
an
die Ehegatten B
– nachstehend als „Käufer" bezeichnet –
als Berechtigte je zur Hälfte das in Abschnitt I dieser Urkunde näher bezeichnete Besitztum mit allen damit verbundenen Rechten und gesetzlichen Bestandteilen, jedoch ohne Zubehör.

III. Auflassung, Aussetzung des Vollzugs, Vormerkung

(1) Die Vertragsteile sind über den Rechtsübergang auf den Käufer, bei mehreren Käufern in dem in Abschnitt II genannten Berechtigungsverhältnis, einig. Diese unbedingte Einigung enthält keine Eintragungsbewilligung und keinen Eintragungsantrag.

(2) Die Beteiligten bevollmächtigen hiermit für sich und ihre Erben den amtierenden Notar unwiderruflich und unbedingt, die Eintragungsbewilligung und den Eintragungsantrag zum Grundbuch wegen des Eigentumsüberganges abzugeben. Der Notar darf dies im Innenverhältnis erst, wenn ihm der Verkäufer bestätigt hat, daß der Kaufpreis bezahlt wurde oder der Käufer die Zahlung nachgewiesen hat.
Der Verkäufer verpflichtet sich hiermit, dem Notar den Erhalt des gesamten Kaufpreises unverzüglich schriftlich zu bestätigen.

(3) Der Verkäufer bewilligt und der Käufer
beantragt
in das Grundbuch einzutragen:
a) zur Sicherung des Anspruchs des Käufers auf Übertragung des Vertragsbesitzes zunächst eine
Vormerkung gemäß § 883 BGB
am Vertragsobjekt für den Käufer im angegebenen Erwerbsverhältnis,
b) die Löschung dieser Vormerkung Zug um Zug mit Eintragung der Einigung über den Rechtsübergang, vorausgesetzt, daß ohne Zustimmung des Käufers keine Zwischeneintragungen erfolgt sind und keine Eintragungsanträge vorliegen, wodurch seine Rechte beeinträchtigt werden.

IV. Kaufpreis

Der vom Käufer zu zahlende Kaufpreis beträgt
DM 150.000,–
– i. W. einhundertfünfzigtausend Deutsche Mark –.
Er ist zur Zahlung fällig innerhalb von 8 Tagen nach Zugang einer Mitteilung des beurkundenden Notars beim Käufer (Einschreiben mit Rückschein, Kopie an Verkäufer), daß

1. die Vormerkung im Rang unmittelbar nach den in Abschnitt I dieser Urkunde aufgeführten oder mit Zustimmung des Käufers bestellten Belastungen eingetragen ist,
2. der Grundstückseigentümer der Veräußerung und der Belastung des Wohnungserbbaurechts mit einer Grundschuld zu DM 100.000,– in öffentlich beglaubigter Form zugestimmt hat,
3. der Grundstückseigentümer erklärt hat, daß er von seinem Vorkaufsrecht für diesen Verkaufsfall keinen Gebrauch macht oder die Frist für die Ausübung des Vorkaufsrechts abgelaufen ist,[4]
4. der Hausverwalter der Veräußerung in öffentlich beglaubigter Form zugestimmt hat,
5. ihm Löschungsbewilligung für die in Abschnitt I dieser Urkunde aufgeführte Grundschuld zu DM 42.000,–, in grundbuchmäßiger Form zur freien Verfügung oder zur Verfügung unter Auflagen vorliegt; im letzteren Fall ist der Käufer berechtigt und verpflichtet, die geforderten Beträge in Anrechnung auf den Kaufpreis unmittelbar an den Grundschuldgläubiger zu zahlen. Klargestellt wird, daß der Käufer keinerlei Zahlungsverpflichtungen des Verkäufers gegenüber dem Gläubiger übernimmt. Die Zahlung des Käufers direkt an den Gläubiger erfolgt lediglich zur Sicherung des Käufers.

V. Verzinsung

Der Kaufpreis bzw. die jeweiligen Kaufpreisteile sind bis zur Fälligkeit unverzinslich und ab Fälligkeit mit einem Zinssatz von 6% – sechs vom Hundert – jährlich über dem jeweiligen Diskontsatz der Deutschen Bundesbank zu verzinsen. Verzugszinsen setzen nach § 284 BGB eine Mahnung voraus, die nach Eintritt der Fälligkeit erfolgt. Die Zinsen sind spätestens mit dem jeweiligen rückständigen Betrag zu zahlen. Eine Stundung ist damit nicht verbunden.

VI. Zwangsvollstreckungsunterwerfung

Der Käufer unterwirft sich wegen aller in dieser Urkunde eingegangenen Zahlungsverpflichtungen zur Leistung bestimmter Geldbeträge samt Zinsen und Nebenleistungen der sofortigen Zwangsvollstreckung aus dieser Urkunde in sein gesamtes Vermögen. Vollstreckbare Ausfertigung kann ohne Nachweis der die Vollstreckbarkeit begründenden Tatsachen jederzeit erteilt werden, ohne daß damit eine Beweislastumkehr verbunden ist. Mehrere Käufer haften als Gesamtschuldner.

VIII. Rücktrittsrecht

(1) Wenn der Kaufpreis nicht spätestens innerhalb von vier Wochen nach Fälligkeit bezahlt ist, ist der Verkäufer berechtigt, vom schuldrechtlichen Teil dieses Vertrages zurückzutreten. Der Rücktritt ist dem Käufer mit eingeschriebenem Brief mitzuteilen. Falls das Rücktrittsrecht nicht geltend gemacht wurde, erlischt es mit vollständiger Kaufpreiszahlung und Zahlung etwaiger Verzugszinsen.

(2) Im Fall des Rücktritts ist der Verkäufer verpflichtet, Zug um Zug gegen Löschung der für den Käufer eingetragenen Vormerkung bzw. gegen Rückübertragung den unter Umständen bereits empfangenen Kaufpreisteil zurückzuzahlen. Eine Verzinsung erfolgt insoweit nicht. Sämtliche angefallenen Kosten und Steuern, einschließlich der Kosten der

Löschung der Vormerkung bzw. der Rückübertragung, trägt der Käufer. Schadensersatzansprüche des Verkäufers bleiben unberührt.

(3) Das vorstehende Rücktrittsrecht steht dem Verkäufer sinngemäß auch für den Fall zu, daß der Eigentümer von seinem Vorkaufsrecht Gebrauch macht.

VIII. Besitzübergang

(1) Der Besitzübergang erfolgt Zug um Zug mit vollständiger Kaufpreiszahlung.

(2) Nutzungen und Lasten sowie die Gefahr eines zufälligen Untergangs oder einer zufälligen Verschlechterung gehen vom gleichen Zeitpunkt an auf den Käufer über.

IX. Erschließungskosten

Die Kosten für bis Besitzübergang erstellte Erschließungsanlagen trägt der Verkäufer. Der Verkäufer versichert, daß alle Erschließungsbeiträge für die derzeit bestehenden Anlagen voll beglichen sind. Ab Besitzübergang zu erstellende Erschließungsanlagen gehen zu Lasten des Käufers.

X. Rechtsmängelhaftung

(1) Der Verkäufer haftet für ungehinderten Besitz- und Rechtsübergang und für Freiheit des Grundbesitzes von Rechten Dritter, soweit sie in dieser Urkunde nicht ausdrücklich vom Käufer übernommen werden. Er haftet nicht für Freiheit von altrechtlichen, im Grundbuch nicht eingetragenen Dienstbarkeiten. Der Verkäufer versichert, daß ihm vom Bestehen solcher Rechte nichts bekannt ist.

(2) Der Käufer übernimmt alle in Abteilung II des Grundbuchs eingetragenen Belastungen unter Eintritt in die zugrundeliegenden Verpflichtungen.

(3) Allen Erklärungen, die zur Freistellung des Vertragsobjekts von nicht übernommenen Belastungen erforderlich sind, wird mit dem Antrag auf Vollzug im Grundbuch zugestimmt.

XI. Sachmängelhaftung

Der Käufer hat das Vertragsobjekt besichtigt. Es wird verkauft, wie es heute liegt und steht. Der Verkäufer haftet daher nicht für Sachmängel gleich welcher Art, insbesondere nicht für den Bauzustand, die Bodenbeschaffenheit und die Richtigkeit des angegebenen Flächenmaßes. Der Verkäufer versichert, daß ihm versteckte Mängel nicht bekannt sind.

XII. Eintritt in die Teilungserklärung[5]

(1) Der Käufer tritt in alle sich aus der hinsichtlich der Wohnanlage bestehenden Teilungserklärung samt Gemeinschaftsordnung ergebenden Rechte und Pflichten ein. Zahlungsverpflichtungen hieraus und aus dem Verwaltervertrag werden mit Wirkung vom Tag des Besitzüberganges an übernommen. Die angesammelte Instandhaltungsrücklage wird auf den Käufer übertragen, der die Abtretung hiermit annimmt. Der Käufer wurde auf seine evtl. Haftung für Wohngeldrückstände bzw. Nachforderungen aus früherer Zeit hingewiesen. Der Verkäufer versichert, daß keine Wohngeldrückstände bestehen.

(2) Der Käufer wurde auf § 10 Abs. 3 WEG hingewiesen, wonach rechtsgültige Beschlüsse der Wohnungseigentümer gegen Sondernachfolger eines Wohnungseigentümers weiter wirken.

(3) Der Käufer verpflichtet sich, bei einer Weiterveräußerung des Vertragsobjekts die Verpflichtungen aus der Teilungserklärung samt Gemeinschaftsordnung dem künftigen Erwerber mit Weiterübertragungsverpflichtung aufzuerlegen.

16. Kaufvertrag über eine Erbbaurechtswohnung VIII. 16

(4) Vor Besitzübergang ausgeführte Reparaturen am Gemeinschaftseigentum, die nicht von der Instandhaltungsrücklage gedeckt sind, gehen noch zu Lasten des Verkäufers, später ausgeführte zu Lasten des Käufers.

(5) Soweit nach der Gemeinschaftsordnung zulässig, erteilt der Verkäufer dem Käufer Vollmacht, an künftigen Eigentümerversammlungen für ihn teilzunehmen und abzustimmen.

XIII. Eintritt in den Erbbaurechtsvertrag[6]

(1) Der Käufer tritt in alle Rechte und Pflichten anstelle des Verkäufers vom Tag des Besitzübergangs an ein, die sich aufgrund des Erbbaurechtsvertrages vom ......, URNr....... des Notars ...... in ......, samt seinem dinglichen und schuldrechtlichen Inhalt, insbesondere hinsichtlich des Erbbauzinses in seiner jeweiligen Höhe ergeben. Der Käufer verpflichtet sich, den Verkäufer von allen Ansprüchen freizustellen.

Der Käufer verpflichtet sich, alle Verpflichtungen und Bestimmungen, die nicht ohnehin kraft Gesetzes auf den Rechtsnachfolger übergehen, seinen Rechtsnachfolgern mit der Weiterübertragungsverpflichtung aufzuerlegen, so daß stets der jeweilige Erbbauberechtigte gebunden ist.

(2) Der monatliche Erbbauzins beträgt in seiner derzeitigen Höhe nach Angaben DM 47,60. Der Käufer verpflichtet sich zur Zahlung dieses derzeit bestehenden monatlichen Erbbauzinses sowie künftiger Erhöhungsbeträge.

Der Käufer unterwirft sich wegen seiner Verpflichtung zur Zahlung des Erbbauzinses in Höhe von derzeit DM 47,60 monatlich der sofortigen Zwangsvollstreckung aus dieser Urkunde in sein gesamtes Vermögen. Vollstreckbare Ausfertigung soll vom Notar ohne Nachweis der die Vollstreckbarkeit begründenden Tatsachen erteilt werden. Der Käufer verpflichtet sich, sich auf Verlangen des Grundstückseigentümers der sofortigen Zwangsvollstreckung wegen des jeweiligen Erhöhungsbetrages zu unterwerfen.[7]

XIV. Übergabe

Das Vertragsobjekt steht leer. Der Verkäufer verpflichtet sich, dem Käufer das Vertragsobjekt bei Besitzübergang geräumt und frei von Mietverhältnissen zu übergeben. Auf die Bestimmung des § 571 BGB wurde hingewiesen.

XV. Mitwirkung bei Grundpfandrechtsbestellungen[8]

(1) Der Verkäufer – als derzeitiger Erbbauberechtigter – verpflichtet sich, bei der Bestellung von Grundpfandrechten, die zur Aufbringung des Kaufpreises erforderlich sind, mitzuwirken und die notwendigen Eintragungsanträge beim Grundbuchamt zu stellen. Derartige mit Zustimmung des Käufers bestellte Grundpfandrechte werden von diesem bei der Rechtsumschreibung zur weiteren dinglichen Haftung übernommen.

Etwa entstandene Eigentümerrechte und Ansprüche auf Rückübertragung von Grundpfandrechten werden auf den Käufer in dem in Abschnitt II angegebenen Erwerbsverhältnis übertragen und die Umschreibung im Grundbuch bewilligt.

(2) Eine persönliche Schuldverpflichtung des Verkäufers darf jedoch damit nicht verbunden sein. Die Darlehensauszahlungsansprüche sind bis zur Höhe des noch geschuldeten Kaufpreises an den Verkäufer abgetreten bzw. an dessen Gläubiger, soweit dies zur Lastenfreistellung erforderlich ist (Ziffer IV Nr. 4). Der Verkäufer ist berechtigt, die Mitwirkung zu verweigern, falls die Gesamtfinanzierung des Kaufpreises nicht gesichert ist.

(3) Der Verkäufer bevollmächtigt den Käufer unter Befreiung von den Beschränkungen des § 181 BGB, ihn bei der Bestellung der vorangeführten Grundpfandrechte bis zur Höhe von DM 100.000,- für beliebige Gläubiger mit beliebigen Zins- und Zahlungsbe-

stimmungen voll und ganz zu vertreten, für ihn die dingliche Zwangsvollstreckungsunterwerfung zu erklären, Lastenfreistellungen und Rangbeschaffungserklärungen abzugeben und solchen zuzustimmen, überhaupt alle Erklärungen abzugeben und Anträge vor Behörden zu stellen, die in diesem Zusammenhang notwendig sind. Von dieser Vollmacht kann nur vor dem amtierenden Notar, seinem Vertreter oder Nachfolger im Amt Gebrauch gemacht werden.

XVI. Kosten[11]

(1) Die Kosten dieser Urkunde, etwaiger Genehmigungen, des Vollzugs, die Kosten der Beurkundung der Einigung über den Rechtsübergang, der Zustimmung durch Grundstückseigentümer und Verwalter sowie die Grunderwerbsteuer[10] trägt der Käufer.

(2) Die Lastenfreistellungskosten trägt der Verkäufer.

XVII. Ausfertigung

Von dieser Urkunde erhalten
a) beglaubigte Abschriften
    der Verkäufer,
    der Käufer,
    das Amtsgericht ...... – Grundbuchamt –,
    der Hausverwalter ......,
    der Grundstückseigentümer ......,
b) einfache Abschriften
    das Finanzamt ...... – Grunderwerbsteuerstelle –,
    der Gutachterausschuß.

XVIII. Belehrungen[9]

Die Beteiligten wurden unter anderem auf folgendes hingewiesen:
a) darauf, daß das Erbbaurecht auf den Käufer erst mit Eintragung des Rechtsüberganges im Grundbuch übergeht, und daß diese Eintragung erst nach Vorliegen der Unbedenklichkeitsbescheinigung des Finanzamtes wegen der Grunderwerbsteuer und etwa notwendiger Genehmigungen möglich ist,
b) auf die Haftung der Vertragsteile für die Kosten und die Grunderwerbsteuer als Gesamtschuldner,
c) auf die Folgen einer unrichtigen Kaufpreisangabe und nicht beurkundeter Nebenabreden, wozu die Vertragsteile versichern, daß solche nicht bestehen,
d) auf die Forthaftung des Vertragsbesitzes für Rückstände an öffentlichen Lasten und Abgaben, insbesondere für einen etwaigen Erschließungsbeitrag – hierzu versichert der Verkäufer, daß keine Rückstände bestehen –,
e) auf die Forthaftung des Vertragsbesitzes für die im Grundbuch eingetragenen Belastungen bis zur Freistellung durch die Berechtigten,
f) auf die Bestimmungen nach dem Wohnungsbindungsgesetz – hierzu versichert der Verkäufer, daß der Vertragsbesitz keiner Bindung nach dem Wohnungsbindungsgesetz unterliegt –,
g) darauf, daß zu diesem Vertrag die Zustimmung des Hausverwalters und der Nachweis seiner Verwaltereigenschaft in öffentlich beglaubigter Form erforderlich ist, ferner
h) darauf, daß zu diesem Vertrag wie zur Belastung des Erbbaurechts mit Grundpfandrechten nach dem Erbbaurechtsvertrag die Zustimmung des Grundstückseigentümers in öffentlich beglaubigter Form erforderlich ist und daß diesem ein Vorkaufsrecht zusteht.[4]

XIX. Ermächtigung des Notars

Der amtierende Notar wird beauftragt, die zu diesem Vertrag erforderlichen Genehmigungen oder Negativzeugnisse sowie eine Erklärung des Grundstückseigentümers wegen dessen Vorkaufsrechts einzuholen und in Empfang zu nehmen, und bevollmächtigt, Erklärungen zur Durchführung des Rechtsgeschäfts abzugeben und entgegenzunehmen, Anträge – auch geteilt und beschränkt – zu stellen, zurückzunehmen, abzuändern und zu ergänzen, ohne Beschränkung auf die gesetzliche Vollmacht (§ 15 GBO).

Anmerkungen

1. Sachverhalt. Die Ehegatten A verkaufen ihr Wohnungserbbaurecht sowie das dazugehörige Sondernutzungsrecht an einem Parkplatz an die Eheleute B zum Kaufpreis von DM 150.000,–. Die Erbbaurechtswohnung ist in Abteilung II belastet mit dem Erbbauzins, der Vormerkung und dem Vorkaufsrecht sowie in Abteilung III mit einer Grundschuld in Höhe von DM 42.000,–. Die Käufer B benötigen zu ihrer Finanzierung eine Grundschuld in Höhe von DM 100.000,–. Die Auflassung wird bereits erklärt, darf vom Notar aber erst nach vollständiger Kaufpreiszahlung beim Grundbuchamt zum Vollzug beantragt werden (Ziffer III Abs. 2).

2. Wahl des Formulars. Das Formular geht von den üblichen Bedingungen für einen Kaufvertrag über eine Eigentumswohnung aus; auf die entsprechenden Formulare wird verwiesen. Im folgenden soll lediglich auf die Besonderheiten eingegangen werden, die sich abweichend vom normalen Wohnungseigentum für das Wohnungserbbaurecht ergeben.

3. Erbbaurechtsdauer. Es ist zweckmäßig, im Kaufvertrag die Erbbaurechtsdauer zu erwähnen, da hiervon der Wert des Erbbaurechts weitgehend abhängt. Es empfiehlt sich ferner, im Kaufvertrag auch aufzuführen, wenn eine Entschädigung bei Beendigung des Erbbaurechts im Erbbaurechtsvertrag ausdrücklich ausgeschlossen ist, da sich dadurch der Wert der Erbbaurechtswohnung ganz erheblich vermindert.

4. Erklärung des Grundstückseigentümers. Regelmäßig wird in Erbbaurechtsverträgen die Veräußerung und die Belastung des Erbbaurechts von der Zustimmung des Grundstückseigentümers abhängig gemacht. Der Käufer kann erst nach der Zustimmung des Eigentümers sicher sein, das Wohnungserbbaurecht auch zu erhalten. Soweit dem Eigentümer ein Vorkaufsrecht zusteht, ist dies ferner erst nach der Erklärung des Eigentümers über sein Vorkaufsrecht der Fall. Um nicht die Durchführung des Kaufvertrages an der Finanzierung scheitern zu lassen, sollte auch die (nach dem Erbbaurechtsvertrag erforderliche) Zustimmung des Grundstückseigentümers zur erforderlichen Grundpfandrechtsbestellung zur Voraussetzung des Kaufvertrags bzw. der Fälligkeit des Kaufpreises gemacht werden.

5. Eintritt in die Teilungserklärung. Da die Teilungserklärung im Grundbuch bereits vollzogen ist, ist sie bereits dinglich verbindlicher Inhalt des Sondereigentums (§ 10 Abs. 2 Wohnungseigentumsgesetz), ohne daß sie noch einer Vereinbarung durch die am Kaufvertrag Beteiligten zugänglich ist (BGH NJW 1979, 1498; *Röll* MittBayNot 1980, 1 ff.). Solange die Teilungserklärung noch nicht vollzogen ist, muß auf sie im Kaufvertrag Bezug genommen werden gemäß §§ 9 bzw. 13a Beurkundungsgesetz (dazu Form. VIII. 12 Anm. 5; *Keidel/Winkler* § 9 BeurkG Rz. 16 ff.; § 13a BeurkG Rz. 25, 32).

6. Eintritt in den Erbbaurechtsvertrag. In den meisten Erbbaurechtsverträgen ist eine Rechtsnachfolgeklausel enthalten, gemäß der der Erbbauberechtigte verpflichtet ist, sämtliche Verpflichtungen aus dem Erbbaurechtsvertrag allen Sonderrechtsnachfolgern mit der Weiterübertragungsverpflichtung aufzuerlegen. Tritt ein Sonderrechtsnachfolger des Erbbauberechtigten nicht in alle Verpflichtungen aus dem Erbbaurechtsvertrag ein, so ist dies ein Grund für den Eigentümer, die regelmäßig nach dem Erbbaurechtsvertrag erforderliche Zustimmung zur Übertragung des Erbbaurechts zu verweigern. Demgemäß muß der Verkäufer dafür Sorge tragen, daß der Käufer in alle Rechte und Pflichten aus dem Erbbaurechtsvertrag anstelle des Verkäufers eintritt. Soweit Rechte und Pflichten zum Inhalt des Erbbaurechts gehören, ist die Übernahme nur deklaratorisch, soweit Rechte und Pflichten nicht ohne weiteres auf Sonderrechtsnachfolger übergehen, muß die Übernahme im Kaufvertrag ausdrücklich erklärt werden (vgl. die Ausführungen in Form. VIII. 1 Anm. 6, 34).

Auch der Käufer als neuer Erbbauberechtigter muß sich verpflichten, alle Verpflichtungen und Bestimmungen, die nicht ohnehin kraft Gesetzes auf den Rechtsnachfolger übergehen, seinerseits späteren Rechtsnachfolgern mit der Weiterübertragungsverpflichtung aufzuerlegen.

7. Zwangsvollstreckungsunterwerfung. Um klare Verhältnisse zu schaffen, empfiehlt es sich, daß der Käufer ausdrücklich die Zwangsvollstreckung unter den Erbbauzins erklärt, da andernfalls im Fall einer Zwangsvollstreckung der Erbbaurechtsvertrag zusätzlich herangezogen werden müßte. Zweckmäßig wird auch die Verpflichtung des Käufers aufgenommen, sich auf Verlangen des Eigentümers auch wegen des jeweiligen Erhöhungsbetrages der sofortigen Zwangsvollstreckung zu unterwerfen (vgl. Form. VIII. 2 Anm. 16).

8. Mitwirkung bei Grundpfandrechtsbestellungen. Da der Käufer Finanzierungsgrundpfandrechte allein am Vertragsobjekt nicht bestellen könnte, verpflichtet sich regelmäßig der Verkäufer, dabei bis zur Eigentumsumschreibung noch mitzuwirken. Bestellt der Erbbauberechtigte als Verkäufer die Grundschuld, um dem Käufer die Kaufpreiszahlung zu ermöglichen, müssen Sicherheiten geschaffen werden, um die Zahlung an ihn zu gewährleisten. Dies geschieht durch eine entsprechende Zweckbestimmungserklärung (siehe Form. VIII. 17 Ziffer VII). Da mit der Zweckbestimmung die Zahlung an den Käufer und damit die Gefahr, daß das Geld den Verkäufer nicht erreicht, nicht ausgeschlossen ist, sind die Auszahlungsansprüche des Käufers gegenüber der Bank an den Verkäufer abzutreten. Zweckmäßigerweise wird die Abtretung bereits in den Kaufvertrag aufgenommen, da sie dann als gleicher Gegenstand im Sinn von § 44 Abs. 1 KostO als Sicherungsgeschäft keine weiteren Gebühren verursacht. Falls die Abtretung in der Grundschuldurkunde enthalten ist, ist sie verschiedener Gegenstand und gesondert zu bewerten. Aber auch wenn die Abtretung im Kaufvertrag enthalten ist, sollte in der Grundschuld unbedingt darauf hingewiesen werden, um sicherzustellen, daß die Bank davon Kenntnis nimmt.

Eine Vollmacht eines Vertragspartners für den anderen ist dann zweckmäßig, wenn die Grundschuldbestellungsformulare noch nicht vorliegen, aber nicht mehr beide Beteiligte zum Grundschuldbeurkundungstermin erscheinen wollen. Wegen der Gefährlichkeit dieser Vollmacht sollte die Ausübungsmöglichkeit auf den Urkundsnotar oder seinen Stellvertreter beschränkt werden.

9. Gesetzliche Vorkaufsrechte. Gemäß § 24 Abs. 2 BauGB besteht beim Kauf von Rechten nach dem WEG und von Erbbaurechten kein Vorkaufsrecht der Gemeinde. Ist das Wohnungseigentum vermietet und erst begründet worden, nachdem die Räume dem Mieter überlassen wurden, ist auf das Vorkaufsrecht des Mieters gemäß § 570b BGB hinzuweisen und der Vertrag entsprechend zu gestalten, z. B. Abhängigmachen der Fälligkeit des Kaufpreises von der Nichtausübung des Vorkaufsrechts, Vereinbarung eines Rücktrittsrechts des Verkäufers für den Fall der Ausübung des Vorkaufsrechts, damit dieser nicht an zwei Verträge gebunden ist, Hinweis auf § 506 BGB etc.

10. Grunderwerbsteuer. Das Erbbaurecht steht nach § 2 Abs. 2 Nr. 1 Grunderwerbsteuergesetz den Grundstücken gleich. Die auf Grundstücke abgestellten Vorschriften

16. Kaufvertrag über eine Erbbaurechtswohnung VIII. 16

des Grunderwerbsteuerrechts gelten daher für Erbbaurechte entsprechend. Die Übertragung eines Erbbaurechts bzw. der darauf gerichtete schuldrechtliche Vertrag unterliegt somit nach § 1 Abs. 1 Nr. 1 Grunderwerbsteuergesetz der Grunderwerbsteuer (BFH BStBl. II 1980, 136). Als Bemessungsgrundlage sind die Gegenleistungen, sofern vorhanden, anzusetzen.

Zur Gegenleistung gehört der nach § 13 Bewertungsgesetz kapitalisierte Wert der Erbbauzinsverpflichtung zuzüglich etwa vereinbarter Zuzahlungen oder sonstiger Leistungen. Die Erbbauzinsverpflichtung gilt nicht als dauernde Last i. S. v. § 9 Abs. 2 Nr. 2 Grunderwerbsteuergesetz. Eine Beschränkung des Jahreswerts der Erbbauzinsverpflichtung auf den 18,6ten Teil des Werts des Grund und Bodens des mit dem Erbbaurecht belasteten Grundstücks (§ 16 Bewertungsgesetz) kommt nicht in Betracht (§ 17 Abs. 3 Satz 2 Bewertungsgesetz).

Kapitalisierter Erbbauzins und Kaufpreis werden somit zusammengerechnet. Im vorliegenden Fall wird die Grunderwerbsteuer daher aus dem kapitalisierten Erbbauzins (312,31 × 18,6 = 5.808,97) und dem Kaufpreis in Höhe von DM 150.000,–, ingesamt also aus 155.808,97 DM berechnet.

Ist keine Gegenleistung vorhanden, so ist die Steuer aus dem Grundbesitzwert des Erbbaurechtes zu berechnen (§ 8 Abs. 2 GrEStG). Dieser Wert ermittelt sich nach § 148 Abs. 1 Satz 2 BewG. Zunächst ist der Grundbesitzwert des Grundstücks zu ermitteln (§ 146 BewG). Von diesem ist der auf das Grundstückseigentum entfallende Grundbesitzwert abzuziehen nämlich das 18,6fache des nach den vertraglichen Bestimmungen im Besteuerungszeitpunkt zu zahlenden Erbbauzinses. Der Faktor 18,6 gilt dabei unabhängig von der tatsächlichen Restdauer des Erbbaurechts im Besteuerungszeitpunkt.

11. Kosten. (1) Notar:
Geschäftswert § 20 Abs. 1 KostO:
Kaufpreis DM 150.000,–.
Die Übernahme des Erbbauzinses, des Vorkaufsrechts und der Vormerkung bleibt bei der Bestimmung des Geschäftswerts außer Ansatz, da es sich um eine Dauerlast handelt (OLG Hamburg DNotZ 1958, 219; OLG Celle DNotZ 1960, 410; DNotZ 1973, 47; *Ackermann/Lappe/Bengel/Reimann* § 20 KostO Rdn. 34).
Gebührenansatz:
20/10 nach § 36 Abs. 2 KostO.
Kaufpreisfälligkeitsmitteilung:
5/10 Gebühr nach § 147 Abs. 1 KostO aus Geschäftswert ca. 30% des
Kaufpreises gemäß § 30 Abs. 1 KostO DM 50.000,–.
Erteilt der Eigentümer des Erbbaugrundstücks im Kaufvertrag seine Zustimmung zur Veräußerung und erklärt, sein Vorkaufsrecht nicht auszuüben, ist diese Erklärung gegenstandsgleich mit dem Kaufvertrag und nicht gesondert zu bewerten. Wird die Erklärung, wie üblich, gesondert abgegeben, wird auf Form. VIII. 18 verwiesen. Ist nach der Gemeinschaftsordnung zur Veräußerung die Zustimmung des Hausverwalters erforderlich und erteilt der Hausverwalter im Kaufvertrag seine Zustimmung zur Veräußerung, so ist diese Erklärung gegenstandsgleich mit dem Kaufvertrag und nicht gesondert zu bewerten. Wird sie, wie üblich, gesondert abgegeben, so beträgt der Geschäftswert für die Zustimmung DM 150.000,– bei einem Gebührenansatz von 5/10 nach § 38 Abs. 2 Nr. 1 KostO.

(2) Grundbuchamt:
Gemäß § 77 Abs. 1 KostO wird das Erbbaurecht bei der Übertragung wie ein Grundstück behandelt. Es gelten die Vorschriften nach §§ 60 ff. KostO entsprechend. Für die Eintragung des Käufers wird eine Gebühr nach § 60 KostO erhoben. Die Eintragung der Vormerkung gemäß § 883 BGB (Ziffer III Abs. 3) löst ½ Gebühr (§ 66 KostO), deren Löschung ¼ Gebühr aus (§ 68 KostO).

17. Bestellung einer Buchgrundschuld mit Unterwerfungsklausel und persönlicher Haftung unter Mitwirkung des Verkäufers[1, 2]

Heute, am ......
sind vor mir, ... Notar in ......
anwesend:
1. Ehegatten A ......
– nachstehend als Erbbauberechtigte bezeichnet –
2. Ehegatten B ......
– nachstehend als Schuldner bezeichnet –.
Nach Unterrichtung über den Grundbuchstand beurkunde ich bei gleichzeitiger Anwesenheit der Beteiligten ihren Erklärungen gemäß folgende
Buchgrundschuld:
Die Erschienenen erklärten:

I. Grundschuld

(1) Auf dem in Ziffer VI näher beschriebenen Grundbesitz wird für die ...... Bank in ...... eine Grundschuld ohne Brief
in Höhe von 50.000,–
– i. W. fünfzigtausend Deutsche Mark –
bestellt.

(2) Die Grundschuld ist vom Tage der Eintragung ab mit 18% (achtzehn vom Hundert) jährlich zu verzinsen. Die Zinsen sind jährlich nachträglich zu zahlen.

(3) Die Grundschuld ist fällig.

II. Dingliche Zwangsvollstreckungsunterwerfung

Wegen des Grundschuldbetrages und der Zinsen und Nebenleistungen wird die Unterwerfung unter die sofortige Zwangsvollstreckung in den belasteten Grundbesitz in der Weise erklärt, daß die Zwangsvollstreckung aus dieser Urkunde gegen den jeweiligen Inhaber des belasteten Erbbaurechts zulässig ist.

III. Grundbuchanträge

Es wird bewilligt und beantragt
a) die Grundschuld gemäß den vorstehenden Vereinbarungen und die Unterwerfung unter die sofortige Zwangsvollstreckung gemäß Ziffer II in das Grundbuch einzutragen,
b) der Gläubigerin nach Eintragung der vorstehend bewilligten Grundschuld eine unbeglaubigte Abschrift des Grundbuchblatts zu erteilen.
Die Grundschuld sollte erste, jedenfalls aber nächstoffene Rangstelle erhalten.

IV. Abstraktes Schuldversprechen mit Zwangsvollstreckungsunterwerfung

Für die Zahlung eines Geldbetrags in Höhe des Grundschuldbetrages und der Zinsen und Nebenleistungen übernimmt der Schuldner die persönliche Haftung, aus der die Gläuberin ihn auch ohne vorherige Zwangsvollstreckung in den belasteten Grundbesitz in Anspruch nehmen kann, und unterwirft sich auch wegen dieser persönlichen Haftung der sofortigen Zwangsvollstreckung aus dieser Urkunde in sein gesamtes Vermögen. Mehrere Schuldner haften als Gesamtschuldner.

17. Bestellung einer Buchgrundschuld mit Unterwerfungsklausel VIII. 17

V. Notarermächtigung, Kosten, Ausfertigung[8]

(1) Der Notar wird ermächtigt, von dieser Urkunde zugunsten der Gläubigerin Gebrauch zu machen.

(2) Alle mit dieser Urkunde verbundenen Kosten trägt der Schuldner.

(3) Von dieser Urkunde erhält die Gläubigerin sofort einfache und nach Vollzug im Grundbuch vollstreckbare Ausfertigung, das Grundbuchamt und die Erschienenen je eine beglaubigte Abschrift.

VI. Grundbuchstand

Der Pfandbesitz ist beschrieben wie folgt:
$^{19,98}/_{1000}$ Miterbbaurechtsanteil an dem Erbbaurecht an dem Grundstück der Gemarkung . . . . . .,
Flst.Nr. . . . . . . (Beschrieb) . . . . . . zu . . . . . . ha,
verbunden mit dem Sondereigentum an der im Aufteilungsplan mit Nr. 27 bezeichneten Wohnung, eingetragen im Grundbuch des Amtsgerichts . . . . . . für . . . . . .
Band . . . . . . Blatt . . . .

VII. Sicherung der Kaufpreiszahlung

(1) Die Ehegatten B haben den Pfandbesitz mit Kaufvertrag vom . . . . . ., URNr. . . . . . . des Notars . . . . . . in . . . . . ., von den Ehegatten A erworben. Auf den Kaufvertrag wird Bezug genommen. Vorstehende Grundpfandrechtsbestellung dient der Kaufpreisfinanzierung. Der Erbbauberechtigte stimmt der vorstehenden Grundpfandrechtsbestellung zu, schließt sich allen Eintragungsanträgen an und erklärt auch selbst die dingliche Zwangsvollstreckungsunterwerfung gemäß § 800 ZPO.

(2) Das Grundpfandrecht darf bis zur vollständigen Kaufpreiszahlung nur zur Sicherung des tatsächlich vom Gläubiger an den Verkäufer ausbezahlten Kaufpreises verwendet werden (nicht für Zinsen und Nebenleistungen). Insoweit gilt die Zweckbestimmung als abgeändert.[3] Die Darlehensauszahlungsansprüche gegenüber der Gläubigerin wurden vom Schuldner bereits im vorgenannten Kaufvertrag (Abschnitt XV) an den Erbbauberechtigten abgetreten.[4]

(3) Der Schuldner tritt hiermit mit der aufgrund des vorgenannten Kaufvertrages für ihn zur Eintragung gelangenden Vormerkung gemäß § 883 BGB im Rang hinter das vorbestellte Grundpfandrecht samt Zinsen und Nebenleistungen zurück und bewilligt und

beantragt

die Eintragung des Rangrücktritts in das Grundbuch.[5]

VIII. Löschungsvormerkung[7]

Der Schuldner verpflichtet sich hiermit gegenüber dem jeweiligen Eigentümer des mit dem Erbbaurecht belasteten Grundbesitzes, die vorbestellte Grundschuld löschen zu lassen, wenn sich das Grundpfandrecht mit dem Erbbaurecht in einer Person vereinigt und bewilligt und

beantragt

gleichzeitig mit Eintragung der vorbestellten Grundschuld die Eintragung einer Löschungsvormerkung gem. § 1179 Abs. 2, 1163 BGB in das Grundbuch bei dem vorbestellten Grundpfandrecht zugunsten des jeweiligen Eigentümers des mit dem Erbbaurecht belasteten Grundstücks.

Der Schuldner verpflichtet sich gegenüber dem jeweiligen Grundstückseigentümer des mit dem Erbbaurecht belasteten Grundbesitzes die vorbestellte Grundschuld nach der

Erstvalutierung nur mit Zustimmung des jeweiligen Grundstückseigentümers neu oder weiter zu valutieren.

Der Schuldner tritt weiter seine gegenwärtigen und zukünftigen Ansprüche gegen den jeweiligen Gläubiger auf Rückgewähr, Verzicht oder Löschung der vorbestellten Grundschuld sowie auf Herausgabe des Erlöses, soweit dieser die schuldrechtlichen Forderungen der Grundschuldgläubigerin im Zwangsversteigerungsverfahren oder bei freihändigem Verkauf des Grundbesitzes und im Falle der Verwertung der Grundschuld durch Verkauf oder Versteigerung übersteigt, an den Eigentümer des mit dem Erbbaurecht belasteten Grundbesitzes ab.

Zur Sicherung des vorabgetretenen Anspruchs auf Rückgewähr (Abtretung) der Grundschuld bewilligt und

beantragt

der Schuldner die Eintragung einer

Vormerkung gem. § 883 BGB

zugunsten des jeweiligen Eigentümers des mit dem Erbbaurecht belasteten Grundbesitzes in das Grundbuch, gleichzeitig mit der Eintragung der vorbestellten Grundschuld.

Die Vormerkung soll Gleichrang erhalten mit der vorstehend bestellten Löschungsvormerkung.

IX. Belehrung

Der Notar hat insbesondere auf folgendes hingewiesen:
a) Zur Grundschuldbestellung ist die Zustimmung des Eigentümers erforderlich.[6]
b) Grundschuld und Schuldanerkenntnis sind unabhängig von einer Darlehensaufnahme und begründen jederzeit durchsetzbare Ansprüche des Gläubigers, die durch eine Sicherungsvereinbarung (Zweckbestimmungserklärung) begrenzt werden müssen. Der Kreis der gesicherten Forderungen wird durch die Zweckbestimmungserklärung festgelegt.
c) Es ist mit besonderen Gefahren verbunden, wenn Grundschuld und Schuldanerkenntnis auch Forderungen des Gläubigers gegen einzelne von mehreren beteiligten Personen oder gegen Dritte sichern sollen. Die formularmäßige Sicherung zukünftiger Verbindlichkeiten kann in diesen Fällen unwirksam sein.

Anmerkungen

1. Sachverhalt. Das Formular enthält eine Grundschuldbestellung mit Zwangsvollstreckungsunterwerfungsklausel. Mitwirkende sind nicht nur der persönliche Schuldner, nämlich der Käufer, sondern auch der Verkäufer. Der Käufer ist noch nicht in der Lage, die Grundschuld zu bestellen, da er noch nicht als Inhaber des Erbbaurechts im Grundbuch eingetragen ist. Daher wirkt der noch im Grundbuch eingetragene Verkäufer bei der Grundpfandrechtsbestellung mit, ohne jedoch selbst die persönliche Haftung zu übernehmen. Grundstückseigentümer und Kreditnehmer sind also verschiedene Personen. Im übrigen wird auf die Formulare zur Grundschuldbestellung verwiesen.

2. Formular. Das Formular lehnt sich an in der Praxis verwendete Bankformulare an. Wegen der Einzelheiten wird hierauf verwiesen. Hier soll vor allem auf die mit dem Erbbaurecht zusammenhängenden Besonderheiten eingegangen werden. Abschnitt VII des Formulars eignet sich nicht für einen allgemeinen Vordruck; er muß im Weg der individuellen Ergänzung eingefügt werden, wenn der Verkäufer als Inhaber des Erbbaurechts bei der Bestellung mitwirkt.

3. Sicherung der Kaufpreiszahlung. Bestellt der Erbbaurechtsinhaber als Verkäufer die Grundschulden mit, um dem Käufer die Kaufpreiszahlung zu ermöglichen, so müssen

17. Bestellung einer Buchgrundschuld mit Unterwerfungsklausel   VIII. 17

Sicherheiten eingebaut werden, um die Zahlung an ihn zu gewährleisten. Dies geschieht durch eine entsprechende Zweckbestimmungserklärung. Die allgemeine Zweckbestimmungserklärung muß so eingeschränkt werden, daß die Grundschuld bis zur vollständigen Kaufpreiszahlung ausschließlich für Zahlungen haftet, die von der Bank tatsächlich an den Verkäufer geleistet sind, also nicht für Disagio, Zinsen, Spesen. Dadurch wird auch die dingliche Haftung des Verkäufers für nach der Zahlung laufende Zinsverbindlichkeiten des Käufers ausgeschlossen. Dem Verkäufer ist nicht zumutbar, bei Nichterfüllung des Kaufvertrages durch den Käufer und Rücktritt vom Vertrag zum Zweck der Löschung der Grundschuld mehr zurückzuzahlen als er tatsächlich an Kaufpreiszahlung erhalten hat.

4. Abtretung der Darlehensauszahlungsansprüche. Mit der Zweckbestimmung ist die Gefahr, daß das Geld den Verkäufer nicht erreicht, und eine Zahlung an den Käufer nicht ausgeschlossen. Es müssen daher die Auszahlungsansprüche des Käufers gegenüber der Bank an den Verkäufer abgetreten werden bzw. an dessen Gläubiger, soweit dies zur Lastenfreistellung des verkauften Erbbaurechts erforderlich ist (vgl. Form. VIII. 16 Ziffer IV Nr. 5, XV Abs. 2). Die Abtretung wird zweckmäßigerweise aus Kostengründen bereits in den Kaufvertrag aufgenommen (siehe Form. VIII. 16 Ziffer XV Abs. 2); sie ist dann gleicher Gegenstand im Sinn von § 44 Abs. 1 KostO und verursacht als Sicherungsgeschäft keine weiteren Gebühren. Ist sie in der Grundschuldurkunde gesondert enthalten, ist sie verschiedener Gegenstand und zu bewerten. Aber auch wenn die Abtretung im Kaufvertrag enthalten ist, sollte in der Grundschuld unbedingt darauf hingewiesen werden, um sicherzustellen, daß die Bank davon Kenntnis nimmt.

5. Rücktritt mit der Auflassungsvormerkung. Da der Kaufvertrag mit Bewilligung der Auflassungsvormerkung vor der Grundschuldbestellung beurkundet wird, muß der Käufer eine entsprechende Rangrücktrittserklärung abgeben, wenn die Vormerkung eingetragen ist oder der Vollzugsantrag bereits beim Grundbuchamt eingereicht ist. Andernfalls kann der Vorrang der Grundschuld vor der Vormerkung durch zeitlich vorgehende Vorlage der Grundschuld beim Grundbuchamt erreicht werden (§ 45 Abs. 1 GBO).

6. Zustimmung des Eigentümers. Regelmäßig macht der Erbbaurechtsvertrag die Belastung des Erbbaurechts von der Zustimmung des Grundstückseigentümers abhängig. Darauf sollte in der Grundschuldbestellung hingewiesen werden. Siehe dazu Form. VIII. 19 und 20.

7. Löschungsvormerkung. S. hierzu Form. VIII. 2 Ziffer XIII und ausführlich Anm. 16 und Form. VIII. 3 Ziffer XII.

8. Kosten. (1) Notar:
Geschäftswert nach § 23 Abs. 2 KostO DM 50.000,–, Gebührenansatz $^{10}/_{10}$ nach § 36 Abs. 1 KostO.
Die Abtretung der Darlehensauszahlungsansprüche wird aus Kostengründen zweckmäßig bereits in den Kaufvertrag aufgenommen (siehe Form. VIII. 16 Ziffer XV); sie ist dann gleicher Gegenstand im Sinn von § 44 Abs. 1 KostO und verursacht als Sicherungsgeschäft keine weiteren Gebühren. Ist sie in der Grundschuldurkunde gesondert enthalten, ist sie verschiedener Gegenstand und gesondert zu bewerten.
Erteilt der Eigentümer des Erbbaugrundstücks in der Grundschuldbestellung seine Zustimmung zur Belastung und erklärt er gegebenenfalls auch den Rücktritt mit seinen Rechten hinter die Grundschuld, so ist diese Erklärung gegenstandsgleich mit der Grundschuld und nicht gesondert zu bewerten. Wird die Erklärung gesondert abgegeben, wird auf Form. VIII. 19 und 20 verwiesen.

(2) Grundbuchamt:
Für die Eintragung einer Belastung des Erbbaurechts fällt eine Gebühr nach § 62 Abs. 1 KostO an.

18. Zustimmungserklärung zur Veräußerung des Erbbaurechts[1]

(1) Der Grundstückseigentümer hat Kenntnis vom Inhalt der Urkunde des Notars ...... in ......, URNr. .... vom ......, und stimmt der darin erfolgten Veräußerung des Erbbaurechts zu.[2,3]

(2) Er erklärt, daß er von seinem Vorkaufsrecht für diesen Verkaufsfall keinen Gebrauch macht.

(3) Kosten trägt der Erbbauberechtigte.[4]

......, den ......

Anmerkungen

1. Sachverhalt. Der Eigentümer stimmt einer Veräußerung des Erbbaurechts zu, wobei gleichgültig ist, ob es sich um einen Verkauf, eine Schenkung oder sonstigen Vertrag handelt. Gleichzeitig erklärt er, falls es sich um einen Kaufvertrag handelt, daß er von seinem Vorkaufsrecht keinen Gebrauch macht.

2. Zustimmungserfordernis. Das Erfordernis der Zustimmung des Eigentümers zur Veräußerung des Erbbaurechts gemäß § 5 Abs. 1 ErbbVO wird regelmäßig im Erbbaurechtsvertrag als Inhalt des Erbbaurechts vereinbart. Der Eigentümer hat ein erhebliches Interesse daran, wer der Erbbauberechtigte ist, da die Erfüllung der Vertragspflichten während der Dauerrechtsbeziehung wesentlich von dessen Person abhängt. Ein Anspruch des Erbbauberechtigten auf Zustimmung besteht unter den Voraussetzungen des § 7 ErbbVO, nämlich dann, wenn durch die Veräußerung der mit der Bestellung des Erbbaurechts verfolgte Zweck nicht wesentlich beeinträchtigt oder gefährdet wird und die Persönlichkeit des Erwerbers Gewähr für eine ordnungsgemäße Erfüllung der sich aus dem Erbbaurechtsinhalt ergebenden Verpflichtungen bietet. Das Amtsgericht kann auf Antrag des Erbbauberechtigten die Zustimmung ersetzen (§ 7 Abs. 3 ErbbVO).

3. Form. Gemäß § 15 ErbbVO darf der Rechtsübergang im Grundbuch erst eingetragen werden, wenn dem Grundbuchamt die Zustimmung des Grundstückseigentümers nachgewiesen ist. Dies muß in der Form des § 29 Grundbuchordnung geschehen. Die Unterschrift des Grundstückseigentümers muß also notariell beglaubigt werden.

4. Kosten. Geschäftswert
a) für die Zustimmung:
Wert der Veräußerungsurkunde, also bei Kaufvertrag der Kaufpreis,
b) für Vorkaufsrechtsregelung § 30 Abs. 1 KostO, etwa 10% des Kaufpreises.
Gebührenansatz
a) $5/10$ nach § 38 Abs. 2 Nr. 1 KostO aus Wert a),
b) $10/10$ nach § 36 Abs. 1 KostO aus Wert b).
Die Erhebung einer einheitlichen $10/10$ Gebühr aus dem vollen Wert des Kaufpreises gemäß § 44 Abs. 1 S. 2, zweiter Satzteil KostO wäre für den Kostenschuldner bei diesem Beispiel ungünstiger und scheidet deshalb aus.

19. Zustimmungserklärung zur Belastung des Erbbaurechts und Rangrücktritt[1]

(1) Der Grundstückseigentümer hat Kenntnis vom Inhalt der Urkunde des Notars ...... in ......, URNr....... vom ......, und stimmt der darin erfolgten Belastung des Erbbaurechts mit einem Grundpfandrecht in Höhe von DM ...... zuzüglich Zinsen in Höhe von ...... jährlich für die ...... Bank zu.[2, 4]

(2) Er tritt weiter mit den für ihn am Erbbaurecht eingetragenen Rechten, nämlich
Erbbauzins,
Vorkaufsrecht,
Vormerkung auf Erbbauzinserhöhung,
im Rang hinter das genannte Grundpfandrecht samt Nebenleistungen zurück und bewilligt und beantragt die Eintragung des Rangrücktritts auf Kosten des Erbbauberechtigten im Grundbuch.[3, 4]

(3) Kosten trägt der Erbbauberechtigte.[5]

......, den ......

Anmerkungen

1. Sachverhalt. Der Eigentümer stimmt einer Belastung des Erbbaurechts zu und tritt gleichzeitig mit den für ihn am Erbbaurecht eingetragenen Rechten, nämlich dem Erbbauzins, dem Vorkaufsrecht und der Vormerkung auf Erbbauzinserhöhung, im Rang hinter das Grundpfandrecht zurück.

2. Zustimmungserfordernis. Das Erfordernis der Zustimmung des Eigentümers zur Belastung des Erbbaurechts gemäß § 5 Abs. 2 ErbbVO wird regelmäßig im Erbbaurechtsvertrag als Inhalt des Erbbaurechts vereinbart. Der Grundstückseigentümer hat ein Interesse daran, eine überhöhte Belastung des Erbbaurechts zu verhindern, da diese beim Heimfall von ihm zu übernehmen ist (§ 33 ErbbVO) und schon vorher sonst die Gefahr von Zwangsvollstreckungsmaßnahmen besteht. Damit andererseits die Belastbarkeit nicht zu weit eingeschränkt wird, besteht gemäß § 7 ErbbVO ein Anspruch auf Zustimmung, wenn die Belastung mit den Regeln einer ordnungsmäßigen Wirtschaft vereinbar ist und der mit der Bestellung des Erbbaurechts verfolgte Zweck nicht wesentlich beeinträchtigt oder gefährdet wird. Das Amtsgericht kann auf Antrag des Erbbauberechtigten die Zustimmung ersetzen (§ 7 Abs. 3 ErbbVO) (Zur Belastung des Erbbaurechts mit einer Sicherungshypothek im Weg der Zwangsvollstreckung s. OLG Hamm RPfleger 1985, 291).

3. Rücktritt. Der Eigentümer ist häufig gezwungen, einem Grundpfandrecht den Vorrang vor seinem Erbbauzins, dem Vorkaufsrecht und der Vormerkung einzuräumen, um eine Beleihbarkeit des Erbbaurechts zu ermöglichen (vgl. *Groth* DNotZ 1983, 652; *Tradt* DNotZ 1984, 370; *Winkler* DNotZ 1970, 390; NJW 1985, 940). Bei einer Zwangsversteigerung durch den Grundpfandrechtsgläubiger läuft er bei Erbbaurechten nach altem Recht Gefahr, gemäß §§ 44, 52, 91 Zwangsversteigerungsgesetz seinen Erbbauzins zu verlieren. Es wird insoweit auf die Ausführungen zu Form. VIII. 15 Anm. 6 verwiesen. Der drohende Verlust des Erbbauzinses in der Zwangsversteigerung (vgl. dazu auch BGHZ 81, 358 = NJW 1982, 234) kann u. U. jedoch durch eine abweichende Feststellung des geringsten Gebots und der Versteigerungsbedingungen nach § 59 ZVG abgewendet werden. Zumindest ergänzend sei daher auf die Möglichkeit verwiesen, nach § 59 ZVG eine von den gesetzlichen Vorschriften abweichende Feststellung des geringsten Gebots und der Versteigerungsbedingungen zu verlangen (dazu *Winkler* NJW 1985, 940). Eine solche „Stillhalteerklärung" des Gläubigers ist in Form. VIII. 21 enthalten. Wenn der BGH (aaO.) diese Möglichkeiten als Sicherung für den Grundstückseigentümer empfiehlt, muß klar gesagt werden, daß sie in der Praxis nur geringen Wert haben (vgl. oben Form. VIII. 2 Anm. 17 und Form. VIII. 15 Anm. 6). Das Problem ist bei Erbbaurechten, die nach dem 1. 10. 1994 begründet wurden und bei denen von der Möglichkeit des § 9 Abs. 3 ErbbVO i.d.F. des Sachenrechtsbereinigungsgesetzes Gebrauch gemacht wurde, das Bestehenbleiben der Erbbauzinsreallast in der Zwangsversteigerung des Erbbaurechts zu vereinbaren, weitgehend entschärft (s. oben Form. VIII. 1 Anm. 37).

4. Form. Gemäß § 15 ErbbVO darf die Belastung im Grundbuch erst eingetragen werden, wenn dem Grundbuchamt die Zustimmung des Grundstückseigentümers nachgewiesen ist. Dies muß in der Form des § 29 Grundbuchordnung geschehen (OLG Hamm RPfleger 1985, 233). Auch der Rangrücktritt muß gemäß § 29 GBO in öffentlicher oder öffentlich beglaubigter Urkunde erfolgen.

5. Kosten. Geschäftswert § 23 Abs. 2 KostO: Nennbetrag des Grundpfandrechts (*Korintenberg/Lappe/Bengel/Reimann* § 21 Rdn. 30). Der Rangrücktritt ist gemäß § 44 Abs. 3 KostO auf das neubestellte Grundpfandrecht zu beziehen; er ist damit gegenstandsgleich mit der Zustimmung und nicht gesondert zu bewerten (OLG Hamm RPfleger 1966, 92).

Gebührenansatz $^{5}/_{10}$ nach § 145 Abs. 1, § 38 Abs. 2 Nr. 1, 5 a KostO.

20. Zustimmungserklärung zur Belastung und Zwangsversteigerung[1]

Betreff: Erbbaurecht laut Erbbaugrundbuch des Amtsgerichts ...... für ...... Band ...... Blatt ......
Erbbauberechtigter: ......
Grundstückseigentümer: ......

(1) Nach dem Erbbaurechtsvertrag ist zur Belastung und Veräußerung des Erbbaurechts die Zustimmung des Grundstückseigentümers erforderlich. Das Erbbaurecht soll zugunsten der ...... Bank in ...... mit einer Grundschuld zu ...... samt Zinsen und Nebenleistungen belastet werden.

(2) Der Grundstückseigentümer erteilt hiermit die unwiderrufliche Zustimmung[2] zu dieser Belastung[3] sowie zur Veräußerung des Erbbaurechts im Weg der Zwangsversteigerung aus dieser Grundschuld oder durch den Konkursverwalter.[4] Wenn die Gläubigerin das Erbbaurecht einsteigert, gilt die Zustimmung auch für den Fall einer freihändigen Weiterveräußerung des Erbbaurechts durch die Gläubigerin.[5]

(3) Die Zustimmung gilt weiterhin zur Vermietung und Verpachtung des Erbbaurechts, insbesondere von Gebäuden und Gebäudeteilen, durch einen bestellten Zwangsverwalter oder durch die jeweilige Gläubigerin, falls diese das Erbbaurecht erwirbt.[6]

(4) Der Grundstückseigentümer übernimmt hiermit gegenüber dem Erbbauberechtigten und gegenüber der Gläubigerin die Verpflichtung, im Fall der Veräußerung des Grundstücks im Veräußerungsvertrag seinen Rechtsnachfolger zur Abgabe einer unwiderruflichen Zustimmungserklärung gleichen Inhalts zu verpflichten.[7]

(5) Die Kosten dieser Erklärung trägt der Erbbauberechtigte.[8]

......, den ......

20. Zustimmungserklärung zur Belastung und Zwangsversteigerung VIII. 20

Anmerkungen

1. Sachverhalt. Der Erbbauberechtigte will eine Grundschuld auf dem Erbbaurecht bestellen. Nach dem Erbbaurechtsvertrag ist die Zustimmung des Eigentümers hierzu erforderlich. Die Bank verlangt nicht nur die Zustimmung zur Belastung, sondern auch zur Veräußerung im Weg der Zwangsversteigerung oder durch den Konkursverwalter und für eine evtl. spätere freihändige Weiterveräußerung durch die Bank selbst.

2. Form. Die Belastung darf erst eingetragen werden, wenn dem Grundbuchamt die Zustimmung des Grundstückseigentümers nachgewiesen ist (§ 15 ErbbVO). Die Zustimmungserklärung ist dem Grundbuchamt gemäß § 29 Grundbuchordnung in öffentlicher oder öffentlich beglaubigter Urkunde vorzulegen (OLG Hamm RPfleger 1985, 233).

3. Belastungszustimmung. Der Grundstückseigentümer hat ein Interesse daran, eine überhöhte Belastung des Erbbaurechts zu verhindern, da diese beim Heimfall von ihm zu übernehmen ist (§ 33 ErbbVO) und schon vorher sonst die Gefahr von Zwangsvollstreckungsmaßnahmen besteht. In den meisten Erbbaurechtsverträgen wird daher gemäß § 5 Abs. 2 ErbbVO als Inhalt des Erbbaurechts vereinbart, daß der Erbbauberechtigte zur Belastung des Erbbaurechts mit einer Hypothek, Grund- oder Rentenschuld oder einer Reallast die Zustimmung des Grundstückseigentümers benötigt. Um andererseits die so wichtige Beleihbarkeit nicht zu weit einzuschränken, besteht gemäß § 7 ErbbVO ein Anspruch auf Zustimmung, wenn Interessen des Grundstückseigentümers nicht beeinträchtigt werden. Mit den §§ 5 bis 8 ErbbVO wird der Grundsatz des § 137 BGB durchbrochen, wonach die Befugnis zur Verfügung über ein veräußerliches Recht nicht durch Rechtsgeschäft ausgeschlossen oder beschränkt werden kann. § 5 ErbbVO regelt die Zustimmungspflicht, § 7 ErbbVO deren Grenzen, §§ 6 und 15 ErbbVO die Rechtsfolgen (MünchKomm/ v. Oefele § 5 Rdn. 1).

Nach § 7 ErbbVO besteht ein gesetzlicher Anspruch auf Zustimmung zur Belastung des Erbbaurechts. Der Erbbauberechtigte kann verlangen, daß der Grundstückseigentümer die Zustimmung zur Belastung erteilt, wenn sie mit den Regeln einer ordnungsmäßigen Wirtschaft vereinbar ist und der mit der Bestellung des Erbbaurechts verfolgte Zweck nicht wesentlich beeinträchtigt oder gefährdet wird (§ 7 Abs. 2 ErbbVO). Verweigert der Grundstückseigentümer die Zustimmung ohne ausreichenden Grund, so kann sie auf Antrag des Erbbauberechtigten durch das Amtsgericht ersetzt werden (§ 7 Abs. 3 ErbbVO) (Zur Belastung des Erbbaurechts mit einer Sicherungshypothek im Weg der Zwangsvollstreckung s. OLG Hamm RPfleger 1985, 291). In diesem Fall ist dem Grundbuchamt anstelle der in der Form des § 29 GBO beglaubigten Zustimmungserklärung (§ 15 ErbbVO) der rechtskräftige Ersetzungsbeschluß gemäß § 7 Abs. 3 ErbbVO vorzulegen.

4. Versteigerung. Veräußerung im Sinn des § 5 Abs. 1 ErbbVO ist die Übertragung des Erbbaurechts durch Rechtsgeschäft unter Lebenden, erfaßt also nicht die Zwangsversteigerung. Dies stellt § 8 ErbbVO ausdrücklich klar und erweitert somit den Schutz des Grundstückseigentümers über rechtsgeschäftliche Verfügungen hinaus auch auf Verfügungen im Weg der Zwangsvollstreckung oder Arrestvollziehung oder durch den Konkursverwalter. Dadurch soll insbesondere die Möglichkeit einer Umgehung der Verpflichtungen nach § 5 ErbbVO ausgeschaltet werden. Sind Vereinbarungen nach § 5 Abs. 1 und 2 ErbbVO im Erbbaurechtsvertrag getroffen und hat der Grundstückseigentümer die Zustimmung zur Belastung mit einem Grundpfandrecht erteilt, so ist dennoch bei einer Zwangsversteigerung aus diesem eine besondere Zustimmung zur Veräußerung erforderlich. Nach früher h. M. war in dieser Zustimmung stillschweigend auch die Zustimmung zur Zwangsversteigerung nach § 5 Abs. 1, § 8 ErbbVO enthalten. Seit der Entscheidung des BGH (BGHZ 33, 76 = NJW 1960, 2093) ist die jetzt h.M., daß eine weitere Zustimmung zur Zwangsversteigerung erforderlich ist (BayObLG DNotZ 1961, 266, 270; *Ingenstau* § 8 Rdn. 7; MünchKomm/*v. Oefele* § 8 Rdn. 10; *Staudinger/Ring* § 8 Rdn. 10). Dies wird daraus gefolgert, daß die geschützten Rechte des Grundstückseigentümers bei der Belastung andere sind als bei der Versteigerung: bei der Versteigerung ist für den Grundstückseigentümer die Person des Erstehers und die Sicherung des Zwecks des Erbbaurechts entscheidend, was er bei der Zustimmung zur Belastung noch gar nicht überprüfen kann (MünchKomm/*v. Oefele* § 8 Rdn. 10). Will der Gläubiger also die Verwertbarkeit des Erbbaurechts bei einer Zwangsvollstreckung unabhängig vom Grundstückseigentümer sicherstellen, so muß er die Zustimmung zur Veräußerung des Erbbaurechts im Weg der Zwangsversteigerung aus der Grundschuld oder durch den Konkursverwalter bereits vorher verlangen (s. *Kappelhoff* RPfleger 1985, 281).

Eine Besonderheit soll nach BGH (NJW 1987, 1942; dagegen *v. Oefele/Winkler* Rdn. 4.277, 6.237) dann gelten, wenn der Eigentümer der Belastung des Erbbaurechts mit einem Grundpfandrecht zugestimmt hat und hinter dieses mit seiner Erbbauzinsreallast zurückgetreten ist. In diesem Fall wird in der Zwangsversteigerung die nach §§ 5 Abs. 1, 8 ErbbVO für den Zuschlag erforderliche Zustimmung des Eigentümers nach § 7 Abs. 3 ErbbVO ersetzt, wenn der Grundstückseigentümer die Verweigerung der Zustimmung lediglich darauf stützt, daß die Erbbauzinsreallast infolge des Zuschlags erlischt und der Meistbietende nicht bereit ist, in die schuldrechtlichen Verpflichtungen des zahlungsunfähigen Erbbauberechtigten hinsichtlich des Erbbauzinses einzutreten. Der BGH führt hiermit gleichsam über die Hintertür die in Einklang mit der h.L. zunächst abgelehnte Folge wieder ein, daß in der Zustimmung des Grundstückseigentümers zur Belastung des Erbbaurechts mit einem Grundpfandrecht gleichzeitig auch die Zustimmung zu einer Veräußerung des Erbbaurechts durch Zuschlag in der Zwangsversteigerung zu erblicken ist, die aus dem Grundpfandrecht betrieben wird, wenn diesem der Vorrang vor der Erbbauzinsreallast eingeräumt ist.

Betreibt der erbbauzinsberechtigte Eigentümer selbst die Zwangsversteigerung, so fällt der Erbbauzins unter § 10 Abs. 1 Nr. 5 ZVG und erlischt ebenso wie das nachrangige Grundpfandrecht (§ 52 Abs. 1 S. 2 ZVG). Da der Erbbauzins kapitalisiert wird (§ 92 ZVG), besteht die Gefahr, daß schon der Grundstückseigentümer den zur Verteilung stehenden Erlös aufbraucht und der nachrangige Gläubiger leer ausgeht. In diesem Fall bietet die Vorschrift des § 59 Abs. 1 ZVG über die Abänderung des geringsten Gebots und der Versteigerungsbedingungen eine für den Grundstückseigentümer als Erbbauzinsberechtigten und den nachrangigen Grundpfandrechtsgläubiger zufriedenstellende Lösung. Darin erklärt sich der Grundstückseigentümer dem Gläubiger des Grundpfandrechts gegenüber bereit, auf dessen Antrag im Fall der Zwangsversteigerung des Erbbaurechts darin einzuwilligen, daß der Erbbauzins nicht kapitalisiert, sondern seine Fortbestand gemäß § 59 ZVG vereinbart wird. Dadurch soll erreicht werden, daß der Erbbauzins im Fall der Zwangsversteigerung nicht erlischt und an die Stelle des erloschenen dinglichen Rechts nicht ein aus dem Versteigerungserlös zu befriedigender Ersatzbetrag tritt, der den zur Verteilung stehenden Erlös aufbraucht; vielmehr soll der Erbbauzins, so wie er im Grundbuch eingetragen ist, bestehen bleiben und vom Ersteher während der ferneren Laufzeit des Erbbaurechts entrichtet werden (*Bertolini* Mitt-BayNot NJW 1983, 112; *Götz* DNotZ 1980, 328; *Winkler* NJW 1985, 940). Eine solche „Stillhalteerklärung" des Eigentümers ist in Form. VIII. 22 enthalten.

Das Problem ist bei Erbbaurechten, die nach dem 1. 10. 1994 begründet wurden und bei denen von der Möglichkeit des § 9 Abs. 3 ErbbVO i.d.F. des Sachenrechtsbereinigungsgesetzes Gebrauch gemacht wurde, das Bestehenbleiben der Erbbauzinsreallast in der Zwangsversteigerung des Erbbaurechts zu vereinbaren, weitgehend entschärft (s. oben Form. VIII. 1 Anm. 37).

5. Weiterveräußerung. Enthält der Erbbaurechtsvertrag das Zustimmungserfordernis des § 5 Abs. 1 ErbbVO, so benötigt die Bank, wenn sie das Erbbaurecht selbst ersteigert,

21. Stillhalteerklärung des Gläubigers, der den Vorrang erhält   VIII. 21

bei einer evtl. Weiterveräußerung des Erbbaurechts die Zustimmung des Eigentümers. Auch diese Zustimmung kann sie sich bereits im vorhinein erteilen lassen.

6. Vermietung. Zum vertragsmäßigen Inhalt des Erbbaurechts gehören auch Vereinbarungen des Grundstückseigentümers und des Erbbauberechtigten über die Verwendung des Bauwerks gemäß § 2 Nr. 1 ErbbVO. Die Beteiligten können also auch vereinbaren, daß der Erbbauberechtigte zur Vermietung und Verpachtung des Bauwerks die Zustimmung des Grundstückseigentümers benötigt (BGH DNotZ 1968, 302; *Ingenstau* § 2 Rdn. 19). Ist dergestalt das Zustimmungserfordernis zum Inhalt des Erbbaurechts gemacht worden, so muß der Grundstückseigentümer gefragt werden, wenn eine Vermietung oder Verpachtung erfolgen soll. Diese Zustimmung kann sich die Bank für den Fall einer späteren Verwertung bereits vorher erteilen lassen.

7. Rechtsnachfolge. Die Zustimmungserklärung hat nur schuldrechtlichen Charakter, d. h. sie bindet nur die Vertragspartner. Sie sollte daher die Bestimmung enthalten, daß der Eigentümer im Fall der Veräußerung des Erbbaugrundstücks verpflichtet ist, die gleiche Verpflichtung allen Sonderrechtsnachfolgern mit entsprechender Weiterübertragungsverpflichtung aufzuerlegen.

8. Kosten. Der Geschäftswert der Zustimmung zur Belastung ist der Nennbetrag des Grundpfandrechts. Die Zustimmung zur Veräußerung, Vermietung und Verpachtung ist Teil der Belastungszustimmung und daher nach § 44 Abs. 1 KostO gegenstandsgleich.

Der Gebührenansatz ist $^5/_{10}$ nach §§ 145 Abs. 1, 38 Abs. 2 Nr. 1, 5a KostO.

21. Stillhalteerklärung des Gläubigers, der den Vorrang erhält[1, 5]

(1) Im Grundbuch des Amtsgerichts ...... für ...... Band ...... Blatt ......
– Erbbauberechtigter: ...... –
sind für den Grundstückseigentümer in Abteilung II eingetragen:
1. Vorkaufsrecht,
2. Erbbauzins,
3. Vormerkung zur Sicherung der Eintragung einer Reallast für künftige Erbbauzinserhöhungen.
Das Erbbaurecht soll mit einem Grundpfandrecht in Höhe von DM ...... für die ...... Bank in ...... belastet werden. Der Eigentümer wird mit seinen oben genannten Rechten im Rang hinter dieses Grundpfandrecht zurücktreten.

(2) Die ...... Bank als Gläubiger der oben genannten Grundschuld sichert dem Grundstückseigentümer zu, im Fall einer Zwangsversteigerung des Erbbaurechts das Vorkaufsrecht, die Erbbauzinsreallast und die Vormerkung zur Sicherung künftiger Erhöhungen des Erbbauzinses zugunsten des Erstehers stehen zu lassen. Dieses Stehenbleiben kann zur Vermeidung einer möglichen Kapitalisierung der genannten Lasten am Erbbaurecht entweder über § 59 Abs. 1 ZVG[2, 3] oder – sofern der Ersteher damit einverstanden ist – über § 91 Abs. 2 ZVG[6] herbeigeführt werden. Der Gläubiger verpflichtet sich, im Zwangsversteigerungsverfahren auf Verlangen des Eigentümers unverzüglich einen entsprechenden Antrag gemäß § 59 ZVG zu stellen[2] und evtl. vom Grundstückseigentümer gestellten Änderungsanträgen zuzustimmen.[4] Im Fall des § 91 Abs. 2 ZVG soll der Ersteher verpflichtet werden, auch in die rein schuldrechtlich wirkenden Verpflichtungen des Erbbaurechtsvertrags einzutreten.[6]

(3) Die ...... Bank als Gläubigerin verpflichtet sich, im Fall der Abtretung ihres Grundpfandrechts, die vorstehende Erklärung allen Sonderrechtsnachfolgern mit der Weiterübertragungspflicht aufzuerlegen.[4]

(4) Die Kosten dieser Erklärung trägt . . . .

. . . . . ., den . . . . . .

Anmerkungen

1. Sachverhalt. Der erbbauzinsberechtigte Eigentümer ist im Erbbaugrundbuch mit seinem Vorkaufsrecht, seinem Erbbauzins und der Vormerkung eingetragen. Wie häufig in der Praxis (vgl. *Groth* DNotZ 1983, 652; *Tradt* DNotZ 1984, 370; *Winkler* DNotZ 1970, 390) ist er gezwungen, einem Grundpfandrecht den Vorrang vor seinen Rechten einzuräumen, damit der Erbbauberechtigte ein Darlehen erhält.

2. Versteigerungsbedingungen. Bei einer Zwangsversteigerung durch den Grundpfandrechtsgläubiger würde der Eigentümer bei einem Erbbaurecht nach altem Recht gemäß §§ 44, 52, 91 Zwangsversteigerungsgesetz seine Rechte, insbesondere den Erbbauzins verlieren. In dem vom BGH zur Problematik des Erbbauzinses in der Zwangsversteigerung des Erbbaurechts mit Urteil vom 25. 9. 1981 entschiedenen Fall (BGHZ 81, 358 = NJW 1982, 234) führte die Zwangsversteigerung des auf 99 Jahre bestellten Erbbaurechts bereits nach 4 (!) Jahren dazu, daß der Eigentümer die restlichen 95 (!) Jahre keinen Erbbauzins mehr erhielt (vgl. oben Form. VIII. 2 Anm. 15 und Form. VIII. 16 Anm. 6). Dieser drohende Verlust des Erbbauzinses durch die Zwangsversteigerung kann jedoch u. U. durch eine abweichende Feststellung des geringsten Gebots und der Versteigerungsbedingungen nach § 59 ZVG abgewendet werden. Nach § 59 ZVG kann jeder Beteiligte Versteigerungsbedingungen verlangen, die von den gesetzlichen Vorschriften abweichen. Der Grundstückseigentümer kann also den Rücktritt mit seinem Erbbauzins gegenüber dem Gläubiger des Grundpfandrechts davon abhängig machen, daß der Gläubiger vorweg schriftlich erklärt, schon im ersten Termin der Zwangsversteigerung gemäß § 59 ZVG zu beantragen, daß der Erbbauzins bestehen bleibt (*Tradt* DNotZ 1984, 370; *Winkler* NJW 1985, 940).

Das Problem ist bei Erbbaurechten, die nach dem 1. 10. 1994 begründet wurden und bei denen von der Möglichkeit des § 9 Abs. 3 ErbbVO i.d.F. des Sachenrechtsbereinigungsgesetzes Gebrauch gemacht wurde, das Bestehenbleiben der Erbbauzinsreallast in der Zwangsversteigerung des Erbbaurechts zu vereinbaren, weitgehend entschärft; hier bedarf es nicht der Abgabe einer Stillhalteerklärung (s. oben Form. VIII. 1 Anm. 37).

3. Zustimmung anderer Beteiligter. Gemäß § 59 Abs. 1 Satz 2 ZVG können die Versteigerungsbedingungen nur abgeändert werden mit Zustimmung anderer Beteiligter, wenn deren Rechte durch die Abweichung beeinträchtigt werden. Der dem betreibenden Grundpfandrechtsgläubiger gegenüber nachrangige Erbbauzins wird im geringsten Gebot nicht berücksichtigt (MünchKomm/*v. Oefele* § 9 Rdn. 17). Für nachrangige Beteiligte entfällt das Zustimmungserfordernis; gemäß § 59 Abs. 3 ZVG ist die Zustimmung eines nachstehenden Beteiligten und damit auch des Schuldners (*Zeller* § 59 ZVG (2) 9) nicht nötig, wenn das Fortbestehen des Erbbauzinses verlangt wird, der sonst nach § 52 ZVG erlöschen würde; nachrangige Gläubiger sind im Gegenteil daran interessiert, daß der Erbbauzins bestehen bleibt und ihnen nicht etwa durch Kapitalisierung den Versteigerungserlös wegnimmt (*Tradt* DNotZ 1984, 370; *Winkler* NJW 1985, 940; *Zeller* § 59 ZVG (2) 9).

Andere Beteiligte: Zu berücksichtigende, weil u. U. in ihren Rechten beeinträchtigte Beteiligte sind dann z. B. auch die Berechtigten nach § 10 Abs. 1 Nr. 1 bis 5 ZVG, wobei die Zustimmung des betreibenden Gläubigers (§ 10 Abs. 1 Nr. 5 ZVG) in seinem Antrag liegt. Soweit durch die Abweichung Rechte dieser Beteiligten beeinträchtigt sind, ist ihre Zustimmung erforderlich. Die Zustimmung dieser Personen wird häufig schwierig zu beschaffen sein, da sie entweder im Termin zu Protokoll erklärt oder nach § 84 Abs. 2 ZVG nachgewiesen werden muß. Der Eigentümer sollte also vor seinem Rangrücktritt möglichst auch die Zustimmung der vorrangigen Gläubiger und ihm bekannter sonstiger Beteiligter verlangen; wird sie verweigert, dann sollte der Eigentümer die vorrangige Eintragung ablehnen, wozu er auch berechtigt ist (*Tradt* DNotZ 1984, 370/372).

4. **Verpflichtungserklärung.** Die Verpflichtungserklärung des Grundpfandrechtsgläubigers und der Personen, die zustimmen müssen, sollte dahin ergänzt werden, daß sie sich auch verpflichten, einen vom Grundstückseigentümer gestellten Änderungsantrag gemäß § 59 ZVG zuzustimmen, damit der Grundstückseigentümer auch von sich aus in jedem Fall die Initiative ergreifen kann (*Groth* DNotZ 1984, 372/375). Ferner sollte die Erklärung wegen ihres schuldrechtlichen Charakters in jedem Fall die Bestimmung enthalten, daß der Gläubiger im Fall der Übertragung des Grundpfandrechts verpflichtet ist, die gleiche Verpflichtung seinem Sonderrechtsnachfolger mit entsprechender Weiterübertragungsverpflichtung aufzuerlegen.

5. **Doppelausgebot.** Häufig wird vom Gericht allerdings gemäß § 59 Abs. 2 Zwangsversteigerungsgesetz ein Doppelausgebot durchgeführt, nämlich einmal nach den gesetzlichen Vorschriften und im übrigen nach dem abweichenden Antrag des erstrangigen Gläubigers. Das geschieht aus Vorsicht, damit nicht etwa eine noch erforderliche Zustimmung eines Dritten übersehen wird; ob eine Beeinträchtigung vorliegt, stellt sich nämlich oft erst nach durchgeführter Versteigerung heraus (*Groth* DNotZ 1983, 372/374; *Tradt* DNotZ 1984, 370/371; *Zeller* § 59 ZVG (2) 9). Bei diesem Verfahren ist daher Vorsicht am Platz; alle Vorsorge könnte vergeblich gewesen sein, wenn das Versteigerungsgericht dann schließlich doch den Zuschlag auf das Gebot zu normalen Versteigerungsbedingungen erteilt, weil es die nicht vorliegende Zustimmung eines anderen Beteiligten für erforderlich hält (*Groth* DNotZ 1984, 372/374). Auf irgendwelche Erklärungen des Erstehers (bzw. Bieters) zum Erbbaurechtsvertrag kommt es bei diesem Verfahren nicht an.

6. **Vereinbarung mit dem Ersteher.** Ist eine nach § 59 Abs. 1 Satz 2 ZVG erforderliche Zustimmung nicht zu erreichen, so eröffnet § 91 Abs. 2 ZVG die Möglichkeit, die (durch den Zuschlag erloschene) Erbbauzinsreallast durch Vereinbarung zwischen dem Grundstückseigentümer und dem Ersteher bestehen zu lassen. Gemäß § 91 Abs. 3 ZVG vermindert sich der durch Zahlung zu berichtigende Teil des Meistgebots um den Betrag, der sonst dem berechtigten Grundstückseigentümer gebühren würde. Der Grundstückseigentümer wird unter Umständen die vorweggenommene Erteilung einer Veräußerungsgenehmigung ablehnen müssen, damit ihm die Möglichkeit offen bleibt, im Zwangsversteigerungsfall die Genehmigung zur Veräußerung von der Übernahme seiner in Abteilung II eingetragenen Rechte durch den Ersteher abhängig zu machen (*Groth* DNotZ 1983, 652/655; vgl. OLG Oldenburg RPfleger 1985, 203).

7. **Kosten.** Geschäftswert gemäß § 39 Abs. 1 S. 1 KostO: Kapitalwert des Erbbauzinses (§ 24 Abs. 1a KostO) zuzüglich Wert der Gleitklausel (§ 30 Abs. 1 KostO) sowie Wert des Vorkaufsrechts am Erbbaurecht; zur Berechnung s. Form. VIII. 1 Anm. 55).

Gebührenansatz: Soweit es sich um eine einseitige Erklärung der Bank handelt, wird eine Gebühr nach § 36 Abs. 1 KostO ausgelöst, soweit es sich um einen Vertrag zwischen Gläubiger und Eigentümer handelt, eine $20/10$ Gebühr nach § 36 Abs. 2 KostO (*Korinthenberg/Lappe/Bengel/Reimann* § 36 Rdn. 18; *Mümmler* JurBüro 1984, 836).

22. Stillhalteerklärung des erbbauzinsberechtigten Eigentümers, der den Vorrang behält[1]

(1) Im Erbbaugrundbuch des Amtsgerichts ...... für ...... Band ...... Blatt ......
– Erbbauberechtigter: ...... –
ist für den Grundstückseigentümer ...... in Abteilung II eingetragen:
lfd.Nr. 1 Erbbauzins,
lfd.Nr. 2 Vorkaufsrecht,
lfd.Nr. 3 Vormerkung auf Erbbauzinserhöhung.
Das Erbbaurecht wird im Nachrang mit einer Grundschuld von DM ...... für die ...... Bank in ...... belastet.[2, 3, 8]

(2) Der Grundstückseigentümer erklärt[4, 5]
1. hinsichtlich des Vorkaufsrechts:
   In einem eventuellen Zwangsversteigerungsverfahren wird auf Wertersatz für das Vorkaufsrecht verzichtet, sofern dieses nicht bestehen bleiben sollte;
2. hinsichtlich des Erbbauzinses:
   Der Grundstückseigentümer sichert der ...... Bank in ...... als Gläubiger der oben genannten Grundschuld zu, im Fall einer Zwangsversteigerung des Erbbaurechts den Erbbauzins hinsichtlich der künftig fällig werdenden Raten des Erbbauzinses zugunsten des Erstehers stehen zu lassen. Dieses Stehenbleiben kann zur Vermeidung einer möglichen Kapitalisierung des Erbbauzinses entweder über § 59 Abs. 1 Zwangsversteigerungsgesetz[4] oder – sofern der Ersteher damit einverstanden ist – über § 91 Abs. 2 Zwangsversteigerungsgesetz[7] herbeigeführt werden. Im Fall des § 59 Abs. 1 ZVG verpflichtet sich der Eigentümer, einem entsprechenden Antrag des Gläubigers zuzustimmen. Im Fall des § 91 Abs. 2 ZVG soll der Ersteher verpflichtet werden, auch in die rein schuldrechtlich wirkenden Verpflichtungen des Erbbaurechtsvertrags einzutreten.[7]
   Die laufenden und rückständigen Erbbauzinsraten werden nach den Bestimmungen des Zwangsversteigerungsgesetzes befriedigt;
3. hinsichtlich der Vormerkung zur Sicherung der Eintragung einer Reallast für künftige Erbbauzinserhöhungen gilt vorstehende Ziffer 2.

(3) Der Grundstückseigentümer verpflichtet sich, im Fall der Veräußerung des Erbbaugrundstücks die vorstehende Erklärung seinen Rechtsnachfolgern mit der Weiterübertragungspflicht aufzuerlegen.[6]

(4) Die Kosten dieser Erklärung trägt ....

......, den ......

Anmerkungen

1. **Sachverhalt.** Aus den in den Anmerkungen zu Form. VIII. 21 ersichtlichen Gründen wird der Eigentümer einen Rücktritt hinter ein Grundpfandrecht häufig ablehnen oder ablehnen müssen. Eine Grundschuld erhält dann Nachrang nach dem Erbbauzins, dem Vorkaufsrecht und der Vormerkung wegen Erbbauzinserhöhung des Eigentümers.

2. **Zwangsversteigerung durch den Grundpfandrechtsgläubiger.** Behält der Grundstückseigentümer die erste Rangstelle, so geht der Erbbauzins in der Zwangsversteigerung des Erbbaurechts dem betreibenden Grundpfandrechtsgläubiger vor. Der Erbbauzins fällt unter die Rechte des § 10 Abs. 1 Nr. 4 ZVG und bleibt als Teil des geringsten

22. Stillhalteerklärung des erbbauzinsberechtigten Eigentümers   VIII. 22

Gebots bestehen (§§ 44, 52 ZVG) (MünchKomm/*v. Oefele* § 9 Rdn. 17). Irgendwelcher Abweichungen von den gesetzlichen Vorschriften bedarf es in diesem Fall nicht.

3. Zwangsversteigerung durch den Eigentümer. Anders ist es dagegen, wenn der erbbauzinsberechtigte Eigentümer selbst die Zwangsversteigerung betreibt: der Erbbauzins fällt unter § 10 Abs. 1 Nr. 5 ZVG und erlischt ebenso wie das nachrangige Gundpfandrecht (§ 52 Abs. 1 S. 2 ZVG). Da der Erbbauzins kapitalisiert wird (§ 92 ZVG), besteht die Gefahr, daß schon der Grundstückseigentümer den zur Verteilung stehenden Erlös aufbraucht und der nachrangige Gläubiger leer ausgeht. In diesem Fall bietet die Vorschrift des § 59 Abs. 1 ZVG über die Abänderung des geringsten Gebots und der Versteigerungsbedingungen eine für den Grundstückseigentümer als Erbbauzinsberechtigten und den nachrangigen Grundpfandrechtsgläubiger zufriedenstellende Lösung.

Das Problem ist bei Erbbaurechten, die nach dem 1. 10. 1994 begründet wurden und bei denen von der Möglichkeit des § 9 Abs. 3 ErbbVO i.d.F. des Sachenrechtsbereinigungsgesetzes Gebrauch gemacht wurde, das Bestehenbleiben der Erbbauzinsreallast in der Zwangsversteigerung des Erbbaurechts zu vereinbaren, weitgehend entschärft; hier bedarf es nicht der Abgabe einer Stillhalteerklärung (s. oben Form. VIII. 1 Anm. 37).

4. Stillhalteerklärung. Eine solche Abänderungsverpflichtung des Erbbauzinsberechtigten gegenüber dem nachrangigen Grundpfandrechtsgläubiger wird „Stillhalteerklärung" oder „Nichtkapitalisierungserklärung" genannt und in der Praxis häufig verwendet (*Bertolini* MittBayNot 1983, 112; *Götz* DNotZ 1980, 3/28; MünchKomm/*v. Oefele* § 9 Rdn. 19; *Sperling* NJW 1984, 2487). Darin erklärt sich der Grundstückseigentümer dem Gläubiger des Grundpfandrechts gegenüber bereit, auf dessen Antrag im Fall der Zwangsversteigerung des Erbbaurechts darin einzuwilligen, daß der Erbbauzins nicht kapitalisiert, sondern der Fortbestand gemäß § 59 ZVG vereinbart wird. Dadurch soll erreicht werden, daß der Erbbauzins im Fall der Zwangsversteigerung nicht erlischt und an die Stelle des erloschenen dinglichen Rechts nicht ein aus dem Versteigerungserlös zu befriedigender Ersatzbetrag tritt, der den zur Verteilung stehenden Erlös aufbraucht; vielmehr soll der Erbbauzins, so wie er im Grundbuch eingetragen ist, bestehen bleiben und vom Ersteher während der ferneren Laufzeit des Erbbaurechts entrichtet werden (*Bertolini* MittBayNot 1983, 112; *Götz* DNotZ 1980, 3, 28; *Winkler* NJW 1985, 940).

5. Zustimmung anderer Beteiligter. Im übrigen gelten die gleichen Gesichtspunkte, wie in den Anmerkungen bei Form. VIII. 21 zu § 59 ZVG bereits ausgeführt. Insbesondere ist die Zustimmung von Beteiligten erforderlich, deren Rechte durch die Abweichung beeinträchtigt werden (§ 59 Abs. 1 S. 2 ZVG); nachrangige Beteiligte brauchen gemäß § 59 Abs. 3 ZVG nicht zuzustimmen, da sie durch das Fortbestehen des Erbbauzinses begünstigt werden und mangels einer Kapitalisierung mehr vom Versteigerungserlös erhalten können. Auch der Grundstückseigentümer, der gemäß § 24 ErbbVO als Beteiligter im Sinn von § 9 ZVG gilt, muß zustimmen; seine Zustimmung liegt allerdings gegebenenfalls in seinem Antrag auf Bestehenbleiben des Erbbauzinses (*Karow* NJW 1984, 2670). Auch hier kommt es nicht auf irgendwelche Erklärungen des Erstehers (bzw. Bieters) zum Erbbaurechtsvertrag an.

6. Rechtsnachfolger. Es empfiehlt sich, wegen des schuldrechtlichen Charakters der Erklärung zu bestimmen, daß im Fall der Veräußerung des Erbbaugrundstücks durch den Grundstückseigentümer dieser verpflichtet wird, diese Bindung seinem Sonderrechtsnachfolger mit entsprechender Weiterübertragungsverpflichtung aufzuerlegen (*Götz* DNotZ 1980, 3/28, der auch eine Absicherung durch Vormerkung vorschlägt).

7. Vereinbarung mit dem Ersteher. Unabhängig hiervon eröffnet § 91 Abs. 2 ZVG die Möglichkeit, die (durch den Zuschlag erloschene) Erbbauzinsreallast durch Vereinbarung zwischen dem Grundstückseigentümer und dem Ersteher bestehen zu lassen, wozu der Grundstückseigentümer gemäß seiner Stillhalteerklärung verpflichtet ist (*Karow* NJW 1984, 2670). Demgemäß wird die Stillhalteerklärung in Ergänzung der oben aufgeführten Verpflichtung auch häufig so abgefaßt, daß der Fortbestand des Erbbauzinses entweder gemäß § 59 ZVG oder – sofern der Ersteher damit einverstanden ist – gemäß § 91 ZVG herbeigeführt wird. Gemäß § 91 Abs. 3 ZVG vermindert sich der durch Zahlung zu berichtigende Teil des Meistgebots um den Betrag, der sonst dem berechtigten Grundstückseigentümer gebühren würde.

8. Beleihungsgrenzen. Gegen die Stillhalteerklärung wird eingewandt, es müsse damit gerechnet werden, daß Interessenten die mit ihrem Gebot verbundene Gesamtbelastung (bar zu zahlender Teil und bestehenbleibende Rechte) berechnen, das heißt, die bestehenbleibende Erbbauzinsreallast berücksichtigen und ihr Bargebot dementsprechend für den nachrangigen Grundpfandrechtsgläubiger kürzen (*Karow* NJW 1984, 2669). Dieser Einwand hat aber keine Geltung, wenn der Gläubiger sich bei der Beleihung nach dem Gebäudewert bzw. den Baukosten gerichtet hat und den Grundstückswert außer Betracht gelassen hat. Denn Käufer wie Ersteher des Erbbaurechts müssen in der Regel davon ausgehen, daß sie beim Erwerb des Erbbaurechts auch die in Abteilung II eingetragenen Rechte des Eigentümers mitübernehmen müssen, und ihr Gebot entsprechend dem Gebäudewert und dem Erbbauzins bemessen (*Groth* DNotZ 1983, 652, 655). Soweit ein Gläubiger jedoch die üblichen Beleihungsgrenzen außer acht gelassen und das Erbbaurecht zu hoch belastet hat, verdient er keinen Schutz.

9. Kosten. Geschäftswert: Sämtliche Erklärungen sind als einheitliche Verpflichtung gegenüber dem Gläubiger anzusehen. Der Geschäftswert ist nach § 30 Abs. 1 KostO, notfalls nach § 30 Abs. 2 KostO zu bestimmen. Im Hinblick auf das Gläubigerinteresse erscheint es geboten, die Wertbestimmung am Nominalbetrag der neubestellten Grundschuld auszurichten. Ein Schätzwert von 10 bis 30% des Grundschuldbetrags ist im Regelfall angemessen.

Gebührenansatz: Soweit es sich um eine einseitige Erklärung des Eigentümers handelt, wird eine Gebühr nach § 36 Abs. 1 KostO ausgelöst, soweit es sich um einen Vertrag zwischen Gläubiger und Eigentümer handelt, eine $^{20}/_{10}$ Gebühr nach § 36 Abs. 2 KostO (*Korintenberg/Lappe/Bengel/Reimann* § 36 Rdn. 18; *Mümmler* JurBüro 1984, 836).

23. Zumessung und Wegmessung an Erbbaurechten[1]

Heute, am ......
sind vor mir, ... Notar in ......
anwesend:
1. Ehegatten A ......
2. B-GmbH ......
Nach Unterrichtung über den Grundbuchstand beurkunde ich bei gleichzeitiger Anwesenheit der Beteiligten ihren Erklärungen gemäß folgenden
    Nachtrag zum Erbbaurechtsvertrag vom ......,
    URNr. ...... des Notars ...... in ......
    – nachstehend „Vorurkunde" bezeichnet –.

I. Grundbuchstand

(1) Die Ehegatten A sind Eigentümer je zur Hälfte des im Grundbuch des Amtsgerichts ...... für ......
a) Band ...... Blatt ......
 vorgetragenen Grundstücks der Gemarkung ......
 Flst.Nr. 236/46 ...... (Beschrieb) ...... zu 0,2366 ha,
 das u. a. mit dem in Ziffer I 2 a) dieser Urkunde bezeichneten Erbbaurecht belastet ist.

23. Zumessung und Wegmessung an Erbbaurechten VIII. 23

b) Band ...... Blatt ......
vorgetragenen Grundstücks der Gemarkung ......
Flst.Nr. 265/109 ...... (Beschrieb) ...... zu 0,6902 ha,
das u. a. mit dem in Ziffer I 2 b) dieser Urkunde bezeichneten Erbbaurecht belastet ist.

(2) Die Firma B-GmbH mit dem Sitz in ...... ist als Berechtigte der im Grundbuch des Amtsgerichts ...... für ...... vorgetragenen Erbbaurechte an den Grundstücken
a) Flst.Nr. 236/46 zu 0,2366 ha,
– Gemarkung ...... Band ...... Blatt ...... –
b) Flst.Nr. 265/109 zu 0,6902 ha,
– Gemarkung ...... Band ...... Blatt ...... –
eingetragen.
a) An dem Erbbaurecht an Flst.Nr. 236/46 lasten
in Abteilung II
aa) Erbbauzins von jährlich DM 2.839,20 für den jeweiligen Grundstückseigentümer,
bb) Vorkaufsrecht für alle Verkaufsfälle für den jeweiligen Grundstückseigentümer,
cc) Verpflichtung zur Duldung einer Ringrohrleitung,
dd) Verpflichtung zur Unterlassung des Wärmebezugs aus anderen Sammelheizungen,
ee) Verbot der Errichtung und Unterhaltung von Heizwärme- und Warmwasseranlagen
zu cc) mit ee) zugunsten des jeweiligen Erbbauberechtigten an dem Grundstück Flst.Nr. 236/2 der Gemarkung ......,
in Abteilung III
aa) DM 150.000,– Briefhypothek der ...... Bank,
bb) DM 500.000,– Briefgrundschuld der ...... Bank.
b) An dem Erbbaurecht an Flst.Nr. 265/109 lasten
in Abteilung II
aa) Erbbauzins von jährlich DM 8.282,40 für den jeweiligen Grundstückseigentümer,
bb) beschränkte persönliche Dienstbarkeit – Wohnungsbesetzungsrecht – bis zur vollständigen Tilgung der Post Abt. III Nr. 2, mindestens 20 Jahre, für die ......,
cc) Vorkaufsrecht für alle Verkaufsfälle für den jeweiligen Grundstückseigentümer,
dd) Verpflichtung zur Duldung einer Ringrohrleitung,
ee) Verpflichtung zur Unterlassung des Wärmebezugs aus anderen Sammelheizungen,
ff) Verbot der Errichtung und Unterhaltung von Heizwärme- oder Warmwasseranlagen,
zu dd) mit ff) für den jeweiligen Berechtigten des Erbbaurechts an dem Grundstück Flst.Nr. 236/2 der Gemarkung ......,
in Abteilung III
aa) DM 550.000,– Briefhypothek für die ...... Bank,
bb) DM 500.000,– Buchhypothek für die ...... Bank,
cc) DM 1.200.000,– Briefgrundschuld für die ...... Bank.

II. Vermessung

(1) Mit Tauschvertragsurkunde des Notars ...... in ...... vom ......, URNr......., hat der Eigentümer von der Stadt ...... das im Grundbuch des Amtsgerichts ...... für ...... Band ...... Blatt ...... lastenfrei vorgetragene Grundstück Flst.Nr. 275/94 der Gemarkung ...... zu 109 m² erworben. Dieses Grundstück ist dem in Ziffer I 1a) dieser Urkunde bezeichneten Grundstück Flst.Nr. 236/46 Gemarkung ...... zugemessen worden.

(2) Mit der gleichen Tauschvertragsurkunde hat der Grundstückseigentümer an die Stadt ...... aus dem Grundstück Flst.Nr. 265/109 eine Teilfläche von 169 m² veräu-

ßert. Diese Teilfläche ist dem Grundstück Flst.Nr. 265/162 der Gemarkung ...... zugemessen worden.
Die vorbezeichneten Vermessungen sind in dem amtlich geprüften Auszug aus dem Veränderungsnachweis Nr. ...... Gemarkung ...... des Städtischen Vermessungsamts ...... enthalten.
Der Eigentümer beantragt die erfolgte Zumessung als Vereinigung gemäß § 890 Abs. 1 BGB in das Grundbuch einzutragen.[2, 3]

III. Erbbaurechtsbestellung[3]

(1) Die Beteiligten bestellen das an dem Grundstück Flst.Nr. 236/46 Gemarkung ...... eingetragene Erbbaurecht mit den gleichen, in der Erbbaurechtsbestellungsurkunde des Notars ...... in ...... vom ......, URNr. ...... enthaltenen Bestimmungen auch an dem zugemessenen Grundstück Flst.Nr. 275/94 zu 109 m^2, jedoch unter Änderung der Höhe des Erbbauzinses.
Die Beteiligten sind über die Neubestellung des Erbbaurechts einig und bewilligen und beantragen die Eintragung des Erbbaurechts an dem zugemessenen Grundstück Flst.Nr. 275/94 der Gemarkung ...... im Grundbuch.

(2) Der Erbbauberechtigte unterstellt das an dem zugemessenen Grundstück neubestellte Erbbaurecht allen Belastungen, die an dem bereits eingetragenen Erbbaurecht an dem Grundstück Flst.Nr. 236/46 (alt) in Abteilung II und III des Erbbaugrundbuchs eingetragen sind, in dem bestehenden Rangverhältnis als weiteres Pfand.

(3) Hinsichtlich der in Abteilung III eingetragenen Grundpfandrechte unterwirft sich der Erbbauberechtigte der sofortigen Zwangsvollstreckung aus dieser Urkunde in der Weise, daß diese gegen den jeweiligen Erbbauberechtigten des neubestellten Erbbaurechts zulässig ist mit der Maßgabe, daß es zur Erteilung der vollstreckbaren Ausfertigung des Nachweises der Fälligkeit nicht bedarf.

(4) Der Erbbauberechtigte bewilligt und
beantragt
die Eintragung dieser Pfandausdehnung und der dinglichen Zwangsvollstreckungsunterwerfung in das Grundbuch.

IV. Aufhebung[4]

(1) An der aus dem Grundstück Flst.Nr. 265/109 der Gemarkung ...... weggemessenen Teilfläche von 169 m^2 heben die Beteiligten das Erbbaurecht auf und bewilligen und
beantragt
die Löschung des Erbbaurechts an dieser Teilfläche im Grundbuch.

(2) Der Grundstückseigentümer ist als Berechtigter des am Erbbaurecht eingetragenen Erbbauzinses und Vorkaufsrechts mit dieser Aufhebung einverstanden.
Die Zustimmung der übrigen am Erbbaurecht eingetragener Gläubiger wird unverzüglich erholt.

V. Erbbauzins

(1) Der jährliche Erbbauzins für das Grundstück Flst.Nr. 265/109 in Höhe von DM 8.282,40 vermindert sich durch die Aufhebung des Erbbaurechts an der weggemessenen Teilfläche von 169 m^2 um jährlich DM 202,80 – zweihundertzwei Deutsche Mark –, so daß er künftig jährlich DM 8.079,60 – i.W. achttausendneunundsiebzig Deutsche Mark – beträgt.

(2) Der jährliche Erbbauzins für das Grundstück Flst.Nr. 236/46 in Höhe von DM 2.839,20 erhöht sich durch die vorbezeichnete Neubestellung des Erbbaurechts an

der zugemessenen Teilfläche von 109 m² um jährlich DM 130,80 – i.W. einhundertdreißig Deutsche Mark –, so daß er künftig jährlich DM 2.970,– – i.W. zweitausendneunhundertsiebzig Deutsche Mark – beträgt.
Für den erhöhten Erbbauzins gelten die in Ziffer III der Vorurkunde enthaltenen Bestimmungen entsprechend. Wegen des Erhöhungsbetrags unterwirft sich der Erbbauberechtigte der sofortigen Zwangsvollstreckung aus dieser Urkunde in sein gesamtes Vermögen mit der Maßgabe, daß es zur Erteilung der vollstreckbaren Ausfertigung des Nachweises der Fälligkeit nicht bedarf.

(3) Die Beteiligten sind über diese Änderung des Erbbauzinses einig und bewilligen und

beantragen

die Eintragung dieser Änderung in das Erbbaugrundbuch.

(4) Schuldrechtlich wird zwischen den Vertragsteilen ferner folgendes vereinbart: Unter Berücksichtigung der Zu- und Wegmessung von Grundstücksteilflächen vermindert sich der Erbbauzins insgesamt um DM 72,– jährlich. Diese Minderung gilt mit Wirkung vom . . . .

VI. Kosten[6]

Die Kosten dieser Urkunde und ihres Vollzugs sowie eine anfallende Grunderwerbsteuer[5] ihres Vollzugs trägt der Erbbauberechtigte.

VII. Ausfertigung

Von dieser Urkunde erhalten der Eigentümer und der Erbbauberechtigte sofort je eine beglaubigte Abschrift und nach grundbuchamtlichem Vollzug je eine Ausfertigung,
der Eigentümer auf Verlangen eine vollstreckbare Ausfertigung,
das Amtsgericht . . . . . . – Grundbuchamt – eine beglaubigte Abschrift,
das Finanzamt . . . . . . für Grundbesitz- und Verkehrsteuern
– Grunderwerbsteuerstelle – eine Abschrift.

VIII. Ermächtigung des Notars

Der amtierende Notar wird beauftragt, die zu diesem Vertrag erforderlichen Genehmigungen zu beschaffen und bevollmächtigt, Erklärungen zur Durchführung des Rechtsgeschäfts abzugeben und entgegenzunehmen, Anträge – auch geteilt und beschränkt – zu stellen, zurückzunehmen, abzuändern und zu ergänzen, ohne Beschränkung auf die gesetzliche Vollmacht (§ 15 GBO).

Anmerkungen

1. **Sachverhalt.** An zwei Grundstücken bestehen zwei Erbbaurechte, wobei der Einfachheit halber die Grundstücke dem gleichen Eigentümer und die Erbbaurechte dem gleichen Erbbauberechtigten zustehen. Dem einen Grundstück (Flst.Nr. 236/46) wird ein Grundstück (Flst.Nr. 275/94 mit 109 m²) zugemessen, dem anderen Grundstück (Flst.Nr. 265/109) eine Teilfläche von 169 m² weggemessen und einem dritten Grundstück (Flst.Nr. 265/162) zugemessen.

2. **Vereinigung, Bestandteilszuschreibung.** Bei einer Vereinigung mit einem nicht vom Erbbaurecht belasteten Grundstück (§ 890 Abs. 1 BGB, § 5 GBO) oder Zuschreibung einer bisher nicht betroffenen Fläche (§ 890 Abs. 2 BGB, § 6 GBO) bleibt nur das ursprüngliche Grundstück mit dem Erbbaurecht belastet; dann wäre aber Verwirrung zu

besorgen, insbesondere im Fall der Zwangsversteigerung. Es muß daher eine Ausdehnung des Erbbaurechts auf das bisher unbelastete Grundstück (§ 5 GBO) oder die unbelastete Teilfläche (§ 6 GBO) erfolgen. Die Ausdehnung kann sich nur auf den Belastungsgegenstand beziehen oder gleichzeitig auch auf den Rechtsinhalt; im Regelfall handelt es sich um eine Inhaltsänderung des Erbbaurechts (OLG Hamm NJW 1974, 280). Gemäß § 10 ErbbVO ist dies nur zulässig, wenn das Erbbaurecht am neuen Grundstück bzw. der Teilfläche den ersten Rang erhält. Zustimmung der am Erbbaurecht dinglich Berechtigten ist nicht nötig, da ihre Beeinträchtigung bei einer reinen Ausdehnung nicht möglich ist (OLG Neustadt DNotZ 1964, 344). Die in Abteilungen II und III am Erbbaurecht eingetragenen Rechte erstrecken sich kraft Gesetzes auf den ausgedehnten Teil des Erbbaurechts (MünchKomm/*v. Oefele* § 11 Rdn. 32; *v. Oefele/Winkler* Rdn. 5.175 ff.).

3. Vereinigung. Wird jedoch nicht eine Bestandteilszuschreibung gemäß § 890 Abs. 2 BGB, sondern eine Vereinigung gemäß § 890 Abs. 1 BGB erklärt, so werden die vereinigten Grundstücke nicht wesentliche Bestandteile des neuen einheitlichen Grundstücks (BGH DNotZ 1978, 156). Die Belastungen erstrecken sich dann nicht auf den anderen Grundstücksteil. Es muß daher eine Neubestellung des Erbbaurechts bzw. eine Erstreckung sämtlicher Rechte erfolgen, wie es in Ziffer III der Fall ist.

4. Abschreibung. Bei Abschreibung einer unselbständigen Teilfläche des Erbbaugrundstücks und Zuschreibung zu einem anderen Grundstück (§ 890 Abs. 2 BGB, § 6 GBO) gilt: ist die Teilfläche nicht vom Rechtsinhalt des Erbbaurechts betroffen, so kann sie ohne Zustimmung des Erbbauberechtigten entsprechend § 1026 BGB lastenfrei abgeschrieben werden, was jedoch entsprechend nachgewiesen werden muß. Ist die Teilfläche dagegen vom Rechtsinhalt betroffen, muß an ihr das Erbbaurecht aufgehoben werden, da sonst am Grundstück, an dem die Zuschreibung erfolgt, Verwirrung zu besorgen wäre und Verwicklungen entstünden, insbesondere im Fall der Zwangsversteigerung. Die Teilaufhebung erfolgt gemäß den §§ 875, 876 BGB, § 26 ErbbVO.

5. Grunderwerbsteuer. Der Austausch der beiden Erbbaurechte löst zweifach Grunderwerbsteuer aus; die Grunderwerbsteuer bemißt sich jeweils nach der Höhe der Gegenleistung. Da der Erbbauzins gemäß § 11 Abs. 2 Nr. 2 Grunderwerbsteuergesetz nicht als dauernde Last gilt, ist auch er als Gegenleistung anzusetzen, und zwar mit seinem kapitalisierten Wert (§ 13 Bewertungsgesetz). Soweit eine Gegenleistung nicht vereinbart ist, war bis zum 31. 12. 1995 der Einheitswert des Erbbaurechts auf der jeweiligen Teilfläche maßgeblich. Es wird verwiesen auf Form. VIII. 1 Anm. 54 und Form. VIII. 25 Anm. 6.

6. Kosten. (1) Notar:
Der Geschäftswert errechnet sich gemäß § 39 Abs. 1 S. 2 KostO aus dem Kapitalwert der veränderten Erbbauzinsen: 202,80 DM + 130,80 DM = 333,60 DM × 25 gemäß § 24 Abs. 1a KostO = 8.340,– DM.
Gebührenansatz:
$^{10}/_{10}$ nach § 42 KostO.
Veränderungen des Rechtsverhältnisses (§ 39 Abs. 1 S. 2 KostO): Pfandunterstellung, Zwangsvollstreckungsunterwerfung etc. sind gegenstandsgleich gemäß § 44 Abs. 1 KostO und nicht gesondert zu bewerten.

(2) Grundbuch: Bei der Eintragung von Veränderungen bei einem Erbbaurecht wird nach § 64 KostO ½ Gebühr erhoben.

24. Zumessung und Wegmessung von Teilflächen im Tauschweg zwischen zwei Erbbaugrundstücken[1]

Heute, am ......
sind vor mir, ... Notar in ......
anwesend:
1. Ehegatten A ......
2. B-GmbH ......
Nach Unterrichtung über den Grundbuchstand beurkunde ich bei gleichzeitiger Anwesenheit der Beteiligten ihren Erklärungen gemäß folgenden
Nachtrag zum Erbbaurechtsvertrag vom ......,
URNr. ...... des Notars ...... in ......
– nachstehend „Vorurkunde" bezeichnet –.

I. Grundbuchstand

(1) Die Ehegatten A sind Eigentümer je zur Hälfte des im Grundbuch des Amtsgerichts
...... für ......
Band ...... Blatt ......
eingetragenen Grundstücks der Gemarkung ......
Flst.Nr. 179/3 ...... (Beschrieb) ...... zu 4,1666 ha
und des im Grundbuch für ...... Band ...... Blatt ......
eingetragenen Grundstücks der Gemarkung ......
Flst.Nr. 179/6 ...... (Beschrieb) ...... zu 1,9022 ha.
Beide Grundstücke sind je belastet mit einem Erbbaurecht und einem Vorkaufsrecht, je für die Firma B-GmbH mit dem Sitz in ......

(2) Die B-GmbH ist als Berechtigte des im Grundbuch des Amtsgerichts ...... für
......
Band ...... Blatt ......
an dem Grundstück Flst.Nr. 179/3 zu 4,1666 ha
vorgetragenen Erbbaurechts eingetragen.
Als Aktivvermerk ist das Recht zum Haben eines Gebäudes (durch Überbau) am Erbbaurecht an Flst.Nr. 179/6 eingetragen.

Am Erbbaurecht an Flst.Nr. 179/3 lasten in Abteilung II
Vorkaufsrecht,
Erbbauzins und
Vormerkung auf Eintragung einer Reallast wegen Erbbauzinserhöhung,
je für den Grundstückseigentümer,
in Abteilung III
DM 500.000,– Buchgrundschuld für die ...... Bank,
DM 2.500.000,– Buchhypothek für die ...... Bank.

(3) Die Firma B-GmbH mit dem Sitz in ...... ist weiter als Berechtigte des im Grundbuch des Amtsgerichts ...... für ...... Band ...... Blatt ......
eingetragenen Erbbaurechts an dem Grundstück
Flst.Nr. 179/6 zu 1,9022 ha
eingetragen.

An dem Erbbaurecht an Flst.Nr. 179/6 lasten in Abteilung II
Recht zum Haben eines Gebäudes oder Gebäudeteils (durch Überbau) zugunsten des jeweiligen Erbbauberechtigten an Flst.Nr. 179/3,
Vorkaufsrecht,
Erbbauzins und
Vormerkung auf Eintragung einer Reallast wegen Erbbauzinserhöhung,
je für den Grundstückseigentümer,
in Abteilung III
DM 1.000.000,- Buchhypothek für die ...... Bank.

II. Vermessung

(1) Die Flst.Nr. 179/3 und 179/6 der Gemarkung ...... wurden neu vermessen. Nach dem vorliegenden geprüften Auszug aus dem Veränderungsnachweis Nr. ...... der Gemarkung ...... wurden der Flst.Nr. 179/3 964 m² aus Flst.Nr. 179/6 und der Flst.Nr. 179/6 1,0449 ha aus Flst. Nr. 179/3 zugemessen.

(2) Die beiden Flst.Nrn. beschreiben sich nunmehr neu wie folgt:

Flst.Nr. 179/3 ...... (Beschrieb) ...... zu 3,2181 ha,

Flst.Nr. 179/6 ...... (Beschrieb) ...... zu 2,8507 ha.

Dieses Messungsergebnis wird von den Beteiligten als richtig und ihrem Willen entsprechend anerkannt.

(3) Der Vollzug des Veränderungsnachweises im Wege der Vereinigung im Grundbuch wird bewilligt und

beantragt.

III. Erbbaurechtsaufhebung und -bestellung

(1) Die Beteiligten heben das Erbbaurecht an der aus Flst.Nr. 179/6 der Gemarkung ...... weggemessenen Teilfläche von 964 m² auf und bestellen das an dem Grundstück Flst.Nr. 179/3 der Gemarkung ...... eingetragene Erbbaurecht mit den gleichen, in der Vorurkunde enthaltenen Bestimmungen auch an der dem Grundstück Flst.Nr. 179/3 zugemessenen Fläche von 964 m², jedoch unter Änderung der Höhe des Erbbauzinses.

(2) Die Beteiligten heben das Erbbaurecht an Flst.Nr. 179/3 der Gemarkung ...... an der aus dieser Flst.Nr. weggemessenen Teilfläche von 1,0449 ha auf und bestellen das an dem Grundstück Flst.Nr. 179/6 der Gemarkung ...... eingetragene Erbbaurecht mit den gleichen, in der Vorurkunde enthaltenen Bestimmungen auch an der zugemessenen Fläche von 1,0449 ha, jedoch unter Änderung der Höhe des Erbbauzinses.

IV. Grundbuchanträge

(1) Die Beteiligten bewilligen und

beantragen

die Löschung des Erbbaurechts an Flst.Nr. 179/6 an einer Teilfläche von 964 m² und des Erbbaurechts an Flst.Nr. 179/3 an einer Teilfläche von 1,0499 ha im Grundbuch.

(2) Sie sind über die Neubestellung einig und bewilligen und

beantragen

die Eintragung des Erbbaurechts an Flst.Nr. 179/6 an der Teilfläche von 1,0449 ha und des Erbbaurechts an Flst.Nr. 179/3 an der Teilfläche von 964 m² im Grundbuch.

V. Pfandunterstellung

Der Erbbauberechtigte unterstellt die an den zugemessenen Teilflächen neubestellten Erbbaurechte allen Bestimmungen, die an den bereits eingetragenen Erbbaurechten an

24. Zumessung und Wegmessung von Teilflächen

den Grundstücken Flst.Nr. 179/3 und 179/6 (alt) in Abteilung II und III des Erbbaugrundbuch eingetragen sind, in dem bestehenden Rangverhältnis als weiteres Pfand. Hinsichtlich der in Abteilung III eingetragenen Grundpfandrechte unterwirft sich der Erbbauberechtigte der sofortigen Zwangsvollstreckung aus dieser Urkunde in der Weise, daß diese gegen den jeweiligen Erbbauberechtigten der Erbbaurechte zulässig ist mit der Maßgabe, daß es zur Erteilung der vollstreckbaren Ausfertigung des Nachweises der Fälligkeit nicht bedarf.

Die Zustimmung der an den Erbbaurechten eingetragenen Gläubiger hinsichtlich der Aufhebung an den weggemessenen Teilflächen wird unverzüglich erholt.

VI. Erbbauzins

(1) Der jährliche Erbbauzins für die Flst.Nr. 179/3 in Höhe von DM 99.998,40 vermindert sich durch die Weg- und Zumessung der Teilflächen auf jährlich DM 77.234,40 – i. W. siebenundsiebzigtausendzweihundertvierunddreißig Deutsche Mark –.

(2) Der jährliche Erbbauzins für die Flst.Nr. 179/6 in Höhe von DM 45.652,80 erhöht sich durch die Zu- bzw. Wegmessung auf jährlich DM 68.416,80 – i. W. achtundsechzigtausendvierhundertsechzehn Deutsche Mark –.

(3) Für den Erbbauzins gelten die Bestimmungen in der erwähnten Vorurkunde entsprechend. Die Beteiligten sind über diese Änderung des Erbbauzinses einig und bewilligen und

beantragen

die Eintragung dieser Änderung in das Erbbaugrundbuch.

(4) Der Eigentümer tritt mit seiner Vormerkung auf Eintragung einer Reallast wegen Erbbauzinserhöhung hinter den erhöhten Erbbauzins am Erbbaurecht an Flst.Nr. 179/6 zurück und bewilligt und

beantragt

die Eintragung im Grundbuch.

(5) Wegen des Erhöhungsbetrags unterwirft sich der Erbbauberechtigte der sofortigen Zwangsvollstreckung aus dieser Urkunde in sein gesamtes Vermögen mit der Maßgabe, daß es zur Erteilung der vollstreckbaren Ausfertigung des Nachweises der Fälligkeit nicht bedarf.

VII. Vorkaufsrechte

Der Erbbauberechtigte gibt als Vorkaufsberechtigter an den Flst.Nr. 179/3 und 179/6 die jeweils weggemessenen Teilflächen frei. Der Eigentümer unterstellt die zugemessenen Teilflächen dem jeweiligen Vorkaufsrecht. Die Eintragung im Grundbuch wird bewilligt und

beantragt.

VIII. Kosten, Ausfertigung[2,3]

Die Kosten dieser Urkunde und ihres Vollzugs trägt der Erbbauberechtigte, ebenso die Grunderwerbsteuer.

Von dieser Urkunde erhalten der Eigentümer und der Erbbauberechtigte sofort je eine beglaubigte Abschrift und nach grundbuchamtlichem Vollzug je eine Ausfertigung,
der Eigentümer auf Verlangen eine vollstreckbare Ausfertigung,
das Amtsgericht . . . . . . – Grundbuchamt – eine beglaubigte Abschrift,
das Finanzamt . . . . . . für Grundbesitz und Verkehrsteuern – Grunderwerbsteuerstelle – eine Abschrift.

IX. Ermächtigung

Der amtierende Notar wird beauftragt, die zu diesem Vertrag erforderlichen Genehmigungen zu beschaffen und bevollmächtigt, Erklärungen zur Durchführung des Rechtsgeschäfts abzugeben und entgegenzunehmen, Anträge – auch geteilt und beschränkt – zu stellen, zurückzunehmen, abzuändern und zu ergänzen, ohne Beschränkung auf die gesetzliche Vollmacht (§ 15 GBO).

Anmerkungen

1. Sachverhalt. Der Sachverhalt entspricht dem in Form. VIII. 23. Zumessung und Wegmessung der Teilflächen finden jedoch nicht gegenüber dritten Grundstücken statt, sondern im Tauschweg zwischen den beiden mit dem Erbbaurecht belasteten Grundstücken. Es wird auf die Anmerkungen zu Form. VIII. 23 verwiesen.

2. Grunderwerbsteuer. Es wird auf die Anmerkungen zu Form. VIII. 23 verwiesen.

3. Kosten. Die Kosten sind wie bei Form. VIII. 23 zu berechnen mit dem Unterschied, daß der Geschäftswert entsprechend dem geänderten Erbbauzins (§ 39 Abs. 1 S. 2, § 24 Abs. 1a KostO) 22.764,– + 22.764,– = 45.528,– × 25 = 1.138.200,– DM beträgt.

25. Aufhebung eines Erbbaurechts[1, 2]

Heute, am ......
sind vor mir, ... Notar in ......
anwesend:
Ehegatten A
Nach Unterrichtung über den Grundbuchstand beurkunde ich bei gleichzeitiger Anwesenheit der Beteiligten ihren Erklärungen gemäß folgende

Aufhebung eines Erbbaurechts:

I. Grundbuchstand

Die Ehegatten A sind

(1) Inhaber des Erbbaurechts, eingetragen an dem Grundstück der Gemarkung ......
Flst.Nr. ...... (Beschrieb) ...... zu ...... m^2
auf die Dauer von 99 Jahren, gerechnet vom Tag der Eintragung im Grundbuch, dem
......,
vorgetragen im Erbbaugrundbuch des Amtsgerichts ...... für ...... Band ...... Blatt
......

Das Erbbaurecht ist in Abteilung II des Grundbuchs belastet mit:
Reallast – Heizkraftlieferungsverpflichtung – für den jeweiligen Eigentümer der Flst.Nr. ......,
Geh- und Fahrtrecht für den jeweiligen Eigentümer der Flst.Nr. ......,
Kraftwagenabstellrecht für den jeweiligen Eigentümer der Flst.Nr. ......,
Erbbauzinsreallast für den jeweiligen Eigentümer der Flst.Nr. ......,
Vormerkung zur Sicherung des Erbbauzinserhöhungsanspruchs für den jeweiligen Eigentümer der Flst.Nr. ......,
Vorkaufsrecht für den jeweiligen Eigentümer der Flst.Nr. ......

25. Aufhebung eines Erbbaurechts VIII. 25

In Abteilung III des Grundbuchs ist das Erbbaurecht belastet mit:

DM 60.000,– Buchhypothek für die ...... Bank,
DM 30.000,– Buchgrundschuld für die ...... Bank,
DM 10.000,– Briefgrundschuld für die ...... Bank.

(2) sowie Eigentümer derselben
Flst.Nr. ...... (Beschrieb) ...... zu ...... m²,
gelegen in der Gemarkung ...... und vorgetragen im Grundbuch des Amtsgerichts ...... für ......
Band ...... Blatt ......
Der Grundbesitz ist in Abteilung II des Grundbuchs belastet mit:
Erbbaurecht auf die Dauer von 99 Jahren vom Tag der Eintragung im Grundbuch, dem ......, für die Ehegatten A als Berechtigte je zur Hälfte,
Vorkaufsrecht für alle Verkaufsfälle für den jeweiligen Inhaber des Erbbaurechts an Flst.Nr. ....
In Abteilung III des Grundbuchs ist der Grundbesitz
unbelastet.

II. Aufhebung des Erbbaurechts[3]

Grundstückseigentümer und Erbbauberechtigter erklären, daß das Erbbaurecht an Flst.Nr. ...... der Gemarkung ...... aufgehoben wird.

III. Pfanderstreckung[4]

Die Ehegatten A erstrecken hiermit die am Erbbaurecht eingetragenen Rechte, nämlich
Reallast – Heizkraftlieferungsverpflichtung –,
Geh- und Fahrtrecht,
Kraftwagenabstellrecht,
DM 60.000,– Buchhypothek,
DM 30.000,– Buchgrundschuld,
DM 10.000,– Briefgrundschuld
auf das Grundstück Flst.Nr. ...... der Gemarkung ....
Sie unterwerfen sich wegen der Grundpfandrechte der sofortigen Zwangsvollstreckung in das Grundstück mit Wirkung gegen den jeweiligen Eigentümer.

IV. Grundbuchanträge[5]

(1) Die Ehegatten A bewilligen und beantragen die Erbbaurechtsaufhebung im Grundbuch einzutragen und das Erbbaugrundbuch zu schließen.

(2) Sie bewilligen und beantragen weiter:
a) am Erbbaurecht an Flst.Nr. ......
   die Löschung aller in Abteilung II und III des Grundbuchs eingetragenen Rechte und Grundpfandrechte samt allen Nebeneintragungen,[5]
b) am Grundstück Flst.Nr. ......
   die Löschung des Erbbaurechts und des Vorkaufsrechts, je samt allen Nebeneintragungen,
   die Eintragung der Pfanderstreckung der in Ziffer III bezeichneten Rechte nebst dinglicher Zwangsvollstreckungsunterwerfung.

V. Kosten

Die Kosten dieser Urkunde, ihrer Ausfertigung und ihres grundbuchamtlichen Vollzugs sowie etwa anfallende Steuern trägt der Eigentümer.[7]

VI. Ausfertigung

Von dieser Urkunde erhalten
der Eigentümer, das Amtsgericht ...... – Grundbuchamt – je eine beglaubigte Abschrift,
das Finanzamt[6] ...... für Grundbesitz und Verkehrsteuern – Grunderwerbsteuerstelle – eine Abschrift,
die Grundpfandrechtsgläubiger je eine vollstreckbare Ausfertigung.

VII. Belehrungen

Die Beteiligten wurden u. a. darauf hingewiesen,
a) daß alle Vereinbarungen richtig und vollständig beurkundet sein müssen,
b) daß die Aufhebung des Erbbaurechts erst mit der Eintragung im Grundbuch wirksam wird,
c) daß zur Aufhebung des Erbbaurechts die Zustimmung der dinglich Berechtigten erforderlich ist,
d) daß Grunderwerbsteuer anfallen kann.

VIII. Ermächtigung

Die Vertragsteile beauftragen den Notar, alle Genehmigungen und sämtliche zum Vollzug dieses Vertrags erforderlichen Erklärungen zu erholen. Der Notar wird bevollmächtigt, Genehmigungen, die ohne Bedingungen und Auflagen erteilt werden, für die Vertragsteile entgegenzunehmen, gegenseitig mitzuteilen und diese Mitteilung jeweils in Empfang zu nehmen, die Urkunde zum Teilvollzug vorzulegen, sowie Anträge zurückzunehmen. Alle zu diesem Vertrag erforderlichen Zustimmungserklärungen sollen mit dem Eingang beim Notar den Vertragsteilen als zugegangen gelten und wirksam sein.

Anmerkungen

1. **Sachverhalt.** Der Eigentümer ist gleichzeitig Inhaber des Erbbaurechts, sei es durch normalen Erwerb oder aufgrund Heimfalls. Da eine Weiterveräußerung des Erbbaurechts nicht beabsichtigt ist, wird das Erbbaurecht aufgehoben.

2. **Handlungsanweisung.** Zur rechtsgeschäftlichen Aufhebung eines dinglich belasteten Erbbaurechts sind erforderlich:
a) Die Erklärung des Erbbauberechtigten, daß er das Recht aufgebe, und zwar gegenüber dem Grundbuchamt oder demjenigen, zu dessen Gunsten sie erfolgt,
b) die Zustimmung des Grundstückseigentümers, die gegenüber dem Erbbauberechtigten oder gegenüber dem Grundbuchamt zu erklären ist,
c) die Zustimmung der am Erbbaurecht dinglich Berechtigten, die dem Grundbuchamt oder demjenigen gegenüber abzugeben ist, zu dessen Gunsten sie erfolgt,
d) die Löschung des Erbbaurechts im Grundbuch (*Staudinger/Ring* § 11 Rdn. 29).

3. **Aufhebung des Erbbaurechts.** Die Aufhebung des Erbbaurechts durch Rechtsgeschäft erfolgt nicht durch einseitigen Verzicht gegenüber dem Grundbuchamt gemäß § 928 Abs. 1 BGB, da die Anwendung dieser Vorschrift in § 11 Abs. 1 ErbbVO ausdrücklich ausgeschlossen ist. Die Aufhebung geschieht vielmehr durch Erklärung und Eintragung gemäß §§ 875, 878 BGB. Sind Grundstückseigentümer und Erbbauberechtigter nicht identisch, so ist auch die Zustimmung des Grundstückseigentümers gemäß § 26 ErbbVO erforderlich. Sie ist dem Grundbuchamt oder dem Erbbauberechtigten gegenüber zu erklären. Die Zustimmung ist unwiderruflich (*Ingenstau* § 11 Rdn. 96).

25. Aufhebung eines Erbbaurechts

4. Dinglich Berechtigte. Mit der Aufhebung des Erbbaurechts erlöschen auch die das Erbbaurecht belastenden dinglichen Rechte. Denn mit dem Wegfall des Erbbaurechts entfällt die Haftungsgrundlage für diese Rechte, weshalb für die Aufhebung und Löschung des Erbbaurechts die Zustimmung der Rechtsinhaber gemäß § 11 Abs. 1 ErbbVO iVm. § 876 BGB erforderlich ist (*Ingenstau* § 26 Rdn. 3). Die Rechte setzen sich nicht von allein am Grundstück fort. § 12 Abs. 3 ErbbVO gilt hierfür weder direkt noch entsprechend. Eine „Übertragung" der Rechte auf das Grundstück ist nur durch Neubestellung seitens des Grundstückseigentümers möglich (BayObLG DNotZ 1985, 372). Da eine Löschung nicht in allen Fällen erreichbar ist, wird die Zustimmung dinglich Berechtigter nicht selten davon abhängig gemacht, daß das Recht am Grundstück weiter besteht, so daß insoweit eine Pfanderstreckung erforderlich ist (Ziffer III). Es liegt hier nicht anders als bei der Bestellung des Erbbaurechts, wenn dingliche Rechte wegen der ausschließlich ersten Rangstelle des Erbbaurechts im Grundbuch des Grundstücks gelöscht werden oder zurücktreten müssen (Form. VIII. 5 und 6).

5. Grundbuch. Die Erklärungen über die Aufhebung des Erbbaurechts sind dem Grundbuchamt gegenüber abzugeben. Sie müssen gemäß § 29 Grundbuchordnung in öffentlicher Form beglaubigt sein; eine notarielle Niederschrift ist nicht erforderlich. Dagegen bedarf die vertragliche Verpflichtung, ein Erbbaurecht aufzuheben, der Form des § 313 BGB (*Staudinger/Ring* § 11 Rdn. 30). Die notarielle Niederschrift ist jedoch im vorliegenden Fall erforderlich wegen der Zwangsvollstreckungsunterwerfung hinsichtlich der übernommenen Grundpfandrechte (§ 794 Abs. 1 Nr. 5 ZPO).

6. Grunderwerbsteuer. Weder das *Erlöschen* des Erbbaurechts durch *Zeitablauf* noch der damit verbundene Übergang des Eigentums an dem auf dem Erbbaurecht vom Erbbauberechtigten errichteten Bauwerk auf den Grundstückseigentümer unterliegen der Grunderwerbsteuer (BFH BB 1995, 916). Der Grunderwerbsteuer unterliegt aber nach § 1 Abs. 1 Nr. 2 Grunderwerbsteuergesetz ein Rechtsgeschäft, durch das ein Erbbaurecht vor dem vereinbarten Zeitablauf *aufgehoben* oder auf ein Erbbaurecht verzichtet wird (BFH BStBl. II 1980, 136). Die Grunderwerbsteuer ist vom Wert der Gegenleistung zu berechnen. Zur Gegenleistung gehören die aus Anlaß der Aufhebung oder des Erlöschens ausbedungene Entschädigung und etwaige sonstige Leistungen. Hierzu rechnet insbesondere eine vom Grundstückseigentümer für die Übernahme eines vom Erbbauberechtigten errichteten oder erworbenen Bauwerks gezahlte Entschädigung. Zur Gegenleistung gehören auch die auf dem Erbbaurecht lastenden Grundpfandrechte, falls sie vom Grundstückseigentümer übernommen werden oder auf ihn übergehen. Der kapitalisierte Wert der erlöschenden Erbbauzinsverpflichtung gehört dagegen nicht zur Gegenleistung.

Wenn keine Gegenleistung vorhanden ist, ist die Steuer aus dem Grundstückswert des Erbbaurechtes zu berechnen (§ 8 Abs. 2 GrEStG); s. im einzelnen Anm. 16 zu Form. VIII. 10.

7. Kosten (1) Notar:
a) Pfanderstreckung
   Es findet ein Wertvergleich nach § 23 Abs. 2, 2. Halbsatz KostO zwischen Grundpfandrecht und Wert des nachverpfändeten Grundstücks statt; der geringere Wert ist als Geschäftswert maßgebend. Wird ein Grundstück mehreren Rechten nachverpfändet, so ist dieser Wertvergleich für jedes Recht getrennt vorzunehmen (*Korintenberg/Lappe/Bengel/Reimann* § 23 Rdn. 14). Wert des nachverpfändeten Grundstücks im Beispielfall: 40.000,– DM (ohne Bauwerk, da dieses bereits durch das Erbbaurecht verpfändet ist); Geschäftswert für die Pfandunterstellung; für die Dienstbarkeit je Regelwert in Höhe von 5.000,– DM (§ 30 KostO), für die Grundpfandrechte 40.000,– DM + 30.000,– DM + 10.000,– DM = 95.000,– DM;
   Gebührenansatz $10/10$ nach § 36 Abs. 1 KostO, wenn mit Unterwerfung, sonst $5/10$ nach § 38 Abs. 2 Nr. 5a KostO.

b) Aufhebung des Erbbaurechts

Zur Löschung des Erbbaurechts genügt die Bewilligung nach § 19 GBO, deshalb Gebühr 5/10 nach § 38 Abs. 2 Nr. 5a KostO. Sind Grundstückseigentümer und Erbbauberechtigter nicht personengleich, so kommt bei Gewährung einer Abfindung die 20/10-Vertragsgebühr nach § 36 Abs. 2 KostO in Frage, da dann ein Austauschvertrag gemäß § 39 Abs. 2 KostO vorliegt.

Der Geschäftswert für die Löschungsbewilligung richtet sich nach dem Wert des bebauten Erbbaurechts zur Zeit der Aufhebung (s. Form. VIII. 1 Anm. 52). Angenommener Wert hier: 150.000,– DM.

Mit der Aufhebung des Erbbaurechts werden alle daran bestehenden Belastungen beseitigt, daher keine gesonderte Bewertung der diesbezüglichen Erklärungen. Zusätzlich zu bewerten ist lediglich die Löschungsbewilligung für das am Erbbaugrundstück bestehende Vorkaufsrecht für den Erbbauberechtigten, da dieses Recht ohne eigene Löschungsbewilligung nicht gelöscht würde. Der Wert hierfür kann abweichend von dem Regelwert des § 20 Abs. 2 KostO niedriger angesetzt werden (*Korintenberg/Lappe/Bengel/Reimann* § 21 Rdn. 31); 10–20% des Wertes des Grundstücks ohne Bauwerk (hier angenommen: 4.000,– DM) erscheinen angemessen. Geschäftswert der Löschungsbewilligung daher: 150.000,– + 4.000,– DM = 154.000,– DM; Gebührensatz 5/10 nach § 38 Abs. 2 Nr. 5a KostO.

Die Gebühren sind getrennt zu berechnen, da dies für den Kostenschuldner günstiger ist als bei Zusammenrechnung der Geschäftswerte und Anwendung des höchsten Gebührensatzes gemäß § 44 Abs. 2b letzter Satzteil KostO.

c)
Werden gleichzeitig Zustimmungen von dinglich Berechtigten zur Aufhebung des Erbbaurechts gemäß § 876 BGB abgegeben, sind diese gegenstandsgleich nach § 44 Abs. 1 KostO und nicht gesondert zu bewerten. Bei getrennter Zustimmung bestimmt sich der Geschäftswert nach dem Wert des dinglichen Rechts, höchstens jedoch nach dem Wert des aufzuhebenden Erbbaurechts; Gebührensatz hierfür 5/10 nach § 38 Abs. 1 Nr. 1 KostO.

d)
Die Einholung der Löschungs- bzw. Freigabeerklärungen durch die dinglich Berechtigten löst je 1/2 Gebühr gemäß § 147 KostO aus.

(2) Gericht: Gemäß § 68 KostO wird die Hälfte der für die Eintragung des Erbbaurechts maßgeblichen Gebühr erhoben, wenn das Erbbaurecht auf dem belasteten Grundstück gelöscht wird. Bei der Schließung des Erbbaugrundbuchs handelt es sich wie bei dessen Anlegung um ein gebührenfreies Nebengeschäft (§ 35 KostO).

26. Erbbaurechtsvertrag[1] (Sachenrechtsbereinigung)

Heute am
sind vor mir, ... Notar in ...... anwesend:
......
......

Nach Unterrichtung über den Grundbuchstand beurkunde ich bei gleichzeitiger Anwesenheit der Beteiligten ihren Erklärungen gemäß folgenden

Erbbaurechtsvertrag[2]

I. Sachstand[3]

1. Grundbuchstand

Im Grundbuch des Amtsgerichts ...... für ......

26. Erbbaurechtsvertrag (Sachenrechtsbereinigung) VIII. 26

Band ...... Blatt ......
ist ...... als Eigentümer des Grundbesitzes der Gemarkung ......
Flst. Nr. ...... (Beschrieb) ...... zu ...... qm
eingetragen:
......
......

Dieser Grundbesitz ist im Grundbuch belastet, wie folgt:
in Abt. II:
Nr. 1)
Geh- und Fahrtrecht für den jeweiligen Eigentümer von Flst. Nr. ...... gem. Bewilligung vom ......
in Abt. III:
Nr. 1)
...... DM Aufbaugrundschuld für ......
...... gem. Bewilligung vom ......

2. Nutzungsrecht/Gebäudeeigentum

Mit Bescheid des ...... vom ...... wurde ...... („der Nutzer") ein Nutzungsrecht nach §§ 287, 291 ZGB verliehen bzw. zugewiesen, durch das ihm die Errichtung eines Eigenheims mit Nebengebäude gestattet worden ist. Das Nutzungsrecht erstreckt sich auf das gesamte in Abs. 1 bezeichnete Grundstück.

In Ausübung des Nutzungsrechts hat der Nutzer auf diesem Grundstück in den Jahren ...... bis ...... ein Eigenheim mit Garage und Nebenbauwerken errichtet. Das errichtete Gebäude wird seit Bezugsfertigkeit ohne Unterbrechung als Eigenheim genutzt.

Im Gebäudegrundbuch des vorgenannten Gerichts für
Band ......, Blatt ......
ist der Nutzer als Gebäudeeigentümer hierzu vorgetragen.
Im Gebäudegrundbuch sind folgende Belastungen eingetragen:
in Abt. II:
......
in Abt. III:
......

3. Sachenrechtsbereinigung, Vermittlungsverfahren

Der Nutzer hat vom Grundstückseigentümer gem. §§ 32 ff. Sachenrechtsbereinigungsgesetz die Bestellung eines Erbbaurechts verlangt.[4] Hierzu hat ein notarielles Vermittlungsverfahren gem. §§ 87 ff. SachenRBerG beim amtierenden Notar stattgefunden.[5]

Die folgenden Vereinbarungen entsprechen der Einigung im Sinne von § 98 Abs. 2 SachenRBerG; die ausgeübten gesetzlichen Gestaltungsrechte der Beteiligten sind darin enthalten.

II. Bestellung des Erbbaurechts

......
– nachstehend als „Grundstückseigentümer" bezeichnet –
bestellt hiermit für ......
– nachstehend als „Erbbauberechtigter" bezeichnet –
an dem in Ziffer I. bezeichneten Grundbesitz („Erbbaugrundstück") ein

Erbbaurecht.

Das Erbbaurecht hat folgenden dinglichen Inhalt.[6]

§ 1 Bauwerke, Zweckbestimmung, Nebenfläche

(1) Der Erbbauberechtigte ist berechtigt, die auf dem Erbbaugrundstück derzeit vorhandenen Gebäude und Bauwerke zu haben.

(2) Die Nutzung des Gebäudes bzw. der Bauwerke erfolgt weiterhin für Wohnzwecke. Auf *Verlangen* des Erbbauberechtigten gemäß § 54 Abs. 2 SachenRBerG wird vereinbart:

Das Gebäude kann auch zur Ausübung einer freiberuflichen Tätigkeit eines Handwerks-, Gewerbe- oder Pensionsbetriebes genutzt werden.

Auf weiteres *Verlangen* des Erbbauberechtigten gem. § 54 Abs. 4 SachenRBerG wird ferner vereinbart:

Es sind weitere Nutzungsänderungen zulässig, die § 54 Abs. 4 SachenRBerG entsprechen. Bei einer derartigen Nutzungsänderung ist der Erbbauzins nach § 47 SachenRBerG anzupassen. Die entsprechende Inhaltsänderung der Erbbauzinsreallast ist vor Beginn der Nutzungsänderung durchzuführen.[7]

(3) Der Erbbauberechtigte ist befugt, das gesamte Grundstück, auch soweit es nicht bebaut ist, allein und ausschließlich zu nutzen. Die Nutzung hat jeweils im Rahmen bzw. im Zusammenhang mit der Gebäudenutzung nach Abs. 2 zu erfolgen.[8]

§ 2 Vertragsdauer

Das Erbbaurecht beginnt mit der Eintragung im Grundbuch und endet nach Ablauf von 90 – neunzig – Jahren, von heute an gerechnet.[9]

§ 3 Versicherungsverpflichtung

Auf *Verlangen* des Grundstückseigentümers (§ 56 Abs. 5 SachenRBerG) wird vereinbart:

Der Erbbauberechtigte hat die auf dem Erbbaugrundstück befindlichen Bauwerke während der gesamten Laufzeit des Erbbaurechts mit dem vollen Wert gegen Brand-, Sturm-, Heizöl- und Leitungswasserschäden auf seine Kosten zu versichern und dem Grundstückseigentümer dies auf Verlangen nachzuweisen.

§ 4 Öffentliche Lasten[11]

Auf *Verlangen* des Grundstückseigentümers (gem. § 58 SachenRBerG) wird vereinbart:

Der Erbbauberechtigte trägt die nach den einschlägigen Rechtsvorschriften anfallenden öffentlichen Lasten sowohl für das Erbbaurecht, als auch für das Erbbaugrundstück.

§ 5 Veräußerungszustimmung[12]

Auf *Verlangen* des Grundstückseigentümers (gem. § 49 SachenRBerG) wird vereinbart:

Die Veräußerung des Erbbaurechts nach § 5 Abs. 1 ErbbVO bedarf der Zustimmung des Grundstückseigentümers. Der Grundstückseigentümer hat diese zu erteilen, wenn die in § 7 Abs. 1 ErbbVO sowie zusätzlich die in §§ 47 Abs. 1 (Zinsanpassung an Nutzungsänderungen), § 48 Abs. 1 bis 3 und Abs. 5 SachenRBerG (Zinserhöhung nach Veräußerung) bezeichneten Voraussetzungen erfüllt sind. Weiter muß der Erwerber des Erbbaurechts sämtliche Pflichten aus diesem Vertrag einschließlich der Pflicht zur Weitergabe an den Rechtsnachfolger übernehmen.

§ 6 Zeitablauf

Hinsichtlich des Erlöschens des Erbbaurechts durch Zeitablauf verbleibt es bei den gesetzlichen Bestimmungen der ErbbVO.

26. Erbbaurechtsvertrag (Sachenrechtsbereinigung) VIII. 26

Soweit Rechte in Abt. II des Grundbuchs dem Erbbaurecht gem. § 35 SachenRBerG den Vorrang einräumen, ist die Zahlung der Entschädigung für die Bauwerke dadurch bedingt, daß die Entschädigungsforderung des Erbbauberechtigten Rang nach diesen Rechten erhält.[13]

§ 7 Ankaufsrecht[14]

Auf *Verlangen* des Erbbauberechtigten (§ 57 Abs. 1 SachenRBerG) wird vereinbart:
1. Der Grundstückseigentümer ist verpflichtet, das Erbbaugrundstück auf Verlangen des jeweiligen Erbbauberechtigten an diesen zu den Bedingungen nach Abs. 2 zu verkaufen.

Auf *Verlangen* des Grundstückseigentümers wird vereinbart:
Der Erbbauberechtigte kann das Ankaufsrecht nur innerhalb von 12 Jahren, gerechnet ab heute, durch Erklärung gegenüber dem Grundstückseigentümer geltend machen.
2. Nach Ausübung des Ankaufsrechts gilt:
a) der Kaufpreis[15] ist der gleiche, wie bei einem Kaufvertrag aufgrund eines Ankaufsrechts nach dem SachenRBerG (§§ 68, 70 bis 72 SachenRBerG). Hierbei ist der Bodenwert auf den Zeitpunkt festzustellen, in dem der Erbbauberechtigte das Ankaufsrecht ausübt.
Nutzungsänderungen im Sinne von § 70 SachenRBerG sind bis zu diesem Zeitpunkt zu berücksichtigen. Die Grundlagen der Preisbemessung sind dann in den Vertrag aufzunehmen. Für den Fall einer Weiterveräußerung des Erbbaugrundstücks nach dem Ankauf ist § 71 SachenRBerG entsprechend anzuwenden.
b) Für den weiteren Inhalt des Grundstückskaufs gelten die Bestimmungen über den aufgrund des gesetzlichen Ankaufsrechts nach dem Sachenrechtsbereinigungsgesetz abzuschließenden Kaufvertrag entsprechend; insbesondere gelten die §§ 62 mit 64 SachenRBerG für die Lastenfreistellung.

III. Erbbauzins[16]

1. Regelmäßiger Erbbauzins[17]

a) für Zwecke dieses Vertrags werden folgende Bemessungsgrundlagen vertraglich festgelegt:
Der *Bodenwert* des Erbbaugrundstücks beträgt DM/qm
Die Flächen des *Erbbaugrundstücks* (lt. Grundbuch = vom Inhalt des Erbbaurechts betroffenen Flächen, sonst § 50!) beträgt ...... qm; die über 500 qm hinausgehende Fläche ist nicht selbständig baulich nutzbar.
b) Der Erbbauzins beträgt sonach jährlich
...... qm × ...... DM/qm × 2% = DM
– Deutsche Mark –.

2. Fälligkeit[18]

a) Der Erbbauzins ist in vier gleichen Raten nachträglich am 31. März, 30. Juni, 30. September und 31. Dezember eines Jahres zu bezahlen.
b) Die Zahlungspflicht beginnt am ...... (Zeitpunkt nach § 44 (2) SachenRBerG einsetzen!). Bis zur Eintragung des Erbbaurechts ist ein Nutzungsentgelt in Höhe des Erbbauzinses zu zahlen. Soweit nach bisheriger Rechtslage ein Entgelt zu leisten war, gilt dies nur bis zum Beginn der nunmehrigen Zahlungspflicht.

3. Eingangsphase[19]

Aufgrund *Geltendmachung* durch den Erbbauberechtigten (§ 51 SachenRBerG) wird für die Eingangsphase folgender ermäßigter Erbbauzins vereinbart:
a) ¼ in den ersten drei Jahren,

b) die Hälfte in den folgenden drei Jahren und
c) ¾ in den darauffolgenden drei Jahren, des sonst zahlbaren Erbbauzinses.[1]
Die Eingangsphase beginnt mit der Zahlungspflicht nach Abs. 2b), spätestens am 1. Januar 1995.

4. Wertsicherung[20]

Zur Wertsicherung des Erbbauzinses – gleichgültig ob er in Höhe des regelmäßigen Erbbauzinses oder der Änderungen nach Absatz 3, 5 oder 6 zu bezahlen ist – wird vereinbart:

a) *Wertmaßstab*

Der Erbbauzins erhöht oder ermäßigt sich im gleichen Verhältnis, wie das Mittel zwischen der Änderung des Lebenshaltungskostenindex (4-Personen-Arbeitnehmer-Haushalt mit mittlerem Einkommen) einerseits und andererseits der Einkommen, diese wiederum berechnet aus dem Mittel zwischen dem Bruttoverdienst der Arbeiter in der Industrie und dem Bruttoverdienst der Angestellten in Industrie und Handel. Maßgebend ist jeweils der vom Statistischen Bundesamt festgelegte Index.

Die Berechnungsformel lautet demgemäß, wie folgt:[2]

$$\frac{\text{Änderung Lebenshaltungskosten (= 4 Personen Arbeitnehmerhaushalt mit mittleren Einkommen)} + \text{Änderung Einkommen (= Brutto-Verdienste der Arbeiter in der Industrie + Brutto-Verdienste der Angestellten in Industrie und Handel): 2}}{2}$$

b) Anpassungszeitpunkt

Eine Erhöhung kann frühestens nach Ablauf von 10 Jahren ab heute, und darauf frühestens jeweils nach Ablauf von 3 Jahren nach der jeweils letzten Änderung verlangt werden; es ist dabei der Wertvergleich zwischen dem jetzigen Monat (bzw. dem Monat der letzten Änderung) und dem Monat des Änderungszeitpunkts anzustellen.

c) Höchstgrenzen

Festgestellt wird, daß die Höchstgrenze gem. § 46 Abs. 2 SachenRBerG gilt und die Bestimmungen von § 9a ErbbauVO unberührt bleiben.

5. Anpassung wegen abweichender Grundstücksgröße[21]

Auf Verlangen des ...... (jeder Vertragsteil kann das Verlangen stellen) wird vereinbart:

Ergibt das Ergebnis einer noch durchzuführenden Vermessung Flächenabweichungen im Sinne von § 50 SachenRBerG, so ist der Erbbauzins entsprechend zu ändern.

6. Weitere Anpassungen[22]

Schuldrechtlich gilt:
a) Anpassung bei Nutzungsänderung[22]

Soweit eine Nutzungsänderung nach § 54 Abs. 1 und 4 SachenRBerG erfolgt, ist der Erbbauzins gem. § 47 SachenRBerG anzupassen.

b) Zinserhöhung nach Veräußerung[23]

---

[1] Beträgt der zu verzinsende Bodenwert mehr als 250.000,– DM, dann jeweils vier Jahre einsetzen.

[2] Vorstehende Mischklausel war nach der Rechtsprechung des BGH zu § 9a ErbbVO nicht nach § 3 Währungsgesetz (außer Kraft ab 1. 1. 1999!) genehmigungsfähig; andererseits entspricht vorstehende Mischklausel § 46 Abs. 1 Satz 3, so daß davon ausgegangen wird, daß damit gleichzeitig § 3 Währungsgesetz entsprechend auszulegen ist; dies ist jedoch heute noch nicht sicher (vgl. dazu oben Form. VIII. 2 Anm. 10). Wird eine reine Lebenshaltungskostenindexklausel gewählt, ist dies zwar nach dem Währungsgesetz sicher, jedoch eine deutliche Verschlechterung der Rechtsposition des Grundstückseigentümers.

26. Erbbaurechtsvertrag (Sachenrechtsbereinigung) VIII. 26

Auf *Verlangen* des Grundstückseigentümers wird vereinbart:
Soweit eine Veräußerung des Erbbaurechts erfolgt und die weiteren im § 48 SachenRBerG genannten Voraussetzungen vorliegen, erhöht sich der Erbbauzins in der dort festgelegten Weise.

7. Dingliche Sicherung[24]

Zur Sicherung der vorstehenden Vereinbarungen – also nicht nur zur Sicherung des Erbbauzinses nach Abs. 1, sondern auch hinsichtlich seiner Anpassung nach Maßgabe von Absätzen 3 mit 5 wird eine

Erbbauzinsreallast

im Sinne von § 9 Abs. 2 Satz 2 und 3 ErbbauVO bestellt. Nach § 9 Abs. 3 ErbbVO wird als Inhalt des Erbbauzinses vereinbart, daß die Erbbauzinsreallast abweichend von § 52 Abs. 1 des Gesetztes über die Zwangsversteigerung und die Zwangsverwaltung mit ihrem Hauptanspruch bestehen bleibt, wenn der Grundstückseigentümer aus der Reallast oder der Inhaber eines im Rang vorgehenden oder gleichstehenden dinglichen Rechts die Zwangsversteigerung des Erbbaurechts betreibt.

IV. Weitere (schuldrechtliche) Bestimmungen

1. Gewährleistung[25]

Der Grundstückseigentümer haftet nicht für Sachmängel des Erbbaugrundstücks.[25] Für die Verschaffung der ersten Rangstelle des Erbbaurechts gelten die Bestimmungen von §§ 33 ff. SachenRBerG; weitere Verpflichtungen hierzu oder Gewährleistungen werden nicht übernommen.[26]

2. Rechtsnachfolger[27]

Der Erbbauberechtigte hat im Fall der Veräußerung des Erbbaurechts sämtliche Verpflichtungen aus diesem Vertrag seinem Rechtsnachfolger mit Weitergabeverpflichtung aufzuerlegen. Dies gilt insbesondere für die schuldrechtlichen Vereinbarungen zur Anpassung des Erbbauzinses nach Abschnitt III. Abs. 6.

3. Salvatorische Klausel[28]

Sollte eine Bestimmung dieses Vertrages unwirksam sein oder werden, so wird dadurch die Wirksamkeit des Vertrags und des Erbbaurechts im übrigen nicht berührt. Die Vertragsteile sind dann verpflichtet, den Vertrag durch eine Regelung zu ergänzen, die der unwirksamen Bestimmung wirtschaftlich am nächsten kommt.

4. Kosten, Steuern[29]

Die Kosten dieses Vertrages, seines Vollzugs im Grundbuch, erforderlicher Genehmigungen und der Rangbeschaffung sowie die Grunderwerbsteuer tragen Grundstückseigentümer und Erbbauberechtigter zu gleichen Teilen.

5. Abschriften[30]

Von dieser Urkunde erhalten:
Beglaubigte Abschriften:
– die Vertragsteile,
– das Grundbuchamt,
– die Landeszentralbank zur Genehmigung nach § 3 Währungsgesetz[20],
– die Genehmigungsbehörde nach der GVO,
– zum Rangrücktritt verpflichtete dingliche Berechtigte,
einfache Abschriften:
– Finanzamt – Grunderwerbsteuerstelle –.

V. Grundbucherklärungen[31]

Die Beteiligten sind über die Bestellung des Erbbaurechts und der Erbbauzinsreallast einig. Sie

bewilligen und betragen

1. in das in Abschnitt I. 1. bezeichnete *Grundstücksgrundbuch* einzutragen:
   a) das Erbbaurecht in Abt. II an erster Rangstelle;
   b) die zur Rangbeschaffung für das Erbbaurecht erforderlichen Erklärungen;
2. für das vereinbarte Erbbaurecht ein *Erbbaugrundbuch* anzulegen und hier einzutragen:
   a) das Erbbaurecht mit dem gesetzlichen und vertraglichen Inhalt nach Abschnitt II;
   b) die Erbbauzinsreallast gem. Abschnitt III.7 zugunsten des jeweiligen Grundstückseigentümers an erster Rangstelle, mit Ausnahme von nach Abs. 3 etwa zur Eintragung kommenden Rechten in Abt. II.
3. in einem etwaigen bisherigen Gebäudegrundbuch bzw. *Grundstücksgrundbuch* einzutragen:
   das Erlöschen des bisherigen Gebäudeeigentums bzw. Nutzungsrechts und sonstiger Rechte des Nutzers gem. § 59 SachenRBerG.
4. Rechtsausdehnungen[32]
   Die im Gebäudegrundbuch in Abt. II und III. eingetragenen Belastungen bestehen gem. § 34 Abs. 1 SachenRBerG am Erbbaurecht fort; soweit diese Rechtsfolge nicht ohnehin kraft Gesetztes durch Surrogation eintritt, werden diese Rechte vorsorglich dem gesamten Rechtsinhalt nach unter Bezugnahme auf die seinerzeitigen Bestellungsurkunden bzw. Eintragungsgrundlagen auf das Erbbaurecht ausgedehnt, und zwar im bisherigen Rangverhältnis, und die entsprechende Eintragung im Erbbaugrundbuch

bewilligt und beantragt.

Variante, wenn kein selbständiges Gebäudeeigentum besteht, also §§ 35 bis 37 SachenRBerG:

Die nachgenannten Gläubiger haben ihre Rechte nach § 35, 36 SachenRBerG geltend gemacht.

Das in Abt. II unter Nr. 1) eingetragene Geh- und Fahrtrecht wird mit dessen bisherigem Rechtsinhalt unter Bezugnahme auf die Bestellungsurkunde auf das Erbbaurecht ausgedehnt, jedoch mit der Maßgabe, daß dieses Recht am Erbbaurecht nur insoweit gilt, als der Inhalt des Erbbaurechts dies zuläßt; andererseits werden die Befugnisse des Erbbauberechtigten insoweit eingeschränkt.

Der Eintragung der vorbestellten Rechte in Abt. II und III im bisherigen Rangverhältnis wie am Erbbaugrundbuch am Erbbaurecht und im Rang vor dem Erbbauzins wird

bewilligt und beantragt.

VI. Ermächtigung des Notars[33]

Der beurkundende Notar wird ermächtigt, die zu diesem Vertrag erforderlichen Genehmigungen zu erholen und entgegenzunehmen, Anträge – auch geteilt – zu stellen, zurückzunehmen und zu ergänzen, ohne Rücksicht auf die gesetzliche Vollmacht. Alle zu diesem Vertrag erforderlichen Zustimmungserklärungen sollen mit dem Eingang beim Notar den Vertragsteilen als zugegangen gelten und rechtswirksam sein.

VII. Hinweise des Notars[34]

Die Beteiligten wurden vom Notar u. a. darüber belehrt, daß
1. das Erbbaurecht erst mit der Eintragung im Grundbuch entsteht,
2. das Erbbaurecht ausschließlich erste Rangstelle im Grundbuch erhalten muß,

26. Erbbaurechtsvertrag (Sachenrechtsbereinigung)   VIII. 26

3. die Eintragung erst erfolgen kann, wenn die finanzamtliche Unbedenklichkeitsbescheinigung wegen der Grunderwerbsteuer dem Notar vorliegt,
4. die Wertsicherungsklausel in Ziffer III der Genehmigung durch die Landeszentralbank in nach § 3 Währungsgesetz bedarf,
5. alle Vereinbarungen richtig und vollständig beurkundet sein müssen, alle nicht beurkundeten Abreden nichtig sind und die Wirksamkeit des ganzen Vertrages in Frage stellen können,
6. die Beteiligten für die Kosten bei Gericht und Notar sowie die Grunderwerbsteuer als Gesamtschuldner haften,
7. auf die Bedeutung der dinglichen Erbbauzinsreallast und deren Bestehenbleiben in der Zwangsversteigerung,
8. auf das Erfordernis der Genehmigung dieser Urkunde nach der Grundstücksverkehrsordnung.

Anmerkungen

1. **Ausgangslage.** Aufgrund der Regelung im Einigungsvertrag besteht eine Vielzahl verschiedenster Arten von Gebäudeeigentum mit Nutzungsrecht oder ohne Nutzungsrecht fort, die alle Bestandsschutz genießen. Hinzu kommt eine weitere Vielzahl sogenannter „hängender Fälle", also von Fällen, die nach früherem DDR-Recht nicht korrekt entstanden sind sowie ähnliche Fälle, wie z.B. Überlassungsverträge. Die Gesamtzahl ist nach der amtlichen Begründung für alle diese Fälle hoch: ca. 250.000 Eigenheime und ca. 1 Mio. Wohnungen in Geschoßbauten (BT-Drucks. 12/5992, S. 95). Der Einigungsvertrag samt seitherigen Änderungen gewährt grundsätzlich Bestandsschutz.

Das SachenRBerG (s. oben Anm. 37 zu Form. VIII. 1) knüpft an die nach dem Einigungsvertrag samt Folgevorschriften bestehende Rechtslage an. Es schafft ein „Umwandlungsrecht" von der bestehenden Rechtslage in dem numerus clausus der Rechte des BGB. Dadurch soll einerseits das Sachenrecht wieder vereinheitlicht werden und andererseits an die Stelle von äußerst verschiedenartigen und mangelhaft geregelten Rechtsgebilden wieder eine einheitliche, verkehrsfähige und praktikable Rechtslage geschaffen werden. Im Rahmen des Umwandlungsrechts entschied sich der Gesetzgeber für die sogenannte „Anspruchslösung". Es tritt also nicht automatisch an die Stelle der bestehenden Rechtslage die neue Rechtslage (Surrogationslösung), sondern es entsteht nur ein gesetzlicher Anspruch auf Umwandlung nach dem Gesetz. Der Inhalt der hiernach abzuschließenden Verträge ist gesetzlich vorgegeben, aber dispositiv. Durch eine Vielzahl von Gestaltungsrechten kann dem Einzelfall Rechnung getragen werden und sind flexible Regelungen ohne Zeitdruck und übergroße Belastung der Grundbuchämter möglich. Es besteht auch kein Zwang zur Umwandlung; nur wenn Nutzer oder Eigentümer es verlangen, findet die Umwandlung statt, andernfalls verbleibt es bei der bisherigen Rechtslage. Alle vom Gesetz vorgegebenen Möglichkeiten sind in der Erbbaurechtsbestellung zu verwirklichen. Danach gilt hier – von wenigen Ausnahmen abgesehen – die ErbbVO, wie für jedes andere Erbbaurecht (ausführlich hierzu v. *Oefele/Winkler* Rdn. 8.1 ff.).

2. **Wahl des Formulars.** Das Muster enthält nur den vom Gesetz vorgesehenen Mindestinhalt, sowie den Inhalt aufgrund von im Gesetz vorgesehenen Gestaltungsrechten; nur insoweit bestehen Ansprüche aufgrund des SachenRBerG. Es können dem freiwillige Vereinbarungen hinzugefügt werden, die aus übrigen Textmustern genommen werden können.

3. **Ermittlung des Sachverhalts.** Der Sachverhalt muß genau ermittelt und wiedergegeben werden, da ein anderer Sachverhalt ganz andere Rechtsfolgen und einen anderen

Inhalt des Erbbaurechts bewirken kann. Ob ein unter das SachenRBerG fallender Sachverhalt überhaupt gegeben ist, ist in folgender Weise zu prüfen:
a) es muß sich um ein Grundstück im *Beitrittsgebiet* handeln (§ 1 Abs. 1 Satz 1 SachenRBerG);
b) *sachlicher* Anwendungsbereich (Positivliste) § 1 Abs. 1 Halbsatz 2 Nr. 1 mit 4 SachenRBerG; hierunter fallen im wesentlichen
　aa) *Gebäudeeigentum* (ausführlich dazu *v. Oefele/Winkler* Rdn. 7.3 ff.)
　　– mit dinglichem Nutzungsrecht (§ 1 Abs. 1 Nr. 1 a, § 5 Abs. 1 Nr. 2; § 7 Abs. 2 Nr. 1 u. 3 SachenRBerG),
　　– nach § 27 LPGG, § 7 Abs. 2 Nr. 5 SachenRBerG,
　　– von Arbeiterwohnungsbaugenossenschaften und sonstigen Wohnungsbaugenossenschaften (§ 1 Abs. 2 u. 3 SachenRBerG),
　　– nach § 459 Abs. 1 ZGB, § 6 Nr. 1, § 7 Abs. 2 Nr. 4 SachenRBerG,
　　– ausländischer Staaten (§ 110 SachenRBerG),
　bb) Nutzung aufgrund *abgeleiteten Rechts* gem. § 5 Abs. 1 SachenRBerG
　　– Nr. 3 a: Eigenheime auf LPG's zugewiesenen Flächen ohne Nutzungszuweisung,
　　– Nr. 3 b: Nutzung mit Billigung der Vorstände von LPG's aufgrund Ableitung vom Nutzungsrecht der LPG,
　　– Nr. 3 c: Überlassungsverträge,
　　– Nr. 3 d: Überlassung von Bauland von LPG's an Gemeinden,
　　– Nr. 3 f: Bebauung aufgrund Bodennutzungsschein,
　cc) Nutzung aufgrund *faktischer Verträge*
　　– § 5 Abs. 1 Nr. 3 e SachenRBerG: „unechte Datschen" (zu Wohnhäusern mit Billigung staatlicher Stellen umgebaute Wochenendhäuser),
　　– § 5 Abs. 1 Nr. 3 g, § 7 Abs. 2 Nr. 6 SachenRBerG: „hängende Fälle",
　　– § 6 Nr. 2, § 7 Abs. 2 Nr. 7 SachenRBerG: Überbauung ohne Klärung der Eigentumsverhältnisse,
　　– § 7 Abs. 2 Nr. 6 SachenRBerG: Bebauung durch HO/PGH,
　dd) Abgrenzung: Umwandlung alter Erbbaurechte (§ 112 SachenRBerG), nur Spezialvorschrift für vor Inkrafttreten des ZGB (1. 1. 1976) bestehende Erbbaurechte;
c) *persönlicher* Anwendungsbereich (§ 9 SachenRBerG),
d) *zeitlicher* Anwendungsbereich (§ 8 SachenRBerG),
e) Einreden und Einwendungen (§§ 28 ff. SachenRBerG).

Im Rahmen dieser Prüfung ist insbesondere auf den Fall von § 9 Abs. 1 Nr. 6 zu achten (Kauf eines Gebäudes ohne Bestellung eines Nutzungsrechts und ohne selbständiges Gebäudeeigentum), der besonders häufig ist. Ferner ist zu beachten, daß u.U. das Erbbaugrundstück erst nach §§ 21 ff. SachenRBerG bestimmt werden muß.

4. Anspruch auf Erbbaurechtsbestellung. Wenn ein entsprechender Tatbestand vorliegt (oben Anm. 3), hat der Nutzer das Wahlrecht gem. § 15 SachenRBerG, ob er die Bestellung eines Erbbaurechts verlangen oder das Grundstück kaufen will. Wird das Wahlrecht durch einseitige empfangsbedürftige Erklärung (§ 16 SachenRBerG) ausgeübt, so gibt es keine Möglichkeit einer späteren Änderung. Wenn der Nutzer sein Wahlrecht nicht ausübt, kann der Grundstückseigentümer ihn gem. § 16 Abs. 2 SachenRBerG mit einer Frist von 5 Monaten zur Abgabe der Wahlrechtsausübungserklärung auffordern. Gem. § 16 Abs. 3 SachenRBerG kann der Grundstückseigentümer eine angemessene Nachfrist setzen, z.B. 1 Monat, und danach selbst das Wahlrecht ausüben (vgl. *v. Oefele*, DtZ 1995, 158).

Nach § 32 SachenRBerG richtet sich der Anspruch des Nutzers auf Annahme eines Angebots auf Bestellung eines Erbbaurechts; die Bestimmung ist jedoch dahingehend auszulegen, daß der Anspruch zumindest auch auf Bestellung eines Erbbaurechts mit einem näher zu bezeichnenden Inhalt gerichtet werden kann. Hat der Nutzer sein Wahlrecht nicht ausgeübt, sondern der Grundstückseigentümer nach Setzung einer Nachfrist

26. Erbbaurechtsvertrag (Sachenrechtsbereinigung) VIII. 26

die Wahl getroffen, so steht ihm gem. § 32 Satz 2 SachenRBerG der entsprechende Anspruch zu.

5. **Notarielles Vermittlungsverfahren** (§§ 87 ff. SachenRBerG). Der Gesetzgeber geht zwar davon aus, daß die Erbbaurechtsbestellung im Rahmen einer „normalen" notariellen Beurkundung erfolgt. Soweit dies nicht möglich ist, ist ein zwingendes notarielles Vermittlungsverfahren festgelegt. Hierdurch sollen die Gerichte entlastet werden, weil einerseits jederzeit noch eine Beurkundung erfolgen kann und andererseits in den verbleibenden Konfliktfällen das Abschlußprotokoll des Notars mit seinem Vermittlungsvorschlag den Streitstoff auf die offenen Punkte reduziert. Hinsichtlich aller Verfahrensschritte hat die Bundesnotarkammer eine Musterakte herausgegeben, veröffentlicht im Materialband zum SachenRBerG vom Deutschen Anwaltsinstitut.

6. **Anspruchsinhalt.** Die §§ 33 ff. SachenRBerG regeln den gesetzlichen Anspruchsinhalt. § 42 Abs. 1 SachenRBerG regelt den zwingenden Mindestinhalt, der sich am gesetzlichen Inhalt des Erbbaurechts orientiert. Daneben enthält § 42 Abs. 2 SachenRBerG Ansprüche beider Vertragsteile auf bestimmte Inhaltsvereinbarungen zum vertraglichen Inhalt des Erbbaurechts. Eine Vielzahl von Einzelbestimmungen gewährt Gestaltungsrechte zum Inhalt des Erbbaurechts oder des Erbbauzinses sowie Gegenrechte. Soweit diese Gestaltungsrechte jedoch nicht ausgeübt werden, verbleibt es beim gesetzlichen Inhalt. Gesetzliche Ansprüche beziehen sich nicht nur auf dingliche Abreden, sondern auch auf schuldrechtliche Vereinbarungen (vgl. z. B. §§ 33, 34 Abs. 2 Satz 1, Abs. 3 SachenRBerG). Daneben sind auch Leistungsverweigerungsrechte enthalten (vgl. § 34 Abs. 2 Satz 2, § 35 Satz 2 SachenRBerG).

Im Rahmen einer gütlichen Einigung kann neben dem zwingenden und dispositiven Inhalt auch jeder sonst zulässige Inhalt in den Erbbaurechtsvertrag aufgenommen werden oder können durch gütliche Einigung gesetzliche Ansprüche abbedungen werden. Darüber hinaus sollte der Notar zweckmäßige Klauseln, wie sie in üblichen Erbbaurechtsverträgen vorkommen, anregen, z. B. Zustimmung zur Belastung, Vereinbarung über die Entschädigung, Vorkaufsrechte etc.

Das SachenRBerG enthält *weitere Gestaltungsrechte* („kann verlangen") zum vertraglichen Inhalt des Erbbaurechts; derartige Vereinbarungen müssen also getroffen werden, bei Ausübung des Gestaltungsrechts besteht jedoch ein Anspruch auf Aufnahme der entsprechenden Bestimmungen in den Erbbaurechtsvertrag. Anders als beim Wahlrecht nach § 16 SachenRBerG handelt es sich jedoch um gesetzliche Ansprüche, die nur die Geltendmachung voraussetzt; es kann also auch nachträglich hierauf wieder verzichtet werden. Insbesondere handelt es sich um folgende Gestaltungsrechte:

- *Bauverpflichtung.* Der Grundstückseigentümer kann als Inhalt des Erbbaurechts gem. § 2 Nr. 1 ErbbVO die Aufnahme einer Bebauungsverpflichtung innerhalb von 6 Jahren verlangen (§ 56 Abs. 1 Nr. 1 SachenRBerG); als Replik kann wiederum der Erbbauberechtigte gemäß § 56 Abs. 2 SachenRBerG eine Fristverlängerung um weitere 6 Jahre verlangen, und zwar, wenn er aus wirtschaftlichen oder besonderen persönlichen Gründen an der rechtzeitigen Fristerfüllung gehindert war.
- *Unterhaltspflicht* (§ 56 Abs. 1 Nr. 2 SachenRBerG). Die Verpflichtung zur Unterhaltung ist eine Konkretisierung von § 2 Nr. 1 ErbbVO. Als Annex zu diesem Anspruch ist auch die Vereinbarung eines Besichtigungsrechts möglich (oben Form. VIII. 1 Ziffer II § 3).
- *Sanierung* (§ 56 Abs. 3 SachenRBerG). Die Instandhaltungspflicht nach Abs. 1 Nr. 2 bezieht sich auch auf „unverzügliche" Reparatur/Erneuerung. Für die Behebung der bei Abschluß des Erbbaurechtsvertrags vorhandenen Bauschäden kann die Frist des Erbbauberechtigten hierzu auf 6 Jahre festgelegt werden; bei der unverzüglichen Durchführung verbleibt es jedoch, wenn die Maßnahme aus Gründen der Bausicherheit erforderlich ist.
- *Heimfall.* Nach der Bestimmung des § 56 Abs. 4 SachenRBerG kann der Heimfall nur als Sanktion für schuldhafte Pflichtverletzungen im Hinblick auf Errichtung und Un-

terhaltung des Gebäudes gemäß § 56 Abs. 1 mit 3 SachenRBerG vereinbart werden. Hinsichtlich anderer Heimfallgründe besteht kein gesetzliches Gestaltungsrecht; diese können also lediglich freiwillig vereinbart werden. Im übrigen gilt für den Begriff des Heimfalls und dessen Abwicklung § 2 Nr. 4 ErbbVO (vgl. Form. VIII. 1 Anm. 27).
- *Versicherung des Bauwerks* (§ 56 Abs. 5 SachenRBerG) s. u. Anm. 10;
- *Öffentliche Lasten* (§ 58 SachenRBerG) s. u. Anm. 11;
- *Ankaufsrecht* (§ 57 SachenRBerG) s. u. Anm. 14, 15;
- *Zustimmungsvorbehalt* (§ 49 SachenRBerG) s. u. Anm. 12.

7. Bauliche Nutzung. Hier ist gem. § 54 Abs. 1 SachenRBerG zunächst die vertraglich zulässige bauliche Nutzung zu bestimmen und gegebenenfalls zum Sachverhalt zu ergänzen. § 54 SachenRBerG behandelt die „bauliche Nutzung", differenziert aber nicht zwischen zulässiger Bebauung bzw. zulässiger weiterer Bebauung einerseits und Nutzung des Bauwerks, d. h. Verwendung des Bauwerks i. S. § 2 Nr. 1 ErbbVO. Die Bestimmung bezieht sich jedoch nach der Formulierung und ihrer Zielsetzung auf beides. Grundsätzlich ist vom status quo auszugehen, d. h. der nach dem Inhalt des Nutzungsrechts zulässigen baulichen Nutzung. Besteht kein Nutzungsrecht, so ist die tatsächliche bauliche Nutzung am 30. 6. 1990 und sonst am 2. 10. 1990 maßgebend; befand sich das Gebäude damals im Bau, so ist die danach vorgesehene Nutzung maßgebend. Soweit also die Bebauung bereits erfolgt ist, ist das Bauwerk Inhalt des Erbbaurechts. Für land- oder forstwirtschaftliche oder öffentliche Zwecke genutzte Gebäude kann eine Bestellung des Erbbaurechts unter Anpassung an veränderte Umstände verlangt werden, wenn sich die bauliche Nutzung nicht oder nur unwesentlich verändert hat (§ 54 Abs. 3 SachenRBerG). Nach der Öffnungsklausel des § 54 Abs. 4 SachenRBerG können auch weitere bauliche Veränderungen verlangt werden, soweit nach dieser Bestimmung eine Nutzungsänderung zulässig ist. Gem. § 41 SachenRBerG ist auch eine Erbbaurechtsbestellung mit dem Inhalt zulässig, daß der Erbbauberechtigte jede baurechtlich zulässige Zahl und Art von Gebäuden und Bauwerken errichten darf, wie dies für Erbbaurechte inzwischen vom BGH auch anerkannt ist (BGH MittBayNot 1994, 316). Hierin ist aber keine automatische Erweiterung der Rechtsposition des Nutzers zu sehen (vgl. *v. Oefele/ Winkler* Rdn. 8.19).

Für die zulässige Nutzung (= Verwendung) gilt das gleiche wie hinsichtlich des Bauwerks.

8. Erbbaugrundstück. Das Erbbaugrundstück ist nach §§ 21 ff. SachenRBerG zu bestimmen. Die Nutzungsbefugnis ist in die Erbbaurechtsbestellung aufzunehmen, ohne daß es einer gesonderten Geltendmachung bedarf, also anders als nach § 1 Abs. 2 ErbbVO. Für den Inhalt der Nutzungsbefugnis gilt grundsätzlich das gleiche wie für das Bauwerk, jedoch mit dem Unterschied, daß es sich um Freiflächen handelt. Die Formulierung in Satz 2 entspricht dem Sinn von § 54 Abs. 1 SachenRBerG, sowie der bisherigen Handhabung des Nutzungsrechts.

9. Dauer. Nach § 53 Abs. 1 SachenRBerG ist zunächst die zulässige Bebauung, ersatzweise die tatsächliche Bebauung zu bestimmen und für diese nach Abs. 2 die regelmäßige Dauer festzulegen, von der allerdings bei Vorliegen von Ausnahmevoraussetzungen nach Abs. 3 abgewichen werden kann. § 53 Abs. 2 SachenRBerG enthält die regelmäßige Dauer des Erbbaurechts mit verschiedenen Laufzeiten je nach Nutzungsart; hierbei handelt es sich jedoch um eine Vermutung, von der im Rahmen von Abs. 3 abgewichen werden kann.

10. Versicherung des Bauwerks. § 56 Abs. 5 SachenRBerG enthält ein Gestaltungsrecht des Grundstückseigentümers auf Vereinbarung einer Versicherungspflicht i. S. § 2 Nr. 2 ErbbVO. Unter „den Wert des Gebäudes deckende Versicherung" ist eine Gebäudeversicherung gegen Brand, Sturm, Heizöl- und Leitungswasserschäden zu verstehen, und zwar als Neuwertversicherung zum vollen Wert.

11. Öffentliche Lasten. Durch das Gestaltungsrecht des § 58 SachenRBerG kann der Grundstückseigentümer eine § 2 Nr. 3 ErbbVO entsprechende Bestimmung zum vertraglichen dinglichen Inhalt des Erbbaurechts verlangen. Anders als bei § 2 Nr. 3 ErbbVO kann sich die Bestimmung jedoch nicht auf privatrechtliche Lasten beziehen. Insoweit verbleibt es bei der bestehenden Rechtslage. Die Bestimmung gilt ferner nur für öffentliche Lasten nach dem Tag der Erbbaurechtsbestellung, während bis zu diesem Zeitpunkt die vorher bestehende Rechtslage im Verhältnis Nutzer/Grundstückseigentümer unberührt bleibt (§ 58 Satz 2 SachenRBerG).

Das Gesetz enthält keine Bestimmung über den Übergang von Besitz, Nutzen und Lasten an den Erbbauberechtigten, geht vielmehr davon aus, daß der Nutzer schon vor der Erbbaurechtsbestellung Besitzer des Gebäudes mit der entsprechenden Fläche ist und auch die privatrechtlichen Lasten bereits trägt.

12. Zustimmungsvorbehalt (§ 49 SachenRBerG). Das Gestaltungsrecht des Grundstückseigentümers bezieht sich auf eine dingliche Inhaltsvereinbarung nach § 5 Abs. 1 ErbbVO, nämlich Zustimmungspflicht zur Veräußerung. Nach § 7 Abs. 1 ErbbVO besteht ein gesetzlicher Anspruch auf Zustimmung zur Veräußerung unter den dort angegebenen Voraussetzungen (s. o. Form. VIII. 1 Anm. 21–26). Eine ähnliche Zustimmungspflicht enthält § 49 Satz 2 SachenRBerG insoweit, als die Zustimmung zu erteilen ist, wenn die in § 47 Abs. 1 SachenRBerG – Erbbauzinsanpassung an Nutzungsänderung – und § 48 Abs. 1–3 und Abs. 5 SachenRBerG – Zinserhöhung nach Veräußerung – genannten Voraussetzungen erfüllt sind. Der Gesetzgeber will damit absichern, daß im Fall der Veräußerung die dort genannten Erbbauzinsanpassungen durchgeführt werden.

Eine Zustimmungspflicht zur Belastung (s. o. Form. VIII. 1 Anm. 24) kann zwar nach dem Gesetz nicht verlangt werden; sie kann jedoch freiwillig vereinbart werden, was anzuraten ist. Dadurch kann sich der Grundstückseigentümer gegen unerwünschte nach § 33 ErbbVO beim Heimfall bestehen bleibende Belastungen schützen.

Wenn eine Heimfallklausel nach § 56 Abs. 4 SachenRBerG vereinbart wird (Erbbaurecht für besondere öffentliche, soziale oder vergleichbare Zwecke), dann entspricht es dem Sinn des Gesetzes, daß eine Zustimmungspflicht zur Belastung aufgenommen wird.

13. Zeitablauf. Zu den Folgen beim Erlöschen des Erbbaurechts durch Zeitablauf s. o. Form. VIII. 1 Anm. 30–33.

Soweit Rechte in Abt. II des Grundbuchs dem Erbbaurecht durch Rangrücktritt den Vorrang zur Erlangung der ersten Rangstelle einräumen, siehe ausführlich die Anm. zu Form. VIII. 5.

14. Ankaufsrecht. Nach der amtlichen Begründung (BT-Drucks. 12/5992 S. 83, 84), wird der Nutzer oft die für den Ankauf des Grundstücks nötigen Mittel nicht oder jedenfalls nicht sofort aufbringen können. § 57 SachenRBerG soll daher dem Nutzer die Möglichkeit geben, das Grundstück später zu kaufen, soweit er jetzt noch keinen Ankauf durchführen kann. Die Kombination Erbbaurecht mit Ankaufsrecht ist dann wirtschaftlich die für den Erbbauberechtigten optimale Lösung.

Das Ankaufsrecht kann als dinglicher Inhalt des Erbbaurechts nach § 2 Nr. 7 ErbbVO vereinbart werden. Als Replik kann der Grundstückseigentümer eine Befristung des Ankaufsrechts auf die ersten zwölf Jahre verlangen (§ 57 Abs. 1 Satz 2 SachenRBerG); dadurch soll dem Grundstückseigentümer nicht auf die gesamte Dauer die Ungewißheit über die Ausübung des Ankaufsrechts zugemutet werden und ihm damit eine zeitliche Kalkulationsmöglichkeit geschaffen werden. Die Fristdauer ist so bemessen, daß der Erbbauberechtigte Zeit zur Ansparung im Rahmen eines Bausparvertrags erhält.

15. Ankaufpreis. Nach § 57 Abs. 2 Satz 1 SachenRBerG gelten die Vorschriften über die Preisermittlung beim Ankaufsrecht nach §§ 68–74 SachenRBerG entsprechend, allerdings mit der Maßgabe, daß Zeitpunkt der Wertermittlung die Abgabe eines „den Vereinbarungen im Erbbaurechtsvertrag entsprechenden Angebots zum Ankauf" ist; der

Kaufvertrag kommt jedoch bereits durch Ausübungserklärung zustande, sodaß hierunter die formlose Ausübungserklärung zu verstehen ist. Soweit der Kaufpreis an die Nutzungsart anknüpft, kommt es auf die Nutzung zum Zeitpunkt der Preisbemessung an. § 57 Abs. 3 SachenRBerG ordnet im Interesse der Gleichbehandlung dieses Ankaufsrechts mit der Ankaufslösung im Sinn der Sachenrechtsbereinigung an, daß § 71 SachenRBerG entsprechend gilt, also die Nachzahlungsverpflichtung beim Verkauf des Grundstücks.

§ 57 Abs. 2 Satz 3 SachenRBerG verlangt ausdrücklich, daß die Grundlagen der Kaufpreisbemessung in den Erbbaurechtsvertrag aufzunehmen sind, also Teil der Regelung nach § 2 Nr. 7 ErbbVO; es genügt hier allerdings die Bezugnahme auf die fraglichen Bestimmungen von §§ 68, 70–72 SachenRBerG. Auch sonst muß für § 2 Nr. 7 ErbbVO der Inhalt des abzuschließenden Kaufvertrags bestimmbar sein (*v. Oefele/ Winkler* Rdn. 4, 155 ff.).

16. Systematik der Erbbauzinsregelung. Das Gesetz enthält keine zwingend geltenden Vorschriften, sondern bedient sich der Technik eines Systems von Ansprüchen und Einreden, deren Ergebnis im Erbbaurechtsvertrag niederzulegen ist. Es enthält folgende Elemente:
- *Regelerbbauzins* (§ 43 SachenRBerG), der das Halbteilungsprinzip zum Inhalt hat, siehe unten Anm. 17;
- *Eingangsphase* (§ 51 SachenRBerG), die Ermäßigungen des Erbbauzinses zur Erleichterung der Umstellung für den Erbbauberechtigten auf die neue Rechtslage bringt, siehe unten Anm. 19;
- *Anpassungsvorschriften,* die untergliedert sind in
  - Anpassungsklausel an *Wertänderungen* wie beim normalen Erbbaurecht (§ 46 SachenRBerG),
  - Anpassung an das Ergebnis einer durchzuführenden *Grundstücksvermessung* (§ 50 SachenRBerG),
  - Anpassung an *Nutzungsänderungen* (bauliche Nutzung oder Verwendung) § 47 SachenRBerG; hier kommt die Anbindung des Regelerbbauzinses an die Nutzungsart zum Ausdruck;
  - Zinserhöhung nach *Veräußerung* (§ 48 SachenRBerG); hierin kommt die Bevorzugung des derzeitigen Nutzers zum Ausdruck.

17. Regelerbbauzins (§ 43 SachenRBerG). Nach § 43 Abs. 1 SachenRBerG beträgt der regelmäßige Erbbauzins die *Hälfte* des für die entsprechende Nutzung üblichen Zinses. Als Zinssatz ist gem. § 43 Abs. 2 SachenRBerG in Ansatz zu bringen
- für *Eigenheime* (Nr. 1)
- 2% jährlich des Bodenwerts,
- 4% jährlich des Bodenwerts, soweit die Größe des belasteten Grundstücks die gesetzliche Regelgröße von 500 m^2 übersteigt und die darüber hinausgehende Fläche abtrennbar und selbständig baulich nutzbar ist oder soweit die Größe des belasteten Grundstücks 1000 m^2 übersteigt und die darüber hinausgehende Fläche abtrennbar und angemessen wirtschaftlich nutzbar ist,
- für im *staatlichen* oder *genossenschaftlichen Wohnungsbau* errichtete Gebäude (Nr. 2) 2% jährlich des Bodenwerts,
- für die *übrigen Nutzungsarten* (Nr. 3), 3,5% jährlich des Bodenwerts; wegen der großen Bandbreite des Erbbauzinssatzes bei diesen Anwendungsfällen kann jeder Beteiligte verlangen, daß ein anderer Zinssatz der Berechnung zugrunde gelegt wird, wenn der für diese Nutzung übliche Zinssatz mehr oder weniger als 7% jährlich beträgt; für die Ermittlung dieses Zinssatzes können die Grundsätze von § 46 Abs. 2 SachenRBerG mit der dort enthaltenen inhaltlichen und räumlichen Staffelung herangezogen werden (siehe unten Anm. 20); der danach ermittelte Zinssatz – soweit er von 7% abweicht – ist nach § 43 Abs. 1 SachenRBerG zu halbieren und zugrunde zu legen.

26. Erbbaurechtsvertrag (Sachenrechtsbereinigung)   VIII. 26

Der *Bodenwert* ist nach den Bestimmungen von §§ 19 ff. SachenRBerG zu ermitteln, wobei die übergroße Fläche i. S. § 26 SachenRBerG bereits in § 43 Abs. 2 Nr. 1b SachenRBerG berücksichtigt ist.

18. Zahlungsweise. Nach § 44 Abs. 1 SachenRBerG ist der Erbbauzins vierteljährlich nachträglich am 31. März, 30. Juni, 30. September und 31. Dezember eines Jahres zu zahlen.

Die Zahlungspflicht beginnt mit
- der Ladung des Nutzers zum Termin im notariellen Vermittlungsverfahren auf Abschluß eines Erbbaurechtsvertrags, wenn der Grundstückseigentümer den Antrag gestellt hat oder sich auf eine Verhandlung über den Inhalt des Erbbaurechts einläßt, oder
- einem § 32 SachenRBerG entsprechenden Verlangen des Grundstückseigentümers zur Bestellung eines Erbbaurechts oder der Annahme eines entsprechenden Angebots des Nutzers.

Der Nutzer hat auch dann ein Entgelt zu zahlen, wenn das Angebot von dem Inhalt des abzuschließenden Vertrages verhältnismäßig geringfügig abweicht. Bis zur Eintragung des Erbbaurechts in das Grundbuch hat der Nutzer an den Grundstückseigentümer ein Nutzungsentgelt in Höhe des Erbbauzinses zu zahlen (vgl. oben Form. VIII. Ziffer III Abs. 5 sowie dazu Anm. 39).

Üblich ist es, daß in einem Erbbaurechtsvertrag sich der Erbbauberechtigte der sofortigen *Zwangsvollstreckung* hinsichtlich des Erbbauzinses unterwirft (§ 794 Abs. 1 Ziff. 5 ZPO, s. o. Form. VIII. 1 Ziffer IV und dazu Anm. 40). Das Gesetz enthält hierzu kein Gestaltungsrecht. Eine Aufnahme dieser Bestimmung ist daher nur auf freiwilliger Basis möglich.

19. Eingangsphase. Durch die Bestimmung des § 51 SachenRBerG soll ein allmählicher Übergang von einer bisherigen zinslosen Nutzung an den regelmäßigen Erbbauzins nach § 43 SachenRBerG herbeigeführt werden. Der Nutzer kann dieses Gestaltungsrecht mit einem Ankaufsrecht nach § 57 (s. oben Anm. 14) kombinieren. Die im Vertrag vorgesehene Staffelung entspricht § 51 Abs. 1 SachenRBerG. Die Eingangsphase beginnt mit dem Eintritt der Zahlungspflicht nach § 44 SachenRBerG, spätestens am 1. 1. 1995. Bei Eigenheimen erfolgt eine Dehnung der Staffel auf jeweils 4 Jahre, wenn der zu verzinsende Bodenwert 250.000,- DM nicht unterschreitet (§ 51 Abs. 2 SachenRBerG).

Haben die Beteiligten bereits vorher sich über ein Nutzungsentgelt geeinigt, kann der Nutzer eine Ermäßigung nur bis zur Höhe des vereinbarten Entgelts verlangen; übersteigt das vertraglich vereinbarte Entgelt den nach §§ 43 ff. SachenRBerG zu zahlenden Erbbauzins, so entfallen nach § 51 Abs. 3 Satz 2 SachenRBerG von Anfang an die Rechte aus der Eingangsphase.

20. Wertsicherung. Die Bestimmung des § 46 SachenRBerG enthält den Anspruch auf Aufnahme einer Anpassungsklausel nicht wie sonst aufgrund einseitiger Gestaltung, sondern als Verpflichtung von Nutzer und Grundstückseigentümer. Eine Wertsicherungsklausel ist daher grundsätzlich in den Erbbaurechtsvertrag aufzunehmen; selbstverständlich können beide Parteien einverständlich darauf verzichten.

Der Anpassungsmaßstab bestimmt sich wie der regelmäßige Erbbauzins (§ 43 SachenRBerG) nach der Nutzungsart. Bei der Nutzung zu *Wohnzwecken* gilt für die Anpassung der „in § 9a ErbbVO bestimmte Maßstab"; § 9a ErbbVO enthält eine Billigkeitsprüfung, bei der die „Entwicklung der allgemeinen wirtschaftlichen Verhältnisse" den Maßstab bildet, von dem nur nach den Umständen des Einzelfalls abgewichen werden kann. Dieser Anpassungsmaßstab ist durch die ständige Rechtsprechung des BGH gefestigt und entspricht dem Mittelwert aus dem Lebenshaltungskostenindex für einen 4-Personen-Arbeitnehmer-Haushalt mit mittlerem Einkommen und Einkommensindex (Industriearbeiter und Angestellte Industrie und Handel); insoweit wird auf eine ähnliche Klausel in Form. VIII. 2 Ziffer IV und die Anmerkungen dazu verwiesen.

Bei *anderen Nutzungen* ist die Anpassung nach
- den Erzeugerpreisen für gewerbliche Güter bei gewerblicher oder industrieller Nutzung des Grundstücks,
- den Erzeugerpreisen für landwirtschaftliche Produkte bei land- und forstwirtschaftlicher Bewirtschaftung des Grundstücks oder
- den Preisen für die allgemeine Lebenshaltung in allen übrigen Fällen vorzunehmen (§ 46 Abs. 1 Satz 4 SachenRBerG).

Die *Anpassungszeit* ist für alle in den Bestimmungen enthaltenen Varianten einheitlich vorgeschrieben und zwar
- erste Anpassung 10 Jahre nach Bestellung des Erbbaurechts gem. § 46 Abs. 1 Satz 2 SachenRBerG,
- spätere Anpassungen jeweils 3 Jahre nach letzter Anpassung (§ 46 Abs. 1 Satz 6 SachenRBerG).

Die Vereinbarung über die Anpassung des Erbbauzinses ist bis 31. 12. 1998 nur wirksam, wenn die Genehmigung nach *§ 3 Währungsgesetz* oder entsprechenden währungsrechtlichen Vorschriften erteilt wird. Mit Wirkung vom 1. 1. 1999 entfällt dieses Genehmigungserfordernis (Art. 9 § 1 des EuroEG v. 9. 6. 1998, BGBl. I S. 1242/1253).

Die Anpassung ist auf den Betrag zu begrenzen, der sich aus der Entwicklung der Grundstückspreise ergibt. Die Begrenzung ist auf der Grundlage der Bodenrichtwerte nach § 196 BauGB, soweit diese vorliegen, andernfalls in der in § 46 Abs. 2 SachenRBerG bestimmten Weise vorzunehmen.

21. Anpassung in besonderen Fällen. Neben der dem Schutz vor Währungsrisiken dienenden Wertsicherungsklausel typisiert das Gesetz auch einige Fälle, die sich auf Änderungen am konkreten Erbbaurecht beziehen: Da im Zug der Sachenrechtsbereinigung zu erwarten ist, daß Erbbaurechte oft auf nicht oder nur ungenau vermessenen Grundstücksflächen bestellt werden, gewährt § 50 SachenRBerG ein Gestaltungsrecht, wonach im Rahmen einer *Nachvermessung* die Zinsanpassung an das Messungsergebnis verlangt werden kann. Eine Pflicht zur Neuvermessung wird nicht geschaffen. Die Abweichung muß „mehr als geringfügig" sein, wozu § 72 Abs. 2 SachenRBerG mehr als zwischen 3 und 5% je nach Bodenwert festlegt.

22. Anpassung bei Nutzungsänderung. § 47 SachenRBerG baut auf dem Regelerbbauzins nach § 43 SachenRBerG auf, wonach die Halbteilung des Erbbauzinses an die jeweilige Nutzungsart anknüpft und regelt die Folgen von nach § 54 SachenRBerG zulässigen Nutzungsänderungen auf den Erbbauzins:
- Änderungen innerhalb der bisherigen Grundnutzungsart bleiben ohne Auswirkungen auf den Erbbauzins (§ 47 Abs. 1 Satz 1 SachenRBerG);
- Wechsel der Nutzungsart (§ 54 Abs. 1, 4 SachenRBerG); dieser Nutzungsänderung kann der Grundstückseigentümer nach § 54 Abs. 4 Satz 3 SachenRBerG widersprechen, wenn nicht die Erbbauzinsanpassung nach § 47 SachenRBerG erfolgt.

Die Erbbauzinsanpassung geschieht nicht automatisch kraft Gesetzes; vielmehr bestehen nur beiderseitige gesetzliche Gestaltungsrechte auf entsprechende Aufnahme in den Erbbaurechtsvertrag. Nutzungsänderungen vor Erbbaurechtsbestimmungen sind schon bei dieser zu berücksichtigen. Die Einzelheiten der Erbbauzinserhöhung bzw. Erbbauzinsherabsetzung sind in § 47 Abs. 1 Satz 2, Satz 4 SachenRBerG geregelt.

23. Anpassung nach Veräußerung. Nach § 48 SachenRBerG kann der Grundstückseigentümer verlangen daß in den Erbbaurechtsvertrag eine Bestimmung aufgenommen wird, in der sich der Erbbauberechtigte im Fall einer Veräußerung des Erbbaurechts in den ersten 3 Jahren nach dessen Bestellung verpflichtet, einen Vertrag über die Veräußerung des Erbbaurechts in der Weise abzuschließen, daß der Erwerber des Erbbaurechts gegenüber dem Grundstückseigentümer zu einer Zinsanpassung in einer bestimmten Weise verpflichtet ist, wenn bestimmte Voraussetzungen vorliegen. Es handelt sich hier um die Veräußerung unbebauter oder mit abbruchreifen Gebäuden bebauter Erbbaurechte oder eines land-, forstwirtschaftlich oder gewerblich oder für öffentliche Zwecke genutzten Erbbaurechts. Soweit dagegen ein nutzbares (und nicht abbruchreifes) Wohngebäude veräußert wird, erfolgt keine Erhöhung. Der Zins erhöht sich von 2 auf 4% jährlich des Bodenwerts, wenn das Erbbaurecht für eine Nutzung des Gebäudes zu Wohnzwecken bestellt wurde, oder von 3,5 auf 7% jährlich bei land-, forstwirtschaftlicher oder gewerblicher Nutzung oder einer Nutzung des Erbbaurechts für öffentliche Zwecke.

Im Fall einer Veräußerung im 4. bis 6. Jahr erfolgt die Erhöhung nur noch auf 3% bei Nutzung für Wohnzwecken und auf 5,25% bei anderen Nutzungen (§ 48 Abs. 3 SachenRBerG).

Als Gestaltungsrecht kann der Nutzer bei Bemessung des Zinses im ersten bis sechsten Jahr den üblichen Zins verlangen (§ 48 Abs. 4 SachenRBerG).

24. Dingliche Sicherung. § 52 Abs. 1 SachenRBerG begründet ein Gestaltungsrecht des Grundstückseigentümers auf Absicherung des regelmäßigen Erbbauzinses, Abs. 2 als Replik ein Gestaltungsrecht des Nutzers hinsichtlich des Rangrücktritts der Reallast zugunsten eines für Baumaßnahmen des Nutzers in § 52 Abs. 2 SachenRBerG näher geregelten Finanzierungsspielraums. Der Anspruch bezieht sich auf Eintragung einer Erbbauzinsreallast im Sinn von § 9 Abs. 3 ErbbVO, also einer „versteigerungsfesten Erbbauzinsreallast (ausführlich hierzu *v. Oefele/Winkler* Rdn. 6.53 ff., 6.270 ff. u. oben Form. VIII. 1 Anm. 37). Zur Sicherung der Anpassungsverpflichtung nach § 46 SachenRBerG gem. dem durch das SachenRBerG neu eingeführten § 9 Abs. 2 ErbbVO wird auf die Ausführungen in *v. Oefele/Winkler* Rdn. 6.78 ff. sowie 6.211 ff. u. oben Form. VIII. 3 Anm. 8 verwiesen.

25. Gewährleistung. Nach § 60 Abs. 3 SachenRBerG haftet der Grundstückseigentümer nicht für Sachmängel des Grundstücks. Der Erbbauberechtigte soll nicht besser gestellt werden, als es der bisherigen Rechtslage entsprach. Die Bestimmungen über Sachmängel (§§ 459 ff. BGB), die sonst bei der Erbbaurechtsbestellung als rechtskaufähnlichem Vertrag anwendbar sind, sind daher hier nicht anwendbar. Dies gilt nicht für Sachmängel, die der Sphäre des Grundstückseigentümers zuzuordnen sind; insoweit bleiben die Grundsätze des Wegfalls der Geschäftsgrundlage anwendbar (vgl. BT-Drucks. 12/5992, S. 217). Auch Ansprüche aus positiver Vertragsverletzung werden nicht ausgeschlossen. Vgl. im übrigen Form. VIII. 1 Ziffer VIII und Anm. 43 dazu.

26. Erste Rangstelle des Erbbaurechts. Nach § 33 SachenRBerG kann der Nutzer verlangen, daß die Inhaber dinglicher Rechte am Grundstück im Rang hinter das Erbbaurecht zurücktreten. Hierzu enthalten die Bestimmungen der §§ 34–37 SachenRBerG Gegenansprüche dieser Berechtigten, die allerdings differenziert sind bei bestehendem Gebäudeeigentum (§ 34 SachenRBerG) bzw. für den Fall, daß kein Gebäudeeigentum besteht (§§ 35 mit 37 SachenRBerG). Wegen der Einzelheiten wird auf die Ausführungen bei *v. Oefele/Winkler* Rdn. 8.120–8.130 sowie die Anm. zu Form. VIII. 5 und 6 verwiesen.

27. Rechtsnachfolger. Es wird auf Form. VIII. 1 Ziffer IX und Anm. 22 hierzu verwiesen.

28. Salvatorische Klausel. Es wird auf Form. VIII. 1 Zifffer XII und Anm. 47 dazu verwiesen.

29. Kosten, Steuern. Gemäß § 60 Abs. 2 SachenRBerG sind die Kosten des Vertrags und seiner Durchführung zwischen den Vertragsparteien zu teilen. Dem Sinn nach fällt hierunter auch die Grunderwerbsteuer, wobei allerdings zu bedenken ist, daß für ein vorhandenes Gebäudeeigentum kein Erwerb stattfindet, sondern nur dessen rechtliche Konstruktion geändert wird, sodaß ohne Erwerb des Gebäudeeigentums insoweit keine Grunderwerbssteuer anfallen darf (*v. Oefele/Winkler* Rdn. 8.118). Vgl. allgemein hierzu

Anm. 54 und 55 zu Form. VIII. 1. Privatrechtlich begründete Kosten, wie z. B. Rechtsanwalts- und Steuerberatungskosten fallen nicht hierunter.

30. **Abschriften.** Auf Form. VIII. 1 Ziffer XIV und die Anm. 48 dazu wird verwiesen. Abweichend hiervon ist auf das Erfordernis der Genehmigung nach der Grundstücksverkehrsordnung für Grundstücke in den neuen Bundesländern hinzuweisen (siehe unten Anm. 34), wofür eine beglaubigte Abschrift vorzusehen ist.

31. **Grundbucherklärungen.** Auf die Ausführungen in Form. VIII. 1 Ziffer X und Anm. 45 hierzu wird verwiesen.

32. **Rechtsausdehnungen.** Es wird verwiesen auf Anm. 26 und hinsichtlich von Rechten in Abteilung II des Grundbuchs auf Form. VIII. 5. Bezüglich von Rechten in Abteilung III des Grundbuchs gelten die §§ 36, 37 SachenRBerG; die Gläubiger sind am Vermittlungsverfahren gem. § 92 Abs. 2, § 93 Abs. 4, § 94 Abs. 2 Satz 3 etc. SachenRBerG zu beteiligen. Hier ist das Ergebnis der erzielten Regelung einzusetzen.

Im Hinblick auf das komplizierte Ergebnis – teilweise neue Sicherung im Erbbaurecht für den Gläubiger (§ 36 SachenRBerG) gegen Rücksicherung des Erbbauberechtigten am Erbbaugrundstück (§ 37 SachenRBerG) – sollten beide Vertragsteile einen Rangrücktritt des Gläubigers ohne Regelung nach § 36 SachenRBerG anstreben, also ohne daß der Gläubiger die Eintragung eines Grundpfandrechts am Erbbaurecht verlangt. Ist der Gläubiger hierzu nicht bereit, sollte eine anteilige Ablösung des Grundpfandrechts erfolgen, es sollte also statt einer anteiligen Neusicherung des Grundpfandrechts am Erbbaurecht insoweit das Grundpfandrecht abgelöst werden; soweit der Erbbauberechtigte diese Ablösung bezahlt, könnte eine Grundschuld zu seiner Sicherung am Erbbaugrundstück gem. § 37 SachenRBerG eingetragen werden.

33. **Ermächtigung des Notars.** Auf Form. VIII. 1 Ziffer XV wird verwiesen.

34. **Belehrungen.** Auf Form. VIII. 1 Ziffer XVI und Anm. 49 mit 52 hierzu wird verwiesen. Hinzuweisen ist auf das Erfordernis der Genehmigung nach der Grundstücksverkehrsordnung, die für Grundstücke in den neuen Bundesländern einschlägig ist; nach § 2 Abs. 1 GVO bedürfen der Genehmigung die Bestellung und Übertragung eines Erbbaurechts und der schuldrechtliche Vertrag hierüber; die Genehmigung erfaßt also nicht nur das dingliche Vollzugsgeschäft, sondern auch das diesem zugrundeliegende schuldrechtliche Geschäft. Nach § 2 Abs. 1 Satz 2 Nr. 1 GVO besteht in bestimmten Fällen Genehmigungsfreiheit.

27. Erbbaurechtsvertrag und Begründung von Wohnungserbbaurechten[1] (Sachenrechtsbereinigung)

Heute ......
sind vor mir, ... Notar ...... anwesend ......
Nach Unterrichtung über den Grundbuchstand beurkunde ich bei gleichzeitiger Anwesenheit der Beteiligten ihren Erklärungen gemäß, was folgt:

A. Erbbaurechtsvertrag[2]

I. Sachstand

1. Grundbuchstand

Im Grundbuch des Amtsgerichts ...... für ......
Band ...... Blatt ......

27. Erbbaurechtsvertrag und Begründung von Wohnungserbbaurechten VIII. 27

ist ...... als Eigentümer des Grundbesitzes der Gemarkung ...... eingetragen:
Flst. Nr. ...... (Beschrieb) ...... zu ...... qm.
Dieser Grundbesitz ist im Grundbuch belastet, wie folgt:
in Abt. II:
Nr. 1)
Geh- und Fahrtrecht für den jeweiligen Eigentümer von Flst. Nr. ...... gem. Bewilligung vom ......
in Abt. III:
Nr. 1)
...... DM Aufbaugrundschuld für ......
gem. Bewilligung vom ......

2. Nutzungsrecht/Gebäudeeigentum

Mit Bescheid des ...... vom ...... wurde dem A und dem B („der Nutzer") zusammen ein Nutzungsrecht nach §§ 287, 291 ZGB verliehen bzw. zugewiesen, durch das ihnen die Errichtung eines Zwei-Familienhauses mit Doppelgarage gestattet worden ist. Das Nutzungsrecht erstreckt sich auf das gesamte in Abs. 1 bezeichnete Grundstück.

In Ausübung des Nutzungsrechts hat der Nutzer auf diesem Grundstück in den Jahren ...... bis ...... ein Zwei-Familienhaus mit Doppelgarage und Nebenbauwerken errichtet. Das errichtete Gebäude wird seit Bezugsfertigkeit ohne Unterbrechung als Eigentum genutzt.

Im Gebäudegrundbuch des vorgenannten Gerichts für
Band ......, Blatt ......
ist der Nutzer als Gebäudeeigentümer hierzu vorgetragen.
Im Gebäudegrundbuch sind folgende Belastungen eingetragen:
in Abt. II:
......
in Abt. III:
......

3. Sachenrechtsbereinigung, Vermittlungsverfahren

Der Nutzer hat vom Grundstückseigentümer gem. §§ 32 ff. Sachenrechtsbereinigungsgesetz die Bestellung eines Erbbaurechts verlangt.[3] Hierzu hat ein notarielles Vermittlungsverfahren gem. §§ 87 ff. SachenRBerG beim amtierenden Notar stattgefunden.[4]

Die folgenden Vereinbarungen entsprechen der Einigung im Sinne von § 98 Abs. 2 SachenRBerG; die ausgeübten gesetzlichen Gestaltungsrechte der Beteiligten sind darin enthalten.

II. Bestellung des Erbbaurechts

......
– nachstehend als „Grundstückseigentümer" bezeichnet – bestellt hiermit für

A und B

als „Mitberechtigten zur Hälfte"[5]
– nachstehend als der „Erbbauberechtigte" bezeichnet –
an dem in Ziffer I bezeichneten Grundbesitz („Erbbaugrundstück") ein

Erbbaurecht.

Das Erbbaurecht hat folgenden dinglichen Inhalt:[6]
Folgender Text ist identisch mit Form. VIII. 26 Abschnitt II.

III. Erbbauzins

Ziffern 1 mit 6 identisch mit Erbbaurechtsvertrag Form. VIII. 26, danach Ergänzung!

7. Teilung des Erbbauzinses[7]

Aufgrund Geltendmachung durch den Erbbauberechtigten bzw. einen Erbbauberechtigten (§ 40 Abs. 3 SachenRBerG) wird vereinbart:

a) Der regelmäßige Erbbauzins gem. Abs. 1 wird entsprechend der Größe der Mitberechtigungsanteile am Erbbaurecht geteilt, sodaß jeder einzelne Erbbauberechtigte dem Grundstückseigentümer zur Zahlung von folgendem regelmäßigen Erbbauzins verpflichtet ist:
- der Erbbauberechtigte A ...... (regelmäßiger Erbbauzins gem. Abs. 1) × ...... (Mitberechtigungsanteil) ...... DM,
- der Erbbauberechtigte B ...... (regelmäßiger Erbbauzins gem. Abs. 1) × ...... (Mitberechtigungsanteil) ...... DM,

b) alle Bestimmungen gem. Ziff. 2 mit 6 gelten nun für die geteilten Erbbauzinsen. Jeder einzelne Erbbauberechtigte haftet nur für den von ihm zu zahlenden Erbbauzins, nicht für den des anderen Erbbauberechtigten.

8. Dingliche Sicherung[8]

Zur Sicherung der von jedem einzelnen Erbbauberechtigten zu zahlenden getrennten Erbbauzinsen nach Ziff. 7 sowie zur Sicherung aller sonstigen hierauf bezogenen Vereinbarungen gem. Ziff. 2 mit 5, insbesondere hinsichtlich ihrer Anpassung, wird am Erbbaurecht je eine

Erbbauzinsreallast

im Sinne von § 9 Abs. 2 Satz 2 und 3 ErbbauVO bestellt. Die beiden Erbbauzinsreallasten erhalten untereinander Gleichrang.

Nach § 9 Abs. 3 ErbbauVO wird als Inhalt des jeweiligen Erbbauzinses vereinbart, daß die jeweilige Erbbauzinsreallast abweichend vom § 52 Abs. 1 des Gesetzes über die Zwangsversteigerung und die Zwangsverwaltung mit ihrem Hauptanspruch bestehen bleibt, wenn der Grundstückseigentümer aus der Reallast oder der Inhaber eines im Rang vorgehenden oder gleichstehenden dinglichen Rechts die Zwangsversteigerung des Erbbauzinsrechts betreibt.

IV. Weitere (schuldrechtliche) Bestimmungen

(identisch mit Erbbaurechtsvertrag Form. VIII. 26 bis auf Ziffer 4)

4. Kosten, Steuern[9]

Die Kosten dieses Vertrages, seines Vollzugs im Grundbuch, erforderliche Genehmigungen und der Rangbeschaffung sowie die Grunderwerbsteuer tragen Grundstückseigentümer und Erbbauberechtigter je zur Hälfte. Die von ihnen gemeinsam zu tragende Hälfte der Kosten tragen die Erbbauberechtigten untereinander entsprechend ihren Mitberechtigungsanteilen.

V. Grundbucherklärungen

(identisch, nur bei 2 b) geändert (Mehrzahl))

2.b) die Erbbauzinsreallasten gem. Abschnitt III. 7 zugunsten des jeweiligen Grundstückseigentümers an erster Rangstelle, mit Ausnahme von nach Abs. 3 etwa zur Eintragung kommenden Rechten in Abt. II.

(Ziffer VI. und VII. identisch mit Form. VIII. 26.)

B. Begründung von Wohnungserbbaurechten[11]

I. Aufteilungsplan

Mit Vollzug von Abschnitt A dieser Urkunde werden A und B Mitberechtigte zu ...... an dem in Abschnitt A begründeten Erbbaurecht. Wie dort festgestellt, bezieht sich das Erbbaurecht auf ein Zwei-Familienhaus mit einer Doppelgarage.

27. Erbbaurechtsvertrag und Begründung von Wohnungserbbaurechten VIII. 27

Hierzu liegen der Aufteilungsplan und die Abgeschlossenheitsbescheinigung je des Landratsamts bzw. der Stadt ...... vom ...... AZ: ...... vor.

Hierauf wird Bezug genommen. Ein Exemplar des Aufteilungsplans wird dieser Urkunde als Bestandteil beigefügt, ist jedoch nicht mitauszufertigen; er wurde den Beteiligten zur Durchsicht vorgelegt und von ihnen genehmigt. Eine Kopie der Abgeschlossenheitsbescheinigung wird der Urkunde als Bestandteil beigefügt.[12]

II. Begründung von Wohnungserbbaurecht gem. §§ 30, 3 WEG

Nach Maßgabe von § 40 Sachenrechtsbereinigungsgesetz und §§ 30, 3 WEG räumen sich die Miterbbauberechtigten A und B gegenseitig Sondereigentum ein und beschränken ihr Miteigentum am vorgenannten Gebäude bzw. ihre Mitberechtigung an dem gem. Abschnitt A begründeten Erbbaurecht in der Weise, daß jedem der Miterbbauberechtigten das Sondereigentum an einer bestimmten Wohnung oder nicht zu Wohnzwecken dienenden Räumen in dem in Abschnitt I. bezeichneten Gebäude eingeräumt wird. Danach erhalten im einzelnen:

1. Der Miterbbauberechtigte A
   verbunden mit seinem Mitberechtigtenanteil zu ...... an dem gem. Abschnitt A begründeten Erbbaurecht, das Sondereigentum an der gesamten Wohnung im Erdgeschoß samt Kelleranteil und dem linken Stellplatz in der Doppelgarage, im Aufteilungsplan jeweils mit Nr. 1 bezeichnet;
2. Der Miterbbauberechtigte B
   verbunden mit seinem Mitberechtigungsanteil zu ...... an dem gem. Abschnitt A begründeten Erbbaurecht, das Sondereigentum an der gesamten Wohnung im 1. Obergeschoß samt Kelleranteil und dem rechten Stellplatz in der Doppelgarage, im Aufteilungsplan jeweils mit Nr. 2 bezeichnet.

III. Gemeinschaftsordnung[13]

Für das Verhältnis der Wohnungsbauberechtigten untereinander gelten vorrangig die Bestimmungen über den dinglichen Inhalt des Erbbaurechts, nachrangig die gesetzlichen Bestimmungen des Wohnungseigentumsgesetzes, soweit nicht nachfolgend abweichende Vereinbarungen getroffen sind.

Der Gebrauch des gemeinschaftlichen Eigentums bzw. der zum Inhalt des Erbbaurechts gehörigen Nutzungsbefugnisse wird gem. §§ 10 Abs. 2, 15 WEG wie folgt geregelt:

§ 1 Zweckbestimmung

Die Zweckbestimmung des Erbbaurechts gem. A II. § 1 Nr. 2 und 3 gilt auch zwischen den Wohnungserbbauberechtigten. Soweit danach gegenüber dem Grundstückseigentümer eine Änderung der Nutzung zulässig ist, gilt dies grundsätzlich auch zwischen den Wohnungserbbauberechtigten. In einem derartigen Fall kann der andere Wohnungserbbauberechtigte die Zustimmung nur aus wichtigen Gründen verweigern; als wichtiger Grund ist insbesondere anzusehen, wenn die Ausübung eines Gewerbes oder Berufes eine erhebliche Beeinträchtigung der Wohnungs- bzw. Teileigentümer oder eine übermäßige Abnutzung des gemeinschaftlichen Eigentums mit sich bringt.

§ 2 Sondernutzungsrecht

Dieser Urkunde wird weiter ein Lageplan beigefügt, der von den Beteiligten durchgesehen und genehmigt wurde. Entsprechend der bisherigen Nutzung der zum Erbbaurecht gehörigen Freiflächen werden folgende Sondernutzungsrecht (Befugnis auf alleinige und ausschließliche Benutzung) an folgenden Teilflächen begründet:[14]

VIII. 27   VIII. Erbbaurechtsverträge

    a) dem jeweiligen Inhaber des Wohnungserbbaurechts Nr. 1 lt. Aufteilungsplan steht das Sondernutzungsrecht an der Grundstücksteilfläche zu, die im vorgenannten Lageplan rot eingezeichnet ist, und

    b) dem jeweiligen Inhaber des Wohnungserbbaurechts Nr. 2 lt. Aufteilungsplan steht das Sondernutzungsrecht an der Grundstücksfläche zu, die im vorgenannten Lageplan blau eingezeichnet ist.

Die vorgenannten Flächen kann jeder Wohnungserbbauberechtigte als Garten mit allen damit zusammenhängenden Nutzungen benutzen. Er trägt alle auf diese Teilfläche entfallenden Kosten und hat diese auf seine eigene Rechnung instand zu halten und zu unterhalten; er trägt die Verkehrssicherungspflicht hierzu.

§ 3 Verwalterbestellung

Zum ersten Verwalter wird ...... bestellt.

IV. Einigung, Grundbuchanträge

1. Die Miterbbauberechtigten sind sich über die Einräumung des Sondereigentums gem. Abschnitt II. einig.
2. Die Vertragsteile

                     bewilligen und beantragen

in das Grundbuch einzutragen:

    a) die Teilung des Erbbaurechts und die Einräumung von Sondereigentum gem. Abschnitt II. und die vorstehende Einigung mit allen damit verbundenen Rechtsänderungen;

    b) als Inhalt des Sondereigentums die Bestimmungen des Abschnitt III., insbesondere die Sondernutzungsrechte;

    c) die getrennte Erbbauzinsreallast, die vom Miterbbauberechtigten A zu tragen ist, am Wohnungserbbaurecht Nr. 1 und die getrennte Erbbauzinsreallast, die von B zu tragen ist, am Wohnungserbbaurecht Nr. 2;

    der Grundstückseigentümer bewilligt jeweils die lastenfreie Abschreibung der anderen Wohnungserbbaurechtseinheiten aus diesen Rechten, und stimmt allen vorstehenden Erklärungen zu;

    d) alle etwaigen Lastenfreistellungserklärungen, denen die Vertragsteile mit dem Antrag auf Vollzug im Grundbuch zustimmen.

Teilvollzug ist zulässig, insbesondere kann das Erbbaurecht gem. Abschnitt A vor der Begründung der Wohnungs-/Teilerbbaurechte nach B vollzogen werden.

V. Weitere schuldrechtliche Vereinbarungen

1. Die schuldrechtlichen Bestimmungen gem. Abschnitt A IV. 1 mit 3 gelten entsprechend und sinngemäß im Verhältnis der Wohnungserbbauberechtigten untereinander.
2. Beide Wohnungserbbauberechtigten sowie die Grundstückseigentümer sind gem. § 40 Abs. 4 SachenRBerG verpflichtet, alles zu tun, damit diese Aufteilung im Grundbuch vollzogen werden kann und die etwa noch nötigen Unterlagen nach § 7 Abs. 4 WEG erwirkt werden.
3. Die durch die Teilung in Wohnungserbbaurechte entstehenden Kosten tragen die Wohnungserbbauberechtigten entsprechend ihren Mitberechtigungsanteilen; eine etwa anfallende Grunderwerbsteuer trägt jeder Wohnungserbbauberechtigte für seinen Erwerb.
4. Die vorstehenden Wohnungserbbaurechtseinheiten werden entsprechend dem Sachenrechtsbereinigungsgesetz gebildet und entsprechend dem Wert und der Nutzung des bisherigen Rechtsverhältnisses. Kein Wohnungserbbauberechtigter hat daher dem anderen irgendeine Aufzahlung zu leisten.

VI. Hinweise

Die Beteiligten anerkennen, vom Notar insbesondere hingewiesen worden zu sein:
1. auf die Voraussetzungen für den Vollzug des Wohnungserbbaurechts, insbesondere auf das Erfordernis des Vorvollzugs des Erbbaurechts;
2. auf die Möglichkeit, freiwillig im Rahmen der Gemeinschaftsordnung weitere Vereinbarungen zu treffen oder sich gegenseitige Vorkaufsrechte einzuräumen; dies wurde jedoch nicht gewünscht.

Variante:

Zusammenhängende (jedoch vertikal getrennte) Siedlungshäuser (vgl. § 40 Abs. 1 Nr. 1 SachenRBerG) oder getrennte Häuser, bei denen eine Realteilung unzweckmäßig ist (§ 40 Abs. 2 SachenRBerG)

Im Teil B Sachverhalt und Beschrieb des Sondereigentums entsprechend ändern und Abschnitt III. fassen wie folgt:[15]

III. Gemeinschaftsordnung

Für das Verhältnis der Wohnungserbbauberechtigten untereinander gelten vorrangig die Bestimmungen über den dinglichen Inhalt des Erbbaurechts, nachrangig die gesetzlichen Bestimmungen des Wohnungseigentumsgesetzes, soweit nicht nachfolgend abweichende Vereinbarungen getroffen sind.

Der Gebrauch des gemeinschaftlichen Eigentums bzw. der zum Inhalt des Erbbaurechts gehörigen Nutzungsbefugnisse wird gem. §§ 10 Abs. 2, 15 WEG wie folgt geregelt:

§ 1 Wirtschaftlich selbständige Einheiten, Sondernutzungsrechte

1. Die gesamte aus einem Doppelhaus bestehende Wohnanlage besteht – wirtschaftlich – aus zwei selbständigen Einheiten.

Jeder der beiden wirtschaftlichen Einheiten soll so behandelt werden, als stünde sie im Verhältnis zu der anderen Einheit im Alleineigentum bzw. der Alleinberechtigung derjenigen Person, die in dem betreffenden Gebäude eine Sondereigentumseinheit zu Eigentum besitzen.

2. Aufgrund des vorgenannten Sachverhalts wird der Gebrauch des gemeinschaftlichen Eigentums gemäß § 15 WEG wie folgt geregelt:

a) Dem jeweiligen Wohnungserbbauberechtigten der Wohnungserbbaurechtseinheit Nr. 1 (Nr. 1 laut Aufteilungsplan) steht das Sondernutzungsrecht (Befugnis auf ausschließliche Benutzung) an der Grundstücksteilfläche, die im als Bestandteil beigefügten Lageplan rot eingezeichnet ist, sowie an der Grundstücksfläche, die in diesem Lageplan als mit den Baulichkeiten Nr. 1 (Wohnhaus und Garage) überbaut ausgewiesen ist, an den Baulichkeiten auf dieser Grundstücksfläche mit allen darin befindlichen Räumen, soweit diese nicht ohnehin im Sondereigentum stehen, einschließlich insbesondere des Daches, der Fassaden, der Außenwände, der Umfassungsmauern, der Fenster und Türen, der Glasscheiben und dergl., zu.

b) Dem jeweiligen Wohnungserbbauberechtigten der vorstehend gebildeten Wohnungserbbaurechtseinheit Nr. 2 (Nr. 2 laut Aufteilungsplan) steht das Sondernutzungsrecht (Befugnis auf ausschließliche Benutzung) an der Grundstücksfläche, die im Lageplan blau eingezeichnet ist, sowie an der Grundstücksfläche, die im Lageplan mit den Baulichkeiten Nr. 2 (Wohnhaus) überbaut ausgewiesen ist, an den Baulichkeiten auf dieser Grundstücksfläche mit allen darin befindlichen Räumen, soweit diese nicht ohnehin im Sondereigentum stehen, einschließlich insbesondere des Daches, der Fassaden, der Außenwände, der Umfassungsmauern, der Fenster und Türen, der Glasscheiben und dergl., zu.

Die Teilungslinie zwischen den vorgenannten Freiflächen wird beschrieben, wie folgt:
......

3. Jeder Sondereigentümer ist berechtigt, die seinem Sondereigentum und Sondernutzungsrecht unterliegenden Gebäude- und Grundstücksteile unter Ausschluß der anderen Sondereigentümer so zu nutzen, wie wenn er Alleineigentümer bzw. Inhaber eines getrennten eigenen Erbbaurechts hieran wäre, soweit nicht zwingende gesetzliche Vorschriften etwas anderes vorsehen.

Die Einheiten 1) und 2) bilden wirtschaftlich getrennte Einheiten und zwar in solcher Weise, wie wenn sie Alleineigentum bzw. völlig getrennte Erbbaurechte wären, so daß wirtschaftlich gesehen zwischen den Einheiten gemeinschaftliches Eigentum nicht vorhanden ist mit Ausnahme der im Lageplan gelb angelegten Zufahrts- bzw. Zugangsflächen.[16]

§ 2 Unterhaltspflicht, Kosten und Lasten

1. Jeder Sondereigentümer hat die seinem Sondereigentum und Sondernutzungsrechten unterliegenden Gebäude und Grundstücksteile allein und auf eigene Kosten zu unterhalten, instandzuhalten und instandzusetzen.
2. Jeder Sondereigentümer trägt die auf seinen Haus- und Grundstücksteil treffenden Kosten und Lasten allein. Nur soweit zwingende gemeinschaftliche Kosten anfallen, sind sie nach Mitberechtigungsanteilen aufzuteilen.
3. Für die vorgenannte, im gemeinschaftlichen Eigentum verbleibende Zufahrts- und Zugangsfläche gilt: Sowohl die Unterhaltspflicht gemäß Abs. 1 einschließlich der Verpflichtung zum Räumen und Streuen, als auch die Kosten und Lasten gemäß Abs. 2 sind von den Sondereigentümern je zur Hälfte zu tragen.
4. Soweit gesetzlich zulässig, besteht im Verhältnis der zwei Einheiten zueinander keinerlei Verpflichtung zum Wiederaufbau, zur Instandhaltung und Instandsetzung sowie zur Anschaffung einer Instandhaltungsrücklage.

Anmerkungen

1. **Sachverhalt.** An einem Zweifamilienhaus mit Doppelgarage sind A und B zur Nutzung berechtigt. Aufteilungsplan und Abgeschlossenheitsbescheinigung des Landratsamts bzw. der Stadt liegen vor.

Als Variante (in Ziffer B III) ist der Fall behandelt, daß es sich um vertikal getrennte Siedlungshäuser (vgl. § 40 Abs. 1 Nr. 1 SachenRBerG) oder getrennte Häuser handelt, bei denen eine Realteilung unzweckmäßig ist (§ 40 Abs. 2 SachenRBerG). Nach § 40 Abs. 1 SachenRBerG sind Wohnungserbbaurechte auch zu bestellen bei zusammenhängenden Siedlungshäusern oder sonstigen Mehrfamilienhäusern oder wenn die Genehmigung zu einer Realteilung des Erbbaugrundstücks versagt wird.

Der Sachverhalt muß daher genau ermittelt und wiedergegeben werden; ein anderer Sachverhalt kann ganz andere Rechtsfolgen und einen anderen Inhalt des Erbbaurechts bewirken (siehe oben Form. VIII. 26 Anm. 3).

2. **Wahl des Formulars.** Das Formular enthält nur den vom Gesetz vorgesehenen Mindestinhalt sowie den Inhalt aufgrund von im Gesetz vorgesehener Gestaltungsrechte: Nur insoweit bestehen Ansprüche auf Grund des SachenRBerG. Es können dem freiwillige Vereinbarungen hinzugefügt werden, die aus den übrigen Formularen genommen werden können.

Im folgenden ist der gleiche Text zugrunde zu legen wie beim vorgehenden Erbbaurechtsvertrag (Form. VIII. 26), nur die nötigen Abweichungen sind im Formular enthalten.

3. **Anspruchsvoraussetzungen.** Wegen der allgemeinen Voraussetzungen für den Anspruch auf Erbbaurechtsbestellung siehe oben Anm. 4 zu Form. VIII. 26.

27. Erbbaurechtsvertrag und Begründung von Wohnungserbbaurechten **VIII. 27**

Ein Anspruch auf Bestellung eines Wohnungserbbaurechts besteht nach § 40 Abs. 1 u. 2 SachenRBerG in folgenden Fällen (Einzelheiten *v. Oefele/Winkler* Rdn. 8.37 ff.):
- Miteigentümergemeinschaft von natürlichen Personen an Gebäuden – Mehrfamilienhäusern oder zusammenhängenden Siedlungshäusern, an denen kein gesondertes Gebäudeeigentum bestanden hatte;
- Gemeinschaft von Genossenschaften/Gemeinden und staatlichen Stellen (Abs. 1 Nr. 2);
- nicht genehmigte Grundstücksteilung (Abs. 1 Satz 2); hier bestehen zwar selbständige Häuser mit getrenntem Gebäudeeigentum; neben dem Weg der mehreren Erbbaurechte i. S. v. § 39 Abs. 1 SachenRBerG wird hier ein zweiter Lösungsweg geschaffen, der allerdings erst bei Versagung der Teilungsgenehmigung nach § 120 Abs. 1 oder 2 SachenRBerG i. V. m. § 19 BauGB möglich ist;
- unübersichtliche nachbarschaftliche Belange (§ 40 Abs. 2 SachenRBerG); Tatbestandsmerkmal ist hier, daß die Teilung des Grundstücks zwar möglich, aber wegen gemeinschaftlicher Erschließungsanlagen oder gemeinschaftlich genutzter Anbauten unzweckmäßig ist. Dies ist insbesondere der Fall, wenn mehrere Dienstbarkeiten auf verschiedenen Grundstücken zu bestellen sind oder Verträge über die Unterhaltung gemeinschaftlicher Anlagen und Anbauten zu schließen sind; es sollte jedoch die Teilung in selbständige Grundstücke auch bei derartigen gemeinschaftlichen Erschließungsanlagen angestrebt und durchgeführt werden, weil getrennte Grundstücke trotz mehrerer Dienstbarkeiten mehr Rechtssicherheit und Klarheit schaffen als Wohnungseigentum;
- Unmöglichkeit der Bestellung von Einzelerbbaurechten; § 40 SachenRBerG ist analog anzuwenden, wenn die Begründung von Einzelerbbaurechten aus anderen als den in § 40 genannten Gründen nicht möglich oder unzumutbar ist (*Vossius*, § 40 SachenRBerG Rdn. 43).

Weitere Voraussetzung ist, daß aufgrund der Ausübung aller Wahlrechte Wohnungserbbaurecht gewünscht wird. Ein anderer Fall ist, daß (bei Versagung der Teilungsgenehmigung oder bei unübersichtlichen nachbarschaftlichen Belangen, jedoch getrennten Häusern) ein Nutzer die Bestellung von mehreren Erbbaurechten am gleichen Grundstück verlangt, ein anderer Nutzer jedoch die Bestellung von Wohnungserbbaurechten oder daß ein Nutzer bzgl. seines Hause die Ankaufslösung wählt. Im ersteren Fall wird es darauf ankommen, ob die weitergehenden Anspruchsvoraussetzungen von § 40 SachenRBerG vorliegen (Versagung der Teilung oder Unzweckmäßigkeit aus nachbarlichen Gründen), sonst verbleibt es bei § 39 SachenRBerG (tatsächliche und rechtliche Teilbarkeit). Wenn ein Nutzer die Ankaufslösung und der andere die Erbbaurechtslösung geltend gemacht hat und wiederum die zwingende Voraussetzung von § 40 SachenRBerG vorliegt, so kann von beiden Nutzern nur die Erbbaurechtslösung verlangt werden, was in § 67 Abs. 2 Nr. 2 SachenRBerG ausdrücklich festgelegt ist (*v. Oefele/ Winkler* Rdn. 8.43).

4. Vermittlungsverfahren. Es wird auf Form. VIII. 26 Anm. 5 verwiesen.

5. Berechtigungsverhältnis. Das Mitberechtigungsverhältnis muß dem Verhältnis der Wohnflächen der Wohnungen bzw. Gebäude der Erbbauberechtigten entsprechen bzw. sonstigen üblichen angemessenen Wertmaßstäben.

Während sonst in der Sachenrechtsbereinigung sich Grundstückseigentümer und Nutzer (künftiger Erbbauberechtigter) allein gegenüber stehen, gibt es hier mehrere Nutzer; die Begründung von Wohnungserbbaurecht erfordert begrifflich eine Teilung durch die Miterbbauberechtigten nach §§ 30, 3 WEG, also die Mitwirkung beider Nutzer. Nach § 40 Abs. 2 und 4 SachenRBerG sind auch die Nutzer untereinander und beide wechselseitig gegenüber dem Grundstückseigentümer zur Begründung von Wohnungserbbaurecht verpflichtet. Es stehen hier für die Begründung von Wohnungserbbaurecht zwei Konstruktionen zur Verfügung:

– der Grundstückseigentümer bestellt ein Erbbaurecht für beide Nutzer und diese teilen nach §§ 30, 3 WEG;
– der Grundstückseigentümer bestellt ein Eigentümererbbaurecht, teilt dieses nach § 8 WEG und überträgt dann das fertige Wohnungs-/Teilerbbaurecht an die Nutzer.

Das Gesetz schreibt zwar den konstruktiven Weg nicht ausdrücklich vor. Aus der Formulierung von § 40 Abs. 1 Ziff. 1 SachenRBerG (Gebäude als Miteigentümer) und aus der Konstruktion des Gesetzes ergibt sich jedoch, daß der Grundstückseigentümer nur das Erbbaurecht bestellen muß, während die Teilung nach §§ 30, 3 WEG zwischen den Nutzern zu erfolgen hat, was in einer Urkunde geschehen kann.

6. Inhalt des Wohnungserbbaurechts. Für das rechtlich und konstruktiv vorrangige Erbbaurecht gelten im übrigen die Bestimmungen der Sachenrechtsbereinigung. Für die nachgeschaltete Teilung nach §§ 30, 3 WEG (stufenweiser Vollzug im Grundbuch) legt der Gesetzgeber nur fest, was zu Sondereigentum zugewiesen wird, nämlich die schon bisher von jedem Nutzer allein und ausschließlich genutzten abgeschlossenen Gebäudeteile. Im übrigen besteht nur die Mitwirkungspflicht und die Kostenregelung nach § 40 Abs. 4 SachenRBerG. Im Rahmen der Teilungserklärung sollten jedoch zumindest die schon bisher allein genutzten Freiflächen entsprechend dem Sinn des Gesetzes und analog Abs. 1 der Bestimmung als Sondernutzungsrecht dem jeweiligen Wohnungserbbauberechtigten zugewiesen werden. Soweit es sich um rechtlich oder faktisch nicht teilbare Grundstücke/Erbbaurechte handelt, jedoch um bisheriges alleiniges Gebäudeeigentum, sollte wiederum entsprechend dem Ziel des Gesetzes sogenanntes „unechtes Wohnungseigentum" begründet werden, d. h. mittels Sondernutzungsrechten auch die zwingend gemeinschaftlichen Teile des Gebäudes (Außenwände, Dach, für die Statik nötige Teile) als Sondernutzung dem betreffenden Wohnungserbbauberechtigten zugewiesen werden. Insoweit wird der Notar zwangsläufig entsprechende Gestaltungsvorschläge zu machen haben (Einzelheiten *v. Oefele/Winkler* Rdn. 8.44).

7. Erbbauzinsverteilung. Nach § 40 Abs. 3 SachenRBerG ist der Erbbauzins nach der Größe der Erbbaurechtsanteile auf die entstehenden Einheiten aufzuteilen, sodaß Einzelerbbauzinsreallasten entstehen. Der Grundstückseigentümer ist zur Mitwirkung verpflichtet (§ 40 Abs. 4 SachenRBerG); der Zustimmung der Grundpfandrechtsgläubiger (weder am Erbbaurecht, noch am Grundstück) bedarf es nach § 40 Abs. 3 Satz 2 SachenRBerG nicht.

Wie der Mitberechtigungsanteil am Erbbaurecht ermittelt wird, ist im Gesetz nicht geregelt. Entsprechend der üblichen Praxis sollte als Wertmaßstab die Wohnfläche nach der II. Berechnungsverordnung verwendet werden, die in der Regel auch der Maßstab für die Verteilung der Betriebskosten ist. Natürlich können außergewöhnliche Interessen (komplexer Wohnungsbau mit Läden oder gewerblichen Einheiten) einen anderen Schlüssel rechtfertigen.

8. Dingliche Sicherung. Auf die Ausführungen zu Anm. 24 in Form. VIII. 26 wird verwiesen.

Wenn das Recht auf Teilung des Erbbauzinses nicht ausgeübt wurde, gilt Ziffer III 7 des Erbbaurechtsvertrags Form. VIII. 26; wenn das Teilungsrecht gem. Ziffer. III 7 dieses Formulars Nr. 27 ausgeübt wurde, wird die in Ziff. 8 enthaltene Formulierung vorgeschlagen.

9. Kosten. Steuern. Auf Anm. 29 zu Form. VIII. 26 wird verwiesen. Zusätzlich bedarf es noch einer Regelung, wie die verschiedenen Erbbauberechtigten intern an den Kosten beteiligt sind.

10. Grundbucherklärungen. Es wird auf Anm. 31 zu Form. VIII. 26 verwiesen, wobei zu berücksichtigen ist, daß es sich hier um mehrere Erbbauzinsreallasten handelt.

11. Wohnungserbbaurechtsbegründung. Wegen der Einzelheiten wird auf Form. VIII. 12 und 13 verwiesen.

12. Aufteilungsplan. Liegt der Aufteilungsplan noch nicht vor, dann ist ein entsprechender Aufteilungsplanentwurf beizufügen und nach Vorliegen des Aufteilungsplans und der Abgeschlossenheitsbescheinigung ein Nachtrag vorgesehen, in dem die Identität zwischen dem Entwurf und den endgültigen Aufteilungsplänen beurkundet und festgestellt wird.

13. Gemeinschaftsordnung. Insoweit wird auf Form. VIII. 12 und 13 sowie die speziellen Formularbücher zum Wohnungseigentum verwiesen. Die im Formular in § 1 (Zweckbestimmung) und § 2 (Sondernutzungsrecht) enthaltenen Bestimmungen sind im SachenRBerG nicht ausdrücklich genannt, ergeben sich jedoch aus dessen Sinn und Zielsetzung. Im übrigen ist in der Praxis eine Vielzahl weiterer Vereinbarungen zur Gemeinschaftsordnung üblich; dies kann freiwillig vereinbart werden. Gestaltungsrechte hierzu sieht das SachenRBerG jedoch nicht vor.

14. Flächenbeschreibung. Hier sollte zweckmäßigerweise eine genaue Beschreibung dieser Flächen und ihrer Begrenzung erfolgen, da diese Flächen nicht vermessen werden.

15. Wirtschaftliche Trennung. Handelt es sich um vertikal getrennte Einheiten, so liegt es im Interesse der Beteiligten, so gestellt zu werden wie wenn die Sondernutzungsflächen vermessen wären und eigene Flurst.-Nr. hätten. Dies kann durch Ausdehnung des Sondernutzungsrechts wirtschaftlich erreicht werden. Insoweit wird auch auf Form. VIII. 13 verwiesen.

16. Gemeinschaftsflächen. Hier ist genau zu prüfen, welche Gemeinschaftsflächen und Anlagen vorhanden sind, und entsprechend zu ergänzen.

IX. Wohnungseigentum

1. Teilungserklärung mit Gemeinschaftsordnung und Baubeschreibung

Verhandelt[1] am ...... in ......
Vor mir,
Notar in ...... erschien heute in meinen Amtsräumen:

Herr ...... (Name, Ort, Straße)
mir persönlich bekannt,
handelnd für die Firma
X-GmbH
als deren Geschäftsführer.

Hierzu bescheinige ich auf Grund Einsicht in das Handelsregister des Amtsgerichts ...... vom ......, daß er berechtigt ist, die Gesellschaft als Geschäftsführer allein zu vertreten. Über den Grundbuchstand habe ich mich unterrichtet. Auf Ansuchen beurkunde ich seine folgenden Erklärungen:

§ 1 Sachverhalt

(1) Die Firma X-GmbH ist Alleineigentümerin des im Grundbuch des Amtsgerichts ...... für ...... Band ...... Blatt ...... vorgetragenen Grundstücks der Gemarkung ......
Fl. Nr. ...... zu ...... qm.
Sie errichtet auf diesem Grundstück eine Eigentumswohnungsanlage als Bauträger zur Weiterveräußerung.

§ 2 Teilung[2]

Die Firma X-GmbH teilt hiermit das vorbezeichnete Grundstück in Miteigentumsanteile auf,[3] die jeweils mit dem Sondereigentum an einer bestimmten Wohnung und nicht zu Wohnzwecken dienenden Räumen verbunden werden. Die Aufteilung geschieht in Übereinstimmung mit dem Aufteilungsplan,[4] der mit Unterschrift und Siegel der Baubehörde versehen ist. Er ist dieser Urkunde als Bestandteil beigefügt; auf ihn wird verwiesen.[4a] Die Abgeschlossenheitsbescheinigung[5] ist erteilt.[6,7,8]

Im einzelnen geschieht die Aufteilung wie folgt:

Nr. des Aufteilungsplanes	Miteigentumsanteil in 1000stel	Bezeichnung der Wohnung		
		Lage	Größe in qm	Art Zimmer
1	38,8	EG links vorne	76,8	3
2	31,5	EG links hinten	62,5	2
3	25,9	EG mitte	51,4	1
4	31,5	EG rechts hinten	62,5	2
5	38,8	EG rechts vorne	76,8	3
6	38,8	1. OG links vorne	76,8	3
7	31,5	1. OG links hinten	62,5	2

IX. 1   IX. Wohnungseigentum

Nr. des Aufteilungsplanes	Miteigentumsanteil in 1000stel	Bezeichnung der Wohnung		
		Lage	Größe in qm	Art Zimmer
8	25,8	1. OG mitte	51,4	1
9	31,5	1. OG rechts hinten	62,5	2
10	38,8	1. OG rechts vorne	76,8	3
11	38,8	2. OG links vorne	76,8	3
12	31,5	2. OG links hinten	62,5	2
13	25,9	2. OG mitte	51,4	1
14	31,5	2. OG rechts hinten	62,5	2
15	38,8	2. OG rechts vorne	76,8	3
16	38,8	3. OG links vorne	76,8	3
17	31,5	3. OG links hinten	62,5	2
18	25,9	3. OG mitte	51,4	1
19	31,5	3. OG rechts hinten	62,5	2
20	38,8	3. OG rechts vorne	76,8	3
21	38,8	4. OG links vorne	76,8	3
22	31,5	4. OG links hinten	62,5	2
23	25,9	4. OG mitte	51,4	1
24	31,5	4. OG rechts hinten	62,5	2
25	38,8	4. OG rechts vorne	76,8	3
26	38,8	5. OG links vorne	76,8	3
27	31,5	5. OG links hinten	62,5	2
28	25,9	5. OG mitte	51,4	1
29	31,5	5. OG rechts hinten	62,5	2
30	38,9	5. OG rechts vorne	76,8	3

Zu jeder Wohnung gehört das Sondereigentum an dem mit der gleichen Nummer im Aufteilungsplan gekennzeichneten Kellerraum.

§ 3 Gemeinschaftsordnung[9]

Für das Verhältnis der Wohnungseigentümer untereinander gelten die Bestimmungen des Wohnungseigentumsgesetzes, soweit nicht nachstehend etwas anderes vereinbart ist. Gemäß § 10 Abs. 1 Satz 2 WEG wird als Inhalt des Wohnungseigentums folgendes bestimmt:[10]

1. Zweckbestimmung[11, 11a]

Das gesamte Gebäude dient ausschließlich Wohnzwecken. Gewerbliche Nutzung und freiberufliche Praxen sind nur mit schriftlicher Zustimmung des Verwalters zulässig, der darauf zu achten hat, daß bei der Nutzungsänderung § 14 WEG gewahrt bleibt. Die Zustimmung kann mit Auflagen zur Erhaltung des Wohncharakters versehen werden; ein Rechtsanspruch besteht nicht. Öffentlich-rechtliche Genehmigungen für Nutzungsänderungen bleiben unberührt.

2. Sondernutzungsrechte[12]

A. Garten[13]

Die Sondereigentümer der Erdgeschoßwohnungen dürfen die an sie angrenzenden Gartenteile, wie sie im beigefügten Plan eingezeichnet sind, jeweils unter Ausschluß der anderen Miteigentümer als Erholungs- und Ziergarten anlegen und nutzen. Alle Maßnahmen müssen sich in das Gesamtbild der Wohnanlage einfügen. Einzäunungen sind nicht gestattet, wohl aber Abgrenzungen mit Hecken bis zur Höhe von einem Meter. Im Übrigen sind bei einer Bepflanzung mit Bäumen die nachbarrechtlichen Grenzabstände

1. Teilungserklärung mit Gemeinschaftsordnung

zwischen den Gartenteilen einzuhalten. In der Höhe darf den Wohnungen in den Obergeschossen das Licht nicht genommen werden. Gartenhäuser dürfen nicht aufgestellt werden. Die Sondernutzungsberechtigten haben ihre Gartenteile in auf eigene Kosten in einem ordentlichen Zustand zu erhalten. Zur Wahrung der Grundsätze für die Gartengestaltung kann der Verwalter die erforderlichen Maßnahmen treffen.

B. Dachboden[14]

Zu jeder Wohnung gehört das mit der gleichen Nummer versehene Dachbodenabteil. Hieran werden Sondernutzungsrechte zur Nutzung als Abstellraum begründet. Andere Nutzungen sind nur insoweit gestattet, als sie mit dem Charakter dieser Räume vereinbar sind. Bauliche Veränderungen dürfen nicht vorgenommen werden.

C. Kraftfahrzeugstellplätze[15]

(1) An den im beigefügten Plan eingezeichneten Kraftfahrzeugstellplätzen[12] und Garagen bestehen Sondernutzungsrechte. Jeder Sondernutzungsberechtigte hat das ausschließliche Nutzungsrecht an dem ihm zugewiesenen Stellplatz, bzw. der Garage, während die übrigen Miteigentümer von der Nutzung ausgeschlossen sind. Dem Sondernutzungsberechtigten obliegt auch die Unterhaltspflicht.

(2) Der teilende Eigentümer, gegebenenfalls sein Rechtsnachfolger als Bauträger, hat das Recht der Zuordnung der Sondernutzungsrechte zu den einzelnen Sondereigentumseinheiten. Dieses Recht endet mit Veräußerung der letzten Sondereigentumseinheit durch ihn. Mit Veräußerung eines Sondernutzungsrechts an einen Wohnungserwerber wird die Zuordnung gegenüber dem Erwerber bindend. Der Eigentümer hat die Grundbucheintragung zu bewirken. Die dingliche Zuordnung des Sondernutzungsrechts zu einer Eigentumswohnung geschieht durch einen dahin gerichteten Eintragungsantrag des Eigentümers.

3. Veräußerungsbeschränkung[16]

Zur Veräußerung einer Eigentumswohnung ist die Zustimmung des Verwalters erforderlich, ausgenommen die Veräußerung an Angehörige im Sinne des § 8 des 2. Wohnungsbaugesetzes und die Veräußerung im Wege der Zwangsvollstreckung sowie die Erstveräußerung durch den teilenden Eigentümer.

4. Lastentragung[17, 18, 18a, 19]

(1) Die Kosten und Lasten der Gemeinschaft einschließlich Verwaltungskosten tragen die Eigentümer im Verhältnis ihrer Miteigentumsanteile mit Ausnahme folgender Kosten und Lasten:

a) Jeder Eigentümer trägt die auf ihn bzw. sein Sondereigentum fallenden Kosten allein, für die besondere Meßvorrichtungen vorhanden sind oder die sonst in einwandfreier Weise gesondert festgestellt werden können.

b) Die Kosten für die Heizung werden mit 60%, die der Warmwasserversorgung mit 70% auf den Verbrauch, im übrigen auf die Wohnfläche umgelegt. Die Eigentümerversammlung kann im Rahmen der gesetzlichen Vorschriften mit $^2/_3$-Mehrheit einen anderen Verteilungsschlüssel beschließen.

c) Von den Verwalterkosten entfällt auf jede Wohnung ein gleicher Teil ohne Rücksicht auf die Größe des Miteigentumsanteils.

d) Die Kosten der Unterhaltung und Instandhaltung der Garagenanlagen tragen die an den Garagen Sondernutzungsberechtigten zu gleichen Teilen. Für die Garagen wird eine eigene Instandhaltungsrücklage gebildet.

(2) Der für ein Wirtschaftsjahr[18] beschlossene Wirtschaftsplan bleibt auch nach dessen Ablauf bis zum Beschluß eines neuen in Kraft.

5. Eigentümerversammlung und Stimmrecht[20]

(1) Die Ladungsfrist beträgt drei Wochen (Abweichung von § 24 Abs. 4 WEG).

(2) Das Stimmrecht in der Eigentümerversammlung richtet sich nach Miteigentumsanteilen. Bei Angelegenheiten, die ausschließlich die Garagenanlage betreffen, sind nur die an den Garagen Sondernutzungsberechtigten stimmberechtigt, und zwar mit je einer Stimme pro Garage.

(3) Jeder Eigentümer kann sich in der Eigentümerversammlung durch einen anderen Miteigentümer oder den Verwalter vertreten lassen, im Falle der Veräußerung durch den Erwerber sowie durch einen Nießbraucher. Im übrigen ist Vertretung durch Dritte nicht zulässig. Soweit Ehegatten oder Lebenspartner Wohnungseigentümer sind, braucht der vertretene Ehegatte keine schriftliche Vollmacht des anderen vorzuweisen, solange kein Zweifel an seiner Vertretungsmacht bestehen. Soweit nicht zwingende gesetzliche Bestimmungen entgegenstehen, kann der Verwalter jeden Wohnungseigentümer in allen Angelegenheiten bei der Beschlußfassung vertreten. Dies gilt insbesondere dann, wenn ihm der Miteigentümer die Vollmacht mit der Weisung zu einem bestimmten Abstimmungsverhalten erteilt hat. Der Verwalter kann die Vollmacht in allen Fällen auf einen anderen Miteigentümer übertragen.

(4) Eine ordnungsgemäß eingeladene Eigentümerversammlung ist ohne Rücksicht auf die Zahl der erschienenen Miteigentümer dann beschlußfähig, wenn in der Ladung darauf besonders hingewiesen wurde (Abweichung von § 25 Abs. 3 WEG). Die Ladung erfolgt an die dem Verwalter letztbekannte Anschrift der Wohnungseigentümer.

6. Verwalteraufgaben[21]

Der Verwalter wird über seine gesetzlichen Befugnisse hinaus ermächtigt, alle mit der Erfüllung seiner Aufgaben zusammenhängenden Ansprüche der Gemeinschaft jeglicher Art gegen einzelne Eigentümer oder gegen Dritte im eigenen Namen gerichtlich oder außergerichtlich geltend zu machen.

7. Verwaltungsbeirat[22]

Die Einsetzung eines Verwaltungsbeirates bedarf eines Beschlusses der Eigentümerversammlung. In Abweichung von § 29 Abs. 1 Satz 2 WEG kann eine geringere oder größere Zahl festgelegt werden. Dem Verwaltungsbeirat können nur Miteigentümer angehören.

8. Wiederaufbau[23]

(1) Wird das Gebäude ganz oder teilweise zerstört, so sind die Wohnungseigentümer untereinander verpflichtet, den vor Eintritt des Schadens bestehenden Zustand wiederherzustellen. Decken die Versicherungssumme und sonstige Forderungen den vollen Wiederherstellungsaufwand nicht, so ist jeder Wohnungseigentümer verpflichtet, den nicht gedeckten Teil der Kosten in Höhe eines seinem Miteigentumsanteil entsprechenden Bruchteiles zu tragen.

(2) Jeder Wohnungseigentümer kann sich innerhalb eines Monats nach Bekanntgabe der festgestellten Entschädigungsansprüche und der nach dem Aufbauplan ermittelten Kosten des Wiederaufbaues oder der Wiederherstellung von der Verpflichtung zur Beteiligung an dem Wiederaufbau oder der Wiederherstellung durch Veräußerung seines Wohnungs-/Teileigentums befreien. Er hat zu diesem Zwecke dem Verwalter eine notariell beglaubigte Veräußerungsvollmacht zu erteilen. Dabei ist der Verwalter zu ermächtigen, den Miteigentumsanteil zum marktüblichen Wert freihändig zu veräußern oder nach Maßgabe der §§ 53 ff. WEG versteigern zu lassen.

(3) Steht dem Wiederaufbau oder der Wiederherstellung ein unüberwindliches Hindernis entgegen, so kann jeder Miteigentümer die Aufhebung der Gemeinschaft verlangen. Die Aufhebung kann abgewandt werden, wenn sich ein anderer Miteigentümer oder ein Dritter bereit erklärt, den Miteigentumsanteil des die Aufhebung Verlangendem zum Schätzwert zu erwerben und gegen die Übernahme durch ihn keine begründeten

1. Teilungserklärung mit Gemeinschaftsordnung

Bedenken bestehen. Ist die Gemeinschaft aufzuheben, so erfolgt die Auseinandersetzung im Wege der freihändigen Veräußerung oder der öffentlichen Versteigerung nach § 753 BGB und § 180 ZVG.

§ 4 Verwalterbestellung[24]
Zum ersten Verwalter wird hiermit die Firma
X-GmbH
für die Zeit bis zum 31. Dezember 1986 bestellt.

§ 5 Anträge
Die Eigentümerin bewilligt und beantragt hiermit die Eintragung der Teilungserklärung mit dem in § 3 bestimmten Inhalt des Sondereigentums im Grundbuch.[7] Um Vollzugsmitteilung wird gebeten.

§ 6 Baubeschreibung[25]
Für die Errichtung des Gesamtobjekts gilt die nachstehende Baubeschreibung mit den dieser Urkunde beigefügten Plänen.
Baubeschreibung
...... (folgt Text) ......

§ 7 Kosten, Abschriften
Die Kosten[26] dieser Urkunde und ihres Vollzugs trägt die Eigentümerin. Die Baukosten für die Wohnanlage samt Grundstückskosten betragen ...... DM. Von der Urkunde erhält der Eigentümer eine Ausfertigung, das Grundbuchamt eine beglaubigte Abschrift.

Schrifttum: „Partner im Gespräch" (PiG), Schriftenreihe des Evangelischen Siedlungswerkes in Deutschland, Hammonia-Verlag Hamburg ab 1976; zum Wohnungseigentum insbesondere Band 6 (1980): Wohnungseigentümerversammlung, Sachmängel am Gemeinschaftseigentum; Band 8 (1982): 30 Jahre Wohnungseigentum – Materialien zum WEG; Band 9 (1982) Vertragswesen im Wohnungseigentum; Band 11 (1983): Konflikte in der Wohnungseigentümerversammlung; Band 12 (1983): *Sohn,* Die Veräußerungsbeschränkung im Wohnungseigentumsrecht; Band 15 (1984): Nutzung und Gebrauch von Sonder- und Gemeinschaftsvermögen; Band 16 (1984): Erhaltung des Wohnungsbestandes durch Instandhaltung, Instandsetzung und bauliche Veränderungen; Band 17 (1985): Lasten und Kosten; Band 18 (1985): Aktuelle Probleme im Wohnungseigentumsrecht, Festschrift für *Bärmann* und *Weitnauer;* Band 19 (1985): *Bärmann,* Erwerberhaftung im Wohnungseigentum für rückständige Lasten und Kosten; Band 21 (1986): Verwaltungsvermögen der Wohnungseigentümer; Band 22 (1986): *Bärmann,* Die Wohnungseigentümergemeinschaft; Band 25 (1987): Versammlung der Wohnungseigentümer; Band 27 (1988): Das Rechnungswesen des Verwalters; Band 29 (1989): *Storck,* Eintritt des Erwerbers in laufende Verpflichtungen; Band 30 (1989): Besondere Aufgaben und Haftungsrisiken des Verwalters; Band 32 (1989): Selbstverwaltungsrechte als Wohnungseigentümer; Band 34 (1990): Schaffung von Wohnungseigentum heute; Band 36 (1991): Der Verwalter im Wohnungseigentumsverfahren; Band 42 (1993): Wohnungseigentum in der Rechtsordnung; Band 44 (1994): Die Wohnungseigentümer als Vertragspartner.
Aufsätze: Bielenberg, Planungsrecht und Wohnungseigentumsgesetz – zur Problematik in Kur- und Erholungsgemeinden, ZfBR 1982, 7; *Böhringer,* Aktuelle Fragen des Wohnungseigentumsrechte, BWNotZ 1993, 153; *ders.,* Rechtsprobleme beim Woh-

nungseigentum, WE 1995, 326; *Brünger,* Eigentumswohnungen auf teilweise fremden Grundstück, MittRhNotK 1987, 269; *Bub,* Aufteilungsplan und Abgeschlossenheitsbescheinigung, WE 1991, 124, 150; *ders.,* Gestaltung der Teilungserklärung WE 1993, 185, 212; *ders.,* Die Regelungen des Wohnungseigentums, WE 1996, 362, 408; *ders.,* Gemeinschaftsordnung, WE 1991, 91; *Ertl,* Alte und neue Probleme der Gemeinschaftsregelung des WEG DNotZ 1979, 267; *ders.,* Gedanken zur „Versteinerung" des Wohnungseigentums und Wohnungsgrundbuches, PiG 18 (1985) S. 23; *ders.,* Dingliche und verdinglichte Vereinbarungen über den Gebrauch des Wohnungseigentums, DNotZ 1988, 4; Festschrift für *Bärmann* und *Weitnauer,* München 1990; Festschrift für *Seuß,* München 1987, herausgegeben von *Bärmann* und *Weitnauer; Galster,* Vorstellung und Kommentierung der Teilungserklärung, WE 1995, 290, 368; 1996, 91; *Göken,* Die Mehrhausanlage, WE 1998, 129; *Hagen,* Die neuere Rechtsprechung des BGH zum Wohnungs- und Teileigentum, WM 1985, 505 *Hallmann,* Probleme der Veräußerungsbeschränkung nach § 12 WEG, MittRhNotK 1985, 1; *Herbst,* Die Entwicklung des Wohnungseigentumsrechts, WE 1995, 2; *Hurst,* Das Eigentum an der Heizungsanlage DNotZ 1984, 66, 140; *Köhler,* Wichtige wohnungseigentumsrechtliche Entscheidungen des Jahres 1997, NZM 1998, 321; *Krücker-Ingenhag,* Die Gebrauchsregelungen nach § 15 WEG, MittRhNotK 1986, 85; *Peter,* Verbindung von Aufteilungsplan mit Teilungserklärung, BWNotZ 1991, 87; *Rapp,* Unterteilungen und Neuaufteilungen von Wohnungseigentum, MittBayNot 1996, 344; *ders.,* Verdinglichte Ermächtigungen in der Teilungserklärung, MittBayNot 1998, 77; *Rastätter,* Aktuelle Probleme bei der Beurkundung von Teilungserklärungen, BWNotZ 1988, 134; *Ritzinger,* Rechtsprobleme beim „verunglückten" Wohnungseigentum, BWNotZ 1988, 5; *Röll,* Die Bemessung der Miteigentumsanteile beim Wohnungseigentum, MittBayNot 1979, 218; *ders.,* Die Teilungserklärung und das Gesetz zur Änderung und Ergänzung beurkundungsrechtlicher Vorschriften, MittBayNot 1980, 1; *ders.,* Das Erfordernis der Abgeschlossenheit nach dem WEG, RPfleger 1983, 380; *ders.,* Grenzüberbau, Grunddienstbarkeit und Wohnungseigentum, ZfBR 1983, 201 = MittBayNot 1983, 5; *ders.,* Vertragliche Einräumung und Teilungserklärung, WE 1991, 12; *ders.,* Die Unterteilung von Eigentumswohnungen, DNotZ 1993, 158; *ders.,* Rechenfehler bei der Aufteilung zu Wohnungseigentum, MittBayNot 1996, 175; *ders.,* Das Eingangsflurproblem bei der Unterteilung von Eigentumswohnungen, DNotZ 1998, 345; *Sauren,* Problematik der variablen Eigentumswohnungen, 1984; *ders.,* Mitsondereigentum – eine Bilanz, DNotZ 1988, 667; *F. Schmidt,* Teilungserklärung als AGB?, BauR 1979, 187 = MittBayNot 1979, 139; *ders.,* Begründung des Wohnungseigentums, PiG 9 S. 81; *ders.,* Gegenstand und Inhalt des Sondereigentums, PiG 18 (1985) S. 39 = MittBayNot 1985, 237; *ders.,* Das Verwaltungsvermögen der Gemeinschaft, PiG 21 (1986) S. 17; *ders.,* Gebrauchsregelungen an Sondereigentum, MittBayNot 1995, 115; *H. Schmidt,* Zweckbestimmung durch Teilungserklärung, MittBayNot 1981, 12; *Schultz/Bujewski-Crawford,* Das Verbot der Zweckentfremdung von Wohnraum, NZM 1998, 385; *Trendel,* Die Abgeschlossenheitsbescheinigung nach dem WEG – Abgrenzung von Wohnungs- und Teileigentum, BauR 1984, 215; *Ulmer,* AGB-Gesetz und einseitige gesetzte Gemeinschaftsordnungen von Wohnungseigentümern, Festschrift für *Weitnauer,* 1980, S. 205; *Weitnauer,* Dreißig Jahre Wohnungseigentum – gelöste und aktuelle Probleme, Beilage 4/81 Betr.; *ders.,* Die neuere zivilrechtliche Rechtsprechung zum Wohnungseigentum, JZ 1985, 927 und 985; *ders.,* Die „werdende" Wohnungseigentümergemeinschaft, WE 1986, 92; *ders.,* Das Wohnungseigentum im Zivilrechtssystem, Festschrift *Niederländer,* Heidelberg 1991 S. 455; *Wenzel,* Aktuelle Entwicklungen in der Rechtsprechung des BGH zum Rechts des Wohnungseigentums, DNotZ 1993, 297; *ders.,* Übersichten über die jeweils neuere BGH-Rechtsprechung in WE 1993, 355; 1994, 353; 1995, 355; 1996, 442.

Bücher und Gesamtdarstellungen: Bärmann, Die Wohnungseigentümer-Gemeinschaft als rechtliches Zuordnungsproblem, 1985; *ders.,* Wohnungseigentum (Lehrbuch), München 1991; *Bärmann/Seuß,* Praxis des Wohnungseigentums, 4. Aufl. 1997; *Belz,* Hand-

1. Teilungserklärung mit Gemeinschaftsordnung IX. 1

buch des Wohnungseigentums, 4. Aufl. 1996; *Bielefeld,* Der Wohnungseigentümer, Ratgeber zum Wohnungseigentum, 5. Aufl. 1995; *Deckert,* Die Eigentumswohnung – vorteilhaft erwerben, nutzen und verwalten, Loseblattsammlung; Festschrift für *Bärmann* und *Weitnauer,* München 1990; Festschrift für *Seuß,* München 1987, herausgegeben von *Bärmann* und *Weitnauer;* Festschrift für *Seuß* „Beiträge zum Wohnungseigentum und Mietrecht", herausgegeben vom Deutschen Volksheimstättenwerk und dem Evangelischen Siedlungswerk in Deutschland, 1997; *Junker,* Die Gesellschaft nach dem Wohnungseigentumsgesetz, 1993; *Merle,* Das Wohnungseigentum im System des bürgerlichen Rechts, 1979; *Müller,* Praktische Fragen des Wohnungseigentums, 2. Aufl. 1992; *Röll,* Handbuch für Wohnungseigentümer und Verwalter, 7. Aufl. 1996; *Seuß,* Die Eigentumswohnung, 10. Aufl. 1993.

Kommentare: Augustin, 1983; *Bärmann/Pick/Merle* 7. Aufl. 1997; *Bärmann/Pick* 13. Aufl. 1993; *Bassenge* in Palandt, 56. Aufl. 1997; *Ganten* in Erman BGB, 9. Aufl. 1993; *Henkes/Niedenführ/Schulze* 3. Aufl. 1995; *Röll* in MünchKomm, 3. Aufl. 1997; *Sauren* 2. Aufl. 1995; *Stürner* in Soergel BGB, 12. Aufl. 1990; *Staudinger* 12. Aufl. 1998; *Weitnauer* 8. Aufl. 1995.

Anmerkungen

1. Sachverhalt. Das Formular behandelt die Bildung von Wohnungseigentum durch Erklärung des Eigentümers (hier Bauträger) an das Grundbuchamt gemäß § 8 WEG. Dies ist in der Praxis die häufigste Art, die sich gegenüber der Vereinbarung nach § 3 WEG weitgehend durchgesetzt hat. Hier bildet ein Bauträger Eigentumswohnungen an einem reinen Wohnblock, die zum Verkauf bestimmt sind (dazu Kaufvertrag Formular I. 31). An Kraftfahrzeugstellplätzen und Garagen werden Sondernutzungsrechte begründet, die im Zuge des Verkaufes konkret zugewiesen werden. Sondernutzungsrechte sind auch an Gartenanteilen und an Dachbodenräumen vorgesehen. Das Formular ist so gewählt, daß alle wesentlichen Fragen bei der Begründung von Wohnungs- und Teileigentum angesprochen werden können. Es eignet sich daher auch für andere Gebäude einschließlich Altbauten. Die Besonderheiten von Mehrhausanlagen, kleineren Häusern und Doppelhäusern wie auch die Aufteilung nach § 3 WEG werden in eigenen Formularen behandelt.

2. Form, Begriffe. (1) § 1 WEG enthält Begriffsbestimmungen, wonach Wohnungseigentum der Miteigentumsanteil in Verbindung mit dem Sondereigentum an einer Wohnung ist, Teileigentum die Verbindung mit dem Miteigentumsanteil an nicht zu Wohnzwecken dienenden Räumen ist. Demgemäß sind die Grundbücher als Wohnungsgrundbuch und Teileigentumsgrundbuch anzulegen und zu bezeichnen (§ 3 Abs. 2 WGV). Da die Einordnung als Wohnungseigentum oder Teileigentum zwingend zum Begründungsakt von Sondereigentum gehört als bindend festzulegende Zweckbestimmung (BayObLG zuletzt BayObLG DNotZ 1998, 379; vgl. Weitnauer, WEG § 1 Rdn. 3, § 7 Rdn. 34; *Staudinger/Rapp,* § 1 WEG Rdn. 1), kann davon nicht abgesehen werden. Auch die zunehmende Automatisierung des Grundbuches rechtfertigt es nicht, nur den allgemeinen Begriff „Raumeigentum" zu verwenden. Bei der Umwandlung von Wohnungseigentum in Teileigentum und umgekehrt, die der Mitwirkung aller Miteigentümer bedarf (dazu Anm. 10 Abs. 1 c) wird dies besonders evident, da die Grundbücher umzubenennen sind.

(2) Die Teilungserklärung nach § 8 WEG ist eine einseitige amtsempfangsbedürftige Willenserklärung des Eigentümers an das Grundbuchamt (*Rapp* in Beck'sches Notarhandbuch A III Rdn. 27). Durch sie wird die sog. Vorratsteilung ermöglicht, auf Grund deren der Bauträger die Wohnungen dann einzeln verkaufen kann. Als Erklärung an das Grundbuchamt (§ 8 WEG) ist gemäß § 29 GBO eine öffentliche oder öffentlich beglaubigte Urkunde erforderlich. Bei öffentlicher Beglaubigung genügt die notarielle Beglau-

bigung der Unterschrift des teilenden Eigentümers unter der Erklärung. Öffentliche Urkunde ist eine notarielle Niederschrift gemäß den Vorschriften des Beurkundungsgesetzes (§§ 8 ff. BeurkG: sog. Prokollform). Letztere ist in der Regel vorzuziehen, weil nur sie bei einem Weiterverkauf im Kaufvertrag eine Bezugnahme auf eine im Grundbuch noch nicht vollzogene Teilungserklärung nach § 13 a BeurkG ermöglicht (dazu Formular I. 31 Anm. 4). In der Praxis ist die Beurkundung die Regel. Die Änderung einer beglaubigten oder beurkundeten Teilungserklärung durch den Alleineigentümer ist zulässig sowohl vor Eintragung als auch nach Eintragung im Grundbuch, jeweils durch eine ebenfalls an das Grundbuchamt gerichtete Änderungserklärung. Sofern sie im Grundbuch bereits vollzogen und Vormerkungen für Käufer eingetragen sind, ist allerdings deren Zustimmung notwendig (BayObLG DNotZ 1994, 233 mit Anm. *Röll*). Auch etwaige Grundpfandgläubiger auf den einzelnen Wohnungen müssen zustimmen (BayObLG WE 1995, 155). Grundpfandrechtsgläubiger am gesamten Grundstück (Globalgläubiger) müssen in keinem Fall zustimmen (*Palandt/Bassenge* § 8 WEG Rdn. 3), weil sich ihr Recht an den Wohnungen fortsetzt.

(3) Für den Vorgang nach § 8 WEG hat sich der Begriff Teilungserklärung für dessen gesamten Inhalt durchgesetzt. Rechtlich gliedert sie sich aber in mehrere Teile: den dinglichen Akt der Aufteilung des Grundstücks in Miteigentumsanteile, die eigentliche „Teilungserklärung", die Regelungen zum Verhältnis der Miteigentümer untereinander nach § 10 Abs. 2 WEG, die sog. „Gemeinschaftsordnung" sowie etwaige Beschlüsse, wie z. B. die Verwalterbestellung oder auch die Festlegung einer Hausordnung. Diese drei Teile sollen in der **Gliederung der Urkunde** streng getrennt werden (*Röll* in *Reithmann/Albrecht/Basty*, Handbuch der notariellen Vertragsgestaltung, Rdn. 875; *Bub* WE 1993, 184).

2 a. Genehmigungen. A. Fremdenverkehrsgebiete. (1) Die Begründung von Wohnungs- und Teileigentum bedarf grundsätzlich keiner behördlichen Genehmigung. Eine Ausnahme gilt nach § 22 BauGB in Gebieten mit Fremdenverkehrsfunktion. § 22 BauGB ist 1997 geändert worden und gilt seit 1. 1. 1998 in der Fassung der Neubekanntmachung des BauGB (BGBl. 1997 I S. 2141, ber. 1998 I S. 137). Der entscheidende Unterschied zur bisherigen Regelung liegt darin, daß die Gebiete mit Fremdenverkehrsfunktion nicht mehr durch eine landesrechtliche Verordnung bestimmt werden, sondern in § 22 Abs. 1 BauGB definiert sind. Es sind allgemein Gemeinden, die oder von denen Teile überwiegend durch den Fremdenverkehr geprägt sind. Solche Gemeinden können durch Bebauungsplan oder eine sonstige Satzung bestimmen, daß zur Sicherung der Zweckbestimmung von Gebieten mit Fremdenverkehrsfunktion die Begründung oder Teilung von Wohnungseigentum oder Teileigentum der Genehmigung unterliegt. Genehmigungspflichtig ist nicht nur die erstmalige Begründung, sondern auch eine Unterteilung von bereits vorhandenem Sondereigentum. Voraussetzung für die Bstimmung ist, daß durch die Begründung oder Teilung die Zweckbestimmung für den Fremdenverkehr und damit die geordnete städtebauliche Entwicklung beeinträchtigt werden kann. Die Genehmigungspflicht tritt mit Wirksamwerden der entsprechenden Satzung bzw. des Bebauungsplanes ein. Sie besteht nicht, wenn der Antrag vorher beim Grundbuchamt eingegangen ist oder vorher ein Negativzeugnis erteilt war (§ 22 Abs. 3 BauGB). Als Antrag an das Grundbuchamt ist der Antrag auf Teilung nach § 3 oder § 8 WEG zu verstehen. Ist er gestellt, ist die Genehmigung nicht erforderlich. Ist dagegen nur eine Vormerkung beantragt oder eingetragen, ist die Genehmigung zum Schutz des Vormerkungsberechtigten, des Dritten, zu erteilen (§ 22 Abs. 4 Satz 2 BauGB, dort Einzelheiten). Das Gesetz sagt nicht, welchen Inhalt der schuldrechtliche Anspruch der Vormerkung haben muß, sondern stellt auf ihren Sicherungszweck ab. Nach *Battis/Krautzberger/Löhr* (BauGB 6. Aufl. § 22 Rdn. 15) handelt es sich um eine Vormerkung zur Begründung oder Teilung von Rechten i. S. des Abs. 1. Das bedeutet konkret: Bei einer Aufteilung nach § 3 WEG ist der gegenseitige Anspruch der Miteigentümer auf Bil-

1. Teilungserklärung mit Gemeinschaftsordnung IX. 1

dung von Sondereigentum zu sichern (Sondereigentumsvormerkung, *Bärmann/Seuß* Rdn. A 135; *Schmidt,* Vormerkungen im Wohnungseigentum, Festschrift Bärmann/Weitnauer [1990], S. 545; vgl. *Bärmann/Pick/Merle* § 3 Rdn. 47). Nach dem Schutzzweck muß aber auch eine Auflassungsvormerkung für Käufer genügen, die ein Grundstück als Eigentümergemeinschaft zu den Miteigentumsanteilen der Aufteilung gekauft haben, um daran Wohnungs- und Teileigentum in der Methode des Bauherrnmodells zu bilden, isbesondere, wenn den Vertrag nach § 3 WEG zugleich mit dem Kaufvertrag abgeschlossen wurde. Bei einer Teilung nach § 8 WEG müssen für die Erwerber der einzelnen Einheiten kombinierte Vormerkungen bestellt sein, die sichern a) den Anspruch auf Bildung von Wohnungseigentum, b) den Anspruch auf Eigentumsverschaffung (Teilungsvormerkung mit Auflassungsvormerkung, *Bärmann/Seuß* Rdn. A 134; vgl. *Weitnauer* § 3 Rdn. 15).

(2) Der Antrag auf Genehmigung ist mit Einreichung der einschlägigen Urkunde vom Eigentümer zu stellen, der den Notar dazu beauftragen kann. Der nach § 22 Abs. 5 BauGB geschützte Dritte kann die Genehmigung auch selbst beantragen. Über die Genehmigung entscheidet die Baugenehmigungsbehörde im Einvernehmen mit der Gemeinde (§ 22 Abs. 5 BauGB). Mit dem Antrag wird eine Monatsfrist in Gang gesetzt, die die Behörde innerhalb der Frist auf bis zu drei Monate verlängern kann (entsprechende Anwendung von § 19 Abs. 3 BauGB gemäß § 22 Abs. 5 Satz 2 BauGB). Wird die Genehmigung innerhalb der Frist nicht versagt, gilt sie als erteilt (§ 22 Abs. 5 Satz 3 BauGB). Die Genehmigungsbehörde hat den Antrag an die Gemeinde weiterzuleiten, und zwar nach allgemeinem Verwaltungsrecht unverzüglich. Sie setzt damit eine Zweimonatsfrist in Gang, innerhalb deren die Gemeinde die Genehmigung verweigern kann. Andernfalls gilt das Einvernehmen als erteilt und die Genehmigung ist zu erteilen. Während bei diesem Verfahren der Genehmigungsantrag an die Baugenehmigungsbehörde zu stellen ist, eröffnet Abs. 5 auch die Möglichkeit, den Antrag direkt bei der Gemeinde einzureichen, wenn das Landesrecht dies vorschreibt. Dann wird die obige Einmonatsfrist mit der Einreichung bei der Gemeinde in Gang gesetzt, wiederum mit der Möglichkeit der Fristenverlängerung nach § 19 Abs. 3 BauGB. Falls die Genehmigungsbehörde nicht identisch mit der Baugenehmigungsbehörde sein sollte, ist daher immer zu klären, ob eine solche landesrechtliche Zuständigkeit begründet wurde (in Bayern ist z. B. bewußt keine solche Regelung getroffen). Liegen die Voraussetzungen für eine Genehmigungspflicht nach Abs. 4 vor, darf die Gemeinde das Einvernehmen nicht verweigern und die Genehmigung ist sofort zu erteilen. Andernfalls wäre Abs. 4 wertlos. Wird die Genehmigung versagt, kann der Eigentümer die Übernahme des Grundstücks durch die Gemeinde verlangen (§ 22 Abs. 7 BauGB), was sich zu einer nicht unbedeutenden Last für die Gemeinde auswirken kann. Voraussetzung ist allerdings die wirtschaftliche Unzumutbarkeit für den Eigentümer bei Nichtgenehmigung (§ 40 Abs. 2 BauGB).

(3) Nimmt das Grundbuchamt die Eintragung ohne die erforderliche Genehmigung oder auch auf Grund eines unrichtigen Negativzeugnisses vor, ist das Grundbuch unrichtig (BGH NJW 1980, 1691; *Battis/Krautzberger/Löhr,* BauGB § 20 Rdn. 15). Die Genehmigungsbehörde kann die Eintragung eines Widerspruchs im Grundbuch beantragen (§ 38 GBO; § 20 Abs. 3 BauGB; *Krautzberger* a.a.O.) Das Grundbuchamt kann nach Maßgabe des § 53 Abs. 1 GBO einen Amtswiderspruch eintragen (§ 20 Abs. 3 BauGB). Dabei muß die Eintragung unter Verletzung gesetzlicher Vorschriften erfolgt sein, was nicht der Fall ist, wenn ein formell richtiges, materiell aber unrichtiges Negativzeugnis eingereicht wurde (vgl. *Demharter,* GBO § 53 Rdn. 22). In diesem Fall hilft nur der von der Behörde beantragte Widerspruch. Da ein Widerspruch den Zweck hat, einen gutgläubigen Erwerb zu verhindern (*Demharter,* GBO § 53 Rdn. 39), kann ein Dritter gutgläubig wirksam Wohnungseigentum erwerben, wenn kein Widerspruch eingetragen ist. Die Konsequenz kann dann nur sein, daß auch das nicht veräußerte Wohnungseigentum wirksam und das Grundbuch insgesamt richtig wird, weil Wohnungsei-

gentum nicht für einzelne Wohnungen unwirksam, für andere wirksam sein kann. Ein Widerspruch kann dann nicht mehr eingetragen werden.

(4) Mit Rechtswirksamkeit der Satzung tritt nach § 22 Abs. 6 Satz 1 BauGB eine Grundbuchsperre in der Weise ein, daß das Grundbuchamt im Satzungsbereich nur bei Vorlage einer Gehnehmigung oder Negativbescheinigung eintragen darf (*Battis/Krautzberger/Löhr,* BauGB § 22 Rdn. 18, 19). Da weder Notar noch Grundbuchamt Erkenntnisse über die rechtliche Situation (Fremdenverkehrsgebiet überhaupt, Satzung, Bebauungsplan) haben und ein Grundbuchvermerk nicht vorgesehen ist (*Krautzberger* a.a.O. Rdn. 18), ist seit 1. Januar 1998 für alle Fälle der Bildung von Wohnungseigentum und der Unterteilung ein **Negativzeugnis** einzuholen, wonach die Genehmigung als erteilt gilt oder nicht erforderlich ist (Abs. 6 i.V. mit § 20 Abs. 2 bis 4 BauGB). Es genügt die Beantragung des Negativzeugnisses für das zu benennende Grundstück bzw. Objekt; der Vertrag braucht dafür nicht eingereicht zu werden. Wird das Negativzeugnis auf die Genehmigungsfreiheit nach § 22 Abs. 3 BauGB oder einen Drittanspruch nach Abs. 4 gegründet, so sind die grundbuchmäßigen Voraussetzungen nachzuweisen (Grundbuchauszug, Antragseingang, zur Beweislage eventuell auch Abschrift der Urkunde). Die Einschränkung in § 22 Abs. 6 auf Grundstücke im Geltungsbereich eines Bebauungsplanes oder einer sonstigen Satzung ist ohne praktische Bedeutung, weil hierfür kein Nachweis erbracht werden kann. Das Negativzeugnis ist bei der Baugenehmigungsbehörde zu beantragen, es sei denn, es ist eine landesrechtliche Zuständigkeit der Gemeinde begründet worden. Falls die Gemeinde einen Beschluß über die Aufstellung eines Bebauungsplanes oder einer sonstigen Satzung gefaßt und diesen ordnungsgemäß bekannt gemacht hat, kann das Verfahren zur Erteilung des Negativzeugnisses bis zu zwölf Monaten ausgesetzt werden (§ 22 Abs. 5 BauGB). Die Bildung von Wohnungs- und Teileigentum ist durch die Neuregelung in einem ungerechtfertigten Maß bürokratisch erschwert worden. Um eines begrenzten Zieles beim Fremdenverkehr willen ist keine Verwaltungsvereinfachung, sondern beträchtliche Verwaltungsbelastung eingekehrt. Nach altem Recht war die landesrechtliche Bestimmung derr Fremdenverkehrsgebiete durch Rechtsverordnung noch eine sinnvolle Einschränkung. Nunmehr kann jede Gemeinde eine Fremdenverkehrsgemeinde sein. Im Interesse der Verwaltungsvereinfachung muß es aber als zulässig angesehen werden, daß eine Gemeinde dem Grundbuchamt gegenüber generell ausdrücklich erklärt, daß in ihrem Gebiet keine Bebauungspläne und Satzungen im Sinne des § 22 BauGB erlassen sind oder bis auf rechtzeitigen Widerruf erlassen werden. Dann bedarf es keiner Negativbescheinigung für jeden Einzelfall mehr.

(5) Der Eigentümer kann die Genehmigung nicht dadurch erwirken, daß er eine beschränkte persönliche Dienstbarkeit zugunsten der Gemeinde anbietet, eine andere Nutzung als durch Fremde i.S. des Fremdenverkehrs, zu unterlassen, z.B. als Zweitwohnung (BVerwG ZfBR 1996, 48 = WE 1996 mit abl. Anm. *Schmidt* = MittBayNot 1996, 179; kritisch *Grziwotz* MittBayNot 1996, 181). Ein Rechtsanspruch auf Genehmigung selbst bei gewollter Gesetzestreue des Eigentümers und Angebot einer dinglichen Sicherung dafür ist somit nicht gewährt, obwohl der Gesetzestext dies nicht deckt. Zulässig muß es aber sein, wenn die Gemeinde von sich aus eine Dienstbarkeit akzeptiert und so die Genehmigung erteilt (vgl. *Battis/Krautzberger/Löhr,* BauGB § 22 Rdn. 14).

B. Gebiete mit Erhaltungssatzungen (Milieuschutz). (1) Zur Erhaltung baulicher Anlagen und der Eigenart von Gebieten (Milieu) – städtebauliche Eigenart des Gebietes, Zusammensetzung der Bevölkerung, städtebauliche Umstrukturierungen – können von der Gemeinde nach § 172 BauGB sog. Erhaltungssatzungen erlassen werden. Danach werden der Rückbau, die Änderung oder die Nutzungsänderung baulicher Anlagen genehmigungspflichtig, gegebenfalls auch deren Errichtung. Die Genehmigungspflicht wurde durch die Novellierung des BauGB auf die Begründung von Wohnungs- und Teileigentum (§ 172 Abs. 1 BauGB n.F.) ausgedehnt. Im Gegensatz zu § 22 BauGB ist eine spätere Aufteilung von bereits begründetem Wohnungseigentum nicht genehmigungs-

1. Teilungserklärung mit Gemeinschaftsordnung IX. 1

pflichtig. Betroffen sind Gebäude, die ganz oder teilweise Wohnzwecken dienen. Die Genehmigungspflicht entsteht aber nur, wenn die Landesregierung für Grundstücke in Satzungsgebieten durch Rechtsverordnung die Genehmigungspflicht einführt; deren Geltungsdauer darf höchstens fünf Jahre betragen. Es handelt sich dabei um ein Verfügungsverbot im Sinn des § 135 BGB (§ 172 Abs. 1 vorletzter Satz). Dem Grundbuchamt ist ein Negativzeugnis vorzulegen (Verweis aus § 20 Abs. 2 in § 172 Abs. 1 a. E.). Bei dem Notar und oft auch dem Grundbuchamt bekannten örtlichen Verhältnissen, wonach Erhaltungssatzungen nicht erlassen sind, ist ein Negativzeugnis nach § 172 BauGB nicht in allen Fällen erforderlich. In Großstädten ist aber immer auf § 172 BauGB zu achten, zumal viele von ihnen reichlich von diesen Möglichkeiten Gebrauch machen. Allerdings bestehen auch keine Bedenken dagegen, bei dem stets erforderlichen Negativzeugnis nach § 22 BauGB auch dasjenige nach § 172 mitzubeantragen. Dies gilt allerding nur, wenn die Genehmigungsbehörde nach § 22 BauGB auch für die Genehmigung nach § 172 BauGB zuständig ist. Zuständig für Genehmigung und Negativzeugnis nach § 172 BauGB ist stets die Gemeinde als die Satzungsgeberin. Ist die Gemeinde zugleich auch Baugenehmigungsbehörde, kann also das Negativzeugnis zusammen mit der Abgeschlossenheitsbescheinigung beantragt werden.

(2) Die Voraussetzungen zur Versagung der Genehmigung sind in § 172 Abs. 3 und 4 im einzelnen aufgeführt. Liegt kein zulässiger Versagungsgrund vor, muß die Genehmigung erteilt werden. Von Bedeutung ist, daß § 172 Abs. 4 Nr. 4 auch eine Vormerkungsklausel zum Schutz Dritter enthält. Nach der dortigen Formulierung muß es sich um eine Auflassungsvormerkung (Eigentumsvormerkung) handeln („Ansprüche Dritter auf Übertragung von Sondereigentum"). Eine Vormerkung lediglich auf Bildung von Sondereigentum in den Fällen des § 3 WEG wäre davon nicht gedeckt. Allerdings muß man sich fragen, ob der Gesetzgeber sich einer solchen Unterscheidung bewußt war und nicht alle einschlägigen Vormerkungen gemeint hat. Vom Sicherungszweck her ist letzteres anzunehmen.

(3) Hat ein Eigentümer die Genehmigung nach § 172 Abs. 4 Nr. 6 BauGB erhalten, weil er sich verpflichtet hat, die Wohnungen innerhalb von sieben Jahren nur an Mieter zu veräußern, kann in der Genehmigung bestimmt werden, daß die Veräußerung des Sondereigentums während der Dauer der Verpflichtung der Genehmigung der Gemeinde bedarf. Auf Ersuchen der Gemeinde ist die Genehmigungspflicht in das Grundbuch einzutragen. Diese Eintragung hat aber nur eine deklaratorische Bedeutung, so daß aus der Nichteintragung nicht die Genehmigungsfreiheit abgeleitet werden kann. Die Nichteintragung kann aber zum gutgläubigen Erwerb in Anwendung von § 135 BGB über § 172 Abs. 1 Satz 4 BauGB i. V. mit §§ 892, 983 BGB führen.

(4) Während bei Sanierungs- und Entwicklungsgebieten die Eintragung eines deklaratorischen Vermerks im Grundbuch vorgeschrieben ist (§§ 143 Abs. 2, 165 Abs. 9 BauGB), gilt dies für Gebiete mit Erhaltungssatzungen nicht. Trägt das Grundbuchamt trotz Genehmigungspflicht die Begründung von Wohnungseigentum ohne Genehmigung ein, kann die Gemeinde die Eintragung eines Widerspruchs im Grundbuch bewirken (§ 172 Abs. 1 i. V. mit 20 Abs. 3 BauGB). Ist kein Widerspruch eingetragen, kann ein Dritter gutgläubig wirksames Wohnungseigentum erwerben. Dies ergibt sich aus § 135 BGB, insbesondere aus dessen Abs. 2 (so auch *Battis/Krautzberger/Löhr*, BauGB § 172 Rdn. 16).

3. Miteigentumsanteile. (1) Die reine Teilungserklärung erfaßt inhaltlich nur die Bildung von Miteigentumsanteilen und deren Verbindung mit Sondereigentum. Bruchteile nach 1000stel (10.000stel usw.) haben sich – jedenfalls für größere Wohnanlagen – als zweckmäßig erwiesen und durchgesetzt. Maßstäbe für die Bildung der Bruchteile setzt das Gesetz nicht. Zu berücksichtigen ist aber, daß sich nach den Anteilen grundsätzlich auch die Lastenverteilung richtet (§ 16 Abs. 1 WEG). In der Regel wird auf Wohnflächengrößen abgestellt (dazu *Schmidt* in *Bärmann/Seuß* Rdn. A 213; vgl. *Röll* Mitt-BayNot 1979, 4; ferner in *Reithmann/Albrecht/Basty* Rdn. 879), was auch im Hinblick auf die HeizkostenVO angebracht ist (23. 2. 1981 i. d. F. v. 20. 1. 1989 BGBl. I 115), die in § 8 für einen Teil der Kosten die Umlage nach Wohn- und Nutzfläche vorschreibt. Aber auch andere Kriterien wie Lage der Wohnung, Mietwert, Nutzungsintensität u. a. können berücksichtigt werden; mangels klarer Maßstäbe sind sie aber sehr problematisch (*Bub* WE 1993, 187). Die Berechnung geschieht nach folgender Formel:

$$\frac{1000 \times \text{qm Einzelwohnfläche}}{\text{qm Gesamtwohnfläche}}$$

(2) An sich ist es selbstverständlich, daß die Miteigentumsanteile voll verbraucht werden müssen ($^{1000}/_{1000}$). Spätestens das Grundbuchamt hat nachzurechnen. Unterläuft dennoch ein Rechenfehler, so ist die Eintragung nicht nichtig. Er kann durch eine Auslegung behoben werden, daß dann z. B. $^{999}/_{999}$ oder $^{1001}/_{1001}$ Miteigentumsanteile entstanden sind, die auf Antrag jedes Miteigentümers vom Grundbuchamt in der entsprechende Weise zu berichtigen sind (*Röll* WE 1996, 176 = MittBayNot 1996, 174). Die Form des § 29 GBO ist nicht erforderlich, weil es sich um eine Grundbuchberichtigung handelt, bei der der Fehler offenkundig ist (*Röll* aaO.).

4. Aufteilungsplan. (1) Der mit Siegel und Unterschrift der Behörde versehene Aufteilungsplan (§ 7 WEG) ist eine Urkunde nach § 29 GBO. Er dient der sachenrechtlichen Bestimmtheit und steht nach dem WEG selbständig neben der Teilungserklärung („Teil der Teilungserklärung", *Bärmann,* Wohnungseigentum Rdn. 142), wobei zwischen beiden inhaltlich Identität bestehen muß. Wenn § 7 Abs. 4 WEG den Aufteilungsplan und die Abgeschlossenheitsbescheinigung als Anlagen zur Eintragungsbewilligung bezeichnet, ist damit nicht eine Anlage zu einer Urkunde im beurkundungsrechtlichen Sinn gemeint (so aber *Peter* BWNotZ 1991, 91), sondern die Miteinreichung beim Grundbuchamt zusammen mit der Eintragungsbewilligung als Einheit. Das ergibt sich daraus, daß die Errichtung der Urkunde mit der Eintragungsbewilligung und der behördliche Akt zeitlich auseinanderfallen. Die von *Peter* (a. a. O.) geforderte textliche Zusammengehörigkeit ist kein Erfordernis für die Eintragungsfähigkeit (näheres unten Abs. 2). Die Funktion des Aufteilungsplanes im Eintragungsverfahren ist die gleiche wie eines amtlichen Verzeichnisses nach § 2 Abs. 2 GBO (z. B. Liegenschaftskataster, Veränderungsnachweis; *Palandt/Bassenge* WEG § 7 Rdn. 3). Nach Anlegung der Wohnungsgrundbücher nimmt er am öffentlichen Glauben des Grundbuches teil, weil der Grundbucheintrag auf ihn Bezug nimmt (BayObLG DNotZ 1980, 745; 1. 8. 1991 WE 1992; 290 = RPfleger 1991, 414; *Bub* WE 1991, 126). Nachdem seit der Änderung des Beurkundungsgesetzes vom 20. 2. 1980 nach § 9 BeurkG auch Pläne Bestandteile der Urkunde sein können, kann der Aufteilungsplan nunmehr auch Teil der protokollierten Teilungserklärung sein, gegebenenfalls durch Bezugnahme nach § 13a Abs. 4 BeurkG, so daß die oft umständliche Beiheftung zur Urkunde vermieden werden kann. Die Mitbeurkundung des Aufteilungsplanes ist zu empfehlen, weil damit vor allem die Bezugnahme im Kaufvertrag auf eine im Grundbuch noch nicht vollzogene Teilungserklärung ermöglicht wird (*Wenzel* WE 1994, 354; vgl. Form. I. 31 Anm. 4).

(2) **Aufteilungsplan, Beurkundung, Grundbuch.** Zum Verhältnis Aufteilungsplan Beurkundung der Teilungserklärung, Aufteilungsplan und Grundbucheintragung ist seit dem Beurkundungsgesetz (1969) in den vergangenen Jahren einige Verwirrung eingetreten, die zu Vollzugsproblemen beim Grundbuchamt führen und bei der Aufteilung eine wichtige Rolle spielen. Die vom WEG getroffene Regelung ist zweispurig. Auf der einen Seite steht die Teilungserklärung als einseitige aus Worten bestehende Urkunde, die mit Worten textlich die Miteigentumsanteile und ihre Verbindung mit Sondereigentum benennt. Für die Konkretisierung der Wohnung genügt die jeweilige Lage im Gebäude oder zur Vereinfachung eine Numerierung. Die Numerierung muß mit der des Planes

1. Teilungserklärung mit Gemeinschaftsordnung IX. 1

identisch sein, so wie man Grundstücke mit der Flurstücksnummer identifiziert. Diese Textaussage stellt den Inhalt der Erklärung des Eigentümers an das Grundbuchamt und seiner Eintragungsbewilligung dar. Beim Grundbuchvollzug braucht auf diese Eintragungsbewilligung im Text des Bestandsverzeichnisses nach § 874 BGB nicht Bezug genommen werden, weil sich die Bewilligung mit dem Vollzug verbraucht. Eine Bezugnahme findet nur statt auf den weiteren Inhalt nach § 10 Abs. 2 WEG, nämlich die Gemeinschaftsordnung. Zusätzlich zur Eintragungsbewilligung fordert § 7 Abs. 3 WEG, der Eintragungsbewilligung den gesiegelten Aufteilungsplan mit dem Abgeschlossenheitsbescheinigung der Behörde einzureichen. Wenn § 7 Abs. 4 WEG dabei das Wort „Anlage" verwendet, ist dies ganz einfach so gemeint, daß zum Vollzug beides eingereicht werden muß (*Demharter* GBO Anh. § 3 Rdn. 30: „andere Voraussetzungen i. S. des § 29 Abs. 1 S. 2 GBO"; OLG Zweibrücken MittBayNot 1983, 242; *Weitnauer* § 7 WEG Rdn. 11: Nichtvorlage ist „Eintragungshindernis"). Nur dies entspricht dem streng formalisierten Verfahren des Grundbuchrechts (vgl. BVerwG NJW 1997, 71 [74]; *Böhringer* WE 1995, 326). Die Anlage „Aufteilungsplan" wird aber dadurch nicht materieller Inhalt kraft der vom Eigentümer abzugebenden Eintragungsbewilligung. Der Aufteilungsplan steht als eigenständiges Element neben der Eintragungsbewilligung des Eigentümers und ist nicht ihr Bestandteil (so zutreffend *Bub* PiG 34 S. 27, aber nicht nur bei der von ihm aufgeführten Konstellation). Daß beides inhaltlich deckungsgleich sein muß ist selbstverständlich (BayObLG WE 1994, 27 = RPfleger 1993, 335; *Demharter* GBO Ang. § 3 Rdn. 32 mwN.; BVerwG NJW 1997, 74), aber nur verfahrensrechtliche Vollzugsvoraussetzung für das Grundbuchamt (zu den materiellrechtlichen Folgen der Nichtübereinstimmung von Teilungserklärungstext und Aufteilungsplan BGH NJW 1995, 2851). Daraus folgt, daß es unzulässig ist, den Begriff „Anlage" des Beurkundungsgesetzes auf das WEG-Verfahren anzuwenden, jedenfalls nicht auf das Grundbuchverfahren. Das BeurkG hat an den Erfordernissen des WEG nichts geändert (Der Beschluß des BGH in DNotZ 1992, 220, 230 kann entgegen *Bub* PiG 34 S. 26, 27 nicht herangezogen werden. Er behandelt den Lageplan zu einer Dienstbarkeit, wo die Kennzeichnung der Ausübungsstelle natürlich Inhalt der Eintragungsbewilligung ist; mit der gesetzlichen Regelung des WEG ist dies nicht vergleichbar). Dies wird weitgehend verkannt, wenn gefordert wird, daß der Aufteilungsplan beurkundungsverfahrensrechtlicher Bestandteil der Teilungserklärung sein muß, gegebenenfalls mit Verweisung nach § 13a BeurkG (vgl. *Haegele/Schöner/Stöber* Rdn. 2853; *Bub* PiG Nr. 34 S. 27; *Peter* BWNotZ 1991, 87; anders dagegen wie hier *Bärmann/Pick/Merle* § 7 Rdn. 66). Er muß nicht einmal durch Schnur und Siegel mit der Urkunde verbunden sein (insofern zutreffend *Bub* aaO.; *Böhringer* WE 1995, 327)). Im Grundbuch wird auf den Aufteilungsplan bei der Eintragung verwiesen durch Benennung des konkreten Sondereigentums. Er wird kraft dieser Eintragung Inhalt des Sondereigentums und nimmt so am öffentlichen Glauben teil, nicht auf Grund der Eintragungsbewilligung des Eigentümers, die nur den Auslöser für die Bezugnahme auf den Aufteilungsplan darstellt (ungenau insofern *Haegele/Schöner/Stöber* Rdn. 2854, wo Bezugnahme des Grundbuchs auf den Aufteilungsplan aus der Bezugnahme auf die Eintragungsbewilligung hergeleitet wird). Aufteilungsplan ist dabei nur der behördlich gesiegelte Plan, nicht dagegen der „Aufteilungsplan" einer schon vorher gefertigten Urkunde, der nicht wohnungseigentumsrechtlicher Inhalt des Grundbuchs wird, soweit er die reine Aufteilung betrifft. Für Sondernutzungsrechte wird er dagegen Inhalt, weil die Behörde dazu nichts bescheinigt. Insgesamt spricht man hierbei von einer doppelten Bezugnahme (*Bub* PiG § 4 S. 28 mwN.) mit zwei verschiedenen Elementen. Nur nach er hier vertretenen Rechtslage ist es möglich, die Teilungserklärung schon vor Erteilung des Abgeschlossenheitsbescheinigung zu beurkunden. Es muß daher keine neue Urkunde gefertigt werden, wenn später die Abgeschlossenheitsbescheinigung vorliegt, geschweige denn eine solche mit einer Bezugnahme nach § 13a BeurkG. Würde man die „Anlage" in § 7 Abs. 4 WEG im Sinn des Beurkundungsgesetzes verstehen wollen, müßte man neben dem gesiegelten Plan in § 7 Abs. Nr. 1 WEG auch die Abgeschlossenheitsbescheinigung der Nr. 2 beurkunden, die ja die gleiche Anlageneigenschaft hat – eine logische Konsequenz, die aber noch niemand gefordert hat. Daraus ergibt sich, daß dem Grundbuchamt bei der Vorlage der Teilungserklärung die Abgeschlossenheitsbescheinigung mit dem gesiegelten Aufteilungsplan einzureichen sind, ohne daß eine Verknüpfung und eine Verbindung i. S. des Beurkundungsgesetzes gefordert werden kann (vgl. BayObLG WE 1994, 27). Falls bei der Beurkundung der Teilungserklärung die Abgeschlossenheitsbescheinigung bereits vorliegt, kann bei der Beurkundung der Teilungserklärung nach § 13a BeurkG sicher darauf Bezug genommen werden. Damit wird sie mit dem Aufteilungsplan aber nicht Teil der Eintragungsbewilligung, sondern bleibt weiter Anlage i. S. des § 7 WEG. Wird sie später erteilt, ist es Sache des Grundbuchamtes, den gesiegelten Plan auf die Übereinstimmung mit dem Plan der Teilungserklärung im Rahmen seiner allgemeinen Prüfungspflicht zu überprüfen. Bei einer Differenz dürfte nicht eingetragen werden. Sicher soll auch der Notar keine differierenden Pläne einreichen. Eine sog. Identitätserklärung kann vom ihm aber nicht verlangt werden. Bei der Vorlage an das Grundbuchamt ist klarzustellen, daß Eintragungsgrundlage i. S. des § 7 WEG nur der gesiegelte Plan ist.

(3) Bei der Erstellung des Aufteilungsplanes ist eine textliche Aufzählung aller Räume und Bestandteile (z. B. Balkone, Terrassen etc.) des Sondereigentums nicht erforderlich, aber zulässig und auch häufige Praxis. Durch die listenmäßige Aufführung werden allerdings Fehlerquellen vermieden, wenn etwa die Nennung eines Raumes vergessen wird oder die Raumaufzählung sonst nicht vollständig ist. Leicht werden bei den Raumauszählungen Balkone vergessen, obwohl sie Sondereigentum sind. Man kann und sollte jedenfalls bei größeren Objekten den Text auf die listenmäßige Aufzählung der Wohnungsnummern und der dazugehörigen Miteigentumsanteile beschränken. Die drei letzten Spalten der Liste des Formulars dienen der Übersichtlichkeit und schnellen Orientierung; sie sind vom Gesetz her nicht nötig, wenn der Plan mitbeurkundet wird. Beschränkt sich die Urkunde auf den Text (vgl. oben Abs. 2), stellen sie die textliche Definition der Wohnungen im Gesamtgebäude dar. Eine qm-Angabe ist an sich nicht notwendig (*Diester* RPfleger 1960, 112; MünchKomm/*Röll* § 7 Rdn. 7 WEG), aber im Hinblick auf die nach qm zu verteilenden verbrauchsunabhängigen Heizkostenanteile nach der HeizkV dringend zu empfehlen. Bei der qm-Angabe ist der Berechnungsmaßstab wichtig, da es verschiedene gibt: DIN-Norm 283 (obwohl 1983 vom DIN-Ausschuß zurückgezogen, dazu WuM 1984, 113), §§ 42 ff. der II. BV oder gar konkret ausgemessene. Es gibt keinen allgemeinen Grundsatz, daß für Wohnungen im Zweifel die II. BV gilt (BGH NJW 1991, 912 = BauR 1991, 234 mit Anm. *Quack*). In der Regel sollte sie aber angewandt werden. Ist keine Berechnungsart festgelegt, sind Balkone, Loggien und Dachterrassen mit einem Viertel ihrer Grundfläche anzugeben, vor allem im Hinblick auf die HeizkostenV (BayObLG DNotZ 1996, 669).

(4) Der Aufteilungsplan muß das gesamte Sonder- und Gemeinschaftseigentum umfassen mit Grundrissen, Schnitten, Ansichten und Lage des Gebäudes auf dem Grundstück (zT. str., vgl. *Palandt/Bassenge* WEG § 7 Rdn. 3; MünchKomm/*Röll* § 7 Rdn. 8 WEG; BayObLG DNotZ 1980, 747; NJW-RR 1993, 1040). Zur Kennzeichnung muß nicht bei jedem Einzelraum die Nummer der Wohnung eingezeichnet werden (so aber LG Heilbronn BWNotZ 1976, 125), vielmehr genügt *eine* Nummer mit klarer Umrandung (farbig) der Wohnung (LG Bayreuth MittBayNot 1975, 102; MünchKomm/*Röll* § 7 Rdn. 9 Grundrißpläne sind auch erforderlich für Dachböden und Spitzböden (BayObLG WE 1997, 399 = MittBayNot 1997, 291 je mit krit. Anm. *Schmidt*) WEG; *Weitnauer* WEG § 7 Rdn. 13; *Palandt/Bassenge* § 7 Rdn. 3); letzteres ist klarer und es ist nicht ersichtlich, wem der Wirrwarr massenweiser Zahlen dienen soll. Bei der farbigen Umrandung bzw. Kennzeichnung ist darauf zu achten, daß die Balkone und Loggien einbezogen werden müssen, weil sie zum Sondereigentum gehören; dagegen ist bei den nicht sondereigentumsfähigen ebenerdigen Terrassen die Farbe wegzulassen, schon um

1. Teilungserklärung mit Gemeinschaftsordnung IX. 1

Mißverständnisse auszuschalten. Sondernutzungsflächen wie die Terrasse sind anders zu kennzeichnen. Bei vorhandenen Garagen, die im Gemeinschaftseigentum bleiben, genügt ein Plan zur Lage auf dem Grundstück; Ansichten und Schnitt sind nicht erforderlich (BayObLG NJW-RR 1993, 1040; dazu *Lotter*, MittBayNot 1993, 144). Alle zur jeweiligen Wohnung gehörenden Einzelräume außerhalb der Wohnung, die im Sondereigentum stehen, wie z.B. Kellerräume, Garagen, Garagenstellplätze, sind mit der gleichen Nummer (§ 7 Abs. 4 Nr. 1 WEG; *Bärmann/Pick/Merle* WEG, § 7 Rdn. 63; BayObLG WE 1992, 290 = RPfleger 1991, 414 – auch bei Änderung der Teilungserklärung vor Vollzug) und am besten mit der gleichen Farbe zu versehen. Im Text der Teilungserklärung sind sie zu nennen. Die bloße Kennzeichnung im Aufteilungsplan genügt nicht, um Sondereigentum entstehen zu lassen (BayObLG WE 1991, 173 – Speicherfall; OLG Hamm WE 1991, 134).

(5) Zuweilen kommt es vor, daß die Abgeschlossenheitsbescheinigung erteilt ist, bei der Beurkundung der Teilungserklärung aber z.B. Kellerräume anders zugeteilt werden sollen. Da der Keller die gleiche Nummer wie die Wohnung tragen muß (BayObLG WE 1992, 290), taucht die Frage auf, ob etwa wegen eines einzelnen Kellers Aufteilungsplan und Abgeschlossenheitsbescheinigung der Baubehörde zur Änderung vorzulegen sind. Geht man davon aus, daß die Abgeschlossenheitsbescheinigung aussagt und definiert, daß etwa die Kellerräume in sich abgeschlossen sind, bleibt die Aussage dieser Bescheinigung unverändert, wenn bei der Beurkundung der Teilungserklärung im Plan die Nummer geändert wird, um die für die Eintragung geforderte Nummernidentität beim Kellerwechsel herzustellen. Die Änderung der Zahl ist vom Notar mit Unterschrift und Siegel auf dem Plan zu vermerken und im Text zu begründen. Dazu gibt es zwar keine Rechtsprechung. Das Verfahren dient aber der Verfahrensvereinfachung, der Grundbuchklarheit und der Entlastung des Grundbuchs. Andernfalls müßte zuerst mit den bescheinigten Nummern eingetragen und sodann eine nachträgliche Kelleränderung vorgenommen werden, bei der die Nummernidentität nicht mehr erforderlich ist (BayObLG aaO.), ein unnötiger und verwirrender Aufwand. Bei Änderungen im größerem Rahmen sollte aber nicht so verfahren werden.

5. Abgeschlossenheitsbescheinigung. (1) Die nach § 7 Abs. 3 Nr. 2 WEG dem Grundbuchamt vorzulegende Abgeschlossenheitsbescheinigung der Behörde ist zwingende, auch nicht abdingbare, Voraussetzung für die Anlegung des Wohnungsgrundbuches (vgl. die grundlegenden Entscheidungen zur Abgeschlossenheitsbescheinigung des GemSenats vom 30. 6. 1992 NJW 1992, 3290 und des BVerwG vom 8. 12. 1995 NJW 1997, 71; zu Norm und Zweck auch *Bub* PiG 34 S. 36ff.). Da ihr Erfordernis nur als Sollbestimmung ausgestaltet ist, hindert ihr Fehlen aber nicht die Entstehung von Wohnungs- und Teileigentum (BayObLG DNotZ 1990, 262 m.w.N.; *Schmidt* DNotZ 1990, 257); selbst ohne Aufteilungsplan würde materiell Wohnungseigentum entstehen (MünchKomm/*Röll* WEG § 3 Rdn. 56). Zuständig für die Erteilung ist die Baugenehmigungsbehörde. Für sie gilt dabei gemäß § 59 WEG die Allgemeine Verwaltungsvorschrift für die Ausstellung von Abgeschlossenheitsbescheinigungen vom 19. 3. 1974 (BAnz. 1974 Nr. 58, abgedruckt in den Kommentaren von *Bärmann* und *Weitnauer*; zusätzlich wurden in Bayern ergänzende Hinweise mit Schreiben des Innenministeriums vom 31. 7. 1997 erlassen, die nicht unproblematisch sind). Dem Antrag ist danach eine Bauzeichnung in zweifacher Ausfertigung im Maßstab 1 : 100 beizufügen. Bei bestehenden Gebäuden wird eine Baubestandszeichnung verlangt, bei zu errichtenden ist ein dem Baugenehmigungsplan entsprechender Plan(satz) einzureichen. Genaugenommen würde dies bedeuten, daß bei Altbauten keine Pläne mit Schnitten und Außenansichten, wie sie ein Baugenehmigungsantrag bei Neubauten erfordert, notwendig sind. Dennoch sind sie in der Regel auch bei Altbauten notwendig. Das gleiche gilt für einen Lageplan über den Standort des Gebäudes auf dem Grundstück (dazu MünchKomm/*Röll* WEG § 7 Rdn. 8; *Palandt/Bassenge* § 7 WEG Rdn. 3 mwN.). Maßgebend ist, daß die Pläne die Abgrenzung zwischen Sondereigentum und Gemeinschaftseigentum klar bestimmen müssen (Bestimmtheitsgrundsatz). Gebäudeansichten und eventuell die Lage des Gebäudes sind dafür besonders bei Altbauten nicht aussagekräftig, so daß bei ihnen geringere Anforderungen genügen. Es dürfen keine übertriebenen Anforderungen gestellt werden (*Weitnauer* § 7 WEG Rdn. 20).

(2) Ihrer Rechtsnatur nach ist die Abgeschlossenheitsbescheinigung kein (feststellender) Verwaltungsakt (so aber *Becher* NJW 1991, 2742; *Weitnauer* § 7 WEG Rdn. 14) und keine Erlaubnis, Maßnahme oder Anordnung, sondern schlichtes Verwaltungshandeln (BVerwG DNotZ 1989, 702; NJW 1997, 71; GemSenat NJW 1992, 3290; BayObLG NJW-RR 1990, 1156). Ansprüche auf Erteilung oder Änderung der Abgeschlossenheitsbescheinigung sind daher mit der allgemeinen Leistungsklage zu verfolgen (BVerwG a. a. O.). Die Abgeschlossenheitsbescheinigung hat nur die Funktion, einen urkundlichen Nachweis über die Abgrenzung von Sondereigentum und Gemeinschaftseigentum zu führen, also über die Abgrenzung von Räumen bzw. Raumeinheiten und soll dadurch Abgrenzungsstreitigkeiten verhindern (dazu *Weitnauer* WEG § 3 Rdn. 12; *Schmidt* DNotZ 1990, 253; BGH NJW 1990, 1111; GemSenat aaO.). Sie trifft insbesondere keine verbindlichen Aussagen über baurechtlich zulässige Nutzungen (BVerwG DNotZ 1989, 703). Die Baubehörde darf eine von ihr erteilte Abgeschlossenheitsbescheinigung vor deren Vollzug nachträglich für kraftlos erklären, wenn der zugrundeliegende Aufteilungsplan durch bauliche Veränderungen (Altbaufall) unrichtig geworden ist und der Umfang von Sondereigentum und Gemeinschaftseigentum und der zulässigen Nutzung nicht mehr zutreffen (BVerwG NJW 1997, 71).

(3) „Abgeschlossenheit" im Sinne des WEG ist ein rein zivilrechtlicher Begriff, der mangels gesetzgeberischer Kompetenz auch nicht durch die Allgemeine Verwaltungsverfügung definiert wird (dazu und zu den jedenfalls mißverständlichen Ausführungen in Literatur und Rechtsprechung eingehend *Schmidt* DNotZ 1990, 251 ff.; BGH DNotZ 1990, 259; BayObLG WE 1991, 28 = MittBayNot 1990, 306 mit Anm. *Schmidt*; grundlegend zur Abgeschlossenheit *Bub*, Festschrift *Bärmann/Weitnauer* 1990, 69). Die Funktion der Baubehörde besteht ausschließlich darin, die bautechnische Abgeschlossenheit der Raumeinheiten zu dokumentieren. Die Frage nach der baurechtlichen Genehmigung ist dabei grundsätzlich nicht einschlägig (*Trendel*, BauR 1984, 215). Deshalb ist die Abgeschlossenheitsbescheinigung auch dann zu erteilen, wenn die Baugenehmigung (noch) fehlt (BayVGH MittBayNot 1986, 21; vgl. auch BGH NJW 1990, 1111 zur Wirksamkeit trotz öffentlich-rechtlichem Bauverbot; restriktiv die in Abs. 1 erwähnten Hinweise des Bayer. Innenministeriums, wonach bei zwingenden öffentlich-rechtlichen Gründen zur Versagung der Baugenehmigung die Abgeschlossenheitsbescheinigung nicht erteilt werden darf; nach BVerwG vom 20. 11. 1997 2 B 94. 3258 darf die Abgeschlossenheitsbescheinigung auch für das Verfahren nicht notwendige Hinweise enthalten, z.B. Stellplatzbindung für Drittgrundstück – eine sehr bedenkliche Entscheidung!). Sie ist ferner auch dann zu erteilen, wenn sie lediglich für die Keller beantragt wird (BayVGH NJW-RR 1991, 595). Die Frage, ob die Behörde im Verfahren über die Abgeschlossenheitsbescheinigung über die Beurteilung der baulichen Situation hinaus auch Fragen der baurechtlichen Zulässigkeit, z.B. der Zweckbestimmung der Sondereigentumsräume, prüfen darf (dazu *Trendel* a. a. O.), ist zu verneinen. Über die zulässige bauliche Nutzung wird ausschließlich im Baugenehmigungsverfahren verhandelt (zutreffend OVG Münster MittBayNot 1986, 82; BGH a. a. O.; a. A. *Bielenberg* ZfBR 1982, 7). Über die öffentlich-rechtliche Zulässigkeit einer Sondereigentumseinheit als Wohnung oder für bestimmte gewerbliche Zwecke wird im Rahmen der Erteilung der Abgeschlossenheitsbescheinigung daher nicht entschieden. Der Empfänger der Bescheinigung kann aus ihr daher auch keine diesbezüglichen Rechte ableiten. Unzulässig ist es auch, die Erteilung der Abgeschlossenheitsbescheinigung von etwaigen Stellplatznachweisen abhängig zu machen, was insbesondere bei Altbauten geschieht. Bei Neubauten

1. Teilungserklärung mit Gemeinschaftsordnung

kann die Erteilung nur dann von der Baugenehmigung abhängig gemacht werden, wenn das Vorhaben bautechnisch nicht genehmigungsfähig ist (vgl. *Schmidt* DNotZ 1990, 254).

(4) Im Zusammenhang mit der Umwandlung von Altbauten in Wohnungseigentum hatten Ende der 80er Jahre die Baubehörden damit begonnen, die Erteilung von Abgeschlossenheitsbescheinigungen zu verweigern, wenn Decken und Zwischenwände nicht die für Neubauten geltenden Wärme- und Schallschutzwerte aufweisen, gegründet auf die Allgemeine Verwaltungsvorschrift für die Erteilung von Abgeschlossenheitsbescheinigungen (dazu BayVGH DNotZ 1990, 247; BVerwG NJW 1990, 848; BVerfG NJW 1990, 825; beide auch DNotZ 1990, 247 ff.; *Schmidt,* DNotZ 1990, 251 ff.; *Bub,* Festschrift *Bärmann/Weitnauer* 1990, 69). Die Frage ist vom BGH wegen der Abweichung vom BVerwG dem Gemeinsamen Senat der obersten Bundesgerichtshöfe zur Entscheidung vorgelegt worden (BGH NJW 1991, 1661). Die Entscheidung ist am 30. 6. 1992 gefallen (NJW 1992, 3290) und zwar im Sinne der zivilrechtlichen Lösung des BGH, wonach die Verweigerung der Abgeschlossenheitsbescheinigung wegen fehlendem Wärme- und Schallschutz bei Altbauten nicht möglich ist. Für die neuen Bundesländer ist durch die Ergänzung von § 3 WEG eine Sonderregelung getroffen worden (Gesetz vom 22. 3. 1991 BGBl. I 788). Dort ist zeitlich befristet bis zum 31. 12. 1996 für Trennwände und -decken auf Schall- und Wärmeschutz nicht abzustellen; diese Bestimmung ist nunmehr obsolet.

5 a. Sondereigentumsfähigkeit, Wohnungsbegriff. (1) Zu Sondereigentum können Wohnungen oder nicht zu Wohnzwecken dienenden Räume erklärt werden (§ 1 Abs. 1 WEG). Was eine Wohnung ist, definiert das WEG nicht. In Nr. 5 der AVA wird eine Definition gegeben, wonach eine Wohnung die Summe der Räume ist, welche die Führung eines eigenen Haushalts ermöglichen, wozu eine Raum mit Kochgelegenheit, Wasserversorgung, Ausguß und WC gehören. Dies muß sich alles innerhalb der Wohnung befinden (zum Erfordernis der innenliegenden Toilette *Bärmann/Pick/Merle* § 3 Rdn. 38). Diese Definition hat aber nicht zivilrechtliche Gesetzeswirkung für das WEG. Sie entsprechen aber dem allgemeinen Wohnungsbegriff, wie er in den Landesbauordnungen enthalten ist sowie in der DIN-Norm 283 Blatt 1 (abgedruckt bei *Bärmann/Pick* Anhang I 3; zu anderen Gesetzen *Bub* PiG 34 S. 37). Auch ein Einzimmerappartement erfüllt diese Voraussetzungen, nicht dagegen ein Hotelappartement, das nur Teileigentum sein kann (*Weitnauer* § 1 WEG Rdn. 38; str.). Auf den Komfort der Wohnung kommt es nicht an. Fraglich ist, ob Altbauwohnungen, bei denen sich die Toilette außerhalb der Wohnung befindet, von der Bildung von Wohnungseigentum ausgeschlossen, also nicht sondereigentumsfähig sind. Die Frage ist zu verneinen. Wo jahrzehntelang ohne Toilette in der Wohnung störungsfrei gewohnt worden ist, kann das WEG nicht die Bildung von Wohnungseigentum und damit die Eigentumsbildung selbst dadurch ausschließen, daß es die Eigenschaft einer Wohnung abspricht. Wenn das Gesetz ausdrücklich auch auf die Bildung von Wohnungseigentum an errichteten Gebäuden (§ 3 Abs. 1) ausgerichtet ist, dann muß grundsätzlich auch der bauliche Zustand des Altbaues weiter akzeptiert werden können. U. U. ist ein entsprechender Umbau technisch nicht möglich oder mit unvertretbaren Kosten verbunden. Die AVA ist wie auch die Praxis des WEG zu neubauorientiert und erst mit der Wohnungsprivatisierung nach der Wiedervereinigung stellen sich diese Probleme, die im Sinne der Eigentumsbildung zu lösen sind (zum Problem anders noch *Schmidt* in *Bärmann/Seuß* Rdn. A 86).

(2) Über die Frage der Sondereigentumsfähigkeit entscheidet im übrigen die Abgeschlossenheit als solche, nicht die Abgeschlossenheitsbescheinigung (zur Sondereigentumsfähigkeit auch *Böhringer* WE 1995, 327 mit umfangreichen Rechtsprechungsnachweisen). Bevor die Bescheinigung beantragt wird, sollte daher immer der Notar zur rechtlichen Beurteilung beigezogen werden, insbesondere um Zweifelsfragen zu klären (z. B. Behandlung von Balkonen, Terrassen, Kellerbereichen, Dachböden etc.). Balkon,

Loggien etc. zählen notwendig zum Sondereigentum (*Schmidt* PiG 18, 1985 – Festschrift *Bärmann/Weitnauer*, S. 45 = MittBayNot 1985, 240 *Bärmann/Seuß* Rdn. 102; str.: die h. M. bezeichnet den Balkon lediglich als „sondereigentumsfähig", während *Rapp* ihm die Sondereigentumsfähigkeit überhaupt abspricht – *Staudinger/Rapp* § 5 WEG Rdn. 25; dabei übersieht er, daß es sich beim Sondereigentum um den Balkonraum handelt, der für Gemeinschaftseigentum das Zugangserfordernis nicht erfüllt, weil er nur vom Sondereigentum zugänglich ist; unzutreffend daher auch OLG Frankfurt FGPrax 1997, 139, das bei der vergessenen Nennung als Sondereigentum in aller Härte Gemeinschaftseigentum annimmt und eine Reparatur dieses Fehlers kaum ermöglicht. Um so mehr ist der Balkon als Sondereigentum zu nennen bzw. zu kennzeichnen). Die Balkonbrüstung ist zwingend Gemeinschaftseigentum (BayObLG NJW-RR 1990, 784). Zu achten ist auch darauf, daß Sondereigentum stets vom Gemeinschaftseigentum aus zugänglich sein muß (BGH NJW 1992, 182; *Bärmann/Pick/Merle* § 3 Rdn. 46; Ausnahme bei einem durch Grunddienstbarkeit für alle Miteigentümer abgesicherten Zugang vom Nachbargrundstück, OLG Düsseldorf MittRhNotK 1987, 107 = OLGZ 1987, 51). Auch Gemeinschaftseigentum muß immer vom Gemeinschaftseigentum erreichbar sein (BGH NJW 1991, 2909: Verbindungstür zum Heizkeller; BayObLG WE 1996, 79: Kellerraum mit einzigem Zugang zu gemeinschaftlichen Geräteraum; DNotZ 1992, 490; Zugänge zum Heizungsraum). Die Vereinbarung eines Durchgangsrechts durch das Sondereigentum für die übrigen Miteigentümer als Benutzungsregelung nach § 15 WEG soll nicht genügen (BGH wie vor; BayObLG DNotZ 1986, 494 – Heizungsraum –; a. A. *Röll* DNotZ 1986, 706, WE 1991, 13; BayObLG NJW-RR 1989, 142 – Zugang zu Spitzboden durch Wohnung, nunmehr aber in Anschluß an NJW-RR 1992, 82 jetzt NJW-RR 1995, 908 Klarstellung, daß Zugang zum Spitzboden durch eine Wohnung unschädlich ist, wenn dieser nach seiner Beschaffenheit nicht dem ständigen Mitgebrauch aller Wohnungseigentümer dienen kann; für Zugang zu einem Speicherraum durch Grunddienstbarkeit an der Wohnung zugunsten der übrigen Miteigentümer aber OLG Zweibrücken MittBayNot 1993, 86; Durchgang zu Garten durch Garage; zugelassen Durchgangsmitbenutzung zu Hinterhaus OLG Zweibrücken WE 1990, 56; LG München II MittBayNot 1988, 78 – Kellerraum –). Der zulassenden Meinung ist der Vorzug zu geben. Im Antrag auf die Abgeschlossenheitsbescheinigung kann gegebenenfalls die Regelung angesprochen werden. Eine behördlich als Rettungsweg vorgeschriebene Verbindungstür zwischen zwei Eigentumswohnungen steht der Abgeschlossenheit nicht entgegen (KG DNotZ 1985, 437). Bei einer gemeinsamen Toilettenanlage für zwei Teileigentumsrechte fehlt die Abgeschlossenheit (BayObLG RPfleger 1984, 407). Treppenhäuser, Dielen, Flure u. ä., die den einzigen Zugang zu einem Raum des gemeinschaftlichen Eigentums stehen, können nicht Sondereigentum sein, weil es an der Abgeschlossenheit fehlt (BayObLG DNotZ 1986, 494; dazu *Röll* DNotZ 1986, 706). Es ist daher immer besonders darauf zu achten, daß Gemeinschaftseigentum auch von Gemeinschaftseigentum aus zugänglich bleibt. Hotelappartements sind in sich abgeschlossen (*Weitnauer* JZ 1985, 931 gegen OLG Lüneburg DNotZ 1984, 390 mit Anm. *Röll*). Auch ein Eingangsflur für nur zwei Wohnungen ist zwingend Gemeinschaftseigentum (OLG Hamm DNotZ 1987, 225 mit zust. Anm. *Röll*; OLG Oldenburg DNotZ 1990, 48).

6. Sondereigentum, Gemeinschaftseigentum. (1) Bei der dinglichen Aufteilung können nur sondereigentumsfähige Räume bzw. Garagenstellplätze zu Sondereigentum erklärt werden. Daher sind ebenerdige nur plattenbelegte Terrassen ohne vertikale Begrenzung nicht sondereigentumsfähig (OLG Köln RPfleger 1982, 279; *Weitnauer* § 5 WEG Rdn. 19; a. A. zum Teil *Erman/Ganten* WEG § 5 Rdn. 9); an ihnen ist dann ein Sondernutzungsrecht zu begründen, und zwar in der Gemeinschaftsordnung, nicht in der eigentlichen Teilungserklärung (zur Trennung der einzelnen Teile Anm. 2 Abs. 3). Die Regelung des § 3 WEG verbietet es, daß Räume und sonstige Gebäudeteile zu Son-

1. Teilungserklärung mit Gemeinschaftsordnung

dereigentum gemacht werden, die zwingend Gemeinschaftseigentum sein müssen, während sondereigentumsfähige Räume durchaus Gemeinschaftseigentum sein können (§ 5 Abs. 3). So kann eine Heizungsanlage, die nur die Wohnanlage versorgt, nicht Sondereigentum sein (BGHZ 73, 302; *Weitnauer* § 5 Rdn. 24 m.w.N.; a.A. *Bärmann/Pick/ Merle* § 5 Rdn. 33). Etwas anderes gilt für eine Heizungszentrale, die auch Häuser Dritter versorgt (BGH NJW 1975, 688; LG Bayreuth RPfleger 1973, 401). Wegen der zwingenden Regelung des § 5 WEG ist es daher überflüssig, verwirrend und schädlich – weil nicht unbedingt der Rechtslage entsprechend –, in die Teilungserklärung eine Einzelaufzählung der Bauteile aufzunehmen, die Sondereigentum oder Gemeinschaftseigentum sind bzw. sein sollen. Insbesondere können z.B. Fenster nicht zum Sondereigentum erklärt werden (dazu *Schmidt*, PiG 18 (1985) S. 39 = MittBayNot 1985, 237; *Röll* WE 1991, 12; OLG Hamm NJW-RR 1991, 148 = MittBayNot 1991, 260 mit problematischer Umdeutung in Instandhaltungspflicht; OLG Bremen WM 1989, 650; OLG Düsseldorf WE 1998, 228 mit Anm. *Schmidt*; zusammenfassend *Deckert* WE 1992, 90; BayObLG NJW-RR 1996, 140: Doppelverglasung Gemeinschaftseigentum). Es ist aber weitgehend üblich, in die Teilungserklärungen eine Aufzählung aufzunehmen, welche Bauteile Sondereigentum und welche Gemeinschaftseigentum sind. Eine solche Aufzählung hat keine konstitutive Bedeutung und gehört dann in einen eigenen Abschnitt zwischen der dinglichen Teilungserklärung und der Gemeinschaftsordnung und sollte darlegen, daß es sich nur um eine deklaratorische Aufzählung ohne dingliche Rechtswirkung kraft Eigentümererklärung hat. Wegen Einzelfragen sei in übrigen auf die einschlägigen Kommentare verwiesen. Inhaltlich unzulässig ist eine Eintragung, die dieselben Räume sowohl als Gemeinschaftseigentum als auch als Sondereigentum darstellt (BayObLG RPfleger 1988, 256).

(2) Mitsondereigentum (Verbindung von Miteigentumsanteilen einzelner Miteigentümer mit einem Sondereigentum) an einzelnen Räumen kann nicht gebildet werden (*Weitnauer* WEG § 3 Rdn. 32 m.w.N.; *Bärmann/Seuß* Rdn. A 136; a.A. *Bärmann/ Pick/Merle* § 5 Rdn. 66; gegen Mitsondereigentum auch BayObLG DNotZ 1988, 316; *Palandt/Bassenge* § 3 WEG Rdn. 2; allgemein zum Problem des Mitsondereigentums *Sauren* DNotZ 1988, 667, besonders bei Leitungen, Wänden etc.; dazu auch OLG Zweibrücken DNotZ 1988, 705).

(3) Zum Sondereigentum an Kfz-Stellplätzen siehe Anm. 15.

7. Grundbuchprüfung. Das Grundbuchamt ist an die Beurteilung der Abgeschlossenheit durch die Behörde nicht gebunden. Es kann anhand der Pläne selbständig nachprüfen, ob die Abgeschlossenheit gegeben ist (h.M., *Bärmann/Pick/Merle* § 7 Rdn. 75; MünchKomm/*Röll* § 7 Rdn. 7; *Weitnauer* § 7 Rdn. 20; KG DNotZ 1985, 437; BayObLG DNotZ 1990, 260 m.w.N.; OLG Celle WE 1992, 48). Einzige Erkenntnisquelle und damit Prüfungsgrundlage für das Grundbuchamt ist dabei der eingereichte Plan. Das streng formalisierte Verfahren verbietet dem Grundbuchamt, bautechnische und verwaltungsrechtliche Fragen zu überprüfen (*Böhringer* WE 1995, 326) sowie Beweiserhebungen und sonstige Ermittlungen (BVerwG NJW 1997, 74). Wenn der Plan aber ergibt, daß die Bescheinigung nicht stimmt (z.B. Zwischentür, kein Zugang vom Gemeinschaftseigentum), kann die Eintragung abgelehnt werden (*Schmidt* DNotZ 1990, 257). Wird bei einem Mehrfamilienhaus gemäß der erteilten Abgeschlossenheitsbescheinigung nur Sondereigentum an Kelleranteilen gebildet, so muß das Grundbuchamt eintragen (BayObLG WE 1992, 28; zum „Kellermodell" *Schmidt* WE 1992, 2); allerdings hat das Kellermodell nach der Entscheidung des Gemeinsamen Senats (NJW 1993, 2390) keine praktische Bedeutung mehr. Die technische Bauausführung darf das Grundbuchamt aber nicht untersuchen und damit auch nicht, ob Wärme- und Schallschutzwerte erreicht sind (ausdrücklich BayObLG DNotZ 1990, 260; jetzt GemSenat aaO., BVerwG NJW 1997, 71; zur Problematik auch Anm. 5 Abs. 4). Es muß auch dann vollziehen, wenn ihm ein öffentliches Bauverbot bekannt ist (BGH NJW 1990, 1111). Es darf auch nicht eine von der Baubehörde verfügte „Kraftloserklärung" einer erteilten Abgeschlossenheitsbescheinigung zur Ablehnung heranziehen (BayObLG MittBayNot 1990, 304 = WE 1991, 28). Allerdings hat es eine Kraftloserklärung der Baubehörde zu beachten, die darauf fußt, daß der früher bestätige Aufteilungsplan den im Zeitpunkt der Vorlage an das Grundbuchamt maßgeblichen Bautenstand nicht mehr wiedergibt (BVerwG NJW 1997, 71). Das Grundbuchamt verletzt seine Pflicht in der Regel nicht, wenn es sich an die Bescheinigung hält (*Weitnauer* § 7 Rdn. 21). Es haftet aber, wenn es sich keinen Lageplan vorlegen läßt, der das neu vermessene Grundstück als Gegenstand der Teilungserklärung bezeichnet (BGH RPfleger 1994, 245). Zur Überprüfung der Gemeinschaftsordnung Anm. 9 Abs. 4.

8. Überbau. (1) Probleme bereitet die Frage, ob Sondereigentum begründet werden kann, wenn ein Überbau stattfindet (dazu *Weitnauer* § 3 Rdn. 10 m.w.N.; eingehend *Brünger*, MittRhNotK 1987, 269). Ausgangspunkt ist die Überbauregelung des § 912 BGB. Danach wird bei einem zu duldenden Überbau dieser wesentlicher Bestandteil des Gebäudes auf dem Stammgrundstück und ist daher eigentumsmäßig diesem zuzurechnen. Der Begründung von Wohnungs- und Teileigentum auch an den Teilen des Überbaues steht dann nichts entgegen. Das gleiche gilt, wenn der Überbau auf Grund einer Grunddienstbarkeit errichtet wird (*Weitnauer* aaO.; *Bub* WE 1993, 217). Wird die Dienstbarkeit erst nach Errichtung des Gebäudes bestellt, kann es zu erheblichen rechtlichen Schwierigkeiten kommen (*Brünger* a.a.O. S. 274; *Ludwig* DNotZ 1986, 755). Zu (notwendigen) Überbauten kann es insbesondere beim Bau von Tiefgaragen kommen. Es ist dringend anzuraten, die Überbauprobleme rechtzeitig vor Baubeginn zu lösen und Dienstbarkeiten zu bestellen (*Röll* WE 1991, 14). Dies gilt vor allem auch beim Eigengrenzüberbau, wenn der Bauträger auf mehreren Grundstücken Gebäude mit getrennten Eigentümergemeinschaften errichtet und sich bauliche Grenzüberschreitungen nicht vermeiden lassen (zum Eigengrenzüberbau die angegebene Literatur m.w.N.). Liegt kein Fall des § 912 BGB und keine Dienstbarkeitsregelung vor, so kann das Grundbuchamt die Anlegung der Wohnungsgrundbücher verweigern (*Haegele/Schöner/Stöber* Rdn. 2817).

(2) Eine abweichende Meinung vertritt *Rapp* (Beck'sches Notarhandbuch A III Rdn. 20, 21; *Staudinger/Rapp* § 1 WEG Rdn. 30), der beim rechtmäßigen Überbau dem Überbauenden das Eigentum am Überbau bereits mit der formlosen Duldung durch den Grundstückseigentümer nach § 912 BGB zukommen läßt. Dem Grundbuchamt sei dies durch eine Erklärung des Eigentümers des zu überbauenden Grundstücks in der Form des § 29 BGB nachzuweisen, so daß sich eine Dienstbarkeit erübrige (Rdn. 21). Zudem könne der Bestand des Wohnungseigentums durch eine einvernehmliche Löschung der Dienstbarkeit gefährdet werden. Hier wird nicht empfohlen, nach dieser Ansicht zu verfahren. Die Dienstbarkeit ist das vom Sachenrecht zur Verfügung gestellt Recht zur Regelungen solcher Probleme mit dinglicher Wirkung. Daß Wohnungseigentümer sie gemeinsam einvernehmlich löschen lassen, ist keine praktische Gefahr. Zudem ist die Frage, ob dadurch das entstandene Eigentum am Gesamtgebäude entfallen würde. Das kann jedenfalls dann nicht geschehen, wenn man mit *Röll* (MittBayNot 1983, 5; 1993, 265) dem Überbau Bestandteilseigenschaft als unbewegliche Sache (§ 93 BGB) zukommen läßt und nicht als Scheinbestandteil (§ 95 BGB = bewegliche Sache). Im übrigen geht die Dienstbarkeit weiter als die reine Gestattung nach § 912 BGB in der Funktion als Eigentumszuordnung, sondern erfaßt auch die Grundstücksnutzung bzw. Mitbenützung, etwa bei einer Tiefgarageneinfahrt.

9. Gemeinschaftsordnung (1) Zur sachenrechtlichen Begründung von Wohnungs- und Teileigentum genügt die Teilungserklärung, wie sie § 2 des Formulars enthält. Für die Rechte und Pflichten der Wohnungseigentümer untereinander gelten dann ausschließlich die gesetzlichen Bestimmungen der §§ 10ff. WEG. Diese gesetzlichen Regelungen sind aber ausfüllungs- und ergänzungsfähig bzw. -bedürftig. Den Weg zu den rechtsgeschäft-

1. Teilungserklärung mit Gemeinschaftsordnung   IX. 1

lichen Vereinbarungen dazu öffnet § 10 Abs. 2 WEG. Durch ihre Eintragung in das Grundbuch werden sie Inhalt des Sondereigentums mit Wirkung gegen Sondernachfolger. Ihre Gestaltung ist ein Ausfluß des Selbstverwaltungsrechts der Wohnungseigentümer (*Deckert* PiG 34 S. 79; *Lüke* WE 1996, 372). Für diese Vereinbarungen hat sich der Begriff „Gemeinschaftsordnung" durchgesetzt. Eine sinnvolle und praktikable Ausgestaltung einer Gemeinschaftsordnung, in der auch auf die besonderen Bedürfnisse des einzelnen Objekts abgestellt werden kann, ist eine verantwortungsvolle Aufgabe der Gestaltung, die meist dem Notar obliegt. Bei dieser Gestaltung ist auch in der äußerlichen Anordnung darauf zu achten, daß Teilungserklärung und Gemeinschaftsordnung getrennt werden und sich auch inhaltlich nicht überschneiden (vgl. Anm. 2 Abs. 3). Nur eine solche sorgfältige Trennung entspricht dem Erfordernis rechtlicher Klarheit, vor allem auch im Hinblick auf etwaige spätere Rechtsstreitigkeiten (BayObLG WE 1989, 108 = BayObLGZ 1988, 238; zur Gestaltung der Gemeinschaftsordnung auch *Deckert* WE 1991, 91; *Bub* WE 1993, 212; *Galster* WE 1995, 368; 1996, 91).

(2) Gemeinschaftsordnungen bilden oft ein langes und weitschweifiges Paragraphenwerk. Vom Gesetz werden solche Gemeinschaftsordnungen nicht gefordert, auch wenn sie als umfassende Zusammenstellung aller Rechte und Pflichten der Wohnungseigentümer beliebt sind. Nach § 10 Abs. 1 S. 2 WEG sind besondere Vereinbarungen für das Verhältnis der Miteigentümer untereinander nur insoweit erforderlich, als sie die gesetzliche Regelung ergänzen oder von ihr abweichen (vgl. die Zusammenstellung in *Erman/Ganten* Anh. § 10 WEG). Das Formular beschränkt sich auf solche Regelungen und folgt insofern den grundlegenden Ausführungen von *Röll* (MittBayNot 1980, 1; weitergeführt bei *Schmidt*, Partner im Gespräch Band 17 S. 91, Band 19 S. 50 = MittBayNot 1985, 242; für die „klassische" Gemeinschaftsordnung weiter *Seuß*, Die Eigentumswohnung 10. Aufl. S. 272, 426; Muster dazu in *Bärmann/Seuß*, Praxis des Wohnungseigentums 4. Aufl.). Rechtliche Bedenken gegen die Wiederholung gesetzlicher Bestimmungen in den umfangreichen Gemeinschaftsordnungen bestehen nicht. Probleme ergeben sich aber schon dann, wenn die gesetzliche Regelung mit verändertem Wortlaut wiedergegeben wird: ist es dann Gesetz oder Vereinbarung? Da bei der Auslegung auf den objektiven Wortlaut und Sinn und nicht auf die Vorstellungen des Verfassers einer Gemeinschaftsordnung abzustellen ist (BayObLG WE 1991, 291), soll man sich in die Lage des Richters versetzen, der die Dinge auseinander zu halten hat. Die Teilungserklärung soll schließlich kein Lehrbuch des Wohnungseigentumsrechtes sein. Die Informationen des Wohnungseigentümers über seine Rechte und Pflichten sind nach der hier vertretenen Handhabung in einem Merkblatt enthalten, das den Käufern ausgehändigt werden soll. Bei dem Merkblatt ist darauf zu achten, daß es nur die gesetzliche, gegebenenfalls durch die Rechtsprechung ausgefüllte Regelung darstellt, dagegen keine individuellen Regelungen für die Wohnlage (*Röll* aaO.). Ein individuell abgefaßtes **Merkblatt** kommt in die Nähe der Beurkundungspflicht. Das Muster eines Merkblattes ist abgedruckt nach Anm. 27 im Anhang dieses Formulars.

(3) Eine **Änderung der Gemeinschaftsordnung** kann vom teilenden Alleineigentümer jederzeit vorgenommen werden (Erklärung in der Form des § 29 GBO an das Grundbuchamt; zu den Änderungen *Schmidt* in *Bärmann/Seuß* Rdn. A 265 ff.). Eingetragene Gläubiger einschließlich Vormerkungsberechtigte müssen jedoch zustimmen (BayObLG WE 1990, 176; DNotZ 1994, 233 mit Anm. *Röll*; WE 1996, 155; siehe auch Anm. 2 Abs. 1). Ist die Eigentümergemeinschaft bereits entstanden, muß eine Vereinbarung zwischen sämtlichen Miteigentümern getroffen werden (*Weitnauer* § 10 Rdn. 49 ff.; BayObLG NJW-RR 1990, 978; OLG Frankfurt WE 1989, 98). Allerdings kann die Gemeinschaftsordnung einen (qualifizierten) Mehrheitsbeschluß, (z. B. 3/4-Mehrheit) vorsehen (BGH NJW 1985, 2832; BayObLG a.a.O.; *Grebe* DNotZ 1987, 5), wobei bei sachlich gerechtfertigter Grund vorliegen muß, der betroffene Miteigentümer gegenüber dem bisherigen Rechtszustand nicht unbillig benachteiligen darf (vgl. dazu *Grebe*

a. a. O.; strenger Maßstab BayObLGZ 1991 Nr. 76; BGH NJW 1995, 2791; BayObLG NJW-RR 1994, 1425; 1995, 529; dazu auch *Weitnauer* § 10 WEG Rdn. 51). Die Grenzen sind durch die §§ 134, 138, 242 und 315 BGB gezogen (BayObLG NJW-RR 1990, 1102; *Deckert* PiG 34 S. 81). Eine grob unbillige Vereinbarung ist aber unwirksam (BayObLG WE 1991, 59). Ob ohne eine solche Grundlage in der Gemeinschaftsordnung ein allstimmiger Eigentümerbeschluß rechtlich einen Beschluß oder eine Vereinbarung darstellt, ist Auslegungsfrage (BayObLG wie vor). Dabei kommt es auch darauf an, ob der Beschluß den zulässigen Rahmen der Verwaltung des gemeinschaftlichen Eigentums sprengt und mit der Grundordnung des Gemeinschaftsverhältnisses vereinbar ist (BGH NJW 1991, 2637). Besondere Probleme ergeben sich hierbei beim Kostenverteilungsschlüssel (dazu Anm. 17 Abs. 5). Allerdings kann auch ein nicht angefochtener (Mehrheits)Beschluß rechtsbeständig werden, wobei schwierige Abgrenzungsprobleme auftauchen (dazu *Weitnauer* § 10 Rdn. 49). Materiellrechtlich bedarf die Änderungsvereinbarung keiner Form, zwecks Bindung von Rechtsnachfolgern ist Grundbucheintrag nötig (§ 10 Abs. 2 WEG), was zum Nachweis in der Form des § 29 GBO, also i.d.R. Einschaltung des Notars, führt. Beschlüsse sind aber in keinem Fall eintragungsfähig (BayObLG DNotZ 1984, 101; *Weitnauer* § 10 Rdn. 57). Das Problem späterer Änderungen (zu nachträglichen Änderungen ausführlich *Deckert* PiG 34, 84) wird inzwischen ziemlich relativiert dadurch, daß die Wirksamkeit unangefochtener Mehrheitsbeschlüsse immer stärker in den Vordergrundtritt, auch wenn sie Gegenstände betreffen, über die vom WEG aus keine Beschlüsse gefaßt werden können, sondern die eine Vereinbarung abändern oder darstellen (sog. Pseudovereinbarung; Gesamtdarstellung mit dem aktuellen Stand bei *Belz* in Festschrift *Seuß* [1997] S. 11 ff.; *Staudinger/Kreutzer* § 10 WEG Rdn. 58). Nichtigkeit wird nur dann angenommen, wenn der sog. dinglich Kernbereich berührt wird (statt aller BGH NJW 1995, 2035; *Wenzel* WE 1994, 358; 1995, 358; vgl. auch *Schmidt* in *Bärmann/Seuß* Rdn. A 270; kritisch *Buck* WE 1998, 90). Für die Gestaltung der Gemeinschaftsordnung ist diese weiter im Fluß befindliche Rechtsprechung nicht einschlägig. Sie zeigt aber inzwischen die Relativität der Gemeinschaftsordnung für die Zukunft, weil man kaum erkennen oder voraussehen kann, was Kernbereich ist. Es können nur solche Vereinbarungen sein, die an sich zulässig sind, während Beschlüsse über Gegenstände, für die das WEG Vereinbarungen überhaupt ausschließt schon von Gesetzes wegen nichtig sind.

(3) Bei der Frage ob und welche Änderungsklausel in eine Gemeinschaftsordnung aufgenommen werden soll (dazu *Grebe,* DNotZ 1987, 19 ff.) ist abzuwägen zwischen dem Schutz der Minderheit und der Notwendigkeit der Anpassung an die Entwicklung. Auf jeden Fall sollte eine qualifizierte Mehrheit vorgesehen werden (dazu auch MünchKomm/*Röll* WEG § 10 Rdn. 58). Auch ist es ratsam, die Bereiche der möglichen Änderung zu nennen, z. B. Kostenverteilung. Eine uneingeschränkte Änderungsklausel beeinträchtigt die Stabilität des Wohnungseigentums, die durch das Einstimmigkeiterfordernis gesichert wird (*Grebe* S. 24; vgl. auch BayObLG WE 1991, 259: §§ 242, 315 BGB).

(4) Das **AGB-Gesetz** ist auf Gemeinschaftsordnungen (Teilungserklärungen) nicht anzuwenden, da sie keine Austauschverträge i. S. des AGB-Rechts darstellen und ihr Inhalt durch die Grundbucheintragung eine mit dem AGB-Recht nicht vereinbare dingliche Wirkung hat (h. M.; *Palandt/Bassenge* § 8 WEG Anm. 1; *Weitnauer* WEG § 7 Rdn. 25 ff. m. w. N.; *Schmidt,* BauR 1979, 187 = MittBayNot 1987, 139; *Bub* WE 1993, 189; *Staudinger/Rapp* § 7 WEG Rdn. 35, *Kreutzer* § 10 Rdn. 74; für analoge Anwendung *Ulmer,* Festgabe *Weitnauer* 1980, 205 ff.). Eine Inhaltskontrolle nach Maßgabe der §§ 242, 315 BGB findet zwar statt, aber nur im Rahmen des Verfahrens nach §§ 43 ff. WEG (*Weitnauer* Rdn. 29). Auf die im AGB-Gesetz verankerten Rechtsgedanken sollte jedoch auch bei der Abfassung der Gemeinschaftsordnung insofern abgestellt werden, als dort unangemessene Klauseln auch hier nicht verwendet werden sollen (z. B. Zugangsfiktionen, vgl. Anm. 20 Abs. 4).

1. Teilungserklärung mit Gemeinschaftsordnung IX. 1

10. Regelungsmöglichkeiten in der Gemeinschaftsordnung. In der nachfolgenden Zusammenstellung sollen stichwortartig – ohne Anspruch auf Vollständigkeit – Regelungsgegenstände aufgeführt werden, bei denen Vereinbarungen in Abweichung vom Gesetz oder zu dessen Ergänzung in Betracht kommen können (dazu auch *Schmidt* in *Bärmann/ Seuß* Rdn. A 223 ff.). Die Zusammenstellung kann als eine Art Checkliste verwendet werden. Zu beachten ist dabei, daß dies nicht als allgemeiner Ratschlag aufzufassen ist, in allen Punkten eine Regelung zu treffen, sondern daß immer auf den Einzelfall abzustellen ist. Hierbei können maßgeblich sein: Größe des Hauses, örtliche Lage, Wohnhaus oder Geschäftshaus oder gemischt, bauliche Gestaltung der Gesamtanlage. Im Regelungsumfang ist einer Zurückhaltung anstelle einer perfektionierenden Ausweitung der Vorzug zu geben. Keine Erstarrung, sondern Flexibilität sollte der Maßstab für die inhaltliche Ausgestaltung sein. Wichtig ist, daß Nutzungs- und Zweckbestimmungen in allen Eintragungsunterlagen identisch sind bzw. sich nicht widersprechen. Der textlichen Beschreibung gebührt der Vorrang, bei Einzeichnungen im Aufteilungsplan ist Zurückhaltung geboten.

(1) **Gebrauchsregelungen** (§ 15 WEG). Dazu insbesondere *Krücker-Ingenhag* MittRhNotK 1986, 85; *Ertl* DNotZ 1988, 4; PiG Nr. 15 (1984); Auflistung bei *Erman/Ganten* Anhang zu § 10 WEG; *Zipperer* WE 1991, 142.

a) *für Sondereigentum:* Zweckbestimmungen, Nutzungsarten (Wohnen, beruflich, gewerblich, gemischt?), dazu Anm. 11. Der Gebrauch des Sondereigentums steht unter dem Gebot der gegenseitigen Rücksichtnahme (§ 14 Abs. 1 Satz 1 WEG). Konkrete Gebrauchsbeschränkungen (z. B. für Musizieren, Haustierhaltung, Lärmvermeidung etc.) gehören eher in die Hausordnung als in die Gemeinschaftsordnung. Dabei darf die Hausordnung Einschränkungen des freien Herumlaufens von Haustieren vorsehen (BayObLG NJW-RR 1994, 658). Völliges Tierhalteverbot ist nur durch Vereinbarung möglich (OLG Karlsruhe WE 1988, 96; vgl. allerdings BGH NJW 1995, 279, wonach ein nichtangefochtener Mehrheitsbeschluß über ein völliges Hundehaltungsverbot nicht nichtig ist). Mögliche Gebrauchsbeschränkungen: Vermietung nur mit Zustimmung des Verwalters (BayObLG MDR 1982, 479; in der Regel abzuraten; zu Vermietungsbeschränkungen *Weitnauer* § 15 WEG Rdn. 21); Zweckbindung als Hausmeisterwohnung (BayObLG DWE 1984, 125; WE 1989, 146) – Hausmeisterwohnung sollte besser Gemeinschaftseigentum mit dortiger Zweckbestimmung sein –; Verpflichtung zur Vermietung an Hotelbetriebsgesellschaft (BayObLG DWE 1984, 125); hotelmäßige Verpachtung bei Ferienanlage (BayObLG NJW-RR 1988, 1170; WE 1991, 83); hotelmäßige Nutzung (BayObLG WE 1992, 49); Alten- und Pflegeheim (zu solchen Sonderzwecken Anm. 11a); Anschlußpflicht für Fernwärme (OLG Frankfurt MDR 1983, 580). Bei gewerblichen Einheiten (Läden, Praxen etc.) können auch Konkurrenzschutzklauseln vereinbart werden (OLG Hamm NJW-RR 1986, 1336; BayObLG WE 1991, 47; *Weitnauer* WEG § 15 Rdn. 16). Aus einer Zweckbestimmung von Teileigentum ergibt sich kein Konkurrenzverbot (BayObLG WE 1997, 36). Sollen Speicher oder Dachböden (Dachräume) im Sondereigentum anders als in ihrer normalen Beschaffenheit für Abstellen o. ä. (BayObLG DNotZ 1995, 624) genutzt werden dürfen, insbesondere Wohnzwecke, muß dies in der Gemeinschaftsordnung geregelt werden. Ähnliches gilt für Kellerabteile (vgl. BayObLG NJW-RR 1992, 272; WE 1994, 245; NJW-RR 1996, 464).

b) *für Gemeinschaftseigentum:* Allgemeine konkretisierende Regelungen gehören in die Hausordnung, nicht in die Gemeinschaftsordnung. Grundsatz ist das Mitbenutzungsrecht aller Wohnungseigentümer am Gemeinschaftseigentum. Der gemeinschaftliche Gebrauch erstreckt sich neben Zugangsflächen, Fluren und Treppen vor allem auf Räume und Anlagen (Heizung, Keller, Fahrradkeller, Waschraum, Dachboden) und Außenflächen (Garten, Wäschetrockenplatz, Kinderspielplatz, Hofraum, Parkplatz). Werden solche Bezeichnungen in den Aufteilungsplan geschrieben, wird ihr in der Regel Vereinbarungscharakter zuerkannt (BayObLG WE 1989, 179; NJW-RR 1988, 140), soweit der Inhalt der Gemeinschaftsordnung nicht entgegensteht. Bezeichnungen, die zu sehr individualisieren, sollten daher wenn möglich vermieden werden, um eine Anpassung an geänderte Verhältnisse im Beschlußweg zu erleichtern, auch wenn die Vermutung besteht, daß Gebrauchsregelungen in der Gemeinschaftsordnung, nicht in der Teilungserklärung stehen, wenn bei der Abfassung der Urkunde hier streng getrennt wurde (BayObLG MittBayNot 1989, 23). Insgesamt sollte man bei der Vereinbarung von Gebrauchsregelungen am Gemeinschaftseigentum zurückhaltend sein, um nicht künftige Entwicklungen übermäßig zu behindern. Dann findet eine ordnungsgemäße Verwaltung durch Beschlüsse statt (BayObLG WE 1989, 179). Die Aufstellung einer Hausordnung gehört nach § 21 Abs. 5 Nr. 1 zur ordnungsgemäßen Verwaltung. Sie obliegt der Eigentümergemeinschaft durch Beschlußfassung. Die Gemeinschaftsordnung kann die Aufstellung aber dem Verwalter übertragen. Keinesfalls soll sie in die Vereinbarung aufgenommen werden (*Weitnauer* § 21 Rdn. 26; zur Hausordnung eingehend *Bärmann/Seuß* Rdn. B 81 ff.). Soll Gemeinschaftseigentum vermietet werden können, z.B. Stellplätze (auch an Miteigentümer), sollte dies bereits in der Gemeinschaftsordnung verankert werden, da Mehrheitsbeschlüsse dazu problematisch sind (*Bub* WE 1993, 212; *Weitnauer* § 15 WEG Rdn. 24 mwN.).

Sonderbereich der Gebrauchsregelung sind die Sondernutzungsrechte; dazu Anm. 12.

c) Eine besondere Form der Zweckänderung ist die **Umwandlung von Wohnungseigentum in Teileigentum und umgekehrt.** Sie bedarf der Mitwirkung sämtlicher Miteigentümer und der Zustimmung aller Grundpfandgläubiger (BayObLG NJW-RR 1989, 652; DNotZ 1992, 714 – Hobbyraum als Wohnraum –; 24. 7. 1997 MittBayNot 1998, 99 = DNotZ 1998, 379; 27. 11. 1997 MittBayNot 1998, 101; 15. 1. 1998 MittBayNot 1998, 97; HansOLG Bremen WM 1996, 168 zur teilweisen Umwandlung; zum Problem *Rapp* MittBayNot 1998, 81). Dies beruht darauf, daß die Einordnung in die Kategorie Wohnungs- oder Teileigentum zum dinglichen Begründungsakt gehört und eine Umwandlung diese dingliche bindend festgelegte Gebrauchsregelung als Inhalt des Sondereigentums ändert (BayObLG DNotZ 1984, 101. 106; zu den weiteren dogmatischen Folgen in BayObLG vom 13. 1. 1994 WE 1995, 27 = 157 mit kritischer Anmerkung *Weitnauer* kritisch auch *Schmidt* WE 1996, 212). Geändert wird das sachenrechtliche Grundverhältnis, nicht das Verhältnis der Wohnungseigentümer untereinander i.S. des § 10 WEG (KG FGPrax 1998, 94). Ein vereinbarungsersetzender Mehrheitsbeschluß genügt nicht (OLG Köln DWE 1997, 126). Zur Umwandlung ist ferner die Zustimmung sämtlicher Grundpfandrechtsgläubiger des Gesamtobjekt erforderlich (BayObLG DNotZ 1990, 42 = NJW-RR 1989, 28; DNotZ 1992, 714; MittBayNot 1998, 101). Das Zustimmungs- und Bewilligungserfordernis der übrigen Miteigentümer und der Gläubiger kann aber dadurch abbedungen werden, daß in der Teilungserklärung (Gemeinschaftsordnung) die Umwandlung gestattet wird (zuletzt BayObLG 24. 7. 1997, 27. 11. 1997 a.a.O.). Hierzu muß eine Vereinbarung nach § 10 Abs. 2 WEG getroffen werden, die als Inhalt des Sondereigentums in das Grundbuch eingetragen wird (BayObLG a.a.O.). Vor allem bei gemischt genutzten Anlagen liegt es nahe, solche Regelungen in der Gemeinschaftsordnung zu treffen (vgl. *Rapp* MittBayNot 1998, 77). Unabhängig davon steht die Frage, ob ohne eine solche Umwandlung eine Nutzungsänderung zulässig ist (dazu Abs. 1), die auch durch vereinbarungsersetzenden Mehrheitsbeschluß gestattet werden kann (vgl. aber die harte dogmatische Linie in BayObLG vom 13. 1. 1994 a.a.O., die insoweit zu Recht kritisiert wird).

(2) **Sondernutzungsrechte.** Dazu Anm. 12.

(3) **Veräußerungsbeschränkung.** Dazu siehe Anm. 16.

(4) **Kosten und Lasten.** Bei allen Differenzierungen soll man an den Verwalter denken, der später einmal alles ausrechnen muß. Daher: Sonderverteilungsschlüssel nur wo unbedingt nötig. Wenn auch die Differenzierungen mit zunehmendem Einsatz von EDV-Programmen bei den Verwalterberechnungen leichter möglich sind, sollte man sich doch

1. Teilungserklärung mit Gemeinschaftsordnung IX. 1

nicht zu einem Übermaß verführen lassen, damit auch die Überschaubarkeit für die Eigentümer erhalten bleibt.

a) Verteilungsschlüssel: Gesetz nach Miteigentumsanteilen (§ 16 WEG). Abweichungen oder Modifizierungen z. B. bei Heizkosten (dazu Anm. 17 Abs. 2), Verwalterkosten, Wasserkosten? Regelung für Meßeinrichtungen. Eventuell Änderung des Verteilungsschlüssels vorsehen, wenn Wohnfläche verändert wird, z. B. Dachausbau (dazu unten Abs. 7).

b) besondere Vorrichtungen: Aufzugskosten, -betrieb, Reparatur, Erneuerung (ohne Sonderregelung allgemeine Verteilung nach BGH NJW 1984, 2576); Bauteile des zwingenden Gemeinschaftseigentums wie z. B. Fenster (nicht zu Sondereigentum erklären! vgl. OLG Hamm WE 1991, 260; OLG Düsseldorf WE 1998, 228 mit Anm. *Schmidt*, je mit Umdeutung; BayObLG NJW-RR 1995, 382), Balkone, Terrassen etc.; Auswirkungen von Sondernutzungsrechten; Mehrhausanlagen, gemeinschaftliches Eigentum der einzelnen Häuser.

c) Statt Geldzahlung (§ 16 Abs. 2 WEG) Dienstleistungen – „tätige Mitarbeit" – wie Schneeräumen, Streuen; Treppenhausreinigung, Kehrdienst. Tätige Mithilfe konnte nach früherer Rechtsprechung nicht durch Mehrheitsbeschluß geregelt werden (OLG Hamm NJW 1982, 1108; a. A. BayObLG WE 1987, 20 – Schneeräumen –; BayObLGZ 1991 Nr. 82 – Treppenhausreinigung; OLG Stuttgart NJW-RR 1987, 976; dagegen zu Recht Bielefeld DWE 1987, 99). In einer Grundsatzentscheidung vom 24. 3. 1994 (WE 1994, 316) hat sich das BayObLG für die Zulässigkeit eines Mehrheitsbeschlusses darüber ausgesprochen und die wohlbegründeten Argumente des Amtsgerichts (AG München WE 1993, 198; dazu eingehend *Bader* PiG 42 S. 201 ff.) abgelehnt. Eine Verpflichtung zur Gartenpflege durch Beschluß hat das KG nicht (NJW-RR 1994, 207), einen solchen zum Fensterstreichen dagegen zugelassen (NJW-RR 1991, 1235). Von einer solchen Klausel ist in der Regel abzuraten. So können etwa bei einem Unfall keine Ansprüche an den Verwalter geltend gemacht werden (OLG Hamm WE 1994, 378). Zum Problem auch *Bärmann/Seuß* Rdn. B 89.

d) Abänderlichkeit des Verteilungsschlüssels durch Mehrheitsbeschluß (qualifizierter?)? Eine solche Abänderungsklausel ist zwar zulässig, steht aber unter dem Vorbehalt, daß von ihr nur Gebrauch gemacht werden kann, wenn ein sachlicher Grund vorliegt und einzelne Wohnungseigentümer gegenüber dem früheren Rechtszustand nicht unbillig benachteiligt werden (BGH DNotZ 1986, 83; BayObLG NJW-RR 1990, 1102). Im übrigen kann sich ein Anspruch auf Änderung der Gemeinschaftsordnung aus Treu und Glauben ergeben (grobe Unbilligkeit, BayObLG MDR 1985, 501; dazu auch *Weitnauer* JZ 1985, 932; BGH NJW 1995, 2791; BayObLG NJW-RR 1994, 1425; 1995, 529) siehe auch Anm. 9 Abs. 3.

e) Jahresabrechnung: ein Klausel, wonach die zugesandte Jahresabrechnung mit einem bestimmten Zeitpunkt als genehmigt gilt, ist als unzulässige Zugangsfiktion unwirksam und kann daher nicht vereinbart werden (BayObLG DNotZ 1989, 428 mit zust. Anm. *Weitnauer;* KG WE 1991, 323; NJW-RR 1991, 1042; 1994, 43; offen BGH NJW 1991, 979; *Schnauder* WE 1991, 144). Siehe auch Anm. 18.

f) Wirtschaftsplan. *Dazu Anm. 18.*

g) Beitreibung der Kosten: Verzugszinsen (z. B. 3% über dem Bundesbankdiskontsatz, pauschalierte Verzugszinsen bedürfen der Vereinbarung und können nicht beschlossen werden, BGH NJW 1991, 2637)? Regelung für Kostenausfall, Nachschußpflicht? (dazu OLG Stuttgart 17. 1. 1983 zit. bei *Bärmann* in PiG Nr. 21 S. 158; BayObLG DWE 4/84, 123). Wirksam ist auch eine Verpflichtung zur Einzugsermächtigung (*Bärmann/ Pick/Merle* § 16 Rdn. 98; LG Düsseldorf, Bielefeld Leitsätze Band 2 S. 270; vgl. BayObLG WE 1996, 440 mit Anm. *Seuß*). Geltendmachung durch Verwalter auch im eigenen Namen in indirekter Stellvertretung für die anspruchsberechtigten Wohnungseigentümer (Prozeßstandschaft, Verfahrensstandschaft)? Es empfiehlt sich insbesondere aus vollstreckungsrechtlichen Gründen dringend eine Regelung, wonach der Verwalter (auch) im eigenen Namen Forderungen außergerichtlich oder gerichtlich geltend machen kann. Dies kann in der Gemeinschaftsordnung, im Verwaltervertrag oder durch Beschluß geschehen (zum Verwaltervertrag BayObLG ZMR 1985, 278). Dazu unten Abs. 9.

h) Zu den Problemen der Rechtsnachfolge und einer Erwerberhaftungsklausel siehe Anm. 19.

(5) **Änderung der Gemeinschaftsordnung.** Dazu Anm. 9 Abs. 3, auch Form. IX. 8.

(6) **Eigentümerversammlung.** In Betracht kommen Regelungen zum Stimmrecht (nach Köpfen, nach Wohnung, nach Miteigentumsquote?), zur Beschlußfähigkeit, zu Stimmrechtsvollmachten, zur Wertung der Stimmenthaltung, zu etwaigem Gruppenstimmrecht. Dazu im einzelnen Anm. 20.

(7) **Bauliche Veränderungen.** Unter baulichen Veränderungen sind alle nicht ganz unerheblichen (BayObLG WE 1991, 48) Maßnahmen zu verstehen, welche das architektonisch-ästhetische Bild des Gebäudes (innen und außen) und den Zustand der Gebäude, Anlagen und Einrichtungen verändern und dabei insbesondere die Stabilität, Sicherheit und Solidität beeinträchtigen. Solche können nach § 22 Abs. 1 WEG grundsätzlich nur einstimmig beschlossen werden. In der Gemeinschaftsordnung können jedoch bestimmte und konkretisierte bauliche Veränderungen schon von vornherein zugelassen werden (Abdingbarkeit BayObLG WE 1991, 48; WE 1992, 54), wie z. B. Dachausbau (ein von Anfang an vorgesehener Dachausbau ist dann keine bauliche Veränderung, sondern erstmalige Herstellung eines ordnungsgemäßen Zustands, BayObLG WE 1992, 206; für Dachausbau ist je nach Situation zu regeln, ob ein Deckendurchbruch zulässig ist, vgl. BayObLG NJW-RR 1992, 272, überholt durch Beschluß vom 15. 1. 1998; 1993, 1295 – Deckendurchbruch in Sondernutzungsraum; KG NJW-RR 1993, 909: Verbindung zweier Wohnungen als unzulässige bauliche Veränderung; zutreffend hat jüngst das BayObLG entschieden, daß ein Deckendurchbruch zwischen Sondereigentumsräumen die übrigen Wohnungseigentümer zwar tatsächlich, aber nicht rechtlich berührt, so daß deren Einwilligung für die entsprechende Grundbucheintragung der vergrößerten Wohnung erforderlich ist – 15. 1. 1998 MittBayNot 1998, 97 mit Zustimmung *Röll* S. 81), Wintergarten, Terrassenverglasung, Errichtung einer Garage auf einem Stellplatz, Anbringung einer Markise, Werbeeinrichtungen, Ausgestaltung von Sondernutzungsflächen, auch Bepflanzungen, etc. (zu Einzelheiten *Bub* WE 1996, 408). Gegebenenfalls sind auch Auswirkungen auf den Kostenverteilungsschlüssel zu regeln. Angesichts der umfangreichen Rechtsprechung zu baulichen Veränderungen ist besondere Sorgfalt auf die Konkretisierung von Maßnahmen zu legen, die zugelassen werden sollen einschließlich auch aller Kostenfolgen. Wird z. B. ein Dachausbau zugelassen, sollte gleich ein Kostenverteilungsschlüssel vereinbart werden, der in Abweichung des bisherigen ab Ausbau gilt. Die Gemeinschaftsordnung kann ferner regeln, daß für bauliche Veränderungen ein Mehrheitsbeschluß genügt (BayObLG NJW-RR 1990, 209; KG WE 1991, 328). Allerdings sollte der Rahmen für Maßnahmen, über die beschlossen werden kann, sachlich abgegrenzt werden. Soll für bauliche Veränderungen eine Verwalterzustimmung genügen – kann für einfache Angelegenheiten sinnvoll sein wie z. B. Anbringung von Reklame, Balkonverkleidungen u. ä. –, so muß dies klar als Abweichung von § 22 Abs. 1 WEG ausgedrückt werden (KG a. a. O.). Bei Altbauten, die nicht auf den neuesten Stand saniert oder modernisiert sind, bietet sich auch an, für Maßnahmen der modernisierenden Instandsetzung einen Mehrheitsbeschluß vorzusehen, da gerade in diesem Bereich Probleme von Einstimmigkeit und Mehrheitsbeschluß auftauchen können (vgl. *Weitnauer* § 21 WEG Rdn. 34, 35). Allerdings sind darunter fallende Maßnahmen zu konkretisieren, gegebenenfalls mit einer zeitlichen Staffel, um künftige Kostenbelastungen zu regulieren.

(8) **Wiederaufbau.** Dazu Anm. 23.

(9) **Verwalteraufgaben.** Dazu Anm. 24. Die Verwalterbestellung ist nicht rechtlicher Teil der Vereinbarungen nach § 10 Abs. 2. In der Gemeinschaftsordnung können dage-

1. Teilungserklärung mit Gemeinschaftsordnung IX. 1

gen die Aufgaben des Verwalters präzisiert bzw. erweitert werden; in der Regel genügt jedoch dazu der Verwaltervertrag (siehe Formular IX. 13; zum Verwaltervertrag *Sauren*, Verwaltervertrag und Verwaltervollmacht im Wohnungseigentum, Beck'sche Musterverträge Band 3, 1990). Für die Gemeinschaftsordnung kommt eine Ermächtigung zur Geltendmachung von Ansprüchen der Gemeinschaft durch den Verwalter im eigenen Namen in Betracht (gewillkürte Prozeßstandschaft, *Bub* WE 1993, 216; dazu oben Zf. 4 e). Sie ist zwar im Verwaltervertrag möglich (BayObLGZ 1988, 212 = WE 1989, 106), auch durch Beschluß (KG WE 1991, 325), sollte aber besser in die Vereinbarung aufgenommen werden (Formulierung siehe Formular § 3 Nr. 6 der Gemeinschaftsordnung) und ist dort als Verfahrensstandschaft zulässig (BayObLG WE 1991, 22). Verwaltungsaufgaben, die nach § 21 Abs. 5 den Miteigentümern zustehen, können auch durch Vereinbarung auf den Verwalter übertragen werden, z. B. der Erlaß einer Hausordnung. Auch zur Kündigung von Verträgen der Gemeinschaft, insbesondere Versicherungsverträgen, können bereits in der Gemeinschaftsordnung Ermächtigungen gegeben werden (*Bub*, WE 1993, 216). Die Verfolgung von Mängelgewährleistungsansprüchen sollte dem Verwalter nicht in der Gemeinschaftsordnung, sondern allenfalls im Verwaltervertrag übertragen werden, da dies nicht zu seinen gesetzlichen Pflichten gehört (*Staudinger/Bub* § 27 WEG Rdn. 149 m. w. N. auch *Weitnauer* § 27 Rdn. 3).

(10) **Verwaltungsbeirat** (§ 29 WEG). (1) Ein Verwaltungsbeirat kann auch eingesetzt werden, wenn die Gemeinschaftsordnung hierüber keine Regelung trifft. In der Gemeinschaftsordnung können sowohl die Zusammensetzung als auch der Aufgabenbereich als auch die Voraussetzungen einer Beschlußfassung hierüber abweichend von § 29 geregelt werden. Nach OLG Düsseldorf OLGZ 1991, 37) ist die in § 29 WEG genannte Zahl von drei Verwaltungsbeiräten insofern zwingend, als kein kleinerer gewählt werden kann. Das führt dazu, daß dann, wenn nur einer oder zwei Miteigentümer sich bereit finden, überhaupt kein Verwaltungsbeirat eingesetzt werden könnte. Ob das WEG hier richtig angewandt ist, mag zweifelhaft sein. Daher ist eine abdingende Vereinbarung anzuraten. Von der Änderungsmöglichkeit muß auch Gebrauch gemacht werden, wenn dem Verwaltungsbeirat Aufgaben übertragen werden sollen, die in § 29 nicht vorgesehen sind, wie z. B. die Überwachung der laufenden Verwaltungstätigkeit des Verwalters (BayObLG WE 1996, 234) oder Vollmachten im Zusammenhang mit der Abnahme des gemeinschaftlichen Eigentums oder der Verfolgung vor Gewährleistungsansprüchen (*Weitnauer* § 29 Rdn. 4).

(2) Streitig war, ob Nichteigentümer Verwaltungsbeiräte sein können (ja: BayObLG NJW 1972, 1377; nun anders unter Aufgabe der Entscheidung von 1972 BayObLGZ 1991, 356; BayOBLGZ 1992, 336; nein: KG NJW-RR 1989, 460; dazu *Röll* WE 1989, 121). Nach KG müßte die Grundlage die Teilungserklärung oder eine sonstige Vereinbarung sein; letztes könnte auch in allstimmiger Beschluß sein. Der Vorzug ist einer Vereinbarung zu geben, die Dritte ausschließt, um Konflikte zu verhindern.

(11) **Mehrhausanlagen.** Regelungen über Nutzungen von Gemeinschaftsanlagen und -eigentum in den einzelnen Häusern, ebenso über Kostentragung. Gruppenstimmrechte. Dazu Formular IX. 3.

(12) **Keine Vereinbarungen können getroffen werden** in folgenden Fällen:
– Bestimmungen, welche die eigentumsmäßige Aufteilung betreffen, also die Einräumung, Änderung oder Aufhebung des Sondereigentums (hierfür gelten die Sondervorschriften der §§ 3, 4, 8, 9 WEG),
– der Mindestinhalt des gemeinschaftlichen Eigentums (§ 5 Abs. 2 WEG),
– die Unselbständigkeit des Sondereigentums (§ 6 WEG),
– die Unauflöslichkeit der Gemeinschaft (§ 11 WEG),
– die Bestimmungen des § 12 Abs. 2 WEG, wonach die Zustimmung zur Veräußerung des Sondereigentums nur aus einem wichtigen Grund versagt werden darf,

– die Bestimmungen nach § 18 Abs. 4 WEG hinsichtlich des Anspruchs auf Entziehung des Wohnungseigentums (auch das Recht auf Beschlußfassung hierüber nach § 18 Abs. 3 WEG kann nicht einseitig beschränkt werden),
– die Vereinbarung von Vorkaufsrechten in der Gemeinschaftsordnung (*Weitnauer* § 10 Rdn. 37),
– die Bestimmungen in § 20 Abs. 2 WEG, wonach die Bestellung eines Verwalters nicht ausgeschlossen werden darf,
– Einstimmigkeitserfordernis bei Umlaufbeschlüssen (§ 23 Abs. 3 WEG),
– Erfordernis einer qualifizierten Mehrheit für die Verwalterbestellung abweichend von § 26 Abs. 1 WEG,
– das Minderheitsrecht auf Einberufung der Wohnungseigentümerversammlung (§ 24 Abs. 2 WEG),
– die Bestimmungen in § 27 Abs. 3 WEG, wonach bestimmte Aufgaben und Befugnisse des Verwalters nicht eingeschränkt werden dürfen, und er nicht für einen längeren Zeitraum als 5 Jahre bestellt werden kann (§ 26 Abs. 1 Satz 2 WEG),
– Beschlußerfordernis bei Verlängerung der Verwalterbestellung nach § 26 Abs. 2 WEG,
– die Bestimmungen des § 26 Abs. 1 Satz 4 WEG, wonach die Bestellung und Abberufung des Verwalters über das in § 26 Abs. 1 WEG vorgesehene Maß hinaus nicht eingeschränkt werden darf,
– die Bestimmungen über das gerichtliche Verfahren nach §§ 43 ff. WEG; damit ist aber die Vereinbarung eines **Schiedsverfahrens** nicht ausgeschlossen, dazu Anm. 26,
– die Bestimmungen über das Verfahren der freiwilligen Versteigerung nach §§ 53 ff. WEG.

Eine Gemeinschaftsordnung, die auch nur eine unwirksame Bestimmung enthält, kann nicht in das Grundbuch eingetragen werden (BayObLGZ 1986, Nr. 2).

(13) **Vermietung bei Umwandlung.** Wird ein Mietwohngrundstück in Wohnungseigentum umgewandelt, ergeben sich besondere Probleme für die Mietverhältnisse, insbesondere bei einer Veräußerung unter Beibehaltung des Mietverhältnisses. Anstelle des bisherigen Alleineigentümers als Vermieter tritt die Eigentümergemeinschaft für das Gemeinschaftseigentum, während für das Sondereigentum der neue Eigentümer Vermieter wird. Dieses gespaltene Mietverhältnis führt auch zu Spaltung der Kündigungsadressaten (im einzelnen dazu Form. I 32 Anm. 11 (1) in MVH 4/1 m.w.N. und Rspr.; ausführlich *Weitemeyer*, NZM 1998, 169, der den Gesetzgeber zur Lösung aufruft). Hierbei taucht die Frage auf, ob das Problem mit einer entsprechenden Regelung in der Gemeinschaft so gelöst werden kann, daß nur ein einziges Mietverhältnis zwischen dem Wohnungseigentümer und dem Mieter besteht bzw. bestehen bleibt. Als Regelung des Verhältnisses der Miteigentümer untereinander in der Vermietergemeinschaft dürfte dies einer Vereinbarung zugänglich sein. Für Teilungserklärungen bei umgewandelten Mietwohngrundstücken könnte so formuliert werden:
Bei Mietverträgen, die im Zeitpunkt der Umwandlung in Wohnungseigentum bestanden haben, gilt im Verhältnis der Miteigentümer untereinander nur der Erwerber des Sondereigentums als Erwerber im Sinn des § 571 BGB. Die übrigen Miteigentümer sind verpflichtet, die Ausübung ihrer Rechte zu unterlassen, soweit dies den vertragsmäßigen Mitgebrauch beeinträchtigen würde, wenn dieser sich im Rahmen der Bestimmungen dieser Gemeinschaftsordnung hält. Der vermietende Wohnungseigentümer ist ermächtigt, alle Rechte der übrigen Wohnungseigentümer geltend zu machen, die aus ihrer Rechtsstellung kraft § 571 BGB in das Mietverhältnis Eingetretene ergeben. Dies gilt insbesondere für Mietkaution, Mietzins, Mieterhöhung und Mietbeendigung. Umgekehrt hat der vermietende Wohnungseigentümer die übrigen Miteigentümer von allen Pflichten aus dem Mietverhältnis freizustellen und freizuhalten.

11. Zweckbestimmungen. (1) Grundsätzlich kann das Sondereigentum in jeder beliebigen Weise genutzt werden (§ 903 BGB, § 13 Abs. 1 WEG), während beim Gemein-

1. Teilungserklärung mit Gemeinschaftsordnung IX. 1

schaftseigentum der Mitgebrauch der anderen Miteigentümer zu berücksichtigen ist (§ 13 Abs. 2 WEG). Die Rücksicht ist aber auch beim Gebrauch des Sondereigentums zu nehmen. Die Regelung von Nutzungszwecken bzw. ihre Handhabung gehört zu den schwierigsten Problemen des Wohnungs- und Teileigentums. Statik (Bindung an einen Zustand) und Dynamik (Anpassung an Entwicklungen und gewandelte Bedürfnisse) stehen einander gegenüber. In der Gemeinschaftsordnung können Zweckbestimmungen von Sondereigentum und Gemeinschaftseigentum sowie Nutzungsbeschränkungen vereinbart werden (Gebrauchsregelungen nach § 15 WEG; dazu auch Anm. 10 Abs. 1). Der richtige Platz für Zweckbestimmungen ist die Gemeinschaftsordnung, nicht die dingliche Teilungserklärung (vgl. BayObLG WE 1989, 108 = MittBayNot 1989, 23). Je mehr auf eine sorgfältige Trennung geachtet wird, desto einfacher lassen sich spätere Konflikte bewältigen. Zunächst wird jedoch schon in der Teilungserklärung eine grundlegende Zweckbestimmung verlangt: für Wohnzwecke Wohnungseigentum, für andere Zwecke Teileigentum (§ 1 Abs. 1 WEG; Wohnzwecke nicht als Aussiedlerheim mit stets wechselndem Personenkreis OLG Hamm 26. 9. 1991). Zur Umwandlung von Wohnungseigentum in Teileigentum und umgekehrt Anm. 10 Abs. 1 c.

(2) Ohne formelle Umwandlung werden tatsächliche Zweckänderungen grundsätzlich vom beliebigen Nutzungsrecht des § 13 Abs. 1 WEG gedeckt. Allerdings gilt dies nur, wenn die andere Nutzung nicht mehr stört als die zweckbestimmte (BayObLG WE 1995, 28). Deshalb ist bei Wohnungen eine Nutzungsbeschränkung auf Wohnzwecke angebracht. Die Nutzung für gewerbliche oder freiberufliche Zwecke kann dann von einer Verwalterzustimmung abhängig gemacht werden; Schriftlichkeit ist hierfür anzuraten, die in der Regel als Gültigkeitsvoraussetzung anzusehen ist (BayObLG WE 1990, 58). Ein Rechtsanspruch muß nicht gewährt werden. Die Zustimmung darf dann aus jedem Grund verweigert werden, der nicht willkürlich oder mißbräuchlich erscheint (BayObLG NJW-RR 1989, 273). Modifikationen, Auflagenerteilung einschließlich Widerruflichkeit können angebracht sein. Die Verwalterentscheidung unterliegt immer auch der Prüfung durch die Wohnungseigentümer und die Gerichte (BayObLG WE 1992, 57; OLG Zweibrücken WE 1991, 333).

(3) Das Hauptproblemfeld ist der Nutzungszweck von Teileigentum. Das Gesetz umschreibt es negativ, die Praxis formuliert positiv (z.B. Laden, Praxis, Supermarkt, Gaststätte, Friseur, Büro usw.). Sehr häufig werden solche Bezeichnungen nach der Erstnutzung im Aufteilungsplan und der Teilungserklärung verwendet. Finden sie keine Entsprechung in der Vereinbarung, wird ihnen in der Rechtsprechung häufig Vereinbarungscharakter zugesprochen (BayObLG WE 1990, 174 m.w.N.; NJW-RR 1994, 1038), u.U. mit Auslegungsbedürfnis. Die Folgerung aus einer kaum mehr zu überblickenden Rechtsprechung (Überblick bei *Weitnauer* § 15 WEG Rdn. 14 ff., *Staudinger/Kreutzer* § 15 WEG Rdn. 14 ff. und den anderen Kommentaren) zur Bezeichnung von Teileigentumseinheiten besteht darin, daß man es einmal vermeidet, in Plänen und Teilungserklärung zu spezielle Bezeichnungen zu verwenden, zum anderen in der Gemeinschaftsordnung klarzustellen, welche Zwecke erlaubt sind und welche nicht. Am einfachsten ist die Bezeichnung „gewerbliche Räume", „nicht zu Wohnzwecken dienende Räume" (dazu BayObLG FGPrax 1996, 57) oder ähnlich. Die zulässige Zweckbestimmung richtet sich aber auch dann nach dem Gesamtcharakter der Anlage (KG NJW-RR 1989, 140). Während die frühere Rechtsprechung noch eher am Wortlaut festhielt, findet zunehmend eine Gesamtbetrachtung unter Berücksichtigung der Störfaktoren bei Zweckänderungen und des gewachsenen Umfeldes statt (vgl. auch OLG Stuttgart DNotZ 1989, 680).

(4) Während bei reinen Wohnanlagen die Formulierung des Formulars der Interessenlage genügen dürfte, müssen die Regelungen bei gemischten Anlagen individuell auf die Bedürfnisse abgestellt werden. Sie sollen aber praktikabel sein und der zukünftigen Entwicklung Raum geben.

11a. Sonderzwecke des Hauses. (1) Das WEG ermöglicht es auch, Wohnungs- oder Teileigentum an Gebäuden zu bilden, die von vornherein einem bestimmten Sonderzweck diesen. Durch Verkauf der Sondereigentumseinheiten kann Kapital zur Errichtung und zum Betreiben des Hauses beschafft werden. Bei solchen Häusern handelt es sich z.B. um Hotels, Ferienwohnanlagen, Altenwohnheime und ähnliche Anlagen, die vornehmlich im sozialen Bereich einen Markt gefunden haben. Die Zweckbestimmung des Hauses muß dabei in der Gemeinschaftsordnung als Gebrauchsregelung von Gemeinschaftseigentum und Sondereigentum festgelegt werden. Die Gebrauchsregelung zum Sondereigentum kann den Zweck so festschreiben, daß es nur an Personen zum Gebrauch überlassen werden darf, die dem Bestimmungszweck des Hauses entsprechen (Hotel; Seniorenheim). Dabei kann auch die Eigennutzung durch den Eigentümer, soweit er diese Voraussetzungen nicht erfüllt, ausgeschlossen werden. Er muß verpflichtet werden, sein Sondereigentum an den Betreiber des Hauses zu vermieten, der dann an geeignete Personen vermieten kann bzw. muß. Möglich ist es auch, daß der Eigentümer Vermieter bleibt, dem Betreiber kraft Vollmacht aber die konkrete Vermietung übertragen wird. Dies stellt keine Aushöhlung des Eigentums dar (BayObLG WE 1991, 83). In gleicher Weise ist die entsprechende Nutzung des Gemeinschaftseigentums zu regeln. Dies kann durch eine Verpflichtung geschehen, an einen Betreiber des Hauses zu vermieten.

(2) Bei **Hotelappartements** und Häusern in hotelmäßg betriebenen Ferienwohnanlagen ist Teileigentum zu bilden. Sie werden zum einen gewerblich genutzt und erfüllen zum anderen nicht die Anforderungen einer Wohnung als einer Einheit zur selbständigen Haushaltsführung und zur dauernden Nutzung, anstatt durch stets wechselnde Personen (vgl. *Weitnauer* § 1 Rdn. 38; oben Anm. 5a Abs. 2). Die Zulässigkeit einer solchen Zweckbindung hat das BayObLG wiederholt bejaht (WE 1991, 83; 1992, 49; 1993, 347; 1994, 61; dazu auch *Röll*, Handbuch Rdn. 80). Im übrigen ist mit dem Betreiber des Hotel nach Maßgabe der in der Gemeinschaftsordnung vorzusehenden Bestimmungen ein Mietvertrag abzuschließen. Zu beachten ist, daß dem Mieter im Mietvertrag nicht das Recht eingeräumt werden kann, über die normale Instandhaltung und Instandsetzung hinaus bauliche Veränderungen etwa im Innenbereich vorzunehmen (BayObLG WE 1995, 61; Verstoß gegen § 22 Abs. 1 WEG). Eine solche Befugnis muß in der Gemeinschaftsordnung verankert werden, da das Einstimmigkeitserfordernis des § 22 Abs. 1 WEG abdingbar ist.

(3) Bei **Seniorenheimen**, insbesondere solchen, die mit einem betreuten Wohnen verbunden sind, gilt ähnliches wie bei Hotelappartementes. Da es sich aber um echte Wohnungen handelt, ist Wohnungseigentum zu bilden mit Festschreiben des Wohnzweckes in der Gemeinschaftsordnung. Probleme können sich ergeben, wenn Sanitär- und Kücheneinrichtungen sich nicht vollständig in dem Appartement befinden. Aber auch dann steht der Wohnzweck im Vordergrund, verbunden mit der Gesamtbetreuung. Teileigentum als „nicht zu Wohnzwecken dienend" kann nicht das Ergebnis sein, weil dies sachlich falsch wäre. Auch hier müssen entsprechende Regelungen zur Nutzung bzw. Nutzungsausschlüsse vereinbart werden sowie Konditionen und Verpflichtungen, das Haus einem Betreiber zur Verfügung zu stellen. Soweit ein solches Haus der Heimaufsicht und dem Heimgesetz unterliegt, ist daran zu denken, daß sich die Eigentümer verpflichten, daraus erforderliche Verpflichtungen zu erfüllen, z.B. bauliche Veränderungen, die von der Heimaufsicht gefordert werden, durchzuführen oder vom Betreiber durchführen zu lassen. Nach der vorzitierten Entscheidung des BayObLG genügt eine Regelung im Mietvertrag nicht. Im übrigen ist die Gemeinschaftsordnung auf die Bedürfnisse und die Situation des Einzelfalles abzustellen.

12. Sondernutzungsrechte. (1) Das Sondernutzungsrecht ist eine Gebrauchsregelung im Sinne des § 15 WEG. Sie hat zum Inhalt, daß einem Wohnungseigentümer der Gebrauch eines Teiles des gemeinschaftlichen Eigentums unter Ausschluß aller anderen

1. Teilungserklärung mit Gemeinschaftsordnung IX. 1

Wohnungseigentümer zustehen soll (BayObLG WE 1988, 66). Sie wirkt gegen Sondernachfolger nur, wenn sie im Grundbuch eingetragen ist (§§ 5 Abs. 4, 10 Abs. 2 WEG). Hierfür hat sich das Wort Sondernutzungsrecht durchgesetzt (BayObLGZ 1985, 124 m. w. N.). Daneben steht die Gebrauchsregelung durch Beschluß nach § 15 Abs. 2 WEG, der bei Allstimmigkeit auch eine Vereinbarung sein kann (BayObLG a. a. O.), für die aber der Begriff nicht gängig ist. Vorsicht ist allerdings bei „Beschlüssen" geboten, da ein Ausschluß von Nutzungsrechten nur durch Vereinbarung wirksam herbeigeführt werden kann (BayObLG WE 1991, 260; OLG Karlsruhe WE 1991, 110; OLG Braunschweig WE 1991, 107; kein Sondernutzungsrecht durch vereinbarungsersetzenden Mehrheitsbeschluß: OLG Düsseldorf NJW-RR 1996, 210; *Staudinger/Kreutzer* § 15 WEG Rdn. 78). Ein Sondernutzungsrecht kann auch mehreren Miteigentümern gemeinschaftlich eingeräumt werden. Die Rechtsprechung hat das Wesen des Sondernutzungsrechts so herausgebildet (entscheidend BGH 14. 6. 1984 NJW 1984, 2409 = DNotZ 1984, 695 mit Anm. *Schmidt* = JZ 1984, 1115 mit Anm. *Weitnauer;* BayObLG DNotZ 1986, 87 mit Anm. *Herrmann* = MittBayNot 1984, 74 mit Anm. *Schmidt*): Es ist Inhalt des Sondereigentums, und zwar als Nutzungsrecht beim begünstigten, als Nutzungsausschluß bei den anderen Miteigentümern (positive und negative Komponente, BayObLG WE 1991, 52). In Anknüpfung an diese grundlegende BGH-Entscheidung hat dann das BayObLG anerkannt, daß Sondernutzungsrechte auch bedingt („Zuweisung") eingeräumt werden können (8. 11. 1985 NJW 1986, 365 = DNotZ 1986, 479 mit Anm. *Ertl;* NJW-RR 1987, 1364; vgl. MünchKomm/*Röll* WEG § 10 Rdn. 10; *Weitnauer* JZ 1984, 1116; *Schmidt* DNotZ 1984, 698, MittBayNot 1985, 78; zum ganzen *Haegele/ Schöner/Stöber* Rdn. 2913 ff. m. w. N.). Die Rechtsprechung hat sich weiter gefestigt und in Einzelfragen weiterentwickelt. Die dogmatische Einordnung der Sondernutzungsrechte – rein schuldrechtlich oder quasi-dinglich? – mit den jeweiligen Konsequenzen bereitet weiter Probleme (dazu *Schnauder,* Festschrift *Bärmann/Weitnauer* 1990 S. 567). Sondernutzungsrechte sind inzwischen zu einem unverzichtbaren Instrument der Vertragsgestaltung im Wohnungseigentum geworden. Schwerpunkte sind die Nutzung von Kfz.Stellplätzen (Anm. 15), Gartenflächen (Anm. 13) und Dachausbau (Anm. 14).

(2) Die Eintragung im Grundbuch geschieht durch Bezugnahme auf die Eintragungsbewilligung (§ 7 Abs. 3 WEG), mit der die gesamte Gemeinschaftsordnung als Inhalt des Sondereigentums Grundbuchinhalt wird. Eine ausdrückliche Nennung im Bestandsverzeichnis ist nicht erforderlich, hat sich aber vor allem bei Kraftfahrzeugstellplätzen als zulässig durchgesetzt (dazu *Haegele/Schöner/Stöber,* Grundbuchrecht, Rdn. 2915 m. w. N.; BayObLG DNotZ 1986, 479). Da das Sondernutzungsrecht Inhalt des Sondereigentums ist (§ 5 Abs. 4, § 10 Abs. 2 WEG), auf den verwiesen wird (§ 7 Abs. 3 WEG), hat die Eintragung als textliche Nennung im Bestandsverzeichnis keine konstitutive Wirkung (BayObLG WE 1992, 28). Umstritten ist, ob sich an das eingetragene Sondernutzungsrecht ein guter Glaube anschließen kann (bejahend BayObLG DNotZ 1990, 381; LG Stuttgart WE 1994, 119; vgl. *Ertl* Festschrift Seuß 1987 S. 151; a. A. *Schnauder* a. a. O.; *Weitnauer* § 15 WEG Rdn. 35). Die Grundbucheintragung eines konkret zugewiesenen Sondernutzungsrechts (z. B. Stellplatz) kann Inhalt der Bedingung sein (vgl. BayObLG DNotZ 1986, 479 mit Anm. *Ertl*), muß es aber nicht. Im ersten Fall hat die Eintragung konstitutive Wirkung, im anderen nicht. Allerdings sollte der Eintritt der Bedingung dem Grundbuchamt in der Form des § 29 GBO zugeleitet werden (*Ertl* a. a. O.) mit dem Antrag auf Eintragung im Bestandsverzeichnis. Wichtig nach BayObLG eine Formulierung, wann und wie die Bedingung eintritt und wie dieses Ereignis dem Grundbuchamt nachgewiesen wird. Sind die Sondernutzungsflächen in der Gemeinschaftsordnung festgelegt, ist zur konkreten Eintragung eine Zustimmung von Gläubigern und anderen Miteigentümern nicht mehr nötig (BayObLG DNotZ 1986, 479; RPfleger 1990, 63). In Fällen der Zustimmungsbedürftigkeit von Gläubigern kann diese durch ein Unschädlichkeitszeugnis ersetzt werden, wenn die

wertmäßigen Voraussetzungen vorliegen (BayObLG NJW-RR 1988, 592). Für Sondernutzungsrechte an bestimmten Teilflächen ist in der Regel ein Plan erforderlich (BayObLG WE 1990, 30).

(3) *Bärmann* hat die Rechtslage wie folgt zusammengefaßt („Partner im Gespräch" Band 21 S. 155):

„1. Sind die Wohnungseigentümer durch die mit der Teilungserklärung verbundene Gemeinschaftsordnung vom Mitgebrauch eines PKW-Stellplatzes unter der aufschiebenden Bedingung ausgeschlossen, daß ein Dritter das Recht zur ausschließlichen Nutzung des Stellplatzes einem bestimmten Wohnungseigentum zuordnet und die Erklärung hierüber dem Verwalter zugeht, so ist für die Eintragung des Sondernutzungsrechts im Grundbuch die Eintragungsbewilligung der Inhaber beschränkt dinglicher Rechte nicht erforderlich, wenn dem Grundbuchamt der Eintritt der Bedingung nachgewiesen ist.

2. Die in der Gemeinschaftsordnung vorbehaltene Erklärung, durch die einem bestimmten Wohnungseigentümer ein Sondernutzungsrecht zugewiesen wird, ist nicht eine bloße Bedingung, sondern eine für das Sondernutzungsrecht inhaltsbestimmende rechtsgeschäftliche Erklärung.

3. Eine Bedingung bei Gebrauchsregelung, auch eine sogenannte Potestativ-Bedingung, ist zulässig.

4. In einem solchen Falle ist die Eintragung des Sondernutzungsrechtes im Wohnungsgrundbuch des begünstigten Wohnungseigentums zur „Verdinglichung" erforderlich und ausreichend. Die Eintragung auch in den Wohnungsgrundbüchern der nicht begünstigten Wohnungseigentumseinheiten ist zulässig und empfehlenswert.

5. Bei dieser Bedingung zur Gebrauchsregelung in der Gemeinschaftsordnung selbst (Vorbehalt der Benennung des Berechtigten) handelt es sich um eine aufschiebende Bedingung im Sinne des § 158 Abs. 1 BGB."

(4) Bei allen Sondernutzungsrechten sollte auch die Unterhaltspflicht für den Sondernutzungsgegenstand geregelt werden und auch die Frage, wer für die Kosten der Erstherstellung aufkommt. Da es sich immer um Gemeinschaftseigentum handelt, würde die Eigentümergemeinschaft zuständig sein, es sei denn, man streitet um die Auslegung. Auch Maßnahmen, die der Sondernutzungsberechtigte treffen kann bis zu baulichen Veränderungen sollten geregelt werden. Das Sondernutzungsrecht als solches berechtigt nicht zur Errichtung baulicher Anlagen (BayObLG WE 1991, 366) oder zu baulichen Veränderungen. Alle solche Maßnahmen müssen dem Sondernutzungsberechtigten neben dem Nutzungsrecht als solchen in der Gemeinschaftsordnung zugestanden werden (z.B. Dachausbau, Gartenhäuschen, Garage o.ä. auf Stellplatz).

(5) Sondernutzungsrechte können durch den Berechtigten ohne Gläubigerzustimmung geteilt werden (BayObLG MittBayNot 1991, 253), wenn die Gemeinschaftsordnung nichts Gegenteiliges enthält. Der Sondernutzungsberechtigte genießt auch gegenüber anderen Besitzschutz (BayObLG WE 1991, 253). Eine Grunddienstbarkeit, die zur Ausübung eines Sondernutzungsrechts berechtigt, kann nicht im Grundbuch eingetragen werden (BayObLG DNotZ 1990, 496; NJW-RR 1997, 1236).

13. Garten. Verbreitet ist es, Wohnungseigentümern, insbesondere solchen im Erdgeschoß, Gartenteile zur Sondernutzung zu geben (dazu *Huff,* Festschrift Bärmann/Weitnauer 1990 S. 379). Für die Gemeinschaft ist der Vorteil, von der Gartenunterhaltung befreit zu sein. Allerdings müssen neben einer planmäßigen Festlegung der Flächen (vgl. BayObLG WE 1990, 30) auch Art und Weise der Gartennutzung geregelt werden (Wohngarten, Gemüsegarten, Bepflanzung etc.), um Beeinträchtigungen möglichst von vornherein zu vermeiden. Maßnahmen im Garten können bis zu baulichen Veränderungen reichen, die der Zustimmung aller Miteigentümer bedürfen (Gartenhaus BayObLG NJW-RR 1988, 1171 ja; Fällen eines großen Baumes OLG Düs-

1. Teilungserklärung mit Gemeinschaftsordnung IX. 1

seldorf NJW-RR 1994, 1167: ja; Schaukelgerüst OLG Düsseldorf NJW-RR 1989, 1167 nein; Hecke BayObLG NJW-RR 1991, 1362: nein). Bei Bepflanzungen taucht die Frage auf, ob im Verhältnis der Gartennutzungsberechtigten Nachbarrecht mit den notwendigen Abstandsregelungen gilt (bejaht von BayObLG WE 1988, 23, 70; KG NJW-RR 1996, 464). Das Sondernutzungsrecht am Garten schließt auch das Bepflanzungsrecht ein (BayObLG NJW 1987, 846; aber kein hochwachsender Baum KG NJW-RR 1987, 1360; möglich Beschluß zur Bepflanzungsbeschränkung wegen freier Sicht BayObLG WE 1993, 115), wobei allerdings die nachbarrechtlichen Vorschriften des AGBGB (Art. 47ff. BayAGBGB) entsprechend heranzuziehen sind, nicht dagegen § 923 BGB (BayObLG WE 1988, 70). Auch das Recht, einen Zaun anzubringen, ist nicht ohne weiteres eingeschlossen (BayObLG WE 1987, 94; dazu auch BayObLG 4. 7. 1991 2 Z 32/91). Das Zugangsrecht zu jedem Garten muß erhalten bleiben (BayObLG WE 1991, 163). Diese Beispiele genügen, um den Regelungsbedarf anzusprechen. Abzustellen ist auf die konkrete Anlage. Dem Nutzungsrecht muß auch eine Pflegepflicht entsprechen, um eine Verwahrlosung zu verhindern. Die Verankerung einer Pflicht, den Gesamteindruck der Anlage zu erhalten, ist ratsam. Im übrigen sollte die Grenze der Rechtsausübung erst da gezogen werden, wo § 14 Nr. 1 WEG einschlägig wird.

14. Dachausbau. (1) Normalerweise gehören Dachböden als Trockenböden etc. zum Gemeinschaftseigentum mit Nutzungsrecht aller Miteigentümer. Abgeschlossene Dachabteile können Sondereigentum sein (Behandlung der Abgeschlossenheit nach § 7 Abs. 4 Zf. 1 WEG) oder als Sondernutzungsrechte ausgestaltet werden; ihre Zweckbestimmung ist grundsätzlich Abstellraum, schließt aber Hobbyraum oder Werkstatt nicht aus (BayObLG WE 1990, 70). Soll ein Dachraum ausgebaut werden dürfen, ist dieses Recht in der Gemeinschaftsordnung ausdrücklich festzulegen, und zwar sowohl bei Sondereigentum wie bei Sondernutzungsrecht. Da es sich um eine bauliche Veränderung handelt, ist andernfalls die Zustimmung aller Miteigentümer erforderlich (§ 22 Abs. 1 Satz 1 WEG). § 22 Abs. 1 Satz 2 trifft in der Regel nicht zu, weil die übrigen Miteigentümer durch die ermöglichte intensivere Dachnutzung in ihren Rechten beeinträchtigt werden (BayObLG WE 1990, 70; NJW-RR 1987, 717; NJW-RR 1990, 140). So verständlich und oft sinnvoll der Dachausbau auch sein mag, ohne Grundlage in der Gemeinschaftsordnung sind die Probleme kaum zu lösen (eingehend zum Dachausbau *Deckert*, Festschrift Bärmann/Weitnauer 1990, 97). Eine Ausbauregelung kann in der Vereinbarung getroffen werden (BayObLG WE 1990, 139) und verpflichtet zur Duldung des Ausbaues (BayObLG WE 1990, 142). Dieses zivilrechtliche Recht gilt unabhängig davon, ob eine öffentlich-rechtliche Genehmigung erteilt werden kann (BayObLG a. a. O.).

(2) Soll ein Dachausbau zugelassen werden, so sollte er konkretisiert werden einschließlich der damit verbundenen baulichen Maßnahmen, die ergriffen werden dürfen wie Anschluß an die Ver- und Entsorgungsleitungen, Durchbruch eines Dachfensters, auch etwaiger Deckendurchbruch (KG WE 1991, 71; BayObLG NJW-RR 1994, 251; Verbindungstreppe zu Spitzboden kann aber zulässig sein BayObLG NJW-RR 1994, 1169; zum zulässigen Deckendurchbruch jetzt BayObLG MittBayNot 1998, 97) oder Wanddurchbruch. Des weiteren muß eine Regelung über die mit einer Wohnflächenvergrößerung verbundene Auswirkung auf den Kostenverteilungsschlüssel getroffen werden (*Deckert* a.a.O. S. 109; zur Anpassungspflicht BayObLGZ 1991, Nr. 13). Kennt man die Wohnfläche des Ausbaues, kann man eine bereits darauf abgestellte 1000stel-Berechnung in die Gemeinschaftsordnung aufnehmen, die dann ab Fertigstellung gilt. Kennt man sie noch nicht, ist eine entsprechende Verpflichtung aufzunehmen, die dann eine grundbuchrechtliche Verdinglichung darstellt (BayObLGZ 1991 Nr. 13). Bei vereinbartem Objektstimmrecht sollte man auch an dieses denken, wenn durch den Ausbau eine eigene Eigentumswohnung entstehen soll (durch Unterteilung der bisherigen Wohnung). Wie die reichhaltige Rechtsprechung zeigt, muß man in diesem Be-

reich sorgfältig vorgehen, um spätere Konflikte zu vermeiden. Schließlich kann jeder Miteigentümer die Beseitigung rechtswidriger Baumaßnahmen verlangen, auch nach längerer Zeit (*Deckert* a.a.O. S. 114). Eine Verwirkung tritt nur unter ganz besonderen Umständen ein (BayObLG NJW-RR 1988, 589; WE 1994, 180 KG NJW-RR 1997, 713).

15. Kraftfahrzeugstellplätze. (1) Die Regelung der Probleme der vorgeschriebenen und nötigen Kraftfahrzeugstellplätze (zu baurechtswidrigen Zuständen wegen zweckwidriger Verwendung *Grziwotz* MittBayNot 1996, 84), sei es im Freien oder in Garagen, bereitet häufig erhebliche rechtliche und tatsächliche Schwierigkeiten. Insbesondere bei größeren Objekten, zumal wenn sie in mehreren Bauabschnitten verwirklicht werden, können sie nur dann bewältigt werden, wenn frühzeitig, möglichst schon bei der Planung, die rechtliche Gestaltung bedacht wird. Auf eine sorgfältige Planung der Stellplätze kann nicht genug Wert gelegt werden. Alle Änderungen nach Anlegung des Wohnungsgrundbuches und während der Bauzeit beschwören Probleme herauf, die nur schwer sind und u. U. nur mit einem erheblichen Arbeits- und Kostenaufwand bewältigt werden können. Es hängt von vielen Umständen ab, welche Regelung für ein konkretes Bauvorhaben die vernünftigste und praktikabelste ist. Bauplanung, Anforderungen der Baugenehmigungsbehörde, Verkaufsmöglichkeiten (z. B. Wohnung mit oder ohne Stellplatz?) spielen eine Rolle.

Im einzelnen seien folgende Möglichkeiten aufgezeigt:

a) **Bau von Einzelgaragen.** An ihnen kann selbständiges Sondereigentum als Teileigentum nach § 1 Abs. 3 WEG gebildet werden. Sie können aber auch als unselbständiges Sondereigentum dem Miteigentumsanteil einer Wohnung zugeordnet werden, müssen dann aber im Aufteilungsplan mit der gleichen Nummer wie die Wohnung versehen werden (§ 7 Abs. 4 Nr. 1 WEG). Die letztere Gestaltung ist nur sinnvoll, wenn von vornherein feststeht, zu welcher Wohnung welche Garage gehört.

b) **Bau einer Sammelgarage, insbesondere Tiefgarage.** Nach § 3 Abs. 2 S. 2 WEG sind die Stellplätze darin sondereigentumsfähig, wenn ihre Fläche durch dauerhafte Markierungen ersichtlich sind; ein einfacher Farbanstrich genügt hierbei nicht (*Palandt/Bassenge* § 3 Anm. 2b WEG; Verstoß aber unschädlich, weil es sich um eine Soll-Vorschrift handelt (*Weitnauer* § 3 WEG Rdn. 64) oder wenn Fläche anderweit bestimmt festgelegt ist (BayObLG NJW-RR 1991, 722). Im Aufteilungsplan muß die Art der Markierung nicht dokumentiert sein. Auch hier hat der Bauträger die Wahl zwischen selbständigem Sondereigentum für jeden Stellplatz mit Anlegung entsprechender Teileigentumsgrundbücher und der sofortigen Zuordnung zu den Wohnungen (*Weitnauer* WEG § 3 Rdn. 62). Sondereigentumsfähig ist der markierte Stellplatz; er gilt als abgeschlossener Raum. Eine Abgeschlossenheit für die Tiefgarage als solche ist nicht erforderlich, so daß sich die Tiefgarage auch über mehrere Grundstücke erstrecken kann (LG Düsseldorf MittRhNotK 1985, 126; *Haegele/Schöner/Stöber* Rdn. 2819) Der Zugang zur Tiefgarage muß selbst nicht abgeschlossen sein (LG München I MittBayNot 1988, 237; a. A. LG Nürnberg-Fürth WE 1988, 56 mit abl. Anm. *Schmidt* = DNotZ 1988, 321 mit abl. Anm. *Röll*). Das Abgeschlossenheitserfordernis bezieht sich nicht auf die Abgeschlossenheit gegenüber Räumen auf einem anderen Grundstück (BayObLG NJW-RR 1991, 593). Streitig ist, ob auch überdachte markierte Stellplätze auf dem Garagendach sondereigentumsfähig sind (ja: OLG Frankfurt DNotZ 1977, 635; LG Braunschweig RPfleger 1981, 298; OLG Köln DNotZ 1984, 700 mit Anm. *Schmidt*; *Sauren* Rpfleger 1984, 184; *Deckert* Gruppe 3 S. 24; *Erman/Ganten* § 3 Rdn. 5 WEG; *Merle* RPfleger 1977, 196; *Röll* Handbuch Rdn. 20 und DNotZ 1992, 221; MünchKomm/*Röll* § 3 WEG Rdn. 60; OLG Celle DNotZ 1992, 231, wenn Garage Zugangssperre aufweist; nein: LG Lübeck RPfleger 1976, 252; *Palandt/Bassenge* § 3 Rdn. 8 WEG; *Bärmann/Pick/Merle* § 3 Rdn. 24; *Weitnauer* WEG § 3 Rdn. 62). Den überzeugenden Gründen des OLG Frankfurt und des OLG Köln ist zu folgen. Der Grund für die Fiktion

1. Teilungserklärung mit Gemeinschaftsordnung IX. 1

markierter Stellplätze als Raum liegt darin, daß sie Teile des Bauwerkes sind im Gegensatz zu den Stellplätzen auf dem Grundstück und nur über die Gebäudezufahrt erreichbar sind. Falls sich der BGH eines Tages für die Unzulässigkeit aussprechen sollte, wären die Grundsätze des „isolierten Miteigentumsanteils" gemäß seinem Urteil vom 3. 11. 1989 (NJW 1990, 447) heranzuziehen (*Röll* MittBayNot 1990, 85). Danach wachsen die isolierten Miteigentumsanteile nicht den anderen Miteigentümern an, sondern müssen durch Vereinbarung beseitigt werden (vgl. auch *Weitnauer* WE 1990, 54). Überdachte Unterstellplätze im Erdgeschoß des Gebäudes, die von außen frei zugänglich sind, sind nicht sondereigentumsfähig (OLG Celle WE 1992, 48 mit zust. Anm. *Weitnauer*).

c) **Doppelstockgaragen mit Hebebühne.** Die gesamte Doppelstockgarage ist sondereigentumsfähig (zur grundbuchmäßigen Behandlung *Frank* MittBayNot 1994, 512). An den beiden Plätzen der Hebebühne kann wohl auch Sondereigentum begründet werden (a. A. OLG Düsseldorf MittRhNotK 1978, 85 mit kritischer Anm. *Linderhaus;* BayObLG NJW 1975, 740; offen gelassen bei OLG Hamm MittRhNotK 1982, 218; für Zulässigkeit mit guten Gründen *Sauren* MittRhNotK 1982, 213; *Haegele/Schöner/ Stöber* Rdn. 2836; *Gleichmann* RPfleger 1988, 10). Das BayObLG hat an der Unzulässigkeit festgehalten (9. 2. 1995 NJW-RR 1995, 783). Anstelle eines einheitlichen Grundbuchs für das Teileigentum der Doppelgarage ist es auch zulässig, die Miteigentumsanteile des Teileigentums jeweils in den Wohnungsgrundbüchern der herrschenden Wohnungseigentümer zu buchen (BayObLG DNotZ 1995, 74).

Bei Sondereigentum an der Doppelstockgarage ist jeweils ein halber Miteigentumsanteil daran Kaufgegenstand. Zur Regelung der Nutzungsrechte an den beiden Stellplätzen gibt es zwei Möglichkeiten (BayObLG aaO.). Die eine besteht in einer Nutzungsregelung nach § 1010 BGB. Da eine solche Regelung im Grundbuch erst eingetragen werden kann, wenn Miteigentümer eingetragen sind, muß der Vollzug der Auflassung an die beiden Erwerber abgewartet werden. Deswegen ist dem Bauträger eine entsprechende Vollmacht zu erteilen, die auch die Eintragung eines Auseinandersetzungsverbotes nach § 1010 BGB einschließen soll. Um die erste Rangstelle zu sichern, kann zusammen mit der Auflassungsvormerkung auch eine Vormerkung auf Eintragung der Vereinbarungen nach § 1010 BGB zu Gunsten jedes Käufers bestellt werden. Eine andere Möglichkeit ist die Begründung von Sondernutzungsrechten an beiden Stellplätzen (Sondernutzungsrechte am Sondereigentum: *Ertl* RPfleger 1979, 81 als Gebrauchsregelung nach § 15 WEG). Dies hat das BayObLG nunmehr ausdrücklich zugelassen (NJW-RR 1994, 1427 = WE 1995, 127 mit zust. Anm. *Schmidt* = MittBayNot 1995, 115; zustimmend auch *Staudinger/Kreutzer* § 15 WEG Rdn. 10; ablehnend *Huff* WE 1996, 134; *Haegele/Schöner/Stöber*, 11. Aufl. Rdn. 2836; *Weitnauer* § 15 Rdn. 39). Vorschlag für eine entsprechende Formulierung in der Gemeinschaftsordnung:

Gebrauchsregelung Doppelstockgarage. Die Nutzung des Sondereigentums Doppelstockgarage wird in der Weise geregelt, daß jedem hälftigen Miteigentümer des Sondereigentums ein alleiniges und ausschließliches Nutzungsrecht (Sondernutzungsrecht) am oberen oder unteren Stellplatz zugewiesen wird. Die Zuordnung nimmt der teilende Eigentümer im Kaufvertrag oder durch eine sonstige Erklärung an das Grundbuchamt vor. Die Unterhaltung und Instandhaltung des TG-Doppelparkers, insbesondere der Hebebühne, obliegt den Miteigentümern zu gleichen Teilen. Die Sondernutzungsrecht sind beim Vollzug der Auflassung im Teileigentumsgrundbuch zu vermerken. Mit Eintragung der Teilungserklärung im Grundbuch wird diese Gebrauchsregelung Inhalt des Teileigentums.

d) **Stellplätze im Freien.** Da § 3 Abs. 2 S. 2 WEG nur für Garagenstellplätze gilt, kann an Kraftfahrzeugstellplätzen im Freien kein Sondereigentum begründet werden (OLG Hamm DNotZ 1975, 108; BayObLG WE 1988, 29). Auch durch eine Überdachung mit vier Eckpfosten (sog. „Car-Ports") kann dieses Ziel nicht erreicht werden (BayObLG NJW-RR 1986, 761). Eine Einzelvermessung scheidet in der Regel praktisch aus. Es besteht jedoch die Möglichkeit, daran Sondernutzungsrechte zu begründen. Solche Sondernutzungsrechte können nur einem Sondereigentum des gleichen Grundstücks zugeordnet werden. In der Praxis haben sich hierfür die durch Zuweisung des Bauträgers bedingten Sondernutzungsrechte herausgebildet und bewährt. Den Weg haben BGH und BayObLG geebnet (sh. Anm. 12 Abs. 2, 3; OLG Düsseldorf DNotZ 1988, 35). Notwendig ist hierbei, bereits in der Teilungserklärung/Gemeinschaftsordnung in einem Plan (rechtlich nicht identisch mit dem Aufteilungsplan des § 7 WEG, meist aber faktisch) die Stellplätze als Sondernutzungsflächen festzulegen und lediglich die Konkretisierung der Verbindung zu einer bestimmten Wohnung vorzubehalten (Zuweisung). Die Zuordnungserklärung im Kaufvertrag löst die Bedingung aus (OLG Düsseldorf a.a.O.), nicht erst deren Grundbucheintragung (so aber offenbar BayObLG DNotZ 1986, 479; in WE 1992, 28 aber nicht konstitutiv). Ab Eintritt der Bedingung sind die übrigen Miteigentümer endgültig vom Mitgebrauch ausgeschlossen. Eine Mitwirkung von dinglich Berechtigten wie etwa Grundpfandrechtsgläubigern ist bei diesem Verfahren nicht mehr erforderlich (OLG Düsseldorf a.a.O.). Behält sich der teilende Eigentümer dagegen lediglich das Recht zur Veräußerung und Übertragung eines Sondernutzungsrechts vor, ohne es bereits bedingt und konkret zu begründen, bedarf es später noch der Zustimmung der dinglich Berechtigten an den anderen Wohnungen (BayObLG RPfleger 1990, 63 mit problematischer Auslegung); eine solche Gestaltung ist daher zu vermeiden.

e) Stellplätze am **Nachbargrundstück**. Auch Stellplätze auf einem Nachbargrundstück können herangezogen werden. Dazu muß eine Grunddienstbarkeit zu Gunsten aller jeweiligen Wohnungseigentümer eingetragen werden (OLG Stuttgart WE 1990, 131; BayObLG NJW-RR 1990, 1043; dazu auch *Weitnauer* § 3 Rdn. 116). Das Nutzungsrecht aus der Dienstbarkeit wird nach § 96 BGB Bestandteil des herrschenden Grundstücks und damit des gemeinschaftlichen Eigentums. Dies eröffnet den Weg, in der Gemeinschaftsordnung eine Gebrauchsregelung zu treffen, eventuell bezüglich bestimmter Stellplätze für bestimmte Wohnungen, auch bedingt mit Zuweisungen.

(2) Formulierungsbeispiele.

Es bieten sich drei Möglichkeiten der Regelung dar, für die nachfolgend Formulierungsbeispiele für die Gemeinschaftsordnung gegeben werden. Während bei den Beispielen 1) und 2) die Sondernutzungsrechte bereits mit Vollzug der Teilungserklärung unbedingt entstehen, ist die Entstehung bei Beispiel 3) aufschiebend mit der Zuordnung des Sondernutzungsrechts zu einem Sondereigentum.

Beispiel 1:
Zu jedem Wohnungseigentum gehört das Sondernutzungsrecht an dem im Aufteilungsplan eingezeichneten Stellplatz gleicher Nummer. Der jeweilige Wohnungseigentümer hat das alleinige Nutzungsrecht daran sowie die Unterhaltspflicht.

Beispiel 2:
An den im Aufteilungsplan mit Nr. 1 bis ...... eingezeichneten Kraftfahrzeugstellplätzen bestehen Sondernutzungsrechte. Diese werden zunächst insgesamt der Wohnung Nr. ...... zugeordnet. Der Eigentümer dieser Wohnung (Bauträger) veräußert sie an Wohnungseigentümer, deren Wohnung die Sondernutzungsrechte dann zur entsprechenden Umschreibung im Grundbuch zugeordnet werden. Der Sondernutzungsberechtigte hat das alleinige Nutzungsrecht am Stellplatz, ihm obliegt auch die Unterhaltung.

Beispiel 3:
siehe Formular

(3) **Gegenüberstellung der Regelungen für Kraftfahrzeugstellplätze bei Sondereigentum und Sondernutzungsrechten.**

1. Teilungserklärung mit Gemeinschaftsordnung IX. 1

	Sondereigentum selbständiges Teileigentum	Sondereigentum im Wohnungseigentum eingegliedertes Teileigentum	Sondernutzungsrecht
Formulierungsbeispiel aus der Teilungserklärung:	$^{12}/_{1000}$ Miteigentumsanteil an Fl. Nr. ...... verbunden mit dem Sondereigentum an der Garage Nr. 1 des Aufteilungsplanes.	$^{86}/_{1000}$ Miteigentumsanteil an Fl. Nr. ...... verbunden mit dem Sondereigentum an der Wohnung Nr. 1 des Aufteilungsplanes, bestehend aus 3 Zimmern, Küche, Bad, WC, Flur und Keller und der Garage gleicher Nummer.	Zur Wohnung Nr. 1 gehört das Sondernutzungsrecht an dem im beigefügten Plan eingezeichneten Kraftfahrzeugstellplatz im Freien Nr. 1; oder im Kaufvertrag bei der Formulierung oben Beispiel 3: Mitverkauft und dem Käufer für die Wohnung zugewiesen wird der Stellplatz im Freien Nr. 7.
Gegenstände können sein:	Einzelgaragen; markierte Stellplätze in Sammelgaragen, auch unüberdachte auf dem Garagendeck bzw. dem Bauwerk; Doppelstockgaragen mit Hebebühnen insgesamt, nicht jedoch die Stellplätze auf den Hebebühnen (str.).	Stellplätze im Freien; Stellplätze auf Hebebühnen; alles, was Sondereigentum sein kann.	
Eigentumsart des Stellplatzes:	Sondereigentum	Sondereigentum	Gemeinschaftseigentum
Begründung:	durch Teilungserklärung nach § 8 WEG oder Vertrag nach § 3 WEG zur Bildung von Sondereigentum.		durch Vereinbarung (Gebrauchsregelung nach § 15 Abs. 1, § 10 Abs. 2 WEG). Diese Vereinbarung ist rechtlich Bestandteil der Gemeinschaftsordnung. Sie kann einseitig durch den nach § 8 teilenden Bauträger getroffen werden. Später sind die Mitwirkung aller Miteigentümer und Zustimmung der Gläubiger (BGH DNotZ 1984, 695) erforderlich.
Gesetzliche Voraussetzung für die Kennzeichnung:	Abgeschlossenheitsbescheinigung und Aufteilungsplan nach § 7 Abs. 4 WEG. Selbständige Numerierung im Aufteilungsplan.	Abgeschlossenheitsbescheinigung und Aufteilungsplan nach § 7 Abs. 4 WEG in Verbindung mit der Wohnung. Gleiche Numerierung wie Wohnung; mehrere Stellplätze zur gleichen Wohnung tragen die gleiche Nummer (§ 7 Abs. 2 Nr. 1; *Haegele*, Grundbuchrecht 9. A. Rdn. 2853; *Bärmann/Pick/Merle* § 7 Rdn. 63).	§ 7 Abs. 4 WEG ist nicht einschlägig. Ein Plan ist jedoch nötig, weil der Gegenstand des Sondernutzungsrechts gemäß den Anforderungen des Grundbuchrechts an die Bestimmtheit kenntlich gemacht werden muß. Die Stellplätze können zwar in den *Aufteilungs*plan mit eingezeichnet werden; rechtlich gehören sie aber nicht dazu (*Ertl* RPfleger 1979, 83; *Haegele* Rdn. 2853), so daß Änderungen nicht der behördlichen Mitwirkungen bedürfen. Keine Vorschriften für die Numerierung.
Grundbuch:	eigenes Grundbuchblatt. Zulässig ist es, das Teileigentum mit auf dem Grundbuchblatt des Wohnungseigentums des gleichen Eigentümers zu buchen. Auch ein halber Miteigentumsanteil an dem Teileigentum einer Doppelstockgarage kann beim Wohnungseigentum mitgebucht werden (BayObLG NJW 1975, 740).	kein eigenes Grundbuchblatt, sondern Buchung beim Wohnungseigentum durch Bezugnahme auf die Teilungserklärung (§ 7 Abs. 3 WEG).	keine selbständige Buchung; das Sondernutzungsrecht ergibt sich aus der Bezugnahme auf die Eintragungsbewilligung (§ 7 Abs. 3 WEG). Es ist jedoch ratsam und sinnvoll, das Sondernutzungsrecht im Bestandsverzeichnis des Wohnungseigentums im Grundbuch direkt mit einzutragen (Ertl DNotZ 1979, 287; OLG Hamm DNotZ 1985, 552; *F. Schmidt* MittBayNot 1985, 78). Nach BayObLG DNotZ 1986, 479 ist bei späterer Zuweisung die Grundbucheintragung rechtsbegründend, nach OLG Düsseldorf (DNotZ 1988, 36) nicht; s. a. Anm. 12 Abs. 2.
Berechtigter und Erwerber kann sein:	jedermann; sonstige Beteiligung an der Eigentümergemeinschaft nicht erforderlich.	grundsätzlich nur ein Wohnungseigentümer desselben Objekts, ein Dritter erst nach Verselbständigung des Sondereigentums am Garagenplatz.	nur ein Wohnungs- oder Teileigentümer derselben Eigentümergemeinschaft (BGH DNotZ 1979, 168).

Schmidt

IX. Wohnungseigentum

	Sondereigentum		Sondernutzungsrecht
	selbständiges Teileigentum	im Wohnungseigentum eingegliedertes Teileigentum	
betroffenes Grundstück:	Grundstück der Eigentumswohnanlage oder ein gesondertes	nur Grundstück der Eigentumswohnanlage	nur Grundstück der Eigentumswohnanlage
Rechtsnatur:	Sondereigentum	Sondereigentum	Gebrauchsregelung nach § 15 Abs. 1 WEG, die beinhaltet als Inhalt des Sondereigentums a) beim berechtigten Wohnungseigentum das Recht zur ausschließlichen Nutzung des Stellplatzes; b) bei jeweils allen anderen Miteigentümern den Entzug der Nutzung an dem betreffenden Stellplatz und zwar allgemein, nicht konkret nur für den gegenwärtigen Nutzungsberechtigten (BGH NJW 1984, 2409).
Übertragbarkeit	durch Vertrag (§ 313 BGB) wie jedes Wohnungs- und Teileigentum, entweder gleichzeitig mit dem Verkauf eines Wohnungseigentums oder später gesondert. Dazu Auflassung und Eintragung (§ 925 BGB).	ebenfalls durch Vertrag (§ 313 BGB) sowie Auflassung (§ 925 BGB) und Eintragung. Es bestehen folgende Möglichkeiten: 1) Veräußerung zusammen mit dem Wohnungseigentum; Trennung dabei nicht möglich; 2) Teilung des Wohnungs- und Teileigentums nach § 8 WEG durch Bildung von zwei selbständigen Miteigentumsanteilen für Wohnung und Garagenstellplatz und anschließend Veräußerung des Teileigentums. Diese Teilung durch den Alleineigentümer ist zulässig (BGH DNotZ 1968, 417 = NJW 1968, 499; *Haegele*, Grundbuchrecht 9. A. Rdn. 2975 mwN.); eine Zustimmung der anderen Miteigentümer ist nicht erforderlich (*Palandt/Bassenge* § 6 Anm. 2 b). 3) Veräußerung des Sondereigentums am Garagenplatz an einen anderen Miteigentümer in der Weise, daß ohne Veränderung der Miteigentumsanteile das Sondereigentum von dem einen Miteigentumsanteil weggenommen und dem anderen zugeschlagen wird. Zustimmung der anderen Miteigentümer nicht erforderlich. Form: Vertrag nach § 4 Abs. 2 WEG.	Selbständig an andere Miteigentümer übertragbar (BGH NJW 1979, 870 = DNotZ 1979, 168 m. Anm. *Ertl*. Schuldrechtlich § 398 BGB (*Weitnauer* WEG § 15 Rdn. 2 d), dinglich Einigung und Eintragung (§§ 873, 877 BGB). Zustimmung der anderen Miteigentümer nicht nötig (BGH aaO.). Möglichkeiten der Übertragung: 1) Automatisch zusammen mit dem Wohnungseigentum, dem es bereits in der Teilungserklärung zugeordnet ist; 2) Der Bauträger als Eigentümer kann sich das Verfügungsrecht über alle Sondernutzungsrechte vorbehalten, solange er (noch) Eigentümer einer Sondereigentumseinheit ist (*Weitnauer* WEG § 15 Rdn. 2). Die Veräußerung und Zuordnung zu einem bestimmten Wohnungseigentum geschieht im Kaufvertrag und durch Eintragung im Grundbuch (BayObLG 8. 11. 1985). Hierzu ist nur die Bewilligung des Veräußerers nötig (*Ertl* DNotZ 1979, 286). Dem Grunde nach (= Bestimmung der Sondernutzungsflächen) müssen die Sondernutzungsrechte aber in der Gemeinschaftsordnung gebildet werden; in ihr ist auch das vorstehende Verfahren zu regeln. 3) Bei Vorratszuordnung aller Sondernutzungsrechte zu einer Wohnung jeweils durch Übertragung und Abschreibung zum Wohnungseigentum des Erwerbers.
Vorzüge:	Selbständiges Teileigentum ermöglicht freien Verkauf; Käufer kann Garagenplatz frei wählen.	Vereinfachtes Grundbuchverfahren sowohl bei Bildung des Wohnungsgrundbuchs wie bei späteren Eintragungen. Verbindung schützt Eigentümergemeinschaft vor Eindringen Dritter, die nur einen Garagenplatz erwerben (*Diester*, Rechtsfragen S. 87). Auch bauordnungsrechtlich ist eine feste Verbindung von Wohnung und Garage erwünscht.	wie nebenan. Es besteht größere Beweglichkeit, da auch unter Beachtung der Zustimmungserfordernisse Änderungen und Ausweitungen während der Bauzeit leichter möglich sind als bei Sondereigentum. Keine Abgeschlossenheitsbescheinigung nötig. Wahlrecht des Käufers durch Zuordnung erst beim Kauf.

1. Teilungserklärung mit Gemeinschaftsordnung IX. 1

| | *Sondereigentum* | | Sondernutzungsrecht |
	selbständiges Teileigentum	im Wohnungseigentum eingegliedertes Teileigentum	
Nachteile:	Umfangreiche Grundbuchblätter bei größeren Garagenanlagen. Bei späterer Veräußerung der Wohnung kann Garage leicht übersehen werden. Veränderungen und Ausweitungen nach Anlegung der Grundbücher kaum mehr möglich, da alle Miteigentumsanteile vergeben sind. Bauen nach Plan unumgänglich. Veräußerung an Außenstehende möglich.	Kein Wahlrecht des Erstkäufers; er muß grundsätzlich den der Wohnung zugeordneten Stellplatz nehmen. Kauf einer Wohnung ohne Stellplatz nicht möglich.	Fehlende Grundbuchklarheit, weil Sondernutzungsrechte nicht unmittelbar im Grundbuch vermerkt werden müssen. Wegen der Möglichkeit der späteren Zuordnung gibt auch die Teilungserklärung kein zuverlässiges Bild. Diese Nachteile entstehen nicht bei Grundbucheintragung im Bestandsverzeichnis.
Verwalterzustimmung	ja, wenn vorgesehen	zu 1) ist in Zustimmung zur Veräußerung der Wohnung enthalten; zu 2) zur Teilung nein (streitig aber, ob im GemO ein Zustimmungserfordernis verankert werden kann; nein zu Recht *Weitnauer* § 12 Rdn. 1 b) zur Veräußerung ja, wenn vorgesehen zu 3) nein	nein

16. Veräußerungsbeschränkung. (1) § 12 Abs. 1 WEG gewährt die Möglichkeit, die Veräußerung insbesondere an die Zustimmung des Verwalters zu binden (BayObLG WE 1995, 375; *Sohn,* Die Veräußerungsbeschränkung im Wohnungseigentumsrecht, Partner im Gespräch Band 12 (1983)). Über die Zweckmäßigkeit solcher Veräußerungsbeschränkungen gehen die Meinungen auseinander (*Seuß,* Die Eigentumswohnung 10. A. S. 288; entschieden dagegen *Deckert* in Festschrift *Seuß* [1997] S. 61 = WE 1998, 82; *Bub* WE 1993, 216). *Röll* (MünchKomm/*Röll* § 12 WEG Rdn. 1) hält sie nur bei kleineren Wohnanlagen für sinnvoll. Sie ist aber im Ernstfall die einzige Möglichkeit, das Eindringen ungeeigneter Wohnungseigentümer zu verhindern. Die Zustimmung kann zwar nur aus wichtigem Grund, die in der Person des Erwerbers liegen muß (BayObLG NJW-RR 1990, 657; eingehend zur Person des Erwerbers und Auskünfte vor Selbstauskünften *Schmidt,* DWE 1998, 5), verweigert werden (§ 12 Abs. 2 WEG), z.B. begründete finanzielle Unzuverlässigkeit (OLG Frankfurt WE 1989, 172), während bloße Zweifel nicht genügen (AG *Mettmann* WE 1990, 213). Sie ist unverzüglich zu erteilen und kann nicht von der Zahlung rückständiger Wohngeldbeträge abhängig gemacht werden (BayObLG DWE 1984, 60; NJW-RR 1993, 280; OLG Hamm NJW-RR 1989, 974). Da Gemeinschaftsordnungen aber praktisch auf Jahrzehnte festgelegt sind, sollte langfristig doch der Schutz der Eigentümergemeinschaft im Vordergrund stehen. Will man einzelne Personen von der Beschränkung ausnehmen, so ist dies ausdrücklich zu regeln (z.B. Angehörige i.S. des § 8 des II. Wohnungsbaugesetzes; Eigentümer, die bereits der Gemeinschaft angehören – dazu BayObLG RPfleger 1982, 177 –, vgl. aber LG Düsseldorf WE 1991, 334, das einen wichtigen Grund bejaht hat, wenn der erwerbende Miteigentümer bei seinem anderen Objekt den Zahlungsverpflichtungen nicht nachgekommen ist; Gläubiger für Zwangsversteigerung oder zur Rettung des Grundpfandrechtes; der Konkurs ist im Formular bewußt nicht einbezogen, weil dem Konkursverwalter die Suche eines geeigneten Käufers durchaus zumutbar ist). Die erste Veräußerung durch den Bauträger unterlag nach früherer Rechtsprechung nicht der Zustimmungspflicht (BayObLG RPfleger 1983, 350), es sei denn, er ist durch jahrelanges Halten der Wohnung voll in die Gemeinschaft eingegliedert (LG Wuppertal MittRhNotK 1986, 11; LG Köln MittRhNotK 1988, 209; noch nicht nach 4 Jahren OLG Frankfurt NJW-RR 1989, 207). Die Zustimmungspflicht trat nach KG auch ein, wenn der Bauträger nach Rückabwicklung des Erstvertrages erneut weiterverkauft (KG OLGZ 1988, 399). Nach BayObLG (DNotZ 1987, 222) galt die Zustimmungsfreiheit aber nur, wenn der Bauträger nach § 8 WEG geteilt hat, nicht im Falle einer Aufteilung nach § 3 WEG. Der BGH (NJW 1991, 1613) hat nunmehr gegenteilig entschieden, so daß auch bei einer Erstveräußerung durch den teilenden Eigentümer, meist Bauträger, jetzt auch die Verwalterzustimmung nötig ist, wenn keine ausdrückliche Klausel in den Ausnahmekatalog aufgenommen wird (zur Problematik *Röll* WE 1991, 240, *Schmidt* WE 1991, 280). Für Altfälle wurde ein Heilungsgesetz erlassen (§ 61 WEG vom 3. 1. 1994 BGBl. I 66). Der Verwalter kann die Zustimmung auch dann erteilen, wenn er selbst Veräußerer oder Erwerber ist; es ist kein Fall des § 181 BGB (BayObLG DNotZ 1985, 441, WE 1987, 54). Gewisse Erschwernisse bei der Veräußerung durch Einholung der Verwalterzustimmung sollten in Kauf genommen werden. Die Gerichtskosten im Streitfall sind begrenzt, da der Geschäftswert aus etwa 10–20% des Kaufpreises zu berechnen ist (KG WE 1990, 86; BayObLGZ 1990, Nr. 7 unter Aufgabe von DWE 1984, 2 mit 100%). Das Zustimmungserfordernis hat auch einen für eine ordnungsgemäße Verwaltung insbesondere bei größeren Anlagen nicht zu unterschätzenden Nebeneffekt: der Verwalter erlangt sichere Kenntnis vom Eigentümerwechsel. Eine positive Bestimmung, daß nur an einen bestimmten Personenkreis veräußert werden kann, ist zwar schuldrechtlich wirksam, aber als dingliche Veräußerungsbeschränkung unwirksam und unbeachtlich (BayObLG DWE 1984, 124).

(2) Häufig wird geraten, anstelle der Zustimmungspflicht in die Gemeinschaftsordnung eine Pflicht des Eigentümers auszunehmen, die Veräußerung dem Verwalter anzuzeigen (z. B. *Deckert* WE 1998, 82, 87). Das klingt zwar gut, gibt aber nur die ohnehin bestehende Rechtslage wieder, da eine solche Pflicht sich als Nebenpflicht aus dem gesamten Gemeinschaftsverhältnis ergibt. Kaum ein Veräußerer liest vor dem Verkauf die Gemeinschaftsordnung, um sie auf Pflichten durchzusehen. Da an eine Unterlassung keine sinnvollen Sanktionen geknüpft werden können, sollten solche überflüssigen Sätze vermieden werden.

17. Kosten- und Lastentragung. (1) Die gesetzliche Regelung sieht die Verteilung der gemeinschaftlichen Kosten nach Miteigentumsanteilen vor (§ 16 Abs. 2 WEG). Davon sind sämtliche gemeinschaftlichen Kosten erfaßt, gleichgültig, ob sie den einzelnen Miteigentümer konkret betreffen oder ihm Vorteile bringen oder nicht. Eine Aufzählung der einzelnen Kostenarten gehört nicht in die Gemeinschaftsordnung. Alle Abweichungen vom gesetzlichen Kostenverteilungsschlüssel bedürfen einer entsprechenden Regelung in der Gemeinschaftsordnung (zu den verschiedenen Schlüsseln *Bärmann/Pick/Merle* § 16 Rdn. 116 ff.; *Seuß*, Die Eigentumswohnung S. 381). Insbesondere sollte eine Regelung getroffen werden, wonach Meßvorrichtungen vorgehen. Im übrigen sollten Abweichungen auf das unbedingt erforderliche Maß beschränkt werden, schon um die Abrechnung durch den Verwalter nicht unnötig zu komplizieren. Das Gesetz geht von einer einheitlichen Kostentragungspflicht aller Miteigentümer aus und nimmt um dieser Einheitlichkeit und Klarheit willen auch gewisse Unzuträglichkeiten bezüglich individueller Kostenzurechnungen in Kauf. Deswegen müssen auch die Miteigentümer die Aufzugskosten mittragen, in deren Haus bzw. Hausteil sich kein Aufzug befindet (BGH NJW 1984, 2576). Für Aufzüge sind aber Sonderregelungen für die Kostenverteilung nur zu Lasten der Wohnungseigentümer, in deren Haus sich ein Aufzug befindet, anzuraten, einschließlich konkretem Abrechnungsschlüssel. Da der Abrechnungsschlüssel des § 16 Abs. 2 WEG nicht zwingend ist (BayObLG WE 1989, 145), kann auch ein davon abweichender gewählt werden, z. B. bei besonderen baulichen Konstellationen, bei gemischt genutzten Objekten (Wohnungen, Gewerbe). Für mögliche Veränderungen (z. B. Dachausbau, dazu Anm. 14) sollte der neue Schlüssel bereits festgelegt werden.

(2) Für Heizungs- und Warmwasserkosten gilt die Heizkosten-Verordnung vom 23. 2. 1981 (BGBl. I S. 261) in der Neufassung vom 20. 1. 1989 (BGBl. I S. 115) bei zentralen Heizungs- und Warmwasserversorgungsanlagen (§ 1 Abs. 2 Nr. 3; § 3 HeizkV; *Zimmermann* DNotZ 1981, 532; ausführlich *Deckert* Gruppe 5 S. 501 ff.). Hiernach ist eine verbrauchsabhängige Kostenverteilung vorgeschrieben. 30 bis 50% können nach der Wohn- und Nutzfläche verteilt werden, 50 bis 70% sind nach dem Verbrauch zu ermit-

1. Teilungserklärung mit Gemeinschaftsordnung IX. 1

teln. Deswegen ist in der Aufteilung die Angabe der Wohnungsgröße angebracht, falls die Miteigentumsanteile nicht nach qm errechnet sind und die qm exakt wiedergeben. Die Höchstsätze von 70% auf den Verbrauch können überschritten werden (§ 10 HeizkV), z. B. ausschließlich nach Verbrauch (BayObLG WE 1991, 295). Die konkrete Verteilung innerhalb dieser Grenzen sollte in der Gemeinschaftsordnung nur hilfsweise geregelt werden, im übrigen der Beschlußfassung der Eigentümerversammlung vorbehalten bleiben (zu Ansprüchen bei unverhältnismäßig hohen Kosten BayObLG NJW-RR 1994, 145). Die Gemeinschaftsordnung kann solche Änderungsmöglichkeiten vorsehen (BayObLG DNotZ 1985, 430; dazu auch *Schmidt* MittBayNot 1985, 245). Im übrigen hat die Vereinbarung Vorrang von abweichenden Beschlüssen (BayObLG WE 1991, 295). Besteht keine mit der HeizkostenV in Einklang stehende Regelung, so müssen die Eigentümer eine solche schaffen (BayObLG WE 1989, 62). Deswegen muß die Gemeinschaftsordnung von vornherein eine solche treffen.

(3) Bei den Verwalterkosten ist es zweckmäßig, anstelle der Aufteilung nach Miteigentumsanteilen für jede Wohnung den gleichen Anteil vorzusehen, da bei jeder Wohnung in der Regel die gleiche Arbeit zu leisten ist.

(4) Für noch nicht verkaufte Wohnungen hat der Bauträger die Kosten selbst voll zu tragen.

(5) Schwierige Probleme tauchen auf, wenn der Kostenverteilungsschlüssel geändert werden soll. Zunächst gilt: Eine Vereinbarung kann grundsätzlich nur durch eine neue geändert werden (dazu Anm. 9 Abs. 3; OLG Frankfurt WE 1989, 98). Dies gilt auch für Kostenverteilungsschlüssel, wenn die Gemeinschaftsordnung keine Änderung durch Mehrheitsbeschluß zuläßt (BayObLG NJW-RR 1991, 1493; ebenso WE 1991, 295). Sieht die Gemeinschaftsordnung eine solche Änderungsmöglichkeit des Kostenverteilungsschlüssels vor, so muß ein sachlicher Grund vorliegen, der andere Wohnungseigentümer nicht unbillig benachteiligt (BayObLG WE 1989, 211). Hierbei ist ein strenger Maßstab anzulegen (BayObLGZ 1991 Nr. 76). Die im Formular gewählte Änderungsmöglichkeit bei den Heizkosten entspricht dem. Will man bei anderen Kosten eine Änderungsmöglichkeit vorsehen, so muß der Rahmen dazu konkretisiert werden. Soweit keine Änderungsmöglichkeit vorgesehen ist, kann ein Anspruch auf Änderung bestehen, wenn der bisherige Schlüssel sich als grob unbillig erweist und ein Festhalten daran gegen Treu und Glauben verstößt; hierbei ist ein strenger Maßstab anzulegen (BayObLG NJW-RR 1987, 714; verneint bei Dachausbau; BGH NJW 1995, 2791; BayObLG NJW-RR 1994, 1425; 1995, 529). Ein jahrelanges abweichendes Praktizieren setzt die Regelung der Gemeinschaftsordnung nicht außer Kraft (BayObLG NJW 1986, 385; aber auch WE 1989, 178). Eine nachträgliche wesentliche Flächenveränderung kann einen Änderungsanspruch auslösen (BayObLG NJW-RR 1991, 721).

18. Zahlungspflicht. (1) Die Zahlungspflicht wird durch Wirtschaftsplan und Jahresabrechnung ausgelöst. Beide sind vom Verwalter aufzustellen und der Eigentümerversammlung zur Beschlußfassung vorzulegen (§ 28 WEG). Ohne Beschluß tritt keine Fälligkeit ein und es entsteht keine konkrete Zahlungspflicht (BayObLG WE 1991, 25). Für die Bewirkung der Zahlungen hat der Verwalter zu sorgen (§ 27 Abs. 2 Nr. 1, 2 WEG). Zu unterscheiden ist zwischen den i.d.R. monatlichen Vorschüssen und der Jahresabrechnung für das abgelaufene Wirtschaftsjahr (dazu *Schnauder* WE 1991, 31).

(2) Die Zahlungspflicht für die Vorschüsse gründet sich auf den **Wirtschaftsplan** für das Kalenderjahr bzw. Wirtschaftsjahr (umfassend zum Wirtschaftsplan *Bärmann/Seuß* Rdn. B 462 ff.). Er muß vorher beschlossen werden, um die Zahlungspflicht auszulösen (*Weitnauer* § 28 WEG Rdn. 56 mwN.). Die Zahlungspflicht erlischt mit dem Wirtschaftsplan zum Ende des Wirtschaftsjahres (BayObLG WE 1988, 107; OLG Hamm NJW-RR 1989, 1161; KG WE 1988, 167). Die Weitergeltung kann zwar jeweils konkret beschlossen werden (OLG Hamm a.a.O.; *Bärmann/Seuß* Rdn. B 476). Sinnvoll ist

es jedoch, diese Weitergeltung bereits in der Gemeinschaftsordnung zu verankern. Nachdem selten ein Wirtschaftsplan die konkrete Umlegung auf die einzelnen Miteigentümer enthält, ist es zweckmäßig, den Verwalter zu ermächtigen, die Einzelpauschalen danach festzusetzen, entweder durch Beschluß oder durch Vereinbarung. Ein Bedürfnis für weitere Vereinbarungen zum Wirtschaftsplan besteht nicht. Unwirksam ist eine Klausel, daß der Wirtschaftsplan als genehmigt gilt, wenn er nicht binnen einer gesetzten Frist beanstandet wird (unzulässige Fiktion, siehe Anm. 10 Abs. 4 e). Ein ausgeschiedener Eigentümer haftet für die Zeit seiner Zugehörigkeit zur Gemeinschaft weiter nach dem Wirtschaftsplan (BGH NJW 1996, 725).

(3) Die vom Verwalter vorgelegte **Jahresabrechnung** muß von der Eigentümerversammlung durch Beschluß genehmigt werden (umfassend zur Jahresabrechnung *Bärmann/Seuß* Rdn. B 487 ff.). Eine Klausel, wonach sie binnen einer bestimmten Zeit nach schriftlicher Zusendung als genehmigt gilt, ist unwirksam (BayObLG DNotZ 1989, 428 mit zust. Anm. *Weitnauer;* KG WE 1990, 209 als Vorlagebeschluß zum BGH wegen Abweichung von OLG Frankfurt; *Schnauder* WE 1991, 144; der BGH hat zwar entschieden – NJW 1991, 979 –, die Frage aber offengelassen; vgl. auch KG WE 1991, 323; siehe Anm. 10 Abs. 4 e). Streitig ist die Frage, ob nur die Gesamtabrechnung oder Gesamt- + Einzelabrechnung beschlossen werden müssen (so BayObLG WE 1990, 178; nur Gesamtrechnung KG NJW-RR 1990, 395). Zutreffend ist, daß Gesamt- und Einzelabrechnung notwendig sind (*Seuß* in *Bärmann/Seuß* Rdn. B 489, 513 ff. mwN. Auch der Gegenmeinungen). Ein Regelungsbedarf in der Gemeinschaftsordnung hierfür besteht nicht. Mit dem Beschluß wird die Gesamtjahresschuld fällig gestellt, auf die nur (monatliche) Vorauszahlungen geleistet wurden. Nun erst wird diese Jahresschuld fällig (BayObLG WE 1991, 24). Wirtschaftsplan und Jahresabrechnung stehen im Verhältnis des vorläufigen zum endgültigen Anspruch. Schuldner des Anspruchs aus der beschlossenen Jahresabrechnung ist der im Grundbuch eingetragene Eigentümer, was zu Problemen bei einem zwischenzeitlichen Eigentümerwechsel führen kann (dazu Anm. 19). Eine novierende Wirkung mit der Folge, daß die Verpflichtungen aus dem Wirtschaftsplan erlöschen, kommt dem Beschluß nicht zu (BGH NJW 1994, 1866; 1996, 725 mit abl. Anm. *Deckert; Wenzel* WE 1994, 353; 1996, 446; in Festschrift *Seuß* [1997] S. 313 = WE 1997, 124; dazu *Müller* WE 1997, 130). Fraglich ist, ob die Genehmigung der Jahresabrechnung zugleich auch die Entlastung des Verwalters darstellt. Dies ist in der Regel anzunehmen, obwohl es rechtlich zwei verschiedene Beschlüsse sind (BayObLG WE 1989, 144; WE 1989, 176 = BayObLGZ 198, 287); denkbar ist eine Klausel, wonach hierüber getrennt abzustimmen ist. In der Entlastung des Verwalter liegt in der Regel auch die Genehmigung der Jahresabrechnung (BayObLG WE 1993, 144;1995, 256). Zur Frage der Jahresabrechnung bestehen im übrigen keine ersichtlichen Regelungsbedürfnisse für die Gemeinschaftsordnung.

18 a. Besonderheiten beim Altbau. (1) Bei der Modernisierung und Sanierung von Altbauten in den neuen Bundesländern (dazu auch. I. 32 Anm. 2 Abs. 2) tauchen auch Probleme auf, für die sich eine Regelungsbedürftigkeit in der Gemeinschaftsordnung ergibt. Zu unterscheiden ist zwischen Käufermodell (erworben wird im alten baulichen Zustand, die Modernisierung betreibt die Eigentümer(Käufer)gemeinschaft selbst) und dem Verkäufermodell (die Käufer erwerben das vom Verkäufer modernisierte bzw. sanierte Objekt). Beim Käufermodell ist die gegenseitige Pflicht der Käufer zur Modernisierung (Sanierung) in einer genauen Auflistung der einzelnen zuvor auch kalkulierten Auflistung als gegenseitige Verpflichtung in der Gemeinschaftsordnung aufzunehmen. Nur so kann die Leistungspflicht des Käufers mit den Folgekosten kalkulierbar gemacht werden. Um auch Rechtsnachfolger an die damit verbundenen Zahlungspflichten zu binden, ist es sinnvoll, eine Veräußerungsbeschränkung aufzunehmen (dazu Anm. 16) und als wichtigen Grund für die Versagung der Zustimmung zur Veräußerung den Nichteintritt in noch nicht erledigte Modernisierungsverpflichtungen ausdrücklich auf-

1. Teilungserklärung mit Gemeinschaftsordnung IX. 1

zunehmen. Beim Verkäufermodell taucht dieses Problem weniger auf, weil bereits modernisiert erworben wird.

(2) In beiden Modellen und bei Mischformen wird aber häufig noch ein mehr oder weniger kleiner Bereich noch später zu treffender Maßnahmen übrig bleiben. Oft werden nur die notwendigsten Maßnahmen getroffen, andere einem späteren Zeitpunkt vorbehalten. Solche sind für viele Käufer zunächst finanziell nicht mehr tragbar. Viele solcher Maßnahmen können nach dem System des WEG mit Mehrheit in der Eigentümerversammlung als solche der ordentlichen Verwaltung beschlossen werden (§ 21 Abs. 3 WEG; zu Maßnahmen ordnungsgemäßer Verwaltung nach neuer Rechtsprechung *Jagenburg* NJW 1992, 293). Der Beschluß begründet dann auch Zahlungspflichten für die überstimmten Wohnungseigentümer. Um dies zu verhindern, ist es am besten, in der Gemeinschaftsordnung die Maßnahmen konkret zu nennen, die in Zukunft noch in Betracht kommen und hierfür Einstimmigkeit zu fordern, wie sie für bauliche Veränderungen nach § 22 Abs. 1 WEG nötig ist. Die Formulierung sollte dahin gehen, daß die genannten Maßnahmen nicht als solche der ordnungsgemäßen Verwaltung beschlossen werden können, es sei denn, daß alle Miteigentümer zustimmen. Bei anderen Maßnahmen gilt dann die gesetzliche Regelung des Mehrheitsbeschlusses. Soweit damit bauliche Veränderungen i. S. des § 22 WEG verbunden sind, wozu häufig Anpassungen an gestiegenen Wohn- und Lebensstandard und technischen Fortschritt gehören, sollte nicht allgemein vom Einstimmigkeitserfordernis abgesehen werden, da die zukünftige Belastung des Wohnungseigentümers dann nicht mehr vorhersehbar ist.

19. Rechtsnachfolge. Durch die Rechtsprechung sind viele strittige Fragen zur Rechtsnachfolge geklärt. Es gilt jetzt folgendes: a) Bis zur Eigentumsumschreibung im Grundbuch haftet der Veräußerer für alle Kosten und Lasten (BGH NJW 1983, 1615 mit Anm. *Röll*). Auch nach Eigentumsumschreibung haftet der Veräußerer nach dem Wirtschaftsplan als Anspruchsgrundlage weiter die während der Zeit seines Eigentums fällig gewordenen, aber noch offenen Beträge weiter, nicht dagegen für Nachzahlungen, die sich erst bei der Jahresabrechnung ergeben, der sog. Abrechnungsspitze (insgesamt BGH NJW 1996, 725; dazu *Wenzel* WE 1997, 124; kritisch *Drasdo* WE 1996, 89). b) Der Erwerber haftet erst ab Eigentumsumschreibung (BGH NJW 1989, 1087) – Ende des faktischen Wohnungseigentümers beim sog. Zweiterwerb (zum Ersterwerb vom Bauträger BayObLG NJW 1990, 3216); c) Auch keine gesamtschuldnerische Haftung hierfür analog § 16 Abs. 2 WEG (BGH NJW 1989, 2697, BayObLG NJW-RR 1990, 81). d) Der Erwerber haftet für den sich bei der aus dem Beschluß über die Jahresabrechnung des vergangenen Wirtschaftsjahres ergebenden Forderungssaldo, wenn er im Zeitpunkt dieses Beschlusses bereits als Eigentümer eingetragen war (BGH NJW 1988, 1910), insoweit also auch für noch beim Voreigentümer entstandene Rückstände, auch wenn es sich um Nachforderungen früherer Jahre handelt, über die erst jetzt beschlossen wurde. Diese Beträge dürfen aber beim Rechtsvorgänger noch nicht fällig geworden sein (*Wenzel* WE 1997, 128). e) Der Erwerber haftet nicht für vor Eigentumsumschreibung fällig gewordene Wohngelder und Umlagen (BGH NJW 1989, 2697) auch nicht dann, wenn die Jahresabrechnung sie mit ausweist (BGH NJW 1995, 725; *Wenzel* a.a.O.). Durch den BGH (NJW 1994, 1866; 1995, 725) ist der Novationstheorie, die besagt, daß die Jahresabrechnung insgesamt schuldbegründend sei und an die Stelle des Wirtschaftsplans trete, zu Recht eine Absage erteilt (*Wenzel* a.a.O.). Sie hätte den Rechtsvorgänger für dessen ausstehende Zahlung entlastet und den Rechtsnachfolger damit belastet.

Der ausgeschiedene Wohnungseigentümer haftet aber weiter für Zahlungen, die fällig geworden sind, als er noch Wohnungseigentümer war, aus dem Wirtschaftsplan (BGH NJW 1996, 144; dazu kritisch *Drasdo* WE 1996, 89; BayObLG WE 1991, 286).

(2) Aus dieser Situation stellt sich die Frage, ob in der Gemeinschaftsordnung eine allgemeine Erwerberhaftung für Rückstände des Veräußerers (= bei ihm fällig gewordene Kosten) vereinbart werden kann. Während dies für den Fall des Erwerbs in der Zwangs-

versteigerung nicht möglich ist (Nichtigkeit BGH DNotZ 1988, 27), wird eine solche Vereinbarung zu Lasten des rechtsgeschäftlichen Erwerbers weitgehend zugelassen (*Weitnauer* § 16 Rdn. 40, ZfBR 1985, 183 m.w.N.; BGH DNotZ 1988, 27; BayObLG WE 1988, 222 mit Anm. *Hauger/Weitnauer; Palandt/Bassenge* § 16 Rdn. 21 Am 24. 2. 1994 hat der BGH entschieden, daß solche Klauseln zulässig und wirksam sind (NJW 1994, 2950). Ob solche Vereinbarungen sinnvoll sind, ist umstritten. Sie werden inzwischen weitgehend empfohlen (abratend *Weitnauer* ZfBR 1985, 184). Nach der hier vertretenen Auffassung sollten solche Klauseln vermieden werden. Sie bedeuten eine versteckte dingliche Schuldenhaftung, die nicht in unser Rechts- und Grundbuchsystem paßt und auch die dinglichen Gläubiger benachteiligen würden (dazu MünchKomm/*Röll* § 16 Rdn. 21). Dessen Argumente treffen auch für eine Vereinbarung von einer solchen Tragweite wie einer Haftung für Schulden des Rechtsvorgängers zu. Rechtspolitisch wäre es schwer erträglich, wenn es durch solche Klauseln zweierlei Eigentumswohnungen gäbe, solche mit und solche ohne Schuldenhaftung, ohne klare Erkennbarkeit für den Außenstehenden. Im – hier nicht anwendbaren – AGB-Recht würde man das als eine unwirksame überraschende Klausel betrachten.

(3) Strittig ist auch, ob der Anteil des Veräußerers am Verwaltungsvermögen schon kraft Gesetzes (so KG NJW-RR 1988, 844 = WE 1988, 132 mit Anm. *Weitnauer*) oder nur und erst mit vertraglicher (rechtsgeschäftlicher) Übertragung auf den Rechtsnachfolger übergeht. Die im Anschluß an *Weitnauer* (ZfBR 1985, 183) und in Ablehnung der Auffassung von *Bärmann* (DNotZ 1985, 395 und in den im Literaturverzeichnis genannten Abhandlungen) getroffene Entscheidung, wonach ein gesetzlicher Übergang ausscheidet (BayObLG DNotZ 1985, 416), kann so nicht gebilligt werden (*Schmidt*, Partner im Gespräch Band 21 [1996] S. 52; für gesetzlichen Übergang MünchKomm/ *Röll* § 1 WEG Rdn. 13). Die Lösung des Problems muß aber weiterhin der Rechtsprechung überlassen werden. Angesichts der kontroversen Standpunkte, die auf rechtlichen Grundsatzfragen des Wohnungseigentums beruhen, erscheint eine Vereinbarung in der Gemeinschaftsordnung, die einen Übergang des Anteils am Verwaltungsvermögen auf den Rechtsnachfolger vorsieht, nicht möglich. *Galster* schlägt dagegen folgende Klausel vor (WE 1995, 292): „Das jeweilige Verwaltungsvermögen, insbesondere die Instandhaltungsrücklage, ist wie das gemeinschaftliche Eigentum zu behandeln und zu verwalten. Es darf nicht auseinandergesetzt werden: Einzelne, auch ausscheidende Wohnungseigentümer haben keine Anspruch auf Auszahlung von Anteilen dieses Vermögens."

20. Eigentümerversammlung, Stimmrecht. (1) Fraglich ist, ob das im Gesetz vorgesehene Kopfprinzip (§ 25 Abs. 2 S. 1 WEG: jeder Wohnungseigentümer eine Stimme, auch wenn ihm mehrere Wohnungen gehören) in der Regel beibehalten werden soll oder ob Abweichungen zu Gunsten des Wertprinzips sachgerechter sind (Stimmrecht nach Miteigentumsanteilen; dazu *Seuß* in *Bärmann/Seuß* Rdn. B 169 ff.). Majorisierungen sind in beiden Fällen nicht ausgeschlossen (vgl. *Weber* NJW 1981, 2677; zu Stimmrechtsfragen auch *Weitnauer* WE 1988, 2; zum Majoritätsmißbrauch *Bader* WE 1990, 118). Das Problem der Majoritätsmißbräuche kann die Gemeinschaftsordnung kaum lösen. Für das Wertprinzip spricht, daß der wirtschaftlich stärker Beteiligte und Belastete auch das größere Gewicht haben soll (vgl. dazu *Deckert*, Die Eigentumswohnung Gruppe 5 S. 18 k; *Seuß* 10. A. S. 458). Den in der Regel zu empfehlenden (*Bub* WE 1993, 215) Mittelweg geht das Objektprinzip: jeder Wohnungseigentümer eine Stimme pro Wohnung (zulässig BayObLG WE 1989, 183); dies führt auch zu einer einfachen Handhabung in der Eigentümerversammlung. Es ist nur da angebracht, wo die Einheiten nicht stark differieren. In einem solchen Fall soll auch bestimmt werden, ob dies auch bei Teilung oder Vereinigung von Eigentumswohnungen gilt (*Bärmann/Pick/Merle* § 8 Rdn. 43; vgl. OLG Düsseldorf WE 1990, 170; BayObLG WE 1992, 55). Grundsätzlich ist es Sache der Gemeinschaftsordnung, für die konkrete Wohnanlage die sinnvollste Stimmrechtsregelung zu treffen (vgl. *Bärmann/Pick/Merle* WEG § 25 Rdn. 32 ff.). Auch

1. Teilungserklärung mit Gemeinschaftsordnung IX. 1

Stimmrechtsteilungen sind zulässig (im Formular werden die Garagen besonders behandelt). Ein Stimmrechtsausschluß wegen Wohngeldrückständen kann wegen der grundlegenden Bedeutung des Stimmrechts nicht vereinbart werden (LG Regensburg NJW-RR 1991, 1169).

(2) Stimmrechtsvollmachten sind zulässig (BayObLG RPfleger 1984, 143; DNotZ 1988, 428). Umstritten sind die Vollmachtsbeschränkungen (*Bärmann/Seuß* Rdn. A 241; B 184; *Lüke* WE 1993, 260). Die Beschränkung der Stimmrechtsvollmacht auf Miteigentümer, eventuell Angehörige und Verwalter, ist jedenfalls bei kleineren Wohnanlagen sinnvoll; die Eigentümerversammlung soll nicht durch gemeinschaftsfremde Dritte bestritten werden (zulässig nach OLG Karlsruhe MDR 1976, 758; BGH NJW-RR 1987, 328 = WE 1987, 79 mit Anm. *Schmidt;* dazu kritisch *Weitnauer* JZ 1987, 463; § 25 Rdn. 13). Solche Beschränkungen sind allerdings eng auszulegen (BayObLG WE 1991, 261). Gegen eine Bevollmächtigung des Verwalters gibt es keine grundlegenden Bedenken (zur Vollmacht des Verwalters *Schmidt* WE 1989, 2). Die besondere Ausgestaltung der Vertretungsrechte des Verwalters soll einer verwalterfeindlichen Rechtsprechung begegnen, die Vertretungsrechte des Verwalters sehr restriktiv behandelt. Es ist aber nicht einzusehen, weshalb der Verwalter dann, wenn er das Vertrauen eines Miteigentümers hat, nicht für diesen abstimmen soll, insbesondere wenn Abstimmungsanweisungen gegeben werden (dazu *Schmidt* a. a. O.; *Seuß* in *Bärmann/Seuß* Rdn. B 189). Ein bevollmächtigter Verwalter kann, sofern nichts Gegenteiliges vereinbart ist, die Vollmacht weitergeben, insbesondere wenn er an der Ausübung verhindert ist, weil das Interesse des abwesenden Miteigentümers an der Ausübung seines Stimmrechts vorgeht (BayObLG NJW-RR 1990, 784; enger OLG Zweibrücken WE 1991, 357, das den übrigen Miteigentümern ein Widerspruchsrecht gegen die Untervollmacht zugesteht). Das bloße Teilnahmerecht eines Dritten ist durch die Vollmachtsbeschränkung nicht ausgeschlossen (BayObLGZ 1981, 161). Allerdings können reine Besucher ausgeschlossen werden (KG DWE 1986, 59) Als Beistände des Eigentümers dürfen sie aber keine Erklärungen abgeben oder Anträge stellen (BGH NJW 1993, 1329). Zu Beseitigung von Zweifeln beim Stimmrecht bei Ehegatten (vgl. BayObLG WE 1986, 72) trifft das Formular eigens eine praktikable Regelung, die auch der Rspr. des BayObLG entspricht (WE 1995, 96: Versammlungsleiter braucht Stimmberechtigung eines Mitberechtigten in der Regel nicht zu prüfen). Solche Stimmrechtsbeschränkung gelten nicht gegenüber einem Käufer der Eigentumswohnung, dem der Besitz übergeben und für den eine Auflassungsvormerkung im Grundbuch eingetragen ist (KG NJW-RR 1995, 147 = WE 1995, 119 mit zust. Anm. *Röll*). Ähnliches gilt für den Nießbrauch, der ebenfalls kein Stimmrecht, auch kein gespaltenes Stimmrecht haben kann (*Schmidt* in Festschrift *Seuß* [1997] S. 280 mwN. = WE 1998, 2 gegen anderweitige Rechtsprechung). Eine Stimmrechtsbeschränkung gilt für ihn kraft seiner dinglichen Rechtsstellung nicht (so auch *Schöner* DNotZ 1975, 84). Da das Stimmrecht ein untrennbarer Bestandteil des Eigentumsrechts ist, kann nicht vereinbart werden, daß es dem Nießbraucher zusteht, ebenso keine Stimmrechtsspaltung. Für beide Fälle kann die Gemeinschaftsordnung aber auch Ausnahmen von einer sonstigen Stimmrechtsbeschränkung vorsehen, um Zweifel auszuschließen. Diesen Weg geht das Formular.

(3) In der Regel haben alle Miteigentümer für alle gemeinschaftlichen Angelegenheiten das Stimmrecht. Ausnahmesituationen gibt es aber besonders bei Mehrhausanlagen in Angelegenheiten, die nur eine bestimmte Miteigentümergruppe (Hausblock) betreffen. Zu diesem Gruppenstimmrecht s. Formular IX. 3 Anm. 14. Eine Regelung, daß nur von einer Angelegenheit Betroffene darüber beschließen können, ist nicht nichtig (BayObLG WE 1989, 211).

(4) Möglich und zulässig sind Vereinbarungen über das Ruhen des Stimmrechts (*Bärmann/Pick/Merle* § 25 Rdn. 144; *Weitnauer* § 25 Rdn. 27 je mwN.). Beispiele: ernsthafte Pflichtverletzungen, Verzug mit Wohngeldzahlung, Nichtbenennung eines Be-

vollmächtigen bei Eigentümergemeinschaft an einer Wohnung. Brauchbar ist eine solche Regelung nur, wenn die Fälle genau definiert sind. Dabei soll such bestimmt werden, daß das Ruhen des Stimmrechts keinen Einfluß auf die Beschlußfähigkeit hat (*Bub* WE 1993, 215; vgl. KG NJW-RR 1994, 659).

(5) Die Ladungsfrist des § 24 Abs. 4 WEG erweist sich häufig als zu kurz. In Einklang mit den gesetzgeberischen Intentionen (WE 1990, 4) sollte eine längere Ladungsfrist vereinbart werden: zwei oder drei Wochen. Bei größeren Gemeinschaften soll eine Klausel sinnvoll sein, daß die Ladung als zugegangen gilt, wenn sie der Verwalter an die letzte ihm vom Wohnungseigentümer benannte Anschrift abgesandt hat (*Müller*, Praktische Fragen Rdn. 769; zulässig *Palandt/Bassenge* WEG § 24 Rdn. 3; *Deckert* Gruppe 4 S. 40b). Dies ist jedoch problematisch, weil im AGB-Recht solche Klauseln unwirksam sind (§ 10 Nr. 6 AGBG); sie sind in einem Verwaltervertrag nichtig (BayObLG WE 1991, 296). Von einer solchen Klausel in der Gemeinschaftsordnung ist abzuraten, auch wenn das AGB-Gesetz für die Gemeinschaftsordnung nicht anzuwenden ist (dazu Anm. 9 Abs. 4). Im übrigen bedarf es einer solchen Fiktion nicht, da eine Einladung immer nur an die letztbekannte Anschrift gehen kann und an sie zu richten ist (*Bärmann/Seuß* Rdn. B 215; dazu auch *Basty* MittBayNot 1994, 421). Eine einfache Klausel, daß die Einladung zur Eigentümerversammlung an die letztbekannte Anschrift erfolgt, genügt daher (*Basty* MittBayNot 1996, 421 mit eingehender Begründung). Man kann dies ergänzen mit einer Verpflichtung, Adreßänderungen dem Verwalter mitzuteilen. Einschreiben ist nicht zu empfehlen. Im übrigen genügen die gesetzlichen Vorschriften.

(6) Nach § 25 Abs. 3 WEG ist eine Eigentümerversammlung nur dann beschlußfähig, wenn mehr als die Hälfte der im Grundbuch eingetragenen Miteigentumsanteile vertreten ist. Dies führt in der Praxis besonders bei größeren Wohnanlagen zu Schwierigkeiten bezüglich der Beschlußfähigkeit. Daraus wurde die sogenannte Eventualeinberufung entwickelt, bei der mit der Haupteinladung auch ein für eine sofort anschließende Versammlung für den Fall der Beschlußunfähigkeit der ersten Versammlung einberufen wird. Die Zulässigkeit solcher Eventualeinberufungen ist in Rechtsprechung und Literatur umstritten, wird aber weitgehend für unzulässig erachtet (*Bärmann/Pick/Merle* § 25 Rdn. 87; *Weitnauer* § 25 Rdn. 5 6e m.w.N.; *Belz*, Handbuch des Wohnungseigentums Rdn. 194; OLG Bremen RPfleger 1980, 295; BayObLG WEM 1981, 59; KG ZMR 1986, 189; OLG Köln NJW-RR 1990, 26; BayObLG WE 1991, 49). Ob eine Eventualeinberufung in der Gemeinschaftsordnung vorgesehen werden soll, mag dahinstehen (für eine solche Regelung *Deckert* a.a.O.). Wegen der Abdingbarkeit des § 25 Abs. 4 WEG (*Weitnauer* a.a.O.; BayObLG WE 1991, 49) ist dies zulässig. Anstelle der in Formular vorgesehenen Regelung wäre Eventualeinberufung viel umständlicher und aufwendiger, schon im Hinblick auf die dann zwingende Wartefrist, die bei der ersten Versammlung verstreichen müßte (meist 1 Stunde vorgesehen). Der Übergang zur zweiten Versammlung muß dann festgestellt werden (BayObLG MDR 1989, 824 = WE 1990, 140). Wichtig erscheint aber der Hinweis in der Ladung auf die Beschlußfähigkeit ohne Rücksicht auf die Zahl der Erschienenen (*Weitnauer* § 25 Rdn. 6). Die Regelung ist zulässig, da § 25 Abs. 3 WEG abdingbar ist (HansOLG Hamburg WE 1989, 140).

(7) Unklar und umstritten war, wie Stimmenthaltungen zu werden sind. Nachdem der BGH entschieden hat, daß Enthaltungsstimmen nicht zu zählen sind (NJW 1989, 1090), erübrigt sich eine Regelung in der Gemeinschaftsordnung. Diese Entscheidung betrifft aber nur die einfachen Mehrheitsentscheidungen des § 25 Abs. 1 WEG, nicht dagegen die Fälle, in denen eine qualifizierte Mehrheit erforderlich ist (z.B. ⅔). Bei letzteren würde die Nichtberücksichtigung von Enthaltungen dazu führen, daß die gerade positiv geforderte qualifizierte Mehrheit durch Enthaltungen nicht erreicht würde (so zutreffend OLG Celle WE 1991, 330). Von einer allgemeinen Klausel, daß Enthaltungen nicht gezählt werden, ist daher abzuraten.

1. Teilungserklärung mit Gemeinschaftsordnung IX. 1

21. Verwalteraufgaben. Dazu Anm. 10 Abs. 9.

22. Verwaltungsbeirat. Dazu Anm. 10 Abs. 10.

23. Wiederaufbau. Eine Wiederaufbauklausel ist zweckmäßig, da die gesetzliche Regelung (§ 22 Abs. 2 WEG) sehr knapp ist (vgl. *Deckert,* Die Eigentumswohnung Gruppe 5 S. 97).

24. Verwalter. (1) Die Verwalterernennung durch den nach § 8 WEG teilenden Bauträger stellt einen schriftlichen Beschluß nach § 23 Abs. 3 WEG dar (*Weitnauer* § 26 Rdn. 8; *Bärmann/Seuß* Rdn. B 319 ff.). Zu den Problemen der Verwalterbestellung durch den nach § 8 WEG teilenden Bauträger eingehend *Bader* in Festschrift für Seuß S. 11 ff. Danach kann der Bauträger den Verwalter nur solange allein bestellen, als die Eigentümergemeinschaft nicht entstanden ist; dazu zählt auch die mit Übergabe der 1. Wohnung entstehende faktische Eigentümergemeinschaft. Vorbehalte zur „späteren Verwalterbestellung" durch den Bauträger in einem Nachtrag zur Teilungserklärung wirken nur bis zum Entstehen der faktischen Gemeinschaft. Eine dagegen verstoßende Verwalterbestimmung durch den Bauträger macht die Ernennung unwirksam (BayObLG WE 1995, 63). Die Bestellung kann auf längstens fünf Jahre erfolgen (§ 26 Abs. 1 WEG). Verwalter können nur Einzelpersonen sein, natürliche oder juristische, auch Personenhandelsgesellschaften (HansOLG Hamburg WE 1988, 173 = OLGZ 1988, 299), nicht dagegen BGB-Gesellschaft (BGH NJW 1989, 2059), Ehepaar (BGH WE 1990, 84). Eine Beschränkung des Verwalters auf Wohnungseigentümer ist nichtig (BayObLG NJW-RR 1995, 271).

(2) Streitig ist, wann diese Frist bei den Bauträgerernennungen beginnt: Mit dem Bestellungsakt oder erst mit Aufnahme der Verwaltertätigkeit? Die zweite Alternative, die Merle vertritt (Bestellung und Abberufung des Verwalters nach § 26 WEG, *Merle,* Bestellung und Abberufung des Verwalters [1977], S. 67; *Weitnauer* WEG § 26 Rdn. 15) wird dem insbesondere auch für den grundbuchamtlichen Verwalternachweis notwendigen Bestimmtheitserfordernis nicht gerecht. Maßgebend ist daher grundsätzlich der Bestellungsakt (ausführlich dazu *Röll,* Handbuch Rdn. 302; MünchKomm/*Röll* § 26 Rdn. 6 b WEG). „Fünf Jahre ab Fertigstellung" genügt dem Bestimmtheitserfordernis nicht (BayObLG NJW-RR 1992, 978; vgl. auch *Röll* aaO. Handbuch Rdn. 302). Ein festes Enddatum, das innerhalb der fünf Jahre liegt und auf ein Geschäftsjahresende abgestellt ist, ist die beste Regelung *(Röll).* Unzulässig ist nach BayObLG MDR 1985, 587 eine Klausel, die Abberufung und Neubestellung des Verwalters von einer $^2/_3$-Mehrheit aller Miteigentümer und der Zustimmung aller eingetragener Gläubiger abhängig macht.

(3) Die Verwalterbestellung ist ein einseitiger, autonomer, organschaftlicher Akt des teilenden Eigentümers oder der Eigentümergemeinschaft. Mit Zugang und Annahme durch den Verwalter erhält dieser die Rechtsstellung als Verwalter mit allen damit verbundenen gesetzlichen Rechten und Pflichten. Daneben und selbständig steht der Verwaltervertrag als Geschäftsbesorgungsvertrag mit überwiegend dienst-, teils aber auch mit werkvertraglichem Charakter (vgl. BayObLG NJW-RR 1987, 78; *Seuß* in *Bärmann/Seuß* Rdn. B 352). Er bedarf keiner Form. Schriftlichkeit ist jedoch anzuraten. Er regelt insbesondere Laufzeit, Kündigungsfragen, Vergütung, Aufgaben und Befugnisse. Verwalterbestellung und Verwaltervertrag können, müssen aber nicht zusammenfallen. Das Verhältnis zueinander ist sehr streitig; dazu Form. IX. 13.

25. Baubeschreibung. Vgl. Formular I.9 Anm. 9 und 32.

26. Schiedsverfahren. (1) In jüngster Zeit ist intensiv untersucht worden, ob anstelle des gerichtlichen Verfahrens in Wohnungseigentumssachen die Zuständigkeit eines Schiedsgerichts treten kann (*Merle,* Festschrift Seuß [1997] S. 219; *Seuß* in *Bärmann/Seuß* Rdn. E 25 ff.; WE 1996, 361 mit Schiedsordnung S. 377; *Busse,* Schiedsverfahren in Wohnungseigentumssachen 1994), jedenfalls für Teilbereiche wie Beschlußanfechtung. Die generelle Zulässigkeit wird allgemein bejaht (*Bärmann/Pick/Merle* 7. Aufl. 1997 vor § 43 Rdn. 11; *Bärmann/Pick* vor § 43 Rdn. 12; *Henkes/Niedenführ/Schulze* vor §§ 43 ff. Rdn. 24; *Weitnauer/Hauger* § 43 Rdn. 34). Diese Arbeit hat Früchte getragen, so daß im Oktober 1997 das erste Schiedsgericht als „Ständiges Deutsches Schiedsgericht für Wohnungseigentumssachen in Leipzig" aus der Taufe gehoben werden konnte. Es ist zuständig für ganz Deutschland. Vornehmes Ziel war, in den neuen Bundesländern für das Wohnungseigentum ein kompetentes Gericht anzubieten. Aber auch in den alten Bundesländern soll es durchaus auf Interesse stoßen. Das Schiedsgericht hat gegenüber den staatlichen Gerichten den Vorteil, nur eine Instanz zu haben und ist in der Regel schneller. Dies setzt aber voraus, daß der Schiedsspruch als nicht anfechtbare Entscheidung interessengerecht ist. Um dies zu gewährleisten, ist die Qualität der Schiedsrichter von ausschlaggebender Bedeutung. Das erfordert, daß der Vorsitzende ein Jurist mit der Befähigung zum Richteramt ist. Das Statut des Schiedsgerichtes ist im Anhang zu diesem Formular abgedruckt (vgl. auch WE 1998, 95 mit erster Schiedsrichterliste; *Schmidt* in MittBayNot 1998, 163 = ZNotP 1998, 139 = NotBZ 1998, 55).

(2) Für die praktische Anwendung enthält das Statut in § 4 Formulierungsvorschläge zu Aufnahme in die Gemeinschaftsordnung. Das kann mit folgender Formulierung geschehen: „Bezüglich der Streitigkeiten zwischen den Wohnungseigentümern untereinander und zwischen den Wohnungseigentümern und dem Verwalter gilt folgendes: *dann Text § 4 I, II, III*". Nach § 3 kann die Zuständigkeit des Schiedsgerichts aber auch nachträglich vereinbart werden, gegebenenfalls durch „vereinbarungsersetzenden Mehrheitsbeschluß", ein besonders interessanter Aspekt. Zu erwähnen ist auch, daß die Schiedsvereinbarung unmittelbar in die Gemeinschaftsordnung aufgenommen werden kann und kein gesondertes Schriftstück dazu erforderlich ist (Folge des Schiedsverfahrens-Neuregelungs-Gesetz vom 30. 12. 1997 BGBl. I S. 3224, § 1031 Abs. 5 ZPO). Zur Einbeziehung des Verwalters in die Schiedsabrede muß diese auch noch gesondert in den Verwaltervertrag aufgenommen werden.

27. Kosten. Wertermittlung: Nach § 21 Abs. 2 KostO ist der halbe Grundstückswert anzusetzen. Dieser setzt sich aus Bodenwert und Gebäudewert zusammen; für letzteren gilt der Wert des zu errichtenden Gebäudes. Die Mitbeurkundung der Baubeschreibung löst keine weiteren Gebühren aus, da sie gegenstandgleich ist nach § 44 Abs. 1 KostO. Die in der Vorauflage vertretene Meinung, wonach die Baubeschreibung zusätzlich zu bewerten ist, wird nicht aufrecht erhalten.

Gebühr: Eine volle Gebühr nach § 36 Abs. 1 KostO. Vertretungsfeststellung 20,– DM nach § 150 KostO. Schreibgebühren nach § 136 KostO: 1,– DM pro Seite, ab der 50. Seite –,30 DM pro Seite; eine Abschrift ist frei. Dazu Auslagen nach §§ 137, 152 KostO. Eine Vollzugsgebühr nach § 147 Abs. 1 KostO fällt an, wenn der Notar mit der Einholung der Abgeschlossenheitsbescheinigung, von Genehmigungen und Negativbescheinigungen beauftragt wird, bei mehreren solchen Tätigkeiten aber nur einmal; halbe Gebühr nach dem vollen Wert wie oben.

Anhang

Merkblatt für Wohnungseigentümer

Dieses Merkblatt enthält eine Zusammenfassung der wesentlichen Bestimmungen des Wohnungseigentumsgesetzes (WEG) für die Eigentümergemeinschaft unter Berücksichtigung der dazu ergangenen Rechtsprechung nach dem Stand Ende 1997. Es können sich später Gesetzesänderungen oder Änderungen der Rechtsprechung ergeben.

Abweichungen und Ergänzungen für die jeweilige Wohnanlage sind in der dafür vereinbarten **Gemeinschaftsordnung** enthalten.

1. Teilungserklärung mit Gemeinschaftsordnung

1. Sonder- und Gemeinschaftseigentum

Das Gesetz unterscheidet zwischen Sondereigentum und Gemeinschaftseigentum (§ 1 WEG). Sondereigentum sind die in der Teilungserklärung in Verbindung mit dem Aufteilungsplan zum Sondereigentum erklärten Räume (Wohnung, Nebenräume etc.). Alle anderen Teile des Gebäudes, insbesondere die für dessen Bestand und Sicherheit erforderlichen Teile und die dem gemeinschaftlichen Gebrauch dienenden Anlagen und Einrichtungen sowie das Grundstück sind Gemeinschaftseigentum. Die Abgrenzung hat ihre Hauptbedeutung für die Nutzung und die Unterhaltung. Konkretisierungen nach Gesetz und Rechtsprechung:

Sondereigentum: alle Gebäudebestandteile die verändert, beseitigt oder eingefügt werden können, ohne daß dadurch das gemeinschaftliche Eigentum oder ein auf dem Sondereigentum beruhendes Recht eines anderen Miteigentümers über das Maß des § 14 WEG beeinträchtigt oder die äußere Gestaltung des Gebäudes verändert wird (§ 5 Abs. 1 WEG). Hierunter fallen z. B. nichttragende Innenwände innerhalb der Wohnung, Fußbodenbeläge, Tapeten, Deckenverschalungen, Waschbecken, Badewannen, Einbaumöbel, Putz, Rolläden, Heizkörper, Innentüren, Innenfenster (trennbare Innenflügel), Balkonbelag.

Gemeinschaftseigentum: Fundamente, tragende Mauern (auch innerhalb der Wohnungen), Dach, Treppenhaus, Zentralheizungsanlage, Aufzug, Außenputz, Außenseite der Fenster bei trennbaren Flügeln, bei nicht trennbaren gesamtes Fenster mit Fensterkonstruktion, Balkonplatten, Balkonaußengitter, Balkonbrüstungen, Wohnungsabschlußtüren, Ver- und Entsorgungsleitungen bis zu den Anschlüssen der Wohnung.

Handelt es sich bei den Sondereigentumsräumen nicht um Wohnungen, so spricht das Gesetz anstelle von Wohnungseigentum von „Teileigentum" (z. B. Laden, Praxis, Garage usw.). Für das Teileigentum gelten die Bestimmungen über das Wohnungseigentum entsprechend (§ 1 Abs. 6 WEG).

2. Nutzung des Sondereigentums

a) Jeder Wohnungseigentümer kann, soweit nicht das Gesetz oder Rechte Dritter entgegenstehen, mit den im Sondereigentum stehenden Gebäudeteilen nach Belieben verfahren, insbesondere sie bewohnen, vermieten, verpachten oder in sonstiger Weise nutzen und andere von Einwirkungen ausschließen (§ 13 Abs. 1 WEG).

b) Nach § 14 WEG ist jeder Wohnungseigentümer verpflichtet

1. die im Sondereigentum stehenden Gebäudeteile so instand zu halten und von diesen sowie dem gemeinschaftlichen Eigentum nur in solcher Weise Gebrauch zu machen, daß dadurch keinem der anderen Wohnungseigentümer über das bei einem geordneten Zusammenleben unvermeidliche Maß hinaus ein Nachteil erwächst;
2. für die Einhaltung der in Nr. 1 bezeichneten Pflichten durch Personen zu sorgen, die seinem Hausstand oder Geschäftsbetrieb angehören oder denen er sonst die Benutzung der im Sonder- oder Miteigentum stehenden Grundstücks- oder Gebäudeteile überläßt;
3. Einwirkungen auf die im Sondereigentum stehenden Gebäudeteile und das gemeinschaftliche Eigentum zu dulden, soweit sie auf einem nach Nr. 1, 2 zulässigen Gebrauch beruhen;
4. das Betreten und die Benutzung der im Sondereigentum stehenden Gebäudeteile zu gestatten, soweit dies zur Instandhaltung und Instandsetzung des gemeinschaftlichen Eigentums erforderlich ist; der hierdurch entstehende Schaden ist zu ersetzen.

c) Zweckbestimmungen können auch vereinbart werden. Angaben in Teilungserklärungen und Aufteilungsplänen können bindenden Vereinbarungscharakter haben. Probleme ergeben sich besonders bei gewerblichen Räumen. Es ist oft Auslegungsfrage, wieweit Zweckbindungen wie Laden, Gaststätte, Büro etc. reichen.

3. Nutzung des gemeinschaftlichen Eigentums

Das gemeinschaftliche Eigentum steht allen Wohnungseigentümern zum Mitgebrauch zu (§ 13 Abs. 2 WEG). Die Grundsätze des § 14 gelten auch hierfür. Im einzelnen können Gebrauchsregelungen in der Gemeinschaftsordnung vereinbart oder von der Eigentümerversammlung beschlossen werden. Hierzu gehört vor allem der Bereich Hausordnung.

An Teilen des Gemeinschaftseigentums, insbesondere am Grundstück, können in der Gemeinschaftsordnung Sondernutzungsrechte begründet werden. Die übrigen Miteigentümer sind dann von der Nutzung ausgeschlossen. Häufigster Anwendungsfall sind Kraftfahrzeugstellplätze im Freien, aber auch ebenerdige Terrassen oder Gartenteile. Solche Sondernutzungsrechte müssen ausdrücklich in der Gemeinschaftsordnung verankert sein. Sie können nicht durch Beschluß der Eigentümerversammlung begründet werden.

4. Verfügungsrecht

Eigentumswohnungen sind wie Grundstücke veräußerlich und vererblich. Eine Besonderheit besteht darin, daß die rechtsgeschäftliche Veräußerung (Verkauf, Schenkung etc.) nach § 12 WEG von der Zustimmung eines Dritten abhängig gemacht werden kann; in der Regel ist dies der Verwalter. Eine solche Veräußerungsbeschränkung bedarf der ausdrücklichen Regelung in der Gemeinschaftsordnung und der Eintragung im Grundbuch. Sie dient dem Schutz der Miteigentümer vor dem Eindringen von Personen mit gemeinschaftswidrigem Verhalten und kann nach ausdrücklicher gesetzlicher Bestimmung nur aus wichtigem Grund versagt werden (z. B. erkennbare Zahlungsunfähigkeit oder Überbelegung der Wohnung).

5. Kosten der Gemeinschaft

a) Während die Kosten und Lasten des Sondereigentums jeder Wohnungseigentümer selbst tragen muß, hat für die Lasten des gemeinschaftlichen Eigentums und die Kosten der Instandhaltung, Instandsetzung und sonstige Verwaltung und des gemeinschaftlichen Gebrauchs die Miteigentümergemeinschaft aufzukommen (§ 16 Abs. 2 WEG).

b) Als Verteilungsschlüssel bestimmt das Gesetz die Miteigentumsanteile. Abweichungen insbesondere für einzelne Posten sind zulässig, bedürfen aber einer ausdrücklichen Regelung in der Gemeinschaftsordnung.

c) Eine Besonderheit gilt für die Kosten des Betriebs einer Heizung und Warmwasserversorgungsanlage. Nach der Heizkostenverordnung vom 23. 2. 1981 i. d. F. vom 20. 1. 1989 ist eine verbrauchsabhängige Kostenverteilung vorgeschrieben. 50% bis 70% sind nach Verbrauch, der Rest nach Wohn- bzw. Nutzfläche zu berechnen. Der genaue Verteilungsschlüssel ist von der Eigentümergemeinschaft zu beschließen, sofern ihn die Gemeinschaftsordnung nicht festlegt.

d) Die Kosten sind entsprechend dem Wirtschaftsplan in der Regel durch monatliche Zahlungen aufzubringen (§ 28 Abs. 1, 2 WEG). Dieser ist vom Verwalter aufzustellen und von der Eigentümerversammlung zu beschließen. Nach Ablauf des Geschäftsjahres hat der Verwalter eine Abrechnung zu erstellen (§ 28 WEG), über die ebenfalls von der Eigentümerversammlung zu beschließen ist. Rechtsgrundlage für die Zahlungspflichten sind der Wirtschaftsplan für die monatlichen Abschlagszahlungen (Wohngeld, Hausgeld), die Jahresabrechnung für die endgültige Festlegung und Nachzahlungen bzw. Rückerstattungen. In beiden Fällen ist zwingend ein Beschluß in der Eigentümerversammlung vorgeschrieben (Ausnahme einstimmiges schriftliches Verfahren). Umstritten ist, ob der Beschluß über die Jahresabrechnung eine Gesamtabrechnung genügt oder ob auch die Einzelabrechnungen beschlossen werden müssen. Die Rechtsprechung verlangt inzwischen beides.

e) Zu den Gemeinschaftskosten gehören insbesonders:

Allgemeine und laufende Instandhaltungskosten, Instandhaltungsrücklage für das Gemeinschaftseigentum, Wasserversorgungskosten, Kanalgebühren, Straßenreinigung, Müllabfuhr, Kaminkehrer, sonstige öffentl. Abgaben und Lasten, Brandversicherung und sonstige Versicherungen, Reinigungskosten, Aufzugskosten, Gemeinschaftsantenne, Hausmeister, Verwaltervergütung, Heizung und Warmwasserversorgung.

6. Verwaltungsrechte der Wohnungseigentümer

a) Die Wohnungseigentümer können über fast alle gemeinschaftlichen Angelegenheiten Vereinbarungen treffen. Dies gilt insbesondere für die Lastentragung, bauliche Änderungen, die Verwaltung. Solche Vereinbarungen bedürfen keiner Form, sollten aber immer schriftlich niedergelegt werden. Sie erfordern Einstimmigkeit und wirken gegen Sonderrechtsnachfolger (= spätere Erwerber) einer Eigentumswohnung nur, wenn sie im Grundbuch eingetragen sind (§ 10 Abs. 2 WEG).

b) Nach § 21 Abs. 3 WEG können die Wohnungseigentümer, soweit nicht die Verwaltung in der Gemeinschaftsordnung geregelt ist, eine der Beschaffenheit des gemeinschaftlichen Eigentums entsprechende ordnungsgemäße Verwaltung durch Stimmenmehrheit beschließen. Solche Beschlüsse wirken auch gegen Rechtsnachfolger (§ 10 Abs. 3 WEG) und bedürfen keiner Eintragung im Grundbuch.

Zu einer ordnungsgemäßen, durch Beschlußfassung zu regelnden und dem Interesse der Gesamtheit der Wohnungseigentümer entsprechenden Verwaltung gehören nach § 21 Abs. 5 WEG insbesondere:

1. die Aufstellung einer Hausordnung;
2. die ordnungsgemäße Instandhaltung und Instandsetzung des gemeinschaftlichen Eigentums;
3. die Feuerversicherung des gemeinschaftlichen Eigentums zum Neuwert sowie die angemessene Versicherung der Wohnungseigentümer gegen Haus- und Grundbesitzerhaftpflicht;
4. die Ansammlung einer angemessenen Instandhaltungsrückstellung;

1. Teilungserklärung mit Gemeinschaftsordnung IX. 1

5. die Aufstellung eines Wirtschaftsplanes (§ 28 WEG);
6. die Duldung aller Maßnahmen, die zur Herstellung einer Fernsprechteilnehmereinrichtung, einer Rundfunkempfangsanlage oder eines Energieversorgungsanschlusses zugunsten eines Wohnungseigentümers erforderlich sind.

c) Nach § 22 WEG können bauliche Veränderungen und Aufwendungen, die über die ordnungsgemäße Instandhaltung oder Instandsetzung des gemeinschaftlichen Eigentums hinausgehen, nicht durch Mehrheitsbeschluß beschlossen oder von den Miteigentümern verlangt werden. Hierfür ist also Einstimmigkeit aller Miteigentümer vorgeschrieben. Die Zustimmung eines Wohnungseigentümers zu solchen Maßnahmen ist jedoch insoweit nicht erforderlich, als durch die Veränderung dessen Rechte nicht über das in § 14 WEG (vgl. Nr. 2 des Merkblattes) bestimmte Maß hinaus beeinträchtigt werden. In der Praxis bereitet die Unterscheidung von baulichen Maßnahmen (Einstimmigkeit) und ordentlichen Verwaltungsmaßnahmen oft erhebliche Schwierigkeiten. Unter baulichen Veränderungen sind alle nicht ganz unerheblichen Maßnahmen zu verstehen, welche das architektonisch-ästhetische Bild des Gebäudes (innen und außen) und den Zustand der Gebäude, Anlagen und Einrichtungen verändern und dabei insbesondere die Stabilität, Sicherheit und Solidität beeinträchtigen (auch Antennen!). Probleme bereiten Modernisierungen, die sog. modernisierende Instandhaltung (z. B. Gasheizung statt reparaturbedürftiger Ölheizung, Satteldach statt defektem Flachdach mit unzureichender Wärmedämmung): Mehrheitsbeschluß oder Einstimmigkeit? Bei rechtswidrigen baulichen Veränderungen kann in der Regel die Beseitigung verlangt werden.

7. Die Wohnungseigentümerversammlung

a) Die Angelegenheiten der Wohnungseigentümer, über die nach dem Gesetz oder der Gemeinschaftsordnung entschieden werden kann, werden durch Beschlußfassung in der Wohnungseigentümerversammlung geregelt (§ 23 Abs. 1 WEG).

b) Die Wohnungseigentümerversammlung muß vom Verwalter mindestens einmal im Jahr einberufen werden (§ 24 WEG). Sie muß ferner einberufen werden, wenn dies von mehr als einem Viertel der Wohnungseigentümer schriftlich unter Angabe des Zwecks und der Gründe verlangt wird (§ 24 Abs. 2 WEG). Fehlt ein Verwalter oder weigert er sich pflichtwidrig, kann der Vorsitzende des Verwaltungsbeirates oder sein Stellvertreter einberufen (§ 24 Abs. 3 WEG).

c) Nur eine ordnungsgemäß geladene Versammlung ist beschlußfähig. Für eine ordnungsgemäße Ladung schreibt das Gesetz vor:
1. Schriftlichkeit (§ 24 Abs. 4);
2. Mindestens eine Woche Ladungsfrist (§ 24 Abs. 4); längere Frist kann in der Gemeinschaftsordnung enthalten sein;
3. Konkrete und genaue Bezeichnung jedes Beschlußgegenstandes in der Ladung (§ 23 Abs. 2) – Tagesordnung –.

d) Die ordnungsgemäß einberufene Versammlung ist, falls die Gemeinschaftsordnung nicht anders bestimmt, nur beschlußfähig, wenn die erschienenen Wohnungseigentümer mehr als die Hälfte der Miteigentumsanteile, berechnet nach der Grundbucheintragung, vertreten sind. Ist die Versammlung nicht beschlußfähig, muß eine neue einberufen werden, die dann ohne Rücksicht auf die Zahl der erschienenen Wohnungseigentümer beschlußfähig ist. Ob dabei mit der Ladung der ordentlichen Versammlung eine Eventualeinberufung einer zweiten Versammlung z. B. für eine Stunde später verbunden werden kann, wenn sich für die ordentliche Versammlung endgültig Beschlußunfähigkeit herausstellt (vgl. § 25 Abs. 4 WEG), ist in Rechtsprechung und Literatur zwar umstritten, wird aber weitgehend als unzulässig erklärt. Das Problem taucht nicht auf, wenn die Gemeinschaftsordnung § 25 Abs. 4 WEG abbedingt.

e) Den Vorsitz in der Versammlung führt, sofern diese nicht etwas anderes beschließt, der Verwalter (§ 24 Abs. 5 WEG). Der Vorsitzende entscheidet über das Abstimmungsverfahren (Handaufheben, Stimmzettel etc.). Wenn jedoch die Versammlung hierzu einen Beschluß faßt, geht dieser vor. Ein einseitiges Verlangen eines oder mehrerer Eigentümer zwingt nicht zu dem verlangten Abstimmungsverfahren.

f) Stimmberechtigt sind grundsätzlich nur die im Grundbuch als Eigentümer eingetragenen Wohnungseigentümer, bzw. Erben. Dies gilt auch dann, wenn an einem Wohnungseigentum ein Wohnungsrecht, Nießbrauch oder Dauerwohnrecht bestellt ist. Nach anderer Ansicht, auch Gerichtsentscheidungen, besteht ein geteiltes Stimmrecht in der Weise, daß der Nutzungsberechtigte zur Ausübung des Stimmrechts dann und insoweit berechtigt ist, als Beschlußgegenstand Benutzungsfragen des Sonder- oder Gemeinschaftseigentums sind, die ihn berühren (Lastentragung). Wieder eine andere Meinung plädiert für ein gemeinsames Stimmrecht von Eigentümer und Nießbraucher.

Schmidt

Diese anderen Meinung bergen ein erhebliche Konfliktpotential in sich, so daß das Stimmrecht nur dem Eigentümer zuzubilligen ist. Im Einzelfall kann eine Abgrenzung schwierig sein, so daß Der Eigentümer kann aber dem Nutzungsberechtigten immer eine Vollmacht erteilen. Vollmachtsbeschränkung in der Gemeinschaftsordnung gelten insofern nicht.

g) Die Stimmabgabe durch Bevollmächtigte ist zulässig, wenn die Gemeinschaftsordnung nicht eine diesbezügliche Einschränkung enthält (z. B. nur Miteigentümer oder Verwalter). Eine solche Vollmachtsbeschränkung schließt aber die Teilnahme eines Beraters nicht aus.

h) Nach § 25 Abs. 2 WEG hat jeder Wohnungseigentümer eine Stimme, auch wenn ihm mehrere Wohnungen gehören (Kopfprinzip). Dieses Kopfprinzip ist in der Gemeinschaftsordnung häufig abgeändert zu Gunsten des Wertprinzipes = Stimmrecht nach Miteigentumsanteilen oder Objektprinzip = pro Wohnung eine Stimme.

i) Beschlüsse, die unter Verstoß gegen gesetzliche Vorschriften zustande gekommen sind (z. B. keine ordnungsgemäße Ladung) sind nur dann ungültig, wenn die Unwirksamkeit durch gerichtliche Entscheidung festgestellt wird. Der Antrag (Anfechtung) kann nur innerhalb eines Monats nach der Beschlußfassung beim Amtsgericht gestellt werden (§ 23 Abs. 4 WEG). Für den Fristbeginn kommt es auf die Kenntnis des Wohnungseigentümers vom Beschluß nicht an.

k) Beschlüsse können auch schriftlich gefaßt werden; hierfür ist jedoch zwingend Einstimmigkeit vorgeschrieben (§ 23 Abs. 3 WEG). Versenden eines Beschlußvorschlages (z. B. Abrechnung) mit der Maßgabe, daß Nichteinlegung von Widerspruch innerhalb einer bestimmten Frist als Zustimmung gelten soll, ist kein zulässiges Beschlußverfahren; auch die Gemeinschaftsordnung kann ein solches Verfahren nicht zulassen.

l) Über die in der Versammlung gefaßten Beschlüsse ist eine Niederschrift anzufertigen, die vom Vorsitzenden, einem Miteigentümer und, falls ein Verwaltungsrat bestellt ist, von dessen Vorsitzenden oder seinem Stellvertreter zu unterzeichnen ist. Jeder Wohnungseigentümer ist berechtigt, die Niederschrift einzusehen (§ 24 Abs. 6). Die Niederschrift dient auch als Verwalternachweis, wenn in der Versammlung der Verwalter bestellt wurde (§ 26 Abs. 4 WEG); dafür ist die Beglaubigung der Unterschriften erforderlich.

m) Nichtangefochtene Beschlüsse gelten auch dann, wenn sie die Beschlußkompetenz der Eigentümergemeinschaft überschreiten. Bestimmungen in der Gemeinschaftsordnung können durch sie abgeändert oder außer Kraft gesetzt werden. Dies gilt insbesondere für Kostenverteilungsschlüssel, aber auch für andere darin enthaltene Regelungen. So kann etwa die Pflicht zu persönlichen Dienstleistungen, wie Treppenhausreinigung oder Schneeräumen, beschlossen werden. Da eine Anfechtung nur binnen eines Monats zulässig ist, muß sich ein Eigentümer rasch dagegen wehren, wenn er solche Beschlüsse nicht hinnehmen will. Nur in engen Ausnahmefällen sind solche Beschlüsse nichtig.

8. Der Verwalter (§§ 26–28 WEG)

a) Die Aufgaben des Verwalters sind in den §§ 27 und 28 WEG aufgeführt. Sie können nicht eingeschränkt, jedoch erweitert werden (z. B. erweiterte Vollmachten, insbesondere Handeln im eigenen Namen). Es sind insbesondere

1. Durchführung der Beschlüsse der Eigentümerversammlung;
2. Sorge für die Einhaltung der Hausordnung;
3. Maßnahmen treffen zur ordnungsgemäßen Instandhaltung und Instandsetzung des gemeinschaftlichen Eigentums, in dringenden Fällen auch Erhaltungsmaßnahmen;
4. Verwaltung der gemeinschaftlichen Gelder auf gesondertem Konto;
5. Einziehung aller Lasten und Kostenbeiträge der Miteigentümer; 6. Bewirkung und Entgegennahme aller Zahlungen aus der laufenden Verwaltung des gemeinschaftlichen Eigentums;
7. Aufstellen des Wirtschaftsplanes jeweils für ein Kalenderjahr und der Abrechnung nach Ablauf des Kalenderjahres;
8. Gerichtliche und außergerichtliche Geltendmachung der Ansprüche der Gemeinschaft.

Zur Durchführung seiner Aufgaben kann der Verwalter von den Miteigentümern gesonderte Vollmachtsurkunden verlangen (§ 27 Abs. 5 WEG).

b) Der Verwalter wird durch die Wohnungseigentümergemeinschaft mit Stimmenmehrheit (einfache Mehrheit) bestellt und abberufen (§ 26 Abs. 1 WEG). Der erste Verwalter kann von dem die Teilungserklärung erstellenden Eigentümer bestellt werden. Jede Bestellung darf nur auf höchstens fünf Jahre vorgenommen werden (§ 26 Abs. 1 S. 2 WEG). Eine automatische Verlängerung nach Ablauf der fünf Jahre ist unzulässig und wäre unwirksam; vielmehr ist eine neue Bestellung notwendig, bei der die Eigentümerversammlung völlig frei ist (§ 26 Abs. 2 WEG). Fehlt ein Verwalter, so kann in dringenden Fällen das Amtsgericht zu Bestellung angerufen werden (§ 26 Abs. 3 WEG).

1. Teilungserklärung mit Gemeinschaftsordnung

Dienstverhältnis und Vergütung des Verwalters richten sich nach einem gesondert abzuschließenden Verwaltervertrag.

c) Nach einer weit verbreiteten Rechtsmeinung kann der Verwalter bei der eigenen Bestellung und Abberufung sowie bei seiner Entlastung als Wohnungseigentümer oder Bevollmächtigter nicht mitstimmen.

9. Verwaltungsbeirat (§ 29 WEG)

Zur Unterstützung des Verwalters bei der Durchführung seiner Aufgaben kann die Wohnungseigentümerversammlung mit Stimmenmehrheit die Bestellung eines Verwaltungsbeirats beschließen. Er besteht aus einem Vorsitzenden und zwei Beisitzern, sofern die Gemeinschaftsordnung nicht etwas anderes bestimmt. Er überprüft den Wirtschaftsplan und die Abrechnung des Verwalters und gibt eine Stellungnahme dazu ab, bevor die Eigentümer darüber beschließen.

10. Eigentümerwechsel

Bei einem Eigentümerwechsel wird der Erwerber erst mit Eintragung des Eigentumsübergangs im Grundbuch rechtlich Mitglied der Eigentümergemeinschaft und damit Träger aller Rechte und Pflichten, insbesondere Teilnahmerecht an der Eigentümerversammlung mit Stimmrecht, Pflicht zur Zahlung der anteiligen Gemeinschaftskosten und Recht zur Beschlußanfechtung. Tatsächlich ist der Erwerber in der Regel aber schon mit Besitzübergang bzw. Einzug in die Wohnung „faktisch" Mitglied. Daraus hatte die frühere Rechtsprechung die Konsequenz gezogen, diesen faktisch eingegliederten Erwerber auch rechtlich schon als Miteigentümer zu behandeln („faktischer Eigentümer"). Der Bundesgerichtshof hat dieser Konstruktion beim sog. Zweiterwerber eine Absage erteilt, so daß ausschließlich auf die Eigentumsumschreibung abzustellen ist. Die sich ergebenden Probleme müssen im Kaufvertrag geregelt werden. Finanzielle Konsequenz: Keine Haftung des Erwerbers für Zahlungsrückstände des Veräußerers; Zahlungspflicht des Erwerbers erst ab Grundbucheintragung; bis dahin Haftung des Veräußerers. **Nachdem der Bundesgerichtshof Bestimmungen in Gemeinschaftsordnung zugelassen hat, daß ein Erwerber für Rückstände des Veräußerers haftet, ist für Erwerber besondere Vorsicht geboten.** Er muß sich vergewissern, ob die Gemeinschaftsordnung eine solche Bestimmung enthält und ob konkret Rückstände bestehen. Eine Erwerber muß sich weiter erkundigen, ob Beschlüsse bestehen, die von der Gemeinschaftsordnung abweichen, da sie auch für ihn gelten.

Beim sog. Ersterwerber (vom Bauträger) werden die Grundsätze der faktischen Gemeinschaft jedoch noch angewandt: Die mit Einzug der Käufer entstehende Gemeinschaft wird bereits rechtlich als Eigentümergemeinschaft behandelt, die auch Beschlüsse fassen kann.

11. Verfahren nach § 43 WEG

a) Streitigkeiten der Wohnungseigentümer untereinander oder zwischen Wohnungseigentümer und Verwalter werden in dem in den §§ 43 ff. WEG geregelten Verfahren der freiwilligen Gerichtsbarkeit durch den Wohnungseigentumsrichter beim Amtsgericht entschieden und zwar

1. auf Antrag eines Wohnungseigentümers über die sich aus der Gemeinschaft der Wohnungseigentümer und aus der Verwaltung des gemeinschaftlichen Eigentums ergebenden Rechte und Pflichten der Wohnungseigentümer untereinander mit Ausnahme der Ansprüche im Falle der Aufhebung der Gemeinschaft (§ 17) und auf Entziehung des Wohnungseigentums (§§ 18, 19);
2. auf Antrag eines Wohnungseigentümers oder des Verwalters über die Rechte und Pflichten des Verwalters bei der Verwaltung des gemeinschaftlichen Eigentums;
3. auf Antrag eines Wohnungseigentümers oder Dritten über die Bestellung eines Verwalters im Fall des § 26 Abs. 3;
4. auf Antrag eines Wohnungseigentümers oder des Verwalters über die Gültigkeit von Beschlüssen der Wohnungseigentümer.

b) Beschlüsse der Wohnungseigentümerversammlung können nur binnen eines Monats seit der Beschlußfassung angefochten werden (§ 23 Abs. 4 WEG). Unerheblich ist dabei, ob der anfechtende Wohnungseigentümer vom Beschluß Kenntnis erlangt hat; er muß sich selbst darum kümmern. In Ausnahmefällen kann Wiedereinsetzung in den vorigen Stand verlangt werden. Nicht angefochtene Beschlüsse sind gültig und daher bindend, auch wenn sie die Kompetenzen der Eigentümerversammlung überschreiten, es sei denn, daß der Beschluß gegen eine Rechtsvorschrift verstößt, auf deren Einhaltung rechtswirksam nicht verzichtet werden kann (§ 23 Abs. 4 WEG); solche Beschlüsse sind dann nichtig. Die Feststellung der Nichtigkeit kann auch im Verfahren nach § 43 WEG getroffen werden.

c) Seit 1998 gibt es auch die Möglichkeit, anstelle des staatlichen Gerichts die Entscheidung durch das Deutsche Ständige Schiedsgericht in Leipzig treffen zu lassen. Die Vereinbarung der Zuständigkeit des Schiedsgerichts kann allgemein in der Gemeinschaftsordnung getroffen werden oder auch durch Vereinbarung für Einzelfälle. Der Vorteil des Schiedsgerichts liegt in der Fachkunde der Schiedsrichter und in der Schnelligkeit der Entscheidung in einer einzigen Instanz.

Statut des Deutschen Ständigen Schiedsgerichts für Wohnungseigentumssachen in Leipzig

I. Allgemeines

§ 1 Bezeichnung des Ständigen Schiedsgerichts

Die Verbände Evangelisches Siedlungswerk in Deutschland e. V. (ESW i. D.) mit dem Sitz in Nürnberg, vhw – Deutsches Volksheimstättenwerk e. V. Bundesverband für Wohneigentum, Wohnungsbau und Stadtentwicklung mit dem Sitz in Bonn, Dachverband Deutscher Hausverwalter e. V. (DDH) mit dem Sitz in München begründen das „Deutsche Ständige Schiedsgericht für Wohnungseigentumssachen in Leipzig", nachstehend als „Ständiges Schiedsgericht" bezeichnet.

§ 2 Zusammensetzung

Das Ständige Schiedsgericht besteht aus dem Präsidium sowie den Schiedsrichtern. Das Präsidium kann aus mehreren Personen bestehen. Der Präsident kann, soweit er nach dieser Schiedsordnung Aufgaben wahrzunehmen hat, von jedem Mitglied des Präsidiums nach Maßgabe der Satzung des Ständigen Schiedsgerichts vertreten werden.

§ 3 Aufgabe und Zuständigkeit des Ständigen Schiedsgerichts

(1) Aufgabe des Ständigen Schiedsgerichts ist die Beilegung oder Entscheidung von Streitigkeiten in Wohnungseigentumssachen.

(2) Das Ständige Schiedsgericht kann zur Durchführung eines Schiedsverfahrens angerufen werden, wenn die Beteiligten seine Schiedsgerichtsbarkeit vereinbart haben oder vereinbaren.

(3) Das Ständige Schiedsgericht kann zur Durchführung eines Schiedsverfahrens auch mittels eines wirksamen „vereinbarungsersetzenden Mehrheitsbeschlusses" der Wohnungseigentümer angerufen werden.

(4) Das Ständige Schiedsgericht kann auch zu Einzelfallentscheidungen angerufen werden, wenn die Wohnungseigentümer hierüber eine gesonderte Vereinbarung treffen oder einen wirksamen „vereinbarungsersetzenden Mehrheitsbeschluß" fassen.

§ 4 Schiedsklausel, Schiedsvereinbarung

Zur Vereinbarung der Zuständigkeit des Schiedsgerichts wird folgende Regelung empfohlen:

I. Schiedsklausel

Streitigkeiten in Wohnungseigentumssachen im Sinne des § 43 Absatz 1 Nr. 1, 2 und 4 WEG werden durch ein Schiedsgericht nach dem Statut des Ständigen Schiedsgerichts für Wohnungseigentumssachen beim Evangelischen Siedlungswerk e. V., vhw-Deutsches Volksheimstättenwerk e. V. Bundesverband für Wohneigentum, Wohnungsbau und Stadtentwicklung, Dachverband Deutscher Hausverwalter e. V. endgültig entschieden. Dies gilt auch für Verfahren nach § 43 Absatz 1 Nr. 3 auf Antrag eines Wohnungseigentümers. Für Wohnungseigentümer und Verwalter, die vor Antragstellung ihre Rechtsstellung verloren haben, gilt Entsprechendes, soweit die Streitigkeiten aus der früheren Rechtsstellung resultieren.

II. Aufhebung und Änderung der Schiedsklausel

1. Die Aufhebung oder Abänderung der Schiedsklausel kann nach Ablauf von fünf Jahren seit ihrer Vereinbarung durch Stimmenmehrheit beschlossen werden. Der Beschluß bedarf einer Mehrheit von drei Vierteln der stimmberechtigten Wohnungseigentümer; die Vorschriften des § 25 Abs. 3, 4 WEG sind in diesem Falle nicht anzuwenden.

2. Eine Aufhebung oder Abänderung der Schiedsklausel wird erst wirksam, wenn sie vom Ständigen Schiedsgericht auf Antrag eines Wohnungseigentümers durch Schiedsspruch festgestellt worden

1. Teilungserklärung mit Gemeinschaftsordnung IX. 1

ist. Die Zuständigkeit des Schiedsgerichts erlischt mit Wirksamwerden dieses Schiedsspruchs. Für bereits anhängige Verfahren bleibt die bisherige Schiedsklausel maßgebend.

III. Schiedsvereinbarung mit dem Verwalter

Im Hinblick auf I. dieser Regelung sind die Wohnungseigentümer berechtigt, als Maßnahme ordnungsmäßiger Verwaltung mit Stimmenmehrheit den Abschluß einer Schiedsvereinbarung mit dem Verwalter über Streitigkeiten in Wohnungeigentumssachen im Sinne von § 43 Abs. 1 Nr. 2 und 4 WEG, soweit der Verwalter betroffen ist, zu beschließen.

Die Schiedsvereinbarung ist als gesonderte Urkunde vom Vorsitzenden des Verwaltungsbeirates oder einem anderen hierzu Bevollmächtigten als Vertreter der Wohnungseigentümer und vom Verwalter zu unterzeichnen.

II. Die Bildung des Schiedsgerichts

§ 5 Schiedsrichterliste

(1) Das Ständige Schiedsgericht führt eine Liste der Schiedsrichter, in der auch besondere Kenntnisse der Schiedsrichter im Recht und/oder in der Verwaltung von Wohnungseigentum vermerkt werden können. Es sollen mindestens zwölf Schiedsrichter in der Liste enthalten sein, von denen mindestens vier geeignet sein sollen, die Funktion eines Vorsitzenden Schiedsrichters (Absatz 3) auszuüben.

(2) Schiedsrichter kann nur sein, wer in der Liste aufgenommen und im Besitz der bürgerlichen Ehrenrechte ist.

(3) Vorsitzende Schiedsrichter sollen die Befähigung zum Richteramt besitzen.

(4) Über die Aufnahme und über die Löschung in der Liste entscheidet das Präsidium des Ständigen Schiedsgerichts.

§ 6 Zusammensetzung des Schiedsgerichts und Ernennung der Schiedsrichter

(1) Das Schiedsgericht besteht aus dem Vorsitzenden Schiedsrichter und zwei beisitzenden Schiedsrichtern, es sei denn, die Beteiligten beantragen übereinstimmend, bzw. stimmen einem Vorschlag des Ständigen Schiedsgerichts zu, daß nur ein Schiedsrichter den Rechtsstreit entscheiden soll.

(2) Werden Ansprüche gem. § 28 Absatz 2 Wohnungseigentumsgesetz geltend gemacht, entscheidet hierüber nur ein Schiedsrichter.

(3) Die Schiedsrichter werden von dem Präsidenten des Ständigen Schiedsgerichts ernannt.

(4) Bei Fortfall eines Schiedsrichters durch Tod oder aus einem anderen Grunde sowie bei Verweigerung der Übernahme oder Fortführung des Schiedsrichteramtes wird vom Präsidenten des Ständigen Schiedsgerichts unverzüglich ein Ersatzschiedsrichter ernannt. Einer Verweigerung der Übernahme oder der Fortführung ist gleichzuachten, wenn ein Schiedsrichter trotz dreimaliger Aufforderung innerhalb von acht Tagen nach der letzten ihm zugegangenen Aufforderung keine Erklärung zur Sache abgibt.

(5) Die Zusammensetzung des Gerichts wird den Beteiligten mitgeteilt.

§ 7 Ablehnung von Schiedsrichtern

(1) Ein Schiedsrichter ist verpflichtet, das ihm angetragene Amt abzulehnen, wenn einer der Gründe vorliegt, unter denen ein Richter von der Ausübung seines Amtes kraft Gesetzes ausgeschlossen ist (§ 41 ZPO), ferner, wenn er vom Ausgang des Rechtsstreits materiell berührt wird oder sich befangen fühlt.

(2) Ein Schiedsrichter kann das angenommene Amt nur aus wichtigem Grund niederlegen. Eine Niederlegung des Amtes hat er dem Präsidenten des Ständigen Schiedsgerichts unverzüglich unter Angabe der Gründe schriftlich anzuzeigen.

(3) Ein Schiedsrichter kann aus den in Absatz 1 genannten Gründen und ferner dann abgelehnt werden, wenn er die Erfüllung seiner Pflichten über Gebühr verzögert.

(4) Das Ablehnungsgesuch ist innerhalb von zwei Wochen seit Kenntnis des Ablehnungsgrundes beim Ständigen Schiedsgericht einzureichen. Ein Beteiligter kann einen Schiedsrichter nicht mehr ablehnen, wenn er zur Sache verhandelt oder Anträge gestellt hat, ohne den ihm bekannten Ablehnungsgrund geltend zu machen.

(5) Legt der Abgelehnte sein Amt nicht nieder, so entscheidet über die Ablehnung das Oberlandesgericht Dresden.

III. Das Schiedsverfahren

§ 8 Anzuwendendes Recht, Durchführung des Schiedsverfahrens

(1) Das Schiedsgericht wendet deutsches Recht an.

(2) Für das Schiedsverfahren gelten die nachfolgenden Bestimmungen, ergänzend die §§ 43 ff. WEG sowie die Vorschriften der Zivilprozeßordnung. Im übrigen bestimmt das Schiedsgericht das Verfahren nach seinem Ermessen.

(3) Die mündliche Verhandlung findet an einem Ort in dem Bezirk des Amtsgerichts statt, in dem das Grundstück liegt.

(4) Alle Schriftsätze und deren Anlagen sind in der für die Beteiligten erforderlichen Anzahl, jedoch mindestens in sechsfacher Ausfertigung einzureichen.

§ 9 Formelle Beteiligung

An dem Schiedsverfahren sind nach Maßgabe des § 43 Abs. 4 WEG die Wohnungseigentümer und der Verwalter zu beteiligen. Allen Beteiligten sind neben der Antragsschrift (§§ 12 Abs. 2, 14 Abs. 1) und der gerichtlichen Entscheidung (§ 25) mindestens die Terminsbestimmungen des Gerichts bekannt zu machen. Soweit sie sich aktiv am Verfahren beteiligen, sind sie darüberhinaus zum Verfahren hinzuzuziehen und sind ihnen die weiteren gewechselten Schriftsätze mitzuteilen.

§ 10 Vertretung

Die Beteiligten können sich durch Bevollmächtigte vertreten lassen. Zeigt ein Beteiligter dem Schiedsgericht an, daß er durch einen Bevollmächtigten vertreten wird, so sollen diesem sämtliche weiteren Schriftsätze zugestellt werden. Der Verwalter ist Zustellungsvertreter der Wohnungseigentümer nach Maßgabe des § 189 Abs. 1 der ZPO sowie des § 27 Abs. 2 Nr. 3 WEG.

§ 11 Zustellungen

Die erforderlichen Zustellungen erfolgen in der Regel mittels eingeschriebenen Briefs gegen Rückschein.

1. Vorbereitung der Verhandlung

§ 12 Antrag

(1) Das Verfahren wird durch einen schriftlichen Antrag beim Ständigen Schiedsgericht eingeleitet.

(2) Die Antragsschrift soll enthalten:
a) die genaue Bezeichnung der Beteiligten unter Angabe der Anschrift,
b) einen Antrag nebst ausreichender Darlegung des Sachverhalts und des eigenen Standpunkts unter Angabe bzw. Beifügung aller zur Aufklärung und Beurteilung des Sachverhalts geeigneten Unterlagen sowie der Beweismittel, einschließlich des Schiedsvertrages,
c) Namen und Anschriften etwaiger Bevollmächtigter,
d) Angaben zur Höhe des Geschäftswertes.

§ 13 Behandlung des Antrags

(1) Das Präsidium ermittelt die voraussichtliche Höhe der Gebühren und Auslagen (§§ 28 ff.) und fordert vom Antragsteller einen angemessenen Vorschuß, welcher innerhalb der von ihm zu bestimmenden Frist zu bezahlen ist. Es weist darauf hin, daß das Verfahren erst nach Einzahlung des Vorschusses fortgeführt wird.

(2) Der Präsident ernennt die Schiedsrichter in der Regel erst nach Einzahlung des Vorschusses.

(3) Wird der Vorschuß nicht fristgerecht eingezahlt und ernennt der Präsident gleichwohl die Schiedsrichter, so entscheidet der Vorsitzende Schiedsrichter über den Fortgang des Verfahrens nach billigem Ermessen; nach Ablauf einer Nachfrist kann er auch nach Aktenlage entscheiden.

§ 14 Vorbereitung durch den Vorsitzenden Schiedsrichter

(1) Der Vorsitzende Schiedsrichter stellt den übrigen Beteiligten eine Ausfertigung des Antrages nebst Anlagen zu. Gleichzeitig erhalten sie dieses Statut verbunden mit der Aufforderung, innerhalb von zwei Wochen zu dem Antrag Stellung zu nehmen und Verteidigungsmittel vorzubringen.

(2) Der Vorsitzende Schiedsrichter hat die Verhandlung des Streitfalls so vorzubereiten, daß er möglichst in einem Termin erledigt werden kann. Er kann die Vorbereitung des Schiedsspruchs auch einem Schiedsrichter übertragen. Zu diesem Zweck kann er schon vor der Verhandlung Ermittlungen anstellen, die zur Aufklärung des Sachverhalts erforderlich sind, und Ergänzungen der vorbereitenden Schriftsätze anordnen.

§ 15 Ladung
Soweit eine mündliche Verhandlung stattfindet, lädt der Vorsitzende Schiedsrichter die Beteiligten. Die Ladungsfrist beträgt mindestens zehn Tage.

§ 16 Schiedsspruch ohne mündliche Verhandlung
Das Schiedsgericht kann ohne mündliche Verhandlung entscheiden, wenn eine solche nicht als notwendig erscheint und von keinem Beteiligten beantragt worden ist.

2. Verhandlung vor dem Schiedsgericht

§ 17 Güteversuch
Die Verhandlung vor dem Schiedsgericht hat mit dem Versuch einer gütlichen Einigung der Beteiligten zu beginnen.

§ 18 Ermittlung des Sachverhalts
(1) Das Schiedsgericht ist bei der Ermittlung von Tatsachen und der Erhebung von Beweisen nicht an die Anträge der Beteiligten gebunden. Es kann nach seinem Ermessen Zeugen und Sachverständige vernehmen, Beweise auf andere Art erheben und einzelne Schiedsrichter mit einer Beweisaufnahme beauftragen. Hierfür kann von den Beteiligten die Zahlung eines angemessenen Vorschusses für die Auslagen (§ 30) verlangt werden.

(2) Zur Beeidigung eines Zeugen oder Sachverständigen oder zur eidlichen Beteiligtenvernehmung ist das Schiedsgericht nicht befugt. Es kann jedoch von einem Beteiligten verlangen, daß er die für erforderlich erachteten richterlichen Handlungen bei dem zuständigen Gericht beantragt. Entspricht der Beteiligte diesem Verlangen nicht, so ist das Schiedsgericht befugt, aus der Unterlassung ihm gerechtfertigt erscheinende Schlußfolgerungen zu ziehen.

(3) Das zuständige Gericht im Sinne des Absatzes 2 ist gem. § 1062 Abs. 4 ZPO das Amtsgericht der belegenen Sache.

§ 19 Rechtliches Gehör
Den Beteiligten ist bis zum Schluß der Verhandlung ausreichend Gelegenheit zur mündlichen oder schriftlichen Äußerung zu geben. Neue Tatsachen können nach Schluß der Verhandlung (§ 21) nur unter den Voraussetzungen des § 156 Zivilprozeßordnung berücksichtigt werden. Die Beteiligten sind auf Verlangen zu jeder Beweisaufnahme zu hören.

§ 20 Antragsänderung, Gegenantrag, Antragsrücknahme, Aufrechnung
(1) Eine Antragsänderung und die Einreichung eines Gegenantrags sind zulässig, soweit der Streitgegenstand der Schiedsgerichtsbarkeit des Ständigen Schiedsgerichts unterliegt.

(2) Der Antrag auf Erlaß eines Schiedsspruchs kann ohne Einwilligung der übrigen Beteiligten solange zurückgenommen werden, als diese keine Stellung genommen haben.

§ 21 Schluß der Verhandlung
Nachdem der Sachverhalt hinreichend geklärt und den Beteiligten Gelegenheit zur Stellungnahme gegeben worden ist, schließt das Schiedsgericht die Verhandlung.

§ 22 Protokoll
Über eine mündliche Verhandlung vor dem Schiedsgericht ist eine Niederschrift aufzunehmen. In dieser sind die Anträge der Beteiligten und ihr sonstiges Vorbringen zu vermerken, soweit es nach Ermessen des Schiedsgerichts wesentlich und nicht bereits in den Schriftsätzen der Beteiligten enthalten ist. Auch über die Vernehmung von Zeugen und Sachverständigen und über die Vornahme von Ortsbesichtigungen sind Niederschriften aufzunehmen. Sämtliche Niederschriften sind vom Vorsitzenden Schiedsrichter zu unterzeichnen.

§ 23 Vergleich

(1) Vergleichen sich die Parteien während des schiedsrichterlichen Verfahrens über die Streitigkeit, so beendet das Schiedsgericht das Verfahren. Auf Antrag eines Beteiligten hält es den Vergleich in der Form eines Schiedsspruchs fest, sofern der Inhalt des Vergleichs nicht gegen die öffentliche Ordnung (ordre public) verstößt. Der Schiedsspruch muß angeben, daß es sich um einen Schiedsspruch handelt.

(2) Auf einen solchen Schiedsspruch finden die Bestimmungen der §§ 26–28 dieser Schiedsordnung Anwendung. Er hat dieselbe Wirkung wie jeder andere Schiedsspruch zur Sache.

§ 24 Beratung, Beschlußfassung, Geheimhaltung

(1) Das Schiedsgericht beschließt mit Stimmenmehrheit. Ein überstimmter Schiedsrichter darf seine weitere Mitwirkung nicht verweigern.

(2) Die Schiedsrichter sowie die Sachverständigen und sonstige vom Schiedsgericht hinzugezogene Personen sind zur Geheimhaltung der ihnen durch ihre Tätigkeit im schiedsrichterlichen Verfahren bekannt gewordenen Tatsachen verpflichtet.

3. Schiedsspruch

§ 25 Erlaß des Schiedsspruchs

(1) Erachtet das Schiedsgericht den Sachverhalt für ausreichend geklärt, so hat es ohne Verzug den Schiedsspruch zu erlassen. Form, Inhalt und Wirkungen des Schiedsspruchs bestimmen sich nach §§ 1054, 1055 ZPO.

(2) Das Ständige Schiedsgericht darf die Schiedssprüche veröffentlichen. Hierbei dürfen weder die Namen der Beteiligten noch die der Schiedsrichter genannt werden.

§ 26 Vollstreckung

Die Vollstreckbarkeitserklärung und Zwangsvollstreckung ist von den Beteiligten zu betreiben.

IV. Kosten

§ 27 Kostenentscheidung

Das Schiedsgericht bestimmt nach billigem Ermessen, welche Beteiligten die Gerichtskosten und die außergerichtlichen Kosten zu tragen haben.

§ 28 Geschäftswert

Der Geschäftswert wird nach Maßgabe des § 48 WEG vom Schiedsgericht endgültig festgesetzt. Es ist dabei weder an die vorläufige Geschäftswertfestsetzung des Präsidenten des Ständigen Schiedsgerichts (§ 13 Abs. 1) noch an die Wertangaben der Beteiligten gebunden.

§ 29 Die Kosten des Verfahrens

(1) Soweit die Kosten des schiedsrichterlichen Verfahrens feststehen, hat das Schiedsgericht auch darüber zu entscheiden, in welcher Höhe die Beteiligten diese zu tragen haben. Ist die Festsetzung der Kosten unterblieben oder erst nach Beendigung des schiedsrichterlichen Verfahrens möglich, wird hierüber in einem gesonderten Schiedsspruch entschieden.

(2) Die vom Schiedsgericht festzusetzenden Kosten des Schiedsverfahrens erfassen die zu erstattenden außergerichtlichen Kosten, die Honorare der Schiedsrichter, die Verwaltungsgebühr und die Auslagen nach § 30. Die Höhe der Honorare der Schiedsrichter und der Verwaltungsgebühr bestimmt sich nach der in Abs. 4 enthaltenen Gebührentabelle. Der Vorsitzende Schiedsrichter und der Einzelrichter erhalten für ihre Tätigkeit eine volle Gebühr. Beisitzer erhalten eine halbe Gebühr, mindestens aber 200,– DM. Die Verwaltungsgebühr beträgt 5% einer Gebühr, mindestens aber 150,– DM.

(3) Die Verwaltungsgebühr entsteht mit Eingang des Antrags beim Ständigen Schiedsgericht, der Honoraranspruch der Schiedsrichter mit ihrer Ernennung.

(4) Die Höhe der Gebühr bestimmt sich nach dem Geschäftswert (§ 28). Sie beträgt

    a) bis zu einem Geschäftswert von 10.000,– DM   12,5 %,
        jedoch nicht weniger als 250,– DM

    b) von dem Mehrbetrag bis 20.000,– DM   7,5 %,

2. Teilungserklärung nach § 8 WEG (Kurzform)

c) von dem Mehrbetrag bis 30.000,- DM	3,75 %,
d) von dem Mehrbetrag bis 40.000,- DM	3,125 %,
e) von dem Mehrbetrag bis 50.000,- DM	2,5 %,
f) von dem Mehrbetrag bis 60.000,- DM	1,875 %,
g) von dem Mehrbetrag bis 100.000,- DM	1,25 %,
h) von dem Mehrbetrag bis 1 Mio. DM für jede 5.000,- DM	55,- DM,
i) von dem Mehrbetrag über 1 Mio. DM für jede 10.000,- DM	55,- DM.

Geschäftswerte über 100.000,- DM sind auf volle 5.000,- DM, solche über 1 Mio. DM auf volle 10.000,- DM aufzurunden.

§ 30 Auslagen

Unabhängig von den Gebühren haben die Beteiligten als Gesamtschuldner die Auslagen zu erstatten, die entstanden sind z. B. für
a) Reisekosten und Tagegelder der Schiedsrichter,
b) Reisekosten, Tagegelder und Entschädigung für Zeitversäumnis von Sachverständigen, Dolmetschern, Zeugen und sonstigen Mitwirkenden,
c) Vergütung an Sachverständige (Institute und dergleichen), an Dolmetscher und sonstige Mitwirkende,
d) Transport- und Aufbewahrungskosten von Sachen (Proben und Beweisstücken usw.),
e) sonstige notwendige Auslagen.

§ 31 Mehrwertsteuer

Die genannten Gebühren und Kosten enthalten keine Mehrwertsteuer, sie ist nach den jeweils gültigen Sätzen zusätzlich zu entrichten.

V. Schlußbestimmungen

§ 32 Änderung des Statuts

(1) Sind einzelne Klauseln unwirksam, berührt das den übrigen Inhalt des Statuts nicht. Die unwirksamen Klauseln werden durch eine der ursprünglichen Regelung möglichst nahestehende Klausel ersetzt.

(2) Die in § 1 bezeichneten Träger des Ständigen Schiedsgerichts sind nach billigem Ermessen berechtigt und verpflichtet, gem. § 315 BGB dieses Statut zu verändern und zu ergänzen, wenn dies aus sachlichen Gründen geboten ist.

2. Teilungserklärung nach § 8 WEG (Kurzform)

§ 1 Teilung[3]

Die Ehegatten X teilen hiermit das in ihrem zum Miteigentum zu je ein Halb stehende Grundstück der Gemarkung ...... Fl. Nr. ...... das im Grundbuch des Amtsgerichts ...... für ...... Band ...... Blatt ...... belastet[4] vorgetragen ist, in folgende Miteigentumsanteile auf, die jeweils mit dem Sondereigentum an der bezeichneten Wohnung und den nicht zu Wohnzwecken dienenden Räumen verbunden werden.

Die Aufteilung geschieht wie folgt:
1. ....../1000[5] Miteigentumsanteil, verbunden mit dem Sondereigentum an der Wohnung im Erdgeschoß links, Nr. 1 des Aufteilungsplanes und dem Kellerabteil Nr. 1; Wohnflächengröße ...... qm;
2. ...... usw. ......

Die Teilung geschieht in Übereinstimmung mit dem Aufteilungsplan,[6] der mit dem Siegel der Behörde versehen ist. Die Abgeschlossenheitsbescheinigung ist erteilt.

§ 2 Besondere Bestimmungen[7]

Für das Verhältnis der Wohnungseigentümer untereinander gelten die Bestimmungen des Wohnungseigentumsgesetzes, soweit nicht nachstehend etwas anderes bestimmt ist. Gemäß § 10 Abs. 1 Satz 2 WEG wird als Inhalt des Wohnungseigentums folgendes bestimmt:

1. Zweckbestimmung[8]

Das Gebäude dient grundsätzlich Wohnzwecken. Zur gewerblichen oder freiberuflichen Nutzung ist die schriftliche Zustimmung des Verwalters erforderlich; sie kann mit Auflagen zur Sicherung des ungestörten Wohnens versehen werden. Ein Rechtsanspruch besteht nicht.

2. Sondernutzungsrechte.[9]

Zu jeder Wohnung gehört das Recht der alleinigen und ausschließlichen Nutzung des Kraftfahrzeugstellplatzes, der mit der gleichen Nummer wie die Wohnung im beigefügten Plan eingezeichnet ist. Auf den Plan wird verwiesen.

3. Veräußerungsbeschränkung.[10]

Zur Veräußerung einer Wohnung ist die Zustimmung des Verwalters erforderlich, ausgenommen an Angehörige nach § 8 des II. WohnBauG und im Wege der Zwangsversteigerung sowie Erstveräußerung durch den teilenden Eigentümer.

4. Lastentragung.

Die Kosten und Lasten der Gemeinschaft werden gemäß den gesetzlichen Bestimmungen nach Miteigentumsanteilen aufgeteilt mit folgenden Ausnahmen:
a) für Heizkosten gilt die Heizkostenverordnung;
b) von den Verwalterkosten entfällt auf jede Wohnung ein gleicher Teil;
c) die Unterhaltungs- und Instandsetzungskosten für die Stellplätze trägt jeweils der Sondernutzungsberechtigte.

5. Eigentümerversammlung.[11]

In der Eigentümerversammlung trifft auf jede Wohnung eine Stimme.

6. Wirtschaftsplan.[12]

Jeder beschlossene Wirtschaftsplan ist gültig bis zum Beschluß eines neuen.

§ 3 Verwalter[13]

Zum ersten Verwalter wird auf die Dauer von fünf Jahren die Firma Z bestellt.

§ 4 Grundbuchanträge

Die Ehegatten X bewilligen und beantragen die Eintragung der Teilung nach § 1 und des Inhalts des Sondereigentums nach § 2 im Grundbuch.

...... den ...... gez. X[14, 15]
Unterschriftsbeglaubigung

Schrifttum: Siehe Formular IX. 1.

Anmerkungen

1. Sachverhalt. Das Formular enthält eine einfache Teilungserklärung für ein bestehendes Mehrfamilienhaus. Ein Verkauf steht nicht unmittelbar an. Auf die Erläuterungen zum Formular IX. 1 der großen Teilungserklärung und die angesprochenen Gestaltungsmöglichkeiten für Einzelprobleme wird verwiesen.

2. Teilungserklärung nach § 8 WEG (Kurzform) IX. 2

2. Form. Die Teilung nach § 8 WEG geschieht durch eine einseitige Erklärung des Eigentümers an das Grundbuchamt. Sie bedarf der Form des § 29 GBO, so daß Unterschriftsbeglaubigung genügt. Eine Niederschrift nach § 8 BeurkG ist dann erforderlich, wenn vor Vollzug der Teilungserklärung im Grundbuch eine Wohnung verkauft werden soll und anstelle des Vorlesens dabei auf die Teilungserklärung nach § 13a BeurkG Bezug genommen werden soll.

3. Teilung. Die Erklärung an das Grundbuchamt nach § 8 WEG ist von dem Eigentümer, bei mehreren von allen abzugeben. Das Gemeinschaftsverhältnis mehrerer Eigentümer (Bruchteilseigentum, Gesamthandseigentum) setzt sich an den einzelnen Sondereigentumseinheiten fort (zum Bruchteilseigentum siehe BGH DNotZ 1983, 487). Die Verteilung der Eigentumswohnungen auf die Miteigentümer kann dagegen nur bei der vertraglichen Teilung nach § 3 WEG vorgenommen werden (dazu Form. IX. 4 Anm. 3). Zu einer etwaigen Genehmigungspflicht siehe Formular IX. 1 Anm. 2a.

4. Belastung. Zur Teilung ist die Zustimmung von Gläubigern oder von sonst dinglich Berechtigten nicht erforderlich (*Weitnauer* § 8 Rdn. 21). Verschiedentlich behalten sich jedoch Grundpfandrechtsgläubiger die sofortige Kündigung des Grundkredits vor, wenn Wohnungseigentum begründet wird.

5. Miteigentumsanteile. Die zweckmäßigste und in der Regel beste Berechnung der Miteigentumsanteile geschieht nach Wohnflächengröße. 1000stel-Anteile genügen. Bei kleineren Einheiten sollte man es bei ganzen Bruchzahlen belassen, bei mittleren kommt man mit einer Stelle hinter dem Komma aus (24,3/1000). Zu viele Stellen hinter dem Komma sind sinnlos. Das Gesetz schreibt keinen bestimmten Berechnungsmodus vor, richtet jedoch den Lastenverteilungsschlüssel an den Miteigentumsanteilen aus (§ 16 Abs. 2 WEG).

6. Aufteilungsplan. Der mit Siegel und Unterschrift der Behörde versehene Aufteilungsplan (§ 7 WEG) steht rechtlich selbständig neben der Teilungserklärung, so daß im beurkundungsrechtlichen Sinne (z.B. §§ 9, 13a BeurkG) auf ihn nicht Bezug genommen werden muß (a.A. *Peter* BWNotZ 1991, 91; ausführlich zum Problem Form. IX. Anm. 4 Abs. 2). Inhaltlich muß er sich allerdings mit der Teilungserklärung decken. Nach Grundbuchvollzug nimmt er am öffentlichen Glauben des Grundbuchs teil (BayObLG DNotZ 1980, 745; *Bub* WE 1991, 126). Zur Kennzeichnung des Sondereigentums im Plan Form. IX. 1 Anm. 4.

7. Besondere Bestimmungen. In der Regel spricht man hier von der Gemeinschaftsordnung, in der mehr oder weniger umfassend die Rechte und Pflichten der Miteigentümer geschildert sind, wobei mit dem Gesetz deckungsgleiche und vom Gesetz abweichende nicht getrennt werden. Nach der hier vertretenen Auffassung genügt es, wenn nur Abweichungen von der gesetzlichen Regel besonders vereinbart werden (siehe Form. IX. 1 Anm. 9). Einige solche Punkte sind nachfolgend angeschnitten. Ein Überblick über die allgemeinen Rechte und Pflichten der Wohnungseigentümer kann in einem Merkblatt dargestellt werden (abgedruckt im Anhang zu Form. IX. 1).

8. Zweckbestimmung. Siehe Form. IX. 1 Anm. 11.

9. Stellplätze. Siehe Form. IX. 1 Anm. 15. Im Gegensatz zum Aufteilungsplan muß hier der Plan Bestandteil der Eintragungsbewilligung sein, so daß eine textliche Bezugnahme auf ihn erforderlich ist (sh. BGH DNotZ 1982, 228).

10. Veräußerungsbeschränkung. Siehe Form. IX. 1 Anm. 16.

11. Eigentümerversammlung. Die Abweichung von der gesetzlichen Regelung des § 25 Abs. 2 WEG (Kopfprinzip) ist zweckmäßig. Eine Stimme pro Wohnung sollte man hier dem Verteilen der Stimmen nach Miteigentumsanteilen in der Regel vorziehen.

12. Wirtschaftsplan. Hierzu Form. IX. 1 Anm. 18 Anm. 2.

13. Steuern. Die Teilung nach § 8 WEG löst keine Grunderwerbsteuer aus. Der anschließende Verkauf der Wohnungen kann einen Gewerbebetrieb begründen und zur Belastung des Veräußerungsgewinns mit Einkommensteuer und Gewerbesteuer führen.

Nach der neueren Rechtsprechung ist der Verkauf bebauter Grundstücke gewerblich, wenn innerhalb von fünf Jahren nach dem Erwerb mehr als drei Objekte veräußert werden, vgl. *Schmidt/Schmidt*, EStG 16. Aufl. § 15 Anm. 51 ff. Ein Gewerbebetrieb liegt beispielsweise vor, wenn ein Mietwohngebäude aufgeteilt und mehr als drei Eigentumswohnungen innerhalb von fünf Jahren nach dem Erwerb verkauft werden. Andererseits stellt die Verwertung von weniger als drei Objekten innerhalb der 5-Jahresfrist i. d. R. private Vermögensverwaltung dar.

Als Beginn des gewerblichen Grundstückshandels ist regelmäßig der Zeitpunkt des Beginns der auf die Grundstücksverwertung gerichteten Aktivitäten anzusehen. Dies wird i. d. R. vor der Umwandlung bzw. Aufteilung sein. Die Einlage ist gemäß § 6 Abs. 1 Nr. 5 EStG mit dem Teilwert zu Beginn des gewerblichen Grundstückshandels, in den Fällen des § 6 Abs. 1 Nr. 5 a EStG mit den fortgeführten Anschaffungs- und Herstellungskosten anzusetzen. Die mit der Aufteilung realisierten Wertsteigerungen sind deshalb wie damit verbundene Aufwendungen bei der gewerblichen Gewinnermittlung zu berücksichtigen.

Dem gewerblichen Betrieb sind alle Objekte zuzurechnen, die der Steuerpflichtige nicht nachweislich zum Zweck der Vermögensanlage erwirbt bzw. errichtet. Gegebenenfalls ist durch konkrete und nachweisbare Tatsachen zu belegen, daß sich die Verkaufsabsicht nur auf einen Teil der Objekte bezog, vgl. *Mahlow* DB 1991, 1189.

14. Kosten. Wert: Halber Verkehrswert des Objekts nach § 21 Abs. 2 KostO. Notar: davon eine volle Gebühr, wenn der Entwurf vom Notar gefertigt ist, aus § 36 Abs. 1 KostO, sonst Beglaubigungsgebühr nach § 45 KostO. Gericht: eine volle Gebühr nach § 76 Abs. 1 KostO.

3. Teilungserklärung mit Gemeinschaftsordnung und Baubeschreibung (Mehrhausanlage)[1]

Verhandelt am ...... in ......
Vor mir,
Notar in ...... erschien heute in meinen Amtsräumen:

Herr ...... (Name, Ort, Straße)
mir persönlich bekannt,
handelnd für die Firma
X-Bau-GmbH
als deren Geschäftsführer.

Hierzu bescheinige ich auf Grund Einsicht in das Handelsregister des Amtsgerichts ...... vom ......, daß er berechtigt ist, die Gesellschaft als Geschäftsführer allein zu vertreten.

Über den Grundbuchstand habe ich mich unterrichtet. Auf Ansuchen beurkunde ich seine folgenden Erklärungen:

I. Sachverhalt[2]

Die Firma X-Bau GmbH ist Alleineigentümerin des folgenden Grundstücks der Gemarkung ......

Fl. Nr. ...... zu ...... qm
vorgetragen im Grundbuch des Amtsgerichts ...... für ......
Band ...... Blatt ......

3. Teilungserklärung mit Gemeinschaftsordnung (Mehrhausanlage) IX. 3

Die Firma X-Bau GmbH errichtet auf diesem Grundstück eine Mehrhausanlage mit Eigentumswohnungen, Teileigentumseinheiten für gewerbliche und berufliche Nutzungen (Läden, Büros, Praxen etc.) und einer Tiefgarage. Die Bebauung wird in vier Bauabschnitten durchgeführt:
Haus I 1. Bauabschnitt und Tiefgarage; Haus II 2. Bauabschnitt; Haus III 3. Bauabschnitt, Haus IV 4. Abschnitt.

Zunächst wird das Haus I mit der Tiefgarage gebaut und die vorhandene Tiefgarage mit 120 Stellplätzen funktionsfähig gemacht. Die Außenanlagen werden stufenweise zusammen mit den einzelnen Bauabschnitten hergestellt. Die Planung für den 1. Bauabschnitt und die Tiefgarage ist fertig, während sie für die weiteren Bauabschnitte erst im Zuge der Durchführung der jeweiligen Baumaßnahmen endgültig festgelegt wird. Eine vorläufige Gesamtplanung ist aus dem beigefügten Lageplan ersichtlich, auf den verwiesen wird.

Das Gesamtprojekt wird als Mehrhausanlage gestaltet,[3] die stufenweise entsteht. Hierzu wird zunächst nur im 1. Bauabschnitt (BlockI) Wohnungseigentum und an den Stellplätzen der Tiefgarage Teileigentum gebildet. Für die weiteren Bauabschnitte wird an einem Tiefgaragenstellplatz ein überdimensionaler Miteigentumsanteil als Vorratsanteil gebildet, der dann für die Miteigentumsanteile und Sondereigentumsbildung durch die Firma X-Bau GmbH für die weiteren Bauabschnitte zur Verfügung steht. Für das gesamte Projekt werden Miteigentumsanteile von 8000stel gebildet.[4] Da für die Gesamtanlage etwa 7600 qm Wohn- und Nutzfläche vorgesehen sind, wird je qm 1/8000 vergeben. Für das Haus I werden bei 1746 qm Wohnfläche dann 1746/8000 benötigt. Jeder Tiefgaragenstellplatz wird mit 2,5/8000 Miteigentumsanteil versehen, so daß bei vorgesehenen 120 Tiefgaragenplätzen 300/8000 Miteigentumsanteile zur Sondereigentumsbildung benötigt werden. Der überdimensionale Miteigentumsanteil wird für die weiteren Häuser verwendet.[5] Falls im Endergebnis die benötigten Miteigentumsanteile nicht mit der Zahl 8000 aufgehen, verbleibt der überdimensionale Miteigentumsanteil reduziert um die verbrauchten Anteile bestehen. Sein Wert entspricht immer nur 2,5/8000; darüber hinausgehende Anteile stellen nur einen Rechnungsfaktor dar.

II. Teilung

Die Firma X-Bau GmbH

teilt

das vorstehende Grundstück in Miteigentumsanteile auf, die jeweils mit dem Sondereigentum an einer bestimmten Wohnung und nicht zu Wohnzwecken dienenden Räumen verbunden werden. Die Aufteilung geschieht in Übereinstimmung mit dem Aufteilungsplan, der dieser Urkunde als Bestandteil beigefügt ist. Auf diesen Plan wird verwiesen. Die Abgeschlossenheitsbescheinigung für den 1. Bauabschnitt (Haus I) und die Tiefgarage ist erteilt.

Im einzelnen geschieht die Aufteilung wie folgt:

Haus I

Wohnungs-nummer	Miteigentums-anteil nach qm Wohnfläche	Haus/Lage Eingang 1 Eingang 2	Zimmer-zahl
I 0.1	93/8000	1/EG links	4
I 0.2	46/8000	1/EG mitte	2
I 0.3	74/8000	1/EG rechts	3
I 0.4	75/8000	2/EG links	3
I 0.5	46/8000	2/EG mitte	2
I 0.6	67/8000	2/EG rechts	2

Schmidt

IX. 3

Haus I

Wohnungs-nummer	Miteigentums-anteil nach qm Wohnfläche	Haus/Lage Eingang 1 Eingang 2	Zimmer-zahl
I 1.1	94/8000	1/I.OG links	4
I 1.2	46/8000	1/I.OG mitte	2
I 1.3	74/8000	1/I.OG rechts	3
I 1.4	75/8000	2/I.OG links	3
I 1.5	46/8000	2/I.OG mitte	2
I 1.6	67/8000	2/I.OG rechts	2
I 2.1	94/8000	1/II.OG links	4
I 2.2	46/8000	1/II.OG mitte	2
I 2.3	74/8000	1/II.OG rechts	3
I 2.4	75/8000	2/II.OG links	3
I 2.5	46/8000	2/II.OG mitte	2
I 2.6	67/8000	2/II.OG rechts	2
I 3.1	131/8000	1/DG links	5
I 3.2	42/8000	1/DG mitte	1
I 3.3	117/8000	1/DG rechts	4
I 3.4	117/8000	2/DG links	4
I 3.5	41/8000	2/DG mitte	1
I 3.6	92/8000	2/DG rechts	3
	1746/8000		

Zu jeder Wohnung gehört das Sondereigentum an dem mit der gleichen Nummer im Aufteilungsplan gekennzeichneten Kellerraum.

b) Tiefgarage
Stellplatz-Nr. 1–119 je 2,5/8000   Stellplatz-Nr. 120
= 297/8000   = 5956/8000

III. Gemeinschaftsordnung[6]

Für das Verhältnis der Wohnungseigentümer untereinander gelten die Bestimmungen des Wohnungseigentumsgesetzes, soweit nicht nachstehend etwas anderes vereinbart ist. Gemäß § 10 Abs. 1 Satz 2 WEG wird als Inhalt des Wohnungs- und Teileigentums folgendes bestimmt:

§ 1 Zweckbestimmung[7]

(1) Haus I ist ein reines Wohnhaus. Die weiteren Häuser sind geplant als Geschäfts- und Wohnhäuser (Haus II und III) und als reines Wohnhaus (Haus IV). Ihre Zweckbestimmungen werden jedoch noch nicht endgültig festgelegt. Die Firma X-Bau GmbH als Grundstückseigentümerin wird dies nach Maßgabe ihrer Planungen tun; das Recht dazu bleibt ihr vorbehalten.

(2) Unabhängig vom Wohnhauscharakter dürfen jedoch auch Wohnungen für Büros oder freiberufliche Praxen verwendet werden. Es dürfen hierbei jedoch keine negativen Auswirkungen auf die Wohnungen entstehen, die den Wohncharakter der anderen Wohnungen unzumutbar beeinträchtigen. In allen Fällen der Nutzungsänderung können vom Verwalter Auflagen gemacht werden, die dazu dienen, das geordnete Zusammenleben im Sinne des § 14 WEG zu sichern. Solche Auflagen können dem betreffenden Sondereigentümer auch jederzeit im Nachhinein auferlegt werden.

(3) Bei gastronomischer Nutzung in anderen Häusern hat der Sondereigentümer dafür zu sorgen, daß die Nachtruhe der Wohnungseigentümer nicht unzumutbar gestört wird und alle dazu geeigneten Maßnahmen zu treffen. Beeinträchtigungen, die naturgemäß mit einem gastronomischen Betrieb verbunden sind, haben die übrigen Miteigentümer zu dulden. Entsprechendes gilt auch für sonstige Teileigentumseinheiten.

§ 2 Sondernutzungsrechte an oberirdischen Stellplätzen[8]

(1) An den oberirdischen Stellplätzen bestehen Sondernutzungsrechte. Jeder Sondernutzungsberechtigte hat das ausschließliche Nutzungsrecht an dem ihm zugewiesenen Stellplatz, während die übrigen Miteigentümer von der Nutzung ausgeschlossen sind. Dem Sondernutzungsberechtigten obliegt auch die Unterhaltspflicht.

(2) Der teilende Eigentümer, gegebenenfalls sein Rechtsnachfolger als Bauträger, hat das Recht der Zuordnung der Sondernutzungsrechte zu den einzelnen Sondereigentumseinheiten. Dieses Recht endet mit Veräußerung der letzten Sondereigentumseinheit durch ihn. Mit Veräußerung eines Sondernutzungsrechtes an einen Erwerber wird die Zuordnung gegenüber dem Erwerber bindend. Der Eigentümer hat die Grundbucheintragung zu bewirken. Die dingliche Zuordnung des Sondernutzungsrechtes zu einer Eigentumswohnung bzw. gewerblichen Einheit geschieht durch einen dahingerichteten Eintragungsantrag des Eigentümers.

(3) Zunächst werden die Sondernutzungsrechte für Stellplätze 1 bis 6 laut Lageplan festgelegt. Die Firma X-Bau GmbH als Grundstückseigentümerin ist berechtigt, im Zuge der weiteren Bebauung entsprechend ihrer Planung an den weiteren Flächen die Sondernutzungsrechte für Kfz-Stellplätze festzulegen.

§ 3 Sondernutzung bei Erdgeschoßwohnungen

(1) Den Eigentümern der Erdgeschoßwohnungen im Haus 1 steht das Sondernutzungsrecht an den jeweils vorgelagerten Terrassen[9] zu. Sie trifft auch die alleinige Unterhaltspflicht hierfür.

(2) Den Eigentümern der Erdgeschoßwohnungen im Haus 1 steht auch das Recht zur alleinigen Nutzung der anliegenden Gartenfläche[10] zu, wie sie im beigefügten Plan, auf den verwiesen wird, eingezeichnet ist. Sie können die Gartenteile nach ihren Wünschen nutzen und gestalten. Alle Maßnahmen müssen sich aber in ein ordentliches Gesamterscheinungsbild einfügen. Da sich der Garten auf dem Dach der Tiefgarage befindet, dürfen keine Maßnahmen getroffen werden, die Schäden an dem Dach herbeiführen können oder sich sonst nachteilig auf dieses auswirken. Dies ist besonders bei Anpflanzungen zu beachten. Zur Abgrenzung der Gartenteile dürfen nur entweder lebende Hecken oder höchstens 60 cm hohe Zäune angebracht werden. Hierfür ist in jedem Fall die Zustimmung des Verwalters einzuholen, der nur solche Maßnahmen genehmigen kann, die keine Nachteile für das Garagendach bringen können. Gartenhäuschen dürfen nicht aufgestellt werden. Dauerhafte Bepflanzungen sind mit dem Verwalter abzustimmen. Die Sondernutzungsberechtigten haben ihre Gartenteile stets in einem ordentlichen Zustand zu erhalten.

(3) Die Firma X-Bau-GmbH kann als Eigentümerin bei den weiteren Bauabschnitten gleichgeartete Gartensondernutzungsrechte festlegen, desgleichen solche für Terrassen oder ähnliche Anlagen.

§ 4 Nutzungsaufteilung der einzelnen Häuser[11]

(1) Die Gebäude der einzelnen Häuser werden der gemeinschaftlichen Nutzung der jeweiligen Miteigentümer zugewiesen. Dem Nutzungsrecht unterliegen jeweils die gesamte Bausubstanz der Häuser mit allen technischen Einrichtungen und Anlagen und sämtlichen Räumen im Haus, die nicht im Sondereigentum stehen. Die Miteigentümer

der anderen Häuser sind jeweils von der Nutzung ausgeschlossen. Die Mit- und Sondereigentümer eines Hauses haben die Rechte so, wie wenn es sich um Wohnungs- und Teileigentum eines einzigen Hauses handeln würde. Soweit sich im Zuge der weiteren Bauabschnitte blockübergreifende Anlagen und Nutzungen ergeben, sind diese nach Vorliegen der Planung und der damit notwendigen Bildung von Wohnungs- und Teileigentum zu gestalten.

(2) Die Hausnutzung umfaßt auch das Recht, über etwaige bauliche Maßnahmen am eigenen Haus selbst zu entscheiden. Alle Maßnahmen, die das äußere Erscheinungsbild berühren, müssen so durchgeführt werden, daß dies nicht beeinträchtigt wird. Im Zweifel ist die Zustimmung des Verwalters einzuholen. Im Hinblick auf gewerbliche und berufliche Nutzung können Sondereigentümer an den Außenfassaden, die ihrem Sondereigentum unmittelbar vorgelagert sind, Werbeschriften und sonstige Werbeanlagen anbringen, die sich jedoch in das Gesamtbild der Anlage einfügen müssen. Daher ist auch immer die Zustimmung des Verwalters erforderlich, der hierauf zu achten hat.

(3) Die Sondernutzung der Tiefgarage mit Zu- und Abfahrt steht in entsprechender Weise den Sondereigentümern der Tiefgaragenstellplätze zu.

§ 5 Lastentragung[12]

(1) Für die Kosten und Lasten des gemeinschaftlichen Eigentums gilt folgendes:
Jede Untereigentümergemeinschaft trägt sämtliche Kosten und Lasten ihres Hauses so, wie wenn sie eine eigene echte Eigentümergemeinschaft wäre. Die Verteilung der Kosten geschieht nach den Miteigentumsanteilen in dieser Untereigentümergemeinschaft. Dazu werden auch getrennte Instandhaltungsrücklagen gebildet. Dabei trägt jeder Miteigentümer die auf ihn bzw. sein Sondereigentum entfallenden Kosten allein, für die eigene Meßvorrichtungen vorhanden sind oder die sonst in einwandfreier Weise gesondert festgestellt werden können. Alle nicht einer Untereigentümergemeinschaft zugeordneten Kosten und Lasten tragen sämtliche Miteigentümer im Verhältnis ihrer Miteigentumsanteile.

(2) Es gelten jedoch folgende Besonderheiten:
a) Die Kosten der Heizungen[13] (Verbrauch, Instandhaltung, Reparaturen, Erneuerungen etc). tragen die an eine Heizung angeschlossenen Sondereigentümer. Hierbei werden die Kosten für Heizung mit 60% – sechzig vom Hundert –, die der Warmwasserversorgung mit 70% – siebzig von Hundert – auf den Verbrauch, im übrigen auf Wohn- und Nutzfläche umgelegt. Die zuständige Untereigentümerversammlung kann ihm Rahmen der gesetzlichen Vorschriften mit zwei Drittel Mehrheit einen anderen Verteilungsschlüssel beschließen.
b) Alle Unterhaltungs- und Erneuerungskosten für die einem Sondernutzungsrecht unterliegenden oberirdischen Stellplätze hat der Sondernutzungsberechtigte zu tragen.
c) Soweit einem Sondereigentum ein Sondernutzungsrecht an Bauteilen oder Freiflächen (z.B. Garten, Terrasse) zugewiesen ist, hat der Sondernutzungsberechtigte die Kosten der Unterhaltung, Instandsetzung und Erneuerung hierfür allein zu tragen.
d) Die Sondereigentümer der Tiefgarage tragen alle Kosten der Unterhaltung (einschließlich Winterdienst), Instandsetzung und Erneuerung der Tiefgarage mit all ihren Bestandteilen und Einrichtungen sowie der Zu- und Abfahrt von der Grundstücksgrenze an im Verhältnis ihrer Miteigentumsanteile. Der überdimensionale Miteigentumsanteil ist hierfür nur mit 2,5/8000 anzusetzen.

(3) Der für das Wirtschaftsjahr beschlossene Wirtschaftsplan bleibt auch nach dessen Ablauf bis zum Beschluß eines neuen wirksam.

§ 6 Eigentümerversammlung[14]

(1) Für die Verwaltung des gemeinschaftlichen Eigentums und alle Angelegenheiten, über die die Miteigentümer durch Beschluß zu entscheiden haben, werden gebildet:

3. Teilungserklärung mit Gemeinschaftsordnung (Mehrhausanlage)

a) eine Gesamteigentümergemeinschaft;
b) je eine Untereigentümergemeinschaft für die Häuser I, II, III und IV.
c) eine Untereigentümergemeinschaft für die Tiefgarage.

Die Gesamteigentümergemeinschaft und die Untereigentümergemeinschaften halten je eigene Eigentümerversammlungen ab, die jedoch ungeachtet ihrer rechtlichen Verselbständigungen gemeinsam stattfinden können.

(2) Jede Untereigentümerversammlung ist zuständig für alle Angelegenheiten ihrer jeweiligen Häuser, soweit sie dessen Sondereigentum und das damit verbundene gemeinschaftliche Sondernutzungsrecht am Gemeinschaftseigentum betrifft. Der Beschlußfassung unterliegen insbesondere die in § 21 Abs. 5 WEG aufgeführten Angelegenheiten des Hauses. Die Untereigentümerversammlung Tiefgarage ist entsprechend zuständig für alle Angelegenheiten der Tiefgarage einschließlich Zu- und Abfahrt ab Grundstücksgrenze.

(3) Die Gesamteigentümergemeinschaft ist für alle anderen Angelegenheiten zuständig, insbesondere den Außenbereich. Sie ist auch dann zuständig, wenn es sich um Angelegenheiten handelt, die sämtliche Miteigentümer berühren, wie Verwalterbestellung, Entlastung, Beschluß über Wirtschaftsplan und Jahresabrechnung.

(4) Für jede Miteigentümerversammlung gilt folgendes:
a) Das Stimmrecht[15] in der Eigentümerversammlung richtet sich nach Miteigentumsanteilen. Dies gilt auch bei Unterteilungen und Vereinigungen von Sondereigentum. Bei Untereigentümerversammlungen sind jeweils nur die dazu gehörenden Miteigentümer stimmberechtigt. Der Tiefgaragenstellplatz Nr. 120 hat für diesen nur 2,5/8000stel Stimmrecht.
b) Jeder Eigentümer kann sich in der Eigentümerversammlung durch einen anderen Miteigentümer der Gesamtanlage oder den Verwalter vertreten lassen.[16] Eine Vertretung durch Dritte ist nicht zulässig. Soweit Ehegatten Eigentümer oder Lebenspartner sind, braucht der vertretende Miteigentümer keine schriftliche Vollmacht des anderen vorzuweisen, solange kein Zweifel an seiner Vertretungsmacht besteht. Ferner können Erwerber und Nießbraucher bevollmächtigt werden.

Soweit nicht zwingende und ausdrückliche gesetzliche Bestimmungen entgegenstehen, kann der Verwalter jeden Wohnungseigentümer in allen Angelegenheiten bei der Beschlußfassung vertreten. Die gilt insbesondere dann, wenn ihm der Miteigentümer die Vollmacht mit der Weisung zu einem bestimmten Abstimmungsverhalten erteilt hat. Der Verwalter kann die Vollmacht in allen Fällen auf einen anderen Miteigentümer übertragen.
c) Eine ordnungsgemäß eingeladene Eigentümerversammlung ist ohne Rücksicht auf die Zahl der erschienenen Mitglieder dann beschlußfähig,[17] wenn in der Ladung darauf besonders hingewiesen wurde.

§ 7 Veräußerungsbeschränkung[18]

Zur Veräußerung einer Eigentumswohnung und einer Teileigentumseinheit ist die Zustimmung des Verwalters erforderlich, ausgenommen die Veräußerung an Angehörige im Sinne des § 8 des 2. Wohnungsbaugesetzes und die Veräußerung im Wege der Zwangsvollstreckung sowie die Erstveräußerung durch den Eigentümer.

§ 8 Verwaltungsbeirat[19]

Die Gesamteigentümergemeinschaft und jede Untereigentümergemeinschaft bilden je einen eigenen Verwaltungsbeirat. Mitglied eines jeden Verwaltungsbeirats kann jeder Miteigentümer der Gesamtanlage sein. Nichteigentümer können dem Verwaltungsbeirat nicht angehören. Ein Miteigentümer kann mehreren Verwaltungsbeiräten angehören. Die Zahl der Verwaltungsbeiräte unterliegt der Beschlußfassung durch jede Versammlung.

§ 9 Verwalter[20]

Der Verwalter ist über gesetzliche Ermächtigungen hinaus berechtigt, Forderungen jeder Miteigentümergemeinschaft gegen einzelne Miteigentümer oder gegen Dritte auch im eigenen Namen geltend zu machen. Forderungen einer Untereigentümergemeinschaft stehen nur dieser zu.

§ 10 Wiederaufbau[21]

(1) Wird ein Gebäude ganz oder teilweise zerstört, so sind dessen Wohnungs- und Teileigentümer untereinander verpflichtet, den vor Eintritt des Schadens bestehenden Zustand wieder herzustellen. Decken die Versicherungssumme und sonstige Forderungen den vollen Wiederherstellungsaufwand nicht, so ist jeder Miteigentümer verpflichtet, den nicht gedeckten Teil der Kosten in Höhe eines seinem Miteigentumsanteil entsprechenden Bruchteils zu tragen.

(2) Jeder Eigentümer kann sich innerhalb eines Monats nach Bekanntgabe der festgestellten Entschädigungsansprüche und der nach dem Aufbauplan ermittelten Kosten des Wiederaufbaues oder der Wiederherstellung von der Verpflichtung zur Beteiligung an dem Wiederaufbau oder der Wiederherstellung durch Veräußerung seines Wohnungs-/Teileigentums befreien. Er hat zu diesem Zwecke dem Verwalter eine notariell beglaubigte Veräußerungsvollmacht zu erteilen. Dabei ist der Verwalter zu ermächtigen, den Miteigentumsanteil zum marktüblichen Wert freihändig zu veräußern oder nach Maßgabe der §§ 53 ff. WEG versteigern zu lassen.

(3) Steht dem Wiederaufbau oder der Wiederherstellung ein unüberwindliches Hindernis entgegen, so kann jeder Miteigentümer die Aufhebung der Gemeinschaft verlangen. Dies gilt nicht, wenn die Zerstörung nicht alle Häuser betrifft. Die Aufhebung kann abgewandt werden, wenn sich ein anderer Miteigentümer oder ein Dritter bereit erklärt, den Miteigentumsanteil des die Aufhebung verlangenden zum Schätzwert zu erwerben und gegen die Übernahme durch ihn keine begründeten Bedenken bestehen. Ist die Gemeinschaft aufzuheben, so erfolgt die Auseinandersetzung im Wege der freihändigen Veräußerung oder der öffentlichen Versteigerung nach § 753 BGB und § 180 ZVG.

§ 11 Änderungen[22]

Die Firma X-Haus GmbH als Grundstückseigentümerin und Miteigentümerin des überdimensionalen Miteigentumsanteils bleibt bis zur Fertigstellung des Gesamtbauvorhabens unwiderruflich ermächtigt, die vorstehenden Vereinbarungen abzuändern, zu ergänzen oder durch andere zu ersetzen, soweit sie sich auf noch zu errichtende Bauwerke beziehen und der Anpassung an die Bedürfnisse dieser Baumaßnahmen im Rahmen der dafür maßgeblichen Planungen dienen. Insofern wird ihr ein Sonderrecht und ein Sondernutzungsrecht für die Flächen der weiteren Bauabschnitte eingeräumt. Das Sonderrecht berechtigt zur Durchführung aller Baumaßnahmen für die weiteren Bauabschnitte. Das Recht kann stufenweise für die einzelnen Bauabschnitte ausgeübt werden. Es gilt auch nach Eigentumsüberschreibung von Wohnungs- und Teileigentum und wirkt auch gegenüber daran eingetragenen Drittberechtigten. Dieses Sonderrecht gestattet jedoch nicht, die Vereinbarungen für den Bereich zu ändern, für den konkretes Wohnungs- und Teileigentum bereits festgelegt und gebildet ist. Es dient dazu, Wohnungs- und Teileigentum aus dem überdimensionalen Miteigentumsanteil entsprechend der Planung hierfür zu bilden, umzuwandeln und frei zu gestalten und alle dafür erforderlichen und zweckmäßigen Maßnahmen zu treffen, Handlungen vorzunehmen und Erklärungen abzugeben. Es sichert die Gestaltungs- und Planungshoheit für die weiteren Bauabschnitte, jedoch nur bis zu einer Gesamtwohn- und Nutzfläche von 7700 qm, berechnet nach der II. BV.

3. Teilungserklärung mit Gemeinschaftsordnung (Mehrhausanlage)

Gegebenenfalls haben Miteigentümer bzw. Käufer erforderliche Erklärungen abzugeben und Unterschriften formgerecht zu leisten.

V. Verwalter[23]

Ein Verwalter wird heute noch nicht bestellt. Die Firma X-Bau GmbH wird dies noch nachholen und behält sich das Recht vor, den Verwalter bis zur Bezugsfertigkeit des ersten Hauses zu bestimmen.

VI. Anträge

Die Eigentümerin bewilligt und
    beantragt
hiermit die Eintragung der Teilungserklärung mit dem in III bestimmten Inhalt des Sondereigentums im Grundbuch.

VII. Baubeschreibung[24]

Für die Errichtung des I. Bauabschnitts (Haus A) und der Tiefgarage gilt die dieser Urkunde als Anlage beigefügte Baubeschreibung mit den beigefügten Plänen, auf die verwiesen wird.

VIII. Kosten[25]

Die Kosten dieser Urkunde und ihres Vollzugs trägt die Eigentümerin.

Schrifttum: Grebe, Rechtsgeschäftliche Änderungsvorbehalte im Wohnungseigentumsrecht, DNotZ 1987, 5; *Hauger,* Unterteilung und Erweiterung von Wohnungseigentum, WE 1991, 66; *Röll,* Rechtsfragen bei der Errichtung von Eigentumswohnungen in mehreren Bauabschnitten, DNotZ 1977, 69; *ders.,* Vertragliche Einräumung und Teilungserklärung, WE 1991, 12; *S. Schmidt,* Wohnungseigentum bei Mehrhausanlagen, BWNotZ 1989, 49; *Streblow,* Änderungen von Teilungserklärungen nach Eintragung der Aufteilung in das Grundbuch, MittRhNotK 1987, 141.

Anmerkungen

1. Begriff, Anwendungsbereich. (1) Der Normalfall des Wohnungseigentums ist ein Gebäude mit mehreren Wohnungen auf einem Grundstück (Grundstück im Rechtssinn: § 1 Abs. 4 WEG; dazu *Weitnauer* § 3 Rdn. 2b). Von einer Mehrhausanlage spricht man, wenn mehr als ein Gebäude mit Wohnungen oder nicht zu Wohnzwecken dienenden Einheiten auf einem einzigen Grundstück errichtet sind bzw. werden. Dabei kann es sich um Einfamilienhäuser oder Mehrfamilienhäuser handeln, um freistehende oder zusammengebaute, durch Brandmauer getrennte (z.B. Doppelhäuser, Reihenhäuser) Gebäude mit allen baulichen Zwischenlösungen. Entscheidend ist die jeweils bauliche Selbständigkeit. Dabei können durchaus gemeinschaftliche Einrichtungen wie z.B. eine gemeinsame Heizung bestehen, auch eine gemeinsame Tiefgarage.

(2) Ein praktisches Bedürfnis für Bildung von Wohnungs- und Teileigentum an mehreren Gebäuden besteht immer dann, wenn eine Grundstücksteilung für die einzelnen Gebäude nicht möglich ist (durch Wegfall der Teilungsgenehmigung nach § 19 BauGB ab 1. 1. 1998 entschärft) und/oder eine sinnvolle bauliche Nutzung andernfalls nicht gegeben ist. Ganz allgemein ist aber eine Einzelhausanlage der Mehrhausanlage vorzuziehen. Es gibt grundsätzlich zwei Erscheinungsformen der Mehrhausanlage: Bau aller Häuser in einem Zug (Regel bei Reihenhausanlagen, vgl. dazu Formular IX. 5) und der

stufenweise Bau in Stufen in mehreren Bauabschnitten (typisch bei freistehenden Häusern und Wohnblöcken). Die hauptsächlichen Gestaltungsprobleme tauchen im letzteren Fall auf. Mit einem solchen befaßt sich daher auch das Formular.

(3) Dogmatische Grundlage für eine Mehrhausanlage ist die heute herrschende Theorie der schrittweisen = stufenweisen Entstehung des Sondereigentums (*Bärmann/Pick/ Merle* § 3 Rdn. 26; MünchKomm/*Röll* § 5 Rdn. 32 b; *Palandt/Bassenge* WEG § 2 Rdn. 10; *Weitnauer* § 3 Rdn. 67; je m. w. N.). Sie besagt, daß Sondereigentum schrittweise mit der fortschreitenden Erstellung des Gebäudes für die einzelnen Einheiten entsteht und nicht erst mit der Vollendung sämtlicher Einheiten des Baues („Fertigstellungstheorie", dazu MünchKomm/*Röll* § 5 Rdn. 32 a). So bilden insbesondere die Eigentümer des fertiggestellten ersten Baues bereits eine voll funktionsfähige Eigentümergemeinschaft ohne Rücksicht auf die Vollendung der weiteren Gebäude.

2. Sachverhalt. Das Formular behandelt eine Teilungserklärung nach § 8 WEG durch einen Bauträger für eine Mehrhausanlage, die mit jeweils freistehenden Wohnblöcken in mehreren Bauabschnitten errichtet werden soll. Dazu kommt eine gemeinsame Tiefgarage. Die Planung für den ersten Block und die Tiefgarage ist fertig, die der anderen Blöcke steht noch aus. Für die allgemeinen Fragen der Teilungserklärung und der Gemeinschaftsordnung wird auf das Formular IX. 1 verwiesen. Hier werden nur die Besonderheiten einer Mehrhausanlage behandelt.

3. Gestaltungsmöglichkeiten. Die Gestaltung der Teilungserklärung einer Mehrhausanlage hängt davon ab, ob alle Blöcke in einem Zug gemeinsam gebaut werden sollen oder nacheinander in Stufen und wie die Planung der weiteren Blöcke vorgesehen ist. Im ersten Fall kann die Teilungserklärung nach Maßgabe der Ausführungen des Formulars IX. 1 vollständig mit Berechnung aller Miteigentumsanteile aller Blöcke abgefaßt werden, während in der Gemeinschaftsordnung besondere Regelungen zur Mehrhausanlage zu treffen sind. Beim stufenweisen Bauen muß dagegen bereits die Teilungserklärung praktikable Regelung für die grundbuchmäßige Behandlung der späteren Bauabschnitte vorsehen. In Anknüpfung an die von *Röll* (DNotZ 1977, 69; MünchKomm/*Röll* WEG § 5 Rdn. 38 ff.) gelegten Grundlagen werden die Möglichkeiten dargestellt (dazu auch *S. Schmidt,* BWNotZ 1989, 43; *Röll* MittBayNot 1993, 5).

a) Kleine Aufteilung. (1) Bei der „kleinen Aufteilung" werden sämtliche Miteigentumsanteile (= 1000/1000stel) auf die Wohnungen des ersten Gebäudes aufgeteilt; mit ihnen wird das Wohnungsgrundbuch angelegt. Sie hat den Vorteil der Rechtssicherheit für den ersten Bau, den Nachteil einer Rechtsunsicherheit für den weiteren Bau. Von den vergebenen 1000/1000stel-Miteigentumsanteilen müssen dann die Eigentümer des ersten Baues durch Auflassung (Rückauflassung) wieder Miteigentumsanteile abgeben, die benötigt werden, um Miteigentumsanteile weiterer Gebäude mit Sondereigentum zu verbinden (dazu *Streblow* MittRhNotK 1987, 150). Hierzu müssen in den Kaufverträgen des Erstgebäudes entsprechende umfangreiche (unwiderrufliche) Vollmachten vorgesehen werden, um die erforderliche Mitwirkung der Miteigentümer sicherzustellen. Zudem müssen auch alle bereits eingetragenen Gläubiger zustimmen (*Streblow* S. 151). Der Bauträger kann sich die schuldrechtlichen Ansprüche durch Vormerkungen sichern lassen (*S. Schmidt,* BWNotZ 1989, 50). Es sind dies Ansprüche auf Rückübereignung von Miteigentum (Eigentumsvormerkung – Auflassungsvormerkung) und auf Mitwirkung bei der Bildung von Sondereigentum nach § 3 WEG beim neuen Bauabschnitt („Sondereigentumsvormerkung"). Letztere kann nach BayObLG (DNotZ 1975, 36) nur an allen Sondereigentumseinheiten eingetragen werden, nicht an nur einzelnen Wohnungen. Sie müssen sämtlich aufgelassen und übereignet sein. Solange der Bauträger noch Eigentümer auch nur einer Wohnung ist, ist die Vormerkung danach überhaupt nicht eintragbar, weil der Bauträger am eigenen Objekt keine Vormerkung für sich selbst eintragen kann (zur Vormerkungsproblematik *F. Schmidt,* Festschrift Bärmann/Weitnauer 1990, S. 557; *Röll* DNotZ 1977, 76).

(2) Die „kleine Aufteilung", der dann später die „große" folgen müßte, erweist sich als ein ziemlich unpraktikables Instrument und sollte nur in besonders gelagerten und dafür geeigneten Ausnahmefällen praktiziert werden.

b) Große Aufteilung. (1) Bei der „großen Aufteilung" werden sofort für alle Gebäude die Miteigentumsanteile errechnet und die Teilungserklärung auf sie abgestellt. Es gibt dann grundbuchmäßig keine Probleme mehr, wenn die weiteren Gebäude gebaut werden, da das Wohnungsgrundbuch für sie dann schon vorhanden ist. An sich ist dies die ideale Lösung. Sie setzt aber voraus, daß die Planung und damit der Aufteilungsplan für alle Gebäude vorliegt und daß dann auch exakt danach gebaut wird. Auch muß in der Regel die Baugenehmigung insgesamt erteilt sein, weil die Abgeschlossenheitsbescheinigung grundsätzlich erst nach Baugenehmigung erteilt wird (zur Abgeschlossenheitsbescheinigung ohne vorherige Baugenehmigung BayVGH NJW-RR 1986, 816). Probleme gibt es, wenn bei der Bauausführung von der vorgesehenen Planung abgewichen wird. Dies ist zum einen dann der Fall, wenn statt geplantem Wohnungseigentum dann Teileigentum (und umgekehrt) errichtet werden soll; eine solche Umwandlungsmöglichkeit ist in der Teilungserklärung bereits zu verankern (S. *Schmidt,* BWNotZ 1989, 51). Schwieriger sind die Probleme, wenn die weiteren Häuser kleiner oder größer oder mit ganz anderen Einteilungen gebaut werden sollen. Eine diskutable Lösung versucht S. *Schmidt* (a.a.O.), indem er vorschlägt, für die weiteren Gebäude zunächst nur Teileigentum am gesamten Raum des weiteren Baukörpers ohne Innenaufteilung zu bilden und letztere erst später (wohl durch Unterteilung) vorzunehmen, da hierzu eine Mitwirkung der übrigen Eigentümer nicht erforderlich sei; vorsorglich sollte dies jedoch ausdrücklich gestattet werden (a.a.O. S. 51; zur Unterteilung *Streblow* MittRhNotK 1987, 147). Problematisch ist allerdings die Abgeschlossenheitsbescheinigung für ein in sich noch nicht aufgeteiltes Gesamtgebäude, da die Kriterien der AllgVwV nicht zutreffen.

(2) Auf die schwierigen Probleme vom Aufteilungsplan abweichender Bauausführungen, die insbesondere bei Mehrhausanlagen auftreten können, kann hier nicht im einzelnen eingegangen werden (ausführlich dazu *Streblow,* MittRhNotK 1987, 141 ff.). Am wenigsten problematisch ist dabei die Abweichung von der Innenaufteilung einer Wohnung, die für die Entstehung von Sondereigentum unerheblich ist (BayObLG NJW-RR 1986, 954). Im übrigen wird bei erheblichen Abweichungen vom Aufteilungsplan die Entstehung von Sondereigentum jedenfalls in der abweichenden Bauausführung zumindest gefährdet (dazu *Streblow* a.a.O. S. 146; vgl. auch *Röll* MittBayNot 1991, 240 = WE 1991, 340). Zur Lösung von Anpassungsproblemen ist daher dringend eine Vollmacht der Käufer zu Gunsten des Bauträgers anzuraten, die inhaltlich nicht zeitlich und sachlich unbeschränkt sein kann (*Streblow* a.a.O.; BayObLG NJW 1974, 192; DNotZ 1989, 779; auch Anm. 34 zu Formular I. 31). Die Vollmacht muß daher auf die einzelnen Maßnahmen konkret eingehen. Allerdings sollten die inhaltlichen Schranken nicht zu eng gezogen werden; sie liegen dort, wo die Ausübung zur Wertminderung oder zu zusätzlichen Kosten des Vollmachtgebers führen würde (*Streblow* a.a.O.).

(3) Gegenüber Rechtsnachfolgern und eingetragenen Gläubigern wirkt die Vollmacht allerdings nicht (a.a.O.; vgl. BayObLG WE 1996, 155 = MittBayNot 1996, 27). Für eine Verpflichtung, Änderungen zuzustimmen, kann eine Vormerkung nicht eingetragen werden (unzulässige Eigenvormerkung). Dagegen ist es möglich, die gegenüber der Planung des Aufteilungsplanes andere Bauausführung als zulässige bauliche Veränderung dem Bauträger als Miteigentümer in der Gemeinschaftsordnung zu gestatten. Diese Vereinbarung bewirkt eine schuldrechtliche Bindung auch gegenüber Rechtsnachfolgern (§ 16 Abs. 2 WEG). Da ein solches Recht Inhalt des Wohnungseigentums wird, ist eine Gläubigerzustimmung zur entsprechenden Änderung der Teilungserklärung nicht mehr nötig. Wichtig erscheint allerdings, daß die zu treffenden Maßnahmen bestimmbar umschrieben werden (dazu auch Anm. 22).

(4) Insgesamt sollte die Lösung der „großen Aufteilung" den anderen grundsätzlich vorgezogen werden. Der Bauträger muß aber dabei von vornherein für die Gesamtanlage konkret und „endgültig" planen, da Abweichungen sich nur in einem begrenzten und bestimmbaren Rahmen halten dürfen. Für größere Umplanungen der weiteren Gebäude ist dieses Verfahren wenig geeignet; allerdings könnte auch hierfür mit konkretisierten Vereinbarungen gearbeitet werden (dazu Anm. 22; zu Vollmachten Form. I. 31 Anm. 36a).

c) Überdimensionaler Miteigentumsanteil. (1) Eine weitere Lösungsmöglichkeit bietet der „überdimensionale Miteigentumsanteil" („Park-Anteil"). Hierbei werden die Wohnungen des ersten Gebäudes bereits mit den endgültigen Miteigentumsanteilen aufgeteilt; lediglich eine Einheit (Wohnung oder Garagenstellplatz), die dann zunächst auch nicht verkauft werden kann, erhält einen übergroßen Miteigentumsanteil, der etwa so zu bemessen ist, daß er die für die weiteren Gebäude erforderlichen Miteigentumsanteile erfaßt. Abzüglich des für die Wohnung benötigten Anteils wird der Rest später abgespalten und mit dem Sondereigentum bei den anderen Gebäuden verbunden. In der Gemeinschaftsordnung ist dabei zu regeln, daß die Rechte und Pflichten des überdimensionierten Miteigentums (Kosten, Lasten, Stimmrecht) nur auf den Normal-Anteil bezogen werden. Anwendungsbereich des überdimensionalen Miteigentumsanteils sind die Fälle, bei denen die Planung der weiteren Gebäude noch nicht feststeht oder noch nicht genehmigungsreif ist. Wenn auch die große Aufteilung (oben b) in der Regel vorzuziehen ist, gibt es Fälle, in denen ohne die Park-Anteil-Konstruktion nicht auszukommen ist. Die bei der späteren weiteren Aufteilung entstehenden Probleme der Mitwirkung der anderen Miteigentümer und der Gläubiger daran sind lösbar. Wichtig ist eine Gestaltung, die nicht an deren Widerspruch scheitern kann.

(2) Bei der Frage der Mitwirkung der Miteigentümer des Erstbaues ist zunächst zu klären, nach welchen Vorschriften des WEG die Verwertung der Miteigentumsanteile der Park-Einheit bei der Bildung von Wohnungseigentum der neuen Gebäude zu geschehen hat: nach § 8 WEG oder nach § 3 WEG? Für die Anwendung des § 8 WEG spricht zunächst die inzwischen wohl unbestrittene Meinung, daß jeder Wohnungs- bzw. Teileigentümer sein Eigentum ohne Zustimmung der anderen Miteigentümer wieder in selbständige Einheiten unterteilen kann (BGH NJW 1968, 499 = JZ 1968, 562 mit Anm. *Bärmann*; NJW 1979, 870; BayObLGZ 1977, 1; NJW-RR 1986, 244; LG Frankfurt RPfleger 1989, 251; *Bärmann/Pick/Merle* § 8 Rdn. 41 ff.; MünchKomm/*Röll* WEG § 3 Rdn. 17; *Weitnauer* § 8 Rdn. 3; *Streblow* MittRhNotK 1987, 147). Allen diesen Fällen und Begründungen ist aber gemeinsam, daß es sich immer um eine Teilung von bereits bestehendem Sondereigentum handelt. Das vorhandene Sondereigentum muß immer vollständig Sondereigentum bleiben. Bei der Unterteilung können nicht Sondereigentumsteile zu Gemeinschaftseigentum gemacht werden (BayObLG DNotZ 1988, 316 – Flurteil –) und auch nicht umgekehrt. Da die Park-Einheiten aber erst mit neu zu begründendem Sondereigentum verbunden werden sollen, der Bauträger nach Veräußerung des Erstbaues aber nicht mehr Alleineigentümer des gesamten Grundstücks ist, kommt für die Verbindung der Park-Miteigentumsanteile mit Sondereigentum nur das vertragliche Verfahren nach § 3 WEG in Betracht, sofern bereits Auflassungen vollzogen sind (*F. Schmidt,* Festschrift *Bärmann/Weitnauer* 1990, S. 558; *Hauger* WE 1991, 69; wohl auch *Röll* MittBayNot 1983, 5). Nach § 4 WEG ist dazu die Einigung mit allen Miteigentümern in der Form der Auflassung nötig. Die Verpflichtung dazu muß beurkundet werden (§ 4 Abs. 3 WEG, Form des § 313 BGB). Ist noch keine Auflassung vollzogen, ist die Zustimmung von vormerkungsberechtigten Käufer des Erstbaues nötig (*Hauger* a.a.O.).

(3) Daraus ergeben sich folgende Konsequenzen:
a) im Kaufvertrag müssen alle Käufer den Bauträger unwiderruflich bevollmächtigen, mit den Park-Einheiten Sondereigentum als Wohnungs- oder Teileigentum für die weiteren Gebäude zu bilden und die erforderlichen Baumaßnahmen durchzuführen;

3. Teilungserklärung mit Gemeinschaftsordnung (Mehrhausanlage)   IX. 3

b) in der Gemeinschaftsordnung (Vereinbarungen nach § 10 WEG) muß dem Inhaber der Park-Einheit das Recht zur Vornahme der baulichen Maßnahmen der weiteren Gebäude eingeräumt werden;
c) die Befugnis, mit den Park-Anteilen auch Sondereigentum an den Einheiten der weiteren Gebäude zu verbinden, sollte ebenfalls in die Gemeinschaftsordnung als Bindung unter den Miteigentümern aufgenommen werden;
d) da die Park-Einheit entweder Wohnungseigentum (angesiedelt bei einer Wohnung) oder Teileigentum (angesiedelt an einem Stellplatz) ist, muß auch das Recht zur Umwandlung in Wohnungs- oder Teileigentum in die Vereinbarungen aufgenommen werden.

(4) *S. Schmidt* schlägt eine anders geartete Lösung vor (BWNotZ 1989, 52 ff.): Er will dem Miteigentümer des Park-Anteils ein Sondernutzungsrecht für die weiteren Gebäude mit dem Recht der Errichtung einräumen. Mittels dieses Rechtes könne dieser auch Sondereigentum begründen. Er sieht das Sondernutzungsrecht als dingliches Recht an mit subjektiv-dinglicher Wirkung ähnlich wie eine Grunddienstbarkeit mit der Folge, daß der Sondernutzungsberechtigte auch Eigentümer der weiteren Gebäude werde. Dieser Argumentation kann nicht gefolgt werden. Das Sondernutzungsrecht ist kein dingliches Recht, sondern bleibt immer schuldrechtliche Vereinbarung (*Weitnauer,* Festschrift für Niederländer, Heidelberg 1991, S. 455; *Schnauder,* Festschrift *Bärmann/Weitnauer* 1990, S. 567; BayObLG WE 1992, 28). § 95 BGB ist für ein Sondernutzungsrecht wegen seines schuldrechtlichen Charakters nicht anwendbar. Selbst wenn man aber die Anwendbarkeit des § 95 BGB mit der Rechtsfolge eines eigenen unabhängigen Gebäudeeigentums bejahen wollte, könnte gerade dann kein Sondereigentum gebildet werden. Grundlage des WEG ist das Miteigentum an Grundstück und Gebäude als wesentlichem Bestandteil. Das Sondereigentum ist nur Anhängsel des Miteigentums (BGH DNotZ 1968, 423), nicht eines Sondernutzungsrechts. Die einzige Ausnahme, wonach an einem eigenen Gebäude ohne Einbeziehung des Grundstücks Wohnungseigentum begründet werden kann, ist das von WEG ausdrücklich zugelassene Erbbaurecht. Der von *S. Schmidt* vorgeschlagene Weg ist nicht gangbar.

(5) Wenn auch die Probleme der späteren Aufteilung beim überdimensionalen Miteigentumsanteil durch entsprechende Vollmachten und Regelungen in den Vereinbarungen weitgehend gelöst werden können, sollte dieses Verfahren nur da angewandt werden, wo die Art und Weise der endgültigen Gesamtbebauung in Verbindung mit einem gültigen Bebauungsplan im Wesentlichen feststeht und der zeitliche Rahmen für die Gesamtbebauung überschaubar ist. Schon bei der Bemessung der 1000stel der Park-Einheit sollte von der Gesamtwohn- und Nutzfläche aller Bauwerke ausgegangen werden, um im Ergebnis dann einen passenden Verteilungsschlüssel für die gemeinschaftlichen Kosten zu haben. Diesen Weg wählt das Formular. Auf einer solchen bestimmbaren Basis können dann auch die Vollmachten und Vereinbarungen so geregelt werden, daß weitere Mitwirkungsakte einschließlich Gläubigerzustimmungen nicht mehr erforderlich sind. Liegen solche Voraussetzungen nicht vor, kann eine Mehrhausanlage mit stufenweisem Bau nicht brauchbar gestaltet werden. Auch Vormerkungen lösen das Problem nicht (*F. Schmidt,* Festschrift *Bärmann/Weitnauer* 1990 S. 558). Die Aufteilung mit dem überdimensionalen Miteigentumsanteil eignet sich auf keinen Fall zur Ermöglichung einer Blanco-Bebauung auf dem restlichen Grundstück.

4. Miteigentumsanteile. Die Bildung der Miteigentumsanteile sollte von vornherein die gesamte Wohn- und Nutzfläche der Mehrhausanlage einschließlich der Stellplatzflächen ins Auge fassen und berücksichtigen (siehe Anm. 3c Abs. 5). Dabei können entweder die 1000stel oder 10 000stel so umgerechnet werden, daß der 1. Bauabschnitt und die Garagenplätze konkret aufgeteilt werden, so daß der Rest dann als überdimensionaler Anteil erscheint. Man kann auch die gesamte Wohn- und Nutzfläche zusammenzählen, Anteile für Stellplätze zuschlagen und aus der etwaigen Gesamtsumme den Nenner des Bruches, nach dem aufgeteilt wird, bilden. Der Vorteil liegt daran, daß man bei neuem Sondereigentum leicht mit den Quadratmetern unterteilen kann. Ein am Schluß verbleibender Anteil, der sich nicht mehr voll einfügt, muß in allen Fällen besonders behandelt werden. Das letztere Verfahren wird im Muster gewählt. Im übrigen gelten für die Bruchteilermittlung die gleichen Grundsätze wie beim normalen Wohnungseigentum.

5. Spätere Teilung. (1) Für die Aufteilung bei den weiteren Gebäuden wird der überdimensionale Miteigentumsanteil stufenweise verwendet, indem Miteigentumsanteile daran mit dem Sondereigentum an Wohnungen oder nicht zu Wohnzwecken dienenden Räumen daran verbunden werden. Dies geschieht nach § 8 WEG bei (noch) Alleineigentum des Bauträgers, nach § 3 WEG, wenn schon weitere Miteigentümer eingetragen sind (dazu Anm. 3c Abs. 2).

(2) Bei Teilung des Park-Anteils nach § 8 WEG ist die Zustimmung Vormerkungsberechtigter des vorherigen Bauabschnittes nötig (Form § 29 GBO), im Falle des § 3 WEG die Mitwirkung aller Miteigentümer (Form § 4 WEG, § 925 BGB Auflassung, bedeutet notarielle Beurkundung; dazu Anm. 3c Abs. 2). Zur Vollmacht dazu siehe Anm. 3c Abs. 3a).

(3) Alle Gläubiger, insbesondere Grundpfandrechtsgläubiger, die durch die Teilung einen Nachteil erfahren, müssen zustimmen (§§ 876, 877 BGB; Form § 29 GBO; BayObLG WE 1996, 155). Da mit dem Park-Anteil durch Inanspruchnahme von belastetem Miteigentum immer neues unbelastetes Sondereigentum entstehen soll, ist grundsätzlich auch von einer Zustimmungsbedürftigkeit auszugehen (*Röll*, DNotZ 1977, 76; *Hauger* WE 1991, 70). Da diese an sich nicht erzwungen werden kann, würde die weitere Aufteilung nicht gesichert sein. Mit Vollmachten, wie bei Käufern des ersten Bauabschnittes kann nicht gearbeitet werden, weil die Gläubiger bei den Einzelbelastungen urkundsmäßig nicht mitwirken (BayObLG aaO.).

(4) Der Weg dazu, die Gläubigerzustimmungen entbehrlich zu machen, führt über Sonderrechte, die dem Inhaber des Park-Anteils im Verhältnis zu den anderen Miteigentümern eingeräumt werden. Sie müssen so bestimmt bzw. bestimmbar niedergelegt werden, daß jeder Gläubiger die Rechtsposition für die weitere Verwendung des Park-Anteils kennt, so daß er von der Aufteilung nicht mehr nachteilig betroffen wird. Dann sind die §§ 876, 877 BGB nicht mehr einschlägig (so auch *Röll* MittBayNot 1993, 6). Dieses Nichtbetroffensein wird im Formular ausdrücklich durch den Satz „Es gilt auch nach Eigentumsüberschreibung von Wohnungs- und Teileigentum und wirkt auch gegenüber daran eingetragenen Drittberechtigten" vermerkt. Mit solchen Gedanken arbeitet auch *S. Schmidt* (BWNotZ 1989, 54 ff.). Insoweit kann ihm gefolgt werden, nicht aber in seiner Annahme, das Sondernutzungsrecht führe zu einem gesonderten Gebäudeeigentum (sh. oben Anm. 3 Abs. 4). Dieser Annahme bedarf es aber nicht, um das Erfordernis der Gläubigerzustimmung abzuwenden; es genügt das Sonder(nutzungs)recht, insbesondere wenn die Selbständigkeit der mehreren Gebäude in Verwaltung und Nutzung ausgeformt wird. Das Formular versucht einen solchen Weg. Er ist aber bezüglich der Gläubiger durch Rechtsprechung nicht unmittelbar abgesichert. Ist aber die Gläubigerzustimmung (nur) bei der erstmaligen Begründung des Sondernutzungsrechts (= Ausschluß vom Mitgebrauch, vgl. Form. IX. 1 Anm. 12) nötig (BayObLG WE 1991, 52), dann folgt daraus, daß sie entbehrlich ist, wenn Nutzungsrecht und Nutzungsausschluß von vornherein konkret bestimmt sind. Das BayObLG ist dem in seinem Beschluß vom 19. 10. 1995 (WE 1996, 155 = MittBayNot 1996, 27 jeweils mit abl. Anm. *Schmidt*) leider nicht gefolgt. Es ist aber zu hoffen, daß dies nicht das letzte Wort ist. In der Praxis kann man sich letztlich nur damit behelfen, daß man in solche Grundschulden aufnimmt, daß Miteigentum in Verbindung mit Sondereigentum an weiteren Bauabschnitten nicht zum Haftungsverband gehören sollen und daß sich der Notar von solchen Gläubigern gleich eine Freigabe zur weiteren Verwahrung geben läßt.

3. Teilungserklärung mit Gemeinschaftsordnung (Mehrhausanlage)

6. Gemeinschaftsordnung. Die im Formular enthaltenen Vereinbarungen nach § 10 Abs. 1 Satz 1 WEG über das Verhältnis der Miteigentümer untereinander (Gemeinschaftsordnung) beschränken sich auf notwendige Regelungen in Abweichung von den gesetzlichen Regelungen und zu deren Ergänzung. Grundsätzlich gelten dazu die Ausführungen in den Erläuterungen zu Formular IX. 1 Anm. 9 ff. Die Mehrhausanlage bedingt aber weitere Sonderregelungen zur Trennung der einzelnen Häuser in Nutzung und Verwaltung in Untergemeinschaften (*Rastätter* BWNotZ 1988, 36). Darin liegen auch die Besonderheiten gegenüber Einzelhäusern. Wenn solche Regelungen auch nicht von Gesetzes wegen zwingend sind, so sind sie in der Regel doch sehr angeraten. Unter dem Gesichtspunkt von Treu und Glauben werden dabei die Nutzungen, die Instandhaltung, die Kosten und Lasten nur innerhalb der Eigentümergruppen verteilt, die davon echt betroffen sind (*S. Schmidt* BWNotZ 1989, 56).

7. Zweckbestimmung. Unter Berücksichtigung der Grundsätze, die in Anm. 11 zu Formular IX. 1 genannt sind, soll die Zweckbestimmung auch die Nutzungsarten und -möglichkeiten der weiteren Häuser im Grundsatz regeln, um dafür eine feste Rechtsgrundlage für die spätere Aufteilung der Park-Anteile zu haben. Andernfalls könnte nicht davon ausgegangen werden, daß Zustimmungspflichten der Käufer bzw. Miteigentümer des ersten Bauabschnitts bestehen bzw. durchgesetzt werden können oder Vollmachten anerkannt werden (vgl. auch Anm. 34 zu Formular I. 31).

8. Stellplatz-Sondernutzungsrechte. Dazu Formular IX. 1 Anm. 15. Hierzu muß die Berechtigung kommen, die Stellplatz-Sondernutzungsrechte für die weiteren Bauabschnitte konkret festzulegen.

9. Terrassen. Zu ebenerdigen Terrassen Formular IX. 1 Anm. 6.

10. Garten-Sondernutzungsrechte. Dazu Formular IX. 1 Anm. 13. Auch hier muß die Regelungsmöglichkeit für die weiteren Bauabschnitte erhalten bleiben.

11. Nutzungsaufteilung. Die Nutzungsaufteilung auf die einzelnen Häuser ist ein zentrales Element der Mehrhausanlage. Sie bewirkt, daß die Eigentümer jedes Hauses das dazu gehörende Gemeinschaftseigentum, also den ganzen Baukörper, unter Ausschluß der anderen Hauseigentümer nutzen können. Es ist ein Gemeinschafts-Sondernutzungsrecht im Gegensatz zu Einzelsondernutzungsrechten. Dies ist eine im Rahmen der Vertragsfreiheit zulässige Gebrauchsregelung nach § 15 Abs. 1 WEG (vgl. *Bärmann/Pick/Merle* § 13 Rdn. 30, 141; MünchKomm/*Röll* § 10 Rdn. 25 a). Der Weg mit dem Sondernutzungsrecht muß deshalb beschritten werden, weil auch bei getrennten Häusern Sondereigentum an den konstruktiven Gebäudeteilen nicht begründet werden kann (BGH NJW 1968, 1320; a.A. *Erman/Ganten* WEG § 5 Rdn. 8 für freistehendes Einfamilienhaus). Da das Sondernutzungsrecht nur die Nutzung einer vorhandenen Bausubstanz gewährt, muß die Frage nach zulässigen baulichen Veränderungen gesondert geregelt werden als Abweichung von § 22 Abs. 1 WEG; ein Sondernutzungsrecht berechtigt nicht von sich zu baulichen Veränderungen und Maßnahmen (BayObLG WE 1990, 70). Es ist eine Frage der einzelnen Wohnanlage, ob und inwieweit bauliche Veränderungen zulässig sein sollen. Das Recht des Bauträgers zur baulichen Gestaltung der weiteren Häuser sollte unter dem Aspekt „baulicher Veränderungen" auch in der Gemeinschaftsordnung verankert werden (dazu § 11 des Formulars).

(2) Die Sondernutzungsregelung ist nicht zwingend für eine Mehrhausanlage, aber doch unbedingt anzuraten. Das Sondernutzungsrecht kann auch auf einzelne Gemeinschaftsräume (z. B. Fahrradkeller, Trockenraum) oder Anlagen (z. B. Aufzug) eines Hauses beschränkt werden. Geschieht auch dies nicht, können sich erhebliche Probleme ergeben (z. B. OLG Hamm DNotZ 1985, 442 mit abl. Anm. *Röll*: Die Eigentümer eines Hauses mit Speicher sollen den anderen Nutzungsentschädigung zahlen! BGH NJW 1984, 2476: Die Eigentümer aller Häuser müssen sich an den Kosten des Aufzugs beteiligen, der sich nur in einem Haus befindet).

12. Lastentragung. Die getrennte Lastentragung ist das Pendent zur Sondernutzung. Eine solche Kostentrennung ist zulässig und sachgerecht, da die Eigentümer so nur die Kosten ihres jeweiligen Hauses zu tragen haben (vgl. OLG Düsseldorf WE 1988, 94; MünchKomm/*Röll* WEG § 10 Rdn. 23; *S. Schmidt*, BWNotZ 1989, 56). Davon werden dann auch Aufzüge erfaßt, die andernfalls gemeinsam abgerechnet werden müßten (BayObLG WE 1992, 345). Möglich und geboten ist dabei auch, getrennte Instandhaltungsrücklagen zu bilden (BayObLG NJW-RR 1988, 273; WE 1989, 211; WE 1991, 360). Bei einer Tiefgarage soll die Kostenpflicht auch die Abfahrtsrampe samt Seitenwänden erfassen, da sie nicht zum Sondereigentum zählt (BayObLG NJW-RR 1993, 1039). Die Kostenverteilung innerhalb der Untergemeinschaft soll im Verhältnis der Miteigentumsanteile des betreffenden Hauses geschehen; dies ist der gleiche Berechnungsmodus wie bei einem einzigen Wohnungseigentumsgebäude. Bei besonderen Umständen empfiehlt sich ein konkret ausgerechneter Verteilungsschlüssel. Statt nach Miteigentumsanteilen kann auch nach Quadratmeter Wohn- und Nutzfläche aufgeteilt werden; dann sind diese anzugeben. Neben den getrennten Kostenbereichen gibt es aber fast immer noch einen Restposten gemeinschaftlicher Kosten aller Miteigentümer, insbesondere bei Außenanlagen. Ob deren Bereich immer schon konkret festgelegt werden kann (dafür MünchKomm/*Röll* WEG § 10 Rdn. 23), ist fraglich. Eine Auffangklausel für alle nicht einem Haus gesondert zurechenbaren Kosten erscheint praktikabler. Nicht auf einzelne Häuser absonderbare Kosten, so Gemeinschaftskosten, die die Eigentümer im Außenverhältnis gemeinsam treffen, müssen gemeinsam abrechnet werden (BayObLG WE 1994, 148). Die Verteilung kann nach Miteigentumsanteilen geschehen, wenn sie im Endergebnis passen (z.B. von vornherein Miteigentumsanteile nach den Gesamtquadratmetern ausgerechnet, wie im Formular) oder nach Wohn- und Nutzfläche.

13. Heizkosten. Dazu Form. IX. 1 Anm. 17 Abs. 2. Hat jedes Haus eine eigene Heizung, wird auch hier getrennt. Eine einzige Heizung für alle Häuser ist als zwingendes Gemeinschaftseigentum gemeinsam zu verwalten und abzurechnen, es sei denn, die Gemeinschaftsordnung oder eine bestandskräftiger Mehrheitsbeschluß sehen auch hierfür eine getrennte Abrechnung vor (BayObLG WE 1994, 304). Eine nicht angeschlossene Tiefgarage sollte davon ausgenommen werden.

14. Eigentümerversammlung. (1) Nach dem Prinzip der Trennung von Nutzen und Lasten bei den einzelnen Häusern muß zwangsläufig auch die Verwaltung durch die Eigentümer getrennt werden. Das bedeutet, daß jedes Haus für seine Angelegenheiten eine eigene Untereigentümerversammlung abhält. Auch wenn es bereits als Gesetzeslage angesehen wird, daß von einem Beschluß nicht betroffene Eigentümer kein Stimmrecht haben, wie die Sondereigentümer eines Hauses im Verhältnis zu den anderen (BayObLG DNotZ 1985, 414 m.w.N.; *Weitnauer* § 23 Rdn. 3e), sollten die Untereigentümergemeinschaften klar in der Gemeinschaftsordnung geregelt werden. Eine solche Vereinbarung dient der Erleichterung der Verwaltung (BayObLG WE 1989, 211) und stellt keine unzulässige Beschränkung des Eigentumsrechts der anderen Miteigentümer dar (BayObLG a.a.O.). Neben den Unterversammlungen steht die Gesamtversammlung für Gesamtangelegenheiten, zu denen auch die Verwalterbestellung und dessen Entlastung gehört. Auch über die Jahresabrechnung kann wegen der darin notwendigerweise auch enthaltenen Kosten der Gesamtgemeinschaft nur gemeinsam abgestimmt werden (BayObLG WE 1995, 96 = BayObLGZ 1994 Nr. 18). Das muß dann auch für den Wirtschaftsplan gelten. Damit stellt sich die Frage, wieweit es einen Sinn hat, überhaupt Unterversammlungen abzuhalten. Jedenfalls ist einmal im Jahr eine Gesamtversammlung einzuberufen. Sofern aber in jeweils eigenen Versammlungen abgestimmt wird, sind diese Beschlüsse nicht nichtig (BayObLG aaO.; LG Köln WM 1990, 366).

15. Stimmrecht. Bei der Berechnung der Stimmrechtsquoten sind sowohl die der Unterversammlung wie die der Gesamtversammlung zu bestimmen. Der Maßstab sollte sofort festgelegt werden. Die anstelle der gesetzlichen Regelung (§ 25 Abs. 2 Satz 1 WEG –

3. Teilungserklärung mit Gemeinschaftsordnung (Mehrhausanlage)

Kopfprinzip) angemessenste ist die nach Wohn- und Nutzfläche. Werden die Miteigentumsanteile bereits danach berechnet unter Einbeziehung aller Gebäude, paßt auch die Verteilung des Stimmrechts nach Miteigentumsanteilen sowohl bei den Unterversammlungen wie bei der Gesamtversammlung (zum Wertprinzip Formular IX. 1 Anm. 20 Abs. 1). Das Formular ist danach aufgebaut. Da die Rechnung am Ende kaum jemals voll aufgeht, ist für den verbleibenden Überanteil die Stimmrechtsquote auf den normalen Anteil zu reduzieren.

16. Vertretung. Zur Zulässigkeit und Gestaltung von Vertretungsbeschränkungen Formular IX. 1 Anm. 20 Abs. 2.

17. Beschlußfähigkeit. Zur Regelungsbedürftigkeit Formular IX. 1 Anm. 20 Abs. 5.

18. Veräußerungsbeschränkung. Dazu Formular IX. 1 Anm. 16.

19. Verwaltungsbeirat. Die Regelungen über den Verwaltungsbeirat in § 29 WEG sind disponibel, aber nur durch Vereinbarung abänderbar (dazu Formular IX. 1 Anm. 10 Abs. 10). Eine sinnvolle Anpassung an die Erfordernisse einer Mehrhausanlage ist zu empfehlen.

20. Verwalterbefugnisse. Dazu Formular IX. 1 Anm. 10 Abs. 9.

21. Wiederaufbau. Dazu Formular IX. 1 Anm. 23. Denkbar, aber wohl problematisch sind Sonderregelungen für die einzelnen Häuser zum Wiederaufbau. Hier sollte grundsätzlich die Einheitlichkeit der Gesamtanlage im Vordergrund stehen, die durch Wiederaufbau auch eines von mehreren Häusern wieder herzustellen ist. Das Recht, die Aufhebung der Gemeinschaft zu verlangen, kann bei einer Mehrhausanlage nicht gewährt werden, wenn nicht alle Häuser zerstört sind, da andernfalls unversehrtes Sondereigentum entzogen würde.

22. Änderungen. (1) Der Bauträger braucht eine gesicherte Rechtsposition für die Errichtung einschließlich endgültiger Planung der weiteren Häuser. Die Sicherheit erfordert Rechtsmacht gegenüber Käufern bzw. Eigentümern des ersten Hauses bzw. fertiger Häuser und gegenüber Gläubigern daran. Er benötigt sie: a) für den sachenrechtlichen Vorgang der späteren Teilung nach § 8 oder § 3 WEG; b) für darauf ausgerichtete Anpassungen der Gemeinschaftsordnung; c) für die Durchführung der Baumaßnahme. Dazu führen zwei Wege, die komplementär zu beschreiben sind: unwiderrufliche Vollmacht im Kaufvertrag und Vereinbarungen nach § 10 Abs. 2 WEG in der Gemeinschaftsordnung.

(2) Die Vollmacht ist für den dinglichen Teilungsakt beim überdimensionalen Miteigentumsanteil nach § 3 WEG notwendig: Form der Auflassung (§ 4 Abs. 2 WEG) – Fall der Aufteilung nach Eigentumseintragung bereits eines Miteigentümers (dazu Anm. 3c Abs. 2). Auch bei Aufteilung nach § 8 WEG, solange der Bauträger noch Alleineigentümer ist, ist eine Ermächtigung von vorherigen Käufern, die durch Eigentumsvormerkung abgesichert sind, nötig. Die Vollmacht dazu hat ihren Platz im Kaufvertrag; sie muß unwiderruflich sein. Die Unwiderruflichkeit rechtfertigt sich aus den Bindungen in der Gemeinschaftsordnung. Nur diese Bindungen geben volle Sicherheit, weil sie auch bei Widerruf der Vollmacht oder schon bei Streit darüber einen durchsetzbaren Anspruch auf Mitwirkung bei der Aufteilung gewähren.

(3) In die Gemeinschaftsordnung gehören dagegen Regelungen der Miteigentümer untereinander (§ 10 WEG Abs. 1 und 2), die dem Eigentümer des Park-Anteils sachlich (für die weiteren Häuser) und zeitlich (bis zur vollen Fertigstellung) begrenzte Sonderrechte gewähren. Es sind dies Sondernutzungsrechte für die Grundstücksflächen zwecks Bebauung mit den weiteren Häusern samt dazu gehörigen Außenanlagen, die dazu notwendigen baulichen Maßnahmen zu treffen (vgl. § 22 Abs. 1 WEG), die Gemeinschaftsordnung für Erfordernisse der weiteren Häuser zu ändern (z. B. Sondernutzungsrechte für Stellplätze, Gartenteile, Nutzungs- und Zweckbestimmungen von Sondereigentum,

Verwaltungs- und Kostenregelungen für die Teilgemeinschaften etc.). Soweit dafür dann eine Grundbucheintragung erfolgen muß, erscheint eine Ermächtigung (Vollmacht) zu Änderung bzw. Anpassung der Gemeinschaftsordnung als möglicher Inhalt der Vereinbarungen als zulässig; sicherheitshalber sollte die Vollmacht im Kaufvertrag auch darauf ausgerichtet werden.

(3) Die dogmatische Grundlage liegt zunächst in der Gestaltungsfreiheit der Vereinbarungen und deren schuldrechtlichen Natur (*Weitnauer*, Festschrift Niederländer, 1991, S. 470; § 10 WEG Rdn. 25) begründet. Es können Vereinbarungen jeder Art getroffen werden. Wenn der BGH für Änderungsklauseln der Gemeinschaftsordnung einen sachlichen Grund fordert (NJW 1985, 2832), so ist dieser hier gegeben. Dem Änderungsvorbehalt liegt die zutreffende Theorie von der Gestaltungsmacht zu Grunde (ausführlich begründet von *Grebe*, DNotZ 1987, 10ff.), entwickelt an dem einer Mehrheit einräumbaren Recht zu Änderung der Vereinbarungen. Was bei der Rechtseinräumung für die Mehrheit noch problematisch sein mag (Konkretisierung des Rechtsträgers, *Grebe* S. 10), ist beim eindeutig feststehenden Inhaber des Park-Anteils keine Frage. Daneben steht die Theorie der antizipierten Zustimmung (dazu *Grebe* S. 9). Gleichgültig, welcher Theorie man folgt, durch die Grundbucheintragung wird die Regelung sicher und konkursfest (*S. Schmidt*, BWNotZ 1989, 57). Der Rechtsboden für eine solche Regelung dürfte daher gesichert sein (vgl. *Grebe*, *S. Schmidt* je m.w.N.; vgl. auch *Rapp*, MittBayNot 1998, 77 zur verdinglichten Ermächtigung in der Teilungserklärung).

(4) Bei der Regelung stellt sich auch die Frage nach der Bestimmtheit bzw. Bestimmbarkeit als weiterem Gültigkeitserfordernis. Auch hier kann man nicht überspannen (vgl. kritisch zu den Bestimmtheitsanforderungen *Grebe* S. 11). Wenn der Umfang der Mehrhausanlage im Wesentlichen festgelegt und der Nutzungsbereich jedes Hauses zum ihm zugehörigem Außenbereich konkretisiert werden, muß dies als genügende Bestimmtheit angesehen werden. Durch die Ausnützung der Sonderrechte wird dann auch kein bisheriger Erwerber unzumutbar oder unbillig benachteiligt (vgl. *S. Schmidt* S. 56 zur Frage Treu und Glauben).

(5) Wenn dies alles so vereinbart ist, werden bei der Sondereigentumsbildung aus dem Park-Anteil und einer Anpassung der Gemeinschaftsordnung bei den weiteren Häusern nur Sonderrechte ausgeübt, wodurch kein Gläubiger eines vorgehenden Hauses benachteiligt und betroffen wird. Eine Gläubigerzustimmung ist daher nicht notwendig (vgl. Anm. 5 Abs. 4; *S. Schmidt* S. 54; siehe aber BayObLG Anm. 5 Abs. 4) Die Empfehlung von *S. Schmidt* (S. 56), bei jeder Grundpfandrechtsbestellung jedenfalls eine privatschriftliche Zustimmung des Gläubigers zu den Folgemaßnahmen einzuholen, hat durch die Entscheidung des BayObLG neue Aktualität gewonnen. Der Gläubiger bei der entsprechenden Gestaltung der Gemeinschaftsordnung aber kein Recht mehr, die Zustimmung zu verweigern.

(6) Für die im Kaufvertrag nötige Vollmacht könnte wie folgt formuliert werden:
Der Verkäufer bleibt berechtigt – auch über den Eigentumsübergang hinaus –, nach eigenen Vorstellungen, jedoch im Rahmen des Bebauungsplanes, die weiteren Häuser zu planen und zu errichten. Die gesamte Wohn- und Nutzfläche der Anlage darf 7700 qm nach II. BV nicht überschreiten. Der Käufer erkennt insbesondere alle diesbezüglichen Rechte, die sich der Verkäufer in § 11 der Gemeinschaftsordnung vorbehalten hat, uneingeschränkt an. Der Verkäufer wird daher unwiderruflich bevollmächtigt, alle für diese Maßnahmen erforderlichen Erklärungen abzugeben und Handlungen vorzunehmen. Dazu gehören auch solche in Verfahren nach §§ 3, 8 WEG zur Bildung von Sondereigentum der weiteren Häuser und Änderungen der Gemeinschaftsordnung für diesen Zweck. Von den Beschränkungen des § 181 BGB ist der Bevollmächtigte befreit. Die Vollmacht gilt auch über den Tod des Vollmachtgebers und einer Beschränkung seiner Verfügungsfähigkeit hinaus. Sie ist nur auf Rechtsnachfolger in der im Eigentum mit dem überdimensionalen Miteigentumsanteil übertragbar. Der Käufer hat etwaige eigene

Rechtsnachfolger zu verpflichten, diese Vollmacht auch zu erteilen und seine Rechtsnachfolger wiederum entsprechend zu binden; er haftet für Schäden durch Nichterfüllung dieser Verpflichtung. Die Vollmacht erlischt mit Anlegung der Grundbücher für das letzte Haus.

23. Verwalterbestellung. (1) Nach der Gesetzeslage kann eine Eigentümergemeinschaft nur einen einzigen Verwalter haben. Auch die Verwaltungsdifferenzierung einer Mehrhausanlage ermöglicht es nicht, für die einzelnen Häuser verschiedene Verwalter zu bestellen. Zur Verwaltereigenschaft Formular IX. 1 Anm. 24 Abs. 1.

(2) Das Formular enthält noch keine Verwalterbestimmung. Da die Verwalterfunktion schon beim Bezug des ersten Hauses ausgeübt werden muß, ist die Bestellung spätestens bis dahin nachzuholen, andernfalls kann der nach § 8 WEG teilende Bauträger dies nicht mehr einseitig vornehmen. Die im Formular enthaltene Ermächtigung gilt nicht mehr nach Bezug der ersten Wohnung durch einen Käufer. Eine solche Vollmacht wäre als Verstoß gegen die zwingende Vorschrift des § 26 Abs. 1 WEG nichtig (*Bader*, Festschrift Seuß S. 11 ff.); die Nichtigkeit würde auch die Verwalterbestellung ergreifen.

24. Baubeschreibung. Zur Baubeschreibung Formular IX. 1 Anm. 25.

25. Kosten. Zu den Kosten Formular IX. 1 Anm. 16. Als Wert ist nur der Gebäudewert des ersten Bauabschnittes und der Tiefgarage zu nehmen. Die späteren Häuser werden erst bei der Aufteilung nach dem überdimensionierten Miteigentumsanteil als Bewertungsgrundlage herangezogen. Bei dieser späteren Teilung entsteht bei einer Teilung nach § 8 WEG (Bauträger noch Alleineigentümer) wieder eine volle Gebühr nach § 36 Abs. 1 KostO für die Beurkundung dieser Aufteilung; hierzu kommen gegebenenfalls die Kosten für die Baubeschreibung des zu bauenden Hauses. Falls die Teilung nach § 3 WEG erfolgen muß (Bauträger nicht mehr Alleineigentümer) entsteht eine doppelte Gebühr nach § 36 Abs. 2 KostO.

4. Teilungsvertrag nach § 3 WEG[1] (Dreifamilienhaus)

Verhandelt[2] am ......
in ......
Vor mir, ..., Notar in ...... erschienen heute: ......
Über den Grundbuchstand habe ich mich unterrichtet. Auf Ansuchen beurkunde ich folgende Erklärungen der gleichzeitig anwesenden Beteiligten:

§ 1 Sachverhalt

Im Grundbuch des Amtsgerichts ...... für ......
Band ...... Blatt ...... sind als Miteigentümer[3] des dort vorgetragenen Grundstücks der Gemarkung ......
Fl. Nr. ...... (Beschrieb) ...... zu ...... qm
eingetragen:
a) die Ehegatten X als Miteigentümer zu je einem Fünftel;
b) Herr Y als Miteigentümer zu zwei Fünftel;
c) Frau Z als Miteigentümerin zu einem Fünftel.

An Belastungen[4] sind eingetragen:

Abteilung II: Gehrecht für den jeweiligen Eigentümer von Fl. Nr. ......;

Abteilung III: 120.000,– DM Buchgrundschuld für die B-Bank an den Miteigentumsanteilen X;
30.000,– DM Briefgrundschuld für die Bausparkasse ...... am Miteigentumsanteil Z.
Auf dem Grundstück befindet sich das Dreifamilienhaus Anwesen ...... mit je einer Wohnung im Erdgeschoß und im Obergeschoß sowie einer Mansardenwohnung im Dachgeschoß. Dazu gehört eine Doppelgarage und ein Kraftfahrzeugstellplatz im Freien. Die jetzigen Miteigentümer haben das Anwesen erworben, um Wohnungseigentum daran zu bilden.

§ 2 Bildung von Wohnungseigentum

Die Ehegatten X, Herr Y und Frau Z beschränken ihre Miteigentumsanteile an dem Grundstück in der Weise, daß sie mit den Miteigentumsanteilen das Sondereigentum an einer bestimmten Wohnung und nicht zu Wohnzwecken dienenden Räumen verbinden. Die Aufteilung geschieht in Übereinstimmung mit dem Aufteilungsplan, der dieser Urkunde als Anlage beigefügt ist.[5] Auf den Plan wird verwiesen; er wurde zur Durchsicht vorgelegt. Abgeschlossenheitsbescheinigung und von der Behörde gesiegelte Pläne sind noch beizubringen.
Im einzelnen wird die Aufteilung wie folgt vorgenommen:[6]
1. ²/₅ (zwei Fünftel) Miteigentumsanteil der Ehegatten X, verbunden mit dem Sondereigentum an der gesamten Wohnung im Erdgeschoß samt Kelleranteil und dem linken Stellplatz in der Doppelgarage, im Aufteilungsplan mit Nr. I bezeichnet.
Wohnflächengröße 102 qm.
Das Wohnungseigentum steht den Eheleuten X zu je ½ Anteil zu.
2. ²/₅ (zwei Fünftel) Miteigentumsanteil des Herrn Y, verbunden mit dem Sondereigentum an der gesamten Wohnung im 1. Obergeschoß samt Kelleranteil und dem rechten Stellplatz in der Doppelgarage, im Aufteilungsplan mit Nr. II bezeichnet.
Wohnflächengröße 96 qm.
3. ¹/₅ (ein Fünftel) Miteigentumsanteil der Frau Z, verbunden mit dem Sondereigentum an der Mansardenwohnung im Dachgeschoß samt Kelleranteil, im Aufteilungsplan mit Nr. III bezeichnet. Wohnflächengröße 49 qm.
Die Miteigentümer sind sich über die Einräumung des Sondereigentums einig.

§ 3 Besondere Vereinbarungen[7]

Für das Verhältnis der Wohnungseigentümer untereinander gelten die Bestimmungen des Wohnungseigentumsgesetzes, soweit nicht nachstehend etwas anderes vereinbart ist. Gemäß § 10 Abs. 1 Satz 2 WEG wird als Inhalt des Wohnungseigentums folgendes bestimmt:

1. Zweckbestimmung[8]

Das gesamte Gebäude dient ausschließlich Wohnzwecken. Eine gewerbliche oder freiberufliche Praxis darf nur mit Zustimmung aller Wohnungseigentümer ausgeübt werden, es sei denn, daß dadurch keine Störungen verursacht werden (Lärm, Publikumsverkehr etc.).

2. Sondernutzungsrechte[9]

a) Zur Wohnung Nr. III gehört das Sondernutzungsrecht an dem Kraftfahrzeugstellplatz im Freien.
b) Zur Wohnung Nr. I gehört das Sondernutzungsrecht an der dem Wohnzimmer vorgelagerten ebenerdigen Terrasse[10] und an dem im Plan mit Nr. I bezeichneten Gartenteil.
c) Zur Wohnung Nr. II gehört das Sondernutzungsrecht an dem im Plan mit Nr. II bezeichneten Gartenteil.

4. Teilungsvertrag nach § 3 WEG (Dreifamilienhaus)

An den von den Sondernutzungsrechten betroffenen Flächen haben die Sondernutzungsberechtigten das alleinige Nutzungsrecht und die alleinige Unterhaltspflicht. Die Gestaltung der Gartenflächen muß einen einheitlichen Charakter des Gesamtgrundstücks bewahren. Der Garten ist ordentlich zu pflegen.[11]

3. Veräußerungs- und Vermietungsbeschränkung

(1) Zur Veräußerung eines Sondereigentums ist die Zustimmung aller Miteigentümer erforderlich, ausgenommen die Veräußerung an Angehörige im Sinne des § 8 des zweiten Wohnungsbaugesetzes.[12]

(2) Desgleichen ist die schriftliche Einwilligung aller Wohnungseigentümer zur Vermietung oder sonstigen Gebrauchsüberlassung an Dritte erforderlich, ausgenommen an Angehörige im Sinne des § 8 des zweiten Wohnungsbaugesetzes.[13]

(3) Die Zustimmungen können nur aus wichtigem Grund versagt werden.

4. Lastentragung

Die Kosten und Lasten der Gemeinschaft einschließlich Verwaltungskosten tragen die Eigentümer im Verhältnis ihrer Miteigentumsanteile[14] mit Ausnahme folgender Kosten und Lasten:

a) Jeder Eigentümer trägt die auf ihn bzw. sein Sondereigentum fallenden Kosten allein, für die besondere Meßvorrichtungen vorhanden sind oder die sonst in einwandfreier Weise gesondert festgestellt werden können.
b) Die Kosten für die Heizung werden mit 60%, die der Warmwasserversorgung mit 70% auf den Verbrauch, im übrigen auf die Wohnfläche umgelegt. Im übrigen gilt die Heizkostenverordnung, innerhalb deren Rahmen die Eigentümer auch einen anderen Verteilungsschlüssel beschließen können.
c) Soweit Verwalterkosten anfallen, trifft auf jede Wohnung ein gleicher Anteil.
d) Die Doppelgarage ist nur von den Sondereigentümern der Garagenstellplätze zu unterhalten.

5. Eigentümerversammlung[15]

(1) Auf das Erfordernis einer jährlichen Eigentümerversammlung wird verzichtet. Beschlüsse sind dann schriftlich zu fassen.

(2) In der Eigentümerversammlung kann sich ein Eigentümer nur durch einen anderen Miteigentümer oder einen im Hause wohnenden Angehörigen vertreten lassen.[16] Die Vollmacht muß schriftlich erteilt werden. Miteigentümer einer Sondereigentumseinheit bedürfen gegenseitig keiner besonderen Vollmacht, wenn nicht Zweifel an der Vertretungsmacht bestehen.

6. Wirtschaftsplan

Ein beschlossener Wirtschaftsplan bleibt bis zum Beschluß eines neuen in Kraft.

7. Garagenbau[17]

Der Sondernutzungsberechtigte am Kraftfahrzeugstellplatz ist berechtigt, auf dem Stellplatz auf eigene Kosten eine Fertiggarage aufzustellen. Die Unterhaltung obliegt ihm allein.

§ 4 Verwalterbestellung

Zum ersten Verwalter wird Herr Y bestellt.[18]

§ 5 Grundbuchanträge

Die Vertragsteile bewilligen und beantragen zur Eintragung in das Grundbuch
a) die Rechtsänderung gemäß der in § 2 erklärten Einigung;

b) den Inhalt des Wohnungseigentums nach § 3 mit der Maßgabe, die Sondernutzungsrechte im Bestandsverzeichnis anzugeben.[19]

Der Notar wird ermächtigt, alle zum Vollzug erforderlichen Erklärungen abzugeben, Anträge zu stellen, abzuändern und zurückzunehmen.

§ 6 Kosten, Abschriften

Die Kosten[20, 21] dieser Urkunde und ihres Vollzugs tragen die Vertragsteile entsprechend ihren Miteigentumsanteilen.

Von der Urkunde erhält jeder Vertragsteil eine Ausfertigung, das Grundbuchamt eine beglaubigte Abschrift.

Plan zur Durchsicht vorgelegt.[18]
Vorgelesen vom Notar, von den Beteiligten
genehmigt und eigenhändig unterschrieben.

Anmerkungen

1. **Sachverhalt.** Das Formular befaßt sich mit einer vertraglichen Teilung eines Dreifamilienhauses durch die Miteigentümer nach § 3 WEG. Wegen Einzelfragen der Gestaltung, insbesondere der Vereinbarungen über den Inhalt des Sondereigentums, wird auf Formular IX. 1. verwiesen.

2. **Form.** Die Begründung von Wohnungseigentum nach § 3 WEG geschieht durch einen Vertrag der Miteigentümer untereinander, der notariellen Beurkundung (§ 4 Abs. 3 WEG, § 313 BGB) in Form einer Niederschrift (§ 8 BeurkG) bedarf. Die dingliche Erfüllung des schuldrechtlichen Vertrages geschieht durch die Einigung in der Form des § 925 BGB (§ 4 Abs. 2 WEG) bei gleichzeitiger Anwesenheit aller Miteigentümer und durch die Eintragung im Grundbuch (§ 4 Abs. 1 WEG).

3. **Miteigentum.** (1) Die teilenden Eigentümer müssen als Miteigentümer in Bruchteilsgemeinschaft spätestens bei Anlegung der Wohnungsgrundbücher im Grundbuch eingetragen sein (MünchKomm/*Röll* § 1 WEG Rdn. 19 ff.). Gesamthandsgemeinschaften können erst nach Umwandlung in Bruchteilseigentum nach § 3 WEG verfahren (*Bärmann/Pick/Merle* WEG § 3 Rdn. 5; BayObLG MittBayNot 1981, 23 für BGB-Gesellschaft). Die Miteigentumsanteile sollen bereits beim Erwerb des Grundstücks oder bei der Auseinandersetzung so gewählt werden, daß sie mit den für die Begründung des Wohnungseigentums erforderlichen Anteilen übereinstimmen. Andernfalls sind Korrekturen vorzunehmen, bei denen Auflassung erforderlich ist (*Erman/Ganten* § 3 WEG Rdn. 2). Die Verpflichtung zur Aufteilung kann wirksam auch dann eingegangen werden, wenn zu diesem Zeitpunkt die Voraussetzungen zur Abgeschlossenheit noch nicht gegeben sind (BayObLG DNotZ 1991, 895).

(2) Das Gesetz schreibt keine Maßstäbe für die Größe der Miteigentumsanteile vor (zur Bemessung *Röll* MittBayNot 1979, 4). Da sie jedoch für den Lastenverteilungsschlüssel maßgebend sind (§ 16 Abs. 2 WEG), sollte eine gerechte Verteilung sich an der Größe des Sondereigentums ausrichten (*Erman/Ganten* § 1 WEG Rdn. 5). Dazu dient am besten die Wohnflächengröße. Bei kleineren Objekten ist es allerdings nicht erforderlich, Berechnungen auf den Quadratmeter genau vorzunehmen. Es genügt, die ungefähre Größe der Wohnungen in Bezug zueinander zu setzen und einfache Miteigentumsanteile zu bilden (wie hier: $2/5$, $2/5$ und $1/5$; oder etwa $1/3$, $1/3$, $1/3$; $3/5$, $2/5$ etc.). Wohnwert, Nutzung und Kostenaufwand wirken sich hier weniger aus, so daß um der Einfachheit und Praktikabilität willen geringere Flächendifferenzen der Wohnungen unerheblich sind.

4. Teilungsvertrag nach § 3 WEG (Dreifamilienhaus)

4. Gläubigerzustimmungen. Die Bildung von Wohnungseigentum bedarf nicht der Zustimmung von Gläubigern solcher Belastungen, die am ganzen Grundstück eingetragen sind (*Weitnauer* WEG § 3 Rdn. 74 mwN.). Ist dagegen ein Miteigentumsanteil selbständig belastet, so ist die Zustimmung des betreffenden Gläubigers nötig (*Weitnauer* aaO. Rdn. 75).

5. Aufteilungsplan. (1) Der Aufteilungsplan ist nach § 7 Abs. 4 Nr. 1 WEG notwendig für den Grundbuchvollzug. In der dort genannten Form muß er bei Beurkundung des Teilungsvertrages noch nicht vorliegen. Bei einer genauen Beschreibung der einzelnen Sondereigentumseinheiten im Teilungsvertrag ist die Beifügung eines Planes nicht erforderlich. Sie ist jedoch immer zweckmäßig und anzuraten, wenn vor Erteilung der Abgeschlossenheitsbescheinigung beurkundet wird. Insbesondere bei Nebenräumen (Keller, Dachboden) ist es einfacher darzustellen, zu welcher Wohnung welcher Nebenraum gehört. Der Plan ist in diesem Fall Bestandteil der Urkunde nach § 9 Abs. 1 Nr. 2 BeurkG; auf ihn muß verwiesen werden. Die Bezugnahme auf den Plan gilt nur für die zeichnerischen Darstellungen und die erklärenden Worte und Zahlen.

(2) Eine Numerierung des jeweiligen Sondereigentums ist vom Gesetz her nicht gefordert und bei kleineren Objekten meist nicht notwendig. Die Bezeichnungen Erdgeschoß, Obergeschoß etc. genügen dem Gesetz. Im Hinblick auf Nebenräume bringt die Numerierung aber eine Vereinfachung in der Darstellung. Wird eine Numerierung gewählt, so ist es nicht erforderlich, jeden Einzelraum mit der Nummer zu versehen. Es genügt die einmalige Kennzeichnung der Wohnung, insbesondere in Verbindung mit einer farbigen Umrandung; lediglich die außerhalb der Wohnung befindlichen Einzelräume (Keller, Garage etc.) müssen mit der gleichen Nummer wie die Wohnung versehen werden (§ 7 Abs. 4 WEG; LG Bayreuth MittBayNot 1975, 102; MünchKomm/*Röll* § 7 Rdn. 8 WEG; *Weitnauer* § 7 WEG Rdn. 12).

(3) Falls bei Beurkundung des Teilungsvertrages die Abgeschlossenheitsbescheinigung mit gesiegelten Plänen der Behörde nach § 7 Abs. 4 WEG bereits vorliegt, ist für die Darstellung des Sondereigentums eine Beifügung zur Urkunde nicht nötig. Es genügt die Verweisung nach § 13a Abs. 4 BeurkG. Der notwendige Umfang (Darstellung des gesamten Sonder- und Gemeinschaftseigentums in Grundrissen, Schnitten, Ansichten des Gebäudes und Lage auf dem Grundstück – zT str. vgl. *Palandt/Bassenge* § 7 Anm. 3 WEG; MünchKomm/*Röll* § 7 Rdn. 7 WEG; BayObLG DNotZ 1980, 747) des nach § 7 Abs. 4 WEG dem Grundbuchamt vorzulegenden Planes ist nicht identisch mit den Erfordernissen des Aufteilungsplanes, der vor Erteilung der Abgeschlossenheitsbescheinigung der Teilungsurkunde beigefügt wird; hier genügt die reine Darstellung des Sondereigentums in Grundrissen.

(4) Eine eigenständige Bedeutung hat der Plan, soweit er Sondernutzungsrechte unter Kennzeichnung der davon betroffenen Flächen ausweist. Hierfür ist nur ein Plan geeignet, der nach § 9 BeurkG der Teilungsurkunde beigefügt ist. Der von der Behörde gesiegelte Plan bezieht sich ausschließlich auf die Abgrenzung und Darstellung von Gemeinschaftseigentum und Sondereigentum. Für andere Erklärungen wie Sondernutzungsrechte, die zu den Vereinbarungen der Wohnungseigentümer untereinander zählen, besitzt er nicht den Charakter einer öffentlichen Urkunde und damit keinen öffentlichen Glauben. Sondernutzungsrechte müssen daher in einem der Teilungsurkunde beizufügenden Plan dargestellt werden, wenn der Text in den Besonderen Vereinbarungen zur eindeutigen Bestimmung nicht ausreicht.

6. Gemeinsame Miteigentumsanteile. Nach dem Wortlaut des § 3 WEG müßte jeder Miteigentumsanteil mit einem eigenen Sondereigentum verbunden werden. Danach könnten beispielsweise Ehegatten ihre beiden Miteigentumsanteile nicht mit dem Sondereigentum einer Wohnung verbinden. Dieses Ergebnis wäre jedoch überspitzte Dogmatik, die allerdings nach jahrelanger vernünftiger Praxis das OLG Köln vertrat

(DNotZ 1983, 106). Der BGH hat jedoch praxisgerecht entschieden (DNotZ 1983, 487) und die Verbindung mehrerer Miteigentumsanteile mit einem Sondereigentum zugelassen. Dabei ist es auch nicht nötig, daß erst eine „Vereinigung" der Miteigentumsanteile zu einem größeren Anteil erklärt wird, wie früher zur Lösung des Problems teilweise gefordert wurde.

7. Besondere Vereinbarungen. Insbesondere bei kleineren Häusern genügt es, für das Verhältnis der Wohnungseigentümer untereinander im wesentlichen auf das Gesetz zurückzugreifen. Umfangreiche Gemeinschaftsordnungen sind nicht erforderlich. Die Beschränkung der Vereinbarungen auf Besonderheiten genügt hier (vgl. Form. IX. 1 Anm. 9; *Röll* MittBayNot 1980, 1). Es wird daher auch nicht der Ausdruck „Gemeinschaftsordnung" gebraucht (dazu *F. Schmidt*, Partner im Gespräch Band 9 S. 91).

8. Zweckbestimmung. Nach § 13 Abs. 1 WEG kann jeder Wohnungseigentümer mit seinem Sondereigentum grundsätzlich nach Belieben verfahren, es insbesondere bewohnen, vermieten, verpachten oder in sonstiger Weise nutzen. Ein Streitpunkt ist immer wieder die berufliche oder gewerbliche Nutzung, insbesondere wenn sie mit Publikumsverkehr verbunden ist. Eine Regelung sollte dazu gerade bei kleinen Objekten getroffen werden. Dabei steht der Schutz des Wohnens im Vordergrund. Im einzelnen Form. IX. 1 Anm. 11.

9. Sondernutzungsrechte. Sondernutzungsrechte stellen eine Gebrauchsregelung für das Gemeinschaftseigentum im Sinne des § 15 Abs. 1 WEG dar (dazu *Weitnauer* § 15 Rdn. 25 WEG; Formular IX. 1 Anm. 12). Sondernutzungsrechte können nicht nur das Recht zur Nutzung von Gemeinschaftseigentum in einzelnen Beziehungen gewähren, sondern auch zur ausschließlichen gesamten Nutzung (BayObLG MittBayNot 1981, 135 = WEM 1981, 62). Zu ihrer Verdinglichung bedürfen sie der Eintragung im Grundbuch. Wenn auch nicht vorgeschrieben, so ist es doch ratsam, sie im Bestandsverzeichnis des Wohnungsgrundbuches mit anzugeben (*Ertl* DNotZ 1979, 287; RPfleger 1979, 81; OLG Hamm DNotZ 1985, 552; BayObLG DNotZ 1986, 479). Das Sondernutzungsrecht ist Inhalt des Sondereigentums, und zwar beim berechtigten dergestalt, daß es Recht zur alleinigen Nutzung gewährt, während Inhalt aller anderen Sondernutzungseinheiten jeweils der Ausschluß der betreffenden Nutzung ist (BGH NJW 1979, 870 = DNotZ 1979, 168 mit Anm. *Ertl*). Es ist unter den Miteigentümern des Grundstücks veräußerlich (s. Form. IX. 7); eine Zustimmung der an der Veräußerung nicht beteiligten Eigentümer ist nicht erforderlich (BGH aaO.). Der vom Sondernutzungsrecht betroffene Teil des Gemeinschaftseigentums muß bestimmt sein. Bei Grundstücksflächen wird zweckmäßigerweise ein Plan verwendet, der nach § 9 BeurkG mit zu beurkunden ist (vgl. Anm. 5 Abs. 4; BayObLG WE 1990, 30).

10. Terrasse. Besonderes Augenmerk ist auf Terrassen zu legen. Sie können nur als Bauwerkbestandteile Sondereigentum sein; bei ebenerdigem Plattenbelag ist nur ein Sondernutzungsrecht möglich (MünchKomm/*Röll* § 5 WEG Rdn. 5; Formular IX. 1 Anm. 6).

11. Gartennutzung. Dazu Form. IX. 1 Anm. 13.

12. Veräußerungsbeschränkung. Nach § 12 Abs. 1 WEG kann als Inhalt des Sondereigentums vereinbart werden, daß zur Veräußerung die Zustimmung anderer Wohnungseigentümer erforderlich ist. Über die Frage, ob solche Veräußerungsbeschränkungen sinnvoll sind, gehen die Meinungen auseinander (MünchKomm/*Röll* § 12 WEG Rdn. 1; *Bärmann/Seuß* S. 185). Bei großen Objekten ist die Zustimmung des Verwalters meist vorgesehen, während bei Kleinobjekten auf die Zustimmung aller anderen Miteigentümer abgestellt werden sollte. Hier findet meist keine sehr förmliche Verwaltung statt, häufig wird überhaupt kein Verwalter bestellt (vgl. *Röll* MittBayNot 1979, 52). Für die Veräußerung an nahe Angehörige ist ein Zustimmungsbedürfnis kaum gegeben; § 8 des II. Wohnungsbaugesetzes enthält eine geeignete Bestimmung und Abgrenzung

4. Teilungsvertrag nach § 3 WEG (Dreifamilienhaus)   IX. 4

des Personenkreises. Im übrigen sollte auf das Zustimmungsbedürfnis gerade in kleinen Häusern nicht verzichtet werden (MünchKomm/*Röll* § 12 WEG Rdn. 1).

13. Vermietungsbeschränkung. Es ist als Gebrauchsregelung nach § 15 WEG zulässig, die Vermietung an die Zustimmung der anderen Wohnungseigentümer zu binden (BGH DNotZ 1963, 180 mit zust. Anm. *Weitnauer; Weitnauer* WEG § 15 Rdn. 21). Auch hier ist das Bedürfnis für eine solche Regelung gerade bei kleinen Wohnhäusern zu bejahen. Die Klausel hat aber nicht zur Folge, daß der ohne Zustimmung abgeschlossene Mietvertrag ungültig ist. Der vermietende Wohnungseigentümer setzt sich einem Unterlassungsanspruch und einem Schadensersatzanspruch der anderen aus (*Weitnauer* aaO.; *Ertl* DNotZ 1979, 274).

14. Lastentragung. Nach der gesetzlichen Regel (§ 16 Abs. 2 WEG) haben die Miteigentümer die Kosten und Lasten im Verhältnis ihrer Miteigentumsanteile zu tragen. Dies genügt insbesondere bei kleineren Objekten. Allerdings sollte man gerade bei ihnen soweit wie möglich Meßvorrichtungen anbringen (z. B. auch Wasseruhren für jede Wohnung). Für die Heizungs- und Warmwasserkosten gelten bei einer zentralen Anlage die Bestimmungen der Heizkostenverordnung (§ 3 HeizkV; dazu *Zimmermann* DNotZ 1981, 523). Hiernach ist eine verbrauchsabhängige Kostenverteilung vorgeschrieben. 30 bis 50% können nach der Wohnfläche verteilt werden, 50 bis 70% sind nach dem Verbrauch zu ermitteln. Möglich ist aber auch eine Vereinbarung über Abrechnung nur nach Verbrauch (§ 10 HeizkV). Bei den Verwalterkosten ist ein gleicher Anteil pro Wohnung zweckmäßig, da der Umfang der Verwaltertätigkeit nicht von der Größe der Miteigentumsanteile abhängt.

15. Eigentümerversammlung. Das Erfordernis der jährlichen Eigentümerversammlung des § 24 Abs. 1 WEG ist abdingbar (*Weitnauer* § 24 vor Anm. 1), nicht jedoch das Minderheitenrecht in Abs. 2 (*Weitnauer* Rdn. 3). Notwendige Beschlüsse (Wirtschaftsplan, Abrechnung) sind dann schriftlich zu fassen, was aber Einstimmigkeit erfordert (§ 23 Abs. 3 WEG, nicht abdingbar). Bei einer Kleinsteinheit ist es sinnvoll, auf die jährliche formelle Versammlung zu verzichten.

16. Stimmrechtsbeschränkung. Für das Stimmrecht ist bei kleinen Objekten eine Abweichung vom gesetzlichen Kopfprinzip (§ 25 Abs. 2 WEG) nicht sinnvoll. Einem begrenzten Vertretungsausschluß hat der BGH zugelassen (NJW-RR 1987, 338). Bei kleineren Objekten überwiegen die Gründe für einen Vertretungsausschluß Dritter: Enge Verbindung in der Hausgemeinschaft und wenig Förmlichkeit bei der Behandlung der gemeinsamen Angelegenheiten, geringe Möglichkeiten einer Mehrheitsbildung zwingen meist zur Einmütigkeit. Außenstehende Dritte müssen hier als Fremdkörper angesehen werden.

17. Garagenbau. Das ausschließliche Nutzungsrecht an einem Kraftfahrzeugstellplatz berechtigt nicht zu einem Garagenbau (§ 22 Abs. 1 WEG). Dazu ist ein eigenes Recht einzuräumen, da es sich um eine bauliche Veränderung handelt.

18. Verwalter. Kleine Gemeinschaften können häufig auf einen Verwalter verzichten. Dies ist jedoch nur in tatsächlicher Hinsicht möglich, nicht jedoch als Vereinbarung nach § 10 Abs. 2 WEG, da nach § 20 Abs. 2 WEG die Bestellung eines Verwalters nicht ausgeschlossen werden kann. Das Formular sieht eine Verwalterbestellung vor, weil die Begründung einer Zuständigkeit in gemeinschaftlichen Angelegenheiten auch im kleinen Haus zweckmäßig ist.

19. Grundbucheintragung. Zur Eintragung der Sondernutzungsrechte im Grundbuch vgl. *Ertl* RPfleger 1979, 81, Formular IX. 1 Anm. 15.

20. Steuern. Die vertragliche Teilung nach § 3 GrEStG löst keine Grunderwerbsteuer aus, wenn kein Mehrerwerb einzelner Miteigentümer stattfindet (*Boruttau/Egly* Grunderwerbsteuergesetz § 7 Anm. 42).

21. Kosten. Notar: Eine doppelte Gebühr nach § 36 Abs. 2 KostO aus dem halben Wert (Verkehrswert) des Objekts (§§ 19, 21 Abs. 1 KostO). Gericht: Aus dem gleichen Wert eine volle Gebühr nach § 76 Abs. 1 KostO.

5. Grundstücksüberlassung mit Teilungsvertrag nach § 3 WEG (Doppelhaus)[1]

Verhandelt[2] am ......
in ......

Vor mir, ..., Notar in ...... erschienen heute: ......

Über den Grundbuchstand habe ich mich unterrichtet. Auf Ansuchen beurkunde ich ihre folgenden bei gleichzeitiger Anwesenheit vor mir abgegebenen Erklärungen:

§ 1 Sachverhalt

(1) Im Grundbuch des Amtsgerichts ...... für ...... Band ...... Blatt ...... sind die Ehegatten X als Miteigentümer zu gleichen Teilen an dem dort unbelastet vorgetragenen Grundstück der Gemarkung ......
Fl. Nr. ...... zu ...... qm
eingetragen.

(2) Auf dem Grundstück befindet sich ein Einfamilienhaus, das die Ehegatten X bewohnen. An dieses Haus wollen die Ehegatten Y (Sohn und Schwiegertochter der Ehegatten X) auf eigene Kosten ein weiteres Haus anbauen, so daß auf dem Grundstück ein Doppelhaus entsteht. Dazu wird Wohnungseigentum für jedes Haus begründet.

§ 2 Überlassung[3]

(1) Die Ehegatten X überlassen hiermit schenkungsweise von ihren Miteigentumsanteilen zu je ein halb an dem vorbezeichneten Grundstück einen halben Miteigentumsanteil an die Ehegatten Y zu gleichen Teilen, so daß die Ehegatten X und Y dann Miteigentümer zu je einem Viertel am Gesamtgrundstück sind.[4]

(2) Die Vertragsteile sind über den Eigentumsübergang einig und bewilligen und beantragen die Eintragung der Rechtsänderungen im Grundbuch.

(3) Besitz, Nutzen, Lasten und Gefahren gehen mit dem Heutigen auf die Erwerber anteilig über. Die Veräußerer haften für ungehinderten Besitz- und lastenfreien Eigentumsübergang, sonst jedoch für nichts.

§ 3 Begründung von Wohnungseigentum

(1) Die Ehegatten X und Y verbinden hiermit je ihre Miteigentumsanteile von einem Viertel zu Miteigentumsanteilen von ein halb[5] und beschränken sodann die beiden halben Miteigentumsanteile in der Weise, daß mit jedem dieser beiden Miteigentumsanteile Sondereigentum an einer bestimmten Wohnung und Garage verbunden wird.
Im einzelnen geschieht dies wie folgt:
1) Ein halb Miteigentumsanteil der Ehegatten X, verbunden mit dem Sondereigentum an der Wohnung[6] im Altbau (westliches Haus), bestehend aus Wohnzimmer, Küche, Flur, Windfang, WC im Erdgeschoß, 3 Zimmern, Bad/WC, Flur im Obergeschoß, Dachraum, 3 Kellerräume einschließlich Heizung,[7] sowie der angebauten Garage.
– Ehegatten X zu je ½ Anteil –

2) Ein halb Miteigentumsanteil der Ehegatten Y, verbunden mit dem Sondereigentum an der Wohnung (östliches Haus), bestehend aus Wohnzimmer, Küche, Diele, WC im Erdgeschoß, 3 Zimmern, Balkon,[8] Bad/WC, Flur im Obergeschoß, Atelier im Dachgeschoß, vier Kellerräume einschließlich Heizung, sowie der angebauten Doppelgarage.

– Ehegatten Y zu je ½ Anteil –

(2) Die Aufteilung geschieht in Übereinstimmung mit dem Aufteilungsplan,[9] der mit dem Siegel der Behörde versehen vorliegt. Auf diesen Plan wird Bezug genommen und verwiesen. Er wurde den Beteiligten zur Durchsicht vorgelegt. Sie verzichten auf die Beifügung zur Urkunde.

§ 4 Besondere Vereinbarungen

Für das Verhältnis der Wohnungseigentümer untereinander gelten die Bestimmungen des Wohnungseigentumsgesetzes, soweit nicht nachstehend etwas anderes vereinbart ist. Gemäß § 10 Abs. 2 WEG wird als Inhalt des Sondereigentums folgendes bestimmt:[10]

1. Sondernutzungsrechte[11]

(1) An den beiden durch eine Brandmauer getrennten Häusern des Doppelhauses werden Sondernutzungsrechte jeweils in der Weise begründet, daß jeder Sondereigentümer das ausschließliche Nutzungsrecht am gesamten gemeinschaftlichen Eigentum der Doppelhaushälfte erhält, in der sein Sondereigentum liegt. Das Sondernutzungsrecht erstreckt sich darüber hinaus auf die gesamte Grundstücksfläche, die das jeweilige Haus umgibt. Die Grenze zwischen beiden Grundstücksteilen wird in der Linie der Brandmauer gezogen.

(2) Jeder Sondereigentümer ist berechtigt, die seinem Sondereigentum und Sondernutzungsrecht unterliegenden Gebäude- und Grundstücksteile unter Ausschluß der anderen Sondereigentümer so zu nutzen, wie wenn er Alleineigentümer wäre. Die Pflicht zur gegenseitigen Rücksichtnahme nach § 14 Nr. 1 WEG bleibt auch in diesem Rahmen bestehen.

2. Unterhaltspflicht[12]

Jeder Miteigentümer hat die seinem Sondereigentum und Sondernutzungsrecht unterliegenden Gebäude und Grundstücksteile allein und auf eigene Kosten zu unterhalten, instand zu halten, instand zu setzen und gegebenenfalls zu erneuern. Er ist dem anderen Miteigentümer gegenüber verpflichtet, Haus und Grundstück in einem ordentlichen Zustand zu erhalten. Bei der äußeren Gestaltung ist auf den einheitlichen Charakter des Doppelhauses Rücksicht zu nehmen. Auch bei der Grundstücksgestaltung, insbesondere der Bepflanzung ist auf die beiderseitigen Belange Rücksicht zu nehmen.

3. Kosten und Lasten

Jeder Miteigentümer trägt die auf seinen Haus- und Grundstücksteil treffenden Kosten und Lasten einschließlich Verkehrssicherungspflicht allein. Nur soweit zwingend gemeinschaftliche Kosten anfallen, sind sie nach Miteigentumsanteilen aufzuteilen. Versicherungen sollen soweit wie möglich getrennt abgeschlossen werden.

4. Eigentümerversammlung

Das Erfordernis jährlicher Eigentümerversammlungen wird abbedungen. Eigentümerversammlungen finden nur bei Bedarf statt. Jeder Sondereigentümer kann die Abhaltung einer Eigentümerversammlung verlangen, wenn er einen stichhaltigen Grund hierfür angibt. Eine Vertretung durch Dritte ist hierbei ausgeschlossen.[13]

5. Bauliche Veränderungen[14]

Jeder Sondereigentümer ist berechtigt, an seinem Sondereigentum und dem seinem Sondernutzungsrecht unterliegenden Gebäudeteilen beliebige bauliche Veränderungen vorzunehmen und auf dem Grundstück Bauwerke (z. B. Garage) zu errichten. Er bedarf der Zustimmung des anderen Miteigentümers nur in dem Umfang, wie ein Eigentümer nachbarrechtlicher Zustimmung bedarf.[14a] Der Sondereigentümer hat jedoch bei baulichen Maßnahmen die nach § 14 Nr. 1 WEG gebotene Rücksicht zu nehmen.

6. Zweifelsfragen

In allen Zweifelsfragen bei der Anwendung des Wohnungseigentumsgesetzes und der vorstehenden Vereinbarungen ist davon auszugehen, daß die Sondereigentümer so zu behandeln sind, als ob sie Alleineigentümer zweier selbständiger Grundstücke mit einem Doppelhaus wären.[15]

§ 5 Einigung, Grundbuchanträge

Die Vertragsteile sind sich über die Einräumung des Sondereigentums nach § 3 mit dem Inhalt nach § 4 und die damit verbundene Rechtsänderung einig und bewilligen und beantragen die Eintragung im Grundbuch.

Der Notar wird ermächtigt, alle zum Vollzug dieser Urkunde erforderlichen Erklärungen abzugeben, Anträge zu stellen, abzuändern und zurückzunehmen.[15]

Die Vollzugsmitteilungen werden an den Notar erbeten.

§ 6 Hinweise

Die Beteiligten wurden vom Notar darauf hingewiesen, daß das Eigentum am überlassenen Miteigentumsanteil erst mit der Eintragung im Grundbuch übergeht und daß diese erst nach Vorliegen der Unbedenklichkeitsbescheinigung des Finanzamtes, Grunderwerbsteuerstelle, erfolgen kann. Ferner wurde darauf hingewiesen, daß das Wohnungseigentum erst mit der Grundbucheintragung mit Anlegung der Wohnungsgrundbücher entsteht und daß dies erst nach der vorstehenden Eigentumsumschreibung erfolgen kann; ferner muß die behördliche Abgeschlossenheitsbescheinigung mit den gesiegelten Plänen vorgelegt werden.

§ 7 Kosten, Steuern[17]

Die Kosten[18] dieser Urkunde und ihres Vollzugs tragen die Ehegatten Y. Sie tragen auch eine anfallende Schenkungssteuer.

Von der Urkunde erhalten
Ausfertigungen: jeder Vertragsteil
beglaubigte Abschriften: Amtsgericht – Grundbuchamt –
Finanzamt – Schenkungsteuerstelle –
Ehegatten Y
einfache Abschrift: Finanzamt – Grunderwerbsteuerstelle

Anmerkungen

1. **Sachverhalt.** Das Formular betrifft die Bildung von Wohnungseigentum an einem Doppelhaus, die an Stelle einer Grundstücksteilung vorgenommen wird. An ein bestehendes Haus wird ein weiteres angebaut. Die Bauherren erhalten zunächst die erforderlichen Miteigentumsanteile durch eine Schenkung und begründen sodann mit den alten Eigentümern Sondereigentum. Das Ergebnis soll eine Trennung sein wie sie bei selbständigen Grundstücken mit einem Doppelhaus besteht.

2. **Form.** S. Form. IX. 4 Anm. 2.

3. **Überlassung.** Der kurze Überlassungsvertrag enthält nur das Notwendigste. Besonderheiten des Einzelfalles sind jeweils zu berücksichtigen.

5. Grundstücksüberlassung mit Teilungsvertrag nach § 3 WEG   IX. 5

4. **Miteigentumsanteil.** S. Form. IX. 4 Anm. 3. Bei einem Doppelhaus ist die Aufteilung in zwei Miteigentumsanteile zu je ½ am zweckmäßigsten, wenn in den besonderen Vereinbarungen eine weitgehende Trennung geschieht, bei der der Kostenverteilungsmaßstab kaum eine Rolle spielt. *Röll* MittBayNot 1979, 52 schlägt Bemessung nach den Quadratmeterzahlen der Grundstücksteile vor.

5. **Miteigentumsanteilsvereinigung.** S. Form. IX. 4 Anm. 6.

6. **Raumeigentum.** Bei Doppelhäusern, Reihenhäusern sowie Einfamilienhäusern in der Form des Wohnungseigentums taucht die Frage auf, ob an ihnen nicht insgesamt Sondereigentum begründet werden kann, da die tragenden Teile, die nach § 5 Abs. 2 WEG zu Gemeinschaftseigentum zählen, bei selbständigen Häusern keine entsprechende Funktion für die anderen Häuser ausüben. Dennoch sind nach h. M. (BGH NJW 1968, 1250; BayObLG DNotZ 1982, 260; *Weitnauer* § 5 Rdn. 10; MünchKomm/*Röll* § 5 Rdn. 11; a. A. *Bärmann/Pick/Merle* § 3 Rdn. 23; *Ermann/Ganten* § 5 Rdn. 8) nur die jeweiligen Räume sondereigentumsfähig, nicht das Haus selbst. Die tragenden Teile sind daher auch beim Doppelhaus zwingend Gemeinschaftseigentum; es kann aber an jeweils allen Räumen Sondereigentum gebildet werden (OLG Frankfurt Rpfleger 1975, 179). Über Sondernutzungsrechte wird dann eine Position eingeräumt, die dem Sondereigentum gleichkommt.

7. **Heizung.** Heizungsanlagen einschließlich Heizungsräume können nach § 5 Abs. 2 WEG nicht im Sondereigentum stehen, wenn es sich um eine Gemeinschaftsheizung für alle Wohnungseigentümer handelt (h. M.; BGHZ 73, 302; BayObLG RPfleger 1980, 230; aA *Weitnauer* WEG § 5 Rdn. 14). Dies ist auch bei Doppelhäusern zu beachten, wenn die gemeinsame Heizungsanlage sich in einem der beiden Häuser befindet. Entgegen der Rechtsprechung ist den Argumenten *Weitnauers* aaO. jedoch zuzustimmen. Es besteht kein gesetzlicher Zwang, gemeinsam die Heizung zu betreiben. Gerade bei einem Doppelhaus muß der praktische Heizungsbetrieb einem der Miteigentümer allein auferlegt werden. Er hat auch den alleinigen Zugang zu seinem Keller. Es ist nicht einzusehen, weshalb er nicht Sondereigentümer sein kann, belastet mit der Pflicht zur Lieferung der Heizenergie an den anderen Miteigentümer. Eine solche Verpflichtung wäre dann zum Inhalt des Sondereigentums zu machen. Anders ist die Situation, wenn jedes Haus eine eigene Heizung hat, wie im Fall des Formulars. Sie dient dann nicht dem gemeinschaftlichen Gebrauch nach § 5 Abs. 2 WEG und ist daher sondereigentumsfähig.

8. **Balkon.** An Balkonen kann Sondereigentum begründet werden. Wenn sie in die Wohnung integriert sind, ist Sondereigentum zwingend, weil sie als nur vom Sondereigentum zugänglich Räume nicht Gemeinschaftseigentum sein können (*Schmidt* MittBayNot 1985, 240 = PiG Nr. 18 (1985); 39; vgl. BGH NJW 1991, 2909). Das Sondereigentum erfaßt jedoch nicht Balkonaußenwände, Balkondecke und Bodenplatte (BayObLGZ 1974, 269; WEM 1980, 31; BayObLG NJW-RR 1990, 784). Es ist nicht erforderlich, die letztgenannte Einschränkung im Text auszudrücken, da sich diese gemäß der einschlägigen Rechtsprechung aus dem Gesetz ergibt.

9. **Aufteilungsplan.** S. Form. IX. 4 Anm. 5. Wegen der Bezugnahme nach § 13a Abs. 4 BeurkG kann hier auf die Beifügung verzichtet werden. Auch wegen der Sondernutzungsrechte ist kein Plan erforderlich, weil die Bereiche der Sondernutzung durch Worte klar gekennzeichnet sind. Der Aufteilungsplan muß Altbau und Neubau erfassen.

10. **Besondere Vereinbarungen.** S. Form. IX. 4 Anm. 7. Im vorliegenden Formular erübrigen sich einige Regelungen, die sonst üblich oder zweckmäßig sind. Es sind dies vor allem eine Zweckbestimmung (s. Form. IX. 1 Anm. 11), eine Veräußerungs- oder gar Vermietungsbeschränkung (s. Form. IX. 4 Anm. 12, 13; dazu *Röll* MittBayNot 1979, 53), sowie besondere Regelungen über gemeinschaftliche Lasten (dazu *Röll* aaO.). Kernpunkt der Besonderen Vereinbarungen, die dinglicher Inhalt des Sondereigentums werden müssen, sind die Klauseln, die in Abweichung von den Regeln des WEG

durch Sondernutzungsrechte etc. weitgehend das Ergebnis einer flächenmäßigen Grundstücksteilung bringen. Auch wenn die Eigentümergemeinschaft damit praktisch beiseite geschoben wird, ist dieses Verfahren zulässig (MünchKomm/*Röll* § 10 WEG Rdn. 25 a).

11. Sondernutzungsrechte. S. Form. IX. 1 Anm. 12. Die Sondernutzungsrechte erfassen hier das gesamte gemeinschaftliche Eigentum der beiden Doppelhaushälften samt Grundstücksumgriff. In der rechtlichen Auswirkung kommt dies Alleineigentum gleich (dazu *Röll*, Handbuch Rdn. 68). Die Vertragsfreiheit gestattet eine solche weit gestaltete Sondernutzungsregelung (MünchKomm/*Röll* § 10 WEG Rdn. 25 a; *Ermann/Ganten* WEG § 5 Rdn. 8; BayObLG Rpfleger 1981, 299; vgl. BGH NJW 1968, 1250; *Müller*, Praktische Fragen, Rdn. 165). Der Begriff „wie ein Alleineigentumer" ist abgestellt auf das Nutzungsrecht von Gebäude und Grundstücksteil, schließt also die Mitbenützung des anderen Miteigentümers aus. Er besagt als solcher noch nichts über die sonstigen Rechte und Pflichten. Diese müssen zusätzlich noch benannt und konkretisiert werden (.z.B: Kosten, bauliche Unterhaltung, bauliche Maßnahme etc.). Das Miteigentum kann aber dennoch zu spezifischen Duldungspflichten zur Grundstücksnutzung führen, so etwa zur Verlegung von Leitungen in einer Sondernutzungsfläche auch zum Haus der anderen (BayObLG NJW-RR 1991, 463 – Breitbandkabel). Ungeachtet der Trennung der Nutzungssphären gelten im den daraus reduzierten Bereich die Pflichten des § 14 WEG (vgl. BayObLG WE 1994, 17).

12. Unterhaltungspflicht. Dem Recht zur Sondernutzung muß die Pflicht zur Unterhaltung gegenüberstehen. Auch sie weicht hier von der gesetzlichen Regelung für das Gemeinschaftseigentum ab (§ 16 WEG). Auch die Verkehrssicherungspflicht (Schneeräumen, Streupflicht) obliegt dem Sondernutzungsberechtigten (BayObLG DWE 1985, 95; Müller, Rdn. 181) Fraglich ist, ob die aus dem Miteigentum fließende Verkehrssicherungspflicht auch Dritten gegenüber geteilt werden kann (vgl. *Weitnauer* § 27 Rdn. 45).

13. Vertretung. S. Form. IX. 1 Anm. 20 Abs. 2. Bei einem Doppelhaus, bei dem es kaum gemeinschaftliche Aufgaben für eine Eigentümerversammlung gibt, besteht kein Bedürfnis, Dritte in der Eigentümerversammlung zuzulassen. Schließlich ist die schriftliche Beschlußfassung problemlos durchführbar.

14. Bauliche Veränderungen. Die Trennung der Doppelhäuser führt in der Regel auch zur Zulässigkeit baulicher Veränderungen im Inneren der Häuser. Die Außengestaltung kann problematisch werden (*Ermann/Ganten* WEG § 5 Rdn. 8). Im Hinblick auf die Regelung des § 22 Abs. 1 WEG dürfte jeder Miteigentümer in der Regel auch ohne Zustimmung des anderen bauliche Veränderungen vornehmen können (vgl. dazu BGH NJW 1979, 817; OLG Stuttgart WEM 1980, 75; OLG Frankfurt OLGZ 1980, 78; *Röll*, Handbuch Rdn. 207), da die Grenze zur Beeinträchtigung hier weit gezogen werden muß. Da ein Sondernutzungsrecht als solches aber nicht automatisch § 22 Abs. 1 WEG abbedingt (vgl. BayObLG WE 1990, 70), ist eine Regelung zu baulichen Veränderungen notwendig. Sie ist auf die Situation des Einzelfalles abzustellen, gegebenenfalls auch zu konkretisieren. Eine entsprechende Klausel ist jedoch zweckmäßig, um Konflikte von vornherein zu vermeiden.

14 a. Nachbarrecht. Wegen des einheitlichen Grundstücks gilt im Verhältnis der Wohnungseigentümer zueinander nicht das im Zivilrecht und im öffentlichen Baurecht maßgebliche Nachbarrecht. Dies kann zu Unzuträglichkeiten führen (z.B. Fenster, Grenzbebauung). Es ist daher ratsam, die Beachtung des Nachbarrechts vorzusehen (zum Nachbarrecht Form. IX. 1 Anm. 13; *Schmid* WE 1989, 70; *Schmidt* PiG 42 S. 103). Das Nachbarrecht gilt dann auch für die Bepflanzung im Garten (BayObLG WE 1988, 23, 70). Ferner sind die nachbarschützenden Vorschriften des Bauordnungsrechts einzuhalten (BayObLG NJW-RR 1994, 781).

15. Realteilung. (1) Wohnungseigentum an Doppelhäusern wurde häufig deswegen begründet, weil eine Grundstücksteilung nicht möglich war oder nicht zugelassen wurde. Durch die Novelle des BauGB 1997 (BGBl. I S. 2081) wurde die Teilungsgenehmigung des § 19 BauGB grundsätzlich abgeschafft. Lediglich in nach Landesrecht zugelassenen Bereichen (vgl. § 19 Abs. 5 BauGB) ist noch eine Teilungsgenehmigung erforderlich. Es ist daher je nach Falllage zu überlegen, ob man durch Vermessung teilt oder die WEG-Lösung vorzieht. Falls es sich um einen Fall handelt, in dem noch eine Genehmigung notwendig und diese nicht erreichbar war, ist es denkbar, daß zu einem späteren Zeitpunkt die Teilungsgenehmigung (§ 19 BBauG) erteilt wird so daß dann der Realteilung keine rechtlichen Hindernisse mehr im Wege stehen. Die Miteigentümer können im Hinblick hierauf eine Vereinbarung treffen, die die spätere Realteilung zum Gegenstand hat. Dies verstößt nicht gegen das Auseinandersetzungsverbot des § 11 WEG (BayObLG MittBayNot 1979, 20 = BayObLGZ 1979, 414). Die Vereinbarung ist schuldrechtlicher Art und hat die Verpflichtung zum Inhalt, das Sondereigentum aufzuheben und eine Auseinandersetzung in reales Flächeneigentum vorzunehmen. Sie bedarf der Form des § 313 BGB (§ 4 Abs. 3 WEG). Sie kann nicht verdinglicht werden, etwa als Inhalt des Sondereigentums (*Röll* MittBayNot 1979, 53; s.a. MünchKomm/*Röll* § 11 WEG Rdn. 5) und gehört daher nicht in die Besonderen Vereinbarungen bzw. die Gemeinschaftsordnung. Sie geht nicht auf Rechtsnachfolger über (*Röll* aaO.). Die Eintragung von Vormerkungen dürfte jedoch möglich sein.

(2) Eine entsprechende Klausel könnte etwa lauten:
„Die Begründung des Wohnungseigentums am Doppelhaus erfolgt, weil derzeit eine Teilungsgenehmigung zur realen Teilung des Grundstücks nicht erlangt werden kann. Die Miteigentümer verpflichten sich gegenseitig, das Sondereigentum aufzuheben und das Grundstück durch Vermessung in zwei Parzellen zu teilen, sobald eine solche Teilung möglich ist. Die Grenzlinie ist nach der Brandmauer zu ziehen. Jeder Miteigentümer erhält die Parzelle, auf der sich jetzt sein Sondereigentum befindet. Ein Wertausgleich findet nicht statt."

16. Notarermächtigung. Eine solche Ermächtigung, die über § 15 GBO hinausgeht, ist immer angebracht, um etwaige Vollzugsprobleme einfach lösen zu können (dazu BGH DNotZ 1981, 118).

17. Steuern. (1) Für die Überlassung der Miteigentumsanteile fällt Schenkungsteuer nach Steuerklasse I im Verhältnis Eltern/Kind und nach Steuerklasse III im Verhältnis Schwiegereltern/Schwiegerkind an, soweit die Freibeträge überstiegen werden. Die Freibeträge betragen in der Steuerklasse I DM 90.000 und in der Steuerklasse III DM 10.000. Überträgt jeder Elternteil als Miteigentümer an jeden Erwerber einen Miteigentumsanteil, so liegen bei jedem Erwerber zwei Schenkungen vor mit der Folge, daß zwei Freibeträge gegeben sind. Bei entsprechend hohem Wert der Schenkung ist zu bedenken, daß uU die Freibeträge des Schwiegerkindes nicht ausreichen, während die Freibeträge des Kindes nicht ausgeschöpft sind.

Es stellt sich die Frage, ob Bemessungsgrundlage der Schenkungsteuer der Wert des Grundstückes einschließlich Altbau ist, – dies entspräche dem ersten Schritt der Übertragungsvorgänge –, oder ob auf das Ziel der Übertragungen, nämlich die Einräumung von Miteigentum bei jeweiligem Sondereigentum am Altbau und am Neubau abzustellen ist. Der Gegenstand der unentgeltlichen Zuwendung bestimmt sich nach bürgerlichem Recht. Dabei ist der Parteiwille maßgebend (*Kapp* § 7 ErbStG Anm. 81). Nach dem Parteiwillen sollen die einzelnen Übertragungsakte nur den Übergang zum Endzustand darstellen. Der anfängliche Erwerb von Miteigentumsanteilen am Altbau durch die Kinder soll nach dem Parteiwillen keine entgeltliche Zuwendung darstellen, sondern wieder an die Eltern im Rahmen der Teilung zurückfallen. Diese Betrachtung spricht dafür, daß als Bemessungsgrundlage der Schenkungsteuer der Einheitswert des Grundstücks mit einem Aufschlag von 40% ohne Berücksichtigung des Altbaus ist.

(2) Grunderwerbsteuer für die Überlassung fällt nicht an, da es sich um eine Schenkung handelt. Im übrigen gilt Grunderwerbsteuerbefreiung bei Veräußerung an Abkömmlinge und deren Ehegatten (§ 3 Nr. 6 GEStG).

(3) Die Begründung des Wohnungseigentums löst keine Steuern aus (zur Grunderwerbsteuer bei Mehrerwerb eines Miteigentümer siehe *Boruttau/Egly* § 7 Anm. 42).

18. Kosten. (1) Notarkosten: Für die Überlassung der Miteigentumsanteile eine doppelte Gebühr nach § 36 Abs. 2 KostO aus dem halben Verkehrswert des Grundstücks mit bestehendem Gebäude (Gegenstand der Überlassung zwei Viertel Miteigentumsanteile). Die Vereinbarung von Wohnungseigentum löst eine doppelte Gebühr nach § 36 Abs. 2 KostO aus. Der Wert hierfür bestimmt sich aus dem Wert des Grundstücks mit Altbau und Neubau (Baukosten); hiervon ist der halbe Wert zu nehmen (§ 21 Abs. 1 KostO). Die Werte sind zusammenzurechnen (§ 44 Abs. 2 KostO), da es sich bei der Überlassung und der Begründung von Wohnungseigentum um verschiedene Gegenstände handelt (OLG Düsseldorf DNotZ 1971, 120). Die Gebühr ergibt sich aus den zusammengerechneten Werten. Dazu Schreibkosten und Auslagen nach §§ 136, 137, 152 KostO. Vollzugsgebühr s. Form. IX. 1 Anm. 27.

(2) Gerichtskosten: Vollzug der Auflassung der Miteigentumsanteile: eine volle Gebühr nach § 60 Abs. 1 KostO. Vollzug der Teilung: eine volle Gebühr nach § 76 Abs. 1 KostO. Werte wie vor.

6. Kellertausch unter Wohnungseigentümern[1, 2]

Verhandelt[3] am ......
in ......

Vor mir, ..., Notar in ...... erschienen heute: ......

Über den Grundbuchstand habe ich mich unterrichtet. Auf Ansuchen beurkunde ich folgende Erklärungen der gleichzeitig anwesenden Erschienenen:

§ 1 Grundbuchstand

(1) Herr X ist als Alleineigentümer des im Wohnungsgrundbuch des Amtsgerichts ...... für ...... Band ...... Blatt ...... vorgetragenen Wohnungseigentums
....../1000 Miteigentumsanteil an Fl. Nr. ......, verbunden mit dem Sondereigentum an der Wohnung Nr. 8 des Aufteilungsplanes eingetragen. Laut Teilungserklärung gehört zu der Wohnung das Sondereigentum am Kellerraum Nr. 8.
Das Wohnungseigentum ist in Abteilung II lastenfrei, in Abteilung III mit Grundpfandrechten belastet.

(2) Frau Y ist als Alleineigentümerin des im Grundbuch des Amtsgerichts ...... Band ...... Blatt ...... vorgetragenen Wohnungseigentums
....../1000 Miteigentumsanteil an Fl. Nr. ......, verbunden mit dem Sondereigentum an der Wohnung Nr. 13 des Aufteilungsplanes eingetragen. Laut Teilungserklärung gehört zu der Wohnung das Sondereigentum am Kellerraum Nr. 13.
Das Wohnungseigentum ist in Abteilung II lastenfrei, in Abteilung III mit Grundpfandrechten belastet.

§ 2 Kellertausch

Herr X und Frau Y tauschen hiermit ihre Keller in der Weise, daß jeder von ihnen das Sondereigentum des zu seinem Wohnungseigentum gehörenden Kellerraumes ohne Ver-

6. Kellertausch unter Wohnungseigentümern

änderung des Miteigentumsanteils auf den anderen überträgt und der Erwerber das Sondereigentum am getauschten Kellerraum mit seinem Wohnungseigentum verbindet. Auf die Eintragung von Vormerkungen[3] wird verzichtet.

§ 3 Einigung, Anträge

Herr X und Frau Y sind über den Eigentumsübergang aus dem getauschten Sondereigentum einig.[4] Sie bewilligen und beantragen die Eintragung in den Wohnungsgrundbüchern.

Ferner wird für die Sondereigentumsräume beantragt:
a) die Abschreibung vom bisherigen Wohnungseigentum, pfandfrei von den dort eingetragenen Belastungen im Abt. III;
b) die Bestandteilszuschreibung[6] zu dem Wohnungseigentum, dem sie zugeschrieben sind (unter Beibehaltung der bisherigen Numerierung).

Der Notar wird ermächtigt, alle zum Vollzug erforderlichen Erklärungen abzugeben, Anträge zu stellen, abzuändern und zurückzunehmen.

§ 4 Weitere Bedingungen

Der Tausch erfolgt wertgleich. Besitz, Nutzen und Lasten gehen mit dem folgenden Monatsersten auf den Tauschpartner über. Es wird gegenseitig für ungehinderten Besitz- und lastenfreien Eigentumsübergang gehaftet, sonst für nichts.

§ 5 Hinweise

Die Vertragsteile wurden darauf hingewiesen, daß das Eigentum erst mit der Eintragung im Grundbuch übergeht und diese erst erfolgen kann, wenn die Unbedenklichkeitsbescheinigung des Finanzamtes – Grunderwerbsteuerstelle[8] – vorliegt und alle Kosten bezahlt sind.

§ 6 Kosten, Abschriften

Die Kosten[9] dieser Urkunde tragen die Vertragsteile zu gleichen Teilen. Grundbuchkosten und Grunderwerbsteuer trägt jeder für seinen Erwerb. Der Wert jedes Kellers wird mit 3000,– DM angegeben.
Die Kosten der Lastenfreistellung trägt der jeweilige Veräußerer.
Von der Urkunde erhalten jeder Vertragsteil eine Ausfertigung, das Grundbuchamt eine beglaubigte Abschrift, das Finanzamt – Grunderwerbsteuerstelle – eine einfache Abschrift.

Schrifttum: Tasche, Kellertausch unter Wohnungseigentümern und verwandte Probleme, DNotZ 1972, 710; *Nieder,* Die Änderung des Wohnungseigentums und seiner Elemente, BWNotZ 1984, 49; *Streblow,* Änderungen der Teilungserklärung nach Eintragung der Aufteilung im Grundbuch, MittRhNotK 1987, 141.

Anmerkungen

1. **Sachverhalt.** Zwei Wohnungseigentümer in einer Eigentumswohnanlage wollen ihre Keller tauschen. An den Kellerräumen besteht Sondereigentum, das mit dem Miteigentumsanteil der Wohnung als unselbständiges Sondereigentum verbunden ist. Das Formular gilt entsprechend für Kfz-Stellplätze im Sondereigentum.

2. **Problematik.** Der Kellertausch warf zunächst schwierige dogmatische Probleme auf, die seit dem Aufsatz von *Tasche* DNotZ 1972, 710 in einer für die Praxis brauchbaren Weise geklärt sind. Ausgangspunkt ist § 5 Abs. 1 WEG, wonach Sondereigentum

ohne den Miteigentumsanteil, zu dem es gehört, nicht veräußert werden kann. Es ist nunmehr allgemeine Meinung, daß Sondereigentumsräume innerhalb der gleichen Eigentümergemeinschaft auch ohne Miteigentumsanteile übertragen werden können, wenn sie in ein anderes Sondereigentum wieder eingegliedert werden (OLG Celle DNotZ 1975, 42; OLG Schleswig SchlHA 1977, 203; *Bärmann/Pick/Merle* WEG § 6 Rdn. 4; *Erman/ Ganten* § 6 WEG Rdn. 4; MünchKomm/*Röll* § 3 WEG Rdn. 15; *Weitnauer* WEG § 6 Rdn. 4). Die Abgeschlossenheit muß jedoch gewahrt bleiben; dies ist bei einzelnen Kellerräumen im Sondereigentum immer der Fall, da die Abgeschlossenheitsbescheinigung schon bei der Begründung des Sondereigentums erteilt wurde. Partner des Tausches sind nur die beiden Wohnungseigentümer, die tauschen. Eine Mitwirkung der anderen oder eine Zustimmung des Verwalters ist nicht erforderlich (*Tasche* aaO. S. 715 ff.). Weder das Gemeinschaftseigentum noch das Sondereigentum anderer Miteigentümer wird betroffen (MünchKomm/*Röll* § 3 WEG Rdn. 15). Anstelle eines Tausches ohne Veräußerung von Miteigentumsanteilen ist auch die Übertragung eines Miteigentumsanteils verbunden mit dem Sondereigentum am Kellerraum möglich, jedoch unzweckmäßig (*Weitnauer* WEG § 6 Rdn. 4; OLG Celle DNotZ 1975, 43).

3. Vormerkung. Der Anspruch auf Übereignung des Sondereigentumsraumes kann durch eine Vormerkung nach § 883 BGB gesichert werden (LG Kempten MittBayNot 1977, 63; LG Würzburg MittBayNot 1976, 173 mit Anm. *Kirchner*). Dogmatisch handelt es sich um einen Anspruch auf Verschaffung von Eigentum (Sondereigentum), nicht um einen Anspruch auf Inhaltsänderung beim Wohnungseigentum des Veräußerers. Soweit die Landgerichte auf Inhaltsänderung abstellen, kann ihnen nicht gefolgt werden. Im Ergebnis sind die Entscheidungen jedoch richtig (vgl. § 4 Abs. 3 WEG, wo der Verpflichtungsvertrag über Erwerb von Sondereigentum angesprochen ist; der Miteigentumsanteil ist dort nicht erwähnt). Es gilt die erste Alternative des § 883 BGB, nämlich Sicherung des Anspruches auf Einräumung eines Rechtes an einem Grundstück (Eigentum am Sondereigentum), nicht auf Änderung des Inhalts (a. A. LG Würzburg aaO.). Hier zeigt sich auch die Unrichtigkeit der These, daß es sich bei einem Kellertausch nur um Inhaltsänderungen handele (vgl. Anm. 4). In ihr kann der Eigentumsverschaffungsanspruch nicht untergebracht werden.

4. Form. Der schuldrechtliche Vertrag bedarf der notariellen Beurkundung nach § 4 Abs. 3 WEG, § 313 BGB (BayObLG DNotZ 1984, 381; *Streblow* S. 152). Für das dingliche Rechtsgeschäft ist § 873 BGB anzuwenden: Einigung und Eintragung. Streitig ist, ob die Einigung formbedürftig ist. Nach h.M. ist die Form des § 925 BGB erforderlich (*Palandt/Bassenge* § 6 WEG Anm. 1; *Streblow* a.a.O. m.w.N.). Aus dem Gesetz ergibt sich dies nicht unmittelbar. Der Heranziehung von § 4 Abs. 1, 2 WEG (MünchKomm/ *Röll* § 3 WEG Rdn. 15) steht der Wortlaut des Abs. 1 entgegen, der sich nur auf die Einräumung und Aufhebung von Sondereigentum bezieht, im Gegensatz zu Abs. 3 aber nicht auf dessen Erwerb. Entsprechend den allgemeinen Grundsätzen (vgl. *Erman/ Ganten* § 6 WEG Rdn. 4) für die Übereignung unbeweglicher Sachen kann die Form unmittelbar auf § 925 BGB gegründet werden (vgl. *Tasche* DNotZ 1972, 715: „Beachtung des § 925 BGB"; für Anwendung des § 925 BGB auch *Bärmann*, Wohnungseigentum, 1991, Rdn. 116; *Weitnauer* § 3 Rdn. 4). Für die Praxis ist es unerheblich, auf welche Rechtsgrundlage die Form der Einigung gestützt wird, wenn die Einigung beurkundet wird. Die Gegenmeinung (eingehend *Merle*, Das Wohnungseigentum S. 192; wohl auch *Pick* in *Bärmann/Pick/Merle* § 6 Rdn. 4; OLG Celle DNotZ 1975, 44) sieht in der Abveräußerung und dem Erwerb eines Sondereigentumsraumes nur eine Änderung des Inhalts des Sondereigentums und läßt formlose Einigung nach §§ 877, 873 BGB genügen (*Merle* aaO.), wobei wegen § 29 GBO allerdings die Unterschriften zu beglaubigen sind. Gegen die Auffassung von *Merle* spricht, daß die Vergrößerung des Sondereigentums durch einen weiteren Raum, auch wenn dieser schon Sondereigentumseigenschaft hat, den Gegenstand des Sondereigentums verändert, während eine Inhaltsänderung nur den

6. Kellertausch unter Wohnungseigentümern IX. 6

Rechtsgehalt eines Gegenstands, des Sondereigentums, betreffen kann, wie er in §§ 10 ff. WEG und den danach möglichen besonderen Vereinbarungen geregelt ist.

5. Gläubigerzustimmung. Die Abtrennung des Sondereigentumsraumes ist von der Zustimmung der bei der betroffenen Eigentumswohnung eingetragenen Gläubiger nach § 875 Abs. 1 BGB abhängig (MünchKomm/*Röll* § 3 WEG Rdn. 15). Das Abstellen auf § 875 BGB ist sachgerechter als die Heranziehung von §§ 876, 877 BGB (*Weitnauer* WEG § 6 Rdn. 4). Wenn das Sondereigentum echtes Alleineigentum im Sinne des Eigentumsbegriffes des BGB ist (*Paulick* AcP 1952, 432; vgl. *Weitnauer* WEG vor § 1 Rdn. 28), dann unterliegt es als Eigentum an einer unbeweglichen Sache den Vorschriften über Grundstücke nach §§ 873 ff. BGB, nicht denjenigen über Rechte an Grundstücken. Selbst wenn man letzteres annimmt, wäre die Heranziehung von § 877 BGB (Inhaltsänderung) nur gerechtfertigt, wenn man die Meinung vertritt, beim Kellertausch etc. handele es sich um Änderungen des Inhalts des Sondereigentums (dazu oben Anm. 4; *Streblow* S. 152).

6. Zuschreibung, Pfanderstreckung. Die Bedeutung der in Anm. 4 und 5 angesprochenen Theorien für die Praxis offenbart sich bei der Frage, wie man zu formulieren hat, um den Sondereigentumskeller sachenrechtlich in das Wohnungseigentum des Erwerbers einzubinden und in die Haftung für die dort eingetragenen Belastungen, insbesondere Grundpfandrechte einzubeziehen. Hier sind folgende Möglichkeiten denkbar:

a) Kellereinbeziehung als **Inhaltsänderung** (*Merle*, Das Wohnungseigentum S. 192; *Bärmann/Pick/Merle* § 6 Rdn. 4; *Haegele/Schöner/Stöber* Rdn. 2969, gegen Bestandteilszuschreibung Rdn. 2970). Anstelle einer Auflassung müßte die Urkunde lediglich eine Einigung über die Inhaltsänderung(en) samt Eintragungsbewilligung und -antrag enthalten. Mit Vollzug im Grundbuch erfaßt das Grundpfandrecht kraft Gesetzes auch den neuen Inhalt des Sondereigentums. Die an sich nach § 877 BGB erforderliche Gläubigerzustimmung ist nicht erforderlich, weil sich durch diese Inhaltsänderung die Position des Gläubigers nicht verschlechtert (*Palandt/Bassenge* § 877 Rdn. 5). In der Urkunde sind daher keine die Gläubigerrechte betreffenden besonderen Formulierungen erforderlich, ebensowenig im Eintragungsvermerk des Grundbuchamtes, der nur die Inhaltsänderung im Bestandsverzeichnis vermerkt (OLG Celle DNotZ 1975, 44, jedoch inkonsequent, wenn es dies als Bestandteilabschreibung formulieren will).

b) Kellereinbeziehung durch **Bestandteilszuschreibung** nach § 890 Abs. 2 BGB. Der erste dingliche Akt, die Auflassung, führt mit der Eintragung zum Eigentumsübergang. Die unmittelbare Eintragung ist immer dann nicht möglich, wenn das aufgelassene Objekt im Grundbuch nicht selbständig buchungsfähig ist, wie es beim Sondereigentumsraum, der ohne Miteigentumsanteil veräußert wird, der Fall ist. Es besteht hier eine Parallele zum Zuflurstück. Der Erwerber muß daher durch eine einseitige Erklärung an das Grundbuchamt die grundbuchmäßige Voraussetzung zur Zuordnung des aufgelassenen Objekts zu seinem vorhandenen Grundeigentum schaffen. Die einzige materiellrechtliche Möglichkeit im gesamten Sachenrecht hierzu bietet § 890 BGB. Keine Bestimmung des WEG kann hierfür direkt oder analog herangezogen werden, insbesondere nicht § 3 WEG, da er weder vom Rechtsverkehr mit isoliertem Sondereigentum handelt, noch eine Rechtsgrundlage für einseitige dingliche Erklärungen an das Grundbuchamt abgibt. Daher ist § 890 BGB analog anzuwenden (so auch eingehend OLG Hamburg DNotZ 1965, 176; *Streblow* S. 152 m.w.N.; *Palandt/Bassenge* WEG § 6 Rdn. 3; LG Bochum RPfleger 1990, 291; vgl. auch BGH NJW-RR 1986, 1076; *Haegele/Schöner/Stöber* a.a.O.; gegen die Anwendung von § 890 BGB *Linde*, Beck'sches Formularbuch Form. IV. 33 Anm. 5).

Bei der Bestandteilszuschreibung (§ 890 Abs. 2 BGB) taucht die Frage auf, ob dem Sondereigentum als echtem Eigentum (vgl. *Weitnauer* vor § 1 WEG Rdn. 24) oder dem Miteigentumsanteil zuzuschreiben ist. Letzteres ist vorzuziehen, da das WEG das Sondereigentum dem Miteigentumsanteil zuordnet (vgl. § 6 WEG).

Mit der Anwendung des § 890 BGB ist noch nicht geklärt, wie das zugeschriebene Eigentum (Sondereigentum) in die Belastungen auf dem Wohnungseigentum des Erwerbers einbezogen wird. Bei der Zuschreibung nach § 890 Abs. 2 BGB erstrecken sich Grundpfandrechte ohne weitere Erklärungen nach § 1131 BGB auf den zugeschriebenen Bestandteil, während bei anderen Rechten eine Pfandunterstellung nötig ist (dazu *Palandt/Bassenge* § 890 Rdn. 10). Man wird jedoch hier § 6 Abs. 2 WEG anzuwenden haben, der eine gesetzliche Erstreckung aller Rechte am Miteigentumsanteil auf das Sondereigentum ausspricht und bewirkt. Pfandunterstellungen sind damit auch bei Rechten in Abteilung II nicht erforderlich.

c) **Vereinigung** nach § 890 Abs. 1 BGB. Anstelle der Zuschreibung nach § 890 Abs. 2 BGB wäre an sich auch die Vereinigung möglich. Auch hier müßte man die Rechte am Miteigentumsanteil kraft der Sondervorschrift des § 6 Abs. 2 WEG ohne eigene Pfandunterstellungen auf das eingegliederten Sondereigentumsraum sich erstrecken lassen. Es geht aber beim Wohnungseigentum kaum an, auf vereinigten Teilen je eigene Belastungen zu haben (vgl. *Palandt/Bassenge* § 890 Anm. 3 b), schon nicht wegen Verwirrung des Grundbuches. § 6 Abs. 1 WEG schließt auch aus, daß am Sondereigentum eigene Rechte bestehen. Der Bestandteilszuschreibung mit vorheriger Freistellung des Sondereigentumsraumes von allen Rechten ist daher der Vorzug zu geben.

7. Numerierung. Nach § 7 Abs. 4 Nr. 2 WEG muß bei einer Numerierung des Sondereigentums im Aufteilungsplan jeder Kellerraum die gleiche Nummer wie die Wohnung tragen. Dies gilt jedoch nur bei der Begründung des Wohnungseigentums (BayObLG RPfleger 1991, 414 = WE 1992, 290). Beim Kellertausch kann es dagegen bei der bisherigen Numerierung verbleiben; die Anwendung des § 7 Abs. 4 Nr. 2 WEG würde Verwirrung stiften, da der ursprüngliche Plan selbst nicht geändert werden kann. Bei der Grundbucheintragung des Tausches sollte die nunmehrige Kellernummer im Grundbuch selbst angegeben werden.

8. Grunderwerbsteuer. Für jeden Erwerb fällt Grunderwerbsteuer an, falls der Wert 5000,– DM übersteigt. Dann aus dem vollen Wert 2%.

9. Kosten. Notar: Eine doppelte Gebühr nach § 36 Abs. 2 KostO aus dem Wert der (höheren) Tauschleistung. Gericht: volle Gebühr nach § 60 KostO für Eigentumswechsel bei jedem Keller aus dessen Wert; Freigabe von Grundpfandrechten eine halbe Gebühr für jedes Recht nach § 68 Abs. KostO, je nach dem niedrigeren Wert (§ 23 KostO; meist der Kellerwert).

7. Übertragung eines Sondernutzungsrechtes an einem Kraftfahrzeugstellplatz[1, 2]

§ 1 Grundbuchstand

(1) Im Grundbuch des Amtsgerichts …… für …… Band …… Blatt …… ist Herr A als Alleineigentümer folgenden Wohnungseigentums der Gemarkung …… eingetragen: 54/1000 Miteigentumsanteil an Fl. Nr. ……
verbunden mit dem Sondereigentum an der Wohnung Nr. 12 des Aufteilungsplanes und dem Sondernutzungsrecht am Kraftfahrzeugstellplatz Nr. 12. In Abteilung III ist eine Grundschuld eingetragen.[3]

(2) Die Ehegatten B sind als Wohnungseigentümer zu gleichen Teilen am gleichen Grundstück bei der Wohnung Nr. 6 mit einem Miteigentumsanteil von 46/1000 im Grundbuch Band …… Blatt …… eingetragen. Ein Sondernutzungsrecht an einem Stellplatz ist hiermit nicht verbunden. Als Belastung ist eine Grundschuld eingetragen.

7. Übertragung eines Sondernutzungsrechts an einem Kfz-Stellplatz

§ 2 Übertragung[4, 5]

Herr A überträgt hiermit das mit seinem Wohnungseigentum verbundene Sondernutzungsrecht am Kraftfahrzeugstellplatz Nr. 12 an die Ehegatten B zu gleichen Teilen. Die Vertragsteile sind über den Rechtsübergang einig. Die Ehegatten B verbinden das Sondernutzungsrecht in der Weise mit ihrem Wohnungseigentum, daß es nunmehr dessen Inhalt wird.

§ 3 Grundbuchanträge

Die Eintragung der Rechtsänderung im Grundbuch wird bewilligt und beantragt. Der Notar wird ermächtigt, alle zum Vollzug erforderlichen Erklärungen abzugeben, Anträge zu stellen, abzuändern und zurückzunehmen.

§ 4 Preis

Der Kaufpreis beträgt ...... DM. Er ist bereits bezahlt.

§ 5 Besitzübergang

Besitz, Nutzen und Lasten des Stellplatzes gehen mit dem Heutigen auf die Ehegatten B über.
Herr A haftet für Freiheit von Rechten Dritter,[6] jedoch nicht für den Zustand des Stellplatzes.

§ 6 Kosten[8]

Die Kosten der Urkunde, ihres Vollzugs, für Gläubigerzustimmungen sowie Grunderwerbsteuer[7] tragen die Ehegatten B.
Jeder Vertragsteil erhält eine beglaubigte Abschrift, das Finanzamt – Grunderwerbsteuerstelle – eine einfache Abschrift.

...... (Ort), den ....
Unterschriftsbeglaubigung.   Unterschriften

Schrifttum: Ertl, Eintragung von Sondernutzungsrechten im Sinne des § 15 WEG, RPfleger 1979, 81; zur Übertragung: *Merle* RPfleger 1978, 86; *Streblow,* Änderungen von Teilungserklärungen nach Eintragung der Aufteilung im Grundbuch, MittRhNotK 1987, 141; *Weitnauer* RPfleger 1976, 341; *Nieder* BWNotZ 1984, 51.

Anmerkungen

1. Sachverhalt. Ein Wohnungseigentümer, zu dessen Wohnungseigentum das Sondernutzungsrecht an einem Parkplatz gehört, veräußert diesen an einen anderen Wohnungseigentümer des gleichen Objekts.

2. Sondernutzungsrecht. Das Sondernutzungsrecht ist das Recht zur Benutzung eines bestimmten Teiles des Gemeinschaftseigentums und beruht auf einer nach § 10 Abs. 2 WEG in der Gemeinschaftsordnung getroffenen Gebrauchsregelung nach § 15 Abs. 1 WEG. Es ist damit Inhalt des Sondereigentums (dazu Form. IX. 1 Anm. 12). Der häufigste Anwendungsbereich ist das Sondernutzungsrecht an Kraftfahrzeugstellplätzen (zu diesem Problem und den Möglichkeiten für Stellplatzregelungen siehe Form. IX. 1 Anm. 15; MünchKomm/*Röll* § 10 WEG Rdn. 14).

3. Grundbucheintragung. Eine unmittelbare Eintragung des Sondernutzungsrechtes im Bestandsverzeichnis beim Wohnungseigentum ist nicht vorgeschrieben; vielmehr kann insoweit auf die Eintragungsbewilligung Bezug genommen werden (§ 874 BGB bzw. § 6 Abs. 3 WEG). Die Eintragung ist jedoch zulässig und empfehlenswert (dazu *Ertl* RPfleger 1979, 81 mit Formulierungsvorschlägen; OLG Hamm DNotZ 1985, 552; BayObLG DNotZ 1986, 479).

4. **Übertragung.** Da das Sondernutzungsrecht Inhalt des Sondereigentums ist, stellt die Übertragung eine Inhaltsänderung dar. Sie erfolgt nach den Bestimmungen der §§ 877, 873 BGB: Einigung und Eintragung (*Bärmann/Pick/Merle* § 15 Rdn. 18). Beteiligt sind nur die Wohnungseigentümer, zwischen denen die Übertragung vorgenommen wird. Eine Mitwirkung der anderen Wohnungseigentümer ist nicht erforderlich. Dies ist seit der grundlegenden Entscheidung des BGH vom 24. 11. 1978 (DNotZ 1969, 168 mit Anm. *Ertl*; vgl. auch *Ganten* BauR 1980, 120) geklärt. Die Einigung bedarf keiner Form. Wegen § 29 GBO ist jedoch Unterschriftsbeglaubigung nötig. Sondernutzungsrechte können durch Erklärung des Berechtigten an das Grundbuchamt geteilt (z.B. Dachboden) werden (BayObLG MittBayNot 1991, 168), so daß damit eine teilweise Veräußerung möglich wird.

5. **Vormerkung.** Die Verpflichtung zur Übertragung eines Sondernutzungsrechtes an einen anderen Wohnungseigentümer kann durch Eintragung einer Vormerkung im Grundbuch gesichert werden (BayObLG DNotZ 1979, 370; *Weitnauer* WEG § 15 Rdn. 36; *Schmidt*, Festschrift *Bärmann/Weitnauer* 1990, 564).

6. **Grundpfandrechte.** Nach §§ 876, 877 BGB müssen Grundpfandgläubiger des von der Übertragung betroffenen Wohnungseigentums der Veräußerung zustimmen (*Weitnauer* WEG § 15 Rdn. 2 f.). Bei dem Wohnungseigentum, dem das Sondernutzungsrecht zugeordnet wird, erstrecken sich Belastungen ohne weitere Erklärungen kraft Gesetzes auf das Sondernutzungsrecht. Eine Zustimmung der Gläubiger zu dieser Inhaltsänderung nach §§ 877, 876 BGB ist nicht erforderlich, da sie hierdurch nur begünstigt werden (vgl. *Palandt/Bassenge* § 877 Rdn. 5).

7. **Grunderwerbsteuer.** Für die Übertragung fällt 3,5% Grunderwerbsteuer an (§ 2 Abs. 2 Nr. 3 GrEStG), sofern der Kaufpreis 5000,– DM pro Person übersteigt.

8. **Kosten.** Notar: doppelte Gebühr nach § 36 Abs. 2 KostO aus dem Wert des Rechtes (Stellplatz), hier Kaufpreis, falls der Urkundenentwurf vom Notar stammt, andernfalls eine Beglaubigungsgebühr nach § 45 KostO (¼ Gebühr).
Gericht: eine halbe Gebühr nach §§ 76 Abs. 2 und 64 KostO in Verbindung mit § 61 KostO aus dem Wert des Sondernutzungsrechts (Stellplatzwert).

8. Änderung der Gemeinschaftsordnung[1]

I.

Wir, die Unterzeichneten, sind die Eigentümer der Eigentumswohnanlage A-Straße in B. Die Eigentumswohnungen sind vorgetragen im Grundbuch des Amtsgerichts Z für B Band ...... Blatt ......

Wir vereinbaren[2] hiermit die Änderung der Regelungen über das Verhältnis der Wohnungseigentümer untereinander, wie sie in der zur Teilungserklärung vom ...... gehörenden Gemeinschaftsordnung niedergelegt sind, wie folgt:

a) Die Kosten des Verwalters werden vom kommenden Geschäftsjahr an nicht mehr nach Miteigentumsanteilen umgelegt. Von den Verwalterkosten trifft auf jede Wohnung und Teileigentumseinheit ein gleicher Anteil.[3]

b) Die Eigentümer der rückwärtigen Erdgeschoßwohnungen (Nr. 3, 4, 5) erhalten das Recht zur alleinigen Nutzung[4] des Gartenanteiles, der vor ihrer Terrasse liegt, in

8. Änderung der Gemeinschaftsordnung IX. 8

einer Tiefe von sechs Metern ab der Hauswand und einer Breite, die der Wohnung entspricht. Dieses Sondernutzungsrecht berechtigt auch zu einer Bepflanzung mit niedrigen Büschen. Eine feste Einzäunung mit einem 80 cm hohen Maschendrahtzaun ist gestattet. Die Berechtigten haben diese Flächen auf eigene Kosten zu unterhalten und in einem ordnungsgemäßen Zustand zu halten.

c) Die Wohnung links vom Eingang – Nr. 2 – wird in einen Laden umgebaut. Das Wohnungseigentum wird in Teileigentum umgewandelt.[5]

II.

Wir bewilligen und beantragen die Eintragung der vorstehenden Vereinbarungen im Grundbuch und das Sondernutzungsrecht an den Gartenteilen bei den herrschenden Wohnungen zu vermerken.[6]

III.

Für die Einräumung der Gartennutzungsrechte haben die Eigentümer der Wohnungen 3, 4 und 5 je 500,– DM zu Gunsten der Gemeinschaft zu zahlen.
Wir stimmen den baulichen Veränderungen zum Umbau in einen Laden, insbesondere für Ladentür und Schaufenster, zu.[7]

IV.

Die Kosten[9, 10] dieser Urkunde, der erforderlichen Zustimmungserklärungen der dinglich Berechtigten[8] und die Kosten des Grundbuchvollzuges gehen zu Lasten der Gemeinschaft. Die Kostenrechnungen sind an den Verwalter zu richten.

...... den .... gez. ...... (sämtliche Wohnungseigentümer)
Unterschriftsbeglaubigung

Schrifttum: Streblow, Änderungen von Teilungserklärungen nach Eintragung der Aufteilung im Grundbuch, MittRhNot 1987, 141.

Anmerkungen

1. Sachverhalt. Das Formular befaßt sich mit der Änderung einer im Grundbuch eingetragenen Gemeinschaftsordnung. Inhaltlich werden einige typische Beispiele gewählt: eine Änderung im Kostenverteilungsschlüssel, die Begründung von Sondernutzungsrechten und eine Umwandlung von Wohnungseigentum in Teileigentum.

2. Form. Die Vereinbarungen über das Verhältnis der Wohnungseigentümer untereinander in Abweichung oder Ergänzung des Gesetzes gründen sich auf § 10 Abs. 2 WEG. Bei Gründung des Wohnungseigentums richtet sich die Form nach § 4 Abs. 1 bzw. § 8 WEG. Eine materielle Formvorschrift für Änderungen der Vereinbarungen gibt es nicht. Sie können also mündlich oder schriftlich getroffen werden. Sollten sie jedoch gegen Rechtsnachfolger wirken, müssen sie in das Grundbuch eingetragen werden, so daß wegen § 19 GBO eine öffentliche oder öffentlich beglaubigte Urkunde zu erstellen ist. Es genügt somit Unterschriftsbeglaubigung.

3. Vereinbarung. (1) Die Vereinbarung ist ein Vertrag aller Wohnungseigentümer untereinander, so daß die Änderung einer eingetragenen Vereinbarung der Mitwirkung sämtlicher Miteigentümer bedarf. Eine Pflicht für den einzelnen Wohnungseigentümer, dabei mitzuwirken, besteht nicht; sie kann sich in besonderen Ausnahmefällen allenfalls aus dem Gesichtspunkt von Treu und Glauben ergeben (*Weitnauer* § 10 WEG Rdn. 52; BayObLG WE 1991, 259; BGH NJW 1995, 2791; BayObLG NJW-RR 1994, 1425;

1995, 529). Hierbei ist ein strenger Maßstab anzulegen (BayObLG NJW-RR 1992, 342). Auch ein Mehrheitsbeschluß kann keine solche Verpflichtung begründen. Dazu auch Formular IX. 1 Anm. 9 Abs. 3.

(2) Fraglich ist, ob und inwieweit Beschlüsse die in der Gemeinschaftsordnung getroffenen Vereinbarungen abändern können. Das Problem taucht insbesondere bei der Bindung von Rechtsnachfolgern auf, weil nach § 10 Abs. 3 WEG auch Sondernachfolger an Beschlüsse nach § 23 WEG gebunden sind. Abzustellen ist hierbei an sich auf das Wesen von Vereinbarungen und Beschlüssen. Vereinbarungen bilden die Satzung, die Grundordnung der Wohnungseigentümer, und sind somit auf das dauernde Zusammenleben, also langfristig angelegt. Beschlüsse werden zur ordnungsgemäßen Verwaltung gefaßt und betreffen eine konkrete Einzelangelegenheit (zum ganzen *Weitnauer* § 10 WEG Rdn. 54). Ein Beschluß im technischen Sinn ist nur anzunehmen, wenn ein Gegenstand der Beschlußfassung zugänglich ist (BayObLG WE 1990, 215). Abzustellen ist auf den Inhalt. Eine Vereinbarung ist dann anzunehmen, wenn kein Mehrheitsbeschluß gegen den betroffenen Eigentümer zulässig wäre (BayObLG a.a.O.). Ein Beschluß, der der Gemeinschaftsordnung widerspricht, ist keine ordnungsgemäße (BayObLG WE 1991, 295). Ungeachtet des Problems der sachlichen Unterscheidung, ob es sich um einen Gegenstand handelt, über den Vereinbarungen oder Beschlüsse zu treffen sind, hat sich in den letzten Jahren eine erhebliche Gewichtsverlagerungen ergeben. An sich müßte das, was nur vereinbart werden kann, also auch eine Änderung der Gemeinschaftsordnung, einer Beschlußfassung entzogen sein mit der Folge, daß solche Beschlüsse nichtig sind. BGH (beispielhaft NJW 1995, 2035 – Hundehaltung) und das BayObLG (beispielhaft 24. 3. 1994 WE 1994, 316 – tätige Mithilfe) haben den vereinbarungsersetzenden Mehrheitsbeschlüssen (Pseudovereinbarungen) ein ungewöhnlich breites Wirkungsfeld eingeräumt (vgl. zur BGH-Rechtsprechung *Wenzel* WE 1995, 358; zu den Pseudovereinbarungen auch *Weitnauer* § 10 Rdn. 56; *Bärmann/Pick/Merle* § 10 Rdn. 60; Gesamtdarstellung *Buck* WE 1994, 94 = PiG 48 S. 141; *Belz*, Festschrift Seuß [1997] S. 11 = WE 1997, 254, 293). Streitig ist dabei auch, ob eine solche Pseudovereinbarung die Regelung der Gemeinschaftsordnung ändert (so BayObLG 10. 10. 1996 MittBayNot 1996, 437; keine BGH-Vorlage) oder nur überlagert (so KG 24. 6. 1996 MittBayNot 1996, 438), was sich auf die Frage künftiger Änderungsmöglichkeiten auswirkt (dazu *Demharter* MittBayNot 1995, 417). Ein weiteres Problem besteht darin, daß Beschlüsse nicht in das Grundbuch eingetragen werden können, auch keine nicht angefochtenen Mehrheitsbeschlüsse (*Weitnauer* § 10 WEG Rdn. 57; BayObLG DNotZ 1984, 101; BGH ZIP 1994, 1605), während Änderungen der Vereinbarung zur Bindung von Rechtsnachfolgern im Grundbuch eingetragen werden müssen (*Weitnauer* § 10 Rdn. 31).

(3) Nichtig sind nur solche Beschlüsse, die gegen zwingende Vorschriften des WEG verstoßen und über die deshalb Vereinbarungen überhaupt nicht getroffen werden können (BGH NJW 1978, 1638; dazu Form. IX. 1 Anm. 10 Abs. 12). Das Problem kann daher nur für Grenzfälle und für solche Gegenstände auftreten, für die an dem Grunde nach Vereinbarungen getroffen werden können. Bei diesen tritt Nichtigkeit nur dann ein, wenn, wie der BGH es nunmehr formuliert (NJW 1994, 3230; 1995, 2035; *Wenzel* WE 1995, 358), in den „dinglichen Kernbereich" des Wohnungseigentums eingegriffen wird (aufgegriffen vom BayObLG MittBayNot 1995, 437). Nichtigkeitsfälle im Verwalterbereich: Verwalterbeschränkung auf Wohnungseigentümer (BayObLG WE 1990, 412), Verwalterhonorar unabänderlich (KG NJW-RR 1994, 402), ¾-Mehrheit für Verwalterbestellung (BayObLG WE 1995, 30; 1995, 1996, 151). Bei einer Gebrauchsregelung nach § 15 Abs. 1 WEG liegt ein Eingriff in den Kernbereich nur vor, wenn das aus dem Eigentum fließende Nutzungsrecht am Sondereigentum oder Mitbenützungsrecht am gemeinschaftlichen Eigentum so beeinträchtigt wird, daß der Miteigentümer von jedem sinnvollen Gebrauch ausgeschlossen wird (*Demharter* MittBayNot 1995, 417: z.B. Versperrung des Treppenhauses als einzigem Zugang zum Sondereigentum, nicht aber,

8. Änderung der Gemeinschaftsordnung IX. 8

wenn mehrere Zugangsmöglichkeiten bestehen). Ob für die Gewährung von „Sondernutzungsrechten", etwa an Stellplätzen, „Pseudovereinbarungen" beschlossen werden können, ist offen (*Demharter* MittBayNot aaO. mwN.). Eine Nichtigkeit ist nach der Entwicklung der BGH-Rechtsprechung aber kaum vorstellbar (*Demharter* aaO.; vgl. aber OLG Düsseldorf NJW-RR 1996, 210, wonach eine Beschluß zur Gestattung des Baues einer Garage auf dem Gemeinschaftseigentum in den Kernbereich eingreift und nichtig ist). Kostenverteilungsschlüssel zählen nicht zum Kernbereich (vgl. BGH NJW 1994, 3230). Es taucht die paradoxe Situation auf, daß von Änderungsvorbehalten in der Gemeinschaftsordnung nur unter erschwerten Voraussetzungen Gebrauch gemacht werden kann (oben Abs. 1), während beim Beschluß diese Maßstäbe offenbar nicht gelten.

(4) Für die Praxis taucht die Frage auf, ob sich Änderungen der Gemeinschaftsordnung wegen des damit verbundenen Aufwandes noch lohnen, wenn es sich nicht um einen „Kernbereich" dreht. Andererseits ist es nicht ohne weiteres erkennbar, ob der Kernbereich tangiert ist. Von den Beispielen des Formular ist a) sicher kein Kernbereich (Kostenverteilung), b) wahrscheinlich kein Kernbereich (Gartennutzung), c) „Kernbereich", jedenfalls einer Beschlußfassung zwecks Änderung im Grundbuch nicht zugänglich. Zwecks Klarheit, auch Grundbuchklarheit, für die Zukunft verdienen Vereinbarungen mit Grundbucheintragung aber immer den Vorzug.

3. Verwalterkosten. Bei normalen Wohnanlagen ist der Umfang der Verwalterarbeit bei jeder Wohnung grundsätzlich gleich. Die gleiche Umlage auf alle Wohnungen ist daher der Umlage nach Miteigentumsanteilen im Interesse der Gleichbehandlung vorzuziehen.

4. Sondernutzung. Bei der alleinigen Nutzung eines Gartenteils handelt es sich ebenso wie bei Kraftfahrzeugstellplätzen um eine Gebrauchsregelung nach § 15 Abs. 1 WEG. Hierfür hat sich der Begriff „Sondernutzungsrecht" durchgesetzt. Zum Gartensondernutzungsrecht und dessen Inhalt Form. IX. 1 Anm. 13.

5. Umwandlung. (1) Die bei der Begründung des Sondereigentums zu treffende Unterscheidung in Wohnungs- und Teileigentum ist als eine Vereinbarung zu werten. Die Umwandlung ist eine Inhaltsänderung i.S. des § 5 Abs. 4 WEG (*Weitnauer* § 1 Rdn. 39 mwN.). Sie ist daher nur durch Vereinbarung aller Miteigentümer möglich (BayObLG DNotZ 1984, 104; NJW-RR 1989, 652; DNotZ 1992, 714 mit Anm. *Herrmann*; DNotz 1998, 379; MittBayNot 1998, 101). Maßgeblich sind die §§ 887, 873 BGB (Einigung und Eintragung), formbedürftig nur nach 19 GBO für die Eintragungsbewilligung. Nach BayObLG (WE 1995, 157 mit Abl. Anm. *Weitnauer*) ist diese Umwandlung als Änderung des dinglichen Begründungsaktes einer Vereinbarung nach § 10 Abs. 1 Satz 2 WEG entzogen (dagegen *Weitnauer* aaO.). Für die Durchführung einer Umwandlung kommt es auf den Unterschied nicht an, da entsprechende Bewilligungen immer notwendig sind.

(2) Der Mitwirkung der übrigen Miteigentümer und der Zustimmung der Gläubiger bedarf es nicht, wenn die Teilungserklärung (Gemeinschaftsordnung) dem Sondereigentümer die Umwandlung ausdrücklich gestattet (BayObLG NJW-RR 1989, 652; DNotZ 1998, 379; LG Augsburg MittBayNot 1993, 152). Dann genügt ein einfacher Antrag des Eigentümers in der Form des § 29 GBO an das Grundbuchamt. Ist in der Teilungserklärung lediglich das Recht zum Ausbau eines Teileigentums als Wohnung verankert, sind die übrigen Miteigentümer verpflichtet, der Umwandlung in Wohnungseigentum zuzustimmen und die Eintragung im Grundbuch zu bewilligen (BayObLG MittBayNot 1996, 208).

6. Grundbucheintragung. Zur Wirkung gegen Rechtsnachfolger ist nach § 10 Abs. 2 WEG die Eintragung in das Grundbuch erforderlich. Dazu ist die Bewilligung sämtlicher Miteigentümer erforderlich (§ 19 GBO). Hierzu hat jeder zu unterschreiben. Vollmachten bedürfen der Form des § 19 GBO. Eine entsprechende Anwendung des § 26 Abs. 4

WEG, betreffend Verwalternachweis durch Beglaubigung der Protokollunterschriften eines zustimmenden Beschlusses in der Eigentümerversammlung, ist nicht möglich (BayObLG DNotZ 1979, 174). Grundbuchrechtlich wird wegen des Inhaltes des Sondereigentums auf die Eintragungsbewilligung Bezug genommen; dies gilt auch bei der Inhaltsänderung. Der bei Sondernutzungsrechten an Kraftfahrzeugstellplätzen angebrachte unmittelbare Eintrag im Bestandsverzeichnis der berechtigten Wohnung (dazu *Ertl* DNotZ 1979, 287) ist auch beim Garten sinnvoll.

7. Bauliche Veränderung. Der Umbau der Wohnung in den Laden stellt eine bauliche Veränderung dar, zu der die Zustimmung aller Miteigentümer erforderlich ist (§ 22 Abs. 1 WEG). Diese Zustimmung ist jedoch keine Vereinbarung im Sinne von § 10 Abs. 2 WEG. Da § 22 Abs. 1 jedoch abdingbar ist, kann die allgemeine Zustimmung zu bestimmten baulichen Veränderungen auch als Vereinbarung Inhalt der Gemeinschaftsordnung sein oder werden (*Palandt/Bassenge* § 22 WEG Rdn. 1 mwN.). Wird ein Beschluß bestandskräftig, kann ihm nicht entgegengehalten werden, daß er gegen Treu und Glauben verstoße (*Palandt/Bassenge* aaO. mwN.; BayObLG NJW-RR 1992, 15). Dazu auch Form. IX. 1 Anm. 10 Abs. 7.

8. Gläubigerzustimmung. Änderungen der Vereinbarungen sind Inhaltsänderung des Sondereigentums. Sie bedürfen der Zustimmung der dinglich Berechtigten nach § 877 BGB (BGH DNotZ 1984, 695 mit Anm. *Schmidt*; *Palandt/Bassenge* § 10 WEG Rdn. 4; BayObLG NJW-RR 1990, 1102; *Weitnauer* § 10 WEG Rdn. 50). Die Zustimmung ist allerdings dann nicht erforderlich, wenn der Gläubiger von der Änderung in seinen Rechten nicht betroffen ist (dazu im Einzelnen *Bärmann/Pick/Merle* § 10 WEG Rdn. 55). Die dort vertretene Meinung, bei Änderung des Verteilungsschlüssels für Kosten und Lasten sei eine solche Betroffenheit stets zu verneinen, erscheint zumindest problematisch (nicht erforderlich LG Lübeck NJW-RR 1990, 612; vgl. BayObLGZ 1984, 239 = MittBayNot 1985, 30; *Weitnauer* § 10 Rdn. 50). Im Formularfall ist eine Betroffenheit der Gläubiger nicht zu erkennen. Eine Einräumung neuer Sondernutzungsrecht betrifft aber stets die Gläubiger (BGH aaO.).

9. Kosten. Notarkosten: Bei Fertigung des Entwurfs durch den Notar eine doppelte Gebühr nach § 36 Abs. 2 KostO (Vertrag), andernfalls eine Beglaubigungsgebühr nach § 45 KostO (¼ Gebühr). Wert nach § 30 KostO für jede einzelne Vereinbarung zu schätzen. Vorschlag für hier: zu a) Regelwert von 5000,– DM; zu b) 1500,– DM (Entgelt); zu c) 10% des Verkehrswertes des betroffenen Sondereigentums. Gebühren aus den zusammengerechneten Werten. § 21 Abs. 2 findet keine Anwendung. Grundbuchamt: ½ Gebühr nach §§ 76 Abs. 2, 64 Abs. 1 S. 1 KostO; Werte wie vor.

10. Steuern. In den Fällen a) und c) fallen keine Steuern an. Bei b) kann Grunderwerbsteuer anfallen, wenn für den Erwerb eines Sondernutzungsrechtes (§ 2 Abs. 2 Nr. 3 GrEStG) eine Gegenleistung über 5000,– DM zu leisten ist.

9. Unterteilung einer Eigentumswohnung

I.

Sachverhalt[1]
Ich bin Alleineigentümer des folgenden, im Grundbuch des Amtsgerichts Z von B der Gemarkung B Band 115 Blatt 12012 vorgetragenen Wohnungseigentums 86/1000 Miteigentumsanteil am Grundstück
Fl. Nr. 270 Hauptstraße 35 zu 680 qm, verbunden mit dem Sondereigentum an der Wohnung im 2. Obergeschoß, im Aufteilungsplan mit Nr. 8 bezeichnet.

9. Unterteilung einer Eigentumswohnung

Die Wohnung ist mit einer Buchgrundschuld über 200.000,- DM für die X-Bank belastet,[2] in Abt. II lastenfrei.
Das Wohnungseigentum erfaßt das Sondereigentum an der Wohnung im 2. Obergeschoß rechts vom Aufgang gelegen und die darüber befindliche Mansardenwohnung. Diese soll nunmehr eine selbständige Eigentumswohnung werden.
Eine neue Abgeschlossenheitsbescheinigung mit dem gesiegelten Aufteilungsplan für die Hauptwohnung und die Mansardenwohnungen liegt bereits vor.[3]

II.

Aufteilung
Ich teile hiermit gemäß § 8 WEG das vorbezeichnete Wohnungseigentum Nr. 8 wie folgt neu auf:[4]
1. 62/1000 Miteigentumsanteil, verbunden mit dem Sondereigentum an der vom Eingang aus rechts gelegenen Wohnung, bestehend aus Wohnzimmer, Schlafzimmer, Kinderzimmer, Küche, Bad/WC, Abstellraum und Flur, im neuen Aufteilungsplan mit Nr. 8a bezeichnet; Wohnfläche ca. 66 qm.
2. 24/1000 Miteigentumsanteil, verbunden mit dem Sondereigentum an der im Dachgeschoß vom Aufgang aus rechts gelegenen Mansardenwohnung, bestehend aus Wohnzimmer/Schlafzimmer, Küche, Bad/WC, Abstellnische und Flur, im neuen Aufteilungsplan Nr. 1b bezeichnet; Wohnfläche ca. 28 qm.

Auf den Aufteilungsplan nehme ich Bezug.[5]
Ich bewillige und beantrage die Eintragung im Grundbuch.[6]

III.

Ich trage die Kosten der Urkunde und ihres Vollzugs im Grundbuch.[7]

.... (Ort), den ....
Unterschriftsbeglaubigung   Unterschrift

Schrifttum: Hauger, Unterteilung und Erweiterung von Wohnungseigentum, WE 1991, 66; *Streblow*, Änderungen von Teilungserklärungen Nach Eintragung der Aufteilung im Grundbuch, MittRhNotK 1987, 141.

Anmerkungen

1. **Sachverhalt.** Es wurde ein einfacher Sachverhalt gewählt, der sich aus dem Formular ergibt.
2. **Belastung.** Eine Zustimmung des Gläubigers ist nicht erforderlich (*Weitnauer* § 8 Rdn. 2). Soll nur eine Wohnung belastet bleiben, ist nach der Unterteilung die Freigabe für die andere Wohnung durchzuführen.
3. **Abgeschlossenheitsbescheinigung.** Für die Aufteilung muß eine neue Abgeschlossenheitsbescheinigung erteilt werden. Soweit die frühere Abgeschlossenheitsbescheinigung die Abgeschlossenheit beider Wohnungsteile bereits ausweist, kann diese nicht mehr verwendet werden (BayObLG NJW-RR 1994, 716). Die Bescheinigung ist vom teilenden Eigentümer einzuholen mit einem aktuellen Plan.
4. **Teilung.** (1) Die Unterteilung nach § 8 WEG kann der Eigentümer allein vornehmen. Eine Mitwirkung der übrigen Miteigentümer oder eine Zustimmung des Verwalters ist nicht erforderlich (BGH NJW 1979, 870; BayObLG WE 1992, 197; *Weitnauer* § 8 Rdn. 3 mwN.). Ob die Unterteilung in der Gemeinschaftsordnung von einer solchen Zustimmung abhängig gemacht werden kann, ist umstritten (ja: BGH aaO.; BayObLG

aaO.; nein: *Weitnauer* aaO.). Im Formularfall ist die Dachwohnung von Anfang an als Mansardenwohnung ausgebaut. Soll ein im Sondereigentum stehenden normaler Dachraum zu einer Wohnung ausgebaut werden, ist dies eine bauliche Veränderung, die der Zustimmung aller Miteigentümer bedarf. Durch die Unterteilung als solche ändert sich die Nutzungsart nicht (BayObLG NJW-RR 1995, 1103). Anders ist es, wenn in der Teilungserklärung der Ausbau bereits zugelassen ist (KG NJW-RR 1995, 1228). Dann kann ohne Zustimmung der anderen Miteigentümer bei der Unterteilung Wohnungseigentum begründet werden.

(2) Wichtig und zu beachten ist, daß die Unterteilung ausschließlich Räume erfaßt, die bereits im Sondereigentum stehen. Wird Gemeinschaftseigentum berührt, etwa durch Einbeziehung eines Flurteiles oder durch Nichteinbeziehung eines gemeinsamen Eingangsflures, ist die Unterteilung nichtig (BayObLG NJW-RR 1996, 721). An einem gemeinsamen Eingangsflur kann auch kein Mitsondereigentum begründet werden (BayObLG WE 1988, 102; *Weitnauer* § 3 Rdn. 32 mwN.). Solche Probleme können nur durch Überführung des Flurteiles in Sondereigentum oder Gemeinschaftseigentum, je nach Sachlage, gelöst werden (dazu die folgenden Formulare). Muß für die Unterteilung einer Wohnung in zwei Wohnungen eine neue (weitere) Eingangstür angebracht werden, bedarf er der Zustimmung der anderen Eigentümer (vgl. OLG Hamm OLGZ 1990, 159).

(3) Probleme bereitet das Stimmrecht. Es wird durch die Unterteilung grundsätzlich nicht verändert. Maßgeblich ist zunächst das bestehende Prinzip: Kopfprinzip, Objektprinzip, Wertprinzip (*Weitnauer* § 8 Rdn. 3). Es kann an sich keine Schwierigkeiten bereiten, nach der Unterteilung den neuen Wohnungseigentümern die entsprechenden Stimmrechte zu gewähren (*Weitnauer* aaO. und § 25 Rdn. 13). Dagegen wird ins Feld geführt, daß das Stimmgewicht in der Eigentümerversammlung durch die Unterteilung nicht geändert werden darf. Vor allem dürfe die Zahl der Stimmberechtigten nicht vermehrt werden (vgl. BGH NJW 1979, 870; BayObLG NJW-RR 1991, 910; OLG Köln WE 1992, 259; *Bärmann/Pick/Merle* § 8 Rdn. 43). Das bedeutet, daß ein einheitliches Stimmrecht für beide Einheiten bestehen bleibt. Das OLG Düsseldorf (NJW-RR 1990, 251) will das Problem dadurch lösen, daß es jedem Eigentümer der neuen Objekte eine halbe Stimme gibt, die auch selbständig ausgeübt werden kann. In der Gemeinschaftsordnung kann allerdings eine Regelung dazu getroffen werden (BayObLG NJW-RR 1991, 910).

(4) Die Unterteilung kann nach § 22 Abs. 1 BauGB in Gebieten mit Fremdenverkehrsfunktion genehmigungspflichtig sein, wenn eine entsprechende Satzung nach § 22 BauGB erlassen ist. Da der Notar und das Grundbuchamt in der Regel keine sicheren Erkenntnisse dazu haben, ist stets eine Negativbescheinigung einzuholen, im gegebenen Fall die Genehmigung zu beantragen (zu den Einzelheiten Form. IX. 1 Anm. 2 A).

5. Aufteilungsplan. Abgeschlossenheitsbescheinigung und Aufteilungsplan sind dem Grundbuchamt als Anlage zur Eintragungsbewilligung einzureichen (§ 7 Abs. 4 WEG). Der Begriff „Anlage" ist dabei nicht im Sinn des Beurkundungsgesetzes zu verstehen. Eine Bezugnahme ist von daher nicht geboten (dazu ausführlich Form. IX. 1 Anm. 4 Abs. 2). Der einfache Vorgang der Unterteilung führt deutlich vor Augen, daß angesichts der einfachen textlichen Beschreibung des Gegenstandes der Teilung in der nur zu beglaubigenden Urkunde eine eigene Bezugnahme nicht erforderlich ist. Für die Urkundensammlung des Notars ist der Plan nicht vorgeschrieben. Wird nur die Unterschrift unter den vom Eigentümer entworfenen Text beglaubigt, genügt ein Vermerkblatt ohne Plan. Insofern wird der Plan nicht Bestandteil der Urkunde. Die Bezugnahme auf den Plan im Formular hat urkundsrechtlich nur deklaratorische Bedeutung.

6. Antrag. Die Unterteilung ist eine einseitige Erklärung an das Grundbuchamt. Der Eigentümer muß die Eintragung in der Form des § 29 GBO bewilligen und beantragen.

10. Umwandlung von Gemeinschaftseigentum in Sondereigentum IX. 10

7. **Kosten.** Wert halber Verkehrswert der bisher selbständigen Raumeinheit nach § 21 Abs. 2 KostO. Notar: volle Gebühr nach § 36 Abs. 1 KostO, da einseitige Erklärung (nicht § 38 Abs. 2 Nr. 5a KostO!); fertigt der Notar den Entwurf nicht: ¼ Gebühr nach § 45 KostO. Vollzugsgebühr s. Form. XI. 1 Anm. 27. Gericht: halbe Gebühr nach § 76 Abs. 1 KostO.

Steuern: Grunderwerbsteuer fällt nicht an, weil kein Eigentumswechsel stattfindet.

10. Umwandlung von Gemeinschaftseigentum in Sondereigentum

Verhandelt am ...... in ......
Vor mir,
Notar in ...... erschienen heute in meinen Amtsräumen ......
1. A – je mit Namen und Adressen –
2. B
3. C
4. D
5. E
6. F
Über den Grundbuchstand habe ich mich unterrichtet. Auf Ansuchen beurkunde ich folgende Erklärungen der gleichzeitig anwesenden Erschienenen:

I.

Sachverhalt[1]
Herr B ist Alleineigentümer des im Grundbuch des Amtsgerichts Z von G
Band 66 Blatt 5360
der Gemarkung G vorgetragenen Wohnungseigentums
192/1000 Miteigentumsanteil am Grundstück
Fl. Nr. 153 Gartenstraße 53 zu 320 qm, verbunden mit dem Sondereigentum an der Wohnung im Erdgeschoß rechts vom Eingang, Nr. 2 des Aufteilungsplanes. Zur Wohnung gehört das Sondernutzungsrecht an der vorgelagerten Terrasse zum Garten hin.
Insgesamt bestehen sechs Eigentumswohnungen. Eigentümer dieser weiteren Wohnungen sind:
Wohnung Nr. 1 (Blatt 5359): A
Wohnung Nr. 3 (Blatt 5361): C
Wohnung Nr. 4 (Blatt 5062): D
Wohnung Nr. 5 (Blatt 5063): E
Wohnung Nr. 6 (Blatt 5964): F
Die Wohnung Nr. 2 ist in Abt. III mit einer Grundschuld über 160.000,– DM für die Bausparkasse L belastet.
B hat auf der von seinem Sondernutzungsrecht[2] erfaßten Terrasse mit Zustimmung der übrigen Wohnungseigentümer einen Glasvorbau angebracht[3] und diesen in das Wohnzimmer einbezogen. Dieser soll nunmehr in das Sondereigentum der Wohnung Nr. 2 ohne Veränderung der Miteigentumsanteile[4] einbezogen werden. Dieser Umwandlung dient die heutige Vereinbarung.

II.

Umwandlung
Die Miteigentümer A, B, C, D, E und F wandeln hiermit den durch den Glasvorbau an der Wohnung Nr. 2 auf der Terrasse geschaffenen Raum in Sondereigentum in der Wei-

se um, daß er in das Sondereigentum der Wohnung Nr. 2 einbezogen wird. Sie sind über diese Umwandlung einig[5] und bewilligen und B
beantragt[6]
Eintragung im Grundbuch durch Verbindung dieses Sondereigentums mit dem Miteigentumsanteil der Wohnung Nr. 2 und Zuschreibung[7] zu dieser.
Eine neue Abgeschlossenheitsbescheinigung[8] für die Wohnung Nr. 2 mit dem Anbau samt gesiegeltem Aufteilungsplan liegt vor. Auf ihm wird verwiesen.
Die Zustimmung der an den Einheiten 1, 3, 4, 5 und 6 eingetragenen Gläubiger[9] in Abt. III liegt vor.

III.

Die Kosten[10] dieser Urkunde, der Gläubigerzustimmungen und ihres Vollzugs trägt B. Von der Urkunde erhalten jeder Beteiligte eine Ausfertigung, das Grundbuchamt eine beglaubigte Abschrift.

Plan zur Durchsicht vorgelegt, v. g. u.   Beteiligte
                                                                                                          Notar

Schrifttum: wie Formular IX. 9.

Anmerkungen

1. Sachverhalt. Als Beispiel wurde die Einbeziehung einer mit einem Sondernutzungsrecht versehenen Terrasse vor einer Erdgeschoßwohnung gewählt, die zur Einbeziehung in die Wohnung mit einem Wintergartenvorbau versehen wurde. Die Miteigentumsanteile werden nicht verändert. Die Methode trifft alle Fälle, bei denen Gemeinschaftsflächen (z. B. Flurteile, Dachteile) und Gemeinschaftsräume (z. B. Gemeinschaftskeller) zu Sondereigentum gemacht werden. Auf abweichende Konstellationen wird bei den Anmerkungen eingegangen.

2. Sondernutzungsrecht. Die Umwandlung von Gemeinschaftseigentum in Sondereigentum ist ein dinglicher Vorgang, der den strengen Regeln des WEG unterliegt (dazu Anm. 5). Daher spielt es keine Rolle, daß den übrigen Miteigentümern über die Sondernutzung bereits die Mitbenützung entzogen ist, weil das Sondernutzungsrecht nur eine Gebrauchsregelung i. S. des § 15 WEG darstellt (dazu BayObLG zit. in Anm. 5). Das Sondernutzungsrecht gewährt daher auch keinen Anspruch gegenüber den übrigen Miteigentümern auf Überführung in Sondereigentum, es sei denn, die Gemeinschaftsordnung gewährt ihn ausdrücklich (z. B. bei Dachausbau).

3. Bauliche Veränderung. Im Formularfall wurde die Terrasse überdacht. Dies stellt eine bauliche Veränderung dar, die der Zustimmung sämtlicher Miteigentümer bedarf (§ 22 WEG). Das Sondernutzungsrecht gewährt nicht von sich aus das Recht, bauliche Veränderungen vorzunehmen (*Weitnauer* § 15 Rdn. 27 mwN.). Die Gemeinschaftsordnung kann solche Veränderungen aber zulassen (Dachausbau, Terrassenüberdachung etc.), was in ihr aber ausdrücklich und konkret zu bezeichnen ist. Dann müssen die anderen Miteigentümer nicht mehr zustimmen (BayObLG WE 1990, 139). Die Zustimmung bedarf keiner Form und kann konkludent geschehen. Schriftlichkeit ist im Hinblick auf Rechtsnachfolger aber anzuraten, der bei wirksamer Zustimmung keine Beseitigung mehr verlangen kann. Im Formular wird die Zustimmung mit dokumentiert. Für die Zustimmung sieht das WEG nicht das Beschlußverfahren vor. Ein einstimmiger Beschluß aller Miteigentümer ist aber zulässig. Ein Mehrheitsbeschluß reicht an sich nicht aus, stellt aber eine wirksame Zustimmung dar, wenn er nicht angefochten ist (BayObLG NJW-RR 1993, 85; zum ganzen *Gottschalg* WE 1997, 2). Allerdings kann die Gemeinschaftsordnung Mehrheitsbeschlüsse zu baulichen Veränderungen zulassen oder

10. Umwandlung von Gemeinschaftseigentum in Sondereigentum IX. 10

sie von einer Verwalterzustimmung abhängig machen (zusätzlich oder anstelle der Eigentümerzustimmung).

4. Miteigentumsanteil. Die Umwandlung von Gemeinschaftseigentum in Sondereigentum erfordert keine Änderung von Miteigentumsanteilen, insbesondere nicht beim erwerbenden Wohnungseigentümer. Es ändert sich lediglich der Gegenstand des Sondereigentums bei Erwerber (*Weitnauer* § 4 Rdn. 4). Anders ist es, wenn das bisherige Gemeinschaftseigentum selbständiges Sondereigentum werden soll (z.B. Ausbau einer neuen Dachwohnung). Dann muß ein neuer Miteigentumsanteil verbunden mit Sondereigentum gebildet werden. Der dazu notwendige Miteigentumsanteil ist dann von allen oder einigen übrigen Wohnungen oder auch nur von einer zu nehmen (dazu *Bärmann/Seuß* Rdn. A 597). Bleiben wie im Formularfall die Miteigentumsanteile unverändert, taucht allerdings die Frage auf, ob durch die Vergrößerung der Wohnfläche der Miteigentumsanteil noch eine geeignete Grundlage für die Kostenverteilung nach § 16 Abs. 1 WEG darstellt. Denn meist sind die Miteigentumsanteile nach dem Verhältnis der Wohnfläche gebildet. Wenn es sich nur um eine geringfügige Vergrößerung handelt, kann das hingenommen werden. Bei einer erheblichen Vergrößerung einer Wohnung ist es aber anzuraten, in der Urkunde auch eine Änderung der Gemeinschaftsordnung durch Aufstellung eines neuen Kostenverteilungsschlüssels vorzunehmen. Das kann dadurch geschehen, daß die unverändert bleibenden Wohnflächen zusammen mit derjenigen der vergrößerten in neue 1000stel-Anteile umgerechnet werden oder daß der vergrößerte Anteil den 1000stel-Anteilen zugerechnet wird, so daß künftig nach z.B. 1028stel-Anteilen abgerechnet wird. Die neuen Verteilungsschlüssel sind in die Urkunde aufzunehmen. Für das Stimmrecht ergibt sich kaum ein Regelungsbedürfnis. Richtet es sich nach Miteigentumsanteilen, sollten neue Kostenverteilungsanteile ausdrücklich auch für das Stimmrecht gelten.

5. Form, materielles Recht. (1) Die Umwandlung von Gemeinschaftseigentum in Sondereigentum stellt neben der Erstbegründung von Sondereigentum nach § 3 oder § 8 WEG ebenfalls einer Begründung von Sondereigentum i.S. des § 4 Abs. 1 WEG. Sie bedarf danach materiellrechtlich der Einigung der Beteiligten. Beteiligte sind sämtliche Miteigentümer des Gemeinschaftseigentums, also alle Wohnungseigentümer. Der Umstand, daß an der Fläche ein Sondernutzungsrecht besteht, ändert an dieser dinglichen Beteiligteneigenschaft nichts (BayObLG 5. 5. 1993 WE 1994, 186 = MittBayNot 1993, 287 = Rpfleger 1993, 488). Nach § 4 Abs. 2 WEG bedarf diese Einigung der Form der Auflassung (BayObLG aaO.; *Bärmann/Pick/Merle* § 4 Rdn. 4; § 5 Rdn. 13, wo unzutreffend von einem einstimmigen Beschluß gesprochen wird; *Weitnauer* § 4 Rdn. 4). Ein schuldrechtlicher Vertrag über die Verpflichtung zur Umwandlung in Sondereigentum und bedarf nach § 4 Abs. 3 WEG der Beurkundung in entsprechender Anwendung von § 313 BGB. Ein einstimmiger Beschluß kann die Verpflichtung daher nicht begründen. Im Hinblick auf §§ 313 und 925 BGB ist daher notarielle Beurkundung erforderlich. Unterschriftsbeglaubigungen genügen nicht (*Schmidt* in *Bärmann/Seuß*, Praxis des Wohnungseigentums Rdn. A 593). Zur praktischen Durchführung genügt eine Gesamturkunde, die keinen besonderen schuldrechtlichen Teil enthalten muß. Anders ist es, wenn dem vor der Umwandlung Begünstigten eine Zahlungspflicht an die übrigen Miteigentümer auferlegt wird. Dann ist diese als schuldrechtlicher Teil mit zu beurkunden. Sie unterliegt der Formpflicht samt den Zahlungskonditionen.

(2) Bei größeren Gemeinschaften ist es kaum möglich, sämtliche Miteigentümer zu einem gemeinsamen Beurkundungstermin zusammen zu bringen. Dann kann so verfahren werden, daß die Beurkundung von einer Person, am besten dem Erwerber des Sondereigentums, durchgeführt wird und die anderen Miteigentümer ihm vorher notariell beglaubigte Vollmachten erteilen (Befreiung § 181 BGB!). Liegt vorher das Einverständnis der anderen Miteigentümer vor, kann der beurkundende Miteigentümer als Vertreter ohne Vertretungsmacht auftreten; die anderen genehmigen dann nach. Ein Verfahren

mit Angebot und Annahme geht wegen des Erfordernisses der gleichzeitigen Anwesenheit (§ 925 BGB, persönlich oder vertreten) nicht.

(3) Unwirksam und nicht eintragungsfähig ist eine Vereinbarung in der Geschäftsordnung, die eine vorweggenommene Zustimmung oder Ermächtigung enthält, gemeinschaftliches Eigentum in Sondereigentum umzuwandeln als Inhalt des Sondereigentums und damit bindend für Rechtsnachfolger (BayObLG DNotZ 1998, 379; a.A. mit guten Gründen *Rapp,* MittBayNot 1998, 77).

6. Grundbucherklärungen. § 4 Abs. 1 WEG erfordert zur Wirksamkeit auch die Eintragung im Grundbuch. Die nötige Eintragungsbewilligung (§ 19 GBO) müssen sämtliche Miteigentümer abgeben, da von der Beeinträchtigung des Miteigentums alle betroffen sind. Den Eintragungsantrag kann und sollte der Erwerber des Sondereigentums stellen, da ihn damit die Pflicht zur Tragung der Kosten trifft.

7. Zuschreibung. Die Einbeziehung von weiterem Sondereigentum in bestehendes ändert und erweitert dessen Gegenstand (*Weitnauer* § 8 Rdn. 4) und stellt keine Inhaltsänderung dar. Dem alten Miteigentumsanteil wird neues Sondereigentum zugeschlagen, es wird dessen Bestandteil. Sachenrechtlich stellt dies eine Bestandteilszuschreibung i. S. des § 890 BGB dar mit der Folge, daß sich Grundpfandrechte ohne besondere Pfandunterstellung auf das hinzugekommene Sondereigentum erstrecken: Bei Belastungen in Abt. II (z.B. Wohnungsrecht, Nießbrauch) ist dagegen eine Pfandunterstellung nötig (vgl. Formular IX. 7 Anm. 6).

8. Abgeschlossenheitsbescheinigung, Aufteilungsplan. Für die gesamte Wohnung mit dem neuen Sondereigentum muß ein neuer Aufteilungsplan angefertigt werden. Es genügt nicht ein nachgereichter Plan nur des erweiterten Raumes (*Bärmann/Pick/Merle* § 7 Rdn. 66). Dieser Plan muß zur Konkretisierung des umgewandelten Gemeinschaftseigentums Bestandteil der Urkunde werden. Auf ihn ist nach § 13a BeurkG zu verweisen. Ferner ist eine neue Abgeschlossenheitsbescheinigung für die Wohnung mit gesiegeltem Aufteilungsplan beizubringen. Diese muß bei Beurkundung noch nicht vorliegen (zu diesen Problemen Form IX. I Anm. 4 Abs. 4).

9. Gläubigerrechte. Die Gläubiger (Drittberechtigte Abt. II und III) sämtlicher Wohnungseigentumseinheiten müssen der Umwandlung in Sondereigentum zustimmen, da einem ihrem Haftungsbereich unterliegendes Gemeinschaftseigentum betroffen wird (§§ 876, 877 BGB; unstreitig). Ausgenommen sind solche Belastungen, die am ganzen Grundstück lasten (Gesamtbelastungen). Soweit die Wertgrenzen reichen, genügen landesrechtliche Unschädlichkeitszeugnisse (BayObLG WE 1994, 250 = MittBayNot 1993, 368). Nicht zustimmen muß der Gläubiger, der bei der Wohnung eingetragen ist, die das Sondereigentum bekommt, da er nicht betroffen, sondern begünstigt ist. Umstritten ist, ob die Gläubigerzustimmung entbehrlich ist, wenn an der Gemeinschaftsfläche ein Sondernutzungsrecht besteht (Formularfall). Das BayObLG (zitiert Anm. 5 und WE 1996, 155 = MittBayNot 1996, 27) verlangt auch hierfür die Gläubigerzustimmung. Dies ist nicht einsichtig, weil kraft des Sondernutzungsrechts, das die übrigen Miteigentümer vom Mitgebrauch ausschließt, nicht zu erkennen ist, wovon ein Gläubiger noch betroffen sein soll (*Schmidt* jeweils mit abl. Anm. zu BayObLG WE 196, 155 = MittBayNot 196, 27). Angesichts der formalistischen Haltung des BayObLG geht das Formular von der Zustimmungspflicht aus.

10. Kosten. Wert: halber Realwert des neuen Sondereigentums im fertigen Zustand nach § 21 Abs. 2 KostO. Notar: doppelte Gebühr nach § 36 Abs. 2 KostO; Schreibauslagen, Auslagen. Gläubigerzustimmungen Wert des Geschäfts, dem zugestimmt wird, Obergrenze Wert des Gläubigerrechts, ½ Gebühr nach § 38 Abs. 2 Nr. 1 KostO, bzw. ¼ Gebühr nach § 45 KostO. Gericht: volle Gebühr nach § 60 KostO aus halbem Wert des bisher gemeinschaftlichen Eigentums; dazu 30% der Gebühr als Katasterfortschreibungsgebühr. Eventuelle Pfandunterstellungen in Abt. II nach § 63 Abs. 4 KostO.

11. Umwandlung von Sondereigentum in Gemeinschaftseigentum   IX. 11

Steuern: 3,5% Grunderwerbsteuer, sofern Gegenleitung des Erwerbers 5.000,– DM übersteigt.

11. Umwandlung von Sondereigentum in Gemeinschaftseigentum

Verhandelt am ...... in ......
Vor mir,
Notar in ...... erschienen heute in meinen Amtsräumen ......
1. A – je mit Namen, Adressen
2. B
3. C
4. D
5. E
6. F
7. G
8. H
Über den Grundbuchstand habe ich mich unterrichtet. Auf Ansuchen beurkunde ich folgende Erklärungen der gleichzeitig anwesenden Beteiligten:

I.

Sachverhalt[1]
E ist Eigentümer des im Grundbuch des Amtsgerichts Z von G
Band 125 Blatt 12005
der Gemarkung G vorgetragenen Wohnungseigentums
112/1000 Miteigentumsanteil am Grundstück
Fl. Nr. 320 Wiesenstraße 28 zu 530 qm, verbunden mit dem Sondereigentum an der Wohnung im 1. Obergeschoß mitte, Nr. 5 des Aufteilungsplanes.
Die Wohnung ist belastet mit einer Buchgrundschuld über 80.000,– DM für die Sparkasse S.
Insgesamt bestehen acht Eigentumswohnungen. Eigentümer dieser weiteren Wohnungen sind:
Wohnung Nr. 1 (Blatt 12001): A
Wohnung Nr. 2 (Blatt 12002): B
Wohnung Nr. 3 (Blatt 12003): C
Wohnung Nr. 4 (Blatt 12004): D
Wohnung Nr. 6 (Blatt 12006): F
Wohnung Nr. 7 (Blatt 12007): G
Wohnung Nr. 8 (Blatt 12008): H
E hat seine Wohnung Nr. 5 nach § 8 WEG in zwei selbständige Wohnungen aufgeteilt[2] und die entsprechenden Umbauten im Inneren vorgenommen, ohne gemeinschaftliche Bauteile zu verändern.[3] Die beiden Wohnungen tragen die Nummern 5a und 5b. Beide Wohnungen haben neue Eingangstüren vom bisherigen Eingangsflur der Wohnung Nr. 5 erhalten, so daß der alte Eingangsflur jetzt Teil des Hauptflures des 1. Obergeschosses geworden ist. Da er nicht mehr Sondereigentum sein kann,[4] wird er nunmehr in das Gemeinschaftseigentum überführt. Dem dient der heutige Vertrag.

II.

Umwandlung
Die Wohnungseigentümer A, B, C, D, E, F, G und H heben hiermit für den Flurraum der Wohnung Nr. 5 die Verbindung des Miteigentumsanteils dieser Wohnung mit dem

Sondereigentum daran auf. Damit wird er zum gemeinschaftlichen Eigentum sämtlicher Miteigentümer im Verhältnis ihrer Miteigentumsanteile. Die Lage des neuen Gemeinschaftseigentums ist in dem dieser Urkunde beigefügten Lageplan[5] eingezeichnet. Auf den Plan wird verwiesen. Die Miteigentumsanteile[6] bei der Wohnung Nr. 5 bleiben unverändert.
Die Vertragsteile sind über die Rechtsänderung einig.[7] Sie bewilligen und E
beantragt
die Eintragung der Rechtsänderung im Grundbuch.[8]
Die Eintragung erfolgt zusammen mit der Unterteilung der Wohnung A mit Abgeschlossenheitsbescheinigung[9] und Aufteilungsplan dazu.
Die Freigabe der Fläche von der Grundschuld[10] der Sparkasse hat E beizubringen.

III.

Die Kosten[11] dieser Urkunde trägt E.
Von der Urkunde erhalten jeder Vertragsteil eine Ausfertigung, das Grundbuchamt eine beglaubigte Abschrift.

Lageplan zur Durchsicht vorgelegt, v. g. u.   gez. Beteiligte
Notar

Schrifttum: wie Formular IX. 9.

Anmerkungen

1. **Sachverhalt.** Auch hier ist wieder ein einfacher Sachverhalt gewählt, der aber typisch für solche Umwandlungsprobleme ist. Ein durch Unterteilung einer Eigentumswohnung in zwei „übriger" gebliebener Teil des Eingangsflur muß gemeinschaftliches Eigentum werden. Umwandlung kann aber auch für einen ganzen, bereits vorhandenen Raum geschehen, z. B. ein Kellerraum im Sondereigentum wird in das Gemeinschaftseigentum. Auch hier kann in gleicher Weise verfahren werden. Dies kann alles ohne Veränderung der Miteigentumsanteile geschehen. Andere Probleme tauchen dagegen auf, wenn ein volles mit einem Miteigentumsanteil Sondereigentum Gemeinschaftseigentum werden soll. Das wird in einem eigenen Formular behandelt.

2. **Unterteilung.** Die Unterteilung einer Eigentumswohnung in zwei Eigentumswohnungen liegt in der alleinigen Zuständigkeit des Eigentümers und ist im Formular IX. 9 behandelt. Der hier behandelte Formularteil löst die baulichen Folgen einer solchen Unterteilung.

3. **Bauliche Veränderungen.** Bauliche Veränderungen, insbesondere Umbauten, innerhalb der Wohnung darf der Wohnungseigentümer ohne Zustimmung der anderen Wohnungseigentümer durchführen, sofern nicht Gemeinschaftseigentum verändert wird.

4. **Sondereigentumsfähigkeit.** Wenn die Unterteilung dazu führt, daß ein Teil des bisherigen Sondereigentums, also alle Räume der bisherigen Wohnung, nicht mehr in der neuen Raumaufteilung untergebracht werden können, muß die dingliche Zuordnung neu geregelt werden. Da jede neue Wohnung wegen der Abgeschlossenheit eine eigene Eingangstür (Zugang) zum Gemeinschaftseigentum haben muß, bleibt zur Neuregelung meist nur der Umbau des alten Eingangsflures über. Da daran kein Mitsondereigentum der beiden neugebildeten Wohnungen bestehen kann, fehlt für ihn die Sondereigentumsfähigkeit (BayObLGZ 1987, 390 = MittBayNot 1988, 35; *Weitnauer* § 3 Rdn. 32; *Bärmann/Pick/Merle* § 5 Rdn. 66). Ohne die Umwandlung in gemeinschaftliches Eigentum wäre die Unterteilung nichtig (BayObLG aaO.). Die Meinung von *Röll* (DNotZ 1993, 158; 1985, 345), daß der Eingangsflur wegen Verlustes seiner Raumeigenschaft

11. Umwandlung von Sondereigentum in Gemeinschaftseigentum IX. 11

als Teil der abgeschlossenen Wohnung kraft Gesetzes Gemeinschaftseigentum werde, hat keinen weiteren Anklang gefunden.

5. Lageplan. Wird eine aus einem Sondereigentum wegzunehmende konkrete Fläche Gemeinschaftseigentum, ist deren Konkretisierung in einem Lageplan erforderlich. Anders ist es, wenn ein aus dem bisherigen Aufteilungsplan ersichtlicher selbständiger Raum Gemeinschaftseigentum werden soll, z.B. ein Kellerraum. Hier genügt dessen Benennung nach dem bei den Grundakten befindlichen Aufteilungsplan. Der Lageplan ist nicht identisch mit dem neuen Aufteilungsplan für die untergeteilten Wohnungen, der vom teilenden Wohnungseigentümer beigebracht werden muß (sh. Form. IX. 9). Dieser Aufteilungsplan wird über § 7 WEG Bestandteil seiner Eintragungsbewilligung.

6. Miteigentumsanteile. Eine Änderung der Miteigentumsanteile ist nicht erforderlich, auch wenn die Wohnflächen der bisherigen Wohnung(en) durch die Herausnahme des Eingangsflures geringer wird. Sie wäre zwar möglich, aber aufwendig und kompliziert: Im übrigen sei auf Form. IX. 10 Anm. 4 verwiesen.

7. Form, materielles Recht. Materiellrechtlich fällt die Umwandlung von Sondereigentum in gemeinschaftliches Eigentum als Aufhebung von Sondereigentum unter § 4 WEG. Notwendig ist die Einigung aller Miteigentümer in der Form der Auflassung (BayObLG DNotZ 1998, 379), was zur Beurkundungsbedürftigkeit führt. Es gilt das gleiche, was in Anm. 5 zum Formular IX. 10 gesagt ist. Eine einseitige Aufgabe von Sondereigentum durch den Sondereigentümer ist nicht möglich. Unwirksam und nicht eintragungsfähig ist eine Vereinbarung in der Gemeinschaftsordnung, die eine vorweggenommene Zustimmung oder Ermächtigung enthält, Sondereigentum in gemeinschaftliches Eigentum umzuwandeln als Inhalt des Sondereigentums und damit bindend für Rechtsnachfolger (BayObLG DNotZ 1998, 379; *Rapp*, MittBayNot 1998, 77).

8. Grundbuch. Die Eintragungsbewilligung ist von allen abzugeben, die die Einigung erklärt haben. Der Eintragungsantrag kann von jedem gestellt werden, zweckmäßig von dem, der alles veranlaßt hat.

9. Abgeschlossenheitsbescheinigung, Aufteilungsplan. Abgeschlossenheitserklärung und Aufteilungsplan sind für die Umwandlung von Sondereigentum in gemeinschaftliches Eigentum an sich nicht erforderlich. Nur wenn sich die Grenzziehung zwischen Sondereigentum und Gemeinschaftseigentum dadurch verändert, muß ein neuer Aufteilungsplan vorgelegt werden. Er beinhaltet primär die Abgeschlossenheit der veränderten Sondereigentumseinheit zum gemeinschaftlichen Eigentum und trifft daher zu diesem Aussagen erst in zweiter Linie. Deswegen genügt für das wohnungseigentumsrechtliche Grundbuchverfahren nach § 7 WEG die Vorlage der neuen Abgeschlossenheitsbescheinigung samt Aufteilungsplan zum Grundbuchamt zusammen mit der neuen Aufteilung. Für den Vorgang der Umwandlung in Gemeinschaftseigentum genügt ein einfacher Plan zur Urkunde, der natürlich nicht im Widerspruch zur Abgeschlossenheitsbescheinigung stehen darf.

10. Gläubiger. Drittberechtigte an der Wohnung, die Sondereigentum abgibt, müssen nach §§ 876, 877 BGB zustimmen. Gläubiger an den anderen werden durch den Zuerwerb von Gemeinschaftseigentum nicht betroffen, sondern begünstigt. Deren Zustimmung ist nicht erforderlich.

11. Kosten, Steuern. Wert: halber Verkehrswert des aufgegebenen Sondereigentums (Flurteil) nach § 21 Abs. 2 KostO. Notar: doppelte Gebühr nach § 36 Abs. 2 KostO, Schreibauslagen, Auslagen. Für Pfandfreigabe Gläubiger halbe Gebühr § 38 Abs. 2 Nr. 5a KostO, bzw. ¼ Gebühr nach § 45 KostO (Wertermittlung durch Wertvergleich nach § 23 Abs. 2 KostO; Wert des aufgegebenen Sondereigentums dürfte meist der niedrigere Wert sein). Gericht: ½ Gebühr nach § 76 Abs. 3 KostO. Für Pfandfreigaben ¼ Gebühr nach §§ 68, 63 Abs. 4 KostO.

Steuern: 3,5% Grunderwerbsteuer, sofern pro Erwerberanteil 5.000,- DM überschritten werden.

12. Aufhebung von Sondereigentum mit Übertragung von Miteigentumsanteilen

Verhandelt am ...... in ......
Vor mir,
Notar in ...... erschienen heute in meinen Amtsräumen ......
Herr Karl Schulze, Adresse
handelnd   a) für sich selbst
           b) für die in der Anlage aufgeführten
              Wohnungseigentümer
              vorbehaltlich nachträglicher Genehmigung,
              die mit dem Eingang beim Notar wirksam sein soll.
Über den Grundbuchstand habe ich mich unterrichtet. Aus Ansuchen beurkunde ich folgende Erklärungen des Erschienenen:

I.

Sachverhalt[1]
Herr Alfons Bauer ist Eigentümer des im Grundbuch des Amtsgerichts Z von G
                      Band 98 Blatt 10125
der Gemarkung G vorgetragenen Wohnungseigentums
126/10.000 Miteigentumsanteil am Grundstück
Fl. Nr. 77 Schloßstraße 43 zu 1530 qm
verbunden mit dem Sondereigentum an der Wohnung im Erdgeschoß links vorne vom Eingang aus gesehen, Nr. 2 des Aufteilungsplanes.
Die Wohnung ist unbelastet.
Die Wohnung befindet sich in einem Gebäude mit 52 Eigentumswohnungen. Die übrigen Wohnungseigentümer haben die Eigentumswohnung von Herrn Bauer zu Miteigentumsanteilen im Verhältnis ihrer bestehenden Miteigentumsanteile zu dem Zweck erworben, sie künftig als Hausmeisterwohnung im Gemeinschaftseigentum zu halten. Die Auflassung ist erklärt. Mit der heutigen Urkunde wird das Sondereigentum aufgehoben.[2]
In der Anlage zu dieser Urkunde sind sämtliche Wohnungen nach Miteigentumsanteilen, Wohnungsnummern und Eigentümern ausgeführt.

II.

Aufhebung von Sondereigentum
Die Wohnungseigentümer der Wohnungen Nr. 1, 3 bis 52 heben hiermit in ihrer Eigenschaft als Bruchteilseigentümer der Wohnung Nr. 2 das Sondereigentum an dieser Wohnung auf. Sie verteilen ihre Miteigentumsanteile daran in der Weise, daß diese den Miteigentumsanteilen ihrer jeweiligen Wohnungen zugeschlagen werden. Sie sind über diese Rechtsänderung einig.[3]
Sie bewilligen und

                      beantragen

die Eintragung der Rechtsänderung im Grundbuch[4] und die Zuschreibung[5] der zusätzlichen Miteigentumsanteile samt Pfandunterstellung für Rechte in Abt. II zu ihren vorhandenen 10.000stel-Miteigentumsanteilen.

12. Aufhebung von Sondereigentum mit Übertragung von Miteigentumsanteilen IX. 12

Die neuen Miteigentumsanteile sind in der Anlage zu dieser Urkunde aufgeführt.

III.

Die Kosten dieser Urkunde trägt die Eigentümergemeinschaft z. Hd. des Verwalters. Grundbuchkosten und Grunderwerbsteuer trägt jeder für seinen Erwerb.
Von der Urkunde erhalten die Gemeinschaft z. Hd. des Verwalters eine Ausfertigung, das Grundbuchamt eine beglaubigte Abschrift, jeder Wohnungseigentümer eine Abschrift.

Samt Anlage v. g. u.   gez. Schulze
                                                                                                                              Notar

Schrifttum: wie Formular IX. 9.

Anmerkungen

1. Sachverhalt. Soll eine ganze Sondereigentumseinheit in gemeinschaftliches Eigentum überführt werden, können die Miteigentumsanteile, mit denen es verbunden ist, nicht verschwinden, sondern müssen bei den anderen Einheiten untergebracht werden. Ein typischer Fall ist die Umwandlung einer Wohnung in eine gemeinschaftliche Hausmeisterwohnung. Aber auch andere Fälle sind denkbar, z. B. Teileigentumseinheiten jeder Art.

2. Gestaltungsmöglichkeiten. In allen Fällen, wie sie oben geschildert sind, muß bei der umzuwandelnden Einheit ein Eigentümer im Grundbuch eingetragen sein, der sein Eigentum aufgibt. Dafür gibt es zwei Gestaltungsmöglichkeiten (*nachstehend Fall a und Fall b genannt*):

a) Der Eigentümer (im Formularfall Herr Bauer) veräußert (verkauft) seine Wohnung an die Eigentümergemeinschaft und erklärt die Auflassung. Damit sind die Voraussetzungen geschaffen, daß die übrigen Wohnungseigentümer nach den Bruchteilen ihrer Miteigentumsanteile als neue Wohnungseigentümer im Grundbuch eingetragen werden. Dieser Erwerbsvertrag kann als eigene selbständige vollziehbare Urkunde gestaltet werden, aber auch als erster Teil der Urkunde, wie sie das Formular vorsieht.

b) Eine Alternative ist ein Vertrag sämtlicher Wohnungseigentümer einschließlich desjenigen der „Hausmeisterwohnung", in dem alle gemeinsam das Sondereigentum an dieser Wohnung aufheben. Dieser Vertrag ist aber nicht selbständig vollziehbar, weil sonst ein einzelner Miteigentumsanteil ohne Sondereigentum entstehen würde, was das WEG ausschließt (vgl. *Bärmann/Pick/Merle* § 3 Rdn. 8). Mit der Aufhebung des Sondereigentums muß daher gleichzeitig das Miteigentum zu Bruchteilen an die verbleibenden Wohnungseigentümer übertragen und aufgelassen werden. Ein Zwischenerwerb wie nach a) findet dann nicht statt.

Es hängt vom Einzelfall und der Praktikabilität ab, welche Gestaltung man wählt.

3. Form, materielles Recht. Für die Aufhebung von Sondereigentum ist nach § 4 WEG die Einigung sämtlicher Miteigentümer in der Form der Auflassung und die Eintragung im Grundbuch erforderlich; im Fall b) sind neben der Aufhebung des Sondereigentums die Miteigentumsanteile aufzulassen (BayObLG NJW-RR 1993, 1043). Das erfordert notarielle Beurkundung. Für die Einigung ist gleichzeitige Anwesenheit aller Miteigentümer vorgeschrieben. Sie müssen aber nicht persönlich anwesend sein, sondern können sich vertreten lassen. Bei der großen Zahl der Eigentumswohnungen ist es praktisch kaum denkbar, daß alle zum Termin persönlich kommen. Es ist daher zweckmäßig, daß nach vorheriger Abklärung mit ihnen eine Person, am besten der Verwalter, beurkundet und die anderen nachgenehmigen. Beteiligte an der Beurkundung sind im *Fall a)* die Erwerber der Wohnung ohne den Veräußerer B., während er im *Fall b)* beteiligt ist. Ein schuldrechtlicher Vertrag zur Aufgabe von Sondereigentum muß nach § 4 Abs. 3 WEG i. V. mit § 313 BGB beurkundet werden. Davon werden insbesondere Zahlungspflichten im Zusammenhang mit der Aufhebung des Sondereigentums erfaßt.

4. Grundbuch. (1) Die Eintragungsbewilligung müssen sämtliche Beteiligte abgeben. Das gleich ist auch für den Antrag sinnvoll, weil auch alle begünstigt sind, außer im *Fall b)* der aufgebende B. im *Fall a)* müssen bei strenger Anwendung des § 39 GBO die erwerbenden Wohnungseigentümer an der von ihnen erworbenen Wohnung als Miteigentümer eingetragen werden. Da die anschließende Zuschreibung der Miteigentumsanteile zu ihren Wohnungen keine Weiterauflassung ist, können auch die Grundsätze, nach denen bei einer Kettenauflassung von den Zwischenauftragungen abgesehen werden kann (dazu *Haegele/Schöner/Stöber* Rdn. 3317), nicht direkt angewandt werden. Dennoch muß es als zulässig angesehen werden, gleichzeitig mit der Schließung des Wohnungsgrundbuches die neuen Miteigentumsanteile sofort bei den erwerbenden Wohnungseigentümern zu buchen mit dem Vermerk der Auflassung, denn materiellrechtlich ist Miteigentum zu Bruchteilen an sie aufgelassen. Diese Auflassung muß nicht erst in Verbindung mit Sondereigentum gebucht werden.

(2) Gläubiger bei der das Sondereigentum aufgebenden Wohnung müssen zustimmen (§§ 876, 877 BGB; Pfandbriefe oder Aufhebungserklärung BayObLG NJW-RR 1993, 1043), Gläubiger der erwerbenden Wohnung dagegen nicht, weil sie begünstigt sind.

(3) § 7 WEG ist nicht einschlägig. Die Abgeschlossenheit der Wohnungen wird durch die Aufgabe eines einzelnen Sondereigentums und die Veränderung der Miteigentumsanteile nicht berührt. Zum gleichen Ergebnis kommt auch das BayObLG (20. 11. 1997 MittBayNot 1998, 102) bei der Aufhebung von Sondereigentum an einem Kellerraum. Auf das grundsätzliche Erfordernis eines geänderten Aufteilungsplanes könne ausnahmsweise verzichtet werden, wenn durch die Beschreibung der Änderung in der Eintragungsbewilligung im Zusammenhang mit dem vorhandenen Aufteilungsplan Umfang und Ausmaß der Änderung des Gegenstandes von Sondereigentum und gemeinschaftlichem Eigentum eindeutig und zweifelsfrei festgelegt werden. Das WEG verlangt im übrigen nur für die Bildung von Sondereigentum (vgl. § 7 Abs. 3 WEG) eine Bescheinigung über dessen Abgeschlossenheit und einen Aufteilungsplan, nicht aber für die Beseitigung von Sondereigentum.

5. Zuschreibung. Die Buchung des hinzukommenden Miteigentumsanteils bei den übrigen Wohnungen kann nach der hier vertretenen Ansicht nur als Zuschreibung i. S. des § 890 Abs. 2 BGB (*Palandt/Bassenge* § 6 WEG Rdn. 2; *Schmidt* MittBayNot 1983, 237, in *Bärmann/Seuß* Rdn. A 588; *Streblow* MittRhNotK 1987, 150; LG Bochum Rpfleger 1990, 291; vgl. auch Form. IX. 6 Anm. 6). Das bedeutet die automatische Pfanderstreckung bei Rechten in Abt. III, während bei Abt. II Pfandunterstellungen notwendig sind. Anders sieht dies *Haegele/Schöner/Stöber* (Rdn. 2971), der sich gegen die Anwendung von § 890 BGB wendet und Pfandunterstellung wie bei einem gewöhnlich hinzu erworbenen Miteigentum verlangt. Dabei wird verkannt, daß das Wohnungseigentum bereits eine selbständige dingliche Einheit darstellt. Eine Pfanderstreckung ist jedenfalls notwendig, gleich welcher Form (vgl. BayObLG NJW-RR 1993, 1043, das offen läßt, ob die Rechtsfolge auch Kraft Gesetzes eintreten kann, – so *Steiner*, RPfleger 1992, 181). Der Vorgang kann nicht anders behandelt werden, als Zuerwerb eines Grundstücks durch die Eigentümergemeinschaft, der auch in Miteigentumsbruchteilen geschieht. Auch hier Bestandteilszuschreibung der rechtlich richtige Weg (dazu *Weitnauer* § 1 Rdn. 28 ff., BayObLG MittBayNot 1994, 37 = Rpfleger 1994, 108). § 890 BGB gilt auch im Verhältnis Grundstück zum Wohnungseigentum (*Weitnauer* § 3 Rdn. 92). Allerdings wird auch die Meinung vertreten, die Änderung der Miteigentumsanteile sei eine Inhaltsänderung des Wohnungseigentums (z. B. *Bärmann/Pick/Merle* § 3 Rdn. 35):

Dem ist entgegenzuhalten, daß eine dingliche Eigentumsverschiebung stattfindet, die mit dem Inhalt des Sondereigentums nichts zu tun hat (so überzeugend *Streblow* aaO.). Aus den genannten Gründen ist es auch nicht erforderlich, die hinzukommenden Miteigentumsanteile noch nicht mit dem Sondereigentum der Wohnung zu verbinden.

6. Anlage. Die Darstellung der alten und der neuen Miteigentumsanteile geschieht am besten in einer listenmäßigen Aufstellung, die der Urkunde am besten als Anlage beigefügt wird. Bei den neuen Miteigentumsanteilen ergeben sich bei Zähler des Bruches u. U. mehrere Zahlen hinter dem Komma, weil ein kleiner Bruchteil in weitere 1000stel (1000stel) aufzuteilen ist. Dies läßt sich aber nicht vermeiden.

7. Kosten, Steuern. Beim Wert ist zu unterscheiden zwischen der Aufhebung des Sondereigentums, die nach § 21 Abs. 2 KostO mit dem halben Verkehrswert anzusetzen ist, und dem Erwerb von Miteigentum – mit oder ohne Sondereigentum –, wofür die Wertermäßigung des § 21 Abs. 1 KostO nicht gilt. Wird die Hausmeisterverordnung „abgekauft", ist der Kaufpreis der Wertmaßstab.

Notar: *Fall a):* doppelte Gebühr nach § 36 Abs. 2 KostO aus vollem Wert für Kauf der Wohnung und zusätzlich für Aufhebung des Sondereigentums aus deren halbem Wert. Zusammenrechnung der Werte, wenn beides in einer Urkunde. Schreibauslagen, Auslagen; Nachgenehmigungen nach § 38 Abs. 2 Nr. 1 KostO je nach anteiligem Wert. *Fall b):* Werte jeweils aus dem Wert der Wohnungseinheit (Sondereigentum und Miteigentumsanteil). Dann für Aufhebung Sondereigentum aus halbem Wert und Erwerb der Miteigentumsanteile aus vollem Wert nach Zusammenrechnung der Werte doppelte Gebühr nach § 36 Abs. 2 KostO. Nachgenehmigungen je ½ Gebühr nach § 38 Abs. 2 Nr. 1 KostO.

Gericht: *Fall a):* Vollzug Kauf volle Gebühr nach § 60 Abs. 1 KostO (voller Wert aus Kaufpreis bzw. Verkehrswert); Aufhebung Sondereigentum halbe Gebühr nach § 76 Abs. 3 KostO nach halbem Wert. Vollzug der Auflassung volle Gebühr nach § 60 Abs. 1 KostO zuzüglich 30% davon als Katasterfortschreibungsgebühr. Gegebenenfalls Pfandunterstellungen in Abt. II nach § 63 Abs. 4 KostO. *Fall b:* Aufhebung Sondereigentum halbe Gebühr nach § 76 Abs. 3 KostO aus dessen halbem Wert ohne Miteigentum; Vollzug Auflassung der Miteigentumsanteile nur eine volle Gebühr nach § 60 Abs. 1 Kost aus vollem Wert. Katasterfortschreibungsgebühren.

Steuern: 3,5% Grunderwerbsteuer aus Gegenleistung nach Anteil jedes Erwerbers; grunderwerbsteuerfrei, sofern 5.000,– DM nicht überschritten sind.

13. Verwaltervertrag

Zwischen der Wohnungseigentümergemeinschaft der
Eigentumswohnungsanlage Bachstraße 35 in Neustadt

– Gemeinschaft –

und
der Firma A ......

– Verwalter –

wird der folgende

Verwaltervertrag[1]

§ 1 Bestellung, Abberufung[2]

(1) Die Firma A wird für die Zeit vom 1. Januar 1998 bis zum 31. Dezember 2002 zum Verwalter bestellt.

(2) Das Vertragsverhältnis kann von beiden Teilen während dieser Zeit nur aus wichtigem Grund gekündigt werden.[3] Es endet ferner, wenn der Verwalter aus wichtigem Grund abberufen wird.[4]

§ 2 Aufgaben und Befugnisse[5]

(1) Der Verwalter hat die Aufgabe, das gemeinschaftliche Eigentum nach Maßgabe der gesetzlichen Bestimmungen des WEG (§§ 20 bis 28), der Gemeinschaftsordnung und den Beschlüssen und Vereinbarungen der Wohnungseigentümer sowie den Regelungen des BGB über die entgeltliche Geschäftsbesorgung zu verwalten.[5a] Er hat im Rahmen des pflichtgemäßen Ermessens alles zu tun, was zu einer ordnungsgemäßen Verwaltung notwendig ist. Er hat seine Aufgaben nach bestem Können und mit der Sorgfalt eines erfahrenen und fachkundigen Verwalters zu erfüllen.

(2) Der Verwalter ist insbesondere zu folgenden Maßnahmen beauftragt, berechtigt und verpflichtet:
a) Selbständige Durchführung von Maßnahmen der ordnungsgemäßen Instandhaltung und Instandsetzung, soweit es sich um laufende Reparaturen und Instandsetzungen geringen Umfangs handelt.[6] Bei größeren Maßnahmen hat er die Vorbereitungen so zu treffen, daß die Gemeinschaft die notwendigen Beschlüsse fassen kann.
b) Auswahl der Versicherer mit Abschluß und Kündigungen von Versicherungsverträgen.[7]
c) Entscheidung von Art und Nutzung des gemeinschaftlichen Eigentums, soweit keine Regelungen in den Vereinbarungen, in Beschlüssen oder in der Hausordnung getroffen sind.
d) Überwachung und Durchsetzung der Hausordnung und sonstiger Pflichten der einzelnen Eigentümer aus dem Gemeinschaftsverhältnis.
e) Auswahl des Hausmeister und Abschluß des Dienstvertrages mit ihm.[8]
f) Abschluß sonstiger Verträge mit Dritten im Rahmen der ordnungsgemäßen Verwaltung, z.B. Wartungsverträge, Reparaturaufträge etc.[9]
g) Einziehung der von den einzelnen Eigentümern nach dem Wirtschaftsplan und sonstigen Beschlüssen zu leistenden Zahlungen, Mahnungen säumiger Wohnungseigentümer samt gerichtlicher Geltendmachung.[10]
h) Ordentliche Konto- und Buchführung[11] für die gemeinschaftlichen Gelder mit getrenntem Konto für die Instandhaltungsrücklage und deren bestmögliche Anlage unter Berücksichtigung ihres Bestimmungszweckes.
i) Das laufende Girokonto darf bis zu einem Betrag von ...... DM überzogen werden, soweit dies für eine ordnungsgemäß Verwaltung erforderlich ist.[12]
j) Einberufung der jährlichen ordentlichen Eigentümerversammlung innerhalb von sechs Monaten nach Ablauf des Wirtschaftsjahres. Das Versammlungsprotokoll ist sämtlichen Miteigentümern binnen zwei Wochen nach der Versammlung zu übersenden.[13]
k) Besprechung wichtiger Angelegenheiten bei Bedarf und turnusmäßig der laufenden Angelegenheiten mit dem Verwaltungsbeirat.
l) Erstellung einer ordnungsgemäßen (Jahres)Abrechnung nach Beendigung der Verwaltertätigkeit und Herausgabe aller Unterlagen, die zur ordnungsgemäßen Fortführung der Verwaltung notwendig sind.[14] Zu Einzelabrechnungen ist er nicht verpflichtet, wenn seine Tätigkeit mit dem Ablauf des Wirtschaftsjahres endet.

§ 3 Vertretungsrecht[15]

(1) Der Verwalter handelt im Namen und für Rechnung der Wohnungseigentümer. Er ist berechtigt, die Gemeinschaft gerichtlich und außergerichtlich in allen Angelegenheiten der Gemeinschaft zu vertreten und Ansprüche der Gemeinschaft geltend zu machen. Er darf hierbei, insbesondere in gerichtlichen Verfahren, auch in eigenem Namen auftreten (Prozeßstandschaft). Er darf zur Wahrnehmung seiner Aufgaben auch Dritte ein-

13. Verwaltervertrag

schalten und beauftragen, soweit dies vom Wirtschaftsplan gedeckt ist. Der Verwalter darf auch einen Rechtsanwalt beauftragen.

(2) Der Verwalter ist berechtigt, alle Willenserklärungen und Zustellungen entgegenzunehmen,[16] soweit sie an alle Wohnungseigentümer in dieser Eigenschaft gerichtet sind.

(3) Zum Nachweis seiner Vertretungsmacht kann der Verwalter jederzeit eine schriftliche Vollmacht[17] der Wohnungseigentümer verlangen. Die Unterschriften sind auf Kosten der Eigentümer notariell zu beglaubigen, wenn der Verwalter die Notwendigkeit dazu begründet.

§ 5 Wohnungseigentümer

(1) Jeder Wohnungseigentümer ist verpflichtet, von ihm bemerkte Schäden am Grundstück oder Gebäude, deren Beseitigung der Gemeinschaft obliegt, dem Verwalter unverzüglich anzuzeigen. Der Verwalter ist berechtigt, in längeren zeitlichen Abständen nach vorheriger Anmeldung die Wohnungen zu betreten, um etwa notwendige Maßnahmen am Gemeinschaftseigentum zu überprüfen (insbesondere Fenster, Balkone). Aus wichtigem Grund ist eine Nachprüfung auch sonst zulässig.[18]

(2) Jeder Wohnungseigentümer hat den Verwalter von einer Veräußerung seiner Wohnung sofort zu unterrichten und den Erwerber zu nennen.[19]

(3) Wünscht ein Wohnungseigentümer außerhalb der jährlichen Abrechnung Einsicht in die Unterlagen, wird dies nur im Büro des Verwalters zu einem mit dem Verwalter abgestimmten Zeitpunkt gewährt.[20]

§ 5 Vergütung

(1) Der Vergütungsanspruch[21] des Verwalters beträgt monatlich
...... DM, i.W. ......
zusätzlich gesetzlicher Mehrwertsteuer und ist monatlich im Voraus jeweils zum Monatsersten zur Zahlung fällig. Die Vergütung darf vom Gemeinschaftskonto abgebucht werden.

(2) Die Vergütung umfaßt die gesamte normale Verwaltertätigkeit mit allen Auslagen, insbesondere Porto, Telefon- und Telefaxgebühren und Personalkosten des Verwalters. Nicht enthalten sind die Löhne, Sozialaufwand und Nebenkosten für Hausmeister, Gärtner, Putzpersonal und sonstige Personen, die in der Hausanlage beschäftigt sind. Mit der Vergütung ist auch die Teilnahme an der jährlichen Eigentümerversammlung und eine etwaige Nachfolgeversammlung abgegolten. Für jede zusätzliche Eigentümerversammlung erhält der Verwalter ein Honorar von DM ....

(3) Der Verwalter ist berechtigt, daneben Gebühren für folgende Fälle vom jeweils betroffenen Eigentümer zu erheben:[22]
a) Für jedes Mahnschreiben ...... DM;
b) Kosten für erwünschte Kopien ...... DM zusätzlich Mehrwertsteuer;
c) Erteilung der Verwalterzustimmung nach § 12 WEG.

(4) Die Verwaltergebühr ändert sich zum 1. Januar jeden Jahres wie folgt:[23]
Ändert sich seit dem Tag des Beginns der Verwaltertätigkeit der Tarifgehalt eines nach der Gruppe VI (12. Berufsjahr) des Gehaltstarifvertrages für die in der Wohnungswirtschaft bezahlten Angestellten, so sind die Vertragsteile verpflichtet, eine angemessene Veränderung vorzunehmen.

§ 6 Haftung[24]

Der Verwalter haftet für jede schuldhafte Verletzung seiner Pflichten. Im Falle der positiven Vertragsverletzung (Folgeschäden) wird eine Haftung für leichte Fahrlässigkeit ausgeschlossen. Der Verwalter hat eine ausreichende Vermögenshaftpflichtversicherung abzuschließen. Schadenersatzansprüche verjähren spätestens in drei Jahren von dem Zeitpunkt an, an welchem der Wohnungseigentümer vom Schaden Kenntnis erlangt hat.

§ 8 Schlußbestimmungen

(1) Sollten einzelne Bestimmungen des Vertrages unwirksam sein, wird die Gültigkeit der übrigen davon nicht berührt.[25]

(2) Änderungen und Ergänzungen des Vertrages bedürfen der Schriftform.[26] Auch ein Beschluß der Eigentümerversammlung und die Zustimmung des Verwalters dazu genügen.

......, den ......

gez. Wohnungseigentümer   gez. Verwalter

Schrifttum: Drasdo, Verwalter und Verwaltervollmacht, 1996; *Giesen,* Die Ermächtigung des Verwalters zur gerichtlichen Geltendmachung von Ansprüchen der Wohnungseigentümer, WE 1996, 122 = PiG 48 [1995] S. 153; *Sauren,* Verwaltervertrag und Verwaltervollmacht im Wohnungseigentum, 1990; Die Rechtsstellung des Verwalters, PiG Band 54 [1998] mit verschiedenen Beiträgen der Tagung Fischen 1997, die einzeln inWE abgedruckt sind bzw. werden.

Anmerkungen

1. **Rechtsnatur, Inhalt, Form.** (1) Das Formular richtet sich an einer normalen Eigentumswohnanlage ohne Besonderheiten aus. Der Verwaltervertrag konkretisiert die vertraglichen Pflichten des Verwalters, die ihm bereits kraft Gesetzes zufallen, wenn er die Bestellung zum Verwalter annimmt. Der Vertrag ist daher streng zu unterscheiden von dem Rechtsakt der Bestellung zum Verwalter nach § 26 WEG durch Beschluß der Eigentümerversammlung (*Staudinger/Bub,* WEG § 26 Rdn. 132 m.w.N.). Dieser Beschluß begründet noch kein Vertragsverhältnis zu dem bestellten Verwalter. Die Annahme der Verwalterbestellung ist keine Annahme im Sinn des Vertragsrechts, sondern eine Rechtsbedingung zur Erlangung der Verwalterfunktion (*Staudinger/Bub* a.a.O. Rdn. 127). Der Vertrag muß zusätzlich abgeschlossen werden. Abzulehnen ist die Meinung, daß der Zugang des Beschlusses an den Verwalter zugleich als Angebot zum Abschluß eines Verwaltervertrages zu werten ist, das dann der Annahme durch den Verwalter bedarf (so aber h.M., z.B. *Seuß* in *Bärmann/Seuß,* Praxis des Wohnungseigentums, Rdn. B 346). Das kann zwar sein, muß es aber nicht (*Bärmann/Pick/Merle* § 26 Rdn. 79). Insbesondere wenn ein schriftlicher Verwaltervertrag vorgesehen ist und dieser nicht bereits bei der Bestellung ausgearbeitet vorliegt, kommt der Verwaltervertrag erst mit dessen Unterzeichnung zustande (*Schmidt* PiG 54, 197 = WE 1998, 206; dazu auch – teilweise differierend – *Staudinger/Bub* a.a.O. Rdn. 209 ff.). Dies trifft dann zu, wenn bei der Bestellung in der Eigentümerversammlung beschlossen wird, daß der Verwaltungsbeirat beauftragt wird, den Verwaltervertrag abzuschließen (*Schmidt* a.a.O.). Die Problematik kulminiert in der Frage, ob der Verwalter erst Verwalter wird, wenn auch ein Verwaltervertrag abgeschlossen ist (so h.M. z.B.: *Bärmann/Pick/Merle* § 26 Rdn. 25; *Weitnauer/Hauger* § 26 Rdn. 10; *Staudinger/Bub* WEG § 26 Rdn. 130; *Seuß* in *Bärmann/Seuß* Rdn. B 346) oder schon noch ohne Verwaltervertrag bereits mit der Annahme der Bestellung (*Müller,* Praktische Fragen, Rdn. 170; PiG 53 S. 95 = WE 1997, 448; MünchKomm/*Röll* § 26 Rdn. 8, eingehend *Schmidt* a.a.O.). Der letztgenannten Meinung ist der Vorzug zu geben. Der Verwaltervertrag stellt rechtlich einen Geschäftsbesorgungsvertrag mit überwiegend dienst-, teils aber auch werkvertraglichen Charakter dar (*Weitnauer* § 26 Rdn. 10; *Seuß* aaO. Rdn. B 352). Er ist ein gegenseitiger entgeltlicher Vertrag, der ein Dauerschuldverhältnis begründet.

(2) Eine Form ist für den Vertrag nicht vorgeschrieben. Schriftlichkeit ist aber zu empfehlen. Sein Inhalt richtet sich entweder nach einer von beiden Seiten bereits bei der Bestellung akzeptierten schriftlichen Ausfertigung (BayObLG WE 1991, 223) oder einem später ausgearbeiteten bzw. unterzeichneten Text. Liegt kein schriftlicher Vertrag vor, kann nicht ohne weiteres davon ausgegangen werden, daß dann ein mündlicher bzw. konkludenter Verwaltervertrag entsteht. Vielmehr richten sich die Verwalterpflichten dann ausschließlich nach dem Gesetz (gesetzliches Schuldverhältnis), in dem die Pflichten des Verwalters verankert sind (str.; eingehend *Schmidt* a.a.O gegen h.M.). Im letzteren Sinn kann beispielsweise bei Kleinstobjekten verfahren werden, wenn ein Miteigentümer die Funktion des Verwalters übernimmt. Bei gewerblichen Verwaltern kann auf einen schriftlichen Vertrag kaum verzichtet werden.

(3) Was den Inhalt des Verwaltervertrages betrifft, sind die Regelungen über die Dauer des Vertrages und die Verwaltervergütung besonders wichtig. Da die Rechte und Pflichten des Verwalters grundsätzlich im Gesetz geregelt sind, bedarf es im Vertrag nur etwaiger Ergänzungen und konkretisierender Ausformungen. Eine Wiederholung dessen, was im Gesetz steht, ist nicht zu empfehlen, auch zur Vermeidung eines unüberschaubaren Umfangs. Im übrigen gilt auch hier, daß sich Besonderheiten einer konkreten Anlage auch im Verwaltervertrag niederschlagen sollen (z.B. Mehrhausanlage).

(4) Vertragspartner sind auf der einen Seite sämtliche Wohnungseigentümer, auf der anderen Seite der Verwalter. Wird bei einer Erstaufteilung nach § 8 WEG vom teilenden Eigentümer (Bauträger) der Verwalter bestellt, kann in diesem Zusammenhang auch der Verwaltervertrag festgelegt werden, der dann von allen Erwerbern zu unterzeichnen ist (vgl. Formular I. 31 § 9 Abs. 2). Der Inhalt kann dabei auch in die Bezugsurkunde aufgenommen werden (ebenda § 1 Abs. 3). Bei späteren Verwalterbestellungen kann der Vertrag bei Beschluß darüber mitbeschlossen werden. Auch können in dem Beschluß der Vorsitzende des Verwaltungsbeirates oder mehrere benannte Miteigentümer zur Unterzeichnung bevollmächtigt werden (BayObLG 1974, 2136; *Röll*, Handbuch Rdn. 297). Bei größeren Anlagen ist dies sehr zu empfehlen (*Sauren*, Verwaltervertrag S. 13).

(5) Inhaltlich unterliegt der Verwaltervertrag dem AGB-Gesetz, so daß insbesondere die §§ 10 und 11 AGBG zu beachten sind (nun auch als Verbrauchervertrag nach § 24a AGBG; *Schmidt* PiG 54, 206). So ist z.B. eine Klausel im Verwaltervertrag unwirksam, wonach eine Ladung zur Eigentümerversammlung an die letztbekannte Anschrift des Eigentümers wirksam sein soll (Verstoß gegen § 10 Nr. 9 AGBG; BayObLG WE 1991, 295; *Staudinger/Bub* WEG § 24 Rdn. 17a; unwirksam ist lediglich eine solche Vereinbarung, ohne daß die Ladung an die letztbekannte Adresse als solche unwirksam wäre, *Bub* a.a.O.; dazu auch *Basty* MittBayNot 1994, 421). Zur Frage, ob eine solche Klausel in der Gemeinschaftsordnung zulässig ist Form. IX. 1 Anm. 20 Abs. 5. Durch den Verwaltervertrag dürfen auch die Rechte der Wohnungseigentümer nicht unangemessen beschnitten werden (§ 9 AGBG). Problematisch ist es auch, Wohnungseigentümern im Verwaltervertrag besondere Kosten aufzuerlegen, die nicht durch die Gemeinschaftsordnung oder Beschlüsse gedeckt sind (dazu Anm. 22). Solche Dinge gehören in die Gemeinschaftsordnung.

2. Bestellung. (1) Bei der Bestellung des Verwalters ist auch die Dauer des Verwalteramtes festzulegen, am besten Beginn und Ende. Die Schranke des § 26 Abs. 1 WEG (höchstens fünf Jahre) ist zu beachten. Die zeitliche Dauer ist auch für den die Laufzeit des Verwaltervertrages wichtig. Zwar gilt § 26 Abs. 1 WEG nicht unmittelbar für den Verwaltervertrag als dem schuldrechtlichen Geschäftsbesorgungsvertrag, so daß er auch auf unbestimmte Zeit geschlossen werden kann. Er endet dann aber nach Ablauf von fünf Jahren, gilt aber bei einer erneuten Bestellung weiter (*Drasdo*, Verwaltervertrag S. 39).

(2) Umstritten ist, ob für den Verwaltervertrag § 11 Nr. 12a AGBG anwendbar ist, wonach bei Dauerschuldverhältnissen eine Bindung über eine Laufzeit von zwei Jahren unwirksam ist (so KG NJW-RR 1991, 274; *Palandt/Heinrichs* § 11 AGBG Rdn. 76; *Staudinger/Bub* § 26 WEG Rdn. 292). Nach zutreffender Auffassung geht § 26 WEG als lex specialis dem AGB-Gesetz vor, so daß der Verwaltervertrag auf die fünfjährige Laufzeit der Verwalterbestellung abgeschlossen werden kann (Schmidt PiG 54, 207; *Müller* PiG 54, 108; *Bärmann/Pick/Merle* § 26 Rdn. 83 mwN., auch der Gegenmeinungen).

3. Kündigung. Das Muster sieht eine ordentliche Kündigung während der Vertragsdauer nicht vor. Verbreitet ist aber die Aufnahme von beiderseitigen Kündigungsrechten mit einer Kündigungsfrist von sechs Monaten zum Schluß eines Kalenderjahres (Formulare bei *Röll*, Handbuch Textmuster 9.1; *Drasdo*, Verwaltervertrag S. 13; *Sauren*, Verwaltervertrag S. 4). Für die Kündigungsfrist ist allerdings § 11 Nr. 12c AGBG einschlägig, wonach für dem „anderen Vertragsteil" keine längere Kündigungsfrist als drei Monate auferlegt werden kann. Das bedeutet, daß für eine Kündigung durch die Wohnungseigentümer sechs Monate nicht vereinbart werden können, wohl aber für eine Kündigung seitens des Verwalters (*Staudinger/Bub* WEG § 26 Rdn. 388). An der Verwendereigenschaft des Verwalters, für den die Eigentümer den „anderen Vertragsteil" bilden, bestehen nach der Einfügung des § 24a AGBG (19. 7. 1996 BGBl. I S. 1013 – Verbraucherverträge) kaum mehr ernsthafte Zweifel. Beiderseitige Kündigungsrechte haben den Vorteil, daß sich Wohnungseigentümer und Verwalter leichter voneinander trennen können. Andererseits hat das Gesetz in § 26 WEG bewußt eine Zeit von fünf Jahren eingefügt, damit eine auf eine gewisse Dauer angelegte Verwaltung möglich ist und sich beide darauf einrichten können. Kürzere Verwalterwechsel liegen nicht im Interesse einer ordnungsgemäßen und guten Verwaltung. Will man bei einem Verwalterwechsel eine Art beidseitige „Probezeit" haben, kann eine einmalige ordentliche Kündigung z. B. nach zwei Jahren im Vertrag aufgenommen werden. Der Ausschluß einer ordentlichen Kündigung während der Dauer der Verwaltung hat aber einen anderen Nachteil, nämlich die Genehmigungspflicht einer automatischen Wertsicherungsklausel für die Verwaltervergütung (dazu Anm. 23).

4. Fristlose Kündigung. Eine fristlose Kündigung beider Seiten aus wichtigem Grund ist nach § 626 BGB immer zulässig und kann vertraglich nicht ausgeschlossen werden (ausführlich dazu *Staudinger/Bub*, WEG § 26 Rdn. 389ff.). Da die Abberufung des Verwalters nicht automatisch den Verwaltervertrag beendet (BayObLG NJW-RR 1987, 78; vgl. *Weitnauer* § 26 Rdn. 35; *Drubek* PiG 54, 211), ist eine entsprechende Klausel im Muster aufgenommen.

5. Aufgaben und Befugnisse. (1) Die Aufgaben und Befugnisse des Verwalters sind in den §§ 27, 28 WEG besonders geregelt. Wichtig ist dabei, daß die in § 27 Abs. 1 und 2 WEG genannten weder durch Vereinbarung, noch durch Beschlüsse oder den Verwaltervertrag (*Bärmann/Pick/Merle* § 26 Rdn. 90) eingeschränkt werden können (§ 27 Abs. 3 WEG). Es handelt sich um zwingende mit der Verwalterstellung untrennbar verbundene Rechte. Unzulässig ist es auch, Maßnahmen nach Abs. 1 und 2 des § 27 WEG an die Zustimmung des Verwaltungsbeirates oder der Eigentümerversammlung zu binden (*Bärmann/Pick/Merle* § 27 Rdn. 183). Zulässig ist es dagegen, die Aufgaben und Befugnisse des Verwalters zu erweitern. Grundsätzlich sollte dies jedoch in der Gemeinschaftsordnung geschehen. Aber auch der Verwaltervertrag kann entsprechende Regelungen enthalten (*Bärmann/Pick/Merle* § 26 Rdn. 90), was allerdings nur zurückhaltend geschehen sollte. Der Verwaltervertrag hat keine Ersatzfunktion für Dinge, die an sich in der Gemeinschaftsordnung zu regeln wären. Für den Verwaltervertrag ergeben sich Regelungsbedürfnisse insbesondere für das Vertretungsrecht und aus dem Auftragsrecht (*Bärmann/Pick/Merle* § 26 Rdn. 93ff.). Darauf ist das Formular ausgerichtet, das nur Vorschläge macht, die im Einzelfall geändert, ergänzt oder weggelassen werden können.

5a. Persönliche Amtsausübung. Der Verwalter ist eine Vertrauensperson und muß daher seine Aufgaben grundsätzlich persönlich, also in eigener Person erfüllen (*Staudinger/Bub*, WEG § 26 Rdn. 364 m.w.N.; *Belz*, Handbuch des Wohnungseigentums Rdn. 217). § 664 Abs. 1 BGB ist beim Verwaltervertrag nicht abbedungen. Dies gilt sowohl für den Einzelverwalter als auch die Verwaltergesellschaft. Bei der GmbH ist es der Geschäftsführer. Diese organschaftliche Position kann auf Dritte nicht übertragen werden, auch nicht im Verwaltervertrag (*Weitnauer/Hauger* § 26, Rdn. 25; *Bärmann/Pick/Merle* § 26 Rdn. 74; neuerdings und grundlegend OLG Schleswig WE 1997, 388). Der Verwalter kann auch keine Vollmacht ausstellen, die einem Dritten allgemein alle Verwaltertätigkeiten überträgt (*Staudinger/Bub*, WEG § 26 Rdn. 368). Da der Verwalter aber besonders dann, wenn er viele Verwaltungen hat, nicht alles persönlich machen kann, darf er sich seiner Angestellten als Erfüllungsgehilfen bedienen (*Bärmann/Pick/Merle* § 26 Rdn. 75). Die Verantwortung gegenüber den Wohnungseigentümern bleibt aber voll bei ihm. Zu einzelnen Angelegenheiten kann er seine Angestellten beauftragen und auch gegebenenfalls Vollmachten erteilen, etwa zur Abgabe von Verwalterzustimmungen nach § 12 WEG. Der Verwalter sollte aber immer bedenken, daß die Wohnungseigentümer das Amt ihm übertragen haben und er sich durch Übertragung der ganzen Arbeit an sein Büro ihnen nicht fast voll entziehen darf. Ein Eigentümer will auch nicht mit wechselnden Personen zu tun haben. Die dauernde Zuständigkeit einer bestimmten Person im Büro für die Eigentümergemeinschaft stärkt die Vertrauensbasis. Diese Person kann schon im Verwaltervertrag benannt werden.

6. Instandhaltung. Hier wird allgemein konkretisiert, was der Verwalter selbst tun kann und wo er Beschlußfassungen der Gemeinschaft herbeizuführen hat. Möglich ist auch, eine Begrenzung auf bestimmte Geldbeträge einzelner Maßnahmen.

7. Versicherungen. Die Auswahl der Versicherer sollte grundsätzlich dem Verwalter zustehen. Sie kann aber auch an die Zustimmung etwa des Verwaltungsbeirats geknüpft werden, insbesondere einem Wechsel. Falls neben den in § 21 Abs. 5 Nr. 3 WEG genannten weitere Versicherungen abgeschlossen werden sollten, hat dies die Eigentümerversammlung zu beschließen. Der Abschluß von Versicherungen gehört nicht zum Pflichtenkatalog des Verwalters nach § 27 WEG (*Bärmann/Pick/Merle* § 21 Rdn. 145; § 27 Rdn. 65). Für die entsprechende Klausel im Verwaltervertrag besteht daher ein Bedürfnis. Wichtig ist auch, daß der Verwalter Versicherungen kündigen kann, weil das Recht zum Abschluß nicht das Kündigungsrecht einschließt (Vermeidung der „Kündigungsfalle"; ausführlich dazu *Köhler* WE 1994, 167 = PiG Nr. 42 [1993], 143).

8. Hausmeister. Auch dies kann von der Zuziehung des Verwaltungsbeirats abhängig gemacht werden. Bei großen Gemeinschaften sollte der Verwalter hier nicht beschränkt werden, sondern ihm die Auswahl in eigener Verantwortung belassen werden.

9. Verträge. Hier gilt ähnliches wie vor beim Hausmeister. Solche Verträge müssen aber finanziell durch den Wirtschaftsplan gedeckt sein.

10. Wohngelderhebung. Die Erhebung der Zahlungen nach dem Wirtschaftsplan (Wohngeld) und deren Betreibung ist eine wichtige Aufgabe des Verwalters, weswegen sie im Vertrag ausdrücklich aufgeführt wird. Sie steht im Zusammenhang mit dem Vertretungsrecht in § 3 des Verwaltervertrages.

11. Kontoführung. Das Gesetz trifft zu der Art der Kontenführung keine Bestimmungen. Allerdings sind die Grundsätze einer ordnungsgemäßen Buchführung einzuhalten. Dazu gehört eine übersichtliche und nachprüfbare Buchführung (Einzelheiten dazu *Seuß* in Bärmann/Seuß Rdn. B 415 ff.). Eine kontomäßige Trennung der Instandhaltungsrücklage von den übrigen Geldern schreibt das WEG nicht vor. Sie erscheint nicht nur sinnvoll, sondern auch notwendig, insbesondere zur Erzielung einer besseren Verzinsung der Instandhaltungsrücklage. Festgelder und längerfristige Anlagen dürfen nur insoweit getätigt werden, daß die Verfügbarkeit für die Zweckbestimmung nicht beeinträchtigt wird.

12. Kontoüberziehung. Kontoüberziehungen sind dem Verwalter grundsätzlich nicht gestattet. Sie lassen sich aber nicht immer vermeiden, wenn Zahlungspflichten erfüllt werden müssen, bevor die laufenden Gelder eingegangen sind oder wenn Zahlungen säumiger Wohnungseigentümer ausstehen. Eine betragsmäßige Gestattung im Verwaltervertrag ist daher zweckmäßig.

13. Eigentümerversammlung. Der Zeitraum, wann die jährliche Eigentümerversammlung einzuberufen ist, ist vom Gesetz nicht vorgegeben. Er sollte daher dem Verwalter im Verwalterauftrag aufgegeben werden. Das Gesetz enthält auch keine Pflicht, die Versammlungsprotokolle zu versenden. Der Verwalter sollte im Verwaltervertrag verpflichtet werden. Die Verzögerung der Versendung kann einen wichtigen Grund für die Abberufung darstellen (*Staudinger/Bub* WEG § 26 Rdn. 449). Die Frist von zwei Wochen ist gewählt, um die Eigentümer rechtzeitig innerhalb der Anfechtungsfrist von einem Monat zu informieren. Die Frist beginnt mit der Beschlußfassung nicht mit dem Zugang des Protokolls (§ 23 Abs. 4 WEG).

14. Beendigung. Bei einem Verwalterwechsel innerhalb des Wirtschaftsjahres ist der ausgeschiedene Verwalter von Gesetzes wegen zur Erstellung einer Jahresabrechnung für das laufende Jahr nicht verpflichtet (*Bärmann/Pick/Merle* § 28 Rdn. 59 mwN.). Er hat in allen Fällen aber Rechnung zu legen und alle Verwaltungsunterlagen herauszugeben (BayObLG WE 1994, 280). Scheidet er zum Schluß eines Abrechnungsjahres aus, sollte ihm die Verpflichtung auferlegt werden, die Jahresabrechnung (ohne Einzelabrechnung) noch aufzustellen. Arbeitet er, wie nunmehr wohl die Regel, mit einer EDV-Anlage, dürfte dies kein Problem sein. Für eine ordnungsmäßige Überleitung der Verwaltung an den neuen Verwalter ist die Verankerung im Verwaltervertrag wichtig (vgl. *Drasdo*, Verwaltervertrag S. 48).

15. Vertretungsrecht. (1) Ein besonderer Schwerpunkt im Verwaltervertrag ist die Regelung des Vertretungsrechts (*Drasdo* PiG 54, 55). Sie dient dazu, dem Verwalter auch nach außen hin die Rechtsposition zu geben, die er zur Erfüllung seiner Aufgaben benötigt. Umstritten ist bereits, ob der Verwalter zu den Maßnahmen des § 27 Abs. 1 und 2 WEG ein gesetzliches Vertretungsrecht hat oder ob diese Bestimmungen nur im Innenverhältnis gelten und er zur Vertretung nach außen eine Vollmacht benötigt (zur Problematik *Bärmann/Pick/Merle* § 27 Rdn. 5 ff.; *Röll,* Handbuch Rdn. 286, 287). Während *Hauger* (in *Weitnauer* WEG § 27 Rdn. 1) eine gesetzliche Vertretungsmacht bejaht, spricht sich *Merle* (in *Bärmann/Pick/Merle* § 27 Rdn. 8) dagegen aus. Der BGH ist zu der Frage zurückhaltend (NJW 1977, 44), hat aber bislang keine endgültige Entscheidung getroffen. Als Ausweg nennt der BGH die Möglichkeit, daß der Verwalter z.B. bei Aufträgen im eigenen Namen handeln und die Kosten dann von dem Gemeinschaftskonto (Rücklage) nehmen könne, was *Röll* (aaO.) zu Recht als wirklichkeitsfremd bezeichnet. Angesichts der von der Rechtsprechung bislang ungeklärten Probleme ist es unumgänglich, dem Verwalter im Verwaltervertrag in Verbindung mit der Verwaltervollmacht die notwendigen Vertretungsrechte einzuräumen.

(2) Besonders wichtig ist das Vertretungsrecht für gerichtliche Verfahren (dazu *Giesen* WE 1996, 122). Dabei ist besonderes Gewicht darauf zu legen, daß der Verwalter Ansprüche im Wege der Prozeßstandschaft (Verfahrensstandschaft = Geltendmachung eines fremden Rechts im eigenen Namen) für die Wohnungseigentümer geltend machen kann. Er ist dann allein Partei anstelle der gesamten Gemeinschaft, was das Verfahren verbilligt und erleichtert. Es ist allgemein anerkannt, daß der Verwalter verbilligt und erleichtert. Es ist allgemein anerkannt, daß der Verwalter in Prozeßstandschaft auftreten kann (vgl. *Bärmann/Pick/Merle* § 27 Rdn. 138 mwN.). Diese Möglichkeit soll bereits in der Gemeinschaftsordnung niedergelegt werden (dazu Form IX. 1 Anm. Abs. 1 Zf. 9). Sie gehört zusätzlich dann auch in den Verwaltervertrag, um dies im Verhältnis zum Verwalter klar festzuhalten, ferner auch in die Vollmacht als dem Dokument, mit dem der Verwalter nach außen seine Vertretungsmacht nachweisen kann. Diese Vertretungs-

13. Verwaltervertrag

macht soll dann Aktiv- und Passivprozesse erfassen, was mit den Worten „gerichtlich zu vertreten" ausgedrückt ist (zu Einzelheiten ausführlich *Bärmann/Pick/Merle* § 27 Rdn. 138 ff.).

(3) Vor allem in den Fällen des § 27 Abs. 2 Nr. 5 WEG (Geltendmachung von Ansprüchen) taucht die Frage auf, ob und wann der Verwalter einen Rechtsanwalt beauftragen darf bzw. muß. Die früher streitige Frage, ob der Verwalter durch sein Auftreten vor Gericht gegen das Rechtsberatungsgesetz (Art. 1 § 3 Nr. 6) verstößt, hat der BGH positiv im Sinne des Verwalters entschieden (NJW 1993, 1924) und dem Verwalter auch eine Sondervergütung zugebilligt, die er nach der Bundesrechtsanwaltsgebührenordnung (BRAGO) abrechnen darf. Was im übrigen die Befugnis zu Beauftragung eines Rechtsanwalts betrifft, so ergibt sie sich bereits aus der Ermächtigung des Verwalters zur gerichtlichen Geltendmachung von Ansprüchen (*Bärmann/Pick/Merle* § 27 Rdn. 150 mwN.). Dennoch empfiehlt es sich, diese Befugnis ausdrücklich in den Verwaltervertrag aufzunehmen (ebenda). Nachdem der BGH (aaO.) dem Verwalter zugesteht, für sich bei eigener Prozeßführung nach der BRAGO abzurechnen, besteht kein grundsätzlicher Kostenunterschied, wenn er statt dessen einen Anwalt beauftragt. Wichtig ist allerdings, daß der Verwalter in seiner Eigenschaft als Prozeßstandschafter den Anwalt beauftragt. Wird der Anwalt nämlich unmittelbar für die Wohnungseigentümer tätig, fällt nach § 6 BRAGO eine erhöhte Gebühr an (*Drasdo*, Verwaltervertrag S. 67).

(4) Eine Befreiung des Verwalters von den Beschränkungen des § 181 BGB sieht das Formular nicht vor. Sie erscheint auch nicht unbedingt notwendig. Die Entnahme des Verwalterhonorars aus dem Gemeinschaftskonto ist von § 181 BGB gedeckt, weil sie zur Erfüllung einer Verbindlichkeit dient.

16. Entgegennahme. Die Befugnis des Verwalters, Willenserklärungen und Zustellungen entgegenzunehmen, ist bereits in § 27 Abs. 2 Nr. 3 WEG enthalten. Der Verwalter ist dabei Zustellungsvertreter der Wohnungseigentümer i.S. des § 189 Abs. 1 ZPO (*Bärmann/Pick/Merle* § 27 Rdn. 115 mwN.), nicht Zustellungsbevollmächtigter i.S. der §§ 198 Abs. 2, 174 ff. ZPO. Das hat zur Folge, daß ihm das zuzustellende Schriftstück nur einmal, nicht in der Zahl der Wohnungseigentümer, zugehen muß. Die Aufnahme der Klausel in den Verwaltervertrag entspricht der Gesetzeslage, soll diese klarstellen und Zweifelsfälle abdecken.

17. Vollmacht. Das Recht des Verwalters, Vollmachten zu verlangen, ist in § 27 Abs. 5 WEG niedergelegt. Die Vollmacht dient dazu, dem Verwalter den Nachweis seiner Vertretungsrechte zu ermöglichen. Verpflichtet sind sämtliche Wohnungseigentümer und zwar je einzeln. Eine notarielle Beglaubigung ist praktisch nur in Grundbuchangelegenheiten notwendig. Es sind aber kaum Fälle denkbar, in denen der Verwalter für die Wohnungseigentümer Grundbuchsachen erledigt. Für die Löschung von Zwangshypotheken wegen Wohngeldforderungen hat das BayObLG eine vernünftige Lösung gefunden, bei der die Unterschrift des Verwalters genügt (BayObLG NJW-RR 1995, 852). Es ist daher auch nicht sinnvoll, von vornherein Beglaubigungen zu fordern, was in der Praxis auch so gut wie nie praktiziert wird.

18. Besichtigungsrecht. Eine solche Regelung zum Besichtigungsrecht ist sinnvoll. Die Häufigkeit solcher Begehungen ist auf die Größe und den Charakter der Anlage abzustellen.

19. Veräußerung. (1) Soweit zur Veräußerung eine Verwalterzustimmung erforderlich ist, erfährt der Verwalter über den Notar davon. In den vielen Fällen ohne Verwalterzustimmung muß der Verwalter Kenntnis von der Veräußerung erlangen. Die Pflicht zur Mitteilung ist den Wohnungseigentümern im Verwalterauftrag aufzuerlegen. Bei einem Verstoß haftet der betreffende Eigentümer für einen etwaigen Schaden.

(2) Falls für eine Veräußerung die Zustimmung des Verwalters durch eine Vereinbarung nach § 12 WEG erforderlich ist, hat der veräußernde Eigentümer eine Auskunfts-

pflicht gegenüber dem Verwalter über die Person des Erwerbers (eingehend dazu *Schmidt*, DWE 1998, 5; BayObLG DWE 1983, 26). Bei Verwalterverträgen für Objekte mit einer notwendigen Verwalterzustimmung ist es daher sinnvoll, auch im Verwaltervertrag eine Regelung dazu zu treffen, z. B.: *Jeder Wohnungseigentümer ist verpflichtet, bei einer Veräußerung seines Wohnungseigentums dem Verwalter die zur Entscheidung nach § 12 WEG die notwendigen Auskünfte über die wirtschaftlichen und persönlichen Verhältnisse des Erwerbers zu geben.*

20. Einsichtsrecht. Jeder Wohnungseigentümer hat das Recht zur Einsicht in die Buchführungs- und Abrechnungsunterlagen, also in die Verwaltungsunterlagen des Verwalters (*Bärmann/Pick/Merle* § 21 Rdn. 27; § 28 Rdn. 84). Es ist zulässig, die Einsichtnahme nur in den Büroräumen des Verwalters zu gewähren und eine entsprechende Regelung dazu zu treffen (*Bärmann/Seuß* Rdn. B 580, 581).

21. Vergütung. Die Regelung der Vergütung ist ein wichtiger Bestandteil des Verwaltervertrages. Die Höhe ist frei vereinbar, hat sich aber im Rahmen einer ordnungsgemäßen Verwaltung zu halten. Überzogene Vergütungen sind nicht zulässig. Eine Vereinbarung, daß das Verwalterhonorar für die Zukunft unveränderbar ist, ist nichtig (KG NJW-RR 1994, 402). Nach *Seuß* (*Bärmann/Seuß* Rdn. B 392) werden zur Zeit Grundpauschalen zwischen DM 240,- und DM 600,- pro Wohnung und Jahr und zusätzlich für Kfz. Abstellplätze und Garagen zwischen DM 36,- und DM 72,- pro Jahr vereinbart. Gegebenenfalls sind im Vertrag entsprechende Aufschlüsselungen vorzunehmen. Die Pauschale umfaßt und deckt üblicherweise die Grundleistung für die ordnungsgemäße Verwaltung. Eine kurze Spezifizierung ist sinnvoll.

22. Zusatzleistungen. Mit der Pauschale sind alle Tätigkeiten für die Erfüllung der Aufgaben des Verwalters abgegolten, so daß an sich kein Raum mehr besteht, einzelne Tätigkeiten von der Bezahlung gesonderter Vergütungen abhängig zu machen. Eine Ausnahme kann für bestimmte Sonderleistungen gemacht werden, wie sie das Formular aufführt. Ein Problem besteht aber darin, ob dies im Verwaltervertrag geregelt werden kann oder ob nicht bereits die Gemeinschaftsordnung eine Regelung darüber treffen muß oder jedenfalls ein Mehrheitsbeschluß erforderlich ist. Die Rechtsprechung ist allerdings für solche Vereinbarungen im Verwaltervertrag offen (vgl. *Drasdo*, Verwaltervertrag S. 76/77, *Sauren*, Verwaltervertrag S. 35; vgl. *Bärmann/Pick/Merle* § 26 Rdn. 113; siehe aber KG NJW-RR 1989, 329, wonach ein Verwalterhonorar für die Zustimmung zur Veräußerung nicht durch Beschluß, sondern nur durch Vereinbarung begründet werden kann. Dazu ist aber zu bemerken, daß ein solcher Beschluß nicht nichtig ist, sondern bestandskräftig wird, wenn er nicht angefochten wird; dazu Anm. 9 Abs. 3 zu Form IX. 1).

23. Wertsicherung. Für die Anpassung der Verwaltervergütung gibt es drei Arten der Vereinbarung: a) eine automatisch wirkende Wertsicherungsklausel, die der Genehmigung der zuständigen Landeszentralbank nach § 3 WährG bedarf, b) eine genehmigungsfreie oder „Spannungsklausel", c) einen genehmigungsfreien Leistungsvorbehalt. Die Wertsicherungsklausel nach a) bewirkt eine prozentuale Anpassung der Vergütung, wenn bei der Bezugsgröße (z. B. Lebenshaltungskosten oder ein bestimmter Tariflohn) eine entsprechende Veränderung eingetreten ist. Die Wertsicherungsklausel ist allerdings dann genehmigungsfrei, wenn der Vertrag beiderseitig jährlich kündbar ist (*Bärmann/Seuß* Rdn. B 399). Ist dies nicht vorgesehen (so das Formular), kann allerdings für eine echte Wertsicherungsklausel keine Genehmigung erreicht werden, weil nur Verträge mit einer mindestens 10-jährigen Laufzeit genehmigt werden. Eine solche Laufzeit ist aber beim Verwaltervertrag wegen § 26 Abs. 1 WEG nicht möglich. Genehmigungsfrei sind dagegen sog. Spannungsklauseln, bei denen die Vergütung an eine gleichartige Leistung angepaßt wird, z. B. Tariflohn, die der Tätigkeit des Verwalters entspricht. Da die Rechtslage für den Verwaltervertrag ungeklärt ist, empfiehlt *Röll* (Handbuch Rdn. 310)

14. Verwaltervollmacht IX. 14

für solche Klauseln jedenfalls ein Negativzeugnis der Landeszentralbank einzuholen. Bedenkenfrei ist dagegen der sog. Leistungsvorbehalt, bei dem die Änderung der Bezugsgröße lediglich die Verpflichtung zu einer angemessenen Veränderung auslöst. Ein solcher wurde im Formular gewählt. Insgesamt ist allerdings die Frage zu stellen, ob es angesichts der überschaubaren Laufzeit von längstens fünf Jahren überhaupt sinnvoll ist, eine Anpassung der Verwaltervergütung zu vereinbaren.

(2) Eine genehmigungspflichtige, aber nicht genehmigte Anpassungsklausel ist nichtig. Sie führt wegen der in § 8 Abs. 1 des Formulars getroffenen Regelung nicht zur Nichtigkeit des gesamten Vertrages.

24. Haftung. (1) Der Verwalter haftet der Gemeinschaft gegenüber für vorsätzliche und fahrlässige Verletzung seiner Obliegenheiten nach Dienstvertragsrecht (§§ 611, 675 BGB; zur Haftung und möglichen Haftungsfällen eingehend *Seuß* in *Bärman/Seuß* Rdn. B 374 ff.). Ein Ausschluß der Haftung für leichte Fahrlässigkeit, den § 11 Nr. 7 AGBG an sich zulassen würde, ist nicht möglich, weil es sich bei der Dienstleistung des Verwalters um eine Kardinalpflicht handelt, bei der für jedes Verschulden gehaftet werden muß (*Ulmer/Brandner/Hensen* AGBG § 11 Nr. 7 Rdn. 26; *Schmidt*, PiG 54, 207; *Staudinger/Bub*, WEG § 26 Rdn. 347). Der Verwalter schuldet den Eigentümern eine volle Sorgfalt, keine eingeschränkte. Für Folgeschäden, die unter den Begriff „positive Vertragsverletzung" fallen, kann dagegen die Haftung für leichte Fahrlässigkeit ausgeschlossen werden. Fraglich ist auch, ob eine Haftung summenmäßig begrenzt werden kann (vgl. *Ulmer/Brandner/Hensen* aaO. Rdn. 18). Es ist daher besser, keine Klauseln aufzunehmen, die die Haftung eingrenzen. Für die Verjährung kann in Analogie zu freien Berufen, Anwälten etc. eine 3-jährige Verjährungsfrist vereinbart werden, beginnend ab Kenntnis des Schadens (so *Sauren*, Verwaltervertrag S. 40). Ein gewisser Schutz vor einer Haftung besteht auch in der jährlichen Entlastung des Verwalters in der Eigentümerversammlung.

(2) Wichtig ist es, daß der Verwalter eine eigene Vermögensschadenshaftpflichtversicherung abschließt (*Staudinger/Bub*, WEG § 26 Rdn. 347). Das liegt auch im Interesse der Wohnungseigentümer, für die es ein legitimes Auswahlkriterium ist, ob und wie der Verwalter versichert ist.

25. Unwirksamkeit. Mit dieser Klausel wird verhindert, daß eine etwaige Nichtigkeit einer Klausel nicht über § 139 BGB zur Unwirksamkeit des gesamten Verwaltervertrages führt. Eine solche Bestimmung sollte nicht fehlen.

26. Schriftform. Auch eine Klausel über die Abänderbarkeit ist wichtig. Meist wird die Änderung in der Eigentümerversammlung durch Beschluß mit Gegenzeichnung des Verwalters getätigt, womit auch die Schriftform gewahrt ist.

14. Verwaltervollmacht

Die Eigentümergemeinschaft Bachstraße 35 in Neustadt
vertreten durch die Wohnungseigentümer A, B und C,
welche durch Beschluß der Eigentümerversammlung vom …… zur Vertretung der Gemeinschaft für die Vollmacht berufen wurden,
                  bevollmächtigen
hiermit die Firma F, vertreten durch den Geschäftsführer G
mit Wirkung ab ……
zur Erfüllung der ihm obliegenden Aufgaben zur Vertretung in vollem Umfang in allen Angelegenheiten der Verwaltung.

Die Vollmacht gilt insbesondere für
a) Vertretung der Eigentümergemeinschaft gerichtlich und außergerichtlich, auch im eigenen Namen, sowohl auf der Aktivseite wie auf der Passivseite, vor allem gerichtliche Geltendmachung von Ansprüchen der Gemeinschaft,
b) Abschluß, Aufhebung und Kündigung von Verträgen jeder Art,
c) Wahrnehmung aller Rechte und Pflichten, die sich aus dem Gesetz, insbesondere dem WEG, der Vereinbarung und den Beschlüssen der Eigentümergemeinschaft sowie der Hausordnung ergeben,
d) Entgegennahme von Willenserklärungen und Zustellungen an die Gemeinschaft.

Die Vollmacht gilt gegenüber Gerichten, Ämtern, Behörden und Privaten. Sie ermächtigt nicht zur Veräußerung und Belastung und Erwerb von Grundbesitz.

Der Bevollmächtigte ist berechtigt, die Vollmacht im Einzelfall auf Dritte zu übertragen, insbesondere auf bei ihm beschäftigte Personen.

Die Vollmacht ist bei Beendigung der Verwaltertätigkeit zurückzugeben. Ein Zurückbehaltungsrecht steht dem Verwalter nicht zu.

......, den ......
gez. Unterschriften

X. Sachenrechtliche Verträge und Erklärungen, Vollmachten

Teilung, Vereinigung, Zuschreibung

1. Teilung[1, 2] eines Grundstücks nach erfolgter Vermessung[3]

An das
Amtsgericht
– Grundbuchamt –

Betr.: Grundbuch von ...... Band ...... Blatt ......

Im Grundbuch von ...... Band ...... Blatt ...... bin ich als Alleineigentümer des folgenden Grundstückes eingetragen:
Gemarkung ......, Flur 8, FlStNr. 240,
Landwirtschaftsfläche, Am Oberberg mit 46, 96 ar.

Dieses Grundstück ist wie folgt belastet:
    Abt. II lfd. Nr. 2: Wegerecht für den jeweiligen Eigentümer des Grundstücks Flurstück Nr. 241 gem. Bewilligung vom ......
    lfd. Nr. 3: Vorkaufsrecht für alle Verkaufsfälle für B.[8]
    Abt. III lfd. Nr. 1: DM 250.000,– Grundschuld zugunsten der C-Bank.[8]

Ich nehme Bezug auf den Veränderungsnachweis des Katasteramtes ...... vom ...... (Mitteilung über die Fortführung des Liegenschaftskatasters Nr. ......)[4] und teile[5] das Grundstück dementsprechend in die folgenden neuen Grundstücke auf:

FlStNr. 240/1, Landwirtschaftsfläche   20,32 ar
FlStNr. 240/2, Bauplatz   9,35 ar
FlStNr. 240/3, Bauplatz   8,58 ar
FlStNr. 240/4, Bauplatz   8,71 ar

Ich überreiche den vorbezeichneten Auszug aus dem Veränderungsnachweis sowie die Teilungsgenehmigung[6] des Landkreises ...... vom ...... Ausweislich der bei den Grundakten befindlichen Eintragungsbewilligung nebst Lageplan vom 8. 6. 1924 für das Wegerecht Abt. II lfd. Nr. 2 ist der Ausübungsbereich des Wegerechts (der Weg führt auf der dem Grundstück FlStNr. 242 zugewandten Seite entlang) auf das neue FlStNr. 240/1 beschränkt und berührt die neuen Flurstücke Nr. 240/2, 240/3 und 240/4 nicht. Letztere werden daher gem. § 1026 BGB von dem Wegerecht frei.[7]

Ich beantrage,[5]
die vorstehend erklärte Teilung im Grundbuch zu vollziehen und dabei die FlStNr. 240/2, 240/3 und 240/4 frei vom Wegerecht Abt. II lfd. Nr. 2 vorzutragen bzw. das Freiwerden vom Wegerecht im Grundbuch zu vermerken.
    Ich rege an,[9] für die neu gebildeten Grundstücke FlStNr. 240/2, 240/3 und 240/4 je ein besonderes Grundbuchblatt anzulegen, weil diese Grundstücke in Kürze gesondert belastet und veräußert werden.

...... (Ort), den ......   gez. Unterschrift
Öffentliche Beglaubigung der Unterschrift[5]

Schrifttum: Bengel/Simmerding, Grundbuch, Grundstück, Grenze, 4. Aufl. 1995.

Anmerkungen

1. Sachverhalt. A. ist Eigentümer eines bisher nur landwirtschaftlich genutzten Grundstücks. Dieses ist durch eine Planungsänderung teilweise bebaubar geworden. A. beabsichtigt, Bauplätze zu verkaufen. Dies soll durch die Teilung vorbereitet werden.

2. Begriff der Teilung im Rechtssinne. Für die Grundstücksteilung gibt es keine materiellrechtliche Regelung; sie ist jedoch als Teil der Eigentümerbefugnisse (§ 903 BGB) zulässig. Teilung eines Grundstücks im Rechtssinne ist die Verselbständigung der Teile auf je einem eigenen Grundbuchblatt oder die Buchung der Teile unter je einer eigenen laufenden Nummer im Bestandsverzeichnis des Grundbuchs. Teilung ist auch die Wiederaufhebung einer Vereinigung von Grundstücken unter grundbuchmäßiger Wiederherstellung der Selbständigkeit von Katasterparzellen als Grundstücken im Rechtssinn, ebenso die Wiederaufhebung der Zuschreibung eines Grundstücks als Bestandteil. Keine Teilung im Rechtssinne ist die bloße Zuerkennung verschiedener Katasternummern und Eintragung unter derselben laufenden Nummer im Bestandsverzeichnis.

3. Teilungserklärung. Die Teilungserklärung kann erst nach erfolgter Vermessung abgegeben werden (s. § 2 Abs. 3 GBO). Eine andere Frage ist es, ob ein noch nicht vermessenes Teilstück schon veräußert oder aufgelassen werden kann und ob auf einen Grundstücksteil bezügliche Vormerkungen, Widersprüche und Verfügungsbeschränkungen trotz § 28 GBO ohne vorherige Abschreibung des Grundstücksteils eingetragen werden können (dazu *Horber/Demharter* § 28 Rdn. 14).

4. Bezugnahme auf Katasterunterlagen. S. § 2 Abs. 3 GBO iVm. VO vom 23. 1. 1940 (RGBl. I 240).

5. Wirksamkeitserfordernisse der Teilungserklärung. Die Teilung bedarf materiellrechtlich einer entsprechenden Erklärung des Eigentümers und formellrechtlich seines Antrags und seiner Bewilligung (§§ 13 Abs. 2, 19 GBO). Enthält der Antrag, wie hier, die Eintragungsbewilligung oder ersetzt er, wie es auch häufig geschieht, die materiellrechtliche Teilungserklärung, so bedarf der Antrag der Form des § 29 Abs. 1 S. 1 GBO (§ 30 GBO; *Horber/Demharter* § 7 Rdn. 3 f.). Eine Zustimmung der am zu teilenden Grundstück dinglich Berechtigten ist nicht erforderlich (KG NJW 1969, 470; s. aber Anm. 6, 7).

6. Genehmigungen. Grundstücksteilungen bedürfen der Genehmigung nach Maßgabe der §§ 19 ff. BauGB sowie im Umlegungsverfahren nach § 51 Abs. 1 Nr. 1 BauGB, ein Enteignungsverfahren nach § 109 Abs. 1 BauGB und bei Sanierung nach § 144 Abs. 1 BauGB (Einzelheiten bei *Horber/Demharter* § 7 Rdn. 5 ff.).

7. Folgen der Grundstücksteilung für Dienstbarkeiten. Durch Teilung eines Grundstücks, das mit einer Grunddienstbarkeit oder beschränkten persönlichen Dienstbarkeit belastet ist, kann die Dienstbarkeit an einem der Teile gem. §§ 1026, 1090 Abs. 2 BGB erlöschen, wenn dieser Teil außerhalb des Bereichs der Ausübung liegt. Um dies später leicht feststellen zu können, ist es ratsam, bei Bestellung einer Dienstbarkeit deren Ausübungsbereich auf einem amtlichen Lageplan zweifelsfrei zu kennzeichnen, auf ihn in der Bestellungserklärung Bezug nehmen und den Lageplan mit der Bestellungserklärung zu verbinden (s. BGH DNotZ 1982, 228).

Bei Teilung eines Grundstücks, zu dessen Gunsten eine Grunddienstbarkeit oder eine subjektiv dingliche Reallast bestellt ist, kann das Recht gem. §§ 1025 S. 2, 1109 Abs. 2 S. 3, Abs. 3 BGB teilweise erlöschen. Um leicht feststellen zu können, ob zugunsten eines Grundstücks ein subjektiv-dingliches Recht besteht, kann dieses gemäß § 9 Abs. 1 GBO im Bestandsverzeichnis des Grundbuchblattes des herrschenden Grundstücks eingetragen werden. Materiellrechtlich bringt dies im Hinblick auf § 876 Satz 2 keine Nachteile; formellrechtlich ist § 21 GBO zu beachten.

1. Teilung eines Grundstücks nach erfolgter Vermessung X. 1

8. Folgen der Grundstücksteilung für sonstige Rechte. Durch die Teilung des belasteten Grundstücks werden die eingetragenen Belastungen nicht berührt (Ausnahme: s. Anm. 7); sie bleiben an den Teilen als Einzellasten bestehen (so das Vorkaufsrecht, Nießbrauch usw.) oder werden kraft Gesetzes zu Gesamtpfandlasten (§§ 1132, 1192 Abs. 1, 1199 BGB), und zwar trotz § 867 Abs. 2 ZPO auch dann, wenn es sich um Zwangshypotheken handelt (*Zeller* ZVG § 1 Rdn. 83 (2); MünchKomm/*Eickmann* § 1132 Rdn. 25).

Besteht zugunsten des jeweiligen Eigentümers eines Grundstücks ein (subjektiv-dingliches) Vorkaufsrecht, so bleibt dieses zugunsten der jeweiligen Eigentümer der neuen Teilstücke bestehen (BayObLG 1973, 21 = RPfleger 1973, 133).

9. Buchung der neuen Grundstücke. Ob die neuen Grundstücke, solange sie dem gleichen Eigentümer gehören, auf demselben oder auf verschiedenen Grundbuchblättern gebucht werden, liegt im Ermessen des Grundbuchamtes (s. § 4 GBO). Wenn eine unterschiedliche Belastung und anschließende getrennte Veräußerung bevorsteht, ist es aber empfehlenswert, das Grundbuchamt hierauf hinzuweisen, damit von vornherein ein unübersichtliches Grundbuch vermieden wird.

10. Steuern. Ob einzelne katastertechnisch verselbständigte Grundstücke jeweils auch einzelne Grundstücke iSd. § 70 BewG darstellen, hängt davon ab, ob es sich um einzelne wirtschaftliche Einheiten handelt. Sind Teilflächen, die jeweils eine Bauparzelle darstellen, katastermäßig verselbständigt, so wird man hieraus idR. auf eine selbständige wirtschaftliche Einheit schließen können. Andererseits ist es für die Bildung einer bewertungsrechtlichen wirtschaftlichen Einheit unerheblich, ob die Einzelflächen katastermäßig ein eigenes Flurstück bilden (*Gürsching/Stenger* BewG § 70 Anm. 15.1; Abschn. 4 BewRGr).

11. Kosten. (1) Notar: a) Für die Teilungserklärung: ½ Gebühr nach §§ 141, 38 Abs. 2 Nr. 5a KostO, wenn der Notar den Entwurf gefertigt hat; für die bloße U-Begl. ¼ Gebühr, höchstens DM 250,– nach §§ 141, 45 KostO. Wert: Bestimmung nach freiem Ermessen (§ 30 Abs. 1 KostO; *Korintenberg/Lappe/Bengel/Reimann* KostO § 30 Rdn. 41), Beziehungswert ist der Grundstückswert (§ 19 Abs. 1 KostO), der nicht überschritten werden darf (§ 39 Abs. 1 S. 2 KostO); angemessen wird idR. ½ bis ⅕ des Grundstückswertes sein.

b) Die übrigen Erklärungen sind bloße Durchführungserklärungen und lösen daher gem. §§ 45 Abs. 1 S. 2, 44 Abs. 1 KostO keine besonderen Gebühren aus.

(2) Grundbuchamt: a) ¼ Gebühr für die Eintragung der Teilung (§ 67 Abs. 1 Nr. 4 KostO).

b) Wenn das Grundbuchamt der Anregung folgt, für die FlStNr. 240/2–4 je ein besonderes Grundbuchblatt anzulegen, gilt ferner:

Da das Grundbuchamt die Abschreibungen auf neue Grundbuchblätter von Amts wegen nach seinem Ermessen und im öffentlichen Interesse (Gewährleistung der Übersichtlichkeit bei späterer Belastung im Zuge der Veräußerung) vornimmt, fällt eine besondere Gebühr dafür nicht an (§ 69 Abs. 1 Nr. 5 KostO analog); dies erscheint auch deshalb gerechtfertigt, weil bei erst späterer Abschreibung mit gleichzeitigem Eigentumswechsel die Übertragung des Grundstücks auf ein anderes Blatt gebührenfreies Nebengeschäft wäre (*Korintenberg/Lappe/Bengel/Reimann* KostO § 60 Rdn. 69).

½ Gebühr für die Nichtübertragung des Wegerechts Abt. II Nr. 2 mit den FlStNr. 240/2–4, weil es sich dabei – trotz des kraft Gesetzes eintretenden Erlöschens (s. Anm. 7) einerseits nicht um ein gebührenfreies Nebengeschäft nach § 35 KostO (*Korintenberg/Lappe/Bengel/Reimann* KostO § 60 Rdn. 69) und andererseits um eine das Grundbuch berichtigende „Löschung" handelt (s. *Horber* § 46 Anm. 6b; *Meikel/ Imhof/Riedel* GBR § 46 Bem. 9, 13), für welche die Gebühr des § 68 iVm. § 62 Abs. 1 KostO anfällt (str., wie hier: *Korintenberg/Lappe/Bengel/Reimann* KostO § 68 Rdn. 37;

Göttlich/Mümmler KostO Stichwort „Löschungen" Ziff. 2.1 u. 2.4; aA. *Hartmann* § 68 Anm. 1 A, B).

Für die Mitübertragung bestehenbleibender Belastungen (als Gesamtrechte) mit den durch die Teilung entstehenden Grundstücken fällt, weil es sich um gebührenfreie Nebengeschäfte handelt, keine Gebühr an (*Korintenberg/Lappe/Bengel/Reimann* § 60 Rdn. 69; *Hartmann* § 60 Anm. 1 C).

c) Wenn das Grundbuchamt der Anregung nicht folgt, besondere Grundbuchblätter anzulegen, gilt folgendes:
Eine berichtigende Löschung des Wegerechts Abt. II Nr. 2 an den FlStNr. 240/2–4 gem. § 46 Abs. 2 GBO scheidet aus. Statt dessen ist aber – wie beantragt – bei dem Wegerecht in Form eines Löschungsvermerks gem. § 46 Abs. 1 GBO zu vermerken, daß es an den FlStNr. 240/2–4 erloschen ist; dafür fällt ½ Gebühr nach § 68 iVm. § 62 Abs. 1 KostO an.

d) Wert: Für die Teilung Bestimmung des Wertes nach freiem Ermessen (§ 30 Abs. 1 KostO), höchstens der Grundstückswert (§§ 19, 39 Abs. 1 S. 2 KostO); angemessen wird in der Regel ½ bis ⅕ des Grundstückswertes sein (*Korintenberg/Lappe/Bengel/Reimann* KostO § 67 Rdn. 25).

Für die Löschung durch Nichtübertragung nach § 46 Abs. 2 GBO oder durch Eintragung des Löschungsvermerks nach § 46 Abs. 1 GBO ist der Wert des Wegerechts Abt. II Nr. 2 maßgebend, der nach § 22 KostO zu bestimmen ist; da der Ausübungsbereich des Wegerechts sich von vornherein nicht auf die FlStNr. 240/2–4 erstreckt hat, hatte das Wegerecht insoweit für das herrschende Grundstück auch keinen Wert; es fällt deshalb nur jeweils die Mindestgebühr nach § 33 KostO an. Wenn die neuen FlStNr. 240/2–4 nicht auf andere Grundbuchblätter übertragen werden, fällt die Gebühr nach § 33 KostO für den einen einheitlichen Vermerk nur einmal an, anderenfalls dreimal, nämlich je einmal bezügl. jedes abgeschriebenen Grundstücks.

2. Vereinigung[1,2] von Grundstücken[3]

Verhandelt zu ...... am ......
Vor dem unterzeichneten Notar ...... erschienen ......
Die Erschienenen erklärten zur öffentlichen Beurkundung den folgenden Kaufvertrag

§ 1

Im Grundbuch von A (Amtsgericht B) Band ...... Blatt ...... ist das folgende Grundstück eingetragen:
Gemarkung A, Flur 7, FlStNr. 169/8,
Gartenland, Über dem Kamp 13   2,38 ar

Als Eigentümer sind eingetragen: C, D, E in Erbengemeinschaft.

Das Grundstück ist wie folgt belastet:
Abt. IIlfd. Nr. 3: Grunddienstbarkeit für Wasserleitungsrecht zugunsten des jeweiligen Eigentümers von FlStNr. 167/1.[5]

Es folgen Bestimmungen über die Veräußerung dieses Grundstücks an F,[4] und zwar unter Übernahme der Last Abt. IIlfd. Nr. 3.
Nach den üblichen weiteren Vertragsbestimmungen und der Auflassung des veräußerten Grundstücks folgt:

2. Vereinigung von Grundstücken X. 2

F ist im Grundbuch von A (Amtsgericht B) Band ...... Blatt ...... bereits als Eigentümer des folgenden Grundstücks eingetragen:
Gemarkung A, Flur 7, FlStNr. 167/1, Hof- und Gebäudefläche, Über dem Kamp 12,
16,78 ar

Dieses Grundstück ist wie folgt belastet:[6]
   Abt. II lfd. Nr. 1: Grunddienstbarkeit für Wasserentnahmerecht zugunsten des jeweiligen Eigentümers von Flurstück Nr. 168;
        lfd. Nr. 2: Altenteil[7] für die Eheleute A.G. und B.G. als Gesamtberechtigte gem. § 428 BGB;
        lfd. Nr. 5: Reallast für Rentenrecht zugunsten des H.
   Abt. III lfd. Nr. 6: DM 70.000,- Grundschuld nebst 15 vH. Jahreszinsen, vollstreckbar nach § 800 ZPO, zugunsten der K-Bank in L.;
        lfd. Nr. 8: DM 150.000,- Hypothek nebst bis zu $9^{1}/_{2}\%$ jährlich an Zinsen und sonstigen laufenden Nebenleistungen, vollstreckbar nach § 800 ZPO, zugunsten der M-Sparkasse;
        lfd. Nr. 9: 12.000,- Sicherungshypothek für Gleichstellungsgeld nebst 6% Zinsen jährlich für A.F.

Bei Nr. 6: Löschungsvormerkung gem. § 1179 BGB zugunsten des jeweiligen Gläubigers des Rechts lfd. Nr. 8.

Das Altenteil[7] Abt. II lfd. Nr. 2 besteht aus einem Wohnungsrecht und einer Rentenreallast[7] gem. Bewilligung vom ......

F. erklärt die nachfolgenden Mitbelastungen[8] und bewilligt und beantragt die Eintragung der Mitbelastung des hier erworbenen FlStNr. 169/8 mit der im Grundbuch von A. Band ...... Blatt ...... eingetragenen
a) Rentenreallast (Teil des Altenteils)
   Abt. II lfd. Nr. 2,[9]
b) Rentenreallast
   Abt. II lfd. Nr. 5,[9]
c) Grundschuld
   Abt. III lfd. Nr. 6,[10]
d) Hypothek
   Abt. III lfd. Nr. 8,[10]
e) Sicherungshypothek
   Abt. III lfd. Nr. 9[10]
und zwar in den gleichen Rangverhältnissen[11] wie in Blatt ...... nebst der Löschungsvormerkung[12] bei dem Recht Abt. III lfd. Nr. 6, jeweils entsprechend den den Eintragungen zugrundeliegenden Bewilligungen.

Hinsichtlich der Grundschuld in Abt. III lfd. Nr. 6 unterwirft sich F. wegen des Grundschuldkapitals nebst Zinsen unter Bezugnahme auf die Bewilligung vom ...... (Nr....../82 der UR des Notars ......), hinsichtlich der Hypothek Abt. III lfd. Nr. 8 unterwirft sich F. wegen aller Ansprüche aus der Hypothek nebst Nebenleistungen unter Bezugnahme auf die Bewilligung vom ...... (Nr....../82 der UR des Notars ......) der sofortigen Zwangsvollstreckung in das hier erworbene FlStNr. 169/8 in der Weise, daß die Zwangsvollstreckung gegen den jeweiligen Eigentümer des Grundstücks zulässig sein soll.[13] F. bewilligt und beantragt auch die Eintragung dieser Unterwerfung in das Grundbuch.

F. vereinigt sodann das hier erworbene Flurstück Nr. 169/8 mit dem vorbezeichneten FlStNr. 167/1 und bewilligt und beantragt den Vollzug der Vereinigung[14] im Grundbuch.

(Urkundenbeschluß)

Schrifttum: Bengel/Simmerding, Grundbuch, Grundstück, Grenze, 4. Aufl. 1995.

Anmerkungen

1. Sachverhalt. F. ist Eigentümer eines Hofgrundstücks. Er erwirbt ein danebenliegendes, an ihn schon verpachtetes Gartengrundstück hinzu. Beide Grundstücke bilden eine wirtschaftliche Einheit, weshalb sie in Zukunft auch einheitlich mit Grundpfandrechten belastet werden sollen.

2. Formen der Grundstückszusammenlegung und ihre Wirkungen. Es sind folgende Formen der Zusammenlegung von Grundstücken zu unterscheiden:

a) Zusammenschreibung von Grundstücken desselben Eigentümers gem. § 4 GBO auf demselben Grundbuchblatt, wodurch die Grundstücke ihre rechtliche Selbständigkeit nicht verlieren, aber zB. die Belastung mit Gesamtgrundpfandrechten buchungstechnisch erleichtert wird.

b) Verbindung durch Vereinigung von Grundstücken desselben Eigentümers gem. § 890 Abs. 1 BGB, § 5 GBO, wodurch die Grundstücke ihre rechtliche Selbständigkeit verlieren und Bestandteil des neuen (Gesamt-) Grundstücks werden; nach der Vereinigung kann das neue Grundstück nur noch in seiner Gesamtheit nach den allgemeinen Regeln belastet werden.

c) Verbindung durch Zuschreibung eines Grundstücks als Bestandteil zu einem anderen Grundstück desselben Eigentümers gem. § 890 Abs. 2 BGB, § 6 GBO, wodurch beide Grundstücke ihre Selbständigkeit verlieren; nach der Zuschreibung kann das neue (Gesamt-) Grundstück nur noch in seiner Gesamtheit nach den allgemeinen Regeln belastet werden.

d) Die (katastertechnische) Verschmelzung ist von Vereinigung und Zuschreibung zu unterscheiden: Bei ersterer werden die früher selbständigen Grundstücke nach Verbindung durch Vereinigung oder Zuschreibung unter einer neuen Katasternummer (FlStNr.) im Grundbuch eingetragen; bei letzteren ist das möglich, aber nicht nötig, vielmehr können die Grundstücke unter ihren bisherigen Katasternummern, aber unter einer neuen laufenden Nummer im Bestandsverzeichnis des Grundbuchs eingetragen werden und bleiben.

3. Gegenstand einer Vereinigung oder Zuschreibung. Als Gegenstand einer Vereinigung oder Zuschreibung kommen in erster Linie Grundstücke in Betracht, die im Grundbuch verselbständigt sind; bloße Katasterparzellen, die zusammen mit anderen unter einer laufenden Nummer im Bestandsverzeichnis eingetragen sind, können dagegen erst nach grundbuchmäßiger Verselbständigung vereinigt oder zugeschrieben werden. Auch grundstücksgleiche Rechte und Wohnungs- und Teileigentum sowie Zuflurstücke sind einer Vereinigung oder Zuschreibung fähig (hierzu ausführlich *Demharter* § 5 Rdn. 3 ff.; *Meikel/Böttcher* § 5 Rdn. 12 ff., MünchKomm/*Wacke* § 890 Rdn. 11, 12).

4. Entscheidung über Vereinigung oder Zuschreibung. Am häufigsten tritt die Frage, ob eine Verbindung durch Vereinigung oder Zuschreibung zweckmäßig oder gar erforderlich ist, im Zusammenhang mit einem Grundstückserwerb auf. Aus Kostengründen (s. Anm. 16) sollten die zur Verbindung erforderlichen Erklärungen sogleich in die Urkunde über den Erwerb aufgenommen werden, worauf der Berater hinweisen sollte.

Ob der Eigentümer Vereinigung oder Zuschreibung wählt, ist ganz allein seiner – lediglich durch §§ 5, 6 GBO beschränkten – Entscheidung überlassen (s. aber Anm. 5, 6). Zum Unterschied zwischen Vereinigung und Zuschreibung s. Form. X. 3 Anm. 8.

Grundstücksverbindungen durch Vereinigung oder Zuschreibung können sich auch im Zuge von Baumaßnahmen als erforderlich oder zweckmäßig erweisen, wenn nämlich das Gebäude und/oder die vorgeschriebenen Grenzabstände sich über mehr als ein Grundstück erstrecken sollen. § 1 Abs. 4 WEG zwingt sogar zur vorherigen Verbindung von Grundstücken, weil Wohnungseigentum oder Teileigentum nicht durch Verbindung

2. Vereinigung von Grundstücken

von Sondereigentum mit Miteigentum an mehreren Grundstücken begründet werden kann. Diese Regelung gilt seit 1. 9. 1973. Für vorher begründetes Wohnungs- und Teileigentum fingiert Art. 3 § 1 Abs. 1 des Gesetzes vom 30. 7. 1973 (BGBl. I S. 910) die Vereinigung der Grundstücke.

5. Drohende Verwirrung hindert Vereinigung oder Zuschreibung. Eine Verbindung durch Vereinigung oder Zuschreibung soll nur dann erfolgen, wenn hiervon keine Verwirrung der Rechtsverhältnisse zu besorgen ist (§§ 5, 6 GBO). „Verwirrung" ist ein gerichtlich überprüfbarer unbestimmter Rechtsbegriff (BayObLG RPfleger 1977, 251). Wenn beide zu verbindenden Grundstücke im Grundbuch lastenfrei sind, ist es ohne jede Bedeutung, welche Form, Vereinigung oder Zuschreibung, gewählt wird (s. Anm. 2 und 14).

Ist das eine Grundstück lediglich mit einer Grunddienstbarkeit belastet, so kommen insoweit sowohl Vereinigung als auch dessen Zuschreibung in Betracht: Eine Verwirrung ist dann kaum zu befürchten. Die Grunddienstbarkeit zu Lasten dieses Grundstücks hat einen klar umrissenen Ausübungsbereich, den sie auch bei Belastung des Gesamtgrundstücks kraft ihres Inhalts hätte; außerdem wäre eine Erstreckung der Grunddienstbarkeit auf das andere Grundstück gar nicht möglich, weil die aus dem Eigentum an diesem Grundstück fließenden Befugnisse (§ 903 BGB) gar nicht betroffen sind (vgl. 1018 BGB). Dienstbarkeiten zu Lasten des einen Grundstücks und zugunsten des jeweiligen Eigentümers des anderen Grundstücks erlöschen weder durch Vereinigung noch durch Zuschreibung (vgl. § 889 BGB).

6. Nachträgliche Mitbelastung. Soweit eines der zu verbindenden Grundstücke mit Rechten belastet ist, die nach ihrem Inhalt sich auch auf das andere erstrecken können, wie insbesondere Grundpfandrechte, Nießbrauch, Reallasten, muß mit Rücksicht auf §§ 5, 6 GBO dafür gesorgt werden, daß durch nachträgliche Mitbelastungen die Belastungen auf beiden Grundstücken ruhen. Ziel muß es sein, die Belastung beider Teile des Gesamtgrundstücks möglichst einheitlich zu gestalten.

Dies und damit die Verbindungsfähigkeit der Grundstücke ist allerdings dann nicht ohne weiteres erreichbar, wenn beide Teilgrundstücke vielfach und ganz unterschiedlich belastet sind. Die wechselseitige nachträgliche Mitbelastung (s. Anm. 9–11) würde in einem solchen Fall die Verwirrung nur vergrößern, weil sie Rangverhältnisse schaffen würde, die ganz unterschiedlich, ja geradezu „überkreuz" wären. Denn der Rang bestehender Belastungen wird durch eine Mitbelastung nicht berührt; die mitbelasteten Rechte könnten also nur jeweils nachrangig eingetragen werden. An einem rechtlichen und katastertechnisch einheitlichen Grundstück kann aber nur eine einheitliche Rangordnung bestehen, weshalb es uU. einer Rangregulierung bedarf (s. MünchKomm/ *Eickmann* § 1131 Rdn. 19).

7. Nachträgliche Mitbelastung bei Altenteil. Ein Altenteil (Leibgedinge, Leibzucht, Auszug, Abschied, Austrag, Ausgedinge), das regelmäßig aus mehreren Einzelrechten (Dienstbarkeiten, Reallasten) besteht, darf nach § 49 GBO unter dieser zusammenfassenden Bezeichnung im Grundbuch eingetragen werden. Wegen der Frage, inwieweit eine nachträgliche Mitbelastung eines zu verbindenden Grundstücks notwendig ist, müssen die Einzelrechte festgestellt werden.

8. Form der nachträglichen Mitbelastung. Bei den im Zuge einer Verbindung erforderlichen nachträglichen Mitbelastungen sind die für die Belastungen geltenden Formvorschriften zu beachten: Soweit eine Beurkundung der Erklärungen erforderlich ist, wie etwa bei einer Vollstreckungsunterwerfung gem. §§ 794 Abs. 1 Nr. 5, 800 ZPO, muß diese Form auch bei der Mitbelastung eingehalten werden; im übrigen genügt öffentliche Beglaubigung der Eintragungsbewilligung (§§ 13, 19, 29, 30 GBO).

9. Ohne nachträgliche Mitbelastung würden die Reallasten – wie alle übrigen Grundstücksbelastungen – nur an den bisherigen Belastungsobjekten fortbestehen, was die

Besorgnis der Verwirrung im Sinne des § 5 GBO begründen würde (für den Fall der Zuschreibung s. Form. X. 3 Anm. 8).

Von dem Altenteil kann und muß nur die Rentenreallast durch Mitbelastung auf das hinzuerworbene Grundstück erstreckt werden, weil das Wohnungsrecht nach seinem Inhalt nur auf dem Grundstück mit dem Wohnhaus lasten kann (s. Anm. 5).

10. Nachträgliche Mitbelastung mit Grundpfandrechten. Ohne nachträgliche Mitbelastung würden bei einer Vereinigung auch die Grundpfandrechte nur an dem bisherigen Belastungsobjekt fortbestehen, was die Besorgnis der Verwirrung im Sinne des § 5 GBO begründen würde, insbes. im Hinblick auf spätere weitere Belastungen. Durch die Mitbelastung entstehen nicht einheitliche Pfandrechte an dem neuen (Gesamt-) Grundstück; vielmehr entstehen dadurch Gesamtpfandrechte an den bisher selbständigen (Teil-) Grundstücken.

Gleichgültig, ob es sich bei den Pfandrechten Abt. III lfd. Nr. 6, 8, u. 9 um „Altrechte" oder „Neurechte" iS. des Gesetzes vom 22. 6. 1977 (BGBl. I Seite 998) handelt, entstehen durch die nachträgliche Mitbelastung gesetzliche Löschungsansprüche, unabhängig auch davon, ob die Pfandrechte an dem nachträglich belasteten Grundstück „Neurechte" sind (s. Anm. 12 (2)). Ob – wegen Entstehung solcher gesetzlichen Löschungsansprüche am nachbelasteten Grundstück – vor der Vereinigung zur Vermeidung der Besorgnis der Verwirrung die Bestellung von Löschungsvormerkungen gem. § 1179 BGB in der bis 31. 12. 1977 gültigen Fassung zu Lasten der eingetragenen „Altrechte" nötig ist (weil solche Löschungsvormerkungen ganz oder teilweise fehlen), bedarf sorgfältiger Prüfung des Beraters (s. hierzu *Stöber* RPfleger 1978, 165/169 unter III 3 b 2. Abs. und MünchKomm/*Eickmann* § 1179 a Rdn. 30).

11. Klarstellung der Rangordnung. Um Zweifel darüber auszuschließen, ob die nachträgliche Mitbelastung zum Gleichrang der mitbelasteten Rechte auf dem nachbelasteten Grundstück oder zu einer Belastung in der gleichen Rangordnung wie bei dem ursprünglichen Belastungsobjekt führen soll, ist es ratsam, dies ausdrücklich klarzustellen (s. dazu näher; MünchKomm/*Eickmann* § 1132 Rdn. 16–18). Um die Besorgnis der Verwirrung iS. von § 5 GBO auszuschließen, kommt wohl nur eine Mitbelastung in der gleichen Rangordnung wie bei dem ursprünglichen Belastungsobjekt in Betracht.

12. Löschungsvormerkung. Den Löschungsvormerkungen und ihren vielschichtigen Problemen, die durch das Gesetz zur Änderung sachenrechtlicher, grundbuchrechtlicher und anderer Vorschriften vom 22. 6. 1977 (BGBl. I S. 998) erheblich vermehrt worden sind, wird mitunter zu wenig Beachtung geschenkt. Viele Berater verlassen sich wohl auch darauf, daß die betroffenen Gläubiger (insbes. Banken) sich rühren, wenn sie eine Löschungsvormerkung wünschen. Wegen der durch nachträgliche Beurkundungen ausgelösten Mehrarbeit und Kosten ist die sorgfältige Behandlung der Problematik bei Beurkundung der Erklärungen zur Verbindung der Grundstücke ratsam.

(1) Dabei sind folgende Grundsätze zu bedenken:
a) Eine Löschungsvormerkung gem. § 1179 BGB aF. und nF. stellt eine Belastung des betroffenen Rechts dar; der gesetzliche Löschungsanspruch gem. §§ 1179 a, b BGB gehört dagegen zum gesetzlichen Inhalt des begünstigten Pfandrechts.
b) Eine Löschungsvormerkung sichert einen Löschungsanspruch zugunsten einer bestimmten Person. Die Löschungsvormerkung ist also nicht gesetzlicher Inhalt eines „begünstigten Rechts", wie es oft mißverständlich heißt; begünstigt ist vielmehr stets eine bestimmte Person.
c) Der durch die Löschungsvormerkung gesicherte Anspruch richtet sich stets auf Löschung eines Pfandrechts an einem bestimmten Grundstück, falls sich die Inhaberschaft am Pfandrecht und das Eigentum in einer Person vereinigen, weshalb die Löschungsvormerkung auch vom jeweiligen Eigentümer bewilligt werden muß. Daraus folgt, daß bei Erstreckung eines von einer Löschungsvormerkung betroffenen

2. Vereinigung von Grundstücken X. 2

Pfandrechts auf ein anderes Grundstück dessen Eigentümer die Löschungsvormerkung selbst (neu) bewilligen muß, und zwar gleichgültig, ob die Erstreckung durch Rechtsgeschäft oder kraft Gesetzes (§ 1131 BGB) erfolgt.

(2) Bei der Mitbelastung eines Grundstücks durch Vereinigung sind folgende Fälle zu unterscheiden:

a) Ein Pfandrecht, das vor dem 1. 1. 1978 eingetragen oder dessen Eintragung vorher beantragt worden ist, soll auf ein anderes (belastetes) Grundstück erstreckt werden: Die Mitbelastung (Nachverpfändung) ist wie eine Neubestellung zu behandeln, dh., daß ein gesetzlicher Löschungsanspruch gem. §§ 1179 a, b BGB zugunsten des Rechts entsteht (BGH NJW 1981, 1503 f.; MünchKomm/*Eickmann* § 1179 a Rdn. 28, 30); die Eintragung einer Löschungsvormerkung aF. an Pfandrechten, die an dem nachbelasteten Grundstück schon bestanden, zugunsten des Gläubigers dieses Rechts ist unzulässig (ebenso *Stöber* RPfleger 1978, 165/167 und MünchKomm/*Eickmann* § 1179 a Rdn. 29).

Wenn das Pfandrecht selbst von einer Löschungsvormerkung gem. § 1179 BGB aF. oder nF. betroffen ist, muß diese vom Eigentümer des Grundstücks bewilligt werden, auf das das Pfandrecht erstreckt werden soll, weil dieses insoweit zum Gesamtpfandrecht wird und der Löschungsanspruch sich nur gegen den Eigentümer des ursprünglich belasteten Grundstücks richtete (LG Düsseldorf RPfleger 1977, 167). Die Formulierung „samt Nebenrechten" würde in einem solchen Fall für die Erstreckung, dh. Neubestellung einer Löschungsvormerkung nicht genügen, weil die Löschungsvormerkung kein Nebenrecht ist.

b) Ein Pfandrecht, dessen Eintragung nach dem 31. 12. 1977 beantragt worden ist und das deshalb einen gesetzlichen Löschungsanspruch gem. §§ 1179 a, b BGB hat, soll auf ein anderes (belastetes) Grundstück erstreckt werden:
Die Mitbelastung ist auch in diesem Fall wie eine Neubestellung zu behandeln, dh., daß ein gesetzlicher Löschungsanspruch gem. §§ 1179 a, b BGB zugunsten des Rechts entsteht (s. vorstehend Buchst. a) und MünchKomm/*Eickmann* § 1179 a Rdn. 28).

Wenn das Pfandrecht selbst von einer Löschungsvormerkung gem. § 1179 BGB aF. oder nF. betroffen ist, gilt das gleiche wie im vorhergehenden Fall (s. vorstehend Buchst. a).

c) Ein anderes Recht (kein Pfandrecht), dessen Inhaber Begünstigter einer Löschungsvormerkung gem. § 1179 BGB aF. oder nF. ist, soll auf ein anderes (belastetes) Grundstück erstreckt werden:
Die Entstehung eines gesetzlichen Löschungsanspruchs gem. §§ 1179 a, b BGB kommt nicht in Betracht. Um einen Löschungsanspruch an vor- oder gleichrangig am nachbelasteten Grundstück eingetragenen Rechten zu erhalten, muß der Eigentümer des nachbelasteten Grundstücks eine Löschungsvormerkung gem. § 1179 BGB nF. bewilligen. Wenn das Recht – was gewiß ein seltener Ausnahmefall wäre – seinerseits mit einer Vormerkung belastet wäre, so könnte es sich dabei nur um eine solche gem. § 883 BGB handeln, weil § 1179 aF. und nF. sowie § 1179 a, b BGB sich ausschließlich auf Pfandrechte als betroffene Rechte beziehen.

13. Nachträgliche Mitbelastung und Unterwerfungsklausel. Eine Unterwerfungsklausel gem. §§ 794 Abs. 1 Nr. 5, 800 ZPO muß bei der nachträglichen Mitbelastung ausdrücklich erklärt werden (MünchKomm/*Eickmann* § 1131 Rdn. 13).

14. Wirksamkeitserfordernisse von Vereinigung und Zuschreibung. In Bewilligung und Antrag muß klar gesagt werden, welche der beiden Möglichkeiten einer Grundstücksverbindung, Vereinigung oder Zuschreibung, gewünscht wird.

Materiellrechtlich genügt für die Vereinigung, wie für die Zuschreibung, die formlose Erklärung des Eigentümers. Formellrechtlich ist öffentliche Beglaubigung der Eintragungsbewilligung erforderlich, aber auch genügend (§§ 13, 19, 29, 30 GBO); ein weitergehendes Formerfordernis kann sich aus anderen Erklärungen wie zB. einer Mitbelastungserklärung mit Unterwerfung unter die sofortige Zwangsvollstreckung ergeben (s. Anm. 8).

15. Steuern. Grundstück iSd. Bewertungsrechtes ist nicht identisch mit Grundstück iSd. bürgerlichen Rechtes oder mit Flurstück iSd. Katasterrechtes.

Grundstück iSd. Bewertungsrechtes ist eine wirtschaftliche Einheit des Grundvermögens. Dabei hat die Zweckbestimmung durch den Grundstückseigentümer vorrangige Bedeutung. Zu beachten ist auch die örtliche Gewohnheit und die tatsächliche Übung. Nach diesen Grundsätzen entscheidet sich laut BFH BStBl. 1979 II 279, ob und inwieweit ein an ein bebautes Grundstück angrenzendes unbebautes Gelände noch als zugehörig oder als selbständige wirtschaftliche Einheit anzusehen ist. Dabei kommt es maßgeblich auf die Umstände des jeweiligen Einzelfalles an. Die getrennte oder zusammenfassende Behandlung von Grundflächen kann auch zu unterschiedlicher Qualifikation als bebautes oder unbebautes Grundstück führen.

Für die Bildung einer wirtschaftlichen Einheit des Grundvermögens als Grundstück iSd. BewG ist nicht notwendig, daß die Grundstücksflächen ein einheitliches Flurstück bilden (*Gürsching/Stenger* BewG § 70 Anm. 15.1).

16. Kosten. (1) Notar: a) Für den Veräußerungsvertrag mit Auflassung 2 Gebühren nach §§ 141, 36 Abs. 2, 44 Abs. 1 KostO (die Auflassung hat denselben Gegenstand wie der Veräußerungsvertrag).

b) Für die nachträglichen Mitbelastungen, die einen anderen Gegenstand iS. des § 44 Abs. 2 KostO als der Veräußerungsvertrag und die Auflassung haben (s. grundsätzlich *Korintenberg/Lappe/Bengel/Reimann* KostO § 44 Rdn. 15 ff.), fallen die folgenden Gebühren an: Für die Mitbelastung mit

aa) den Rentenreallasten Abt. II Nr. 2 u. 5 je ½ Gebühr nach §§ 141, 38 Abs. 2 Nr. 5 a KostO,

bb) der Grundschuld Abt. III Nr. 6 und der Hypothek Abt. III Nr. 8, einschl. der Unterwerfungen unter die sofortige Zwangsvollstreckung, je 1 Gebühr nach § 36 Abs. 1 KostO (die bloße Mitbelastung mit den beiden Pfandrechten hätte je eine Gebühr nach §§ 141, 38 Abs. 2 Nr. 5 a KostO ausgelöst; die Mitbelastungserklärungen haben jedoch denselben Gegenstand wie die Unterwerfungserklärungen, weshalb nur die für diese anfallenden Gebührensätze nach § 36 Abs. 1 KostO in Betracht kommen, § 44 Abs. 1 S. 1 KostO); die Mitbelastung mit der Löschungsvormerkung bei der Grundschuld Abt. III Nr. 6 ist gegenstandsgleich mit der Mitbelastung mit der Hypothek Abt. III Nr. 8 (*Korintenberg/Lappe/Bengel/Reimann* KostO § 44 Rdn. 228), weshalb nach § 44 Abs. 1 S. 1 KostO keine besondere Gebühr anfällt;

cc) der Sicherungshypothek Abt. III Nr. 9 ½ Gebühr nach §§ 141, 145, 38 Abs. 2 Nr. 5 a KostO.

c) Die Vereinigung des durch den Veräußerungsvertrag erworbenen Grundstücks FlStNr. 169/8 mit dem Grundstück FlStNr. 167/1 hat einen von Veräußerungsvertrag und Auflassung verschiedenen Gegenstand, weil die Vereinigung zur Durchführung des Veräußerungsvertrages nicht erforderlich ist, sondern damit weitergehende Zwecke vom Eigentümer verfolgt werden, weshalb für die Vereinigungserklärung ½ Gebühr nach §§ 141, 145, 38 Abs. 2 Nr. 5 a KostO anfällt (*Göttlich/Mümmler* KostO Stichwort „Vereinigung" Ziff. 1.1).

Nach Errechnung der Einzelgebühren für Veräußerungsvertrag, die Mitbelastungen und die Vereinigungserklärungen muß unter Beachtung von § 44 Abs. 2 Buchst. a KostO der Gebührenvergleich gem. § 44 Abs. 2 Buchst. b KostO angestellt werden; erhoben werden darf nur der geringere Gesamtbetrag.

(2) Grundbuchamt: a) Für den Eigentumswechsel am erworbenen FlStNr. 169/8 1 Gebühr nach § 60 Abs. 1 KostO. Wenn dabei gleichzeitig die Übertragung des Grund-

3. Zuschreibung von Grundstücken   **X. 3**

stücks auf ein anderes Grundbuchblatt erfolgt, ist diese gebührenfreies Nebengeschäft nach § 35 KostO; Entsprechendes gilt für die Mitübertragung der übernommenen Belastung Abt. II Nr. 3 (*Korintenberg/Lappe/Bengel/Reimann* KostO § 60 Rdn. 69).

b) Für die Eintragungen der einzelnen Mitbelastungen jeweils ½ oder ¼ Gebühr nach §§ 63 Abs. 4, 62 Abs. 1 oder 2 KostO. Für die Eintragungen der Unterwerfungen unter die sofortige Zwangsvollstreckung bezügl. der Pfandrechte Abt. III Nr. 6 u. 8 fällt neben den Gebühren für die Eintragungen der Mitbelastungen mit den Pfandrechten keine Gebühr (nach § 67 Abs. 1 Nr. 6 KostO käme je ¼ Gebühr in Betracht) an, weil sie als gebührenfreie Nebengeschäfte gelten (§§ 62 Abs. 3 S. 1, 35 KostO). Auch für die gleichzeitig mit der Hypothek Abt. III Nr. 8 einzutragende Löschungsvormerkung bei der Grundschuld Abt. III Nr. 6 wird eine Gebühr (nach § 64 Abs. 1 S. 2 KostO käme ½ Gebühr in Betracht) nicht erhoben (§ 62 Abs. 3 S. 2 KostO).

c) Für die Vereinigung ¼ Gebühr nach § 67 Abs. 1 Nr. 4 KostO, weil es sich weder um eine unter § 69 KostO fallende Eintragung noch um ein gebührenfreies Nebengeschäft iSv. § 35 KostO handelt (s. auch oben (1) Buchst. c; aA. Beck'sches Formularbuch/*Linde* 3. Aufl. Form. IV. 4 Anm. Kosten und Gebühren I Grundbuchamt Buchst. a, der dies mit einem Umkehrschluß aus § 67 Abs. 1 Nr. 4 KostO begründet, was jedoch nicht überzeugt: § 67 Abs. 1 Nr. 1–6 KostO nennen nur Beispiele für solche Fälle, in denen nur die ¼ Gebühr nach § 67 Abs. 1 S. 1 KostO erhoben wird; die nicht ausdrücklich genannten Fälle sind damit nicht automatisch gebührenfrei).

d) Für den Vermerk der Mitbelastung auf den Pfandrechtsbriefen (s. § 63 GBO) wird neben der Gebühr nach § 63 Abs. 4 KostO für den Mitbelastungsvermerk im Grundbuch eine Gebühr nicht erhoben (§ 71 Abs. 2 S. 3 KostO).

Für die nur auf Antrag (§ 57 Abs. 2 GBO) erfolgende Ergänzung der Pfandrechtsbriefe um die Vereinigung der belasteten Grundstücke wird eine Gebühr von DM 10,– bis DM 30,– erhoben (§§ 72, 34 KostO).

(3) Werte: a) Für den Veräußerungsvertrag mit Auflassung und den Eigentumswechsel: Wert des veräußerten Grundstücks oder der Kaufpreis (§ 19 KostO).

b) Für die Erklärung und Eintragung der Mitbelastung mit
aa) den Rentenreallasten: Der nach § 24 KostO berechnete Wert, für die Eintragung der Mitbelastungen aber begrenzt durch den Wert des nachbelasteten Grundstücks (§ 63 Abs. 4 S. 1 KostO);
bb) den Pfandrechten Abt. III Nr. 6, 8 u. 9: Der Nennbetrag, aber allgemein begrenzt durch den Wert des nachbelasteten Grundstücks (§ 23 Abs. 2 KostO).

c) Für die Vereinigung: Bestimmung nach freiem Ermessen (§ 30 Abs. 1 KostO, vgl. *Korintenberg/Lappe/Bengel/Reimann* KostO § 30 Rdn. 41; für die Eintragung s. § 67 Abs. 3 KostO), höchstens die zusammengerechneten Grundstückswerte nach § 19 Abs. 1 KostO; angemessen wird idR. ½ bis ⅕ der zusammengerechneten (s. § 67 Abs. 2 KostO) Grundstückswerte sein.

3. Zuschreibung[1,2] von Grundstücken[3]

An das
Amtsgericht
– Grundbuchamt –

Betr.: Grundbuch von …… Band …… Blatt ……
Im Grundbuch von A (Amtsgericht B) Band …… Blatt …… bin ich, F, als Alleineigentümer der folgenden Grundstücke eingetragen:[4]

X. 3

Gemarkung A, Flur , FlStNr. 167/1, Gebäude- und Freifläche, Über dem Kamp 12,
16,78 ar.
Gemarkung A, Flur 7, FlStNr. 169/8, Gartenland, Über dem Kamp 13, 2,38 ar.
Das FlStNr. 167/1 ist wie folgt belastet:[5]
  Abt. II lfd. Nr. 1: Grunddienstbarkeit für Wasserentnahmerecht zugunsten des jeweiligen Eigentümers von FlStNr. 168;
  lfd. Nr. 2: Altenteil[6] für die Eheleute A.G. und B.G. als Gesamtberechtigte gem. § 428 BGB;
  lfd. Nr. 5: Reallast für Rentenrecht zugunsten des H.
  Abt. III lfd. Nr. 6: DM 70.000,- Grundschuld nebst 15 vH. Jahreszinsen, vollstreckbar nach § 800 ZPO,[10] zugunsten der K-Bank in L;
  lfd. Nr. 8: DM 150.000,- Hypothek nebst bis zu 9½% jährlich an Zinsen und sonstigen laufenden Nebenleistungen, vollstreckbar nach § 800 ZPO,[10] zugunsten der M-Sparkasse;
  lfd. Nr. 9: DM 12.000,- Sicherungshypothek für Gleichstellungsgeld nebst 6% Zinsen jährlich für A.F.;
  vorbehalten ist der mehrfach ausnutzbare Vorrang für noch einzutragende Grundpfandrechte bis zum Betrag von DM 30.000,- nebst Zinsen und sonstigen laufenden Nebenleistungen bis zu 20% jährlich.[11]
  Bei Nr. 6: Löschungsvormerkung gemäß § 1179 BGB zugunsten des jeweiligen Gläubigers des Rechts lfd. Nr. 8.[12]

Das Altenteil[6] Abt. II lfd. Nr. 2 besteht aus einem Wohnungsrecht und einer Rentenreallast[6] gem. Bewilligung vom ......
Das FlStNr. 169/8 ist wie folgt belastet:[5]
  Abt. II lfd. Nr. 6: Grunddienstbarkeit für Wasserleitungsrecht zugunsten des jeweiligen Eigentümers von FlStNr. 167/1.

Ich erkläre die nachfolgende Mitbelastungen[7] und bewillige und beantrage die Eintragung der Mitbelastung des vorgenannten FlStNr. 169/8 mit der im Grundbuch von A Band ...... Blatt ...... eingetragenen
a) Rentenreallast (Teil des Altenteils) Abt. II lfd. Nr. 2,[8]
b) Rentenreallast Abt. II lfd. Nr. 5, und zwar in den gleichen Rangverhältnissen[9] wie in Blatt ......

Ich schreibe sodann das vorgenannte FlStNr. 169/8 dem vorbezeichneten FlStNr. 167/1 zu[13] und bewillige und beantrage den Vollzug der Zuschreibung im Grundbuch.

...... (Ort), den ......   gez. Unterschrift
Öffentliche Beglaubigung der Unterschrift.[14]

Schrifttum: Bengel/Simmerding, Grundbuch, Grundstück, Grenze, 4. Aufl. 1995.

Anmerkungen

1. Sachverhalt. Wie Form. X. 2 Anm. 1, jedoch mit folgenden Änderungen:
Bei der Sicherungshypothek Abt. III lfd. Nr. 9 ist ein Rangvorbehalt eingetragen. Außerdem ist bei Beurkundung des Erwerbsvertrages an eine Verbindung des vorhandenen Grundstücks mit dem hinzuerworbenen Grundstück noch nicht gedacht worden. Die Verbindung wird nun in Form einer Zuschreibung nachgeholt, nachdem das Grundstück FlStNr. 169/8 bereits im gleichen Grundbuch wie FlStNr. 167/1 eingetragen ist.

2. Wirkung der Zuschreibung. S. Anm. 8, 13 u. Form. X. 2 Anm. 2 Buchst. c.

3. Zuschreibung von Grundstücken   X. 3

3. Gegenstand einer Zuschreibung. S. Form. X. 2 Anm. 3 (s. auch MünchKomm/*Eickmann* § 1131 Rdn. 2 und Fn. 1).

4. Entscheidung über eine Zuschreibung. S. Form. X. 2 Anm. 4.

5. Drohende Verwirrung und nachträgliche Mitbelastung. S. Form. X. 2 Anm. 5, 6.

6. Nachträgliche Mitbelastung und Altenteil. S. Form. X. 2 Anm. 7.

7. Form der nachträglichen Mitbelastung. S. Form. X. 2 Anm. 8, 9.

8. Unterschied zwischen Vereinigung und Zuschreibung. Die Zuschreibung unterscheidet sich von der Vereinigung lediglich dadurch, daß §§ 1131, 1192, 1199 BGB die Erstreckung der am Hauptgrundstück eingetragenen Pfandrechte kraft Gesetzes auf das zugeschriebene Grundstück anordnen.

Wegen der Pfandrechte Abt. III lfd. Nr. 6, 8, 9 braucht deshalb keine Mitbelastungserklärung abgegeben zu werden.

Ob eine solche Erstreckung gem. § 1107 BGB iVm. § 1131 BGB auch für Reallasten gilt, ist umstritten (dafür: MünchKomm/*Joost* § 1107 Rdn. 16; dagegen: *Palandt/Bassenge* § 1107 Rdn. 4; MünchKomm/*Eickmann* § 1131 Rdn. 9; KEHE/*Eickmann* § 6 Rdn. 26; RGRK/*Rothe* § 1107 Rdn. 4; RGRK/*Mattern* § 1131 Rdn. 2). Es empfiehlt sich daher aus Gründen der Vorsorge, die Mitbelastung des zugeschriebenen Grundstücks mit der Reallast ausdrücklich zu erklären, wenn dies zur Vermeidung von Verwirrung geboten (§§ 5, 6 GBO; s. Form. X. 2 Anm. 9) oder sonst zweckmäßig ist.

9. Rangverhältnisse der erstreckten Grundpfandrechte. S. Form. X. 2 Anm. 11.

Bei Zuschreibung eines Grundstücks ist eine ausdrückliche Bestimmung des Ranges der am Hauptgrundstück eingetragenen Pfandrechte nicht nötig, weil diese sich auf das zugeschriebene Grundstück mit den untereinander gleichen Rangverhältnissen erstrecken, die sie auch am Hauptgrundstück haben (*Palandt/Bassenge* § 1131 Rdn. 1; MünchKomm/*Eickmann* § 1131 Rdn. 14, 16; RGRK/*Mattern* § 1131 Rdn. 4).

10. Miterstreckung der Vollstreckungsunterwerfung. Wenn durch Zuschreibung eines Grundstücks die Pfandrechte am Hauptgrundstück auf das zugeschriebene Grundstück erstreckt werden, wird dieses von einer bei den erstreckten Pfandrechten eingetragenen Vollstreckungsunterwerfung (§ 800 ZPO) ohne weiteres erfaßt (MünchKomm/*Eickmann* § 1131 Rdn. 6; BayObLG 1954, 258).

11. Rangvorbehalt bei erstrecktem Grundpfandrecht. Der bei einem Grundpfandrecht am Hauptgrundstück eingetragene Rangvorbehalt bleibt uneingeschränkt auch nach der Erstreckung des Pfandrecht bestehen, gilt also auch in bezug auf das zugeschriebene Grundstück (*Palandt/Bassenge* § 1131 Rdn. 1; MünchKomm/*Eickmann* § 1131 Rdn. 7; KEHE/*Eickmann* § 6 Rdn. 26; aA. *Haegele* RPfleger 1971, 283/287; 1975, 158).

12. Löschungsvormerkung. Bei der Zuschreibung eines Grundstücks zu einem Hauptgrundstück, das schon mit einem Grundpfandrecht belastet ist, sind folgende Fälle zu unterscheiden:

a) Das Pfandrecht am Hauptgrundstück ist vor dem 1. 1. 1978 eingetragen worden oder seine Eintragung ist vorher beantragt worden:

Ist eine Löschungsvormerkung gem. § 1179 BGB aF. bereits zugunsten des Gläubigers des am Hauptgrundstück eingetragenen Pfandrechts eingetragen, so ändert sich daran nach Zuschreibung des anderen Grundstücks nichts. Denn der durch die Vormerkung gesicherte Anspruch auf Löschung bestimmter Lasten steht dem (jeweiligen) Gläubiger des Altrechts zu. Dieser Anspruch wird nicht von der Haftunterstellung des zugeschriebenen Grundstücks berührt.

Eine andere Frage ist es, ob kraft eines durch eine solche Löschungsvormerkung gesicherten Löschungsanspruchs auch die Löschung von Pfandrechten verlangt werden kann, die allein an dem zugeschriebenen Grundstück bestanden und nach der Zuschreibung dem ursprünglich am Hauptgrundstück eingetragenen Pfandrecht im Rang vorgehen. Diese Frage ist zu verneinen (unklar MünchKomm/*Eickmann* § 1179a Rdn. 32 Buchst. b, wo nicht zwischen Betroffenheit eines Rechts durch einen Löschungsanspruch und Begünstigung des Gläubigers eines Pfandrechts durch den ihm in dieser Eigenschaft gegebenen und durch Löschungsvormerkung gesicherten Löschungsanspruch unterschieden wird); denn der durch die Löschungsvormerkung gesicherte Löschungsanspruch bezieht sich nur auf die im Zeitpunkt der Eintragung der Löschungsvormerkung vorgehenden oder gleichstehenden Belastungen und § 1131 BGB ordnet nur die Erstreckung der Wirkungen der Pfandrechte an und nicht auch die Erstreckung von vorgemerkten Löschungsansprüchen. Vielmehr bedarf es in diesem Fall ebenso wie dann, wenn zugunsten des Gläubigers des auf das zugeschriebene Grundstück kraft Gesetzes erstreckten Pfandrechts noch keine Löschungsvormerkung eingetragen ist, einer besonderen Bewilligung einer Löschungsvormerkung gem. § 1179 BGB aF. durch den Grundstückseigentümer, weil die durch die Zuschreibung kraft Gesetzes eintretende Erstreckung auch keine „Eintragung einer Hypothek" im Sinne von § 1179a BGB ist: Das Pfandrecht wird also insgesamt als Altrecht behandelt (*Stöber* RPfleger 1978, 165/169; MünchKomm/*Eickmann* § 1179a Rdn. 32c).

Wenn das auf dem Hauptgrundstück eingetragene Pfandrecht dagegen selbst von einem durch Löschungsvormerkung gesicherten Löschungsanspruch betroffen ist, so erstreckt sich die Vormerkungswirkung von selbst auf das Pfandrecht auch insoweit, als es auf das zugeschriebene Grundstück kraft Gesetzes erstreckt wird, weil dieses unwesentlicher Bestandteil des Gesamtgrundstücks wird und das Pfandrecht Einzelpfandrecht bleibt; es bedarf also keiner gesonderten Bewilligung des Grundstückseigentümers (ebenso *Palandt/Bassenge*, Rdn. 11).

b) Das Pfandrecht am Hauptgrundstück beruht auf einer erst nach dem 31. 12. 1977 beantragten Eintragung, weshalb diesem Pfandrecht ein gesetzlicher Löschungsanspruch gem. §§ 1179a, b BGB zusteht:

Da zum gesetzlichen Inhalt dieses Pfandrechts der gesetzliche Löschungsanspruch gehört, ist keine besondere Bewilligung einer Löschungsvormerkung hinsichtlich der Pfandrechte am zugeschriebenen Grundstück erforderlich (im Ergebnis ebenso: MünchKomm/*Eickmann* § 1179a Rdn. 32 Buchst. a, allerdings mit anderer Begründung).

Wenn das Pfandrecht selbst von einer Löschungsvormerkung gem. § 1179 BGB aF. oder nF. betroffen ist, gilt das gleiche wie im vorhergehenden Fall (s. vorstehend Buchstabe a).

13. Wirkung der Zuschreibung auf Grundpfandrechte. Das zugeschriebene Grundstück wird nicht wesentlicher Bestandteil des neuen Gesamtgrundstücks s.a. Form. X. 2 Anm. 2c). Daraus folgt:

Ein Grundpfandrecht am Hauptgrundstück wird durch die Erstreckung auf das zugeschriebene Grundstück nicht zum Gesamtrecht, sondern bleibt Einzelpfandrecht.

Ein auf den bisherigen beiden selbständigen Grundstücken lastendes Gesamtgrundpfandrecht wird durch die Zuschreibung zum Einzelpfandrecht (*Palandt/Bassenge* § 1131 Rdn. 1; RGRK/*Mattern* § 1131 Rdn. 3).

14. Wirksamkeitserfordernisse der Zuschreibung. S. Form. X. 2 Anm. 14.

15. Steuern. Zur bewertungsrechtlichen Behandlung verbundener Grundstücke s. Form. X. 2 Anm. 15.

16. Kosten. (1) Notar: Wenn der Notar den Entwurf gefertigt hat:
a) Für die nachträgliche Mitbelastung mit den Rentenreallasten Abt. II Nr. 2 u. 5 je ½ Gebühr nach §§ 141, 145, 38 Abs. 2 Nr. 5a KostO.
b) Für die Zuschreibungserklärung ½ Gebühr nach §§ 141, 145, 38 Abs. 2 Nr. 5a KostO.

4. Nachträgliche Buchung eines buchungsfreien Grundstücks X. 4

Die Gesamtgebühren sind unter Beachtung von § 44 Abs. 2 Buchst. a KostO nach den zusammengerechneten Werten aller Erklärungen zu berechnen.

Da die Wirkungen der Zuschreibung nach § 1131 BGB kraft Gesetzes eintreten, ist insoweit eine – evtl. Gebühren auslösende – Erklärung nicht erforderlich (s. Anm. 8–12).

Wenn der Notar den Entwurf nicht gefertigt hat, für die bloße U-Begl. ¼ Gebühr, höchstens DM 250,–, nach §§ 141, 45 KostO.

(2) Grundbuchamt: a) Für die Eintragung der einzelnen Mitbelastungen jeweils ½ Gebühr nach §§ 63 Abs. 4, 62 Abs. 1 oder 2 KostO.

b) Für die Zuschreibung ¼ Gebühr nach § 67 Abs. 1 Nr. 4 KostO.

Da die Wirkungen der Zuschreibung nach § 1131 BGB kraft Gesetzes eintreten, bedarf es keines – auch nicht eines berichtigenden – Vermerks, so daß insoweit auch keine Gebühren anfallen können.

Für die nur auf Antrag (§ 57 Abs. 2 KostO) erfolgende Ergänzung der Pfandrechtsbriefe um die Zuschreibung wird je 1 Gebühr von DM 10,– bis DM 30,– erhoben (§§ 72, 34 KostO).

(3) Wert: a) Für die Erklärung und Eintragung der Mitbelastungen mit den Rentenreallasten Abt. II Nr. 2 u. 5 der nach § 24 KostO berechnete Wert, für die Eintragung der Mitbelastungen aber begrenzt durch den Wert des Grundstücks (§ 63 Abs. 4 S. 1 KostO).

b) Für die Erklärung und Eintragung der Zuschreibung: Bestimmung nach freiem Ermessen (§ 30 Abs. 1 KostO, vgl. *Korintenberg/Lappe/Bengel/Reimann* KostO § 30 Rdn. 41; für die Eintragung § 67 Abs. 3 KostO), höchstens die zusammengerechneten Grundstückswerte nach § 19 Abs. 1 KostO; angemessen wird idR. ½ bis ⅕ der zusammengerechneten (s. § 67 Abs. 2 KostO) Grundstückswerte sein.

Buchungsfreiheit

4. Nachträgliche Buchung eines buchungsfreien Grundstücks[1,2]

An das
Amtsgericht
– Grundbuchamt –

Betr.: Anlegungsverfahren zum Grundbuch von ......

Die Stadt B beantragt,[3] für das in B gelegene Grundstück
Gemarkung Innenstadt, Flur 1, FlStNr. 1/7, Burgplatz,   4,97 ar
ein Grundbuchblatt anzulegen[4] und sie als Eigentümerin[5] dieses Grundstücks einzutragen.

Das Grundstück wurde im Jahre 1517 von Herzog ...... der damaligen Stadtgemeinde A verkauft; eine begl. Fotokopie der im Staatsarchiv in ...... befindlichen Original-Schenkungsurkunde ist zum Nachweis des Eigentums beigefügt.[6]

Die Stadt B ist seit dem Jahr 1935 wegen der damals erfolgten Eingemeindung der Stadtgemeinde A deren Rechtsnachfolgerin. Das Grundstück dient seit unvordenklichen Zeiten dem öffentlichen Verkehr, insbesondere der Abhaltung von Märkten. Die Stadtgemeinde A bzw. die Stadt B üben daran seit dem Jahr 1517 den Besitz aus, unterhalten den Platz in gebrauchsfähigem Zustand und kommen der Verkehrssicherung daran nach.[7]

Die Stadt B ist auch im Eigentümerverzeichnis des Liegenschaftskatasters und in der Fortführung dazu als Eigentümerin des Grundstücks gebucht.[7]

Ein begl. Auszug aus dem Kataster (Liegenschaftsbuch und Eigentümerverzeichnis) sowie eine Abzeichnung der Flurkarte sind beigefügt.[8, 9]

...... (Ort), den ......   gez. Unterschrift

(Dienstsiegel)

Keine öffentliche Beglaubigung der Unterschrift nötig.[10]

Anmerkungen

1. Sachverhalt. Stadt B läßt ein auf dem Burgplatz stehendes kulturhistorisch bedeutendes Denkmal restaurieren. Dazu ist eine Bronzeplastik vom Sockel abgehoben worden, um in einer Werkstatt bearbeitet werden zu können. Das Bundesland N erklärte plötzlich, darüber entscheiden zu können, wo die Bronzeplastik wieder aufgestellt werden solle, weil es Eigentümerin des Burgplatzes und damit des fest mit dem Grundstück verbundenen Denkmals sei. Die Stadt B ist anderer Meinung und will sich daher zur Offenlegung ihrer Rechte als Eigentümerin des bisher nicht im Grundbuch eingetragenen Grundstücks eintragen lassen.

2. Buchungszwang und seine Ausnahmen. Grundsätzlich gilt Buchungszwang, dh., daß alle Grundstücke im Grundbuch eingetragen werden müssen (§ 3 Abs. 1 S. 1 GBO).

Hiervon macht § 3 Abs. 2 GBO für die dort genannten Grundstücke (insbes. des Bundes, der Länder und der Gemeinden sowie der Kirchen und bestimmter Bahnunternehmen) eine Ausnahme.

Das Verfahren der nachträglichen Anlegung eines Grundbuchblattes ist durch § 122 GBO iVm. §§ 7–16 AVGBO geregelt.

Die nachträgliche Buchung ist immer dann erforderlich, wenn das Eigentum an einem bisher nichtgebuchten Grundstück übertragen oder das Grundstück belastet werden soll (Art. 186 Abs. 2 und Art. 189 EGBGB; s. *Demharter* § 3 Rdn. 22; zu Ausnahmen s. *Palandt/Bassenge* Art. 127, 128 EGBGB).

3. Antragsberechtigung. Wer antragsberechtigt ist, ergibt sich aus § 3 Abs. 2a GBO iVm. §§ 14, 15 AVGBO:

Wer mit dem Buchungsantrag seine Eintragung als Eigentümer verfolgt, hat darzulegen, daß er gem. § 14 AVGBO voraussichtlich als Eigentümer einzutragen ist; für die Antragsberechtigung ist also ausreichend, daß formlos Tatsachen vorgetragen werden, die das Eigentum des Antragstellers wahrscheinlich sein lassen (BayObLG 1965, 403 = RPfleger 1966, 332).

Wer mit dem Buchungsantrag seine Eintragung als (sonstiger) Berechtigter eines beschränkten dinglichen Rechts verfolgt, hat nachzuweisen, daß ihm ein eintragungsfähiges dingliches Recht zusteht oder er aufgrund einer Eintragungsbewilligung des Eigentümers bzw. eines gegen diesen erwirkten Vollstreckungstitels den Antrag auf Eintragung einer Rechtsänderung zu stellen befugt ist (BayObLG 1965, 405 = RPfleger 1966, 332).

4. Verfahren zur Anlegung von Grundbuchblättern. Das Anlegungsverfahren beginnt zwar nur auf Antrag, unterliegt dann aber dem Amtsermittlungsprinzip und endet stets mit der Buchung des Grundstücks und Eintragung einer Person als Eigentümer, notfalls der Person, dessen Eigentum dem Grundbuchamt durch Erwerbstitel, Zeitablauf oder sonstige Umstände glaubhaft gemacht ist (§ 14 Buchst. c AVGBO) – es sei denn, der Buchungsantrag ist vor Eintragung zurückgenommen worden, was wegen § 3 Abs. 2b GBO jederzeit möglich und für das Grundbuchamt verbindlich ist.

4. Nachträgliche Buchung eines buchungsfreien Grundstücks X. 4

5. Wirkung der Eigentümereintragung. S. § 14 AVGBO. Die Eigentümereintragung wirkt nicht rechtsbegründend. Personen, die im Anlegungsverfahren unterlegen sind oder sich daran gar nicht beteiligt haben, können ihr Eigentumsrecht im Prozeßweg (§ 894 BGB und Widerspruch nach § 899 BGB) verfolgen; daneben besteht auch die Möglichkeit, im Anlegungsverfahren mit der Beschwerde gem. § 16 AVGBO nach § 53 GBO die Eintragung eines Widerspruchs oder eine Löschung anzustreben.

6. Beibringung der Beweismittel. Das Grundbuchamt hat zwar von sich aus nach § 9 AVGBO die zur Feststellung des Eigentums erforderlichen Ermittlungen anzustellen und die geeigneten Beweise zu erheben. Es wird aber häufig gar nicht die näheren Umstände kennen und deshalb nur unzulänglich geeignete Beweise erheben können.

Daher und mit Rücksicht auf § 14 Buchst. b AVGBO ist es ratsam, daß der Antragsteller von sich aus alle ihm bekannten Beweismittel dem Grundbuchamt vorlegt oder benennt.

7. S. Anm. 6. Im vorliegenden Fall ist das Vorbringen möglichst vieler, für das Eigentum der Stadt B sprechender Umstände besonders wichtig, weil das Bundesland N das Eigentum für sich beansprucht.

8. Beibringung der Katasterunterlagen. Das Grundbuchamt hat zwar von sich aus nach § 8 AVGBO die zur Kennzeichnung des Grundstücks erforderlichen Unterlagen – in der Regel also einen begl. Auszug aus dem Liegenschaftskataster – zu beschaffen. Zur Beschleunigung des Verfahrens und gleichzeitig zum sofortigen Nachweis der Antragsberechtigung (s. Anm. 3) trägt es aber bei, wenn mit dem Antrag sogleich diese für den Antragsteller meist leicht zu beschaffenden Unterlagen vorgelegt werden.

9. Aufgebot oder öffentliche Bekanntmachung. Das Grundbuchamt muß vor Anlegung des neuen Grundbuchblattes und Eintragung des Eigentümers das Bevorstehen dieser Maßnahmen öffentlich bekanntmachen (§ 13 AVGBO). Diese Bekanntmachung ist nur dann entbehrlich, wenn ein Aufgebotsverfahren (§§ 10–12 AVGBO) durchgeführt worden ist. Ob ein Aufgebotsverfahren oder die bloße öffentliche Bekanntmachung durchgeführt wird, entscheidet das Grundbuchamt nach pflichtgemäßem Ermessen.

In einem Fall wie diesem wird ein Aufgebotsverfahren wohl keine besonderen Erkenntnisse bringen, wenn das Grundbuchamt – etwa durch Presseveröffentlichungen – von den Meinungsverschiedenheiten zwischen Stadt und Land weiß.

10. Form des Antrags. Der Antrag ist formlos zulässig (s. § 30 GBO).

Wenn eine öffentliche Behörde ihn stellt, wird allerdings regelmäßig der Unterschrift das Dienstsiegel beigedrückt werden.

11. Steuern. Grunderwerbsteuer fällt durch die nachträgliche Buchung eines buchungsfreien Grundstücks nicht an, da dies kein Erwerbsvorgang ist.

Der Vorlage einer UB des Finanzamts bedarf es vor der Anlegung des Grundbuchblattes mit Eintragung des Eigentümers nicht (KG JFG 13, 129).

12. Kosten. (1) Notar: a) Eine Beurkundungstätigkeit des Notars kommt bei einem solchen Antragsschreiben nicht in Betracht (s. Anm. 10). Wenn der Notar das Schreiben auf Wunsch entwirft, steht ihm dafür ½ Gebühr nach § 147 Abs. 1 KostO zu (*Korintenberg/Lappe/Bengel/Reimann* KostO § 145 Rdn. 4, 6 und § 147 Rdn. 93, 97); wenn ein Anwaltsnotar oder Notaranwalt tätig geworden ist, kann es sich allerdings auch um anwaltliche Tätigkeit handeln (§ 24 Abs. 2 BNotO; *Korintenberg/Lappe/Bengel/Reimann* KostO § 147 Rdn. 4 ff.).

b) Wert: Vorläufig zu schätzender Einheitswert nach § 19 Abs. 2 S. 3 KostO.

(2) Grundbuchamt: a) Für die Anlegung des Grundbuchblattes und die Buchung des Grundstücks ¼ Gebühr nach § 67 Abs. 1 Nr. 5 KostO, wenn nicht nach einer nach § 11 Abs. 2 S. 2 KostO unberührt gebliebenen landesrechtlichen Vorschrift der Stadt B. Gebührenbefreiung oder -ermäßigung zusteht (s. dazu ausführlich *Korintenberg/Lappe/*

Langenfeld

X. 5
X. Sachenrechtliche Verträge und Erklärungen

Bengel/Reimann KostO § 11 Rdn. 19–30 und Anhang I, insbes. dort Stichwort „Gemeinden").

b) **Wert:** Bestimmung nach freiem Ermessen (§§ 67 Abs. 3, 30 Abs. 1 KostO); angemessen wird auch hier der geschätzte Einheitswert des Grundstücks sein (entsprechend § 19 Abs. 2 S. 3 KostO).

5. Ausbuchung eines gebuchten, aber buchungsfreien Grundstücks[2]

An das
Amtsgericht
– Grundbuchamt –

Betr.: Grundbuch von ...... Band ...... Blatt ......
Im Grundbuch von ...... (AG ......) Band ...... Blatt ...... ist die Kirchengemeinde K[3] als Alleineigentümerin des folgenden Grundstücks eingetragen:
Gemarkung Unterstadt, Flur 1, FlStNr. 311/27, Wiese, Hutung, Vor der Stadt   9,23 ar.
Dieses Grundstück ist wie folgt belastet:
 Abt. II lfd. Nr. 16: Brunnenrecht für den jeweiligen Eigentümer des Grundstücks FlStNr. 310/8.
Wir überreichen hierneben eine Löschungsbewilligung für die vorgenannte Belastung Abt. II lfd. Nr. 16 und beantragen,
1. diese Belastung im Grundbuch zu löschen[4] und
2. das oben genannte Grundstück sodann aus dem Grundbuch auszubuchen.[5]

...... (Ort), den ......   gez. Unterschriften
Keine öffentliche Beglaubigung der Unterschriften nötig.

Anmerkungen

1. Sachverhalt. Die Kirchengemeinde K hat ihren gesamten unbelasteten Grundbesitz aus dem Grundbuch austragen lassen. Dies soll auch mit dem FlStNr. 311/27 geschehen, das nur noch mit einem alten, inhaltlich erledigten Brunnenrecht belastet ist, dessen Löschung der Berechtigte bewilligt hat.

2. Buchungsfreiheit und Ausbuchung. S. Form. X. 4 Anm. 2.
Grundstücke, die nach § 3 Abs. 2a GBO buchungsfrei sind, müssen auf Antrag des Eigentümers gem. § 3 Abs. 2b GBO wieder ausgebucht werden, sofern sie nach Abt. II und III unbelastet sind.
Da auch die antragsberechtigten Eigentümer meist Wert darauf legen, daß ihre sämtlichen Grundstücke im Grundbuch eingetragen sind, kommen Ausbuchungsanträge selten vor.

3. Antragsberechtigung. Antragsberechtigt sind die sich aus § 3 Abs. 2b iVm. Abs. 2a GBO ergebenden Eigentümer.

4. Voraussetzung der Ausbuchung. Die Lastenfreiheit des Grundstücks ist zwingende Voraussetzung für seine Ausbuchung.

5. Ausbuchungszeitpunkt. Die Ausbuchung kann anläßlich eines Erwerbsvorganges (zB. Kaufvertrag mit Auflassung) durch den nach § 3 Abs. 2b GBO antragsberechtigten

6. Auflassung (nach vorausgegangenem schuldrechtlichen Vertrag) **X. 6**

Eigentümer sogleich beantragt werden (s. das Beispiel bei *Haegele* GrBR Rdn. 239, 240) oder – wie im vorliegenden Fall – erst später (KEHE/*Eickmann* § 3 Rdn. 6).

6. Form des Antrags. Der Antrag auf Ausbuchung kann formlos gestellt werden. Da im vorliegenden Fall durch den Antrag auf Löschung der Belastung Abt. II lfd. Nr. 16 auch nicht eine Bewilligung ersetzt wird, ist keine öffentliche Beglaubigung der Unterschriften erforderlich (§§ 30, 29 GBO).

7. Kosten. (1) Notar: a) S. Anm. 6 und Form. X. 4 Anm. 12 (1).

b) Werte: Für den Löschungsantrag der nach § 22 KostO ermittelte Wert. Für den Ausbuchungsantrag der nach § 19 KostO ermittelte Grundstückswert.

Wenn der Notar ½ Gebühr nach § 147 Abs. 1 KostO berechnet, sind hier die zusammengerechneten Werte zugrunde zu legen (§ 44 Abs. 2 Buchst. a KostO analog).

(2) Grundbuchamt: a) Für die Löschung der Last Abt. II Nr. 16 ½ Gebühr nach § 68 S. 1 iVm. § 62 Abs. 1 KostO. Für die Ausbuchung und Schließung des Grundbuchblattes ¼ Gebühr nach § 67 Abs. 1 Nr. 5 KostO.

b) Werte: Für die Löschung der nach § 22 KostO ermittelte Wert. Für die Ausbuchung des Grundstücks und Schließung des Grundbuchblattes Bestimmung nach freiem Ermessen (§§ 30 Abs. 1, 67 Abs. 3 KostO); angemessen wird der Einheitswert des Grundstücks sein, weil das Grundstück durch die Ausbuchung dem Verkehr entzogen wird.

Auflassung

6. Auflassung (nach vorausgegangenem schuldrechtlichen Vertrag)

Verhandelt[2] am ...... in ......
Vor dem Notar ...... sind erschienen ......
und erklären

Auflassung zur Kaufvertragserfüllung

§ 1

Die Erschienenen[3] nehmen auf den zwischen[3] ihnen am ...... zur Niederschrift des beurkundenden Notars – UR-Nr. 1382/1982 – abgeschlossenen Grundstückskaufvertrag Bezug.[4]

Nachdem der Kaufpreis inzwischen in voller Höhe gezahlt ist, soll nunmehr die Auflassung des verkauften Grundbesitzes erklärt werden.[5]

§ 2

Auflassung[8]

Die Erschienenen sind darüber einig,[6] daß das Eigentum an den Grundstücken FlStNr. 5903/4 und 5903/8 der Gemarkung ...... sowie an einem Miteigentumsanteil von ¼ des Grundstücks FlStNr. 5903 der Gemarkung ...... auf die Eheleute Dr. Jürgen A. und Rosemarie A., geb. S., zu Miteigentum bzw. Mitberechtigung von je ½ Anteil[7] übergeht.

Grundbucherklärungen[8]

1. Herr B. bewilligt,[9] die Eheleute Dr. A.[11] beantragen,[10] den Vollzug des Eigentumswechsels gem. vorstehender Auflassung[12] im Grundbuch.

Langenfeld

2. Auf den in § 5 des Grundstückskaufvertrages vom ...... enthaltenen bedingten Antrag auf Löschung der Auflassungsvormerkung[13] wird hingewiesen.

§ 3

Die Kosten[25] dieser Urkunde und ihres Vollzugs im Grundbuch tragen die Eheleute Dr. A. als Gesamtschuldner (s. § ...... des Grundstückskaufvertrages vom ......).[14]

Schlußbestimmungen[15]

1. Auf den Eigentumsübergang auf die Käufer erst mit deren Eintragung als neue Eigentümer im Grundbuch wurde hingewiesen.[16]
2. Der Notar hat das Grundbuch nicht noch einmal eingesehen. Nach Belehrung über die damit verbundenen Gefahren verzichteten die Erschienenen darauf und wünschten sofortige Beurkundung.[17]
3. Von dieser Verhandlung sollen erteilt werden:[18]
   a) je eine begl. Abschrift für die Eheleute Dr. A. und Herrn B.,
   b) eine Ausfertigung für das Amtsgericht – Grundbuchamt – ......,
   c) alle darüber hinaus nach Beurteilung des beurkundenden Notars erforderlichen – auch auszugsweisen[18] – Ausfertigungen und Abschriften.[19]

Vorstehende Niederschrift[20]

wurde den Erschienenen in Gegenwart des Notars[21] vorgelesen, von ihnen genehmigt und von ihnen[22] und dem Notar[23] wie folgt eigenhändig unterschrieben.

Anmerkungen

1. Sachverhalt. Ein Grundstückskaufvertrag zwischen B. und den Eheleuten Dr. A. sah Zahlung des Kaufpreises nach Eintragung einer Auflassungsvormerkung an erster Rangstelle für die Eheleute Dr. A. und Erklärung der Auflassung nach vollständiger Kaufpreiszahlung vor. Auflassungsvollmacht war im Vertrag niemandem erteilt worden, weil die Parteien die Auflassung selbst erklären wollten.

2. Auflassung vor einer zuständigen Stelle. Die nach § 873 BGB zur Übertragung des Eigentums an einem Grundstück erforderliche Einigung (Auflassung) muß bei gleichzeitiger Anwesenheit beider Teile vor einem Notar, einem Konsularbeamten (s. §§ 12 Nr. 1, 19 Abs. 2, 24 KonsG) oder in einem gerichtlichen Vergleich erklärt werden (§ 925 Abs. 1 BGB; zur Übereignung buchungsfreier Grundstücke ist nach landesrechtlichen Vorschriften uU. keine Auflassung nötig, s. Art. 127 EGBGB, *Linde* BWNotZ 1971, 171). Beurkundung ist danach zwar nicht für die Wirksamkeit der Auflassung erforderlich, aber doch der Regelfall, weil § 8 BeurkG die Aufnahme einer Niederschrift vorschreibt. Die Auflassung in Deutschland gelegener Grundstücke kann nur vor einem deutschen Notar erklärt werden (hM., s. MünchKomm/*Kanzleiter* § 925 Rdn. 13; Palandt/*Bassenge* § 925 Rdn. 6; Palandt/*Heldrich* Art. 11 EGBGB Rdn. 9).

3. Gleichzeitige Anwesenheit/Vertretung. § 925 BGB schreibt nur gleichzeitige Anwesenheit beider Teile, also des Eigentümers und des Erwerbers, nicht jedoch deren persönliche Anwesenheit vor; Vertretung sogar durch einen vollmachtlosen Vertreter (s. BayObLG 1984, 181/182) bei Erklärung der Auflassung ist daher ebenso zulässig (s. BayObLG a.a.O. mwN. wie die Erklärung der Auflassung durch einen Nichtberechtigten.

Wenn eine der Parteien des Verpflichtungsgeschäftes oder des den Übereignungsanspruch begründenden Grundgeschäftes vor Erklärung der Auflassung verstorben ist, kann die Auflassung unmittelbar von bzw. an den Erben der verstorbenen Partei erklärt

6. Auflassung (nach vorausgegangenem schuldrechtlichen Vertrag)   X. 6

werden. Ist die zur Auflassung verpflichtete Partei verstorben, bedarf es nach § 40 Abs. 1 GBO nicht der Voreintragung des Erben. Die Eintragung des Erben (des Erwerbers) als Auflassungsempfänger weist keine Besonderheiten auf.

Ist der Tod erst nach der Auflassung eingetreten, gilt Folgendes (s. § 130 Abs. 2 BGB): Der Erbe des Eigentümers, der noch selbst die Auflassung erklärt hat, braucht wiederum nach § 40 Abs. 1 GBO nicht voreingetragen zu werden. Der verstorbene Erwerber, von dem die Auflassung noch persönlich erklärt worden war, kann nicht mehr im Grundbuch eingetragen werden, wenn das Grundbuchamt vom Tod weiß. Zur Eintragung des Erben des Verstorbenen als Eigentümer ist keine neue Auflassung erforderlich; es genügt der Nachweis der Erbfolge (§ 35 GBO) mit einem Antrag auf Eintragung des Erben (KEHE/*Ertl* § 20 Rdn. 55).

4. Urkunde über Grundgeschäft. S. § 925 a BGB, der als bloße Ordnungsvorschrift mündliche oder privatschriftliche Kaufverträge ausschließen soll, weil diese häufig die Quelle von Streit und Unklarheiten sind; die gezielte Umgehung des Beurkundungsgebots des § 313 BGB auf dem Umweg über die Heilung nach § 313 Satz 2 BGB wird dadurch verhindert (s. MünchKomm/*Kanzleiter* § 925 a Rdn. 1; *Palandt/Bassenge* § 925 a Rdn. 1).

Wenn sich – wie hier – die Urkunde über das schuldrechtliche Geschäft in der Urkundensammlung des beurkundenden Notars befindet, ist § 925 a BGB selbstverständlich Genüge getan.

Das schuldrechtliche Verpflichtungsgeschäft darf im Gegensatz zur Auflassung (s. Anm. 1) uU. von einem ausländischen Notar beurkundet sein (*Palandt/Heldrich* Art. 11 EGBGB Rdn. 12).

5. Diese Feststellung ist nicht zur Auflassung erforderlich, aber ggfs. aus Gründen der Klarstellung zweckmäßig.

6. Auslegung der Auflassung und Bezugnahme in der Auflassung. Besondere Formulierungen sind für die Auflassung nicht vorgeschrieben. Die Auflassung kann aus den abgegebenen Erklärungen durch Auslegung ermittelt werden.

So kann in den als Eintragungsbewilligung und -antrag formulierten Erklärungen des Eigentümers und Erwerbers auch die Auflassungserklärung zu sehen sein (BayObLG DNotZ 1975, 685). Dennoch sollte die in notarieller Urkunde enthaltene Auflassung mit größtmöglicher Klarheit ausgedrückt werden (s. § 17 Abs. 1 S. 1 BeurkG). Dem genügt es in der Regel, wenn übereinstimmend erklärt wird, daß das Eigentum nun dem Erwerber zustehen soll.

Andererseits ist nicht ausgeschlossen, daß die Auflassungserklärung zur Verkürzung und Vereinfachung des Textes auf andere Stellen der gleichen Niederschrift Bezug nimmt, so etwa zur näheren Bezeichnung des aufgelassenen Grundbesitzes, des Eigentümers und des Erwerbers sowie des Gemeinschaftsverhältnisses bei mehreren Erwerbern (s. MünchKomm/*Kanzleiter* § 925 Rdn. 20, 21); zur Bezeichnung eines Grundstücks in der Auflassungsurkunde allgemein und durch Bezugnahme auf die Kaufvertragsurkunde s. BayObLG MittBayNot. 1981, 247.

Die Auflassung darf nicht bedingt oder befristet erklärt werden (§ 925 Abs. 2 BGB).

7. Angabe von Erwerber und Gemeinschaftsverhältnissen. Die genaue Angabe des Erwerbers und des Gemeinschaftsverhältnisses auf seiten mehrerer Erwerber ist aus materiell- und formellrechtlichen Gründen wichtig (§ 47 GBO). Deshalb sollte der Notar bei verheirateten Erwerbern auch nach dem Güterstand fragen und diesen in der Urkunde angeben. Bei Miteigentum nach Bruchteilen ist anzugeben, zu welchen Bruchteilen der einzelne Erwerber das Eigentum erhalten soll.

Wenn der Inhalt einer materiellrechtlichen Auflassungserklärung nur durch Auslegung zu ermitteln ist, kann die darin liegende oder darauf Bezug nehmende Eintragungsbewilligung für den Grundbuchvollzug doch unzureichend sein (s. MünchKomm/*Kanzleiter* aaO.).

Langenfeld

8. Trennung von Auflassung und Grundbucherklärungen. Aus Gründen der Übersichtlichkeit und Klarheit empfiehlt es sich, die materiellrechtliche Auflassungserklärung und die formellrechtlichen Grundbucherklärungen in der Urkunde zu trennen. Dies ist nicht nur für den Grundbuchbeamten eine Hilfe, sondern erleichtert auch die vom Notar zu leistende Überwachung des Grundbuchvollzugs (zur Überwachungspflicht des Notars s. *Höfer/Huhn/von Schuckmann* BeurkG § 53 Anm. 9).

9. Ausdrückliche Eintragungsbewilligung. Zwar ist nach heute hA neben der Auflassung nicht noch eine besondere Eintragungsbewilligung nach § 19 GBO erforderlich (s. *Horber* § 20 Anm. 1; MünchKomm/*Kanzleiter* § 925 Rdn. 44). Doch ist – nicht zuletzt wegen der noch nicht vollends beigelegten Meinungsverschiedenheiten (s. KEHE/*Ertl* § 20 Rdn. 5–10; *Ertl* DNotZ 1975, 644 und RPfleger 1980, 49/50; BayObLG DNotZ 1975, 685) – die ausdrückliche Bewilligung angebracht.

10. Ausdrücklicher Eintragungsantrag. Ein ausdrücklicher Eintragungsantrag (§ 13 GBO) ist – wenn nicht erforderlich – so doch aus Gründen der Klarheit zweckmäßig. Zwar soll nach hA. in der Auflassungserklärung auch ein Eintragungsantrag zu erblicken sein; aber die willentliche Trennung von Auflassung und Eintragungsantrag wird zugelassen (RGRK/*Augustin* § 925, 925a Rdn. 71).

11. Eintragungsantrag des Kostenträgers. Wenn der Eintragungsantrag nur von dem Beteiligten gestellt wird, der Schuldner der Kosten ist (§ 449 BGB) oder sein soll (kraft ausdrücklicher Vereinbarung, s. § 3 des Formulars), so wird dadurch vermieden, daß der andere Beteiligte ebenfalls zum Kostenschuldner wird (s. § 2 Nr. 1 KostO); wenn der Notar den Antrag aber gem. § 15 GBO selbst stellt, muß in diesem Fall klargestellt werden, daß er den Antrag nur für den als Kostenschuldner ausersehenen Beteiligten stellt (s. *Korintenberg/Lappe/Bengel/Reimann* KostO § 2 Rdn. 51).

12. Klarheit von Eintragungsbewilligung und -antrag. Eintragungsbewilligung und -antrag müssen inhaltlich ebenso klar sein wie die Auflassung. Zulässig ist aber eine Bezugnahme – insbes. auf andere Stellen der gleichen Niederschrift (etwa die Auflassung).

13. Hinweis auf früheren Grundbuchantrag. Dieser Hinweis ist angebracht, damit der in der Kaufvertragsurkunde enthaltene (und mit dieser dem Grundbuchamt regelmäßig schon zugegangene Eintragungsantrag (Löschungsantrag), über den bei Vollzug des Eigentumswechsels mit zu entscheiden ist, vom Grundbuchamt nicht übersehen wird.

14. Hinweis auf Kostentragungsregelung. Häufig wird sich die Kostentragungspflicht – auch für die Auflassung und den Vollzug des Eigentumswechsels als Geschäfte zum Vollzug des schuldrechtlichen Vertrages – bereits aus der Urkunde über das Verpflichtungsgeschäft ergeben. Zur Klarstellung und Erleichterung der Sachbearbeitung beim Notar ist ein nochmaliger Hinweis aber sinnvoll.

15. Schlußbestimmungen. Die Zusammenfassung der dem Notar obliegenden Belehrungen und Hinweise und der Angaben über die gewünschte Anzahl von Ausfertigungen und Abschriften als „Schlußbestimmungen" ist zu empfehlen: Der Notar sieht auf einen Blick, ob gesetzlich vorgeschriebene (§§ 17 Abs. 2, 18, 19, 20, 21 BeurkG) oder sachlich gebotene (§ 17 Abs. 1 BeurkG) Belehrungen und Hinweise erteilt bzw. dies in der Niederschrift vermerkt ist. Die Notariatssachbearbeiter sehen mit einem Blick, in welcher Anzahl die Beteiligten Ausfertigungen und Abschriften wünschen.

16. Hinweis auf Zeitpunkt des Eigentumswechsels. Dieser Hinweis erscheint – wenn er nicht schon bei Beurkundung des Verpflichtungsgeschäftes erfolgt ist – angebracht, um dem Mißverständnis zu begegnen, mit Abgabe der Auflassungserklärung gehe das Eigentum bereits über. Die sonstigen Hinweise zu den Voraussetzungen des Eigentumswechsels sollten schon in der Urkunde über das Verpflichtungsgeschäft enthalten sein.

6. Auflassung (nach vorausgegangenem schuldrechtlichen Vertrag) X. 6

17. Grundbucheinsicht. S. § 21 Abs. 1 BeurkG.

Wenn vor Beurkundung des Verpflichtungsgeschäftes bereits Grundbucheinsicht durch den Notar erfolgt ist, dürfte in aller Regel eine nochmalige Grundbucheinsicht unnötig sein. Ist unverzüglich nach Beurkundung des Verpflichtungsgeschäfts die Eintragung einer Vormerkung beantragt und dann auch geschehen, dürfte einerseits dem Notar aus der Eintragungsbekanntmachung des Grundbuchamtes über die Vormerkung erkennbar sein, ob in Abt. II vorrangig noch andere, bisher unbekannte Rechte eingetragen worden sind, und andererseits die Gefährdung des Erwerbs durch nachrangig eingetragene Rechte ausgeschlossen sein, wenn die Vormerkung in diesem Fall nicht gelöscht wird. Dennoch: § 21 Abs. 1 BeurkG gilt uneingeschränkt auch für separate Auflassungen vor dem gleichen Notar, der das Verpflichtungsgeschäft beurkundet hat (s. *Höfer/Huhn/von Schuckmann* BeurkG § 21 Anm. 1 u. 2).

18. Weisung der Beteiligten. Zur übereinstimmenden Weisung der Beteiligten s. § 51 Abs. 1, 2 BeurkG; zur Erteilung auszugsweiser Ausfertigungen und Abschriften s. §§ 42 Abs. 3, 49 Abs. 5 BeurkG und *Höfer/Huhn/von Schuckmann* BeurkG § 42 Anm. 6, § 49 Anm. 17. Vor Absendung der Veräußerungsanzeige nach § 18 GrEStG darf der Notar den Beteiligten aber keine Ausfertigung und begl. Abschriften erteilen (§ 21 GrEStG).

19. Ermächtigung des Notars. Dieser allgemein gehaltene Antrag enthält eine Ermächtigung an den Notar, alle nach seinem pflichtgemäßen Ermessen erforderlichen Ausfertigungen und Abschriften zu erteilen, und zwar auch ohne konkreten Antrag der Beteiligten, der sonst nach § 51 BeurkG erforderlich wäre. Natürlich können die Beteiligten auch beliebig viele weitere Exemplare verlangen.

Für alle aufgrund konkreten oder – wie in Buchst. c – allgemeinen Antrags erteilten Ausfertigungen und Abschriften kann der Notar Schreibauslagen gem. § 136 Abs. 1 Nr. 1 KostO erheben (selbstverständlich unter Beachtung von § 136 Abs. 2 KostO).

20. Schlußvermerk. S. § 13 Abs. 1 S. 1 u. 2 BeurkG.

21. Verlesen der Niederschrift. Der Notar muß die Niederschrift nicht selbst verlesen. Es genügt, wenn sie in seiner Gegenwart von einem Dritten, evtl. einem Beteiligten selbst, verlesen wird. Liest der Notar selbst, sollte es im Schlußvermerk heißen: „...... vom Notar vorgelesen, ...".

22. Genehmigung u. Unterschrift der Beteiligten. S. § 13 Abs. 1 S. 1 BeurkG.

23. Unterschrift des Notars. S. § 13 Abs. 3 BeurkG.

24. Steuern. Die Auflassung unterliegt hier keiner Grunderwerbsteuer, weil ein Kaufvertrag vorausgegangen ist, der den Anspruch auf Übereignung begründet hat und seinerseits der Grunderwerbsteuer unterliegt (§ 1 Abs. 1 Nr. 1, 2 GrEStG 1983).

25. Kosten. (1) Notar: $\frac{1}{2}$ Gebühr für die Auflassung nach §§ 141, 38 Abs. 2 Nr. 6a KostO, weil der Grundstückskaufvertrag bereits beurkundet ist.

Die Grundbucherklärungen Ziff. 1 (für die Gebühren nach § 38 Abs. 2 Nr. 5a KostO zu erheben wären, *Korintenberg/Lappe/Bengel/Reimann* KostO § 36 Rdn. 10) sind untereinander und mit der Auflassung gegenstandsgleich iSv. § 44 Abs. 1 S. 1 KostO, weshalb keine besonderen Gebühren für die Grundbucherklärungen berechnet werden.

Die Grundbucherklärungen Ziff. 2 enthalten lediglich einen kostenrechtlich irrelevanten Hinweis für das Grundbuchamt.

(2) Grundbuchamt: Für die Eintragung der Eheleute Dr. A. als Eigentümer insgesamt 1 Gebühr nach § 60 Abs. 1 KostO (nicht etwa je 1 Gebühr für jeden Miteigentümer! S. *Korintenberg/Lappe/Bengel/Reimann* KostO § 60 Rdn. 6), und zwar nach § 60 Abs. 5 KostO nach den zusammengerechneten Werten der FlStNr. 5903/4 und 5903/8 sowie des Miteigentumsanteils am FlStNr. 5903 (*Korintenberg/Lappe/Bengel/Reimann* KostO § 60 Rdn. 25 und 66).

Für die Löschung der Auflassungsvormerkung (aufgrund des bereits in der Kaufvertragsurkunde enthaltenen Löschungsantrags! S. Anm. 13) ¼ Gebühr nach §§ 68 S. 1, 66 Abs. 1 S. 1, 60 Abs. 1 KostO, auch wenn die Löschung gem. § 46 Abs. 2 GBO erfolgt (*Göttlich/Mümmler* KostO Stichwort „Löschungen" Ziff. 2.1).

(3) Wert in allen Fällen: Kaufpreis (§ 20 Abs. 1 KostO, s. *Korintenberg/Lappe/Bengel/Reimann* KostO § 38 Rdn. 53); für die Löschung der Auflassungsvormerkung auch dann, wenn ihr wirtschaftlich keine Bedeutung mehr zukommt (*Göttlich/Mümmler* KostO Stichwort „Auflassungsvormerkung" Ziff. 4; *Korintenberg/Lappe/Bengel/Reimann* KostO § 66 Rdn. 4 u. § 68 Rdn. 29).

Aufgabe und Aneignung von Grundstücken

7. Aufgabe[1,2] des Eigentums an einem Grundstück

An das
Amtsgericht
– Grundbuchamt –

Betr.: Grundbuch von ...... Band ...... Blatt ......

Im Grundbuch von ...... Band ...... Blatt ...... bin ich als Eigentümer des Grundstücks ...... Gemarkung ...... Flur ...... FlStNr. ...... eingetragen

Ich verzichte[6] auf das Eigentum an diesem Grundstück und bewillige[7] und beantrage,[7] diesen Verzicht im Grundbuch einzutragen.[8]

...... (Ort), den ......   gez. Unterschrift

Öffentliche Beglaubigung der Unterschrift.[7]

Anmerkungen

1. Grundsätze. Das Recht zur Aufgabe des Eigentums ist Ausfluß der Eigentümerbefugnisse nach § 903 BGB (*Staudinger/Pfeifer* § 928 Rdn. 2). Rechtsgrundlagen sind § 28 BGB und im Bereich der neuen Bundesländer § 11 Abs. 1 S. 2 VermG und Art. 233 § 15 Abs. 2 EGBGB (zu letzteren Vorschriften vgl. *Böhringer* Rpfleger 1995, 51).

2. Voraussetzung und Wirkung der Eigentumsaufgabe. Das Eigentum an einem Grundstück wird dadurch aufgegeben, daß der Eigentümer den Verzicht gegenüber dem Grundbuchamt erklärt und der Verzicht in das Grundbuch eingetragen wird (§ 928 Abs. 1 BGB).

Durch die Aufgabe des Eigentums wird das Grundstück herrenlos; alle Grundstücksbelastungen bleiben unberührt (s. Anm. 5; wegen weiterer Wirkungen s. *Palandt/Bassenge* § 928 Rdn. 3; MünchKomm/*Kanzleiter* § 928 Rdn. 7, 8; *Staudinger/Pfeifer* § 928 Rdn. 26 ff.).

Das Aneignungsrecht steht nach § 928 Abs. 2 BGB dem Bundesland zu, in dem das aufgegebene Grundstück liegt. Damit der Aneignungsberechtigte das Aneignungsrecht ausüben kann, hat das Grundbuchamt diesen von der Eintragung des Verzichts zu benachrichtigen (§ 39 Abs. 2 GBVfg).

7. Aufgabe des Eigentums an einem Grundstück X. 7

3. Gegenstand der Eigentumsaufgabe. Aufgegeben werden kann das Eigentum an Grundstücken. § 928 BGB ist nicht anwendbar auf Miteigentumsanteile an einem Grundstück (so BGHZ 115, 1 = Rpfleger 1991, 495 gegen die früher h.M. vgl. aber *Kanzleiter* NJW 1996, 905), auf Wohnungs- und Teileigentum (BayObLG NJW 1991, 1962 und NJW-RR 1994, 403), auf Sondereigentum als solches (*Röll* DNotZ 1993, 159; *Staudinger/Pfeier* § 928 Rdn. 8), auf beschränkte dingliche Rechte an Grundstücken (*Staudinger/Pfeifer* § 928 Rdn. 8); auf Erbbaurechte und Wohnungsbaurechte (§ 11 ErbbauVO) und auf Gebäudeeigentum nach dem Recht der ehemaligen DDR (Art. 233 § 4 Abs. 1 S. 1 EGBGB; vgl. auch Art. 233 § 2b Abs. 4 und § 8 EGBGB).

4. Voreintragung des Grundstücks und des Eigentümers. Um den Verzicht eintragen lassen zu können, müssen das – evtl. buchungsfreie (§ 3 Abs. 2 GBO; – Grundstück und – wegen § 39 GBO – der verzichtende Eigentümer zuvor im Grundbuch eingetragen sein.

5. Wirkung der Eigentumsaufgabe auf Grundstückslasten. Alle Grundstücksbelastungen – einschl. der Eigentümergrundschulden, die durch die Aufgabe zu Fremdgrundschulden werden (str., s. MünchKomm/*Kanzleiter* § 928 Rdn. 8) – bleiben unberührt. Gegen den bisherigen Eigentümer können dingliche Rechte nicht mehr geltend gemacht werden. Das gleiche gilt für solche persönlichen Verpflichtungen, die ihn – als Folge des dinglichen Rechts – in seiner Eigenschaft als Eigentümer treffen würden (wie z.B. gem. § 1108 Abs. 1 BGB oder die Grundsteuerpflicht, die Erschließungsbeitragspflicht usw.). Seine sonstigen persönlichen Verpflichtungen werden durch die Aufgabe des Eigentums aber nicht beseitigt.

Ob ein Eigentümer sich durch die Aufgabe des Eigentums seinen Verpflichtungen bezüglich des Grundstücks entziehen kann, richtet sich also danach, ob und inwieweit er persönliche Verpflichtungen eingegangen ist bzw. bei Erwerb des Grundstücks – etwa zusammen mit dem dinglichen Recht – übernommen hat.

6. Materiellrechtliche Verzichtserklärung. Die Verzichtserklärung ist eine einseitige, empfangsbedürftige und materiell-rechtlich formlos wirksame Willenserklärung, die mit dem Eingang beim Grundbuchamt unwiderruflich wird (§ 130 Abs. 1, 3 BGB). S. aber Anm. 7.

7. Formellrechtliche Bewilligung. Die Bewilligung ist gem. § 29 GBO formbedürftig. Der – formlos mögliche – Antrag kann bis zur Eintragung des Verzichts jederzeit zurückgenommen werden (OLG Karlsruhe KGJ 48, 256), wodurch die Unwiderruflichkeit der Verzichtserklärung praktisch unterlaufen wird (RGRK/*Augustin* § 928 Rdn. 5, 6).

8. Wirksamwerden der Eigentumsaufgabe. Die Eigentumsaufgabe wird erst mit der Eintragung des Verzichts im Grundbuch wirksam.

9. Steuern. Die Eigentumsaufgabe löst keine Steuern aus.

10. Kosten. (1) Notar: 1 Gebühr nach §§ 141, 145, 36 Abs. 1 KostO, wenn der Notar den Entwurf gefertigt hat (§ 38 Abs. 2 Nr. 5a KostO ist nicht anwendbar, weil die Verzichtserklärung nicht nur berichtend erwähnt, sondern zum Zwecke des Zugangs beim Grundbuchamt in der Urkunde selbst abgegeben wird, vgl. Anm. 2, 6); für die bloße U-Begl. ¼ Gebühr, höchstens DM 250,–, nach §§ 141, 45 KostO.

Eintragungsbewilligung und -antrag sind gegenstandsgleich mit der Verzichtserklärung (§ 44 Abs. 1 S. 1 KostO).

b) Wert: Der nach § 19 KostO ermittelte Grundstückswert.

(2) Grundbuchamt: a) ¼ Gebühr nach § 67 Abs. 1 Nr. 1 KostO.

b) Wert: Bestimmung nach freiem Ermessen (§§ 67 Abs. 3, 30 Abs. 1 KostO); der – geschätzte – Verkehrswert des Grundstücks ist dabei Beziehungswert.

8. Aneignung[1,2] eines aufgegebenen Grundstücks

An das
Amtsgericht
– Grundbuchamt –

Betr.: Grundbuch von ...... Band ...... Blatt ......

Im Grundbuch von ...... Band ...... Blatt ...... ist das folgende Grundstück[3] eingetragen:
...... (Beschrieb nach dem Grundbuch). Dieses Grundstück ist durch Aufgabe des Eigentums nach § 928 BGB herrenlos geworden.
Durch Vertrag zwischen dem Bundesland N, vertreten durch die Oberfinanzdirektion in D, und mir vom 21. 1. 1983 ist das Recht zur Aneignung dieses Miteigentumsanteils auf mich, B, übertragen worden.[5] Eine beglaubigte Abschrift des Vertrages füge ich hierneben zum Nachweis dieser Übertragung bei. Ich eigne mir den bezeichneten Miteigentumsanteil an[6,7] und beantrage,[8]
diese Eigentumsaneignung und mich als neuen Eigentümer im Grundbuch einzutragen.[6]

...... (Ort), den ......   gez. Unterschrift

Öffentliche Beglaubigung der Unterschrift.[8]

Schrifttum: Süß, Durchgangs-Herrenlosigkeit, AcP 151, 1 ff.; *v. Lübtow*, Die Struktur der Pfandrechte und Reallasten – zugleich ein Beitrag zum Problem der subjektlosen Rechte, Festschrift für *Lehmann*, 1956, I S. 328 ff., 379 ff.

Anmerkungen

1. **Grundsätze.** Dem Recht des Eigentümers zur Aufgabe des Eigentums nach § 928 Abs. 1 BGB steht das Recht des Fiskus zur Aneignung gegenüber, § 928 Abs. 2 BGB.

2. **Voraussetzung und Wirkung der Aneignung.** Die Aneignung des Eigentums an einem (herrenlosen) Grundstück erfolgt durch Aneignungserklärung des Aneignungsberechtigten gegenüber dem Grundbuchamt und seine Eintragung als Eigentümer im Grundbuch (§ 928 Abs. 2 BGB).
Die Aneignung bewirkt einen originären Erwerb, so daß § 892 BGB nicht anwendbar ist, folglich also nicht zum lastenfreien Erwerb führen kann (OLG Zweibrücken OLGZ 1981, 139/141), auch nicht bei demjenigen, der – wie hier – das Aneignungsrecht durch Abtretung erworben hat (MünchKomm/*Kanzleiter* § 928 Rdn. 12).

3. **Gegenstand der Aneignung.** Der Aneignung unterliegen die Grundstücke, die Gegenstand einer Eigentumsaufgabe gem. § 928 Abs. 1 BGB gewesen sind, darüber hinaus die seit alters her herrenlosen Grundstücke (Art. 190 EGBGB).

4. **Aneignungsberechtigung.** Aneignungsberechtigt ist der Fiskus des Bundeslandes, in dessen Gebiet das Grundstück liegt (§ 928 Abs. 2 BGB) bzw. die durch landesgesetzliche Vorschrift bestimmte andere Stelle (Art. 129 EGBGB; solche landesgesetzlichen Vorschriften gibt es derzeit nicht).

5. **Abtretung des Aneignungsrechts und Verzicht.** (1) Solange das Bundesland das Aneignungsrecht noch nicht ausgeübt hat, kann es dieses durch Abtretung in der Form des § 925 BGB auf eine andere Person übertragen, womit diese Person (allein)

8. Aneignung eines aufgegebenen Grundstücks   X. 8

aneignungsberechtigt wird (hM., s. MünchKomm/*Kanzleiter* § 928 Rdn. 9; *Palandt/ Bassenge* § 928 Rdn. 4; RGRK/*Augustin* § 928 Rdn. 7, jeweils mwN.; *Staudinger/Pfeifer* § 928 Rdn. 20). Die Übertragung des Aneignungsrechts ist dem Grundbuchamt in der Form des § 29 GBO nachzuweisen.

(2) Das Bundesland kann auch auf sein Aneignungsrecht verzichten (BGHZ 108, 278 = NJW 1990, 251). Danach kann sich jeder Dritte das herrenlose Grundstück durch Erklärung gegenüber dem Grundbuchamt und Eintragung im Grundbuch aneignen (BGH aaO.). Nicht entschieden hat der BGH die Frage, ob der Verzicht des Fiskus auf sein Aneignungsrecht zu seiner Wirksamkeit der Eintragung in das Grundbuch bedarf (verneinend AG Unna Rpfleger 1996, 16 und *Staudinger/Pfeifer* § 928 Rdn. 24; bejahend *Palandt/Bassenge* § 928 Rdn. 4).

6. Zeitpunkt und Umfang der Aneignung. Der Aneignungsberechtigte erwirbt das Eigentum erst mit der Eintragung, dann aber mit allen Beschränkungen und Lasten, denen es zu diesem Zeitpunkt unterliegt (s. Anm. 2 und Form. X. 7 Anm. 5).

Das Aneignungsrecht erstreckt sich auch auf die noch nicht getrennten Erzeugnisse und sonstigen Bestandteile des Grundstücks sowie auf die Surrogate (zB. Enteignungsentschädigung, Überschuß in der Zwangsversteigerung) (*Palandt/Bassenge* § 928 Rdn. 4). Sind die Erzeugnisse und sonstigen Bestandteile dagegen vor der Aneignung des Grundstücks getrennt worden, so erstreckt sich dessen Aneignung nicht mehr darauf; vielmehr können die Erzeugnisse und Bestandteile gem. § 958 BGB von jedermann angeeignet werden (MünchKomm/*Kanzleiter* § 928 Rdn. 10).

7. Materiellrechtliche Aneignungserklärung. Die Aneignungserklärung ist eine einseitige, empfangsbedürftige und materiell-rechtlich formlos wirksame Willenserklärung, die mit dem Eingang beim Grundbuchamt unwiderruflich wird (§ 130 Abs. 1, 3 BGB). S. aber Anm. 8.

8. Formellrechtliche Bewilligung. Der Eintragungsantrag enthält die der Form des § 29 GBO bedürfende Bewilligung (§ 30 GBO; KG JFG 8, 217; MünchKomm/*Kanzleiter* § 928 Rdn. 11; RGRK/*Augustin* § 928 Rdn. 9).

9. Steuern. Aus der Aufzählung der Tatbestände in § 1 GrEStG 1983 ergibt sich, daß nur der Erwerb eines solchen Grundstücks der Steuer unterliegt, das bisher einem anderen gehörte. Bei der Aneignung eines herrenlosen Grundstücks ist diese Voraussetzung nicht erfüllt, weshalb die Aneignung der Besteuerung nicht unterworfen ist (BFH 133, 97 = DNotZ 1982, 302; *Boruttau/Egly/Siegloch* GrEStG § 1 Rdn. 5).

Dementsprechend und weil es keinen besonderen Tatbestand gibt, der die Abtretung des Aneignungsrechts der GrESt unterwirft, unterliegt die Abtretung des Aneignungsrechts nicht der Besteuerung (BFH 133, 97 = DNotZ 1982, 302; *Boruttau/Egly/Siegloch* GrEStG § 1 Rdn. 136a, § 11 Rdn. 317).

10. Kosten. (1) Notar: 1 Gebühr nach §§ 141, 145, 36 Abs. 1 KostO, wenn der Notar den Entwurf gefertigt hat (§ 38 Abs. 2 Nr. 5a KostO ist nicht anwendbar, weil die Aneignungserklärung nicht nur berichtend erwähnt, sondern zum Zwecke des Zugangs beim Grundbuchamt in der Urkunde selbst abgegeben wird, vgl. Anm. 2, 7). Für die bloße U-Begl. ¼ Gebühr, höchstens DM 250,–, nach §§ 141, 45 KostO.

Eintragungsbewilligung und -antrag (s. Anm. 8) sind gegenstandsgleich mit der Aneignungserklärung (§ 44 Abs. 1 S. KostO).

(2) Grundbuchamt: 1 Gebühr nach § 60 Abs. 1 KostO (*Korintenberg/Lappe/ Bengel/Reimann* KostO § 60 Rdn. 1, 2).

(3) Wert in beiden Fällen: Der nach § 19 KostO ermittelte Grundstückswert.

X. 9   X. Sachenrechtliche Verträge und Erklärungen

Garantieverträge für die Zwangsversteigerung

9. Ausbietungsgarantie[1, 2]

Ausbietungsgarantiebetrag[4]

Verhandelt[3] ...... in ...... am ......
Vor dem Notar ...... sind erschienen
1. Herren X, Y, hier handelnd als Vorstandsmitglied und Prokurist für die A-Bank,
2. Herr B, und erklären den folgenden

§ 1

Im Grundbuch von ...... Band ......Blatt ...... ist zu Lasten des Grundstücks ...... (Beschrieb nach dem Grundbuch) in Abt. III Nr. ...... für die A-Bank eine Grundschuld über DM ...... nebst ......% Jahreszins unter Bezugnahme auf die Bewilligung vom ...... in der Urkunde des Notars ...... in ...... UR ...... eingetragen.

Die A-Bank – im folgenden auch einfach „Bank" genannt – betreibt die Zwangsversteigerung aus diesem Pfandrecht, das dadurch fällig geworden ist.

B – im folgenden auch einfach „Garant" genannt – sind die durch die vorbezeichnete Grundschuld gesicherte persönliche Darlehensforderung der Bank und die Darlehensbedingungen bekannt. Auch diese Forderung ist durch die Anordnung der Zwangsversteigerung fällig geworden. Dem Garanten ist ferner bekannt, daß die Bank zur Zeit an Kosten und Zinsen den Betrag von ...... DM zu fordern hat und daß gem. den zur Zeit vorliegenden Forderungsanmeldungen zum Zwangsversteigerungsverfahren die Stadt C einen Betrag von ...... DM an rückständiger Grundsteuer und der Wasserverband D einen Betrag von ...... DM an rückständigen Wassergebühren fordern.[5]

Zwangsversteigerungstermin ist auf den ...... anberaumt. Bei einer Verschiebung des Termins können die bezeichneten Forderungen höher sein.[6]

§ 2

Der Garant verpflichtet sich, in dem anhängigen Zwangsversteigerungsverfahren[7] die in § 1 bezeichnete Grundschuld in voller Höhe sobald als möglich[7] auszubieten, d.h. schon in dem bevorstehenden Versteigerungstermin und etwaigen weiteren Terminen[7] in diesem Verfahren ein zur vollständigen Deckung[8] der Forderungen der Bank an Kapital, Zinsen und Kosten ausreichendes Gebot abzugeben.

Die Bank verpflichtet sich, im Falle eines solchen Gebotes vom Garanten keine Sicherheitsleistung (§§ 67–70 ZVG) zu verlangen.[9] Dem Garanten ist bekannt, daß ein solches Verlangen aber von der Stadt C, dem Wasserverband D und sonstigen Berechtigten im Sinne von § 67 Abs. 1 ZVG erhoben werden kann.[10]

§ 3

(1) Für den Fall, daß der Garant den Zuschlag erhält, verpflichtet sich die Bank, die Grundschuld bestehen zu lassen,[11] wenn der Ersteher bis spätestens 10 age vor dem Verteilungstermin[12]

a) der Bank gegenüber den Nachweis für seine persönliche Übernahme der in § 1 bezeichneten Darlehensschuld zu den bisherigen Bedingungen[13, 17] und seine Unterwerfung unter die sofortige Zwangsvollstreckung in sein gesamtes Vermögen wegen die-

9. Ausbietungsgarantie

ser persönlichen Forderung erbracht hat, und zwar durch Aushändigung einer vollstreckbaren Ausfertigung der Unterwerfungserklärung,[14] und

b) die zur Zeit der Erteilung des Zuschlags rückständigen Zinsen und die Kosten des Verfahrens, beides in Höhe der ihm bis dahin bekannten Beträge, an die Bank gezahlt hat.[15]

(2) Muß die Bank hiernach die Grundschuld bestehen lassen, ist sie weiter verpflichtet, eine Erklärung über das Bestehenbleiben der Grundschuld gem. § 91 Abs. 2 ZVG gegenüber dem Zwangsversteigerungsgericht abzugeben.[16] Wegen der durch die Grundschuld gesicherten persönlichen Forderung ist die Bank damit befriedigt.[17]

(3) Für den Fall, daß ein Dritter, dem der Garant das Recht aus dem Meistgebot mit Zustimmung der Bank abgetreten hat oder für den der Garant das Meistgebot mit Zustimmung der Bank abgegeben hat (§ 81 Abs. 2 u. 3 ZVG),[18] den Zuschlag erhält, gelten die vorstehenden Bestimmungen entsprechend.

§ 4

Erfüllen der Garant oder der Dritte[19] die Voraussetzungen für das Bestehenbleiben der Grundschuld nicht vollständig und erfüllen sie im Verteilungstermin auch nicht ihre Barzahlungspflicht, so gelten die Bestimmungen dieser Urkunde entsprechend im Verfahren auf Wiederversteigerung des Grundstücks (§ 133 ZVG) aus einer Sicherungshypothek der Bank nach §§ 118, 128 ZVG,[20] wenn die Bank vor Ablauf von 3 Monaten seit Anordnung der Übertragung der Forderung gegen den Ersteher (§ 118 Abs. 1 ZVG)[21] die Wiederversteigerung des Grundstücks aus der Sicherungshypothek (§§ 132, 133 ZVG) beantragt hat. Unberührt hiervon bleiben die Rechte der Bank nach § 7.[22]

§ 5

Sollte ein dritter Ersteher[23] im Verteilungsverfahren seine Barzahlungspflicht nicht erfüllen und die Forderung der Bank deshalb nicht vollständig gedeckt sein, so gelten die Bestimmungen dieser Urkunde entsprechend im Verfahren auf Wiederversteigerung des Grundstücks aus einer Sicherungshypothek der Bank nach §§ 118, 128 ZVG, wenn die Bank vor Ablauf von 3 Monaten seit Anordnung der Übertragung der Forderung gegen den Ersteher (§ 118 Abs. 1 ZVG) die Wiederversteigerung des Grundstücks aus der Sicherungshypothek (§§ 132, 133 ZVG) beantragt hat.

§ 6

Gibt der Garant ein höheres Gebot ab, als er nach diesem Vertrag abzugeben verpflichtet ist, so stehen ihm deswegen keine Einwendungen oder Ansprüche irgendwelcher Art gegen die Bank zu.

§ 7

Erfüllt der Garant oder – im Falle des § 3 Abs. 3 – der Dritte[19] die in diesem Vertrag übernommenen Verpflichtungen nicht, ist der Garant der Bank zum Ersatz des ihr dadurch entstehenden Schadens verpflichtet.[24]

Ersteigert die Bank das Grundstück zur Rettung ihres Pfandrechts selbst, so findet § 114a ZVG im Verhältnis der Vertragsschließenden untereinander keine Anwendung, d. h. die Bank gilt bei einem Zuschlag unter $7/10$ des Grundstückswertes nicht als über ihr Meistgebot hinaus befriedigt;[25] ein Wertausgleich (Vorteilsausgleich) ist zwischen der Bank und dem Garanten nicht durchzuführen.[25]

§ 8

Die Bank leistet keinerlei Gewähr für Größe, Güte und Beschaffenheit des Grundstücks und der aufstehenden Gebäude.[26]

§ 9

(1) Die Bank ist berechtigt, mit anderen Personen Verträge gleichen oder ähnlichen Inhalts in Bezug auf die Versteigerung des in § 1 genannten Grundstücks abzuschließen.[27] In einem solchen Fall sind der Garant und die anderen Personen Gesamtschuldner.

(2) Die Bank kann von diesem Vertrag zurücktreten, wenn der Garant seine Verpflichtungen aus diesem Vertrag nicht erfüllt.[28]

(3) Wenn der Zuschlag nicht bis ...... [7] erteilt ist, sind die Vertragschließenden an diesen Vertrag nicht mehr gebunden.[29]

§ 10

Die Kosten[32] dieses Vertrages und seiner Durchführung sowie etwaige Grunderwerbsteuer[31] trägt der Garant allein.

Schlußbestimmungen

(1) Der Notar hat die Erschienenen darauf hingewiesen, daß für den Garanten in § 2 eine Erwerbsverpflichtung für das Grundstück begründet wird und daß der Erwerbspreis (Meistgebot) sich nicht allein nach der Höhe der Forderungen der Bank, sondern auch nach der Grundschuld im Rang vorgehenden Rechten bemißt.[30]

(2) Von dieser Verhandlung sollen erteilt werden:
a) je eine begl. Fotokopie für die Bank und den Garanten,
b) alle darüber hinaus nach Beurteilung des Notars erforderlichen – auch auszugsweisen – Ausfertigungen und Abschriften.

Vorstehende Niederschrift

wurde den Erschienenen vorgelesen, von ihnen genehmigt und von ihnen und dem Notar wie folgt eigenhändig unterschrieben.

Schrifttum: Drischler, Neue Fragen zur Ausbietungsgarantie in der Zwangsversteigerung, KTS 1976, 285; *Heiderhoff*, Bietungsabkommen im Zwangsversteigerungsverfahren, Anlage zu den Mitteilungen der Rheinischen Notarkammer (Köln), Nr. 1/66; *Kalter*, Die Bietungsabkommen, KTS 1964, 193; *Mohrbutter/Drischler*, Die Zwangsversteigerungs- und Zwangsverwaltungspraxis, 7. Aufl. 1986; *Pikalo*, Erscheinungsformen und Rechtsnatur der Ausbietungsgarantie, 1932; *Sichtermann*, Die Ausbietungsgarantie als Sicherungsmittel in der Grundstückszwangsversteigerung (Sparkassenheft Nr. 22), 5. Aufl. 1992; *Steiner/Storz*, Zwangsversteigerung und Zwangsverwaltung, 9. Aufl. 1994; *Zeller/Stöber*, ZVG, 14. Aufl. 1993; *Drosde*, Die Ausbietungsgarantie in der notariellen Praxis, MittRhNotK 1995, 37.

Anmerkungen

1. **Sachverhalt.** Die A-Bank betreibt die Zwangsversteigerung eines Grundstücks, das B erwerben möchte. Diesem fehlen aber die baren Mittel, um Sicherheit leisten zu können. Außerdem macht die Finanzierung des Erwerbs durch andere Kreditinstitute Schwierigkeiten. Die A-Bank ist gegen Hingabe einer Ausbietungsgarantie bereit, den B die persönliche Forderung zu den bisherigen Bedingungen übernehmen und das Pfandrecht bestehen zu lassen sowie auf Sicherheitsleistung durch B zu verzichten.

2. **Formen von Vereinbarungen bei Grundstückszwangsversteigerungen.** Wegen der bei Durchführung von Grundstückszwangsversteigerungen gegebenen Unsicherheiten (insbesondere bezüglich des zu erzielenden Versteigerungserlöses, aber auch hinsichtlich

9. Ausbietungsgarantie

des Meistbietenden) besteht unter verschiedenen Blickwinkeln ein Interesse daran, durch zuvor getroffene Vereinbarungen diese Unsicherheiten zu beseitigen oder wenigstens zu reduzieren. Fünf Typen von Vereinbarungen können unterschieden werden:

a) Ausbietungsgarantien, die eine Verpflichtung des Garanten zur Abgabe eines Gebotes in einer bestimmten Höhe begründen; sie werden auch „Ausbietungsgarantien mit stärkerer Wirkung" oder „reine Ausbietungsgarantien" genannt.

b) Ausfallgarantien (s. Form. X. 10, 11), die zwar keine Verpflichtung des Garanten zum Bieten begründen, aber den Garanten zum (finanziellen) Ausgleich eines etwaigen Ausfalls des Gläubigers verpflichten; sie werden auch „Ausbietungsgarantien mit schwächerer Wirkung" oder „Ausbietungsgarantien im weiteren Sinne" genannt.

c) Ausbietungsverträge (s. Form. X. 12), die weder eine Pflicht zum Bieten noch eine solche zum Ausgleich eines Ausfalls begründen, aber für den Fall des Bietens bestimmte gegenseitige Rechte und Pflichten schaffen.

d) Bietungsabkommen, die Bietinteressenten vom Bieten abhalten sollen, um einem anderen Interessenten einen möglichst günstigen Erwerb zu ermöglichen, die Gebote also klein zu halten; solche „Bietungsabkommen" – richtiger als „Bietungsausschlußabkommen" (pactum de non licitando) bezeichnet – können sittenwidrig und damit nach § 138 BGB nichtig sein; die Unsittlichkeit des Vertrages kann sich aus Inhalt, Beweggrund und Zweck ergeben, wobei die Gesamtumstände des jeweiligen Falles maßgebend sind (Einzelheiten bei *Palandt/Thomas* § 826 Rdn. 83; *Zeller* ZVG § 71 Rdn. 3 Abs. 7, jeweils mwN.); solche Abkommen verstoßen auch oft gegen ein gesetzliches Verbot (zB. § 270 PrStGB, und kartellrechtliche Verbotsvorschriften, OLG Celle NJW 1969, 1764 = OLGZ 1970, 1 m. Anm. *Franzen* NJW 1970, 662) und werden hier nicht näher behandelt.

e) Verträge über gemeinsames Bieten von Bietergemeinschaften; bei solchen Abkommen handelt es sich nicht um Vereinbarungen zum gleichzeitigen Abhalten von Geboten, also nicht um – uU. unzulässige Bietungsabkommen (näheres bei *Zeller* ZVG § 71 Rdn. 4 Abs. 3); auch sie werden hier nicht weiter behandelt.

Mischformen, insbes. zwischen Ausbietungsgarantien und Ausfallgarantien, kommen vor. Der Inhalt der Garantie muß sich immer an der konkreten Sach- und Rechtslage orientieren.

Derartige Garantieverträge für die Zwangsversteigerung sollen einerseits den Gläubiger eines Grundpfandrechts vor dem Ausfall seiner Forderung bewahren und andererseits dem Garanten oder einem Dritten ermöglichen, das Objekt unter Bestehenbleiben des Grundpfandrechts und ohne Sicherheitsleistung zu erwerben. Rechtlich handelt es sich bei ihnen um Erscheinungsformen des gesetzlich nicht näher geregelten Garantievertrags, nicht um Bürgschaften (*Droste* aaO. S. 41 m.w.N.). Sie können als unselbständige Garantien Bestandteile anderer Verträge, insbesondere von Kaufverträgen, sein oder als selbständige Garantien abgegeben werden (*Droste* aaO. S. 39).

Hauptsächliche Typen sind der Ausbietungsgarantievertrag (oben a), der durch die Verpflichtung zum Bieten und den direkten Bezug zur konkreten Zwangsversteigerung gekennzeichnet ist, und der Ausfallgarantievertrag (oben b), der keine Bietverpflichtung enthält und regelmäßig vorsorgend für noch nicht bevorstehende Versteigerungsfälle abgeschlossen wird.

3. Formfragen. Der Ausbietungsgarantievertrag bedarf wegen der mit der Bietverpflichtung verbundenen Erwerbsverpflichtung der notariellen Beurkundung nach § 313 BGB (BGHZ 110, 319 = NJW 1990, 1662 = DNotZ 1991, 531; *Droste* aaO. S. 42 ff.). Keiner Form bedarf der Ausfallgarantievertrag, der keine Bietverpflichtung enthält (OLG Köln VersR 1993, 322; BGH NJW-RR 1993, 14; *Droste* aaO. S. 43). Für einen Vertrag, der den Garanten nach seiner Wahl zum Bieten oder zur Ausfallerstattung verpflichtete, hat der BGH (BGH NJW-RR 1993, 14) entschieden, nur die Ausbietungsgarantie sei formbedürftig, nicht aber die Ausfallgarantie. Wegen des engen Zusammenhangs dürfte aber der gesamte Vertrag beurkundungspflichtig sein (*Droste* aaO. S. 44 unter Berufung auf MünchKomm/*Kanzleiter* § 313 BGB Rdn. 34).

4. Ausbietungsgarantievertrag. Es handelt sich um den Vertragstyp Anm. 2a.

5. Bezifferung der zu deckenden Forderungen. Um dem Garanten bei Eingehung der Garantie größtmögliche Klarheit über die durch sein Gebot zu deckenden Forderungen (§§ 44 Abs. 1, 10 Abs. 1 Nr. 3, 4 ZVG) zu verschaffen, sollten diese – soweit bekannt – in der Urkunde beziffert werden.

6. Folgen einer Terminverschiebung. Auch dieser Hinweis auf das aus dem Anwachsen der Rückstände resultierende Ansteigen der Forderungen bei Verschiebung des Versteigerungstermins entspricht dem Bestreben nach Klarheit der einzugehenden Verpflichtung des Garanten. Ein Hinweis auf die in § 10 Abs. 1 Nr. 3 u. 4 ZVG enthaltenen zeitlichen Grenzen für Rückstände erscheint dagegen entbehrlich.

7. Klarstellung von Umfang und Inhalt der Garantie. Klargestellt werden sollte zur Vermeidung von Meinungsverschiedenheiten, für welches Verfahren, welchen Termin und/oder welchen Zeitraum die Garantie gelten soll. Hierbei haben die Vertragspartner freie Hand.

Wenn die Garantie nur für einen bestimmten Versteigerungstermin gilt, kann es leicht dazu kommen, daß sie wegen einstweiliger Einstellung des Verfahrens (zB. nach § 765a ZPO) nicht zum Tragen kommt.

Der Klarheit dient auch eine Bestimmung darüber, ob der Garant schon im nächsten Versteigerungstermin zur Ausbietung verpflichtet ist. Bei der gewählten Fassung wäre es eine Vertragsverletzung des Garanten, wenn er durch Nichtabgabe eines Gebots die einstweilige Einstellung des Verfahrens nach § 77 ZVG oder auf sonstige Weise eine (einstweilige) Einstellung oder gar Aufhebung des Verfahrens herbeiführen würde.

8. Garantie für Teildeckung. Alternative: „...... ein zur Deckung der Forderungen der Bank bis zur Höhe von ...... DM ausreichendes Gebot abzugeben."

Diese Alternative ist dann angebracht, wenn die Bank damit rechnen muß, unter keinen Umständen eine volle Deckung ihrer Forderungen zu erreichen; es kann für sie dann sinnvoll sein, mit Hilfe der Garantie wenigstens Gewißheit über eine Teildeckung ihrer Forderungen zu erhalten.

9. Verzicht auf Sicherheitsleistung des Garanten. Ein Verzicht der Bank auf Sicherheitsleistung (§ 67ff. ZVG) ist statthaft und soll dem Garanten die Ersteigerung erleichtern. Für die Bank ist der Verzicht jedenfalls dann ungefährlich, wenn sie – wie es stets geboten ist – vor Abschluß der Vereinbarung nicht zuletzt mit Rücksicht auf ihre Verpflichtungen nach § 3 die Zahlungsfähigkeit des Garanten geprüft hat. Ist dies nicht geschehen oder konnten Zweifel an der Bonität des Garanten nicht ausgeräumt werden, so stellen für das von der Bank eingegangene Risiko die Regelungen in § 3 unter Buchst. b, §§ 4 u. 7 einen größtmöglichen Ausgleich dar. Dem der Bank stets verbleibenden Restrisiko korrespondiert die Chance, mittels der Garantie eine höhere Deckung der Forderungen zu erreichen, als dies ohne Garantie möglich wäre.

10. Sicherheitsleistung durch die Bank für den Garanten. Die Ausbietungsgarantie und der in ihr erklärte Verzicht der Bank auf Sicherheitsleistung (s. Anm. 9) berührt die Position anderer Beteiligter, insbes. ihr Recht, Sicherheitsleistung nach §§ 67ff. ZVG zu verlangen, nicht. Um die durch den Verzicht der Bank auf Sicherheitsleistung beabsichtigte Finanzierungserleichterung auch auf die Fälle zu erstrecken, in denen ein anderer Beteiligter Sicherheitsleistung verlangt, kann vereinbart werden, daß die Bank in diesen Fällen die Sicherheit für den Garanten leistet. In einem solchen Fall wäre zusätzlich zu regeln, daß und wie die geleistete Sicherheit der Bank zu ersetzen ist, wenn es nicht zum Zuschlag für den Garanten oder nicht zum Bestehenbleiben der Rechte der Bank gem. § 3 kommen sollte. Am zweckmäßigsten ist wohl, die Sicherheitsleistung als Darlehen

9. Ausbietungsgarantie

der Bank an den Garanten zu den Bedingungen der von diesem nach § 3 zu übernehmenden Darlehensschuld zu gewähren; § 3 Abs. 2 S. 1 muß dann ebenfalls noch dahingehend ergänzt werden, daß die Bank sich „wegen ihrer Forderung bis auf einen Betrag in Höhe der Sicherheitsleistung" für befriedigt zu erklären hat; anderenfalls könnte die Sicherheitsleistung wegen § 107 Abs. 3 ZVG einem nachrangigen Berechtigten zufließen, was sicher nicht beabsichtigt ist.

11. Bestehenlassen des Grundpfandrechts. Das Bestehenlassen der Grundschuld in Verbindung mit der Übernahme der durch sie gesicherten persönlichen Darlehensforderung ist für den Garanten, dessen Interesse auf den Erwerb des Grundstücks zu vorher bekannten Bedingungen gerichtet ist, außerordentlich wichtig. Für die Bank, die mit dem Garanten nach Erstehung des Grundstücks durch diesen einen neuen Schuldner erhält, bedeutet das Bestehenlassen der Grundschuld die weitere Beleihung des Grundstücks; dies ist für die Bank regelmäßig nur dann akzeptabel, wenn die inzwischen aufgelaufenen Zins-Rückstände und die Verfahrenskosten zuvor getilgt werden (s. Anm. 15).

12. Frist für Dispositionen der Bank. Diese 10-Tage-Frist ist angebracht, damit die Bank genügend Zeit für weitere Überlegungen und Dispositionen hat, falls der Garant die in § 3 unter Buchstabe a u. b genannten Bedingungen nicht erfüllt.

13. Bedingungen für Darlehnsgewährung an den Garanten. Es können auch neue Darlehnsbedingungen vereinbart werden. Ob und inwieweit dies in Betracht kommt, wird u. a. davon abhängen, zu welchen Konditionen zur Zeit des Abschlusses der Vereinbarung Darlehen der fraglichen Art überlicherweise vergeben werden, ob die Bank zur Vermeidung eines größeren Ausfalls bereit ist, das Darlehen zu den bisherigen Konditionen, die ihrerseits evtl. eine Zinsanpassung vorsehen, bestehen zu lassen, und wie stark das Interesse des Garanten am Erwerb des Grundstücks ist.

14. Vollstreckungsunterwerfung des Garanten. Da die persönliche Vollstreckungsunterwerfung des bisherigen Darlehnsschuldners nicht gegen den Ersteher wirkt, muß die Bank sich diese besonders ausbedingen.

15. (Zins-) Rückstände und Kosten. Wenn die Bank den bisherigen Beleihungsumfang nicht überschreiten will, muß sie dafür sorgen, daß (Zins-) Rückstände und ihre Kosten vom Garanten besonders gezahlt werden, ohne daß dieser dafür bei der Bank ein weiteres Darlehen in Anspruch nehmen muß. Natürlich kann die Bank auch auf Zahlung der Rückstände und ihre Kosten durch den Garanten ganz oder teilweise verzichten (etwa, indem nur ein fester Betrag, der Rückstände und Kosten nicht deckt, vom Garanten auf die Gesamtforderungen der Bank geboten werden muß, s. Anm. 8) oder ihm dafür ein (Zusatz-) Darlehen gewähren.

16. Erklärungen zum Bestehenlassen von Rechten. Ein Recht am Grundstück bleibt – entgegen den Versteigerungsbedingungen – bestehen, wenn dies zwischen dem Berechtigten und dem Ersteher vereinbart ist und die Erklärungen bis zum oder im Verteilungstermin, spätestens aber bis zur Absendung des Eintragungsersuchens nach § 130 ZVG an das Grundbuchamt, abgegeben sind (§ 91 Abs. 2 ZVG). Zu den sonstigen Wirkungen dieser Erklärungen in Bezug auf den im Verteilungstermin durch Zahlung zu berichtigenden Teil des Meistgebots und in Bezug auf den Vollstreckungsschuldner s. § 91 Abs. 3 ZVG und *Zeller/Stöber* ZVG § 91 Rdn. 3, § 107 Rdn. 2 Abs. 3, § 114 Rdn. 5.

17. Persönliche Schuld des Garanten und gesicherte Forderung. Sobald der Garant als Ersteher die persönliche Haftung für die Darlehnsschuld übernommen hat, tritt diese nach dem Willen der Vertragsschließenden an die Stelle des Anspruchs auf Barerlösanteil; gleichzeitig soll damit die der Grundschuld zugrundeliegende Forderung getilgt sein. Diese nicht kraft Gesetzes eintretenden Rechtsfolgen sollten klargestellt werden; § 53 ZVG ist bei einem gem. § 91 Abs. 2 ZVG erfolgenden Bestehenbleiben nicht anwendbar!

Wenn aber die Forderungen der Bank nicht voll ausgeboten werden (s. Anm. 8), muß dies entsprechend berücksichtigt werden; die Bank hat dann ein Interesse daran, den Schuldner der ursprünglichen Forderung nicht (vollständig) aus seiner Schuld zu entlassen.

18. Einschaltung eines Dritten durch den Garanten. (1) Die – mit Zustimmung der Bank erfolgende – Einschaltung eines Dritten als Erwerber gibt dem Garanten Bewegungsfreiheit, ohne der Bank die Vorteile der Ausbietungsgarantie zu nehmen. Eine ausdrückliche Regelung, ob und in welcher Weise eine solche Einschaltung eines Dritten statthaft ist, empfiehlt sich jedenfalls immer.

(2) Erwägenswert ist auch, es dem Garanten zu gestatten, einen Dritten – mit oder ohne Zustimmung der Bank – zur Abgabe eines seinen eigenen Verpflichtungen entsprechenden Gebotes zu veranlassen; eine solche Regelung hat den Vorteil, grunderwerbsteuerrechtliche Probleme zu vermeiden (s. Anm. 31); ob die Bank dann, wenn sie nicht zugestimmt hat, sich entsprechend den Verpflichtungen in § 3 verhält, kann offenbleiben.

19. Wenn die Einschaltung eines Dritten statthaft ist (s. Anm. 18), muß die Vereinbarung in allen Teilen darauf abgestimmt werden.

20. Wiederversteigerung und Garantie. Das Verfahren auf Wiederversteigerung aus einer solchen Sicherungshypothek ist ein neues, völlig selbständiges Verfahren, nicht etwa die Fortsetzung des vorausgehenden (*Fischer* NJW 1956, 1097); die Vereinbarung der entsprechenden Anwendung der in erster Linie für das vorausgehende Verfahren bestimmten Vorschriften ist deshalb nötig.

21. Die Wiederversteigerung kann schon vor Rechtskraft des Zuschlagsbeschlusses sowie vor Eintragung des Erstehers als neuer Eigentümer und der Sicherungshypothek beantragt werden (s. hierzu näher *Zeller/Stöber* ZVG § 133 Rdn. 1, 2); aus Gründen der Klarheit empfiehlt sich deshalb die Anknüpfung an die Anordnung des Versteigerungsgerichts, daß die Forderung gegen den Ersteher auf die Bank übertragen wird.

22. Wahlrecht der Bank. Die Bank hat also die Wahl: Sie kann nach § 7 sogleich Schadensersatz verlangen und/oder nach Eintragung einer Sicherungshypothek die Wiederversteigerung des Grundstücks betreiben, ohne durch Letzteres ihre Rechte aus der Ausbietungsgarantie zu verlieren bzw. um dem Garanten eine erneute Gelegenheit zu geben, die Voraussetzungen für das Bestehenbleiben des Pfandrechts zu schaffen.

Wenn die Ausbietungsgarantie nur für den anstehenden Versteigerungstermin oder die Versteigerung im anhängigen Verfahren gelten soll, erübrigt sich allerdings eine solche Vereinbarung wie in § 4 (s. auch Anm. 20).

23. Freiwerden oder fortdauernde Haftung des Garanten. (1) Wenn der Garant nach Abgabe eines Gebotes gem. § 2 Abs. 1 durch einen Dritten wirksam überboten wird, ist er normalerweise von seinen Verpflichtungen frei (s. § 2 Abs. 1 des Formulars). Das Interesse der Bank, einen Forderungsausfall zu vermeiden, läßt es angeraten erscheinen, die Pflichten des Garanten auch auf den Fall zu erstrecken, daß der Dritte seine Barzahlungspflicht nicht erfüllt und der Bank deshalb ein Schaden entsteht.

(2) Als Alternative zur Regelung in § 5 bietet sich an, den Garanten gegenüber der Bank für die Barzahlungspflicht des Dritten bürgen zu lassen, soweit die Barzahlung zur Deckung der Forderungen der Bank erforderlich ist. Der Garant wäre dann ggfs. zur Zahlung an die Bank verpflichtet; damit ginge dann die durch die Sicherungshypothek gesicherte Forderung mit dieser auf den Garanten über (§§ 774, 412, 401, 1153 Abs. 1 BGB).

24. Schadensersatzpflicht des Garanten. Durch die Ausbietungsgarantie und die Schadensersatzpflicht des Garanten gewinnt die Bank wirtschaftlich einen zweiten Schuldner ihrer Forderungen. Als Schadensersatz kommen Naturalrestitution oder Geldersatz in

9. Ausbietungsgarantie

Betracht, Naturalrestitution aber wohl nur, wenn die Bank das Grundstück selbst ersteigert hat und der Garant es folglich von ihr so erwerben kann, als habe er das Meistgebot abgegeben.

25. Ausschluß des § 114a ZVG. Diese Klauseln sind empfehlenswert, um den Schutz der Bank vor einem effektiven (teilweisen) Forderungsausfall zu gewährleisten. Ohne Ausschluß des § 114a ZVG im Verhältnis zwischen den Vertragsparteien würde § 114a ZVG sich auch zu Gunsten des Garanten auswirken und seine Schadensersatzpflicht entsprechend mindern (streitig, vgl. zum Streitstand *Droste* aaO. der trotz gegenteiliger Meinung den vorsorglichen Ausschluß des § 114a ZVG empfiehlt).

26. Gewährleistungsausschluß. Zwar erwirbt der Ersteher das Grundstück in der Zwangsversteigerung originär durch den rechtsbegründenden Zuschlagsbeschluß, der ein Staatshoheitsakt ist (s. *Zeller/Stöber* ZVG § 90 Rdn. 2) und ist gem. § 56 S. 3 ZVG eine Mängelhaftung (des Eigentümers und des Staates) ausgeschlossen. Da durch die Ausbietungsgarantie eine Erwerbsverpflichtung des Garanten begründet wird (s. Anm. 3), erscheint es aber nicht als ausgeschlossen, eine Gewährleistungspflicht der Bank anzunehmen. Um die dadurch gegebenen Risiken auszuschalten, ist ein ausdrücklicher Gewährleistungsausschluß zu empfehlen.

27. Mehrere Garanten. Hierdurch erhält die Bank die Möglichkeit, sich weitere Garantien geben zu lassen, sich also gegen einen drohenden Forderungsausfall zusätzlich zu schützen. Für den Garanten, der das Grundstück erwerben möchte, ist § 9 Abs. 1 allerdings wegen seines eigenen Interesses am Grundstück eine zweifelhafte, in Verbindung mit § 5 oder – alternativ dazu – einer Ausfallbürgschaft (s. Anm. 23) uU. eine gefährliche Vorschrift.

28. Rücktrittsrecht der Bank. Die Bank kann ein Interesse daran haben, sich bei Vertragsverletzung durch den Garanten von ihren eigenen Verpflichtungen zu lösen, zB. wenn sie erkennt, daß der Garant doch nicht die angenommene Bonität besitzt (s. auch Anm. 9). Damit wird auch der Fall erfaßt, daß der Garant weniger bietet, als er nach § 2 Abs. 1 zu bieten verpflichtet ist, aber die in § 3 unter Buchstabe a u. b festgesetzten Voraussetzungen für das Bestehenlassen des Pfandrechts erfüllen will.

29. Befristung der Garantie. Eine Befristung der Gültigkeitsdauer des Vertrages dürfte für beide Teile interessengerecht sein.

30. Belehrungen des Notars. Diese Belehrungen sind im Interesse des Garanten geboten (s. auch Anm. 5). Der Hinweis auf die Zusammensetzung des Erwerbspreises liegt dabei an der Grenze zur Belehrung über wirtschaftliche Risiken und Zusammenhänge; wegen der abstrakten Form und der Beschränkung auf die Gesetzeslage (§§ 44 Abs. 1, 81 Abs. 1 ZVG) dürfte es sich aber noch um eine Belehrung über rechtliche Gegebenheiten handeln, die dem Notar jedenfalls nicht verwehrt ist.

31. Steuern. (1) Der Vertrag über die Ausbietungsgarantie löst als solcher noch keine Steuern aus.

Die Abgabe des Meistgebotes (§ 81 Abs. 1 ZVG), ein Rechtsgeschäft, das einen Anspruch auf Abtretung der Rechte aus dem Meistgebot (§ 81 Abs. 2 ZVG) begründet und – ohne vorheriges Rechtsgeschäft – die Abtretung der Rechte aus dem Meistgebot (§ 81 Abs. 2 ZVG) unterliegen dagegen der Grunderwerbsteuer (§ 1 Abs. 1 Nr. 4, 5, 7 GrEStG 1983).

Dabei gelten selbstverständlich auch die Befreiungsvorschriften des GrEStG 1983. Eine Steuerbefreiung bei Ersteigerung zur Rettung eines eigenen Grundpfandrechtes (§ 9 Abs. 1 GrEStG 1940) gibt es aber nicht mehr.

(2) Bei Anwendung von § 3 Abs. 3 des Formulars ist Vorsicht geboten: Wenn der Garant selbst das Meistgebot abgegeben, dann aber seine Rechte daraus abgetreten hat, liegen zwei grunderwerbsteuerpflichtige Tatbestände vor, so daß zweimal Grunderwerb-

steuer anfallen kann, wenn keine Steuerbefreiung eingreift. Auch das Bieten als verdeckter Stellvertreter (§ 81 Abs. 3 ZVG) birgt die Gefahr zweimaliger Grunderwerbsteuer. Zu den sich hier ergebenden Zweifelsfragen s. *Boruttau/Egly/Sigloch* GrEStG Vorbem. Rdn. 204 ff sowie *Zeller/Stöber* ZVG § 81 Rdn. 3 Abs. 3.

Um eine zweimalige Steuerpflicht sicher auszuschließen, sollte dem Garanten die Möglichkeit geben werden, einen Dritten zur Abgabe eines seinen eigenen Verpflichtungen entsprechenden Gebots zu veranlassen (s. Anm. 18).

32. Kosten. (1) Notar: 2 Gebühren nach §§ 141, 36 Abs. 2 KostO für die vertragliche Vereinbarung der Garantieübernahme. Alle übrigen Erklärungen sind damit gegenstandsgleich iSv. § 44 Abs. 1 S. 1 KostO (s. *Korintenberg/Lappe/Bengel/Reimann* KostO § 44 Rdn. 14) oder werden nach § 39 Abs. 2 KostO nicht berücksichtigt, weil nur der höhere Wert der Leistungen des Garanten maßgebend ist.

(2) Wert: Der Nennbetrag der auszubietenden Grundschuldforderung (DM 85.000,-), höchstens aber der Wert des belasteten Grundstücks (§ 23 Abs. 1 KostO), der nach § 19 KostO zu ermitteln ist (§ 23 Abs. 2 KostO ist nicht anzuwenden, weil die Ausbietung der Grundschuld, nicht aber die Grundschuld selbst Gegenstand des Geschäfts ist). Zinsen und Kosten werden nicht berücksichtigt (§ 18 Abs. 2 KostO), ebensowenig im Rang vorgehende Forderungen (KGJ 47, 283).

10. Ausführliche Ausfallgarantie[1, 2]

Ausfallgarantievertrag[16]

§ 1

Im Grundbuch von ...... Band ...... Blatt ...... wird[3] zu Lasten des Grundstücks FlStNr. 112/8 in Größe von 11,09 a (Eigentümer: ......) in Abt. III das folgende Pfandrecht eingetragen:
DM 85.000,- Grundschuld nebst 15% Zinsen jährlich für die A-Bank.

Diese Grundschuld wird eine persönliche Forderung der A-Bank gegen D, den genannten Eigentümer, in Höhe von 85.000,- DM nebst 9,5% Zinsen seit ...... und sonstigen Nebenleistungen gem. Bewilligungsschreiben der A-Bank vom ......, das dem B bekannt ist, sichern.[3]

§ 2

B – im folgenden auch einfach „Garant" genannt – übernimmt gegenüber der A-Bank – im folgenden auch einfach „Bank" genannt – die Gewähr für die in § 1 genannte Grundschuld, und zwar in folgendem Umfang:
Der Garant steht dafür ein, daß der Bank in der Zwangsversteigerung des belasteten Grundstücks kein Ausfall an Kapital, Zinsen, sonstigen Nebenleistungen und Kosten entsteht. Eine Pflicht zum Erwerb des belasteten Grundstücks hat der Garant nicht.[15]

Diese Garantie gilt für alle Zwangsversteigerungsverfahren, solange die Grundschuld besteht.[4] Sie gilt auch dann, wenn der Garant das belastete Grundstück selbst ersteigert und gilt auch, wenn ein Ersteher im Verteilungsverfahren seine Barzahlungspflicht nicht vollständig erfüllt und eine Wiederversteigerung des Grundstücks aus einer zugunsten der Bank eingetragenen Sicherungshypothek (§§ 118, 128, 132, 133 ZVG) durchgeführt wird, hinsichtlich der Sicherungshypothek und der durch sie gesicherten Forderung entsprechend; unberührt hiervon bleiben die Rechte der Bank nach § 4.[5]

Die Garantie erlischt erst, wenn die Bank wegen ihrer durch die Grundschuld gesicherten Forderungen vollständig befriedigt ist.

10. Ausführliche Ausfallgarantie X. 10

Dem Garanten ist bekannt, daß der Erwerbspreis (Meistgebot) sich nicht allein nach der Höhe der Forderungen der Bank, sondern auch nach den der Grundschuld im Range vorgehenden Rechten bemessen wird.[6]

§ 3

Wenn die Bank die Zwangsversteigerung nicht selbst betreibt und einem Zwangsversteigerungsverfahren auch nicht beigetreten ist, kann der Garant auf seine Kosten die Aufhebung oder Einstellung des Verfahrens bewirken.[7]

§ 4

Fällt die Grundschuld in der Zwangsversteigerung ganz oder teilweise aus oder ersteigert die Bank das Grundstück zur Rettung der Grundschuld selbst, so hat der Garant ihr den Ausfall bis zum Betrag von ...... [8] zu ersetzen. Dieser bemißt sich nach der Hauptforderung der Grundschuld nebst Zinsen, sonstigen Nebenleistungen und Kosten des Zwangsversteigerungsverfahrens, und zwar begrenzt durch die Höhe der persönlichen Forderung nebst Zinsen,[9] sonstigen Nebenleistungen und Kosten des Zwangsversteigerungsverfahrens, aber unabhängig von der Höhe des von der Bank bei einer Ersteigerung des Grundstücks zu berichtigenden Meistgebots.

§ 114a ZVG findet im Verhältnis der Vertragsschließenden untereinander keine Anwendung, dh. die Bank gilt bei einem Zuschlag unter $7/10$ des Grundstückswertes nicht als über ihr Meistgebot hinaus befriedigt;[10] ein Wertausgleich (Vorteilsausgleichung) ist zwischen der Bank und dem Garanten nicht durchzuführen.[10]

Der Garant ist zur Zahlung des Ausfalls an die Bank nur Zug um Zug gegen Abtretung ihrer Rechte aus der Grundschuld gegen den Grundstückseigentümer und aus der durch die Grundschuld gesicherten Darlehensforderung gegen den Darlehensschuldner verpflichtet.[11]

§ 5

Die Bank ist nicht verpflichtet, bei Fälligkeit der Grundschuld oder der durch sie gesicherten Forderung die Zwangsversteigerung zu betreiben. Sie kann dem Schuldner Stundung gewähren.[12] Wenn sie allerdings Zinserhöhungen oder sonstige Veränderungen der Grundschuld und/oder der Darlehensforderung mit dem Grundstückseigentümer vereinbart, so wirken diese nur gegen den Garanten, wenn er ihnen zugestimmt hat; sind solche Veränderungen ohne Zustimmung des Garanten vorgenommen worden, bleiben dessen Verpflichtungen aus dieser Garantie aber unberührt.

§ 6

Ein Wechsel des Grundstückseigentümers und/oder des Schuldners der durch die Grundschuld gesicherten Darlehensforderung berührt diese Garantie nicht.

Die Garantie erlischt jedoch, wenn die durch die Grundschuld gesicherte Darlehensforderung erlischt oder die Bank auf die Grundschuld verzichtet oder die Bank den Garanten nicht von der Durchführung eines Zwangsversteigerungsverfahrens spätestens 4 Wochen vor dem ersten Versteigerungstermin in Kenntnis gesetzt hat.[13]

§ 7

Die Bank ist berechtigt, mit anderen Personen Verträge gleichen oder ähnlichen Inhalts in Bezug auf die Versteigerung des in § 1 genannten Grundstücks abzuschließen.[14] In einem solchen Fall sind der Garant und die anderen Personen Gesamtschuldner.

Die Bank ist auch berechtigt, die Rechte aus dieser Garantie zusammen mit der Grundschuld abzutreten.

§ 8

Die Kosten[18] des Vertrages und seiner Durchführung trägt der Garant allein.

...... (Ort), den ......   gez. Unterschriften[15]

Keine öffentliche Beglaubigung erforderlich.

Anmerkungen

1. Sachverhalt. Der Makler B hat für die A-Bank einen Kunden D (Darlehensnehmer und Grundstückseigentümer) gefunden, der vorhandene Belastungen des Grundstücks mit Hilfe eines Darlehens der A-Bank umschulden will. Die A-Bank hat Bedenken, ob D leistungsfähig genug ist, Zins und Tilgung für das Darlehen regelmäßig zu zahlen. B ist von der jederzeitigen, die eingetragenen Belastungen abdeckenden freihändigen Verwertbarkeit des Grundstücks überzeugt. Um die A-Bank zur Bewilligung des Darlehens zu veranlassen, erklärt er sich deshalb bereit, der A-Bank gegenüber die Ausfallgarantie für die Grundschuld bzw. das Darlehen zu übernehmen. Für den Fall, daß es zur Zwangsversteigerung des Grundstücks kommen sollte, beabsichtigt B, entweder einen Interessenten zu finden, der selbst ein die Forderungen der A-Bank deckendes Gebot abgibt, oder notfalls das Grundstück selbst zu ersteigern, um es anschließend – gewinnbringend – weiter zu veräußern (vgl. den Fall BGH WM 1989, 1940).

2. Vertragstyp. Es handelt sich um einen vorsorgenden Ausfallgarantievertrag ohne Bietverpflichtung (vgl. Form X. 9 Anm. 2).

3. Verhältnis von Ausfallgarantie und Darlehensbewilligung. Wenn die Bank sichergehen will, muß die Ausfallgarantie vor Wirksamwerden der Darlehensbewilligung an D zugesagt sein. Andererseits ist es zur genauen Bezeichnung des Gegenstands der Garantie (diese wird in § 4 dahingehend konkretisiert, daß die persönliche Forderung maßgebliche Bedeutung hat) nötig, auf die Darlehensbewilligung Bezug zu nehmen. Deshalb ist es ratsam, die Wirksamkeit der Bewilligung des Darlehens im Bewilligungsschreiben ausdrücklich davon abhängig zu machen, daß vorher die Ausfallgarantie zustandekommt.

4. Klarstellung von Umfang und Inhalt der Garantie. S. Form. X. 9 Anm. 7.

5. Wahlrecht der Bank. Die Bank hat also die Wahl: Sie kann nach § 4 sogleich Ersatz des entstandenen Ausfalls verlangen und/oder nach Eintragung einer Sicherungshypothek die Wiederversteigerung des Grundstücks betreiben, ohne durch Letzteres ihre Rechte aus der Ausfallgarantie zu verlieren bzw. um dem Garanten eine erneute Gelegenheit zu geben, einen Interessenten für das Grundstück zu gewinnen, der die Forderungen der Bank voll ausbietet und dann auch seiner Barzahlungspflicht im Verteilungstermin nachkommt.

Der gewählte Text deckt auch den Fall, daß ein Dritter das Grundstück ersteigert, das garantierte Grundpfandrecht im geringsten Gebot liegt und es auf Antrag eines anderen Gläubigers zu einer Wiederversteigerung nach §§ 118, 128 ZVG kommt.

6. S. Form. X. 9 Anm. 6 und 30.

7. Klarstellung der Befugnisse des Garanten. Dies sollte der Klarheit halber ausdrücklich geregelt werden. Wenn die Bank selbst keine Veranlassung hat, die Zwangsversteigerung zu betreiben, wird sie auch nichts gegen eine Aufhebung oder Einstellung des Verfahrens einzuwenden haben.

8. Garantie für Höchstbetrag. S. zunächst Form. X. 9 Anm. 8.

Bei einer Ausfallgarantie, die bereits vor Bewilligung des Darlehens vereinbart wird, hat der Gesichtspunkt, wenigstens eine Teildeckung zu erzielen, keine Bedeutung. Die Festlegung eines bestimmten Betrages kann hier dazu dienen, die Verpflichtung des

10. Ausführliche Ausfallgarantie **X. 10**

Garanten für diesen von vornherein auch der Höhe nach festzuschreiben. Die Bank ihrerseits wird in diesem Fall darauf achten, daß die (Zins- u. Tilgungs-) Rückstände zuzügl. voraussichtlicher Kosten nicht über den festgelegten Betrag hinaus anwachsen.

9. Begrenzung des garantierten Betrages. Diese Begrenzung erscheint angebracht, weil die Grundschuld ihrer Höhe nach von inzwischen erfolgten Tilgungen unberührt bleibt und die Grundschuldzinsen regelmäßig höher als die Darlehenszinsen sind, die Bank aber nur ein Interesse an Erfüllung ihrer realen Forderungen hat.

Wenn der Anspruch des Grundstückseigentümers auf Herausgabe des zur Deckung der Forderungen der Bank nicht benötigten Teils des auf die Grundschuld entfallenden Betrages gepfändet oder abgetreten ist, so ist die vorgeschlagene Begrenzung doch unbedenklich, denn sie soll nur den Ausfall-Erstattungsanspruch der Bank begrenzen, wenn durch das Meistgebot die Forderungen der Bank gerade nicht voll gedeckt sind.

10. Ausschluß des § 114a ZVG. S. Form. X. 9 Anm. 25.

11. Abtretung der gesicherten Forderung an den Garanten. Diese Zug-um-Zug-Abtretung sollte selbstverständlich sein: Sie ist der Bank nicht nachteilig und schafft für den Garanten die Möglichkeit, sich beim Grundstückseigentümer bzw. Darlehensschuldner evtl. doch noch schadlos zu halten (wegen der grunderwerbsteuerrechtlichen Bedeutung der Abtretung s. Form. X. 9 Anm. 31).

12. Dispositionsfreiheit der Bank. Diese Bestimmungen erhalten der Bank die Dispositionsfreiheit, sind für den Garanten aber nicht ungefährlich, weil die Rückstände größer als bei normalem Verlauf werden können; im vorliegenden Fall ist dieses Risiko für den Garanten aber tragbar, weil in § 4 die Ausfall-Erstattungspflicht auf einen Höchstbetrag begrenzt ist.

13. Klarstellende Vereinbarungen. Im Interesse beider Vertragsparteien sind diese klarstellenden Vereinbarungen zu empfehlen.

14. Mehrere Garanten. Hierdurch erhält die Bank die Möglichkeit, sich weitere Garantien, evtl. auch eine Ausbietungsgarantie (s. Form. X. 9), geben zu lassen, sich also gegen einen Forderungsausfall zusätzlich zu schützen.

15. Keine Pflicht zum Bieten und Form der Garantie. Eine Ausfallgarantie begründet keine Pflicht zum Bieten und damit auch keine Erwerbsverpflichtung (s. Form. X. 9 Anm. 2 Buchst. a u. b); notarielle Beurkundung ist deshalb nach § 313 BGB nicht nötig. Die Vereinbarung einer Ausfallgarantie ist vielmehr – wie im vorliegenden Fall – formlos gültig.

Zur Klarstellung, daß eine Erwerbsverpflichtung auch dann nicht besteht, wenn die Bank selbst das Grundstück ersteigert, sollte das ausdrücklich erwähnt werden.

16. Weiterer Inhalt einer Ausfallgarantie. Eine Ausfallgarantie könnte für den Fall, daß der Garant das Grundstück selbst ersteigert,
a) einen Verzicht der Bank auf Sicherheitsleistung gem. §§ 67–70 ZVG (s. Form. X. 9 § 2 Abs. 2 u. Anm. 9, 10) enthalten und/oder
b) eine Verpflichtung der Bank vorsehen, (unter bestimmten Voraussetzungen) das Pfandrecht bestehen zu lassen, wenn ein Darlehen zu den bisherigen oder neuen Bedingungen mit dem Ersteher vereinbart wird (s. Form. X. 9 § 3 u. Anm. 13–15).

17. Steuern. Der Vertrag über die Ausfallgarantie löst als solcher noch keine Steuern aus.

18. Kosten. (1) Notar: 2 Gebühren nach §§ 141, 145, 36 Abs. 2 KostO, wenn der Notar den Entwurf gefertigt hat.

Wenn ein Anwaltsnotar oder Notaranwalt tätig geworden ist, kann es sich allerdings auch um anwaltliche Tätigkeit handeln (§ 24 Abs. 2 BNotO; *Korintenberg/Lappe/Bengel/Reimann* KostO § 145 Rdn. 55–58).

(2) Wert: DM 85.000,–.

11. Kürzere Ausfallgarantie[1, 2]

Ausfallgarantievertrag[12]

§ 1

Im Grundbuch von ...... Band ...... Blatt ...... ist zu Lasten des FlStNr. 112/8 in Größe von 11,09 a (Eigentümer: D) in Abt. III das folgende Pfandrecht eingetragen:
lfd. Nr. 1: DM 160.000,– Hypothek für Darlehen nebst bis zu 10,5% Zinsen jährlich für die A-Bank.

Diese Hypothek sichert eine persönliche Forderung der A-Bank gegen D in Höhe von DM 160.000,– nebst bis zu 10,5% Zinsen jährlich seit ...... gem. Bewilligungsschreiben der A-Bank vom ......, das dem B bekannt ist.

§ 2

Die A-Bank – im folgenden auch einfach „Bank" genannt – und B – im folgenden auch einfach „Garant" genannt – vereinbaren folgendes:
Für das anhängige Zwangsversteigerungsverfahren (Gesch.Nr.: ...... des AG X), längstens jedoch bis zum ......,[3] verpflichtet sich der Garant dafür einzustehen, daß die Bank hinsichtlich der genannten Hypothek[4] nebst Zinsen und Kosten des Zwangsversteigerungsverfahrens keinen Ausfall erleiden wird.

Diese Ausfallgarantie gilt auch dann, wenn der Garant das belastete Grundstück selbst ersteigert und gilt auch, wenn ein Ersteher im Verteilungsverfahren seine Barzahlungspflicht nicht vollständig erfüllt und eine Wiederversteigerung des Grundstücks aus einer Sicherungshypothek (§§ 118, 128, 132, 133 ZVG) durchgeführt wird, hinsichtlich der (bestehengebliebenen) Hypothek bzw. – falls die Hypothek durch den Zuschlag erloschen ist – hinsichtlich der Sicherungshypothek und der durch sie gesicherten Forderung entsprechend; unberührt hiervon bleiben die Rechte der Bank nach § 3.[5]

Die Garantie erlischt, wenn die Bank wegen der durch die Hypothek gesicherten Forderungen vollständig befriedigt ist.

Dem Garanten ist bekannt, daß der Garantiepreis (Meistgebot) sich nicht allein nach der Höhe der Forderungen der Bank, sondern auch nach den der Hypothek im Range vorgehenden Rechten bemessen wird.[6]

§ 3

Fällt die Hypothek in der Zwangsversteigerung ganz oder teilweise aus oder ersteigert die Bank das Grundstück zur Rettung der Hypothek selbst, so hat der Garant ihr den Ausfall zu ersetzen. Dieser bemißt sich nach der Hauptforderung der Hypothek nebst Zinsen, sonstigen Nebenleistungen und Kosten des Zwangsversteigerungsverfahrens, und zwar unabhängig von der Höhe des von der Bank bei einer Ersteigerung des Grundstücks zu berichtigenden Meistgebotes.

§ 114a ZVG findet im Verhältnis der Vertragsschließenden untereinander keine Anwendung, dh., die Bank gilt bei einem Zuschlag unter $7/10$ des Grundstückswertes nicht als über ihr Meistgebot hinaus befriedigt;[7] ein Wertausgleich (Vorteilsausgleichung) ist zwischen der Bank und dem Garanten nicht durchzuführen.

Der Garant ist zur Zahlung des Ausfalls an die Bank nur Zug um Zug gegen Abtretung ihrer Rechte aus der Hypothek gegen den Grundstückseigentümer und aus der durch die Hypothek gesicherten Darlehensforderung gegen den Darlehensschuldner verpflichtet.[8]

11. Kürzere Ausfallgarantie

§ 4

Ein Wechsel des Grundstückseigentümers und/oder des Schuldners der durch die Hypothek gesicherten Darlehensforderung berührt diese Garantie nicht.[9]

§ 5

Die Bank ist berechtigt, mit anderen Personen Verträge gleichen oder ähnlichen Inhalts in Bezug auf die Versteigerung des in § 1 genannten Grundstücks abzuschließen.[10]

§ 6

Die Kosten[14] dieses Vertrages und seiner Durchführung trägt der Garant allein.

...... (Ort), den ......   gez. Unterschriften[11]

Keine öffentliche Beglaubigung erforderlich.

Anmerkungen

1. Sachverhalt. Der Makler B hatte für die A-Bank seinerzeit den Kunden D (Darlehensnehmer und Grundstückseigentümer) gefunden, der vorhandene Belastungen mit Hilfe des Darlehens der A-Bank umgeschuldet hat. Bedenken der A-Bank wegen der Leistungsfähigkeit des D und der Beleihbarkeit des Grundstücks in der gewünschten Höhe hatte B u. a. durch Vorlage eines Wertgutachtens zerstreut. Als es auf Antrag der A-Bank zur Zwangsversteigerung kommt, ergibt das Gutachten des gerichtlich bestellten Sachverständigen einen Grundstückswert, der einen Ausfall der A-Bank wahrscheinlich macht. Die A-Bank hat dies dem B, mit dem sie inzwischen zahlreiche Darlehensgeschäfte abgewickelt hat, mitgeteilt. B ist überzeugt, das Grundstück noch in der Zwangsversteigerung an einen Interessenten vermitteln oder selbst gut verwerten zu können, und möchte seine guten Verbindungen zur A-Bank nicht getrübt sehen. Er hat deshalb der A-Bank die Ausfallgarantie angeboten, sich aber gleichzeitig außerhalb dieser Urkunde den Verzicht der Bank auf Sicherheitsleistung des B oder eines von ihm vermittelten Bietinteressenten und die Zusage der Bank für das Bestehenbleiben der Hypothek geben lassen (s. Anm. 12).

2. Formen von Vereinbarungen bei Grundstückszwangsversteigerungen. S. Form. X. 9 Anm. 2.

3. Klarstellung von Umfang und Inhalt der Garantie. S. Form. X. 9 Anm. 7.

Da im vorliegenden Formular ein Zwangsversteigerungsverfahren bereits anhängig ist, erübrigen sich die in Form. X. 10 §§ 3 u. 5 enthaltenen Bestimmungen.

4. Garantie für eine Hypothek. In diesem Formular wird die Ausfallgarantie für eine Hypothek übernommen. Wenn es sich – wie angenommen wird – um eine „echte" Hypothek handelt, erübrigen sich die in Form. X. 10 enthaltenen Bestimmungen zur persönlichen Forderung (s. Form. X. 10 Anm. 9, 11). Etwas anderes gilt allerdings dann, wenn – was von manchen Kreditinstituten praktiziert wird – die eigentliche Darlehensschuld von einem abstrakten Schuldanerkenntnis überlagert und dieses, nicht jedoch das Darlehen selbst, durch die Hypothek gesichert wird; hier müßte im Interesse des Garanten dafür Sorge getragen werden, daß sich die Höhe des Ausfalles nach der tatsächlichen Darlehensschuld bemißt (s. Form. X. 10 bei und in Anm. 9).

5. Wahlrecht der Bank. S. Form. X. 10 Anm. 5; hier könnte nach § 3 sogleich Ersatz des entstandenen Ausfalls verlangt werden.

6. S. Form. X. 9 Anm. 6 u. 30.

7. Ausschluß des § 114a ZVG. S. Form. X. 9 Anm. 25.

8. Abtretung der gesicherten Forderung an den Garanten. S. Form. X. 10 Anm. 11.
9. Klarstellende Vereinbarungen. S. Form. X. 10 Anm. 13.
10. Mehrere Garanten. S. Form. X. 10 Anm. 14.
11. Keine Pflicht zum Bieten und Form der Garantie. S. Form. X. 10 Anm. 15.
12. Weiterer Inhalt der Ausfallgarantie. S. Form. X. 10 Anm. 16; solche zusätzlichen Vereinbarungen können natürlich auch außerhalb der Urkunde über die Ausfallgarantie getroffen werden; im Interesse des Garanten liegt es aber, wenn die beiderseitigen Rechte und Pflichten in einer Urkunde gleichzeitig festgelegt werden.
13. Steuern. S. Form. X. 10 Anm. 17, X. 9 Anm. 31.
14. Kosten. (1) Notar: wie Form. X. 10 Anm. 18 (1) iVm. Form. X. 9 Anm. 32 (1). (2) Wert: DM 160.000,–, s. Form. X. 9 Anm. 32 (2).

12. Ausbietungsvertrag[1, 2]

Ausbietungsvertrag[15]

§ 1

Im Grundbuch von ...... Band ...... Blatt ...... ist zu Lasten des FlStNr. 112/8 in Größe von 11,09 a (Eigentümer: ......) in Abt. III das folgende Pfandrecht eingetragen: lfd. Nr. 2: DM 85.000,– Grundschuld nebst 15% Zinsen jährlich für die A-Bank; eingetragen gem. Bewilligung vom ...... (Urkunde des Notars ...... in ...... vom ...... dessen UR-Nr. 12/1981).

Die A-Bank – im folgenden auch einfach „Bank" genannt – betreibt die Zwangsversteigerung aus diesem Pfandrecht, das dadurch fällig geworden ist.

B – im folgenden auch einfach „Erwerber" genannt – sind die durch die vorbezeichnete Grundschuld gesicherte persönliche Darlehensforderung der Bank und die Darlehensbedingungen bekannt. Auch diese Forderung ist durch die Anordnung der Zwangsversteigerung fällig geworden. Dem Garanten ist ferner bekannt, daß die Bank zur Zeit an Kosten und Zinsen den Betrag von ...... DM zu fordern hat und daß gem. den zur Zeit vorliegenden Forderungsanmeldungen zum Zwangsversteigerungsverfahren die Stadt C einen Betrag von ...... DM an rückständiger Grundsteuer fordert.

Zwangsversteigerungstermin ist auf den 11. 6. ...... anberaumt. Bei einer Verschiebung des Termins können die bezeichneten Forderungen höher sein.

§ 2

Der Erwerber will das in § 1 genannte Grundstück in der Zwangsversteigerung ersteigen. Er wird im Versteigerungstermin am 11. 6. ein Gebot abgeben, durch welches auf die Grundschuld ein Betrag von mindestens DM 85.000,– entfällt.[3]

Der Erwerber wird außerdem an die Bank bis 10. 5. ...... DM 35.000,– und bis 25. 5. ...... weitere DM 50.000,– zahlen.[4]

§ 3

Für den Fall, daß der Erwerber die DM 85.000,– an die Bank gem. § 2 Abs. 2 gezahlt hat, verpflichtet diese sich, bei einem von einem Dritten abgegebenen Gebot Sicherheitsleistung (§§ 67–70 ZVG),[5] bei einem vom Erwerber gem. § 2 Abs. 1 abgegebenen Gebot aber keine Sicherheitsleistung[6] zu verlangen. Dem Erwerber ist bekannt, daß ein solches Verlangen jedoch von anderen Berechtigten iS. von § 67 Abs. 1 ZVG erhoben werden kann.[6]

12. Ausbietungsvertrag X. 12

Der Erwerber verpflichtet sich für den Fall, daß er den Zuschlag erhält und die Bank keine Sicherheitsleistung verlangt hat, die der Bank entstandenen und noch entstehenden Kosten des Zwangsversteigerungsverfahrens innerhalb 14 Tagen nach Erteilung des Zuschlags zu erstatten.[7]

Für den Fall, daß der Erwerber die DM 85.000,– gem. § 2 Abs. 2 und die Kosten gem. Abs. 2 an die Bank gezahlt hat und der ihm erteilte Zuschlag rechtskräftig wird, verpflichtet sich diese, dem Versteigerungsgericht gegenüber ihre Befriedigung in Höhe der ihr vom Erwerber zugeflossenen Beträge zu erklären.[8]

§ 4

Die Bank leistet keinerlei Gewähr für Größe, Güte und Beschaffenheit des Grundstücks und der aufstehenden Gebäude.[9] Sie ist nicht berechtigt, mit anderen Personen Verträge gleichen oder ähnlichen Inhalts in Bezug auf die Versteigerung des in § 1 genannten Grundstücks abzuschließen, es sei denn, der Erwerber leistet die in § 2 festgelegten Zahlungen nicht.[10]

Wenn der Erwerber den Zuschlag nicht erhält, gilt folgendes:

Die Bank ist verpflichtet, dem Erwerber die von diesem an die Bank gem. § 2 Abs. 2 und § 3 Abs. 2 gezahlten Beträge unverzüglich zurückzuzahlen. Eine Verzinsung der gezahlten Beträge findet bis zur Fälligkeit der Rückzahlung nicht statt.[11] Wenn es aus vom Erwerber zu vertretenden Gründen nicht zu einer Zuschlagserteilung kommt (zB. weil keine Gebote, auch vom Erwerber selbst nicht, abgegeben worden sind, § 77 Abs. 1 ZVG) oder vom Meistgebot weniger als DM 85.000,– auf die Grundschuld entfallen, ist die Bank jedoch berechtigt, von den gezahlten Beträgen DM 1.500,– als Kosten- und Schadensersatzpauschale einzubehalten.[12]

§ 5

Wenn der Zuschlag nicht bis ...... erteilt ist, sind die Vertragsschließenden an diesen Vertrag nicht mehr gebunden.[13]

§ 6

Die Kosten[17] dieses Vertrages und seiner Durchführung trägt der Erwerber allein.

...... (Ort), den ......   gez. Unterschriften[14]

Keine öffentliche Beglaubigung erforderlich.[14]

Anmerkungen

1. **Sachverhalt.** B ist daran interessiert, das Grundstück zu ersteigern. Zu einer derartigen Verpflichtung und auch zur Übernahme einer irgendwie gearteten Garantie gegenüber der A-Bank, ist er jedoch nicht bereit. Andererseits möchte B andere Bieter möglichst abhalten bzw. vermeiden, daß die A-Bank mit anderen Interessenten Verträge schließt, die ihnen das Ersteigern erleichtern. Die A-Bank wäre mit einer Zahlung in Höhe des Grundschuldbetrages zufrieden. Sie ist zum Verzicht auf Vereinbarungen, die ihr eine Deckung der Grundschuld von mindestens DM 85.000,– garantieren, aber nur gegen vorherige Zahlung des Betrages durch B bereit.

2. **Formen von Vereinbarungen bei Grundstückszwangsversteigerungen.** S. Form. X. 9 Anm. 2. Die Grenzen zwischen den verschiedenen Vertragstypen und Typenvarianten (vgl. dazu *Droste* MittRhNotK 1995, 38 ff.) sind fließend. Dafür, was zwischen den Vertragspartnern im Einzelfall vereinbart wird, muß die jeweilige Interessenlage maßgebend sein.

3. **Keine Pflicht zum Bieten und keine Ausfallgarantie.** Hierbei handelt es sich um eine bloße Absichtserklärung, die für den Erwerber weder eine Pflicht zum Bieten noch eine Ausfallgarantie begründet.

4. Wenn der Erwerber die vor der Versteigerung bar zu zahlenden Beträge finanzieren muß, könnte eine Abwicklung über ein (Notar-) Anderkonto vorgesehen werden.

5. **Sicherheitsleistung eines Dritten.** Die Verpflichtung, von einem dritten Bieter Sicherheitsleistung zu verlangen, bedeutet für die Bank, daß sie im Versteigerungstermin vertreten sein muß (§ 67 Abs. 1 S. 1 ZVG). Diese Verpflichtung, die lediglich eine vom Gesetz eingeräumte Möglichkeit zu einer Pflicht verengt, bewirkt noch nicht, daß andere Bietinteressenten vom Bieten abgehalten werden, und ist deshalb unbedenklich (s. hierzu Form. X. 9 Anm. 2 Buchst. d).

6. **Verzicht auf Sicherheitsleistung des Erwerbers.** Der Verzicht auf Sicherheitsleistung durch den Erwerber ist für die Bank unproblematisch, weil dieser bereits die Hauptforderung (s. § 3 Abs. 2) gezahlt hat (s. auch Form. X. 9 Anm. 9).

Dieser Verzicht berührt die Position anderer Beteiligter, insbesondere ihr Recht, Sicherheitsleistung nach §§ 67 ff. ZVG zu verlangen, nicht.

7. **Erstattung der Kosten.** Die genaue Höhe der Kosten wird bei Abschluß des Ausbietungsvertrages noch nicht feststehen. Deshalb ist die vorgeschlagene Bestimmung zu empfehlen, die für die Bank – insbes. wegen § 3 Abs. 3 – ein geringes Risiko enthält.

Als Alternative käme in Betracht, mit den Beträgen nach § 2 eine (vorläufige) Kostenpauschale zahlen zu lassen (über die abzurechnen ist).

8. **Befriedigungserklärung der Bank.** Es handelt sich um eine unechte Befriedigungserklärung, eine Erklärung der Bank, daß sie das, was ihr lt. Teilungsplan vom Versteigerungserlös zuständle, bereits erhalten habe; dieser Betrag ist vom Ersteher deshalb nicht mehr zur Teilungsmasse einzuzahlen und an die Bank nicht mehr auszuzahlen (s. *Zeller/Stöber* ZVG § 114 Rdn. 4 Abs. 4).

9. **Gewährleistungsausschluß.** S. Form. X. 9 Anm. 26.

10. **Mehrere „Garanten".** Wenn die in § 2 festgelegten Beträge der Hauptforderung an die Bank gezahlt sind, gibt es für sie keine Veranlassung mehr, sich noch durch weitere ähnliche Vereinbarungen abzusichern, zumal sie für den Fall der „Rückabwicklung" gegen Nachteile gesichert wird (s. Anm. 12).

11. **Bereicherungsanspruch.** Hier wird ein Bereicherungsanspruch wegen Zweckverfehlung ausdrücklich vereinbart.

12. **Kosten- und Schadensersatzpauschale.** Die Zuerkennung einer Kosten- u. Schadensersatzpauschale ist das Korrelat dazu, daß die Bank auf den Abschluß ähnlicher Verträge mit Dritten verzichtet (s. Anm. 10).

13. **Befristung des Vertrages.** S. Form. X. 9 Anm. 29.

14. **Form des Vertrages.** Da keine Erwerbsverpflichtung begründet wird, ist notarielle Beurkundung nach § 313 BGB nicht nötig. Die Vereinbarung ist formlos gültig (s. Form. X. 9 Anm. 15).

15. **Weiterer Inhalt eines Ausbietungsvertrages.** S. Form. X. 10 Anm. 16 Buchst. b.

16. **Steuern.** Der Ausbietungsvertrag löst als solcher noch keine Steuern aus. Im übrigen s. Form. X. 9 Anm. 31.

17. **Kosten.** (1) Notar: 2 Gebühren nach §§ 141, 145, 36 Abs. 2 KostO, wenn der Notar den Entwurf gefertigt hat, für die Ausbietungsvereinbarung. Alle übrigen Erklärungen sind damit gegenstandsgleich iSv. § 44 Abs. 1 S. 1 KostO (s. *Korintenberg/Lappe/Beugel/Reimann* KostO § 44 Rdn. 14) oder werden nach § 39 Abs. 2 KostO nicht berücksichtigt, weil nur der höhere Wert der Leistungen maßgebend ist.

13. Vertragliche Feststellung der Höhe einer Überbaurente

Wenn ein Anwaltsnotar oder Notaranwalt tätig geworden ist, kann es sich allerdings auch um anwaltliche Tätigkeit handeln (§ 24 Abs. 2 BNotO; *Korintenberg/Lappe/Bengel/Reimann* KostO § 145 Rdn. 55–58).

(2) Wert: Bestimmung nach freiem Ermessen (§ 30 Abs. 1 KostO); angemessen dürften hier DM 85.000,– sein als der Betrag, den der Erwerber an die Bank zahlen will. Vom Erwerber daneben zu zahlende Kosten und zu befriedigende vorrangige Forderungen bleiben unberücksichtigt (§ 18 Abs. 2 KostO; s. auch Form. X. 9 Anm. 32 (2)).

Überbau und Notweg

13. Vertragliche Feststellung der Höhe einer Überbaurente[2]

An das
Amtsgericht
– Grundbuchamt –

Betr.: Grundbuch von G Band 17 Blatt 828

Im Grundbuch von G Band 17 Blatt 828 sind A und B als Miteigentümer zu je ½ Anteil des folgenden Grundstücks eingetragen:

Gemarkung Freibeck, Flur 12, FlStNr. 6/27,
Hof- und Gebäudefläche, Schunterweg 37;   9,32 ar.

A und B[4] haben auf diesem Flurstück eine Scheune[5] errichtet und dabei über die Grenze zu dem im Grundbuch von G Band 17 Blatt 841 eingetragenen Grundstück[3]

Gemarkung Freibeck, Flur 12, FlStNr.
6/28, Gartenland, Schunterweg 38,   6,29 ar
gebaut.[2]

Die derzeitigen Eigentümer dieses Grundstücks, die Erbengemeinschaft aus C, D und E, haben dem Überbau nicht widersprochen[6] und sind mit A und B darüber einig, daß der Überbau nicht auf Vorsatz oder grober Fahrlässigkeit beruht.[7] Die genaue Größe der überbauten Fläche ist ungewiß und soll wegen der Geringfügigkeit des Überbaues auch nicht festgestellt werden.[8]

A und B haben sich mit der Erbengemeinschaft aus C, D und E vertraglich darauf geeinigt,[9] daß der jeweilige Eigentümer des Grundstücks FlStNr. 6/27 verpflichtet ist, dem jeweiligen Eigentümer des Grundstücks FlStNr. 6/28 eine Überbaurente[9, 12] von jährlich DM 200,–[10, 11] zu zahlen, die jeweils am 30. Juni des betreffenden Jahres[11] fällig ist.

A und B bewilligen[16] und beantragen die Eintragung[14] dieser Rentenverpflichtung zugunsten des jeweiligen Eigentümers[13] des FlStNr. 6/28 zu Lasten des oben genannten Flurstücks Nr. 6/27.[15]

...... (Ort), den ......   gez. Unterschriften
                                         von A, B, C, D, u. E

Öffentliche Beglaubigung der Unterschriften.[17]

Anmerkungen

1. **Gesetzliche Grundlagen.** Das Recht des Überbaus ist in §§ 912 bis 916 HGB geregelt (vgl. die Kommentierung von *Staudinger/Roth*, 13. Aufl. 1966).

2. Arten des Überbaues. Zu unterscheiden sind: rechtmäßiger und unrechtmäßiger Überbau sowie entschuldigter und unentschuldigter Überbau.

a) Ein rechtmäßiger Überbau liegt vor, wenn der Nachbar diesem zugestimmt hat; Beseitigung des Überbaues kann dann nicht verlangt werden. §§ 912 ff. BGB sind allenfalls entsprechend anwendbar. Der Schutz von Sonderrechtsnachfolgern des Überbauenden ist durch Grunddienstbarkeiten zu erreichen, aber auch durch die Erwägung gegeben, daß die Zustimmung des Nachbarn eine Schuld des Überbauenden ausschließt und folglich der Rechtsnachfolger zur Duldung des Überbaues gem. § 912 Abs. 1 BGB gezwungen ist.

b) Ohne Zustimmung des Nachbarn liegt ein unrechtmäßiger Überbau vor. Ist dieser vom Überbauenden mit Vorsatz oder grober Fahrlässigkeit oder gegen den sofortigen Widerspruch des Nachbarn errichtet worden, so ist er auch unentschuldigt und ist er gem. § 1004 BGB auf Verlangen des Nachbarn vom Überbauenden auf seine Kosten zu beseitigen, es sei denn, der Nachbar hat den Überbau nachträglich genehmigt. Ein unrechtmäßiger, aber entschuldigter Überbau liegt dagegen vor, wenn der Überbau ohne Vorsatz oder grobe Fahrlässigkeit errichtet worden ist und der Nachbar ihm nicht sofort widersprochen hat. Nur diesen Fall regeln die §§ 912 bis 916 BGB. Normzweck der §§ 912–916 BGB ist es, wertvernichtende Zerstörungen zu verhüten, dem duldungspflichtigen Eigentümer aber einen Ausgleich für den Nutzungsverlust zu geben.

3. Entsprechende Anwendung der Überbauvorschriften. § 912 BGB regelt zwar nur den Fall, daß ein Eigentümer über die Grenze eines im Eigentum eines „Nachbarn", also eines anderen Eigentümers, stehenden „Grundstücks" baut. Anerkannt ist aber die entsprechende Anwendung der §§ 912–916 BGB dann, wenn ein Eigentümer über die Grenze zu einem anderen, ihm ebenfalls gehörenden Grundstück baut (sog. Eigengrenzüberbau), wenn ein mit einem Gebäude bebautes Grundstück später so geteilt wird, daß das Gebäude von der Grenze der neu gebildeten Grundstücke durchschnitten wird, und wenn auf einem Grundstück ein Gebäude so errichtet wird, daß eine vertraglich vereinbarte Bebauungsgrenze oder ein (landesrechtlich) vorgeschriebener Bauabstand überschritten oder eine Dienstbarkeit (zB. ein Wegerecht) beeinträchtigt wird (s. BGHZ 39, 5 u. BGH DNotZ 1967, 103, sowie ausführlich MünchKomm/*Säcker* § 912 Rdn. 48–54; RGRK/*Augustin* § 912 Rdn. 30).

Gemäß § 11 ErbbRVO gilt § 912 BGB auch beim Überbau durch den Erbbauberechtigten. Ebenso sind die §§ 912 ff. BGB auf den Wohnungs- und Teileigentümer nach WEG analog anzuwenden (MünchKomm/*Säcker* § 912 Rdn. 54; OLG Celle OLGZ 1981, 106/108).

4. Überbau durch den Grundstückseigentümer. Nur wenn der Eigentümer des Grundstücks den Überbau errichtet hat, gelten die §§ 912–916 BGB. Es genügt, daß der Eigentümer „Geschäftsherr" des Bauvorhabens ist (BGHZ 110, 298, 302). Die Errichtung des Überbaues durch einen Pächter, Nießbraucher o.ä. genügt nur, wenn der Eigentümer sich mit dem Grenzüberbau einverstanden erklärt hat (§§ 184, 185 BGB analog) (BGHZ 15, 219 = NJW 1955, 177; RGRK/*Augustin* § 912 Rdn. 7; aA. MünchKomm/*Säcker* § 912 Rdn. 11).

5. Der Überbau muß ein Gebäude sein. Bei dem Überbau muß es sich um ein „Gebäude" handeln, also ein Bauwerk, das Personen oder Sachen durch räumliche Umfriedung gegen äußere Einflüsse Schutz gewährt und den Eintritt von Menschen gestattet (BGH MDR 1973, 39). Mauern, Zäune, Tore und ähnliches erfüllen diesen Begriff nicht (s. MünchKomm/*Säcker* § 912 Rdn. 4; RGRK/*Augustin* § 912 Rdn. 9, ebensowenig sog. Ausbauchungen von Mauern, zB. infolge von Alter oder Kriegseinwirkungen (streitig s. MünchKomm/*Säcker* § 912 Rdn. 55).

6. Widerspruch gegen den Überbau. (1) Der Widerspruch muß, um die Duldungspflicht auszuschließen, sofort, dh. ohne schuldhaftes Zögern (§ 121 BGB), erhoben wer-

13. Vertragliche Feststellung der Höhe einer Überbaurente X. 13

den, und zwar entweder vor oder nach der Grenzüberschreitung (MünchKomm/*Säcker* § 912 Rdn. 25).

(2) Der Widerspruch ist nicht in einer bestimmten Form zu erheben und muß nicht begründet werden; eine falsche Begründung ist unschädlich (BGHZ 59, 191 = NJW 1972, 1750). Widerspruchsberechtigt ist der Nachbar, dh. der Eigentümer des überbauten Grundstücks, sowie nach § 916 BGB auch der daran durch ein Erbbaurecht oder eine Dienstbarkeit Berechtigte, sofern diese durch den Überbau beeinträchtigt wird.

(3) Der unterlassene Widerspruch kann, weil er keine (fingierte) Willenserklärung darstellt, nicht angefochten werden (zB. bei Irrtum, Unkenntnis des Überbaues usw.; BGH aaO.; auch sonstige Willensmängel scheiden aus).

7. Vorsatz oder grobe Fahrlässigkeit des Überbauenden. Wenn Vorsatz oder grobe Fahrlässigkeit des Überbauenden vorliegen, ist der rechtzeitige Widerspruch (s. Anm. 6) nicht mehr Voraussetzung für den Beseitigungsanspruch des Nachbarn.

Umstritten ist, inwieweit der Eigentümer für ein Verschulden der von ihm mit dem Bau beauftragten Hilfspersonen einzustehen hat. Der Eigentümer kann sich jedenfalls der Verantwortlichkeit nicht durch die Übertragung der Bauausführung an Dritte entziehen; für das Verschulden seines Architekten hat der Eigentümer und Bauherr gem. § 166 BGB einzustehen (hM., BGHZ 42, 63/68 = NJW 1969, 2016; BGH NJW 1977, 375). Die Anwendbarkeit der §§ 278 u. 831 BGB wird überwiegend abgelehnt (s. *Palandt/Bassenge* § 912 Rdn. 9; MünchKomm/*Säcker* § 912 Rdn. 18–21).

8. Duldungspflicht. Die Größe des Überbaues bzw. der überbauten Fläche muß als Voraussetzung für die Duldungspflicht, die vertragliche Feststellung der Höhe einer Überbaurente oder des Verzichts auf eine Überbaurente nicht festgestellt werden.

Die Duldungspflicht beruht auf einer unmittelbar durch das Gesetz angeordneten Beschränkung des Nachbareigentums, die unabhängig von der Kenntnis des Überbaues gegeben ist.

Aus Kostengründen empfiehlt es sich oft, auf eine genaue Vermessung der überbauten Fläche einvernehmlich zu verzichten.

Bedeutungslos sind auch die Eigentumsverhältnisse am Überbau (dazu *Palandt/Bassenge* § 912 Rdn. 5; MünchKomm/*Säcker* § 912 Rdn. 34 ff.) und deren genaue Feststellung.

9. Überbaurente: Funktion und Beginn der Rentenpflicht. Die Überbaurente ist die Entschädigung des Nachbarn für seine Duldungspflicht (s. Anm. 2 aE.). Die Rentenpflicht beschränkt den Inhalt des Eigentums an dem Grundstück, von dem aus überbaut ist; das Rentenrecht ist Bestandteil des Nachbargrundstücks (§ 96 BGB) und erweitert insofern dessen Eigentumsinhalt.

Die Rentenpflicht beginnt mit dem Zeitpunkt der Grenzüberschreitung, auch wenn diese erst später entdeckt wird (bei einem Eigengrenzüberbau ruht die Rentenpflicht ebenso wie die Duldungspflicht, solange sich beide Grundstücke in einer Hand befinden; MünchKomm/*Säcker* § 912 Rdn. 30, 49).

10. Bemessung der Überbaurente. Zu entschädigen ist durch die Rente der objektive Wert, den der Vorteil allgemein hat, den Boden zu nutzen; dieser bemißt sich in der Regel nach dem Verkehrswert. Stichtag für die Wertermittlung ist der Tag der Grenzüberschreitung (BGHZ 97, 292/297). Spätere Veränderungen des Grundstückswertes sollen nicht zu berücksichtigen sein, um fortgesetzte nachbarliche Streitigkeiten auszuschließen (MünchKomm/*Säcker* § 912 Rdn. 30). Das kann aber schon nach wenigen Jahren dazu führen, daß das Rentenrecht nicht mehr ein angemessenes Äquivalent zur Duldungspflicht ist (s. Anm. 9); deshalb sollte es zumindest zugelassen werden, im Streitfall durch das Gericht eine Rente mit einer Wertsicherungsklausel festsetzen zu lassen, die wenigstens den allgemeinen Veränderungen der Grundstückswerte Rechnung trägt (s. auch Anm. 11; aA. RGRK/*Augustin* § 913 Rdn. 3).

11. Vereinbarung über die Höhe des Rentenanspruchs. Die Höhe des gesetzlichen Rentenanspruches kann durch Vereinbarung zwischen den beteiligten Eigentümern festgestellt werden. Sie können auch eine Wertsicherung der Rente vereinbaren. Auch eine von § 913 Abs. 2 BGB abweichende Regelung der Entrichtung der Rente ist zulässig (MünchKomm/*Säcker* § 913 Rdn. 4; RGRK/*Augustin* § 913 Rdn. 5).

12. Die Duldungspflicht schließt andere Ansprüche nicht aus. Mit der Geldrente nach § 912 Abs. 2 BGB wird der Nachbar nur für seine Duldungspflicht entschädigt.

Daneben haften der Überbauende und/oder ein Dritter (zB. Architekt, Bauunternehmer) auf Schadensersatz nach den allgemeinen Vorschriften, soweit der Schaden nicht durch den Rentenanspruch ausgeglichen wird (BGHZ 57, 304/308).

13. Inhaber des Rentenanspruchs. Da die Rente die Entschädigung für die den jeweiligen Eigentümer des Nachbargrundstückes treffende Duldungspflicht ist, steht sie auch dem jeweiligen Eigentümer zu (§ 913 Abs. 1 BGB). Unter den Voraussetzungen des § 916 BGB kann sie auch einem Erbbauberechtigten oder dem Berechtigten einer Dienstbarkeit zustehen.

14. Rentenverpflichtung und Grundstückserwerber. Wenn die Rentenverpflichtung nicht ins Grundbuch eingetragen wird, besteht sie trotzdem als Einschränkung des Eigentumsinhalts (s. Anm. 9), auch für einen gutgläubigen Erwerber des Grundstücks. Die vereinbarte oder gerichtlich festgestellte Rentenhöhe bedarf allerdings, um gegenüber späteren Erwerbern des belasteten Grundstücks überhaupt zu wirken, der Eintragung im Grundbuch (§ 914 Abs. 2 S. 2 BGB).

15. Eintragungen zur Rente im Grundbuch. Die vertragliche oder gerichtliche Feststellung der Rentenhöhe und abweichende Regelungen der Zahlungsmodalitäten sind, wenn sie im Grundbuch vermerkt werden sollen (s. Anm. 14), in Abt. II des mit der Rente belasteten Grundstücks einzutragen (OLG Bremen DNotZ 1965, 295; aA. *Bessel* DNotZ 1968, 617). Im Grundbuch des begünstigten (überbauten) Grundstücks kann auf Antrag ein Vermerk gem. § 9 GBO eingetragen werden; dies kann gleichzeitig mit der Eintragung der Rentenvereinbarung beantragt werden oder auch später.

16. Erfordernisse der Rentenvereinbarung und der Eintragung. Materiellrechtlich ist die Einigung der beiden Grundstückseigentümer erforderlich. Formellrechtlich ist die Bewilligung des Eigentümers des rentenbelasteten Grundstücks genügend. Ist die vereinbarte Rentenhöhe geringer als die gesetzlich geschuldete Rente, liegt darin ein teilweiser Verzicht auf die Rente. Es sind deshalb die §§ 876 S. 2 BGB, 21 GBO zu beachten.

17. S. § 29 GBO.

18. Steuern. Die Überbaurente gehört beim Rentenempfänger zu den Einkünften, und zwar je nach Zugehörigkeit des überbauten Grundstücks zu den Einkünften aus Land- und Fortwirtschaft, Gewerbebetrieb oder als wiederkehrende Bezüge zu den sonstigen Einkünften (§§ 13, 15, 22 Ziff. 1 EStG). Je nach Nutzung des Überbaues ist die Rente beim Rentenverpflichteten Betriebsausgabe (§ 4 Abs. 4 EStG) oder Werbungskosten (§ 9 EStG) oder steuerlich nicht relevante Kosten der Lebensführung.

19. Kosten. (1) Notar: ½ Gebühr nach §§ 141, 145, 38 Abs. 2 Nr. 5a KostO, wenn der Notar den Entwurf gefertigt hat. Für bloße U-Begl. ¼ Gebühr, höchstens DM 250,–, nach §§ 141, 45 KostO.

Da über die Vereinbarung der Rentenhöhe nur berichtet wird, fällt dafür keine Gebühr an.

(2) Grundbuchamt: 1 Gebühr nach § 62 Abs. 1 KostO (*Korintenberg/Lappe/Bengel/Reimann* KostO § 62 Rdn. 15).

(3) Wert in allen Fällen: 25facher Jahreswert der Rente (§ 24 Abs. 1 Buchst. b KostO; Bezugsrecht von unbeschränkter Dauer), also 25 × DM 200,– = DM 5.000,–.

14. Eintragung der vereinbarten Rentenhöhe beim rentenberechtigten Grundstück

An das
Amtsgericht
– Grundbuchamt –

Betr.: Grundbücher von G Band 17 Blätter 828 u. 841

Im Grundbuch von G Band 17 Blatt 828 ist zu Lasten des dort eingetragenen Grundstücks FlStNr. 6/27 eingetragen:

Abt. II lfd. Nr. 4: Dem jeweiligen Eigentümer von FlStNr. 6/28 der Flur 12, Gemarkung Freibeck, steht eine vertraglich vereinbarte Überbaurente von jährlich DM 200,– zu.[2]

C, D und E in Erbengemeinschaft sind Eigentümer des im Grundbuch von G Band 17 Blatt 841 eingetragenen Grundstücks FlStNr. 6/28. Zu Lasten dieses Grundstücks wurde eingetragen:

Abt. III lfd. Nr. 2: DM 20.000,– Grundschuld nebst 15% Jahreszinsen zu Gunsten der Volksbank F in F.[3]

Wir beantragen,[5] das oben bezeichnete Recht Abt II lfd. Nr. 4 auf dem Grundbuchblatt des FlStNr. 6/28 zu vermerken.[4]

...... (Ort), den ......   gez. Unterschriften
                                                             C, D und E

Keine öffentliche Beglaubigung erforderlich.[5]

Anmerkungen

1. **Rechtsgrundlage.** Subjektiv-dingliche Rechte können nach § 9 GBO auf formlosen Antrag im Grundbuch des herrschenden Grundstücks eingetragen werden. Die Eintragung erfolgt nach § 7 Grundbuchverfügung in Spalte 1, 3 bis 6 des Bestandsverzeichnisses.

2. S. Form. X. 13 Anm. 9–11, 13, 14, 15.

3. **Pfandrechte an rentenbegünstigten Grundstück.** S. Form. X. 13 Anm. 16 und Form. X. 16 Anm. 9.

(1) Wird ein Pfandrecht zu Lasten des rentenbegünstigten Grundstücks erst nach Eintragung der Rente zu Lasten des rentenbelasteten Grundstücks eingetragen, muß der Pfandgläubiger zwar die Rente so, wie sie eingetragen ist, hinnehmen und kann sich nicht mehr auf die ursprüngliche gesetzliche Rentenregelung (§§ 912 Abs. 2, 913 BGB) berufen. Die Grundstückseigentümer können aber auch noch nach Eintragung einer bestimmten Rentenhöhe einen Verzicht auf die Rente (evtl. gegen Abfindung) vereinbaren. Materiellrechtlich ist dazu zwar gem. § 876 S. 2 BGB die Zustimmung des Pfandgläubigers erforderlich (s. Form. X. 16 Anm. 6). Formellrechtlich könnte der Verzicht gem. § 21 GBO aber eingetragen werden ohne Bewilligung des Pfandgläubigers, wenn das Rentenrecht nicht gem. § 9 GBO im Grundbuch des rentenbegünstigten (und mit dem Pfandrecht belasteten) Grundstücks eingetragen ist. Das Grundbuch würde durch einen ohne Zustimmung des Pfandgläubigers eingetragenen Verzicht zwar unrichtig, weil der Verzicht materiellrechtlich unwirksam wäre; es bestünde dann aber die Gefahr eines

gutgläubigen Erwerbs des rentenbelasteten Grundstücks durch einen Dritten frei von der Rentenlast. Der Pfandgläubiger hat deshalb stets ein Interesse daran, daß das Rentenrecht gem. § 9 GBO vermerkt wird.

(2) Ohne vorherige – zulässige – Eintragung der Rente kann ein Vermerk gem. § 9 GBO seinerseits auch nicht eingetragen werden (*Demharter* § 9 Rdn. 5; KEHE/*Eickmann* § 9 Rdn. 6). Dies kann bei vollständigem oder teilweisem Verzicht auf die Rente leicht zu Unrichtigkeiten im Grundbuch führen, wenn nämlich mangels eines Vermerks nach § 9 GBO und damit auch des Hinweises hierauf auf dem Blatt des belasteten Grundstücks (§ 9 Abs. 3 GBO) versäumt wird, die Bewilligung des Drittberechtigten iS. von § 876 S. 2 BGB einzuholen (§ 21 GBO).

4. **Vermerk nach § 9 GBO.** S. Form. X. 13 Anm. 15 letzter Satz.

5. **Formloser Antrag genügt.** Der Vermerk erfolgt nur auf Antrag, der formlos gestellt werden kann, weil er keine zur Eintragung erforderliche Erklärung ersetzt (§§ 13 Abs. 2, 30 GBO).

6. **Steuern.** S. Form. X. 13 Anm. 18.

7. **Kosten.** (1) Notar: Wenn der Notar den Entwurf des Antrags gefertigt hat, ½ Gebühr nach § 147 Abs. 1 KostO (*Korintenberg/Lappe/Bengel/Reimann* KostO § 145 Rdn. 2, 4, § 147 Rdn. 55, 60).

(2) Grundbuchamt: ¼ Gebühr nach § 67 Abs. 1 Nr. 3 KostO, wodurch auch der Vermerk gem. § 9 Abs. 3 GBO beim rentenpflichtigen Grundstück abgegolten ist.

(3) Wert: S. Form. X. 13 Anm. 19.

15. Vereinbarte Eintragung der gerichtlich festgestellten Höhe einer Notwegrente[2]

An das
Amtsgericht
– Grundbuchamt –

Betr.: Grundbücher von G Band 7 Blätter 351 u. 379

Im Grundbuch von G Band 7 Blatt 379 ist A als Alleineigentümer des folgenden lastenfreien[16] Grundstücks eingetragen:

Gemarkung Graustedt, Flur 3, FlStNr. 12/7,
Gartenland, Hinterrain   15,36 ar.

Im Grundbuch von G Band 7 Blatt 351 sind die Eheleute A. B. und B. B. in Gütergemeinschaft als Eigentümer des folgenden lastenfreien Grundstücks eingetragen:

Gemarkung Graustedt, Flur 3, FlStNr. 13/1,
Gartenland, Unland, Hinterrain   18,09 ar.

Diesem FlStNr. 13/1 fehlt die zur ordnungsgemäßen Benutzung[4] notwendige Verbindung mit einem öffentlichen Weg.[3] Ihm[7] steht deshalb ein Notweg[4] über das oben genannte FlStNr. 12/7[5] zu.

Die Richtung des Notwegs, seine Breite und der sonstige Umfang des Benutzungsrechts[6] sowie die Höhe der Notwegrente[9, 10] ergeben sich aus dem rechtskräftigen Urteil[6] des Landgerichts H, von dem hierneben eine Ausfertigung überreicht wird. In dem dieser Urkunde angesiegelten Auszug aus der Flurkarte, auf den verwiesen wird, ist der Notweg rot eingezeichnet.[8]

15. Eintragung der gerichtlich festgestellten Höhe einer Notwegrente X. 15

Wir, die Eigentümer der beiden oben genannten Grundstücke, haben vereinbart,[11] daß die gerichtlich festgestellte Höhe der Notwegrente[8] im Grundbuch[13] eingetragen werden soll.

Demgemäß bewilligen und beantragen wir,
zu Lasten des FlStNr. 13/1[14] eine Notwegrente von jährlich DM 500,- zahlbar in Halbjahresraten von je DM 250,- bis zum 31. 12. jeden Vorjahres und zum 30. 6. des jeweiligen Jahres[11] zu Gunsten des jeweiligen Eigentümers[12] des Grundstücks FlStNr. 12/7, der Flur 3, Gemarkung Graustedt, einzutragen.

A. beantragt,
auf Grundbuchblatt Nr. 379 bei FlStNr. 12/7 die vorstehend bewilligte Notwegrente zu vermerken.[15]

...... (Ort), den ......   gez. Unterschriften
                                                   von A, A. B. und B. B.

Öffentliche Beglaubigung der Unterschriften.[17]

Anmerkungen

1. Sachverhalt. Nachdem A und die Eheleute A. B. und B. B. um die Berechtigung der Eheleute A. B. und B. B., einen Notweg zu verlangen, um dessen Verlauf und Umfang sowie um die ggfs. zu zahlende Rente vor Gericht gestritten hatten, liegt ein rechtskräftiges Urteil vor. Die Parteien haben sich dann auf Empfehlung des Gerichts darauf geeinigt, die gerichtlich festgestellte Rentenhöhe im Grundbuch eintragen zu lassen, damit das Urteil auch gegenüber Rechtsnachfolgern des einen oder anderen Eigentümers wirkt.

2. Voraussetzungen und Inhalt des Notwegrechts. Fehlt einem Grundstück die zur ordnungsgemäßen Benutzung notwendige Verbindung mit einem öffentlichen Wege, so kann der Eigentümer von den Nachbarn verlangen, daß sie bis zur Behebung des Mangels die Benutzung ihrer Grundstücke zur Herstellung der erforderlichen Verbindung dulden (§ 917 Abs. 1 S. 1 BGB; Inhalt des Notwegrechts kann auch die Befugnis sein, notwendige Versorgungsleitungen über das Nachbargrundstück zu verlegen oder mitzubenutzen, BGH NJW 1981, 1036; DNotZ 1982, 232, „Notleitungsrecht"). Ob das Notwegrecht bereits im Moment des Vorliegens einer den Voraussetzungen des § 917 BGB entsprechenden Notlage entsteht (so MünchKomm/*Säcker* § 917 Rdn. 19) oder erst mit dem Verlangen des Eigentümers (so *Palandt/Bassenge* § 917 Rdn. 7, 12), ist umstritten; jedenfalls entsteht es schon vor seiner inhaltlichen Festlegung durch Vereinbarung oder durch Urteil (s. Anm. 6).

Näheres zu Voraussetzungen und Inhalt des Notwegerechts s. MünchKomm/*Säcker* § 917 Rdn. 6–37; *Palandt/Bassenge* § 917 Rdn. 2 ff; *Staudinger/Roth* § 917 Rdn. 9 ff.

3. Fehlen der notwendigen Verbindung. Ob die notwendige Verbindung fehlt, bestimmt sich nach wirtschaftlichen Gesichtspunkten unter Anlegung eines strengen Maßstabes (BGH NJW 1964, 1321; 1965, 538). Ein Notwegrecht ist nicht gegeben, wenn die Zugangslosigkeit des Grundstücks anderweitig behoben werden kann. Von einer vorhandenen anderweitigen Verbindungsmöglichkeit (z.B. bei schuldrechtlichem Anspruch auf Benutzung eines anderen Grundstücks) muß der Grundstückseigentümer auch dann Gebrauch machen, wenn sie umständlicher, weniger bequem oder kostspieliger ist als ein Notweg über das Nachbargrundstück (MünchKomm/*Säcker* § 917 Rdn. 8; RGRK/*Augustin* § 917 Rdn. 4, 5).

4. Erforderliche Verbindung. Als Notweg kann nur die zur ordnungsgemäßen Benutzung des Grundstücks erforderliche Verbindung über das Nachbargrundstück verlangt werden. Dem Notwegberechtigten steht nicht unbedingt der kürzeste oder sonst seiner

Meinung nach geeignetste Weg zu. Er muß sich – bei mehreren Nachbargrundstücken (s. Anm. 5) – an das Grundstück und – in jedem Fall – den Notweg halten, wo nach den örtlichen Verhältnissen der geringste Schaden entsteht.

5. Verschiedene Möglichkeiten der Verbindung. Wenn die erforderliche Verbindung zum öffentlichen Weg über verschiedene Grundstücke möglich ist, steht dem Eigentümer des notleidenden Grundstücks kein Wahlrecht zu. Das Notwegrecht besteht vielmehr an dem Grundstück, für das es die geringste Belastung darstellt (MünchKomm/*Säcker* § 917 Rdn. 27ff.).

Ist das Grundstück erst durch Teilung und Veräußerung eines der Teile notleidend geworden, so hat allein der Eigentümer desjenigen Teils, über welchen die Verbindung bisher stattgefunden hat, den Notweg zu dulden (§ 918 Abs. 2 S. 1 BGB). Entsprechendes gilt bei Veräußerung eines von mehreren (von vornherein) selbständigen Grundstücken desselben Eigentümers (§ 918 Abs. 2 S. 2 BGB).

6. Festsetzung des Notweges durch Urteil. Die Richtung des Notweges und der Umfang des Benutzungsrechts werden erforderlichenfalls durch Urteil festgesetzt, das aber nur deklaratorische Bedeutung hat, weil das Notwegrecht kraft Gesetzes schon vorher entstanden ist (s. Anm. 2).

Der Eigentümer des notleidenden Grundstücks muß in der Klage weder die Richtung des Notwegs noch den Umfang des Benutzungsrechts darlegen; das Gericht muß dies von sich aus feststellen (§ 917 Abs. 1 S. 2 BGB).

7. Berechtigter des Notwegrechts. Das Notwegrecht steht dem jeweiligen Eigentümer des notleidenden Grundstücks zu, ferner Erbbauberechtigten an diesem Grundstück (§§ 1017 Abs. 1, 11 ErbbauVO) und Erbpacht – sowie Abbauberechtigten nach Maßgabe der Art. 63, 68 EGBGB.

Von mehreren (Mit-) Eigentümern kann jeder das Notwegrecht für sich geltend machen, weil das Notwegrecht ebenso wie die Rentenpflicht (s. Anm. 9) kraft Gesetzes entsteht (MünchKomm/*Säcker* § 917 Rdn. 16; aA.: *Palandt/Bassenge* § 917 Rdn. 8; RGRK/ *Augustin* § 917 Rdn. 7). Personen, die dinglich oder obligatorisch zur Nutzung des notleidenden Grundstücks berechtigt sind, dürfen das dem Eigentümer zustehende Notwegrecht ausüben; ein eigenes Notwegrecht steht ihnen aber nicht zu (*Palandt/ Bassenge* aaO.; RGRK/*Augustin* aaO.).

8. Keine Eintragung des Notwegrechts im Grundbuch. Weder das Notwegrecht als solches noch eine Abrede über seinen Inhalt noch dessen gerichtliche Feststellung können im Grundbuch eingetragen werden (str., s. MünchKomm/*Säcker* § 917 Rdn. 1 u. 24). Vertragliche Vereinbarungen oder Urteilsfeststellungen können deshalb Rechtsnachfolgern gegenüber nur wirken, wenn die – was zulässig ist (MünchKomm/ *Säcker* § 917 Rdn. 24; *Palandt/Bassenge* § 917 Rdn. 11) – durch eine Grunddienstbarkeit abgesichert sind. Wenn eine Grunddienstbarkeit vom duldungspflichtigen Eigentümer (etwa deshalb, weil er den jederzeitigen Wegfall seiner gesetzlich begründeten Duldungspflicht offenhalten will) nicht bewilligt wird, ist es zur Vermeidung späterer Streits doch empfehlenswert, durch Einzeichnung in eine Karte Verlauf und Breite des Notwegs, wie er vereinbart oder gerichtlich festgestellt worden ist, optisch sichtbar zu machen.

9. Notwegrente: Funktion und Beginn der Rentenpflicht. Die Notwegrente ist die Entschädigung des Nachbarn für seine Duldungspflicht. Die Rentenpflicht beschränkt den Inhalt des Eigentums an dem notleidenden Grundstück; das Rentenrecht ist Bestandteil des mit der Duldungspflicht belasteten Grundstücks (§ 96 BGB) und erweitert insofern dessen Eigentumsinhalt (s. auch Form. X. 13 Anm. 9).

Die Rentenpflicht beginnt mit dem Entstehen des Notwegrechts, dh. der Duldungspflicht (s. hierzu Anm. 2; str., s. MünchKomm/*Säcker* § 917 Rdn. 39 mwN.).

16. Verzicht auf eine Überbaurente X. 16

10. Bemessung der Notwegrente. Für die Höhe der Notwegrente ist der Nachteil, den der duldungspflichtige Nachbar durch den Notweg erleidet, maßgebend und nicht der Nutzen, den der Eigentümer des begünstigten Grundstücks vom Notweg hat. Die Notwegrente soll den entstehenden Nutzungsverlust ausgleichen; sie hat keinen Schadensersatzcharakter.

Stichtag für die Wertermittlung ist der Tag an dem die Duldungspflicht entsteht (BGH DNotZ 1982, 232/234; *Palandt/Bassenge* § 917 Rdn. 15; RGRK/*Augustin* § 917 Rdn. 19), nicht der Zeitpunkt der tatsächlichen Inanspruchnahme (so aber MünchKomm/*Säcker* § 917 Rdn. 40).

Spätere Veränderungen des Grundstückswertes sollen nicht zu berücksichtigen sein, um fortgesetzte nachbarliche Streitigkeiten auszuschließen (MünchKomm/*Säcker* aaO.; BGHZ 57, 305 = NJW 1972, 201 f.). Zur Wertsicherung der Rente s. Form. X. 13 Anm. 10.

11. Vereinbarungen zur Notwegrente. Vereinbart werden kann zwischen den beteiligten Eigentümern sowohl die Höhe der Notwegrente (§§ 917 Abs. 2 S. 2, 914 Abs. 2 BGB) einschl. einer Wertsicherung (s. Form. X. 13 Anm. 11) und eine von §§ 917 Abs. 2 S. 2, 913 Abs. 2 BGB abweichende Regelung der Entrichtung der Rente als auch die Eintragung einer gerichtlich festgestellten Rentenhöhe im Grundbuch.

12. Inhaber des Rentenanspruchs. S. Form. X. 13 Anm. 13.

13. Rentenverpflichtung und Grundstückserwerber. S. Form. X. 13 Anm. 14.

14. Eintragungen zur Rente im Grundbuch. S. Form. X. 13 Anm. 15.

15. Vermerk nach § 9 GBO. S. Form. X. 13 Anm. 15 letzter Satz.

16. S. Form. X. 13 Anm. 16.

17. S. §§ 19, 29 GBO.

18. Steuern. Zur Besteuerung der Notwegrente s. Form. X. 13 Anm. 18.

19. Kosten. (1) Notar: ½ Gebühr nach §§ 141, 145, 38 Abs. 2 Nr. 5a KostO, wenn der Notar den Entwurf gefertigt hat. Für die bloße U-Begl. ¼ Gebühr, höchstens DM 250,–, nach §§ 141, 45 KostO.

(2) Grundbuchamt: 1 Gebühr nach § 62 Abs. 1 KostO für die Eintragung zu Lasten des rentenpflichtigen Grundstücks; ¼ Gebühr nach § 67 Abs. 1 Nr. 3 KostO für die Eintragung bei dem rentenbegünstigten Grundstück, wodurch auch der Vermerk gem. § 9 Abs. 3 GBO beim rentenpflichtigen Grundstück abgegolten ist.

(3) Wert in beiden Fällen: 25facher Jahreswert der Rente (§ 24 Abs. 1 Buchst. b KostO; Bezugsrecht von unbeschränkter Dauer), also 25 × DM 500,– = DM 12.500,–.

16. Verzicht[2] auf eine Überbaurente[3]

An das
Amtsgericht
– Grundbuchamt –

Betr.: Grundbuch von K Band 16 Blätter 769 u. 770

Im Grundbuch von K Band 16 Blatt 769 ist A als Alleineigentümer des folgenden Grundstücks eingetragen:

Gemarkung K, Flur 9, FlStNr. 367/24, Hof- u. Gebäudefläche, Bergstraße 1, 6,24 ar.

Langenfeld

X. 16

Im Grundbuch von K Band 16 Blatt 770 ist die Firma B als Alleineigentümerin des folgenden Grundstücks eingetragen:

Gemarkung K, Flur 9, FlStNr. 367/26, Hof- u. Gebäudefläche, Bergstraße 2, 8,37 ar.

Dieses FlStNr. 367/26 ist wie folgt belastet:
Abt. III lfd. Nr. 1: DM 1,1 Mio. Gesamtgrundschuld nebst 18% Zinsen jährlich zugunsten der Sparkasse C in C. Mitbelastet sind verschiedene andere Grundstücke der Gemarkung K.

A hat bei Errichtung einer Garage mit Gartenschuppen auf ihrem FlStNr. 367/24 auf eine Länge von 9 m um 20 cm über die Grenze zu FlStNr. 367/26 gebaut. Die Firma B hat dem Überbau nicht widersprochen und ist mit A darüber einig, daß der Überbau nicht auf Vorsatz oder grober Fahrlässigkeit beruht.

Die genaue Lage und Größe des Überbaues ergibt sich aus dem dieser Urkunde angesiegelten Lageplan, worin der Überbau rot umrandet und schraffiert ist.[4]

A hat als einmalige Entschädigung für den Überbau an die Firma B den Betrag von DM 1500,– (i. W.: Deutsche Mark Eintausendfünfhundert) gezahlt.[5]

Die Firma B verzichtet[6] nun[7] für sich und ihre Rechtsnachfolger[8] auf eine Überbaurente. A nimmt diesen Verzicht an. Sie bewilligt,[9] A beantragt,

diesen Verzicht im Grundbuch von K Band 16 Blatt 769 bei dem Grundstück FlStNr. 367/24[10] einzutragen.[6]

Die Firma B beantragt,

im Grundbuch von K Band 16 Blatt 770 bei dem Grundstück FlStNr. 367/26 den vorstehend bewilligten Verzicht zu vermerken.[11]

Die Sparkasse C hat dem Verzicht zugestimmt[6] und dessen Eintragung bewilligt;[9] die diesbezügliche Erklärung der Sparkasse C vom ...... wird hierneben überreicht.

...... (Ort), den ......

gez. Unterschriften von A
und des Inhabers bzw.
der Vertreter der Firma B.

Öffentliche Beglaubigung der Unterschriften.[12]

Anmerkungen

1. Gesetzliche Grundlagen. Die Eintragung des Verzichts im Grundbuch ist in § 914 Abs. 2 S. 2 BGB vorgesehen.

2. Wirkung des Verzichts. Der Verzicht auf eine Überbaurente kann zwischen den Eigentümern mit zunächst nur schuldrechtlicher Wirkung zwischen ihnen vereinbart werden. Wirkung gegenüber Sonderrechtsnachfolgern, dh. dingliche Wirkung gegenüber Dritten, erlangt der Verzicht erst mit seiner Eintragung im Grundbuch (§ 914 Abs. 2 S. 2 BGB).

3. Voraussetzungen. Die Voraussetzungen und Rechtsfolgen eines Verzichts auf eine Überbaurente sind die gleichen wie die eines Verzichts auf eine Notwegrente (§ 917 Abs. 2 S. 2 iVm. § 914 Abs. 2 S. 2 BGB).

4. Beifügung eines Lageplans. Die Beifügung eines Lageplanes ist weder für die Pflicht zur Duldung des Überbaues noch zur Wirksamkeit des Verzichts auf die Überbaurente erforderlich. Um späteren Streit darüber auszuschließen, auf welchen Überbau sich der Verzicht bezieht, falls es noch zu einer weiteren Überbauung (durch eine Erweiterung des vorhandenen Überbaues oder ein neues selbständiges Gebäude) kommt, ist die Beifügung eines Lageplanes mit eingetragenem Überbau zu empfehlen.

5. Freie Vereinbarkeit einer Entschädigung. Ob und in welcher Höhe für den Verzicht eine Entschädigung gezahlt wird, unterliegt der freien Vereinbarung der Vertragsschließenden.

6. Eintragung des Verzichts im Grundbuch. Der bloß schuldrechtliche Verzicht auf eine Überbaurente ist, wenn er wirksam sein soll, gegenüber dem Eigentümer des rentenbelasteten Grundstücks zu erklären und von diesem anzunehmen (§ 397 BGB).

Der dinglich wirkende Verzicht bedarf zu seiner Wirksamkeit als Aufhebung einer gesetzlichen Belastung im Sinne von § 875 BGB der Erklärung gegenüber dem Eigentümer des rentenbelasteten Grundstücks oder dem Grundbuchamt und der „Löschung" des Rentenrechts durch Eintragung des Verzichts im Grundbuch.

Wenn das rentenbegünstigte (überbaute) Grundstück mit einem Recht belastet ist, muß dessen Berechtigter dem Verzicht evtl. gem. § 876 S. 2 BGB zustimmen.

7. Zeitpunkt des Verzichts. Der Verzicht kann sogleich nach Entstehung des Rentenrechts oder auch später erklärt und im Grundbuch eingetragen werden.

8. Wirkung des Verzichts gegenüber Rechtsnachfolgern. Für und gegen Gesamtrechtsnachfolger des beteiligten Eigentümers des rentenbelasteten Grundstücks und des Rentenberechtigten wirken die Erklärungen ohne weiteres. Zur Wirkung gegenüber Sonderrechtsnachfolgern ist Eintragung des Verzichts im Grundbuch nötig (s. Anm. 2).

9. Bewilligung des Rentenberechtigten. Formellrechtlich bedarf die Eintragung des Rentenverzichts der Bewilligung des Rentenberechtigten und evtl. der Berechtigten von am rentenbegünstigten Grundstück eingetragenen Rechten (§§ 19, 21 GBO). Letzteres ist aber nur der Fall, wenn entweder bei dem rentenbegünstigten Grundstück bereits eine vereinbarte Rentenhöhe gem. § 9 GBO vermerkt ist (s. Form. X. 13 Anm. 15 u. X. 14 Anm. 3) oder der Verzicht auf Rente gem. § 9 GBO vermerkt werden soll, was zulässig ist (BayObLG RPfleger 1976, 180). Wenn bei Vereinbarung bzw. Erklärung eines Rentenverzichts und dessen Eintragung im Grundbuch § 876 S. 2 BGB nicht beachtet wird, kann es zu einer unrichtigen Eintragung eines materiellrechtlich unwirksamen Verzichts kommen (s. § 21 GBO, Anm. 6 u. Form. X. 14 Anm. 3 aE.).

10. Ort der Eintragung des Verzichts. Die Eintragung des Verzichts ist auf dem Blatt des rentenbelasteten Grundstücks in Abt. II in Form eines Löschungsvermerks vorzunehmen, da die Grundbuchlage so anzusehen ist, als wäre die Rente auf dem belasteten Grundstück eingetragen (KG OLGZ 67, 328; BayObLG RPfleger 1976, 180; LG Düsseldorf Rpfleger 1990, 288 und alle Kommentare).

11. Vermerk des Verzichts gem. § 9 GBO. Neben der Eintragung des Rentenverzichts auf dem Blatt des rentenbelasteten Grundstücks ist ein Vermerk über den Verzicht bei dem rentenbegünstigten Grundstück gem. § 9 GBO zulässig (*Palandt/Bassenge* aaO.; RGRK *Augustin* § 914 Rdn. 4).

12. §§ 19, 29 GBO.

13. Steuern. Die Entschädigung für den Überbau ist Betriebseinnahme (§ 4 EStG), soweit das überbaute Grundstück zu einem Betriebsvermögen gehört. Keine zu versteuernde Einkünfte sind gegeben, wenn das überbaute Grundstück zum Privatvermögen zu rechnen ist.

14. Kosten. (1) Notar: ½ Gebühr nach §§ 141, 145, 38 Abs. 2 Nr. 5a KostO, wenn der Notar den Entwurf gefertigt hat. Für die bloße U-Begl. ¼ Gebühr, höchstens DM 250,–, nach §§ 141, 45 KostO.

(2) Grundbuchamt: ½ Gebühr in entsprechender Anwendung von § 68 KostO iVm. § 62 Abs. 1 KostO (*Korintenberg/Lappe/Bengel/Reimann* KostO § 68 Rdn. 28). Der Vermerk über den Verzicht beim rentenbegünstigten Grundstück (§ 9 Abs. 1 GBO) ist ebenso wie der darüber beim rentenpflichtigen Grundstück einzutragende Vermerk (§ 9 Abs. 3 GBO), gebührenfreies Nebengeschäft der Eintragung des Verzichts (Umkehrschluß aus § 67 Abs. 1 Nr. 3 KostO).

(3) Wert in beiden Fällen: 25facher Jahreswert der Rente (§ 24 Abs. 1 Buchst. b KostO; Bezugsrecht von unbeschränkter Dauer), begrenzt durch die Höhe des Entschädigungsbetrages (*Korintenberg/Lappe/Bengel/Reimann* KostO § 24 Rdn. 19).

17. Verlangen[4] auf Grundabnahme gegen Wertersatz

Betr.: Überbau vom FlStNr. 367/24 über die Grenze zu FlStNr. 367/26

Sehr geehrte Frau A,

am ...... sind wir, C und D, als neue Eigentümer des von der Firma B käuflich erworbenen Grundstücks FlStNr. 367/26 im Grundbuch eingetragen worden.

Sie haben vor ca. 3 Jahren von dem Ihnen gehörenden FlStNr. 367/24 bei Errichtung einer Garage mit Gartenschuppen[2] auf eine Länge von 9 m um 20 cm über die Grenze zu dem uns[3] gehörenden FlStNr. 367/26 gebaut. Die genaue Lage und Größe des Überbaues ergibt sich aus dem Lageplan, der der Einmeßbescheinigung des Katasteramtes ...... beigefügt war und von dem wir hierneben eine Kopie überreichen.

Die Firma B hat dem Überbau nicht rechtzeitig widersprochen, weil sie davon erst nach Abschluß der Arbeiten durch die Einmeßbescheinigung des Katasteramtes ...... erfahren hat. Da Sie überzeugend dargelegt haben, daß weder Sie noch Ihr Architekt den Überbau vorsätzlich oder grob fahrlässig verursacht haben, sind wir gehindert, die Beseitigung des Überbaues zu fordern.

Wir verlangen[4] jedoch von Ihnen, daß Sie den überbauten Teil des FlStNr. 367/26 gegen Ersatz des Wertes, den dieser Teil zur Zeit der Grenzüberschreitung[8] gehabt hat, zu Eigentum übernehmen.[5]

Wir veranschlagen den Wert des überbauten Grundstücksteils am ...... dem uns bekannten Tag der Grenzüberschreitung,[8] mit DM 400,– pro m^2, mithin insges. DM 720,–.

Wir fordern Sie auf, den genannten Betrag bis ...... auf unser Konto ...... zu zahlen.

Wir sind Zug um Zug gegen Zahlung[6] zur Auflassung des überbauten Grundstücksteils bereit.

Es liegt uns eine Erklärung der Sparkasse C als Gläubigerin des zu Lasten des FlStNr. 367/26 eingetragenen Pfandrechts vor, wonach diese bereit ist, den überbauten Grundstücksteil aus der Pfandhaft zu entlassen;[7] eine Kopie der Erklärung vom ...... fügen wir zu Ihrer Unterrichtung bei.

Vorsorglich machen wir darauf aufmerksam, daß Sie bis zur Übertragung des Eigentums oder Zahlung des Wertersatzes verpflichtet sind, die Überbaurente fortzuentrichten.[9]

Mit vorzüglicher Hochachtung   gez. Unterschriften

Keine öffentliche Beglaubigung erforderlich.[4]

Anmerkungen

1. **Gesetzliche Grundlage.** Nach § 915 BGB kann der Rentenberechtigte beim Überleben jederzeit verlangen, daß ihm der Rentenverpflichtete den überbauten Grundstücksteil gegen Wertersatz abnimmt. Es handelt sich um ein Gestaltungsrecht, dessen Ausübung der Form des § 313 BGB nicht bedarf.

2. Das Eigentum am überbauten Grundstücksteil verbleibt dem Grundstückseigentümer unabhängig von der hiervon evtl. abweichenden dinglichen Zuordnung des Überbaues (vgl. Form. X. 13).

17. Verlangen auf Grundabnahme gegen Wertersatz X. 17

3. Inhaber des Rechts auf Grundabnahme. (1) Das unverjährbare (§ 924 BGB) Recht, jederzeit die Abnahme des überbauten Grundstücksteils zu verlangen, steht nur dessen jeweiligen Eigentümer als Rentenberechtigtem zu, nicht auch dem Rentenberechtigten, der dies als Erbbauberechtigter oder Dienstbarkeitsberechtigter ist (s. § 916 BGB).

(2) Dem Eigentümer eines Grundstücks, das entweder rechtmäßig oder unrechtmäßig und unentschuldigt überbaut worden ist (s. Form. X. 13 Anm. 2), steht das Recht auf Grundabnahme gegen Wertersatz jedenfalls nach § 915 BGB nicht zu. Auch ein Rentenpflichtiger hat ohne entsprechendes Verlangen des Rentenberechtigten keinen Anspruch darauf, daß gegen Zahlung von Wertersatz der überbaute Grundstücksteil auf ihn übertragen wird.

(3) Rentenberechtigte Miteigentümer (auch Wohnungs- oder Teileigentümer, OLG Celle OLGZ 1981, 106) können das Verlangen nur zusammen geltend machen, weil anderenfalls ein einzelner Miteigentümer die anderen zur Übereignung des überbauten Grundstücksteils zwingen könnte; § 1011 BGB deckt ein solches Vorgehen eines einzelnen Miteigentümers nicht (str., MünchKomm/*Säcker* § 915 Rdn. 2; *Palandt/Bassenge* § 915 Rdn. 1, jeweils mwN.).

(4) Ein vom Rentenberechtigten oder seinen Rechtsvorgängern ausgesprochener Verzicht auf die Überbaurente berührt weder das Recht, die Grundabnahme zu verlangen, noch den Wertersatzanspruch.

4. Adressat und Form des Verlangens. (1) Das Verlangen ist – als einseitige, empfangsbedürftige Willenserklärung (§ 130 BGB) – an den (jeweiligen) Rentenpflichtigen zu richten; sind mehrere Personen – zB. als Miteigentümer nach Bruchteilen, in Erbengemeinschaft oder ähnlichem – rentenpflichtig, so ist das Verlangen an alle zu richten.

(2) Das Verlangen bedarf keiner Form, insbes. nicht nach § 313 BGB, da durch die Ausübung dieses Gestaltungsrechts kraft Gesetzes die Pflicht zur Abnahme bzw. zur Übertragung des Eigentums entsteht (RGRK/*Augustin* § 915 Rdn. 3).

5. Wirkungen des Verlangens auf Grundabnahme. Nach Ausübung des Rechts auf Grundabnahme richten sich die Rechte und Verpflichtungen beider Teile kraft Gesetzes (§ 915 Abs. 1 S. 2 BGB) nach den Kaufvertragsvorschriften (§§ 433 ff. BGB); § 439 BGB ist jedoch nicht anwendbar.

Ein Kaufvertrag kommt allerdings nicht zustande, so daß ein Vorkaufsberechtigter sein Vorkaufsrecht auch nicht ausüben kann (MünchKomm/*Säcker* § 915 Rdn. 3; *Palandt/Bassenge* § 915 Rdn. 1; aA. *Soergel/Baur* § 915 Rdn. 1).

6. Erfüllung und Verjährung. Die nach Ausübung des Rechts für beide Seiten entstehenden Ansprüche (s. Anm. 7, 8) sind Zug um Zug zu erfüllen (§§ 273, 274 BGB). Sie verjähren – anders als das Recht, die Grundabnahme zu verlangen (s. Anm. 3) – nach Kaufrecht.

7. Eigentumsübertragung. Der Rentenberechtigte ist zur lastenfreien Übertragung des Eigentums verpflichtet (§ 434 BGB). Die Eigentumsübertragung hat gem. §§ 873, 925 BGB zu erfolgen, also durch Erklärung der Auflassung vor Notar oder Gericht.

8. Wertersatz. Der Rentenpflichtige ist zur Zahlung des Wertes des überbauten Grundstücksteils verpflichtet, den dieser zur Zeit der Grenzüberschreitung, nicht etwa zur Zeit des Verlangens, gehabt hat (§ 915 Abs. 1 S. 1 BGB). Notfalls ist dieser Wert durch Urteil zu bestimmen. Wenn der genaue Tag nicht feststellbar ist, muß für die Wertermittlung der Zeitpunkt der Grenzüberschreitung doch so genau wie möglich ermittelt werden; darlegungs- und beweispflichtig ist der Rentenpflichtige, da er den Wertersatz zu beanspruchen hat.

9. Dauer und Erlöschen des Rentenanspruchs. Die Rentenpflicht dauert grundsätzlich bis zur Übertragung des Eigentums (§ 915 Abs. 2 BGB). Aber mit Zahlung des Wertersatzes an den Rentenberechtigten erlischt der Rentenanspruch, allerdings nur des

Langenfeld

Empfängers (*Palandt/Bassenge* § 915 Rdn. 1; RGRK/*Augustin* § 915 Rdn. 7; aA. MünchKomm/*Säcker* § 915 Rdn. 4, der offenbar ein vollständiges Erlöschen des Rentenrechts annimmt), und zwar unabhängig davon, ob das Eigentum schon übertragen ist oder nicht; die Eigentumsbeschränkung (Duldungspflicht) des (ehemals) Rentenberechtigten dauert allerdings bis zur Eigentumsübertragung fort (MünchKomm/*Säcker* aaO.; RGRK/*Augustin* aaO.). Allen sich hieraus ergebenden Risiken und Problemen weicht man am besten aus, wenn Zug um Zug erfüllt wird (s. Anm. 6).

Die vor Eigentumsübertragung gezahlten Renten sind in keinem Fall auf den Wertersatzbetrag anzurechnen (RGRK/*Augustin* aaO.).

10. Steuern. Der Erwerb des überbauten Grundstücksteils durch den Eigentümer des rentenpflichtigen Grundstücks unterliegt gem. § 1 Abs.1 Nr. 1 oder 2 GrEStG der Grunderwerbsteuerpflicht; durch dies einseitige Verlangen wird eine Pflicht zur Übertragung des Grundstücksteils geschaffen, die durch Auflassung erfüllt wird (s. Anm. 4–7). Allerdings wird der Wert der Gegenleistung beim Erwerb der meist sehr kleinen Grundstücksflächen oft unter der Freigrenze von 5000,– DM des § 3 Nr. 1 GrEStG 1983 liegen.

11. Kosten. (1) Notar: Eine Beurkundungstätigkeit des Notars kommt bei einem Verlangen auf Grundabnahme nicht in Betracht. Wenn der Notar das Schreiben auf Wunsch entwirft, steht ihm dafür 1 Gebühr nach §§ 141, 145 Abs. 1 S. 1, 36 Abs. 1 KostO zu (*Korintenberg/Lappe/Bengel/Reimann* KostO § 147 Rdn. 20); wenn ein Anwaltsnotar oder Notaranwalt tätig geworden ist, kann es sich allerdings auch anwaltliche Tätigkeit handeln (§ 24 Abs. 2 BNotO; *Korintenberg/Lappe/Bengel/Reimann* KostO § 145 Rdn. 55–58).

(2) Wert: Wert des überbauten Grundstücksteils zur Zeit der Grenzüberschreitung (s. Anm. 8), also DM 720,– nach §§ 18 Abs. 1, 19 Abs. 2, 20 Abs. 1 KostO.

Miteigentümervereinbarung

18. Miteigentümervereinbarungen nach § 1010 BGB[4,5] (Vertrag zur Regelung eines Gemeinschaftsverhältnisses)[2]

Verhandelt[7,16] ......
den folgenden

Vertrag zur Regelung eines Gemeinschaftsverhältnisses[2]

§ 1

Die Erschienenen haben durch Grundstücksverkaufvertrag vom ...... das Grundstück ...... gekauft und aufgelassen erhalten.
Auf diesem Grundstück steht ein Zweifamilien-Wohnhaus mit Garage.
Die Erschienenen haben dieses Grundstück – im folgenden auch einfach „Kaufobjekt" genannt – zu Miteigentum von je ein Viertel Anteil erworben.[3]
Mit Rücksicht auf das zwischen ihnen durch diesen Kaufvertrag begründete Gemeinschaftsverhältnis treffen die Erschienenen die nachfolgenden Vereinbarungen:[7]

§ 2

Jeder der Erschienenen – im folgenden jeder einzelne auch einfach „Miteigentümer"[6] genannt – räumt den jeweiligen Eigentümern der übrigen Miteigentumsanteile[8] an dem

18. Miteigentümervereinbarungen nach § 1010 BGB   X. 18

in § 1 beschriebenen Grundstück das gemeinschaftliche dingliche Vorkaufsrecht[13] für alle Verkaufsfälle an seinem Anteil mit der Maßgabe ein, daß im Falle der gleichzeitigen Veräußerung mehrerer Miteigentumsanteile das Vorkaufsrecht nur den jeweiligen Eigentümern der übrigen nicht veräußerten Miteigentumsanteile gemeinschaftlich zusteht. Für den Fall des Erlöschens eines dieser Vorkaufsrechte durch den Zuschlag in einer Zwangsversteigerung werden als Höchstbetrag des Wertersatzes[14] für jedes der Vorkaufsrechte DM ...... bestimmt.

§ 3

Das Recht, die Aufhebung der Gemeinschaft zu verlangen, wird für immer ausgeschlossen, ausgenommen die Aufhebung aus wichtigem Grund gem. § 749 Abs. 2 S. 1 BGB.[11]

§ 4

Die Verwaltung und Benutzung des Kaufobjekts regeln die Miteigentümer wie folgt:[10]
1. Es benutzen jeweils allein und ausschließlich:
   a) die Eheleute Heinz-Bernhard I. und Andrea I., geb. M., die Erschienenen Ziff. 1 u. 2, – im folgenden auch einfach „Eheleute I." genannt – in dem auf dem Grundstück stehenden Haus die Wohnung im Erdgeschoß, die dazugehörigen 3 Kellerräume, die auf dem dieser Urkunde als Anlage I beigefügten Kellergeschoß-Grundriß,[9, 23] auf den verwiesen wird, als Keller 3–5 bezeichnet und mit Nr. 1 gekennzeichnet sind, und die auf dem Grundstück befindliche Garage und den auf dem dieser Urkunde als Anlage II beigefügten Lageplan,[9, 23] auf den verwiesen wird, rot umrandeten und rot schraffierten Teil des Grundstücks,
   b) die Eheleute Herbert Edmund W. und Ulrike W., geb. D., die Erschienenen Ziff. 3 u. 4, – im folgenden auch einfach „Eheleute W." genannt – in dem auf dem Grundstück stehenden Haus die Wohnung im Obergeschoß, die dazugehörigen 2 Kellerräume, die auf dem dieser Urkunde als Anlage I beigefügten Kellergeschoß-Grundriß als Keller 1 u. 2 bezeichnet und mit Nr. 2 gekennzeichnet sind, sowie den auf dem dieser Urkunde als Anlage II beigefügten Lageplan, blau umrandeten und schraffierten Teil des Grundstücks.
   In dem Bereich des ihnen zur ausschließlichen Nutzung zugewiesenen Teils des Grundstücks steht den jeweiligen Miteigentümern auch das Recht der Gestaltung des Grundstücks allein zu.
2. Jeder Miteigentümer hat für die Unterhaltung der seiner ausschließlichen Nutzung unterstehenden Teile des Hauses (nebst Garage) und Grundstücks allein aufzukommen; dies gilt auch für die Wasserleitungen von den Hauptsträngen an, die Versorgungsleitungen für Strom von der Abzweigung ab dem Zähler, die Entwässerungsleitungen bis zur Anschlußstelle an die gemeinsame Falleitung sowie die in den einzelnen Einheiten gem. Nr. 1 gelegenen Heizkörper nebst Zu- und Ableitungen vom und zum gemeinsamen Strang.
3. Alle übrigen Kosten der Unterhaltung tragen die Miteigentümer im Verhältnis von $^{52}/_{100}$ zu Lasten des jeweiligen Eigentümers der Miteigentumsanteile der Eheleute I. und von $^{48}/_{100}$ zu Lasten des jeweiligen Eigentümers der Miteigentumsanteile der Eheleute W.; dies gilt insbes. für das Dach, die Umfassungswände, Treppen, Heizungsanlage und Öltank sowie Garagenzufahrt und -vorplatz sowie den Zugang zum Haus.
4. Jeder Miteigentümer verwaltet die ihm in Nr. 1 zur alleinigen Nutzung zugeteilten Realteile selbst.
5. Die Verwaltung der gemeinschaftlich genutzten Realteile und Anlagen obliegt den Miteigentümern gemeinschaftlich.

Jeder Miteigentümer ist verpflichtet, sich gegen Wasserschäden zu versichern. Für das Kaufobjekt ist eine Versicherung gegen Brand- und Sturmschäden zum gleitenden Neuwert, soweit nicht eine Pflichtversicherung besteht, eine Haftpflichtversicherung und eine Versicherung für Gewässerschäden abzuschließen.

Grundbucherklärungen

Jeder Miteigentümer bewilligt und beantragt, in das Grundbuch zu Lasten seines Anteils am Kaufobjekt und zugunsten der jeweiligen Eigentümer der anderen Miteigentumsanteile[8, 9] am Kaufobjekt einzutragen,[9] und zwar mit untereinander gleichem Rang:[9]
1. Das Vorkaufsrecht gem. § 2 dieser Urkunde nebst Wertersatzbestimmung,
2. den Ausschluß des Rechts, die Aufhebung der Gemeinschaft zu verlangen, gem. § 3 dieser Urkunde und
3. die Verwaltungs- und Benutzungsregelung gem. § 4 dieser Urkunde.

Die Kosten[12] dieses Vertrages und seines Vollzugs im Grundbuch tragen die Miteigentümer zu je ¼ Anteil.

Schrifttum: Fleitz, Erwerb durch Miteigentümer, BWNotZ 1977, 36; *Hilgers,* Die Regelung der Verhältnisse einer Bruchteilsgemeinschaft, MittRhNotK 1970, 627; *Koller,* Der gutgläubige Erwerb bei der Übertragung von Miteigentumsanteilen, JZ 1972, 646; *Pöschl,* In welcher Weise hat die Eintragung im Grundbuch in den Fällen des § 1010 BGB zu erfolgen?, BWNotZ 1974, 79; *Tzermias,* Zur Regelung des Gebrauchs bei Miteigentum, AcP 157, 455; *Walter,* Der gebundene Miteigentümer – Beschränkbarkeit der Verfügung über einen Miteigentumsanteil?, DNotZ 1975, 518.

Anmerkungen

1. Sachverhalt. Die Eheleute I. und die Eheleute W. haben gemeinsam zu Miteigentum von je ¼ ein Grundstück mit 2-Familien-Haus erworben. Sie wollen das Haus beide selbst benutzen.

2. Gemeinschaftsverhältnis. Miteigentümer zu Bruchteilen (ideellen Anteilen) stehen hinsichtlich der ihnen zu Bruchteilen gehörenden Sache grundsätzlich in einem Gemeinschaftsverhältnis, für das die §§ 1009–1011 BGB und ergänzend dazu die §§ 741–759 BGB gelten.

3. Regelungsbedürfnis. Immer dann, wenn mehrere Personen, die nicht in einer festgefügten Lebensgemeinschaft (idR. Ehe- u./o. Familiengemeinschaft) leben, gemeinschaftlich ein Grundstück erwerben, zeigt sich, daß ein Bedürfnis für eine Abgrenzung der Rechte und Pflichten der einzelnen Miteigentümer bezüglich des Grundstücks besteht. Dies gilt besonders dann, wenn die Miteigentümer ein bebautes Grundstück auch gemeinschaftlich nutzen. Oft wird dabei angestrebt, daß die Regelungen auch gegenüber Einzelrechtsnachfolgern der einzelnen Miteigentümer wirken. Diesem Regelungsbedürfnis kann insbes. durch Miteigentümervereinbarungen gem. § 1010 BGB (s. Anm. 4) entsprochen werden, die oft ergänzt werden durch gegenseitig eingeräumte (dingliche) Vorkaufsrechte (s. Anm. 13) und sonstige, bloß schuldrechtlich wirkende Vereinbarungen.

4. Miteigentümervereinbarungen. (1) Unter den Begriff „Miteigentümervereinbarungen" werden die nach § 1010 BGB mit dinglicher Wirkung, dh. mit Wirkung gegen den jeweiligen Eigentümer des belasteten Anteils, eintragbaren Vereinbarungen zusammengefaßt, nämlich:
a) Verwaltungs- u. Benutzungsregelungen (s. Anm. 10) und
b) Teilungsausschluß (s. Anm. 11).

(2) Bei den genannten Vereinbarungen handelt es sich um eine besondere Art der Anteilsbelastung, die nach den Grundsätzen der §§ 873 ff. BGB vorzunehmen ist (KG RJA

16, 323), also nicht um eine Form der Verfügungsbeschränkung (LG Zweibrücken RPfleger 1965, 56 m. zust. Anm. *Haegele;* BayObLG DNotZ 1982, 250). Der Miteigentümer, dessen Anteil mit einem Teilungsausschluß belastet ist, kann nämlich dennoch über seinen Anteil verfügen (OLG München NJW 1955, 637; *Walter* DNotZ 1975, 518/521).

(3) Durch die Eintragung von Verwaltungs- und Benutzungsregelungen kann gerade bei Häusern mit wenigen Wohnungen zwischen Miteigentümern eine ähnliche Rechtslage wie beim Wohnungseigentum oder dem früheren Stockwerkseigentum geschaffen werden (s. RGRK/*Pikart* § 1010 Rdn. 10). Die separate Beleihbarkeit der Miteigentumsanteile ist allerdings nicht ebenso problemlos möglich wie beim Wohnungseigentum; die Banken und sonstigen Darlehensgeber verlangen regelmäßig, um Schwierigkeiten bei der Zwangsversteigerung eines Miteigentumsanteils aus dem Wege zu gehen, die Belastung des gesamten Grundstücks!

(4) Zweck der Vereinbarung, daß das Recht, die Aufhebung der Gemeinschaft zu verlangen, für immer oder auf Zeit ausgeschlossen sein soll („Teilungsausschluß"), ist es, der von Gesetzes wegen auf Auseinandersetzung angelegten Miteigentümergemeinschaft Beständigkeit zu verleihen, damit die Miteigentümer ungestört das gemeinschaftliche Eigentum nutzen können. Besonders mit Rücksicht darauf, daß ein Miteigentumsanteil durch Erbgang einer Erbgemeinschaft zufallen könnte, ist der Teilungsausschluß bedeutsam; denn ohne diesen könnte sogar ein einzelner Miterbe die Aufhebung der Miteigentümergemeinschaft verlangen.

5. Wirkungen der Miteigentümervereinbarungen. Die von Miteigentümern vereinbarten Regelungen zur Verwaltung und Benutzung der gemeinsamen Sache (§§ 744 ff. BGB) wirken ebenso wie Abreden über Beschränkung oder Ausschluß der Gemeinschaftsaufhebung (§§ 749 ff. BGB) grundsätzlich für und gegen die Sondernachfolger („Verdinglichung" der Vereinbarungen; s. §§ 746, 751, S. 1 BGB). Davon macht § 1010 BGB bei Grundstücken, die in Bruchteilseigentum stehen, eine Ausnahme: Um die Regelungen gegen einen Sondernachfolger wirken zu lassen, müssen sie als Belastung zumindest des von ihm erworbenen Anteils im Grundbuch eingetragen sein. Ist eine Miteigentümervereinbarung eingetragen, wirkt sie ohne weiteres gegen alle künftigen Eigentümer des belasteten Miteigentumsanteils, und zwar selbst wenn diese darüber keine oder falsche Vorstellungen haben (s. BayObLG DNotZ 1982, 250). Ist eine Vereinbarung aber nicht eingetragen, wirkt sie auch gegen diejenigen Sondernachfolger nicht, denen sie bekannt ist (OLG München NJW 1955, 637; § 892 Abs. 1 S. 2 BGB gilt nur für Veräußerungsbeschränkungen, um die es sich bei Miteigentümervereinbarungen gerade nicht handelt, s. Anm. 4 (2)). Für den Sondernachfolger wirken dagegen nicht eingetragene Vereinbarungen uneingeschränkt.

6. Beteiligte eintragbarer Miteigentümervereinbarungen. (1) Miteigentümervereinbarungen sind nur dann nach § 1010 BGB eintragbar, wenn sie zwischen Bruchteilseigentümern getroffen werden.

(2) Für Grundstücke, die in Gesamthandseigentum (zB. einer Erbgemeinschaft) stehen, gilt § 1010 BGB nicht (BayObLG 1952, 246; BGH WPM 1968, 1172). Bei Gesamthandseigentum können aber – allerdings bloß mit schuldrechtlicher Wirkung – ganz entsprechende Gemeinschaftsregelungen getroffen werden.

(3) Ob bei Übergang eines Miteigentumsanteils auf mehrere Personen zu weiterem Bruchteilseigentum nur zwischen diesen Personen getroffene Regelungen zulässig sind, ist umstritten (dafür: *Palandt/Bassenge* § 1010 Rdn. 1; dagegen: RGRK/*Pikart* § 1008 Rdn. 6, § 1010 Rdn. 9, weil eine selbständige Bruchteilsgemeinschaft am Miteigentumsanteil nicht möglich sei).

7. Form der Miteigentümervereinbarung. (1) Materiellrechtlich genügt für das Zustandekommen einer Miteigentümervereinbarung gem. §§ 744 ff. BGB ein formloser

Vertrag zwischen den betroffenen Miteigentümern. Die besonderen Wirkungen der Eintragung gem. § 1010 BGB verlangen jedoch gem. § 873 BGB die Einigung der Miteigentümer und die Eintragung der Vereinbarung als Belastung des Miteigentumsanteils, dessen (jeweiligen) Eigentümer gegenüber die Vereinbarung wirken soll (s. MünchKomm/ *Karsten Schmidt* § 1010 Rdn. 9).

(2) Formellrechtlich sind für die Eintragung der Vereinbarung ein Eintragungsantrag (§ 13 GBO) und die Eintragungsbewilligung (§ 19 GBO) des Miteigentümers, dessen Anteil belastet werden soll, nicht etwa aller Miteigentümer (BayObLG NJW 1982, 1654), erforderlich.

8. Berechtigter einer Miteigentümervereinbarung. (1) Berechtigte der nach § 1010 BGB eingetragenen Belastung können sein:
a) alle übrigen (jetzigen) Miteigentümer, auch die jeweiligen Miteigentümer, der anderen Miteigentumsanteile,
b) nur bestimmte andere (jetzige) Miteigentümer, auch die jeweiligen Miteigentümer, einiger anderer Miteigentumsanteile.

(2) Um die volle Wirkung für die Zukunft zu erreichen, empfiehlt es sich, alle Miteigentumsanteile zugunsten aller jeweiligen Miteigentümer der anderen Miteigentumsanteile zu belasten, wie es in § 2 des Formulars geschehen ist.

9. Eintragung der Miteigentümervereinbarung. (1) In der Eintragungsbewilligung kann auf Karten und Pläne zur näheren Bezeichnung der Bereiche Bezug genommen werden, auf die sich eine Verwaltungs- u. Benutzungsregelung bezieht (OLG Hamm DNotZ 1973, 546 = RPfleger 1973, 167).

(2) Die Eintragungsbewilligung muß angeben, zu wessen Gunsten (s. Anm. 8) die Belastung erfolgt sein soll (OLG Hamm aaO.; BayObLG NJW 1982, 1654).

(3) Im Grundbucheintrag sind die Berechtigten aus der Vereinbarung anzugeben (BayObLG DNotZ 1976, 744 = RPfleger 1976, 304; s. auch *Pöschl* BWNotZ 1974, 79; *Fleitz* BWNotZ 1977, 36), während zur näheren Bezeichnung des Inhalts der Vereinbarung eine Bezugnahme auf die Eintragungsbewilligung genügt (§ 874 BGB; RGRK/ *Pikart* § 1010 Rdn. 7).

(4) Die Eintragung steht in einem Rangverhältnis zu den übrigen Eintragungen nach Abt. II und III des Grundbuchs.

10. Inhalt der Verwaltungs- u. Benutzungsregelung. (1) Da die Eintragung nach § 1010 Abs. 1 BGB lediglich die Wirkung der Vereinbarung gegen Sondernachfolger des Miteigentümers des belasteten Anteils bewirken soll, aber kein selbständiges dingliches Recht schafft, reicht die Belastung inhaltlich nicht weiter als die Wirkung der schuldrechtlichen Vereinbarung geht; nach §§ 744 ff. BGB unzulässige Vereinbarungen können deshalb niemals durch eine Eintragung nach § 1010 Abs. 1 BGB gegenüber Sondernachfolgern wirksam werden (s. RGRK/*Pikart* § 1010 Rdn. 6).

(2) Eintragungsfähig sind Verwaltungs- u. Benutzungsregelungen, die nicht gegen zwingende gesetzliche Bestimmungen verstoßen (*Palandt/Bassenge* § 1010 Rdn. 1). Zugelassen wurde beispielsweise eine Eintragung, wonach „die Benutzung und Unterhaltung der vom Hausflur zum Boden führenden Leiter" den beiden Miteigentümern gemeinschaftlich zusteht (KG OLG 43, 5).

Eintragungsfähig ist auch eine – wie hier – getroffene Aufteilung des Benutzungsrechts nach Stockwerken (MünchKomm/*K. Schmidt* § 1010 Rdn. 9).

(3) Nicht eintragungsfähig sind dagegen Regelungen der Lasten- und Kostentragungspflicht (OLG Hamm DNotZ 1973, 546 = RPfleger 1973, 167; ebenso *Palandt/Bassenge* § 1010 Rdn. 3; RGRK/*Pikart* § 1010 Rdn. 9; aA. LG Traunstein MittBayNot 1978, 157 = MittRhNotK 1978, 173), Vereinbarungen der Miteigentümer über die Auflösung der Gemeinschaft und über Maßnahmen zur Durchführung der Teilung (OLG Köln OLGZ

1970, 276 = DNotZ 1971, 373; OLG Frankfurt RPfleger 1976, 397; s. a. Anm. 11), der Ausschluß der Verfügungsbefugnisse nach § 747 BGB (OLG Hamm DNotZ 1973, 549/551; s. a. Anm. 4 (2)).

11. Inhalt des Teilungsausschlusses. (1) Ein Teilungsausschluß kann auch dann, wenn er im Grundbuch eingetragen ist, nicht über den nach §§ 749 ff. BGB zulässigen Inhalt hinausgehen (s. Anm. 10). Absprachen über den Ausschluß oder die Beschränkung des Rechts auf Aufhebung der Gemeinschaft können daher das Kündigungsrecht aus wichtigem Grund (§ 749 Abs. 2 S. 1 BGB), das Außerkrafttreten von zeitlich befristeten Ausschlußabreden mit dem Tode eines Teilhabers (§ 750 BGB) und das ungehinderte Aufhebungsrecht des Pfändungsgläubigers eines Anteils (§ 751 S. 2 BGB) nicht beeinträchtigen. Gegenüber dem Konkursverwalter eines Miteigentümers wirkt ein Teilungsausschluß ebenfalls nicht (§ 16 Abs. 2 KO). Bei der Sonderform des Miteigentums in Gestalt eines Wohnungs- oder Teileigentums ist allerdings § 11 Abs. 2 WEG zu beachten, wonach §§ 751 S. 2 BGB, 16 Abs. 2 KO dafür nicht gelten und sowohl ein Gläubiger als auch der Konkursverwalter nicht die Aufhebung der Gemeinschaft verlangen können.

(2) Zulässig sind aber eine Vereinbarung, daß die Aufhebung der Gemeinschaft solange ausgeschlossen sein soll, wie ihr nicht bestimmte Personen zugestimmt haben (KGJ 51, 198), und die Vereinbarung zweier Miteigentümer, daß einer von ihnen die Aufhebung der Gemeinschaft nur verlangen kann, wenn das Meistgebot in der Zwangsversteigerung eine bestimmte Höhe erreicht (KGJ 33 A 224).

12. Kosten. (1) Notar: a) 2 Gebühren nach §§ 141, 36 Abs. 2 KostO für jede der vertraglichen Vereinbarungen nach §§ 2, 3, 4, 5 u. 6 des Form. Da alle 5 Einzelvereinbarungen selbständige Bedeutung haben, sind sie nicht gegenstandsgleich iSv. § 44 Abs. 1 S. 1 KostO; da sie aber dem jeweils gleichen Gebührensatz unterliegen, ist dieser nur einmal nach den zusammengerechneten Werten zu berechnen (§§ 141, 44 Abs. 2a KostO).

b) Die gleichzeitig mitbeurkundeten Grundbucherklärungen (für die Gebühren nach §§ 141, 38 Abs. 2 Nr. 5a KostO zu erheben wären) sind mit den jeweils beurkundeten materiellrechtlichen Vereinbarungen gegenstandsgleich iSv. § 44 Abs. 1 KostO, weshalb keine besonderen Gebühren neben denen für die Vereinbarungen selbst berechnet werden.

(2) Grundbuchamt: Für
a) die Eintragung der Vorkaufsrechte: 1 Gebühr nach § 62 Abs. 1 KostO für jedes der 4 Vorkaufsrechte,
b) die Eintragung des Teilungsausschlusses und der Verwaltungs- und Benutzungsregelung: ½ Gebühr nach § 65 Abs. 1 KostO.

(3) Werte in beiden Fällen: Für
a) die Vorkaufsrechte: idR. der halbe Wert gem. § 20 Abs. 2 KostO; Beziehungswert dabei ist der Grundstückswert (§ 19 KostO) bzw. hier der Kaufpreis für das gerade erst erworbene Grundstück (§ 20 Abs. 1 KostO);
b) den Teilungsausschluß: der Wert ist, ausgehend vom Grundstückswert (s. Buchst. a), nach freiem Ermessen zu bestimmen (§ 30 Abs. 1 KostO); angemessen dürfte ⅕ des Grundstückswertes sein;
c) die Verwaltungs- und Benutzungsregelung: wie Buchst. b;
d) die Vereinbarung über die Verteilung des Kaufpreises und der damit verbundenen Zahlungsverpflichtungen: der Wert ist, ausgehend von der Kaufpreisschuld als Beziehungswert, nach freiem Ermessen zu bestimmen (§ 30 Abs. 1 KostO); angemessen dürfte ⅕ des Kaufpreises sein;
e) die Anbaugestattung: der Wert ist, ausgehend vom Wert des Anbaues, nach freiem Ermessen zu bestimmen (§ 30 Abs. 1 KostO); wenn genügend tatsächliche Anhalts-

punkte für eine Schätzung fehlen, ist der Wert auf DM 5.000,– anzunehmen (§ 30 Abs. 2 S. 1 KostO).

Hinsichtlich der Notargebühren ist zu beachten, daß der Gebühr nach § 36 Abs. 2 KostO zwar die zusammengerechneten Einzelwerte zugrunde zu legen sind (§ 44 Abs. 2a KostO), dieser Wert aber insgesamt nicht höher als der Grundstückswert liegen darf.

Dienstbarkeiten, Baulast

19. Grunddienstbarkeit[2] für Wege- und Versorgungsleitungsrecht[3]

Vertrag über die Bestellung von Wege- und Versorgungsleitungsrechten

§ 1

In den Grundbüchern von V (AG X) Band 518–524 sind als Eigentümer der nachgenannten Grundstücke der Flur 2, Gemarkung V, eingetragen:
a) Eheleute Alfred A. und Susanne A., geb. B., für FlStNr. 137/95,
b) Frau Elisabeth C. für FlStNr. 137/96,
c) Herr Gerhard D. für FlStNr. 137/97,
d) Herr Friedrich E. für FlStNr. 137/98,
e) Herr Walter F. und Frau Ilse G., geb. H., für FlStNr. 137/99,
f) Herr Bernd J. und Michael J. in Erbengemeinschaft für FlStNr. 137/100,
g) die vorstehend unter a)–f) genannten Eigentümer gemeinschaftlich als Miteigentümer für FlStNr. 137/101.

Im Grundbuch von V. (AG X) Band 12 Blatt 525 ist der Bauunternehmer Hermann K. als Alleineigentümer des folgenden Grundstücks eingetragen:
Gemarkung V., Flur 2, FlStNr. 137/102.

Dieses Grundstück grenzt an das Grundstück FlStNr. 137/101 der Flur 2, Gemarkung V., auf dem sich 6 Garagen befinden, die von den Bewohnern der auf den vorgenannten FlStNr. 137/95–137/100 stehenden Häuser (Hamburger Straße 172–177) genutzt werden.

§ 2

Die in § 1 bezeichneten Grundstückseigentümer vereinbaren[14] Wege- und Versorgungsleitungsrechte folgenden Inhalts:[4, 5]
1. Der Eigentümer[9, 10] des Grundstücks FlStNr. 137/102 der Flur 2, Gemarkung V.,[13] räumt den jeweiligen Eigentümern[8, 10] der Grundstücke FlStNr. 137/95–137/101 der Flur 2, Gemarkung V.,[12] das Recht ein, den Teil[7, 11] des Grundstücks FlStNr. 137/102, der auf dem dieser Urkunde beigefügten Lageplan, auf den verwiesen wird, rot umrandet und schraffiert ist, von und nach den Garagen oder KFZ-Stellplätzen auf FlStNr. 137/101 zum Fahren zu benutzen und von und nach den FlStNr. 137/95–137/101 zum Gehen zu benutzen und unter dem Grundstück FlStNr. 137/102 Versorgungsleitungen jeder Art, die zu den Grundstücken FlStNr. 137/95–137/101 führen, zu legen und zu benutzen.
2. Die jeweiligen Eigentümer der Grundstücke FlStNr. 137/95–137/100 sind verpflichtet, den auf dem dienenden Grundstück FlStNr. 137/102 befindlichen Weg mit einer dauerhaften Fahrbahn in gutem Zustand zu erhalten und die Wegeanlage zu unterhalten.[4] Die Kosten der erstmaligen Herrichtung einer dauerhaften Fahrbahn und der

19. Grunddienstbarkeit für Wege- und Versorgungsleitungsrecht X. 19

Unterhaltung der Wegeanlage haben die jeweiligen Eigentümer der Grundstücke FlStNr. 137/95–137/100 zu je 1/6 zu tragen.

3. Der jeweilige Eigentümer des dienenden Grundstücks FlStNr. 137/102 ist berechtigt, die Wegeanlage mitzubenutzen. Er ist verpflichtet, sich an den Kosten der Unterhaltung der Wegeanlage zu 1/2 zu beteiligen, sobald das Grundstück FlStNr. 137/102 bebaut und die Rohbauabnahme erfolgt ist; von diesem Zeitpunkt ab haben sich die jeweiligen Eigentümer der Grundstücke FlStNr. 137/95–137/100 an den Kosten der Unterhaltung nur noch je 1/12 zu beteiligen.

4. Versorgungsleitungen haben die Berechtigten tunlichst vor Herrichtung der Wegeanlage verlegen zu lassen. Die Kosten der Verlegung und Unterhaltung der Versorgungsleitungen sind von denjenigen Berechtigten zu untereinander gleichen Teilen zu tragen, welche die Versorgungsleitungen nutzen. Soweit Versorgungsleitungen durch den Eigentümer des dienenden Grundstücks FlStNr. 137/102 verlegt werden, sind die Kosten für Verlegung und Unterhaltung von ihm allein zu tragen.

Zu den Kosten der Verlegung und Unterhaltung der Versorgungsleitungen gehören auch die Kosten für eine evtl. Wiederherstellung der Wegeanlage.

5. Der Umfang der Benutzungsrechte am dienenden Grundstück FlStNr. 137/102 richtet sich im übrigen nach dem für eine Wohnanlage mit Einfamilien-Reihenhäusern Üblichen.

§ 3

Für den Fall des Erlöschens einer der in § 2 bestellten Grunddienstbarkeiten durch den Zuschlag in einer Zwangsversteigerung werden als Höchstbetrag des Wertersatzes[17] für jede der Grunddienstbarkeiten DM ...... bestimmt.

§ 4

Grundbucherklärungen

Der Eigentümer[9, 10] des dienenden Grundstücks FlStNr. 137/102[13] bewilligt,[15] die jeweiligen Eigentümer[8, 10] der Grundstücke FlStNr. 137/95–137/101[12] beantragen[15] die Eintragung[14] je einer Grunddienstbarkeit[2] für Wege- und Versorgungsleitungsrecht[3] gem. § 2 dieser Urkunde nebst Wertersatzbestimmung[17] gem. § 3 dieser Urkunde zu Lasten des Grundstücks FlStNr. 137/102[6, 7] mit untereinander gleichem Rang und zugunsten des jeweiligen Eigentümers des jeweils berechtigten Grundstücks sowie den Vermerk[16] dieser Grunddienstbarkeiten auf den Grundbuchblättern der berechtigten Grundstücke.

§ 5

Die Kosten[19] dieser Urkunde und ihres Vollzugs im Grundbuch tragen die Eigentümer der Grundstücke FlStNr. 137/95–137/101 zu je 1/6.

...... (Ort), den ......   gez. Unterschriften

Öffentliche Beglaubigung der Unterschriften.[15]

Schrifttum: Stürner, Dienstbarkeit heute, AcP 194, 265.

Anmerkungen

1. Sachverhalt. Zu einer Reihenhausanlage mit 6 Reihenhausgrundstücken gehört ein im Miteigentum aller Reihenhauseigentümer stehendes Garagengrundstück. Die Zufahrt zu diesem Garagengrundstück führt über das im Alleineigentum des Bauunternehmers Hermann K. stehende FlStNr. 137/102. Dieser hatte seinerzeit die Reihenhäuser und

Garagen errichtet und anschließend veräußert. Die Versorgungsleitungen zu den Häusern führen teilweise über das Grundstück FlStNr. 137/102. Dieses Grundstück soll ebenfalls noch bebaut werden, auch mit Garagen. Der Weg auf FlStNr. 137/102 ist bereits angelegt. Hermann K. hatte vor der Veräußerung der 6 Reihenhäuser versäumt, ein Wegerecht zu bestellen. Dies wird nun nachgeholt.

2. Inhalt einer Grunddienstbarkeit. (1) Inhalt einer Grunddienstbarkeit können sein (s. MünchKomm/*Falckenberg* § 1018 Rdn. 26–39; *Palandt/Bassenge* § 1018 Rdn. 4 ff.; *Staudinger/Ring* § 1018 Rdn. 43 ff.):

a) Das Recht des jeweiligen Eigentümers eines anderen Grundstücks, das belastete Grundstück in einzelnen Beziehungen benutzen zu dürfen (§ 1018 1. Alternative BGB). Beispiele hierfür sind:

Das Recht, das belastete Grundstück als Weg, zur Durchfahrt und/oder Zufahrt, zur Wasserableitung, zur Leitungsführung, zur Entnahme von Bodenbestandteilen oder Wasser, zur Gewerbeausübung, zur Benutzung und Unterhaltung von Bauwerken und technischen Anlagen, zur Errichtung und Mitbenutzung einer halbscheidigen Nachbarwand, zum Betreten zu benutzen.

b) Das Recht des jeweiligen Eigentümers eines anderen Grundstücks, daß auf dem belasteten Grundstück gewisse tatsächliche Handlungen nicht vorgenommen werden dürfen (§ 1018 2. Alternative BGB). Beispiele dafür sind:

Das Recht, auf dem Nachbargrundstück die Unterlassung jeglicher oder einer bestimmten Bebauung, des Anbauens unter Benutzung der Nachbarwand, der Beseitigung einer Einfriedung, einer bestimmten Wohnungsbelegung, des Betriebs eines bestimmten Gewerbebetriebs (zB. einer Tankstelle), des Vertriebs und Ausschanks von Bier verlangen zu können.

c) Der Ausschluß der Ausübung eines Rechtes, das sich aus dem Eigentum an dem belasteten Grundstück dem anderen Grundstück gegenüber ergibt, zugunsten des jeweiligen Eigentümers dieses anderen Grundstücks (§ 1018 3. Alternative BGB). Beispiele dafür sind:

Der Ausschluß von Einwirkungsrechten (etwa durch gem. § 906 BGB zulässige Immissionen, durch einen nach § 912 BGB entschuldigten Überbau oder einen gem. § 917 BGB zu duldenden Notweg auf das herrschende Grundstück einzuwirken), der Ausschluß von Abwehrrechten (etwa des Rechts auf Untersagung übermäßiger Immissionen, § 906 BGB, auf Beseitigung einer gefährlichen Anlage, § 907 BGB, auf Beseitigung eines unentschuldigten Überbaues, § 912 BGB, oder des Rechts, die Einhaltung nachbarschützender Bestimmungen des Baurechts zu verlangen), der Ausschluß von Ausgleichsansprüchen (etwa der Ausschluß des Anspruchs nach § 906 Abs. 2 S. 2 BGB).

(2) Eine Zusammenfassung der drei in Abs. 1 beschriebenen möglichen Beschränkungen der aus dem Eigentum am Grundstück fließenden Rechte in einer einheitlichen Grunddienstbarkeit ist zulässig (BGHZ 29, 244/256 = NJW 1959, 670/671; BGH NJW 1980, 179).

(3) Eine Grunddienstbarkeit muß einen solchen Inhalt haben, der für die Benutzung des herrschenden Grundstücks einen bestimmten Vorteil bietet (§ 1019 BGB). Es muß sich nicht um einen wirtschaftlichen Vorteil handeln, vielmehr kann es auch ein rein ideeller Vorteil sein, der zB. in der Erhaltung eines bestimmten Baucharakters des auf dem dienenden Grundstück befindlichen Gebäudes besteht (BGH BB 1967, 436). Der Vorteil kann in der Zukunft liegen; genügend ist auch ein bloß mittelbarer Vorteil.

(4) Inhalt einer Grunddienstbarkeit kann nicht eine Verpflichtung des jeweiligen Eigentümers des belasteten Grundstücks zu einem positiven Tun sein. Eine Ausnahme hiervon machen lediglich die §§ 1021, 1022 BGB, wonach die Pflicht zur Unterhaltung einer Anlage ausnahmsweise Inhalt einer Grunddienstbarkeit sein kann (s. Anm. 4).

19. Grunddienstbarkeit für Wege- und Versorgungsleitungsrecht X. 19

(5) Gegenstand einer Grunddienstbarkeit können auch nicht Beschränkungen der Verfügungs- und Verpflichtungsbefugnis des jeweiligen Eigentümers des belasteten Grundstücks sein.

(6) Die Bestellung einer Grunddienstbarkeit mit einem Inhalt, welcher bereits bestehenden gesetzlichen Beschränkungen entspricht, ist ebenfalls unzulässig; etwas anderes gilt nur dann, wenn Zweifel über den Umfang oder die Anwendbarkeit der gesetzlichen Beschränkungen bestehen (s. MünchKomm/*Falckenberg* § 1018 Rdn. 49, 50).

3. Wege- und Versorgungsleitungsrecht. (1) Im vorliegenden Fall handelt es sich um eine Grunddienstbarkeit, die ein Benutzungsrecht (s. Anm. 2 (1) a) beinhaltet, und zwar ein „Wege- und Versorgungsleitungsrecht".

(2) Wenn ein solches Wege- und Versorgungsleitungsrecht inhaltlich zu knapp oder zu allgemein gehalten ist, muß im Wege der Auslegung ermittelt werden, welchen genauen Inhalt das Recht hat (MünchKomm/*Falckenberg* § 1018 Rdn. 29; *Palandt/Bassenge* § 1018 Rdn. 8, jeweils mwN.). Um Auslegungsschwierigkeiten, die regelmäßig mit Streit verbunden sind, zu vermeiden, sollte der Inhalt eines solchen Wege- und Versorgungsleitungsrechts so genau wie nötig und möglich festgelegt werden. Dabei ist das Interesse des Eigentümers des belasteten Grundstücks an einer geringen Beschränkung seiner Rechte mit dem Interesse des jeweiligen Eigentümers des herrschenden Grundstücks abzuwägen, daß durch eine zu enge Fassung des Grunddienstbarkeitsinhalts der Zweck der Grunddienstbarkeitsbestellung nicht verfehlt wird.

4. Verpflichtung zu positivem Tun. Nur in engen Grenzen ist die Verpflichtung zu positivem Tun als Inhalt einer Grunddienstbarkeit zulässig (s. Anm. 2 (4)):

(1) Nach § 1021 Abs. 1 S. 1 BGB kann dann, wenn zur Ausübung einer Grunddienstbarkeit eine Anlage auf dem belasteten Grundstück gehört, bestimmt werden, daß der Eigentümer des belasteten Grundstücks die Anlage zu unterhalten hat, so weit das Interesse des Berechtigten es erfordert. Diese Verpflichtung zur Unterhaltung der Anlage durch den Eigentümer des belasteten Grundstücks ist eine Ausnahme vom Grundsatz des § 1020 S. 2 BGB, wonach der Dienstbarkeitsberechtigte eine Anlage in ordnungsgemäßem Zustand zu erhalten hat.

(2) Hieraus wird allgemein der Schluß gezogen, daß analog § 1021 Abs. 1 S. 1 BGB ein positives Tun als Nebenpflicht zuzulassen ist, soweit es zur Erhaltung des dienenden Grundstücks in einem der Dienstbarkeit entsprechenden Zustand erforderlich ist (s. MünchKomm/*Falckenberg* § 1018 Rdn. 41 mwN.).

5. Bedingungen und Befristungen. Grunddienstbarkeiten können auflösend oder aufschiebend bedingt oder befristet bestellt werden (s. MünchKomm/*Falckenberg* § 1018 Rdn. 7 u. 57).

6. Belastungsgegenstand einer Grunddienstbarkeit. (1) Belastbar mit einer Grunddienstbarkeit sind in erster Linie Grundstücke (§ 1018 BGB):
a) Das gesamte Grundstück als solches ist belastbar, ohne daß die Ausübung der Grunddienstbarkeit sich nur auf einen Teil des Grundstücks erstreckt (zB. ein Geh- u. Fahrrecht, s. BGH BB 1965, 1125).
b) Wenn die Ausübung einer Grunddienstbarkeit sich nur auf eine Teilfläche des Grundstücks beschränken soll, so kann bei Belastung des Gesamtgrundstücks zugleich der Ausübungsbereich bestimmt werden (s. § 1023 Abs. 1 S. 2 BGB u. BGH DNotZ 1982, 228 u. 230). Zur Bezeichnung des Ausübungsbereichs s. Anm. 7. Kennzeichnung des Ausübungsbereichs für den Fall der Grundstücksteilung ist zu empfehlen.
c) Möglich ist selbstverständlich auch, den Teil des Grundstücks, der allein von der (Ausübung der) Grunddienstbarkeit betroffen sein soll, gem. § 7 Abs. 1 GBO abzuschreiben und als selbständiges Grundstück einzutragen.
Die Abschreibung kann nach § 7 Abs. 2 S. 1 GBO ausnahmsweise unterbleiben, wenn hiervon Verwirrung nicht zu besorgen ist; in diesem Fall muß aber eine von der zu-

ständigen Behörde (Katasteramt) beglaubigte Karte vorgelegt werden, aus der die Größe und die Lage des Grundstücksteils ersichtlich sind (§ 7 Abs. 2 S. 2, § 2 Abs. 3 GBO). Diese Möglichkeit ist aber wenig praktikabel, weshalb demgegenüber der Belastung des Gesamtgrundstücks unter gleichzeitiger Bestimmung des Ausübungsbereichs der Grunddienstbarkeit der Vorzug zu geben ist.

(2) Belastungsgegenstand einer Grunddienstbarkeit können auch grundstücksgleiche Rechte (OLG Hamm DNotZ 1981, 264/266; *Palandt/Bassenge* § 1018 Rdn. 2) sein, also:
a) das Erbbaurecht (§ 11 Abs. 1 S. 1 ErbbauVO),
b) das Bergwerkseigentum (§ 9 Abs. 1 BBergG),
c) selbständige Gerechtigkeiten nach Landesrecht (s. die Übersicht bei MünchKomm/*Falckenberg* vor § 1018 Rdn. 10),
d) das Wohnungs- und Teileigentum, soweit der Ausübungsbereich der Grunddienstbarkeit sich auf das Sondereigentum beschränkt (BayObLG 1974, 396 = NJW 1975, 59; MünchKomm/*Röll*, 3. Aufl., WEG vor § 1 Rdn. 19 mwN.; a.A. *Staudinger/Ring* § 1018 Rdn. 7).

(3) Eine Gesamtbelastung mehrerer Grundstücke (oder grundstücksgleicher Rechte) mit einer Grunddienstbarkeit in der Weise, daß sie sich auf die mehreren Grundstücke (grundstücksgleichen Rechte) erstreckt, ist zulässig, aber nur bei gleicher Benutzungsart (str., s. BayObLG 1955, 170/174; LG Braunschweig Nds. Rpfl. 1963, 229; MünchKomm/*Falckenberg* § 1018 Rdn. 20; *Palandt/Bassenge* § 1018 Rdn. 2; BayObLG NJW-RR 1990, 208; jeweils mwN.); s.a. Anm. 13 (1).

(4) Unzulässig ist die Belastung eines ideellen Bruchteils mit einer Grunddienstbarkeit (BGHZ 36, 181/189 = NJW 1962, 633/634; OLG Frankfurt RPfleger 1979, 149/150). Davon zu unterscheiden ist aber die Belastung eines Grundstücks, welches sich im Miteigentum mehrerer Personen befindet.

7. Gesamtbelastung eines Grundstücks mit Ausübungsbeschränkung. (1) Wenn ein Grundstück insgesamt mit einer Dienstbarkeit belastet wird, zugleich aber ihr Ausübungsbereich sich auf eine Teilfläche des Grundstücks beschränkt, ist zu unterscheiden:
a) Der Ausübungsbereich der Dienstbarkeit wird rechtsgeschäftlich bestimmt (§ 1023 Abs. 1 S. 2 BGB). Der Ausübungsbereich muß als Inhalt der Belastung in der Eintragungsbewilligung eindeutig bezeichnet werden (BGH NJW 1981, 1781 = DNotZ 1982, 228/229).
b) Der Ausübungsbereich wird nicht bestimmt, er ist mithin nicht rechtsgeschäftlicher Inhalt der Grundstücksbelastung, sondern bleibt der tatsächlichen Ausübung überlassen. In diesem Fall muß der Ausübungsbereich nicht in der Eintragungsbewilligung bezeichnet werden (BGH aaO.).

(2) Wenn es auch grundsätzlich für zulässig gehalten wird, die Bestimmung des Ausübungsbereichs der Dienstbarkeit ihrer tatsächlichen Ausübung zu überlassen (BGH NJW 1981, 1781 = DNotZ 1982, 228/229; MünchKomm/*Falckenberg* § 1018 Rdn. 14 mwN.), so wird wegen des im Sachenrecht geltenden Bestimmtheitsgrundsatzes die ausdrückliche Bestimmung des Ausübungsbereichs aber dann gefordert, wenn der Ausübungsbereich für das Grundstück des Verpflichteten essentielle Bedeutung hat (KG NJW 1973, 1128/1129; OLG Celle Nds. Rpfl. 1978, 57) bzw. eine Belastung gegeben ist, die unmittelbar in die Substanz des Eigentums eingreift (OLG Hamm OLGZ 1967, 456/459 = NJW 1967, 2365; OLG Hamm OLGZ 1981, 270; s.a. MünchKomm/*Falckenberg* § 1018 Rdn. 14).

(3) Die rechtsgeschäftliche Bestimmung des Ausübungsbereichs der Dienstbarkeit kann auf verschiedene Weise geschehen:
a) Die bloße Beschreibung mit Worten kann genügen (s. BGH NJW 1969, 502/503).

19. Grunddienstbarkeit für Wege- und Versorgungsleitungsrecht X. 19

b) Ausreichend ist auch, wenn sich der Ausübungsbereich aus der Lage schon vorhandener Anlagen (zB. bereits verlegter Rohrleitungen) ergibt, auf welche die Eintragungsbewilligung Bezug nimmt (BGH DNotZ 1982, 230; OLG Oldenburg RPfleger 1979, 199/200).

c) Möglich ist aber auch, den Ausübungsbereich einer Dienstbarkeit durch Bezugnahme auf eine Skizze, Flurkarte oä. und die darauf erfolgte Einzeichnung zu bestimmen (BGHZ 59, 11 = DNotZ 1972, 533; BGH NJW 1981, 1781; BGH DNotZ 1982, 228). Eine solche Bezugnahme ist aber noch nicht durch die bloße Verbindung der Skizze, Flurkarte oä. mit Schnur und Siegel mit der Eintragungsbewilligung gegeben; auch der auf der Skizze, Flurkarte oä. befindliche Vermerk, sie bilde eine „Anlage zur notariellen Urkunde" genügt als Bezugnahme nicht (BGH DNotZ 1982, 228/230). Vielmehr muß die Bezugnahme ausdrücklich erklärt werden. Andererseits ist eine ausdrückliche Bezugnahme auf die Skizze, Flurkarte oä. ohne deren Verbindung mit der Eintragungsbewilligung nicht hinreichend; vielmehr muß die Verbindung zwischen der Eintragungsbewilligung, in welcher die Bezugnahme erklärt ist, und der Skizze, Flurkarte oä. durch Schnur und Siegel geschehen (§ 9 Abs. 1 S. 3 BeurkG analog; BGH aaO.).

(4) Eine genaue Bestimmung des Ausübungsbereichs einer Dienstbarkeit schließt zwar ein späteres Verlegungsverlangen des Berechtigten nicht aus (s. Anm. 11), ist aber im Hinblick auf eine evtl. spätere Teilung des dienenden Grundstücks vorteilhaft (s. § 1026 BGB und Form. X. 6 Anm. 6). Deshalb sollte der Ausübungsbereich stets rechtsgeschäftlich als Inhalt der Dienstbarkeit bestimmt werden und nicht der tatsächlichen Ausübung überlassen bleiben (s. Anm. 13 (4)).

8. Berechtigter einer Grunddienstbarkeit. (1) Eine Grunddienstbarkeit kann nur zugunsten des jeweiligen Eigentümers eines anderen Grundstücks oder grundstücksgleichen Rechts (s. Anm. 6 (2) und OLG Hamm RPfleger 1980, 469; DNotZ 1981, 264) bestellt werden, ist also zwingend ein subjektiv-dingliches Recht. Der Eigentümer des herrschenden Grundstücks kann zugleich Miteigentümer des belasteten Grundstücks sein; umgekehrt kann auch ein Miteigentümer des herrschenden Grundstücks Eigentümer des belasteten Grundstücks sein (s. § 1009 BGB). Der jeweilige Eigentümer eines Miteigentumsanteils als solchem kann jedoch nicht Berechtigter der Grunddienstbarkeit sein, weil dem § 1019 BGB entgegensteht (allgM.).

(2) a) Zugunsten des jeweiligen Eigentümers eines realen Grundstücksteils kann eine Grunddienstbarkeit nur bestellt werden, wenn dieser Grundstücksteil zuvor gem. § 7 Abs. 1 GBO abgeschrieben worden ist (BayObLG 1965, 267/271 = NJW 1966, 56).

(b) Zulässig ist demgegenüber die Bestellung einer Grunddienstbarkeit, bei welcher die Ausübung zum Vorteil eines realen Teils des herrschenden Grundstücks beschränkt ist (BayObLG aaO.; OLG Hamm NJW 1967, 2365).

(3) a) Im gesetzlich geregelten Normalfall ist Berechtigter lediglich der jeweilige Eigentümer eines einzelnen Grundstücks (§ 1018 BGB). Zulässig ist selbstverständlich auch, daß für die jeweiligen Eigentümer mehrerer anderer Grundstücke jeweils gesonderte Dienstbarkeiten bestellt werden (BGHZ 46, 253/254 = NJW 1967, 627 mwN.).

(b) Wenn die Grunddienstbarkeit für mehrere Grundstücke vorteilhaft ist, ist auch die Bestellung einer einzigen Grunddienstbarkeit für die jeweiligen Eigentümer mehrerer Grundstücke als Gesamtberechtigte zulässig (h. L., BGHZ 46, 253/254 = NJW 1967, 627; BayObLG 1965, 267/270 = NJW 1966, 56; BayObLG DNotZ 1979, 543/545; NJW-RR 1990, 208; DNotZ 1991, 254; *Staudinger/Ring* § 1018 Rdn. 15; Münch-Komm/*Falckenberg* § 1018 Rdn. 23; *Palandt/Bassenge* § 1018 Rdn. 3, jeweils mwN.); s. a. Anm. 12 (1).

(4) Da bei der Grunddienstbarkeit die Bedürfnisse des herrschenden Grundstücks und nicht die persönlichen Vorteile des Eigentümers maßgebend sind, kann die Berechtigung

mangels abweichender Vereinbarung auch von dritten Personen ausgeübt werden, die in besonderer Beziehung zum Eigentümer stehen, insbes. Hausgenossen, Angehörigen, Mitarbeitern, Mietern, Pächtern, Kunden uä. (BGH NJW 1971, 1454 = DNotZ 1971, 471; BGH DNotZ 1976, 20; MünchKomm/*Falckenberg* § 1018 Rdn. 22).

9. Verpflichteter aus einer Grunddienstbarkeit. (1) Verpflichteter ist der jeweilige Eigentümer des belasteten Grundstücks oder grundstücksgleichen Rechts (s. Anm. 6 (2)). Ihn treffen – je nach Inhalt der Grunddienstbarkeit (s. Anm. 2) – die Duldungspflicht, Unterlassungspflicht oder der Ausschluß von Eigentumsrechten.

(2) Die Verpflichtungen aus der Grunddienstbarkeit treffen den jeweiligen Eigentümer des belasteten Grundstücks. Ein Grundstückseigentümer kann sich den Verpflichtungen folglich dadurch entziehen, daß er sich des Eigentums entledigt, sei es durch Übertragung auf einen Dritten, sei es durch Aufgabe (§ 928 BGB).

10. Eigentümergrunddienstbarkeit. Eine Grunddienstbarkeit, die zugunsten des jeweiligen Eigentümers eines Grundstücks bestellt wird, der zugleich Eigentümer des belasteten Grundstücks ist, ist jedenfalls dann zulässig, wenn der Eigentümer an der Bestellung ein schutzwürdiges, nicht notwendig vermögenswertes, Interesse hat (BGHZ 41, 209/210 = NJW 1964, 1226/1227; OLG Hamm RPfleger 1973, 137; MünchKomm/*Falckenberg* § 1018 Rdn. 22; *Palandt/Bassenge* § 1018 Rdn. 3; BGH NJW 1988, 2362).

11. Verlegung der Ausübung. Gemäß § 1023 BGB kann der Berechtigte die Verlegung des Ausübungsbereichs unter bestimmten Voraussetzungen verlangen. Dieses Recht besteht unabhängig davon, ob der Ausübungsbereich ausdrücklich durch Rechtsgeschäft bestimmt ist oder nicht (s. Anm. 7). Das Recht auf Verlegung ist zwingender Natur (§ 1023 Abs. 2 BGB). Damit sind nicht nur alle Vereinbarungen unwirksam, die das Recht auf die Verlegung ausschließen oder beschränken, sondern auch alle Vereinbarungen, welche die Ausübung des Verlegungsrechts lediglich erschweren. Andererseits ist es zulässig, das Recht auf die Verlegung zugunsten des Verpflichteten (Grundstückseigentümers des belasteten Grundstücks, s. Anm. 9) abzuändern oder zu erweitern, was durch eine Vereinbarung gem. §§ 873, 877 BGB geschehen müßte. So könnte der Verpflichtete ein uneingeschränktes Recht zur Verlegung der Ausübungsstelle erhalten (MünchKomm/*Falckenberg* § 1023 Rdn. 11).

12. Teilung des herrschenden Grundstücks. (1) Nach Teilung des herrschenden Grundstücks bleibt die Grunddienstbarkeit als einheitliches Recht bestehen, das den Eigentümern der neuen Teilgrundstücke als Gesamtberechtigten analog §§ 428, 432 BGB gemeinschaftlich zusteht; die Grunddienstbarkeit wird also nicht in mehrere selbständige Rechte zerlegt (MünchKomm/*Falckenberg* § 1025 Rdn. 2, § 1018 Rdn. 23; *Palandt/Bassenge* § 1025 Rdn. 1).

(2) Wenn die Grunddienstbarkeit allerdings nur einem der durch die Teilung entstehenden neuen Grundstücke zum Vorteil gereicht, so erlischt sie für die übrigen Teile (§ 1025 S. 2 BGB). Das Erlöschen tritt mit der Teilung kraft Gesetzes ein. Der Eigentümer des belasteten Grundstücks kann Grundbuchberichtigung verlangen, soweit die Grunddienstbarkeit erloschen ist. Dazu wird er allerdings die Voraussetzungen des Erlöschens in der Form des § 29 GBO nachweisen müssen oder eine Berichtigungsbewilligung des Eigentümers desjenigen Grundstücks vorlegen müssen, hinsichtlich dessen die Grunddienstbarkeit erloschen ist:

a) Der Nachweis der Unrichtigkeit ist dann leicht zu führen, wenn in der Bewilligung der Grunddienstbarkeit eine Beschränkung der Ausübung zum Vorteil eines realen Teils des herrschenden Grundstücks bestimmt ist (s. Anm. 8 (2)); deshalb sollte immer dann, wenn die Grunddienstbarkeit nur einen Teil des herrschenden Grundstücks begünstigen soll, eine entsprechende Bestimmung in der Eintragungsbewilligung getroffen werden.

b) Wenn dem Eigentümer des belasteten Grundstücks der Nachweis der Unrichtigkeit nicht möglich ist, muß er vom Eigentümer des betroffenen Grundstücksteils gem. § 894 BGB die Erteilung einer Löschungsbewilligung verlangen und notfalls einklagen.

13. Teilung des dienenden Grundstücks. (1) Wenn das belastete Grundstück geteilt wird, bleibt die Grunddienstbarkeit grundsätzlich als Gesamtbelastung auf den Teilgrundstücken bestehen (s. a. Anm. 6 (3)). Die Teilung des belasteten Grundstücks kann ohne Zustimmung des Berechtigten erfolgen (KG NJW 1969, 470) und braucht keinen Eigentumswechsel mit sich zu bringen.

(2) Eine Beschränkung der Ausübung der Grunddienstbarkeit auf einen bestimmten Teil des belasteten Grundstücks iSv. § 1026 BGB ist nur in folgenden Fällen anzunehmen:

a) Die Beschränkung des Ausübungsbereichs ist ausdrücklich als Inhalt der Grunddienstbarkeit bestimmt (s. § 1023 Abs. 1 S. 2 BGB, und Anm. 7).

b) Der Berechtigte ist nach Art der Grunddienstbarkeit dauernd gehindert, Teile des belasteten Grundstücks zu benutzen (KG NJW 1969, 470; MünchKomm/*Falckenberg* § 1026 Rdn. 2; *Palandt/Bassenge* § 1026 Rdn. 2, jeweils mwN.).

(3) Eine Beschränkung des Ausübungsbereichs iSv. § 1026 BGB ist nicht schon dann gegeben, wenn die Ausübung lediglich tatsächlich auf eine Teilfläche beschränkt ist, der Berechtigte aber befugt ist, die Ausübung auf andere Teile des Grundstücks zu erstrecken (KG aaO.).

(4) Die Grunddienstbarkeit erlischt mit der Teilung des dienenden Grundstücks an den Grundstücksteilen, die außerhalb ihres Ausübungsbereichs liegen. Der Eigentümer des zu Unrecht noch belasteten Grundstücksteils kann die Berichtigung des Grundbuchs durch Löschung der Grunddienstbarkeit verlangen. Dazu muß er die Unrichtigkeit des Grundbuches in der Form des § 29 GBO nachweisen oder eine Löschungsbewilligung (Berichtigungsbewilligung) des Berechtigten beibringen:

a) Der Nachweis der Unrichtigkeit ist dann ohne weiteres zu führen, wenn in der Eintragungsbewilligung als Inhalt der Grunddienstbarkeit die Beschränkung des Ausübungsbereichs bestimmt worden ist (s. Anm. 7 (3)). Deshalb ist es ratsam, bei Bestellung einer Grunddienstbarkeit deren Ausübungsbereich nach Möglichkeit auf einer Skizze, Flurkarte oä. zweifelsfrei zu kennzeichnen.

b) Wenn der Nachweis des Erlöschens der Grunddienstbarkeit nicht auf andere Weise zu führen ist, muß der Eigentümer des freigewordenen Grundstücksteils vom Berechtigten eine Löschungsbewilligung gem. § 894 BGB verlangen und notfalls einklagen.

(5) Nach landesrechtlichen Vorschriften kann bei Veräußerung eines Grundstücksteils dieser unabhängig von den Voraussetzungen des § 1026 BGB von einer Grunddienstbarkeit frei werden, wenn von der zuständigen Behörde in einem entsprechenden „Unschädlichkeitszeugnis" festgestellt wird, daß die Rechtsänderung für die Berechtigten unschädlich ist (Art. 120 EGBGB).

14. Entstehung der Grunddienstbarkeit. (1) Die Grunddienstbarkeit kommt durch Einigung und Eintragung (§ 873 BGB) zustande. Die Einigung ist ein dinglicher Vertrag, der keiner besonderen Form bedarf. Partner des dinglichen Vertrages sind der Verpflichtete (Anm. 9) und der Berechtigte (Anm. 8).

(2) Der Grunddienstbarkeit liegt in der Regel ein schuldrechtlicher Bestellungsvertrag zugrunde, der auf die Begründung des dinglichen Rechts, im Zweifel aber nicht auf die Schaffung einer zusätzlichen obligatorischen Nutzungsberechtigung, gerichtet ist (BGH NJW 1974, 2123 mwN.). Der Bestellungsvertrag kann auch stillschweigend zustandekommen, was regelmäßig bei einseitiger dinglicher Bestellung (s. Anm. 15), aber auch bei bloß dinglicher Einigung zwischen Verpflichteten und Berechtigten anzunehmen ist (hierzu näher: MünchKomm/*Falckenberg* § 1018 Rdn. 4–9).

15. Form der Bestellung der Grunddienstbarkeit. Formellrechtlich ist für die Eintragung der Grunddienstbarkeit neben dem Eintragungsantrag (§ 13 GBO) die einseitige Eintragungsbewilligung (§ 19 GBO) des Grundstückseigentümers hinreichend, die ihrerseits lediglich der Form des § 29 GBO bedarf. Da der Eintragungsantrag auch vom Eigentümer des zu belastenden Grundstücks gestellt werden kann, ist auch eine Grunddienstbarkeitsbestellung ohne Mitwirkung des Berechtigten möglich und in der Praxis weit verbreitet.

16. Herrschvermerk. (1) Eine Grunddienstbarkeit kann nach § 9 Abs. 1 GBO auf Antrag auch auf dem Grundbuchblatt des herrschenden Grundstücks vermerkt werden. Damit wird dem Umstand Rechnung getragen, daß ein subjektiv-dingliches Recht nach § 96 BGB als Bestandteil des herrschenden Grundstücks gilt und daß dessen Eigentümer und die am herrschenden Grundstück dinglich Berechtigten ein Interesse daran haben können, daß diese Rechtslage offengelegt ist.

(2) Während die Aufhebung einer Grunddienstbarkeit sowie eine Änderung ihres Inhalts oder Rangs materiellrechtlich nur mit Zustimmung der am herrschenden Grundstück dinglich Berechtigten erfolgen kann (§§ 876 S. 2, 877, 880 Abs. 3 BGB), ist zur Löschung des Rechts sowie zur Eintragung einer Inhalts- oder Rangänderung ihre Bewilligung nach § 21 GBO nur dann erforderlich, wenn die Grunddienstbarkeit auf dem Grundbuchblatt des herrschenden Grundstücks vermerkt ist. Da die genannten materiellrechtlichen Bestimmungen in der Praxis oft übersehen werden, kommt einem Herrschvermerk nach § 9 Abs. 1 GBO eine Warnfunktion zu, die spätere Schwierigkeiten vermeiden kann: Wenn nämlich eine Löschung, Inhalts- oder Rangänderung ohne Zustimmung des am herrschenden Grundstücks dinglich Berechtigten eingetragen worden ist, so ist zwar materiellrechtlich keine Aufhebung der Grunddienstbarkeit oder eine Inhalts- oder Rangänderung zustande gekommen; einem gutgläubigen Erwerber des belasteten Grundstücks kann dies aber nicht entgegengehalten werden (§§ 891, 892 BGB)!

(3) Bei allen Grunddienstbarkeiten, die für die Nutzung des herrschenden Grundstücks und damit seinen Wert von ausschlaggebender Bedeutung sind, ist deshalb die Eintragung eines Herrschvermerks aus der Sicht der am herrschenden Grundstück dinglich Berechtigten zu überlegen. Von der schematischen Beantragung eines Herrschvermerks ist allerdings abzuraten, weil das dadurch geschaffene zusätzliche Bewilligungserfordernis (§ 21 GBO) außerordentlich lästig sein kann, andererseits aber in der großen Mehrzahl der Fälle der Eigentümer des herrschenden Grundstücks schon selbst kein Interesse daran haben wird, Veränderungen der Grunddienstbarkeit zu bewilligen, welche die Nutzung des herrschenden Grundstücks und damit seinen Wert erheblich beeinträchtigen.

17. Wertersatz. S. Form. X. 26 Anm. 12.

18. Steuern. Für die Bestellung und Eintragung einer Grunddienstbarkeit fällt keine GrESt an.

19. Kosten. (1) Notar: a) 2 Gebühren nach §§ 141, 36 Abs. 2 KostO für den Vertrag über die Bestellung der Grunddienstbarkeiten einschl. der Wertersatzbestimmungen; es werden weder bloße Grundbucherklärungen abgegeben, noch die vertraglichen Vereinbarungen nur berichtend erwähnt.

b) Die gleichzeitig mitbeurkundeten Grundbucherklärungen (für die Gebühren nach §§ 141, 38 Abs. 2 Nr. 5a KostO zu erheben wären) sind mit dem Vertrag über die Bestellung der Grunddienstbarkeit gegenstandsgleich iSv. § 44 Abs. 1 S. 1 KostO, weshalb keine besonderen Gebühren neben denen für die vertraglichen Vereinbarungen berechnet werden.

c) Wert: Der Wert ist nach §§ 141, 22, 44 Abs. 2a KostO zu ermitteln: Zunächst ist für jede der 6 Grunddienstbarkeiten der Wert, den diese für das jeweils herrschende Grundstück hat, dem Betrag gegenüberzustellen, um den sich der Wert des dienenden

Grundstücks durch die Dienstbarkeit mindert; der höhere Betrag ist maßgebend. Die Wertersatzbestimmungen werden daneben nicht gesondert bewertet, weil sie zum Inhalt der Grunddienstbarkeiten gehören. Die Summe der so ermittelten Einzelwerte der 6 Grunddienstbarkeiten bilden den der Kostenberechnung zugrunde zu legenden Gesamtwert (§ 44 Abs. 2 a KostO).

(2) Grundbuchamt: a) Für die Eintragung jeder einzelnen der 6 Grunddienstbarkeiten 1 Gebühr nach § 62 Abs. 1 KostO. Die gleichzeitige Miteintragung der Wertersatzbestimmungen ist jeweils gebührenfreies Nebengeschäft gem. §§ 62 Abs. 3, 35 KostO. Die Werte für die Eintragungskosten sind hier ebenfalls nach § 22 KostO zu ermitteln.

b) Für die Eintragung der 6 Herrschvermerke (s. Anm. 16) auf den Grundbuchblättern der 6 herrschenden Grundstücke je ¼ Gebühr nach § 67 Abs. 1 Nr. 3 KostO; die gleichzeitig von Amts wegen erfolgende Ersichtlichmachung dieser Vermerke auf dem Grundbuchblatt des belasteten Grundstücks sind durch diese Gebühren mit abgegolten (§ 67 Abs. 1 Nr. 3 KostO). Die Werte für die Herrschvermerke sind nach freiem Ermessen zu bestimmen (§§ 67 Abs. 3, 30 Abs. 1 KostO); angemessen dürfte jeweils ⅕ des Wertes der Grunddienstbarkeit sein.

20. Baulast [2]

Baulasterklärung[2, 4]

§ 1

Im Grundbuch von ...... (Grundbuchstelle) bin ich, der Erschienene, als Alleineigentümer des Grundstücks FlStNr. 100 (genauer Beschrieb nach dem Grundbuch)

Dieses Grundstück grenzt an das Grundstück FlStNr. 200 (genauer Beschrieb nach dem Grundbuch) auf dem sich 6 Garagen befinden.

§ 2

Mit Rücksicht darauf, daß die auf vorbezeichnetem Grundstück FlStNr. 200 befindlichen Garagen keinen unmittelbaren Zugang zur öffentlichen Verkehrsfläche haben, übernehme[4] ich als derzeitiger Eigentümer des vorbezeichneten Grundstücks FlStNr. 100 die folgende Baulast gem. § ...... der Bauordnung des Landes ......

Der jeweilige Eigentümer des Grundstücks FlStNr. 100, ist verpflichtet, auf diesem Grundstück, das auf dem dieser Niederschrift beigefügten Lageplan,[6] auf den verwiesen wird, gelb umrandet und schraffiert ist, den von den baulichen Anlagen auf Grundstück FlStNr. 200, ausgehenden Zu- und Abgangsverkehr und den für den Brandschutz erforderlichen Einsatz von Feuerlösch- und Rettungsgeräten jederzeit ordnungsgemäß und ungehindert zu ermöglichen.

§ 3

Ich beantrage,
die vorstehend in § 2 übernommene Baulast in das Baulastenverzeichnis[7] bei der Stadt X einzutragen.

§ 4

Die Kosten[9] dieser Urkunde und ihrer Durchführung trage ich.

Schrifttum: Schwarz, Baulasten im öffentlichen Recht und Privatrecht, 1995.

Anmerkungen

1. Sachverhalt. Das Bauordnungsamt hat zur Sicherung des Zugangs zum FlStNr. 200 von öffentlicher Verkehrsfläche aus die Bewilligung einer entsprechenden Baulast durch den Eigentümer des Nachbargrundstücks FlStNr. 100 verlangt, über welches der Zugang erfolgen muß.

2. Baulast. Alle Länder der Bundesrepublik mit Ausnahme von Bayern und Brandenburg haben in ihren Landesbauordnungen das Rechtsinstitut der Baulast eingeführt. Die Baulast ist eine baurechtliche, also öffentlich-rechtliche Verpflichtung des Grundstückseigentümers gegenüber der Baubehörde zu einem auf ein Grundstück bezogenen Tun, Dulden oder Unterlassen, das über die bestehenden baurechtlichen Vorschriften hinausgeht. Sie begründet nur öffentlich-rechtliche Verpflichtungen des Grundstückseigentümers gegenüber der Gemeinde, nicht auch privatrechtliche Verpflichtungen gegenüber dem Eigentümer des belasteten Grundstücks. Jedoch ist eine Nachbarklage rechtsmißbräuchlich, wenn sie gegen eine Maßnahme des Nachbarn gerichtet ist, zu deren Duldung sich der Besteller der Baulast verpflichtet hat (BGH NJW 1981, 980). Aus der Verpflichtung zur Bestellung einer Dienstbarkeit kann sich die Verpflichtung zur Bestellung einer inhaltsgleichen Baulast ergeben, ohne diese für die Baugenehmigung erforderlich ist (BGH DNotZ 1994, 885).

3. Baulastarten. Baulasten können nach dem Inhalt der vom Grundstückseigentümer übernommenen Verpflichtungen unterteilt werden. Beispielhaft seien nur die folgenden, in Niedersachsen möglichen Baulasten genannt:

(1) Zusammenlegungsbaulast, welche sichern soll, daß alle baulichen Anlagen auf den Grundstücken das öffentliche Baurecht so einhalten, als wären die Grundstücke ein Grundstück (§ 4 Abs. 1 S. 2 nds.BauO).

(2) Zugangsbaulast, welche sichern soll, daß der von der baulichen Anlage augehende Zu- und Abgangsverkehr und der für den Brandschutz erforderliche Einsatz von Feuerlösch- und Rettungsgeräten jederzeit ordnungsgemäß und ungehindert möglich ist (§ 5 Abs. 2 S. 2 nds.BauO).

(3) Grenzbebauungsbaulast, welche sichern soll, daß auf dem Nachbargrundstück ebenso wie auf dem Baugrundstück an die gemeinsame Grenze bebaut wird (§ 8 Abs. 2 nds.BauO).

(4) Grenzabstandsbaulast, welche sichern soll, daß bauliche Anlagen auf einem Nachbargrundstück den vorgeschriebenen Abstand von einer durch teilweise Hinzurechnung des Nachbargrundstücks zustande gekommenen gedachten Grenze einhalten (§ 9 Abs. 2 nds.BauO).

(5) Standsicherheitsbaulast, welche sichern soll, daß die gemeinsamen Bauteile zweier baulicher Anlagen auf aneinandergrenzenden Grundstücken beim Abbruch einer der baulichen Anlagen stehen bleiben können (§ 18 nds.BauO).

(6) Leitungsbaulast, welche sichern soll, daß die für ein Baugrundstück erforderlichen Ver- und Entsorgungsleitungen über das Nachbargrundstück gelegt werden können (§ 42 nds.BauO).

(7) Einstellplatzbaulast, welche Benutzung von Einstellplätzen auf einem in der Nähe des Baugrundstücks gelegenen Grundstück sichern soll (§ 47 Abs. 4 S. 1 nds.BauO).

(8) Gemeinschaftsanlagenbaulast, welche sichern soll, daß bei nach öffentlichem Baurecht erforderlichen Nebenanlagen baulicher Anlagen die zweckentsprechende Verwendung des für die Gemeinschaftsanlage vorgesehenen Grundstücks erfolgen kann (§ 52 Abs. 1 S. 2 nds.BauO).

20. Baulast X. 20

(9) Baulast für das Maß der baulichen Nutzung, welche sichern soll, daß eine Teilfläche des Nachbargrundstücks dem Baugrundstück bei der Berechnung der baulichen Ausnutzbarkeit zugerechnet wird (§ 17 BauNVO).

(10) Spielplatzbaulast, welche sichern soll, daß ein auf einem anderen Grundstück gelegener Spielplatz für die Wohnungen auf dem Baugrundstück dauernd zur Verfügung steht (§ 2 Abs. 1 S. 2 Nds. Gesetz über Spielplätze).

(11) Immissionsschutzbaulast, welche sichern soll, daß der Eigentümer des Baugrundstücks nur einen bestimmten Immissionsschutzanspruch geltend machen kann (§§ 1 BBauG, 50 BImSchG).

4. Entstehung einer Baulast. (1) Baulasten entstehen durch öffentlich-rechtliche Verpflichtungserklärungen des Grundstückseigentümers gegenüber der nach dem jeweiligen Landesrecht zuständigen Behörde oder im Umlegungsverfahren durch Neubegründung im Umlegungsplan (§ 61 Abs. 1 S. 3 BauGB).

(2) Bei Miteigentum am zu belastenden Grundstück muß die Verpflichtungserklärung von allen Miteigentümern abgegeben werden. Ist das zu belastende Grundstück mit einem Erbbaurecht belastet, so ist auch die Verpflichtungserklärung des Erbbauberechtigten erforderlich, da die Baulast sowohl das Grundstückseigentum als auch das Erbbaurecht erfaßt (Ziff. 2.2 der in Nds. geltenden Richtlinien für die Baulasten, die Einrichtung und Führung des Baulastenverzeichnisses, Nds.MBl. Nr. 1/1974 S. 7).

(3) Für die Entstehung einer Baulast bedarf es dagegen nicht einer Zustimmung der an dem zu belastenden Grundstück Berechtigten, insbesondere nicht der Zustimmung der Grundpfandrechtsgläubiger (Ziff. 2.3 aaO.).

(4) Die Baulast entsteht je nach landesrechtlicher Regelung mit Zugang der Verpflichtungserklärung bei der Behörde oder erst mit Eintragung im Baulastenverzeichnis.

5. Form der Baulasterklärung. In Nds. ist für die Baulasterklärung die notarielle Beurkundung vorgeschrieben (§ 92 Abs. 2 nds.BauO). In anderen Bundesländern kann die Erklärung bei der Behörde oder in notariell beglaubigter Form abgegeben werden.

6. Lagepläne als Anlage zur Baulasterklärung. (1) In der Baulasterklärung darf zur näheren Bezeichnung des Ausübungsbereichs der Baulast auf Lagepläne, Flurkarten uä. Bezug genommen werden. Dafür gelten die gleichen Grundsätze wie bei der Bezugnahme auf Karten, Pläne uä. bei der Bestellung von Grunddienstbarkeiten (s. Form. X. 19 Anm. 7 (3) c). Allerdings stellen Rechtsverordnungen und Verwaltungsvorschriften der Bundesländer dafür teilweise sehr detaillierte, von den gesetzlichen Bestimmungen aber nicht gedeckte Erfordernisse auf (s. Ziff. 2.5, 2.6 aaO.; *Grosse-Suchsdorf/Schmaltz/Wiechert* NBauO, 2. Aufl., § 93 Rdn. 5). In der Praxis ist es oft ratsam, die geforderten Voraussetzungen trotz der Zweifel an ihrer Verbindlichkeit zu erfüllen; dies gilt jedenfalls dann, wenn von der vorherigen Baulasterklärung die Erteilung einer Baugenehmigung abhängig ist.

7. Baulastenverzeichnis. (1) Baulasten sind in ein Baulastenverzeichnis einzutragen (s. §§ 93 Abs. 1 nds.BauO, 109 Abs. 1 badwürtt.BauO). Das Baulastenverzeichnis dient der Publizität der baulastmäßig übernommenen Verpflichtungen.

(2) Die Eintragung im Baulastenverzeichnis hat jedoch nur deklaratorische Bedeutung (BGH NJW 1981, 982). Das Baulastenverzeichnis genießt keinen Gutglaubensschutz. Das bedeutet, daß sich niemand, auch kein gutgläubiger Erwerber, darauf verlassen kann, daß
a) ein Grundstück baulastenfrei ist, wenn im Baulastenverzeichnis eine Baulast nicht eingetragen ist und
b) eine Baulast zugunsten eines Grundstücks besteht, wenn sie im Baulastenverzeichnis eingetragen ist.

8. Wirkung der Baulast. (1) Eine Baulast ist auch gegenüber den Rechtsnachfolgern des bestellenden Grundstückseigentümers wirksam (s. zB. §§ 92 Abs. 1 S. 2 nds.BauO, 108 Abs. 1 S. 2 badwürtt.BauO).

(2) Die Baulast entwertet die Warn- und Schutzfunktion des Grundbuchs, ist ist neben der Dienstbarkeit überflüssig (*Weirich,* Grundstücksrecht, 2. Aufl. Rdn. 753; *Staudinger/Ring* § 1018 Rdn. 55). Verfassungsrechtliche Bedenken bestehen gegen sie allerdings nicht (BVerwG NJW 1991, 713; a.A. MünchKomm/*Falkenberg* Rdn. 15 f. vor § 1018 BGB). Als öffentliche Last wird die Baulast nicht in das Grundbuch eingetragen. Sie bleibt von einer Zwangsversteigerung unberührt.

(3) Der ein Grundstücksgeschäft beurkundende Notar ist nicht verpflichtet, das Baulastenverzeichnis einzusehen (OLG Schleswig DNotZ 1991, 339).

(4) Nach Eintragung einer Eigentumsvormerkung für den Käufer ist die Bestellung einer Baulast ohne seine Zustimmung ihm gegenüber unwirksam (§ 883 Abs. 2 BGB; VGH Mannheim NJW 1993, 678).

9. Kosten (1) Notar: a) Eine Gebühr nach §§ 141, 36 Abs. 1 KostO für die Baulasterklärung.

b) Der gleichzeitig mitbeurkundete Antrag auf Eintragung der Baulast in das Baulastenverzeichnis ist gegenstandsgleich iSv. § 44 Abs. 1 S. 1 KostO mit der Baulasterklärung selbst, weshalb keine besonderen Gebühren neben denen für die Baulasterklärung berechnet werden.

c) Der Wert ist nach freiem Ermessen zu bestimmen (§ 30 Abs. 1 KostO). Meist wird ein Wert von DM 5.000,– nach § 30 Abs. 2 S. 1 KostO anzunehmen sein.

(2) Behörde: IdR. werden für die Eintragungen in das Baulastenverzeichnis Gebühren nach den einschlägigen Gebührenordnungen erhoben.

21. Benutzungsdienstbarkeit

Verhandelt am ......
in ......

§ 1 Sachstand[1, 2]

Im Grundbuch des Amtsgerichts ...... (Ort) für ...... (Gemarkung) Band ...... Blatt ...... sind an dem dort vorgetragenen Grundbesitz der Gemarkung ...... Fl.Nr. ......
die Eheleute E als Eigentümer zu gleichen Teilen eingetragen.
Der Grundbesitz ist in Abt. II und III wie folgt belastet:
......
Herr S, der Sohn der Eheleute E, beabsichtigt im Anschluß an das bestehende Einfamilienhaus der Eigentümer einen gewerblich genutzten Ladenanbau mit Zufahrt und Parkplatz zu errichten.

§ 2 Beschränkte persönliche Dienstbarkeit[3–6, 11]

Die Ehegatten E
– im folgenden „Eigentümer" genannt –
bestellen hiermit zugunsten ihres Sohnes S
– im folgenden auch „Berechtigter" genannt –
an ihrem vorbezeichneten Grundstück eine
beschränkte persönliche Dienstbarkeit, wonach Herr S berechtigt ist:

21. Benutzungsdienstbarkeit

a) entlang der Nordwand des bestehenden Einfamilienhauses einen Ladenanbau mit einer Nutzfläche von ca. ...... m² zu errichten und zu belassen,
b) alle Leitungen für die Versorgung und Entsorgung des Ladenanbaues zu verlegen, zu belassen, zu reparieren und zu erneuern,
c) entlang der Ostgrenze des vorbezeichneten Grundstückes eine Ladenzufahrt mit einer Breite von 5 m und daran anschließend einen Kundenparkplatz mit einer Fläche von ca. ...... m² anzulegen und zu belassen.

Das Bauvorhaben mit den Versorgungs- und Entsorgungsleitungen, dem geplanten Kundenparkplatz und der Ladenzufahrt ist in dem dieser Urkunde als wesentlicher Bestandteil beigefügten genehmigten Bauplan eingezeichnet. Der Plan wurde den Beteiligten zur Durchsicht vorgelegt und mit diesen erörtert.

Sämtliche Rechte aus der Dienstbarkeit kann Herr S auch von seinen Angestellten, Besuchern, Kunden, Mietern und Pächtern sowie sonstigen beauftragten Personen wahrnehmen lassen.[8]

Die Dienstbarkeit darf nur ausgeübt werden,[7] wenn der Berechtigte nach Beendigung der Bauarbeiten alle Aufschüttungen beseitigt und die betroffenen Grundstücksflächen bepflanzt. Alle Schäden,[9] die am dienenden Grundstück durch die Bauarbeiten und die Ausübung der Leitungs-, Geh- und Fahrrechte entstehen, hat der Berechtigte auch dann zu ersetzen, wenn die Schäden unverschuldet verursacht werden. Die ordnungsgemäße Instandhaltung der Ladenzufahrt und des Kundenparkplatzes obliegt dem Berechtigten. Alle im Zusammenhang mit dem Bauvorhaben entstehenden Kosten sowie die mit dem Betrieb des Ladens verbundenen Aufwendungen hat allein der Berechtigte zu tragen.

Es wird bewilligt und beantragt, die vorstehend bestellte beschränkte persönliche Dienstbarkeit im Grundbuch einzutragen.[10]

§ 3 Schlußbestimmungen

Die Vertragsteile beantragen die Erteilung je einer Ausfertigung. Eine weitere Ausfertigung erhält das Grundbuchamt.

Die Kosten dieser Urkunde, des Vollzuges im Grundbuch trägt der Berechtigte.[12]

Der Jahreswert der Dienstbarkeit wird mit DM ...... angegeben.

Schrifttum: Adamczyk, Dienstbarkeiten in der notariellen Praxis, MittRhNotK 1998, 105; *Amann*, Zur dinglichen Sicherung von Nebenleistungspflichten bei Wohnungsrechten und anderen Dienstbarkeiten, DNotZ 1982, 396; *ders.*, Leistungspflichten und Leistungsansprüche aus Dienstbarkeiten, DNotZ 1989, 531; *Döring*, Die öffentlichrechtliche Baulast und das nachbarrechtliche Grundverhältnis, Düsseldorf 1994; *Freudling*, Die Reichweite wettbewerbsbeschränkender Dienstbarkeiten am Beispiel eines Wettbewerbsverbotes über Baustoffe, BB 1990, 940; *Grziwotz*, Zur Doppelsicherung baurechtlicher Genehmigungsvoraussetzungen, BauR 1990, 21; *Joost*, Sachenrechtliche Zulässigkeit wettbewerbsbeschränkender Dienstbarkeiten, NJW 1981, 308; *Liessem*, Die Baulast – für den Bürger eine taugliche Hilfe?, notar 1997, 30; *Lorenz*, Zu den privatrechtlichen Folgen der nachbarrelevanten Baulast, NJW 1996, 2612; *Maier*, Kaufverträge über Gaststätten-Immobilien. Bierlieferungsverträge, Dienstbarkeiten und andere zivilrechtliche Rechtsfragen aus der Notariatspraxis, BWNotZ 1987, 49; *Odersky*, Die beschränkte persönliche Dienstbarkeit als Mittel zur Sicherung öffentlicher Zwecke, Festschrift für das bayerische Notariat (1987), 213; *Schwarz*, Baulasten im öffentlichen Recht und im Privatrecht, Wiesbaden/Berlin 1995; *Steinkamp*, Das Verhältnis von Baulast und Dienstbarkeit; *Walter/Maier*, Die Sicherung von Bezugs- und Abnahmeverpflichtungen durch Dienstbarkeiten, NJW 1988, 377.

Anmerkungen

1. Sachverhalt. S will auf dem Einfamilienhausgrundstück seiner Eltern E einen gewerblichen Ladenanbau errichten. Eine Teilungsgenehmigung gem. § 19 BauGB wird nicht erteilt. Zur Überlassung eines Miteigentumsanteiles, um Sondereigentum zu begründen, sind die Eltern nicht bereit; im übrigen liegen auch die Voraussetzungen für die Erteilung einer Abgeschlossenheitsbescheinigung gem. §§ 3 Abs. 2, 7 Abs. 4 WEG nicht vor. Steuerlich will S erreichen, daß er die in den Baukosten enthaltene Mehrwertsteuer als Vorsteuer geltend machen und die Herstellungskosten abschreiben kann.

2. Anwendungsbereich. Ein Grundstück kann gem. § 1090 Abs. 1 BGB in der Weise belastet werden, daß derjenige, zu dessen Gunsten die Belastung erfolgt, berechtigt ist, das Grundstück in einzelnen Beziehungen zu benutzen, oder daß ihm eine sonstige Befugnis zusteht, die den Inhalt einer Grunddienstbarkeit bilden kann. Beschränkte persönliche Dienstbarkeiten gestatten die Nutzung eines Grundstückes in vielfältiger Weise und treten in den unterschiedlichsten Formen auf, z.B. als Wohnungsrecht, Wohnungsbesetzungsrecht, Tankstellendienstbarkeit, Sand- und Kiesausbeuterecht, Bezugsbindung, Wettbewerbsverbot, Leitungsrecht, Geh- und Fahrtrecht und in zahlreichen anderen Gestaltungen, vgl. *Haegele/Schöne/Stöber*, Rdn. 1145.

3. Abgrenzung. (1) Nießbrauch: Während der Nießbrauch das Recht beinhaltet, sämtliche Nutzungen aus dem Grundstück zu ziehen, beinhaltet die Benutzungsdienstbarkeit gem. §§ 1090 Abs. 1 1. Alt., 1018 1. Alt. BGB das Recht, das Grundstück in einzelnen Beziehungen zu benutzen. Während nach bisheriger überwiegender Auffassung dem Eigentümer für das Grundstück eine wirtschaftlich sinnvolle Benutzungsmöglichkeit verbleiben muß, vgl. BayObLG DNotZ 1980, 479; OLG Köln DNotZ 1982, 442; OLG Zweibrücken DNotZ 1982, 444; *Schöner* DNotZ 1982, 416, wird dies zunehmend in Frage gestellt, vgl. BayObLG DNotZ 1988, 313; *Ertl* MittBayNot 1988, 53 und von BayObLG MittBayNot 1990, 41 ausdrücklich offengelassen.

(2) Grunddienstbarkeit: Der Regelungsbereich einer beschränkten persönlichen Dienstbarkeit ist umfangreicher als der einer Grunddienstbarkeit gem. § 1018 BGB; während bei einer Grunddienstbarkeit erforderlich ist, daß diese für das herrschende Grundstück einen bestimmten Vorteil bietet (§ 1019 BGB), kann mit einer beschränkten persönlichen Dienstbarkeit jeder zulässige Zweck verfolgt werden, auch zugunsten Dritter oder öffentlich-rechtlicher Körperschaften, z. B. der Gemeinde, vgl. BGH DNotZ 1985, 34.

(3) Dauerwohn- und Dauernutzungsrecht: Soweit die Nutzung von **abgeschlossenen** Raumeinheiten rechtlich gesichert werden soll, ist die Bestellung von Dauerwohn- und Dauernutzungsrechten von Interesse, insbesondere wenn die Möglichkeit der Übertragung und Vererbung der Nutzung gewollt ist.

(4) Obligatorische Rechte: Nutzungs- und Unterlassungsansprüche bieten nur einen geringen Schutz bei Veräußerung und Versteigerung des betroffenen Grundstückes. Zusätzlich zu den obligatorischen Vereinbarungen werden daher häufig Dienstbarkeiten vereinbart, vgl. BGH NJW 1974, 2123.

4. Inhalt. Gem. §§ 1090, 1018 BGB ergibt sich aus einer beschränkten persönlichen Dienstbarkeit ein dinglicher Nutzungs- und/oder Unterlassungsanspruch des Berechtigten. Ebenso wie bei einer Grunddienstbarkeit kann eine positive Leistungspflicht, z.B. zum Bezug von Energie oder Abnahme von Bier, nicht Hauptinhalt einer beschränkten persönlichen Dienstbarkeit sein, vgl. *Haegele/Schöner/Stöber* Rdn. 1134; *Amann* DNotZ 1989, 561; auch die in eine Unterlassungsverpflichtung gekleidete Pflicht zu einem positiven Tun ist unzulässig, vgl. BayObLG DNotZ 1982, 253; einschränkend *Haegele/ Schöner/Stöber* Rdn. 1134, wonach eine Unterlassungspflicht auch dann durch Dienstbarkeit gesichert werden kann, wenn infolge Fassung der Unterlassungspflicht (Ausschluß aller diesbezüglichen Möglichkeiten bis auf eine) dies für den Verpflichteten praktisch die gleiche Wirkung äußert wie die Verpflichtung zu positivem Tun; ähnlich BGH MittBayNot 1984, 128; *Walter/Maier* NJW 1988, 377. Wegen der Nebenleistungspflichten aus dem Begleitschuldverhältnis vgl. *Amann* DNotZ 1989, 531 und unten Anm. 6 und 7.

5. Belastungsgegenstand, Ausübungsstelle. Belastungsgegenstand ist regelmäßig das gesamte Grundstück, auf das sich mit der Dienstbarkeitseintragung im Grundbuch die sog. Haftungswirkung der Dienstbarkeit erstreckt, vgl. *Röll* DNotZ 1968, 532. Grundstücksteile können Belastungsgegenstand sein, wenn Verwirrung nicht zu besorgen und der belastete Teil gem. § 2 Abs. 3 GBO kartenmäßig eindeutig bezeichnet ist, § 7 Abs. 2 GBO. Ausübungsstelle sind hingegen diejenigen Flächen, auf welche sich die sog. Verpflichtungswirkung der Dienstbarkeit erstreckt.

Ein Miteigentumsanteil kann nicht mit einer Dienstbarkeit belastet werden, OLG Frankfurt Rpfleger 1979, 150. Bei der Bestellung einer Dienstbarkeit an einer Eigentumswohnung genügt die Bewilligung des betroffenen Wohnungseigentümers, wenn sich die Ausübung der Dienstbarkeit auf dieses Sondereigentum beschränkt. Eine Dienstbarkeit, deren Ausübung das Gemeinschaftseigentum berührt, bedarf der Zustimmung *aller* Wohnungseigentümer, wobei allerdings Ranggleichheit nicht erforderlich ist, vgl. BGHZ 36, 187; BayObLG MittBayNot 1981, 189. Mit dem Erlöschen der Dienstbarkeit an einer Eigentumswohnung erlischt sie insgesamt, vgl. OLG Frankfurt Rpfleger 1979, 149; *Schubert/Czub* ZIP 1982, 266. Sofern ein Erbbaurecht mit einer Dienstbarkeit belastet wird, erlischt diese beim Heimfall gem. § 33 Abs. 1 Satz 3 ErbbauRVO, vgl. *Staudinger/Ring* § 10 ErbbRVO Rdn. 15; auch die gleichzeitige Dienstbarkeitsbestellung am Grundstück hindert nicht das Erlöschen, solange der Eigentümer das heimgefallene Erbbaurecht bestehen läßt.

6. Nebenleistungspflichten des Eigentümers. Außer den mit der Dienstbarkeit selbst bezweckten Duldungs- und Unterlassungspflichten des Eigentümers können Nebenleistungen des Eigentümers mit dinglicher Wirkung vereinbart werden, insbesondere Unterhaltungspflichten gem. §§ 1021 und 1022 BGB sowie die Verpflichtung des Eigentümers, Kosten z.B. für Reparaturen zu übernehmen, vgl. *Amann* DNotZ 1982, 396; 1989, 545; daneben können Nebenleistungspflichten auch durch selbständige Reallasten gesichert werden.

7. Nebenleistungspflichten des Dienstbarkeitsberechtigten. In dem Begleitschuldverhältnis, aus dem sich verdinglichte Leistungspflichten ergeben, können alle Rechtsfragen geregelt werden, über die zwischen dem Dienstbarkeitsberechtigten und dem Dienstbarkeitsverpflichteten in unmittelbarem Zusammenhang mit der Ausübung der Dienstbarkeit Streit entstehen kann. Nicht verdinglicht werden kann demnach die Verpflichtung des Dienstbarkeitsberechtigten, die Grundsteuer oder Hypothekenzinsen zu entrichten, vgl. BayObLG DNotZ 1989, 569. Derartige Vereinbarungen können nur über den Umweg einer auflösenden Bedingung faktisch verdinglicht werden, vgl. *Haegele/Schöner/Stöber* Rdn. 1160; Amann DNotZ 1989, 546; *Palandt/Bassenge* § 1018 Rdn. 12.

8. Berechtigung Dritter. Sofern sich aus der Bestellungsurkunde nichts Gegenteiliges ergibt, kann der Dienstbarkeitsberechtigte die Rechte aus der Dienstbarkeit auch von solchen Personen wahrnehmen lassen, die zu ihm in besonderen Beziehungen stehen, insbesondere von seinen Hausgenossen, Besuchern und Kunden sowie von Mietern und Pächtern BGH DNotZ 1971, 471 und 1976, 20. Auch beschränkte persönliche Dienstbarkeiten mit Schutzwirkung für Dritte sind nach h.M. zulässig, vgl. *Staudinger/Ring* § 1091 Rdn. 4, 1090 BGB Rdn. 9; LG Traunstein MittBayNot 1980, 200; unzulässig sind hingegen Dienstbarkeiten zugunsten Dritter, da diese an der dinglichen Einigung gem. § 873 Abs. 1 BGB nicht beteiligt sind, vgl. *Staudinger/Amann* § 1105 BGB Rdn. 6; BGH DNotZ 1965, 612.

9. Schadenshaftung. Der Grundsatz schonender Ausübung (§ 1020 Satz 1 BGB) begründet keinen Anspruch des Eigentümers auf Ersatz entstandener *unvermeidbarer* Schäden. Da die gesetzlichen Vorschriften über die Beseitigung von Schäden, die bei Ausübung von Dienstbarkeiten entstehen, unzureichend sind, empfiehlt sich eine entsprechende schuldrechtliche Regelung, die als auflösende Bedingung der Ausübung der Dienstbarkeit vereinbart werden kann.

10. Grundbuch. Die Praxis begnügt sich häufig mit einer Eintragungsbewilligung des Eigentümers in der Form des § 29 GBO. Da die wirksame Bestellung jedoch eine sachenrechtliche Einigung gem. § 873 BGB zwischen Eigentümer und Berechtigtem voraussetzt und zudem die Dienstbarkeit häufig mit schuldrechtlichen Nebenabreden verbunden wird, ist eine Beurkundung der Erklärungen der Beteiligten vorzuziehen, insbesondere auch im Hinblick auf die Kostenübernahme durch den Dienstbarkeitsberechtigten.

Im Grundbuch ist lediglich der Wesenskern der Dienstbarkeit schlagwortartig einzutragen, vgl. BayObLG DNotZ 1989, 568 und 572.

11. Steuern. Der Dienstbarkeitsberechtigte ist gem. § 95 Abs. 1 Satz 2 BGB bürgerlich-rechtlicher Eigentümer des in Ausübung einer Dienstbarkeit errichteten Gebäudes, so daß er auch AfA-berechtigt ist; steuerlich handelt es sich um ein Gebäude auf fremdem Grund und Boden, für das ein gesonderter Einheitswertbescheid ergeht. Bewertungsrechtlich kann der Grundstückseigentümer eine das Grundstück beeinträchtigende Dienstbarkeit als wertmindernde Belastung geltend machen, vgl. aber *Halaczinsky* in Rössler/Troll BewG 18. Aufl. (Stand Nov. 1997) § 145 Rdn. 22.

Erhält der Grundstückseigentümer für die Bestellung der Dienstbarkeit ein Entgelt (z.B. für die Verlegung einer Ferngasleitung, vgl. BFH BStBl. 1982 II 643), so sind die Einnahmen regelmäßig in eine (einkommensteuerfreie) Entschädigung für die Minderung des Bodenwerts und in eine Nutzungsentschädigung aufzuteilen, die Einkünfte aus Vermietung und Verpachtung darstellt, vgl. *Schmidt/Drenseck* § 21 Rdn 2.

Einkünfte aus (durch Dienstbarkeit oder schuldrechtlichen Gestattungsvertrag eingeräumten) Mineralausbeuterechten, die beim Abbauberechtigten nicht zum landwirtschaftlichen oder gewerblichen Betriebsvermögen gehören, sind einkommensteuerlich gem. § 21 Abs. 1 Nr. 1 EStG als Einkünfte aus Vermietung und Verpachtung und somit nicht als Verkaufserlöse zu behandeln, vgl. BFH BStBl. 1973 II 702 und 1994 II 44. Wenn der Grundstückseigentümer für den Erwerb des Mineralvorkommens Anschaffungskosten aufgewendet hat, d.h. wenn bei dem Erwerb des Grundstückes begründete Vorstellungen über den Umfang und die Abbauwürdigkeit des Bodenschatzes bestanden haben, kann auch bei der Einräumung einer unentgeltlichen Mineralabbaudienstbarkeit der Dienstbarkeitsberechtigte Absetzungen für Substanzverringerung gem. § 7 Abs. 6 EStG geltend machen, vgl. *Schmidt/Drenseck* § 7 Rdn. 174.

12. Kosten. Notar: Doppelte Gebühr gem. § 36 Abs. 2 KostO, Wertermittlung gem. § 24 Abs. 2 bzw. 3, ausgehend von einem zu schätzenden Jahreswert, notfalls nach § 24 Abs. 5 KostO zu ermitteln.

Grundbuchamt: Eine Gebühr gem. § 62 Abs. 1 KostO, Wertbestimmung wie vor.

22. Unterlassungsdienstbarkeit

Als Eigentümer des Grundstücks Fl.Nr. ...... der Gemarkung ......, vorgetragen im Grundbuch des Amtsgerichts ...... für ...... Band ...... Blatt ......, bewilligt und beantragt Herr E die Eintragung folgender
beschränkter persönlicher Dienstbarkeit:

22. Unterlassungsdienstbarkeit X. 22

Die Rohr-AG ist berechtigt, in einem Grundstücksstreifen von 8 Meter Breite (Schutzstreifen) eine Ferngasleitung mit Kabel und Zubehör (Anlage) unterirdisch zu verlegen, zu betreiben und das Grundstück zum Zwecke des Baues, des Betriebes und der Unterhaltung der Anlage zu benutzen. Auf dem Schutzstreifen des in Anspruch genommenen Grundstückes dürfen für die Dauer des Bestehens der Anlage keine Gebäude errichtet oder sonstige Einwirkungen, die den Bestand oder Betrieb der Anlage beeinträchtigen oder gefährden, vorgenommen werden. Die Außengrenzen des Schutzstreifens werden bestimmt durch die Lage der Rohrleitung, deren Achse grundsätzlich unter der Mittellinie des Schutzstreifens liegt.

Unterschriftsbeglaubigung

Schrifttum vgl. Form X. 21.

Anmerkungen

1. Anwendungsbereich. Die vorstehende Unterlassungsdienstbarkeit ist Teil eines zwischen dem Versorgungsunternehmen und dem Grundstückseigentümer geschlossenen schuldrechtlichen Vertrages, der insbesondere die Entschädigung des Eigentümers und die Kostenübernahme durch das Versorgungsunternehmen regelt. Aus Gründen der Kostenersparnis wird von den Beteiligten nur die Beglaubigung der Unterschrift des Grundstückseigentümers durch den Notar gewünscht.

Hinsichtlich des umfangreichen Anwendungsbereiches von Dienstbarkeiten vgl. Form. X. 21 Anm. 2.

2. Ausübungsstelle. Bei der Formulierung der Dienstbarkeit fällt auf, daß weder auf eine bestehende Ferngasleitung Bezug genommen wird, noch ein Plan über die Trassenführung der geplanten Leitung Bestandteil der Eintragungsbewilligung ist. Während ein Bauverbot nach weitverbreiteter Auffassung (OLG Celle NdsRpfl 1982, 198/199; OLG Hamm OLGZ 1981, 270/273; MünchKomm/*Joost* § 1090 Rdn. 22) einen so wesentlichen Eingriff in die Substanz des Eigentums darstellt, daß die Ausübungsstelle notwendigerweise zum rechtsgeschäftlichen Inhalt der Dienstbarkeit gehört, sind BGH DNotZ 1985, 37 und *Haegele/Schöner/Stöber* Rdn. 1119 der Auffassung, daß eine derartige Festlegung nicht erforderlich sei, so daß insbesondere die Grundbucheintragung des Bauverbotes nicht voraussetze, daß die Leitung bei Erteilung der Eintragungsbewilligung bereits vorhanden ist, vielmehr könne die Bestimmung der Ausübungsstelle der tatsächlichen Ausübung überlassen werden. Ausübungsstelle ist demnach das gesamte belastete Grundstück, so daß Belastungsgegenstand und Ausübungsstelle identisch sind.

Im übrigen siehe Form. X. 21 Anm. 5.

3. Kosten. Notar: $1/4$ Gebühr gem. § 45 KostO, bei Fertigung des Entwurfs durch den Notar $5/10$ Gebühr nach §§ 38 Abs. 2, Nr. 5a, 145 KostO; der Wert ist gem. §§ 22, 30 Abs. 1 KostO nach dem Interesse des Versorgungsunternehmens an dem störungsfreien Anlagenbetrieb zu schätzen.

Grundbuchamt: $10/10$ Gebühr nach § 62 Abs. 1 KostO; Wert: §§ 22, 30 Abs. 1 KostO.

Nießbrauch und Wohnungsrecht

23. Zuwendungsnießbrauch

Verhandelt am ......
in ......

§ 1 Grundbuchstand[1, 2]

Im Grundbuch des Amtsgerichts ...... (Ort) für ...... (Gemarkung) Band ...... Blatt ......
sind an dem dort vorgetragenen Grundbesitz der Gemarkung ...... Fl. Nr. ......
die Eheleute A als Eigentümer zu gleichen Teilen eingetragen. Der Grundbesitz ist in Abt. II unbelastet. In Abteilung III ist eine Buchgrundschuld über 50.000,- DM zugunsten der ...... (Bank) eingetragen.

§ 2 Nießbrauchbestellung[3-10]

Die Eheleute A
– im folgenden „Eigentümer" genannt –
bestellen hiermit ihrem minderjährigen Sohn B
– im folgenden „Nießbraucher" genannt –
vertreten durch den gerichtlich bestellten Ergänzungspfleger C
an dem vorbezeichneten Grundbesitz ein Nießbrauchsrecht auf die Dauer von zwei Jahren, beginnend mit dem auf die Beurkundung folgenden Monatsersten. Danach ist der Nießbraucher berechtigt, sämtliche Nutzungen aus dem Vertragsgegenstand zu ziehen und verpflichtet, die auf dem Vertragsgegenstand ruhenden privaten und öffentlichen Lasten, insbesondere auch die Zinsen für das durch die vorbezeichnete Grundschuld gesicherte Darlehn, das per ...... DM ...... betrug, zu tragen. Abweichend von der gesetzlichen Regelung obliegen dem Nießbraucher auch die außerordentlichen öffentlichen Lasten sowie die außergewöhnlichen Ausbesserungen und Erneuerungen. Im übrigen gelten für das Nießbrauchsrecht die gesetzlichen Bestimmungen. Die Beteiligten sind sich über das Entstehen des vereinbarten Nießbrauchsrechtes einig.

Der Eigentümer bewilligt und beantragt die Eintragung eines Nießbrauchsrechtes zugunsten von B an dem Vertragsgegenstand.

§ 3 Schlußbestimmungen

Die Vertragsteile beantragen die Erteilung je einer Ausfertigung. Eine weitere Ausfertigung erhält das Grundbuchamt; das Zentralfinanzamt – Schenkungsteuerstelle –[11] erhält eine beglaubigte Abschrift.
Die Kosten[13] dieser Urkunde und des Vollzugs trägt der Eigentümer.
Der Jahreswert des Nießbrauchs wird mit DM ...... angegeben.

Schrifttum: Döllerer, Leitgedanken der Nießbrauchbesteuerung bei Einkünften aus Vermietung und Verpachtung und am Kapitalvermögen, StbJb 1984/85, 55; *Geschwendtner,* Nießbrauchbestellung am Anteil einer Personengesellschaft, NJW 1995, 1875; *Haas,* Nießbrauch an Gewinnanteilen an Personengesellschaften, Festschrift für Ludwig Schmidt, 1993; *Jansen/Jansen,* Der Nießbrauch im Zivil- und Steuerrecht, 5. Aufl. 1993; *Mittelbach,* Nießbrauch, Zivil-, Steuerrecht, 8. Aufl. 1986; *Petzoldt,* der

23. Zuwendungsnießbrauch X. 23

Nießbrauch im Zivilrecht, NWB 1996, Fach 19 S. 2169 ff.; *ders.*, Nießbrauch an Personengesellschaftsanteilen, DStR 1992, 1171; *Piltz,* Nießbrauch an Aktien und GmbH-Anteilen bei vorweggenommener und letztwilliger Erbfolge, ZEV 1995, 59; *Reichert/Schlitt,* Nießbrach an GmbH-Geschäftsanteilen, Festschrift für Hans Flick 1997; *Reiff,* Die Abgrenzung der Duldungs- von der Leistungsauflage im Schenkungsteuerrecht, DStR 1990, 231; *Schön,* Der Nießbrauch an Sachen, 1992; *Schöner,* Zur Abgrenzung von Dienstbarkeit und Nießbrauch, DNotZ 1982, 416; *Seithel,* Einkommensteuerrechtliche Behandlung des Nießbrauchs, 3. Aufl. 1985; *Spiegelberger,* Vorbehaltsnießbrauch an Grundstücken des Privatvermögens, ZEV 1994, 214; *Wüllenkemper,* Steuerliche Folgen der unentgeltlichen Bestellung eines Nießbrauchs an einem zum Betriebsvermögen gehörenden Grundstück, FR 1991, 101; *Wüst,* Die persönliche Zurechnung der Einkünfte beim Nießbrauch, 1994; siehe ferner Schrifttum zu Form. VII. 2.

Anmerkungen

1. Sachverhalt. Bei dem Vertragsgegenstand handelt es sich um einen Altbau, der an fremde Dritte vermietet ist. Die eingetragene Grundschuld in Höhe von DM 50.000,– ist noch mit DM 10.000,– valutiert. Die jährliche Abschreibung, die durch die Nießbrauchbestellung verloren geht (vgl. unten Anm. 10), ist gering.

2. Anwendungsfälle. Die Beurkundung erfolgt auf Anraten des Steuerberaters, um den einkommensteuerlichen Grundfreibetrag des minderjährigen Sohnes auszuschöpfen. Der hier vorliegende Fall des Zuwendungsnießbrauchs (vgl. Anm. 3 (3)) wird häufig aus rein steuerlichen Überlegungen gewählt, während der Vorbehaltsnießbrauch (vgl. Anm. 3 (4)) einer alten deutschrechtlichen Tradition bei Übergabeverträgen entspricht, vgl. OLG Hamm DNotZ 1970, 37; *Hornung* Rpfleger 1982, 299.

3. Nießbrauch. (1) Gesetzlicher Inhalt, Nettonießbrauch. Der Nießbrauch gem. §§ 1030 ff. BGB ist im Abschnitt „Dienstbarkeiten" des Sachenrechts geregelt; er stellt inhaltlich die umfangreichste Dienstbarkeit dar, die das BGB kennt und beinhaltet das Recht, sämtliche Nutzungen aus dem belasteten Gegenstand zu ziehen. Damit korrespondiert die Pflicht, die bisherige wirtschaftliche Bestimmung der Sache aufrechtzuerhalten und nach den Regeln einer ordnungsgemäßen Wirtschaft zu verfahren, insbesondere gem. § 1041 BGB für die Erhaltung der Sache in ihrem wirtschaftlichen Bestand zu sorgen, wobei Ausbesserungen und Erneuerungen dem Nießbraucher nur insoweit obliegen, als sie zu der gewöhnlichen Unterhaltung der Sache gehören. Gem. § 1045 BGB hat der Nießbraucher die Sache gegen Brandschaden und sonstige Unfälle auf seine Kosten insoweit zu versichern, als dies einer ordnungsgemäßen Wirtschaft entspricht. Gem. § 1047 BGB muß der Nießbraucher die auf der Sache ruhenden öffentlichen Lasten mit Ausschluß der außerordentlichen Lasten, die als auf den Stammwert der Sache gelegt gelten (z. B. Erschließungskosten) sowie diejenigen privatrechtlichen Lasten tragen, die schon zur Zeit der Bestellung des Nießbrauchs auf der Sache ruhten, also insbesondere Zinsen für eingetragene Grundpfandrechte.

Der natürlichen Personen bestellte Nießbrauch ist nicht übertragbar (§ 1059 S. 1 BGB) und vererblich (§ 1061 BGB); die Ausübungsbefugnis kann allerdings Dritten überlassen werden, § 1059 S. 2 BGB. Grundsätzlich erlischt das Mietverhältnis über ein nießbrauchbelastetes Grundstück beim Tod des Nießbrauchers nicht, vielmehr wird dessen Erbe Rechtsnachfolger im Vertrag, vgl. BGH DNotZ 1990, 502.

Der vorstehend dargestellte gesetzlich geregelte Normalfall des Nießbrauchs wird im steuerlichen Sprachgebrauch als Nettonießbrauch bezeichnet.

In dem Formulierungsvorschlag werden, abweichend von der gesetzlichen Regelung, die außerordentlichen öffentlichen Lasten sowie die außergewöhnlichen Ausbesserungen und Erneuerungen dem Nießbraucher auferlegt, da der Eigentümer von der Geltendmachung von Werbungskosten aufgrund des mit der unentgeltlichen Nießbrauchbestellung verbundenen Verzichts auf Einnahmen ausgeschlossen ist, vgl. Anm. 10.

(2) **Bruttonießbrauch.** Sofern die Beteiligten vereinbaren, daß der Eigentümer abweichend von der gesetzlichen Lastenregelung alle auf der Sache ruhenden öffentlichen und privaten Lasten trägt, so daß dem Nießbraucher die Bruttoeinnahmen ohne jeden Abzug verbleiben, spricht man von einem Bruttonießbrauch; zur steuerlichen Zulässigkeit vgl. BFH BStBl. 1981 II 299. Da der Werbungskostenabzug insgesamt verloren geht, ist in der Regel von einem Bruttonießbrauch abzuraten.

(3) **Zuwendungsnießbrauch.** Unter einem Zuwendungsnießbrauch versteht man die Einräumung eines Nießbrauchsrechtes zugunsten eines Dritten.

(4) **Vorbehaltsnießbrauch.** Der Vorbehaltsnießbrauch ist das vom Eigentümer an dem übertragenen Grundstück für sich vorbehaltene Nießbrauchsrecht (Eigentümernießbrauch), vgl. *Philipp Heck,* Grundriß des Sachenrechts, 1930, § 21 8 b. Darüber hinaus wird auch der vom Erwerber zugunsten des veräußernden Eigentümers bestellte Nießbrauch als Vorbehaltsnießbrauch angesehen.

(5) **Vermächtnisnießbrauch.** Ein Nießbrauchsvermächtnis beinhaltet den schuldrechtlichen Anspruch des Bedachten, vom Erben die Bestellung eines Nießbrauchsrechtes zu verlangen, im Falle des Vermächtnisnießbrauchs an einem Grundstück somit die Abgabe der Eintragungsbewilligung in der Form des § 29 GBO. Nach BFH BStBl. 1994 II 319; BFH/NV 96, 22; Schmidt-*Drenseck* EStG § 7 Rz 50 wird der Vermächtnisnießbrauch wie ein Zuwendungsnießbrauch (mit AfA-Verlust) behandelt.

(6) **Quotennießbrauch.** Die h. M. hält eine Beschränkung des Nießbrauchsrechtes für zulässig, wonach der Nießbrauch dem Berechtigten zu einem bestimmten Bruchteil, z. B. zu einem Drittel, eingeräumt wird, vgl. *Soergel/Baur* § 1030 Rdn. 10; *Staudinger/Frank* § 1030 Rdn. 31; BayObLG Betr. 1973, 1546; die gegenteilige Auffassung vertreten *Wolff/Raiser* S. 466 und BayObLG MDR 1980, 229.

(7) **Dispositionsnießbrauch.** Bei Überlassungen auf Kinder im Wege der vorweggenommenen Erbfolge unter Nießbrauchsvorbehalt wird von den Eltern häufig gewünscht, weiterhin über den Grundbesitz verfügungsberechtigt zu bleiben. Mit Ausnahme einer begrenzten Verfügungsbefugnis im Falle des Nießbrauchs an einem Grundstück hinsichtlich des Inventars (vgl. § 1048 Abs. 1 S. 1 BGB) kennt das BGB eine Verfügungsbefugnis des Nießbrauchers als Inhalt des Nießbrauchs nicht, vgl. *Staudinger/Frank* Vorbem. 17 zu § 1030; MünchKomm/*Petzoldt* Vorbem. 4 vor § 1030. Derartige Verfügungsrechte können somit nicht als Nießbrauchsinhalt, sondern nur durch Erteilung einer Vollmacht eingeräumt werden. Die Verfügungsbefugnis des Eigentümers wird allerdings dadurch nicht beschränkt, § 137 S. 1 BGB. Sofern bei der Bestellung des Nießbrauchs dem Nießbraucher über die gesetzlichen Befugnisse hinaus das rechtsgeschäftliche Verfügungsrecht eingeräumt wird, ist zu beachten, daß darin ein Kriterium für die Verschaffung des wirtschaftlichen Eigentums beim Nießbraucher gesehen werden kann, woraus sich steuerliche Konsequenzen ergeben, vgl. Form. VII. 2 Anm. 13 (2).

(8) **Sicherungsnießbrauch.** Sofern die Nießbrauchsbestellung dazu dient, dem Gläubiger des Eigentümers eine Sicherheit für eine schuldrechtliche Forderung bzw. das Befriedigungsrecht einzuräumen oder bei der Vermietung und Verpachtung eines Grundstückes dem Mieter/Pächter eine Sicherung im Fall der Zwangsversteigerung zu schaffen (vgl. *Jansen/Jansen* Rdn. 245) handelt es sich um einen Sicherungsnießbrauch, der steuerlich unbeachtlich ist, BFH BStBl. 1970 II 212; 1992 II 803 und BFH/NV 1998, 898.

(9) **Unternehmens- und Nachlaßnießbrauch.** Den §§ 1085, 1089 BGB ist zu entnehmen, daß der Nießbrauch auch an einem Inbegriff von Sachen und Rechten bestellt werden kann, etwa an einem Unternehmen oder einem Nachlaß. Dieser Nießbrauch ist

nichts anderes als die Summe von Nießbrauchsrechten an den einzelnen Gegenständen, vgl. *Palandt/Bassenge* Anm. 1 zu § 1085.

(10) **Eigentümernießbrauch.** Die Zulässigkeit eines Eigentümernießbrauchs wird in der Literatur überwiegend bejaht, wenn dafür ein schutzwürdiges Interesse vorliegt, vgl. *Palandt/Bassenge* § 1030 Anm. 3 und Anm. 3 zu § 1090; RGRK/*Rothe* § 1030 Rdn. 5; *von Lübtow* NJW 1962, 275; *Haegele/Schöner/Stöber* Rdn. 524 und 595.

(11) **Schuldrechtlicher Nießbrauch.** Dieser liegt vor, wenn die Vereinbarung der Nießbrauchsbestellung nicht grundbuchmäßig vollzogen wird oder von vorneherein nur ein schuldrechtliches Nutzungsrecht gewollt ist. Obligatorische Nutzungsrechte werden hinsichtlich der Nutzungswertzurechnung gleichbehandelt, BFH BStBl. 1984 II 366.

4. Belastungsgegenstand. Gegenstand eines Immobiliennießbrauchs kann außer einem Grundstück auch ein Miteigentumsanteil sowie ein grundstücksgleiches Recht, z. B. ein Erbbaurecht sein, vgl. *Staudinger/Frank* § 1030 Rdn. 13, ebenso auch eine Eigentumswohnung. In diesem Fall führt die Nießbrauchsbestellung zur Aufspaltung des Stimmrechts in der Wohnungseigentümerversammlung: Dem Nießbraucher steht das Stimmrecht in allen Fällen zu, die die Verwaltung und die Art der Benutzung des gemeinschaftlichen Eigentums betreffen, §§ 15, 16 und 21 WEG, während im übrigen das Stimmrecht beim Eigentümer bleibt, vgl. *Schöner* DNotZ 1975, 78/87; *Bärmann/Pick* § 25 Rdn. 22; KG WE 1987, 126 a.A. *F. Schmidt* MittBayNot 1997, 67.

5. Gestaltungsvarianten. Das zwischen dem Eigentümer und dem Nießbraucher entstehende gesetzliche Schuldverhältnis kann mit dinglicher Wirkung abgeändert werden, allerdings – aufgrund des Typenzwanges im Sachenrecht – nur insoweit, als das Wesen des Nießbrauchs nicht beeinträchtigt wird. Eine unzulässige Beeinträchtigung wäre gegeben, wenn der Grundsatz der Substanzerhaltung der nießbrauchsbelasteten Sache verletzt oder wenn eine Leistungspflicht des Eigentümers zum Inhalt des dinglichen Rechts gemacht würde, vgl. *Staudinger/Frank* Vorbem. 13 vor § 1030; BayObLG Rpfleger 1985, 286; allerdings können die Beteiligten derartige Vereinbarungen mit schuldrechtlicher Wirkung treffen. Der Nießbrauch kann gem. § 1030 Abs. 2 BGB durch den Ausschluß einzelner Nutzungen beschränkt werden, allerdings ist dabei die Grenze zur beschränkten persönlichen Dienstbarkeit zu beachten, vgl. hierzu *Schöner* DNotZ 1982, 416. Unzulässig ist es, Gebäude oder Gebäudeteile von dem Nießbrauchsrecht auszunehmen, da diese gem. §§ 93, 94 Abs. 1 BGB wesentlicher Bestandteil des Grundstückes sind. Somit ist es auch unzulässig, wenn sich der Eigentümer bei Bestellung des Nießbrauchs etwa die Nutzung einer bestimmten Wohnung des auf dem Grundstück errichteten Gebäudes vorbehält, vgl. BayObLG DNotZ 1980, 479; ein dingliches Nutzungsrecht des Eigentümers kann aber wohl durch Bestellung eines Eigentümerwohnungsrechts an der gewünschten Wohnung und durch nachfolgende Nießbrauchsbestellung zugunsten eines Dritten entstehen. Zulässig ist es, Teilflächen eines Grundstückes von der Nießbrauchsbestellung auszunehmen, vgl. *Soergel/Baur* § 1030 Rdn. 7; nach *Haegele/Schöner/Stöber* Rdn. 592 soll es auch zulässig sein, daß sich der Eigentümer anläßlich der Nießbrauchsbestellung die Nutzung an der Garage vorbehält.

6. Minderjährige. Die Bestellung eines unentgeltlichen Zuwendungsnießbrauchs zugunsten eines Minderjährigen beinhaltet nach überwiegender Auffassung in der zivilrechtlichen Literatur nicht lediglich einen rechtlichen Vorteil, so daß die Eltern bei der Einräumung eines Nießbrauchs an ihrem Grundbesitz zugunsten ihrer Kinder an der Vertretung gehindert sind, vgl. *Palandt/Heinrichs* § 107 Rdn. 4; MünchKomm/*Gitter* § 107 Rdn. 18; a.A. *Jauernig/Schlechtriem/Stürner/Teichmann/Vollkommer* § 107 Anm. 2c; ausdrücklich offengelassen von BGH LM § 107 BGB Nr. 7. Nach BFH BStBl. 1981 II 297 kann ein wirksames Nutzungsrecht nicht begründet werden, wenn Eltern ihren minderjährigen Kindern ohne Mitwirkung eines Pflegers den Nießbrauch einräumen; ebenso BGH DB 1990, 915. Obwohl die Genehmigung der Nießbrauchsbestellung durch einen später bestellten Pfleger zivilrechtlich auf den Zeitpunkt des Vertragsschlusses zurückwirkt (§ 184 Abs. 1 BGB), wird eine derartige steuerrechtliche Rückwirkung vom Bundesfinanzhof – entsprechend seiner bisherigen Rechtsprechung z. B. BStBl. 1973 II 307 – nicht anerkannt, insbesondere auch nicht im Hinblick auf § 41 Abs. 1 AO. In der Vergangenheit wurde, um die Pflegerbestellung zu vermeiden, häufig ein Bruttozuwendungsnießbrauch (vgl. Anm. 3 (2)) bestellt, da in diesem Fall nach h. M. eine Pflegerbestellung nicht erforderlich ist. Dieser Ausweg ist aber im Hinblick auf die damit verbundene steuerschädliche Lastenverteilungsregelung nicht anzuraten, vgl. Anm. 10. Eine vormundschaftsgerichtliche Genehmigung des unentgeltlich bestellten Nießbrauchsrechtes ist nicht erforderlich. Hingegen bedarf bei dem **entgeltlichen** Erwerb eines dinglichen Nießbrauchsrechtes durch einen Minderjährigen das zugrundeliegende Rechtsgeschäft gem. § 1821 Abs. 1 Nr. 5 BGB der vormundschaftsgerichtlichen Genehmigung. Da die dingliche Rechtsänderung in jedem Fall wirksam ist, darf das Grundbuchamt die Eintragung nicht von der Vorlage der Genehmigung abhängig machen, vgl. BayObLG MittBayNot 1990, 39. Die im Formulartext vorgesehene atypische Lastentragung, wonach der Nießbraucher auch die außerordentlichen Lasten trägt, beinhaltet keine Gegenleistung des Nießbrauchers, sondern nur eine Schenkungsauflage, so daß i. d. R. § 1821 Abs. 1 Nr. 5 BGB nicht eingreift.

7. **Grundbucheintragung.** Die sachenrechtliche Einigung über die Nießbrauchsbestellung ist gem. § 873 BGB formlos wirksam, dem Grundbuchamt ist lediglich eine Eintragungsbewilligung gem. § 19 GBO vorzulegen, für die gem. § 29 GBO die notarielle Beglaubigung der Unterschrift des Eigentümers genügt. Dennoch ist der in einigen Formularbüchern vorgesehene privatschriftliche Eintragungsantrag mit Unterschriftsbeglaubigung (40 BeurkG) anstelle der Protokollform (§ 8 BeurkG) bedenklich. Selbst wenn man die unentgeltliche Zuwendung eines Nießbrauchsrechtes als formlos gültigen Leihvertrag qualifiziert (BGH NJW 1982, 820), beinhaltet die Nebenkostenregelung regelmäßig ein Schenkungsversprechen, das gem. § 518 Abs. 1 BGB der Beurkundung bedarf. Der Formmangel wird allerdings durch die Eintragung des Nießbrauchsrechtes im Grundbuch geheilt, § 518 Abs. 2 BGB. Sofern mehreren Personen ein Nießbrauchsrecht eingeräumt wird, kommt als Berechtigungsverhältnis gem. § 47 GBO die Bestellung nach Bruchteilen (mit dem Tod eines Berechtigten entsteht damit ein Quotennießbrauch), Gesamtgläubigerschaft gem. § 428 BGB (BGH DNotZ 1981, 121), bei in Gütergemeinschaft lebenden Ehegatten die Eintragung als Berechtigte in Gütergemeinschaft (BayObLG 67, 480) oder die Eintragung mehrerer gleichrangiger Rechte in Betracht. Diese nebeneinander bestehenden Rechte beschränken sich gegenseitig in der Ausübung, §§ 1024, 1060 BGB; bei dem Versterben eines Berechtigten bleibt das Nießbrauchsrecht des Überlebenden uneingeschränkt in vollem Umfange bestehen.

Die Vereinbarung, daß der Nießbraucher die Kosten auch für außerordentliche Ausbesserungen und Erneuerungen des Grundstücks zu tragen hat, kann als zulässige Abänderung des gesetzlichen Schuldverhältnisses zwischen Eigentümer und Nießbraucher in das Grundbuch eingetragen werden, BayObLG MittBayNot 1985, 70.

8. **Pfändung des Nießbrauchs.** Gem. § 857 Abs. 3 ZPO ist der Nießbrauch insoweit der Pfändung unterworfen. Da diese Bestimmung eine Ausnahme vom Grundsatz der Unpfändbarkeit unübertragbarer Rechte darstellt, unterliegt der Nießbrauch als solcher, nicht nur die aus dem Nießbrauch fließende Ausübungsbefugnis, der Pfändung, so daß der Nießbrauch nur mit Zustimmung des Pfändungsgläubigers aufgehoben werden kann, BGHZ 62, 133; *Stein/Jonas/Münzberg* ZPO § 857 Rdn. 28; *Staudinger/Frank* § 1059 Rdn. 27; a. A. *Palandt/Bassenge* § 1059 Rdn. 6. Auch wenn die gem. § 1059 Satz 2 BGB zulässige Überlassung der Nießbrauchsausübung von vorneherein ausgeschlossen wird (im Grundbuch eintragungsfähige Inhaltsbestimmung, vgl. LG Mönchengladbach NJW 1969, 140) kann das Nießbrauchsrecht als solches gepfändet werden, vgl. BGH NJW 1985, 2827; MünchKomm/*Petzoldt* § 1059 Rdn. 8.

23. Zuwendungsnießbrauch X. 23

9. Steuerliche Anerkennung. Bei Verträgen zwischen Familienangehörigen trifft den Steuerpflichtigen, der sich auf die steuerliche Wirksamkeit dieser Vereinbarungen beruft, eine erhöhte Nachweispflicht vgl. hierzu BVerfG BStBl. 1959 I 204; BFH BStBl. 1957 III 419 und 1958 III 254.

Ein Nießbrauch unter nahestehenden Personen wird nur anerkannt, wenn
– der Nießbrauch bürgerlich-rechtlich wirksam bestellt wurde und die Vereinbarungen ernsthaft, klar und eindeutig sind,
– der Nießbrauch tatsächlich ausgeübt wird, also insbesondere das Grundstück vom Nießbraucher in Besitz genommen und verwaltet wird (BFH BStBl. 1976 II 613),
– die Beteiligten aus der Nießbrauchsbestellung alle steuerrechtlichen und bürgerlich-rechtlichen Konsequenzen auf sich genommen haben (BFH BStBl. 1976 II 537).

Außer der Pflegerbestellung bei Beteiligung Minderjähriger, vgl. Anm. 6, ist bei der Fremdvermietung die Benachrichtigung der Mieter und eine entsprechende Kontenänderung durchzuführen, vgl. Tz. 1 und 12 II. Nießbraucherlaß. Bedenken hinsichtlich der steuerlichen Anerkennung bestanden früher bei Nießbrauchsrechten mit kurzer Laufzeit. Während die Finanzverwaltung früher eine mehr als fünfjährige Laufzeit für die steuerliche Anerkennung verlangte, war eine derartige zeitliche Begrenzung in den OFD-Erlassen aus dem Jahr 1981 (vgl. Anm. 10) nicht mehr enthalten. Gem. Tz 53 II. Nießbraucherlaß werden unentgeltliche schuldrechtliche Nutzungsrechte steuerlich nur anerkannt, wenn das Nutzungsrecht mindestens für die Dauer von einem Jahr vereinbart worden ist. Unter dem Gesichtspunkt des sicheren Weges (vgl. *Borgmann/Haug*, Anwaltspflichten, Anwaltshaftung, S. 84; BGH DNotZ 1958, 554) sollte diese Mindestlaufzeit auch bei einem dinglichen Nießbrauchsrecht nicht unterschritten werden. Widerrufliche und kündbare Nießbrauchsrechte sind nur unbedenklich, wenn der Widerruf nicht im Belieben des Schenkers steht, also wenn enumerative Widerrufsgründe genannt werden, a.A. *Drenseck* FR 1985, 187, der das Tatbestandsmerkmal der gesicherten Rechtsposition aufgeben will.

Gem. Tz. 16 III. Nießbraucherlaß kann in der Rückvermietung an den Eigentümer eine Rückgängigmachung des Nießbrauches oder ein Mißbrauch von rechtlichen Gestaltungsmöglichkeiten (§ 42 AO) liegen; steuerschädlich kann insbesondere eine unkündbare Rückvermietung auf Lebensdauer sein, vgl. BFH BStBl. 1968 II 265.

Soweit es den Eltern nach § 1649 BGB gestattet ist, die aus dem Nießbrauch resultierenden Erträge des Kindes zum Unterhalt des Kindes, seiner Geschwister oder gar für den Unterhalt der Eltern zu verwenden, greift das Abzugsverbot des § 12 Nr. 1 und 2 EStG ein, vgl. BFH BStBl 1989 II 137; wie BFH auch *Ludwig Schmidt* FR 1980, 519. Die steuerliche Anerkennung ist in jedem Fall gewährleistet, wenn – die auf gesonderten Konten – eingehenden Mieten für die nießbrauchsberechtigten Kinder thesauriert oder für andere als Unterhaltszwecke, z.B. für Vermögensanlagen verwendet werden.

10. Einkommensteuer. Der I. Nießbraucherlaß BStBl. 1983 I 508 findet nur noch für Einkünfte aus Kapitalvermögen Anwendung. Der II. Nießbraucherlaß BStBl. 1984 I 561, der die Einkünfte aus Vermietung und Verpachtung regelt, würde durch den III. Nießbraucherlaß BStBl. 1998 I 914 abgelöst. Ein Nießbrauch ist im allgemeinen als entgeltlich anzusehen, wenn Leistung und Gegenleistung abgewogen sind. Sofern jedoch der Wert der Gegenleistung im Verhältnis zum Wert des Nießbrauchs so bemessen ist, daß bei Zugrundelegung einer zwischen Fremden üblichen Gestaltung nicht mehr von einer Gegenleistung ausgegangen werden kann, soll ein unentgeltlich bestellter Nießbrauch vorliegen, vgl. Tz. 13 III. Nießbraucherlaß.

(1) **Entgeltlicher Nießbrauch:** Der **Eigentümer** hat das für die Bestellung des Nießbrauchs an einem zum Privatvermögen gehörenden Grundstück empfangene Entgelt gem. § 11 Abs. 1 EStG im Jahr des Zuflusses in voller Höhe als steuerpflichtige Einnahme aus Vermietung und Verpachtung zu versteuern, BFH BStBl. 1979 II 332.

Zur Vermeidung von Härten kann auf Antrag aus Billigkeitsgründen zugelassen werden, Entgelte, die für die gesamte Laufzeit oder für bestimmte Jahre vorausbezahlt wurden, auf den Vorauszahlungszeitraum, höchstens auf zehn Jahre, gleichmäßig zu verteilen, vgl. Tz. 29 III. Nießbraucherlaß. Die vertraglich getragenen Aufwendungen und die Gebäude – AfA kann der Eigentümer als Werbungskosten geltend machen.

Soweit der **Nießbraucher** aufgrund seines Rechtes das Haus oder die Wohnung **selbst zu Wohnzwecken nutzt**, ist er einkommensteuerlich wie ein Mieter, der die Miete vorausbezahlt hat, zu behandeln (BFH BStBl. 1979 II 332): Bei dem Nießbraucher ist weder der Nutzungswert zu erfassen noch kann dieser Werbungskosten geltend machen. Seit dem Inkrafttreten des WohneigFG zum 1. 1. 1987 folgt dies daraus, daß der Nutzungswert selbstgenutzten Wohnraums einkommensteuerlich nicht erfaßt wird. Im Falle der Nutzung durch **Vermietung** erfolgt die Nutzungswertzurechnung beim Nießbraucher, der umgekehrt auch alle Werbungskosten einschließlich einer AfA auf das entgeltlich erworbene Nießrauchsrecht geltend machen kann, vgl. Tz. 26 III. Nießbraucherlaß. Zahlungen zur Ablösung des Nießbrauchs sind beim Eigentümer als negative Einnahmen zu erfassen, während die Ablösungszahlungen beim Nießbraucher der privaten Vermögensebene zuzuordnen sind, vgl. Tz 64 III. Nießbraucherlaß.

(2) **Unentgeltlicher Nießbrauch:** a) **Vermietung:** Im Falle der unentgeltlichen Nießbrauchsbestellung gibt der Eigentümer nach Auffassung des Bundesfinanzhofs seine Einnahmeerzielungsabsicht für die Dauer des Nießbrauchs auf, so daß er weder AfA noch sonstige Werbungskosten abziehen darf, vgl. BStBl. 1981 II 299 unter Bezugnahme auf BStBl. 1979 II 401. Somit führt der unentgeltliche Zuwendungsnießbrauch zum Werbungskostenleerlauf beim Eigentümer, d.h. dieser darf AfA, Schuldzinsen und Erhaltungsaufwendungen steuerlich nicht mehr geltend machen.

Der Nießbraucher kann die aufgrund der gesetzlichen Lastenverteilung (§§ 1041, 1045 und 1047 BGB) anfallenden oder vertraglich übernommenen Aufwendungen als Werbungskosten abziehen. Dabei soll es unschädlich sein, wenn der Eigentümer dem Nießbraucher die zur Bezahlung von Reparaturrechnungen erbrachten Beträge schenkt, vgl. *Döllerer* S. 66. Die AfA geht in jedem Fall verloren. Zur Entnahmeproblematik durch Nießbrauchbestellung an betrieblich genutzten Wirtschaftsgütern vgl. Form VII. 2 Anm. 13 (5).

(b) **Selbstnutzung als Wohnraum:** Aufgrund des WohneigFG wird seit dem 1. 1. 1987 der Nutzungswert weder beim Eigentümer noch beim Nutzungsberechtigten erfaßt, vgl. *Spiegelberger* DNotZ 1988, 220. Damit scheidet auch ein Werbungskostenabzug aus.

(3) **Obligatorische Nutzungsrechte:** Wenn der Nutzende eine gegen Entzug gesicherte Rechtsposition innehat, gelten die vorstehenden Besteuerungsgrundsätze entsprechend, Tz. 6 III. Nießbraucherlaß.

11. Schenkungsteuer. Der unentgeltliche Zuwendungsnießbrauch unterliegt gem. §§ 7, 23 ErbStG der Schenkungsbesteuerung; danach hat der Nießbraucher entweder die Steuer vom Kapitalwert oder jährlich im voraus in Höhe des Jahreswertes zu entrichten. Auch bei der Versteuerung des jeweiligen Jahreswertes kann der Nießbrauchsberechtigte die Steuer zum nächsten Fälligkeitstermin mit ihrem Kapitalwert ablösen, § 23 Abs. 2 S. 1 ErbStG.

Die Bewertung des Nießbrauchs ist nach den Vorschriften der §§ 13–16 BewG vorzunehmen. Der Jahreswert ist dabei gem. § 16 BewG auf den 18,6ten Teil des Grundbesitzwertes begrenzt. Dieser ist mit den in §§ 13 und 14 BewG genannten Vervielfältigern zu multiplizieren. Der Steuersatz ergibt sich aus § 19 ErbStG, wobei die Freibeträge gem. § 16 ErbStG zu berücksichtigen sind. Auch bei jederzeit kündbarer oder widerruflicher Nießbrauchbestellung liegt schenkungsteuerlich eine vollzogene Schenkung vor, vgl. *Troll-Gebel* ErbStG § 9 Rdn. 93; *Petzoldt* ErbStG § 7 Rdn. 46; BFH BStBl. 1983 II 179.

24. Zuwendungswohnungsrecht   X. 24

Die aufgrund einer Vereinbarung erfolgende Aufhebung eines unentgeltlich bestellten Nießbrauchsrechtes ohne entsprechende Gegenleistung stellt eine steuerpflichtige Rückschenkung des Nießbrauchs an den Eigentümer dar, vgl. *Troll* ErbStG (Stand März 1997) § 12 Rdn. 85a; daher erfolgt keine Berichtigung des ursprünglichen Steuerbescheides, vgl. BFH DB 1989, 2313.

Gemäß § 34 ErbStG hat der Notar beurkundete Schenkungen dem Finanzamt anzuzeigen. Die Beteiligten sind auf die mögliche Schenkungsteuerpflicht hinzuweisen, § 13 ErbStDVO.

12. Umsatzsteuer. Die Nießbrauchsbestellung ist grundsätzlich gem. § 4 Nr. 12c UStG umsatzsteuerbefreit. Die unentgeltliche Bestellung eines Nießbrauchs an einem Grundstück kann aber eine Vorsteuerberichtigung gem. § 15a UStG zur Folge haben, vgl. *Korn* KÖSDI 1981, 4312; BdF BB 1979, 91. Dies gilt insbesondere für die unentgeltliche Bestellung von Nießbrauchsrechten an Betriebsgrundstücken sowie an im Bauherrenmodell (mit Umsatzsteueroption gem. §§ 9, 19 Abs. 2 UStG) erstellten Wohnungen. Die Umsatzsteueroption gem. § 9 Abs. 1 UStG setzt nach § 9 Abs. 2 S. 1 im Falle des § 4 Nr. 12c UStG voraus, daß der Leistungsempfänger das Grundstück ausschließlich für Umsätze verwendet, die den Vorsteuerabzug nicht ausschließen. Hat der Nießbrauchbesteller Aufwendungen für das nießbrauchsbelastete Objekt erbracht und hierfür den Vorsteuerabzug in Anspruch genommen, so tritt durch die unentgeltliche Nießbrauchsbestellung eine Nutzungsänderung gem. § 15a Abs. 4 UStG ein. Der Nießbrauchbesteller entnimmt in diesen Fällen das Grundstück für Zwecke, die außerhalb des Unternehmens liegen. Er erfüllt damit den Tatbestand des Eigenverbrauchs nach § 1 Abs. 1 Nr. 2a UStG, der zwar als solcher gem. § 4 Nr. 9a UStG umsatzsteuerbefreit ist, aber zur Vorsteuerberichtigung führt.

13. Kosten. Notar: Sofern nicht nur eine Eintragungsbewilligung beurkundet wird, sondern auch das obligatorische oder dingliche Rechtsgeschäft Gegenstand der Urkunde ist, erfolgt ein Gebührenansatz gem. § 36 Abs. 2 KostO aus dem fünffachen (§ 24 Abs. 3 KostO) Jahreswert des Nießbrauchs, wobei für den Jahreswert die erzielbare Nettomiete zugrunde zu legen ist.

Grundbuch: ¹/₁ Gebühr gem. § 62 Abs. 1 KostO; Wertberechnung wie bei Notar.

24. Zuwendungswohnungsrecht

Verhandelt am ......
in ......

§ 1 Sachstand[1, 2]

Im Grundbuch des Amtsgerichts ...... (Ort) für ...... (Gemarkung) Band ...... Blatt ...... ist an dem dort vorgetragenen Grundbesitz der Gemarkung ...... Fl. Nr. ...... Herr E als Alleineigentümer eingetragen. Der Grundbesitz ist in Abt. II unbelastet. In Abt. III ist eine Buchgrundschuld über 50.000,– zugunsten der ...... (Bank) eingetragen.

Die Eheleute W haben ihrem Sohn, Herrn E, einen Betrag in Höhe von DM 60.000,– unter der Bedingung geschenkt, die Geldsumme für die Errichtung eines Zweifamilienhauses auf dem Grundstück zu verwenden und ihnen unentgeltlich ein Wohnungsrecht auf Lebensdauer einzuräumen.

§ 2 Wohnungsrecht[3–11]

Herr E
– im folgenden „Grundstückseigentümer" genannt –

Spiegelberger

räumt hiermit seinen Eltern, den Ehegatten W
– im folgenden „Wohnungsberechtigte" genannt –
das Wohnungsrecht auf deren Lebensdauer als Gesamtberechtigte gem. § 428 BGB und auf Lebensdauer des Überlebenden in dem vorbezeichneten Anwesen ein. Danach sind Herr W und Frau W zur alleinigen Benützung der im ersten Obergeschoß rechts vom Treppenaufgang gelegenen Wohnung, bestehend aus 3 Zimmern, Küche und Bad/WC berechtigt.

Damit verbunden ist das Recht auf Mitbenützung der zum gemeinschaftlichen Gebrauch der Hausbewohner bestimmten Anlagen und Einrichtungen, insbesondere des Kellers und Speichers sowie von Hof und Garten.

Die Eheleute W sind auch berechtigt, Familienangehörige sowie die zu ihrer standesgemäßen Bedienung und Pflege erforderlichen Personen in die Wohnung aufzunehmen. Die Überlassung der Ausübung des Wohnungsrechtes an Dritte ist jedoch nicht gestattet.

Der jeweilige Grundstückseigentümer ist verpflichtet, den Vertragsgegenstand in bewohnbarem Zustand zu erhalten und im Fall der Zerstörung wiederherzustellen.[11]

Die Kosten für Schönheitsreparaturen, Strom, Wasser und Heizung tragen die Wohnungsberechtigten selbst, während die Müllabfuhr-, Kanalbenützungs- und Kaminkehrergebühren sowie die sonstigen Hausunkosten der jeweilige Grundstückseigentümer zu tragen hat.

Für das vorstehend eingeräumte Wohnungsrecht samt Nebenleistungen bestellt der Grundstückseigentümer eine

beschränkte persönliche Dienstbarkeit

an dem vorbezeichneten Grundbesitz zugunsten von Herrn B und Frau B als Gesamtberechtigte gem. § 428 BGB. Die Vertragsteile bewilligen und beantragen die Eintragung in das Grundbuch[6] mit dem Vermerk, daß zur Löschung der Nachweis des Todes des Berechtigten genügt.[8]

§ 3 Rangvorbehalt[7]

Der Grundstückseigentümer ist berechtigt, im Rang vor dem in § 2 bezeichneten Wohnungsrecht Grundpfandrechte für beliebige Gläubiger bis zum Gesamtbetrag in Höhe von DM ...... (Betrag) samt Jahreszinsen bis zu ...... % und einer einmaligen Nebenleistung in Höhe von ...... % im Grundbuch eintragen zu lassen und dieses Recht immer wieder erneut auszuüben. Die Eintragung des Rangvorbehaltes in das Grundbuch wird bewilligt und beantragt.

§ 4 Schlußbestimmungen

Die Kosten dieser Urkunde und des Vollzuges tragen die Wohnungsberechtigten zu gleichen Teilen. Von dieser Urkunde erhalten die Beteiligten je eine Ausfertigung, das Grundbuchamt und das Schenkungsteuerfinanzamt[12] je eine beglaubigte Abschrift. Der Jahreswert des Wohnungsrechtes wird mit DM ...... angegeben.

Schrifttum: Amann, Zur dinglichen Sicherung von Nebenleistungspflichten bei Wohnungsrechten und anderen Dienstbarkeiten, DNotZ 1982, 396; *Bader,* Zum dinglichen Wohnungsrecht gem. § 1093 BGB an denselben Räumen für mehrere Personen, DNotZ 1965, 673; *Dammertz,* Wohnungsrecht und Dauerwohnrecht, 1970; *Haegele,* Wohnungsrecht, Leibgeding und ähnliche Rechte in Zwangsvollstreckung, Konkurs und Vergleich, DNotZ 1976, 5; *Langenfeld,* Grundstückszuwendungen im Zivil- und Steuerrecht 3. Aufl. 1992; *Nieder,* Die dingliche Sicherung von Leibgedingen (Altenteilen), BWNotZ 1975, 3; *Reinicke,* Bedarf die Vereinbarung eines unentgeltlichen schuldrechtlichen Wohnrechts auf Lebenszeit der Form des § 518 Abs. 1 BGB?, JA 1982, 326; *Spiegelberger,* Vermögensnachfolge, 1994; beachte ferner Schrifttumsangabe bei Form. X. 23.

24. Zuwendungswohnungsrecht X. 24

Anmerkungen

1. Anwendungsbereich. Ein dingliches Wohnungsrecht ist regelmäßig Bestandteil einer vorweggenommenen Erbfolge, wird aber auch unabhängig von einer Grundstücksübertragung zur Sicherung von Familienangehörigen häufig vereinbart. Da das Wohnungsrecht nicht der Pfändung unterliegt (vgl. Anm. 9), ist es auch ein Gestaltungsmittel zur Haftungsbegrenzung. Ferner werden Wohnungsrechte auch aus steuerlichen Gründen bestellt, vgl. Anm. 11. Im vorliegenden Fall bestellt der Sohn E seinen Eltern W unentgeltlich das lebenslange Wohnungsrecht. (Wegen des Zuschusses zu den Baukosten vgl. Anm. 11 (1)).

2. Bestellung. Der BGH NJW 1982, 820 hat die unentgeltliche schuldrechtliche Gebrauchsüberlassung einer Wohnung auf Lebenszeit nicht als beurkundungspflichtiges Schenkungsversprechen, sondern als formlos gültigen Leihvertrag qualifiziert; zustimmend BFH BStBl. 1984 II 372; kritisch mit Recht *Reinicke* JA 1982, 326. Auch in einigen Formularbüchern ist für die unentgeltliche dingliche Wohnungsrechtsbestellung nicht die Protokollform (§ 8 BeurkG), sondern nur ein privatschriftlicher Eintragungsantrag mit Unterschriftsbeglaubigung (§ 40 BeurkG) vorgesehen. Dagegen bestehen Bedenken. Selbst wenn die unentgeltliche Gebrauchsüberlassung auf Lebenszeit der Berechtigten keine Schenkung darstellen sollte, liegt in den übrigen vom Eigentümer regelmäßig übernommenen zusätzlichen Verpflichtungen, nämlich den Vertragsgegenstand in bewohnbarem Zustand zu halten und gewisse auf die Wohnung entfallende Hausunkosten zu tragen, ein Schenkungsversprechen, so daß die Formpflicht gem. § 518 Abs. 1 BGB gegeben ist. Für die Beurkundung aller Vereinbarungen bei Dienstbarkeiten und Wohnungsrechten auch *Daimer/Reithmann*, Die Prüfungs- und Belehrungspflicht des Notars, 3. Aufl. Rdn. 43. Die Belastung eines Grundstückes mit einem dinglichen Wohnrecht kann u.U. der Zustimmung des Ehegatten bedürfen, vgl. BGH DNotZ 1990, 307, rechtfertigt aber nicht die Anwendung des § 419 BGB auf den Wohnungsberechtigten, vgl. BGH DB 1988, 1696.

3. Inhalt, Abgrenzung. Das im BGB im Abschn. „Dienstbarkeiten" geregelte dingliche Wohnungsrecht gem. § 1093 BGB stellt eine besondere Form der beschränkten persönlichen Dienstbarkeit dar und beinhaltet das Recht, ein Gebäude oder einen Gebäudeteil unter Ausschluß des Eigentümers als Wohnung zu benutzen. Ist das Recht auf einen Teil des Gebäudes beschränkt, so kann der Berechtigte die zum gemeinschaftlichen Gebrauch der Bewohner bestimmten Anlagen und Einrichtungen mitbenutzen, § 1093 Abs. 3 BGB.

Gem. § 1092 Abs. 1 S. 2 BGB kann vereinbart werden, daß die Ausübung der Dienstbarkeit einem Dritten überlassen wird, so daß ein so ausgestaltetes Wohnungsrecht auch zur Vermietung berechtigt.

Aus steuerlichen Gründen wird zwischen Zuwendungs- und Vorbehaltswohnungsrechten unterschieden. Ähnlich wie beim Nießbrauch versteht man unter einem Zuwendungswohnungsrecht die Einräumung eines Wohnungsrechtes zugunsten eines Dritten, während das vom Eigentümer an einem übertragenen Grundstück vorbehaltene Wohnungsrecht als Vorbehaltswohnungsrecht bezeichnet wird. Darüberhinaus wird auch das vom Erwerber zugunsten des veräußernden Eigentümers bestellte Wohnungsrecht als Vorbehaltswohnungsrecht angesehen.

Außerhalb des Regelungsbereiches des § 1093 BGB kommen folgende Nutzungsrechte in Betracht:

(1) **Beschränkte persönliche Dienstbarkeit gem. §§ 1090 BGB**, wonach die Mitbenutzung zum Wohnen gemeinsam mit dem Eigentümer vereinbart werden kann, BayObLG DNotZ 1965, 166.

(2) **Wohnungsreallast gemäß § 1105 BGB:** Sofern nur allgemein die Gewährung von Wohnung als dingliche Verpflichtung vereinbart wird, insbesondere dem Berechtigten

die Auswahl der Räume, die von ihm benutzt werden, vorbehalten bleibt, liegt kein Wohnungsrecht, sondern eine Reallast vor, vgl. BayObLGZ 1964, 1; BGHZ 58, 57; OLG Hamm DNotZ 1976, 230; *Staudinger/Ring* § 1093 Rdn. 1.

(3) **Dauerwohnrecht gem. § 31 WEG:** Im Gegensatz zum Wohnungsrecht gem. § 1093 BGB ist das Dauerwohnrecht veräußerlich und vererblich; die weitere Besonderheit liegt darin, daß die Ausgestaltung des Nutzungsverhältnisses mietähnlich oder eigentumsähnlich erfolgen kann, vgl. *Bärmann/Pick/Merle* § 31 WEG Rdn. 117. Da das unentgeltlich bestellte Wohnungsrecht aufgrund der BFH-Rechtsprechung (BStBl. 1981 II 299; vgl. unten Anm. 11) zum AfA-Leerlauf führt, wird das eigentumsähnlich ausgestaltete Dauerwohnrecht, das wirtschaftlich einer Eigentumswohnung gleichgestellt ist (vgl. Abschn. 56 Abs. 2 Satz 1 EStR und Form. X. 29 Anm. 5 (2)), künftig in der Praxis mehr Bedeutung erlangen.

(4) **Nießbrauch gem. § 1030 BGB:** Im Zweifel ist ein Nießbrauchsrecht anzunehmen, wenn ein ganzes Wohngebäude zur vollständigen Benutzung überlassen wird, während bei der Überlassung einzelner Gebäudeteile oder einzelner Zimmer für Wohnzwecke ein Wohnungsrecht nach § 1093 BGB vorliegt, vgl. RGZ 164, 196; *Staudinger/Ring* § 1093 Rdn. 1. An einer Eigentumswohnung kann nach Auffassung des BayObLG NJW 1965, 1484; *Staudinger/Ring* § 1090 Rdn. 1 ein Wohnungsrecht als beschränkte persönliche Dienstbarkeit nur bestellt werden, wenn nicht sämtliche im Sondereigentum stehenden Räume vom Wohnungsrecht erfaßt werden; die Nutzung der gesamten Eigentumswohnung sei dem Wesen nach nicht mehr Dienstbarkeit, sondern ein Nießbrauch; a. A. zu Recht *Haegele/Schöner/Stöber* Grundbuchrecht Rdn. 1237.

(5) **Mietvertrag gem. § 535 BGB:** Miete und Wohnungsrecht nach § 1093 BGB schließen einander nicht gegenseitig aus; es können über den gleichen Gegenstand ein Mietvertrag und eine Dienstbarkeit bestehen, BGH BB 1968, 767; *Staudinger/Ring* § 1093 Anm. 3; dies kommt insbesondere zum Schutz des Nutzungsberechtigten (Vermeidung des außerordentlichen Kündigungsrechts des Ersteigerers gem. § 57a ZVG) in Betracht, vgl. *Haegele/Schöner/Stöber* Rdn. 1276. Die gesetzlichen Mieterschutzbestimmungen finden auf ein dingliches Wohnrecht keine Anwendung, vgl. OLG Hamburg ZMR 1983, 60.

(6) **Leihvertrag gem. § 598 BGB:** Unentgeltliche obligatorische Nutzungsrechte sowie rechtswirksam getroffene, aber im Grundbuch nicht vollzogene Wohnungsrechtsvereinbarungen werden einkommensteuerlich bei dem Vorliegen einer gesicherten Rechtsposition anerkannt (vgl. BFH BStBl. 1984 II 366), wobei die Finanzverwaltung allerdings Schriftform und eine Mindestlaufzeit von einem Jahr fordert, Tz. 7 III. Nießbraucherlaß BStBl. 1984 I 565.

4. Belastungsgegenstand. Das Wohnungsrecht kann an einem Gebäude oder Gebäudeteil lasten; ein Miteigentumsanteil an einem Grundstück kann nicht Belastungsgegenstand sein. An einem rechtlich selbständigen Gartengrundstück, auf das sich das Mitbenutzungsrecht des am Hausgrundstück bestellten Wohnungsrechts erstreckt, kann das Wohnungsrecht nicht eingetragen werden, BayObLG DNotZ 1976, 227. Die dem Wohnungsberechtigten zur ausschließlichen Nutzung zugewiesenen Räume müssen in der Eintragungsbewilligung so genau beschrieben sein, daß jeder Dritte ohne weiteres feststellen kann, welche Räume gemeint sind, OLG Hamm DNotZ 1970, 417.

5. Leistungsbeziehungen, Entgelt, Nebenkosten. (Periodische) Geldzahlungen des Wohnungsberechtigten als Gegenleistung für die Wohnungsnutzung können nicht als Inhalt des Wohnungsrechtes vereinbart werden, da die Lastentragungsvorschrift des § 1047 BGB, die als Begründung für die Möglichkeit entgeltlicher Nießbrauchsrechte herangezogen wird, gem. § 1093 Abs. 1 Satz 2 BGB keine Anwendung findet. Eine Zahlungspflicht hat somit nur schuldrechtlichen Charakter (vgl. *Staudinger/Ring* § 1093 Anm. 4), wobei eine quasi-dingliche Wirkung dadurch erzielt werden kann, daß die

24. Zuwendungswohnungsrecht

(rechtzeitige) Geldzahlung als Bedingung für die Ausübung des Wohnungsrechts vereinbart wird oder der Zahlungsverzug auflösende Bedingung des Wohnungsrechtes ist.

Ausbesserungen und Erneuerungen im Rahmen der gewöhnlichen Unterhaltung (§ 1041 BGB) treffen den Wohnungsberechtigten, im Normalfall somit die Schönheitsreparaturen innerhalb der Wohnung, vgl. *Haegele/Schöner/Stöber* Rdn. 1250. Die Übernahme weitergehender Lasten durch den Wohnungsberechtigten, z. B. die Kostentragung für außerordentliche Ausbesserungen und Erneuerungen, kann nur schuldrechtlich erfolgen, vgl. *Staudinger/Ring* § 1093 Anm. 13; BayObLG MittBayNot 1988, 234. Da der Grundstückseigentümer das Gebäude zur Ausübung des Wohnungsrechtes nicht instandhalten muß, vgl. *Palandt/Bassenge* § 1093 Anm. 4, dies aber meist dem Parteiwillen entspricht, empfiehlt sich eine entsprechende Regelung, MünchKomm/*Joost* § 1093 Rdn. 8. Bei Zerstörung des Gebäudes erlischt das Wohnungsrecht, vgl. *Staudinger/Ring* § 1093 Anm. 18. Der Wohnungsberechtigte kann für diesen Fall durch zusätzliche Wohnungsreallast gesichert werden, vgl. Form. VII. 3 Anm. 7; nach LG Heilbronn BWNotZ 1975, 124 kann die Wiederaufbauverpflichtung auch zum dinglichen Inhalt des Wohnungsrechtes gemacht werden; zustimmend *Palandt/Bassenge* § 1093 Anm. 4; *Haegele/Schöner/Stöber* Rdn. 1272.

Als Inhalt eines Wohnungsrechtes kann dem jeweiligen **Eigentümer** die Kostentragung für Strom, Wasser, Abwasser, Heizung, Müllabfuhr und für die gewöhnliche und außergewöhnliche Instandhaltung auferlegt werden, vgl. *Amann* DNotZ 1982, 411. Inhalt des Wohnungsrechtes kann im Unterschied zum Nießbrauch sein, daß der Eigentümer nicht nur die Kosten trägt, sondern die genannten Leistungen selbst erbringt. Dinglichen Charakter erhalten diese Vereinbarungen durch die Eintragung im Grundbuch, wobei die Eintragung durch die Bezugnahme auf die Eintragungsbewilligung als bewirkt gilt.

Diese Nebenleistungspflichten des Eigentümers können auch durch die Bestellung einer gesonderten Reallast gesichert werden, allerdings bestehen insoweit Einschränkungen im Geltungsbereich des Art. 30 PreußAGBGB, also in Nordrhein-Westfalen, in Teilen des Saarlandes und in Schleswig-Holstein (vgl. *Staudinger/Amann* Vorbem. 11, 13 und 14 zu §§ 1105–1112 BGB).

6. Grundbucheintragung. Bei der Bestellung von Wohnungsrechten zugunsten mehrerer Personen ist gem. § 47 GBO die Angabe des Berechtigungsverhältnisses erforderlich. Soweit ein Wohnungsrecht für Ehegatten bestellt wird und diese im Güterstand der Zugewinngemeinschaft oder im Güterstand der Gütertrennung leben, kann ihnen das Wohnungsrecht als Gesamtgläubiger gem. § 428 BGB eingeräumt werden, vgl. BGH DNotZ 1981, 121. Danach kann jeder der Gesamtgläubiger den Anspruch geltend machen. Anstelle einer Gesamtberechtigung gem. § 428 BGB ist die Eintragung mehrerer gleichrangiger Rechte möglich. Die nebeneinander bestehenden Rechte beschränken sich gegenseitig in der Ausübung, § 1024 BGB analog. Bei dem Versterben eines der Berechtigten bleibt das Wohnungsrecht des Überlebenden uneingeschränkt in vollem Umfang bestehen. Die Einräumung eines Wohnungsrechtes nach Bruchteilen ist unzulässig, vgl. *Bader* DNotZ 1965, 682. Sofern zwischen Ehegatten Gütergemeinschaft besteht, fällt das zu ihren Gunsten bestellte Wohnungsrecht in das Gesamtgut, so daß die Eintragung der Ehegatten als Berechtigte in Gütergemeinschaft erfolgt, vgl. *Palandt/Bassenge* § 1093 Rdn. 7; die gleichzeitige Zuordnung des Rechts als Gesamtgläubiger nach § 428 BGB ist unzulässig, BayObLGZ 67, 480. Bestellung aufschiebend oder auflösend bedingter Wohnungsrechte ist zulässig, wobei das Erlöschen eines Wohnungsrechtes Bedingung für das Entstehen eines anderen Wohnungsrechtes sein kann, vgl. *Dammertz* S. 36.

Die Eintragung des Wohnungsrechtes als Leibgeding gem. § 49 GBO kommt für die Eheleute W nicht in Betracht, da ein Leibgeding gem. Art. 96 EGBGB begrifflich die Überlassung eines Grundstücks voraussetzt, vgl. OLG München DNotZ 1954, 102.

7. Rangvorbehalt. Sofern an einem Grundstück ein Wohnungsrecht eingetragen ist, sind Bankinstitute im allgemeinen zu einer Beleihung des Grundstückes nur bereit, wenn der Wohnungsberechtigte hinter die neu zur Eintragung gelangenden Grundpfandrechte zurücktritt. Bei der Bestellung von Wohnungsrechten ist somit zu bedenken, daß damit Eintragungen in Abt. III des Grundbuches zwar nicht rechtlich, aber faktisch blockiert sind. Aus diesem Grund kann es sich empfehlen, einen entsprechenden Rangvorbehalt gem. § 881 BGB mit immerwährender Ausübungsbefugnis vorzusehen.

8. **Löschungsklausel.** Bei Wohnungsrechten ohne Nebenvereinbarungen sind Leistungsrückstände ausgeschlossen, so daß aus diesem Grund eine Löschungsklausel nicht zulässig wäre; soweit aber mit dem Wohnungsrecht, wie dies regelmäßig der Fall ist, Nebenleistungspflichten des Eigentümers verbunden sind, ist es zulässig und zweckmäßig, die Löschungsklausel zur Löschungserleichterung im Grundbuch einzutragen, vgl. MünchKomm/*Joost* § 1093 Rdn. 18; BayObLG JurBüro 1980, Sp. 375–377; bei rein schuldrechtlichen Ansprüchen, die an der Verdinglichungswirkung der Eintragung nicht teilhaben, ist § 23 GBO ausgeschlossen. Die Bewilligung des Wohnungsberechtigten zur Eintragung der Löschungsklausel ist nicht erforderlich, vgl. BGHZ 66, 341; anders bei nachträglicher Eintragung des Vermerks; BayObLGZ 79, 372 = DNotZ 80, 157).

9. **Zwangsvollstreckung.** Wohnungsrechte sind wegen ihrer Unübertragbarkeit unpfändbar, §§ 1092, 1274 Abs. 2 BGB; ausnahmsweise ist die Pfändbarkeit gem. § 857 Abs. 3 ZPO gegeben, wenn ausdrücklich die Überlassung der Ausübung des Wohnungsrechtes an Dritte vereinbart wurde und diese Gestattung durch Eintragung im Grundbuch zum Inhalt des Rechtsgeschäftes gemacht wurde, vgl. *Haegele* DNotZ 1976, 8; *Staudinger/Ring* § 1092 Rdn. 4; a.A. *Haegele/Schöner/Stöber* Rn. 1264.

Betreibt ein vor- oder gleichrangiger Pfandgläubiger das Zwangsversteigerungsverfahren, so erlischt das Wohnungsrecht mit dem Zuschlag, §§ 52 Abs. 1, 91 Abs. 1 ZVG, soweit die Beteiligten nicht eine Liegenbelassungsvereinbarung gem. § 91 Abs. 2 ZVG treffen. An die Stelle des weggefallenen Wohnungsrechtes tritt der Anspruch auf Wertersatz aus dem Erlös, der durch Zahlung einer Geldrente zu leisten ist, wobei der kapitalisierte Gesamtwert der Rente gem. § 121 Abs. 1 ZVG in den Teilungsplan aufzunehmen ist, höchstens der 25fache Jahreswert.

10. **Steuerliche Anerkennung.** Bei Verträgen zwischen Familienangehörigen trifft den Steuerpflichtigen, der sich auf die steuerliche Wirksamkeit dieser Vereinbarungen beruft, eine erhöhte Nachweispflicht, vgl. hierzu BVerfG BStBl. 1959 I 204; BFH BStBl. 1957 III 419 und 1958 III 254.

11. **Einkommensteuer.** Zur Differenzierung zwischen entgeltlichen und unentgeltlichen Nutzungsrechten vgl. Form. X. 23 Anm. 10, zur Abgrenzung zwischen Zuwendungs- und Vorbehaltswohnungsrecht siehe Form. X. 23 Anm. 3 (3) und (4).

(1) **Entgeltsproblematik.** Zur Abgrenzung von unentgeltlich, entgeltlich und teilentgeltlich zugewendeten dinglichen Wohnungsrechten wendet die Finanzverwaltung die für den Zuwendungsnießbrauch geltenden Grundsätze entsprechend an. Ist zwischen Personen, die nicht durch verwandtschaftliche oder sonstige enge Beziehungen miteinander verbunden sind, ein Nutzungsrecht gegen Entgelt vereinbart worden, ist danach davon auszugehen, daß der Wert des Nutzungsrechtes und der Wert der Gegenleistung nach wirtschaftlichen Gesichtspunkten abgewogen sind, so daß eine entgeltliche Bestellung anzunehmen ist, vgl. Tz. 10, 11 und 33 III. Nießbraucherlaß.

Abweichend von den Grundsätzen der vorweggenommenen Erbfolge will die Finanzverwaltung bei der Zuwendung eines Geldbetrages mit der Auflage der Gewährung eines Nutzungsrechtes ein Entgelt für dieses Nutzungsrecht annehmen, vgl. BMF-Schreiben BStBl. 1992 I 522; a.A. ist der BFH BStBl. 1992 II 718, wonach der Erwerb eines Grundstückes gegen die Verpflichtung, dieses mit einem Wohnhaus zu bebauen und den Veräußerern ein dingliches Wohnungsrecht an einem Teil des Gebäudes auf Lebenszeit zu bestellen, als Anschaffungsgeschäft zu beurteilen sein kann, so daß in diesem Fall keine entgeltliche Nutzungsüberlassung vorliegt. Da die Finanzverwaltung jedoch

24. Zuwendungswohnungsrecht X. 24

dieses Urteil nicht anwendet, ist von Geldzuwendungen mit der Auflage, ein Nutzungsrecht zu bestellen, dringend abzuraten; zu Ausweichgestaltungen vgl. *Spiegelberger* Vermögensnachfolge Rn. 181.

Der Erwerb eines Grundstücks gegen die Verpflichtung, dieses mit einem Wohnhaus zu bebauen und dem Veräußerer ein dingliches Wohnrecht an einer Wohnung zu bestellen, ist gem. Tz. 33 III. Nießbraucherlaß wie ein entgeltlicher Zuwendungsnießbrauch zu behandeln. Der Erwerber bezieht danach in Höhe des Grundstückswertes bis zur Höhe des Kapitalwerts des Wohnungsrechts Einnahmen aus Vermietung und Verpachtung. Ein den Kapitalwert des Wohnrechts übersteigender Grundstückswert ist eine Zuwendung i. S. des § 12 Nr. 2 EStG. Aus Billigkeitsgründen kann die Zahlung des gesamten Entgelts auf diee Laufzeit des Nutzungsrechts, längstens über einen Zeitraum von zehn Jahren gleichmäßig verteilt werden. Diese Sicht der Finanzverwaltung widerspricht auch der Rechtsprechung des Großen Senats. Bei der Übertragung des Wohnhauses im Wege der vorweggenommenen Erbfolge unter Vereinbarung eines Wohnungsrechtes stellt diese Versorgungsleistung weder ein Veräußerungsentgelt noch Anschaffungskosten dar, vgl. BFH GrS 4–6/89 BStBl. 1990 II 847. Daraus folgt, daß auch Barschenkungen der Eltern oder die Zuwendung eines Bauplatzes mit der Auflage, ein Wohngebäude anzuschaffen oder zu errichten und den Eltern ein lebenslanges Wohnrecht einzuräumen, nicht als pauschalierte Mietzinsvorauszahlungen behandelt werden können.

(2) **Unentgeltlichkeit.** Für den Fall des unentgeltlich bestellten Zuwendungsnießbrauches nimmt der Bundesfinanzhof an, daß der Eigentümer hiermit seine Einnahmeerzielungsabsicht aufgibt, vgl. BStBl. 1981 II 299. Weil das dingliche Wohnungsrecht eine nießbrauchsähnliche Dienstbarkeit darstellt, werden dingliche Wohnungsrechte wie Nießbrauchsrechte behandelt, vgl. Tz. 33 III. Nießbraucherlaß.

Das unentgeltliche Zuwendungswohnungsrecht führt zum Werbungskostenleerlauf beim Eigentümer, d. h. dieser kann weder AfA, Schuldzinsen noch Erhaltungsaufwendungen für die mit dem Wohnungsrecht belasteten Gebäudeteile geltend machen. Der Wohnungsberechtigte, der aus der Vermietung der vom Wohnungsrecht erfaßten Räume Einkünfte erzielt, wird zum Werbungskostenabzug zugelassen. AfA für das unentgeltlich zugewendete Wohnungsrecht nach § 9 Abs. 1 Satz 3 Nr. 7 i. V. m. § 7 Abs. 4 EStG darf er aber nicht geltend machen, vgl. BFH BStBl 1990 II 888.

Für selbstgenutzten Wohnraum entfällt seit dem Inkrafttreten des WohneigFG zum 1. 1. 1987 sowohl die Nutzungswertzurechnung als auch der Werbungskostenabzug beim Wohnungsberechtigten.

(3) **Entgeltlichkeit.** Soweit der Wohnungsberechtigte, dem das Wohnungsrecht entgeltlich bestellt wurde, die Wohnung selbst nutzt, ist er einkommensteuerlich wie ein Mieter zu behandeln, der die Miete vorausbezahlt hat (BFH BStBl. 1979 II 332), so daß weder der Nutzungswert zu erfassen ist, noch Werbungskosten geltend gemacht werden können, Tz. 27 und 30 II. Nießbraucherlaß. Beim Eigentümer ist das Entgelt im Jahr des Zuflusses gem. § 11 Abs. 1 EStG zu erfassen, unabhängig davon, ob beim Wohnungsberechtigten Einkünfte aus Vermietung und Verpachtung anfallen, vgl. Tz. 28 III. Nießbraucherlaß.

(4) **Obligatorische Nutzungsrechte.** Die vorstehenden Besteuerungsgrundsätze gelten entsprechend, Tz. 35–38 III. Nießbraucherlaß.

(5) **Abfindungszahlung.** Zahlungen zur Ablösung eines unentgeltlich bestellten dinglichen Wohnrechts stellen keine Werbungskosten dar, vgl. Nds. FG EFG 1987, 548; Tz. 61 III. Nießbraucherlaß.

12. Schenkungsteuer. (1) **Besteuerungsgrundsätze.** Die Schenkungsteuer für das unentgeltliche Zuwendungswohnungsrecht wird gem. § 23 ErbStG festgesetzt. Danach hat der Wohnungsberechtigte entweder die Steuer vom Kapitalwert oder jährlich im voraus in Höhe des Jahreswertes zu entrichten. Auch bei der Versteuerung des jeweiligen Jahreswertes kann der Wohnungsberechtigte die Steuer zum nächsten Fälligkeitstermin mit ihrem Kapitalwert ablösen, § 23 Abs. 2 Satz 1 ErbStG. Die Bewertung des Wohnungsrechtes ist nach den Vorschriften der §§ 13–16 BewG vorzunehmen. Der Jahreswert ist dabei gem. § 16 BewG auf den 18,6ten Teil des vom Wohnungsberechtigten genutzten Gebäudeteils beschränkt, d. h. der Grundbesitzwert ist im Verhältnis der Gesamtnutzfläche (Gesamtwohnfläche) zu der vom Wohnungsrecht erfaßten Nutzfläche (Wohnfläche) aufzuteilen. Zur Ermittlung des Kapitalwerts ist der Jahreswert mit den in §§ 13 und 14 BewG genannten Vervielfältigern zu multiplizieren. Der Steuersatz ergibt sich aus § 19 ErbStG, wobei die Freibeträge gem. § 16 ErbStG zu berücksichtigen sind. Auch bei jederzeit kündbaren oder widerruflichen Wohnungsrechten liegt schenkungsteuerlich eine vollzogene Schenkung vor, vgl. *Troll-Gebel* ErbStG § 9 Rdn. 93; *Petzoldt* ErbStG § 7 Rdn. 46; BFH BStBl. 1983 II 179. Die aufgrund einer Vereinbarung erfolgende Aufhebung eines unentgeltlich bestellten Wohnungsrechtes ohne entsprechende Gegenleistung stellt eine steuerpflichtige Rückschenkung des Wohnungsberechtigten an den Eigentümer dar, vgl. *Troll* ErbStG (Stand März 1997) § 12 Rdn. 85 a.

(2) **Mittelbare Grundstücksschenkung.** Die Schenkung eines Geldbetrages unter der Bedingung, ein Grundstück zu erwerben und ein Gebäude zu errichten, kann schenkungsteuerlich eine mittelbare Grundstücksschenkung darstellen, vgl. BFH BStBl. 1985 II 160. Maßgebend ist, was nach der Schenkungsabrede geschenkt sein soll, insbesondere ob eine konkrete Verwendung des Geldes vereinbart wurde. Eine reine Geldschenkung liegt nach Auffassung des BFH vor, wenn die Zuwendung lediglich mit Empfehlungen oder Wünschen für ihre Verwendung verbunden war oder unter einer Auflage i. S. des § 525 BGB erfolgt ist, aus dem Wert des Zugewandten ein Grundstück zu erwerben, weil bei der Auflagenschenkung „der ganze Gegenstand in das Vermögen des Bedachten" übergehe. Wird eine Schenkung in der Weise ausgeführt, daß der Schenker für die Anschaffung eines genau bestimmten Grundstückes den dafür erforderlichen vollen Kaufpreis zur Verfügung stellt, so ist das Grundstück (unter Zugrundelegung des Einheitswertes) als zugewendet anzusehen. Will der Schenker dem Beschenkten nur einen Teil eines bestimmten Grundstücks zuwenden, so gilt der Teil des Grundstückes als zugewendet, der dem Verhältnis des zugewendeten Geldbetrages zum Gesamtkaufpreis entspricht. Trägt der Schenker nur einen unbedeutenden Teil des im übrigen vom Beschenkten aufgebrachten Kaufpreises, ist in der Regel lediglich ein Geldzuschuß anzunehmen, vgl. BMF-Schreiben BStBl 1989 I 443.

(3) **Ergebnis.** In dem Formularbeispiel unterliegt der Saldo zwischen dem kapitalisierten Wohnungsrecht und dem Grundbesitzwertanteil des Gebäudes, der auf die geschenkten DM 60.000,– entfällt, sofort der Schenkungsteuer; die auf das kapitalisierte Wohnungsrecht entfallende Schenkungsteuer wird gem. § 25 Abs. 1 Satz 2 ErbStG gestundet, vgl. Form. VII. 2 Anm. 14 b.

(4) **Anzeigepflicht.** Gemäß § 34 ErbStG hat der Notar beurkundete Schenkungen dem Finanzamt anzuzeigen. Die Beteiligten sind auf die mögliche Schenkungsteuerpflicht hinzuweisen, § 13 ErbStDVO.

13. Umsatzsteuer. In der Bestellung von Wohnungsrechten an betrieblichen Räumen sowie an im Bauherrenmodell (mit Umsatzsteueroption) erstellten Wohnungen kann ein Eigenverbrauch gem. § 1 Abs. 1 Nr. 2 a UStG und damit wegen der Umsatzsteuerfreiheit (§ 4 Nr. 9 a UStG) eine Änderung der Verhältnisse iSd. § 15 a Abs. 4 UStG liegen. Der Vorsteuerabzug ist dann zu berichtigen. Im einzelnen siehe Form. X. 23 Anm. 12.

14. Kosten. Notar: Da nicht nur eine Eintragungsbewilligung vorliegt, sondern darüberhinausgehende Vereinbarungen vertraglich getroffen wurden, ist eine $20/10$ Gebühr gem. § 36 Abs. 2 KostO aus dem fünffachen Jahreswert des Wohnungsrechtes (§ 24 Abs. 3 KostO) anzusetzen, wobei für den Jahreswert die erzielbare Nettomiete zugrunde

25. Schuldrechtliches Vorkaufsrecht und Auflassungsvormerkung X. 25

zu legen ist. Die Erwähnung der Geldschenkung in Höhe von 60.000,- ist nicht gesondert zu bewerten.
Grundbuch: ¹/₁ Gebühr gem. § 62 Abs. 1 KostO; Wertberechnung wie bei Notar.

Vorkaufsrecht

25. Schuldrechtliches Vorkaufsrecht[2] und Auflassungsvormerkung

Verhandelt[7, 16] ......
den folgenden

Vertrag[6] über die Begründung eines schuldrechtlichen Vorkaufsrechts[2]

§ 1
Im Grundbuch von X Band ...... Blatt ...... ist der Kaufmann Heinrich A. – im folgenden auch einfach „Eigentümer" genannt – als Alleineigentümer des folgenden Grundstücks eingetragen:[17]
Gemarkung X, Flur 12, FlStNr. 8/27, Hof- und Gebäudefläche, Rosenallee 9, 12,68 a.
Auf dem Grundstück steht eine Halle mit Fabrikations- und Büroräumen.
Der Eigentümer hat durch Pachtvertrag vom ...... das Grundstück nebst aufstehenden Gebäuden an die Firma Aluflex GmbH mit Sitz in X – im folgenden auch einfach „Pächterin" genannt – verpachtet.[7]

§ 2
Der Eigentümer[4] räumt der Pächterin[3] ein schuldrechtliches Vorkaufsrecht[8-11] an dem in § 1 bezeichneten Grundstück[5] mit der Maßgabe ein, daß für den durch Ausübung[11-13] des Vorkaufsrechts zustande kommenden Kaufvertrag[14] zwischen dem Eigentümer und der Pächterin die folgenden, von der gesetzlichen Regelung abweichenden Bestimmungen[14] gelten:
1. Sofern der Kaufvertrag zwischen dem Eigentümer und der Pächterin innerhalb von 2 Jahren von heute ab gerechnet durch Ausübung des Vorkaufsrechts zustande kommt, hat die Pächterin als festen Kaufpreis DM 725.000,- (in Worten: Deutsche Mark Siebenhundertfünfundzwanzigtausend) zu zahlen.
2. Sofern der Kaufvertrag erst nach Ablauf von 2 Jahren von heute ab gerechnet zustande kommt, beträgt der von der Pächterin zu zahlende Kaufpreis mindestens DM 750.000,- (in Worten: Deutsche Mark Siebenhundertfünfzigtausend). Die Pächterin hat in diesem Fall jedoch das Recht, den zum Zeitpunkt der Ausübung des Vorkaufsrechts gegebenen Verkehrswert des Grundstücks durch einen von der Industrie- u. Handelskammer in X benannten unabhängigen u. vereidigten Sachverständigen schätzen zu lassen. Liegt der vom Sachverständigen festgestellte Verkehrswert über DM 750.000,-, aber unter dem im Kaufvertrag zwischen dem Eigentümer u. dem Dritten vereinbarten Kaufpreis, so gilt der vom Sachverständigen festgestellte Verkehrswert, anderenfalls bleibt es bei dem im Kaufvertrag mit dem Dritten vereinbarten Kaufpreis, mindestens aber DM 750.000,-.
Zur Sicherung des Anspruchs der Pächterin aus dem vorstehend eingeräumten schuldrechtlichen Vorkaufsrecht soll eine Auflassungsvormerkung[15] zugunsten der Pächterin im Grundbuch eingetragen werden.

§ 3

Eine Gegenleistung hat die Pächterin für die Einräumung des Vorkaufsrechts nicht zu leisten. Das Vorkaufsrecht wird vom Eigentümer im Zusammenhang mit dem am ...... abgeschlossenen, in § 1 erwähnten Pachtvertrag eingeräumt.

Mit Beendigung des zwischen dem Eigentümer und der Pächterin abgeschlossenen Pachtvertrages über das vom Vorkaufsrecht betroffene Grundstück erlischt das vorstehend in § 2 der Pächter eingeräumte Vorkaufsrecht. Die Pächterin ist verpflichtet, nach Erlöschen des Vorkaufsrechts unverzüglich die Löschung der nachstehend bewilligten Auflassungsvormerkung zu bewilligen.

§ 4

Grundbucherklärungen

Auflassungsvormerkung[15]

Der Eigentümer bewilligt, die Pächterin beantragt die Eintragung einer Vormerkung zur Sicherung ihres bedingten Anspruchs auf Auflassung des in § 1 bezeichneten Grundstücks aufgrund des ihr in § 2 eingeräumten Vorkaufsrechts zu ihren Gunsten als alleiniger Berechtigten.

§ 5

Die Kosten[17] dieser Urkunde und ihres Vollzugs im Grundbuch trägt die Pächterin allein.

Schlußbestimmungen[18]

1. Der beurkundende Notar wird beauftragt und bevollmächtigt, diesen Vertrag durchzuführen und die vorstehenden Grundbucherklärungen so weit zu ändern und zu ergänzen, daß etwaige Beanstandungen des Grundbuchamtes in formeller Hinsicht behoben werden.
2. Der Notar hat das Grundbuch nicht eingesehen. Er wies auf den Zweck der Grundbucheinsicht und die bei Nichteinsichtnahme gegebenen Gefahren hin. Die Erschienenen verzichteten auf Grundbucheinsicht durch den Notar und wünschten sofortige Beurkundung.
3. Der Notar wies insbesondere hin auf:
   a) Inhalt und Bedeutung eines Vorkaufsrechts,[19]
   b) die Wirkung der zur Sicherung der Ansprüche aus dem Vorkaufsrecht einzutragenden Auflassungsvormerkung,[20]
   c) die in § 510 Abs. 2 BGB festgelegte Frist zur Ausübung des Vorkaufsrechts (2 Monate),
   d) die gesetzliche Gesamthaftung der Vertragsparteien für die Kosten.
4. Von dieser Verhandlung sollen erteilt werden:
   a) eine begl. Abschrift für den Eigentümer,
   b) zwei begl. Abschriften für die Pächterin,
   c) alle darüber hinaus nach Beurteilung des Notars erforderlichen – auch auszugsweisen – Ausfertigungen und Abschriften.

Vorstehende Niederschrift[21]

wurde den Erschienenen vom Notar vorgelesen, von ihnen genehmigt und von ihnen und dem Notar wie folgt eigenhändig unterschrieben:

Anmerkungen

1. **Sachverhalt.** Der Kaufmann Heinrich A. hat ein Betriebsgrundstück an die Firma Aluflex GmbH verpachtet. Einige Jahre nach Abschluß des Pachtvertrages einigen sich

25. Schuldrechtliches Vorkaufsrecht und Auflassungsvormerkung X. 25

die Parteien des Pachtvertrages darauf, daß der Pächterin ein Vorkaufsrecht am gepachteten Grundstück eingeräumt wird. Ohne das Vorkaufsrecht hätte die Pächterin den Pachtvertrag gekündigt, um an anderer Stelle ein neues Betriebsgrundstück zu erwerben.

2. Vorkaufsrecht. (1) S. §§ 504–514, 1094–1104 BGB. Daraus ergibt sich:
a) Das Vorkaufsrecht ist die Befugnis, einen Gegenstand durch einen Kauf zu erwerben, wenn der Vorkaufsverpflichtete diesen Gegenstand an einen Dritten verkauft (s. *Palandt/Putzo* Vorbem. Rdn. 1). Unrichtig ist, wenn das Vorkaufsrecht in der Weise definiert wird, daß es das Recht des Vorkaufsberechtigten sei, in einen Kaufvertrag, den der Vorkaufsverpflichtete mit einem Dritten geschlossen hat, anstelle des Dritten einzutreten. Denn durch die Ausübung des Vorkaufsrechts kommt ein neuer Kaufvertrag zwischen dem Vorkaufsberechtigten und dem Vorkaufsverpflichteten zustande, während der Kaufvertrag zwischen dem Vorkaufsverpflichteten und dem Dritten bestehenbleibt (s. RGRK/*Mezger* § 504 Rdn. 4, und Anm. 14).
b) Ob es sich bei dem Vorkaufsrecht um ein Gestaltungsrecht oder um einen Kaufvertrag mit doppelter aufschiebender Bedingung handelt, ist umstritten (s. BGHZ 14, 1; *Palandt/Putzo* Vorbem. Rdn. 1; MünchKomm/*H. P. Westermann* § 504 Rdn. 7, § 1094 Rdn. 5, jeweils mwN.), ist für die Lösung der meisten für die Praxis wichtigen Probleme aber auch bedeutungslos.
c) Da das Vorkaufsrecht dem Berechtigten (s. Anm. 3) das Recht gibt, den Kaufgegenstand dann, wenn der Verpflichtete (s. Anm. 4) mit einem Dritten einen Kaufvertrag abgeschlossen hat, durch einseitige Erklärung (s. Anm. 11, 12) an sich zu ziehen, wird das Vorkaufsrecht auch als ein gesetzlich geregeltes „Optionsrecht" betrachtet (RGRK/*Piper* Vorbem. 58 vor § 145).

(2) Zu unterscheiden sind:
a) das schuldrechtliche Vorkaufsrecht gem. §§ 504–514 BGB (auch „persönliches Vorkaufsrecht" genannt),
b) das dingliche Vorkaufsrecht gem. §§ 1094–1104 BGB, welches wiederum umfaßt:
  aa) das subjektiv-persönliche Vorkaufsrecht (§§ 1094 Abs. 1, 1103 Abs. 2 BGB),
  bb) das subjektiv-dingliche Vorkaufsrecht (§§ 1094 Abs. 2, 1103 Abs. 1 BGB).

3. Vorkaufsberechtigter. (1) Vorkaufsberechtigt ist idR. derjenige, der in der Vorkaufsrechtsvereinbarung (s. Anm. 6) als Berechtigter bezeichnet wird. Dabei wird es sich idR. um den Vertragspartner des Vorkaufsverpflichteten (s. Anm. 4) handeln. Eine Vorkaufsrechtsvereinbarung kann jedoch auch zugunsten eines Dritten geschlossen werden (s. § 328 BGB); dann ist der begünstigte Dritte der Vorkaufsberechtigte. Zulässig ist auch daß der Vorkaufsberechtigte erst durch den Vertragspartner des Vorkaufsverpflichteten benannt wird; diese Benennung bedarf dann keiner Form.

(2) Das Vorkaufsrecht kann jedoch auch mehreren gemeinschaftlich zustehen (§ 513 BGB). Unerheblich ist, welcher Art die Gemeinschaft ist. Es kann sich sowohl um eine Bruchteilsgemeinschaft (§§ 741–758 BGB) als auch um Gesamthandsgemeinschaften (Erbengemeinschaften, Eheleute in Gütergemeinschaft uä.) handeln.

4. Vorkaufsverpflichteter. Verpflichteter aus der Vereinbarung über die Bestellung eines Vorkaufsrechts (s. Anm. 6) ist stets derjenige, der darin dem Berechtigten das Vorkaufsrecht eingeräumt hat (*Palandt/Putzo* Vorbem. vor § 504 Rdn. 6).

5. Gegenstand eines schuldrechtlichen Vorkaufsrechts. Gegenstand eines rechtsgeschäftlich bestellten schuldrechtlichen Vorkaufsrechts kann alles sein, was auch Gegenstand eines Kaufvertrages sein kann, nicht etwa nur Grundstücke und grundstücksgleiche Recht.

6. Entstehung des Vorkaufsrechts. Das schuldrechtliche Vorkaufsrecht kommt durch einen Vertrag zustande. Vertragspartner sind der Vorkaufsverpflichtete (Anm. 4) und idR. der Vorkaufsberechtigte; bei Abschluß einer Vorkaufsrechtsvereinbarung zugunsten eines Dritten (§ 328 BGB) wird der Vertrag allerdings nicht vom Vorkaufsberechtigten abgeschlossen (s. Anm. 3). Ein schuldrechtliches Vorkaufsrecht kann aber auch durch letztwillige Verfügung als Vermächtnis (§ 1939) angeordnet werden (hM).

7. Zeitpunkt und Form der Vorkaufsrechtsvereinbarung. (1) Die Vorkaufsrechtsvereinbarung kann – wie hier – in einem besonderen Vertrag getroffen werden. Häufig wird das Vorkaufsrecht an Grundstücken aber auch im Rahmen eines Grundstücksveräußerungsvertrages dem Veräußerer eingeräumt. Die Vertragsparteien haben insoweit völlig freie Hand.

(2) Der Vertrag über die Bestellung eines schuldrechtlichen Vorkaufsrechts an einem Grundstück bedarf der notariellen Beurkundung nach § 313 BGB (RGZ 72, 385; 148, 108). Wird diese Form nicht eingehalten, kommt ein schuldrechtliches Vorkaufsrecht nicht zustande. Der Mangel der Form wird auch nicht durch Eintragung einer Vormerkung (s. Anm. 15) zur Sicherung des bedingten Anspruchs auf Übertragung des Eigentums am Grundstück geheilt (RG JW 1934, 2545).

(3) Wenn die Vorkaufsrechtsvereinbarung zusammen mit anderen vertraglichen Vereinbarungen, die ihrerseits nicht beurkundungsbedürftig wären (zB. Miet- oder Pachtvertrag) getroffen werden soll, führt dies idR. dazu, daß auch die anderen, an sich nicht beurkundungsbedürftigen Teile der Gesamtregelung beurkundet werden müssen. Wird dies nicht beachtet, drohen folgende Konsequenzen (s. *Palandt/Heinrichs* § 313 Rdn. 32 ff.):

a) Wenn nur die Vorkaufsrechtsvereinbarung beurkundet worden ist, der andere Teil aber nicht: Nichtigkeit des anderen Teils wegen Nichteinhaltung der Form des § 313 BGB und damit gem. § 139 BGB auch Nichtigkeit der beurkundeten Vorkaufsrechtsvereinbarung!

b) Wenn sowohl die Vorkaufsrechtsvereinbarung als auch der andere Teil nicht beurkundet worden sind, selbstverständlich ebenfalls Nichtigkeit beider Teile.

8. Inhalt des schuldrechtlichen Vorkaufsrechts. (1) Das schuldrechtliche Vorkaufsrecht kann nur für einen (den ersten) Verkaufsfall vereinbart werden. Hierin liegt ein wesentlicher Unterschied zum dinglichen Vorkaufsrecht (s. Form. X. 26 Anm. 1 (2) c).

Die Vertragsparteien können aber eine schuldrechtliche Verpflichtung des Vorkaufsverpflichteten begründen, wonach dieser die Vorkaufsverpflichtung an einen Einzelrechtsnachfolger weitergeben muß.

(2) Voraussetzung für die Ausübung des Vorkaufsrechts ist immer, daß der mit dem Dritten abgeschlossene Kaufvertrag rechtsgültig ist, dh., daß auch etwa erforderliche behördliche Genehmigungen vorliegen müssen (*Palandt/Putzo* § 504 Rdn. 5).

(3) Das Vorkaufsrecht kann nur ausgeübt werden, sobald der Verpflichtete einen Kaufvertrag geschlossen hat (§ 504 BGB). Damit ist die Ausübung des Vorkaufsrechts bei allen anderen Arten von Geschäften über den Gegenstand des Vorkaufsrechts ausgeschlossen. Dies gilt insbes. für Schenkungsverträge, Tauschverträge, Verträge über die Einbringung des Gegenstandes in eine Gesellschaft, Erbteilskaufverträge und Erbauseinandersetzungsverträge, wenn zur Erbschaft der Gegenstand gehört (s. *Palandt/Putzo* § 504 Rdn. 5; *RGRK/Mezger* § 504 Rdn. 8, jeweils mwN.).

(4) Das Vorkaufsrecht kann nur ausgeübt werden, wenn ein Kaufvertrag mit einem Dritten abgeschlossen worden ist. Betrifft das Vorkaufsrecht einen im Miteigentum mehrerer Personen stehenden Gegenstand, so sind als „Dritte" in diesem Sinne jedoch nur Personen anzusehen, die an der Gemeinschaft nicht beteiligt sind (BGHZ 13, 133 = DNotZ 1954, 385; BGHZ 48, 1).

(5) Vereinbarungen, die den Inhalt des schuldrechtlichen Vorkaufsrechts abweichend von den gesetzlichen Regeln festlegen, sind im allg. zulässig. Insbesondere kann das Vorkaufsrecht bedingt und befristet eingeräumt werden.

25. Schuldrechtliches Vorkaufsrecht und Auflassungsvormerkung X. 25

(6) Die Ausübung des Vorkaufsrechts ist jedoch zwingend ausgeschlossen, wenn der Verkauf im Wege der Zwangsvollstreckung oder durch den Konkursverwalter erfolgt (§ 512 BGB; s. *Palandt/Putzo* § 512 Rdn. 1). Kein „Verkauf im Wege der Zwangsvollstreckung" iSv. § 512 BGB ist aber die Zwangsversteigerung zum Zwecke der Aufhebung der Gemeinschaft gem. §§ 180 ff. ZVG (BGHZ 13, 133 = DNotZ 1954, 385); Entsprechendes gilt für eine Zwangsversteigerung gem. §§ 175–179 ZVG (*Palandt/Putzo* § 512 Rdn. 1).

9. Übertragbarkeit des schuldrechtlichen Vorkaufsrechts. (1) Das Vorkaufsrecht ist grundsätzlich nicht übertragbar. Etwas anderes kann jedoch vereinbart werden (§ 514 S. 1; dazu BGH WPM 1963, 619).

(2) Frei übertragbar sind jedoch die durch Ausübung des Vorkaufsrechts (s. Anm. 11) aus dem dadurch zustandekommenden Kaufvertrag sich ergebenden Rechte. Deshalb verstößt es auch nicht gegen § 514 BGB, wenn sich der Vorkaufsberechtigte einem Dritten gegenüber zur Ausübung des Vorkaufsrechts und anschließenden Übertragung der ihm hieraus entstehenden Rechte verpflichtet (BGH aaO.).

10. Vererblichkeit des schuldrechtlichen Vorkaufsrechts. Das Vorkaufsrecht ist grundsätzlich nicht vererblich. Etwas anderes kann jedoch vereinbart werden (§ 514 BGB). Wenn das Vorkaufsrecht nur befristet eingeräumt ist (s. Anm. 8 (5)), so spricht diese Befristung im Zweifel für die Vererblichkeit des Vorkaufsrechts, nicht aber für die Übertragbarkeit (s. *Palandt/Putzo* Anm. 1 b).

11. Ausübung des Vorkaufsrechts. Wenn der Vorkaufsfall – ggf. innerhalb einer vereinbarten Frist und nach Eintritt einer vereinbarten Bedingung (s. Anm. 8 (5)) – eingetreten ist, muß die Ausübung des Vorkaufsrechts durch Erklärung des Berechtigten (s. Anm. 3) gegenüber dem Verpflichteten (s. Anm. 4) erfolgen (§ 505 Abs. 1 S. 1 BGB). Dies gilt auch, wenn die Mitteilung des Vorkaufsfalls durch den Dritten gem. § 510 Abs. 1 S. 2 BGB erfolgt ist.

12. Form der Ausübungserklärung. Die Erklärung über die Ausübung des Vorkaufsrechts bedarf nicht der für den Kaufvertrag bestimmten Form, insbes. also nicht der Form des § 313 BGB (§ 505 Abs. 1 S. 2 BGB). Unberührt hiervon bleiben aber etwaige andere Wirksamkeitserfordernisse der Ausübungserklärung: Soweit Erklärungen des Vorkaufsberechtigten im Rahmen eines Kaufvertrages der Genehmigung bedürften (etwa nach der Gemeindeordnung), gilt die Genehmigungsbedürftigkeit entsprechend für die Ausübungserklärung (BGHZ 32, 375).

13. Ausübungsfrist. Das Vorkaufsrecht kann bei Grundstücken nur bis zum Ablauf von 2 Monaten ausgeübt werden. Die Frist kann vertraglich verlängert oder verkürzt werden (§ 510 Abs. 2 S. 2 BGB; s. RGRK/*Mezger* § 510 Rdn. 4, und Anm. 8 (5)). Die – gesetzliche oder vertragliche – Frist ist eine Ausschlußfrist, keine Verjährungsfrist (BGH WPM 1966, 891), weshalb die Verjährungsvorschriften über Hemmung und Unterbrechung nicht auf sie anwendbar sind (*Palandt/Putzo* § 510 Rdn. 2).

14. Wirkung der Ausübungserklärung. (1) Wird die Erklärung über die Ausübung des Vorkaufsrechts fristgerecht (s. Anm. 13) abgegeben, so kommt dadurch ein Kaufvertrag zwischen dem Vorkaufsberechtigten (s. Anm. 3) und dem Vorkaufsverpflichteten (s. Anm. 4) mit dem idR. gleichen Inhalt zustande wie der Kaufvertrag zwischen dem Vorkaufsverpflichteten und dem Dritten (§ 505 Abs. 2 BGB). Die Parteien der Vorkaufsrechtsvereinbarung können jedoch andere Bestimmungen für den durch Ausübung des Vorkaufsrechts zustandekommenden Kaufvertrag vereinbaren, insbesondere einen festen oder besonders zu berechnenden Kaufpreis bestimmen (hM., BGH WPM 1971, 46; *Palandt/Putzo* § 504 Rdn. 2, § 505 Rdn. 5).

(2) Dieser durch die Ausübung des Vorkaufsrechts zustandekommende Kaufvertrag ist zu unterscheiden einerseits von der Vorkaufsrechtsvereinbarung und andererseits von

dem Kaufvertrag zwischen dem Vorkaufsverpflichteten und dem Dritten. Der neu zustandegekommene Kaufvertrag ist beiderseits zu erfüllen. Bei Leistungsstörungen gelten die allg. Vorschriften (insbes. §§ 325, 326 BGB).

(3) Durch die Ausübung des schuldrechtlichen Vorkaufsrechts entstehen grundsätzlich keine Rechtsbeziehungen zwischen dem Vorkaufsberechtigten und dem Dritten (RGZ 121, 138). Insbes. hat der Dritte keinen Erstattungsanspruch gegen den Vorkaufsberechtigten wegen der Vertragskosten (*Palandt/Putzo* Rdn. 9). Umgekehrt hat der Vorkaufsberechtigte gegen den Dritten aufgrund des schuldrechtlichen Vorkaufsrechts auch keinen Herausgabeanspruch (RGRK/*Mezger* § 505 Rdn. 6).

Allerdings kann durch eine Vormerkung zugunsten des Vorkaufsberechtigten dessen Anspruch auf Übertragung des Eigentums am Kaufgrundstück auch mit Wirkung gegenüber dem Dritten gesichert werden (s. Anm. 15).

(4) Vereinbarungen zwischen dem Verkäufer und dem Dritten zum Nachteil des Vorkaufsberechtigten für den Fall, daß das Vorkaufsrecht ausgeübt wird, sind dem Vorkaufsberechtigten gegenüber unwirksam (§ 506 BGB). Auch die Aufhebung des Kaufvertrages zwischen dem Vorkaufsverpflichteten und dem Dritten berührt die Wirksamkeit des durch die Vorkaufsrechtsausübung zustande gekommenen Kaufvertrages nicht (RGZ 106, 323; 118, 5).

15. Verdinglichung des schuldrechtlichen Vorkaufsrechts. Die Eintragung einer Vormerkung zur Sicherung des (doppelt) bedingten Anspruchs des Vorkaufsberechtigten auf Übertragung des Eigentums am Kaufgrundstück ist zulässig, und zwar auch dann, wenn abweichend von § 505 BGB der Kaufpreis fest bestimmt ist (hM., s. MünchKomm/ *Wacke* § 883 Rdn. 32 mwN.). Der Vormerkungsberechtigte kann aufgrund der Vormerkung dann vom Dritten gem. §§ 883 Abs. 2, 888 Abs. 1 BGB die Zustimmung zu seiner Eintragung als Eigentümer verlangen. Dadurch wird das schuldrechtliche Vorkaufsrecht in seinen Wirkungen dem dinglichen Vorkaufsrecht (s. Form. X. 26 Anm. 1 (2) b) weitgehend angenähert.

16. Steuern. (1) Die bloße Einräumung des Vorkaufsrechts unterliegt nicht der GrESt. Vielmehr unterliegt dieser gem. § 1 Abs. 1 Nr. 1 GrEStG 1983 erst der durch die Ausübung des Vorkaufsrechts zustandekommende Kaufvertrag (*Boruttau/Egly/Sigloch* GrEStG § 1 Rdn. 319).

(2) Der vorher zwischen dem Vorkaufsverpflichteten und dem Dritten abgeschlossene Kaufvertrag unterliegt ebenfalls der GrESt. Häufig wird es aber zur Aufhebung dieses Kaufvertrages kommen, so daß insoweit dann § 16 GrESt 1983 eingreift (s. hierzu *Boruttau/Egly/Sigloch* GrEStG § 16 Rdn. 82).

17. Kosten. (1) Notar: a) 2 Gebühren nach § 141, 36 Abs. 2 KostO für den Vertrag über die Begründung des Vorkaufsrechts (*Göttlich/Mümmler* KostO Stichwort „Vorkaufsrecht" Ziff. 1.1).

b) Die gleichzeitig mitbeurkundeten Grundbucherklärungen (für die Gebühren nach §§ 141, 38 Abs. 2 Nr. 5a KostO zu erheben wären) sind mit dem Vorkaufsrecht gegenstandsgleich iSv. § 44 Abs. 1 KostO, weshalb keine besonderen Gebühren neben denen für das Vorkaufsrecht berechnet werden.

c) Die Vollzugsgebühr nach § 146 Abs. 1 KostO fällt nicht an, weil der Notar trotz des in Ziff. 1 der Schlußbestimmungen erteilten allg. Auftrags zum Vollzug nichts zu veranlassen hat außer der ihm nach § 18 Abs. 1 Nr. 1, Abs. 3 GrEStG 1983 obliegenden Anzeige über die Vorkaufsrechtsvereinbarung, durch welche ein doppelt bedingter Anspruch auf Eigentumsübertragung begründet wird (s. § 146 Abs. 1 S. 2 KostO).

(2) Grundbuchamt: Für die Eintragung der Auflassungsvormerkung ½ Gebühr nach §§ 66 Abs. 1 S. 1, 60 Abs. 1 KostO.

(3) Werte in beiden Fällen: IdR. der halbe Wert der Sache, hier also des Kaufgrundstücks, folglich DM 312.500,–, und zwar auch für die Vormerkung zur Sicherung des

bedingten Anspruchs aus dem Vorkaufsrecht (s. *Korintenberg/Lappe/Bengel/Reimann* KostO § 66 Rdn. 6, 8; BayObLG 1975, 450/453 = RPfleger 1976, 111).

Zwar können je nach dem Gehalt des Vorkaufsrechts Abweichungen vom Regelwert nach oben oder unten gerechtfertigt sein (s. *Korintenberg/Lappe/Bengel/Reimann* KostO § 20 Rdn. 36, 37); hier gibt es aber keine Anhaltspunkte für eine Abweichung.

26. Dingliches Vorkaufsrecht[2] (§ 1094 BGB)

§ ......

Frau Anna B.[4] räumt Herrn Curt D.[3] an dem im Grundbuch von (Grundbuchstelle) eingetragenen Grundstück FlStNr. 6/13 der Gemarkung X ein übertragbares[9] und vererbliches[10] dingliches Vorkaufsrecht[2] für den ersten[8] Verkaufsfall ein.[11-16]

......

Die Eintragung wird bewilligt und beantragt.
(Notarielle Unterschriftsbeglaubigung)

Schrifttum: Hahn, Rechtsgeschäftliche Vorkaufsrechte im Rahmen von Grundstückskaufverträgen, MittRhNotK 1994, 193; *Wolf,* Rechtsgeschäfte im Vorfeld von Grundstücksübertragungen und ihre eingeschränkte Beurkundungsbedürftigkeit, DNotZ 1995, 179; *Pauz,* Die Auswirkungen von Änderungen im Grundstück bestand auf Vorkaufsrechte und Analog-Vereinbarungen zu §§ 502, 513 BGB, BWNotZ 1995, 156.

Anmerkungen

1. Dingliches Vorkaufsrecht. (1) S. Form. X. 25 Anm. 2.

(2) Das dingliche Vorkaufsrecht unterscheidet sich vom schuldrechtlichen Vorkaufsrecht dadurch, daß es
a) als selbständiges dingliches Recht gem. § 873 BGB erst durch Einigung und Eintragung im Grundbuch entsteht,
b) Dritten gegenüber die Wirkung einer Vormerkung zur Sicherung des durch die Ausübung des Rechtes entstehenden Anspruchs auf Übertragung des Eigentums hat (§ 1098 Abs. 2 BGB),
c) für einen, mehrere und alle Verkaufsfälle bestellt werden kann (§ 1097 BGB),
d) nicht für einen festbestimmten Kaufpreis bestellt werden kann (s. Anm. 8 (4)).

2. Vorkaufsberechtigter. (1) Berechtigte eines dinglichen Vorkaufsrechts können nur sein:
a) eine bestimmte natürliche oder juristische Person (§ 1094 Abs. 1 BGB; subjektivpersönliches Vorkaufsrecht), wobei es sich auch um mehrere Berechtigte handeln kann (§§ 1098, 513 BGB);
b) der jeweilige Eigentümer eines anderen Grundstücks oder – bei Belastung eines Miteigentumsanteils (s. Anm. 5 (2)) – der jeweilige Eigentümer eines Miteigentumsanteils an demselben Grundstück (§ 1094 Abs. 2 BGB, s. MünchKomm/*H. P. Westermann* § 1095 Rdn. 3; *Palandt/Bassenge* § 1094 Rdn. 3; LG Nürnberg NJW 1957, 1521); wenn das herrschende Grundstück geteilt wird, so besteht es grundsätzlich für die entstehenden Teilgrundstücke fort (BayObLG 1973, 21 = DNotZ 1973, 415).
Eine Umwandlung eines subjektiv-persönlichen Vorkaufsrechts in ein subjektiv-dingliches Vorkaufsrecht u. umgekehrt ist unzulässig (§ 1103 BGB).

3. **Vorkaufsverpflichteter.** Verpflichteter aus dem dinglichen Vorkaufsrecht ist der jeweilige Eigentümer des belasteten Grundstücks (§ 1094 Abs. 1 BGB). Wenn es sich um ein Vorkaufsrecht für mehrere Verkaufsfälle handelt (§ 1097 BGB) und es beim ersten Verkaufsfall nicht ausgeübt worden ist, so richtet es sich gegen den Eigentümer des Grundstücks im Zeitpunkt des späteren Verkaufsfalls.

4. **Gegenstand eines dinglichen Vorkaufsrechts.** Belastungsgegenstand können sein:

(1) Grundstücke (§ 1094 BGB). Teile von Grundstücken können nur nach vorheriger Abschreibung belastet werden. Zulässig ist allerdings die Belastung eines ganzen Grundstücks mit einem beim Verkauf nur eines Teils auszuübenden Vorkaufsrechts (*Palandt/Bassenge* § 1094 Rdn. 2). Die Begründung eines „Gesamtvorkaufsrechts" an mehreren Grundstücken ist nicht möglich (s. BayObLG 1974, 365 = RPfleger 1975, 23; Münch-Komm/*H. P. Westermann* § 1094 Rdn. 8); evtl. kommt eine Auslegung von Eintragungsbewilligung und -antrag dahingehend in Betracht, daß Einzelvorkaufsrechte an den mehreren Grundstücken gewollt sind (BayObLG aaO.).

(2) Miteigentumsanteile (ideelle Anteile nach Bruchteilen; § 1095 BGB), nicht jedoch Gesamthandsanteile an einem Grundstück.

(3) Wohnungs- u. Teileigentum.

(4) Grundstücksgleiche Rechte (zB. Erbbaurecht, § 11 ErbbauVO; Bergwerkseigentum, § 9 Abs. 1 BBergG).

5. **Entstehung des dinglichen Vorkaufsrechts.** Das dingliche Vorkaufsrecht kommt durch Einigung und Eintragung (§ 873 BGB) zustande. Partner des dinglichen Vertrages sind der Vorkaufsverpflichtete (Anm. 3) und der derzeitige Vorkaufsberechtigte.

6. **Zeitpunkt und Form der Vorkaufsrechtsbestellung.** (1) Das Vorkaufsrecht kann in einem besonderen Vertrag oder jedenfalls in besonderer Urkunde bestellt werden. Häufig wird das dingliche Vorkaufsrecht aber auch – wie hier – im Rahmen eines Grundstücksveräußerungsvertrages dem Veräußerer eingeräumt. Die Vertragsparteien haben insoweit völlig freie Hand.

(2) a) Materiellrechtlich sind für die Entstehung des dinglichen Vorkaufsrechts Einigung und Eintragung (§ 873 BGB) erforderlich. Der dingliche Vertrag bedarf keiner besonderen Form. Das Verpflichtungsgeschäft zur Vorkaufsrechtsbestellung muß jedoch nach § 313 S. 1 BGB notariell beurkundet werden (BGH DNotZ 1968, 93); der Mangel dieser Form wird allerdings durch die Eintragung des Vorkaufsrechts entsprechend § 313 S. 2 BGB geheilt (BGH aaO.).

b) Formellrechtlich ist für die Eintragung des dinglichen Vorkaufsrechts neben dem Eintragungsantrag (§ 13 GBO) die einseitige Eintragungsbewilligung (§ 19 GBO) des Grundstückseigentümers hinreichend, die ihrerseits lediglich der Form des § 29 GBO bedarf.

7. **Inhalt des dinglichen Vorkaufsrechts.** (1) Das dingliche Vorkaufsrecht kann für einen, mehrere oder alle Verkaufsfälle bestellt werden (§ 1097 BGB); es kann auch bedingt oder befristet sein (*Palandt/Bassenge* § 1097 Rdn. 4). Die Bestellung für mehrere oder alle Verkaufsfälle und etwaige Bedingungen und Fristen müssen im Grundbuch eingetragen werden (LG Frankfurt RPfleger 1979, 454); geschieht dies nicht, entsteht nur ein Vorkaufsrecht ohne die nicht eingetragene Besonderheit.

(2) Wenn das dingliche Vorkaufsrecht nur für den ersten Verkaufsfall bestellt ist, erlischt es, wenn das Grundstück veräußert wird, ohne daß damit ein Verkaufsfall gegeben ist; denn dann kann anschließend der (erste) Verkauf nicht mehr durch den Eigentümer erfolgen, welchem das Grundstück zur Zeit der Bestellung des Vorkaufsrechts gehört hat (s. § 1097 Halbsatz 1 BGB). Das Erlöschen des Vorkaufsrechts in solchen Fällen kann durch eine ausdrückliche abweichende Vereinbarung verhindert werden (s. *Palandt/Bassenge* § 1097 Rdn. 4).

26. Dingliches Vorkaufsrecht (§ 1094 BGB)   X. 26

(3) Das dingliche Vorkaufsrecht kann nur ausgeübt werden, wenn ein Kaufvertrag mit einem Dritten abgeschlossen ist und dieser Kaufvertrag rechtsgültig ist.

(4) Die Bestellung eines dinglichen Vorkaufsrechts mit der Maßgabe, daß für den bei Ausübung des Kaufvertrages zustandekommenden Kaufvertrag zwischen dem Vorkaufsverpflichteten und dem Vorkaufsberechtigten ein fester Kaufpreis gelten soll, ist unzulässig (BGH Betr. 1966, 1351; anders beim schuldrechtlichen Vorkaufsrecht: s. Form. X. 25 Anm. 14 (1)).

(5) Die Ausübung des dinglichen Vorkaufsrechts ist jedoch zwingend ausgeschlossen, wenn der Verkauf im Wege der Zwangsvollstreckung oder durch den Konkursverwalter erfolgt (§§ 1098 Abs. 1 S. 1, 512 BGB). Kein „Verkauf im Wege der Zwangsvollstreckung" iSv. § 512 BGB ist aber die Zwangsversteigerung zum Zwecke der Aufhebung der Gemeinschaft gem. §§ 180 ff. ZVG und die Zwangsversteigerung gem. §§ 175–179 ZVG. Das Vorkaufsrecht kann auch dann ausgeübt werden, wenn das Grundstück von dem Konkursverwalter „aus freier Hand verkauft" wird (§ 1098 Abs. 1 S. 2 BGB). Wegen des Schicksals des dinglichen Vorkaufsrechts im Zwangsversteigerungsverfahren s. MünchKomm/*H. P. Westermann* § 1097 Rdn. 5.

8. Übertragbarkeit des dinglichen Vorkaufsrechts. Das subjektiv-persönliche Vorkaufsrecht ist nur übertragbar, wenn dies ausdrücklich vereinbart worden ist (§§ 1098 Abs. 1, 514 S. 1 BGB); ggf. muß die Vereinbarung im Grundbuch eingetragen werden. Das subjektiv-dingliche Vorkaufsrecht ist nur zusammen mit dem herrschenden Grundstück übertragbar, weil es dessen Bestandteil bildet (§§ 96, 93 BGB). Frei übertragbar sind jedoch die durch Ausübung des Vorkaufsrechts aus dem dadurch zustandekommenden Kaufvertrag sich ergebenden Rechte.

9. Vererblichkeit des dinglichen Vorkaufsrechts. Eine Vererblichkeit kommt nur für das subjektiv-persönliche Vorkaufsrecht in Betracht, weil das subjektiv-dingliche Vorkaufsrecht ungeachtet des Todes eines Eigentümers stets dem Eigentum am herrschenden Grundstück folgt (s. a. Anm. 8). Im übrigen s. Form. X. 25 Anm. 10.

10. Wirkung der Ausübungserklärung. (1) Wird die Erklärung über die Ausübung des Vorkaufsrechts fristgerecht (s. Anm. 13) abgegeben, so kommt dadurch ein Kaufvertrag zwischen dem Vorkaufsberechtigten (s. Anm. 2) und dem Vorkaufsverpflichteten (s. Anm. 3) mit dem gleichen Inhalt zustande wie der Kaufvertrag zwischen dem Vorkaufsverpflichteten und dem Dritten (§§ 1098 Abs. 1 S. 1, 505 Abs. 2 BGB). Die Parteien der Vorkaufsrechtsvereinbarung können – anders als beim schuldrechtlichen Vorkaufsrecht (s. Form. X. 25 Anm. 14 (1)) – keine anderen Bestimmungen für den durch Ausübung des Vorkaufsrechts zustandekommenden Kaufvertrag vereinbaren, insbesondere keinen festen oder besonders zu berechnenden Kaufpreis bestimmen (*Palandt/Bassenge* § 1098 Anm. 2).

(2) Dieser durch die Ausübung des Vorkaufsrechts zustandekommende Kaufvertrag ist zu unterscheiden einerseits von der Vorkaufsrechtsvereinbarung und andererseits von dem Kaufvertrag zwischen dem Vorkaufsverpflichteten und dem Dritten.
Der neu zustandegekommene Kaufvertrag ist beiderseits zu erfüllen. Der Vorkaufsberechtigte kann die Auflassung verlangen. Bei Leistungsstörungen gelten die allg. Vorschriften (insbesondere §§ 325, 326 BGB); der Vorkaufsberechtigte kann aber auch von dem Dritten, falls dieser bereits Eigentümer geworden ist, Zustimmung zur Auflassung verlangen (MünchKomm/*H. P. Westermann* § 1098 Rdn. 4 mwN.). Den Kaufpreis hat der Vorkaufsberechtigte grundsätzlich an den Vorkaufsverpflichteten zu zahlen. Soweit der Vorkaufsberechtigte allerdings nach § 1100 BGB an den Dritten zahlen muß, wird er nach § 1101 BGB von der Kaufpreisschuld frei.

(3) Durch die Ausübung des dinglichen Vorkaufsrechts entstehen grundsätzlich keine Rechtsbeziehungen zwischen dem Vorkaufsberechtigten und dem Dritten, soweit nicht

die §§ 1098 Abs. 2, 1100, 1101 BGB Sonderbestimmungen enthalten. Insbes. hat der Dritte keinen Erstattungsanspruch gegen den Vorkaufsberechtigten wegen der Vertragskosten (*Palandt/Putzo* Rdn. 9). Umgekehrt hat der Vorkaufsberechtigte gegen den Dritten aufgrund des schuldrechtlichen Vorkaufsrechts auch keinen Herausgabeanspruch (RGRK/*Mezger* § 505 Rdn. 6).

11. Mehrere Vorkaufsrechte. (1) An einem Grundstück können mehrere dingliche Vorkaufsrechte mit verschiedenem Rang wirksam bestellt werden (BGHZ 35, 146 = NJW 1961, 1669).

(2) Ob mehrere dingliche Vorkaufsrechte gleichrangig an demselben Grundstück bestellt werden können, ist zweifelhaft (s. MünchKomm/*H. P. Westermann* § 1094 Rdn. 8; *Palandt/Bassenge* § 1094, jeweils mwN.); jedenfalls können sie mit Gleichrang nur dann zugelassen werden, wenn sie nach ihrem Inhalt nicht miteinander kollidieren können. Gegenüber gleichrangig eingetragenen dinglichen Vorkaufsrechten ist ein dingliches Vorkaufsrecht für mehrere Personen (§§ 1098 Abs. 1 S. 1, 513 BGB) vorzuziehen.

12. Wertersatz. (1) Erlischt in der Zwangsversteigerung durch Zuschlag ein Recht, das nicht auf Zahlung eines Geldbetrages gerichtet ist, so tritt an seine Stelle der Anspruch auf Ersatz des Wertes (§§ 52, 91, 92 ZVG). Die grundbuchmäßige Festlegung eines maximalen Wertersatzes aus dem Versteigerungserlös für Grundstücksbelastungen enthebt den Berechtigten der Notwendigkeit, den Kapitalwert im Zwangsversteigerungsverfahren nach §§ 45 Abs. 1, 37 Nr. 4 ZVG anzumelden und sichert ihm zugleich dessen Aufnahme in den Teilungsplan nach § 114 ZVG (MünchKomm/*Wacke* § 882 Rdn. 1). Außerdem ermöglicht die Eintragung des Höchstbetrages anderen Gläubigern Rückschlüsse auf ihre Befriedigungsaussichten im Zwangsversteigerungsverfahren; weitere Belastungen mit Rang nach dem Vorkaufsrecht werden dem Eigentümer dadurch erleichtert.

(2) Die Bestimmung ist auf dingliche Vorkaufsrechte anwendbar, allerdings nur bei dinglichen Vorkaufsrechten für mehrere oder alle Verkaufsfälle sinnvoll, weil das nur für einen Verkaufsfall bestellte dingliche Vorkaufsrecht nach §§ 1098, 512 ZVG in der Zwangsversteigerung bedeutungslos ist (s. Anm. 8 (5)).

13. Kosten. Der Wert des Vorkaufsrechts bestimmt sich nach § 20 Abs. 2 KostO, die Gebühren nach §§ 36, 38 KostO.

(2) Grundbuchamt: Für die Eintragung des Vorkaufsrechts 1 Gebühr nach § 62 Abs. 1 KostO.

(3) Werte in beiden Fällen: Für das Vorkaufsrecht idR. der halbe Wert der Sache, also des nach §§ 19, 20 Abs. 1 KostO ermittelten Grundstückswertes. Zwar können je nach dem Gehalt des Vorkaufsrechts Abweichungen vom Regelwert nach oben oder unten gerechtfertigt sein (s. *Korintenberg/Lappe/Reimann/Bengel* KostO § 20 Rdn. 36, 37); hier gibt es aber keine Anhaltspunkte für eine Abweichung.

27. Vorkaufsrecht und Ankaufsrecht

Verhandelt im:
am ......
Vor dem Notar sind erschienen, persönlich bekannt:
A (Grundstückseigentümer)
B (Pächter)
und erklären

27. Vorkaufsrecht und Ankaufsrecht

Vertrag über Vorkaufs- und Ankaufsrecht

I. A hat dem B sein Grundstück (Beschrieb) zwecks Kiesabbaus verpachtet. Zur Verstärkung des Pachtvertrages wird das nachfolgende Ankaufs- und Vorkaufsrecht vereinbart.

II. A räumt dem B hiermit ein Vorkaufsrecht an dem Grundstück für den ersten Verkaufsfall ein, dessen Eintragung im Grundbuch bewilligt und beantragt wird.

III. Für den Fall, daß A oder sein Gesamtrechtsnachfolger das Grundstück nicht in einer das Vorkaufsrecht nach Ziffer II auslösenden Weise verkauft, sondern in sonstiger Weise veräußert, insbesondere im Wege der Schenkung, der vorweggenommenen Erbfolge, des Tausches oder der Einbringung in eine Gesellschaft, steht dem B ein Ankaufsrecht folgenden Inhalts zu:

1. B kann den Abschluß eines Kaufvertrages mit Auflassung bei notarieller Kaufpreisverwahrung verlangen. Der Kaufpreis bestimmt sich nach dem Verkehrswert im Zeitpunkt des Verlangens. Dieser wird von einem gemeinsam zu bestimmenden Grundstückssachverständigen verbindlich festgelegt. Einigen sich die Beteiligten nicht über die Person des Sachverständigen, so wird dieser von der zuständigen Industrie- und Handelskammer bestimmt. Der Sachverständige bestimmt im Streitfall auch den sonstigen Inhalt und die Abwicklung des abzuschließenden Kaufvertrages.
2. Das Ankaufsrecht erlischt, wenn es nicht innerhalb von drei Monaten seit Kenntnis von der Veräußerung ausgeübt wird. Das Ankaufsrecht erlischt weiter, wenn bei einem das Vorkaufsrecht auslösenden Verkaufsfall dieses nicht ausgeübt wird.
3. Bewilligt und beantragt wird die Eintragung einer Vormerkung gem. § 883 BGB zugunsten des B zur Sicherung des Ankaufsrechts im Rang nach dem Vorkaufsrecht.

IV. B kann von dem Ankaufsrecht nur dann Gebrauch machen, wenn die Ausübung des Vorkaufsrechts rechtlich nicht möglich ist. Vorkaufsrecht und Ankaufsrecht sind unveräußerlich und unvererblich.

(Kosten Schlußvermerke, Schlußformel, Unterschriften)

Anmerkungen

1. Regelungstyp. Vorkaufsrechte werden häufig zur Verstärkung von Miet- oder Pachtverträgen vereinbart. Die Besonderheit des vorstehenden Regelungstyps liegt darin, daß das Vorkaufsrecht seinerseits wieder durch ein lückenfüllendes Ankaufsrecht verstärkt wird.

2. Ankaufsrecht. Nur der Verkauf an einen Dritten löst das Vorkaufsrecht aus, bei anderen Veräußerungen erlischt das Vorkaufsrecht (*Palandt/Bassenge* § 1097 Rdn. 1–3). Dem soll das für diese Fälle vereinbarte Ankaufsrecht vorbeugen. Es trägt der praktischen Erfahrung Rechnung, daß Vorkaufsrechte nicht selten gezielt zum Erlöschen gebracht werden, insbesondere durch Einbringung des Grundstücks in eine Gesellschaft. Statt dessen ein Vorkaufsrecht für alle Verkaufsfälle zu bestellen, wäre unangemessen, da damit eine dauernde Wertminderung des Grundstücks über den ersten Veräußerungsfall hinaus verbunden wäre.

3. Form. Die Begründung des Ankaufsrechts bedarf nach § 313 BGB der notariellen Beurkundung.

4. Kosten. Vgl. Form. X. 26 Anm. 13. Vorkaufsrecht und Ankaufsrecht haben wohl den gleichen Gegenstand i.S. von § 44 Abs. 1 KostO (*Korintenberg/Reimann* § 44 Rdn. 123; differenzierend *Korintenberg/Bengel* § 20 Rdn. 38).

Wiederkaufsrecht

28. Wiederkaufsrecht[2] mit Auflassungsvormerkung

Im Rahmen eines Grundstückskaufvertrages:[3]

§ ......

Der Käufer räumt dem Verkäufer[4] an dem Kaufobjekt ein Wiederkaufsrecht mit folgendem Inhalt ein:

1. Das Wiederkaufsrecht kann vom Verkäufer frühestens nach Ablauf von 8 Jahren[5] und spätestens nach Ablauf von 20 Jahren,[5] jeweils von heute ab gerechnet, ausgeübt[9] werden.[6] Für die Einhaltung der Fristen ist der Zugang der Erklärung[10] des Verkäufers über die Ausübung des Wiederkaufsrechts beim Käufer maßgebend.
2. Wiederkaufspreis[7] ist der Schätzungswert, festgestellt auf den Tag des Zustandekommens des Wiederkaufsvertrages durch Ausübung des Wiederkaufsrechts;[11] der Schätzungswert wird verbindlich durch den Gutachterausschuß nach §§ 136 ff. BBauG festgestellt.[8]
3. Der Verkäufer und Wiederkäufer übernimmt[12] bei Ausübung[9] des Wiederkaufsrechts in Anrechnung auf den Wiederkaufspreis die schuldrechtlichen Verbindlichkeiten, die bei Ausübung des Wiederkaufsrechts durch Grundpfandrechte zu Lasten des Kaufobjekts abgesichert sind, höchstens jedoch bis zur Höhe des Wiederkaufspreises.

Der bedingte Anspruch des Verkäufers auf Erwerb des Eigentums am Kaufobjekt nach Ausübung des Wiederkaufsrechts soll durch eine Vormerkung[13] im Grundbuch gesichert werden. Der Verkäufer verpflichtet sich, mit dieser Rückauflassungsvormerkung auf Verlangen des Käufers im Rang hinter noch einzutragende Grundpfandrechte zurückzutreten, die insgesamt keinen höheren Nominalbetrag (also ohne Zinsen und sonstige Nebenleistungen) haben als $^1/_2$ des Verkehrswertes des Kaufobjekts.[12]

§ ......

Auflassung

......

Grundbucherklärungen

1. Eigentumsübergang
   ......

2. Rückauflassungsvormerkung[13]
   Der Käufer bewilligt, der Verkäufer beantragt die Eintragung einer Vormerkung zur Sicherung seines bedingten Anspruchs auf Rückauflassung des Kaufobjekts gem. dem ihm in § ...... eingeräumten Wiederkaufsrecht zu seinen Gunsten als alleinigem Berechtigten.

Fortsetzung der Urkunde entsprechend den Erfordernissen des Vertrages.

Schrifttum: Mummenhoff, Das Wiederkaufsrecht bei Grundstücken, MittRhNotK 1967, 813; *Ripfel,* Fragen zum Recht des Wiederkaufs, insbesondere bei Weiterveräußerung des Grundstücks, BWNotZ 1969, 26; *Wörbelauer,* Das unter Eigentumsvormerkung stehende Grundstück – eine res extra commercium?, DNotZ 1963, 580, 652, 718.

28. Wiederkaufsrecht mit Auflassungsvormerkung X. 28

Anmerkungen

1. Sachverhalt. Der Verkäufer kann das Kaufobjekt, ein Baugrundstück in guter Lage, aus verschiedenen Gründen nicht selber bebauen. Der Käufer ist am Erwerb interessiert, um ein gemischt genutztes, noch zu errichtendes Gebäude gewerblich zu vermieten. Der Verkäufer hofft, eines Tages in der Lage zu sein, das bebaute Grundstück zurückzuerwerben; er ist zum Verkauf daher nur bei gleichzeitiger Einräumung eines Wiederkaufsrechts bereit.

2. Wiederkaufsrecht. S. §§ 497–503 BGB. Das Wiederkaufsrecht gibt dem Wiederkaufsberechtigten (s. Anm. 4) das Recht, den Kaufgegenstand innerhalb einer bestimmten Frist (s. Anm. 5) – und evtl. nach Eintritt bestimmter Bedingungen (s. Anm. 6) – durch einseitige Erklärung (s. Anm. 9, 10) wieder an sich zu ziehen. Das Wiederkaufsrecht ist damit ein gesetzlich geregeltes „Optionsrecht" (RGRK/*Piper* Vorbem. 58 vor § 145. Das Wiederkaufsrecht ist rein schuldrechtlicher Natur und kann deshalb als solches nicht im Grundbuch eingetragen werden (s. aber Anm. 13). Ein dingliches Wiederkaufsrecht gibt es nach §§ 20, 21 RSiedlG (dazu s. BGHZ 57, 356 = Rpfleger 1972, 216; OLG Stuttgart RdL 1954, 125; OLG Hamm RPfleger 1956, 72; KG OLGZ 1977, 10; *Hoche* NJW 1968, 1661). Das Wiederkaufsrecht kann nur im Zusammenhang mit einem Kaufvertrag über das Kaufobjekt vereinbart werden. Wenn der Veräußerer in anderen Fällen das Recht haben soll, den Veräußerungsgegenstand auf seine einseitige Erklärung hin zu erwerben, muß ein Ankaufsrecht (s. Form. X. 27 Anm. 2) vereinbart werden.

3. Zeitpunkt und Form der Wiederkaufsvereinbarung. Üblicherweise wird das Wiederkaufsrecht bei Abschluß des Kaufvertrages als dessen Nebenbestimmung vereinbart. Möglich ist aber auch, das Wiederkaufsrecht nachträglich (uU. als Ergänzung zum Kaufvertrag) zu vereinbaren (RGZ 126, 311); geschieht dies und ist Gegenstand des Wiederkaufsrechts ein Grundstück, so bedarf die Vereinbarung notarieller Beurkundung nach § 313 BGB, da sie eine bedingte Verpflichtung zur Übertragung des Eigentums am Grundstück enthält (BGHZ 38, 369/371; BGH NJW 1973, 37 = DNotZ 1973, 473; BayObLG 1961, 63/69 = DNotZ 1961, 587).

4. Wiederkaufsberechtigter. Das Wiederkaufsrecht wird idR. dem Verkäufer eingeräumt. Zulässig ist aber auch, es einem Dritten einzuräumen (MünchKomm/*Wacke* § 883 Rdn. 34; *Palandt/Putzo* § 497 Rdn. 4).

5. Wiederkaufsfrist. (1) Das Wiederkaufsrecht kann bei Grundstücken nur bis zum Ablauf von 30 Jahren nach seiner Vereinbarung ausgeübt werden, wenn nichts anderes vereinbart wird (§ 503 BGB). Vereinbart werden können:
a) ein über 30 Jahre hinausgehendes (bestimmtes) Fristende (Fristverlängerung; s. § 503 S. 2 BGB),
b) eine Frist von weniger als 30 Jahren (Fristverkürzung; s. § 503 S. 2 BGB),
c) ein hinausgeschobener Fristbeginn (s. BayObLG 1969, 258/262 = DNotZ 1970, 150).

(2) Die Vereinbarung eines unbefristeten Wiederkaufsrechts ist dagegen unzulässig (*Palandt/Putzo* § 503 Rdn. 4).

(3) Die Frist des § 503 S. 1 BGB ist eine Ausschlußfrist (BGHZ 47, 387/389), weshalb die Verjährungsvorschriften über Hemmung und Unterbrechung nicht auf sie anwendbar sind (*Palandt/Putzo* § 503 Rdn. 1).

(4) Eine Vereinbarung, durch welche die Parteien eines Grundstückskaufvertrages die darin festgesetzte Frist für die Ausübung eines aufschiebend bedingten Wiederkaufsrechts nachträglich verlängern, bedarf nicht der Form des § 313 BGB (BGH NJW 1973, 37 = DNotZ 1973, 473).

6. Bedingungen für die Ausübung des Wiederkaufsrechts. Die Ausübung des Wiederkaufsrechts kann – neben der Befristung – auch von Bedingungen abhängig gemacht werden, etwa davon, daß das verkaufte Grundstück innerhalb einer bestimmten Frist nicht in bestimmter Weise bebaut wird (Bauverpflichtung; s. den Fall BayObLG 1961, 63 = DNotZ 1961, 587).

7. Wiederkaufspreis. Der Wiederkaufspreis ist wie der Kaufpreis frei vereinbar. Drei Fälle sind zu unterscheiden:
a) Ein bestimmter Kaufpreis wird vereinbart.
b) Als Wiederkaufspreis wird der Schätzungswert zur Zeit des Wiederkaufs vereinbart.
c) Eine Wiederkaufspreisvereinbarung fehlt oder ist unklar; dann gilt der Kaufpreis auch für den Wiederkauf (§ 497 Abs. 2 BGB).

Hinsichtlich der Haftung des Käufers (Wiederverkäufers) und der Pflicht des Verkäufers (Wiederkäufers) gelten in den Fällen a und c die §§ 498–500 BGB, im Fall b gilt dagegen § 501 BGB. Abweichende Vereinbarungen sind aber zulässig.

8. Wertfeststellung. Um Auseinandersetzungen über den Wiederkaufpreis zu vermeiden, empfiehlt es sich, nähere Bestimmungen darüber zu treffen, wie die Wertfeststellung erfolgen soll.

9. Ausübung des Wiederkaufsrechts. Das Wiederkaufsrecht muß durch fristgerechte Erklärung des Berechtigten (s. Anm. 5) gegenüber dem Käufer (Wiederverkäufer) ausgeübt werden. Der Wiederkaufspreis muß nicht gleichzeitig angeboten werden (BGH LM § 497 Nr. 2); bei Vereinbarung des Schätzungspreises wäre das Angebot eines bezifferten Kaufpreises auch gar nicht möglich.

10. Form der Ausübungserklärung. Die Ausübung des Wiederkaufsrechts kann formlos erklärt werden. Die Vereinbarung der Schriftform ist aber zulässig und zu empfehlen.

Durch die Ausübungserklärung kommt der Wiederkaufvertrag nicht erst zustande (s. aber für die andere Rechtslage beim Vorkaufsrecht Form. X. 25 Anm. 2 (1) b, 14 (1)), sie ist lediglich eine Bedingung für die zunächst aufschiebend bedingte Rückübereignungsverpflichtung des Käufers (s. BGH WPM 1965, 357, und Anm. 3, 11).

11. Wirkung der Ausübungserklärung. Wird die Ausübungserklärung fristgerecht und nach Erfüllung sonstiger, vertraglich vereinbarter Bedingungen (s. Anm. 6) ausgeübt, so werden die sich aus dem Wiederkaufvertrag ergebenden beiderseitigen Verpflichtungen unbedingt. Dieser Wiederkaufvertrag muß nun durch Erfüllungsgeschäfte von beiden Seiten vollzogen werden. Die Ausübungserklärung hat nicht etwa dingliche Wirkung; das Eigentum am Wiederkaufgegenstand fällt also nicht von selbst wieder an den Verkäufer zurück.

12. Übernahme von Belastungen. Die Übernahme von Belastungen in Anrechnung auf den Wiederkaufpreis kann vereinbart werden – sog. „Kaufpreisbelegungsklausel" (s. dazu BGH DNotZ 1959, 399; OLG Celle NJW 1958, 385) – und ist dann, wenn der bedingte Rückübertragungsanspruch des Verkäufers durch eine Auflassungsvormerkung gesichert wird, oft zweckmäßig, um dem Käufer die Verwertung des Grundstücks nicht zu erschweren (s. MünchKomm/*Wacke* § 883 Rdn. 34):

Da der Käufer nicht zur Beseitigung der Grundpfandrechte gem. § 499 BGB verpflichtet ist, kann der Verkäufer auch solchen Grundpfandrechten in gewissem Umfang den von den Gläubigern oft verlangten Vorrang von Grundpfandrechten vor der Auflassungsvormerkung (s. Anm. 13) einräumen. Ein solcher Rangrücktritt darf aber nicht so weit gehen, daß die Vormerkung wertlos wird. Deshalb sollen im vorliegenden Fall nur Pfandrechte im Nominalbetrag von ½ des Verkehrswertes den Vorrang erhalten. Die effektiven, durch die vorrangigen Pfandrechte abgesicherten und vom Wiederkäufer zu übernehmenden Verbindlichkeiten dürften dann unter dem Schätzungswert liegen; etwaige weitere, nachrangig eingetragene Pfandrechte könnten, soweit die dadurch gesicherten Verbindlichkeiten nicht ebenfalls vom Wiederkäufer übernommen werden, gem. §§ 883 Abs. 2, 888 BGB zur Löschung gebracht werden.

13. Eigentumsvormerkung. Der aus der Vereinbarung eines Wiederkaufsrechts resultierende bedingte Anspruch des Verkäufers auf (Rück-)Übertragung des Eigentums am Kaufobjekt kann durch eine Eigentumsvormerkung gesichert werden (hM.: BayObLG 1961, 63/69 = DNotZ 1961, 587; MünchKomm/*Wacke* § 883 Rdn. 34). Dadurch wird das Wiederkaufsrecht in gewissem Sinne verdinglicht (s. Form. VI. 30 Anm. 8, VI. 33 Anm. 2).

14. Steuern. (1) Die Vereinbarung des Wiederkaufsrechts unterliegt nicht der Grunderwerbsteuer, weil dadurch lediglich ein bedingter Anspruch auf Übereignung begründet wird (s. Anm. 2). Der durch Ausübung des Wiederkaufsrechts unbedingt zustandekommende Übereignungsanspruch aus dem Wiederkaufvertrag unterliegt dann aber der GrESt ebenso wie der ursprüngliche Kaufvertrag (s. *Boruttau/Egly/Sigloch* GrEStG § 1 Rdn. 323 – auch zu Ausnahmen).

(2) Verkauft der Wiederkaufsverpflichtete (jetzige Eigentümer) das Grundstück und verzichtet nunmehr der Wiederkaufsberechtigte auf die Ausübung seines Wiederkaufsrechts gegen eine Entschädigung in Höhe des gegenüber dem seinerzeit vereinbarten Wiederkaufspreis durch den jetzigen Veräußerer erzielten Mehrerlöses, so liegt darin keine nachträgliche zusätzliche Leistung für den damaligen Erwerb des Grundstücks durch den Wiederkaufsverpflichteten. Eine solche Entschädigung wird nicht für den damaligen Erwerb des Grundstücks unter Vereinbarung eines Wiederkaufsrechts gezahlt, sondern für den Verzicht auf die Ausübung des Wiederkaufsrechts (BFHE 129, 280; s. auch *Boruttau/Egly/Sigloch* GrEStG § 9 Rdn. 579). In einem solchen Fall ergibt sich allerdings die Frage, ob der Wiederkaufsberechtigte durch seinen Verzicht auf die Ausübung des Wiederkaufsrechts dieses letztlich im steuerlichen Sinne realisiert hat und darauf § 1 Abs. 1 Nr. 6, 7 GrEStG 1983 analog anwendbar ist (s. *Boruttau/Egly/Sigloch* GrEStG § 9 Rdn. 462); BFHE 129, 280/282 ließ das offen. Da der Wiederkaufsverpflichtete die Entschädigung nicht für den Erwerb eines Grundstücks, sondern für den Verzicht des Wiederkaufsberechtigten auf die Ausübung des Wiederkaufsrechts gezahlt hatte, kann die Entschädigung wohl auch nicht Gegenleistung iSv. § 1 Abs. 1 Nr. 6, 7 GrEStG 1983 iVm. § 9 Abs. 1 Nr. 6 GrEStG 1983 sein (s. *Boruttau/Egly/Sigloch* GrEStG § 9 Rdn. 462).

(3) Wenn Kauf und Wiederkauf innerhalb von 2 Jahren stattfinden, ist an Nichtfestsetzung oder Aufhebung der Festsetzung der GrESt nach § 16 GrEStG 1983 zu denken.

15. Kosten. (1) Notar: a) Wenn das Wiederkaufsrecht – wie hier – in der gleichen Urkunde wie der Grundstückskaufvertrag vereinbart wird, hat es denselben Gegenstand iSv. § 44 Abs. 1 KostO wie der Kaufvertrag (s. *Korintenberg/Lappe/Reimann/Bengel* KostO § 44 Rdn. 99). Entsprechendes gilt für die Grundbucherklärungen Ziff. 2.

b) Wenn das Wiederkaufsrecht dagegen in einer separaten Urkunde vereinbart wird (s. Anm. 3), fallen dafür 2 Gebühren nach §§ 141, 36 Abs. 2 KostO an. Die Grundbucherklärungen Ziff. 2 (für die ½ Gebühr nach §§ 141, 38 Abs. 2 Nr. 5a KostO zu berechnen wären) haben dann mit den Erklärungen zum Wiederkaufsrecht denselben Gegenstand iSv. § 44 Abs. 1 KostO.

(2) Grundbuchamt: Für die Eintragung der Vormerkung ½ Gebühr nach §§ 66 Abs. 1 S. 1, 60 Abs. 1 KostO.

(3) Wert in allen Fällen: IdR. der halbe Wert der Sache (§ 20 Abs. 2 KostO), wobei als Wert der Sache der vereinbarte Wiederkaufspreis oder – wenn wie hier der Schätzungswert als Wiederkaufspreis vereinbart wird – der Kaufpreis anzusetzen sind.

29. Eigentumsähnliches Dauerwohnrecht

Verhandelt am ......
in ......

§ 1 Grundbuchstand[1]

Die Eheleute A
sind Eigentümer des im Grundbuch des Amtsgerichts ...... (Ort) für ...... (Gemarkung) Band ...... Blatt ...... vorgetragenen und in der Gemarkung ...... gelegenen Grundbesitzes
Fl.Nr. ......
Der Grundbesitz ist wie folgt belastet:
Abt. II: Geh- und Fahrtrecht zugunsten des jeweiligen Eigentümers von Fl.Nr. ......
Abt. III: DM 50.000,– Grundschuld ohne Brief zugunsten der ...... (Bank).

§ 2 Bestellung des Dauerwohnrechts[2]

Die Eheleute A
– nachfolgend als „Eigentümer" bezeichnet –
bestellen zugunsten ihrer Tochter Frau E
– nachfolgend als „Dauerwohnberechtigte" bezeichnet –
vom Tage der Grundbucheintragung ab ein
Dauerwohnrecht gem. § 31 Abs. 1 Wohnungseigentumsgesetz (WEG).
  Gegenstand des Dauerwohnrechts ist die im 1. Obergeschoß des Anwesens gelegene Wohnung mit einer Wohnfläche von 75 qm, bestehend aus Wohnzimmer, Schlafzimmer, Küche, Bad/WC und Flur. Wegen der genauen Lage wird auf den dieser Urkunde beigefügten Aufteilungsplan Bezug genommen.
  Der Notar wird beauftragt und ermächtigt, die erforderliche Abgeschlossenheitsbescheinigung gem. § 7 WEG einzuholen.

§ 3 Inhalt des Dauerwohnrechts[3]

1. Das Dauerwohnrecht wird auf die Dauer von fünfzig Jahren, beginnend mit dem Tag der Grundbucheintragung, bestellt.
2. Der Dauerwohnberechtigte hat das Recht der alleinigen Nutzung seiner Wohnung und der Mitbenützung der gemeinschaftlichen Räume, Anlagen und Einrichtungen des Gebäudes sowie des Gartens. Die Wohnung darf nur zu Wohnzwecken benutzt werden.
3. Das Dauerwohnrecht ist veräußerlich und vererblich. Die Veräußerung bedarf der Zustimmung des Eigentümers, die nur aus wichtigem Grund versagt werden darf.
4. Das Dauerwohnrecht bleibt abweichend von § 44 ZVG im Falle der Zwangsversteigerung des Grundstückes bestehen, auch wenn ein Gläubiger einer dem Dauerwohnrecht im Range vorgehenden oder gleichstehenden Hypothek, Grundschuld, Rentenschuld oder Reallast die Zwangsversteigerung betreibt.[4]
5. Der Dauerwohnberechtigte ist verpflichtet, sämtliche auf dem Anwesen ruhenden ordentlichen und außerordentlichen öffentlichen sowie privaten Lasten, insbesondere auch die Kosten der gewöhnlichen und außergewöhnlichen Ausbesserungen und Erneuerungen für das Anwesen anteilig im Verhältnis der Gesamtwohnfläche zur Wohnfläche des Wohnungsberechtigten zu tragen. Schönheitsreparaturen tragen Eigentümer und Dauerwohnberechtigter getrennt jeweils für die ihrer Nutzung unterliegenden Räume. Zinsen für die in Abt. III eingetragenen und künftig zur Eintragung gelangende Grund-

pfandrechte trägt der Eigentümer allein, es sei denn, daß der Eigentümer freiwillig für Darlehen des Dauerwohnberechtigten Sicherungsgrundpfandrechte bestellt.

6. Der Eigentümer ist verpflichtet, eine Gebäudefeuerversicherung und eine Leitungswasserschadenversicherung zu unterhalten. Wird das Gebäude ganz oder teilweise zerstört, so ist der Eigentümer verpflichtet, den vor Eintritt des Schadens bestehenden Zustand wiederherzustellen, wenn die Kosten der Wiederherstellung aufgrund der Versicherung oder durch sonstige Ansprüche gegen Dritte voll gedeckt sind.

7. Die auf die Wohnung des Dauerwohnberechtigten entfallenden laufenden Betriebskosten, insbesondere für Straßenreinigung, Müllabfuhr, Kaminkehrer, Treppenhaus- und Außenbeleuchtung sowie der Warmwasser- und Heizungsversorgung hat der Dauerwohnberechtigte nach Maßgabe der jährlich vom Eigentümer zu erstellenden Abrechnung zu bezahlen. In Höhe der voraussichtlichen Kosten hat der Dauerwohnberechtigte monatliche Vorauszahlungen zu entrichten.

8. Der Eigentümer kann die Übertragung des Dauerwohnrechts auf sich oder auf einen von ihm bezeichneten Dritten verlangen, wenn
– der Dauerwohnberechtigte die Wohnung trotz Abmahnung zu anderen als Wohnzwecken nutzt,
– der Dauerwohnberechtigte die Wohnung und die gemeinsam benutzten Gebäude- und Grundstücksteile trotz Abmahnung nicht pfleglich behandelt,
– über das Vermögen des Dauerwohnberechtigten das Konkurs- oder Vergleichsverfahren durchgeführt oder wegen fehlender Kostendeckung nicht eröffnet wird,
– Zwangsvollstreckungsmaßnahmen in das Dauerwohnrecht eingeleitet und nicht innerhalb von drei Monaten aufgehoben werden.

Macht der Eigentümer den Übertragungsanspruch geltend, so hat er dem Dauerwohnberechtigten eine angemessene Entschädigung zu zahlen, die sich nach dem Verkehrswert des Dauerwohnrechts zum Zeitpunkt der Übertragung auf den Eigentümer bemißt. Sofern sich die Beteiligten nicht innerhalb eines Monats ab Geltendmachung des Übertragungsanspruches durch den Eigentümer über die Höhe der Entschädigung einigen, entscheidet als Schiedsgutachter gem. § 317 BGB ein öffentlich bestellter und gerichtlich vereidigter Sachverständiger für das Grundstückswesen, den auf Antrag eines Beteiligten der Landgerichtspräsident bestellt. Die von diesem festgesetzte Entschädigung ist innerhalb eines Monats nach Erstellung des Schätzgutachtens Zug um Zug gegen Übertragung des Dauerwohnrechts zur Zahlung fällig.

9. Die Eintragung des Dauerwohnrechts an Fl. Nr. ...... zugunsten von Frau E mit dem vorstehenden Inhalt in das Grundbuch wird bewilligt und beantragt.

§ 4 Schuldrechtliche Vereinbarungen

1. Die Dauerwohnberechtigte hat die Rechte und Pflichten eines Wohnungseigentümers[5] in entsprechender Anwendung der §§ 10–29 WEG. Maßnahmen, für die bei Wohnungseigentümern ein Beschluß der Eigentümerversammlung erforderlich ist, dürfen nur mit Zustimmung des Dauerwohnberechtigten durchgeführt werden.

2. Auf Verlangen des Dauerwohnberechtigten, das jederzeit gestellt werden kann, ist das gesamte Anwesen in Wohnungseigentum aufzuteilen und der Dauerwohnberechtige als Sondereigentümer der von ihm bewohnten Räume im Wohnungsgrundbuch einzutragen, wobei auf den Dauerwohnberechtigten ein Miteigentumsanteil von ......% entfällt.

3. Die Kosten für den Aus- und Umbau der Wohnung des Dauerwohnberechtigten nach Maßgabe des beigefügten Aufteilungsplanes trägt der Dauerwohnberechtigte selbst.

4. Sofern das Dauerwohnrecht durch Zeitablauf erlischt, hat der Eigentümer dem Dauerwohnberechtigten ebenfalls eine angemessene Entschädigung zu zahlen, für deren Festsetzung die Regelung in § 3 Nr. 8 entsprechend gilt.

5. Soweit diese schuldrechtlichen Verpflichtungen nicht kraft Gesetzes auf Sonderrechtsnachfolger übergehen, sind die Beteiligten verpflichtet, diese Verpflichtungen bei der Veräußerung ihren Sonderrechtsnachfolgern aufzuerlegen und diese in derselben Weise zur Weiterübertragung zu verpflichten.

§ 5 Steuerklausel[5-10]

Durch diesen Vertrag soll der Dauerwohnberechtigte wirtschaftlich und steuerlich einem Wohnungseigentümer gleichgestellt sein. Sollte die Finanzverwaltung die durch diesen Vertrag erstrebten Wirkungen nicht oder nicht mehr anerkennen, verpflichten sich die Beteiligten eine Regelung herbeizuführen, die die erstrebten Rechtsfolgen bewirkt.

§ 6 Schlußbestimmungen[11]

Die Kosten dieser Urkunde und des Vollzuges trägt der Dauerwohnberechtigte.
Jeder Vertragsteil erhält eine Ausfertigung dieser Urkunde.
Beglaubigte Abschriften erhalten:
das Grundbuchamt,
das Zentralfinanzamt

Vorgelesen ......

Schrifttum: Dammertz, Wohnungsrecht und Dauerwohnrecht, Herne/Berlin 1970; *Diester,* Dauerwohnrecht und wirtschaftliches Eigentum, FR 1954, 397; *Gralka,* Timesharing und Dauernutzungsrecht, NJW 1987, 1997; *Hoffmann,* Probleme des Timesharing, MittBayNot 1987, 177; *Luckow,* Die steuerliche Beurteilung des Time-Sharing-Verfahrens bei tauschähnlichem Erwerb, RIW 1989, 557; *Mäsch,* Das deutsche Time-Sharing-Recht nach dem neuen Teilzeit-Wohnrechte-Gesetz, DNotZ 1997, 180; *Plum,* Absetzungen für Abnutzung auf ein entgeltlich erworbenes langfristiges Dauerwohnrecht, DStR 1975, 548; *Schober,* Internationales Time-Sharing von Wohnungen, DB 1985, 1513; *Schmidt,* Dauerwohnrecht und Dauernutzungsrecht für mehrere Personen, WEZ 1987, 119; *Schuhmann,* Ist das Dauerwohnrecht eine dauernde Last im Sinne der grunderwerbsteuerlichen Gegenleistung?, BB 1977, 493; *Spiegelberger,* Der aktuelle Anwendungsbereich des Dauerwohn- und Dauernutzungsrechts, Festschrift für *Bärmann* und *Weitnauer* 1990, 647; *ders.,* Time-Sharing, WE 1998, 251; *Wolf,* Modernisierung auf der Grundlage des Dauerwohnrechts nach dem Wohnungseigentumsgesetz, BlGBW 1977, 124.

Anmerkungen

1. Sachverhalt. Die Tochter der Eheleute A will das Dachgeschoß des elterlichen Anwesens auf eigene Kosten ausbauen, wobei sie Förderung nach dem Eigenheimzulagengesetz in Anspruch nehmen will, das zum 1. 1. 1996 an die Stelle des bisherigen § 10e EStG getreten ist.

2. Anwendungsbereich. Das Dauerwohnrecht wurde durch das WEG als Instrument zur Sicherung von eigenen Aufwendungen als Alternative zur Eigentumswohnung neu geschaffen. In der aktuellen Beurkundungspraxis hat das eigentumsähnliche Dauerwohnrecht eine Bedeutung, wenn der an sich erstrebte Eigentumserwerb aus formell- oder materiellrechtlichen Gründen nicht möglich ist, z.B. als Ersatz für ein Erbbaurecht oder die Begründung von Wohnungseigentum. Auch bei der Verweigerung der Teilungsgenehmigung gem. § 19 BauGB, z.B. bei der Errichtung von Austragshäusern im Außenbereich, spielt das Dauerwohnrecht eine Rolle, vgl. *Spiegelberger,* Festschrift für *Bärmann* und *Weitnauer,* S. 657. Die Nutzung von Ferienwohnungen und Ferienhäu-

29. Eigentumsähnliches Dauerwohnrecht X. 29

sern kann in der Form von Timesharing-Dauernutzungsrechten erfolgen, vgl. aber OLG Stuttgart, MittBayNot 1987, 99. Gewerbliche Investitionen, z.B. Fabrikations- und Lagerhallen, werden durch die Bestellung von Dauernutzungsrechten gem. § 31 Abs. 2 WEG vor Insolvenzrisiken geschützt; zum Anwendungsbereich im übrigen vgl. *Staudinger/Spiegelberger* 12. Aufl. Rdn. 3 ff vor § 31 WEG.

3. Dauerwohnrecht. Das Dauerwohnrecht gem. § 31 Abs. 1 WEG ist – im Unterschied zum Wohnungsrecht gem. § 1093 BGB – das *veräußerbare* und *vererbliche* Recht (§ 33 Abs. 1 WEG), eine Wohnung unter Ausschluß des Eigentümers zu nutzen. Das in der Praxis häufiger zu beobachtende Dauernutzungsrecht gem. § 31 Abs. 2 WEG beinhaltet die Befugnis, nicht zu Wohnzwecken bestimmte Räume zu nutzen, so daß z.B. einem Investor, der eine langjährige betriebliche Nutzung von Geschäftsräumen mit erheblichem Bauaufwand anstrebt, ein Dauernutzungsrecht empfohlen werden kann. Ein Dauerwohnrecht kann auch der Eigentümer für sich selbst bestellen, vgl. BayObLG DNotZ 1998, 374.

Selbst Erbbaurechte können anstelle der Aufteilung in Wohnungs- oder Teilerbbaurechte mit Dauerwohnrechten oder Dauernutzungsrechten belastet werden, § 42 WEG, ebenso ganze Gebäude, LG München MittBayNot 1973, 97 oder eine Eigentumswohnung.

Voraussetzung für die Eintragung im Grundbuch ist der Nachweis der Abgeschlossenheit der Wohnung gem. § 32 Abs. 1 WEG, wobei nur für die mit dem Nutzungsrecht belasteten Räume, nicht notwendig für das gesamte Gebäude, entsprechende Pläne erforderlich sind, vgl. *Bärmann/Pick/Merle* § 32 WEG Rdn. 10; *Spiegelberger* S. 658; BayObLG MittBayNot 1997, 289.

Außer der Übertragbarkeit des Dauerwohn- und Dauernutzungsrechtes (aber auch Befristung auf die Lebenszeit des Berechtigten möglich, vgl. *Dammertz* S. 61) liegt die Besonderheit gegenüber Nießbrauch und Wohnungsrecht darin, daß die Ausgestaltung des Nutzungsverhältnisses mietähnlich oder *eigentumsähnlich* erfolgen kann, vgl. *Bärmann/Pick/Merle* § 31 WEG Rdn. 117. Die wirtschaftliche Gleichstellung eines Dauerwohnberechtigten mit einem Wohnungseigentümer ist anzunehmen, wenn dessen Rechte und Pflichten bei wirtschaftlicher Betrachtungsweise denen eines Wohnungseigentümers entsprechen und wenn für den Heimfall des Rechts eine angemessene Entschädigung vereinbart ist, vgl. BFH BStBl. 1965 III 8; 1986 II 258; Einführungserlaß zu § 10e EStG, BStBl. 1987 I 434 Tz. 6; das BMF-Schreiben BStBl. 1998 I 190 Rdn. 8 verlangt eine angemessene Entschädigung bei **Beendigung** des Dauerwohnrechts zur Gewährung einer Eigenheimzulage gem. § 1 EigZulG.

4. Zwangsvollstreckung. Das Dauerwohn- und Dauernutzungsrecht ist, auch bei eigentumsähnlicher Ausgestaltung, kein grundstücksgleiches Recht, sondern ein veräußerliches und vererbliches dingliches Recht, das gem. § 857 ZPO der Pfändung unterliegt, vgl. *Dammertz* S. 60; *Bärmann/Pick* WEG § 31 Rdn. 103. Sofern gem. § 39 WEG als Inhalt des Rechts vereinbart wurde, daß es im Fall der Zwangsversteigerung abweichend von § 44 ZVG auch dann bestehen bleiben soll, wenn vor- oder gleichrangige Gläubiger die Zwangsvollstreckung betreiben und diese Vereinbarung mit Zustimmung dieser Gläubiger in das Grundbuch eingetragen wurde, ist der Berechtigte vor jeder Zwangsversteigerung geschützt. Allerdings muß berücksichtigt werden, daß eine derartige Vereinbarung die Beleihbarkeit des Grundstückes beeinträchtigt, so daß die Praxis von dieser Klausel zurückhaltend Gebrauch macht.

5. Einkommensteuer. Zu unterscheiden ist zwischen dem gewöhnlichen Dauerwohnrecht und dem eigentumsähnlich ausgestalteten Dauerwohnrecht, das wie wirtschaftliches Eigentum zu behandeln ist.

(1) **Gewöhnliches Dauerwohnrecht.** Die für den Zuwendungsnießbrauch (vgl. Form. X. 23 Anm. 11) und das Zuwendungswohnungsrecht (Form. X. 24 Anm. 11) dargelegten Besteuerungsgrundsätze gelten entsprechend.

(2) Eigentumsähnliches Dauerwohnrecht. Gem. BFH BStBl. 1965 III 8; 1986 II 258 ist ein eigentumsähnlich ausgestaltetes Dauerwohn- oder Dauernutzungsrecht wirtschaftlich mit Wohn- oder Teileigentum gleichzustellen, wenn die Rechte und Pflichten denen eines Wohnungs- oder Teileigentümers entsprechen und wenn der Berechtigte beim Heimfall eine angemessene Entschädigung erhält (unrichtig daher *Bärmann/Pick/Merle* §§ 61/62 Rdn. 184, wonach die Bestellung des Dauerwohnrechts auf unbegrenzte Zeit erforderlich sei). Ein zusätzliches, aber nicht notwendiges Indiz für wirtschaftliches Eigentum des Dauerwohnberechtigten kann sich insbesondere aus der im Grundbuch gesicherten Vormerkung auf Umwandlung des Dauerwohnrechts in Wohnungseigentum ergeben, vgl. OFD Hannover Betr. 1985, 683; *Spiegelberger* S. 656.

Die Nutzungswertzurechnung aufgrund wirtschaftlichen Eigentums bedeutet, daß der Dauerwohnberechtigte auch AfA und sonstige Werbungskosten im Falle der Vermietung geltend machen kann. Sofern die vom Nutzungsrecht erfaßten Räume vom Dauerwohnberechtigten selbst bewohnt werden, wird Förderung nach dem Eigenheimzulagengesetz gewährt. Aufwendungen für Umbaumaßnahmen an einem fremden bebauten Grundstück im Hinblick auf dessen künftigen (unentgeltlichen) Erwerb sind keine Anschaffungskosten i. S. des § 10c Abs. 1 Satz 4 EStG, vgl. BFH BStBl. 1998 II 100.

6. Bewertungsrecht. Die Frage, ob wirtschaftliches Eigentum vorliegt, kann für die Einheitsbewertung und Einkommensteuer nur einheitlich entschieden werden, vgl. BFH BStBl. 1957 III 392. Für die bewertungsrechtliche Einordnung gelten die einkommensteuerlichen Kriterien entsprechend; vgl. *Rössler/Troll/Langner*, BewG und VStG, § 93 BewG Rdn. 7.

7. Grunderwerbsteuer. Die Einräumung eines Dauerwohnrechts unterliegt nicht der Grunderwerbsteuer, auch nicht bei eigentumsähnlicher Gestaltung, vgl. *Boruttau/Klein/Egly/Sigloch* GrEStG § 2 Rdn. 203. Das Dauerwohnrecht beinhaltet auch keine Verwertungsbefugnis im Sinn des § 1 Abs. 2 GrEStG, vgl. BFH BStBl. 1957 III 269; a. A. *Boruttau/Klein/Egly/Sigloch* § 2 Rdn. 204; eine Grunderwerbsteuerpflicht tritt somit erst ein, wenn anstelle des Dauerwohnrechts Wohnungseigentum begründet wird, vgl. *Bärmann/Pick/Merle* §§ 61, 62 Rdn. 187. Bei dem Erwerb eines Grundstückes unter Übernahme eines Dauerwohnrechts ist dieses als dauernde Last im Sinn des § 9 Abs. 2 Nr. 2 GrESt zu erfassen, vgl. *Schuhmann* BB 1977, 493; FG Hamburg EFG 1974, 31.

8. Umsatzsteuer. Gem. § 4 Nr. 12c UStG ist die Bestellung eines Dauerwohnrechts umsatzsteuerbefreit. Dennoch können sich aus der Bestellung eines Dauerwohnrechts an betrieblich genutzten Räumen sowie an im Bauherrenmodell (mit Umsatzsteueroption) erstelltem Wohnraum umsatzsteuerliche Konsequenzen ergeben, da bei unentgeltlicher Einräumung ein Eigenverbrauch gem. § 1 Abs. 1 Nr. 2a UStG und damit wegen der Umsatzsteuerfreiheit eine Änderung der Verhältnisse i. S. des § 15a Abs. 4 UStG eintritt. Somit ist der Vorsteuerabzug zu berichtigen, vgl. Form. X. 23 Anm. 12.

9. Schenkungsteuer. (1) Gewöhnliches Dauerwohnrecht. Die Schenkungsteuer für ein unentgeltliches Nutzungsrecht wird gem. § 23 ErbStG festgesetzt. Danach hat der Dauerwohnberechtigte entweder einmalig die Steuer vom Kapitalwert oder jährlich im voraus in Höhe des Jahreswertes zu entrichten. Die Bewertung des Nutzungsrechtes ist nach den Vorschriften der §§ 13–16 BewG vorzunehmen. Auszugehen ist von dem durchschnittlichen Jahresnettoertrag; höchstens darf gem. § 16 BewG als Jahreswert der 18,6te Teil des vom Dauerwohnberechtigten genutzten Gebäudeteils angesetzt werden, d. h. der Grundbesitzwert des Grundstücks ist im Verhältnis der Gesamtnutzfläche (Gesamtwohnfläche) zu der vom Dauerwohnrecht erfaßten Nutzfläche (Wohnfläche) aufzuteilen. Zur Ermittlung des Kapitalwerts ist der Jahreswert mit den in §§ 13 und 14 BewG genannten Vervielfältigern zu multiplizieren. Der Steuersatz ergibt sich aus § 19 ErbStG, wobei die Freibeträge gem. § 16 ErbStG zu berücksichtigen sind.

(2) **Eigentumsähnliches Dauerwohnrecht.** Der Schenkungsteuer ist der Anteil des Grundbesitzwertes zugrundezulegen, der auf die vom Nutzungsrecht erfaßten Räume entfällt. Die Schenkungsbesteuerung hat so zu erfolgen, als ob eine Eigentumswohnung geschenkt worden wäre, vgl. *Staudinger/Spiegelberger*, Anh. zu § 42 WEG, Rdn. 14.

10. Grundsteuer. Während beim eigentumsähnlichen Dauerwohnrecht der Berechtigte selbst zur Grundsteuer herangezogen wird, stellt beim gewöhnlichen Dauerwohnrecht die Übernahme der Grundsteuer gem. § 33 Abs. 4 Nr. 3 WEG lediglich einen Schuldbeitritt dar, wonach der Berechtigte neben dem Eigentümer gem. § 11 Abs. 1 GrStG haftet.

11. Steuerklausel. Im Zweifel sollte vor der Beurkundung eine verbindliche Auskunft des Finanzamtes gem. BMF-Schreiben BStBl. 1987 I 474 eingeholt werden.

12. Kosten. Notar: Doppelte Gebühr gem. § 36 Abs. 2 KostO; der Geschäftswert bestimmt sich nach § 24 KostO; bei unbeschränkter Dauer ist der 25-fache Jahreswert, bei unbestimmter Dauer der 12½-fache Jahreswert und bei Verwandtengeschäften höchstens der 5-fache Jahreswert anzusetzen. Wegen der Wertermittlung im einzelnen vgl. *Bärmann/Pick/Merle* §§ 61, 62 Rdn. 219. Sofern der Um- oder Ausbau bereits vor der Burkundung durchgeführt wurde und der Dauerwohnberechtigte gegenüber dem Eigentümer auf die Entschädigung gem. §§ 951, 812 BGB verzichtet, sind Nutzungsentgelt und Verzicht gegenüberzustellen. Der höhere Wert ist maßgebend.

Grundbuch: Volle Gebühr gem. § 62 Abs. 1 KostO; der Geschäftswert bestimmt sich ebenfalls nach § 24 KostO.

Grundschuld

30. Bestellung einer Buchgrundschuld[1, 2, 3]

Verhandelt zu ...... am ......
Vor mir, ..., Notar in ...... erschienen heute: ......
Nach Unterrichtung über den Grundbuchinhalt beurkunde ich folgende Erklärungen:

I. Grundschuld[4]

1. Herr ......
   – nachstehend als „der Eigentümer"[5] bezeichnet –
bestellt hiermit für die X-Bank
   – nachstehend als „die Gläubigerin" bezeichnet –
an dem in Abschnitt VI. bezeichneten Grundbesitz eine Grundschuld ohne Brief[6] in Höhe von
   ...... DM
   (in Worten ...... Deutsche Mark).[6a]
2. Die Grundschuld ist vom heutigen Beurkundungstage an mit 16% (sechzehn vom Hundert) jährlich zu verzinsen.[7]
3. Die Grundschuld ist fällig.[8] Die Zinsen sind jeweils am Ende eines Kalenderjahres nachträglich fällig; sie sind jedoch sofort fällig, wenn aus dem Grundschuldkapital Zahlung verlangt oder geleistet wird, spätestens im Verteilungstermin.
4. Die Grundschuld hat die in Abschnitt VI bezeichnete Rangstelle zu erhalten. Die Grundschuld soll aber bereits mit Eintragung an nächstoffener Rangstelle entstehen.[9]

II. Dingliche Zwangsvollstreckungsunterwerfung

Wegen des Grundschuldkapitals und der Zinsen unterwirft sich der Eigentümer der Gläubigerin gegenüber der Zwangsvollstreckung in den belasteten Grundbesitz in der Weise, daß die Zwangsvollstreckung aus dieser Urkunde gegen den jeweiligen Eigentümer zulässig ist.[10]

III. Grundbuchanträge, Bewilligungen

Der Eigentümer bewilligt und beantragt in das Grundbuch einzutragen:[11]
1. die Grundschuld nach Abschnitt I an der bestimmten Rangstelle, nach Maßgabe des Abschnitts D 2 der Weiteren Bestimmungen auch an einzelnen Pfandobjekten; Teilvollzug ist zulässig;
2. die dingliche Zwangsvollstreckungsunterwerfung nach Abschnitt II;
3. die zur Beschaffung des in Abschnitt VI bestimmten Ranges erforderlichen Erklärungen (Löschungen, Rangrücktritte).[12, 17]

IV. Abstraktes Schuldversprechen mit Zwangsvollstreckungsunterwerfung

Die Ehegatten ......
– nachstehend als „der Schuldner" bezeichnet –
verpflichten sich unabhängig von der Grundschuld als Kreditnehmer gegenüber der Gläubigerin zur Zahlung eines der heute bestellten Grundschuld mit allen Nebenleistungen entsprechenden fälligen Betrages (§ 780 BGB).[13] Mehrere Personen verpflichten sich als Gesamtschuldner. Wegen dieser Zahlungsverpflichtung unterwirft sich der Schuldner der Zwangsvollstreckung aus dieser Urkunde in sein gesamtes Vermögen. Die Gläubigerin ist berechtigt, den Schuldner aus dieser persönlichen Haftung schon vor Eintragung der Grundschuld und vor Vollstreckung in den Pfandbesitz in Anspruch zu nehmen.

V. Weitere Bestimmungen[14]

Im übrigen gelten die der Niederschrift beigefügten „Weiteren Bestimmungen". Sie wurden den Beteiligten zur Kenntnis und zur Unterzeichnung vorgelegt; auf das Vorlesen haben sie verzichtet.

VI. Pfandbesitz und Rangstelle

......

VII. Belehrung[15]

Der Notar hat insbesondere auf folgendes hingewiesen:
„Grundschuld und Schuldanerkenntnis sind unabhängig von einer Darlehensaufnahme und begründen jederzeit durchsetzbare Ansprüche der Gläubigerin, die durch eine Sicherungsvereinbarung (Zweckbestimmungserklärung) begrenzt werden müssen. Der Kreis der gesicherten Forderungen wird durch die Zweckbestimmungserklärung festgelegt.
Es ist mit besonderen Gefahren verbunden, wenn Grundschuld und Schuldanerkenntnis auch Forderungen der Gläubigerin gegen einzelne von mehreren beteiligten Personen oder gegen Dritte sichern sollen. Die formularmäßige Sicherung zukünftiger Verbindlichkeiten kann in diesen Fällen unwirksam sein."

VIII. Sicherung der Kaufpreiszahlung[16]

Der Eigentümer hat das Pfandobjekt an die Schuldner mit diesamtlichem Kaufvertrag vom ...... verkauft. Bis zur vollständigen Kaufpreiszahlung dient die Grundschuld ausschließlich zur Sicherung von Kredit, der für die Kaufpreiszahlung verwendet wird und zwar nur für Beträge, die tatsächlich an den Verkäufer mit Tilgungswirkung ausgezahlt werden. Diese Sicherungsabrede ist Bestandteil der Vereinbarung mit der Gläubigerin. Weitergehende Zweckbestimmungen und Sicherungsabreden in oder außerhalb der Urkunde gelten erst, wenn der Kaufpreis vollständig bezahlt ist. Von diesem Zeitpunkt an gelten sie für und gegen den Käufer als neuem Sicherungsgeber. Der Schuldner tritt zur weiteren Sicherung seinen Auszahlungsanspruch gegenüber der Gläubigerin an den Eigentümer bis zur Höhe des Kaufpreises ab.

IX. Rangrücktritt der Eigentumsvormerkung

Der Schuldner tritt mit der für ihn eingetragenen Eigentumsvormerkung im Range hinter die Grundschuld zurück und bewilligt die Eintragung im Grundbuch.[17]

Vorgelesen vom Notar, von den Beteiligten genehmigt und eigenhändig unterschrieben: gez. Unterschriften, NN (Notar)

Weitere Bestimmungen

A. Zweckbestimmung[18]

Die Grundschuld, das abstrakte Schuldversprechen und die übertragenen Rückgewähransprüche dienen zur Sicherung aller bestehenden und künftigen, auch bedingten oder befristeten Ansprüche der Gläubigerin gegenüber den in Abschnitt IV als „Schuldner" bezeichneten Personen aus der bestehenden Geschäftsverbindung, insbesondere aus Darlehens- und Kreditgewährung, laufender Rechnung, Wechseln und Scheck, auch soweit sie von anderen Personen hereingegeben werden, gesetzlichem Forderungsübergang, Zinsen und Kosten.

B. Rückgewähransprüche gegenüber Drittgläubigern[19]

Der Eigentümer tritt seine sämtlichen Ansprüche auf Rückübertragung vor- und gleichrangiger Grundschulden und Grundschuldteile nebst Zinsen sowie die Ansprüche auf Erteilung einer Löschungsbewilligung, einer Verzichtserklärung, einer Nichtvalutierungserklärung sowie seine Ansprüche auf Auszahlung des Übererlöses im Verwertungsfall, soweit ihm diese Ansprüche gegenwärtig oder künftig zustehen, an die Gläubigerin ab. Hat der Eigentümer die Rückgewähransprüche bereits an einen anderen abgetreten, so sind sie mit dem Zeitpunkt an die Gläubigerin abgetreten, in dem sie dem Eigentümer wieder zustehen. Außerdem tritt er hiermit seinen Anspruch auf Rückübertragung der Rückgewähransprüche an die Gläubigerin ab.

C. Sonstige Erklärungen

1. Zahlungen an die Gläubigerin[20] erfolgen nicht unmittelbar zur Tilgung der Grundschuld oder Befreiung von der Haftung aus dem Schuldversprechen, sondern nur zur Begleichung der durch die Grundschuld gesicherten persönlichen Forderungen der Gläubigerin. Dies gilt nicht, wenn der Eigentümer die persönliche Haftung nicht übernommen hat; in diesem Falle gelten seine Zahlungen bis zur vollständigen Befriedigung der Gläubigerin als Sicherheitsleistung.
2. In einem Zwangsversteigerungsverfahren ist die Gläubigerin nicht verpflichtet, einen Betrag aus der Grundschuld geltend zu machen, der über die gesicherten Forderungen hinausgeht.[21] Sie ist berechtigt, auf den ihre Forderung betragsmäßig übersteigenden Teil der Grundschuld zu verzichten und wird ermächtigt, den Antrag auf Eintragung des Verzichts im Grundbuch zu stellen.
3. Aus der Grundschuld und dem Schuldversprechen darf sich die Gläubigerin nur einmal in Höhe des Grundschuldbetrages samt Zinsen und Nebenleistungen und den Kosten der dinglichen Rechtsverfolgung gemäß § 1118 BGB befriedigen.[13] Der Anspruch aus dem abstrakten Schuldbekenntnis erlischt, wenn die Grundschuld auf Grund einer von der Gläubigerin erteilten Bewilligung gelöscht wurde[22].

4. Ehegatten stimmen bei gesetzlichem Güterstand ihren Erklärungen gegenseitig zu.
5. Der Eigentümer überträgt auf den Gläubiger seine bestehenden und künftigen, auch bedingten und befristeten Ansprüche gegen die Gläubiger vor- und gleichrangiger Grundschulden einschließlich aller Nebenleistungen auf vollständige oder teilweise Rückgewähr[23] dieser Grundschulden durch Abtretung, Verzicht oder Löschung, sowie auf Herausgabe des Erlöses, soweit dieser die durch sie gesicherten schuldrechtlichen Forderungen übersteigt. Bei Briefgrundschulden wird wird der Anspruch auf Herausgabe des Grundschuldbriefes oder auf Vorlegung desselben beim Grundbuchamt zur Bildung von Teilbriefen abgetreten. Soweit im Zusammenhang mit solchen Grundschulden abstrakte Schuldversprechen bestehen, werden auch die Ansprüche auf Rückgewähr dieser Schuldversprechen mit abgetreten. Der Gläubiger wird ermächtigt, bei den jeweiligen Gläubigern vor- und gleichrangiger Grundpfandrechte jederzeit auch wiederholt Auskünfte über deren Valutierung einzuholen.
6. Der Anspruch auf Rückgewähr wird wird auf die Erteilung einer Löschungsbewilligung beschränkt. Ansprüche auf Abtretung und Verzicht werden ausgeschlossen.[19, 23] Beim Abtretungsanspruch gilt der Ausschluß nicht, wenn das Eigentum durch Zuschlag in der Zwangsversteigerung gewechselt hat.
7. Hier können Verpflichtungen des Eigentümers zur Erhaltung des Pfandbesitzes, Versicherungspflichten, Besichtigungsrechte des Gläubigers etc. aufgenommen werden.

D. Grundbuchamt, Notar

1. Der Schuldner beantragt beim Grundbuchamt, nach Eintragung der Grundschuld an der bedungenen Rangstelle der Gläubigerin eine beglaubigte Grundbuchblattabschrift zu erteilen.
2. Soweit die bestellte Grundschuld eine Gesamtgrundschuld[24] ist und nicht gleichzeitig an allen Pfandobjekten eingetragen wird, soll sie mit Eintragung an einem Pfandobjekt als Einzelgrundschuld entstehen. Wird sie bei mehreren, aber nicht an allen Pfandobjekten gleichzeitig eingetragen, so entsteht sie als Gesamtgrundschuld insoweit, als sie eingetragen wurde.
3. Im Falle der Bestellung einer Briefgrundschuld ist die Gläubigerin berechtigt, sich den Grundschuldbrief vom Grundbuchamt aushändigen zu lassen.[25] Der Eigentümer beantragt die Aushändigung des Briefes durch das Grundbuchamt an die Gläubigerin zu Händen des Notars.
4. Der Notar wird ermächtigt,[26, 27] alle zum Grundbuchvollzug erforderlichen Anträge – auch geteilt und eingeschränkt – zu stellen, abzuändern, zu ergänzen und zurückzunehmen sowie die Eintragung der Grundschuld durch ausdrückliche Erklärung nach nächstoffener Rangstelle zu beantragen. Der Notar wird ferner ermächtigt, von der Urkunde zu Gunsten der Gläubigerin Gebrauch zu machen.

E. Ausfertigungen, Abschriften.[28]

Von der Urkunde erhalten

a) die Gläubigerin sofort zur Herbeiführung der Bindung nach § 873 Abs. 2 BGB eine Ausfertigung sowie nach Vollzug eine vollstreckbare Ausfertigung. Die vollstreckbare Ausfertigung kann auf Verlangen der Bank jedoch auch jederzeit vorher erteilt werden.
b) das Grundbuchamt eine beglaubigte Abschrift;
c) der Schuldner eine beglaubigte Abschrift.

F. Kosten

Die Kosten[29, 30] dieser Urkunde und ihres Vollzugs trägt der Schuldner.

gez. Unterschriften der Beteiligten

Schrifttum: **Aufsätze:** *Amann,* Sicherungsvertrag und Belehrungsumfang bei Grundschulden, die fremde Verbindlichkeiten sichern, MittBayNot 1997, 341; *Clemente,* Die

Sicherungsabrede der Sicherungsgrundschuld – eine Bestandsaufnahme ZIP 1990, 969; *ders.* Aktuelle Entwicklungen beim Anspruch auf Rückgewähr einer Sicherungsgrundschuld, ZIP 1997, 127; *Eickmann,* Die fiduziarisch gegebene isolierte Grundschuld als Rangsicherungsmittel NJW 1981, 545; *Ertl:* Die Grundschuldbestellung zur Kaufpreisfinanzierung, MittBayNot 1989, 53; *Eickmann:* Aktuelle Rechtsfragen zur Sicherungsgrundschuld, ZIP 1989, 137; *ders.* Grundstücksrecht in den neuen Bundesländern, 3. Aufl. 1996; *Germer,* Vollstreckbare Ausfertigungen von Grundschuldbestellungen, BWNotZ 1989, 136; *ders.,* Die Mitwirkung des Verkäufers bei Grundschuldbestellungen zur Kaufpreisfinanzierung, BWNotZ 1991, 116; *Pfeiffer,* Übersicherung, Freigabeanspruch, Freigabeklauseln, WM 1995, 1565; *Keim,* Die weitere Sicherungsabrede: Überraschung oder unangemessene Benachteiligung? MittBayNot 1994, 406; *Rainer,* Die Auswirkungen des AGB-Gesetzes auf die formularmäßige Sicherungszweckerklärung für Grundschulden und die dingliche und persönliche Zwangsvollstreckungsunterwerfung, WM 1988, 1657; *Reithmann,* Die Grundschuld in Recht und Praxis, NJW 1973, 879; *ders.* Die Grundschuld in der Rechtswirklichkeit NJW 1977, 661; *ders.* Grundpfandrechte heute DNotZ 1982, 67; *ders.* Der Rückübertragungsanspruch bei Grundschulden, DNotZ 1994, 168; *Roemer,* Ausgewählte Probleme aus dem Bereich der Grundpfandrechte, MittRhNotK 1991, 69, 97; *Schmitz,* Die neuere Rechtsprechung des BGH zu Hypothek und Grundschuld, WM 1991, 1061; *Schmitz-Valckenberg,* Probleme bei der Bestellung von Grundschulden im Hinblick auf die Vorschriften der §§ 3 und 9 AGBG, DNotZ 1996, 492; *Senft,* Sicherungsgrundschuld und Minderjährigenschutz, MittBayNot 1986, 230; *Tröder,* Grundfragen der Finanzierungsvollmacht, DNotZ 1984, 350; *Weirich,* Grundstücksrecht, 1985; *Walter,* Grundpfandrechte in den neuen Bundesländern, WM 1991, 1189.

Gesamtdarstellungen: (einzeln oder in Sammelwerken): Beck'sches Notarhandbuch, 2. Aufl. 1996 Kapitel. A VI; *Clemente,* Das Recht der Sicherungsgrundschuld, 2. Aufl. 1992; *Gaberdiel,* Kreditsicherung durch Grundschulden (Sparkassenverlag), 5. Aufl. Stuttgart 1991; *Huber,* Die Sicherungsgrundschuld, 1965; *Reithmann/Albrecht/Basty,* Handbuch der notariellen Vertragsgestaltung, 7. Aufl. 1995, Kapitel C.

Anmerkungen

1. Sachverhalt. Das Grundschuldformular ist auf einen in der Praxis häufigen Fall abgestellt: Nach Abschluß eines Grundstückskaufvertrages bestellt der Käufer auf seinem Grundstück eine Grundschuld für eine Bank, die für den Käufer den Kaufpreis finanziert. Grundstückseigentümer (dinglicher Sicherungsgeber) und Kreditnehmer sind also verschiedene Personen.

2. Formular. Das gewählte Formular lehnt sich eng an viele in der Praxis verwendete Bankformulare an. Zweck der Erläuterungen ist nicht eine eingehende Darstellung der Rechte der Sicherungsgrundschuld, sondern die Erörterung der bei einer Formularabfassung zu beachtenden Gesichtspunkte. Eine solche Hilfe zur Formulargestaltung befaßt sich daher auch mit anderen Einzelformulierungen, die in der Praxis in Formularen vorkommen. Das gewählte Formular ist auf die Bedürfnisse eines Bankformulars abgestellt. Es kann nicht ohne weiteres für Grundschulden zu Gunsten von Privatpersonen verwendet werden, weil bei ihnen Gefahren für den Eigentümer bestehen (z. B. mißbräuchliche Verfügungen), die bei deutsche und somit der deutschen Bankaufsicht unterworfenen Banken als ausgeschlossen betrachtet werden können. Die Anmerkungen sind aber auch für die Handhabung von Bankformularen und notwendige Modifizierungen und Ergänzungen gedacht. Die Abschnitte VII. und VIII. des Formulars eignen sich nicht für einen allgemeinen Vordruck; sie müssen im Wege der individuellen Ergänzung eingefügt werden.

3. AGB-Gesetz. (1) Grundschuldformulare der Banken unterliegen dem AGB-Gesetz, da sie die formellen Voraussetzungen des § 1 AGBG erfüllen (*Dietlein* JZ 1977, 431). Verwender ist die Bank. Durch den neu eingefügten § 24a AGBG sind die Banken etc. als Unternehmer anzusehen, die normalen privaten Kreditnehmer als Verbraucher, so daß das AGB-Gesetz nach Maßgabe dieser Bestimmung auch für die Grundschulden gilt, ohne daß es auf eine AGB-rechtliche Verwendereigenschaft ankommt. Bei der Inhaltskontrolle ist zu unterscheiden zwischen den schuldrechtlichen und den sachenrechtlichen Erklärungen. Wenn auch sachenrechtliche Geschäfte trotz ihrer Gestaltungswirkung nicht von vornherein von der Inhaltskontrolle ausgeschlossen sind (*Ulmer/Brandner/Hensen* AGBG 4. Aufl. § 1 Rdn. 15 mwN.), so muß doch berücksichtigt werden, daß sie wegen des durch den gesetzlichen Typenzwanges vorgezeichneten Inhaltes der Beurteilung nach Treu und Glauben weitgehend entzogen sind. Soweit das Gesetz Abweichungen dinglicher Art zuläßt, insbesondere im Bereich der Grundpfandrechte, handelt es sich meist um Varianten, mit denen der dingliche Inhaltszwang aufgelockert wird, ohne daß zwischen dem gesetzlichen Grundschema und der Abweichung ein Spannungsverhältnis im Sinne von Treu und Glauben besteht. Somit ist der Spielraum für die Anwendung des AGB-Gesetzes im Sachenrecht ziemlich gering (KEHE/*Ertl* Einl. C 76; *F. Schmidt* MittBayNot 1978, 96). Auch die Wahl dinglicher Rechte, vor allem der Sicherungsmittel einschließlich anderer abstrakter Sicherungen (§ 780 BGB), wird vom AGB-Gesetz nicht erfaßt, da nach § 8 AGBG die Vereinbarung von Rechtsvorschriften abweichender Regelungen Voraussetzung zur Prüfung ist (vgl. BGH DNotZ 1995, 890; NJW 1996, 191; *Schmitz-Valckenberg* DNotZ 1996, 494). Das AGBG kann nicht zum Verbot gesetzlicher Rechtsfiguren führen (*Wolf/Horn/Lindacher* AGBG, § 9 Rdn. D 27, 28; zur Zulässigkeit der formularmäßigen Bestellung von Sicherungsgrundschulden BGH DNotZ 1995, 290). Das vollstreckbare Schuldbekenntnis führt nicht zu einer Umkehr der Beweislast im Verfahren der Vollstreckungsgegenklage (dazu BGH NJW 1981, 2756, dagegen *Wolfsteiner* NJW 1982, 2851). Die schuldrechtlichen Teile eines Grundschuldformulars werden vom AGB-Gesetz voll erfaßt. Auch die meist nicht mehr beurkundeten Sicherungsvereinbarungen (Zweckbestimmungserklärungen) fallen unter das AGB-Gesetz (vgl. BGH WM 1994, 1242; DNotZ 1995, 890).

(2) Das Grundbuchamt ist zur allgemeinen Inhaltskontrolle nicht befugt (*F. Schmidt* MittBayNot 1978, 89; OLG Hamm DNotZ 1979, 752; BayObLG NJW 1980, 2818; KEHE/*Ertl* Einl. C 75ff. m.w.N.; *Demharter* § 19 GBO Rdn. 40, 41 mwN.), muß jedoch entsprechend den allgemeinen Grundsätzen über die Prüfungspflicht des Grundbuchamtes offensichtlich erkennbare Nichtigkeit nach § 11, eventuell auch nach § 10 AGBG (BayObLG aaO.) beachten (*Palandt/Heinrichs* Vorb. v. § 8 AGBG Rdn. 8; *Ulmer/Brandner/Hensen* AGBG § 9 Rdn. 52), sofern sie im dinglichen Teil stehen.

4. Grundschuld. Abschnitt I enthält den dinglichen Teil der Grundschuldurkunde. Eine klare und übersichtliche Trennung von den anderen Teilen (verfahrensrechtliche, schuldrechtliche) ist das Kennzeichen eines guten Formulars. Abschnitt I enthält die nach § 1115 BGB für die unmittelbare Grundbucheintragung erforderlichen Angaben, auf deren Verlesung nicht verzichtet werden kann (§ 14 BeurkG).

5. Eigentümer, Sicherungsgeber. Die Grundschuld bestellt der Eigentümer, was in einem Formular die treffendste Bezeichnung ist. Die Bezeichnung „der Eigentümer" auch als Sammelbegriff für mehrere ist formularmäßig bedingt. Es ist nicht verständlich, warum Formularentwerfer unschöne Worte wie z.B. „Besteller" hierfür erfinden. Die Eintragung der Grundschuld im Grundbuch kann nur der Eigentümer bewirken. Im Hinblick auf die bei der Sicherungsabrede entstehenden Probleme ist eindeutig zum Ausdruck zu bringen, wer Sicherungsgeber ist (*Clemente* ZIP 1990, 971; 1997, 130). Soweit Formulare nur den Grundstückseigentümer als Sicherungsgeber bezeichnen, ist dies schon insofern nicht zutreffend, als der mit dem Eigentümer nicht identische Darlehensnehmer für das Schuldbekenntnis auch Sicherungsgeber ist (*Clemente* ZIP 1997,

30. Bestellung einer Buchgrundschuld X. 30

130 mwN.). Zudem ist es auch sachlich nicht zutreffend, dem Eigentümer, der die Grundschuld zur Sicherung eines Darlehens eines Dritten bestellt (z.B. Käuferdarlehen zur Kaufpreisfinanzierung) die Funktion des Sicherungsgebers zu verleihen. Sicherungsgeber im Rechtssinn ist hier nur der Dritte (vgl. *Clemente*, Sicherungsgrundschuld, S. 58 ff.). Sicherungsgeber und Eigentümer sind nur identisch, die Grundschuld für eigene Verbindlichkeiten des Eigentümers bestellt wird. Ist Darlehensnehmer ein Dritter, ist dieser auch Sicherungsgeber. Er verschafft der Bank die Grundschuld als Sicherheit und bedient sich für die Grundschuldbestellung des Eigentümers. Dies wirkt sich bei der Ausnutzung der Grundschuld nach der Sicherungsvereinbarung (Zweckbestimmungserklärung) aus und bei der Rückgewähr (Löschung). Der Eigentümer darf die Grundschuld entgegen dem Willen des Kreditnehmers nicht für eigene Zwecke benützen (beleihen). So darf der Verkäufer, der die Grundschuld für das Darlehen des Käufers zur Kaufpreisfinanzierung bestellt, die Grundschuld nicht für sich benützen, weil er nicht Sicherungsgeber ist. Bestellen Ehegatten am gemeinsamen oder an dem nur einem von ihnen gehörenden Grundstück eine Grundschuld für ein gemeinsames Darlehen auf, sind sie beide Sicherungsgeber (*Clemente* Rdn. 256) mit der Folge, daß der Grundschuldgläubiger die Grundschuld nicht einem allein für eigene Verbindlichkeiten zur Verfügung stellen kann bzw. darf. Zwischen dem Sicherungsgeber und dem Gläubiger (Bank) besteht ein Treuhandverhältnis, kraft dessen bei Verfügung und Verwertung der Grundschuld die Interessen des Sicherungsgebers zu wahren sind. Die Rückgewähransprüche stehen daher dem Sicherungsgeber zu. So verstößt der Gläubiger gegen die Treuhänderpflichten, wenn er ohne Zustimmung des Dritten, dessen Verbindlichkeiten die Grundschuld sichert, auf die Grundschuld verzichtet (BGH NJW 1989, 1732; vgl. *Clemente* ZIP 1997, 130). Bei einer Grundschuld ist daher erst zu klären, wer Sicherungsgeber ist. Daraus folgt dann die Notwendigkeit, die entsprechende Sicherungsabrede zu treffen (dazu Anm. 18). In Anm. 31 ist ein Formulierungsbeispiel für eine Verkäufermitwirkung bei der Grundschuldbestellung enthalten, bei der der Käufer im Formular als bestellender Eigentümer benannt wird.

6. Buchrecht. (1) Die gesetzliche Regel ist das Briefrecht (§§ 1116 Abs. 1, 1192 BGB). Die Erteilung eines Grundschuldbriefes kann jedoch ausgeschlossen werden (§ 1116 Abs. 2 BGB). Dies muß im Grundbuch eingetragen werden. Die gängige Formulierung „Grundschuld ohne Brief" genügt als Ausschlußerklärung.

(2) **Briefrecht.** Bei Briefgrundschulden ist es üblich, daß der Eigentümer auch mit Wirkung gegenüber Rechtsnachfolger für den Fall der Geltendmachung der Grundschuld auf die Vorlage des Grundschuldbriefes und der in § 1160 BGB genannten Urkunden verzichtet. Der Verzicht ist zulässig und wird durch die Grundbucheintragung Inhalt der Grundschuld (*Staudinger/Scherübl* § 1160 BGB Rdn. 16 mwN.).

6a. Währung. Während bisher für Grundpfandrecht die Beträge in Deutscher Mark angegeben werden mußten, sind nunmehr auch andere Währungen zulässig (Verordnung vom 30. 10. 1997 BGBl. I S. 2683), und zwar seit 30. 10. 1997 die Währungen von Mitgliedstaaten der Europäischen Union, der Schweizerischen Eidgenossenschaft und der Vereinigten Staaten von Amerika, ab 1. 1. 1999 auch der Euro.

7. Zinsen, Nebenleistungen. (1) Die Zinsen müssen bestimmt oder bestimmbar sein (BGH NJW 1975, 1313; MünchKomm/*Eickmann* § 1115 BGB Rdn. 22 ff.). Zinsgleitklauseln (erforderlich: Mindest- und Höchstzinssatz und objektiv bestimmbarer Gleitmaßstab wie zB. Diskontsatz; durch Art. 1 § 1 des Euro-Einführungsgesetzes vom 15. 6. 1998 (BGBl. I S. 1242) tritt ab 1. 1. 1999 an Stelle des Diskontsatzes der sog. Basiszinssatz) sollten bei Grundschulden nicht verwendet werden, ebensowenig ein gesonderter Verzugszins. Es genügt die Angabe eines Zinssatzes, der alle in Betracht kommenden Zinsänderungen der gesicherten Kredite abdeckt. Der übliche Grundschuldzins liegt gegenwärtig bei 14 bis 18 v.H. Für den Eigentümer bedeutet dieser Zinssatz in der Regel an sich keine besondere Belastung. In besonderen Situationen, wie etwa bei dinglicher Ablösung, kann sich der hohe Zinssatz allerdings negativ auswirken. Auch ist zu beachten, daß der Gläubiger in der Zwangsvollstreckung die eingetragenen Zinsen nicht nur zur Deckung der vereinbarten Zinsen, sondern auch für Hauptsacheforderungen verwendet werden kann (BGH NJW 1982, 2968). Bei der vier-jährigen Verjährungsfrist der Zinsen (BGH aaO.) bedeuten hohen Grundschuldzinsen u. U. eine erhebliche mittelbare weitere Kapitalsicherung, die beispielsweise in der Baufinanzierung nachrangige Gläubiger im Zusammenhang mit der erweiterten Zweckbestimmungserklärung (Sicherung auch anderer Kredite) erheblich benachteiligen kann (kritisch zu den hohen Zinssätzen auch Gaberdiel 6.2.4). Das Problem wird noch verschärft durch das Urteil des BGH vom 29. 3. 1993 (ZIP 1993, 257, Nichtannahmebeschluß zu OLG Koblenz WM 1993, 1033; BGH NJW 1996, 253, 256), wonach die Verjährung der Grundschuldzinsen solange gehemmt ist, wie der Sicherungsfall nicht eintritt. Das bedeutet, daß Grundschuldzinsen in der Regel nicht verjähren, so daß u. U. über die Zinsen ein mehrfaches des Kapitals dinglich gesichert ist und sich die Position nachrangiger Gläubiger verschlechtern kann. Da in der Zwangsversteigerung nur die laufenden Zinsen und die rückständigen Zinsen der letzten zwei Jahre im Rang der Grundschuld, also im Vorrang gegenüber nachrangigen Gläubigern, geltend gemacht werden können (§ 10 Abs. 1 Nr. 4 ZVG), sind bei der meist vereinbarten Fälligkeit zum ersten Werktag des folgenden Kalenderjahres regelmäßig drei bis vier Jahre der Grundschuld realisierbar (*Clemente* ZIP 1997, 129). Zu den laufenden Zinsen gehören auch die letzten vor der Beschlagnahme fällig gewordenen Zinsen (§ 13 Abs. 1 ZVG). Die weiteren nicht verjährten Zinsen stehen dann im Rang nach den nachrangigen Gläubigern.

(2) Der Zinsbeginn muß angegeben werden (OLG Köln NJW 1960, 1108); er kann auch vor der Grundbucheintragung liegen (OLG Stuttgart NJW 1953, 464). Ein Zinsbeginn erst ab dem Tage der Grundbucheintragung kann zu Problemen führen, wenn vor Eintragung bereits ganz oder teilweise ausgezahlt wird, weil dann etwaige Zinsrückstände bis dahin mit der Eintragung nicht abgedeckt werden. Wegen der gegenüber den Darlehenszinsen hohen dinglichen Zinsen kann das Problem aber in der Praxis vernachlässigt werden. Auch aus dem abstrakten Schuldbekenntnis kann insoweit nicht vollstreckt werden, wenn es so formuliert ist, daß es voll auf die Grundschuldbedingungen abstellt.

(3) Viele Formulare von Kreditinstituten sehen neben den Zinsen eine einmalige Nebenleistung von z. B. 5% des Grundschuldbetrages vor. Sachlich ist dies in der Regel aus dem Kreditverhältnis kaum gerechtfertigt. Im Grunde genommen handelt es sich um eine versteckte höhere Kapitalsicherung zu Lasten nachrangiger Gläubiger, die mehr auf den eingetragenen Nennbetrag sehen, wenn es so geht, was im Range vorgehen darf. Gegen die Eintragungsfähigkeit solcher abstrakter Nebenleistungen bestehen erhebliche Bedenken (*Stöber* ZIP 1980, 613; MünchKomm/*Eickmann* § 1192 Rdn. 5; *Haegele/Schöner/Stöber* Rdn. 2295 ff.; OLG Schleswig SchlHA 1968, 260). Danach muß ebenso wie bei der Hypothek die Art einer Nebenleistung angegeben werden, wie z. B. Strafzinsen, Verwaltungskostenbeitrag, nicht jedoch forderungsabhängige wie etwa Geldbeschaffungskosten, Tilgungsstreckung (*Haegele/Schöner/Stöber* Rdn. 2298). Das OLG Stuttgart hat sich für die Zulässigkeit abstrakter Nebenleistungen bei der Grundschuld ausgesprochen (DNotZ 1987, 230); andere höchstrichterliche Entscheidungen fehlen noch, so daß man eine Grundschuld mit solchen Nebenleistungen akzeptieren muß. Man sollte aber diesen Wildwuchs nicht fördern, zumal die dingliche Position des Gläubigers durch die Hemmung der Verjährung bei den Zinsen sich laufend bessert (siehe oben Anm. 7 Abs. 1 a. E.).

8. Fälligkeit. Es ist sinnvoll, zweckmäßig und üblich, bei der Sicherungsgrundschuld das Kapital sofort fällig zu stellen (MünchKomm/*Eickmann* § 1193 Rdn. 2). Diese Abweichung von § 1193 Abs. 1 BGB ist durch Abs. 2 voll gedeckt und verstößt nicht gegen

30. Bestellung einer Buchgrundschuld X. 30

das AGB-Gesetz. Die Klausel mit sofortiger Fälligkeit ist besser als diejenige, die eine jederzeitige sofortige Kündigung vorsieht. Es müssen dann nämlich Kündigungserklärungen und -Handlungen vorgenommen werden, die einem schnellen Zugriff entgegenstehen. Aus dem Gebot von Treu und Glauben ergibt sich jedoch ein Gebot angemessener Fristeinräumung vor Geltendmachung der Grundschuld (*Liesecke* WM 1969, 547; *Ulmer/Brandner/Hensen* AGBG Anh. §§ 9–11 Rdn. 662). Aber auch aus der fälligen Grundschuld darf die Zwangsversteigerung erst betrieben werden, wenn auch die gesicherte Forderung fällig ist (BGH NJW 1986, 1928; *Erman/Räfle* § 1191 Rdn. 53). Das Abstellen der Zinsfälligkeit für das abgelaufene Kalenderjahr auf das Ende des Kalenderjahres oder auf den Beginn des neuen wirkt sich auf die Verjährung aus, da die Verjährung mit Ablauf des Kalenderjahres beginnt, in dem die Fälligkeit eintritt (§ 201 BGB; dazu jetzt aber BGH ZIP 1993, 507, dazu Anm. 7 Abs. 1). Der Fälligkeitszusatz „spätestens im Verteilungstermin" beruht auf einer nicht veröffentlichten Entscheidung des LG Augsburg von 1998. Danach tritt die Fälligkeit der Zinsen (übereinstimmend mit *Zeller/Stöber*, ZVG, 15. Aufl., § 13 Rdn. 2.6) – wichtig für die Vorrangsregelung des § 10 Abs. 1 ZVG – bereits mit der Beantragung der Zwangsversteigerung ein, was zu einem erheblichen Zinsverlust für den Gläubiger führen kann. Damit wird auch klargestellt, daß die Zinsen des laufenden Kalenderjahres bereits im Verteilungstermin fällig werden, nicht erst am ersten Werktag des folgenden Kalenderjahres.

9. **Rangstelle.** Die Rangstellenbestimmung gehört zum dinglichen Inhalt der Grundschuld (*Palandt/Bassenge* § 877 Anm. 2b; str.), mindestens jedoch zur Bewilligung (*Kuntze/Ertl/Herrmann/Eickmann* GBO § 45 Rdn. 13). Sie schließt eine Eintragung an anderer Rangstellen grundsätzlich aus (§ 45 Abs. 3 GBO). Die Eintragung an anderer Rangstelle als der vereinbarten läßt die Grundschuld nicht entstehen (BGH NJW-RR 1990, 206). Eine Ergänzung der Rangbestimmung dahingehend, daß notfalls auch an nächstoffener Rangstelle eingetragen werden kann, hebt die Bestimmung auf (BayObLG RPfleger 1976, 302). Besser ist eine Klausel, wonach die Grundschuld unabhängig von der Eintragung an der bedungenen Rangstelle entstehen soll (so das Formular). Im verfahrensrechtlichen Teil kann man den Bedürfnissen der Praxis bei der Antragstellung gerecht werden (vgl. Anm. 26).

10. **Dingliche Vollstreckungsunterwerfung.** Die dingliche Vollstreckungsunterwerfung (§§ 794 Abs. 1 Nr. 5; 800 ZPO; dazu *Räfle* WM 1983, 815) bedarf der Eintragung in das Grundbuch. § 794 ZPO verlangt eine bestimmte Forderung; Bestimmbarkeit genügt nicht, wenn sie sich die Maßstäbe für die Bestimmung nicht unmittelbar aus der Urkunde ergeben (BGH NJW 1995, 1162; *Baumbach/Lauterbach/Albers/Hartmann* ZPO § 794 Anm. 10 B). Die Höhe des Betrages muß sich aus der vollstreckbaren Urkunde ergeben oder aus ihr errechnet werden können (BGH DNotZ 1976, 346; 1983, 679; *Wolfsteiner*, Die vollstreckbare Urkunde § 14.9). Die Kosten der Kündigung und der Rechtsverfolgung sind künftige unbestimmbare Forderungen und können in die Vollstreckungsunterwerfung nicht einbezogen werden (vgl. dazu *Wolfsteiner*, Die vollstreckbare Urkunde, §§ 31.1 ff.; 27.9). Die Vollstreckungsunterwerfung kann auch von einem künftigen Eigentümer, der die Grundschuld bestellt, ohne im Zeitpunkt der Beurkundung bereits Eigentümer zu sein, abgegeben werden; er muß lediglich im Zeitpunkt der Eintragung Eigentümer sein (BayObLG DNotZ 1987, 216). Weiter geht das Kammergericht (DNotZ 1988, 238), das bei einer in der Grundschuld vom Verkäufer (gegenwärtiger Eigentümer) und zusätzlich vom Käufer (künftiger Eigentümer) erklärten dinglicher Zwangsvollstreckungsunterwerfung letztere nach Eigentumsumschreibung in der Weise anerkennt, daß sie ohne Klauselumschreibung unmittelbar gegenüber dem Käufer als neuen Eigentümer gilt (so auch *Haegele/Schöner/Stöber* Rdn. 3158). Dieses Verfahren sehen inzwischen viele Formulare von Banken vor. Zu formulieren ist dann, daß sich „der Eigentümer und ... ... (= Schuldner) der Zwangsvollstreckung unterwerfen". Mit der Grundbucheintragung beim bewilligenden Eigentümer ist das Verfahren abgeschlos-

sen. Für die Dokumentierung von Rechtsnachfolgern ist das Verfahren der Klauselumschreibung vorgesehen. Die Vollstreckungsunterwerfung kann auch auf einen zuletzt zu zahlenden Teilbetrag lauten (BGH DNotZ 1988, 233 mit Anm. *Wolfsteiner*). In der Formulierung der Vollstreckungsklausel wir das mehr aus der Tradition herrührende Wort „sofortige" Zwangsvollstreckung nicht mehr gebraucht. Es erweckt den Anschein einer Schnellvollstreckung, die nicht zutrifft (z. B. Vollstreckungsgegenklage), beim Schuldner irrige Vorstellungen erweckt (vgl. § 17 Abs. 1 BeurkG; *Wolfsteiner* Mitt-BayNot 1996, 439))und von der Sache her nichtssagend ist.

11. Anträge. Da der Notar auf Grund der von ihm beurkundeten Bewilligung den Antrag nach § 15 GBO selbst stellen kann, empfiehlt *Reithmann (*Handbuch der notariellen Vertragsgestaltung, 7. Aufl., Rdn. 716), in die Urkunde keine Anträge aufzunehmen. Damit würde vor allem vermieden, daß mit der Grundbuchvorlage des Notars nach § 15 GBO (= im Namen von Eigentümer und Gläubiger) die beurkundeten Anträge auch noch als eigene des Eigentümers gestellt sind. Letztere kann der Notar nach h. M. nicht über § 24 Abs. 3 BNotO zurücknehmen (Zu diesen Problemen *Kuntze/Ertl/Hermann/Eickmann* GBO § 31 Rdn. 5 ff.; *Haegele/Schöner/Stöber*, Rdn. 190 ff.). Vornehmlich in älteren Formularen finden sich Klauseln, wonach die Bewilligung unwiderruflich sei. Eine solche Unwiderruflichkeit ist unbeachtlich, da die Unwiderruflichkeit einer Verfahrenshandlung nicht durch eine rechtsgeschäftliche Erklärung bewirkt werden kann. Die Unwiderruflichkeit kann nur durch die vom Gesetz ermöglichten Verfahren herbeigeführt werden (vgl. § 873 BGB; im einzelnen *Kuntze/Ertl/Herrmann/Eickmann* GBO § 19 Rdn. 166 ff.; *Haegele/Schöner/Stöber*, Rdn. 106).

12. § 27 GBO; § 880 Abs. 2 S. 1 BGB. Zur Eigentumsvormerkung der Käufers Anm. 17.

13. Schuldversprechen. (1) Das abstrakte Schuldversprechen (§ 780 BGB) als Übernahme der persönlichen Haftung des Darlehensnehmers (dazu BGH DNotZ 1976, 346; DNotZ 1987, 210) in vollstreckbarer Form gibt dem Gläubiger neben der Grundschuld ein weiteres Sicherungsmittel an die Hand. Bei Verschiedenheit von Eigentümer (Sicherungsgeber) und Kreditnehmer (auf Dauer oder vorübergehend wie im Formularfall) bildet es den einzigen Titel gegen den Darlehensnehmer (klare Formulierung „Sicherungsgeber" und „Kreditnehmer", *Clemente* ZIP 1990, 971). Die Sicherung des Gläubigers durch Grundschuld und Schuldversprechen ist sachgerecht und verstößt nicht gegen das AGB-Gesetz (dazu Roemer MittRhNotK 1991, 97 m. w. N). Die lange Zeit umstrittene Frage hat der BGH in dem Sinne entschieden, daß es regelmäßig nicht gegen §§ 3, 9 und 11 Nr. 15 AGBG verstoße, wenn die kreditgebende Bank neben der Grundschuld auch ein vollstreckbares Schuldversprechen bzw. -anerkenntnis als zusätzliche Sicherheit verlange (BGH NJW 1987, 904; NJW 1991, 286; 2559; NJW 1992, 971). Darin liege keine unzulässige Beweislaständerung im Sinne des § 11 Nr. 15 AGBG. Aus ihm kann auch vollstreckt werden, wenn die Grundschuld nicht zur Eintragung gelangt (BGH DNotZ 1992, 659). Der BGH hatte lange die Frage offen gelassen, was gilt, wenn der Sicherungsgeber ein am Kreditverhältnis unbeteiligter Dritter ist. Er hat sie (NJW 1991, 1677 = DNotZ 1992, 91 mit Anm. *Stürner* = MittRhNotK 1991, 211 mit Anm. *Roemer*; dazu auch *Schmitz-Valckenberg* DNotZ 1996, 497) in dem Sinn entschieden, daß ein persönliches vollstreckbares Schuldversprechen, das der Grundstückseigentümer zusätzlich zur Grundschuldbestellung abgebe, gegen § 9 Abs. 2 Nr. 1 AGBG verstoße, wenn Schuldner der gesicherten Forderung ein Dritter ist. Bei allen zu Recht bestehenden Bedenken gegen solche formularmäßigen Praktiken von Banken geht das Urteil wohl zu weit. Es kann wohl niemandem verwehrt werden, neben der Realsicherheit (Grundschuld) auch eine Personalsicherheit (Schuldversprechen) für Verbindlichkeiten eines Dritten in einer Urkunde abzugeben. Der Kern der BGH-Entscheidung liegt daher nicht in der Unangemessenheit des § 9 AGBG, sondern im Überraschungseffekt, wie er in § 3 AGBG niedergelegt ist (so zutreffend *Stürner* und *Roemer* a. a. O.). Auf § 3 AGBG hat der BGH aber nicht abgestellt; hat er doch in NJW 1987, 905 die Überraschung wegen der Beurkundung durch den Notar verneint. Für den Notar ergibt sich die Pflicht zur besonderen Aufmerksamkeit, wenn Kreditnehmer ein Dritter ist. Dann muß individual-rechtlich begründet und in der Urkunde festgehalten werden, weshalb der Nichtschuldner auch das Schuldversprechen abgibt. In der Zweckbestimmung ist dann weiter zu klären, ob die Sicherheit nur wegen eines bestimmten Kredits oder auch wegen weiterer Verbindlichkeiten des Dritten gegeben wird (vgl. Anm. 18 3b; zur Beurkundung durch einen Bevollmächtigten Anm. 16 Abs. 3). Von einer Trennung von Grundschuld und Schuldanerkenntnis in zwei Urkunden ist abzuraten, schon wegen der doppelten Kosten (*Schmitz-Falckenberg* DNotZ 1996, 498).

(2) Die hier gewählte Formulierung ist der weithin üblichen vorzuziehen, die in einer nicht ganz einsichtigen Sprache besagt, daß der Schuldner „für den Eingang der Grundschuld samt Zinsen" die persönliche Haftung übernimmt. Auch in dieser Formulierung handelt es sich um ein abstraktes Schuldversprechen (OLG Köln DNotZ 1973, 475). Es wird jedoch sprachlich eine Abhängigkeit des Schuldversprechens von der Grundschuld und ihrem Bestand hergestellt, die nicht gewollt ist (OLG Köln aaO.; *Gaberdiel* Rdn. 6.6.5; *Wolfsteiner* MittBayNot 1976, 35; *Zawar* NJW 1976, 35; vgl. aber BGH NJW 1991, 287; *Roemer*, MittRhNotK 1991, 99). Auch würde die Inanspruchnahme des Schuldners aus dem Schuldbekenntnis genau genommen eine dingliche Ablösung der Grundschuld bedeuten („Eingang der Grundschuld"). Die zuvor formulierte Akzessorietät wird meist mit dem weiteren Satz wieder beseitigt, wonach der Gläubiger den Schuldner aus der persönlichen Haftung schon vor Eintragung der Grundschuld und vor Vollstreckung in den Grundbesitz in Anspruch nehmen darf. Eine Zahlung „auf die Grundschuld" ist vor Eintragung aber nicht möglich. Im Formular ist der entsprechende Satz zur Klarstellung aufgenommen (zu dem Problem auch *Kolbenschlag* DNotZ 1965, 205; BGH NJW 1992, 971 läßt die Formulierung auch zur Zwangsvollstreckung gelten, wenn es nicht zur Eintragung der Grundschuld mehr kommt). Nach richtiger Ansicht, die auch in der Formulierung des Schuldversprechens zum Ausdruck kommen soll, ist die Klammer für die Sicherungsmittel „Grundschuld" und „Schuldversprechen", die unabhängig voneinander entstehen und bestehen, der Sicherungsvertrag als Kausalgeschäft (vgl. *Reithmann* DNotZ 1982, 71, 76). Mit dieser Problematik hat sich der BGH im Urteil vom 3. 12. 1988 befaßt (NJW 1988, 707 = DNotZ 1988, 487 mit abl. Anm. *Schmitz-Valckenberg*). Bei einer Haftung für „den Eingang des Grundschuldbetrages" könne die Bank, soweit sie Zahlung aus der Grundschuld erhalten habe, aus dem Schuldbekenntnis nicht mehr gegen den Schuldner vorgehen (so BGH NJW 1991, 287). Aber auch bei der Haftung „für die Zahlung eines Geldbetrages in Höhe der Grundschuld" bestehe keine kumulative Möglichkeit, gegen den Schuldner vorzugehen (gegen kumulative Ausnutzung von Grundschuld und Schuldbekenntnis auch BGH NJW 1988, 707; NJW 1992, 971). Im Zweifel kann der in der Urkunde genannte Betrag nur einmal verlangt werden, es sei denn, die Urkunde sage etwas anderes aus. Zu dieser Klarstellung dient der letzte Satz in Abschnitt IV des Formulars, ferner ausdrücklich C Nr. 3 der Weiteren Bestimmungen. Auch eine Formulierung „Unabhängig von der Grundschuld verpflichtet sich . . . . . ." dürfte genügen (vgl. *Schmitz-Valckenberg* a.a.O.).

14. Allgemeine Bestimmungen. Die nicht vorzulesenden Teile der Urkunde bei Verfahren nach § 14 BeurkG werden besser mit „Allgemeine Bestimmungen" als mit „Allgemeine Bedingungen" bezeichnet (keine Bedingungen im Rechtssinn, auch nicht immer AGB). Der Verzicht auf das Vorlesen muß in die Urkunde (Mußvorschrift); andernfalls ist die Urkunde nichtig. Dagegen ist die Urkunde wirksam, wenn im Text nicht erscheint, daß die Anlage zur Kenntnis und Unterzeichnung vorgelegt wurde (Sollvorschrift). Die Formulierung sollte sich immer nur auf die gesetzlichen Erfordernisse erstrecken: Verzicht auf Vorlesen, Vorlage zur Kenntnis und Unterzeichnung. Man soll nicht schreiben, daß die Weiteren Bestimmungen unterzeichnet wurden. Das Fehlen der Unterschrift führt nicht zur Nichtigkeit. Wird das Unterzeichnen tatsächlich einmal vergessen, so ist jene Formulierung falsch. Die Prüfungs- und Belehrungspflicht des Notars erstreckt sich in vollem Umfang auch auf den nicht verlesenen Teil. Eine „Erörterungspflicht" besteht dagegen nicht. Deswegen gehört die vielfach anzutreffende Klausel, wonach die „Weiteren Bestimmungen" erörtert wurden, nicht in die Urkunde.

15. Belehrung. Diese Belehrungen entsprechen der dem Notar in § 17 BeurkG auferlegten Pflicht, über die rechtliche Tragweite eines Geschäftes zu belehren (dazu Reithmann DNotZ 1982, 86). Gerade die zunehmend in der Rechtsprechung behandelten diesbezüglichen Probleme (dazu Anm. 18) machen eine solche Belehrung besonders nötig. Textlich entsprechen sie dem Vorschlag der Landesnotarkammer Bayern im Rundschreiben vom 22. 1. 1987. Sie sind in MittBayNot 1989, 208 abgedruckt und von *Schelter* erläutert. Die Belehrung ist unabhängig davon vorzunehmen, ob die Zweckbestimmungserklärung in der Grundschuld enthalten ist oder gesondert bei der Bank unterschrieben wird. Eine Belehrungspflicht über die Zweckbestimmungserklärung selbst besteht nicht, wenn sie nicht Bestandteil des Formulars ist (*Amann* in Beck'sches Notarhandbuch A VI Rdn. 44). Zu belehren ist nur, soweit nötig. Ist nur ein Beteiligter vorhanden, kann der zweite Absatz entfallen. Auch die Belehrung des ersten Absatzes ist nicht nötig bei einem Beteiligten, der ständig mit solchen Geschäften befaßt ist, wie z. B. ein Bauträger in eigenen Grundschulden. Auch scheint sie nicht erforderlich in Fällen eines vonvornherein einmaligen Darlehens, etwa öffentliche Darlehen, Hypothekendarlehen von Versicherungen, gegebenenfalls Bausparkassen.

16. Sicherung der Kaufpreiszahlung. (1) Wenn der Eigentümer als Verkäufer die Grundschuld bestellt, um dem Käufer die Kaufpreiszahlung zu ermöglichen, müssen Sicherheiten geschaffen werden, um die Zahlung an ihn zu gewährleisten (dazu *Reithmann/Albrecht/Basty*, Handbuch der notariellen Vertragsgestaltung, 7. Aufl., Rdn. 431 ff; *Tröder* DNotZ 1984, 350; *Ehmann* BWNotZ 1989, 141; eingehend *Ertl* MittBayNot 1989, 53; *Roeder*, MittRhNotK 1991, 80; *Germer* BWNotZ 1991, 116). Dies geschieht
a) durch eine entsprechende **Zweckbestimmungserklärung** (Formulierungsbeispiele Form. I. 30 Anm. 24 Abs. 2 für Bauträgerfälle und *Haegele/Schöner/Stöber* Rdn. 3158). Die allgemeine Zweckbestimmungserklärung muß daher so eingeschränkt werden, daß die Grundschuld bis zur vollständigen Kaufpreiszahlung ausschließlich nur für Zahlungen haftet, die von der Bank tatsächlich zu diesem Zweck an den Verkäufer geleistet sind. Damit ist auch die dingliche Haftung des Verkäufers für nach der Zahlung laufende Zinsverbindlichkeiten des Käufers ausgeschlossen. Diese eingeschränkte Sicherheit muß die Bank in Kauf nehmen, da es dem Verkäufer nicht zumutbar ist, bei Nichterfüllung des Kaufvertrages durch den Käufer und Rücktritt vom Vertrag zum Zwecke der Löschung der Grundschuld mehr zurückzuzahlen als er tatsächlich an Kaufpreiszahlung erhalten hat (sh. dazu *Gaberdiel*, 5. Aufl. 115). Da die Rückgewähransprüche aus der Grundschuld dem Verkäufer als Eigentümer bis zur Eigentumsumschreibung zustehen und diese von seinen Gläubigern gepfändet werden könnten, besteht die Gefahr, daß die Grundschuld, die der Finanzierung des Käufers dient, mit solchen Drittrechten behaftet sein kann. Zu diesem Zweck wird empfohlen, die Rückgewähr bis zur Eigentumsumschreibung auf den Löschungsanspruch zu beschränken (*Gaberdiel* Rdn. 11.5.3).
Die Gläubigerin muß mit dieser Sicherungsvereinbarung einverstanden sein. Die Übersendung der Urkundenausfertigung stellt ein Angebot dar, das mit der unbeanstandeten Entgegennahme stillschweigend angenommen wird (*Haegele/Schöner/Stöber* Rdn. 3158; LG Mainz MittRhNotK 1988, 20). Auf die Übersendung der Urkunde ist daher besonderer Wert zu legen, gegebenenfalls mit ausdrücklichem Hinweis auf diesen Passus. Häufig wird dies die zur Bindung nach § 873 BGB verlangte Ausfertigung sein.

30. Bestellung einer Buchgrundschuld
X. 30

Zusätzliche Sicherheit wird erreicht, wenn man sich von der Gläubigerin die Abtretung (sh. b) und die Akzeptanz der Zweckbestimmungserklärung schriftlich bestätigen läßt.

b) durch **Abtretung des Auszahlungsanspruches** des Käufers gegenüber der Bank an den Verkäufer. Diese Abtretung ist erforderlich (dazu LG Wuppertal MittRhNotK 1980, 92), weil mit der Zweckbestimmung die Zahlung an den Käufer und damit die Gefahr, daß das Geld den Verkäufer nicht erreicht, nicht voll ausgeschlossen ist. Neuerdings wird verschiedentlich von der Abtretung abgeraten, vor allem mit dem Hinweis, die AGB der meisten Banken und Bausparkassen würden die Abtretbarkeit ausschließen. Daran ist richtig, daß die Abtretung ins Leere geht, wenn die Abtretbarkeit ausgeschlossen ist. Es trifft aber nicht zu, daß dies die Regel ist. Ein solcher Abtretungsausschluß in Banken-AGB meint wohl eher den Fall der allgemeinen Abtretung an einen Dritten, nicht den an einen Verkäufer in Verbindung mit einer Finanzierungsgrundschuld und einer entsprechenden Zweckbestimmungserklärung. Gegen ein solches Abtretungsverbot müßten jedenfalls Bedenken aus § 242 BGB angemeldet werden, weil es eine angemessene Konstruktion für die Inanspruchnahme eines Darlehens zur Kaufpreisfinanzierung verbieten würde. Im übrigen ist auch nicht dargetan, wieso eine Zweckbestimmungserklärung zulässig sein soll, wenn die Abtretung verboten ist. Ein echtes Abtretungsverbot könnte sonst durch eine Zahlungsanweisung zugunsten eines Dritten umgangen werden. Auch für öffentliche Darlehen ist die Situation nicht anders; so läßt die Bayerische Landesbodenkreditanstalt für echte Finanzierungsdarlehen seit vielen Jahren die Abtretung ausdrücklich zu. Mit Annahme der übersandten Urkunden (Kaufvertrag mit Abtretungserklärung und Grundschuld mit Abtretungshinweis bzw. Grundschuld mit Abtretungserklärung) durch die Gläubigerin ist das Abtretungsangebot als stillschweigend angenommen anzusehen, gegebenenfalls als konkrete Abweichung von die Abtretbarkeit ausschließenden AGB. Es gilt nichts anderes als bei der Sicherungsvereinbarung (dazu oben b). Den Autoren, die sich für das Weglassen der Abtretung aussprechen und nur auf die Zweckbestimmungserklärung abstellen (*Ertl,* MittBayNot 1989, 61; *Wolfsteiner* in Kersten/Bühling § 28 Rdn. 260 ff.; vorsichtig auch *Haegele/Schöner/Stöber* Rdn. 3158; ablehnend zur Abtretung *Reithmann/Albrecht/Basty,* Handbuch der notariellen Vertragsgestaltung Rdn. 443) wird nicht gefolgt. Der Verkäufer, der sein Grundstück für den Käuferkredit belastet, ist ohne Abtretung rein auf passives Verhalten angewiesen, was kein volles Pendant für seine Bereitschaft zur Belastung darstellt. Im Bauträgerbereich ist die Abtretung nicht verzichtbar und wird auch von allen Banken etc. seit jeher akzeptiert (vgl. Form. I. 30 Anm. 24).

(2) Steht bei Abschluß des Kaufvertrages bereits fest, welche Bank in welcher Höhe finanziert, so wird die Abtretung zweckmäßigerweise bereits in den Kaufvertrag aufgenommen. Sie ist dann gleicher Gegenstand im Sinne von § 44 Abs. 1 KostO und verursacht keine weiteren Gebühren (Sicherungsgeschäft). In der Grundschuldurkunde ist sie dagegen verschiedener Gegenstand und gesondert zu bewerten. Falls die Abtretung im Kaufvertrag enthalten ist, sollte in der Grundschuld jedoch unbedingt darauf hingewiesen werden, um sicherzustellen, daß die Bank davon Kenntnis nimmt. Anstelle von Abtretung wird auch eine unwiderrufliche Zahlungsanweisung nach § 783 BGB vorgeschlagen. Sie ist jedoch wegen des mangelnden Anspruchs des Verkäufers hieraus problematisch (dazu *Tröder* DNotZ 1984, 367 ff).

(3) **Vollmacht.** Die Bestellung der Finanzierungsgrundschuld des Käufer durch den Verkäufer geschieht am einfachsten zusammen mit dem Kaufvertrag im gleichen Termin. Ist dies nicht möglich, benötigt ein Vertragsteil vom anderen eine Vollmacht, wenn nicht beide zur Grundschuldbestellung zum Notar kommen können bzw. wollen. Die Vollmacht wird zweckmäßigerweise in den Kaufvertrag aufgenommen, weil damit bereits die Form des § 29 GBO gewahrt ist (zur Belastungsvollmacht *Tröder,* DNotZ

1984, 350; *Reithmann/Albrecht/Basty*, Handbuch der notariellen Vertragsgestaltung Rdn. 446 ff.). Es können der Käufer den Verkäufer oder der Verkäufer den Käufer bevollmächtigen. In der Praxis wird meist der Käufer bevollmächtigt (bei minderjährigem Verkäufer keine Genehmigung des Vormundschaftsgerichts für die Grundschuld, wenn Kaufvertrag mit der Vollmacht genehmigt ist, LG Schwerin, MittBayNot 1997, 297). Dann muß sie zur Bestellung einer vollstreckbaren Grundschuld ermächtigen und zu einer Sicherungsabrede, die die Darlehensverwendung zur Kaufpreiszahlung sichert (vgl. oben a). Wird die Vollmacht dem Verkäufer erteilt, muß sie auch zur Abgabe des vollstreckbaren Schuldanerkenntnisses des Käufers ermächtigen, das die Kreditgeber regelmäßig verlangen sowie zum Rangrücktritt mit der Auflassungsvormerkung des Käufers hinter die Grundschuld. Über das Schuldanerkenntnis ist der Käufer bei der Vollmachtserteilung zu belehren. Es ist aber nicht gerechtfertigt, einen von einem Bevollmächtigten beurkundeten Schuldanerkenntnis schon per se die Rechtswirksamkeit abzuerkennen (so OLG Hamm MittRhNotK 1995, 311; offen mit Neigung zur Unwirksamkeit OLG Düsseldorf ZIP 1993, 1376; dagegen zutreffend *Schmitz-Falckenberg* DNotZ 1996, 498). Was die Zweckbestimmungserklärung betrifft, kann der Verkäufer als bevollmächtigter Eigentümer sie nur auf die Darlehensverwendung zur Kaufpreiszahlung abgeben. Erweiterte, zeitlich nach der Kaufpreiszahlung wirkende Zweckbestimmungserklärungen zur Sicherung aller gegenwärtigen und künftigen Forderungen des Gläubigers gegen der Käufer als neuen Eigentümer deckt die Belastungsvollmacht der Verkäufers nicht, wenn die Vollmacht dies nicht ausdrücklich gestattet.

(4) Als Ausübungsbeschränkung hat sich weitgehend durchgesetzt, sie an die Notarstelle zu binden, bei der der Kaufvertrag beurkundet wird, damit der Gesamtvollzug überwacht und reibungslos getätigt werden kann. Den Vertragsteilen ist es damit nicht verwehrt, die Grundschuld gemeinsam an einer anderen Notarstelle zu beurkunden (zu der Ausübungsbeschränkungen insgesamt *Wilke* MittBayNot 1996, 260; gegen die Notarstellenbindung *Wolfsteiner* MittBayNot 1996, 356). Eine Beschränkung der Vollmacht auf einen bestimmten Betrag ist nicht erforderlich, wenn die Zweckbestimmung klar aussagt, daß (zunächst) nur zur Kaufpreiszahlung beliehen werden darf. Eine Beschränkung auf einen bestimmten Betrag gilt nur, wenn die Vollmacht dies ausdrücklich vorsieht (dazu BayObLG DNotZ 1995, 295). Besser ist es aber, schon vorvornherein zu sagen, daß sie betragsmäßig nicht beschränkt ist. Die häufige Klausel, daß sie „gegenüber dem Grundbuchamt" nicht beschränkt sei, ist nichtssagend, wenn die Vollmacht als unbeschränkt bezeichnet wird. Für das Grundbuchamt gelten keine besonderen Regeln.

17. Rangwirkung der Eigentumsvormerkung. (1) Da der Grundschuldbestellung der Kaufvertrag mit Bewilligung der Eigentumsvormerkung vorangeht, ist darauf zu achten, daß die Grundschuld nicht der relativen Unwirksamkeit gegenüber der Eigentumsvormerkung des Käufers unterliegt (§ 883 Abs. 2 BGB). Nach der bisherigen Praxis muß der Käufer dazu eine entsprechende Rangrücktrittserklärung abgeben, wenn die Vormerkung eingetragen ist oder der Vollzugsantrag bereits beim Grundbuchamt eingereicht ist. Andernfalls kann der Vorrang der Grundschuld vor der Vormerkung durch zeitlich vorhergehende Vorlage der Grundschuld erreicht werden (§ 45 Abs. 1 GBO) bzw. Rangbestimmung bei gleichzeitiger Vorlage; letzteres ist der kostengünstigere Weg. In diesem Fall bedarf es auch nicht des nachfolgend behandelten Wirksamkeitsvermerks.

(2) Neuerdings zeichnet sich ein einfacherer und kostengünstiger Weg durch Eintragung eines sog. **Wirksamkeitsvermerks** ab, der in der GBO zwar nicht ausdrücklich vorgesehen, aber durch die Rechtsprechung (OLG Saarbrücken FGPrax 1995, 135 = MittRhNotK 1995, 25 = BWNotZ 1995, 170 mit Anm. *Bühler* = EWiR 1995, 447 mit Anm. *Demharter*; LG Amberg MittBayNot 1996, 41) und Literatur (*Lehmann* NJW 1994, 1558; eingehend *Frank* MittBayNot 1996, 271 mwN; *Palandt/Bassenge* § 883 Rdn. 22; *Staudinger/Gursky* [1996] § 883 Rdn. 165; *Demharter* GBO § Rdn. 10, 19;

30. Bestellung einer Buchgrundschuld

ablehnend OLG Köln DNotZ 1998, 311; dagegen *Gursky* DNotZ 1998, 273) abgedeckt ist. Mit der Grundschuld wird die Eintragung eines Wirksamkeitsvermerks gegenüber der Vormerkung beantragt, bei gleichzeitiger Eintragung von Vormerkung und Grundschuld in Spalte 4 bei der Grundschuld, bei späterer Eintragung der Grundschuld in der Veränderungsspalte (*Frank* a.a.O.). Auch ein Vermerk bei der Vormerkung ist zulässig und empfehlenswert (*Frank* a.a.O.). Die Eintragung des Wirksamkeitsvermerks soll als ein gebührenfreies Nebengeschäft keine Grundbuchgebühren auslösen (*Frank* a.a.O.; LG Saarbrücken MittBayNot 1996, 451). Dann ist er interessant. Da dies aber nicht sicher ist und Grundbuchämter die gleiche Gebühr ansetzen wie für den Rangrücktritt, ist bis zu einer höchstrichterlichen Entscheidung Vorsicht geboten. Den Antrag stellt der Eigentümer, so daß zu ihm eine Mitwirkung des vormerkungsberechtigten Käufers nicht erforderlich ist. Allerdings ist seine Zustimmung zur Grundschuldbestellung notwendig. Diese kann formlos geschehen (*Frank* a.a.O.) und ist bereits offensichtlich, wenn sich aus der Urkunde erkennen läßt, daß es sich um eine Kaufpreisfinanzierungsgrundschuld handelt (z.B. persönliche Haftung des Käufers, Zweckbestimmung zur Kaufpreisfinanzierung etc.). Der Wirksamkeitsvermerk verleiht dem Grundschuldgläubiger in der Zwangsversteigerung die gleiche Position wie ein Vorrang vor der Vormerkung (*Frank* a.a.O. m.w.N.; *Lehmann* NJW 1994, 1558). In der Praxis sollte der Wirksamkeitsvermerk daher den Rangrücktritt ablösen. Das Formular enthält zwar noch die gängige Formulierung des Rangrücktritts. An dessen Stelle ist dann bei den Anträgen im Formular in Abschnitt III eine neue Ziffer 4 zu formulieren:

4. ein Wirksamkeitsvermerk bei der Grundschuld gegenüber der vorrangigen Eigentumsvormerkung des Käufers einschließlich eines Vermerks bei der Vormerkung.

18. Zweckbestimmungserklärung/Sicherungsabrede. (1) Die Grundschuld ist forderungsunabhängig. Die Verbindung zu dem gesicherten Kredit wird durch die Sicherungsabrede zwischen der Sicherungsgeber (dazu Anm. 5) und dem Grundschuldgläubiger hergestellt. Sind Grundstückseigentümer und Darlehensnehmer voll identisch, sind diese auch die Vertragspartner des Gläubigers. Ist der Eigentümer personenverschieden vom Kreditnehmer, ist er insofern Vertragsteil, als er die Forderungen zu nennen hat, für die er die Grundschuld als Sicherheit gewährt. Damit wird er aber nicht Sicherungsgeber. Er gestattet in der Zweckbestimmungserklärung dem Dritten nur, als Sicherungsgeber der Grundschuld ihm Rahmen der zugrunde liegenden Vereinbarung mit ihm gegenüber dem Gläubiger aufzutreten. Der Sicherungsvertrag ist rein schuldrechtlicher Natur. Im Gesetz nicht besonders geregelt, werden auf ihn weitgehend die Bestimmungen über den Auftrag (§§ 662 ff. BGB) herangezogen (RGZ 116, 330). Formbedürftigkeit besteht nicht, jedoch ist Schriftlichkeit anzuraten (*Gaberdiel* Rdn. 10.2.1). Im Bankbereich findet sich die Sicherungsabrede als Zweckbestimmungserklärung teils – inzwischen nur noch selten – in den Grundschuldformularen, teils wird sie gesondert niedergelegt – inzwischen die Regel (dazu *Reithmann* DNotZ 1982, 71).

(2) Es ist zu unterscheiden zwischen der **einfachen und der erweiterten Zweckbestimmungserklärung**. Die einfache besagt, daß die Grundschuld, Schuldbekenntnis und die abgetretenen Rückgewähransprüche, ausschließlich zur Sicherung eines einzelnen bestimmten Kredits oder Kreditverhältnisses (z.B. Kontokorrent) dient. Dies deckt sich dann mit dem Zweck der forderungsabhängigen Hypothek. Seit die Hypotheken in der Praxis aber fast vollständig durch die Grundschulden (Sicherungsgrundschulden) abgelöst sind, sind die Banken zur Praxis der erweiterten Zweckbestimmung übergegangen, die besagt, daß sämtliche gegenwärtigen und künftigen Ansprüche der Bank gegen den Schuldner gesichert werden, gleich auf welchem Rechtsgrund sie beruhen (dazu *Gaberdiel* Rdn. 11.2.5). Diese Zweckbestimmungen fallen unter das AGB-Gesetz (BGH NJW 1982, 1035 mwN; NJW 1988, 484; DNotZ 1995, 890; *Haegele/Schöner/Stöber* Rdn. 2319) und unterliegen somit der Inhaltskontrolle (verschärft durch § 24a AGBG). Nach BGH (BB 1976, 577; NJW 1981, 756; NJW 1988, 707; 1990, 576; 1997, 2677)

sind sie grundsätzlich nicht zu beanstanden. In der Regel ist aber davon auszugehen, daß sie sich nur auf Forderungen aus der bankmäßigen Geschäftsverbindung bezieht, auch wenn die Zweckbestimmung eine solche Einschränkung nicht ausdrücklich enthält (BGH NJW 1981, 756). Die formularmäßige Zweckerklärung, wonach vorrangige Rechte (Rückgewähransprüche) als weitere Sicherheit dienen, sind dahin auszulegen, daß der Gläubiger nur den Vorrang ausnützen darf, nicht aber in Höhe seiner nachrangigen Grundschuld Befriedigung verlangen darf (BGH WM 1990, 345; *Clemente* ZIP 1997, 132).

(3) Zu den formularmäßigen Zweckbestimmungserklärungen (Sicherungsabreden) hat sich in einer reichhaltigen Rechtsprechung, begleitet von umfangreicher Literatur (*Eickmann,* ZIP 1989, 137; *Reithmann,* WM 1985, 441, ZIP 1986, 1543; *Rainer,* WM 1988, 1657; *Schiffer,* NJW 1988, 2779; *Lohmann,* Rechtsprobleme der Globalzweckerklärungen, Düsseldorf 1988; *Puplick,* Rechtsprobleme der Sicherungsvereinbarungen bei Grundschulden, 1988; zusammenfassend *Clemente,* ZIP 1990, 769; auch *Haegele/Schöner/Stöber,* Grundbuchrecht 11. A. 1993 Rdn. 2325 ff.; *Roeder* MittRhNotK 1991, 69, 97) folgendes herausgebildet:

a) Die **erweiterte Zweckbestimmung** auf alle gegenwärtigen und künftigen Verbindlichkeiten des Sicherungsgebers = Grundstückseigentümer (also Personenidentität) ist wirksam (BGH DNotZ 1989, 61 = NJW 1989, 831; 1992, 563; WM 1994, 1242; DNotZ 1995, 890; ferner die grundlegende Entscheidung vom 18. 5. 1995 zur erweiterten Zweckbestimmung für eine Bürgschaft NJW 1995, 2553 = DNotZ 1995, 281 mit Anm. *Keim*; *Reithmann* in Handbuch der notariellen Vertragsgestaltung, 7. Aufl. Rdn. 741). Auch soweit die erweiterte Zweckbestimmung vom BGH zugelassen wird, bestehen dennoch gegen ihre generelle Anwendung Bedenken (vgl. BGH MittBayNot 1996, 91, wonach neben einem vorformulierten Schriftstück auch ein ausdrücklicher mündlicher Hinweis auf die Folgen eines erweiterten Sicherungszwecks nötig sein kann). Sie entspringen nicht aus dem Bedürfnis des Eigentümers, sondern werden einseitig von der Bank auferlegt, sogar dann, wenn keine weiteren Geschäftsbeziehungen mit dem Schuldner bestehen oder zu erwarten sind. Der Eigentümer, der die Grundschuld bestellt, hat die natürliche Vorstellung, daß mit ihr das beanspruchte Darlehen gesichert wird. Die Zweckerweiterung auf andere oder gar künftige Forderungen nimmt er mehr in Kauf, weil die Bank es eben vorgegeben hat, als daß es seiner Interessenlage entspricht. Die detaillierten vielfältigen Einzelzwecke in erweiterten Zweckbestimmungserklärungen kommen bei privaten Darlehensnehmern konkret kaum oder nur selten in Betracht und sind letztlich unüberschaubar. Oft besteht auch kein Verständnis dafür, daß bestehende Kreditverhältnisse, für die keine dingliche Sicherung bestand, pauschal einfach einbezogen werden mit der Folge, daß die Bank die Sicherung behalten darf, wenn das Grundschulddarlehen zwar getilgt ist, das andere aber noch nicht. Bestehende Verbindlichkeiten können von der Bank jederzeit konkret genannt werden; ein besonderes Bedürfnis für die Pauschalierung besteht nicht (*Tiedtke* bezeichnet dies in ZIP 1994, 1243 als "unter den Nagel reißen" durch die Bank). Für künftige Kredite ist es keine Mühe für die Bank, sie jeweils bei ihrer Gewährung konkret in den Sicherungszweck einzubeziehen. Dies wird auch tatsächlich meist getan, so daß insoweit die pauschale Zweckerweiterung schon bei der Grundschuldbestellung überflüssig erscheint. Die Rückkehr zur einfachen Zweckbestimmung sollte daher wieder Regel werden. Die Problematik liegt hauptsächlich im Bereich der Freigabe der Sicherheit nach Gläubigerbefriedigung aus dem Darlehen, weniger bei der Verwertung der Grundschuld in der Zwangsvollstreckung, da der Schuldner sowieso für alle Verbindlichkeiten mit seinem gesamten Vermögen haftet. Dem Sicherungsinteresse der Bank ist auch dann gedient, wenn die Zweckerweiterung ausschließlich auf den Fall der Zwangsversteigerung ausgerichtet wird.

30. Bestellung einer Buchgrundschuld X. 30

b) Bei Personenverschiedenheit von Sicherungsgeber (zur Bezeichnung in der Urkunde sh. Anm. 5) und Kreditnehmer ist die erweiterte Sicherungsabrede grundsätzlich unwirksam, wenn sie künftige = noch unbekannte Verbindlichkeiten des Kreditnehmers sichern soll (vgl. auch Anm. 13; BGH NJW 1991, 1677; *Clemente* Rdn. 294 ff.). Dabei ist es unerheblich, ob es sich um Ehegatten handelt (BGH NJW 1989, 319; Kritik dazu von *Schmitz-Valckenberg* in DNotZ 1989, 613 und *Schelter*, MittBayNot 1989, 208 vor allem wegen des Abstellens auf § 3 AGBG als überraschende Klausel, was bei einer notariellen Urkunde befremdet; dagegen begründet der BGH in NJW 1987, 905 die AGB-rechtliche Nichtbeanstandung des vollstreckbaren Schuldbekenntnisses u. a. mit der Belehrung durch den Notar), ob der Sicherungsgeber ein kaufmännisches Unternehmen ist (BGH NJW 1990, 576), oder ob Kreditnehmer und Sicherungsgeber gesellschaftsrechtlich verbunden sind (NJW 1988, 558). Eine Ausnahme gilt dann, wenn die Grundschuld nicht wegen einer bestimmten Einzelforderung bestellt wird, sondern wenn Verbindlichkeiten in wechselnder Höhe (z. B. Kontokorrent) gesichert werden sollen (BGH NJW 1987, 1885). Noch nicht abschließend geklärt war, ob die Unwirksamkeit einer Sicherungsabrede auf einem Überraschungseffekt (§ 3 AGBG) oder auf der Unangemessenheit (§ 9 AGBG) zu gründen ist (dazu *Schmitz-Falckenberg* DNotZ 1996, 494). Während die Banken gegen den Überraschungseffekt mit Groß-, Fett- und Rotdrucken in den Zweckbestimmungen reagieren, wirkt dieses Verfahren gegenüber einer Unangemessenheit nicht. Ob beim BGH in eine Tendenz zur Anwendung des § 9 AGBG besteht, was vor allem aus den Entscheidungen zu den Zweckbestimmungserklärungen bei der Bürgschaft entnommen wird (dazu *Keim* MittBayNot 1994, 406; DNotZ 1996, 283 als Anmerkung zum Bürgschaftsurteil des BGH DNotZ 1996, 273; Kritik an der Unklarheit des BGH *Schmitz-Falckenberg* DNotZ 1996, 496, der deutlich auf die Notwendigkeit der Anwendung des § 9 AGBG hinweist), war kaum anzunehmen. Am 24. 6. 1997 (NJW 1997, 2677) hat er wohl endgültig entschieden, daß nur § 3, nicht § 9 AGBG einschlägig ist, anders als bei der Bürgschaft (dazu auch *Amann* MittBayNot 1997, 341). Auf das Überraschungsmoment (§ 3 AGBG) stellt auch das OLG Düsseldorf in einer instruktiven Entscheidung besonders ab (MittBayNot 1996, 368 m. w. N.). Für die Beurkundungspraxis ist daher voll auf § 3 AGBG abzustellen. Zu den Belehrungspflichten des Notars Anm. 15.

(4) Die vorstehenden Grundsätze gelten vor allem, wenn die Zweckbestimmungserklärung vorsieht, daß bei mehreren Kreditnehmern auch Forderungen gegen jeden einzelnen gesichert sein sollen. Die Klauseln „und/oder" oder „einzeln und/oder gemeinsam" fallen auch unter das AGB-Verdikt (dazu *Clemente* ZIP 1990, 974). Problematisch aber bei Miteigentümerehegatten, die Sicherungsabrede für den Miteigentumsanteil jedes Ehegatten zu belassen (so BGH NJW 1989, 319; dazu *Gaberdiel* 11.3.6), da die Rückgewähransprüche beiden nur gemeinschaftlich zustehen (§ 741 BGB; dazu *Clemente* a. a. O. und Recht der Sicherungsgrundschuld Rdn. 256; ZIP 1997, 127).

(5) Seit einiger Zeit finden sich in Formularen von Bausparkassen und Banken Klauseln, die zwar auf die Sicherung von künftigen Forderungen gegen jeden einzelnen Eigentümer/Schuldner ausgerichtet sind, jedoch bei fehlender Identität von Schuldner und Eigentümer (was auch Miteigentümer sind) eine Neuvalutierung wegen Forderungen des Schuldners an die Zustimmung des Eigentümers (Miteigentümer) knüpfen. Da die Einbeziehung jeder künftigen Verbindlichkeit in die Sicherungsabrede an die Zustimmung des etwaigen Nichtschuldners geknüpft ist, können gegen eine solche Zweckbestimmungserklärung keine AGB-rechtlichen Bedenken erhoben werden.

(6) Der im Formular aufgeführte Deckungsbereich – Ansprüche aus der Geschäftsverbindung etc. – ist nicht zu beanstanden. Auch Ansprüche aus ungerechtfertigter Bereicherung oder Schadensersatzansprüche können darunter fallen (BGH ZIP 1990, 29). Forderungen, die die Bank aus eigenem Entschluß gegen ihren Kunden ohne dessen Auf-

trag erwirbt, fallen aus diesem Rahmen und müßten gesondert benannt werden. Die Sicherungsabrede erstreckt sich aber auf solche Ansprüche, die die Bank auf Grund für sie typischer Geschäfte erworben hat. Forderungen, die in bankunüblicher Weise erworben sind, fallen nicht unter die Deckungsabrede (zum ganzen *Clemente* ZIP 1990, 972). Gegebenenfalls eingehend formulieren! Vgl. dazu Absatz 3.

(7) Die Sicherungsabrede ist ein Vertrag zwischen Sicherungsgeber und Gläubiger, der keiner Form bedarf (*Haegele/Schöner/Stöber* Rdn. 2318). Ist sie in der Urkunde enthalten, ist das diesbezügliche Angebot mit Übermittlung der Urkunde an den Kreditgeber als stillschweigend angenommen zu betrachten (LG Mainz MittRhNotK 1988, 20; s.a. oben Anm. 16). Bei Minderjährigen ist die Genehmigung des Vormundschaftsgerichts nicht erforderlich, wenn zuvor die Grundschuld genehmigt wurde (BayObLG MittBayNot 1986, 135; LG Frankenthal MittBayNot 1986, 263; kritisch dazu mit guten Gründen *Senft* MittBayNot 1986, 230). Es ist aber ratsam, sie dem Vormundschaftsgericht vorzulegen.

(8) Die Sicherungsabrede ist nicht eintragungsfähig (h.M.; *Ermann/Räfle* § 1191 Rdn. 7; *Baur,* Sachenrecht § 45 II 2; *Westermann,* Sachenrecht § 116 III 3b; aA MünchKomm/*Eickmann* § 1191 Rdn. 41; *Wilhelm* JZ 1980, 625, 629). Dies bedeutet, daß der Eigentümer gegenüber einem Erwerber der Grundschuld Einreden aus dem Sicherungsvertrag nicht allgemein geltend machen kann, sondern nur, wenn der Zessionar bei Erwerb der Grundschuld sowohl den Sicherungscharakter als auch die Nichtvalutierung gekannt hat (BGH DNotZ 1972, 612; *Reithmann* DNotZ 1982, 74). Einen absoluten Schutz vor Gefahren aus einer Abtretung bietet daher nur der dinglich wirkende Ausschluß der Abtretung (*Reithmann* aaO. S. 75; dazu *Staudinger/Scherübl* § 1191 Rdn. 37) nach § 399 BGB. Dies ist jedoch in den häufigen Fällen nicht möglich, in denen Banken Bausparverträge vorfinanzieren oder besondere Kredite treuhänderisch verwalten. Von einem formularmäßigen Ausschluß ist daher abzuraten.

19. Abtretung von Rückgewähransprüchen. Dazu auch Form. X.42. (1) Die Abtretung der Rückgewähransprüche des Eigentümers gegenüber Gläubigern vor- und gleichrangiger Grundschulden an den Gläubiger der neubestellten Grundschuld ist ein notwendiges Sicherungsmittel, um a) im Fall einer Zwangsversteigerung dem Eigentümer nicht zu Lasten des Grundschuldgläubigers Vorteile zu verschaffen und b) die Pfändung der Rückgewähransprüche durch Dritte zu verhindern. Sie ist bei vor- und gleichrangigen Grundschulden umso wichtiger, als Eigentümergrundschulden im Gegensatz zur Hypothek (§ 1163 BGB) bei Grundschulden in der Regel nicht entstehen und damit der gesetzliche Löschungsanspruch des § 1179 BGB nicht zum Zuge kommt (zur rangverstärkenden Wirkung der Nebenrechte *Reithmann* DNotZ 1982, 82). Zu den Sonderproblemen von Rückgewähransprüchen bei Globalbelastungen des Bauträgers *Reithmann* DNotZ 1994, 168.

(2) Der Rückgewähranspruch entsteht mit Abschluß des Sicherungsvertrages als durch die Tilgung der gesicherten Forderung aufschiebend bedingter Anspruch (BGH NJW 1977, 247; NJW 1982, 928; WM 1982, 839; BGH ZIP 1989, 157; NJW 1989, 1349). Er steht dem Eigentümer zu und ist nach § 398 BGB formlos abtretbar. Er besteht insoweit, als Forderungen nicht (mehr) bestehen und kann vom Sicherungsgeber (Eigentümer) geltend gemacht werden, wenn der Gläubiger befriedigt ist, aber auch hinsichtlich eines Teilbetrages, soweit kein schutzwürdiges Interesse des Gläubigers mehr besteht (kein Recht auf Übersicherung, BGH NJW 1986, 2108; NJW 1996, 253; dazu auch *Pfeiffer* WM 1995, 1572; *Clemente* ZIP 1997, 128). Insofern kann auch eine Inhaltskontrolle nach dem AGB-Gesetz stattfinden (*Ulmer/Brandner/Hensen*, AGBG, Anh. §§ 9–11 Rdn. 658). Die kritische Übersicherungsgrenze liegt bei etwa 20% (BGH NJW 1985, 1836, 1838). Durch die Entscheidung des BGH, daß die Verjährung der Grundschuldzinsen bis zu Geltendmachung der Grundschuld gehemmt ist (dazu oben Anm. 7) kann sich

30. Bestellung einer Buchgrundschuld

der Sicherungsumfang wegen hoher dinglicher Grundschuldzinsen in Jahren auf das Mehrfache des Grundschuldkapitals erhöhen. Hierzu taucht die Frage auf, ob eine solche Übersicherung auf Dauer Bestand hat. Die Frage ist in Rechtsprechung und Literatur bislang nicht erörtert worden. Abhilfe könne eine Löschung rückständiger Zinsen zu einem bestimmten Stichtag sein. Bei Abtretung der Forderung geht der Rückgewähranspruch bezüglich der Grundschuld nicht auf den Abtretungsempfänger mit über. Bei einem Wechsel im Eigentum des Grundstücks geht er auf den neuen Eigentümer nur bei ausdrücklicher oder stillschweigender Übertragung über (vgl. *Palandt/Bassenge* § 1191 Rdn. 28).

(3) Der Rückgewähranspruch kann nur einmal abgetreten werden. Hat bei mehreren vorrangigen Grundschulden der Eigentümer den Anspruch schon an einen anderen abgetreten, so stellt die Abtretung die Verfügung eines Nichtberechtigten dar (§ 185 BGB) und wird wirksam, wenn der Berechtigte (der erste Zessionar) zustimmt oder die vorhergehende Abtretung rückgängig gemacht wird (§ 185 Abs. 2; *Reithmann* DNotZ 1982, 80). Bei mehreren Abtretungen ist die zeitliche Reihenfolge maßgeblich. Die Wirkung des § 185 Abs. 2 tritt nicht ein, wenn keine Rückabtretung erfolgt. Der gewählte Formulartext will diese Problematik lösen. Da bei der Beurkundung die Rechtslage hinsichtlich der Rückgewähransprüche bei vorrangigen Grundschulden für den Notar nicht erkennbar ist (die Abtretbarkeit der Rückgewähransprüche kann sogar ausgeschlossen sein, § 399 BGB), sollte der (neue) Grundschuldgläubiger eine Anzeige nach § 409 BGB vornehmen.

(4) Der Rückgewähranspruch wird erfüllt (*Räfle* WM 1983, 812) a) durch Abtretung der Grundschuld an den Anspruchsberechtigten (§ 1154 BGB), wobei zu beachten ist, daß dieser Anspruch auf Abtretung ausgeschlossen sein kann. Ein formularmäßiger Ausschluß der Abtretung verstößt insoweit gegen § 9 AGBG, als er auch den Fall des Eigentumswechsels in der Zwangsversteigerung erfaßt (BGH NJW 1989, 1349). Falls der Rückgewähranspruch auf die Erteilung einer Löschungsbewilligung beschränkt wird – was viele Bankformulare vorsehen – ist daher noch eine Klausel etwa folgenden Inhalts aufzunehmen: „Dies gilt nicht im Falle der Zwangsversteigerung für den neuen Eigentümer". b) durch Aufhebung (Löschung) der Grundschuld (§§ 875, 1183, 1192 BGB), in der Praxis der häufigste Fall; c) Verzicht auf die Grundschuld §§ 1168, 1192 BGB); hierbei geht die Grundschuld nach Maßgabe des § 1168 BGB auf den Eigentümer über. Hat ein Dritter die Sicherheit (Grundschuld) gegeben, so verletzt der Gläubiger seine Treuhänderpflicht gegenüber dem Darlehensnehmer, wenn er ohne dessen Zustimmung verzichtet (BGH NJW 1988, 2730; *Clemente* ZIP 1997, 127, der schon den formularmäßigen Ausschluß der Abtretung als Verstoß gegen § 3 AGB ansieht). Sie erlischt für rückständige Zinsen, Nebenleistungen und Kosten nach § 1178 BGB. Über § 1179a BGB hat der nachrangige Gläubiger dann einen Löschungsanspruch für die Grundschuld selbst, da sie durch Verzicht zur Eigentümergrundschuld wird. Die Freigabe der Grundschuld darf nicht von der Erfüllung verjährter Zinsansprüche abhängig gemacht werden (BGH WM 1981, 201).

(5) Anstelle einer sofortigen Abtretung der Rückgewähransprüche finden sich neuerdings in Formularen auch Vollmachten, sie gegenüber vor- und gleichrangigen Grundschuldgläubigern geltend zu machen. Beispiel:

Soweit der Grundschuld jetzt oder künftig Grundschulden im Rang vorgehen oder gleichstehen, bevollmächtigen wir die Gläubigerin, alle Rechtshandlungen vorzunehmen und Erklärungen einschließlich des Antrags auf Eintragung des Verzichts (§§ 1168 Abs. 2, 1192 BGB) abzugeben, die zur Löschung der jeweiligen vor- und gleichrangigen Grundschulden gegenüber dem Grundbuchamt oder Dritten erforderlich sind, insbesondere auch Rechte nach § 1144 BGB geltend zu machen. Als Bevollmächtigte ist die Gläubigerin von den Beschränkungen des § 181 BGB befreit. Die Vollmacht dient ausschließlich dem Zweck, für den Eingang der Grundschuldvaluta zusätzlich zur Grundschuld eine weitere Sicherheit zu schaffen.

Eine solche Klausel hat den Vorteil, daß die Abtretung tatsächlich nur dann vorgenommen wird, wenn sie benötigt wird. Sie verhindert aber nicht die Abtretung an andere nachrangige Gläubiger oder die Pfändung durch Dritte. Sie gibt also keine Sicherheit.

20. Anrechnungsvereinbarung. (1) Diese Klausel hat nur schuldrechtliche Bedeutung. Dinglich ist eine solche Vereinbarung nicht möglich. Zahlt der Eigentümer abredewidrig auf die Grundschuld, so ist dies wirksam (BGH DNotZ 1977, 358). Die Klausel dient dazu, im Hinblick auf den umfassenden Sicherungszweck und die Austauschbarkeit der gesicherten Verbindlichkeiten die Grundschuld als Sicherungsmittel voll zu erhalten und auch Beweisschwierigkeiten hinsichtlich des Entstehens von Eigentümergrundschulden zu vermeiden. Die Rechtsposition des Eigentümers wird dadurch nicht beeinträchtigt (*Gaberdiel* Rdn. 12.1.3; *Clemente* Rdn. 374; a. A. *Wolf/Horn/Lindacher* § 9 Rdn. G 206: AGB-widrig; es sei das Recht des Eigentümers zu bestimmen, worauf er zahlt). Dem Eigentümer, der nicht zugleich Schuldner ist, muß das dingliche Ablösungsrecht voll erhalten bleiben. Die Zahlung auf die Grundschuld hat das Erlöschen der gesicherten Forderung zur Folge, wenn der Eigentümer zugleich persönlicher Schuldner ist und die Forderung im Zahlungszeitpunkt erfüllt werden darf (§ 271 Abs. 2 BGB; BGH NJW 1981, 2198), nicht dagegen, wenn der zahlende Eigentümer nicht persönlicher Schuldner ist (BGH NJW 1981, 1554). Zur Anrechnungsvereinbarung in der Zwangsvollstreckung *Kolbenschlag* DNotZ 1965, 73.

(2) Ein freies Verrechnungsrecht dergestalt, daß der Gläubiger nach seiner Wahl bestimmen kann, auf welche von mehreren Verbindlichkeiten des Schuldners die Zahlung angerechnet wird, verstößt gegen § 9 Abs. 1 AGBG und ist unwirksam (BGH NJW 1984, 2404; Clemente Rdn. 379 m. w. N.). Dem Gläubiger, der sich das Erfüllungsbestimmungsrecht einräumen läßt, ist zuzumuten, sich bei Vertragsschluß auf eine bestimmte Tilgungsfolge für mehrere Forderungen festzulegen. Der Schuldner muß wissen, welche Forderung getilgt ist. Es obliegt nicht ihm, darzulegen und zu beweisen, welche Schuld getilgt ist. Der Vorbehalt des Gläubigers, dies zu entscheiden, noch dazu ohne Verpflichtung, den Schuldner zumindest bei der Verrechnung entsprechend unterrichten zu müssen, vernachlässigt berechtigte Belange des Schuldners einseitig und in unvertretbarer Weise (BGH a. a. O.).

21. Hebungsverzicht. In der Zwangsversteigerung kann der Eigentümer verlangen, daß der Grundschuldgläubiger die gesamte Grundschuld einschließlich laufender und rückständiger Zinsen geltend macht (str., s. *Gaberdiel* Rdn. 23.1.4 ff.; *Haegele/Schöner/Stöber* Rdn. 2327). Bei Zuwiderhandlung hat der Eigentümer gegen den Grundschuldgläubiger einen Schadensersatzanspruch wegen positiver Forderungsverletzung. Aus diesem Grunde ist es zweckmäßig, dem Gläubiger den Verzicht für nicht beanspruchte Teile der Grundschuld zu gestatten (*Reithmann* DNotZ 1982, 81; OLG München NJW 1980, 1051 mit zust. Anmerkung *Vollkommer,* wonach die Geltendmachung höherer dinglicher Zinsen als persönlich geschuldet sind, eine unzulässige Rechtsausübung sei; dagegen BGH JZ 1981, 444, der dem Gläubiger dieses Recht ausdrücklich zugesteht). Der formularmäßige Verzicht ist jedoch problematisch. Das Treuhandverhältnis aus dem Sicherungsvertrag verpflichtet den Gläubiger, die Interessen des Sicherungsgebers zu wahren. Der Hebungsverzicht kann den Eigentümer benachteiligen, wenn dadurch nachrangige Gläubiger begünstigt werden, insbesondere wenn die nachrangige Grundschuld die Verbindlichkeit eines Dritten sichert (vgl. *Clemente* ZIP 1997, 127).

22. Zur Selbständigkeit des Schuldversprechens vgl. OLG München und BGH (Nichtannahmebeschluß) MittBayNot 1982, 238, 239; auch BGH NJW 1988, 707.

23. Rückgewähransprüche gegenüber Grundschuldgläubiger. (1) Der Eigentümer kann nach seiner Wahl (§ 262 BGB) vom Gläubiger nach Rückzahlung des Kredits verlangen (Anspruchsgrundlage: Sicherungsabrede §§ 241, 305 BGB oder ungerechtfertigte Bereicherung § 812 BGB): Löschungsbewilligung (= Aufgabe der Grundschuld), Verzicht auf die Grundschuld, Abtretung (dazu *Reithmann* DNotZ 1982, 79 ff.). Viele Formulare enthalten Klauseln, wonach das Wahlrecht dem Gläubiger zusteht, zunehmend auch, daß der Eigentümer lediglich einen Anspruch auf die Löschungsbewilligung erhält. (Zu den Grenzen des Abtretungsausschlusses bei Zwangsversteigerung auch BGH NJW 1989, 1349, dazu Anm. 19 Abs. 4). Der Gläubiger kann damit verhindern, daß der Rückabtretungsanspruch gepfändet wird. Nach Beendigung des Kreditverhältnisses mit der Bank muß dieser aber keine Befugnis zuerkannt werden, zu bestimmen, was mit der Grundschuld zu geschehen hat. Der Eigentümer kann z. B. ein wichtiges Interesse haben, den Rang zu wahren und deswegen Abtretung an einen Dritten zu verlangen. Die dabei etwa erforderliche Abstimmung mit nachrangigen Gläubigern wegen deren Rückgewähransprüchen ist seine Angelegenheit. Andererseits ist eine Vereinbarung, wonach die Abtretung von der Zustimmung des Grundschuldgläubigers abhängig ist, grundsätzlich auch in AGB zulässig (BGH NJW 1990, 1601 mwN.; a.A. *Clemente* ZIP 1997, 127), jedenfalls dann, wenn die Grundschuldsicherheit nicht vom Sicherungsgeber gegeben wird (BGH a.a.O.). Auch ist der Ausschluß des Rückübertragungsanspruches in vielen Fällen nicht nur ein Mittel zur Vereinfachung des Geschäftsbetriebes der Gläubigerin, sondern schützt auch nachrangige Gläubiger beim Einrücken in den Rang und steht daher nicht im Gegensatz zum Leitbild der Sicherungsgrundschuld (*Reithmann* WM 1990, 1985; Handbuch der notariellen Vertragsgestaltung Rdn. 798). Ein Grund, Abtretungsansprüche auszuschalten, liegt aber nicht selten im geschäftspolitischen Bereich der Bank. Dies kommt in Klauseln zum Ausdruck, in denen sich die Bank nach ihrem Ermessen vorbehält, solche Abtretungen vorzunehmen. Für den beurkundenden Notar gibt es keinen Anlaß, gegen solche Abtretungsausschlüsse Bedenken zu erheben. Schließlich gesteht § 1179 b BGB den Gläubiger auch den Anspruch zu, vom Eigentümer die Löschung zu verlangen, wenn die Grundschuld durch Rückabtretung zur Eigentümergrundschuld wird (zur Problematik des § 1179 b BGB *Staudinger/Wolfsteiner* § 1179 b Rdn. 1–3; s. auch Formular 37 Anm. 4).

(2) Bedenken sind bei den Klauseln gegeben, in denen die Rückgewähr davon abhängig gemacht wird, daß keinerlei Verbindlichkeiten bei der Bank mehr bestehen. Soweit die Bank hierbei eine Übersicherung hat, ist die Klausel unwirksam und nicht anwendbar. Die Bank ist zur Teillöschung bzw. Rückgewähr verpflichtet, wenn kein schutzwürdiges Interesse an der Übersicherung mehr besteht (BGH NJW 1981, 571; NJW 1989, 1349; vgl. auch BGH NJW-RR 1990, 455). Die Bank muß der Freigabeverpflichtung nach billigem Ermessen nachkommen und trägt die Beweislast für die Billigkeit ihrer Entscheidung über die vom Kunden beantragte Freigabe (BGH aaO.; *Ulmer/Brandner/Hensen* AGBG Anh. §§ 9–11 Rdn. 662). Zu Übersicherung auch Anm. 19 Abs. 2.

24. Gesamtgrundschuld. Bei einer Gesamtgrundschuld (§ 1132 BGB) entsteht das dingliche Recht erst mit der Eintragung an allen Pfandobjekten (OLG Düsseldorf DNotZ 1973, 613). Dies ist manchmal nicht sofort zu erreichen, sei es, daß eine Vermessung aussteht oder andere Vollzugshindernisse bestehen. Daher sollte in keinem Formular die Klausel fehlen, wonach das Entstehen der Grundschuld nicht vom Vollzug am letzten Pfandobjekt abhängig sein soll. Im Hinblick auf § 16 GBO muß dabei getrennter Vollzug ermöglicht werden (s. Formular Abschnitt III Zf. 1). Eine bloße Notarermächtigung zum getrennten Vollzug genügt nicht (*Böhringer* BWNotZ 1988, 99).

25. Grundschuldbrief. Bei Briefrechten ist neben der Eintragung im Grundbuch auch die Übergabe des Brief an den Gläubiger zur Entstehung des Rechts erforderlich (§ 1117 Abs. 1 BGB). Die Übergabe kann durch eine Vereinbarung ersetzt werden, daß der Gläubiger ermächtigt wird, sich den Brief vom Grundbuchamt unmittelbar aushändigen zu lassen (§ 1117 Abs. 2 BGB). Die Vereinbarung ist formfrei und unwiderruflich (*Palandt/Bassenge* § 1117 BGB Rdn. 3). Die Bindung tritt spätestens mit der Aushändigung einer Urkundenausfertigung an den Gläubiger ein (vgl. Anm. 28). Für das Grundbuchamt ist die Form des § 29 GBO nötig (§ 60 Abs. 1 GBO). Die Vereinbarung ersetzt die körperliche Übergabe des Briefes und bewirkt, daß der Gläubiger mit Eintragung im Grundbuch Eigentümer des Briefes wird und die Grundschuld bereits mit der Eintragung entsteht, nicht erst bei Briefübergabe. Sie ersetzt aber nicht die Bestimmung des § 60 Abs. 2 GBO, wonach das Grundbuchamt den Brief dem Eigentümer auszuhändigen hat *(Demharter* § 60 GBO Rdn. 5). Die Urkunde muß daher auch die Anweisung an das Grundbuchamt enthalten, den Brief unmittelbar an den Gläubiger auszuhändigen. Es ist zweckmäßig, den Brief über den Notar zu leiten. Dies muß jedoch ausdrücklich bestimmt werden; andernfalls kann der Notar den Brief nicht in Empfang nehmen. Antragstellung nach § 15 GBO berechtigt nicht dazu.

26. Notarermächtigung. Diese Ermächtigung an den Notar ist von großer verfahrensrechtlicher Bedeutung. Sie unterstreicht die Bedeutung des Notars als des Betreibers des Verfahrens und geht über die gesetzliche Vollmacht des § 15 GBO hinaus. Sie gibt dem Notar das Recht, auch zusätzliche Verfahrenserklärungen abzugeben. Der Notar ist berechtigt, insoweit sogenannte Eigenurkunden zu erstellen (BGH DNotZ 1981, 118 mit Anm. *Winkler* S. 252, *Haegele/Schöner/Stöber* Rdn. 164). Eine Rangbestimmung kann der Notar nicht unmittelbar kraft seiner Vollmachtsvermutung des § 15 GBO, jedoch auch Grund der ihm erteilten Vollmacht mit der Eigenurkunde vornehmen (*Demharter* § 45 GBO Rdn. 31; *Kuntze/Ertl/Herrmann/Eickmann* § 15 GBO Rdn. 28). Die Ermächtigung, an nächstoffener Rangstelle vorzulegen, ist besser als eine Erklärung der Beteiligten, wonach die Grundschuld notfalls an nächstoffener Rangstelle eingetragen werden soll, weil im letzteren Fall der Notar vom Grundbuchamt nichts erfährt, wenn die Rangstelle nicht erreichbar ist. Davon zu unterscheiden ist aber die materiell-rechtliche Rangbestimmung über das Entstehen durch Eintragung an nächster Rangstelle (dazu Anm. 9). Die Ermächtigung gibt dem Notar weiter das Recht, Anträge zurückzunehmen und vermeidet damit die streitigen Probleme, wieweit das Rücknahmerecht des Notars bei § 15 GBO geht (vgl. dazu *Kuntze/Ertl/Herrmann/Eickmann* § 31 GBO Rdn. 6 ff.; *Haegele/Schöner/Stöber* Rdn. 174 ff.). Alle Erklärungen des Notars an das Grundbuchamt, die auf Grund der Ermächtigung abgegeben werden, müssen mit dem Amtssiegel versehen werden (Eigenurkunde). Die Ermächtigung an den Notar, von der Urkunde zu Gunsten der Gläubigerin Gebrauch zu machen, dient vor allem zur Herbeiführung der Bindung (vgl. Anm. 28).

27. Notarbestätigung. Nicht selten wird der Notar aufgefordert, dem Gläubiger eine Bestätigung darüber zu geben, daß er die Grundschuld dem Grundbuchamt vorgelegt habe und daß keine Hindernisse zur Eintragung an der bedungenen Rangstelle bestehen. Die Bank zahlt dann das Darlehen schon aus, ohne die Grundbucheintragung abzuwarten; eine längere Dauer des Eintragungsverfahrens wird damit überbrückt. Gegen solche Notarbestätigungen bestehen grundsätzliche Bedenken, weil der Notar Eintragungen nicht garantieren darf, das Grundbuchverfahren nicht bestimmt und auch keine eigene Erkenntnisquelle über Eingänge beim Grundbuchamt besitzt. Sie sind dem Notar aber nicht verboten. Die Notarbestätigung ist keine hoheitliche Amtstätigkeit und stellt daher keine öffentliche Urkunde i. S. der §§ 415, 418 ZPO dar, insbesondere keine Tatsachenfeststellung i. S. des § 39 BeurkG; sie bedarf daher auch nicht der Beifügung des Amtssiegels. Vielmehr handelt es sich um eine gutachtliche Stellungnahme nach § 24 Abs. 1 BNotO, zu der der Notar berechtigt, aber nicht verpflichtet ist (dazu *Amann* in Beck'sches Notarhandbuch A VI Rdn. 106 ff.). Im einzelnen hat sich die Bundesnotarkammer in einem Schreiben vom 5. 11. 1986 eingehend mit den Problemen der Notarbestätigung befaßt, abgedruckt in DNotZ 1987, 1 (auch bei *Clemente*, Recht der Sicherungsgrundschuld Rd. 159). Es enthält auch folgenden Formulierungsvorschlag einer Notarbestätigung, bei deren Verwendung man aber die übrigen Ausführungen der Bundesnotarkammer beachten muß:

30. Bestellung einer Buchgrundschuld X. 30

An die
XY-Bank

Betr.: Darl.Nr./Bausparvertrag Nr./Ihr Zeichen:
Darlehensnehmer/Bausparer:
Eigentümer:
Pfandobjekt:
Grundbuch von

Notarbestätigung

Meine Urkunde vom . . . . . ., UR. Nr. . . . . . .,
füge ich bei/habe ich Ihnen bereits übersandt
– in einfacher Ausfertigung
– in vollstreckbarer Ausfertigung
– in beglaubigter Abschrift.

In meiner Eigenschaft als Notar bestätige ich Ihnen folgendes:
1. Am . . . . . . habe ich dem Grundbuchamt . . . . . . die vorgenannte Urkunde zum Vollzug der in ihr enthaltenen Anträge vorgelegt, wobei ich gemäß § 15 GBO die Eintragungsanträge auch in Ihrem Namen gestellt habe.
2. Durch Grundbucheinsicht vom . . . . . . habe ich für das Pfandobjekt folgende Eintragungen festgestellt:
Eigentümer:
Abt. II:
Abt. III:
3. Auf der Grundlage
   – meiner Akten
   – der Einsicht des Grundbuchs
   – der Einsicht der Grundakten (ohne Geschäftseingang)
   – unverbindliche Auskunft des Geschäftsstellenbeamten des Grundbuchs
   habe ich weiterhin am . . . . . . festgestellt, daß
   a) keine Umstände der Eintragung des Grundpfandrechts entsprechend der zu meiner Urkunde abgegebenen Bewilligung entgegenstehen;
   b) folgende Umstände, insbesondere noch nicht erledigte Anträge, der Eintragung des Grundpfandrechts entsprechend der zu meiner Urkunde abgegebenen Bewilligung entgegenstehen:
   (Nichtzutreffendes ist gestrichen)

Nach den vorgenannten Feststellungen muß – Bezahlung von Gerichtsgebühren vorausgesetzt – den gestellten Anträgen in der Weise stattgegeben werden, daß das Grundpfandrecht im Grundbuch an folgender Rangstelle eingetragen werden wird. . . . . . ., den   Notar

28. Ausfertigungen, Abschriften. (1) Hier ist die Ausfertigung für die Gläubigerin zur Herbeiführung der Bindung von besonderer Bedeutung. Ohne diese Bindung könnte der Eigentümer selbst nach Vorlage zum Grundbuchamt die Einigung und die Eintragungsbewilligung widerrufen. Die Bank könnte die Eintragung dann nicht mehr bewirken. Für die Herbeiführung der Bindung ist § 873 Abs. 2 BGB maßgebend. Von den mehreren dort aufgezeigten Möglichkeiten kommt praktisch nur die Aushändigung einer Ausfertigung in Betracht; eine beglaubigte Abschrift genügt nicht. Die Ausfertigung kann der Notar bei entsprechender Bevollmächtigung auch für die Bank entgegennehmen. Sie muß aber körperlich hergestellt sein; die Möglichkeit, sie jederzeit zu fertigen, genügt nicht (zu diesen Problemen im einzelnen *Haegele/Schöner/Stöber*, Rdn. 109; *Kuntze/Ertl/Herrmann/Eickmann* § 19 GBO Rdn. 89; Ertl DNotZ 1967, 339). Die vollstreckbare Ausfertigung wird in der Regel erst nach Grundbuchvollzug mit eingehefteter Vollzugsmitteilung erteilt, auch wenn es zulässig ist, sie vorher zu erteilen (*Haegele/Schöner/Stöber* Rdn. 2056). Manche Formulare sehen dies sogar vor.

(2) Als Eintragungsgrundlage für das Grundbuchamt genügen beglaubigte Abschriften, wenn sie vom Notar oder dem bewilligten Eigentümer eingereicht werden. Will dagegen der Gläubiger allein die Eintragung bewirken, so muß er eine Ausfertigung vorle-

gen, weil er nur mit ihr die ihm zugegangene Bewilligung nachweisen kann (*Ertl* RPfleger 1981, 47; *Haegele/Schöner/Stöber* Rdn. 166 ff.; *Nieder* NJW 1984, 332).

29. Steuern. Die Belastung mit einer Buchgrundschuld löst keine Grunderwerbsteuer aus.

30. Kosten (1) Gesetzliche Kostenschuldner nach der KostO sind die Antragsteller (§ 2 Nr. 1 KostO). Bei der Antragstellung nach § 15 GBO durch den Notar sind dies Eigentümer und Gläubiger. Der Schuldner, der nicht zugleich Eigentümer ist, ist hier kein Antragsteller mangels Antragsberechtigung (§ 13 GBO), wird aber Kostenschuldner nach § 3 Nr. 2 KostO (Kostenübernahme).

(2) Entstehende Kosten: Notar: $^{10}/_{10}$ Gebühr nach § 36 Abs. 1 KostO (Grundschuld und Schuldbekenntnis gleicher Gegenstand nach § 44 Abs. 1 KostO, da Sicherungsgeschäfte für die gleiche Forderung); $^{10}/_{10}$ Gebühr nach § 36 Abs. 1 KostO für Abtretung des Auszahlungsanspruches, falls die Urkunde eine solche Abtretung enthält (vgl. *Grauel* MittRhNotK 1980, 83; auch Anm. 16 b). Werte zusammenzurechnen (Nennbeträge); daraus eine volle Gebühr. Bei einer etwaigen Notarbestätigung $^{5}/_{10}$ Gebühr nach § 147 KostO aus etwa 30% des Grundschuldbetrages. Rücktritt der Auflassungsvormerkung ist nicht gesondert zu bewerten (gleicher Gegenstand § 44 Abs. 1 KostO), ebensowenig Zustimmungen des Eigentümers zu Rangrücktrittserklärungen eingetragener Grundpfandrechte. Die Zustimmung zu Löschung ist dagegen verschiedener Gegenstand: $^{5}/_{10}$ nach § 38 Abs. 2 Nr. 1 KostO. Schreibgebühren § 136 KostO (eine Abschrift frei), Auslagen §§ 137, 152.

Gericht: Für die Eintragung der Grundschuld $^{10}/_{10}$ Gebühr nach § 62 Abs. 1 KostO aus dem Nennbetrag; die Vollstreckungsunterwerfung ist nach § 62 Abs. 3 KostO gebührenfreies Nebengeschäft. Für den Rangrücktritt der Auflassungsvormerkung $^{5}/_{10}$ Gebühr aus dem Wert der Vormerkung (= Kaufpreis) nach § 64 Abs. 1, 5 KostO.

31. Zusatz für Belastungsmitwirkung. Wirkt der Verkäufer bei der Bestellung einer Grundschuld zur Finanzierung des Kaufpreises mit, kann in Abweichung von den bisher üblichen Arten des Ausfüllens der Grundschuldformulare auch so verfahren werden, daß der Käufer bereits als der die Grundschuld bestellende Eigentümer eingesetzt wird und die Mitwirkung des Verkäufers in einem eigenen Abschnitt niedergelegt wird, in dem in Anwendung der in Anm. 5 und 18 niedergelegten Grundsätze klar ausgedrückt wird, wer Sicherungsgeber ist. Hierfür wird folgende Formulierung angeboten:

Der Pfandbesitz wurde mit Kaufvertrag vom .... URNr.... des Notars N vom Verkäufer (Eigentümer) an den Käufer verkauft. Die Grundschuld sichert ein Darlehen zur Finanzierung des Kaufpreises. Sicherungsgeber für Grundschuld und Schuldanerkenntnis ist der Käufer. Er wird in der Urkunde bereits als „Eigentümer" bezeichnet. Der Verkäufer wirkt lediglich in seiner Eigenschaft als jetzt noch eingetragener Eigentümer mit, die Grundschuld zu bestellen. Und übernimmt keine persönliche Haftung und Kosten. Er stimmt allen auf die Eintragung der Grundschuld mit Vollstreckungsunterwerfung gerichteten Erklärungen der Käufers zu und wiederholt sie hiermit im eigenen Namen.

Der Käufer zeigt dem Gläubiger hiermit die in der Kaufvertragsurkunde enthaltene Abtretung der Darlehensauszahlungsansprüche an den Verkäufer ab. Die Darlehensauszahlung kann in schuldbefreiender Wirkung nur entsprechend der Fälligkeitsbestimmungen und Zahlungsanweisungen im Kaufvertrag erfolgen. Bis zur vollständigen Kaufpreiszahlung darf die Grundschuld nur Beträge sichern, die durch den Gläubiger mit Tilgungswirkung tatsächlich geleistet wurden. Insoweit ist jede weitergehende Sicherungsabrede eingeschränkt.

Alle Rückgewähransprüche und Eigentümerrechte bezüglich der vorbestellten Grundschuld stehen dem Verkäufer nur so lange zu, bis der Kaufpreis vollständig gezahlt ist. Sie werden, soweit erforderlich, ab diesem Zeitpunkt an den Käufer als Sicherungsgeber abgetreten und zur Umschreibung im Grundbuch bewilligt.

31. Abtretung einer Buchgrundschuld[1]

I.

Im Grundbuch des Amtsgerichts ...... für ...... Band ...... Blatt ...... ist in Abteilung III unter der laufenden Nr. ...... eine Grundschuld ohne Brief in Höhe von ...... DM (i. W.: ...... Deutsche Mark) mit Jahreszinsen von 16% für die X-Bank eingetragen.
In der Grundschuldbestellungsurkunde des Notars ...... vom ...... URNr. ...... hat der Eigentümer gleichzeitig dem Gläubiger gegenüber ein abstraktes Schuldversprechen nach § 780 BGB in Höhe des Grundschuldbetrages samt Zinsen abgegeben.

II.

Die X-Bank tritt[2] hiermit die vorbezeichnete Grundschuld samt Zinsen[3] und allen Nebenrechten ab Eintragung der Grundschuld in das Grundbuch sowie ihre Rechte aus dem genannten Schuldversprechen an die Y-Bank ab.[4, 5] Sie bewilligt die Eintragung der Abtretung im Grundbuch. Mitabgetreten werden auch alle Rückgewähransprüche gegenüber vorrangigen Gläubigern.

...... (Ort), den ......   gez. Unterschrift

Unterschriftsbeglaubigung und Vertretungsfeststellung.

Erklärung der Y-Bank:
Wir beantragen die Eintragung der Abtretung der Grundschuld im Grundbuch.[2, 6, 7]

...... (Ort), den ......   gez. Unterschrift
(keine Beglaubigung)

Anmerkungen

1. **Sachverhalt.** Dem Formular liegt die häufige Fallgestaltung zu Grunde, daß eine Bank eine für sie eingetragene Buchgrundschuld, bei deren Bestellung der Eigentümer der Gläubigerin gegenüber auch ein vollstreckbares Schuldversprechen nach § 780 BGB abgegeben hat, an eine andere Bank abtritt.

2. **Grundschuldabtretung.** Die Abtretung der Buchgrundschuld geschieht durch Einigung und Abtretung samt Eintragung (§§ 1192, 1154 Abs. 3, 873 BGB). Die Einigung ist nicht formbedürftig, während zur Bewirkung der Grundbucheintragung eine Bewilligung des abtretenden Gläubigers in der Form des § 29 GBO (öffentliche oder öffentlich beglaubigte Urkunde) sowie ein Antrag, der nicht formbedürftig ist, des alten oder neuen Gläubigers erforderlich ist (§§ 19, 13 GBO). Der Eigentümer ist nicht antragsberechtigt, da er von der Abtretung weder betroffen noch begünstigt ist. Inhaltlich muß die Abtretung das Recht, das den Gegenstand der Abtretung bildet, deutlich bezeichnen und nach § 28 GBO das belastete Grundstück angeben; dabei genügt die Angabe der Blattstelle (*Demharter* GBO § 28 5 b; vgl. BGH RPfleger 1974, 351). Die Abtretung muß auch Zedenten und Zessionar nennen; auf Umstände außerhalb der Urkunde kann nicht zurückgegriffen werden (BGH NJW-RR 1992, 178; BGH NJW-RR 1997, 910). Die dem abtretenden Gläubiger zustehenden Rückgewähransprüche bezüglich vorrangiger Grundschulden sind keine Nebenrechte i. S. des § 401 BGB und gehen auf den neuen Gläubiger nur über, wenn sie ausdrücklich mit abgetreten werden. Da diese Rückgewähransprüche in der Regel zur Verstärkung der Sicherheit aus der Grundschuld dienen, ist es normalerweise sachgerecht, sie mit abzutreten (*Gaberdiel* 5.8.6).

3. Zinsen. Sollen Zinsen mit abgetreten werden, wie dies die Regel ist, so muß dies ausdrücklich angegeben werden (MünchKomm/*Eickmann* § 1154 Rdn. 34 mwN). Ebenso muß der Zeitpunkt genannt werden, ab wann die Zinsen abgetreten werden, und zwar eindeutig. Die Klausel „ab Eintragung im Grundbuch" genügt nicht, weil sie nicht erkennen läßt, ob der Tag der Eintragung der Grundschuld oder der Eintragung der Abtretung gemeint ist. Die Abtretung der Zinsen ab Eintragung der Grundsschuld im Grundbuch sollte die Regel sein. Nur sie verschafft dem Abtretungsempfänger auch bezüglich der Zinsen die volle dingliche Position im Fall der Zwangsvollstreckung (vier Jahre rückständige Zinsen nach § 10 Abs. 1 Nr. 4 ZVG, gegebenenfalls weitere nicht verjährte Zinsen nach BGH NJW 1996, 253, 256; dazu Form. X.30 Anm. 7). Werden die Zinsen erst ab dem Tage der Abtretung abgetreten, so stehen diese dinglichen Zinsen für die Zeit davor dem abtretenden Gläubiger zu, der bei einer Zwangsversteigerung innerhalb der vier Jahre den entsprechenden Zinsanteil aus dem Versteigerungserlös erhält.

4. Schuldversprechen. Der Anspruch der Gläubigerin aus dem Schuldversprechen ist eine Forderung, die nach § 399 BGB selbständig abtretbar ist (*Reithmann* DNotZ 1982, 77). Die Abtretung der Grundschuld erfaßt nicht automatisch auch das Schuldversprechen (LG München II MittBayNot 1979, 126; *Reithmann* aaO. S. 76). Vielmehr ist zusätzlich eine eigene Abtretung erforderlich (*Kolbenschlag* DNotZ 1965, 210). Dies wird häufig übersehen (*Wolfsteiner* MittBayNot 1976, 35). Bei der Umschreibung der Vollstreckungsklausel auf den neuen Gläubiger muß diese doppelte Abtretung beachtet werden (LG München aaO; *Wolfsteiner*, Die vollstreckbare Urkunde § 47.6; 70.10; *Zawar* NJW 1976, 1823).

5. Sicherungsabrede. Dem Gläubiger ist die Abtretung nicht gestattet, wenn sie gegen die Sicherungsabrede mit dem Eigentümer verstößt (MünchKomm/*Eickmann* § 1191 Rdn. 56). Sie ist aber auch dann wirksam, wenn die Grundschuld nicht valutiert war. Der Eigentümer kann vom neuen Gläubiger wegen der dinglichen Haftung in Anspruch genommen werden. Der abtretende Gläubiger macht sich schadensersatzpflichtig. Auf den bei der Abtretung der Sicherungsgrundschuld zwischen dem Zedenten und dem Zessionar geschlossenen Sicherungsvertrag kann sich der Eigentümer nicht berufen (BGH NJW 1982, 2768; *Räfle* WM 1983, 811; zu diesen Gefahren der Abtretung *Reithmann* in Handbuch der notariellen Vertragsgestaltung, 7. Aufl. Rdn. 723 ff.).

6. Steuern. Die Abtretung einer Buchgrundschuld löst keine Grunderwerbsteuer aus.

7. Kosten. Notar: $^{10}/_{10}$ Gebühr aus § 36 Abs. 1 KostO. Abtretung von Grundschuld und Forderung sind gleicher Gegenstand nach § 44 Abs. 1 KostO. Vertretungsfeststellung 15.– DM nach § 150 KostO. Wird ausschließlich die Grundschuld – ohne Forderung aus dem Schuldbekenntnis – abgetreten, genügt eine Eintragungsbewilligung, für die nach § 38 Abs. 2 Nr. 5 KostO eine $^{5}/_{10}$ Gebühr zu berechnen ist. Grundbuch: $^{5}/_{10}$ Gebühr nach § 64 Abs. 1 KostO.
Kostenschuldner ist die Y-Bank als Antragstellerin (§ 2 Nr. 1 KostO).

32. Bestellung einer Eigentümergrundschuld[1]

Verhandelt zu ...... am ......
Nach Unterrichtung über den Grundbuchstand beurkunde ich folgende Erklärungen:

I. Grundschuld

1. Herr ...... bestellt hiermit für sich selbst[2] als Eigentümer an dem unter Abschnitt VI beschriebenen Pfandbesitz eine Grundschuld mit Brief[3] über

32. Bestellung einer Eigentümergrundschuld

...... DM
(in Worten: ...... Deutsche Mark).

2. Die Grundschuld ist ab dem heutigen Beurkundungstage[4] mit 16% (sechzehn vom Hundert) für das Jahr zu verzinsen.
3. Die Grundschuld ist fällig. Die Zinsen sind jeweils am Ende eines Kalenderjahres nachträglich fällig. Sie sind sofort fällig, wenn aus dem Grundschuldkapital Zahlung verlangt oder geleistet wird.
4. Die Grundschuld erhält erste Rangstelle im Gleichrang mit einer weiteren Eigentümergrundschuld in gleicher Höhe.
5. Der gesetzliche Löschungsanspruch[5] bezüglich der gleichrangigen Eigentümergrundschuld wird ausgeschlossen. Desgleichen wird der gesetzliche Löschungsanspruch des Gläubigers gegen den Eigentümer nach § 1179b BGB ausgeschlossen.
6. Für den Fall der Mahnung oder Geltendmachung der Grundschuld wird zugleich mit Wirkung gegen den jeweiligen Eigentümer des Pfandgrundstückes auf die Vorlegung des Grundschuldbriefes und öffentlich beglaubigter Abtretungserklärungen und weiterer Urkunden (§ 1160 BGB) verzichtet.[6]

II. Dingliche Vollstreckungsunterwerfung

Wegen des Grundschuldkapitals samt Zinsen unterwirft der Eigentümer den Pfandbesitz der Zwangsvollstreckung aus dieser Urkunde in der Weise, daß die Zwangsvollstreckung gegen den jeweiligen Eigentümer zulässig sein soll.[7]

III. Grundbuchanträge, Bewilligungen

Der Eigentümer bewilligt und beantragt in das Grundbuch einzutragen:
1. Die Grundschuld nach Abschnitt I;,
2. die dingliche Zwangsvollstreckungsunterwerfung nach Abschnitt II.
   Ferner wird beantragt:
1. die Aushändigung des Grundschuldbriefes an den Notar;
2. die Erteilung einer beglaubigten Grundbuchblattabschrift.[8]

Der Notar wird ermächtigt, alle zum Vollzug erforderlichen Erklärungen abzugeben, Anträge zu stellen, abzuändern und zurückzunehmen sowie die Eintragung an nächstoffener Rangstelle zu beantragen.

IV. Vollstreckbares Schuldbekenntnis[9]

Der Eigentümer verpflichtet sich gegenüber jedem künftigen Grundschuldgläubiger nach Abtretung zur Zahlung eines der bestellten Grundschuld samt Zinsen entsprechenden fälligen Betrages (§ 780 BGB). Wegen dieser Zahlungsverpflichtung unterwirft er sich der Zwangsvollstreckung aus dieser Urkunde in sein gesamtes Vermögen. Der Gläubiger ist berechtigt, ihn aus dem Schuldbekenntnis auch ohne vorherige Vollstreckung in den Pfandbesitz in Anspruch zu nehmen.

V. Kosten, Abschriften

Die Kosten dieser Urkunde und ihres Vollzug trägt der Eigentümer.[10,11]
Von der Urkunde erhält der Eigentümer eine Ausfertigung und eine beglaubigte Abschrift, das Grundbuchamt erhält eine beglaubigte Abschrift.[12]
Der Notar ist berechtigt, jedem künftigen Gläubiger auf einseitigen Antrag auf Kosten des Eigentümers eine vollstreckbare Ausfertigung zu erteilen.

VI. Pfandbesitz, Rangstelle

Der Pfandbesitz beschreibt sich wie folgt:

......

......

Schrifttum: Lichtenberger, Abschied von der Eigentümergrundschuld?, MittBayNot 1976, 109; *Roemer,* Ausgewählte Probleme aus dem Bereich der Grundpfandrechte, MittRhNotK 1991, 97; *Zawar,* Die Eigentümergrundschuld im Spiegel der neueren Rechtsprechung, NJW 1976, 1823.

Anmerkungen

1. Zweck. Die Anmerkungen betreffen nur Besonderheiten bei der Eigentümergrundschuld. Im übrigen sei auf Form. X. 30 verwiesen. Der Zweck der ursprünglichen Eigentümergrundschuld (§ 1196 BGB) besteht vor allem darin, dem Eigentümer ein Sicherungsmittel an die Hand zu geben, das bei wechselnden Gläubigern immer wieder zur Verfügung steht. Meist bestehen jedoch falsche Vorstellungen über die Verkehrsfähigkeit der Eigentümergrundschuld. Wegen der gesetzlichen Löschungsansprüche nach §§ 1196 Abs. 3, 1179a, b BGB kann sie praktisch nur einmal abgetreten werden, wenn gleich- oder nachrangige Grundpfandrechte bestehen oder wenn sie wieder rückabgetreten wird (§ 1179b BGB!). Der Nachweis, daß es sich um eine Erstabtretung handelt, ist oft schwer zu führen. Schließt man dagegen den gesetzlichen Löschungsanspruch gegenüber der Eigentümergrundschuld aus, sind nach- und gleichrangige Grundpfandrechtsgläubiger benachteiligt (dazu *Jerschke* DNotZ 1977, 724; *Reithmann* DNotZ 1982, 84). Ein weiterer häufiger Grund für die Eigentümergrundschuld ist der Wunsch des Eigentümers, seine(n) Gläubiger durch Nichtnennung im Grundbuch geheim zu halten und vor allem das bei Banken beliebte Ausforschen durch Grundbucheinsichten zu verhindern.

2. Gläubiger. Falls mehrere Eigentümer (Miteigentümer) eine Eigentümergrundschuld bestellen, ist ihr Berechtigungsverhältnis anzugeben. Anzugeben ist „Gesamtgläubiger nach § 428 BGB". Die Paragraphenbezeichnung darf nicht fehlen (BGH NJW 1980, 205; *Linden* MittBayNot 1981, 174). Sie ist dann teils Eigentümer-, teils Fremdgrundschuld (BGH DNotZ 1975, 487; WM 1981, 199). Bei Miteigentum ist auch Berechtigung zu gleichen Teilen möglich, bei Gütergemeinschaft nur zum Gesamtgut, nicht blank als Gesamtberechtigung (im einzelnen *Haegele/Schöner/Stöber* Rdn. 2355).

3. Grundschuldbrief. Die gesetzliche Regel ist zwar das Briefrecht (§§ 1192, 1116 Abs. 1 BGB), jedoch ist die Angabe „mit Brief" üblich und zweckmäßig.

4. Zinsbeginn. Auch bei der Eigentümergrundschuld ist die Eintragung eines vor dem Eintragungstag im Grundbuch liegenden Zinsbeginnes zulässig (BayObLG DNotZ 1978, 550). § 1197 Abs. 2 BGB steht der Eintragung von Zinsen nicht entgegen, sondern setzt diese voraus.

5. Löschungsanspruch. (1) Auch die Eigentümergrundschuld unterliegt den gesetzlichen Löschungsansprüchen der § 1179a BGB (Fremdgläubiger) und § 1179b BGB (Gläubiger des eigenen Rechts). Zu den Löschungsansprüchen im einzelnen Form. X.37. Um sie aber verkehrsfähig zu machen, bestimmt § 1196 Abs. 3 BGB, daß die Ansprüche erst entstehen, wenn die Eigentümergrundschuld nach der ersten Abtretung wieder an den Eigentümer zurück abgetreten wird und sich so wieder mit dem Eigentum in einer Person vereinigen. Einer erneuten Abtretung an einen Dritten würden die Löschungsansprüche der nach (gleich)rangigen Gläubiger entgegenstehen. Die Eigentümergrundschuld würde damit ihre Verkehrsfähigkeit einbüßen. Da ein Eigentümer nicht beweisen kann, daß die Grundschuld nie abgetreten war, besteht für den Gläubiger die Unsicherheit, ob er überhaupt ein verwertbares Recht erhält (Ausnahme: direkte Briefübergabe bei Erstbestellung). Die Eigentümergrundschuld kann bei der gesetzlichen Rechtslage nur einmal abgetreten werden (*Clemente*, Recht der Sicherungsgrundschuld Rdn. 143). Der Ausschluß der gesetzlichen Löschungsansprüche ist daher wichtig, um die Verkehrsfähigkeit zu erhalten. Wichtig ist dabei, daß nicht nur Löschungsansprüche von originären Fremdgläubigern ausgeschlossen werden, sondern auch von Gläubigern, an die andere Eigentümergrundschulden abgetreten werden, aber auch des Gläubigers, der die Grundschuld selbst erhalten hat, wenn er sie wieder zurückgibt (Fall des § 1179 b BGB). In all diesen Fällen kann der gesetzliche Löschungsanspruch als einseitige Erklärung des Eigentümers gegenüber dem Grundbuchamt ausgeschlossen werden (LG Wuppertal MittRhNotK 1988, 18; OLG Braunschweig DNotZ 1986, 515 mit Anm. *Schelter*; OLG Düsseldorf NJW 1988, 120; BayObLG NJW-RR 1992, 306; *Erman/Räfle* § 1179 b Rdn. 4).

(2) Häufig werden mehrere Eigentümergrundschulden in Rang nacheinander oder im Gleichrang bestellt. Bei jeder Eigentümergrundschuld sollte der Löschungsanspruch am eigenen Recht nach § 1179 b BGB ausgeschlossen werden, um zu verhindern, daß der erste Abtretungsgläubiger nach Rückgabe der Grundschuld noch einen Löschungsanspruch hat und damit die Zweitverwendung verhindern könnte (zum Löschungsanspruch am eigenen Recht Form. 38 Anm. 4 Abs. 4). Auf diese besondere Bedeutung des Ausschlusses des Löschungsanspruchs am eigenen Recht geht die Literatur kaum ein, zumal § 1179 b BGB erst 1977 ins Gesetz aufgenommen wurde. Im übrigen sind für Löschungsansprüche von Fremdgläubigern nach § 1179 a BGB folgende Konstellationen denkbar:
a) Nur eine einzige Eigentümergrundschuld: § 1179 a nicht einschlägig;
b) Eine Eigentümergrundschuld, aber nachrangige Grundschuld(en): Wird die nachrangige gleichzeitig mit der Eigentümergrundschuld bestellt, muß bei der nachrangigen der Löschungsanspruch gegenüber der vorrangigen Eigentümergrundschuld ausgeschlossen werden. Werden später nachrangige Fremdgrundschulden bestellt, sollte auf den Ausschluß bei diesen geachtet werden. Bei der Eigentümergrundschuld selbst ist nichts veranlaßt. Bei nachrangigen Zwangshypotheken besteht der Löschungsanspruch gegenüber der Eigentümergrundschuld immer.
c) Mehrere Eigentümergrundschulden im Rang nacheinander: Bei jeder muß der Löschungsanspruch gegenüber allen vorrangigen Eigentümergrundschulden ausgeschlossen werden, am besten durch Einzelaufzählung in der Urkunde.
d) Mehrere Eigentümergrundschlden im Gleichrang: Bei jeder muß der Löschungsanspruch gegenüber allen gleichrangigen Eigentümergrundschulden ausgeschlossen werden, auch hier am besten durch Einzelaufzählung in den Urkunden.

(3) Die Eintragung des Ausschlusses von Löschungsansprüchen scheitert bei Eigentümergrundschulden nicht daran, daß der Gläubiger, dessen Anspruch ausgeschlossen wird, mangels Abtretung noch nicht feststeht, weil es sich um eine Eigentümergrundschuld handelt (OLG Düsseldorf NJW 1988, 1798). Der Ausschluß ist im Grundbuch unmittelbar einzutragen; eine Bezugnahme nach § 874 BGB ist nicht zulässig (zur Problematik *Jerschke* DNotZ 1977, 708; *Stöber* RPfleger 1977, 425). Die Eintragung geschieht bei der bestellten Eigentümergrundschuld; bei den anderen Grundpfandrechten wird nichts vermerkt. Beispiel: „... ohne gesetzlichen Löschungsanspruch gegenüber dieser Grundschuld selbst und den vorrangigen (*oder gleichrangigen*) Grundschulden Nr. 1, 2 und 3".

6. Verzicht nach § 1160 BGB. Nach §§ 1160, 1192 BGB hat der Gläubiger auf Verlangen des Eigentümers bei Geltendmachung, Mahnung oder Kündigung der Grundschuld den Grundschuldbrief und die in § 1155 BGB genannten Urkunden vorzulegen.

Diese Pflicht kann mit dinglicher Wirkung abbedungen werden (OLG Frankfurt DNotZ 1977, 1121). Es handelt sich hierbei um eine aus praktischen Gründen zweckmäßige Beweisführungserleichterung, keine Beweislastumkehr (*Clemente*, Die Sicherungsgrundschuld, Rdn. 212 ff.; *Palandt/Bassenge* § 1160 Rdn. 1). Der dingliche Verzicht des Eigentümers auf das Widerspruchsrecht verstößt nicht gegen § 11 Nr. 2a AGBG, der Verzicht auf Zurückbehaltungsrechte verbietet. § 1160 BGB gibt dem Eigentümer nämlich keinen Anspruch auf Zurückbehaltung, sondern nur ein besonderes prozessuales Recht bei der Realisierung des Anspruchs (MünchKomm/*Eickmann* § 1160 Rdn. 10; *Stürner* JZ 1977, 431; zur Zulässigkeit auch *Staudinger/Scherübl* § 1160 BGB Rdn. 16 m.w.N.; a.A. *Weirich*, Grundstücksrecht 2. Aufl. Rdn. 1066: Verstoß gegen § 9 AGBG, aber nicht überzeugend).

7. Vollstreckungsunterwerfung. § 1197 Abs. 1 BGB verbietet dem Eigentümer als Inhaber der Eigentümergrundschuld die Zwangsvollstreckung zum Zwecke seiner Befriedigung. Damit ist jedoch die Erklärung der Vollstreckungsunterwerfung nach §§ 794 Nr. 5, 800 ZPO nicht ausgeschlossen. Sie ist nach unumstrittener Meinung zulässig (BGH NJW 1975, 617; *Zawar* NJW 1976, 1823; *Palandt/Bassenge* § 1179 Rdn. 2) und kann so zum dinglichen Inhalt gemacht werden. Dem Fremdgläubiger steht das Vollstreckungsrecht zu, der Eigentümer ist lediglich persönlich beschränkt (dazu KG DNotZ 1975, 718; MünchKomm/*Eickmann* § 1197 Rdn. 1).

8. Grundbuchblattabschrift. Da der Inhalt des Grundschuldbriefes nach §§ 56, 57 GBO nur auf wenige Angaben beschränkt ist, kann auf eine Grundbuchblattabschrift zur Vervollständigung der für den Gläubiger notwendigen Kenntnisse über das Recht nicht verzichtet werden.

9. Schuldbekenntnis. (1) Die Zulässigkeit eines vollstreckbaren Schuldbekenntnisses (§ 974 Abs. 1 Nr. 5 ZPO) gegenüber dem künftigen Gläubiger in einer Eigentümergrundschuld ist allgemein anerkannt. Es stellt das Angebot zur Begründung eines abstrakten Schuldversprechens an den Gläubiger nach Abtretung dar, das mit der Entgegennahme der Abtretung meist stillschweigend angenommen wird (BGH NJW 1976, 567; DNotZ 1958, 579; NJW 1991, 228; OLG Frankfurt MittBayNot 1981, 121; *Lichtenberger* MittBayNot 1976, 112; *Zawar* NJW 1976, 1823; a.A. *Wolfsteiner*, Die vollstreckbare Urkunde § 70.15 ff.; MittBayNot 1976, 35; KG DNotZ 1975, 718).

(2) Trotz der Zulässigkeit eines abstrakten Schuldversprechens in der Eigentümergrundschuld ist die praktische Brauchbarkeit eingeschränkt. Das Schuldversprechen gilt nur gegenüber dem ersten Zessionar und erlischt, wenn die Grundschuld an den Eigentümer rückabgetreten wird. Bei einer erneuten Abtretung ist ein erneutes Schuldversprechen abzugeben, wenn der Gläubiger ein solches wünscht (*Reithmann* DNotZ 1982, 86; *Wolfsteiner*, Die vollstreckbare Urkunde § 47.7). Hinzu kommt, daß der Notar an den Zessionar eine vollstreckbare Ausfertigung nur erteilen kann, wenn es sich um den ersten Zessionar handelt. Dies ist problemlos, wenn die Abtretung zugleich mit der Bestellung der Grundschuld geschieht. Bei einer späteren Abtretung kann nicht nachgewiesen werden, daß die Grundschuld nicht schon einmal abgetreten und der Abtretungsgläubiger der erste Zessionar ist (*Reithmann* aaO.). *Reithmann* schlägt daher vor, Schuldversprechen nicht in die Eigentümergrundschuld, sondern erst in die spätere Abtretung aufzunehmen (ebenso *Weirich*, Grundstücksrecht 2. Aufl. Rdn. 1201) In der Praxis gibt es auch Formulare, bei denen als Gläubiger des Schuldversprechens eine konkrete Bank eingesetzt ist.

10. Steuern. Die Bestellung einer Eigentümergrundschuld löst keine Grunderwerbsteuer aus.

11. Kosten. Notar: $^{10}/_{10}$ Gebühr aus dem Nennbetrag der Grundschuld nach § 36 Abs. 1 KostO (Schuldbekenntnis ist gleicher Gegenstand nach § 44 Abs. 1 KostO); Schreibgebühren § 136; Auslagen §§ 137, 152 KostO.

33. Abtretung einer Eigentümerbriefgrundschuld X. 33

Gericht: für Eintragung 10/10 Gebühr nach § 62 Abs. 1 KostO (Eintragung der Vollstreckungsunterwerfung gebührenfreies Nebengeschäft nach § 62 Abs. 3 KostO); Brieferteilung 1/4 Gebühr nach 71 Abs. 1 KostO. Auslagen für Briefvordruck und Grundbuchblattabschrift nach § 136 KostO, deren Beglaubigung Gebühr nach § 73 KostO (35,– DM).

12. **Ausfertigungen.** Für den Eigentümer ist eine Ausfertigung der Urkunde anzufertigen, die er bei der Abtretung dem neuen Gläubiger auszuhändigen hat. Eine beglaubigte Abschrift genügt zur Wahrnehmung der Gläubigerrechte nicht. Die Ausfertigung wird namentlich auf den Eigentümer ausgestellt. Um die Zugehörigkeit der Urkunde zu der konkret eingetragenen Grundschuld festzuhalten, sollte nach Eintragung der Grundschuld deren laufende Nummer in Abteilung III entweder im Ausfertigungsvermerk angegeben oder sonst klar vermerkt werden. Dies gilt dann insbesondere bei vollstreckbaren Ausfertigungen. Klarheit in der Zuordnung besteht auch dann, wenn im Eintragungsvermerk des Grundbuches die Urkunde angegeben ist. Eine vollstreckbare Ausfertigung kann nur für den neuen Gläubiger namentlich erteilt werden, nicht schon vorab dem Eigentümer ohne Gläubigernennung. Die Rechtsnachfolge (Abtretung) muß in der Form des § 29 GBO nachgewiesen werden; der Brief ist vorzulegen. Die Erteilung einer vollstreckbaren Ausfertigung löst beim Notar eine halbe Gebühr nach § 49 KostO aus, dazu Schreibgebühren und Auslagen.

33. Abtretung einer Eigentümerbriefgrundschuld[1, 2]

I.

Im Grundbuch des Amtsgerichts ...... für ...... Band ...... Blatt ...... ist in Abteilung III unter der laufenden Nummer ...... eine Briefgrundschuld über ...... DM (i. W.: ...... Deutsche Mark) mit Jahreszinsen von 16% für den Eigentümer eingetragen.
Sie wurde beurkundet mit Urkunde des Notars ...... in ...... vom ...... URNr. ...... und enthält auch ein Schuldversprechen nach § 780 BGB.[3]

II.

Der Eigentümer, Herr ......, tritt hiermit diese Grundschuld mit dem Recht aus dem Schuldversprechen samt Zinsen ab heute[4] an die Y-Bank[5] ab.
Der Grundschuldbrief liegt vor und wird übergeben.[6]
Er bewilligt die Eintragung der Abtretung im Grundbuch.[7, 8, 9,10]

...... (Ort), den ......   gez. (Eigentümer)

Unterschriftsbeglaubigung

Anmerkungen

1. **Form.** Zur Grundschuldabtretung siehe auch Form. X. 31 und die dortigen Anmerkungen. Während zur Abtretung einer Buchgrundschuld Einigung (formlos) und Eintragung genügt (§ 873 BGB), wird die Briefgrundschuld außerhalb des Grundbuches durch eine schriftliche Abtretungserklärung des Inhabers der Grundschuld und Übergabe des Grundschuldbriefes übertragen (§§ 1154, 1192 BGB). Die Annahme der Abtretung durch den Zessionar kann stillschweigend erfolgen. Die Abtretungserklärung bedarf keiner öffentlichen Form, jedoch ist eine solche üblich und zweckmäßig, um dem Gläu-

biger die jederzeitige Grundbucheintragung zu ermöglichen (§ 1155 BGB, § 26 Abs. 1 GBO), ferner um ihm die Möglichkeit der Zwangsvollstreckung auf Grund der dinglichen Zwangsvollstreckungsunterwerfung zu geben, da die Erteilung der Vollstreckungsklausel den Nachweis der Rechtsnachfolge durch öffentliche oder öffentlich beglaubigte Urkunde erfordert (§ 727 ZPO). Die öffentliche Beglaubigung wird nicht nach § 894 ZPO durch ein Urteil ersetzt, die Abtretungserklärung öffentlich beglaubigen zu lassen (LG Ansbach MittBayNot 1996, 440). Die vollstreckbare Ausfertigung muß dem Eigentümer zugestellt werden (§ 750 ZPO). Dieses Verfahren und damit auch die öffentliche Form der Abtretungserklärung ist nicht erforderlich, wenn der Grundschuldgläubiger in einem bereits anhängigen Zwangsversteigerungsverfahren lediglich seine Forderung anmeldet (§ 37 Nr. 4 ZVG), wohl aber bei einem Beitritt (§§ 27, 16 ZVG).

2. **Ehegattenzustimmung.** Eine Ehegattenzustimmung nach § 1365 BGB ist zur Abtretung der Eigentümergrundschuld nicht erforderlich (LG Landshut MittBayNot 1987, 259).

3. **Schuldversprechen.** (1) Der Hinweis auf die Bestellungsurkunde ist zweckmäßig, wenn die Grundschuldbestellung auch ein abstraktes Schuldbekenntnis gegenüber dem ersten Zessionar enthält. Das in diesem Schuldbekenntnis zu erblickende Angebot an den künftigen Zessionar (BGH NJW 1976, 567; bestätigt NJW 1991, 228 mwN.) wird in der Annahme der Grundschuldabtretung stillschweigend mit angenommen. Ein besonderer Nachweis ist nicht erforderlich (BGH aaO; *Reithmann* DNotZ 1982, 86; *Roemer*, MittRhNotK 1991, 101). Hierin liegt der Unterschied zur Fremdgrundschuld mit Schuldbekenntnis, bei der das Recht aus letzterem zusätzlich mit der Grundschuld abgetreten werden muß, um es dem neuen Gläubiger zu verschaffen (dazu Form. X. 31 Anm. 4). Zur Klarstellung wird das Recht aus dem Schuldversprechen im Formular Abs. II mit genannt.

(2) Das Recht aus dem Schuldbekenntnis kann nur der erste Zessionar unmittelbar erwerben; nach Rückabtretung an den Eigentümer erlischt es (*Reithmann* DNotZ 1982, 86 mwN). *Reithmann* schlägt daher vor, das Schuldbekenntnis nicht in die Eigentümergrundschuld, sondern in die Abtretungserklärung aufzunehmen, und zwar dann konkret für den Zessionar. In diesem Fall muß die Abtretung beurkundet werden; Unterschriftsbeglaubigung genügt nicht.

4. **Zinsen.** Das BayObLG hat mit seiner Entscheidung, bei der Eigentümergrundschuld könnten rückwirkend zum Abtretungszeitpunkt keine Zinsen mitabgetreten werden (DNotZ 1976, 494; 1979, 221) erhebliche Kritik erfahren (u. a. *Lichtenberger* MittBayNot 1979, 223; *Willke* WM 1980, 858). Es hat später seine Rechtsprechung geändert und die Abtretung rückwirkend ab dem Tag der Eintragung der Grundschuld im Grundbuch wieder zugelassen (DNotZ 1988, 116; so auch OLG Celle WM 1989, 890; OLG Düsseldorf MittRhNotK 1989, 217). Das Formular hält sich in Abweichung von der Vorauflage wieder an diese zutreffende Auffassung. Zur Notwendigkeit, die Zinsen ab Eintragung der Grundschuld abzutreten, Form. X. 31 Anm. 3.

5. **Zessionar.** Die Person des Abtretungsempfängers (Zessionars) muß bestimmt und zweifelsfrei bezeichnet sein. Die pauschale Umschreibung „Bauherrngemeinschaft XY, vertreten durch Z" genügt nicht. Aus dem Schuldrechtsverhältnis kann sich jedoch ein Anspruch der Zessionare gegen den Zedenten auf entsprechende Ergänzung der Abtretungsurkunde ergeben (BGH NJW 1989, 3151).

6. **Briefübergabe.** Das gewählte Formular geht davon aus, daß der Grundschuldbrief beim beglaubigenden Notar für den Gläubiger vorliegt. Wird gleichzeitig mit der Bestellung der Eigentümergrundschuld die Abtretung beglaubigt, kann als Zinszeitpunkt für die Abtretung der Tag der Eintragung der Grundschuld im Grundbuch genommen werden, wenn mit dem Eigentümer eine Vereinbarung nach § 1117 Abs. 2 BGB getroffen ist, wonach der Brief vom Grundbuchamt unmittelbar an den Zessionar auszuhän-

34. Schuldbekenntnis mit Hypothekenbestellung X. 34

digen ist (*Reithmann* DNotZ 1982, 84). Diese Vereinbarung kann formlos getroffen werden, eine Aufnahme in die Abtretungserklärung ist aber zweckmäßig (vgl. Form. X. 30 Anm. 25). Wird der Brief vom Notar verwahrt, muß auch der Herausgabeanspruch an ihn abgetreten werden (BGH WM 1991, 34). Zusammen mit dem Grundschuldbrief soll dem Gläubiger auch eine Ausfertigung der Urkunde ausgehändigt werden (dazu vorhergehendes Formular Anm. 12).

7. **Eintragungsantrag.** Materiellrechtlich vollzieht sich die Abtretung außerhalb des Grundbuches (§§ 1154, 1192 BGB). Die Eintragung im Grundbuch stellt eine Grundbuchberichtigung dar, für die entweder eine Berichtigungsbewilligung nach §§ 22, 19 GBO (*Demharter* GBO § 22 Anm. 4) erforderlich ist (Form § 29 GBO) oder die Vorlage der Abtretungserklärung selbst in öffentlicher Form (§ 26 Abs. 1 GBO), also ohne Bewilligung. Mitvorzulegen ist der Grundschuldbrief (§ 41 GBO). Der Antrag kann vom Eigentümer oder dem neuen Gläubiger formlos gestellt werden (§ 13 GBO).

8. **Steuern.** Die Abtretung einer Eigentümergrundschuld löst keine Grunderwerbsteuer aus.

9. **Kosten.** Notar: $^{10}/_{10}$ Gebühr nach § 36 Abs. 1 KostO aus dem Nennwert (einseitige Erklärung). Grundbuchamt: $^{5}/_{10}$ Gebühr nach § 64 Abs. 1 KostO.

10. **Eigentümerwechsel.** Wechselt der Eigentümer des Grundstücks durch rechtsgeschäftliche Eigentumsübertragung, bleibt die abgetretene Eigentümergrundschuld Fremdgrundschuld, während die nicht abgetretene Fremdgrundschuld mit dem bisherigen Eigentümer als Gläubiger wird. Soll sie auch Eigentümergrundschuld des neuen Eigentümers werden, muß sie neben der Auflassung und Eigentumsumschreibung ausdrücklich mit abgetreten werden. War sie abgetreten, muß der Zessionar die Grundschuld erst an den Eigentümer zurückabtreten, damit er sie seinerseits an den neuen Eigentümer abtreten kann, damit dieser als Inhaber einer Eigentümergrundschuld im Grundbuch eingetragen werden kann. Dieser Weg ist kaum gangbar, wenn die Grundschuld beliehen ist, da der Gläubiger zumindest vorübergehend seine Sicherheit verliert. Die Grundschuld muß dann an ihn vom neuen Eigentümer wieder abgetreten werden.

34. Schuldbekenntnis mit Hypothekenbestellung[1]

Verhandelt[2] am ...... in ......
Vor dem Notar ...... erschienen heute
...... und erklärten:

I. Schuldbekenntnis[3]

1. Wir, die Ehegatten X als Darlehensnehmer
bekennen hiermit
der Firma Y als Gläubigerin
ein bares Darlehen in Höhe von

...... DM
(in Worten: ...... Deutsche Mark)

als Gesamtschuldner zu schulden.
Das Darlehen dient zur Finanzierung des Wohnhausneubaues der Schuldner in ......
2. Für das Darlehen gelten folgende Bestimmungen:
   a) Das Darlehen ist ab heute mit ......% (i.W....... vom Hundert) zu verzinsen.[4]
   Die Zinsen werden jeweils nach dem Stand des Kapitals zum Schlusse eines Kalenderhalbjahres berechnet und sind damit fällig.

b) Das Darlehen ist mit ......% (i. W. ...... vom Hundert) jährlich zu tilgen.[5] Die Tilgungsbeträge sind jeweils zum Schluß eines Kalenderhalbjahres zu entrichten, erstmals an dem der Auszahlung folgenden Fälligkeitstermin.
c) Bleiben die Darlehensnehmer mit einer Zahlung zwei Wochen im Rückstand, so erhöht sich der Zinssatz[6] ab dem Fälligkeitstag um 1% (i. W.: eins vom Hundert) des Restkapitals bis zur vollständigen Bezahlung der Rückstände.

Weitere Darlehensbedingungen:[7,8]
3. Die Darlehensnehmer können das Darlehen jederzeit mit einer Kündigungsfrist von einem Monat ganz oder teilweise zurückzahlen. Bei Teilrückzahlung bleibt die Höhe der Tilgungsraten unverändert.
4. Die Gläubigerin kann das Darlehen grundsätzlich nicht kündigen.[9] Sie ist jedoch zur sofortigen fristlosen Kündigung berechtigt,
a) bei einem Rückstand von Zins- oder Tilgungsraten von einem Monat;
b) wenn von dritter Seite die Zwangsversteigerung oder Zwangsverwaltung in das Pfandobjekt betrieben wird;
c) bei zweckwidriger Verwendung des Darlehens;
d) wenn Herr X das Pfandobjekt nicht mehr selbst bewohnt;
e) wenn Herr X aus Gründen, die er zu vertreten hat, aus dem Arbeitsverhältnis mit der Gläubigerin ausscheidet.
5. Erfüllungsort[10] ist der Sitz der Gläubigerin. Alle Zahlungen sind dort kostenfrei zu bewirken.
6. Die Gläubigerin ist berechtigt, eingehenden Zahlungen ohne Rücksicht auf den angegebenen Verwendungszweck nach ihrem Ermessen zu verwenden.[11]

II. Hypothekenbestellung[12]

Die Ehegatten X bestellen zur Sicherung des Darlehens samt Zinsen zu Gunsten der Firma Y hiermit eine Hypothek ohne Brief an dem in Abschnitt VI. beschriebenen Pfandbesitz mit dem vorstehenden Inhalt.

Die Hypothek erhält zweite Rangstelle nach Vorgang einer Grundschuld über ......DM für die Z-Bank. Sie soll jedoch bereits mit der Eintragung an nächster Rangstelle entstehen.

III. Vollstreckungsunterwerfung[13]

Die Ehegatten X unterwerfen sich wegen der Zahlungsverpflichtungen der Zwangsvollstreckung aus dieser Urkunde in ihr gesamtes Vermögen und in Ansehung der Hypothek in der Weise, daß die Zwangsvollstreckung gegen den jeweiligen Eigentümer des Pfandobjekts zulässig sein soll.

IV. Grundbucherklärungen[14]

Zur Eintragung in das Grundbuch wird bewilligt und beantragt:
a) die bestellte Hypothek samt Zins- und Zahlungsbestimmungen;
b) die dingliche Zwangsvollstreckungsunterwerfung;
c) alle zur Rangbeschaffung erforderlichen Erklärungen einschließlich Löschungen.
Ferner wird die Erstellung einer beglaubigten Grundbuchblattabschrift für die Gläubigerin beantragt.
Sämtliche Vollzugsmitteilungen sind an den Notar zu senden. Der Notar wird ermächtigt,[15] alle Anträge zu stellen, abzuändern und zurückzunehmen sowie die Eintragung an nächstoffener Rangstelle zu beantragen. Die Hypothek soll mit Eintragung an nächstoffener Rangstelle entstehen.

V.

Von der Urkunde erhält die Gläubigerin eine vollstreckbare Ausfertigung, Eigentümer und Grundbuchamt je eine beglaubigte Abschrift.
Die Kosten[16] der Urkunde und des Vollzugs tragen die Eigentümer.

VI. Pfandbesitz

Der Pfandbesitz beschreibt sich wie folgt: ......

Schrifttum: Fuchs, Zur Vereinfachung der Grundkreditformulare, DNotZ 1969, 133; *Lange*, Die Abgrenzung von dinglichen und schuldrechtlichen Vereinbarungen in notariellen Urkunden, MittRhNotK 1982, 241; *Magis*, Die vollstreckbare notarielle Urkunde, MittRhNotK 1979, 111; *Räfle*, Hypothek und Grundschuld in der Rechtsprechung des BGH, RWS-Script 119 (1984); *ders.* Die neuere Rechtsprechung des Bundesgerichtshofes zur Hypothek und Grundschuld, WM 1983, 806; *Reithmann*, Grundpfandrechte heute, DNotZ 1982, 67; *Schmitz*, Die neuere Rechtsprechung des BGH zu Hypothek und Grundschuld, WM 1991, 1061.

Anmerkungen

1. Sachverhalt. Die Hypothek spielt in der Praxis der Kreditinstitute nur noch eine untergeordnete Rolle. Sie ist selbst für die sog. Hypothekendarlehen (langfristige Tilgungsdarlehen) – auch bei den Hypothekenbanken – weitgehend durch die Grundschuld abgelöst. Mit der Fertigung von Hypothekenurkunden wird der Notar in der Praxis nur noch selten befaßt. In dem Formular ist hierfür ein Arbeitgeberdarlehen für den Hausbau eines Arbeitnehmers gewählt. Im Rahmen der Anmerkungen wird jedoch auf allgemeine Probleme bei der Abfassung von Hypothekenurkunden hingewiesen. Eine umfassende und vertiefende Darstellung sämtlicher Probleme in praxisgerechter Weise findet sich bei *Haegele/Schöner/Stöber* „Grundbuchrecht" 11. Aufl. 1997, Rdn. 1911 ff.

2. Form. Die Hypothek entsteht durch Einigung und Eintragung (§ 873 BGB). Die Einigung bedarf keiner Form; sie kann vor oder nach der Eintragung erfolgen. Zur Eintragung ist für die Eintragungsbewilligung die Form des § 29 GBO erforderlich, der Antrag selbst ist formfrei. Es genügt daher auch Unterschriftsbeglaubigung unter die Eintragungsbewilligung. Bei einer vollstreckbaren Hypothek ist gemäß § 794 Abs. 1 Nr. 5 ZPO jedoch Beurkundung in Form der Niederschrift nach § 8 BeurkG erforderlich.

3. Schuldbekenntnis. (1) Die Hypothek ist forderungsabhängig, akzessorisch (§ 1113 BGB). Daher muß die schuldrechtliche Forderung in der Urkunde ausgewiesen werden. In der Regel ist dies der Inhalt des Darlehensvertrages, der dann vollständig im Formular aufzunehmen ist. Für diesen Darlehensvertrag = Kreditvertrag gilt grundsätzlich auch das Verbraucherkreditgesetz vom 17. 12. 1990 (BGBl. I 2840). Nach § 3 Abs. 2 Nr. 2 VerbrKrG finden jedoch dessen § 7 (Widerrufsrecht), § 9 (verbundene Geschäfte) und § 11 (zu Verzugszinsen und Tilgungsleistungen) auf Kreditverträge, nach denen der Kredit von der Sicherung durch ein Grundpfandrecht abhängig gemacht und zu für grundpfandrechtlich abgesicherte Kredite üblichen Bedingungen gewährt wird, keine Anwendung. Übliche Bedingungen sind die marktüblichen, wobei nicht die Zinshöhe, sondern die Gesamtbelastung maßgeblich ist (*v. Westphalen/Emmerich/Kessler*, Verbraucherkreditgesetz, § 3 Rdn. 135). Wird von den marktüblichen Bedingungen abgewichen, gilt die Ausnahme nicht (a.a.O.). Der Begriff „übliche Bedingungen" ist sehr vage und erfaßt einen weiten Spielraum, so daß in der Regel kein Ablehnungsgrund für eine Beurkundung i. S. des § 17 Abs. 2 BeurkG vorliegen dürfte. Der Geldbetrag kann in DM lauten

(§ 28 Abs. 2 GBO), aber auch in einer Währung eines EU-Staates, US-Dollar, Schweizer Franken oder ab 1. 1. 1999 in EURO (BGBl. I 1997 S. 2683).

(2) Statt eines Darlehensvertrages genügt aber auch ein abstraktes Schuldbekenntnis nach §§ 780, 781 BGB (OLG Stuttgart NJW 1979, 222; *Wolf/Horn/Lindacher* AGBG § 9 Rdn. G 203; kritisch dazu aber *Stürner* DNotZ 1992, 99). Das abstrakte Schuldbekenntnis als Hypothekenforderung führt zur „abstrahierten Hypothek", die mit dem Wesen der Hypothek nicht mehr viel zu tun hat. Die Hypothek sichert dann primär die abstrakte Forderung aus dem Schuldbekenntnis und erst dieses sichert die konkrete Darlehensforderung (*Reithmann* in Handbuch der notariellen Vertragsgestaltung, 7. Aufl. Rdn. 714). Das Darlehen kann ausgetauscht werden, ohne daß dies die Hypothek berührt, weil sich die Tilgung nicht auf die abstrakte Hypothekenforderung auswirkt. Eine solche Hypothek ist damit fast eine Grundschuld, weil die Forderungsabhängigkeit in Bezug auf den Kredit aufgehoben wird, vor allem, wenn die Sicherungsabrede (Zweckbestimmungserklärung) für das abstrakte Schuldversprechen wie bei einer Grundschuld alle gegenwärtigen und künftigen Forderungen gegen den Sicherungsgeber erfaßt. Letztlich ist daher der Sinn der abstrahierten Hypothek nicht recht erkennbar.

(3) In der Regel wird erklärt, ein Darlehen zu schulden oder empfangen zu haben, obwohl die Auszahlung noch nicht erfolgt ist. Darin kann eine Gefahr des gutgläubigen Erwerbs der Hypothekenforderung durch Dritte liegen. Die Hypothek kann jedoch auch für eine künftige Forderung bestellt werden, also das noch auszuzahlende Darlehen. Dann müßte allerdings bei der Erteilung der Vollstreckungsklausel der urkundliche Nachweis der Auszahlung erbracht werden, wenn der Schuldner auf diesen Nachweis nicht verzichtet (dazu *Magis* MittRhNotK 1979, 123).

4. Zinsen, Nebenleistungen. Zinsen sind die geldliche Vergütung für die Überlassung des Kapitals. Sie zählen zu den Nebenleistungen und sind von der Hauptforderung abhängig. Festzulegen sind

a) der Zinsbeginn. Er kann auch vor oder nach der Eintragung liegen, z.B. „ab dem Auszahlungstag". Ein durch einen Kalendertag bestimmtes Datum ist nicht erforderlich, jedoch zu empfehlen, weil nur damit die für eine Zwangsvollstreckung erforderliche Bestimmtheit über den Zinsbeginn gewahrt ist (OLG Düsseldorf DNotZ 1981, 618; *Magis* MittRhNotK 1979, 125; *Haegele/Schöner/Stöber* Rdn. 1957). Ein Vollstreckungsproblem dürfte bei der Klausel „Zinsen ab Auszahlung" wegen der 4-jährigen Verjährungsfrist der Zinsen jedoch nur in den ersten Jahren nach der Auszahlung liegen.

b) die Höhe der Zinsen. Der Zinssatz kann für die Laufzeit des Darlehens fest bestimmt werden, er kann jedoch auch gleitend sein. Die Umstände der Zinsveränderung müssen objektiv bestimmt werden. Zulässig ist die Anknüpfung an den Diskontsatz oder Lombardsatz der Bundesbank, ab 1. 1. 1999 der Basiszinssatz (Art. 1 § 1 EuroEG). Dabei ist immer ein Höchstzinssatz anzugeben, ein Mindestzinssatz nur, wenn vereinbart (zum Ganzen insbesondere BGH NJW 1961, 1257; NJW 1975, 1314; *Magis* S. 122).

c) Bei **Annuitätendarlehen** (Tilgungshypotheken) ist es erforderlich, die Zinsberechnungsklausel so zu gestalten, daß die belastende Wirkung auch dem Durchschnittskunden durchschaubar ist (Transparentgebot). Das hierfür aus § 9 AGBG abgeleitete Transparenzgebot hat durch die Rechtsprechung zunehmendes Gewicht erhalten (BGH NJW 1989, 222; 1990, 2383; 1991, 2559; 1992, 179; 1992, 180; 1995, 2286 mwN.). Ein Verstoß gegen das Transparenzgebot führt zur Nichtigkeit. Eine Klausel, die die Berechnung der Jahreszinsen nach dem Schluß des vergangenen Kalenderjahrs bei vierteljährlichen Annuitäten vorsieht (vierteljährliche Annuitäten sind aber zulässig: BGH NJW 1993, 3261) und so die Verzinsung bereits getilgter bewirke, sei zwar als solche sachlich nicht zu mißbilligen; sie widerspreche nicht wesentlichen Grundgedanken des Darlehensrechts, zumal sie durch § 20 Abs. 2 des Hypothekenbankgesetzes gedeckt ist (NJW 1992, 179). Bei einer intransparenten Zinsberechnungsklausel muß die rückwirkende Neuberechnung eines Annuitätendarlehens unter taggenauer Berücksichtigung des Tilgungsanteils aller Leistungsraten anhand des vereinbarten Nominalzinses nach der banküblichen linearen, erzielbare unterjährige Zinseszinsen nicht berücksichtigende Berechnungsmethode erfolgen (BGH NJW 1995, 2286). Wie man konkret „transparent" formulieren soll, sagt der BGH nicht (vgl. NJW 1992, 180), weil dies nicht Aufgabe des Gerichts sei. Es dürfe auch nicht Aufgabe des Kunden sein, einen inneren Zusammenhang zwischen Zinsabrechnung und Tilgungsverrechnung zu erkennen (BGH NJW 1992, 1108). Eine deutliche Klausel in der Hypothekenurkunde, daß im Rahmen der Zinsklausel im Abrechnungszeitraum Zinsen auch für die bereits getilgten Beträge erhoben werden bzw. sich erst zu einem späteren Zeitpunkt (= Jahresende) in der Zinsberechnung auswirken, genügt nach BGH NJW 1991, 2569 (wo eine Zinsklausel in Bauspar-AGB gebilligt wurde) dem Transparenzgebot. Soweit Annuitätendarlehen vereinbart werden, die keine von Banken oder Bausparkassen ausgereichten Annuitätendarlehen betreffen, sollte man eine Verzinsung bereits getilgter Beträge vermeiden und die Zinsberechnung an der jeweiligen Annuität ausrichten. Unabhängig von der Notwendigkeit einer „transparenten" Formulierung auch bei einer Hypothek, kann das Grundbuchamt keine Inhaltskontrolle bezüglich des Transparenzgebotes vornehmen, weil ihm auch durch Zusatzinformationen Rechnung getragen werden kann und daher eine Grundbuchunrichtigkeit nicht eintritt.

d) Andere Nebenleistungen als Zinsen (z.B. Disagio, Bearbeitungskosten, Geldbeschaffungskosten, Vorfälligkeitsentschädigung etc.) müssen ebenfalls den Bezug zur Hauptforderung und die Abhängigkeit von ihr ausweisen. Bestimmtheit oder Bestimmbarkeit sind nötig (im Einzelnen *Haegele/Schöner/Stöber* Rdn. 1966 ff.). Zum Disagio: Bei der anteiligen Erstattung des Disagios wegen vorzeitiger Darlehensrückzahlung ist der Berechnung des zu erstattenden Betrages regelmäßig nicht die Gesamtlaufzeit des Darlehens, sondern nur die Zeit zugrunde zu legen, für die ein festen Zinssatz vereinbart ist (BGH NJW 1995, 2778). Falls der Darlehensvertrag nichts anderes aussagt, ist das Disagio als Ausgleich für einen niedrigeren Nominalzins nicht für die gesamte Laufzeit, sondern nur für die Zeit der Zinsfestschreibung als Regelfall zu werten. Zur Vorfälligkeitsentschädigung Anm. 9.

5. Tilgung. Tilgungsbeiträge sind dem Kapital zuzurechnen und stellen keine Nebenleistungen dar (BGH NJW 1967, 923). Sie werden in der Regel nach einem Vom-Hundert-Satz des Ursprungskapitals oder auch in einer DM-Summe angegeben. Eine Besonderheit bilden die Tilgungshypotheken, bei denen Zins und Tilgung zu einer gleichbleibenden Leistung (Annuität) zusammengefaßt werden. Dabei vermindert sich in den Annuitäten laufend der Zinsanteil, während sich der Tilgungsanteil erhöht. Zur Berechnung insbesondere der Laufzeit dienen die Amortisationstabellen. Formulierung einer Annuitätenklausel: „ Zins- und Tilgungsleistungen stellen stets gleichbleibe Beträge dar. Durch die fortlaufende Tilgung verminderte Zinsbeträge werden auf die Tilgung angerechnet"(vgl. aber Anm. 4c zum Transparenzgebot).

6. Verzugszinsen. Verzugszinsen sind zulässig und eintragbar, müssen aber in Voraussetzungen, Höhe und Bezug zum Kapital in der Urkunde bestimmt bzw. bestimmbar ausgewiesen werden. AGB-rechtlich stellen sie pauschalierte Schadensersatzansprüche im Sinne des § 11 Nr. 5 AGBG dar. Ein Zinssatz von 1% ist unbedenklich (*Löwe/ von Westphalen/Trinkner* AGB-Gesetz, 2. Aufl. § 11 Nr. 5 Rdn. 47). Der Text muß nicht ausdrücken, daß der Gegenbeweis nach § 11 Nr. 5 AGBG möglich ist; maßgeblich ist, daß er nicht abgeschnitten wird (BayObLG DNotZ 1983, 44).

7. Weitere Darlehensbedingungen. Die Weiteren Darlehensbedingungen sind nicht vorzulesen, wenn sie nach § 14 BeurkG in ein der Urkunde beigefügtes Schriftstück aufgenommen werden und auf dessen Vorlesen verzichtet wird. Siehe dazu Form. X. 30

Anm. 14. Wichtig ist gerade bei einer Hypothek, in diesem Schriftstück die eintragbaren, also die dinglichen Teile, sorgfältig von den anderen Bestimmungen zu trennen (dazu Anm. 14).

8. AGB-Gesetz. (1) Sofern die Darlehensbedingungen vom Gläubiger wiederholt verwendet werden, fallen sie unter das AGBG (§ 1 AGBG; dazu *Haegele/Schöner/Stöber* Rdn. 2073 ff.). Verwender ist dabei der Gläubiger, auch wenn er die Urkunde selbst nicht unterschreibt. Ist Gläubiger eine Bank oder ein anderes Kreditinstitut oder ein Unternehmer, zu dessen Unternehmertätigkeit die Darlehensgewährung zählt, handelt es sich um ein Verbrauchergeschäft, für das nach § 24a AGBG ohne Rücksicht auf die AGB-rechtliche Verwendereigenschaft das AGB-Gesetz zu Gunsten des Verbrauchers gilt. Das Grundbuchamt darf im Eintragungsverfahren keine Inhaltskontrolle nach § 9 AGBG ausüben. In einem Verfahren nach § 13 AGBG kann dagegen Inhaltskontrolle auch an Hypothekenklauseln geübt werden (vgl. BGH NJW 1989, 2383). Das Grundbuchamt darf grundsätzlich keine Wertungen nach § 10 AGBG vornehmen, es sei denn, die Anwendbarkeit der betreffenden Klausel ist offensichtlich (z. B. die Wertung, daß eine Kündigung eine Erklärung von besonderer Bedeutung im Sinn des § 10 Nr. 6 AGBG ist, BayObLG NJW 1980, 2818). Die absoluten Verbotsklauseln des § 11 AGBG sind auch vom Grundbuchamt zu beachten, jedoch nur insoweit, als eine Bestimmung betroffen wird, die zum eintragungsfähigen Inhalt der Hypothek gehört. Darunter fallen beispielsweise gegenseitige Vollmachten der Schuldner nicht (so richtig *Haegele/Schöner/ Stöber* Rdn. 2085: kein Prüfungsrecht des Grundbuchamtes; dazu auch unten f), selbst wenn man sie als Verstoß gegen § 9 Abs. 2 AGBG i. V. mit § 425 BGB wertet (a. a. O. mwN.) und sie in eine Urkunde nicht aufgenommen werden sollten.

(2) AGB-rechtlich sei auf folgendes hingewiesen (eingehend zu Hypothekenbedingungen *Löwe/v. Westphalen/Trinkner* AGBG 2. Aufl. Band III [1985] Nr. 44.2):
a) Ein Kündigungsrecht des Gläubigers bei Veräußerung des Pfandbesitzes verstößt nicht gegen § 1136 BGB (BGH NJW 1980, 1625; dazu auch OLG Hamm DNotZ 1979, 752; a. A. *v. Westphalen* aaO Rdn. 9; *Wolf/Horn/Lindacher* § 9 Rdn. G 204: Verstoß gegen § 9 AGBG);
b) Kündigung an die letztbekannte Anschrift verstößt gegen § 11 Nr. 6 AGBG (BayObLG NJW 1980, 2818; *Wolf/Horn/Lindacher* § 9 Rdn. G 205);
c) kein allgemeines Aufrechnungsverbot, § 11 Nr. 3 AGBG (nicht eintragbar nach LG Aachen MittRhNotK 1988, 104);
d) § 11 Nr. 5 AGBG verbietet keine pauschalierte Entschädigung bei außerordentlicher Kündigung (2% – BayObLG DNotZ 1983, 49); wegen Verzugszinsen siehe Anm. 6;
e) § 10 Nr. 6 AGBG verbietet allgemeine Zugangsfiktionen, wonach Erklärungen eines Schuldners oder an einen auch für und gegen die übrigen gelten;
f) nach BGH (NJW 1989, 2383) verstoßen gegenseitige Vollmachten zum Empfang von Zustellungen und Erklärungen aller Art gegen § 9 AGBG. Sie laufen dem gesetzlichen Leitbild der Einzelwirkung (§ 425 BGB) zuwider und stehen mit dem Rechtsgedanken des § 10 Nr. 6 AGBG nicht im Einklang; *Haegele/Schöner/Stöber* 10. A. Rdn. 2085 m. w. N.);
g) das vollstreckbare Schuldbekenntnis als Hypothekenforderung ist wirksam (*Wolf/ Horn/Lindacher* § 9 Rdn. G 203). Anders soll es nach OLG Oldenburg (NJW 1985, 182) und OLG Stuttgart (NJW 1987, 71) sein, wenn ein Dritter als Sicherungsgeber es abgibt; dagegen zu Recht OLG Düsseldorf NJW-RR 1986, 1312; kritisch auch *Stürner* DNotZ 1992, 99).

Bei allen Klauseln ist zu berücksichtigen, daß nach der Rechtsprechung die Reduzierung einer ungültigen Klausel auf einen gültigen Teil (geltungserhaltende Reduktion) grundsätzlich verworfen wird (BGH BB 1983, 1873).

(3) Ein Hinweis auf die Allgemeinen Geschäftsbedingungen der Bank in der Urkunde ist zu unterlassen. Sie können nur durch Bezugnahme nach § 8a BeurkG Vertragsinhalt

34. Schuldbekenntnis mit Hypothekenbestellung

werden. Dazu müssen sie beurkundet sein und bei der Beurkundung muß zur Verweisung eine Ausfertigung oder beglaubigte Abschrift zur Bezugnahme vorliegen (*Reithmann* in Handbuch der notariellen Vertragsgestaltung. 7. Aufl. Rdn. 722). In der Praxis werden solche Urkunden nie errichtet.

9. Kündigung. (1) Grundsätzlich sind die Kündigungsrechte beiderseits frei vereinbar. Bis 1986 gewährte § 247 BGB dem Schuldner ein vertraglich nicht abdingbares Kündigungsrecht bei Zinsen über 6% p.a. Nunmehr gilt § 609a BGB, dessen Bestimmungen sind nicht abdingbar. Sie sollen durch Verbraucherschutz Umschuldungen erleichtern (*Palandt/Putzo* § 609a Rdn. 1). § 609a BGB gewährt der Schuldner bei festverzinslichen Darlehen ein einmonatiges Kündigungsrecht zum Ablauf der Zinsbindung (§ 609a Abs. 1 Nr. 1), bei Darlehen mit veränderlichem Zins ein dreimonatiges jederzeitiges Kündigungsrecht (§ 609a Abs. 2). Bei der Ausgestaltung des Darlehensvertrags ist dies zu beachten.

(2) Kündigungsrechte des Gläubigers können AGB-rechtlich eingeschränkt sein (nach *Wolf/Horn/Lindacher* AGB-Gesetz, § 9 Rdn. D 31 soll bei höheren Beträgen die Monatsfrist des § 609 Abs. 2 BGB nicht unterschritten werden; vgl. auch *Ulmer/Brandner/Hensen* AGBG Anh. §§ 9-11 Rdn. 284). Die üblichen Verfallsklauseln aus wichtigem Grund sind grundsätzlich unbedenklich (*Löwe/von Westphalen/Trinkner* AGBG 2. Aufl. § 10 Nr. 7 Rdn. 12). Die Klausel, die zur fristlosen Kündigung berechtigt, ist der Verfallklausel, die automatische Fälligkeit bewirkt, vorzuziehen. Für den Schuldner ist die Situation klarer, zumal der Gläubiger trotz Kündigungsgrund im Einzelfall das Darlehen belassen kann.

Im wesentlichen gibt es zwei Kategorien von außerordentlichen Kündigungsrechten: Kündigung wegen Nichtzahlung fälliger Beträge und Kündigung wegen Gefährdung der Sicherheit der Hypothek. Die Regel in der Praxis ist der erste Fall: solange gezahlt wird, ist das Hauptinteresse des Gläubigers befriedigt. Der Gefährdung der Sicherheit kann weitgehend mit § 1133 BGB begegnet werden. Reduziert man die Kündigungsgründe auf diese zwei Bereiche, dann erscheinen die vielen Gründe mancher Hypothekenformulare als übermäßige Detaillierung, deren praktischer Zweck nicht immer recht erkennbar ist. Hinzuweisen ist auf BGH NJW 1983, 1420, wonach für den Verfall des ganzen Kapitals ein 3-wöchiger Rückstand zu kurz ist.

(3) Für eine „Kündigung" vor Ablauf einer bestimmten Bindungsfrist, meist die Zinsfestschreibung (z.B. fünf Jahre), werden häufig Vorfälligkeitsentschädigungen als Prozentsatz des Darlehens verlangt. Sie dienen dazu, den Schaden des Gläubigers auszugleichen, der ihm aus der dann nicht mehr gedeckten Refinanzierung entsteht (z.B. Deckung von Pfandbriefen aus den Zinsen der Hypothek). Solche Vorfälligkeitsentschädigungsklauseln sind grundsätzlich zulässig (BGH NJW 1997, 2875). Über Rechtsnatur und Wirkungen solcher Klauseln ist in jüngster Zeit eine erhebliche Kontroverse entstanden (vgl. *Wenzel* WM 1995, 1433; *Reifner* NJW 1995, 85 und 2945; *Weber* NJW 1995, 2951). Während *Reifner* die Vorfälligkeitsentschädigung als pauschalierten Schadensersatz ansieht, für den die Inhaltskontrolle des § 11 Nr. 5a AGBG gilt, ordnet sie *Weber* als Entgelt ein. Nach *Reifner* verstößt eine laufzeitunabhängige Vorfälligkeitsentschädigung ohne erkennbaren Bezug zum tatsächlich entstehenden Zinsschaden, etwa bei Einmalbeträgen, gegen die genannten AGB-Bestimmung. Die Forderung müsse danach nach oben begrenzt sein. Nach Weber muß bei vorzeitiger Rückzahlung des Darlehens ein Aufhebungsvertrag geschlossen werden. Die Vorfälligkeitsentschädigung sei dabei die Gegenleistung, das Entgelt für die Aufhebung. Ohne einer dieser grundsätzlichen Positionen den vollen Vorzug zu geben, hat der BGH in einem Urteil vom 1. 7. 1997 (NJW 1997, 2895) wichtige Aussagen getroffen und Maßstäbe genannt. Danach ist die Höhe der Vorfälligkeitsentschädigung so zu bemessen, daß der Darlehensgeber durch die Kreditablösung im Ergebnis finanziell weder benachteiligt noch begünstigt wird. Die Berechnungsmethode, die die Gläubigerin dazu wählt, muß dem entsprechen. Ein zulässi-

ger Berechnungsansatz sei der Vergleich zwischen dem Vertragszins und der Rendite fristenkongruenter Kapitalmarkttitel öffentlicher Schuldner.

10. Gerichtsstand. Gerichtsstandklauseln sind im Hinblick auf das Verbot des § 38 ZPO nicht mehr aufzunehmen.

11. Verrechnung. Zulässig nach § 367 BGB.

12. Hypothek. Bei dieser Hypothek handelt es sich um eine normale Verkehrshypothek. Bei Hypotheken unter Privatleuten ist zur Einschränkung des guten Glaubens hinsichtlich der Forderung meist eine Sicherungshypothek zu empfehlen (§ 1184 BGB). Sie muß ausdrücklich als eine solche bezeichnet werden.

Für die Hypothek ist in der Regel ein Hypothekenbrief zu erteilen. Der Ausschluß muß ausdrücklich erklärt werden. Die Worte „ohne Brief" genügen dazu. Bei der Brieferteilung sollte auf die Vorlagepflicht bei Geltendmachen nach § 1160 BGB verzichtet werden (zur Zulässigkeit dieses im Gesetz nicht unmittelbar erwähnten Verzichts *Staudinger/Scherübl* § 1160 BGB Rdn. 16). Ein AGB-Verstoß kann hierin nicht gesehen werden. Die Sicherungshypothek ist kraft Gesetzes eine Buchhypothek (§ 1185 BGB).

Der Hypothekenbrief ist dem Eigentümer auszuhändigen (§ 60 Abs. 1 GBO). Abweichende Bestimmungen zu Gunsten des Gläubigers (gegebenenfalls über den Notar) sind zulässig (§ 60 Abs. 2 GBO; vgl. § 1117 Abs. 2 BGB) und ratsam; sie bedürfen dem Grundbuchamt gegenüber der Form des § 29 GBO, materiellrechtlich sind sie formlos gültig.

13. Vollstreckungsunterwerfung. Grundlage für die persönliche und dingliche Zwangsvollstreckungsunterwerfung sind § 795 Abs. 1 Nr. 5 und § 800 ZPO. Die dingliche Vollstreckungsunterwerfung bedarf zur Wirkung gegen Rechtsnachfolger der Eintragung in das Grundbuch. Der Anspruch muß in allen Teilen (Entstehen, Zinsen, Nebenleistungen) der Höhe nach in der Urkunde bestimmt sein, wie in einem vollstreckbaren Urteil. Während für den dinglichen Hypothekenanspruch, also sachenrechtlich, auch die Bestimmbarkeit ausreicht, genügt für den Vollstreckungstitel nur die volle Bestimmtheit. Bestimmt kann nur sein, was bei der Beurkundung bereits der Höhe nach feststeht. Bei der vollstreckbaren Hypothek müssen sich die Hypothekenbedingungen daher an den für die Vollstreckungsunterwerfung maßgeblichen Bestimmtheitsgrundsätzen ausrichten. Sie besagen, daß der Zahlungsanspruch in der Urkunde entweder betragsgemäß festgelegt sein oder sich aus der Urkunde ohne weiteres berechnen lassen muß. Für die Berechnung genügt es, wenn sie mit Hilfe offenkundiger, insbesondere aus dem Bundesgesetzblatt oder dem Grundbuch ersichtlicher Umstände möglich ist (BGH NJW 1995, 461; 1162 m.w.N.; im einzelnen dazu *Magis* MittRhNotK 1979, 122 ff.). Sollen mehrere Gläubiger berechtigt sein, muß die Urkunde Angaben ihres Berechtigungsverhältnisses zueinander enthalten (BGH a.a.O.).

14. Bewilligung. Die Bewilligung muß das Recht als Hypothek mit der zu sichernden Forderung bestimmt bezeichnen. Sie muß ferner die Angabe des Pfandobjekts (§ 28 GBO) und die Mindestangaben nach § 1115 BGB enthalten. Wichtig ist auch, daß die Bewilligung sich nur auf die Teile der Urkunde bezieht, die zum Inhalt der Hypothek gehören. Hält die Urkunde dies nicht klar auseinander, so kann die Eintragung abgelehnt werden. Es ist nicht Aufgabe des Grundbuchamtes, im Wege der Auslegung zu trennen.

15. Notarermächtigung. Dazu siehe Form. X. 30 Anm. 26.

16. Kosten. Siehe Form. X. 30 Anm. 30.

35. Zwangshypothek[1]

An das Amtsgericht – Grundbuchamt – in ......
Betreff: Grundbuch von ...... Band ...... Blatt ......
                             Band ...... Blatt ......
                             Band ...... Blatt ......
                             Eigentümer: Ehegatten Z zu gleichen Teilen.

Im Namen und im Auftrag des Herrn X lege ich vor:
1. Prozeßvollmacht;[2]
2. Vollstreckungsbescheid des Amtsgerichts ...... samt Zustellungsurkunde[3]

über	Hauptsumme	3200,— DM
	6% Zinsen ab	
	Kosten des Mahn- und Vollstreckungsbescheids	453,— DM
	Zustellungskosten	10,— DM
	zusammen	3663,— DM[4]

und beantrage[2] die Eintragung[5] folgender Sicherungshypotheken:[6, 7, 8]
a) Grundbuch Band ...... Blatt ...... 2000,— DM,
b) Grundbuch Band ...... Blatt ...... 1000,— DM,
c) Grundbuch Band ...... Blatt ...... 663,00 DM.
Ich bitte um Rückgabe des Vollstreckungstitels mit dem Vollzugsvermerk.[9]

gez. NN (Rechtsanwalt).

Schrifttum: Balser/Bögner/Ludwig, Vollstreckung im Grundbuch, 10. Aufl. 1994; *Haegele/Schöner/Stöber,* Grundbuchrecht, 11. Aufl. 1997; *Habermaier,* Die Zwangshypotheken der Zivilprozeßordnung, 1989.

Anmerkungen

1. **Wesen der Zwangshypothek.** Die Zwangshypothek nach §§ 866, 867 ZPO ist stets eine Sicherungshypothek und damit ein Buchrecht (§ 1125 Abs. 1 BGB). Sie hat eine Doppelnatur: Vollstreckungsmaßnahme und Maßnahme der freiwilligen Gerichtsbarkeit im Grundbuchverfahren. Das Grundbuchamt hat die Verfahrensvoraussetzungen des Vollstreckungsverfahrens und des Grundbuchverfahrens selbständig zu prüfen und zu beachten. Mit der Eintragung erhält der Gläubiger die Rechtsstellung eines Gläubigers einer normalen Sicherungshypothek. Einzelkaufleute müssen mit dem bürgerlichen Namen eingetragen werden; die Eintragung unter der Firma ist nicht zulässig (BayObLG NJW-RR 1988, 980). Eine Zwangssicherungshypothek kann auch eingetragen werden, wenn wegen der gleichen Forderung an einem anderen Grundstück bereits eine Hypothek oder Grundschuld eingetragen ist (BayObLG MittBayNot 1991, 26). Belastungsgegenstand kann jedes Grundstück im Rechtssinn (zum Begriff *Demharter* § 2 GBO Rdn. 13) sein, ferner ein Miteigentumsanteil (ideeller Bruchteil, § 864 Abs. 2 ZPO), Wohnungs- und Teileigentum, Erbbaurecht. Nicht belastbar ist der Anteil eines Gesamthänders, z.B. Gütergemeinschaft, Erbanteil (*Balser/Bögner/Ludwig* Kap. 1.3).

2. **Form, Vollmacht.** Der Antrag auf Eintragung sowie die Vollmacht dazu bedürfen nicht der Form des § 29 GBO, also keine Beglaubigung. Einfache Schriftform genügt (§ 30 GBO). Ein besonderer Vollmachtsnachweis ist nicht erforderlich, wenn sich die Vollmacht aus dem Vollstreckungstitel ergibt (§ 81 ZPO). Wird der Antrag jedoch vor Vollzug zurückgenommen, so ist hierfür gemäß des § 31 GBO die Form des § 29 GBO

nötig (OLG Hamm MittRhNotK 1985, 76). Die Eintragungsbewilligung wird durch die vollstreckbare Ausfertigung des Titels ersetzt.

3. **Vollstreckungstitel.** Vorzulegen ist der Vollstreckungstitel (Urteil, Vollstreckungsbescheid, vollstreckbare Urkunde nach § 794 ZPO), versehen mit der Vollstreckungsklausel (Ausnahme: Vollstreckungsbescheid, § 750 ZPO), sowie der Zustellungsnachweis. Bei der vollstreckbaren Urkunde ist die einwöchige Wartefrist des § 798 ZPO zu beachten. Der Antrag ist hierbei nicht rangwahrend. Bei wesentlichen Mängeln ist der Antrag sofort zurückzuweisen.

4. **Betrag.** Der Mindestbetrag für die Sicherungshypothek beträgt 500,- DM (§ 866 Abs. 3 ZPO). Zinsen als Nebenforderung bleiben dabei unberücksichtigt. Mehrere Titel können zu einer einheitlichen Zwangshypothek zusammengefaßt werden (§ 795 Abs. 3 ZPO). Die Betragsgrenze von 500,- DM gilt nicht für die einzelnen Sicherungshypotheken bei Verteilung auf mehrere Grundstücke (*Balser/Bögner/Ludwig*, Kap. 1.1.1 Nr. 11).

5. **Eintragungsvoraussetzungen.** Die Sicherungshypothek kann im Grundbuch nur eingetragen werden, wenn der Schuldner als Eigentümer eingetragen ist (Prinzip der Voreintragung § 39 GBO). Andernfalls kann der Gläubiger die erforderliche Grundbuchberichtigung beantragen und sich ohne Mitwirkung des Eigentümers die dazu erforderlichen Unterlagen (z. B. Erbschein) beschaffen (§ 792 ZPO, § 22 Abs. 2 und § 14 GBO). Der Berichtigungsantrag ist formfrei. Das Fehlen der Voreintragung ist ein grundbuchrechtliches Vollzugshindernis, für dessen Behebung eine rangwahrende Zwischenverfügung erlassen werden kann (*Haegele/Schöner/Stöber* Rdn. 2185). Fehlen dagegen vollstreckungsrechtliche Voraussetzungen, ist der Antrag zurückzuweisen und eine dennoch eingetragene Hypothek ist nichtig (*Balser/Bögner* Kap. 1.2); eine Rangwahrung tritt nicht ein. Bei Eintragungshindernissen ist daher zwischen vollstreckungsrechtlichen und grundbuchrechtlichen zu unterscheiden. Voraussetzung für die Eintragung einer Zwangshypothek ist auch der Nachweis einer Sicherheitsleistung mit der Ausnahme des § 720a ZPO. Eine Eintragung ohne diese Sicherheitsleistung wäre nichtig (*Balser/Bögner/Lehmann* Kap. 1.1.1 Nr. 6). Ohne Sicherheitsleistung kann nur eingetragen werden, wenn Titel und Klausel mindestens zwei Wochen vorher zugestellt worden sind (§ 720a ZPO).

6. **Verteilung.** Soll die Zwangshypothek auf mehreren Grundstücken des Schuldners eingetragen werden, hat der Gläubiger die Forderung auf die einzelnen Grundstücke zu verteilen (§ 867 Abs. 2 ZPO). Eine Gesamt-Zwangshypothek ist unzulässig und nichtig. Haften mehrere Schuldner für eine Forderung als Gesamtschuldner, so kann der Gläubiger an den einzelnen Grundstücken (eventuell Miteigentumsanteilen) eines jeden Gesamtschuldners Einzelhypotheken über die gesamte Forderung eintragen lassen. Bei mehreren Grundstücken eines einzelnen Gesamtschuldners ist dagegen zu verteilen (*Balser/Bögner/Ludwig* Kap. 1.1.1. Nr. 11; *Groß* BWNotZ 1984, 112; *Haegele/Schöner/Stöber* Rdn. 2197). Eine Verteilung des Gesamtschuldbetrages auf die einzelnen Gesamtschuldner ist hingegen nicht erforderlich, so daß bei gesamtschuldnerisch haftenden Miteigentümern eines Grundstücks, wie etwa Ehegatten, die Zwangshypothek als Gesamthypothek über den gesamten Betrag eingetragen wird (Balser/Bögner/Ludwig a. a. O.). Fehlt im Antrag die Verteilung, so ist er zurückzuweisen; eine Zwischenverfügung ist nicht möglich (BGH NJW 1958, 1090). Das Grundbuchamt kann dem Gläubiger jedoch einen Hinweis auf die erforderliche Verteilung geben; der Antrag ist dabei aber nicht rangwahrend. Die dann folgende Verteilung durch den Gläubiger ist keine teilweise formbedürftige (§ 31 GBO) Antragsrücknahme, sondern eine formfreie Antragsergänzung (*Haegele/Schöner/Stöber* Grundbuchrecht Rdn. 2194 m. w. N.; *Balser/Bögner/Ludwig* Kap.1.1.11). Mit der Eintragung entstehen Einzelsicherungshypotheken an den einzelnen Grundstücken.

35. Zwangshypothek

7. Gläubigerbezeichnung. (1) Der Gläubiger der Zwangshypothek muß genau bezeichnet werden (§§ 866f ZPO und §§ 1115, 1184 BGB). Dies muß bereits im Titel geschehen (OLG Celle RPfleger 1986, 484). Bei mehreren Gläubigern muß sich ihr Berechtigungsverhältnis zueinander aus dem Titel ergeben (BGH NJW 1995, 1162). Bei der Gläubigerbezeichnung ist das Grundbuchamt nicht an den Antrag oder die Bezeichnung im Vollstreckungstitel gebunden (*Balser/Bögner/Ludwig* Kap. 1.1.1 Nr. 3; *Haegele/Schöner/Stöber* Rdn. 2162; *Demharter* GBO Anhang zu § 44 Rdn. 10). Die notwendige Angabe des dazu gehörenden Beteiligungsverhältnisses (§ 47 GBO, z.B. nach Bruchteilen, Gesamtberechtigung § 428 BGB, dazu *Haegele/Schöner/Stöber* Rdn. 2181) bei mehreren Gläubigern kann im Eintragungsverfahren formlos nachgeholt werden (OLG Köln RPfleger 1986, 91; *Balser/Bögner/Ludwig* Kap. 1.3 Nr. 7). Im Grundbuch müssen die Gläubiger voll eingetragen werden; eine Bezugnahme auf die Eintragungsbewilligung genügt nicht (*Balser/Bögner/Ludwig* a.a.O.).

(2) **Wohnungseigentümer.** Die Gläubigerbezeichnung wirft im Wohnungseigentum besondere Probleme auf, wenn die Eigentümergemeinschaft gegen einen mit Wohngeld säumigen Wohnungseigentümer vorgehen will. Da die Wohnungseigentümergemeinschaft keine eigene Rechtspersönlichkeit ist, genügt nicht die Bezeichnung „Gemeinschaft der Wohnungseigentümer des Anwesens ......". Vielmehr sind die den Anspruch betreibenden Wohnungseigentümer unter Angabe ihres Beteiligungsverhältnisses (nur „§ 432 BGB" genügt nicht, *Balser/Bögner/Ludwig* Kap. 1.3. Nr. 7; KG Rpfleger 1985, 435, BayObLG ZMR 1995, 498: „Gesamtberechtigte" genügt nicht; vgl. BGH NJW 1995, 1162; a.A. *Lüke* in *Weitnauer* WEG 8. Aufl. § 10 Rdn. 19) anzugeben und einzutragen (BayObLG RPfleger 1985, 102; *Balser/Bögner/Ludwig* a.a.O.; zum Problem ausführlich *Weitnauer* WEG § 10 Rdn. 19, § 16 Rdn. 27). Dies führt zu großen Schwierigkeiten im Wohnungseigentum. Diese Anforderungen dürften aber überspannt sein, so daß eine mit dem Titel verbundene Liste genügen müßte (*Weitnauer* a.a.O.). Die h.M. und die Rechtsprechung verlangen aber die unmittelbare namentliche Eintragung aller Wohnungseigentümer-Gläubiger mit Name, Anschrift, Beruf oder Geburtsdatum (BayObLG DNotZ 1985, 395 mit Anm. *Bärmann*; OLG Köln ZMR 1994, 366; *Balser/Bögner/Ludwig* Kap. 1.3 Nr. 7; *Henkes/Niedenführ/Schulze* § 45 WEG Rdn. 29). Die Angabe von Beruf oder Geburtsdatum kann aber durch die Nennung der Grundbuchblattnummer des jeweiligen Wohnungseigentümers ersetzt werden (OLG Köln a.a.O.). Das Problem kann auch nicht dadurch vermieden werden, daß dem Verwalter in der Gemeinschaftsordnung, im Verwaltervertrag oder durch Beschluß der Eigentümerversammlung gestattet wird, solche Forderungen im eigenen Namen geltend zu machen (Verfahrensstandschaft; Vollstreckungsstandschaft; dazu Form. IX. 1 Anm. 10 Abs. 9), um ihn anstelle aller Miteigentümer als Gläubiger einzutragen. Eine solche Eintragung wäre unzulässig, da nur der Berechtigte selbst eingetragen werden kann, nicht derjenige, der seine Rechte wahrnimmt (OLG Köln RPfleger 1988, 526 mit Anm. *Sauren*; OLG Celle RPfleger 1988, 484; LG Bochum RPfleger 1985, 438; *Henkes/Niedenführ/Schulze* § 45 WEG Rdn. 30). Zulässig dagegen ist es, den Verwalter einzutragen, wenn die Forderung treuhänderisch an ihn abgetreten ist (*Balser/Bögner/Lehmann* a.a.O.; *Henkes/Niedenführ/Schulze* a.a.O.). Dabei muß der Titel bereits auf seinen Namen lauten (LG Bochum a.a.O.; vgl. auch LG Lübeck RPfleger 1992, 343).

Bei der Zwangssicherungshypothek wegen Wohngeldforderungen ist das größere Problem nicht die Eintragung aller Wohnungseigentümer als Gläubiger, auch wenn bei größeren Gemeinschaften das Grundbuch wegen des Umfangs der Eintragung sehr belastet wird, sondern die spätere Löschung. Nach den strengen Grundbuchvorschriften (§§ 19, 29 GBO) müßten von sämtlichen eingetragenen Gläubigern beglaubigte Löschungsbewilligungen eingeholt werden, selbst von solchen, die ihr Wohnungseigentum inzwischen veräußert haben und materiell nicht mehr Gläubiger sind. In einer begrüßenswerten Entscheidung hat das BayObLG (23. 2. 1995, NJW-RR 1995, 852 = MittBayNot 1995 mit zust. Anm. *Röll*) die Lösung dadurch gebracht, daß anstelle von Bewilligungen aller eingetragenen Gläubiger eine zu beglaubigende löschungsfähige Quittung des Verwalters genügt, wenn die Gläubiger als Berechtigte in Wohnungseigentümergemeinschaft eingetragen sind.

9. **Kosten.** Für die Eintragung im Grundbuch entsteht eine volle Gebühr nach § 62 Abs. 1 KostO. Bei der Verteilung ist jede Hypothek gesondert zu bewerten (§ 63 Abs. 1 KostO). Ein Kostenvorschuß ist wegen Gefahr im Verzug (z. B. Konkurseröffnung) regelmäßig nicht zu erheben (vgl. § 8 Abs. 2 KostO).

36. Arresthypothek

An das Amtsgericht – Grundbuchamt – ......
Betreff: Grundbuch von ...... Band ...... Blatt ......
Fl. Nr. ...... im Eigentum von ......

Ich lege den Arrestbefehl des Landgerichts ...... in Ausfertigung und beglaubigter Abschrift vor und beantrage namens und in Vollmacht meines Mandanten ...... die Eintragung einer Sicherungshypothek über 5500,– DM zu dessen Gunsten am oben bezeichneten Grundstück im Wege der Zwangsvollstreckung einzutragen.

Ich bitte um unverzügliche Rückgabe der Ausfertigung zwecks Zustellung an den Schuldner.

......, den ......   gez. NN (Rechtsanwalt)

Schrifttum: Balser/Bögner/Ludwig, Vollstreckung im Grundbuch, 10. Aufl. 1994.

Anmerkungen

1. **Wesen der Arresthypothek.** Die Arresthypothek (§ 932 ZPO) dient nicht zur Befriedigung des Gläubigers, sondern nur der Sicherung einer Forderung. Sie ist eine Höchstbetragshypothek. Eintragungsgrundlage ist der Arrestbefehl. Er muß die sog. Lösungssumme als den für die Eintragung maßgeblichen Höchstbetrag enthalten. Durch Hinterlegung der Lösungssumme kann sich der Schuldner vom Arrest befreien.

2. **Form.** Der Arrestbefehl muß als der Titel in Ausfertigung vorgelegt werden; beglaubigte Abschrift genügt nicht. Er ersetzt die Eintragungsbewilligung. Antrag und Vollmacht sind nicht formbedürftig.

3. **Fristen.** Nach § 929 Abs. 2 ZPO muß der Arrest binnen eines Monats ab Verkündigung bzw. bei Ergehen als Beschluß ab Zustellung an den Gläubiger vollzogen werden. Vorherige Zustellung an den Schuldner ist nicht erforderlich (§ 929 Abs. 3 ZPO). Als Vollziehung gilt bereits der Antrag an des Grundbuchamt (§ 932 Abs. 3 ZPO). Der Gläubiger muß jedoch innerhalb einer Woche nach Vollziehung (= Grundbuchantrag) und innerhalb der Monatsfrist den Arrestbefehl an den Schuldner zustellen. Versäumt er dies, ist die Vollziehung wirkungslos, eine eingetragene Hypothek nichtig. Auf die Fristen kann nicht verzichtet werden.

4. **Betrag.** Mindestbetrag 500,– DM. Zinsen und Nebenleistungen müssen im Höchstbetrag enthalten sein. Sollen mehrere Grundstücke erfaßt werden, ist Aufteilung wie bei der Zwangshypothek nötig (s. dazu Form. X. 35 Anm. 6).

5. Eintragung. Das Prinzip der Voreintragung des Schuldners als Eigentümer im Grundbuch gilt auch hier (§ 39 GBO). Auch ist § 14 GBO anwendbar (dazu Form. X. 35 Anm. 5). Die Eintragung der Hypothek kann sofort nach Eingang des Antrags erfolgen. Die Zustellung an den Schuldner ist hierfür nicht Voraussetzung. Ist die nicht fristgerechte Zustellung beim Grundbuchamt jedoch offenkundig, ist der Antrag zurückzuweisen. Im übrigen kann die Hypothek auch nach der Monatsfrist des § 929 Abs. 2 ZPO vollzogen werden, da der Antrag rangwahrend ist. Das Grundbuchamt erhält zweckmäßigerweise auch eine beglaubigte Abschrift des Arrestbefehls für die Grundakten. Auf die Ausfertigung wird nach Zustellung des Gläubigers an den Schuldner der Eintragungsvermerk gesetzt; diese Ausfertigung erhält dann wieder der Gläubiger.

6. Umwandlung. Die Arresthypothek kann in eine Zwangshypothek umgewandelt werden, wenn die Forderung durch einen vollstreckbaren Titel festgestellt worden ist. Die Bewilligung des Grundstückseigentümers wird durch den Titel gegen ihn ersetzt. Der Antrag auf Umwandlung ist vom Gläubiger schriftlich zu stellen; eine Beglaubigung ist nicht erforderlich. Auch eine Bewilligung des Gläubigers ist nicht nötig, weil seine Rechtsstellung verbessert wird (*Balser/Bögner/Lehmann* Kap. 2.5).

7. Kosten. Wie Form. X. 35 Anm. 8; kein Kostenvorschuß.

Löschungsvormerkung und Übertragungsvormerkung bei Grundpfandrechten

37. Ausschluß des gesetzlichen Löschungsanspruchs bei Grundpfandrechtsbestellung[1]

Im Rahmen einer Grundschuldbestellung nach den Erklärungen zur Bestellung des neuen Rechts:[2]

„Der Eigentümer schließt den gesetzlichen Löschungsanspruch des Gläubigers aus,[3] vom Eigentümer die Löschung der vorrangigen Grundpfandrechte nach § 1179a BGB zu verlangen, wenn und soweit sie sich mit dem Eigentum an einer Person vereinigen oder vereinigt haben.[4]
Der Eigentümer bewilligt und beantragt die Eintragung dieses Ausschlusses bei der vorstehend bestellten Grundschuld in das Grundbuch."[5, 6]
Abschluß der Erklärungen zur Bestellung des neuen Rechts.
Öffentliche Beglaubigung der Unterschrift oder Beurkundung der Erklärungen des Eigentümers.

Schrifttum: Jerschke, Löschungsansprüche gegenüber Grundpfandrechten nach neuem Recht, DNotZ 1977, 708; *Stöber,* Löschungsvormerkung und gesetzlich vorgemerkter Löschungsanspruch, RPfleger 1977, 399/425; *ders.,* Neuer Löschungsanspruch oder alte Löschungsvormerkung, RPfleger 1978, 165.

Anmerkungen

1. Sachverhalt. Der Grundstückseigentümer bestellt im Range nach mehreren Grundpfandrechten eine weitere Grundschuld. Der Gläubiger dieser Grundschuld soll den gesetzlichen Löschungsanspruch nach § 1179a Abs. 1 BGB nicht erhalten.

2. Zweck des Ausschlusses. (1) Der gesetzliche Löschungsanspruch, der durch Gesetz vom 22. 6. 1977 (BGBl. I S. 998) mit Wirkung ab 1. 1. 1978 an die Stelle des bis dahin nur vertraglich möglichen trat, stellt ein Mittel zur Minderung des Rangrisikos dar. Das Rangaufrückungsinteresse des Gläubigers ist verdinglicht (*Jerschke* DNotZ 1977, 710). Da in der Regel jeder Gläubiger ein solches Interesse hat, hat der Ausschluß des Löschungsanspruches nur eine geringe praktische Bedeutung. Ein Kreditinstitut akzeptiert ihn kaum. Sinnvoll ist er dann, wenn ein Gläubiger dem Eigentümer ein bestimmtes Rangvolumen im Vorrang voll zugesteht und sich für sein Recht mit der dinglichen Sicherung als solcher zufrieden gibt. Das ist denkbar bei Verwandtendarlehen, Arbeitgeberdarlehen, Kaufpreisresthypotheken o. ä. Dabei wird es auch auf die Rangposition innerhalb des Beleihungswertes des Pfandobjektes ankommen. Einen besonderen Wert hat der Ausschluß des Löschungsanspruches, wenn des Eigentümer vorrangige Eigentümergrundschulden verkehrsfähig halten will, weil eine Rückabtretung an ihn den Löschungsanspruch auslösen würde (§ 1196 Abs. 3); für eine weitere Abtretung wäre die Eigentümergrundschuld nicht mehr brauchbar. Bei vorgehenden Fremdgrundschulden ist der Ausschluß für den davon begünstigten Gläubiger von geringem Wert, weil meist nur auf die gesicherte Forderung gezahlt wird und nicht zur dinglichen Ablösung der Grundschuld. Da nur Letzteres zur Entstehung einer Eigentümergrundschuld führt (§§ 1192, 1142 bzw. 1163 BGB, vgl. *Palandt/Bassenge* § 1191 Anm. 3h) bb = Rdn. 33), kommt dies praktisch kaum vor. Für die Sicherung des Gläubigers ist demgegenüber die Abtretung der Rückgewähransprüche des Eigentümers gegenüber vorrangigen Grundschuldgläubigern im Sicherungsvertrag wichtig (dazu Form. X.30 Anm. 19).

(2) Der gesetzliche Löschungsanspruch besteht nur bei solchen Grundpfandrechten, die durch Tilgung bzw. Nichtvalutierung Eigentümergrundschulden werden. Dies trifft in den neuen Bundesländern bei Hypotheken, die unter der Geltung des ZGB der ehemaligen DDR eingetragen wurden, nicht zu. Es sind dies vor allem die Aufbauhypotheken bzw. Aufbaugrundschulden (dazu *Palandt/Bassenge* Art. 233 EGBGB Anm. 2). Nach dem ZGB war die Hypothek streng akzessorisch. Die Eigentümergrundschuld war unbekannt (§ 454 ZGB; dazu *Welter* WM 1991, 1193). Infolgedessen gibt es auch keinen Ausschluß eines Löschungsanspruches. Anders ist es bei Grundpfandrechten, die in den neuen Ländern noch zur Zeit der Geltung des BGB eingetragen wurden (vor dem 1. 1. 1976) sowie für solche Altrechte, die zwar gelöscht waren, aber nach § 18 VermG wieder einzutragen sind (Fälle der Rückgabe enteigneter Grundstücke). Für sie alle gilt wohl BGB-Recht in der Fassung vor 1978, da es sich um eine Wiedereintragung im Wege der Naturalrestitution handelt (vgl. MünchKomm/*Säcker-Busche*, Einigungsvertrag § 18 VermG Rdn. 1372).

3. Rechtsgrundlage. Rechtsgrundlage für den Ausschluß ist § 1179a Abs. 5 BGB. Der Ausschluß bedarf einer Vereinbarung zwischen dem Eigentümer und dem neuen Gläubiger. Sie entspricht der dinglichen Einigung des § 873 BGB und bedarf keiner Form. Mit der Eintragung im Grundbuch wird der Ausschluß des Löschungsanspruches Inhalt der Grundschuld (zur Grundbucheintragung Anm. 5).

4. Einzelfälle. (1) Der Löschungsanspruch kann wie folgt **gegenüber Fremdrechten** ausgeschlossen werden und zwar gegenüber vorrangigen oder gleichrangigen Rechten:
a) gegenüber allen Grundpfandrechten;
b) gegenüber einzelnen Grundpfandrechten, die dann jedoch konkret anzugeben sind;
c) bezüglich eines bezifferten Teilbetrages eines Grundpfandrechtes, wobei dessen Rangposition zu nennen ist;
d) beschränkt auf bestimmte Fälle der Vereinigung (§ 1179a Abs. 5 Satz 1 2. Halbsatz), z. B. für die Vereinigung nach der ersten Valutierung (*Jerschke* S. 724; für die vorrangige Hypothek vgl. jedoch § 1179a Abs. 3 BGB), oder nur auf künftige Vereinigungsfälle (dazu MünchKomm/*Eickmann* § 1179a Rdn. 38). Wegen des maßgeblichen Vereinigungsfalles ist im Grundbuch die Bezugnahme vorgesehen (§ 1179a Abs. 5 S. 2 BGB).

37. Ausschluß des gesetzlichen Löschungsanspruchs

e) beim Rangvorbehalt gegenüber dem Recht, das in ihn später eingewiesen wird (*Jerschke* S. 727);
f) bei vorgehender Gesamthypothek oder -grundschuld begrenzt auf den Vereinigungsfall an einem oder einzelnen der mithaftenden Grundstücke (*Stöber* RPfleger 1978, 165);
g) bei Bestellung einer Eigentümergrundschuld der Anspruch des künftigen Fremdgläubigers auf Löschung (LG Wuppertal MittRhNotK 1988, 19; OLG Braunschweig DNotZ 1987, 515 mit Anm. *Schelter;* BayObLG DNotZ 1992, 306) oder auch der Anspruch auf Löschung der Grundschuld selbst (§ 1179b; OLG Düsseldorf NJW 1988, 1978). Zu Formulierungen bei Eigentümergrundschulden Form. X.32 Anm. 5.

(2) Kein Ausschluß ist möglich
a) gegenüber künftig vorrangigen Rechten nach Rangrücktritt (*Palandt/Bassenge* § 1179a Anm. 4a). Der Ausschluß kann erst vereinbart werden, wenn der Rangrücktritt tatsächlich vorgenommen wird.
b) in der Weise, daß er nur bei einem Rechtserwerb durch einen bestimmen Dritten gelten soll (z.B. gegenüber einer bestimmten Bank als Erwerberin der Grundschuld). Eine solche Vereinbarung ist unzulässig (*Stöber* RPfleger 1977, 427; *Staudinger/Scherübl* § 1179a Rdn. 37; *Haegele/Schöner/Stöber* Rdn. 2629).
c) allgemein gegenüber künftigen nachrangigen Grundpfandrechten (OLG Köln MittRhNotK 1979, 39; *Haegele/Schöner/Stöber* Rdn. 2630).

(3) Bei späteren Pfandunterstellungen muß bezüglich der neu mithaftenden Grundstücke der Ausschluß des Löschungsanspruches neu vereinbart werden (Jerschke S. 728); dies gilt auch, wenn dies im Zusammenhang mit einer Vereinigung nach § 890 Abs. 1 BGB geschieht. Bei Bestandtteilszuschreibungen nach § 890 Abs. 2 BGB ergreift dagegen der Ausschluß auch das zugeschriebene Objekt.

(4) Der Löschungsanspruch kann nicht nur gegenüber Fremdrechten, sondern auch **am eigenen Recht** bei einer Hypothek oder Grundschuld ausgeschlossen werden (§§ 1179b Abs. 2, 1192 Abs. 1 BGB). Der Anspruch ist im eigentlichen Sinn kein Löschungsanspruch, sondern ein Aufhebungsanspruch des Gläubigers gegen den Eigentümer mit Vormerkungswirkung (*Palandt/Bassenge* a.a.O. Rdn. 2). Das bedeutet, daß der Gläubiger im Vereinigungsfall vom Eigentümer die Löschung verlangen kann. Der Löschungsanspruch am eigenen Recht hat vor allem Bedeutung bei Tilgungshypotheken. Er ermöglicht es dem Gläubiger, über den getilgten Betrag anstelle einer löschungsfähigen Quittung eine abstrakte Löschungsbewilligung zu erteilten (*Jerschke* DNotZ 1977, 721). Der Ausschluß dieses Löschungsanspruches des Gläubigers am eigenen Rechte hat besondere Bedeutung für die Zwischenfinanzierung z.B. einer Baugeldhypothek durch einen Dritten; der Gläubiger kann sich auf diesem Weg eine Kontrollmöglichkeit über die Zwischenfinanzierung verschaffen (*Staudinger/Scherübl* § 1179b Rdn. 10). Zu den Problemen bei der Eigentümerbriefgrundschuld Form. X.32 Anm. 5. Der Löschungsanspruch am eigenen Recht mag bei einer Hypothek einen begrenzten Sinn haben, bei einer Grundschuld gibt es keine sinnvolle Rechtfertigung für ihn. Es läßt sich nicht rechtfertigen, weshalb dem Gläubiger ein gesetzlicher Anspruch gewährt wird, vom Eigentümer als seinem früherem Schuldner zwingend die Löschung der Grundschuld zu verlangen. Den scharfen Angriffen von *Wolfsteiner* gegen § 1179a BGB ist voll zuzustimmen (*Staudinger/Wolfsteiner* [1996] § 1179b Rdn. 1–3).

5. Grundbucheintragung. Der Ausschluß bedarf zu seiner Wirksamkeit der Eintragung in das Grundbuch. Er ist im Grundbuchtext anzugeben (§ 1179a Abs. 5 BGB); eine Bezugnahme nach § 874 BGB genügt nicht. Bei Briefrechten ist der Ausschluß im Brief des Rechtes, dessen Anspruch ausgeschlossen ist, anzugeben (§ 62 Abs. 1 GBO) Die vom Eigentümer abzugebende Eintragungsbewilligung bedarf der Form des § 29 GBO, der Antrag ist formfrei (§ 30 GBO).

6. Kosten. Es fallen weder Notarkosten noch Gerichtskosten an, weil der Ausschluß des Löschungsanspruches zum Inhalt des neubestellten Rechtes gehört und somit durch die Beurkundungs- und Eintragungskosten dieses Rechts erfaßt ist.

38. Späterer Ausschluß des gesetzlichen Löschungsanspruchs hinsichtlich eines bestimmten vorrangigen Grundpfandrechts[1, 2]

An das
Amtsgericht
– Grundbuchamt –
......

Betr.: Grundbuch von ...... Band ...... Blatt ......

Im Grundbuch von ...... Band ...... Blatt ...... ist A als Alleineigentümer des folgenden Grundstücks eingetragen:

    Gemarkung ...... Flur 2, FlStNr. 28/12,
    Hof- und Gebäudefläche, Grafenweg 8, 9, 12 a.

Das Grundstück ist u. a. wie folgt belastet:

Abt. III

lfd. Nr. 3: DM 50 000,– Grundschuld nebst 20 v. H. jährlichen Zinsen und sonstigen lfd.
    Nebenleistungen, vollstreckbar nach § 800 ZPO, für A,

lfd. Nr. 4: DM 125 000,– Grundschuld nebst 15 v. H. Jahreszinsen, vollstreckbar nach
    § 800 ZPO, für die K-Bank in L.

A als Grundstückseigentümer und die K-Bank in L als Gläubigerin des Grundpfandrechts Abt. III lfd. Nr. 4 vereinbaren,[3] daß der gesetzliche Anspruch des Gläubigers dieses Grundpfandrechts,[5] vom Eigentümer zu verlangen, daß er die vorrangige Eigentümergrundschuld Abt. III lfd. Nr. 3 löschen läßt, soweit sie sich mit dem Eigentum in einer Person vereinigt oder bereits vereinigt hat, ausgeschlossen wird.[4]

Die K-Bank in L bewilligt, A beantragt die Eintragung dieses Ausschlusses im Grundbuch.[6, 7]

......, den ......   gez. Unterschriften

Öffentliche Beglaubigung der Unterschriften

Anmerkungen

1. Sachverhalt. Im Gegensatz zum vorherigen Formular wird zu Gunsten eines bereits eingetragenen Rechtes der gesetzliche Löschungsanspruch gegenüber einem vorrangigen Grundpfandrecht nachträglich ausgeschlossen.

2. Zweck des Ausschlusses. Dazu zunächst Form. X. 37 Anm. 2. Der nachträgliche Ausschluß des Löschungsanspruches bezweckt volle Rangfreiheit des Eigentümers für vorrangige Rechte. Er ist insbesondere dann nötig, wenn ein vorrangiges Recht als Eigentümergrundschuld verwertbar sein soll (Fall des Formulars). Der nachträgliche Ausschluß ist auch bei Rangrücktritten erforderlich, weil ein Ausschluß des Löschungsanspruches nicht von vornherein gegenüber künftig im Range vorgehende Rechte vereinbart werden kann (s. Form. X. 37 Anm. 4 Abs. 2a).

3. Rechtsnatur, Form. Rechtsgrundlage für den nachträglichen Ausschluß ist § 1197a Abs. 5 Satz 1 BGB. Es handelt sich um eine Inhaltsänderung bei dem Recht, dessen

38. Späterer Ausschluß des gesetzlichen Löschungsanspruchs X. 38

Löschungsanspruch ausgeschlossen werden soll (lfd. Nr. 4 im Formular). Materiellrechtlich erfordert dies gemäß § 877, § 873 BGB eine (formlose) Einigung zwischen dessen Gläubiger und dem Eigentümer. Drittberechtigte an diesem Recht (z. B. Pfandrecht, Nießbrauch) müssen zustimmen (§ 876 BGB). Dazu muß die Eintragung treten, für welche die Bewilligung des Gläubigers und die etwaige Zustimmung Drittberechtigter in der Form des § 29 GBO notwendig sind. Eine Zustimmung des Eigentümers sowie vor- und nachrangiger Gläubiger ist nicht nötig. Den formlosen Antrag können Gläubiger und Eigentümer stellen. Zum Grundbuchamt ist bei Briefrechten der Brief des Rechtes einzureichen, dessen Löschungsanspruch aufgehoben werden soll (§ 41 Abs. 1 GBO; lfd. Nr. 4 im Formular), der des begünstigten Rechts (lfd. Nr. 3 im Formular), dem gegenüber der gesetzliche Löschungsanspruch entfällt, dagegen nicht (dazu *Haegele/Schöner/ Stöber* Rdn. 2627).

4. Fälle. Die Möglichkeiten des nachträglichen Ausschlusses sind die gleichen wie beim originären (dazu Form. X. 37 Anm. 4).

5. Altrechte, Neurechte. (1) Nur sog. Neurechte haben einen gesetzlichen Löschungsanspruch. Altrechte (auch Übergangsrechte) dagegen nicht. Neurechte sind diejenigen Grundpfandrechte, die erstmals nach dem 1. 1. 1978 eingetragen wurden sowie diejenigen, die vorher eingetragen waren für die Grundstücke, bei denen nach dem 1. 1. 1978 eine Pfandunterstellung zur Mithaft unter ein Altrecht eingetragen wurde (Zuschreibung nach § 890 Abs. 2 BGB zählt nicht dazu). Die Verfassungsmäßigkeit hat der BGH bejaht (DNotZ 1987, 510 mit Anm. *Schelter*). Bei Eintragung nach dem 1. 1. 1978 jedoch Eingang des Eintragungsantrages beim Grundbuchamt davor handelt es sich um ein Übergangsrecht ohne gesetzlichen Löschungsanspruch (Art. 8 § 1 Abs. 2 ÄndG). Bei solchen mußte von Amts wegen im Grundbuch vermerkt werden, daß kein gesetzlicher Löschungsanspruch besteht.

(2) Altrechte ohne gesetzlichen Löschungsanspruch sind alle vor dem 1. 1. 1978 eingetragenen Grundpfandrechte. Sie bleiben auch Altrechte, wenn und soweit sie nach dem 1. 1. 1978 im Range hinter ein anderes Altrecht oder ein Neurecht zurückgetreten sind. Der Rangrücktritt macht das Altrecht nicht zu einem Neurecht (h.M.; BayObLG DNotZ 1979, 505; OLG Oldenburg DNotZ 1979, 38). Zu den „Uraltrechten" in den neuen Bundesländern Form. X. 37 Anm. 2 Abs. 2. Solche Rechte unterliegen dann dem BGB in der Altfassung vor 1978, auch wenn sie nach § 18 VermG wieder eingetragen werden.

(3) Soll der gesetzliche Löschungsanspruch ausgeschlossen werden, ist daher besonders darauf zu achten, ob es sich um ein Altrecht bzw. Übergangsrecht oder ein Neurecht handelt, weil nur letzteres einen solchen Anspruch besitzt. War das Recht erstmals vor dem 1. 1. 1978 eingetragen ist zu prüfen, ob es durch Pfandunterstellung zu einem Neurecht geworden ist; diese Folge ist auch bei Pfandauswechslung nach dem 1. 1. 1978 eingetreten. Zur Ermittlung der einschlägigen Daten und Vorgänge kann nur das Grundbuch dienen. Eines „Ausschlusses" eines Löschungsanspruchs bedarf es nicht, wenn ein Altrecht im Rang hinter ein Neurecht zurückgetreten ist, weil insofern weiter altes Recht gilt ohne Löschungsanspruch. Ein Löschungsanspruch kann in diesen Fällen nur mit einer Löschungsvormerkung nach altem Recht begründet werden.

(4) Der gesetzliche Löschungsanspruch des § 1179a BGB gilt gegenüber allen Altrechten und Neurechten. Daher kommt es beim Ausschluß dieses alten Anspruches auch nicht darauf an, ob jenes Recht ein Altrecht oder ein Neurecht ist.

6. Grundbuch. Der Ausschluß des gesetzlichen Löschungsanspruches ist als Inhaltsänderung bei dem nachrangigen Recht einzutragen. Die Bewilligung ist vom Gläubiger abzugeben, Antrag können Gläubiger und Eigentümer stellen. Der Ausschluß ist im Grundbuch ausdrücklich zu vermerken.

X. 39   X. Sachenrechtliche Verträge und Erklärungen

7. Kosten. (1) Notar: Halbe Gebühr nach § 38 Abs. 2 Nr. 5a KostO. Wert nach § 23 Abs. 3 KostO: Wert des niedrigeren Rechts.

(2) Gericht: Halbe Gebühr nach § 64 Abs. 1 KostO nach Wert des niedrigeren Rechts.

39. Aufhebung des Ausschlusses des gesetzlichen Löschungsanspruchs[1]

An das
Amtsgericht
– Grundbuchamt –
......

Betr.: Grundbuch von ...... Band ...... Blatt ......

Im Grundbuch von ...... Band ...... Blatt ...... ist A als Alleineigentümer des folgenden Grundstücks eingetragen:
  Gemarkung ...... Flur 2, FlStNr. 28/12,
  Hof- u. Gebäudefläche, Grafenweg 8, 9, 12a.
Das Grundstück ist u.a. wie folgt belastet:
Abt. III
lfd. Nr. 3: DM 50.000,– Grundschuld nebst 20 v. H. jährlichen Zinsen und sonstigen lfd. Nebenleistungen, vollstreckbar nach § 800 ZPO, für A,
lfd. Nr. 4: DM 125.000,– Grundschuld nebst 15 v. H. Jahreszinsen, vollstreckbar nach § 800 ZPO, für die K-Bank in L.
Bei der Grundschuld lfd. Nr. 4 ist vermerkt: Der gesetzliche Löschungsanspruch gegenüber der Grundschuld lfd. Nr. 3 über DM 50.000,– ist ausgeschlossen.
A als Eigentümer und die K-Bank in L als Gläubigerin des Grundpfandrechts Abt. III lfd. Nr. 4 haben vereinbart,[2, 3] daß der vorerwähnte Ausschluß aufgehoben und damit der gesetzliche Löschungsanspruch für Vereinigungen der Grundschuld Abt. III lfd. Nr. 3 mit dem Eigentum in einer Person, die nach der Aufhebung eintreten, wiederhergestellt wird.[4]
  A bewilligt und beantragt[5]
die Aufhebung des Ausschlusses in das Grundbuch einzutragen.

......, den ......   gez. Unterschrift
Öffentliche Beglaubigung der Unterschrift.

Anmerkungen

1. Sachverhalt. Während im Form. X. 38 der gesetzliche Löschungsanspruch der K-Bank gegenüber der vorrangigen Eigentümergrundschuld ausgeschlossen wurde, wird er nach diesem Formular wieder hergestellt. Die freie Verwendbarkeit der Eigentümergrundschuld wird damit wieder ausgeschaltet.

2. Rechtsnatur, Form. Rechtsgrundlage für die Aufhebung des Ausschlusses = Wiederherstellung des gesetzlichen Löschungsanspruches ist 1179a Abs. 5 Satz 3 BGB. Der Ausschluß muß zuvor vereinbart und eingetragen gewesen sein. Für ein Altrecht (Form. X. 38 Anm. 5 Abs. 2) kann auf diese Weise kein gesetzlicher Löschungsanspruch hergestellt werden. Die Aufhebung ist Inhaltsänderung des Rechtes, das den Löschungsanspruch erhalten soll. Sie richtet sich materiell nach § 877 BGB (formlose Einigung zwischen Gläubiger und Eigentümer sowie Eintragung). Zustimmen müssen weder der

40. Löschungsvormerkung für alle Fälle der Vereinigung X. 40

Gläubiger des Rechtes, demgegenüber der Löschungsanspruch wieder hergestellt wird, noch gleich- oder nachrangige Gläubiger noch etwa über § 876 BGB Dritte (*Haegele/Schöner/Stöber* Rdn. 2632). Die Eintragungsbewilligung muß der Eigentümer abgeben (Form § 29 GBO), sein Antrag kann formlos sein. Bei einem Briefrecht muß der Brief für das Recht, dessen Löschungsanspruch wiederhergestellt wird, nach § 41 Abs. 1 GBO dem Grundbuchamt eingereicht werden, Briefe der anderen Rechte dagegen nicht..

3. **Fälle.** So wie der Löschungsanspruch auf bestimmte Fälle der Vereinigung beschränkt werden kann (vgl. Form. X. 37 Anm. 4), kann auch bei der Aufhebung differenziert werden. So kann beispielsweise nach Ausschluß des Löschunganspruchs gegenüber allen vorrangigen Rechten die Aufhebung nur gegenüber einem dieser Rechte geschehen. In der Urkunde ist dies dann zu konkretisieren.

4. **Rechtsfolge.** Der gesetzliche Löschungsanspruch wird wieder hergestellt mit Wirkung ab der Eintragung der Aufhebung im Grundbuch. Der Löschungsanspruch gilt jedoch nur für Vereinigungslagen, die im Zeitpunkt der Aufhebung bestehen oder später entstehen. Er erfaßt keine früheren und dann wieder beseitigten Vereinigungslagen (§ 1179a Abs. 5 S. 3 BGB).

5. **Kosten.** Vgl. Form. X. 38.

40. Löschungsvormerkung für alle Fälle der Vereinigung mit dem Eigentum, bestellt zusammen mit dem begünstigten Recht[1, 2]

Nach den Erklärungen zur Bestellung eines neuen Rechts:[3]
Unter gleichzeitiger Übernahme entsprechender Löschungsverpflichtungen[4] bewillige und beantrage ich die Eintragung von Vormerkungen zur Sicherung der Ansprüche des Inhabers der Rentenreallast Abt. II lfd. Nr. 3 auf Löschung der im Rang vorgehenden Grundschulden[5] Abt. III lfd. Nr. 1 und 2 in allen Fällen ihrer Vereinigung mit dem Eigentum in einer Person bei diesen Grundpfandrechten und zugunsten des jeweiligen Inhabers der Rentenreallast Abt. II lfd. Nr. 3.[6, 7]
Abschluß der Erklärungen zur Bestellung eines neuen Rechts.
Öffentliche Beglaubigung der Unterschrift oder Beurkundung der Erklärungen des Eigentümers.

Anmerkungen

1. **Sachverhalt.** Beispiel: Ein Unternehmer übergibt sein Grundstück mit Betrieb an seinen Sohn gegen Rente. Die eingetragenen Grundschulden bleiben, vor allem für den Betrieb, bestehen. Die Rentenreallast muß an letzte Rangstelle. Durch eine Löschungsvormerkung soll jedoch die Rangposition verbessert werden. Anderes Beispiel: Verkauf eines Anwesens gegen Übernahme einer Hypothek und gegen Rente (Reallast) durch den Käufer. Die weitere Tilgung der Hypothek soll sich auf die Rentenreallast rangverbessernd auswirken. Die Löschungsvormerkung bietet bei vorrangigen Grundschulden anders als bei einer vorgehenden Hypothek aber nur geringen Schutz. Wichtiger ist die Abtretung von Rückgewähransprüchen an den Reallastinhaber (dazu Form. X 42).

2. **Rechtsgrundlage.** § 1179a BGB gibt einen gesetzlichen Löschungsanspruch nur Gläubigern von Grundpfandrechten. Andere dinglich Berechtigte haben keinen. Über § 1179 BGB können sie jedoch einen vereinbarten Löschungsanspruch durch eine Löschungsvormerkung absichern.

(2) Zur Löschung verpflichten kann sich nur der Eigentümer. Er kann sich nur verpflichten, Grundpfandrechte löschen zu lassen, und zwar im Falle ihrer Vereinigung mit dem Eigentum.

(3) Berechtigter des Löschungsanspruches können sein:
a) nach § 1179 Nr. 1: der gleichrangige oder nachrangige Inhaber eines beschränkten dinglichen Rechts. Dies können sein: beschränkte persönliche Dienstbarkeit, Grunddienstbarkeit, Nießbrauch, Dauerwohnrecht, dingliches Vorkaufsrecht, Reallast.
b) nach § 1179 Nr. 2: derjenige, der einen Anspruch auf Einräumung eines der vorgenannten Rechte hat, sowie derjenige, der einen Anspruch auf Übertragung des Eigentums an einem Grundstück hat. Damit kann insbesondere dem Inhaber einer Eigentumsvormerkung nach § 883 BGB ein solcher Löschungsanspruch gewährt werden, was zur Sicherung der Lastenfreistellung des erworbenen Grundstücks von Bedeutung sein kann.

(4) Nicht Berechtigter kann sein:
a) der (jeweilige) Eigentümer eines anderen Grundstücks. Daher kann auch für den Eigentümer eines Erbbaugrundstücks keine Löschungsvormerkung bezüglich eines Grundpfandrechtes am Erbbaurecht eingetragen werden (BayObLG DNotZ 1980, 483).
b) der „jeweilige" Inhaber eines Rechtes (BayObLG aaO.) Soweit das von der Vormerkung begünstigte Recht übertragbar ist, geht der Löschungsanspruch als Sicherungsrecht gemäß § 401 BGB auf den Rechtsnachfolger über (BayObLG aaO.).
c) der Berechtigte eines Grundpfandrechtes oder eines Anspruches auf Eintragung eines solchen, auch nicht der Gläubiger einer Arresthypothek (*Palandt/Bassenge* § 1179 Rdn. 3; str.).
d) eine bestimmte Person unabhängig von deren Stellung als Berechtigter eines dinglichen Rechts (KG DNotZ 1980, 487).
e) Gegenüber § 883 BGB ist § 1179 BGB eine Spezialvorschrift, so daß es nicht zulässig ist, § 1179 durch das allgemeine Vormerkungsrecht zu umgehen bzw. über § 883 BGB Löschungsvormerkungen für in § 1179 BGB nicht vorgesehene Fälle einzutragen (BayObLG aaO.). Eine Vormerkung nach § 883 BGB gegenüber einer originären Eigentümergrundschuld ist jedoch zulässig (dazu MünchKomm/*Eickmann* § 1179 Rdn. 15; *Haegele/Schöner/Stöber* Rdn. 2611)

3. Form. Der schuldrechtliche Verpflichtungsvertrag zwischen Eigentümer und dem Inhaber des Rechts in Abt. II ist formfrei; ebenso die dingliche Einigung über die Vormerkung. Die Vormerkung muß der Eigentümer bewilligen (Form § 29 GBO), den Antrag können Eigentümer und der Begünstigte formlos stellen. Die Voraussetzungen des § 1179 Nr. 2 können glaubhaft gemacht werden, ohne daß die Form des § 29 GBO gewahrt werden muß (§ 29 a GBO; *Jerschke* DNotZ 1977, 732). Die Löschungsvormerkung wird im Grundbuch bei dem Recht eingetragen, zu dessen Löschung sich der Eigentümer verpflichtet (*Staudinger/Wolfsteiner* § 1179 Rdn. 38). Im Formularfall sind dies die Grundschulden.

4. Rechtswirkungen. (1) Die Löschungsvormerkung des § 1179 BGB betrifft im Gegensatz zum gesetzlichen Löschungsanspruch des § 1179 a BGB nicht den Inhalt des begünstigten Rechtes. Sie führt nach §§ 883, 888 BGB zur relativen Unwirksamkeit nachträglicher Verfügungen. Hinsichtlich vorgehender Eigentümergrundschulden und Hypotheken gilt folgendes: Bei der Hypothek wird auch der Fall des § 1163 Abs. 1 Satz 1 und Abs. 2 BGB erfaßt (MünchKomm/*Eickmann* § 1179 Rdn. 15). Bei der Eigentümergrundschuld wird auch die ursprüngliche erfaßt (*Haegele/Schöner/Stöber* Rdn. 2611; hier auch Vormerkung nach § 883 BGB möglich). Die Rechtswirkungen sind also nicht identisch mit denen des gesetzlichen Löschungsanspruches.

5. Gestaltungsmöglichkeiten. Ähnlich wie bei der Aufhebung des gesetzlichen Löschungsanspruches (dazu Form. X. 37 Anm. 4) gibt es auch bei § 1179 BGB verschiedene Gestaltungsmöglichkeiten. So kann der Anspruch auf einzelne Vereinigungsfälle oder auf einen Teil eines Rechts beschränkt werden (MünchKomm/*Eickmann* § 1179 Rdn. 12), bei Eigentümergrundschulden insbesondere auf den Fall, daß nur die Vereinigung maßgeblich ist, die nach der Erstabtretung wieder eintritt (*Haegele/Schöner/Stöber* Rdn. 2611).

6. Nachverpfändung. Wird ein weiteres Grundstück dem vom Löschungsanspruch betroffenen Grundpfandrecht pfandunterstellt, ist für dieses Grundstück der Löschungsanspruch zu erneuern (*Palandt/Bassenge* § 1179 Anm. 3 a). Dies gilt jedoch nicht für die Zuschreibung nach § 890 Abs. 2 BGB (dazu *Staudinger/Wolfsteiner* § 1179 Rdn. 40); bei ihr bleibt der Anspruch für das pfandunterstellte Objekt bestehen.

7. Kosten. (1) Notar: Keine gesonderte Gebühr, da gegenstandsgleich mit dem bestellten Recht.

(2) Gericht: Die Eintragung der Löschungsvormerkung löst eine halbe Gebühr nach § 64 KostO aus dem geringeren Wert aus (§ 23 Abs. 3 KostO).

41. Löschungsvormerkung nur für die zukünftige Vereinigung mit dem Eigentum, nachträglich bestellt[1, 2]

An das
Amtsgericht
– Grundbuchamt –
......

Betr.: Grundbuch von ...... Band ...... Blatt ......

Im Grundbuch von ...... Band ...... Blatt ...... bin ich, A, als Alleineigentümer des folgenden Grundstücks eingetragen:
    Gemarkung ...... Flur 2, FlStNr. 28/12,
    Hof- u. Gebäudefläche, Grafenweg 8, 9, 12 a.

Das Grundstück ist u. a. wie folgt belastet:
Abt. II lfd. Nr. 1: Lebenslanges Wohnungsrecht für die Eheleute A. B. und B. B als Gesamtberechtigte gem. § 428 BGB,
Abt. III lfd. Nr. 5: DM 70.000,– Hypothek für ein Schuldversprechen nebst 12 v. H. Jahreszinsen, vollstreckbar nach § 800 ZPO, für die C-Hypothekenbank in D.
Die Hypothek Abt. III lfd. Nr. 5 hat Rang vor dem Wohnungsrecht Abt. II Nr. 1.
Ich habe mit den Berechtigten des vorgenannten Wohnungsrechts vereinbart,[3] daß ich verpflichtet bin, die vorgenannte Hypothek Abt. III lfd. Nr. 5 löschen zu lassen, wenn und soweit sie sich in Zukunft mit dem Eigentum in einer Person vereinigt; eine derzeitige evtl. Eigentümergrundschuld wird von dieser Löschungsverpflichtung also nicht betroffen.

Ich bewillige und beantrage[3]
    zur Sicherung des vorstehendes Löschungsanspruchs
    eine Vormerkung für die Eheleute A. B. und B. B.
    als Gesamtberechtigte gem. § 428 BGB einzutragen.[4]

......, den ......   gez. Unterschrift
Öffentliche Beglaubigung der Unterschrift.

X. 42 X. Sachenrechtliche Verträge und Erklärungen

Anmerkungen

1. Sachverhalt. Die Ehegatten B wollen ihrem Sohn als Eigentümer des Anwesens die Aufnahme eines einmaligen Kredits ermöglichen und räumen zu diesem Zweck mit ihrem Wohnrecht die erste Rangstelle für eine Hypothek. Durch eine Löschungsvormerkung sichern sie das Rangvorrücken ihres Rechtes mit laufender Tilgung des Hypothekendarlehens. Erfolgt der Rücktritt hinter eine Grundschuld, ist auch an eine Abtretung der Rückgewähransprüche i. V. mit einer Zweckbestimmungserklärung, die nur eine einmalige Beleihung zuläßt, zu denken.

2. Rechtsgrundlage. Die Vormerkung des § 1179 BGB kann auch nachträglich bestellt werden. Rechtlich gilt das gleiche wie bei der ursprünglichen; dazu insgesamt das vorhergehende Formular. Besonderheiten hier sind:
a) Vormerkung für mehrere: Hier ist nach § 47 GBO das Gemeinschaftsverhältnis der Berechtigten anzugeben. Es sollte mit dem des Hauptrechtes identisch sein.
b) vorrangige Hypothek: Bei der Löschungsvormerkung des § 1179 BGB ist auch die vor Valutierung der Hypothek entstehende Eigentümergrundschuld vom Löschungsanspruch erfaßt, wenn dieser nicht ausdrücklich von der Löschungsverpflichtung ausgenommen wird. Die Löschungsverpflichtung würde allerdings entsprechend der Rechtslage in § 1179a Abs. 2 nur einzulösen sein, wenn die Valutierung der Hypothek endgültig scheitert. Auch dieser Fall ist hier ausgeschlossen (zum Ganzen MünchKomm/*Eickmann* § 1179 Rdn. 15).

Gegenüber Altrechten, insb. Aufbauhypotheken, in den neuen Bundesländern kann keine Löschungsvormerkung eingetragen werden (dazu Form. X. 37 Anm. 2 Abs. 2).

3. Formelles. Materiellrechtlich gilt für die schuldrechtliche Löschungsverpflichtung Formlosigkeit, ebenso für die Einigung zur Vormerkung (§ 873 BGB). Die Bewilligung des Eigentümers ist nach § 29 GBO formbedürftig. Antrag des Eigentümers oder des Berechtigten formlos. Eine Mitwirkung des Hypothekengläubigers ist nicht erforderlich. Der Hypothekenbrief muß nicht vorgelegt werden (§ 41 Abs. 1 Satz 3 GBO).

4. Kosten (1) Notar: Halbe Gebühr nach § 38 Abs. 2 Nr. 5a KostO aus dem Wert des niedrigeren Rechtes (§ 23 Abs. 3 KostO).

(2) Gericht: Aus dem gleichen Wert eine halbe Gebühr nach § 64 Abs. 1 KostO.

42. Abtretung von Rückgewähransprüchen mit Vormerkung bei einer eingetragenen Grundschuld für ein neues Recht[1, 2]

Nach den Erklärungen zur Bestellung des neuen Rechts:
Der Eigentümer tritt der Bank alle ihm gegen die Gläubigerin der vorrangig eingetragenen Grundschuld jetzt oder künftig, bedingt oder unbedingt, vertraglich oder auf Grund Gesetzes (§§ 812 ff. BGB) zustehenden Ansprüche[3] auf
a) Rückgewähr der Grundschuld nebst Zinsen (Ansprüche auf Übertragung, Löschung und Verzicht sowie auf Zuteilung des Versteigerungserlöses) und Aushändigung des Grundschuldbriefes;
b) Rückgewähr von Teilen dieser Grundschuld nebst Zinsen und Bildung und Aushändigung eines Teilgrundschuldbriefes;
c) Auszahlung des Versteigerungserlöses, soweit er auf den nicht valutierten Teil dieser Grundschuld entfällt;[4]
d) Erteilung einer Löschungsbewilligung oder Verzichtserklärung ab.[5]

42. Abtretung von Rückgewähransprüchen X. 42

Der Eigentümer beantragt, bei der vorrangigen Grundschuld eine Rückgewährvormerkung[6] nach § 883 BGB
zur Sicherung der vorgenannten Rückgewähransprüche der Bank im Grundbuch einzutragen.[7]
Die Bewilligung[6] der Gläubigerin der vorrangigen Grundschuld für die Eintragung der Vormerkung liegt vor.
Abschluß der Erklärungen zur Bestellung des neuen Rechts.[8]

Öffentliche Beglaubigung der Unterschrift oder Beurkundung der Erklärung des Eigentümers.

Anmerkungen

1. Sachverhalt. Im Range nach einer bereits eingetragenen Grundschuld wird eine weitere Grundschuld eingetragen. Dabei werden alle Rückgewähransprüche gegenüber dem Gläubiger der schon eingetragenen Grundschuld an den Gläubiger des neuen Rechts abgetreten.

2. Zweck. (1) Der Gläubiger des neuen Rechts erhält gegenüber dem des bestehenden Rechts den gesetzlichen Löschungsanspruch nach § 1179 a BGB, wenn bei diesem eine Eigentümergrundschuld entsteht. Dieser Löschungsanspruch hat jedoch nur geringen praktischen Wert, weil bei der üblichen Sicherungsgrundschuld Zahlungen nach der schuldrechtlichen Sicherungsabrede nur auf die persönlichen Forderungen, nicht jedoch auf die dingliche Tilgung der Grundschuld geleistet werden. Da der dingliche Bestand der Grundschuld gewahrt bleibt, entsteht keine Eigentümergrundschuld (*Haegele/Schöner/Stöber* Rdn. 2304).

(2) Die Absicherung des nachrangigen Gläubigers geschieht daher durch Abtretung der Rückgewähransprüche, die der Eigentümer gegenüber dem vorrangigen Grundschuldgläubiger hat. Der nachrangige Gläubiger kann dann die Aufgabe der vorrangigen Grundschuld insoweit verlangen, als der Sicherungszweck die Grundschuld nicht (mehr) erfordert, also Aufgabe der „nichtvalutierten" Grundschuld oder Teile von ihr. Damit schließt die nachrangige Grundschuld bei der Verwertung (Zwangsvollstreckung) rangmäßig an den „valutierten" Teil der vorrangigen Grundschuld an. Was für Vorrang gilt, gilt gleichermaßen für Gleichrang.

3. Rückgewähransprüche. Dazu auch Formular X.30 Anm. 19. (1) Der Gläubiger ist zur Rückgabe (Rückgewähr) der Grundschuld vertraglich verpflichtet, wenn und soweit die im Sicherungsvertrag (Sicherungsabrede, Zweckbestimmungserklärung) genannten Forderungen erloschen sind, u.U. auch für den Teil einer Übersicherung (vgl. BGH DNotZ 1990, 592). Der Anspruch ist schuldrechtlicher Natur und entsteht bereits mit Abschluß des Sicherungsvertrages aufschiebend bedingt (*Haegele/Schöner/Stöber* Rdn. 2335 m.w.N.; MünchKomm/*Eickmann* § 1191 Rdn. 81, 87). Fehlt eine vertragliche Anspruchsgrundlage, etwa bei Nichtigkeit des Sicherungsvertrages, kann Rückgabe nach § 812 BGB geschuldet sein (*Haegele/Schöner/Stöber* a.a.O.; vgl. *Reithmann* in Handbuch der notariellen Vertragsgestaltung, 7. Aufl. Rdn. 793). Verpflichtet ist der Gläubiger der Grundschuld, berechtigt der Sicherungsgeber in Person des Eigentümers, der die Sicherheit durch die Grundschuldbestellung gewährt hat, nicht der jeweilige Grundstückseigentümer. Ein rechtsgeschäftlicher Rechtsnachfolger auf der Eigentümerseite ist Inhaber der Rückgewähransprüche nur dann, wenn sie ihm sein Rechtsvorgänger abgetreten hat.

(2) Der Grundstückseigentümer hat gegen den Inhaber einer Grundschuld folgende Rückgewähransprüche:

a) Abtretung (zur Unwirksamkeit einer formularmäßigen Beschränkung auf den Löschungsanspruch und damit Abtretungsausschluß für den Fall der Zwangsversteigerung BGH NJW 1989, 1349; *Haegele/Schöner/Stöber* Rdn. 2337 ff.; hier Formular X. 30 Anm. 23);
b) Verzicht (§ 1168 mit § 1192 BGB);
c) Löschung (Aufhebung) (§ 875 mit § 1183 und § 1192 BGB). Dies ist kein gesetzlicher, sondern ein vertraglicher, den die Banken in der Sicherungsabrede gewähren (*Reithmann* a. a. O.).

Diese Ansprüche stehen dem Eigentümer wahlweise zu. Eine abweichende Vereinbarung (Wahlrecht des Gläubigers) ist zulässig und üblich (*Haegele/Schöner/Stöber* Rdn. 2337). Die einzelnen Rückgewähransprüche können auch beschränkt werden; so findet sich in der Praxis häufig der Ausschluß des Anspruchs auf Abtretung (§ 399 BGB, im Grundbuch eintragbar) oder die Formulierung, daß der Anspruch ausschließlich auf Löschung beschränkt wird (dazu auch *Reithmann* in Handbuch der notariellen Vertragsgestaltung, 7. Aufl. Rdn. 793 Fußnoten).

(3) Bei der Abtretung muß nicht geklärt werden, ob bei der vorrangigen Grundschuld Rückabtretung und/oder Verzicht ausgeschlossen sind. Die Abtretung erfaßt dann eben nur die vorhandenen Ansprüche. Dem Sicherungsinteresse des Abtretungsempfängers wird dadurch voll Genüge getan. Wenn einzelne Ansprüche ausgeschlossen sind, kann er insofern keinen Schaden erleiden, was sein Ranginteresse betrifft.

4. Zwangsversteigerung. Ist die Grundschuld durch Zwangsversteigerung erloschen (§ 52 Abs. 1, § 1191 Abs. 1 ZVG), so setzt sich der bestehende Rückgewähranspruch in gleicher Weise am Erlösanteil fort (Surrogat). Der auf die Grundschuld entfallende Erlösanteil gebührt dem Gläubiger solange, bis sein Rückgewähranspruch erfüllt ist (MünchKomm/*Eickmann* § 1191 Rdn. 99).

5. Abtretung. Der Rückgewähranspruch stellt bereits vor Fälligkeit einen Vermögenswert in der Hand des Sicherungsgebers dar, der abtretbar ist (wie vor Rdn. 88). Die Abtretung erfolgt durch formlosen (i. d. R. schriftlichen) Vertrag nach § 398 BGB zwischen Sicherungsgeber (hier Grundstückseigentümer) und dem Neugläubiger. Eine Mitwirkung des Gläubigers der Gläubiger der Grundschuld, der gegenüber der Rückgewähranspruch besteht sowie Vorlage des Grundschuldbriefes ist nicht erforderlich. Diesem Gläubiger sollte allerdings die Abtretung nach § 407 BGB zur Abwendung der Erfüllung an den Zedenten angezeigt werden; in der Praxis tätigt sie der das Kreditinstitut des neuen Gläubigers selbst. Abgetreten können nur die konkreten Rückgewähransprüche, die auch tatsächlich bestehen. So ist z. B. zu beachten, daß Rückabtretungsansprüche häufig ausgeschlossen sind (vgl. Anm. 3).

(2) Der Rückabtretungsanspruch kann nur einmal abgetreten werden. Bei der in der Praxis häufigen mehrfachen Abtretung (z. B. gegenüber allen vorrangigen Grundschulden) gilt nur die erste vorgenommene Abtretung, weil die Gläubigerstellung damit nach § 398 BGB übergangen ist. Die weitere Abtretung geht ins Leere und lebt auch nicht auf, wenn die erste Abtretung nachträglich wieder entfällt (*Haegele/Schöner/Stöber* Rdn. 2347). Hierfür ist dann der Anspruch auf Rückgewähr des Rückgewähranspruchs abzutreten, den der Eigentümer gegen den gegenwärtigen Gläubiger des Rückgewähranspruchs besitzt (aaO). Eine Formulierung dazu kann wie folgt lauten: „Hat der Eigentümer die Rückgewähransprüche bereits an einen anderen abgetreten, so sind sie mit dem Zeitpunkt an den Gläubiger abgetreten, in dem sie ihm wieder zustehen. Außerdem tritt er seinen Anspruch auf Rückabtretung der Rückgewähransprüche an den Gläubiger ab."

(3) Der Rückgewähranspruch kann einem beliebigen Gläubiger abgetreten werden (§ 398 BGB), sowohl an einen dinglichen Berechtigten jeder Art als an einen Dritten. Abtretung an den jeweiligen Berechtigten eines dinglichen Rechts ist allerdings nicht möglich.

6. Vormerkung. Der Rückgewähranspruch kann durch eine Vormerkung nach § 883 BGB im Grundbuch gesichert werden (*Haegele/Schöner/Stöber* Rdn. 2345. Der Anspruch auf Löschung nach § 1179 BGB ist nicht identisch mit dem nach § 883 BGB – LG Köln MittRhNotK 1987, 106). In der Praxis ist dies jedoch selten. Die Vormerkung ist bei der Grundschuld einzutragen, gegen die sich der Anspruch richtet. Deren Gläubiger hat die Verpflichtung zu erfüllen. Grundbuchrechtlich ist er der Betroffene, so daß er die Eintragungsbewilligung abzugeben hat (*Haegele/Schöner/Stöber* Rdn. 2345); Form: § 29 GBO. Einer Bewilligung des Eigentümers bedarf es nicht (*Haegele/Schöner/Stöber* a.a.O. m.w.N.). Den formlosen Antrag können der bewilligende Gläubiger, der Eigentümer und der Zessionar stellen. Zu formulieren ist entweder eine „Rückgewährvormerkung", wenn sie alle Rückgewähransprüche erfaßt, andernfalls „Abtretungsvormerkung", „Verzichtsvormerkung", „Aufhebungsvormerkung" (*Kuntze/Ertl/Herrmann/ Eickmann* GBO 4. Aufl., § 11 V Rdn. 26).

7. Gefahren. Die Abtretung der schuldrechtlichen Rückgewähransprüche verbietet es dem Eigentümer nicht, dinglich auf die Grundschuld zu zahlen. Damit wird die Grundschuld zur Eigentümergrundschuld und der abgetretene Anspruch ist gegenstandslos. Dieser vom Eigentümer ausgehenden Gefahr steht diejenige gegenüber, mittels derer der Gläubiger den abgetretenen Anspruch gegenstandslos machen kann. Er kann seinerseits jederzeit auf die Grundschuld verzichten. Damit entsteht eine Eigentümergrundschuld. Sofern der Abtretungsempfänger nachrangiger Gläubiger ist, besitzt er dann den Löschungsanspruch des § 1179a BGB. Eine Belehrungspflicht des Notars zu Vorstehendem besteht nicht (zu diesen Fragen *Reithmann* in Handbuch der notariellen Vertragsgestaltung, 7. Aufl. Rdn. 802 m.w.N.).

8. Kosten (1) Notar: Bei Mitbeurkundung der Abtretung des Rückgewähranspruchs wird sie nicht bewertet, weil sie gegenstandsgleich mit der Grundschuld ist (Sicherungsgeschäft). Bei gesonderter Urkunde ist sie als einseitige Erklärung nach § 36 Abs. 1 KostO mit einer vollen Gebühr aus dem niedrigeren Wert der beiden Rechte zu bewerten. Die Vormerkung ist beide Male nicht mitzubewerten. Beschränkt sich die Urkunde auf die Bewilligung einer Vormerkung, so ist eine halbe Gebühr nach § 38 Abs. 2 Nr. 5a KostO aus dem niedrigeren Wert anzusetzen. Die Ausführungen zur Vormerkung gelten so nur dann, wenn der bewilligende vorrangige Gläubiger in der einschlägigen Urkunde mitwirkt. Dies wird aber in der Regel nicht der Fall sein, so daß für die gesonderte Bewilligung des Gläubigers noch eine zusätzliche halbe Gebühr nach § 38 Abs. 2 Nr. KostO (niedriger Wert) anfällt.

(2) Gericht: Halbe Gebühr nach § 64 Abs. 1 KostO.

43. Übertragungsvormerkung bei einer Grundschuld, bestellt zusammen mit dieser Grundschuld[1]

Nach den Erklärungen zur Bestellung einer Grundschuld, die unter Ausnutzung eines Vorrangsvorbehalts mit Rang vor einer bereits eingetragenen Restkaufpreishypothek eingetragen werden soll:

Der Eigentümer tritt seinen zukünftigen Anspruch auf Übertragung der vorstehend bestellten Grundschuld an Herrn C. D in ...... als den Gläubiger der eingetragenen Restkaufpreishypothek ab.[2]

Der Eigentümer bewilligt und beantragt, zur Sicherung dieses abgetretenen Anspruchs bei der vorstehend bestellten Grundschuld eine Vormerkung[3] zugunsten des Herrn C.D. in ...... einzutragen.

X. 44   X. Sachenrechtliche Verträge und Erklärungen

Abschluß der Erklärungen zur Bestellung des neuen Rechts.[7]
Öffentliche Beglaubigung der Unterschrift oder Beurkundung der Erklärungen des Eigentümers.

Anmerkungen

1. Sachverhalt. Während das vorhergehende Formular vorgemerkte Rückübertragungsansprüche bei einer bereits eingetragenen Grundschuld regelte, wird hier eine neue vorrangige Grundschuld bestellt, bei der gleichzeitig der Rückgewähranspruch begründet und abgetreten ist. Der Gläubiger einer Hypothek soll den Rückgewähranspruch vom Eigentümer bei Einweisung einer vorrangigen Grundschuld in einen Rangvorbehalt bekommen.

2. Abtretungsanspruch. Grundsätzlich gilt alles, was in den vorhergehenden Anmerkungen zum Rückgewähranspruch ausgeführt ist. In diesem Falle wird nur der Anspruch auf Abtretung der Grundschuld abgetreten, nicht die Löschungs- und Verzichtsansprüche. Abtretungsempfänger ist die Person des Hypothekengläubigers. Eine Abtretung an den *jeweiligen* Hypothekengläubiger wäre nicht zulässig.

3. Vormerkung. Auch hier kann der Abtretungsanspruch durch eine Vormerkung nach § 883 BGB gesichert werden. Es handelt sich um eine „Abtretungsvormerkung" (dazu Form. X. 42 Anm. 6). Die Eintragung hat hier der Eigentümer zu bewilligen, da er die Grundschuld erst neu bestellt und deswegen noch kein Fremdrecht besteht (*Palandt/Bassenge* § 1191 Anm. 3e bb). Antragsberechtigter sind Eigentümer und Zessionar.

4. Kosten. (1) Notar: Die Erklärungen sind in der neuen Grundschuld enthalten. Da sie nicht das Rechtsverhältnis zu dem Grundschuldgläubiger betreffen, sondern das zum nachrangigen Gläubiger, also zu einem Dritten, sind sie verschiedener Gegenstand nach § 44 Abs. 2 KostO. Stellt die Grundschuld eine einseitige Erklärung nach § 36 Abs. 1 KostO dar (z. B. vollstreckbare Urkunde), dann ist es gleicher Gebührensatz mit der Abtretung (einseitige Erklärung, § 36 Abs. 1), so daß die Werte zusammenzurechnen sind (§ 44 Abs. 2 Nr. 2 KostO). Folge: volle Gebühr aus den zusammengerechneten Werten von Grundschuld und niedrigerem Wert beider Werte (§ 23 Abs. 3 KostO). Unterfällt die Grundschuld als Eintragungsbewilligung nur der halben Gebühr des § 38 Abs. 2 Nr. 5a KostO, so ist nach § 44 Abs. 2 Nr. 2 KostO der Gebührenvergleich anzustellen. Die Vormerkung wird in allen Fällen nicht gesondert bewertet.

Rangregelungen

44. Rangvorbehalt[1,2] bei Bestellung eines Rechts

Nach den Erklärungen zur Bestellung einer neuen Grundstückbelastung nach Abt. II oder III des Grundbuchs:

Gleichzeitig bewillige[3] und beantrage[3] ich, die Eintragung[4] eines einmal[5] ausnutzbaren Vorrangvorbehalts[6] zur Eintragung von Grundpfandlasten[7] bis[8] zum Betrag von DM 120.000,–[9,14] nebst bis zu insgesamt 20% Zinsen[10] und sonstigen einmaligen oder fortlaufenden Nebenleistungen[10] ab dem Zeitpunkt der notariellen Bestellung mit Rang vor[6] dem vorstehend bestellten Grundpfandrecht.[11,12,13]

44. Rangvorbehalt bei Bestellung eines Rechts X. 44

Schrifttum: Grunsky, Rangfragen bei dinglichen Rechten, Diss. Tübingen 1963; *Rieve,* Mehrfache Ausnutzung eines Rangvorbehaltes, NJW 1954, 1434; *Ripfel,* Rangänderung zwischen einem Recht ohne und einem solchen mit Rangvorbehalt, BWNotZ 1962, 37; *Staudenmaier,* Löschung eines Rangvorbehaltes, RPfleger 1960, 81; *Unterreitmayer,* Die stufenweise Ausnutzung des Rangvorbehaltes, RPfleger 1960, 282; *Ulbrich,* Rechtsprobleme des Rangrücktritts und des Rangvorbehalts in der notariellen Praxis; *Weirich,* Grundstücksrecht, 2. Aufl. 1996, Rdn. 565–628.

Anmerkungen

1. Rechtsgrundlagen. Der Rangvorbehalt ist in § 881 BGB geregelt und hat große praktische Bedeutung (vgl. z. B. die Kommentierung bei *Staudinger/Kutter,* 13. Aufl. 1995).

2. Anwendungsbereich. Der Rangvorbehalt ist ein vorbehaltenes Stück Eigentumsrecht. Durch ihn kann sich der Eigentümer die Möglichkeit offenhalten, bei Bestellung einer Grundstücksbelastung einen günstigeren Rang für eine spätere Belastung freizuhalten. Oftmals läßt sich aber mit der Bestellung einer Eigentümergrundschuld der wirtschaftliche Zweck des Rangvorbehalts ebensogut erreichen (s. MünchKomm/*Wacke* § 881 Rdn. 1, 2).

Der Rangvorbehalt muß aber nicht gleichzeitig mit der Bestellung des zurücktretenden Rechts bestellt werden, spätere Vereinbarung und Eintragung ist möglich (*Staudinger/Kutter* § 881 Rdn. 4).

3. Wirksamkeitserfordernisse des Rangvorbehalts. Materiellrechtlich ist Einigung und Eintragung erforderlich (§§ 873, 881 Abs. 2 BGB). Formellrechtlich genügen formgerechte Bewilligung (§§ 19, 29 GBO) und formloser Eintragungsantrag (§ 13 GBO). Bei gleichzeitiger Eintragung des Rangvorbehalts mit dem betroffenen Recht ist die Bewilligung des Eigentümers genügend, aber auch erforderlich.

4. Eintragung im Grundbuch. Der Rangvorbehalt und die seinen Umfang bestimmenden Bestandteile – Kapitalbetrag, Zinsen und sonstige Nebenleistungen – müssen im Grundbuch eingetragen werden (§ 881 Abs. 2 BGB); Bezugnahme ist insoweit ausgeschlossen.

5. Inhalt des Vorbehalts. Der Vorbehalt kann so bestellt werden, daß er für einen Fall, eine bestimmte oder unbestimmte Zahl von Fällen ausnutzbar ist. Ist nichts anderes ausdrücklich bestimmt, ist seine wiederholte Ausnutzung zulässig (hM.; MünchKomm/ *Wacke* §881 Rdnr. 10; *Palandt/Bassenge* § 881 Rdn. 9; RGRK/*Augustin* § 881 Rdn. 15; aA. *Staudinger/Kutter* § 881 Rdn. 29; *Erman/Hagen* § 881 Rdn. 8).

6. Vorrang- und Gleichrangvorbehalt. Statt des Vorrangs kann auch der Gleichrang vorbehalten werden. Ist nur der Vorrang ausdrücklich vorbehalten, ist wohl auch ein Gleichrang – als minderschwere Belastung – möglich, nicht aber umgekehrt.

7. Vorbehalt für eine Hypothek/Grundschuld. Auch bei ausdrücklichem Vorbehalt für eine Hypothek könnte eine Grundschuld eingetragen werden und umgekehrt (S. § 1198 BGB).

Ein Rangvorbehalt ist aber nicht nur bei Grundpfandrechten und für solche möglich, sondern bei allen und für alle Grundstücksbelastungen sowie bei und für Vormerkungen (s. § 883 Abs. 3 BGB; MünchKomm/*Wacke* § 881 Rdn. 4, 5).

8. Stufenweise Ausnutzung des Rangvorbehalts. Die stufenweise Ausnutzung des Rangvorbehalts durch mehrere Rechte ist zulässig, bis der Umfang des Rangvorbehalts erschöpft ist. Der Rang der mehreren Rechte bestimmt sich dann nach § 879 BGB.

9. Höchstbetragsangaben. Die Angabe von Höchstbeträgen ist statthaft. Werden die angegebenen Beträge überschritten, ist insoweit ein Rangrücktritt des mit dem Vorbehalt belasteten Rechts erforderlich, wenn auch die überschießenden Beträge Vorrang erhalten sollen.

10. Bestimmtheit vorbehaltener Nebenleistungen. (1) Der Umfang der vorbehaltenen Zinsen und sonstigen Nebenleistungen muß bestimmt sein, es sei denn, daß nur Zinsen von nicht mehr als 5% dem in Ausnutzung des Rangvorbehalts vortretenden Recht beigelegt werden sollen (s. § 1119 BGB); allerdings kann auch – sofern dies gewünscht wird – ausdrücklich bestimmt werden, daß das vortretende Recht unverzinslich sein soll. Die Eintragungsbewilligung muß den Zeitpunkt des Zinsbeginns – z.B. Bewilligung des Rangvorbehalts, Eintragung des Rangvorbehalts, Bewilligung der Grundschuld, Eintragung der Grundschuld – genau angeben (BGH NJW 1995, 1081 = Rpfleger 1995, 343). Der Verzinsungsbeginn kann nicht durch Auslegung ermittelt werden (a.A. *Staudinger/Kutter* § 881 Rdn. 8). Bei bereits ohne Zinsbeginn eingetragenen Rangvorbehalten gilt der Zeitpunkt der Eintragung des Grundpfandrechts (BGH a.a.O.).

(2) Umstritten ist, ob dann, wenn nur Zinsen im Rangvorbehalt genannt sind, dieser auch für sonstige Nebenleistungen ausgenutzt werden darf (dafür RGRK/*Augustin* § 881 Rdn. 20; KEHE/*Eickmann* § 45 Rdn. 24; *Schmitz – Valckenberg* NJW 1964, 1477; dagegen *Horber/Demharter* § 45 Rdn. 41; OLG Frankfurt NJW 1964, 699, das die Eintragung eines jährlichen Verwaltungskostenbeitrags anstelle von Zinsen für unzulässig hielt.) Zweifelhaft erscheint, ob auch einmalige Nebenleistungen wie Zinsen behandelt werden können. Klare Formulierungen sind deshalb geboten.

11. Rangvorbehalt als vermögenswerte Position des Eigentümers. Der Rangvorbehalt steht dem jeweiligen Eigentümer des belasteten Grundstücks zu (§ 881 Abs. 3 BGB). Er ist weder übertragbar noch pfändbar. Ein Gläubiger des Eigentümers soll sich deshalb auch (nach Hilfspfändung der Rechte aus dem Rangvorbehalt) nicht eine Zwangshypothek in die vorbehaltene Rangstelle eintragen lassen können (BGHZ 12, 238/245 = NJW 1954, 954/955). Dies überzeugt aber nur, wenn der Rangvorbehalt durch eine entsprechende Bedingung oder sonstige Beschränkung zweckgebunden ausgestaltet ist und durch die zwangsweise Ausnutzung der Zweck verfehlt würde (z.B. bei Bestellung zur Ausnutzung nur für die Finanzierung von Baugeldern und/oder für ein Pfandrecht zugunsten eines bestimmten Gläubigers); fehlt eine solche Zweckbestimmung, ist nicht einzusehen, warum die zwangsweise Ausnutzung dieser zweifellos vermögenswerten Position des Eigentümers nicht möglich sein soll (MünchKomm/*Wacke* § 881 Rdn. 14; *Staudinger/Kutter* § 881 Rdn. 18).

12. Rangvorbehalt bei Gesamtpfandrecht. Wird ein Rangvorbehalt bei einem Gesamtpfandrecht bestellt, sollte besonderes Augenmerk auf inhaltliche Klarheit des Rangvorbehalts gerichtet werden: Es sollte deutlich erkennbar sein, ob a) der vorbehaltene Betrag auf jedem belasteten Grundstück in voller Höhe als Einzellast mit Vorrang eingetragen werden darf oder b) die Ausnutzung des Rangvorbehalts nur insgesamt bis zur Höhe des vorbehaltenen Betrages – unter Verteilung der Einzelbeträge auf die Grundstücke – zulässig ist oder c) der vorbehaltene Vorrang nur durch Gesamtpfandlasten bis zur vorbehaltenen Höhe zu Lasten aller Grundstücke ausgenutzt werden darf.

13. Ein Recht kann auch mit mehreren Rangvorbehalten für verschiedene Belastungen versehen werden.

14. Ausnutzung des Rangvorbehalts. Dem Rangvorbehalt als solchem kann nicht entnommen werden, ob und inwieweit er bereits ausgenutzt ist. Sollte ein bei Bestellung eines mehrfach ausnutzbaren Rangvorbehalts bereits vorrangig eingetragenes Recht schon auf den Rangvorbehalt „angerechnet" werden, ist eine Klarstellung zu empfehlen, etwa in folgender Weise: „...... bis zum Betrag von DM 120.000,–, bis zur Löschung der Last Abt. III lfd. Nr. 2 über DM 50.000,– aber nur bis zum Betrag von DM 70.000,–, nebst ......"

45. Rangvorbehalt nach Bestellung eines Rechts

15. Kosten (1) Notar: a) Wenn – wie in diesem Formular – der Rangvorbehalt bei Bestellung eines Rechts erklärt wird, ist für ihn keine besondere Gebühr zu berechnen, weil er zum Inhalt des Rechts gehört (*Korintenberg/Lappe/Bengel/Reimann* KostO § 44 Rdn. 186; *Göttlich/Mümmler* KostO Stichwort „Rangvorbehalt" Ziff. 1.1.).

b) Wegen der Kosten der nachträglichen Bestellung eines Rangvorbehalts s. Form. X. 45 Anm. 10.

(2) Grundbuchamt: a) Bei gleichzeitiger Eintragung des Rangvorbehalts mit dem betroffenen Recht handelt es sich um ein gebührenfreies Nebengeschäft gem. §§ 62 Abs. 3, 35 KostO.

b) Wegen der Kosten der nachträglichen Eintragung eines Rangvorbehalts s. Form. X. 45 Anm. 10.

45. Rangvorbehalt nach Bestellung eines Rechts

An das
Amsgericht
– Grundbuchamt –

Betr.: Grundbuch von ...... Band ...... Blatt ......

Im Grundbuch von ...... Band ...... Blatt ...... bin ich, A, als Alleineigentümer des folgenden Grundstücks eingetragen:
......
Dieses Grundstück ist u. a. mit dem folgenden Recht belastet:

Abt. II lfd. Nr. 3: Wohnungsrecht[2] für den Witwer B.

Der Wohnungsberechtigte B bewilligt,[3] der Grundstückseigentümer A beantragt[3,4] die Eintragung folgenden Rangvorbehalts bei dem genannten Wohnungsrecht Abt. II lfd. Nr. 3:

Vorbehalt für vorrangige oder gleichrangige Grundpfandlasten bis zum Gesamtbetrag von DM 80.000,– nebst bis zu insgesamt 20% Zinsen und sonstigen laufenden oder einmaligen Nebenleistungen jährlich ab heute, einmal[5] ausnutzbar für Grundpfandlasten, die der Sicherung von Forderungen der Bank C dienen, bei gleichzeitiger Eintragung einer Löschungsvormerkung[6,7] für B bei der unter Ausnutzung des Rangvorbehalts einzutragenden Pfandlast. Der Rangvorbehalt kann ohne den Nachweis des Zweckes der Grundpfandlast gegenüber dem Grundbuchamt ausgeübt werden.[8,9]

...... (Ort), den ....   gez. Unterschriften

Öffentliche Beglaubigung der Unterschriften

Anmerkungen

1. Sachverhalt. Dem Sohn A war das Betriebsgrundstück des kränklichen Vaters B unter Vorbehalt des Wohnungsrechts für B übergeben worden. Nachträglich stellt sich heraus, daß A ein für betriebliche Investitionen benötigtes Darlehen nur gegen dingliche Absicherung mit Vorrang vor dem Wohnungsrecht erhalten kann. Zeitpunkt und genauer Umfang der benötigten Darlehen stehen noch nicht fest. Zur Zeit ist der Vater B zum Rangrücktritt bereit und – unter dem Gesichtspunkt der Geschäftsfähigkeit – in der Lage.

X. 45

2. Rangvorbehalt bei allen Rechten und Vormerkungen möglich. Nicht nur bei Grundpfandrechten, sondern bei allen rechtsgeschäftlich bestellten Rechten an einem Grundstück sowie bei bewilligten Vormerkungen kann ein Rangvorbehalt bestellt werden (s. Form. X. 44 Anm. 7).

3. Wirksamkeitserfordernisse des später erklärten Rangvorbehalts. Ein Rangvorbehalt kann einem schon eingetragenen Recht hinzugefügt werden. Es handelt sich dann um eine Inhaltsänderung dieses eingetragenen Rechts, auf die §§ 877, 873 BGB anwendbar sind. Deshalb ist materiellrechtlich Einigung und Eintragung erforderlich (§§ 873, 881 Abs. 2 BGB). Formellrechtlich müssen in diesem Fall die Bewilligung (§§ 19, 29 GBO) des Inhabers des von der Änderung betroffenen Rechts und ein formloser Eintragungsantrag (§ 13 GBO) des Eigentümers oder des Rechtsinhabers vorliegen.

4. Die materiellrechtlich notwendige Einigung braucht dem Grundbuchamt nicht nachgewiesen zu werden, wenngleich sie im vorliegenden Fall durch die in einem Schriftstück erklärte Bewilligung und den Antrag auch materiellrechtlich geschehen sein dürfte.

5. Um Unklarheiten zu vermeiden, sollte ausdrücklich gesagt werden, wie oft der Rangvorbehalt ausnutzbar ist.

6. „Zwecksetzungen" für die Ausnutzung des Rangvorbehalts. Die Aufstellung von Bedingungen oder Fristen für die Ausnutzung des Rangvorbehalts ist möglich (Beispiele bei MünchKomm/*Wacke* § 881 Rdn. 6 in Fußn. 12). Desgleichen sind sonstige inhaltliche Beschränkungen des Rangvorbehalts zulässig (weiteres Beispiel: nur für Grundpfandlasten, die der Sicherung von Baugeldern dienen). Solche „Zwecksetzungen" können die Ausnutzung des Rangvorbehalts durch einen Pfändungsgläubiger hindern.

7. Löschungsvormerkung bei Ausnutzung des Rangvorbehalts. Die Bedingung, daß mit Ausnutzung des Rangvorbehalts gleichzeitig eine Löschungsvormerkung bei dem begünstigten Recht zugunsten des B eingetragen wird, trägt folgendem Rechnung: B als dann nachrangiger Berechtigter hat ein Interesse daran, daß die Löschung der vorgehenden Belastung von ihm erzwungen werden kann, wenn sie sich mit dem Eigentum in einer Person vereinigt (§ 1179 BGB). Würde es sich bei dem zurücktretenden Recht um ein Grundpfandrecht handeln, wäre eine solche Bedingung unnötig und unerfüllbar, weil es dann einen gesetzlichen Löschungsanspruch gäbe (§ 1179a BGB).

8. Nachweis der Bedingungen bei Ausnutzung des Rangvorbehalts. Das Vorliegen der im Rangvorbehalt für dessen Ausnutzung bestimmten Bedingungen und Beschränkungen müßten bei der Ausnutzung dem Grundbuchamt gem. § 29 Abs. 1 Satz 2 GBO durch öffentliche Urkunden nachgewiesen werden. Deshalb ist anzuraten, dies als Inhalt des Rangvorbehalts für unnötig zu erklären. Dennoch behalten die Bedingungen usw. ihre Bedeutung: ihre Nichtbeachtung macht jedenfalls die Beilegung des Vorrangs bei dem später eingetragenen Recht fehlerhaft.

9. Eintragung des Rangvorbehalts beim belasteten Recht. Der Rangvorbehalt muß zu seiner Entstehung im Grundbuch bei dem später zurücktretenden Recht eingetragen werden (§ 881 Abs. 2 BGB). Eine Eintragung durch Bezugnahme auf die Eintragungsbewilligung (§ 874 BGB) ist nur in Grenzen zulässig, die leider nicht klar zu ziehen sind (s. MünchKomm/*Wacke* § 874 Rdn. 7; RGRK/*Augustin* § 881 Rdn. 26). Deshalb und wegen der übrigen mit Rangvorbehalten verbundenen Fehlerquellen (Nichtbeachtung des Umfangs bezüglich Haupt- und Nebenleistungen oder etwaiger Beschränkungen) schließen manche Banken die Ausnutzung eines etwa dem Darlehensnehmer zustehenden Rangvorbehalts nach § 881 BGB aus.

10. Kosten. (1) Notar: ½ Gebühr nach §§ 141, 145, 38 Abs. 2 Nr. 5a KostO, wenn der Notar den Entwurf gefertigt hat. Für die bloße U-Begl. ¼ Gebühr, höchstens 250,– DM, nach §§ 141, 45 KostO.

46. Ausnutzung eines Rangvorbehalts bei Bestellung eines neuen Rechts   X. 46

(2) Grundbuchamt: ½ Gebühr nach § 64 Abs. 1 KostO *(Korintenberg/Lappe/Bengel/ Reimann* KostO § 64 Rdn. 36).

(3) Wert: Der Wert bestimmt sich nach dem Unfang des vorbehaltenen Rechts (im Formular DM 80.000,–), allerdings begrenzt durch den Wert des durch den Rangvorbehalt betroffenen Rechts (im Furmular: des Wohungsrechts), § 23 Abs. 3 KostO (str., wie hier: *Korintenberg/Lappe/Bengel/Reimann* aaO.; aA.: *Rohs/Wedewer* KostO § 23 Anm. Va; OLG Düsseldorf JurBüro 1965, 395, das § 30 Abs. 1 KostO anwenden will).

46. Ausnutzung eines Rangvorbehalts bei Bestellung eines neuen Rechts

Nach den Erklärungen zur Bestellung des neuen Rechts:[2]

Das vorstehend bestellte Grundpfandrecht soll unter teilweiser[3] Ausnutzung des bei dem Wohnungsrecht Abt. II lfd. Nr. 3 eingetragenen Rangvorbehalts[3] mit Rang vor[4] dem Wohnungsrecht[5] eingetragen und gleichzeitig soll der nicht ausgenutzte Teil des Rangvorbehalts gelöscht werden.[6] Dies wird bewilligt und beantragt.[7]

Ferner bewillige und beantrage ich, A , unter gleichzeitiger Übernahme entsprechender schuldrechtlicher Verpflichtungen die Eintragung einer Löschungsvormerkung bei dem vorstehend bestellten Recht und zugunsten des Herrn B zur Sicherung seines Anspruchs auf Löschung des Grundpfandrechts für alle Fälle seiner Vereinigung mit dem Eigentum in einer Person.

Anmerkungen

1. Sachverhalt. Zunächst wie Form. X. 45. Der Sohn A hat nun zugunsten der Bank C ein Grundpfandrecht bestellt.

2. Zeitpunkt der Ausnutzung des Rangvorbehalts. Der Rangvorbehalt wird in der Regel bei Bestellung des neuen Rechts, das in die vorbehaltene Rangstelle eingewiesen werden soll, ausgenutzt. Möglich ist aber auch eine nachträgliche Ausnutzung (s. Form. X. 47).

3. Teilweise Ausnutzung des Rangvorbehalts. Soll der Rangvorbehalt nur teilweise ausgenutzt werden (s. Form. X. 44 Anm. 8), sollte dies zum Ausdruck gebracht werden. Ist der Rangvorbehalt bereits schon einmal teilweise ausgenutzt worden, was dem Rangvorbehalt selbst nicht entnommen werden kann (s. Form. X. 44 Anm. 14 u. X. 45 Anm. 9), muß sorgfältig darauf geachtet werden, daß sich die Gesamtausnutzung im Rahmen des Rangvorbehalts hält (s. Form. X. 44 Anm. 9).

4. Ausnutzung des Rangvorbehalts durch mehrere Rechte. Wird ein Rangvorbehalt nacheinander durch mehrere Rechte ausgenutzt, so gelten für ihr Verhältnis untereinander die allgemeinen Rangregeln (§§ 879 bis 881 BGB), es tritt also nicht stets Ranggleichheit ein (instruktiv BayObLG 1956, 456/462). Soll zunächst ein Teilbetrag in die vorbehaltene Rangstelle einrücken und gegenüber der späteren restlichen Ausnutzung den Nachrang haben, müßte dem später einzutragenden Recht durch Rangvorbehalt beim ersteinrückenden Recht der Rangvorbehalt gesichert werden (OLG Düsseldorf MittRhNotK 1967, 781).

5. Relative Rangverhältnisse.
Werden zwischen Eintragung des Rangvorbehalts und dem Recht, durch das der Rangvorbehalt ausgenutzt wird, weitere Rechte ohne Rangvorbehalt eingetragen, so werden die Rangverhältnisse durch § 880 Abs. 4 BGB maßgeblich bestimmt. Durch sol-

che Zwischenrechte kommt es zu relativen Rangverhältnissen, die sich in der Zwangsversteigerung eigenartig auswirken können (Näheres bei *Palandt/Bassenge* § 881 Rdn. 8; MünchKomm/*Wacke* § 881 Rdn. 16–19; *Staudinger/Kutter* § 881 Rdn. 33ff.).

6. Löschung des Rangvorbehalts. (1) Die Löschung des Rangvorbehalts nach seiner ganzen oder teilweisen Ausnutzung soll den Rang der in Ausübung des Rangvorbehalts eingetragenen Rechte nicht berühren (hM., MünchKomm/*Wacke* § 881 Rdn. 10; RGRK/*Augustin* §881 Rdn. 18). Wegen dagegen vorgebrachter Bedenken *(Fabrizius* Rpfleger 1956, 155, 301) ist aber ratsam, stets nur „den nichtausgenutzten Teil" des Rangvorbehalts löschen zu lassen.

(2) Die Löschung des Rangvorbehalts bedarf formellrechtlich lediglich der Löschungsbewilligung des Eigentümers und eines Löschungsantrags. Erlischt das mit dem Rangvorbehalt belastete Recht (zB. durch den Zuschlag in der Zwangsversteigerung, § 91 ZVG; s. BGHZ 12, 238/240 = NJW 1954, 954), bevor der Rangvorbehalt ausgenutzt war, so erlischt auch dieser. Dazu, ob ein ausgeübter und noch nicht gelöschter Rangvorbehalt nach Erlöschen des vortretenden Rechts noch einmal ausgeübt werden kann s. Form. X. 44 Anm. 5.

7. Voraussetzungen zur Ausnutzung des Rangvorbehalts. Zur Ausnutzung des Rangvorbehalts genügen Eintragungsbewilligung und -antrag (§§ 19, 13 GBO) des jeweiligen Eigentümers (§ 881 Abs. 3 BGB). Eine Zustimmung (§§ 880 Abs. 2, 873 BGB) oder Bewilligung des Inhabers des zurücktretenden Rechts ist nicht nötig, weil diesem jenes Recht nur mit der Belastung durch den Rangvorbehalt zusteht.

8. Kosten. (1) Notar: ½ Gebühr nach §§ 141, 145, 38 Abs. 2 Nr. 5a KostO, wenn der Notar den Entwurf gefertigt hat. Für die bloße U-Begl. ¼ Gebühr, höchstens DM 250,–, nach §§ 141, 45 KostO, jeweils nach den zusammenzurechnenden Werten des neu bestellten Pfandrechts und des zu löschenden Teils des Rangvorbehalts (§ 44 Abs. 2 Buchst. a KostO).

(2) Grundbuchamt: Für das neu bestellte Grundpfandrecht: 1 Gebühr nach § 62 Abs. 1 KostO; die Eintragung des Vermerks, daß das neu bestellte Recht unter (teilweiser) Ausnutzung des Rangvorbehalts eingetragen wird, ist ebenso wie der Rangvermerk bei dem neu bestellten Recht ein gebührenfreies Nebengeschäft nach §§ 62 Abs. 3, 35 KostO *(Korintenberg/Lappe/Bengel/Reimann* KostO § 64 Rdn. 50). Für die Löschung des Teils des Rangvorbehalts: ¼ Gebühr nach §§ 68 iVm. 64 Abs. 1 KostO.

(3) Wert: Für das neu bestellte Grundpfandrecht: Nennbetrag nach § 23 Abs. 2 KostO. Für den zu löschenden Teil des Rangvorbehalts: Nennbetrag.

47. Nachträgliche[1,2] Ausnutzung eines Rangvorbehalts

An das
Amtsgericht
– Grundbuchamt –

Betr.: Grundbuch von ...... Band ...... Blatt ......

Im Grundbuch von ...... Band ...... Blatt ...... bin ich, A, als Alleineigentümer des folgenden Wohnungseigentumsrechts eingetragen:
......

Dieses ist ua. mit den folgenden Rechten belastet:

Abt. III lfd. Nr. 2: DM 90.000,– ......
Abt. III lfd. Nr. 3:[2] DM 50.000,– ......

48. Rangrücktrittserklärung eines Grundpfandgläubigers X. 48

Ich, der Eigentümer,³ bewillige und beantrage, dem genannten Recht Abt. III lfd. Nr. 3 unter teilweiser⁴ Ausnutzung des bei dem Recht Abt. III lfd. Nr. 2 eingetragenen Rangvorbehalts den Rang vor diesem Recht beizulegen und diese Rangänderung im Grundbuch einzutragen.

...... (Ort), den ...... gez. Unterschrift

Öffentliche Beglaubigung der Unterschrift.

Anmerkungen

1. Sachverhalt. Zunächst wie Form. X. 44. Zugunsten eines weiteren Geldgebers für das Bauvorhaben ist das Recht III lfd. Nr. 3 eingetragen worden. Es ist versäumt worden, dem Recht sogleich unter Ausnutzung des Rangvorbehalts den richtigen Rang zu verschaffen. Dies wird jetzt nachgeholt.

2. Zulässigkeit der nachträglichen Ausnutzung. S. zunächst Form. X. 46 Anm. 2. So wie es zulässig ist, durch Inhaltsänderung eines eigetragenen Rechts (§ 877 BGB) diesem nachträglich einen Rangvorbehalt beizufügen (Form. X. 45 Anm. 3), muß auch die nachträgliche Ausnutzung eines Rangvorbehalts zugunsten eines bereits eingetragenen Rechts zulässig sein (RGRZ/*Augustin* § 881 Rdn. 2; aA. MünchKomm/*Wacke* § 881 Rdn. 4.).

3. Voraussetzungen zur Ausnutzung des Rangvorbehalts. Es genügen Bewilligung und Antrag des Eigentümers (s. Form. X. 46 Anm. 7).

4. Teilweise Ausnutzung des Rangvorbehalts. S. Form. X. 46 Anm. 3, 4.

5. Kosten. (1) Notar: ½ Gebühr nach §§ 141, 145, 38 Abs. 2 Nr. 5 a KostO, wenn der Notar den Entwurf gefertigt hat. Für die bloße U-Begl. ¼ Gebühr, höchstens 250,– DM, nach §§ 141, 45 KostO.

(2) Grundbuchamt: ½ Gebühr für die Eintragung der Rangänderung bei dem zurücktretenden Recht, während der Vermerk beim vortretenden Recht gebührenfrei erfolgt (§ 64 Abs. 1 u. 5 KostO).

(3) Wert: Nach dem geringeren Wert des vortretenden Rechts DM 50.000,– (§ 23 Abs. 3 KostO).

48. Rangrücktrittserklärung[1,2] eines Grundpfandgläubigers mit Eintragungsbewilligung und -antrag des Eigentümers

An das
Amtsgericht
– Grundbuchamt –

Betr.: Grundbuch von ...... Band ...... Blatt ......

Im Grundbuch von ...... Band ...... Blatt ...... ist zu Lasten des Grundstücks

Flurstück Nr. 7163/1, Ackerland und Hofreite mit Gebäulichkeiten   25,08 ar³

das folgende Pfandrecht eingetragen:

Abt. III lfd. Nr. 10: DM 150.000,– fällige Grundschuld, verzinslich mit 15 vH. jährlich, für die D-Bank.³

Grundstückseigentümer sind die Eheleute A. A. und B. A., geborene C., beide wohnhaft ......³

Langenfeld

X. 48

Die Eigentümer haben am ...... zur Urkunde des Notars das folgende Pfandrecht bestellt:[4]

DM 70.000,– Hypothek für Darlehen nebst bis zu 7½ vH. Jahreszinsen und ggf. einer Entschädigung von 2½ vH. zugunsten der E-Lebensversicherung a. G. in ......[3]

Die D-Bank AG, Filiale ...... als Gläubigerin der Grundschuld Abt. III lfd. Nr. 10 tritt mit diesem Pfandrecht hinter der neu einzutragenden vorgenannten Hypothek nebst allen Nebenleistungen im Rang zurück und bewilligt die Eintragung der Rangänderung im Grundbuch.[5]

Diese Erklärung wird von der Gläubigerin unter folgender Bedingung[7] abgegeben:
Von dieser Rangrücktrittserklärung darf nur Gebrauch gemacht werden, wenn gleichzeitig bei der neubestellten Hypothek zugunsten des jeweiligen Gläubigers des Rechts Abt. III lfd. Nr. 10 eine Löschungsvormerkung gem. § 1179 BGB in der bis 31. 12. 1977 gültigen Fassung und § 1163 Abs. 1 Satz 1 BGB eingetragen wird.[6]
Die Eigentümer stimmen der Rangänderung zu und bewilligen und beantragen[5] deren Eintragung im Grundbuch.[5,9]

Ferner bewilligen und beantragen die Eigentümer unter gleichzeitiger Übernahme entsprechender schuldrechtlicher Verpflichtungen die Eintragung einer Löschungsvormerkung gem. § 1179 BGB in der bis 31. 12. 1977 gültigen Fassung und § 1163 Abs. 1 Satz 1 BGB bei dem durch die oben bezeichnete Urkunde II UR ....../82 neubestellten Grundpfandrecht über DM 70.000,– zugunsten des jeweiligen Gläubigers des Rechts Abt. III lfd. Nr. 10 zur Sicherung seines Anspruchs auf Löschung des Grundpfandrechts für alle Fälle seiner Vereinigung mit dem Eigentum in einer Person.[8,9]

...... (Ort), den ......   gez. Unterschriften

Öffentliche Beglaubigungen der Unterschriften der Vertreter der D-Bank und der Eigentümer.

Anmerkungen

1. Sachverhalt. Zur Finanzierung eines Anbaues haben die Grundstückseigentümer ein Hypothekendarlehen aufgenommen, das an erster Rangstelle abgesichert werden muß. Die Gläubigerin des bereits im Jahre 1975 eingetragenen Pfandrechts Abt. III lfd. Nr. 10 ist grundsätzlich zum Rangrücktritt bereit.

2. Anwendungsbereich. Eine Rangänderung durch Rangänderungserklärungen (§ 880 BGB) ist immer dann nötig, wenn eingetragene Rechte aufgrund des Prinzips der gleitenden Rangordnung eine Rangstelle haben, die verändert werden muß, aber mangels eines (ausreichenden) Rangvorbehalts bei dem in seinem Rang schlechter zu stellenden Recht nicht durch einseitige Erklärungen des Eigentümers gegenüber dem Grunduchamt geändert werden kann. (Form. X. 46 Anm. 7 u. X. 47 Anm. 3).

Im Rangverhältnis stehen nur in Abt. II und III des Grundbuchs eingetragene Rechte (§ 879 Abs. 1 BGB) und vorgemerkte Ansprüche (MünchKomm/*Wacke* § 880 Rdn. 4). Die Rangänderung kann in der Einräumung des Vorrangs oder des Gleichrangs bestehen (OLG Hamm OLGZ 1981, 129/132). Der Vollzug einer Rangrücktrittserklärung bewirkt zwischen dem zurücktretenden und dem vortretenden Recht einen Stellentausch (s. aber auch Form. X. 50).

3. Bezeichnung der betroffenen Rechte. In der Rangänderungserklärung sollten möglichst genau die von der Erklärung betroffenen Rechte bezeichnet sein. Zum Grundbuchvollzug genügte zwar die Bezeichnung der Rechte nach Band, Blatt, Abteilung und Nummer. Doch ist auch die Angabe des belasteten Grundbesitzes, des Eigentümers, der Gläubiger und des Inhalts der Rechte ratsam, weil dadurch einerseits die Bedeutung der

48. Rangrücktrittserklärung eines Grundpfandgläubigers X. 48

Rangänderung verdeutlicht und andererseits Fehler vermieden werden. Zumindest die (Pfandrechts-)Beträge sollten zur Erleichterung der Kostenberechnung genannt werden (s. § 23 Abs. 3 KostO u. Anm. 10).

4. Rangrücktritt hinter ein erst einzutragendes Recht. Der durch § 880 BGB geregelten nachträglichen Rangänderung schon eingetragener Rechte ist der Rangrücktritt eines bereits bestehenden Rechts hinter ein (schon bestelltes) aber erst noch einzutragendes Recht gleichzustellen (OLG Hamm OLGZ 1981, 129/131).

5. Wirksamkeitserfordernisse eines Rangrücktrittes. (1) Materiellrechtlich ist die Einigung der Inhaber der an der Rangänderung beteiligten Rechte (§ 880 Abs. 2 Satz 1 BGB) sowie die Zustimmung des Eigentümers, wenn es sich bei dem zurücktretenden Recht um ein Grundpfandrecht handelt (§ 880 Abs. 2 Satz 2 BGB), und ggf. auch der Inhaber von Rechten an diesen Rechten (§ 880 Abs. 3 BGB) erforderlich.

(2) Formellrechtlich genügen die Eintragungsbewilligung des Inhabers des zurücktretenden Rechts (§ 19 GBO) und, wenn es sich dabei um ein Grundpfandrecht handelt, des Eigentümers sowie ein Eintragungsantrag (§ 13 GBO). Die Zustimmung oder Bewilligung des Inhabers des vortretenden Rechts ist nicht nötig, weil dieser durch die Rangänderung keinen Nachteil erleidet. Der Antrag sollte wegen § 2 Nr. 1 KostO nur vom Eigentümer (bzw. demjenigen, der die Kosten des Grundbuchvollzuges tragen soll) gestellt werden.

6. Rangrücktritt und Löschungsanspruch. Wenn es sich bei dem zurücktretenden Recht um ein „Altrecht" handelt, dh. ein solches, dem ein Löschungsanspruch nach §§ 1179a und 1197b BGB nicht zusteht (s. Art. 8 § 1 Abs. 1 u. 2 des Gesetzes vom 22. 6. 1977, BGBl. I Seite 998), so kann bei dem vortretenden Recht weiterhin eine Löschungsvormerkung gem. § 1179 BGB in der bis 31. 12. 1977 gültigen Fassung eingetragen werden (s. Art. 8 § 1 Abs. 3 Satz 2 des Gesetzes vom 22. 6. 1977). Dies sollte der Notar oder Berater, der die Rangänderungserklärung entwirft oder bearbeitet, berücksichtigen, damit die Vorteile eines Löschungsanspruchs dem zurücktretenden Gläubiger nicht fehlen (s. auch Form. X. 49 Anm. 3).

7. Bedingte Rangänderungserklärung. Die bedingte Eintragungsbewilligung der Gläubigerin ist in diesem Fall unbedenklich. Der Eintritt der Bedingung (gleichzeitige Eintragung der Löschungsvormerkung) ergibt sich aus den Unterlagen, die dem Grundbuchamt zur Eintragung vorliegen; irgendeine Unsicherheit ist nicht zu befürchten (KEHE/ *Ertl* § 19 Rdn. 32).

8. Es ist ratsam, die ausbedungene Löschungsvormerkung (s. Anm. 7) zusammen mit der Abgabe von Bewilligungserklärung und Antrag durch den Eigentümer zu bestellen (s. auch Form. X. 49).

9. Rangänderungserklärungen in getrennten Urkunden. Die Erklärungen der Eigentümer selbstverständlich auch in getrennter Urkunde abgegeben werden. Sofern die Rangrücktrittserklärung des Inhabers des zurücktretenden Rechts vorliegt, ist es aber zweckmäßig, die Erklärungen der Eigentümer auf das gleiche Blatt zu setzen oder das Blatt mit den Erklärungen der Eigentümer mit der Rangrücktrittserklärung zu verbinden, weil der Text der Zustimmungserklärung der Eigentümer dann kürzer zu fassen ist.

10. Kosten. (1) Notar:
a) Erklärungen der Bank: Grundsätzlich ½ Gebühr nach §§ 141, 145, 38 Abs. 2 Nr. 5a KostO, wenn der Notar den Entwurf gefertigt hat. Für die bloße U-Begl. ¼ Gebühr, höchstens 250,– DM, nach §§ 141, 45 KostO.
b) Erklärungen der Eigentümer wie zu Buchst. a).
c) Werden alle Unterschriften unter dem vom Notar gefertigten einheitlichen Entwurf gleichzeitig beglaubigt, so fallen die Gebühren nach §§ 141, 145, 38 Abs. 2 Nr. 5a KostO oder §§ 141, 45 KostO nur einmal an (§ 145 Abs. 1 S. 3 KostO und *Korinten-*

berg/Lappe/Bengel/Reimann KostO § 45 Rdn. 1, 8). Wird der vom Notar gefertigte einheitliche Entwurf zunächst nur von den Vertretern der Bank und später von den Eigentümern unterzeichnet, so fällt für die erste Begl. die Gebühr nach §§ 141, 145, 38 Abs. 2 Nr. 5 a KostO an und für die spätere Begl. die Gebühr nach §§ 141, 145 KostO (§ 145 Abs. 1 S 3 KostO). Werden die Erklärungen der Bank und die der Eigentümer getrennt entworfen und unterzeichnet, so fällt für die Erklärung der Bank nach §§ 141, 145, 38 Abs. 2 Nr. 5 a KostO und für die Erklärung der Eigentümer nach §§ 141, 145, 38 Abs. 2 Nr. 1 KostO jeweils ½ Gebühr an.

(2) Grundbuchamt: ½ Gebühr für die Eintragung des Vermerks beim zurücktretenden Recht (§ 64 Abs. 1 S. 1 KostO); der Vermerk beim vortretenden neuen Recht erfolgt gebührenfrei (§ 64 Abs. 5 KostO). ½ Gebühr für die Eintragung der Löschungsvormerkung (§ 64 Abs. 1 S. 2 KostO).

(3) Wert in allen Fällen: Der Wert des vortretenden Rechts, also DM 70.000,– weil dieser geringer als der Wert des zurücktretenden Rechts (DM 150.000,–) ist (§§ 64 Abs. 5, 23 Abs. 3 KostO).

49. Bewilligung und Antrag des Eigentümers auf Vollzug einer Rangänderungserklärung gleichzeitig mit Bestellung des neuen Rechts

Nach den Erklärungen zur Bestellung des neuen Rechts:
Die vorstehend bestellte Grundschuld soll mit Rang vor dem Pfandrecht Abt. III lfd. Nr. 10 über 50.000,– eingetragen werden.
Die Eigentümer stimmen schon heute[2] der noch zu erteilenden Rangrücktrittserklärung der Gläubigerin des Pfandrechts Abt. III lfd. Nr. 10 zu und bewilligen und beantragen deren Vollzug im Grundbuch.

Anmerkungen

1. **Sachverhalt.** Wie Form. X. 48.

2. **Gleichzeitige Zustimmung des Eigentümers.** Rangänderungserklärung des Inhabers des zurücktretenden Rechts und Zustimmungserklärung des Eigentümers können in getrennten Urkunden enthalten sein. Häufig ist es angebracht, die Erklärungen des Eigentümers in die Urkunde über die Bestellung des neuen Rechts sogleich mit aufzunehmen.

3. **Kosten.** (1) Notar: Je nachdem, ob die Erklärungen beurkundet worden sind oder lediglich eine Unterschriftsbeglaubigung erfolgt ist, fallen 1 Gebühr nach §§ 141, 36 Abs. 1 KostO, ½ Gebühr nach §§ 141, 145, 38 Abs. 2 Nr. 5 a KostO oder nur ¼ Gebühr, höchstens DM 250,–, nach §§ 141, 45 KostO an.
Werte: Für das neue Recht der Nennbetrag von DM 70.000,– (§ 23 Abs. 2 KostO). Für die Rangänderung der Wert des vortretenden Rechts (DM 70.000,–), höchstens jedoch der Wert des zurücktretenden Rechts (50.000,–); für die Vormerkung gilt Entsprechendes (§ 23 Abs. 3 KostO). Da jedoch die Neubestellung, Rangänderung und Löschungsvormerkung in einer Urkunde zusammentreffen und es günstiger ist, wenn die Gebühren nur einmal aus DM 70.000,– berechnet werden als (evtl. nach verschiedenen Gebührensätzen, § 44 Abs. 2 Buchst. b KostO) aus DM 70.000,– und DM 50.000,–, ist nach § 44 Abs. 3, 2 KostO als Gegenstand aller Erklärungen der Wert des vortretenden (neu bestellten) Rechts anzusetzen (s. hierzu ausführlich *Korintenberg/Lappe/Bengel/ Reimann* KostO § 44 Rdn. 185–193).

(2) Grundbuchamt: 1 Gebühr für die Eintragung der neuen Grundschuld (§ 62 Abs. 1 KostO); die Eintragung des Vermerks über ihren Rang ist gebührenfreies Nebengeschäft (§§ 62 Abs. 3, 35 KostO). ½ Gebühr für die Eintragung der Rangänderung beim zurücktretenden Recht (§ 64 Abs. 1 S. 1, Abs. 5, S. 1 KostO). ½ Gebühr für die Eintragung der Löschungsvormerkung (§ 64 Abs. 1 S. 2 KostO).
Werte: Für die neue Grundschuld der Nennbetrag von DM 70.000,– (§ 23 Abs. 2 KostO). Für die Eintragung der Rangänderung beim zurücktretenden Recht: DM 50.000,– als Wert des zurücktretenden Rechts (§§ 64 Abs. 5, 23 Abs. 3 KostO). Für die Eintragung der Löschungsvormerkung DM 50.000,– als Wert des zurücktretenden Rechts, weil dieser günstiger ist als der Wert des vortretenden, zu löschenden Rechts (§§ 64 Abs. 5, 23 Abs. 3 S. 2, 1 KostO).

50. Nachträgliche Rangänderung eingetragener Rechte

An das
Amtsgericht
– Grundbuchamt –

Betr.: Grundbuch von ...... Band ...... Blatt ......

Gleichrangserklärung[2]

Im Grundbuch von ...... Band ...... Blatt ...... sind auf dem Grundstück ......
(Beschrieb nach dem Grundbuch)
die folgenden Lasten eingetragen:[3]
   Abt. II lfd. Nr. 6: Reallast zugunsten des C.
   Abt. III lfd. Nr. 2: DM 60.000,– Grundschuld,[4] verzinslich mit 16 vH. jährlich, zugunsten
der Kreissparkasse D.

Eigentümer sind die Eheleute A. A. und B. A., geborene C.

Herr C. räumt der eingetragenen Grundschuld Abt. III lfd. Nr. 2 über DM 60.000,– nebst Zinsen den Gleichrang[2] ein mit der zu seinen Gunsten eingetragenen Reallast Abt. II lfd. Nr. 6. Er bewilligt und beantragt[5] die Eintragung der Rangänderung im Grundbuch.

...... (Ort), den ......   gez. Unterschrift

Öffentliche Beglaubigung der Unterschrift des Herrn C.

Anmerkungen

   1. **Sachverhalt.** Im Rahmen der Finanzierung eines Umbaues ist eine Neuordnung der Rangverhältnisse erforderlich geworden. Auf Bitten der Eigentümer A. haben der Vater/Schwiegervater C. und die Kreissparkasse D. sich schließlich auf einen Gleichrang von Reallast und Grundschuld verständigt.

   2. **Einräumung des Gleichranges.** Eine Rangänderung durch Einräumung des Gleichrangs ist unbedenklich zulässig, da sie nichts anderes bedeutet als den Rangrücktritt des bisher vorgehenden Rechts bis zum gleichen Rang mit dem bisher nachgehenden Recht und umgekeht.

   3. **Rangänderung gegenüber noch nicht eingetragenem Recht.** Zur Rangänderung zwischen einem bereits eingetragenen Recht und einem zwar bestellten, aber noch nicht im Grundbuch eingetragenen Recht s. Form. X. 48 Anm. 4.

4. Rangänderung zwischen Rechten nach Abt. II und III. S. Form. X. 48 Anm. 2.
Rangänderungen von Rechten nach Abt. II im Verhältnis zu Rechten nach Abt. III sind zulässig (§§ 879 Abs. 1 Satz 2, 880 Abs. 1 BGB).

5. Entbehrlichkeit der Eigentümerzustimmung. S. Form. X. 48 Anm. 5.
Die Zustimmung des Eigentümers ist im vorliegenden Fall nicht erforderlich, weil das zurücktretende Recht kein Grundpfandrecht, sondern eine Reallast ist.

Wenn sichergestellt sein soll, daß nur die Eigentümer die Kosten des Grundbuchvollzugs treffen, müßten diese den – formlos möglichen (§ 13, 30 GBO) – Antrag selbst stellen (§ 2 Nr. 1 KostO).

6. Kosten. (1) Notar: ½ Gebühr nach §§ 141, 145, 38 Abs. 2 Nr. 5a KostO, wenn der Notar den Entwurf gefertigt hat. Für bloße U-Begl. ¼ Gebühr, höchstens DM 250,–, nach §§ 141, 45 KostO. Da die Einräumung des Gleichrangs nur berichtend erwähnt wird, fällt dafür keine Gebühr an.

(2) Grundbuchamt: ½ Gebühr für die Eintragung des Rangänderungsvermerks beim zurücktretenden Recht (§ 64 Abs. 1, 5 KostO). Die Eintragung des Vermerks beim vortretenden Recht erfolgt gebührenfrei (§ 64 Abs. 5 KostO).

(3) Wert in allen Fällen: Der Wert des zurücktretenden Rechts (Reallast, zu bewerten nach § 24 KostO), falls dieser geringer als der Wert des vortretenden Rechts (Grundschuld, DM 60.000,– nach § 23 Abs. 2 KostO) ist; sonst ist der Wert des vortretenden Rechts mit DM 60.000,– maßgebend (§§ 64 Abs. 5, 23 Abs. 3 KostO).

Vollmachten

51. Spezialvollmacht und Generalvollmacht

Vollmacht zur Vornahme eines bestimmten Rechtsgeschäfts

Ich, der unterzeichnete ...... (Name, Anschrift), bevollmächtige hiermit Herrn ...... (Name, Anschrift), mein Kraftfahrzeug ...... (Typ) mit dem amtlichen Kennzeichen ...... zu verkaufen und alle hierzu erforderlichen oder zweckmäßigen Erklärungen abzugeben und Handlungen vorzunehmen.

(Ort, Datum, Unterschrift)

Allgemeine Vollmacht (Generalvollmacht)

Verhandelt am ...... in ......
Vor dem Notar ...... ist erschienen ......
und erklärt

Generalvollmacht

Hiermit bevollmächtige ich
Herrn ...... (Name, Beruf oder Geburtsdatum, Anschrift),
mich in allen vermögensmäßigen und persönlichen Angelegenheiten gerichtlich und außergerichtlich zu vertreten, soweit dies rechtlich zulässig ist.
Der Bevollmächtigte kann für einzelne Rechtsgeschäfte Untervollmacht erteilen.
Der Bevollmächtigte ist von den Beschränkungen des § 181 BGB befreit.
Die Vollmacht soll durch meinen Tod nicht erlöschen.
Ich beantrage, dem Bevollmächtigten zu meinen Händen eine Ausfertigung zu erteilen.
Der Notar hat mich über den Inhalt, den Vertrauenscharakter und die Gefahren einer

51. Spezialvollmacht und Generalvollmacht X. 51

Generalvollmacht belehrt, weiter darüber, daß die Vollmacht nach dem Gesetz bestehenbleibt, solange der Bevollmächtigte mir die Ausfertigung nicht zurückgegeben hat oder ich sie nicht durch öffentliche Bekanntmachung für kraftlos erklärt habe.
Den Wert der Vollmacht gebe ich mit DM ...... an.
Vorgelesen, genehmigt und unterschrieben:
......

Schrifttum zum Vollmachtsrecht: Bühler, Vorsorgevollmacht zur Vermeidung einer Gebrechlichkeitspflegschaft oder Betreuung BWNotZ 1990, 1; *Hupka,* Die Vollmacht, 1900; *Andrea Langenfeld,* Vorsorgevollmacht, Betreuungsverfügung und Patiententestament nach dem neuen Betreuungsrecht, 1994; *Müller-Freienfels,* Die Vertretung beim Rechtsgeschäft, 1955; *Pawlowski,* Die gewillkürte Stellvertretung, JZ 1996, 125.

Anmerkungen

1. Erteilung. Nach § 167 BGB kann durch einseitige Erklärung einem zu Bevollmächtigenden Vollmacht zur Vertretung in einem zu bestimmenden Umfang erteilt werden. Die Bevollmächtigung gibt dem Bevollmächtigten die rechtliche Möglichkeit, im Rechtsverkehr verbindliche Erklärungen für den Vollmachtgeber abzugeben. Von dieser Rechtsmacht im Außenverhältnis ist die Befugnis zu Vertretungshandlungen im Verhältnis zum Vollmachtgeber zu unterscheiden. Diese Befugnis im Innenverhältnis ergibt sich aus den rechtlichen Beziehungen des Vollmachtgebers zum Bevollmächtigten, in der Regel aus einem Auftrag i. S. von § 662 BGB oder einem Geschäftsbesorgungsvertrag i. S. von § 675 BGB. Macht der Bevollmächtigte im Außenverhältnis von der Vollmacht Gebrauch, ohne im Innenverhältnis zum Vollmachtgeber hierzu berechtigt zu sein, so ist das Rechtsgeschäft wirksam. Der Vollmachtgeber kann aber den Bevollmächtigten auf Schadensersatz in Anspruch nehmen.

2. Form. Die Vollmacht bedarf grundsätzlich keiner besonderen Form, auch wenn sie sich auf ein formbedürftiges Rechtsgeschäft bezieht, § 167 Abs. 2 BGB. Aus Beweisgründen empfiehlt sich die schriftliche oder notariell beglaubigte Vollmacht, aus Gründen der präzisen Formulierung, der Belehrung und Beratung und der Feststellung der Geschäftsfähigkeit des Vollmachtgebers die notariell beurkundete Vollmacht. Im Grundstücksverkehr muß die Vollmacht aus Gründen des Nachweises beim Grundbuchamt mindestens notariell beglaubigt sein, § 29 GBO.
Gesetzliche Einzelvorschriften schreiben für die Wirksamkeit der Vollmacht die schriftliche Erteilung (z. B. § 134 Abs. 3 AktG) oder die notarielle Beglaubigung (z. B. § 1945 Abs. 2 BGB; § 2 Abs. 2 GmbHG) vor.
Die Rechtsprechung verlangt dann, wenn die formfreie Bevollmächtigung zur Umgehung von schützenden Formvorschriften führen würde, deren Einhaltung. So ist die unwiderrufliche Vollmacht zum Grundstückserwerb oder zur Grundstücksveräußerung notariell zu beurkunden (BGHZ 80, 47).

3. Erlöschen. Die Vollmacht erlischt durch Zweckerfüllung mit dem Grundverhältnis oder durch Widerruf, § 168 BGB. Hat der Vollmachtgeber dem Bevollmächtigten eine Vollmachtsurkunde ausgehändigt, so bleibt nach § 172 BGB die Vertretungsmacht bestehen, bis die Vollmachtsurkunde dem Vollmachtgeber zurückgegeben oder für kraftlos erklärt wird. Dies gilt für die Urschrift einer privatschriftlichen oder notariell beglaubigten Vollmacht und für die Ausfertigung einer notariell beurkundeten Vollmacht, die im Rechtsverkehr die Urschrift ersetzt.
Durch den Tod des Vollmachtgebers erlischt die Vollmacht im Zweifel nicht, § 672 BGB.

4. Unwiderrufliche Vollmacht. Eine – wie im Regelfall – nur dem Interesse des Vollmachtgebers dienende Vollmacht ist zwingend jederzeit widerruflich. Sie kann nicht unwiderruflich erteilt werden, da hierin eine Selbstentmündigung des Vollmachtgebers läge. Der Ausschluß des Rechts zum Widerruf bedarf nach § 168 S. 1 und 2 BGB der vertraglichen Vereinbarung und ist nur möglich bei einer Vollmacht, die zumindest im gleichen Maße wie dem Interesse des Vollmachtgebers auch dem Interesse des Bevollmächtigten oder eines Dritten dient (BGH DNotZ 1972, 229; BGH NJW-RR 1991, 439/441).

Da sich die Interessenlage nicht der Vollmacht als abstraktem Rechtsgeschäft entnehmen läßt, sondern nur dem zugrundeliegenden Rechtsverhältnis, ist eine isolierte unwiderrufliche Vollmacht nicht verkehrsfähig, sondern nur eine mit dem Grundverhältnis verbundene Vollmacht. Im Bereich von Beurkundungserfordernissen, insbesondere im Bereich des § 313 BGB gilt, daß das zugrundeliegende Rechtsgeschäft und die unwiderrufliche Vollmacht zusammen und insgesamt zu beurkunden sind (BayObLG MittBayNot 1996, 197 = MittRhNotK 1996, 217 m. w. N.).

5. **Untervollmacht.** Der Bevollmächtigte darf Untervollmacht nur erteilen, wenn ihm dies gestattet ist. Wegen des Vertrauenscharakters der Vollmacht ist dies nicht zu vermuten. Die Befugnis zur Erteilung von Untervollmacht ist deshalb ausdrücklich in die Vollmachtsurkunde aufzunehmen. Die Untervollmacht kann nicht weiter gehen als die Hauptvollmacht. Der Bevollmächtigte kann den Unterbevollmächtigten deshalb nur dann vom Verbot des Selbstkontrahierens befreien, wenn er selbst davon befreit ist (BayObLG MittBayNot 1993, 150).

Im Normalfall der Untervollmacht überträgt der Bevollmächtigte dem Unterbevollmächtigten die Befugnis, den Vollmachtgeber zu vertreten. Der Untervertreter wird dann als Repräsentant des Vollmachtgebers tätig. Streitig ist, ob der Bevollmächtigte dem Unterbevollmächtigten auch lediglich die Befugnis übertragen kann, ihn als Vertreter zu vertreten. Diese Nachvollmacht würde bewirken, daß die Rechtswirkungen des vom Untervertreter abgeschlossenen Geschäfts den Geschäftsherrn nicht unmittelbar, sondern durch den Hauptvertreter hierdurch treffen würden (so die Rspr. RGZ 108, 467; BGHZ 32, 253; BGHZ 68, 391; BGH NJW 1977, 1535; ablehnend die Literatur, MünchKomm/*Schramm* § 167 Rdn. 73 m. w. N.). Bei beiden Konstruktionen ist noch ungeklärt, ob der Bestand der Untervollmacht vom Bestand der Hauptvollmacht abhängig ist und ob der handelnde Unterbevollmächtigte den Fortbestand der Hauptvollmacht nachzuweisen hat (dazu *Wolf* MittBayNot 1996, 266).

6. **Umfang der Vollmacht.** (1) Einzelvollmacht. Die Einzelvollmacht hat das gegenständliche Rechtsgeschäft so genau zu bezeichnen, daß über den Vollmachtsumfang kein Zweifel bestehen kann.

(2) Generalvollmacht. Bei der allgemeinen Vollmacht ist die beispielhafte Aufzählung einzelner von der Vollmacht umfaßter Geschäfte möglich, aber regelmäßig nicht empfehlenswert. Es sind lediglich die Rechtsgeschäfte zu bezeichnen, die von der Vollmacht nicht umfaßt werden sollen.

52. Vollmachten im Grundstücksverkehr

(S. Form. 52 a–52 d)

52 a. Vollmacht zur Veräußerung von Grundstücken

Verhandelt in ...... am ......
Vor dem Notar ...... ist erschienen ......
und erklärt

Grundstücksveräußerungsvollmacht

Ich bevollmächtige hiermit ...... (Name, Geburtsdatum oder Beruf, Adresse des Bevollmächtigten), mein im Grundbuch von ...... (Grundbuchstelle) verzeichnetes Grundstück bzw. grundstücksgleiches Recht ...... (Beschrieb nach dem Grundbuch) zu veräußern und alle im Zusammenhang mit einer Veräußerung stehenden Rechtshandlungen vorzunehmen.

Insbesondere kann der Bevollmächtigte einen Kaufvertrag über das Objekt abschließen und Erklärungen über die Kaufpreiszahlung, die Lastenfreistellung und den Vollzug abgeben. Er ist berechtigt, das Objekt im Rahmen der Vertragsabwicklung mit Grundpfandrechten beliebiger Höhe zu belasten, den jeweiligen Grundstückseigentümer der sofortigen Zwangsvollstreckung zu unterwerfen und dem Käufer oder Mitarbeiter des beurkundenden Notars Untervollmacht und Befreiung von den Beschränkungen des § 181 BGB zu erteilen.

(Schlußvermerke)

52b. Vollmacht zum Erwerb von Grundstücken

Verhandelt in ...... am ......
Vor dem Notar ...... ist erschienen ......
und erklärt

Grundstückserwerbsvollmacht

Ich bevollmächtige hiermit ...... (Name, Geburtsdatum oder Beruf, Adresse des Bevollmächtigten), das Grundstück bzw. grundstücksgleiche Recht ...... (Beschrieb nach dem Grundbuch, Grundbuchstelle) für mich zu erwerben und alle im Zusammenhang mit dem Erwerb stehenden Rechtshandlungen für mich vorzunehmen.

Insbesondere kann der Bevollmächtigte für mich als Käufer einen Kaufvertrag über das Objekt abschließen und Erklärungen über die Kaufpreiszahlung, die Lastenfreistellung und den Vollzug abgeben. Er ist berechtigt, zu Lasten des Objekts Grundpfandrechte in beliebiger Höhe zu bestellen und mich hinsichtlich Kapital, Zinsen und Nebenleistungen dieser Grundpfandrechte persönlich und als Grundstückseigentümer der sofortigen Zwangsvollstreckung zu unterwerfen sowie Schuldanerkenntnisse abzugeben. Weiterhin kann er sonstige dingliche Rechte jeder Art bestellen und Grundbucherklärungen jeder Art abgeben. Er kann vom Verkäufer oder den Mitarbeitern des beurkundenden Notars Untervollmacht unter Befreiung von den Beschränkungen des § 181 BGB erteilen.

Die Vollmacht und etwaige Untervollmachten erlöschen mit meiner Eintragung als Eigentümer des Objekts im Grundbuch.

(Schlußvermerke)

52c. Grundstücksvollmacht im Unternehmensbereich

Die ...... Aktiengesellschaft, vertreten durch die unterzeichneten Vorstandsmitglieder, erteilt hiermit Herrn ...... (Name, Beruf, Adresse) Vollmacht zu ihrer Vertretung bei Verpflichtungs- und Verfügungsgeschäften aller Art über Grundstücke, grundstücksgleiche Rechte und Rechte an Grundstücken oder grundstücksgleichen Rechten. Die Vollmacht berechtigt insbesondere zum Erwerb, zur Veräußerung, zur Belastung und zur Begründung und Aufhebung von Rechten an Grundstücken und grundstücksgleichen Rechten. Im Rahmen von grundstücksbezogenen Finanzierungen und Belastungen berechtigt die Vollmacht zur Erklärung der dinglichen und persönlichen Unterwerfung unter die sofortige Zwangsvollstreckung. Für Einzelgeschäfte kann Untervollmacht erteilt werden, wobei dem Unterbevollmächtigten auch die Befugnis zur Vertretung beider Vertragsteile unter Befreiung vom Selbstkontrahierungsverbot erteilt werden kann.

(Unterschriften)

52 d. Zwangsversteigerungsvollmacht (Bietervollmacht)

Ich bevollmächtige ...... (Name, Geburtsdatum oder Beruf, Anschrift des Bevollmächtigten), mich im Zwangsversteigerungsverfahren über das Grundstück ...... (Beschrieb nach dem Grundbuch, Grundbuchstelle) zu vertreten. Er kann alle Erklärungen abgeben, die in dem Verfahren in Betracht kommen, insbesondere für mich bieten, den Zuschlag beantragen, Vereinbarungen über den Versteigerungserlös und über dingliche Rechte treffen, Gelder in Empfang nehmen und Grundbucherklärungen abgeben.

(Unterschrift)

Schrifttum: Kirchner, Die „Prokuravollmacht", MittBayNot 1996, 423.

Anmerkungen

1. **Vollmachtsumfang.** Die allgemeine Vollmacht (Generalvollmacht, vgl. Form. X. 51) ermächtigt auch zu Verfügungen über Grundstücke. Die vorstehenden Vollmachten im Grundstücksverkehr sind Spezialvollmachten zur rechtsgeschäftlichen Veräußerung oder zum Erwerb durch Rechtsgeschäft oder Zuschlag in der Zwangsversteigerung, die sich auf bestimmte Grundstücke beziehen. Eine auf den Grundstücksbereich beschränkte Vollmacht für alle künftigen Fälle ist die Grundstücksvollmacht im Unternehmensbereich. Bei der Gestaltung der Vollmachten ist einmal auf ausreichende Konkretisierung der Grundstücke, zum anderen darauf zu achten, daß die Vollmacht alle erforderlichen Rechtshandlungen abdeckt.

2. **Form.** Auch die Erteilung von Vollmachten im Grundstücksbereich ist formlos möglich und wirksam, § 167 Abs. 2 BGB. So kann etwa für die Partei eines Grundstückskaufvertrages ein Vertreter bei der notariellen Beurkundung mit der Behauptung auftreten, er sei mündlich bevollmächtigt. Ist dies tatsächlich der Fall, so ist der nach § 313 BGB beurkundete Kaufvertrag wirksam und verpflichtet und berechtigt den Vollmachtgeber. Gegenüber dem Grundbuchamt ist das Bestehen der Vollmacht dann aber in der Form des § 29 GBO nachzuweisen. Im Beispielsfall muß deshalb dem Grundbuchamt eine notariell beglaubigte oder beurkundete Vollmachtsbestätigung des Vollmachtgebers nachgereicht werden.

In der Praxis der Grundstücksvollmachten führt § 29 GBO dazu, daß die Vollmachten mindestens schriftlich und mit notarieller Unterschriftsbeglaubigung versehen erstellt werden. Die Zwangsversteigerungsvollmacht bedarf nach § 71 Abs. 2 ZVG ebenfalls des Nachweises in öffentlich beglaubigter Form. Ausnahmsweise ist entgegen § 167 Abs. 2 BGB die für das Rechtsgeschäft vorgeschriebene Form, im Grundstücksbereich die notarielle Beurkundung nach § 313 BGB, einzuhalten, wenn die formlose Bevollmächtigung gegen den Zweck der gesetzlichen Formvorschriften verstieße. So bedarf die unwiderrufliche Vollmacht zur Grundstücksveräußerung der notariellen Beurkundung (BGH DNotZ 1952, 447; BGH DNotZ 1966, 93). Dies gilt auch für die rechtlich widerrufbare, tatsächlich aber bindende Grundstücksveräußerungs- oder Erwerbsvollmacht (BGH DNotZ 1965, 549; BGH DNotZ 1979, 684; *Kanzleiter* DNotZ 1979, 684).

3. Wirksamkeitszusammenhang mit dem Grundgeschäft. Der Mißbrauch sog. „isolierter" Vollmachten im Bauträgerbereich hat die Rechtsprechung veranlaßt, entgegen dem sonst bei der Vollmacht geltenden Abstraktionsprinzip (vgl. dazu *Palandt/Heinrichs* § 167 Rdn. 4) einen Wirksamkeitszusammenhang zwischen dem Grundgeschäft, regelmäßig einem Geschäftsbesorgungsvertrag, und der Vollmacht im Sinne des § 139 BGB anzunehmen, wenn das Grundgeschäft den Auftraggeber verpflichtet, Vollmacht zu erteilen (BGH NJW 1985, 730; BGH DNotZ 1988, 551; *Korte* DNotZ 1984, 84). Dies führt zur Beurkundungspflichtigkeit des Grundgeschäfts und der Vollmacht (BGH NJW 1992, 3237; BayObLG MittBayNot 1996, 197 = MittRhNotK 1996, 217).

4. Besonderheiten. Zur Erklärung der Unterwerfung unter die sofortige Zwangsvollstreckung muß ausdrücklich bevollmächtigt werden (BayObLG Rpfleger 1987, 153). Dies gilt auch für die Erteilung von Untervollmachten (vgl. Form. X. 51 Anm. 5). Den Unterbevollmächtigten kann der Bevollmächtigte von den Beschränkungen des § 181 BGB nur befreien, wenn er selbst von diesen Beschränkungen befreit ist (BayObLG MittBayNot 1993, 150) oder wenn ihm die Befreiung des Unterbevollmächtigten ausdrücklich gestattet ist.

53. Vorsorgevollmacht und Patiententestament

1. Vollmacht

Ich, ...,
geb. am ......
in ......,
wohnhaft ......

bevollmächtige hiermit Herrn ......
geb. am ...... wohnhaft ......

mich in allen meinen Angelegenheiten in jeder rechtlich zulässigen Weise zu vertreten, also in Vermögensangelegenheiten (nachfolgend Ziffer 2) und persönlichen Angelegenheiten (nachfolgend Ziffer 3).

Die Vollmacht dient der Vermeidung einer Betreuung und geht der Anordnung einer Betreuung vor.

Die Vollmacht bleibt gültig, wenn ich geschäftsunfähig geworden sein sollte. Der Vertreter unterliegt nicht den gesetzlichen Beschränkungen eines Betreuers. Wird für Rechtsgeschäfte, für die der Bevollmächtigte keine Vertretungsmacht hat, ein Betreuer bestellt, so bleibt die Vollmacht im übrigen bestehen.

2. Insbesondere Vermögensangelegenheiten

Die Vollmacht umfaßt insbesondere das Recht,
- über Vermögensgegenstände jeder Art zu verfügen,
- Zahlungen und Wertgegenstände für mich anzunehmen, zu quittieren oder Zahlungen vorzunehmen,
- Verbindlichkeiten einzugehen,
- einen Heimvertrag oder eine ähnliche Vereinbarung abzuschließen,

Langenfeld

- geschäftsähnliche Handlungen wie z.B. Mahnung, Fristsetzung, Anträge, Mitteilungen vorzunehmen,
- Verfahrenshandlungen, auch im Sinne von § 13 SGB X, zu tätigen,
- mich gegenüber Gerichten, Behörden, sonstigen öffentlichen Stellen und Privatpersonen gerichtlich und außergerichtlich zu vertreten, sowie alle Prozeßhandlungen für mich vorzunehmen.

Der Bevollmächtigte kann in Vermögensangelegenheiten Untervollmacht erteilen, er ist in Vermögensangelegenheiten von den Beschränkungen des § 181 BGB befreit. Die Vollmacht bleibt über den Tod hinaus wirksam.

3. Insbesondere persönliche Angelegenheiten

Der Bevollmächtigte ist weiterhin zu meiner Vertretung befugt
- bei der Aufenthaltsbestimmung, vor allem bei der Entscheidung über die Unterbringung in einem Pflegeheim, in einer geschlossenen Anstalt oder die Aufnahme in ein Krankenhaus,
- bei der Entscheidung über freiheitsentziehende Maßnahmen wie etwa das Anbringen von Bettgittern oder Gurten,
- bei allen Erklärungen in Gesundheitsangelegenheiten, insbesondere bei der Einwilligung in Operationen und sonstige ärztliche Maßnahmen. Hierbei ist der Bevollmächtigte befugt, Krankenunterlagen einzusehen und alle Informationen durch die mich behandelnden Ärzte einzuholen.

Die Vollmacht in persönlichen Angelegenheiten ist nicht übertragbar. Untervollmacht darf in persönlichen Angelegenheiten nicht erteilt werden.

4. Patiententestament

Für den Fall, daß ich ohne Aussicht auf Wiedererlangung des Bewußtseins in einem Koma liege, bitte ich, von Reanimation und lebensverlängernden Maßnahmen, wie beispielsweise von einer Intensivtherapie, abzusehen, weiterhin von Transplantationen und künstlicher Beatmung, es sei denn, diese Maßnahmen dienten lediglich der Schmerzlinderung.

Für diesen Fall bitte ich außerdem um Schmerzmittel, Narkotika und erleichternde operative Eingriffe, auch wenn sie lebensverkürzend wirken oder zu einer Bewußtseinsausschaltung führen.

Der Bevollmächtigte ist beauftragt und ermächtigt, diesen Wünschen Geltung zu verschaffen.

(Unterschrift)

Schrifttum: Bühler, Die Vorsorgevollmacht BWNotZ 1990, 1; *Andrea Langenfeld*, Vorsorgevollmacht, Betreuungsverfügung und Patiententestament nach dem neuen Betreuungsrecht, 1994.

Anmerkungen

1. **Vorsorgevollmacht.** Das am 1. 1. 1992 in Kraft getretene Betreuungsgesetz betont die Selbstbestimmung des Betreuten und die Subsidiarität der Betreuung (*Damrau/Zimmermann*, Betreuung und Vormundschaft, Kommentar, 2. A. 1995 vor § 1896 Rdn. 6 ff.). Von entsprechender Wichtigkeit ist die gesetzliche Verankerung der Vorsorgevollmacht in § 1896 Abs. 2 S. 2 BGB. Nach dieser Vorschrift ist eine Betreuung nicht erforderlich und darf nicht angeordnet werden, soweit die Angelegenheiten eines Volljährigen durch einen Bevollmächtigten ebenso gut wie durch einen Betreuer besorgt

53. Vorsorgevollmacht und Patiententestament

werden können. Um Mißbräuchen vorzubeugen, ist in § 1896 Abs. 3 die Möglichkeit der Bestellung eines Betreuers zur Überwachung des Bevollmächtigten vorgesehen.

Die hieraus folgende Achtung der Selbstbestimmung des Bürgers durch eigene Vorsorge für den Fall insbesondere des Wegfalls der Geschäftsfähigkeit ist der entscheidende Schritt hin zur Privatisierung des Alters (*Müller-Freienfels*, Festschrift Keller 1989, 35, 49). Die Regelung des § 1896 Abs. 2 S. 2 BGB, die die Selbstbestimmung des Menschen erhält und staatliche Zwangsmaßnahmen vermeidet, ist deshalb in besonderer Weise Ausdruck der Zielsetzung des Betreuungsgesetzes insgesamt (*A. Langenfeld* S. 6). Diese Zielsetzung, die auch Verfassungsrang hat, bleibt nicht ohne Auswirkungen auf die traditionelle Dogmatik der Vollmacht, was die Möglichkeit der Vollmachtserteilung im Gesundheitsbereich und im sonstigen persönlichen Bereich betrifft (dazu unten 5).

2. Patiententestament. Nach § 1901 Abs. 2 S. 2 BGB hat der künftige Betreute die Möglichkeit, in einer Betreuungsverfügung seine Vorstellungen und Wünsche hinsichtlich seiner Lebensführung nach Eintritt des Betreuungsfalles zu äußern und festzulegen. Der Betreuer hat diesen Wünschen des Betreuten zu entsprechen, soweit es dessen Wohl nicht zuwiderläuft und dem Betreuer zuzumuten ist. Ein derartiges „Alterstestament" ist ein weiteres wichtiges Instrument der Altersvorsorge (*A. Langenfeld* S. 156 ff.). Seine Verankerung im Gesetz wirft auch ein neues Licht auf Zulässigkeit und Inhalt des „Patiententestaments". Ein Patiententestament, auch Patientenbrief, Euthanasietestament oder Patientenverfügung genannt, ist eine schriftliche Anweisung des Patienten an seinen Arzt, durch die der Patient untersagt, unter bestimmten Umständen künstliche lebensverlängernde Maßnahmen trotz Aussichtslosigkeit seiner Lage anzuwenden (*A. Langenfeld* S. 178). Besondere Verdienste in der Diskussion um Inhalt und Zulässigkeit des Patiententestaments hat *Uhlenbruck* erworben (*Uhlenbruck* MedR 1983, 16; *ders.* ZRP 1986, 209; *ders.* MedR 1992, 134).

3. Umfang der Vorsorgevollmacht. Wenn die Vorsorgevollmacht die Anordnung einer Betreuung vermeiden soll, muß sie umfassend sein. Sie muß deshalb grundsätzlich alle Bereiche umfassen, die Aufgabenbereich eines Betreuers sein können. Dies sind die Besorgung von Vermögensangelegenheiten, die gerichtliche und außergerichtliche Vertretung, die Einwilligung in ärztliche Maßnahmen, die Aufenthaltsbestimmung und die mit freiheitsbeschränkenden Maßnahmen verbundene Unterbringung. Legitimation für eine derart weitgehende Vorsorgevollmacht ist der Wille des Betroffenen. In freier Selbstbestimmung legt er fest, wer diese Angelegenheiten für ihn erledigen soll, wenn er selbst nicht mehr hierzu imstande ist. Damit verwirklicht er einen Rest von Selbstbestimmung auch für den Betreuungsfall, der verloren geht, wenn er keine Vorsorge trifft und damit der Fremdbestimmung durch den Staat ausgeliefert ist. Fremdbestimmung durch einen selbstgewählten Vertreter enthält immer noch ein Element der Selbstbestimmung, das eben in der freien Auswahl und Aufgabenzuteilung an den Vertreter liegt. Hieraus rechtfertigt es sich auch, den Vertreter generell nicht an die Genehmigungsvorbehalte zu binden, denen der Betreuer unterliegt (der Gesetzgeber stellt in der Gesetzesbegründung fest, daß die Genehmigungserfordernisse für den Betreuer auf den rechtsgeschäftlichen Vertreter nicht anwendbar sind, BT-Drucksache 11/4528 S. 123). Zur Mißbrauchskontrolle genügt die Möglichkeit der Bestellung eines Überwachungsbetreuers nach § 1896 Abs. 3 BGB.

4. Generalvollmacht im Vermögensbereich. Der gesamte Vermögensbereich muß durch die Vorsorgevollmacht abgedeckt sein. Hierzu gehören Grundvermögen, Geldvermögen und die Vertretung in Renten- oder Versicherungsangelegenheiten sowie bei Behörden und Gerichten. Von der Formulierung her genügt zur Wirksamkeit die allgemeine Bevollmächtigung in allen Vermögensangelegenheiten, soweit überhaupt Vertretung zulässig ist. Üblich und zur Verdeutlichung des Umfangs der Vollmacht für den Vollmachtgeber zweckmäßig sind aber beispielhafte Aufzählungen der wichtigsten Angelegenheiten. Dabei ist darauf zu achten, daß derartige Aufzählungen wie gewollt nur als Beispiel und nicht etwa als abschließende Zuständigkeitskataloge verstanden werden können.

Vom Gesetz vorausgesagt und heute unstreitig ist die Weitergeltung der Vollmacht über die Geschäftsunfähigkeit hinaus (zum ehemaligen Streitstand A. *Langenfeld* S. 10 ff.). Wird die Vollmacht im Vermögensbereich als Generalvollmacht an eine Person des Vertrauens gegeben, so sind auch die ausdrückliche Bestimmung, daß die Vollmacht über den Tod hinaus wirksam bleibt, und die Befreiung von den Beschränkungen des § 181 BGB zweckmäßig. Auch die Befugnis zur Erteilung von Untervollmacht sollte gegeben werden. Regelmäßig besteht aber kein Anlaß zu der weiteren Bestimmung, daß die Vollmacht insgesamt übertragen werden kann. Durch diese ergänzenden Bestimmungen erhält die Vollmacht neben der Funktion der Vermeidung der Betreuung und den Möglichkeiten der Vertretung im persönlichen Bereich einschließlich des Patiententestaments noch zusätzlich die Verwendbarkeit als Generalvollmacht im traditionellen Sinne. Der Vollmachtgeber ist darauf hinzuweisen, daß sich der Bevollmächtigte durch den Besitz der Vollmacht im Rechtsverkehr legitimiert, daß also der Vollmachtgeber durch die Aushändigung oder Nichtaushändigung der Vollmachtsurkunde hier steuern kann. Im Regelfall des uneingeschränkten Vertrauens zum Bevollmächtigten wird es zweckmäßig sein, den Bevollmächtigten die Urkunde sogleich auszuhändigen oder sicherzustellen, daß er sie an einem ihm zugänglichen Ort vorfindet, wenn sie gebraucht wird (zu weiteren Problemen von Mitteilung, Inkrafttreten und Rückgabe der Vorsorgevollmacht A. *Langenfeld* S. 140 ff.).

5. Vollmacht in persönlichen Angelegenheiten. Nach traditioneller dogmatischer Auffassung ist Stellvertretung aufgrund Vollmacht im höchstpersönlichen Bereich insgesamt ausgeschlossen (A. *Langenfeld* S. 84 ff. m.w.N.). Diese seit jeher willkürlich erscheinende Beschränkung bedurfte der Revision und ist zumindest seit Inkrafttreten des Betreuungsgesetzes nicht mehr gerechtfertigt. Dem Betreuer kann nach § 1896 Abs. 1 BGB die Betreuung in persönlichen Angelegenheiten übertragen werden. Hierzu gehören die Aufenthalts- und Umgangsbestimmung nach § 1906 Abs. 1 BGB, die Zustimmung zu freiheitsentziehenden Maßnahmen nach § 1906 Abs. 4 BGB und der gesamte Gesundheitsbereich einschließlich der Einwilligung in Heilbehandlungen nach § 1904 BGB. Die Prämisse, der gewillkürte Vertreter könne diese Befugnisse nicht haben, auch wenn dies dem Willen des Vollmachtgebers entspricht, ist nicht haltbar. Nach dem Grundgedanken des Betreuungsgesetzes, das von der Priorität der Selbstbestimmung vor der Fremdbestimmung ausgeht, muß vielmehr umgekehrt der gewillkürte Vertreter im Rahmen der Vorsorgevollmacht mindestens dieselben Befugnisse haben können wie der vom Vormundschaftsgericht bestellte Betreuer als gesetzlicher Vertreter. Seine Befugnisse gehen nach dem Willen des Gesetzgebers (oben Fn. 12) sogar über die des Betreuers hinaus, weil er im persönlichen Bereich vertreten kann, ohne den Genehmigungsbeschränkungen des Betreuers zu unterliegen (das Bundesjustizministerium schlägt in einem seit März 1996 vorliegenden Referentenentwurf zur Änderung des Betreuungsgesetzes vor, die Gesundheitsvollmacht ausdrücklich zuzulassen, den Bevollmächtigten aber den für den Betreuer geltenden Genehmigungspflichten der §§ 1904 und 1906 BGB zu unterwerfen, AZ I A 1 – 3475/4 – 4 – 120398/96 v. 25.3.1996). Die Literatur hält zunehmend die rechtsgeschäftliche Vertretung in Gesundheitsangelegenheiten für möglich (z.B. *Palandt/Diederichsen* Einführung vor § 1896 Rdn. 8; *Staudinger/Bienwald* 12. A. 1995 § 1896 Rdn. 127).

Das LG Stuttgart (Die Justiz 1994, 62) und das dieses bestätigende Oberlandesgericht Stuttgart (Die Justiz 1994, 125 = FamRZ 1994, 1417 = BWNotZ 1994, 67 m.Anm. *Bühler*) haben in gut begründeten Entscheidungen gewillkürte Vertretung aufgrund Vorsorgevollmacht bei der Einwilligung in freiheitsentziehenden Maßnahmen ohne vormundschaftsgerichtliche Genehmigung für zulässig erachtet. Die Grundsätze dieser Entscheidung zur Anlegung eines Sitzgurtes gelten sinngemäß auch für die Aufenthaltsbe-

53. Vorsorgevollmacht und Patiententestament   X. 53

stimmung, etwa die Unterbringung in einem Heim (Bedenken insoweit bei *Bühler* BWNotZ 1994, 69) und die Einwilligung in die Heilbehandlung. Sie lassen sich wie folgt zusammenfassen:

Gewillkürte Vertretung ist auch bei der Einwilligung als rechtsgeschäftsähnlicher Erklärung, bei der der natürliche Wille entscheidet, möglich (BGHZ 105, 45, 47 f.). Ebenso ist gewillkürte Vertretung in höchstpersönlichen Bereichen wie der Gesundheitsfürsorge und freiheitsbeschränkenden Maßnahmen zulässig. Vormundschaftsgerichtliche Genehmigungsvorbehalte, wie in §§ 1907, 1908 BGB enthalten, kommen bei gewillkürter Vertretung nicht zum Zuge. Die gewillkürte Vertretungsmacht legitimiert sich aus der Autonomie des Vollmachtsgebers. Er bestimmt autonom, ob und wem er sich anvertrauen will, wenn er seine Selbstbestimmungsfähigkeit einmal verlieren sollte. Der Gefahr des Vollmachtsmißbrauchs wird durch die Kontrollbetreuung nach § 1986 Abs. 3 BGB vorgebeugt.

Das OLG Stuttgart, das im übrigen die Grundsätze des LG Stuttgart voll bestätigt, sieht als Einschränkung vor, daß die Vorsorgevollmacht die Übertragung gerade dieser Befugnisse auf den Bevollmächtigten ausdrücklich enthält und daß keine Zweifel an der Geschäftsfähigkeit des Vollmachtgebers bei der Vollmachtserteilung bestehen. *Bühler* (BWNotZ 1994, 68) folgert in seiner Urteilsanmerkung hieraus, daß Untervollmacht und Vollmachtsübertragung bei der Vollmacht in persönlichen Angelegenheiten ausgeschlossen sind, daß allgemeine Formulierungen wie „Vertretungsberechtigung im weitestmöglichen Umfang auch in allen persönlichen Angelegenheiten" nicht ausreichen, vielmehr die einzelnen Bereiche in Anlehnung an den Gesetzeswortlaut des § 1906 Abs. 4 BGB bezeichnet werden müßten, und daß zur Sicherstellung des Nachweises der Geschäftsfähigkeit notarielle Beurkundung der Vorsorgevollmacht zweckmäßig ist. Hilfreich ist auch ein Blick über die Grenze. In den USA sind Vollmachten im Gesundheitsbereich anerkannt und teilweise gesetzlich verwirklicht (*Peters*, The Journal of Legal Medicine 1987, 437; *Füllmich*, Der Tod im Krankenhaus und das Selbstbestimmungsrecht des Patienten, 1990, S. 83 f.). Es gibt dort die „Durable Power of Attorney for Health Care", die von den Gerichten anerkannt wurde und etwa in Kalifornien gesetzlich geregelt ist. Es gibt keinen Grund, im deutschen Rechtsbereich nicht entsprechende Befugnisse anzuerkennen. Interessant ist in diesem Zusammenhang allerdings, daß in den USA die Wirksamkeit der Gesundheitsvollmacht davon abhängt, daß die Erklärung entweder notariell beurkundet oder von zwei Zeugen unterschrieben ist.

6. Rechtsfragen des Patiententestaments. Seit dem grundlegenden Aufsatz von *Uhlenbruck* „Der Patientenbrief – die privatautonome Gestaltung des Rechts auf einen menschenwürdigen Tod" (NJW 1978, 566) ist das Patiententestament in der Diskussion (vgl. *Saueracker,* Die Bedeutung des Patiententestaments in der Bundesrepublik Deutschland aus ethischer, medizinischer und juristischer Sicht, 1990) und umstritten. Eine gewisse Öffnung ist als Folge der Entscheidung des BGH in Strafsachen vom 13. 4. 1994 zur Zulässigkeit der Sterbehilfe zu verzeichnen (BGHSt 40, 257 = NJW 1995, 408 = MedR 1995, 72; dazu auch *Laufs* NJW 1996, 1571, 1573 und *Steffen* NJW 1996, 1581). Die medizinisch-ethischen Richtlinien für die ärztliche Betreuung Sterbender und zerebral schwerstgeschädigter Patienten der Schweizerischen Akademie der medizinischen Wissenschaften (NJW 1996, 767) erkennen in Nummer 3.4 die Verbindlichkeit einer Patientenverfügung an. Liegt dem Arzt eine Patientenverfügung vor, die der Patient in einem früheren Zeitpunkt der vollen Urteilsfähigkeit abgefaßt hat, so ist diese verbindlich.

Es kann vorausgesagt werden, daß die Entwicklung im deutschen Bereich ebenfalls in diese Richtung gehen wird. Ansichten, nach denen dem Patiententestament jegliche Bindungswirkung abgesprochen wird (so etwa *Spann* MedR 1983, 13), sind überholt. Überwiegend wird auch bei uns jetzt die Vorabverweigerung der Einwilligung in lebenserhaltende Maßnahmen in aussichtslosen Situationen als für den Arzt verbindlich betrachtet (*Sternberg-Lieben* NJW 1985, 2735; *Uhlenbruck* MedR 1992, 134; *Schöllhammer*, Die Rechtsverbindlichkeit des Patiententestaments, 1993, S. 26 ff.). In jedem Fall ist schon derzeit die Tatbestandswirkung des Patiententestaments für den behandelnden Arzt, der selbst die Aussichtslosigkeit lebenserhaltender Maßnahmen konstatiert, nicht zu leugnen.

7. Formfragen. Grundsätzlich bedarf die Vorsorgevollmacht in der hier vorgeschlagenen Kombination von Generalvollmacht in Vermögensangelegenheiten, Vollmacht in Gesundheitsangelegenheiten und Patiententestament keiner Form. Empfehlenswert ist aber mindestens die Form der notariellen Unterschriftsbeglaubigung. Zweckmäßiger insbesondere auch wegen der Feststellung der Geschäftsfähigkeit durch den beurkundenden Notar ist die notarielle Beurkundung (*A. Langenfeld* S. 27 ff.). Sie sichert dem Vollmachtgeber auch die notarielle Beratung und Gestaltung.

54. Vollmachten mit erbrechtlichem Bezug

Nachlaßvollmacht

Verhandelt in ...... am ......
Vor dem Notar ...... ist erschienen ......
und erklärt

Nachlaßvollmacht

Hiermit bevollmächtige ich ...... (Name, Beruf oder Geburtsdatum des Bevollmächtigten), mich in der Nachlaßsache auf Ableben ...... (Name, Geburtstag, Todestag des Erblassers), zuletzt wohnhaft ...... (Adresse) in jeder rechtlich zulässigen Weise gerichtlich und außergerichtlich zu vertreten. Insbesondere kann der Bevollmächtigte Nachlaßgegenstände in Besitz nehmen und über solche verfügen, über die Erbschaft oder Erbteile verfügen und alle Handlungen im Zusammenhang mit der Verwaltung, Teilung oder Veräußerung des Nachlasses oder einzelner Nachlaßgegenstände vornehmen.

Der Bevollmächtigte ist berechtigt, Untervollmacht zu erteilen, sowie Rechtsgeschäfte mit sich im eigenen Namen oder als Vertreter Dritter abzuschließen. Dem Bevollmächtigten können auf seinen Antrag bis zu fünf Ausfertigungen dieser Urkunde erteilt werden.

(Belehrungsvermerke, Urkundenschluß)

Vollmacht auf den Todesfall (Postmortale Vollmacht)

Der Vermächtnisnehmer wird unwiderruflich unter Befreiung von den Beschränkungen des § 181 BGB bevollmächtigt, das ihm vermachte Grundstück ...... auf sich selbst aufzulassen sowie alle hierzu erforderlichen Erklärungen, die zur Durchführung des Vermächtnisses notwendig sind, auch im Namen der Erben abzugeben.

Anmerkungen

1. Nachlaßvollmacht. Die Nachlaßvollmacht ist gegenständlich auf den durch die Person des Erblassers definierten Nachlaß beschränkt, in diesem Bereich aber umfassend. Sie empfiehlt sich, wenn der Erbe aus tatsächlichen Gründen nicht in der Lage ist, seine Rechte und Pflichten selbst wahrzunehmen. Sie setzt besonderes Vertrauen zum Bevollmächtigten voraus.

2. Vollmacht auf den Todesfall. Diese Vollmacht soll als sog. postmortale Vollmacht erst mit dem Tod des Vollmachtgebers wirksam werden. In notariellen Testamenten bildet sie eine Alternative zur Testamentsvollstreckung, um dem Vermächtnisnehmer die Vermächtniserfüllung zu erleichtern. Der Vermächtnisnehmer insbesondere des Grundstücks- oder Nießbrauchsvermächtnisses wird auf den Tod des Erblassers bevollmächtigt, sich das Grundstück selbst aufzulassen oder sich das vermachte dingliche Recht selbst zu bestellen. Der Zugang der Vollmacht ist durch die Bekanntgabevorschriften der §§ 2260, 2262 BGB sichergestellt (OLG Köln MittRhNotK 1992, 88). Die Zulässigkeit der postmortalen Vollmacht steht außer Streit (BGH NJW 1969, 1245; BayObLG FamRZ 1990, 98; OLG Köln MittRhNotK 1992, 88; BGH NJW 1995, 250 = LM § 164 BGB Nr. 78 m. Anm. *Langenfeld*). Teilweise wird aber die Möglichkeit der Unwiderruflichkeit in Frage gestellt (*Krampe* ZEV 1995, 189; *Schultz* NJW 1995, 3345; *Trapp* ZEV 1995, 314). Dies ist unbegründet, da die Vollmacht vom Erblasser zu Lebzeiten testamentarisch wieder aufgehoben werden kann und nach seinem Tod im Verhältnis zu den Erben lediglich dem Interesse des Bevollmächtigten dient (zu diesem Erfordernis BGH DNotZ 1972, 229; BGH NJW-RR 1991, 439/441). Der Nachweis der Vollmacht gegenüber dem Grundbuchamt wird durch die Vorlage der vom Nachlaßgericht mit Eröffnungsprotokoll versehenen beglaubigten Abschrift des eröffneten notariellen Testaments erbracht.

55. Vollmachten im Gesellschaftsrecht

a) Stimmrechtsvollmacht

Ich, der unterzeichnete ...... (Name, Beruf, Adresse des Vollmachtgebers) bin mit einem Geschäftsanteil von DM ...... Gesellschafter der ...... GmbH mit dem Sitz in ...... Ich bevollmächtige hiermit ...... (Name, Beruf, Adresse des Bevollmächtigten), mich in der Gesellschafterversammlung vom ...... zu vertreten und in ihr meine Gesellschafterrechte einschließlich des Stimmrechts wahrzunehmen.

(Ort, Datum, Unterschrift)

b) Registervollmacht

Ich, der unterzeichnete ...... (Name, Beruf oder Geburtsdatum, Adresse) bin Kommanditist der Kommanditgesellschaft unter der Firma ...... mit dem Sitz in ......, derzeit eingetragen im Handelsregister A ...... des Amtsgerichts ...... Ich bevollmächtige hiermit ...... (Name, Beruf, Anschrift des Bevollmächtigten), sämtliche diese Kommanditgesellschaft und ihre Gesellschafter einschließlich mich selbst betreffenden Anmeldungen zum Handelsregister für mich vorzunehmen, insbesondere die Anmeldung des Eintritts, Austritts und sonstigen Ausscheidens und Wechsels von Gesellschaftern und die Anmeldung der Veränderung der Haftsummen.

(Ort, Datum, Unterschrift, notarielle Unterschriftsbeglaubigung)

Anmerkungen

1. Stimmrechtsvollmacht. Das Stimmrecht kann von der Mitgliedschaft an Personen- und Kapitalgesellschaften nicht abgespalten werden (Abspaltungsverbot, vgl. z.B. *Scholz/K. Schmidt* § 47 GmbHG Rdn. 20). Wohl aber kann Stimmrechtsvollmacht im Einzelfall erteilt werden. Die unwiderrufliche verdrängende Stimmrechtsvollmacht wiederum verstößt gegen das Abspaltungsverbot (BGHZ 20, 265). Als nicht vom Abspaltungsverbot umfaßt und deshalb zulässig wird zunehmend die Ausübung aller Mitgliedschaftsrechte durch Nießbraucher, Testamentsvollstrecker und Treuhänder angesehen (BGHZ 108, 199). Der Bevollmächtigte hat sich im Bereich der GmbH nach § 47 Abs. 3 GmbHG durch schriftliche Vollmacht zu legitimieren (dazu *Scholz/K. Schmidt* § 47 GmbHG Rdn. 89).

Der Geschäftsführer einer GmbH kann seine Organbefugnis nicht durch Vollmacht auf einen anderen übertragen, auch wenn die Übertragung zeitlich begrenzt oder widerruflich ist (Verbot der organverdrängenden oder organersetzenden Generalvollmacht (BGHZ 34, 27/31; BGH WM 1976, 1246).

2. Registervollmacht. Anmeldungen zum Handelsregister einer OHG oder KG sind von allen Gesellschaftern in notariell beglaubigter Form vorzunehmen (§§ 108, 161 Abs. 2 HGB). Bei Gesellschaften mit vielen örtlich verstreuten Gesellschaftern empfehlen sich deshalb Registervollmachten für die geschäftsführenden Gesellschafter oder die Initiatoren der jeweiligen Publikums-KG.

56. Notarielle Vollzugsvollmachten

a) Vollzugsauftrag und Vollzugsvollmacht

Verkäufer und Käufer ermächtigen und beauftragen den Notar oder seinen Vertreter im Amt, alle zu diesem Vertrag erforderlichen privat- und öffentlichrechtlichen Genehmigungen und Zeugnisse sowie Lastenfreistellungserklärungen einzuholen und sonstige behördliche Maßnahmen herbeizuführen und für die Beteiligten entgegenzunehmen. Sämtliche Genehmigungen sollen mit ihrem Eingang beim amtierenden Notar als mitgeteilt gelten und rechtswirksam sein. Der amtierende Notar wird ermächtigt, etwaige Genehmigungserklärungen mit Wirkung für und gegen sämtliche Vertragsbeteiligten entgegenzunehmen. Der Notar wird weiter ermächtigt, alle Anträge zu stellen und Erklärungen abzugeben, die zum grundbuchamtlichen Vollzug dieser Urkunde zweckdienlich sind. Teilvollzug dieser Urkunde ist gestattet, soweit dies der Notar beantragt. Der Notar soll insbesondere auch ermächtigt sein, Rangbestimmungserklärungen hinsichtlich der Urkunde sowie hinsichtlich des Vollzugs und der Eintragung von Grundpfandrechten wegen der Finanzierung des Kaufpreises zu treffen.

Verkäufer und Käfer bevollmächtigen insoweit unter Befreiung von § 181 BGB die Mitarbeiter des Notars (Namen), je einzeln, den Kaufgegenstand mit Grundpfandrechten bis zu DM ...... mit bis zu ......% jährlichen oder einmaligen Zinsen und Nebenleistungen zu belasten, für den Verkäufer die dingliche und für den Käufer die persönliche Zwangsvollstreckungsunterwerfung zu erklären, mit der Eigentumsvormerkung des Käufers hinter solche Grundpfandrechte im Rang zurückzutreten, überhaupt alle Rangerklärungen abzugeben und die Auflassung zu erklären. Von der Vollmacht darf nur beim beurkundenden Notar oder seinem Vertreter Gebrauch gemacht werden. Sie erlischt mit der Eintragung des Eigentumswechsels auf den Käufer. Sie ist über den Tod hinaus wirksam.

b) Vollzugsvollmacht

Die Beteiligten erteilen jeder für sich unwiderruflich, über den Tod hinaus und unter Befreiung von den Beschränkungen des § 181 BGB den Mitarbeitern des Notars (Namen) je einzeln Vollmacht, diesen Vertrag abzuändern und zu ergänzen, Eintragungsbewilligungen zum Grundbuch abzugeben, Eintragungsanträge zu stellen, Auflassungen zu er-

56. Notarielle Vollzugsvollmachten

klären und alle Erklärungen abzugeben und entgegenzunehmen, die mit diesem Vertrag, den Nebenurkunden wie Grundpfandrechtsbewilligungen und ihrem Vollzug in Zusammenhang stehen.

Von der Vollmacht kann nur beim beurkundenden Notar oder seinem Vertreter Gebrauch gemacht werden. Sie erlischt mit der Eintragung des Eigentumswechsels auf den Erwerber im Grundbuch.

Die Beteiligten ermächtigen den Notar zu ihrer uneingeschränkten Vertretung bei allen zur Rechtswirksamkeit und zum Grundbuchvollzug dieser Urkunde erforderlichen Erklärungen mittels Eigenurkunde.

c) Finanzierungsvollmacht

Der Verkäufer bevollmächtigt den Käufer, das Kaufobjekt mit Grundpfandrechten bis zur Höhe von DM ...... mit bis zu ......% jährlichen oder einmaligen Zinsen und Nebenleistungen zu belasten und den jeweiligen Grundstückseigentümer der sofortigen Zwangsvollstreckung gem. § 800 ZPO zu unterwerfen.

Von der Vollmacht kann nur beim beurkundenden Notar oder seinem Vertreter im Amt Gebrauch gemacht werden. Es gelten die folgenden Bestimmungen, die in die Grundschuldbewilligung aufzunehmen sind:

Die Ansprüche auf Auszahlung werden dem Verkäufer hiermit zur Zahlung auf Konto Nr. ...... bei ...... abgetreten in Höhe von DM ......

Bis zur vollständigen Zahlung des Kaufpreises dient jedes Grundpfandrecht lediglich der Sicherung der Kaufpreiszahlung. Eine etwaige sonstige Zweckbestimmung tritt erst mit vollständiger Kaufpreiszahlung in Kraft. Der Gläubiger hat das jeweilige Grundpfandrecht und einen etwaigen Brief zurückzugeben und zur Löschung zu bewilligen oder an den Verkäufer abzutreten, wenn der Kaufpreis nicht völlig bezahlt wird, dies gegen Rückzahlung der an den Verkäufer tatsächlich ausgezahlten Kaufpreisanteile.

Der Notar wird beauftragt, den Gläubigern eine beglaubigte Abschrift des Kaufvertrages zwischen den Beteiligten und der Grundschuldbewilligung zur Herbeiführung der Bindung gem. § 873 Abs. 2 BGB zuzusenden und in einem Begleitschreiben auf die erfolgte Abtretung und die sonstigen obigen Bedingungen und Auflagen hinzuweisen.

Anmerkungen

1. **Vollzugsvollmachten.** Vollmachten für den im Bereich des Notars verbleibenden Urkundenvollzug, insbesondere Vollmachten an die Mitarbeiter des Notars, sind praxishäufig und grundsätzlich empfehlenswert. Sie erleichtern den Vollzug, ersparen den Beteiligten weitere Notartermine und ermöglichen dem Notar die Korrektur von Fehlern und Versäumnissen sowie die Vollzugssteuerung. Im Hintergrund steht immer die Überwachung des Urkundenvollzugs durch den beurkundenden Notar. Dieser, nicht seine Mitarbeiter, hat die Verantwortung für die kraft Vollzugsvollmacht abgegebenen Erklärungen. Er hat in Zweifelsfällen die Weisungen oder das Einverständnis der Beteiligten einzuholen, bevor er von der Vollmacht Gebrauch machen läßt.

Im eigenen Haftungsinteresse hat er darauf zu achten, daß er nur Vollzugs- oder Überwachungsaufgaben übernimmt, denen er nachkommen kann, und daß hinsichtlich der Effizienz der möglichen notariellen Überwachung keine nicht erfüllbaren Erwartungen entstehen können.

2. **Vollzugsauftrag und Vollzugsvollmacht.** Einen so umfassenden Vollzugsauftrag wie im ersten Formular mit Finanzierungsvollmacht an die Mitarbeiter sollte der Notar nur dann übernehmen, wenn er aus laufender Beurkundungstätigkeit die Verhältnisse min-

destens einer Vertragspartei, etwa des veräußernden Bauträgers, kennt oder mit genügender Sicherheit einschätzen kann.

Die Formulierung des Vollzugsauftrags stellt klar, daß der Notar Adressat aller noch erforderlicher Handlungen und Erklärungen Dritter sein kann. Ein nicht so spezifisch gefaßter Vollzugsauftrag löst diese Wirkung im Zweifel nicht aus. Das OLG Köln (OLG Köln NJW 1995, 1499) hatte entschieden, daß ein Notar, der aufgrund einer ihm im Kaufvertrag erteilten Vollzugsvollmacht die Genehmigung des vollmachtlosen Vertreters einholt, die Rechtswirkungen des § 177 Abs. 2 BGB auslöst. Diese Auffassung ist auf Kritik gestoßen (*Holthausen-Dux* NJW 1995, 1470; dagegen wiederum *Prahl* NJW 1995, 2968). Das OLG Naumburg hatte vor dem Beschluß des OLG Köln die gegenteilige Auffassung vertreten (OLG Naumburg MittRhNotK 1994, 315). Die hiergegen eingelegte Revision wurde vom BGH (DNotI-Report 1995 Heft 3 S. 26) mangels Aussicht auf Erfolg nicht angenommen, so daß davon ausgegangen werden kann, daß die Entscheidung des OLG Köln überholt ist.

Vollzugsvollmacht. Die Rechtsprechung legt Vollzugsvollmachten im Zweifel eng aus (BayObLG MittBayNot 1996, 287 = MittRhNotK 1996, 218). Sie müssen deshalb inhaltlich weit gefaßt sein, wenn sie praxistauglich sein sollen. Dieser weite Vollzugsumfang, insbesondere hinsichtlich etwaiger Vertragsänderungen, ist nur vertretbar, wenn die Vollmacht in ihrer Wirksamkeit auf Erklärungen vor dem beurkundenden Notar beschränkt wird und bei Grundbuchvollzug erlischt.

Finanzierungsvollmacht. Die Finanzierungsvollmacht muß Gegenstand und Umfang der Bevollmächtigung präzise bezeichnen. Zwar berechtigt eine Vollmacht, durch die der Veräußerer eines Grundstücks den Erwerber ermächtigt, ihn „bei der Bestellung solcher Grundpfandrechte umfassend zu vertreten", wobei über Betrag und Bedingungen nichts gesagt war, aber die Vollmacht an den beurkundenden Notar gebunden war, nach einem Beschluß des BayObLG (BayObLG DNotZ 1996, 295) zur Bestellung von Grundschulden in unbeschränkter Höhe. Jedoch sollte der Notar auf der Festlegung einer Obergrenze bestehen.

Ausdrücklich ist in der Finanzierungsvollmacht die Befugnis vorzusehen, den Grundbesitz der sofortigen Zwangsvollstreckung zu unterwerfen bzw. ein abstraktes Schuldanerkenntnis abzugeben und den Käufer diesbezüglich der sofortigen Zwangsvollstreckung in sein gesamtes Vermögen zu unterwerfen (OLG Düsseldorf Rpfleger 1988, 357).

Nach Entscheidungen der OLG Düsseldorf und Hamm (DNotI-Report 1995, Heft 18, 161, 163) stellt sich die an sich formularmäßig zulässige persönliche Haftungsübernahme in Grundschuldbestellungsurkunden als überraschende Klausel (§ 3 AGBG) dar, wenn nicht bereits bei der Vollmachtserteilung der Notar ausführlich über die Bedeutung der persönlichen Haftungsübernahme mit Zwangsvollstreckungsunterwerfung belehrt hat. Sollte in Ausnahmefällen und im Einverständnis bzw. auf Wunsch des Erwerbers eine derartige Vollmacht aufgenommen werden, empfiehlt sich bis zur endgültigen Klärung dieser Rechtsfrage ein fürsorglicher Belehrungsvermerk in der Urkunde.

Die Bindung der Finanzierungsvollmacht einer Vertragspartei an die andere in der Weise, daß von der Vollmacht nur beim beurkundenden Notar Gebrauch gemacht werden kann (sog. „überwachbare Vollmacht", vgl. DNotI-Report 12/1996 S. 109) ist zulässig und zweckmäßig (*Amann* MittBayNot 1996, 420). Insbesondere ist sie nicht standeswidrig (*Wilke* MittBayNot 1996, 260). Sie dient nicht nur der notariellen Überwachung (zu deren Grenzen *Wolfsteiner* MittBayNot 1996, 356), sondern ermöglicht es auch dem Vollmachtgeber, sich jederzeit beim beurkundenden Notar zu vergewissern, wieweit die Vollmacht bereits ausgenützt ist. Für das Grundbuchamt ist die Einhaltung der Beschränkung ohne weiteres nachprüfbar. Noch wichtiger als diese Ausübungsbeschränkung sind aber die Abtretung der Auszahlungsansprüche und die Einschränkung der Zweckbestimmung durch ein von der Bank schlüssig anzunehmendes (*Wolfsteiner* MittBayNot 1996, 356) Angebot auf einen Sicherungsvertrag entsprechend der Musterformulierung.

57. Internationale Vollmachten

(Hinweise)

Das Europäische Komitee der Internationalen Union des Lateinischen Notariats hatte Vollmachtsformulare zum Abschluß bestimmter Rechtsgeschäfte mit dem Ziel entwickelt, daß sie in den ursprünglichen Mitgliedstaaten der EWG gleichermaßen verwendet werden konnten (vgl. DNotZ 1964, 672 ff.; 1967, 545 ff.). Diese Formulare waren so gefaßt, daß sie nach der Auffassung der Notarorganisationen der ursprünglichen sechs Mitgliedstaaten den Vorschriften des Internationalen Privatrechts und des materiellen bürgerlichen Rechts jedes dieser Staaten entsprachen.

Die Vollmachten sind von der Kommission inzwischen überarbeitet und in dem Band: Union Internationale du Notariat Latin, Commission des Affaires Européennes, Texte Uniforme de Procurations, Mailand, 1981 veröffentlicht worden (vgl. auch DNotZ 1982, 137 f.). Die Formulare sind dort in zehn Sprachen abgedruckt und berücksichtigen die Rechte der folgenden zwölf Länder: Bundesrepublik Deutschland, Großbritannien, Österreich, Belgien, Spanien, Frankreich, Griechenland, Holland, Italien, Luxemburg, Schweiz und Türkei.

Die Vollmachtstexte deutscher Sprache sind im Beck'schen Formularbuch zum Bürgerlichen, Handels- und Wirtschaftsrecht, 7. Auflage 1998, unter Nr. I. 31 ff. abgedruckt. Zur Verwendung im deutschen Rechtsgebiet sind sie nur mit Einschränkung geeignet.

XI. Eheverträge, Scheidungsvereinbarungen

Eheverträge

1. Ehevertrag der berufstätigen Verlobten
(Zeitanteiliger Ausschluß des Versorgungsausgleichs, und des nachehelichen Unterhalts für den Fall der Frühscheidung)

Verhandelt zu ...... am ......
vor dem Notar ...... sind erschienen. ......
und erklären:

Wir sind deutsche Staatsangehörige und kinderlos. Wir wollen in Kürze heiraten. Wir möchten zunächst beide voll berufstätig bleiben. Da Kinder gewünscht sind, ist es möglich, daß ein Ehegatte später seine Berufstätigkeit ganz oder teilweise, vorübergehend oder auf Dauer aufgeben wird. Nach Belehrung durch den Notar über das gesetzliche Ehegüter- und Scheidungsfolgenrecht und die unseren Verhältnissen angemessenen Möglichkeiten seines Ausschlusses oder seiner Modifizierung erklären wir den folgenden

Ehevertrag

§ 1 Güterstand

Es soll grundsätzlich beim gesetzlichen Güterstand verbleiben. Sollte jedoch von einem Ehegatten vor Ablauf von fünf Ehejahren Scheidungsantrag gestellt und in dessen Gefolge die Ehe geschieden werden, so soll kein Zugewinnausgleich stattfinden.

§ 2 Versorgungsausgleich

Der Versorgungsausgleich wird gegenseitig ausgeschlossen. Jedoch soll der Versorgungsausgleich nach Maßgabe der gesetzlichen Vorschriften für die folgenden Zeiträume stattfinden, in denen ein Ehegatte keine Versorgungsanwartschaften erworben hat. Dies sind die Zeiten der familienbedingten Erwerbslosigkeit, etwa zum Zwecke der Haushaltsführung oder der Betreuung von Kindern und sonstigen Angehörigen, die Zeiten nicht familienbedingter, aber unverschuldeter Erwerbslosigkeit, etwa wegen Krankheit oder unverschuldeter Arbeitslosigkeit, und sonstige ehebedingte erwerbslose Zeiten, mit denen der andere Ehegatte einverstanden war. Hat der andere Ehegatte in diesen Zeiträumen für den erwerbslosen Ehegatten freiwillig Beiträge zur gesetzlichen Rentenversicherung in Höhe von mindestens der Hälfte des Höchstbetrages geleistet, so ist der Versorgungsausgleich auch für den Zeitraum dieser Zahlungen ausgeschlossen.

§ 3 Nachehelicher Unterhalt

Für den Fall, daß von einem Ehegatten vor Ablauf von fünf Ehejahren Scheidungsantrag gestellt und in dessen Gefolge die Ehe geschieden wird, verzichten wir gegenseitig und völlig auf jeden nachehelichen Unterhalt und nehmen den Verzicht gegenseitig an. Dies gilt jedoch nicht für den Fall, daß ein Ehegatte vom anderen Unterhalt wegen Betreuung eines gemeinschaftlichen Kindes, derzeit nach § 1570 BGB, verlangen kann.

Der Unterhalt ist jedoch nur so lange zu zahlen, wie die Voraussetzungen des Kinderbetreuungsunterhalts vorliegen. Nach deren Wegfall treten Anschlußtatbestände nicht in Kraft.

§ 4 Abänderung, Teilunwirksamkeit

Die gerichtliche Abänderung der Vereinbarung über den Versorgungsausgleich soll möglich sein, wenn es zur Erreichung des Zwecks der getroffenen Vereinbarung erforderlich ist. Sollte eine der Vereinbarungen unwirksam sein oder werden, so sollen die übrigen Vereinbarungen dennoch wirksam bleiben.

(Schlußvermerke, Schlußformel, Unterschriften)

Schrifttum: Langenfeld, Handbuch der Eheverträge und Scheidungsvereinbarungen, 3. A. 1996, dort auch umfassende Literaturnachweise; *ders.,* Vertragsgestaltung – Methode – Verfahren – Vertragstypen, 2. Auflage 1997; für den Laien: *ders.,* Der Ehevertrag, 7. A. 1997.

Anmerkungen

1. Ehevertragsgestaltung nach Ehetypen. (1) **Grundsätze.** Der Kautelarjurist ordnet auf einer ersten Stufe die soziale Wirklichkeit unter rechtlichen Aspekten, indem er Fallgruppen bildet, für die er auf einer zweiten Stufe Vertragstypen entwickelt (zu diesem Verfahren eingehend *Langenfeld,* Vertragsgestaltung-Methode-Verfahren-Vertragstypen, 1991). Diese Methode der Kautelarjurisprudenz exemplifiziert sich besonders im Ehevertragsbereich. Hier geht der Weg von der Unterscheidung von Ehetypen zur Erarbeitung von Ehevertragstypen, die diesen Ehetypen entsprechen (*Langenfeld,* Möglichkeiten und Grenzen notarieller Vertragsgestaltung bei Eheverträgen und Scheidungsvereinbarungen, DNotZ-Sonderheft zum 22. Deutschen Notartag München 1985, 148; *Langenfeld,* Ehevertragsgestaltung nach Ehetypen – Zur Fallgruppenbildung in der Kautelarjurisprudenz, FamRZ 1987, 9).

(2) **Ehetypen.** In der sozialen Wirklichkeit finden sich verschiedene Ehetypen vor, die sich nach rechtlich relevanten Unterscheidungskriterien zu Fallgruppen ordnen lassen. Nach dem Kriterium der Berufstätigkeit lassen sich etwa unterscheiden die Einverdienerehe, die Zuverdienerehe, die Doppelverdienerehe und die Rentnerehe, nach dem Kriterium Kind die kinderlose Ehe mit Kinderwunsch, die endgültig kinderlose Ehe, die Ehe mit gemeinsamen noch zu versorgenden Kindern, die Ehe mit einseitigen noch zu versorgenden Kindern und die Ehe mit bereits versorgten Kindern, nach dem Kriterium des Lebensalters die Ehe junger Leute, die Heirat in mittlerem Alter, die Heirat bei großem Altersunterschied und die Heirat alter Leute, nach dem Kriterium des Vermögens die Ehe mit beiderseits geringem Vermögen, die Ehe mit einseitigem Vermögen, insbesondere die Ehe des Unternehmers oder des reichen Erben, und die Ehe beiderseits vermögender Eheleute.

(3) **Fallgruppenbildung.** Für den Kautelarjuristen ist nicht die soziologische Unterscheidung dieser verschiedenen Ehetypen interessant, sondern ihre Unterscheidung nach rechtlichen Kriterien. Diese rechtlichen Kriterien sind das gesetzliche Ehegüter- und Scheidungsfolgenrecht und die von ihm gewährte Freiheit zu abweichenden ehevertraglichen Regelungen. Fallgruppenbildung heißt Aufarbeitung der Lebenswirklichkeit unter rechtlichen Gesichtspunkten. Der Weg von der Fallgruppe zum Vertragstyp ist kein unzulässiger Schritt vom Sein zum Sollen, da die Fallgruppenbildung bereits unter Berücksichtigung der Sollenssätze der gesetzlichen Regelung erfolgt (dazu *Langenfeld,* Vertragsgestaltung Rdn. 44). Das Kriterium Berufstätigkeit in der Ehe erhält seinen recht-

1. Ehevertrag der berufstätigen Verlobten

lichen Bezug etwa durch die an die berufsbedingte Einkommenserzielung anknüpfenden Rechtsfolgen wie den Zugewinnausgleich und den Versorgungsausgleich, das Kriterium Kind etwa durch den kindesbedingten Verzicht auf eigenen Vermögenserwerb und eigene Alterssicherung, das Kriterium Vermögen etwa durch die mögliche scheidungsbedingte Gefährdung des Betriebsvermögens des Unternehmers.

(4) **Die gesetzliche geregelte Fallgruppe.** Der richtige Einsatz des Ehevertrages im Rahmen der Ehevertragsfreiheit ist nur gewährleistet, wenn man zunächst ermittelt, welchen Ehetyp das Gesetz regelt. Das gesetzliche Ehegüter- und Scheidungsfolgenrecht ist gekennzeichnet durch den Zugewinnausgleich, den Versorgungsausgleich und den nachehelichen Unterhalt. Sie dienen allsamt dem Schutz desjenigen Ehegatten, der ehe- und familienbedingt auf eigenen Vermögenserwerb und den Erwerb einer eigenen Altersversorgung verzichtet und wegen der ehebedingten Aufgabe seiner Berufstätigkeit nach der Scheidung nicht in der Lage ist, durch eigenen Verdienst seinen Unterhalt zu bestreiten. Das Gesetz regelt also die Einverdienerehe (*Langenfeld*, FamRZ 1987, 9).

(5) **Der Bereich des Ehevertrages.** Hieraus folgt, daß die gesetzliche Regelung die anderen Ehetypen desto mehr verfehlt, je weiter sie sich vom Typ der kindbestimmten Einverdienerehe entfernen. Im Extremfall der Partnerschaftsehe beiderseits voll berufstätiger, kinderloser Ehegatten sind Zugewinnausgleich, Versorgungsausgleich und nachehelicher Unterhalt im Scheidungsfall nicht erforderlich, ja können zu einem ungerechten Ausgleich unterschiedlichen Arbeitsaufwandes bei unterschiedlicher beruflicher Qualifikation führen, bloß weil die Parteien verheiratet waren. Hieraus ergibt sich der Grundsatz, daß von den Möglichkeiten der Modifizierung und Abbedingung des gesetzlichen Ehegüter- und Scheidungsfolgenrechts durch Ehevertrag desto mehr Gebrauch gemacht werden kann und muß, je mehr sich der gelebte Ehetyp von der kindbestimmten Einverdienerehe entfernt. Hier bewährt sich der das analoge Denken des Kautelarjuristen kennzeichnende Grundsatz des je mehr – desto (dazu *Langenfeld*, Vertragsgestaltung Rdn. 33, 38).

(6) **Ehevertragstypen.** Aus der Unterscheidung der Ehetypen nach Fallgruppen ergibt sich die Unterscheidung von typischen Ehevertragsgestaltungen wie etwa des Ehevertrages der Partnerschaftsehe (vgl. Form. XI. 4) oder des Ehevertrages der in höherem Alter wieder heiratenden Verwitweten mit jeweils einseitigen Kindern (vgl. Form. XI. 8). Bei diesen Vertragstypen wird das gesetzliche Ehegüter- und Scheidungsfolgenrecht weitgehend modifiziert oder abbedungen, der Ehevertrag verschafft der Ehe ein eigenes Gesetz. Bei anderen Vertragstypen ist die Nähe zum Gesetz größer, etwa im Fall des einleitenden Formulars, wo die Problematik darin liegt, daß aus der kinderlosen Doppelverdienerehe zeitweilig oder auf immer eine Einverdienerehe mit Kind werden kann. Hier ergibt sich das für die Kautelarjurisprudenz typische Prognoseproblem (*Langenfeld*, Vertragsgestaltung Rdn. 4). Als möglich absehbare Veränderungen müssen berücksichtigt werden und führen im Fall des Formulars etwa dazu, daß ein endgültiger Ausschluß von Zugewinnausgleich, Versorgungsausgleich und nachehelichem Unterhalt nicht typgerecht wäre. Vielmehr kommen allenfalls befristete oder bedingte Ausschlüsse in Betracht. So fließend wie die Übergänge zwischen den einzelnen Ehetypen sind auch die Übergänge zwischen den Vertragstypen. Hier besteht kein numerus clausus, vielmehr ein „offenes System" (dazu *Langenfeld*, Vertragsgestaltung Rdn. 83) ineinander übergehender und modifizierbarer Typen, deren einzige Beschränkung die innere Folgerichtigkeit und Klarheit und etwaige zwingende gesetzliche Vorgaben sind. Immer dann und solange der Vertragstyp fallgruppengerecht ist, ist er legitim und konsensfähig (zum Konsens der Fachleute als Kriterium der Vertragstypenbildung vgl. *Langenfeld*, Vertragsgestaltung Rdn. 20, 80).

(7) **Regelungstypen.** Regelungstypen sind typische Gestaltungen unterhalb der Ebene der Vertragstypen, wobei die Übergänge fließend sind und kein grundlegender Unter-

schied zwischen Vertrags- und Regelungstypen besteht. Bei den Regelungstypen liegt der Schwerpunkt mehr auf der rechtstechnisch richtigen Gestaltung (*Langenfeld*, Vertragsgestaltung Rdn. 35, 65, 145). Einen solchen Regelungstyp stellt etwa § 2 des Formulars dar.

2. Erweiterter Ehevertragsbegriff. Das Gesetz versteht unter Ehevertrag die Regelung der güterrechtlichen Verhältnisse der Ehegatten durch Vertrag, § 1408 Abs. 2 BGB. Im Sinne der kautelarjuristischen Ehevertragsgestaltung nach Ehetypen gilt dagegen ein funktional erweiterter Ehevertragsbegriff (zuerst *Langenfeld*, Handbuch der Eheverträge und Scheidungsvereinbarungen 1. A. 1984 Rdn. 3), der die Gesamtheit der ehebezogenen vorsorgenden Vereinbarungen der Verlobten oder Ehegatten zur ehelichen Rollenverteilung, zum Familienunterhalt, zum Ehegüterrecht, zum Versorgungsausgleich und zum nachehelichen Unterhalt umfaßt, und zwar unabhängig davon, ob für jede einzelne Vereinbarung die Form des § 1410 BGB einzuhalten ist oder nicht. Diese der vorsorgenden vertraglichen Vereinbarung zugänglichen Materien stehen in einem Beratungs- und Regelungszusammenhang in dem Sinn, daß ihre Interdependenzen im hermeneutischen Prozeß der Willensermittlung und Willensbildung (dazu *Langenfeld*, Vertragsgestaltung Rdn. 87ff.) zu ermitteln, offenzulegen und zu erörtern sind. Der Ehevertrag kann sich dann im Ergebnis auf einzelne Regelungen, etwa eine Vereinbarung über den Versorgungsausgleich nach § 1408 Abs. 2 BGB, beschränken. Zu erwägen und zu erläutern sind auf dem Weg dahin aber auch andere in Betracht kommende Vereinbarungen wie etwa die Gütertrennung oder der Unterhaltsverzicht. Die Vernachlässigung der Interdependenz der einzelnen Scheidungsfolgen kann zu gravierenden Fehlern führen. Hingewiesen sei nur auf den Fall der Vereinbarung von Gütertrennung für die Ehe des Unternehmers, der seine Altersversorgung auf Renditeobjekte und Kapitallebensversicherungen aufgebaut hat, mit der Beamtin, ohne daß auch gleichzeitig der Versicherungsausgleich ausgeschlossen wird. Bei Scheidung bleiben hier als Folge der Gütertrennung die Renditeobjekte und Lebensversicherungen des Mannes unangetastet, während die Frau im Versorgungsausgleich die Hälfte ihrer in der Ehezeit erworbenen Pensionsanwartschaften verliert, sofern nicht ein einsichtiger Richter über § 1587c Nr. 1 BGB hilft.

3. Der Umfang der Ehevertragsfreiheit. (1) **Vertragsfreiheit im erweiterten Ehevertragsbereich.** Auch die Ehevertragsfreiheit bekommt durch den erweiterten Ehevertragsbegriff einen erweiterten Inhalt. Sie ist als die Freiheit zu allen vorsorgenden Vereinbarungen im Bereich des erweiterten Ehevertrages zu verstehen, bezieht sich also auf die eheliche Rollenverteilung, das Ehegüterrecht, den Versorgungsausgleich und den nachehelichen Unterhalt. Der Freibereich ist groß, aber auch notwendig, um den jeweils gelebten Ehetyp unpassenden gesetzlichen Regelungen zu entziehen und der Ehe eine sachgerechte Ordnung zu geben.

(2) **Eheliche Rollenverteilung.** Das BGB enthält sich jeder Vorgabe einer ehelichen Rollenverteilung, indem es in § 1356 Abs. 1 Satz 1 bestimmt, daß die Ehegatten die Haushaltsführung im gegenseitigen Einvernehmen regeln. Hier trägt das Gesetz dem Wandel der Ehelehren von der früheren institutionellen Eheauffassung, nach der die Ehe eine vom Willen der Eheleute unabhängige sittliche Ordnung ist (Motive IV 562), zur interindividuellen Eheauffassung, nach der die Ehe ein offener, von den Eheleuten autonom auszugestaltender Rahmen ist, Rechnung (dazu *Langenfeld* Handbuch Rdn. 35ff.). Es achtet den rechtsfreien Raum (*Comes*, Der rechtsfreie Raum – Zur Frage der normativen Grenzen des Rechts, 1976) im persönlichen Verhältnis der Eheleute und enthält sich insbesondere der direkten Sanktion von Verstößen gegen die vereinbarte Rollenverteilung. Wo der Spruch der Rechtsordnung (*Willoweit*, Abgrenzung und Relevanz nicht rechtsgeschäftlicher Vereinbarungen, 1969, S. 102), das Schwellenrecht (*Comes* aaO S. 22, 107ff.), den Vereinbarungen der Eheleute normative Verbindlichkeit und rechtliche Sanktionen versagt, können diese auch nicht vereinbart werden (vgl. zur parallelen

1. Ehevertrag der berufstätigen Verlobten   XI. 1

Rechtslage bei der nichtehelichen Lebensgemeinschaft Form. XII. 2 Anm. 10). Alleinige Sanktion des einseitigen Aufkündigens der ehelichen Rollenverteilung ist die Zerrüttung und Scheidung der Ehe. Ehestabilisierung durch ehevertragliche Vereinbarung von Schadensersatzpflichten oder Vertragsstrafen ist nicht möglich (vgl. dazu *Langenfeld* in: Ehestabilisierende Faktoren, Symposium der Joachim Jungius-Gesellschaft, 1990 S. 203). Angesichts dessen sollte sich der Ehevertrag ausdrücklicher Vereinbarungen über die eheliche Rollenverteilung enthalten, um nicht den falschen Eindruck rechtlicher Verbindlichkeit zu erwecken (vgl. zur parallelen Problematik bei der nichtehelichen Lebensgemeinschaft Form. XII. 2).

(3) **Eheliches Güterrecht.** Das BGB in der Fassung des Gleichberechtigungsgesetzes normiert als gesetzlichen Güterstand die Zugewinngemeinschaft, eine Gütertrennung mit Zugewinnausgleich bei Scheidung oder Tod, und läßt zu jedem Zeitpunkt der Ehe, auch vor Eheschließung, abweichende ehevertragliche Vereinbarungen zu, § 1408 Abs. 1 BGB. Als Wahlgüterstände stellt das Gesetz die Gütertrennung, § 1414 BGB und die Gütergemeinschaft, §§ 1415 ff. BGB, zur Verfügung. Es sind aber auch ehevertragliche Modifizierungen möglich, etwa die Modifizierung der Zugewinngemeinschaft in Richtung Gütertrennung, indem man den Zugewinnausgleich bei Auflösung der Ehe durch Scheidung ausschließt und ihn für den Todesfall beibehält, oder die Modifizierung der Gütergemeinschaft zur Errungenschaftsgemeinschaft, indem man das voreheliche Vermögen beider Ehegatten zum Vorbehaltsgut erklärt. Im ehelichen Güterrecht gewährt das Gesetz also zu jedem Zeitpunkt größtmögliche Vertragsfreiheit. Es gelten nur die allgemeinen Zulässigkeitsschranken der §§ 134, 138 BGB und das Gebot der Einheitlichkeit des Güterstandes für alle Vermögensmassen (*Langenfeld,* Handbuch Rdn. 9).

(4) **Versorgungsausgleich.** Auch bei dem durch das 1. Eherechtsreformgesetz als Scheidungsfolge neu in das BGB eingeführten Versorgungsausgleich besteht nach § 1408 Abs. 2 S. 1 BGB Vertragsfreiheit. Entsprechend ihrem mißglückten Wortlaut wurde die Vorschrift zunächst teilweise so ausgelegt, daß nur entweder ein völliger Ausschluß oder das unveränderte Belassen des Versorgungsausgleichs möglich sein sollten. Die Literatur hat diesen Standpunkt sehr bald überwunden. Der BGH hat die Zulässigkeit eines Teilausschlusses und damit von Modifizierungen bestätigt (BGH FamRZ 1986, 890 = NJW 1986, 2316). Zulässigkeitsschranken liegen hier neben § 138 BGB nach § 134 BGB in dem Verbot, in dem Mechanismus des Versorgungsausgleichs einzugreifen, soweit dieser der Parteidisposition entzogen ist, § 1587a Abs. 1 S. 2 BGB. Wirksamkeitsschranke ist die Jahressperrfrist des § 1408 Abs. 2 S. 2 BGB, die auch für Modifizierungsverträge gilt, richtiger Ansicht nach ihrem Sinn entsprechend jedoch nicht für Verlobtenverträge. Noch nicht völlig geklärt ist die Auswirkung des Verbots des Supersplittings (dazu BGH FamRZ 1981, 1051 = NJW 1981, 2689; *Bergner* FamRZ 1979, 993; *Langenfeld* DNotZ 1983, 139/155; BGH NJW 1990, 1363), auf vorsorgende Vereinbarungen über den Versorgungsausgleich. Hier kann man eine den Anforderungen der Rechtssicherheit genügende Abgrenzung nur dann vornehmen, wenn man nur die Vereinbarungen für wegen Verstoßes gegen das Verbot des Supersplitting unwirksam hält, die zum Vereinbarungszeitpunkt zwingend Supersplitting-Wirkung haben, also zwangsweise dazu führen werden, daß im Versorgungsausgleich mehr Anwartschaften zu übertragen sind, als es der gesetzliche Versorgungsausgleich vorsieht. Verboten ist bei vorsorgenden Vereinbarungen damit lediglich die Erhöhung der Ausgleichsquote. Alle anderen Vereinbarungen, die nur möglicherweise Supersplitting-Wirkung äußern können, sind bei rein vorsorgenden Verträgen zulässig, (*Langenfeld,* Handbuch Rdn. 583 ff.; a. A. wohl BGH FamRZ 1990, 273).

(5) **Nachehelicher Unterhalt.** Nach § 1585c BGB können die Ehegatten über die Unterhaltspflicht für die Zeit nach der Scheidung Vereinbarungen treffen. Die Vorschrift gilt auch für Verlobtenverträge und gewährt bis zur Grenze des § 138 BGB weitestgehende Vertragsfreiheit zum Ausschluß oder zur Modifikation des nachehelichen Unter-

halts. Sittenwidrig und damit nach § 138 BGB nichtig ist der vorbeugende gegenseitige Unterhaltsverzicht auch für den Fall der Not nicht schon deshalb, weil er für einen Ehegatten angesichts der Unvorhersehbarkeit der künftigen Entwicklung gefährlich werden kann. Mangels besonderer Umstände, die im Zeitpunkt der Vereinbarung vorliegen müßten, ist der Verzicht vielmehr wirksam (*Langenfeld*, Handbuch Rdn. 633 m. w. N.). Aufgrund besonderer späterer Entwicklungen kann lediglich die Berufung auf den Verzicht rechtsmißbräuchlich und deshalb nach § 242 BGB unzulässig sein (*Langenfeld*, Handbuch Rdn. 635 f. m. w. N.; OLG Hamm NJW RR 1989, 1413; BGH MittRhNotK 1991, 85; BGH NJW 1992, 3164; vgl. Form. XI. 4 Anm. 3 (2)).

4. Zeitpunkt und Form von Eheverträgen. Schon Verlobte können, wie sich aus § 1408 Abs. 1 BGB nach allgemeiner Ansicht für den Gesamtbereich vertraglicher Regelungen ergibt, Eheverträge abschließen. Sie werden mit Eheschluß wirksam. Vereinbarungen über das Ehegüterrecht nach § 1408 Abs. 1 BGB und über den Versorgungsausgleich nach § 1408 Abs. 2 BGB bedürfen nach § 1410 BGB der notariellen Beurkundung bei gleichzeitiger, aber nicht notwendig persönlicher Anwesenheit der Beteiligten. Vorsorgende Unterhaltsverzichte sind nach § 1585 c BGB formlos möglich. Die Willensermittlung, Willensbildung und Belehrung führt in der Praxis des Notars zur regelmäßigen persönlichen Anwesenheit beider Verlobter oder Eheleute und zur umfassenden Beurkundung aller Abreden.

5. Vorsorgende Vereinbarungen über den Versorgungsausgleich. (1) **Vereinbarungsfreiheit.** Nach § 1408 Abs. 2 S. 1 BGB können die Ehegatten durch eine ausdrückliche Vereinbarung auch den Versorgungsausgleich ausschließen. Diese Vereinbarung hat in einem Ehevertrag zu erfolgen, bedarf also der Form des § 1410 BGB. Der Vertrag kann schon von Verlobten geschlossen werden (BGH FamRZ 1979, 477/488; BVerfG FamRZ 1980, 326/334). Entgegen dem mißverständlichen und zunächst von der Literatur auch mißverstandenen Gesetzeswortlaut ist nicht nur der völlige Ausschluß des Versorgungsausgleichs zulässig, sondern auch der Teilausschluß und die Modifizierung (BGH FamRZ 1986, 890 = NJW 1986, 2316; OLG Hamm FamRZ 1990, 416; BGH FamRZ 1990, 273). Unzulässig sind lediglich Eingriffe in den Mechanismus des Versorgungsausgleichs, soweit dieser der Parteidisposition entzogen ist (BGH FamRZ 1988, 153). Der Versorgungsausgleichsgedanke wird von den Verlobten und Eheleuten mittlerweile grundsätzlich ebenso akzeptiert wie der Zugewinnausgleichsgedanke. Vorsorgende Vereinbarungen über den Versorgungsausgleich sind deshalb nur dann und nur insoweit sachgerecht, wie der gelebte Ehetyp von der reinen Einverdienerehe abweicht.

(2) **Jahressperrfrist nach § 1408 Abs. 2 S. 2 BGB.** Die Jahressperrfrist nach § 1408 Abs. 2 S. 2 BGB soll den Mißbrauch der Vertragsfreiheit verhindern (*Langenfeld*, Handbuch Rdn. 553 ff.). Sie dient weiter der Abgrenzung zur genehmigungspflichtigen Scheidungsvereinbarung nach § 1587 o BGB. Gestellt ist der Scheidungsantrag dann, wenn die Antragsschrift dem Antragsteller zugestellt ist (BGH FamRZ 1985, 45). Wird der Scheidungsantrag nach diesem Zeitpunkt zurückgenommen, so bleibt die Vereinbarung wirksam (BGH FamRZ 1986, 788). Möglich ist auch eine in beiderseitiger Scheidungsabsicht abgeschlossene genehmigungsfreie Vereinbarung nach § 1408 Abs. 2 BGB, wenn die Ehegatten nur die Jahresfrist des § 1408 Abs. 2 S. 2 BGB verstreichen lassen (BGH aaO). So kann das Genehmigungserfordernis des § 1587 o BGB einverständlich vermieden werden.

(3) **Eintritt von Gütertrennung nach § 1414 S. 2 BGB.** Nach der völlig unzweckmäßigen Vorschrift des § 1414 S. 2 BGB tritt im Zweifel Gütertrennung ein, wenn der Versorgungsausgleich ausgeschlossen wird. Der Ehevertrag sollte in jedem Fall klarstellen, ob dies gewollt ist. Er sollte auch regeln, ob eine vereinbarte oder nach § 1414 S. 2 BGB eingetretene Gütertrennung wirksam bleibt, wenn der Versorgungsausgleichsausschluß nach § 1408 Abs. 2 S. 2 BGB wegfällt (Einzelheiten bei *Langenfeld*, Handbuch Rdn. 552 ff.).

1. Ehevertrag der berufstätigen Verlobten XI. 1

(4) **Abänderung nach § 10 a VAHRG.** Die der Anpassung an veränderte Umstände dienende gerichtliche Abänderungsmöglichkeit nach § 10 a VAHRG gilt nach § 10 a Abs. 9 VAHRG auch für Vereinbarungen über den Versorgungsausgleich, soweit die Ehegatten die Abänderung nicht ausgeschlossen haben (*Langenfeld*, Handbuch Rdn. 598).

(5) **Supersplitting.** Nach der Rechtsprechung ist es unzulässig, wenn das Gericht aufgrund Vereinbarung der Beteiligten oder von Amtswegen einem Ehegatten mehr Versorgungsanwartschaften überträgt, als ihm nach dem Gesetz zustehen (BGH NJW 1981, 2689; NJW 1982, 448). Dieses sog. Verbot des Supersplitting wurde durch § 3 b Abs. 1 Nr. 1 VAHRG teilweise gelockert. Ob es auch für vorsorgende Vereinbarungen über den Versorgungsausgleich gilt, die ohne die Absicht der Schädigung des Versicherungsträgers geschlossen werden und nur möglicherweise Suppersplitting-Wirkung äußern können, ist streitig (dazu eingehend *Langenfeld*, Handbuch Rdn. 583 ff.). Ob die Entscheidung des BGH vom 4. 10. 1989 (NJW 1990, 1363 = FamRZ 1990, 384) die Streitfrage abschließend im Sinne einer generellen Geltung des Verbots für alle Vereinbarungen nach § 1408 Abs. 2 BGB geklärt hat, erscheint zweifelhaft. Würde sich die Rechtsprechung in dieser Richtung fortentwickeln, so wäre bei den meisten Modifizierungsvereinbarungen Vorsicht geboten. Die Rechtssicherheit wäre in einem derartigen Ausmaß beeinträchtigt, daß zu möglicherweise dem Verbot des Supersplitting unterliegenden Modifizierungsvereinbarungen nicht geraten werden könnte. Die Fassung des § 4 S. 1 des Formulars soll bei möglicherweise vom Verbot des Supersplitting bedrohten Modifizierungen dem Richter die Möglichkeit sachgerechter Änderungen nach § 10 a VAHRG geben.

(6) **Vereinbarungsmöglichkeiten.** Der zeitanteilige Versorgungsausgleichsausschluß des Formulars stellt eine häufige und wegen ihrer Sachgerechtigkeit beliebte Modifizierungsform dar. Weitere Möglichkeiten sind die Herabsetzung der Ausgleichsquote, der Ausschluß von Randversorgungen, der einseitige Ausschluß, der Ausschluß unter Bedingung oder Rücktrittsvorbehalt, der Ausschluß des Wertausgleichs zugunsten des schuldrechtlichen Versorgungsausgleichs und der Vollausschluß mit Gegenleistung (dazu im Einzelnen *Langenfeld*, Handbuch Rdn. 600 bis 628).

6. Steuern. (1) Rechtsfolgen der Zugewinngemeinschaft. Einkommensteuer: Bei der Einkunftsermittlung können Zurechnungsprobleme auftreten, die auch bei Zusammenveranlagung (§ 26 b EStG) von Bedeutung sind, etwa im Falle der Aufteilung der Steuerschuld unter den Gesamtschuldnern nach §§ 258 ff. AO. Das Steuerrecht schließt sich dem Zivilrecht an. Einkünfte aus Land- und Forstwirtschaft, Gewerbebetrieb, selbständige oder nichtselbständige Arbeit erzielt demnach derjenige Ehegatte, dem diese Einkünfte auch zivilrechtlich zustehen. Die Einkünfte aus Kapitalvermögen, Vermietung und Verpachtung erzielt vorbehaltlich abweichender Gestaltungen wie Nießbrauch, der wirtschaftliche Eigentümer. Die sonstigen Einkünfte iSd. § 22 EStG sind dem Bezieher der dort genannten Leistungen bzw. bei Spekulationen dem wirtschaftlichen Eigentümer zuzurechnen (Abschn. 174 a Abs. 2 EStR). Hat ein Ehegatte das Verwaltungs- oder Verfügungsrecht über das Vermögen oder Vermögensteile des anderen, so werden die Einkünfte dem Treugeber zugerechnet (§ 39 Abs. 2 Nr. 1 Satz 2 AO). Konsequent durchgeführt wird die getrennte Einkommensermittlung bei Einkünften aufgrund von Verträgen zwischen Ehegatten. Auch hier ist jedoch dem fehlenden Interessengegensatz durch Eindeutigkeit des Inhalts, Ernsthaftigkeit der Vereinbarung, vereinbarungsgemäße Durchführung, Angemessenheit der Gegenleistung Rechnung zu tragen (siehe zB bei Arbeitsverhältnissen zwischen Ehegatten, BFH BStBl. 1979 II 435; BGH Betr. 1980, 1472). Wirtschaftsgüter des einen Ehegatten gehören nicht zum Betriebsvermögen des anderen Ehegatten, der sie betrieblich nutzt (BFH BStBl. 1966 III 583). Steht ein Grundstück im Miteigentum der Eheleute, darf der eine bilanzierende Ehegatte nur seinen Miteigentumsanteil bilanzieren (BFH BStBl. 1978 II 299). Bei teilweiser betrieblicher Nutzung eines gemeinsamen Einfamilienhauses gehört nur der Teil zum Betriebsvermögen, der dem Miteigentumsanteil des betrieblich Nutzenden entspricht (BFH BStBl. 1980 II 5). Keine Zusammenrechnung von Anteilen der Ehegatten bei der Prüfung der Voraussetzungen der Betriebsaufspaltung (*Hinke,* Neue Möglichkeiten der Steuerersparnis durch Betriebsaufspaltung, S. 46), allerdings besteht (widerlegbare) Vermutung für die die Betriebsausspaltung uU begründende Gleichrichtung der Interessen (BFH BStBl. 1973 II 27; Erlaß FinMimNiedersachsen Betr. 1974, 360; a. A. FG Saarland EFG 1977, 556).

Abweichend vom Grundsatz der getrennten Einkunftsermittlung wird zB. der Werbungskostenpauschbetrag sowie der Sparerfreibetrag bei den Einnahmen aus Kapitalvermögen bei der Zusammenveranlagung unabhängig davon, ob beide über Kapitaleinkünfte verfügen, verdoppelt (§ 9a Ziff. 2 EStG; Abschn. 156a EStR). Auch Abschreibungen nach § 10e EStG stehen Eheleuten, die die Voraussetzung des § 26 Abs. 1 EStG erfüllen, für zwei Objekte zu, unabhängig davon, wem diese gehören (*Herrmann/Heuer/Raupach* EStG § 7b Anm. 343). Der Verlustausgleich zwischen den verschiedenen Einkunftsarten und der Verlustabzug nach § 10d EStG erfolgt bei Zusammenveranlagung unabhängig davon, von wem die Einkünfte erzielt worden sind (*Herrmann/Heuer/Raupach* EStG § 26 Anm. 4).

Vermögenssteuer: Das Vermögen der Ehegatten, die nicht dauernd getrennt leben und beide unbeschränkt steuerpflichtig sind, wird zusammen veranlagt (§ 14 VStG). Dabei ist der bürgerlichrechtliche Güterstand, in dem die Ehegatten leben, ohne Bedeutung (*Rössler/Troll/Langner* VStG § 14 Anm. 3). Eine getrennte Veranlagung ist, anders als bei der Einkommensteuer, nicht möglich. In die Veranlagung einzubeziehen sind auch Kinder, die das 18. Lebensjahr noch nicht vollendet haben. Kinder, die das 18. Lebensjahr, jedoch noch nicht das 27. Lebensjahr vollendet haben, können auf Antrag unter den Voraussetzungen des § 14 Abs. 2 VStG in die Veranlagung einbezogen werden. Die Freibeträge (zB. § 6 VStG, § 110 BewG) werden entsprechend der Zahl der einbezogenen Familienangehörigen gewährt.

(2) Einschränkungen des Versorgungsausgleichs: Die Einschränkung eines zukünftigen Versorgungsausgleichsanspruchs vollzieht sich in der Vermögenssphäre und hat keine einkommensteuerrechtlichen Auswirkungen (*Ruland/Tiemann* S. 376, 383). Der teilweise Verzicht auf den Versorgungsausgleich erfolgt in der Regel ohne Bereicherungswillen. Er ist damit ohne schenkungsteuerliche Folge (*Ruland/Tiemann* S. 386, *Meincke* DStR 1971, 370).

(3) Auch der im Formular vorgesehene Verzicht auf nachehelichen Unterhalt ist einkommensteuerlich und schenkungsteuerlich ohne Folge. Zu Steuerfragen bei Vereinbarung über den nachehelichen Unterhalt vgl. *Langenfeld* NJW 1981, 2377/2381.

7. Kosten. Ein Ehevertrag über das Ehegüterrecht löst nach § 36 Abs. 2 KostO eine doppelte Gebühr aus. Der Wert bestimmt sich nach § 39 KostO nach dem zusammengerechneten Wert der gegenwärtigen Vermögen beider Ehegatten. Schulden werden abgezogen. Betrifft der Ehevertrag nur bestimmte Gegenstände, so ist deren Wert maßgebend. Beim Ehevertrag mit Vereinbarungen über den Versorgungsausgleich ist der Geschäftswert für den Ausschluß des Versorgungsausgleichs oder sonstige Vereinbarungen über diesen nach § 30 Abs. 1 notfalls Abs. 2 KostO zu bestimmen. Hierbei sind vor allem die Einkommens- und Vermögensverhältnisse der Ehegatten zu berücksichtigen.

Da sich der Wert meist nur schwer bestimmen lassen wird, verbleibt letztlich der Regelwert von 5.000,– DM des § 30 Abs. 2 KostO. Bei angegebenen bestimmten Abfindungsbeträgen für den Ausschluß des Versorgungsausgleichs sind diese maßgebend. Bei der Überlassung von Grundbesitz gegen den Verzicht von Versorgungsausgleich sind Ermittlungen gemäß § 19 KostO anzustellen. Die ermittelten Werte des Ehevertrages und des Versorgungsausgleichs sind gemäß § 44 Abs. 2 KostO zusammenzuzählen. Aus ihnen wird dann die doppelte Gebühr des § 36 Abs. 2 KostO ermittelt. Bei Verbindung des Ehevertrages mit weiteren Vereinbarungen etwa über die eheliche Rollenverteilung,

2. Ehevertrag ü. Herausnahme v. Betriebsvermögen aus dem Zugewinnausgleich **XI. 2**

den Familienunterhalt und den nachehelichen Unterhalt wird für jede dieser Vereinbarungen ein besonderer Wert angesetzt. Dieser Wert beträgt nach § 30 Abs. 2 KostO regelmäßig 5.000,– DM und löst dann eine doppelte Gebühr gemäß § 36 Abs. 2 KostO aus.

Die Verbindung eines Erbvertrages mit dem Ehevertrag löst keine besondere Gebühr aus (§ 46 Abs. 3 KostO). Wird mit dem Ehevertrag ein Erbverzichtsvertrag oder Pflichtteilsverzichtsvertrag verbunden, so wird für letzteren ein besonderer Wert angesetzt, der zum Wert des Ehevertrages hinzugezählt wird (§ 44 Abs. 2 a) KostO).

2. Ehevertrag über die gegenständliche Herausnahme von Betriebsvermögen oder Anfangsvermögen aus dem Zugewinnausgleich

Verhandelt zu ...... am ......
Vor dem Notar ...... sind erschienen ......
und erklärten:
Wir sind deutsche Staatsangehörige, bisher beide ledig und kinderlos. Die zukünftige Ehefrau hat von ihren Eltern bereits erheblichen Grundbesitz erhalten und hat weiteren Erwerb zu erwarten. Beim zukünftigen Ehemann ist beides nicht der Fall. Um eine Ausgleichspflicht von Wertsteigerungen und Bewertungsschwierigkeiten bei einer etwaigen Scheidung der Ehe zu vermeiden, schließen wir für den Fall der für alsbald vorgesehenen Eheschließung den folgenden

Ehevertrag

§ 1 Modifizierung des Zugewinnausgleichs

(1) Hinsichtlich des ehelichen Güterrechts soll es grundsätzlich beim gesetzlichen Güterstand verbleiben. Jedoch sollen die im anliegenden Verzeichnis, auf das verwiesen wird, aufgeführten Vermögensgegenstände des Anfangsvermögens der Ehefrau beim Zugewinnausgleich bei Beendigung der Ehe aus anderen Gründen als dem Tod eines Ehegatten in keiner Weise berücksichtigt werden. Sie sollen weder zur Berechnung des Anfangsvermögens noch des Endvermögens dieses Ehegatten hinzugezogen werden. Dasselbe gilt für zukünftigen priviligierten Erwerb jedes Ehegatten von Todes wegen oder mit Rücksicht auf ein künftiges Erbrecht, durch Schenkung oder Ausstattung. Auch die diese Gegenstände betreffenden Verbindlichkeiten, etwa Grundpfanddarlehen bei Grundstücken, sollen im Zugewinnausgleich keine Berücksichtigung finden.

(2) Auch Surrogate dieser aus dem Zugewinnausgleich herausgenommenen Gegenstände sollen nichtausgleichspflichtiges Vermögen darstellen. Sie werden also bei der Berechnung des Endvermögens nicht berücksichtigt. Die Eheleute sind einander verpflichtet, über derartige Ersatzgegenstände ein Verzeichnis anzulegen und fortzuführen. Auf Verlangen hat diese Fortführung in notarieller Form zu erfolgen.

(3) Erträge der vom Zugewinnausgleich ausgenommenen Vermögensgegenstände können auf diese Gegenstände verwendet werden, ohne daß dadurch für den anderen Ehegatten Ausgleichsansprüche entstehen. Macht jedoch ein Ehegatte aus seinem sonstigen Vermögen Verwendungen auf die vom Zugewinnausgleich ausgenommenen Gegenstände, so werden diese Verwendungen mit ihrem Wert zum Zeitpunkt der Verwendung dem Endvermögen des Eigentümers des Gegenstandes hinzugerechnet. Sie unterliegen also, gegebenenfalls um den Geldwertverfall berichtigt, dem Zugewinnausgleich. Ent-

sprechendes gilt für Verwendungen des anderen Ehegatten auf die vom Zugewinnausgleich ausgenommenen Vermögensgegenstände.

(4) Zur Befriedigung der sich hieraus etwa ergebenden Zugewinnausgleichsforderung gilt das vom Zugewinnausgleich ausgenommene Vermögen im Sinne von § 1378 Abs. 2 BGB als vorhandenes Vermögen.

§ 2 Sonstige Scheidungsfolgen

Im übrigen soll es beim gesetzlichen Scheidungsfolgenrecht verbleiben, über das uns der Notar belehrt hat.

(Schlußvermerke, Schlußformel, Unterschriften)

Schrifttum: Langenfeld, Handbuch der Eheverträge und Scheidungsvereinbarungen, 3. A. 1996.

Anmerkungen

1. Vertragstyp. Die gegenständliche Herausnahme von Vermögen aus dem Zugewinnausgleich verhindert die Ausgleichung überinflationärer Wertsteigerungen dieser Vermögensgegenstände und die damit verbundenen Bewertungsschwierigkeiten (dazu *Langenfeld,* Handbuch Rdn. 136 ff., 148 ff.). Die Gestaltung hilft überzogene Wünsche auf Vereinbarung von Gütertrennung abwehren, die nicht nur von den direkt Beteiligten geäußert werden, sondern gerade im Ausgangsfall des Formulars häufig von Dritten wie den Eltern des begüterten Ehegatten. Die Berechtigung der Gestaltung wird vom anderen Ehegatten regelmäßig eingesehen.

Die dingliche Herausnahme aus dem Zugewinnausgleich ist auch für das Betriebsvermögen des Freiberuflers oder Unternehmers eine gängige Gestaltungsmöglichkeit zur Vermeidung der völligen Gütertrennung und Beschränkung des Zugewinnausgleichs auf das Privatvermögen. Etwa im Falle der Arztpraxis kann die Formulierung wie folgt lauten:

„Hinsichtlich des ehelichen Güterrechts soll es grundsätzlich beim gesetzlichen Güterstand verbleiben. Jedoch soll das Betriebsvermögen der Arztpraxis des Ehemannes beim Zugewinnausgleich bei Ehescheidung und beim vorzeitigen Zugewinnausgleich in keiner Weise berücksichtigt werden. Es soll weder zur Berechnung des Anfangsvermögens noch des Endvermögens des Ehemannes hinzugezogen werden. Auch die das Betriebsvermögen betreffenden Verbindlichkeiten sollen beim Zugewinnausgleich keine Berücksichtigung finden."

2. Rechtsfolgen der Regelung. (1) Die Gestaltung führt dazu, daß die dinglich aus dem Zugewinnausgleich herausgenommenen Gegenstände keinen Berechnungsfaktor für das Anfangs- bzw. Endvermögen bilden (*Langenfeld,* Handbuch Rdn. 369 ff.). Dabei ist die Bestimmung unerläßlich, daß dies auch für die diese Gegenstände betreffenden Verbindlichkeiten gilt, also Schulden beim Objekt verbleiben. Probleme der Gestaltung liegen bei den Surrogaten, wenn ein dinglich ausgenommener Vermögensgegenstand veräußert wird und bei den Verwendungen. Die Formulierungen sind hier um praktikable Regelungen bemüht, insbesondere auch für den Fall, daß ein Ehegatte sein Vermögen oder seinen Zugewinn auf die vom Zugewinnausgleich ausgenommenen Gegenstände verwendet, die im Eigentum des anderen Ehegatten stehen.

(2) § 1378 Abs. 2 BGB ist, wie in § 1 Abs. 4 des Musters geschehen, ausdrücklich abzubedingen, damit klargestellt ist, daß das vom Zugewinn ausgenommene Vermögen als vorhandenes Vermögen im Sinne dieser Vorschrift gilt. Diese Klausel soll verhindern, daß sich der ausgleichspflichtige Ehegatte darauf beruft, er habe zur Befriedigung der

3. Ehevertrag bei Verheiratung mit einem verschuldeten Partner · **XI. 3**

Ausgleichsforderung des anderen kein dem Zugewinnausgleich unterliegendes Vermögen. Wurde etwa vorehelicher Grundbesitz dinglich aus dem Zugewinnausgleich ausgenommen und verwendet der Ehegatte, in dessen Eigentum dieser Grundbesitz steht, kurz vor Beendigung des Güterstandes sein gesamtes sonstiges Vermögen auf diesen Grundbesitz, etwa zu seiner Renovierung, so sind diese Verwendungen dem Zugewinnausgleich unterworfen. Im strengen Sinne von § 1378 Abs. 2 BGB wäre aber zur Erfüllung der Ausgleichsforderung kein dem Zugewinnausgleich unterliegendes Vermögen vorhanden, weshalb die Forderung entfallen würde. Um ein solches Leerlaufen der Ausgleichspflicht für Verwendungen zu vermeiden, ist § 1378 Abs. 2 BGB insoweit, und nur insoweit, abzubedingen. Trotz des grundsätzlich zwingenden Charakters des § 1378 Abs. 2 BGB ist diese Bestimmung zulässig, weil ohne die dingliche Herausnahme das dem Zugewinnausgleich unterliegende Vermögen und damit auch der Zugewinnausgleichsanspruch größer wäre. Gläubigerinteressen werden also durch die dingliche Herausnahme mit der bezeichneten Abbedingung des § 1374 Abs. 2 BGB nicht beeinträchtigt.

3. Vereinbarungsmöglichkeiten zur Modifizierung des Zugewinnausgleichs. (1) Sinnvolle Modifizierungen der Zugewinngemeinschaft sind regelmäßig der Vereinbarung von Gütertrennung vorzuziehen. Hierzu gehören neben der gegenständlichen Herausnahme von Vermögen aus dem Mechanismus des Zugewinnausgleichs, wie ihn das Muster vorsieht, vor allem der Ausschluß des Zugewinnausgleichs nur für den Scheidungsfall (Form. XI. 3), die Vereinbarung negativen Anfangsvermögens beim verschuldeten Ehegatten (Form XI. 4) und Bewertungsvereinbarungen (Form XI. 5).

(2) Neben diesen häufigeren Regelungstypen ist eine weite Palette von modifizierenden Vereinbarungen denkbar und zulässig, die im Einzelfall sachgerecht sein können (dazu *Langenfeld*, Handbuch Rdn. 338 ff.). Hierzu zählen
– Vereinbarungen zu §§ 1365, 1369 BGB
– betragsmäßige Fixierung des Anfangsvermögens,
– betragsmäßige Fixierung des Zugewinnausgleichsanspruchs, und
– Änderungen der Ausgleichsquote.

4. Steuern, Kosten. Vgl. Form. XI. 1 Anm. 6, 7.

3. Ehevertrag bei Verheiratung mit einem verschuldeten Partner (Vereinbarung negativen Anfangsvermögens, Vermögensverzeichnis)

Verhandelt zu ...... am ......
vor dem Notar ...... sind erschienen ......

und erklärten:

Wir sind deutsche Staatsangehörige, geschieden und kinderlos. Der künftige Ehemann hat aus seiner früheren Tätigkeit als selbständiger Gastwirt Schulden von 40.000,– DM. Wir arbeiten zur Zeit beide in der Gastronomie und beabsichtigen, in Kürze zu heiraten. Für den Fall der Eheschließung vereinbaren wir den folgenden

Ehevertrag

§ 1 Anfangsvermögen

(1) Das Anfangsvermögen des Ehemannes im Zugewinnausgleich wird mit minus 40.000,– DM festgesetzt. Das Anfangsvermögen der Ehefrau ist Null.

(2) Im übrigen verbleibt es beim gesetzlichen Zugewinnausgleich.

§ 2 Sonstige Scheidungsfolgen

Hinsichtlich des Versorgungsausgleichs und des nachehelichen Unterhalts verbleibt es bei der gesetzlichen Regelung.

§ 3 Vermögensverzeichnis

(1) Es wird festgestellt, daß der gesamte Hausrat der ehelichen Wohnung und die sonstigen Vermögensgegenstände, die im anliegenden, verlesenen Vermögensverzeichnis, auf das verwiesen wird, verzeichnet sind, von der Frau in die Ehe eingebracht werden und in ihrem alleinigen Eigentum stehen.

(2) Auch Ersatzgegenstände, die in Zukunft anstelle dieser Gegenstände angeschafft werden, sollen alleiniges Eigentum der Ehefrau werden, soweit nicht beim Erwerb schriftlich Abweichendes gemeinsam festgelegt wird.

(Schlußvermerke, Schlußformel, Unterschriften)

Schrifttum: Langenfeld, Handbuch der Eheverträge und Scheidungsvereinbarungen, 3. A. 1996.

Anmerkungen

1. Vertragstyp. Einseitige Schulden eines Ehegatten und tatsächliche oder befürchtete Vollstreckungsmaßnahmen seiner Gläubiger verbunden mit der falschen Laienvorstellung, die Eheschließung führe zu einer Gesamthaftung beider Ehegatten für einseitige Verbindlichkeiten, sind ein häufiger Anlaß für die Konsultation des Notars oder Anwalts. Die aus Haftungsgründen nicht erforderliche, allenfalls gegenüber dem pfändenden Gerichtsvollzieher tatsächlich vollstreckungsverhindernde Gütertrennung ist nicht ehetypgerecht und übermäßig. Eine vermittelnde Lösung als Alternative zum Verzicht auf einen Ehevertrag ist der hier vorgeschlagene Vertragstyp.

2. Rechtsfolgen der Regelung. (1) Die Regelung vermeidet zunächst Ungerechtigkeiten beim Zugewinnausgleich (*Langenfeld,* Handbuch Rdn. 137). Denn nach dem Gesetz kann das Anfangsvermögen nicht negativ sein. Würde also im Beispielsfall kein negatives Anfangsvermögen vereinbart, erwürben beide Ehegatten in der Ehezeit je 40.000,– DM, die der Mann zur Schuldentilgung verwenden, die Frau sparen würde, so hätte die Frau dem Mann, dessen Schuldentilgung nach dem Gesetz kein Zugewinn ist, bei Scheidung 20.000,– DM als Zugewinnausgleich zu zahlen. Dieses ungerechte Ergebnis vermeidet die Vereinbarung negativen Anfangsvermögens.

(2) Für die Eigentumsverhältnisse am Hausrat und den sonstigen beweglichen Sachen des Hausstandes gelten die gläubigerschützenden Vermutungen der §§ 1362 BGB, 739 ZPO. Sie sind zwingendes Recht in allen Güterständen, können aber durch Beweis des Alleineigentums eines Ehegatten widerlegt werden (BGH NJW 1976, 238; Einzelheiten bei *Langenfeld,* Handbuch Rdn. 83 ff.). Dabei genügt es, den Eigentumserwerb eines Ehegatten zu beweisen, während der Fortbestand des einmal erworbenen Eigentums vermutet wird (BGH aaO.). Diesen Beweis des Eigentumserwerbs erbringt ein notariell beurkundetes oder beglaubigtes Vermögensverzeichnis mit der Feststellung des Alleineigentums eines Ehegatten. Diese Feststellung ist entweder deklaratorisch oder konstitutiv, da sich die Eigentumsübertragung zwischen Ehegatten für die Gegenstände, die sich im gemeinsamen Gewahrsam befinden, durch schlichten Konsens vollzieht (MünchKomm/ *Wacke* § 1362 Rdn. 5 Fn. 9). Eine derartige Konsensualübereignung ist allerdings innerhalb der Fristen der § 32 Nr. 2 KO, § 3 Abs. 1 Nr. 4 AnfG anfechtbar.

4. Ehevertrag der kinderlosen Partnerschaftsehe

(3) Über § 1370 BGB begründet ein derartiges Verzeichnis, soweit es sich um Hausratsgegenstände handelt, durch dingliche Surrogation auch das zukünftige Eigentum des betreffenden Ehegatten an den Ersatzgegenständen abweichend von § 1362 BGB (MünchKomm/*Wacke* § 1370 Rdn. 13).

(4) Ob über den Bereich des § 1370 BGB hinaus die Vereinbarung nach § 3 Abs. 2 des Formulars den zukünftigen Erwerb des ehevertraglich bezeichneten Ehegatten begründen kann und damit § 1362 BGB generell außer Kraft setzen kann, ist zweifelhaft (*Langenfeld*, Handbuch Rdn. 90 m.w.N.). Denn einerseits muß die Vereinbarung schon zur Vermeidung einer sittenwidrigen dauernden Enteignung eines Ehegatten die Möglichkeit abweichender Vereinbarung im Einzelfall ausdrücklich offenlassen, andererseits erlaubt dann diese Möglichkeit gläubigerbenachteiligende Manipulation, indem man je nach Vollstreckungsschuldner die abweichende Einzelvereinbarung im Vollstreckungsgegenklageverfahren vorlegt oder nicht.

(5) Den Gerichtsvollzieher, der sich streng ans Gesetz hält, das ihm nach h.L. (Nachweise bei *Langenfeld*, Handbuch Rdn. 91) die Prüfung der Eigentumsverhältnisse verbietet, kann weder ein Ehevertrag über Gütertrennung noch ein notarielles Vermögensverzeichnis von der Pfändung abhalten. In der Praxis wird aber ein Gerichtsvollzieher, wenn ihm eine Vereinbarung wie die des Formulars vorgelegt wird und sich aus ihr das Alleineigentum des nicht betriebenen Ehegatten an einem bestimmten Gegenstand ergibt, doch häufig von der Pfändung absehen.

3. Steuern, Kosten. Vgl. Form. XI. Anm. 6, 7.

4. Ehevertrag der kinderlosen Partnerschaftsehe
(Modifizierte Zugewinngemeinschaft, Ausschluß des Versorgungsausgleichs, Unterhaltsverzicht)

Verhandelt zu ...... am ......
Vor dem Notar ...... sind erschienen ......

und erklären:

Wir sind deutsche Staatsangehörige, bisher und nach unserer gemeinsamen Lebensplanung künftig kinderlos, beiderseits voll berufstätig und vermögensmäßig unabhängig. Wir beabsichtigen, unsere nichteheliche Lebensgemeinschaft in die Ehe zu überführen und wollen dabei das gesamte Scheidungsfolgenrecht ausschließen. Deshalb schließen wir den folgenden

Ehevertrag

§ 1 Zugewinnausgleich

Für den Fall der Beendigung des Güterstandes durch den Tod eines Ehegatten soll es beim Zugewinnausgleich durch Erbteilserhöhung oder güterrechtliche Lösung verbleiben. Wird jedoch der Güterstand auf andere Weise als durch den Tod eines Ehegatten beendet, so findet kein Zugewinnausgleich statt. Dies gilt auch für den vorzeitigen Zugewinnausgleich bei Getrenntleben. Die Verfügungsbeschränkungen der §§ 1365, 1369 BGB werden ausgeschlossen.

§ 2 Versorgungsausgleich

Der Versorgungsausgleich wird ausgeschlossen, ebenso die spätere gerichtliche Abänderung dieses Ausschlusses.

§ 3 Unterhaltsverzicht

Wir verzichten gegenseitig auf jeglichen nachehelichen Unterhalt, auch für den Fall der Not, und nehmen den Verzicht gegenseitig an.

§ 4 Teilwirksamkeit

Sollte eine dieser Vereinbarungen unwirksam sein oder werden, so sollen die übrigen Vereinbarungen dennoch wirksam bleiben.

§ 5 Ehegattenzuwendungen

Zuwendungen eines Ehegatten an den anderen sollen diesem auch im Falle der Scheidung verbleiben, wenn nicht bei der Zuwendung ausdrücklich die Rückforderung im Scheidungsfall vorbehalten wurde.

(Schlußvermerke, Schlußformel, Unterschriften)

Schrifttum: Frey, Der Verzicht auf nachehelichen Unterhalt, 1988; *Bosch*, Unterhaltsverzichtsvereinbarungen, FS Habscheid 1989, 23); *Langenfeld*, Handbuch der Eheverträge und Scheidungsvereinbarungen, 3. A. 1996.

Anmerkungen

1. **Vertragstyp.** Die kinderlose Ehe beiderseits voll berufstätiger und vermögensmäßig unabhängiger Partner, die – nicht zuletzt aus steuerlichen Gründen – der nichtehelichen Lebensgemeinschaft vorgezogen wird, ist ein Ehetyp, der die Abbedingung des gesamten Scheidungsfolgenrechts erlaubt und zur Vermeidung von Ungerechtigkeiten sogar erfordert (vgl. Form. XI. 1 Anm. 4 ff.). Anstelle der völligen Gütertrennung empfiehlt sich hier regelmäßig die Beibehaltung des Zugewinnausgleichs im Todesfall bei Ausschluß des sonstigen Zugewinnausgleichs.

2. **Modifizierte Zugewinngemeinschaft.** Dieser häufige und der Gütertrennung regelmäßig vorzuziehende Regelungstypus (vgl. *Langenfeld*, Handbuch Rdn. 356) erhält dem überlebenden Ehegatten die Wohltat des § 1371 BGB mit der entsprechenden Pflichtteilserhöhung gegenüber Eltern und Abkömmlingen des anderen und die Möglichkeit, über die Ehegattenfreibeträge hinaus einen schenkungsteuerfreien Zugewinnausgleich mit der Finanzbehörde durchzuführen (vgl. Anm. 6). Die Verfügungsbeschränkungen der §§ 1365, 1369 BGB sollten ausgeschlossen werden, um insoweit den Rechtszustand der Gütertrennung herzustellen.

3. **Vorsorgender Unterhaltsverzicht.** (1) **Gesetzliche Regelung.** Nach § 1585c BGB können Verlobte und Ehegatten grundsätzlich formlos Vereinbarungen über den nachehelichen Unterhalt treffen (dazu *Langenfeld*, Handbuch Rdn. 629 ff.). Die häufigste Vereinbarung ist der Unterhaltsverzicht. Formbedürftigkeit kann sich aus dem untrennbaren Zusammenhang mit anderen formbedürftigen Vereinbarungen ergeben. Sie dürfte im Fall des Formulars zu bejahen sein.

(2) **Richterliche Inhaltskontrolle.** Die bloße Unvorhersehbarkeit künftiger Bedürfnislagen macht den Unterhaltsverzicht, dessen rechtliche Bedeutung die Beteiligten aufgrund notarieller Beratung überblicken, nicht sittenwidrig i.S. von § 138 BGB (*Langenfeld*, Handbuch, Rdn. 633). Später eintretende außergewöhnliche Umstände lassen auch die Geschäftsgrundlage des Verzichts nicht entfallen (*Langenfeld* aaO Rdn. 634), da der völlige Ausschluß von Unterhaltsansprüchen für den Fall der Not Geschäftsinhalt ist, sondern verbieten allenfalls dem gesetzlich Unterhaltsverpflichteten die Berufung auf den Verzicht, dies nach dem aus § 242 BGB folgenden Verbot des Rechtsmißbrauchs (*Langenfeld* aaO Rdn. 754f m.w.N.; OLG Bamberg NJW 1991, 2776). So kann die

4. Ehevertrag der kinderlosen Partnerschaftsehe   XI. 4

Berufung auf einen Unterhaltsverzicht treuwidrig sein, solange der Unterhaltsberechtigte durch die Betreuung eines gemeinsamen Kindes an einer Erwerbstätigkeit gehindert ist und ohne Leistung von Unterhalt auf Sozialhilfe angewiesen wäre (BGH NJW 1992, 3164).

(3) **Umfang des Unterhaltsverzichts.** Der Unterhaltsverzicht kann alle gesetzlichen Unterhaltstatbestände umfassen, auch den Kindesbetreuungsunterhalt nach § 1570 BGB (BGH NJW 1985, 1833 = FamRZ 1985, 788; BGH NJW 1991, 913 = FamRZ 1991, 306). Bedingungen, Befristungen und Rücktrittsvorbehalte sind möglich, etwa die auflösende Bedingung oder der Rücktrittsvorbehalt bei Geburt eines gemeinsamen Kindes. Möglich ist auch der Unterhaltsverzicht mit Ausnahme des Notbedarfs (*Langenfeld*, Handbuch Rdn. 643 ff.). Zu beachten ist, daß dann Unterhaltsansprüche auf den Zeitraum der Notlage und auf den notwendigen Unterhalt beschränkt sind (BGH NJW 1981, 51 = FamRZ 1980, 1104; *Soergel/Häberle* § 1585 c Rdn. 12). Es empfiehlt sich, Voraussetzungen und Umfang der Unterhaltsansprüche im Falle der Not möglichst genau zu definieren (vgl. die Formulierungsvorschläge bei *Langenfeld*, Handbuch, Rdn. 645). Weiterhin ist es möglich, vom Unterhaltsverzicht den Betreuungsunterhalt nach § 1570 BGB auszunehmen (*Langenfeld*, Handbuch, Rdn. 646).

(4) **Unterhaltsverzicht für den Fall des Scheidungsverschuldens.** Die Wiederherstellung des Verschuldensprinzips für den nachehelichen Unterhalt durch eine Vereinbarung des Inhalts, daß ein Ehegatte dann keine oder nur eingeschränkte Unterhaltsansprüche haben soll, wenn ihm am Scheitern der Ehe das alleinige oder überwiegende Verschulden trifft, wird von der Literatur überwiegend als zulässig angesehen (*Walter* NJW 1981, 1409; *Ludwig* DNotZ 1982, 651; *Palandt/Diederichsen* § 1585 c Rdn. 8; *Johannsen/Henrich/Voelskow* § 1585 c Rdn. 12; *Soergel/Häberle* § 1585 c Rdn. 15; Bedenken bei *MünchKomm/Richter* § 1585 c Rdn. 15; Formulierungsvorschlag bei *Langenfeld*, Handbuch Rdn. 648). Die Neufassung des § 1579 BGB durch das Unterhaltsänderungsgesetz hat eine derartige Vereinbarung aber praktisch weitgehend entbehrlich gemacht.

4. Ausschluß des Versorgungsausgleichs. Es handelt sich um einen vorsorgenden völligen Ausschluß nach § 1408 Abs. 2 BGB (vgl. Form. XI. 1 Anm. 5). Die Jahressperrfrist des § 1408 Abs. 2 S. 2 BGB gilt richtiger Ansicht nach für Verlobtenverträge nicht (*Langenfeld*, Handbuch, Rdn. 548 m.w.N.). § 1414 S. 2 BGB ist durch die ausdrückliche Vereinbarung modifizierter Zugewinngemeinschaft abbedungen. Beim völligen Ausschluß des Versorgungsausgleichs empfiehlt es sich, die gerichtliche Abänderung nach § 10 a VAHRG auszuschließen.

5. Ehegattenzuwendungen. Im Hinblick auf den großen richterlichen Ermessensspielraum hinsichtlich der Rückabwicklung von Ehegattenzuwendungen bei Gütertrennung (dazu Form. I. 12 Anm. 3; *Langenfeld*, Handbuch, Rdn. 190 ff.) empfiehlt es sich, die Rückforderungsfrage bei Gütertrennung und modifizierter Zugewinngemeinschaft in der Form des § 5 des Formulars zu regeln.

6. Steuern. Die Gestaltung beläßt dem überlebenden Ehegatten die Möglichkeit, nach § 5 Abs. 1 ErbStG einen steuerfreien Zugewinnausgleichsanspruch geltendzumachen.

7. Kosten. Vgl. Form. XI. 1 Anm. 7.

5. Ehevertrag des Unternehmers (Modifizierungen der Scheidungsfolgen, insbesondere des nachehelichen Unterhalts)

Verhandelt zu ...... am ......
Vor dem Notar ...... sind erschienen ......
Die Erschienenen sind verlobt und beabsichtigen, in Kürze zu heiraten. Der Verlobte ist Mitgesellschafter und Geschäftsführer der A-GmbH. Die Verlobte ist bei dieser Gesellschaft als Buchhalterin beschäftigt. Nach Besprechung des gesetzlichen Ehegüter- und Scheidungsfolgenrechts mit dem Notar und Erörterung der ehevertraglichen Modifizierungsmöglichkeiten sowie Anfertigung eines Entwurfs erklären die Erschienenen den folgenden

Ehevertrag

§ 1 Ehegüterrecht

(1) Wir schließen die Verfügungsbeschränkungen des § 1365 BGB für das beiderseitige Vermögen völlig aus.

(2) Die Beteiligung eines Ehegatten an einer Handelsgesellschaft wird für den Zugewinnausgleich so bewertet, wie es der jeweilige Gesellschaftsvertrag für die Abfindung eines durch Ausschluß oder Kündigung ausscheidenden Gesellschafters vorsieht. Enthält der jeweilige Gesellschaftsvertrag keine Bewertungsregelung oder entsteht über diese Streit, so entscheidet verbindlich ein Schätzgutachter, der auf Antrag einer Partei von der zuständigen Industrie- und Handelskammer bestimmt wird. Die Kosten des Gutachters trägt die Partei, die dessen Bestellung beantragt hat.

§ 2 Versorgungsausgleich

(1) Der zukünftige Ehemann ist verpflichtet, seine zukünftige Frau während der gesamten Dauer der Ehe weiterhin in dem Unternehmen als Buchhalterin oder in einer vergleichbaren anderen Position zu beschäftigen und die hierfür erforderlichen Beiträge zur Rentenversicherung abzuführen. Sollte eine derartige Beschäftigung nicht mehr möglich sein, so ist er verpflichtet, entsprechende Beiträge freiwillig weiterzuleiten.

(2) Im Hinblick hierauf schließen die Verlobten für die zukünftige Ehe den Versorgungsausgleich gegenseitig völlig aus. Jedoch ist die zukünftige Ehefrau berechtigt, durch notarielle Erklärung, die dem anderen Ehegatten zuzustellen ist, von diesem Ausschluß zurückzutreten, wenn der Ehegatte die Beiträge zur Rentenversicherung länger als drei Monate nicht geleistet hat.

§ 3 Nachehelicher Unterhalt

(1) Bei der gesetzlichen Regelung des nachehelichen Unterhalts soll es grundsätzlich verbleiben. Jedoch soll der monatlich geschuldete nacheheliche Unterhalt höchstens 5.000,– DM monatlich betragen. Dieser Höchstbetrag verändert sich nach oben oder unten im gleichen prozentualen Verhältnis, wie sich der vom Statistischen Bundesamt festgestellte Preisindex für die Lebenshaltung aller privaten Haushalte in Deutschland ab heute nach oben oder unten verändert. Die erste Anpassung erfolgt bei Rechtskraft der Ehescheidung durch den Vergleich des heute festgestellten Preisindex mit dem dann geltenden Preisindex. Jede weitere Anpassung erfolgt dann in jährlichem Abstand.

5. Ehevertrag des Unternehmers

(2) Mit der Vereinbarung dieser wertgesicherten Höchstgrenze ist kein Anspruch auf Zahlung von nachehelichen Unterhalt in dieser Höhe verbunden. Vielmehr verbleibt es bezüglich Grund und Höhe eines etwaigen Unterhaltsanspruchs bei den gesetzlichen Bestimmungen. Nur wenn sich nach diesen ein höherer Unterhaltsanspruch ergeben sollte, tritt obige Höchstgrenze in Kraft.

(3) Weiterhin wird folgende zeitliche Begrenzung vereinbart:
Hat die Ehe vom Zeitpunkt der Eheschließung bis zum Zeitpunkt der Stellung des Scheidungsantrags nicht länger als fünf Jahre gedauert, so wird die zeitliche Höchstdauer des nachehelichen Unterhalts auf drei Jahre ab Rechtskraft der Scheidung begrenzt, soweit sich nicht nach der gesetzlichen Regelung eine kürzere Dauer ergibt. Hat die Ehe in diesem Sinne länger als fünf Jahre, aber nicht länger als zehn Jahre gedauert, so wird die zeitliche Höchstdauer der Unterhaltsverpflichtung auf fünf Jahre, bei einer Ehedauer von mehr als zehn und weniger als fünfzehn auf acht Jahre begrenzt. Bei längerer Ehe tritt keine zeitliche Begrenzung mehr ein. Zeiten der Kindesbetreuung im Sinne von § 1570 BGB verschieben die Höchstdauergrenzen. Die jeweilige zeitliche Begrenzung beginnt dann also erst mit dem Ende des Kindesbetreuungsunterhalts.

§ 4 Teilwirksamkeit

Sollte eine dieser Vereinbarungen unwirksam sein oder werden, so sollen die übrigen Vereinbarungen dennoch wirksam bleiben.

(Schlußvermerke, Schlußformel, Unterschriften).

Schrifttum: Langenfeld, Handbuch der Eheverträge und Scheidungsvereinbarungen, 3. A. 1996.

Anmerkungen

1. **Vertragstyp.** Die Herausbildung eines für alle Unternehmerehen gültigen Ehevertragstyps scheitert daran, daß es einen Ehetyp „Unternehmerehe" nicht gibt. Kennzeichnend für die Interessengegensätze in Unternehmerehen sind einerseits der Unternehmensschutz, andererseits der Schutz des betrieblich nicht beteiligten Ehegatten vor zu weitgehenden Entrechtungen unter dem Vorwand des Unternehmensschutzes. Hier kommt es auf ein Aushandeln im Einzelfall an, wobei die Verlobten oder Eheleute im Auge behalten müssen, daß nur ein ausgewogener Vertrag der Ehe eine gute Prognose gewährleistet. Nicht selten befürchtet der Unternehmer, der Partner gehe die Ehe auch wegen der mit der Heirat verbundenen sozialen und vermögensmäßigen Verbesserung ein und könne dies bei einer späteren Scheidung ausnützen. Gegen solche Befürchtungen insbesondere im Hinblick auf die „lebenslange Unterhaltsknechtschaft" helfen angemessene Modifizierungen wie die Unterhaltsvereinbarung des Formulars, die von einem klugen Partner regelmäßig akzeptiert werden, ohne daß eine Trübung des persönlichen Verhältnisses eintritt.

2. **Ausschluß von § 1365 BGB.** Die Verfügungsbeschränkungen nach § 1365 BGB werfen erhebliche Probleme auf und schaden in der Praxis mehr, als sie nützen (*Langenfeld,* Handbuch Rdn. 94 ff.). In der Unternehmerehe sollten sie ausgeschlossen werden, wenn nicht Gütertrennung vereinbart wird.

3. **Bewertungsvereinbarungen.** Im Rahmen des Zugewinnausgleichs ist die Unternehmensbewertung ebenso problematisch und praktisch schwierig wie etwa bei der gesellschaftsrechtlichen Abfindung ausscheidender Gesellschafter (*Langenfeld,* Handbuch Rdn. 150). Soweit der jeweilige Gesellschaftsvertrag, wie heute allgemein üblich, eine Abfindungsklausel enthält, kann die in ihr enthaltene Bewertungsregelung auch für den

Zugewinnausgleich vereinbart werden. Hilfsweise sollte die Gutachterklausel des Formulars vereinbart werden.

4. Ausschluß des Versorgungsausgleichs. Wenn die Möglichkeit der Beschäftigung oder freiwilligen Weiterversicherung des Ehegatten oder auch des Abschlusses eines gleichwertigen Lebensversicherungsvertrages (dazu Form. XI. 6.) besteht, kann der Versorgungsausgleich mit dem Rücktrittsrecht des Formulars ausgeschlossen werden.

5. Modifizierungen des nachehelichen Unterhalts. (1) **Modifizierungen und Prognoserisiko.** Im Rahmen vorsorgender Eheverträge stellt sich regelmäßig nur die Alternative entweder des Unterhaltsverzichts oder der Belassung des gesetzlichen nachehelichen Unterhalts. Modifizierungen sind wegen des hier besonders großen Prognoserisikos problematisch. Die wertgesicherte betragsmäßige und die zeitliche Begrenzung gesetzlicher Unterhaltsansprüche ist aber eine häufigere Gestaltungsmöglichkeit, die regelmäßig auf die Akzeptanz der Beteiligten rechnen kann und den völligen Unterhaltsverzicht vermeiden hilft (*Langenfeld*, Handbuch Rdn. 651 f.).

(2) **Wertsicherung.** Die Wertsicherung des Formulars begegnet keinen Bedenken aus § 3 Währungsgesetz, da Unterhaltsverbindlichkeiten als Geldwertschulden der Genehmigung nach § 3 Satz 2 Währungsgesetz nicht bedürfen (*Palandt/Heinrichs* § 245 Rdn. 10, 24; *Dürkes*, Wertsicherungsklauseln, Rdn. 44; *Göppinger/Wenz*, Vereinbarungen anläßlich der Ehescheidung, Rdn. 293 ff.). Für die Praxis empfiehlt sich dennoch die Einholung eines Negativattestes der zuständigen Landeszentralbank, das ohne weiteres erteilt wird.

(3) **Modifizierungsmöglichkeiten.** Weitere Modifizierungsmöglichkeiten bestehen in der Herabsetzung des Unterhaltsmaßstabes des § 1578 BGB bei Ausschluß des Aufstockungsanspruchs des § 1573 Abs. 2 BGB und des Kapitalisierungsanspruchs des § 1585 Abs. 2 BGB und im Ausschluß einzelner Unterhaltstatbestände. Besonders beim Ausschluß einzelner Unterhaltstatbestände ist aber Vorsicht geboten, da hier in ein abgestimmtes gesetzliches System mehr oder weniger willkürlich eingegriffen wird (*Rau* MittRhNotK 1988, 190 f.). Grundsätzlich dürfte es sich empfehlen, es beim gesetzlichen System zu belassen und lediglich, wie es das Formular tut, zeitliche und betragsmäßige Höchstgrenzen zu vereinbaren.

5. Steuern, Kosten. Vgl. Form. XI. 1 Anm. 6, 7.

6. Ehevertrag des Kaufmanns oder Freiberuflers (Gütertrennung, Ausschluß des Versorgungsausgleichs gegen Lebensversicherung)

Verhandelt zu ...... am ......
Vor dem unterzeichneten Notar ...... erschienen ......

Die Erschienenen erklärten:

Wir haben am ...... (Datum) in ...... (Ort) geheiratet. Der Ehemann ist Kaufmann und freiwillig in der gesetzlichen Rentenversicherung versichert. Die Ehefrau führt den Haushalt und hilft im Geschäft des Ehemannes mit. Für diese Mitarbeit wurde ein Arbeitsvertrag abgeschlossen. Die Ehefrau hat bereits erhebliche Ehegattenzuwendungen im Grundstücksbereich erhalten.
Wir schließen folgenden

6. Ehevertrag des Kaufmanns oder Freiberuflers

Ehevertrag

§ 1 Gütertrennung

Wir wollen in Zukunft in Gütertrennung leben und heben deshalb den gesetzlichen Güterstand für unsere Ehe auf. Ansprüche auf Zugewinnausgleich sind abgefunden und werden für die Vergangenheit ausgeschlossen. Eine Eintragung ins Güterrechtsregister und die Aufnahme eines Vermögensverzeichnisses wünschen wir nicht. Zuwendungen eines Ehegatten an den anderen können bei Scheidung der Ehe nicht zurückgefordert werden, wobei die Ehegatten den Fortbestand der Ehe nicht als Geschäftsgrundlage betrachten. Dies gilt unabhängig vom Verschulden am Scheitern der Ehe. Die Rückforderung ist nur dann möglich, wenn sie bei der Zuwendung ausdrücklich vorbehalten wurde.

§ 2 Versorgungsausgleich

Wir schließen gegenseitig den Versorgungsausgleich völlig aus, ebenso die gerichtliche Abänderung dieses Ausschlusses. Der Ehemann ist verpflichtet, für die Ehefrau ab dem nächsten Monatsersten bei der XY-Lebensversicherung AG eine dynamische Lebensversicherung auf sein Ableben, spätestens auszahlbar bei Vollendung des 60. Lebensjahres der Frau in der Form der Kapitalversicherung mit Rentenwahlrecht abzuschließen. Der Kapitalbetrag der Lebensversicherung ist so festzusetzen, daß sich die Rente bei Ausübung des Rentenwahlrechts gegenwärtig auf DM ...... belaufen würde. Der Ehemann ist verpflichtet, die Beiträge zu der Lebensversicherung pünktlich zu zahlen. Bei Verzug von mehr als drei Monaten ist die Ehefrau berechtigt, vom Ausschluß des Versorgungsausgleichs zurückzutreten. Dieser Rücktritt ist zur Urkunde eines Notars zu erklären und dem Ehemann zuzustellen. Im Streitfall über Höhe und Ausgestaltung der abzuschließenden Lebensversicherung entscheidet verbindlich ein vom Familiengericht am Wohnsitz der Beteiligten zu bestimmender Rentenberater.

§ 3 Nachehelicher Unterhalt

Hinsichtlich des nachehelichen Unterhalts verbleibt es bei der gesetzlichen Regelung. Insbesondere richtet sich die Weiterzahlung der Versicherungsbeiträge für die nach § 2 abzuschließende Lebensversicherung danach, ob und in welchem Umfang der Ehemann der Ehefrau insoweit zur Unterhaltszahlung verpflichtet ist.

§ 4 Salvatorische Klausel

Sollte eine dieser Vereinbarungen unwirksam sein oder werden, so sollen die übrigen Vereinbarungen dennoch wirksam bleiben.

(Schlußvermerke, Schlußklauseln, Unterschriften).

Schrifttum: Langenfeld, Handbuch der Eheverträge und Scheidungsvereinbarungen, 3. A. 1996.

Anmerkungen

1. Vertragstyp. Im kaufmännischen Bereich ist die Gütertrennung immer noch ein häufiger Güterstand, der vom Ehegatten insbesondere dann akzeptiert wird, wenn er über eigenes erhebliches Vermögen verfügt oder solches bereits ehebedingt zugewendet bekommen hat oder in Zukunft erhalten wird. Da zur Vermeidung des Zugriffes betrieblicher Gläubiger regelmäßig erhebliche Teile des Privatvermögens auf den betrieblich nicht haftenden Ehegatten verlagert werden und auch freiwilliger Zugewinnausgleich nicht selten ist, funktionieren derartige Gütertrennungsehen in der Praxis regelmäßig gut und führen nicht zur Benachteiligung des zunächst wirtschaftlich schwächeren Ehegatten. Es wäre deshalb unangemessen, in diesen Fällen generell von der Gütertrennung abzuraten. Das Formular dehnt den Gütertrennungsgedanken auf den Versorgungsausgleich aus, allerdings gegen Abfindung durch private Lebensversicherung.

2. **Versorgungsausgleichsausschluß gegen Lebensversicherung.** Gegenüber der freiwilligen Weiterversicherung in der gesetzlichen Rentenversicherung (vgl. *Langenfeld*, Handbuch, Rdn. 627 mit Formulierungsvorschlag) ist der Abschluß eines privaten Lebensversicherungsvertrages eine kostengünstige Alternative (*Langenfeld*, Handbuch, Rdn. 625 f.), die allerdings entsprechende wirtschaftliche Leistungsfähigkeit des Verpflichteten voraussetzt. Die Versicherungsgesellschaften bieten entsprechende Vertragsmodelle an. Ein regelungsbedürftiger Punkt ist die Frage der Weiterzahlung der Beiträge nach Scheidung. Hier dürfte sich regelmäßig anbieten, wie im Formular zu bestimmen, daß sich Grund und Umfang einer solchen über die Scheidung hinausgehenden Zahlungsverpflichtung nach dem Gesetz richten.

3. **Steuern.** Die Prämien zur vorgesehenen Lebensversicherung können bei bestehender Ehe, wenn die Voraussetzung des § 26 Abs. 1 EStG (Ehegattenveranlagung) erfüllt sind, als Sonderausgaben (§ 10 EStG), gleichgültig ob sie der Ehemann oder die Ehefrau geleistet hat (Abschn. 86 a EStR), im Rahmen der Höchstbeträge vom Ehemann oder von der Ehefrau geltend gemacht werden. Nach einer Scheidung der Ehe können sie nur noch bei demjenigen berücksichtigt werden, der die Versicherungsbeiträge als Versicherungsnehmer aufgewendet hat, wobei unerheblich ist, wer der Versicherte ist, oder wem die Versicherungsleistung später zufließt (Abschn. 88 Abs. 4 EStR).

4. **Kosten**
§ 1: Bei Eheverträgen bestimmt sich der Geschäftswert nach dem zusammengerechneten Wert der gegenwärtigen Vermögen beider Ehegatten. Bei Ermittlung des Vermögens werden die Schulden abgezogen (§ 39 Abs. 3 KostO).
§ 2: Höhe der abzuschließenden Lebensversicherung (§ 19 Abs. 1 KostO). Der Wert des Versorgungsausgleichs ist geringer und bleibt deshalb außer Betracht, (Austauschleistung gem. § 39 Abs. 2 KostO).
§ 3: Keine Bewertung: siehe § 2.
Die Werte von §§ 1 und 2 sind gem. § 44 Abs. 2 Buchst. a) KostO zusammenzuzählen. Hieraus eine doppelte Gebühr gem. §§ 36 Abs. 2, 39 Abs. 3 KostO.

7. Ehevertrag der Diskrepanzehe
(Herabsetzung der Zugewinnausgleichsquote, Ausschluß des Versorgungsausgleichs mit Gegenleistung, Herabsetzung des Unterhaltsmaßstabs)

Verhandelt zu ...... am ......
Vor dem Notar ...... erschienen ......

und erklärten:

Der zukünftige Ehemann ist Direktor der chirurgischen Abteilung des Städtischen Krankenhauses, die zukünftige Ehefrau Operationsschwester. Beide sind deutsche Staatsangehörige, bisher unverheiratet und kinderlos. Nach wiederholten Besprechungen mit dem beurkundenden Notar über das gesetzliche Ehegüter- und Scheidungsfolgenrecht und der Anfertigung von Entwürfen schließen sie den folgenden

7. Ehevertrag der Diskrepanzehe

Ehevertrag

§ 1 Modifizierte Zugewinngemeinschaft

Wir setzen für den Fall der Auflösung der Ehe durch Scheidung abweichend von § 1378 Abs. 1 BGB die Ausgleichsforderung jedes Ehegatten auf ¼ des Überschusses herab. Im übrigen soll es beim gesetzlichen Güterstand verbleiben.

§ 2 Versorgungsausgleich

(1) Wir verzichten gegenseitig auf den Versorgungsausgleich. Der Verzicht der Ehefrau steht jedoch unter der Bedingung, daß der Ehemann beginnend mit dem Monat der Eheschließung für die Ehefrau eine private Kapitallebensversicherung in Höhe von DM ...... auf deren 60. Lebensjahr mit Rentenwahlrecht abschließt und die Beiträge hierzu laufend zahlt. Im Falle der Scheidung der Ehe hat der Ehemann der Ehefrau den 5fachen Jahresbetrag der Beitragsleistungen in einer Summe als Abfindung zu zahlen. Weitere Zahlungen schuldet er dann nicht mehr, auch nicht als Unterhaltszahlung.

(2) Die Ehefrau kann verlangen, daß der Betrag der Kapitallebensversicherung einer etwaigen Veränderung des Geldwertes im Rahmen von Treu und Glauben unter Berücksichtigung der Zumutbarkeit laufend angepaßt wird.

§ 3 Nachehelicher Unterhalt

Hinsichtlich des nachehelichen Unterhalts soll es grundsätzlich bei der gesetzlichen Regelung verbleiben. Jedoch soll sich abweichend von § 1578 Abs. 1 BGB das Maß des Unterhalts nicht nach den ehelichen Lebensverhältnissen, sondern der beruflichen Ausbildung oder Stellung des unterhaltsberechtigten Ehegatten bemessen. Der Aufstockungsanspruch des § 1573 Abs. 2 BGB wird ausgeschlossen.

§ 4 Salvatorische Klausel

Sollte eine der obigen Vereinbarungen unwirksam sein oder werden, so sollen die übrigen Vereinbarungen dennoch wirksam bleiben.

Schrifttum: Langenfeld, Handbuch der Eheverträge und Scheidungsvereinbarungen, 3. A. 1996.

Anmerkungen

1. **Vertragstyp.** Für Ehen mit erheblicher Diskrepanz in Alter, Vorbildung und Einkommen ist die gesetzliche Regelung fast immer ungeeignet. Heiratet der Professor die Studentin, der Chefarzt die Sprechstundenhilfe, der Manager die Sekretärin, so liegt seitens der jüngeren, gesellschaftlich aufgestiegenen Frau ein Mißbrauch im Sinne der „Ehe auf Zeit als Versorgungsinstitut" objektiv im Bereich des möglichen. Mit ehevertraglicher Vorsorge für den Fall der Scheidung muß die junge Ehefrau in zumutbarem Umfang einverstanden sein.

2. **Zugewinn- und Versorgungsausgleich.** Als Alternative zur Herabsetzung der Zugewinnausgleichsquote wäre die Vereinbarung von Gütertrennung möglich. Die Gestaltung der privaten Kapitallebensversicherung als Gegenleistung für den Verzicht auf den Versorgungsausgleich trägt ebenfalls der Tatsache Rechnung, daß die erheblich jüngere Ehefrau im Falle der Scheidung der Ehe die Chance zur Wiederaufnahme oder Fortführung ihrer Berufstätigkeit hat. Eine Abfindung mit dem fünffachen Jahresbetrag der Beitragsleistungen erscheint deshalb sachgerecht.

3. **Unterhaltsmodifizierungen.** Die Bestimmungen des § 3 über den nachehelichen Unterhalt sind ebenfalls angemessen und ausgewogen, da es zugunsten der Ehefrau beim

vollen gesetzlichen Unterhaltsrecht nach der Scheidung verbleibt und lediglich Modifizierungen hinsichtlich der Unterhaltshöhe und der Ausschluß des Aufstockungsanspruchs vereinbart werden.

Nach § 1578 BGB bestimmt sich das Maß des nachehelichen Unterhalts nach den ehelichen Lebensverhältnissen. Hier hat der Gesetzgeber den obersten denkbaren Maßstab gewählt. Der Lebensstandard, wie er bei Ehescheidung in der Ehe erreicht war, ist dem unterhaltsberechtigten Ehegatten zu erhalten. Dies erscheint insbesondere in den Fällen ungerecht und unangemessen, in denen der Ehegatte vor der Ehe diesen Lebensstandard nicht hatte und in denen er auf Grund eigener Vorbildung und Arbeitsleistung nach der Ehe diesen Lebensstandard nicht erreichen kann und ihn ohne die Ehe auch niemals hätte erreichen können. Im Zusammenhang damit zu sehen ist der Aufstockungsanspruch des § 1573 Abs. 2 BGB. Nach dieser Vorschrift kann der geschiedene Ehegatte den Unterschiedsbetrag zwischen seinen eigenen Einkünften und dem vollen nach § 1578 BGB geschuldeten Unterhalt verlangen, wenn seine Einkünfte aus einer angemessenen Erwerbstätigkeit zum vollen Unterhalt nicht ausreichen. Im Falle etwa der ehemaligen Sprechstundenhilfe, die als Chefarztfrau einen großen Haushalt geführt hat, dann den älteren Ehemann wegen eines jüngeren Mannes verläßt und die Scheidung erzwingt, würde dies etwa bedeuten, daß der geschiedene Chefarzt der jetzt wieder als Sprechstundenhilfe tätigen Frau den vollen Lebensstandard der Chefarztfrau über den Aufstockungsanspruch zu erhalten hätte. Dem beugt die vorgeschlagene Vereinbarung vor.

4. Steuern. Vgl. Form. XI. 1 Anm. 6.

5. Kosten

§ 1: § 30 Abs. 1 KostO, hilfsweise § 30 Abs. 2 KostO.
§ 2: siehe Form. VII. 8.
§ 3: § 24 Abs. 3 KostO o. V. m. § 30 Abs. 1 KostO, hilfsweise § 30 Abs. 2 KostO. Regelwert: 5.000,- DM.
§ 4: Ohne Bewertung.

Die Werte von §§ 1, 2 und 3 sind gem. § 44 Abs. 2 a) KostO zusammenzuzählen. Hieraus eine doppelte Gebühr gem. § 36 Abs. 2 i. V. m. § 39 Abs. 3 KostO.

8. Ehe- und Erbvertrag bei Wiederverheiratung jüngerer Eheleute mit jeweils einseitigen Kindern
(Vereinbarungen zum Stiefkindunterhalt, Erbvertrag)

Verhandelt zu ...... am ......
Vor dem unterzeichneten Notar ...... erschienen ......
Die Erschienenen erklärten:
Wir sind deutsche Staatsangehörige. Wir beabsichtigen, in Kürze zu heiraten. Der Ehemann ist geschieden und hat Kinder aus dieser Ehe, die sich bei der geschiedenen Ehefrau befinden. Die zukünftige Ehefrau ist verwitwet und hat einen Sohn, den sie in den gemeinsamen Haushalt einbringt.
Wir schließen folgenden

Ehe- und Erbvertrag

§ 1 Güterstand und Scheidungsfolgen

Reicht ein Ehegatte vor Ablauf von fünf Ehejahren die Scheidung ein und wird die Ehe in der Folge geschieden, so findet weder der Zugewinnausgleich noch der Versorgungsausgleich statt und hat kein Ehegatte gegen den anderen Anspruch auf nachehelichen Unterhalt. Von diesem gegenseitigen Unterhaltsverzicht ausgenommen ist ein etwaiger Kindesbetreuungsunterhalt nach § 1570 BGB, bei dessen Erlöschen aber Anschlußtatbestände nicht zu weiteren Ansprüchen auf Unterhalt führen.

§ 2 Unterhalt des Stiefkindes

Solange die Ehe besteht, kann die Ehefrau vom Ehemann für ihren leiblichen Sohn Unterhalt nach Maßgabe und im Umfang der Unterhaltsansprüche leiblicher Kinder verlangen, auch wenn gemeinsame eheliche Kinder geboren werden. Der Stiefsohn hat gegen den Ehemann in diesem Fall keinen eigenen Unterhaltsanspruch. Er erhält jedoch einen eigenen Unterhaltsanspruch im obigen Umfang dann, wenn die Ehefrau stirbt und die Ehe durch ihren Tod aufgelöst wird.

§ 3 Erbvertrag

Wir setzen uns gegenseitig zu Alleinerben ein. Erben des Letztversterbenden sollen der Sohn der Ehefrau und etwaige gemeinschaftliche Kinder zu gleichen Teilen, ersatzweise deren Abkömmlinge nach Maßgabe der gesetzlichen Erbfolge sein. Verlangt ein Kind beim Tod des Erstversterbenden seinen Pflichtteil, so ist der Überlebende berechtigt, dieses Kind auf seinen Tod zu enterben. Verheiratet sich der überlebende Ehegatte wieder, so ist er verpflichtet, den Kindern des Erstverstorbenen deren gesetzlichen Erbteil auf den Tod des Erstverstorbenen auszuzahlen. Danach entfällt die erbvertragliche Bindung.

Schrifttum: Langenfeld, Handbuch der Eheverträge und Scheidungsvereinbarungen, 3. A. 1996.

Anmerkungen

1. Vertragstyp. Bei Wiederverheiratung will man die Fehler der ersten Ehe vermeiden. Dies gilt auch für den rechtlichen Bereich. Für den Berater ist es nicht immer einfach, allzu extremen Abbedingungswünschen hinsichtlich des Scheidungsfolgenrechts zu begegnen. Oft kann man sich auf den zeitlich begrenzten Ausschluß des Formulars einigen. Ein weiterer wichtiger Punkt ist der Stiefkindunterhalt, an den die Beteiligten von sich aus meist nicht denken.

2. Stiefkindunterhalt. Bringt ein Ehegatte einseitige Kinder in die Ehe ein, für deren Unterhalt er infolge der vereinbarten ehelichen Rollenverteilung selbst nicht oder nicht voll aufkommen kann, so sollte er darauf achten, daß eine Vereinbarung über den Unterhalt dieser Kinder auch durch den anderen Ehegatten getroffen wird. Besonders wichtig ist dies dann, wenn nach der ehelichen Rollenverteilung nur der Stiefelternteil berufstätig sein soll. Die Unterhaltsvereinbarung zugunsten der Stiefkinder wird, solange der leibliche Elternteil lebt, zweckmäßigerweise in der Form des unechten Vertrages zugunsten der Stiefkinder geschlossen. Solange der leibliche Elternteil lebt, kann nur er gegen seinen Ehegatten die Unterhaltsansprüche seiner Kinder geltend machen. Diese haben gegen den Stiefelternteil keine eigenen Ansprüche. Diese Gestaltung erhält dem leiblichen Elternteil die Kontrolle über die Unterhaltsansprüche seiner Kinder gegen den Ehegatten und vermeidet familiäre Konflikte infolge von Unterhaltsansprüchen des Stiefkindes gegen den Stiefelternteil, mit denen auch der leibliche Elternteil nicht einverstanden ist. Für den Fall des Todes des leiblichen Elternteils vor Erlangung einer selbständigen Lebensstellung des Kindes müssen diesem jedoch in der Form des echten Vertrages zugunsten Dritter eigene Unterhaltsansprüche gegen den Stiefelternteil gegeben werden.

Entsprechende Vereinbarungen sind zugunsten von Verschwägerten möglich, etwa wenn ein Ehegatte einen Elternteil in den ehelichen Haushalt einbringt und ihm an Unterhalt dieses Elternteils auch durch den anderen Ehegatten gelegen ist.

3. Erbvertrag. Stiefkinder haben kein gesetzliches Erbrecht nach dem Stiefelternteil. Wegen der Sachnähe und der Erforderlichkeit gleichzeitiger Regelungen von Unterhalts- und Erbansprüchen von Stiefkindern wird deshalb hier ein Vorschlag für eine angemessene erbvertragliche Regelung gemacht. Zu den Einzelheiten vgl. jedoch den Erbrechtsteil dieses Bandes.

4. Kosten

§ 1: § 30 Abs. 3 KostO
§ 2: § 30 Abs. 1 KostO, 5.000,- DM
§ 3: § 24 Abs. 3 KostO: Jährlicher Unterhalt mal fünf
§ 4: Wert des nach Abzug der Verbindlichkeiten verbleibenden reinen Vermögens beider Erbvertragsschließender (§ 46 Abs. 4 KostO). Bei der Berechnung der Gebühren sind in der Regel die Angaben der Verfügenden über den Geschäftswert zugrundezulegen (§ 46 Abs. 5 KostO).

Die Werte der §§ 1, 2, 3 (Erbvertrag) sind gemäß § 44 Abs. 2 KostO zusammenzuzählen und dem Wert des § 4 (Erbvertrag) gegenüberzustellen. Maßgebend ist gem. § 46 Abs. 3 KostO der Vertrag mit dem höchsten Geschäftswert.

Hieraus dann eine doppelte Gebühr gem. § 46 Abs. 1 KostO.

9. Ehevertrag, Erb- und Pflichtteilsverzichtsvertrag bei Wiederverheiratung älterer Eheleute

Verhandelt zu ...... am ......
Vor dem unterzeichneten Notar ...... erschienen ......

Die Erschienenen erklärten:

Wir sind deutsche Staatsangehörige. Wir sind beide verwitwet und haben aus diesen Ehen beide Kinder. Wir beabsichtigen, in Kürze zu heiraten. Wir schließen den folgenden

Ehevertrag, Erb- und Pflichtteilsverzichtsvertrag

§ 1 Gütertrennung

Wir vereinbaren für unsere Ehe den Güterstand der Gütertrennung und schließen deshalb den gesetzlichen Güterstand aus. Die Errichtung eines Vermögensverzeichnisses und eine Eintragung ins Güterrechtsregister wünschen wir nicht. Zuwendungen eines Ehegatten an den anderen können bei Scheidung der Ehe nicht zurückgefordert werden, wobei die Ehegatten den Fortbestand der Ehe nicht als Geschäftsgrundlage betrachten. Dies gilt unabhängig vom Verschulden am Scheitern der Ehe. Die Rückforderung ist nur dann möglich, wenn sei bei der Zuwendung ausdrücklich vorbehalten wurde.

§ 2 Versorgungsausgleich, Unterhalt nach der Scheidung

Wir schließen den Versorgungsausgleich gegenseitig völlig aus. Ebenso schließen wir alle gegenseitigen Ansprüche auf nacheheliche Unterhalt völlig aus.

§ 3 Erb- und Pflichtteilsverzicht, Vermächtnis

Wir verzichten gegenseitig auf alle gesetzlichen Erb- und Pflichtteilsrechte. Jedoch erhält die Ehefrau erbvertraglich für den Fall der Auflösung der Ehe durch den Tod des

9. Ehevertrag, Erb- und Pflichtteilsverzichtsvertrag   XI. 9

Ehemannes den lebenslangen unentgeltlichen Nießbrauch an der im Grundbuch von A-Stadt Blatt ...... eingetragenen Eigentumswohnung nebst sämtlichen Inventar. Der Nießbrauch ist in das Grundbuch einzutragen. Zur Abgabe aller zur Eintragung des Nießbrauchs erforderlicher Erklärungen gegenüber Notar und Grundbuchamt erhält die Ehefrau hiermit vom Ehemann auf dessen Tod unwiderrufliche Vollmacht unter Befreiung von Beschränkungen des § 181 BGB.

Schrifttum: Langenfeld, Handbuch der Eheverträge und Scheidungsvereinbarungen, 3. A. 1996.

Anmerkungen

1. Vertragstyp. Der Verfall der Großfamilie und die zunehmende Lebenserwartung und Vitalität alter Menschen führen immer häufiger dazu, daß noch im Alter neue Partnerschaftsbeziehungen eingegangen werden. Auch ihnen sollte die Überführung von der nichtehelichen Lebensgemeinschaft in die gesetzliche Ehe durch geeignete ehevertragliche und erbvertragliche Vereinbarungen erleichtert werden. Die zukünftigen Ehegatten wollen den Lebensabend miteinander verbringen, ohne die Interessen ihrer jeweiligen Kinder und sonstigen Erben zu beeinträchtigen. Sie wollen durch die Eheschließung keine Verwirrung in ihre vermögens- und erbrechtlichen Verhältnisse bringen. Regelmäßig sind beide Beteiligte so versorgt, daß sie sich auch bei einem Scheitern der neuen Ehe wieder allein unterhalten könnten. Jeder will nur von seinen Kindern beerbt werden. Keiner will von dem anderen etwas erben. Lediglich der Anteil des Erstverstorbenen an der gemeinsam erworbenen Eigentumswohnung oder dem gemeinsam erworbenen Haus oder dem gemeinsam erkauften Wohnrecht in einem Wohnstift sowie der gemeinsame Hausrat soll dem Überlebenden zur Nutzung bis zu seinem Lebensende zustehen.

Es bietet sich deshalb die Vereinbarung von Gütertrennung sowie der Ausschluß des Versorgungsausgleiches und nachehelicher Unterhaltsansprüche an. Hiermit zu verbinden ist ein gegenseitiger Erb- und Pflichtteilsverzicht. Die Nutzungsrechte oder Eigentumsrechte, die der überlebende Ehegatte zur angemessenen Fortführung des Haushaltes bis zu seinem Tod erhalten soll, werden ihm im Anschluß daran vermächtnisweise zugewandt. <u>Soweit hierzu grundbuchrechtliche Erklärungen nötig sein, vermeidet die gleichzeitig auf den Todesfall erteilte unwiderrufliche Vollmacht Schwierigkeiten mit den Erben des verstorbenen Ehegatten.</u> (Zur postmortalen Vollmacht vgl. *Haegele* Rpfleger 1968, 345.)

2. Steuern. Erbschaftsteuer wird wegen der hohen Freibeträge nach § 16 (Steuerklasse 1) und § 17 ErbStG meist nicht anfallen. Die Erbschaftsteuer desjenigen, der das Vollrecht an Eigentumswohnung und Inventar erhält, kann nach § 25 ErbStG gestundet werden.

3. Kosten
§ 1: Nettovermögen beider Ehegatten.
§ 2:
a) Wert für Versorgungsausgleich, s. § 24 Abs. 6 i.V.m. § 30 Abs. 1 KostO, hilfsweise § 30 Abs. 2 KostO; Regelwert: 5.000,– DM
b) Wert für Unterhaltsverzicht, s. § 24 Abs. 3 i.V.m. § 30 Abs. 1 KostO, hilfsweise § 30 Abs. 2 KostO; Regelwert: 5.000,– DM
§ 3:
a) gegenseitiger Erbverzicht
   Wert: gem. § 30 Abs. 1 KostO.
b) Erbvertrag

Langenfeld   585

Der Wert des Nießbrauchs ist entsprechend der Angaben der Beteiligten gem. § 24 Abs. 3 KostO.
(Jahresnettomiete × 5) zu bestimmen.
Die Werte des §§ 1 u. 2 sind zusammenzurechnen und dem Wert des § 3 Buchst. b) gegenüberzustellen.
Dem Vertrag mit dem höheren Geschäftswert (in diesem Falle sicherlich der Ehevertrag) wird der Erbverzichtsvertrag hinzugerechnet (§ 44 Abs. 2 Buchst. a) KostO).
Hieraus eine doppelte Gebühr gem. § 46 Abs. 1 KostO.

10. Rückwirkende Vereinbarung von Zugewinngemeinschaft unter Aufhebung der bisherigen Gütertrennung

Verhandelt zu ...... am ......
Vor dem Notar ...... sind erschienen ......
und erklären:
Wir haben im Jahre 1960 geheiratet und Gütertrennung vereinbart. Wir wollen nunmehr rückwirkend den gesetzlichen Güterstand vereinbaren und schließen deshalb den folgenden

Ehevertrag

Wir vereinbaren für unsere Ehe jetzt den gesetzlichen Güterstand der Zugewinngemeinschaft und heben die Gütertrennung auf. Im Falle der Scheidung oder des Todes soll der Zugewinnausgleich ab unserer Heirat, also für die gesamte Ehezeit, stattfinden.

(Schlußvermerke, Schlußformel, Unterschriften)

Schrifttum: Langenfeld, Handbuch der Eheverträge und Scheidungsvereinbarungen, 3. A. 1996.

Anmerkungen

1. Vertragstyp. Die rückwirkende Änderung des Güterstandes wurde regelmäßig aus steuerlichen Gründen gewünscht, etwa wenn der ältere und u. U. erkrankte Ehegatte den größeren Zugewinn hatte und dem ihn voraussichtlich überlebenden anderen Ehegatten die Möglichkeit des schenkungsteuerfreien Zugewinnausgleichs mit dem Finanzamt eröffnet werden sollte. Hierzu kommt die Herabsetzung von Pflichtteilen mehrerer Kinder durch den Zusatzerbteil des § 1371 BGB (zu anderen Konstellationen des Güterstandswechsels vgl. *Langenfeld,* Handbuch, Rdn. 706 ff.).

2. Zivilrechtliche Wirksamkeit. Der Statuswechsel wirkt lediglich in die Zukunft. Dies gilt vor allem für die Verfügungsbeschränkungen der §§ 1365, 1369 BGB. Die Regelungen des neuen Güterstandes können aber dann auf einen früheren Zeitpunkt, insbesondere den der Eheschließung, zurückbezogen werden, wenn sie rein schuldrechtliche Wirkung zwischen den Eheleuten haben. Dies gilt nach allgemeiner Ansicht insbesondere für den Zugewinnausgleich (dazu *Langenfeld,* Handbuch, Rdn. 706).

3. Steuerrechtliche Wirksamkeit. Die rückwirkende Berechnung des Zugewinnausgleichs wird derzeit steuerlich nicht anerkannt (§ 5 ErbStG in der Fassung vom 31. 12. 1993; dazu *Langenfeld,* Handbuch Rdn. 714).

11. Wahl deutschen Ehegüterrechts bei gemischt-nationaler Ehe

Geschehen zu ...... am ......
Vor dem Notar ...... sind erschienen ......
und erklären:

Die Ehefrau ist deutsche Staatsangehörige, der Ehemann argentinischer Staatsangehöriger. Die Eheleute haben am ...... in Buenos Aires geheiratet. Sie sind vor kurzem nach Deutschland übergesiedelt, wollen jetzt in Deutschland bleiben und sich deshalb auch in das deutsche Ehegüterrecht integrieren. Der Notar hat den Eheleuten die Möglichkeit der Rechtswahl, den deutschen gesetzlichen Güterstand, die Möglichkeiten seiner ehevertraglichen Modifizierung oder Abbedingung und das sonstige Scheidungsfolgenrecht eingehend erläutert. Die Eheleute erklären hierzu, daß sie es angesichts der von ihnen geführten Einverdienerehe beim gesetzlichen Güterstand und dem sonstigen gesetzlichen Scheidungsfolgenrecht belassen wollen. Weiterhin erklären sie, daß eine Abwicklung des durch die heutige Rechtswahl beendeten argentinischen Güterstandes über § 3 dieses Vertrages hinaus nicht erforderlich ist, da sie keinen Grundbesitz haben und das aus Argentinien mitgebrachte Geld zum Erwerb der in § 3 bezeichneten Vermögensgegenstände verwendet haben. Sie schließen den folgenden

Ehevertrag

§ 1 Rechtswahl

Für die güterrechtlichen Wirkungen unserer Ehe wählen wir hiermit das deutsche Recht.

§ 2 Gesetzlicher Güterstand

Es soll beim gesetzlichen Güterstand der Zugewinngemeinschaft verbleiben. Der Zugewinnausgleich und der Versorgungsausgleich sollen ab Eheschluß berechnet werden. Das Anfangsvermögen setzen wir auf beiderseits Null an.

§ 3 Vermögen

In Auseinandersetzung der bisherigen Errungenschaftsgemeinschaft wird hiermit vereinbart:
Der PKW ...... steht im Alleineigentum des Ehemannes. Der Hausrat der Ehewohnung steht in unserem je hälftigen Miteigentum. Persönliche Gebrauchsgegenstände stehen im Alleineigentum des jeweiligen Ehegatten.

(Schlußvermerke, Schlußformel, Unterschriften)

Schrifttum: Langenfeld, Handbuch der Eheverträge und Scheidungsvereinbarungen, 3. A. 1996.

Anmerkungen

1. **Rechtswahl.** (1) **Gesetzliche Regelung.** Das Gesetz zur Neuregelung des Internationalen Privatrechts vom 25. 7. 1986 (BGBl. I S. 142) brachte die Anknüpfung an die sog. Kegelsche Leiter (Art. 14 Abs. 1 EGBGB) und die Möglichkeiten der Rechtswahl bei den allgemeinen Ehewirkungen und den güterrechtlichen Wirkungen der Ehe (Art. 15 Abs. 2, 14 Abs. 3 und 4 EGBGB, dazu *Langenfeld,* Handbuch, Rdn. 902 ff.). Während die Rechtswahl im Bereich des wandelbaren Ehewirkungsstatuts geringe praktische Be-

deutung hat, ist sie im Ehegüterrecht ein willkommenes Instrument, um bei schon bestehenden Ehen den auf den Zeitpunkt des Eheschlusses grundsätzlich unwandelbar festgelegten Güterstand zu ändern oder die noch zu schließende Ehe güterrechtlich dem gewünschten Recht zu unterstellen.

(2) **Form.** Die Rechtswahl muß nach Art. 14 Abs. 4 S. 1 EGBGB notariell beurkundet werden. Für Auslandsbeurkundungen erklärt Art. 14 Abs. 4 S. 2 EGBGB die dortige Ehevertragsform für ausreichend. Es dürfte sich bis zur Klärung der Frage, ob die Rechtswahl Ehevertragscharakter hat, empfehlen, auf der gleichzeitigen Anwesenheit der Parteien nach § 1410 BGB zu bestehen (*Wegmann* NJW 1987, 1740/1741).

(3) **Zweite Stufe.** Die Rechtswahl eröffnet den Weg in das gewünschte Recht. Ist durch sie die Schwelle zu diesem Recht überschritten, dann können die Beteiligten von einer etwaigen Ehevertragsfreiheit dieses Rechts Gebrauch machen. Bei der Wahl deutschen Rechts bedeutet dies, daß auf der zweiten Stufe jetzt den Verlobten oder Eheleuten die Modifizierungen des gesetzlichen Güterstandes und die Vereinbarung von Wahlgüterständen in einem Ehevertrag nach § 1410 BGB im vollen Umfang unserer Ehevertragsfreiheit offenstehen. Gleichzeitig sind im Rahmen der Art. 14, 17 und 18 EGBGB auch Vereinbarungen nach §§ 1408 Abs. 2, 1587c BGB möglich.

(4) **Weg ins deutsche Recht.** Für den deutschen Notar bietet die Rechtswahl die Möglichkeit, den deutsch-ausländischen, gleichstaatlich ausländischen oder verschiedenstaatlich-ausländischen Eheleuten den Weg ins deutsche Recht zu öffnen. Dabei hat er über das deutsche Recht und den vollen Umfang seiner Vertragsfreiheit fallbezogen zu belehren. Von der Möglichkeit der Rechtswahl ausländischen Rechts wird der deutsche Notar nur im Ausnahmefall Gebrauch machen, da er regelmäßig über den Inhalt des gewählten ausländischen Rechts nicht belehren kann. Besser als eine nach § 17 Abs. 4 BeurkG eingeschränkte Belehrung ist dann eine Beurkundung durch einen Notar im Bereich des gewählten ausländischen Rechts. Immer, auch bei der Wahl deutschen Rechts, ist zu beachten, daß die Frage der Anerkennung der Rechtswahl im Heimatland des beteiligten Ausländers Sache des dortigen IPR ist, die hiesige Rechtswahl also ein „hinkender" Vertrag sein kann, der im Ausland nicht anerkannt wird.

2. **Abwicklung des ausländischen Güterstandes.** Die Rechtswahl erfolgt mit ex-nunc-Wirkung. Es gelten die Grundsätze des Güterstandswechsels (vgl. Form. XI. 10 und *Langenfeld*, Handbuch Rdn. 706 ff.). Lebten die Beteiligten in einem ausländischen Güterstand der Gütergemeinschaft, so wird dieser durch die Rechtswahl beendet. Das Gesamtgut ist auseinanderzusetzen, und zwar wohl nach den Grundsätzen des ausländischen Rechts, da dieses Abwicklungsvorschriften zur Verfügung stellt, während das neue Statut regelmäßig keine Abwicklungsvorschriften für beendete fremde Güterstände vorsieht (str., vgl. *Wegmann* NJW 1987, 1740/1744).

3. **Steuern.** Die Rechtswahl hat keine direkte steuerliche Relevanz.

4. **Kosten.** Vgl. Form. XI. 1 Anm. 7.

12. Rechtswahl für unbewegliches Vermögen

Geschehen zu ...... am ......
Vor dem Notar ...... sind erschienen ......
Die Ehefrau ist taiwanesische, der Ehemann javanischer Staatsangehöriger. Sie sind als Wissenschaftler seit kurzem in Deutschland und wollen zusammen eine Eigentumswohnung kaufen. Der Notar hat sie gemäß § 17 Abs. 4 BeurkG darauf hingewiesen, daß er

12. Rechtswahl für unbewegliches Vermögen XI. 12

die Frage, ob sie in einem Güterstand der Gütertrennung oder Gütergemeinschaft leben, nicht ohne weitere Ermittlungen bzw. Gutachten klären kann, daß aber eine richtige Auflassung und Grundbucheintragung nach vorheriger beschränkter Rechtswahl i. S. von Art. 15 Abs. 2 Nr. 3 EGBGB möglich ist. Hierauf erklärten die Erschienenen den folgenden

Ehevertrag

Für die güterrechtlichen Wirkungen unserer Ehe wählen wir für unbewegliches Vermögen in Deutschland das deutsche Recht in der Form der Gütertrennung nach § 1414 BGB. Die Rechtswahl und der Güterstand der Gütertrennung soll für sämtliches unbewegliches Vermögen in Deutschland gelten. Wir erklären hierzu, daß wir bisher keine Rechtswahl getroffen und bisher kein unbewegliches Vermögen in Deutschland erworben haben.

(Schlußvermerke, Schlußformel, Unterschriften)

Schrifttum: Langenfeld, Handbuch der Eheverträge und Scheidungsvereinbarungen, 3. A. 1996.

Anmerkungen

1. **Beschränkte Rechtswahl.** Art. 15 Abs. 2 Nr. 3 EGBGB durchbricht das Gebot der Einheit des Güterstandes (*Langenfeld,* Handbuch, Rdn. 9) bei Ausländern, indem er diesen die Möglichkeit eröffnet, unter Beibehaltung ihres Heimatgüterstandes für unbewegliches Vermögen das Recht des Lageortes zu wählen. Der Gesetzgeber verfolgte hiermit die erklärte Absicht, den Grundstückserwerb ausländischer Ehegatten in Deutschland zu erleichtern. Die beschränkte Vereinbarung deutschen Rechts ermöglicht der Praxis die korrekte Auflassung und Grundbucheintragung (§§ 925 BGB, 47 GBO), ohne daß es nötig wäre, den Ausländer im übrigen mit vielleicht unübersehbaren Folgen aus seinem Heimatrecht herauszulösen (*Langenfeld* BWNotZ 1986, 153).

2. **Gütertrennung.** Es empfiehlt sich grundsätzlich, Gütertrennung zu vereinbaren, deren Prinzip und Wirkungen dem Ausländer am besten vermittelt werden können (*Langenfeld* BWNotZ 1986, 153; zustimmend *Böhringer* BWNotZ 1987, 104/111 und *Röll* MittBayNot 1989, 1/3). Die ausländischen Eheleute können dann entscheiden, ob sie durch einen Erwerb zu je ½ Miteigentum den Vermögensausgleich oder durch den Erwerb zu Alleineigentum eines Ehegatten die Vermögenstrennung wählen wollen (eingehend *Langenfeld,* Handbuch, Rdn. 926).

3. **Einheitliche Rechtswahl.** Aus dem Gebot der Einheit des Güterstandes folgt, daß die Rechtwahl nur insgesamt für den gesamten gegenwärtigen oder künftigen Grundbesitz in einem Rechtsgebiet getroffen werden kann (*Langenfeld* BWNotZ 1986, 153 und FamRZ 1987, 9/13; *Kühne* IPRax 1987, 69/73; *Wegmann* NJW 1987, 1740/1743). Nicht möglich ist es deshalb, die Rechtswahl nur für ein Grundstück zu treffen und es für andere Grundstücke im selben Rechtsbereich beim ausländischen Güterrecht zu belassen (so aber *Palandt/Heldrich* Art. 15 Rdn. 22; *Johannsen/Henrich* Art. 15 Rdn. 12; *Lichtenberger* DNotZ 1986, 644/659; *Böhringer* BWNotZ 1987, 104; *Röll* MittBayNot 1989, 1/3).

4. **Steuern.** Die Rechtswahl hat keine direkte steuerliche Relevanz.

5. **Kosten.** Vgl. Form. XI. 1 Anm. 7.

13. Ehevertrag nach islamischem Recht[1, 2]

Verhandelt zu ...... am ......
Vor dem unterzeichneten Notar[3] ...... erschienen ......
1. Herr ...... (Bezeichnung der ausländischen Staatsangehörigkeit,
   islamische Religion, Geburtstag, Beruf)[4]
2. Frau ...... (Deutsche Staatsangehörige, Religion, Geburtstag, Beruf)

– Brautleute –

3. Herr ...... (Männer islamischer Religion, möglichst der Staatsangehörigkeit des
4. Herr ...... (Bräutigam)

– Zeugen[5] –

Die Erschienenen sind geschäftsfähig und klar bei Verstand. Die Brautleute geben die nachstehenden Erklärungen in Anwesenheit der Zeugen ab. Die Zeugen bezeugen durch ihre Unterschrift, daß die Erklärungen tatsächlich so abgegeben wurden.

Die Brautleute erklären sodann den folgenden

Ehevertrag

§ 1 Eidesstattliche Versicherung[6]

Zur Vorlage bei deutschen Gerichten und Behörden versichert der Erschienene Ziffer 1 zunächst nach Belehrung über die Bedeutung einer eidesstattlichen Versicherung und die strafrechtlichen Folgen unrichtiger Angaben an Eides Statt, daß er zur Zeit nicht verheiratet ist.

§ 2 Ehevertragliche Vereinbarungen

(1) Im Hinblick auf das Heimatrecht des Bräutigams erklären die Brautleute zunächst: Ich, die Braut, bin bereit, Dich gegen Zahlung des nachstehenden Heiratsgeldes zu ehelichen.
Ich, der Bräutigam, bin bereit, Dich zu dieser Bedingung als meine Ehefrau anzunehmen.[7]

(2) Das Heiratsgeld[8] beträgt DM ...... oder einen gleichwertigen Betrag in der Heimatwährung des Ehemannes. Es ist auf Verlangen der Ehefrau, spätestens jedoch bei Auflösung der Ehe durch Scheidung oder Tod zu zahlen. Haben die Eheleute bei Auflösung der Ehe ihren Wohnsitz im Heimatstaat des Mannes, so sind der Ehefrau neben obigem Betrag auch die sie etwa treffenden Scheidungskosten und die Kosten der Rückreise nach Deutschland zu zahlen.

(3) Wir vereinbaren für unsere Ehe den Güterstand der Gütertrennung.[9] Das vor oder nach Eheschließung erworbene Vermögen jedes Ehegatten fällt in dessen alleiniges persönliches Eigentum und wird von ihm allein verwaltet. Nutzungs- und Verwaltungsbefugnisse eines Ehegatten am Vermögen des anderen bestehen nicht, soweit sie nicht durch besondere Vereinbarung begründet werden.

(4) Der Mann bevollmächtigt die Frau hiermit unwiderruflich, sich durch Scheidung[10] aus dem ehelichen Band zu befreien, soweit dies nach dem Recht seines Heimatlandes möglich ist und nach Maßgabe der dort jeweils geltenden Gesetze. Mit dieser Maßgabe soll die Scheidung der Frau insbesondere dann möglich sein, wenn der Mann eine andere Frau heiratet oder seine Unterhaltspflichten verletzt oder der Frau durch üble Behandlung das Leben unerträglich macht.

13. Ehevertrag nach islamischem Recht

(5) Der Mann verpflichtet sich, der Frau nach einer Scheidung, die er selbst beantragt hat oder die von der Frau aus obigen Gründen beantragt wurde, bei Bedürftigkeit angemessenen Unterhalt zu zahlen, soweit dies nach den Gesetzen seines Heimatlandes zulässig ist.[11]

(6) Während der Ehe sind der Frau die folgenden Tätigkeiten gestattet, zu denen sie hiermit vom Mann ausdrücklich bevollmächtigt wird:[12]
- Ausübung eines standesmäßigen Berufes,
- Empfang von ausländischem Besuch in der ehelichen Wohnung,
- Ein- und Ausreise aus dem Heimatland des Mannes nach ihrem Belieben und Beschaffung aller hierfür erforderlichen Visen und Erlaubnisse ohne besondere Zustimmung des Mannes. Hierüber wird heute eine besondere Ermächtigungs- und Vollmachtsurkunde erstellt.

(7) Sollten aus der Ehe Kinder hervorgehen, so erhält die Frau bei Auflösung der Ehe das alleinige Sorgerecht über die Kinder nach Maßgabe der Gesetzes des Heimatlandes des Mannes und in dem nach diesem höchstmöglich zulässigen sachlichen und zeitlichen Umfang.[13]

(8) Für den Inhalt dieses Ehevertrages sind die Gesetze des Heimatlandes des Ehemannes maßgeblich. Sollte nach diesen Gesetzen eine der obigen Vereinbarungen unwirksam sein oder werden, so bleiben die übrigen Vereinbarungen trotzdem wirksam. Die Beteiligten werden über ein Konsulat des Heimatstaates des Mannes veranlassen, daß dieser Ehevertrag in der erforderlichen Form legalisiert, genehmigt und registriert wird, soweit dies nach dem Heimatrecht des Mannes zu seiner Wirksamkeit und Anerkennung erforderlich ist.[14]

§ 3 Belehrung

Der Notar hat über den Inhalt ausländischen Rechts nicht belehrt. Die Beteiligten haben über Form, Inhalt und Anerkennung des vorstehenden Ehevertrages nach dem Heimatrecht des Mannes selbst Erkundigungen eingezogen und wünschen seine Beurkundung, um der Frau im Heimatlandes des Mannes die Chance des bestmöglichen Rechtsschutzes zu geben.

Anmerkungen

1. **Gefahren des islamischen Eherechts.** Das islamische Eherecht beruht wie das gesamte islamische Recht auf dem Koran, den Äußerungen der Propheten und der übereinstimmenden Ansicht der Rechtsgelehrten. Auf der Grundlage dieser Lehren werden zunehmend Ehegesetze erlassen. Die Ehe ist ein privater Vertrag, historisch aus dem Brautkauf entstanden. Wesentlicher Bestandteil des Ehevertrages ist deshalb die Festsetzung des Hochzeitsgeldes, der Morgengabe (mahr). Sie dient der finanziellen und rechtlichen Sicherstellung der Frau bei Auflösung der Ehe durch Scheidung oder Tod. Nach traditionellem islamischen Eherecht kann der Mann bis zu vier legale Frauen haben. Er kann die Ehe jederzeit durch dreimalige Wiederholung der Verstoßungsformel einseitig auflösen. Die Frau hat grundsätzlich kein Scheidungsrecht. Unterhaltsansprüche nach der Scheidung bestehen nicht. Die elterliche Gewalt über die Kinder steht ausschließlich dem Manne zu. Auch nach seinem Tod geht sie nicht etwa auf die Frau über, sondern auf den nächsten männlichen Verwandten des Verstorbenen.

Diese Grundsätze gelten in konservativen arabischen Staaten wie etwa der Arabischen Republik Jemen noch unverändert, während sie in anderen Staaten teilweise zugunsten der Frau abgemildert wurden. Jede Deutsche, die einem islamischen Ehemann in sein Heimatland folgt, unterwirft sich damit jedoch einer unseren von Freiheit und Gleichberechtigung geprägten Rechtsvorstellungen fremden Rechtsordnung. Insbesondere muß sie in Kauf nehmen, daß bei Scheidung die gemeinsamen Kinder endgültig beim Ehemann verbleiben. Eine Verpflichtung des Ehemannes zur Überlassung der Kinder an die Frau widerspricht den Grundsätzen des Islam und ist, auch wenn sie in einem Ehevertrag aufgenommen wird, unbeachtlich.

2. Inhalt und Grenzen von Eheverträgen. Eheverträge sind, da nach islamischem Recht die Ehe Vertragscharakter hat, in allen islamischen Staaten üblich und naturgemäß nur vor bzw. bei Eheschließung möglich. Form und Inhalt variieren je nach den einschlägigen besonderen Gesetzen. Informationen hierzu vermitteln die Merkblätter für Auslandstätige und Auswanderer des Bundesverwaltungsamtes in Habsburgring 9, 5000 Köln, insbesondere das Merkblatt Nr. 10, Islamische Eheverträge. Im vorliegenden Formular wurde versucht, Formulierungen zu finden, die in allen islamischen Rechtsordnungen Aussicht auf Anerkennung haben. Eine zuverlässige Aussage über die Anerkennung im jeweiligen islamischen Staat ist jedoch unmöglich, wobei auch die instabilen politischen und rechtlichen Verhältnisse in vielen Staaten eine Rolle spielen. Dennoch muß jeder Deutschen dringend zum Abschluß eines derartigen Ehevertrages geraten werden, da ohne ihn ihre Lage im Heimatland des Mannes unzumutbar wäre. Auch wenn einzelne Bestimmungen nicht anerkannt werden sollten, bleibt die Chance der Wirksamkeit der übrigen Bestimmungen. Ist aber erst einmal die Ehe vertragslos geschlossen, besteht keine Möglichkeit zur Verbesserung der Rechtslage der Frau mehr. Die nach dem Wegfall von Art. 15 Abs. 1 Abs. II HS 1 a.F. jetzt mögliche Anknüpfung des Güterrechtsstatuts an die Kegelsche Leiter führt bei islamisch-deutschen Ehen mit Wohnsitz und Eheschließung in Deutschland jetzt zur Geltung von deutschem Recht, dies aber nur für Deutschland. Der islamische Heimatstaat des Mannes wird bei Scheidung der Ehe im Heimatland des Mannes immer islamisches Recht anwenden. Deshalb bleibt, soweit nicht eine Übersiedlung der Eheleute in einem islamischen Staat völlig ausgeschlossen ist, der Abschluß eines Ehevertrages nach islamischem Recht zum Schutz der Frau weiter erforderlich.

3. Notar als Urkundsperson. Der Ehevertrag kann als privates, nicht religiöses Rechtsgeschäft vor einer weltlichen oder geistlichen Amtsperson abgeschlossen werden. Der deutsche Notar dürfte allgemein als zuständig anerkannt werden. Die Beteiligten sollten sich zunächst erkundigen, ob ein Konsulatsangehöriger zur Beurkundung des Ehevertrages zuständig ist, dessen Dienste wegen der Kenntnis des betreffenden Rechts bevorzugt in Anspruch genommen werden sollten.

4. Angaben zur Person. Angaben über Staatsangehörigkeit, Religion, Beruf, Geburtstag und -ort und die Geschäftsfähigkeit sind erforderlich. Die in manchen noch sehr in der Tradition verwurzelten islamischen Ländern anscheinend noch immer in die Eheverträge aufgenommenen Angaben über den körperlichen Zustand der Frau wie Geschlechtsreife und Jungfräulichkeit sind unzumutbar.

5. Zeugen. Nach sunnitischem Recht müssen bei Abschluß des Ehevertrages zwei Muslims als Zeugen auftreten, nach schiitischem Recht nur einer. Ob das Auftreten der Zeugen Wirksamkeitsvoraussetzung ist oder nur Beweisfunktion hat, scheint von den einzelnen nationalen Rechten verschieden beurteilt zu werden. Aus Sicherheitsgründen sollte versucht werden, zwei geschäftsfähige männliche Muslims etwa aus dem Kreis der Mitstudenten oder Arbeitskollegen des Mannes hinzuzuziehen.

6. Ehefähigkeit. Das zur Heirat eines Ausländers in Deutschland nach § 10 EheG erforderliche Ehefähigkeitszeugnis wird von den meisten islamischen Staaten nicht erteilt (vgl. die Übersichten bei *Staudinger/Dietz* § 10 EheG Rdn. 47ff. und *Staudinger/Gamillscheg* Art. 13 EGBGB Rdn. 714ff.). Deshalb hat der zuständige Präsident des Oberlandesgerichts nach § 10 Abs. 2 EheG Dispens zu erteilen. Er hat dabei auch deutsche Ehehindernisse, insbesondere das Verbot der Doppelehe nach § 5 EheG, zu berücksichtigen. Nach jetzt hL. hat der OLG-Präsident nicht das Recht, den Dispens zum Schutz deutscher Verlobter aus anderen Gründen zu verweigern (BGHZ 56, 180/184). Zum Abschluß eines Ehevertrages kann er zwar dringlich raten, ihn aber nicht durch Dispensverweigerung erzwingen. (*Gernhuber*, Familienrecht, S. 106 Fußn. 8 m. w. N.).

7. **Vertragsformel.** Die Eheschließungsformel ist z.B. zur Anerkennung in Jordanien unerläßlich. Der Notar sollte sie deshalb vorsorglich immer aufnehmen, um die Anerkennung im Heimatland des Mannes nicht zu gefährden. Nach deutschem Recht ist die Erklärung nur als Absichtserklärung, allenfalls als Verlöbnis zu werten. Der Notar maßt sich mit ihrer Beurkundung keine standesamtlichen Befugnisse an.

8. **Heiratsgeld (Morgengabe, *mahr*).** Das Heiratsgeld ist unerläßlicher Bestandteil der historisch aus dem Brautkauf entstandenen islamischen Ehe. Traditionell wird ein Teil des Heiratsgelds bei Eheschluß, der andere Teil bei Scheidung oder Tod fällig. Es schützt die vom islamischen Scheidungsfolgen- und Erbrecht sehr schlecht behandelte Frau vor materieller Not bei Auflösung der Ehe. Die islamische Familie der Frau achtet deshalb auf ein angemessenes Heiratsgeld, dessen Höhe aber auch der späteren Festsetzung durch die Parteien oder den Richter überlassen werden kann. Auch die deutsche Frau sollte trotz der Fremdheit des Heiratsgeldgedankens keine Scheu haben, sich insoweit orientalischen Vorstellungen zu unterwerfen und auf eine angemessene finanzielle Sicherstellung achten. Das Heiratsgeld sollte zu ihrem Schutz immer in DM bzw. der entsprechenden Summe der ausländischen Währung beziffert werden und den Vermögensverhältnissen des Mannes angemessen sein, ohne ihn zu knebeln. Denn bei einer unangemessen hohen Summe könnte sich der Mann einer später von der Frau gewünschten Scheidung aus rein finanziellen Gründen widersetzen. Zu einer begrenzten Wertsicherung führt die Klausel, daß der Frau neben der festgesetzten Geldsumme noch die Scheidungs- und Rückreisekosten vorzuschießen sind.

9. **Gütertrennung.** Wenn die Eheleute für Deutschland nicht Gütertrennung vereinbaren wollen, ist § 9 Abs. 3 des Formulars wegzulassen. Islamischer Güterstand ist von jeher sowieso die Gütertrennung. Es dürfte sich überhaupt wohl empfehlen, güterrechtliche Vereinbarungen, die nur für Deutschland Bedeutung haben, in einem weiteren getrennten Ehevertrag zu treffen.

10. **Einehe, Scheidungsrechte der Frau.** Der Mann kann sich nach islamischem Recht nicht zur Einehe verpflichten. Die Aufnahme einer derartigen Verpflichtung würde die Gefahr der Ungültigkeit des Ehevertrages nach dem Heimatrecht des Mannes heraufbeschwören. Wohl aber kann die Eingehung einer weiteren Ehe nach den meisten Rechten zum Scheidungsgrund gemacht werden. In sehr traditionalistischen Staaten wie der Arabischen Republik Jemen hat die Frau auch heute noch kein Scheidungsrecht. In den meisten islamischen Staaten bestehen jedoch gesetzliche Scheidungsrechte der Frau, die ehevertraglich konkretisiert und erweitert werden können. Da die Scheidungsrechte der Frau teilweise noch als Ausübung der nur dem Mann zustehenden Scheidungsbefugnisse in dessen Namen angesehen werden, sollte unbedingt die Form der Bevollmächtigung entsprechend dem Formular gewählt werden.

11. **Nachehelicher Unterhalt.** Nach islamischem Recht hat die Frau nur während der gesetzlichen Wartezeit von 90 Tagen, während deren der Mann die Frau auch gegen ihren Willen zurückholen kann, Anspruch auf Unterhalt. Sonstiger nachehelicher Unterhalt ist unbekannt. Die Anerkennung der Klausel im Heimatland des Mannes ist fraglich.

12. **Freizügigkeit der Frau.** Nach islamischem Recht ist die Frau auf Haus und Familie beschränkt (Harem). Der Mann hat disziplinäre Befugnisse bis hin zur Züchtigung. Er allein bestimmt den Aufenthalt und den Umgang der Frau. Dies führt in den meisten Staaten auch dazu, daß die Frau nur mit ausdrücklicher Zustimmung des Mannes ausreisen darf. Die Erlaubnisse und Vollmachten des Formulars sind deshalb von größter praktischer Wichtigkeit. Insbesondere die Ausreisevollmacht sollte nochmals getrennt

vom Ehevertrag schriftlich erteilt werden, damit sie nicht von einer sich etwa später herausstellenden Unwirksamkeit des Ehevertrages miterfaßt wird.

13. **Zuteilung der Kinder.** Vgl. Anm. 1. Nach islamischem Recht hat die Frau das Sorgerecht für Knaben bis zu sieben Jahren, für Mädchen bis zu neun Jahren. Die ausländische Frau hat jedoch keine Möglichkeit, mit den Kindern auszureisen. Eine ehevertragliche Klausel, nach der die Kinder endgültig der Frau zugeteilt werden sollen, wird nicht anerkannt. Auch ist zweifelhaft, ob der nicht muslimischen Frau obige begrenzte Sorgenrechte zugestanden werden, da sie im Heimatland des Mannes keine Familie hat. Die ausländische Frau muß damit rechnen, bei Scheidung im Heimatland des Mannes ihre Kinder sofort und endgültig zu verlieren.

14. **Weitere Formerfordernisse.** Die salvatorische Klausel ist in der Hoffnung aufzunehmen, daß sie anerkannt wird. Nach einigen Rechten ist die Legalisierung des Ehevertrages erforderlich. Auch die Bestätigung durch das Gericht für muslimische personenrechtliche Angelegenheiten (sharia) und die standesamtliche Registrierung im Heimatland des Mannes kann vorgeschrieben sein. Die Beteiligten sollten sich hierwegen mit dem zuständigen Konsulat in Verbindung setzen.

15. **Kosten**
§ 1: Wert DM 5.000.– gem. § 30 Abs. 3 KostO.
§ 2: Abs. 1: Wert des Heiratsgeldes.
§ 2: Abs. 3: Wert des beiderseitigen gegenwärtigen Vermögens unter Abzug von Schulden.
§ 2: Abs. 4: Wert DM 5.000.– gem. § 30 Abs. 3 KostO.
§ 2: Abs. 5: Wert ist gem. § 24 Abs. 3 zu berechnen, hilfsweise gem. § 30 Abs. 1 KostO.
§ 2: Abs. 6: Wert 5.000,– DM gem. § 30 Abs. 3 KostO.
§ 2: Abs. 7: Wert 5.000,– DM gem. § 30 Abs. 3 KostO.
§ 2: Abs. 8: Keine Bewertung.
Sämtliche Werte sind gem. § 44 Abs. 2 KostO Buchst. a) zusammenzuzählen. Hieraus doppelte Gebühr gem. § 36 Abs. 2 KostO i. V. mit § 39 Abs. 3 KostO.

14. Ausschluß des Geschäftsbesorgungsrechts nach § 1357 BGB

An das Amtsgericht ......   – Güterrechtsregister –

Ich, der Ehemann, schließe hiermit die Berechtigung meiner Ehefrau, gemäß § 1357 BGB Geschäfte mit Wirkung für mich zu besorgen, aus. Ich, die Ehefrau, schließe hiermit ebenfalls das Recht meines Ehemannes, derartige Geschäfte für mich zu besorgen, aus. Unter Vorlage der Heiratsurkunde beantragen wir, diesen gegenseitigen Ausschluß in das Güterrechtsregister einzutragen.

(Beglaubigungsvermerk)

Schrifttum: Langenfeld, Handbuch der Eheverträge und Scheidungsvereinbarungen, 3. A. 1996.

Anmerkungen

1. **Gesetzliche Regelung.** Das Gesetz sieht in § 1357 Abs. 2 BGB den einseitigen Ausschluß des Geschäftsbesorgungsrechts vor. Die Ausschließung des Geschäftsbesorgungs-

15. Vertrag der getrennt lebenden Eheleute XI. 15

rechts erfolgt durch formlose Erklärung gegenüber dem Ehegatten. Das Geschäftsbesorgungsrecht kann insgesamt ausgeschlossen oder in einzelnen Beziehungen beschränkt werden. Dritten gegenüber wirkt die Beschränkung oder Ausschließung gemäß § 1357 Abs. 2 Satz 2 BGB nur, wenn sie dem Dritten bekannt oder im Güterrechtsregister des zuständigen Amtsgerichts eingetragen ist. Da die Kenntnis des Dritten regelmäßig schwer nachzuweisen ist, ist die Eintragung in das Güterrechtsregister zu empfehlen, die gemäß § 1561 Abs. 2 Nr. 4 BGB auf Antrag eines Ehegatten erfolgt. Dabei ist die Heiratsurkunde zum Nachweis der Eheschließung vorzulegen. Gemäß § 1560 BGB ist der Antrag in öffentlich beglaubigter Form zu stellen. Zuständig ist das Amtsgericht nach § 1558 BGB.

2. **Gegenseitiger und ehevertraglicher Ausschluß.** Ob der ehevertragliche Ausschluß des § 1357 BGB möglich ist, ist höchstrichterlich noch nicht geklärt. Mit den Argumenten des Gläubigerschutzes und der Vereitelung der sonst möglichen einseitigen Aufhebungserklärung durch die vertragliche Bindung wird er überwiegend abgelehnt. Für die Praxis ist deshalb zu wechselseitig abgegebenen Ausschlußerklärungen zu raten.

3. **Steuern.** Keine steuerliche Relevanz.

4. **Kosten.** Vgl. Form. XI. 1 Anm. 7.

Getrenntleben

15. Vertrag der getrennt lebenden Eheleute[1]

Verhandelt am ...... in ......
Vor dem Notar ...... erschienen ......

und erklärten:

Wir leben getrennt. Scheidungsantrag soll vorerst nicht gestellt werden. Bis zur Rechtskraft der Scheidung schließen wir den folgenden

Getrenntlebensvertrag

§ 1 Vermögensauseinandersetzung[12]

(1) Wir vereinbaren hiermit den Güterstand der Gütertrennung. Das während der Ehe erworbene, dem Zugewinnausgleich unterfallende Vermögen besteht im wesentlichen aus den beiden Eigentumswohnungen in ...... (Ort, Straße) Grundbuch Blatt ...... und ...... (Ort, Straße) Grundbuch Blatt ......, die wir zu je einhalb Miteigentum erworben haben. Die Ehefrau soll das im Blatt ...... des Grundbuchs von ...... (Ort) verzeichnete Wohnungseigentum zu Alleineigentum erhalten, der Ehemann das in Blatt ...... des Grundbuchs von ...... (Ort) verzeichnete Wohnungseigentum ebenfalls zu Alleineigentum. Die jeweiligen Miteigentumsanteile werden deshalb so vertauscht, daß der Ehemann der Ehefrau seinen Miteigentumsanteil von einhalb an dem Wohnungseigentum Blatt ......, die Ehefrau dem Ehemann ihren Miteigentumsanteil von einhalb an dem Wohnungseigentum Blatt ...... übertragen. Einig über die Eigentumsübergänge bewilligen und beantragen die Beteiligten den Vollzug im Grundbuch.

(2) Die Besitzübergänge erfolgen sofort. Jede Gewährleistung ist ausgeschlossen. Verwaltergenehmigungen sind nicht erforderlich.

(3) Die Ehefrau bewohnt die ihr zugeteilte, bis zum Getrenntleben eheliche Wohnung. Sie erhält das gesamte Inventar dieser Wohnung zu Alleineigentum.[5]

(4) Der Ehemann bewohnt ein möbliertes Zimmer, bis die ihm zugeteilte Wohnung vom Mieter aufgrund der bereits ausgesprochenen Kündigung geräumt ist. Zur Anschaffung von Hausrat darf er das auf seinen Namen bei der Sparkasse ...... angelegte Sparkonto Nr. 4 ...... behalten. Ebenso behält er den PKW der Marke ......, amtliches Kennzeichen ......, der auf ihn zugelassen ist.

(5) Die Eheleute stellen fest, daß mit Vollzug dieser Vereinbarungen der Zugewinn ausgeglichen ist.

(6) Eine Eintragung ins Güterrechtsregister wird nicht gewünscht.

§ 2 Erb- und Pflichtteilsverzicht

Die Ehegatten verzichten gegenseitig auf ihr gesetzliches Erb- und Pflichtteilsrecht.[6]

§ 3 Elterliche Sorge

Die Ehefrau beantragt hiermit gem. § 1671 Abs. 1 BGB beim Familiengericht, ihr die elterliche Sorge für den gemeinsamen Sohn S, geb. am ......, allein zu übertragen. Der Ehemann stimmt dem gemäß § 1671 Abs. 2 Nr. 1 BGB hiermit zu. Der beurkundende Notar wird beauftragt, diese Erklärungen mittels Ausfertigung dieser Urkunde an das Familiengericht weiterzuleiten.

§ 4 Umgangsrecht

Der Ehemann erhält ein großzügiges Umgangsrecht mit dem Sohn S. Er kann ihn jedes zweite Wochenende zu sich nehmen und mit ihm nach Abstimmung mit der Ehefrau den Urlaub und die Feiertage verbringen. Weihnachten verbringt der S, soweit sich die Eheleute nicht anders einigen, bei der Mutter.

§ 5 Unterhalt

Für die Ehefrau hat der Ehemann den gesetzlichen Unterhalt zu zahlen. Die Eheleute konkretisieren diesen Unterhalt einverständlich auf derzeit DM ......, die monatlich im voraus zu zahlen sind. Sie vereinbaren, daß sich dieser Betrag künftig entsprechend den Änderungen der dritten Altersstufe des Regelbetrages des Kindesunterhalts nach der Regelbetrags-Verordnung verändert. Wegen der Zahlung dieses Betrages unterwirft sich der Ehemann hiermit der sofortigen Zwangsvollstreckung in sein gesamtes Vermögen.

Für den Sohn S hat der Ehemann zu Händen der Ehefrau monatlich im voraus 120 vom Hundert des jeweiligen Regelbetrages der betreffenden Altersstufe nach der Regelbetragsverordnung abzüglich der Hälfte des Kindergeldes zu zahlen. Derzeit sind dies DM. ..... Wegen der Zahlung dieses Betrages unterwirft sich der Ehemann hiermit der sofortigen Zwangsvollstreckung in sein gesamtes Vermögen.

§ 6 Krankenversicherung[12]

Der Ehemann verpflichtet sich, die bisherige private Krankenversicherung von Ehefrau und Sohn aufrechtzuerhalten und etwaige Vertragsänderungen bei seiner eigenen Versicherung gleichzeitig auch für Ehefrau und Sohn vorzunehmen.

§ 7 Scheidungsvereinbarung

Anläßlich der Ehescheidung ist der Versorgungsausgleich vom Familiengericht durchzuführen. Über den nachehelichen Unterhalt und den Kindesunterhalt ist eine Scheidungsvereinbarung mit einem den §§ 5 und 6 dieser Urkunde entsprechenden Inhalt anzustreben.

15. Vertrag der getrennt lebenden Eheleute XI. 15

Schrifttum: Langenfeld, Handbuch der Eheverträge und Scheidungsvereinbarungen, 3. A. 1996.

Anmerkungen

1. Sachverhalt. Die Eheleute können sich aus persönlichen Gründen noch nicht zur Scheidung entschließen. Sie wollen jedoch, was empfehlenswert ist, das Getrenntleben rechtlich regeln, insbesondere den Zugewinn ausgleichen und weiteren ausgleichpflichtigen Zugewinn verhindern sowie erbrechtliche Bewegungsfreiheit erhalten.

2. Vertragstyp. Die Vereinbarung regelt den Zugewinnausgleich, die Hausratsverteilung und das gesetzliche Erb- und Pflichtteilsrecht endgültig. Bei Scheidung sind durch Richterspruch oder Scheidungsvereinbarung noch der Versorgungsausgleich und der nacheheliche Unterhalt einschließlich des Kindesunterhalt sowie das Sorgerecht und Umgangsrecht zu regeln. Derartige Vereinbarungen bilden einen eigenen Vertragstyp im Zwischenbereich zwischen funktionierender Ehe und Scheidung.

3. Gütertrennung, Zugewinnausgleich. Das Getrenntleben beendet die Zugewinngemeinschaft nicht. Maßgeblich für die Berechnung des Zugewinns ist nach § 1384 BGB der Zeitpunkt der Rechtshängigkeit des Scheidungsantrages. Da die Eheleute hier den bisherigen Zugewinn ausgleichen wollen und weiteren ausgleichspflichtigen Zugewinn verhindern wollen, ist Gütertrennung zu vereinbaren.

4. Grunderwerbsteuer. Vermögensauseinandersetzungen zwischen Ehegatten im Rahmen der Scheidung und nach der Scheidung sind nach § 3 Nr. 4 und 5 GrEStG von der Grunderwerbsteuer ausgenommen.

5. Hausratsverteilung. Gesetzliche Grundlage der Hausratsverteilung ist § 1361a BGB, wenn nicht wie hier eine gütliche Einigung zustandekommt.

6. Erb- und Pflichtteilsverzicht. Das gegenseitige Erb- und Pflichtteilsrecht der Ehegatten wird erst durch den Scheidungsantrag ausgeschlossen, den der Erblasser gestellt oder dem er zugestimmt haben muß, § 1933 BGB. Zur Herstellung des Ausschlusses schon bei Getrenntleben ist deshalb ein notarieller Vertrag gem. §§ 2346 ff. BGB erforderlich.

7. Elterliche Sorge, Umgangsrecht. §§ 1671 ff. BGB in der Fassung des KindRG (BGBl I 1997, 2942) unterscheiden nicht mehr zwischen Trennung und Scheidung. Die miteinander verheirateten Eltern üben bei Trennung und Scheidung die elterliche Sorge weiterhin gemeinsam aus. Das Familiengericht hat in diesem Fall nichts zu entscheiden. Es wird nur dann tätig, wenn ein Elternteil einen Antrag auf Übertragung der alleinigen Sorge stellt, § 1671 Abs. 1 BGB. Diesem Antrag ist nach § 1671 Abs. 2 Nr. 1 BGB dann stattzugeben, wenn der andere Elternteil zustimmt. Ein über 14 Jahre altes Kind kann dem widersprechen. Das Familiengericht ist an den übereinstimmenden Willen der Eltern gebunden, soweit nicht die Voraussetzungen der Kindeswohlgefährdung nach § 1666 BGB vorliegen.

Nach § 1684 Abs. 1 BGB n. F. ist jeder Elternteil zum Umgang mit dem Kind verpflichtet und berechtigt. Die einvernehmliche Regelung des Umgangsrechts ist ein besonderes Anliegen des KindRG (*Büttner* FamRZ 1998, 585/588 ff.). Getrenntlebens- und Scheidungsvereinbarungen über das Umgangsrecht werden dieser gesetzgeberischen Intention in besonderer Weise gerecht.

8. Unterhalt der Ehefrau. Rechtsgrundlage ist § 1361 BGB. Unterhaltsverzichte sind nach §§ 1360a, 1614 BGB bei Getrenntleben nicht möglich. Die Vereinbarung ist deshalb nichtig, soweit sie deutlich die Grenze der Angemessenheit nach § 1361 Abs. 1 S. 1 BGB unterschreitet. Für die Wertsicherung bieten sich daher die nettolohnbezogenen Anpassungen des Kindesunterhalts nach § 1612a n. F. BGB an. Regelmäßig ist in der

Vereinbarung die Konkretisierung des Anspruchs nach § 1361 Abs. 1 S. 1 anzustreben. Festlegung der Unterhaltsleistungen über das gesetzliche Maß hinaus ist möglich. Bei der Angemessenheitsprüfung ist auch der Zusammenhang mit der evtl. (wie hier) gleichzeitig erfolgenden Vermögensauseinandersetzung zu sehen (Rechtsgedanke des § 1587o Abs. 2 S. 3 BGB).

9. Kindesunterhalt. Das KindUG v. 6. 4. 1998 (BGBl I 1998, 666) hat das Unterhaltsrecht minderjähriger Kinder vereinheitlicht und eine Anpassung der nettolohnbezogenen Regelbeträge im Abstand von zwei Jahren eingeführt (vgl. *Wagner* FamRZ 1997, 1513). Vereinbarungen zwischen getrenntlebenden und geschiedenen Eltern über den Kindesunterhalt sollten sich dieser Neuregelung anpassen. Ob § 1629 Abs. 2 S. 2 BGB eine Vertretungsmacht zur außergerichtlichen vertraglichen Festlegung des Unterhaltsanspruchs des Kindes verschafft (verneinend nach altem Recht z.B. *Langenfeld* NJW 1981, 1277/2378), ist fraglich. Jedenfalls verschafft die Vereinbarung dem Kind nach § 328 BGB einen eigenen vollstreckbaren Anspruch. Zum Kindergeld vgl. § 1621b n.F.

10. Anpassung. Unterhaltsrenten als Geldwertschulden fallen nicht unter § 3 WährG (BGH NJW 1957, 342; WPM 1975, 55; OLG Frankfurt DNotZ 1969, 98).

11. Steuern. Die Weiterbezahlung der Krankenversicherung sind Sonderausgaben des zahlenden Ehemannes, wenn er vertraglicher Schuldner ist (Abschn. 88 Abs. 4 EStR; zur Unterhaltsleistung in Form von Sonderausgaben siehe *Ruland/Tiemann*, Versorgungsausgleich und steuerliche Folgen der Ehescheidung S. 332).

12. Kosten und Gebühren. Kostenpflichtig sind folgende Vereinbarungen:
§ 1 Abs. 1:
a) Ehevertrag (Gütertrennung)
   Wert des beiderseitigen zusammengerechneten Vermögens beider Ehegatten unter Schuldenabzug.
b) Grundstücksübertragungen (Eigentumswohnungen) Wertermittlung gem. § 19 KostO für die beiden Eigentumswohnungen.
   Es handelt sich um einen Austauschvertrag gem. § 39 Abs. 2 der KostO.
   Für die Kostenbewertung ist der halbe höhere Wert entweder der Eigentumswohnung A-Stadt, X-Straße oder der Wohnung A-Stadt, Y-Straße zu nehmen.
§ 1 Abs. 2: Keine Bewertung
§ 1 Abs. 3: Feststellung des Wertes des Inventars (Angaben der Beteiligten).
§ 1 Abs. 4: Feststellung des Kontostandes des Sparkontos und des Wertes des PKW (Angaben der Beteiligten).
§ 1 Abs. 5: Keine Bewertung.
§ 1 Abs. 6: Keine Bewertung.
§ 2: Erb- und Pflichtteilsverzicht.
   Der Wert des Erbverzichtes bestimmt sich nach § 39 Abs. 2 KostO nach der Gegenleistung. Nach dem in diesem Fall keine Gegenleistung vorhanden ist, bestimmt sich der Wert des Verzichts gem. § 30 Abs. 1 der KostO.
   Nach dem in diesem Falle keine Gegenleistung vorhanden ist, bestimmt sich der Wert des Verzichts gem. § 30 Abs. 1 der KostO. Nachdem beide Ehegatten (gegenseitig) auf das Erb- und Pflichtteilrecht verzichten, handelt es sich um ein Austauschverhältnis. Gem. § 30 Abs. 1 KostO ist der Wert mit dem hälftigen Betrag (gesetzl. Erbteil $1/2$) aus dem hälftigen evtl. höheren Wert anzusetzen.
§ 3: Wert 5.000,– DM gem. § 30 Abs. 3 KostO.
§ 4: dto
§ 5:
a) Unterhalt der Ehefrau
   Jahresunterhalt × 5 (§ 24 Abs. 3 KostO).

16. Scheidungsbezogener Ehevertrag zwecks einverständlicher Scheidung

b) Unterhalt des Kindes
Jahresunterhalt – einjähriger Bezug – (§ 24 Abs. 4 KostO). Die Rechtsprechung wendet den § 24 Abs. 4 nicht nur beim „nichtehelichen" Kind, sondern auch beim ehelichen Kind an.
§ 6: Jahresbeiträge × 5 (§ 24 Abs. 3 KostO)
§ 7: Keine Bewertung.
Die Werte des § 1 a) und b) Abs. 3 u. 4 des § 2, 3, 5 und 6 sind gem. § 44 Abs. 2 Buchst. a) zusammenzuzählen.
Hieraus eine doppelte Gebühr gem. § 36 Abs. 2 KostO i. V. mit § 39 Abs. 3 KostO.

Scheidungsvereinbarungen

16. Scheidungsbezogener Ehevertrag zwecks einverständlicher Scheidung

Verhandelt zu ...... am ......
Vor dem Notar ...... sind erschienen ......

und erklären:

Wir haben am ...... geheiratet und wollen uns scheiden lassen. Die Ehe ist kinderlos. Wir haben beide während der Ehezeit voll gearbeitet, unsere Vermögen getrennt gehalten und im Erwerb von Versorgungsanwartschaften keine ehebedingten Nachteile erlitten. Wir werden weiterhin voll berufstätig sein und können jeder für seinen Unterhalt selbst aufkommen. Wir wollen gütlich auseinandergehen und keine Ansprüche gegeneinander geltend machen. Deshalb erklären wir den folgenden

Ehevertrag

§ 1 Gütertrennung

Wir vereinbaren den Güterstand der Gütertrennung und heben den gesetzlichen Güterstand auf. Ansprüche auf Zugewinnausgleich sind nicht entstanden. Sie werden hiermit vertraglich ausgeschlossen.

§ 2 Unterhaltsverzicht

Wir verzichten gegenseitig auf jeglichen nachehelichen Unterhalt, und nehmen den Verzicht gegenseitig an.

§ 3 Ausschluß des Versorgungsausgleichs

Wir schließen hiermit den Versorgungsausgleich gem. § 1408 Abs. 2 BGB völlig aus. Wir sind vom Notar darauf hingewiesen, daß diese Ausschlußvereinbarung gem. § 1408 Abs. 2 Satz 2 BGB unwirksam wird, wenn innerhalb eines Jahres ab heute Antrag auf Scheidung der Ehe gestellt wird. Für diesen Fall vereinbaren wir schon heute ebenfalls den völligen gegenseitigen Ausschluß des Versorgungsausgleichs gem. § 1587 o BGB. Für die dann erforderliche Genehmigung des Familiengerichts weisen wir darauf hin, daß wir beide während der Ehezeit voll berufstätig waren und keiner von uns ehebedingte Nachteile im Erwerb von Versorgungsanwartschaften erlitten hat.

§ 4 Teilnichtigkeit
Sollte eine dieser Vereinbarungen unwirksam sein oder werden, so sollen die übrigen Vereinbarungen dennoch wirksam bleiben.

Schrifttum: Langenfeld, Handbuch der Eheverträge und Scheidungsvereinbarungen, 3. A. 1996.

Anmerkungen

1. Vertragstyp. Der scheidungsbezogene Ehevertrag zur einverständlichen, nicht nach § 1587o BGB genehmigungspflichtigen Erledigung aller Scheidungsfolgen ist ein praxishäufiger, gerichtlich anerkannter (BGH FamRZ 1986, 788 = NJW 1986, 2318) Vertragstyp. Die Eheleute wollen den Ehekonkurs so reibungslos und kostengünstig wie möglich abwickeln. Einziger Nachteil der Gestaltung ist, daß die Jahresfrist des § 1408 Abs. 2 S. 2 BGB abzuwarten ist, bevor der Scheidungsantrag gestellt werden kann.

2. Gütertrennung. Alternative zur Beendigung des Güterstandes durch Gütertrennung ist eine Vereinbarung nach § 1378 Abs. 3 S. 2 BGB, die auch schon vor Anhängigkeit des Scheidungsverfahrens möglich ist (BGHZ 86, 143). Regelmäßig ist aber die Vereinbarung von Gütertrennung vorzuziehen.

3. Unterhaltsverzicht. (1) **Verhältnis zur Sozialhilfe.** Der scheidungsbezogene Unterhaltsverzicht (zum vorsorgenden Unterhaltsverzicht vgl. Form. XI. 4 Anm. 3) ist nach § 138 BGB nichtig, wenn ein Ehegatte bereits Sozialhilfe in Anspruch genommen hat und die Unterhaltsansprüche des jetzt verzichtenden Ehegatten vor Abschluß des Unterhaltsverzichts gem. § 91 BSHG auf das Sozialamt übergegangen sind (BGHZ 20, 127; OLG Karlsruhe FamRZ 1979, 709).

Weiterhin ist nichtig ein Unterhaltsverzicht, der in Anbetracht der wirtschaftlichen Situation der Eheleute zwingend dazu führen würde, daß der verzichtende Ehegatte der Sozialhilfe anheimfällt (BGH FamRZ 1987, 40 = NJW 1987, 1546). Auf eine Schädigungsabsicht kommt es dabei nicht an. Der 5. Deutsche Familiengerichtstag (FamRZ 1983, 1201) empfiehlt, in der Vereinbarung ausdrücklich festzustellen, daß und warum aus der Sicht der Beteiligten keine konkrete Gefahr der Sozialhilfebedürftigkeit eines Ehegatten vorhanden ist. Entsprechendes gilt für die Arbeitslosenhilfe, das Wohngeld nach dem Wohngeldgesetz und die Ausbildungsförderung nach dem Bundesausbildungsförderungsgesetz. Der vor Anspruchsüberleitung nach § 140 AFG vereinbarte Unterhaltsverzicht ist sittenwidrig, wenn im Zeitpunkt der Verzichtsvereinbarung abzusehen ist, daß der Verzichtende zwangsläufig Arbeitslosenhilfe in Anspruch nehmen wird, welche er beim Bestehen des verzichteten Anspruchs überhaupt nicht oder nur geschmälert würde beanspruchen können. Nach Überleitung eines nachehelichen Unterhaltsanspruchs des arbeitslosen Empfängers auf den Arbeitslosenhilfeträger gem. § 140 AFG ist ein Verzicht auf diesen Anspruch mangels Verfügungsbefugnis unwirksam. Sittenwidrig ist der Unterhaltsverzicht auch, wenn er sich zwangsläufig zu Lasten des Wohngeldträgers auswirkt oder wenn er zwangsläufig zu einer Inanspruchnahme von Ausbildungsförderung führt (dazu *Frey,* Der Verzicht auf nachehelichen Unterhalt, S. 71 ff.).

(2) **Verzicht zulasten nachrangiger Unterhaltsschuldner.** Nach den zur Sittenwidrigkeit eines Unterhaltsverzichts im Verhältnis zu Sozialhilfeträgern entwickelten Grundsätzen ist ein Verzicht auf den nachehelichen Unterhalt auch dann sittenwidrig und nichtig, wenn er zwangsläufig zur Unterhaltspflicht nachrangiger Verwandter führt (*Frey* aaO. S. 67).

(3) **Sittenwidrige Koppelung mit Kindesunterhalt, Sorge- oder Umgangsrecht.** Sittenwidrig und nichtig kann ein Unterhaltsverzicht sein, der das gemeinsame Kind zum Ge-

16. Scheidungsbezogener Ehevertrag zwecks einverständlicher Scheidung XI. 16

genstand eines Handels macht. Die Beteiligten müssen dann aber ohne Rücksicht auf das Wohl des Kindes und in anstößiger Weise das Sorge- und Umgangsrecht zum Tauschobjekt gegen den Unterhaltsverzicht gemacht haben (BGH FamRZ 1986, 444).

(4) **Renten- oder Versorgungsansprüche aus einer früheren Ehe.** Vorsicht bei der Vereinbarung eines Unterhaltsverzichts ist geboten, wenn ein Beteiligter Renten- oder Versorgungsansprüche aus einer früheren Ehe hat. Auf diese kann sich der Unterhaltsverzicht auswirken (*Gitter* DNotZ 1984, 595/612ff.). In § 44 Abs. 5 BVG wird für die Kriegsopferversorgung bestimmt, daß eine Anrechnung fiktiver Unterhaltsansprüche erfolgen kann mit der Folge, daß der Witwe, die „ohne verständigen Grund" auf nachehelichen Unterhalt verzichtet hat, der Betrag anzurechnen ist, den der frühere Ehegatte ohne den Verzicht zu leisten hätte. Diesen Rechtsgedanken wendet das Bundessozialgericht im Bereich der GRV durchgehend an (BSG FamRZ 1985, 1127). Den verständigen Grund bestimmt es objektiv auch unter Abwägung der Interessen der Versorgungsverwaltung, also sehr restriktiv. Anders entscheidet das Bundesverwaltungsgericht im Bereich der Beamtenversorgung (BVerwGW 31, 197). Es stützt sich dabei auf die richtige Erwägung, daß sonst von einer Wiederverheiratung zugunsten der nichtehelichen Lebensgemeinschaft abgesehen würde, und der Versorgungsträger keine Chance bekäme, auch nur zeitweilig von der Versorgungslast befreit zu werden.

4. Scheidungsbezogener Verzicht auf den Versorgungsausgleich. (1) **Scheidungsbezogene Vereinbarung nach § 1408 Abs. 2 BGB.** Im Vorfeld der Scheidung haben die Eheleute die Möglichkeit, statt einer genehmigungspflichtigen Scheidungsvereinbarung über den Versorgungsausgleich nach § 1587o BGB einen ehevertraglichen Ausschluß nach § 1408 Abs. 2 BGB vorzunehmen, der keiner familiengerichtlichen Genehmigung bedarf und lediglich unter der auflösenden Bedingung des Stellens des Scheidungsantrags innerhalb der Jahresfrist des § 1408 Abs. 2 BGB steht. Verstreicht diese Jahresfrist, so ist der Ausschluß des Versorgungsausgleichs ungeachtet der Scheidungsabsicht der Ehegatten und ungeachtet dessen wirksam, daß er nach § 1587o Abs. 2 S. 3 BGB nicht genehmigungsfähig wäre. Wegen der mit der Genehmigungsfreiheit verbundenen größeren Vereinbarungsfreiheit ist der scheidungsbezogene Versorgungsausgleichsausschluß nach § 1408 Abs. 2 BGB zu einem zulässigen (BGH FamRZ 1986, 788 = NJW 1986, 2318), praxishäufigen Vertragstyp geworden. Zeitliche Grenze dieser Vereinbarungsmöglichkeit ist die Rechtshängigkeit der Scheidung, ab der nur noch Vereinbarungen nach § 1587o BGB möglich sind.

(2) **Hilfsweise Vereinbarung nach § 1587o BGB.** Auch wenn die Eheleute bei Abschluß des Ausschlußvertrages nach § 1408 Abs. 2 BGB den beiderseitigen Willen haben, die Jahresfrist des § 1408 Abs. 2 S. 2 BGB abzuwarten, kann doch eine weitere Trübung ihres Verhältnisses dazu führen, daß ein Ehegatte die Vereinbarung durch Stellung des Scheidungsantrags vor Ablauf der Frist zu Fall bringt. Die Umdeutung der unwirksamen Vereinbarung nach § 1408 Abs. 2 BGB in eine Scheidungsvereinbarung nach § 1587o BGB ist nicht möglich (allgemeine Ansicht, vgl. *Langenfeld*, Handbuch Rdn. 757 m.w.N.). Die Ehegatten können aber wie im Formular eine hilfsweise Vereinbarung nach § 1587o BGB schließen, die sie dann nach Wegfall des Vertrages nach § 1408 Abs. 2 BGB im Rahmen des jetzt anhängigen Scheidungsverfahrens dem Familiengericht zur Genehmigung vorzulegen haben.

5. Kosten, Steuern. Vgl. Form. XI. 1 Anm. 6, 7.

17. Vereinbarung nach § 1587o BGB über den Ausschluß des Wertausgleichs zugunsten des schuldrechtlichen Versorgungsausgleichs

Verhandelt zu ...... am ......
Vor dem Notar ...... sind erschienen ......

Zwischen den Erschienenen ist das Scheidungsverfahren anhängig. Der Zugewinnausgleich ist ehevertraglich ausgeschlossen, Ansprüche auf nachehelichen Unterhalt bestehen nicht. Da beide Ehegatten Beamte sind, würde der Wertausgleich zu einem unwirtschaftlichen Ergebnis führen. Die Erschienenen schließen deshalb die folgende

Scheidungsvereinbarung

§ 1 Schuldrechtlicher Versorgungsausgleich

Wir schließen gemäß § 1587o BGB den Wertausgleich nach § 1587b BGB aus. Als Gegenleistung für diesen Ausschluß wird zugunsten der ausgleichsberechtigten Ehefrau vereinbart, daß der schuldrechtliche Versorgungsausgleich nach § 1587g BGB stattfinden soll.

§ 2 Keine Abfindung

Der Abfindungsanspruch des § 1587e BGB wird ausgeschlossen.

§ 3 Fälligkeit

Die Ausgleichsrente ist zu zahlen, wenn beim Ehemann die gesetzlichen Voraussetzungen eingetreten sind und die Ehefrau entweder berufs- oder erwerbsunfähig im Sinne der Reichsversicherungsordnung ist oder das 60. Lebensjahr vollendet hat.

§ 4 Abänderung

Die gerichtliche Abänderung dieser Vereinbarung wird ausgeschlossen.

Schrifttum: Langenfeld, Handbuch der Eheverträge und Scheidungsvereinbarungen, 3. A. 1996.

Anmerkungen

1. Vertragstyp. Die Vereinbarung des schuldrechtlichen Versorgungsausgleichs anstelle des Wertausgleichs ist eine zulässige Gestaltungsform, die sich insbesondere dann anbietet, wenn der Wertausgleich zu unwirtschaftlichen oder gar sinnlosen Ergebnissen führen würde.

2. Anwendungsbereich. Ein derart sinnloses Ergebnis hätte der Wertausgleich etwa dann, wenn der Ausgleichsberechtigte Beamter ist und die ihm zu übertragenden Rentenanwartschaften die Mindestwartezeit von 60 Monaten für eine Rente wegen Erwerbs- und Berufsunfähigkeit nicht erfüllen (MünchKomm/*Strobel* § 1587o Rdn. 10). In diesem Fall ist er zur freiwilligen Aufstockung dieser Anwartschaften nach § 7 Abs. 2 SGB VI nicht berechtigt. Die übertragenen Anwartschaften gehen verloren. Da der Rentenfall der Berufs- oder Erwerbsunfähigkeit nicht mit dem Rentenfall des Alters identisch ist, muß der Berechtigte auch bei Erfüllung der Mindestwartezeit von 60 Monaten damit rechnen, mangels Erwerbs- oder Berufsunfähigkeit noch keine Rente zu erhalten,

17. Vereinbarung nach § 1587o BGB über den Ausschluß des Wertausgleichs

obwohl er die Pensionierungsgrenze überschritten hat (*Johannsen/Henrich/Hahne* § 1586b Rdn. 46). Auch dies ist dann ein Fall der Unwirtschaftlichkeit des Wertausgleichs. Ist der verpflichtete Ehemann Beamter, so kommt der ausgleichsberechtigten Ehefrau bei Vereinbarung des schuldrechtlichen Versorgungsausgleichs anstelle des Wertausgleichs die Sonderregelung des § 22 Abs. 2 BeamtVG zugute. Danach erhält die geschiedene Ehefrau bei vorzeitigem Tod des beamteten Ehemannes einen Unterhaltsbeitrag in Höhe des beamtenrechtlichen Witwengeldes, solange sie berufs- oder erwerbsunfähig ist oder mindestens ein waisenberechtigtes Kind erzieht, oder wenn sie das sechzigste Lebensjahr vollendet hat. Der Unterhaltsbeitrag wird auch gewährt, wenn der Verpflichtete zur Zeit seines Todes noch nicht zur Zahlung von Unterhaltsrenten verpflichtet war, weil er z.B. noch kein Ruhegeld bezog. Die Anwartschaft der geschiedenen Witwe auf Zahlung aus schuldrechtlichem Versorgungsausgleich reicht aus, der Anspruch auf Zahlung braucht noch nicht entstanden zu sein. Diese Sonderregelung rechtfertigt insbesondere dann, wenn der Ehemann älter ist als die Ehefrau, die Vereinbarung des schuldrechtlichen Versorgungsausgleichs, die dem Ehemann seine volle Pensionsberechtigung erhält.

3. Verlängerter schuldrechtlicher Versorgungsausgleich. Das neugefaßte VAHRG sieht in § 3a eine Verlängerung des schuldrechtlichen Versorgungsausgleichs durch eine Geschiedenen-Hinterbliebenenrente gegen den deutschen Versorgungsträger vor, wenn das auszugleichende Anrecht eine Hinterbliebenenversorgung vorsieht. Der Versorgungsfall braucht beim verstorbenen Ehegatten noch nicht vorzuliegen, muß aber beim hinterbliebenen Ehegatten vorliegen. Der Versorgungsträger kann die Zahlung des verlängerten schuldrechtlichen Versorgungsausgleichs durch eine Realteilung oder durch eine sonstige Sicherung des geschiedenen Ehegatten abwenden. Eine solche Sonderregelung stellt der unverändert fortgeltende § 22 Abs. 2 BeamtVG dar. Diese Verlängerung kann ein Argument für die Vereinbarung des schuldrechtlichen Versorgungsausgleich sein. Zu beachten ist allerdings, daß die Vereinbarung des schuldrechtlichen Versorgungsausgleichs keine Bindungswirkung zu Lasten des Versorgungsträgers im Hinblick auf den verlängerten schuldrechtlichen Versorgungsausgleich hat. Im Regelfall wird der Versorgungsträger dann, wenn anstelle des Wertausgleichs der schuldrechtliche Versorgungsausgleich vereinbart wird, dessen Verlängerung nicht zustimmen, so daß es beim Erlöschen aller Ansprüche mit dem Tod des Ausgleichsverpflichteten verbleibt. Auch im übrigen ist der Sicherungswert des schuldrechtlichen Versorgungsausgleichs für die Versorgung des Berechtigten nur gering, da Ansprüche erst dann bestehen, wenn der Verpflichtete eine Versorgung erlangt hat, und der Berechtigte im Fall vorzeitiger Invalidität nicht versorgt ist. Deshalb führt der schuldrechtliche Versorgungsausgleich mit Ausnahme obiger Sonderfälle im Regelfall nur bei Vereinbarung zusätzlicher Sicherheiten oder Versorgungsleistungen zu einem angemessenen Ausgleich zwischen den Ehegatten. (H.L., vgl. *Soergel/Vorwerk* § 1587o Rdn. 8 m.w.N.).

4. Fälligkeitszeitpunkt. Beim schuldrechtlichen Versorgungsausgleich sind neben Vereinbarungen über die Höhe der Ausgleichsrente nach Änderungen des Fälligkeitszeitpunktes abweichend von § 1587g Abs. 1 S. 2 BGB möglich. So kann z.B. der Fälligkeitszeitpunkt für die Ausgleichsrente den Voraussetzungen des Unterhaltsbeitrages nach § 22 Abs. 2 BeamtenVG angepaßt werden.

5. Scheidungsvereinbarungen über den Versorgungsausgleich. (1) **Genehmigungserfordernis.** Scheidungsvereinbarungen über den Versorgungsausgleich bedürfen nach § 1587o Abs. 2 S. 1, 2 BGB der notariellen Beurkundung oder der Aufnahme in einen förmlichen gerichtlichen Vergleich sowie nach § 1587o Abs. 2 S. 3 BGB der Genehmigung des Familiengerichts. Dies gilt nur und immer dann, wenn die Vereinbarung den öffentlich-rechtlichen Versorgungsausgleich betrifft. Beim schuldrechtlichen Versorgungsausgleich besteht volle Vertragsfreiheit, wobei aber die Vereinbarung des schuldrechtlichen Versorgungsausgleichs anstelle des Wertausgleichs genehmigungspflichtig ist

(*Johannsen/Henrich/Hahne* § 1587o Rdn. 16, 17). Die mit der Genehmigungspflicht verbundene richterliche Inhaltskontrolle hinsichtlich Eignung und Angemessenheit des anderweitigen Ausgleichs führt zu einer Gesamtbewertung des wirtschaftlichen Gesamtergebnisses der Vermögensauseinandersetzung, Unterhaltsregelung und Versorgungsregelung nach dem Maßstab der Offensichtlichkeit (BGH FamRZ 1982, 473; BGH FamRZ 1987, 467).

(2) **Erweiternde Auslegung des § 1587o Abs. 2 S. 4 BGB.** Rechtsprechung und h.L. betrachten § 1587o Abs. 2 S. 4 BGB nicht als abgeschlossene Regelung in dem Sinne, daß eine Genehmigung der Vereinbarung nur dann möglich ist, wenn die Differenz in den Versorgungsanwartschaften direkt durch eine Gegenleistung mit versorgungssicherndem Charakter ausgeglichen wird. Vielmehr ist eine Genehmigung auch dann möglich
- wenn es bei erheblichen Unterschieden in den Versorgungsanwartschaften des Versorgungsausgleichs nicht bedarf, um für den ausgleichsberechtigten Ehegatten den Grundstock zu einer eigenständigen Alterssicherung zu legen (so BGH FamRZ 1982, 471 zu einem Fall der Versorgungssicherstellung durch den neuen Ehemann der ausgleichsberechtigten Frau),
- wenn beide Ehegatten in der Ehezeit etwa gleiche Versorgungsanwartschaften erworben haben (*Johannsen/Henrich/Hahne* § 1587o Rdn. 29; MünchKomm/*Strobel* § 1587o Rdn. 37; *Langenfeld*, Handbuch, Rdn. 816),
- wenn in der Doppelverdienerehe kein Ehegatte ehebedingte Nachteile im Erwerb von Versorgungsanwartschaften hatte (*Langenfeld*, Handbuch, Rdn. 811 m.w.N.),
- wenn die Ehe nur von kurzer Dauer war (BGH FamRZ 1981, 944), oder
- wenn die Vereinbarung sich innerhalb der Bagatellgrenze des § 3c S. 1 VAHRG bewegt (*Langenfeld*, Handbuch, Rdn. 816).

(3) **Verbot des Supersplitting.** Der BGH (FamRZ 1986, 250) hält am Verbot des Supersplitting fest. Supersplitting liegt bei jeder Vereinbarung vor, aufgrund derer das Familiengericht einem Ehegatten mehr Versorgungsanwartschaften zu übertragen hätte, als dies ohne die Vereinbarung nach dem gesetzlichen Versorgungsausgleich zu geschehen hätte. Hierzu kommt z.B. die Vereinbarung einer höheren als der hälftigen Ausgleichsquote oder die Vereinbarung der Nichtberücksichtigung ausgleichspflichtiger Anwartschaften des Berechtigten führen (Einzelheiten bei *Langenfeld*, Handbuch Rdn. 769ff.). Nach § 3b Abs. 1 Nr. 1 HRG kann aber nach dem Ermessen des Familiengerichts ein begrenztes Supersplitting bis zu 2% der für das Ende der Ehezeit maßgebenden Bezugsgröße nach § 18 SGB IV stattfinden. Entsprechende Vereinbarungen, mit denen insbesondere Betriebsrenten des Ausgleichsverpflichteten zulasten der gesetzlichen Rentenversicherung ausgeglichen werden können (*Ruland* NJW 1987, 345/348), sind dann genehmigungsfähig.

6. Steuern. Wird der schuldrechtliche Versorgungsausgleich als Abfindung für den Verzicht auf den Wertausgleich vereinbart, so ist er beim Einkommen des Verpflichteten abziehbar, muß aber andererseits vom Berechtigten versteuert werden. Der Bundesminister der Finanzen (Schreiben v. 20.7.1981 BStBl 1981 I, 567) scheint davon auszugehen, daß volle Abzugsfähigkeit als dauernde Last besteht. Dies ist zutreffend, da Abänderungsmöglichkeiten nach § 1587g Abs. 3 BGB bestehen und dem schuldrechtlichen Versorgungsausgleich somit die das Kennzeichen der Leibrente bildende Gleichmäßigkeit fehlt.

7. Kosten
§ 24 Abs. 6 i.V. mit § 30 Abs. 1 KostO; hilfsweise § 30 Abs. 2 KostO; Regelwert: 5.000,- DM.
§ 2, 3: keine besondere Bewertung.
Doppelte Gebühr gem. § 36 Abs. 2 KostO aus dem obigen Betrag.

18. Scheidungsvereinbarung über den Ausschluß des Versorgungsausgleichs gegen private Lebensversicherung mit Beitragsdepot

Verhandelt zu ...... in ......
Vor dem unterzeichneten Notar erscheinen ......
Sie erklären folgende

Scheidungsvereinbarung

§ 1 Ausschluß des Versorgungsausgleichs

Die Beteiligten schließen den gesetzlichen Versorgungsausgleich hiermit gem. § 1587 o BGB aus. An seine Stelle soll die folgende Regelung treten.

§ 2 Lebensversicherungen

(1) Auf das Leben der Ehefrau ist für diese als versicherte Person, Rentenbegünstigte und Versicherungsnehmerin eine Leibrentenversicherung für eine Anwartschaft von DM ...... monatliche Altersrente und DM ...... monatliche Berufsunfähigkeitsrente abzuschließen. Rentenbeginnalter für die Altersrente und Schlußalter für die Berufsunfähigkeitsrente ist das vollendete 60. Lebensjahr der Ehefrau. Beitragszahler ist der Ehemann. Er ist verpflichtet, zur Sicherung der Beitragszahlung bei der Lebensversicherungsgesellschaft durch einmalige Zahlung innerhalb 4 Wochen nach Rechtskraft der Scheidung ein entsprechendes Beitragsdepot einzurichten, das unkündbar ist und einschließlich der anlaufenden Zinsen zur Beitragsdeckung verwendet wird. Von diesem Beitragsdepot werden die laufenden Beiträge abgebucht. Sollte das Depot zur Abdeckung der letzten Beiträge nicht ausreichen, ist der Ehemann zum Nachschießen verpflichtet.

Das Bezugsrecht auf eine etwaige Todesfalleistung steht dem Ehemann unwiderruflich zu.

(2) Die laufenden Gewinnanteile sind zur Rentenerhöhung zu verwenden.

(3) Der Versicherungsvertrag ist so abzuschließen, daß im Falle des Ablebens der Ehefrau vor Rentenbeginn Beitragsrückgewähr erfolgt und im Falle des Todes nach Rentenbeginn Beitragsrückgewähr abzüglich gezahlter Renten. Das Bezugsrecht der Ehefrau ist unwiderruflich und nicht abtretbar.

§ 3 Zwangsvollstreckung

Wegen der Zahlung des Einmalbeitrags zum Beitragsdepot und wegen der Zahlung etwa erforderlich werdender Nachschüsse unterwirft sich der Ehemann der sofortigen Zwangsvollstreckung in sein gesamtes Vermögen.

Schrifttum: Langenfeld, Handbuch der Eheverträge und Scheidungsvereinbarungen, 3. A. 1996.

Anmerkungen

1. Vertragstyp. Das Formular geht von dem Fall des begüterten ausgleichspflichtigen Ehemanns aus, der den für die Altersversorgung der Ehefrau notwendigen Betrag zur Errichtung eines Beitragsdepots verfügbar hat und sichergehen will, daß die Ehefrau auch tatsächlich und ausschließlich eine Altersversorgung erhält. Gegenüber dem Einkaufen in die gesetzliche Rentenversicherung nach § 1587 b Abs. 3 BGB hat die Privatversicherungslösung insbesondere den Vorteil der Rückgewähr der Beiträge bei vorzeitigem Tod des Ausgleichsberechtigten. Eine gewisse Problematik liegt in der Dynamisierung der Renten.

2. Eignung der privaten Lebensversicherung. Maßstab für die Mindestanforderungen an eine den gesetzlichen Versorgungsausgleich ersetzende Vereinbarung über die Altersversorgung durch private Lebens- und Rentenversicherung ist § 1587l Abs. 3 S. 2 BGB. Weiterhin sind die vom BVerfG in seiner Entscheidung vom 28. 2. 1980 aufgestellten Grundsätze zu beachten (NJW 1980, 692). Die Privatversicherungs-Lösung ist besonders dann den übrigen Ausgleichsmöglichkeiten zumindest ebenbürtig, wenn der Ausgleichsverpflichtete den zur Sicherung der zukünftigen Rente erforderlichen Betrag auf einmal erbringen kann. Die Versicherung kann alternativ in Form der Leibrentenversicherung gegen Einmalbetrag oder mit Errichtung eines Beitragsdepots erfolgen. Aus versicherungstechnischen Gründen ist bei der Rentenversicherung der auf das Beitragsdepot zu leistende Betrag regelmäßig niedriger als der Einmalbetrag. Es empfiehlt sich, die jeweilige Lebensversicherungsgesellschaft nach den geltenden Tarifen zu befragen.

Als versicherte Person kommt sowohl der Ehemann als auch die Ehefrau in Betracht. Besteht die Gefahr, daß die Ehefrau den Versicherungsvertrag vorzeitig auflöst und dann später doch u. U. unterhaltsberechtigt wird, sollte, wie bei Form. XI. 19, der Ehemann versicherte Person sein.

3. Berufsunfähigkeits-Zusatzversicherung. Bei nicht berufstätigen Frauen kann nur Erwerbsunfähigkeit versichert werden. Da deren Geltendmachung schwierig ist, sollte bei Hausfrauen geprüft werden, ob sich der Einschluß der BUZ für die Berechtigte lohnt. Höchstes Rentenbeginnalter bei Einschluß einer BUZ ist bei Frauen Alter 60, bei Männern Alter 65.

Auch ist vor Abschluß der Vereinbarung zu klären, ob die Frau in Anbetracht ihres Gesundheitszustandes überhaupt insofern versicherbar ist. Wenn nicht, kann ein höherer Rentenbetrag vereinbart werden.

4. Beitragsdepot. Das Beitragsdepot ist zwingend unkündbar und wird zwingend einschließlich der angelaufenen Zinsen zur Beitragsdeckung verwendet. Es bietet also dieselbe Sicherheit wie der Einmalbetrag.

5. Verzinsung des Beitragsdepots. Bei der Errechnung des zur Deckung der vereinbarten Leibrente erforderlichen Beitragsdepots werden die zukünftigen Zinsen mit eingerechnet. Bei zukünftiger Zinssenkung infolge sinkenden Zinsniveaus kann es sein, daß das Depot nicht die vorausberechnete Höhe erreicht.

6. Anpassungsdynamik. Die privaten Lebensversicherungsunternehmen bieten Leibrentenversicherungen mit Anpassungsdynamik an. Dabei erhöhen sich Beitrag und Rente jährlich um einen bestimmten Vomhundertsatz oder im gleichen Prozentsatz wie die Höchstbeiträge zur gesetzlichen Rentenversicherung. Hinzu kommt dann noch die Erhöhung durch Gewinnanteile.

Die je nach Versicherer etwas verschiedenen Tarife sind auf die laufende Beitragszahlung abgestellt. Beim Einmalbetrag dürfte die Dynamik nicht möglich sein. Beim Beitragsdepot kann sie durch die jährliche Nachschußpflicht entsprechend der erfolgten Erhöhung erreicht werden. Hier bleibt der Ausgleichsberechtigte dann laufend auf den Ausgleichspflichtigen angewiesen. Wird die versicherte ausgleichsberechtigte Person berufsunfähig, so tritt die Berufsunfähigkeits-Zusatzversicherung in Kraft. Weitere Beitragsanpassungen sind dann nicht mehr möglich.

7. Abtretungsverbot. Hierdurch wird erreicht, daß die Versicherung nur dem Ausgleichsberechtigten zugutekommt. Das Abtretungsverbot verhindert, daß der Ausgleichsberechtigte die Rente zu anderen als Versorgungszwecken benutzt.

8. Vollstreckbarkeit. Bestimmungen über die Voraussetzungen der Erteilung einer vollstreckbaren Ausfertigung erübrigen sich, da die Ehefrau als Beteiligte nach § 51

19. Scheidungsvereinbarung über den Ausschluß des Versorgungsausgleichs XI. 19

Abs. 1 Nr. 1 BeurkG jederzeit eine Ausfertigung und damit nach h. L. auch eine vollstreckbare Ausfertigung verlangen kann (*Wolfsteiner*, Die vollstreckbare Urkunde Rdn. 34, 7). Hinsichtlich der Bestimmtheit der zukünftigen Erhöhungsbeträge bzw. Nachschüsse genügt auch bei einer Dynamisierung der Rente die Bestimmbarkeit der Beitragshöhe anhand objektiver Umstände, wie sie hier gegeben ist. (Vgl. dazu *Wolfsteiner*, Die vollstreckbare Urkunde, Rdn. 27, 2 str.)

9. **Steuern.** Beiträge zu Versicherungen auf den Erlebens- oder Todesfall können im Rahmen der Höchstbeträge des § 10 Abs. 2 EStG als Sonderausgaben vom Einkommen abgezogen werden. Der § 10 Abs. 1 Nr. 2b EStG begrenzt die Abzugsfähigkeit auf Versicherungen, die vorwiegend der Vorsorge, nicht der Kapitalbildung dienen. Abzugsfähig sind neben den reinen Risikoversicherungen für den Todesfall nur noch Rentenversicherungen ohne Kapitalwahlrecht, Rentenversicherungen mit Kapitalwahlrecht gegen laufende Beitragsleistung, wenn das Kapitalwahlrecht nicht vor Ablauf von zwölf Jahren seit Vertragsabschluß ausgeübt werden kann und Kapitalversicherungen gegen laufende Beitragsleistung mit Sparanteil, wenn der Vertrag für die Dauer von mindestens zwölf Jahren abgeschlossen worden ist. Nicht abzugsfähig sind insbesondere die Beiträge zu Kapitalversicherungen gegen Einmalbeitrag, zu Kapitalversicherungen gegen laufende Beitragsleistung, die Sparanteile enthalten, mit einer Vertragsdauer von weniger als zwölf Jahren, zu Rentenversicherungen mit Kapitalwahlrecht gegen Einmalbeitrag und zu Rentenversicherungen mit Kapitalwahlrecht gegen laufende Beitragsleistung, bei denen die Auszahlung des Kapitals zu einem Zeitpunkt vor Ablauf von zwölf Jahren seit Vertragsabschluß verlangt werden kann (Abschn. 88 Abs. 2 EStR). Beiträge zu Versicherungen kann derjenige geltend machen, der sie als Versicherungsnehmer aufgewendet hat, hier also der ausgleichspflichtige Ehegatte. Wer versicherte Person ist oder wem die Versicherungsleistungen später zufließen, ist ohne Bedeutung (Abschn. 88 Abs. 5 EStR). Die Beiträge zu vorliegender Versicherung sind, da ein Kapitalwahlrecht nicht besteht, gemäß § 10 Abs. 1 Nr. 2b, bb EStG als Vorsorgeaufwendungen absetzbar. Beim Einmalbeitrag besteht die Abzugsmöglichkeit nur im Jahr der Zahlung, wobei die Höchstbeträge nach § 10 Abs. 3 EStG zu beachten sind. Dagegen hat das Beitragsdepot den Vorteil, daß hier die Beiträge so abgesetzt werden können, wie sie in den folgenden Jahren laufend zur Beitragszahlung abgebucht werden. Die auf dem Beitragsdepot entstehenden Zinsen sind als Einkünfte aus Kapitalvermögen zu versteuern.

10. **Kosten**
§ 1: Keine Bewertung.
§ 2: jährliche Rentenerträge × 5, § 24 Abs. 3 KostO.
 Hieraus doppelte Gebühr gem. § 36 Abs. 2 KostO.

19. Scheidungsvereinbarung über den Ausschluß des Versorgungsausgleichs gegen private Lebensversicherung mit laufender Beitragszahlung

Verhandelt zu ...... am ......
Vor dem unterzeichneten Notar ...... erscheinen ......
Sie erklären folgende

Scheidungsvereinbarung

§ 1 Ausschluß des Versorgungsausgleichs

Die Beteiligten schließen den gesetzlichen Versorgungsausgleich hiermit gem. § 1587 o BGB aus. An seine Stelle soll die folgende Regelung treten.

§ 2 Lebensversicherung

(1) Auf das Leben des Ehemannes ist für die Ehefrau als Versicherungsnehmer und Begünstigte eine Lebensversicherung mit festem Auszahlungszeitpunkt (Termfix-Kapitalversicherung) mit einer Vertragssumme von DM ...... abzuschließen. Die Versicherung läuft mit Erreichung des 60. Lebensjahres des Ehemannes ab und wird bei seinem vorzeitigen Tod beitragsfrei.

Das bis Fälligkeit zur Verfügung stehende Kapital (Versicherungssumme und Gewinnanteile) steht unwiderruflich der Ehefrau zu und wird zwingend umgewandelt in eine mit dem 60. Lebensjahr der Ehefrau beginnende lebenslängliche Leibrente zu deren Gunsten. Der Ehemann verpflichtet sich, während der gesamten Laufzeit des Versicherungsvertrages seine versicherungsrechtlichen Gestaltungsrechte nach §§ 165 und 174 VVG (Kündigung oder Beitragsfreistellung) nur im Falle des vorzeitigen Todes der Ehefrau auzuüben.

(2) Durch eine Berufsunfähigkeits-Zusatzversicherung auf Beitragsfreiheit ist sicherzustellen, daß die Lebensversicherung bei Berufsunfähigkeit des Ehemannes beitragsfrei wird.

(3) Für den Fall vorzeitiger Invalidität der Ehefrau ist für diese eine selbständige Berufsunfähigkeits-Versicherung mit Laufdauer bis zu ihrem 60. Lebensjahr abzuschließen. Damit die Beitragszahlung für diese letztere Versicherung auch bei vorzeitiger Berufsunfähigkeit oder vorzeitiger Tod des Ehemannes als Beitragszahler gesichert ist, ist in die Termfix-Kapitalversicherung auf das Leben des Ehemanns für den Fall von vorzeitiger Berufsunfähigkeit eine Berufsunfähigkeits-Zusatzversicherung auf eine dem Beitrag zur Berufsunfähigkeits-Versicherung der Ehefrau entsprechende Rente sowie für den Fall von dessen vorzeitigem Tod eine Familien-Zusatzversicherung auf entsprechende Renten einzubeziehen.

(4) Für den Fall des Todes der Ehefrau vor Rentenbeginn ist ein Bezugsrecht des Ehemannes sowie ein Rückkaufrecht für diesen zu vereinbaren. Ebenso ist für den Tod der Ehefrau nach Rentenbeginn die Rückgewähr der gezahlten Beiträge abzüglich der gezahlten Rente zu vereinbaren.

Ist der Ehemann vorverstorben, stehen diese Rechte seinen Erben zu. Die Gewinnanteile sind zur Erhöhung der Versicherungsleistungen zu verwenden. Das Bezugsrecht der Ehefrau ist unwiderruflich und nicht abtretbar.

§ 3 Zwangsvollstreckung

Wegen der Zahlung der laufenden Beiträge zu obigen Versicherungen in Höhe von zunächst DM ...... und der Erhöhungsbeträge unterwirft sich der Ehemann der sofortigen Zwangsvollstreckung in sein gesamtes Vermögen.

Schrifttum: *Langenfeld,* Handbuch der Eheverträge und Scheidungsvereinbarungen, 3. A. 1996.

Anmerkungen

1. **Vertragstyp.** Das Formular geht von dem Fall aus, daß der Ausgleichsverpflichtete nicht in der Lage ist, einen Einmalbetrag oder den Betrag eines Beitragsdepots aufzubringen. Der Ausgleichsberechtigte trägt hier also das Risiko der Zahlungsfähigkeit und Zahlungswilligkeit des Ausgleichsverpflichteten hinsichtlich der laufenden Beiträge. Im übrigen aber ist der Berechtigte durch den Einschluß des vorzeitigen Todes des Verpflichteten und der Berufsunfähigkeit beider Teile in die Versicherungsleistungen besser gestellt als etwa bei Rentenzahlung zur gesetzlichen Rentenversicherung nach § 1587b

20. Scheidungsvereinbarung ü. d. Einkauf in die gesetzl. Rentenversicherung   XI. 20

Abs. 3 i. V. m. § 1587 d BGB. Ergibt sich aus den Voraussetzungen des § 1587 d BGB oder dem Gesamtbild der Auseinandersetzung der Eheleute, daß dem Ausgleichsverpflichteten die sofortige Zahlung des für die Begründung der auszugleichenden Anwartschaft in der gesetzlichen Rentenversicherung erforderlichen Betrages i. S. von § 1587 b Abs. 3 nicht zugemutet werden kann, so ist das hier dargestellte Modell empfehlenswert und genehmigungsfähig.

2. **Vertragssumme.** Bei der Festlegung der Vertragssumme ist gegenüber dem Modell des Einmalbetrages bzw. Beitragsdepots u. U. ein Aufschlag vorzunehmen, da bei laufender Zahlung die Gesamtleistung, ausgehend von gleicher versicherter Leistung, hinter derjenigen bei Einmalbetrag zurückbleibt, weil weniger Deckungskapital auf Zins steht. Je nach Aufschubfrist, d. h. dem Zeitraum zwischen Vertragsschluß und Zuteilung, werden hier Erhöhungsprozentsätze zwischen 15% und 45% angemessen sein. Hierzu sollte die Auskunft des Versicherungsunternehmens eingeholt werden. Dieses kann die erforderliche Versicherungssumme berechnen. Rentenbeginnalter bei der Ehefrau kann auch das 63. oder 65. Lebensjahr sein.

3. **Zusatzversicherungen.** Entsprechende Zusatzversicherungen werden von den Lebensversicherungsgesellschaften angeboten. Die Verbindung der beiden Lebensversicherungsverträge mit den Zusatzversicherungen sichert die Risiken des vorzeitigen Todes oder der Berufsunfähigkeit des Verpflichteten und der vorzeitigen Berufsunfähigkeit des Berechtigten lückenlos ab. Zu den übrigen Fragen, insbesondere der Dynamisierung der Rente, vgl. die Anm. zum vorhergehenden Formular.

4. **Rückkaufsrecht.** Das Rückkaufrecht kann auch zugunsten Dritter, etwa der gemeinsamen Kinder, vereinbart werden.

5. **Steuern.** Vgl. Form XI. 18 Anm. 9. Es handelt sich um eine nach § 10 Abs. 1 Nr. 2 b, dd EStG abzugsfähige Versicherung.

6. **Kosten**
§ 1: ohne Bewertung.
§ 2 Abs. 1: Höhe der Vertragssumme.
§ 2 Abs. 2: Höhe der Zusatzversicherung.
Die Werte von Abs. 1 und 2 sind gem. § 44 Abs. 2 Buchst. a) KostO zusammenzuzählen. Hieraus eine doppelte Gebühr gem. § 36 Abs. 2 KostO.

20. Scheidungsvereinbarung über den Einkauf in die gesetzliche Rentenversicherung

Verhandelt zu ...... am ......
Vor dem unterzeichneten Notar ...... erschienen ......
Sie erklären folgende

Scheidungsvereinbarung

Wir vereinbaren gemäß § 1587 o BGB, daß der Ehemann zugunsten der Ehefrau zur Begründung einer Anwartschaft auf eine monatliche Rente von DM ......, bezogen auf den der Rechtshängigkeit des Scheidungsantrags vorangehenden Monat, Beiträge für ein bei der Bundesanstalt für Angestellte zu errichtendes Konto zu leisten hat. Im übrigen wird der Versorgungsausgleich gegenseitig ausgeschlossen. Der Ehemann erklärt sich zur Entrichtung der erforderlichen Beiträge bereit.
Wir verzichten auf jeden nachehelichen Unterhalt.

XI. 20 XI. Eheverträge, Scheidungsvereinbarungen

Schrifttum: Langenfeld, Handbuch der Eheverträge und Scheidungsvereinbarungen, 3. A. 1996.

Anmerkungen

1. Vertragstyp. Das Formular geht vom Fall der Scheidung einer Unternehmerehe in vorgerückten Jahren aus, wobei der Ehemann bei Gütertrennung und privaten Kapitalversicherungen nicht ausgleichspflichtig ist, er jedoch bereit und in der Lage ist, die Ehefrau gegen Unterhaltsverzicht in die gesetzliche Rentenversicherung „einzukaufen". Diese durch §§ 1587o, 1587b Abs. 3 BGB, § 53e Abs. 2 FGG eröffnete Möglichkeit sollte bei entsprechender finanzieller Leistungsfähigkeit immer geprüft werden. (Vgl. Münch-Komm/*Strobel* § 1587o Rdn. 14). Nicht unerheblich billiger ist jedoch regelmäßig die Privatversicherungslösung.

2. Festsetzungen des Rechtspflegers. Die Höhe des an den Rentenversicherungsträger zu zahlenden Beitrags braucht nicht bestimmt zu werden. Sie wird vom Familiengericht (Rechtspfleger) nach § 53e Abs. 2 FGG festgesetzt. Damit hat der Ausgleichsberechtigte einen vollstreckbaren Titel. Auch die Bezeichnung des Trägers der gesetzlichen Rentenversicherung kann die Vereinbarung der Festsetzung des Rechtspflegers überlassen, § 53e Abs. 1, 2 FGG.

3. Bereiterklärung. Eine Bereiterklärung (früher § 1304b Abs. 1 S. 3 RVO a. E., Vorauflage an diese Stelle) ist nicht mehr erforderlich (§ 187 Abs. 5 SGB VI).

4. Steuern. Steuerliche Behandlung der Versicherungsbeiträge: Die steuerliche Behandlung ist nicht eindeutig. Denkbar wäre, nach dem BdF-Schreiben vom 20. Juli 1981 (BStBl. 1981 I 567, Ziff. I 3a u. b) zu verfahren. Der Verpflichtete könnte dann die Zahlungen nicht steuerlich geltend machen. Es sind keine Versicherungsbeiträge iSd. § 10 Abs. 1 Nr. 2 EStG, weil er sie nicht als vertraglicher oder gesetzlicher Schuldner der Versicherung leistet. Die Zahlungen könnten als Vorgang, der dem Vermögensbereich angehört, auch nicht zu einer Steuerermäßigung wegen außergewöhnlicher Belastung nach § 33 EStG führen. Auch der Berechtigte kann keinen Sonderausgabenabzug bzw. keine außergewöhnliche Belastung geltend machen, da er aus seinem Einkommen nichts leistet. Die spätere Rentenzahlung an den Ausgleichsberechtigten sind dort als Leibrenten nach § 22 Nr. 1 Buchst. a EStG zu versteuern.

Ruland/Tiemann, Versorgungsausgleich und steuerliche Folgen der Ehescheidung, Rz. 1011 behandeln Beiträge iSd. § 1587b Abs. 3, 1587b Abs. 3, 1587l BGB als Leistungen aus dem Vermögen des Berechtigten. Entsprechend sind dann die Zahlungen Versorgungsaufwendungen des Berechtigten im Rahmen des § 10 Abs. 1 Nr. 2 Abs. 3 EStG. An der steuerlichen Neutralität beim zahlungspflichtigen Ehemann ändert sich dabei nichts. Spätere Rentenzahlungen an die Ehefrau sind auch bei dieser Sicht Leibrenten nach § 22 Nr. 1 Buchst. a EStG.

5. Kosten
1. Jahresrente × 5
 (§ 24 Abs. 3 KostO)
2. Ausschluß des Versorgungsausgleichs
 (§ 24 Abs. 6 i. V. mit § 30 Abs. 2 KostO)
 hilfsweise § 30 Abs. 2 KostO
 Regelwert: 5.000,– DM
 (Es handelt sich um keine Gegenleistung zu Ziff. 1).

21. Aufgeschobener Unterhaltsverzicht nach § 5 VAHRG

Verhandelt zu ...... am ......
Vor dem Notar ...... sind erschienen ......
und schließen den folgenden

Unterhaltsverzichtsvertrag

(1) Wir verzichten gegenseitig auf jeglichen nachehelichen Unterhalt, auch für den Fall der Not, und nehmen den Verzicht gegenseitig an.

(2) Solange die Ehefrau aus den im Versorgungsausgleich erworbenen Anrechten keine Rente erhalten kann, tritt für sie der obige Unterhaltsverzicht nicht in Kraft und erhält sie einen monatlich im Voraus zahlbaren Unterhalt von DM ......

(Schlußvermerke, Schlußformel, Unterschriften).

Schrifttum: Langenfeld, Handbuch der Eheverträge und Scheidungsvereinbarungen, 3. A. 1996.

Anmerkungen

Im rechtlichen Zusammenhang mit dem Versorgungsausgleich kann ein Unterhaltsverzicht sich im Bereich des § 5 des Gesetzes zur Regelung von Härten im Versorgungsausgleich VAHRG als unzweckmäßig herausstellen. Dies gilt besonders bei Scheidung von Ehen mit erheblichem Altersunterschied der Ehegatten. Nach § 5 VAHRG wird die Altersversorgung des im Versorgungsausgleich ausgleichspflichtigen Ehegatten so lange nicht gekürzt, wie er dem ausgleichsberechtigten Ehegatten, bei dem der Rentenfall noch nicht eingetreten ist, Unterhalt schuldet. Wird in einem solchen Fall ein Unterhaltsverzicht erklärt, so führt das zur Kürzung der Rente des Ausgleichsverpflichteten, obwohl der Ausgleichsberechtigte noch keinen Rentenanspruch hat. Hier empfiehlt es sich, den beabsichtigten Unterhaltsverzicht erst mit Eintritt des beiderseitigen Rentenfalls in Kraft treten zu lassen und bis dahin einen Mindestunterhalt zu vereinbaren. Es ist vorgeschlagen worden, diesen Unterhaltsanspruch höhenmäßig auf den Betrag zu begrenzen, um den die Rente des Unterhaltsverpflichteten infolge des Verzichts gekürzt würde (*Lynher,* Skriptum Bad Soden 1983, 71; *Rau* MittRhNotK 1988, 187/199).

22. Scheidungsvereinbarung über Modifizierungen des nachehelichen Unterhalts und des Kindesunterhalts

Verhandelt zu ...... am ......
vor dem Notar ...... sind erschienen ......

Zwischen den Erschienenen ist das Scheidungsverfahren anhängig. Aus der Ehe ist der noch minderjährige Sohn ...... hervorgegangen. Der Ehemann ist Verwaltungsbeamter mit einem derzeitigen Bruttoeinkommen von DM .... Die Ehefrau ist Apothekerin, hat diesen Beruf jedoch während der Ehe nicht ausgeübt. Sie hat eine Halbtagsstellung in einer Apotheke in Aussicht. Die Scheidungsfolgen sind bis auf den nachehelichen Unterhalt und den Kindesunterhalt erledigt. Hierüber wird geschlossen die folgende

Scheidungsvereinbarung

§ 1 Nachehelicher Unterhalt

(1) In Ausgestaltung der gesetzlichen Unterhaltsansprüche wird vereinbart, daß der Ehemann der Ehefrau als Unterhalt drei Siebtel seines tatsächlich verfügbaren Einkommens zu zahlen hat. Hierin sind der Versorgeunterhalt, der Krankenversicherungsunterhalt und ein etwaiger Sonderbedarf enthalten. Die Zahlungen haben monatlich im Voraus zu erfolgen.

(2) Auch spätere Unterhaltsanpassungen erfolgen nach der Verteilungsquote drei Siebtel zu vier Siebtel. Die Anpassung kann erst verlangt werden, wenn sie zu einer Änderung des monatlich zu zahlenden Unterhaltsbetrages um mindestens zehn vom Hundert führt. Die Änderung erfolgt ab Rechtshängigkeit der Abänderungsklage.

(3) Zur Ermittlung des Unterhalts im Falle beiderseitiger Berufsunfähigkeit ist so zu verfahren, daß zunächst die Differenz beider anrechnungsfähiger Nettoeinkommen ermittelt wird. Von der Differenz erhält der unterhaltsberechtigte Ehegatte dann eine Quote von drei Siebteln, in der Vorsorgeunterhalt, Krankenversicherungsunterhalt und Sonderbedarf enthalten sind.

(4) Es besteht Einigkeit darüber, daß keinem geschiedenen Ehegatten die Veräußerung eines angemessenen Familieneigenheimes zur Erfüllung seiner Unterhalts- oder Selbsterhaltungspflicht zugemutet werden kann. Als angemessen gelten die bei den Ehegatten nach den bisherigen Eigentumsverhältnissen verbleibenden Eigentumswohnungen (Beschrieb).

§ 2 Steuerliches Realsplitting

Der unterhaltsberechtigte geschiedene Ehegatte, derzeit die Ehefrau, ist verpflichtet, für die Dauer der Unterhaltsleistung jeweils im Januar eines Jahres für das Vorjahr die nach § 10 Abs. 1 Nr. 1 EStG erforderliche Zustimmung zum begrenzten Realsplitting zu geben. Der Unterhaltsverpflichtete ist verpflichtet, den Unterhaltsberechtigten von den ihm entstehenden steuerlichen Nachteile freizustellen und auch sonstige nachgewiesene Nachteile auszugleichen. Von der per Saldo entstehenden Steuervorteilen stehen dem Unterhaltsberechtigten 50% zu. Wenn die Unterhaltspflicht im abgelaufenen Jahr erfüllt wurde, kann für die auszugleichenden Nachteile und die Vorteilsbeteiligung Sicherheitsleistung nicht verlangt werden.

Der Unterhaltsverpflichtete ist zur Vornahme des steuerlichen Realsplittings nicht verpflichtet. Er kann auch den Steuerabzug nach § 33a EStG wählen oder von jedem Abzug absehen.

§ 3 Zwangsvollstreckungsunterwerfung

Wegen der in § 1 vereinbarten Zahlungsverpflichtung unterwirft sich der Ehemann der sofortigen Zwangsvollstreckung in sein gesamtes Vermögen.

§ 4 Elterliche Sorge und Umgangsrecht

Hinsichtlich der elterlichen Sorge für den gemeinsamen Sohn S, geb. am ......, verbleibt es bei der gemeinsamen elterlichen Sorge. Der Sohn hält sich bei der Mutter auf. Dem Vater steht ein großzügiges Umgangsrecht zu. Er kann zwei Wochenenden im Monat mit dem Sohn an einem Ort seiner Wahl verbringen und jährlich bis zu drei Wochen Urlaub mit dem Sohn verbringen.

§ 5 Kindesunterhalt

Zugunsten des Sohnes S wird vereinbart, daß der Vater zu Händen der Mutter monatlich im voraus 110 vom Hundert des jeweiligen Regelbetrages des Kindesunterhalts nach § 1612a BGB zu zahlen hat, und zwar abzüglich der Hälfte des Kindergeldes, wenn dieses an den Vater nicht ausgezahlt wird bzw. zuzüglich der Hälfte des Kindergeldes, wenn dieses an den Vater ausgezahlt wird. Wegen der Zahlung des derzeit geschuldeten Betrages von DM ...... und der Zahlung der Folgebeträge unterwirft sich Herr ...... hiermit der sofortigen Zwangsvollstreckung in sein gesamtes Vermögen.

§ 6 Zwangsvollstreckungsunterwerfung

Wegen der Zahlungsverpflichtungen nach § 5 unterwirft sich der Ehemann der sofortigen Zwangsvollstreckung in sein gesamtes Vermögen.

(Schlußvermerke, Schlußformel, Unterschriften)
Schrifttum: Friederici, Steuerrechtliche Gesichtspunkte im Unterhaltsrecht, ZAP Fach 11 S. 173; *Thiele,* Die Regelung des Kindesunterhalts gem. § 630 Abs. 1 Nr. 3 ZPO in der notariellen Praxis, MittBayNot 1990, 137; *Langenfeld,* Handbuch der Eheverträge und Scheidungsvereinbarungen, 3. A. 1996.

Anmerkungen

1. Vertragstyp. Die außerordentliche Erledigung von Scheidungsfolgen spart Kosten (dazu *Jost* NJW 1980, 327/331), vermeidet unnötigen Streit im Scheidungsverfahren und hat beschleunigende Wirkung. Ungerechtigkeiten und noch ungeklärte Fragen des Scheidungsfolgenrechts lassen sich vermeiden. Die nachfolgenden Anmerkungen weisen auf weitere Alternativen und Regelungsmöglichkeiten hin.

2. Unselbständige – selbständige Unterhaltsvereinbarung. Während die unselbständige Unterhaltsvereinbarung die gesetzliche Unterhaltspflicht konkretisiert und gegebenenfalls modifiziert, hat die selbständige Unterhaltsvereinbarung, etwa die Vereinbarung einer Leibrente gegen Verzicht auf gesetzliche Unterhaltsansprüche, novierende Wirkung (BGH NJW 1979, 43; eingehend *Langenfeld* Handbuch Rdn. 840ff.). Auch nach Wegfall der Verschuldensabhängigkeit des gesetzlichen nachehelichen Unterhalts bleibt die Unterscheidung wichtig (a. A. *Dieckmann* NJW 1980, 2781, Fußn. 16). Bei der unselbständigen Unterhaltsvereinbarung bleiben die §§ 1582 bis 1585b, 1586 bis 1586b BGB anwendbar, während sie bei der selbständigen Unterhaltsvereinbarung allenfalls im Wege der ergänzenden Vertragsauslegung herangezogen werden können. Prozeßrechtlich sind gesetzliche Unterhaltsrenten im Gegensatz zu vertraglichen nach § 850 ZPO nur bedingt pfändbar und haben das Pfändungsvorrecht des § 850d ZPO. Die Abänderungsklage des § 323 ZPO ist bei der unselbständigen Vereinbarung anwendbar, bei der selbständigen nicht. Den Regelfall der Unterhaltsvereinbarung wird deshalb die unselbständige Vereinbarung bilden, was durch die im Formular gewählte Formulierung („In Ausgestaltung der gesetzlichen Unterhaltsansprüche ......") klargestellt werden sollte.

3. Unterhaltsbemessung. Vgl. dazu eingehend *Langenfeld,* Handbuch Rdn. 272 ff. Von den verschiedenen Unterhaltstabellen wird in der Praxis überwiegend die von den Familiensenaten des OLG Düsseldorf laufend fortgeführte „Düsseldorfer Tabelle" herangezogen. Die Unterhaltstabellen und unterhaltsrechtlichen Leitlinien der einzelnen OLGe werden fortlaufend in FamRZ und NJW veröffentlicht. Der BGH toleriert die in den Einzelheiten, insbesondere der Frage der Quotierung des zu verteilenden Einkommens zwischen den Ehegatten, voneinander abweichenden Schlüssel.

4. Wertanpassung, Abänderungsklage. Auch bei der unselbständigen Unterhaltsvereinbarung ist eine Wertsicherung, etwa durch eine Indexklausel, möglich. Eine derartige Wertsicherungsklausel läßt jedoch die Bedürftigkeit des Berechtigten und vor allem die Leistungsfähigkeit des Verpflichteten außer acht. Sinkt das Einkommen des Unterhaltsverpflichteten bei infolge Indexklausel steigender Zahlungspflicht, kann dies zu Ungerechtigkeiten führen. Die Wertsicherungsklausel unterliegt dann ihrerseits wiederum der Anpassung nach § 323 ZPO (*Göppinger/Wenz* Rdn. 292). Bei typischer Interessenlage dürfte es deshalb regelmäßig besser sein, auf eine Wertsicherung durch Indexklausel zu verzichten und in der Urkunde möglichst viele etwaige zukünftige Änderungsgründe i.S. von § 323 ZPO vertraglich zu regeln. Nachdem der BGH (Großer Senat für Zivilsachen FamRZ 1983, 22) die rückwirkende Abänderung auch für die Zeit vor Erhebung der Abänderungsklage für zulässig hält, dürfte sich regelmäßig auch der im Formular vorgeschlagene Ausschluß der rückwirkenden Abänderung empfehlen (dazu *Deisenhofer/Göhlich* FamRZ 1984, 229).

5. Differenzmethode – Anrechnungsmethode. Bei der Unterhaltsberechnung in den Fällen beiderseitigen Einkommens, insbesondere also bei der Doppelverdienerehe, wird das zu quotierende Einkommen nach der sog. Differenzmethode ermittelt. Dabei wird zunächst die Differenz beider anrechnungsfähiger Nettoeinkommen ermittelt. Dieser Differenzbetrag wird dann nach der jeweils angewendeten Quote (Düsseldorfer Tabelle: 4/7 Unterhaltsverpflichteter, 3/7 Unterhaltsberechtigter) verteilt (BGH FamRZ 1982, 892/893). Abweichend hiervon wendet der BGH die Anrechnungs- oder Substraktionsmethode dann an, wenn der unterhaltsberechtigte Ehegatte die Berufstätigkeit erst nach der Trennung bzw. Scheidung aufgenommen hat (BGH FamRZ 1981, 539/541; 1981, 752/754; 1983, 144/146). Bei ihr wird zunächst der Unterhaltsanspruch des Berechtigten lediglich anhand des höheren Einkommens des Verpflichteten ermittelt. Hiervon wird das eigene anrechenbare Nettoeinkommen des Berechtigten abgezogen. Der Berechtigte steht sich hier erheblich schlechter (Rechenbeispiel bei *Langenfeld* Handbuch Rdn. 292f.). Die im Formular vorgeschlagene Vereinbarung vermeidet dieses für die arbeitswillige Ehefrau ungerechte Ergebnis.

6. Vermögensstamm. Die vorgeschlagene Formulierung verhindert Auslegungsschwierigkeiten bei den §§ 1577 Abs. 3, 1581 S. 2 BGB.

7. Steuerliches begrenztes Realsplitting. Nach § 12 Ziff. 2 EStG sind Unterhaltsleistungen an gesetzlich potentiell unterhaltsberechtigte Personen weder als Werbungskosten noch als Sonderausgaben abziehbar. Umgekehrt hat sie der Unterhaltsempfänger auch nicht zu versteuern. Dies gilt auch, wenn die Unterhaltszahlungen aufgrund besonderer Vereinbarung oder in Form von Renten oder dauernden Lasten geleistet werden.

Ausnahmsweise Abzugsfähigkeit besteht beim sog. begrenzten Realsplitting des § 10 Abs. 1 Nr. 1 EStG, bei der Geltendmachung als außergewöhnliche Belastung nach § 33a Abs. 1 EStG und bei Verbindung mit einer Gegenleistung. Häufig führt § 33a EStG zu einer angemessenen Entlastung des Verpflichteten, der keine Steuerpflicht des Berechtigten gegenübersteht. Das begrenzte Realsplitting hat, wie die Zahl der ergangenen Gerichtsentscheidungen hierzu zeigt, eine nicht unerhebliche praktische Bedeutung erlangt. Gemäß § 10 Abs. 1 Nr. 1 EStG können hier die Unterhaltsleistungen bis zu einem Höchstbetrag als Sonderausgaben abgezogen werden. Der Empfänger hat sie nach § 22 Nr. 1a EStG als sonstige Einkünfte zu versteuern. Er muß seine Zustimmung zu diesem Verfahren dem Finanzamt gegenüber erteilen. Der BGH hat (FamRZ 1983, 576) geklärt, unter welchen Voraussetzungen die Zustimmung verlangt werden kann. Diese Voraussetzungen werden im vorliegenden Formular ausdrücklich vereinbart.

8. Krankenversicherung. Mit Rechtskraft der Scheidung erlischt die Krankenhilfe für den Ehegatten des in der Krankenversicherung gesetzlich oder freiwillig Versicherten. Er hat die Möglichkeit des Beitritts nach § 9 SGB V. Nach dieser Vorschrift kann der geschiedene Ehegatte der Krankenversicherung freiwillig beitreten, und zwar ohne Rücksicht auf sein Alter, ohne Wartezeit, ohne ärztliche Untersuchung und ohne Ausschluß bereits bestehender Krankheiten von der Kassenleistung. Der Aufnahmeantrag oder die Beitragszahlung hat binnen eines Monats nach Rechtskraft des Scheidungsurteils zu erfolgen. Kinder bleiben nach § 10 SGB V weiterversichert.

23. Scheidungsvereinbarung über befristeten nachehelichen Unterhalt **XI. 23**

In der Privatversicherung bleibt der geschiedene Ehegatte, soweit der Versicherte den Vertrag nicht kündigt, weiterversichert. Die Ehegatten können anläßlich der Scheidung hier vereinbaren, daß der Mann weiterhin die Versicherungsbeiträge für die Frau leistet und sich verpflichtet, die Versicherung nur mit deren Einverständnis zu kündigen. Die Frau kann aber im Einverständnis mit der privaten Krankenversicherung in der Regel diese auch selbst fortführen. Dann können die Ehegatten vereinbaren, daß der Mann der Frau die laufenden Beiträge erstattet. Eine derartige Vereinbarung kann auch getroffen werden, wenn die Frau der gesetzlichen Krankenversicherung freiwillig beitritt.

Beiträge zu Krankenversicherungen kann derjenige als Sonderausgaben gemäß § 10 Abs. 2a EStG abziehen, der sie als Versicherungsnehmer aufwendet (Abschn. 88 Abs. 4 EStG).

9. Elterliche Sorge und Umgangsrecht. Vgl. Form. XI. 15 Anm. 7.

10. Kindesunterhalt. Vgl. Form. XI. 15 Anm. 9.

11. Krankenversicherung des Kindes. Hinsichtlich der Krankenversicherung sind unterhaltsberechtigte Kinder in der Pflichtversicherung jedes Elternteils mitversichert. Sind beide Eltern pflichtversichert, wird die Leistung von der beitragshöheren Kassen nur einmal gewährt. Bei Getrenntleben und nach der Scheidung wird regelmäßig die Kasse des sorgeberechtigten Elternteils in Anspruch genommen. In der privaten Krankenversicherung können die Eltern bestimmen, bei welcher Versicherung das Kind mitversichert werden soll. Hierüber und über etwaige Anrechnungs- oder Erstattungspflichten hinsichtlich der Beiträge können Vereinbarungen getroffen werden, bei der gesetzlichen Krankenversicherung auch über eine etwaige private Zusatzversicherung für das Kind.

12. Vollstreckbare Titel. Familienunterhalt, Getrenntlebensunterhalt, nachehelicher Unterhalt und Unterhalt für minderjährige und volljährige Kinder sind nicht identisch und, soweit sie in einer Vereinbarung nebeneinander geregelt werden, getrennt zu beziffern und getrennt zu titulieren (BGH 78, 130).

13. Kosten
§ 1 Jahresunterhalt × höchstens 5 gem. § 24 Abs. 3 KostO.
§ 4 10% der gem. § 19 KostO zu ermittelnden Grundstückswerte.
§ 7 DM 5.000,– gem. § 30 Abs. 2 KostO.
§ 8 Jahresunterhalt × höchstens 5 gem. § 24 Abs. 3 KostO.

Die Werte der Ziffern 1–4 sind gem. § 44 Abs. 2 KostO zusammenzuzählen. Aus diesem Wert eine Gebühr gem. § 36 Abs. 2 KostO zuzügl. der gesetzlichen Mehrwertsteuer.

23. Scheidungsvereinbarung über befristeten nachehelichen Unterhalt als Übergangsbeihilfe

Verhandelt am ...... in ......
Vor dem unterzeichneten Notar ...... erschienen ......
und erklärten:

Zwischen uns ist das Scheidungsverfahren anhängig. Unser eheliches Zusammenleben hat nur vier Jahre gedauert. Den Zugewinnausgleich und den Versorgungsausgleich haben wir zu Beginn der Ehe ehevertraglich ausgeschlossen. Die Ehefrau hat die Ehewohnung geräumt. Der Hausrat ist verteilt. Beide Ehegatten werden ihren Beruf weiter ausüben. Die Ehefrau wird jedoch besondere Aufwendungen haben, da sie zur Herstellung einer neuen Lebensgemeinschaft in eine andere Stadt ziehen wird. Unter Berücksichtigung der beiderseitigen Einkommensverhältnisse und der Umstände, die zum Scheitern der Ehe geführt haben, erklären die Beteiligten die folgende

Scheidungsvereinbarung

§ 1 Befristeter Unterhalt

Der Ehemann zahlt der Ehefrau ab Rechtskraft des Scheidungsurteils einen monatlichen gesetzlichen Unterhalt von DM .... Diese Zahlungsverpflichtung ist auf zwei Jahre befristet. Mit der Unterhaltsrente sind alle gesetzlichen Ansprüche einschließlich des Vorsorgeunterhalts, des Krankenversicherungsunterhalts und des Sonderbedarfs abgedeckt. Im übrigen verzichten die Ehegatten gegenseitig auf jeglichen nachehelichen Unterhalt und nehmen den Verzicht gegenseitig an.

§ 2 Verzicht auf Abänderung und Auskunft

Beide Ehegatten verzichten für die Laufzeit der Unterhaltszahlungen auf jede Abänderung von Höhe und Zahlungsweise des Unterhalts. Die Abänderungsklage des § 323 ZPO wird ausgeschlossen. Die Ehegatten verzichten weiter gegenseitig und völlig auf jede Auskunftsansprüche über die Vermögensverhältnisse des anderen.

§ 3 Zwangsvollstreckungsunterwerfung

Wegen seiner Zahlungsverpflichtungen unterwirft sich der Ehemann der sofortigen Zwangsvollstreckung in sein gesamtes Vermögen.

Schrifttum: Langenfeld, Handbuch der Eheverträge und Scheidungsvereinbarungen, 3. A. 1996.

Anmerkungen

1. **Befristeter Unterhalt als „Überbrückungsbeihilfe".** Unter Berücksichtigung der kurzen Dauer der Ehe und des überwiegenden oder ausschließlichen Verschuldens des Unterhaltsberechtigten am Scheitern der Ehe ist die Vereinbarung befristeter, dafür aber auch in Höhe und Zahlungsweise unveränderlicher Unterhaltszahlungen oft zweckmäßig. Die Beteiligten ersparen sich die gerichtliche Darlegung und Erörterung. Der Hinweis auf das Scheidungsverschulden kann natürlich auch aus der Urkunde weggelassen werden.

2. **Verzicht auf Abänderung und Auskunft.** Bei kurzen Unterhaltsverpflichtungen empfiehlt sich der Verzicht auf jede Abänderung (*Göppinger/Wenz* Rdn. 258). § 323 ZPO steht zur Disposition der Beteiligten. Sie können die Abänderung gerichtlicher Vergleiche und notarieller Urkunden ganz ausschließen oder erschweren, können sie aber auch gegenüber der gesetzlichen Regelung erleichtern (BGH FamRZ 1983, 23).

3. **Kosten.** Jahresunterhalt × 2 gem. § 24 Abs. 3 KostO. Aus diesem Betrag eine Gebühr gem. § 36 Abs. 2 KostO zuzügl. der gesetzlichen Mehrwertsteuer.

24. Scheidungsvereinbarung über Unterhaltsverzicht gegen Leibrente

Verhandelt am ...... in ......
Vor dem unterzeichneten Notar ...... erschienen ......
und erklärten:
Zwischen uns ist das Scheidungsverfahren anhängig. Zugewinn- und Versorgungsausgleich werden vom Familienrecht durchgeführt, ebenso die Hausratsteilung. Den gesetz-

24. Scheidungsvereinbarung über Unterhaltsverzicht gegen Leibrente

lichen nachehelichen Unterhalt wollen wir in Anbetracht des vorgerückten Alters der Eheleute bis zur Erreichung des Rentenalters der Frau durch eine Leibrente regeln. Wir erklären deshalb die folgende

Scheidungsvereinbarung

§ 1 Unterhaltsverzicht

Wir verzichten gegenseitig und völlig auf jeden gesetzlichen Unterhalt und nehmen den Verzicht gegenseitig an.

§ 2 Leibrente

Als Abfindung für ihren Verzicht erhält die Ehefrau die folgende Leibrente. Für diese Leibrente wird die entsprechende oder ergänzende Anwendung der gesetzlichen Vorschriften über den nachehelichen Unterhalt ausdrücklich ausgeschlossen. Die Leibrente ist monatlich im voraus zu zahlen und beträgt monatlich DM .... Die Leibrente erlischt mit dem Tod der Berechtigten. Sie erlischt weiter mit dem ersten Monat der Zahlung einer Rente aus der gesetzlichen Rentenversicherung der Ehefrau. Verändert sich der vom Statistischen Bundesamt festgestellte Preisindex für die Lebenshaltung eines 4-Personen-Haushalts von Angestellten und Beamten mit höheren Einkommen (1980 = 100, gegenwärtig = ...), so erhöht oder ermäßigt sich der Betrag der Rente entsprechend. Eine Anpassung findet jedoch nur statt, wenn sich eine Veränderung des Index von mehr als 5% eingestellt hat, wobei jeweils von der letzten Anpassung zugrundeliegenden Indexzahl auszugehen ist. Die Rente erhöht oder ermäßigt sich ab dem der Anpassung folgenden Monatsersten. Rückwirkende Anpassung kann nicht verlangt werden.

Weitergehende Anpassung findet nicht statt. Insbesondere wird die Abänderungsklage nach § 323 ZPO ausdrücklich ausgeschlossen.

§ 3 Dingliche Sicherung

Zur Sicherung der obigen veränderlichen und befristeten Rentenverpflichtung bewilligt und beantragt der Ehemann zugunsten der Ehefrau die Eintragung einer Reallast gem. §§ 1105 f BGB auf dem Grundstück ...... (Beschrieb).

§ 4 Zwangsvollstreckungsunterwerfung

Der Ehemann unterwirft sich wegen der Verpflichtung zur Zahlung obiger wertgesicherter Rente der sofortigen Zwangsvollstreckung in sein gesamtes Vermögen.

Schrifttum: Langenfeld, Handbuch der Eheverträge und Scheidungsvereinbarungen, 3. A. 1996.

Anmerkungen

1. **Vertragstyp.** Es handelt sich um eine novierende Unterhaltsvereinbarung, wie in Form. XI. 22 Anm. 2 erläutert. Wie dort dargelegt, ist die unselbständige Unterhaltsvereinbarung mit der Möglichkeit der Abänderungsklage nach § 323 ZPO der novierende Vereinbarung einer Leibrente mit Indexklausel regelmäßig vorzuziehen. Im vorliegenden Fall der vereinbarten Unterhaltspflicht nur bis zum Rentenfall der Frau kann man sich über die dort erläuterten Bedenken aber hinwegsetzen. Wo immer möglich, sollte auch eine dingliche Sicherung durch Reallast oder Grundschuld angestrebt werden.

2. **Befristung, Wertsicherung.** Zeitliche Befristung abweichend vom Tod des Berechtigten ist bei der Leibrente möglich. Wegen Nr. 3a der Genehmigungsgrundsätze der

Deutschen Bundesbank zu § 3 Währungsgesetz (BA Nr. 109 v. 15. 6. 1978 = NJW 1978, 2381) ist mindestens 10jährige Laufzeit erforderlich. Das Statistische Bundesamt veröffentlicht im Bundesanzeiger die verschiedenen Indices:

Die Indexzahlen werden auch in der monatlich erscheinenden DNotZ veröffentlicht. Ein genau zu erwägender Punkt ist, soweit in die Vereinbarung eine Wertsicherung aufgenommen werden soll, die Wahl einer zweckmäßigen Bezugsgröße. Eine Indexklausel unter Verwendung eines der obigen Preisindices für die Lebenshaltung ist für den Berechtigten am günstigsten, kann jedoch für den Verpflichteten hart werden, wenn die Einkommensentwicklung hinter der Steigerung der Lebenshaltungskosten zurückbleibt. Eine Lohn- oder Gehaltsklausel kann auch aus denselben Gründen für den Berechtigten hart sein. Sie ist jedoch wegen der insofern verbleibenden Schicksalsgemeinschaft z. B. dann angemessen, wenn der Verpflichtete Beamter ist. Lohn- und Gehaltsklauseln werden jedoch wegen der zunehmenden Unübersichtlichkeit des Lohn- und Gehaltsgefüges (Sockelbeträge, Urlaubsgeld, Einmalzahlungen usw.) immer problematischer und können zu Streitigkeiten und Schwierigkeiten bei der Ermittlung des jeweils maßgeblichen Betrages führen.

4. Steuern. Vgl. hierzu Form. XI. 22 Anm. 7.

5. Kosten. Jährliche Leibrente × höchstens 5 gem. § 24 Abs. 3 Kost: Hieraus eine Gebühr gem. §§ 39 Abs. 2 und 36 Abs. 2 KostO.

25. Scheidungsvereinbarung über die Vermögensauseinandersetzung im Zusammenhang mit den sonstigen Scheidungsfolgen

Verhandelt am ...... in ......
Vor dem Notar ...... erschienen ......

und erklärten:

Im Hinblick auf die beabsichtigte Scheidung schließen wir die folgende Vereinbarung. Wir sind deutsche Staatsangehörige, haben am ...... geheiratet und keinen Ehevertrag geschlossen. Aus der Ehe ist ein volljähriger Sohn hervorgegangen, der berufstätig ist. Wir erklären die folgende

Scheidungsvereinbarung

§ 1 Gütertrennung

Wir beenden hiermit den gesetzlichen Güterstand durch Vereinbarung von Gütertrennung. Eine Eintragung ins Güterrechtsregister wünschen wir nicht.

§ 2 Hausrat

Den Hausrat und die persönlichen Gebrauchsgegenstände haben wir bereits verteilt.

§ 3 Familienheim

(1) Wir sind Miteigentümer zu je einhalb des Hausgrundstücks A-Straße in B-Stadt, eingetragen im Grundbuch von ...... unter dem Beschrieb ......

(2) Das Grundstück ist für die C-Bank mit Grundpfandrechten über insgesamt DM 100.000,– belastet, die noch mit DM 80.000,– valutieren. Nach dem Gutachten des Gutachterausschusses von B-Stadt beträgt der Wert des Hausgrundstücks DM 400.000,–.

(3) Wir setzen die Miteigentümergemeinschaft so auseinander, daß der Ehemann der Ehefrau seinen Miteigentumsanteil an dem Grundstück überträgt, sodaß die Ehefrau Alleineigentümerin wird.

Einig über diesen Eigentumsübergang bewilligen und beantragen wir seinen Vollzug im Grundbuch.

Jede Gewährleistung für Sach- und Rechtsmängel aller Art ist ausgeschlossen. Die Ehefrau übernimmt auf den nächsten Monatsersten die Verbindlichkeiten bei der C-Bank mit befreiender Wirkung für den Ehemann zur Alleinschuld. Die C-Bank hat die Entlassung des Ehemannes aus der Mitschuld in Aussicht gestellt.

(4) Die Eheleute bitten die C-Bank, die Zweckerklärung so einzuschränken, daß in Zukunft die Grundpfandrechte nur noch der Sicherung von Forderungen gegen die Ehefrau dienen.

(5) Die Ehefrau hat dem Ehemann innerhalb 8 Wochen ab heute eine entsprechende Erklärung der C-Bank vorzulegen. Sollte die Schuldentlassung nicht erfolgen, so tritt an ihre Stelle die Erfüllungsübernahme im Innenverhältnis. Die Ehefrau ist jedoch verpflichtet, bis zum ...... eine Umschuldung auf eine andere Bank zu ihrer Alleinschuld vorzunehmen.

(6) Auf den Zeitpunkt der Schuldentlassung im Außenverhältnis tritt der Ehemann der Ehefrau hiermit sämtliche Eigentümerrechte an der eingetragenen Grundschuld mit Verfügungsvollmacht ab. Nach Abzug des Grundpfanddarlehen beträgt der Grundstückswert 320.000,- DM. Hiervon stehen dem Ehemann 160.000,- DM zu.

§ 4 Bausparvertrag

Die Ehefrau hat von ihrer Mutter einen in Höhe von 80.000,- DM eingezahlten Bausparvertrag mit einer Bausparsumme von 200.000,- DM, Bausparkasse D Nr. ...... geschenkt erhalten. Sie tritt diesen Bausparvertrag hiermit dem Ehemann ab. Der Ausgleichsanspruch des Ehemannes beträgt damit noch 80.000,- DM.

§ 5 Kraftwagen

Der Ehemann behält den auf ihn zugelassenen PKW ...... mit einem Zeitwert laut Schätzgutachten von 20.000,- DM. Sein Ausgleichsanspruch verringert sich damit um 10.000,- DM auf 70.000,- DM.

§ 6 Geschäftsanteil

Der Ehemann ist Inhaber eines voll eingezahlten Geschäftsanteils von nominell 5.000,- DM an der E-GmbH mit dem Sitz in B-Stadt. Die Gesellschaft hat keinen Grundbesitz. Die Satzung sieht für das Ausscheiden eines Gesellschafters eine Abfindung nach dem letzten festgestellten Vermögenssteuerwert der Gesellschaft vor. Die Eheleute haben sich darauf geeinigt, die Bewertung des Geschäftsanteils für den Zugewinnausgleich entsprechend vorzunehmen. Dies ergibt nach Auskunft des Steuerberaters der Gesellschaft einen Wert des Geschäftsanteils von DM 12.000,- von dem der Ehefrau die Hälfte, also DM 6.000,- zustehen.

§ 7 Lebensversicherung

Der Ehemann hat bei der F-Lebensversicherung AG eine Kapital-Lebensversicherung über 40.000,- DM abgeschlossen, deren Rückkaufswert nach Auskunft der Versicherungsgesellschaft DM 8.000,- beträgt. Hieraus stehen der Ehefrau also DM 4.000,- zu. Der Ehemann wird als Bezugsberechtigten für den Fall seines Versterbens vor Vertragsende anstelle der Ehefrau den gemeinsamen volljährigen Sohn einsetzen.

§ 8 Ölbild

Die Ehefrau hat im Jahre ...... von ihrem Vater ein Ölbild des Maler G als Geschenk erhalten. Der Wert des Bildes hat sich zwischenzeitlich erheblich gesteigert, da sich der Maler G auf dem internationalen Kunstmarkt durchgesetzt hat. Das Bild, das im Jahre ...... für 5.000,– DM erworben wurde, hat jetzt nach Auskunft des Kunsthändlers H, der den Maler G exklusiv vertritt, einen Wert von 26.000,– DM. Die Eheleute haben sich darauf geeinigt in Anwendung der von BGH einwickelten Formel um den Kaufkraftschwund zu berichtigen. Der Preisindex für die Lebenshaltung betrug im Jahre ...... 100, und beträgt jetzt 120.

Die Berechnung $\frac{5000{,}-\times 120}{100}$ ergibt einen berichtigten Anfangswert von 6.000,– DM.

Die berichtigte Wertsteigerung beträgt damit 20.000,– DM von denen dem Mann 10.000,– DM zustehen.

Die Verrechnung dieses Anspruchs mit den Ansprüchen der Frau aus der Gesellschaftsbeteiligung und der Lebensversicherung des Mannes ergibt einen Saldo von Null. Es verbleibt also bei einem Anspruch des Mannes in Höhe von 70.000,– DM.

§ 9 Gegenseitiger Unterhaltsverzicht

Beide Ehegatten haben während der gesamten Ehezeit gearbeitet. Die Ehefrau ist in der Lage, von ihrem Einkommen ihren Unterhalt zu bestreiten und das Haus zu erhalten. Der Mann wird mit dem übertragenen Bausparvertrag eine Eigentumswohnung erwerben. Die Eheleute wollen im Fall einer Scheidung auch unterhaltsmäßig endgültig auseinanderkommen. Sie verzichten deshalb für den Fall der Scheidung gegenseitig auf jegliche Unterhaltsansprüche für die Zeit nach der Beendigung der Ehe.

§ 10 Entgeltlicher Verzicht auf den Versorgungsausgleich

Da der Ehemann während der Ehezeit immer mehr verdient hat als die Ehefrau, würden dieser im Falle der Durchführung des Versorgungsausgleichs Ansprüche auf Übertragung von Rentenanwartschaften gegen den Mann zustehen. Nach dem Gutachten des Rentenberaters J wären zur Zeit etwa 300,– DM monatliche Rente vom Rentenkonto des Mannes auf das Rentenkonto der Frau zu übertragen. Wollte der Ehemann diesen Verlust wieder ausgleichen, müßte er einen Betrag von etwa 60.000,– DM aufwenden.

Die Eheleute schließen hiermit den Versorgungsausgleich gemäß § 1408 Abs. 2 BGB gegenseitig völlig aus.

Im Hinblick hierauf und auf den gegenseitigen Unterhaltsverzicht verzichtet der Ehemann auf die Zahlung des ihm aus Zugewinnausgleich zustehenden Betrages von 70.000,– DM. Hierdurch wird es der Frau erleichtert, das übernommene Haus finanzieren zu können, was bei einer Zahlungsverpflichtung dem Mannes gegenüber erschwert wäre. Insofern sichert die Gegenleistung für den Ausschluß des Versorgungsausgleichs auch mit die Altersversorgung der Frau.

§ 11 Hilfsweise Ausschluß nach § 1587o BGB

Den Eheleuten ist bekannt, daß der Ausschluß des Versorgungsausgleichs nach § 1408 Abs. 2 S. 2 BGB unwirksam wird, wenn innerhalb eines Jahres ab heute Antrag auf Scheidung der Ehe gestellt werden wird. Für diesen Fall vereinbaren sie den Ausschluß des Versorgungsausgleichs nach § 1587o BGB. Die erforderliche Genehmigung des Familiengerichts werden sie dann einholen. Sollte das Familiengericht wider Erwarten die Vereinbarung nicht genehmigen, so wird die Forderung des Ehemannes aus Zugewinnausgleich in Höhe von 70.000,– DM sofort fällig. Sie ist auf Verlangen des Mannes durch Grundschuld abzusichern und mit vier Prozent über dem jeweiligen Diskontsatz der Deutschen Bundesbank zu verzinsen.

§ 12 Salvatorische Klausel

Die übrigen Vereinbarungen bleiben auch im Falle der Nichtgenehmigung des Ausschlusses des Versorgungsausgleichs wirksam.

§ 13 Erb- und Pflichtteilsverzicht

Die Eheleute verzichten gegenseitig auf jegliche Erb- und Pflichtteilsrechte und nehmen den Verzicht gegenseitig an.

§ 14 Kosten

Die Kosten dieses Vertrages und seines Vollzugs im Grundbuch trägt der Ehemann.

(Schlußvermerke, Schlußformel, Unterschriften)

Schrifttum: Kanzler, Einkommensteuerrechtliche Folgen bei Auflösung der Ehe, DStR 1990, 367/405; *Langenfeld,* Handbuch der Eheverträge und Scheidungsvereinbarungen, 3. A. 1996.

Anmerkungen

1. Vertragstyp. Das Formular soll neben einer beispielhaften Vermögensauseinandersetzung im gesetzlichen Güterstand den Zusammenhang zwischen Vermögensauseinandersetzung, Unterhaltsregelung und Vereinbarung über den Ausschluß des Versorgungsausgleichs im Sinne von § 1587 o Abs. 2 S. 3 BGB verdeutlichen.

2. Gütertrennung. Es empfiehlt sich, den Güterstand vorsorglich zu beenden, vgl. Form. XI. 15 Anm. 3.

3. Hausrat. Die Erledigung der Hausratsverteilung empfiehlt sich, um die richterliche Regelung nach der HausratsVO auszuschließen (OLG Frankfurt FamRZ 1980, 170). Da der Notar über den Hausrat keinen vollstreckbaren Titel herstellen kann, wie ihn § 630 Abs. 3 ZPO fordert, sollte die Teilung vor Beurkundung vollzogen werden, und ihr Vollzug in der Urkunden festgestellt werden. Nach Ansicht des BGH (FamRZ 1984, 144) findet für Hausratsgegenstände der Zugewinnausgleich nicht statt, da die Vorschriften der HausratsVO eine abschließende Sonderregelung darstellen.

4. Familienheim, Ehegattenzuwendungen. Zuteilung und Bewertung des Familienheimes sind regelmäßig ein zentraler Regelungsbereich der Scheidungsvereinbarung. Zu Bewertungsfragen vgl. *Langenfeld,* Handbuch Rdn. 356 ff. Beim Kampf um die dingliche Zuteilung des Familieneigenheimes werden häufig Gesichtspunkte der Rückabwicklung von Ehegattenzuwendungen eine Rolle spielen. Der BGH hatte Gelegenheit, in einer Reihe von Entscheidungen Grundsätze über die Rückabwicklung von Ehegattenzuwendungen und das Verhältnis der Rückabwicklung zu den Regeln des Zugewinnausgleichs aufzustellen. Sie lassen sich wie folgt zusammenfassen:

Zuwendungen eines Ehegatten an den anderen (*Lieb,* Die Ehegattenmitarbeit, 1970; „unbenannte Zuwendungen") werden wertmäßig gemäß § 1380 BGB auf den Zugewinnausgleichsanspruch des Empfängers angerechnet, wenn dieser Anspruch höher ist als der Wert der Zuwendung im Zeitpunkt der Zuwendung. Die Berechnung erfolgt so, daß zur Berechnung der Ausgleichsforderung der Wert der Zuwendung dem Vermögen des Ehegatten hinzugerechnet wird, der die Zuwendung gemacht hat, und gleichzeitig dieser Wert vom Vermögen des Ehegatten abgezogen wird, der die Zuwendung erhalten hat. Auf den so errechneten Zugewinnausgleichsanspruch wird der Wert der Zuwendung angerechnet. Die Anwendung von § 1380 BGB hat also immer zur Folge, daß sich der Zugewinnausgleichsanspruch des Zuwendungsempfängers um die Hälfte des Wertes der Zuwendung verringert.

Ist der Wert der Zuwendung höher als die Ausgleichsforderung des Zuwendungsempfängers, so kommt § 1380 BGB nicht zur Anwendung. Der Zuwendungsempfänger ist in diesem Fall, wenn er infolge der Zuwendung einen höheren Zugewinn erzielt hat als der Zuwender, seinerseits zum Zugewinnausgleich verpflichtet.

Zur gegenständlichen Rückgewähr der Zuwendung ist der Zuwendungsempfänger gemäß § 242 BGB nur ausnahmsweise verpflichtet, wenn die bestehende gegenständliche Vermögensverteilung für den Zuwender eine unerträgliche Härte bedeuten würde. Die gegenständliche Rückgewähr kann aber nur Zug um Zug gegen Zugewinnausgleich in Geld verlangt werden.

Sonstige Rückforderungstatbestände wie Ehegatten-Innengesellschaft, ungerechtfertigte Bereicherung und Wegfall der Geschäftsgrundlage werden durch die gesetzlichen Regeln des Zugewinnausgleichs als leges speciales ausgeschlossen. Schenkungswiderruf scheidet regelmäßig aus, da es sich bei Ehegattenzuwendungen nicht um Schenkungen, sondern um ehebedingte unbenannte Zuwendungen handelt.

Im Güterstand der Gütertrennung wird die Anwendung der allgemeinen Rückabwicklungstatbestände, insbesondere des Wegfalls der Geschäftsgrundlage, nicht durch spezielle gesetzliche Regeln ausgeschlossen. Hier kommt es für die dingliche Rückforderung gemäß § 242 BGB entscheidend auf die Umstände des Einzelfalles an (BGH NJW 1982, 2236). Die gilt auch für die Zuwendung von Arbeitskraft aufgrund „besonderen familienrechtlichen Vertrages" (BGH aaO).

5. Bewertung von Gesellschaftsbeteiligungen. Grundsätzlich ist der Auseinandersetzungswert einer Gesellschaftsbeteiligung zu ermitteln. Bewertungsgegenstand ist das Unternehmen als Einheit einschließlich aller betrieblich genutzten Gegenstände, der Betriebsgrundstücke, stillen Reserven, der Ertragsaussichten und des Firmenwertes (zu letzterem BGH NJW 1977, 378; BGHZ 68, 163, 79, 224). Die Betriebswirtschaft bevorzugt bei der Unternehmensbewertung die Kombination mehrerer Methoden unter Berücksichtigung von Ertragswert, Wiederanschaffungswert und Veräußerungswert (vgl. W. *Müller* JuS 1973, 603/745; 1974, 147/288/424/558; 1975, 489/553; BGH NJW 1982, 2441; *Langenfeld,* Hdb Rdn. 150).

Besondere Bewertungsprobleme entstehen bei gesellschaftsvertraglichen Abfindungsklauseln (dazu *Langenfeld,* Handbuch Rdn. 150 ff.; *Benthin* FamRZ 1982, 338/344 ff.). Nach dem BGH (BGHZ 75, 195) ist in jedem Fall eine endgültige Bewertung auf den Stichtag der Beendigung des Güterstandes vorzunehmen, wobei vom Vollwert der Beteiligung auszugehen und nur im Einzelfall ein Risikoabschlag vorzunehmen ist.

6. Wertsteigerungen des Anfangsvermögens bzw. privilegierter Erwerb im Zugewinnausgleich. Nach § 1374 BGB sind voreheliches Vermögen und ehezeitlicher Erwerb durch Erbschaft, vorweggenommene Erbfolge, Schenkung und Ausstattung Rechnungsposten des Anfangsvermögens, unterfallen also nicht dem Zugewinnausgleich. Wohl aber sind ehezeitliche Wertsteigerungen des Anfangsvermögens im Rahmen des nach § 1373 BGB erfolgenden Vergleichs des Anfangsvermögens mit dem Endvermögen ausgleichspflichtig. Den sog. „unechten Zugewinn", der durch den Kaufkraftschwund des Geldes zwischen den Bewertungsstichtagen Eintritt des Güterstandes für das Anfangsvermögen (§ 1374 BGB) und Beendigung des Güterstandes für das Endvermögen (§ 1375 BGB) entsteht, rechnet der BGH (BGHZ 61, 385; WM 1975, 28; NJW 1984, 434; OLG Hamm FamRZ 1984, 275) anhand des vom Statistischen Bundesamt jährlich errechneten Preisindex für die Lebenshaltung mit folgender Formel heraus: „Wert des Anfangsvermögens bei Beginn des Güterstandes multipliziert mit der Preisindexzahl für die Lebenshaltung des Jahres der Beendigung des Güterstandes dividiert durch die Preisindexzahl für die Lebenshaltung des Jahres des Beginns des Güterstandes gleich wertangepaßtes Anfangsvermögen" (eingehend zu diesen Fragen *Langenfeld*, Handbuch Rdn. 155 f.). Die Formel ist, wie im Formular, auch bei nach § 1374 Abs. 2 BGB privilegierten Erwerben anzuwenden.

7. **Unterhaltsverzicht.** Vgl. Form. XI. 16 Anm. 3.

8. **Hilfsweise Vereinbarung** nach § 1587o BGB. Vgl. Form. XI. 16 Anm. 4.

9. **Entgeltlicher Verzicht auf den Versorgungsausgleich.** Eine direkte Gegenleistung des im Versorgungsausgleich Ausgleichsverpflichteten an den Ausgleichsberechtigten für den Ausschluß oder die Modifikation des Versorgungsausgleichs muß nach § 1587o Abs. 2 S. 4 BGB im Zusammenhang mit der Gesamtvereinbarung zur Sicherung des Berechtigten für den Fall der Erwerbsunfähigkeit und des Alters geeignet sein (dazu eingehend *Langenfeld* DNotZ 1983, 139/149; Handbuch Rdn. 777). Versorgungsausgleichsansprüche können nach jetzt h. L. durch alle denkbaren vermögenswerten Leistungen ausgeglichen werden, insbesondere durch Zahlung von Geldbeträgen, Übereignung von Renditeobjekten, Begründung von Nutzungsrechten wie Nießbrauch oder Wohnungsrecht, Übertragung von Unternehmensbeteiligungen, schließlich auch durch erhöhte, dinglich abgesicherte Unterhaltszahlungen (Einzelheiten bei *Langenfeld*, Handbuch Rdn. 794 ff.).

10. **Formfragen der Scheidungsvereinbarung.** Vereinbarungen über den nachehelichen Unterhalt sind nach § 1585c BGB zu jedem Zeitpunkt des Verlöbnisses und der Ehe formfrei möglich. Entsprechendes gilt für die Hausratsteilung. Vereinbarungen über den Zugewinnausgleich bedürfen der notariellen Form des § 1378 Abs. 3 S. 2 BGB bzw. der vorherigen ehevertraglichen Beendigung des Güterstandes. Sind Grundstücke auseinanderzusetzen, ist § 313 BGB zu beachten. Im Verfahren nach § 630 ZPO sind über Unterhaltsvereinbarungen vollstreckbare Schuldtitel herbeizuführen, die bei der außergerichtlichen Scheidungsvereinbarung gemäß § 794 Abs. 1 Nr. 5 ZPO der notariellen Beurkundung bedürfen. Zu beachten ist, daß bei der außergerichtlichen Scheidungsvereinbarung die Einigung über die nicht vom Familiengericht zu erledigenden Scheidungsfolgen regelmäßig infolge zeitlichen und sachlichen Zusammenhangs gemäß § 125 BGB insgesamt der notariellen Beurkundung bedarf, wenn auch nur ein Teilakt beurkundungspflichtig ist (*Langenfeld* DNotZ 1983, 139/161; *Schwab*, Handbuch Rdn. 680).

11. **Steuern.** Zu Steuerfragen bei Beendigung des gesetzlichen Güterstandes s. Form. XI. 1 Anm. 6 und XI. 27 Anm. 2.

12. **Kosten.** Die einzelnen Gegenstände werden addiert, hieraus eine doppelte Gebühr gem. § 3 Abs. 2 KostO.

26. Steuergünstige Scheidungsvereinbarung über den nachehelichen Unterhalt

Verhandelt zu ...... am ......
Vor dem ...... Notar ...... sind erschienen ......
und erklären

Scheidungsvereinbarung

(§ 1 Zugewinnausgleich, § 2 Versorgungsausgleich)

§ 3 Nachehelicher Unterhalt

(1) Nach der Düsseldorfer Tabelle schuldet der Ehemann der Ehefrau derzeit einen monatlichen Unterhalt von 700,– DM. Es wird vereinbart, daß dieser Unterhalt nicht in Geld, sondern durch Überlassung der Eigentumswohnung des Ehemannes (Beschrieb) zur Nutzung durch die Ehefrau erbracht wird.

(2) Diese Nutzung wird auf drei Jahre fest vereinbart. Danach ist jeder Ehegatte berechtigt, das Nutzungsverhältnis mit einer Frist von 6 Monaten auf das Jahresende zu kündigen.

(3) Die Ehefrau verpflichtet sich, beim begrenzten Realsplitting mitzuwirken.

(Schlußvermerke, Schlußformel, Unterschriften).

Anmerkungen

1. *Regelungstyp*. Durch die Wohnungsüberlassung in Anrechnung auf den nachehelichen Unterhalt lassen sich Steuervorteile erzielen. Das Formular folgt einem Vorschlag von Stephan (Skriptum Praktikertagung des Deutschen Anwaltsinstituts e. V. – Fachinstitut für Notare – vom 17./18. 4. 1989 in Hamm S. 208).

2. *Steuerfolgen*. Die Wohnungsüberlassung in Abgeltung einer Unterhaltsverpflichtung ist ein entgeltlicher, nicht unter § 12 Nr. 2 EStG fallender Vorgang (Abschn. 161 Abs. 1 EStR 1987). Der Unterhaltsverpflichtete erzielt Einkünfte aus Vermietung und Verpachtung (§ 21 Abs. 1 Nr. 1 EStG), die der Höhe nach im Zweifel nach den Grundsätzen der Ermittlung des Nutzungswerts der Wohnung zu berechnen sind (Abschn. 161 Abs. 1 S. 2 EStR 1987). Diese Einkünfte kann er im Rahmen des Realsplittings nach § 10 Abs. 1 Nr. 1 EStG wieder abziehen. Der Steuervorteil liegt darin, daß im vollen Umfang zum Werbungskostenabzug berechtigt ist, wenn der ihm zuzurechnende Mietzins mehr als fünfzig vom Hundert der ortsüblichen Marktmiete beträgt (§ 21 Abs. 2 S. 2 EStG; OFD Münster DB 1986, 1751).

27. Steuergünstigte Scheidungsvereinbarung über den Zugewinnausgleich

Verhandelt zu ...... am ......
vor dem Notar ...... sind erschienen ......
und erklären

Scheidungsvereinbarung

(§ 1 Nachehelicher Unterhalt, § 2 Versorgungsausgleich)

§ 3 Nachehelicher Unterhalt

(1) Die Ehefrau hat gegen den Ehemann eine Zugewinnausgleichsforderung von DM .... Sie verzichtet in Übereinstimmung mit dem Ehemann auf diese Forderung. Als Gegenleistung für diesen Verzicht erhält sie eine monatliche Leibrente von DM ......, die lebenslang, längstens aber bis zum ...... zu zahlen ist. Die Abänderung nach § 323 ZPO wird ausgeschlossen.

(2) Wegen der Zahlung der Rente unterwirft sich der Ehemann hier mit der sofortigen Zwangsvollstreckung in sein gesamtes Vermögen.

(3) Als weitere Sicherheit bestellt der Ehemann der Ehefrau hiermit an seinem Grundstück (Beschrieb) eine Reallast zur Zahlung der obigen Rente, deren Eintragung im Grundbuch bewilligt und beantragt wird.

(Schlußvermerke, Schlußformel, Unterschriften)

Anmerkungen

1. Regelungstyp. Die Ersetzung der steuerlich nicht abzugsfähigen Zugewinnausgleichsverbindlichkeit durch eine Leibrente führt zur einkommensteuerlichen Abzugsfähigkeit und damit zu Steuervorteilen bei unterschiedlicher Progression. Das Formular folgt einem Vorschlag von *Stephan* (Skriptum Praktikertagung des Deutschen Anwaltsinstituts e. V. – Fachinstitut für Notare – vom 17./18. 4. 1989 in Hamm S. 225).

2. Steuerfolgen. Nach Abschn. 123 Abs. 3 EStR greift das Abzugsverbot des § 12 Nr. 2 EStG für Zuwendungen an gesetzlich unterhaltsberechtigte Personen nicht ein, wenn Rentenleistungen eine Gegenleistung gegenübersteht, die bei überschlägiger und großzügiger Berechnung mehr als die Hälfte des Kapitalwertes der Rentenleistung beträgt. Eine derartige Gegenleistung kann der Verzicht auf Zugewinnausgleichs- oder Versorgungsausgleichsansprüche sein. Die Leibrente kann auch eine abgekürzte Leibrente sein. Der Rentenberechtigte hat den Ertragsanteil der ihm zufließenden Renten nach § 22 Nr. 1 a EStG zu versteuern, der Rentenverpflichtete kann ihn als Sonderausgaben nach § 10 Nr. 1 a EStG abziehen. Eine Aufteilung in einen abzugsfähigen und einen nicht abzugsfähigen Teil findet nicht statt, Abschn. 123 Abs. 3 Nr. 5 EStR.

Durch unterschiedliche Steuerprogression können hier per Saldo Steuervorteile entstehen. Die den Rentenberechtigten treffende Steuerlast kann bei der Bemessung der Rente berücksichtigt werden, wenn nicht vereinbart wird, daß der Rentenverpflichtete dem Rentenberechtigten seine Steuernachteile zu ersetzen hat.

Die Ablösung von Zugewinnausgleichs- oder Versorgungsausgleichsansprüchen durch dauernde Last ist nicht mehr empfehlenswert, da nach neuerer Rechtsprechung bei privaten dauernden Lasten mit Versorgungscharakter zunächst eine Wertverrechnung mit der Gegenleistung erfolgt (BFH BStBl II 1985 S. 709; BVerfG DStZ/E 1988, 100; *Stephan* DB 1986, 450; FG Hamburg EFG 1987, 455; Abschn. 87 Abs. 3 S. 5 EStR). Die wiederkehrenden Leistungen wirken sich demnach erst dann als Sonderausgaben nach § 10 Abs. 1 Nr. 1 a EStG aus, wenn die Zahlungen den Wert der Gegenleistung zuzüglich des Werts ihrer Nutzung übersteigen (Einzelheiten bei *Stephan* DB 1986, 450).

XII. Der Vertrag der nichtehelichen Lebensgemeinschaft

1. Partnerschaftsvertrag der Ehe auf Probe

§ 1 Gemeinsame Haushaltsführung

Wir möchten zusammenleben und einen gemeinsamen Haushalt führen. Zu diesem Zweck schließen wir den folgenden Vertrag, für den in Ermangelung ausdrücklicher Bestimmungen die Regeln der Gesellschaft des bürgerlichen Rechts nach §§ 705 ff. BGB gelten sollen.

§ 2 Innengesellschaft

Die Partnerschaft beginnt sofort und kann von jedem von uns jederzeit aufgekündigt werden. Im Rechtsverkehr tritt jeder nur für sich im eigenen Namen auf. Die Partnerschaft besteht lediglich im Innenverhältnis. Als Mieter der gemeinsamen Wohnung treten wir jedoch beide auf, mit der Maßgabe, daß der Mietvertrag von uns beiden abgeschlossen wird und jeden von uns voll berechtigt und verpflichtet.

§ 3 Zweierbeziehung

Dritte Personen dürfen in die häusliche Gemeinschaft nur mit Zustimmung beider Partner aufgenommen werden.

§ 4 Eigentumsordnung, Auseinandersetzung

(1) Wir werden bestrebt sein, strikte Gütertrennung einzuhalten. Gemeinsamen Erwerb von Gegenständen zum Miteigentum oder Gesamthandseigentum werden wir vermeiden. Das heute aufgestellte Vermögensverzeichnis werden wir immer auf dem neuesten Stand halten. Werden von einem Partner ihm gehörende Gegenstände in den gemeinsamen Haushalt eingebracht, so geschieht dies nur zur Nutzung. Eine Nutzungsentschädigung kann bei Auseinandersetzung der Partnerschaft nicht verlangt werden. Die Miete, die Nebenkosten sowie die Kosten der gemeinsamen Haushaltsführung tragen wir je hälftig. Dabei wollen wir bei den Kosten der gemeinsamen Haushaltsführung nicht kleinlich sein. Bei Auseinandersetzung der Partnerschaft findet insofern eine Rückforderung von Einlagen nicht statt. Leistungen und Aufwendungen zum gemeinsamen Haushalt werden nicht erstattet, gleichgültig ob es sich um geldliche oder sonstige sachliche Leistungen oder Dienstleistungen handelt. Ebenso erfolgt keine Entschädigung für die normale Abnutzung von Gegenständen des gemeinsamen Gebrauchs.

(2) Auch Schenkungen über den Umfang von üblichen Gelegenheitsgeschenken hinaus werden wir vermeiden. Sollten dennoch derartige Schenkungen erfolgen, sind die Geschenke bei Auflösung der Partnerschaft nicht zurückzuerstatten.

(3) Macht ein Partner außergewöhnliche größere Aufwendungen für den anderen Partner, etwa zu Finanzierung von Studienmitteln, Kleidung oder anderem, so kann er verlangen, daß der aufgewendete Betrag als Darlehen gebucht wird. Das Darlehen wird dann mangels anderer Vereinbarungen spätestens bei Auflösung der Partnerschaft fällig und ist ab Hingabe mit 2% über dem jeweiligen Diskontsatz der Deutschen Bundesbank jährlich zu verzinsen.

§ 5 Kündigung, Zuteilung der gemeinsamen Wohnung

Kündigt ein Partner die Partnerschaft, so ist er zum Auszug aus der gemeinsamen Wohnung verpflichtet. Soweit der andere Partner die Wohnung beibehält, hat er den Ausziehenden ab dem nächsten Monatsersten von Miete und Nebenkosten freizustellen. Wird die Wohnung von beiden Partnern bei Beendigung der Partnerschaft aufgegeben, so tragen sie bis zum nächstmöglichen Kündigungstermin je hälftig die bis dahin noch entstehenden Miet- und Nebenkosten.

§ 6 Vertragsänderungen

Vertragsänderungen bedürfen zu ihrer Wirksamkeit der Schriftform.

2. Partnerschaftsvertrag der nichtehelichen Lebensgemeinschaft

§ 1 Gemeinsame Haushaltsführung

Wir wollen zusammenleben und einen gemeinsamen Haushalt führen. Jeder Partner ist zur eigenen Berufstätigkeit berechtigt. Die Haushaltsführung obliegt beiden Partnern gemeinsam, wobei nach Möglichkeit Hilfskräfte herangezogen werden. Für den folgenden Partnerschaftsvertrag sollen in Ermangelung ausdrücklicher Vereinbarungen die Regeln der Gesellschaft des bürgerlichen Rechts nach §§ 70ff. BGB gelten. Die Anwendung sonstiger außervertraglicher Rechtsvorschriften, insbesondere über den Widerruf von Schenkungen, den Wegfall der Geschäftsgrundlage und die ungerechtfertigte Bereicherung, wird ausdrücklich ausgeschlossen.

§ 2 Auseinandersetzungszeitpunkt

Auseinandersetzungszeitpunkt ist die Aufhebung der Lebensgemeinschaft, insbesondere der Auszug eines Partners aus der gemeinsamen Wohnung.

§ 3 Gemeinsame Wohnung

Die gemeinsame Wohnung wird von beiden Partnern angemietet, wobei beide voll berechtigt und verpflichtet werden. Kündigt ein Partner die Lebensgemeinschaft, so hat der andere Partner das Recht, die Wohnung zu übernehmen. Wird infolge der Auflösung der Partnerschaft die gemeinsame Wohnung aufgegeben, so haben sich die Beteiligten die Kosten der Auflösung zu teilen.

§ 4 Innengesellschaft

Im übrigen wirkt sich die Partnerschaft nur im Innenverhältnis der Partner aus. Im Verhältnis zu Dritten tritt jeder Partner lediglich in seinem Namen und für sich allein auf. Zur Vertretung des anderen Partners ist er ohne besondere Vollmacht nicht berechtigt.

§ 5 Eigentumszuordnung

Über die Eigentumszuordnung entscheiden die allgemeinen Regeln des Sachenrechts. Über die Eigentumsverhältnisse ist ein Vermögensverzeichnis zu entrichten und laufend fortzuführen. Zu gemeinschaftlichem Eigentum, im Zweifel Miteigentum je $1/2$, werden Gegenstände nur erworben, wenn dies beim Erwerb ausdrücklich vereinbart wird und im Vermögensverzeichnis verzeichnet wird. Eine Vermutung für gemeinsamen Erwerb besteht nicht. Bringt ein Partner ihm gehörende Gegenstände in den gemeinsamen Haushalt ein, so geschieht dies nur zur Nutzung.

§ 6 Auseinandersetzung des Hausrats

(1) Bei der Auseinandersetzung des Hausrats anläßlich der Aufhebung der Gemeinschaft erhält jeder Partner die in seinem Eigentum stehenden, der Lebensgemeinschaft zur Nutzung überlassenen Gegenstände zurück. Ersatz für normale Abnutzung kann er nicht verlangen. Gemeinsam erworbene Hausratsgegenstände werden so verteilt, daß jedem Partner möglichst die Fortführung eines eigenen Hausstandes möglich ist.

(2) Beträge zur gemeinschaftlichen Haushaltsführung sind nicht zu erstatten. Dies gilt sowohl für geldliche oder sachliche Beiträge wie für Dienstleistungen. Gemeinschaftlich eingegangene Schulden sind gemäß § 733 BGB auseinanderzusetzen.

(3) Verwendungen eines Partners auf im Alleineigentum des anderen Partners stehende Gegenstände werden nur dann ersetzt, wenn dies bei der Verwendung ausdrücklich schriftlich vereinbart wurde. In Ermangelung einer derart ausdrücklich vereinbarten Ausgleichspflicht findet keinerlei Ausgleichung statt, insbesondere auch nicht nach § 733 BGB.

(4) Werden einem Partner gemeinsam erworbene Gegenstände zugeteilt, hinsichtlich derer noch Verbindlichkeiten bestehen, so hat er diese Verbindlichkeiten zur Alleinschuld zu übernehmen. Während des Bestehens der nichtehelichen Lebensgemeinschaft auf diese Gegenstände vom anderen Partner erbrachte Zins- und Tilgungsleistungen werden nicht erstattet.

§ 7 Vermögenszuwendungen

Eine Rückforderung schenkweiser und sonstiger durch die Lebensgemeinschaft bedingter Zuwendungen während der nichtehelichen Lebensgemeinschaft anläßlich ihrer Auflösung findet nicht statt. Beide Partner betrachten die einseitige Loslösung von der nichtehelichen Lebensgemeinschaft als möglich und beiderseits akzeptiert und damit nicht als grobem Undank im Sinne des Schenkungsrechts. Beide Partner sind sich bewußt, daß Zuwendungen und Schenkungen in Kenntnis der Aufhebbarkeit der Gemeinschaft unwiderruflich gemacht werden, soweit nicht im Einzelfall ausdrücklich Rückforderungsrechte vereinbart werden.

§ 8 Arbeitsverträge

Soweit ein Partner im Gewerbebetrieb des anderen mitarbeitet, ist ein ausdrücklicher Arbeitsvertrag abzuschließen. In Ermangelung eines derartigen Arbeitsvertrages findet eine Erstattung geleisteter Dienste nicht statt.

§ 9 Außerordentliche Aufwendungen

Macht ein Partner für den anderen unübliche Aufwendungen, die er bei Auflösung der Partnerschaft ersetzt haben will, so kann er verlangen, daß diese Aufwendungen für ihn als Darlehensforderung verbucht werden. Das Darlehen wird spätestens bei Aufhebung der Partnerschaft zur Rückzahlung fällig und mangels anderer Vereinbarungen ab Hingabe mit 2% jährlich über dem jeweiligen Diskontsatz der deutschen Bundesbank verzinst.

§ 10 Formvorschriften

Änderungen und Ergänzungen dieses Partnerschaftsvertrages bedürfen der Schriftform.

Schrifttum: Das Schrifttum ist unübersehbar, vgl. die Nachweise bei *Soergel/Lange* S. 1344 f.; zur Vertragsgestaltung *Grziwotz,* Rechtsprobleme der nichtehelichen Lebensgemeinschaft – eine Aufgabe der Kautelarjurisprudenz MittBayNot 1989, 182;

Grziwotz, Partnerschaftsverträge für die nichteheliche Lebensgemeinschaft, 2. A. 1994; *Hausmann*, Nichteheliche Lebensgemeinschaft und Vermögensausgleich, 1989; *Sandweg*, Grenzen der Vertragsgestaltung bei nichtehelichen Lebensgemeinschaften, BWNotZ 1990, 50; *ders.*, Ehe und nichteheliche Gemeinschaft im Spannungsfeld zwischen Familien- und Schuldrecht, BWNotZ 1991, 61.

Anmerkungen

1. Die nichteheliche Lebensgemeinschaft – Motive und Typen –. Es besteht Einigkeit darüber, daß es sich bei der nichtehelichen Lebensgemeinschaft um einen gesellschaftlichen Trend handelt, und daß die Ehe nicht mehr uneingeschränkt Leitbildfunktion für das Zusammenleben der Geschlechter hat. Über die Ursachen können Soziologen, Psychologen, Demoskopen, Theologen und Juristen bisher nur Vermutungen anstellen. Durch umfassende Tatsachenerhebungen fundierte Untersuchungen liegen noch von keiner Seite vor. Einen Überblick gibt Max Wingen, Nichteheliche Lebensgemeinschaften – Formen, Motive, Folgen – 1984. Interessante Daten liefert Band 170 der Schriftenreihe des Bundesministers für Jugend, Familie und Gesundheit, Nichteheliche Lebensgemeinschaften in der Bundesrepublik Deutschland, 1985 und *Manfred Lieb*, Empfiehlt es sich, die rechtlichen Fragen der nichtehelichen Lebensgemeinschaft gesetzlich zu regeln? Gutachten A zum 57. Deutschen Juristentag Mainz 1988.

Unbestritten steigt die gesellschaftliche Akzeptanz von nichtehelichen Lebensgemeinschaften. Eine Emnid-Umfrage (Stern Nr. 29/1987 S. 52, 56) hat ergeben, daß 63% der Deutschen meinen, der Staat solle „wilde Ehen" akzeptieren. Von der Altersstruktur der Partner her ist die nichteheliche Lebensgemeinschaft in den Altersklassen von 20 bis 30 Lebensjahren stark verbreitet, dann wieder ab dem 40. Lebensjahr. Man kann heute von 3 Millionen Menschen ausgehen, die in nichtehelicher Lebensgemeinschaft leben, dreimal soviel wie im Jahre 1972.

Von der Art der Gemeinschaft her unterscheidet sich grundlegend die vorübergehende nichteheliche Lebensgemeinschaft mit Tendenz zur späteren Eheschließung von der auf Dauer und in Alternative zur Ehe gelebten Gemeinschaft. Beide Formen können ineinander übergehen. Die Wahrscheinlichkeit einer späteren Eheschließung sinkt mit zunehmender Dauer des nichtehelichen Zusammenlebens. Meist werden die nichtehelichen Lebensgemeinschaften in die Ehe überführt, wenn man sich zum Kind entschließt (*Wingen* aaO. S. 43). Der Prozentsatz von nichtehelichen Lebensgemeinschaften mit Kind liegt mit fallender Tendenz etwa bei 15%. Umgekehrt lebten 1982 2% aller noch kinderlosen Paare (Frauen zwischen 18 und 35 Jahren) unverheiratet zusammen (Studie BMF Seite 147, 155).

Die mannigfachen Formen nichtehelicher Lebensgemeinschaften reichen von der kurzfristigen Bindung eines Zusammenlebens von Studenten in der gemeinsamen Wohnung, z.T. auch in der Form der „BAföG-Ehe" oder der Wohngemeinschaft, über mehr auf die Ehe ausgerichtete Formen wie die „Ehe auf Probe" oder die Lebensgemeinschaft noch anderweitig Verheirateter bis zur echten alternativen Lebensgemeinschaft wie dem Lebensgefährtenverhältnis, der Onkelehe von Rentnern und der nichtehelichen Familie. Wie bei der Ehe gibt es auch innerhalb des Lebensgefährtenverhältnisses verschiedene Typen mit unterschiedlicher Rollenverteilung von der Hausfrauen-Lebensgemeinschaft bis zur Wochenend-Partnerschaft mit verschiedenen Wohn- und Arbeitsorten während der Woche.

So unterschiedlich wie Formen und Typen der nichtehelichen Lebensgemeinschaft sind die Motive für diese Verhaltensform. Sie reichen vom versteckten Dissens des insgeheim die Ehe anstrebenden Partners mit dem – noch – eheunwilligen Partner bis zur gemeinsamen Überzeugung von der frei gewählten alternativen Lebensform. Bei jungen Leuten wird zunehmend – auch im Einverständnis mit den Eltern – die Ehe auf Probe praktiziert, um Frühscheidungen zu vermeiden. Ob dieses Ziel erreicht wird, ist ungeklärt. Sicherlich werden viele Probeehen kurzlebig sein und nicht in die Ehe überführt werden. Soweit dies aber geschieht, ist die spätere Scheidungsquote wohl nicht niedriger als bei „unerprobtem" Eheschluß. So berichtete der Spiegel (27/1989 S. 173) über eine großangelegte Umfrage der US-Demographen Larry Bumpass und James Sweet von der University of Wisconsin, nach der Eheleute, die schon vor der Hochzeit Tisch und Bett teilten, ein um 40 Prozent höheres Scheidungsrisiko laufen. Dies liegt wohl daran, daß sie den erst mit Heirat zusammenziehenden Paaren mit der Abnutzung schon voraus sind.

Zur Bejahung der nichtehelichen Lebensgemeinschaft als Alternative zur Ehe neigen (*Wingen* aaO. S. 47) Frauen eher und rigoroser als Männer. Es lehnen nach Emnid aaO. aber nur 8% der nichtehelich Zusammenlebenden die Ehe grundsätzlich ab.

In der Altersstruktur der Partner ergaben sich in den 10 Jahren von 1972 bis 1982 aufschlußreiche Veränderungen (*Lieb,* Gutachten, A 14). In der Altersgruppe der 18–35jährigen erhöhte sich der Prozentsatz von knapp 30% auf 65%, in der Altersgruppe von 36 bis 55 Jahren ging er von 27% auf 20% zurück und in der Altersgruppe darüber von 43% auf 15%. Berücksichtigt man nur Lebensgemeinschaften ohne Kinder, so fällt diese Verschiebung zugunsten der jüngeren Leute noch deutlicher aus.

Von der Schulbildung her ist bei der nichtehelichen Lebensgemeinschaft durchschnittlich eine deutlich höhere Bildung als bei der Ehe festzustellen (*Lieb,* Gutachten A 15).

Ein Motiv zur nichtehelichen Lebensgemeinschaft ist die Vermeidung der „Institution Ehe", die bewußt gesuchte Freiheit, das Bestreben, kein „verwalteter Mensch" zu sein (*Wingen* aaO. S. 54).

Anstelle derartigen Selbstbewußtseins kann aber auch ein bloßer Rückzug in die Unverbindlichkeit vorliegen. Auch die berufliche Verwirklichung der jungen Frau spielt eine Rolle. Die Ehe als Versorgungsinstitut ist nicht mehr die gesellschaftliche Norm. Die Ablehnung von Institutionalisierung und Verrechtlichung durch die Ehe kann auch aus schlechten Erfahrungen im Elternhaus resultieren. Die religiösen Bindungen und Motive werden schwächer. Die Möglichkeiten der Geburtenkontrolle schalten den „Ehefaktor Kind" aus. Der Kinderwunsch ist nicht mehr allgemein ein Essentiale einer Liebesbeziehung. Auch ganz profane wirtschaftliche Erwägungen (Onkelehe, BAföG-Ehe) können ausschlaggebend sein. Das Zusammenspiel und die Gewichtung aller dieser Motive harrt noch der wissenschaftlichen Aufarbeitung.

2. Die Rückabwicklung der gescheiterten nichtehelichen Lebensgemeinschaft im Vermögensbereich. Die Gerichte hatten sich mit der nichtehelichen Lebensgemeinschaft bisher vorwiegend unter dem Aspekt der Vermögensauseinandersetzung nach Auflösung der Lebensgemeinschaft zu befassen.

An der von der Rechtsprechung schließlich bevorzugten Lösung der Auseinandersetzungsproblematik hat die Literatur nur in geringem Maße vorbereitenden Anteil. Sie hat vorwiegend Lösungsmodelle erörtert, die der BGH dann abgelehnt hat. So schlug *Roth-Stielow* (JR 1978, 233) vor, einen konkludent durch das bloße Zusammenleben abgeschlossenen „Zusammenlebensvertrag" anzunehmen, auf den dann die Normen des Eherechts entsprechende Anwendungen finden könnten. Eine derartige Fiktion ist mit dem Wesen der nichtehelichen Lebensgemeinschaft genauso unvereinbar wie die analoge Anwendung des Verlöbnisrechts (vorgeschlagen von *Evans v. Krbek* JA 1979, 236). Die allgemeinen Rückabwicklungsregeln des Schenkungswiderrufs, Bereicherungsrechts und Wegfalls der Geschäftsgrundlage wollten insbesondere *Lipp* (AcP 1980, 537) und *Derleder* (NJW 1980, 545) in teilweise sehr subtilen Konstruktionen für die Rückforderungsproblematik erschließen. Ihre Vorschläge begegnen vor allem dem Einwand der Nichtvorhersehbarkeit der vom Gericht schließlich dekretierten Lösung (*Finger* JZ 1981, 497/503). Die schlichte Rechtsgemeinschaft der §§ 741 ff. BGB eignet sich zur Lösung der Auseinandersetzungsproblematik schon deshalb nicht, weil sie bei Vermögensgegenständen im Alleineigentum eines Partners versagt. Zumindest für die Gestaltung des

Partnerschaftsvertrages beachtlich ist das Eintreten insbesondere von *Battes* (ZHR 143, 385) für eine Lösung über das Recht der Personengesellschaft. Auch die Rechtsprechung führt den ausnahmsweisen Ausgleich im Vermögensbereich in entsprechender Anwendung gesellschaftsrechtlicher Normen durch.

Die Auseinandersetzungsproblematik wird im folgenden an typischen Fällen erläutert.

(1) **Keine Gesamtabrechnung.** *M und F haben 3 Jahre zusammengelebt. Beide waren und sind voll berufstätig. M und F wegen F 2 verlassen. F verklagt M auf Aufwendungsersatz. Sie legt eine detaillierte Aufstellung ihrer geldlichen Aufwendungen zur gemeinsamen Haushaltsführung und ihrer Feierabend-Hausfrauentätigkeit, bewertet nach entsprechenden Tariflöhnen im öffentlichen Dienst, vor. M trägt vor, seine Leistungen seien mindestens ebenso hoch. Im übrigen habe man stillschweigend die Nichtabrechnung vereinbart.*

Gegenseitige Unterhaltspflichten gibt es in der nichtehelichen Lebensgemeinschaft nicht. Die Rechtsprechung geht von der grundsätzlichen rechtlichen Unverbindlichkeit und Nichtabrechnung der nichtehelichen Lebensgemeinschaft aus. Sie lehnt eine Ausgleichspflicht hinsichtlich der Beiträge der Beteiligten zur gemeinsamen Haushalts- und Lebensführung mit der Begründung ab, derartige Leistungen bezweckten allein die Verwirklichung der außerehelichen Lebensgemeinschaft und seien deshalb weder abrechnungs- noch erstattungsfähig (OLG Frankfurt FamRz 1981, 253; OLG München FamRz 1980, 239).

Außerhalb der Rechtsprechung wird die Gesamtabrechnung der nichtehelichen Lebensgemeinschaft nicht mehr ernsthaft diskutiert. Entsprechend dem Gutachten von Lieb (*Lieb*, Empfiehlt es sich, die rechtlichen Fragen der nichtehelichen Lebensgemeinschaft gesetzlich zu regeln? Gutachten zum 57. Deutschen Juristentag in Mainz 1988 S. 61) hat der 57. Deutsche Juristentag in Mainz (vgl. NJW 1988, 2993) es abgelehnt, laufende Beiträge der Partner rückabzuwickeln (I. Abteilung, Beschluß II 6 b).

(2) **Arbeitsverhältnisse.** *F hat 10 Jahre mit dem Zahnarzt Z zusammengelebt. Sie war die unbezahlte Seele seiner Praxis mit Führung des Terminkalenders, Telefondienst und Hilfsleistungen. Als Z sie verläßt, macht sie rückwirkend Arbeitslohn geltend.*

Die Mitarbeit im Gewerbebetrieb oder der Praxis des Partners führt nicht zu Ausgleichsansprüchen, soweit nicht ein Arbeitsverhältnis vorliegt. Ein solches wird allerdings grundsätzlich nicht durch das Vorliegen einer nichtehelichen Lebensgemeinschaft ausgeschlossen (BAG AP Nr. 15 zu § 612 BGB). Es wird aber nur bei vollberuflicher Mitarbeit angenommen (BAG AP Nr. 13, 15, 20 zu § 612 BGB).

(3) **Hausrat.** *Als M und F zusammenziehen, ist M als Vertreter dauernd unterwegs. F kauft Möbel und Kücheneinrichtung über einen mit ihr verschwägerten Großhändler, wobei sie zur Bezahlung auch Geld des M verwendet. Alle Rechnungen lauten aber nur auf die F. Nachdem F Hals über Kopf zum Kunstmaler K gezogen ist und nicht mehr in die Wohnung kommt, weil M das Schloß ausgewechselt hat, verklagt sie M auf Herausgabe des Hausrats.*

Nach der Rechtsprechung ist die Anschaffung von Hausratsgegenständen ebenfalls der Verwirklichung der nichtehelichen Lebensgemeinschaft zuzuordnen und von einer Erstattungspflicht ausgenommen (BGHZ 77, 55 = FamRz 1980, 664 = NJW 1980, 152; BGH FamRZ 1983, 349 = NJW 1983, 1055; OLG Frankfurt FamRZ 1981, 253). Für die Auseinandersetzung über den Hausrat bleibt die sachenrechtliche Zuordnung maßgeblich. Eine analoge Anwendung eherechtlicher Vorschriften wie des § 1379 BGB, des § 1362 BGB, des § 8 Abs. 2 HausratsVO und des § 729 ZPO findet nicht statt. Bei gemeinsamem Erwerb werden die Partner nach allgemeinen Regeln im Zweifel Bruchteilseigentümer zu gleichen Teilen, so daß die Teilung in Natur oder durch Verkauf und Erlösteilung zu erfolgen hat, §§ 741, 742, 752 BGB. Die in der Literatur teilweise vorgeschlagene Lösung, grundsätzlich Miteigentum an sämtlichen Hausratsgegenständen anzunehmen (*Derleder* NJW 1980, 544/549), begegnet unüberwindlichen Bedenken

2. Partnerschaftsvertrag der nichtehelichen Lebensgemeinschaft XII. 2

und hat in die Rechtsprechung keinen Einlaß gefunden. Soweit Hausratsgegenstände von einem Partner in die nichteheliche Lebensgemeinschaft eingebracht werden, ändert dies an der dinglichen Zuordnung nichts. Es handelt sich lediglich um eine Überlassung zur nicht ausgleichspflichtigen Nutzung für die Dauer der Lebensgemeinschaft, die bei Auflösung der Gemeinschaft den Eigentumsherausgabeanspruch nach § 985 BGB nicht blockiert (so zuletzt *Weber* JR 1988, 309/311).

(4) **Vermögenszuwendungen.** *M hat aus seiner geschiedenen Ehe zwei Kinder, mit denen er zerstritten ist. Er zieht mit der viele Jahre jüngeren F in ein Haus, das auf den Namen der F gekauft, aber von M bezahlt wird. Als M verstirbt, verklagen die Kinder die F auf Rückzahlung der von M aufgewendeten Beträge, die ihrer Ansicht nach Darlehen waren.*

In seinem Grundsatzurteil vom 24. 3. 1980 (BGHZ 77, 55 = FamRZ 1980, 664 = NJW 1980, 520 = BB 1980, 858) lehnt der BGH die Klage der Erben des verstorbenen Partners einer nichtehelichen Lebensgemeinschaft gegen den überlebenden Partner auf Rückzahlung der Beträge ab, die der Verstorbene zum Erwerb und zur Finanzierung eines Hausgrundstücks zu Eigentum des anderen Partners aufgewendet hatte. Ein Ausgleich in entsprechender Anwendung gesellschaftsrechtlicher Grundsätze könne nur dann erfolgen, wenn die Partner die Absicht verfolgt hätten, mit dem Erwerb eines bestimmten Vermögensgegenstandes einen – wenn auch nur wirtschaftlich – gemeinschaftlichen Wert zu schaffen, der von ihnen für die Dauer der Partnerschaft nicht nur gemeinsam benutzt werden würde, sondern ihnen nach ihrer Vorstellung auch gemeinsam gehören sollte. Die Beweislast hierfür trage derjenige, der Ausgleichsansprüche geltend mache. Gegen die gemeinsame Wertschöpfung spreche aber regelmäßig der grundbuchmäßige Erwerb nur dann einen Partner, falls nicht besondere Gründe für diese Handhabung ersichtlich seien.

Mit diesen Grundsätzen, die in den folgenden Entscheidungen immer wieder wörtlich wiederholt werden, eröffnet der BGH für den Ausnahmefall hinsichtlich einzelner Vermögensgegenstände die Möglichkeit des Ausgleichs in Geld. Auch die sachenrechtliche Zuordnung ist dabei nicht abzustellen. Im Gegenteil dient die Konstruktion der Sonderzweckverfolgung gerade dazu, die sachenrechtliche Zuordnung auf schuldrechtlicher Ebene zu überspielen (*Weber* JR 1988, 309/310). Allerdings äußert die sachenrechtliche Zuordnung, insbesondere der Erwerb eines Grundstücks zum Alleineigentum eines Partners Indizwirkung dafür, daß diese Zuordnung auch bewußt und gewollt ist und eine gemeinschaftliche Wertschöpfung nicht vorliegt.

Diese Grundsätze bestätigte der BGH in einem weiteren Urteil vom 2. 5. 1983 (FamRZ 1983, 791 = NJW 1983, 2375; vgl. weiter BGH NJW 1992, 906; BGH NJW-RR 1993, 774; BGH NJW-RR 1996, 1473). Hier machten ebenfalls die Erben des verstorbenen Lebensgefährten gegen den überlebenden Partner Ansprüche wegen der Verwendung von Bausparguthaben und Arbeitsleistungen des Verstorbenen auf das Hausgrundstück des Überlebenden. Der BGH macht deutlich, daß sich eine auf Gesellschaftsrecht begründete Ausgleichungspflicht nur auf einen bestimmten Vermögensgegenstand beziehen könne. Der Erwerb eines Grundstücks zu Alleineigentum spreche gegen die Vorstellung der Partner, insoweit einen gemeinschaftlichen Wert zu schaffen. Auch das Bestreben, das Grundstück dem Zugriff der Gläubiger eines Partners zu entziehen, sei nicht per se schlüssig für die Annahme gemeinsamer Wertschöpfung, da die Gläubiger auch den Anspruch aus der Innenbeteiligung pfänden könnten. Im vorliegenden Fall sah der BGH den verstorbenen Partner durch die Bestellung eines dinglichen Wohnungsrechts abgefunden, weshalb er die Klage abwies. Obiter stellte fest, daß Folge der Innengesellschaft regelmäßig Ersatz des Wertes der Einlagen nach § 733 Abs. 2 BGB oder ein Abfindungsanspruch in Geld sein könne, während die Verpflichtung zur Übertragung eines Miteigentumsanteils oder zum Verkauf mit Erlösteilung nur ausnahmsweise in Betracht kommen könne.

Noch ohne diese Rechtsprechung des BGH berücksichtigen zu können, jedoch in Übereinstimmung mit den Grundsätzen des BGH gewährte das OLG Hamm mit Urteil vom 31. 10. 1979 (NJW 1980, 1530) Ausgleichsansprüche in Geld in einem Fall, in dem die Partner der nichtehelichen Lebensgemeinschaft 17 Jahre zusammen lebten, drei gemeinsame Kinder hatten und sich gemeinsam durch Aufbau eines Hotel-Restaurants eine Existenz schufen. Die Konzession des Gastronomiebetriebs lief lediglich auf die Frau, zu deren Alleineigentum auch die mit einem Wohnbungalow, einem Doppelhaus und einem Hotel-Restaurant bebauten Grundstücke erworben wurden. Der Mann arbeitete formell in einem Angestelltenverhältnis mit voller Kraft mit. Seiner Klage auf geldlichen Ausgleich nach der Trennung der Partner gab das Gericht aufgrund der Anwendung der Regeln der Innengesellschaft statt. Es berücksichtigte dabei den Willen der Partner zu gemeinsamer Wertschöpfung und die mit der besonderen Gestaltung ihrer Beziehungen angestrebten Gründe der Steuerersparnis und der Begründung einer Altersversorgung für den Mann. Auch unter Anwendung der Grundsätze des BGH wäre der Fall wie geschehen zu entscheiden gewesen.

(5) **Verwendungen auf Vermögen des Partners.** *Die Witwe F lernt auf einer Kaffeefahrt den Witwer M kennen und lieben. Sie verkauft ihre Eigentumswohnung und zieht in das Haus des M. Mit dem Geld zahlt sie die laufenden Zins- und Tilgungsleistungen für die Grundpfanddarlehen des M. Weiterhin gibt sie eine Dachreparatur in Auftrag. Nach deren Durchführung, aber vor Rechnungsstellung ekelt M die F aus dem Haus. Die Handwerkerrechnung geht an F. F möchte ihr auf den Hypothekendienst verwendetes und das an den Dachdecker gezahlte Geld zurück.*

In seinem Urteil vom 24. 3. 1980 (aaO.) verneint der BGH dann, wenn ein Partner Grundpfanddarlehen des Grundstücks des anderen Partners abgezahlt hat, eine Ausgleichspflicht. Insbesondere komme § 426 Abs. 1 S. 1 BGB nicht zur Anwendung, da bei der nichtehelichen Lebensgemeinschaft die persönlichen Beziehungen derart im Vordergrund stünden, daß sie auch das die Gemeinschaft betreffende vermögensmäßige Handeln der Partner bestimmten und daher nicht nur in persönlicher, sondern auch in wirtschaftlicher Hinsicht grundsätzlich keine Rechtsgemeinschaft bestehe. Wenn die Partner nicht etwas besonderes unter sich geregelt hätten, würden dementsprechend persönliche und wirtschaftliche Leistungen nicht gegeneinander aufgerechnet. Nach Beendigung der nichtehelichen Lebensgemeinschaft habe dann aber im Innenverhältnis der Grundstückseigentümer die Grundpfanddarlehen allein zu bedienen, da ihre Tilgung und Verzinsung jetzt nach Wegfall der Partnerschaft nur ihm zugute komme.

Diese Grundsätze wendet der BGH in seinem Urteil vom 20. 1. 1983 (FamRZ 1983, 349 = NJW 1983, 1055) auch auf den Fall an, daß Handwerkerrechnungen für von einem Partner in Auftrag gegebene Leistungen auf das Haus des anderen erst nach Beendigung der Partnerschaft gestellt werden. Sie müssen auch dann noch vom Auftraggeber bezahlt werden, obwohl sie sich auf das Hausgrundstück des ehemaligen Partners beziehen. Ansprüche aus § 670 oder §§ 677, 683, 670 BGB scheiden aus, da der Auftraggeber kein Geschäft des anderen Partners geführt hat, sondern ein eigenes Geschäft als Beitrag zum Zusammenleben, ohne damals Ersatz verlangen zu wollen, § 685 BGB. Auch eine etwaige Wertsteigerung oder die Erwartung einer längeren Partnerschaft bleiben außer Betracht: „Denn wer mit einer Partnerschaft eine rechtliche Dauerbindung gerade nicht eingehen will, übernimmt damit auch das Risiko, daß er wirtschaftliche Leistungen erbringt, die er dann nicht selbst voll ausnutzen und dennoch nicht ersetzt verlangen kann".

Diese Grundsätze bestätigt der BGH in einem Urteil vom 3. 10. 1983 (FamRZ 1983, 1213) in einem Fall, in dem der nichteheliche Partner auf den Umbau des Hauses des anderen Partners und die Einrichtung einer Gastwirtschaft in diesem Haus erhebliche Geldbeträge verwendet hatte. Nicht den Empfänger solcher Leistungen treffe die Beweislast dafür, daß der Geber auf Ersatz verzichtet hat. Vielmehr müsse der Zuwendende,

2. Partnerschaftsvertrag der nichtehelichen Lebensgemeinschaft XII. 2

wolle er die Leistungen nach Auflösung der Gemeinschaft zurück haben, beweisen, rechtsgeschäftlich mit dem Partner vereinbart zu haben, daß die Leistungen später zurückerstattet werden sollten.

In seinem Urteil vom 24. 6. 1985 (FamRZ 1985, 1232 = NJW 1986, 51) bestätigte der BGH die Auffassung des OLG Frankfurt, daß die Parteien mit der Bebauung zweier im Alleineigentum eines Partners stehender Grundstücke mit Mehrfamilienhäusern als Renditeobjekten unabhängig von der dinglichen Zuordnung gemeinschaftliche Vermögenswerte schaffen wollten und daß deshalb der andere Partner nach Auflösung der Lebensgemeinschaft in Anwendung von § 733 Abs. 2 BGB den Wert seiner Einlagen ersetzt verlangen könne.

Ein Verwendungsfall ist auch der zur gleichgeschlechtlichen Lebensgemeinschaft vom Kammergericht (FamRZ 1983, 271) entschiedene Fall, wo die Partner eine Mietwohnung gemeinsam ausbauten, die Gemeinschaft scheiterte, und der Partner, auf den das Mietverhältnis lautete, zur Teilung der vom Nachmieter für die Einbauten erhaltenen Abfindung mit dem anderen Partner verurteilt wurde. Im Ergebnis, nicht in der Begründung, stimmt das Urteil mit den Grundsätzen des BGH überein, da ein gemeinschaftlicher Wert geschaffen werden sollte.

(6) **Gemeinsame Wertschöpfung.** *Der Ingenieur M war zur F gezogen und hat 15 Jahre bei ihr gelebt. In dieser Zeit hat er auf dem Grundstück der F ein Unternehmen für elektronische Spezialgeräte aufgebaut. F hat ihm hierzu die Werkstatträume überlassen und ihm in vielfältiger Weise zugearbeitet und geholfen. Nachdem der M seinen Betrieb an einen anderen Platz verlegt und sich von F abgewendet hat, macht F einen Abfindungsanspruch geltend.*

Der BGH (NJW 1982, 2863) billigt der F einen Abfindungsanspruch in entsprechender Anwendung der §§ 730 ff. BGB zu. Eine entsprechende Anwendung der §§ 730 ff. BGB komme nur bei gemeinsamer Wertschöpfung in Betracht, und zwar auch dann, wenn die Partner durch beiderseitige Arbeit, finanzielle Aufwendungen und sonstige Leistungen zusammen ein gewerbliches Unternehmen aufbauen, betreiben und als gemeinsamen Wert betrachten und behandeln, obwohl es im Alleineigentum nur eines Partners steht. Der in diesen Fällen für Ehegatten geltende Grundsatz, daß gesellschaftsrechtliche Regeln nur herangezogen werden können, wenn sich die Eheleute in den Dienst einer über die Verwirklichung der ehelichen Lebensgemeinschaft hinausgehenden gemeinsamen Aufgabe gestellt haben (BGH NJW 1974, 2278), sei nicht ohne weiteres auf die nichteheliche Lebensgemeinschaft übertragbar. Denn während in der Ehe kraft Gesetzes gegenseitige Unterhaltspflichten und Ausgleichsansprüche nach Güterrecht und Erbrecht bestünden, gebe es in der nichtehelichen Lebensgemeinschaft weder rechtliche Mitarbeitspflichten noch gesetzliche Ausgleichsmöglichkeiten. Ein Ausgleich über §§ 730 ff. BGB „nach Umfang und Qualität der Mitarbeit beider Partner" wird vom BGH, der zu erneuter Beweisaufnahme zurückverweist, für möglich gehalten. Diese Grundsätze werden in der Entscheidung vom 24. 6. 1985 (FamRz 1985, 1232 = NJW 1986, 51) ausdrücklich bestätigt.

(7) **Finanzierung des PKW des Partners.** *F hat dem M der Vertreter ist und Schulden hat, einen PKW gekauft, diesen ausgezahlt und für den Restkaufpreis einen Kredit aufgenommen. Als M sie verläßt, verlangt F die Erstattung ihrer bisherigen Aufwendungen und Freistellung von den weiteren Ratenverpflichtungen.*

Für die zum Kauf eines Kraftfahrzeuges zum Alleineigentum eines Partners vom anderen Partner aufgewendeten Eigenmittel und verzinsten und abgezahlten Kredite kann kein Ersatz verlangt werden, solange die Lebensgemeinschaft besteht (BGH vom 23. 2. 1981 FamRz 1981, 530 = NJW 1981, 1502; OLG Celle NJW 1983, 1063 und 1065). Das vom Partner erworbene Kraftfahrzeug stellt regelmäßig keine gemeinsame Wertschöpfung dar, sondern steht allein und ohne Ausgleichspflicht in dessen Eigentum. Aufwendungen des anderen Partners auf das Kraftfahrzeug werden also nicht ersetzt.

Bei einem zur Finanzierung aufgenommenen Kredit kann bis zur Trennung kein Ersatz verlangt werden, wohl aber für die Raten nach der Trennung, wenn das Fahrzeug beim anderen Partner verbleibt.

3. Zusammenfassung der Abwicklungsgrundsätze der höchstrichterlichen Rechtsprechung. (1) Mit der heute allgemeinen Ansicht schließt der BGH für die nichteheliche Lebensgemeinschaft (Ehe auf Probe, vorübergehendes Zusammenleben, auf Dauer angelegtes Zusammenleben, gleichgeschlechtliche Gemeinschaften) die direkte oder analoge Anwendung eherechtlicher Normen oder des Verlöbnisrechts aus.

(2) Die nichteheliche Lebensgemeinschaft ist ein aliud gegenüber Ehe oder Verlöbnis. Sie ist keine Rechtsgemeinschaft, die man etwa insgesamt gesellschaftsrechtlichen Regeln unterwerfen könnte. Vielmehr stehen die persönlichen Beziehungen der Partner im Vordergrund. Persönliche und wirtschaftliche Leistungen werden nicht gegeneinander aufgerechnet.

(3) Wie zwischen Eheleuten sind auch zwischen den Partnern der nichtehelichen Lebensgemeinschaft besondere Vereinbarungen möglich, die dann auch für die Auseinandersetzung maßgeblich sind. So können sich die Partner etwa (wie Eheleute: BGH NJW 1982, 170 = FamRZ 1982, 141) zum Zweck des Erwerbs und Haltens eines gemeinsamen Heims in der Rechtsform einer Gesellschaft bürgerlichen Rechts zusammenschließen. Darlehen, Dienstverträge, Arbeitsverträge, Mietverträge usw. sind zwischen ihnen möglich. Die Partner können auch Einzelbereiche ihres Zusammenlebens oder das Zusammenleben insgesamt durch Partnerschaftsverträge regeln.

(4) Liegt ausnahmsweise Schenkung vor, so kann grober Undank nicht ohne weiteres im Verlassen des Partners gesehen werden, da die jederzeitige Auflösbarkeit zum Wesen der nichtehelichen Lebensgemeinschaft gehört und mit ihr gerechnet werden muß (*Diederichsen* NJW 1983, 1017/1022).

(5) Bereicherungsrecht in der Form des § 812 Abs. 1 S. 2 Alt. 2 BGB (condicto causa data, causa non secuta bzw. condicto ob rem) ist zur Abwicklung von Zuwendungen regelmäßig nicht geeignet, da hier zwischen Leistung und Gegenleistung eine direkte finale Abhängigkeit bestehen muß. Es genügt nicht, daß die Zweckbestimmung, also z. B. die Fortsetzung der Partnerschaft oder die Erbeinsetzung durch den anderen Partner, lediglich der Beweggrund der Leistung geblieben ist, mag das Motiv vom Partner auch erkannt worden sein oder für ihn erkennbar gewesen sein.

(6) Die Nichtabrechnung und Nichtrückforderbarkeit von Verwendungen auf das Vermögen des Partners und von Zuwendungen an den Partner gehören ebenso zum Wesen der nichtehelichen Lebensgemeinschaft wie ihre rechtliche Unverbindlichkeit und jederzeitige Auflösbarkeit. Wenn der zuwendende Partner nicht auf dinglicher Beteiligung, dinglicher Sicherheit oder Vereinbarung von Ausgleichs- und Rückforderungsrechten besteht, hat der Richter bei Beendigung der Lebensgemeinschaft regelmäßig keinen Anlaß, eine Auseinandersetzung oder Rückabwicklung vorzunehmen.

(7) Bei Dauerschuldverhältnissen wie einem Grundpfanddarlehen oder einem Abzahlungskredit gilt ab Beendigung der nichtehelichen Lebensgemeinschaft, daß der Eigentümer des finanzierten Gegenstandes für die künftige Verzinsung und Tilgung selbst aufzukommen hat.

(8) Von der grundsätzlichen Nichtabrechnung gegenseitiger Leistungen macht der BGH dann eine Ausnahme, wenn ein Vermögensgegenstand oder ein Zweckvermögen (Hausgrundstück, Gewerbebetrieb) formell im Alleineigentum nur eines Partners steht, die Partner jedoch nach ihrer Vorstellung einen – wenn auch nur wirtschaftlich – gemeinschaftlichen Wert schaffen wollten, der von ihnen für die Dauer der Partnerschaft nicht nur gemeinsam benutzt werden würde, sondern ihnen nach ihrer Vorstellung auch gemeinsam gehören sollte. Hier wendet der BGH die §§ 730 ff. BGB entsprechend an,

2. Partnerschaftsvertrag der nichtehelichen Lebensgemeinschaft

wobei die Quote der beiderseitigen Beteiligung nicht nach § 722 Abs. 1 BGB schematisch je einhalb beträgt, sondern nach Billigkeit zu ermitteln ist. Regelmäßig ist dann in Geld abzufinden. Sehr zu beachten ist die ausdrückliche Feststellung des BGH im Grundsatzurteil vom 24. 3. 1980 (BGHZ 77, 55), daß es des Nachweises besonderer Anhaltspunkte für einen Vergemeinschaftswillen bedarf, wenn formell nur ein Partner erwirbt, also z.B. als Alleineigentümer im Grundbuch eingetragen wird. In dieser ausnahmsweisen Zulassung der Rückabwicklung liegt der Schwerpunkt der Problematik der rechtlichen Behandlung der nichtehelichen Lebensgemeinschaft.

4. Kritik der Rechtsprechung im Vergleich mit der Behandlung der Gütertrennungs-Ehe. Es fragt sich, warum der BGH bei der Korrektur eklatant ungerechter Vermögensverteilung im Rahmen der nichtehelichen Lebensgemeinschaft auf die Fiktion einer Innengesellschaft zurückgreift und sich nicht des § 242 BGB in der Form des Wegfalls der Geschäftsgrundlage bedient. Dieser Weg wurde insbesondere von *Lipp* (AcP. 180, 539, 597ff.) vorgeschlagen. Dies wird auch von R. *Frank* (Festschrift *Müller-Freienfels* 1986, S. 131) befürwortet. Interessant ist, daß der IX. Zivilsenat des BGH diesen Weg beim Vermögensausgleich nach Scheidung einer Gütertrennungs-Ehe gegangen ist (NJW 1982, 2236). Der BGH betrachtet die Ehescheidung als Wegfall der Grundlage von Ehegattenzuwendungen. Während im gesetzlichen Güterstand dann die besonderen Regeln des Zugewinnausgleichs in Kraft treten und – vom Sonderfall der dinglichen Rückforderung über § 242 BGB gegen vollen Zugewinnausgleich abgesehen – alle anderen Rückabwicklungstatbestände verdrängen, können sich bei Gütertrennung nach den Regeln über den Wegfall der Geschäftsgrundlage Ausgleichsansprüche ergeben, wenn die Beibehaltung der Vermögensverhältnisse, die durch die Zuwendung eines Ehegatten an den anderen herbeigeführt worden sind, dem benachteiligten Ehegatten nicht zuzumuten ist. Ob und in welcher Form ein Anspruch gegeben ist, hängt nach dem BGH von den besonderen Umständen des Falles, insbesondere der Dauer der Ehe, dem Alter der Parteien, Art und Umfang der erbrachten Leistungen, der Höhe der dadurch bedingten und noch vorhandenen Vermögensmehrung und von ihren Einkommens- und Vermögensverhältnissen überhaupt ab.

Für die Gütertrennungs-Ehe ergibt sich hier das Bild übergroßer Flexibilität der gerichtlichen Korrekturmöglichkeiten und damit einer allzu großen Rechtsunsicherheit, wie sie *Finger* (JZ 1981, 497/503) bei der Erörterung des Wegfalls der Geschäftsgrundlage im Rahmen der nichtehelichen Lebensgemeinschaft zu bedenken gegeben hat. Hier dürfte der BGH mit den dargestellten Grundsätzen der Korrektur ungerechter Vermögensverteilung bei der nichtehelichen Lebensgemeinschaft auf dem besseren Weg sein (umgekehrt, d.h. auch bei nichtehelicher Lebensgemeinschaft für § 242, plädiert *Frank* FamRZ 1983, 541/546).

Die Lösung über den Wegfall der Geschäftsgrundlage würde alle Vermögensbewegungen während der Dauer der nichtehelichen Lebensgemeinschaft wieder zur Disposition stellen. Dies vermeidet der BGH, indem er von der grundsätzlichen Nichtabrechnung eine vorsichtige Korrektur über §§ 730 ff. zuläßt.

5. Richterrechtliche Erstreckung von Rechtswirkungen? Eine grundsätzliche Ausdehnung des rechtlichen Begriffs der Familie, an den die verschiedensten Gesetze anknüpfen, wird von niemandem mehr ernsthaft befürwortet. Ehe und Familie stehen unter dem besonderen Schutz unserer Rechtsordnung. Die pauschale Ausdehnung aller ehe- und familienspezifischen Schutzvorschriften auf die nichteheliche Lebensgemeinschaft ist deshalb nicht möglich. Es kann nur um eine vorsichtige Ausdehnung einzelner Vorschriften gehen, die nicht typischerweise ehe- oder familienrechtlich geprägt sind, sondern eher Zweckmäßigkeitserwägungen entsprungen sind (*Lieb*, Gutachten A 10).

Ansätze hierzu sind in der Rechtsprechung vorhanden. So hat der BGH (BGHZ 84, 36) die in § 1093 Abs. 2 BGB normierte Befugnis des Wohnungsberechtigten, seine Familie sowie die zur standesmäßigen Bedienung und zur Pflege erforderlichen Personen in die Wohnung aufzunehmen, auf den Partner der nichtehelichen Lebensgemeinschaft ausgedehnt. Das OLG Düsseldorf (NJW 1983, 1566), hat dem Partner der nichtehelichen Lebensgemeinschaft das Recht auf den Dreißigsten, des § 1969 BGB zugestanden (so auch die h. L. im Schrifttum, vgl. *Hausmann*, S. 34 Anm. 57). Einige Landgerichte (LG Hannover NJW 1986, 727; LG Hamburg WoM 1989, 304; anders die noch h. L.) haben entschieden, daß der Partner der nichtehelichen Lebensgemeinschaft entsprechend der Regelung für Familienangehörige nach § 569a Abs. 2 BGB in das Mietverhältnis des verstorbenen Mieters über Wohnraum eintritt. Verfassungsrechtliche Bedenken bestehen hiergegen nicht (BVerfG FamRZ 1990, 727 m. kritischer Anm. *Bosch* FamRZ 1991, bei *Bosch* auch Literaturhinweise zu der Frage).

Im Kernbereich des Ehe- und Familienrechts, beim Eherecht etwa im Bereich des Unterhalts, des Zugewinnausgleichs, des Versorgungsausgleichs, der Hausratsverordnung sowie im Bereich des Ehegattenerbrechts ist jedoch eine richterliche Ausdehnung gesetzlicher Regelungen ausgeschlossen. Denn diese Ehe- und Familienspezifischen Normen knüpfen an den Tatbestand der Ehe im Sinne einer umfassenden, auf Lebenszeit angelegten Rechts- und Pflichtengemeinschaft an, bei der Familie an die nicht auflösliche Blutsverwandtschaft. Deshalb können nur einzelne Normen, die nicht zu diesem Kernbereich gehören und lediglich auf die auch bei der nichtehelichen Lebensgemeinschaft gegebene persönliche Verbundenheit der Partner abstellen, auf die nichteheliche Lebensgemeinschaft entsprechend angewendet werden (*Hausmann* S. 41 ff.).

6. Gesetzliche Regelung der nichtehelichen Lebensgemeinschaft? Mit der Frage der gesetzlichen Regelung der nichtehelichen Lebensgemeinschaft befaßte sich der 57. Deutsche Juristentag 1988 in Mainz. Dort wurde in einer Abteilung das Thema: „Empfiehlt es sich, die rechtlichen Fragen der nichtehelichen Lebensgemeinschaft gesetzlich zu regeln?" erörtert. Die gefaßten Beschlüsse (NJW 1988, 2993) geben den Meinungsstand zumindest der für die nichteheliche Lebensgemeinschaft engagierten Juristen und damit einen Trend wieder. Es wurde allgemein anerkannt, daß eine gesetzliche Gesamtregelung der nichtehelichen Lebensgemeinschaft ausscheiden müsse. Dem stehe der grundgesetzliche Schutz der Ehe und der zu respektierende Wille der Partner, nicht in rechtliche Zwänge zu geraten, entgegen. Jedoch wurde die punktuelle Regelung einzelner Problembereiche befürwortet. Als solcher regelungsbedürftiger Problemkreis wurde insbesondere die vermögensrechtliche Auseinandersetzung nach der Trennung der Partner angesehen. Betont wurde, daß eine Rückgewähr laufender Beiträge der Partner zur gemeinsamen Haushalts- und Lebensführung nicht in Betracht komme. Ein Ausgleich in Geld komme vielmehr nur bei größeren Vermögenszuwendungen in Frage, bei denen eine Absicht endgültiger Zuwendung nicht unterstellt werden könne, ferner bei Krediten zur Finanzierung derartiger Erwerbe. Für den Hausrat wurde ein gerichtliches Verteilungsverfahren nach billigem Ermessen des Richters befürwortet.

Keine einheitliche Meinung bestand über Unterhaltsansprüche nach der Trennung, die überwiegend abgelehnt wurden. Ein gesetzliches Erbrecht der nichtehelichen Partner wurde abgelehnt, dagegen ein erbrechtlicher Schutz hinsichtlich des Hausrats und der gemeinsamen Wohnung befürwortet. Beim Sorgerecht für Kinder in der nichtehelichen Familie machte sich eine Tendenz zur Stärkung der Rechtsposition des nichtehelichen Vaters bis hin zur gerichtlichen Begründung eines gemeinsamen Sorgerechts der Eltern auf deren gemeinsamen Antrag bemerkbar. Insbesondere Vertreterinnen der Frauenbewegung warnten aber vor möglicher Heuchelei des nichtehelichen Vaters und der Möglichkeit von Erpressungsversuchen. Zu Steuerfragen wurden keine Beschlüsse gefaßt.

Die Aussichten dieser Vorschläge auf Verwirklichung sind derzeit gering, da der Gesetzgeber keine Neigung zeigt, eine auch nur punktuelle Regelung der nichtehelichen Lebensgemeinschaft anzugehen. Erleichtert wird ihm dies durch die Rechtsprechung des Bundesgerichtshofs zur Vermögensauseinandersetzung, die zu vertretbaren Ergebnissen gelangt, sowie durch die vorsichtige richterliche Erstreckung einzelner nicht zum Kernbereich des Ehe- und Familienrechts gehörender Vorschriften auf die nichteheliche Lebensgemeinschaft (vgl. dazu oben Anm. 5).

Richtig ist in jedem Fall, daß von einer gesetzlichen Gesamtregelung der nichtehelichen Lebensgemeinschaft abgesehen werden sollte. Für eine „Ehe zweiten Grades" besteht kein Bedürfnis. Das entscheidende Argument gegen die gesetzliche Gesamtregelung der nichtehelichen Lebensgemeinschaft kommt allerdings auch in den Gutachten und Beschlüssen zum 57. Deutschen Juristentag 1988 nicht genügend zum Ausdruck. Es liegt darin, daß die Erscheinungsformen und Typen der nichtehelichen Lebensgemeinschaft so verschieden sind, daß die gesetzliche Regelung eines Typus die anderen Typen verfehlen würde. Wie im Eherecht, wo die gesetzliche Regelung auf die Einverdienerehe abstellt und deshalb die anderen Ehetypen mit der Folge verfehlt, daß bei ihnen ehevertragliche Korrekturen notwendig sind (vgl. *Langenfeld* FamRZ 1987, 9), wären dann auch bei der nichtehelichen Lebensgemeinschaft die Partner eines vom Gesetz verfehlten Typus zur Vermeidung rechtlicher Nachteile aus der gesetzlichen Regelung gezwungen, abweichende Vereinbarungen zu treffen.

7. Die Funktion von Partnerschaftsverträgen. (1) **Partnerschaftsverträge im persönlichen Bereich.** Partnerschaftsverträge im persönlichen Bereich sind insbesondere in den USA sehr häufig und enthalten eingehende Regelungen (*Weitzmann*, The marriage contract 1981; *Hirsch*, Living together 1976; Nachweise bei *Hausmann* S. 45 Fn. 2 ff.). Die Partner erhoffen sich augenscheinlich von derartigen Verträgen eine Verfestigung ihrer Lebensgemeinschaft, eine „Institutionalisierung kraft Vereinbarung" (*Hausmann* S. 46). Vorbehaltlich der Problematik rechtlicher Regelungen im höchstpersönlichen Bereich, auf die noch einzugehen sein wird (vgl. unten 9 ff.), sollte man diesem Bestreben nicht von vornherein die Berechtigung absprechen. Eingehende Partnerschaftsverträge im persönlichen Bereich zwingen die Partner zur Definition ihrer individuellen Erwartungen und Bedürfnisse. Regelmäßig erhoffen sich die Partner von ihnen nicht die Ermöglichung rechtlicher Sanktionen, sondern vielmehr die Stabilisierung ihrer Verhaltenserwartungen und vielleicht auch soziale Sanktionen im Enttäuschungsfall. Solange sich die Partner darüber im Klaren sind, daß vertragliche Regelungen im persönlichen Bereich keinerlei rechtliche Verbindlichkeit haben (dazu unten 9 ff.), kann man ihnen derartige Vereinbarungen nicht verwehren. Eine Empfehlung zu solchen detaillierten Vereinbarungen im persönlichen Bereich über reine mehr pauschale Absichtserklärungen hinaus kann man aber in unserem Rechtsbereich nicht geben. In den Musterverträgen wurde deshalb hier bewußt von Vereinbarungen im persönlichen Bereich abgesehen.

(2) **Partnerschaftsverträge im wirtschaftlichen Bereich.** Die vorstehenden Muster beschränken sich auf Regelungen im wirtschaftlichen Bereich der Lebensgemeinschaft. Das Grundproblem ist hier, ob die persönlichen Beziehungen der Partner von ihren wirtschaftlichen Beziehungen getrennt werden können (*Hausmann* S. 48). Daß dies rechtlich einwandfrei möglich ist, wird im folgenden nachgewiesen. Auch rechtspolitische Erwägungen gegen eine vertragliche Ausgestaltung der nichtehelichen Lebensgemeinschaft überhaupt sind im Ergebnis nicht durchschlagend. Gegen das immer wieder gebrauchte Argument, die vertragliche Ausgestaltung der nichtehelichen Lebensgemeinschaft entwerte die Ehe und es sei besser, die nichteheliche Lebensgemeinschaft auch durch Nichtanerkennung vertraglicher Regelungen zu diskriminieren, trägt rechtspolitisch nicht, da sich eine abschreckende Wirkung rechtlicher Diskriminierung der nichtehelichen Lebensgemeinschaft erfahrungsgemäß gerade nicht feststellen läßt. Gewichtiger ist das Argument, die bewußte und gewollte Bindungslosigkeit der Partner verbiete es, ihnen durch Gesetz oder Richterspruch rechtliche Regelungen aufzuzwingen. Dagegen ist zu sagen, daß die bewußte und gewollte Bindungslosigkeit mehr im persönlichen, emotionalen und sozialen Bereich anzusiedeln ist als im rechtlichen Bereich. (*Hausmann* D. 17 ff.). Jedenfalls wird aber der bewußte gewählte Freiraum der Partner durch re-

striktive Abwicklungsregeln lediglich im Vermögensbereich nicht beeinträchtigt, sondern im Gegenteil gegen unvorhersehbare richterliche Eingriffe geschützt.

8. Sittenwidrigkeit außerehelicher Beziehungen als Wirksamkeitsschranke für Partnerschaftsverträge? Eine generelle Sittenwidrigkeit und Nichtigkeit aller Rechtsbeziehungen in der nichtehelichen Lebensgemeinschaft nach § 138 BGB wegen der außerehelichen Geschlechtsgemeinschaft der Partner wird nicht mehr ernsthaft diskutiert. Die gesellschaftliche Akzeptanz der nichtehelichen Lebensgemeinschaft führt auch zu ihrer grundsätzlichen rechtlichen Zulässigkeit und Wirksamkeit (BGH NJW 1982, 1868; BGH NJW 1985, 130). Dies gilt nicht nur für das nichteheliche Zusammenleben als solches, sondern auch für die Vermögensbeziehungen der Partner. Insbesondere sind lebzeitige oder letztwillige Zuwendungen an den Partner der auf Dauer angelegten nichtehelichen Lebensgemeinschaft zur Verwirklichung der Gemeinschaft oder zur Versorgung des Partners auch dann nicht wegen Sittenwidrigkeit nichtig, wenn sie objektiv nächste Verwandte wie die Ehefrau oder Abkömmlinge benachteiligen (*Hausmann* S. 48 ff. m.w.N.). Ausnahmsweise Sittenwidrigkeit derartiger Zuwendungen kann dann anzunehmen sein, wenn im Einzelfall etwa der noch mit seinen Ehegatten zusammenlebende Partner dem anderen Zuwendungen macht, um ausschließlich die geschlechtliche Hingabe zu belohnen (BGH NJW 1984, 797), oder wenn im Einzelfall erhebliche Zuwendungen lediglich in familienfeindlicher Gesinnung gemacht werden (BGHZ 53, 369; *Grziwotz* MittBayNot 1989, 190). Für die Gestaltung und Zulässigkeit von Partnerschaftsverträgen ergeben sich aus § 138 BGB keine Beschränkungen.

9. Der Typenzwang des Rechts der persönlichen Ehewirkungen als Vertragsschranke? In der Literatur (*Roth-Stielow* JR 1978, 233) wurde anfangs vorgeschlagen, bei der nichtehelichen Lebensgemeinschaft einen stillschweigend abgeschlossenen „Zusammenlebensvertrag eigener Art" anzunehmen. Gegen eine derartige Lösung spricht die den Parteiwillen vergewaltigende und unpraktikable Gesamtabwicklung. Eingewendet wurde gegen diese Lösung (insbesondere von *Lipp* AcP 180, 569 f.), sie verstoße gegen den Typenzwang der perönlichen Ehewirkungen. Hieran scheitere auch die ausdrückliche Vereinbarung eines Gesellschaftsverhältnisses mit dem Zweck der „Verwirklichung der nichtehelichen Lebensgemeinschaft" in ihrer ganzen, auch den persönlichen Bereich umfassenden Breite (so auch *Battes*, Nichteheliches Zusammenleben im Zivilrecht, Rdn. 8; *Simon* JuS 1980, 253; *Soergel/Lange* Anhang § 1588 Rdn. 9, 12).

Dieser Standpunkt ist im Ergebnis richtig, in der Begründung jedoch unzutreffend. Einen Typenzwang persönlicher Ehewirkungen gibt es nach modernem Eheverständnis nicht. Der Gedanke des Typenzwangs der persönlichen Ehewirkungen beruht auf der überholten institutionellen Ehelehre, die in Reaktion auf das personale Eheverständnis der Romantik insbesondere von Savigny entwickelt wurde. Demgegenüber betonen die heute herrschenden und auch der Eherechtsreform zugrundeliegenden interindividuellen Ehelehren (vgl. den Überblick bei *Langenfeld,* Handbuch der Eheverträge und Scheidungsvereinbarungen Rdn. 35 ff.) den Charakter der Ehe als eines offenen Rahmens, der den Eheleuten ohne rechtliche Vorgaben die freie Gestaltung ihrer persönlichen Beziehungen erlaubt. Da das moderne Eherecht keine zwingenden persönlichen Ehewirkungen mehr kennt, kann für die nichteheliche Lebensgemeinschaft aus §§ 1353 ff. BGB ein die Vertragsfreiheit für Partnerschaftsverträge im persönlichen Bereich einschränkender Typenzwang nicht hergeleitet werden (*Hausmann* S. 76).

10. Nichteheliche Lebensgemeinschaft und rechtsfreier Raum. Die Unzulässigkeit einer vereinbarten rechtlichen Bindung im persönlichen Bereich der nichtehelichen Lebensgemeinschaft folgt nicht aus einem vorgeblichen Typenzwang des persönlichen Eherechts, sondern nach moderner Auffassung aus einem zwingenden rechtsfreien Raum, in dem derartige persönliche Beziehungen angesiedelt sind (*Hepting,* Ehevereinbarungen, S. 190 ff.; *Hausmann* S. 77 ff.). Zwar können die Partner einer Lebensgemeinschaft die personalen Aspekte ihrer Beziehung innerhalb und außerhalb der Ehe durch Konsens ge-

2. Partnerschaftsvertrag der nichtehelichen Lebensgemeinschaft

stalten. Die rechtliche Verbindlichkeit derartiger persönlicher Beziehungen kann aber nur die Rechtsordnung gewährleisten. Die Rechtsordnung ihrerseits hat zu respektieren, daß es rechtsfreie Räume gibt, also Lebensbereiche, die dem Zugriff des Rechts verschlossen sind. Hierzu gehören persönliche Partnerschaftsbeziehungen, deren rechtliche Regelung unmöglich ist oder für die rechtliche Regelungen ungeeignet sind. Die Grenze zwischen rechtsfreiem Raum und Sachrecht bestimmt das Schwellenrecht (*Comes,* Der rechtsfreie Raum – Zur Frage der normativen Grenze des Rechts, 1976, S. 21 f., 107 ff.). Bei diesem Schwellenrecht handelt es sich um Kollisionsrecht zwischen rechtsfreiem Raum und Sachrecht (*Hepting*).

Der Partnerschaftsvertrag der nichtehelichen Lebensgemeinschaft kann in diesem Sinn als selbstgesetztes Schwellenrecht, nämlich als parteiautonome Bestimmung der Grenze zwischen rechtlichem und rechtsfreiem Raum verstanden werden (*Hausmann* S. 80). Die Frage ist, ob die Partner durch dieses selbstgesetzte Schwellenrecht den rechtsfreien Raum beliebig beschränken können, oder ob sie wie der Gesetzgeber zur Achtung eines zwingend rechtsfreien Raumes gezwungen sind (so auch *Hepting,* Ehevereinbarungen S. 205 ff.). Die Anwort kann nur lauten, daß der Parteiautonomie dieselben Grenzen gesetzt sind wie dem Gesetzgeber (*Comes* aaO. S. 46 ff.; *Hausmann* S. 81). Der Bereich des zwingenden rechtsfreien Raums, in den Gesetzgebung und Rechtsprechung nicht mehr eingreifen dürfen, kann auch nicht durch Parteivereinbarung eingeschränkt werden.

Die weitere Frage ist, wie dieser zwingend rechtsfreie Raum bei Partnerschaftsbeziehungen zu definieren ist. Man hat ihn mit *Comes* (aaO. S. 48) als den höchstpersönlich, individuellen Lebensbereich zu verstehen, in dem die Selbstbestimmung der Partner unbedingt vorgeht, während keine oder nur verhältnismäßig geringe Fremdbetroffenheit besteht. Nach *Pawlowski* (Die „bürgerliche Ehe" als Organisation, S. 59) können Vereinbarungen den Persönlichkeitsbereich der Partner nicht rechtsverbindlich regeln, weil man nach unseren rechtlich fixierten Auffassungen vom Persönlichkeitsrecht sein höchstpersönliches Verhalten nicht durch Verträge rechtsverbindlich festlegen kann. Auch in einer umfassenden Lebensgemeinschaft wie der Ehe müssen dem einzelnen Partner individuelle Freiräume erhalten bleiben, in die das Recht auch zur Durchsetzung privatautonomer Selbstbindung nicht eindringen darf (*Hausmann* S. 86). Dies gilt erst recht für die nichteheliche Lebensgemeinschaft.

Auch wenn man dem im Grundsatz folgen will, bereitet doch die Umsetzung dieser Auffassung in die konkreten Verhältnisse von Lebensgemeinschaften Probleme. Sicherlich gehören zum rechtsfreien Raum persönlicher Beziehungen (*Hausmann* S. 86) Abreden über religiöse Bekenntnisse und Betätigungen, politische Anschauungen und Aktivitäten, der Umgang des einzelnen Partners mit dritten Personen, das Brief- und Telefongeheimnis, Vereinbarungen über sexuelle Treue, Geschlechtsgemeinschaft und Familienplanung sowie die Erhaltung der persönlichen Entscheidungsfreiheit in gemeinsamen Angelegenheiten. Nicht ganz so konsensfähig dürfte es sein, zum rechtsfreien Raum auch Bagatellabreden etwa über Kochen, Einkaufen, Abwaschen (*Hepting* S. 218), Programmsätze wie den Vorsatz, Schwierigkeiten gemeinsam lösen zu wollen sowie die jederzeitige Auflösbarkeit der Lebensgemeinschaft zu zählen. Aus dem unabdingbaren Grundsatz der jederzeitigen freien Lösbarkeit der Lebensgemeinschaft will etwa *Hausmann* (S. 91) die Unzulässigkeit von Kündigungsbestimmungen in Partnerschaftsverträgen einschließlich der Vereinbarung über das Verbot der Kündigung zur Unzeit im Sinne von § 723 Abs. 2 BGB ableiten.

11. Sanktionierung persönlicher Verhaltensvereinbarungen durch Vertragsstrafe und Schadensersatzpflichten? (1) **Vertragsstrafen.** Die Vereinbarung von Vertragsstrafen bei Nichteinhaltung persönlicher Verhaltensabreden ist in der Vertragspraxis der USA gängig (*Hausmann* S. 95). In unserem Rechtskreis stellt sich die Frage, ob rechtlich nicht erzwingbare persönliche Verhaltensvereinbarungen im rechtsfreien Raum dadurch mit rechtlicher Relevanz versehen werden können, daß man für den Fall ihrer Nichteinhaltung Vertragsstrafen vereinbart. Nach mittlerweile weit überwiegender Ansicht ist dies nicht möglich (*Hepting*, Ehevereinbarungen S. 113; *Hausmann* S. 95 ff.; *Hepting* und *Hausmann* jeweils m.w.N.; zuletzt *Grziwotz* MittBayNot 1989, 187 und *Sandweg* BWNotZ 1990, 50).

Vertragsstrafen kommen in der Form des unselbständigen Strafgedinges nach § 339 BGB und des selbständigen Strafgedinges in Betracht. Die Wirksamkeit des unselbständigen Strafgedinges scheitert schon an der rechtlichen Unverbindlichkeit der persönlichen Verhaltensvereinbarungen im Bereich von Partnerschaften. Beim selbständigen Strafgedinge soll nach h.L. (*Palandt/Heinrichs* vor § 339 Rdn. 4) die Möglichkeit bestehen, auch rechtlich nichtverbindliche Pflichten zu sanktionieren. Richtiger Ansicht nach (*Hausmann* S. 97) müssen derartige Pflichten aber mindestens möglicherweise zu rechtlichen Pflichten werden können. Da dies im rechtsfreien Raum persönlicher Partnerschaftsbeziehungen ausgeschlossen ist, ist hier auch ein selbständiges Strafgedinge nicht möglich (MünchKomm/*Söllner* § 339 Rdn. 7; *Strätz* FamRZ 1980, 306).

(2) **Schadensersatzpflichten.** Auch Schadensersatzpflichten bei Verletzung persönlicher Verhaltenspflichten im rechtsfreien Raum würden zu Sekundärsanktionen innerhalb eines Bereichs führen, der von rechtlicher Regelung wesensmäßig freizubleiben hat. Derartige Schadensersatzpflichten widersprechen also dem Prinzip des rechtsfreien Raumes und sind deshalb nicht möglich (*Hausmann* S. 94; zur Rechtslage im Eherecht *Langenfeld*, Handbuch der Eheverträge und Scheidungsvereinbarungen Rdn. 52 ff.).

12. Der Typenzwang des Ehevermögensrechts als Hinderungsgrund für vermögensbezogene Vereinbarungen in der nichtehelichen Lebensgemeinschaft? Wie im Bereich der persönlichen Beziehungen bei Partnerschaftsverhältnissen wird auch für den Bereich vermögensbezogener Beziehungen der Partner die These vertreten, daß deren Regelung in der nichtehelichen Lebensgemeinschaft am Typenzwang des Ehevermögensrechts scheitere. Hierfür hat sich insbesondere *Lipp* (AcP 180, 537 ff.) ausgesprochen. Vertragsbeziehungen wie Schenkung oder Darlehen und entsprechende vertragliche Bindung hält er nur bei Leistungen auf die Person des Partners für möglich. Bei Leistungen zur Aufrechterhaltung und Finanzierung der nichtehelichen Lebensgemeinschaft bestehe dagegen ein derart untrennbarer Zusammenhang mit den persönlichen Beziehungen der Partner, daß der Eheschutz vertraglichen Lösungen entgegenstehe und der Typenzwang die Orientierung am Ehegüterrecht ausschließe.

Dem ist entgegenzuhalten (*Hausmann* S. 101 ff.), daß die Ehevertragsfreiheit im Ehegüterrecht den Typenzwang fast völlig ausschließt. Bis auf das Verbot von Mischgüterständen gibt es keinen Typenzwang des Ehegüterrechts, der differenzierenden Ehevertragslösungen entgegenstünde (*Langenfeld*, Handbuch der Eheverträge und Scheidungsvereinbarungen Rdn. 5 ff.). Wenn schon der institutionalisierten Ehe eine derartig weitgehende Ehevertragsfreiheit besteht, muß diese erst recht bei der viel weitgehender auf Freiheit ausgelegten nichtehelichen Lebensgemeinschaft angenommen werden. Der Ehevertragsfreiheit entspricht im Bereich der nichtehelichen Lebensgemeinschaft die Freiheit zu Partnerschaftsverträgen im Bereich der Vermögensbeziehungen. Dabei können die Grundgedanken des gesetzlichen Ehegüter- und Scheidungsfolgenrechts wie der Gedanke des hälftigen Zugewinnausgleichs, des hälftigen Ausgleichs von Versorgungsanwartschaften und der forwirkenden gegenseitigen Verantwortung im unterhaltsrechtlichen Bereich nach Auflösung der Ehe durchaus Modellcharakter haben. Der vertraglichen Verwirklichung dieser Grundsätze in der nichtehelichen Lebensgemeinschaft steht nicht etwa ein vorgeblicher Typenzwang des gesetzlichen Ehegüter- und Scheidungsfolgenrechts entgegen, auch nicht ein Verbot der Rechtsordnung, derartige Ziele außerhalb der Ehe zu verfolgen.

Mit *Hausmann* (S. 106 ff.) sind deshalb grundsätzlich als zulässig zu erachten:
– Vollmachten zur Herstellung einer Schlüsselgewalt,
– Vereinbarung von Unterhaltspflichten für die bestehende Gemeinschaft,

2. Partnerschaftsvertrag der nichtehelichen Lebensgemeinschaft XII. 2

– ein vereinbarter Ausgleich des Vermögenserwerbs bei Trennung,
– vereinbarte Unterhaltspflichten für die Zeit nach der Trennung,
– vereinbarte Vorsorgemaßnahmen für die Alterssicherung des wirtschaftlich schwächeren Partners, etwa durch Abschluß von Lebensversicherungsverträgen.

13. Keine Trennbarkeit von persönlichen und vermögensmäßigem Bereich? *Sandweg* (BWNotZ 1990, 50) hat die These vertreten, daß die Achtung des rechtsfreien Raumes im persönlichen Bereich die Regelung auch der vermögensrechtlichen Beziehungen der nichtehelichen Partner weitgehend ausschließt, da von den vermögensrechtlichen Regelungen die personalen Aspekte nicht zu trennen seien (Anklänge hieran auch bei OLG Hamm NJW 1988, 2474). Überträgt man dieses Argument auf die Ehe, so würde der Schutz des persönlichen Bereichs in der Ehe weitgehend auch vermögensrechtlichen Konsequenzen des Ehegüterrechts, des Zugewinnausgleichs und des Versorgungsausgleichs sowie des ehelichen und nachehelichen Unterhalts entgegenstehen. Denn fast alle Dispositionen im persönlichen Ehebereich haben vermögensmäßige Auswirkungen. So hat die Entscheidung zum Kind für viele Ehen zur Folge, daß ein Ehegatte, regelmäßig die Ehefrau, seine Berufstätigkeit einschränkt oder aufgibt. Wollte man diese unstreitig höchstpersönliche und rechtlich nicht sanktionierte Entscheidung der Familienplanung einschließlich ihrer Konsequenzen dem rechtsfreien Raum zuordnen, so ließen sich der Gedanke des Zugewinnausgleichs, des Versorgungsausgleichs und des nachehelichen Unterhalts etwa in der Form des Kindesbetreuungsunterhalts rechtlich nicht umsetzen. Hiervon kann natürlich keine Rede sein. Entsprechendes gilt für viele der täglichen Entscheidungen des Ehelebens, etwa für die Entscheidung des Familienvaters, zugunsten der Familie auf die Kündigung seines Arbeitsverhältnisses und einen Karrieresprung durch Annahme einer auswärtigen Anstellung zu verzichten.

Abgrenzungen sind das tägliche Brot des Juristen. Zur Theorie des rechtsfreien Raumes gehört die Abgrenzung dieses Raumes vom Bereich rechtlich regelbarer Partnerbeziehungen. Die Behauptung, bei Partnerschaftsverhältnissen ließen sich persönliche Beziehungen von vermögensrechtlich relevanten Beziehungen nicht scheiden, würde eine Kapitulation des Rechts vor einem rechtlich regelungsbedürftigen Sachgebiet bedeuten. Es hat dabei zu bleiben, daß sich der zwingend rechtsfreie Raum nur auf die persönlichen Aspekte der nichtehelichen Lebensgemeinschaft bezieht, während deren vermögensrechtliche Aspekte einer rechtlich verbindlichen Regelung durch Partnerschaftsverträge zugänglich sind. Rechtlich verbindlich ist deshalb z. B. die Vorsorge für den Fall der vorzeitigen Trennung, etwa durch Vereinbarung von Unterhaltspflichten (dies gegen OLG Hamm NJW 1988, 2474).

14. Zur Gestaltung des Partnerschaftsvertrages. (1) **Persönlicher Bereich.** Der persönliche Bereich von Partnerschaftsbeziehungen entzieht sich zwingend jeder rechtlich relevanten vertraglichen Bindung (dazu oben Anm. 10). Möglich sind in diesem Bereich nur unverbindliche Verhaltensabreden. Wegen möglicher Mißverständnisse über die rechtliche Unverbindlichkeit derartiger Abreden kann nicht dazu geraten werden, sie im Partnerschaftsvertrag zu formulieren. Dem Berater, insbesondere dem beurkundenden Notar, muß dringlich geraten werden, die rechtliche Unverbindlichkeit derartiger Verhaltensabreden im Vertrag zum Ausdruck zu bringen, wenn er sich nicht späteren Haftungsansprüchen aussetzen will. Wollen die Beteiligten auf derartige Verhaltensabreden nicht verzichten, so sind in der Form von Absichtserklärungen unter Hinweis auf die jederzeitige Widerruflichkeit und Sanktionslosigkeit zu formulieren.

(2) **Haushaltsführung.** Nicht zum rechtsfreien Raum des persönlichen Bereichs gehören Vereinbarungen über die Haushaltsführung mit unterhaltsrechtlichem Charakter. Derartige Vereinbarungen haben, wenn sie das Prinzip der jederzeitigen Auflösbarkeit der Gemeinschaft nicht in Frage stellen, rechtliche Verbindlichkeit. Der von *Sandweg* (BWNotZ 1991, 61) behauptete untrennbare Zusammenhang mit persönlichen Verhaltensabreden im rechtsfreien Raum mit der Folge, daß derartige Unterhaltsvereinbarun-

gen bei bestehender Partnerschaft keine rechtliche Verbindlichkeit haben könnten, besteht nicht. Vielmehr ist es möglich, die Verteilung der Lasten der Haushaltsführung vertraglich verbindlich zu regeln (*Diederichsen* FamRz 1988, 894; *Strätz* FamRz 1980, 307; *Finger* JZ 1981, 510; *Steinert* NJW 1986, 685; *Grziwotz* S. 188). Unterhaltsverpflichtungen müssen nicht ausschließlich im Familienrecht ihre Begründung finden, sondern können auch zwischen familienrechtlich nicht verbundenen Personen begründet werden, wie die in der notariellen Praxis nicht selten auftretenden Leibrente versprechen zeigen. Daß derartige selbständige, nicht familienrechtliche Unterhaltsverpflichtungen auf höchstpersönlichen Beziehungen und Abreden im rechtsfreien Raum beruhen, ändert an ihrer Verbindlichkeit nichts.

Die Verknüpfung mit den persönlichen Beziehungen des rechtsfreien Raums kann aber die gerichtliche Durchsetzbarkeit derartiger Vereinbarungen hindern oder praktisch ausschließen. So können Vereinbarungen unterhaltsrechtlichen Charakters über die Haushaltsführung in der nichtehelichen Lebensgemeinschaft immer nur unter der Voraussetzung der jederzeitigen Aufkündbarkeit der nichtehelichen Lebensgemeinschaft und des sich aus der Freiheit der Partner ergebenden Jus variandi getroffen werden. Die Rechtslage entspricht hier der beim Familienunterhalt, wo ebenfalls eine direkte Abhängigkeit der Verpflichtung zum Familienunterhalt von der grundsätzlich sanktionslosen Vereinbarung über die eheliche Rollenverteilung besteht.

Im Ergebnis ist deshalb kaum zu raten, detaillierte Regelungen über die jeweiligen Beiträge zur gemeinsamen Haushaltsführung vertraglich zu treffen. Empfehlenswert ist dagegen eine ausdrückliche Regelung der Entgeltlichkeit von Beiträgen zur gemeinsamen Haushaltsführung (*Grziwotz* S. 186). In der Ehe sind die beiderseitigen Beiträge zur Haushaltsführung als Familienunterhalt nach §§ 1360 ff. BGB nicht unentgeltlich. Dies entspricht auch der natürlichen Auffassung der Partner der nichtehelichen Lebensgemeinschaft, die ihre Beiträge zur Haushaltsführung als Leistungen des täglichen Lebens nicht als unentgeltlich betrachten. Im Hinblick auf die vereinzelt vertretene Meinung, mangels gesetzlicher Unterhaltspflicht sei eine Verpflichtung zur Gewährung von Unterhalt in der nichtehelichen Lebensgemeinschaft ein Schenkungsversprechen nach § 518 BGB (*Sandweg* BWNotZ 1991, 50), empfiehlt es sich, die Entgeltlichkeit von Beiträgen zur gemeinsamen Haushaltsführung ausdrücklich festzulegen (vgl. auch BGH NJW 1986, 375).

(3) **Vermögensbereich.** Der Schwerpunkt der Vertragsgestaltung beim Partnerschaftsvertrag der nichtehelichen Lebensgemeinschaft liegt im Vermögensbereich. Als rechtliche Grundlage derartiger Partnerschaftsverträge bietet sich nach heute allgemeiner Ansicht das Recht der Gesellschaft nach §§ 705 ff. BGB an (grundlegend *Battes* ZHR 143, 385 ff.). Zur Regelung von Einzelfragen kann natürlich auch auf das Gemeinschaftsrecht und andere Anspruchsgrundlagen zurückgegriffen werden. Gesellschaftszweck ist das gemeinsame Wirtschaften, soweit eine ausdrückliche Konkretisierung überhaupt als erforderlich anzusehen ist (*Battes* ZHR 143, 385/394; *Schlüter*, Die nichteheliche Lebensgemeinschaft, S. 28). Das Personengesellschaftsrecht eignet sich wegen seines personenrechtlichen Einschlags, insbesondere der Treuepflichten, vorzüglich für die nichteheliche Lebensgemeinschaft (*Battes* ZHR 143, 385/395).

Die immer wieder geäußerte Meinung (vgl. nur *Lipp* AcP 180, 537/574), die Regelung lediglich des Vermögensbereichs der nichtehelichen Lebensgemeinschaft auf der Basis des Gesellschaftsrechts werde dem Gesamtcharakter der nichtehelichen Lebensgemeinschaft nicht gerecht und zerreiße einen von den Beteiligten als einheitlich gewollten Lebenssachverhalt in eine geregelte Vermögenssphäre und eine nicht geregelte persönliche Sphäre, ist nicht zutreffend. Auch der notarielle Ehevertrag befaßt sich regelmäßig nur mit der Vemögenssphäre der Ehe. Der persönliche Bereich der Ehe bleibt dem vertraglich nicht ausdrücklich geregelten Einvernehmen der Beteiligten überlassen. Die Ausformulierung des Partnerschaftsvertrages der nichtehelichen Lebensgemeinschaft sollte

2. Partnerschaftsvertrag der nichtehelichen Lebensgemeinschaft XII. 2

auch angesichts der bis jetzt nur zögernden Bereitschaft der Beteiligten zum Abschluß derartiger Verträge (*Strätz* FamRZ 1980, 301/305; *Finger* JZ 1981, 497/510 Fßn. 201) kurz sein und sich bei den persönlichen Beziehungen der Beteiligten der Regelung enthalten (vgl. Anm. 7 (1), 10).

Es verbietet sich auch praktisch die grundsätzlich weitgehend mögliche (vgl. dazu Anm. 12) Vereinbarung einer Vertragsehe mit weitgehendem Bezug oder weitgehender Imitation eherechtlicher Vorschriften. Wer eine derartige weitgehende rechtliche Regelung und Bindung haben will, sollte heiraten und sein Ehemodell ehevertraglich gestalten. Der gewollten Freiheit in der nichtehelichen Lebensgemeinschaft entspricht ein umfassender Partnerschaftsvertrag nicht. Vielmehr ist es nicht nur ausreichend, sondern auch zweckmäßig, die Regelungen des Partnerschaftsvertrages nur auf einzelne kritische Fragen im Vermögensbereich zu beschränken. Es sind dies insbesondere:
– Die Eigentumszuordnung,
– die Auseinandersetzung des gemeinschaftlichen Eigentums einschließlich des Hausrats,
– die Auseinandersetzung der gemeinschaftlichen eingegangenen Schulden,
– die Zuteilung der angemieteten Wohnung,
– die etwaige Rückforderung von Schenkungen,
– Ersatzansprüche wegen geldlicher Zuwendungen zum gemeinsamen Haushalt,
– Ersatzansprüche wegen Dienstleistungen im gemeinsamen Haushalt,
– Ersatzansprüche wegen Dienstleistungen in der Praxis oder dem Gewerbebetrieb des anderen Partners,
– Ersatzansprüche wegen Verwendungen auf im Alleineigentum des anderen Partners stehende Gegenstände,
– Ersatzansprüche wegen besonderer Leistungen auf die Person des anderen Partners.

(4) **Rückforderungsrechte bei Vermögenszuwendungen.** Im Bereich der Ehe sieht der BGH (vgl. Form. VII. 7) die Zuwendung von Grundstücken oder von Geld zum Grundstückserwerb von einem Partner an den anderen, die nicht Unterhaltsleistung ist, weil sie über den Rahmen des geschuldeten, auch des übermäßigen Familienunterhalts hinausgeht, als ehebedingte „unbenannte" Zuwendungen an. Für derartige ehebedingte Zuwendungen schließt der BGH die Rückforderung regelmäßig aus, soweit dies nicht im Einzelfall zu einem unerträglichen Ergebnis führt (vgl. dazu insgesamt *Langenfeld*, Handbuch der Eheverträge und Scheidungsvereinbarungen, Rdn. 168 ff.).

Derartige unbenannte Zuwendungen sind ehebedingt in dem Sinne, daß sie zur Erreichung ehebedingter Zwecke wie etwa des vorzeitigen oder freiwilligen Zugewinnausgleichs, der Versorgung des Ehegatten oder der haftungsgünstigen Verteilung des Familienvermögens auf der Geschäftsgrundlage der bestehenden ehelichen Lebensgemeinschaft erfolgen. Entsprechende Geschäftszwecke können auch auf der Geschäftsgrundlage der bestehenden nichtehelichen Lebensgemeinschaft erfolgen. Es liegt deshalb nahe, den Vertragstyp unbenannte Zuwendung auch auf die nichteheliche Lebensgemeinschaft zu übertragen. Auch das richtige Argument, daß es sich bei der ehebedingten Zuwendung um einen familienrechtlichen Vertrag besonderer Art handelt, (dazu *Langenfeld*, Handbuch der Eheverträge und Scheidungsvereinbarungen Rdn. 173 ff.), während Zuwendungen auf der Grundlage der Verwirklichung der nichtehelichen Lebensgemeinschaft sich im außerfamilienrechtlichen Bereich bewegen (*Sandweg* BWNotZ 1991, 61), steht einer Gleichbehandlung der ehebedingten Zuwendung mit der durch die nichteheliche Lebensgemeinschaft bedingten Zuwendung im entscheidenden Punkt nicht entgegen. Dieser entscheidende Punkt ist, daß derartige Zuwendungen nicht unentgeltlich sind (so auch *Grziwotz* S. 197). Sie sind insbesondere nicht Schenkung, da ihnen der Geschäftszweck Freigiebigkeit fehlt (zur Freigiebigkeit als Geschäftszweck der Schenkung vgl. *Langenfeld*, Grundstückszuwendungen im Zivil- und Steuerrecht, 3. A. 1992, Rdn. 21 ff.). Ihr Geschäftszweck, der den Vertragstyp bestimmt, ist nicht die Freigiebigkeit, sondern die Verwirklichung eines durch die nichteheliche Lebensgemeinschaft bedingten besonderen Zweckes. Insofern sind Zuwendungen innerhalb der nichtehelichen Lebensgemeinschaft typischerweise ebenso Zuwendungen mit besonderer Causa wie ehebedingte Zuwendungen. Sie stellen einen besonderen Vertragstyp mit eigener, im Gesetz nicht geregelter Causa dar.

Hieraus ergibt sich, daß im Regelfall der durch die Lebensgemeinschaft bedingten außerordentlichen Vermögenszuwendung zwischen den Partnern der nichtehelichen Lebensgemeinschaft wie bei der ehebedingten Zuwendung nicht Schenkung, sondern ein Rechtsgeschäft eigener Art anzunehmen ist. Die Rechtsprechung des BGH sieht derartige Zuwendungen deshalb auch mit Recht als grundsätzlich nicht rückforderbar an und gewährt nur geldliche Ausgleichsansprüche, wenn im Ausnahmefall trotz abweichender dinglicher Rechtsverteilung eine gemeinsame Wertschöpfung beabsichtigt war (dazu oben Anm. 3). Hieraus ergibt sich die Notwendigkeit, bei größeren außerordentlichen Vermögenszuwendungen wie etwa der Zuwendung von Grundbesitz oder von Geld zum Erwerb von Grundbesitz ausdrücklich Rückforderungsrechte für den Fall der Auflösung der Lebensgemeinschaft zu vereinbaren. Die Rechtslage entspricht insofern der in der Ehe (vgl. *Langenfeld*, Handbuch der Eheverträge und Scheidungsvereinbarungen Rdn. 168 ff.). Der Partnerschaftsvertrag kann die Regelung enthalten, daß derartige Zuwendungen grundsätzlich nicht zurückgefordert werden können, es sei denn, die Rückforderung werde bei der einzelnen Zuwendung ausdrücklich vereinbart.

(5) **Vereinbarung von Darlehen.** Unterhalb des Bereichs außerordentlicher, besonders wertvoller Zuwendungen wie etwa der Zuwendung von Grundstücken oder Geld zum Grundstückerwerb gibt es noch übermäßige Leistungen auf die Person des Partners, deren Rückforderung regelungsbedürftig ist. Zu denken ist hier etwa an den Fall, daß die Sekretärin dem mit ihr nichtehelich zusammenlebenden Studenten das Studium finanziert. In der Ehe würde hier übermäßiger Familienunterhalt im Sinne von § 1360b BGB vorliegen, was ebenfalls eine vertragliche Rückforderungsregelung erforderlich macht. Auch in der nichtehelichen Lebensgemeinschaft lehnt die Rechtsprechung zu Recht die Rückabwicklung derartiger übermäßiger Leistungen auf die Person des anderen Partners ab, sofern nicht besondere Vereinbarungen getroffen wurden. Hier bietet sich die Vereinbarung von Darlehen an. Überhaupt ist der Abschluß von Darlehensverträgen das geeignete Instrument zur zweifelsfreien Erzielung der Rückforderbarkeit aller laufenden Leistungen, die zwar auf der Grundlage der nichtehelichen Lebensgemeinschaft und zu ihrer Verwirklichung erbracht werden, aber wegen ihrer Übermäßigkeit beim Scheitern der nichtehelichen Lebensgemeinschaft zurückgefordert werden sollen. Darlehen kann z. B. auch vereinbart werden, wenn ein Partner den Erwerb des PKW des anderen finanziert. Neben dem allgemeinen Partnerschaftsvertrag und der Vereinbarung von Rückforderungsrechten bei einmaligen größeren Zuwendungen ist das Darlehen das dritte Instrument der Störungsvorsorge in der nichtehelichen Lebensgemeinschaft. Dennoch wird von dieser rechtlich unstreitig zulässigen und mit wenig Aufwand verbundenen Vereinbarungsmöglichkeit in der Praxis zu wenig Gebrauch gemacht. Hier hat ein Schwerpunkt der Beratung und Vertragsgestaltung durch den Fachmann zu liegen.

(6) **Vereinbarung von Trennungsfolgen.** Wie dargestellt wurde (Anm. 12 ff.), ist die Vereinbarung von Trennungsfolgen entsprechend dem Scheidungsfolgenrecht des BGB grundsätzlich zulässig. Mit der richtigen Rechtsprechung des BGH zur Verweigerung der Gesamtabrechnung auch im direkten Vermögensbereich sollte aber davon abgesehen werden, eine dem Zugewinnausgleich entsprechende Regelung zu vereinbaren. Zur nichtehelichen Lebensgemeinschaft angemessen ist allein das Prinzip der Gütertrennung, im Einzelfall modifiziert durch Rückforderungsrechte oder Darlehen hinsichtlich einzelner Vermögensgegenstände oder vermögenswerter Leistungen.

Der Versorgungsausgleich in der Form des Wertausgleichs bleibt wegen seines öffentlich-rechtlichen Charakters den Gerichten in Abwicklung der Ehe vorbehalten. Der Ver-

2. Partnerschaftsvertrag der nichtehelichen Lebensgemeinschaft

sorgungsausgleichsgedanke kann in der nichtehelichen Lebensgemeinschaft im wesentlichen nur durch die Vereinbarung von Verpflichtungen zum Abschluß und zur Aufrechterhaltung privater Lebensversicherungsverträge verwirklicht werden. Auch dies wird nur im Ausnahmefall zweckmäßig sein.

Für den Unterhalt nach der Trennung bietet sich auf den ersten Blick eine Gesamtanalogie zum Recht des nachehelichen Unterhalts an. Auch hier dürfte es aber zweckmäßiger sein, Unterhalt lediglich für einzelne Fälle, etwa den der Kindesbetreuung, zu vereinbaren und die Unterhaltspflichten regelmäßig auch zeitlich zu begrenzen. Derartige Unterhaltsversprechen sind durch die nichteheliche Lebensgemeinschaft bedingt und deshalb nicht unentgeltlich (A.A. *Sandweg* BWNotZ 1990, 50, der auf Unterhaltsversprechen § 518 BGB anwenden will). Ihnen steht auch nicht das Verbot der Vertragsstrafe entgegen, da ihr primärer Zweck nicht die Bestrafung des unterhaltspflichtigen Partners, sondern die Versorgung des bedürftigen Partners ist. Vom Vertragstyp her kommt die Vereinbarung von Unterhaltspflichten nach der Trennung nur für die nichteheliche Lebensgemeinschaft in Betracht, bei der ein Partner gemeinschaftsbedingt etwa seine Berufstätigkeit aufgegeben oder eingeschränkt hat. Insbesondere ist der Fall der nichtehelichen Familie typisch. Gerade hier bleibt aber dringend zu raten, die Lebensgemeinschaft in die Ehe zu überführen, um dem schwächeren Partner den Schutz des gesetzlichen Scheidungsfolgenrechts zukommen zu lassen. Jede Imitierung der Ehe auch in diesem Bereich begegnet dem Einwand der Inkongruenz und Lückenhaftigkeit. Der einfachere Weg ist hier der Weg in die Ehe bei ehevertraglicher Abbedingung oder Korrektur derjenigen Scheidungsfolgen, die man vermeiden will.

(7) **Typengerechte Gestaltung.** Wie bei der Ehevertragsgestaltung nach Ehetypen (dazu *Langenfeld* FamRZ 1987, 9) gebieten die Grundsätze der Ausrichtung an Fallgruppen und Vertragstypen auch im Bereich der nichtehelichen Lebensgemeinschaft die Herausarbeitung unterschiedlicher Vertragstypen für die unterschiedlichen Typen der nichtehelichen Lebensgemeinschaft. In den Mustern wurden deshalb die extremen Typen der Ehe auf Probe und der auf die Dauer angelegten Partnerschaft als Alternative zur Ehe geregelt.

15. Check-Liste für den Inhalt von Partnerschaftsverträgen. (1) **Innengesellschaft.** Als praktisch einzig mögliches rechtliches Modell für den Partnerschaftsvertrag bietet sich das Recht der Gesellschaft bürgerlichen Rechts in der Form der Innengesellschaft an. Soweit man den Gesellschaftszweck überhaupt formulieren will, wird es im Regelfall die gemeinsame Haushaltsführung sein.

(2) **Eigentumsordnung.** Der gewollten Freiheit in der nichtehelichen Lebensgemeinschaft und ihrer jederzeitgen Auflösbarkeit entspricht am besten das Prinzip strikter Gütertrennung. Gesamthandseigentum sollte vermieden werden. Bei der Anschaffung von Gegenständen sollte darauf geachtet werden, daß die Eigentumsverhältnisse beweismäßig einwandfrei festgehalten werden. Dies läßt sich am besten dadurch erreichen, daß man schon dem Partnerschaftsvertrag ein Vermögensverzeichnis beifügt, das dann laufend weitergeführt wird. Wenn gemeinsamer Erwerb nicht vermieden werden kann oder soll, sollten die Miteigentumsbruchteile ausdrücklich vereinbart werden. Bei der Einbringung von im Alleineigentum eines Partners stehenden Gegenständen in die Lebensgemeinschaft kann der Partnerschaftsvertrag entsprechend der Rechtsprechung ausdrücklich festhalten, daß diese Einbringung nur zur Nutzung erfolgt.

(3) **Hausratsauseinandersetzung.** In der nichtehelichen Lebensgemeinschaft fehlt bei der Auseinandersetzung des Hausrats ein vorgegebenes Verfahren, wie es für die Ehe in der Hausratsverordnung besteht. Der Partnerschaftsvertrag kann hier Übernahmerechte zu Werten vorsehen, die etwa durch Sachverständigengutachten festzulegen sind (*Grziwotz* S. 187).

(4) **Auseinandersetzungszeitpunkt.** Als Auseinandersetzungszeitpunkt sollte die Aufhebung der Lebensgemeinschaft, insbesondere durch den Auszug eines Partners aus der gemeinsamen Wohnung, vereinbart werden.

(5) **Gemeinsame Schulden.** Gemeinsame Schulden, insbesondere die Gesamtschuldnerschaft, sollten vermieden werden. Lassen sie sich nicht vermeiden, so sollte für ihre Auseinandersetzung § 733 BGB vereinbart werden.

(6) **Verwendungen auf das Vermögen des anderen Partners.** Die Rechtsprechung ersetzt Verwendungen auf das Vermögen des anderen Partners grundsätzlich nicht. Der Vertrag sollte dem Rechnung tragen und ausdrücklich festhalten, daß in Ermangelung einer ausdrücklichen Ausgleichspflicht, von Darlehen oder Rückforderungsrechten keinerlei Ausgleichung stattfindet, insbesondere auch nicht nach § 733 BGB. Diese ausdrückliche Festlegung zwingt die Beteiligten, bei übermäßigen Verwendungen oder bei der Finanzierung von Erwerben des anderen Partners sich über die Vereinbarung von Darlehen zu verständigen.

(7) **Entgeltlichkeit der Haushaltsbeiträge.** Ein wesentlicher Punkt ist die Vereinbarung der Entgeltlichkeit aller Zuwendungen innerhalb der nichtehelichen Lebensgemeinschaft, soweit nicht im Einzelfall ausdrücklich Schenkung vereinbart wird. Dies verdeutlicht den Partnern den Ausschluß der Rückforderung nach der Rechtsprechung und vermeidet Schwierigkeiten mit § 518 BGB. Weiterhin wird für die schenkungsteuerliche Beurteilung zumindest eine Vermutung geschaffen.

(8) **Grundstückszuwendungen.** Die Zuwendung von Grundstücken oder von Geld zum Grundstückserwerb stellt einen besonderen Zuwendungstyp entsprechend der unbenannten ehebedingten Zuwendung dar (vgl. oben Anm. 13). Die Rechtsprechung versagt den Partnern hier die Auseinandersetzung, falls nicht im Einzelfall entgegen der dinglichen Rechtsverteilung von einer gemeinsamen Wertschöpfung auszugehen ist. Diese Rechtslage sollte der Partnerschaft berücksichtigen und die Beteiligten dazu zwingen, sich bei derartigen übermäßigen Zuwendungen außerhalb des Unterhaltsbereichs, insbesondere bei der Zuwendung von Grundstücken, Miteigentumsanteilen an Grundstücken oder Geld zum Grundstückserwerb über die Vereinbarung von Rückforderungsrechten zu einigen. Werden derartige Rückforderungsrechte in der Form des § 313 BGB vereinbart, so sollte auch dem Grundsatz Rechnung getragen werden, daß die Verbindlichkeiten beim Objekt verbleiben, daß also bei Rückforderung der Rückfordernde auch die Grundpfanddarlehen zur alleinigen Verzinsung und Tilgung zu übernehmen hat.

(9) **Dienstleistungen.** Der Partnerschaftsvertrag kann ausdrücklich feststellen, daß Dienstleistungen in der Praxis oder im Gewerbebetrieb des Partners während des Bestehens der Gemeinschaft nur zu vergüten bzw. nach deren Auflösung nur zu ersetzen sind, wenn dies ausdrücklich etwa durch Abschluß eines Arbeitsvertrages vereinbart ist.

(10) **Mietverhältnis.** Ein besonderer wichtiger Regelungspunkt ist das Mietverhältnis für die gemeinsame Wohnung. Im Regelfall kann den Partnern nur empfohlen werden, den Mietvertrag gemeinsam abzuschließen. Der Partnerschaftsvertrag kann dann eine Vereinbarung darüber enthalten, wer bei Auflösung der Lebensgemeinschaft das Mietverhältnis fortsetzen darf. Wird nur ein Partner Mieter mit dem mietvertraglichen Recht zur Gebrauchsüberlassung an den anderen Mieter (so der Vorschlag von *Grziwotz* S. 188) so müssen sich die Beteiligten darüber im klaren sein, daß diese Regelung den als Mieter auftretenden Partner bevorzugt und die Auseinandersetzung hinsichtlich der Mietwohnung vorprogrammiert.

(11) **Aufnahme Dritter in die Wohnung.** *Grziwotz* (S. 15) hält den Schutz des räumlich-gegenständlichen Bereichs der eheähnlichen Gemeinschaft durch die Vereinbarung für möglich, daß die Aufnahme Dritter in die gemeinsame Wohnung nur mit Zustimmung beider Partner zulässig ist (Bedenken hiergegen bei *Sandweg* BWNotZ 1990, 50).

2. Partnerschaftsvertrag der nichtehelichen Lebensgemeinschaft XII. 2

Trotz aller Unsicherheiten der Vollstreckbarkeit einer derartigen Vereinbarung kann ihr die Berechtigung bis zur gerichtlichen Klärung nicht abgesprochen werden.

(12) **Vollmachten.** Die Aufnahme gegenseitiger umfassender Vollmachten in den Partnerschaftsvertrag zur Herstellung einer der ehelichen Schlüsselgewalt vergleichbaren Vertretungsbefugnis beider Partner füreinander widerspricht dem Gütertrennungsprinzip und ist grundsätzlich nicht zweckmäßig. Erwägenswert ist aber der Vorschlag (*Grziwotz* S. 187), ähnlich dem Patiententestament Vollmachten der Partner zur Einwilligung in Operationen und sonstige Krankenbehandlungen in den Vertrag aufzunehmen, wenn keine nächsten Verwandten wie etwa Eltern mehr vorhanden sind.

(13) **Kündigungsbestimmungen.** In der Vorauflage wurde das Verbot einer Kündigung zur Unzeit entsprechend § 723 Abs. 2 BGB empfohlen. Angesichts der Bedenken, die in Anbetracht der zwingenden jederzeitigen Aufkündbarkeit der nichtehelichen Lebensgemeinschaft hiergegen geltendgemacht wurden (*Grziwotz* S. 186; *Sandweg* BWNotZ 1990, 56) sollte man jedoch von solchen Klauseln absehen. Die Unverbindlichkeit und jederzeitige Aufkündbarkeit der nichtehelichen Lebensgemeinschaft gehört nach der Rechtsprechung des BGH zu deren hervorstechendsten Merkmalen und ist dem rechtsfreien Raum der nichtehelichen Lebensgemeinschaft zuzuordnen. Jede Einschränkung dieser Freiheit begegnet deshalb Bedenken.

(14) **Persönlicher Bereich.** Von einer vertraglichen Regelung des persönlichen Bereichs, die mit rechtlich verbindlicher Wirkung nicht möglich ist (dazu Anm. 10) sollte grundsätzlich abgesehen werden. Bestehen die Partner auf einer derartigen Regelung, so ist ihre rechtliche Unverbindlichkeit und jederzeitige Aufkündbarkeit genügend deutlich zu machen.

(15) **Vertragsstrafen und Schadensersatzpflichten.** Wie eingehend dargelegt wurde (Anm. 11), sind Vertragsstrafen und Schadensersatzpflichten zur Sanktionierung des persönlichen Bereichs der nichtehelichen Lebensgemeinschaft unzulässig.

(16) **Analogie zum Scheidungsfolgenrecht.** Wie in Anm. 14 dargelegt wurde, ist die Gesamtanalogie zum gesetzlichen Scheidungsfolgenrecht unangemessen, während die Anlehnung an einzelne Scheidungsfolgen mit erheblichen Problemen verbunden ist. Empfehlenswert sind im Einzelfall hier nur punktuelle Regelungen, wie etwa die Verpflichtung zur Einrichtung und Weiterzahlung einer privaten Lebensversicherung für den Partner, der auf den Erwerb eigener Versorgungsanwartschaften lebensgemeinschaftsbedingt verzichtet.

(17) **Einseitige Kinder.** Bringt ein Partner einseitige Kinder in die Lebensgemeinschaft ein, so kann zu deren Gunsten wie bei Stiefkindern eine Unterhaltsvereinbarung in der Form des unechten Vertrages zu Gunsten Dritter getroffen werden (vgl. Form. XI. 8 § 3).

(18) **Form des Partnerschaftsvertrages.** Der Vertrag der nichtehelichen Lebensgemeinschaft bedarf grundsätzlich keiner Form. Er sollte jedoch mindestens schriftlich abgefaßt werden und die Klausel enthalten, daß weitere Vertragsänderungen ebenfalls der Schriftform bedürfen. Wirkt der Notar, was zweckmäßig ist, beratend und gestaltend bei der Abfassung des Partnerschaftsvertrages mit, so wird er diesen beurkunden.

(19) **Letztwillige Verfügungen.** Mangels Verwandtschaft der Partner sind letztwillige Verfügungen zur Herstellung gegenseitiger Erbrechte erforderlich. Pflichtteilsansprüche bestehen nicht. Der Abfassung zweier einseitiger privatschriftlicher Testamente ist der notarielle Erbvertrag mit jederzeitiger Widerrufsmöglichkeit vorzuziehen.

16. Steuern. Der in § 6 GG postulierte besondere Schutz von Ehe und Familie hat im Steuerrecht zu erheblichen Bevorzugungen für Eheleute und Familien geführt. Hier haben die Partner der nichtehelichen Lebensgemeinschaft erhebliche Nachteile. Bei der laufenden Einkommensbesteuerung führt das Ehegattensplitting zu erheblichen steuerlichen

Entlastungen von Eheleuten. Diese kommen insbesondere der Hausfrauenehe zugute, spielen aber bei Doppelverdienerehen mit etwa gleichem Einkommen eine geringere oder keine Rolle.

Erheblich ist aber in jedem Fall die Benachteiligung der nichtehelichen Lebensgemeinschaft im Bereich der Erbschaft- und Schenkungsteuer. Hier kommen den Ehegatten Freibeträge und die günstigste Steuerklasse für steuerpflichtigen Erwerb zugute. Bei der nichtehelichen Lebensgemeinschaft dagegen kann die Beerbung eines Partners durch den anderen zu einer unangemessenen Beteiligung des Fiskus an der Erbmasse führen. Die Berücksichtigung erbschaftsteuerlicher Gesichtspunkte ist ein nicht zu vernachlässigendes Argument für die Erwägung, ob eine dauernde nichteheliche Lebensgemeinschaft in die Ehe überführt werden soll.

XIII. Annahme als Kind

1. Ehegatten nehmen gemeinsam ein nichteheliches Kind an (§§ 1741 Abs. 2 S. 2, 1752, 1754 ff. BGB)[1]

Verhandelt am ...... in ......
Vor dem Notar ...... erschienen ......
Die Erschienenen erklären zunächst:
Wir sind deutsche Staatsangehörige.[2] Aus unserer am ...... in ...... geschlossenen Ehe sind die gemeinsamen Kinder Werner A, geb. am ...... und Wolfgang A, geb. am ...... hervorgegangen. Wir möchten als drittes Kind gemeinsam die am ...... in ...... nichtehelich geborene Bianca B. annehmen. Das Kind haben wir seit ...... in Pflege. Die Mutter des Kindes, Frau B, hat am ...... zur Urkunde des Notars (URNr. ......) in die Adoption eingewilligt. Der Vater, Herr C, hat am ...... zur Urkunde des Notars ...... (URNr. ......) darauf verzichtet, die Ehelicherklärung oder die Annahme als Kind zu beantragen. Für das Kind hat das Jugendamt ...... als Amtsvormund am ...... zur Urkunde des Notars ...... (URNr. ......) die Einwilligung zur Adoption und zur Änderung des Vornamens erklärt.[3]

So dann erklären die Erschienenen folgenden

Antrag auf Ausspruch der Annahme als Kind

§ 1

Wir beantragen beim zuständigen Vormundschaftsgericht den Ausspruch der Annahme von Bianca B durch uns als gemeinschaftliches Kind.[4, 5]

§ 2

Wir betrauen den beurkundenden Notar mit der Einreichung des Antrags beim Vormundschaftsgericht.[6]

§ 3

Wir beantragen weiter, mit dem Ausspruch der Annahme den Vornamen des Kindes in „Katharina" zu ändern. Diesen Antrag begründen wir damit, daß der Vorname Bianca nicht zu den Vornamen der zukünftigen Geschwister des Kindes paßt. Ein derartiger Vorname wäre von uns niemals gewählt worden. Deshalb besteht auch die Gefahr, daß bei Beibehaltung des alten Vornamens die volle Integration des Kindes in die neue Familie erschwert würde. Das Kind selbst hat sich an den Vornamen Bianca nicht gewöhnen können, da es uns als Säugling in Pflege gegeben wurde und wir den Vornamen nicht benutzt haben.[7]

§ 4

Der Notar hat die Beteiligten darauf hingewiesen, daß mit Ausspruch der Adoption das Kind die rechtliche Stellung eines gemeinschaftlichen ehelichen Kindes des Ehegatten erhält. Damit wird das Kind auch mit den Verwandten der Annehmenden, also z. B. deren Eltern oder deren Kindern, verwandt mit der Folge der Begründung gesetzlicher Erb- und Pflichtteilsrechte und gesetzlicher Unterhaltspflichten. Mit der Annahme erlöschen das Verwandtschaftsverhältnis des Kindes und seiner zukünftigen Abkömmlinge zu den bisherigen Verwandten und die sich aus ihm ergebenden Rechte und Pflichten. Das Kind erhält als Geburtsnamen den Familiennamen der Annehmenden. Das Annahmeverhältnis kann nur in besonderen Ausnahmefällen wieder aufgehoben werden. Ebenso ist eine erneute Freigabe des Kindes zur Adoption grundsätzlich nicht möglich.[8,9]

Schrifttum: Engler, Das neue Adoptionsrecht, FamRZ 1976, 584; *Frank,* Grenzen der Adoption, 1978; *Lüderitz,* Das neue Adoptionsrecht, NJW 1976, 1865; *Napp-Peters,* Adoption – Das alleinstehende Kind und seine Familien, 1978; *Oberloskamp,* Wie adoptiere ich ein Kind, 3. A. 1993.

Anmerkungen

1. Ausgangsfall, gesetzliche Grundlagen. Es handelt sich um den praktisch häufigsten Fall des § 1741 Abs. 2 S. 2 BGB, bei dem ein von der nichtehelichen Mutter zur Annahme freigegebenes Kind von Eheleuten adoptiert wird. Diese müssen nach § 1743 S. 2 BGB das fünfundzwanzigste bzw. einundzwanzigste Lebensjahr vollendet haben und unbeschränkt geschäftsfähig sein. Adoptionen zur Vermeidung der Einkindehe oder aus dem Wunsch nach dem andersgeschlechtlichen Kind sind häufig. Alleiniger Maßstab für die Zulässigkeit der Annahme ist das Kindeswohl. Die Vermittlung von Annahmen ist ausschließlich den anerkannten Adoptionsvermittlungsstellen i.S. von § 1 S. 2 Adoptionsvermittlungsgesetz vorbehalten. (Einzelheiten bei *Oberloskamp* S. 180 ff.) Der Annahme geht regelmäßig die Inpflegegabe des Kindes an die zukünftigen Eltern voraus (§ 1744 BGB, dazu *Oberloskamp* S. 182 ff.)

Die Annehmenden müssen dem Notar folgende Unterlagen zur Weiterreichung an das Vormundschaftsgericht übergeben:
- Geburtsurkunde des/der Annehmenden
- Heiratsurkunde des/der Annehmenden
- Staatsangehörigkeitsnachweise des/des Annehmenden
- Familienbuch des/der Annehmenden
- Polizeiliches Führungszeugnis des/der Annehmenden
- Amtsärztliches Gesundheitszeugnis des/der Annehmenden
- Geburtsurkunde des Kindes
- Staatsangehörigkeitsnachweis des Kindes
- Amtsärztliches Gesundheitszeugnis des Kindes
- Geburtsurkunde der nichtehelichen Mutter des Kindes bzw. Heiratsurkunde der leiblichen Eltern des Kindes
- Gegebenenfalls Heiratsurkunde bzw. Familienbuch des Kindes.

Von Amts wegen erhebt das Gericht eine gutachtliche Stellungnahme des Jugendamtes oder der Adoptionsvermittlungsstelle und erforderlichenfalls Strafregisterauszüge der Annehmenden.

2. Annahmen mit Ausländerbeteiligung. Vgl. *Baer,* Adoptionen mit Auslandsberührung, StAZ 1977, 33. Bei unterschiedlicher Staatsangehörigkeit des Annehmenden und des Kindes bedarf die nach § 1746 Abs. 1 erforderliche Einwilligung des Kinders oder seines gesetzlichen Vertreters der Genehmigung des Vormundschaftsgerichts, es sei denn, daß die Annahme deutschem Recht unterliegt (§ 1746 Abs. 1 S. 4 Hs. 1 und 2 BGB). Gemäß § 22 EGBGB bestimmt sich die Annahme eines Kindes nach den deutschen Gesetzen, wenn der Annehmende zur Zeit der Annahme Deutscher ist. Ist der Annehmende Ausländer, so ist sein Heimatrecht maßgebend. Das bedeutet für gemeinsam annehmende Eheleute verschiedener Nationalität, daß die Voraussetzungen der

1. Ehegatten nehmen gemeinsam ein nichteheliches Kind an **XIII. 1**

Adoption getrennt für jeden Ehegatten nach seinem Heimatrecht zu prüfen sind. (Vgl. *Lüderitz,* Hauptfragen internationalen Adoptionsrechts, in Festschrift für G. Beitzke 1979, 589). Die internationale Zuständigkeit der deutschen Vormundschaftsgerichte zur Mitwirkung an einer Adoption mit Ausländerbeteiligung besteht nach h.L. (vgl. *Palandt/Heldrich* § 22 EGBGB Rdn. 9) immer dann, wenn der Annehmende seinen Wohnsitz oder Aufenthaltsort im Inland hat. Das Vormundschaftsgericht des Wohnsitzes oder Aufenthaltsorts des Annehmenden ist dann auch örtlich zuständig, § 43 b FGG.

Hat der Annehmende keinen Wohnsitz oder Aufenthaltsort im Inland, so sind die deutschen Gerichte dennoch international zuständig, wenn der Annehmende oder das Kind deutsche Staatsangehörige sind. Örtliche Zuständigkeit dürfte hier für das Gericht am Wohnsitz oder Aufenthaltsort des Kindes im Inland bestehen (vgl. auch *Görgens* FamRZ 1978, 762, *Ahrens* FamRZ 1981, 120). Ein ausländisches Kind erwirbt bei Annahme durch einen Deutschen nach § 6 RuStAG die deutsche Staatsangehörigkeit. Ob es die bisherige ausländische Staatsangehörigkeit verliert, richtet sich nach dem jeweiligen ausländischen Recht. Ein Deutscher verliert bei Adoption durch einen Ausländer die deutsche Staatsangehörigkeit, wenn er gleichzeitig die Staatsangehörigkeit des Annehmenden erwirbt. Er behält jedoch die deutsche Staatsangehörigkeit, wenn er mit einem deutschen Elternteil verwandt bleibt, also z.B. bei Adoption durch den ausländischen Gatten der deutschen leiblichen Mutter oder bei gemeinsamer Adoption durch einen Deutschen und einen Ausländer, § 27 RuStAG. (Zu Einzelheiten des Staatsangehörigkeitsrechts bei Adoption vgl. *Dörr* StAZ 1978, 271.) Zustimmungserfordernisse ausländischer Eltern können erhebliche Schwierigkeiten bereiten, vgl. dazu *Oberloskamp* S. 221 ff.

3. Erforderliche Einwilligungen. In die Annahme müssen einwilligen:
– Das über vierzehnjährige Kind selbst, § 1746 Abs. 1 S. 1 BGB;
– bis zur Volljährigkeit mit Zustimmung des gesetzlichen Vertreters § 1746 Abs. 1 S. 3 BGB.
– Für das geschäftsunfähige oder noch nicht vierzehn Jahre alte Kind dessen gesetzlicher Vertreter, § 1746 Abs. 1 S. 2 BGB, vgl. Form. XIII. 7.
– Die leiblichen Eltern des Kindes, § 1747 Abs. 1 bis 3 BGB.
– Bei Annahme eines Kindes durch einen Ehegatten allein der andere Ehegatte, § 1749 Abs. 1 BGB.
– Bei Annahme eines Verheirateten dessen Ehegatte, § 1749 Abs. 2 BGB.

Die Annahme eines nichtehelichen Kindes durch Dritte ist nicht auszusprechen, wenn der Vater die Übertragung der Sorge für das nichteheliche Kind (§ 1672 Abs. 1 BGB n.F.) beantragt hat. Er kann gem. § 1747 Abs. 3 Nr. 3 BGB in öffentlich beurkundeter Erklärung auf dieses Recht verzichten, vgl. Form. XIII. 8. Zur teilweisen Verfassungswidrigkeit des früheren § 1747 Abs. 2 S. 1, 2 a.F. BGB vgl. BVerfG NJW 1995, 2155 = FamRZ 1995, 789.

Gem. § 1750 BGB sind die Einwilligungen nach §§ 1746, 1747 und 1749 BGB dem Vormundschaftsgericht gegenüber in notarieller Urkunde zu erklären, werden durch Eingang bei Gericht wirksam, sind bedingungs- und befristungsfeindlich, unvertretbar und bis auf die Einwilligung des über 14-jährigen nicht geschäftsunfähigen Kindes unwiderruflich. Die Einwilligung des Vormunds oder Pflegers, die Einwilligung der Eltern und die Einwilligung des nichtannehmenden Ehegatten können vom Vormundschaftsgericht auf Antrag ersetzt werden, § 1746 Abs. 3, §§ 1748, 1749 Abs. 1 BGB.

4. Adoptionsdekret. Nach altem Recht vollzog sich die Adoption durch Vertrag zwischen Annehmenden und Angenommenen, der vom Vormundschaftsgericht zu bestätigen war, §§ 1741 aF., 1754 aF. BGB.

Das Adoptionsgesetz 1976 hat den konstitutiven Gerichtsbeschluß eingeführt, der auf notariell beurkundeten, bedingungs- und befristungsfeindlichen sowie unvertretbaren Antrag des Annehmenden ergeht, § 1752 BGB.

5. Annahme durch einen Ehegatten allein. Eheleute können grundsätzlich ein Kind nur gemeinschaftlich annehmen, § 1741 Abs. 2 S. 2 BGB. Allein annehmen kann ein Ehegatte ein leibliches oder adoptiertes Kind des anderen (Stiefkindadoption, §§ 1741 Abs. 2 S. 3, 1742 BGB vgl. Form. XIII. 52). Ein Ehegatte kann ein Kind auch dann allein annehmen, wenn der andere Ehegatte wegen Geschäftsunfähigkeit oder weil er das 21. Lebensjahr noch nicht vollendet hat das Kind nicht annehmen kann.

Solchen Adoptionen dürfte das Kindeswohl (§ 1741 Abs. 1 BGB) enge Grenzen setzen.

6. Todesfall zwischen Annahmeantrag und Dekret. Verstirbt das Kind zwischen Annahmeantrag und Dekret, so kann die Annahme nicht mehr ausgesprochen werden, da die Herstellung eines Eltern-Kind-Verhältnisses jetzt unmöglich geworden ist, §§ 1753 Abs. 1, 1741 Abs. 1 BGB. Beim Tod des Annehmenden zwischen Antrag und Dekret kann die Herstellung der Verwandtschaft zu den Verwandten des Annehmenden sinnvoll sein. Dem Kindeswohl dient hier auch das durch die Annahme entstehende Erb- und Pflichtteilsrecht. Deshalb läßt § 1753 Abs. 2 und 3 den Anspruch der Annahme mit ihren vollen Rechtswirkungen dann zu, wenn der Annehmende den Antrag bereits beim Vormundschaftsgericht eingereicht hat oder bei Beurkundung den Notar mit der Einreichung betraut hat.

7. Geburts- und Vornamen des Kindes. Kraft Gesetzes erhält das Kind als Geburtsnamen den Familiennamen des Annehmenden, § 1757 Abs. 1 BGB. Führen die Ehegatten keinen Ehenamen, so bestimmen sie den Geburtsnamen des Kindes. Das über fünfjährige Kind muß sich der Bestimmung anschließen. Unter den Voraussetzungen des § 1757 Abs. 4 BGB kann das Vormundschaftsgericht auf Antrag des Annehmenden den Vornamen des Kindes ändern oder dem neuen Familiennamen den bisherigen Familiennamen heran- oder nachstellen.

8. Belehrung über Adoptionswirkungen. Zu §§ 1754, 1755 BGB vgl. die Kommentierung von MünchKomm/*Lüderitz* und eingehend *Oberloskamp* S. 138 ff. Der Hinweis auf §§ 1742 und 1759 ff. BGB erscheint angebracht, um den Annehmenden die Endgültigkeit ihrer schicksalsmäßigen Verbindung mit der Entwicklung des Kindes vor Augen zu führen. Zum Sonderproblem des § 1755 Abs. 1, Satz 2, 2. HS BGB vgl. *Zopfs* FamRZ 1979, 385; *Doms* FamRZ 1981, 325 und OLG Celle FamRZ 1981, 604.

9. Steuerliche Folgen der Adoption. Steuerrechtlich wird das angenommene Kind Angehöriger i.S. von § 10 Nr. 5 StAnpG und § 15 Abs. 1 Nr. 3 AO. Unterschiede zum leiblichen Kind bestehen nicht. Auch im Rahmen des ErbSt ist das angenommene Kind nach der Volladoption in allen Steuerklassen dem leiblichen Kind gleichgestellt. Da beim Vermögensübergang unter Lebenden oder von Todeswegen durch die Annahme als Kind insbesondere bei der Grunderwerbsteuer und der Erbschaft- und Schenkungsteuer erhebliche Vorteile erzielt werden können, stellt sich u. U. die Frage nach einer steuerlichen Nichtanerkennung der Adoption gem. § 42 AO. Die Anwendung der Vorschrift scheidet jedoch von vornherein aus, da die vom Vormundschaftsgericht durch Hoheitsakt ausgesprochene Adoption von den Finanzbehörden anerkannt werden muß (*Troll* BB 1981, 661). Bei Adoption allein aus Steuergründen verbietet § 1741 Abs. 1 BGB dem Vormundschaftsgericht den Ausspruch der Annahme. Adoption auch zur Steuerersparnis ist dagegen legitim. (*Oswald* FamRZ 1978, 99).

10. Kosten und Gebühren. Bei Annahme Minderjähriger beträgt der Geschäftswert nach § 30 Abs. 3 S. 2 KostO DM 5.000.–. Es entsteht nach § 36 Abs. 1 KostO eine Gebühr. Das Verfahren bei Gericht ist nach §§ 98, 91 KostO gebührenfrei.

2. Ein Ehegatte nimmt das Kind des anderen aus dessen durch den Tod aufgelöster Ehe an (§§ 1741 Abs. 2 S. 2, 1752, 1754 ff. BGB)[1]

Verhandelt am ...... in ......
Vor dem Notar ...... erschienen ......

Sie erklären zunächst:
Wir sind deutsche Staatsangehörige. Wir haben am ...... in ...... geheiratet, der Ehemann in erster Ehe, die Ehefrau in zweiter Ehe. Aus ihrer durch den Tod des Ehemannes aufgelösten ersten Ehe hat die Ehefrau das Kind A, das seit Eheschließung im gemeinsamen Haushalt der Erschienenen lebt.
Der Stiefvater möchte das Kind adoptieren.

Sodann erklären die Erschienenen folgenden

Antrag auf Ausspruch der Annahme als Kind

§ 1

(1) Herr B beantragt beim zuständigen Vormundschaftsgericht den Ausspruch der Annahme des Kindes A als sein Kind.

(2) Er betraut den beurkundenden Notar mit der Einreichung des Antrags beim Vormundschaftsgericht.

§ 2

Frau B willigt gegenüber dem Vormundschaftsgericht als Mutter des Kindes, Ehefrau des Annehmenden und gesetzlicher Vertreter für das Kind in die Annahme ein. Sie ist darauf hingewiesen, daß die Einwilligung nach Zugang beim Vormundschaftsgericht nicht mehr widerrufen werden kann.[2]

Hinweis

Belehrungsvermerke siehe Form. XIII. 1 § 4. Anzufügen ist: Der Notar hat darauf hingewiesen, daß abweichend vom sonstigen Recht der Volladoption gem. § 1756 Abs. 2 BGB die Verwandtschaft zu den Verwandten des verstorbenen sorgeberechtigten Elternteils bestehen bleibt.

Anmerkungen

1. **Besonderheiten der Stiefkindadoption.** Bei Adoption eines Kindes des anderen Ehegatten werden dessen Verwandtschaftsbeziehungen zum anderen nichtehelichen oder ehelichen Elternteil und dessen Verwandten gem. § 1755 Abs. 2 BGB voll abgeschnitten. Insoweit bestehen also keine Besonderheiten. Bei der Adoption eines Kindes des anderen, verstorbenen Ehegatten, für das dieser sorgeberechtigt war, ordnet § 1756 Abs. 2 BGB abweichend hiervon an, daß das Erlöschen der Verwandtschaftsbeziehungen nicht im Verhältnis zu den Verwandten des verstorbenen Elternteils eintritt. Die Vorschrift wirft im Zusammenhang mit § 1925 Abs. 4 BGB Probleme auf (vgl. *Schmitt-Kammler* FamRZ 78, 570 mwN.). Nach der einen Meinung sind die leiblichen Geschwister des Kindes aus der ersten Ehe des leiblichen Elternteils wegen § 1924 Abs. 4 BGB immer

Erben 3. Ordnung (BT-Drucks. 7/5087 Anlage 1 S. 31 und S 17f.; *Kraiß* BWNotZ 1977, 5; *Bühler* DNotZ 1977, 129/131). Nach der anderen Ansicht sind die leiblichen Geschwister bei Erbfolge über den gemeinsamen wiederverheirateten Elternteil trotz § 1924 Abs. 4 BGB Erben 2. Ordnung (*Schmitt-Kammler* FamRZ 1978, 570/574; *Oberloskamp* S. 147f.). Gerichtsentscheidungen liegen noch nicht vor.

2. Kein Ergänzungspfleger bei Stiefkindadoption. Die Mutter des Kindes hat nach § 1747 Abs. 1 BGB als Elternteil, nach § 1749 Abs. 1 BGB als Ehegatte des Annehmenden und nach § 1746 Abs. 1 S. 2 BGB für das noch nicht vierzehnjährige Kind einzuwilligen. Die Bestellung eines Ergänzungspflegers ist nach BGH FamRZ 1980, 675 nicht erforderlich. (Ebenso BayObLG FamRZ 1981, 93 und OLG Hamm FamRZ 1978, 945; anders der Vorlagebeschluß OLG Stuttgart FamRZ 1979, 1077.)

3. Kosten und Gebühren. Vgl. Form. XIII. 1.

3. Vertrag über den Unterhalt des Stiefkindes (§ 328 Abs. 2 BGB)[1]

§ 1

Wir, die Eheleute A, haben am ...... in ...... geheiratet. Die Ehefrau hat in die Ehe den nichtehelichen Sohn S eingebracht, dem die Eheleute gem. § 1618 BGB ihren Ehenamen erteilt haben.

Am ...... wurde die gemeinsame Tochter T geboren. Anläßlich ihrer Geburt hat die Ehefrau ihren Beruf aufgegeben, um Haushalt und Kinder, insbesondere T, angemessen versorgen zu können. Um den Unterhalt des S, der nach dem Gesetz nur gegenüber seiner Mutter, nicht jedoch gegenüber dem Stiefvater Unterhaltsansprüche hat, sicherzustellen, schließen die Eheleute zu seinen Gunsten diesen Vertrag, aus dem nur die Ehefrau Leistung an S verlangen kann, nicht jedoch dem S unmittelbare Ansprüche gegen Herrn A zustehen sollen.[2]

§ 2

Herr A verpflichtet sich, dem S wie einem gemeinsamen ehelichen Kind Unterhalt zu gewähren und den S insofern in jeder Weise gleich wie die T zu behandeln.[3]

§ 3

Diese Unterhaltsverpflichtung besteht nur solange, wie der S im gemeinsamen ehelichen Haushalt der Eheleute A lebt, wobei ein von den Eheleuten gebilligter oder veranlaßter Aufenthalt an einem auswärtigen Ausbildungs- oder Studienort dem gleichsteht, und solange, wie die Eheleute A einen gemeinsamen Haushalt führen.[4]

Anmerkungen

1. Ausgangsfall, Rechtslage. Stiefkinder haben gegen den Stiefelternteil als lediglich Verschwägerte keinerlei Unterhaltsansprüche, sie sind buchstäblich die „Stiefkinder" des Unterhaltsrechts (MünchKomm/*Wacke* § 1360a Rdn. 12; *Conradi* FamRZ 1980, 103).

Angesichts der Zurückhaltung von Rspr. und Lehre bei der Annahme stillschweigender Alimentationsverträge (MünchKomm/*Wacke* § 1360a Rdn. 13) empfiehlt sich für den leiblichen Elternteil der Abschluß eines Unterhaltsvertrages mit dem Stiefelternteil, insbesondere wenn er, wie hier, seine Berufstätigkeit zur Haushaltsführung und Kinderbetreuung aufgibt.

2. Unechter Vertrag zugunsten Dritter. Vgl. § 328 Abs. 2 BGB. Interessengerecht ist regelmäßig, dem Stiefkind keinen eigenen unmittelbaren Unterhaltsanspruch gegen den Stiefvater zu geben, sondern lediglich den leiblichen Elternteil zu berechtigen.

3. Maß des Unterhalts. Diese Formulierung stellt die Gleichbehandlung von Stiefkind und gemeinsamem Kind sicher und konkretisiert die Vertragsgrundlage. Es dürfte auch nach § 242 BGB hier dem Stiefvater verwehrt sein, sich etwa bei Verschlechterung seiner wirtschaftlichen Lage von der Unterhaltszusage an den Stiefsohn zugunsten der leiblichen Tochter zu lösen (noch ungeklärt, vgl. MünchKomm/*Wacke* § 1360a Rdn. 13).

4. Auflösende Bedingung. Der Wegfall der Unterhaltspflicht bei eigenmächtiger Lösung des Stiefkindes vom Haushalt des Stiefvaters und bei Getrenntleben der Ehegatten erscheint regelmäßig sachgerecht. (Vgl. auch MünchKomm/*Wacke* § 1360a Rdn. 13).

4. Annahme des verwaisten Kindes durch die unverheiratete Tante (§§ 1741 Abs. 2 S. 1, 1752, 1754ff. BGB)

Verhandelt am ...... in ......
Vor dem unterzeichneten Notar ...... erschienen ......

Sie erklärten zunächst:

Die Eltern des am ...... geborenen Kindes A kamen am ...... bei einem Verkehrsunfall um. Zum Vormund des Kindes wurde die hier erschienene Schwester der verunglückten Ehefrau, die nicht verheiratete Frau B, bestellt, die den Haushalt der Eheleute A geführt und das Kind schon zu Lebzeiten seiner Eltern weitgehend betreut hat. Frau B möchte das Kind adoptieren. Der miterschienene Herr C wurde vom Vormundschaftsgericht als Ergänzungspfleger bestellt.

Sodann erklärten die Erschienenen folgenden

Antrag auf Ausspruch der Annahme als Kind

§ 1

(1) Frau B beantragt beim zuständigen Vormundschaftsgericht den Anspruch der Annahme des Kindes A als ihr Kind.[1]

(2) Sie betraut den beurkundenden Notar mit der Einreichung des Antrags beim Vormundschaftsgericht.

§ 2

Der Ergänzungspfleger willigt für das Kind in die Annahme ein.[2]

§ 3

Der Notar hat darauf hingewiesen, daß das Kind durch die Annahme die rechtliche Stellung eines ehelichen Kindes der Annehmenden erhält, insbesondere also unterhalts- und erbberechtigt wird. Die Verwandtschaft des Kindes zu den Verwandten seines verstorbenen Vaters bleibt daneben bestehen.[3]

Anmerkungen

1. Annahme durch einen Nichtverheirateten. Sie wird durch § 1741 Abs. 2 S. 1 BGB zugelassen. Das Kindeswohl und das Eltern-Kind-Verhältnis nach § 1741 Abs. 1 BGB sind hier gewahrt, da es sich um die bisherige Pflegemutter handelt. Soweit die Annehmende vermögend ist, erhält sie einen bei der Grunderwerbsteuer und der Erbschaft- und Schenkungsteuer begünstigten Abkömmling (vgl. Form. XIII. 1 Anm. 9). Deshalb empfiehlt sich auch hier der Einreichungsauftrag an den Notar (vgl. Form. XIII. 1 Anm. 6).

2. Ergänzungspfleger. Er ist gem. § 1746 Abs. 1, § 1795 Abs. 1 Nr. 1, § 1909 BGB zu bestellen.

3. Verwandtenadoption. § 1756 Abs. 1 BGB, dazu *Schmitt-Kammler* FamRZ 1978, 570 m. w. N.

4. Kosten und Gebühren. Vgl. Form. XIII. 1. Antrag und Einwilligungserklärung betreffen denselben Gegenstand i. S. von § 44 Abs. 1 S. 1 KostO.

5. Einwilligung des Kindes in die Annahme (§§ 1746, 1750 BGB)

Verhandelt am ...... in ......
Vor dem unterzeichneten Notar ...... erschienen ......
und erklärten folgende

Einwilligung in die Annahme als Kind

§ 1

Die Eheleute A in ...... wollen mich, den Erschienenen Ziffer 1, als gemeinschaftliches Kind annehmen. Ich willige hiermit gegenüber dem Vormundschaftsgericht in die Annahme ein.[1]

§ 2

Ich, der Erschienene Ziff. 2, stimme als Vormund des verwaisten Erschienenen Ziff. 1 der Einwilligung des Kindes zu.[2]

§ 3

Der Notar hat den Erschienenen Ziff. 1 darauf hingewiesen, daß er seine Einwilligung bis zum rechtskräftigen Ausspruch der Annahme gegenüber dem Vormundschaftsgericht auch ohne Zustimmung des Vormundes widerrufen kann.[3] Durch die Annahme erlöschen die Verwandtschaftsverhältnisse des Angenommenen zu seinen bisherigen Verwandten. Dafür wird der Angenommene das gemeinschaftliche Kind der Annehmenden mit allen Rechten und Pflichten und erhält deren Namen.

Anmerkungen

1. § 1746 Abs. 1 S. 2, § 1750 BGB.

2. Ob diese Zustimmungserklärung der notariellen Beurkundung bedarf, ist str. (verneinend MünchKomm/*Lüderitz* § 1750 Rdn. 4; bejahend Beck'sches Formularbuch zum Bürgerlichen, Handels- u. WirtschaftsR/*Brambring* Form. V. 49 Anm. 3)

3. § 1746 Abs. 2 BGB.

4. Kosten und Gebühren. Wert 5.000,- DM nach § 30 Abs. 3 S. 2 KostO, hieraus ¼ Gebühr nach § 38 Abs. 4 KostO.

6. Einwilligung der Kindeseltern in die Annahme (§§ 1747, 1750 BGB)

Verhandelt am ...... in ......
Vor dem unterzeichneten Notar ...... erschienen ......
und erklären die folgende

Einwilligung in die Annahme als Kind

Wir sind die Eltern des am ...... in ...... geborenen ehelichen[1] Kindes A. Wir willigen gegenüber dem Vormundschaftsgericht darin ein, daß das Kind von den Eheleuten B in ...... als gemeinschaftliches Kind angenommen wird. Wir sind darauf hingewiesen, daß die Einwilligungserklärung mit Zugang beim Vormundschaftsgericht unwiderruflich wird, daß ab jetzt unsere elterliche Sorge für das Kind und unser Verkehrsrecht ruht, und daß das Jugendamt Vormund des Kindes wird.[1]

Anmerkungen

1. Seit der Neufassung des § 1747 BGB durch das Kindschaftsrechtsreformgesetz (KindRG) v. 16. 12. 1997 (BGBl. I S. 2942) ist zu beachten, daß es auf die Ehelichkeit des Kindes nicht mehr ankommt. Sind die Eltern jedoch nicht miteinander verheiratet und haben sie keine Sorgeerklärung abgegeben, so kann die Einwilligung des Vaters bereits vor der Geburt des Kindes erteilt werden (§ 1747 Abs. 3 Nr. 1 BGB).

2. § 1747 Abs. 2, §§ 1750, 1751 BGB.

3. Kosten und Gebühren. Wert 5.000,– DM nach § 30 Abs. 3 S. 2 KostO, hieraus ¼ Gebühr nach § 38 Abs. 4 KostO.

7. Einwilligung in die Inkognito-Adoption (§§ 1747 Abs. 2 S. 2, 1750 BGB)[1,2]

Verhandelt am ...... in ......
Vor dem Notar ...... erschien ......
Die Erschienenen erklären folgende

Einwilligung in die Annahme als Kind

Wir sind die Eltern des am ...... in ...... geborenen Kindes A. Wir willigen darin ein, daß das Kind von den Eheleuten, die in der Adoptionsliste des (Adoptionsvermittlungsstelle) unter der Nr. ...... geführt werden, gemeinschaftlich als Kind angenommen wird. Die Einwilligung erfolgt gegenüber dem zuständigen Vormundschaftsgericht. Uns ist bekannt, daß die Einwilligung mit Zugang bei diesem unwiderruflich wird, ab dann unser Sorgerecht ruht und ein Verkehrsrecht nicht besteht, und daß durch die Annahme die Verwandtschaft zwischen dem Kind und uns einschließlich der jeweiligen Verwandten mit allen Rechten und Pflichten erlischt.

Anmerkungen

1. **Inkognito-Adoption.** Sie ist nach § 1747 Abs. 2 S. 2 BGB weiterhin zulässig. Die Einwilligung kann auch alternativ erteilt werden, sofern sie konkret bleibt, z.B. als Ein-

willigung in die Adoption durch die in der Adoptionsliste mit Nrn. 8–12 bezeichneten Ehepaare. Eine abstrakte Umschreibung (z. B. „alle gegenwärtig in der Adoptionsliste aufgeführten Personen") ist jedoch ebenso unzulässig wie die Blankoeinwilligung in eine Adoption durch beliebige Annehmende (MünchKomm/*Lüderitz* § 1747 Anm. 14, 17).

Die Eltern können vor der Einwilligung Auskunft über die Lebensverhältnisse der Adoptiveltern verlangen, auch über deren Religion und die Aussichten einer religiösen Erziehung des Kindes (vgl. *Listl* FamRZ 1974, 75).

Zur Bedingung der Einwilligung kann die Erziehung in einem bestimmten Glaubensbekenntnis jedoch nicht gemacht werden, § 1750 Abs. 2 S. 1 BGB. Auch die Adoptionsvermittlungsstelle kann die Annehmenden nicht zu einer bestimmten religiösen Erziehung verpflichten, § 1 RelKErzG.

2. **Rechtsnatur der Einwilligung.** Die Einwilligung kann nach § 1747 Abs. 2 S. 1 BGB erst erteilt werden, wenn das Kind acht Wochen alt ist. Sie kann unter den Voraussetzungen des § 1748 BGB vom Vormundschaftsgericht ersetzt werden. Die Einwilligung ist unwiderruflich, unvertretbar, bedingungs- und befristungsfeindlich, bedarf bei beschränkt Geschäftsfähigen nicht der Zustimmung des gesetzlichen Vertreters und verliert ihre Kraft, wenn nicht innerhalb von drei Jahren die Adoption erfolgt, § 1750 BGB.

3. **Kosten und Gebühren.** Wie Form. XIII. 6.

8. Verzicht des Vaters auf Beantragung der Übertragung der Sorge für das nichteheliche Kind (§ 1747 Abs. 3 Nr. 3 BGB)[1, 2]

Verhandelt am ...... in ......
Vor dem Notar ...... erschien ...... und erklärt folgenden

Verzicht gem. § 1747 Abs. 3 BGB

Ich bin der Vater des am ...... in ...... nichtehelich geborenen Kindes A. Die Vaterschaft habe ich am ...... zur Urkunde des Notars ...... in ...... (URNr. ......) anerkannt. Ich verzichte darauf, einen Antrag auf Übertragung der Sorge für das Kind gemäß § 1672 Abs. 1 BGB zu stellen. Der Verzicht wird gegenüber dem Vormundschaftsgericht erklärt.
Mir ist bekannt, daß er mit Eingang bei diesem unwiderruflich wird. Durch den Notar bin ich auf meine Rechte zur Beantragung des Sorgerechts und darauf hingewiesen, daß die Annahme durch Dritte dann nicht ausgesprochen werden kann, wenn ich einen entsprechenden Antrag gestellt habe, über den noch nicht negativ entschieden ist.

Anmerkungen

1. **Rechtsstellung des Vaters.** Durch das KindRG wurde mWv 1. 7. 1998 die Rechtsstellung des nichtehelichen Vaters gestärkt. Entgegen dem früheren Recht kann er die elterliche Sorge dann gemeinsam mit der nichtehelichen Mutter ausüben, wenn übereinstimmende Sorgeerklärungen mit diesem Ziel abgegeben wurden (§ 1626a Abs. 1 Nr. 1 BGB) oder wenn er die Kindesmutter heiratet (§ 1626a Abs. 1 Nr. 2 BGB). Ist keine dieser Voraussetzungen erfüllt, so übt die Mutter das Sorgerecht aus (§ 1626a Abs. 2 BGB). Leben die Elternteile getrennt (gemeint ist natürlich nicht das eherechtliche, sondern ein faktisches Getrenntleben) und steht das Sorgerecht nach § 1626a Abs. 2 BGB der Mutter zu, so kann der Vater – allerdings wiederum nur mit Zustimmung der Mutter – die völlige oder teilweise Übertragung der elterlichen Sorge an sich beantragen;

dient der Antrag dem Kindeswohl, so ist ihm stattzugeben. Solange über den Antrag des Vaters nach § 1672 Abs. 1 BGB noch nicht entschieden ist, darf eine Annahme als Kind nicht ausgesprochen werden (§ 1747 Abs. 3 Nr. 2 BGB). Die hieraus resultierende Rechtsunsicherheit läßt sich vermeiden, indem der Vater gemäß § 1747 Abs. 3 Nr. 3 BGB auf sein Recht aus § 1672 Abs. 1 BGB verzichtet. Dieser Verzicht bedarf der öffentlichen Beurkundung, ist bedingungsfeindlich, unwiderruflich, höchstpersönlich abzugeben und wird auch nicht dadurch unwirksam, daß der Adoptionsantrag zurückgenommen oder die Annahme versagt wird (§ 1747 Abs. 3 Nr. 3 S. 3).

2. **Kosten und Gebühren.** Vom Festwert 5.000,-- DM nach § 30 Abs. 3 S. 2 KostO 1 Gebühr aus § 36 Abs. 1 mit Ermäßigung nach §§ 55a, 144 Abs. 3 KostO (vgl. LG Regensburg MittRhNotK 1978, 143).

9. Widerruf der Einwilligung durch das vierzehnjährige nicht geschäftsunfähige Kind (§§ 1746 Abs. 2 BGB)[1]

Verhandelt am ...... in ......
Vor dem Notar ...... erschien ......

und erklärte folgenden

Widerruf der Einwilligung in die Annahme als Kind

Ich habe am ...... zur Urkunde des Notars ...... in ...... (URNr. ......) in meine Annahme als Kind durch die Eheleute C eingewilligt. Die Annahme ist vom Gericht noch nicht ausgesprochen. Ich widerrufe hiermit meine Einwilligung gegenüber dem Vormundschaftsgericht.

Anmerkungen

1. **Widerruf.** Der Widerruf wird auch nach Abschaffung der Amtspflegschaft durch das Beistandschaftsgesetz häufig zur Urkunde des Jugendamtes erfolgen, § 1746 Abs. 2 BGB, § 59 Abs. 1 Nr. 6 KJHG, da zu diesem – etwa im Rahmen der §§ 1712 ff. n.F. BGB – der bessere Kontakt besteht. Die Widerrufsmöglichkeit nach § 1746 Abs. 2 BGB soll dem Willen des Hauptbeteiligten bis zur Rechtskraft der Annahme Rechnung tragen. So kann das Kind z.B. widerrufen, wenn es nach gegebener Einwilligung im Laufe der Adoptionspflege merkt, daß es nicht in die neue Familie paßt (*Oberloskamp* S. 105). Die Zustimmung des gesetzlichen Vertreters ist zum Widerruf nicht erforderlich, § 1746 Abs. 2 S. 3 BGB.

10. Annahme eines Volljährigen (§§ 1767 ff. BGB)[1-5]

Verhandelt am ...... in ......
Vor dem Notar ...... erschienen ......

Die Erschienenen erklären zunächst:
Die Eheleute A sind deutsche Staatsangehörige und seit dem ...... kinderlos verheiratet. Sie haben den nicht verheirateten, kinderlosen deutschen Staatsangehörigen B kurze Zeit nach seiner ehelichen Geburt als Pflegekind aufgenommen und bis heute wie ein Kind

aufgezogen. Die Annahme als Kind ist bisher daran gescheitert, daß sich die Mutter des Kindes nicht zur Einwilligung entscheiden konnte und eine Ersetzung der Einwilligung aus Gründen des Anstandes nicht beantragt wurde.

Nachdem nunmehr für die Annahme des volljährigen B die Einwilligung der Eltern nicht mehr erforderlich ist, soll die Annahme jetzt erfolgen. Dabei soll es bei den eingeschränkten Rechtswirkungen der Annahme Volljähriger verbleiben, da die Annehmenden keine näheren Verwandten mehr haben und der Anzunehmende von seinen leiblichen Großeltern immer als Enkel betrachtet und behandelt worden ist.

Hierauf erklärten die Erschienenen folgenden

Antrag auf Ausspruch der Annahme als Kind

Wir beantragen als Annehmende und Anzunehmender beim zuständigen Vormundschaftsgericht gemeinsam den Ausspruch der Annahme des B durch die Eheleute A als deren Kind. Wir betrauen den Notar mit der Einreichung des Antrags beim Vormundschaftsgericht.

Der Notar hat darauf hingewiesen, daß die Rechte und Pflichten des Angenommenen und seiner Abkömmlinge aus der Verwandtschaft zu den leiblichen Verwandten durch die Annahme nicht berührt werden und sich die Wirkungen der Annahme nicht auf die Verwandten des Annehmenden erstrecken. Der Annehmende ist dem Angenommenen und dessen Abkömmlingen vor den leiblichen Verwandten des Angenommenen zur Gewährung von Unterhalt verpflichtet. Die Aufhebung des Annehmeverhältnisses ist nur aus wichtigem Grund und auf gemeinsamen Antrag des Annehmenden und des Angenommenen möglich.

Anmerkungen

1. Volljährigenadoption. Die Volljährigenadoption entspricht nicht nur in dem dem Formular zugrundeliegenden Fall einem echten Bedürfnis nach Fortsetzung der Familie und Eingliederung in eine solche. Sie war in Deutschland stets zulässig (*Knur* DNotZ 1959, 284 und 1962, 571).

Dem gleichberechtigten Willen beider Teile trägt das Erfordernis des gemeinsamen Antrags Rechnung, § 1768 Abs. 1 BGB. Auch eine Aufhebung ist, was eine sehr starke Bindung bedeutet, nur auf gemeinsamen Antrag möglich, § 1771 BGB (vgl. dazu BayObLG FamRZ 1978, 736 m. Anm. *Bosch* FamRZ 1978, 656; OLG Köln NJW 1980, 63; OLG Hamm FamRZ 1981, 498).

2. Wirkungen der Annahme. Die Wirkungen der Annahme bestimmen sich nach § 1770 BGB. Auf gemeinsamen Antrag der Beteiligten kann das Vormundschaftsgericht bei Vorliegen der Voraussetzungen des § 1772 BGB auch aussprechen, daß sich die Wirkungen der Annahme nach den Vorschriften der Annahme eines Minderjährigen richten.

3. Einwilligung. Die Einwilligung der Eltern des Anzunehmenden ist nicht erforderlich, § 1768 Abs. 1 BGB. Bei Geschäftsunfähigkeit handelt der gesetzliche Vertreter, bei beschränkter Geschäftsfähigkeit hat er zuzustimmen, § 1768 Abs. 2 BGB.

4. Kindeswohl. Auch die Adoption Erwachsener muß dem Wohl des Anzunehmenden dienen. Darüber hinaus muß sie sittlich gerechtfertigt sein, § 1767 Abs. 1 BGB. (Hierzu bei Ausländeradoption BayObLG FamRZ 1980, 1158 und OLG Düsseldorf FamRZ 1981, 94.)

5. Kosten und Gebühren. Vgl. Form. XIII. 1.

XIV. Sonstige familienrechtliche Rechtsgeschäfte

1. Antrag auf Bestellung eines Ergänzungspflegers (§ 1909 BGB, §§ 12, 37 FGG)

An das
Amtsgericht

Als Vater des minderjährigen BD will ich diesem schenkweise an meinem unter der Firma ...... betriebenen einzelkaufmännischen Geschäft eine stille Beteiligung einräumen. Der Entwurf des abzuschließenden notariellen Vertrags ist beigefügt. Ich zeige an, daß eine Ergänzungspflegschaft erforderlich ist. Als Pfleger schlage ich Herrn XY, den Paten meines Sohnes, vor.

Anmerkungen

1. **Ergänzungspfleger.** Ein Ergänzungspfleger ist nach § 1909 BGB vom zuständigen Vormundschaftsgericht (§§ 36 ff. FGG) von Amts wegen nach Anzeige (§ 1909 Abs. 2 BGB) zu bestellen, wenn Eltern oder Vormund an der Besorgung einer Angelegenheit tatsächlich rechtlich verhindert sind. Rechtliche Verhinderung liegt insbes. Bei den Vertretungsverboten der §§ 181, 1629 Abs. 2 S. 1, § 1795 BGB vor. Bei lediglich rechtlichem Vorteil kann der beschränkt Geschäftsfähige nach § 107 BGB ohne Einwilligung seines gesetzlichen Vertreters selbst handeln. (Übersicht bei *Palandt/Heinrichs* § 107 Anm. 2 und *Jauernig* § 107 Anm. 2) Str. ist die Möglichkeit der In-sich-Vertretung der minderjährigen Kinder durch die Eltern bei nicht satzungsändernden Gesellschafterbeschlüssen (BGH 65, 93) und bei für die Kinder rechtlich lediglich vorteilhaften Geschäften i. S. von § 107 BGB (BGH 59, 236; BFH NJW 1977, 256; kritisch *Schubert* WM 1978, 291 ff und *Jauernig* § 181 Anm. 3 d aa). Zur Nießbrauchsbestellung zugunsten minderjähriger Kinder vgl. BFH NJW 1981, 141. Rechtliche Verhinderung ist schon bei ernsthaftem rechtlichem Zweifel anzunehmen (*Palandt/Diederichsen* § 1909 Anm. 2a; OLG Saarbrücken DNotZ 1980, 113). Die Vormundschaftsgerichte dürfen also bei rechtlicher Streitigkeit die Bestellung eines Ergänzungspflegers nicht ablehnen, insbes. wenn die Eltern mit ihr einverstanden sind. Zur Pflegerbestellung und notariellen Beurkundung des Gesellschaftsvertrages im vorliegenden Fall vgl. Münchener Vertragshandbuch Band 1/*Semler* Form. VIII. 5 Anm. 4 und Form. VIII. 1 Anm. 3.

2. Doppelbevollmächtigung des Notars hinsichtlich der vormundschaftsgerichtlichen Genehmigung

Der Notar hat die Beteiligten darauf hingewiesen, daß dieser Vertrag der Genehmigung durch das Vormundschaftsgericht bedarf und daß diese erst wirksam wird, wenn sie dem anderen Vertragsteil vom gesetzlichen Vertreter des nicht voll geschäftsfähigen Vertragsteil mitgeteilt wird. Der gesetzliche Vertreter beantragt und bevollmächtigt den Notar, die Genehmigung für ihn in Empfang zu nehmen und sie dem anderen Vertragsteil mitzuteilen. Dieser bevollmächtigt ebenfalls den Notar zum Empfang der Mitteilung.

Anmerkungen

1. Vollmacht, Beurkundung. Zum Erfordernis vormundschaftsgerichtlicher Genehmigung vgl. §§ 1821, 1822, 1915, 1643 BGB. Die Doppelbevollmächtigung des Notars zur Mitteilung der Genehmigung und deren Entgegennahme gemäß § 1829 BGB ist unstreitig zulässig (BGH NJW 1956, 259; OLG Hamm DNotZ 1964, 541; OLG Zweibrücken DNotZ 1971, 731). Der Notar vermerkt die Mitteilung und deren Empfang mit Unterschrift und Dienstsiegel auf der Urkunde oder einem besonderen Blatt. Zur Vorlage beim Grundbuchamt genügt der entsprechende Vermerk auf der dort eingereichten Ausfertigung oder beglaubigten Abschrift. Da nach § 1829 BGB der gesetzliche Vertreter frei von Bindungen oder Haftungsfolgen nach Erteilung der Genehmigung über deren Mitteilung entscheiden kann, also von einem nach notarieller Beurkundung als ungünstig erkannten Geschäft ohne weiteres durch Nichtmitteilung der Genehmigung wieder Abstand nehmen kann, sollte von Seiten des gesetzlichen Vertreters nicht nur die Bevollmächtigung des Notars, sondern auch der Auftrag zur Mitteilung ausdrücklich beurkundet werden, um klarzustellen, daß der Notar von der Vollmacht ohne nochmalige Rückfrage sofort Gebrauch machen kann.

3. Betreuung

Antrag des geschäftsunfähigen Minderjährigen auf Betreuerbestellung

An das Amtsgericht
– Vormundschaftsgericht –

Infolge einer Komplikation beim Geburtsvorgang bin ich geschäftsunfähig im Sinne des Gesetzes. Ich habe das siebzehnte Lebensjahr vollendet. Die bisher meiner Mutter ...... allein zustehende elterliche Sorge wird mit der Vollendung meines achtzehnten Lebensjahres erlöschen. Ich beantrage deshalb, meine Mutter, die mein volles Vertrauen hat, für mich als Betreuer für alle Bereiche der Personen- und Vermögenssorge zu bestellen.

Schrifttum: Schwab, Das neue Betreuungsrecht, FamRZ 1990, 681; *Wesche,* Das neue Betreuungsrecht, Rpfleger 1990, 441.

Anmerkungen

1. Betreuung statt Vormundschaft und Pflegschaft. Das am 1. 1. 1992 in Kraft tretende Betreuungsrecht (Gesetz zur Reform des Rechts der Vormundschaft und Pflegschaft für Volljährige – Betreuungsgesetz – BtG v. 12. 9. 1990 BGBl. 1990 I 2002) schafft die Vormundschaft und die Gebrechlichkeitspflegschaft für Erwachsene ab (dazu Vorauflage Bd. IV, 2 Form VII. 63, 64) und führt die Betreuung Erwachsener ein, die aufgrund einer psychischen Krankheit oder einer körperlichen, geistigen oder seelischen Behinderung ihre Angelegenheiten ganz oder teilweise nicht besorgen können (§ 1896 BGB). Die amtliche Entmündigung wegen Geisteskrankheit (§ 104 Nr. 3 BGB a.F.) entfällt. Die Geschäftsfähigkeit wird nur noch nach dem jeweiligen Gesundheitszustand im Einzelfall beurteilt (§ 104 Nr. 2 BGB).

2. **Person und Rechtsstellung des Betreuers.** Der Betreuer ist immer gesetzlicher Vertreter (§ 1902 BGB). Er darf nur für Aufgabenkreise bestellt werden, in denen die Betreuung erforderlich ist (§ 1896 Abs. 2 S. 1 BGB). Nicht erforderlich ist die Betreuung insbesondere, wenn die Angelegenheiten des Volljährigen durch einen Bevollmächtigten oder andere Hilfen ebenso gut besorgt werden können (§ 1896 Abs. 2 S. 2 BGB). Der Betreuer kann auch lediglich zur Beaufsichtigung des Bevollmächtigten bestellt werden (§ 1896 Abs. 3 BGB).

Zum Betreuer ist zu bestellen (§ 1897 BGB)
- in erster Linie eine geeignete natürliche Person, wobei Vorschläge des Volljährigen und mangels solcher die verwandtschaftlichen und sonstigen Bindungen des Volljährigen zu berücksichtigen sind,
- in zweiter Linie ein Mitarbeiter eines nach § 1908 f BGB anerkannten Betreuungsvereins (Vereinsbetreuer) oder ein Mitarbeiter einer in Betreuungsangelegenheiten zuständigen Behörde (Behördenbetreuer),
- in letzter Linie, wenn der Betreuungsbedürftige durch eine oder mehrere natürliche Personen nicht betreut werden kann, der Verein oder die Behörde selbst *D. Schwab* FamRZ 1990, 683: Vereinsbetreuung, Amtsbetreuung).

3. **Rechtsstellung des Betreuers.** Dem Betreuungsbedürftigen soll soviel Selbstbestimmung wie möglich verbleiben. Er hat Einfluß darauf, ob überhaupt ein Betreuer bestellt wird, wer zum Betreuer bestellt wird, wie der Betreuer entscheidet und ob die Betreuung aufrechterhalten wird (*D. Schwab* aaO S. 683 Ziff. 6). Er soll im Rahmen seiner Fähigkeiten sein Leben nach seinen Wünschen und Vorstellungen gestalten können (§ 1901 Abs. 1 S. 2 BGB). Hier sind Konflikte zwischen Betreuer und Betreutem schon im Gesetz ausgelegt.

An einer nach BGB gegebenen Geschäftsfähigkeit des Betreuten ändert die Betreuung nichts. In diesen Fällen besteht eine konfliktträchtige „Doppelzuständigkeit" (*D. Schwab* aaO S. 683 Ziff. 7).

4. **Einwilligungsvorbehalt.** Das Gericht kann jedoch, soweit dies zur Abwendung einer erheblichen Gefahr für die Person oder das Vermögen des Betreuten erforderlich ist, anordnen, daß der Betreute zu bestimmten Willenserklärungen, z.B. zu Grundstücksverfügungen, der Einwilligung des Betreuers bedarf (Einwilligungsvorbehalt, § 1903 BGB). In diesem Fall bedarf der Betreute dennoch nicht der Einwilligung seines Betreuers, wenn die Willenserklärung ihm lediglich einen rechtlichen Vorteil bringt (§ 1903 Abs. 3 BGB).

5. **Genehmigungspflichten.** Für die Tätigkeit des Betreuers gelten nahezu alle vertretungsrechtlichen und vermögensrechtlichen Genehmigungsvorschriften des bisherigen Vormundschaftsrechts (abschließende Aufzählung in § 1908 i BGB).

6. **Verfahren.** Einen Antrag auf Bestellung eines Betreuers kann nur der zu Betreuende selbst stellen, dies aber auch dann, wenn er geschäftsunfähig ist (§ 1896 Abs. 1 BGB). Im übrigen erfolgt die Bestellung von Amts wegen, wobei die Anregung hierzu regelmäßig von außen, etwa aus dem Kreis der Verwandten des zu Betreuenden kommen wird. Das Verfahren ist in §§ 65 ff. FGG n. F. eingehend geregelt.

7. **Bestellungsurkunde.** Der Betreuer erhält eine Urkunde über seine Bestellung (§ 69 b FGG), die er insbesondere zum Nachweis seiner Vertretungsbefugnis nach § 1902 BGB benötigt. Die Urkunde enthält nach § 69 b Abs. 2 FGG die Bezeichnung des Betroffenen und des Betreuers, den Aufgabenkreis des Betreuers und bei Anordnung eines Einwilligungsvorbehalts die Bezeichnung des Kreises der einwilligungsbedürftigen Willenserklärungen.

4. Betreuungsverfügung

Betreuungsverfügung
von ...... (Name, Adresse)

Für den Fall, daß ich im Sinne von § 1896 Abs. 1 Satz 1 BGB betreuungsbedürftig werden sollte, schlage ich dem Vormundschaftsgericht vor,

Herrn/Frau ......
Adresse ......

zum Betreuer zu bestellen.

Bezüglich der Ausgestaltung des Betreuungsverhältnisses möchte ich an meinen Betreuer folgende Wünsche richten:
– Der Betreuer soll nach Möglichkeit von Verfügungen über folgende Gegenstände absehen ......
– Der Betreuer soll ...... DM pro Monat für meinen Lebensunterhalt verwenden. Der Unterhalt soll wie folgt verwendet werden:
– Der Betreuer soll soweit irgendwie möglich häusliche Pflege organisieren, die einen Verbleib in meiner Wohnung ermöglicht.
– Sollte eine Einweisung in ein Altersheim unumgänglich werden, so soll das Altersheim ......, hilfsweise das Altersheim ...... gewählt werden. Auf keinen Fall möchte ich im Altersheim ...... untergebracht werden.
– Der Betreuer soll meinem Sohn zum 50. Geburtstag ...... DM aus meinem Vermögen auszahlen.
– Der Betreuer erhält zusätzlich zur gesetzlich vorgesehenen Vergütung aus meinem Vermögen ein monatliches Entgelt in Höhe von ...... DM.

......, den ......

Schrifttum: Epple, Die Betreuungsverfügung, BWNotZ 1992, 27; *ders.,* Der Einfluß der Betreuungsverfügung auf das Verfahren, die Führung und Überwachung der Betreuung, BTPrax 1993, 156; *Andrea Langenfeld,* Vorsorgevollmacht, Betreuungsverfügung und Patiententestament nach dem neuen Betreuungsrecht, 1994.

Anmerkungen

1. Gesetzliche Grundlagen. Nach § 1901 Abs. 2 S. 2 BGB kann der Betreute vor Bestellung des Betreuers Wünsche äußern, denen der Betreuer zu entsprechen hat. Nach § 1897 Abs. 4 BGB kann er auch die Person des Betreuers vorschlagen. Diese Willensäußerungen werden unter den Bezeichnungen „Betreuungsverfügung" oder „Alterstestament" diskutiert (*A. Langenfeld* aaO. S. 156). Sie können auch von nicht-mehr-Geschäftsfähigen abgegeben werden (*Bienwald,* Betreuungsrecht § 1897 Rdn. 50; MünchKomm/ *Schwab* § 1901 Rdn. 7).

2. Wirkung. Die Betreuungsverfügung hat nur eingeschränkte Wirkung. § 1897 Abs. 4 Satz 3 BGB bestimmt, daß Auswahlvorschläge, die der zu Betreuende in einer Betreuungsverfügung gemacht hat, nicht mehr beachtlich sind, wenn er später erkennbar nicht mehr daran festhalten will. Der Gesetzgeber des Betreuungsgesetzes begründet dies damit, daß die Selbstbindung an eine Betreuungsverfügung zu einer Art Selbstentmündigung führen würde. Dies sei mit dem Willensvorrang des Betroffenen nicht vereinbar und könne zur Folge haben, daß Betreuungsverfügungen insgesamt nicht in der gewünschten Weise akzeptiert werden. Dasselbe gilt gem. § 1901 Abs. 2 Satz 2 BGB. Auch hier hat sich der Betreuer jeweils nach den aktuellen Wünschen des Betreuten zu richten. Zu beachten ist also, daß der zukünftige Betreute sich in der Betreuungsverfügung nicht auf das festlegen kann, was ihm im Zeitpunkt eigener Gesundheit und Einsichtsfähigkeit für seine Zukunft gut und sinnvoll erscheint.

3. **Form.** Die Betreuungsverfügung bedarf keiner Form. Schriftform ist aber empfehlenswert (*Epple* BWNotZ 1992, 30). Die notarielle Beglaubigung oder Beurkundung sichert die notarielle Belehrung und Feststellungen des Notars über die Geschäftsfähigkeit. Der Notar wird geschäftsfähigen Personen empfehlen, statt der Betreuungsverfügung eine Vorsorgevollmacht zu errichten (vgl. Form. X. 53).

4. **Unterschiede zur Vorsorgevollmacht.** Für das Verhältnis zur Vorsorgevollmacht gilt (*A. Langenfeld* aaO. S. 172): Der Unterschied zwischen Vorsorgevollmacht und Betreuungsverfügung liegt zunächst darin, daß die Vorsorgevollmacht rechtsgeschäftliche Befugnisse verleiht, die Betreuung gesetzliche. Zur Erstellung der Vorsorgevollmacht ist deshalb Geschäftsfähigkeit nötig, für die Errichtung einer Betreuungsverfügung dagegen nicht. Eine Vollmacht ist jederzeit widerruflich. Der Betreute kann zwar seine Betreuungsverfügung widerrufen, den Betreuer kann er jedoch nicht selbst abberufen.

Unterschiede liegen auch in der Verbindlichkeit der Anordnungen. Die Weisungen, die der Vollmachtgeber in dem der Vollmacht zugrunde liegenden Geschäftsbesorgungsvertrag erteilt, sind aufgrund ihrer rechtsgeschäftlichen Natur grundsätzlich verbindlich. Demgegenüber ist die Bindungswirkung der in einer Betreuungsverfügung geäußerten Wünsche durch das Wohl des Betreuten und die Zumutbarkeit gegenüber dem Betreuer begrenzt.

Schließlich unterscheiden sich Vorsorgevollmacht und Betreuungsverfügung auch in der Stellung des Bevollmächtigten/Betreuers. Der Bevollmächtigte ist zunächst unkontrolliert. Erst wenn ein Bedarf für eine Beaufsichtigung entsteht, wird gem. § 1896 Abs. 3 BGB ein Überwachungsbetreuer bestellt. Demgegenüber steht der Betreuer in Bezug auf seine gesamte Tätigkeit unter der Aufsicht des Vormundschaftsgerichts (§ 1908 i iVm. § 1837 Abs. 2 Satz 1 BGB). Der Betreuer ist gem. § 1908 i BGB an Genehmigungsvorbehalte gebunden, denen der Vertreter als rechtsgeschäftlich Bevollmächtigter nicht unterliegt.

5. **Ablieferungspflicht.** Gemäß § 1901 a BGB muß der Besitzer einer Betreuungsverfügung diese unverzüglich an das Vormundschaftsgericht abliefern, nachdem er von der Einleitung eines Verfahrens über die Betreuerbestellung Kenntnis erlangt hat. Hierdurch soll sichergestellt werden, daß dem grundsätzlichen Willensvorgang des Betroffenen auch dann Geltung verschafft wird, wenn dieser nicht mehr in der Lage ist, sich an die Abfassung einer solchen Verfügung oder den Ort der Hinterlegung zu erinnern. Dem Vorschlag der Bundesnotarkammer, die amtliche Verwahrung der Erklärung zu ermöglichen, hat der Gesetzgeber nicht entsprochen. Hierin liegt ein Mangel der gesetzlichen Regelung.

6. **Sachlicher Inhalt.** In der Betreuungsverfügung kann der künftige Betreute insbesondere Vorgaben machen hinsichtlich
– der Verfügung über sein Vermögen,
– der Höhe des Unterhalts,
– der Ausgestaltung des täglichen Lebens und der Pflege,
– der Vermögensverwaltung,
– der Bedenkung Dritter mit Schenkungen oder Ausstattungen,
– das Verfahren der Betreuerbestellung.

Zu den Einzelheiten vgl. *A. Langenfeld* aaO. S. 163 ff., im Anschluß an deren Vorschläge auch das vorliegende Form. gestaltet wurde.

XV. Formelle Gestaltung der Verfügungen von Todes wegen

1. Notarielles Testament durch mündliche Erklärung[1, 2]

Verhandelt zu . . . . . .[3]
am . . . . . .
Vor dem unterzeichneten Notar . . . . . .[4]
erscheint ausgewiesen durch Personalausweis:[5]
Herr A, wohnhaft in . . . . . . (Ort, Straße), geboren am . . . . . . in . . . . . . (Ort) und nach seinen Angaben deutscher Staatsangehöriger.[7]
Er besitzt die erforderliche Geschäftsfähigkeit, wie sich der Notar durch ein längeres mit ihm geführtes Gespräch überzeugte.[8]
Der Anwesende wünscht die Errichtung eines öffentlichen Testaments ohne Zuziehung von Zeugen[9] und erklärt dem Notar folgendes mündlich[10] als seinen letzten Willen:
. . . . . .

Schluß:
1. Der Testierer erklärt, zum ersten Mal verheiratet zu sein und nur aus dieser Ehe zwei Kinder zu haben.[11]
2. Der Testierer wurde insbesondere über das Pflichtteilsrecht belehrt.[12]
3. Der Testierer versichert, noch nicht testiert zu haben und insbesondere nicht durch Erbvertrag oder bindend gewordenes gemeinschaftliches Testament an der vorstehenden letztwilligen Verfügung verhindert zu sein.[13] Fürsorglich widerruft er hiermit alle etwa doch von ihm bisher getroffenen letztwilligen Verfügungen.[14]
4. Den Wert seines reinen Vermögens gibt der Testierer zwecks Berechnung der Kosten mit DM . . . . . . an.[18]
5. Der Testierer beantragt die Erteilung einer beglaubigten Abschrift des Testaments.

In Gegenwart des Notars dem Testierer vorgelesen, von ihm genehmigt[15] und eigenhändig unterschrieben:[16, 17]

. . . .
Unterschriften

Schrifttum: Appell, Auswirkungen des Beurkundungsgesetzes auf das Familien- und Erbrecht, FamRZ 1970, 520; *Boeckler,* Das notarielle Testament, 1972; *Dittmann/Reimann/Bengel,* Testament und Erbvertrag, 2. Aufl.; *Hilderscheid,* Die Amtspflichten des Notars bei der Beurkundung von Testamenten und Erbverträgen, DNotZ 1939, 13; *Höfer,* Das Beurkundungsgesetz in der Praxis, JurA 1970, 56; *Klingelhöffer,* Testierunfähigkeit und ihre Geltendmachung im Nachlaßverfahren, ZEV 1997, 92; *Nieder,* Hdb. d. Testamentsgestaltung, 1992 Rdn. 797 ff. u. 413 ff; *Wetterling/Neubauer/Neubauer,* Psychiatrische Gesichtspunkte zur Beurteilung der Testierfähigkeit, ZEV 1995, 46.

Anmerkungen

1. Sachverhalt. Es wird ein öffentliches Einzeltestament zur Niederschrift eines Notars in der Weise errichtet, daß der Testierer dem Notar persönlich und unmittelbar seinen letzten Willen mündlich erklärt, dieser darüber eine Niederschrift errichtet, diese vorgelesen wird, der Testierer ihren Inhalt genehmigt und zusammen mit dem Notar unterschreibt.

2. Anwendungsfälle. Das BGB verwendet den Begriff Verfügungen von Todes wegen als Oberbegriff für Testamente und Erbverträge. Testamente werden auch letztwillige Verfügungen genannt und unterscheiden sich hinsichtlich der Beteiligung in Einzeltestamente und gemeinschaftliche Ehegattentestamente und hinsichtlich ihrer Form in ordentliche, nämlich eigenhändige (privatschriftliche) und öffentliche (notarielle) Testamenten und außerordentliche, nämlich Nottestamente (Bürgermeistertestament, Dreizeugentestament, Seetestament) und Konsulartestamente. Bei öffentlichen Testamenten unterscheidet man nach dem Vorgang ihrer Errichtung gem. § 2232 BGB zwischen durch mündliche Erklärung und durch Übergabe einer offenen oder verschlossenen Schrift errichteten notariellen Testamenten. Ein Testament kann trotz § 127a BGB als einseitige Willenserklärung nicht Gegenstand eines Prozeßvergleichs sein, da dieser ein beiderseitiges Nachgeben voraussetzt (RGZ 48, 183/187 = JW 1901, 474; BGH FamRZ 1960, 28). Öffentliche und privatschriftliche Testamente sind bezüglich ihrer erbrechtsgestaltenden Wirkung gleichwertig. Hinsichtlich der erbrechtsbezeugenden Funktion verdient jedoch das öffentliche Testament eindeutig den Vorzug (*Dittmann/Reimann/Bengel*, 2. Aufl. § 2231 Rdn. 3 ff.). Es ist eine öffentliche Urkunde iS. der §§ 415, 418 ZPO, d. h. es begründet vollen Beweis der in ihm bezeugten Tatsachen, somit von Ort und Zeit seiner Errichtung, der Identität des Testierers und dem Inhalt und der Vollständigkeit der von ihm als letztwillig abgegebenen Erklärungen, nicht jedoch ihrer Richtigkeit. Demgegenüber ist der Gegenbeweis der unrichtigen Beurkundung zulässig (§ 415 Abs. 2 ZPO). Während mit einem eigenhändigen Testament nach dem Erbfall dem Grundbuchamt gegenüber nicht der Nachweis der Erbfolge erbracht werden kann, vielmehr hier immer ein Erbschein vorgelegt werden muß, genügt gem. § 35 Abs. 1 Satz 2 GBO ein öffentliches Testament zusammen mit dem Protokoll über seine Eröffnung. Vor allem aber gewährt das öffentliche Testament dem Testierer den Vorteil der sachverständigen Lenkung und Beratung durch den Notar (MünchKomm/*Burkart*, 2. Aufl. § 2231 Rdn. 12). Seine Mitwirkung macht es wahrscheinlicher, daß der letzte Wille formell richtig und materiell klar niedergelegt wird (*Dittmann/Reimann/Bengel*, 2. Aufl. § 2231 Rdn. 9) und daß nicht, wie häufig in eigenhändigen Testamenten, Rechtsbegriffe falsch verwandt werden und dadurch Auslegungsschwierigkeiten entstehen. Da das öffentliche Testament anders als das eigenhändige (§ 2248 BGB) stets unverzüglich in die besondere amtliche Verwahrung beim Amtsgericht verbracht werden soll (§ 34 BeurkG), ist die Gefahr, daß es später verfälscht wird, ausgeschlossen und es ist gewährleistet, daß es nach dem Tode des Erblassers eröffnet wird und nicht verloren geht oder von interessierter Seite unterdrückt wird (*Dittmann/Reimann/Bengel*, 2. Aufl. § 2231 Rdn. 9). Auf der anderen Seite verursacht das eigenhändige Testament dem Testierer zunächst keine Kosten, zwingt ihn nicht, einem Fremden seine Probleme anzuvertrauen, und kann wegen der relativ geringen Formvorschriften jederzeit und überall schnell errichtet und auch widerrufen werden (*Dittmann/Reimann/Bengel* § 2247 Rdn. 3).

3. Erfordernisse der Niederschrift. Über die Verfügung von Todes wegen ist eine Niederschrift aufzunehmen (§ 8 BeurkG), und zwar grundsätzlich in deutscher Sprache, auch wenn der Erblasser kein Deutsch versteht (§ 5 Abs. 1 BeurkG). Auf Verlangen kann der Notar die Niederschrift auch in einer anderen Sprache errichten, soll dies jedoch nur, wenn er der fremden Sprache hinreichend kundig ist (§ 5 Abs. 2 BeurkG). Die Verfügung von Todes wegen ist nichtig, falls eine Niederschrift fehlt oder sie gegen eine der folgenden Mußvorschriften verstößt.

(1) Die Niederschrift muß enthalten (§ 9 Abs. 1 BeurkG):
a) Die Bezeichnung des Notars sowie des Erblassers.
b) Die Erklärung des letzten Willens.

(2) Die Niederschrift soll enthalten:
a) Ort und Tag der Verhandlung (§ 9 Abs. 2 BeurkG).
b) Wahrnehmungen über die Testierfähigkeit (§ 28 BeurkG).

1. Notarielles Testament durch mündliche Erklärung XV. 1

c) Zweifel an der Gültigkeit der beabsichtigten Verfügung von Todes wegen, der Inhalt der Belehrung des Notars darüber und die evtl. Erklärungen der Beteiligten dazu (§ 17 BeurkG).
(d) Hinweis auf eine etwa bestehende Genehmigungspflicht (§ 18 BeurkG).
(e) Feststellungen über die Zuziehung von Zeugen, einem zweiten Notar oder einer Vertrauensperson (§§ 22, 24, 25, 29 BeurkG).
(f) Feststellung über die Vorlage der Niederschrift bei tauben Erblassern (§ 23 BeurkG).

(3) Die Niederschrift muß in Gegenwart des Notars, nicht notwendig von ihm selbst, vorgelesen, vom Erblasser genehmigt, nicht notwendig mündlich, sondern auch durch schlüssige Handlung, wie z.B. Kopfnicken oder vorbehaltloses Unterzeichnen (RGZ 108, 403; BayObLG NJW 1966, 56), und von ihm eigenhändig unterschrieben werden (§ 13 Abs. 1 Satz 1 BeurkG). In der Niederschrift soll festgestellt werden, daß dies geschehen ist (§ 13 Abs. 1 Satz 2 BeurkG). Die Niederschrift muß ferner vom Notar eigenhändig unterschrieben werden (§ 13 Abs. 3 BeurkG). Die Unterschrift des Notars auf dem Testamentsumschlag ersetzt dabei nach § 35 BeurkG seine fehlende Unterschrift unter der Niederschrift.

(4) Die Erklärungen des letzten Willens können auch in einem anderen Schriftstück enthalten sein, auf das in der Niederschrift verwiesen, dieser durch Schnur und Siegel beigefügt und dessen Inhalt mit vorgelesen werden muß (§ 9 Abs. 1 Ziff. 2 BeurkG). Auch auf in dieser Weise der Urkunde beigefügte Karten und Pläne, die dem Testierer zur Durchsicht vorgelegt werden müssen, kann verwiesen werden (§ 9 Abs. 1 Ziff. 3 BeurkG). Bezüglich des Regelungsinhalts des Testaments kann auf eine andere notarielle Beurkundung verwiesen werden (ersetzende Verweisung), ohne daß diese der Niederschrift beigefügt und mitverlesen werden muß, wenn die Beteiligten ausdrücklich darauf verzichten (§ 13a BeurkG). Der Inhalt der in Bezug genommenen notariellen Beurkundung wird dann selbst als zum Inhalt der Niederschrift gehörig angesehen. Ohne besondere Förmlichkeiten kann im Testament auf bestehende Rechtsverhältnisse, wie z.B. frühere Testamente verwiesen werden (unechte Verweisung) (*Soergel/Harder* § 13a BeurkG Rdn. 3; *Nieder* BB 1980, 1130/1133).

4. Ausschluß des Notars von der Beurkundung der Verfügung von Todes wegen. (1) Ausschließungsgründe, deren Verletzung die Verfügung insgesamt unwirksam machen: Der Notar darf bei Sanktion der Unwirksamkeit im Gesamten keine Verfügung von Todes wegen beurkunden, bei der als Testierer oder nichttestierender Partner oder dessen Vertreter (§ 6 Abs. 1 Ziff. 4 BeurkG) eines Erbvertrages oder Ehe- und Erbvertrages formell beteiligt sind (§ 6 Abs. 2 BeurkG):

a) er selbst (§ 6 Abs. 1 Ziff. 1 BeurkG),
b) sein derzeitiger Ehegatte (§ 6 Abs. 1 Ziff. 2 BeurkG),
c) ein mit ihm in gerader Linie Verwandter (§ 6 Abs. 1 Ziff. 3 BeurkG).

(2) Ausschließungsgründe, deren Verletzung die Verfügung nur teilweise unwirksam machen:
Eine von einem Notar beurkundete Verfügung von Todes wegen ist insoweit unwirksam, als sie den folgenden Personen einen rechtlichen Vorteil (§ 7 BeurkG), insbesondere auch eine letztwillige Zuwendung oder die Ernennung zum Testamentsvollstrecker (§ 27 BeurkG), bringen:

a) dem Notar selbst (§ 7 Ziff. 1 BeurkG),
b) seinem Ehegatten oder früherem Ehegatten (§ 7 Ziff. 2 BeurkG),
c) Personen, die mit ihm in gerader Linie verwandt oder verschwägert oder in der Seitenlinie bis zum dritten Grade verwandt oder bis zum zweiten Grade verschwägert sind (§ 7 Ziff. 3 BeurkG).

Dies gilt auch, wenn der Testierer seinen letzten Willen in Form der Übergabe einer verschlossenen Schrift errichtet, deren Inhalt der Notar nicht kennt (*Dittmann/Reimann/Bengel*, 2. Aufl. § 7 BeurkG Rdn. 4).

(3) Mitwirkungsverbote deren Verletzung nicht zur Unwirksamkeit der Verfügung führen:

Der Notar soll nach § 3 Abs. 1 BeurkG keine Verfügung von Todes wegen beurkunden, an der als Testierer, Vertragspartei des Erbvertrages, Bedachter, Testamentsvollstrecker (§ 27 BeurkG) oder übergangener Pflichtteilsberechtigter (*Dittmann/Reimann/Bengel*, Testament und Erbvertrag, 2. Aufl. § 3 BeurkG Rdn. 5–9) materiell beteiligt sind:

a) er selbst (§ 3 Abs. 1 Ziff. 1 BeurkG; s. jedoch auch Abs. 3, 4),

b) sein Ehegatte, früherer Ehegatte oder Verlobter (§ 3 Abs. 1 Ziff. 2 BeurkG; s. jedoch auch Abs. 3, 4),

c) Personen, die mit dem Notar in gerader Linie verwandt oder verschwägert oder in der Seitenlinie bis zum dritten Grade verwandt oder bis zum zweiten Grade verschwägert sind oder waren (§ 3 Abs. 1 Ziff. 3 BeurkG; s. jedoch auch Abs. 3, 4),

d) Personen, deren gesetzlicher Vertreter der Notar ist, oder deren vertretungsberechtigtem Organ er angehört (§ 3 Abs. 1 Ziff. 4 BeurkG), letzteres mit Ausnahme von Gemeinde- oder Kreisvertretungen oder Kirchenorganen, wo den Notar nach § 3 Abs. 3 BeurkG nur eine Hinweispflicht trifft.

e) Personen, die den Notar in derselben Angelegenheit (= rechtlich wirtschaftlicher Lebenssachverhalt) bevollmächtigt haben oder zu denen er in einem ständigen Dienst- oder ähnlichen Geschäftsverhältnis steht (§ 3 Abs. 1 Ziff. 5 BeurkG). Der Anwaltsnotar ist jedoch dadurch nicht gehindert, wenn nicht er, sondern sein Sozius bevollmächtigt ist (*Dittmann/Reimann/Bengel*, 2. Aufl. § 3 BeurkG Rdn. 17).

(4) Hinweispflichten: War der Notar früher gesetzlicher Vertreter oder Bevollmächtigter eines der obengenannten Beteiligten oder ist er für einen von ihnen in einer anderen Sache als Bevollmächtigter tätig, so hat er den Testierer oder die anderen Beteiligten des Erbvertrages darauf hinzuweisen und sie zu fragen, ob er die Beurkundung trotzdem vornehmen soll (§ 3 Abs. 2 BeurkG). Hinweis, Frage und Antwort sind in der Urkunde zu vermerken. Die gleiche Hinweispflicht trifft den Notar, wenn zu dem betroffenen Personenkreis eine juristische Person gehört, deren nicht vertretungsberechtigtem Organ der Notar angehört oder eine Gemeinde, Landkreis oder kirchliche Organisation, deren Organ der Notar angehört (§ 3 Abs. 3 BeurkG).

5. Identitätsfeststellung. Nach § 10 BeurkG (er enthält nur Soll-Vorschriften) soll der Notar die Person des Beteiligten, hier des Testierers, in der Niederschrift so genau bezeichnen, daß Zweifel und Verwechslungen ausgeschlossen sind. Das bedeutet nach § 25 Abs. 2 DONot, daß Wohnort und Wohnung, bei verheirateten oder verheiratet gewesenen Frauen ihr Mädchenname und der Geburtstag angegeben werden sollen. Der Notar soll ferner angeben, ob er den Testierer kennt oder wie er sich Gewißheit über seine Person verschafft hat. Dies geschieht nach § 25 Abs. 1 DONot in erster Linie durch Vorlage eines mit Lichtbild versehenen Ausweises, dessen Gültigkeit zu überprüfen ist, gegebenenfalls aber auch durch Vorstellung durch eine dritte Person (Erkennungs- oder Nämlichkeitszeuge), deren Glaubwürdigkeit zu prüfen ist, so daß hierzu regelmäßig nur Personen geeignet sind, die der Notar selbst als zuverlässig kennt und die nicht am Gegenstand der Amtshandlung beteiligt sind und zu Beteiligten nicht in näheren verwandtschaftlichen oder sonstigen Beziehungen stehen. Kann sich der Notar keine Gewißheit über die Person des Testierers verschaffen, besteht dieser aber trotzdem auf der Beurkundung, so hat der Notar diese zwar vorzunehmen, sollte jedoch die mangelnde Feststellung der Identität des Erblassers in der Urkunde vermerken (§ 10 Abs. 2 BeurkG). In einem solchen Fall sollte der Notar jedoch versuchen, die Identität des Testierers nachträglich festzustellen (*Dittmann/Reimann/Bengel*, 2. Aufl. § 10 BeurkG Rdn. 14).

1. Notarielles Testament durch mündliche Erklärung XV. 1

6. Umfang der Aufnahme der Personalien. Welche Personalien des Testierers ins Testament aufzunehmen sind, richtet sich vor allem nach der Aufschrift des Testamentsverwahrungsumschlags nach dem den Anforderungen des § 34 Abs. 1 BeurkG entsprechenden Muster in der Anl. 1 der bundeseinheitlichen AV über Benachrichtigung in Nachlaßsachen i. d. F. v. 30. 11. 1979 (Fundstellen der Veröffentlichung in den einzelnen Bundesländern siehe DNotZ 1980, 65). Danach ist zusätzlich zu den oben Anm. 5 genannten Personalien auch der Geburtsort des Testierers, zwecks Benachrichtigung des Geburtsstandesamts bei der Verwahrung, und bei sog. Sammelnamen (z. B. Müller, Schmidt usw.) auch der Vor-, Familien- und ggf. Geburtsnamen des Vaters und der Mutter des Testierers anzugeben.

7. Staatsangehörigkeit des Testierers. Festzustellen ist auch die Staatsangehörigkeit des Testierers, da davon gem. Art. 24, 25 EGBGB das Erbstatut abhängt, soweit es sich überhaupt übersehen läßt, sowie vom Ausland her gesehen die Form des Testaments (*Firsching*, Nachlaßrecht, 5. Aufl. 1980 S. 58 Anm. 8). Nach Ansicht des BGH in DNotZ 1963, 315 braucht allerdings der Notar die Staatsangehörigkeit des Testierers nur festzustellen, wenn die Umstände des Einzelfalles (zB. fremder Akzent, exotisches Aussehen, Geburtsort im Ausland) Anlaß geben, an die Möglichkeit einer Auslandsberührung zu denken. Gegebenenfalls sollte der Testierer auch nach Auslandsgrundbesitz gefragt werden, da manche Länder, z. B. Frankreich, England und die ehemalige DDR für die Beerbung des unbeweglichen Nachlasses Belegenheitsrecht anwenden, was zur Nachlaßspaltung führt (BGHZ 24, 352/366).

8. Feststellungen über die Geschäftsfähigkeit. Im allgemeinen sind Feststellungen über die Geschäftsfähigkeit in der Niederschrift nur zu vermerken, wenn dafür ein besonderer Anlaß besteht (§ 11 BeurkG). Bei der Beurkundung einer Verfügung von Todes wegen soll der Notar jedoch nach § 28 BeurkG immer seine Wahrnehmungen über die erforderliche Geschäftsfähigkeit in der Urkunde vermerken (BayObLG DNotZ 1993, 471). Nur die Tatsache, daß und welche Wahrnehmungen der Notar über die Testierfähigkeit des Testierers gemacht hat, werden mit der Beweiskraft des § 415 ZPO bezeugt, nicht dagegen sein Urteil über die Testierfähigkeit des Testierers. Diese unterliegt im Streitfall der freien Beweiswürdigung (§ 286 ZPO). Die „erforderliche" Geschäftsfähigkeit bestimmt sich nach § 2229 BGB und wird auch „Testierfähigkeit" genannt. Die Testierfähigkeit, d. h. die Fähigkeit, ein Testament zu errichten, abzuändern oder aufzuheben ist ein Unterfall der Geschäftsfähigkeit und ist unabhängig von dem §§ 104 Nr. 2, 3, 105 Abs. 1, 2 BGB in den §§ 2229, 2230 BGB geregelt. Testierunfähig sind:

a) Minderjährige, die das 16. Lebensjahr noch nicht vollendet haben (§ 2229 Abs. 1 BGB),

b) bis 31. 12. 1991 wegen Geisteskrankheit, Geistesschwäche, Verschwendung, Rauschgiftsucht oder Trunksucht Entmündigte und zwar schon von dem Zeitpunkt an, in welchem die Entmündigung beantragt wurde, vorausgesetzt, daß diese daraufhin wirklich erfolgte (§ 2229 Abs. 3 BGB); wegen Geistesschwäche, Verschwendung, Trunksucht oder Rauschgiftsucht Entmündigte konnten jedoch gem. § 2253 Abs. 2 BGB ein vor der Entmündigung errichtetes Testament widerrufen, sofern bei ihnen nicht zugleich auch die Voraussetzungen des § 2229 Abs. 4 BGB gegeben waren (BayObLG Rpfleger 1975, 303); Seit dem Inkrafttreten des Betreuungsgesetzes vom 12. 9. 1990 (BGBl. I 2002) am 1. 1. 1992 ist die Vormundschaft über Volljährige durch die Betreuung ersetzt, und ein Betreuter kann testieren, selbst wenn ein Einwilligungsvorbehalt angeordnet ist (§ 1903 Abs. 2 n. F.), sofern er nach § 2229 Abs. 4 testierfähig ist.

c) wer wegen krankhafter Störung der Geistestätigkeit, wegen Geistesschwäche und wegen Bewußtseinsstörung nicht in der Lage ist, die Bedeutung einer von ihm abgegebenen Willenserklärung einzusehen und nach dieser Einsicht zu handeln (§ 2229 Abs. 4 BGB). Gleichgültig ist hierbei, ob dieser Zustand dauernd oder vorübergehend ist. Es kommt allein auf den Zeitpunkt der Testamentserrichtung an. Das Reichsgericht (RGZ

162, 228) hat die Testierunfähigkeit infolge krankhafter Störung der Geistestätigkeit oder wegen Geistesschwäche dahin präzisiert, daß danach derjenige testierunfähig ist, „dessen Erwägungen und Willensentschlüsse nicht mehr auf einer der allgemeinen Verkehrsauffassung entsprechenden Würdigung der Außendinge und Lebensverhältnisse beruhen, sondern durch krankhafte Empfindungen, krankhafte Vorstellungen und Gedanken oder durch Einflüsse dritter Personen ...... derart beeinflußt werden, daß sie tatsächlich nicht mehr frei sind, vielmehr sich den genannten regelwidrigen Einwirkungen schranken- und hemmungslos hingeben und von ihnen widerstandslos beherrscht werden" (siehe auch OLG Köln FamRZ 1991, 1356). In sog. lichten Augenblicken sind Testamente Geisteskranker wirksam, wenngleich diese lucida intervalla nur schwer nachweisbar sein werden (MünchKomm/*Burkart*, 2. Aufl. § 2229 Rdn. 20). Eine nach dem Grad der Schwierigkeit des Testaments abgestufte, relative Testierfähigkeit wird von der hM (*Dittmann/Reimann/Bengel*, 2. Aufl. § 2229 Rdn. 40 mwN; BGHZ 30, 117) abgelehnt. Es gibt auch keine partielle, auf einen bestimmten abgegrenzten Lebensbereich beschränkte, Testierunfähigkeit, z.B. bei Querulantenwahn oder krankhafter Eifersucht (BayObLGZ 1991, 59 = NJW 1992, 248 = FamRZ 1991, 90; *Palandt/Edenhofer*, § 2229 Rdn. 1; *Klingelhöffer* ZEV 1997, 92/93; a:M. früher BayObLG FamRZ 1985, 539 = Rpfleger 1984, 467; *Dittmann/Reimann/Bengel*, 2. Aufl. § 2229 Rdn. 39).

Wer unter vorläufiger Vormundschaft stand (§§ 114, 1906 BGB a.F.) war bis 31. 12. 91 testierfähig, soweit auf ihn zum Zeitpunkt der Testamentserrichtung nicht § 2229 Abs. 4 BGB zutraf. Er bedurfte ebenso wie der Minderjährige nicht der Zustimmung seines gesetzlichen Vertreters (§ 2229 Abs. 2 BGB). War er allerdings endgültig entmündigt, wurde das Testament rückwirkend nichtig (§ 2229 Abs. 3 Satz 2 BGB), sofern der Testator nicht vor der Unanfechtbarkeit des Entmündigungsbeschlusses verstarb (§ 2230 Abs. 1 BGB a.F.). Seit 1. 1. 1992 ist die Vormundschaft durch die Betreuung ersetzt.

Faktisch testierunfähig, da sie die vorgeschriebenen Förmlichkeiten nicht zu erfüllen vermögen, sind:

a) Stumme, die schreibunfähig sind (§§ 2233 Abs. 3 BGB, 31 BeurkG), selbst wenn sie lesen können, und Stumme, die zwar schreiben aber nicht lesen können (§ 2233 Abs. 2 BGB), etwa weil sie blind sind. Ihnen kann u.U. durch Kombination eines Erbvertrages mit einem Ehevertrag geholfen werden, für die die Form des Ehevertrages genügt (§ 2276 Abs. 2 BGB), so daß nach § 24 BeurkG die Verständigung mittels einer Vertrauensperson zulässig würde. In gleicher Weise können sie auch einen Vertrag unter Lebenden auf den Tod errichten (*Ertl* MittBayNot 191, 196).

b) Taube, die zwar nicht stumm sind, mit denen man sich aber weder schriftlich noch durch eine Vertrauensperson verständigen kann (§ 24 Abs. 1 BGB).

Auf bestimmte Formen der Errichtung des Testaments sind angewiesen

a) Minderjährige, die das 16. aber noch nicht das 18. Lebensjahr vollendet haben, können nur durch mündliche Erklärung oder Übergabe einer offenen Schrift vor einem Notar testieren (§ 2233 Abs. 1 BGB) und können daher kein eigenhändiges Testament errichten (§ 2247 Abs. 4 BGB),

b) Wer nicht lesen kann, darf sein Testament nur durch mündliche Erklärung vor einem Notar errichten (§ 2233 Abs. 2 BGB) und kann daher kein eigenhändiges Testament errichten (§ 2247 Abs. 4 BGB).

c) Wer nicht schreiben kann, ist gehindert, ein eigenhändiges Testament zu errichten (§ 2247 Abs. 1 BGB).

d) Ein Stummer, der schreiben kann, darf ein öffentliches Testament nur durch Übergabe einer Schrift errichten (§ 2233 Abs. 3 BGB). Er kann natürlich auch ein eigenhändiges Testament errichten (MünchKomm/*Burkart*, 2. Aufl. § 2233 Rdn. 12).

Beim öffentlichen Testament darf sich der Notar nicht darauf beschränken, in der Urkunde festzustellen, der Testierer sei unbedenklich voll geschäfts- und testierfähig, sondern muß nach § 28 BeurkG stets auch aufnehmen, worauf sich seine Überzeugung

1. Notarielles Testament durch mündliche Erklärung   XV. 1

gründet. Als Wahrnehmungen, die dieser Feststellung dienen, kommen in Betracht der persönliche Eindruck, den der Notar bei der Unterhaltung mit dem Erblasser gewonnen hat, gegebenenfalls aber auch Bekundungen von dessen Angehörigen oder dem behandelnden Arzt. Da das Gesetz (§ 2229 BGB) den Begriff der Testierfähigkeit nicht kennt, sollte man ihn auch bei der Feststellung nicht gebrauchen (*Riedel/Feil* BeurkG 1970 § 28 Anm. 3; *Keidel/Kuntze/Winkler*, 13. Aufl. § 28 BeurkG Rdn. 7).

Hat der Notar Zweifel an der erforderlichen Geschäftsfähigkeit des Testierers, so hat er sie in der Niederschrift festzulegen (§ 11 Abs. 1 Satz 2 BeurkG). Eine schwere Krankheit des Testierers ist, auch wenn der Notar von dessen Testierfähigkeit überzeugt ist, im Protokoll festzustellen (§ 11 Abs. 2 BeurkG). Bei alten oder schwerkranken Personen sollte der Notar Erkundigungen beim behandelnden Arzt oder dem Stationsarzt im Krankenhaus einholen und das Ergebnis in der Niederschrift festhalten (*Keidel/Kuntze/ Winkler*, 13. Aufl. § 28 BeurkG Rdn. 6; *Dittmann/Reimann/Bengel*, Testament und Erbvertrag, 2. Aufl. § 11 BeurkG Rdn. 18). Fehlt dem Testierer nach der Überzeugung des Notars die erforderliche Geschäftsfähigkeit, so soll die Beurkundung abgelehnt werden (§ 11 Abs. 1 Satz 1 BeurkG). Dies sollte jedoch nur geschehen, wenn der Notar die sichere Überzeugung dessen hat, etwa weil der Erblasser bereits in Agonie liegt oder eine Verständigung mit ihm nicht mehr möglich ist. Wenn irgend möglich sollte der Notar unter Schilderung seiner Wahrnehmungen und Zweifel (*Firsching* DNotZ 1955, 283/286) die Beurkundung vornehmen, um die Bedachten nicht um ihre Chance zu bringen, daß sich in einem späteren Prozeß die Zweifel des Notars als unbegründet erweisen. Durch die Beurkundung einer sich später als unwirksam erweisenden letztwilligen Verfügung kann niemand geschädigt werden, wohl jedoch durch eine meist irreparable Verweigerung der Beurkundung (*Dittmann/Reimann/Bengel*, 2. Aufl. § 11 BeurkG Rdn. 15). Andererseits kann der Notar für entstandene Prozeßkosten haftbar werden, wenn er erkennbare Symptome, die gegen die Testierfähigkeit des Erblassers sprechen, nicht erkennt und/oder nicht in die Niederschrift aufnimmt (OLG Oldenburg DNotZ 1974, 19 ff.).

9. Zuziehung von Zeugen. Auf Verlangen des Erblassers soll der Notar bei der Beurkundung bis zu zwei Zeugen oder einen zweiten Notar als Überwachungspersonen zuziehen (§ 29 BeurkG). Sind, etwa beim gemeinschaftlichen Testament, mehrere Personen beteiligt, so müssen alle diesen Wunsch äußern (*Keidel/Kunze/Winkler*, 13. Aufl. § 29 BeurkG Rdn. 4). Das Verlangen ist in der Niederschrift zu vermerken (§ 29 Satz 1 BeurkG). Es empfiehlt sich, wie hier geschehen, auch ein Vermerk darüber, daß die Zuziehung von Zeugen nicht gewünscht wird *(Keidel/Kuntze/Winkler*, 13. Aufl. § 29 BeurkG Rdn. 9), da dadurch festgehalten ist, daß der Notar den Punkt zur Sprache gebracht hat. Gegen den Willen der Beteiligten darf der Notar nicht handeln (*Dittmann/Reimann/ Bengel*, 2. Aufl. § 29 Rdn. 7). Die Zeugen oder der zweite Notar sollen die Niederschrift mitunterschreiben (§ 29 Satz 2 BeurkG). Unabhängig davon hat der Notar auch gegen den Willen der Beteiligten einen Zeugen oder zweiten Notar zuzuziehen bei tauben, stummen oder blinden Testierern, falls diese nicht darauf verzichten (§ 22 BeurkG – Sollvorschrift), sowie falls der Testierer seinen Namen nicht schreiben kann (§ 25 BeurkG – Mußvorschrift). Der Notar hat bei tauben Testierern, mit denen eine schriftliche Verständigung nicht möglich ist, eine Vertrauensperson zuzuziehen (§§ 24, 31 BeurkG – Mußvorschrift) und bei der deutschen Sprache unkundigen Testierern einen Dolmetscher (§ 16 BeurkG – Mußvorschrift). Bei diesen Personen dürfen wie beim Notar keine Mitwirkungsverbote oder Ausschließungsgründe nach §§ 3, 6, 7, 26, 27 BeurkG vorliegen.

10. Mündliche Erklärung des Testierers. Bei der Errichtungsform des Formulars muß die Erklärung des Testierers gegenüber dem Notar und den sonst mitwirkenden Personen durch verständlich ausgesprochene Worte, d. h. mit Mitteln der Lautsprache, erfolgen (MünchKomm/*Burkart*, 2. Aufl. § 2232 Rdn. 4). Zusammenhängende Rede ist dabei nicht erforderlich, es genügt eine Erklärung in Form von Frage und Antwort, Rede und Gegenrede, sofern nur die mitwirkenden Personen den erklärten Willen des Testierers klar erkennen können (BGHZ 2, 172 = DNotZ 1952, 75). Unverständliches Lallen ist keine Erklärung mittels Lautsprache (BGHZ 2, 172, RGZ 85, 125; 108, 397/400; 161, 378/382; BayObLG DNotZ 1969, 301). Kopfnicken und -schütteln sind keine mündliche Erklärung (OLG Hamm NJW-RR 1994, 593 = FamRZ 1994, 993). Das gerade noch von der hM als gültig angesehene Verfahren besteht darin, daß der Notar einen von ihm oder dritter Hand gefertigten Testamentsentwurf dem Testierer in einem Zug vorliest und dieser dann auf die Frage, ob dies sein letzter Wille sein solle, mit einem vernehmlichen „Ja" antwortet und damit die Erklärung und die Genehmigung in einem Vorgang abgibt (BGHZ 37, 79 = NJW 1962, 1149; RGZ 161, 378; 108, 397; KG DNotZ 1960, 485/487; BayObLG DNotZ 1969, 301; OLG Hamm NJW-RR 1994, 593 = FamRZ 1994, 993 u. Form. XV. 12).

11. Angaben über die Familienverhältnisse des Testierers. Der Notar muß in der Verhandlung sowieso die Familienverhältnisse des Testierers ermitteln, da durch sie weitgehend die Beratung bestimmt und der Umfang seiner Belehrungspflicht festgelegt wird. Ihre Aufnahme in der Urkunde dient daher vor allem dem Selbstschutz des Notars, da ihm später keine Vorwürfe gemacht werden können, wenn ihm der Testierer Umstände verschwiegen hat, deren mangelnde Berücksichtigung bei der Testamentsgestaltung nach dem Erbfall zu Schwierigkeiten führt. Letztlich liegt eine möglichst genaue Aufnahme der Familienverhältnisse des Testierers im Testament im Interesse des Nachlaßgerichts, dessen Ermittlungen dadurch wesentlich abgekürzt werden.

12. Belehrung über das Pflichtteilsrecht. Schließt der Erblasser einen Abkömmling oder Ehegatten ausdrücklich oder stillschweigend von der Erbfolge aus, so hat der Notar über das Pflichtteilsrecht zu belehren (*Daimer/Reithmann/Geßele*, Die Prüfungs- und Belehrungspflicht des Notars, 4. Aufl. 1974 Rdn. 562; *Dittmann/Reimann/Bengel*, 2. Aufl. § 17 BeurkG Rdn. 10 m.w.N.). Desgleichen ist auf das Pflichtteilsrecht eines nichtehelichen Kindes gegenüber seinem Vater hinzuweisen, wenn der Notar von seinem Vorhandensein erfährt. Ein Vermerk über die erfolgte Belehrung in der Urkunde ist nicht nur aus Gründen des Selbstschutzes wichtig, sondern auch um eine Anfechtung wegen Übergehung eines Pflichtteilsberechtigten gem. § 2079 BGB zu verhindern, da diese Anfechtung auch bei Rechtsirrtum über das Pflichtteilsrecht eines bekannten Berechtigten zulässig ist (*Palandt/Edenhofer* § 2079 Rdn. 4).

13. Aufklärungspflicht über die Testierfreiheit. Neben der Prüfung der Testierfähigkeit des Testators, der Frage, ob Überwachungspersonen zuzuziehen sind, und ob bei diesen oder dem Notar selbst Ausschließungsgründe vorliegen, gehört auch die Aufklärung, ob nicht etwa Bindungen des Testierers durch frühere Verfügungen von Todes wegen bestehen, zur Vorbereitung der Errichtung einer Verfügung von Todes wegen durch den Notar (BGH DNotZ 1974, 296 m. Anm. *Haug*; OLG Stuttgart DNotZ 1974, 22; OLG Düsseldorf DNotZ 1974, 23 ff.). Es genügt dafür, daß der Notar den Testator fragt, ob er schon früher Verfügungen von Todes wegen errichtet hat, und, falls der das bejaht, sich weiter erkundigt, ob es sich dabei um ein gemeinschaftliches Testament oder einen Erbvertrag gehandelt hat, aus denen sich Bindungen ergeben könnten, die der beabsichtigten Verfügung entgegenstehen (*Daimer/Reithmann* aaO. Rdn. 136; OLG Köln DNotZ 1936, 630; RG DNotZ 1940, 152). Lediglich wenn der Notar ernsthafte Zweifel an der Rechtswirksamkeit der letztwilligen Verfügung wegen fehlender Testierfreiheit hat, besteht eine weitergehende Aufklärungspflicht (OLG Stuttgart BWNotZ 1960, 147), und ist der Notar verpflichtet, über die zweifelhafte Rechtslage zu belehren (BGH VersR 1958, 782; BGH Rpfleger 1974, 59). Bei der Errichtung eines Testaments einer Witwe ist der Notar nicht verpflichtet, die Nachlaßakten ihres Mannes nach bindenden Verfügungen von Todes wegen zu durchforschen (LG Ravensburg BWNotZ 1959, 163). Auf jeden Fall empfiehlt sich zum Selbstschutz des Notars, wie im Formular, die Verneinung des Vorliegens von gemeinschaftlichen Testamenten und Erbverträgen durch den Testierer in die Urkunde aufzunehmen.

14. Ausdrücklicher Widerruf früherer letztwilliger Verfügungen. Es bereitet oft große Schwierigkeiten, mehrere vom Erblasser hinterlassene Testamente miteinander in Einklang zu bringen (*Palandt/Edenhofer,* § 2258 Rdn. 2), da nur bei objektiv-sachlicher Unvereinbarkeit das jüngere das ältere Testament eindeutig aufhebt (§ 2258 Abs. 1 BGB). Es dient daher der Streitvermeidung, wenn frühere letztwillige Verfügungen ausdrücklich gemäß § 2254 BGB im neuen Testament aufgehoben werden.

15. Die Vorlesung der Niederschrift und ihre Genehmigung durch den Erblasser. Vorzulesen ist die gesamte Niederschrift in Gegenwart des Notars (BayObLG 1973, 213 = DNotZ 1974, 49). Das nach § 13 Abs. 1 Satz 1 BGB zwingend vorgeschriebene Vorlesen der Niederschrift kann nicht durch „lautes Diktat" ersetzt werden (BayObLG Rpfleger 1979, 458 m.w.N.). Sinn dieser Vorschrift ist, demjenigen, dessen Erklärungen in die Niederschrift aufgenommen werden, vor der Genehmigung die Überprüfung zu ermöglichen, ob die Niederschrift seine Erklärungen auch zutreffend wiedergibt (BayObLG Rpfleger 1979, 458). Vorgelesen werden muß auch ein Schriftstück, auf das in der Niederschrift verwiesen und das ihr beigefügt d.h. mit Schnur und Prägesiegel verbunden ist (§§ 9 Abs. 1 Satz 3, 13 Abs. 1 BeurkG). Die Möglichkeit einer Protokollanlage wurde für Verfügungen von Todes wegen erst durch das BeurkG neu eingeführt (*Dittmann/Reimann/Bengel,* 2. Aufl. § 2232 Rdn. 18). Karten, Zeichnungen oder Abbildungen, auf die in der Urkunde verwiesen wird, sind ihr förmlich beizufügen (§ 9 Abs. 1 Satz 3 BeurkG) und dem Testierer anstelle des Vorlesens zur Durchsicht vorzulegen (§ 13 Abs. 1 BeurkG). Wird auf eine andere notarielle Niederschrift verwiesen, gilt auch bei Testamenten die eingeschränkte Beifügungs- und Vorlesungspflicht (§ 13a BeurkG) aufgrund Verzichts des Testierers (*Palandt/Edenhofer,* § 2232 Anm. 3b). Dient die Verweisung lediglich der Erläuterung oder verweist sie auf ein bereits bestehendes Rechtsverhältnis oder eine Rechtsvorschrift – sog. unechte Verweisung – so ist sie auch beim Testament ohne Einhaltung der Förmlichkeiten nach §§ 9 Abs. 1 Satz 2 u. 3, 13a BeurkG zulässig. Bei den Verweisungen ist zu beachten, daß ein notarielles Testament wegen Formmangels ungültig ist, das eine Erbeinsetzung enthält, ohne die zum Erben eingesetzte Person wenigstens andeutungsweise zu nennen oder sonst zu bestimmen, z.B. nach § 2066 BGB (BGH NJW 1981, 1736/1737). Ein Unterlassen des Vorlesens ist ein unheilbarer Formfehler und führt zur Nichtigkeit des Testaments (BayObLG RPfleger 1979, 458/459 m.w.N.). Der Notar braucht das Testament nicht selbst vorzulesen, sondern kann sich dazu einer Hilfsperson oder eines Dritten bedienen (*Keidel/Kuntze/Winkler,* 13. Aufl. § 13 BeurkG Rdn. 6). Auf Verlangen soll das Testament dem Testierer vor der Genehmigung auch zur Durchsicht vorgelegt werden (§ 13 Abs. 1 Satz 4 BeurkG). Die Niederschrift ist von dem Testierer zu genehmigen (§ 13 Abs. 1 BeurkG). Die Genehmigung muß zeitlich der Vorlesung nachfolgen und in Gegenwart des Notars und der sonst mitwirkenden Personen geschehen (*Keidel/Kuntze/Winkler,* 13. Aufl. § 13 BeurkG Rdn. 28). Zu genehmigen hat nur der Testierer, nicht auch die Überwachungspersonen, da sie nur Mittler- bzw. Kontrollfunktionen ausüben (*Keidel/Kuntze/Winkler* aaO). Die Genehmigung braucht im Gegensatz zu der Erklärung seines letzten Willens durch den Erblasser nicht notwendig mündlich, sondern kann auch durch schlüssige Handlungen wie z.B. Kopfnicken oder eine andere einwandfreie Bekundung seines Einverständnisses erfolgen (RGZ 108, 397/403; *Keidel/Kuntze/Winkler,* 13. Aufl. § 13 BeurkG Rdn. 26 m.w.N.), so auch durch das widerspruchslose Leisten der Unterschrift (*Dittmann/Reimann/Bengel,* 2. Aufl. § 13 Rdn. 21 m.w.N.). Das bloße Zuhören „mit dem Ausdruck der Befriedigung" genügt nicht (BayObLG 1965, 341/346 = NJW 1966, 56). Wenn der Erblasser zu Beginn der notariellen Verhandlung im Vollbesitz seiner geistigen Kräfte das von ihm gewünschte Testament gedanklich gestaltet und dem Notar gegenüber sprachlich verständlich zum Ausdruck gebracht hat und dann vor der Verlesung des inzwischen zu Papier gebrachten Testaments infolge eines Schlaganfalls eine Bewußtseinsstörung erleidet, so genügt zu dessen Genehmigung, daß er das verlesene Schriftstück verstehen und erfassen konnte, daß es sich um sein Testament handelt (BGHZ 30, 294 = NJW 1959, 1822).

16. Unterschrift des Testierers. Die Niederschrift ist von dem Testierer eigenhändig zu unterschreiben (§ 13 Abs. 1 Satz 1 BeurkG) und zwar mit dem vollen Familienname und mindestens dem Anfangsbuchstaben des Vornamens, wenn dies zur Klarstellung der Identität notwendig ist (*Dittmann/Reimann/Bengel*, 2. Aufl. § 13 BeurkG Rdn. 27 u. u. 37).

Der Erblasser kann bei der Leistung der Unterschrift von einem Dritten unterstützt werden. Die Unterstützung darf jedoch nicht soweit gehen, daß die Schriftzüge nicht mehr vom Erblasser, sondern durch Führung der Hand des Erblassers durch den Helfer hergestellt werden (BayObLG 1951, 598 = DNotZ 1952, 78 m. Anm. *Rechenmacher*). Zur Vorsicht mit Schreibhilfen sollte den Notar der allerdings für den betroffenen Notar gut ausgegangene einschlägige Regreßfall in BGHZ 27, 274 = NJW 1958, 1398 mahnen und ihn in Grenzfällen veranlassen, einen Schreibzeugen nach § 25 BeurkG zuzuziehen (*Dittmann/Reimann/Bengel*, 2. Aufl. § 25 BeurkG Rdn. 9). Das ist ungefährlich, da auch ein grob fahrlässiger Irrtum des Notars über die Schreibunfähigkeit des Beteiligten die Wirksamkeit der Beurkundung nicht beeinträchtigt (*Keidel/Kuntze/Winkler*, 13. Aufl. § 25 Rdn. 7). Da der Schreibzeuge nur beim Vorlesen und der Genehmigung zugegen sein braucht (§ 25 Satz 1 BeurkG), kann er praktisch auch erst dann zugezogen werden, wenn sich die Unfähigkeit des Testierers erst beim Versuch zu unterschreiben herausstellt. Vorlesung und Genehmigung muß dann allerdings wiederholt werden. Schreiben können bedeutet lediglich den Namen schreiben können, ohne Rücksicht auf die sonstige Schreibfähigkeit des Testierers (*Dittmann/Reimann/Bengel*, 2. Aufl. § 25 Rdn. 5). Blinde, die schreiben können, müssen die Niederschrift unterzeichnen (*Keidel/Kuntze/Winkler*, 13. Aufl. § 25 BeurkG Rdn. 8) obwohl sie das, was sie unterschreiben, nicht sehen können und ihre Unterschrift daher nicht die Bedeutung einer gleichzeitigen Genehmigung der in der unterzeichneten Urkunde enthaltenen Erklärungen haben kann (*Keidel/Kuntze/Winkler*, 13. Aufl. § 13 BeurkG Rdn. 31; OLG Koblenz NJW 1958, 1784). Neben dem Testator müssen bei Sanktion der Ungültigkeit der Beurkundung nur noch der Notar (§ 13 Abs. 3 BeurkG) und der Schreibzeuge bei schreibunfähigen Erblassern (§ 25 Satz 3 BeurkG) die Niederschrift unterzeichnen (§§ 22, 24, 29 BeurkG). Stirbt der Testator, bevor er selbst unterschrieben oder der zugezogene Schreibzeuge für ihn unterschrieben hat, ist das Testament nichtig, da dann ein wesentliches Merkmal einer echten Urkunde, die Unterschrift des Beteiligten, fehlt. Einig ist man sich, daß der Notar, der die Urkunde unterschreiben muß und die sonst mitwirkenden Personen, die die Urkunde mitunterschreiben sollen, diese nicht in Gegenwart des Erblassers zu vollziehen brauchen. Sie können dies auch noch, wenn der Testierer inzwischen verstorben oder testierunfähig geworden ist (*Dittmann/Reimann/Bengel*, 2. Aufl. § 13 Rdn. 48). Umstritten ist jedoch, innerhalb welcher zeitlicher Grenzen der Notar seine Unterschrift noch nachholen darf. Hier werden alle nur denkbaren Meinungen vertreten. Einig ist man sich nur, daß die endgültige Grenze die Eröffnung der Verfügung von Todes wegen ist (*Dittmann/Reimann/ Bengel*, 2. Aufl. § 13 Rdn. 50 ff.). Aufgrund ausdrücklicher Vorschrift in § 35 BeurkG ersetzt bei seit 1. 1. 1970 errichteten Verfügungen von Todes wegen die Unterschrift des Notars auf dem Testamentsumschlag seine fehlende Unterschrift unter der Niederschrift.

17. Die Behandlung des Testaments nach Abschluß der Beurkundung. Das Testament soll der Notar nach § 34 BeurkG in einen Umschlag nehmen und diesen mit dem Prägesiegel verschließen. Dies braucht nicht mehr wie früher in Gegenwart des Erblassers zu geschehen und beläßt so dem Notar die Möglichkeit, die Niederschrift nochmals zu überprüfen und gegebenenfalls eine Ergänzung zu veranlassen (*Keidel/Kuntze/Winkler*, 13. Aufl. § 34 BeurkG Rdn. 4). Als Testamentsumschlag ist einer nach dem Muster der

1. Notarielles Testament durch mündliche Erklärung   XV. 1

Anlage 1 der bundeseinheitlichen AV über die Benachrichtigung in Nachlaßsachen i. d. F. v. 30. 11. 1979 (Fundstellen der Veröffentlichung in den einzelnen Bundesländern siehe DNotZ 1980, 65) zu verwenden, dessen Aufschrift den Erfordernissen des § 34 Abs. 1 BeurkG entspricht und der vom Notar zu unterschreiben ist. Danach soll der Notar nach § 34 Abs. 1 Satz 4 BeurkG veranlassen, daß das Testament unverzüglich in besondere amtliche Verwahrung gebracht wird. Zuständig für die besondere amtliche Verwahrung sind die Amtsgerichte (§ 2258a BGB) mit Ausnahme des Bundeslandes Baden-Württemberg, wo dafür die staatlichen Notariate zuständig sind (§§ 1, 46, 38 ff. BWLFGG v. 12. 2. 1975 – GBl. S. 116 u. §§ 11 bis 19 I. VVLFGG v. 5. 5. 1975 – Die Justiz 1975, 201). Örtlich zuständig ist das Amtsgericht, in dessen Bezirk der Notar seinen Amtssitz hat. Der Erblasser kann jedoch jederzeit die Verwahrung bei einem anderen Amtsgericht verlangen (§ 2258a Abs. 3 BGB). Die Benachrichtigung des Geburtsstandesamts des Erblassers aufgrund der bundeseinheitlichen AV über Benachrichtigung in Nachlaßsachen i. d. F. v. 30. 11. 1979 nimmt das verwahrende Amtsgericht vor. Nach § 16 DONot hat der Notar von jeder Verfügung von Todes wegen, die er dem Amtsgericht abliefert, für seine Urkundensammlung einen Vermerk anzufertigen, der den Namen, Beruf und Wohnort des Erblassers sowie Angaben darüber enthält, in welcher Form die Verfügung von Todes wegen errichtet worden ist. Auf dieses Vermerkblatt sind auch die Urkundenrollennummer und die nach § 154 Abs. 3 KostO zurückzubehaltende Abschrift der Kostenberechnung zu setzen. Auf Wunsch des Erblassers, und dazu sollte ihn der Notar animieren (*Dittmann/Reimann/Bengel* § 34 Rdn. 12), soll der Notar eine beglaubigte Abschrift der in besondere amtliche Verwahrung gegebenen Verfügung von Todes wegen bei den Akten zurückzubehalten, muß sie aber auf Wunsch dem Beteiligten aushändigen (§ 16 Abs. 1 Satz 3 DONot). Sämtliche Vorschriften des § 34 BeurkG sind Sollvorschriften und berühren die Wirksamkeit der Beurkundung nicht. Insbesondere wird die Gültigkeit der Testamentserrichtung nicht dadurch beeinträchtigt, daß der Notar das Testament nicht in besondere amtliche Verwahrung bringt (*Keidel/Kuntze/Winkler*, 13. Aufl. § 34 BeurkG Rdn. 19).

18. Kosten und Gebühren. Für die Beurkundung eines einseitigen Testaments entsteht eine ganze Gebühr nach § 46 Abs. 1 KostO und für seine obligatorische Verwahrung beim Amtsgericht ¼ Gebühr nach § 101 KostO. Für die Beurkundung eines Erbvertrages oder eines gemeinschaftlichen Testaments werden nach § 46 Abs. 1 KostO zwei Gebühren erhoben. Der Geschäftswert ist jeweils nach § 46 Abs. 4 KostO der Verkehrswert des vererbbaren Vermögens des oder der Testierer nach Abzug der Verbindlichkeiten (reines Vermögen). Abziehbar sind jedoch dabei nur die zur Zeit der Beurkundung der Verfügung von Todes wegen bestehenden Verbindlichkeiten des Erblassers selbst, nicht etwa auch die erst durch den Erbfall entstehenden Nachlaßschulden. Ergibt sich nach Abzug der Schulden und Lasten keine Habenmasse, so ist die Gebühr von der niedrigsten Wertstufe zu berechnen (*Rohs/Wedewer* KostO, § 46 Rdn. 11). Der Geschäftswert wird nur einmal zugrundegelegt, gleichgültig welche und wieviele letztwilligen Verfügungen bezüglich desselben Gegenstandes (z. B. Vor- und Nacherbschaft, Vor- und Nachvermächtnis) das Testament enthält (*Korintenberg/Lappe/Bengel/Reimann*, 13. Aufl. KostO § 46 Rdn. 19). Wird somit in Gesamtrechtsnachfolge verfügt (Erbeinsetzung auf den ganzen Nachlaß oder einen Bruchteil desselben) so ist der Wert des ganzen Vermögens bzw. des betreffenden Bruchteils maßgebend. Wird dagegen nur zur Einzelrechtsnachfolge verfügt (Vermächtnis oder Auflage), so ist nur der Wert der betreffenden Gegenstände zugrunde zu legen. Wird z. B. unter Aufrechterhaltung der gesetzlichen Erbfolge nur ein Nießbrauch oder eine Leibrente vermacht, so ist ihr Wert nach § 24 KostO zu berechnen und zugrunde zu legen, erfolgen dagegen diese Nutzungsvermächtnisse neben der Erbeinsetzung, so ist nur der Wert des gesamten reinen Nachlasses maßgeblich. § 44 KostO gilt nicht für Verfügungen von Todes wegen (*Korintenberg/Lappe/Bengel/Reimann*, 13. Aufl. KostO § 46 Rdn. 3; *Rohs/Wedewer*

KostO § 44 Rdn. 2). Daher erwachsen bei dem wohl seltenen Fall, daß mehrere selbständige Verfügungen von Todes wegen, oder was häufiger vorkommt, neben ihnen auch Erklärungen unter Lebenden oder neben einem Erbvertrag ein Erbverzichtsvertrag in dieselbe Urkunde aufgenommen werden, jeweils getrennte Gebühren. Eine Ausnahme besteht gem. § 46 Abs. 3 KostO nur bei gleichzeitiger Beurkundung eines Erbvertrags und eines Ehevertrags. Mehrere selbständige Verfügungen von Todes wegen in derselben Urkunde liegen jedoch nicht vor, wenn neben der Erbeinsetzung mehrere Vermächtnisse, Auflagen oder Teilungsanordnungen und zwar gleichgültig ob über verschiedene Gegenstände oder denselben verfügt werden und auch wenn dies in Erbverträgen oder gemeinschaftlichen Testamenten von mehreren Beteiligten einseitig oder gegenseitig geschieht (*Rohs/Wedewer* KostO § 46 Rdn. 23). Jedesmal sind nur eine ganze bzw. zwei Gebühren nach § 46 Abs. 1 KostO vom Gesamtwert der reinen Vermögen der verfügenden Personen zu erheben. Der Berechnung der Gebühren sind in der Regel die Angaben der Beteiligten zugrunde zu legen (§ 46 Abs. 5 KostO). Stellt sich jedoch nachträglich, insbesondere bei Eröffnung der Verfügung von Todes wegen heraus, daß die Wertangabe unrichtig war, so können die zu niedrig erhobenen Notar- und Gerichtsgebühren nacherhoben werden. Die Verjährung des Nachforderungsanspruchs beginnt erst mit dem Ablauf des Jahres, in dem die Verfügung von Todes wegen eröffnet oder zurückgegeben wird (§ 46 Abs. 5 KostO). Die Verjährungsfrist für Notargebühren beträgt zwei Jahre (§ 196 Ziff. 15 BGB). Für Änderungen und Ergänzungen von Testamenten oder Erbverträgen gilt nicht § 42 KostO, sondern es fällt nochmals die Gebühr nach § 46 Abs. 1 KostO an (*Korintenberg/Lappe/Bengel/Reimann*, 13. Aufl. KostO § 46 Rdn. 4). Die Ablieferung des Testaments oder Erbvertrags an das Amtsgericht zur besonderen amtlichen Verwahrung (§ 34 BeurkG, § 16 DONot) und die Benachrichtigung des Geburtsstandesamtes von der Errichtung (AV üb. d. Benachrichtigung in Nachlaßsachen v. 3. 7. 1978) sind gebührenfreie Nebengeschäfte (*Rohs/Wedewer* KostO § 46 Rdn. 2).

2. Notarielles Testament durch Übergabe einer offenen Schrift[1, 2]

Verhandelt zu ......
am ......
Vor dem unterzeichneten Notar ......
erscheint, ausgewiesen durch Personalausweis:

Herr A, wohnhaft in ...... (Ort, Straße), geboren am ...... in ...... (Ort) und nach seinen Angaben deutscher Staatsangehöriger. Er besitzt die erforderliche Geschäftsfähigkeit, wie sich der Notar durch ein längeres mit ihm geführtes Gespräch überzeugte. Der Anwesende wünschte die Errichtung eines öffentlichen Testaments durch Übergabe einer offenen Schrift ohne Zuziehung von Zeugen und übergab[3] dem Notar die dieser Niederschrift beigefügte offene Schrift[4] und erklärte dem Notar dabei mündlich,[5] daß diese Schrift seinen letzten Willen enthalte. Der Notar las die Schrift durch und besprach ihren Inhalt mit dem Testator.[6] Dieser gibt an, den Inhalt der Schrift lesen zu können.[7] Der Notar kennzeichnete[8] darauf die Schrift dadurch, daß er sie mit dem Vermerk: „Zu Urk.Rolle Nr ...... übergebene Schrift" versah und fügte sie der Niederschrift bei.[9] (Schlußformel wie Form. VIII. 1)

Anmerkungen

1. Sachverhalt. Es wird ein öffentliches Einzeltestament zur Niederschrift eines Notars in der Weise errichtet, daß der Testator persönlich dem Notar eine offene Schrift über-

2. Notarielles Testament durch Übergabe einer offenen Schrift XV. 2

gibt und dabei erklärt, die Schrift enthalte seinen letzten Willen. Der Notar errichtet nur über diesen Vorgang eine Niederschrift und fügt ihr die übergebene Schrift bei. Die Niederschrift wird vorgelesen, vom Testierer genehmigt und von ihm und dem Notar unterschrieben.

2. Anwendungsfälle. Da die übergebene Schrift nicht vom Testator verfaßt zu sein braucht (§ 2232 S. 2 Hs. 2 BGB), eignet sich dieses Verfahren insbesondere für Fälle, in denen das Testament von einem anderen Rechtskundigen als dem beurkundenden Notar verfaßt wurde, oder, da die Schrift nicht mitverlesen werden muß, für die Protokollierung umfangreicher und vorher eingehend ausgearbeiteter und besprochener Verfügungen von Todes wegen. Da ferner der Erblasser nur die Kenntnismöglichkeit, aber keine tatsächliche Kenntnis vom Inhalt der Schrift zu haben braucht (*Dittmann/Reimann/Bengel*, 2. Aufl. § 2232 Rdn. 30; aM. *Palandt/Edenhofer*, § 2232 Rdn. 11 mwN.) eignet sich diese Errichtungsform auch für schwerkranke aber noch testierfähige Personen, die einerseits nicht einer langwierigen Prozedur unterzogen werden sollen, andererseits der Person, die die Schrift verfaßt oder bei ihrer Abfassung behilflich war, bedingungslos vertrauen. Da der Notar die Sprache, in der die Schrift abgefaßt ist, nicht zu verstehen braucht, eignet sich dieses Verfahren auch für die Errichtung letztwilliger Verfügungen durch Ausländer. Letztlich ist die Form auch für Fälle geeignet, in denen Zeugen zugezogen werden müssen, die vom Inhalt des Testaments jedoch nichts erfahren sollen (*Haegele* Rpfleger 1969, 414/416 f.). Minderjährige von 16 bis 18 Jahren können ein Testament, abgesehen von seiner Errichtung durch mündliche Erklärung, nur durch Übergabe einer offenen Schrift errichten (§ 2229 Abs. 1 BGB). Auch wer nicht hinreichend zu sprechen vermag, kann nur durch Übergabe einer Schrift testieren (§ 2233 Abs. 3 BGB).

3. Übergabe. Die zu übergebende Schrift muß beim Übergabeakt vorhanden sein (RGZ 81, 34). Die Übergabe der den letzten Willen enthaltenden Schrift braucht nicht von Hand zu Hand erfolgen (RGZ 150, 192). Es genügt, wenn die Schrift mit dem Willen des Erblassers nach außen erkennbar aus seinem Verfügungsbereich in den des Notars gelangt (RGZ 150, 189).

4. Offene Schrift. Die Schrift braucht vom Erblasser nicht selbst geschrieben zu sein, sie kann von einem Dritten, z.B. auch dem Notar, entworfen sein (KG DNotZ 1960, 487). Es können alle Schriftzeichen, auch die Blindenschrift (*Schulze* DNotZ 1955, 629), gewählt werden, deren Entzifferung nicht nur auf einen engen Kreis von Sachkennern beschränkt ist (*Dittmann/Reimann/Bengel*, 2. Aufl. § 2232 Rdn. 26). Das Schriftstück kann in jeder lebenden oder toten Sprache abgefaßt werden (*Dittmann/Reimann/Bengel*, 2. Aufl. § 2232 Rdn. 27). Voraussetzung ist jedoch nach der hM., daß der Erblasser die Schriftzeichen entziffern kann und die Sprache hinreichend beherrscht, da er sonst insoweit als leseunfähig gilt und damit nach § 2233 Abs. 2 BGB ein Testament nur durch mündliche Erklärung errichten kann (*Dittmann/Reimann/Bengel*, 2. Aufl. § 2233 Rdn. 8; aA. *Lange/Kuchinke*, Erbrecht, 3. Aufl., § 18 III 3 a Fn. 43, der die abstrakte, von der gebrauchten Schrift und Sprache unabhängige Lesefähigkeit genügen läßt). Dagegen braucht der Notar weder der gebrauchten Sprache noch der Schrift mächtig zu sein. Die Kenntnis vom Inhalt der übergebenen Schrift, die er sich nach § 30 BeurkG verschaffen soll, braucht nicht auf eigenem Lesen, sondern kann auch auf Befragen des Testierers beruhen (*Schulze* DNotZ 1955, 629). Das Schriftstück braucht nicht mit Datum, Ort oder Unterschrift des Erblassers versehen zu sein (*Dittmann/Reimann/Bengel* § 2232 Rdn. 28). Nach wohl hM. muß der Erblasser keine tatsächliche Kenntnis vom Inhalt der übergebenen Schrift haben (*Dittmann/Reimann/Bengel*, 2. Aufl. § 2232 Rdn. 30 mwN.), erforderlich ist jedoch die Möglichkeit der Kenntnisnahme durch die Fähigkeit des Testators, gerade das übergebene Schriftstück lesen und verstehen zu können. Hat der Erblasser tatsächlich keine Kenntnis vom Inhalt der Schrift, ist allerdings die Gefahr der Anfechtung des Testaments gem. § 2078 Abs. 1 BGB nach dem Erbfall groß.

5. Zusätzliche Erklärung. Die Erklärung des Erblassers, die übergebene Schrift enthalte seinen letzten Willen, hat mündlich zu erfolgen. Es reicht aber aus, wenn der Testator die Frage des Notars, ob das übergebene Schriftstück seinen letzten Willen enthalte, mit „Ja" beantwortet (RGZ 108, 400). Auch in der mündlich erklärten Genehmigung des vorgelesenen Protokolls liegt eine ausreichende Erklärung, daß die übergebene Schrift den letzten Willen enthalte (RGZ 92, 27/32).

6. Pflichten des Notars. Von dem Inhalt einer offen übergebenen Schrift soll der Notar gem. § 30 Satz 4 BeurkG Kenntnis nehmen, sofern er der Sprache, in der die Schrift verfaßt ist, hinreichend kundig ist. Dem Notar obliegt die Belehrungspflicht nach den allgemeinen Grundsätzen des § 17 BeurkG (§ 30 Satz 4 BeurkG). Er ist verpflichtet, die Anordnungen des Erblassers auf ihre Rechtswirksamkeit zu prüfen, etwaigen Zweifeln mit den ihm zur Verfügung stehenden Mitteln nachzugehen, von mehreren offenstehenden rechtlichen Wegen für die Durchsetzung des Erblasserwillens den sichersten und gefahrlosesten anzuraten und seine Mitwirkung zu verweigern, wenn er von der Unwirksamkeit der Anordnung überzeugt ist (BGH DNotZ 1974, 296/297).

7. Lesensunkundige Personen. Diese Feststellung empfiehlt sich, da nach § 2233 Abs. 2 BGB lesensunkundige Personen ein Testament nur durch mündliche Erklärung errichten können. Der Erblasser muß dabei konkret die übergebene Schrift lesen können.

8. Kennzeichnung. Nach § 30 Satz 2 BeurkG soll der Notar die ihm übergebene Schrift so kennzeichnen, daß sie nicht mit anderen Schriftstücken verwechselt werden kann. Die Kennzeichnung einer offen übergebenen Schrift kann dabei entweder durch ihre Beschreibung im Protokoll, etwa „die Schrift beginnt mit den Worten ...... und endet mit den Worten ......" oder, wie im Form., durch ein auf ihr angebrachtes Zeichen vorgenommen werden (*Keidel/Kuntze/Winkler*, 13. Aufl. § 30 BeurkG Rdn. 7).

9. Beifügung der übergebenen Schrift. Die übergebene Schrift soll nach § 30 Satz 5 BeurkG der Niederschrift beigefügt werden. Die übergebene Schrift ist nicht Teil der Niederschrift und muß nicht wie diese vorgelesen werden (§ 30 Satz 5 BeurkG). Ein Zusammensiegeln der Schrift mit der Niederschrift gem. § 44 BeurkG ist nicht vorgeschrieben, aber zweckmäßig (*Haegele* Rpfleger 1969, 418). Wie das durch mündliche Erklärung errichtete Testament soll der Notar nach § 34 Abs. 1 BeurkG Niederschrift und übergebenes Schriftstück in einem Testamentsumschlag versiegeln und unverzüglich in die besondere amtliche Verwahrung bringen.

3. Notarielles Testament durch Übergabe einer verschlossenen Schrift[1,2]

Verhandelt zu ......
am ......
Vor dem unterzeichneten Notar ......
erscheint, ausgewiesen durch Personalausweis:

Herr A, wohnhaft in ...... (Ort, Straße), geboren am ...... in ...... (Ort) und nach seinen Angaben deutscher Staatsangehöriger. Er besitzt die erforderliche Geschäftsfähigkeit, wie sich der Notar durch ein längeres mit ihm geführtes Gespräch überzeugte.
Der Anwesende wünschte die Errichtung eines öffentlichen Testaments durch Übergabe einer verschlossenen Schrift ohne Zuziehung von Zeugen und übergab[3] dem Notar den dieser Niederschrift beigefügten verschlossenen Umschlag[4] und erklärte dem Notar dabei mündlich[5], daß die in diesem Umschlag befindliche Schrift seinen letzten Willen enthalte. Er versicherte, daß der Notar in dem Testament weder bedacht, noch zum Testa-

4. Übersicht über Sondervorschriften XV. 4

mentsvollstrecker ernannt ist.[6] Der Notar kennzeichnete[7] dann den verschlossenen Umschlag mit der Aufschrift: „Dieser Umschlag enthält das Testament des Herrn A, geboren am ...... in ...... (Ort) und wohnhaft in ...... (Ort, Straße)" und fügte ihn der Niederschrift bei.

(Schlußformel wie Form. VIII.1 und zusätzlich:) Der Notar wies den Testator darauf hin, daß sich durch seine evtl. mangelnden Rechtskenntnisse Gefahren für die Erreichung seiner mit dem Testament erstrebten Ziele ergeben können.[8]

Anmerkungen

1. **Sachverhalt.** Es wird ein öffentliches Einzeltestament zur Niederschrift eines Notars in der Weise errichtet, daß der Testator persönlich dem Notar einen verschlossenen Umschlag übergibt und dabei erklärt, daß die in dem Umschlag befindliche Schrift seinen letzten Willen enthalte. Der Notar errichtet nur über diesen Vorgang eine Niederschrift und fügt ihr den verschlossenen Umschlag bei. Die Niederschrift wird verlesen, vom Testierer genehmigt und von ihm und dem Notar unterschrieben.

2. **Anwendungsfälle.** Diese Art der Testamentserrichtung kommt dem Bedürfnis des Testierers nach Geheimhaltung seines letzten Willens auch vor dem Notar entgegen. Sie verbindet den Vorteil der größeren Sicherheit des öffentlichen Testaments mit dem der Geheimhaltung des privaten Testaments. Der Testierer erkauft dies allerdings damit, daß er praktisch auf die ihm zustehende Rechtsbelehrung durch den Notar verzichtet.

3. **Erfordernisse der Niederschrift.** Siehe Anm. 3 zu Form. XV. 2.

4. Der Notar darf von dem Inhalt der ihm verschlossen übergebenen Schrift ohne Willen des Erblassers keine Kenntnis nehmen (MünchKomm/*Burkart* § 2232 Rdn. 16 m.w.N.). Er ist jedoch berechtigt, aber nicht verpflichtet, den Erblasser über den Inhalt der Schrift zu befragen und ihn auf mögliche Bedenken hinzuweisen (*Keidel/Kuntze/Winkler* § 30 BeurkG Rdn. 10).

5. Siehe hierzu Form. XV. 2 Anm. 5.

6. Diese Feststellung empfiehlt sich, da die Unwirksamkeit der Zuwendung oder der Ernennung zum Testamentsvollstrecker nach § 27 BeurkG unabhängig davon eintritt, ob der Notar von der Zuwendung oder der Ernennung wußte (*Keidel/Kuntze/Winkler* § 27 BeurkG Rdn. 11).

7. **Kennzeichnung.** Siehe Anm. 8 zu Form. XV. 2.

8. Ein solcher Hinweis empfiehlt sich. Auf seine Unterlassung kann jedoch keine Haftung des Notars gestützt werden (*Boehmer* DNotZ 1940, 144f.).

4. Übersicht über Sondervorschriften für Verfügungen von Todes wegen behinderter Personen

Art der Behinderung des Erblassers:	Möglichkeiten der Errichtung von Vfg. v. Todes wg. und Sondervorschriften:	betr. Form.:
1. Hinsichtlich der Unterschrift Schreibbehinderter der Lesen kann	Alle öffentl. Vfg. v. Todes wg. unter Zuziehung eines Schreibzeugen od. 2. Notars (§ 25 BeurkG), wenn nicht bereits Zeuge nach § 22 BeurkG zugezogen	XV. 5

XV. 4   XV. Formelle Gestaltung der Verfügungen von Todes wegen

Art der Behinderung des Erblassers:	Möglichkeiten der Errichtung von Vfg. v. Todes wg. und Sondervorschriften:	betr. Form.:
2. Schrift- u. Lesensunkundiger		
a) auch hinsichtlich Namens	Vfg. v. Todes wg nur durch mündliche Erklärung (§ 2233 Abs. 2 BGB) unter Zuziehung eines Schreibzeugen od. 2. Notars (§ 25 BeurkG), wenn nicht bereits Zeuge nach § 22 BeurkG zugezogen	XV. 5
b) nicht hinsichtlich Namens	Vfg. v. Todes wg. nur durch mündliche Erklärung (§ 2233 Abs. 2 BGB)	XV.1
3. Blinder		
a) Blindenschrift beherrschend	Vfg. v. Todes wg. durch Übergabe einer Blindenschrift (§ 2232 Abs. 2 BGB) od. durch mündliche Erklärung. Mangels Verzichts, Zuziehung eines Zeugen od. 2. Notars (§ 22 BeurkG)	XV.6
b) Blindenschrift nicht beherrschend	Vfg. v. Todes wg. nur durch mündliche Erklärung (§ 2233 Abs. 2 BGB). Mangels Verzichts, Zuziehung eines Zeugen od. 2. Notars (§ 22 BeurkG)	XV.6
c) schreibunfähig	Zuziehung eines Schreibzeugen od. 2. Notars (§ 25 BeurkG), wenn nicht bereits Zeuge nach § 22 BeurkG zugezogen	XV.6
4. Stummer (nicht taub)		
a) schreib- und lesensfähig	Vfg. v. Todes wg. durch Übergabe einer Schrift (§ 2233 Abs. 3 BGB). Stummer muß die Erklärung, daß die Schrift seinen letzten Willen enthalte, eigenhändig auf ein Blatt schreiben (§ 31 BeurkG). Mangels Verzichts, Zuziehung eines Zeugen od. 2. Notars (§ 22 BeurkG). Ferner eigenhändiges Testament möglich.	XV.9
b) schreib- aber nicht lesensunfähig	faktisch testierunfähig (§ 31 BeurkG, der § 24 BeurkG als Sondervorschrift vorgeht)	XV.9
c) schreibfähig aber lesensunfähig	faktisch testierunfähig (§§ 2233 Abs. 2 u. 3 BGB)	XV.9
d) Minderjähriger über 16 Jahre (schreib- und lesensfähig)	Vfg. v. Todes wg. nur durch Übergabe einer offenen Schrift (§§ 2233 Abs. 1, 3 BGB)	XV.9
5. Tauber (nicht stumm)		
a) schreib- und/oder lesensfähig	Vfg. v. Todes wg. in jeder Form. Niederschrift ist statt vorzulesen zur Durchsicht vorzulegen (§ 23 BeurkG). Mangels Verzichts, Zuziehung eines Zeugen od. 2. Notars (§ 22 BeurkG).	XV.7
b) lesensunfähig	Vfg. v. Todes wg. nur durch mündliche Erklärung (§ 2233 Abs. 2 BGB). Da schriftliche Verständigung nicht möglich, Zuziehung einer Vertrauensperson (z.B. Taubstummendolmetscher od. naher Angehöriger) gem. § 24 BeurkG. Mangels Verzichts, Zuziehung eines Zeugen od. 2. Notars (§ 22 BeurkG). Falls Verständigung auch mittels Vertrauensperson nicht möglich faktische Testierunfähigkeit.	XV.8

5. Notarielles Testament eines Schreibunfähigen — XV. 5

Art der Behinderung des Erblassers:	Möglichkeiten der Errichtung von Vfg. v. Todes wg. und Sondervorschriften:	betr. Form.:
6. Taubstummer		
a) schreib- und lesensfähig	wie Ziff. 4a, zusätzlich ist die Niederschrift statt vorzulesen zur Durchsicht vorzulegen (§ 23 BeurkG)	XV.10
b) schreib- aber nicht lesensunfähig	faktisch testierunfähig (§§ 2233 Abs. 3 BGB, 31 BeurkG, der § 24 BeurkG als Sondervorschrift vorgeht)	XV.10
c) schreibfähig aber lesensunfähig	faktisch testierunfähig (§§ 2233 Abs. 2 u. 3 BGB).	XV.10
7. Minderjähriger (schreib- und lesensfähig)	Vfg. v. Todes wg. nur durch Übergabe einer offenen Schrift (§§ 2233 Abs. 1, 3 BGB)	XV.2
8. Sprachunkundiger	Falls Notar nicht selbst übersetzt, muß Dolmetscher zugezogen werden (§ 16 BeurkG). Mangels Verzichts ist Übersetzung anzufertigen und der Niederschrift beizufügen (§ 32 BeurkG).	XV.11

Die Behinderung muß jeweils wahlweise aufgrund Angabe des Behinderten oder der Überzeugung des Notars festgestellt und in der Niederschrift festgehalten werden.

Der Verzicht der Beteiligten auf die Zuziehung eines Zeugen oder zweiten Notars nach § 22 BeurkG oder die Anfertigung einer Übersetzung nach § 32 BeurkG soll jeweils in der Niederschrift festgestellt werden.

5. Notarielles Testament eines Schreibunfähigen[1,2]

Verhandelt zu ......
am ......
Vor dem unterzeichneten Notar ...... erscheint, ausgewiesen durch Personalausweis: Herr A, wohnhaft in ...... (Ort, Straße), geboren am ...... in ...... (Ort) und nach seinen Angaben deutscher Staatsangehöriger. Er besitzt die erforderliche Geschäftsfähigkeit, wie sich der Notar durch ein längeres mit ihm geführtes Gespräch überzeugte.
Der Anwesende wünscht die Errichtung eines öffentlichen Testaments ohne Zuziehung von Zeugen[3] durch mündliche Erklärung.[4] Da der Testierer nach seinen Angaben und der Überzeugung des Notars seinen Namen nicht zu schreiben vermag[5] zog der Notar beim Vorlesen und der Genehmigung Herrn F, wohnhaft in ...... (Ort, Straße) als Schreibzeugen zu.[6] In seiner Person liegen keine Mitwirkungsverbote nach § 26 BeurkG vor.[7] Der Testierer erklärte dem Notar mündlich wie folgt seinen letzten Willen: ......

Abschlußvermerk:
Vorstehende Niederschrift wurde in Gegenwart des Schreibzeugen und des Notars dem Testierer vorgelesen, von ihm genehmigt und von dem Schreibzeugen[8] eigenhändig unterschrieben:[9]

....
Unterschriften

Anmerkungen

1. Sachverhalt. Der Testierer kann, gleichgültig aus welchem Grund, seinen eigenen Namen nicht schreiben.

2. Anwendungsfälle. § 25 BeurkG stellt allein auf den Mangel der Fähigkeit ab, den eigenen Namen schreiben zu können. Unwesentlich ist, ob der Betreffende darüber hinausgehende Schreibfähigkeit besitzt (*Dittmann/Reimann/Bengel*, 2. Aufl. § 25 Rdn. 5). Unwesentlich ist ferner, ob der Testierer lesen kann. Dies spielt nur eine Rolle bezüglich der Art von öffentlichen Testamenten, die er errichten kann. Wer seinen Namen in fremden Schriftzeichen schreiben kann, ist nicht schreibunfähig (*Dittmann/Reimann/Bengel*, 2. Aufl. § 13 Rdn. 38 u. § 25 Rdn. 5; aM. die hM. zur alten Rechtslage, die verlangte, daß der Notar die fremden Schriftzeichen beherrscht, vgl. *Keidel/Kuntze/Winkler*, 13. Aufl. § 25 BeurkG Rdn. 4). Ein Handzeichen reicht jedoch nicht aus. Ohne Bedeutung ist der Grund der Schreibunfähigkeit, es kommen daher z. B. in Frage Analphabetismus (Schreib- u. Leseunfähigkeit), Krankheit, Lähmung, Verletzung der Hand, Schwäche (Schreibbehinderung). Blinde, die schreiben können, müssen die Niederschrift unterzeichnen (*Haegele* Rpfleger 1969, 415). Gleichgültig ist auch, wie die Unterschrift vollzogen wird, z. B. mit der Hand, dem Fuß oder dem Mund (*Dittmann/Reimann/Bengel*, 2. Aufl. § 25 Rdn. 5). Über die Zulässigkeit der Unterstützung des Testierers bei der Unterschrift (Schreibhilfe) siehe Form. XV. 1 Anm. 16.

3. Zeugen auf Verlangen. Durch diese Formulierung wird festgestellt, daß der Testierer keine Zuziehung von bis zu zwei Zeugen oder einem zweiten Notar nach § 29 BeurkG verlangt. Würden allerdings solche Personen auf Verlangen zugezogen, so bedürfte es keiner Zuziehung eines besonderen Schreibzeugen mehr (*Dittmann/Reimann/Bengel*, 2. Aufl. § 25 BeurkG Rdn. 10; *Keidel/Kuntze/Winkler*, 13. Aufl. § 25 BeurkG Rdn. 10). Zwar ist nach dem Wortlaut des § 25 BeurkG nur dann ein Schreibzeuge nicht zuzuziehen, wenn bereits nach § 22 BeurkG ein Zeuge oder zweiter Notar zugezogen ist, aber wenn schon diese kraft Gesetzes zuziehenden Zeugen zugleich die Funktion eines Schreibzeugen erfüllen können, müssen erst recht auf Wunsch des Testierers zugezogene Zeugen dazu in der Lage sein (*Dittmann/Reimann/Bengel*, 2. Aufl. § 25 Rdn. 10). Eine Vertrauensperson (§ 24 BeurkG) oder ein Dolmetscher (§ 16 BeurkG) können jedoch nicht gleichzeitig Schreibzeugen sein.

4. Art des öffentlichen Testaments. Hinsichtlich der Frage, welche Arten von öffentlichen Testamenten Schreibunfähige errichten können, ist zu unterscheiden zwischen Schreibbehinderten und Schreibunkundigen. Schreibbehinderte, d. h. Personen, die lesen und schreiben können, aber infolge Krankheit oder Gebrechen am Schreiben gehindert sind, können öffentliche Testamente in allen Formen des § 2232 BGB errichten. Schreibunkundige Personen (Analphabeten), dh. Personen, die weder lesen noch schreiben können, dürfen, selbst wenn sie ihren Namen schreiben können, ein Testament nur durch mündliche Erklärung errichten (§ 2233 Abs. 2 BGB).

5. Beurteilung der Unfähigkeit. Voraussetzung für die Zuziehung eines Schreibzeugen oder zweiten Notars nach § 25 BeurkG ist nicht die Schreibunfähigkeit des Testierers selbst, sondern entweder seine Angabe, seinen Namen nicht schreiben zu können oder die Überzeugung des Notars hiervon oder, wie im Formular, beides zusammen. Prägnant kann das Vorliegen beider Voraussetzungen auch durch die sog. Hieber'sche Klausel: „Der Testierer erklärte zur Überzeugung des Notars, daß er seinen Namen nicht schreiben könne", in der Urkunde festgestellt werden. Die Erklärung, blind zu sein, genügt als Angabe bzw. Grundlage der Meinungsbildung des Notars nicht, da Blindheit nicht mit Schreibunfähigkeit gleichgesetzt werden kann (BGHZ 31, 136 = NJW 1960, 813).

6. Zuziehung eines Schreibzeugen. Der Schreibzeuge oder zweite Notar muß vom Notar zugezogen werden. Die Zuziehung besteht darin, daß der Notar eine Person zur Mitwirkung bei der Beurkundung auffordert und diese der Aufforderung Folge leistet (BayObLG MittBayNot 1984, 204/206). Die Wirkung der Zuziehung besteht darin, daß sie zusammen mit der Unterschrift des Zugezogenen die Unterschrift des schreibunfähigen Testierers ersetzt (*Dittmann/Reimann/Bengel*, 2. Aufl. § 25 Rdn. 10). Die Zuziehung

5. Notarielles Testament eines Schreibunfähigen

ist zwingend. Ihr Unterlassen hat die Nichtigkeit der Beurkundung zur Folge (*Keidel/Kuntze/Winkler*, 13. Aufl. § 25 BeurkG Rdn. 15). Nach § 25 Satz 2 BeurkG soll der Notar in der Niederschrift festhalten, daß der Testierer seinen Namen nicht schreiben kann, wie er zu dieser Feststellung gelangt ist – durch Angabe des Testierers, eigene Überzeugung oder beidem – und wen er als Zeugen oder zweiten Notar zugezogen hat. Der Schreibzeuge muß zur Mitwirkung bereit sein. Er bestätigt mit seiner Unterschrift, daß die Niederschrift den Beteiligten vorgelesen und vor allem vom Schreibunfähigen genehmigt worden ist (BayObLG MittBayNot 1984, 204/206). Der Schreibzeuge braucht nur beim Vorlesen und der Genehmigung zugegen sein. Stellt sich nach dem Vorlesen erst die Schreibunfähigkeit des Testierers heraus, muß ein Schreibzeuge zugezogen und nochmals vorgelesen werden.

7. Mitwirkungsverbote. Nach § 26 BeurkG soll als Zeuge oder zweiter Notar gem. §§ 22, 25 und 29 BeurkG nicht zugezogen werden, wer:
a) selbst beteiligt ist oder durch einen Beteiligten vertreten wird,
b) aus einer beurkundeten Willenserklärung einen rechtlichen Vorteil erlangt, – was auch der Fall ist, wenn er in der Verfügung von Todes wegen bedacht oder zum Testamentsvollstrecker ernannt wird (§ 27 BeurkG) –
c) mit dem Notar verheiratet ist,
d) mit dem Notar in gerader Linie verwandt ist oder war.
Als Zeuge gem. §§ 22, 25 und 29 BeurkG soll nicht zugezogen werden, wer:
a) zu dem Notar in einem ständigen Dienstverhältnis steht, – das gilt nicht nur für die Angestellten seiner amtlichen Tätigkeit, sondern auch für seine Hausangestellten, nicht jedoch für Notariatsbedienstete, deren Dienstherr nicht der Notar ist, wie in Baden-Württemberg die bei den dortigen Amtsnotariaten beschäftigten Justizbeamten und -angestellten sowie die Notariatsbeamten und Kassenangestellten in Bayern (MünchKomm/*Burkart*, 1. Aufl. § 2237 aF Rdn. 9; *Keidel/Kuntze/Winkler*, 13. Aufl. § 26 BeurkG Rdn. 8) –
b) minderjährig ist,
c) geisteskrank oder geistesschwach ist,
d) nicht schreiben kann,
e) der deutschen Sprache nicht hinreichend kundig ist, es sei denn im Falle des § 5 Abs. 2 BeurkG, wenn er der Sprache der Niederschrift hinreichend kundig ist.
Ein Verstoß gegen die Mitwirkungsverbote führt nicht zur Unwirksamkeit der Urkunde (*Keidel/Kuntze/Winkler*, 13. Aufl. § 26 BeurkG Rdn. 1 u. 15). § 26 BeurkG bezieht sich nicht auf Dolmetscher gem. § 16 BeurkG und Vertrauenspersonen nach § 24 BeurkG (*Keidel/Kuntze/Winkler*, 13. Aufl. § 26 BeurkG Rdn. 2). Für Dolmetscher finden die Ausschließungsgründe nach §§ 6, 7 BeurkG entsprechende Anwendung (§ 16 Abs. 3 BeurkG), bei Vertrauenspersonen sind nur die ihnen zugewandten rechtlichen Vorteile unwirksam (§§ 24 Abs. 2, 27 BeurkG).

8. Unterschrift des Schreibzeugen. Der zugezogene Schreibzeuge oder zweite Notar muß, auch wenn zugleich ein Fall der Zuziehung nach §§ 29 oder 22 BeurkG vorliegt (Unterzeichnung hier Sollvorschrift), die Niederschrift unterschreiben (§ 25 Satz 3 BeurkG).

9. Kosten. Urkundszeugen gem. §§ 22, 24, 25, 29 BeurkG können eine Vergütung erhalten, die mangels gesetzlicher Regelung frei zu vereinbaren ist, aber, wenn sie gezahlt wird, kraft ausdrücklicher Erwähnung in § 137 Abs. 4 KostO zu den sonstigen Auslagen gehört (*Korintenberg/Lappe/Bengel/Reimann*, 13. Aufl. KostO § 137 Rdn. 19). Ein auf Verlangen eines Beteiligten zugezogener zweiter Notar erhält gem. § 151 Abs. 1 KostO die Hälfte der dem beurkundenden Notar zustehenden Gebühr und daneben eine evtl. Ganggebühr nach § 58 KostO. Wird der zweite Notar ohne Verlangen eines Beteiligten anstatt eines Zeugen zugezogen, so kann dafür gem. § 151 Abs. 2 KostO vom beurkundenden Notar nicht mehr als 2,50 DM für jede angefangene Stunde in Rechnung gestellt

6. Notarielles Testament eines Blinden[1,2]

Verhandelt zu ......
am ......
Vor dem unterzeichneten Notar ......
erscheint, ausgewiesen durch Personalausweis:

Herr A, wohnhaft in ...... (Ort, Straße), geboren am ...... in ...... (Ort) und nach seinen Angaben deutscher Staatsangehöriger. Er besitzt die erforderliche Geschäftsfähigkeit, wie sich der Notar durch ein längeres mit ihm geführtes Gespräch überzeugte. Der Anwesende wünscht die Errichtung eines öffentlichen Testaments durch mündliche Erklärung,[3] ohne die Zuziehung von Zeugen gem. § 29 BeurkG zu verlangen. Da der Testator nach seinen Angaben und nach der Überzeugung des Notars nicht hinreichend zu sehen vermag,[4] und ein Verzicht des Beteiligten auf die Zuziehung eines Zeugen oder zweiten Notars nicht erfolgte, zog der Notar Herrn F, wohnhaft in ...... (Ort, Straße) als Zeugen zu.[5] In seiner Person liegen keine Mitwirkungsverbote nach § 26 BeurkG vor. Der Testator erklärte darauf dem Notar mündlich wie folgt seinen letzten Willen:
......

Abschlußvermerk:
Vorstehende Niederschrift wurde in Gegenwart des Notars vorgelesen, vom Erblasser genehmigt und von ihm, dem Zeugen und dem Notar eigenhändig unterschrieben:[6]

....
Unterschriften

Schrifttum: Seybold, Welche Anforderungen sind an die Überzeugung des Notar über die Blindheit eines Beteiligten zu stellen? DNotZ 1967, 543; *Schulze*, Über die Verwendung der Blindenschrift bei der Errichtung letztwilliger Verfügungen, DNotZ 1955, 629.

Anmerkungen

1. Sachverhalt. Der Testierer kann, gleichgültig aus welchem Grund, das Geschehen um sich herum nicht mehr deutlich wahrnehmen. Wenn der Testierer die Urkundsperson noch in Umrissen sieht und sieht, von welcher Urkunde der zu verlesende Text abgelesen wird und unterscheiden kann, daß ihm diese Urkunde und nicht etwa ein anderes Schriftstück zur Unterzeichnung vorgelegt wird, ist sein Sehvermögen noch ausreichend (*Seybold* DNotZ 1967, 543/544; *Staudinger/Firsching* § 2233 Rdn. 7).

2. Anwendungsfälle. Nicht hinreichend sehen iSv. § 22 BeurkG kann, wer den Beurkundungsvorgang nicht mehr mit dem Gesichtssinn zu beobachten vermag (*Seybold* DNotZ 1967, 543). Völlige Blindheit wird nicht gefordert, hochgradige Schwachsichtigkeit genügt (*Keidel/Kuntze/Winkler*, 13. Aufl. § 22 BeurkG Rdn. 6). Das Gesetz will den Testierer davor schützen, daß ihm Willenserklärungen untergeschoben werden, die seinem Willen nicht entsprechen. Der Grund der Behinderung ist gleichgültig, in Frage kommen Blindheit durch Geburtsfehler, Krankheit, vorübergehende Sehstörung, Verbinden der Augen, aber auch Vergessen der Brille bei starker Kurzsichtigkeit (*Dittmann/Reimann/Bengel*, 2. Aufl. § 22 Rdn. 8). Blindheit iSv. § 22 BeurkG ist nicht

6. Notarielles Testament eines Blinden XV. 6

identisch mit Leseunfähigkeit nach § 2233 Abs. 2 BGB (*Seybold* DNotZ 1967, 543/544; *Staudinger/Firsching* § 2233 Rdn. 7; aA. OLG Hamm DNotZ 1967, 317). Zwar wird, wer blind iSv. § 22 BeurkG ist, immer auch leseunfähig gem. § 2233 Abs. 2 BGB sein, und dann, falls er keine Blindenschrift lesen kann, nur ein Testament durch mündliche Erklärung errichten können. Wer jedoch leseunfähig ist, muß nicht blind iSv. § 22 BeurkG sein. Er kann dann zwar auch nur durch mündliche Erklärung testieren, es braucht aber nicht nach § 22 BeurkG verfahren zu werden.

3. **Testiermöglichkeiten eines Blinden.** Da Blinde meist leseunfähig sind, können sie gem. § 2233 Abs. 2 BGB ein öffentliches Testament nur durch mündliche Erklärung nicht durch Übergabe einer Schrift errichten. Beherrscht ein Blinder jedoch die Blindenschrift, so kann er das öffentliche Testament auch in der Weise errichten, daß er dem Notar ein in Blindenschrift geschriebenes Schriftstück, das er nicht selbst geschrieben haben braucht, mit der Erklärung überreicht, es enthalte seinen letzten Willen (MünchKomm/*Burkart*, 2. Aufl. § 2233 Rdn. 8; *Dittmann/Reimann/Bengel*, 2. Aufl. § 2233 Rdn. 10). Umstritten ist, ob ein Blinder, der die Blindenschrift zu lesen vermag, ein eigenhändiges Testament in Blindenschrift errichten kann. Von der wohl hM. wird dies verneint (siehe LG Hannover NJW 1972, 1204 u. die Meinungsübersichten bei *Haegele* BWNotZ 1977, 29/30 Anm. 36, der die Frage selbst bejaht und *Soergel/Harder* § 2247 Rdn. 17).

4. **Feststellung der Behinderung.** Voraussetzung für die Anwendung von § 22 BeurkG ist, daß der Testierer entweder nach seinen Angaben oder nach der Überzeugung des Notars nicht hinreichend sehen kann. Ob die Angaben des Testierers richtig waren, ob der Notar zu Recht überzeugt war oder er sich geirrt hat oder getäuscht wurde, beeinflußt die Wirksamkeit der Beurkundung nicht (*Keidel/Kuntze/Winkler*, 13. Aufl. § 22 BeurkG Rdn. 13).

5. **Zuziehung eines Zeugen.** Gibt der Testierer an, nicht hinreichend sehen zu können, oder ist der Notar davon überzeugt, soll der Notar nach § 22 Abs. 1 BeurkG einen Zeugen oder zweiten Notar zuziehen, es sei denn sämtliche Beteiligten, nicht nur der Behinderte, verzichtet darauf. Zeuge kann jeder sein, der nicht nach § 26 BeurkG von der Mitwirkung ausgeschlossen ist. Der Zeuge muß zur Mitwirkung bereit sein (OLG Celle OLGZ 1968, 487), er kann nicht dazu gezwungen werden (*Keidel/Kuntze/Winkler*, 13. Aufl. § 22 BeurkG Rdn. 15). Der Zeuge wird nicht vereidigt. Er muß beim ganzen Beurkundungsakt als Kontrollperson zugegen sein. Der Zeuge vertritt nicht den Blinden, sondern hat nur die Aufgabe, den korrekten Ablauf des Beurkundungsverfahrens zu überwachen. Sowohl die Feststellungen über die Blindheit des Testierers als auch die Zuziehung des Zeugen sollen in der Niederschrift vermerkt werden (§ 22 Abs. 1 Satz 2 BeurkG). Sämtliche in § 22 BeurkG enthaltenen Bestimmungen sind Sollvorschriften und ein Verstoß gegen sie hat daher auf die Gültigkeit der Urkunde keinen Einfluß (*Keidel/Kuntze/Winkler*, 13. Aufl. § 22 BeurkG Rdn. 21).

6. **Die Unterschriften.** Blinde, die schreiben können, müssen die Niederschrift bei Vermeidung ihrer Nichtigkeit unterschreiben, auch wenn sie das, was sie unterschreiben, nicht sehen können und ihre Unterschrift daher nicht die Bedeutung einer Genehmigung des unterzeichneten Schriftstücks haben kann (OLG Koblenz NJW 1958, 1784). Die Erklärung, blind zu sein, enthält nicht ohne weiteres auch die Erklärung, nicht schreiben zu können, da viele Blinde schreiben können (BGH DNotZ 1960, 158 = NJW 1960, 813). Nur wenn der Blinde nach seinen Angaben oder der Überzeugung des Notars seinen Namen nicht zu schreiben vermag, muß der Notar nach § 25 BeurkG einen Schreibzeugen zuziehen, wenn nicht bereits ein Zeuge oder zweiter Notar nach § 22 BeurkG oder § 29 BeurkG zugezogen war. Der Notar soll dies in der Niederschrift feststellen. Auch der Zeuge oder der zweite Notar sollen die Niederschrift unterschreiben (§ 22 Abs. 2 BeurkG). Der Notar muß die Urkunde bei Vermeidung ihrer Nichtigkeit eigen-

händig unterzeichnen (§ 13 Abs. 3 BeurkG). Eine Verweisung auf der Urkunde beigefügte Pläne und Karten gem. § 9 Abs. 1 Ziff. 3 BeurkG ist bei Beteiligung eines Blinden nicht möglich, da ihm die Anlage nicht wie in § 13 Abs. 1 BeurkG vorgeschrieben anstelle des Vorlesens zur Durchsicht vorgelegt werden kann (*Seyfang* BWNotZ 83, 82).

7. **Kosten und Gebühren.** Bezüglich der Vergütung des Zeugen oder eines zweiten Notars siehe Form. XV. 5 Anm. 9.

7. Notarielles Testament eines Tauben (Gehörlosen), mit dem eine schriftliche Verständigung möglich ist[1,2]

Verhandelt zu ......
am ......
Vor dem unterzeichneten Notar ......
erscheint, ausgewiesen durch Personalausweis:

Herr A, wohnhaft in ...... (Ort, Straße), geboren am ...... in ...... (Ort) und nach seinen Angaben deutscher Staatsangehöriger. Er besitzt die erforderliche Geschäftsfähigkeit, wie sich der Notar durch schriftliches Befragen überzeugte.
Der Anwesende wünscht die Errichtung eines öffentlichen Testaments durch mündliche Erklärung,[3] ohne die Zuziehung von Zeugen gem. § 29 BeurkG zu verlangen. Da der Testierer nach seinen Angaben und nach der Überzeugung des Notars nicht hinreichend zu hören vermag[4] und ein Verzicht des Beteiligten auf die Zuziehung eines Zeugen oder zweiten Notars nicht erfolgte,[5] zog der Notar Herrn F, wohnhaft in ...... als Zeugen zu.[6] In seiner Person liegen keine Mitwirkungsverbote nach § 26 BeurkG vor. Der Testator, mit dem eine schriftliche Verständigung möglich ist, da er lesen und schreiben kann,[7] erklärte darauf dem Notar mündlich wie folgt seinen letzten Willen: ......

Schlußformel:
Vorstehende Niederschrift wurde dem Testierer zur Durchsicht vorgelegt,[8] von ihm genehmigt und von ihm, dem Zeugen und dem Notar eigenhändig unterschrieben:

....
Unterschriften

Schrifttum: Haegele, Beurkundungsgesetz, Rpfleger 1969, 365 u. 414; *Höfer,* Das Beurkundungsgesetz in der Praxis, JurA 1970, 56.

Anmerkungen

1. **Sachverhalt.** Der Testierer kann gleich aus welchen Gründen, nicht hinreichend hören, jedoch sprechen, und mit ihm ist eine schriftliche Verständigung möglich, da er zumindest lesen kann.

2. **Anwendungsfälle.** Hochgradige, an Taubheit grenzende Schwerhörigkeit steht der Taubheit gleich, wenn der Behinderte kein Hörgerät verwendet. Als Grund der Taubheit kommen Geburtsfehler, Krankheit, Altersschwäche aber auch ein Kopfverband in Frage. Ein Tauber kann, wenn er nicht sonst behindert ist, ein öffentliches Testament durch mündliche Erklärung oder durch Übergabe einer offenen oder verschlossenen Schrift errichten und natürlich auch ein eigenhändiges Testament (MünchKomm/*Burkart,* 1. Aufl. § 2233 aF Rdn. 2). Für die Errichtung eines öffentlichen Testaments in einer der möglichen Formen kommt es nicht darauf an, daß der Gehörlose die Fähigkeit besitzt, die

7. Notarielles Testament eines Tauben mit schriftlicher Verständigung XV. 7

Sprache dem Notar vom Munde abzulesen und dann entsprechend zu antworten. Es ist vielmehr erforderlich aber auch genügend, daß der Notar sich mit ihm schriftlich verständigen kann (§ 24 BeurkG), was voraussetzt, daß er mindestens lesen und auf die ihm vom Notar schriftlich gestellten Fragen mündlich antworten kann. Kann er auch nicht sprechen, so ist er taubstumm, und es kommen zusätzlich die für Stumme geltenden Vorschriften zur Anwendung. Kann er nicht lesen, ist mit ihm eine schriftliche Verständigung nicht möglich und die Sondervorschriften des § 24 BeurkG (Zuziehung einer Vertrauensperson) findet Anwendung. Der Notar muß sich jedoch nicht auf jeden Fall mit dem Gehörlosen schriftlich verständigen. Die Verständigung muß nur auf diese Art und Weise möglich sein. Nur wenn diese Möglichkeit nicht besteht, und der Notar dies in der Urkunde vermerkt, muß er gem. § 24 BeurkG eine Vertrauensperson zuziehen (*Dittmann/Reimann/Bengel*, 2. Aufl. § 24 Rdn. 11). Der Notar kann sich mit einem Gehörlosen, mit dem auch eine schriftliche Verständigung möglich wäre, auch in der Weise verständigen, daß er die Fragen mündlich an ihn stellt, der Gehörlose, der diese Fähigkeit erlernt hat, sie ihm vom Munde abliest und ihm dann, zwar uU. monoton und unmelodisch, da er sich selbst nicht hören kann, aber verständlich darauf antwortet.

3. Mögliche Testamentsformen. Der Gehörlose, der sprechen und lesen kann, kann ein öffentliches Testament in allen Testamentsformen errichten, es ist ihm lediglich jeweils anstatt des Vorlesens zur Durchsicht vorzulegen (§ 23 BeurkG). Kann er nicht lesen, ist die Errichtung nur in der Form der mündlichen Erklärung möglich (§ 2233 Abs. 2 BGB). Da man sich dann auch nicht schriftlich mit ihm verständigen kann, muß der Notar, wenn er dies in der Urkunde vermerkt, nach § 24 BeurkG eine Vertrauensperson zuziehen. Kann auch die sich nicht mit ihm verständigen, ist er faktisch testierunfähig. Kann der Gehörlose lesen und schreiben, kann er auch ein eigenhändiges Testament errichten.

4. Feststellung der Behinderung. Vgl. Form. XV. 6 Anm. 4.

5. Verzicht auf die Zuziehung eines Zeugen. Gem. § 22 Abs. 1 BeurkG kann der Testierer auf die Zuziehung des Zeugen verzichten. Auch dies soll in der Niederschrift vermerkt werden.

6. Zuziehung von Zeugen. Vgl. Form. XV. 6 Anm. 5.

7. Schriftliche Verständigungsmöglichkeit. Ist mit einem Gehörlosen eine schriftliche Verständigung nicht möglich, was der Fall ist, wenn er nicht mindestens lesen kann, so muß, wenn der Notar dies in der Urkunde feststellt, gem. § 24 BeurkG eine Vertrauensperson zugezogen werden, die sich mit dem Behinderten zu verständigen vermag. Zu beachten ist, daß die Mußvorschrift der Zuziehung der Vertrauensperson erst eingreift, wenn die Behinderung und die Unmöglichkeit der schriftlichen Verständigung in der Niederschrift festgestellt ist. Die Verpflichtung, diese Feststellung in der Niederschrift zu treffen, ergibt sich aber nur aus einer Sollvorschrift. Unterläßt der Notar daher pflichtwidrig die Feststellung trotz Vorliegen der Voraussetzungen, hat dies auf die Wirksamkeit der Beurkundung keinen Einfluß (*Keidel/Kuntze/Winkler*, 13. Aufl. § 24 BeurkG Rdn. 17). Das ist die Folge der Anknüpfung einer zwingenden Vorschrift an eine Ordnungsvorschrift (*Soergel/Harder* § 24 BeurkG Rdn. 2). Sofern die Verständigung mit dem tauben Erblasser durch Sprechen nicht möglich ist und der Notar sich daher mit ihm schriftlich verständigt hat, kann der Notar auch die dem Gehörlosen schriftlich vorgelegten Fragen in der Niederschrift selbst aufführen. Es ist dies aber nicht notwendig.

8. Vorlage der Niederschrift zur Durchsicht. Gehörlosen Beteiligten muß die Niederschrift nach § 23 BeurkG anstelle des grundsätzlich notwendigen Vorlesens zur Durchsicht vorgelegt werden. Neben der Vorlage bedarf es keiner Verlesung. Sind dagegen neben dem Tauben noch andere Beteiligte vorhanden, so muß auch noch vorgelesen werden. Zeugen nach § 22 BeurkG lösen keine Vorlesungspflicht aus, da § 13 BeurkG nur von Beteiligten spricht (*Keidel/Kuntze/Winkler*, 13. Aufl. § 23 Rdn. 4). Liest der Notar vor, statt zur Durchsicht vorzulegen, führt dies nur dann zur Unwirksamkeit der Beurkundung, wenn in der Niederschrift festgestellt wurde, daß der Beteiligte nicht hinreichend zu hören vermag (*Keidel/Kuntze/Winkler*, 13. Aufl. § 23 BeurkG Rdn. 7; *Soergel/Harder* § 23 Rdn. 2). Fehlt diese Feststellung, ist die Beurkundung auch ohne Vorlage zur Durchsicht gültig, selbst wenn die Behinderung tatsächlich bestanden hat (*Keidel/Kuntze/Winkler*, 13. Aufl. § 23 Rdn. 8). Die Vorlage zur Durchsicht ersetzt nur das Vorlesen, daneben bleibt die Genehmigung und die Unterschrift des Tauben nach § 13 BeurkG notwendig. Kann der taube Erblasser seinen Namen nicht schreiben, so muß nach § 25 BeurkG ein Schreibzeuge zugezogen werden, wenn nicht bereits ein Zeuge nach §§ 22 oder 29 BeurkG zugezogen war.

9. **Kosten und Gebühren.** Bezüglich der Vergütung des Zeugen oder eines zweiten Notars vgl. Form. XV. 5 Anm. 9.

8. Notarielles Testament eines Tauben (Gehörlosen), mit dem eine schriftliche Verständigung nicht möglich ist, der jedoch sprechen kann[1,2]

Verhandelt zu ......
am ......
Vor dem unterzeichneten Notar ......
erscheint, ausgewiesen durch Personalausweis:

Herr A, wohnhaft in ...... (Ort, Straße), geboren am ...... in ...... (Ort) und nach seinen Angaben deutscher Staatsangehöriger. Er besitzt die erforderliche Geschäftsfähigkeit, wie sich der Notar durch Befragung über die Vertrauensperson, die der Erblasser mündlich beantwortete, überzeugte.
Der Anwesende wünscht die Errichtung eines öffentlichen Testaments durch mündliche Erklärung,[3] und zwar ohne die Zuziehung von Zeugen gem. § 29 BeurkG zu verlangen. Da der Testierer nach seinen Angaben und nach der Überzeugung des Notars nicht hinreichend zu hören vermag und er nicht auf die Zuziehung eines Zeugen oder zweiten Notars verzichtete, zog der Notar Herrn F, wohnhaft in ...... (Ort, Straße) als Zeugen zu.[4] In seiner Person liegen keine Mitwirkungsverbote nach § 26 BeurkG vor. Da nach Angaben des Testierers und nach der Überzeugung des Notars eine schriftliche Verständigung mit ihm nicht möglich ist,[5] zog der Notar ferner im Einverständnis mit dem Testierer Herrn S, Taubstummenlehrer in ...... (Ort, Straße) als Vertrauensperson zu. Er verständigte sich mit dem Erblasser und übermittelte ihm die Fragen des Notars.[6] Der Erblasser erklärte darauf mündlich wie folgt seinen letzten Willen: ......

Schlußformel:
Vorstehende Niederschrift wurde dem Testierer vorgelesen,[7] von ihm genehmigt und von ihm,[8] dem Zeugen, der Vertrauensperson[9] und dem Notar eigenhändig unterschrieben:

....
Unterschriften

Anmerkungen

1. **Sachverhalt.** Der Testierer kann, gleichgültig aus welchen Gründen, nicht hinreichend hören, jedoch sprechen, und mit ihm ist eine schriftliche Verständigung nicht möglich, da er, gleichgültig aus welchen Gründen, nicht lesen kann.

8. Notarielles Testament eines Tauben ohne schriftliche Verständigung XV. 8

2. Anwendungsfälle. Mit einem Tauben, der sprechen und lesen oder schreiben und lesen aber nicht sprechen (Taubstummer) kann, ist eine schriftliche Verständigung möglich. Nicht schriftlich verständigen kann sich ein Gehörloser, der nicht lesen kann, da er keine mündlichen oder schriftlichen Fragen versteht (*Keidel/Kuntze/Winkler,* 13. Aufl. § 24 BeurkG Rdn. 4). Der Grund des Unvermögens zu schriftlicher Kommunikation ist ohne Bedeutung. Analphabetismus, Blindheit, vorübergehende Sehstörung oder verbundene Augen können die Ursache sein, daß der Taube nicht lesen kann und Analphabetismus, Lähmung der Hand oder vorübergehende Bewegungsunfähigkeit (Gipsverband) können der Grund für sein Schreibunvermögen sein (*Dittmann/Reimann/Bengel,* 2. Aufl. § 24 BeurkG Rdn. 8).

3. Testiermöglichkeiten. Da ein Tauber, mit dem eine schriftliche Verständigung nicht möglich ist, nicht lesen kann, kann er nach § 2230 Abs. 2 BGB ein öffentliches Testament nur durch eine mündliche Erklärung errichten. Wer Lesensunfähig ist, kann auch kein eigenhändiges Testament errichten (§ 2247 Abs. 4 BGB). Da der Testierer nicht hinreichend hören kann (= taub ist) und sich auch nicht schriftlich zu verständigen vermag, so daß § 23 BeurkG (= zur Durchsicht vorlegen) nicht in Frage kommt, muß der Notar nach § 24 Abs. 1 Satz 2 BeurkG zu der Beurkundung eine Vertrauensperson zuziehen. Könnte der Taube auch nicht sprechen (= taubstumm), wäre er als Lesens- und schreibunfähiger faktisch testierunfähig, da er dann als Stummer die Verfügung von Todes wegen gem. § 2233 Abs. 3 BGB nur durch Übergabe einer Schrift erstellen könnte, dies aber gem. § 31 BeurkG mangels schriftlicher Verständigungsmöglichkeit mit ihm nicht möglich wäre. § 31 BeurkG geht für Stumme als Spezialnorm bei Verfügungen von Todes wegen dem § 24 BeurkG (= Verständigung durch eine Vertrauensperson) vor. Anders ist dies, wie hier, bei Tauben, die sprechen können, da auf sie § 31 BeurkG keine Anwendung findet und er daher auch den § 24 BeurkG nicht ausschließen kann. Anderer Meinung sind *Huhn/v. Schuckmann,* BeurkG , 3. Aufl. 1995, § 24 Rdn. 3, die allgemein den § 24 BeurkG auf Verfügungen von Todes wegen nicht anwenden wollen und somit auch einen, wie hier, lesensunfähigen Tauben, der jedoch sprechen kann, als faktisch testierunfähig ansehen.

4. Zeugenzuziehung. Die Verpflichtung gem. § 22 BeurkG einen Zeugen oder zweiten Notar zuzuziehen, sofern die Beteiligten nicht darauf verzichten, besteht auch, wenn eine Vertrauensperson nach § 24 BeurkG zugezogen wird. Die Vertrauensperson kann nicht zugleich Zeuge sein und umgekehrt (§ 24 Abs. 3 BeurkG).

5. Zuziehung einer Vertrauensperson. Tatbestandsvoraussetzungen für die zwingende Verpflichtung des Notars (Mußvorschrift), eine Vertrauensperson zuzuziehen, ist, daß der Testierer nicht hinreichend zu hören vermag, eine schriftliche Verständigung mit ihm nicht möglich ist, und daß der Notar, was er allerdings nur soll (Ordnungsvorschrift), beides in der Niederschrift festgestellt hat (§ 24 Abs. 1 BeurkG). Die Auswahl der Vertrauensperson obliegt dem Notar. Der Testierer muß jedoch die Zuziehung billigen (*Keidel/Kuntze/Winkler,* 13. Aufl. § 24 BeurkG Rdn. 11). Als Vertrauenspersonen kommen etwa Taubstummendolmetscher, vor allem aber Angehörige in Frage. Die Ausschließungsgründe der §§ 6, 7 BeurkG finden, anders als beim Dolmetscher, auf Vertrauenspersonen keine Anwendung (*Keidel/Kuntze/Winkler,* 13. Aufl. § 24 Rdn. 11). Die Verfügung von Todes wegen ist allerdings insoweit unwirksam, als in ihr die Vertrauensperson bedacht oder zum Testamentsvollstrecker ernannt wird (§§ 24 Abs. 2, 27 BeurkG). Die Begünstigung von Angehörigen der Vertrauensperson ist jedoch unschädlich (*Keidel/Kuntze/Winkler,* 13. Aufl. § 24 BeurkG Rdn. 11). Ein Zeuge oder zweiter Notar nach §§ 22, 29 BeurkG oder ein Schreibzeuge nach § 25 BeurkG können nicht gleichzeitig Vertrauensperson sein (§§ 24 Abs. 3, 25 BeurkG). Wohl kann aber, von der obigen Einschränkung abgesehen, ein Beteiligter oder ein Dolmetscher gleichzeitig als Vertrauensperson mitwirken (*Keidel/Kuntze/Winkler,* 13. Aufl. § 24 BeurkG Rdn. 12).

Die Tatsache der Zuziehung einer Vertrauensperson soll im Protokoll festgehalten werden (§ 24 Abs. 1 BeurkG).

6. Die Verständigung der Vertrauensperson mit dem Behinderten. Die Vertrauensperson muß sich in Gegenwart des Notars mit dem Behinderten verständigen. Gerade bei der Zuziehung einer Vertrauensperson aus dem Kreise der Angehörigen des Erblassers ist besonders darauf zu achten, daß der letzte Wille nicht fremdbestimmt wird. Die Vertrauensperson muß dem Tauben die Fragen des Notars verständlich machen und dieser muß, da er das Testament durch mündliche Erklärung errichtet (§ 2233 Abs. 2 BGB), sie dem Notar mündlich beantworten. Es genügt allerdings für die mündliche Erklärung, wenn der Notar einen Entwurf vorliest, und der Erblasser auf die Frage nach der Bestätigung der Richtigkeit mit einem verständlichen „Ja" antwortet. Dies gilt auch, wenn der Entwurf von einer dritten Person, auch von der Vertrauensperson, gefertigt wurde, wenn nur die mitwirkenden Personen erkennen, worauf der wirkliche Wille des Erblassers gerichtet ist (MünchKomm/*Burkart*, 1. Aufl. § 2233 aF Rdn. 4). Unterstützung der mündlichen Äußerungen des Erblassers durch Zeichen oder Gebärden schadet nicht, sind jedoch für sich allein nicht genügend (BGHZ 2, 172; 37, 79 = NJW 1962, 1149). Kann der Taube auch nicht sprechen (Taubstummer) und ist mit ihm auch keine schriftliche Verständigung möglich, ist er faktisch testierunfähig (§§ 2233 Abs. 2 u. 3 BGB, 31 BeurkG). Die Vertrauensperson muß während der ganzen Zeit der Beurkundung anwesend sein (BGH NJW 1970, 1602).

7. Vorlesen. Wenn der Taube nicht lesen kann, ist die Vorschrift des § 23 BeurkG, nach der Gehörlosen die Niederschrift anstelle des Vorlesens zur Durchsicht vorgelegt werden muß, nicht anwendbar (*Dittmann/Reimann/Bengel*, 2. Aufl. § 24 BeurkG Rdn. 17). Die Niederschrift muß dem Tauben dann vorgelesen werden, da dies die Grundlage für die „Übersetzung" durch die Vertrauensperson ist (*Dittmann/Reimann/Bengel* aaO.). Die Niederschrift muß vom Testierer auch genehmigt werden (§ 13 Abs. 1 BeurkG).

8. Die Unterschrift des Testierers. Das Protokoll muß vom Testierer unterschrieben werden (§ 13 Abs. 1 BeurkG). Kann er seinen Namen nicht schreiben, so muß nach § 25 BeurkG ein Schreibzeuge zum Vorlesen und der Genehmigung zugezogen werden, der nicht zugleich Vertrauensperson (§ 24 Abs. 3 BeurkG), wohl aber Zeuge nach §§ 22 oder 29 BeurkG sein kann. Ist, wie im Formular, ein Zeuge nach § 22 BeurkG zugezogen, so würde dessen Unterschrift und die Feststellung, daß der Testierer seinen Namen nicht schreiben kann, genügen.

9. Die Unterschriften der mitwirkenden Personen. Nach § 24 Abs. 1 Satz 3 BeurkG soll die Niederschrift auch von der Vertrauensperson und nach § 22 Abs. 2 BeurkG vom zugezogenen Zeugen unterschrieben werden.

10. Kosten und Gebühren. Bzgl. der Vergütung des Zeugen oder eines zweiten Notars vgl. Form. XV. 5 Anm. 9.

9. Notarielles Testament eines Stummen[1,2]

Verhandelt zu ...... [2]
am ......
Vor dem unterzeichneten Notar ...... [2]
erscheint, ausgewiesen durch Personalausweis:[2]

Herr A, wohnhaft in ...... (Ort, Straße), geboren am ...... in ...... (Ort)[2] und nach seinen Angaben deutscher Staatsangehöriger.[2] Er besitzt die erforderliche Geschäftsfähigkeit, wie sich der Notar durch schriftliches Befragen überzeugte.

9. Notarielles Testament eines Stummen XV. 9

Der Anwesende wünscht die Errichtung eines öffentlichen Testaments durch Übergabe einer Schrift,[3] und zwar ohne die Zuziehung von Zeugen gem. § 29 BeurkG zu verlangen. Da der Testierer nach seinen Angaben und nach der Überzeugung des Notars[4] nicht hinreichend[5] zu sprechen vermag, aber lesen und schreiben kann,[6] und er nicht auf die Zuziehung eines Zeugen oder zweiten Notars verzichtete, zog der Notar Herrn F, wohnhaft in ...... (Ort, Straße) als Zeugen zu.[7] In seiner Person liegen keine Mitwirkungsverbote nach § 26 BeurkG vor. Der Erblasser übergab[8] sodann dem Notar die dieser Niederschrift beigefügte offene Schrift[9] und schrieb danach auf das ebenfalls beigefügte besondere Blatt eigenhändig den Satz: „Diese von mir übergebene Schrift enthält meinen letzten Willen."[10] Der Notar versah danach die ihm vom Erblasser offen übergebene Schrift am Kopf mit dem Vermerk: „Diese Schrift ist das öffentliche Testament des ...... vom ...... " und fügte sie und die zusätzliche Erklärung dieser Niederschrift bei.[11]

Schlußformel:
Die Niederschrift und die zusätzliche Erklärung des Erblassers[12] wurden vom Notar vorgelesen und vom Erblasser,[13] dem Zeugen und dem Notar eigenhändig unterschrieben:

....
Unterschriften

Schrifttum: Rossak, Kann ein schreibunfähiger Stummer ein Testament errichten? MittBayNot 1991, 193; *Ertl,* Gestaltung von Testamenten und anderen Rechtsgeschäften für den Todesfall von sprech- oder schreibbehinderten Personen, MittBayNot 1991, 196.

Anmerkungen

1. **Sachverhalt.** Der Testierer kann, gleichgültig aus welchem Grund, nicht hinreichend sprechen, jedoch hören und kann lesen und schreiben.

2. **Anwendungsfälle.** Wer nach seinen Angaben oder nach der Überzeugung des Notars nicht hinreichend zu sprechen vermag, kann nach § 2233 Abs. 3 BGB eine Verfügung von Todes wegen nur durch Übergabe einer offenen oder verschlossenen Schrift errichten. § 31 BeurkG ergänzt diese Vorschrift dahin, daß in diesen Fällen der Stumme die sonst nach § 2233 Abs. 1 BGB, § 30 BeurkG mündlich abzugebende Erklärung, daß die übergebene Schrift seinen letzten Willen enthalte, bei der Verhandlung eigenhändig in die Niederschrift oder auf ein besonderes, ihr beizufügendes Blatt schreiben muß. Um überhaupt testieren zu können, muß der Stumme daher sowohl lesen als auch schreiben können. Lesen muß er können, da er sonst gem. § 2233 Abs. 2 BGB nur durch mündliche Erklärung testieren darf, was ihm aber nach § 2233 Abs. 3 BGB verwehrt ist. Schreiben muß er können, um das Erfordernis des „eigenhändigen Niederschreibens" der zusätzlichen Erklärung gem. dem zwingenden § 31 BeurkG erfüllen zu können (RGZ 76, 94). Hier kann auch nicht durch Zuziehung einer Vertrauensperson nach § 24 BeurkG, etwa eines Taubstummendolmetschers, geholfen werden, da für Verfügungen von Todes wegen diese Vorschrift durch die Sondervorschrift des § 31 BeurkG verdrängt wird. Sonstige notarielle Urkunden können mit einem Stummen, mit dem eine schriftliche Verständigung nicht möglich ist, gem. § 24 BeurkG durch Zuziehung einer Vertrauensperson, die sich mit ihm zu verständigen vermag, errichtet werden. Geholfen werden kann daher nur durch ein Rechtsgeschäft unter Lebenden auf den Tod (wie z.B. nach Form. XVI.33), da dann § 24 BeurkG Anwendung findet und die Beurkundung durch Zuziehung einer Vertrauensperson, die sich mit dem Stummen zu verständigen vermag, erfolgen kann. Möglich ist auch ein Ehe- und Erbvertrag (siehe Form. XV. 16),

da auf ihn gem. § 2278 Abs. 2 BGB allein die Form des Ehevertrages, d. h. eines Vertrages unter Lebenden und damit auch der § 24 BeurkG Anwendung findet (*Ertl* MittBayNot 1991, 196).

3. Testiermöglichkeit nur durch Übergabe einer Schrift. Vermag der Erblasser nach seiner Angabe oder nach der Überzeugung des Notars nicht hinreichend zu sprechen, so kann er ein Testament nur durch Übergabe einer offenen oder verschlossenen Schrift errichten (§ 2233 Abs. 3 BGB). Ist er auch noch minderjährig, kann er es nur durch Übergabe einer offenen Schrift errichten (§ 2233 Abs. 1 BGB; unrichtig somit das Muster IV bei *Boeckler,* Das notarielle Testament, 1972 S. 42). Ein des Lesens und Schreibens kundiger Stummer kann auch ein eigenhändiges Testament errichten.

4. Feststellung der Behinderung. Alternativ sind hierfür nach § 2233 Abs. 3 BGB die Angabe des Erblassers oder die positive Überzeugung des Notars maßgebend. Voraussetzung ist demnach, daß der Erblasser nicht sprechen kann und er dies erklärt oder der Notar zu einer entsprechenden Überzeugung gelangt.

5. Verhinderung am Sprechen. Ob der Grund des Sprechverhinderung Stummheit oder eine sonstige Behinderung ist, ist bedeutungslos. Ein Testierer ist stumm, wenn er sich infolge eines natürlichen Fehlers durch die Sprache in keiner Weise verständlich machen kann (*Dittmann/Reimann/Bengel* § 2233 BGB Rdn. 23). In sonstiger Weise kann der Testierer am Sprechen verhindert sein zB. durch eine Erkrankung der Sprachorgane, Mundverletzungen, Schlaganfall, ärztliches Verbot oder Schonung der Stimme infolge Krankheit. Am Sprechen verhindert ist jedoch nur der Erblasser, der seine Sprache überhaupt nicht gebrauchen und nur unartikuliert lallen kann. Unschädlich ist dagegen, wenn er das Sprechen zu einzelnen Punkten durch Zeichen unterstützen oder ersetzen muß (BayObLG 1968, 268 = Rpfleger 1969, 18 = DNotZ 1969, 301; OLG Köln MDR 1957, 740). Sprechfähig iSv. § 2233 Abs. 3 BGB ist sogar derjenige, der „durch lautliche Wortbildung ein immerhin noch verständliches Ja-Wort" aussprechen kann (BayObLG 1968, 268). Für die Errichtung eines öffentlichen Testaments durch mündliche Erklärung des letzten Willens vor einem Notar genügt es daher, wenn der Testamentsentwurf vorgelesen wird und der Erblasser auf die Frage, ob das Verlesene seinem Willen entspricht, mit „Ja" antwortet (BayObLG 1968, 268). Gebärden können aber ein klares „Ja" nicht ersetzen (*Haegele* Rpfleger 1969, 414/417 Anm. 18).

6. Lese- und Schreibfähigkeit. Um überhaupt testieren zu können, muß der Sprechbehinderte sowohl lesen als auch schreiben können (§ 2233 Abs. 2, 3 BGB, § 31 BeurkG).

7. Zuziehung eines Zeugen. Gem. § 22 BeurkG soll der Notar, sofern nicht alle Beteiligten darauf verzichten, bei Sprechbehinderten einen Zeugen oder zweiten Notar zuziehen.

8. Übergabe. Vgl. Form. XV. 2 Anm. 3.

9. Offene Schrift. Vgl. Form. XV. 2 Anm. 4. Vermerkt werden soll auch, ob die Schrift offen oder verschlossen übergeben worden ist (§ 30 Satz 3 BeurkG).

10. Eigenhändige Niederschrift der zusätzlichen Erklärung. Gem. § 31 BeurkG tritt anstelle der in § 2232 Abs. 1 BGB, § 30 BeurkG vorgesehenen mündlichen Erklärung des Erblassers, die Schrift enthalte seinen letzten Willen, eine eigenhändig geschriebene Erklärung gleichen Inhalts. Diese muß der Erblasser bei der Verhandlung in Gegenwart des Notars, also nicht schon vorher, eigenhändig in die Niederschrift selbst (siehe Form. XV. 10 Anm. 10) oder, wie hier, auf ein besonderes Blatt schreiben (*Mecke* BeurkG, 1970 § 31 Rdn. 3; *Keidel/Kuntze/Winkler,* 13. Aufl. § 31 BeurkG Rdn. 5). Es genügt nicht, wenn die zusätzliche Erklärung auf die übergebene Schrift oder deren Umschlag oder den Testamentsverwahrumschlag geschrieben wird (*Mecke* aaO.). Die zusätzliche Erklärung braucht, auch wenn der Erblasser sie auf ein besonderes Blatt schreibt, nicht unterschrieben werden (*Keidel/Kuntze/Winkler,* 13. Aufl. § 31 BeurkG Rdn. 7). Ein Verstoß gegen die Mußvorschrift des § 31 Satz 1 BeurkG hat die Ungültigkeit der Verfügung von Todes wegen zur Folge (*Keidel/Kuntze/Winkler*, 13. Aufl. § 31 BeurkG Rdn. 10). Im übrigen enthält die Vorschrift nur Sollvorschriften. Das eigenhändige Niederschreiben der zusätzlichen Erklärung soll in der Niederschrift festgestellt werden (§ 31 Satz 2 BeurkG).

11. **Beifügung der übergebenen Schrift und der zusätzlichen Erklärung.** Vgl. Form. VIII. 2 Anm. 9. Die zusätzliche Erklärung des Erblassers soll, wenn sie auf einem besonderen Blatt niedergeschrieben ist, beigefügt werden.

12. Die zusätzliche handschriftliche Erklärung des Erblassers ist, da sie anstelle der mündlichen Erklärung nach § 2232 Abs. 1 BGB tritt, vom Notar vorzulesen (*Dittmann/Reimann/Bengel*, 2. Aufl. § 31 BeurkG Rdn. 10; *Staudinger/Firsching* § 31 BeurkG Rdn. 10; MünchKomm/*Burkart*, 2. Aufl. § 31 BeurkG Rdn. 7; a.M. *Soergel/Harder* § 31 BeurkG Rdn. 4, da sie nicht Bestandteil der notariellen Niederschrift sei, sondern Privaterklärung bleibe).

13. Gem. § 31 Satz 3 BeurkG braucht die Verhandlungsniederschrift vom stummen Beteiligten nicht besonders genehmigt werden, da er dies ja bereits mit seiner handschriftlichen zusätzlichen Erklärung getan hat.

14. **Kosten und Gebühren.** Bzgl. der Vergütung des Zeugen oder eines zweiten Notars vgl. Form. XV. 5 Anm. 9.

10. Notarielles Testament eines Taubstummen[1,2]

Verhandelt zu ......
am ......
Vor dem unterzeichneten Notar ......
erscheint, ausgewiesen durch Personalausweis:

Herr A, wohnhaft in ...... (Ort, Straße), geboren am ...... in ...... (Ort) und nach seinen Angaben deutscher Staatsangehöriger. Er besitzt die erforderliche Geschäftsfähigkeit, wie sich der Notar durch schriftliches Befragen überzeugte.
Der Anwesende erklärte dem Notar schriftlich,[3] daß er ein öffentliches Testament durch Übergabe einer Schrift[4] errichten wolle und verlangte keine Zuziehung von Zeugen gem. § 29 BeurkG. Da der Testierer nach seinen Angaben und nach der Überzeugung des Notars[5] sowohl nicht hinreichend zu hören als auch nicht zu sprechen vermag,[6] jedoch lesen und schreiben kann[7] und er nicht auf die Zuziehung eines Zeugen oder zweiten Notars verzichtete, zog der Notar Herrn F, wohnhaft in ...... als Zeugen zu.[8] In seiner Person liegen keine Mitwirkungsverbote nach § 26 BeurkG vor. Der Erblasser übergab sodann dem Notar den dieser Urkunde beigefügten verschlossenen Umschlag[9] und schrieb eigenhändig in die Niederschrift folgenden Satz:
„Die von mir übergebene verschlossene Schrift enthält meinen letzten Willen."[10]
Der Notar kennzeichnete[11] sodann den verschlossenen Umschlag mit der Aufschrift: „Dieser Umschlag enthält das Testament des Herrn A, geboren am ...... in Y-Stadt und wohnhaft in X-Stadt" und fügte ihn der Niederschrift bei.[12]

Schlußformel:
Die Niederschrift nebst der besonderen Erklärung des Erblassers wurden dem Testierer anstelle des Vorlesens zur Durchsicht vorgelegt[13] und von ihm, dem Zeugen und dem Notar eigenhändig unterschrieben:

....
Unterschriften

Schrifttum: Rossak, Kann ein schreibunfähiger Stummer ein Testament errichten? MittBayNot 1991, 193; *Ertl,* Gestaltung von Testamenten und anderen Rechtsgeschäften für den Todesfall von sprech- oder schreibbehinderten Personen, MittBayNot 1991, 196.

Anmerkungen

1. Sachverhalt. Der Testierer ist taub und stumm, kann aber lesen und schreiben.

2. Anwendungsfälle. Auf Taubstumme finden die gleichen Vorschriften Anwendung wie auf Stumme.

3. Verständigungsmöglichkeit mit dem Taubstummen. Der Taubstumme muß lesen und schreiben können, um überhaupt testieren zu können (§ 2233 Abs. 2, 3 BGB, § 31 BeurkG). Es ist jedoch nicht erforderlich, daß sich im konkreten Fall der Erblasser auf diese Weise dem Notar erklärt. Es kann dies auch mittels eines Taubstummendolmetschers geschehen, der sich mit dem Taubstummen mittels der Taubstummensprache verständigt und dies dann dem Notar übersetzt. Dieser müßte dann aufgrund dieser Angaben eine Schrift verfassen, die ihm dann der Taubstumme zur Errichtung des Testaments übergeben müßte. Der Taubstumme kann aber auch dem Notar seine Fragen vom Munde ablesen und sie dann schriftlich beantworten. Immer muß aber infolge der Schreib- und Lesefähigkeit des Taubstummen abstrakt die Möglichkeit einer schriftlichen Verständigung mit ihm gegeben sein, auch wenn sie im konkreten Fall bei der Verhandlung zur Erstellung der zu übergebenden Schrift nicht genutzt wird. Wie beim Stummen, der hören kann, wird auch beim Taubstummen die Vorschrift des § 24 BeurkG, nach der sonstige notarielle Urkunden auch mit Behinderten, mit denen eine schriftliche Verständigung nicht möglich ist, durch Zuziehung geeigneter Vertrauenspersonen, die sich mit ihnen verständigen können, errichtet werden können, bei Verfügungen von Todes wegen durch die Sondervorschrift des § 31 BeurkG, die Schreib- und Lesefähigkeit voraussetzt, verdrängt. Gem. § 31 BeurkG kann der Stumme nur durch Übergabe einer Schrift an den Notar testieren und muß vor ihm eigenhändig aufschreiben, daß die übergebene Schrift seinen letzten Willen enthält. Kann der Stumme nicht schreiben, so daß dieses Verfahren nicht durchführbar ist, kann nur durch ein Rechtsgeschäft unter Lebenden auf den Tod (wie z.B. nach Form. XVI. 33) geholfen werden, da dann § 24 BeurkG Anwendung findet und die Beurkundung durch Zuziehung einer Vertrauensperson, die sich mit dem Stummen zu verständigen vermag, erfolgen kann. Möglich ist auch ein Ehe- und Erbvertrag (siehe Form. XV. 16), da auf ihn gem. § 2278 Abs. 2 BGB allein die Form des Ehevertrages, d.h. eines Vertrages unter Lebenden und damit auch der § 24 BeurkG Anwendung findet (*Ertl* MittBayNot 1991, 196).

4. Testiermöglichkeit nur durch Übergabe einer Schrift. Vermag ein Erblasser nach seiner Angabe oder nach der Überzeugung des Notars nicht hinreichend zu sprechen, so kann er ein Testament nur durch Übergabe einer offenen oder verschlossenen Schrift errichten (§ 2233 Abs. 3 BGB). Ist er auch noch minderjährig, ist ihm die Errichtung nur durch Übergabe einer offenen Schrift möglich (§ 2233 Abs. 1 BGB). Das Muster IV bei *Boeckler,* Das notarielle Testament, 1972, S. 42 ist daher unrichtig, wenn in ihm ein minderjähriger Taubstummer, von dem zwar festgestellt wird, daß eine schriftliche Verständigung mit ihm möglich ist, durch einen Taubstummendolmetscher seinen letzten Willen dem Notar in der Taubstummensprache erklärt und dieser ihn direkt in die Niederschrift aufnimmt. Die Taubstummensprache ist keine fremde Sprache iSv. § 5 BeurkG und ein Taubstummendolmetscher keiner iSv. § 16 BeurkG. Ferner findet § 186 GVG im Beurkundungsverfahren keine Anwendung. Mit Hilfe des Taubstummendolmetschers hätte statt dessen eine den letzten Willen des Taubstummen enthaltende

11. Notarielles Testament eines der deutschen Sprache Unkundigen XV. 11

Schrift gefertigt werden müssen, die dieser dann dem Notar gem. § 2233 Abs. 3 BGB hätte übergeben müssen. Kann der Taubstumme lesen und schreiben, so kann er natürlich auch ein eigenhändiges Testament nach § 2247 BGB errichten.

5. **Feststellung der Behinderung.** Vgl. Form. XV. 9 Anm. 4.

6. Vgl. bzgl. der Taubheit Form. VIII. 7 Anm. 2 und bzgl. der Stummheit Form. XV. 9 Anm. 5.

7. **Lese- und Schreibfähigkeit.** Um überhaupt testieren zu können, muß der Taubstumme sowohl lesen als auch schreiben können (§§ 2233 Abs. 2, 3 BGB, § 31 BeurkG).

8. **Zuziehung von Zeugen.** Gem. § 22 BGB soll der Notar, sofern nicht alle Beteiligten darauf verzichten bei Behinderten einen Zeugen oder zweiten Notar zuziehen.

9. **Übergabe.** Vgl. Form. VIII. 3 Anm. 4.

10. **Eigenhändige Niederschrift der zusätzlichen Erklärung.** Vgl. Form. XV. 9 Anm. 10. Im Formular erfolgt die eigenhändige Erklärung in die Niederschrift selbst. Sie ist auch auf einem besonderen Blatt zulässig (siehe Form. XV. 9 Anm. 10).

11. **Kennzeichnung.** Vgl. Form. XV. 2 Anm. 8.

12. **Beifügung der übergebenen Schrift.** Vgl. Form. XV. 2 Anm. 9.

13. Gem. § 23 BeurkG ist die Niederschrift einschließlich der in ihr enthaltenen zusätzlichen Erklärung des Erblassers diesem, da er taub ist, anstelle des Vorlesens zur Durchsicht vorzulegen. Gem. § 31 Satz 3 BeurkG braucht die Verhandlungsniederschrift vom stummen Beteiligten nicht besonders genehmigt zu werden, da er dies ja bereits mit seiner handschriftlichen zusätzlichen Erklärung getan hat.

14. **Kosten und Gebühren.** Bzgl. der Vergütung des Zeugen oder eines zweiten Notars vgl. Form. XV. 5 Anm. 9.

11. Notarielles Testament eines der deutschen Sprache Unkundigen[1,2]

Verhandelt zu ......
am ......
Vor dem unterzeichneten Notar ......
erscheint, ausgewiesen durch Ausweis:

Herr A, wohnhaft in ...... (Ort, Straße), geboren am ...... in ...... (Ort). Er besitzt die erforderliche Geschäftsfähigkeit, wie sich der Notar durch ein längeres über den Dolmetscher mit ihm geführtes Gespräch überzeugte.
Der Anwesende gab dem Notar zu erkennen, daß er ein Testament durch mündliche Erklärung[3] errichten wolle, ohne die Zuziehung von Zeugen nach § 29 BeurkG zu verlangen. Der Anwesende ist italienischer Staatsangehöriger und nach seinen Angaben und nach der Überzeugung des Notars der deutschen Sprache nicht hinreichend kundig.[4,5] Der Notar zog daher den durch Personalausweis ausgewiesenen Herr N, wohnhaft in ...... (Ort, Straße) als Dolmetscher zu.[6] Bei dem Dolmetscher liegen keine Ausschließungsgründe nach den §§ 6, 7 BeurkG vor.[7] Er erklärte die italienische Sprache zu beherrschen. Der Dolmetscher ist nicht allgemein vereidigt. Auf die Bedeutung eines Eides und die strafrechtlichen Folgen einer Eidesverletzung hingewiesen, leistete Herr N den Eid, indem er dem Notar die Worte nachsprach: „Ich schwöre, daß ich treu und gewissenhaft übersetzen werde."[8] Der Erblasser erklärte darauf durch Vermittlung des Dolmetschers mündlich dem Notar seinen letzten Willen wie folgt: ......

Nieder 699

Der Dolmetscher fertigte danach die anliegende Übersetzung der Niederschrift in die italienische Sprache. Sie wurde dem Testierer zur Durchsicht vorgelegt.[9]

Schlußformel:
Die Niederschrift wurde anstelle des Vorlesens vom Dolmetscher mündlich in die italienische Sprache übersetzt,[10] vom Erblasser genehmigt und von ihm, dem Dolmetscher und dem Notar eigenhändig unterschrieben:

....
Unterschriften

Schrifttum: Hagena, Die Bestimmungen über die Errichtung einer Urkunde in einer fremden Sprache und die Übersetzung von Niederschriften, DNotZ 1978, 387.

Anmerkungen

1. Sachverhalt. Der Testator ist italienischer Staatsangehöriger, der deutschen Sprache nicht hinreichend kundig und wünscht die Errichtung eines öffentlichen Testaments durch mündliche Erklärung.

2. Anwendungsfälle. Nach § 5 Abs. 1 BeurkG sind Urkunden grundsätzlich in deutscher Sprache zu errichten. Der Notar kann jedoch gem. § 5 Abs. 2 BeurkG auf Verlangen Urkunden auch in einer anderen Sprache errichten, und zwar unabhängig davon, ob sie zur Verwendung im Ausland bestimmt sind oder nicht. Er soll dem Verlangen aber nur entsprechen, wenn er der fremden Sprache hinreichend kundig ist. Entsprechend bestimmt § 16 BeurkG ganz allgemein, daß, wenn Beteiligte der Sprache, in der die Niederschrift abgefaßt wird, nicht hinreichend kundig sind, dies in der Niederschrift festgestellt werden soll und daß die Urkunde anstelle des Vorlesens mündlich übersetzt werden muß, und zwar von dem Notar selbst oder einem von ihm zuzuziehenden Dolmetscher. Zusätzlich können die sprachunkundigen Beteiligten eine schriftliche Übersetzung verlangen. § 32 BeurkG verschärft diese allgemeine Regelung für den Fall der mündlichen Testamentserrichtung vor einem Notar dahin, daß, wenn die Sprachunkundigkeit des Erblassers in der Niederschrift festgestellt ist, zusätzlich zur mündlichen eine schriftliche Übersetzung angefertigt werden muß, wenn der Erblasser nicht darauf verzichtet und dies in der Niederschrift festgestellt wird.

3. Mögliche Formen der Testamentserrichtung. Ein Sprachunkundiger kann ein öffentliches Testament in jeder der Errichtungsformen des § 2232 BGB errichten. Errichtet er das Testament durch Übergabe einer Schrift, kommen nur die Vorschriften des § 16 Be urkG zur Anwendung (*Keidel/Kuntze/Winkler,* 13. Aufl. § 32 BeurkG Rdn. 3). In diesem Fall beschränkt sich die Tätigkeit des Notars darauf, die Erklärung des Erblassers zu beurkunden, daß die übergebene Schrift seinen letzten Willen enthalte. Nur diese Erklärung, nicht auch das übergebene Schriftstück (die eigentliche letztwillige Verfügung), ist nach § 16 Abs. 2 Satz 1 BeurkG mündlich und auf Verlangen auch schriftlich (§ 16 Abs. 2 Satz 2 BeurkG) zu übersetzen (*Keidel/Kuntze/Winkler,* 13. Aufl. § 32 BeurkG Rdn. 7). Hat der Notar nur geringe Kenntnisse der vom Testierer beherrschten Sprache und ist kein Dolmetscher verfügbar, so empfiehlt sich dieses Verfahren. Will der sprachunkundige Testator, wie im Formular, das Testament durch mündliche Erklärung errichten, werden die Vorschriften des § 16 BeurkG durch die des § 32 BeurkG dahin erweitert, daß die schriftliche Übersetzung der Niederschrift grundsätzlich gefertigt werden muß, wenn der Testierer nicht darauf verzichtet und dies in der Niederschrift festgestellt ist.

4. Kenntnis der Urkundssprache. Der Testierer muß der Sprache in der die Niederschrift gefertigt wird hinreichend kundig sein (§ 16 Abs. 1 BeurkG). Durch den Zusatz

11. Notarielles Testament eines der deutschen Sprache Unkundigen   XV. 11

„hinreichend" soll klargestellt werden, daß es auf die im Einzelfall erforderlichen Sprachkenntnisse ankommt (*Haegele* Rpfleger 1969, 415). So können z. B. die Deutschkenntnisse eines Ausländers beim Testieren durch Übergabe einer Schrift hinreichen, um die Erklärung, daß die übergebene Schrift seinen letzten Willen enthält, zu verstehen, während er überfordert wäre, seinen letzten Willen in deutsch mündlich zu erklären. Einer Sprache ist ein Beteiligter dann hinreichend kundig, wenn er dem Vorlesen der Niederschrift folgen (passive Sprachkenntnis) und eindeutig zum Ausdruck bringen kann, daß er sie genehmigt. Es ist unerheblich, ob er auch imstande ist, sich in der Urkundssprache auszudrücken (aktive Sprachkenntnis) (*Keidel/Kuntze/Winkler*, 13. Aufl. § 16 BeurkG Rdn. 7).

5. **Die Folgen der Feststellung der Sprachunkundigkeit.** Nur wenn die Sprachunkundigkeit in der Niederschrift selbst festgestellt ist, sich also aus ihr selbst ergibt, sind die Mußvorschriften der §§ 16 Abs. 2, 3 und 32 BeurkG anzuwenden (*Keidel/Kuntze/Winkler*, 13. Aufl. § 16 BeurkG Rdn. 11). Dies entspricht der Absicht des Beurkundungsgesetzes, daß Unwirksamkeitsgründe aus der Niederschrift selbst erkennbar sein sollen. Die Feststellung der Sprachunkundigkeit in der Urkunde hat zur Folge, daß die Niederschrift entweder vom Notar oder einem zugezogenen Dolmetscher mündlich übersetzt werden muß und daß dies auf Verlangen bzw. bei mündlich erklärten Verfügungen von Todes wegen, falls nicht darauf verzichtet wird, immer zusätzlich schriftlich zu geschehen hat.

6. **Zuziehung eines Dolmetschers.** Ein Dolmetscher muß nach Feststellung der Sprachunkundigkeit zugezogen werden, wenn der Notar die Niederschrift nicht selbst übersetzt (§ 16 Abs. 3 Satz 1 BeurkG). Hält sich der Notar für fähig, selbst zu übersetzen, ohne es zu sein, ist die Beurkundung trotzdem wirksam (*Dittmann/Reimann/Bengel*, 2. Aufl. § 16 BeurkG Rdn. 12). Der Notar darf von der Zuziehung eines Dolmetschers uU. auch dann absehen, wenn ihm eine zuverlässige Übersetzung vorliegt und er diese verlesen kann (*Hagena* DNotZ 1978, 393). Wer als Dolmetscher heranzuziehen ist, entscheidet der Notar selbst. Dolmetscher kann nicht ein an der Urkunde Beteiligter oder Mitwirkender sein, also nicht der zweite Notar oder ein Zeuge (*Keidel/Kuntze/Winkler*, 13. Aufl. § 16 BeurkG Rdn. 19). Dagegen kann die Vertrauensperson, deren Tätigkeit der des Dolmetschers ähnelt, gleichzeitig Dolmetscher sein (*Keidel/Kuntze/Winkler* aaO.). Der Dolmetscher muß nicht während der ganzen Beurkundung anwesend sein, sondern nur, wenn es die Erfüllung seiner Aufgaben erfordert (*Dittmann/Reimann/Bengel*, 2. Aufl. § 16 BeurkG Rdn. 16). Er soll allerdings nach § 16 Abs. 3 Satz 4 BeurkG die Niederschrift unterschreiben.

7. Für den Dolmetscher gelten nach § 16 Abs. 3 Satz 2 BeurkG die Ausschließungsgründe der §§ 6, 7 BeurkG entsprechend. Bei Verfügungen von Todes wegen gilt nach § 27 BeurkG zusätzlich, daß Verfügungen zugunsten des Dolmetschers oder seine Ernennung zum Testamentsvollstrecker unwirksam sind.

8. **Die Vereidigung des Dolmetschers.** Ist der Dolmetscher nicht allgemein vereidigt, so soll ihn der Notar vereidigen, wenn nicht alle Beteiligten darauf verzichten (§ 16 Abs. 3 Satz 3 BeurkG). Die Fundstelle für die in den einzelnen Bundesländern erlassenen Vorschriften über die allgemeine Vereidigung von Dolmetschern finden sich bei *Keidel/Kuntze/Winkler* § 9 FGG Rdn. 14 Anm. 4. Ist der Dolmetscher allgemein vereidigt, genügt es, daß er sich auf diesen Eid beruft (§ 189 Abs. 2 GVG entspr.). Die Vereidigung des Dolmetschers durch den Notar geschieht entsprechend § 189 Abs. 1 GVG (*Keidel/Kuntze/Winkler*, 13. Aufl. § 16 BeurkG Rdn. 23). Der Eid ist vor der Übersetzung und nicht als Nacheid zu leisten (*Keidel/Kuntze/Winkler* aaO.). Die Gültigkeit der Beurkundung hängt von der Beeidigung nicht ab (*Keidel/Kuntze/Winkler*, 13. Aufl. § 16 BeurkG Rdn. 24).

9. **Die schriftliche Übersetzung.** Die Niederschrift muß nach Feststellung der Sprachunkundigkeit des Testators in der Urkunde bei mündlich erklärten Verfügungen von

Todes wegen, falls kein Verzicht des Erblassers vorliegt, schriftlich übersetzt (§ 32 BeurkG) und dem Erblasser zur Durchsicht vorgelegt und der Niederschrift beigefügt werden (§ 16 Abs. 2 Satz 2 BeurkG). Ein Verzicht des Erblassers muß in der Niederschrift festgestellt werden, sonst ist die Verfügung ungültig (*Keidel/Kuntze/Winkler*, 13. Aufl. § 32 BeurkG Rdn. 14).

10. **Die mündliche Übersetzung.** Besonders zu beachten ist, daß nach § 16 Abs. 2 BeurkG die schriftliche Übersetzung neben der mündlichen („außerdem") zu geschehen hat. Die Niederschrift muß deshalb auch im Falle des § 32 BeurkG anstelle des Vorlesens mündlich übersetzt werden, gleichgültig ob daneben eine schriftliche Übersetzung angefertigt wurde oder nicht (*Keidel/Kuntze/Winkler*, 13. Aufl. § 32 BeurkG Rdn. 4). Ein Verstoß dagegen macht, wenn die Sprachunkunde in der Niederschrift festgestellt ist, die Beurkundung unwirksam (*Keidel/Kuntze/Winkler*, 13. Aufl. § 32 BeurkG Rdn. 15). Neben der mündlichen Übersetzung ist eine Verlesung der Niederschrift in der Urkundssprache für den sprachkundigen Beteiligten nicht erforderlich, wohl aber für etwaige andere Beteiligte.

11. **Kosten und Gebühren.** Gibt der Sprachunkundige seine letztwillige Erklärung in einer fremden Sprache ab, erwächst dem Notar gleichgültig ob er selbst übersetzt oder einen Dolmetscher zuzieht, gem. § 59 Abs. 1 KostO eine Zusatzgebühr in Höhe der Hälfte der für die Beurkundung erwachsenden Gebühr bis zu einem Höchstbetrag von 60,– DM. Schuldner der Zusatzgebühr und der Dolmetschergebühren ist der Sprachunkundige (§ 59 Abs. 2 KostO). Der Dolmetscher ist nach § 17 des Gesetzes über die Entschädigung von Zeugen und Sachverständigen vom 1. 10. 1969 (BGBl. I S. 1756) wie ein Sachverständiger zu entschädigen. Die Beeidigung eines zugezogenen Dolmetschers durch den Notar ist ein gebührenfreies Nebengeschäft der Beurkundung (*Korintenberg/Lappe/Bengel/Reimann*, 13. Aufl. KostO § 49 Rdn. 3).

12. Mündlich erklärtes notarielles Testament durch Jasagen[1, 2]

Verhandelt zu ......
in der Wohnung des Testierers in der ...... -Straße Nr... am ......
Der unterzeichnete Notar begab sich heute auf Ersuchen in die Wohnung des Herrn A, wohnhaft in ......, geboren am ...... in ...... und nach seinen Angaben deutscher Staatsangehöriger. Der Erblasser lag krank im Bett und wies sich durch Personalausweis aus. Der Erblasser war bei vollem Bewußtsein, konnte sich aber nicht zusammenhängend mündlich ausdrücken.[3] Er gab zu verstehen, daß er ein Testament durch mündliche Erklärung errichten wolle und verlangte keine Zuziehung von Zeugen gem. § 29 BeurkG. Der Notar setzte sich fernmündlich mit seinem behandelnden Arzt, Herrn Dr. med. S in ...... in Verbindung und erfuhr von ihm, daß Herr A an einer Cerebral-Sklerose leide, was zu einer expressiven Aphasie geführt habe, so daß A zwar noch wisse, was er wolle, sich jedoch nicht mehr zusammenhängend ausdrücken könne. Trotz dieser Behinderung sei er aber zur Zeit noch voll geschäftsfähig. Aufgrund dieser Auskunft und seiner persönlichen Wahrnehmungen bei der weiteren Verhandlung kam der Notar zu der Überzeugung, daß der Testierer die erforderliche Geschäftsfähigkeit besaß.[4]
Der Testierer gab darauf durch Worte und Gebärden zu verstehen, daß seine gleichfalls anwesende langjährige Haushälterin Frau C erklären könne, was sein letzter Wille sei. Aufgrund der Angaben der Frau C verfaßte der Notar darauf den letzten Willen des Testierers wie folgt: ......

Danach verlas der Notar die Niederschrift, unterbrach dabei nach jedem Abschnitt und fragte den Erblasser jeweils, ob das so richtig sei. Am Ende der Verlesung fragte der Notar nochmals zusammenfassend, ob der Testierer das ganze Testament so haben wolle. Der Testierer antwortete auf jede Frage vernehmlich mit Ja.[6] Der Notar stellte die darin liegende gleichzeitige mündliche Erklärung und Genehmigung des Testamentsinhalts fest und darauf wurde das Testament wie folgt vom Erblasser und dem Notar unterschrieben:

....
Unterschriften

Anmerkungen

1. Sachverhalt. Der Testierer kann sich infolge Krankheit mündlich nicht mehr zusammenhängend äußern, ist aber testierfähig und wünscht die Errichtung eines öffentlichen Testaments durch mündliche Erklärung. Zwecks Erklärung seines letzten Willens verweist er dabei auf die Angaben einer dritten Mittelsperson, nach deren Informationen der Notar den Testamentstext verfaßt.

2. Anwendungsfälle. Das Verfahren ist in allen Fällen anwendbar, in denen der Testierer gleichgültig aus welchen Gründen, so z. B. Hinfälligkeit, Kehlkopf- oder Stimmbändererkrankungen, sich nur noch minimal durch lautliche Bildung von Worten, evtl. unterstützt durch Zeichen und Gebärden, verständigen kann, aber wenigstens noch in der Lage ist, ein verständliches Ja-Wort auszusprechen und dabei vor allem noch testierfähig ist. Ferner muß eine Mittelsperson vorhanden sein, auf deren Mitteilung seines letzten Willens der Testierer Bezug nimmt und deren Inhalt er dann durch Bejahung selbst erklärt und genehmigt. Dieses Verfahren ist von der Rechtsprechung anerkannt (siehe unten Anm. 3), wobei jedoch der Bundesgerichtshof zum Ausdruck gebracht hat, daß damit die Grenze dessen erreicht sei, „was aus Gründen der Klarheit und Sicherheit im Rechtsleben in Kauf genommen werden kann" (BGHZ 2, 172/175 = DNotZ 1952, 75) bzw. „was im Interesse einer zuverlässigen Erfassung des Erblasserwillens vertretbar ist" (BGHZ 37, 79/84 f. = NJW 1962, 1149), daß das Verfahren „aber angesichts der körperlichen Hinfälligkeit vieler Testierwilliger einem unabweisbaren Bedürfnis" entspricht (BGHZ 37, 79/85 = NJW 1962, 1149). Gewarnt sei davor, wie es der Notar in dem RGZ 161, 378 zugrunde liegenden Fall getan hat, zwar aufgrund eines vorher gefertigten Entwurfs durch Bejahung testieren zu lassen, aber die Niederschrift so abzufassen, als habe der Erblasser seinen letzten Willen wie normal im einzelnen dem Notar erklärt. Das angewendete Verfahren ist jeweils in der Niederschrift so darzustellen, wie es sich tatsächlich zugetragen hat. Hält es sich, wie im Formular, in den von der Rechtsprechung gezogenen Grenzen, ist die Testamentserrichtung damit verfahrensrechtlich einwandfrei erfolgt, die Beurkundung gültig und es besteht keine Gefahr, daß ihre Beweiskraft von interessierter Seite gem. § 415 Abs. 2 ZPO widerlegt wird. Möglich ist in solchen Fällen allerdings immer, daß nach dem Erbfall bestritten wird, daß die durch bloße Bejahung nach außen bekundete Zustimmung des Erblassers zum Inhalt des Testaments auch seinem inneren Willen entsprochen hat. Dies würde die Anfechtung der Verfügung nach § 2078 Abs. 1 BGB begründen (BGHZ 37, 79/85/94) und wäre vom Anfechtenden zu beweisen. Wird der Testamentstext von dritter Seite (z. B. Rechtsanwalt) verfaßt, sollte in solchen Fällen das Testament besser in der Form der Übergabe einer Schrift errichtet werden. An diese Testamentsform stellte das BGB von Anfang an die niedrigsten Anforderungen (*Lange/Kuchinke* ErbR 3. Aufl. § 18 III a). Auch bei dieser Form genügt die Bejahung der Frage durch den Erblasser, ob die übergebene Schrift seinen letzten Willen enthalte (RGZ 108, 400; 92, 27/32 f.) und der Testierer braucht zur Einhaltung der Formvorschrift den Inhalt der Schrift nicht einmal zu kennen (RGZ 76, 94). Das Testieren durch Übergabe einer Schrift bietet deshalb noch geringere Garantien gegen eine spätere Irrtumsanfechtung als ein mündliches Testieren durch Jasagen

(OGHZ 2, 45/50 = NJW 1949, 544). Nicht zu empfehlen ist in diesen Fällen eine Verweigerung der Beurkundung. Damit würde der Notar den Bedachten die Chance nehmen, daß das Testament doch Bestand behält und sich deshalb deren Schadensersatzansprüchen aussetzen (*Dittmann/Reimann/Bengel*, 2. Aufl. § 11 BeurkG Rdn. 15).

3. Die mündliche Erklärung. Die Erklärung des Erblassers muß grundsätzlich durch verständlich ausgesprochene Worte, also mit Mitteln der Lautsprache erfolgen. Der Erblasser braucht seinen Willen dabei nicht Wort für Wort zu sprechen und seine Erklärung braucht nicht in ausführlicher oder zusammenhängender Rede zu erfolgen. Sein Wille kann auch im Wege der Rede und Gegenrede, Frage und Antwort zwischen ihm und dem Notar zum Ausdruck kommen (RGZ 63, 86; 108, 397; 161, 378/382; OGHZ 3, 383/387 = MDR 1950, 417). Dabei kann als äußerste Möglichkeit auch ein von dritter Seite oder vom Notar aufgrund Angaben Dritter vorher angefertigter Testamentsentwurf dem Erblasser vorgelesen werden, zu dem er „Ja" sagt (RGZ 63, 86; 161, 378; OGHZ 2, 45 = NJW 1949, 544; OGHZ 3, 383 = MDR 1950, 417; BGHZ 2, 172 = DNotZ 1952, 75; BGHZ 37, 79 = NJW 1962, 1149; KG DNotZ 1960, 485; BayObLG 1968, 268 = DNotZ 1969, 301; OLG Hamm FamRZ 1989, 437/439 = DNotZ 1989, 584; OLG Hamm NJW-RR 1994, 593 = FamRZ 1994, 993). Gebärden, Zeichen, schlüssiges Handeln, vorbehaltloses Unterschreiben, Kopfnicken oder -schütteln können dabei das geforderte klare und verständliche „Ja" nicht ersetzen (Mindesterfordernis des Jasagens), da sie nicht so deutlich wahrgenommen werden können wie das gesprochene Wort und daher unzuverlässige Verständigungsmittel sind (RGZ 161, 378/382; OGHZ 3, 383/388; BGHZ 2, 172/175; BayObLG DNotZ 1969, 301/302; KG DNotZ 1960, 485/489).

4. Die Testierfähigkeit des Erblassers. Selbstverständlich ist in solchen Fällen ganz besondere Sorgfalt auf die Feststellung der Testierfähigkeit des Erblassers zu legen (KG DNotZ 1960, 485/488). Man wird hierbei nie ohne Befragung des behandelnden Arztes auskommen und dessen Bekundungen in die Urkunde aufnehmen müssen.

5. Bezugnahme zur Erleichterung der mündlichen Erklärung. Der letzte Wille muß durch die mündliche Erklärung des Erblassers inhaltlich fixiert werden. Wie das geschieht, ist gleichgültig, wenn die Erklärung selbst nur mündlich abgegeben wird. Im Grundsatz ist bei der Abgabe der Erklärung daher jede Bezugnahme möglich, wenn der Testator sie zumindest durch seine Bejahung äußerlich erkennbar in seinen Willen aufnimmt (*Dittmann/Reimann/Bengel* § 2232 BGB Rdn. 10). Zur Vereinfachung und Erleichterung der mündlichen Erklärung seines letzten Willens kann der Testierer z.B. Bezug nehmen auf die Angaben dritter Personen (OGHZ 2, 45 = NJW 1949, 544; BGHZ 2, 172/175 = DNotZ 1952, 75; BGHZ 37, 79/85 = NJW 1962, 1149; KG DNotZ 1960, 485/487), auf Aufzeichnungen oder bereits fertiggestellte Entwürfe die vom Erblasser selbst, von der Urkundsperson oder von einem Dritten stammen können (so die vorgenannte Rspr.) oder das Abspielen eines Tonbandes (*Dittmann/Reimann/Bengel*, 2. Aufl. § 2232 BGB Rdn. 13).

6. Erklärung und Genehmigung des letzten Willens in einem Akt. Die Erklärung des letzten Willens gem. § 2232 BGB und die Genehmigung gem. § 13 Abs. 1 Satz 1 BeurkG können durch den Erblasser im Falle der Bezugnahme auf einen vorgefertigten Testamentsentwurf in einem Akt vollzogen werden (RGZ 161, 378/380; OGHZ 2, 45/51; BGHZ 37, 79/80 = NJW 1962, 1149; KG DNotZ 1960, 485/488). Es ist daher nicht notwendig, daß der Testamentsentwurf dem Erblasser zunächst vorgelesen und evtl. zur Durchsicht vorgelegt wird, er daraufhin sein Einverständnis und damit seinen letzten Willen mündlich gem. § 2232 BGB erklärt, daß dann der Entwurf nochmals als Niederschrift abgeschrieben und noch ein zweites Mal vorgelesen und erst daraufhin vom Erblasser gem. § 13 Abs. 1 Satz 1 BeurkG genehmigt wird (RGZ 161, 378/380; BGHZ 37, 79/ 84 = NJW 1962, 1149). Beide Erfordernisse können vielmehr, wie im

13. Nottestament vor dem Bürgermeister durch mündliche Erklärung   XV. 13

Formular, bei dem Errichtungsakt zu einem einheitlichen Vorgang zusammengezogen werden, der dann aus einem einmaligen Vorlesen und der Bejahung des Inhalts durch den Testierer besteht. Kontrovers bei diesem Verfahren ist lediglich noch, ob der Notar, falls der Testamentsentwurf mehrere Verfügungen von Todes wegen enthält, ihn trotzdem in einem Zuge vom Anfang bis zum Ende vorlesen und am Schluß vom Testierer durch Jasagen erklären und genehmigen lassen darf (so RGZ 161, 378; KG DNotZ 1960, 485; *Dittmann/Reimann/ Bengel*, 2. Aufl. § 2232 BGB Rdn. 14) oder ob er dem Erblasser den Entwurf abschnittsweise vorlesen und dieser jeweils auf Befragen, ob dies so richtig sei, mit Ja antworten muß (so *Staudinger/Firsching* § 2238 Rdn. 7; BGHZ 37, 79/84 = NJW 1962, 1149). Bei dieser Sachlage wird der sorgfältige Notar in Fällen dieser Art, „insbesondere bei umfangreichen Testamenten, zur Vermeidung von Mißverständnissen und späteren Streitigkeiten die Vorlesung der Niederschrift nach Möglichkeit oft unterbrechen und sich gewissenhaft davon überzeugen, ob das Niedergeschriebene auch wirklich dem letzten Willen des Erblassers entspricht" (KG DNotZ 1960, 485/488). Diesen Vorgang sollte er im eigenen Interesse auch in der Niederschrift festhalten.

7. **Kosten und Gebühren.** Für die Beurkundung des Testaments außerhalb seiner Amtsstelle erhält der Notar gem. § 58 Abs. 1 KostO eine Zusatzgebühr in Höhe einer ½-Gebühr, höchstens jedoch 60,– DM (Auswärtsgebühr).

13. Nottestament vor dem Bürgermeister durch mündliche Erklärung[1, 2]

Verhandelt zu ......
in der Wohnung des Testierers in der ...... -Straße Nr...
am ......[3]
Gegenwärtig:
 1. A, Bürgermeister[4]
 2. B und C als Zeugen.[5]

Auf Ersuchen des hier wohnhaften E hat sich der unterzeichnete Bürgermeister unter Zuziehung der ihm bekannten Zeugen B und C, beide hier wohnhaft, heute in die Wohnung des E begeben. Herr E ist dem Bürgermeister persönlich bekannt und weder mit ihm noch den Zeugen verwandt oder verschwägert. Der Erblasser lag bei vollem Bewußtsein im Bett. Gegen seine Testierfähigkeit hatte der Bürgermeister keine Bedenken. Die Krankheit des Erblassers ließ ihn jedoch besorgt sein, daß er früher sterben werde, als die Errichtung eines Testaments vor einem Notar möglich ist.[6] Herr E ist wohnhaft in ...... (Ort, Straße), geboren am ...... in ...... (Ort) und nach seinen Angaben deutscher Staatsangehöriger.
Er erklärte in ununterbrochener Gegenwart des Bürgermeisters und der beiden Zeugen mündlich[7] seinen letzten Willen wie folgt: ......

Der Erblasser wurde darauf hingewiesen, daß das Testament als nicht errichtet gilt, wenn seit der Errichtung drei Monate verstrichen sind und der Erblasser noch lebt, daß jedoch Beginn und Lauf der Frist gehemmt sind, solange der Erblasser außerstande ist, ein Testament vor einem Notar zu errichten.[8]
Die Niederschrift wurde vom Bürgermeister vorgelesen, vom Erblasser genehmigt und von ihm, den beiden Zeugen und dem Bürgermeister unterschrieben:[9]

....
Unterschriften

XV. 13 XV. Formelle Gestaltung der Verfügungen von Todes wegen

Anmerkungen

1. Sachverhalt. Der Erblasser ist so schwer krank oder verletzt, daß zu befürchten ist, er werde früher sterben, als eine Testamentserrichtung vor einem Notar möglich ist.

2. Anwendungsfälle. Ein Nottestament zur Niederschrift des Bürgermeisters des Aufenthaltsortes des Erblassers unter Zuziehung zweier Zeugen ist zulässig

a) wenn zu besorgen ist, daß der Erblasser früher sterben werde, als die Errichtung eines Testaments vor einem Notar möglich ist – Todesbesorgnis (§ 2249 Abs. 1 BGB)

b) wenn der Erblasser sich an einem Ort aufhält, der infolge außerordentlicher Umstände dergestalt abgesperrt ist, daß die Errichtung eines Testaments vor einem Notar nicht möglich oder erheblich erschwert ist – Absperrung – (§ 2250 Abs. 1 BGB). Für diesen Fall konkurriert das Bürgermeistertestament mit dem Dreizeugentestament (§ 2250 Abs. 1 BGB).

3. Nottestament vor dem Bürgermeister (Dorftestament). Das Dorftestament ist ein öffentliches Testament, da der Bürgermeister an die Stelle des Notars tritt (*Palandt/Edenhofer* § 2249 Rdn. 1). Der Bürgermeister hat daher bei seiner Errichtung grundsätzlich dieselben Beurkundungsvorschriften anzuwenden wie der Notar. Eine Ausnahme bilden die Vorschriften über die Zeugenzuziehung, da der Bürgermeister zwei Zeugen zuziehen muß. Im einzelnen sind kraft ausdrücklicher gesetzlicher Verweisung in § 2249 Abs. 1 Satz 4 BGB vom Bürgermeister folgende Vorschriften einzuhalten:

§ 2232 BGB (Errichtungsformen des Nottestaments), § 2233 BGB (Nottestament minderjähriger, lesensunfähiger und stummer Erblasser), § 2 BeurkG (Überschreiten des Amtsbezirks), § 4 BeurkG (Ablehnung der Beurkundung), § 5 Abs. 1 BeurkG (Urkundssprache), § 6 BeurkG (Ausschließungsgründe), § 7 BeurkG (Unwirksamkeit der Beurkundung zugunsten des Bürgermeisters oder seiner Angehörigen), § 8 BeurkG (Aufnahme einer Niederschrift), § 9 BeurkG (Inhalt der Niederschrift), § 10 BeurkG (Feststellung der Persönlichkeit des Erblassers), § 11 BeurkG (Feststellung der Geschäftsfähigkeit des Erblassers), § 13 BeurkG (Vorlesen, Genehmigen und Unterzeichnen der Niederschrift), § 16 BeurkG (Übersetzung der Niederschrift in eine fremde Sprache), § 17 BeurkG (Prüfungs- und Belehrungspflicht des Bürgermeisters), § 23 BeurkG (taube Erblasser), § 24 BeurkG (taube Erblasser mit denen eine schriftliche Verständigung nicht möglich ist), § 26 BeurkG (Mitwirkungsverbot für Zeugen), § 27 BeurkG (Mitwirkungsverbot bedachter Personen), § 28 BeurkG (Feststellungen über die Testierfähigkeit des Erblassers in der Niederschrift), § 30 BeurkG (Nottestament durch Übergabe einer Schrift), § 31 BeurkG (Schriftübergabe durch Stumme), § 32 BeurkG (Vorschriften bei sprachunkundigen Erblassern), § 34 BeurkG (Verschließung und Verwahrung des Nottestaments) und § 35 BeurkG (Fehlen der Unterschrift des Bürgermeisters).

Unschädliche Formfehler bei der Abfassung der Niederschrift. Nach § 2249 Abs. 6 BGB sind nicht nur Verstöße gegen bloße Sollvorschriften, sondern auch gegen zwingende Protokollierungsvorschriften (Mußvorschriften) beim Bürgermeistertestament unschädlich, soweit sie im Zusammenhang mit der Abfassung der Niederschrift unterlaufen sind, aber dennoch mit Sicherheit anzunehmen ist, daß das Testament eine zuverlässige Wiedergabe der Erklärung des Erblassers enthält (*Palandt/Edenhofer* § 2249 Rdn. 11). Es wird somit unterschieden zwischen Mängeln bei der textlichen Abfassung der Niederschrift (Formfehler bei der Abfassung der Niederschrift), die unschädlich sind, und Mängeln der materiellen Formvorschriften über den Errichtungsakt (Mangel des Errichtungsakts), die, falls dabei gegen Mußvorschriften verstoßen wurde, zur Nichtigkeit führen. Die Abgrenzung beider Mängelarten ist schwierig und in Rechtsprechung und Schrifttum sehr umstritten und unübersichtlich (*Schlüter* ErbR 12. Aufl. § 19 II 4). Die beiden Mängelarten stimmen auch nicht etwa mit der Unterscheidung zwischen Soll- und Muß-Vorschriften im Beurkundungsrecht überein. Die Auslegung des

13. Nottestament vor dem Bürgermeister durch mündliche Erklärung **XV. 13**

§ 2249 Abs. 6 BGB sollte dabei nach dem BGH (BGHZ 37, 79/88 = NJW 1962, 1149) weit zugunsten unschädlicher Formfehler bei der Abfassung erfolgen. Zwingende (materielle) Errichtungserfordernisse, bei deren Verstoß Nichtigkeit auch bei Nottestamenten eintritt, sind nach der Rspr. die Erklärung des letzten Willens durch den Erblasser mündlich oder durch Übergabe einer Schrift, das Vorliegen der Todesbesorgnis, die Zuständigkeit der Urkundsperson, die Zuziehung von zwei Zeugen, die ständige Anwesenheit des Erblassers und der Mitwirkenden (BGHZ 37, 79/88 f. = NJW 1962, 1149), die Aufnahme einer noch zu Lebzeiten des Erblassers gefertigten Niederschrift (KG DJ 1940, 1015; *Staudinger/Firsching* § 2249 Rdn. 32), aus der mindestens hinreichend erkennbar sein muß, wer Erblasser ist und wer als Urkundsperson und als Zeuge mitgewirkt hat (BGHZ 37, 79/90 = NJW 1962, 1149), das Unterlassen des Vorlesens und der Genehmigung und Unterzeichnung durch den Erblasser, sofern dieser nicht schreibunfähig ist (BGHZ 17, 39 = NJW 1955, 787; BayObLG 79, 232/236), die Zuziehung nach §§ 2249 Abs. 1 Satz 3 BGB, 7, 27 BeurkG ausgeschlossener Zeugen (OLG Nürnberg OLGZ 65, 157), das Fehlen der dauernden Anwesenheit der mitwirkenden Zeugen (BayObLG Rpfleger 1977, 439), sowie der Verstoß gegen zwingende Sondervorschriften bei körperlichen Gebrechen des Erblassers (OLG München HRR 42 Nr. 202). Unschädliche Formfehler bei der Abfassung der Niederschrift sind dagegen, mit dem Vorbehalt besonders schwerer Mängel, nach dem BGH (BGHZ 37, 79/89 = NJW 1962, 1149) solche, die die Anforderungen an den Protokollinhalt selbst betreffen, wie zB. Mangelhaftigkeit in der Bezeichnung des Erblassers und der mitwirkenden Personen, aber auch über die Art der Abgabe der Erblassererklärung (mündlich oder durch Übergabe einer Schrift). Ferner sind nach der Rspr. zB. unschädlich das Fehlen der vorgeschriebenen Feststellung der Todesbesorgnis in der Niederschrift (KG DNotZ 1942, 103), fehlende Angaben über Ort und Zeit der Verhandlung, die Identitätsnachweise der Beteiligten, die Überzeugung von der Schreibunfähigkeit des Erblassers (BGHZ 28, 190 = NJW 1958, 1915/1917; BGH LM § 2249 Nr. 1 m. Anm. *Ascher* u. Nr. 3 m. Anm. *Piepenbrock;* BGH LM § 2249 Nr. 1 m. Anm. *Mattern;* KG NJW 1960, 1208). In diesen Fällen ist der Errichtungsakt formgerecht erfolgt, die Protokollierung war aber unvollständig. Der Beweis, daß die nicht protokollierten Umstände vorlagen, kann dann auch durch außerhalb des Testaments liegende Beweismittel erbracht werden (MünchKomm/*Burkart*, 2. Aufl. § 2249 Rdn. 34). Das gilt aber nur für Mängel bei der Abfassung der Niederschrift. Ist eine solche vor Ableben des Testierers nicht vorhanden, ist das Nottestament nichtig (KG NJW 1947/48, 188; OLG Gera NJW 1949, 80; *Staudinger/Firsching* § 2249 Rdn. 32). Eine nachträgliche Niederschrift der mündlichen Erklärung des Erblassers ist nicht mehr möglich (KG ZAkfDR 1941, 101 m. Anm. *Lange*).

4. Bürgermeister. Für die Errichtung des Bürgermeistertestaments ist sachlich der Bürgermeister oder Gutsbezirksvorsteher zuständig. Wer Bürgermeister ist, bestimmt sich nach den Ländergemeindeordnungen. Gem. § 2249 Abs. 5 BGB ist ohne Nachweis eines Verhinderungsgrundes auch der nach den gesetzlichen Vorschriften zur Vertretung des Bürgermeisters Befugte zuständig. Er soll dabei in der Niederschrift angeben, worauf er seine Vertretungsbefugnis stützt. In Hamburg ist der Standesbeamte zuständig (Hamburger AGBGB v. 1. 7. 1958 – VOBl. II 1958, 441). Örtlich zuständig ist der Bürgermeister des Aufenthaltsorts des Erblassers. Dabei genügt auch ein nur vorübergehender Aufenthalt. Die Beurkundung ist jedoch gemäß dem durch gesetzliche Verweisung anwendbaren § 2 BeurkG nicht unwirksam, wenn sie außerhalb des Gemeindebezirks vorgenommen wird.

5. Zeugen. Der Bürgermeister muß zu der Beurkundung zwei Zeugen zuziehen (§ 2249 Abs. 1 Satz 2 BGB). Bei Nichtzuziehung ist das Testament nichtig. Weitere Zeugen nach §§ 22, 29 BeurkG brauchen und dürfen daneben nicht zugezogen werden. Als Zeuge darf nicht zugezogen werden, wer in der Verfügung bedacht oder zum Testamentsvollstrecker ernannt werden soll. Ferner finden die Ausschließungsgründe der

§§ 7, 27 BeurkG für die Zeugen entsprechende Anwendung. Ein Verstoß dagegen macht die Zuwendung gegenüber dem Bedachten, der zu dem Personenkreis gehört, unwirksam (BGH NJW 1973, 843). Als Zeugen sollen nicht mitwirken der Ehegatte des Bürgermeisters und die mit ihm in gerader Linie Verwandten, wer zu ihm in einem ständigen Dienstverhältnis steht, worunter aber nicht die Gemeindebediensteten fallen, deren Dienstherr die Gemeinde ist, letztlich Minderjährige, Geisteskranke, Geistesschwache, wer nicht hinreichend hören, sprechen oder sehen kann, wer nicht schreiben kann und wer der deutschen Sprache nicht hinreichend kundig ist (§ 2249 Abs. 1 Satz 4 BGB, § 26 Abs. 1 Nr. 3, 4, Abs. 2 BeurkG). Eine Verletzung dieser Mitwirkungsverbote führt jedoch nicht zur Unwirksamkeit des Dorftestaments. Die Niederschrift muß auch von den Zeugen unterschrieben werden (§ 2249 Abs. 1 Satz 5 BGB).

6. Todesbesorgnis. Voraussetzung für die Zuständigkeit des Bürgermeisters zur Beurkundung des Nottestaments ist, daß der Bürgermeister nach gewissenhafter Prüfung die Besorgnis hat, der Erblasser werde früher sterben, als die Errichtung eines Testaments vor einem Notar möglich ist (§ 2249 Abs. 1 Satz 1 BGB). Dabei ist die Zuständigkeit auch gegeben, wenn die Besorgnis objektiv nicht begründet war (§ 2249 Abs. 2 Satz 2 BGB) oder wenn der Bürgermeister die Besorgnis zwar subjektiv nicht hatte, sie jedoch objektiv bestand (RGZ 171, 27). Bestand weder objektiv noch nach Ansicht des Bürgermeisters die Besorgnis, so ist das Nottestament nichtig, da dann dem Bürgermeister die Beurkundungszuständigkeit fehlt (*Dittmann/Reimann/Bengel*, 2. Aufl. § 2249 Rdn. 8). Maßgebend ist die Besorgnis des Bürgermeisters, nicht die der Zeugen oder des Erblassers (*Dittmann/Reimann/ Bengel* aaO.). Der Besorgnis des vorzeitigen Ablebens steht die Besorgnis des Eintritts einer bis zum Tode fortdauernden Testierunfähigkeit gleich (BGHZ 3, 372 = NJW 1952, 181). Ein gemeinschaftliches Nottestament kann von Ehegatten auch errichtet werden, wenn die Todesbesorgnis nur hinsichtlich eines der Ehegatten gegeben ist (§ 2266 BGB). Die Todesbesorgnis soll in der Niederschrift festgestellt werden (§ 2249 Abs. 2 Satz 1 BGB).

7. Form des Nottestaments. Das Bürgermeisternottestament kann sowohl durch mündliche Erklärung als auch durch Übergabe einer offenen oder verschlossenen Schrift errichtet werden (§§ 2249 Abs. 1 Satz 4, 2232 BGB). Die Beschränkungen der freien Wahl der Testierform für minderjährige und behinderte Erblasser gem. § 2233 BGB findet auch beim Bürgermeistertestament Anwendung (§§ 2249 Abs. 1 Satz 5, 2233 BGB).

8. Gültigkeitsdauer des Bürgermeistertestaments. Das Bürgermeistertestament verliert seine Gültigkeit, wenn seit seiner Errichtung drei Monate verstrichen sind und der Erblasser noch lebt (§ 2252 Abs. 1 BGB). Beginn und Lauf der Frist sind gehemmt, solange der Erblasser außerstande ist, ein Testament vor einem Notar zu errichten (§ 2252 Abs. 2 BGB). Der Bürgermeister soll den Erblasser auf diese beschränkte Gültigkeitsdauer hinweisen und in der Niederschrift feststellen, daß diese Belehrung erfolgt ist (§ 2249 Abs. 3 BGB). Ein Ehegattentestament bleibt als gemeinschaftliches Testament voll wirksam, wenn auch nur einer der Ehegatten innerhalb von drei Monaten seit seiner Errichtung stirbt (KGJ 51 S. 87).

9. Unterschriften und Behandlung des Nottestaments. Das Bürgermeistertestament ist vom Erblasser zu unterschreiben (§ 2249 Abs. 1 Satz 4 BGB, § 13 Abs. 1 BeurkG). Vermag der Erblasser nach seinen Angaben oder nach der Überzeugung des Bürgermeisters seinen Namen nicht zu schreiben, so wird die Unterschrift des Erblassers durch die Feststellung dieser Angabe oder Überzeugung in der Niederschrift ersetzt (§ 2249 Abs. 1 Satz 6 BeurkG). Die Niederschrift muß vom Bürgermeister eigenhändig unterschrieben werden (§ 2249 Abs. 1 Satz 4 BGB, § 13 Abs. 3 BeurkG). Er soll dabei der Unterschrift seine Amtsbezeichnung beifügen. Die fehlende Unterschrift des Bürgermeisters unter der Niederschrift wird nach § 2249 Abs. 1 Satz 4 BGB, § 35 BeurkG durch seine Unterschrift auf dem Testamentsumschlag ersetzt. Die Niederschrift muß auch von den beiden

14. Dreizeugentestament   XV. 14

Zeugen unterschrieben werden (§ 2249 Abs. 1 Satz 5 BGB). Diese Unterschriften können aber auch nach dem Tode des Erblassers jederzeit nachgeholt werden (KG NJW 1947/48, 190). Das Nottestament ist in einen Umschlag zu nehmen, zu versiegeln und unverzüglich in die amtliche Verwahrung des zuständigen Amtsgerichts bzw. in Baden-Württemberg des zuständigen Notariats zu bringen (§ 2249 Abs. 1 Satz 4 BGB, § 34 BeurkG).

10. Kosten und Gebühren. Die für das Bürgermeisternottestament zu erhebenden Kosten richten sich nach Landesrecht. Nach § 15 des baden-württembergischen Landesjustizkostengesetzes idF. v. 25. 3. 1975 (Ges. Bl. S. 261) sind dies zB. die Hälfte der in § 46 KostO bestimmten Gebühr und für die hinzugezogenen Zeugen eine Vergütung von 5,– DM für jede angefangene Stunde. Die Gebühren und Auslagen fließen dabei in die Gemeindekasse.

14. Dreizeugentestament[1, 2]

Geschehen im Kreiskrankenhaus von ......
am ......[3]
Uns, A, B, und C[4] alle mit dem Wohnsitz in ...... bat der schwerkranke E, wohnhaft in ......, geboren am ...... in ...... und uns persönlich bekannt, jedoch mit keinem von uns verwandt oder verschwägert, sein Testament aufzunehmen. E befand sich nach unserer aller Überzeugung in so naher Todesgefahr, daß wir besorgt waren, daß die Errichtung eines Testaments vor einem Notar oder einem Bürgermeister nicht mehr rechtzeitig möglich gewesen wäre.[5] E war auch bereits so geschwächt, daß er nach unserer Überzeugung nicht mehr schreiben konnte.[6] An seiner Geschäfts- und Testierfähigkeit bestand für uns alle kein Zweifel.[7]
Herr E erklärte uns sodann mündlich[8] seinen letzten Willen wie folgt: ......

Das Protokoll wurde von A niedergeschrieben, dem Erblasser vorgelesen, von ihm genehmigt und von uns Zeugen unterschrieben:[9, 10, 11]

Anmerkungen

1. Sachverhalt. Der Testierer ist so schwer erkankt oder verletzt, daß die Besorgnis besteht, er werde sterben, bevor er ein ordentliches öffentliches Testament vor einem Notar oder ein Nottestament vor einem Bürgermeister machen kann.

2. Anwendungsfälle. Ein Nottestament durch mündliche Erklärung vor drei Zeugen ist zulässig
a) bei so naher Todesgefahr des Erblassers, daß voraussichtlich auch die Form des Bürgermeistertestaments nach § 2249 BGB (vgl. Form. XV. 13) nicht mehr eingehalten werden kann (§ 2250 Abs. 2 BGB),
b) bei Absperrung eines Ortes von der Außenwelt (§ 2250 Abs. 1 BGB), wobei in diesem Fall wahlweise auch ein Bürgermeistertestament errichtet werden kann,
c) bei Seereisen an Bord eines deutschen Schiffes außerhalb eines inländischen Hafens (§ 2251 BGB).
Alternative für schreibfähige Erblasser ist natürlich jeweils das eigenhändige Testament gem. § 2247 BGB.

3. Niederschrift über die Errichtung des Dreizeugentestaments. Das Dreizeugentestament ist nicht völlig formlos. Über die mündliche Erklärung des Testaments vor drei Zeugen ist noch zu Lebzeiten des Erblassers eine Niederschrift aufzunehmen (§ 2250

Abs. 3 Satz 1 BGB). Für den Errichtungsakt und den Inhalt der Niederschrift hat der Gesetzgeber durch Verweisung in § 2250 Abs. 3 Satz 2 BGB auf die entsprechenden allgemeinen Beurkundungsvorschriften Minimalerfordernisse aufgestellt. Im einzelnen sind danach bei der Niederschrift folgende Erfordernisse einzuhalten: § 8 BeurkG (Aufnahme einer Niederschrift), § 9 BeurkG (Inhalt der Niederschrift), § 10 BeurkG (Feststellung der Person des Erblassers), § 11 Abs. 1 Satz 2, Abs. 2 BeurkG (Feststellung der Geschäfts- und Testierfähigkeit des Erblassers), § 13 Abs. 1, 3 Satz 1 BeurkG (Vorlesung, Genehmigung und Unterschrift des Erblassers sowie Unterschrift der beurkundenden Zeugen), § 23 BeurkG (Besonderheiten für taube Erblasser), § 28 BeurkG (Aufnahme der Feststellungen über die Geschäfts- und Testierfähigkeit des Erblassers in die Niederschrift), § 2249 Abs. 1 Satz 5, 6, Abs. 2, 6 BGB (Unterschrift der Zeugen, schreibunfähige Erblasser, Feststellung der subjektiven Todesbesorgnis, Unschädlichkeit von Formfehlern).

Durch die Verweisung in § 2250 Abs. 3 Satz 2 BGB auf § 2249 Abs. 6 BGB sind beim Dreizeugentestament wie beim Bürgermeistertestament alle bei der Abfassung der Niederschrift unterlaufenen Formfehler für seine Gültigkeit unschädlich, während Mängel des Errichtungsaktes, soweit dabei gegen Mußvorschriften verstoßen wurde, zu seiner Nichtigkeit führen (siehe zur Abgrenzung beider Mängelarten Form. XV. 13 Anm. 3 (2)). So sind das Erfordernis der Aufnahme einer Niederschrift (§ 8 BeurkG), die Aufnahme der Erklärungen des Erblassers darin (§ 9 Abs. 1 Nr. 2 BeurkG) und das Verlesen der Niederschrift (OLG Frankfurt Rpfleger 1979, 206), ihre Genehmigung und ihre Unterzeichnung durch den Erblasser (§ 13 Abs. 1 BeurkG) zwingender Natur und ein Verstoß führt zur Nichtigkeit des Nottestaments (*Palandt/Edenhofer* § 2250 Rdn. 10; BGHZ 115, 169 = NJW 1991, 3210). Ein Nottestament ist nicht zustandegekommen, wenn der Erblasser seinen letzten Willen vor drei Zeugen erklärt hat, jedoch vor der Unterschriftsleistung unter das angefertigte Schriftstück stirbt. Nur seine Unterschrift ist geeignet, die Niederschrift zu vollenden, das nicht unterschriebene Schriftstück ist eine bedeutungslose Notiz, falls nicht Schreibunfähigkeit des Erblassers vorlag (MünchKomm/*Burkart*, 2. Aufl. § 2250 Rdn. 17; BGHZ 28, 190 = NJW 1958, 1915). Lag Schreibunfähigkeit vor, so muß mindestens einer der drei Zeugen vor dem Tod des Erblassers unterschrieben haben, da er gleichzeitig als Schreibzeuge fungiert, seine Unterschrift an Stelle der des Erblassers tritt und damit zum Wirksamkeitserfordernis der Urkunde wird (§ 25 Satz 2 BeurkG) (BayObLG Rpfleger 1979, 458 = FamRZ 1980, 505). Das Fehlen der Unterschrift der drei Zeugen beim Tode des Erblassers, der gerade noch selbst unterschreiben konnte, führt dagegen als Formfehler gem. §§ 2249 Abs. 6, 2250 Abs. 3 BGB nicht zur Nichtigkeit (KG OLGZ 1966, 462 = NJW 1966, 1661). Die Niederschrift kann außer in der deutschen auch in einer anderen Sprache aufgenommen werden (§ 2250 Abs. 3 Satz 3 BGB). Voraussetzung hierzu ist, daß die Zeugen und der Erblasser der fremden Sprache hinreichend kundig sind, was in der Niederschrift festgestellt werden sollte (§ 2250 Abs. 3 Satz 4 BGB). Nach der hM. (*Staudinger/Firsching* § 2250 Rdn. 15; MünchKomm/*Burkart*, 2. Aufl. § 2250 Rdn. 1; *Palandt/Edenhofer* § 2250 Rdn. 11; aM. *Dittmann/Reimann/Bengel*, 2. Aufl. § 2250 BGB Rdn. 28) stellt das Dreizeugentestament keine öffentliche Urkunde, sondern eine Privaturkunde dar.

4. Errichtung vor drei Zeugen. Die Errichtung des Nottestaments erfolgt durch mündliche Erklärung vor drei Zeugen. Die Zeugen treten an die Stelle der Amtsperson und übernehmen deren Beurkundungsfunktion als mitwirkende Personen (BGHZ 54, 89 = NJW 1970, 1601; MünchKomm/*Burkart* § 2250 Rdn. 11). Alle drei Zeugen müssen zur Mitwirkung unter Übernahme der Verantwortung für die richtige Wiedergabe des Erblasserwillens bereit sein (BGHZ 54, 89 = NJW 1970, 1601). Die zufällige Anwesenheit eines sonst unbeteiligten Dritten genügt nicht für die Wahrung der Form (BGH LM § 2250 Br. 2, 3 = NJW 1972, 202). Die Zeugen müssen während des gesamten Errichtungsvorgangs, also auch bei der Verlesung und Genehmigung der Niederschrift, zuge-

14. Dreizeugentestament   XV. 14

gen sein (BGHZ 54, 89 = NJW 1970, 1601). Nach § 2250 Abs. 3 Satz 2 BGB finden auf die Zeugen die Ausschließungsgründe des § 6 Abs. 1 Nr. 1 bis 3 BeurkG mit Unwirksamkeitsfolge, des § 7 BeurkG mit Teilunwirksamkeitsfolge und die Mitwirkungsverbote des § 26 Abs. 2 Nr. 2 bis 5 BeurkG als Sollvorschriften Anwendung, wobei nach § 27 BeurkG das Bedachtwerden und die Ernennung zum Testamentsvollstrecker im Nottestament als rechtlicher Vorteil anzusehen ist (OLG Frankfurt Rpfleger 1981, 303). Wirken bei einem Nottestament mehr als drei Personen mit, müssen sie alle die erforderlichen Voraussetzungen erfüllen (OLG Frankfurt NJW 1981, 2421).

5. **Todesbesorgnis.** Voraussetzung für die Zulässigkeit eines Dreizeugentestaments ist so nahe Todesgefahr des Erblassers, daß voraussichtlich weder ein Testament nach § 2232 BGB noch nach § 2249 BGB möglich ist. Der Besorgnis naher Todesgefahr steht dabei die Befürchtung des Eintritts einer bis zum Tod fortdauernden Testierunfähigkeit gleich (BGHZ 3, 372 = NJW 1952, 181). Die Befürchtung eines nahen Todes muß bei allen drei Zeugen vorhanden sein. Die Todesgefahr muß entweder subjektiv nach Ansicht der drei Zeugen zum Zeitpunkt der Testamentserrichtung vorliegen (BGHZ aaO.) oder objektiv bestehen (RG DNotZ 1943, 274). Liegt weder objektiv noch subjektiv nahe Todesgefahr vor, ist das Nottestament nichtig (*Dittmann/Reimann/Bengel*, 2. Aufl. § 2250 BGB Rdn. 10).

6. **Schreibunfähigkeit des Erblassers.** Vermag der Erblasser nach seinen Angaben oder nach der Überzeugung aller drei Zeugen seinen Namen nicht zu schreiben, so wird die Unterschrift des Erblassers durch die Feststellung dieser Angabe oder Überzeugung in der Niederschrift ersetzt (§§ 2250 Abs. 3 Satz 2, 2249 Abs. 1 Satz 6 BGB).

7. **Geschäfts- und Testierfähigkeit.** Die drei Zeugen sollen Zweifel an der Geschäfts- und Testierfähigkeit des Erblassers in der Niederschrift feststellen (§ 2250 Abs. 3 Satz 2 BGB, § 11 Abs. 1 Satz 2 BeurkG) und wenn der Testierer schwer krank ist, dies (§ 2250 Abs. 3 Satz 2 BGB, § 11 Abs. 2 BeurkG) und ihre Wahrnehmungen über die erforderliche Geschäftsfähigkeit des Erblassers in der Niederschrift vermerken (§ 2250 Abs. 3 Satz 2 BGB, § 11 Abs. 2, 28 BeurkG).

8. **Errichtung nur durch mündliche Erklärung.** Die Errichtung eines Dreizeugentestaments kann nur durch mündliche Erklärung des Erblasserwillens erfolgen, nicht durch Übergabe einer offenen oder verschlossenen Schrift (*Dittmann/Reimann/Bengel*, 2. Aufl. § 2250 BGB Rdn. 11; *Palandt/Edenhofer* § 2250 Rdn. 6). Ein Stummer kann daher wegen § 2233 Abs. 3 BGB nicht nach § 2250 BGB testieren.

9. **Unterschrift des Erblassers und der Zeugen.** Die Unterschrift des Erblassers ist zwingendes Wirksamkeitserfordernis (§ 2250 Abs. 3 Satz 2 BGB, § 13 Abs. 1 BeurkG), es sei denn, er vermochte seinen Namen nicht mehr zu schreiben. Die Zeugen müssen ebenfalls unterschreiben (§§ 2250 Abs. 3 Satz 2, 2249 Abs. 1 Satz 4 BGB, § 13 Abs. 3 Satz 1 BeurkG). Die Unterschrift eines Zeugen ist auch nach dem Ableben des Erblassers nachholbar (KG NJW 1947/48, 190; BGHZ 37, 79 = NJW 1962, 1149). Umstritten ist, inwieweit das Fehlen der Unterschriften mitwirkender Zeugen noch als bei der Abfassung der Niederschrift unterlaufener und damit gem. §§ 2249 Abs. 6, 2250 Abs. 3 BGB unschädlicher Formfehler angesehen werden kann. Die einen lassen nur eine fehlende Unterschrift zu (RG DR 1944, 841; KG JFG 21, 38; KG NJW 47/48, 190; OLG Gera NJW 1949, 80), die im Schrifttum herrschende Ansicht verlangt wenigstens eine Unterschrift (*Staudinger/Firsching* § 2250 Rdn. 14; *MünchKomm/Burkart*, 2. Aufl. § 2250 Rdn. 16; *Palandt/Edenhofer* § 2250 Rdn. 4; BayObLG Rpfleger 1979, 458), die im Zeitpunkt des Todes vorhanden sein muß, während wieder andere völliges Fehlen einer Zeugenunterschrift als unschädlich ansehen, wenn der Erblasser unterschrieben hat und die Nichtunterzeichnenden tatsächlich Zeugen gewesen sind (KG DGF 1940, 15; *Dittmann/ Reimann/Bengel*, 2. Aufl. § 2250 BGB Rdn. 15; KG NJW 1966, 1661; *Soergel/Harder* § 2250 Rdn. 14).

10. Behandlung der Niederschrift. Da es sich dabei um eine Privaturkunde handelt, muß das Dreizeugentestament nicht versiegelt und amtlich verwahrt werden. §§ 2256 Abs. 1 BGB, 34 BeurkG sind nicht anwendbar (*Palandt/Edenhofer* § 2250 Anm. 5). Die Testamentsverwahrung ist jedoch möglich.

11. Gültigkeitsdauer. Auch das Dreizeugentestament hat gem. § 2252 BGB wie alle Nottestamente nur eine beschränkte Gültigkeitsdauer von 3 Monaten ab seiner Errichtung, vorausgesetzt der Erblasser ist zur Zeit des Fristablaufs noch am Leben. Hemmung des Fristbeginns und -laufs tritt ein, solange der Erblasser außerstande ist, vor einem Notar ein öffentliches Testament zu errichten.

15. Erbvertragsbeurkundung[1, 2]

Verhandelt zu ......
am ......
Vor dem unterzeichneten Notar ......
erscheinen, ausgewiesen durch Personalausweise und der Erblasser nach dem persönlichen Eindruck des Notars und der mit ihm geführten Unterhaltung unbedenklich unbeschränkt geschäfts- und testierfähig:

A, geboren am ...... in ......, wohnhaft in ...... (Ort, Straße), und nach eigenen Angaben deutscher Staatsangehöriger

– Erblasser –[3]

C, wohnhaft in ...... (Ort, Straße) handelnd für B, wohnhaft in ...... (Ort, Straße) aufgrund privatschriftlicher Vollmacht vom ......

– anderer Vertragsschließender –.[4]

Die Anwesenden wünschen die Errichtung eines Erbvertrages durch mündliche Erklärung,[5] wobei A Erblasser und B, vertreten durch C der andere Vertragsschließende ist. Sie verlangen keine Zuziehung von Zeugen.

Die Erschienenen erklärten bei gleichzeitiger Anwesenheit[6] mündlich und wobei C für B handelnd alle erbvertraglichen Erklärungen des A annahm,[7] folgenden

Erbvertrag:

......

Wir treffen alle vorstehenden Verfügungen, soweit gesetzlich zulässig, mit erbvertraglicher Bindung und damit einseitig unwiderruflich.

Schlußbestimmungen:

1. Der A versichert nicht durch Erbvertrag oder gemeinschaftliches Testament in der Verfügung über seinen Nachlaß gebunden zu sein.[8]
2. Der Erblasser wurde vom Notar auf die Bedeutung und Auswirkung eines Erbvertrages hingewiesen, insbesondere darauf, daß die erbvertraglichen Bestimmungen einseitig weder aufgehoben noch abgeändert werden können und daß diese Bindung durch gegenständliche Beschränkung, Rücktrittsvorbehalt und andere individuelle Klauseln gemindert werden könnte.[9]
  Ferner wurde der Erblasser auf das Pflichtteilsrecht von Abkömmlingen, Ehegatten und Eltern hingewiesen.[10]
  Der andere Vertragsbeteiligte wurde vom Notar auf die Grenzen der Bindungswirkung des Erbvertrages hingewiesen, insbesondere darauf, daß der Vertrag durch Ver-

15. Erbvertragsbeurkundung XV. 15

fügungen des Erblassers zu Lebzeiten, durch die gesetzlichen Rücktrittsrechte und die Anfechtungsmöglichkeit beeinträchtigt werden könnte.[11]

3. Die Vertragsbeteiligten wünschen nicht, daß dieser Erbvertrag verschlossen und in die besondere amtliche Verwahrung beim Amtsgericht verbracht wird. Er soll vielmehr bis zum Erbfall bei der Urkundensammlung des Notars aufbewahrt und den Beteiligten je eine beglaubigte Abschrift erteilt werden.[12]

In Gegenwart des Notars den Beteiligten vorgelesen, von ihnen genehmigt und eigenhändig unterschrieben:

....
Unterschriften

Anmerkungen

1. Sachverhalt. Der A will mit Bindungswirkung gegenüber dem B eine Verfügung von Todes wegen durch mündliche Erklärung vor einem Notar errichten, wobei sich B als Vertragsgegner von C vertreten läßt.

2. Anwendungsfälle. Durch Erbvertrag können nur Erben eingesetzt (§ 1937 BGB) und Vermächtnisse (§ 1939 BGB) auf Auflagen (§ 1940 BGB) angeordnet werden (§§ 1941 Abs. 1, 2278 Abs. 2 BGB). Als Erbe (Vertragserbe) oder Vermächtnisnehmer kann dabei sowohl der andere Vertragsschließende als auch ein Dritter bedacht werden (§ 1941 Abs. 2 BGB). Lediglich einseitig (§ 2299 BGB) und nicht vertragsmäßig können in einem Erbvertrag verfügt werden z. B. die Ernennung eines Testamentsvollstreckers (§ 2197 BGB), familienrechtliche Anordnungen (§§ 1418 Abs. 2 Nr. 2, 1638, 1777 BGB), Enterbung (§ 1938 BGB) oder eine Auflassungsvollmacht für den Todesfall. Ein Erbvertrag ist im Gegensatz zum gemeinschaftlichen Testament nicht auf Ehegatten beschränkt. Der Erbvertrag ist ein wirklicher Vertrag (BGHZ 26, 204/207 = NJW 1958, 498), der eine Bindung des Erblassers an seine vertragsmäßigen Verfügungen von Todes wegen bewirkt (MünchKomm/ *Musielak*, 2. Aufl. Einl. vor § 2274 Rdn. 3). Durch den Erbvertrag wird für den Begünstigten unmittelbar der Berufungsgrund als Erbe oder Vermächtnisnehmer geschaffen, was jedoch nicht bedeutet, daß bereits zu Lebzeiten des Erblassers eine Rechtsposition des Begünstigten entsteht, die Rechte und Pflichten begründet. Solche Rechtswirkungen treten erst mit dem Erbfall ein. Dies unterscheidet den Erbvertrag von einem Rechtsgeschäft unter Lebenden und weist ihn als Verfügung von Todes wegen aus (MünchKomm/*Musielak*, 2. Aufl. Einl. vor § 2274 Rdn. 3). Die Unterscheidung zwischen vertragsmäßigen und einseitigen Verfügungen innerhalb eines Erbvertrages ist für die Bindung des Erblassers bedeutsam. Er ist nur an vertragsmäßige Verfügungen gebunden, einseitige kann er ohne weiteres widerrufen (MünchKomm/ *Musielak*, 2. Aufl. Einl. vor § 2274 Rdn. 6). Ein Erbvertrag muß vertragsmäßige Verfügungen enthalten (MünchKomm/*Musielak*, 2. Aufl. Einl. vor § 2274 Rdn. 7). Man unterscheidet einseitige und zweiseitige Erbverträge. Von einem einseitigen Erbvertrag spricht man, wenn nur ein Vertragspartner vertragsmäßige Verfügungen von Todes wegen trifft und der andere die Erklärungen lediglich annimmt. Treffen beide Vertragspartner vertragsmäßige Verfügungen von Todes wegen (§ 2278 Abs. 1 BGB), liegt ein zweiseitiger oder gemeinschaftlicher Erbvertrag vor, und, wenn sie sich darin gegenseitig etwas zuwenden, ein gegenseitiger (reziproker) Erbvertrag. Es können auch mehr als zwei Personen vertragsmäßige Verfügungen von Todes wegen treffen. Man spricht dann von einem mehrseitigen Erbvertrag (MünchKomm/*Musielak*, 2. Aufl. Einl. vor § 2274 Rdn. 26). Ein Erbvertrag kann im Gegensatz zu einem Testament auch in Form eines Prozeßvergleichs geschlossen werden (RG JW 1901, 474 = RGZ 48, 183; BGHZ 14, 381 = DNotZ 1955, 190; BGH FamRZ 1960, 28; Köln OLGZ 1970, 114), da der Prozeßvergleich jede Formvorschrift ersetzt (§ 127a BGB). Notwendig dazu ist, daß der

Erblasser persönlich anwesend ist und im Anwaltsprozeß auch sein Anwalt (RGZ 48, 183; BayObLG NJW 1965, 1276). Der bloß vertragsschließende Teil kann sich auch hier vertreten lassen (§ 2274 BGB).

3. Der Erblasser im Erbvertrag. Als Erblasser wird beim Erbvertrag bezeichnet, wer vertragsmäßige Verfügungen von Todes wegen trifft (§§ 1941, 2278 BGB). Der Erblasser kann einen Erbvertrag nur höchstpersönlich schließen (§ 2274 BGB). Er darf sich hierzu weder eines Vertreters noch eines Boten bedienen. Es ist die gleiche Regelung, die auch für Testamente (§ 2064 BGB), Erbverzichtsverträge (§ 2347 Abs. 2 Satz 1 BGB), für die Anfechtung (§ 2282 BGB – jedoch mit Ausnahme des Abs. 2 –) und für die Bestätigung (§ 2284 BGB), Aufhebung (§ 2290 Abs. 2 BGB) und Rücktrittserklärung (§ 2296 Abs. 1 BGB) eines Erbvertrages gilt, die dem Erblasser die Verantwortung für die Ausgestaltung seiner Erbfolge selbst auferlegt und verhindern soll, daß ein Vertreter den Willen des Erblassers verfälscht (BGHZ 15, 199 = NJW 1955, 100). Wie beim Testament ist es dem Erblasser auch beim Erbvertrag nicht gestattet, seine Verfügungen von Todes wegen in der Weise unvollständig zu treffen, daß es einem Dritten überlassen bleibt, sie nach Belieben oder Ermessen in wesentlichen Teilen zu ergänzen (BGH aaO.). Als Erblasser kann einen Erbvertrag nur schließen, wer unbeschränkt geschäftsfähig ist (§ 2275 Abs. 1 BGB). Ein Erbvertrag, den ein geschäftsunfähiger (§ 104 BGB) oder beschränkt geschäftsfähiger (§§ 106, 114 BGB) Erblasser schließt, ist nichtig (Münch-Komm/*Musielak*, 2. Aufl. § 2275 Rdn. 3). Eine Ausnahme dieser Regel bilden Ehegatten und Verlobte. Sie können, auch wenn sie beschränkt geschäftsfähig sind, mit ihren Ehegatten oder Verlobten einen Erbvertrag schließen (§ 2275 Abs. 2 u. 3 BGB). Sie bedürfen dazu jedoch der Zustimmung ihres gesetzlichen Vertreters und wenn dies ein Vormund ist, zusätzlich der Genehmigung des Vormundschaftsgerichts (§ 2275 Abs. 2 Satz 2 BGB). Für die Zustimmung des gesetzlichen Vertreters gelten die §§ 108, 109, 114, 182ff. BGB. Sie kann daher formlos, sowohl vor dem Abschluß des Erbvertrages als auch nachträglich und sowohl gegenüber dem beschränkt Geschäftsfähigen als auch seinem Vertragspartner, dh. seinem Ehegatten oder Verlobten gegenüber erklärt werden (*Dittmann/Reimann/Bengel*, 2. Aufl. § 2275 Rdn. 5). Die Beurkundung eines Erbvertrages unter Ehegatten oder Verlobten darf nicht deswegen abgelehnt werden, weil die Zustimmung des gesetzlichen Vertreters noch nicht vorliegt (*Staudinger/Dittmann* 2275 Rdn. 6; *Dittmann/Reimann/Bengel*, 2. Aufl. § 2275 Rdn. 5). Die Erleichterung gilt nicht nur bei Verbindung des Erbvertrages mit einem Ehevertrag und nicht nur für den Fall der Minderjährigkeit, sondern auch bei Entmündigungen wegen Geistesschwäche, Verschwendung oder Trunksucht, die ja nur beschränkte Geschäftsfähigkeit herbeiführen (§ 114 BGB) (*Dittmann/Reimann/Bengel*, 2. Aufl. § 2275 Rdn. 3). Bei Verheirateten kann, da die Ehemündigkeit gem. § 1 Abs. 2 EheG erst ab dem 16. Lebensjahr beginnt, durch diese Ausnahmevorschrift der Zeitpunkt der Testierfähigkeit gem. § 2229 BGB nicht vorverlegt werden, wohl aber bei Verlobten, weil Ehemündigkeit zum Verlöbnis nicht erforderlich ist (*Staudinger/Dietz* Vorbem. v. § 1297 Rdn. 34; *Staudinger/Dittmann* § 2275 Rdn. 4; *Dittmann/Reimann/Bengel*, 2. Aufl. § 2275 Rdn. 3), da ein voraussichtlich behebbares Hindernis, hier das mangelnde Heiratsalter, der Gültigkeit einer Verlobung nicht entgegensteht (RG JW 1908, 519). Streitig ist, ob derjenige, der zwar testierunfähig, aber nach § 2275 Abs. 2 oder 3 BGB fähig ist, einen Erbvertrag wirksam zu schließen, in diesem Erbvertrag auch einseitige Verfügungen von Todes wegen treffen kann. Die hM verneint dies und verlangt für einseitige Verfügungen stets Testierfähigkeit (MünchKomm/*Musielak*, 2. Aufl. § 2299 Rdn. 4 Anm. 6).

4. Der andere Vertragschließende oder Vertragsgegner. Der andere Vertragschließende, wie das Gesetz ihn nennt, oder Vertragsgegner, der nicht als Erblasser vertraglich verfügt, kann sich nach den allgemeinen Regeln durch einen gesetzlichen Vertreter oder einen Bevollmächtigten und auch vollmachtlos (§ 177 BGB) vertreten lassen (*Staudinger/*

15. Erbvertragsbeurkundung   XV. 15

Dittmann § 2274 Rdn. 2; MünchKomm/*Musielak,* 2. Aufl. § 2274 Rdn. 2 u. § 2276 Rdn. 8; *Dittmann/Reimann/Bengel,* 2. Aufl. § 2274 Rdn. 3). Vertreter des anderen Vertragsschließenden kann auch der Erblasser selbst sein. Die Vollmacht bedarf keiner Form (§ 167 Abs. 2 BGB). Für die Geschäftsfähigkeit des anderen Vertragschließenden gelten die allgemeinen Vorschriften der §§ 104 ff. BGB, dh. wenn er geschäftsunfähig ist, kann sein Vertreter für ihn das Vertragsangebot annehmen, und wenn er beschränkt geschäftsfähig ist, benötigt er keine Zustimmung seines gesetzlichen Vertreters, da er durch den Vertrag nur einen rechtlichen Vorteil erlangt (§ 107 BGB; MünchKomm/*Musielak,* 2. Aufl. § 2275 Rdn. 6). Nach dem Tod des Erblassers kann der Erbvertrag weder genehmigt noch ihm zugestimmt werden (MünchKomm/*Musielak,* 2. Aufl. § 2275 Rdn. 8 u. § 2276 Rdn. 8).

5. Form der Errichtung des Erbvertrages. Für die Errichtung eines Erbvertrages gelten grundsätzlich die für das ordentliche öffentliche Testament geltenden Vorschriften (§ 2276 Abs. 1 BGB; §§ 27 ff. BewKG). Er muß daher zur Niederschrift eines Notars (§§ 2276 Abs. 1, 2231 Nr. 1 BGB) entweder durch mündliche Erklärung oder durch Übergabe einer offenen oder verschlossenen Schrift errichtet werden (§§ 2276 Abs. 1, 2232 BGB). Dabei brauchen die Vertragschließenden ihre Erklärungen nicht in derselben Weise abzugeben. Der eine kann sich mündlich erklären, der andere eine Schrift übergeben (*Palandt/Edenhofer* § 2276 Rdn. 3). Die Sondervorschriften für Minderjährige und Behinderte gelten ebenfalls (§§ 2276 Abs. 1, 2233 BGB). Was nach diesen materiellrechtlichen Formvorschriften für den Erblasser gilt, hat auch für die anderen Vertragschließenden Geltung (§ 2276 Abs. 1 Satz 2 Halbsatz 2 BGB). Dabei sind aber die Einschränkungen des § 2233 BGB nur dann auf den anderen Vertragschließenden anwendbar, wenn die Voraussetzungen auch in seiner Person erfüllt sind, dh. er selbst nicht lesen oder sprechen kann oder in der Geschäftsfähigkeit beschränkt ist (MünchKomm/*Musielak,* 2. Aufl. § 2276 Rdn. 7; *Dittmann/Reimann/Bengel,* 2. Aufl. § 2276 Rdn. 6). Für das Beurkundungsverfahren bei der Errichtung eines Erbvertrages sind die Vorschriften des Beurkundungsgesetzes maßgebend. Nach § 33 BeurkG sind dabei die speziellen Verfahrensvorschriften für die Übergabe einer Schrift (§ 30 BeurkG), die Übergabe einer Schrift durch einen Stummen (§ 31 BeurkG) und die mündliche Erklärung eines Sprachunkundigen (§ 32 BeurkG) nicht nur auf den Erblasser, sondern auch auf den anderen Vertragschließenden anzuwenden, wenn die entsprechenden Verhältnisse bei ihm oder, falls er sich vertreten läßt, in der Person des Vertreters gegeben sind (*Keidel/Kuntze/Winkler,* 13. Aufl. § 33 BeurkG Rdn. 4).

6. Gleichzeitige Anwesenheit beider Teile. Der Abschluß eines Erbvertrages ist nur bei gleichzeitiger Anwesenheit beider Vertragsteile möglich (§ 2276 Abs. 1 Satz 1 BGB). Dadurch ist ausgeschlossen, daß der Erbvertrag durch Vertragsangebot des einen Teils und Vertragsannahme des anderen abgeschlossen werden kann, wie dies sonst bei notariellen Beurkundungen gem. § 128 BGB zugelassen ist (MünchKomm/*Musielak,* 2. Aufl. § 2276 Rdn. 8).

7. Die Annahme der Verfügung. Die Annahme der erbvertraglichen Verfügungen des Erblassers durch den anderen Vertragschließenden ist ein wesentliches Merkmal für den Erbvertrag und sollte daher sicherheitshalber ausdrücklich beurkundet werden. Ob die Annahmeerklärung ausdrücklich mitbeurkundet werden muß (so OLG Oldenburg DNotZ 1966, 249) oder ob sie zwar erklärt und beurkundet werden muß, dafür aber sprachlich nicht zwei Sätze, nämlich ausdrückliches Angebot und Annahme, nötig sind, sondern wie bei jedem anderen Vertrag ein Satz genügt, in dem durch Auslegung die schlüssige Annahmeerklärung gefunden werden kann (so *Mattern* in der Anm. zu obiger Entscheidung in DNotZ 1966, 249 und ihm folgend OLG Frankfurt Rpfleger 1980, 344; *Palandt/Edenhofer* § 2276 Rdn. 15) ist streitig. Deshalb sollte zumindest die im Formular gewählte pauschale Annahme beurkundet werden.

8. Aufklärung der Testierfreiheit. Der Notar hat die Testierfreiheit des Erblassers aufzuklären. Er kann sich dabei auf die Richtigkeit der ihm vom Erblasser insoweit gemachten Angaben verlassen, ohne sie nachprüfen zu müssen (*Daimer/Reithmann/ Geßele*, Die Prüfungs- und Belehrungspflicht des Notars, 4. Aufl. 1974 Rdn. 136, 549).

9. Belehrung des Erblassers. Bei der Beurkundung eines Erbvertrages ist der Erblasser aus dem Gesichtspunkt der rechtlichen Tragweite des Rechtsgeschäfts heraus darüber zu belehren, daß für vertragsmäßige Verfügungen eine Bindung eintritt und spätere Verfügungen unwirksam sind, wenn sie das Recht des vertragsmäßig Bedachten beeinträchtigen (§§ 2278, 2279 BGB) (*Geßele* aaO. Rdn. 554; *Dittmann/Reimann/Bengel*, 2. Aufl. § 17 BeurkG Rdn. 10). Aus dem Gesichtspunkt der erweiterten Belehrungspflicht aus allgemeiner Betreuungsverpflichtung heraus, zu der der BGH (BGH DNotZ 1954, 330 f.) den Notar für verpflichtet hält, wenn besondere Umstände vermuten lassen, daß ein Beteiligter sich eines drohenden Schadens nicht voll bewußt ist, kann auch angezeigt sein, den Erblasser auf eine zu weitgehende Bindung durch den Erbvertrag und die gegebenen Möglichkeiten ihrer Einschränkung durch individuelle Klauseln hinzuweisen (*Dittmann/Reimann/Bengel*, 2. Aufl. § 17 BeurkG Rdn. 11).

10. Belehrung über das Pflichtteilsrecht. Zu den erst mit dem Erbfall eintretenden Folgen, auf die der Notar bei einer Verfügung von Todes wegen hinzuweisen hat, gehören mögliche Pflichtteilsansprüche übergangener gesetzlicher Erben (*Dittmann/Reimann/ Bengel*, 2. Aufl. § 17 BeurkG Rdn. 10 mwN.).

11. Belehrung des anderen Vertragschließenden. Der andere Vertragschließende braucht beim Erbvertrag grundsätzlich nicht darüber belehrt zu werden, daß der Erblasser über sein Vermögen trotz der Bindungswirkung durch Rechtsgeschäft unter Lebenden gem. § 2286 BGB frei verfügen kann (*Geßele* aaO. Rdn. 559) und daß der Erbvertrag gem. § 2281 BGB aufgrund der §§ 2078, 2079 BGB angefochten werden kann (*Geßele* aaO. Rdn. 560). Trotzdem kann auch hier im Einzelfall, wenn der Notar erkennt, daß der Vertragsgegner auf die Bindungswirkung vertraut, aus dem Gesichtspunkt der erweiterten Betreuungspflicht (BGH DNotZ 1954, 330 f.), eine Hinweispflicht auf die Einschränkungen der Bindungswirkung gegeben sein (*Dittmann/Reimann/ Bengel*, 2. Aufl. § 17 BeurkG Rdn. 11), evtl. verbunden mit dem Vorschlag der schuldrechtlichen Vereinbarung eines Verfügungsverbots, sanktioniert durch eine bei Grundstücken durch Vormerkung sicherbare bedingte Übertragungsverpflichtung.

12. Urkundenbehandlung. Während öffentliche Testamente in einen Umschlag verschlossen und unverzüglich in die besondere amtliche Verwahrung gebracht werden müssen (§ 34 Abs. 1 BeurkG), ist dies beim Erbvertrag nur grundsätzlich geboten, entfällt jedoch, wenn alle Vertragschließenden die besondere amtliche Verwahrung ausschließen (§ 34 Abs. 2 BeurkG). Der Widerspruch nur eines einzelnen genügt dabei nicht (*Keidel/ Kuntze/Winkler,* 13. Aufl. § 34 BeurkG Rdn. 13). Die besondere amtliche Verwahrung eines Erbvertrages kann auch noch später verlangt werden oder es kann auch nur die Verschließung in einem Umschlag ohne besondere amtliche Verwahrung verlangt werden (*Keidel/Kuntze/ Winkler,* 13. Aufl. § 34 BeurkG Rdn. 13). Da die besondere amtliche Verwahrung vom Willen der Vertragschließenden abhängt, kann sie von diesen übereinstimmend auch später wieder aufgehoben werden, ohne daß diese Rücknahme wie beim öffentlichen Testament gem. § 2256 BGB Widerrufswirkung hat (*Keidel/Kuntze/Winkler*, 13. Aufl. § 34 BeurkG Rdn. 14). Die Urschrift des Erbvertrages ist dann in solchen Fällen wieder in die gewöhnliche Verwahrung des Notars nach § 25 Abs. 2 BNotO zu verbringen (OLG Hamm Rpfleger 1974, 157 = DNotZ 1974, 460). Der von allen Beteiligten gewollte Ausschluß der besonderen amtlichen Verwahrung des Erbvertrages ist gem. § 34 Abs. 2 Halbsatz 2 BeurkG im Zweifel anzunehmen, wenn er mit einem anderen Vertrag in derselben Urkunde (z. B. Ehe- oder Erbverzichtsvertrag, Adoptionsantrag – sog. gemischte Erbverträge) wenn auch nur rein äußerlich verbunden

15. Erbvertragsbeurkundung XV. 15

wird (*Keidel/Kuntze/Winkler,* 13. Aufl. § 34 BeurkG Rdn. 15). Wird die besondere amtliche Verwahrung des Erbvertrages nicht ausgeschlossen, hat der Urkundsnotar nach § 2300 BGB, § 34 Abs. 1 BeurkG seine Urschrift in einen amtlich vorgeschriebenen Testamentsumschlag zu nehmen, mit einem Prägesiegel zu verschließen und unverzüglich beim zuständigen Amtsgericht bzw. im Bundesland Baden-Württemberg dem zuständigen staatlichen Notariat zur Verwahrung einzureichen (im einzelnen siehe dazu Form XV. 1 Anm. 17). Er hat gem. § 16 Abs. 1 DONot vor der Ablieferung für seine Urkundensammlung einen Vermerk anzufertigen, der den Namen, Beruf und Wohnort der Vertragschließenden sowie die Angaben darüber zu enthalten hat, in welcher Form der Erbvertrag (§§ 2232, 2276 BGB) errichtet wurde. Auf dieses Vermerkblatt sind die Nummer der Urkundenrolle und die nach § 154 Abs. 3 KostO zurückzubehaltende Abschrift der Kostenberechnung zu setzen. Auf Wunsch der Vertragschließenden soll der Notar eine beglaubigte Abschrift des Erbvertrages bei seinen Akten zurückbehalten, muß sie aber nachträglich auf Wunsch den Beteiligten aushändigen. Das Amtsgericht hat gem. § 2277 BGB über die Verwahrung des Erbvertrages jedem der Vertragschließenden einen Hinterlegungsschein zu erteilen.

Ist die besondere amtliche Verwahrung ausgeschlossen, verbleibt die Urschrift des Erbvertrages gem. § 25 Abs. 2 Satz 1 BNotO in der Urkundensammlung des Notars. In diesem Fall hat er gem. § 16 Abs. 2 DONot und der bundeseinheitlichen AV über die Benachrigung in Nachlaßsachen i. d. F. v. 30. 11. 1979 (Fundstelle der Veröffentlichungen in den einzelnen Bundesländern siehe DNotZ 1980, 65) das Standesamt des Geburtsorts des Erblassers oder die Hauptkartei für Testamente beim Amtsgericht Berlin-Schöneberg zu benachrichtigen. Über die nach § 25 Abs. 2 Satz 1 BNotO in seiner Verwahrung befindlichen Erbverträge hat der Notar gem. § 16 Abs. 3 DONot ein Verzeichnis zu führen, in das die Namen der Erblasser, ihr Geburtsdatum, der Tag der Ausstellung der Urkunde und die Urkundenrollennummer aufzunehmen ist. Anstelle dieses Verzeichnisses kann der Notar auch die Durchschriften der den Geburtsstandesämtern oder der Hauptkartei für Testamente zu übersendenden Verwahrnachrichten in Karteiform aufbewahren. Diese Verwahrnachrichten sind dabei in zeitlicher Reihenfolge zu ordnen und mit laufenden Nummern zu versehen. Nach dem Tode des Erblassers ist der in Verwahrung des Notars befindliche Erbvertrag gem. § 2300, 2259 BGB, § 25 Abs. 2 Satz 2 BNotO an das zuständige Nachlaßgericht zur Eröffnung abzuliefern. Der Notar hat dabei nach § 16 Abs. 2 DONot eine beglaubigte Anschrift der Urkunde und der Kostenberechnung zu seiner Urkundensammlung zu nehmen. Auch ein aufgehobener Erbvertrag ist zur Eröffnung abzuliefern (*Palandt/Edenhofer* § 2300 Rdn. 3). Enthält ein zweiseitiger Erbvertrag Verfügungen für den zweiten Erbfall, ist er gem. §§ 2300, 2273 BGB nach seiner Eröffnung nach dem ersten Erbfall, sofern er in besonderer amtlicher Verwahrung war oder der überlebende Vertragsteil dies beantragt, in die besondere amtliche Verwahrung zurückzubringen, sonst bleibt er offen in der gewöhnlichen amtlichen Verwahrung bei den Akten des Nachlaßgerichts. Auf jeden Fall darf er nicht an den Notar, der ihn übersandt hat, zurückgegeben werden (§ 27 Abs. 11 AktO). Befindet sich ein Erbvertrag seit mehr als fünfzig Jahren in besonderer oder gewöhnlicher amtlicher Verwahrung, so hat gem. §§ 2300a, 2263a BGB die ihn verwahrende Stelle, also auch der Notar bezüglich der bei ihm verwahrten Erbverträge (§ 16 Abs. 2 Satz 3 DONot), soweit tunlich Ermittlungen darüber anzustellen, ob der Erblasser noch lebt. Führen die Ermittlungen nicht zur Feststellung des Fortlebens des Erblassers, so ist der Erbvertrag zur Eröffnung zu bringen. Der Notar hat gem. § 16 Abs. 4 DONot das Verzeichnis der Erbverträge oder die Kartei der Verwahrnachrichten am Jahresende auf solche uneröffneten Erbverträge, bei denen die Frist von fünfzig Jahren abgelaufen ist, durchzusehen.

16. Beurkundung eines Ehe- und Erbvertrages[1,2]

Verhandelt zu ......
am ......
Vor dem unterzeichneten Notar ......
erscheinen, ausgewiesen durch Personalausweise und nach dem persönlichen Eindruck des Notars und der mit ihnen geführten Unterhaltung unbedenklich unbeschränkt geschäfts- und testierfähig:[3]

A, geboren am ...... in ......, wohnhaft in ...... (Ort, Straße), nach eigenen Angaben deutsche Staatsangehöriger

– Verlobter –

B, geboren am ...... in ......, wohnhaft in ...... (Ort, Straße), nach eigenen Angaben deutsche Staatsangehörige

– Verlobte –

Die Anwesenden erklärten, demnächst heiraten zu wollen, und wünschten die Errichtung eines Ehe- und Erbvertrages durch mündliche Erklärung,[4] wobei beide vertragsmäßige Verfügungen von Todes wegen treffen und sich gegenseitig Zuwendungen machen.[5] Sie verlangen keine Zuziehung von Zeugen. Sie erklären ferner, daß keiner von ihnen durch Erbvertrag oder gemeinschaftliches Testament an der Verfügung über seinen Nachlaß verhindert ist.[6] Die Erschienenen erklärten bei gleichzeitiger Anwesenheit[7] mündlich und wobei sie gegenseitig alle erbvertraglichen Erklärungen annahmen,[8] folgenden mit ihrer Eheschließung in Kraft tretenden[9]

Ehe- und Erbvertrag:

......
(Schlußbestimmungen wie Form. XV. 15)

Anmerkungen

1. Sachverhalt. Die Vertragschließenden sind verlobt und wollen für ihre künftige Ehe sowohl ihre güterrechtlichen als auch erbrechtlichen Beziehungen regeln.

2. Anwendungsfälle. Da das eheliche Güterrecht erbrechtliche Auswirkungen hat, liegt es nahe, zugleich mit einem Ehevertrag Verfügungen von Todes wegen zu treffen. Der Gesetzgeber hat diese Gestaltungsmöglichkeit dadurch privilegiert, daß nach § 2276 Abs. 2 BGB die für den Ehevertrag vorgeschriebene Form auch für den Erbvertrag zwischen Ehegatten und Verlobten genügt, falls beide in derselben Urkunde verbunden werden. Seit jedoch das Testamentsgesetz vom 31. 7. 1938 die Anforderungen an die Form von Erbverträgen wesentlich minderte, hat diese Erleichterung nur noch eingeschränkte Bedeutung (MünchKomm/*Musielak*, 2. Aufl. § 2276 BGB Rdn. 12). Da jedoch durch diese Vorschrift für den mit einem Ehevertrag verbundenen Erbvertrag die Vorschriften der §§ 28 bis 34 BeurkG nicht gelten (*Dittmann/Reimann/Bengel*, 2. Aufl. § 2276 BGB Rdn. 27), entfällt in diesen Fällen die durch § 31 BeurkG bedingte faktische Testierunfähigkeit schreib- oder lesensunkundiger Stummer oder sonst am Sprechen Gehinderter. Sie können zusammen mit einem Ehevertrag, da dann § 31 BeurkG, der die zusätzliche Erklärung von ihnen schriftlich verlangt, entfällt und § 24 BeurkG nicht mehr verdrängt, durch Übergabe einer Schrift (§ 2233 Abs. 2 BGB) und mit Hilfe einer Vertrauensperson nach § 24 BeurkG auch erbvertragliche Bestimmungen treffen (*Höfer*

16. Beurkundung eines Ehe- und Erbvertrages XV. 16

JurA 1970, 740/751; *Keidel/Kuntze/Winkler,* 13. Aufl. § 27 BeurkG Rdn. 14). Ferner bietet die Zusammenbeurkundung eines Ehe- und Erbvertrages gem. § 46 KostO kostenmäßig dadurch einen Vorteil, daß für beide Verträge nur eine doppelte Gebühr anfällt.

3. Ausnahme von der unbeschränkten Geschäftsfähigkeit. Sowohl für den Ehevertrag (§ 1411 Abs. 1 BGB) als auch als Erblasser des Erbvertrages (§ 2275 Abs. 2 BGB) genügt beschränkte Geschäftsfähigkeit der ihn abschließenden Verlobten oder Ehegatten. Allerdings kann beides von beschränkt Geschäftsfähigen nur mit Zustimmung ihrer gesetzlichen Vertreter geschlossen werden und, falls dies ein Vormund ist, bedarf es zusätzlich der vormundschaftsgerichtlichen Genehmigung. Letzteres für den Ehevertrag aber nur, wenn der Zugewinnausgleich ausgeschlossen oder eingeschränkt wird oder Gütergemeinschaft vereinbart oder aufgehoben wird. Bezüglich dieser Zustimmung siehe Form. VIII. 15 Anm. 3. Nach dem Todes des Erblassers kann ein wegen mangelnder Zustimmung des gesetzlichen Vertreters schwebend unwirksamer Erbvertrag nicht mehr durch die nachträgliche Zustimmung des gesetzlichen Vertreters geheilt werden (BGH NJW 1978, 1159). Der Ehevertrag kann auch schon zwischen Verlobten geschlossen werden (§ 1408 Abs. 1 BGB – „auch nach").

4. Form der Errichtung des Ehe- und Erbvertrages. Gem. § 2276 Abs. 2 BGB genügt für einen Erbvertrag zwischen Ehegatten oder Verlobten, der mit einem Erbvertrag in derselben Urkunde verbunden wird, die für den Ehevertrag vorgeschriebene Form dh. die Form des § 1410 BGB und der einschlägigen Vorschriften der §§ 1 bis 26 BeurkG (*Dittmann/ Reimann/Bengel*, 2. Aufl. § 2276 Rdn. 20). Bezüglich der materiellen Formvorschriften bedeutet das für Ehe- und Erbverträge gegenüber bloßen Erbverträgen eher eine Einschränkung, da Eheverträge nicht wie Erbverträge (§ 2232 iVm. § 2276 Abs. 1 Satz 2 BGB) durch Übergabe einer verschlossenen Schrift errichtet werden können (§§ 13 Abs. 1 Satz 1, 9 Abs. 1 Satz 2 BeurkG) (MünchKomm/*Musielak*, 2. Aufl. § 2276 Rdn. 12). Als Erleichterung bleibt nur bei den Verfahrensvorschriften, daß gem. § 2276 Abs. 2 BGB beim Ehe- und Erbvertrag auch hinsichtlich des Erbvertrages die §§ 28 bis 34 BeurkG keine Anwendung finden (*Dittmann/Reimann/Bengel* 2. Aufl. aaO. § 2276 BGB Rdn. 27). Deshalb eignet sich ein Ehe- und Erbvertrag auch für die Fälle, in denen einem stummen Vertragsschließenden wegen seiner Schreibunfähigkeit für seine Verfügung von Todes wegen der Weg des §§ 2231 Nr. 2 BGB, 31 BeurkG verschlossen ist. Da beim Ehe- und Erbvertrag nach § 2278 Abs. 2 BGB die Form des Ehevertrages, d. h. eines Vertrages unter Lebenden, genügt, kann die Beurkundung gemäß § 24 BeurkG durch Zuziehung einer Vertrauensperson, die sich mit dem Stummen zu verständigen vermag, erfolgen (*Ertl* MittBayNot 1991, 196).

5. Höchstpersönlichkeit. Die Verlobten schließen einen gegenseitigen Erbvertrag, bei dem jeder zugleich Erblasser und Vertragsgegner ist. Das hat zur Folge, daß beide den Ehe- und Erbvertrag nach § 2274 BGB nur höchstpersönlich abschließen können, während sie sich beim Ehevertrag (§ 1410 BGB) und als bloße Vertragsgegner des Erbvertrages hätten vertreten lassen können.

6. Bisherige Eheverträge. Wurde der Ehe- und Erbvertrag zwischen Verheirateten geschlossen, müßte hier zur Versicherung der Testierfreiheit noch kommen, daß die Vertragschließenden bisher keinen Ehevertrag geschlossen haben.

7. Gleichzeitige Anwesenheit. Sowohl der Ehevertrag (§ 1410 BGB) als auch der Erbvertrag (§ 2276 Abs. 1 BGB) können nur bei gleichzeitiger Anwesenheit beider Teile zur Niederschrift eines Notars geschlossen werden, so daß getrennte Beurkundung von Angebot und Annahme gem. § 128 BGB hier nicht möglich ist.

8. Annahme. Bezüglich der ausdrücklichen Mitbeurkundung der Angebotsannahme siehe Form. XV. 15 Anm. 7.

9. Nachfolgende Eheschließung. Kommt beim Ehevertrag zwischen Verlobten die Heirat nicht zustande, entfällt der Ehevertrag (*Palandt/Diederichsen* § 1408 Anm. 2). Wird das Verlöbnis gelöst, wird gem. §§ 2279 Abs. 2, 2077 Abs. 2, 3 BGB im Zweifel auch der Erbvertrag unwirksam (*Palandt/Edenhofer* § 2276 Rdn. 2; MünchKomm/*Musielak*, 2. Aufl. § 2276 Rdn. 13; *Dittmann/Reimann/Bengel*, 2. Aufl. § 2276 Rdn. 23). Bei Auflösung des Verlöbnisses durch den Tod bleibt der Erbvertrag jedoch in der Regel wirksam (KG KGJ 37 A 115; *Palandt/Edenhofer* aaO.; MünchKomm/*Musielak aaO.*; *Dittmann/Reimann/Bengel* aaO). Will man diese Folge nicht, muß man wie im Formular den Erbvertrag ausdrücklich durch den Eheschluß ausschiebend bedingen.

XVI. Testamente, Erbverträge

Zuwendung des Nachlasses im Ganzen oder zu Bruchteilen

1. Checkliste zur Errichtung von Verfügungen von Todes wegen

(1) Der Notar oder Rechtsanwalt sollte bei der Abfassung von Verfügungen von Todes wegen und der dabei zu treffenden Auswahl der Gestaltungsmöglichkeiten immer folgende in Stichworten aufgeführte Gesichtspunkte beachten:

a) Bei allen Verfügungen von Todes wegen:
– Prüfung der Person und der Testierfähigkeit des Erblassers
– Frage nach dem Familienstand des Erblassers und seinen Abkömmlingen
– Frage nach nichtehelichen Kindern in der 1. u. 2. Erbordnung bzw. etwa im Einzelfall in Betracht kommender Erbordnungen
– Frage nach adoptierten und für ehelich erklärten Kindern (dabei Klärung ob Volladoption, Adoption mit schwacher Wirkung oder nur Namenserteilung bzw. Einbenennung)
– Frage nach dem Güterstand des Erblassers
– Frage nach der Staatsangehörigkeit des Erblassers
– Frage nach der Testierfreiheit (Bindung an frühere gemeinschaftliche Testamente oder Erbverträge)
– Frage nach vorhandenen Pflichtteilsberechtigten und Hinweis auf deren Pflichtteilsrecht (evtl. Strafklausel)
– Möglichkeit der Nachgeburt von Kindern
– Möglichkeit der Veränderung des Vermögensstandes bis zum Erbfall
– Hinweis auf die Möglichkeit der Weitervererbung von Nachlaßgegenständen beim Zuwendungsempfänger
– Hinweis auf Pflichtteilsrechte entfernter Abkömmlinge nach dem Vorversterben unmittelbarer Abkömmlinge
– Erbeinsetzung dessen, dem der Erblasser den Kern seines Vermögens abweichend von der gesetzlichen Erbfolge zuwenden will
– Klärung, ob Zuwendung des Vermögens im Ganzen, zu Bruchteilen oder nur einzelner Nachlaßgegenstände (Erbeinsetzung, Vermächtnis evtl. Vorausvermächtnis, Auflage, Teilungsanordnung)
– Zuwendung der Nachlaßnutzung an Erstbedachten, der Substanz an Endbedachten (Vor- und Nacherbschaft, Vor- und Nachvermächtnis, Nießbrauchsvermächtnis)
– Einflußnahme des Erblassers auf den Nachlaß über seinen Tod hinaus (Teilungsanordnung, Teilungsverbot, Verwirkungsklauseln, Schiedsklauseln, familienrechtliche Anordnungen, Testamtesvollstreckung)
– Anordnung von Ausgleichs- und Anrechnungspflichten
– Einsetzung von Ersatznacherben und Ersatzvermächtnisnehmern
– Hinweis auf Wiederverheiratungsfall des überlebenden Ehegatten (Wiederverheiratungsklausel)
– Prüfung der Übereinstimmung der Verfügung mit den Nachfolgebestimmungen eines Gesellschaftsvertrages

- Spezieller oder vorsorglich genereller Widerruf aller früher errichteter Testamente
- Klärung, ob die Verfügung von Todes wegen frei widerruflich sein oder Bindungswirkung eintreten soll

b) Zusätzlich bei gemeinschaftlichen Testamenten:

- Hinweis auf die Möglichkeiten und das jeweilige Maß der Bindung (Berliner Testament, Ehegattenerbvertrag, bedingte Vermächtnisse für Abkömmlinge, Nießbrauchsvermächtnis für Überlebenden mit und ohne Testamentsvollstreckung, Vor- und Nacherbschaft)
- Ganze oder teilweise Freistellung von der Bindung (Freistellungsklausel)
- Evtl. gegenseitiger Pflichtteilsverzicht
- Evtl. gegenseitiger ehevertraglicher Verzicht auf güterrechtlichen Zugewinnausgleich im Todesfall
- Evtl. gegenseitiger Verzicht auf Anfechtungsrechte
- Ausdrückliche Ersatzerbregelung (RG Recht 1922, 83 Nr. 432)
- Wiederverheiratungsklausel.

c) Zusätzlich bei Erbverträgen:

- Einschränkung der Bindung
- Rücktrittsvorbehalt
- Verzicht auf Anfechtungsrecht
- Einschränkung des freien Verfügungsrechts unter Lebenden (Verfügungsunterlassungsvertrag mit durch Zuwiderhandlung bedingtem schuldrechtlichen Übereignungsanspruch)

(2) Das Erbrecht des BGB enthält eine Reihe von besonderen gesetzlichen Auslegungsregeln und ergänzenden Rechtssätzen für Verfügungen von Todes wegen. Sie sind anzuwenden, wenn der Wille des Erblassers durch Auslegung nicht ermittelt werden kann. Die Regeln entsprechen allgemeinen Erfahrungssätzen. Wer einen anderen Wille des Erblassers behauptet, beruft sich auf einen Ausnahmetatbestand, den er beweisen muß (*Brox*, ErbR, 6. Aufl. Rdn. 203). Der Rechtsanwalt oder Notar sollte sich bei der Abfassung einer Verfügung von Todes wegen nicht auf diese Rechtssätze verlassen, sondern diese Punkte ausdrücklich klären und regeln, da er sonst unter Umständen die Ursache für einen Rechtsstreit setzt, für dessen Kosten er schadensersatzpflichtig gemacht werden könnte (RG DNotZ 1934, 944 u. 1936, 431; BGH DNotZ 1982, 498). Die Regeln sollten ihm im Gegenteil als Richtschnur für den Umfang der Aufklärung des Willens des Erblassers und seiner Niederlegung in der Verfügung dienen.

Im folgenden sind diese Auslegungsregeln und ergänzenden Rechtssätze jeweils mit der im Zweifel eintretenden Rechtsfolge aufgeführt:

a) Für alle Verfügungen von Todes wegen:

- §§ 2044, 750 BGB – Ein Auseinandersetzungsverbot fällt beim Tod eines Miterben weg.
- § 2049 Abs. 1 BGB – Ein übernommenes Landgut wird zum Ertragswert angesetzt.
- § 2051 Abs. 2 BGB – Der Ersatzerbe eines weggefallenen Abkömmlings ist wie dieser ausgleichungspflichtig.
- § 2052 BGB – Testamentarisch auf ihren gesetzlichen Erbteil eingesetzte Abkömmlinge sind wie gesetzlich erbende Abkömmlinge ausgleichungspflichtig.
- §§ 2066 bis 2072 BGB – Festlegung der Begriffe gesetzliche Erben, Verwandte, Kinder, Abkömmlinge des Erblassers und von Dritten, Personengruppen und der Armen.
- § 2073 BGB – Mehrdeutig Bezeichnete erben zu gleichen Teilen.
- § 2075 BGB – Eine unter aufschiebender Bedingung gemachte Zuwendung gilt nur, wenn der Bedachte den Eintritt der Bedingung erlebt.

1. Checkliste zur Errichtung von Verfügungen von Todes wegen XVI. 1

- § 2075 BGB – Letztwillige Zuwendungen, die vom Tun oder Unterlassen des Bedachten abhängig sind, gelten als unter der auflösenden Bedingung gemacht, daß der Bedachte das Tun unterläßt oder dem Unterlassen zuwiderhandelt.
- § 2076 BGB – Die zum Vorteil eines Dritten gemachte Bedingung einer letztwilligen Zuwendung gilt als eingetreten, wenn der Dritte seine erforderliche Mitwirkung verweigert.
- § 2077 BGB – Zuwendungen an Ehegatten werden mit der Nichtigkeit oder Auflösung der Ehe unwirksam.
- § 2087 BGB – Vermögenszuwendung im ganzen oder zu Bruchteilen ist Erbeinsetzung, Einzelzuweisung ist Vermächtnis.
- § 2097 BGB – Ersatzerbeinsetzung für den Fall, daß der Erbe nicht Erbe sein kann, gilt auch für den Fall, daß er nicht Erbe sein will und umgekehrt.
- § 2098 BGB – Sind die Erben gegenseitig zu Ersatzerben eingesetzt oder mehrere für einen von ihnen, gelten sie als nach dem Verhältnis ihrer ursprünglichen Erbteile zu Ersatzerben eingesetzt, wobei aber bei der gegenseitigen Ersatzerbeinsetzung die auf einen gemeinschaftlichen Erbteil (§ 2093 BGB) eingesetzten, den anderen vorgehen.
- § 2102 BGB – Eine als Erbe eingesetzte Person, die beim Erbfall noch nicht erzeugt ist, ist Nacherbe.
- § 2102 BGB – Die Nacherbeinsetzung enthält gleichzeitig die Ersatzerbeinsetzung, jedoch nicht umgekehrt.
- § 2107 BGB – Wird ein kinderloser Abkömmling mit der Nacherbfolge beschwert, gilt die Nacherbschaft als durch sein Versterben mit Abkömmlingen auflösend bedingt.
- § 2108 Abs. 2 BGB – Die Nacherbenanwartschaft ist vererblich.
- § 2110 Abs. 1 BGB – Die Nacherbschaft erstreckt sich auch auf dem Vorerben durch Wegfall von Miterben angefallene Erbteile.
- § 2110 Abs. 2 BGB – Die Nacherbschaft erstreckt sich nicht auf ein dem Vorerben zugewandtes Vorausvermächtnis.
- § 2137 Abs. 2 BGB – Die Bestimmung des Erblassers, daß der Vorerbe zur freien Verfügung über die Erbschaft berechtigt sei, bedeutet seine Befreiung von allen gesetzlichen Beschränkungen soweit zulässig.
- § 2142 Abs. 2 BGB – Bei Ausschlagung des Nacherben verbleibt die Erbschaft dem Vorerben.
- § 2147 BGB – Das Vermächtnis beschwert grundsätzlich den Erben.
- § 2148 BGB – Mehrere Erben sind im Verhältnis ihrer Erbteile mit dem Vermächtnis beschwert.
- § 2151 Abs. 3 Satz 3 BGB – Beim Bestimmungsvermächtnis ist der ausgewählte Bedachte nicht mit den anderen Auswahlberechtigten zur Teilung gem. § 430 BGB verpflichtet.
- § 2161 BGB – Beim Wegfall des Beschwerten eines Vermächtnisses ist derjenige beschwert, dem der Wegfall des zunächst Beschwerten unmittelbar zustatten kommt.
- § 2164 BGB – Ein Vermächtnis erstreckt sich auch auf das Zubehör und einen evtl. Ersatzanspruch.
- § 2165 Abs. 1 BGB – Der Vermächtnisnehmer kann nicht die Beseitigung der Belastungen des zum Vermögen des Erblassers gehörenden Vermächtnisgegenstands verlangen.
- §§ 2166 Abs. 1, 2167, 2168 Abs. 1 BGB – Der Vermächtnisnehmer ist dem Erben gegenüber zur rechtzeitigen Erfüllung einer durch eine Hypothek auf dem vermachten Grundstück gesicherten Forderung, für die der Erbe persönlich haftet, verpflichtet.
- § 2169 BGB – Befindet sich der Vermächtnisgegenstand nicht in der Erbschaft, ist das Vermächtnis unwirksam. Verschaffungsvermächtnisse müssen ausdrücklich angeordnet werden.
- § 2172 Abs. 2 BGB – Ging eine vermachte Sache durch Verbindung, Vermischung oder Vermengung eines anderen als des Erblassers unter, so ist das Miteigentum des Erblassers an der einheitlichen Sache vermacht.

Nieder

- § 2173 BGB – Ist bei einem Forderungsvermächtnis die Forderung erfüllt, ist der geleistete Gegenstand oder der Geldbetrag vermacht.
- § 2181 BGB – Ein Vermächtnis, dessen Erfüllung dem freien Belieben des Beschwerten überlassen ist, wird mit dessen Tod fällig.
- § 2182 Abs. 2 BGB – Bei einem Verschaffungsvermächtnis haftet der Beschwerte für Rechtsmängel wie ein Verkäufer.
- § 2182 Abs. 3 BGB – Bei einem Grundstücksvermächtnis haftet der Beschwerte nicht für die Freiheit des Grundstücks von Grunddienstbarkeiten, beschränkten persönlichen Dienstbarkeiten und Reallasten.
- § 2188 BGB – Wird das Hauptvermächtnis wegen Überschwerung gekürzt, darf der Vermächtnisnehmer das Untervermächtnis entsprechend kürzen.
- § 2191 Abs. 1 BGB – Mit dem Nachvermächtnis gilt der erste Vermächtnisnehmer als beschwert.
- § 2208 Abs. 1 BGB – Dem Testamentsvollstrecker stehen grundsätzlich die in den §§ 2203 bis 2206 BGB genannten Befugnisse zu.
- § 2208 Abs. 2 BGB – Bei der beaufsichtigenden Testamentsvollstreckung kann der Testamentsvollstrecker die Ausführung der Verfügungen des Erblassers von den Erben verlangen.
- § 2209 Satz 2 BGB – Der Verwaltungstestamentsvollstrecker hat die erweiterten Verpflichtungsbefugnisse gem. § 2207 BGB.
- § 2221 BGB – Der Testamentsvollstrecker kann eine angemessene Vergütung verlangen.
- § 2255 BGB – Wird die Testamentsurkunde vom Erblasser vernichtet oder verändert, wird vermutet, daß er die Aufhebung beabsichtigte.
- § 2257 BGB – Wird der Widerruf eines Testaments widerrufen, ist das widerrufene Testament im Zweifel wieder gültig.
- § 2258 BGB – Wird ein Testament durch ein widersprechendes Testament widerrufen, so wird es im Zweifel wieder gültig, wenn das widersprechende Testament widerrufen wird.
- § 2304 BGB – Die Zuwendung des Pflichtteils ist keine Erbeinsetzung.
- § 2320 Abs. 2 BGB – Wem der Erbteil eines Pflichtteilsberechtigten durch Verfügung von Todes wegen zugewendet ist, hat auch die Pflichtteilslast zu tragen.

b) Zusätzlich für gemeinschaftliche Testamente:

- § 2268 BGB – Mit der Nichtigkeit oder Auflösung der Ehe verliert ein gemeinschaftliches Testament in seinem gesamten Umfang, also auch die nicht wechselbezüglichen Teile, seine Wirksamkeit.
- § 2269 Abs. 1 BGB – Wird in einem gemeinschaftlichen Testament ein Vermächtnis angeordnet, so fällt es erst beim Tode des Überlebenden an.
- § 2270 Abs. 2 BGB – Wenn in einem gemeinschaftlichen Testament sich die Ehegatten gegenseitig bedenken und/oder der eine dem anderen Zuwendungen macht und für den Fall des Überlebens des Bedachten von diesem eine Verfügung zugunsten von Personen getroffen wird, die mit dem anderen Ehegatten verwandt sind oder ihm nahe stehen, so sind diese Verfügungen wechselbezüglich (bindend).

c) Zusätzlich für Erbverträge:

- § 2298 Abs. 1, 3 BGB – Die Nichtigkeit einer vertragsmäßigen Verfügung in einem zweiseitigen Erbvertrag führt zur Unwirksamkeit aller vertragsmäßigen Verfügungen dieses Erbvertrags.
- § 2298 Abs. 2, 3 BGB – Durch die Ausübung eines vorbehaltenen Rücktrittsrechts werden sämtliche vertragsmäßigen Verfügungen des Erbvertrags unwirksam. Ein vorbehaltenes Rücktrittsrecht erlischt mit dem Tod des Vertragspartners.
- § 2299 Abs. 3 BGB – Tritt der Erblasser vom gesamten Erbvertrag zurück oder hebt er alle vertragsmäßigen Verfügungen auf, so treten auch die einseitigen Verfügungen außer Kraft.

2. Testament mit Erb- und Ersatzerbeinsetzung, gemeinschaftlichem Erbteil und Anwachsung[1, 2]

Verhandelt zu ...... (auch als eigenhändiges Testament möglich)
am ......

§ 1 Erbeinsetzung[3]

(1) Ich setze hiermit meinen Sohn A und meine Tochter B untereinander je zur Hälfte auf einen gemeinschaftlichen Erbteil[4] von drei Vierteln ein. Zum restlichen ein Viertel Erbteil setze ich C, die ersteheliche Tochter meiner verstorbenen Ehefrau ein.

(2) Abweichend von anderslautenden gesetzlichen Auslegungs-, Vermutungs- und Ergänzungsregelungen und anderen gesetzlichen Bestimmungen sind Ersatzerben[5] jeweils die Abkömmlinge der Erben, einschließlich adoptierter, jedoch mit Ausnahme nichtehelicher Kinder männlicher Nachkommen und ihren Abkömmlingen,[6] unter sich nach den Regeln der ersten Erbordnung zum Zeitpunkt des Erbfalls. Im Falle der Ausschlagung oder des Zuwendungsverzichts entfällt für diesen Erbteil jegliche ausdrückliche oder mutmaßliche Ersatzerbeinsetzung.

(3) Mangels Ersatzerben soll Anwachsung[7] eintreten.

§ 2 Enterbung

Meinen nichtehelichen Sohn N enterbe ich hiermit.[8]

§ 3 Schlußformel[9] (wie Form. XV. 1)

Schrifttum: Bausch, Der Begriff des „Abkömmlings" in Gesetz und rechtsgeschäftlicher Praxis, FamRZ 1980, 413; *Beck,* Grenzen der Teilungsanordnung, DNotZ 1961, 565; *Böhm,* Der Einfluß des Gesetzes über die rechtliche Stellung nichtehelicher Kinder auf erbrechtliche Auslegungs- oder Ergänzungsregeln, FamRZ 1972, 180; *Brüggemann,* Probleme des § 2338a BGB, FamRZ 1975, 309; *Giencke,* Ergänzende Auslegung von Erbverträgen gemäß § 2066 BGB unter Berücksichtigung nichtehelicher Kinder des Erblassers als gesetzlicher Erben, FamRZ 1974, 241; *Höfer,* Zur Anwendung des § 2069 BGB bei Pflichtteilsverlangen nach Erbausschlagung, NJW 1961, 588; *Lindacher,* Änderungen des neuen Nichtehelichenrechts im Erbrecht, BWNotZ 1970, 9; *Mattern,* Einzelzuwendungen von Todes wegen, DNotZ 1963, 450; *ders.,* Einzelzuweisungen auf den Todesfall, BWNotZ 1965, 1; *Nieder,* Hdb. d. Testamentsgestaltung, 1992 Rdn. 474 ff.; *Nieder,* Die ausdrücklichen oder mutmaßlichen Ersatzbedachten im deutschen Erbrecht, ZEV 1996, 241; *Schramm,* Die Auswirkungen des neuen Nichtehelichenrechts im Erbrecht, BWNotZ 1970, 9; *Schopp,* Anwachsung – Ersatzerbschaft, MDR 1978, 10; *Spellenberg,* Zum Erbrecht des nichtehelichen Kindes, FamRZ 1977, 185.

Anmerkungen

1. **Sachverhalt.** Der Erblasser ist verwitwet, hat einen verheirateten Sohn A und eine ledige Tochter B. Ferner ist aus der ersten Ehe seiner verstorbenen Ehefrau eine verheiratete Tochter C vorhanden und der Erblasser hat einen nichtehelichen Sohn N.

2. **Anwendungsfälle.** Da der Grundsatz der Gesamtrechtsnachfolge in unserem Erbrecht eine unmittelbare Einzelzuwendung von Nachlaßgegenständen verbietet, ist bei

Erbenmehrheit nur die dingliche Beteiligung an sämtlichen Nachlaßgegenständen nach Anteilen (Erbquoten) möglich. Jede Verfügung von Todes wegen muß, da es keinen erbenlosen Nachlaß geben kann, direkt oder indirekt durch Erbeinsetzung nach Vermögensgruppen (siehe unten Anm. 3 Abs. 2 a), Zuwendung des Hauptvermögens (Anm. 3 Abs. 2 b) oder durch stillschweigende Aufrechterhaltung der gesetzlichen Erbfolge (Form. XV. 20) eine Erbeinsetzung enthalten. Darüber hinaus hat der Erblasser durch die Rechtsfiguren des Vermächtnisses, insbesondere in der Form des Vorausvermächtnisses, der Teilungsanordnung und der Testamentsvollstreckung die Möglichkeit, alle oder einzelne Nachlaßgegenstände konkret zu verteilen, und zwar nach seiner Wahl unter Anrechnung auf die Erbquote (Teilungsanordnung gem. § 2048 BGB) oder über die Erbquote hinaus (Vorausvermächtnis gem. § 2150 BGB). Der Erblasser kann sich bei einer Mehrheit von Bedachten immer dann mit der Erbeinsetzung nach Quoten begnügen, wenn er nur rechnerisch- abstrakte Verteilungsvorstellungen hat (Mattern DNotZ 1963, 453), dh. es ihm nur auf die wertmäßige Verteilung seines Nachlasses ankommt und er die konkrete Verteilung der einzelnen Nachlaßgegenstände seinen Erben oder einem Testamentsvollstrecker überlassen will. Das hat für ihn den Vorteil, daß er damit auch über diejenigen Nachlaßgegenstände bestimmt, an die er bei der Errichtung der Verfügung von Todes wegen nicht denkt, weil sie ihm nicht gegenwärtig sind oder weil sie erst später Bestandteil seines Vermögens werden (Mattern DNotZ 1963, 450/452; Barz NJW 1972, 1174/1176). Anders als beim Vermächtnis (§ 2169 Abs. 1 BGB), das im Zweifel entfällt, wenn sein Gegenstand sich beim Erbfall nicht im Nachlaß befindet, umfaßt die Erbquote den Bestand des Nachlasses zum Zeitpunkt des Erbfalls und es entstehen bei der Quotenzuwendung keine Auslegungsschwierigkeiten wie bei der Erbeinsetzung durch Zuwendung des Hauptvermögens, wenn zwischen Testamentserrichtung und Erbfall größere Veränderungen im Vermögensstand des Testators eintreten (Barz 1972, 1174; MünchKomm/Leipold § 2084 Rdn. 56). Eine Verfügung von Todes wegen, die nur eine Festsetzung der Erbquoten enthält und auf eine konkrete Verteilung der Nachlaßgegenstände verzichtet, braucht daher bei einer Veränderung im Vermögensbestand nicht geändert zu werden.

3. **Erbeinsetzung.** (1) *Zuwendung des Vermögens im ganzen oder zu Bruchteilen.* Wendet der Erblasser einer Person sein ganzes Vermögen zu oder mehreren zu Bruchteilen, ist diese Verfügung nach § 2087 Abs. 1 BGB als Erbeinsetzung anzusehen. Die Vorschrift ist nicht zwingend, sondern nur Ergänzungsregel für den Fall, daß der Erblasser nichts anderes bestimmt hat (MünchKomm/*Skibbe*, 2. Aufl. § 2087 Rdn. 6). Der Erblasser kann daher die Zuwendung des ganzen Vermögens oder eines Bruchteils davon auch so verstanden wissen wollen, daß der Bedachte die Zuwendung nicht als sein Gesamtrechtsnachfolger, sondern über einen schuldrechtlichen Vermächtnisanspruch gegen die gesetzlichen Erben erhalten soll (*Staudinger/Otte* § 2087 Rdn. 2). Mögliche Ausnahmefälle von der Regel des § 2087 Abs. 1 BGB sind:
a) Das Universalvermächtnis, bei dem der gesamte nach Begleichung aller Nachlaßverbindlichkeiten verbleibende Nachlaßrest vermacht ist (*Staudinger/Otte* § 2087 Rdn. 2 u. Vorbem. zu §§ 2147–2191 Rdn. 6; MünchKomm/*Skibbe*, 2. Aufl. vor § 2147 Rdn. 4).
b) Das Quotenvermächtnis, bei dem ein Bruchteil vom Barerlös des nach Begleichung aller Nachlaßverbindlichkeiten verbleibenden Nachlaßrests vermacht ist (*Staudinger/Otte* § 2087 Rdn. 2 u. Vorbem. zu §§ 2147–2191 Rdn. 6; MünchKomm/*Skibbe*, 2. Aufl. § 2087 Rdn. 6, vor § 2147 Rdn. 3 u. § 2155 Rdn. 2; BGH NJW 1960, 1759).

(2) *Zuwendung einzelner Gegenstände.* Wendet der Erblasser einzelne Gegenstände zu, so ist dies nach der Auslegungsregel des § 2087 Abs. 2 BGB im Zweifel als Vermächtnisanordnung aufzufassen (*Staudinger/Otte* § 2087 Rdn. 16; MünchKomm/*Skibbe*, 2. Aufl. § 2087 Rdn. 7). Diese Auslegungsregel muß nach dem Willen des Erblassers insbesondere bei folgenden Fallgruppen zurücktreten:

2. Testament mit Erb- und Ersatzerbeinsetzung XVI. 2

a) Bei der Erbeinsetzung nach Vermögensgruppen, bei der der Erblasser ohne ausdrückliche Erbeinsetzung sein gesamtes Vermögen durch Bezeichnung der wichtigsten Vermögensgegenstände auf verschiedene Personen verteilt hat und die Auslegung ergibt, daß er in Wirklichkeit eine Erbeinsetzung vornehmen wollte (MünchKomm/*Skibbe*, 2. Aufl. § 2087 Rdn. 10; *Staudinger/Otte* § 2087 Rdn. 9; BGH DNotZ 1972, 500 mwN.; BayObLG FamRZ 1986, 728/730f). Die Verfügung enthält in diesem Fall die Erbeinsetzung zu den Quoten, welche sich aus dem Wertverhältnis des Zugewiesenen zum Gesamtnachlaß ergeben (gegenständlich ermittelte Erbquoten) und gleichzeitig die Anordnung (§ 2048 BGB) an die Miterben, sich der Zuweisung gemäß auseinanderzusetzen (*Beck* DNotZ 1961, 565/567; RG DNotZ 1942, 184; *Staudinger/Otte* § 2087 Rdn. 9). Auch bei dieser Gestaltung ist es möglich, daß der Erblasser, wie im Form. VIII. 20, statt dessen die gesetzliche Erbfolge mit Vermächtnissen wollte. Kann der Rechtsberater den Erblasser nicht von der Einsetzung nach Vermögensgruppen abbringen, sollte er zur Klarstellung der letztwilligen Verfügung folgende Klausel beifügen: „Ich setze die Zuwendungsempfänger zu meinen Erben zu den Quoten ein, welche sich aus dem Wertverhältnis des Zugewiesenen zum Gesamtnachlaß ergeben."
b) Bei der Zuwendung des Hauptvermögens, bei der im Wege der Einzelzuweisung der Erblasser einer oder mehrerer Personen Einzelgegenstände zuwendet, die sein gesamtes oder fast gesamtes Vermögen ausmachen und die Auslegung ergibt, daß er ihm oder ihnen die Stellung von Erben verschaffen wollte (*Staudinger/Otte* § 2087 Rdn. 17; MünchKomm/*Skibbe*, 2. Aufl. § 2087 Rdn. 8, 9; BayObLG FamRZ 1986, 728/731 = Rpfleger 1986, 430).

Über die Schwierigkeiten, die sich bei beiden Fallgruppen ergeben können, wenn zwischen Testamentserrichtung und Erbfall größere Veränderungen im Vermögensbestand des Testierers eintreten siehe *Barz* NJW 1972, 1174.

4. Gemeinschaftlicher Erbteil. Das Gesetz läßt in § 2093 BGB die Möglichkeit zu, mehrere Erben auf einen und denselben Bruchteil der Erbschaft einzusetzen (gemeinschaftlicher Erbteil). Das hat zur Rechtsfolge, daß der gemeinschaftliche Teil für die Berechnung der Bruchteile (§§ 2093, 2089 bis 2092 BGB), der Anwachsung (§ 2094 Abs. 1 Satz 2, Abs. 2 BGB) und der Ersatzberufung (§ 2098 Abs. 2 BGB) einen gedachten Einheitsbruchteil bildet. Im Fall des Wegfalls der B im Formular würde ihr Erbteil daher allein dem A zuwachsen. Sofern der Erblasser nichts anderes anordnet, erben die Erben innerhalb der Gruppe gem. § 2091 BGB zu gleichen Unterbruchteilen (*Staudinger/Otte* § 2093 Rdn. 3). Nach außen und mit Ausnahme der oben genannten Rechtswirkungen auch im Innenverhältnis der Gruppe sind die Unterbruchteile des gemeinschaftlichen Erbteils selbständige Erbteile (*Lange/Kuchinke* ErbR, 3. Aufl. § 25 III). Deshalb sind auch nur die aufs Ganze umgerechneten Unterbruchteile und nicht der Einheitsbruchteil im Erbschein aufzuführen. Der gemeinschaftliche Erbteil erfüllt in der gewillkürten Erbfolge im wesentlichen die Aufgaben, die bei der gesetzlichen die Berufung nach Stämmen hat (*Lange/Kuchinke* aaO. § 25 III). Die Einsetzung auf einen gemeinschaftlichen Erbteil erfolgt durch den ausdrücklich oder in irgendeiner anderen Weise kundgegebenen Willen des Erblassers (*Staudinger/Otte* § 2093 Rdn. 1; MünchKomm/*Skibbe*, 2. Aufl. § 2093 Rdn. 2). Anhaltspunkte können dabei sein zB. die Zusammenfassung mehrerer Erben unter einer Nummer oder einer Gesamtbezeichnung, die räumliche Anordnung der Bedachten im Testament, die Anlehnung an die gesetzliche Erbfolge nach Stämmen oder bei einer Erbeinsetzung nach Gegenständen die Einsetzung mehrerer auf denselben Gegenstand (*Staudinger/Otte* § 2093 Rdn. 1).

5. Ersatzerbfolge. (1) **Ausdrückliche Ersatzerbeinsetzung.** Der Ersatzerbe wird vom Erblasser für den Fall eingesetzt, daß ein Erbe vor oder nach dem Eintritt des Erbfalls wegfällt (§ 2096 BGB). Die Ersatzerbfolge steht somit unter der Bedingung, daß der zuerst Berufene nicht Erbe wird. Die Ersatzerbfolge entspricht bei der gewillkürten Erbfolge dem Eintrittsrecht gem. § 1924 Abs. 3 BGB bei der gesetzlichen Erbfolge. Vom Ersatzerben ist der Nacherbe zu unterscheiden. Dieser wird erst Erbe, nachdem zunächst ein anderer, der Vorerbe, Erbe des Erblassers geworden ist (§ 2100 BGB). Wegfall des zunächst berufenen Erben kann jeder Umstand sein, der den Erstberufenen für keinen Zeitpunkt Erbe werden läßt. Der Umstand muß daher entweder vor dem Erbfall eintreten oder in seiner Wirkung auf den Zeitpunkt des Erbfalls zurückbezogen sein (*Staudinger/Otte* § 2896 Rdn. 4; RGZ 95, 98). Wegfallsgründe sind demnach zB. vor dem Erbfall der Tod des eingesetzten Erben (§ 1923 Abs. 1 BGB), ein Erbverzicht (§§ 2346 Abs. 1, 2352), der Eintritt einer auflösenden Bedingung oder der Ausfall einer aufschiebenden Bedingung (*Staudinger/Otte*) und der Widerruf der Einsetzung des Erstberufenen durch den Erblasser. Nach dem Erbfall haben Wegfallswirkung zB. die Ausschlagung (§ 1953 BGB), die Erbunwürdigkeitserklärung (§ 2344 BGB) und die Nichtigkeit der Erbeinsetzung und zwar unabhängig, ob sie anfänglich ist oder auf Anfechtung beruht (*Staudinger/Otte* § 2096 Rdn. 5; *Palandt/Edenhofer* § 2096 Rdn. 3). Die Ersatzerbeinsetzung erfolgt durch Verfügung von Todes wegen durch den Erblasser (*Staudinger/Otte* § 2096 Rdn. 2). Bei jeder ausdrücklichen Ersatzerbeinsetzung sollte der Erblasser die Möglichkeit erwägen, daß der Erstberufene die Erbschaft ausschlägt, um, sofern die Voraussetzungen vorliegen, gem. §§ 2306 oder 1371 Abs. 3 BGB den Pflichtteil zu erlangen und daß dann infolge der Ersatzerbeinsetzung trotzdem der Stamm des Ausschlagenden Erbe wird, allerdings belastet mit der Pflichtteilslast gem. § 2320 Abs. 2 BGB (*Staudinger/Otte* § 2096 Rdn. 7). Soll diese Rechtsfolge zuverlässig ausgeschlossen sein, müßte der Erblasser eine Verwirkungsklausel etwa wie folgt aufnehmen: „Ein den Pflichtteil verlangender Erbe ist mit seinem ganzen Stamm von der Erbfolge ausgeschlossen." Für die Nacherbschaft ausschlagende und den Pflichtteil verlangende Abkömmlinge hat die Rechtsprechung (BayObLG 1962, 239 = FamRZ 1962, 538; OLG Stuttgart RPfleger 1982, 106) zwar eine entsprechende tatsächliche Vermutung aufgestellt, nicht dagegen für den Fall der Ausschlagung einer Erbschaft (*Staudinger/Otte* § 2096 Rdn. 7).

(2) **Stillschweigende (vermutete) Ersatzerbberufung.** Hat der Erblasser ausdrücklich keine Ersatzerben eingesetzt, sind kraft der gesetzlichen Vermutung des § 2069 BGB im Zweifel die nach der gesetzlichen Erbfolge berufenen Abkömmlinge eines vom Erblasser eingesetzten Abkömmlings als Ersatzerben berufen. Diese Auslegungsregel gilt nicht nur für die Erbeinsetzung einschließlich Vor- und Nacherbeinsetzung, sondern auch für Vermächtnisse und Auflagen (MünchKomm/*Leipold*, 2. Aufl. § 2069 Rdn. 3). Sie gilt nur, wenn kein abweichender Wille des Erblassers aus der Verfügung erkennbar ist. Der Auslegung der Verfügung im Einzelfall gebührt stets der Vorrang. Bedachte Abkömmlinge i. S. d. § 2069 erster Halbsatz BGB können auch nichteheliche (MünchKomm/*Leipold*, 2. Aufl. § 2069 Rdn. 4) und adoptierte (BayObLG FamRZ 1976, 101/103) Abkömmlinge des Erblassers sein. Streitig ist jedoch, ob dem Kreis der ersatzberufenen Abkömmlinge i. S. d. § 2069 zweiter Halbsatz BGB auch nichteheliche Kinder eines Sohnes oder Enkels des Erblassers angehören können. Bejaht wird dies von MünchKomm/*Leipold*, 2. Aufl. § 2069 Rdn. 20, verneint von *Palandt/Edenhofer* § 2069 Rdn. 7 und dem BayObLG FamRZ 1974, 384 = NJW 1974, 954, von letzterem mit der wohl zutreffenden Begründung, es widerspreche der allgemeinen Lebenserfahrung, daß der Erblasser zum Nachteil seiner Familie etwaige nichteheliche Abkömmlinge als Ersatzmiterben habe einsetzen wollen. Sicherheit gewährt auch hier nur ein ausdrücklicher Ausschluß bei der Ersatzerbenberufung. Vieldiskutiert ist bei der vermuteten Ersatzerbenberufung gem. § 2069 BGB die Frage, ob ein Wegfall des Erstberufenen mit der Wirkung des Eintritts der vermuteten Ersatzberufung gem. § 2069 BGB auch dann vorliegt, wenn der Erstberufene die Erbschaft ausschlägt um den Pflichtteil zu verlangen (§ 2306 BGB). Die eine Meinung dazu verneint für diesen Fall den Wegfall sowohl bei der Erb- wie der Nacherbfolge (*Braga* AcP 153, 144/154; BGHZ 33, 60 = NJW 1960, 1988 = DNotZ

1960, 662; OLG Frankfurt Rpfleger 1970, 391 = DNotZ 1971, 490; *Kipp/Coing* ErbR, 13. Bearb. § 22 IV Fn. 21; *v. Lübtow* ErbR, I S. 287), da ohne erkennbare gegenteilige Absicht des Erblassers nicht anzunehmen sei, daß dieser den Stamm des Ausschlagenden, der ja nicht leer ausgeht, sondern in der Person des Ausschlagenden den Pflichtteil als Ersatzstück seines Erbrechts erhält, durch Aufrechterhaltung der Ersatzerbfolge doppelt berücksichtigen wollte. Die andere Meinung (*Höfer* NJW 1961, 588; MünchKomm/*Leipold*, 2. Aufl. § 2069 Rdn. 13) hält den § 2069 BGB bei der Erbfolge auch in diesen Fällen für anwendbar, da ein unbilliges Ergebnis dadurch vermieden würde, daß gem. § 2320 BGB die nachrückenden Abkömmlinge im Innenverhältnis den Pflichtteilsanspruch des Ausschlagenden zu tragen haben. Lediglich für die Fälle, in denen ein Nacherbe vor Eintritt des Nacherbfalls ausschlägt, um vom Vorerben den Pflichtteil zu verlangen, ist man sich im Ergebnis dahin einig, daß eine tatsächliche Vermutung dafür spricht, daß der Erblasser den ganzen Stamm des ausschlagenden Erstberufenen ausschließen wollte, da sonst dieser durch den sofortigen Erhalt des Pflichtteils und den Wegfall des Risikos des Nachlaßschwunds während der befreiten Vorerbschaft gegenüber den anderen Stämmen bevorzugt wird (*Höfer* NJW 1961, 588; MünchKomm/*Leipold*, 2. Aufl. § 2069 Rdn. 13; *Palandt/Edenhofer* § 2069 Rdn. 3; OLG Stuttgart Rpfleger 1982, 106; BayObLG 62, 239; BGH FamRZ 1960, 433; LG München II MittBayNot 1980, 29/30). Will der Erblasser insoweit Auslegungsstreitigkeiten vermeiden, sollte er ausdrücklich entweder für diesen Fall andere Ersatzerben einsetzen oder besser, da teilweise die Meinung vertreten wird, das kraft Gesetzes vermutete Ersatzerbrecht der Abkömmlinge gem. § 2069 BGB gehe im Zweifel sogar dem Recht eines ausdrücklich berufenen Ersatzerben vor (*Planck/Flad* § 2096 Anm. 1; *Ermann/Hense* § 2096 Rdn. 3; *Staudinger/Otte* § 2096 Rdn. 2; *Staudinger/Seybold* § 2096 Rdn. 6; aM. mit Recht MünchKomm/*Skibbe*, 2. Aufl. § 2096 Rdn. 8), eine Verwirkungsklausel wie im Form. Abs. 2 in die Verknüpfung aufnehmen. Siehe zur Vermeidung der mittelbaren Auswirkungen der Ersatzerbfolge insbesondere *J. Mayer* MittBayNot 1994, 111/114 u. *Nieder*, ZEV 1996, 241 ff. Über eine analoge Anwendung des § 2069 BGB bei Wegfall anderer vom Erblasser eingesetzter naher Verwandter siehe *Palandt/Edenhofer* § 2069 Rdn. 8. Der zweite Fall der gesetzlich vermuteten Ersatzerbberufung ist der des eingesetzten Nacherben, der gem. § 2102 Abs. 1 BGB im Zweifel auch als Ersatzerbe des Vorerben eingesetzt gilt.

(3) **Ausdrücklicher Ausschluß der Ersatzerbfolge.** Zuwendungsverzichtsverträge gem. § 2352 BGB bei gemeinschaftlichen Testamenten hinsichtlich wechselbezüglicher Verfügungen nach dem Tod eines Ehegatten und bezüglich vertraglicher Verfügungen nach dem Tod eines der Vertragschließenden werden oft dadurch erschwert oder gar unmöglich gemacht, daß sich ihre Wirkung nicht auf die Abkömmlinge des Verzichtenden erstreckt und daher diese als ausdrückliche oder vermutete Ersatzerben an Stelle des Verzichtenden treten (siehe Form. XVIII. 1 Anm. 3 Abs. 6). Dies kann vermieden werden, wenn der Erblasser in der Verfügung von Todes wegen, wie hier, eine auflösende Bedingung aufnimmt, nach der die Ersatzerbschaft im Falle des Zuwendungsverzichts eines Vorberufenen wegfallen soll (OLG Stuttgart NJW 1958, 348; OLG Düsseldorf DNotZ 1974, 367/370; *Baumgärtel* DNotZ 1959, 63/72; *Jackschath* MittRhNotK 1977, 117/121).

6. Der Begriff des Abkömmlings. Seit der Nichtehelichenreform und der Neuordnung des Adoptionsrechts ist der Begriff des „Abkömmlings", unter dem man den in gerader absteigender Linie blutsmäßig Verwandten aus Ehen verstand, mehrdeutig geworden. Die Frage, ob darunter auch nichteheliche und adoptierte Kinder zu verstehen sind, wird zu den einzelnen gesetzlichen Bestimmungen, die diesen Begriff verwenden, unterschiedlich beantwortet (siehe insbesondere *Spellenberg* FamRZ 1977, 185). Bei der Auslegung des vom Erblasser in einer Verfügung von Todes wegen verwendeten Begriffs „Abkömmlinge" haben sich die Gerichte dahin ausgesprochen, daß darunter auch Adoptivkinder zu verstehen sind (OLG Frankfurt OLGZ 72, 120 = Rpfleger 1972, 56; BayObLG FamRZ 1976, 101; BayObLG NJW 1960, 965; OLG Stuttgart BWNotZ 1984, 21). Bei nichtehelichen Kindern war dagegen die Rechtsprechung jedenfalls vor Inkrafttreten des Erbrechtsgleichstellungsgesetzes nicht so einheitlich (zB. dafür: OLG Stuttgart FamRZ 1973, 278; dagegen: BayObLG FamRZ 1974, 384 = NJW 1974, 954). Es ist daher unumgänglich, daß die Erblasser in ihren Verfügungen sich zumindest hinsichtlich ihrer nichtehelichen Verwandten klar ausdrücken (*Bosch* FamRZ 1972, 179; *Spellenberg* FamRZ 1977, 185/193) und sich nicht auf die insoweit unzuverlässig gewordenen gesetzlichen Auslegungsregeln verlassen. Die hier und in den folgenden Formularen zur Klarstellung gewählte Formulierung folgt *Strobel* MDR 1980, 363/365. Den gleichen Effekt und darüber hinaus auch den Ausschluß eigener nichtehelicher Kinder des Erblassers erzielt man mit der von *Schramm* BWNotZ 1970, 9/13 vorgeschlagenen Formulierung: „Erbfolgen und Erbersatzansprüche aus nichtehelicher Verwandtschaft in der väterlichen Linie werden ausgeschlossen". Die Formulierung umfaßt den nach der Lebenserfahrung häufigen Fall, daß der Erblasser adoptierte Kinder und nichteheliche Kinder seiner weiblichen Nachkommen im Familienverband akzeptiert, nicht jedoch die nichtehelichen seiner männlichen Nachkommen. Ferner wirkt die Formulierung, was gerade bei der Ersatzerbenberufung wichtig ist, auch hinsichtlich entfernter Abkömmlinge. Setzt man die „ehelichen" Abkömmlinge zu Ersatzerben ein, würde dies zwar eigene nichteheliche Abkömmlinge ausschließen, nicht jedoch solche der eigenen Abkömmlinge.

7. Anwachsung. (1) Unter Anwachsung versteht man bei der gewillkürten Erbfolge die vom Erblasser gewollte infolge Wegfalls eines Miterben eintretende Vergrößerung des einem anderen Miterben zugewendeten Erbteils (*Staudinger/Otte* § 2094 Rdn. 1). Die Anwachsung gem. § 2094 BGB entspricht für die gewillkürte Erbfolge der Erhöhung des Erbteils gem. § 1935 BGB bei der gesetzlichen Erbfolge. Die Anwachsung beruht auf der Annahme, daß der Erblasser, der durch Erbeinsetzung über den ganzen Nachlaß verfügt hat, seine gesetzlichen Erben in jedem Fall ausschließen wollte. Voraussetzungen für das Eintreten der Anwachsung sind:
a) Aufteilung des ganzen Nachlasses unter die eingesetzten Erben in der Verfügung von Todes wegen durch den Erblasser (§ 2094 Abs. 1 BGB),
b) Wegfall eines Miterben (§ 2094 Abs. 1 BGB). Die Wegfallsgründe sind hier die gleichen wie bei der Ersatzerbfolge (Anm. 5 Abs. 1) mit Ausnahme der anfänglichen Nichtigkeit, von der die hM. dies ablehnt (MünchKomm/*Skibbe*, 2. Aufl. § 2094 Rdn. 3 mwN.). Gem. § 2094 Abs. 3 BGB kann der Erblasser die Anwachsung in der Verfügung von Todes wegen ausdrücklich oder schlüssig ausschließen, und zwar allgemein oder bezüglich einzelner Miterben. Einen gesetzlich geregelten Fall des Ausschlusses der Anwachsung enthält § 2099 BGB, wonach das Recht des Ersatzerben dem Anwachsungsrecht vorgeht. Liegen die Voraussetzungen der Anwachsung vor, wächst der Erbteil des weggefallenen Erben den übrigen Erben nach dem Verhältnis ihrer Erbteile an (§ 2094 Abs. 1 BGB). Der ursprüngliche und der angewachsene Erbteil werden grundsätzlich als ein Erbteil behandelt, lediglich, wenn der angewachsene Teil mit Vermächtnissen oder Auflagen beschwert ist oder insoweit Ausgleichspflichten bestehen, gilt er als besonderer Erbteil (§ 2095 BGB).

(2) Ausdrückliche oder vermutete Ersatzerbeinsetzung und Anwachsung verhindern auch eine praktische Bedeutung des § 1948 Abs. 1 BGB, dh. der Ausschlagung des zugewendeten Erbteils und Annahme des gesetzlichen (*Staudinger/Otte/Marotzke* § 1948 Rdn. 2), so daß diese Vorschrift nur noch bei wechselbezüglichen Verfügungen in gemeinschaftlichen Testamenten zur Erlangung der freien Verfügungsbefugnis des überlebenden Ehegatten gewisse praktische Bedeutung hat (MünchKomm/*Leipold*, 2. Aufl. § 1948 Rdn. 8; MünchKomm/*Musielak*, 2. Aufl. § 2271 Rdn. 25; *Staudinger/Otte/ Marotzke* § 1948 Rdn. 7).

2. Testament mit Erb- und Ersatzerbeinsetzung

8. Die ausdrückliche Entziehung des Erbersatzanspruchs. Bis zum 31. 3. 1998 galten für nach dem 1. 7. 1949 geborene nichteheliche Kinder im Erbrecht die Sondervorschriften der §§ 1934a–1934e, 2339a BGB. Danach standen ihnen bei der gesetzlichen Erbfolge neben der überlebenden Ehegattin ihres Vaters und/oder seinen ehelichen Kindern nur ein sog. Erbersatzanspruch in Höhe des Wertes ihres gesetzlichen Erbteils zu und sie konnten von ihrem einundzwanzigsten bis zu ihrem siebenundzwanzigsten Lebensjahr von ihrem Vater den sog. vorzeitigen Erbausgleich (§ 1934d BGB) verlangen. Nach der hM. schloß bisher eine den Nachlaß erschöpfende Erbeinsetzung mit der gesetzlichen Erbfolge des nichtehelichen Verwandten auch dessen Erbersatzanspruch aus, da der Erbersatzanspruch dem gesetzlichen Erbteil gleichstand (§ 2338a Satz 2 BGB), so daß es einer ausdrücklichen Entziehung unter Namensnennung des Erbersatzberechtigten nicht bedurf (OLG Stuttgart FamRZ 1972, 471; LG Oldenburg FamRZ 1977, 266; BGH NJW 1981, 1735 = BGHZ 80, 290; *Schramm* BWNotZ 1972, 12; *Giencke* FamRZ 1974, 273; *Lindacher* FamRZ 1974, 348; *Spellenberg* FamRZ 1977; 193; *Dieckmann* FamRZ 1979, 393; MünchKomm/*Frank*, 2. Aufl. § 2338a Rdn. 4; Staudinger/Ferid/Cieslar § 2338a Rdn 35 ff; Palandt/Edenhofer § 2338a Rdn. 5). Dem ist insbesondere *Brüggemann* FamRZ 1975, 309/311 ff u. JA 1978, 209/214 in brillanten Ausführungen mit der These entgegengetreten, daß eine vollständige Verteilung der Erbmasse unter Übergehung des Ersatzberechtigten den als reinen Geldanspruch konzipierten Erbersatzanspruch nicht notwendigerweise in Frage stelle. Gleicher Meinung war bereits LG Freiburg ZBlJugR 1972, 304/306. *Brüggemann* angeschlossen hat sich *Kumme* ZBlJugR 1973, 13 u. 1977, 339 und LG Aachen DAVorm 1979, 623. Bei dieser Tendenz war bisher dem vorsichtigen Verfasser einer Verfügung von Todes wegen, die bis zur Ausführung Jahrzehnte lang sich dem Wechsel der Rspr. anpassen können soll, zu raten, vorsichtshalber den ausdrücklichen Ausschluß des Erbersatzanspruchs aufnehmen, etwa durch die Worte: *„Meinem nichtehelichen Sohn N entziehe ich den Erbersatzanspruch."* Mit dem zum 1. 4. 1998 in Kraft tretenden Erbrechtsgleichstellungsgesetz vom 19. 12. 1997 (BGBl. I 1997, 2968 f) sind die obengenannten Sondervorschriften für nichteheliche Kinder außer Kraft getreten und für sie gilt, sofern sie nach dem 1. 7. 1940 geboren sind, auch nach ihrem Vater und den väterlichen Verwandten das normale gesetzliche Erbrecht für Abkömmlinge (§§ 1924f BGB). Damit ist auch die obige Streitfrage gegenstandlos und der Erblasser kann zwar seinen nichtehelichen Abkömmling ausdrücklich enterben (§ 1938 BGB), braucht dies aber nicht, sofern er über seinen Nachlaß durch erschöpfende Erbeinsetzungen (MünchKomm/*Leipold*, 3. Aufl. § 1937 Rdn. 34; *Palandt/Edenhofer*, § 1937 Rdn. 8) verfügt hat.

9. Steuern. (1) Grundzüge der Erbschaftsteuer. Spezielle erbschaftsteuerliche Probleme sind bei den einzelnen Formularen behandelt. Die Erbschaftsteuer wird aufgrund des Erbschaft- und Schenkungsteuergesetzes in der Fassung vom 20. 12. 1996 (BGBl. I 1996 S. 2049) erhoben, das am 28. 12. 1996 in Kraft trat, aber Rückwirkung gemäß §§ 37 Abs. 1 ErbStG, 152 BewG für Erbfälle seit dem 1. 1. 1996 hat.

a) **Gegenstand der Besteuerung.** Steuerpflichtig ist zunächst der Erwerb von Todes wegen (§§ 1 Abs. 1 Nr. 1, 3 ErbStG), insbesondere

aa) der Erwerb durch Erbanfall (§ 1922 BGB), aufgrund eines Erbersatzanspruchs (§ 1934a BGB), eines Vermächtnisses (§§ 2147ff BGB), einer Auflage (§§ 2192f BGB) und eines geltend gemachten Pflichtteilsanspruchs (§§ 2303ff BGB); dabei gilt bei der Vor- und Nacherbschaft erbschaftsteuerlich der Vorerbe als Erbe und ist unbeschränkt, dh. ohne Berücksichtigung seiner Beschränkungen durch die Nacherbfolge für seinen vollen Wertanteil steuerpflichtig (§ 6 Abs. 1 ErbStG). Tritt die Nacherbfolge ein, unterliegt der Nacherbe der erneuten Erbschaftsteuerpflicht (§ 6 Abs. 2 ErbStG), wobei jedoch für ihn gewisse Erleichterungen gewährt werden;

bb) der Erwerb durch Schenkung auf den Todesfall (§ 2301 BGB), wobei als solche wie bei der Schenkung unter Lebenden gem. § 7 Abs. 7 ErbStG auch der auf einem Gesellschaftsvertrag beruhende Übergang des Anteils eines Gesellschafters bei dessen Tod auf die anderen Gesellschafter oder die Gesellschaft angesehen wird, soweit der Wert, der sich für diesen Anteil zur Zeit des Erbfalls nach § 12 ErbStG ergibt, Abfindungsansprüche Dritter übersteigt (§ 3 Abs. 1 Nr. 2 ErbStG). Steuerbar ist auch der Erwerb aufgrund Vertrages zugunsten Dritter auf den Todesfall, wie z.B. Lebensversicherungen (§ 3 Abs. 1 Nr. 4 ErbStG).

Zur Verhütung von Umgehungen der Erbschaftsteuer ist auch der Erwerb durch Schenkungen unter Lebenden steuerpflichtig (§§ 1 Abs. 1 Nr. 2, 7 ErbStG) und zwar insbesondere:

aa) jede freigebige Zuwendung unter Lebenden, soweit der Bedachte durch sie auf Kosten des Zuwendenden bereichert wird;
bb) der Erwerb aufgrund einer vom Schenker angeordneten Auflage;
cc) die Bereicherung, die ein Ehegatte bei Vereinbarung der Gütergemeinschaft (§ 1415 BGB) erfährt;
dd) was als Abfindung für einen Erb- oder Zuwendungsverzicht (§§ 2346, 2352 BGB) gewährt wird;
ee) was durch vorzeitigen Erbausgleich von einem nichtehelichen Kind erworben wird (§ 1934d BGB);
ff) was ein Vorerbe dem Nacherben mit Rücksicht auf die angeordnete Nacherbschaft vor ihrem Eintritt herausgibt.

Ferner sind sog. Zweckzuwendungen steuerpflichtig (§§ 1 Abs. 1 Ziff. 3, 8 ErbStG). Eine Zweckzuwendung besteht dabei darin, daß dem Empfänger Vermögen mit der Verpflichtung zugewendet wird, dieses nicht für eigene Zwecke und auch nicht für eine oder mehrere bestimmte andere Personen, sondern für einen ihm fremden Zweck oder einen unbestimmten Personenkreis zu verwenden (RFH RStBl. 1936, 544).

Letztlich unterliegt der Steuer das Vermögen einer Stiftung, sofern sie wesentlich im Interesse einer Familie oder bestimmter Familien errichtet ist, und eines Vereins, dessen Zweck wesentlich im Interesse einer Familie oder bestimmter Familien auf die Bindung von Vermögen gerichtet ist, in Zeitabständen von je 30 Jahren (Erbersatzsteuer) seit dem Zeitpunkt des ersten Übergangs von Vermögen auf die Stiftung oder auf den Verein (§ 1 Abs. 1 Ziff. 4 ErbStG).

Mehrere innerhalb von zehn Jahren von derselben Person anfallende Vermögensvorteile, z.B. mehrere Schenkungen oder Schenkungen und ein Erwerb von Todes wegen, sind gem. § 14 ErbStG zusammenzurechnen.

§ 27 ErbStG sieht Steuerermäßigungen zwischen 10 und 50 v.H. für Fälle vor, in denen Personen der Steuerklassen I von Todes wegen Vermögen anfällt, das in des letzten zehn Jahren bereits von Personen dieser Steuerklasse erworben und versteuert worden ist (mehrfacher Erwerb desselben Vermögens).

b) **Die steuerpflichtigen Personen.** Unbeschränkte Steuerpflicht besteht, wenn sowohl Erblasser oder Schenker als auch der Erwerber zur fraglichen Zeit Inländer (= Wohnsitz oder gewöhnlicher Aufenthalt im Inland, deutsche Staatsangehörigkeit jedoch nicht erforderlich) oder nicht länger als fünf Jahre im Ausland wohnende deutsche Staatsangehörige sind (§ 2 Abs. 1 Ziff. 1 ErbStG). Sofern weder der Erblasser oder Schenker noch der Erwerber den Wohnsitz im Bundesgebiet haben, spricht man von einer beschränkten Steuerpflicht, der nur das Inlandsvermögen i.S.d. § 121 BewG oder Nutzungsrechte daran unterliegen (§ 2 Abs. 1 Ziff. 3 ErbStG).

c) **Wertermittlung.** Als steuerpflichtiger Erwerb gilt die Bereicherung des Erwerbers, soweit sie nicht steuerfrei ist (§ 10 Abs. 1 ErbStG). Die steuerliche Bewertung richtet sich nach § 12 ErbStG und den Bestimmungen des Bewertungsgesetzes (BewG). In der ist dabei gem. § 9 Abs. 1 BewG der gemeine Wert maßgebend, also z.B. bei Bargeld der Nennbetrag und bei Wertpapieren oder Aktien der Kurswert. Bis zum 31. 12. 1995 war der Steuerwert für Grundstücke und Eigentumswohnungen gem. § 121a BewG der Einheitswert auf der Grundlage der Wertverhältnisse vom 1. 1. 1964 zuzüglich eines Zu-

2. Testament mit Erb- und Ersatzerbeinsetzung   XVI. 2

schlags von 40 v.H. Grundvermögen ist war daher gegenüber Kapitalvermögen stark begünstigt, was zur Feststellung der Verfassungswidrigkeit der betreffenden Vorschriften durch das Bundesverfassungsgericht (BVerfG v. 22. 6. 1995, BStBl. II 1995, 671) führte. Seit dem 1. 1. 1996 sind für die Bewertung inländischen Grundbesitzes die neuen Vorschriften über die Bedarfsbewertung nach den §§ 138 ff BewG maßgebend. Danach beläuft sich der Steuerwert für Grundbesitz überschlägig auf ca. 60% des Verkehrwertes. Für die Erbschaftsteuer haben die bisherigen Einheitswerte keine Bedeutung mehr, wohl aber weiterhin für die Grundsteuer. Ausländischer Grundbesitz ist jeweils mit dem Verkehrswert zu bewerten (§§ 12 Abs. 6 ErbStG, 32 BewG). Nach §§ 138 ff BewG findet eine Bedarfsbewertung zum Stichtag des Erbfalls bzw. der Schenkung statt, über die das Finanzamt einen Feststellungsbescheid erteilt, gegen den der Steuerpflichtige vorgehen kann. § 145 BewG regelt die Ermittlung des Wertes unbebauter Grundstücke. Maßgebend ist danach der um zwanzig vom Hundert ermäßigte Bodenrichtwert gem. § 196 BauGB, wie er vom Gutachterausschuß der Gemeinde ermitttelt ist. Die Ermittlung des Wertes bebauter Grundstücke ist in § 146 BewG geregelt, der ein unkompliziertes Ertragswertverfahren festlegt. Im Regelfall ist danach bei bebauten Grundstücken vom 12,5-fachen des dreijährigen Durchschnitts der Jahresnettokaltmiete auszugehen. Dieser Betrag ist um eine Alterswertminderung von 0,5% pro Jahr des Alters des Gebäudes bis höchstens 25% zu kürzen. Bei Ein- und Zweifamilienhäusern wird dieser Betrag zum Schluß um einen Zuschlag von zwanzig vom Hundert erhöht. Für den Grund und Boden wird kein gesonderter Betrag berechnet. Allerdings darf der so für das bebaute Grundstück errechnete Betrag nicht unter 80% des Bodenwertes für das unbebaute Grundstück betragen. Bei nicht vermieteten oder vom Eigentümer oder seinen Verwandten oder Verschwägerten genutzten bebauten Grundstücken ist gem. § 146 Abs. 3 BewG die übliche Miete die Berechnungsgrundlage.

Für die Bewertung von Betriebsvermögen sind gem. § 12 Abs. 5 ErbStG mit Ausnahme der Bewertung von Betriebsgrundstücken die Steuerbilanzwerte maßgebend. Für die Bewertung von Beteiligungen an Kapitalgesellschaften ist gem. § 12 Abs. 2 ErbStG der gemeine Wert/Kurswert maßgebend, sonst eine Schätzung aufgrund der Ertragsaussichten nach dem sog. Stuttgarter Verfahren. Bei Beteiligungen an Personengesellschaften ist der anteilige Wert entsprechend der anteiligen Beteiligung am Betriebsvermögen anzusetzen.

Vom so errechneten Steuerwert der Zuwendung können vom Erblasser herrührende Schulden, Verbindlichkeiten aus Vermächtnissen, Auflagen und geltend gemachten Pflichtteilsansprüchen, sowie die Kosten der Beerdigung, Grabanlage und der Nachlaßregelung abgezogen werden (für letztere nach § 10 Abs. 5 Nr. 3 ErbStG DM 20.000,– pauschal ohne Nachweis).

d) **Steuerklassen.** Nach den persönlichen Verhältnissen des Erwerbers zum Erblasser werden gem. § 15 ErbStG folgende drei Steuerklassen unterschieden, nämlich
1. der Ehegatte,
2. die Kinder und Stiefkinder,
3. die Abkömmlinge der in Nummer 2 genannten Kinder und Stiefkinder,
4. die Eltern und Voreltern bei Erwerben von Todes wegen.

Steuerklasse II:
1. die Eltern und Voreltern, soweit sie nicht zur Steuerklasse I gehören,
2. die Geschwister,
3. die Abkömmlinge ersten Grades von Geschwistern,
4. die Stiefeltern,
5. die Schwiegerkinder,
6. die Schwiegereltern,
7. der geschiedene Ehegatte.

Steuerklasse III:
alle übrigen Erwerber und die Zweckzuwendungen.

Bei der Steuerklasseneinteilung wird das Adoptivkind entgegen dem bürgerlichen Recht auch bei der Volladoption sowohl gegenüber seinen leiblichen Eltern als auch gegenüber den Adoptiveltern wie ein leibliches Kind behandelt (§ 15 Abs. 1 a ErbStG). Das Adoptivkind hat somit erbschaftsteuerlich zwei Elternpaare.

e) **Steuerbefreiung und Freibeträge.** Von der nach §§ 10 ff ErbStG ermittelten Bereicherung sind die Steuerbefreiungen und die Freibeträge anzuziehen.

aa) Leben Ehegatten im gesetzlichen Güterstand der Zugewinngemeinschaft, so ist der Zugewinnausgleichsanspruch erbschaftsteuerfrei. Dies gilt unbeschränkt, soweit der Zugewinn güterrechtlich nach §§ 1373 ff BGB ausgeglichen wird, was auch beim Tode eines Ehegatten möglich ist, wenn der Überlebende nicht Erbe wird und ihm auch kein Vermächtnis zusteht (§ 1371 Abs. 2) oder wenn er die Erbschaft ausschlägt (§§ 1371 Abs. 3, 2303 Abs. 2 BGB) und den güterrechtlichen rechnerischen Zugewinnausgleich gem. §§ 1373 ff BGB verlangt. Wählt dagegen der überlebende Ehegattte die erbrechtliche Lösung (§ 1371 Abs. 1 BGB) mit der pauschalen Erhöhung seines Erbteils um ein Viertel der Erbschaft (§ 1931 Abs. 3 BGB) bleibt gem. § 5 Abs. 1 Satz 1 ErbStG nur derjenige Betrag steuerfrei, den der überlebende Ehegatte bei einer güterrechtlichen Abwicklung der Zugewinngemeinschaft (§ 1371 Abs. 2 BGB) tatsächlich als Ausgleich hätte beanspruchen können (*Schmitz* Betr. 1974, 2322). Bei der Ermittlung dieser fiktiven güterrechtlichen Ausgleichsforderung zu erbschaftsteuerlichen Zwecken ist dabei das Anfangs- und Endvermögen beider Ehegatten nach Verkehrswerten zu ermitteln. Steuerfrei ist dann aber gem. § 5 Abs. 1 Satz 5 ErbStG nur der Teilbetrag der so errechneten Ausgleichsforderung, der dem Verhältnis des Steuerwerts zum Verkehrswert des Endvermögens = Nachlaß des verstorbenen Ehegatten entspricht (*Troll*, Erbschaftsteuer- und Schenkungsteuergesetz, 1997, § 5 Rdn. 43; *Petzoldt*, Erbschaftsteuer- und Schenkungsteuergesetz, 1978, § 5 Rdn. 29), d.h. die fiktive Ausgleichsforderung wird gem. § 5 Abs. 1 Satz 2 ErbStG nach folgender Formel ermittelt:

$$\frac{\text{Ausgleichsforderung} \times \text{Steuerwert des Nachlasses}}{\text{Verkehrswert des Nachlasses}}$$

bb) Steuerfrei bleiben ferner u.a. gem. § 13 Abs. 1 Nr. 1 ErbStG der Hausrat einschließlich Wäsche- und Kleidungsstücke sowie Kunstgegenstände und Sammlungen beim Erwerb durch Personen der Steuerklasse I, soweit der Wert insgesamt 80.000 DM nicht übersteigt, durch Personen der übrigen Steuerklassen, soweit der Wert insgesamt 20.000 DM nicht übersteigt, andere bewegliche körperliche Gegenstände, beim Erwerb durch Personen der Steuerklasse I, soweit der Wert insgesamt 20.000 DM nicht übersteigt, durch Personen der übrigen Steuerklassen, soweit der Wert insgesamt 20.000 DM nicht übersteigt. Ferner sind u.a. steuerfrei der Erwerb aufgrund des Dreißigsten gem. § 1969 BGB (§ 13 Abs. 1 Nr. 4 ErbStG), der Verzicht auf die Geltendmachung des Pflichtteilanspruchs oder des Erbersatzanspruchs (§ 13 Abs. 1 Nr. 11 ErbStG), Zuwendungen an inländische Religionsgemeinschaften und inländische Körperschaften, die nach ihren Statuten ausschließlich und unmittelbar kirchlichen, gemeinnützigen oder mildtätigen Zwecken dienen (§ 13 Abs. 1 Nr. 16 ErbStG) sowie Zuwendungen an politische Parteien i.S.d. Parteiengesetzes (§ 13 Abs. 1 Nr. 18 ErbStG).

cc) Die persönlichen Freibeträge nach § 16 ErbStG richten sich nach der Person des Erwerbers und zu versteuern ist nur der Betrag, der nach Abzug des Freibetrages noch verbleibt. Es handelt sich daher um echte Freibeträge, nicht um Freigrenzen. Diese persönlichen Freibeträge betragen:

1. des Ehegatten in Höhe von 600.000 Deutsche Mark;
2. der Kinder im Sinne der Steuerklasse I Nr. 2 und der Kinder verstorbener Kinder im Sinne der Steuerklasse I Nr. 2 in Höhe von 400.00 Deutsche Mark;
3. der übrigen Personen der Stesuerklasse I in Höhe von 100 000 Deutsche Mark;
4. der Personen der Steuerklasse II in Höhe von 20.000 Deutsche Mark;
5. der Personen der Steuerklasse III in Höhe von 10.000 Deutsche Mark.

2. Testament mit Erb- und Ersatzerbeinsetzung XVI. 2

Dazu bleibt bei im gesetzlichen Güterstand lebenden Ehegatten für den Überlebenden die fiktive güterrechtliche Ausgleichsforderung erbschaftsteuerfrei (siehe oben lit. e aa).

Ferner gewährt § 17 ErbStG noch folgende besondere Versorgungsfreibeträge für den überlebenden Ehegatten und die hinterlassenen Kinder:

Der besondere Versorgungsfreibetrag für den hinterlassenen Ehegatten beträgt DM 500.000,–, ist jedoch dann zu kürzen, wenn der Ehegatte durch nicht der Erbschaftsteuer unterliegende Versorgungsbezüge, die zu kapitalisieren sind, bereits abgesichert ist.

Den Kindern stehen je nach Lebensalter, höchstens bis zur Vollendung des 27. Lebensjahres, weitere Freibeträge zu.

dd) **Freibetrag bei Betriebsvermögen.** Für die Zuwendung von Betriebsvermögen, land- und forstwirtschaftlichem Vermögen und Beteiligungen an Kapitalgesellschaften von mehr als 25% gewährt das Gesetz nach § 13a ErbStG einen weiteren Freibetrag von 500.000,– DM, die allerdings pro Erb- oder Schenkungsfall nur einmal gewährt werden und auf mehrere Bedachte verteilt werden müssen. Der über 500.000,– DM hinausgehende Wert der Zuwendung solcher Gegenstände wird nur mit 60% der Bemessungsgrundlage angesetzt (§ 13a Abs. 2 ErbStG). Der Erwerb solchen Vermögens durch Schenkung oder von Todes wegen wird weiter durch § 19a ErbStG dadurch erbschaftsteuerlich begünstigt, daß die Bedachten auch dann nach Steuerklasse I besteuert werden, wenn sie sonst nach Steuerklasse II oder III gehören würden (*Geck* MittBayNot 1997, 1/6).

f) **Steuersätze.** Besteuert wird der Wert des steuerpflichtigen Erwerbs nach Abzug der persönlichen Freibeträge gem. § 19 ErbStG nach fogenden Vomhundertsätzen:

Wert des steuerpflichtigen Erwerbs (§ 10) bis einschließlich ... Deutsche Mark	Vomhundertsatz in der Steuerklasse		
	I	II	III
100 000	7	12	17
500 000	11	17	23
1 000 000	15	22	29
10 000 000	19	27	35
25 000 000	23	32	41
50 000 000	27	37	47
über 50 000 000	30	40	50

Für nur geringfügige Überschreitung der Wertstufen der obigen Tabelle, sieht § 19 Abs. 3 ErbStG eine Limitierung (Stufenübergangsregelung) in der Weise vor, daß der Unterschied zwischen der Steuer, die sich bei strikter Anwendung der obigen Wertstufen ergibt und der Steuer, die sich berechnen würde, wenn der Erwerb die letztvorhergehende Wertgrenze nicht überstiegen hätte, nur insoweit erhoben wird, als er

a) bei einem Steuersatz bis zu 30% aus der Hälfte,

b) bei einem Steuersatz über 30% aus drei Vierteln

des die Wertgrenze übersteigenden Betrages gedeckt werden kann.

In bestimmten Fällen ist die Verrentung einer Steuerschuld (§ 24 ErbStG) und die Stundung der Steuer (§§ 25, 28 ErbStG) möglich.

(2) **Steuerlich zweckmäßige Gestaltungsmöglichkeiten.** Vor der Anwendung erbschaftsteuerlich günstiger Gestaltungsvorschläge sollte immer geprüft werden, ob sie auch mit den wirtschaftlichen Erfordernissen und Zielen des Erblassers übereinstimmen. Eine Verfügung von Todes wegen sollte in erster Linie nach den Bedürfnissen und Wünschen des Erblassers gestaltet werden und erst wenn diese auch durch eine steuerlich günstigere Regelung erfüllt werden können, sollte diese gewählt werden.

a) **Steuerersparnis durch Ausnutzung von Freibeträgen und Staffeltarif.** Der Nachlaß sollte grundsätzlich auf möglichst viele Erwerber verteilt werden, da bei jedem der persönliche Freibetrag zum Abzug gelangt und sich dann außerdem die progressive Staffelung des Erbschaftsteuertarifs nicht so stark auswirkt. Im Grundsatz gilt: Je mehr Bedachte, um so geringer ist in der Regel die Erbschaftsteuer. Während bei kleineren Nachlässen mehr auf die Auswirkungen der Freibeträge zu achten ist, steht bei großen Nachlässen die Auswirkungen einer Aufteilung auf die Steuerprogression im Vordergrund.

b) **Vermeidung einer ungünstigen Steuerklasse.** Bei der Aufteilung des Vermögens durch den Erblasser in der Verfügung von Todes wegen sollte immer im Auge gehalten werden, daß die Steuersätze der Klasse II fast das Doppelte, die der Klasse III fast das Dreifache der Klasse I betragen und daß für die einzelnen Klassen unterschiedlich hohe Freibeträge gelten.

c) **Überspringen einer Generation.** Die unmittelbare Einsetzung des Enkels durch den Großvater kann bei erheblichem eigenen Vermögen des Sohnes zweckmäßig sein. Damit wird einmal die Versteuerung des gleichen Vermögens sowohl beim Tod des Großvaters als auch des Vaters und zum anderen die Progression des Steuersatzes durch die Zusammenrechnung des beiderseitigen Vermögens beim Tod des Vaters vermieden. Dies ist vor allem deshalb so günstig, weil sich seit der Erbschaftsteuerreform 1997 sowohl der Sohn als auch der Enkel in Steuerklasssse I befinden.

d) **Wechsel des Familienstandes.** Da der Unterschied zwischen der Steuerklasse I und der Klasse III groß ist, kann es vorteilhaft sein, wenn kinderlose Ehepaare die vorgesehenen Erben adoptieren und Verlobte oder in außerehelicher Lebensgemeinschaft lebende Paare einander heiraten. Das wirkt sich nicht nur auf die Steuerklasse der unmittelbar davon Betroffenen aus, sondern kann auch bei den Steuerklassen ihrer Verwandten zu einer positiven Änderung führen (*Troll*, Erbschaftsteuer- und Schenkungssteuergesetz, 1997, § 15 Rdn. 4).

e) **Getrennte Zuwendung vom Vermögen und Vermögensnutzung.** Durch das Steuervereinfachungsgesetz 1980 vom 18. 8. 1980 (BGBl. I S. 1537) ist seit 30. 8. 1980 das seit der Erbschaftsteuerreform 1974 geltende Abzugsverbot für Renten-, Nießbrauchs- oder sonstigen Nutzungsrechte von dem durch sie belasteten Erwerb von Todes wegen wesentlich gemildert worden. Das Abzugsverbot gilt seither im Erbfall nur noch, wenn der Erblasser des Nutzungsrecht seinem überlebenden Ehegatten vermacht (§ 25 Abs. 1 ErbStG). Ist das Nutzungsrecht anderen Personen zugewandt, so kann es wie im Regelfall mit seinem Kapitalwert von dem belasteten Erwerb abgezogen werden und wirkt sich dadurch erschaftsteuermindernd aus. Es kann daher jetzt wegen der Freibeträge und der Steuerprogression wieder erbschaftsteuerlich interessant sein, das Vermögen horizontal aufzuspalten und etwa dem einen Abkömmling das Vermögen und dem anderen die Nutzung daran zuzuwenden. Dabei ist allerdings zu beachten, daß der vom Erwerb abziehbare Kapitalwert der Nutzungen den 18,6-ten Teil des Steuerwerts des genutztesn Wirtschaftsguts nicht übersteigen darf (§ 16 BewG), was den steuerlichen Effekt wieder erheblich mindert.

f) **Grundvermögen zuwenden!** Da auch nach der Erbschaftsteuerreform 1997 Grundvermögen immer noch nicht mit ihrem vollen Verkehrswert bewertet werden, sondern mit ca. 60% desselben, dürfte es sich für Erblasser abgesehen von der Bedeutung als wertbeständiger Anlage weiterhin auch erbschaftsteuerlich empfehlen, von seinem Barvermögen rechtzeitig Grundstücke zu erwerben. Der steuerliche Wert des Vermächtnisanspruchs richtet sich nach dem Steuerwert des vermachten Gegenstandes. Was Gegenstand des Vermächtnisses bildet, bestimmt der Erblasser. Wegen der erbschaftsteuerlichen Divergenz zwischen Grundstücksvermächtnis und Barvermächtnis sollte man daher niemals Vermächtnisnehmern den anteiligen Erlös eines vom Testamentvollstrecker zu veräußernden Hausgrundstücks vermachen, da dann nicht der niedrigere Steuerwert sondern der hohe Verkaufspreis zu versteuern ist, sondern immer einen entsprechenden Grundstücksanteil (BFH Betr. 1996, 189). Ist in der Erbschaft erhebliches Barvermögen vorhanden, kann ein Verschaffungsvermächtnis mit der Verpflichtung des Erben, dem

2. Testament mit Erb- und Ersatzerbeinsetzung XVI. 2

Bedachten ein Hausgrundstück zu verschaffen, erheblich steuermindernd wirken, da dieses Vermächtnis nicht mit dem Beschaffungswert sondern nur mit dem Steuerwert des Grundstücks zu versteuern ist (*Troll*, Erbschaftsteuer- und Schenkungsteuergesetz, 1997, § 12 Rdn. 21; *Petzoldt*, Erbschaftsteuer- und Schenkungsteuergesetz, 1978, § 3 Rdn. 64). Dagegen ist die bei der Schenkung unter Lebenden anerkannte Grundstücksschenkung durch Zuwendung des Kaufpreises zum Erwerb eines bestimmten Grundstücks (mittelbare Grundstücksschenkung) mit der Folge, daß nicht der unter dieser Auflage geschenkte Geldbetrag, sondern der Steuerwert des damit gekauften Grundstücks zu versteuern ist, beim Erwerb von Todes wegen nicht entsprechend anwendbar.

g) **Teilungsanordnung statt Vermächtnis.** Die unterschiedliche Bewertung von Grund- und Barvermögen kann auch dazu führen, daß es steuerlich vorteilhafter sein kann, sofern die Erben wirtschaftlich einander gleichgestellt werden sollen, statt eines Grundstücksvermächtnisses mit Gleichstellungsuntervermächtnissen den Bedachten zum Miterben einzusetzen und ihm das Grundstück im Wege der Teilungsanordnung zuzuweisen (*Peter/Petzoldt/Winkler*, Unternehmensnachfolge, Testamente und Gesellschaftsverträge in der Praxis, 4. Aufl. 1977, Ziff. 15.2.3). Reine Teilungsanordnungen gem. § 2048 BGB sind nämlich für die Steuerlastverteilung ohne Bedeutung, diese richtet sich vielmehr nach den Erbquoten (BFH BStBl. II 1983, 329). Statt daher einen Abkömmling zum Alleinerben einzusetzen und mit Gleichstellungsgeldvermächtnissen zugunsten der anderen zu beschweren, die dann zu ihrem Barwert zu versteuern wären, sollte man alle zu Miterben einsetzen und durch eine Teilungserklärung einem den Nachlaß zuwenden und ihn zum Ausgleich der anderen verpflichten (*Peter/Petzoldt/Winkler* aaO.).

h) **Rechtzeitig übergeben!** Nach § 14 ErbStG werden von demselben Empfänger innerhalb von 10 Jahren demselben Erwerber gemachte Zuwendungen in der Weise zusammengerechnet, daß dem letzten Erwerb die früheren Erwerbe nach ihrem früheren Wert zugerechnet werden und von der Steuer für den Gesamtbetrag die Steuer abgezogen wird, welche für die früheren Erwerbe zur Zeit des letzten zu erhebenen gewesen wäre. Das gilt auch für unentgeltliche Zuwendungen, die der Erbe oder Vermächtnisnehmer innerhalb der letzten 10 Jahre vor dem Erbfall von dem Erblasser erhalten hat. Letztlich bedeutet das, daß die persönlichen Freibeträge alle 10 Jahre einmal vollausgeschöpft werden können. Das kann der Erblasser ausnützen und frühzeitig alle 10 Jahre einen Teil seines Vermögens auf seine künftigen Erben übertragen (vorweggenommene Erbfolge). Will er dabei allerdings eine Nutzungsaufspaltung seines Vermögens vornehmen dh. das Vermögen übergeben und sich den Nießbrauch oder eine Rente vorbehalten, ist zu beachten, daß auch nach dem neuen § 25 Abs. 1 ErbStG das Abzugsverbot des kapitalisierten Nutzungsrechts vom Erwerb besteht, soweit der Übergeber das Nutzungsrecht sich selbst oder für seinen Ehegatten vorbehalten hat. Zu beachten ist auch, daß bei einer Schenkung die Festsetzungsfrist bezüglich der Schenkungssteuer von vier Jahren nicht vor Ablauf des Kalenderjahres beginnt, in dem der Schenker gestorben ist (§ 170 Abs. 5 Nr. 2 AO).

i) **Vereinbarungen beim Güterstand.** Bei dem Güterstand der Gütertrennung zwischen den Eheleuten besteht der Nachteil, daß Steuerfreiheit in Höhe der fiktiven Zugewinnausgleichsforderung nach § 5 Abs. 1 ErbStG im Falle des Todes entfällt (*Troll* § 5 Rdn. 2; *Langenfeld/Gail* VII. 267.3). Es ist daher vorteilhafter, wenn die Eheleute statt völliger Gütertrennung ehevertraglich lediglich den Zugewinnausgleich für den Fall der Beendigung des Güterstandes auf andere Weise als durch den Tod eines Ehegatten (Zugewinnausgleich unter Lebenden – § 1372 BGB) ausschließen, ihn aber für den Fall der Beendigung durch den Todesfall (Ausgleichsregelung von Todes wegen – § 1371 Abs. 1 BGB) belassen. Das ist bürgerlich-rechtlich zulässig (*Langenfeld*, Hdb. d. Eheverträge u. Scheidungsvereinbarungen, 3. Aufl. Rdn. 360; MünchKomm/*Gernhuber* § 1371 Rdn. 19) und wird auch erbschaftsteuerlich anerkannt (*Troll* § 5 Rdn. 6; *Langenfeld* Rdn. 358). Auch derjenige, der Gütertrennung vereinbart hat, kann zum gesetzlichen Güterstand der Zugewinngemeinschaft oder zu der modifizierten Zugewinngemeinschaft zurückkehren. Allerdings ist dies gem. § 5 Abs. 1 ErbStG erbschaftsteuerlich nicht mit rückwirkender Kraft auf den Beginn der Ehe möglich. Nachträgliche ehevertragliche Rückkehr zur Zugewinngemeinschaft führt hinsichtlich des Freibetrages nach § 5 Abs. 1 ErbStG nur zu einer Berücksichtigung des Zugewinns ab dem Tag des Vertragsschlusses.

(3) **Einkommensteuer.** Auch einkommensteuerliche Erwägungen sollten bei der Gestaltung von Verfügungen von Todes wegen angestellt werden. Dies insbesondere bei der Frage, ob ein Nießbrauchsvermächtnis oder ein Rentenvermächtnis zugewandt und ob das Rentenvermächtnis als Leibrente oder als dauernde Last ausgestaltet werden soll (Form. VIII. 24 Anm. 10 Abs. 2). Besonders wichtig sind einkommensteuerliche Überlegungen, wenn der Erblasser Eigentümer von Betriebsvermögen ist. Hier sollte darauf geachtet werden, daß wenn möglich das Betriebsvermögen nicht durch den Erbfall ins Privatvermögen fällt, da dann einkommensteuerlich ein Entnahmegewinn ausgelöst würde.

10. **Kosten und Gebühren.** Siehe Form. XV. 1 Anm. 18.

Zuwendung einzelner Nachlaßgegenstände

3. Testament mit Vermächtnisanordnungen verschiedener Art und Auflagen[1,2]

Verhandelt zu . . . . . .
am . . . . . . (auch als eigenhändiges Testament möglich)

§ 1 Erbeinsetzung[3]

Zu meinen Erben setze ich meinen Neffen B und meine Nichte C je zur Hälfte meines Nachlasses ein. Ersatzerben sind jeweils deren Abkömmlinge, einschließlich adoptierter, jedoch mit Ausnahme nichtehelicher Kinder männlicher Nachkommen und ihren Abkömmlingen, jeweils nach der gesetzlichen Erbregel erster Ordnung zum Zeitpunkt des Erbfalls. Mangels Ersatzerben soll Anwachsung eintreten.

§ 2 Vermächtnisse[4]

Zu Lasten meiner Erben setze ich folgende Vermächtnisse aus:
a) Meine Haushälterin E erhält das lebtägliche, ausschließliche und in der Ausübung unentgeltliche Wohnungsrecht an der 2-Zimmerwohnung im Dachgeschoß meines Hauses in R-Stadt in der S-Straße Nr. . . . . . ., die sie zur Zeit bereits bewohnt. Die Überlassung dieses Rechts an einen Dritten ist ihr nicht gestattet. Das Recht ist nach meinem Tod durch Eintragung im Grundbuch auf dem Hausgrundstück dinglich zu sichern.
b) M, der Jagdfreund meines verstorbenen Ehemannes, erhält aus dem Gewehrschrank meines Mannes ein Jagdgewehr nach seiner Wahl.[5]
c) Meiner Freundin F erlasse ich den Betrag von 20.000,- DM, den sie mir als Darlehn schuldet.[6]
d) dem Deutschen Alpenverein Sektion R-Stadt e.V., dessen langjähriger Vorsitzender mein verstorbener Ehemann war, vermache ich ein von meinem Testamentsvollstrecker auszusuchendes geeignetes Berggrundstück in den Ötztaler Alpen nebst der Verpflichtung des Testamentsvollstreckers, darauf aus Mitteln des Nachlasses eine bewirtschaftbare Berghütte errichten zu lassen, die den Namen meines Mannes tragen soll.[7]

3. Testament mit Vermächtnisanordnungen

§ 3 Auflagen[8]

(1) Dem Tierschutzverein R-Stadt e. V. vermache ich 20. 000,– DM mit der Auflage, meine Dackelhündin Thekla nach meinem Tod aufzunehmen und zu pflegen. Das Vermächtnis entfällt auch dann nicht, wenn die Hündin bei meinem Tod nicht mehr leben sollte.

(2) Meinen Erben mache ich zur Auflage, das Stilleben von Georges Braque an den Rechtsträger der Staatlichen Kunsthalle in R-Stadt zu übereignen, mit der Auflage, es auf immer in den Räumen der Kunsthalle in R-Stadt zu belassen.

(3) Meine Erben verpflichte ich im Wege der Auflage aus Mitteln des Nachlasses meines Mannes und meine Grabstätte auf die Dauer der vollen Ruhezeit für Kaufgräber zu schmücken und zu pflegen. Jeder Erbe kann verlangen, daß dazu ein Grabpflegevertrag mit der Genossenschaft der Friedhofsgärtner in R-Stadt abgeschlossen wird.

§ 4 Testamentsvollstreckung[9]

Ich ernenne Herrn Rechtsanwalt N zu meinem Testamentsvollstrecker mit der Aufgabe und Befugnis, die von mir ausgesetzten Vermächtnisse und Auflagen zu erfüllen und zu überwachen. Will oder kann er das Amt nicht antreten oder fällt er vor seiner Ausführung weg, ersuche ich das Nachlaßgericht, einen geeigneten Testamentsvollstrecker zu ernennen. Der Testamentsvollstrecker erhält eine einmalige Vergütung in Höhe von 6% der Verkehrswerte der Vermächtnisse.

§ 5 Schluß

Zu den Vermächtnissen benenne ich keine Ersatzvermächtnisnehmer.[10] Die Vermächtnisse stehen den Bedachten nur persönlich zu.
Soweit im vorstehenden Testament über Gegenstände verfügt ist, die nicht oder nicht ganz zu meinem Nachlaß gehören, gelten die Anordnungen als Verschaffungsvermächtnisse.[11]
(Vgl. ferner Form. XV. 1)

Schrifttum: Bühler, Das Verschaffungsvermächtnis, Inhalt und Durchsetzung, DNotZ 1964, 581; *Haegele,* Verschaffungsvermächtnisse, Rpfleger 1964, 138; *Mattern,* Einzelzuweisung von Todes wegen, DNotZ 1963, 450; *ders.,* Einzelzuweisungen auf den Todesfall, BWNotZ 1965, 1; *Nieder,* Hdb. d. Testamentsgestaltung, 1992 Rdn. 502 ff.

Anmerkungen

1. Sachverhalt. Die Testiererin ist verwitwet und hat ebenso wie ihr verstorbener Ehegatte keine Abkömmlinge. Da auch ihre Eltern verstorben sind, hat sie keine Pflichtteilsberechtigten.

2. Anwendungsfälle. Wenn der Erblasser nur einen einzelnen Nachlaßgegenstand oder einen wertmäßig relativ unbedeutenden Teil der Nachlaßgegenstände einem oder mehreren am übrigen Nachlaß nicht Beteiligten zuweisen will, bietet sich ihm das Rechtsinstitut des Vermächtnisses (§§ 1939, 2147 ff BGB) an. Der mit dem Vermächtnis Bedachte erwirbt mit dem Erbfall kein dingliches Recht am Nachlaß oder an dem ihm zugewiesenen Einzelgegenstand, sondern nur ein Forderungsrecht gegen den oder die Erben auf Leistung des zugewiesenen Einzelgegenstands (§§ 2174, 2176 BGB). Da der Vermächtnisgegenstand konkretisiert sein muß, eignet sich ein Vermächtnis nicht für Verfügungen, die über lange Zeit unverändert aufrechterhalten bleiben sollen. Eine Vermächtnisanordnung muß vielmehr in kurzen Zeitabständen vom Erblasser auf ihre Erfüllbarkeit aus dem Bestand seines Vermögens beim Erbfall überprüft werden. Da die

Auflage (§§ 1940, 2192 ff BGB) nur einen Beschwerten aber keinen bestimmten Begünstigten zu haben braucht, eignet sie sich vor allem zur Erreichung überpersönlicher Zwecke über lange Zeiträume.

3. Zwingende Erbeinsetzung. Es gibt keinen erbenlosen Nachlaß (MünchKomm/ *Skibbe*, 2. Aufl. § 2087 Rdn. 6; BayObLG MDR 1979, 847; *v. Lübtow* ErbR, I S. 355). Auch wenn, was zulässig ist (RG LZ 1923, 321), der Erblasser seinen ganzen Nachlaß erschöpfend durch Vermächtnisse verteilt, entfällt die gesetzliche Erbfolge nicht. Wenn ein Erblasser eine solche erschöpfende Verteilung durch Einzelzuweisung vornimmt, ist durch Auslegung zu ermitteln, ob er damit die gesetzliche Erbfolge aufrecht erhalten (Form. X. 4), oder ob er eine Erbeinsetzung im Wertverhältnis der zugewiesenen Gegenstände zueinander vornehmen (BGH DNotZ 1972, 500 mwN.) oder ob, sofern eine der Einzelzuweisungen das Hauptvermögen des Erblassers umfaßt, er dem damit Bedachten die Erbenstellung verschaffen wollte (*Staudinger/Otte* § 2087 Rdn. 17; MünchKomm/ *Skibbe*, 2. Aufl. § 2087 Rdn. 8, 9). In einem notariellen Testament sollte allerdings immer eine ausdrückliche Erbeinsetzung erfolgen, wenigstens die Erbeinsetzung der Bedachten zu den dem Wertverhältnis der Einzelzuwendungen zueinander entsprechenden Quoten.

4. Vermächtnisse. (1) **Der Begriff des Vermächtnisses.** Unter Vermächtnis ist die Zuwendung eines Vermögensvorteils in einer Verfügung von Todes wegen an einen anderen (Bedachten) ohne Erbeinsetzung zu verstehen (§ 1939 BGB). Das Vermächtnis begründet keine unmittelbare Rechtsnachfolge. Der zugewandte Vorteil geht nicht mit dem Anfall des Vermächtnisses (§ 2176 BGB) von selbst in das Vermögen des Vermächtnisnehmers über. Der Bedachte erhält lediglich einen schuldrechtlichen Anspruch auf Erfüllung gegen den Beschwerten (§ 2147 BGB). Lediglich bei einem Vorausvermächtnis an einen alleinigen Vorerben, erwirbt dieser den ihm vermachten Nachlaßgegenstand unmittelbar mit dem Erbfall (BGHZ 32, 60).

(2) **Gegenstand des Vermächtnisses.** Möglicher Gegenstand eines Vermächtnisses kann alles sein, was Ziel eines Anspruchs, also Inhalt einer Leistung sein kann (MünchKomm/ *Leipold*, 2. Aufl. § 1939 Rdn. 5; MünchKomm/*Skibbe* Vor § 2147 Rdn. 3). Es kann sein eine Sache oder ein Recht wie zB. Nutzungsrecht, Nießbrauch, Wohnrecht, Altenteil, Urheberrecht, Rente, GmbH-Anteil, das Recht, dem Auseinandersetzungsverlangen eines Miterben zu widersprechen (*Staudinger/Otte* § 1939 Rdn. 5), ein Handelsgeschäft oder eine sonstige Sachgesamtheit (Sachinbegriff) (MünchKomm/ *Leipold*, 2. Aufl. § 1939 Rdn. 7). Ferner Forderungsrechte wie zB. auf Anerkennung oder Sicherung einer Schuld, auf Leistung von Diensten, auf Unterlassung, auf Aufnahme in eine Gesellschaft, auf Zahlung einer Geldsumme, die ziffernmäßig nicht bestimmt sein braucht, sondern anhand anderer Kriterien wie zB. Gewinnanteil oder Preis einer Ware zu bestimmen sein kann, zB. auch in Höhe des Werts des gesetzlichen Erbteils oder eines Bruchteils des Nachlaßwerts (Quotenvermächtnis) oder in Höhe des Pflichtteils (*Staudinger/Otte* § 1939 Rdn. 6). Letztlich kann auch der Anspruch auf Befreiung von einer Verbindlichkeit, auf bloße Stundung und dem Verzicht auf die Ausübung von Gestaltungsrechten oder Einreden vermacht werden (*Staudinger/ Otte* § 1939 Rdn. 7).

(3) **Haftung des Beschwerten.** Der Vermächtnisnehmer ist zwar Nachlaßbeteiligter, hauptsächlich jedoch Nachlaßgläubiger und zwar minderen Grades, da ihm Erblasserschulden, Erbfallschulden und Ansprüche Pflichtteilsberechtigter vorgehen, und, soweit der Erblasser nicht gem. § 2189 BGB eine Rangfolge festgesetzt hat, andere Vermächtnisse und Auflagen im Range gleichstehen (§§ 1980 Abs. 1 Satz 3, 1990, 1991 Abs. 4 BGB, §§ 219, 222, 226 KO). Das Vermächtnis ist Nachlaßverbindlichkeit (§ 1967 BGB). Beschwert sind im Zweifel alle Miterben (§§ 2147, 2148 BGB), und zwar als Gesamtschuldner (§§ 2058, 431 BGB). Sie haften mit ihrem gesamten Vermögen, also sowohl mit dem ererbten (Nachlaß) als auch mit dem bereits besessenen (Privatvermögen). Die

3. Testament mit Vermächtnisanordnungen XVI. 3

Erben können jedoch, sofern sie nicht unbeschränkt haften (§ 2013 BGB), was nur bei Verletzung der Inventarpflicht (§ 1994 BGB), bei Inventaruntreue (§ 2005 BGB) und bei Verzicht auf Beschränkung gegenüber allen Nachlaßgläubigern (§ 2021 Abs. 1 Satz 3 BGB) der Fall ist, die Haftung auf den Nachlaß beschränken. Dazu bedarf es der Anordnung der Nachlaßverwaltung (§ 1975 BGB), der Eröffnung des Nachlaßkonkurses (§ 1975 BGB) oder, falls sich beides mangels Masse oder Vorschuß nicht lohnt, der Erhebung der Dürftigkeits- und Unzulänglichkeitseinrede (§ 1990 BGB). Die Dürftigkeitseinrede ist als sog. Überschwerungs- oder Überlastungseinrede gem. § 1990 BGB bei Überschuldung durch Vermächtnisse und Auflagen (sog. Überschwerung) diesen Ansprüchen gegenüber auch dann zulässig, wenn eine die Kosten der Nachlaßverwaltung oder des Nachlaßkonkursverfahrens deckende Masse vorhanden ist. Der Erbe muß sich dabei auch gegenüber Vermächtnis- und Auflagegläubigern die Beschränkung seiner Haftung im Urteil gem. § 780 Abs. 1 ZPO vorbehalten lassen, um Vollstreckungen in sein Eigenvermögen zu verhindern. Nach dieser Überschwerungseinrede hat der Erbe gem. den in § 1992 Satz 1 BGB in Bezug genommenen §§ 1990, 1991 BGB die Verbindlichkeiten aus Pflichtteilsrechten, Vermächtnissen und Auflagen entsprechend ihren konkursmäßigen Rangverhältnis gem. § 226 Abs. 2 KO aus Mitteln des Nachlasses soweit wie möglich zu befriedigen (§ 1991 Abs. 4 BGB). *Bühler* DNotZ 1964, 596 nennt dies treffend Privatkonkursverfahren. Nach Erschöpfung des Nachlasses kann der Erbe die Befriedigung verweigern. Darüber hinaus kann der Erbe gem. § 1992 Satz 2 BGB Vermächtnis- und Auflagegläubigern gegenüber die Herausgabe der noch vorhandenen Nachlaßgegenstände durch Zahlung des Wertes abwenden. Da jedoch dadurch der Vermächtnisnehmer auch bei einer verhältnismäßig geringfügigen Überschuldung um die Gegenstandssubstanz gebracht werden könnte, legt die hM. (BGH NJW 1964, 2298 = DNotZ 1964, 630) § 1992 BGB dahin aus, daß demgegenüber auch der Vermächtnisnehmer die Befugnis hat, gegen eine die Überschuldung ausgleichende Aufzahlung in Geld die Übertragung des Vermächtnisgegenstandes in Natur (in ungekürztem Umfang) zu verlangen. Der mit dem Vermächtnis beschwerte Erbe kann aber auch die Erbschaft form- und fristgerecht ausschlagen (§§ 1944, 1945 BGB) und, falls ein Fall des § 2306 BGB vorliegt, den Pflichtteil verlangen. Nach Ausschlagung trifft die Pflicht zur Erfüllung des Vermächtnisses denjenigen, dem sein Wegfall unmittelbar zustatten kommt (§ 2161 BGB).

(4) **Vermächtnisarten.** Im wesentlichen unterscheidet man folgende Arten von Vermächtnissen (*Staudinger/Otte* Vorbem zu §§ 2147–2191 Rdn. 6):
a) Vorausvermächtnis, das einem Erben zugewandt ist (§ 2150 BGB) (Form. XVI. 11 u. XVI. 12).
b) Universalvermächtnis, bei dem der gesamte nach Begleichung aller Nachlaßverbindlichkeiten verbleibende Nachlaßrest vermacht ist (Form. XVI. 4).
c) Quotenvermächtnis, wenn ein Bruchteil vom Barerlös des nach Begleichung aller Nachlaßverbindlichkeiten verbleibenden Nachlaßrests vermacht ist.
d) Pflichtteilsvermächtnis, im Zweifel wenn ein Geldbetrag in Höhe des Pflichtteilsanspruchs vermacht ist (§ 2304 BGB).
e) Wahlvermächtnis, wenn der Bedachte von mehreren Gegenständen nur den einen oder anderen erhalten soll (§ 2154 BGB) (siehe obiges Formular).
f) Gattungsvermächtnis, wenn die vermachte Sache nur der Gattung nach bestimmt ist (§§ 2155, 2182, 2183 BGB) (siehe obiges Formular).
g) Zweckvermächtnis, wenn der Vermächtnisgegenstand nicht vom Erblasser, sondern aufgrund einer vom Erblasser angegebenen Zweckbestimmung vom Beschwerten oder einem Dritten zu bestimmen ist (§§ 2155, 2182, 2183 BGB) (Form. XVI. 7; XVI. 9; Form. XVI. 12 Anm. b u. Form. XVI. 20 Anm. 8).
h) Bestimmungsvermächtnis, wenn der Beschwerte oder ein Dritter den Bedachten aus mehreren vom Erblasser Benannten auszuwählen hat (§ 2151 BGB) (Form. XVI. 7).

Nieder

i) Stückvermächtnis, wenn ein bestimmter zur Erbschaft gehörender Gegenstand vermacht ist (§§ 2169, 2184, 2185 BGB).
k) Verschaffungsvermächtnis, wenn ein nicht zur Erbschaft gehörender bestimmter Gegenstand vermacht ist (§ 2170 BGB) (siehe obiges Formular).
l) Forderungsvermächtnis, wenn der zugewendete Vermögensvorteil eine Forderung des Erblassers ist (§ 2173 BGB).
m) Untervermächtnis, wenn ein Vermächtnisnehmer damit beschwert ist (§ 2186 BGB) (Form. VIII. 22).
n) Hauptvermächtnis, wenn es seinerseits mit einem Vermächtnis oder einer Auflage beschwert ist (§ 2187 BGB).
o) Ersatzvermächtnis, das einem anderen zugewandt ist, für den Fall, daß der zunächst Bedachte wegfällt (§ 2190 BGB).
p) Nachvermächtnis, das erst zu einem bestimmten Zeitpunkt oder Ereignis anfällt, nachdem zunächst ein anderer Vorvermächtnisnehmer war (§ 2191 BGB) (Form. XVI. 6).
q) Aufschiebend bedingtes oder befristetes (betagtes) Vermächtnis, das erst nach Eintritt eines bestimmten Ereignisses oder zu einem bestimmten Zeitpunkt anfällt (§§ 2177, 2179 BGB) (Form. XVI. 5).

5. **Wahlvermächtnis.** Gem. § 2154 BGB liegt ein Wahlvermächtnis vor, wenn der Erblasser bestimmt, daß der Vermächtnisnehmer von mehreren Gegenständen nur den einen oder den anderen erhalten soll. Das durch das Vermächtnis entstehende Schuldverhältnis ist eine Wahlschuld, auf die die §§ 262–265 BGB Anwendung finden (*Staudinger/Otte* § 2154 Rdn. 1). Die Auswahl zwischen den Gegenständen steht, sofern der Erblasser keine anderweitige Bestimmung getroffen hat, nach § 262 BGB dem Beschwerten zu (*Staudinger/Otte* Rdn. 2). Der Erblasser kann auch bestimmen, daß das Wahlrecht dem Bedachten (wie im Formular) oder einem Dritten zustehen soll (*Staudinger/Otte* Rdn. 3 u. 4).

6. Hier liegt ein Vermächtnis auf Befreiung von einer Verbindlichkeit vor (*Staudinger/Otte* § 1939 Rdn. 7). Auch hier ist der bloß schuldrechtliche Charakter des Vermächtnisses zu beachten. Erlaß, Aufhebung oder Verzicht der Forderung treten nicht schon mit dem Anfall des Vermächtnisses ein, der Bedachte hat nur einen Anspruch auf sie (BGH FamRZ 1964, 140).

7. **Kombiniertes Gattungs- und Zweckvermächtnis.** (1) **Verschaffungsvermächtnis.** § 2169 Abs. 1 BGB bestimmt, daß das Vermächtnis eines bestimmten Gegenstandes unwirksam ist, soweit der Gegenstand zur Zeit des Erbfalls nicht zur Erbschaft gehört, es sei denn, daß der Gegenstand dem Bedachten auch für diesen Fall zugewendet sein soll. § 2271 Abs. 1 BGB bestimmt für diesen Fall, daß dann der Beschwerte den Gegenstand dem Bedachten zu verschaffen hat. § 2169 BGB setzt voraus, daß das Vermächtnis einen bestimmten Gegenstand betrifft (Stückvermächtnis) (*Staudinger/Otte* § 2169 Rdn. 2). Daher kann das Vermächtnis eines sich nicht im Nachlaß befindlichen unbestimmten Berggrundstücks kein Verschaffungsvermächtnis sein, sondern nur ein Gattungsvermächtnis gem. § 2155 BGB, dessen Gegenstand sich ebenfalls nicht zwingend im Nachlaß befinden muß (*Staudinger/Otte* § 2155 Rdn. 2). Verschaffungsvermächtnisse kommen in der Praxis meist in der Form vor, daß der Erblasser am Vermächtnisgegenstand nur gesamthänderisch oder als Miteigentümer beteiligt ist und die zu Miterben berufenen Miteigentümer oder Gesamthandbeteiligte mit einem Verschaffungsvermächtnis zugunsten eines von ihnen beschwert (*Bühler* DNotZ 1964, 581 Fn. 4; *Haegele* Rpfleger 1964, 138/139; *Staudinger/Otte* § 2169 Rdn. 11; BGH NJW 1964, 2298 = DNotZ 1964, 630). Eine andere und bei der Schwierigkeit der Durchsetzung des Verschaffungsanspruchs (*Bühler* S. 589 ff) wohl bessere Gestaltungsmöglichkeit für Fälle dieser Art ist die Erbeinsetzung dieser Miterben unter der auflösenden Bedingung ihrer Mitwirkung bei der Übereignung der in Miteigentum oder Gesamthand stehenden Sachen (BGH

3. Testament mit Vermächtnisanordnungen XVI. 3

NJW 1964, 2298 = DNotZ 1964, 630; KG JW 1931, 1369 Nr. 3 m. Anm. *Herzfelder*). Ein weiterer praktisch wichtiger Fall eines Verschaffungsvermächtnisses ist gegeben, wenn der Alleinerbe, oder ein Miterbe nach der Erbteilung, einen Inbegriff von Gegenständen oder einen Bestand von Zubehörstücken (zB. Viehbestand) bedingt oder befristet (betagt) vermächtnisweise herauszugeben hat, dessen Umfang sich nicht nach dem Bestand zur Zeit des Erbfalls, sondern zum Zeitpunkt des Eintritts der Bedingung oder des Termins richten soll. In diesem Fall sind, soweit keine dinglichen Surrogationsnormen eingreifen (§§ 2041, 2111 BGB), uU. auch Stücke mitvermacht, die nicht zur Erbschaft gehören (*Bühler* DNotZ 1964, 581 Fn. 4; *Staudinger/Otte* § 2169 Rdn. 11).

(2) **Gattungsvermächtnis.** Ein Gattungsvermächtnis gem. § 2155 BGB liegt vor, wenn der Erblasser den Vermächtnisgegenstand nur der Gattung nach bestimmt hat. Es ist dabei gleichgültig, ob das Vermächtnis vertretbare oder unvertretbare Sachen betrifft (*Staudinger/Otte* § 2155 Rdn. 2). Es muß sich auch nicht auf körperliche Gegenstände sondern kann sich auch auf Rechte oder Dienstleistungen beziehen (*Staudinger/Otte*; MünchKomm/*Skibbe*, 2. Aufl. § 2155 Rdn. 2; aM. *Palandt/Edenhofer* § 2155 Rdn. 1). Gleichgültig ist auch, ob ein Gegenstand der fraglichen Art zur Zeit des Erbfalls im Nachlaß vorhanden ist. § 2169 Abs. 1 BGB betrifft nur das Stückvermächtnis, dh. das Vermächtnis eines bestimmten Gegenstandes (*Staudinger/Otte*; MünchKomm/*Skibbe*, 2. Aufl. § 2155 Rdn. 3). Abweichend von § 243 Abs. 1 BGB ist beim Gattungsvermächtnis nicht eine Sache von mittlerer Art und Güte, sondern eine den Verhältnissen des Bedachten entsprechende Sache zu leisten (§ 2155 Abs. 1 BGB). Die Bestimmung der Sache obliegt, wie sich aus § 243 Abs. 2 BGB ergibt, regelmäßig dem Beschwerten (*Staudinger/Otte* § 2155 Rdn. 6). Hat der Erblasser die Bestimmung der Sache dem Bedachten oder einem Dritten, etwa einem Testamentsvollstrecker, übertragen, so gelten gem. § 2155 Abs. 2 BGB die Vorschriften über das Wahlrecht des Dritten beim Wahlvermächtnis (§ 2154 Abs. 1 Satz 2 und Abs. 2 BGB) entsprechend. Im Formular ist das Vermächtnis eines nicht zum Nachlaß gehörenden noch unbestimmten mit einer Berghütte bebaubaren Berggrundstücks in den Ötztaler Alpen ein Gattungsvermächtnis, bei dem der Testamentsvollstrecker Bestimmungsberechtigter ist.

(3) **Zweckvermächtnis.** Beim Zweckvermächtnis gem. § 2156 BGB kann der Erblasser die Bestimmung des Vermächtnisgegenstandes dem Beschwerten oder einem Dritten überlassen. Der Erblasser muß dabei jedoch die Person des Bedachten und den Vermächtniszweck bestimmen. Ausnahmen hinsichtlich der Bestimmung der Person sind im Rahmen der §§ 2151 f BGB zulässig. Die Bestimmung des Vermächtniszwecks durch den Erblasser muß wenigstens so weit gehen, daß sich für das billige Ermessen bei der Bestimmung der Leistung ausreichende Anhaltspunkte ergeben (*Staudinger/Otte* § 2156 Rdn. 2). Ist der Vermächtnisgegenstand hinreichend bestimmt, so kann die Bestimmung der Leistung im einzelnen durch Anordnung des Erblassers dem billigen Ermessen des Beschwerten oder eines Dritten überlassen werden. Dem Bedachten selbst kann die Leistungsbestimmung nicht überlassen werden (*Staudinger/Otte* § 2156 Rdn. 3). Dem Bestimmungsrecht des Bestimmungsberechtigten unterliegen sowohl der Gegenstand als auch Zeit, Ort und Umstände der Leistung, soweit hierüber nicht schon durch den Erblasser Bestimmungen getroffen worden sind (*Staudinger/Otte* aaO). Im Formular stellt die Verpflichtung zur Errichtung einer Berghütte aus Mitteln des Nachlasses ein Zweckvermächtnis und kein Gattungsvermächtnis dar, bei dem der Testamentsvollstrecker Bestimmungsberechtigter ist.

(4) Die Anordnung der Erblasserin im Formular, die Berghütte nach dem Namen ihres Ehemannes zu benennen, stellt eine Auflage gem. §§ 2192 ff BGB dar, da sie dem mit dem Vermächtnis bedachten Alpenverein eine Verpflichtung zur Leistung auferlegt, aus der, da die Testiererin dann verstorben sein wird, niemand ein Recht auf Leistung erwächst, wohl aber eine Vollziehungsberechtigung.

8. Auflagen. (1) Die Auflage ist eine Anordnung von Todes wegen, durch die der Erblasser Erben oder Vermächtnisnehmer zu einer Leistung verpflichten kann, ohne einem anderen ein Recht auf diese Leistung zuzuwenden (§§ 1940, 2193 bis 2196 BGB). Da für die Auflage nicht die Zuwendung, sondern die Verpflichtung des Beschwerten im Vordergrund steht, ist das Vorhandensein eines Begünstigten nicht notwendig (Münch-Komm/*Skibbe*, 2. Aufl. § 2192 Rdn. 10; MünchKomm/*Leipold*, 2. Aufl. § 1940 Rdn. 2; *Staudinger/Otte* § 2192 Rdn. 12). Durch Auflagen läßt sich daher insbesondere zweierlei erreichen, was mit den sonstigen erbrechtlichen Instrumenten nicht erreicht werden kann:
a) Durch die Lösung von einem Anspruch bietet die Auflage dem Erblasser die Möglichkeit über einen längeren Zeitraum hinweg auf das Verhalten der von ihm bedachten Personen in rechtsverbindlicher Weise Einfluß zu nehmen und dadurch bestimmte Ziele zu fördern (MünchKomm/*Skibbe*, 2. Aufl. § 2192 Rdn. 1) ohne deshalb zu dem einschneidenden Mittel der auflösend bedingten Erb- oder Vermächtniseinsetzung greifen zu müssen. Zu diesem Zweck der Auflage siehe Form. XVI. 27.
b) Da die Auflage keiner begünstigten Person bedarf, ist sie für den Erblasser auch das geeignete Mittel rechtsunfähigen Tieren (MünchKomm/*Leipold*, 2. Aufl. § 1940 Rdn. 2; MünchKomm/*Skibbe*, 2. Aufl. § 2192 Rdn. 1; *Staudinger/Otte* § 1940 Rdn. 5; *Weimar* MDR 1975, 551/ 553) und nicht rechtsfähigen Personenkreisen und Institutionen (MünchKomm/*Leipold* § 1940 Rdn. 6) zB. Behörden, Stammtischrunden, Kaffeekränzchen usw. Zuwendungen von Todes wegen zu machen. Siehe bezüglich dieser Anwendungsmöglichkeit der Auflage das obige Formular. Sowohl die Einflußnahme über sein Vermögen über den Tod hinaus als auch eine Zuwendung an einen nicht rechtsfähigen Personenkreis bezweckt der Erblasser mit einer im Wege der Auflage angeordneten sog. unselbständigen oder unpersönlichen Stiftung, dh. der Zuwendung eines Vermögenswertes an einen Vermächtnisnehmer oder Erben mit der Auflage, aus diesem Vermögen Leistungen zugunsten bestimmter Zwecke oder Personen zu erbringen (MünchKomm/*Leipold*, 2. Aufl. § 1940 Rdn. 6; *Staudinger/Otte* § 1940 Rdn. 6; RGZ 96, 15/19). Bezüglich einer solchen unpersönlichen oder fiduziarischen Stiftung siehe Form. XVI. 26. Das wesensentscheidende Merkmal der Auflage, ohne Begünstigten auszukommen, bildet zugleich ihre Schwäche. Für ihre Erzwingung fehlt es an dem natürlichen Interesse eines Anspruchsberechtigten, der eigene Zwecke verfolgt (MünchKomm/*Skibbe*, 2. Aufl. § 2192 Rdn. 2). Der Gesetzgeber hat dadurch Ersatz zu schaffen versucht, daß nach § 2194 BGB der Erbe, der Miterbe und derjenige, welchem der Wegfall des mit der Auflage zunächst Beschwerten unmittelbar zustatten kommen würde (Vollziehungsberechtigte), die Vollziehung der Auflage von dem Beschwerten notfalls im Klagewege verlangen können. Liegt die Vollziehung im öffentlichen Interesse, so kann auch die zuständige Behörde die Vollziehung verlangen. Bezüglich Fundstellen der in den einzelnen Bundesländern dafür zuständigen Behörden siehe *Staudinger/Otte* § 2194 Rdn. 9; MünchKomm/*Skibbe*, 2. Aufl. § 2194 Rdn. 8 und *Palandt/Edenhofer* § 2194 Rdn. 1. Der Testamentsvollstrecker kann gem. §§ 2203, 2208 Abs. 2 BGB ebenfalls die Vollziehung der Auflage verlangen (*Staudinger/Otte* § 2194 Rdn. 4; MünchKomm/*Skibbe*, 2. Aufl. § 2194 Rdn. 4). Der Erblasser kann weiteren Personen die Vollziehungsberechtigung verleihen und auch den in § 2194 BGB genannten diese Befugnis entziehen (MünchKomm/*Skibbe*, 2. Aufl. § 2194 Rdn. 5; *Staudinger/Otte* § 2194 Rdn. 5). Ferner kann auch der Begünstigte selbst Vollziehungsberechtigter sein (*Staudinger/Otte* § 2194 Rdn. 8; MünchKomm/*Skibbe*, 2. Aufl. § 2194 Rdn. 3).

(2) Von den Auflagen im Formular ist die erste zugunsten eines Tieres und die zweite zugunsten einer nicht rechtsfähigen Behörde, der staatlichen Kunsthalle in R-Stadt, angeordnet. Letzteres deshalb, um zu verhüten, daß der Staat als Eigentümer des Bildes es an einem anderen Ort ausstellt. Die dritte Auflage hat die Grabpflege zum Gegenstand und hat daher keinen lebenden Begünstigten.

3. Testament mit Vermächtnisanordnungen

9. Die Befugnisse des Testamentsvollstreckers sind gem. § 2208 BGB auf die Erfüllung von Vermächtnissen und Auflagen beschränkt. Der Testamentsvollstrecker hat das übrige Vermögen daher weder zu verwalten, noch zwischen den beiden Miterben dessen Auseinandersetzung zu bewirken. Er braucht die Erbschaft allerdings nur insoweit an die beiden Erben herauszugeben, als er sie nicht zur Erfüllung der Grundstückserwerbs- und Bauverpflichtung benötigt.

10. Ersatzvermächtnisnehmer. (1) Ausdrückliche Ersatzberufung. Nach § 2160 BGB ist ein Vermächtnis unwirksam, wenn der Bedachte zur Zeit des Erbfalls nicht mehr lebt. Unwirksam wird ein Vermächtnis ferner zB. durch den Wegfall des Bedachten vor dem Erbfall durch Verzicht (§ 2352 BGB) und nach dem Erbfall durch Ausschlagung des Vermächtnisses (§§ 2180 Abs. 3, 1953 Abs. 1 BGB), Vermächtnisunwürdigkeit (§ 2345 BGB), Anfechtung (§ 2078 BGB), Nichterleben der Bedingung (§§ 2177, 2074 BGB) (*Palandt/Edenhofer* § 2160 Rdn. 1). Unter Bedachtem ist dabei jeder gemeint, dem der Erblasser, wenn auch erst in zweiter Linie, das Vermächtnis zugewandt hat. Die Unwirksamkeit greift deshalb nicht ein bei ausdrücklicher (§ 2190 BGB) oder stillschweigender (§ 2069 BGB) Ersatzberufung oder bei Anwachsung gem. § 2158 BGB (*MünchKomm/Skibbe*, 2. Aufl. § 2160 Rdn. 1).

Wenn der Erblasser ausdrücklich für den Fall, daß der zunächst mit dem Vermächtnis Bedachte wegfällt, den Gegenstand einem anderen zugewandt hat, finden gem. § 2190 BGB die für die Einsetzung eines Ersatzerben geltenden Vorschriften des §§ 2097 bis 2099 BGB entsprechende Anwendung. Das bedeutet insbesondere, daß das Recht des Ersatzvermächtnisnehmers dem Anwachsungsrecht gem. § 2158 BGB vorgeht, das, wenn der Gegenstand mehreren vermacht ist, sonst bei Wegfall des einen die Anwachsung für die anderen bedeutet.

(2) Stillschweigende Ersatzberufung. Auch bei einem Vermächtnis gilt gem. § 2069 BGB die Auslegungsregel, daß falls der Erblasser damit einen seiner Abkömmlinge bedacht hat, bei dessen Wegfall nach Errichtung des Testaments im Zweifel dessen Abkömmlinge unter sich nach den Regeln der gesetzlichen Erbfolge an seine Stelle als Ersatzvermächtnisnehmer treten. Da in entsprechender Anwendung dieser Regel teilweise auch eine stillschweigende Ersatzberufung von Abkömmlingen anderer naher Angehöriger angenommen wird (*Palandt/Edenhofer* § 2069 Rdn. 8), sollte man auch bei jeder Vermächtnisanordnung entweder ausdrücklich Ersatzvermächtnisnehmer berufen oder die Ersatznachfolge ausdrücklich ausschließen.

11. Gem. § 2169 Abs. 1 BGB ist das Vermächtnis eines bestimmten Gegenstandes (Stückvermächtnis) unwirksam, soweit der Gegenstand zur Zeit des Erbfalls nicht zur Erbschaft gehört, es sei denn, daß der Erblasser ein Verschaffungsvermächtnis gewollt hat. Der Bedachte hat zu beweisen, daß der Erblasser ihm den Gegenstand zuwenden wollte, obwohl er sich nicht in der Erbschaft befindet (RGZ 164, 202). *Haegele* (Rpfleger 1964, 138) schlägt daher vor, in Zweifelsfällen immer vorsorglich die Rechtslage durch die im Formular gewählte Klausel klarzustellen. Die Klausel empfiehlt sich insbesondere dann, wenn der Erblasser Miteigentum oder Gesamthandseigentum, das ihm nur zum Teil gehört, zuwendet oder einen Sachinbegriff mit wechselndem Bestand aufschiebend bedingt vermacht.

12. Steuern. (1) Erbschaftsteuer. Das Vermächtnis unterliegt wie der Erbanfall als Erwerb von Todes wegen der Erbschaftsteuer gem. §§ 1 Abs. 1 Nr. 1, 3 Abs. 1 Nr. 1 ErbStG. Die Steuer entsteht grundsätzlich mit dem Tod des Erblassers (§ 9 Abs. 1 Nr. 1 ErbStG), jedoch bei aufschiebender Bedingung, Betagung oder Befristung erst mit dem Zeitpunkt der Bedingung oder des Ereignisses (§ 9 Abs. 1 Nr. 1a ErbStG). Der Nachlaß haftet gem. § 20 Abs. 3 ErbStG bis zur Auseinandersetzung auch für die Steuer des Vermächtnisnehmers. Nach § 10 Abs. 5 Nr. 2 ErbStG sind Verbindlichkeiten aus Vermächtnissen von dem Erwerb des Erben oder Hauptvermächtnisnehmers erbschaftsteuerlich abzugsfähig. Nicht eindeutig geklärt ist die erbschaftsteuerliche Bewertung eines auf Zuwendung eines Grundstücks gerichteten Verschaffungsvermächtnisses. Soll unbebauter Grundbesitz verschafft werden, so ist zweifelsfrei der Einheitswert des verschafften Grundstücks zum Todestag des Erblassers maßgeblich (*Kapp* § 3 ErbStG Anm. 175). Soll jedoch auf diesem Grundbesitz auch auf Rechnung des Beschwerten ein Gebäude errichtet werden, ist fraglich ob auch hier nur der Einheitswert anzusetzen ist oder ob die tatsächlichen Baukosten dazuzuschlagen sind (vgl. dazu im einzelnen *Petzoldt*, Erbschaftsteuer- und Schenkungsteuergesetz, 1978, § 3 Rdn. 64). Umstritten ist auch, was dann der Beschwerte von seiner Erbschaft abzuziehen berechtigt ist. Die wohl hM. im Schrifttum läßt ihn die tatsächlichen Baukosten abziehen (*Petzoldt* a.a.O.; *Kapp* § 3 ErbStG Anm. 175). Kaufrechtsvermächtnis ist ein Vermächtnis, das dem Vermächtnisnehmer das Recht einräumt, einen bestimmten Nachlaßgegenstand zu einem bestimmten Preis zu erwerben. Wird ein solches Vermächtnis einem Miterben zugewandt, wird es erbschaftsteuerlich als Teilungsanordnung angesehen, wenn es nicht den Zweck verfolgt, die Erbquote anzuändern. Teilungsanordnungen sind jedoch für die Erbschaftsbesteuerung grundsätzlich unbeachtlich (BGH BStBl. II 1983, 329). Der steuerliche Aufteilungsmaßstab richtet sich ausschließlich nach den Erbquoten. Beim Kaufrechtsvermächtnis an einen Nichterben hat dieser nur aus dem Betrag Erbschaftsteuer zu zahlen, mit dem der Steuerwert des Nachlaßgegenstandes den Kaufpreis übersteigt. Die Erben haben den steuerlichen Wert des Nachlaßgegenstandes als Nachlaßverbindlichkeit abzuziehen, müssen den vom Vermächtnisnehmer zu zahlenden Kaufpreis jedoch dem Nachlaß wieder zurechnen (Bspr. d. ErbSt-Referenten d. Länder in Betrieb 1976, 461/462; FinSen. Berlin Betrieb 1977, 566).

(2) **Einkommensteuer.** Vorsicht ist geboten beim Vermächtnis eines aktivierten Betriebsgrundstücks. Seine Erfüllung stellt einkommensteuerlich eine Entnahme dar. Der Vermächtnisnehmer realisiert dabei die stillen Reserven (BFH BStBl. II 1969, 614; BFH BStBl. II 1980, 383) und hat daher, falls er das Grundstück nicht seinem anderweitigen Betriebsvermögen zuführen kann, den Entnahmegewinn zum normalen Einkommensteuersatz zu versteuern.

13. Kosten und Gebühren. Siehe Form. XV. 1 Anm. 18.

4. Testament mit gegenständlicher Verteilung des Nachlasses und Bestimmungsrecht des Testamentsvollstreckers[1,2]

Verhandelt zu ......
am ...... (auch als eigenhändiges Testament möglich)

§ 1 Testamentsvollstreckung[3]

Ich ordne für meinen Nachlaß Testamentsvollstreckung an. Zu meinem Testamentsvollstrecker ernenne ich Herrn Rechtsanwalt F. Sollte er das Amt nicht annehmen wollen, können oder nach seiner Annahme wegfallen, ersuche ich das Nachlaßgericht, einen Testamentsvollstrecker für meinen Nachlaß zu ernennen. Der Testamentsvollstrecker hat das Grundstücksvermächtnis nach § 2 zu erfüllen. Ferner hat er meinen restlichen Nachlaß zu verkaufen und den nach Tilgung der Nachlaßschulden, Zahlung der Beerdigungskosten, der Grabanlage, der Kosten für die Sicherstellung der Grabpflege für die Dauer der Ruhezeit, seiner eigenen Vergütung und sämtlicher anderen mit der Nachlaßauseinandersetzung verbundenen Aufwendungen verbleibenden Restbetrag entsprechend seinem Bestimmungsrecht nach § 2 an die Vermächtnisnehmer auszuzahlen. Seine Vergütung beträgt 5 % des Bruttonachlasses.

4. Testament mit gegenständlicher Verteilung des Nachlasses

§ 2 Vermächtnisse

An der gesetzlichen Erbfolge ändere ich nichts.[4]
Ich vermache hiermit ohne Ausgleich unter den Vermächtnisnehmern:
a) mein Hausgrundstück in X-Stadt in der M-Straße Nr. 18, eingetragen im Grundbuch von X-Stadt Blatt 3940 mit der Flst.Nr. 2732 an das Deutsche Rote Kreuz Ortsverein X-Stadt,[5]
b) den nach Verwertung meines restlichen Nachlasses und Begleichung aller Nachlaßverbindlichkeiten verbleibenden Geldbetrag[6] denjenigen Personen, die mindestens während des letzten Monats vor meinem Tod in einem Alten- oder Pflegeheim, einem Krankenhaus oder bei mir zu Hause mit meiner Pflege beschäftigt sind.[7] Diese Vermächtniseinsetzung erfolgt ohne Rücksicht darauf, ob in meinem Vermögensstand von heute bis zum Erbfall Veränderungen eintreten. Die Auswahl der Bedachten aus dem genannten Personenkreis und die Festsetzung ihrer Anteile hat durch den Testamentsvollstrecker zu erfolgen.[8] Bei der Bestimmung der Anteile hat er sich dabei am Ausmaß der mir erbrachten Dienstleistungen zu orientieren. Sollte ich schnell versterben oder sollte die Pflege nicht ordnungsgemäß erfolgt sein, vermache ich den Restbetrag ebenfalls dem Deutschen Roten Kreuz Ortsverein X-Stadt, das dann meinen gesamten Nachlaß vermächtnisweise erhält.[9]

§ 3 Schlußformel (Vgl. Form. XV. 1)[10]

Schrifttum: Bunke, Auswahl und Bestimmung des Erben durch Dritte, MittRhNotK 1962, 536; *Dobroschke*, Die Unternehmensnachfolge Minderjähriger, Betr. 1967, 803; *Dubischar*, Die untersagte „Vorteilsannahme" nach § 14 Heimgesetz, DNotZ 1993, 419; *Haegele*, Möglichkeiten und Grenzen der Bestimmung von Erben und Vermächtnisnehmer durch einen Dritten, Rpfleger 1965, 355; *ders.*, Zulässigkeit der Bezeichnung eines Erben oder eines Vermächtnisnehmers durch einen Dritten, BWNotZ 1972, 74; *Klunzinger*, Die erbrechtliche Ermächtigung zur Auswahl des Betriebsnachfolgers durch Dritte, BB 1970, 1197; *Lindemann*, Erben nach Gegenständen, DNotZ 1951, 215; *Nieder*, Hdb. d. Testamentsgestaltung, 1992 Rdn. 352; *Rossak*, Letztwillige Verfügungen von Heimbewohnern zugunsten des Heimträgers oder von Heimmitarbeitern, ZEV 1996, 41; *Schäfer*, Die Mindestanforderungen an die Bestimmbarkeit des Erblasserwillens bei letztwilligen Verfügungen, BWNotZ 1962, 188; *Wendelstein*, Gegenständliche Verteilung des Nachlasses im Testaments, BWNotZ 1966, 274.

Anmerkungen

1. Sachverhalt. Die Testiererin ist verwitwet und ohne Abkömmlinge. Ihre Eltern sind verstorben. Da sich ihre Verwandten nicht um sie kümmern, möchte sie ihnen nichts zukommen lassen. Vor allem möchte sie die Personen bedenken, die sie vor ihrem Tod pflegen.

2. Anwendungsfälle. Das Formular ist bei zwei Fallgruppen anwendbar:
a) Wenn der Testierer die Erbfolge nicht nach Vermögensbruchteilen sondern nach den einzelnen Vermögensgegenständen wertmäßig und nicht als bloße Teilungsanordnung verteilen will und dabei bereit ist, einem der Bedachten den Überrest seines Vermögens nach Begleichung der Nachlaßverbindlichkeiten zukommen zu lassen. Der Erblasser will damit das Ergebnis einer nach deutschem Recht nicht möglichen Erbeinsetzung auf bestimmte Gegenstände erreichen. Ein Testamentsvollstrecker braucht in diesen Fällen nicht unbedingt ernannt zu werden. Jedoch wird dann, insbesondere wenn sich Grundstücke im Nachlaß befinden, ein Erbschein benötigt und die gesetzli-

chen Erben werden, wenn sie aus dem Nachlaß nichts erhalten, die Vermächtnisse nur widerwillig erfüllen.

b) Wenn der Testierer sein ganzes oder einen Teil seines Vermögens an noch unbestimmte Personen aus einem bestimmten Personenkreis zuwenden will und er sich anstelle der Erbeinsetzung der einer Drittbestimmung zugänglicheren Vermächtnisanordnung bedienen muß. Kann der Erblasser keinen bestimmten Personenkreis bezeichnen, kann nur mit einer Zweckauflage mit Drittbestimmungsrecht gem. § 2193 Abs. 1 BGB geholfen werden. Nach dieser Vorschrift kann der Erblasser bei Anordnung einer Auflage, deren Zweck er bestimmt hat, die Bestimmung der Person, an welche die Leistung erfolgen soll, dem Beschwerten oder einem Dritten überlassen, dh. der Testierer kann sich auf die Anordnung des Zwecks der Auflage in erkennbaren Umrissen (RGZ 96, 15) beschränken und die Bestimmung des Begünstigten einem Bestimmungsberechtigten überlassen (MünchKomm/*Skibbe*, 2. Aufl. § 2193 Rdn. 1). Danach wurde als Zweckbestimmung zB. von der Rspr. anerkannt die Anordnung, es solle „alles, was nach Abzug der Legate, Kosten und Abgaben übrig bleibt, zu frommen und wohltätigen Zwecken verwendet werden" (BayObLG 1913, 743 = BayZ 1913, 133; ähnlich: RG Recht 1920 Nr. 1531; BayObLG Recht 1913 Nr. 526) oder die Erben sollten den gesamten Aktivnachlaß nach ihrem Ermessen unter die bedürftigen beiderseitigen Verwandten verteilen (KG OLG 21, 359) oder, der Rest des Nachlasses solle „an Wohltätigkeitsunternehmen verteilt werden" (BayObLG MDR 1979, 847).

3. Testamentsvollstreckung. Die Anordnung einer Testamentsvollstreckung ist in Fällen dieser Art notwendig, da die Aufrechterhaltung der gesetzlichen Erbfolge eine reine Formsache ist, um dem zwingenden Prinzip der Universalsukzession (§ 1922 BGB) zu genügen. Der Testamentsvollstrecker hat hier wirtschaftlich die Stellung eines executors nach anglo- amerikanischem Recht, der dort zwingend Universalnachfolger des Erblassers wird. Trotzdem die gesetzlichen Erben praktisch nichts mit dem Nachlaß zu tun haben, stehen ihnen grundsätzlich gegen den Testamentsvollstrecker die Ansprüche auf Mitteilung eines Nachlaßverzeichnisses (§ 2215 BGB), ordnungsgemäße Verwaltung des Nachlasses (§ 2216 BGB), Auskunftserteilung und Rechnungslegung (§§ 2218, 666 BGB) zu und er haftet ihnen (§ 2219 BGB). Der Erblasser kann den Testamentsvollstrecker nicht von diesen Verpflichtungen befreien (§ 2220 BGB). Die Geltendmachung dieser Ansprüche dürfte jedoch wegen unzulässiger Rechtsausübung (§ 242 BGB) scheitern, da dem Verlangen kein schutzwürdiges Eigeninteresse (*Palandt/Heinrichs* § 242 Rdn. 38 ff.) der Erben zugrunde liegen würde.

4. Grundsatz der Universalsukzession. Nach § 1922 BGB geht das Vermögen des Erblassers zwingend im Erbgang auf einen Erben oder mehrere Miterben über (Gesamtrechtsnachfolge). Auch wenn, was zulässig ist (RG LZ 1923, 321), wie in Formular, der Erblasser seinen ganzen Nachlaß erschöpfend durch Vermächtnisse verteilt, entfällt die gesetzliche Erbfolge nicht. Es gibt keinen erbenlosen Nachlaß (MünchKomm/ *Skibbe*, 2. Aufl. § 2087 Rdn. 6; BayObLG MDR 1979, 847; *v. Lübtow* ErbR, I S. 355), wohl aber einen vermögenslosen Nachlaß. Die Erbenstellung hängt nicht davon ab, daß dem Erben aus der Erbschaft ein wirtschaftlicher Vorteil zukommt (BayObLG MDR 1979, 847; KG OLG 21, 359). Wenn in einem solchen Fall nicht, wie hier, die Begleichung der Nachlaßverbindlichkeiten aus dem Nachlaß angeordnet wäre, wären sie trotzdem in analoger Anwendung der §§ 2385, 2378 BGB von den Vermächtnisnehmern zu tragen (*v. Lübtow* ErbR, I S. 355; *Dobroschke* Betr. 1967, 803/805; *Staudinger/Ferid/Cieslar* § 2385 Rdn. 10). Die Aufrechterhaltung der gesetzlichen Erbfolge muß bei dieser Gestaltung ausdrücklich in der Verfügung angeordnet werden, da sonst, wenn der Erblasser sein gesamtes Vermögen unter Bezeichnung der wichtigsten Vermögensgegenstände auf verschiedene Personen verteilt (Einsetzung nach Vermögensgruppen), dies nach § 2087 Abs. 1 BGB als Erbeinsetzung (MünchKomm/*Skibbe*, 2. Aufl. § 2087 Rdn.

4. Testament mit gegenständlicher Verteilung des Nachlasses XVI. 4

10; *Staudinger/ Otte* § 2087 Rdn. 9) zu Erbteilen nach dem Wertverhältnis zwischen den zugewendeten Gegenständen (MünchKomm/*Skibbe*, 2. Aufl. § 2087 Rdn. 11; *Staudinger/Otte* § 2087 Rdn. 25) angesehen wird. Da jedoch § 2087 Abs. 1 BGB nicht zwingender Natur ist (MünchKomm/ *Skibbe*, 2. Aufl. § 2087 Rdn. 6; *Staudinger/Otte* § 2087 Rdn. 2; BG DNotZ 1937, 340; KGJ 38 A 69), kann der Erblasser, wie hier, anordnen, daß die Bedachten die Zuwendungen nicht im Wege der Gesamtrechtsnachfolge erhalten sollen, sondern über einen schuldrechtlichen Anspruch gegen die gesetzlichen Erben dh. entgegen der Auslegungsregel des § 2087 Abs. 1 BGB die gesamte Erbschaft (Universalvermächtnis) oder einen Bruchteil davon (Quotenvermächtnis) vermächtnisweise zugewendet erhalten.

5. Erfüllung des Grundstücksvermächtnisses. Das Grundstücksvermächtnis kann vom Testamentsvollstrecker gem. § 40 Ziff. 2 GBO durch Auflassung an den Vermächtnisnehmer und Grundbuchvollzug erfüllt werden, ohne daß es der Voreintragung der Erben und damit eines Erbscheins bedarf. Es genügt die Vorlage des Testamentsvollstreckerzeugnisses (§ 35 Abs. 2 GBO).

6. Vermächtnis des Restnachlasses. Ist die Verteilung der Vermögensgegenstände des Testierers nicht erschöpfend, kommt es zu erheblichen Auslegungsschwierigkeiten (MünchKomm/*Skibbe*, 2. Aufl. § 2087 Rdn. 10) und evtl. zur Anwendung des § 2088 BGB. Es ist daher unumgänglich, einem der vorgesehenen Vermächtnisnehmern den Restnachlaß nach Begleichung aller Nachlaßverbindlichkeiten zu vermachen. Schwierigkeiten in der Testamentsauslegung können auch hier entstehen, wenn zwischen Testamentserrichtung und dem Erbfall es beim Testator zu einem erheblichen Vermögenszuwachs kommt (KG NJW 1971, 1992; *Barz* NJW 1972, 1174). Deshalb sollte immer durch eine entsprechende Klausel klargestellt werden, daß Änderungen im Vermögensstand des Testators keine Auswirkungen auf ein solches Vermächtnis haben sollen. Damit ist auch einer Anfechtung der Boden entzogen.

7. Zuwendungen an Heimbedienstete. Nach § 14 des Heimgesetzes vom 7. 8. 1974 (BGBl I 1974, 1873) in der Fassung des Änderungsgesetzes vom 23. 4. 1990 (BGBl. I S. 758) ist es zum Schutz volljähriger Heimbewohner vor Ausnutzung ihrer Abhängigkeit, Hilflosigkeit und Arglosigkeit dem Träger, dem Leiter, den Beschäftigten oder sonstigen Mitarbeitern des Heims untersagt, sich über das für die Unterbringung, Beköstigung und Pflege der Bewohner vereinbarte Entgelt hinaus Geld- oder geldwerte Leistungen versprechen oder gewähren zu lassen (§ 14 Abs. 1 u. 5 HeimG), soweit es sich nicht um geringwertige Aufmerksamkeiten handelt. Durch die Vorschrift sollen die Heiminsassen vor wirtschaftlicher Ausbeutung und finanzieller Ausnutzung bewahrt und der Spekulation auf ihren baldigen Tod entgegengewirkt werden, sowie verhindert werden, daß eine unterschiedliche Behandlung je nach Zahlung oder Versprechen von Vermögensvorteilen eintritt (BGHZ 110, 235/239 = NJW 1990, 1603; BVerwG NJW 1990, 2268). Allgemein anerkannt ist, daß unter das Verbot des § 14 HeimG auch testamentarische Zuwendungen fallen können (BayObLG DNotZ 1992, 258; BayObLG NJW 1993, 1143; BVerwG NJW 1990, 2268; OLG München ZEV 1996, 148; OLG München ZEV 1996, 145). Geschützt werden durch § 14 Abs. 1 und 5 HeimG die Heimbewohner, auch soweit zu deren Gunsten Leistungen von Dritten erbracht werden. Umstritten ist, ob auch letztwillige Verfügungen von „Heimbewerber" von § 14 HeimG erfaßt werden (mit Recht bejahend: BGH NJW-RR 1995, 1272; verneinend: OLG Frankfurt NJW-RR 1994, 312; *Kunz/Ruf/Wiedemann*, HeimG, 7. Aufl. § 14 Rdn. 4). Verboten ist die Leistungsannahme dem Träger des Heimes und dem Heimpersonal (§ 14 Abs. 5 HeimG), zu denen auch alle Personen gehören, die aufgrund besonderen Verträge oder ehrenamtlich in dem Heim tätig sind, wie z.B. der Hausarzt oder der Psychologe (*Kunz/Ruf/Wiedemann* HeimG, 7. Aufl. § 13 Rdn. 6, 7). Ferner erfaßt das Verbot auch die Angehörigen der in § 14 Abs. 5 HeimG genannten Personen (OLG Düsseldorf ZEV 1997, 459; *Kunz/Ruf/Wiedemann* aaO. § 14 Rdn. 22), wobei in diesen Fällen allerdings der Zusammenhang zwischen Heimbetreuung und letztwilliger Verfügung genau zu prüfen ist. Das Verbot der Annahme von Vermögensvorteilen für Leiter und Beschäftigte gilt nämlich nicht, wenn kein Zusammenhang mit den Leistungen besteht, die im Heim den Bewohnern angeboten werden. Um die Vorschrift nicht leerlaufen zu lassen, wird allerdings der Zusammenhang des versprochenen oder gewährten Vermögensvorteils mit diesen Leistungen erfahrungsgemäß bis zum Beweis des Gegenteils vermutet (*Gössling/Knopp*, Heimgesetz, 2. Aufl. 1980, § 14 Rdn. 14, 25; *Kunz/Ruf/Wiedemann*, HeimG, 7. Aufl. § 14 Rdn. 22; BGHZ 110, 235/239 = NJW 1990, 1603; *Dubischar* DNotZ 1993, 427; *Rossak* ZEV 1996, 41/43). Ein Erbvertrag, den der Heimbewohner als Erblasser mit dem Träger oder einem Heimbediensteten zu dessen Gunsten schließt, fällt immer unter das Verbot des § 14 Abs. 2 HeimG. Bei einer testamentarischen (= einseitigen) Zuwendung ist dies aber nur der Fall, wenn sie im Einvernehmen mit dem Bediensteten durch sich Versprechenlassen oder gar auf sein Verlangen erfolgt, da nur der lebende Heimbewohner geschützt werden soll (BayObLGZ 1991, 251 = NJW 1992, 55 = DNotZ 1992, 258). Dies folgert die h. M. aus dem Begriff „sich gewähren lassen" (BVerwG NJW 1990, 2268; BayObLG NJW 1993, 1143/1144; OLG München ZEV 1996, 148; OLG München ZEV 1996, 145). Die Kenntnis von der einseitigen Verfügung von Todes wegen zugunsten des Heims muß nicht dessen rechtgeschäftlicher Vertreter haben, es genügt vielmehr das Wissen eines Mitarbeiters, den der Heimträger als Ansprechpartner für die Heimbewohner bestimmt hat und der wegen seiner Stellung im Heim wesentlichen Einfluß auf die konkrete Lebenssituation der Heimbewohner ausüben kann (BayObLGZ 1992, 344 = NJW 1993, 1143 = DNotZ 1993, 453; OLG Karlsruhe u. BGH ZEV 1996, 145/147). Der beurkundende Notar, der nicht auf die Bedenken gegen die Wirksamkeit des Testaments aufgrund § 14 HeimG hinweist, kann schadensersatzpflichtig sein (OLG München ZEV 1996, 145). Vom Verbot des Abs. 1 und seit dem Änderungsgesetz auch dem des Abs. 5 kann die Heimaufsichtsbehörde Ausnahmen zulassen, soweit der Schutz der Bewohner die Aufrechterhaltung des Verbots nicht erfordert (§ 14 Abs. 6 HeimG). Nach der Rechtsprechung des BVerwG (NJW 1988, 984 = DNotZ 1988, 367) ist dabei eine nachträgliche Genehmigung nicht zulässig. Dies wurde durch das Änderungsgesetz vom 23. 4. 1990 ausdrücklich in § 14 Abs. 6 festgeschrieben.

Nach der jetzt h.M. (BGHZ 110, 235 = NJW 1990, 1603/1604 n.w.N.; BayObLG NJW 1992, 55/56; BVerwG NJW 1990, 2268; *Kunz/Ruf/Wiedemann*, HeimG, 7. Aufl. § 14 Rdn. 24), ist § 14 ein Verbotsgesetz i.S. von § 134 BGB mit der Folge, daß eine dagegen verstoßende Verfügung automatisch nichtig ist und dem Bedachten erst garnicht anfällt (BayObLG NJW 1992, 55/56; MünchKomm/*Leipold*, 3. Aufl. § 1942 Rdn. 12; *Kunz/Ruf/Wiedemann*, HeimG, 7. Aufl. § 14 Rdn. 24; *Rossak* ZEV 1996, 41/45 f).

Den Bediensteten staatlicher oder kommunaler Altenpflegeeinrichtungen sind die Annahme von Belohnungen oder Geschenke ohne Zustimmung des Dienstherrn gem. § 10 BAT für Angestellt und § 43 BRRG bzw. § 70 BBG für Beamte verboten. Desgleichen den Zivildienstleistenden gem. § 78 Abs. 2 Zivildienstgesetz i.V. mit § 19 Soldatengesetz. Die Zuwendungen sind dabei nur zustimmungspflichtig, wenn sie dienstbezogen sind (Kausalität erforderlich!) und nicht etwa wegen der Beziehungen zwischen Schenker und Bedachtem hauptsächlich in der privaten Sphäre begründet sind (BayObLG Rpfleger 1990, 56). Zweck dieser Vorschrift ist, schon den Anschein zu vermeiden, Beamte oder Angestelle des öffentlichen Dienstes könnten ihrer dienstlichen Tätigkeit durch Geschenke beeinflußbar sein. Deshalb greifen nach einer m.E. richtigen verbreiteten Meinung im Gegensatz zu § 14 Abs. 2 HeimG die §§ 10 BAT, 70 BBG, 43 BRRG, 19 SG nicht erst bei einem Zusammenwirken zwischen dem Geber und dem Belohnten ein. Ihr Regelungsziel setzt vielmehr schon früher ein: es soll bereits der böse Anschein vermieden werden (BAG DÖD 1984, 290/291 = NVwZ 1985, 142/143). In diesen Fällen ist daher auch die Annahme einer ohne Wissen und Einvernehmen mit dem Bedachten erfolgten testamentarischen Zuwendung als gegen das Zustimmungserfordernis versto-

4. Testament mit gegenständlicher Verteilung des Nachlasses

ßend anzusehen (*Stach* NJW 1988, 943; BayObLG Rpfleger 1990, 56; Rossak ZEV 1996, 46; a. M. *Dubischar* DNotZ 1993, 430), sofern die Belohnung dienstbezogen war. Sehr umstritten sind die Rechtsfolgen eines Verstoßes gegen eine der genannten dienstrechtlichen Zustimmungsbestimmungen (siehe zu den unterschiedlichen Auffassung Rossak ZEV 1996, 46). Die Entscheidung des BVerwG in ZEV 1996, 343 = NJW 1996, 2319 hat die Frage offengelassen (siehe hierzu die berechtigte Kritik von Meincke in ZEV 1996, 384). Die Schwierigkeit liegt vor allem darin, daß im Gegensatz zu einem Verstoß gegen § 14 HeimG die Zuwendung auch noch nachträglich dadurch geheilt werden kann, daß die Zustimmung durch den Dienstherrn erteilt wird (BVerwG ZEV 1996, 343 = NJW 1996, 2319), was bei einer Nichtigkeit der Verfügung nach § 134 BGB ins Leere führen würde (*Koos* ZEV 1997, 435/437). Eingehend behandelt hat die Frage *Koos* (a.a.O.). Er kommt aus dem Rechtsgedanken des § 134 BGB heraus zur schwebenden Unwirksamkeit der letztwilligen Verfügung bis zur Genehmigungsverweigerung und danach zu deren Nichtigkeit. Zuzustimmen ist *Rossak* (ZEV 1996, 46) darin, daß man die Entscheidung dahingestellt lassen kann, da ja die Anwendbarkeit des § 14 HeimG neben den dienstrechtlichen Vorschriften erhalten bleibt (so auch *Dubischar* DNotZ 1993, 419/429).

8. Bestimmung des Zuwendungsempfängers durch Dritte. § 2064 BGB schließt bei der Errichtung eines Testaments jede Stellvertretung des Erblassers im Willen oder in der Erklärung aus (formelle Höchstpersönlichkeit). Entsprechend kann nach § 2065 BGB der Erblasser die Bestimmung der Person, die eine Zuwendung erhalten soll, oder des Gegenstands der Zuwendung nicht einem anderen überlassen (materielle Höchstpersönlichkeit). Die Reichweite dieser Vorschrift ist zweifelhaft und umstritten (*John*, Grundzüge d. ErbR, 1981, S. 18). Die Rspr. (RGZ 159, 296/299 = DRW 1939, 310 m. zust. v. *Vogel*; einengend: BGHZ 15, 199/202 = NJW 1955, 100 = DNotZ 1955, 402; eingehend hierzu *Großfeld* JZ 1968, 113) läßt die Drittbestimmung bei der Erbeinsetzung nur in sehr engen Grenzen (= kleiner, unschwer überschaubarer Personenkreis und jedes Auswahlermessen ausschließende Festlegung der Auswahlkriterien) zu. Demgegenüber läßt das Gesetz für das Vermächtnis (§§ 2151 ff BGB), die Auflage (§ 2193 BGB), die Teilungsanordnung (§ 2048 BGB) und die Ernennung eines Testamentsvollstreckers (§§ 2198 ff BGB) erhebliche Ausnahmen vom Grundsatz der materiellen Höchstpersönlichkeit zu und zwar sich steigernd in dieser Reihenfolge. § 2151 BGB lockert dabei dieses Prinzip insoweit auf, als der Erblasser bei der Einsetzung eines bestimmten Vermächtnisses lediglich einen bestimmten Personenkreis anzugeben braucht, aus dem dann der Beschwerte oder ein Dritter (Bestimmungsberechtigter) den Bedachten durch formlose, empfangsbedürftige und unwiderrufliche Willenserklärung auszuwählen hat. Nach der hM. ist, abgesehen vom Fall der Arglist, diese Bestimmung der gerichtlichen Nachprüfung entzogen (*Staudinger/Otte* § 2151 Rdn. 6 mwN), braucht nicht der Billigkeit zu entsprechen, sondern ist nach freiem Ermessen oder Belieben vorzunehmen (MünchKomm/*Skibbe*, 2. Aufl. § 2151 Rdn. 12; *Schäfer* BWNotZ 1962, 188/206). Auswahlrichtlinien kann der Erblasser treffen und auch Bestimmung nach Billigkeit anordnen (*Brox* ErbR, 6. Aufl. Rdn. 413; *Kipp/Coing* ErbR, 13. Bearb. § 55 IV 1; *Staudinger/Otte* § 2151 Rdn. 7; *Lange/Kuchinke* ErbR, 3. Aufl. § 27 III 2 b). Hat der Erblasser keinen Bestimmungsberechtigten benannt, ist der Beschwerte auswahlberechtigt (§ 2152 BGB). Kann der Bestimmungsberechtigte die Auswahl nicht treffen, oder trifft er sie trotz Fristsetzung durch das Nachlaßgericht nicht, steht das Vermächtnis allen Bedachten als Gesamtgläubigern (§ 428 BGB) zu (§ 2151 Abs. 3 BGB). Nach § 2153 BGB kann der Erblasser auch anordnen, daß bei der Teilung eines Gegenstandes unter mehrere Vermächtnisnehmer der Bestimmungsberechtigte die Anteile jedes einzelnen bestimmt. Da eine Verbindung dieser Vorschrift mit § 2151 BGB zulässig ist (RGZ 96, 15/17), kann der Erblasser dem Bestimmungsberechtigten auch die Aufgabe übertragen, den Vermächtnisgegenstand innerhalb eines bestimmten Personenkreises summen-

(§ 2151 BGB) oder bruchteilsmäßig (§ 2153 BGB) zu verteilen. Dabei kann der Bestimmungsberechtigte auch einzelne Angehörige des vom Erblasser bezeichneten Personenkreises bei der Verteilung übergehen (OLG Braunschweig OLG 42, 137; *Staudinger/Otte* § 2153 Rdn. 1). Die Auswahl der Bedachten kann nicht völlig in das Belieben des Bestimmungsberechtigten gestellt werden. Der Personenkreis muß vom Erblasser hinreichend genau bestimmt werden. Gefordert wird ein objektiv bestimmbarer, beschränkter, leicht überschaubarer Personenkreis (RGZ 96, 15/17). Zu dem Personenkreis können auch Erben gehören, da § 2151 BGB auch für das Vorausvermächtnis gilt (KG JW 1937, 2200). Auch der Bestimmungsberechtigte selbst kann zu dem Personenkreis gehören (*Staudinger/Otte* § 2151 Rdn. 3). Eine weitere Möglichkeit zur Durchbrechung des Grundsatzes des § 2065 BGB bietet das Zweckvermächtnis gem. § 2156 BGB. Danach kann der Erblasser bei einem Vermächtnis, dessen Zweck von ihm bestimmt ist, die Bestimmung der Leistung dem billigen dh. gerichtlich nachprüfbaren Ermessen des Beschwerten oder eines Dritten überlassen. Auch diese Vorschrift kann mit § 2151 BGB kombiniert werden (*Staudinger/Otte* § 2156 Rdn. 1), so daß der Bestimmungsberechtigte sowohl den Empfänger des Vermächtnisses aus einem bestimmten Personenkreis auswählen als auch den Vermächtnisgegenstand aufgrund der Zweckbestimmung nach billigem Ermessen bestimmen kann. Die durch die genannten Bestimmungen des Vermächtnisrechts vom Gesetzgeber selbst gebotene Auflockerung des Prinzips der Höchstpersönlichkeit von Verfügungen von Todes wegen darf nicht wieder unter dem Gesichtspunkt der Umgehung des § 2065 BGB gesehen und zunichte gemacht werden (*MünchKomm/Skibbe* § 2151 Rdn. 8; *Klunzinger* BB 1970, 1197/1199f), und zwar auch dann nicht, wenn der Erblasser das Vermächtnis nur angeordnet hat, um der Einengung durch § 2065 Abs. 2 BGB zu entgehen (*Haegele* BWNotZ 1972, 74/79; *Staudinger/Otte* § 2087 Rdn. 14).

9. **Universalvermächtnis.** Wenn ein Erblasser seinen ganzen oder nahezu ganzen Nachlaß zuwendet und dies ausdrücklich als Vermächtnisanordnung bezeichnet, gibt er damit kund, daß er die rechtstechnische Realisierung seines Willens dem Vermächtnisrecht unterstellen will. Es ist nun bezweifelt worden, ob auch zur Auswahl des Bedachten eines solchen Universalvermächtnisses ein Bestimmungsberechtigter gem. § 2151 BGB eingesetzt werden kann. Die Verneinung (*Menz* Betr. 1966, 1719; *Sudhoff* Betr. 1966, 1720) wird damit begründet, daß eine Verfügung mit der der Erblasser seinen Nachlaß im ganzen zuwendet gem. § 2087 Abs. 1 BGB als Erbeinsetzung anzusehen ist und bei dieser nach § 2065 BGB die Drittbestimmung verboten sei. Dabei wird jedoch verkannt, daß § 2087 Abs. 1 und 2 BGB nicht zwingender Natur sind (RG DNotZ 1937, 340; KGJ 38 A 69) und die Ausnützung dieser Tatsache keine unzulässige Gesetzesumgehung sein kann, da der Gesetzgeber bewußt den § 2087 BGB als Schaltstelle der Gestaltungsmöglichkeit einer Universalzuwendung als Erb- oder Vermächtniseinsetzung nur als Auslegungsregel ausgestaltet hat (*Klunzinger* BB 1970, 1197/1200). Die hM. läßt daher die Drittbestimmung auch beim Universalvermächtnis zu (*Schäfer* BWNotZ 1962, 188/203; *Dobroschke* Betr. 1967, 803/805; *Klunzinger* BB 1970, 1197/1199; *Haegele* BWNotZ 1972, 74/79; *Soergel/Wolf* § 2151 Rdn. 1; *Staudinger/Otte* § 2151 Rdn. 2; *MünchKomm/Skibbe*, 2. Aufl. § 2151 Rdn. 8; *Palandt/Edenhofer* Einf. v. § 2147 Rdn. 6).

10. **Pflichtteilsrechte.** Das Formular ist nur für Erblasser ohne Pflichtteilsberechtigte anwendbar, da sonst der pflichtteilsberechtigte gesetzliche Erbe gem. § 2306 Abs. 1 Satz 2 BGB den gesetzlichen Erbteil ausschlagen und den Pflichtteil fordern könnte.

11. **Steuern. Erbschaftsteuer.** Ein Vermächtnis unterliegt als Erwerb von Todes wegen der Erbschaftsteuer (§§ 1 Abs. 1 Nr. 1, 3 Abs. 1 Nr. 1 ErbStG), die grundsätzlich mit dem Tod des Erblassers entsteht (§ 9 Abs. 1 Nr. 1 ErbStG). Nach § 10 Abs. 5 Nr. 2 ErbStG sind Vermächtnisse beim Erben von seinem Erwerb abzugsfähig. Erbschaftsteuerlich ungünstig wäre, wenn das Grundstück in das Vermächtnis des Restnachlasses ge-

fallen wäre. Dann wäre nämlich kraft ausdrücklicher testamentarischer Anordnung nicht das Grundstück, sondern sein Verkaufserlös zugewendet und zu versteuern gewesen, statt gem. § 12 ErbStG, § 146 BewG sein Ertragswert. Merke: Nie in einer Verfügung von Todes wegen den Verkauf eines Grundstücks und Erlösverteilung anordnen (BFH BStBl. III 1961, 504).

12. Kosten und Gebühren. Vgl. Form. XV. 1 Anm. 18.

5. Auf den Tod des Erben aufschiebend befristetes Herausgabevermächtnis[1, 2]

Verhandelt zu ......
am ...... (auch als eigenhändiges Testament möglich)

§ 1 Erbeinsetzung

Ich, die A, geb. E, setze hiermit meinen Sohn B zu meinem Alleinerben ein. Ersatzerben sind dessen eheliche Abkömmlinge, einschließlich adoptierter, jedoch mit Ausnahme nichtehelicher Kinder männlicher Nachkommen und ihren Abkömmlingen, gemäß der gesetzlichen Erbfolge erster Ordnung zum Zeitpunkt des Erbfalls.

§ 2 Vermächtnisse

Meinen Sohn B, und nur ihn,[3] belaste ich mit folgenden Vermächtnissen zugunsten seiner ehelichen Abkömmlinge, einschließlich adoptierter, jedoch mit Ausnahme nichtehelicher Kinder männlicher Nachkommen und ihren Abkömmlingen, unter sich im Anteilsverhältnis der gesetzlichen Erbfolge erster Ordnung zum Zeitpunkt des Anfalls der Vermächtnisse jedoch mit der Maßgabe, daß diese Vermächtnisse den Vermächtnisnehmern erst mit dem Tod meines Sohnes B anfallen[4] und erst drei Monate nach seinem Tod fällig[5] sind:
a) Mein Einfamilienhausgrundstück in X-Stadt in der Y-Straße Nr. 19, eingetragen im Grundbuch von X-Stadt Blatt Nr. 1557 mit der Flst. Nr. 1718. Mitvermacht ist die Verpflichtung des Erben nach dem Erbfall, das Anwartschaftsrecht der Vermächtnisnehmer durch eine Vormerkung im Grundbuch zu sichern.
b) Sämtliche Wertpapiere ohne Rücksicht auf ihren Kurswert, die sich zum Zeitpunkt meines Todes auf meinem Depotkonto Nr. ...... bei der M-Bank in X-Stadt befinden. Mitvermacht ist die Verpflichtung des Erben, unbeschadet der Fortdauer seines Nutzungsrechts, diese Wertpapiere bereits nach dem Erbfall aufschiebend bedingt auf seinen Tod an die Vermächtnisnehmer zu übertragen.[6]
c) Sämtliche anderen Vermögensgegenstände, die der Beschwerte aus meinem Nachlaß erhalten hat, einschließlich, im Wege des Verschaffungsvermächtnisses, aller die in entsprechender Anwendung des § 2111 BGB als Surrogate angesehen werden können, jedoch nur soweit sie sich im Zeitpunkt seines Todes noch in seinem Vermögen befinden.[7] Insoweit werden keine besonderen Sicherungsmittel mitvermacht.
Die Nutzungen der vermachten Gegenstände steht dem Erben bis zum Vermächtnisanfall zu. Sämtliche Verwendungsersatzansprüche gegen die Vermächtnisnehmer sind ausgeschlossen. Die Anwartschaften der Bedachten sind zwischen Erbfall und Vermächtnisanfall weder vererblich noch übertragbar.

§ 3 Testamentsvollstreckung

Ich ernenne Herrn Rechtsanwalt Z zu meinem Testamentsvollstrecker mit der alleinigen Aufgabe, die mitvermachten Sicherungsmittel nach meinem Tod zu bestellen. Ersatzweise ersuche ich das Nachlaßgericht um entsprechende Testamtentsvollstreckerbestellung.[8]

§ 4 Schlußformel

(wie Form IX. 1 sowie zusätzlich:) Die Testiererin wurde darauf hingewiesen, daß, soweit sie keine besonderen Sicherungsmittel mitvermacht, die Vermächtnisanwartschaften gegen Verletzungen durch den Beschwerten oder seine Privatgläubiger nicht geschützt sind.

Schrifttum: Bühler, Zum Inhalt der Vermächtnisanwartschaft im Vergleich zur Anwartschaft des Nacherben, BWNotZ 1967, 174; *Nieder,* Hdb. d. Testamentsgestaltung, 1992 Rdn. 552 ff.; *Schulte,* Wie kann der Eigentümer einer landwirtschaftlichen Besitzung für seinen Todesfall seinen Ehegatten sichern und zugleich die Besitzungen seinen Abkömmlingen erhalten, DNotZ 1953, 355; *Zawar,* Das Vermächtnis in der Kautelarjurisprudenz, 1983; *ders.* Der bedingte oder befristete Erwerb von Todes wegen, DNotZ 1986, 515; *Hieber,* Sicherstellung von Abkömmlingen in Übergabeverträgen und Ehe- und Erbverträgen bei Wiederverheiratung des überlebenden Ehegatten, MittBayNot 1960, 117.

Anmerkungen

1. Sachverhalt. Die Testiererin ist verwitwet, hat einen Sohn, der verheiratet ist und selbst Kinder hat. Da sich die Testiererin mit ihrer Schwiegertochter nicht versteht, will sie deren mittelbare Beteiligung an ihrem Nachlaß ausschließen, gleichzeitig aber ihren Sohn möglichst wenig in seiner Verfügungsfreiheit unter Lebenden beschränken.

2. Anwendungsfälle. Das Formular kann mit seinen Varianten überall dort Anwendung finden, wo auch die Anordnung der Nacherbfolge zweckmäßig wäre, wo aber hauptsächlich auf den Ausschluß der Weitervererbung des Ererbten durch den Erben Wert gelegt wird und weniger auf die Sicherung des späteren Anfalls an den Endbedachten und wo man dem Erben auch diejenigen Beschränkungen nicht zumuten will, von denen ein Vorer be nicht befreit werden kann. Unter diesen Voraussetzungen ist die Gestaltungsmöglichkeit für alle in Form. XVI. 15 Anm. 2 aufgeführten Fallgruppen verwendbar. Bedenken gegen die Gestaltung des Formulars aus § 2087 BGB, weil der Erblasser sein gesamtes Vermögen dem Endbedachten zuwendet (Universalvermächtnis), bestehen nicht. § 2087 Abs. 1 u. 2 BGB sind nicht zwingend, sondern Ergänzungsregeln, die nur eingreifen, wenn der Erblasser nicht, wie im Formular, ausdrücklich etwas anderes bestimmt hat (*Staudinger/Otte* § 2087 Rdn. 3; *MünchKomm/Skibbe,* 2. Aufl. § 2087 Rdn. 6; *Palandt/Edenhofer* Einf. v. § 2147 Rdn. 6 u. § 2087 Anm. 1; KG DNotZ 1933, 288; *Hieber* MittBayNot 1960, 117/120 f.).

3. Unabhängigkeit des Vermächtnisses von der Person des Beschwerten. Würde der mit dem Vermächtnis beschwerte Erbe vorversterben, würden nach der Auslegungsregel des § 2161 BGB seine Ersatzerben mit dem Vermächtnis beschwert, wenn nicht, wie hier, aus der letztwilligen Verfügung ein abweichender Wille des Erblassers zu entnehmen ist.

4. Aufschiebend bedingtes oder befristetes Vermächtnis. (1) Anfall der Vermächtnisses. Das Vermächtnis hat keine dingliche Wirkung, sondern begründet nur einen Anspruch auf Leistung des vermachten Gegenstandes (§ 2174 BGB). Der Zeitpunkt der Entstehung dieses Anspruchs wird vom Gesetz als Anfall des Vermächtnisses bezeichnet (§ 2176 BGB). Vom Anfall des Vermächtnisses ist dessen Fälligkeit zu unterscheiden. Sie ist der Zeitpunkt, an dem vom Beschwerten der entstandene Anspruch zu erfüllen ist

5. Auf den Tod des Erben aufschiebend befristetes Herausgabevermächtnis   XVI. 5

(*Staudinger/ Otte* § 2176 Rdn. 3). Das Vermächtnis fällt grundsätzlich mit dem Erbfall an (§ 2176 BGB). Ausnahmen von dieser Regel sind:
a) Aufschiebend bedingte oder befristete (betagte) Vermächtnisse (§ 2177 BGB). Hier erfolgt der Anfall erst mit dem Eintritt der Bedingung oder des Termins.
b) Wenn der Bedachte zur Zeit des Erbfalls noch nicht geboren ist oder seine Persönlichkeit erst durch ein Ereignis nach dem Erbfall bestimmt wird (§ 2178 BGB). Hier erfolgt der Anfall erst mit der Geburt oder dem Eintritt des Ereignisses.

Die allgM. (RG JW 1918, 502; RG DNotZ 1932, 539; OLG Bremen DNotZ 1956, 149/ 151; *Staudinger/Seybold* § 2147 Rdn. 8, § 2177 Rdn. 2, § 2181 Rdn. 4; RG WarnR 1919 Nr. 198; *Palandt/Edenhofer* § 2177 Anm. 1b; *Staudinger/Otte* § 2147 Rdn. 2; *Soergel/Wolf* § 2177 Rdn. 6; *Olshausen* DNotZ 1979, 707/716 mwN.) hält es für zulässig, den Anfall eines Vermächtnisses erst mit dem Ableben des Erben eintreten zu lassen.

(2) **Vermächtnisanwartschaft.** Der Bedachte hat zwischen Erbfall und Eintritt oder Ausfall der Bedingung bzw. des Termins eine geschützte Rechtsposition (Anwartschaft), die grundsätzlich vererblich, übertragbar und pfänd- und verpfändbar ist (*Staudinger/ Otte* § 2179 Rdn. 7–9; MünchKomm/*Skibbe* § 2179 Rdn. 7; *Palandt/Edenhofer* § 2179 Anm. 1). Bei aufschiebend bedingten Vermächtnissen ist dabei § 2074 BGB zu beachten, wonach im Zweifel die Zuwendung nur gelten soll, wenn der Bedachte die Bedingung erlebt. Bei, wie hier, aufschiebend befristeten Vermächtnissen entscheidet mangels einer solchen gesetzlichen Regelung die freie Auslegung der letztwilligen Verfügung (*Staudinger/ Otte* § 2179 Rdn. 8; MünchKomm/*Leipold* § 2074 Rdn. 2; MünchKomm/ *Skibbe* § 2177 Rdn. 5; *Palandt/Edenhofer* § 2177 Anm. 2). Es ist daher bei Bedingungen oder Befristungen immer erforderlich, im Testament Anordnungen über die Vererblichkeit und Übertragbarkeit des Vermächtnisanwartschaftsrechts zu treffen (so auch bei *Dieterle* BWNotZ 1970, 18).

(3) **Gesetzlicher Inhalt der Vermächtnisanwartschaft.** In der Schwebezeit zwischen dem Erbfall und dem Anfall des Vermächtnisses finden nach § 2179 BGB bei aufschiebend bedingten oder befristeten (betagten) Vermächtnissen die Vorschriften des allgemeinen Teils des BGB über aufschiebende Bedingungen Anwendung. Das bedeutet im einzelnen (siehe hierzu insb. *Bühler* BWNotZ 1967, 174):
a) Der Bedachte genießt (nur!) den Schutz des § 160 Abs. 1 BGB dh. nach Anfall des Vermächtnisses kann er Schadensersatz verlangen, wenn sein Recht während der Schwebezeit durch Verschulden des Beschwerten vereitelt oder beeinträchtigt worden ist (*Staudinger/Otte* § 2179 Rdn. 2).
b) Anwendbarkeit des § 281 BGB (Schuldrechtliche Surrogation) (*Bühler* BWNotZ 1967, 174/175; *Staudinger/Otte* § 2179 Rdn. 3; MünchKomm/*Skibbe* § 2179 Rdn. 5; *Palandt/Keidel* § 2179 Anm. 1).
c) Nach § 159 BGB werden die Eintrittsfolgen nur dann auf den Zeitpunkt des Erbfalls zurückbezogen, wenn aus der Verfügung ein hierauf bezüglicher Wille des Erblassers erkennbar ist (*Staudinger/Otte* § 2179 Rdn. 6). Sonst folgt aus § 2184 BGB, daß bis zum Vermächtnisanfall gezogene Nutzungen nicht zu ersetzen sind (*Bühler* aaO. S. 176). Für schuldhafte Substanzbeeinträchtigungen vor dem Vermächtnisanfall hat der Beschwerte einzustehen, jedoch nicht für im Übermaß gezogene Früchte (*Bühler* aaO.). Auch insoweit empfiehlt sich eine detaillierte Regelung in der Verfügung von Todes wegen.
d) Der Beschwerte kann gem. § 2185 BGB für die in der Schwebezeit gemachten Verwendungen Ersatz gem. den Vorschriften nach §§ 994 ff BGB vom Bedachten verlangen. Danach sind objektiv notwendige Verwendungen, mit Ausnahme der gewöhnlichen Erhaltungskosten, sowie Aufwendungen für außerordentliche, auf den Stammwert gelegte Lasten, die vor Kenntnis der Vermächtnisanordnung gemacht wurden, in voller Höhe zu ersetzen, nach Kenntnis gemachte aber nur gem. den Vor-

schriften über die Geschäftsführung ohne Auftrag (*Bühler* aaO. S. 177). Letzteres bedeutet, daß ein entgegenstehender wirklicher Wille des Bedachten den Ersatzanspruch aus §§ 683, 670 BGB entfallen läßt und die Ersatzpflicht des Bedachten auf den Wert der durch die notwendigen Verwendungen bei ihm eingetretenen Bereicherung beschränkt (§ 684 BGB). Bei dieser Rechtslage empfiehlt es sich, was möglich ist (*Bühler* aaO. S. 181), den Ersatz von Verwendungen ausdrücklich und gegebenenfalls detailliert in der Verfügung von Todes wegen zu regeln.

e) Der Beschwerte ist gegenüber dem Bedachten grundsätzlich nicht mit einer dem § 2130 BGB beim Vorerben entsprechenden Pflicht zur ordnungsgemäßen Verwaltung des vermachten Gegenstandes belastet, sie müßte ihm schon durch ein zusätzliches Vermächtnis auferlegt werden.

f) Wird der Eintritt der Bedingung, unter der das Vermächtnis angeordnet ist, von dem Beschwerten wider Treu und Glauben verhindert, so gilt die Bedingung als eingetreten (§ 162 Abs. 1 BGB), umgekehrt gilt der Eintritt der Bedingung als nicht erfolgt, wenn sie vom Bedachten wider Treu und Glauben herbeigeführt wurde (§ 162 Abs. 2 BGB) (*Staudinger/Otte* § 2179 Rdn. 4).

(4) **Sicherung der Vermächtnisanwartschaft.** Einen Anspruch auf Sicherheitsleistung gegen den Beschwerten gewährt das Anwartschaftsrecht dem Vermächtnisnehmer nicht. Der Beschwerte ist dem Bedachten auch nicht zur Auskunft verpflichtet (aA. aufgrund RG JW 1918, 502 *Staudinger/Otte* § 2179 Rdn. 13 = Anspruch auf Vorlegung eines Verzeichnisses gem. § 260 BGB, falls ein Sachinbegriff vermacht ist) und ihm kann auch nicht die Verwaltung des Vermächtnisgegenstandes entzogen werden (*Bühler* aaO. S. 176). Bei Gefährdung kann der Vermächtnisnehmer jedoch durch Arrest oder einstweilige Verfügung gesichert werden (§§ 916 Abs. 2, 936 ZPO) (*Staudinger/Otte* § 2179 Rdn. 10; MünchKomm/*Skibbe* § 2179 Rdn. 8). Den Schutz des § 161 BGB gegen Zwischenverfügungen erfährt der bedingte Vermächtnisanspruch nicht, da die Vermächtniszuwendung kein Teil einer Verfügung ist, sondern nur einen schuldrechtlichen Anspruch begründet (*Bühler* aaO. S. 174; *Bungeroth* NJW 1967, 1357; *Staudinger/Otte* § 2179 Rdn. 5; MünchKomm/*Skibbe* § 2179 Rdn. 4; *Palandt/Edenhofer* § 2179 Rdn. 2; aM. *Gudian* NJW 1967, 431). Er hat jedoch den Schutz des § 160 Abs. 1 BGB. Bei beweglichen Sachen oder Forderungen kann hier eine auf den Tod des Zuwendenden aufschiebend befristete Übereignung oder Abtretung unter Lebenden Abhilfe bringen (siehe unten Anm. 6).

(5) **Abweichende Bestimmung des Inhalts der Vermächtnisanwartschaft durch den Erblasser.** Die Rechtsstellung des Vermächtnisanwartschaftsberechtigten kann vom Erblasser in den allgemeinen Grenzen der §§ 137, 138, 276 Abs. 2, 226 BGB abweichend vom Gesetz geregelt werden (*Bühler* aaO. S. 180; *Palandt/Edenhofer* § 2179 Rdn. 1). Er kann insbesondere keine dinglich wirkende Verfügungsbeschränkung des Beschwerten anordnen (§ 137 BGB) und ihn nicht von der Haftung für Vorsatz befreien (§ 276 Abs. 2 BGB). Dagegen kann der Erblasser dem Beschwerten auch leicht- oder grobfahrlässig unentgeltliche Verfügungen oder sonstige Beeinträchtigungen gestatten (*Bühler* aaO. S. 180). Ferner kann er Vereitelungen oder Beeinträchtigungen der Anwartschaft durch den Beschwerten entweder zur auflösenden Bedingung des Vermächtnisses machen oder den Erlaß der Schadensersatzforderung dem Bedachten als Untervermächtnis auferlegen und auf diese Weise dem Beschwerten die Verwendung des vermachten Gegenstandes für sich selbst ermöglichen (*Bühler* aaO S. 181). Der Erblasser kann auch die Rechtsstellung des Bedachten dadurch verbessern, daß er die Haftung des Beschwerten auf Zufall ausdehnt und/oder ihm generell oder unter gewissen Voraussetzungen durch zusätzliche unbedingte Vermächtnisse einen Anspruch auf Auskunft und/oder auf folgende Sicherheiten mitvermacht:

a) Anspruch auf Eintragung einer Vormerkung gem. § 883 BGB nach dem Erbfall, wenn der Vermächtnisgegenstand ein Grundstück, Grundstücksrecht oder ein Anspruch

5. Auf den Tod des Erben aufschiebend befristetes Herausgabevermächtnis XVI. 5

auf Aufhebung oder Inhaltsänderung eines Grundstücksrechts ist (RG DNotZ 1932, 539 Nr. 20; BayObLG Rpfleger 1981, 190; *Staudinger/Otte* § 2179 Rdn. 12; MünchKomm/*Skibbe*, 2. Aufl. § 2179 Rdn. 8; *Palandt/Edenhofer* § 2179 Rdn. 1). Im vorliegenden Fall wäre die Vormerkung nach dem Erbfall auf entsprechende Bewilligung entweder für den B zugunsten seiner künftigen gesetzlichen Erben einzutragen (*Palandt/Bassenge* § 883 Rdn. 12) oder, wenn man ihre Bestimmbarkeit als ausreichend erachtet, für diese künftigen Erben selbst (siehe die Zitate bei Form. XVI. 30 Anm. 9);

b) Verpflichtung des Beschwerten dem Bedachten, soweit dies rechtlich möglich ist, bereits nach dem Erbfall den Vermächtnisgegenstand auf den Vermächtnisanfall aufschiebend bedingt zu übertragen (*Bühler* aaO. S. 181; MünchKomm/*Skibbe*, 2. Aufl. § 2179 Rdn. 4), damit der Bedachte während der Schwebezeit den Schutz des § 161 BGB erhält;

c) Anordnung einer Verwaltungstestamentsvollstreckung bezüglich des vermachten Gegenstandes evtl. mit Ernennung von Beschwertem und Bedachtem zu gemeinschaftlichen Testamentsvollstreckern, was zu gemeinschaftlicher Verfügungsbefugnis und gem. § 2214 BGB zum Schutz des Vermächtnisgegenstandes vor Eigengläubigern des Beschwerten führt (*Bühler* aaO. S. 181).

Soweit die Bestellung dieser Sicherungsmaßnahmen die Mitwirkung des Bedachten erfordern, wäre in den Fällen des § 2178 BGB ein Pfleger gem. § 1913 BGB zu bestellen (*Staudinger/Otte* § 2179 Rdn. 14; *Palandt/Edenhofer* § 2179 Rdn. 3).

5. Die Fälligkeit des Vermächtnisses ist hier um die drei Monate hinausgeschoben, bis zu deren Ablauf der Erben gem. § 2014 BGB die Erfüllung sowieso verweigern könnte (*Staudinger/Otte* § 2176 Rdn. 3).

6. Diese aufschiebend bedingte Übereignung bringt dem Bedachten in der Zeit vom Erbfall bis zum Vermächtnisanfall den Schutz des § 161 BGB.

7. Durch diese Formulierung ist nur der Überrest der sonstigen geerbten Gegenstände vermacht und der Erbe kann daher über diese Gegenstände eigennützig unter Lebenden frei verfügen. Das betagte Herausgabevermächtnis ist, soweit die einzelnen Gegenstände nicht mehr aus dem Nachlaß stammen, Verschaffungsvermächtnis gem. § 2170 Abs. 1 BGB, da es beim Alleinerben von Anfang und bei Miterben von der Teilung an keine dingliche Surrogation gibt (*Bühler* DNotZ 1964, 581 Fn. 4; *Staudinger/Otte* § 2169 Rdn. 11). Ein Verschaffungsvermächtnis sollte wegen der gegenteiligen gesetzlichen Vermutung des § 2169 Abs. 1 BGB immer ausdrücklich angeordnet werden.

8. Diese beschränkte Testamentsvollstreckung garantiert die alsbaldige Bestellung der mitvermachten Sicherungsmittel. Soweit dabei allerdings die Bedachten mitwirken müssen, muß trotzdem, soweit sie noch unbekannt sind, ein Pfleger gem. § 1913 BGB bestellt werden.

9. Steuern. Erbschaftsteuer. Nach § 6 Abs. 4 ErbStG steht das beim Tod des Beschwerten anfallende Vermächtnis der Nacherbschaft gleich, es ist daher nach § 6 Abs. 2 ErbStG zu verfahren dh. der Vermächtnisgegenstand wird beim Erbfall beim Erben und nach seinem Tod nochmals beim Vermächtnisnehmer versteuert, ohne daß eine Anrechnungsmöglichkeit besteht. Bei einem aufschiebend bedingten Vermächtnis, das von einem anderen Ereignis als dem Tod des Beschwerten abhängt, erfolgt dagegen die erbschaftsteuerliche Abwicklung in der Weise, daß beim Erbfall der Vermächtnisgegenstand gem. § 5 Abs. 1 BewG beim Erben versteuert wird, der die Steuer dann beim Vermächtnisanfall voll zurückerstattet erhält (§ 5 Abs. 2 BewG), während der Vermächtnisnehmer den Gegenstand dann nach § 9 Abs. 1 Nr. 1a ErbStG i. Verb. m. § 4 BewG zu versteuern hat (*Troll*, Erbschaftsteuer- und Schenkungssteuergesetz, 6. Aufl. 1997 § 6 Rdn. 12).

10. Kosten und Gebühren. Siehe Form. XV. 1 Anm. 18.

6. Testament mit Nachvermächtnis und Untervermächtnis[1, 2]

Verhandelt zu ......
am ...... (auch als eigenhändiges Testament möglich)

§ 1 Erbeinsetzung

Ich setze hiermit meine beiden Töchter B und C je zur Hälfte zu meinen Erben ein. Ersatzerben sind jeweils deren Abkömmlinge, einschließlich adoptierter, jedoch mit Ausnahme nichtehelicher Kinder männlicher Nachkommen und ihren Abkömmlingen, gemäß der gesetzlichen Erbfolge erster Ordnung zum Zeitpunkt des Erbfalls. Mangels Ersatzerben soll Anwachsung eintreten.

§ 2 Vermächtnisse

(1) Meinem Sohn D vermache ich mein Hausgrundstück in M-Stadt in der L-Straße Nr. ......, eingetragen im Grundbuch von M-Stadt Blatt 3477, Flst.Nr. 7412. Ersatzvermächtnisnehmer sind die Abkömmlinge meines Sohnes, einschließlich adoptierter, jedoch mit Ausnahme nichtehelicher in männlichen Linien, unter sich entsprechend der gesetzlichen Erbregel erster Ordnung zum Zeitpunkt des Erbfalls.[3]

(2) Für den Fall, daß mein Sohn D ohne Hinterlassung ehelicher Abkömmlinge verstirbt, vermache ich im Wege des Nachvermächtnisses auf seinen Tod das unter Abs. 1 beschriebene Hausgrundstück meinen Töchtern B und C je zur Hälfte.[4] Ersatznachvermächtnisnehmer und Vermächtnisnehmer für den Fall, daß die Töchter zwischen dem Erbfall und dem Tod des D wegfallen, sind jeweils deren Abkömmlinge, einschließlich adoptierter, jedoch mit Ausnahme nichtehelicher Kinder männlicher Nachkommen und ihren Abkömmlingen, gemäß der gesetzlichen Erbregel erster Ordnung zum Zeitpunkt des Erbfalls meines Sohnes. Die Nutzungen des Hausgrundstücks stehen dem Vermächtnisnehmer bis zu seinem Tode zu. Sämtliche Verwendungsersatzansprüche gegen die Nachvermächtnisnehmer sind ausgeschlossen. Die Anwartschaften der Nachvermächtnisnehmer sind zwischen Erbfall und Nachvermächtnisanfall weder vererblich noch übertragbar.

(3) Nach meinem Tod ist der bedingte Übertragungsanspruch der Nachvermächtnisnehmer, wie ich ihnen hiermit zusätzlich vermache, durch Eintragung einer Eigentumserwerbsvormerkung im Grundbuch zu sichern.[5]

(4) Sollte mein Sohn bei seinem Tod zwar keine ehelichen Abkömmlinge jedoch eine Ehefrau hinterlassen, vermache ich ihr hiermit im Wege des Untervermächtnisses zu Lasten der Nachvermächtnisnehmer das unentgeltliche dingliche Wohnungsrecht gem. § 1093 BGB an der Erdgeschoßwohnung des Hauses auf Lebenszeit.

§ 3 Schlußformel[6] (wie Form. XV. 1).

Schrifttum: Bühler, Zum Inhalt der Vermächtnisanwartschaft im Vergleich zur Anwartschaft des Nacherben, BWNotZ 1967, 174; *Nieder,* Hdb. d. Testamentsgestaltung, 1992 Rdn. 560; *Zawar,* Das Vermächtnis in der Kautelarjurisprudenz, 1983; *Maur,* Die Rechtsstellung des Vermächtnisnehmers bei zugunsten des Nachvermächtnisnehmers eingetragenen Vormerkungen, NJW 1990, 1161.

Anmerkungen

1. **Sachverhalt.** Die Erblasserin ist verwitwet, hat zwei verheiratete Töchter und einen unverheirateten Sohn, der bei ihr wohnt und bei dem es zweifelhaft ist, ob er noch heira-

6. Testament mit Nachvermächtnis und Untervermächtnis

ten und Kinder haben wird. Der Sohn soll ihr Hausgrundstück bekommen, dabei soll jedoch gesichert werden, daß es auf jeden Fall in der Verwandtschaft bleibt.

2. Anwendungsfälle. Die Lösung ist überall dort anwendbar, wo ein einzelner Nachlaßgegenstand oder ein im Nachlaß befindlicher Sachinbegriff (zB. Hoteleinrichtung oder Nachlaßrest nach Begleichung aller Nachlaßverbindlichkeiten) in seiner Substanz erhalten und nach gewisser Zeit von einem Erstbedachten auf einen Endbedachten übergehen soll.

3. Ersatzvermächtnis. Der Erblasser kann für den Fall, daß ein Vermächtnisnehmer das ihm zugewandte Vermächtnis nicht erwirbt, den Gegenstand des Vermächtnisses einem anderen zuwenden. Bezüglich dieses Ersatzvermächtnisnehmers ordnet § 2190 BGB die entsprechende Anwendung der Vorschriften über den Ersatzerben (§§ 2097 bis 2099 BGB) an. Ein Ersatzvermächtnis muß vom Erblasser angeordnet werden (*Staudinger/ Otte* § 2190 Rdn. 4; MünchKomm/*Skibbe*, 2. Aufl. § 2190 Rdn. 2). Wenn der zunächst Bedachte ein Abkömmling des Erblassers ist, sind gem. § 2069 BGB im Zweifel dessen Abkömmlinge Ersatzerben unter sich nach gesetzlicher Erbregel (*Staudinger/Otte* aaO.; MünchKomm/*Skibbe*). Über die entspr. Anwendung dieser Auslegungsregel auf Abkömmlinge von nicht zu den Abkömmlingen des Erblassers gehörenden nahen Angehörigen siehe *Palandt/Edenhofer* § 2069 Anm. 4 mwN.

4. Nachvermächtnis. (1) Ein Nachvermächtnis gem. § 2191 BGB hat zur Voraussetzung,

a) daß mit ihm ein Vermächtnisnehmer (Vorvermächtnisnehmer) und nicht der Erbe beschwert ist, daß es somit immer Untervermächtnis ist und daher auch die Bestimmungen der §§ 2186–2188 BGB Anwendung finden und

b) daß der Gegenstand des Nachvermächtnisses ganz oder der gleiche wie der des Vorvermächtnisses ist (Identität des Gegenstandes) (*Staudinger/Otte* § 2191 Rdn. 1, 2, 3; MünchKomm/*Skibbe*, 2. Aufl. § 2191 Rdn. 4).

Liegen diese Voraussetzungen vor, so finden, und das ist der einzige Unterschied zu einem normalen aufschiebend bedingten oder befristeten Vermächtnis gem. § 2177 BGB, auf das Nachvermächtnis gem. § 2191 Abs. 2 BGB ausschließlich folgende Vorschriften der Nacherbfolge Anwendung:

Die Berufung als Nachvermächtnisnehmer enthält im Zweifel auch die Berufung als Ersatzvermächtnisnehmer (§ 2102 BGB). Hat der Erblasser keinen Zeitpunkt des Anfalls bestimmt, fällt das Nachvermächtnis mit dem Tode des Vorvermächtnisnehmers an (§ 2106 Abs. 1 BGB). Hat der Erblasser einen kinderlosen Abkömmling zum Vermächtnisnehmer berufen und mit einem Nachvermächtnis beschwert, so ist das Nachvermächtnis im Zweifel nur für den Fall bestimmt, daß der Vorvermächtnisnehmer ohne Abkömmlinge stirbt (§ 2107 BGB). Das Recht des Nachvermächtnisnehmers erstreckt sich im Zweifel auch auf einen Vermächtnisanteil, der dem Vorvermächtnisnehmer infolge Wegfalls eines Mitvermächtnisnehmers angefallen ist (§ 2110 Abs. 1 BGB). Alle übrigen Vorschriften über die Nacherbfolge sind auf das Nachvermächtnis auch nicht entsprechend anwendbar (*Staudinger/Otte* § 2191 Rdn. 6). Das Nachvermächtnis ist von seinem Begriff her ein aufschiebend bedingtes oder befristetes Vermächtnis gem. § 2177 BGB (MünchKomm/ *Skibbe*, 2. Aufl. § 2191 Rdn. 5; *Staudinger/Otte* § 2191 Rdn. 5). Es findet daher auch die Vorschrift des § 2179 BGB auf das Nachvermächtnis Anwendung (BGH BWNotZ 1961, 265). Es kann insoweit auf die Ausführungen in Form XVI. 5 Anm. 4 verwiesen werden. Der Erblasser kann mehrere Nachvermächtnisse hintereinander anordnen. Eine zeitliche Grenze wird durch die §§ 2162, 2163 BGB gezogen.

(2) **Rückvermächtnis.** Ein Rückvermächtnis kann ein Nachvermächtnis sein, bei dem der Vermächtnisgegenstand beim Eintritt der Bedingung oder Befristung wieder dem mit dem ersten Vermächtnis Beschwerten herauszugeben ist (*Kipp/Coing* ErbR, 13. Bearb.

1978, § 62 IV, 1). Unter einem Rückvermächtnis kann man aber auch ein auflösend bedingtes oder befristetes Vermächtnis verstehen (*Kipp/Coing; Staudinger/Otte* § 2177 Rdn. 7), das gem. § 2176 BGB mit dem Erbfall anfällt. Sind Verfügungen über den Vermächtnisgegenstand bedingungsfeindlich, wie die Grundstücksübertragung (§ 925 BGB), spielt der Unterschied praktisch keine Rolle. Verträgt der Übertragungsakt jedoch Bedingungen, wie bei beweglichen Sachen oder Forderungen, kann der Erblasser anordnen, daß bei der Vermächtniserfüllung die Übertragung unter auflösender Bedingung oder Befristung vorzunehmen ist, damit bei deren Eintritt der Vermächtnisgegenstand automatisch wieder an den Beschwerten zurückfällt (*Kipp/Coing* § 62 IV, 2). Das hätte den Vorteil, daß der Endbedachte in der Schwebezeit durch § 161 Abs. 2 BGB geschützt wäre.

5. Die Sicherung der Nachvermächtnisanwartschaft. Als aufschiebend bedingtem oder befristetem Vermächtnis gewährt das Gesetz dem Nachvermächtnis in der Schwebezeit zwischen Erbfall und seinem Anfall über § 2179 BGB nur den schwachen Schutz des § 160 Abs. 1 BGB dh. Schadensersatz im Falle der Vereitelung oder Beeinträchtigung des Eintritts der Bedingung (BGH BWNotZ 1961, 265; *Staudinger/Otte* § 2191 Rdn. 5; *MünchKomm/Skibbe,* 2. Aufl. § 2191 Rdn. 6). Bei Gefährdung kann die Anwartschaft durch Arrest oder einstweilige Verfügung gem. §§ 916 Abs. 2, 936 ZPO geschützt werden (*Staudinger/Otte* § 2179 Rdn. 10; *MünchKomm/Skibbe,* 2. Aufl. § 2179 Rdn. 8). Bei Grundstücksvermächtnissen kann, wenn ein Anspruch darauf vom Erblasser mitvermacht wurde, die Position des Nachvermächtnisnehmers, wenn der Vorvermächtnisnehmer im Grundbuch eingetragen ist, nach dem Erbfall durch eine Vormerkung im Grundbuch gesichert werden (BayObLG Rpfleger 1981, 190; *Staudinger/Otte* § 2191 Rdn. 5 u. § 2179 Rdn. 12; *Palandt/Edenhofer* § 2191 Anm. 3; *Bengel* NJW 1990, 1826). Erblassern, denen dieser Schutz der Nachvermächtnisnehmer nicht ausreicht, können diese durch eine entsprechende Testamentsvollstreckung stärker sichern (*Dieterich* NJW 1971, 2017; *MünchKomm/Skibbe,* 2. Aufl. § 2191 Rdn. 6). Weiter bietet sich die „gegenständliche" Nacherbfolge (Form. XVI. 14) als Ausweichlösung an.

6. Steuern. Erbschaftsteuer. Nach § 6 Abs. 4 ErbStG stehen Nachvermächtnisse den Nacherbschaften gleich dh. es fällt Erbschaftsteuer aus dem Vermächtnisgegenstand sowohl beim Anfall des Vorvermächtnisses als auch bei dem des Nachvermächtnisses an (Doppelbesteuerung). Wegen des Abzugsverbots nach § 25 ErbStG ist jetzt im Verhältnis zwischen Erblasser und seinem Ehegatten das Nießbrauchsvermächtnis grundsätzlich auch nicht günstiger. Würde jedoch im Form., was die Erblasserin jedoch sicher nicht will, dem Sohn nur der lebtäglige Nießbrauch am Hausgrundstück vermacht, würden die Erbinnen den kapitalisierten Nießbrauch vom Wert ihrer Erbschaft bei der Versteuerung in Abzug bringen können.

7. Kosten und Gebühren. Siehe Form. XV. 1 Anm. 18.

7. Vorzeitiges Unternehmertestament[1, 2]

Verhandelt zu . . . . . .
am . . . . . . (auch als eigenhändiges Testament möglich)

§ 1 Erbeinsetzung

(1) Ich setze hiermit meine Söhne B und C und meine Tochter D zu je 1/3 Erbteilen zu meinen Erben ein. Ersatzerben sind jeweils deren Abkömmlinge, einschließlich adoptierter, jedoch mit Ausnahme nichtehelicher Kinder männlicher Nachkommen und ihren Abkömmlingen, gemäß der gesetzlichen Erbfolge erster Ordnung zum Zeitpunkt des Erbfalls. Mangels Ersatzerben soll Anwachsung eintreten.

7. Vorzeitiges Unternehmertestament   XVI. 7

(2) Für den Fall, daß eines meiner Kinder ohne Hinterlassung von Abkömmlingen, einschließlich adoptierter, jedoch mit Ausnahme nichtehelicher Kinder männlicher Nachkommen und ihren Abkömmlingen, verstirbt, werden ihm die anderen Kinder, ersatzweise deren Abkömmlinge einschließlich adoptierter, jedoch mit Ausnahme nichtehelicher Kinder männlicher Nachkommen und ihren Abkömmlingen, unter sich nach gesetzlicher Erbregel zu Nacherben gesetzt.[3] Die Nacherbenanwartschaften sind weder vererb- noch veräußerlich, ausgenommen die Veräußerung an den Vorerben. In diesem Fall entfällt auch jede ausdrückliche oder stillschweigende Ersatznacherbeinsetzung.

§ 2 Vermächtnis mit Drittbestimmung des Bedachten[4]

(1) Meine unter der Firma P einzelkaufmännisch betriebene Glasgroßhandlung vermache ich hiermit mit Aktiven und Passiven und dem Betriebsvermögen, wie es sich aus der letzten Jahresbilanz vor meinem Tod ergibt, meinen beiden Söhnen B und C in der Weise, daß mein Prokurist M als Testamentsvollstrecker frühestens nach Volljährigkeit und spätestens nach Vollendung des 25. Lebensjahres des jüngsten meiner beiden Söhne nach freiem Ermessen dh. ohne gerichtliche Nachprüfbarkeit bestimmen soll, wer von ihnen als für die Betriebsführung am geeignetsten das Vermächtnis erhalten und Unternehmensnachfolger werden soll. Das Vermächtnis ist Vorausvermächtnis. Ersatzvermächtnisnehmer werden nicht bestellt.

(2) Dem anderen Sohn und der Tochter D, ersatzweise jeweils ihren Abkömmlingen, einschließlich adoptierter, jedoch mit Ausnahme nichtehelicher Kinder männlicher Nachkommen und ihren Abkömmlingen, unter sich im Anteilsverhältnis der gesetzlichen Erbfolge erster Ordnung zum Zeitpunkt des Anfalls, vermache ich an dem Unternehmen stille Beteiligungen.[5] Die Höhe der ihnen vermachten Einlagen errechnen sich dabei nach den ihren Erbquoten entsprechenden Teilen des bilanzierten Eigenkapitals zum Zeitpunkt der Unternehmensübernahme durch ihren Bruder. Sie sollen dabei nicht nur am Gewinn und Verlust, sondern im Innenverhältnis auch am Gesellschaftsvermögen in gleicher Weise wie ein Kommanditist beteiligt sein.[6] Die Vermächtnisse fallen zum Zeitpunkt der Unternehmensübernahme durch den Bruder an und sind sofort fällig. Es sind jeweils Vorausvermächtnisse.

§ 3 Testamentsvollstreckung

(1) Zu meinem Testamentsvollstrecker mit dem ausschließlichen Wirkungskreis[7] meines bilanzierten Betriebsvermögens und der Fortführung meines einzelkaufmännischen Unternehmens bis zur Benennung des Unternehmensnachfolgers ernenne ich meinen Prokuristen M. Er hat das Unternehmen bis zu diesem Zeitpunkt nach seinem freien Ermessen entweder im eigenen Namen und unter eigener persönlicher Haftung als Treuhänder für Rechnung der Erben oder im Namen und unter Haftung der Erben als deren Bevollmächtigter zu führen.[8] Die Erben werden hiermit im Wege der Auflage verpflichtet, dem Testamentsvollstrecker die entsprechenden Befugnisse einzuräumen. Die Testamentsvollstreckung endet mit der Benennung des Unternehmer-Nachfolgers. Danach hat der Testamentsvollstrecker gegenüber den Erben einen Anspruch auf Befreiung von seiner unbeschränkten Haftung für die Geschäftsverbindlichkeiten. Dem Testamentsvollstrecker stehen alle Rechte zu, die ihm nach dem Gesetz eingeräumt werden können. Er ist auch von den Beschränkungen des § 181 BGB befreit. Als Vergütung erhält er neben seinem bisherigen Gehalt, falls er die Vollmachtslösung wählt 5% und falls er die Treuhandlösung wählt 20% des ausgewiesenen jährlichen Reingewinns.[9]

(2) Zur Testamentsvollstreckerin mit dem ausschließlichen Wirkungskreis meines Privatvermögens ernenne ich meine Ehefrau A, geb. E. Sie ist von den Beschränkungen des § 181 BGB befreit. Eine Vergütung steht ihr nicht zu. Ihre Testamentsvollstreckung endet mit der Volljährigkeit des jüngsten Kindes und mit ihrer Wiederverheiratung. Bis

zum Zeitpunkt der Volljährigkeit des jüngsten Kindes schließe ich die Auseinandersetzung meines Privatnachlasses aus.

§ 4 Vermächtnisse

Meine Erben belaste ich mit folgenden Vermächtnissen zugunsten meiner Ehefrau A, geb. E:[10]
a) Monatlich im voraus zahlbare, lebtägliche Rente, die es ihr ermöglicht, ihren Unterhalt im angemessenen Umfang zu bestreiten. Die Höhe der Rente ist in diesem Rahmen vom Testamentsvollstrecker M und nach seinem Wegfall von demjenigen Sohn, der das Unternehmen übernimmt, nach billigem Ermessen festzusetzen und im Bedarfsfall jeweils zu ändern.[11] Die Rente entfällt bei Wiederverheiratung. Eine dingliche Sicherung soll nicht erfolgen.
b) Lebtägliches Wohnungsrecht gemäß § 1093 BGB an sämtlichen Räumen[12] meines Einfamilienhauses in M-Stadt in der S-Straße Nr. 4, Flstr.Nr. ...... Bei der Bestellung ist zu vermerken, daß zur Löschung des Rechts der Nachweis des Todes der Berechtigten genügen soll.
c) Die gesamte Einrichtung unserer Familienwohnung im weitesten Sinne soweit sie in meinem Eigentum steht und alle meine persönlichen Gebrauchsgegenstände. Bis auf das Rentenvermächtnis sollen diese Vermächtnisse auch im Falle einer Wiederheirat meiner Ehefrau bestehen bleiben. Ersatzvermächtnisnehmer werden nicht bestellt.

§ 5 Schlußformel[12] (wie Form. XV. 1).

Schrifttum: Bunke, Auswahl und Bestimmung des Erben durch Dritte, MittRhNotK 1962, 536; *Dobroschke,* Die Unternehmensnachfolge Minderjähriger, Betr. 1967, 803; *Grossfeld,* Höchstpersönlichkeit der Erbenbestimmung und Auswahlbefugnis Dritter, JZ 1968, 113; *Haegele,* Möglichkeiten und Grenzen der Bestimmung von Erben und Vermächtnisnehmern durch einen Dritten, Rpfleger 1965, 355; *ders.,* Zur Regelung der Nachfolge in der Leitung eines Familienunternehmens, BWNotZ 1968, 133; *ders.,* Zulässigkeit der Bezeichnung eines Erben oder eines Vermächtnisnehmers durch einen Dritten, BWNotZ 1972, 74; *ders.,* Der Testamentsvollstrecker im Handels- und Gesellschaftsrecht, Rpfleger 1973, 113 ff, 157 ff u. 203 ff; *John,* Testamentsvollstreckung über ein einzelkaufmännisches Unternehmen, BB 1980, 757; *Klunzinger,* Die erbrechtliche Ermächtigung zur Auswahl des Betriebsnachfolgers durch Dritte, BB 1970, 1197; *Lange,* Die Rechtsmacht des Testamentsvollstreckers und ihre Grenzen, JuS 1970, 101; *Langenfeld,* Das Testament des Gesellschafter-Geschäftsführers einer GmbH und GmbH & Co, 1980; *Menz,* Die Regelung der Unternehmensnachfolge bei noch jugendlichen Erben, Betr. 1966, 1719; *Nieder,* Hdb. d. Testamentsgestaltung, 1992 Rdn. 352; *Sudhoff,* Die Regelung der Unternehmensnachfolge bei noch jugendlichen Erben, Betr. 1966, 649 u. Betr. 1966, 1720; *Westermann,* Die Auswahl des Nachfolgers im frühzeitigen Unternehmenstestament, Festschrift für Möhring, 1965 S. 183.

Anmerkungen

1. **Sachverhalt.** Der Testierer ist 35 Jahre alt und hat zwei Söhne im Alter von 3 und 5 Jahren und eine Tochter von 7 Jahren. Sein Unternehmen macht sein gesamtes oder doch nahezu gesamtes Vermögen aus. Er möchte denjenigen seiner Söhne zum alleinigen Nachfolger seines Einzelunternehmens machen, der sich später als der Geeignetste zu seiner Leitung erweist. Die beiden anderen Kinder möchte er voll gleichstellen und seine Witwe versorgen. Seine Ehefrau ist weder willens noch in der Lage das Unternehmen in der Zwischenzeit zu führen. Da er sich einer nicht ungefährlichen Operation un-

terziehen muß, ist er gezwungen, sofort eine entsprechende letztwillige Verfügung zu errichten.

2. Anwendungsfälle. Einleitend sei darauf hingewiesen, daß der beste Weg zur Regelung der Unternehmensnachfolge eines Einzelunternehmens seine Umwandlung in eine Kapitalgesellschaft (GmbH, GmbH & Co. KG oder GmbH & Still) ist, in der dann im Falle des vorzeitigen Todes des Unternehmers ein geeigneter, eingearbeiteter Angestellter als Geschäftsführer die Übergangszeit bis zur vollen Einsatzfähigkeit des Unternehmernachfolgers überbrücken kann (*Sudhoff* Betr. 1966, 649/652). Statt dies bereits zu seinen Lebzeiten durchzuführen, kann der Unternehmer diese Unternehmensumwandlung auch erbrechtlich anordnen, indem er seine Erben durch eine Auflage, deren Vollziehung die Einsetzung eines Testamentsvollstreckers sichert, zum Abschluß eines in der Verfügung von Todes wegen von ihm entworfenen Gesellschaftsvertrages verpflichtet, in der er alle Institutionen eingebaut hat, die die Elastizität der Nachfolgeregelung gewährleisten (*Westermann* Festschrift für Möhring S. 183/198; *Strothmann*, Die letztwillige Gesellschaftsgründungsklausel, 1983). Diese Umwandlungslösung hat den Vorteil, daß die Erben nicht für die Tätigkeit des fremden Betriebsführers voll haften und auch kein fremder Betriebsführer selbst voll haften muß. Lediglich in Eil- und Notfällen sollte man auf die Regelung des Form. zurückgreifen. Wenn sich ein Unternehmer anstelle der den Vorzug verdienenden gesellschaftsrechtlichen Lösung der Unternehmensnachfolge zur erbrechtlichen entschließt oder infolge Zeitdruck entscheiden muß, fragt sich zuallererst

a) wer für die Zeit zwischen Erbfall und Bestimmung des Nachfolgers durch einen Dritten Rechtsinhaber des Unternehmens sein soll (ein oder alle Erben – wie im Formular oder ein Vorerbe, wie in Form. XVI. 12) und wer, was nicht mit der Rechtinhaberschaft identisch zu sein braucht, seine Leitung in der Zwischenzeit haben soll (der Vorerbe, wie in Form. XVI. 12 oder ein Testamentsvollstrecker, wie hier) und

b) wie nach der Auswahl die anderen, weichenden Erben abgefunden werden sollen (mit Geld oder, das Unternehmen schonender, wie hier, mit Beteiligungen). Eine Alternative zur Gestaltung des Form. ist die Nacherbeinsetzung unter dem Vorbehalt anderweitiger Verfügungen des Vorerben (siehe Form. XVI. 12). Nachteile dieser Lösung sind allerdings, daß die Möglichkeit einer dabei gebotenen einschränkenden Ermächtigung zur Auswahl des Nacherben durch den Vorerben nicht unumstritten ist und daß die Vor- und Nacherbfolge praktisch zu zweimaliger Erbschaftsteuer für das gleiche Vermögen führt.

3. Durch diese Nacherbeinsetzung wird die Beteiligung der Schwiegerkinder am Nachlaß durch Weitervererbung vermieden und auch der evtl. steuerlich nicht erwünschte Rückfall an die gut versorgte Witwe des Erblassers bei einem Vorversterben der Kinder.

4. Möglichkeiten und Grenzen der Drittbestimmung des Zuwendungsempfängers. (1) **Erbenauswahl durch einen Dritten.** Nach § 2065 Abs. 2 BGB kann der Erblasser die Bestimmung der Person, die eine Zuwendung erhalten soll, oder den Gegenstand der Zuwendung nicht einem anderen überlassen (materielle Höchstpersönlichkeit). Das Reichsgericht (RGZ 159, 296/299 = DRW 1939, 310 m. zust. Anm. *Vogel*) sah dadurch nur verboten, daß ein anderer den Erben „bestimmt", nicht auch, daß er ihn „bezeichnet". Nach dem RG konnte der Erblasser einen Dritten damit beauftragen, aus einem so eng begrenzten Kreis von Personen, nach so genau festgelegten sachlichen Gesichtspunkten, daß für eine Willkür des Dritten kein Raum blieb, nach seinem Urteil über das Vorliegen jener Voraussetzungen, einen Erben auszuwählen, auch wenn dies ein reines Werturteil des Dritten darstellte oder ein solches einschloß. Das RG hielt somit eine Wertung innerhalb der vom Erblasser gegebenen Merkmale und damit eine echte Ermessensentscheidung des Dritten im Sinne einer Wahl zwischen mehreren gleichermaßen in den Rahmen dieser Ermächtigung fallenden Möglichkeiten für zulässig

(*Westermann* aaO. S. 191). Dies hat der Bundesgerichtshof (BGHZ 15, 199 = NJW 1955, 100 = DNotZ 1955, 402) unter Aufrechterhaltung der allerdings wenig aussagekräftigen Unterscheidung zwischen „Bestimmung" und „Bezeichnung" des Erben, dahin eingeschränkt, daß nach ihm die Verfügung von Todes wegen so genaue Hinweise enthalten muß, daß die Bezeichnung des Erben von jeder mit genügend Sachkunde ausgestatteten Person, durch objektive Bestimmung erfolgen kann, ohne daß deren freies Ermessen bestimmend oder auch nur mitbestimmend sein darf. Damit läßt der BGH nur zu, daß der Dritte den objektiv feststellbaren Willen des Erblassers verwirklicht (feststellende Ermächtigung), nicht jedoch, daß er an Stelle des Erblassers eine Auswahl und eine echte Ermessensentscheidung treffen kann (echt wählende Ermächtigung) dh. einen Wertungsspielraum hat (*Haegele* BWNotZ 1972, 74/75; *Westermann* aaO. S. 193). Nach dem BGH darf der Dritte nicht wählen, er darf nur bezeichnen (*Dobroschke* Betr. 1967, 803). Damit ist aber die Brauchbarkeit dieser Gestaltungsmöglichkeit für die erbrechtliche frühzeitige Auswahl des Unternehmensnachfolgers nicht mehr gegeben (*Langenfeld* S. 78). Zulässig wäre zweifellos die Anordnung, der Dritte habe denjenigen der beiden Söhne zum Erben zu bestimmen, der ein bestimmtes Ingenieurstudium an einer bestimmten technischen Universität mit dem besseren Abschluß von beiden absolviere, nicht jedoch, wenn er den für die Betriebführung am besten geeigneten der beiden auswählen soll. Damit wird aber im Grunde nur die Auslegung gestattet (*Lüderitz,* Familien- u. Erbrecht, 1971, S. 150). Warum der BGH NJW 1965, 2201 dann in solchen Fällen trotzdem verlangt, daß der Erblasser einen Bestimmungsberechtigten benennt und nicht die Ermittlung des objektiv aus der Verfügung erkennbaren Willens des Erblassers durch Auslegung zuläßt, ist nicht einzusehen (*Lüderitz* S. 150). In der Praxis ist es jedoch so, daß die Eignung der verschiedenen Personen zwar bezüglich der einzelnen Beurteilungspunkte differieren, im ganzen aber annähernd gleich sein werden, und daß die Ansicht über die Eignung zum Nachfolger davon abhängt, welche Eigenschaften der Auswählende für die Leitung gerade dieses Unternehmens zu diesem Zeitpunkt für die wichtigsten hält, daß die Auswahl daher nicht rein feststellender Natur sein kann, vielmehr eine echte Ermessensentscheidung sein muß (*Westermann* aaO. S. 190f; *Klunzinger* BB 1970, 1197/1198). Wird im Einklang mit den Voraussetzungen des Bundesgerichtshofs einem Dritten die Ermächtigung zur Erbenauswahl erteilt, stellt sich die Frage nach der Rechtslage des Nachlasses in der Zeit zwischen Erbfall und Auswahlerklärung. Da in dieser Zeit Ungewißheit über die Person des Erben herrscht, bleibt nur der Ausweg nach § 1960 BGB einen Nachlaßpfleger zu bestellen (*Klunzinger* BB 1970, 1197/1200). Um das zu vermeiden, ist es bei der Ermächtigung eines Dritten zur Erbenauswahl unumgänglich, Testamentsvollstreckung anzuordnen und zweckmäßigerweise die Auswahlermächtigung dem Testamentsvollstrecker zu erteilen (*Klunzinger* aaO.; *Haegele* BWNotZ 1972, 74/79; KG ZEV 1998, 182). Die Auswahlerklärung selbst ist dem Nachlaßgericht gegenüber abzugeben (*Klunzinger* BB 1970, 1201).

(2) **Vermächtnisnehmerbestimmung durch einen Dritten.** Während die Drittbestimmung eines Erben lediglich als feststellende Bezeichnung zulässig ist und daher einen zu schwankenden Boden für eine zuverlässige letztwillige Anordnung bildet, kann, wenn das Unternehmen Gegenstand eines Vermächtnisses, einer Auflage oder einer Teilungsanordnung ist, kraft ausdrücklicher gesetzlicher Bestimmungen der vom Erblasser ermächtigte Dritte bei der Auswahl des Bedachten echte Ermessensentscheidungen treffen (*Westermann* aaO. S. 194). Nach § 2151 Abs. 1 BGB kann der Erblasser mehrere mit einem Vermächtnis in der Weise bedenken, daß der Beschwerte oder ein Dritter (Bestimmungsberechtigter) zu bestimmen hat, wer von ihnen das Vermächtnis erhalten soll. Der Erblasser darf die Auswahl allerdings nur aus einem objektiv bestimmbaren, beschränkten und leicht überschaubaren Personenkreis anordnen (RGZ 96, 15/17). Es muß sich um ein Vermächtnis handeln, also die Zuwendung eines oder mehrerer einzel-

ner Vermögensgegenstände, etwa eines Unternehmens, und nicht um eine Erbeinsetzung (*Haegele/Winkler*, Der Testamentsvollstrecker, 6. Aufl. 1979 Rdn. 382). Grundsätzlich entscheidet der Bestimmungsberechtigte bei der Auswahl nach Belieben und seine Entscheidung ist gerichtlich nicht nachprüfbar (*Staudinger/Otte* § 2151 Rdn. 6 u. 7). Der Erblasser kann jedoch Auswahlrichtlinien festlegen (*Staudinger/Otte* aaO.; *Haegele/Winkler* aaO.) und dabei wiederum entweder eine gerichtliche Überprüfungsmöglichkeit zulassen oder ausschließen (*Staudinger/Otte* § 2151 Rdn. 7). Die Auswahl ist vom Bestimmungsberechtigten dem Beschwerten gegenüber formlos zu erklären (§ 2151 Abs. 2 BGB). Kann oder will der Dritte die Wahl trotz Fristsetzung durch das Nachlaßgericht nicht treffen, sind alle, die als Bedachte in Frage kommen, Gesamtschuldner (§ 2151 Abs. 3 BGB). *Schäfer* BWNotZ 1962, 206 schlägt deshalb vor, dasjenige Kind, das Antrag auf Fristsetzung nach § 2151 Abs. 3 BGB stellt, von dem Vermächtnis auszuschließen (aA. *Klunzinger* BB 1970, 1201). Ein Widerruf der Auswahlerklärung ist nicht mehr zulässig, sobald sie dem Beschwerten zugegangen ist (*Klunzinger* aaO mwN). Bezüglich der Bedenken gegen die Zulässigkeit der Drittbestimmung im Falle das vermachte Unternehmen das ganze oder nahezu ganze Vermögen des Erblassers ausmacht dh. der Zulässigkeit der Drittbestimmung beim Universalvermächtnis siehe Form. XVI. 4 Anm. 8.

(3) Wenn, wie in Formular, die Abkömmlinge gleichgestellt werden sollen, ist eine weitere Gestaltungsmöglichkeit die Teilungsanordnung in der Variante des § 2048 Satz 2 BGB, der Teilung nach billigem Ermessen eines Dritten, hier des Testamentsvollstreckers. Dieser hätte aufgrund Anordnung des Erblassers den Unternehmensnachfolger im Rahmen der Verteilung des Nachlasses nach billigem Ermessen zu bestimmen (*Langenfeld* S. 79; Form. XVI. 22 § 3).

(4) Teilweise (*Westermann*, Festschrift für Möhring, 1966 S. 183/197; *Klunzinger* BB 1970, 1197; aM. *Schlüter* ErbR, 12. Aufl. § 14 IV 4b) wird auch für zulässig gehalten gem. § 2193 BGB (Zweckauflage) eine Auflage „zum Zweck der Erhaltung eines Unternehmens" anzuordnen und die Auswahl des Leistungsempfängers einem Dritten zu überlassen. Das hätte den Vorteil, daß die Zweckbestimmung durch den Erblasser ausreichen würde, während die Bestimmung des Umfangs der Leistung und der Person des Empfängers ins freie Belieben des Bestimmungsberechtigten gestellt werden könnte (*Staudinger/Otte* § 2193 Rdn. 4).

(5) Ungefähr die gleichen Probleme treten auf, wenn ein Erblasser an einer Personengesellschaft beteiligt ist. Zwar legt hier meist der Gesellschaftsvertrag fest, aus welchem Personenkreis ein Gesellschafter seinen Nachfolger bestimmen kann und darf. Doch läßt der Gesellschaftsvertrag meist einen ausreichenden Spielraum, innerhalb dessen der Gesellschafter gegebenenfalls durch eine in einer Verfügung von Todes wegen angeordneten Drittbestimmungsermächtigung die Nachfolge in gleicher Weise regeln kann wie der Einzelunternehmer (*Haegele* BWNotZ 1972, 74/78).

Zur Problematik der Drittbestimmung des Zuwendungsempfängers siehe eingehend *Stiegeler*, Der Grundsatz der Selbstentscheidung des Erblassers, 1985, Diss. Freiburg.

5. Der Vermächtnisnehmer braucht im Gegensatz zum Erben (§ 1923 BGB) beim Erbfall weder bereits leben noch wenigstens erzeugt sein (§ 2178 BGB). Die Vermächtnisnehmer können daher, wie hier, vom Erblasser ohne weiteres statt namentlich, zum durch bestimmte Merkmale erst nach dem Erbfall liegenden Vermächtnisfall bestimmbar bezeichnet werden (§§ 2178, 2179 BGB). Die Berufung von Ersatzvermächtnisnehmern (§ 2190 BGB) erübrigt sich in diesem Fall.

6. **Atypische stille Gesellschaft.** Die gesetzlich in den §§ 335 ff HGB geregelte typische stille Gesellschaft ist reine Ergebnisbeteiligung, dh. der Stille ist nur am Gewinn und Verlust, nicht aber an der Substanz des Geschäfts beteiligt und ihm stehen auch keine Geschäftsführungsbefugnisse zu (*Esch/Schulze zur Wiesche*, Handbuch der Vermögens-

nachfolge, 2. Aufl. 1981 I Rdn. 1027, 1028). Beide Merkmale können vertraglich geändert werden. Es kann, wie hier, mit schuldrechtlicher Wirkung angeordnet werden, daß der Stille im Innenverhältnis der Gesellschafter zueinander am Geschäftsvermögen einschließlich der stillen Reserven wie ein Kommanditist beteiligt sein soll (*Esch/Schulze zur Wiesche* aaO. Rdn. 1029). Es handelt sich dann um eine atypische stille Gesellschaft, die sich einkommensteuerlich dahin auswirkt, daß der Stille mit den anderen Gesellschaftern eine Mitunternehmerschaft im Sinne des § 15 Abs. 1 Ziff. 2 EStG bildet (*Esch/Schulze zur Wiesche* aaO. Rdn. 1030). Durch diese Gestaltung sind alle Erben finanziell gleichgestellt und der Unternehmensnachfolger hat lediglich die Geschäftsführungsbefugnis und sein daraus resultierendes Gehalt den anderen voraus.

7. Mehrere Testamentsvollstrecker. Mehrere Testamentsvollstrecker führen ihr Amt grundsätzlich gemeinschaftlich und zwar im Innen- wie im Außenverhältnis (*Staudinger/Reimann* § 2224 Rdn. 6), bei Meinungsverschiedenheiten entscheidet das Nachlaßgericht (§ 2224 Abs. 1 Satz 1 BGB). Da der Erblasser hiervon gem. § 2224 Abs. 1 Satz 2 BGB abweichende Anordnungen treffen darf, kann er die Aufgabenkreise teilen und jedem Testamentsvollstrecker einen bestimmten Wirkungskreis zuweisen und zwar im Innen- und Außenverhältnis gleich oder verschieden (*Staudinger/Reimann* § 2224 Rdn. 3; *Palandt/Keidel* § 2224 Anm. 4).

8. Führung des Unternehmens in der Zwischenzeit durch den Testamentsvollstrecker. Zentrale Frage beim frühzeitigen Unternehmertestament ist, wer das Unternehmen in der Zwischenzeit vom Erbfall bis zur Altersreife der möglichen Nachfolger führen soll. Falls sie dazu bereit und in der Lage ist, besteht die einfachste Zwischenlösung in der Alleinerbeinsetzung der zugleich auswahlberechtigten Ehefrau des Unternehmers. Will oder kann sie das Unternehmen nicht führen, könnte an sich die Miterbengemeinschaft der möglichen Nachfolger bis zur Bestimmung des Vermächtnisnehmers als Träger des Unternehmens fungieren und man es etwa durch Handlungsbevollmächtigte oder Prokuristen führen lassen. Grundsätzlich kann eine Erbengemeinschaft als solche das Handelsgeschäft eines Einzelkaufmanns unter der alten Firma mit oder ohne Nachfolgezusatz als werbendes weiterführen (KG JW 1938, 3117; *Staudinger/Werner* § 2032 Rdn. 18). Die Erbengemeinschaft wird dadurch nicht zur OHG, lediglich auf das Verhältnis der Miterben zueinander findet das Recht der OHG entspr. Anwendung (BGHZ 17, 299 = NJW 1955, 1227). Dann könnten aber die unreifen Erben im Unternehmen mitreden, was der Erblasser gerade nicht will, oder, falls sie noch minderjährig sind, läge die Last wieder bei der Mutter und die Fortsetzung des Geschäfts in dieser Weise bedürfte der vormundschaftsgerichtlichen Genehmigung (§ 1822 Ziff. 3 BGB; RGZ 127, 157). Es bleibt somit letztlich nur, wie im Formular, der Weg der Ernennung eines Testamentsvollstreckers. Da die Lösung dann mit dem Testamentsvollstrecker steht und fällt, sollte nur ernannt werden, wer sich dazu bereit erklärt hat. Zwar besteht nach dem BGB eine Pflicht zur Übernahme des Amtes eines Testamentsvollstreckers nicht (*Staudinger/Reimann* § 2202 Rdn. 18), eine Verpflichtung zur Übernahme kann aber durch Vertrag des Erblassers mit dem Ernannten begründet werden (RGZ 139, 41; *Staudinger/Reimann* aaO.). Dies dürfte beim vorzeitigen Unternehmertestament zweckmäßig sein. Die anzuordnende Testamentsvollstreckung kann jedoch keine normale Verwaltungstestamentsvollstreckung sein. Würde der Testamentsvollstrecker als solcher ein einzelkaufmännisches Unternehmen fortführen, würde er selbst gem. §§ 2206, 2207 BGB für die von ihm neu begründeten Verbindlichkeiten persönlich nicht haften und die Erben würden als Unternehmensträger dafür nur auf den Nachlaß beschränkbar haften. Dies würde auf die Zulassung eines „einzelkaufmännischen Unternehmens mit beschränkter Haftung" hinauslaufen. Ferner ist die Eintragung der Testamentsvollstreckung im Handelsregister nicht vorgesehen. Die normale Testamentsvollstreckung wird daher fast einhellig zur Verwaltung eines einzelkaufmännischen Unternehmens für unzulässig gehalten (*John* BB 1980, 757 mwN. Fn. 1). Zur Lösung dieses Dilemas haben

7. Vorzeitiges Unternehmertestament XVI. 7

Rspr. (BGHZ 12, 100 = NJW 1954, 636 = DNotZ 1954, 270) und Schrifttum (*John* aaO. mwN) folgende Ersatzlösungen entwickelt, die im wesentlichen darauf hinauslaufen, daß entweder der Erbe (Vollmachtslösung) oder der Testamentsvollstrecker (Treuhandlösung) die unbeschränkte Haftung übernehmen und von denen der Erblasser durch ausdrückliche letztwillige Anordnung (*Lange/Kuchinke,* ErbR, 3. Aufl. § 29 V 7b) Gebrauch machen kann:

(1) **Vollmachtslösung.** Der oder die Erben bleiben dabei Inhaber des ererbten (§ 22 HGB) Unternehmens und werden, was möglich ist (*Palandt/Edenhofer* § 2205 Rdn. 9), als Erbengemeinschaft im Handelsregister eingetragen und zwar, da unzulässig, ohne Testamentsvollstreckervermerk. Die Erbengemeinschaft wird dadurch nicht zur OHG (RGZ 132, 138), lediglich auf die Rechtsbeziehungen der Miterben untereinander können die Rechtssätze des Rechts der OHG entspr. angewendet werden (BGHZ 17, 299 = NJW 1955, 1227). In Vollmacht und im Namen der Erben führt der Testamentsvollstrecker das Unternehmen fort mit der Folge, daß er persönlich weder für die Alt- noch die Neuschulden haftet, die Erben für die Neuschulden unbeschränkt haften und für die Altschulden sofern sie das Geschäft ohne die Firma fortführen erbrechtlich beschränkbar und falls sie es unter Übernahme der Firma mit oder ohne Nachfolgezusatz fortführen unbeschränkt (§§ 25, 27 HGB) jedoch mit der Möglichkeit durch Bekanntmachung oder entsprechenden Eintrag im Handelsregister auch dann nur erbrechtlich beschränkbar zu haften (§ 25 Abs. 2 HGB entspr.). Die Verwaltungs- und Verfügungsbefugnisse, die der Testamentsvollstrecker bei der Vollmachtslösung zur Fortführung des Unternehmens bedarf, ergeben sich nur zum Teil aus seinem Amt. Um den Erben persönlich verpflichten zu können, benötigt er eine entsprechende Bevollmächtigung über den Rahmen der §§ 2206, 2207 BGB hinaus durch den Erben (BGHZ 12, 100/103; *John* BB 1980, 757/758 mwN. für die Vollmachtslösung unter Fn. 3). Diese Vollmacht darf dabei keine gegenständlichen Beschränkungen aufweisen, außer vielleicht die auf „alle Geschäfte, die im Betrieb des Handelsunternehmens anfallen", da sie eine der des Einzelunternehmers entsprechende Haftung der Erben erzielen muß (*John* aaO.). Ferner darf der Erbe dem Testamentsvollstrecker die Vollmacht nicht ohne stichhaltige Begründung entziehen können (*John* aaO.). Der Erblasser muß ausdrücklich (BGHZ 12, 100/104) durch entsprechende testamentarische Bedingung (§§ 2074 ff BGB) oder Auflage (§§ 1940, 2192 ff BGB) die Erben zur Erteilung dieser Vollmacht verpflichten. Gem. §§ 2208 Abs. 2, 2194 BGB kann dann der Testamentsvollstrecker von den Erben die Vollziehung der Bedingung oder Auflage verlangen (BGHZ 12, 100/103). Eingehend über Druckmittel des Erblassers zur Sicherung der Erteilung der Vollmacht bei *Haegele/Winkler,* Der Testamentsvollstreckern, 6. Aufl. Rdn. 328 bis 336. Die Vollmachtslösung ist problematisch geworden, seit sich die Stimmen mehren, der Erbe könne nicht gezwungen werden, gegen seinen Willen das Handelsgeschäft selbst zu betreiben und handelsrechtlich voll zu haften (*Langenfeld/Gail* IV Rdn. 139; auch der BGH BB 1969, 773 = WPM 1969, 492 hat im Gegensatz zu RGZ 172, 199 hinsichtlich des ähnlichen Problems, ob der Erbe durch Auflage gezwungen werden könne, einem Testamentsvollstrecker die Ausübung der Mitgliedschaftsrechte an einer Personengesellschaft zu überlassen, Bedenken geäußert). Da im Handelsregister nur die Erben eingetragen sind, bleibt bei der Vollmachtslösung einem Dritten der interne Ausschluß der Erben von der Geschäftsführung verborgen. Sind die Erben noch minderjährig, so bedarf auch diese Gestaltung der vormundschaftsgerichtlichen Genehmigung (§ 1822 Ziff. 3 BGB; RGZ 127, 157).

(2) **Treuhandlösung.** Hier führt der Testamentsvollstrecker das Handelsgeschäft nach außen im eigenen Namen und in eigener unbeschränkter Haftung fort, im Innenverhältnis allerdings für Rechnung der Erben als deren Treuhänder (*John* BB 1980, 757/758 ff mwN. für die Treuhandlösung unter Fn. 9). Der Testamentsvollstrecker wird bei dieser Amtsführungsmöglichkeit als Inhaber des Geschäftes in das Handelsregister eingetragen

ohne Rücksicht darauf, daß er im Innenverhältnis für Rechnung und Risiko der Erben handelt dh. ohne Vermerk der Testamentsvollstreckung (*Staudinger/Reimann* § 2205 Rdn. 75). Bei der Handelsregisteranmeldung haben die Erben, da sie nach außen die Übertragung eines Handelsgeschäftes anmelden, mitzuwirken (*Staudinger/Reimann* aaO.; MünchKomm/*Brandner* § 2205 Rdn. 16). Auch bei der Treuhandlösung muß der Erblasser durch Auflage die Erben, zumindest konkludent durch die Anordnung der Testamentsvollstreckung, verpflichten, eine treuhänderische Übertragung des Geschäftes auf den Testamentsvollstrecker vorzunehmen, da die Fortführung des Geschäftes über seine Amtsbefugnisse hinausgeht und der Testamentsvollstrecker gegen die Erben auch einen Anspruch auf Befreiung von seiner unbeschränkten Außenhaftung für die übernommenen und neu begründeten Geschäftsschulden nach §§ 2218, 670 BGB erhält (MünchKomm/*Brandner* § 2205 Rdn. 16; BGHZ 12, 100/104). Für die Altschulden haften die Erben nach der treuhänderischen Übertragung nicht mehr persönlich, da sie selbst den Geschäftsbetrieb eingestellt haben (§ 27 Abs. 2 HGB; *John* BB 1980, 758). Dem Testamentsvollstrecker wird man bei der Treuhandlösung die Möglichkeit geben müssen, die Haftung für die Altschulden entspr. §§ 27 Abs. 1, 25 Abs. 2 HGB auf den Nachlaß zu beschränken (*Staudinger/Reimann* § 2205 Rdn. 75; MünchKomm/*Brandner* § 2205 Rdn. 16; *Palandt/Edenhofer* § 2205 Rdn. 9; *Haegele/Winkler* aaO. Rdn. 288; *Schelter* DNotZ 1976, 703; *John* BB 1980, 759; aM. die bei *John* BB 1980, 758 Fn. 11 Zitierten u. *Haegele* Rpfleger 1973, 113/114), insbesondere dann, wenn, wie bei der Ermächtigung des Testamentsvollstreckers zur Erbenauswahl, ein Erbe noch nicht feststeht (*Haegele/Winkler* aaO. Rdn. 288). Für neu begründete Geschäftsschulden haftet der Testamentsvollstrecker unbeschränkt mit seinem Privatvermögen. Viel Unklarheit besteht jedoch darüber, wie es zur Haftung des Geschäftsvermögens und zum Erwerb für das Geschäftsvermögen kommt. Nach der hM (*Staudinger/Reimann* § 2205 Rdn. 75; MünchKomm/*Brandner* § 2205 Rdn. 16; *Palandt/Edenhofer* § 2205 Rdn. 9; *Karsten Schmidt,* Handelsrecht, 1980 S. 75; *Haegele* Rpfleger 1973, 114; *Holch* DNotZ 1956, 292; KG JW 1939, 104; BGH NJW 1975, 54) bleiben die Erben Eigentümer des Geschäftsvermögens und Inhaber der zu ihm gehörenden Forderungen. Zur treuhänderischen Übertragung der Gegenstände des Geschäftsvermögens an den Testamentsvollstrecker ist der Erbe nicht verpflichtet (MünchKomm/*Brandner* § 2205 Rdn. 16). Er kann jedoch über das Geschäftsvermögen kraft der ihm erteilten Ermächtigung verfügen (Ermächtigungstreuhand) (*John* BB 1980, 759). Das Geschäftsvermögen haftet für von ihm begründeten Verbindlichkeiten nur, wenn er die ihm gezogenen Grenzen nicht überschreitet (KG JW 1939, 104; *Holch* DNotZ 1956, 292; *Staudinger/Reimann* § 2205 Rdn. 75). Da jedoch eine Verpflichtungsermächtigung nicht anerkannt wird, stößt die Begründung der Verpflichtung des Geschäftsvermögens durch den Testamentsvollstrecker bei der Treuhandlösung sowieso auf große Schwierigkeiten (*John* BB 1980, 759 mwN.) und da auch eine Erwerbsermächtigung nicht anerkannt wird, kann auch der Erwerb neuer Gegenstände für das Geschäftsvermögen nur durch analoge Anwendung des Surrogationsprinzips begründet werden (*John* BB 1980, 760). *John* BB 1980, 757/760 f schlägt deshalb vor, der Erblasser solle bei der Treuhandlösung anordnen, dem Testamentsvollstrecker alle zum Handelsgeschäft gehörenden Rechtsgegenstände mit Ausnahme der Betriebsgrundstücke sowie allen späteren Erwerb zu vollem Recht zu übertragen und ihm statt nur zur ordnungsgemäßen Verwaltung (§ 2216 Abs. 1 BGB) zum unternehmerischen Handeln im Rahmen der Sorgfalt eines ordentlichen Kaufmanns zu verpflichten und zu berechtigen (Vollrechtstreuhand). Dann könne sich der Testamentsvollstrecker nach dem Erbfall diese Positionen durch Geschäft mit sich selbst ohne Mitwirkung der Erben verschaffen. Umstritten ist, ob die Erben bei der Treuhandlösung für ihre Freistellungsverpflichtung gegenüber dem Testamentsvollstrecker von seiner unbeschränkten Außenhaftung selbst auf den Nachlaß beschränkbar haften (siehe zum Meinungsstand *John* BB 1980, 761 Fn. 34). Bejaht man eine unbeschränkte Haftung, besteht insoweit kaum ein Unterschied zur Vollmachtslösung (MünchKomm/*Brandner*

7. Vorzeitiges Unternehmertestament

§ 2205 Rdn. 16). Im Verhältnis zu den Erben unterscheidet sich die Stellung des Testamentsvollstreckers bei der Treuhandlösung nicht von der eines normalen Verwaltungstestamentsvollstreckers (KG JW 1939, 104; *Staudinger/Reimann* § 2205 Rdn. 75; *Haegele* Rpfleger 1973, 114; *Haegele/Winkler* aaO. Rdn. 293). Er hat somit gegenüber den Erben die Verpflichtungen nach den §§ 2215, 2216, 2218 und 2219 BGB und kann davon auch nicht durch den Erblasser befreit werden (§ 2220 BGB). Bei Beteiligung Minderjähriger an der Erbengemeinschaft ist auch bei der Treuhandlösung gem. § 1822 Ziff. 3 BGB vormundschaftsgerichtliche Genehmigung erforderlich, da das Erwerbsgeschäft vom Testamentsvollstrecker im Innenverhältnis für Rechnung und Risiko der Erben geführt wird.

(3) Weitere Gestaltungsmöglichkeiten bezüglich der Verwaltung eines Einzelunternehmens durch einen Testamentsvollstrecker sind seine Fortführung durch Verpachtung und die Freigabe des Handelsgeschäfts durch den Testamentsvollstrecker an die Erben im Außenverhältnis (§ 2217 BGB) unter Vorbehalt der Entscheidungsbefugnis im Innenverhältnis (*Staudinger/Reimann* § 2205 Rdn. 77).

(4) Die Probleme sind bei der Verwaltung von Personengesellschaftsanteilen durch einen Testamentsvollstrecker im wesentlichen die gleichen. Hier kann nach der hM. ein Verwaltungstestamentsvollstrecker mit normalen Befugnissen die Gesellschafterrechte der Erben eines vollhaftenden Gesellschaftsanteils einer OHG oder KG (BGHZ 68, 225 = NJW 1977, 1339/1343) oder eines Kommanditanteils (BayObLG Rpfleger 1977, 321) nicht ausüben, weil diese Anteile den Erben kraft Sonderrechtsnachfolge direkt anfallen und daher nicht unmittelbar dem Nachlaß unterliegen. Aber auch hier kann der Erblasser, vorausgesetzt daß die übrigen Gesellschafter damit einverstanden sind, durch entsprechende Auflagen oder Bedingungen als Druckmittel die Ausübung der Gesellschafterrechte durch den Testamentsvollstrecker als treuhänderischer Gesellschafter oder als Erben-Bevollmächtigter anordnen (*Langenfeld/Gail* IV Rdn. 147 ff; bezgl. entspr. Testamentsklauseln siehe *Langenfeld/Gail* VIII Rdn. 41). Im übrigen siehe hierzu unten Form. XVI. 27 Anm. 9.

9. Um dem Testamentsvollstrecker die Übernahme des Amtes annehmbar zu machen, sollte ihm der Erblasser eine Umsatz- oder Gewinnprovision zugestehen (*Haegele/Winkler* aaO. Rdn. 312). Diese sollte für den Fall der Treuhandlösung wegen der unbeschränkten persönlichen Haftung des Vollstreckers wesentlich höher sein. Gem. § 2221 BGB hat der Testamentsvollstrecker einen gesetzlichen Anspruch auf eine angemessene Vergütung. Soweit die ihm vom Erblasser zugebilligte Vergütung den angemessenen Betrag überschreitet, ist sie als ein durch die Übernahme des Amtes bedingtes Vermächtnis anzusehen (*Staudinger/Reimann* § 2221 Rdn. 10).

10. Die Vermächtnisse zur Versorgung der Ehefrau müssen so großzügig bemessen sein, daß sie sich nicht veranlaßt sieht, nach ihrer Ausschlagung entweder den großen Pflichtteil (§ 2307 Abs. 1 Satz 1 BGB) oder, falls die Eheleute im gesetzlichen Güterstand lebten, den kleinen Pflichtteil plus dem güterrechtlichen Zugewinnausgleich (§ 1371 Abs. 1, 2 BGB) zu verlangen. Ausschließen kann der Erblasser diese Möglichkeit nur durch einen mit seiner Ehefrau notariell abzuschließenden Pflichtteilsverzichtsvertrag, der, da sie sonst trotzdem nach Ausschlagung der Vermächtnisse den güterrechtlichen Ausgleich verlangen könnte (*Palandt/Edenhofer* § 2346 Rdn. 8), durch den ehevertraglichen Ausschluß lediglich des güterrechtlichen Zugewinnausgleichs nach § 1371 Abs. 2 BGB ergänzt werden müßte. Deswegen die völlige Gütertrennung gem. § 1414 BGB zu vereinbaren, dürfte nicht zweckmäßig sein, da dann der Freibetrag nach § 5 Abs. 1 ErbStG verloren ginge (*Troll*, Erbschaftssteuer- und Schenkungsteuergesetz, 6. Aufl. 1997 § 5 Rdn. 2).

11. Zweckvermächtnis einer Rente. Nach § 2156 BGB kann der Erblasser bei der Anordnung eines Vermächtnisses, dessen Zweck er bestimmt hat, die konkrete Bestimmung der Leistung dem billigen Ermessen des Beschwerten oder eines Dritten überlassen. Der Erblasser muß den Bedachten bestimmt bezeichnen und rechtsverbindlich anordnen, daß er etwas aus seinem Nachlaß erhalten soll, dh. die Entscheidung über das „Ob" selbst treffen (MünchKomm/*Skibbe*, 2. Aufl. § 2156 Rdn. 2). Ferner muß er den Vermächtniszweck so genau bezeichnen, daß der Bestimmungsberechtigte genügend Anhaltspunkte für die Ausübung seines billigen Ermessens hat (MünchKomm/*Skibbe* aaO. Rdn. 3). Lediglich die Bestimmung des Vermächtnisgegenstandes kann er dem Beschwerten oder einem Dritten, nicht jedoch dem Bedachten überlassen (MünchKomm/*Skibbe* aaO. Rdn. 4). Eine in dieser Weise vermachte Rente gewährleistet die nötige Elastizität, die sowohl vom Standpunkt des Verpflichteten als auch der Berechtigten wünschenswert erscheint (*Schäfer* BWNotZ 1962, 188/207f). Ferner bietet sie den Vorteil, daß sie keiner Genehmigung nach § 3 des Währungsgesetzes bedarf (*Schäfer* aaO.). Da im Formular die drei Kinder finanziell einander gleichgestellt werden, erscheint es billig, sie auch im Verhältnis ihrer Erbteile mit dem Vermächtnis zu beschweren (§ 2148 BGB). Müßte der Übernehmer des Unternehmens seinen Geschwistern jedoch keinen vollwertigen Ausgleich leisten und deshalb allein die Vermächtnislast tragen sollen, wäre dies ausdrücklich anzuordnen (§ 2148 BGB). Mit einer solchen Anordnung kann der Erblasser sowohl die Verteilung der Vermächtnislast im Innenverhältnis als auch die Haftung für das Vermächtnis im Außenverhältnis gegenüber dem Vermächtnisnehmer abweichend vom Gesetz und auch untereinander verschieden regeln (*Staudinger/Otte* § 2148 Rdn. 2; MünchKomm/*Skibbe*, 2. Aufl. § 2148 Rdn. 6).

12. Steuern. (1) **Erbschaftsteuer.** Die Erben sind mit dem Nachlaß gem. § 3 Abs. 1 Ziff. 1 ErbStG entsprechend ihrer Steuerklasse und ihren Freibeträgen erbschaftsteuerpflichtig. Bei jedem Erben entsteht dabei gem. § 39 Abs. 2 Nr. 2 AO die Steuer in Höhe des Bruchteils seiner Erbquote (*Troll*, Erbschaftsteuer- und Schenkungsteuergesetz, 6. Aufl. 1997 § 12 Rdn. 7). Die Vorausvermächtnisse werden jeweils in der Weise berücksichtigt, daß bei jedem Erben die Summe des Wertes seines Erbanteils gemindert um den anteiligen Vermächtniswert plus dem Wert seines Vorausvermächtnisses zu versteuern ist (*Petzoldt*, Erbschaftsteuer- und Schenkungsteuergesetz, 1978 § 3 Rdn. 37). Da die Vorausvermächtnisse bedingt sind, entsteht die Steuerschuld für sie erst mit dem Eintritt der Bedingung (§ 9 Abs. 1 Nr. 1a ErbStG). Die erbschaftsteuerliche Berücksichtigung von evtl. durch die Vorausvermächtnisse ungleichen Zuwendungen bezüglich der Erben kann daher erst dann vorgenommen werden. Bis zu diesem Zeitpunkt sind die Vermächtnisgegenstände gem. § 5 Abs. 1 BewG von den Erben entsprechend ihrer Erbquoten zu versteuern. Die Versteuerung des einzelkaufmännischen Unternehmens erfolgt gem. § 12 ErbStG aus den nach dem BewG ermittelten Werten. Da das Unternehmensvermächtnis und die Gleichstellungsvermächtnisse nicht auf den Tod des Beschwerten fällig sind, stehen sie nicht nach § 6 Abs. 4 ErbStG den Nacherbschaften gleich und es fällt deshalb nicht zweimal für das gleiche Vermögen Erbschaftsteuer an (*Troll* aaO. § 6 Rdn. 12; *Petzold* aaO. § 6 Rdn. 33. Das ist ein Vorteil gegenüber der Nacherbschaftslösung des Form. XVI. 12.

(2) **Einkommensteuerliche Behandlung der Unternehmensnachfolge:** Befindet sich im Nachlaß Betriebsvermögen, ist jeweils bei der Testamentsgestaltung zu beachten, ob beim Erbfall eine Gewinnrealisierung iSd. § 15 EStG (Vollzug der testamentarischen Anordnung führt zur Entnahme) oder § 16 EStG (Abfindung für Unternehmen und Unternehmensanteile) erfolgt.

a) **Abfindung im außerbetrieblichen Bereich.** Fand bisher die Erbauseinandersetzung oder Übernahme innerhalb einer angemessenen Frist (Richtwert: 2 Jahre, *Herrmann/Heuer/Raupach* § 16 EStG Anm. 77) statt, wurde dies als unentgeltlicher Vorgang im Rahmen der privaten Vermögenssphäre und nicht als Betriebsveräußerung iSd. § 16 EStG angesehen (BFH BStBl. III 1963, 480), soweit der Übernehmer die Buchwerte im betreffenden Betrieb oder in einem anderen eigenen Betrieb fortführte (§ 7 Abs. 1

7. Vorzeitiges Unternehmertestament XVI. 7

EStDV; *Herrmann/Heuer/Raupach* § 16 EStG Anm. 72). Seit der Entscheidung des Großen Senats des BFH vom 5. 7. 1990 (BStBl. II 1990, 837) wird die Erbauseinandersetzung einkommensteuerlich, selbst wenn sie unmittelbar nach dem Erbfall erfolgt, grundsätzlich als ein vom Erbfall getrennter Vorgang betrachtet. Kommt es bei der Erbauseinandersetzung zu Abfindungszahlungen, weil einzelne Erben vom Nachlaß mehr erhalten als die anderen, so handelt es sich um entgeltliche Vorgänge, die, sofern es sich um Betriebsvermögen handelt, versteuerbare Veräußerungsgewinne auslösen. Diese Folge kann, falls dies möglich ist, durch Realteilung des Nachlasses vermieden werden, wenn die Erben das ihnen zugeteilte Betriebsvermögen wiederum einem Betrieb zuführen. Die Erfüllung von Vermächtnissen soll jedoch nach wie vor ein unentgeltlicher Vorgang sein.

b) Erbauseinandersetzung nach Testamentsvollstreckung. Führt der Testamentsvollstrecker, wie im vorliegenden Formular, bis zur Reife des Unternehmensnachfolgers im Namen und für Risiko der Erben das Unternehmen, dann sind die Erben, soweit die angemessene Erbauseinandersetzungsfrist überschritten wird, als Unternehmer anzusehen (*Esch/Schulze zur Wiesche,* Handbuch der Vermögensnachfolge, 2. Aufl. II Rdn. 412). Streitig ist, ob dies auch dann gilt, wenn das Unternehmen in die Treuhandschaft des Testamentsvollstreckers übergeht (Treuhandlösung) (Unternehmerschaft der Erben bejaht *Schmidt,* EStG, 16. Aufl. 1997 § 15 Anm. 52, während *Esch/Schulze zur Wiesche* aaO. Rdn. 413 den Testamentsvollstrecker auch in diesem Fall als Unternehmer ansieht).

c) Beispiel einer betrieblichen Erbauseinandersetzung ohne Gewinnrealisierung. Werden, wie im Formular, die weichenden Erben mit atypischen stillen Beteiligungen abgefunden, bleiben sie Mitunternehmer. Wird dabei das gleiche Beteiligungsverhältnis am Gewinn und an den stillen Reserven beibehalten und lediglich die gesellschaftsrechtliche Stellung geändert, werden dadurch die stillen Reserven nicht realisiert (vgl. *Paulick,* Handbuch der stillen Gesellschaft, S. 233). Bei Abfindung durch Einräumung eine typischen stillen Beteiligung liegt dagegen ein entgeltlicher Vorgang iSd. § 16 EStG gegebenenfalls mit Veräußerungsgewinn oder -verlust vor.

(3) **Einkommensteuerliche Behandlung der Rente.** Die Rente der Ehefrau ist nicht als betriebliche, sondern als private Versorgungsrente anzusehen, mit der Folge, daß die einzelnen Rentenzahlungen keine gewinnmindernde Betriebsausgaben sind (BFH BStBl. II 1981, 614; BStBl. II 1976, 378; BStBl. III 1965, 354). Die Rentenzahlungen können daher nur mit ihrem Ertragsanteil bei den Rentenverpflichteten als Sonderausgaben berücksichtigt werden (§ 10 Abs. 1 Nr. 1 EStG) und brauchen allerdings auch nur in dieser Höhe von der Berechtigten versteuert zu werden (*Schulze zur Wiesche* Betr. 1978, 2381/2383). Ob die Rente auch als dauernde Last (§ 10 Abs. 1 Nr. 1a EStG) angesehen werden könnte, mit der Folge der vollen steuerlichen Abzugsmöglichkeit der einzelnen Rentenbeträge beim Verpflichteten und voller Versteuerung bei der Berechtigten (§ 22 Nr. 1 Satz 1 EStG), ist zweifelhaft. Gefordert wird dazu eine Ungleichmäßigkeit der Leistungen über die bloße Wertsicherung hinaus. Eindeutig wäre dies nur bei einer Vereinbarung der jederzeitigen Anpassung der Rente an die veränderten wirtschaftlichen Verhältnisse bei der Berechtigten und den Verpflichteten (*Kapp/Ebeling,* Handbuch der Erbengemeinschaft, 2. Aufl. 1979 Rdn. IV 20) so zB. durch die Klausel: „Änderungsmöglichkeiten nach § 323 BGB bleiben unberührt". Nach *Kapp/Ebeling* Rdn. IV 35 soll es auch möglich sein, eine nach dem Testament zu leistende Vermächtnis-Leibrente durch Vereinbarung zwischen dem Erben und dem Berechtigten in eine dauernde Last umzuwandeln.

13. Kosten und Gebühren. Siehe Form. XV. 1 Anm. 18.

8. Vermächtnis einer Rente, einer dauernden Last und eines Wohnungsrechts[1, 2]

Verhandelt zu ......
am ...... (auch als eigenhändiges Testament möglich)

§ 1 Erbeinsetzung

Zu meinen Erben setze ich meine beiden erstehelichen Kinder B und C je zur Hälfte ein. Ersatzerben sind deren Abkömmlinge, einschließlich adoptierter, jedoch mit Ausnahme nichtehelicher Kinder männlicher Nachkommen und ihren Abkömmlingen, jeweils nach der gesetzlichen Erbregel erster Ordnung. Mangels Ersatzerben soll Anwachsung eintreten.

§ 2 Vermächtnisse

(1) Meinem Sohn B vermache ich im voraus meine in meinem Mehrfamilienhaus in ...... in der ......-Straße betriebene Metzgerei mit sämtlichen Betriebsmitteln und Einrichtungsgegenständen und mit Aktiven und Passiven soweit sie in meinem Eigentum stehen. Dazu vermache ich ihm ebenfalls im voraus ein in der Ausübung übertragbares und unentgeltliches Nutzungsrecht als beschränkte persönliche Dienstbarkeit gemäß §§ 1090 ff BGB an sämtlichen bei meinem Tode durch die Metzgerei gewerblich genutzten Räumlichkeiten und unbebauten Flächen des Grundstücks Flst.Nr. ......[3] Von meinem Tode bis zu seiner Eintragung im Grundbuch soll das Recht schuldrechtlich bestehen. Ein Ersatzvermächtnisnehmer wird für beide Vermächtnisse nicht bestimmt.

(2) Meiner Ehefrau A, geb. E, mit der ich in zweiter Ehe verheiratet bin, vermache ich zu Lasten meines Sohnes B als Vermächtnisnehmer eine monatlich im voraus ab dem auf meinen Tod folgenden Monat zahlbare Versorgungsrente[4] von 2.500,– DM monatlich auf Lebenszeit. Die Höhe dieser Rente soll sich sowohl in der Zeit von heute bis zu meinem Tode als auch danach in dem gleichen prozentualen Verhältnis nach oben oder unten verändern, in dem sich der vom Statistischen Bundesamt in Wiesbaden für die gesamte Bundesrepublik amtlich festgestellte Lebenshaltungskostenindex für die mittlere Verbrauchergruppe (Basis 1985 = 100) verändert. Dabei sind bis zu meinem Tode alle Veränderungen zu berücksichtigen, danach soll sich die Rente nur bei Veränderungen über 10% jeweils ab Beginn des folgenden Jahres entsprechend ändern. Jeweils nach erneutem Eintreten der genannten Bedingungen erfolgt, ausgehend vom Stand der vorangegangenen Anpassung, erneut entsprechende Anpassung. Die Veränderung anderer Umstände als der vorgenannten soll ohne Einfluß auf die Höhe der Rente bleiben, insbesondere soll die Rente nicht durch Veränderungen in der Leistungsfähigkeit des Verpflichteten und/oder dem Bedürfnis der Berechtigten beeinträchtigt werden. Die Rentenberechtigte ist berechtigt, aber nicht verpflichtet, den gesamten für die Zukunft noch ausstehenden, nach finanzmathematischen Grundsätzen unter Zugrundelegung eines Zinssatzes von 5,5% und der allgemeinen Lebenserwartung der Berechtigten nach der neuesten amtlichen allgemeinen Sterbetafel zu errechnenden Betrag ohne besondere Inverzugsetzung des Verpflichteten auf einmal zu fordern, wenn einer der folgenden Voraussetzungen vorliegt:

a) Zahlungsverzug in Höhe von drei Monaten,
b) Eröffnung des Konkurs- oder Vergleichsverfahrens,
c) Anordnung des Zwangsversteigerungs- oder Zwangsverwaltungsverfahrens bezüglich des mit der Rentenreallast belasteten Grundstücks.[6]

8. Vermächtnis einer Rente, dauernden Last und Wohnungsrecht XVI. 8

Die Erben sind verpflichtet, diese Rentenzahlungsverpflichtung innerhalb dreier Monate nach meinem Tode durch Eintragung einer Rentenreallast[5] im Grundbuch auf meinem Mehrfamilienhausgrundstück in ...... Flst.Nr. ...... im Range innerhalb von 80% des amtlichen Schätzwerts des Grundstücks dinglich zu sichern. Dabei ist zum dinglichen Inhalt der Reallast zu machen, daß die Berechtigte entsprechend der obigen schuldrechtlichen Verfallklausel bei Eintritt einer der genannten Bedingungen auch aus der Reallast statt der einzelnen Rentenbeträge eine nach den obigen Grundsätzen bestimmte Ablösungssumme gegen Löschung der Reallast verlangen kann.[6] Der Beschwerte hat sich wegen seiner schuldrechtlichen Rentenverpflichtung und die Erben haben sich wegen der dinglichen und persönlichen Ansprüche aus der Rentenreallast ebenfalls innerhalb von drei Monaten nach meinem Tod der sofortigen Zwangsvollstreckung aus notarieller Urkunde zu unterwerfen und zwar unter Verzicht auf den Nachweis der Fälligkeitsbedingungen.[7]

(3) Meiner Ehefrau A, geb. E räume ich ab meinem Tode das lebtäglich, in der Ausübung nicht übertragbare, ausschließliche, schuldrechtliche Wohnungsrecht ein an der abgeschlossenen Wohnung im zweiten Obergeschoß meines Mehrfamilienhauses in ...... in der ......-Straße Nr. ...... nebst dazugehörenden Kellerraum und dem Recht auf Mitbenutzung an sämtlichen zum gemeinschaftlichen Gebrauch der Bewohner bestimmten Anlagen und Einrichtungen des Hauses. Die Berechtigte hat die Kosten der gewöhnlichen Ausbesserung und Erneuerung der Räume zu tragen, während die Eigentümer verpflichtet sind, alle außerwöhnlichen Ausbesserungen und Erneuerungen an den Räumen des Rechts und sämtliche Instandsetzungen des Gebäudes und der Gemeinschaftsanlagen auf ihre Kosten durchführen zu lassen. Die Kosten der Heizung und die üblichen Nebenkosten hat die Berechtigte wie eine Mieterin selbst zu tragen.

Zur Sicherung dieser Rechte haben die Erben innerhalb dreier Monate nach meinem Tode auf dem Grundstück im Range nach der Rentenreallast und noch innerhalb der 80%-Wertgrenze eine nicht übertragbare Wohnungsreallast[8] betr. Verpflichtung zur Wohnungsgewährung entsprechend der obigen schuldrechtlichen Verpflichtung im Grundbuch eintragen zu lassen.

(4) Letzlich vermache ich meiner Ehefrau A, geb. E die gesamte Einrichtung unserer Familienwohnung im weitesten Sinne und alle sonstigen persönlichen Gebrauchsgegenstände, soweit sie in meinem Eigentum stehen.

(5) Meiner Tochter C vermache ich im voraus ebenfalls zu Lasten meines Sohnes B für die Dauer von 10 Jahren ab meinem Tod einen jeweils im voraus zahlbaren monatlichen Unterhaltszuschuß von 800,– DM. Die Höhe dieses Zuschusses soll sich ändern, wenn die Leistungsfähigkeit des Zahlungsverpflichteten sich mindert und/oder sich das Unterhaltsbedürfnis der Berechtigten verändert und zwar jeweils ab dem Zeitpunkt meines Todes.

§ 3 Schlußformel

Der Notar wird mit der Einholung der Genehmigung der Landeszentralbank gem. § 3 des Währungsgesetzes bezüglich der Wertsicherungsklausel beauftragt. Auf das Pflichtteilsrecht und die Möglichkeit von Pflichtteilsverzichtsverträgen wurde vom beurkundenden Notar hingewiesen.[9] (vgl. ferner Form. XV. 1).

Schrifttum: Fetsch, Rentenvereinbarungen und ihre steuerlichen Folgen 1973; *Langenfeld,* Das Testament des Gesellschafter-Geschäftsführers einer GmbH & Co., 1980; *ders.,* Die Grundstücksschenkung im Zivil- und Steuerrecht, 1977; *Jansen/Wrede,* Renten, Raten, Dauernde Lasten, 7. Aufl. 1980; *Nieder,* Hdb. d. Testamentsgestaltung, 1992 Rdn. 510.

Anmerkungen

1. Sachverhalt. Der Testierer ist Metzgermeister und betreibt im eigenen Mehrfamilienhaus eine nicht im Handelsregister eingetragene Metzgerei. Er hat aus erster Ehe einen Sohn und eine Tochter. Der Sohn ist selbst Metzger und bereit das Geschäft weiterzuführen. Die Tochter ist außer Haus. Aus zweiter Ehe sind keine Kinder vorhanden. Seine Ehefrau zweiter Ehe hat lediglich eine kleine eigenständige Rente zu erwarten, soll aus der Substanz des Nachlasses nichts erhalten, jedoch ausreichend versorgt werden. Beide Kinder sollen gleich behandelt werden.

2. Anwendungsfälle. (1) Ein Rentenvermächtnis bezweckt wie das Nießbrauchsvermächtnis und die Anordnung einer Vor- und Nacherbschaft einerseits die Erhaltung des Nachlasses für die Abkömmlinge, andererseits die Versorgung des Ehegatten oder anderer Angehöriger. Läßt man steuerliche Erwägungen beiseite, ist der wesentliche Unterschied dieser Gestaltungsmittel, daß Nießbrauch und Vorerbschaft den Berechtigten keinen Eingriff in die Vermögenssubstanz ermöglichen, während, sofern die Rente nicht ertragabhängig gestaltet ist, der Verpflichtete zu ihrer Erfüllung auch die Vermögenssubstanz angreifen darf und muß. Für die Wahl zwischen diesen Möglichkeiten und die Festsetzung der Höhe der Rente dürften daher im wesentlichen die verfügbaren Mittel bzw. die Ertragskraft des Unternehmens ausschlaggebend sein. Zu beachten ist aber auch, daß das Rentenvermächtnis dem Berechtigten gegenüber Nießbrauch und Vorerbschaft keinerlei Mitwirkungsmöglichkeit an der Verwaltung des Vermögens bietet, was bei Witwen neben Kindern aus erster Ehe manchmal erwünscht sein kann.

(2) Wie unten Anm. 10 (2) b näher ausgeführt wird, ist es einkommensteuerlich vorteilhaft, eine Versorgungsrente als dauernde Last auszugestalten. Da hierzu aber statt gleichmäßig wiederkehrender Rentenbeträge diese von einer bestimmten Bezugsgröße (z. B. Einkommen, Gewinn, Umsatz oder die wirtschaftlichen Verhältnisse der Beteiligten) und deren Schwankungen abhängig sein müssen, eignet sich diese Lösung weniger zur alleinigen Alterssicherung. Zu erwägen ist die Vereinbarung einer dauernden Last jedoch als Zusatzsicherung und für Zuschüsse an jüngere, weichende Familienmitglieder.

(3) Das Vermächtnis dinglicher Wohnungsrechte nach § 1093 BGB bzw. als Wohnungsreallast und dinglicher Nutzungsrechte nach § 1090 BGB bezüglich unbebauter oder nicht Wohnzwecken dienender Grundstücke bietet, da diese Rechte grundsätzlich unveräußerlich und nicht vererbbar sind (§§ 1092, 1090 Abs. 2, 1061, 1093 Abs. 1 und 1111 BGB), die Möglichkeit, einer Generation die wirtschaftliche Nutzung des Grundstücks zuzuwenden und gleichzeitig der nächsten den Erhalt seiner Substanz zu gewährleisten.

3. Vermächtnis des Betriebes. Um eine einkommensteuerlich unerwünschte Entstehung eines Entnahmegewinns zu vermeiden, ist dem den Betrieb fortführenden Sohn B auch der gewerblich genutzte Teil des steuerlich gemischtgenutzten Mehrfamilienhausgrundstücks zuzuwenden (*Kapp/Ebeling*, Handbuch der Erbengemeinschaft, 2. Aufl. 1979 Rdn. III 491). Dies geschieht, da ein Wohnungsrecht nach § 1093 BGB nur bestellt werden kann, wenn das Wohnen der Hauptzweck der Benutzung ist (*Palandt/Bassenge* Anm. 3 § 1093), durch eine einfache beschränkte persönliche Dienstbarkeit nach § 1090 BGB. Da keine vom gesetzlichen Schuldverhältnis abweichende Vereinbarung über die Unterhaltskosten der gewerblichen Räume getroffen werden soll, was nach §§ 1090 Abs. 2, 1021 BGB mit dinglicher Wirkung möglich wäre, hat diese nach §§ 1090 Abs. 2, 1020 Satz 2 BGB der Berechtigte zu tragen (RGZ 112, 368; *Nieder* BWNotZ 1975, 3/5).

4. Wertgesichertes Rentenvermächtnis. Unter Leibrente (§§ 759 ff BGB) ist bei fehlender gesetzlicher Definition nach der h. M. ein selbständiges einheitlich nutzbares Recht

8. Vermächtnis einer Rente, dauernden Last und Wohnungsrecht XVI. 8

(Grund- oder Stammrecht) zu verstehen, das dem Berechtigten für die Lebensdauer eines Menschen (ihm selbst, dem Verpflichteten oder eines Dritten) eingeräumt ist und dessen Erträge aus fortlaufend wiederkehrenden, gleichmäßigen Leistungen in Geld oder vertretbaren Sachen bestehen (RGZ 67, 204/210; RGZ 137, 261; BGH WPM 1966, 248 a. M d. h. gegen die Zwischenschaltung eines Stammrechts u. a. Reinhart, Festschrift für Wahl 1973 S. 261). Die Leibrente stellt somit keine Mehrzahl einzelner selbständiger Ansprüche mit fortlaufend aufeinander folgenden Fälligkeitsterminen dar, sondern ein selbständiges einheitliches Stammrecht, aus dem die einzelnen Rentenleistungen als Rechtsfrüchte gem. §§ 99, 100 BGB erwachsen. Die einzelnen Rentenleistungen und das Stammrecht müssen dabei von den Gegenleistungen des zugrundeliegenden Verpflichtungsvertrages losgelöst sein (*Palandt/Thomas* § 759 Rdn. 7). Entgegen *Ripfel* BWNotZ 1961, 71/73 verstößt nach heutiger Ansicht die Vereinbarung einer Wertsicherungsklausel nicht mehr gegen das Erfordernis der Gleichmäßigkeit und damit gegen den Begriff der Leibrente (BGH WPM 1980, 593; OLG Celle DNotZ 1977, 548; Dürkes, Wertsicherungsklauseln, 9. Aufl. 1982 Rdn. F 4; *Palandt/Thomas* § 759 Rdn. 10; die finanzgerichtliche Rspr.: BFH BStBl III 1967, 179; 1967, 699; II 1968, 262; sowie die Ansicht der Finanzverwaltung: EStR Abschn. 167 Abs. 1 S. 19). Befristung oder Bedingung des Stammrechts ist möglich (*Palandt/Thomas* § 759 Rdn. 9) so z. B. auf Lebenszeit aber bei Eingehung einer neuen Ehe entfallend (bedingtes Rentenstammrecht) oder auf Lebenszeit des Berechtigten höchstens bis zum . . . . . . (abgekürzte Leibrente) oder auf Lebenszeit des Berechtigten mindestens jedoch bis zum . . . . . . (verlängerte Leibrente). Die schuldrechtliche Verpflichtung zur Bestellung einer Leibrente und im sie erfüllenden Leibrentenvertrag die Erteilung des Leibrentenversprechens, nicht jedoch seine Annahme, bedürfen, sofern nicht aus anderen Gründen eine schärfere Form vorgeschrieben ist, beide nach § 761 BGB der Schriftform (RGZ 67, 211; *Palandt/Thomas* § 759 Rdn. 2). Ersetzt wird Verpflichtungs- und Erfüllungsgeschäft einschließlich seiner Form durch ein Rentenvermächtnis in einer Verfügung von Todes wegen, so daß mit Eintritt des Erbfalls das Stammrecht begründet wird, ohne daß es eines besonderen Vermächtniserfüllungsvertrages durch den Beschwerten bedarf (*Palandt/Thomas* § 761 Rdn. 1).

Die Leibrente ist im Formular an den Lebenshaltungskostenindex gekoppelt. Seine Schwankungen werden monatlich in der NJW und der DNotZ veröffentlicht. Die Wahl des Wertmaßstabes bei der Wertsicherung von Leibrenten entscheidet sich danach, welcher Lebensstandard dem Rentenberechtigten gesichert werden soll und welche Rentensteigerung dem Beschwerten zugemutet werden kann. Eine Lebenshaltungskostenindexklausel gleicht nur die Schwankungen der Verbraucherpreise aus, beläßt den Berechtigten also auf dem Lebensstandard bei Beginn der Rente oder Vereinbarung der Klausel, während eine lohn- und gehaltsbezogene Klausel ihn auch an dem steigenden Lebensstandard teilhaben läßt. Da bisher die Löhne und Gehälter stärker stiegen als die Lebenshaltungskosten, führte eine lohn- und gehaltsbezogene Rente zu einer stärkeren Belastung des Verpflichteten als eine indexbezogene (s. hierzu insb. *Langenfeld* aaO. „Testament" S. 94 f). Während die Veränderung des Lebenshaltungskostenindex in Punkten ausgedrückt wird, sollte man in der Klausel zweckmäßigerweise auf Prozente abstellen (*Langenfeld* aaO. S. 96). Die prozentuale Differenz zwischen zwei Indexpunkten errechnet sich dabei nach folgender Formel:

$$\text{Prozentsatz} = \frac{\text{neuer Indexstand} - \text{alter Indexstand}}{\text{alter Indexstand}} \times 100 \text{ oder umgestellt}$$

$$\text{Prozentsatz} = \left[\frac{\text{neuer Indexstand}}{\text{alter Indexstand}} \times 100 \right] - 100.$$

Taschenrechner mit einer Taste für prozentuale Differenzen (Δ %) erleichtern natürlich die Umrechnung. Zweckmäßig ist es, wie im Formular, eine Mindestschwankungsgrenze (hier 10%) zu vereinbaren (*Dürkes*, Wertsicherungsklauseln, 9. Aufl. D 517 ff), bei deren Überschreitung die Anpassung dann allerdings im vollen Umfang eintritt. Die Anpassung erfolgt aufgrund der im Formular gewählten Klausel automatisch. Möglich ist auch die Vereinbarung eines Leistungsvorbehalts oder Leistungsbestimmungsvorbehalts, nach dem die Rente bei Änderung der Bezugsgröße durch Parteivereinbarung oder Schiedsgutachten innerhalb eines gegebenen Spielraums angepaßt werden muß (*Dürkes* aaO. Rdn. D 148 ff). Diese Klausel und die im Form. XVI. 9 gewählte Spannungsklausel, d. h. die Vereinbarung, daß die Geldschuld vom Wert gleichberechtigter Güter oder Leistungen automatisch abhängig sein soll (*Dürkes* aaO. Rdn. D 5), sind nicht nach dem ohnehin *mWv 1. 1. 1999 aufgehobenen § 3 des Währungsgesetzes* genehmigungspflichtig. Die hier gewählte indexbezogene Wertsicherungsklausel ist dagegen noch für die Zeit bis zum 31. 12. 1998 genehmigungspflichtig, wenn nicht, was praktisch kaum vorkommt, mit ihrer Hilfe der gesamte, notwendige Lebensunterhalt der Berechtigten sichergestellt wird (*Dürkes* aaO. Rdn. D 263 ff). Nach Ziff. 3a aa) der Genehmigungsrichtlinien der Deutschen Bundesbank vom 9. 6. 1978 (NJW 1978, 2381 = DNotZ 1978, 449) wird sie erteilt werden.

5. Sicherungswirkung der Reallast. Das übliche Mittel der Sicherstellung einer wertgesicherten Leibrente ist die Reallast nach §§ 1105 ff BGB (BayOblG DNotZ 1969, 492; OLG Celle DNotZ 1977, 548 f). Die dafür vom Gesetzgeber eigentlich vorgesehene Rentenschuld nach §§ 1199 ff BGB eignet sich nicht zur Sicherung von sich durch eine Indexklausel automatisch anpassende Renten, da sie im Grundbuch einzutragende der Höhe nach bestimmte Rentenleistungen sowie eine feste Ablösungssumme verlangt, und nicht wie die Reallast nur bestimmbare (*Palandt/Bassenge* § 1105 Rdn. 7). Bei der Reallast unterscheidet man folgende voneinander unabhängige Ansprüche und Haftungen: Das Stammrecht der Reallast und die daraus folgenden Einzelleistungen nach § 1107 BGB für die der Eigentümer dinglich mit dem belasteten Grundstück haftet. Daneben haftet der Eigentümer für die während der Dauer seines Eigentums fällig gewordenen Einzelleistungen (§ 1108 BGB) und der Besteller für die durch die Reallast gesicherten Forderungen jeweils persönlich mit ihrem ganzen Vermögen (*Palandt/Bassenge* Anm. 1 § 1105). Da hierbei mangels Akzessorietät die dingliche und schuldrechtliche Gläubiger- und Schuldnerstellung auseinanderfallen können, wird empfohlen, als Inhalt der Reallast ein Leistungsverweigerungsrecht für den Fall der Erfüllung des schuldrechtlichen Anspruchs zu bestellen (*Kehrer/Bühler/Tröster,* Notar und Grundbuch, 2. Aufl. § 7 F S. 77 u. 82 f). Trotz der Häufung von Ansprüchen kann es Schwierigkeiten geben, wenn die Rente eingetrieben werden muß (s. hierzu insb. *Ripfel* DNotZ 1969, 84 ff; *Langenfeld* aaO. „Grundstücksschenkung" S. 31 f). Scheitert nämlich die Vollstreckung in die Erträgnisse des Grundstück und das sonstige Vermögen des Verpflichteten und muß daher der Rentenberechtigte wegen der fälligen Einzelleistungen – wegen des Gesamtrechts ist eine Vollstreckung nicht möglich – in das belastete Grundstück vollstrecken, muß er darauf achten, daß er die Zwangsversteigerung nur aus dem persönlichen Anspruch gegen den Eigentümer aus § 1108 BGB oder aus der gesicherten Forderung betreibt (*Palandt/Bassenge* Anm. 2c § 1107). Betreibt der Berechtigte nämlich aus der dinglichen Forderung gem. § 1107 BGB, so fällt das Stammrecht seiner Reallast, da ja aus ihr betrieben wird, nach § 44 Abs. 1 ZVG nicht als bestehenbleibendes Recht ins geringste Gebot und die Reallast erlischt mit dem Zuschlag (§ 91 ZVG; (*v. Hertzberg* MittRhNotK 1988, 55/62; *Ripfel* DNotZ 1969, 84/85). Die Möglichkeit auf Antrag die Reallast als abweichende Versteigerungsbedingung nach §§ 59, 52 ZVG doch ins geringste Gebot aufzunehmen ist zwar gegeben, würde aber günstigstenfalls zum Doppelausgebot führen (§ 59 Abs. 2 ZVG). Als zulässig wird jedoch angesehen, eine von der Rangordnung des § 12 ZVG bezüglich des Stammrechts und der wiederkehrenden Leistungen abweichende Vereinbarung bereits bei der Bestellung der Reallast zu treffen und als dinglichen Inhalt des Rechts in das Grundbuch eintragen zu lassen (BayOblG Rpfleger 1991, 50 m. w. N.). Es wäre dabei etwa wie folgt zu formulieren (nach

8. Vermächtnis einer Rente, dauernden Last und Wohnungsrecht XVI. 8

Bühler BWNotZ 1985, 25/27): „Bei der Zwangsversteigerung aus der Reallast haben die laufenden und rückständigen Leistungen auf die Reallast, sofern ihre Rangstelle für die Berechnung des geringsten Gebots maßgeblich ist, Rang nach dem Stammrecht der Reallast, unter sich Rang nach gesetzlicher Vorschrift." Erlischt die Reallast mit dem Zuschlag, tritt an ihre Stelle gem. § 92 ZVG ein Anspruch auf Ersatz ihres Wertes aus dem Versteigerungserlös. Dieser Wertersatz wird aber nicht in einem Betrag ausbezahlt, sondern nach Bestimmung des Berechtigten angelegt und aus ihm ist dem Berechtigten eine dann allerdings nicht mehr wertgesicherte Rente zu zahlen (§§ 121 Abs. 2, 120 Abs. 2 ZVG). Die Höhe des Ersatzanspruches wird aufgrund des angemeldeten Jahreswertes der Reallast durch Multiplikation mit der aufgrund der allgemeinen Sterbetafel ermittelten voraussichtlichen Lebenserwartung des Berechtigten höchstens jedoch dem 25fachen Jahresbetrag ermittelt. Bedenkt man, daß aufgrund der Sterbetafel Männer ab dem 48. und Frauen ab dem 52. Lebensjahr die 25 Jahre bereits unterschreiten, wird klar, daß verstärkt durch die wegfallende Wertsicherung gerade im fortschreitenden Alter diese Ersatzrente immer kleiner wird und oft bereits vor dem Tode des Berechtigten ganz wegfällt. Um diese Folge wenigstens teilweise auszugleichen oder zu mildern, wird hier unter Anm. 6 die Vereinbarung einer dinglichen Ablösungssumme vorgeschlagen, deren Anerkennung allerdings umstritten ist. Statt dessen kann zur Sicherung auch eine Grundschuld in zu schätzender Höhe bestellt werden, die durch den Tod des Berechtigten auflösend bedingt und deren Abtretung ausgeschlossen sein sollte. Weiter sollte sich der Besteller immer wegen aller Ansprüche aus und im Zusammenhang mit der Reallast in notarieller Urkunde der sofortigen Zwangsvollstreckung unterwerfen und letztlich sollte eine Rentenreallast, wenn irgend möglich, erste Rangstelle erhalten, da sie dann bei Vollstreckung von Fremdgläubigern in das Grundstück immer ins geringste Gebot fällt und damit bestehen bleibt und vom Ersteher übernommen werden muß.

6. Verfallsklausel und Ablösungsrecht. Schuldrechtlich ist die angeordnete Verfallklausel, mit dem Recht des Berechtigten nach Bedingungseintritt eine Ablösungssumme zu verlangen, ohne weiteres zulässig. Fraglich ist nur, ob sie auch zum Inhalt der Reallast gemacht werden kann mit der Folge, daß der Berechtigte im Verteilungsverfahren nach Durchführung der Zwangsversteigerung des Grundstücks, in der seine Reallast gegen Wertersatz erloschen ist, statt einer laufenden Rente aus dem Versteigerungserlös den Ablösungsbetrag endgültig und in einem Betrag erhält. Nach allg. M. ist die Vereinbarung eines dinglich wirkenden Ablösungsrechts zugunsten des Eigentümers möglich (RGZ 85, 244/245/247f; KG KGJ 21, 312/313/316; *Dümchen* Jher. Jb. 54 (1909), 428; *Staudinger/Amann* Vorbem zu §§ 1105–1112 Rdn. 22 u. § 1105 Rdn. 22). Eine beachtliche Meinung hält jedoch mit Recht auch die Vereinbarung eines dinglich wirkenden Ablösungsanspruchs des Gläubigers der Reallast für bestimmte Fälle für möglich (*Staudinger/Dittmann*, 10./11. Aufl. § 1107 Rdn. 23; *Ripfel* DNotZ 1969, 84/88; MünchKomm/*Joos*, 2. Aufl. § 1105 Rdn. 12; *Langenfeld*, Grundstückszuwendungen im Zivil- und Steuerrecht, 2. Aufl. S. 83; *v. Hertzberg* MittRhNotK 1988, 55/63; a.M. *Dümchen* Jher. Jb. 54 (1909), 428 m.w.N.; OLG Köln MittRhNotK 1991, 83/84 = MittBayNot 1991, 118/119f). Die Kritiker dieser Meinung (vor allem OLG Köln aaO.) weisen darauf hin, daß nach dem Wortlaut des § 1105 Abs. 1 BGB nur wiederkehrende Leistungen zum Inhalt der Reallast gemacht werden können. Sie müssen jedoch selbst einräumen, daß daneben ausnahmsweise auch einmalige Leistungen durch die Reallast gesichert werden können, wenn sie innerhalb eines Gesamtbereichs wiederkehrender Leistungen liegen, innerlich zu einem Leibgeding gehören, dieses ergänzen und nur ihrer Natur nach einmalig sind (BayObLG DNotZ 1970, 415; OLG Hamm Rpfleger 1973, 98/99). Wieso das nicht auch für einen dinglichen Ablösungsanspruch des Berechtigten für genau bestimmte Fälle gelten soll, ist nicht recht ersichtlich, da es sich dabei um die Beendigung der Dauerverpflichtung handelt (MünchKomm/

Joos, 2. Aufl. § 1105 Rdn. 12). Die Vereinbarung des Ablösungsrechts muß ins Grundbuch eingetragen werden und zwar nicht nur durch Bezugnahme gem. § 874 BGB, da es sich um einen Umstand handelt, der den Bestand des Rechts selbst betrifft (KG JFG 13, 76; OLG Köln DNotZ 1963, 48). Läßt man die Vereinbarung eines bedingten Ablösungsrechts des Berechtigten als Inhalt der Reallast zu, so ist nicht ersichtlich, warum die Ablösungssumme genau beziffert sein muß (so *Ripfel* aaO. S. 89) und nicht auch bei ihr Bestimmbarkeit genügt wie bei den wiederkehrenden Einzelleistungen der Reallast (BGHZ 22, 58). Diese Vereinbarung eines Ablösungsrechts mit einer bestimmbaren Ablösungssumme darf nicht verwechselt werden mit der Festlegung eines Höchstbetrags für den Wertersatz nach § 882 BGB, der auch bei der Reallast möglich ist und aufgrund ausdrücklicher gesetzlicher Vorschrift mit einem genau bezifferten Betrag ins Grundbuch einzutragen ist.

7. Unterwerfung unter die sofortige Zwangsvollstreckung. Der schuldrechtliche Rentenanspruch (§ 759 BGB), der dingliche Reallast-Anspruch nach § 1107 BGB und der persönliche Anspruch aus der Reallast gegen den jeweiligen Eigentümer des belasteten Grundstücks nach § 1108 BGB sind jeweils getrennt unterwerfungsfähig (*Wolfsteiner*, Die vollstreckbare Urkunde, 1978 Rdn. 75.3 u. 6.; *Ripfel* DNotZ 1969, 84/91). Im Unterwerfungstext sollte klargestellt werden, welche der Ansprüche die Unterwerfung umfaßt. Während nach der hM. (BGHZ 61, 140) die Vollstreckungsklausel wegen des schuldrechtlichen Rentenanspruchs nicht umgeschrieben werden kann, vielmehr eine neue persönliche Unterwerfung des Schuldübernehmers notwendig würde, ist dies bei den dinglichen Ansprüchen aus den §§ 1107 und 1108 BGB unproblematisch (*Wolfsteiner* aaO. Rdn. 75.4 u. 6.). Die Umschreibung der Vollstreckungsklausel für und gegen die Rechtsnachfolger dieser Ansprüche richtet sich dabei nach § 727 ZPO und die Unterwerfung ist im Grundbuch nicht eintragungsfähig, da bei der Reallast eine dem § 800 ZPO entsprechende Bestimmung fehlt (*Wolfsteiner* aaO. Rdn. 75.8). Wegen der sich aus der Wertsicherungsklausel ergebenden Erhöhungsbeträge ist eine Unterwerfung unter die sofortige Zwangsvollstreckung nach der hM. (BGHZ 22, 45 = DNotZ 1957, 200 = NJW 1957, 23; aM. dh. für eine großzügigere Auffassung plädieren *Mümmler* Rpfleger 1973, 124; *Mes* NJW 1973, 875; *Geitner/Pulte* Rpfleger 1980, 93) nicht möglich, da nach ihr die Zahlungsansprüche auf die sich die Unterwerfung erstreckt, genau beziffert dh. bestimmt und nicht nur bestimmbar sein müssen. Dabei genügt jedoch, wenn aus den in der Unterwerfungsurkunde angeführten Rechnungsfaktoren und den als Bestandteil der Urkunde beigefügten Unterlagen der Schuldbetrag unmittelbar dh. ohne Heranziehung außerhalb der Urkunde liegender Berechnungsfaktoren wie z. B. des Lebenshaltungskostenindex, mühelos errechnet werden kann.

8. Wohnungsreallast. Herkömmlicherweise würde man das Wohnungsrecht der Mutter an der Wohnung im zweiten Obergeschoß des Hauses, da die Räume des Rechts genau bezeichnet sind, durch ein dingliches Wohnungsrecht nach § 1093 BGB sichern lassen. Dies hat den Vorteil, daß dadurch zwischen den Beteiligten ein eingehendes und ausgewogenes gesetzliches Schuldverhältnis begründet wird, das man meistens ohne Abänderung übernehmen kann. Dinglich wirkende Abänderungsmöglichkeiten bestehen hinsichtlich der Übertragbarkeit seiner Ausübung (§ 1092 Abs. 1 Satz 2 BGB) und vor allem bezüglich der Instandhaltung der Wohnung (§§ 1090 Abs. 2, 1021 BGB). Der Nachteil dieser Lösung ist aber, daß nach wohl immer noch hM. das Wohnungsrecht bei Zerstörung des Gebäudes erlischt (BGHZ 7, 268 = DNotZ 1965, 165; BGH NJW 1972, 584 = Rpfleger 1972, 129; aA., dh. Ruhe des Wohnungsrechts *Palandt/Bassenge* § 1093 Rdn. 19) und den Eigentümer keine Wiederaufbaupflicht und Wiedereinräumungspflicht trifft, wenn er sich hierzu nicht bei der Bestellung schuldrechtlich verpflichtet hat oder sie ihm nach Landesrecht (z. B. § 12 BaWüAGBGB) auferlegt ist. Dinglich sichern kann man die Wiederaufbaupflicht durch eine zusätzliche Reallast und die Wiedereinräumungspflicht durch eine Vormerkung (*Reichert* BWNotZ 1962, 120/121/124). Dem entgeht man, wenn man zur Sicherung des Wohnanspruchs, wie hier vorgesehen, eine Wohnungsreallast wählt, die den Eigentümer nur allgemein zur Wohnungsgewährung verpflichtet, und nicht, wie beim Wohnungsrecht nach § 1093 BGB, an genau bestimmten Räumen und unter Ausschluß des Eigentümers (BayObLG Rpfleger 1981, 353; *Nieder* BWNotZ 1975, 3/6; *Palandt/Bassenge* Überbl. 1 b vor § 1105). Daneben kann sich natürlich der Besteller schuldrechtlich zur Duldung der Benutzung bestimmter Räume verpflichten. Im Gegensatz zum Wohnungsrecht nach § 1093 BGB hat die Wohnungsreallast keinen gesetzlichen Inhalt (*Ripfel*, Grundbuchrecht, 1961 S. 152). Ihr Umfang und Leistungsinhalt muß daher im dinglichen Bestellungsvertrag konkretisiert werden. Hierzu kann man, nach *Ripfel* (aaO.) und wie hier vorgesehen, auf die gesonderten schuldrechtlichen Wohnungsgewährungsvereinbarungen bezüglich einer bestimmten Wohnung, in die auch alle Bestimmungen über die Unterhaltung der Wohnung aufzunehmen sind, verweisen und zum Inhalt der Reallast die Wohnungsgewährung im Umfang und Qualität entsprechend dieser schuldrechtlichen Vereinbarung machen. Da die Wohnungsreallast vom Bestand eines Gebäudes nicht abhängig ist und sein kann, bleibt sie unzweifelhaft auch bestehen, wenn das Gebäude oder der vom Wohnungsberechtigten bewohnte Teil zerstört wird (*Ripfel* aaO. S. 153). Ein Nachteil der Wohnungsreallast ist, daß sie pfändbar ist, was beim dinglichen Wohnungsrecht nach § 1093 BGB nur der Fall ist, wenn die Befugnis zu seiner Ausübung durch andere ausdrücklich gestattet ist (§ 1092 Abs. 1 Satz 2 BGB).

9. Pflichtteilsrecht. Wie alle nicht mit einem Pflichtteilsverzicht verbundenen Verfügungen von Todes wegen, ist auch diese von der Gefahr bedroht, durch die Geltendmachung von Pflichtteilsansprüchen in der Durchführung beeinträchtigt zu werden. Lebt der Testierer mit seiner Ehefrau zweiter Ehe im gesetzlichen Güterstand, so kann diese das Vermächtnis nach § 2307 Abs. 1 Satz 1 BGB ausschlagen und den Pflichtteil nach dem nicht erhöhten Ehegattenerbteil nebst dem güterrechtlichen Zugewinnausgleichsanspruch verlangen (*Palandt/Edenhofer* § 2307 Rdn. 1). *Langenfeld/Gail* Rdn. IV 165 empfiehlt, um den Anreiz zu nehmen, das Vermächtnis entsprechend attraktiver zu gestalten.

10. Steuern. (1) **Erbschaftsteuer.** Sämtliche gemachten Zuwendungen sind gem. § 3 Abs. 1 Ziff. 1 ErbSt erbschaftsteuerpflichtig entspr. den Steuerklassen u. der Freibeträge. Dabei werden gem. § 12 ErbStG, der auf die Bestimmungen des Bewertungsgesetzes verweist, das Nutzungsrecht des Sohnes an den gewerblichen Räumen und das Wohnrecht der Ehefrau in der Weise bewertet, daß der nach § 15 BewG zu berechnende Jahreswert der tatsächlichen Nutzungen nach § 16 BewG höchstens jedoch mit dem günstigen Satz von $1/18$ des steuerlichen Grundstückswertes gem. §§ 145 ff BewG errechnet wird, wovon auf das Recht dann der entsprechende Teil entfällt (Abschn. 63 Abs. 1 VStR), der dann, da es sich um lebenslängliche Rechte handelt, gem. § 14 BewG mit der aus Anlage 9 des BewG zu entnehmenden durchschnittlichen Lebenserwartung des Berechtigten vervielfältigt wird. Die Leibrente der Ehefrau wird gem. § 14 BewG bewertet, indem ihr tatsächlicher Jahreswert, ohne Berücksichtigung der etwaigen späteren Erhöhungen durch die Wertsicherungsklausel (*Dürckes* aaO. Rdn. F 88), ebenfalls mit der durchschnittlichen Lebenserwartung der Begünstigten ab dem Erbfall vervielfältigt wird. Bei vorzeitigem Wegfall der Leibrente wird u. U. ihr Kapitalwert nach § 14 Abs. 2 BewG berichtigt und die Erbschaftsteuer neu veranlagt. Der Kapitalwert des Unterhaltszuschusses der Tochter C wird gem. § 13 BewG durch Abzinsung des zehnfachen Jahreswertes mit 5,5% berechnet. Nach § 23 ErbStG haben die Erwerber die Wahl, die Erbschaftsteuer aus den ermittelten Kapitalwerten der Rechte sofort in voller Höhe zu zahlen oder auf Antrag jeweils die Jahreswerte zu dem nach § 19 ErbStG für den Kapitalwert des Rechts maßgeblichen Prozentsatz zu versteuern. Der Vorteil kann darin liegen, daß die Jahressteuerbeträge dauernde Lasten gem. § 12 Abs. 1 Nr. 1 a EStG sind und als Sonderausgaben abgezogen werden können. Das Risiko liegt darin, daß diese Jahressteuer auf die tatsächliche Lebenszeit erhoben wird und nicht kapitalisiert nach der durchschnittlichen Lebenserwartung (*Petzoldt,* Erbschaftsteuer- und Schenkungssteuergesetz, 1978 § 23 Rdn. 12–14).

Die Erbengemeinschaft aus den Kindern B und C, die mit dem Wohnungsrecht der Stiefmutter belastet ist und der Sohn B, der mit der Leibrente für sie belastet ist, können nach § 25 ErbStG die nach den vorstehenden Grundsätzen kapitalisierten Wohn- und Rentenrechte nicht mit erbschaftsteuermindernder Wirkung vom Wert ihrer Erwerbe abziehen, da diese Rechte der Ehegattin des Erblassers zugewandt wurde. Sie haben allerdings die Wahl zwischen sofortiger Bezahlung der abgezinsten Steuer und der zinslosen Stundung des Teils der Steuer, der auf die die Belastungen entfällt bis zu deren Wegfall. Zum Vorschlag einer Gestaltung zur Vermeidung des Abzugsverbotes des § 25 ErbStG siehe *Knur* (DNotZ 1974, 710/722; s. auch *Petzold* aaO. § 25 Rdn. 11) und unten Form. VIII. 25 Anm. 6. Der Sohn B kann den kapitalisierten Unterhaltszuschuß an seine Schwester C seit der Neufassung des § 25 ErbStG vom Wert des Nachlasses abziehen.

(2) **Einkommensteuer.**

a) **Leibrente.** Die Rentenberechtigte hat die laufenden Rentenbeträge nach § 22 Ziff. 1 a EStG nur mit dem Ertragsanteil abzüglich der Werbungskosten (*Jansen/Wrede,* Renten, Raten, Dauernde Lasten, 9. Aufl. Rdn. 343 ff) zu versteuern. Dem liegt die Vorstellung zugrunde, daß die einzelnen Rentenzahlungen aus einem Rentenstammrecht erfolgen und sich jede Rentenleistung aus einer Leistung aus dem Rentenstammrecht (Vermögensanteil) und einer Zinsleistung (Ertragsanteil) zusammensetzt. Der Ertragsanteil einer Leibrente ist aus der in § 22 Ziff. 1 a EStG enthaltenen Tabelle zu entnehmen und besteht in nach dem Lebensalter des Berechtigten bei Rentenbeginn gestaffelten Prozentsätzen von 63 bis 1 v. H. Für Erhöhungsbeträge infolge der Wertsicherungsklausel ist nicht etwa der Ertragsanteil entsprechend dem Alter des Berechtigten zum Zeitpunkt der Erhöhung festzusetzen, sondern es verbleibt auch für den Erhöhungsbeitrag beim Ursprungsprozentsatz (*Dürkes* aaO. Rdn. F 34). Der Rentenverpflichtete kann die Rente ebenfalls nur mit ihrem Ertragsanteil gem. § 10 Abs. 1 Ziff. 1a EStG als Sonderausgabe geltend machen. Nach wohl hM. (s. in Form. X. 9 Anm. 11 Abs. 2 zitierten Entscheidungen und Autoren) ist er daran nicht durch das Abzugsverbot des § 12 Nr. 2 EStG gehindert, nach dem freiwillige oder auf einer freiwillig begründeten Rechtspflicht beruhende Zuwendungen sowie Zuwendungen an gesetzlich unterhaltsberechtigte Personen nicht abzugsfähig sind. Aufwendungen aufgrund rechtsverbindlicher Anordnung eines Dritten, zB. der letztwilligen Verfügung eines Erblassers sind keine Zuwendungen iSd. § 12 Nr. 2 EStG (*Herrmann/Heuer/ Raupach* § 12 Anm. 8 b). Leibrenten mit befristetem Stammrecht (oben Anm. 4) sind gleichfalls nur mit ihrem Ertragsanteil zu versteuern bzw. abzugsfähig (*Jansen/Wrede* aaO. Rdn. 352; § 55 Abs. 2 EStDV).

b) **Dauernde Last.** Die dauernde Last ist ein einkommensteuerlicher Begriff und bildet den Oberbegriff von Renten und sonstigen dauernden Lasten. Sonstige dauernde Lasten sind alle Aufwendungen, die ein Steuerpflichtiger für länger Zeit einem anderen gegenüber in Geld oder Sachleistungen aufgrund einer rechtlichen Verpflichtung zu erbringen hat (*Jansen/Wrede* aaO. Rdn. 446), denen jedoch irgendein Rentenmerkmal fehlt. Im Gegensatz zur Rente brauchen dauernde Lasten auf keinem Rentenstammrecht zu beruhen und müssen vor allem nicht gleichmäßig erbracht werden, sondern in unregelmäßigen Zeitabständen und in wechselnder Höhe. In zeitlicher Hinsicht müssen sie entweder eine Mindestlaufzeit von 10 Jahren haben oder auf Lebenszeit eingeräumt sein (*Jansen/Wrede* aaO. Rdn. 448). Dauernde Lasten und keine Renten liegen daher immer dann vor, wenn die wiederkehrenden Leistungen zwar mindestens 10 Jahre oder auf Lebenszeit erbracht werden sollen, aber nicht gleichmäßig, sondern z. B. standesgemäß, angemessen, gleichbleibende Verhältnisse voraussetzend oder wenn eine Abänderung bei sich ändernder Leistungsfähigkeit des Verpflichteten oder der Bedürftigkeit des Berechtigten vorgesehen ist oder wenn die wiederkehrenden Leistungen einkommens-, gewinn- oder umsatzabhängig sein oder der Abänderungsklage nach § 323 ZPO unterliegen sollen (*Langenfeld/Gail* Rdn. II Rdn. 403 ff; Abschn. 167 Abs. 1 EStR). Die vom Sohn B seiner Schwester C zu zahlende Unterhaltsbeihilfe stellt somit einkommensteuerlich eine dauernde Last dar. Im Gegensatz zur Leibrente ist sie von der Berechtigten nach Abzug der Werbungskostenpauschale in voller Höhe als sonstige wiederkehrende Bezüge nach § 22 Nr. 1 EStG zu versteuern und kann vom Verpflichteten auch voll nach § 10 Abs. 1 Nr. 1a EStG als Sonderausgabe abgezogen werden (*Jansen/Wrede* aaO. Rdn. 447; *Kapp/Ebeling*, Handbuch der Erbengemeinschaft, 3. Aufl. 1979 Rdn. IV 35). Die volle Versteuerung beim Berechtigten und volle Abzugsmöglichkeit beim Verpflichteten ist auch bei sog. Zeitrenten gegeben, dh. Renten die gleichmäßig für eine bestimmte Zeit mindestens 10 Jahre unabhängig von der Lebenszeit eines Menschen zu zahlen sind (*Jansen/Wrede* aaO. Rdn. 359).

c) **Wohnungsrecht.** Wie beim Vermächtnisnießbrauch so werden auch beim vermächtnisweise zugewendeten dinglichen Wohnungsrecht die gezogenen Einkünfte unmittelbar dem Berechtigten als von ihm bezogen zugerechnet und bei ihm versteuert. Die Werbungskosten dh. der Erhaltungs- und Instandsetzungsaufwand und die AfA werden von der Finanzverwaltung nach dem Nießbrauchserlaß vom 15. 11. 1984 (BStBl. I 1984, 561) entsprechend dem Verhältnis der Gesamtwohnfläche des Hauses zu der der Wohnung des Rechts oder die Mietwerte zueinander zwischen Eigentümer und Wohnungsberechtigtem aufgeteilt.

11. Kosten und Gebühren. Vgl. Form. XV. 1 Anm. 18.

9. Kapitalvermächtnis mit Rentenoption[1,2]

Verhandelt zu ......
am ...... (auch als eigenhändiges Testament möglich)

§ 1 Erbeinsetzung

Zu Erben setze ich meine Ehefrau A, geb. E, meinen Sohn B und meine Tochter C zu gleichen Teilen ein. Ersatzerben meiner Ehefrau sind unsere gemeinschaftlichen Kinder B und C je zur Hälfte. Weitere Ersatzerben meiner Ehefrau und Ersatzerben unserer Kinder sind deren Abkömmlinge, einschließlich adoptierter, jedoch mit Ausnahme nichtehelicher Kinder männlicher Nachkommen und ihren Abkömmlingen[3], jeweils nach der gesetzlichen Erbregel erster Ordnung. Hinterläßt einer keine Abkömmlinge, wächst sein Erbteil den anderen Erben nach dem Verhältnis ihrer Erbteile an.

§ 2 Vermächtnisse

Meinem Sohn B vermache ich eine wertmäßig 74%ige Beteiligung und meiner Tochter C eine wertmäßig 26%ige Beteiligung an dem von mir unter der Firma A, Hoch- und Tiefbau einzelkaufmännisch betriebenen Bauunternehmen. Die Beteiligungen erstrecken sich auf alle zu dem Unternehmen gehörenden Aktiven und Passiven einschließlich des Betriebsgrundstücks.[4]

Ich bestimme, daß meine Kinder B und C das genannte Bauunternehmen in Form einer Kommanditgesellschaft fortführen,[5] deren persönlich haftender Gesellschafter mein Sohn B sein soll, während meine Tochter C Kommanditistin mit einer Kommanditeinlage (Hafteinlage) in Höhe ihres Kapitalanteils werden soll und nicht zur Mitarbeit in der Firma verpflichtet ist. Ersatzvermächtnisnehmer sollen jeweils die Ersatzerben entsprechend der Bestimmung zu § 1 sein. Sind die Abkömmlinge meines Sohnes im Falle seines Vorversterbens alle noch minderjährig oder lehnen alle eine Vollhaftung ab, ist eine GmbH zu gründen.

Meiner Ehefrau A, geb. E vermache ich im voraus mein gesamtes Barvermögen, die Guthaben auf meinen privaten (nicht bilanzierten) Giro-, Spar- und Bausparkonten, die Wertpapiere, sowie die gesamte Einrichtung unserer Familienwohnung im weitesten Sinne, soweit sie in meinem Eigentum steht und alle meine persönlichen Gebrauchsgegenstände. Ein Ersatzvermächtnisnehmer wird nicht bestellt.

Sämtliche obigen Vermächtnisse sind Vorausvermächtnisse, sind also auf die Erbquote nicht anzurechnen.

§ 3 Kapitalvermächtnis mit Rentenoption[6]

(1) Meinen Sohn B belaste ich mit dem Vermächtnis, meiner Ehefrau zu ihrer Versorgung auf meinen Tod ein Kapital zu schulden, das mit 5,5% verzinslich und in monatlichen im voraus zahlbaren Raten abzuzahlen ist. Die Höhe des Kapitals und der monatlichen Raten soll durch Herrn Steuerberater X bzw. seinen Nachfolger bestimmt werden.[7] Er hat dabei von dem nach finanzmathematischen Grundsätzen berechneten Barwert einer vorschüssigen Rente auf Lebenszeit auszugehen, die dem monatlichen Grundgehalt nebst Ortszulage und Weihnachtsgeld jedoch ohne sonstige Zulagen und Sonderzahlungen eines unverheirateten und kinderlosen Bundesbeamten der Besoldungsgruppe A 13/Endstufe entspricht, die mit 5,5% abzuzinsen und der die durchschnittliche Lebenserwartung meiner Ehefrau nach der neuesten allgemeinen Sterbetafel zugrundezulegen ist.[8] Die Vermächtnisnehmerin kann durch Erklärung gegenüber dem Beschwerten jederzeit verlangen, daß ihr anstelle des ratenweise abzuzahlenden Kapitals ab dem der Erklärung folgenden Monat eine monatliche im voraus auf Lebenszeit zahlbare Rente in Höhe der oben beschriebenen Einkünfte eines Bundesbeamten der Gehaltsgruppe A 13 gezahlt wird.

(2) Der Beschwerte hat sich wegen des Kapitalvermächtnisses und gegebenenfalls der Rentenverpflichtung alsbald nach meinem Tode in notarieller Urkunde der sofortigen Zwangsvollstreckung in sein gesamtes Vermögen zu unterwerfen. Ferner haben er bzw. die Erben das Kapital nebst Zinsen durch eine Grundschuld und gegebenenfalls die Rente gegen Löschung der Grundschuld durch eine Reallast entsprechend der Rentenverpflichtung auf dem Betriebsgrundstück Flst. Nr. ...... in der M-Straße in F-Stadt dinglich zu sichern und zwar im Range innerhalb von 80% des amtlichen Schätzwerts des Grundstücks.[9] Wegen der dinglichen und persönlichen Ansprüche aus der Reallast haben sich die Grundstückseigentümer ebenfalls in notarieller Urkunde der sofortigen Zwangsvollstreckung zu unterwerfen und zwar unter Verzicht auf den Nachweis der Fälligkeitsbedingungen. Auch dieses Vermächtnis ist ein Vorausvermächtnis, ist also nicht auf die Erbquote anzurechnen. Ein Ersatzvermächtnisnehmer wird nicht bestellt. Das Restkapital bzw. die Rente erlischt mit dem Tode der Vermächtnisnehmerin.

§ 4 Schlußformel

[Der Notar wird mit der Einholung eines Negativattestes der Landeszentralbank bezüglich einer Genehmigung der Wertsicherungsklausel nach § 3 des Währungsgesetzes beauftragt.[10]]

Auf das Pflichtteilsrecht und die Möglichkeit von Pflichtteils- und Zugewinnausgleichsverzichtsverträgen wurde vom beurkundenden Notar hingewiesen.[11]

9. Kapitalvermächtnis mit Rentenoption

Schrifttum: Langenfeld, Das Testament des Gesellschafter-Geschäftsführers einer GmbH und GmbH & Co., 1980 und *ders.,* Die Grundstücksschenkung in Zivil- und Steuerrecht, 3. Aufl. 1992.

Anmerkungen

1. Sachverhalt. Der Testierer besitzt ein mittleres Bauunternehmen, das er einzelkaufmännisch betreibt. Er hat ein Betriebsgrundstück und verschiedene Privatgrundstücke. Sein Sohn B ist für die Übernahme des Unternehmens vorgesehen und auch dazu in der Lage. Die Tochter C ist auswärts verheiratet und nicht mit dem Betrieb verbunden. Die Ehefrau hat vom Erblasser keine Witwenrente zu erwarten und hat auch keine eigenständige Altersversorgung.

2. Anwendungsfälle. Der Erblasser beabsichtigt mit dem Testament die Erhaltung des Unternehmens als Lebensgrundlage der Unternehmerfamilie und die angemessene Sicherung seiner Ehefrau. Durch die außergewöhnliche Gestaltung des Rentenrechts der Ehefrau soll, wie unter Anm. 11 (1) näher ausgeführt, Erbschaftssteuer dadurch erspart werden, daß der Sohn B das Geldvermächtnis von seinem erbschaftsteuerpflichtigen Erwerb abziehen kann. Die geringere vermächtnisweise Beteiligung der Tochter C am Unternehmen rechtfertigt sich dadurch, daß der Sohn seine ganze Arbeitskraft in das Unternehmen einbringt und außerdem die Versorgungslast seiner Mutter hat. Andererseits verhindert die kapitalistische Beteiligung der Tochter am Unternehmen den Kapitalentzug durch ihre Abfindung.

3. Siehe zu dieser Formulierung Form. XVI. 2 Anm. 6

4. Die ausdrückliche Erwähnung des oder der Betriebsgrundstücke ist bei Einzelunternehmen notwendig, da hier der Inhaber unter seinem bürgerlichen Namen und nicht mit seiner Firma in das Grundbuch einzutragen ist (*Demharter,* GBO, Anh. zu § 44 2 D b).

5. Erbrechtlich angeordnete Unternehmensumwandlung. Die Anordnung der Umwandlung des Einzelunternehmens in eine Kommanditgesellschaft ist als Auflage gem. §§ 2192 ff. BGB zulässig (RGZ 172, 194; BGHZ 12, 100/103; *Esch/Schulze zur Wiesche,* Handbuch der Vermögensnachfolge, 2. Aufl. 1981 Rdn. I 571–573). Ihre Einhaltung durch Sohn B und Tochter C könnte von der Mutter gem. § 2194 BGB erzwungen werden. Der Testator kann dabei seinen Erben auch ein bestimmtes Gesellschaftsverhältnis mit genau umrissenem Inhalt vorschreiben. Ferner könnte man daran denken, im Testament dem Sohn B Vollmacht zur Fortführung der Firma für die Zeit vom Tode des Testierers bis zur Durchführung der Umwandlung zu erteilen. *Strothmann* (Die letztwillige Gesellschaftsgründungsklausel, 1983) ordnet solche Bestimmungen rechtlich als Verbindung einer Auflage mit einer Teilungsanordnung ein.

6. Kapitalvermächtnis mit Rentenoption. Die Lösung dient der Erbschaftsteuerersparnis (siehe unten Anm. 11 (1)) und wurde vorgeschlagen von *Troll* Betr. 1974, 1784 und Erbschaftsteuer- und Schenkungssteuergesetz, 3. Aufl. 1981 § 25 Rdnr. 2; *Petzoldt* BB 1975, 40 und Erbschaftsteuer- und Schenkungssteuergesetz, 1978 § 25 Rdn. 8; *Knur* DNotZ 1974, 722; *Kapp* BB 1979, 1777 und ErbStG § 25 Rdn. 22 ff; Langenfeld/Gail; Handbuch der Familienunternehmen, Rdn. XV. 122 und erstmals in der Literatur formuliert von *Langenfeld,* Das Testament des Gesellschafter-Geschäftsführers einer GmbH und GmbH & Co., 1980, S. 129.

Nach Ausübung der Option bedarf es, obwohl dann zweifellos eine Leibrente gem. §§ 769 ff. BGB geschuldet wird, keines schriftlichen Leibrentenversprechens nach § 761 BGB durch B (*Palandt/Thomas* §§ 761 Rdn. 1, 759 Rdn. 3).

Um den gewünschten steuerlichen Erfolg zu erreichen, setzt die Gestaltung natürlich voraus, daß Sohn B und Mutter sich wenigstens noch so lange einig sind, bis die Mutter nach einiger Zeit ihre Rentenoption ausgeübt hat.

7. Zweckvermächtnis mit Drittbestimmung. Hier handelt es sich um ein zweckbestimmtes Vermächtnis mit Bestimmungsrecht eines Dritten nach § 2156 BGB (siehe hierzu **Langenfeld** aaO. S. 98). Im Rahmen eines solchen Zweckvermächtnisses wäre es auch möglich, letztwillig nur zu bestimmen, daß die Mutter ein Kapital in „angemessener" Höhe bzw. eine „angemessene" Geldrente auf Lebenszeit erhalten soll. Der Dritte müßte dann in diesem weiten Rahmen Kapital und Rente festsetzen und im Bedarfsfall jeweils ändern (*Schäfer* BWNotZ 1962, 188/207). Auf diese Weise könnte man auch eine etwaige Genehmigungspflicht nach § 3 des Währungsgesetzes auf jeden Fall ausschalten (*Schäfer* aaO.).

8. Wertsicherung. Die unmittelbare Anknüpfung an Beamten- oder Tarifgehältern birgt die Gefahr, daß sich die Rente, ohne daß dies gewollt ist, mit den Bezugsgehältern entsprechend der allgemeinen Steigerung der Einkommensverhältnisse über die Steigerung der Lebenshaltungskosten hinaus erhöht. Stattdessen könnte man Kapital und Rente auch entsprechend der Gestaltung in Form. XVI. 8 an den amtlich berechneten Lebenshaltungskostenindex anhängen, müßte dazu aber für Kapital und Rente bei der Testamentserrichtung feste Ausgangsbeträge festsetzen, wozu sich die Testierer erfahrungsgemäß schwer entschließen können.

9. Sicherstellung der Rente. Bezüglich der mangelhaften Sicherung des Rentenrechts durch die Reallast mangels Beitreibbarkeit und der Möglichkeit der Festlegung eines Höchstbetrages für den Wertersatz nach § 882 BGB bzw. einer Ablösungssumme siehe Form. XVI. 8 Anm. 6. Zur Sicherstellung ist es vor allem aber notwendig, daß sich der Rentenverpflichtete wegen des schuldrechtlichen Rentenanspruchs nach §§ 759 ff BGB, die Eigentümer des mit der Reallast belasteten Grundstücks wegen des persönlichen Anspruchs aus der Reallast den jeweiligen Grundstückseigentümer nach § 1108 Abs. 1 BGB in notarieller Urkunde der sofortigen Zwangsvollstreckung in ihr gesamtes Vermögen aus dieser unterwerfen (§ 794 Abs. 1 Nr. 5 ZPO) und daß sich die Eigentümer auch wegen des dinglichen Anspruchs auf Zahlung der einzelnen Rentenbeträge nach § 1107 BGB in dieser Weise der Duldung der sofortigen Zwangsvollstreckung in das Grundstück unterwerfen (*Ripfel* DNotZ 1969, 84/91; *Langenfeld,* Die Grundstücksschenkung im Zivil- und Steuerrecht, 2. Aufl. S. 82). Fehlen diese Unterwerfungen unter die sofortige Zwangsvollstreckung, ist der Rentenberechtigte auf den langwierigen Weg über Mahn- und Vollstreckungsbescheid oder gar auf die Klage angewiesen (*Ripfel* aaO. S. 92).

10. Keine Genehmigungsbedürftigkeit der Wertsicherungsklausel mehr. Die bisherige grundsätzliche *Genehmigungspflicht* für Wertsicherungsklauseln *entfällt ersatzlos* mit Wirkung vom 1. 1. 1999, da § 3 WährungsG durch Art. 9 § 1 des Euro-Einführungsgesetzes – EuroEG – v. 9. 6. 1998 (BGBl. I S. 1242) aufgehoben worden ist.

Bei der hier gewählten Klausel handelt es sich ohnehin um eine genehmigungsfreie Spannungsklausel, da Gehalts- und Rentenbezüge gleichartig sind und sie sich gleichläufig entwickeln sollen (*Dürkes,* Wertsicherungsklauseln Rdn. D 5 ff). Wegen der einschränkenden Auslegung die die Deutsche Bundesbank dem Begriff „Spannungsklausel" gab (*Dürkes* aaO. Rdn. D 12), empfahl es sich, bereits bei der Testamentserrichtung ein Negativattest der zuständigen Landeszentralbank einzuholen. Zu solchen Vorabentscheidungen ist die Deutsche Bundesbank bereit (*Dürkes* aaO. Rdn. D 511). Sollte allerdings die Rente abweichend von der vorliegenden Gestaltung an den Lebenshaltungskostenindex gekoppelt werden, war die Klausel nach dem bis 31. 12. 1998 geltenden Recht genehmigungspflichtig, sofern sie nicht dem gesamten, notwendigen Lebensunterhalt des Rentenempfängers diente, sondern zumindest auch dem Lebens-

9. Kapitalvermächtnis mit Rentenoption

unterhalt (*Dürkes* aaO. D 264 f). Die Genehmigung war jedoch nach Ziff. 3 a) aa) der Bundesbankgrundsätze zur Genehmigung von Währungsklauseln vom 9. 6. 1978 (NJW 1978, 2381 = DNotZ 1978, 449) zu erwarten.

11. Hinweis auf das Pflichtteilsrecht. S. die Checkliste Form XVI. 1.

12. Steuern. (1) **Erbschaftsteuer.** Nach § 25 Abs. 1 ErbStG ist bei der Ermittlung des erbschaftsteuerpflichtigen Erwerbs der Abzug von Renten, Nutzlasten sowie sonstigen Verpflichtungen zu wiederkehrenden Leistungen ausgeschlossen, wenn der Ehegatte des Erblassers der Berechtigte ist. Der auf die nicht abzugsfähige Last entfallende Teil der Erbschaftsteuer kann allerdings auf Antrag bis zu deren Wegfall zinslos gestundet werden. Vermächtnisweise zugewandte Renten zugunsten anderer Personen als des Ehegatten des Erblassers sind dagegen immer mit ihrem Kapitalwert abzugsfähig. Nicht anwendbar ist die Vorschrift nach allgemeiner Meinung auch auf Schulden und Verbindlichkeiten, die auf eine einmalige Leistung gerichtet sind, wenn sie auch ratenweise fällig wird. Auf diesem Umstand beruht die Konstruktion des Formulars. Nach der bisher unangefochten vertretenen, aber höchstrichterlich noch nicht bestätigten Meinung der oben in Anm. 6 zitierten Autoren ist die zunächst geschuldete Kapitalforderung mit Fälligkeitsregelung wie im Regelfall voll abzugsfähig und mindert daher die Erbschaftsteuer des Sohnes B. Die Rentenoption selbst steht einer aufschiebenden Bedingung nach § 4 BewG gleich und ist daher steuerlich bedeutungslos (BFH BStBl II 1971, 481; BFH BStBl II 1981, 481). Macht die Mutter später von ihrem Optionsrecht Gebrauch und wird die Kapitalforderung in eine Rente umgewandelt, stellt dies keinen erbschaftsteuerlich relevanten Erwerb mehr dar, sondern lediglich eine Vermögensumschichtung, da sich Leistung und Gegenleistung gleichwertig gegenüberstehen (*Troll* DStZ A 1975, 171). Das bedeutet, daß auch die Mutter, falls ihre Freibeträge nicht ausreichen sollten, Erbschaftsteuer nur einmal wegen des Kapitals zu zahlen hat, die spätere Rente aber nicht mehr der Erbschaftsteuer unterfällt.

(2) **Einkommensteuer.** Solange das vermachte Kapital geschuldet und in Raten abgezahlt wird, handelt es sich um eine einkommensteuerlich unbeachtliche Umschichtung von Vermögen (*Jansen/Wrede*, Renten, Raten, Dauernde Lasten, 9. Aufl. Rdn. 44 ff). Weder braucht die Witwe die Raten versteuern, noch sind sie für B irgendwie steuerlich abzugsfähig. Nach der Ausübung der Option ist die dann zu zahlende Rente als Leibrente (= fortlaufende wiederkehrende gleichmäßige Leistungen; BFH BStBl II 1975, 882) bei der Rentenberechtigten gem. § 22 Ziff. 1 a EStG nur mit dem aus der dort enthaltenen Tabelle zu entnehmenden Ertragsanteil abzüglich der Werbungskosten (*Jansen/Wrede* aaO. Rdn. 343 ff) zu versteuern. Der Rentenverpflichtete kann demgegenüber die Rente auch nur mit ihrem Ertragsanteil gem. § 10 Abs. 1 Ziff. 1 a EStG als Sonderausgabe ohne Höchstbetragsbegrenzung geltend machen. Das Abzugsverbot des § 12 Nr. 2 EStG hindert ihn daran nicht, weil Aufwendungen, die im Zusammenhang mit einer Vermögensübertragung oder aufgrund testamentarischer Anordnung begründet werden, für den Verpflichteten entgeltlich und daher keine Zuwendungen im Sinne von § 12 Nr. 2 EStG sind (BFH BStBl. III 1965, 706; BFH BStBl. III 1964, 422; BFH BStBl. II 1968, 263; BFH BStBl. II 1975, 881; BFH in FR 1978, 172; BFH BStBl. II 1978, 332 = FR 1978, 245 m. Anm. v. *L. Schmidt*; BFH BStBl. II 1980, 575; *Herrmann/Heuer* Komm. z. EStG, 18. Aufl. 1978 § 12 Rdn. 10; *Littmann*, Das Einkommensteuerrecht, 12. Aufl. 1978 § 12 Rdn. 111; *Jansen/Jansen*, Der Nießbrauch im Zivil- und Steuerrecht, 4. Aufl. 1985 Rdn. 126; *Peter/ Petzoldt/Winkler*, Unternehmensnachfolge, Testamente und Gesellschaftsverträge in der Praxis, 4. Aufl. 1977 S. 287; *Fetsch*, Rentenvereinbarungen und ihre steuerlichen Folgen, 1973 S. 36 f.; *Esch/Schulze zur Wiesche*, Handbuch der Vermögensnachfolge, 4. Aufl. 1992 Rdn. II 394; *Schulze zur Wiesche* Betr. 1977, 1214/1219; *Langenfeld* aaO. S. 98 f.; aA. FG Münster EFG 1980, 441). Obwohl die Rente im Zusammenhang mit dem Erwerb eines Unternehmens steht, ist sie nicht als Be-

triebsausgabe abzugsfähig (BFH BStBl. II 1973, 184; FG Nürnberg EFG 1974, 250; *Jansen/Wrede* aaO. Rdn. 288; *Petzoldt* aaO. S. 287), da sich der Betriebserwerb und die Entstehung der Rentenverpflichtung nicht im betrieblichen, sondern im privaten Bereich vollzogen haben. Den vollen steuerlichen Abzug der Rente beim Verpflichteten, dann aber auch ihre volle Versteuerung nach § 22 Nr. 1 EStG als wiederkehrende Bezüge bei der Berechtigten könnte man erreichen, wenn die Rente als sogenannte „dauernde Last" ausgestaltet würde (*Jansen/Wrede* aaO. Rdn. 75; *Kapp/Ebeling*, Handbuch der Erbengemeinschaft, 3. Aufl. Rdn. IV. 13). Dazu müßte jedoch die für die Berechtigte ungünstige Vereinbarung der jederzeitigen Anpassung der Rente an die veränderten wirtschaftlichen Verhältnisse der Berechtigten und des Verpflichteten getroffen werden (*Jansen/Wrede* aaO. Rdn. 83 ff.; *Kapp/Ebeling* aaO. Rdn. IV. 20). Nach *Kapp/Ebeling* (aaO. Rdn. IV 35) soll es auch zulässig sein, mit einkommensteuerlicher Wirkung ein Leibrentenvermächtnis durch Vereinbarung der Beteiligten in eine dauernde Last umzuwandeln.

13. Kosten und Gebühren. Für die Beurkundung des einseitigen Testaments entsteht eine ganze Gebühr nach § 46 Abs. 1 KostO und für seine obligatorische Verwahrung beim Amtsgericht ¼ Gebühr nach § 101 KostO. Der Geschäftswert ist nach § 46 Abs. 4 KostO der Verkehrswert des vererbbaren Vermögens des Testierers nach Abzug seiner Verbindlichkeiten. Für die Einholung der Genehmigung der Landeszentralbank zwecks Genehmigung der Wertsicherungsklausel erhält der Notar ½-Betreuungsgebühr nach § 147 Abs. 1 KostO aus einem nach § 30 Abs. 1 KostO zu ermittelnden Wert, der in der Regel 25–30% des Geschäftswerts des Hauptgeschäfts beträgt (*Göttlich/Mümmler* KostO, 10. Aufl. S. 837). Das BayObLG MittBayNot 1979, 249 = Rpfleger 1980, 122 versagt dagegen dem Notar eine Gebühr für diese Tätigkeit mit der Begründung, es handle sich um ein Nebengeschäft nach § 35 KostO, da es gegenüber dem Hauptgeschäft von minderer Bedeutung sei.

10. Nachfolgeregelungen auf den Todesfall bei Personengesellschaften[1, 2]

I. Fortsetzungsklausel:[3]

1. Im OHG- oder KG-Vertrag (formfrei):
   Beim Tode eines Gesellschafters wird die Gesellschaft zwischen den verbleibenden Gesellschaftern fortgesetzt, so daß sein Anteil ihnen zuwächst. Den Erben des verstorbenen Gesellschafters stehen keine Abfindungsansprüche gegen die Gesellschafter zu.[4]
2. In der Verfügung von Todes wegen:
   Keine besonderen Verfügungen erforderlich.[5]

II. Rechtsgeschäftliche Eintrittsklausel:[6]

1. Im OHG- oder KG-Vertrag (formfrei):
   Beim Tod des Gesellschafters A steht demjenigen, den der Verstorbene durch Erklärung gegenüber der Gesellschaft zu Lebzeiten oder durch Verfügung von Todes wegen aus dem Kreise seiner Abkömmlinge als seinen Nachfolger bestimmt hat, das Recht zu, zu den Bedingungen der Mitgliedschaft des Verstorbenen seinen Eintritt in die Gesellschaft als persönlich haftender Gesellschafter zu erklären. Der Eintritt hat durch Erklärung gegenüber den übrigen Gesellschaftern spätestens 3 Monate nach

10. Nachfolgeregelungen auf den Todesfall bei Personengesellschaften   XVI. 10

dem Erbfall zu erfolgen. Nach fruchtlosem Ablauf dieser Frist wird die Gesellschaft von den übrigen Gesellschaftern unter Abfindung der Erben des Verstorbenen fortgesetzt. Tritt der Eintrittsberechtigte in die Gesellschaft ein, so haben ihm die überlebenden Gesellschafter, wozu sie sich hiermit ihm gegenüber verpflichten, den bis dahin von ihnen treuhänderisch gehaltenen Kapitalanteil des Verstorbenen unentgeltlich zu übertragen. Abfindungsansprüche der Erben des Verstorbenen gegen die Gesellschaft sind in diesem Fall ausgeschlossen.
2. In der Verfügung von Todes wegen:
Bei dieser Regelung ist bezüglich der Zuwendung des Kapitalanteils an den Eintrittsberechtigten keine besondere Verfügung von Todes wegen erforderlich. Der Sohn B wäre jedoch, falls dies nicht schon gegenüber der Gesellschaft erfolgt ist, als Nachfolger zu benennen.

III. Rechtsgeschäftliche Nachfolgeklausel:[7]

1. Im OHG- oder KG-Vertrag (formfrei):
Beim Tod eines Gesellschafters wird die Gesellschaft unter den übrigen Gesellschaftern fortgesetzt. Beim Tod des Gesellschafters A geht jedoch dessen Beteiligung auf seinen Sohn B über, der diesen Vertrag als zukünftiger Gesellschafter neben den anderen Gesellschaftern zwecks Begründung der Anwartschaft auf unmittelbaren und automatischen Übergang der Beteiligung auf ihn beim Tod seines Vaters kraft Rechtsgeschäfts unter Lebenden mitunterzeichnet. Den Erben des A stehen keine Abfindungsansprüche gegen die Gesellschaft zu.
2. In der Verfügung von Todes wegen:
Keine besondere Verfügung erforderlich.

IV. Einfache erbrechtliche Nachfolgeklausel:[8]

1. Im OHG- oder KG-Vertrag (formfrei):
Beim Tod eines Gesellschafters wird die Gesellschaft mit seinen Erben, oder den oder die er zu Vermächtnisnehmern der Beteiligung eingesetzt hat, fortgesetzt. Die Erben oder Vermächtnisnehmer erhalten jedoch nur die Stellung als Kommanditisten mit der Maßgabe, daß die Miterben oder Vermächtnisnehmer bzw. falls diese sich nicht einigen können, die übrigen Gesellschafter mit einfacher Mehrheit einen der Erben oder Vermächtnisnehmer innerhalb eines Jahres ab dem Erbfall als vollhaftenden Gesellschafter bestimmen können. Die Kommanditisten gewordenen Erben oder Vermächtnisnehmer können ihr Stimmrecht nur gemeinschaftlich ausüben und ihr Widerspruchsrecht gegen die Geschäftsführung ist ausgeschlossen. Die Erben oder Vermächtnisnehmer des verstorbenen Gesellschafters erhalten mit diesen Einschränkungen alle seine Rechte und Pflichten in der Gesellschaft, mit Ausnahme derer, die ihm nur wegen seiner persönlichen Eigenschaften zustanden oder auferlegt waren. Jedem Gesellschafter ist gestattet, einen Testamentsvollstrecker bezüglich seiner Beteiligung einzusetzen und dabei zu bestimmen, daß dieser nach seiner Wahl alle gesellschaftlichen Rechte der Erben als Bevollmächtigter oder als Treuhänder ausüben kann.[9]
2. In der Verfügung von Todes wegen:
Falls gewünscht von der gesetzlichen Erfolge abweichende Erbeinsetzung und/oder Zuweisung der Beteiligung an einen oder mehrere Vermächtnisnehmer.
Ferner: Damit mein Testamentsvollstrecker seine Rechte und Pflichten auch in bezug auf meine Gesellschaftsbeteiligung an der OHG mit der Firma X wahrnehmen kann, belaste ich meine Erben mit der Auflage, ihm die Ausübung sämtlicher Gesellschaftsrechte vermögens- und personenrechtlicher Natur, einschließlich des Stimmrechts zu ermöglichen, soweit dem nicht zwingende gesetzliche Vorschriften entgegenstehen.

Nieder

Ich bevollmächtige den Testamentsvollstrecker hiermit mit Wirkung gegenüber meinen Erben, alle ihre vermögens- und mitgliedschaftlichen Rechte aus meiner Beteiligung im vollen Umfang auszuüben und mache meinen Erben hiermit die Auflage, auf Verlangen des Testamentsvollstreckers nach meinem Tod ihm diese Vollmacht in notariell beurkundeter Form zu bestätigen. Mein Testamentsvollstrecker kann nach seiner Wahl die Beteiligung auch als Treuhänder für meine Erben verwalten. Für diesen Fall mache ich meinen Erben die Auflage, ihm die Beteiligung treuhänderisch zu übertragen. Sollte einer meiner Erben ohne wichtigen Grund den obigen Auflagen nicht nachkommen und/oder die Vollmacht widerrufen, so hat er im Wege der hiermit von mir angeordneten Vermächtnisbelastung seinen Anteil an der Beteiligung unverzüglich an die anderen Erben im Verhältnis ihrer Erbquoten herauszugeben. Die Erfüllung dieses bedingten Vermächtnisses gehört auch zu den Aufgaben des Testamentsvollstrecker.

V. Qualifizierte erbrechtliche Nachfolgeklausel:[10]

1. Im OHG- oder KG-Vertrag (formfrei):
Beim Tod eines Gesellschafters wird die Gesellschaft immer nur mit einem Erben oder Vermächtnisnehmer als Nachfolger fortgesetzt. Der Nachfolger ist durch Erklärung gegenüber der Gesellschaft zu Lebzeiten oder durch Verfügung von Todes wegen durch den Gesellschafter zu bestimmen. Übt er sein Bestimmungsrecht nicht aus, oder wird der als Nachfolger vorgesehene nicht Erbe, so sind die Erben des Verstorbenen, denen dann der Gesellschaftsanteil zufällt, verpflichtet, ihn dem Bestimmten oder falls niemand bestimmt ist dem zu übertragen, den der Testamentsvollstrecker oder notfalls die übrigen Gesellschafter einstimmig als Nachfolger aus der Zahl der Erben oder Vermächtnisnehmer auswählen. Den übrigen Erben oder Vermächtnisnehmern des verstorbenen Gesellschafters stehen gegen die Gesellschafter keinerlei Abfindungsansprüche zu. Auf den Nachfolger gehen alle Rechte und Pflichten des Verstorbenen uneingeschränkt über, ausgenommen solche, die dem Verstorbenen wegen seiner persönlichen Eigenschaften übertragen oder auferlegt waren.

2. In der Verfügung von Todes wegen: Nach Bezugnahme oder besser wörtlichem Zitat der obigen Nachfolgeklausel: Zu meinen Erben setze ich meine Kinder B, C und D zu je $1/3$ Erbteil ein. Meinem Sohn B, den ich aufgrund meines obigen gesellschaftsvertraglichen Bestimmungsrechts zum Nachfolger meiner Gesellschaftsbeteiligung bestimme, vermache ich diese Beteiligung im Wege des Vorausvermächtnisses. Er hat seine Geschwister C und D entsprechend ihren Erbquoten abzufinden. Die Abfindung erfolgt zu den Buchwerten des Unternehmens aufgrund der letzten Handelsbilanz vor meinem Tode mit einem Zuschlag von 20% jedoch ohne Berücksichtigung der stillen Reserven, des Firmenwerts und der schwebenden Geschäfte. Die Auszahlung hat in zehn gleichen Jahresraten zu erfolgen. Die Abfindungsguthaben sind mit 2% über dem jeweiligen Bundesbankdiskontsatz zu verzinsen.[11,12,13]

Schrifttum: Bommer, Neue Entwicklungen zur Frage der Testamentsvollstreckung in Personengesellschaften, BB 1984, 178; *Börner,* Die Erbengemeinschaft als Gesellschafterin einer offenen Handelsgesellschaft, AcP 166 (1966), 426; *Brönner,* Die Besteuerung der Gesellschaften, 15. Aufl. 1984; *Brox,* Zweckmäßige Gestaltung der Erbfolge im Unternehmen, JA 1980, 561; *Buchwald,* Gesellschaftsanteil und Erbrecht, AcP 154 (1954), 22; *Bunte,* Ausschließung und Abfindung von Gesellschaftern einer Personengesellschaft, ZIP 1983, 8; *Damrau,* Zur Testamentsvollstreckung am Kommanditanteil, NJW 1984, 2785; *ders.,* Kann ein Testamentsvollstrecker einen Kommanditanteil erwerben?, DNotZ 1984, 660; *Durchlaub,* Die Ausübung von Gesellschaftsrechten in Personengesellschaften durch Testamentsvollstrecker, Betr. 1977, 1399; *Ebeling,* Nachfolgeklauseln

10. Nachfolgeregelungen auf den Todesfall bei Personengesellschaften XVI. 10

im Zivil- und Steuerrecht, 1979; *ders.*, Zivilrechtliche und steuerrechtliche Auswirkungen unentgeltlicher Verfügungen des Vorerben in seiner Eigenschaft als Personengesellschafter, BB 1983, 1933; *Eiselt*, Zum Ausschluß des Gesellschafters minderen Rechts unter Buchwertabfindung, De iustitia et iure, FG U. v. Lübtow, 1980, 643; *ders.*, Buchwertabfindung in Personalgesellschaften und Pflichtteil, NJW 1981, 2447; *Engel*, Abfindungsklauseln – eine systematische Übersicht, NJW 1986, 345; *Esch*, Gesellschaftsvertragliche Buchwertabfindung im Falle der Ausschließungskündigung, NJW 1979, 1390; *ders.*, Zur Zulässigkeit der Testamentsvollstreckung an Kommanditbeteiligungen, NJW 1981, 2222; *ders.*, Die Nachlaßzugehörigkeit vererbter Personengesellschaftsbeteiligungen, NJW 1984, 339; *Esch/Schulze zur Wiesche*, Handbuch der Vermögensnachfolge, 2. Aufl. 1981; *Finger*, Die Vererbung von Anteilen einer Personengesellschaft, JR 1969, 409; *ders.*, Die Nachfolge in einer offenen Handelsgesellschaft beim Tode eines Gesellschafters, 1974; *ders.*, Der Ausschluß von Abfindungsansprüchen bei der Nachfolge in Personengesellschaften beim Tode eines Gesellschafters, Betr. 1974, 27; *Flume*, Die Nachfolge in die Mitgliedschaft in einer Personengesellschaft beim Tode eines Gesellschafters, FS Wolfgang Schilling, 1973, 25; *ders.*, Die Abfindung nach der Buchwertklausel für die Gesellschafter minderen Rechts einer Personengesellschaft, NJW 1979, 902; *ders.*, Teilungsanordnung und Erbschaftssteuer, Betr. 1983, 2271; *Göbel*, Gestaltung der Gesellschaftsnachfolge für den Todesfall, DNotZ 1979, 133; *Haegele*, Der Pflichtteil im Handels- und Gesellschaftsrecht, BWNotZ 1976, 25; *Haegele/Winkler*, Der Testamentsvollstrecker, 8. Aufl. 1984, *Heckelmann*, Abfindungsklauseln in Gesellschaftsverträgen, 1973; *Hefermehl*, Vor- und Nacherbe bei der Beteiligung an einer Personenhandelsgesellschaft, FS H. Westermann, 1974, 223; *Hennerkes/Binz*, Die Buchwertabfindung – ein Fossil unserer Zeit?, Betr. 1983, 2669; *Hirtz*, Die Abfindung des Gesellschafters einer Personengesellschaft nach der Ausschließung ohne wichtigen Grund, BB 1981, 761; *Johannsen*, Die Nachfolge in kaufmännischen Unternehmen und Beteiligungen an Personengesellschaften beim Tode ihres Inhabers, FamRZ 1980, 1074; *Kapp/Ebeling/Grune*, Handbuch der Erbengemeinschaft, 2. Aufl. 1981; *Klussmann*, Zur Testamentsvollstreckung bei Beteiligungen an Personengesellschaften, BB 1966, 1209; *Kieper/Fromm*, Erbrecht und Gesellschaftsrecht bei der Gesellschafternachfolge, NJW 1980, 2677; *Knobbe-Keuk*, Bilanz- und Unternehmenssteuerrecht, 4. Aufl. 1983; *Koch*, Kommanditanteil und Testamentsvollstreckung, NJW 1983, 1762; *Koller*, Der Ausschluß ohne wichtigen Grund zum Buchwert bei Familiengesellschaften, Betr. 1984, 545; *Krämer*, Die gesellschaftsvertragliche „Ausschließung" aus der Personengesellschaft, NJW 1981, 2553; *Kreutz*, Hinauskündigungsklauseln im Recht der Personenhandelsgesellschaften, ZGR 1983, 109; *Krüger*, Regelungsmöglichkeiten des Gesellschafters einer Personengesellschaft für den Todesfall, DStR 1980, 77; *Küster*, Zur Frage der Gestaltbarkeit der Rechtsnachfolge für den Todesfall bei der OHG, DNotZ 1956, 460; *Langenfeld/Gail*, Handbuch der Familienunternehmen, 6. Aufl. 1984; *Märkle*, Der Erbfall und die Erbauseinandersetzung im Ertragsteuerrecht, BWNotZ 1984, 73; *Michalski*, Gesellschaftsrechtliche Gestaltungsmöglichkeiten zur Perpetuierung von Unternehmen, 1980; *ders.*, Nachfolgeregelungen in Personengesellschaften, Betr. 1980, Beil. 5; *Nieder*, Hdb. d. Testamentsgestaltung, 1992, Rdn. 985 ff.; *Nolte*, Zur Frage der Zulässigkeit der Testamentsvollstreckung nach Handelsrecht, FS Nipperdey, 1965 Bd. 1 S. 667; *Randenborgh*, Abfindungsklauseln in Gesellschaftsverträgen, MittRhNotK 1984, 133; *ders.*, Abfindungsklauseln in Gesellschaftsverträgen, BB 1986, 75; *Rasner*, Abfindungsklauseln in OHG- und KG-Verträgen, NJW 1983, 2905; *Rehmann*, Testamentsvollstreckung an Gesellschaftsanteilen, BB 1985, 297; *G. u. D. Reinicke*, Zur Kollision von Gesellschaftsrecht und Erbrecht, NJW 1957, 561; *Reithmann*, Testamentsvollstreckung und postmortale Vollmacht als Instrument der Kautelarjurisprudenz, BB 1984, 1394; *Reuter*, Gesellschaftsvertragliche Nachfolgeregelung und Pflichtteilsrecht, JuS 1971, 289; *ders.*, Privatrechtliche Schranken der Perpetuierung von Unternehmen, 1973; *Reuter/Kuhn*, Gütergemeinschaft und Ehegatten-OHG, JuS 1977, 376; *Rössler,* Kreditzinsen eines Miterben als Sonderausgaben, BB 1985, 460; *Säcker,* Gesellschaftsvertragliche und – erbrechtliche Nachfolge in Gesamthandsmitgliedschaften, 1970; *Siebert,* Gesellschaftsvertrag und Erbrecht bei der Offenen Handelsgesellschaft, 3. Aufl. 1958; *Stötter,* Die Nachfolge in Anteile an Personengesellschaften auf Grund Gesellschaftsvertrages oder Erbrecht, Betr. 1970, 525 u. 573; *Sudhoff,* Unternehmensnachfolge und Pflichtteilsanspruch, Betr. 1968, 648; *Schild,* Erbschaftsteuer und Erbschaftsteuerpolitik bei der Unternehmensnachfolge, 1980; *K. Schmidt,* Abfindung, Unternehmensbewertung und schwebende Geschäfte, Betr. 1983, 2401; *S. Schmidt,* Vor- und Nacherbfolge im Recht der Personengesellschaften, BWNotZ 1983, 102; *Tiedau,* Gesellschaftsvertrag und neues Güterrecht unter besonderer Berücksichtigung gesellschaftsrechtlicher Abfindungsklauseln, MDR 1959, 253; *ders.,* Gesellschaftsrecht und Erbrecht, MDR 1978, 353; *ders.,* Die Abfindungs- und Ausgleichsansprüche der von der gesellschaftlichen Nachfolge ausgeschlossenen Erben, NJW 1980, 2446; *Ulmer,* Gesellschaftsnachfolge und Erbrecht, ZGR 1972, 195 u. 325; *ders.,* Die Sonderzuordnung des vererbten OHG-Anteils, FS Wolfgang Schilling, 1973, 79; *ders.,* Zur Gesellschafternachfolge im Todesfall, BB 1977, 805; *ders.,* Wirksamkeitsschranken gesellschaftsvertraglicher Abfindungsklauseln, NJW 1979, 81; *ders.,* Testamentsvollstreckung an Kommanditanteilen? ZGR 146 (1982), 555; *ders.,* Nachlaßzugehörigkeit vererbter Personengesellschaftsbeteiligungen, NJW 1984, 1496; *Vogelbruch,* Ertragsteuerliche Beurteilung der Gesellschafternachfolge im Todesfall, MDR 1978, 891; *H. Westermann,* Handbuch der Personengesellschaften, Bd. 1, Gesellschaftsrecht, 3. Aufl. 1978; *H.P. Westermann,* Haftung für Nachlaßschulden bei Beerbung eines Personengesellschafters durch eine Erbengemeinschaft, AcP 173 (1973), 24; *ders.,* Die höchstrichterliche Regelung der Erbfolge in Beteiligungen an Personengesellschaften, JuS 1979, 761; *Wiedemann,* Die Übertragung und Vererbung von Mitgliedschaften bei Handelsgesellschaften, 1965; *Wolf,* Die Fortführung eines Handelsgeschäfts durch die Erbengemeinschaft, AcP 181 (1981), 480; *Zimmermann,* Pflichtteilsrecht und Zugewinnausgleich bei Unternehmer- und Gesellschafternachfolge, BB 1969, 965.

(Fortsetzung S. 791)

10. Nachfolgeregelungen auf den Todesfall bei Personengesellschaften XVI. 10

Übersicht über die Regelungsmöglichkeiten für den Tod eines Gesellschafters einer Personengesellschaft

Der Tod eines Gesellschafters führt

entweder
aufgrund der dispositiven gesetzlichen Regelung zur Auflösung der Gesellschaft (§§ 727 Abs. 1 BGB 134 Nr. 4 HGB); nur beim Tod eines Kommanditisten wird die Gesellschaft mit seinen Erben fortgesetzt – Anm. 2 (1) –

oder
zur Fortsetzung der Gesellschaft, wenn im Gesellschaftsvertrag eine Fortsetzungsklausel enthalten ist (§§ 727 Abs. 1 2. HS BGB, 131 Nr. 4 2. HS HGB – Anm. 2 (2) –
dann:

entweder
Fortsetzung der Gesellschaft unter allen verbleibenden Gesellschaftern – Form. XVI. 10 Ziff. I und Anm. 3 –

oder
Fortsetzung der Gesellschaft mit den oder einzelnen Erben oder eintrittsberechtigten Dritten.
Hierbei hat man die Wahl zwischen:

entweder
rechtsgeschäftliche Eintritts- oder Übernahmeklausel auch für Dritte
oder
erbrechtlicher Eintrittsklausel – Form. XVI. 10 Ziff. II u. Anm. 6 –

oder
rechtsgeschäftliche Nachfolgeklausel unter Beteiligung des Nachfolgers, der kein Erbe zu sein braucht – Form. XVI. 10 Ziff. III u. Anm. 7 –

oder
erbrechtliche Klauseln nur für Erben, nicht für Vermächtnisnehmer
dann:

entweder
einfache erbrechtliche Nachfolgeklausel, der Alleinerbe oder alle Miterben werden Gesellschafter – Form. XVI. 10 Ziff. IV u. Anm. 8 –

oder
qualifizierte Nachfolgeklausel, einer oder einige der Miterben sollen Gesellschafter werden – Form. XVI. 10 Ziff. V u. Anm. 10 –

Anmerkungen

1. Sachverhalt. Der A ist persönlich haftender Gesellschafter einer offenen Handelsgesellschaft. Er ist verwitwet und hat einen Sohn B und zwei Töchter C und D. Er wünscht die Möglichkeiten kennenzulernen, die ihm geboten sind, sicherzustellen, daß seine Beteiligung nach seinem Tod auf seinen Sohn B übergeht.

2. Anwendungsfälle. (1) **Die gesetzliche Regelung der Vererbung von Anteilen an Personengesellschaften.** Durch den Tod eines persönlich haftenden Gesellschafters (§§ 105 Abs. 1, 161 Abs. 1 HGB) wird zum Unterschied beim Tod eines Kommanditisten (§ 177 HGB) die Gesellschaft aufgelöst, sofern der Gesellschaftsvertrag nichts anderes bestimmt (§§ 131 Nr. 4, 145 ff HGB), da die Gesellschaft als Arbeits- und Haftungsgemeinschaft grundsätzlich auf die Gesellschafter persönlich zugeschnitten ist. Gesellschafterin der nach Auflösung entstehenden Liquidationsgesellschaft wird an Stelle des verstorbenen Gesellschafters die Erbengemeinschaft zur gesamten Hand (§ 146 Abs. 1 Satz 2 HGB; RGZ 106, 63/65). Der Anspruch der Erben gegen die Gesellschaft auf Auszahlung des Auseinandersetzungsguthabens gem. §§ 731 ff BGB, §§ 154 ff HGB fällt in den Nachlaß und ist unter die Miterben nach den Regeln der §§ 2042 ff BGB zu verteilen (BGH Betr. 1971, 2400). Nach Auflösung der Gesellschaft können die Erben vertraglich mit den übrigen Gesellschaftern die Fortsetzung der Gesellschaft vereinbaren. Dann wandelt sich die Abwicklungsgesellschaft wieder in eine werbende Gesellschaft. Die Erben werden in diesem Fall jedoch einzeln, nicht als Erbengemeinschaft zur gesamten Hand, Gesellschafter dieser Personengesellschaft (Großkomm. HGB *Ulmer* § 131 Nr. 94). Nach der hM kann nämlich eine Erbengemeinschaft zwar ein einzelkaufmännisches Handelsgeschäft fortführen (Wolf AcP 181, 480; BGH NJW 1985, 136 = JZ 1985, m. Anm. *John* = JuS 1985, 316 m. Anm. *Emmerich*; *Damrau* NJW 1985, 2236; *Karsten Schmidt* NJW 1985, 2785) nicht jedoch Gesellschafterin einer Personengesellschaft sein (BGHZ 22, 186/192 m.w.N.; 68, 225/237), weil die Möglichkeit der Haftungsbeschränkung bei der Erbengemeinschaft mit der gesamtschuldnerischen, unbeschränkten Haftung der Gesellschafter nicht vereinbar ist und die Erbengemeinschaft im Rechtsverkehr nicht als geschlossene Einheit nach außen auftreten kann (*H.P. Westermann* JuS 1979, 761/766). Der Tod eines Kommanditisten hat dagegen nicht die Auflösung der Gesellschaft zur Folge (§ 177 HGB). Der Gesellschaftsanteil des Kommanditisten fällt an seine Erben, jedoch, da eine Erbengemeinschaft nicht Mitglied einer Personengesellschaft sein kann, nicht zur gesamten Hand, sondern jedem Miterben zu dem Anteil, der seinem Erbteil entspricht (RG DR 1943, 1228; BGHZ 58, 316/317; BGH DNotZ 1979, 109/111; BGH NJW 1983, 2376 = DNotZ 1984, 35).

(2) **Regelungsmöglichkeiten zur Fortsetzung der Gesellschaft.** Die dispositive gesetzliche Regelung für den Tod eines persönlich haftenden Gesellschafters wird den geänderten wirtschaftlichen Verhältnissen nicht mehr gerecht (*Finger* Betr. 1974, 27) und würde meist zu einem ertragssteuerlich ungewollten Liquidationsgewinn führen. Ihre Abdingung und Ersetzung durch vertragliche Vereinbarungen ist daher ein regelungsbedürftiger Punkt beim Abschluß eines Gesellschaftsvertrages (BGH BB 1979, 287). § 139 HBG gestattet zwar allgemein vertragliche Bestimmungen über die Fortsetzung der Gesellschaft mit einem Nachfolger des verstorbenen Gesellschafters, regelt die Folgen aber nur unvollkommen. Die ältere handelsrechtliche Regelung wurde mit dem Erbrecht des BGB nicht abgestimmt (*Kipp/Coing* ErbR, 13. Aufl. S. 522), so daß es, wenn der verstorbene Gesellschafter von mehreren Personen beerbt wird, zu einer Kollision zwischen gesellschafts- und erbrechtlichen Grundsätzen kommt. Über die Ergänzung der auftretenden Lücken ist eine schier unübersehbare Literatur entstanden und viele der Streitpunkte sind höchstrichterlich noch nicht geklärt. Im wesentlichen haben die Gesellschafter die Wahl ihre Nachfolge mittels bloßer Fortsetzungsklausel, rechtsgeschäftlicher Nachfol-

10. Nachfolgeregelungen auf den Todesfall bei Personengesellschaften XVI. 10

geklausel oder Eintrittsklausel unmittelbar und allein im Gesellschaftsvertrag zu regeln, so daß sich die Nachfolge durch Rechtsgeschäft unter Lebenden am Nachlaß vorbei vollzieht, oder sie können durch eine einfache oder qualifizierte erbrechtliche Nachfolgeklausel ihre Anteile vererblich stellen, müssen dann aber diese vertraglichen Bestimmungen durch entsprechende Verfügungen von Todes wegen ergänzen. Bei der letztgenannten erbrechtlichen Regelung müssen die Gesellschafter dabei aber immer in Rechnung stellen, daß der erbrechtliche Nachfolger in die Stellung als persönlich haftender Gesellschafter aufgrund § 139 HGB und zwar vertraglich unabdingbar (§ 139 Abs. 5 HGB) von den übrigen Gesellschaftern verlangen kann, die übernommene Einlage des Erblassers unter Beibehaltung des Gewinnanteils in eine Kommanditbeteiligung umzuwandeln. Lehnen diese ab, kann der vorgesehene Nachfolger fristlos kündigen (§ 139 Abs. 2 HBG) und den Abfindungsbetrag nach § 738 Abs. 1 Satz 2 BGB von ihnen verlangen. Er muß dieses Wahlrecht innerhalb einer Frist von drei Monaten nach Kenntnis vom Anfall der Erbschaft ausüben (§ 139 Abs. 3 Satz 1 HGB) und kann seine Haftung für Gesellschaftsschulden für die Zeit vor der Umwandlung in eine Kommanditbeteiligung oder Kündigung nach den Regeln der Erbenhaftung gegenständlich auf den Nachlaß beschränken (§ 139 Abs. 4 HGB). Dieses Wahlrecht des erbrechtlichen Nachfolgers kann lediglich hinsichtlich des Gewinnanteils des Verstorbenen vertraglich geändert werden, sonst nur durch letztwillige Verfügung (Auflage oder Vermächtnis) beschränkt werden (Großkomm. HGB/*Ulmer* § 139 Anm. 171). Das Wahlrecht des Nachfolgers entfällt, wenn der Gesellschaftsanteil auf den Nachfolger nicht auf erbrechtlichem, sondern auf rechtsgeschäftlichem Weg übergeht (*Göbel* DNotZ 1979, 153). Im folgenden sollen die als gesichert anzusehenden Gestaltungsmöglichkeiten dargestellt werden, von denen die Kautelarpraxis auszugehen hat.

3. Fortsetzungsklausel. Der Gesellschaftsvertrag kann bestimmen, daß beim Tod eines persönlich haftenden Gesellschafters die Gesellschaft unter den verbleibenden Gesellschaftern fortgeführt werden soll (§ 138 HGB). Den verbleibenden Gesellschaftern wächst dann der Anteil des Verstorbenen im Verhältnis ihrer Anteile an (§ 738 Abs. 1 Satz 1 BGB i. Verb. m. § 105 Abs. 2 HGB), ohne besonderen Übertragungsakt (RGZ 136, 99; BGH BB 1974, 996f). Der Anteil selbst geht daher nicht auf die Erben des verstorbenen Gesellschafters über, die Gesellschafterstellung ist in diesem Fall unvererblich (*Barz* DNotTg. 1965, 52/55). Die Erben haben jedoch, falls er im Gesellschaftsvertrag nicht abbedungen ist, einen Abfindungsanspruch nach § 738 Abs. 1 Satz 2 BGB i. V. m. §§ 105 Abs. 2, 138 HGB gegen die Gesellschaft. Die Gesellschaft kann nur fortgesetzt werden, wenn mindestens zwei Gesellschafter übrigbleiben (Großkomm. HGB/*Ulmer* § 138 Anm. 10; *Göbel* DNotZ 1979, 133/142). Bei nur zwei Gesellschaftern können sie sich aber gegenseitig oder auch nur der eine dem anderen vertraglich das Recht einräumen, beim Tod des anderen automatisch das Geschäft mit Aktiven und Passiven zu übernehmen (Übernahmeklausel) (Großkomm. HGB/*Ulmer* § 138 Anm. 10; Fall des BGH NJW 70, 1638; Fall des KG DNotZ 1978, 109), was nach der hM (RGZ 65, 235; 68, 141; *Reuter* JuS 1971, 289/290) analog §§ 138 HGB, 738 Abs. 1 Satz 1 BGB durch Anwachsung erfolgt. Zum anderen kann vereinbart werden, daß der Überlebende durch eine entsprechende Gestaltungserklärung das Geschäft übernehmen kann (Übernahmerecht) (*Baumbach/Hopt* § 142 Anm. 2 B; Fall des BGH NJW 1981, 1956; Fall des BGHZ 50, 307). Eine Fortsetzungsklausel einer mehrgliedrigen Personengesellschaft kann, wenn die Gesellschaft zweigliedrig geworden ist, als Übernahmerecht ausgelegt werden (BGH WM 1957, 512). Es besteht auch die Möglichkeit, bei einer mehrgliedrigen Gesellschaft im Gesellschaftsvertrag zu vereinbaren, daß beim Tod eines Gesellschafters die Gesellschaft zwar fortgesetzt wird, sein Anteil aber nicht allen anderen anwachsen soll, sondern nur auf einen oder einzelnen übergehen. Hierbei kann wiederum ein Übernahmerecht eingeräumt werden, das eine entsprechende Gestaltungserklärung des Übernehmers voraussetzt (BGH WM 1971, 1338/1339) oder, falls der Übergang des

Anteils automatisch mit dem Tod erfolgen soll, durch sofortige Übertragung des Anteils durch Rechtsgeschäft unter Lebenden auf den oder die Übernehmer aufschiebend befristet durch den Tod des Gesellschafters und bedingt durch das Überleben der Übernahmeberechtigten (*Sieber*, Gesellschaftsvertrag und Erbrecht bei der Offenen Handelsgesellschaft, 3. Aufl. 1958, S. 17f u. 41; *Göbel* DNotZ 1979, 133/151f; Großkomm. HGB/*Ulmer* § 139 Anm. 7; MünchKomm/*Ulmer* § 727 Rdn. 35; Fall des BGH NJW 1970, 1638; Fall des BGH NJW 1959, 1433; *Johannsen* FamRZ 1980, 1074/1077 f). Bei einer solchen Gestaltung ist deutlich zum Ausdruck zu bringen, daß sich der Gesellschafter bereits entgültig binden und dem oder den Übernehmern ein unentziehbares Anwartschaftsrecht an dem Anteil einräumen will (BGH DNotZ 1066, 620; BayObLG DNotZ 1981, 702). Im Zweifel ist nämlich nach der Rechtsprechung des BGH (BGHZ 22, 186 ff; 68, 225/233 f) in diesen Fällen keine rechtsgeschäftliche, sondern eine erbrechtliche Nachfolge anzunehmen. Bezüglich der Rechte der übrigen Nachlaßbeteiligten (weichende Erben, Pflichtteilsberechtigte) bei diesen Gestaltungen siehe hinsichtlich der Übernahmeklausel die Ausführungen zu den rechtsgleichen rechtsgeschäftlichen Nachfolgeklauseln unten Anm. 7 (2) und bezüglich der Übernahmerechte die zu den rechtsgeschäftlichen Eintrittsklauseln unter Anm. 6 (2).

Die Fortsetzung der Gesellschaft mit den übrigen Gesellschaftern kann auch nur für den Tod einzelner Gesellschafter vereinbart werden, während beim Tod der anderen Nachfolger an ihre Stelle treten sollen (Hdb-PersGes/*H. Westermann* Rdn. 457). Die Fortsetzung der Gesellschaft nach dem Tod eines Gesellschafters kann auch von einem einstimmig oder mit Mehrheit zu treffenden Beschluß der überlebenden Gesellschafter abhängig gemacht werden und dabei kann auch den Erben des verstorbenen Gesellschafters Stimmrecht eingeräumt werden (*H. Westermann* aaO.). Die Fortsetzungsklausel ist in den Gesellschaftsverträgen meist mit einer Nachfolgeklausel oder mit der sie notwendig voraussetzenden Eintrittsklausel verbunden (Großkomm. HGB/*Ulmer* § 138 Rdn. 26). Die reine Fortsetzungsklausel dürfte nur in folgenden Sonderfällen zweckmäßig sein:

(1) Wenn sich Persönlichkeiten mit ausgeprägter Eigenart zu einer Gesellschaft zusammengetan haben, so daß eine gedeihliche Zusammenarbeit mit den Erben des Verstorbenen nicht gewährleistet erscheint (Hdb-PersGes/*H. Westermann* Rdn. 457);
(2) Wenn Ehegatten oder Abkömmlinge der Gesellschafter, also zukünftige Erben, bereits zu Lebzeiten in die Gesellschaft aufgenommen worden sind oder wenn die Gesellschafter ohne Abkömmlinge oder ohne nachfolgefähige Abkömmlinge sind (*Sudhoff* Betr. 1968, 652; *Zimmermann* BB 1969, 965/971; *Langenfeld/Gail* V Rdnr. 12; Fall des KG DNotZ 1978, 109; Fall des BGH NJW 1970, 1638);
(3) Wenn die Gesellschaft kein Vermögen hat und nur auf den Kenntnissen und Fähigkeiten der Gesellschafter beruht;
(4) Wenn einzelne Gesellschafter nur nach ihrer Person, nicht dagegen vermögensmäßig an der Gesellschaft beteiligt sind (*H. Westermann* aaO.). Dies insbesondere, da seit der Entscheidung des BGH in NJW 1979, 902 ein „Hinauskündigen" mit Buchwertabfindung von Gesellschaftern mit geerbter Beteiligung nicht mehr möglich ist (siehe hierzu *Flume* NJW 1979, 902; *Esch* NJW 1979, 1390; *Eiselt* FG f. U. v. Lübtow, S. 643 ff).

In unserem Ausgangsfall müßte daher, wenn der Gesellschaftsvertrag eine reine Fortsetzungsklausel enthalten würde, der A zu seinen Lebzeiten dafür sorgen, daß sein Sohn B als Gesellschafter in die OHG aufgenommen wird.

4. Ausschluß oder Beschränkung des Abfindungsanspruchs der Erben. Der Abfindungsanspruch kann für den Ausscheidungsgrund des Todes eines Gesellschafters im Gesellschaftsvertrag beschränkt werden, z. B. auf den Buchwert oder Stundung der Auszahlung, und auch, entgegen der Meinung für sonstige Fälle des Ausscheidens (siehe *Ulmer* NJW 1979, 81; *Rasner* NJW 1983, 2905; *Randenborgh* MittRhNotK 1984, 133;

10. Nachfolgeregelungen auf den Todesfall bei Personengesellschaften XVI. 10

BGH NJW 1979, 104), völlig ausgeschlossen werden (Großkomm. HGB/*Ulmer* § 138 Rdn. 120; MünchKomm/*Ulmer* § 738 Rdn. 28 u. 41; *ders.*, NJW 1979, 81/84 m.w.N.; Hdb.-PersGes./*H. Westermann* Rz. 544; *Baumbach/Hopt* §§ 131 Anm. 3 C u. 138 Anm. 5 H; *Zimmermann* BB 1969, 965/970; *Göbel* DNotZ 1979, 133/142; *Rasner* NJW 1983, 2905/2910; RGZ 145, 294; RGZ 171, 345/350; BGHZ 22, 186/194; BGH NJW 1959, 1433; BGH WPM 1971, 1338; *Engel* NJW 1986, 345/348), da in diesem Fall keine der sonst gegen Abfindungsbeschränkung und -ausschluß vorgebrachten Einwände, wie Verstoß gegen die guten Sitten (§ 138 BGB), Rechtsmißbrauch (§ 242 BGB), Wegfall der Geschäftsgrundlage (§ 242 BGB) oder indirekter Ausschluß des zwingenden Kündigungsrechts bzw. Einengung dieses Kündigungsrechts (§ 723 Abs. 3 BGB) zutrifft, vielmehr durch den Ausschluß oder die Beschränkung lediglich die Erhaltung und Fortführung des Unternehmens beim Tode eines Gesellschafters unbeschwert durch Abfindungsansprüche gesichert werden soll (BGHZ 50, 307; Großkomm. HGB/*Ulmer* § 138 Rdn. 124). Der Ausschluß unterliegt auch nicht dem Formerfordernis des § 2301 BGB (Schenkungsversprechen von Todes wegen), obwohl er unter der Überlebensbedingung steht, da es sich, falls die Abfindungsansprüche auf den Tod aller Gesellschafter (allseits) ausgeschlossen sind und daher jeder die Chance hat, am Anteil verstorbener Mitgesellschafter beteiligt zu werden (Synallagma), um einen gegenseitigen entgeltlichen Vertrag unter Lebenden handelt (*Brox* ErbR., 9. Aufl. Rdn. 747; *ders.*, JA 1980, 564; *G. u. D. Reinicke* NJW 1957, 562; *dies.* BB 1960, 1002/1005; *Michalski* Betr. 1980 Beil. 5 S. 4; Hdb.-PersGes./*H. Westermann* Rdn. 544; BGHZ 22, 186/194; BGH MDR 1960, 1004; BGH DNotZ 1966, 620/622; BGH NJW 1970, 1638; BGH NJW 1970, 941; /KG DNotZ 1978, 109; aM. *Ulmer* NJW 1979, 81/84; MünchKomm/*Ulmer* § 738 Rdn. 41, der auch in diesem Fall die Nichtanwendung des § 2301 BGB wie beim einseitigen Abfindungsausschluß begründet; MünchKomm/*Frank* § 2325 Rdn. 16, der immer Unentgeltlichkeit annimmt). Falls der Abfindungsanspruch nur für den Tod einzelner Gesellschafter ausgeschlossen ist, handelt es sich ebenfalls nicht um ein Schenkungsversprechen von Todes wegen, sondern um eine durch das Versterben des Gesellschafters aufschiebend befristete und das Überleben der übrigen Gesellschafter aufschiebend bedingte und somit nach der h.M. unter Lebenden vollzogene gesellschaftsvertragliche Zuwendung, auf die nach § 2301 Abs. 2 BGB die Vorschriften einer Schenkung unter Lebenden Anwendung finden (*Ulmer* NJW 1979, 81/84; Großkomm. HGB/*Ulmer* § 138 Rdn. 120; *Palandt/Edenhofer* § 2301 Rdn. 15; *Staudinger/Kanzleiter* § 2301 Rdn. 50; *Soergel/Wolf* § 2301 Rdn. 9; *Langenfeld/Gail* V Rz. 11; *Michalski* Betr. 1980 Beil. 5 S. 4; KG JR 1971, 421/422 f m. zust. Anm. *Säcker*; KG JR 1959, 101; BGHZ 50, 307; BGH 1974, 996; aM dh. kein lebzeitiger Vollzug, da kein gegenwärtiges Vermögensopfer erfolgt *Reuter* JuS 1971, 290; *Reuter/Kunath* JuS 1977, 381; *Staudinger/Ferid/Cieslar* Einl. zu §§ 2303 ff Rdn. 134 f). Das Fehlen der Form des § 518 BGB ist durch den Vollzug geheilt (§ 518 Abs. 2 BGB). Die Frage, ob die Nachfolgeregelung im Gesellschaftsvertrag unter die Formvorschrift des § 2301 Abs. 1 BGB fällt, mit der Folge ihrer Unterstellung unter die Vorschriften und Wirkungen von Verfügungen von Todes wegen, stellt sich natürlich dann nicht, wenn die Regelung nicht durch das Überleben anderer bedingt ist, sondern unbedingt oder unter anderen Bedingungen getroffen ist (*Staudinger/Kanzleiter* § 2301 Rdn. 50). Vertreten wird auch, daß die Wiederverheiratung des Schwiegersohnes der kinderlos verstorbenen Tochter des Gesellschafters als abfindungsloser Ausscheidungsgrund des Schwiegersohnes gesellschaftsvertraglich vereinbart werden kann und daß dies nicht sittenwidrig ist (gesellschaftsvertragliche Wiederverheiratungsklausel) (BGH DNotZ 1966, 620; *Langenfeld/Gail* V Rdn. 12; Hdb.-PersGes./*H. Westermann* Rdn. 457). Fraglich und streitig ist, ob und inwieweit bei einer Beschränkung oder dem Ausschluß der Abfindungsansprüche der Erben diese Pflichtteils- (§ 2303 BGB) oder Pflichtteilsergänzungsansprüche (§§ 2325 ff BGB) geltend machen können und von seiten der Nachlaßgläubiger Ansprüche aus Schenkungsanfechtung (§ 32 KO, § 3 AnfG) bestehen können. Eine Berücksichtigung beim ordentlichen

Pflichtteilsanspruch nach § 2303 BGB sowie eine unmittelbare Haftung für Nachlaßverbindlichkeiten würde voraussetzen, daß die Gesellschaftsbeteiligung beim Tod des Gesellschafters mindestens vorübergehend Nachlaßbestandteil geworden ist (§ 2311 BGB). Das ist jedoch bei der einfachen Fortsetzungsklausel nicht der Fall (*Heinrich* Betr. 1973, 1003). Bei ihr wird der Gesellschaftsanteil am Nachlaß vorbeigesteuert (MünchKomm/ *Frank* § 2311 Rdn. 25, *Staudinger/Ferid/Cieslar* § 2311 Rdn. 57; *Soergel/Dieckmann* § 2311 Rdn. 5; *Erman/Bartholomeyczik/Schlüter* § 2311 Rdn. 4; Großkomm. HGB/ *Ulmer* § 139 Anm. 193; *ders.*, BB 1977, 805; *Baumbach/Hopt* § 138 Anm. 5 H; *Stötter* Betr. 1970, 525; *Brox* ErbR. Rdn. 747; BGH WM 171, 1338 = BGHZ 50, 307; BGH NJW 1981, 1956; BGHZ 68, 225; *Zimmermann* BB 1969, 971; *Stauder/Westerhoff* FamRZ 1972, 614; *Haegele* BWNotZ 1976, 27; *Göbel* DNotZ 1979, 133; *Randenborgh* BB 1986, 75/81). A. M. ist hierin nur, wer eine Schenkung auf den Todesfall zwar formfrei zulassen, materiell aber auf den Vermögensanfall Erbrecht anwenden will (so *Finger* Betr. 1974, 27 ff; *Lange/Kuchinke* § 31 V 2, § 31 IV 3) oder wer, im lediglich einseitigen, nicht für sämtliche Gesellschafter vereinbarten Abfindungsausschluß eine Schenkung gem. § 2301 BGB sieht, die mangels gegenwärtigem Vermögensopfer nicht unter Lebenden vollzogen ist, so daß, falls die Form des § 2301 BGB fehlt, in den Nachlaß ein Anspruch gem. § 812 BGB fällt, oder falls die Form gewahrt ist, die Abrede als Vermächtnis anzusehen und daher nicht pflichtteilsschädlich ist (so *Reuter/ Kunath* JuS 1977, 381; *Staudinger/Ferid/Cieslar* Einl. zu §§ 2303 ff Rdn. 134). Eine andere Frage ist, ob die Erben, sofern sie zum Kreis der Pflichtteilsberechtigten gehören, Pflichtteilsergänzungsansprüche gem. §§ 2325 ff BGB gegen die Erben und hilfsweise (§ 2329 BGB) gegen die Gesellschaft oder die restlichen Gesellschafter geltend machen können (*Soergel/Dieckmann* § 2311 Rdn. 5). Wie oben dargelegt, sieht die hM in einem für alle Gesellschafter gleichmäßig geltenden (allseitige) Abfindungsausschluß grundsätzlich einen entgeltlichen Vorgang und verneint daher einen solchen Anspruch (siehe die oben Anm. 3 zitierte Literatur sowie *Göbel* DNotZ 1979, 133/142 f m.w. N.; *Langenfeld/Gail* Rdn. IV 329.10, 330.1 u. 331.2; OLG Düsseldorf MDR 1977, 932 mwN; KG DNotZ 1978, 109; a. M. dh. auch bei allseitigem Ausschluß Unentgeltlichkeit Heckelmann, Abfindungsklauseln in Gesellschaftsverträgen, 1973, S. 84; *Soergel/Dieckmann* § 2325 Rdn. 11 mwN). Die Entgeltlichkeit der Zuwendung bei allseitigem Abfindungsausschluß wird von der h. M. angenommen, gleichgültig ob die weichenden Erben Pflichtteilsberechtigte des verstorbenen Erblasser-Gesellschafters waren oder nicht. Eine Ausnahme macht die hM allerdings dort, wo große Altersunterschiede zwischen den Gesellschaftern oder die durch eine schon bei Vertragsschluß vorhandene schwere Erkrankung deutlich geminderte Lebenserwartung eines der Gesellschafter eine einseitige Wirkung des Abfindungsausschlusses mit großer Wahrscheinlichkeit erwarten lassen (BGH NJW 1981, 1956; KG DNotZ 1978, 109/111; OLG Düsseldorf MDR 1977, 932; *Ermann/ Bartholomeyczik/Schlüter* § 2311 Rdn. 4; *Göbel* DNotZ 1979, 143; RGRK/*Johannsen* § 2311 Anm. 21; *Sudhoff* NJW 1961, 801/808; *Stauder/Westerhoff* FamRZ 1972, 601/615). In einseitigen, dh. nicht für alle Gesellschafter vereinbarten Ausschlüssen oder Beschränkungen der Abfindungsansprüche sieht auch die hM. grundsätzlich eine unentgeltliche Zuwendung (*Palandt/Edenhofer* § 2325 Rdn. 13; BGHZ 22, 186/194; BGH DNotZ 1966, 620/622; *Heinrich* Betr. 1973, 1003; *Baumbach/Hopt* § 138 Anm. 5 H; aA. *Rittner* FamRZ 1961, 505/510 u. BGH DNotZ 1966, 620/622, nach denen in diesem Bereich von Schenkung nicht gesprochen werden kann). Andere (MünchKomm/ *Frank* § 2325 Rdn. 16; *Soergel/Dieckmann* § 2325 Rdn. 11 m.w. N.) halten die Ausschlußklausel ohne Unterschied immer für eine ergänzungspflichtige unentgeltliche Zuwendung. Selbst wenn man grundsätzlich oder nur beim einseitigen Ausschluß die Unentgeltlichkeit bejaht, muß immer noch im Einzelfall geprüft werden, ob bei den Gesellschaftern bei Vertragsschluß der für eine Schenkung im Sinne des § 516 BGB erforderliche subjektive Schenkungswille beiderseits vorhanden war (BGH WPM 1966, 249; BGH WPM 1971, 1338/1340 f = BGHZ 50, 307; BGH NJW 1981, 1956; *Staudin*-

10. Nachfolgeregelungen auf den Todesfall bei Personengesellschaften XVI. 10

ger/Kanzleiter § 2361 Rdn. 50), wobei jedoch eine tatsächliche Vermutung für sein Vorliegen spricht, wenn ein auffallendes Mißverhältnis zwischen den Werten von Leistungen und Gegenleistungen festzustellen ist (BGH NJW 1981, 1956). Hält man bei der Ausschlußklausel die objektiven Voraussetzungen einer Schenkung für gegeben, ist wegen der Berechnung der 10-Jahres-Frist des § 2325 Abs. 3 BGB die weitere Frage, wann die Schenkung erfolgt ist. Nach der einen Meinung (BGH NJW 1970, 1638 m. krit. Anm. *Speckmann; Ermann/Schlüter* § 2325 Rdn. 5; *Palandt/Edenhofer* § 2325 Rdn. 22; *Damrau* FamRZ 1969, 131 u. BB 1970, 469; *Schlegelberger/Geßler* § 138 HGB Rdn. 27; *Rittner* FamRZ 1961, 505/513; *Sudhoff* BB 1971, 225/227; *Dänzer-Vanotti* JZ 1981, 423; *Johannsen* FamRZ 1980, 1074/1077; BGH NJW 1974, 2319 m. Anm. *Finger;* LG Wiesbaden FamRZ 1975, 654; *Haegele* BWNotZ 1972, 69/70) beginnt die Frist bereits mit dem Zeitpunkt, in dem der Schenker alles getan hat, was von seiner Seite für den Erwerb des Leistungsgegenstandes durch den Beschenkten erforderlich ist, hier also mit der vertraglichen Vereinbarung der Ausschlußklausel, während die Gegenmeinung sie erst mit dem Eintritt des wirtschaftlichen Leistungserfolgs beginnen läßt, hier also mit dem Ausscheiden des Gesellschafters durch seinen Tod (*Staudinger/Ferid/Cieslar* § 2325 Rdn. 28; *MünchKomm/Frank* § 2325 Rdn. 25; Großkomm. HGB/*Ulmer* § 139 Rdn. 193; *Soergel/Dieckmann* § 2325 Rdn. 15 u. 20; *Ulmer* ZGR 1972, 335 Fußn. 184; *Reuter* JuS 1971, 289/292; *Speckmann* NJW 1978, 358). Ist der Gesellschaftsanteil trotz Ausschlußklausel zur Ergänzungspflicht heranzuziehen, frägt sich weiter, von welchem Anteilswert auszugehen ist, vom Vollwert oder einem vertraglich vereinbarten geringeren Abfindungswert. Hierzu gibt es eine Vielzahl einen Kompromiß suchender Meinungen (siehe im einzelnen Eiselt NJW 1981, 2447). Nach der wohl hM ist zur Berechnung des ordentlichen Pflichtteils wie auch des Pflichtteilsergänzungsanspruchs, sofern sie bestehen, auch bei Vorliegen einer vertraglichen Abfindungsklausel der wahre wirtschaftliche Wert der fortgeführten Beteiligung, einschließlich stiller Reserven und des Firmenwertes, zugrunde zu legen (*Staudinger/Ferid/Cieslar* § 2311 Rdn. 54; *Soergel/Dieckmann* § 2325 Rdn. 13; *MünchKomm/Frank* § 2311 Rdn. 26; *Ulmer* ZGR 1972, 324, 343; *Michalski* Betr. 1980 Beil. 5 S. 22; BGHZ 75, 195 = NJW 1980, 229 für Zugewinnausgleich; *Zimmermann* BB 1969, 965/971; *Heinrich* Betr. 1973, 1003; *Randenborgh* BB 1986, 75/80; a. A. *Sudhoff* Betr. 1968, 648/652; *ders.,* Betr. 1973, 53 u. 1006; differenzierend *Palandt/Edenhofer* § 2311 Rdn. 12 ff). Eine andere Beurteilung kann angebracht sein, wenn die Beteiligung alsbald nach dem Erbfall zum Buchwert abgefunden wird (*Michalski* Betr. 1980 Beil. 5 S. 22; *Heckelmann,* Abfindungsklauseln in Gesellschaftsverträgen, 1973, S. 209 ff). Bei Ausscheiden nicht durch den Tod, sondern nach Kündigung wird die Buchwertabfindung dann als unzulässig angesehen, wenn wegen des Mißverhältnisses zwischen dem Buchwert und dem wirklichen Wert des Gesellschaftsanteils die Freiheit des Gesellschafters, sich zu einer Kündigung zu entschließen, unvertretbar eingeengt wird, was gegen § 723 Abs. 3 BGB verstößt (BGH NJW 1985, 192). *Bunte,* für den die Buchwertabfindung allgemein für die Vertragspraxis unsicher geworden ist (ZIP 1983, 8), empfiehlt für den Fall, daß die Buchwertabfindung als unzulässig befunden wird, die rechtlich zulässige Mindestabfindung zu vereinbaren. So auch Beck'sches Formularbuch/*Hengeler* Form. VIII. 8.2. Anm. 37 und *Hennerkes/Binz* (Betr. 1983, 2669), die überhaupt eine rein ertragswertabhängige Abfindungsregelung vorschlagen (so auch BGH NJW 1985, 192), letztlich Randenborgh (MittRhNotK 1984, 133) mit Klauselvorschlag. *Weirich* (Erben und Vererben, 1983) empfiehlt, bei Vereinbarung einer Buchwertklausel aufzunehmen, daß sie keine Anwendung finden soll, wenn der Buchwert weniger als die Hälfte des tatsächlichen Wertes der Beteiligung beträgt. Der Pflichtteilsergänzungsanspruch richtet sich zwar grundsätzlich zunächst gegen die Erben (§ 2325 Abs. 1 BGB) und erst subsidiär gegen den Beschenkten, dh. wenn der Nachlaß nicht ausreicht und der Erbe nur beschränkt haftet oder wenn und soweit der Erbe, da selbst pflichtteilsberechtigt, gem. § 2328 BGB die Ergänzung verweigern darf. Haftet dagegen der Erbe unbeschränkt, ist aber zahlungsunfähig, so geht der Ergänzungsanspruch nicht gegen den Beschenkten (RGRK *Johannsen* § 2329 Anm. 2; a. M. *Soergel/Dieckmann* § 2329 Rdn. 1 m.w.N.). Wenn jedoch, wie hier, bei der reinen Fortsetzungsklausel mit Abfindungsausschluß das dem Alleinerben oder den Miterben vom verstorbenen Gesellschafter Hinterlassene den Wert ihres um den Geschäftsanteil ergänzten Pflichtteils nicht erreicht, steht den zu kurz gekommenen Erben ein direkter Ergänzungsanspruch gem. § 2329 BGB gegen die in der Gesellschaft verbleibenden Gesellschafter zu (BGHZ 80, 205 = NJW 1981, 1446/1447). Somit bietet bei der Fortsetzungsklausel lediglich der allseitige Abfindungsausschluß z. Zt. noch Gewähr gegen Pflichtteils- und Pflichtteilsergänzungsansprüche, während beim nur einseitigen Abfindungsausschluß die verbleibenden Gesellschafter und damit indirekt auch die Gesellschaft gem. § 2329 BGB Pflichtteilsergänzungsansprüchen ausgesetzt sind. Außerdem ist beim einseitigen Ausschluß zu bedenken, daß beim Versterben des nicht verzichtenden Gesellschafters der anfallende Abfindungsanspruch gegen die Gesellschaft (§ 738 Abs. 1 Satz 2 BGB) in seinem Nachlaß fällt (*Michalski* Betr. 1980 Beil. 5 S. 5). Nachläßgläubiger sind lediglich im engen Rahmen der Anfechtungsvorschriften nach §§ 31 Abs. 1 Nr. 1 KO, 3 Abs. 1 AnfG gegen allseitige und einseitige Abfindungsklauseln geschützt (*Heckelmann*, Abfindungsklauseln in Gesellschaftsverträgen, 1973, S. 116ff; Großkomm. HGB/*Ulmer* § 138 Anm. 125). Dabei paßt die Absichtsanfechtung nur auf Abfindungsklauseln für den Pfändungs- und Konkursfall nicht jedoch für einen Abfindungsausschluß nur im Todesfall (*Kübler* GesR., 1981, S. 91 f). Hier könnte nur die Schenkungsanfechtung in Frage kommen, wenn man den Abfindungsausschluß als Schenkung in diesem Sinne ansieht (so *Heckelmann* S. 45 ff; a. A. *Kübler* S. 91 f m.w. N.) und wenn man, da die Frist lediglich ein Jahr beträgt, die Schenkung im Sinne der Anfechtungsvorschriften erst mit dem Ausscheiden des Gesellschafters als bewirkt ansieht (so BGH BB 1955, 236; *Heckelmann* S. 257 m.w. N.) und nicht schon mit der Vereinbarung der Abfindungsklausel.

5. Unterstützende Verfügungen von Todes wegen. Da sich der Rechtserwerb der verbleibenden Gesellschafter durch Anwachsung mittels Rechtsgeschäft unter Lebenden vollzieht, bedarf es keiner unterstützenden Verfügung von Todes wegen. Die einfache Fortsetzungsklausel mit Abfindungsausschluß kann auch nur gesellschaftsvertraglich und nicht durch Verfügung von Todes wegen getroffen werden, weil das Erbrecht nur bestimmen kann, wem der Nachlaß zufällt, der Wert der Beteiligung des Erblassers oder ein entsprechender Abfindungsanspruch bei der Fortsetzungsklausel aber nicht in den Nachlaß fällt (*Michalski* Betr. 1980 Beil. 5 S. 5 m.w.N.). Der Unternehmensschutz würde auch nicht dadurch gestärkt, daß der Erblasser, falls wegen einseitigem Abfindungsausschluß Pflichtteilsergänzungsansprüche zu befürchten und die verbleibenden Gesellschafter und die weichenden Erben Pflichtteilsberechtigte sind, die verbleibenden Gesellschafter enterbt, damit gegen sie keine Pflichtteilsergänzungsansprüche nach § 2325 BGB durch die weichenden pflichtteilsberechtigten Erben geltend gemacht werden können (so offenbar *Stauder/Westerhoff* FamRZ 1972, 615), da dann eben Ergänzungsansprüche gem. § 2329 BGB gegen sie als Beschenkte geltend gemacht werden, denen sie als ebenfalls Pflichtteilsberechtigte lediglich in entsprechender Anwendung des § 2328 BGB entgegensetzen könnte, wie ein pflichtteilsberechtigter Erbe gestellt zu werden (BGHZ 85, 274; BGH NJW 1985, 2828/2829). Wenn und soweit, etwa bei einseitigem Abfindungsausschluß, Pflichtteilsergänzungsansprüche geltend gemacht werden können, nützt auch das Vorbeisteuern der Gesellschaftsbeteiligung am Nachlaß nicht viel und die Fortsetzungsklausel mit Abfindungsausschluß ist für diese Fälle der erbrechtlichen Gesellschaftsnachfolge nicht überlegen (*Soergel/Dieckmann* § 2325 Rdn. 16; aM *Heckelmann* S. 265f, da er in diesen Fällen den Klauselwert und nicht den Vollwert zugrunde legen will und außerdem die Subsidiärhaftung des Beschenkten mit der hM (*Soergel/Dieckmann* § 2329 Rdn. 1 m.w. N.) bei Zahlungsunfähigkeit des unbeschränkt haftenden Erben nicht anwendet). Es kann eben auch im Gesellschaftsrecht normalerweise gegen einen Pflichtteil nichts Wesentliches unternommen werden (*Haegele* BWNotZ 1976, 31). Immerhin verbleibt die Feststellung, daß die einfache Fortsetzungsklausel mit allseitigem Abfindungsverzicht ohne Übernahmeklausel oder Übernahmerechten einzelner Gesellschafter oder einer Eintrittsklausel für Dritte die einzige gesellschaftsrechtliche Nachfolgeregelung ist, die nach der z. Zt. noch h. M. die Gesellschaft und die verbleibenden Gesellschafter vor Pflichtteils-, Pflichtteilsergänzungs- und Ansprüche von Gläubigern des verstorbenen Gesellschafters schützt (*Zimmermann* BB 1969, 965/971).

6. Rechtsgeschäftliche Eintrittsklausel. (1) **Rechtliche Gestaltung und Wirkung der Klausel.** Die einfache Fortsetzungsklausel empfiehlt sich nur in Fälle, in denen alle bereits in der Gesellschaft befindliche Personen fähig und gewillt sind, die Gesellschaft im Falle des Todes eines von ihnen fortzuführen. Im Extremfall führt sie schließlich dazu, daß das Unternehmen als Einzelhandelsfirma fortbetrieben wird, falls nicht unabhängig vom Todesfall neue Gesellschafter aufgenommen werden (Hdb.-PersG/*H. Westermann* Rdn. 457). Sie eignet sich daher nicht, den Fortbestand der Gesellschaft auf die Dauer zu gewährleisten. Dies ist jedoch der Fall, wenn die reine Fortsetzungsklausel ergänzt wird durch vertragliche Bestimmungen mit dem Ziel, einem oder mehreren bereits im Gesellschaftsvertrag bestimmten (so Fall des OLG Hamburg MDR 1955, 43) oder von einem hierzu vertraglich Berechtigten (Altgesellschafter, Erbengemeinschaft, verbleibende Gesellschafter u. a.) zu bestimmenden Eintrittsberechtigten das Recht auf Eintritt in die Gesellschaft zu verschaffen (sog. Eintrittsklausel) (Großkomm. HGB/*Ulmer* § 139 Anm. 174; BGH DNotZ 1980, 699/700). Bei der Eintrittsklausel vollzieht sich der Mitgliedschaftswechsel zum Unterschied zu den erbrechtlichen Nachfolgeklauseln und der rechtsgeschäftlichen Nachfolgeklausel nicht automatisch, sondern nur unter Mitwirkung des Eintrittsberechtigten (*Ulmer* ZGR 1972, 217). Seine Mitgliedschaft in der Gesellschaft muß nach dem Erbfall erst begründet werden. Es handelt sich bei der Eintrittsklausel nicht um eine Verfügung von Todes wegen, sondern um ein Rechtsgeschäft unter Lebenden, das sich in einen schuldrechtlichen Teil – der Begründung des Eintrittsrechts im Gesellschaftsvertrag oder seiner Ergänzung (Fortsetzungsvereinbarung) und einen vollziehenden Teil – den Eintritt des Berechtigten in die Gesellschaft (Vollzug des Beteiligungserwerbs) aufspaltet (*H. Westermann* Rdn. 547). Die Fortsetzungsvereinbarung kann unter Teilnahme des Nachfolgers von den Gesellschaftern vereinbart werden, häufiger ist jedoch, daß das Eintrittsrecht zwischen ihnen im Wege eines echten oder unechten Vertrages zugunsten Dritter (§§ 328, 331 BGB), dh. hier des Nachfolgers, begründet wird (*Westermann* Rdn. 549: OLG Hamburg MDR 1955, 43). Der Eintrittsberechtigte braucht dabei nicht notwendig im Gesellschaftsvertrag bereits bestimmt zu sein, es genügt, wenn – wie im Formular – in ihm bestimmt ist, daß er von einem Altgesellschafter oder einem Dritten zu benennen ist (*Westermann* Rdn. 548, 551, 463).

Dies ist auch einer der Vorteile dieser Klausel. Sie läßt, da sie ein Rechtsgeschäft unter Lebenden ist und daher nicht dem Verbot der Drittbestimmung des Zuwendungsempfängers gem. § 2065 BGB unterliegt, die Ermächtigung eines Dritten zur echt wertenden und auswählenden Bestimmung des Eintrittsberechtigten zu (*Westermann* Rdn. 464). Wegen dieser Möglichkeit empfiehlt sich die Eintrittsklausel, wenn der Nachfolger erst bei Erfüllung bestimmter Voraussetzungen einrücken soll oder wenn sich die übrigen Gesellschafter die Auswahl des Eintretenden offen halten wollen (*Göbel* DNotZ 1979, 153). Der Vollzug des Berechtigungerwerbs durch den Eintrittsberechtigten nach dem Tode des Gesellschafters ist auf verschiedene Weise möglich. Der Gesellschafter kann, was die Mitwirkung des Eintrittsberechtigten voraussetzt, ihm seinen Kapitalanteil schon zu seinen Lebzeiten durch Schenkungsvertrag mit auf seinen Tod befristeter und durch das Überleben des Eintrittsberechtigten aufschiebend bedingter Abtretung zuwenden (*Westermann* Rdn. 558; *Göbel* DNotZ 1979, 154; Fall des BGH NJW 1959, 1433; Fall des BGH NJW 1970, 1638). Darin liegt bereits der Vollzug der Schenkung zu Lebzeiten des Gesellschafters (§ 2301 Abs. 2 BGB), so daß die Vorschriften für die Schenkung unter Lebenden anwendbar sind (BGH NJW 1969, 1245; BGHZ 46, 198; BGHZ 50, 307). Die etwa fehlende Form des Schenkungsversprechens nach § 518 Abs. 1 BGB wird gem. § 518 Abs. 2 BGB mit dem Tod des Gesellschafters durch Vollzug geheilt, weil dann der Eintrittsberechtigte den Kapitalanteil unmittelbar erwirbt (*Westermann* Rdn. 561). Bei dieser Lösung ist der Gesellschafter allerdings schon zu Lebzeiten gebunden, was nicht immer erwünscht ist (*Göbel* DNotZ 1979, 152). Ferner kann der Gesellschafter dem Eintrittsberechtigten seinen Abschichtungsanspruch durch Vermächtnis oder Erbeinsetzung auf erbrechtlichen Weg zuwenden – erbrechtliche Eintrittsklausel – (*Westermann* Rdn. 557; *Ulmer* ZGR 1972, 222; BGH NJW 1978, 264/265). Letztlich kann er – wie im Formular – Abfindungsansprüche seiner Erben gegen die Gesellschaft bei seinem Tod völlig ausschließen und seine Mitgesellschafter durch Vertrag zugunsten des Eintrittsberechtigten verpflichten, nach seinem Tod den ihnen anwachsenden Kapitalanteil bis zur Entscheidung des Berechtigten über seinen Eintritt treuhänderisch selbst zu halten und ihn danach auf den Eintrittsberechtigten zu übertragen – eigentliche rechtsgeschäftliche Eintrittsklausel – (*Westermann* Rdn. 560; RGZ 145, 289/293; Großkomm. HGB/*Ulmer* § 139 Rdn. 182; *Göbel* DNotZ 1979, 154; *Ulmer* ZGR 1972, 220; BGH NJW 1978, 264/265). Auch dieser Fall unterfällt nicht der Formvorschrift des § 2301 Abs. 1 BGB, da nach der h. M. in Rechtsprechung (RGZ 80, 175/177; BGHZ 41, 95/96; BGHZ 66, 8/12 f; BGH NJW 1975, 382/383) und Schrifttum (*Palandt/Edenhofer* § 2301 Anm. 4) sich bei Verträgen zugunsten Dritter auf den Todesfall die Formbedürftigkeit nicht nach dem Valutaverhältnis, sondern nach dem Deckungsverhältnis richtet. Die fehlende Form des Schenkungsversprechens nach § 518 Abs. 1 BGB wird auch hier gem. § 518 Abs. 2 BGB geheilt, da mit dem Tod des Gesellschafters der Anspruch des Eintrittsberechtigten gegen die übrigen Gesellschafter auf Übertragung des Kapitalanteils entsteht (BGH NJW 1975, 382/383). Ob man den letztgenannten Weg der mittelbaren Zuwendung des Kapitalanteils an den Eintrittsberechtigten auch so variieren kann, daß die Gesellschafter sich versprechen, den Auseinandersetzungsanspruch beim Todesfall eines von ihnen nicht dessen Erben, sondern dem Eintrittsberechtigten zu schulden (*Wiedemann,* Die Übertragung und Vererbung von Mitgliedschaftsrechten bei Handelsgesellschaften, 1965, unter Hinweis auf § 332 BGB; *Göbel* DNotZ 1979, 154, Variante 4) hängt davon ab, ob Verfügungen zugunsten Dritter möglich sind (*Westermann* Rdn. 559). Da dies jedoch von der Rechtsprechung abgelehnt wird (BGHZ 41, 95), empfiehlt sich diese Variante nicht für die Praxis (*Westermann* Rdn. 559). Ein Vorteil der Eintrittsklausel ist, daß durch sie nicht nur Erben oder Vermächtnisnehmer des Gesellschafters, sondern außenstehende Dritte zu Nachfolgern bestimmt werden können. Daher kann eine Nachfolgeklausel, die daran gescheitert ist, daß der in ihr vorgesehene Nachfolger nicht Erbe wurde, häufig in eine gültige Eintrittsklausel umgedeutet werden (BGH NJW 1978, 264; BGHZ 68, 225 = NJW 1977, 1339). Umgekehrt ist, sofern der vorgesehene Nachfolger zum Kreis der voraussichtlichen Erben des Gesellschafters gehört, im Zweifel das Vorliegen einer erbrechtlichen Nachfolgeklausel anzunehmen, mit der zusammen mit einer entsprechenden letztwilligen Verfügung eine automatische Nachfolge leicht herbeigeführt werden kann (BGHZ 68, 225/233). Ein weiterer Vorteil der Eintrittsklausel ist, daß im Gegensatz zur erbrechtlichen Nachfolge keine Wahlmöglichkeit des Nachfolgers nach § 139 HGB besteht (Großkomm. HGB/*Ulmer* § 139 Anm. 100; *Göbel* DNotZ 1979, 153). Schließlich muß, den Ausschluß des Abfindungsanspruchs vorausgesetzt, die Eintrittsklausel im Gegensatz zu den erbrechtlichen Nachfolgeklauseln nicht mit der Erbfolge abgestimmt werden (MünchKomm/*Ulmer* § 727 Rdn. 37). Ein Nachteil liegt in der Unsicherheit, ob der Eintrittsberechtigte von seinem Eintrittsrecht wirklich Gebrauch macht, und damit die Kontinuität der Gesellschaft gesichert ist (*Ulmer* BB 1977, 805/807) oder ob die Gesellschaft Abfindungen zahlen und dazu das Gesellschaftskapital schmälern muß (BGHZ 68, 225/233). Nur wenn der Eintrittsberechtigte zugleich Erbe oder Vermächtnisnehmer des Gesellschafters wird, kann er indirekt durch Auflage (§ 1940 BGB) oder aufschiebend bedingte Erbeinsetzung oder Vermächtniszuwendung (§§ 2074, 2177 BGB) zum Eintritt veranlaßt werden (*Westermann* Rdn. 481; Großkomm. HGB/*Ulmer* § 139 Rdn. 185).

(2) **Rechtsstellung der übrigen Nachlaßbeteiligten.** Anders als bei der bloßen Fortsetzungsklausel mit allseitigem Abfindungsausschluß ist der Vollzug des Beteiligungserwerbs durch den Eintrittsberechtigten ein unentgeltlicher Vorgang, der bei den weichenden Erben und Pflichtteilsberechtigten Ansprüche nach den Vorschriften für unentgeltliche lebzeitige Zuwendungen auslösen kann (*Soergel/Dieckmann* § 2325 Rdn. 13; *Ulmer* ZGR 1972, 331; BGH NJW 1970, 1638). Ist der Eintrittsberechtigte gesetzlicher Erbe geworden, können Ausgleichungsansprüche nach §§ 2050 ff BGB in Frage kommen (Großkomm. HGB/*Ulmer* § 139 Anm. 191a). Bei rechtsgeschäftlicher Zuwendung des Kapitalanteils unter Lebenden scheidet ein Konditionsanspruch der Erben wegen Formnichtigkeit aus, da die fehlende Form des §§ 518 Abs. 2, 2301 Abs. 1 BGB entweder wie oben dargelegt durch Vollzug geheilt bzw. § 2301 Abs. 1 BGB auf das Valutaverhältnis nicht anzuwenden ist. Wenn der Kapitalanteil durch Rechtsgeschäft unter Lebenden und nicht auf erbrechtlichem Weg auf den Eintrittsberechtigten übergeht und somit nicht in den Nachlaß fällt, sondern an ihm vorbeigeführt wird (OLG Hamburg MDR 1955, 43), scheiden ordentliche Pflichtteilsansprüche nach §§ 2303 ff BGB aus. Es verbleiben lediglich, sofern die Voraussetzungen dazu vorliegen, Pflichtteilsergänzungsansprüche nach §§ 2325, 2326 Satz 2, 2329 Abs. 1 BGB gegen die Erben oder den Eintrittsberechtigten (Großkomm. HGB/*Ulmer* § 139 Rdn. 193; *Ulmer* ZGR 1972, 335 f; a. A. *Stötter* Betr. 1970, 526). Bei einer allseitigen Eintrittsklausel kann allerdings bereits die Unentgeltlichkeit entfallen (BGH DNotZ 1966, 620/621). Über den Streit, ob die Bewertung des Anteils in diesen Fällen nach dem Vollwert, dh. einschließlich aller Reserven und des Firmenwerts, oder einem beschränkten Klauselwert vorzunehmen ist, siehe oben Anm. 4. Über die Kontroverse, ab wann die Zehnjahresfrist des § 2325 Abs. 3 BGB läuft, ab dem Todesfall oder dem Tag der Vereinbarung siehe *Soergel/Dieckmann* § 2325 Rdn. 15 u. 20 sowie oben Anm. 4. Eine hM hat sich dabei noch nicht herausgebildet. Wurde der Kapitalanteil allerdings vom Gesellschafter dem Eintrittsberechtigten durch Erbeinsetzung oder Vermächtnis zugewandt (erbrechtliche Eintrittsklausel), können den benachteiligten Erben bzw. Pflichtteilsberechtigten des Gesellschafters normale Ansprüche nach §§ 2303, 2305, 2306 und 2307 BGB zustehen. Nachlaßgläubigern stehen bei rechtsgeschäftlicher Zuwendung lediglich beim Vorliegen der Voraussetzungen Ansprüche aus Schenkungsanfechtung gem. §§ 32 KO, 3 Nr. 3, 4 AnfG zu. Siehe insoweit Anm. 4 am Ende.

7. Rechtsgeschäftliche Nachfolgeklausel. (1) **Rechtliche Gestaltung und Wirkung der Klausel.** Die Eintrittsklausel wäre ideal ergänzt, wenn durch entsprechende vertragliche Gestaltung (Vertrag zugunsten Dritter gem. §§ 331, 328 BGB) erreicht werden könnte, daß der zum Eintritt vorgesehene, jedoch nicht am Gesellschaftsvertrag Beteiligte, mit dem Tod des Gesellschafters automatisch allein aufgrund des Gesellschaftsvertrages und unmittelbar in dessen personenrechtliche und vermögensrechtliche Gesellschafterstellung einrücken und sich dieser Vorgang außerhalb des Erbrechts am Nachlaß vorbei vollziehen würde (so vor allem *Brox* ErbR, 9. Aufl. Rdn. 754 m.w. N. und *Flume* FS Wolfgang Schilling, 1973, S. 23 ff). Rechtsprechung (BGHZ 22, 186; BGHZ 68, 225/231) und die hM im Schrifttum (MünchKomm/*Ulmer* § 727 Rdn. 34 m.w. N.; *Göbel* DNotZ 1979, 135) lehnen jedoch die Zulässigkeit solcher rechtsgeschäftlicher Nachfolgeklauseln ohne Beteiligung des Nachfolgers mit der Begründung ab, es handele sich dabei um eine nicht zulässige Verfügung zugunsten Dritter (BGHZ 41, 95) und vor allem auch um einen Vertrag zu Lasten Dritter (BGHZ 41, 95). Möglich ist allerdings eine rechtsgeschäftliche Nachfolgeklausel, wenn der Nachfolger an der Vereinbarung der Klausel beteiligt ist, insbesondere wenn er bereits Mitgesellschafter ist (BGHZ 68, 225 Leitsatz b; *Priester*

DNotZ 1977, 559; MünchKomm/*Ulmer* § 727 Rdn. 35; *Langenfeld/Gail* V 19). Auf diese Weise kann auch ein Dritter automatisch mit dem Tod seines Vorgängers in die Gesellschaft kommen (*Langenfeld«Gail* V 20). Um Verwechslungen mit erbrechtlichen Nachfolgeklauseln zu vermeiden, empfiehlt es sich im Gesellschaftsvertrag ausdrücklich festzustellen, daß eine rechtsgeschäftliche Nachfolgeklausel gewollt ist, die der Ausfüllung durch das Erbrecht nicht mehr bedarf (*Langenfeld/Gail* V 19). Konstruktiv handelt es sich um eine auf den Tod des Gesellschafters befristete und durch das Überleben des Nachfolgers aufschiebend bedingte Abtretung des Kapitalanteils unter Zustimmung der übrigen Gesellschafter (Fall des BGH NJW 1959, 1433; Fall des BGH NJW 1970, 1638).

(2) **Rechtsstellung der übrigen Nachlaßbeteiligten.** Ebenso wie bei der bloßen Fortsetzungsklausel und der Eintrittsklausel (oben Anm. 6 (2) wird auch bei der rechtsgeschäftlichen Nachfolgeklausel der Mitgliedschaftswert am Nachlaß vorbeigesteuert (*Heckelmann*, Abfindungsklauseln in Gesellschaftsverträgen, 1973, S. 267). Hier wie dort ist eine Ausgleichung für die Benachteiligten nach Bereicherungsrecht in Verbindung mit den Formvorschriften der §§ 2301 Abs. 1, 518 Abs. 1 BGB nicht möglich, weil die hM Vollzug annimmt (§§ 2301 Abs. 2, 518 Abs. 2 BGB). Ist der Nachfolger gleichzeitig gesetzlicher Erbe, kann eine Ausgleichungspflicht nach § 2050 BGB in Frage kommen. Sonst verbleiben den weichenden Erben bzw. Pflichtteilsberechtigten nur der Pflichtteilsergänzungsanspruch gegen die Erben nach § 2325 BGB bzw. subsidiär nach § 2329 BGB gegen den Nachfolger (*Heckelmann* S. 267f; MünchKomm/*Ulmer* § 727 Rdn. 35). Über den Beginn der 10-Jahresfrist des § 2325 Abs. 3 BGB siehe oben Anm. 4. Der Anspruch besteht nicht, soweit der Nachfolger den Erben ein Entgelt zu zahlen hat (BGH NJW 1959, 1433). Sofern alle Gesellschafter sich gegenseitig zur Übertragung verpflichtet haben, entfällt bereits die Unentgeltlichkeit (BGH DNotZ 1966, 620/621). Nachlaßgläubigern stehen bei Vorliegen der Voraussetzungen und innerhalb der Fristen Ansprüche aus Schenkungsanfechtung gem. §§ 32 KO, 3 Nr. 3, 4 AnfG zu. Siehe insoweit Anm. 4 am Ende.

8. Einfache erbrechtliche Nachfolgeklausel. (1) **Rechtliche Gestaltung und Wirkung der Klausel.** Nach der hM (BGHZ 22, 186; BGHZ 68, 225/233) haben Nachfolgeklauseln in Gesellschaftsverträgen im Zweifel die Bedeutung, den Gesellschaftsanteil entgegen § 727 Abs. 1 BGB vererblich zu stellen. Ihre Wirkung tritt automatisch, kraft erbrechtlichen Anteilsübergangs ein. Wer Nachfolger des verstorbenen Gesellschafters wird, bestimmt sich, wenn im Gesellschaftsvertrag eine solche Klausel enthalten ist, allein nach der gesetzlichen oder gewillkürten Erbfolge des Gesellschafters. Das Erbrecht hat bei diesen Klauseln den Vorrang vor dem Gesellschaftsrecht (*Göbel* DNotZ 1979, 134). Die sog. einfache Nachfolgeklausel sieht dabei entsprechend § 139 HGB vor, daß der Gesellschaftsanteil eines Gesellschafters bei seinem Tod auf alle seine Erben übergehen soll. Zu beachten ist, daß § 139 HGB unabdingbar vorsieht, daß jeder Erbe von den übrigen Gesellschaftern verlangen kann, die übernommene Einlage des Erblassers unter Beibehaltung des Gewinnanteils in eine Kommanditbeteiligung umzuwandeln und, falls sie dies ablehnen, ihm ein sofortiges Kündigungsrecht zusteht. Da die einfache Nachfolgeklausel den Anteil generell vererblich stellt, legt sie die Auswahl des oder der Nachfolger völlig in die Hände des einzelnen Gesellschafters, was bei mangelnder Eignung der Nachfolger für die Gesellschaft und die anderen Gesellschafter problematisch werden kann (*Göbel* DNotZ 1979, 144). Zur erbrechtlichen, automatischen Gesellschafternachfolge berufen sind auch Ersatzerben, sowie Vor- und Nacherben, nicht jedoch Vermächtnisnehmer und aufgrund Teilungsanordnung Begünstigte (*Göbel* aaO.). Ist, wie im Formular, im Gesellschaftsvertrag vorgesehen, daß die Gesellschaft beim Tod des Gesellschafters auch mit demjenigen fortgesetzt werden soll, dem der Erblassergesellschafter seinen Kapitalanteil bzw. sein Abfindungsguthaben vermacht, so scheitert der unmittelbare Erwerb von Todes wegen durch den Vermächtnisnehmer an § 2174 BGB

10. Nachfolgeregelungen auf den Todesfall bei Personengesellschaften XVI. 10

(*Wiedemann*, Die Übertragung und Vererbung von Mitgliedschaftsrechten bei Handelsgesellschaften, 1965, S. 165; *Göbel* DNotZ 1979, 145 f; *Westermann* Rdn. 533; *Soergel/Wolf* § 2032 Rdn. 19). Der Abfindungsanspruch steht mit dem Erbfall vielmehr den Erben zu, die verpflichtet sind, ihn dem Bedachten abzutreten (§ 2174 BGB), worauf er sich wieder in den Kapitalanteil umwandelt (*Westermann* Rdn. 533). Sind somit nach den Gesellschaftsvertrag auch Vermächtnisnehmer nachfolgeberechtigt, erfolgt ihr Eintritt in die Gesellschaft nicht automatisch mit dem Erbfall, es handelt sich insoweit um eine erbrechtliche Eintrittsklausel (siehe Anm. 6), die die Vermächtnisnehmer nur zum Eintritt in die Gesellschaft berechtigt aber nicht verpflichtet (*Hueck*, Das Recht der OHG, 4. Aufl. 1971, S. 415; *Schlegelberger/Geßler* § 139 Rdn. 13; *Buchwald* AcP 154, 27; *Westermann* Rdn. 543; *Schmidt* BWNotZ 1983, 104). Es handelt sich im Formular somit um eine Kombination von einfacher erbrechtlicher Nachfolgeklausel mit einer erbrechtlichen Eintrittsklausel. Will der Gesellschafter den Anteil bei der einfachen Nachfolgeklausel einer bestimmten Person zuwenden, muß er sie als Alleinerbin einsetzen (MünchKomm/*Ulmer* § 727 Rdn. 23). Der Alleinerbe tritt mit dem Tod des Gesellschafters nach § 1922 BGB sowohl in dessen vermögensrechtliche als auch personenrechtliche Stellung innerhalb der Gesellschaft ein, wenn die letztere nicht gerade an die Person des verstorbenen Gesellschafters gebunden war (*Bartholomeyczik/Schlüter* § 35 II 3 b). Wird dagegen der verstorbene Gesellschafter von mehreren Personen beerbt, kommt es zur Kollision zwischen Erbrecht und Gesellschaftsrecht. Nach dem Grundsatz der Universalsukzession (§ 1922 Abs. 1 BGB), müßte die Gesellschafterstellung des Verstorbenen als Teil des Nachlasses der Miterbengemeinschaft zur gesamten Hand (§ 2032 Abs. 1 BGB) zufallen. Andererseits kann nach den Grundsätzen des Personengesellschaftsrechts eine Erbengemeinschaft nicht Mitglied einer werbenden Personengesellschaft sein (siehe oben Anm. 2 Abs. 1). Der Konflikt wird von der heute hM zugunsten des Gesellschaftsrechts gelöst. Der bis zum Erbfall einheitliche Gesellschaftsanteil zerfällt und jeder der mehreren Miterben erhält im Wege der Sondererbfolge eine selbständige Gesellschafterstellung und einen gesonderten Gesellschaftsanteil und hat für sich das Wahlrecht nach § 139 HGB (Prinzip der Einzelrechtsnachfolge). Der Kapitalanteil sowie der Gewinn- und Verlustanteil des Erblassers verteilt sich, mangels möglicher anderweitiger Quotenfestsetzung mit dinglicher Wirkung durch Gesellschaftsvertrag oder letztwillige Verfügung (*Priester* DNotZ 1977, 561; a. A. Großkomm. HGB/*Ulmer* § 139 Rdn. 48), unter den Miterben entsprechend ihren Erbquoten (BGHZ 22, 186; BGHZ 68, 225/237; *Westermann* Rdn. 522; BGH JZ 1984, 890). Die den Erben zugefallenen einzelnen Gesellschaftsanteile teilen, da eine Sondererbfolge vorliegt, nicht das rechtliche Schicksal der Erbteile der Erbengemeinschaft. Von deren Übertragung oder Belastung werden sie nicht erfaßt. Die Möglichkeit und Wirksamkeit ihrer Übertragung richtet sich ausschließlich nach Gesellschaftsrecht (*Schmidt* BWNotZ 1983, 104). Daß der vererblich gestellte Gesellschaftsanteil beim Tod des Gesellschafters im Wege der Sondererbfolge auf den oder die Erben übergeht, gilt nicht nur beim Vorhandensein mehrerer Miterben, sondern auch dann, wenn nur ein Erbe vorhanden ist (BGHZ 22, 186/193; BGHZ 91, 132 = NJW 1984, 2104; *Ulmer* FS f. Schilling, 1973 S. 90 ff; *ders.*, ZHR 146 [1981], 509). Daraus wird teilweise gefolgert, daß die Vererbung der Mitgliedschaft außerhalb des Nachlasses, d. h. an ihm vorbei erfolge und daß der Gesellschaftsanteil zwar zur Erbschaft i. S. von § 1922 Abs. 1 gehöre, jedoch zumindest in seiner Gesamtheit keinen Nachlaßbestandteil bilde und wobei der Begriff „Nachlaß" erblasserbezogen und der „Erbschaft" erbenbezogen gesehen wird. Im einzelnen gehe die Mitgliedschaft als solche einschließlich der Verwaltungsrechte im Wege der Sonderrechtsnachfolge auf den oder die Erben persönlich über und sei daher kein Nachlaßbestandteil, lediglich die nach § 717 Satz 2 selbständig abtretbaren und daher vererblichen vermögensrechtlichen Ansprüche, wie z. B. Gewinnanspruch und Anspruch auf das Auseinandersetzungsguthaben, würden in den Nachlaß fallen (Abspaltungstheorie) (so vor allem *Ulmer* NJW 1984, 1496/1500; *ders.*, JuS 1986, 856/859 ff; MünchKomm/*Ulmer*, 2. Aufl. § 727 Rdn.

27f; aber auch der II. Zivilsenat des BGH: BGHZ 91, 132/136f = NJW 1984, 2104/2105; BGH NJW-RR 1987, 989; BGHZ 108, 187/192 = NJW 1989, 3152). Demgegenüber gehört nach der jetzt wohl h.M. (VI a-Senat des BGH: BGH NJW 1983, 2376; BGHZ 98, 48 = NJW 1986, 2431; *Staudinger/Marotzke* § 1922 Rdn. 102 m.w.N.; *ders.*, JR 1988, 184; *Götte* DNotZ 1988, 603; MünchKomm/*Leipold*, 2. Aufl. § 1922 Rdn. 38 m.w.N.; *Palandt/Edenhofer* § 1922 Rdn. 16; *Jauernig/Stürner* § 2032 Anm. 4b cc) zutreffend ein Personengesellschaftsanteil trotz der Sondernachfolge grundsätzlich einschließlich der Mitgliedschaft zum Nachlaß, wobei die Begriffe „Nachlaß" und „Erbschaft" vollkommen identisch sind (*Esch* NJW 1984, 331/340; *Staudinger/Marotzke* § 1922 Rdn. 103). Man sollte sich jedoch bewußt bleiben, daß damit noch nicht abschließend geklärt ist, welche Rechtsfolgen daraus im einzelnen abzuleiten sind (MünchKomm/*Leipold*, 2. Aufl. § 1922 Rdn. 38).

(2) **Gesellschaftsvertragliche Modifizierungen der einfachen Nachfolgeklausel.** Die Gefahr der einfachen erbrechtlichen Nachfolgeklausel ist die Zersplitterung der Geschäftsanteile, die Vervielfältigung der Mitwirkungs- und Kontrollrechte und die damit verbundene Gefährdung der Einheit der Unternehmensführung (*Michalski*, Gesellschaftsrechtliche Gestaltungsmöglichkeiten zur Perpetuierung von Unternehmen, 1980 S. 157). Durch geeignete Abänderungen der nachgiebigen gesetzlichen Bestimmungen des Organisationsrechts, durch die die Nachfolge in der Unternehmensleitung (Geschäftsführung) geregelt und der Einfluß der nichttätigen Gesellschafter eingeschränkt wird, kann dem jedoch begegnet werden. Diese gesellschaftsvertraglichen Bestimmungen für den Nachfolgefall übernehmen die Erben im Wege der Universalsukzession mit dem Erbfall (*Michalski* S. 176). Üblich und zulässig sind folgende Vereinbarungen für den Nachfolgefall:

a) Wie im Formular werden die Erben des verstorbenen persönlich haftenden Gesellschafters Kommanditisten und nur einer von ihnen kann Komplementär werden (Großkomm. HGB/*Ulmer* § 139 Anm. 28; BGH BB 1963, 323 = DNotZ 1964, 108; BGH WPM 1967, 319 = DNotZ 1967, 387; WPM 1971, 308; *Michalski* Betr. 1980 Beil. 5 S. 23; *Westermann* Rdn. 513). Wer von den Erben persönlich haftender Gesellschafter wird und wer sich mit der Kommanditistenstellung zufrieden geben muß, kann dabei je nach der Vereinbarung im Gesellschaftsvertrag vom Erblasser bestimmt werden, aber auch von Dritten, etwa den Erben oder den übrigen Gesellschaftern (BGH BB 1963, 323). Das verstößt nicht gegen § 2065 Abs. 2 BGB, da es sich hierbei nicht um die Bestimmung des Zuwendungsempfängers oder -gegenstandes handelt, sondern um die gesellschaftsrechtliche Bestimmung der Rolle der vermögensmäßig gleichgestellten Nachfolger-Erben innerhalb der Gesellschaft.

b) **Ausschluß einzelner Komplementäre oder der Kommanditisten von der Geschäftsführung und der Vertretung der Gesellschaft** (BGHZ 41, 367; *Michalski* S. 159ff). Zweckmäßig kann auch ein Vorschlagsrecht nach Familienstämmen sein (*Reuter*, Privatrechtliche Schranken der Perpetuierung von Unternehmen, 1973 S. 163ff), dh. den Abkömmlingen der Kinder des Gesellschaftsgründers wird nach Stämmen jeweils das Recht eingeräumt, je einen Kandidaten pro Stamm aus ihren Reihen für die Geschäftsführung zu benennen. Weit verbreitet ist auch, der Nachgründergeneration einen Beirat aus Nichtgesellschaftern beizugeben, die die Auswahl der geschäftsführenden Gesellschafter vorzunehmen haben und deren Zustimmung die Geschäftsführung bei wichtigen Entscheidungen bedarf (*Reuter* S. 172ff; BGH JZ 1960, 490). Dagegen läßt die Rechtssprechung (BGHZ 36, 292ff) im Personengesellschaftsrecht die sog. Drittorganschaft, dh. die Bestellung eines Nichtgesellschafters als Geschäftsführer nicht zu. Ob ein Gesellschafter-Geschäftsführer ohne Kapitalanteil zulässig ist, wird von *U. Huber* (Vermögensanteil, Kapitalanteil und Gesellschaftsanteil an Personengesellschaften des Handelsrechts, 1970, S. 289ff) bejaht, von *Reuter* (S. 192ff) dagegen verneint.

10. Nachfolgeregelungen auf den Todesfall bei Personengesellschaften · XVI. 10

c) **Ausschluß oder Beschränkung des Stimmrechts für einzelne Gesellschafter** (BGHZ 20, 363; BGHZ 14, 269 für GmbH; *Michalski* S. 162 ff; *Michalski* Betr. 1980 Beil. 5 S. 22), evtl. auch Gewährung eines zusätzlichen Stimmrechts an verschiedene Gesellschafter (BGH NJW 1960, 963) bzw. Regelung des Stimmgewichts (*U. Huber* S. 44). Dagegen ist die Abspaltung und Übertragung des Stimmrechts auf andere Gesellschafter oder Dritte (BGH NJW 1960, 963) und auch die Erteilung einer unwiderruflichen Stimmrechtsvollmacht (BGHZ 3, 357) jeweils wegen Verstoß gegen das Abspaltungsverbot nach § 717 Satz 1 BGB nicht zulässig.

d) Gebot an die Kommanditisten, ihr Stimmrecht nur durch einen gemeinschaftlichen Vertreter wahrzunehmen – **Vertreterklausel** – (BGHZ 22, 192; BGHZ 46, 291/296; *Michalski* S. 171 ff; *ders.*, Betr. 1980 Beil. 5 S. 23; *Soergel/Wolf* § 2032 Rdn. 20; MünchKomm/*Dütz* § 2032 Rdn. 32).

e) Gebot der treuhänderischen Übertragung des Gesellschaftsanteils des Erblassers auf einen Altgesellschafter – **Verwaltungstreuhand** – (*Michalski* S. 182 ff; *Reuter* S. 224 ff).

Nicht mehr möglich ist in diesem Zusammenhang eine bewährte Tradition der gesellschaftsvertraglichen Praxis (*Flume* NJW 1979, 902), alle pflichtteilsberechtigte Erben zwar in die Gesellschaft aufzunehmen, aber mit Ausnahme des zur Nachfolge als persönlich haftendem Gesellschafter Berufenen nur als Kommanditisten mit einer Beteiligung insoweit geminderten Rechts, daß sie vom persönlich haftenden Gesellschafter jederzeit, dh. zu einem Zeitpunkt, zu dem Abfindungszahlungen für das Unternehmen tragbar sind, nach freiem Ermessen auch ohne wichtigen Grund hinausgekündigt werden können und sie dabei zum Buchwert, dh. ohne Berücksichtigung der stillen Reserven und des Geschäftswerts, abgefunden werden können. Der BGH (NJW 1979, 104) hat in einem solchen Fall die Nichtigkeit der Buchwertabfindung nach § 138 BGB angenommen, da diese Regelung zur Bereicherung der bevorzugten Gesellschafter führe und einen besonderen Anreiz für die ausschließungsberechtigten Gesellschafter böte, von ihrem Recht aus sachfremden Erwägungen heraus und willkürlich Gebrauch zu machen (hierzu *Flume* NJW 1979, 902; *Esch* NJW 1979, 1390; *Ulmer* NJW 1979, 81; *Eiselt* FG U. v. Lübtow, 1980, S. 643 ff). Schließlich hat der BGH (BGHZ 81, 263 = NJW 1981, 2565; BGH NJW 1985, 2421 = WPM 1985, 772) allgemein gesellschaftsvertragliche Bestimmungen nach § 138 BGB für nichtig erklärt, die den persönlich haftenden Gesellschaftern das Recht einräumen, Mitgesellschafter nach freiem Ermessen aus der Gesellschaft auszuschließen, es sei denn, daß eine solche Regelung wegen außergewöhnlicher Umstände sachlich gerechtfertigt ist (siehe hierzu *Krämer* NJW 1981, 2553; *Kreutz* ZGR 1983, 109; *Bunte* ZIP 1983, 8; *Hennerkes/Binz* Betr. 1983, 2669; *Koller* Betr. 1984, 545; *Bunte* ZIP 1985, 915). Für die Kautelarpraxis bedeutet dies, daß im Gesellschaftsvertrag einzelne Gründe für die Ausschließung festgelegt werden müssen (*Bunte* aaO.).

(3) Rechtsstellung der übrigen Nachlaßbeteiligten. Geht aufgrund einer einfachen erbrechtlichen Nachfolgeklausel mit dem Erbfall automatisch der Gesellschaftsanteil auf den Alleinerben oder alle Miterben über, können Probleme der Abfindung und der Auseinandersetzung gegenüber der Gesellschaft und zwischen den Miterben nicht auftreten (*Langenfeld/Gail* V Rdn. 21; *Haegele* BWNotZ 1976, 27; Großkomm. HGB/*Ulmer* § 139 Anm. 186). Da bei dieser Regelung die Gesellschaftsbeteiligung vermögensmäßig in den Nachlaß fällt, ist sie bei der Nachlaßbewertung gem. § 2311 BGB für den ordentlichen Pflichtteilsanspruch nach § 2303 BGB zu berücksichtigen (*Soergel/Dieckmann* § 2311 Rdn. 6) und kommt so indirekt den bei gewillkürter Erbfolge übergangenen Pflichtteilsberechtigten zugute. Insoweit kann nur fraglich sein, ob bei der Bewertung gesellschaftsvertragliche Abfindungsklauseln zu berücksichtigen sind (siehe hierzu oben Anm. 4). Trotz des Zerfalls der einheitlichen Gesellschafterstellung des Erblassers in selbständige Gesellschafterstellungen bei den Miterben gehört der Gesellschaftsanteil wertmäßig zum Nachlaß und haftet den Nachlaßgläubigern gem. §§ 2058, 2059 Abs. 1 BGB (*H. P. Westermann* AcP 173, 28; *Soergel/Wolf* § 2032 Rdn. 14; BGHZ 47, 293/295 f). Sehr streitig ist jedoch, in welcher Art und Weise die verschiedenen Gruppen von Gläubigern (Nachlaßgläubiger, Gesellschaftsgläubiger, Erbeneigengläubiger) auf den Gesellschaftsanteil Zugriff nehmen können. Dabei ist man sich über die Ergebnisse weitgehend einig und nur die Begründungen differieren.

Für alle, die wie die h. M. den Gesellschaftsanteil einschließlich der Mitgliedschaft dem Nachlaß zuordnen, stellt sich die Haftungssituation nach dem Tod des Gesellschaftererblassers wie folgt dar:

– Für die bisherigen und neue Gesellschaftsverbindlichkeiten haftet den Gesellschaftsgläubigern zunächst das Gesellschaftsvermögen (§§ 124 Abs. 2 HGB, 736 ZPO), danach die anteilig zu Gesellschaftern gewordenen Erben persönlich, d. h. ohne erbrechtliche Beschränkungsmöglichkeiten (§§ 128, 129, 130 HGB), sofern sie nicht von dem Wahlrecht nach § 139 HGB Gebrauch gemacht haben und letztlich den Altgläubigern, da sie gleichzeitig Nachlaßgläubiger sind, der Nachlaß und die Erben nach Maßgabe der §§ 2058 ff und mit der Möglichkeit letzterer, ihre erbrechtliche Haftung (nicht die gesellschaftsrechtliche) auf den Nachlaß durch Nachlaßverwaltung (§ 1975), Nachlaßkonkurs (§ 1975), Aufgebotsverfahren (§ 1973), Versäumung (§ 1974), Erschöpfungseinrede (§ 1989), Dürftigkeitseinrede (§ 1990) oder Verweisung auf den ungeteilten Nachlaß (§ 2059) zu beschränken.

– Den Nachlaßgläubigern, die nicht zugleich Gesellschaftsgläubiger sind, haftet der Gesellschaftsanteil als Nachlaßgegenstand gem. §§ 2058, 2059 Abs. 2. Zur Geltendmachung der Haftung ist gem. § 747 ZPO ein gegen alle Erben ergangenes Urteil erforderlich, mit dem der Gläubiger unter den Voraussetzungen des § 135 HGB das Auseinandersetzungsguthaben gem. §§ 857, 859 ZPO pfänden, sich überweisen lassen und danach die Gesellschaft mit Sechsmonatsfrist auf das Geschäftsjahresende kündigen kann. Wer, wie die unten Genannten, in der automatischen Aufteilung des Gesellschaftsanteils beim Erbfall unter die Miterben eine Erbteilung i. S. des § 2059 Abs. 1 sieht, muß den Nachfolger-Erben alsbald auch mit seinem Privatvermögen für die Nachlaßverbindlichkeiten haften lassen. Dabei kann der Erbe diese Haftung allerdings durch eine Maßnahme nach §§ 2060, 2061 auf den seiner Erbquote entsprechenden Teil der Nachlaßverbindlichkeiten beschränken.

– Sofern man im automatischen Zerfall der Gesellschafterstellung des Erblassers in selbständige Gesellschaftsanteile der nachfolgeberechtigten Miterben eine Teilung i. S. von § 2059 Abs. 1 sieht (so *H. P. Westermann* AcP 173 (1973), 24/28 f; *Kieserling*, Die erbrechtliche Haftung des Miterben-Gesellschafters, Diss. Münster 1972 S. 53 ff), können Eigengläubiger der Miterben sofort nach dem Erbfall gegen den automatisch ihrem Schuldner zugefallenen Gesellschaftsanteil in gleicher Weise vorgehen, wie vorstehend für die Nachlaßgläubiger gegen den ungeteilten Anteil erläutert. Wer allerdings diese Meinung vertritt, läßt meist daneben zu, daß jeder betroffene Nachfolger-Erbe entgegen § 2062 die Nachlaßverwaltung auch allein beantragen kann, was zu einer Separierung der Beteiligung und letztlich zum Vorrang der Nachlaßgläubiger vor den Eigengläubigern führt. Die z. Zt. wohl h. M. (MünchKomm/*Dütz*, 2. Aufl. § 2059 Rdn. 8, 11; *Lange/Kuchinke*, 3. Aufl. § 31 V 6) sieht in diesen Fällen jedoch nur dann eine Teilung i. S. des § 2059 Abs. 1, wenn der Wert der Gesellschaftsbeteiligung praktisch dem ganzen oder wesentlichen Nachlaß gleichkommt. Sonst kann der Miterbe die Einrede nach § 2059 Abs. 1 Satz 1 mit der Folge geltend machen, daß bis zur endgültigen Teilung der ihm zugefallene Teil des Gesellschaftsanteils nicht dem Vollstreckungszugriff seiner Eigengläubiger unterliegt. Andere (*Ulmer* ZGR 1972, 193/203 Fn. 44; *ders.*, NJW 1984, 1496/1500; *Staudinger/Marotzke* § 2059 Rdn. 16 f; *Soergel/Wolf* § 2032 Rdn. 14) wollen ohne diese Einschränkung im automatischen Teil des Anteils nie Teilung i. S. des § 2059 Abs. 1 sehen, da diese Vorschrift allein die rechtsgeschäftliche Aufteilung erfasse. Aber auch eine noch so großzügige Auslegung

10. Nachfolgeregelungen auf den Todesfall bei Personengesellschaften XVI. 10

des § 2059 Abs. 1 kann einen Eigengläubiger des Nachfolgermiterben nicht hindern, dessen gesamten Erbteil gem. §§ 2033 Abs. 1 BGB, 859 Abs. 2 ZPO zu pfänden und dann die Auseinandersetzung des Nachlasses nach § 2042 Abs. 1 zu erzwingen, dem dann auch der sich noch ungeteilt i. S. des § 2059 Abs. 1 in ihm befindliche Personengesellschaftsanteil unterliegt. Im Gegenzug können die Nachlaßgläubiger jedoch durch Antrag auf Nachlaßverwaltung gem. § 1981 Abs. 2 oder Nachlaßkonkurs gem. § 217 Abs. 1 KO eine Nachlaßabsonderung herbeiführen und so den Nachlaß vor dem Zugriff der Eigengläubiger der Erben schützen. Wer den Gesellschaftsanteil oder zumindest die Mitgliedschaft sofort mit dem Erbfall statt dem Nachlaß dem Eigenvermögen des Nachfolgers zuordnet, kann nur mit erheblichem konstruktivem Aufwand (siehe MünchKomm/*Ulmer*, 2. Aufl. § 727 Rdn. 27a) ein ähnliches vollstreckungsrechtlich gebotenes Ziel erreichen (*Lange/Kuchinke*, 3. Aufl. § 31 V 6).

Der einzige geeignete Weg, den Gesellschaftsanteil langfristig (§ 2210) und sicher vor dem Zugriff der Privatgläubiger des Erben zu bewahren, ist allerdings die Anordnung einer jetzt hinsichtlich der „Außenseite" des Gesellschaftsanteils zulässigen Testamentsvollstreckung (*Marotzke* JR 1988, 184/186).

9. Testamentsvollstreckung an Gesellschaftsanteilen. (1) **An vollhaftenden Beteiligungen.** Die automatische Erstreckung einer vom Erblasser angeordneten Verwaltungstestamentsvollstreckung auf die Beteiligung des Erblassers an einer offenen Handelsgesellschaft oder als persönlich haftender Gesellschafter an einer Kommanditgesellschaft wird von der Rechtsprechung (RGZ 170, 392/394; BGHZ 24, 106/112 f; BGHZ 68, 225/394; BGHZ 108, 187/195 = NJW 1989, 3152) und dem Schrifttum (siehe Übersicht bei *Bommert* BB 1984, 178 Fußn. 9) ganz überwiegend abgelehnt. Begründet wird dies mit der Diskrepanz zwischen dem Erbrecht, das dem Testamentsvollstrecker gem. § 2206 Satz 1 BGB nur gestattet, Verbindlichkeiten für den Nachlaß einzugehen, die den erbrechtlichen Haftungsbeschränkungen der §§ 1975, 1990, 2059 Abs. 1 Satz 1 BGB unterliegen, und dem Gesellschaftsrecht, das im § 128 HGB die unbeschränkte persönliche Haftung der Gesellschafter festlegt, zu der der Testamentsvollstrecker die Erben nicht ohne ihr Einverständnis verpflichten kann. Seit die Sonderung von Nachlaß und vererbter Gesellschaftsbeteiligung allgemein anerkannt ist, wird die Ablehnung mehr und mehr auch mit der fehlenden Nachlaßzugehörigkeit des Anteils begründet (Großkomm. HGB/*Ulmer* § 139 Anm. 68; *ders.*, ZHR 146 (1982), 569; *ders.*, NJW 1984, 1498; *Baumbach/Hopt*, 29. Aufl. § 139 Rdnr. 19; BayObLG DNotZ 1984, 44; BGH II. ZS NJW 1981, 750 zur BGB-Ges.; a.A. BGH IV. ZS NJW 1983, 2376; *Esch* NJW 1984, 339; *Reithmann* BB 1984, 1395). Eine bloße Abwicklungsvollstreckung erstreckt sich, sofern im Gesellschaftsvertrag zugelassen, auch auf eine Personengesellschaftsbeteiligung (Großkomm. HGB/*Ulmer* § 139 Anm. 67 mwN; *ders.*, FS Wolfgang Schilling, S. 97; MünchKomm/*Ulmer* § 727 Rdn. 19; Hdb-PersGes./*H. Westermann* I Rdn. 504; differenzierend *Damrau* NJW 1984, 2785f). Auf bereits entstandene Auseinandersetzungsguthaben einer Personengesellschaftsbeteiligung erstreckt sich auch eine Verwaltungstestamentsvollstreckung (BGH BB 1981, 201 = WPM 1981, 140; BGH BB 1985, 951 = NJW 1985, 1953). Seit Mitte der achtziger Jahre läßt der Senat IVa des BGH (BGHZ 98, 48/56 f = NJW 1986, 2431/2433 = DNotZ 1987, 116) einen OHG-Anteil als Nachlaßbestandteil hauptsächlich im Interesse seiner Bestandssicherung zugunsten der Nachlaßgläubiger darüber hinaus mit seiner „Außenseite" der Verwaltung eines eingesetzten Dauertestamentsvollstreckers unterliegen, so daß ihm die laufenden Gewinnansprüche und ein eventueller künftiger Auseinandersetzungsanspruch, d. h. der Anteilswert und die Vermögensrechte des Erblassers unterstellt sind und er lediglich von Geschäftsführung, Vertretung und Stimmrecht, d. h. der Ausübung der nicht vermögensrechtlichen innergesellschaftlichen Mitgliedschaftsrechte (Innenseite) ausgeschlossen ist (zustimmend: *Flume* NJW 1988, 161; *Marotzke* JZ 1986, 457; *ders.*, AcP 187 (1987), 223 ff; *K. Müller* JR 1986, 504; *Esch* NJW 1984, 339; *Reimann* MittbayNot 1986,

232; *Palandt/Edenhofer* § 2205 Rdn. 9; *Erman/Hense/M. Schmidt* § 2205 Rdn. 29; ablehnend: *Ulmer* JuS 1986, 856; *Weber* FS f. Stiefel, 1987, S. 829; MünchKomm/ *Brandner*, 2. Aufl. § 2205 Rdn. 28 m.w.N.). Ist daher nach gegenwärtiger Rechtslage (siehe hierzu *Reimann* MittBayNot 1986, 232) im Gesellschaftsvertrag keine Regelung über die Zulässigkeit der Testamentsvollstreckung enthalten und hat der Erblasser trotzdem Testamentsvollstreckung angeordnet, so sind die Erben dadurch zwar nicht gehindert, die Innenseite ihrer Gesellschaftsrechte selbst wahrzunehmen. Der Testamentsvollstrecker hat jedoch eine beaufsichtigende Funktion und kann verhindern, daß die Gesellschafter-Erben über ihre ererbten Geschäftsanteile verfügen und daß ihre Eigengläubiger in den Anteil und die daraus erwachsenden Vermögensrechte vollstrecken. Ferner bedürfen die Gesellschafter-Erben zu allen die vermögensrechtliche Außenseite ihrer Anteile betreffenden Maßnahmen der Zustimmung des Testamentsvollstreckers.

(2) **Ersatzlösungen.** Bei bestehendem Bedürfnis bieten sich folgende Lösungsmöglichkeiten an, um dem Testamentsvollstrecker die Ausübung auch der nicht vermögensrechtlichen Mitgliedschaftsrechte (Innenseite) an der Beteiligung zu ermöglichen. Die Probleme und Einwendungen gegen die einzelnen Ersatzlösungen sind dabei denen ähnlich, die gegen die Erstreckung einer Verwaltungstestamentsvollstreckung auf ein einzelkaufmännisches Unternehmen vorgebracht werden (siehe oben Form. VIII. 23 Anm. 8). Die Ersatzlösungen setzen alle die Zustimmung der Mitgesellschafter im Gesellschaftsvertrag oder nach dem Erbfall voraus (*Haegele/Winkler,* Der Testamentsvollstrecker, 8. Aufl. Rdn. 369 mwN). Bei den Ersatzlösungen werden für das Verhältnis des Testamentsvollstreckers zu den Erben die Regeln der §§ 2197ff BGB analog angewendet. Allerdings ist hierbei noch vieles offen, insbesondere die Rolle des Nachlaßgerichts (*Damrau* NJW 1984, 2789).

a) **Auflage, Bedingung.** Das Reichsgericht (RGZ 172, 199) und zunächst auch der Bundesgerichtshof (BGHZ 12, 102) haben grundsätzlich bejaht, daß der Erblasser den Erben durch Auflage zwingen könne, die Ausübung der Mitgliedschaftsrechte dem Testamentsvollstrecker zu überlassen. Der BGH (MDR 1954, 32/33; WPM 1969, 492/493 = BB 1969, 773) hat dies dann aber in einem obiter dictum ausdrücklich im Gegensatz zu RGZ 172, 199 in Frage gestellt. Gegen die Verwendung der auflösenden Bedingung als Druckmittel ist nur eine Gegenstimme ersichtlich (*Wiedemann,* Die Übertragung und Vererbung von Mitgliedschaftsrechten bei Handelsgesellschaften, 1965 S. 333). Diese Lösung hat jedoch den Nachteil, daß der Erblasser dann einen Nacherben oder Nachvermächtnisnehmer für den Anteil einsetzen muß (*Damrau* NJW 1984, 2789; *Haegele/Winkler* Rdn. 346), da sonst sog. konstruktive Nacherbfolge nach §§ 2104, 2105 BGB eintritt. Die Entscheidung der Frage, ob mit Auflage oder Bedingung den Erben eine Quasitestamentsvollstreckung bezüglich des Anteils aufgezwungen werden kann, läßt sich nicht generell, sondern nur getrennt für die einzelnen Lösungswege beantworten, auf denen die Überlassung der Gesellschaftsrechte an den Testamentsvollstrecker erfolgen soll. Anordnung der Testamentsvollstreckung, Auflagen und Bedingungen können im übrigen pflichtteilsberechtigte Testamentserben zur Ausschlagung und zum Pflichtteilsverlangen nach § 2306 BGB und damit zur Vereitelung der Nachfolgelösung veranlassen. Will man dem entgehen, sollte der Erblasser zu Lebzeiten mit ihnen einen Erb- und Erbverzichtsvertrag (*Klussmann* BB 1966, 1209/1211) oder besser noch einen Pflichtteilsverzichtsvertrag gegen entsprechende Gegenleistung abschließen.

b) **Treuhänderische Übertragung der Gesellschaftsbeteiligung an den Testamentsvollstrecker.** Sie wird von der Rechtsprechung und dem Schrifttum allgemein als zulässig angesehen (RGZ 132, 138; BGHZ 12, 102; *Esch* NJW 1981, 2226; *Rehmann* BB 1985, 297/300). In der Praxis dürfte der Weg jedoch bei vollhaftender Beteiligung daran scheitern, daß sich kaum ein Testamentsvollstrecker bereitfinden wird, die zwingende Haftung aus § 128 HGB zu übernehmen (Hdb-PersGes/*H. Westermann* I Rdn. 511).

c) **Vollmacht der Erben an den Testamentsvollstrecker.** Diese Lösung wird weitgehend als zulässig erachtet, soweit ihre Widerruflichkeit aus wichtigem Grund nicht ausgeschlossen ist (Großkomm. HGB/*Ulmer* § 139 Anm. 77; *Haegele/Winkler* Rdn. 344; *Rehmann* BB 1985, 297/299). Durch eine solche Vollmacht wird indessen dem Anliegen des Erblassers kaum Genüge getan. Die Unwiderruflichkeit wird von der hM mit Rücksicht auf das Abspaltungsverbot nach § 717 Satz 1 BGB versagt (*Haegele/Winkler* Rdn. 345 mwN; a.A. dh. für unwiderrufliche verdrängende Vollmacht *Ulmer* ZHR 146 (1982), 570). Es verbleibt die Möglichkeit, den Widerruf mittels erbrechtlichen Druckes (Auflage, auflösende Bedingung) zu vermeiden zu suchen (*Damrau* NJW 1984, 2789; *Rehmann* BB 1985, 300). Was allerdings nicht unbestritten ist (siehe oben lit. a).

d) **Postmortale Vollmacht des Erblassers für den Testamentsvollstrecker.** Hierbei erteilt der Erblasser zu seinen Lebzeiten dem Testamentsvollstrecker auf seinen Tod aufschiebend bedingte Vollmacht zur Ausübung der Gesellschafterrechte (*Ulmer* ZGR 146 (1982), 574; *Haegele/Winkler* Rdn. 345; *Reithmann* BB 1984, 1394; *Rehmann* BB 1985, 301). Auch hierbei stellt sich allerdings das Problem der Widerruflichkeit durch die Erben nach dem Erbfall. Sie ist grundsätzlich jederzeit von jedem der Erben widerruflich (*Haegele/Winkler* Rdn. 345; a.A. dh. für unwiderrufliche und verdrängende Erteilung *Ulmer* ZHR 146 (575). Eine Sanktion des Widerrufs bzw. der verdrängenden Wirkung der Vollmacht (so *Rehmann* BB 1985, 301; *Reithmann* BB 1984, 1396 f) stehen wiederum die oben lit. a genannten Bedenken entgegen.

e) **Vorübergehende Kommanditbeteiligung der Erben.** Hierbei soll der für die Testamentsvollstreckung vorgesehene Anteil nach dem Erbfall für die Zeit der Testamentsvollstreckung in einen Kommanditanteil umgewandelt werden mit dem Anspruch auf Rückumwandlung nach Beendigung der Testamentsvollstreckung in eine vollhaftende Beteiligung (*Wiedemann*, Die Übertragung und Vererbung von Mitgliedschaftsrechten bei Handelsgesellschaften, 1965, S. 345 f; Großkomm. HGB/*Ulmer* § 139 Anm. 80). Dazu ist eine entsprechende gesellschaftsvertragliche Regelung erforderlich und die Unterstellung des Kommanditanteils unter die Testamentsvollstreckung durch den Erblasser in letztwilliger Verfügung. Diese Lösung steht und fällt damit, ob man die Erstreckung der Testamentsvollstreckung auf einen Kommanditanteil zuläßt (siehe unten Abs. 3).

Bei dieser Rechtslage sollte die Praxis davon Abstand nehmen, eine vollhaftende Beteiligung an einer Personengesellschaft einer Verwaltungstestamentsvollstreckung unterstellen zu wollen (*Esch/Schulze zur Wiesche*, Hdb. d. Vermögensnachfolge, 2. Aufl. I Rdn. 615). Falls dies jedoch unumgänglich ist, sollte man, wie im Formular, das angestrebte Ziel, dem Testamentsvollstrecker die Ausübung der Mitgliedschaftsrechte zu ermöglichen, auf mehreren Wegen zu erreichen versuchen (*Reithmann* BB 1984, 1397).

(3) **An Kommanditbeteiligungen.** Trotzdem das Problem der persönlichen Haftung des Erben hier praktisch ganz entfällt und es sich auch nicht um eine persönlichkeitsbezogene Arbeits- und Haftungsgemeinschaft handelt, ist auch die Zulässigkeit der Testamentsvollstreckung an einer Kommanditbeteiligung umstritten. Das Reichsgericht (RGZ 172, 199) hat die Zulässigkeit im Hinblick auf seine Entscheidung bei der vollhaftenden Beteiligung verneint. Der II. Zivilsenat des Bundesgerichtshofes (BGH NJW 1981, 749; BGHZ 91, 132/137 f = NJW 1984, 2104; BGH BB 1985, 951 = NJW 1985, 1953) hat die Frage mehrfach ausdrücklich offen gelassen. Dabei schien der II. Zivilsenat zunächst zur Verneinung (BGH NJW 1981, 749/750) später jedoch zur Bejahung der Frage zu neigen (BGH BB 1985, 951 = NJW 1985, 1953). Jetzt hat jedoch der II. Senat des BGH (BGH NJW 1989, 3159 = WPM 1989, 1131 = BB 1989, 1840 = DNotZ 1190, 183 m. Anm. *Reimann*; siehe eingehende Besprechung von *Ulmer* NJW 1990, 73) in Bestätigung einer Vorlage des OLG Hamm (OLGZ 1989, 148 = Betr. 1989, 821 = ZIP 1989, 830) die Einbeziehung eines Kommanditanteils in eine Dauertestamentsvollstreckung ausdrücklich zugelassen, sofern die Mitgesellschafter dem entweder bereits im Gesell-

schaftsvertrag oder später zustimmen (ebenso OLG Stuttgart ZIP 1988, 1335; OLG Düsseldorf WPM 1988, 830). Die Ausübung der mit dem Kommanditanteil verbundenen Gesellschaftsrechte steht während der Dauer der Testamentsvollstreckung grundsätzlich dem Testamentsvollstrecker zu. Lediglich zu Vertragsänderungen, die entweder in den Kernbereich der Mitgliedschaftsrechte der Kommanditisten-Erben eingreifen, ihre persönliche Haftung begründen oder die erbrechtliche Beschränkung des Testamentsvollstreckeramtes tangieren, bedarf es des Zusammenwirkens von Testamentsvollstrecker und Erben (*Ulmer* NJW 1990, 83). Der Testamentsvollstrecker ist in diesem Fall auch ausschließlich berechtigt und verpflichtet, den Übergang des Kommanditanteils auf den Erben beim Handelsregister anzumelden (BGH WPM 1989, 1331). Damit erübrigen sich künftig bei Kommanditanteilen die bisher auch hier üblichen Ersatzlösungen (Vollmacht-, Treuhand- oder Weisungsgeberlösung).

10. Qualifizierte erbrechtliche Nachfolgeklausel. (1) Rechtliche Gestaltung und Wirkung der Klausel. Bei der qualifizierten Nachfolgeklausel ist im Gesellschaftsvertrag bestimmt, daß nicht alle Erben in die Gesellschafterstellung des verstorbenen Gesellschafters einrücken sollen, sondern nur einzelne oder nur einer. Bei ihr haben es die Altgesellschafter in der Hand, die Zahl der Nachfolger zu beschränken und damit die Zersplitterung der Gesellschaft zu vermeiden. Sofern bei dieser Klausel der Gesellschafter-Erblasser durch Verfügung von Todes wegen nur den oder die im Gesellschaftsvertrag abstrakt oder konkret als Nachfolger vorgesehenen Personen zu seinen Erben einsetzt, vollzieht sich die Nachfolge in den Gesellschaftsanteil wie oben bei der einfachen Nachfolgeklausel. Anders ist es jedoch, wenn der verstorbene Gesellschafter von weiteren (nicht anderen) Personen beerbt wird, als im Gesellschaftsvertrag für die Nachfolge in die Beteiligung vorgesehen. Automatisch Nachfolger können dann nur der- oder diejenigen Miterben werden, die im Gesellschaftsvertrag vorgesehen sind, da nur insoweit die Gesellschaftsbeteiligung vererblich gestellt ist. Bezüglich des Umfangs des automatischen erbrechtlichen Übergangs des Gesellschaftsanteils beim Tod des Gesellschafters in diesen Fällen hat der Bundesgerichtshof (BGHZ 22, 186/193 ff) zunächst die Theorie der Teilnachfolge vertreten, d. h. auf den oder die Nachfolger-Erben sollte der Gesellschaftsanteil nur in Höhe ihrer Erbquote unmittelbar und automatisch übergehen, die übrigen Teile sollten zunächst den übrigen Altgesellschaftern gesamthänderisch zuwachsen, die jedoch aufgrund des Gesellschaftsvertrages verpflichtet sein sollten, auch diese Teile an die Nachfolger-Erben zu übertragen. Seit BGHZ 68, 225 folgt der Bundesgerichtshof jedoch mit der hM der Theorie der unmittelbaren Vollnachfolge (BGH NJW 1983, 2376; BayObLG DNotZ 1981, 702), nach der die oder der im Gesellschaftsvertrag als Nachfolger bestimmten Erben die Gesellschafterstellung unmittelbar und in dem Umfang erwerben, wie sie der Erblasser innegehabt hat. Ferner liegt nach Ansicht des BGH (BGHZ 68, 225/236) in der Vereinbarung einer solchen Nachfolgeklausel im Zweifel zugleich der Ausschluß von Abfindungsansprüchen der weichenden Erben gegen die Gesellschaft (*Priester* DNotZ 1977, 559). Der unmittelbare erbrechtliche Übergang des Gesellschaftsanteils als Ganzes auf den oder die Nachfolger-Erben wird entgegen dem Grundsatz der Gesamtrechtsnachfolge (§ 1922 BGB) mehrheitlich (*Ulmer* ZGR 1972, 195/206 f; *Bartholomeyczik/Schlüter* ErbR., 11. Aufl. § 35 II, 3) in Analogie zum Höfe- und Heimstättenrecht als Sondererbfolge angesehen, so daß der Gesellschaftsanteil einer Personengesellschaft getrennt vom sonstigen Nachlaß vererbt wird. Die den Nachfolger-Erben jeweils zugefallenen einzelnen Gesellschaftsanteile teilen, da Sondererbfolge stattfindet, nicht das rechtliche Schicksal des Erbteils der Erbengemeinschaft. Von dessen Übertragung oder Belastung werden sie nicht erfaßt. Die Möglichkeit und Wirksamkeit ihrer Übertragung richtet sich allein nach Gesellschaftsrecht (*Schmidt* BWNotZ 1983, 104).

(2) Ausgestaltung der qualifizierten Nachfolgeklausel. a) Der nachfolgeberechtigte Erbe kann im Gesellschaftsvertrag namentlich aufgeführt oder nach eindeutigen Merkmalen bezeichnet werden, wie z.B. der älteste Sohn, die Witwe usw. Der Nachfolgeberechtigte ergibt sich in diesen Fällen automatisch und unmittelbar aus der Nachfolgeklausel. Diese Gestaltung kommt den Interessen der anderen Gesellschafter an der Kalkulierbarkeit der Nachfolge am weitgehendsten entgegen, hat jedoch den Nachteil, nur für einen konkreten Erbfall zu gelten, trägt das Risiko des Ausfalls des Bestimmten, bindet den Gesellschafter-Erblasser wie eine rechtsgeschäftliche Nachfolgeklausel und setzt voraus, daß der Nachfolger bereits bei seiner Aufnahme in den Vertrag feststeht.

b) Meist sind der oder die Nachfolgeberechtigten aber nicht namentlich oder sonstwie eindeutig im Gesellschaftsvertrag bezeichnet, sondern es wird nur der Personenkreis festgelegt, aus dem sie zu bestimmen sind und/oder die Eigenschaften und Qualifikationen, die sich aufweisen müssen. Diese elastische Gestaltung setzt zwingend die Einsetzung eines Bestimmungsberechtigten voraus.

c) Als Bestimmungsberechtigter wird meistens der Gesellschafter-Erblasser eingesetzt. Üblicherweise wird dabei vorgesehen, daß die Bestimmung entweder durch letztwillige Verfügung oder durch Erklärung gegenüber der Gesellschaft zu treffen ist (Fall des BGHZ 62, 20). Diese lebzeitige Erklärung gegenüber der Gesellschaft bedarf dabei nicht der Formen letztwilliger Verfügungen, da sie zwar die Bestimmung des Sondererben enthält, aber trotzdem keine letztwillige Verfügung, sondern eine gesellschaftsrechtliche Erklärung ist (*Westermann* Rdn. 465 u. 530; *Baumbach/Duden* § 139 Anm. 1 B).

d) Ein Recht anderer Personen als des Erblasser, zB. der verbleibenden Gesellschafter oder der Erben auf Auswahl des oder der Sondererben, die den Gesellschaftsanteil im Wege der Sondererbfolge erben sollen, wird von der hM (Großkomm. HGB/*Ulmer* § 139 Anm. 27; *Westermann* Rdn. 463; *Göbel* DNotZ 1979, 149) wegen § 2065 Abs. 2 BGB nicht zugelassen, da nach dieser Vorschrift der Erblasser die Bestimmung der Person, die eine Zuwendung erhalten soll, nicht Dritten überlassen darf (siehe Form. VIII. 23 Anm. 4). Hat die Auswahl allerdings lediglich feststellende Bedeutung, ist eine solche Ermächtigung zulässig, nicht dagegen, wenn die Auswahl eine echte Ermessensentscheidung darstellt (BGHZ 15, 199). Da § 2151 BGB die Auswahl des Vermächtnisnehmers aus einem überschaubaren Personenkreis durch Dritte zuläßt (siehe Form. XVI. 7 Anm. 4 Abs. 2), könnte der Gesellschaftsvertrag stattdessen zulassen, daß zunächst alle Erben den Gesellschaftsanteil erben, sie aber mit dem Vermächtnis belastet werden, ihn an einen von dem auswahlberechtigten Dritten aus ihren Reihen Ausgewählten zu übertragen (*Westermann* Rdn. 463 am Ende). Zulässig ist ferner, wie im Formular für den Fall des Fehlschlagens der qualifizierten Nachfolgeklausel vorgesehen, dem von Dritten Ausgewählten ein rechtsgeschäftliches Eintrittsrecht zu geben, aufgrund dessen dann, falls er es verlangt, die mit dem Erbfall Gesellschafter gewordenen Erben den Anteil ihm zu übertragen haben (*Westermann* Rdn. 464; *Göbel* DNotZ 1979, 150; *Tiedau* MDR 1978, 356), oder aber, daß der Gesellschaftsanteil zunächst den verbleibenden Gesellschaftern zuwachsen soll und die ihn dann an den Ausgewählten herauszugeben haben (wie oben Anm. 6). Bei allen diesen Ersatzlösungen findet jedoch kein unmittelbarer Rechtsübergang des Gesellschaftsanteils auf den ausgewählten Nachfolger statt, da sie keine qualifizierte Nachfolgeklauseln, sondern rechtsgeschäftliche Eintrittsklauseln sind.

e) Gebräuchlich ist bei der gesellschaftsvertraglichen Gestaltung auch, eine erbrechtliche Nachfolgeklausel nicht nur subsidiär für den Fall ihres Scheiterns, sondern wahlweise mit einer rechtsgeschäftlichen Eintrittsklausel zu verbinden, so daß der Gesellschafter-Erblasser zwischen der erbrechtlichen und der rechtsgeschäftlichen Gestaltung der Nachfolge in seinen Anteil wählen kann (*Göbel* DNotZ 1979, 151 f).

f) Da die Aufführung des Nachfolgeberechtigten im Gesellschaftsvertrag nicht ausreicht, vielmehr seine Benennung und die Erbenstellung hinzukommen muß, kann der Gesellschafter-Erblasser durch Verfügung von Todes wegen den Kreis der im Gesellschaftsvertrag vorgesehenen Nachfolger zwar nicht erweitern, wohl aber dadurch verkleinern, daß er die von ihm unerwünschten Nachfolgeberechtigten nicht benennt oder nicht zu Erben einsetzt (*Langenfeld/Gail* V Rdn. 26; BGHZ 68, 225/236).

(3) **Die fehlgeschlagene qualifizierte Nachfolgeklausel.** Da die qualifizierte Nachfolgeklausel meist der nachträglichen Bestimmung des Nachfolgeberechtigten und, da sie lediglich den Anteil für die in ihr bezeichneten Personen vererblich stellt, immer der Ergänzung durch und Abstimmung mit der letztwilligen Verfügung bedarf, geht sie ins Leere, wenn die Bestimmung des Nachfolgeberechtigten versäumt wurde oder dieser kein Erbe wird (Inkongruenz zwischen Gesellschaftsvertrag und Erbfolgeregelung). Es ist daher unabdingbar, bei der qualifizierten Nachfolgeklausel die Folgen ihres Fehlschlagens gesellschaftsvertraglich zu regeln (*Göbel* DNotZ 1979, 149). Dies ist im Formular wie üblich durch eine subsidiäre erbrechtliche Eintrittsklausel geschehen. Enthält der Gesellschaftsvertrag keine Ersatzlösung, so wird auf jeden Fall die Gesellschaft zunächst unter den verbleibenden Gesellschaftern fortgesetzt, da eine fehlgeschlagene Nachfolgeklausel eine einfache Fortsetzungsklausel umfaßt (*Michalski* Betr. 1980 Beil. 5 S. 15f; *Heckelmann* FG U. v. Lübtow, 1980 S. 636). Im Wege der ergänzenden Vertragsauslegung wird man jedoch zusätzlich zum Ergebnis kommen können, daß, sofern der Nachfolger in der Klausel oder danach eindeutig benannt ist, sie als rechtsgeschäftliche Eintrittsklausel zu werten ist (BGH BB 1966, 1123; BGH NJW 1978, 264; BGH BB 1988, 104).

(4) **Der Wertausgleich der nachfolgenden mit den weichenden Erben.** Abfindungsansprüche der weichenden Erben gegen die Gesellschaft entstehen bei der qualifizierten Nachfolgeklausel nicht, da der Gesellschaftsanteil im Wege der Sondererbfolge unmittelbar auf den oder die Nachfolger-Erben übergeht und daher der Gesellschaft oder den übrigen Gesellschaftern nichts anwächst, was abgefunden werden müßte (*Langenfeld/Gail* V 25). Nach BGHZ 68, 225/236 sind deshalb bei Vereinbarung einer qualifizierten Nachfolgeklausel im Zweifel Abfindungsansprüche der von der Gesellschaftsnachfolge ausgeschlossenen Miterben an die Gesellschaft ausgeschlossen. Dabei ist allerdings zu beachten, daß, falls der einrückende Miterbe die Ausgleichsansprüche der weichenden Miterben, Pflichtteilsansprüche und Ansprüche anderer Nachlaßgläubiger nicht aus seinem Eigenvermögen befriedigen kann, diese Gläubiger den in den Nachlaß gefallenen Anspruch auf das künftige Auseinandersetzungsguthaben (*Ulmer* BB 1977, 807) oder den Gesellschaftsanteil des Schuldners (*G.u.D. Reinicke* NJW 1957, 563; *Langenfeld/Gail* V 29) pfänden, die Gesellschaft dann nach § 135 HGB kündigen und so indirekt auf das Gesellschaftsvermögen Zugriff nehmen können. Andererseits besteht Einigkeit darüber, daß der Gesellschaftsanteil wertmäßig zum Nachlaß gehört, so daß er bei der Erbauseinandersetzung unter den einrückenden und weichenden Miterben auszugleichen ist (Nachw. bei *Ulmer* ZGR 1972, 324). Streitig sind jedoch die rechtliche Begründung, der Umfang und die Grenzen dieser Ausgleichungspflicht (Übersicht über die Konstruktionsversuche bei *Ulmer* ZGR 1972, 326f und *H. P. Westermann* JuS 1979, 761/769). Als Grundlagen für die Ausgleichungspflicht werden herangezogen die Grundsätze der Teilungsanordnung nach § 2048 BGB (*Rüthers* AcP 168, 263/281; *Ulmer* ZGR 1972, 324/327), eine Analogie zu §§ 2050ff BGB (*Westermann* Rdn. 542; *Brox*, ErbR, 9. Aufl. Rdn. 761), der Grundsatz von Treu und Glauben (so BGHZ 22, 186/196f), eine analoge Anwendung des § 1417 Abs. 3 BGB, aus dem das Prinzip einer Wertgemeinschaft an dem erbrechtlichen Sondergut Gesellschaftsanteil entnommen wird (*Wiedemann*, Die Übertragung und Vererbung von Mitgliedschaftsrechten bei Handelsgesellschaften, 1965, S. 209), ein Ausgleich nach den Vorschriften über ungerechtfertigte Bereicherung gem. § 812 Abs. 1 Satz 1, 2. Alt. BGB (*Heckelmann* FG U. v. Lübtow, 1980, S. 627) und eine Analogie zu § 1978 BGB (*Ulmer* FS Schilling, 1973, S. 94; *H. P. Westermann* JuS 1979, 769). Zur Bewertung des Geschäftsanteils als Grundlage des Ausgleichsanspruchs siehe die Übersicht über den Meinungsstand bei Ulmer ZGR 1972, 324/388ff sowie oben Anm. 4. Es wird dabei durchweg ohne Rücksicht auf eine vertragliche Bewertungsklausel vom Vollwert des Anteils ausgegangen und das künftige Abfindungsrisiko des Übernehmers durch einen Abschlag oder künftige Rückforde-

10. Nachfolgeregelungen auf den Todesfall bei Personengesellschaften XVI. 10

rungsansprüche berücksichtigt. Der Gesellschafter-Erblasser kann allerdings die Ausgleichungspflicht in einer letztwilligen Verfügung dadurch ausschließen, daß er den Anteilswert den Nachfolger-Miterben im Wege des Vorausvermächtnisses (§ 2150 BGB) zuwendet (*Ulmer* BB 1977, 807; BayObLG DNotZ 1981, 702/706; *Langenfeld/Gail* V 25). Eine Grenze bildet dabei nur das Pflichtteilsrecht der Beteiligten (BayObLG aaO.), das automatisch dadurch berücksichtigt wird, daß bei der Feststellung des für die Berechnung des Pflichtteils maßgeblichen Nachlaßwertes (§ 2311 BGB) das Vorausvermächtnis nicht abgesetzt wird (*Palandt/Edenhofer* § 2311 Anm. 2 b). Die letztwillige Verfügung kann dabei nicht nur den vollständigen Ausschluß der Ausgleichungspflicht festlegen, sondern auch einen Teilausschluß, etwa durch Festlegung eines bestimmten Wertes oder einer Bewertungsklausel, mit dem der Gesellschaftsanteil bei der Erbauseinandersetzung berücksichtig werden soll (Großkomm. HGB/*Ulmer* § 139 Anm. 188; *Heckelmann* FG U. v. Lübtow, 1980 S. 629). Ob es überhaupt eines ausdrücklichen Ausschlusses der Ausgleichungspflicht in erbrechtlicher Form bedarf oder ob dieser Wille des Erblassers auch durch Auslegung der letztwilligen Verfügung gefunden werden kann, ist streitig (für stillschweigenden Ausschluß: *Ulmer* ZGR 1972, 324/328 Fußn. 152 mwN; *Heckelmann* FG U. v. Lübtow, 1980, S. 7; dagegen; *Rüthers* AcP 168, 281). Falls die Nachfolger-Miterben nicht genügend Eigenmittel zum Ausgleich für die weichenden Miterben haben, kann es sich empfehlen, die Nachfolger-Erben letztwillig vermächtnisweise zu verpflichten, mit den weichenden Miterben eine Unterbeteiligung am Gesellschaftsanteil zu vereinbaren (*Rüthers* AcP 168, 263/281 ff; *Westermann* I Rdn. 953; *Brox* JA 1980, 565; vgl. Form. XVIII. 1. Anm. 9).

(5) **Sonderprobleme bei Nacherbfolge.** Mangels einer entsprechenden Einschränkung im Gesellschaftsvertrag läßt eine erbrechtliche Nachfolgeklausel auch zu, daß der Erblasser bezüglich seines Gesellschaftsanteils Vor- und Nacherbfolge anordnet (BGHZ 69, 47/50; BGH NJW 1981, 115; *Schmidt* BWNotZ 1983, 102/106). Bis zum Eintritt der Nacherbfolge ist der Vorerbe alleiniger Gesellschafter (§§ 2100, 2112 BGB), erst mit dem Eintritt der Nacherbfolge tritt der Nacherbe an die Stelle des Vorerben. Dem Vorerben steht daher auch das volle Wahlrecht nach § 139 HGB zu. Bleibt er persönlich haftender Gesellschafter, so hat auch der Nacherbe nach dem Nacherbfall selbst das Wahlrecht nach § 139 HGB (Großkomm./*Ulmer* § 139 Anm. 105). Nur wenn der Vorerbe Kommanditist geworden oder aus der Gesellschaft ausgeschieden ist, verbleibt es dabei auch für den Nacherben (*Westermann* I Rdn. 501). Inwieweit die dem Nacherbenschutz dienenden Verfügungsbeschränkungen gem. §§ 2113 ff BGB auf die Vorerben-Personengesellschaft Anwendung finden können, siehe *Westermann* I Rdn. 499 f; *Ebeling* BB 1983, 1933; *Paschke* ZIP 1985, 129 ff und Form. VIII. 28 Anm. 4. Zur Vor- und Nacherbfolge an Personengesellschaftsanteilen allgemein siehe auch *Schmidt* BWNotZ 1983, 102 ff.

(6) **Rechtsstellung der übrigen Nachlaßbeteiligten.** Da der Wert des Gesellschaftsanteils unbestritten zum Nachlaß gehört (Ulmer ZGR 1972, 324/328), ist dieser Wert der Berechnung etwaiger ordentlicher Pflichtteilsansprüche zugrunde zu legen (§ 2311 BGB). Die Pflichtteilsberechtigten sind bei den erbrechtlichen Nachfolgeklauseln nicht auf Pflichtteilsergänzungsansprüche (§ 2325 BGB) angewiesen. Nach welchem Bewertungsmaßstab dabei die Bewertung durchzuführen ist, siehe oben Anm. 4. Bezüglich der Rechtsstellung sonstiger Gläubigergruppen im Hinblick auf den in Sondernachfolge auf die nachfolgeberechtigten Miterben übergegangenen Gesellschaftsanteil siehe oben Anm. 8 (3). Zusätzlich wird bei der qualifizierten Nachfolgeklausel die Meinung vertreten, der Wertausgleichs- oder -ersatzanspruch gegen die Nachfolger-Erben falle in den Nachlaß (*Johannsen* FamRZ 1980, 1074/1082; *Soergel/Wolf* § 2032 Rdn. 24), in den die Nachlaßgläubiger, die keine Geschäftsgläubiger sind, sofort vollstrecken können. Da ferner auch nach dieser Meinung mit der automatischen Aufspaltung des Anteils die Teilung im Sinne des § 2059 Abs. 1 BGB vollzogen ist, wenn der Gesellschaftsanteil der wesentliche Nachlaßgegenstand war, müssen die Nachfolger-Erben alsbald nach dem

Erbfall mit Vollstreckungsmaßnahmen von Nachlaßprivatgläubigern in ihr Eigenvermögen rechnen.

11. Erwägungen zur Auswahl der Nachfolgeklausel. Die Gesellschafter haben sich bei der Auswahl der von der Kautelarjurisprudenz entwickelten Klauselarten für ihren konkreten Gesellschaftsvertrag zunächst zu fragen, ob mit der geplanten Nachfolgeregelung im Todesfall in erster Linie den Gemeinschaftsinteressen der verbleibenden Gesellschafter oder dem Interesse des Gesellschafter-Erblassers an der Nachfolge in den Wert seiner Beteiligung Rechnung getragen werden soll. Ersteres wird wohl bei der Nachfolge in vollhaftende Beteiligungen, letzteres bei Kommanditanteilen vorherrschen.

(1) Steht das Interesse der übrigen Gesellschafter und der Gesellschaft an einer berechenbaren Nachfolgeregelung im Vordergrund, dann bietet sich eine rechtsgeschäftliche Nachfolgeklausel an, da bei ihr grundsätzlich die persönliche Gestaltungsfreiheit des Gesellschafter-Erblassers am weitesten eingeschränkt werden kann und die übrigen Gesellschafter die Gewähr haben, daß er nach Person und Quote an die in der Klausel Aufgeführten gebunden bleibt (*Priester* DNotZ 1977, 560). Die größte Sicherheit für Gesellschaft und übrige Gesellschafter bietet dabei die einfache Fortsetzungsklausel mit allseitigem Ausschluß der Abfindungsansprüche (oben Klausel Ziff. I), da hier nach dem Erbfall keine neuen Gesellschafter in die Gesellschaft kommen, sie vielmehr nur mit den übrigen fortgesetzt wird. Zudem entstehen beim Erbfall weder ordentliche Pflichtteilsansprüche noch Pflichtteilsergänzungsansprüche. Diese Gestaltung dürfte aber nur bei Familiengesellschaften in Betracht kommen, bei denen die für die Nachfolge vorgesehenen Abkömmlinge bereits zu Lebzeiten des Erblassers in die Gesellschaft aufgenommen wurden (*Haegele* BWNotZ 1976, 31). Eine klare Nachfolgeregelung, mit Sicherheit darüber wer eintritt und daß er eintritt, bietet auch die rechtsgeschäftliche Nachfolgeklausel mit Beteiligung des Nachfolgers (oben Klausel Ziff. III). Sie wird jedoch nur bei hohem Alter oder durch Krankheit geminderter Lebenserwartung des Erblasser-Gesellschafters in Frage kommen. Geminderte Sicherheit bietet die rechtsgeschäftliche Eintrittsklausel (oben Klausel Ziff. II) bei Festlegung des Kreises der Nachfolgeberechtigten und subsidiärem Benennungsrecht der übrigen Gesellschafter, da nicht sicher ist, ob der Nachfolgeberechtigte von seinem Recht Gebrauch macht und dadurch die Gesellschaft von Abfindungsansprüchen verschont bleibt (*Wiedemann* JZ 1977, 690; BGHZ 68, 225). Gehört der Nachfolger nicht zu den Erben des Erblassers, so kommt sowieso nur die Vereinbarung einer Eintrittsklausel im Gesellschaftsvertrag in Betracht (*Brox* JA 1980, 565). Der generelle Nachteil aller rechtsgeschäftlichen Klauseln ist, daß sie den Gesellschafter-Erblasser vorzeitig binden und diese Bindung nur gemeinsam mit den Mitgesellschaftern beseitigt werden kann (*Göbel* DNotZ 1979, 135). Vorteile der rechtsgeschäftlichen Klauseln gegenüber den erbrechtlichen sind, daß durch sie die Bindungswirkung gemeinschaftlicher Testamente (§ 2271 Abs. 2 BGB) und Erbverträge (§ 2289 Abs. 1 BGB) durchbrochen werden kann (BGH DNotZ 1974, 296/299; BGHZ 62, 20/25), daß sie als Rechtsgeschäfte unter Lebenden nicht wegen Motivirrtum (§§ 2078 Abs. 2 1. Alt., 2079 BGB) angefochten werden können, daß bei ihnen eine wertende Auswahl des Nachfolgers durch Dritte möglich ist, ohne daß dies gegen den Grundsatz der Selbstentscheidung des Erblassers gem. § 2065 BGB verstößt (HdB-PersGes./ *H. Westermann* I Rdn. 464) und bei ihnen der Nachfolger kein Wahlrecht nach § 139 BGB hat. Da bei den rechtsgeschäftlichen Nachfolgeklauseln die Beteiligung am Nachlaß vorbeigeführt wird, können bei ihnen keine Ausgleichs- oder ordentliche Pflichtteilsansprüche entstehen, wohl aber Pflichtteilsergänzungsansprüche mit Ausnahme bei der einfachen Fortsetzungsklausel mit allseitigem Abfindungsausschluß. Es muß daher davor gewarnt werden, allein aus Gründen der Pflichtteilsvermeidung eine rechtsgeschäftliche Nachfolgeklausel zu wählen. Auch im Handels- und Gesellschaftsrecht kann gegen einen Pflichtteil nichts Wesentliches unternommen werden (*Haegele* BWNotZ 1976, 31). Das einzige sichere Mittel gegen Pflichtteilsansprüche ist ein Pflichtteilsverzichtsvertrag, evtl.

verbunden mit der Zuwendung einer Unterbeteiligung an den Verzichtenden (siehe Form. XVIII. 1). Weiterer Vorteil der rechtsgeschäftlichen Klauseln ist, daß sie keiner Ergänzung durch übereinstimmende Verfügungen von Todes wegen bedürfen.

(2) Kommt es bei der Gestaltung hauptsächlich darauf an, den Wert der Beteiligung auf die Erben der Gesellschafter zu übertragen, bieten sich die erbrechtlichen Nachfolgeklauseln an. Hier wiederum gewährt die einfache erbrechtliche Nachfolgeklausel dem Gesellschafter-Erblasser die größte Gestaltungsfreiheit, da bei ihr der Anteil generell vererblich gestellt ist und er daher durch entsprechende Erbeinsetzung praktisch jedermann in die Gesellschaft hineinbringen kann. Hiergegen helfen nur gesellschaftsvertragliche Organisationsvereinbarungen für den Nachfolgefall, die die Erben im Wege der Universalsukzession übernehmen müssen (*Michalski*, Gesellschaftsrechtliche Gestaltungsmöglichkeiten zur Perpetuierung von Unternehmen, 1980, S. 176). Die Aufnahme aller pflichtteilsberechtigten Nachfolger, modifiziert durch die Bestimmung, daß nur einer Komplementär, die anderen Kommanditisten werden müssen, wie sie durch die einfache erbrechtliche Nachfolgeklausel ermöglicht wird, kann als Mittel, den Kapitalentzug durch Pflichtteilsansprüche zu verhindern, erwägenwert sein (Hdb.-PersGes./*H. Westermann* I Rdn. 513). Eine andere Lösung dieses Problems ist allerdings die Unterbeteiligung der Pflichtteilsberechtigten am Gesellschaftsanteil des Nachfolger-Erben (*Brox* JA 1980, 565). Mehr auch den Interessen der übrigen Gesellschafter gerecht wird die qualifizierte Nachfolgeklausel und zwar je mehr sie den Kreis der Nachfolgeberechtigten beschränkt. Dafür verlangen die im Unterschied zur einfachen erbrechtlichen Nachfolgeklausel bei dieser Gestaltung entstehenden Ausgleichungsansprüche der weichenden Erben besondere Aufmerksamkeit (*Michalski* Betr. 1980 Beil. 5 S. 22). Eindeutiger Vorteil der erbrechtlichen Nachfolgeklausel ist, daß der oder die Nachfolger-Erben automatisch mit dem Erbfall Gesellschafter werden, so daß keine Ungewißheit darüber entsteht, ob sie eintreten werden (MünchKomm/*Ulmer* § 727 Rdn. 38). Ein großer Nachteil der erbrechtlichen Klauseln ist, daß bei ihnen ständig auf die Übereinstimmung von Gesellschaftsvertrag und Unternehmertestament geachtet werden muß, was in der Praxis häufig versäumt wird.

12. Die steuerlichen Auswirkungen der verschiedenen Nachfolgeregelungen.

(1) **Erbschaftsteuer**

a) **Fortsetzungsklausel.** Wird aufgrund einer vertraglichen Fortsetzungsklausel das Gesellschaftsverhältnis mit dem Tod eines Gesellschafters auf die überlebenden Gesellschafter beschränkt, so haben diese verbleibenden Gesellschafter aus dem Betrag Erbschaftssteuer zu zahlen, zu dem die gezahlte Abfindung unter dem nach § 12 ErbStG errechneten Steuerwert des Anteils liegt (§ 3 Abs. 1 Nr. 2 Satz 2 ErbStG). § 3 Abs. 1 Nr. 2 korrespondiert mit § 7 Abs. 7 ErbStG für die Anwachsung unter Lebenden. Bei der Ermittlung des erbschaftssteuerlichen Wertes des Anteils wird zunächst der Wert des Betriebsvermögens der Gesellschaft insgesamt nach den Grundsätzen des § 12 Abs. 5 ErbStG festgestellt (zur Wertermittlung siehe *Troll* BB 1990, 674; *Moench* DStR 1989, 594) und dann dieser Stichtagswert nach § 3 BewG auf die Gesellschafter anteilig aufgeteilt. Die Erben haben einen evtl. Abfindungsbetrag zu versteuern (§ 3 Abs. 1 Nr. 4 ErbStG).

b) **Nachfolgeklauseln.** Die erbrechtlichen Nachfolgeklauseln, und zwar sowohl die einfache als auch die qualifizierte, werden erbschaftssteuerlich als Unterfall bloßer Teilungsanordnungen behandelt mit der Folge, daß sie für die Besteuerung des Erbfalles des einzelnen Miterben ohne Bedeutung sind, jeder der Miterben vielmehr entsprechend seiner Erbquote zur Erbschaftsteuer veranlagt wird (BFH BStBl. 1983 II, 329/331 = Betr. 1983, 1289 = MittBayNot 1983, 266; a.M. *Flume* Betr. 1983, 2271/2272).

c) **Eintrittsklausel.** Ist der Eintrittsberechtigte Alleinerbe, hat er den Anteil zum wie oben bei der Fortsetzungsklausel errechneten Steuerwert zu versteuern. Sind Miterben vorhanden, erfolgt die Versteuerung zu den oben für die Nachfolgeklausel dargelegten Grundsätzen, da die Eintrittsklauseln in ihrer Funktion der Nachfolgeklausel gleichkommt (*Knobbe-Keuk*, Bilanz- und Unternehmenssteuerrecht, § 27 III 1 d).

(2) **Einkommensteuer**

a) **Fortsetzungsklausel.** Bei ihr scheidet der Erblasser mit dem Tod aus und die verbleibenden Gesellschafter führen den Betrieb weiter. Soweit hier der Abfindungsanspruch der Erben gegen die Gesellschaft höher ist als der Buchwert des Gesellschaftsanteils, entsteht, als habe der verstorbene Gesellschafter seinen Anteil an die verbleibenden veräußert, in dieser Höhe noch beim Erblasser und ab dem Todestag als Nachlaßverbindlichkeit (*Schmidt,* EStG, 16. Aufl. 1997, § 16 Anm. 127 a; *Groh* Betr. 1990, 2135/2140; BFH BStBl. 1981 II 614), ein nach § 16 Abs. 1 Nr. 2 EStG zu versteuernder Veräußerungsgewinn, der allerdings nach §§ 16 Abs. 4, 34 Abs. 1 EStG tarifbegünstigt ist. Die verbleibenden Gesellschafter haben in Höhe des den Buchwert übersteigenden Abfindungsbetrages abschreibungsfähige Anschaffungskosten (*Brönner,* Die Besteuerung der Gesellschaft, 15. Aufl. 1984, VII Rdn. 105; *Märkle* BWNotZ 1984, 81; *Nissen* Betr. 1970, 945/949; *Schmidt,* EStG, 16. Aufl. 1997, § 16 Anm. 127 a).

b) **Einfache erbrechtliche Nachfolgeklausel.** Bei ihr führen die automatisch in die Gesellschaft eingetretenen Erben die sich zum Todestag ergebenden Buchwerte des Erblassers fort (§ 7 Abs. 1 EStDV) und haben künftig Einkünfte aus Gewerbebetrieb nach § 15 Abs. 1 Ziff. 2 EStG. Der Vorgang ist einkommensteuerlich neutral (*Schulze zur Wiesche* Betr. 1983, 958). Setzen sich die Erben entgegen Gesellschaftsvertrag und Verfügung von Todes wegen hinsichtlich des Gesellschaftsanteils dahin auseinander, daß einzelne von ihnen gegen Abfindung ausscheiden, so kam es bisher darauf an, ob sie zwischenzeitlich bereits als Mitunternehmer gem. § 15 Abs. 1 Nr. 2 EStG anzusehen waren. Dies war grundsätzlich nicht der Fall, wenn die Erbauseinandersetzung innerhalb der von der Finanzverwaltung als Maßstab eines engen zeitlichen Zusammenhangs zwischen Erbfall und Auseinandersetzung angesehene Zweijahresfrist seit dem Erbfall erfolgte, es sei denn, der ausscheidende Gesellschafter hatte zwischenzeitlich Mitunternehmerinitiative (Geschäftsführung und Vertretung) entwickelt und Unternehmerrisiko getragen. Waren die weichenden Erben noch keine Mitunternehmer geworden, wurden bisher auch bezüglich des Betriebsvermögens Erbfall und Erbauseinandersetzung abweichend von der zivilrechtlichen Betrachtungsweise einkommensteuerlich als unselbständige Teile eines einheitlichen insgesamt unentgeltlichen und privaten Vorgangs gewertet (sog. Einheitstheorie) (*Schmidt-Liebig* BB 1986, 2244; *Schmidt,* EStG, 16. Aufl. 1997, § 16 Anm. 122 a). Seit der Entscheidung des Großen Senats des Bundesfinanzhofes zur Erbauseinandersetzung vom 5. 7. 1990 – GrS 2/89 – (BStBl. II 1990, 837 = BB 1990 Beil. 36 S. 2 = Betr. 1990, 2144 = NJW 1991, 249) wird jedoch entsprechend der zivilrechtlichen Sicht unter ausdrücklicher Aufgabe der sog. Einheitstheorie die Erbauseinandersetzung nicht mehr als Einheit mit dem Erbfall und damit unentgeltlicher Vorgang angesehen, sondern grundsätzlich als getrennter, entgeltlicher Vorgang mit der Folge, daß sie bei Abfindungszahlungen an einen weichenden Erben und bei Aufwendungen für den Erwerb des Erbteils eines Miterben bei Vorhandensein von Betriebsvermögen zu Gewinnrealisierungen führen kann und damit zu abschreibungsfähigen Anschaffungskosten beim übernehmenden Erben und entsprechenden Veräußerungsgewinnen beim weichenden Erben. Maßgebend dafür ist, daß der Miterbe mehr erlangt, als seinem Erbteil entspricht und wobei gleichgültig ist, ob der Ausgleich aus dem erlangten Nachlaßvermögen oder dem Eigenvermögen des übernehmenden Miterben geleistet wird (*Meincke* NJW 1991, 198/201). Die Erben sind vom Erbfall an als gemeinsame unentgeltliche Rechtsnachfolger des Erblassers (§ 7 Abs. 1 EStDV) „geborene" Mitunternehmer i. S. von § 15 Abs. 1 Nr. 2 EStG hinsichtlich des Betriebsvermögens mit allen sich daraus ergebenden einkommensteuerlichen Konsequenzen (*Schmidt,* EStG, 16. Aufl. 1997 § 16 Anm. 124 b). Alle Miterben treten in die Betriebsvermögensposition des Erben ein. Die Folge davon ist, daß die entgeltliche Übertragung des Anteils auf einen oder mehrere Miterben die Veräußerung eines Mitunternehmeranteils darstellt, mit der Folge eines beim Veräußerer gem. §§ 16 Abs. 4, 34 Abs. 1 EStG tarifbegünstigt zu versteuernden Veräußerungsgewinns aus der Differenz zwischen Buchwert und Abfindung und dem

10. Nachfolgeregelungen auf den Todesfall bei Personengesellschaften XVI. 10

Entstehen abschreibungsfähiger Anschaffungskosten in Höhe der ganzen Abfindung beim Erwerber (*Schmidt*, EStG, 16. Aufl. 1997, § 16 Anm. 128 b; *Groh* Betr. 1990, 2135/2140; *Felix* GmbHR 1990, 561/562; *Langenfeld/Gail* II Rdn. 567). Diese einkommensteuerlichen Folgen entstehen nach z. Zt. wohl überwiegender Meinung allerdings nicht, wenn der Ausgleich vom Erblasser in einer Verfügung von Todes wegen durch ein Vorausvermächtnis (nicht eine Teilungsanordnung!) zugunsten der weichenden Erben vorgenommen wird, daß die Vermächtniserfüllung auch weiterhin als unentgeltlicher und privater Vorgang angesehen wird, es sei denn, der Vermächtnisnehmer überführt das aus dem Betriebsvermögen stammende Sachvermächtnis in sein Privatvermögen (*Groh* DStJG Bd. 10 (1987), 135/154; *Herzig/Müller* DStR 1990, 359, 362; *Felix* GmbHR 1990, 561; *Schmidt*, EStG, 16. Aufl. 1997, § 16 Anm. 121a und Anm. 128a; *Meincke* NJW 1991, 198/201). Bereits bisher galt, daß, wenn der übernehmende Erbe einen Kredit aufnahm, um die weichenden Erben abzufinden, ein betrieblicher Anlaß gegeben war mit der Folge, daß die Zinsen des Darlehens als Sonderbetriebsausgaben abzugsfähig waren (BFH BStBl. 1983, II 380 = Betr. 1983, 1469 = BB 1983, 1194; *Elsner* BB 1983, 1782; *Rössler* BB 1985, 460; *Märkle* BWNotZ 1984, 83 f; *Langenfeld/Gail* II Rdn. 571). Wird ein weichender Erbe mit einem Grundstück aus dem Sonderbetriebsvermögen des Erblassers abgefunden, das er seinem Privatvermögen zuführt, entsteht insoweit ein Entnahmegewinn, der beim Abgefundenen als laufende, nicht tarifbegünstigte Einnahme aus Gewerbebetrieb (§ 15 Abs. 1 Nr. 1 EStG) zu versteuern ist (BFH BStBl. 1980 II 383).

c) **Teilnachfolgeklausel.** Sollen nach der Nachfolgeregelung die oder einige Miterben mit den ihren Erbquoten entsprechenden Bruchteilen nur hinsichtlich eines Bruchteils des Gesellschaftsanteils des verstorbenen Gesellschafters in die Gesellschaft eintreten, während der restliche Bruchteil den Altgesellschaftern zuwachsen soll, so ist die einkommensteuerliche Rechtslage bezüglich der Nachfolger-Erben dieselbe wie bei der einfachen Nachfolgeklausel, und bezüglich der für den anwachsenden Bruchteil zu zahlenden Abfindung liegt eine entgeltliche Veräußerung von Mitunternehmeranteilen vor, die noch beim Erblasser zu einem nach §§ 16 Abs. 4, 34 Abs. 1 EStG tarifbegünstigten Veräußerungsgewinn führen kann. Die verbleibenden Gesellschafter können die Abfindung aktivieren (*Brönner*, Die Besteuerung der Gesellschaften, 15. Aufl. 1984, VII Rdn. 108; BFH BStBl. 1981, II 614; *Märkle* 1984, 81; *Schmidt*, EStG, 9. Aufl. § 16 Anm. 130).

d) **Qualifizierte erbrechtliche Nachfolgeklausel.** Bezüglich der einkommensteuerlichen Folgen von qualifizierten Nachfolgeklauseln, bei denen nur einer oder einige der Miterben bezüglich des Gesellschaftsanteils nachfolgeberechtigt sind, besteht seit der neueren BFH-Rechtsprechung zur Erbauseinandersetzung keine einheitliche Meinung. Während die einen (*Schmidt*, EStG, 16. Aufl. 1997, § 16 Anm. 129; *Flume* Betr. 1990, 2390/2391; *Felix* GmbHR 1990, 561/565 m. w. N.) wie bisher bei der mitunternehmerischen Auseinandersetzung auch nach der Rechtsprechungsänderung die nichtqualifizierten Miterben nicht als Mitunternehmer ansehen und die Wertausgleichsschuld einer Vermächtnisoder Pflichtteilsschuld gleichstellen, mit der Folge, daß durch ihre Erfüllung weder Gewinne realisiert werden noch Anschaffungskosten entstehen, sieht *Groh* (StuW 1988, 210/214; Betr. 1990, 2135/2140) offensichtlich aufgrund der von ihm vertretenen Abspaltungstheorie hinsichtlich der Nachlaßzugehörigkeit des Gesellschaftsanteils wegen der zivilrechtlichen Zugehörigkeit nur des Wertes des Anteils und der übertragbaren Vermögensrechte zum Nachlaß alle Miterben zunächst als Mitunternehmer und in der automatischen Zuordnung des Anteils an den oder die Nachfolger-Miterben sowie dem Entstehen der Ausgleichsschuld eine Veräußerungsgewinn auslösende Erbauseinandersetzung. Wegen dieser Rechtsunsicherheit empfiehlt sich, entweder den oder die Nachfolgeberechtigten zu den vorgesehenen Anteilsquoten zu Erben einzusetzen und den Ausgleich durch Vermächtnisanordnungen zu treffen, oder dem oder den Nachfolgeberechtigten zusätzlich zur Erbeinsetzung den Gesellschaftsanteil im Wege des Vorausvermächtnisses (nicht durch Teilungsanordnung!) anzuwenden, da dann auch nach Meinung von *Groh* (DStJG Bd. 10 (1987), 135/154) keine Gewinnrealisierung droht (siehe auch *Felix*, KÖSDI 1990, 8283; *ders.* GmbHR 1990, 561/565 f). Noch mißlicher ist die einkommensteuerliche Situation allerdings, wenn zum steuerrechtlichen Betriebsvermögen neben dem Gesamthandvermögen der Gesellschaft auch sog. Sonderbetriebsvermögen der Gesellschafter gehört, d. h. Wirtschaftsgüter, die einem Gesellschafter allein oder einer neben der Personengesellschaft bestehenden Gemeinschaft (z. B. GmbH bei GmbH & Co. KG) gehören und dem Betrieb der Gesellschaft dienen. Dieses Sonderbetriebsvermögen wird zivilrechtlich Gesamthandvermögen der Erbengemeinschaft und damit wird bereits mit dem Erbfall ein nicht tarifbegünstigter Entnahmegewinn bezüglich der Anteile der nicht zu Gesellschaftern berufenen Miterben realisiert, (*Schmidt*, EStG, 16. Aufl. 1997, § 16 Anm. 129). Sonderbetriebsvermögen muß daher dem qualifizierten Nachfolger durch Verfügung von Todes wegen als (anrechnungspflichtiges) Vorausvermächtnis zugewiesen werden, um diesen Entnahmegewinn bei den nicht nachfolgeberechtigten Miterben zu vermeiden (*Felix* KÖSDI 1990, 8283).

e) **Eintrittsklausel.** Bei Eintrittsklauseln zugunsten der Erben sehen die einen wie bisher wegen der wirtschaftlichen Gleichwertigkeit die gleichen einkommensteuerlichen Folgen gegeben wie bei qualifizierten Nachfolgeklauseln (*Schmidt*, EStG, 16. Aufl. 1997, § 16 Anm. 131), während *Groh* (StuW 1988, 210/214; Betr. 1990, 2135/2140 f) mit Ausnahme der Treuhandlösung wie bei der Fortsetzungsklausel eine Gewinnrealisierung durch die Annahme einer Veräußerung des Gesellschaftsanteils des Erblassers an die Altgesellschafter gegen Abfindung als gegeben ansieht. Ein Eintrittsrecht zugunsten von Nichterben hat allerdings nach allgem. M. (*Schmidt*, EStG, 16. Aufl. 1997, § 16 Anm. 132) die einkommensteuerlichen Folgen einer Fortsetzungsklausel, sofern der Gesellschaftererblasser dem Nichterben den Abfindungsanspruch gegen die Gesellschaft nicht vermächtnisweise zugewandt hat. In diesem Fall entsprechen die einkommensteuerlichen Folgen denen eines Anteilsübergangs kraft einfacher Nachfolgeklausel, wenn der Begünstigte sein Eintrittsrecht alsbald rückbezüglich ausübt (*Schmidt* aaO.; a. M. *Groh* aaO.). Bei dieser unsicheren Rechtslage dürfte die Eintrittsklausel steuergefährlich geworden sein und sollte vermieden werden (*Felix* GmbHR 1990, 561/566; *Groh* Betr. 1990, 2135/2141).

13. Kosten und Gebühren. Für die Beurkundung eines Gesellschaftsvertrages einer OHG oder einer KG fällt eine doppelte Gebühr nach § 36 Abs. 2 KostO an. Da ein Gesellschaftsvertrag kein Austauschvertrag ist, sondern eine Vereinigung von Leistungen zu einem gemeinschaftlichen Zweck, bestimmt sich der Geschäftswert gem. § 39 KostO nach dem Wert aller Leistungen (Einlagen) der Gesellschafter ohne Schuldenabzug (*Korintenberg/Lappe/Bengel/Reimann* KostO., 13. Aufl. § 39 Rdn. 47). Eine Nachfolgeklausel fällt kostenmäßig nicht ins Gewicht.

Zuwendung der Nutzung am Nachlaß und an Nachlaßgegenständen

11. Gemeinschaftliches Ehegattentestament mit Vorerbschaft des Überlebenden[1, 2]

Verhandelt zu ......
am ...... (auch als eigenhändiges Testament möglich)

§ 1 Erster Erbfall

Der Erstversterbende[3] von uns, den Eheleuten A und A, geb. E, setzt den Überlebenden zu seinem alleinigen Vorerben[4] ein. Dieser ist von allen Beschränkungen befreit, von

11. Gemeinschaftl. Ehegattentestament mit Vorerbschaft des Überlebenden XVI. 11

denen nach dem Gesetz Befreiung erteilt werden kann.⁵ Der Nacherbfall tritt ein mit dem Tode oder, nach Maßgabe der Regelung unter § 3, bei einer etwaigen Wiederverheiratung des überlebenden Ehegatten.

§ 2 Nacherbfolge

Nacherben sind unsere gemeinschaftlichen Abkömmlinge[6, 7], einschließlich adoptierter, jedoch mit Ausnahme nichtehelicher Kinder männlicher Nachkommen und ihren Abkömmlingen, gemäß der gesetzlichen Erbfolge erster Ordnung zum Zeitpunkt des Nacherbfalles. Die Nacherbanwartschaft ist weder vererblich noch veräußerlich, ausgenommen die Veräußerung an den Vorerben. In diesem Fall entfällt auch jede ausdrückliche oder stillschweigende Ersatznacherbeinsetzung.[8]

§ 3 Wiederverehelichung[9]

Wenn der Überlebende von uns wieder heiratet, tritt die Nacherbfolge ein mit der Maßgabe, daß der Überlebende in diesem Fall im Wege der Erbeinsetzung eine Erbquote in Höhe seines gegebenenfalls gem. § 1371 Abs. 1 BGB erhöhten Pflichtteils erhält, auf die sich die Nacherbfolge nicht erstreckt.

§ 4 Vermächtnisse

(1) Als Vorausvermächtnis[10] erhält der Überlebende vom Erstversterbenden frei von der Nacherbfolge alle zum ehelichen Haushalt gehörenden Sachen, soweit sie in seinem Eigentum stehen.

(2) Der Vorerbe ist berechtigt, vor Eintritt des Nacherbfalles den zur Vorerbschaft gehörenden Grundbesitz an einen oder mehrere unserer gemeinschaftlichen Abkömmlinge zu übertragen. Macht der Vorerbe von dieser Befugnis Gebrauch, so gilt ihm der überlassene Grundbesitz als durch Vorausvermächtnis auf Ableben des Erstversterbenden zugewandt und unterliegt nicht mehr der Nacherbfolge.[11]

§ 5 Zweiter Erbfall[12]

(1) Der Längstlebende von uns setzt auf seinen Tod unsere gemeinschaftlichen Abkömmlinge, einschließlich adoptierter, jedoch mit Ausnahme nichtehelicher Kinder männlicher Nachkommen und ihren Abkömmlingen, gemäß der gesetzlichen Erbfolge erster Ordnung zu seinen Erben ein.

(2) Der Längstlebende darf nach dem Tode des Erstversterbenden diese Erbeinsetzung beliebig abändern, sofern er dabei keine anderen Personen als unsere gemeinschaftlichen Abkömmlinge bedenkt.[13]

(3) Im Fall der Wiederverheiratung ist der Überlebende an die Erbeinsetzung in Absatz (1) nicht mehr gebunden.[14]

(4) Die Erbeinsetzung in Absatz (1) soll auch für den Fall des gleichzeitigen Versterbens von uns beiden gelten.[15]

§ 6 Pflichtteilsstrafklausel[16]

Verlangt und erhält einer unserer Abkömmlinge auf den Tod des Erstversterbenden den Pflichtteil, so wird er und sein Stamm von der Nacherbfolge und der Erbfolge auf Ableben des Längstlebenden von uns ausgeschlossen und erhält auch beim Tode des Längstlebenden nur den Pflichtteil.

§ 7 Bindung und Anfechtungsverzicht

Sämtliche Bestimmungen dieses Testaments sind, soweit nichts anderes bestimmt ist und soweit gesetzlich zulässig, wechselbezüglich.[17] Ferner erfolgen sämtliche Verfügungen unabhängig davon, ob und welche Pflichtteilsberechtigte beim Ableben eines jeden von uns vorhanden sind.[18]

Trotz Belehrung wünschen die Eheleute keinen gegenseitigen Pflichtteilsverzicht.[19]

Ist beim Tode eines Ehegatten ein Scheidungs- oder Eheaufhebungsantrag rechtshängig, sollen sämtliche Verfügungen von Todes wegen ihrem ganzen Inhalt nach unwirksam sein, ohne daß die gesetzlichen Voraussetzungen für die Eheauflösung gegeben sein müssen. Zugleich wird der überlebende Ehegatte enterbt.

§ 8 Nacherbentestamentsvollstrecker[20]

Der Erstversterbende von uns ernennt Herrn Rechtsanwalt N zu seinem Testamentsvollstrecker mit der Aufgabe, die Rechte und Pflichten seiner Nacherben bis zum Eintritt des Nacherbfalles wahrzunehmen. Der Überlebende selbst ist als alleiniger Vorerbe nicht mit der Testamentsvollstreckung belastet. Kann oder will der Testamentsvollstrecker das Amt nicht übernehmen, ersucht der Erstversterbende von uns das Nachlaßgericht, einen Nacherbentestamentsvollstrecker zu ernennen. Für den Fall, daß bei Eintritt der Nacherbfolge der jüngste der nach § 2 zur Nacherbfolge gelangenden Abkömmlinge das 21. Lebensjahr noch nicht vollendet hat, erweitern sich die Aufgaben des Testamentsvollstreckers dahin, daß er nach Eintritt der Nacherbfolge den Nachlaß des Erstverstorbenen in Besitz zu nehmen und zu verwalten hat, bis der jüngste der Nacherben das 21. Lebensjahr vollendet hat.

§ 9 Schlußformel

(wie Form. XV. 1 u. XVI. 27 sowie zusätzlich:) Ferner wurde darauf hingewiesen, daß der Vorerbe kraft Gesetzes in seiner Verfügungsfreiheit über den Nachlaß beschränkt ist, daß der Erblasser ihn aber von gewissen Beschränkungen ganz oder teilweise befreien kann.[21]

Schrifttum: Becker, Kein Anwartschaftsrecht des Ersatzerben, NJW 1969, 1463; *Bengel*, Zum Verzicht des Erblassers auf Anfechtung bei Verfügungen von Todes wegen, DNotZ 1984, 132; *Diederichsen*, Ersatzerbfolge oder Nacherbfolge, NJW 1965, 671; *Flad*, Wann und wie erwirbt der Nacherbe ein dem Vorerben zugewendetes Vorausvermächtnis?, DGWR 1937, 233; *Haegele*, Zur Vererblichkeit des Anwartschaftsrechts eines Nacherben, Rpfleger 1967, 161; Haegele, Rechtsfragen zur Vor- und Nacherbschaft, Rpfleger 1971, 121; *Kanzleiter*, Der „unbekannte" Nacherbe, DNotZ 1970, 326; *Kanzleiter*, Zur Stellung des Ersatznacherben, DNotZ 1970, 693; *Kanzleiter*, Ermächtigung des Vorerben zu Schenkungen aus dem Nachlaß? FS. f. Schippel, 1996 S. 287ff; *J. Mayer*, Der Fortbestand letztwilliger Verfügungen bei Scheitern von Ehe, Verlöbnis und Partnerschaft, ZEV 1997, 280; *Nieder*, Hdb. d. Testamentsgestaltung, 1992 Rdn. 598ff.; *Petzoldt*, Vorerbschaft und Nießbrauchsvermächtnis, BB Beil. 6 1975; *Roggendorff*, Surrogationserwerb bei Vor- und Nacherbfolge, MittRhNotK 1981, 29; *Schmidt*, Die Nachfolge in das Anwartschaftsrecht des Nacherben und die Erteilung des Erbscheins nach Eintritt des Nacherbfalls, BWNotZ 1966, 139.

Anmerkungen

1. Sachverhalt. Die Testierer sind junge Eheleute, die noch keine Kinder haben oder noch weitere Kinder bekommen können. Durch das Testament soll erreicht werden, daß sich nach dem Tode des Erstversterbenden hinsichtlich des Familiengutes nichts ändert, und der Überlebende es ungestört und ungeschmälert allein besitzen, benützen und weitgehend auch darüber verfügen darf. Andererseits soll aber auch gesichert sein, daß die Substanz des Familiengutes den gemeinschaftlichen Abkömmlingen der Eheleute erhalten bleibt. Letztlich soll, da die Eheleute noch jung sind und die Ehe noch nicht allzu

11. Gemeinschaftl. Ehegattentestament mit Vorerbschaft des Überlebenden   XVI. 11

lange dauert, die Wiederheirat des Überlebenden nicht durch völlige Enterbung und Bindung an die eigenen letztwilligen Verfügungen finanziell unmöglich gemacht werden.

2. Anwendungsfälle. Durch die Anordnung von Vor- und Nacherbschaft kann der Erblasser zB. erreichen:

a) Daß, da sie zumindest zwei einander im gleichen Erbfall zeitlich ablösende Erben voraussetzt, die Substanz des Nachlasses bestimmten Personen, etwa seinen Abkömmlingen oder, so vor allem bei der Nacherbeinsetzung unter der Bedingung, daß der Vorerbe selbst keine Abkömmlinge hinterläßt, Seitenverwandten gesichert wird, während zunächst die Verwaltungs- und Nutzungszuständigkeit am Nachlaß einem anderen, etwa wie im Formular dem überlebenden Ehegatten, zuteil wird. Der Grund für eine solche Anordnung kann darin liegen, daß der Erblasser den Erstberufenen für untüchtig hält oder ihm mißtraut, oder daß er den Zweitberufenen noch nicht für reif zur Übernahme des Nachlasses hält und ihm den Erstberufenen gleichsam als Treuhänder setzt.

b) Verhinderung des Abwanderns von Vermögen des Erblassers an zweite Ehegatten oder Kinder zweiter Ehen des Vorerbe werdenden Ehegatten.

c) Die Umgehung eines Pflichtteilsberechtigten des Vorerben durch die Rechtsfolge, daß der Nachlaß in der Hand des Vorerben ein Sondervermögen bildet (*Staudinger/Behrends* § 2100 Rdn. 41), das bei Eintritt des Nacherbfalls als Nachlaß des Erblassers und damit nicht zum pflichtteilsunterworfenen Vermögen des Vorerben gehörend dem Nacherben anfällt. Als solche Pflichtteilsberechtigte des Vorerben kommen dabei z.B. in Frage sein derzeitiger Ehegatte (so im Fall des BGH LM § 242 BGB (Ca) Nr. 13 (III 5), der künftige zweite Ehegatte des überlebenden Ehegatten des Erblassers, Kinder zweiter Ehen, der geschiedene Ehegatte des Erblassers als Elternteil nach den gemeinsamen Kindern (*Dieterle* BWNotZ 1970, 170 u. 1971, 14; *Schalhorn* Jur-Büro 1973, 700) oder der lästige Enkel nach dem Kind des Erblassers (*Stanovsky* BWNotZ 1974, 102).

d) Den Schutz des überschuldeten Vorerben vor Vollstreckung seiner Eigengläubiger in den Nachlaß (§ 2115 BGB), wobei allerdings die Nacherbeinsetzung mit einer Testamentsvollstreckung kombiniert werden muß (§ 2214 BGB), da sonst zwar die Zwangsverwertung aber nicht die Beschlagnahme der Nachlaßgegenstände für Eigengläubiger des Vorerben verhindert wird (*Flik* BWNotZ 1979, 53).

e) Die Erbeinsetzung noch nicht erzeugter Personen (§ 2101 Abs. 1 BGB).

f) Die Möglichkeit für zwei Generationen das Schicksal seines Vermögens zu bestimmen, da gem. § 2109 Abs. 1 Nr. 1 BGB, wenn der Nacherbfall mit dem Tod des Vorerben eintreten soll, der beim Erbfall bereits lebt, die Nacherbeinsetzung auch über 30 Jahre hinaus gültig bleibt.

g) Wird der Eintritt der Nacherbfolge an eine entsprechende Bedingung geknüpft, kann dadurch entweder der Vorerbe unter dem Druck des Verlustes der Erbschaft oder der Nacherbe durch die Verheißung des Nacherbfalles zu einem bestimmten Verhalten veranlaßt werden (*Lange/Kuchinke* ErbR 3. Aufl. § 26 I 3).

Durch die grundsätzliche Beschränkung der Verfügungsfreiheit des Vorerben (§§ 2113 bis 2115 BGB), die ihn in die Nachbarschaft des Erbschaftsnießbrauchers rückt (§ 1089 BGB), von der der Erblasser den Vorerben aber bis auf einen Kernbereich Befreiung erteilen kann (§ 2136 BGB), so daß er dann einem Vollerben auf Zeit im wesentlichen gleichsteht, sowie der Möglichkeit dem Vorerben durch Vorausvermächtnisse (§ 2110 BGB) bestimmte Gegenstände frei von der Nacherbbindung zuzuweisen, steht dem Erblasser ein Instrumentarium zur Verfügung, mit dem die genannten Zwecke im Einzelfall maßgeschneidert erreicht werden können.

Während früher die Nacherbfolge erbschaftsteuerlich infolge der zweimaligen Versteuerung desselben Vermögens eindeutig gegenüber der Alternativlösung, den Zweitberufenen stattdessen zum unmittelbaren Erben einzusetzen und dem Erstberufenen den

Nießbrauch vermächtnisweise zuzuwenden, benachteiligt war, läßt sich heute, nachdem gem. § 25 ErbStG im Verhältnis zwischen Erblasser und seinem überlebenden Ehegatten die Abzugsmöglichkeit des kapitalisierten Nießbrauchs weggefallen ist, für diese Fälle nicht mehr generell, sondern nur im Einzelfall durch Vergleich beider Möglichkeiten die erbschaftsteuerlich günstigste der beiden feststellen (*Petzoldt,* Erbschaftsteuer- und Schenkungsteuergesetz, 1978, § 6 Rdn. 2 u. § 25 Rdn. 2; *Peter/Petzoldt/Winkler,* Unternehmensnachfolge, Testamente und Gesellschaftsverträge in der Praxis, 4. Aufl. 1977, S. 160f.). Einkommensteuerlich wirkt sich der Vermächtnisnießbrauch bei Grundstücken im privaten Bereich nach dem von der Rechtsprechung des Bundesfinanzhofes geprägten Nießbrauchserlaß der Finanzverwaltung vom 15. 11. 1984 (BStBl. I 1984, 561) dahin aus, daß der Eigentümer für die Zeit des Nießbrauchs keine Möglichkeit mehr hat, Schuldzinsen, Erhaltungsaufwand und Bewirtschaftungskosten als Werbungskosten geltend zu machen und die Abschreibungen vorzunehmen. Der Nießbraucher kann dies hinsichtlich der Werbungskosten, soweit sie ihm auferlegt sind. Ob er auch die Abschreibungen vornehmen kann, ist umstritten (siehe hierzu Form. XVI. 19 Anm. 14 Abs. 2).

3. Trennbare Gestaltung des gemeinschaftlichen Testaments. Bei gemeinschaftlichen Testamenten und zweiseitigen Ehegattenerbverträgen besteht meist der Wunsch, im Interesse des Familienfriedens die Bestimmungen des Längstlebenden auf sein Ableben nicht schon beim Tod des Erstversterbenden bekanntwerden zu lassen. In welchem Umfang solche Verfügungen von Todes wegen nach dem Tode des Erstversterbenden zu eröffnen sind, regelt § 2273 Abs. 1 BGB. Danach sind die Verfügungen des überlebenden Ehegatten, soweit sie sich sondern lassen, weder zu verkünden noch sonst zur Kenntnis der Beteiligten zu bringen. Nach der in der Rspr. hM. sind jedoch Verfügungen, die in Wir Form gehalten sind oder, wie im Formular, so formuliert sind, daß allgemein von Bestimmungen des zuerstversterbenden Ehegatten und solchen des Überlebenden gesprochen wird, nicht trennbar und müssen daher beim Tode des Erstversterbenden vollständig eröffnet werden, und zwar auch dann, wenn sie durch den Tod des Erstversterbenden ungültig oder gegenstandslos geworden sind (RGZ 150, 315 = DNotZ 1936, 366 m. abl. Anm. *Pütz;* OLG Hamburg NJW 1965, 1969 m. abl. Anm. *Lützeler* NJW 1966, 58; OLG Hamm Rpfleger 1974, 156 = FamRZ 1974, 387; KG OLGZ 1977, 394/396 = Rpfleger 1977, 256; KG DNotZ 1979, 556; OLG Hamm Rpfleger 1981, 486; BGH WPM 1984, 972). Als Grund hierfür wird im Anschluß an die Begründung in RGZ 150, 315 angegeben, daß die Beteiligten zwecks Prüfung, ob sie die sie ausschließenden Verfügungen des Erstversterbenden anfechten oder den Pflichtteil fordern sollen oder ob sich hinter der Verfügung des Erstversterbenden eine Nacherbeinsetzung verbirgt, auch die Verfügungen des Längstlebenden auf seinen Tod erfahren müßten und daß letztwillige Verfügungen grundsätzlich ohne Rücksicht auf ihre Wirksamkeit oder Gegenstandslosigkeit zu eröffnen seien, da das Eröffnungsverfahren weder dazu bestimmt noch dafür geeignet sei, über die Wirksamkeit und Gültigkeit letztwilliger Verfügungen zu befinden (aA. dh. für den Vorrang des Interesses des überlebenden Ehegatten an der Geheimhaltung seines eigenen letzten Willens *Pütz* DNotZ 1936, 369; *Lützeler* NJW 1966, 58; *Haegele* Rpfleger 1968, 137 u. 1977, 207; *Bühler* BWNotZ 1980, 34 ff.; nicht einschlägig, da einen Sonderfall betreffend OLG Frankfurt Rpfleger 1977, 206 m. Anm. *Haegele*). Diese Erwägungen treffen nicht zu und die Verfügung des Längstlebenden ist beim Tode des Erstversterbenden daher nicht zu eröffnen, wenn jeder Ehegatte für den Fall, daß er der Längstlebende ist, einem Dritten ein Vermächtnis zugewandt hat (BGHZ 70, 173 = DNotZ 1978, 302). Nun kann man natürlich die Bestimmungen von Mann und Frau, wie *Steffen* (RdL 1980, 4) vorschlägt, sprachlich vollkommen getrennt halten und etwa formulieren:

„Ich, der Ehemann, bestimme:
a) Für den Fall, daß ich vor meiner Ehefrau versterben sollte: ......
b) Für den Fall, daß ich nach meiner Ehefrau versterben sollte: ......

11. Gemeinschaftl. Ehegattentestament mit Vorerbschaft des Überlebenden XVI. 11

Ich, die Ehefrau, bestimme:..."
usw. wie beim Mann,
und so verhindern, daß beim Tod des Erstversterbenden auch die Verfügungen des überlebenden Ehegatten auf seinen Tod eröffnet und verkündet werden. Da dann weder die Wir-Form noch die Abstraktion der beiden Erbfälle gegeben ist, lassen sich die beiderseitigen Verfügungen problemlos gem. § 2273 Abs. 1 BGB trennen. Wie jedoch Haegele Rpfleger 1968, 137/144 richtig erkannt hat, wird dies nicht viel zur Geheimhaltung der Verfügungen des überlebenden Ehegatten beitragen, da nach der obengenannten Rspr. auch die Verfügungen des Erstversterbenden für den zweiten Erbfall, obwohl gegenstandslos, mitverkündet werden müssen, da nicht auf den Zeitpunkt der Testamentseröffnung, sondern auf den der Testamentserrichtung abzustellen ist (Asbeck MDR 1959, 897/898), und sich dann die Beteiligten in der Mehrzahl der Fälle leicht denken können, daß auch der überlebende Ehegatte eine gleiche oder zum mindesten ähnliche Verfügung errichtet haben wird (so auch schon *Pütz* DNotZ 1936, 372).

4. Anordnung von Vor- und Nacherbschaft. (1) **Allgemein.** Nach § 2100 BGB kann der Erblasser einen Erben in der Weise einsetzen, daß dieser Erbe (Nacherbe) wird, nachdem zunächst ein anderer Erbe (Vorerbe) geworden ist. Vorerbe wie Nacherbe sind beide Erben des Erblassers, nicht untereinander. Jeder ist auf Zeit Alleinerbe und beide sind jeweils Gesamtrechtsnachfolger des Erblassers. Der Erbfall tritt ein mit dem Tod des Erblassers, der Nacherbfall mit dem Eintritt der vom Erblasser dafür gesetzten Bedingung (§ 2103 BGB), hat der Erblasser eine solche Bedingung nicht gesetzt, tritt der Nacherbfall mit dem Tod des Vorerben ein (§ 2106 Abs. 1 BGB). Die Nacherbeinsetzung kann nur durch eine Verfügung von Todes wegen erfolgen. Kraft Gesetzes tritt gem. §§ 2104, 2105 BGB Vor- bzw. Nacherbschaft zugunsten der gesetzlichen Erben ein, wenn der Erblasser einen Erben nur bis zu einem Ereignis oder Zeitpunkt oder ab einem solchen, dh. unter einer auflösenden oder aufschiebenden Bedingung (§§ 2074, 2075 BGB) oder Befristung eingesetzt hat, ohne für die übrige Zeit eine Regelung getroffen dh. jemand eingesetzt zu haben (sog. konstruktive Vor- und Nacherbfolge). Der Vorerbe ist echter Erbe, wenn auch nur auf Zeit (RGZ 80, 30), nicht bloßer Nießbraucher, sondern Eigentümer der Nachlaßgegenstände und Inhaber der zum Nachlaß gehörenden Rechte (*Staudinger/Seybold* Vorbem. § 2100 Rdn. 4). Auf den Vorerben geht das gesamte Vermögen (§ 1922 BGB), der Besitz des Erblassers (§ 857 BGB), sowie dessen Verbindlichkeiten (§ 1967 BGB) über (§ 2100 BGB). Der Vorerbe ist lediglich nach Maßgabe der §§ 2113 bis 2115 BGB im Interesse des Nacherben in der Verfügungsmöglichkeit über Nachlaßgegenstände eingeschränkt. Soweit sich jedoch aus diesen Bestimmungen keine Beschränkung der Verfügungsbefugnis ergibt, kann der Vorerbe über die Nachlaßgegenstände frei verfügen (§ 2112 BGB), wobei allerdings gem. § 2111 BGB (dingliche Surrogation) der Verfügungserlös an die Stelle des Erbschaftsgegenstandes tritt. Hierin liegt ein wesentlicher Unterschied zum Nießbrauchsvermächtnis, bei dem der Nießbraucher über die dem Nießbrauch unterliegenden Gegenstände kraft Gesetzes grundsätzlich nicht verfügungsberechtigt ist, ihm lediglich nach §§ 1074, 1077, 1087 Abs. 2 BGB ein sehr eingeschränktes Verfügungsrecht gegeben ist. Ein weiterer großer Unterschied zwischen Vorerbschaft und Nießbrauchsvermächtnis liegt darin, daß der Vorerbe den Nachlaß grundsätzlich nach seinem eigenen Ermessen, wenn auch ordnungsmäßig, verwalten, ja sogar Nachlaßgegenstände gegen Wertersatz nach Eintritt der Nacherbfolge für sich verwenden darf (§ 2134 BGB), und eine Ersatzpflicht wegen Verletzung seiner Sorgfaltspflicht, die zudem auf das Maß, das er in eigenen Angelegenheiten anzuwenden pflegt, gemindert ist (§ 2131 BGB), erst nach Eintritt des Nacherbfalls in Betracht kommt (§ 2130 BGB). Der Vorerbe haftet, und das auch noch gemindert auf den Haftungsmaßstab gem. § 277 BGB, nur für die Erhaltung der wertmäßigen Substanz des Nachlasses, nicht auf die Erhaltung der konkreten Nachlaßgegenstände (*Staudinger/Behrends* § 2130 Rdn. 7, 8). Demgegenüber ist der Nießbraucher verpflichtet, die wirtschaftliche Bestimmung (§§ 1036 Abs. 2, 1037 Abs. 1 BGB) und die Sachsubstanz (§ 1041 BGB) der konkreten Nießbrauchsgegenstände zu erhalten und haftet dafür voll. Im wirtschaftlichen Bereich, dh. bezüglich des Nutzungsrechts und der Lastentragungspflicht, gleichen sich die Positionen des Vorerben und des Nießbrauchsvermächtnisnehmers jedoch weitgehend (*Petzoldt* BB Beil. 6 1975 S. 4). Wie dem Nießbraucher am Nießbrauchsgegenstand (§ 1030 Abs. 1 BGB) so gebühren dem Vorerben die Nutzungen des Nachlasses (§ 2111 Abs. 1 BGB) und fallen in sein freies Vermögen. Die gewöhnlichen Erhaltungs- und Verwaltungskosten der Nachlaßgegenstände hat der Vorerbe aus eigenen Mitteln zu tragen (§ 2124 Abs. 1 BGB). Andere Aufwendungen, welche der Vorerbe den Umständen nach für erforderlich halten darf, und außerordentliche Lasten, die als auf dem Stammwert der Erbschaftsgegenstände gelegt anzusehen sind, kann er aus der Erbschaft bestreiten bzw. sind ihm vom Nacherben nach Eintritt der Nacherbfolge zu ersetzen (§§ 2124 Abs. 2, 2126 BGB). Sonstige Verwendungen auf die Erbschaft hat der Nacherbe nach den Vorschriften über die Geschäftsführung ohne Auftrag zu ersetzen (§ 2125 Abs. 1 BGB). Der Nachlaß bildet in der Hand des Vorerben wegen der Beschränkungen zugunsten des Nacherben ein Sondervermögen, das zwar denselben Rechtsträger wie das Eigenvermögen hat, aber im Interesse der Nachlaßgläubiger und des Nacherben sein eigenes rechtliches Schicksal besitzt und in seiner rechtlichen Identität durch den Grundsatz der dinglichen Surrogation (§ 2111 BGB) erhalten wird (*Staudinger/Behrends* § 2100 Rdn. 41; *Lange/Kuchinke* ErbR 2. Aufl. 1978 § 26 III 1). Der Vorerbe kann diesem Sondervermögen nicht mit dinglicher Wirkung Gegenstände seines freien Vermögens zuweisen (OLG Stuttgart OLGZ 1973, 262 = DNotZ 1974, 365). Bei Eintritt des Nacherbfalls fällt das Sondervermögen als Nachlaß des Erblassers, nicht des Vorerben, dem Nacherben an (§ 2130 BGB).

(2) **Schutz des Nacherben durch Beschränkung des Vorerben.**
a) Der Grundsatz der freien Verfügungsmacht des Vorerben ist im Interesse und zum Schutz des Nacherben durch die §§ 2113 bis 2115 BGB erheblich eingeschränkt, wobei allerdings der Erblasser den Vorerben gem. §§ 2136, 2137 BGB von der Mehrzahl der Beschränkungen und Verpflichtungen befreien kann. Im einzelnen hat der Nacherbe danach folgende Mitverwaltungsrechte bzw. ist der Vorerbe wie folgt beschränkt:
aa) Verfügungen über Grundstücke und Rechten an Grundstücken (§ 2113 Abs. 1 BGB),
bb) alle unentgeltlichen Verfügungen mit Ausnahme sog. Pflichtschenkungen (§ 2113 Abs. 2 BGB), wobei eine Verfügung des Vorerben nach der Rspr. (RGZ 125, 242/245; RGZ 159, 389; BGHZ 5, 173; BGHZ 7, 274/278; BGH NJW 1955, 1354; BGH NJW 1963, 1613; BGH WM 1970, 1422; BGH WM 1971, 2264; BGH GmbHRdsch 1984, 153) dann unentgeltlich ist, wenn er objektiv ohne gleichwertige Gegenleistung Opfer aus dem Nachlaß erbringt und subjektiv weiß, daß dem keine gleichwertige Gegenleistung an die Erbmasse gegenübersteht oder dies hätte erkennen müssen, und
cc) alle Zwangsverfügungen von Eigengläubigern bzw. des Konkursverwalters gegen den Vorerben (§ 2115 BGB, § 773 ZPO, § 128 KO)
sind im Falle des Eintritts der Nacherbfolge insoweit unwirksam, als sie das Recht des Nacherben vereiteln oder beeinträchtigen würden.

Die Kündigung und die Einziehung einer zur Erbschaft gehörenden Hypothekenforderung, Grund- oder Rentenschuld steht zwar dem Vorerben zu, er kann dabei aber nur verlangen, daß das Kapital an ihn nach Beibringung der Einwilligung des Nacherben gezahlt oder daß es für ihn und den Nacherben hinterlegt wird (§ 2114 BGB). Der Vorerbe kann allerdings die Zustimmung des Nacherben zu allen diesen Verfügungen nach § 2112 BGB erzwingen, falls sie zur ordnungsmäßigen Verwaltung des Nachlasses notwendig sind. Um die Einhaltung dieser gesetzlichen Verfügungsbeschränkungen zu sichern, ist vorgesehen, daß das Recht des Nacherben, die Voraussetzungen des Eintritts

11. Gemeinschaftl. Ehegattentestament mit Vorerbschaft des Überlebenden XVI. 11

der Nacherbfolge und die Person des Nacherben sowie etwaige vom Erblasser angeordnete Befreiungen im Erbschein anzugeben (§ 2363 BGB) und im Grundbuch einzutragen sind (§ 51 GBO). Nach §§ 2116 ff. BGB kann der Nacherbe vom Vorerben Maßnahmen verlangen, die diesem eine Verfügung über gewisse zur Erbschaft gehörige Wertpapiere oder Buchforderungen gegen den Bund oder ein Land nur mit Zustimmung des Nacherben ermöglichen. Ferner ist Geld, soweit es für eine dauernde Anlage in Frage kommt, mündelsicher anzulegen (§ 2119 BGB).

b) Der Vorerbe muß dem Nacherben, allerdings nur einmal (RGZ 164, 208), auf dessen Verlangen ein Verzeichnis der zur Erbschaft gehörenden Gegenstände mitteilen (§ 2121 BGB). Das Verzeichnis muß die zum Zeitpunkt seiner Errichtung, nicht etwa des Erbfalls, zur Erbschaft gehörenden Gegenstände angeben (RGZ 164, 208). Nach dem Erbfall in den Nachlaß gefallene Surrogate sind daher in das Verzeichnis aufzunehmen, nicht dagegen inzwischen ausgeschiedene Nachlaßgegenstände. In das Verzeichnis sind nur die Aktiva der Erbschaft aufzunehmen. Über die Nachlaßverbindlichkeiten braucht es keine Angaben zu enthalten. Ebenso sind Wertangaben über die Nachlaßgegenstände nicht erforderlich (MünchKomm/*Grunsky*, 2. Aufl. § 2122 Rdn. 5). Das Verzeichnis ist mit der Angabe des Tages der Aufnahme zu versehen und von dem Vorerben zu unterzeichnen (§ 2121 Abs. 1 BGB). Seine Unterschrift ist auf Verlangen des Nacherben öffentlich zu beglaubigen. Der Nacherbe kann verlangen, bei der Aufnahme des Verzeichnisses zugezogen zu werden (§ 2121 Abs. 2 BGB). Das Verzeichnis muß auf Verlangen des Nacherben durch einen hierzu bundesrechtlich (§ 20 BNotO) zuständigen Notar oder eine landesrechtlich (Art. 147, 148 EGBGB) zuständige Behörde oder einen Beamten (bzgl. der Zuständigkeit s. *Firsching* Nachlaßrecht 5. Aufl. 1980 S. 288) aufgenommen werden (§ 2121 Abs. 3 BGB). Die Kosten der Aufnahme und der Beglaubigung fallen dem Nachlaß zur Last (§ 2121 Abs. 4 BGB). Eine eidesstattliche Versicherung über die Richtigkeit des Verzeichnisses hat der Vorerbe nicht zu leisten (*Palandt/Edenhofer* § 2121 Rdn. 4). Der Vorerbe und der Nacherbe können jeweils auf Kosten des Antragstellers den Zustand der zur Erbschaft gehörenden Sachen durch Sachverständige feststellen lassen (§ 2122 BGB). Dies soll dem Vorerben gegen ungerechtfertigte Ansprüche des Nacherben wegen angeblicher Verschlechterung der Sachen bzw. dem Nacherben zur Sicherung seiner berechtigten Ansprüche wegen Verschlechterung von Nachlaßsachen dienen. Für einen zum Nachlaß gehörenden Wald kann die Aufstellung eines Wirtschaftsplanes verlangt werden, desgleichen bei einem zur Erbschaft gehörenden Bergwerk oder einer anderen auf die Gewinnung von Bodenbestandteilen gerichteten Anlage (§ 2123 BGB).

c) Der Grundsatz der freien Verwaltung des Nachlasses durch den Vorerben, der zwar für ihre ordnungsmäßige Führung, jedoch nur mit der in eigenen Angelegenheiten angewandten Sorgfalt (§ 2131 BGB) und erst nach Eintritt des Nacherbfalles (§ 2130 BGB) haftet, sowie die Berechtigung des Vorerben gem. § 2134 BGB Erbschaftsgegenstände eigennützig für sich zu verwenden und deren Wert erst nach Eintritt der Nacherbfolge ersetzen zu müssen, birgt die Gefahr der Beeinträchtigung des Anspruchs des Nacherben auf Herausgabe des Nachlasses nach Eintritt des Nacherbfalles in sich. Um sie zu verringern, stehen dem Nacherben bis zum Eintritt des Nacherbfalles unter der Voraussetzung der Verletzung oder Gefährdung seines zukünftigen Herausgabeanspruchs gem. § 2130 BGB eine Reihe von Kontroll- und Sicherungsmöglichkeiten gem. §§ 2127 bis 2129 BGB zur Verfügung. Nach § 2127 BGB hat der Nacherbe gegen den Vorerben ein Auskunftsrecht über den gegenwärtigen Bestand der Erbschaft, wenn Grund zu der Annahme besteht, daß der Vorerbe durch seine Verwaltung die Rechte des Nacherben erheblich verletzt. Die Gefahr einer erst künftigen Verletzung reicht dabei nicht aus. Die Gefährdung des Nacherben muß auf der Art der Verwaltung des Nachlasses beruhen. Eine nur schlechte Vermögenslage des Vorerben reicht nicht aus (MünchKomm/*Grunsky*, 2. Aufl. § 2127 Rdn. 3). Der Inhalt des Anspruchs geht auf Auskunft über den derzeitigen Bestand des Nachlasses, nicht dagegen auch über seit dem Erbfall eingetretene Veränderungen; insbesondere schuldet der Vorerbe keine Auskunft über den zwischenzeitlichen Verbleib von Erbschaftsgegenständen (BayObLG Recht 1903 Nr. 2379; MünchKomm/*Grunsky* § 2127 Rdn. 4). Gemäß § 260 BGB, der als allgemeine Regel Anwendung findet, kann der Nacherbe die Vorlegung eines Bestandverzeichnisses und bei Zweifeln an der erforderlichen Sorgfalt seiner Erstellung auch seine eidesstattliche Versicherung verlangen (§ 260 Abs. 2 BGB, *Staudinger/Behrends* § 2127 Rdn. 9). Rechnungslegung dh. eine die geordnete Zusammenstellung der Einnahmen und Ausgaben enthaltende Rechnung kann gem. § 2127 BGB nicht verlangt werden. Zu ihr ist der Vorerbe erst gem. § 2130 Abs. 2 BGB nach Eintritt der Nacherbfolge verpflichtet (*Staudinger/Behrends* § 2127 Rdn. 9). Auch einem pflichtteilsberechtigten Nacherben steht vor dem Eintritt der Nacherbfolge neben den Ansprüchen aus §§ 2121, 2122 und 2127 BGB kein weitergehender Auskunftsanspruch gegen den Vorerben zu, und zwar auch nicht der den Nachlaß weit mehr belastende Anspruch nach § 2314 BGB in entsprechender Anwendung (BGH NJW 1981, 2051). Auskunft nach § 2127 BGB kann, wenn eine neue Verletzung oder Gefährdung erfolgt oder eingetreten ist, auch wiederholt verlangt werden (*Staudinger/Behrends* § 2127 Rdn. 10). Nach § 2128 BGB kann der Nacherbe vom Vorerben Sicherheitsleistung verlangen, wenn durch dessen Verhalten oder durch seine ungünstige Vermögenslage die Besorgnis einer erheblichen Verletzung der Rechte des Nacherben begründet wird. Gem. §§ 2128 Abs. 2, 1052 BGB ist, falls der Vorerbe nach rechtskräftiger Verurteilung zur Sicherheitsleistung diese nicht binnen einer vom Gericht festzusetzenden Frist erbringt, auf Antrag des Nacherben die Verwaltung der Vorerbschaft einem vom Gericht zu bestellenden Verwalter zu übertragen. Damit verliert der Vorerbe zugleich gem. § 2129 BGB die Verfügungsbefugnis hinsichtlich der Gegenstände der Erbschaft. Nach Eintritt der Nacherbfolge, hat der Vorerbe auf Verlangen dem Nacherben gem. § 2130 Abs. 2 BGB Rechnung zu legen, dh. gem. § 259 BGB eine die geordnete Zusammenstellung der Einnahmen und Ausgaben enthaltende Rechnung mitzuteilen und, soweit Belege erteilt zu werden pflegen, auch diese Belege vorzulegen (*Staudinger/Behrends* § 2130 Rdn. 20). Bei Zweifel an der erforderlichen Sorgfalt der Rechnungslegung kann der Nacherbe eine eidesstattliche Versicherung verlangen (§ 259 Abs. 2 BGB). Letztlich hat der Nacherbe nach dem Nacherbfall über den Herausgabeanspruch gem. § 2130 Abs. 1 BGB ein Recht auf ein ordnungsmäßiges Gesamtergebnis der Verwaltung durch den Vorerben (*Staudinger/Behrends* § 2130 Rdn. 3).

d) Neben den Verfügungsbeschränkungen (oben lit. a) und den Kontroll- und Sicherungsrechten (oben lit. b u. c) dient vor allem die Vorschrift des § 2111 BGB dazu, den Nacherben vor einer Verminderung der Nachlaßsubstanz zu sichern. Nach dieser Bestimmung gehört zur Erbschaft, was der Vorerbe aufgrund eines zur Erbschaft gehörenden Rechts oder als Ersatz für die Zerstörung, Beschädigung oder Entziehung eines Erbschaftsgegenstandes oder durch Rechtsgeschäft mit Mitteln der Erbschaft erwirbt. Der Rechtsübergang erfolgt jeweils im Wege der dinglichen Surrogation (im einzelnen dazu *Roggendorf* MittRhNotK 1981, 29ff.). Durch diese dingliche Surrogation sowie die Verpflichtung des Vorerben zur ordnungsmäßigen Verwaltung soll der Nachlaß nach seiner Wertsubstanz erhalten bleiben, so wie beim Nießbrauch dadurch, daß dem Nießbraucher die Verfügungsbefugnis weitgehend vorenthalten wird, durch das Substanzerhaltungsgebot (§ 1041 BGB) und das Zweckbestimmungserhaltungsgebot (§§ 1036 Abs. 2, 1037 Abs. 1 BGB) die konkreten Nießbrauchsgegenstände erhalten bleiben sollen.

e) Die gesetzlichen Beschränkungen des Vorerben können wegen § 137 BGB durch den Erblasser mit dinglicher Wirkung nicht vermehrt oder verstärkt werden. Wohl kann er aber durch Auflagen und Vermächtnisse dem Vorerben weitere schuldrechtliche Verwaltungspflichten auferlegen (*Staudinger/Seybold* § 2136 Rdn. 8; *Staudinger/Behrends* § 2100 Rdn. 33 u. § 2112 Rdn. 29; *Bühler* BWNotZ 1967, 174/179). Der Erblasser kann insoweit auch anordnen, daß der Vorerbe einen Teil der Nutzungen des Nachlas-

11. Gemeinschaftl. Ehegattentestament mit Vorerbschaft des Überlebenden **XVI. 11**

ses an den Nacherben oder einen Dritten herauszugeben hat (RG WarnR 1912 Nr. 174). Auch diese zusätzlichen schuldrechtlichen Verwaltungsverpflichtungen unterstehen dem Schutz der Sicherungsrechte gem. §§ 2127 bis 2129 BGB (*Staudinger/Behrends* § 2100 Rdn. 35). Die umfangreiche Verfügungsbefugnis auch des nicht befreiten Vorerben kann durch Einsetzung eines Testamentsvollstreckers gem. § 2211 Abs. 1 BGB entzogen werden (KG OLG 26, 346; 44, 93; *Staudinger/Behrends* § 2112 Rdn. 31; MünchKomm/ *Grunsky*, 2. Aufl. § 2112 Rdn. 7), und zwar auch bei befreiter Vorerbschaft (BayObLG 59, 128 = NJW 1959, 1920). Soweit sich die Testamentsvollstreckung nur auf das Vorerbenrecht bezieht, kann der Testamentsvollstrecker lediglich die dem Vorerben zustehenden Rechte wahrnehmen, dh. er braucht in den Fällen der §§ 2113 ff. BGB die Zustimmung des Nacherben (MünchKomm/*Grunsky* § 2112 Rdn. 7). Ist der Testamentsvollstrecker dagegen für das Vorerben- und das Nacherbenrecht eingesetzt, so kann er über Nachlaßgegenstände im Rahmen des § 2205 BGB verfügen (MünchKomm/ *Grunsky* § 2112 Rdn. 7). Als Testamentsvollstrecker kann auch der Nacherbe eingesetzt werden (KHJ 52 A, 77; BayObLG NJW 1959, 1920; MünchKomm/*Grunsky* § 2113 Rdn. 7). Der alleinige Vorerbe kann dagegen nach hM nicht Nacherbentestamentsvollstrecker sein (*Staudinger/Behrends* § 2100 Rdn. 37). Nicht geeignet die Beschränkungen des Vorerben zu verstärken ist dagegen eine vom Erblasser einem Dritten erteilte, über den Erbfall hinaus geltende Vollmacht, da sie vom Vorerben jederzeit widerrufen werden kann (*Staudinger/Behrends* § 2112 Rdn. 30). Letztlich ist eine Verstärkung der Nacherbenstellung dadurch möglich, daß bei Vornahme eines die Erbschaft aushöhlenden Geschäftes des Vorerben unter Lebenden die Nacherbfolge vorzeitig eintreten soll (*Recker* MittRhNotK 1978, 125/127).

f) Die obengenannten Verfügungsbeschränkungen und Kontroll- und Sicherungsrechte zum Schutz des Nacherben, wirken auch zugunsten eines Nacherben, der nur unter einer Bedingung eingesetzt ist (Nachweise siehe Form. VIII. 42 Anm. 4 Abs. 1 c).

(3) **Erbenhaftung bei Vor- und Nacherbschaft.** Vor dem Nacherbfall haftet der Vorerbe wie jeder andere Erbe, der Nacherbe dagegen nicht. Nach dem Nacherbfall haftet der Nacherbe als Erbe des Erblassers für ungetilgte Nachlaßschulden wie ein Erbe, dem die Erbschaft schon mit dem Tod des Erblassers angefallen ist (§ 2144 Abs. 1 BGB). Dabei begründen auch Geschäfte des Vorerben zur ordnungsgemäßen Verwaltung des Nachlasses Nachlaßschulden (BGHZ 32, 60 = NJW 1960, 959). Nach dem Nacherbfall haftet der Vorerbe weiter nur für sog. Nachlaßerbenschulden dh. Eigenverbindlichkeiten, ferner für reine Nachlaßverbindlichkeiten, wenn er die Haftungsbeschränkungsmöglichkeit verloren hatte (§ 2145 Abs. 2 BGB), und mit der Möglichkeit der Haftungsbeschränkung gem. § 2145 Abs. 2 BGB auf die ihm verbleibenden Nutzungen oder ihre Surrogate, wenn ihm die Nachlaßverbindlichkeit im Verhältnis zum Nacherben allein zur Last fällt (§ 2145 Abs. 1 BGB) oder bei fehlender oder nicht realisierbarer Haftung des Nacherben (§ 2145 Abs. 1 BGB, *Palandt/Edenhofer* § 2145 Rdn. 1).

(4) **Abgrenzung zum Nießbrauchsvermächtnis.** Durch die wirtschaftliche Ähnlichkeit zwischen Vorerbschaft und Nießbrauchsvermächtnis ist oft unsicher, ob vom Erblasser Vorerbschaft angeordnet oder nur ein Nießbrauchsvermächtnis eingeräumt worden ist. In Zweifelsfällen ist dabei nach der Rspr. ein Entscheidungskriterium, ob der Bedachte erst von dem Erben die Einräumung des Nießbrauchs am Nachlaß verlangen können, oder ob er sogleich dinglicher Vermögensinhaber und Herr des Nachlasses sein sollte (BGH Rpfleger 1952, 181 = LM § 2100 Nr. 2; BayObLG 1965, 457/461 = NJW 1966, 662), bedeutsamer noch, ob dem Bedachten über die Nutzungsbefugnis hinaus auch die Verfügungsbefugnis eingeräumt werden sollte (BGH Rpfleger 1952, 181 = LM § 2100 Nr. 2; RG WarnR 1927 Nr. 57; KG DR 1941, 594), was nur durch Vorerbschaft erreicht werden kann (siehe zur Auslegung *Petzoldt* BB Beil. 6 1975 S. 2 u. die Rspr. bei *Staudinger/ Behrends* § 2100 Rdn. 17). Ausschlaggebend ist danach, ob der Erblasser dem Bedachten weniger oder mehr Rechtsmacht am Nachlaß einräumen wollte. Das er-

ste spricht für Nießbrauch, das letzte für Vorerbschaft. Dagegen kann seit dem Erbschaftsteuergesetz 1974 von einer erbschaftsteuerlich günstigeren Behandlung des Nießbrauchsvermächtnisses, die in der früheren Rspr. (BayObLG 1960, 154 = NJW 1960, 1765) zur Vermutung seiner Anordnung führte, nur noch insoweit die Rede sein, als § 25 ErbStG noch den erbschaftsteuerlichen Abzug des kapitalisierten Nießbrauchs vom Nachlaßwert zuläßt, was im Verhältnis vom Erblasser zu seinem Ehegatten nicht mehr der Fall ist.

5. Befreite Vorerbschaft. (1) **Unmittelbare Befreiungsmöglichkeiten und ihre Grenzen.**
Nach § 2136 BGB hat der Erblasser die Möglichkeit, durch ausdrückliche Anordnung die Rechtsstellung des Vorerben weitgehend zu verbessern und die des Nacherben entsprechend zu verringern, indem er ihn von den in dieser Vorschrift aufgezählten gesetzlichen Beschränkungen und Verpflichtungen ganz oder teilweise befreit. Im einzelnen besteht nach dieser Vorschrift die Möglichkeit den Vorerben zu befreien:

a) von der Verfügungsbeschränkung über Grundstücke und Rechte an solchen (§ 2113 Abs. 1 BGB), sowie über Hypothekenforderungen, Grund- und Rentenschulden (§ 2114 BGB);

b) von der Hinterlegung bzw. Umschreibung von Wertpapieren und der Anlegung von Geld (§§ 2116 bis 2119 BGB);

c) von der Aufstellung eines Wirtschaftsplanes bei Wald und der Gewinnung von Bodenschätzen (§ 2123 BGB);

d) von den Kontroll- und Sicherungsrechten des Nacherben nach §§ 2127 bis 2129 BGB (Auskunftserteilung, Sicherheitsleistung, Entziehung des Verwaltungs- und Verfügungsrechts);

e) von dem Gebot der ordnungsmäßigen Verwaltung und der Rechnungslegungsverpflichtung nach § 2130 BGB und der Haftung des Vorerben nach § 2131 BGB, so daß der davon befreite Vorerbe beim Eintritt des Nacherbfalles nur die noch vorhandenen Erbschaftsgegenstände an den Nacherben herauszugeben hat (§ 2138 Abs. 1 BGB), ihm aber, jedoch erst nach Eintritt des Nacherbfalls (*Staudinger/Behrends* § 2138 Rdn. 18), zum Schadensersatz verpflichtet ist, wenn er entgegen § 2113 Abs. 2 BGB unentgeltlich über einen Nachlaßgegenstand verfügt oder die Erbschaft in der Absicht, den Nacherben zu benachteiligen, vermindert hat (§ 2138 Abs. 2 BGB);

f) von dem Wertersatz für Raub- und Übermaßfrüchte (§ 2133 BGB) und für eigennützige Verwendung von Erbschaftsgegenstände (§ 2134 BGB);

g) von der in § 2136 BGB nicht aufgeführten Verpflichtung zur Tragung der gewöhnlichen Erhaltungskosten nach § 2124 Abs. 1 BGB, da sie in der Verpflichtung zur ordnungsmäßigen Verwaltung (§ 2130 BGB) und dem Verbot der eigennützigen Verwendung von Nachlaßgegenständen (§ 2134 BGB) enthalten ist (*Staudinger/Behrends* § 2136 Rdn. 10) und von beiden gem. § 2136 BGB Befreiung erteilt werden kann.

Befreiung von sonstigen gesetzlichen Beschränkungen und Verpflichtungen sind mit dinglicher Wirkung unzulässig (BGHZ 7, 276). Danach ist eine Befreiung von folgenden Bestimmungen nicht zulässig, und sie sind daher auch bei befreiter Vorerbschaft anwendbar:

a) vom Verbot unentgeltlicher Verfügungen (§ 2113 Abs. 2 BGB);

b) von der Verpflichtung, auf Verlangen des Nacherben ein Nachlaßverzeichnis aufzustellen (§ 2121 BGB);

c) von der Verpflichtung, auf Verlangen des Nacherben den Zustand der Nachlaßgegenstände feststellen zu lassen (§ 2122 BGB);

d) von der Haftung, wenn der Vorerbe entgegen der Vorschrift des § 2113 Abs. 2 BGB über einen Nachlaßgegenstand verfügt oder die Erbschaft in der Absicht, den Nacherben zu benachteiligen, vermindert hat (§ 2138 Abs. 2 BGB);

e) von der Beschränkung der Eigengläubiger des Vorerben bei Vollstreckungsmaßnahmen oder der Verfügungsmacht des Konkursverwalters (§ 2115 BGB);

11. Gemeinschaftl. Ehegattentestament mit Vorerbschaft des Überlebenden XVI. 11

f) von der Verpflichtung des Vorerben, die gewöhnlichen Erhaltungskosten zu tragen (§ 2124 BGB);

g) von der zugunsten des Nacherben eintretenden Surrogation (§ 2111 BGB).

Die Befreiung von allen im § 2136 BGB bezeichneten Beschränkungen und Verpflichtungen gilt als angeordnet, wenn der Erblasser den Nacherben auf dasjenige eingesetzt hat, was von der Erbschaft beim Eintritt der Nacherbfolge übrig sein wird, dh. Einsetzung auf den Überrest (§ 2137 Abs. 1 BGB). Das gleiche ist im Zweifel anzunehmen, wenn der Vorerbe zur freien Verfügung über die Erbschaft berechtigt sein soll (§ 2137 Abs. 2 BGB). Der Erblasser kann die Befreiung auch gegenständlich beschränken, so z.B. Befreiung nur hinsichtlich des Privat-, nicht auch für das Geschäftsvermögen (MünchKomm/*Grunsky* § 2136 Rdn. 8) erteilen. Auch kann die Befreiung lediglich gegenüber einzelnen von mehreren Nacherben erteilt werden (LG Frankfurt NJW 1980, 387).

Weiter kann er auch zwischen einzelnen Arten von Verfügungen differenzieren, z.B. Befreiung für Grundstücksbelastungen, nicht aber für Veräußerungen (MünchKomm/ *Grunsky* § 2136 Rdn. 8).

Setzt der Erblasser seinen Ehegatten zum Vollerben ein, bestimmt aber, daß im Falle seiner Wiederheirat die gemeinsamen Kinder Nacherben sein sollen (bedingte Vor- und Nacherbschaft), so soll nach überwiegender Meinung aufgrund einer tatsächlichen Vermutung mangels besonderer Umstände befreite Vorerbschaft anzunehmen sein (MünchKomm/*Grunsky*, 2. Aufl. § 2136 Rdn. 4; *Staudinger/Behrends* § 2136 Rdn. 21; zweifelnd *Soergel/Damrau* § 2136 Rdn. 6 jeweils mwN).

(2) **Mittelbare Befreiungsmöglichkeiten.** Der Erblasser kann mittels folgender Anordnungen mittelbar über die Möglichkeiten des § 2136 BGB hinaus die Rechtsstellung des Vorerben verbessern:

a) Der Wille des Erblassers zu einer vollständigen, über die Grenzen des § 2136 BGB hinausgehenden Befreiung läßt sich ganz allgemein durch eine mit Vermächtnissen beschwerte Vollerbeinsetzung verwirklichen (*Staudinger/Behrends* § 2136 Rdn. 11).

b) Will der Erblasser dagegen nur einzelne Gegenstände oder ihre Surrogate dem Nacherbenrecht entziehen, kann er sie dem Vorerben als Vorausvermächtnisse (§ 2110 Abs. 2 BGB) anwenden. Der Vorerbe erwirbt diese Gegenstände ohne weiteres mit dem Erbfall, sie werden sein freies Vermögen, über das er nach Belieben, also auch unentgeltlich, verfügen kann (*Staudinger/Behrends* § 2136 Rdn. 5; BGHZ 32, 60 = NJW 1960, 959; OLG München JFG 21, 122).

c) Der Erblasser kann den Vorerben auch dadurch mittelbar in seiner Verwaltung freier stellen, daß er den Nacherben für den Fall, daß er durch den Eintritt des Nacherbfalls Erbe wird, mit dem Vermächtnis beschwert, bestimmten Verfügungen oder Verwaltungshandlungen des Vorerben zuzustimmen. Er ist dann bei Eintritt des Nacherbfalls verpflichtet, die betreffenden Verwaltungsmaßnahmen des Vorerben als ordnungsgemäß nach § 2130 BGB anzuerkennen (*Staudinger/Behrends* § 2136 Rdn. 7). Der Erblasser kann z.B. den Nacherben durch Vermächtnis damit beschweren, daß er bestimmten unentgeltlichen Verfügungen des Vorerben zuzustimmen hat (*Staudinger/ Behrends* § 2113 Rdn. 5). Ob diese Zustimmungsverpflichtung auch generell angeordnet werden kann, ist bestr. (*Bühler* BWNotZ 1967, 174/179f. mwN). Unstreitig kann der Nacherbe jedoch durch Vermächtnis verpflichtet werden, die beim Nacherbfall gegen den Vorerben entstehenden Schadensersatzansprüche wegen unentgeltlicher Verfügung zu erlassen (*Bühler* BWNotZ 1967, 174/180).

d) Der Erblasser kann auch das Anwartschaftsrecht des Nacherben dh. die Nacherbeinsetzung in den Grenzen des § 138 BGB auflösend bedingen und dadurch die Nacherbeinsetzung z.B. für den Fall der unentgeltlichen Verfügung des Vorerben über einen bestimmten oder wesentlichen oder gar über alle Nachlaßgegenstände wegfallen lassen (*Bühler* BWNotZ 1967, 174/180).

Bei einzelnen Gegenständen würde es sich dabei um ein bedingtes Vorausvermächtnis zugunsten des Vorerben und bei allen um eine auflösend bedingte Nacherbschaft handeln.

Nach hM. kann die Rechtsstellung des befreiten Vorerben jedoch nicht dadurch erweitert werden, daß der alleinige Vorerbe zum alleinigen Testamentsvollstrecker des Nacherben ernannt wird (KG JFG 11, 126) oder daß ihn der Erblasser über seinen Tod hinaus bevollmächtigt (RGZ 77, 177).

6. Einsetzung von Abkömmlingen nach gesetzlicher Erbregel. Bei der Erbeinsetzung, Ersatzerbeinsetzung, Nacherbeinsetzung und Ersatznacherbeinsetzung von eigenen oder fremden Abkömmlingen wird in der notariellen Praxis oft statt der namentlichen Bezeichnung der Eingesetzten formuliert, daß als Erben die Abkömmlinge einer bestimmten Person „gemäß der gesetzlichen Erbfolge erster Ordnung" oder „entsprechend der gesetzlichen Erbregel erster Ordnung" eingesetzt sind. Der Zweck ist, auch die Veränderungen im Kreis der Eingesetzten zwischen der Testamentserrichtung und dem Erbfall zu erfassen. Es fragt sich, ob diese Formulierung ausreichend ist, um den Willen des Erblassers klar und deutlich zum Ausdruck zu bringen, oder ob, was bei notariellen Testamenten vermieden werden sollte, die gesetzlichen Auslegungsregeln herangezogen werden müssen. Durch die Verweisung auf die gesetzliche Erbregelung ist der eingesetzte Personenkreis und die Höhe der Erbteile bestimmbar, wenn der für die Bestimmung maßgebliche Zeitpunkt hinzukommt. Fraglich könnte sein, ob dieser Zeitpunkt durch die Formulierung feststeht, oder ob man ihnen dazu die Worte „zum Zeitpunkt meines Todes" oder „zum Zeitpunkt des Todes des ...." hinzufügen müßte. Bei der Erbeinsetzung kommen als maßgebliche Zeitpunkte die Testamentserrichtung und der Erbfall in Betracht und bei der Nacherbeinsetzung kommt der Nacherbfall hinzu. Bei bloßer Bezeichnung der Eingesetzten als „gesetzliche Erben" oder „Abkömmlinge" einer bestimmten Person ohne nähere Bezeichnung ist zweifelhaft, zu welchem Zeitpunkt die Erben anhand dieser Merkmale festgestellt werden sollen. Die Bestimmung des maßgeblichen Zeitpunkts ist bei einer solchen Formulierung nur mit Hilfe der Auslegungsregeln der §§ 2066, 2069 BGB möglich. Geht die Verweisung aber auf die Erben oder eines Teils von ihnen gemäß der gesetzlichen Erbfolge erster Ordnung einer bestimmten Person, sind damit die Gruppe, der Zeitpunkt ihrer Feststellung, nämlich der Tod der betreffenden Person und ihre Erbquoten, nämlich die gesetzlichen der ersten Ordnung, eindeutig festgelegt. Nach der gesetzlichen Erbfolge erster Ordnung können vorverstorbene Abkömmlinge gem. § 1923 BGB nicht erben. An ihre Stelle treten kraft des Eintrittsrechts gem. § 1924 Abs. 3 BGB die nächsten Abkömmlinge. Schlagen Abkömmlinge nach dem Erbfall die Erbschaft aus, tritt gem. § 1953 BGB kraft Gesetzes die gleiche Wirkung ein. Auch zwischen der Testamentserrichtung und dem Erbfall geborene oder erzeugte nähere Abkömmlinge werden danach Erben, da die gesetzliche Erbfolge erster Ordnung alle zur Zeit des Erbfalls lebenden bzw. erzeugten Abkömmlinge umfaßt (§§ 1924, 1923 Abs. 2 BGB). Grundsätzlich gilt daher gleichermaßen für Erb-, Ersatzerb-, Nacherb- und Ersatznacherbeinsetzung, daß die Bezeichnung der Eingesetzten als Abkömmlinge einer bestimmten Person gemäß der gesetzlichen Erbfolge erster Ordnung sich nur auf den Tod dieser Person beziehen und daher nur ihre zu diesem Zeitpunkt vorhandenen gesetzliche erbberechtigten Abkömmlinge umfassen kann und daß sich daher ein den maßgeblichen Zeitpunkt ausdrücklich festlegender Zusatz erübrigt. Da sich die Testierer dessen aber meist nur bei den leicht überschaubaren Verhältnissen der Erb- und Ersatzerbeinsetzung bewußt sind, sollte man bei der Nacherb- und Ersatznacherbeinsetzung trotzdem den maßgeblichen Zeitpunkt im Testament ausdrücklich bezeichnen. In diesen Fällen könnte nämlich durchaus einmal eine abweichende Festlegung des maßgeblichen Zeitpunkts z.B. der Vorerbfall zweckmäßig und gewünscht sein (siehe OLG Köln FamRZ 1970, 605), so daß die ausdrückliche Festlegung zur Klarstellung, zum Hinweis und als Formulierung mit Belehrungswirkung dient.

7. Die „unbekannten" Nacherben. Wenn, wie hier, der Erblasser diejenigen gemeinschaftlichen Abkömmlinge zu Nacherben beruft, die zum Zeitpunkt des Nacherbfalles gesetzliche Erben beider Ehegatten sind, so sind die Nacherben zwar benannt, da sie nach Merkmalen bestimmbar sind (was genügt: BayObLG NJW 1966, 662/663), aber bis zum Eintritt des Nacherbfalles unbekannt, da erst zu diesem Zeitpunkt feststeht, um wen es sich dabei handelt (*Kanzleiter* DNotZ 1970, 326; *Ripfel* BWNotZ 1959, 177/183; *Haegele* Rpfleger 1969, 348). Nicht zu verwechseln ist ein solcher noch „unbekannter" Nacherbe mit einem Ersatznacherben (§ 2096 BGB entspr.), der vom Erblasser für den Fall eingesetzt ist, daß der von ihm ausdrücklich benannte Nacherbe vor oder nach dem Nacherbfall wegfällt, er also nicht Nacherbe sein kann oder sein will (bezgl. des Unterschieds zwischen Nacherb- und Ersatznacherbeinsetzung siehe *Diederichsen* NJW 1965, 671). Eine Einsetzung solcher Ersatznacherben erübrigt sich im Formular, da die Nacherben sowieso erst im Zeitpunkt des Nacherbfalls bestimmt sind. Wird die Persönlichkeit eines Nacherben erst durch ein künftiges Ereignis bestimmt, ist für ihn nach § 1913 BGB bis zum Eintritt der Nacherbfolge ein Pfleger zu bestellen. Nach der herrschenden Auffassung in Lehre und Praxis (zitiert bei *Kanzleiter* DNotZ 1970, 326/327 Anm. 9 u. 10) gelten auch diejenigen späteren gesetzlichen Erben als unbestimmt oder nur bedingt bekannt, die vor dem Eintritt der Nacherbfolge bereits leben, weil sie fortfallen könnten und damit noch nicht endgültig bestimmt sind (*Staudinger/Behrends* § 2104 Rdn. 16). Lediglich wenn der Erblasser die bereits vorhandenen Abkömmlinge in der Verfügung von Todes wegen ausdrücklich namentlich aufgeführt und weiter bestimmt habe, daß sich deren Nacherbquoten zugunsten etwa später nach hinzutretender Abkömmlinge mindert bzw. beim Wegfall eines Abkömmlings entsprechend erhöhen sollen, seien die vorhandenen Abkömmlinge als Nacherben von Anfang an bekannt (*Staudinger/Englert* § 1913 Rdn. 7; KGJ 42, 224/227; *Kanzleiter* DNotZ 1970, 326/328 f.), könnten selbst handeln und nur für die noch nicht vorhandenen Nacherben bleibe es bei der Notwendigkeit der Pflegerbestellung nach § 1913 BGB (*Staudinger/Behrends* § 2104 Rdn. 17). Nach der hM. entscheidet somit die Fassung des Testaments, ob die Nacherben vom Tode des Erblassers an bis zum Nacherbfall bekannt oder unbekannt sind (*Haegele* Rpfleger 1969, 348). Die hM. wurde von *Kanzleiter* (DNotZ 1970, 326 m. Zustimmung von *Soergel/Knopp* § 2104 Rdn. 5 u. *Staudinger/Behrends* § 2104 Rdn. 17) überzeugend mit dem Argument widerlegt, daß die von § 1913 BGB aufgestellten Kriterien „unbekannt" und „ungewiß" objektiver Natur sind und daher, wenn, wie hier, bei bereits vorhandenen späteren gesetzlichen Erben die beteiligten Personen nach objektiven Gesichtspunkten bereits feststehen, kein Grund besteht, ihnen die Wahrnehmung ihrer Rechte vorzuenthalten, nur weil sie unter der gesetzlich aufschiebenden Bedingung stehen, daß sie zum Zeitpunkt des Nacherbfalls noch gesetzliche Erben sind, daß somit nicht die Formulierung der letztwilligen Verfügung entscheidet, sondern ob der Berufene erbrechtlich objektiv feststellbar vorhanden ist (*Staudinger/Behrends* § 2104 Rdn. 17). Diese Streitfrage kann jedoch umgangen werden, wenn, wie hier, der Erblasser zur Wahrnehmung der Rechte und Pflichten der bekannten und noch unbekannten Nacherben bis zum Eintritt der Nacherbfolge eine Nacherbentestamentsvollstreckung gem. § 2222 BGB anordnet (*Haegele* Rpfleger 1969, 349; *Ripfel* BWNotZ 1959, 177/183; *Reithmann/Röll/Geßele*, Hdb. d. notariellen Vertragsgestaltung, 5. Aufl. 1983, Rdn. 722).

8. Vererb- und Veräußerlichkeit der Nacherbenanwartschaft. Der Nacherbe erlangt mit dem Tod des Erblassers, durch den der Nachlaß auf den oder die Vorerben übergeht, ein gegenwärtiges Anwartschaftsrecht auf die spätere Nacherbschaft (BGHZ 37, 319/325; *Haegele* Rpfleger 1967, 161 mwN.). Erlebt der Nacherbe den Tod des Erblassers (bei seinem Vorversterben gilt §§ 2108 Abs. 1, 1923 BGB), stirbt aber vor dem Eintritt der Nacherbfolge, ist gem. § 2108 Abs. 2 BGB seine Anwartschaft vererblich, sofern nicht ein anderer Wille des Erblassers anzunehmen ist. Die Vererblichkeit bedeutet, daß das Anwartschaftsrecht auf seine gesetzlichen oder testamentarisch berufenen Erben als Vermögensteil seines eigenen Nachlasses übergeht. Der Nacherbe kann seinerseits die Anwartschaft mit Nacherbschaft belasten oder einer Testamentsvollstreckung unterwerfen (RGZ 103, 354; *Schmidt* BWNotZ 1966, 145/147). Mehrere Erben des Nacherben stehen hinsichtlich des Nacherbenanwartschaftsrechts in Erbengemeinschaft (*Schmidt* BWNotZ 1966, 145/147 Fn. 6). Die Vererblichkeit des Anwartschaftsrechts geht im Interesse des Nacherben der Anwachsung nach § 2094 BGB im Zweifel vor (RGZ 106, 357). Der Ausschluß der Vererblichkeit durch den Erblasser kann in einer ausdrücklichen Bestimmung in der Verfügung von Todes wegen oder durch ihre Auslegung gefunden werden. Str. ist, ob in der ausdrücklichen Berufung eines Ersatznacherben dieser Ausschluß gefunden werden kann. Nach der einen Meinung (RGZ 95, 97; 142, 171; 169, 38 = DR 1942, 1187; BayObLG 1951, 570 u. 1961, 132; OLG Köln NJW 1955, 633; *Palandt/Edenhofer* § 2108 Rdn. 4) soll daraus allein nicht auf den Ausschluß der Vererblichkeit geschlossen werden können, da die Ersatzerbeinsetzung auch als nur für den Fall der Ausschlagung des Vorerben gem. § 2142 BGB getroffen sinnvoll bleibe. Nach der im Wachsen befindlichen Gegenmeinung (*Staudinger/Behrends* § 2108 Rdn. 15 mwN. *Soergel/Harder* § 2108 Rdn. 3; gegen eine Vermutung und für Auslegung im Einzelfall MünchKomm/*Grunsky*, 2. Aufl. § 2102 Rdn. 7) liegt in der Ersatznacherbenberufung im Zweifel die schlüssige Erklärung des Erblassers, daß die Vererblichkeit ausgeschlossen sein soll. Dagegen liegt nach der hM in Rechtsprechung und Literatur allein darin, daß der Erblasser einen Abkömmling zum Nacherben berufen hat, dessen Abkömmlinge nach der gesetzlichen Auslegungsvorschrift des § 2069 BGB als Ersatzerben in Frage kommen, noch kein Ausschluß der Vererblichkeit des Nacherbenrechts (*Staudinger/Behrends* § 2108 Rdn. 16 mwN.; BGH LM § 2108 Nr. 1 = NJW 1953, 1155 in Bestätigung von RGZ 169, 38 = Betr. 1942, 1187), obwohl das im Einzelfall besonders häufig sein wird (BGH aaO.). Bei diesem Meinungsstreit empfiehlt es sich immer noch, wie von Haegele vorgeschlagen (Rpfleger 1967, 161/163), die Vererblichkeit des Nacherbenanwartschaftsrechts in der Verfügung von Todes wegen ausdrücklich auszuschließen und Ersatzerben einzusetzen (so auch *Kanzleiter* DNotZ 1970, 326/337; *Reithmann/Röll/Geßele* Hdb. d. notariellen Vertragsgestaltung, 5. Aufl. 1983, Rdn. 721). Trotz Schweigen des Gesetzes ist die Veräußerlichkeit (Verpfändbarkeit, Pfändbarkeit) des Nacherbenanwartschaftsrechts heute gewohnheitsrechtlich anerkannt (RGZ 101, 185/ 191; 170, 163; 139, 347; KG JW 1937, 1553; BGHZ 37, 319; BayObLG NJW 1970, 1795; *Haegele* Rpfleger 1971, 121/130), und zwar auch beim Alleinnacherben in entspr. Anwendung des § 2033 BGB als Gesamtverfügung (*Lange/Kuchinke* ErbR 3. Aufl. § 26 VII 3c). Umstritten ist die Frage, ob der Erblasser die Übertragbarkeit des dem Nacherben zustehenden Anwartschaftsrechts ausschließen kann (dafür: Andeutung in RGZ 170, 163/168; OLG Köln NJW 1955, 633/634 mwN.; *Palandt/Edenhofer* § 2108 Rdn. 9; *Kipp/Coing* ErbR 13. Bearb. § 50 I 3; *Staudinger/Seybold* § 2108 Rdn. 11; *Soergel/Harder* § 2108 Rdn. 10; dagegen: wegen § 137 BGB *Staudinger/Behrends* § 2100 Rdn. 60; *Soergel/Kopp* § 2108 Rdn. 10; *Mezger* AcP 152, 382). Auf jeden Fall kann man den Ausschluß der Übertragbarkeit aber als Nacherbeinsetzung unter der Bedingung auslegen, daß der Nacherbe im Nacherbfall die Erbschaft im vollen Umfang erwirbt (*Lange/Kuchinke* aaO. § 26 VII 3e; *Kanzleiter* DNotZ 1970, 695 Anm. 13) und ferner kann die Anordnung einer Nacherbentestamentsvollstreckung eine Veräußerung verhindern, da ein nach § 2222 BGB bestellter Testamentsvollstrecker die Anwartschaft nicht übertragen kann (KG HRR 1937, 931 = JW 1937, 1553). Nach *Ripfel* (Rpfleger 1951, 578/581) würde sich im Formular die Bestimmung über den Ausschluß der Vererblichkeit der Nacherbenanwartschaft erübrigen, weil diese erst mit dem Eintritt der Nacherbfolge feststehe. Da jedoch die Meinung vertreten wird, daß Verfügungen über die Nacherbenanwartschaft für alle Fälle der Nacherbschaft und somit auch für eine bedingte Nacherbschaft zulässig sind (*Lange/Kuchinke* aaO. § 26 VII 3e; *Kanzleiter* DNotZ 1970, 326/327 Anm. 8) dürften sie auch zumindest nach der von *Kanzleiter* (DNotZ 1970, 326) erstmals vertretenen und oben dargelegten Ansicht, auch für nur bedingt bekannte oder noch nicht endgültig bestimmte Nacherben zulässig sein. Ein vorsichtiger Notar wird daher auch in diesen Fällen die Vererb- und Veräußerlichkeit der Anwartschaft ausdrücklich ausschließen.

9. Wiederverehelichungsklausel. Für die Gestaltung der Wiederverehelichungsklausel bei der Ausgangslage des Formulars sind, nach dem Maß der Beeinträchtigung des überlebenden Ehegatten geordnet, folgende Möglichkeiten gebräuchlich:

a) Der Vorerbe ist lediglich bis zu seiner Wiederheirat von allen gesetzlichen Beschränkungen befreit, danach unterfällt er ganz oder zum Teil diesen Beschränkungen.

b) Mit der Wiederverheiratung tritt zugunsten der Abkömmlinge der Nacherbfall ein und der Überlebende bekommt den Nießbrauch am gesamten Nachlaß des erstverstorbenen Ehegatten auf Lebenszeit.

c) Mit der Wiederheirat tritt die Nacherbfolge bezüglich einer bestimmten Erbquote zugunsten der Abkömmlinge ein, während der Überlebende die Restquote, im Formular z.B. in Höhe seines Pflichtteils, frei von der Nacherbenbelastung erhält (BayObLG 58, 109/112 = NJW 1958, 1683).

d) Mit der Wiederheirat tritt die Nacherbfolge bezüglich einer bestimmten Erbquote z.B. ihrem gesetzlichen Erbteil zugunsten der Abkömmlinge ein, bezüglich der Restquote z.B. dem Ehegattenerbteil tritt sie erst mit dem Tode des Überlebenden ein.

e) Der überlebende Ehegatte hat im Falle seiner Wiederverheiratung die Erbschaft mit den Abkömmlingen nach den Regeln der gesetzlichen Erbfolge zu teilen, dh. die Nacherbeinsetzung ist in Höhe des gesetzlichen Ehegattenerbteils durch die Wiederheirat auflösend bedingt und gleichzeitig tritt mit der Wiederheirat bezüglich der gesetzlichen Erbteile der Abkömmling der Nacherbfall ein (RGZ 106, 355).

Zweck dieser Klauseln ist jeweils, ganz oder teilweise die Unvererblichkeit des Nachlasses des Erstversterbenden gegenüber dem zweiten Ehegatten zu erreichen und damit den Nachlaß den eigenen Abkömmlingen zu sichern. Bei der Auswahl der Wiederverehelichungsklausel ist zu bedenken, daß, wenn die Ehegatten in Zugewinngemeinschaft leben, dem überlebenden Ehegatten nach Ausschlagung der Erbschaft innerhalb der Ausschlagungsfrist nach dem Erbfall (§ 2306 Abs. 1 BGB) ein Anspruch auf den güterrechtlichen Zugewinnausgleich nebst dem kleinen Pflichtteil zusteht (§ 1371 Abs. 3 BGB). Diese Möglichkeit hat, wenn die im gesetzlichen Güterstand lebenden Eheleute kurz hintereinander versterben und deshalb beim Tode des Überlebenden das Ausschlagungsrecht nach dem Erstversterbenden noch fortbesteht, auch der Erbe des Überlebenden (BGHZ 44, 152 = NJW 1963, 2320; *Johannsen* WM 1970, 2/7) und bei mehreren Erben sogar ein Miterbe für seinen Teil (*Schramm* BWNotZ 1966, 18/34; *Palandt/Edenhofer* § 1952 Anm. 5; aM. *Olshausen* FamRZ 1976, 678/683). Dem kann dadurch entgegengewirkt werden, daß dem Überlebenden auch für den Fall seiner Wiederheirat ein genügend großer Teil der Erbschaft frei oder zur Nutzung verbleibt und dies ihn von einer Ausschlagung abhält, oder daß die Ehegatten in notarieller Urkunde gegenseitig auf ihr Pflichtteilsrecht verzichten und gleichzeitig Gütertrennung vereinbaren oder den Zugewinnausgleich unter Lebenden ausschließen, so daß auch der güterrechtliche Zugewinnausgleich entfällt (§ 1414 Satz 2 BGB). Zu Wiederverheiratungsklauseln siehe des weiteren Form. XVII. 28 Anm. 7.

10. Das dem Vorerben zugewandte Vorausvermächtnis. Soll der Vorerbe hinsichtlich bestimmter Gegenstände des Nachlasses vollständig von den Beschränkungen der Nacherbfolge befreit werden, bietet sich das Vorausvermächtnis (§ 2150 BGB) als geeignetes Gestaltungsmittel an (*Staudinger/Behrends* § 2100 Rdn. 32). Nach § 2110 Abs. 2 BGB scheidet im Regelfall der dem Vorerben durch Vorausvermächtnis zugewandte Gegenstand mit Wirkung des Vermächtnisses aus dem gebundenen Nachlaß aus, fällt in das freie Eigenvermögen des Vorerben und unterliegt nach Eintritt des Nacherbfalls weder dem Anfallsrecht des Nacherben nach § 2139 BGB noch der obligatorischen Herausgabepflicht des Vorerben nach §§ 2130, 2138 BGB (*Staudinger/Behrends* § 2110 Rdn. 4). Das dem Vorerben vermachte Vorausvermächtnis ist auch nicht notwendig mit dem Erwerb der Erbenstellung verbunden, da letztere aufschiebend bedingt oder befristet sein oder ausgeschlagen werden kann, während das Vorausvermächtnis sofort zustehen soll oder angenommen wird (*Lange/Kuchinke* ErbR. 3. Aufl. § 27 V 1 d Anm. 172). Ist das Vorausvermächtnis dem Alleinerben zugewandt, fällt der Vermächtnisgegenstand mit dem Erbfall automatisch in das freie Vermögen des Vorerben, so daß das Vorausvermächtnis in diesem Sonderfall die dingliche Wirkung hat (BGHZ 32, 60/61 = NJW 1960, 959; *Sonntag* ZEV 1996, 450), die dem Vermächtnisrecht des BGB sonst fremd ist. Ist das Vorausvermächtnis dagegen einem Mitvorerben zugewandt, ist die Mitvorerbengemeinschaft verpflichtet, ihm den Gegenstand zu freiem Recht zu übertragen (§ 2174 BGB, *Staudinger/Behrends* § 2110 Rdn. 9). Da § 2110 Abs. 2 BGB nur eine Auslegungsregel ist, kann der Erblasser, wenn er den Willen dazu ausdrücklich in einer letztwilligen Verfügung zu Ausdruck bringt (siehe hierzu und zum folgenden insb. *Flad* DGWR 1937, 233), das Recht des Nacherben auch auf das dem Vorerben zugewendete Vorausvermächtnis erstrecken. Das hat zur Folge, daß der Vermächtnisgegenstand, anders als wenn bezgl. seiner Vor- und Nachvermächtnis angeordnet worden wäre (§ 2191 Abs. 2 BGB), allen zum Schutz des Nacherben dem Vorerben auferlegten Verfügungsbeschränkungen (§§ 2113 bis 2115 BGB) und Kontroll- und Sicherungsrechten (§§ 2116 bis 2120, 2124 ff., 2128 BGB) unterliegt und er dem Nacherben beim Nacherbfall als Bestandteil der Erbschaft zufällt (§ 2139 BGB) und an ihn herauszugeben ist. Der Erblasser wird diese Gestaltungsmöglichkeit vor allem wählen, wenn er einem Mitvorerben gegenüber den anderen über seinen Vorerbteil hinaus durch Zuwendung eines Gegenstandes bevorzugen will, ohne das Recht des Nacherben schmälern zu wollen (*Staudinger/Behrends* § 2110 Rdn. 5). Die Regelung empfiehlt sich auch, wenn ein bestimmter Erbschaftsgegenstand einem kinderlosen Mitvorerben nur zur alleinigen lebtäglichen Nutzung zugewandt werden, ihm jedoch eine dem reinen Nießbrauch gegenüber stärkere Stellung eingeräumt werden soll.

11. Befugnis des überlebenden Ehegatten zur wertverschiebenden Verteilung des Nachlasses des Erstversterbenden unter dessen Nacherben. Während die Einräumung der Befugnis des Überlebenden eine solche wertverschiebende Verteilung vorzunehmen beim Ehegattentestament mit Nießbrauchsvermächtnis auf große Schwierigkeiten stößt (siehe Form. XVI. 19 Anm. 8), ist ihre Konstuktion bei der Vor- und Nacherbschaft recht einfach. Man kann diese Befugnis dem Überlebenden entweder dadurch einräumen,

– daß die Nacherben nur unter der Bedingung eingesetzt werden, daß der Vorerbe nicht letztwillig anders unter den gemeinschaftlichen Abkömmlingen unter Lebenden oder von Todes wegen verfügt (so Form. XVI. 12), dann entfällt allerdings die Nacherbfolge bezüglich des ganzen Nachlasses,

– oder kann, wie hier, bestimmte Vermögensgegenstände dem Überlebenden (Vorerben) als durch die Verteilung dieser Gegenstände unter die gemeinschaftlichen Ankömmlinge aufschiebend bedingtes Vorausvermächtnis zuwenden (Kanzleiter FS f. Schippel, 1996 S. 300; *Staudinger/Otte*, 13. Bearb. § 2065 Rdn. 26). Dies ist auch keine Umgehung des § 2136 BGB, da der Gegenstand in zulässiger Weise (siehe § 2110 Abs. 2 BGB) von der Nacherbfolge frei wird,

– oder der Erblasser kann den Überlebenden zum Vollerben einsetzen und diejenigen Nachlaßgegenstände, über die dieser bis zu seinem Tod nicht verfügt den gemeinschaftlichen Abkömmlingen durch ein Herausgabevermächtnis vermachen (so Form. XVI. 5) (OLG Bremen DNotZ 1956, 149; *Staudinger/Otte*, 13. Bearb. § 2065 Rdn. 26).

12. Verfügungen für den zweiten Erbfall. Es liegt bei den Eheleuten, ob und wieweit sie für den Sterbefall des Längstlebenden von ihnen Verfügungen von Todes wegen treffen wollen und wieweit diese bindend sein sollen. Werden für den zweiten Sterbefall

11. Gemeinschaftl. Ehegattentestament mit Vorerbschaft des Überlebenden XVI. 11

keine letztwilligen Verfügungen getroffen, so sollte dies ausdrücklich im Testament festgestellt werden, nicht zuletzt damit der Nachweis geführt ist, daß der Notar diesen Punkt angesprochen hat. Ferner sollte in diesem Fall etwa durch die Worte: „Die Nacherben sind auf den Tod des Überlebenden nicht seine Ersatzerben", klargestellt werden, daß die Auslegungsregel des § 2102 Abs. 1 BGB, nach der die Einsetzung als Nacherbe im Zweifel auch die Einsetzung als Ersatzerbe enthält, keine Anwendung finden soll. Das Unterlassen dieser Klarstellung kann zur Haftung des Notars führen (RG Recht 1922 Nr. 432; *Hilderscheid* DNotZ 1939, 13/36). Die Anwendbarkeit der Auslegungsregel des § 2102 Abs. 1 BGB auf diese Fälle ist umstritten (dafür: RGRK/*Johannsen* § 2102 Rdn. 5; *Ripfel* Rpfleger 1951, 577/581 f.; LG Berlin FamRZ 1976, 293; *Staudinger/Behrends* § 2102 Rdn. 4 u. orbiter dictum RGZ 156, 172/181). Die Gegenmeinung begründet die Nichtanwendung der Auslegungsregel des § 2102 Abs. 1 BGB auf diese Fälle damit, daß die Nacherbeinsetzung jeweils unter der Bedingung des Erstversterbens erfolge, deshalb für den Überlebenden ausgefallen sei und daher kein Gegenstand der Auslegung sein könne (OLG München JFG 15, 246 = HRR 1937 Nr. 1094; OLG Karlsruhe FamRZ 1970, 255; *Soergel/Knopp* § 2102 Rdn. 3; *Palandt/Edenhofer* § 2102 Rdn. 1; *Staudinger/Seybold* § 2102 Rdn. 4; MünchKomm/*Grunsky*, 2. Aufl. § 2102 Rdn. 3).

13. Freistellungsklausel. Bei jedem gemeinschaftlichen Testament oder Erbvertrag sollte klargestellt werden, ob und wieweit die Bindung an die wechselbezüglichen (§§ 2270, 2271 BGB) oder vertraglichen (§§ 2278, 2298 BGB) Anordnungen eintreten sollen. Da es den Ehegatten sogar frei steht zu bestimmen, ob und wieweit ihre letztwilligen Anordnungen wechselbezüglich sein sollen, können sie in dem gemeinschaftlichen Testament einander auch das Recht zugestehen, eigene wechselbezügliche Verfügungen nach dem Tod des anderen Ehegatten einseitig aufzuheben oder zu ändern, ohne daß diese damit aufhören würden, wechselbezüglich zu sein – sog. Ermächtigung zum Widerruf oder Vorbehalt des Widerrufs – (BGHZ 2, 35 = NJW 1951, 959). Ähnlich können auch beim Erbvertrag vertragsmäßige Verfügungen eingeschränkt oder gelockert werden (*Palandt/Edenhofer* § 2278 Rdn. 4). Im Formular ist die Befugnis zur teilweisen Durchbrechung der Bindung durch eine sog. umfangmäßig beschränkte Wechselbezüglichkeit festgelegt. Dabei sollte der Kreis der Personen, innerhalb dessen Änderungen vom Überlebenden vorgenommen werden dürfen und der Umfang der Änderungen genau festgelegt werden. Wenn dem überlebenden Ehegatten z. B. nur Anordnungen über die Art der Verteilung unter den Kindern vorbehalten sind, kann er nicht die Erbteile der Kinder ändern (BayObLG BayZ 1919, 105). Der überlebende Ehegatte kann wegen § 2065 BGB immer nur ermächtigt werden, seine eigenen Verfügungen aufzuheben oder zu ändern, nicht auch Verfügungen des erstversterbenden Ehegatten (*Staudinger/Dittmann* § 2271 Rdn. 55 mwN.). Indirekt kann man jedoch diese Befugnis bei Anordnung der Vorerbschaft dadurch erreichen, daß man, was zulässig ist (BGHZ 2, 35 = NJW 1951, 959), die Nacherbschaft durch eine anderweitige Verfügung von Todes wegen des Vorerben auflösend bedingt. Varianten zu der Freistellungsklausel im Formular wären die völlige Freistellung des überlebenden Ehegatten bezüglich seiner Anordnungen oder, durch die Klausel, daß die Verfügungen nur zu Lebzeiten beider Ehegatten wechselseitig sein sollen, für den Überlebenden freie Hand in der Zeit nach dem Tod des Erstversterbenden, aber zu beider Lebzeiten gegenseitige Unterrichtung von Testamentsänderungen, dh. Geltung des Offenheitsprinzips (BGH LM § 2270 Nr. 3 = NJW 1964, 2056).

14. Wegfall der Bindung nach Wiederverheiratung. Da streitig ist, ob im Falle der Wiederverheiratung nach Erfüllung der Wiederverehelichungsklausel die Gebundenheit des Überlebenden an die eigenen Verfügungen im gegenseitigen Testament oder Ehegattenerbvertrag automatisch außer Kraft tritt, oder der Überlebende nur die Testierfreiheit über sein eigenes Vermögen wieder erlangt (siehe dem Meinungsstand bei *Huber* Rpfleger 1981, 41/44), sollte dieser Punkt in jedem gemeinschaftlichen Testament oder Ehegattenerbvertrag ausdrücklich klargestellt werden.

15. Gleichzeitiges Versterben. Der Begriff des „gleichzeitigen Versterbens" umfaßt nach der Rspr. (KG FamRZ 1970, 148/149; LG Ellwangen BWNotZ 1981, 94) auch den Fall, daß die Ehegatten zwar nicht genau im selben Zeitpunkt sterben, jedoch infolge desselben äußeren Ereignisses (Unglücks) als handlungsfähige Rechtssubjekte aus dem Rechtsleben ausscheiden, da sie bis zu ihrem Tod wegen anhaltender Unfähigkeit der Willensbildung oder -äußerung zu eigenen Handlungen nicht mehr fähig sind.

16. Pflichtteilsstrafklausel. Sanktionen für diejenigen Abkömmlinge, die beim Tod des Erstversterbenden ihren Pflichtteil verlangen, sind zum einen, daß ihre und ihres Stammes Nacherbeinsetzung bezüglich des Nachlasses des Erstversterbenden durch das Pflichtteilsverlangen auflösend bedingt ist und zum anderen, daß sie und ihr Stamm für den zweiten Erbfall ebenfalls nur den Pflichtteil erhalten. Da durch die Nacherbeinsetzung der Nachlaß des Erstversterbenden von dem des Überlebenden getrennt wird, besteht keine Gefahr, daß das den Pflichtteil verlangende Kind den Pflichtteil aus dem Vermögen des Erstversterbenden faktisch zweimal erhält, wie beim Berliner Testament, da dort im Nachlaß des Längstlebenden der Nachlaß des Erstversterbenden enthalten ist. Die Anordnung der sog. Jastrowschen Klausel (DNotZ 1904, 424), d.h. der Zuwendung von Vermächtnissen an die keinen Pflichtteil fordernden Abkömmlinge in Höhe ihrer gesetzlichen Erbteile, die sofort anfallen, aber erst beim Tode des Längstlebenden fällig werden, wäre daher hier sinnlos. Entgegen der Formulierung im Formular ist nicht unbedingt notwendig, ausdrücklich den ganzen Stamm des pflichtteilsverlangenden Abkömmlings von der Nacherbfolge auszuschließen, um zu verhindern, daß aufgrund der Auslegungsregel des § 2069 BGB seine Abkömmlinge an seine Stelle treten. Nach der Rspr. (BGHZ 33, 60 = NJW 1960, 1899; OLG Stuttgart Rpfleger 1982, 106; OLG Frankfurt Rpfleger 1970, 391) ist nämlich § 2069 BGB nicht anwendbar, wenn der als Nacherbe berufene Abkömmling die Nacherbschaft ausschlägt und den Pflichtteil verlangt, da sein Stamm durch den Pflichtteil trotz der Ausschlagung nicht leer ausgeht. Dagegen muß ausdrücklich festgestellt werden, daß sich die Enterbung des Pflichtteilsverlangenden bezüglich des Nachlasses des Überlebenden auch auf seine Abkömmlinge erstreckt (*Palandt/Edenhofer* § 1938 Rdn. 2 mwN.).

17. Festlegung der Wechselbezüglichkeit der Verfügungen. Da fraglich sein kann, ob und wieweit die einzelnen Anordnungen in einem gemeinschaftlichen Testament wechselbezüglich (korrespektiv) und damit in ihrem Bestand im Sinne des § 2270 Abs. 1 BGB voneinander abhängig und gleichzeitig gegenüber dem anderen Ehegatten bindend (§ 2271 BGB) und in ihrer Widerruflichkeit und Abänderbarkeit beschränkt sind, andererseits diese Wirkungen der Disposition des Erblassers unterliegen, empfiehlt es sich, wie im Formular, diese Frage jeweils ausdrücklich klarzustellen (*Häußermann* BWNotZ 1960, 256/257; *Strobel* MDR 1980, 363/364). Zu beachten ist dabei, daß nach § 2270 Abs. 3 BGB nur Erbeinsetzungen, Vermächtnisse oder Auflagen wechselbezüglich sein können. Anderen Bestimmungen kann jedoch durch Angabe des Motivs, dessen Verfehlung dann zur Anfechtung nach § 2078 Abs. 2 BGB berechtigt oder indem man den Wegfall des Motivs direkt zur auflösenden Bedingung der Bestimmung macht, eine der Wechselbezüglichkeit ähnliche Wirkung verschafft werden (unechte Wechselbezüglichkeit; siehe hierzu und zum Begriff der Wechselbezüglichkeit *Bühler* DNotZ 1962, 359 ff.).

18. Ausschluß der Anfechtungsmöglichkeit wegen Übergehung eines Pflichtteilsberechtigten. Gem. § 2079 BGB könnte der Überlebende bzw. die weiteren Anfechtungsberechtigten (§ 2080 Abs. 1 BGB) seine nach dem Tod des Erstversterbenden Vertragscharakter enthaltenden und damit bindenden eigenen Verfügungen anfechten, wenn gegenüber ihm nach Testamentserrichtung Pflichtteilsrechte entstehen oder ihm bekannt werden. Da die Anfechtung der Verfügung jedoch ausgeschlossen ist, soweit anzunehmen ist, daß der Erblasser sie auch bei Kenntnis der Sachlage getroffen haben würde (§ 2079 Satz 2 BGB), ist ein Verzicht auf das künftige Anfechtungsrecht durch den Erblasser im Testament möglich und in gemeinschaftlichen Testamenten und Ehegattenerbverträgen gebräuchlich (*Häußermann* BWNotZ 1960, 256/260; *Dittmann/Reimann/Bengel*, Testament und Erbvertrag, 2. Aufl. Anh. A Rdn. 38 Ziff. 5). Desgleichen könnte auch auf das künftige Anfechtungsrecht nach § 2078 BGB verzichtet werden (BGH NJW 1983, 2247/2249; OLG Celle NJW 1963, 353 = MDR 1963, 221; *Dittmann/Reimann/Bengel*, 2. Aufl. § 2281 Rdn. 14; *Kipp/Coing* ErbR 13. Bearb. 1978 § 38 II 4; *Staudinger/Dittmann* § 2281 Rdn. 13; *Ermann/Hense* § 2281 Rdn. 2; RGRK/*Kregel* § 2281 Rdn. 6 MünchKomm/*Musielak*, 2. Aufl. § 2281 Rdn. 16; *Palandt/Edenhofer* § 2281 Anm. 2; *Soergel/Wolf* § 2281 Rdn. 7; *Bengel* DNotZ 1984, 132).

19. Stillschweigender Erb- und Pflichtteilsverzicht in notariellen gemeinschaftlichen Testamenten. Seit der BGH die diesbezügliche Entscheidung zum Erbvertrag (BGHZ 22, 364 = NJW 1957, 422) dahin erweitert hat (BGH NJW 1977, 1728; aM. *Jochem* JuS 1977, 765; *Habermann* JuS 1979, 169; MünchKomm/*Strobel*, 2. Aufl. § 2348 Rdn. 8; BayObLG 1981, 35 = MDR 1981, 673), daß auch ein notarielles gemeinschaftliches Testament, wenn die Auslegung dies ergibt, was z. B. darin gefunden werden kann, daß die Ehegatten eine vollständige Trennung ihres Vermögens auch für die Zeit nach ihrem Tod beabsichtigen, zugleich die stillschweigende Erklärung eines Erb- und Pflichtteilsverzichts des einen Ehegatten und dessen Annahme durch den anderen Ehegatten enthalten kann, muß auch dieser Punkt ausdrücklich in jedem gemeinschaftlichen Testament angesprochen und geklärt werden.

20. Nacherbentestamentsvollstreckung. (1) Bei der Vor- und Nacherbschaft ist die Anordnung von Testamentsvollstreckung mit folgenden Aufgabenbereichen denkbar:
a) **Testamentsvollstreckung mit Normalbefugnissen.** Sie beschränkt sich darauf, daß der Testamentsvollstrecker den Nachlaß in Besitz nimmt, das Nachlaß- und Schuldenverzeichnis aufstellt, die Schulden, soweit dies einer ordnungsmäßigen Verwaltung entspricht, begleicht, evtl. Vermächtnisse und Auflagen erfüllt und die sonstigen mit der Regelung des Nachlasses verbundenen Arbeiten erledigt, dann aber den Nachlaß dem Vorerben aushändigt (§§ 2203, 2209 BGB, *Krech* DNotZ 1940, 269/270).
b) **Allgemeine Testamentsvollstreckung für die Vorerbschaft.** Sie beginnt mit dem Erbfall und ist eine Verwaltungsvollstreckung gem. § 2209 BGB für die Dauer der Vorerbschaft. Sie beschränkt die Rechte des Vorerben über das gesetzliche Maß hinaus dadurch, daß für die Dauer der Vorerbschaft allein dem Testamentsvollstrecker die Verwaltungs- und Verfügungsbefugnis über den Nachlaß zusteht. Dieser Testamentsvollstrecker ist nach der hM. in seinem Verfügungsrecht nicht wie der Vorerbe gem. §§ 2113, 2114 BGB beschränkt, sondern nur nach § 2205 Satz 3 BGB (RG JW 1938, 1454; KGJ 13, 252 OLG Neustadt NJW 1956, 1881; OLG Stuttgart BWNotZ 1980, 92; *Haegele/Winkler* Rdn. 202; *Palandt/Edenhofer* § 2205 Anm. 3 a; aM. MünchKomm/*Brandner*, 2. Aufl. § 2222 Rdn. 9 mwN.).
c) **Allgemeine Testamentsvollstreckung für die Nacherbschaft.** Sie tritt erst ab Eintritt der Nacherbfolge in Kraft, besteht für den Nacherben während der Nacherbschaft (*Haegele/Winkler* Rdn. 142) und nimmt dem Nacherben seine Verwaltungs- und Verfügungsbefugnis.
d) **Allgemeine Testamentsvollstreckung für Vor- und Nacherbschaft.** Der Testamentsvollstrecker ist hier zugleich für den Vor- und Nacherben ernannt mit der Folge, daß er ab dem Erbfall während der Dauer der Vor- und Nacherbschaft das Verwaltungs- und Verfügungsrecht anstelle des Vor- und danach des Nacherben ausübt. In diesem Fall ist der Testamentsvollstrecker während der Vorerbschaft unbestritten nur gem. § 2205 Satz 3 BGB in der Verfügung beschränkt, nicht dagegen nach den weitergehenden §§ 2113, 2114 BGB (BGHZ 40, 115 = NJW 1963, 2320). Bei dieser Gestal-

tung kann zweifelhaft sein, ob der Testamentsvollstrecker während der Vorerbschaft auch die Kontroll-, Sicherungs- und Mitwirkungsrechte des Nacherben an dessen Stelle ausüben können soll (BayObLG 1958, 301). Das ist nur bei Vorliegen ausreichender Anhaltspunkte für einen entsprechenden Erblasserwillen zu bejahen, während im Zweifel nicht angenommen werden kann, daß der allgemeine Testamentsvollstrecker auch die Funktionen nach § 2222 BGB haben soll (BayObLG 1959, 128 = NJW 1959, 1920).

e) **Nacherbentestamentsvollstreckung gem. § 2222 BGB.** Hier hat der Testamentsvollstrecker nur die Aufgabe, während der Dauer der Vorerbschaft die Kontroll-, Sicherungs- und Mitwirkungsrechte des Nacherben an dessen Stelle wahrzunehmen. Diese Nacherbentestamentsvollstreckung kann mit den unter lit. a) bis d) beschriebenen Typen kombiniert werden. So ist z.B. im Formular die Nacherbentestamentsvollstreckung gem. § 2222 BGB mit einer allgemeinen Testamentsvollstreckung für den Nacherben bis zur Erreichung seines 21. Lebensjahres kombiniert.

f) Der alleinige Vorerbe kann, mit Ausnahme einer Vermächtnisvollstreckung nach § 2223 BGB, ebensowenig wie der alleinige Vollerbe zum einzigen Testamentsvollstrecker bestellt werden, und zwar auch nicht zum Nacherbentestamentsvollstrecker gem. § 2222 BGB (hM. RGZ 77, 177; KGJ 33 A 159; 38 A 129; 52, 77; a M. *Rohlff* DNotZ 1971, 518/527 ff.). Als zulässig werden jedoch folgende Gestaltungsmöglichkeiten angesehen:

aa) Alleiniger Vorerbe neben dritten Mittestamentsvollstreckern, wenn gewährleistet ist, daß der Wegfall der anderen nicht zur alleinigen Vollstreckung durch den Vorerben führt (BayObLG 20, 242 = Recht 1920 Nr. 247; KG JFG 11, 126).

bb) Mitvorerbe, wenn neben ihm Dritte zur gemeinschaftlichen Testamentsvollstreckung berufen sind (BayObLG 1976, 67 = NJW 1976, 1692).

cc) Mehrere Mitvorerben können zu Mittestamentsvollstrecker für den Nachlaß oder den Nacherben ernannt werden, da hier eine gewisse gegenseitige Kontrolle besteht (Staudinger/Behrends § 2100 Rdn. 38).

dd) Von mehreren Vorerben kann einer zum Nacherbentestamentsvollstrecker gem. § 2222 BGB ernannt werden (RGZ 77, 177; KG OLG 42, 139).

ee) Ein Testamentsvollstrecker der zugleich Mitvorerbe oder ein alleiniger Vorerbe der zugleich Mittestamentsvollstrecker ist, ist sofern er nicht zugleich die Rechte des Nacherben wahrzunehmen hat, in seiner Verfügungsmacht wie ein Vorerbe beschränkt (MünchKomm/Brandner § 2205 Rdn. 33).

ff) Der Nacherbe oder einer von mehreren Nacherben kann zum den Vorerben beschränkenden Testamentsvollstrecker ernannt werden (KGJ 25 A 278; 52 A 77; KG OLG 40, 136; KG Recht 1920 Nr. 1279; BayObLG 1959, 128 = NJW 1959, 1920). Dann unterliegt er natürlich nicht den Beschränkungen der §§ 2113, 2114 BGB (MünchKomm/Brandner, 2. Aufl. § 2222 Rdn. 9).

Bei der Vielfalt der Kombinationsmöglichkeiten ist bei der Abfassung des Testaments besondere Klarheit geboten. Insbesondere sollte jeweils ausdrücklich vermerkt werden, wenn der Testamentsvollstrecker während der Dauer der Vorerbschaft auch die Kontroll-, Sicherungs- und Mitwirkungsrechte des Nacherben an seiner Stelle ausüben soll (*Reithmann/Röll/Geßele*, Handbuch der notariellen Vertragsgestaltung, 5. Aufl. 1983 Rdn. 727). Eine nicht eindeutige testamentarische Anordnung des Erblassers insoweit muß nach § 2084 BGB ausgelegt werden (MünchKomm/*Brandner*, 2. Aufl. § 2222 Rdn. 3).

(2) Die Nacherbentestamentsvollstrecker gem. § 2222 BGB beschränkt nicht den Vorerben, sondern den Nacherben, da dieser seine Rechte nicht wahrnehmen kann (*Staudinger/Reimann* § 2222 Rdn. 4). Soweit der Vorerbe nach den §§ 2113 ff. BGB zu einer Verfügung über Erbschaftsgegenstände der Zustimmung des Nacherben bedarf, ist der Testamentsvollstrecker und nur er befugt, die Zustimmung zu erteilen; der Nacherbe selbst ist ausgeschaltet (*Staudinger/Reimann* § 2222 Rdn. 10). Insbesondere wenn, wie

11. Gemeinschaftl. Ehegattentestament mit Vorerbschaft des Überlebenden XVI. 11

im Formular, unbekannte Nacherben dh. solche, die erst im Zeitpunkt des Nacherbfalls feststehen, eingesetzt sind, ist die Anordnung einer Nacherbentestamentsvollstreckung zweckmäßig, da dann die Notwendigkeit entfällt, für die noch unbekannten Nacherben zur Wahrnehmung ihrer Rechte und Pflichten einen Pfleger gem. §§ 1909, 1912, 1913 BGB zu bestellen (BayObLG 1959, 493 = NJW 1960, 966; KG JW 1936, 3562; *Haegele* Rpfleger 1971, 121/122; *Kanzleiter* DNotZ 1970, 335; *Haegele/Winkler* Rdn. 143; *Staudinger/Reimann* § 2222 Rdn. 3). Der Nacherbentestamentsvollstrecker kann die erforderliche Zustimmung des Nacherben bei Verfügungen über Nachlaßgegenstände erteilen, ohne wie der Pfleger nach § 1913 BGB eine Genehmigung des Vormundschaftsgerichts zu benötigen (*Haegele* aaO.; *Kanzleiter* aaO.). Zweckmäßig ist die Anordnung einer Nacherbentestamentsvoll streckung gem. § 2222 BGB auch, wenn eine noch nicht genehmigte Stiftung (§ 83 BGB) Nacherbin ist (*Haegele/Winkler* Rdn. 143).

21. Belehrungen. Neben den allgemein bei gegenseitigen Testamenten zu erteilenden Belehrungen (siehe Form. XVI. 27) sollte der Notar bei der Anordnung von Vor- und Nacherbschaft auf die mit diesem Rechtsinstitut verbundenen Beschränkungen der Erben und die gegebenen Befreiungsmöglichkeiten hinweisen.

22. Steuern. (1) **Erbschaftsteuer.** Der Vorerbe gilt nach § 6 Abs. 1 ErbStG als Vollerbe, hat also die volle Erbschaftsteuer zu zahlen. Die mit der Nacherbschaft verbundenen Verfügungsbeschränkungen werden beim Vorerben erschaftsteuerlich nicht berücksich tigt. Selbst wenn im Einzelfall die Stellung des Vorerben wirtschaftlich mehr der eines Nießbrauchers gleicht, kommt eine Besteuerung als Nießbraucher nicht in Betracht (RFH RStBl. 1931, 241). Umgekehrt wird der Nießbraucher selbst dann nicht einem Vorerben steuerlich gleichgestellt, wenn er durch gleichzeitige Bestellung zum Testamentsvollstrecker einem befreiten Vorerben wirtschaftlich gleichsteht (BFH BStBl. III 1954, 250; BStBl. III 1966, 507). Das bedeutete bis zur Erbschaftsteuerreform 1974 eine erbschaftsteuerliche Bevorzugung des Nießbrauchsvermächtnisses gegenüber der Vor- und Nacherbschaft. Durch § 25 ErbStG i.d. F. d. Ges. v. 18. 8. 1980 (BGBl. I S. 1537/ 1542) ist dies jedoch im Verhältnis vom Erblasser zu seinem Ehegatten nicht mehr der Fall. Tritt der Nacherbfall ein, so hat der Nacherbe den Erwerb noch einmal voll zu versteuern (Doppelversteuerung) und zwar entgegen der bürgerlich-rechtlichen Anschauung grundsätzlich als vom Vorerben stammend (§ 6 Abs. 2 ErbStG). Ist Nacherbfall der Tod des Vorerben, so kann der Nacherbe beantragen, daß diejenige Steuerklasse zugrunde gelegt wird, die seinem Verwandtschaftsverhältnis zum Erblasser entspricht (§ 6 Abs. 2 ErbStG). Ein solcher Antrag ist immer dann sinnvoll, wenn nach dem Verhältnis zum Erblasser die Versteuerung infolge Steuersatz und Freibetrag zu einem günstigeren Ergebnis führt. Geht in diesem Fall nicht nur das Vermögen des Erblassers, sondern auch eigenes freies Vermögen des Vorerben von Todes wegen auf den Nacherben über, so gilt der Nachlaß als einheitlicher Erwerb, allerdings sind die Vermögensmassen ihrer Herkunft nach zu trennen und auf sie jeweils die entsprechende Steuerklasse anzuwenden (§ 6 Abs. 2 ErbStG). Von der Nacherbschaft wird der Freibetrag entsprechend dem Verwandtschaftsverhältnis des Nacherben zum Erblasser abgezogen. Verbleibt dabei ein Teil des Freibetrages unverbraucht, kann er zwar nicht unmittelbar auf die freie Erbschaft übertragen werden, jedoch ist bei ihr der nach dem Verwandtschaftsverhältnis zum Vorerben in Betracht kommende Freibetrag bis zur Höhe des noch verbliebenen Teils des anderen Freibetrags zu berücksichtigen (§ 6 Abs. 2 ErbStG). Wählt der Nacherbe die Versteuerung nach seinem Verhältnis zum Erblasser, steht ihm, wenn er auch vom Vorerben eigenes Vermögen von Todes wegen erwirbt, trotzdem nur ein Freibetrag zu (§ 6 Abs. 2 Satz 4 ErbStG). Das Antragsrecht auf Versteuerung im Verhältnis zum Erblasser steht auch dem zweiten und weiterer Nacherben zu (RFH RStBl. 1935, 1485). Tritt die Nacherbfolge durch ein anderes Ereignis als den Tod des Vorerben ein, wird dem Nacherben bei der von ihm zu zahlenden Steuer die vom Vorerben erhobene angerechnet, abzüglich desjenigen Steuerbetrages, welcher der vom Vorerben entnommenen oder ihm verbleibenden Substanz der Vorerbschaft entspricht (§ 6 Abs. 3 ErbStG). Eine Erstattung seitens des Vorerben gezahlter Erbschaftsteuer an den Nacherben findet jedoch nicht statt. Eine gewisse Milderung der Doppelversteuerung bei Nacherbfolge beim Tod des Vorerben gewährt § 27 ErbStG, nach dem in der Steuerklasse I die Erbschaftsteuer für den Zweiterwerb zwischen 50 und 10% ermäßigt wird, wenn dasselbe Vermögen innerhalb der letzten 10 Jahre mehrfach in diesen Steuerklassen den Erben wechselt. Die Höhe der Ermäßigung richtet sich nach einer Tabelle entsprechend der Zeitdauer, die zwischen den beiden Zeitpunkten der Entstehung der Steuer liegt. Sie darf den Betrag nicht übersteigen, der sich nach Anwendung des Ermäßigungsprozentsatzes auf die Steuer ergibt, die der Vorerwerber für den Erwerb desselben Vermögens entrichtet hat (§ 27 Abs. 3 ErbStG). Die vorzeitige Übertragung des Nachlasses auf den Nacherben wird dem Eintritt der Nacherbfolge gleichgestellt (§ 7 Abs. 1 Nr. 7 ErbStG). Veräußert der Nacherbe seine Anwartschaft, so gilt der Erlös als ihm vom Erblasser zugewandt (§ 3 Abs. 2 Nr. 6 ErbStG). Überträgt der Nacherbe die Nacherbenanwartschaft auf den Vorerben oder verzichtet er auf die Nacherbschaft, so wird der Vorerbe Vollerbe. Erfolgt die Übertragung oder der Verzicht gegen eine Abfindung, so unterliegt diese der Schenkungsteuer (*Kapp*, Kommentar zum Erbschaftsteuer- und Schenkungsteuergesetz, § 6 Rdn. 40, 4). Stirbt der Nacherbe vor dem Nacherbfall, so geht das Anwartschaftsrecht als nicht erbschaftsteuerlicher Vorgang auf die Erben des Nacherben über (§ 10 Abs. 4 ErbStG). Ein erbschaftsteuerpflichtiger Erwerb ist hier erst mit dem Eintritt der Nacherbfolge gegeben. Gemäß § 20 Abs. 4 ErbStG darf der Vorerbe im Verhältnis zum Nacherben seine Erbschaftsteuer aus der Vorerbschaft entnehmen, unbeschadet seiner persönlichen Haftbarkeit gegenüber der Finanzverwaltung (*Kapp* aaO. § 6 Rdn. 20).

(2) **Einkommensteuer.** Der Vorerbe ist als Vollerbe auf Zeit Eigentümer des Nachlasses und hat die Einkünfte aus dem Nachlaßvermögen zu versteuern. Andererseits hat er auch die Möglichkeit, Absetzungen für Abnutzung und andere Werbungskosten wie ein unbeschränkter Eigentümer geltend zu machen (*Petzoldt* BB Beil. 6 1975, 8). Dies wird, nachdem der BFH die bisherige Strategie der Eindämmung des Mißbrauchs von Nießbrauchsbestellungen aufgegeben hat, zum Frontalangriff auf das Institut des Nießbrauchs übergegangen ist (*Spiegelberger* DNotZ 1981, 717) und dem Eigentümer bei unentgeltlicher Nießbrauchsbestellung generell die Berechtigung zur Geltendmachung von Werbungskosten versagt, wohl zu einer Renaissance der Vor- und Nacherbfolge führen. Trotzdem sollte vor Entscheidung zwischen Vorerbschaft und Nießbrauch jeweils im Einzelfall ein Steuerbelastungsvergleich unter Einbeziehung von Erbschaftsteuer und Einkommensteuer vorgenommen werden.

23. **Kosten und Gebühren.** Siehe Form. XV. 1 Anm. 18.

12. Testament mit Nacherbfolge an einem einzelkaufmännischen Unternehmen und der Befugnis des Vorerben zur Auswahl des Nacherben[1,2]

Verhandelt zu ......
am ...... (auch als eigenhändiges Testament möglich)

§ 1 Vorerbeneinsetzung

Ich setze hiermit meine Ehefrau A, geb. E zu meiner Vorerbin ein. Ersatzerben sind die Nacherben. Die Nacherbenfolge tritt unbeschadet der Ausnahmen unter § 2 Abs. 3 mit dem Tod der Vorerbin ein.

§ 2 Nacherbeinsetzung

(1) Zu Nacherben setze ich meine Söhne B und C sowie meine Tochter D zu je 1/3 Erbteilen ein. Die Nacherbenanwartschaften sind weder vererblich noch übertragbar, ausgenommen die Veräußerung an den Vorerben. In diesem Fall entfällt auch jede ausdrückliche oder stillschweigende Ersatznacherbeinsetzung. Ersatznacherben sind jeweils die Abkömmlinge der Erben, einschließlich adoptierter, jedoch mit Ausnahme nichtehelicher Kinder männlicher Nachkommen und ihren Abkömmlingen unter sich nach der Regel der ersten Erbordnung zum Zeitpunkt des Nacherbfalls.

(2) Die Nacherbfolge ist unter der auflösenden Bedingung angeordnet, daß meine Ehefrau A, geb. E über meinen Nachlaß ausschließlich zugunsten der obigen Nacherben oder Ersatznacherben von Todes wegen verfügt. In diesem Fall soll sie Vollerbin gewesen sein. Dabei soll sie für die Nachfolge in mein unter der Firma Autohaus A einzelkaufmännisch betriebenes Unternehmen den nach ihrem freien Ermessen Bestgeeigneten aus dem obigen Kreis auswählen.

(3) Die Vorerbin ist verpflichtet, das von mir unter der Firma Autohaus A betriebene einzelkaufmännische Unternehmen bis zu ihrem Tod oder der Übergabe an einen der Nacherben oder Ersatznacherben fortzuführen. Sollte sie den Betrieb einstellen, tritt mit der Löschung im Handelsregister die Nacherbfolge ein.[4]

(4) Im Wege der Auflage beschränke ich die Nutzungen der Vorerbin aus dem Unternehmen auf die sich nach der Steuerbilanz ergebenden Gewinne.[5] Sollten diese Gewinne unter Berücksichtigung ihres sonstigen Einkommens nicht zur standesgemäßen Versorgung der Vorerbin ausreichen, vermache ich ihr den jeweils benötigten Betrag aus der Substanz des Unternehmens. Die Höhe dieses Betrages ist im Bedarfsfall von ihrem Mittestamentsvollstrecker gem. § 2156 BGB festzusetzen.[6]

§ 3 Vermächtnisse

(1) Alle Nachlaßgegenstände, ohne Rücksicht auf Änderungen im Vermögensbestand bis zum Erbfall, mit Ausnahme des Betriebsvermögens der Firma Autohaus A, wie es sich aus der letzten Jahresbilanz vor meinem Tod ergibt, einschließlich des Betriebsgrundstücks, vermache ich hiermit meiner Ehefrau A, geb. E als Vorausvermächtnis.[7]

(2) Den durch die Nacherbenbestimmung meiner Ehefrau wegfallenden Nacherben bzw. Ersatznacherben vermache ich auf den Zeitpunkt des Nacherbfalls an meinem Unternehmen stille Beteiligungen. Die Höhe der ihnen vermachten Einlagen errechnen sich dabei jeweils nach den ihren Nacherbquoten entsprechenden Teilen des bilanzierten Eigenkapitals des Unternehmens zum Zeitpunkt des Nacherbfalls. Die stillen Gesellschafter sollen nur am Gewinn und Verlust, nicht auch an den stillen Reserven und der Geschäftsführung beteiligt sein.[8]

(3) Die Vorerbin ist berechtigt, das von mir unter der Firma Autohaus A betriebene Unternehmen schon zu ihren Lebzeiten an einen der nach § 2 Abs. 2 Nachfolgeberechtigten zu übergeben. Macht die Vorerbin von dieser Befugnis Gebrauch, so gilt ihr auch das Unternehmen als durch Vorausvermächtnis zugewandt und unterliegt nicht mehr der Nacherbfolge.[9] Sie hat in diesem Fall bei der Übergabe den anderen bisherigen Nacherben entsprechend der Vermächtnisse unter Abs. 2 stille Beteiligungen einzuräumen.

(4) Sollte die Vorerbin, was ihr gestattet ist, das Unternehmen in eine Kapitalgesellschaft umwandeln, haben die Beteiligungen der weichenden Nacherben entsprechend als Unterbeteiligungen zu erfolgen.

§ 4 Testamentsvollstreckung

Zu Nacherbentestamentsvollstreckern gem. § 2222 BGB ernenne ich meine Ehefrau und meinen Steuerberater M.[10] Sie führen das Amt gemeinschaftlich. Sollte Herr M das

Amt nicht annehmen können, wollen oder später wegfallen, ohne einen Nachfolger benannt zu haben, ersuche ich das Nachlaßgericht einen geeigneten Mitnacherbentestamentsvollstrecker zu ernennen.

§ 5 Pflichtteilserschwerung[11]

Verlangt und erhält einer meiner Abkömmlinge auf meinen Tod seinen Pflichtteil, entfällt für ihn und seinen Stamm die Nacherbeinsetzung gem. § 2 Abs. 1 und das unter § 3 Abs. 2 angeordnete Vermächtnis. Ferner vermache ich in diesem Fall im Wege des Nachvermächtnisses auf den Tod meiner Ehefrau als Vorvermächtnisnehmerin mein ganzes Privatvermögen, soweit es noch vorhanden ist, meinen Abkömmlingen, mit Ausnahme dessen, der den Pflichtteil verlangt hat und seinem Stamm, unter sich zu den Bruchteilen entsprechend den Erbquoten der ersten Erbordnung zum Zeitpunkt des Nachvermächtnisfalles.

§ 6 Schlußformel (wie Form. XV. 1).[12]

Schrifttum: Baur, „Nutzungen" eines Unternehmens bei Anordnung von Vorerbschaft und Testamentsvollstreckung, JZ 1958, 465; *Brox,* Die Bestimmung des Nacherben oder des Gegenstandes der Zuwendung durch den Vorerben, FS Bartholomeyczik, 1973 S. 41 ff; *Frank,* Die Nacherbeinsetzung unter Vorbehalt anderweitiger Verfügung des Vorerben, MittBayNot 1987, 231; *Langenfeld,* Das Testament des Gesellschafter-Geschäftsführers einer GmbH und GmbH & Co, 1980; *Nieder,* Hdb. d. Testamentsgestaltung, 1992 Rdn. 534; *Mattern,* Haftung des Vorerben und des Nacherben für die Schulden des vererbten Einzelhandelsgeschäfts, BWNotZ 1960, 166; *Petzoldt,* Vorerbschaft und Nießbrauchsvermächtnis, BB 1975 Beil. 6; *Roggendorf,* Surrogationserwerb bei Vor- und Nacherbfolge, MittRhNotK 1981, 29; *Stiegeler,* Der Grundsatz der Selbstentscheidung des Erblassers, Diss. Freiburg 1985.

Anmerkungen

1. **Sachverhalt.** Der Testierer ist noch jung und seine Kinder sind noch minderjährig. Sein einzelkaufmännisch geführtes Unternehmen soll später von dem dazu geeignetsten seiner Kinder fortgeführt werden. Seine Ehefrau ist bereit und in der Lage, das Geschäft im Falle des Versterbens ihres Mannes bis zur Reife der Kinder selbst zu führen.

2. **Anwendungsfälle.** Das vorstehende Formular konkurriert mit dem vorzeitigen Unternehmentestament (Form. XVI. 7) mit seiner Bestimmungsvermächtnis-Testamentsvollstrecker-Lösung. Hier wie dort soll letztwillig die Unternehmensnachfolge bereits zu einem Zeitpunkt sichergestellt werden, wo die Kinder noch so jung sind, daß eine Auswahl unter ihnen nicht möglich ist. Während sich die Bestimmungsvermächtnis-Testamentsvollstrecker-Lösung anbietet, wenn für die Rechtsinhaberschaft und Leitung des Unternehmens in der Zwischenzeit nur ein Dritter zur Verfügung steht, kommt die Nacherbfolgelösung des vorstehenden Form. vor allem in Frage, wenn die Witwe bereit und in der Lage ist, das Unternehmen in der Zwischenzeit zu führen. Ganz allgemein ist die Vorerbeinsetzung einer bestimmten Person und die Zuwendung aller Nachlaßgegenstände an sie im Wege des Vorausvermächtnisses, mit Ausnahme eines bestimmten, geeignet, den Effekt der nicht zulässigen (§ 2087 BGB) gegenständlichen Nacherbfolge zu erreichen (*Haegele/Litfin/Langenfeld* Rdn. IV 54; *Langenfeld,* Muster S. 125). Ferner hat das gegenüber der nur ein Forderungsrecht vermittelnden Anordnung von Vor- und Nachvermächtnis den Vorteil, daß bei nur einem Vorerben das Vorausvermächtnis ausnahmsweise dinglich wirkt dh. der Vorerbe den Vermächtnisgegenstand mit dem Erbfall von selbst erwirbt (BGHZ 32, 60 = NJW 1960, 959 = DNotZ 1960, 553).

12. Testament mit Nacherbfolge an einem Unternehmen

3. Nacherbeinsetzung unter der Bedingung anderweitiger Verfügungen des Vorerben.
Nach der hM (RGZ 95, 278/279 = JW 1920, 286; KG DNotZ 1956, 195; BGHZ 2, 35 = NJW 1951, 959; BGHZ 15, 199/204 = NJW 1955, 100 = DNotZ 1955, 402; BGH DNotZ 1970, 358 = LM § 2065 Nr. 6; BGHZ 59, 220/222 = NJW 1972, 1987 = DNotZ 1973, 105; OLG Hamm OLG 73, 103 = DNotZ 1973, 110; BayObLGZ 1982, 331; OLG Oldenburg FamRZ 1991, 862 = NJW-RR 1991, 646; *Palandt/Edenhofer*, 54. Aufl. § 2065 Rdn. 8; MünchKomm/*Grunsky*, 3. Aufl. § 2100 Rdn. 13; *Staudinger/Otte*, 13. Bearb. § 2065 Rdn. 19; *Staudinger/Behrends* § 2100 Rdn. 29; RGRK/*Johannsen* § 2065 Rdn. 10; *Soergel/Knopp* § 2065 Rdn. 12; *Erman/Hense* § 2065 Rdn. 3; *Dittmann/Reimann/Bengel*, Testament und Erbvertrag, 2. Aufl., Vorbem. § 2229 Rdn. 17; *Lange/Kuchinke*, 4. Aufl. § 28 II b; *Raape* AcP 140, 233; *Herrmann* AcP 155 (1956), 434; *Brox*, Festschrift für Bartholomeyczik, 1973 S. 41; aM. *Maenner* LZ 1925, 570; *v. Lübtow* ErbR, I S. 140 f.; MünchKomm/*Leipold*, 3. Aufl. § 2065 Rdn. 10; BGH JZ 1981, 229/230 = NJW 1981, 2051 hat die Frage ausdrücklich offengelassen) kann der Eintritt der Nacherbfolge davon abhängig gemacht werden, daß der Vorerbe nicht anderweitig letztwillig über die Erbschaft verfügt. Die Nacherbfolge wird dabei unter der entsprechenden auflösende Bedingung angeordnet angesehen. Mit dem Tod des Vorerben steht der Eintritt oder Ausfall dieser Bedingung fest. Dabei hängt dies zum einen nicht entgegen § 2065 BGB vom Willen eines Dritten ab, sondern von dem des Vorerben und zum anderen bewirkt diese anderweitige Verfügung des Vorerben über die Vorerbschaft, daß der Nachlaß infolge Wegfalls der Nacherbfolge bereits ab dem Erbfall in sein unbeschränktes Vermögen gefallen ist (KG JFG 20, 145; KG DNotZ 1956, 195/200) und der Vorerbe deshalb nicht in unzulässiger Weise (§ 2065 BGB) eine fremde letztwillige Verfügung abgeändert, sondern über seinen eigenen Nachlaß letztwillig verfügt hat, wenn sich dies auch infolge der vom Erblasser gesetzten Bedingung mittelbar auf die Rechtsstellung des Nacherben durch ihren Wegfall auswirkt (OLG Hamm DNotZ 1973, 110/111). Die anderweitige Verfügung des Vorerben darf allerdings von ihm nicht bereits zu Lebzeiten des Erblassers erfolgen, da er ja dann noch kein Vollerbe werden kann (BGH DNotZ 1970, 358 = LM § 2065 Nr. 6). Verfügungen zu welchen der Vorerbe durch eine solche Anordnung ermächtigt wird, sind neben der Änderung der Erbeinsetzung auch eine Vermächtnisanordnung (RG HRR 1942 Nr. 838), Teilungsanordnungen und die Ernennung von Testamentsvollstreckern (KG DNotZ 1956, 195/200). Dies ist bis auf die oben aufgeführten Gegenmeinungen unbestritten, soweit der Vorerbe vom Erblasser ermächtigt wird, über die ganze Erbschaft völlig frei von Todes wegen zu verfügen. Je nachdem er von dieser Befugnis Gebrauch macht, entfällt damit in diesem Umfang rückwirkend die Nacherbfolge. Der Vorerbe kann sich somit durch einfaches eigenes Testament zum vollen Erben machen und in ihm über das frühere Erblasservermögen, das durch Eintritt der Bedingung sein eigenes geworden ist, frei verfügen. Der oft verkannte Nachteil dieser Lösung ist allerdings, daß, sofern beim Tod des Vorerben eine Bedingung auslösende wirksame letztwillige Verfügung vorliegt, damit feststeht, daß der „Vorerbe" von Anfang an Vollerbe war und daß dann auch von Anfang an die zum Schutz des Nacherben bestehenden Verfügungsbeschränkungen der §§ 2113 ff BGB nicht gegeben waren, mit der Folge, daß dagegen verstoßende Verfügungen unter Lebenden des „Vorerben" vom „Nacherben" und auch den vom „Vorerben" an seiner Stelle Bedachten nach dem Tod des „Vorerben" nicht mehr mit Erfolg angegriffen werden können (*Brox* FS Bartholomeyczik, S. 51; *Stiegeler*, Der Grundsatz der Selbstentscheidung des Erblassers, S. 98). Bis zum Tode des „Vorerben" ist allerdings der Eintritt der Bedingung unsicher, daher bleibt bei Grundstücken der Nacherbvermerk im Grundbuch eingetragen (LG Duisburg Rpfleger 1969, 17 = DNotZ 1969, 306; OLG Frankfurt Rpfleger 1991, 204) und hat eine gewisse Abschreckungswirkung auf Erwerber und außerdem hat der „Nacherbe" die Kontroll- und Sicherungsrechte der §§ 2127 bis 2129 BGB. Die in der Rspr. hM. läßt jedoch auch eine eingeschränkte Ermächtigung durch den Erblasser zu, so daß der Vorerbe nur im Rahmen der

ihm vom Erblasser gesetzten Bedingungen die Nacherbfolge durch eine eigene Verfügung von Todes wegen beseitigen kann (OLG Hamm DNotZ 1973, 110 = Rpfleger 1972, 445 m. zust. Anm. *Haegele* = OLG 73, 103; KG DNotZ 1956, 195; BGHZ 59, 220/222 = NJW 1972, 1987 = DNotZ 1973, 105 = LM § 2065 Nr. 7 m. Anm. *Mattern* = Rpfleger 1972, 435 m. zust. Anm. *Haegele*; BGH LM § 2065 Nr. 2 = JZ 1954, 98 = DNotZ 1954, 492 LS; OLG Oldenburg Rpfleger 1966, 47; *Staudinger/Behrends* § 2100 Rdn. 29; *Palandt/Edenhofer*, 54. Aufl. § 2065 Rdn. 9; *Lange/Kuchinke* ErbR, 2. Aufl. § 25 I Fn. 13; *Westermann* Festschrift für Möhring S. 183/194 Fn. 15). Dies wird in der Literatur teilweise (*Brox* Festschrift für Bartholomeyczik, 1973, S. 41 Fn. 38; *ders.* ErbR, 6. Aufl. Rdn. 104; RGRK/*Johannsen* § 2065 Rdn 16; *Soergel/Knopp* § 2065 Rdn. 12; *Stiegeler*, Der Grundsatz der Selbstentscheidung des Erblassers S. 99; zweifelnd *Grossfeld* JZ 1968, 113/115 Fn. 17, der dies allenfalls beim wechselbezüglichen gemeinschaftlichen Testament zulassen will, worauf es aber nach *Haegele* Rpfleger 1965, 355/258 nicht ankommen kann) als nach § 2065 Abs. 2 BGB unzulässige Vertretung des Erblassers im Willen angesehen. Im einzelnen sind danach folgende Fallgruppen zu unterscheiden und werden mit Ausnahme der obigen Gegenmeinungen als zulässig angesehen:

a) Ermächtigung des Vorerben beliebig anderweitig letztwillig über den Nachlaß zu verfügen (RGZ 95, 278/279 = JW 1920, 268 Nr. 8 m. zust. Anm. *Kipp*; *Raape* AcP 140, 233);

b) Ermächtigung des Vorerben unter den als Nacherben eingesetzten Abkömmlingen letztwillig eine anderweitige Verteilung des Nachlasses vorzunehmen (KG DNotZ 1956, 195; BGHZ 59, 220/222 = NJW 1972, 1987 = Rpfleger 1972, 435 m. Anm. *Haegele* = DNotZ 1973, 105 = LM § 2065 Nr. 7 m. Anm. *Mattern*; *Haegele* Rpfleger 1971, 121/132; aM die oben zitierten Autoren);

c) Ermächtigung des Vorerben aus mehreren zu Nacherben bestimmten Personen denjenigen auszuwählen, der den Nachlaß des Erblassers als Schlußerbe erhalten sollen (OLG Celle RdL 1953, 211; OLG Hamm RdL 1951, 369; OLG Hamm DNotZ 1973, 110 = Rpfleger 1972, 445 m. zust. Anm. *Haegele* = OLG 73, 103 BGH LM § 2065 Nr. 2 = JZ 1954, 98 = DNotZ 1954, 492 LS; *Johannsen* WM 1970, 8; OLG Oldenburg Rpfleger 1966, 47; *Langenfeld*, Das Testament des Gesellschafter-Geschäftsführers, S. 78; *Haegele* Rpfleger 1971, 121/132; aM. die oben zitierten Autoren; Bedenken bei BGH RdL 1954, 78 = LM § 2065 Nr. 2).

Ebensowenig wie die uneingeschränkte Ermächtigung des Vorerben durch den Erblasser sich durch eine entgegenstehende letztwillige Verfügung zum Vollerben aufzuschwingen, der über den so ererbten Teil seines Vermögens frei unter Lebenden und von Todes wegen verfügen darf, gegen § 2065 BGB verstößt (*Brox* FS Bartholomeyczik, S. 47 f), dürfte auch die eingeschränkte Ermächtigung, andere als die vom Erblasser Eingesetzten als dessen Nacherben zu bestimmen oder unter den eingesetzten Nacherben andere Erbquoten festzulegen wegen § 2065 BGB unwirksam sein (so *Soergel/Damrau* § 2065 Rdn. 12; aA. OLG Hamm DNotZ 1967, 315/317; evtl. auch BGHZ 59, 220/222 = NJW 1972, 1987). Nachdem die h.M. (MünchKomm/*Musielak*, 3. Aufl. § 2302 Rdn. 3; MünchKomm/*Leipold*, 3. Aufl. § 2065 Rdn. 11 u. § 2074 Rdn. 13; *Soergel/Wolf* § 2302 Rdn. 3; *Soergel/Damrau* § 2065 Rdn. 16; *Staudinger/Seybold* Bem. zu §§ 2302 Rdn. 3; *Palandt/Edenhofer* § 2074 Rdn. 4 u. § 2302 Rdn. 3; *Haegele* JurBüro 1969, 1/6; BGH LM § 533 Nr. 1 = WPM 1971, 1510 = MDR 1972, 36; BGH NJW 1977, 950; OLG Hamm OLGZ 1973, 103 = MDR 1972, 1036) letztwillige Zuwendungen für nicht gegen § 2302 BGB verstoßend und daher zulässig hält, die an die auflösende Bedingung geknüpft sind, daß der Empfänger einen Dritten von Todes wegen bedenkt (kaptatorische Verfügung), dürfte nichts im Wege stehen, Verfügungen von Todes wegen, in denen ein Nacherbe unter der auflösenden Bedingung eingesetzt wird, daß der Vorerbe selbst anderweitig innerhalb eines vom Erblasser gesetzten Rahmens verfügt, dahin auszulegen, daß dem Vorerben die Möglichkeit sein Vorerbenrecht in ein Voll-

12. Testament mit Nacherbfolge an einem Unternehmen   XVI. 12

recht umzuwandeln nur unter der Bedingung gegeben ist, daß er selbst hinsichtlich des vom Erblasser ererbten Vermögens eine letztwillige Verfügung errichtet, die den vom Erblasser bestimmten Anordnungen hinsichtlich der Auswahl der Erben oder Vermächtnisnehmer entspricht (so auch OLG Hamm OLGZ 1973, 103 = MDR 1972, 1036; *Soergel/Damrau* § 2065 Rdn. 16; *Staudinger/Otte* § 2065 Rdn. 24; MünchKomm/*Leipold*, 3. Aufl. § 2065 Rdn. 11 und wohl auch BGHZ 59, 220 = NJW 1972, 1987; BayObLGZ 58, 225/232).

Meines Erachtens wurzeln die Kontroversen über die Zulässigkeit von in dieser Weise bedingter Nacherbfolgen in der mangelhaften Formulierung solcher Verfügungen von Todes wegen. Vier Punkte stehen m. E. fest: Zum einen verstößt es gegen § 2065 Abs. 2 BGB, wenn man zuläßt, daß der Vorerbe bestimmt, wer bzw. zu welchen Erbquoten Nacherbe werden soll (*Frank* MittBayNot 1987, 231/235). Zum anderen ist gemäß § 2075 BGB eine auflösend bedingte Nacherbfolge zulässig und zwar, wie aus dem Text von § 2075 BGB hervorgeht, auch als sog. Potestativbedingung (MünchKomm/*Leipold*, 3. Aufl. § 2074 Rdn. 10 ff u. § 2975 Rdn. 2; *Palandt/Edenhofer*, § 2075 Rdn. 2; *Frank* MittBayNot 1987, 231 f). Ferner gibt es keine gegenständlich beschränkte Nacherbfolge (MünchKomm/*Grunsky*, 3. Aufl. § 2100 Rdn. 16). Das bedeutet, daß die Nacherbfolge nur hinsichtlich des ganzen Nachlasses oder eines Bruchteils desselben auflösend bedingt sein kann, nicht bezüglich bestimmter Nachlaßgegenstände, es sei denn, diese sind dem Vorerben als Vorausvermächtnis zugewendet. Letztlich fällt damit beim Eintritt der auflösenden Bedingung, d. h. der anderweitigen Verfügung von Todes wegen des Vorerben, je nach den Bestimmungen des Erblassers der ganze Nachlaß oder ein Bruchteil desselben in das freie Vermögen der Vorerben. Dann darf aber der bisherige Vorerbe in seiner letztwilligen Verfügung diese Teile seines Vermögens nicht mehr als Nacherbschaft und die von ihm damit Bedachten auch nicht als Nacherben bezeichnen. Wenn der Vorerbe über diese für ihn freigewordenen Teile der Nacherbschaft verfügt, muß er sie entweder als integrierte Teile seines Nachlasses behandeln und sie fallen dann seinen eigenen gewillkürten Erben an, oder falls er über sie getrennt von seinem eigenen Vermögen von Todes wegen verfügen will, geht das nur im Wege des Vermächtnisses. Dies sollte der Vorerbe in seiner eigenen, die Bedingung auslösenden Verfügung von Todes wegen deutlich zum Ausdruck bringen, sonst muß es nach seinem Tod im Wege der erläuternden (einfachen) Auslegung festgestellt werden.

Wer trotzdem noch Bedenken gegen eine Nacherbeinsetzung unter der Bedingung anderweitiger Verfügungen des Vorerben hat, mag die Möglichkeit der späteren Fremdbestimmung des Endbedachten wie im Form. XVI. 7 durch ein zweifellos zulässiges Bestimmungsvermächtnis gem. § 2151 BGB lösen.

4. Fortführung des Unternehmens durch den Vorerben. (1) Der Vorerbe ist über den Herausgabeanspruch gem. § 2130 BGB mittelbar dem Nacherben nur zur Erzielung eines ordnungsmäßigen Gesamtergebnisses der Verwaltung des Nachlasses verpflichtet. Für einzelne Verwaltungshandlungen ist er dem Nacherben nicht verantwortlich (*Staudinger/ Behrends* § 2130 Rdn. 2 u. 3). Da der Vorerbe im Gegensatz zum Nießbraucher Eigentümer des Nachlasses wird, hat er nicht wie dieser die wirtschaftliche Zweckbestimmung des der Nacherbfolge unterliegenden Vermögens aufrechtzuerhalten (*Petzoldt* BB 1975 Beil. 6 S. 9; *Langenfeld* S. 100). Gehört, wie hier, ein einzelkaufmännisches Unternehmen zum Nachlaß, entscheidet der Vorerbe allein, ob er das Geschäft fortführen will oder ob er gem. § 27 Abs. 2 HGB durch Einstellung der Fortführung des Geschäfts vor dem Ablauf von drei Monaten nach dem Zeitpunkt, in welchem er Kenntnis vom Anfall der Erbschaft erlangt hat, seine unbeschränkte Haftung nach § 25 Abs. 1 HGB abwenden will (*Petzoldt* S. 9; *Staudinger/Behrends* § 2112 Rdn. 22; MünchKomm/*Grunsky* § 2112 Rdn. 3). Der Vorerbe kann sogar durch seine Pflicht zur ordnungsmäßigen Verwaltung gezwungen sein, bei eigener Unfähigkeit das Geschäft zu verpachten oder zu liquidieren (BGH WM 1973, 361/362 = MDR 1973, 749 = FamRZ

1973, 188). Auch wenn Beteiligungen an Personengesellschaften zum Nachlaß gehören, entscheidet der Vorerbe allein, ob und in welcher Form er von einer gesellschaftsvertraglichen Eintritts- oder Fortsetzungsklausel Gebrauch machen will oder ob die haftende Gesellschaftsbeteiligung gem. § 139 HGB in eine Kommanditbeteiligung umgewandelt werden soll (*Staudinger/Behrends* § 2122 Rdn. 23 u. § 2130 Rdn. 10). Umstritten ist, inwieweit der Vorerbe durch die Nacherbenschutzvorschriften der §§ 2113 ff BGB an der selbständigen Mitwirkung bei Änderungen des Gesellschaftsvertrages einer zum Nachlaß gehörenden Personengesellschaftsbeteiligung gehindert ist. Die eine Meinung will dies nach objektiv betriebswirtschaftlichen Erwägungen über die Notwendig- und Zweckmäßigkeit der Vertragsänderung entscheiden (BGHZ 78, 177; BGH ZIP 1981, 752; BGH GmbHRdsch 1985, 18 jeweils II. Senat), während die andere allein darauf abstellt, ob dabei eine, zumindest subjektiv redlich angestrebte, gleichwertige, vollentgeltliche Gegenleistung für den Nachlaß herausspringt (BGH GmbHRdsch 1984, 153 VI a. Senat; *Paschke* ZIP 1985, 129). Es empfiehlt sich daher in solchen Fällen den Nacherben mit heranzuziehen. Führt der Vorerbe das einzelkaufmännische Unternehmen fort, hat er sich im Handelsregister eintragen zu lassen (*Staudinger/Behrends* § 2112 Rdn. 22; MünchKomm/*Grunsky* § 2112 Rdn. 3). Die Eintragung eines Nacherbenvermerks im Handelsregister ist nicht zulässig (*Staudinger/Behrends*; OLG München JFG 22, 89). Eine Mitwirkung des Nacherben ist zur Fortführung und Registeranmeldung nicht erforderlich (*Staudinger/Behrends*; MünchKomm/*Grunsky*). Gegenüber dem nicht befreiten Vorerben hat der Nacherbe die Kontroll- und Sicherungsrechte der §§ 2127 bis 2129 BGB, gegenüber dem befreiten Vorerben, sofern keine Unentgeltlichkeit i. S. d. § 2113 Abs. 2 BGB vorliegt, außer den Surrogaten (§ 2111 BGB) nur nach Eintritt des Nacherbfalls evtl. Schadensersatzansprüche wegen nicht ordnungsmäßiger Verwaltung der Vorerbschaft (§§ 2130, 2131 BGB). Durch Vermächtnis zugunsten des Nacherben, Auflage oder, wie hier, bedingte Vorerbeinsetzung kann der Vorerbe vom Erblasser schuldrechtlich zur Fortführung des Unternehmens verpflichtet werden.

(2) Haftung des Nacherben eines Handelsgeschäfts. Bürgerrechtliche Haftung. Grundsätzlich haftet der Nacherbe nach dem Nacherbfall für die vom Vorerben begründeten Nachlaßverbindlichkeiten gem. §§ 1967, 2115 Satz 2 BGB nur, „wenn sie vom Standpunkt eines sorgfältigen Beobachters in ordnungsmäßiger Verwaltung des Nachlasses eingegangen wurden" (BGHZ 32, 60/64 mwN = NJW 1960, 959 = DNotZ 1960, 553 = LM § 1967 Nr. 1 m. Anm. *Mattern;* BGH WM 1973, 361 = FamRZ 1973, 188 = MDR 1973, 749; *Staudinger/Behrends* § 2144 Rdn. 9 u. 10; *Mattern* BWNotZ 1960, 166). Handelsrechtliche Haftung: Wird ein zum Nachlaß gehörendes Handelsgeschäft jedoch vom Nacherben fortgeführt, gelten die §§ 27, 25 HGB, der Nacherbe haftet kraft Fortführung für alle im Betrieb des Handelsgeschäfts begründeten Verbindlichkeiten des Erblassers und des Vorerben und zwar ohne Rücksicht darauf, ob die Eingehung der Verbindlichkeit im Rahmen der ordnungsmäßigen Verwaltung lag (BGHZ 32, 60; *Staudinger/ Behrends* § 2144 Rdn. 19; *Mattern* BWNotZ 1960, 166). Diese unbeschränkte handelsrechtliche Haftung kann der Nacherbe nur vermeiden, wenn er vor Ablauf von drei Monaten nach dem Zeitpunkt, in welchem er vom Anfall der Nacherbschaft Kenntnis erlangt, die Fortführung des Unternehmens einstellt (§ 27 Abs. 2 HGB).

5. Unternehmensgewinne. Nach § 2111 Abs. 1 Satz 1 BGB stehen dem Vorerben die Nutzungen des Nachlasses als freies Vermögen zu. Gehört zum Nachlaß ein Unternehmen, fehlt es an Bestimmungen über die Berechnung dieser Nutzungen. Es dürfte jedoch der Reingewinn der nach kaufmännischen Grundsätzen aufzustellenden jährlichen Handelsbilanz maßgeblich sein (*Baur* JZ 1958, 465). Da jedoch für die Handelsbilanz keine bestimmten Bilanzierungs- und Bewertungsmethoden festgelegt sind, sollen die Regeln der Steuerbilanz für den Vorerben gelten (*Baur* JZ 1958, 465/466). Bei dieser Unsicherheit dürfte es sich für den Erblasser empfehlen, entsprechende Bewertungs- und Bilanzie-

12. Testament mit Nacherbfolge an einem Unternehmen XVI. 12

rungsvorschriften dem Vorerben ausdrücklich zur Pflicht zu machen (*Baur* aaO.; *Staudinger/ Behrends* § 2111 Rdn. 39; *MünchKomm/Grunsky*, 2. Aufl. § 2111 Rdn. 16).

6. Mindestversorgung der Vorerben. Durch Vermächtnis, hier Zweckvermächtnis gem. § 2156 BGB, kann der Vorerbin ohne Rücksicht auf den Gewinn eine Mindestversorgung aus der Substanz des Unternehmens zugewendet werden (*Baur* JZ 1958, 465/467; *MünchKomm/Grunsky*, 2. Aufl. § 2111 Rdn. 16).

7. Vorausvermächtnis an die Alleinvorerbin. Durch das Vorausvermächtnis aller Nachlaßgegenstände mit Ausnahme des Unternehmens dh. des gesamten Privatvermögens an die Vorerbin, fallen diese Gegenstände mit dem Erbfall von selbst in das freie Vermögen der Vorerbin (BGHZ 32, 60 = NJW 1960, 959 = DNotZ 1960, 553; *Staudinger/Behrends* § 2110 Rdn. 7).

8. Typische stille Gesellschaft. Die stille Gesellschaft ist in den §§ 335 ff HGB gesetzlich geregelt. Sie ist eine rein schuldrechtliche Innengesellschaft. Dem stillen Gesellschafter steht weder das Recht zur Geschäftsführung noch ein Anteil am Gesamthandsvermögen einschließlich der stillen Reserven des Unternehmens zu, sondern nur ein seiner Einlage entsprechender Anteil am Gewinn und Verlust des Handelsgeschäfts. Diese gesetzliche Regelung ist jedoch abänderbar. Einkommensteuerlich handelt es sich bei der typischen stillen Gesellschaft nicht um eine Mitunternehmerschaft (§ 15 Abs. 1 Nr. 2 EStG). Unternehmer bleibt derjenige, der das Unternehmen nach außen hin führt. Der typische stille Gesellschafter hat Einkünfte aus Kapitalvermögen, nicht aus Gewerbebetrieb (*Esch/Schulze zur Wiesche*, Handbuch der Vermögensnachfolge, 2. Aufl. II Rdn. 402).

9. Vorweggenommene Erbfolge. Der Witwe muß die Möglichkeit eingeräumt werden, die Nachfolgerauswahl schon zu ihren Lebzeiten vorzunehmen und durch Übergabe des Unternehmens zu verwirklichen. Um ihr die Rechtmacht dazu zu geben, ist ihr das Unternehmen aufschiebend bedingt durch die Übergabe an einen der Abkömmlinge als Vorausvermächtnis zugewandt, fällt daher mit der Übergabe für eine juristische Sekunde in ihr freies Vermögen.

10. Vorerbe als Testamentsvollstrecker? Nach der hM. kann der alleinige Vorerbe, mit Ausnahme einer Vermächtnisvollstreckung nach § 2223 BGB, nicht einziger Testamentsvollstrecker sein, weil eine Befreiung des Vorerben über die in § 2136 BGB vorgesehenen Möglichkeiten hinaus grundsätzlich nicht möglich ist (RGZ 77, 177; aM. *Rohlff* DNotZ 1971, 518/528 ff). Der alleinige Vorerbe kann jedoch, wie hier, neben einem Mittestamentsvollstrecker eingesetzt werden, wenn gewährleistet ist, daß der Wegfall des anderen nicht zur Alleinvollstreckung des Vorerben führt (BayObLG 20, 242 = Recht 1920 Nr. 247; KG JFG 11, 126).

11. Pflichtteilsstrafklausel. Fordert einer der Abkömmlinge beim Tod des Erblassers den Pflichtteil, soll durch die Strafklausel verhindert werden, daß er beim Tod der Ehefrau nochmals mindestens den Pflichtteil aus dem sich jetzt im Vermögen seiner Mutter befindlichen Nachlaß seines Vaters erhält. Erzielt wird dies dadurch, daß die Mutter als bedingte Vorausvermächtnisnehmerin des Privatvermögens des Erblassers mit bedingten Nachvermächtnissen gem. § 2191 BGB dh. durch das Pflichtteilsverlangen aufschiebend bedingten und auf den Tod der Mutter aufschiebend befristeten und mit ihm anfallenden Untervermächtnissen (§ 2177 BGB) zugunsten der nicht den Pflichtteil verlangenden Abkömmlingen beschwert wird. Das Privatvermögen fällt bei Pflichtteilsverlangen nicht in den Nachlaß der Mutter und unterliegt damit auch nicht den Pflichtteilsansprüchen auf ihr Ableben. In der Zeit zwischen dem Erbfall und dem Anfall der Nachvermächtnisse sind die Nachvermächtnisnehmer durch § 2179 BGB geschützt (BGH BWNotZ 1961, 265; *Staudinger/ Otte* § 2191 Rdn. 5).

12. Steuern. (1) Erbschaftsteuer. Bei der Vor- und Nacherbfolge fällt jeweils volle Erbschaftsteuer an und es erfolgt somit doppelte Erbschaftsbesteuerung desselben Vermögens (§ 6 ErbStG). Insoweit ist das frühzeitige Unternehmertestament (Form. XVI. 7) mit seiner Bestimmungsvermächtnis-Testamentsvollstrecker-Lösung günstiger, da das Unternehmensvermächtnis nicht unter § 6 Abs. 4 ErbStG fällt, weil es nicht auf den Tod des Beschwerten anfällt, sondern zwar zunächst bei den Erben zu versteuern ist (§ 5 Abs. 1 BewG), sie die Steuern aber voll zurückerstattet bekommen, wenn nach seinem Anfall der ausgewählte Vermächtnisnehmer das Vermächtnis zu versteuern hat (§ 9 Abs. 1 Nr. 1 a ErbStG; *Troll* ErbStG, 6. Aufl. 1997 § 6 Rdn. 12).

(2) **Einkommensteuer.** Bezüglich einer evtl. Einkommensteuer der an die das Betriebsvermögen nicht übernehmenden Erben zu zahlenden Abfindungen siehe Form. XVI. 7 Anm. 12 Abs. 2.

13. Kosten und Gebühren. Siehe Form. XV. 1 Anm. 18.

13. Anordnung mehrfacher Nacherbfolge[1, 2]

Verhandelt zu ......
am ...... (auch als eigenhändiges Testament möglich)

§ 1 Vorerbeinsetzung

Ich setze hiermit meine Ehefrau A, geb. E zu meiner alleinigen Vorerbin ein. Sie ist von allen Beschränkungen befreit, von denen nach dem Gesetz Befreiung erteilt werden kann. Die Nacherbfolge tritt mit ihrem Tode ein.

§ 2 Erste Nacherbfolge

Nacherben auf den Tod meiner Ehefrau sind unsere beiden ehelichen Kinder B und C je zur Hälfte. Ersatznacherben[3] sind jeweils die Abkömmlinge unserer Kinder, einschließlich adoptierter, jedoch mit Ausnahme nichtehelicher Kinder männlicher Nachkommen und ihren Abkömmlingen, gemäß der gesetzlichen Erbfolge erster Ordnung zum Zeitpunkt des Nacherbfalls. Mangets Ersatzerben soll Anwachsung eintreten. Die Nacherbanwartschaften sind weder vererblich noch veräußerlich, ausgenommen die Veräußerung an den Vorerben. In diesem Fall entfällt auch jede ausdrückliche oder stillschweigende Ersatznacherbeinsetzung.

§ 3 Weitere Nacherbfolge

Weitere Nacherben jeweils auf den Tod der ersten Nacherben sind jeweils deren Abkömmlinge, einschließlich adoptierter, jedoch mit Ausnahme nichtehelicher in männlichen Linien, gemäß der gesetzlichen Erbfolge erster Ordnung jeweils zum Zeitpunkt des Todes der ersten Nacherben. Für die Zeit vom ersten Nacherbfall bis zu den weiteren Nacherbfällen unterliegen die ersten Nacherben jeweils den gesetzlichen Beschränkungen eines Vorerben.[4] Auch diese Nacherbanwartschaften sind weder vererblich noch veräußerlich, ausgenommen die Veräußerung an den Vorerben. In diesem Fall entfällt auch jede ausdrückliche oder stillschweigende Ersatznacherbeinsetzung.

§ 4 Nacherbfolge nachgeborener Geschwister der Weiteren Nacherben

Falls den unter § 3 zu weiteren Nacherben eingesetzten Abkömmlingen meiner Kinder B und C jeweils nach dem ersten Nacherbafall bis zum zweiten oder, falls Ersatznacherbfolge eintreten sollte, nach dem Erbfall bis zum ersten Nacherbfall, weitere Geschwister und zwar auch Halbgeschwister geboren werden sollten, werden diese ebenfalls Nacherben der ersten Nacherben und zwar zu den Quoten, die sie bekommen hätten, wenn sie bereits beim ersten Nacherbfall bzw. beim Erbfall gelebt hätten und alle von mir abstammen würden. Die Nacherbanteile fallen diesen nachgeborenen Geschwistern jeweils mit ihrer Geburt an.[5]

§ 5 Nacherbentestamentsvollstreckung[6]

Ich ersuche das Nachlaßgericht, einen geeigneten Nacherbentestamentsvollstrecker gem. § 2222 BGB zu ernennen.

§ 6 Schlußformel[7]

(wie Form. XV.1 sowie zusätzlich:) Der Testierer wurde auf die Verfügungsbeschränkungen zu Lasten der Vorerben und die zeitliche Begrenzung der Nacherbfolge gem. § 2109 BGB hingewiesen.

Schrifttum: Nieder, Hdb. d. Testamentsgestaltung, 1992 Rdn. 530; *Nieder,* Anm. zu den Urt. des OLG Köln vom 13. 1. 91 u. 25. 5. 92 DNotZ 1993, 816.

Anmerkungen

1. Sachverhalt. Der Testierer ist ohne Ehevertrag verheiratet und hat zwei Kinder, den Sohn B und die Tochter C. Beide haben ihrerseits noch keine Kinder. Der Erblasser möchte das Familienvermögen möglichst lange gebunden in seiner Großfamilie erhalten haben und zählt dazu auch evtl. Kinder aus zweiten Ehen seiner Schwiegerkinder dh. Halbgeschwister seiner Enkelkinder. Der dem Formular zugrundeliegende Fall dürfte heute kaum praktisch werden und dient nur zur Verdeutlichung der äußersten zeitlichen Grenze der Nacherbenbindung im geltenden Recht.

2. Anwendungsfälle. Der Erblasser kann mit den Mitteln der Bedingungs- oder Fristsetzung ohne weiteres mehrere Nacherben hintereinander einsetzen und zwar theoretisch ohne jede Beschränkung der Zahl (*Staudinger/Behrends* § 2100 Rdn. 26; OLG Karlsruhe OLGZ 14, 299). Beschränkt ist er dabei nur insoweit, als die Nacherbenbindung gem. § 2109 BGB die Gesamtfrist von 30 Jahren oder die individuelle Lebensdauer Beteiligter nicht überschreiten darf. Diese 30-Jahresfrist ist auch die Höchstdauer für aufschiebend bedingte oder befristete Vermächtnisse (§§ 2162, 2163 BGB), für die Verwaltungstestamentsvollstreckung (§ 2210 BGB) und für den Auseinandersetzungsausschluß von Erbengemeinschaften (§ 2044 Abs. 2 BGB). Nach Ablauf der Frist wird die Nacherbenberufung unwirksam und das zu diesem Zeitpunkt bestehende Vorerbenrecht erstarkt zu unbeschränktem Recht (*Staudinger/Behrends* § 2109 Rdn. 5). Sind mehrere Nacherben nacheinander eingesetzt, kommt die Unwirksamkeit der Nacherbenbindung demjenigen zustatten, der die Erbschaft bei Fristablauf als Vorerbe innehat (*Staudinger/Behrends* § 2109 Rdn. 6). Von der Regelfrist des § 2109 Abs. 1 Satz 1 BGB gibt es zwei Ausnahmen, die sie fast völlig zurückdrängen und die es dem Erblasser ermöglichen, den Nachlaß für zwei Generationen innerhalb der Familie festzulegen. Die Begrenzung auf 30 Jahre gilt nach § 2109 Abs. 1 Satz 2 BGB nicht:

a) Wenn die Nacherbfolge für den Fall angeordnet ist, daß in der Person des Vor- oder Nacherben ein bestimmtes Ereignis eintritt, und derjenige, in dessen Person das Ereignis eintreten soll, zur Zeit des Erbfalls lebt (§ 2109 Abs. 1 Nr. 1 BGB) oder doch bereits erzeugt war (§ 1923 Abs. 2 BGB). Es muß sich dabei nicht um ein Ereignis in der Person der ersten Vor- oder Nacherben handeln, es kann auch ein späterer Vor- oder Nacherbe sein, wenn er nur zur Zeit des Erbfalls schon gelebt hat (*Staudinger/Seybold* § 2109 Rdn. 4). Die Begrenzung besteht hier in der individuellen Lebensdauer eines Menschen. Unstreitig kommen als Ereignis in der Person des Vor- oder Nacherben die Geburt eines eigenen Kindes, die eigene Heirat, der eigene Tod und wirtschaftliche Ereignisse in der eigenen Person (BGH NJW 1969, 1112) in Frage, umstritten ist jedoch, ob auch äußere Ereignisse, die der Vor- oder Nacherbe nur miterlebt, zum Wegfall der Regelfrist führen können (im einzelnen *Staudinger/Behrends* § 2109 Rdn. 8). Hauptanwendungsfall dieser Ausnahmeregelung ist der Erblasser, der seine Ehefrau zur Vorerbin einsetzt und seinen bereits lebenden Sohn zum Nacherben und dessen Abkömmlinge zu weiteren Nacherben. War der Sohn beim Erbfall noch sehr jung, kann sich die Regelung des Erblassers über 100 Jahre erstrecken (*Lange/Kuchinke* ErbR, 3. Aufl., § 26 VII 2 a). Ist nämlich als Nacherbfall der Tod des Vorerben ausdrücklich vom Erblasser oder durch die Ergänzungsvorschrift des § 2106 Abs. 1 BGB bestimmt, bleibt die Nacherbeinsetzung auch dann wirksam, wenn der Vorerbe den Erblasser um mehr als 30 Jahre überlebt (BayObLG 1975, 63/66; KG DNotZ 1976, 609 = Rpfleger 1976, 249).

b) Wenn der Erblasser einem, also auch nicht nur den ersten (*Staudinger/Seybold* § 2109 Rdn. 5), Vor- oder Nacherben dessen voll- oder halbbürtige Geschwister (*Staudinger/Seybold* § 2109 Rdn. 5; *Staudinger/Behrends* § 2109 Rdn. 9; *MünchKomm/Grunsky*, 2. Aufl. § 2109 Rdn. 5), die nach dem ihn betreffenden Nacherbfall geboren werden, als Nacherben bestimmt hat, um auf diese Weise sein Vermögen einer ganzen Familiengeneration zuzuwenden (§ 2109 Abs. 1 Nr. 2 BGB). Als äußerste zeitliche Schranke ist hier auf die Lebensdauer oder genauer die Dauer der Zeugungsfähigkeit (*Staudinger/Behrends* § 2109 Rdn. 9) des gemeinsamen Elternteils der zu Erben berufenen Geschwister abgestellt. Zu beachten ist dabei, daß die Nacherbenberufung des ersten als Nacherbe eingesetzten Geschwisterteils bei dem weiteren Nacherbfall nicht, wegen Zeitablaufs und weil die Ausnahmeregelung gem. § 2109 Abs. 1 Nr. 1 BGB nicht vorliegt, ausgefallen sein darf, da dies sonst auch die Unwirksamkeit und Gegenstandslosigkeit der sie (teilweise) ablösenden weiteren Nacherbfolge des nachgeborenen Geschwisterteils zur Folge hätte (*Staudinger/Seybold* § 2109 Rdn. 5; *Staudinger/Behrends* § 2109 Rdn. 9). Ist jedoch nicht der Fall, braucht auch nicht unbedingt die Geburt des nachgeborenen Geschwisterteils Zeitpunkt der Nacherbfolge sein, sondern auch etwa die Erreichung eines bestimmten Lebensalters oder der Tod des Erstberufenen (*Staudinger/ Seybold* § 2109 Rdn. 5; aA. *Staudinger/Behrends* s. unter Anm. 4). Umstritten ist, ob die Ausnahmeregelung nur für leibliche voll- oder halbbürtige Geschwister (so *Staudinger/Behrends* § 2109 Rdn. 9) oder auch für adoptierte gilt (so *MünchKomm/Grunsky*, 2. Aufl. § 2109 Rdn. 5). Als Anwendungsfall ist denkbar, daß ein wesentlich älterer Ehemann seine junge Frau zur Vorerbin, das gemeinsame Baby zum Nacherben und dessen etwaige Geschwister auch aus neuen Ehen zu weiteren Mitnacherben nicht bereits mit ihrer Geburt, sondern mit Erreichung eines bestimmten Lebensalters einsetzt.

3. Ersatznacherben. Der Ersatznacherbe wird für den Fall eingesetzt, daß der Nacherbe vor oder nach Eintritt des Nacherbfalls wegfällt (§ 2096 BGB entspr.). Er hat nach dem Erbfall ein nur schwaches, aber, falls der Erblasser dies nicht ausgeschlossen hat, vererbli ches und übertragbares Anwartschaftsrecht (so hM. in Übersicht bei *Kanzleiter* DNotZ 1970, 693/695 Fn. 16, 17 u. *Staudinger/Behrends* § 2100 Rdn. 73; aM. *Becher* NJW 1969, 1463 mwN). Nach der hM. stehen ihm jedoch vor Eintritt des Ersatznacherbfalles die Kontroll- und Sicherungsrechte des Nacherben nicht zu (RGZ 145, 316; RGRK/ *Johannsen* § 2121 Rdn. 3; *Staudinger/Seybold* §§ 2127–2129 Rdn. 3; *Staudinger/Behrends* § 2100 Rdn. 73; *MünchKomm/Grunsky*, 2. Aufl. § 2102 Rdn. 11) und seine Zustimmung ist zu Rechtsgeschäften des Vorerben nach hM. nicht erforderlich, damit diese Geschäfte ihm gegenüber im Ersatznacherbfall wirksam sind (BGHZ 40, 115/119 mwN. = NJW 1963, 2320; RGZ 145, 316; BayObLG 1959, 493/497; 1960, 407–410; *Kanzleiter* DNotZ 1970, 693/694 mwN Fn. 9), weil er hinter dem primären Nacherben steht und ihn dessen Zustimmung bindet. Dagegen ist er im Erbschein des Vorerben anzugeben (RGZ 142, 171/173; KGJ 49, 79/82) und ist zur Sicherung seiner

13. Anordnung mehrfacher Nacherbfolge

Anwartschaft im Grundbuch einzutragen (OLG Köln NJW 1955, 633; KG JFG 21, 253; OLG Oldenburg DNotZ 1963, 23; OLG Hamm DNotZ 1966, 108; *Haegele* Rpfleger 1969, 348; *Staudinger/Behrends* § 2100 Rdn. 89; MünchKomm/*Grunsky*, 2. Aufl. § 2102 Rdn. 13; *Kanzleiter* aaO. S. 697 Fn. 24 mwN.). Vor Eintritt des Nacherbfalls und Annahme der Nacherbschaft durch den Nacherben kann der Nacherbenvermerk ohne Zustimmung des Ersatznacherben nicht gelöscht werden (OLG Hamm DNotZ 1955, 538; OLG Frankfurt DNotZ 1970, 691; OLG Hamm NJW 1970, 1606 m. Anm. *Lehmann* NJW 1970, 2028), es sei denn die Löschung erfolgt aufgrund Unrichtigkeitsnachweis gem. § 22 GBO, weil der befreite Vorerbe das Grundstück entgeltlich oder der nicht befreite mit Zustimmung des Nacherben veräußert hat (OLG Oldenburg DNotZ 1962, 405; LG Oldenburg DNotZ 1982, 370; *Ripfel* BWNotZ 1959, 177/184; *Haegele* Rpfleger 1971, 121/130).

4. Die weiteren Nacherbfolgen (Nach-Nacherben). Sind mehrere Nacherben hintereinander eingesetzt, so erhält der erste Nacherbe mit dem Eintritt des ersten Nacherbfalles die Stellung eines Vorerben gegenüber den weiter berufenen Nacherben usw. (*Staudinger/ Seybold* § 2100 Rdn. 5; *Staudinger/Behrends* § 2100 Rdn. 26). Die weiteren Nacherben haben schon bevor sie aufrücken gegenüber dem Vorerben die Stellung voller Nacherben, sind als solche im Erbschein (§ 2363 BGB) und im Grundbuch (§ 51 GBO) aufzuführen und zustimmungsbedürftige Geschäfte bedürfen auch ihrer Zustimmung (*Staudinger/Seybold* aaO.; *Staudinger/Behrends* aaO.), anders als bei Ersatznacherben, auf deren Zustimmung verzichtet wird (BGHZ 40, 115/119 = NJW 1963, 2320). Falls die ersten Nacherben gegenüber den weiteren Nacherben von den Beschränkungen des § 2136 BGB befreit sein sollten, müßte dies der Erblasser anordnen. Wie der Erbe zur Zeit des Erbfalls leben oder doch erzeugt sein muß, so muß auch der Nacherbe zur Zeit des Eintritts der Nacherbfolge leben oder erzeugt sein (§§ 2108, 1923 BGB). Für die weiteren Nacherben muß dies nur beim Eintritt ihres Nacherbfalles gegeben sein (*Staudinger/Seybold* § 2100 Rdn. 3). Wird eine zum Zeitpunkt des Nacherbfalls noch nicht erzeugte Person zum Nacherben eingesetzt, so ist sie entsprechend § 2101 Abs. 1 BGB als zweiter Nacherbe anzusehen, dem die Erbschaft gem. § 2106 Abs. 2 BGB mit der Geburt anfällt (*Staudinger/Seybold* aaO.).

5. Die Nacherbfolge Nachgeborener. Da hier die Nacherbfolge zugunsten sämtlicher Geschwister angeordnet ist, die den beim Tode des B und der C bereits vorhandenen Kindern nachgeboren werden, können jeweils mehrere Nacherbfälle nacheinander eintreten in der Weise, daß die zunächst berufenen Geschwister zuerst dem Nächstgeborenen weiter aber auch einschließlich des Nächstgeborenen einem weiter geborenen Geschwisterteil als Vorerben gegenüberstehen, und mit dessen Geburt oder dem Eintritt eines etwa bestimmten späteren Zeitpunkts oder Ereignisses entsprechende Anteile am Nachlaß herauszugeben haben (*Staudinger/Seybold* § 2109 Rdn. 5; OLG Köln DNotZ 1993, 814 m. Anm. *Nieder*; aA. *Staudinger/Behrends* § 2109 Rdn. 10 der, falls seit dem Erbfall 30 Jahre verstrichen sind, als Zeitpunkt des weiteren Nacherbfalls nur den der Geburt des nachgeborenen Geschwisterteils zuläßt, da sonst eine nach Wortlaut und Sinn des Gesetzes nicht zulässige Kombination der Ausnahmeregelungen nach § 2109 Abs. 1 Nr. 1 und 2 BGB vorliegen würde). Die Gestaltung im Formular ist auf jeden Fall wirksam, da B und C oder ihre Ersatznacherben den Erbfall erleben und damit die Voraussetzungen nach § 2109 Abs. 1 Nr. 1 BGB gegeben sind. Ausgehend von den auf ihren Tod bedingten weiteren Nacherbberufungen der Enkelkinder, sind dann auch die deren nachgeborener Geschwister gem. der Ausnahmeregelung des § 2109 Abs. 1 Nr. 2 BGB wirksam. Zur Frage, wie in solchen Fällen der Erbscheinsantrag zu lauten hat, sofern noch die Möglichkeit der Geburt weiterer Geschwister besteht, siehe Eschenbacher in Rpfleger 1992, 392 u. Nieder DNotZ 1993, 820. Die Gestaltungsmöglichkeit des § 4 des Formulars wird in der Praxis manchmal bei jungen Eheleuten zur Ergänzung der Nacherbeinsetzung der eigenen Kinder gewählt. Sie setzt eine großzügige Auffassung gegenüber einer Wiederheirat des überlebenden Ehegatten voraus. Man kann sie als Antiwiederverheiratungsklausel bezeichnen. Häufiger ist jedoch die Einsetzung aller gemeinschaftlichen, d. h. auch der nach dem Erbfall geborenen Kinder eines Ehepaars etwa der Enkel des Erblassers oder der Abkömmlinge seines Bruders in der Weise, daß die beim Erbfall bereits lebenden Erben und für den Fall der Geburt weiterer Geschwister bedingte Vorerben und die evtl. Nachgeborenen jeweils ungewisse Nacherbenanwärter sind. Klärt man den Erblasser allerdings über die Beschränkungen auf, denen die beim Erbfall lebenden Kinder bis zum Tode eines Elternteils unterworfen sind, wird er stattdessen meist die Zuwendung aufschiebend bedingter Herausgabevermächtnisse (§§ 2178, 2179 BGB) an die Nachgeborenen wählen.

6. **Nacherbentestamentsvollstreckung.** Wie beim „unbekannten" Nacherben und beim bedingten Nacherben ist auch beim Einsetzen von Nach-Nacherben zu empfehlen, durch einen Nacherbentestamentsvollstrecker gem. § 2222 BGB die Rechte und Pflichten der Nacherben während der Dauer der Vorerbschaft wahrnehmen zu lassen, damit sich die Bestellung eines Pflegers nach § 1913 Satz 2 BGB erübrigt.

7. **Steuern.** Erbschaftsteuer. Ob bei mehrfacher Nacherbschaft § 6 Abs. 2 ErbStG – Nichtanrechnung der Steuer des Vorerben – oder § 6 Abs. 3 ErbStG – Anrechnung der Steuer des Vorerben – anzuwenden ist, hängt davon ab, ob der Nacherbfall mit dem Tode des zuletzt vorhergegangenen Nacherben oder mit einem anderen Ereignis eintritt (RFH RStBl. 1935, 1485).

8. **Kosten und Gebühren.** Siehe Form. XV. 1 Anm. 18.

14. Testament mit „gegenständlicher" Nacherbfolge an Grundstücken[1, 2]

Verhandelt zu ......
am ...... (auch als eigenhändiges Testament möglich)

§ 1 Vorerbeinsetzung und Vorausvermächtnis

(1) Ich setze hiermit meine Ehefrau A, geb. E zu meiner von allen gesetzlichen Beschränkungen befreiten Vorerbin ein.

(2) Zugleich erhält meine Ehefrau im Wege des nicht der Nacherbfolge unterliegenden Vorausvermächtnisses meine sämtlichen Nachlaßgegenstände, ohne Rücksicht auf Veränderungen im Bestand meines Vermögens bis zum Erbfall, mit Ausnahme sämtlicher Grundstücke und grundstücksgleicher Rechte.[3] Ersatzvermächtnisnehmer bestimme ich nicht.

§ 2 Nacherbeinsetzung

Zu meinen Nacherben auf den Tod der Vorerbin setze ich hiermit meine beiden Kinder B und C ein. Die Anwartschaftsrechte meiner vorgenannten Nacherben sind vom Eintritt des Erbfalls bis zum Eintritt der Nacherbfolge weder übertragbar noch vererblich[4], ausgenommen die Veräußerung an den Vorerben. In diesem Fall entfällt auch jede ausdrückliche oder stillschweigende Ersatznacherbeinsetzung. Zu Ersatznacherben berufe ich jeweils die Abkömmlinge der Nacherben, einschließlich adoptierter, jedoch mit Ausnahme nichtehelicher Kinder männlicher Nachkommen und ihren Abkömmlingen, gemäß der gesetzlichen Erbfolge erster Ordnung zum Zeitpunkt des Nacherbfalls.

14. Testament mit „gegenständlicher" Nacherbfolge an Grundstücken   XVI. 14

§ 3 Schlußformel[5]

(wie Form. XV. 1 sowie zusätzlich:) Ferner wurde darauf hingewiesen, daß der Vorerbe kraft Gesetzes in seiner Verfügungsfreiheit über den Nachlaß beschränkt ist, daß der Erblasser ihn aber mehr oder weniger von diesen Beschränkungen befreien kann.

Schrifttum: Langenfeld/Gail, Handbuch der Familienunternehmen, 6. Aufl.; *Langenfeld,* Das Testament des Gesellschafter-Geschäftsführers einer GmbH und GmbH & Co, 1980; *Nieder,* Hdb. d. Testamentsgestaltung, 1992 Rdn. 510.

Anmerkungen

1. **Sachverhalt.** Der Erblasser ist verheiratet und hat zwei Kinder. Neben einigen teilweise bebauten Grundstücken hat er noch anderes Vermögen. Er will seiner Ehefrau im Falle seines Todes die lebtägliche Nutznießung an seinen sämtlichen Grundstücken und sein übriges Vermögen zur freien Verfügung zuwenden. Seinen Kindern soll die Substanz seiner Grundstücke gesichert werden.

2. **Anwendungsfälle.** Die Gestaltungsmöglichkeit dient dem Ziel, die Nutzungen bestimmter Vermögensgegenstände des Erblassers seiner Witwe auf Lebenszeit einzuräumen, deren Substanz aber seinen Abkömmlingen zu sichern. Eine Alternative der Lösung ist die Erbeinsetzung der Abkömmlinge mit dem Nießbrauchsvermächtnis der Witwe bezüglich der bestimmten Nachlaßgegenstände. Neben den unter Anm. 5 erwähnten einkommensteuerlichen Vorteilen bietet die „gegenständliche" Nacherbfolge demgegenüber die größeren Variationsmöglichkeiten. So kann je nach dem gewünschten Grad der Beschränkung teilweise oder völlig befreite Vorerbschaft oder nicht befreite Vorerbschaft angeordnet werden. Eine weitere Abwandlungsmöglichkeit liegt darin, daß alle oder einzelne Gegenstände des Vorausvermächtnisses an die Alleinerbin entgegen der gesetzlichen Vermutung des § 2110 Abs. 2 BGB der Nacherbfolge unterstellt oder die Nacherben insoweit als Nachvermächtnisnehmer eingesetzt werden können (*Flad* DGWR 1937, 233; *Staudinger/ Seybold* § 2110 Rdn. 3). Eine weitere Alternative ist das auf den Tod der Witwe aufschiebend befristete Vermächtnis bestimmter Nachlaßgegenstände zugunsten der Abkömmlinge. Hierbei wären die Erstbedachten aber nur durch die §§ 2177, 2179, 162 Abs. 1 BGB recht schwach geschützt, während sie bei der vorstehenden Lösung durch die Kontroll- und Sicherungsrechte der §§ 2113 bis 2119 BGB weit besser geschützt sind. Alle Vermächtnislösungen haben zudem den Nachteil, daß sie unmittelbar den Bedachten nur Forderungsrechte gewähren, die erst von den Erben erfüllt werden müssen, während die Nacherbfolge-Vorausvermächtnis-Lösung mit dem Erbfall dinglich in Kraft tritt.

3. **Vorausvermächtnis an die Alleinerbin.** Die gesetzlich (§§ 2087, 2174 BGB) nicht mögliche Nacherbfolge bezüglich eines bestimmten Gegenstandes kann indirekt dadurch erreicht werden, daß eine bestimmte Person zum Vorerben berufen wird und man ihr alle Nachlaßgegenstände mit Ausnahme desjenigen, für den die Vor- und Nacherbfolge gedacht ist, als Vorausvermächtnis zuwendet, das dann als solches gem. § 2110 Abs. 2 BGB der Nacherbfolge nicht unterliegt (*Langenfeld/Gail* IV Rdn. 54; *Langenfeld,* Das Testament des Gesellschafter-Geschäftsführers, S. 40 u. 125). Man kommt dadurch zu einer „gegenständlichen" Nacherbfolge. Der Vorerbe erwirbt dann beim Erbfall von selbst (BGHZ 32, 60/61 = NJW 1960, 959) dinglich den Gegenstand zum Eigenvermögen und er unterliegt beim Nacherbfall weder dem Anfallsrecht des Nacherben gem. § 2139 BGB noch der obligatorischen Herausgabepflicht des Vorerben gem. §§ 2130, 2138 BGB (*Staudinger/Behrends* § 2110 Rdn. 4). Im Erbschein ist anzugeben, daß sich das Nacherbenrecht nicht auf den vermachten Gegenstand erstreckt (KG JFG 21, 122)

und wenn der Gegenstand ein Grundstück ist, ist bei ihm im Grundbuch kein Nacherbenvermerk einzutragen (OLG München JFG 23, 300).

4. Hinsichtlich Gestaltungsvorschlägen in bezug auf die Vererblichkeit des Nacherbenanwartschaftsrechts siehe *Haegele* Rpfleger 1967, 161/166.

5. **Steuern. Einkommensteuer.** Den wesentlichsten Vorteil bietet die „gegenständliche" Nacherbfolge gegenüber dem Nießbrauchsvermächtnis seit beim unentgeltlichen Zuwendungsnießbrauch dem Eigentümer einkommensteuerlich während der Dauer des Nießbrauchs die AfA-Befugnis aberkannt wird (BFH BFHE 131, 216 = BStBl. II 1981, 295/ 299 = BB 1980, 156 = MittRhNotK 1981, 177; Nießbraucherlaß vom 15. 11. 1984 in BStBl. I 1984, 561). Demgegenüber ist der Vorerbe als Eigentümer auf Zeit, trotzdem seine Stellung in vielfacher Hinsicht der eines Nießbrauchers gleichsteht, nach wie vor AfA-befugt (*Littmann* EStRecht, 13. Aufl. 1981, § 7 Rdn. 60). Der Vorerbe setzt dabei als unentgeltlicher Erwerber die Abschreibung der Anschaffungs- oder Herstellungskosten des Erblassers bei der linearen (§ 7 Abs. 4 EStG), degressiven (§ 7 Abs. 5 EStG) oder erhöhten (§ 7b EStG) Abschreibung des Gegenstands des Privatvermögens fort (§ 11d EStDVO). Nach dem Nacherbfall setzt wiederum der Nacherbe die AfA des Vorerben fort (*Littmann*).

6. **Kosten und Gebühren.** Wie Form. XV. 1 Anm. 18.

15. Erbvertrag mit Nacherbfolge und Pflichtteilsverzicht des Vorerben zwecks Ausschließung der Weitervererbung und Ausschaltung entfernterer Pflichtteilsberechtigter[1, 2]

Verhandelt zu ......
am ...... (Kann nur zu notarieller Urkunde errichtet werden)
(weiter wie Form. XV. 15)

§ 1 Vertragliche Vorerbeinsetzung

Ich, der A, setze hiermit erbvertraglich mit meinem Sohn B ihn zu ¼ meines Nachlasses zu meinem Vorerben ein. Der Vorerbe ist von allen Beschränkungen befreit, von denen nach dem Gesetz Befreiung erteilt werden kann. Ersatzerben sind die Nacherben. Mangels Ersatzerben soll Anwachsung eintreten, jedoch keinesfalls für meinen Enkel D und seinen Stamm. Der Nacherbfall tritt mit dem Tode des Vorerben ein.

§ 2 Vertragliche Nacherbeinsetzung

Erbvertraglich mit meinem Sohn B setze ich, der A, hiermit zu dessen Nacherben seine ehelichen Abkömmlinge, einschließlich adoptierter, jedoch mit Ausnahme nichtehelicher Kinder männlicher Nachkommen und ihren Abkömmlingen, gemäß der gesetzlichen Erbfolge erster Ordnung zum Zeitpunkt des Nacherbfalls ein, jedoch mit Ausnahme meines Enkels D und seines Stammes. Die Nacherbanwartschaftsrechte sind weder vererblich noch veräußerlich, ausgenommen die Veräußerung an den Vorerben. In diesem Fall entfällt auch jede ausdrückliche oder stillschweigende Ersatznacherbeinsetzung. Ich, der B, nehme hiermit die unter §§ 1 und 2 getroffenen Verfügungen als vertragliche an.

§ 3 Pflichtteilsverzicht[3]

Ich, der B, verzichte hiermit vertraglich mit meinem Vater A mit Wirkung auch für meine Abkömmlinge[4] auf mein Pflichtteilsrecht auf Ableben meines Vaters B.[5] Dieser nimmt den Verzicht hiermit an.

15. Erbvertrag mit Nacherbfolge und Pflichtteilsverzicht des Vorerben

§ 4 Einseitige Verfügungen[6]

Einseitig verfügend setze ich, der A, hiermit meine Ehefrau A, geb. E zu 1/2 und meine Tochter C zu 1/4 meines Nachlasses zu meinen Vollerben ein. Ersatzerben meiner Ehefrau sind unsere Kinder B und C je zur Hälfte mit der Maßgabe, daß bei B auch dieser Erbteil der für ihn angeordneten Nacherbfolge unterliegt.[7] Weitere Ersatzerben sind jeweils die Abkömmlinge unserer Kinder, einschließlich adoptierter, jedoch mit Ausnahme nichtehelicher Kinder männlicher Nachkommen und ihren Abkömmlingen, gemäß der gesetzlichen Erbfolge erster Ordnung zum Zeitpunkt des Erbfalls, jedoch mit Ausnahme meines Enkels D und seines Stammes. Mangels Ersatzerben soll Anwachsung eintreten. Ersatzerben meiner Tochter C sind deren Abkömmlinge, einschließlich adoptierter, jedoch mit Ausnahme nichtehelicher in männlichen Linien, gemäß der gesetzlichen Erbfolge erster Ordnung zum Zeitpunkt des Erbfalls. Mangels Ersatzerben soll Anwachsung eintreten mit der Maßgabe, daß bei B auch dieser Erbteil der für ihn angeordneten Nacherbfolge unterliegt.[7] Zum Nacherbentestamentsvollstrecker gem. § 2222 BGB für die Zeit der Vorerbschaft meines Sohnes B setze ich Herrn Rechtsanwalt P ein. Er ist befugt und verpflichtet, bei Annahme seines Amtes dem Nachlaßgericht einen Nachfolger zu benennen.

§ 5 Schlußformel (wie Form. XV. 15)

Schrifttum: Baumgärtel, Die Wirkung des Erbverzichts auf Abkömmlinge, DNotZ 1959, 63; *Dieterle,* Das Geschiedenen-Testament, BWNotZ 1970, 170 u. 1971, 14; *Nieder,* Hdb. d. Testamentsgestaltung, 1992 Rdn. 870; *Regler,* Erbverzicht von Vorfahren oder Ehegatten mit Wirkung für deren Abkömmlinge ?, DNotZ 1970, 646; *Stanovsky,* Zur erbrechtlichen Ausschaltung lästiger Enkel, BWNotZ 1974, 102.

Anmerkungen

1. Sachverhalt. Das Formular folgt der im obigen Aufsatz von Stanovsky geschilderten Ausgangslage und dem dort aufgezeigten Lösungsweg. Der Erblasser ist ohne Ehevertrag verheiratet und hat zwei Kinder, den Sohn B und die Tochter C. Der Sohn B hat seinerseits u. a. den Sohn D, der dem Erblasser nach seiner Persönlichkeit und seinem Verhalten als Erbe nicht genehm ist und daher auf keinen Fall, und zwar auch nicht mittelbar über seinen Vater B, am Nachlaß des Erblassers A teilhaben soll.

2. Anwendungsfälle. Während der Ehegatte bei bestehender Ehe und die unmittelbaren Abkömmlinge, abgesehen von den Sonderfällen der begründeten Pflichtteilsentziehung oder der Erbunwürdigkeit, zumindest über ihr Pflichtteilsrecht unentziehbar am Nachlaß des Erblassers teilhaben, besteht hinsichtlich eines geschiedenen Ehegatten, von Schwiegerkindern, leiblichen Verwandten von Adoptierten und entfernteren Abkömmlingen (Enkeln, Urenkeln) bei Einigkeit mit den lebenden, näheren Abkömmlingen die Möglichkeit, deren unmittelbaren oder mittelbaren Vermögenserwerb aus dem Nachlaß zu vereiteln. Die Gestaltungsmöglichkeit macht sich dabei zwei gesetzliche Rechtsfolgen zunutze:

a) Da der Nachlaß in der Hand des Vorerben ein Sondervermögen zugunsten des Nacherben bildet und daher nicht in den Nachlaß des Vorerben fällt, kann durch Nacherbeneinsetzung die Nacherbschaft an den gesetzlichen oder gewillkürten Erben des Vorerben vorbeigeführt und insbesondere ihren Pflichtteilsansprüchen entzogen werden – Ausschluß der Weitervererbung –.

b) Da sich die Wirkung eines Erb- oder Pflichtteilsverzichts gem. § 2349 BGB automatisch auf den gesamten Stamm des Verzichteten erstreckt, wenn er Abkömmling oder Seitenverwandter des Erblassers ist, können dadurch die im Falle des Vorversterbens näherer Abkömmlinge drohenden Pflichtteilsansprüche entfernterer Abkömmlinge ohne ihre Zustimmung ausgeschlossen werden – Ausschluß entfernterer Pflichtteilsberechtigter –.

Die Hauptanwendungsfälle dieser Gestaltungsmöglichkeit lassen sich einteilen:

a) In solche, in denen die Nacherbeneinsetzung mit ihrem Ausschluß der Weitervererbungsmöglichkeit mit dem Pflichtteilsverzicht kombiniert werden muß, da sonst beim Vorversterben des näheren Abkömmlings ein Pflichtteilsrecht des entfernteren Abkömmlings erwächst. Es sind die Fallgruppen der nicht genehmen („lästigen") Enkel, wie im Formular, und der nichtehelichen Enkel. Hier muß wegen des Pflichtteilsverzichts der nähere Abkömmling mitwirken und deswegen ist auch notarielle Urkundsform erforderlich (§ 2348 BGB).

b) In solche, in denen entweder kein Pflichtteilsrecht gegenüber dem Erblasser besteht oder sein indirekter Ausschluß gem. § 2349 BGB nicht möglich ist und daher allein durch Nacherbeinsetzung der mögliche Vermögensabfluß beim Tod des unmittelbar Bedachten an die unerwünschten Personen verhindert werden kann und diese dadurch ganz oder bis auf ihr Pflichtteilsrecht umgangen werden können. Es sind dies die Fallgruppen der geschiedenen Ehegatten (näheres in Form. XVI. 16), der Schwiegerkinder, des derzeitigen Ehegatten bei gestörter Ehe, des künftigen Ehegatten des überlebenden Ehegatten und trotz Adoptionsreform der leiblichen Verwandten von Adoptierten in folgenden Fällen:

aa) Altadoptionen bei denen der Angenommene am 1. 1. 1977 bereits volljährig (18 Jahre) war (Art. 12 § 1 Abs. 1 AdoptG);

bb) Altadoptionen bei denen der Angenommene zwar am 1. 1. 1977 noch minderjährig war, jedoch die Erklärung zur Ablehnung der Überleitung nach Art. 12 § 2 Abs. 2 Satz 2 AdoptG abgegeben wurde;

cc) Volljährigen-Adoption nach neuem Recht mit beschränkter Adoptionswirkung (§§ 1767ff. BGB).

In diesen Fällen haben die leiblichen Verwandten des Angenommenen, insbesondere seine leiblichen Eltern, ihm und seinen Abkömmlingen gegenüber und umgekehrt nach wie vor das gesetzliche Erb- und Pflichtteilsrecht (§§ 1770 Abs. 2, 1924, 1925 BGB) neben den Adoptiv-Eltern, nicht jedoch ihren Verwandten (§ 1770 Abs. 1 BGB) (im einzelnen siehe *Dittmann* Rpfleger 1978, 277ff). In solchen Fällen hat somit immer noch das Urteil des BGH vom 2. 5. 1972 (BGHZ 58, 343 = NJW 1972, 1422 = DNotZ 1973, 240) unmittelbare Bedeutung. Dieses Urteil hat den Notar, der, entweder direkt oder indirekt durch Beurkundung einer Verfügung von Todes wegen, mit einer solchen Kindesannahme befaßt ist, für verpflichtet erklärt, die Beteiligten auf das fortbestehende gesetzliche Erb- und Pflichtteilsrecht der leiblichen Verwandten des Angenommenen hinzuweisen und mit ihnen Möglichkeiten seines Ausschlusses zu erörtern. Ob darüber hinaus der Notar ganz allgemein mit den Beteiligten bei der Errichtung einer Verfügung von Todes wegen einen möglichen Vermögensabfluß beim darauffolgenden Erbgang zu erörtern hat, wurde vom BGH (aaO.) ausdrücklich offengelassen, dürfte aber aus dem Gesichtspunkt der erweiterten Belehrungspflicht (*Haug* DNotZ 1972, 410ff) heraus immer dann gegeben sein, wenn im Einzelfall der Notar erkennt, daß einer der hier aufgeführten Fallgruppen vorliegt (*Stanovsky* BWNotZ 1974, 102/103).

Da sich die Beschränkungen und Sicherungen nicht gegen den Vorerben, sondern die unerwünschten Personen richten, wird der Erblasser regelmäßig den Vorerben von allen Beschränkungen im Rahmen des gesetzlich Zulässigen freistellen. Soll der Vorerbe nicht nur unter Lebenden, sondern auch letztwillig anders als der Erblasser über den der Erbfolge unterliegenden Nachlaß verfügen können, so kann ihm das bei dieser Konstruktion nicht wie sonst bei der Vor- und Nacherbschaft dadurch ermöglicht werden, daß die Nacherben nur unter der Bedingung eingesetzt werden, daß der Vorerbe nicht letztwillig anders verfügt (*Palandt/Edenhofer* § 2065 Rdn. 8), da der Vorerbe dann, sofern er diese Möglichkeit ausnützt, rückwirkend als Vollerbe anzusehen ist, und dadurch der der Nacherbfolge unterworfene Nachlaß in seinen eigenen Nachlaß fällt und damit den auf

15. Erbvertrag mit Nacherbfolge und Pflichtteilsverzicht des Vorerben

sein Ableben geltend gemachten Pflichtteilsansprüchen unterliegt (*Dieterle* BWNotZ 1971, 15). Eine Lösungsmöglichkeit ist dagegen, daß der Erblasser den- oder diejenigen und zu den gleichen Erbquoten zu seinen Nacherben einsetzt, den oder die der Vorerbe für seinen eigenen Nachlaß einsetzt. Das wird entgegen § 2065 Abs. 2 BGB für zulässig gehalten (*Palandt/Edenhofer* § 2065 Rdn. 7; Form. XVI. 16 Anm. 3 mwN.). Will der Erblasser jedoch seinen Erben nicht mit den auch bei der befreiten Vorerbschaft vorhandenen Schutz- und Mitwirkungsrechten des Nacherben belasten, besteht die Möglichkeit ihn zum Vollerben einzusetzen und nur mit einem erst bei seinem Tod anfallenden Sachvermächtnis zugunsten der genehmen Personen in der Weise zu beschweren, daß diejenigen Vermögensgegenstände, die ursprünglich zum Nachlaß des Erblassers gehört haben, sowie deren Surrogate im Sinne des § 2111 BGB herauszugeben sind (aufschiebend befristetes Herausgabevermächtnis). Dabei kann wieder variiert werden zwischen unbedingter Zuweisung aller oder doch einzelner Gegenstände oder lediglich des Überrestes der Nachlaßgegenstände (siehe hierzu *Dieterle* BWNotZ 1971, 19; *Dittmann/Reimann/Bengel*, Testament und Erbvertrag, 2. Aufl. D 33; Form. XVI. 5). Dieses aufschiebend befristete Herausgabevermächtnis ist eine echte Verbindlichkeit im eigenen Nachlaß des Erben und wirkt als solche auch gegenüber den Pflichtteilsberechtigten (*Dieterle* BWNotZ 1971, 19). Bei dieser Gestaltungsmöglichkeit ist die Sicherheit für den letztlich Bedachten weit geringer als bei der Anordnung der Nacherbfolge. Der Endbedachte ist beim aufschiebend befristeten Herausgabevermächtnis gegen beeinträchtigende oder vereitelnde Verfügungen des Erben nur durch Schadensersatzansprüche gem. §§ 2179, 160 BGB geschützt (*Bühler* BWNotZ 1967, 174; *Bungeroth* NJW 1967, 1357; die *Gudian* NJW 1967, 431 widerlegen, der den Schutz des durch eine aufschiebend bedingte Verfügung Begünstigten gem. § 161 BGB gewähren will). Auf Sicherheit für den Endbedachten legt der Erblasser meist jedoch keinen Wert, ihm genügt es, daß die unerwünschten Personen nichts erhalten. Im übrigen kann, wenn sich im herauszugebenden Nachlaß Grundstücke oder Grundstücksrechte befinden, auf Anordnung des Erblassers die Position des Vermächtnisnehmers zwischen Erbfall und Vermächtnisanfall durch Vormerkungen im Grundbuch gesichert werden (*Staudinger/Otte* § 2179 Rdn. 12; BayObLG Rpfleger 1981, 190). Gegebenenfalls kann auch bereits die Anordnung der Nacherbfolge bedingt werden, so zB daß sie nur eintritt, falls die Tochter vor dem Schwiegersohn stirbt. Dabei sollte jedoch beachtet werden, daß nach hM (siehe *Kanzleiter* DNotZ 1970, 330 mwN.) die Kontroll-, Sicherungs- und Mitwirkungsrechte auch dem unter aufschiebender oder auflösender Bedingung eingesetzten Nacherben zustehen und daher die Beeinträchtigung für den Erben dieselbe ist, wie wenn eine unbedingte Nacherbfolge angeordnet worden wäre.

3. Ausnützung der Erstreckungswirkung des Pflichtteilsverzichts. Handelt es sich bei den Personen, die der Erblasser von jeglicher Teilhabe an seinem Nachlaß ausschalten will, um entferntere Abkömmlinge, so vermag der Ausschluß der Weitervererbung durch Anordnung der Nacherbfolge nicht auszuschließen, daß sie an seinem Nachlaß partizipieren. Stirbt nämlich der Vorerbe vor dem Erblasser, so tritt zwar die Ersatzerbfolge ein, gleichzeitig erhalten aber die entferneren Abkömmlinge (zB. Enkel) unmittelbare Pflichtteilsrechte gegenüber dem Erblasser (§ 2309 BGB). Um auch dieser Gefahr zu begegnen, kann sich der Erblasser der Wirkung des Erbverzichts auf Abkömmlinge gem. § 2349 BGB bedienen. Nach dieser Vorschrift erstreckt sich, sofern im Verzichtsvertrag nichts anderes bestimmt ist, wenn ein Abkömmling oder ein Seitenverwandter des Erblassers auf sein gesetzliches Erbrecht verzichtet, die Wirkung des Verzichts auf seine Abkömmlinge dh. seinen ganzen Stamm. Diese Erstreckung erfolgt automatisch und unmittelbar, und ohne daß er im Namen oder Vertretung der Abkömmlinge erklärt werden müßte. Der Vorberufene verfügt damit über das selbständige, künftige Erbrecht seiner Abkömmlinge (*Baumgärtel* DNotZ 1959, 63/64). Belanglos für die Anwendung des § 2349 BGB ist auch, ob der Verzichtende eine Abfindung erhalten hat (*Staudinger/*

Ferid/Cieslar § 2349 Rdn. 14). Die Vorschrift findet nach der hM. (*Baumgärtel* DNotZ 1959, 65; *Regler* DNotZ 1970, 646; *Staudinger/Ferid/Cieslar* § 2349 Rdn. 12; *Palandt/Edenhofer* § 2349 Anm. 1; MünchKomm/*Strobel*, 2. Aufl. § 2349 Rdn. 5) auch auf den sich auf das Pflichtteilsrecht beschränkenden Verzicht Anwendung. Seine Grenzen findet die Zulässigkeit eines Erb- und Pflichtteilsverzichts lediglich an den guten Sitten (*Staudinger/Ferid/Cieslar* § 2349 Rdn. 20). Die Vorbeugung der Abwanderung des Familienvermögens dürfte jedoch stets ein billigenswerter Beweggrund sein (*Stanovsky* BWNotZ 1974, 102/105 unter Hinweis auf BGHZ 58, 343 = NJW 1972, 1422 = DNotZ 1973, 240). Abkömmlinge, auf die sich die Verzichtswirkung erstreckt, sind auch das nichteheliche und das angenommene Kind (*Palandt/Edenhofer* § 2349 Anm. 1). Bei der hier vorgeschlagenen Konstruktion ist dem Pflichtteilsverzicht gegenüber dem vollen Erbverzicht der Vorzug zu geben, da er nicht über § 2310 BGB die Pflichtteilsrechte des Ehegatten oder weiterer Abkömmlinge erhöht oder begründet (*Bühler* DNotZ 1967, 778; *Stanovsky* BWNotZ 1974, 102/105; MünchKomm/*Strobel* § 2349 Rdn. 5). Durch den Verzicht verlieren der Abkömmling und sein Stamm ihr Pflichtteilsrecht und dem Erblasser wird damit insoweit uneingeschränkte Testierfreiheit eröffnet. Das ist für den Abkömmling nur tragbar, wenn er, wie im Form., zumindest erbvertraglich abgesichert wird. Die Ausdehnung des Verzichts gem. § 2349 BGB ist nur gegenüber Abkömmlingen von Abkömmlingen und Seitenverwandten des Erblassers möglich, nicht gegenüber seinen Vorfahren oder dem Ehegatten (*Regler* DNotZ 1970, 646; MünchKomm/*Strobel*, 2. Aufl. § 2349 Rdn. 3; *Staudinger/Ferid/Cieslar* § 2349 Rdn. 9; *Palandt/Edenhofer* § 2349 Anm. 2). Eine Erstreckung auf solche Personen ist nur möglich, wenn sie ihrerseits vertraglich verzichten.

4. Obwohl durch die Ergänzungsnorm des § 2349 BGB die Verzichtswirkung sich auch dann automatisch auf die Abkömmlinge erstreckt, wenn der Erb- oder Pflichtteilsverzichtsvertrag darüber schweigt, ist die Erwähnung dieser Wirkung schon deshalb empfehlenswert, damit nicht später der Einwand erhoben wird, diese Rechtsfolge sei vom Notar nicht besprochen worden (Formulierung mit Belehrungsfunktion) (*Haegele* BWNotZ 1971, 36/41).

5. **Vermuteter relativer Erbverzicht.** Würde der B auf sein volles Erbrecht und nicht nur auf sein Pflichtteilsrecht verzichten, müßte hier, um eine Unwirksamkeit des Verzichts zu vermeiden, wegen der Auslegungsregel des § 2350 Abs. 2 BGB eine Klarstellung dahin erfolgen, daß er nicht zugunsten der anderen Abkömmlinge und des Ehegatten des Erblassers verzichtet (*Stanovsky* aaO. S. 105). Auf den bloßen Pflichtteilsverzicht findet § 2350 BGB jedoch keine Anwendung (*Staudinger/Ferid/Cieslar* § 2350 Rdn. 4).

6. Einseitige Verfügungen im Erbvertrag gem. § 2299 BGB.

7. Auslegungsregel gem. § 2110 Abs. 1 BGB.

8. **Steuern.** Erbschaftsteuer. Gemäß § 7 Abs. 1 Ziff. 5 ErbStG gilt als Schenkung unter Lebenden, was als Abfindung für einen Erbverzicht (§§ 2346 und 2352 BGB) gewährt wird.

9. **Kosten und Gebühren.** Siehe Form. XV. 1 Anm. 18.

16. Geschiedenen-Testament[1, 2]

Verhandelt zu ......
am ...... (auch als eigenhändiges Testament möglich)

§ 1 Vorerbeinsetzung

Ich, A, geb. E, setze hiermit meine beiden Kinder B und C je zur Hälfte zu meinen Vorerben ein. Die Vorerben sind von allen Beschränkungen befreit, von denen nach dem

16. Geschiedenen-Testament

Gesetz Befreiung erteilt werden kann. Ersatzerben sind die Nacherben. Die Nacherbfolge tritt bezüglich jedes Vorerben mit seinem Tode ein.

§ 2 Nacherbeinsetzung

Nacherben meiner Kinder B und C sind jeweils diejenigen Personen, die die Vorerben zu ihren gewillkürten Erben einsetzen und zwar im gleichen Anteilsverhältnis wie sie selbst ihre Erben einsetzen.[3] Mein geschiedener Ehemann A, dessen Abkömmlinge soweit sie nicht mit mir gemeinschaftlich sind, und seine Verwandten aufsteigender Linie sind dabei jedoch als Nacherben ausgeschlossen. Wenn und soweit sie zum Zuge kommen würden oder die Vorerben von ihrer Testierfreiheit keinen Gebrauch machen sollten, sind Nacherben jeweils in folgender Reihenfolge:
a) Die Abkömmlinge des jeweiligen Vorerben, einschließlich adoptierter, jedoch mit Ausnahme nichtehelicher Kinder männlicher Nachkommen und ihren Abkömmlingen, gemäß der gesetzlichen Erbfolge erster Ordnung;
b) meine übrigen Abkömmlinge, einschließlich adoptierter, jedoch mit Ausnahme nichtehelicher Kinder männlicher Nachkommen und ihren Abkömmlingen, gemäß der gesetzlichen Erbfolge erster Ordnung;
c) diejenigen Personen, die meine gesetzlichen Erben wären, wenn ich im Zeitpunkt des Eintritts des Nacherbfalles ohne Hinterlassung von Abkömmlingen verstorben wäre, unter sich nach gesetzlicher Erbregel.
Die Nacherbanwartschaften sind zwischen Erbfall und Nacherbfall nicht vererblich und nicht übertragbar.

§ 3 Weitere Nacherbeinsetzungen[4]

Soweit gemeinschaftliche Abkömmlinge von mir und meinem geschiedenen Ehemann Nacherben werden, sind jeweils die in entsprechender Anwendung des § 2 bestimmten Personen deren weitere Nacherben auf ihren Tod. Die zeitliche Schranke des § 2109 BGB bleibt unberührt.

§ 4 Familienrechtliche Anordnung

Soweit Kinder von mir zur Zeit meines Todes noch minderjährig sind, entziehe ich meinem geschiedenen Ehemann A gem. § 1638 BGB das Recht, den Erwerb von Todes wegen zu verwalten.[5]

§ 5 Testamentsvollstreckung

Für die Zeit bis das jüngste meiner Kinder volljährig ist, schließe ich, und zwar auch für den Fall des Todes eines Miterben, die Auseinandersetzung meines Nachlasses aus[6] und ordne Dauertestamentsvollstreckung an.[7] Der Testamentsvollstrecker soll in der Eingehung von Verbindlichkeiten für den Nachlaß nicht beschränkt sein.[8] Der Testamentsvollstrecker ist gleichzeitig Nacherbentestamentsvollstrecker gem. § 2222 BGB bezüglich aller Nacherben.[9] Dies soll er auch nach der Volljährigkeit des jüngsten meiner Kinder für die Dauer von Vorerbschaften bleiben. Zum Testamentsvollstrecker ernenne ich Herrn Rechtsanwalt O. Er ist befugt und verpflichtet, bei Annahme seines Amtes seinen Nachfolger zu benennen. Sollte er das Amt nicht annehmen wollen oder können und auch keinen Nachfolger benennen, ersuche ich das Nachlaßgericht um Ernennung eines geeigneten Testamentsvollstreckers.

§ 6 Schlußformel (wie Form. XV. 1)

Schrifttum: Dieterle, Das Geschiedenen-Testament, BWNotZ 1970, 170 u. 1971, 14; *Nieder,* Hdb. d. Testamentsgestaltung, 1992 Rdn. 548, 1046; *Nieder,* Das Geschiedenentestament und seine Ausgestaltung, ZEV 1994, 156; *Schalhorn,* Kann der schuldlos geschiedene Ehemann durch ein Testament verhindern, daß die schuldig geschiedene Ehefrau als gesetzliche Erbin ihrer gemeinsamen Kinder Vermögen aus dem von dem Ehemann herrührenden Nachlaß erlangt?, JurBüro 1973, 700; *Wagner*, Das Geschiedenentestament – eine sinnvolle erbrechtliche Gestaltungsform?, ZEV 1997, 369.

Anmerkungen

1. Sachverhalt. Das Formular folgt der im obigen Aufsatz von *Dieterle* geschilderten Ausgangslage und dem dortigen Testamentsentwurf. Die Erblasserin ist geschieden und hat zwei noch minderjährige Kinder. Ihr geschiedener Ehemann ist wiederverheiratet und hat aus der neuen Ehe ebenfalls Kinder. Die Testiererin will verhindern, daß beim Versterben ihrer Kinder aus deren Nachlaß das von ihr ererbte Vermögen auf ihren geschiedenen Ehemann, dessen einseitige Abkömmlinge oder seine Eltern übergeht.

2. Anwendungsfälle. Die einfachste Lösung des Problems der Testiererin wäre, die eigenen Kinder als befreite Vorerben einzusetzen und zu Nacherben auf deren Tod deren Abkömmlinge, ersatzweise das Geschwisterkind bzw. dessen Abkömmlinge und letztlich Verwandte der eigenen Familie (*Schalhorn* JurBüro 1973, 700 f). Sie hätte damit ihr Vermögen durch Nacherbenbenennung in eine ihr genehme Richtung gelenkt. Sie hätte damit aber auch, was sie eigentlich nicht will, ihre noch minderjährigen Kinder bezüglich des von ihr ererbten Vermögens weitgehend in der Verfügung unter Lebenden und völlig in der Verfügung von Todes wegen gebunden. Die Kinder können nichts aus der mütterlichen Erbschaft ihren Ehepartnern oder sonstigen Personen ihrer Wahl letztwillig zuwenden (*Dieterle* BWNotZ 1971, 14). Die Standardlösung für solche Fälle, den Nacherben unter der aufschiebenden oder auflösenden Bedingung einzusetzen, daß der Vorerbe nicht selbst letztwillig anders über den Nachlaß verfügt (*Palandt/Edenhofer* § 2065 Anm. 4), muß hier versagen, da mit dem Eintritt der Bedingung feststände, daß der Vorerbe Vollerbe war und dann das ererbte Vermögen vom Pflichtteilsrecht des geschiedenen Ehemannes erfaßt würde (*Dieterle* BWNotZ 1971, 15). Zur Vermeidung der indirekten Teilhabe des geschiedenen Ehegatten bzw. seiner einseitigen Verwandten am Nachlaß des anderen Ehegatten bieten sich folgende Möglichkeiten an (siehe hierzu eingehend Nieder ZEV 1994, 158 ff):

a) **Nacherbfolgelösung.** Hierbei werden, wie im vorliegenden Formular, die Abkömmlinge aus der gesschiedenen Ehe vom Erblasser zu von den gesetzlichen Beschränkungen befreiten Vorerben (§ 2136 BGB) eingesetzt. Nacherben sind, um die Vorerben nicht in ihrer Testierfreiheit zu beeinträchtigen, aufgrund der unter Anm. 3 beschriebenen und belegten Lösung, diejenigen Personen, die von den Vorerben jeweils als eigene Erben eingesetzt werden (so *Dieterle* BWNotZ 1971, 15 f; *Dittmann/Reimann/Bengel*, Testament und Erbvertrag, 2. Aufl., D. 26 u. Anh. A. 22). Eine Alternative zu dieser modifizierten Nacherbeinsetzung wäre, sie in gleicher Weise jedoch nur bedingt für den Fall anzuordnen, daß Nachlaßgegenstände im Wege der Erbfolge oder der Vermächtniserfüllung auf den unerwünschten Personenkreis übergehen oder Grundlage einer Pflichtteilsberechnung des geschiedenen Ehemannes sind (*Dieterle* BWNotZ 1971, 17 f m. entspr. Testamententwurf). Hierbei sollte man aber berücksichtigen, daß die Beeinträchtigungen des Vorerben bei der bedingten Nacherbeinsetzung die gleichen sind wie bei der unbedingten. Sofern der Erblasser für die Zeit nach dem Tod der Vorerben weiterhin Sicherungsbedarf sieht, können, wie in § 3 des Formulars, innerhalb der Zeitgrenze des § 2109 BGB weitere Nacherbfolgen angeordnet werden, wobei immer der vorgehende Nacherbe Vorerbe des ihm folgenden Nacherben wird.

b) **Herausgabevermächtnislösung.** Da es geschiedenen Testierern meist allein darauf ankommt, sicherzustellen, daß unter keinen Umständen Vermögenswerte aus ihrem

Nachlaß an den geschiedenen Ehegatten und seine Verwandtschaft geraten, soll dieses Ziel mit der geringsten Beeinträchtigung der eigenen Abkömmlinge erreicht werden. Dies ist möglich, wenn die eigenen Abkömmlinge zu Vollerben eingesetzt werden und sie und die Vermächtnisnehmer mit jeweils erst mit ihrem Tod anfallenden Vermächtnissen belastet werden, diejenigen Vermögensgegenstände einschließlich ihrer Surrogate, die sie aus dem Nachlaß des Erblassers erworben haben und die sich zur Zeit des Vermächtnisanfalls noch nachweislich im Vermögen des Beschwerten befinden, an die Vermächtnisnehmer herauszugeben (*Dieterle* BWNotZ 1971, 18 m. entspr. Testamentsentwurf; *Dittmann/Reimann/Bengel* aaO. D. 33–37). Die Vererb- und Veräußerlichkeit des Anwartschaftsrechts aus dem Vermächtnis zwischen Erbfall und Vermächtnisanfall muß dabei wieder ausgeschlossen werden (*Dieterle* BWNotZ 1971, 18). Bei dieser Lösung sind die Erben lediglich schuldrechtlich beschränkt, ohne Vermerk im Erbschein und Grundbuch. Die Offenhaltung der Bestimmung der Vermächtnisnehmer als Endbedachter läßt sich hier einfacher bewerkstelligen als bei der Nacherbfolge. Da bei Vermächtnissen das Drittbestimmungsrecht vom Gesetz weitgehend zugelassen wird, kann der Erblasser einem von ihm für seinen oder von den Erben für ihren Nachlaß ernannten Testamentsvollstrecker gem. § 2151 BGB das Recht einräumen, aus einem vom Erblasser bestimmten Personenkreis z. B. der Verwandtschaft mit Ausnahme des geschiedenen Ehegatten und seiner einseitigen Abkömmlinge die Vermächtnisnehmer zu bestimmen und gem. § 2153 BGB die einzelnen Vermächtnisgegenstände unter ihnen zu verteilen (*Dieterle* BWNotZ 1971, 19; *Dittmann/Reimann/Bengel* aaO. D. 37; *Keller* BWNotZ 1970, 49/51; *Vogt* BWNotZ 1955, 60). Zu beachten ist hierbei, daß die Erben bei dieser Gestaltung nicht wie sonst selbst zu Bestimmungsberechtigten bestimmt werden können, da die Vermächtnisse erst mit ihrem Tod anfallen und die Ausübung des Bestimmungsrechts nicht durch eine Verfügung von Todes wegen erfolgen kann (*Staudinger/Seybold* § 2153 Rdn. 3) und mit dem Tod des Bestimmungsberechtigten erlischt (*Staudinger/Seybold* § 2151 Rdn. 8). Die Anordnung der Vermächtnisse hindert den Erben nicht, die Nachlaßgegenstände durch Vertrag unter Lebenden an den anderen Elternteil zu übertragen, es würde sich dadurch jedoch schadensersatzpflichtig machen (§§ 2179, 160 Abs. 1 BGB). Durch die Einsetzung eines Testamentsvollstreckers kann jedoch bereits die gegen das Vermächtnis verstoßende Verfügung verhindert oder doch erschwert werden.

c) **Kombinationslösung.** Da die Nacherbfolgelösung gegenüber der Herausgabevermächtnislösung einerseits die für die Erben belastendere, andererseits aber die sicherere ist, liegt es nahe, die Nacherbfolgelösung nur für Situationen und Zeiträume zu wählen, in denen die Gefährdung der indirekten Teilhabe besonders groß ist. Das ist zweifelsohne die Lebenszeit des geschiedenen Ehegatten mit der Gefahr, daß er nach einem kinderlos verstorbenen gemeinschaftlichen Kind aus der geschiedenen Ehe seinen Pflichtteil gem. § 2303 Abs. 2 BGB geltend macht. Für diese Zeit und diese familiäre Situation sollte daher die Nacherbfolge gewählt werden, während m. E. für die Abwanderungsmöglichkeit an Halbgeschwister und die einseitigen Verwandten des geschiedenen Ehegatten aufsteigender Linie die Vermächtnislösung ausreicht (*Nieder* ZEV 1994, 159 m. entspr. Formulierungsvorschlag). Sieht der Erblasser lediglich Sicherungsbedarf gegenüber seinem geschiedenen Ehegatten und nicht auch gegenüber dessen einseitiger Verwandtschaft, so genügt es, entsprechend dem Vorschlag von *Wagner* in ZEV 1997, 371, die eigenen Kinder als befreite Vorerben einzusetzen und deren gesetzliche oder gewillkürte Erben, mit Ausnahme des geschiedenen Ehegatten, als Nacherben.

3. Einsetzung der eigenen Erben des Vorerben als Nacherben. Nach § 2065 Abs. 2 BGB kann der Erblasser die Bestimmung der Person, die eine Zuwendung erhalten soll, nicht einem anderen überlassen. Trotzdem ist es nach der hM. (*Schäfer* BWNotZ 1962,

203; *Gaberdiel* Rpfleger 1966, 265; *Dieterle* BWNotZ 1971, 15; *Palandt/Edenhofer* § 2065 Rdn. 7; MünchKomm/*Leipold* § 2065 Rdn. 14; *Dittmann/Reimann/Bengel* aaO. Vorbem. z. § 2229 Rdn. 20; *Kipp* ErbR 13. Bearb. § 18 III 3 Fn. 10; *von Lübtow* ErbR, S. 143; a. M. *Frank* MittBayNot 1987, 231/235; *Soergel/Lovitz* § 2065 Rdn. 14 hinsichtlich der gewillkürten Erben eines Dritten) zulässig, diejenigen Personen zu seinen Erben einzusetzen, die gesetzliche oder gewillkürte Erben eines anderen, z. B. des Vorerben werden. Die Person des Bedachten braucht eben nicht namentlich bezeichnet zu sein, es genügt, daß sie umschrieben und daraus erkennbar ist (*Schäfer* BWNotZ 1962, 201; BGHZ 15, 199/201). Es können auch Personen, die erst durch den Eintritt gewisser in der Zukunft liegender Umstände bestimmt werden sollen, bedacht werden (*Lübtow* ErbR, S. 143; BGH aaO; BayObLG NJW 1966, 662).

4. Um zu verhindern, daß durch das kinderlose Versterben von Nacherben Teile des Nachlasses dem auszuschließenden Personenkreis zufallen, ist die Anordnung einer mehrfachen Nacherbfolge notwendig, was gem. § 2109 BGB jeweils solange nacheinander möglich ist, bis der letzte zum Zeitpunkt des Erbfalls bereits erzeugte Nacherbe verstorben ist, mindestens jedoch für 30 Jahre.

5. Es handelt sich um eine sog. familienrechtliche Anordnung, die, obwohl ihr Inhalt nicht erbrechtlicher Natur ist, in der Form der letztwilligen Verfügung erfolgen kann. Bindend durch Erbvertrag oder wechselseitige Verfügung im gemeinschaftlichen Testament kann eine solche Anordnung nicht werden (*Staudinger/Otte* Vorbem. zu §§ 1937–1941 Rdn. 10).

6. Befristetes Teilungsverbot gem. § 2044 BGB, das gem. § 750 BGB im Zweifel mit dem Tod eines Miterben außer Kraft tritt.

7. Dauer- oder Verwaltungsvollstreckung gem. § 2209 BGB im Gegensatz zur normalen Abwicklungsvollstreckung gem. §§ 2203, 2204 BGB.

8. Erweiterung der Verpflichtungsbefugnis des Testamentsvollstreckers gem. § 2207 BGB.

9. Bei jeder mehrfachen Nacherbfolge empfiehlt sich die Einsetzung eines Nacherbenvollstreckers gem. § 2222 BGB, der bis zum Eintritt der Nacherbfolge die Rechte und Pflichten der Nacherben wahrnimmt.

10. Kosten und Gebühren. Siehe Form. XV. 1 Anm. 18.

17. Der im eigenen Interesse durch Nacherbfolge und Testamentsvollstreckung beschränkte überschuldete Ehegatte[1,2]

Verhandelt zu ......
am ...... (auch als eigenhändiges Testament möglich)

§ 1 Vorerbeinsetzung

Ich setze meinen Ehemann A zu meinem alleinigen Vorerben ein.[3] Er ist von allen Beschränkungen befreit, von denen nach dem Gesetz Befreiung erteilt werden kann. Der Nacherbfall tritt mit dem Tode des Vorerben ein. Das Anwartschaftsrecht der Nacherben ist weder vererblich noch übertragbar.

§ 2 Nacherbeinsetzung

Nacherben sind unsere gemeinschaftlichen Abkömmlinge, einschließlich adoptierter, jedoch mit Ausnahme nichtehelicher Kinder männlicher Nachkommen und ihren Abkömmlingen, gemäß der gesetzlichen Erbfolge erster Ordnung zum Zeitpunkt des Nacherbfalls.

§ 3 Testamentsvollstreckung

Der Vorerbe wird durch eine allgemeine Dauertestamentsvollstreckung für die Zeit der Vorerbschaft beschränkt.[4] Der Testamentsvollstrecker hat gleichzeitig die Befugnisse gem. § 2222 BGB (Nacherbentestamentsvollstreckung). Der Testamentsvollstrecker ist in der Eingehung von Verbindlichkeiten für den Nachlaß nicht beschränkt. Es unterliegt dem billigen Ermessen des Testamentsvollstreckers im Rahmen der von mir in § 4 offengelegten Motive dem Vorerben die Nutzungen des Nachlasses und einzelne Nachlaßgegenstände zur freien Verfügung zu überlassen. Er kann dabei dem Vorerben auch Erträgnisse nur in Form von Naturalverpflegung und Wohnraum zur ausschließlichen Eigennutzung zukommen lassen. Zum Testamentsvollstrecker ernenne ich Herrn Rechtsanwalt T. Er hat das Recht, einen Nachfolger zu ernennen. Sollte er das Amt nicht annehmen oder nach seiner Annahme wegfallen, ohne einen Nachfolger ernannt zu haben, ersuche ich das Nachlaßgericht, eine geeignete Person als Testamentsvollstrecker zu bestimmen. Der Testamentsvollstrecker erhält eine einmalige Vergütung von 5% des Bruttonachlasses.

§ 4 Motivangabe[5]

Die Beschränkungen meines Ehemannes durch Nacherbfolge und Testamentsvollstreckung erfolgen allein zu dem Zweck, den Nachlaß vor dem Zugriff seiner Eigengläubiger zu schützen.

§ 5 Schlußformel (wie Form. XV. 1 und XVI. 11).

Schrifttum: Flik, Gemeinschaftliches Testament bei überschuldetem Ehegatten, BWNotZ 1979, 53; *Nieder,* Hdb. d. Testamentsgestaltung, 1992 Rdn. 667, 773.

Anmerkungen

1. Sachverhalt. Es handelt sich um das Einzeltestament einer Ehefrau, deren Ehemann in Konkurs gefallen und überschuldet ist, so daß im Falle seiner Vollerbeinsetzung die Gefahr des Zugriffs seiner Eigengläubiger auf den Nachlaß besteht. Die Möglichkeit, daß der Ehemann seine Schulden zurückzahlen kann, ist zwar nicht ausgeschlossen, jedoch gering einzuschätzen. Die Eheleute haben gemeinschaftliche Abkömmlinge.

2. Anwendungsfälle. Das Formular ist überall dort anwendbar, wo der Bestand des Nachlasses gegen den Zugriff der Eigengläubiger des Erben geschützt werden soll. Der Schutz wird erreicht durch die Kombination des § 2115 BGB, der Zwangsverfügungen gegen Vorerben unwirksam sein läßt, soweit sie das Recht des Nacherben vereiteln oder beeinträchtigen würden, mit § 2214 BGB, der den Zugriff von Eigengläubigern des Erben auf der Verwaltung des Testamentsvollstreckers unterliegende Nachlaßgegenstände verbietet. Der Schutz des § 2115 BGB würde allein nicht ausreichen, da er die Gläubiger nur an der zwangsweisen Verwertung der einzelnen Nachlaßgegenstände hindert, nicht auch an ihrer Pfändung oder Beschlagnahme, während das Zugriffsverbot des § 2214 BGB jede Zwangsvollstreckungsmaßnahme in verwaltungsunterworfene Nachlaßgegenstände durch Privatgläubiger des Erben verhindert (MünchKomm/*Brandner,* 2. Aufl. § 2214 Rdn. 3). Der Nachteil der Lösung ist, daß die vom Testamentsvollstrecker an den Vorerben herausgegebenen Erträgnisse des Nachlasses von den Eigengläubigern des Vorerben gepfändet werden können, und die dagegen gerichteten Anordnungen des Erblassers lediglich dazu führen, daß weder der Vorerbe noch seine Privatgläubiger etwas von den Nutzungen des Nachlasses haben. Im Verhältnis zu den Abkömmlingen des Erblassers könnte dagegen durch Anordnung einer Nacherbfolge und/oder Testamentsvollstreckung als Pflichtteilsbeschränkung in guter Absicht gem. § 2338 BGB erreicht werden, daß die Nutzungen der Erbschaft gem. § 863 ZPO der Pfändung insoweit nicht unterworfen sind, als sie der Vorerbe oder Erbe zur Bestreitung seines standesmäßigen Unterhalts und der Erfüllung seiner Unterhaltsverpflichtungen bedarf. Eine Alternative zu der vorliegenden Gestaltung wäre natürlich, den überschuldeten Ehegatten ganz zu enterben. Dies wird jedoch oft aus psychologischen Gründen und auch deshalb nicht gewünscht, weil die Abkömmlinge noch nicht reif zur Übernahme des Nachlasses sind. Eine Alternative wäre die Zuwendung eines Nießbrauchsvermächtnisses an den Überschuldeten allenfalls, wenn, was weitgehend als zulässig erachtet wird (BGHZ 95, 99; LG Möchengladbach NJW 1969, 140; *Palandt/Bassenge* § 1059 Anm. 2 d), die Überlassung der Ausübung des Nießbrauchs ausdrücklich ausgeschlossen würde. Diese Lösung ist jedoch unsicher geworden, seit der BGH (BGHZ 62, 133 = NJW 1974, 796 = DNotZ 1974, 433) sich der starken Mindermeinung (siehe *Strutz* Rpfleger 1968, 145) angeschlossen hat, Gegenstand der Pfändung sei der Nießbrauch selbst und nicht der obligatorische Anspruch auf seine Ausübung, und nach der Pfändung könne daher vom Berechtigten nicht mehr ohne Zustimmung des Pfändungsgläubiger auf den Nießbrauch verzichtet werden (BGHZ 62, 133/138 f). Auf jeden Fall hätte bei dieser Lösung der Gläubiger des Nießbrauchers die Möglichkeit, die einzelnen dem Nießbraucher zustehenden Nutzungen und Ansprüche gem. §§ 808 ff, 829 ff ZPO zu pfänden (*Strutz* Rpfleger 1968, 145/147). Auf jeden Fall unpfändbar wäre ein dingliches Wohnungsrecht gem. § 1093 BGB, sofern die Überlassung seiner Ausübungsbefugnis an Dritte nicht ausdrücklich gestattet ist (§ 1092 Abs. 1 Satz 2 BGB).

3. Vollstreckungsschutz zugunsten des Nacherben. Durch §§ 2115 BGB, 773 ZPO, 128 KO wird das gesamte der Nacherbenbindung unterliegende Sondervermögen zugunsten des Nacherben vor der haftungsrechtlichen Verwertung durch die Eigengläubiger des Vorerben geschützt. Die im Wege der Einzelzwangsvollstreckung (§§ 803–871 ZPO) oder der Arrestvollziehung (§§ 928 ff ZPO) begründeten Pfandrechte, die Beschlagnahmewirkung der Konkurseröffnung (§§ 1, 6 KO) und die Grundstücksbeschlagnahme durch Anordnung der Zwangsversteigerung (§§ 15, 20 ZVG) sind dabei durch den Eintritt des Nacherbfalls auflösend bedingt für die Dauer der Vorerbschaft wirksam, die entsprechenden Verwertungsakte sind jedoch aufgrund der gem. §§ 773 ZPO, 128 KO eintretenden Vorwirkung der gem. § 2115 BGB aufschiebend bedingten Unwirksamkeit der Zwangsverfügung unzulässig – sog. Halbvollstreckung (*Staudinger/Behrends* § 2115 Rdn. 2, 16). Die durch Pfändung oder Beschlagnahme begründeten Sicherungsrechte verlieren somit erst mit dem Eintritt des Nacherbfalls ihre Wirkung und dienen deshalb nur dazu, den Eigengläubigern des Vorerben den Rang für die Befriedigung zu sichern, falls die Nacherbfolge zB. durch Nichteintritt der Bedingung, Nichtvererblichkeit der Anwartschaft oder Übertragung der Anwartschaft auf den Vorerben nicht eintritt und um ihnen den Weg zur Vollstreckung in die Nutzungen der einzelnen Nachlaßgegenstände offenzuhalten (*Staudinger/Behrends* § 2115 Rdn. 17, 19). Da der Mitvorerbe seinen Vorerbteil veräußern kann (§ 2033 BGB), ohne daß dadurch die Nacherbenrechte berührt werden (*Staudinger/ Behrends* § 2112 Rdn. 10), können auch die Eigengläubiger des Mitvorerben dessen Erbanteil pfänden (KGJ 47, 165). Ob dann der gepfändete Vorerbteil dem Gläubiger zur Einziehung überwiesen und von ihm gem. §§ 844, 857 Abs. 5 ZPO unbeschadet der Nacherbenrechte veräußert werden kann (so *Stöber,* Forderungspfändung, 5. Aufl. 1978 Rdn. 1705 mwN.) oder ob weder die Überweisung noch die Veräußerung des Vorerbteils angeordnet werden kann (so *Haegele* BWNotZ 1975, 129/132) oder ob das Nachlaßgericht gem. §§ 844, 857 Abs. 4 ZPO eine andere Art der Verwertung des Erbteils anordnen kann (so *Planck/Flad* BGB, 4. Aufl. Vorbem. 4a zu § 2100; *Staudinger/Behrends* § 2100 Rdn. 48) ist umstritten, auf jeden

17. Der durch Nacherbfolge und Testamentsvollstr. beschränkte Ehegatte **XVI. 17**

Fall aber bedeutungslos, da für den Vorerbteil wegen des Fortbestands der Nacherbenrechte sowieso kein Erwerber zu finden sein wird. Unbeschränkt wirksam ist dagegen die Zwangsvollstreckung einschließlich der Zwangsverwertung von Eigengläubigern in die dem Vorerben zustehenden Nutzungen der Erbschaft (§ 2111 BGB) dh. beim Alleinvorerben der einzelnen Nachlaßgegenstände und beim Mitvorerben seines Erbteils, da diese dinglich in das freie Vermögen des Vorerben fallen (RGZ 80, 7; *Staudinger/Behrends* § 2115 Rdn. 11; MünchKomm/*Grunsky,* 2. Aufl. § 2115 Rdn. 3). Insbesondere kann auch bei einem Nachlaßgrundstück Zwangsverwaltung (§ 146 ZVG) angeordnet werden (*Palandt/Edenhofer* § 2115 Anm. 2). Bei Pfändung der Nutzungen genießt dabei der Vorerbe nicht den Pfändungsschutz nach § 850b Nr. 3 ZPO, da er selbst Fruchtziehungsberechtigter und während der Dauer seines Rechts Eigentümer der Substanz ist und daher keine fortlaufenden Einkünfte von einem Dritten bezieht (*Planck/Flad* aaO.; RGRK/*Johannsen* § 2100 Rdn. 4; *Herzfelder* JW 1919, 119; *Staudinger/Behrends* § 2100 Rdn. 445).

4. Zugriffsverbot auf der Testamentsvollstreckung unterliegende Nachlaßgegenstände. Nach § 2214 BGB ist Eigengläubiger (persönlichen Gläubigern, Privatgläubigern des Erben) die Zwangsvollstreckung und zwar auch die Pfändung bzw. Beschlagnahme von der Verwaltung des Testamentsvollstreckers unterliegenden Nachlaßgegenständen verboten. Voll haftet der Nachlaß jedoch gegenüber den Nachlaßgläubigern. Der Erblasser kann somit durch Anordnung einer Dauervollstreckung (§ 2209 BGB) auf die Dauer von mindestens 30 Jahren (§ 2210 BGB) erreichen, daß die Eigengläubiger des Erben sich nicht an den Nachlaß halten können (*Staudinger/Reimann* § 2214 Rdn. 3; MünchKomm/*Brandner,* 2. Aufl. § 2214 Rdn. 1). Der Erbe kann allerdings in dieser Zeit die Nachlaßgegenstände auch nicht als Kreditunterlagen verwenden. Der Erblasser kann auch nicht seinen Alleinerben zum lebenslänglichen Testamentsvollstrecker einsetzen und dadurch den Nachlaß dem Zugriff von dessen Eigengläubigern entziehen (*Staudinger/Reimann* § 2214 Rdn. 3). Vollständig ist der Vollstreckungsschutz nur beim Alleinerben. Sind mehrere Miterben vorhanden, kann der Eigengläubiger eines Miterben dessen Erbanteil zusammen mit dem Anspruch auf Auseinandersetzung des Nachlasses und evtl. dem Anspruch auf Auskunftserteilung und Rechnungslegung des Testamentsvollstreckers (KG JW 1929, 869; KG JW 1930, 1014) pfänden (§ 859 Abs. 2 ZPO) und sich zur Einziehung überweisen zu lassen und dann die Nachlaßauseinandersetzung zu betreiben versuchen (*Staudinger/Reimann* § 2214 Rdn. 6; *Haegele/Winkler,* Der Testamentsvollstrecker, 6. Aufl. 1979 Rdn. 169) oder nach §§ 844, 857 Abs. 5 ZPO eine andere Art der Verwertung durch das Vollstreckungsgericht anordnen lassen. Die Erbteilspfändung kann dabei ohne Zustimmung des Testamentsvollstreckers als Verfügungsbeschränkung im Grundbuch eines Nachlaßgrundstückes eingetragen werden (KGJ 37 A 273). Durch die Erbteilspfändung wird aber der Testamentsvollstrecker nicht an der Verfügung über einzelne Nachlaßgegenstände gehindert (KG JR 1952, 323; KGJ 37 A 373), da sie nur das Verfügungsrecht des Miterben und nicht das des Testamentsvollstreckers beschränkt und daher rechtlich nur Bedeutung er langt, wenn die Testamentsvollstreckung erlischt oder der Testamentsvollstrecker den Nachlaßgegenstand den Erben nach § 2217 Abs. 1 BGB zur freien Verfügung überläßt (KG aaO.). Die Erbteilspfändung schützt den Gläubiger, falls der Nachlaß der Testamentsvollstreckung unterliegt, daher nur vor einer seine Befriedigung vereitelnden Erbteilung und sichert ihm die Zwangsvollstreckung für die Zeit in der die seinem Schuldner zuzuteilenden Nachlaßgegenstände aus der Nachlaßmasse ausscheiden (KGJ 37 A 273/277). Diese Einschränkung macht das Betreiben einer Nachlaßauseinandersetzung seitens des Pfändungsgläubigers praktisch unmöglich. Zuverlässig vor Nachlaßauseinandersetzungen durch Pfändungsgläubiger von Miterbanteilen schützt die zusätzliche Nacherbeinsetzung, da dann eine Verwertung des Miterbenanteils ausgeschlossen ist (siehe oben Anm. 3). Ansprüche des Erben gegen den Testamentsvollstrecker auf Überlassung von

Nieder 865

Nachlaßgegenständen gem. § 2217 Abs. 1 BGB kann der Privatgläubiger pfänden (MünchKomm/*Brandner*, 2. Aufl. § 2214 Rdn. 4). Ob und inwieweit Nutzungen des Nachlasses dem Erben herauszugeben sind, entscheidet sich aber nicht nach § 2217 BGB (*Staudinger/Reimann* § 2217 Rdn. 17). Grundsätzlich ist der Testamentsvollstrecker, falls der Erblasser darüber nichts angeordnet hat, bei der Dauervollstreckung nicht verpflichtet, die Erträgnisse des Nachlasses alljährlich an den oder die Erben herauszugeben (*Staudinger/Dittmann* § 2209 Rdn. 16; *Staudinger/Reimann* § 2209 Rdn. 16). Richtlinie für eine Herausgabeverpflichtung der Nutzungen dürfte jedoch der Grundsatz der ordnungsmäßigen Verwaltung (§ 2216 BGB) sein (*Haegele/Winkler* aaO. Rdn. 165). Auf jeden Fall hat eine Anordnung des Erblassers Vorrang (*Staudinger/Reimann* § 2209 Rdn. 16; *Staudinger/Dittmann* § 2209 Rdn. 16) und kann auch nicht durch Privatgläubiger des Erben durch Pfändung umgestoßen werden. Von der Rspr. (RG WarnRspr. 1919 Nr. 71 = SeuffA 74, 178 = LZ 1919, 877; RG SeuffA 74, Nr. 101; OLG Bremen FamRZ 1984, 213) wird ausdrücklich die Anordnung des Erblassers anerkannt, der Testamentsvollstrecker dürfe dem Erben die Reinerträgnisse seines Erbteils nur in Form der Naturalverpflegung zukommen lassen und zwar auch, wenn dadurch die Eigengläubiger des Erben benachteiligt werden (*Staudinger/Dittmann* § 2209 Rdn. 16; *Staudinger/Reimann* § 2209 Rdn. 16; RGRK/*Johannsen* § 2338 Rdn. 11; *Erman/Schlüter* § 2338 Rdn. 4; Bedenken hinsichtlich der Gestaltung, daß der Reinertrag zwar grundsätzlich dem Erben, bei einer Abtretung oder Pfändung aber dem Testamentsvollstrecker zwecks Naturalverpflegung des Erben zustehen soll, äußern *Staudinger/Ferid* § 2338 Rdn. 48, *Staudinger/Ferid/Cieslar* § 2338 Rdn. 48; MünchKomm/*Frank*, 2. Aufl. § 2338 Rdn. 15 und *Soergel/Dieckmann* § 2338 Rdn. 12). Danach dürfte auch, wie im Formular, die Überlassung von Wohnraum zur ausschließlichen Eigennutzung vom Erblasser angeordnet werden können und gegenüber den Eigengläubigern wirksam sein.

5. **Motivangabe zwecks Anfechtungsmöglichkeit.** Im Formular gibt die Testiererin als Motiv für die Beschränkung des Erben durch Nacherbfolge und Testamentsvollstreckung den Schutz des Nachlasses vor dem Zugriff der Eigengläubiger des Erben an. Dies bietet dem Erben für den Fall, daß er wieder Erwarten schuldenfrei wird, die Möglichkeit, diese Beschränkungen durch Anfechtung gem. § 2078 Abs. 2 BGB zu Fall zu bringen. Die Möglichkeit besteht auch, wenn die Schuldenfreiheit erst nach dem Erbfall eintritt, denn nach der wohl hM (RGZ 86, 206/210; BGH Betr. 1966, 379 LS; u. bereits Motive Bd. V S. 49) kann auch ein Irrtum über die Entwicklung von Tatsachen nach dem Erbfall die Anfechtung begründen. Die Anfechtung wäre innerhalb eines Jahres nach Eintritt der Schuldenfreiheit (§ 2082 Abs. 1, 2 BGB) gegenüber dem zuständigen Nachlaßgericht (§ 2081 Abs. 1 BGB) vom Erben (§ 2080 Abs. 1 BGB) zu erklären. Wenn die Chance, daß der Erbe schuldenfrei wird, größer wäre, könnte man auch, wie *Flik* BWNotZ 1979, 53/ 54 vorschlägt, die Schuldenfreiheit zur auflösenden Bedingung von Testamentsvollstreckung und Nacherbfolge machen. Dabei bietet sich an, die Bedingung dahin zu präzisieren, daß sie an die Befriedigung aller im Konkursverfahren des Ehemannes zur Konkurstabelle angemeldeten Ansprüche geknüpft wird. Der Unterschied zwischen diesen beiden Möglichkeiten, den Fortbestand der Beschränkungen des Erben von der Besserung seiner wirtschaftlichen Verhältnisse abhängig zu machen, ist, daß beim Eintritt der auflösenden Bedingung der frühere Rechtszustand ohne rückwirkende Kraft eintritt (§ 159 BGB), während die Anfechtung mit rückwirkender Kraft wirkt (§ 142 Abs. 1 BGB).

6. **Pflichtteilsrecht.** Die Gestaltung des Formulars setzt natürlich Duldung des Erben voraus. Er könnte sie durch Erbausschlagung und Pflichtteilsverlangen gem. § 2306 BGB stören, würde dann allerdings riskieren, daß seine Gläubiger den Pflichtteil gem. § 852 ZPO pfändeten. Nur gegenüber Abkömmlingen des Erblassers könnte die Lösung des Formulars durch wohlmeinende Pflichtteilsbeschränkung gem. § 2338 BGB gegen eine solche Durchkreuzung gesichert werden. Soll dem Überschuldeten nur eine Erbquote bei

18. Pflichtteilsbeschränkung eines Abkömmlings XVI. 18

gleichzeitiger Beschränkung durch Nacherbfolge und Testamentsvollstreckung zugewandt werden, ist zu beachten, daß diese mehr als die Hälfte seines gesetzlichen Erbteils betragen muß, da sonst gem. § 2306 Abs. 1 Satz 1 BGB die Beschränkungen als nicht angeordnet gelten. Nur gegenüber Abkömmlingen bei der Pflichtteilsbeschränkung in guter Absicht gem. § 2338 BGB fallen die Beschränkungen auch bei einer geringeren Erbquote nicht weg.

7. Kosten und Gebühren. Siehe Form. XV. 1 Anm. 18.

18. Wohlmeinende Pflichtteilsbeschränkung eines überschuldeten Abkömmlings durch Nacherbfolge und Testamentsvollstreckung[1,2]

Verhandelt zu ......
am ...... (auch als eigenhändiges Testament möglich)

§ 1 Erbeinsetzung

Ich setze hiermit meine Kinder A, B und C zu je 1/3 Erbteil zu meinen Erben ein. Ersatzerben der Kinder A und C sind jeweils deren Abkömmlinge, einschließlich adoptierter, jedoch mit Ausnahme nichtehelicher Kinder männlicher Nachkommen und ihren Abkömmlingen, nach der gesetzlichen Erbregel erster Ordnung.

§ 2 Pflichtteilsbeschränkung in guter Absicht

Mein Sohn B ist stark überschuldet und ein Antrag auf Eröffnung des Konkursverfahrens über sein Vermögen ist mangels Masse abgelehnt worden. Durch diese Überschuldung ist sein späterer Erwerb erheblich gefährdet.[3] Ich setze meinen Sohn B daher bezüglich seines Erbteils nur zum Vorerben ein. Nacherben auf seinen Tod sind seine gesetzlichen Erben gemäß § 2066 BGB. Das Anwartschaftsrecht der Nacherben ist weder vererblich noch übertragbar. Der Vorerbe wird ferner durch eine Verwaltungstestamentsvollstreckung für die Zeit der Vorerbschaft mit der Maßgabe beschränkt, daß ihm der Anspruch auf den jährlichen Reinertrag des Erbteils verbleibt.[4] Der Testamentsvollstrecker hat gleichzeitig die Befugnisse gem. § 2222 BGB (Nacherbentestamentsvollstreckung). Ich ersuche das Nachlaßgericht einen geeigneten Testamentsvollstrecker zu bestimmen. Sollte mein Sohn B seinen Erbteil ausschlagen und seinen Pflichtteil verlangen, so soll dieser Pflichtteil den gleichen Beschränkungen unterliegen, wie sie vorstehend für den Erbteil angeordnet sind.[5] Sollte mein Sohn nicht Erbe werden können oder wollen, so sind die Nacherben seine Ersatzerben und sämtliche Beschränkungen entfallen.

§ 3 Schlußformel (wie Form. XV. 1)

Schrifttum: Häfele, § 2338 BGB – Beschränkung des Pflichtteils in guter Absicht, BWNotZ 1957, 49; *Klug*, Die Beschränkung in guter Absicht (§ 2338 BGB) und das Pflichtteilsrecht (§§ 2305–2307 BGB), MittRhNotK 1971, 169; *Nieder*, Hdb. d. Testamentsgestaltung, 1992 Rdn. 498 ff.

Anmerkungen

1. Sachverhalt. Der Erblasser ist verwitwet und hat drei Kinder. Da sein Sohn B überschuldet ist, muß befürchtet werden, daß seine Gläubiger sich aus dem Erbteil befriedigen. Das will der Erblasser verhindern. Würde der Erblasser seinen Sohn B ganz enterben,

könnte dieser seinen Pflichtteil geltend machen, der dann ebenfalls dem Gläubigerzugriff offen stünde. Durch eine Anordnung gem. § 2338 BGB kann der Erblasser dagegen den standesmäßigen Unterhalt seines Sohnes aus den Erträgnissen des ihm Zugewendeten sicherstellen und gleichzeitig die Substanz des Zugewendeten den gesetzlichen Erben des Sohnes sichern.

2. Anwendungsfälle. Die Pflichtteilsbeschränkung in guter Absicht gem. § 2338 BGB setzt voraus, daß ein Abkömmling des Erblassers sich entweder derart der Verschwendung ergeben hat oder in einem solchen Maß überschuldet ist, daß der spätere Erwerb der Erbschaft oder des Erbteils erheblich gefährdet wird. Unter diesen Voraussetzungen kann der Erblasser nicht nur Erbschaft oder Erbteil, sondern auch den Pflichtteil dieses Abkömmlings durch Anordnung der Nacherbfolge oder eines Nachvermächtnisses zugunsten der gesetzlichen Erben des Abkömmlings oder durch Anordnung einer Verwaltungstestamentsvollstreckung beschränken. Damit wird der Abkömmling in der Verfügungsmacht über den Pflichtteil beschränkt und wenn alle in § 2338 BGB vorgesehene Beschränkungen angeordnet werden, wird der Vollstreckungsschutz zugunsten des Nacherben gem. § 2115 BGB und das Zugriffsverbot auf der Testamentsvollstreckung unterliegende Nachlaßgegenstände gem. § 2214 BGB gegenüber den persönlichen Gläubigern des Abkömmlings gem. § 863 ZPO dadurch ergänzt, daß auch die Nutzungen der Erbschaft oder des Pflichtteils der Pfändung nicht unterworfen sind, soweit sie zur Erfüllung der dem Schuldner, seinem Ehegatten, früheren Ehegatten oder seinen Verwandten gegenüber gesetzlich obliegenden Unterhaltspflichten und zur Bestreitung seines eigenen standesmäßigen Unterhalts benötigt werden. Durch die Anordnung der gem. § 2338 BGB zulässigen Beschränkungen kann somit der Erblasser, sofern die Tatbestandselemente des § 2338 BGB vorliegen, auch die Substanz des Pflichtteils vor Verfügungen seitens des Erben und vor dem Zugriff durch dessen persönlicher Gläubiger schützen. Die Anwendbarkeit der Vorschrift ist nicht häufig, da die Tatbestandselemente des § 2338 BGB selten zusammentreffen (*Staudinger/Ferid/Cieslar* § 2338 Rdn. 4). Die Bindungswirkung eines Erbvertrages oder eines gemeinschaftlichen Testaments nach dem Tode des Ehegatten verbietet kraft ausdrücklicher gesetzlicher Vorschrift (§§ 2289 Abs. 2, 2271 Abs. 3 BGB) dem Erblasser nicht, durch eine spätere letztwillige Verfügung einen Abkömmling gem. § 2338 BGB zu beschränken (*Staudinger/Ferid/Cieslar* § 2338 Rdn. 23) und zwar hinsichtlich der ganzen Zuwendung, nicht nur bezüglich des Pflichtteils (KGJ 48, 144/150). Ferner kann nach § 1513 Abs. 2 BGB bei der Gütergemeinschaft jeder Ehegatte für den Fall, daß mit seinem Tod die fortgesetzte Gütergemeinschaft eintritt, bei Vorliegen der Voraussetzungen den Anteil eines Abkömmlings am Gesamtgut den Beschränkungen nach § 2338 BGB unterwerfen.

3. Voraussetzungen der wohlmeinenden Pflichtteilsbeschränkung. Voraussetzungen für die Pflichtteilsbeschränkung in guter Absicht sind gem. § 2338 BGB:
a) Die Beschränkungen sind mit der Wirkung des § 2338 BGB, dh. trotz zulässigem Pflichtteilsverlangen auch den Pflichtteil beschränkend und des § 863 ZPO, dh. die Pfändung der Nutzungen beschränkend, nur gegenüber Abkömmlingen des Erblassers jeglichen Grades, dh. auch adoptierten und nichtehelichen zulässig, nicht dagegen gegenüber Eltern und dem Ehegatten (MünchKomm/*Frank*, 2. Aufl. § 2338 Rdn. 2).
b) Der spätere Erbschaftserwerb muß entweder durch die Verschwendungssucht oder die Überschuldung des Abkömmlings erheblich gefährdet sein. Überschuldung liegt vor, wenn die Passiven die Aktiven übersteigen (§§ 207, 209, 215 KO). Maßgebende Zeitpunkte für das Vorliegen dieser Umstände in der Person des Abkömmlings sind die Errichtung der beschränkenden Verfügung und der Erbfall (§ 2338 Abs. 2 BGB). Besserung oder Entschuldung des Abkömmlings nach dem Erbfall lassen die Beschränkungen unberührt, sofern der Erblasser nichts anderes bestimmt hat. Es ist auch nicht möglich, die Beschränkungen auf eine drohende Überschuldung zu stützen (*Staudinger/Ferid/ Cieslar* § 2338 Rdn. 18). Aus diesem Grund ist diese Gestaltungs-

möglichkeit auch nicht für Eltern behinderter Kinder geeignet, da zum Zeitpunkt der Testamentserrichtung gegen den Behinderten selbst Aufwendungsersatzansprüche gem. §§ 28, 29, 43 BSHG nicht vorliegen werden, da deren Entstehung gegenwärtiges Einkommen oder Vermögen des Behinderten voraussetzt.
Die gute Absicht, dem Pflichtteilsberechtigten zu nützen, ist vom Gesetz nicht als Erfordernis aufgestellt worden (*Staudinger/Ferid/Cieslar* § 2338 Rdn. 22). Nicht erforderlich ist auch, daß dem Abkömmling sein gesetzlicher Erbteil belassen oder doch gewisse Zuwendungen gemacht werden (*Staudinger/Ferid/Cieslar* § 2338 Rdn. 25), er kann auch ganz enterbt und dann nur sein Pflichtteil beschränkt werden. Anderseits ist es auch zulässig, die Beschränkungen mit einer Zuwendung zu verknüpfen, die die Hälfte des gesetzlichen Erbteils des Abkömmlings übersteigt (RGZ 85, 347), wenn nur die Voraussetzungen des § 2338 BGB vorliegen. Der Beschränkungsgrund muß in der Verfügung von Todes wegen angegeben werden (§§ 2338 Abs. 2, 2336 Abs. 2 BGB), dh. es muß aus ihr hervorgehen, ob die Beschränkung wegen Verschwendung oder Überschuldung getroffen ist (*Staudinger/Ferid/Cieslar* § 2338 Rdn. 24). Nähere Einzelheiten brauchen jedoch nicht angegeben werden, können allerdings aus Beweisgründen zweckmäßig sein, da die Beschränkungsverfügung nur Bestand hat, wenn die Beschränkungsgründe bewiesen werden (*Staudinger/ Ferid/Cieslar* § 2338 Rdn. 26), was demjenigen obliegt, der sich auf die Beschränkung beruft (§§ 2338 Abs. 2, 2336 Abs. 3 BGB). Die Beschränkung des Pflichtteils in guter Absicht ist durch Verfügung von Todes wegen zu treffen (§§ 2338 Abs. 2 Satz 1, 2336 Abs. 1 BGB).

4. Die Beschränkungsmöglichkeiten. § 2338 BGB läßt folgende Beschränkungen der Verfügungsmacht des Erben zu, mit der besonderen Wirkung, daß sie bei Pflichtteilsverlangen auch den Pflichtteil erfassen:
a) Einsetzung der gesetzlichen Erben des Abkömmlings gemäß den sie nach der gesetzlichen Erbfolge treffenden Anteilen als Nacherben oder als Nachvermächtnisnehmer. Eine Einsetzung anderer Personen oder zu anderen Erbquoten hätte nicht die Wirkung der §§ 2338 BGB, 863 ZPO (KG in OLG 6, 332). Es empfiehlt sich daher, im Testament den Kreis der Nacherben ohne Umschreibungen, Zusätze und vor allem ohne individuelle Bezeichnung nach dem Gesetzeswortlaut als die gesetzlichen Erben des Abkömmlings gemäß § 2066 BGB zu bezeichnen (*Staudinger/Ferid/Cieslar* § 2338 Rdn. 30; *MünchKomm/Frank*, 2. Aufl. § 2338 Rdn. 12). Gesetzliche Erben des Abkömmlings sind auch seine Ehefrau und adoptierte und nichteheliche Kinder und zwar auch, wenn ihnen nur ein Erbersatzanspruch zusteht (*Staudinger/Ferid/Cieslar* § 2338 Rdn. 31; *MünchKomm/Frank* § 2338 Rdn. 12). Ein Ausschluß nichtehelicher Kinder des Abkömmlings im Testament würde die Wirkungen der Pflichtteilsbeschränkung in guter Absicht beseitigen (*Staudinger/Ferid/Cieslar* § 2338 Rdn. 31). Man könnte hier allenfalls eine normale vom Erben geduldete Nacherbeinsetzung nur der ehelichen Kinder kombinieren mit einer für den Fall der Ausschlagung und des Pflichtteilsverlangens bedingt angeordneten Beschränkung gem. § 2338 BGB durch Nacherbeinsetzung der gesetzlichen Erben des Abkömmlings.
b) Einsetzung eines Verwaltungstestamentsvollstreckers mit der Maßgabe, daß dem Abkömmling der Anspruch auf den jährlichen Reinertrag des Pflichtteils verbleibt. Es ist dies ein Sonderfall der in § 2209 BGB geregelten Verwaltungsvollstreckung. Mit der Wirkung des § 2338 BGB kann der Erblasser keine andere Art der Testamentsvollstreckung anordnen (*Staudinger/Ferid/Cieslar* § 2338 Rdn. 45). Überträgt der Erblasser dem Testamentsvollstrecker auch die Verwaltung der Nachlaßerträge, so verstößt dies gegen § 2338 Abs. 1 S. 2 BGB und der Erbe kann sich von dieser Beschränkung durch Ausschlagung und Pflichtteilsverlangen befreien. Duldet er sie jedoch, greift § 863 ZPO ein und auch die Nutzungen sind dem Zugriff seiner Eigengläubiger entzogen (OLG Bremen FamRZ 1984, 213 mwN; BGH FamRZ 1986, 90 aM RGZ 85, 347/350).

Der Erblasser kann, wie im Formular, alle Beschränkungsmöglichkeiten gleichzeitig und nebeneinander anordnen (*Staudinger/Ferid/Cieslar* § 2338 Rdn. 49). Besonders zu empfehlen ist die Kombination der Anordnung eines Nachvermächtnisses zur Pflichtteilsbeschränkung in guter Absicht mit der zusätzlichen Anordnung einer Verwaltungstestamentsvollstreckung, da allein durch die Anordnung des Nachvermächtnisses keine Verfügungsbeschränkung des Vorvermächtnisnehmers eintritt und daher der Vorvermächtnisnehmer selbst zu Lasten des Nachvermächtnisnehmers über den Gegenstand verfügen kann und, da § 863 ZPO den Fall des Nachvermächtnisses nicht umfaßt, dessen Eigengläubiger in den Vermächtnisgegenstand und seine Nutzungen vollstrecken können (MünchKomm/*Frank* § 2338 Rdn. 14; *Staudinger/Ferid/Cieslar* § 2338 Rdn. 42). Die nebeneinander angeordneten Maßnahmen sind in ihrem Bestand voneinander unabhängig (KG in OLG 6, 332/333).

5. Die Wirkung der zulässigen Beschränkungen des Pflichtteils. Bei Vorliegen der Tatbestandselemente des § 2338 BGB wirken sich im Rahmen dieser Vorschrift angeordnete Pflichtteilsbeschränkungen auf jeden Pflichtteilserwerb aus, gleichgültig ob es sich um den Anspruch des völlig Übergangenen, um die verschiedenen Rechte der gem. §§ 2305 bis 2307 BGB unzureichend oder mit Belastungen Bedachten oder um die Ansprüche aus Anrechnung und Ausgleichung gem. §§ 2315, 2316 BGB handelt (*Staudinger/Ferid/ Cieslar* § 2338 Rdn. 62). Im Einzelnen ist hinsichtlich des Umfangs der Wirkungen von nach § 2338 BGB zulässig angeordneten Beschränkungen zu unterscheiden:
a) Wenn der dem Abkömmling hinterlassene Erbteil größer als sein Pflichtteil ist und er die Erbschaft nicht ausschlägt, bleibt er nach § 2306 Abs. 1 Satz 2 BGB an die angeordneten Beschränkungen gebunden und zwar gleichgültig ob die Voraussetzungen des § 2338 BGB vorliegen oder nicht (*Staudinger/Ferid/Cieslar* § 2338 Rdn. 55; MünchKomm/*Frank* § 2338 Rdn. 8; RGZ 85, 347/350; *Häfele* BWNotZ 1957, 49/50). Schlägt der auf mehr als die Hälfte seines gesetzlichen Erbteils eingesetzte und nach § 2338 BGB beschränkte Abkömmling den Erbteil aus, so unterliegt der ihm dann nach § 2306 Abs. 1 Satz 2 BGB zustehende Pflichtteil weiterhin den Anordnungen gem. § 2338 BGB, wenn dessen Voraussetzungen vorliegen, da § 2338 BGB gegenüber § 2306 BGB die speziellere Vorschrift ist (*Staudinger/Ferid* § 2338 Rdn. 56; *Staudinger/Ferid/Cieslar* § 2338 Rdn. 55; KGJ 40, 61; KG in OLG 6, 332/334; *Häfele* BWNotZ 1957, 49; MünchKomm/*Frank*, 2. Aufl. § 2338 Rdn. 8 u. KGJ 40, 61/63 wollen allerdings nur, wenn neben den nach § 2338 BGB zulässigen Beschränkungen weitere Beschwerungen angeordnet sind, dem Abkömmling nach Ausschlagung einen Pflichtteilsanspruch zubilligen). Bestand die Beschränkung gem. § 2338 BGB in der Anordnung der Nacherbfolge, geht wegen der Natur des Pflichtteilsanspruchs als einer Geldforderung die Nacherbfolge auf diesen in eine dem Nachvermächtnis ähnliche Beschwerung über (KGJ 40, 61/63; MünchKomm/*Frank*, 2. Aufl. § 2338 Rdn. 8). Liegen die Beschränkungsvoraussetzungen nach § 2338 BGB nicht vor, erhält der Abkömmling nach Ausschlagung den Pflichtteil entsprechend der Regel des § 2306 Abs. 1 Satz 2 BGB ohne die Beschränkung (*Palandt/Edenhofer* § 2338 Rdn. 2).
b) Wenn der dem Abkömmling hinterlassene Erbteil gleich oder kleiner als sein Pflichtteil ist, so bleiben, wenn er nicht ausschlägt, entgegen der Regel des § 2306 Abs. 1 Satz 1 BGB die Beschränkungen gem. § 2338 BGB bestehen, da auch hier § 2338 BGB als die Spezialregelung vorgeht und nur wenn und soweit die Beschränkungen über das nach § 2338 BGB zulässige Maß hinausgehen oder dessen Voraussetzungen nicht vorliegen, gelten sie gem. der Regel des § 2306 Abs. 1 Satz 1 BGB als nicht angeordnet (*Staudinger/Ferid* § 2338 Rdn. 57; *Staudinger/Ferid/Cieslar* § 2338 Rdn. 56; MünchKomm/ *Frank* § 2338 Rdn. 9; *Palandt/Edenhofer* § 2338 Rdn. 2; aA nur *Häfele* BWNotZ 1957, 49/51). Die Beschränkungen erstrecken sich im Zweifel auch auf den Pflichtteilsrestanspruch nach § 2305 BGB (*Staudinger/Ferid* § 2338 Rdn. 39; MünchKomm/ *Frank* § 2338 Rdn. 9). Schlägt der Abkömmling in diesem Fall die

Erbschaft aus, so hat er, falls die Voraussetzungen des § 2338 BGB vorlagen, keinen Pflichtteilsanspruch, behält jedoch den Pflichtteilsrestanspruch nach § 2305 BGB (*Staudinger/Ferid* § 2338 Rdn. 57; *Staudinger/Ferid/Cieslar* § 2338 Rdn. 56; MünchKomm/*Frank* § 2338 Rdn. 9).

An sich ergibt sich diese Wirkung bei ordnungsgemäßer Pflichtteilsbeschränkung in guter Absicht von selbst. Es erscheint jedoch zweckmäßig, diese Wirkung, wie im Formular, in der Verfügung von Todes wegen ausdrücklich klarzustellen (*Klug* MittRhNotK 1971, 169/172).

6. Kosten und Gebühren. Siehe Form. XV. 1 Anm. 18.

19. Das Behindertentestament[1, 2]

Verhandelt zu ......
am ...... (auch als eigenhändiges gemeinschaftliches Ehegattentestament möglich)

§ 1 Erster Erbfall

Der Erstversterbende von uns, den Eheleuten A und A, geb. E, setzt den Überlebenden zu 91% und unseren behinderten gemeinschaftlichen Sohn D zu 9% zu seinen Erben ein.[3] Der behinderte Sohn D ist jedoch mit seinem Erbteil nur von den gesetzlichen Beschränkungen der §§ 2113 ff. BGB nicht befreiter Vorerbe.[4] Nacherbe auf seinen Tod ist der Längstlebende von uns. Ersatznacherben sind die Abkömmlinge des Vorerben unter sich entsprechend den Regeln der gesetzlichen Erbfolge. Weitere Ersatzerben sind die unten eingesetzten Schlußerben des Längstlebenden von uns. Die Nacherbanwartschaft ist weder vererblich noch übertragbar, ausgenommen ihre Veräußerung an den Vorerben. In diesem Fall entfällt auch jede ausdrückliche oder stillschweigende Ersatzerbeinsetzung.

§ 2 Zweiter Erbfall

Der Längstlebende von uns setzt auf seinen Tod unsere beiden Kinder B und C zu je 41% und unseren Sohn D zu 18% zu seinen Schlußerben ein.[3] Diese Erbeinsetzung gilt auch für den Fall unseres gleichzeitigen Versterbens. Ersatzschlußerben sind jeweils die Abkömmlinge der Schlußerben uter sich entsprechend den Regeln der gesetzlichen Erbfolge. Sind keine vorhanden, tritt bei den übrigen Schlußerben Anwachsung nach § 2094 BGB ein. Der behinderte Sohn D ist auch hier mit seinem Erbteil nur von den gesetzlichen Beschränkungen der §§ 2113 ff. BGB nicht befreiter Vorerbe.[4] Nacherben auf seinen Tod sind die Abkömmlinge des Vorerben. Ersatznacherben sind die anderen Schlußerben nach Maßgabe der gesetzlichen Verwandtenerbfolge. Die Nacherbfolge ist weder vererblich noch veräußerlich, ausgenommen ihre Veräußerung an den Vorerben. In diesem Fall entfällt auch jede ausdrückliche oder stillschweigende Ersatzerbeinsetzung.

§ 3 Testamentsvollstreckung für beide Erbfälle[5]

(1) Unser Sohn D ist wird wegen seiner geistigen Behinderung voraussichtlich nie in der Lage sein, seine Angelegenheiten selbst zu besorgen. Er kann daher die ihm bei beiden Erbfällen jeweils zugewandten Vorerbteile nicht selbst verwalten. Wir ordnen daher bezüglich beider Erbfälle und beiden dem D als Vorerben zugewandten Erbteile jeweils Dauertestamentsvollstreckung gem. § 2209 BGB bis zum Tode des Vorerben an. Zum Testamentsvollstrecker ernennen wir beim Tod des Erstversterbenden den Überlebenden von uns, beim Tod des Längstlebenden unsern Sohn B, ersatzweise unsere Tochter C. Die Testamentsvollstrecker haben jeweils das Recht, ihren Nachfolger zu ernennen. Sollte keiner der Testamentsvollstrecker das Amt annehmen oder sollten sie alle vor oder

nach dem Erbfall wegfallen, ersuchen wir das Nachlaßgericht, eine geeignete Person als Testamentsvollstrecker zu ernennen. Der Testamentsvollstrecker ist in der Eingehung von Verbindlichkeiten für den Nachlaß nicht beschränkt und von § 181 BGB befreit. Nach einer Erbteilung hat der jeweilige Testamentsvollstrecker die Vermögenswerte zu verwalten, die unserem Sohn D als Vorerben zugeteilt werden.

(2) Im Wege der Verwaltungsanordnung nach § 2216 Abs. 2 BGB[6] wird der jeweilige Testamentsvollstrecker verbindlich angewiesen, unserem Sohn D aus den ihm gebührenden anteiligen jährlichen Reinerträge (Nutzungen) des Nachlasses bzw. der ihm bei einer Erbauseinandersetzung zugeteilten Vermögensgegenstände nach billigem Ermessen solche Geld- oder Sachleistungen nach Art und Höhe zukommen zu lassen, die zur Verbesserung seiner Lebensqualität beitragen, auf die der Sozialhilfeträger aber nach den derzeitigen §§ 76 ff., 81, 88, 89, 90 BSHG bzw. den entsprechenden künftigen Vorschriften nicht zugreifen kann und die auch nicht auf die dem Behinderten gewählten Sozialhilfeleistungen anrechenbar sind.

Dies sind vor allem:
a) Geschenke zum Geburtstag des D und zu den üblichen Festtagen.
b) Aufwendungen zur Befriedigung seiner individuellen Bedürfnisse hinsichtlich Freizeitgestaltung und Hobbies.
c) Aufwendungen für eine Teilnahme an Ferien- und Kuraufenthalten.

(3) Soweit die jährlichen Reinerträge nicht in voller Höhe in der obigen Weise verwendet werden, sind sie entsprechend der obigen Zielsetzungen für größere Anschaffungen oder Unternehmungen zugunsten des D anzulegen.

§ 4

Die das behinderte Kind betreffenden Regelungen wurden vom Notar eingehend mit den Testierenen erörtert. Insbesondere hat er darauf hingewiesen, daß die getroffenen Bestimmungen möglicherweise unwirksam sein können.

Die Testierer erklärten darauf: Sollte dieses Testament aus irgendwelchen Gründen hinsichtlich der Verfügungen zugunsten unseres Sohnes D unwirksam sein, so bestimmen wir, daß er in beiden Erbfällen jeweils nur seinen Pflichtteil erhalten soll.

§ 5 Schlußformel

(wie Form. XV. 1 u. XVI. 28)

Schrifttum: Bengel, Gestaltung letztwilliger Verfügungen bei Vorhandensein behinderter Abkömmlinge, ZEV 1994, 29; *Damrau,* Das Behinderten-Testament mit Vermächtnislösung, ZEV 1998, 1; Gutachten des *DNotI* in DNotI-Report 1996, 48; *Heinz-Grimm/Krampe/Pieroth (Hrsg.),* Testamente zugunsten von Menschen mit geistiger Behinderung, 3. Aufl. Marburg 1997; *Krampe,* Testamentsgestaltung zugunsten eines Sozialhilfeempfängers, AcP 191 (1991), 526 ff.; *Jörg Mayer,* Das Behinderten-Testament als enpfehlenswerte Gestaltung?, DNotZ 1994, 347; *Nieder,* Das Behindertentestament, NJW 1994, 1264; *Otte,* Anmerkung zur BGH-Entscheidung von 21. 3. 1990 – 4 ZR 169/89 in JZ 1990, 1025; *van de Loo,* Die letztwillige Verfügung von Eltern behinderter Kinder, NJW 1990, 2852.

Anmerkungen

1. Sachverhalt und Zielsetzung. Die Eheleute A und A, geb. D leben im gesetzlichen Güterstand, haben drei Kinder, die Söhne B und D und die Tochter C. Der Sohn D ist geistig behindert und erhält Leistungen aufgrund des Bundessozialhilfegesetzes. Das Ehegattentestament, das auch als Ehgattenerbvertrag notariell beurkundet werden kann,

19. Das Behindertentestament XVI. 19

soll verhindern, daß nach dem Tod der Eltern der Sozialhilfeträger auf das dem behinderten Sohn D Zugewendete Zugriff nimmt, gleichzeitig dem Behinderten aber auch nach dem Tod seiner Eltern Vorteile verschaffen, die seine Lebensqualität verbessern, vom Sozialhilfeträger aber weder auf sich übergeleitet noch auf die Sozialhilfe angerechnet werden können und letztlich, daß alles, was von den Zuwendungen beim Tode des behinderten Kindes noch vorhanden ist, entweder an die eigene Familie zurückfällt oder an eine bestimmte Organisation zur Betreuung Behinderter.

2. **Lösungsmöglichkeiten im Überblick.** Da die Zuwendung vor dem Zugriff des Sozialhilfeträgers als Eigengläubiger des Behinderten geschützt werden soll, kommen nur Gestaltungsmittel in Betracht, die den Eigengläubigern gegenüber Vollstreckungsschutz gewähren. Das sind im deutschen Erbrecht nur die Vor- und Nacherbschaft und die Testamentsvollstreckung. Durch die §§ 2115 BGB, 773 ZPO, 128 KO wird der gesamte der Nacherbenbindung unterliegende Nachlaß vor der Verwertung durch die Eigengläubiger des Vorerben geschützt, d. h. daß diese zwar die Nachlaßgegenstände pfänden oder beschlagnahmen lassen können, aber nur durch den Eintritt der Nacherbfolge auflösend bedingt. Alle Verwertungsakte sind während der Dauer der Vorerbschaft jedoch unzulässig (sogenannte Halbvollstreckung). Nach § 2214 BGB haben Eigengläubiger eines Erben während der Dauer der Testamentsvollstreckung überhaupt keine Zugriffsmöglichkeit auf die der Verwaltung des Testamentsvollstreckers unterliegenden Nachlaßgegenstände.

a) Vor- und Nacherbschaftslösung. Durch eine Kombination von Nacherbfolge mit Dauertestamentsvollstreckung, wie im Formular, wird somit ein perfekter Vollstreckungsschutz der Substanz der Vorerbschaft gegenüber den Eigengläubigern des Vorerben (hier des Behinderten) und damit dem Sozialhilfeträger erzielt. Damit hat der Behinderte durch diese Gestaltung noch keinen Vorteil und die Reinerträge (Nutzungen) der Vorerbschaft wären immer noch dem Zugriff des Sozialhilfeträger ausgesetzt. Um dem zu begegnen, wird bei den gebräuchlichen Mustern des Behindertentestaments der Testamentsvollstrecker vom Erblasser durch Verwaltungsanordnung gem. § 2216 Abs. 2 BGB ausdrücklich angewiesen, die jährlichen Reinerträge der Vorerbschaft an den Behinderten ausschließlich in solchen Formen auszufolgen, auf die der Sozialhilfeträger nicht gem. §§ 81, 88, 89, 90 BSHG Zugriff nehmen kann (*Methode der Einsetzung des Behinderten zum nicht befreiten Vorerben nebst Testamentsvollstreckung mit Verwaltungsanordnung*). Bezüglich der Restrisiken dieser Gestalung siehe die folgenden Anmerkungen.

b) Vermächtnislösung. Wegen der den Vorerben zugunsten der Nacherben belastenden Verfügungsbeschränkungen sowie Kontroll- und Sicherungsverpflichtungen gem. den §§ 2113 ff. BGB wird oft statt der Nacherbfolgelösung dem Behinderten ein Vorvermächtnis in der Höhe zugewendet, daß ein vom Sozialhilfeträger überleitbarer Zusatzpflichtteil gem. §§ 2307, 2305 BGB ausgeschlossen ist. Auch er wird unter Testamentsvollstreckung gestellt und der Testamentsvollstrecker erhält hinsichtlich der Verwendung der Erträgnisse und evtl. auch der Substanz des Vermächtnisses die gleichen Verwaltungsanordnungen gem § 2216 Abs. 2 BGB wie bei der Nacherbfolgelösung. Für den nach dem Tod des Behinderten übrig bleibenden Rest des Vermächtnisses setzt der Erblasser die gesunden Geschwister des Behinderten als Nachvermächtnisnehmer ein. Diese Lösung hat den Nachteil, daß der Rest des dem Behinderten zugewandten Vermögens nicht wie bei der Nacherbfolgelösung dem Zugriff des Sozialhilfeträgers wegen seines Anspruchs nach § 92 c BSHG entzogen ist, da der Nacherbe nicht der Erbe des Vorerben, sondern gem. § 2100 BGB Erbe des ursprünglichen Erblassers ist (*Damrau* ZEV 1998, 2), sondern daß das Nachvermächtnis nur eine schuldrechtliche Belastung des Nachlasses des Vorvermächtnisnehmers ist (§ 2191 Abs. 1 BGB), das mit den Eigenschulden des Vorvermächtnisnehmers gleichrangig konkurriert (so in diesem Zusammenhang erstmals deutlich und eingehend *Damrau* ZEV 1998, 1 ff.; Hinweise jedoch schon vorher bei *Bengel* ZEV 1994, 29/30 u. *Hohmann* MittBayNot 1994, 313; a. M.

ohne nähere Begründung: *Schellhorn/Jirasek/Seipp,* BSHG, § 92 c Anm. 6). Nachlaßspaltende Wirkung hat eben nur die Anordnung von Nacherbfolge, nicht auch ein Nachvermächtnis. Der Sozialhilfeträger hat bei dieser Lösung gegen den Nachlaß des Behinderten, in dem sich dann praktisch nur noch der Rest des Vermächtnisses befindet, gem. § 92 c BSHG einen Anspruch auf Ersatz der für den Behinderten aufgewandten Kosten. Der Rest des Vermächtnisses ist damit zwischen dem Sozialhilfeträger und den Nachvermächtnisnehmern quotenmäßig aufzuteilen, da beide Forderungen gleichrangig sind (*Damrau* ZEV 1998, 3). Die Vermächtnislösung verfehlt damit insoweit ihren Zweck, als sie nicht geeignet ist, das restliche Vermögen an die Familie zurückfallen zu lassen.

c) *Auflagelösung.* Teilweise wird auch vorgeschlagen, den überlebenden Elternteil und/oder die gesunden Geschwister des Behinderten zu Erben einzusetzen und die Erben mit der Auflage (§§ 1940, 2192 ff. BGB) zu beschweren, dem Behinderten seine Lebensqualität verbessernde laufende Zuwendungen nach freiem Ermessen zukommen zu lassen. Zwar besteht dann auf diese Zuwendungen gem. § 1940 BGB kein auf den Sozialhilfeträger überleitbarer Anspruch, wohl aber kann dieser den daneben in voller Höhe bestehenden Pflichtteilsanspruch des enterbten Behinderten gem. § 2303 Abs. 1 BGB auf sich überleiten. Die Auflageleistungen sind dabei auf den Pflichtteilsanspruch nicht anrechenbar, da eine entsprechende Anwendung des § 2307 Abs. 1 Satz 2 BGB auf die Auflage nicht möglich ist (OLG Düsseldorf FamRZ 1991, 1107/1109; MünchKomm/ *Frank,* 3. Aufl. § 2307 Rdn. 8). Somit erfüllt auch diese Gestaltungsmöglichkeit nicht ihren Zweck.

d) *Zwecklose Gestaltungen.* Da nach einhelliger Meinung (siehe *Nieder* NJW 1994, 1265 m. w. Nachw.) ein mit dem Erbfall gem. § 2317 Abs. 1 BGB automatisch, d. h. ohne vorherige Erbausschlagung entstehender Pflichtteilsanspruch des Behinderten gem. § 90 BSHG auf den Sozialhilfeträger überleitbar ist, und zwar nach § 90 Abs. 1 Satz 4 BSHG auch ohne daß er vertraglich anerkannt oder rechtshängig geworden sein müßte, sind dem Gestalter eines Behindertentestaments folgende Möglichkeiten verschlossen:
a) Der Erbe wird von der gesetzlichen Erbfolge vollkommen ausgeschlossen (§ 2303 Abs. 1 BGB).
b) Dem Behinderten wird eine Erbquote zugewendet, die geringer als seine Pflichtquote ist (§ 2305 BGB).
c) Dem Behinderten wird keine Erbquote, sondern ein Vermächtnis zugewendet, dessen Wert aber geringer als der seines Pflichtteils ist (§§ 2307 Abs. 1, 2305 BGB).
d) Dem Behinderten wird eine Erbquote zugewendet, die geringer oder gleich seiner Pflichtteilsquote ist und die durch Nacherbfolge, Testamentsvollstreckung, Teilungsanordnung, Vermächtnis oder Auflage beschwert ist (§§ 2306 Abs. 1, 2305 BGB).

Dagegen hält die derzeit h. M. (*Reimann* MittBayNot 1990, 248; *Karpen* MittRhNotK 1988, 131/149; *Kuchinke* FamRZ 1992, 363; *Lange/Kuchinke,* 4. Aufl. § 35 VI 3 c; *Krampe* AcP 191 (1991), 526/531 f.; *Bengel* ZEV 1994, 30; *Jörg Mayer* DNotZ 1994, 347/355; *Dieter Mayer* in Hdb. d. Testamentsvollstreckung, 1994, Kap. V Rdn. 353; siehe auch DNotI-Report 1996, 53; a. M. *van de Loo* NJW 1990, 2856) das Ausschlagungsrecht des Behinderten in den Fällen der §§ 2306 Abs. 1 Satz 2, 2307 Abs. 1 BGB für nicht auf den Sozialhilfeträger überleitbar, da es sich um ein höchstpersönliches Gestaltungsrecht und nicht um einen Anspruch handelt und da der Pflichtteilsanspruch erst mit der Ausübung des Pflichtteilsrechts entsteht (a. M. *van de Loo* aaO., der ihn auch in diesen Fällen bereits mit dem Erbfall entstehen läßt).

Hinsichtlich aller Gestaltungsmöglichkeiten die den Zugriff des Sozialhilfeträgers auf die erbrechtlichen Zuwendungen an den Behinderten einschließlich seinem Pflichtteil verhindern sollen, wurde zunächst der Einwand der Gläubigerbenachteiligung und Sittenwiedrigkeit nach § 138 Abs. 1 BGB wegen unerträglicher Belastung der Allgemeinheit vorgebracht (statt aller *Raiser* MDR 1995, 237). Dieser Einwand dürfte seit den beiden ihn ablehnenden Entscheidungen des BGH (BGHZ 111, 36 = NJW 1990, 2055; BGHZ 123, 368 = NJW 1994, 248) beseitigt sein, ausgenommen vielleicht bei einem Vermögen, das beträchtlich über einer halben Million DM liegt (*Damrau* ZEV 1998, 2), so daß aus den Nutzungen des Pflichtteils des Behinderten neben den Sonderzuwendungen für besondere Annehmlichkeiten praktisch auch seine gesamte Grundversorgung auf Lebenszeit bestritten werden könnte. Neben den unten bei den Anmerkungen 3, 4 und 6 behandelten Gefahrenpunkten für Behindertentestamenten ist z. Zt. auch noch die Frage offen, ob der Sozialhilfeträger bei Vorliegen eines seinen Zugriff auf die Erbschaft ausschließenden Testaments nicht seine Hilfe für den Behinderten gem. §§ 25 Abs. 2 Nr. 1, 29 a BSHG einschränken könnte, um ihn bzw. seinen Betreuer zu veranlassen, die Vorerbschaft auszuschlagen und den Pflichtteil zu verlangen (*Karpen* MittRhNotK 1988, 131/149; *Frank* BWNotZ 1983, 153/156; VGH Mannheim Justiz 1994, 100; a. M. *Krampe* AcP 191, 526/534; OVG Bautzen NJW 1997, 2898). Dies dürfte jedoch gegen die verfassungsmäßige Garantie des Erbrechts verstoßen, da niemand gezwungen werden darf, ein erworbenes Erbrecht aufzugeben, um dadurch dem Sozialhilfeträger den Zugriff auf den Pflichtteil zu ermöglichen (*Lange/Kuchinke*, 4. Aufl. § 35 IV3 b).

3. Erbquote. Der Erblasser muß den Behinderten jeweils zu einer über dessen Pflichtteilsquote liegenden Erbquote einsetzen, da bei einer Erbeinsetzung unter oder gleich seiner Pflichtteilsquote die Beschwerungen des Erbteils des Behinderten durch Nacherbfolge und Testamentsvollstreckung gem. § 2306 Abs. 1 Satz 1 BGB automatisch wegfallen würden und damit die Erbquote und der Zusatzpflichtteil gem. § 2305 BGB dem Zugeiff durch den Sozialhilfeträger offen stünden. Um die Automatik des § 2306 Abs. 1 Satz 1 BGB auszuschalten, genügt zwar bereits eine unwesentliche (z. B. 1%) Erhöhung der Erbquote über die Pflichtteilsquote, es ist jedoch zu bedenken, daß der Behinderte bzw. sein Betreuer auch dann gem. § 2306 Abs. 1 Satz 2 BGB die Erbschaft ausschlagen und den Pflichtteil verlangen können, der dann allerdings vom Sozialhilfeträger auf sich übergeleitet werden wird. Er muß daher durch die Höhe der Zuwendung veranlaßt werden, dies zu unterlassen. Grundlag der Entscheidung des Betreuers ist dabei allein das wohlverstandene Intersse des Behinderten und nicht etwa das der Allgemeinheit möglich wenig für ihn aufwenden zu müssen (*Bengel* ZEV 1994, 30).

4. Nicht befreiter Vorerbe. Der Behinderte sollte auf jeden Fall nur als nicht befreiter Vorerbe eingesetzt werden, da seine Einsetzung als befreiter Vorerbe nach verbreiteter Meinung die Nachlaßfrüchte und evtl. sogar die Nachlaßsubstanz zumindest mittelbar der Zugriffsmöglichkeit des Sozialhilfeträgers aussetzt (*Otte* JZ 1990, 1027; Gutachten des DNotI in DNotI-Report 1996, 48). Zwar kann auch nach dieser Meinung wegen § 2115 BGB nicht direkt in den Nachlaß vollstreckt werden, wohl kann aber der Sozialhilfeträger dem Behinderten unter Verweisung auf die Substanz des Nachlaßvermögens, das er ja bei der befreiten Vorerbschaft für sich verwenden darf (§ 2138 Abs. 1 BGB), die Gewährung von Sozialhilfe gem. § 88 Abs. 1 BSHG verweigern (*van de Loo* NJW 1990, 2852; *ders.* MittRhNotK 1989, 233/241; *Otte* JZ 1990, 1027).

5. Auswahl des TV. Bei der Auswahl des Testamentsvollstreckers sollte man darauf achten, daß er nicht jetzt oder später auch der Betreuer des Behinderten ist, da das wegen der Personenidentität von manchen Vormundschaftsgerichten abgelehnt wird (*Damrau* ZEV 1994, 6).

6. Erträge des Vorerbanteils. Höchstrichterlich ungeklärt und vom BGH ausdrücklich offengelassen ist die Frage, inwieweit der Sozialhilfeträger durch die Nacherbfolge-Dauertestamentsvollstreckungslösung mit Verwaltungsanordnung nicht nur von der Nachlaßsubstanz, sondern auch von den Erträgen des Vorerbanteils ausgeschlossen werden kann. Die Nutzungen der Vorerbschaft stehen gem. § 2111 Abs. 1 Satz 1 BGB grundsätzlich dem Vorerben zu und sind gem. §§ 2216 Abs. 1, 2217 Abs. 1 BGB vom Testamentsvollstrecker an den Vorerben herauszugeben, es sei denn, daß anderweitige Verwaltungsanordnungen des Erblassers gem. § 2216 Abs. 2 BGB vorliegen (Münch-Komm/*Brandner*, 3. Aufl. § 2216 Rdn. 7). Nach der bisherigen Rechtsprechung (RG

SeuffA 74 Nr. 101; RG HRR 1929 Nr. 1652; OLG Bremen FamRZ 1984, 213; BGH FamRZ 1986, 900; BGH FamRZ 1988, 279) haben dabei der Wille des Erblassers und der von ihm mit der Anordnung verfolgte Zweck den Vorrang und zwar auch vor den Interessen etwaiger Eigengläubiger des Vorerben. Dieser Meinung folgt das vorliegende Formular, insbesondere wenn es unter § 3 Abs. (3) die Thesaurierung evtl. nicht verbrauchter Nutzungen anordnet. Dem steht die sog. Früchtethese von *Krampe* (AcP 191, 527/544 ff.) entgegen, nach der es zur ordnungsgemäßen Verwaltung des Nachlasses durch den Testamentsvollstrecker nach § 2216 Abs. 1 BGB gehöre, daß dieser dem pflichtteilsberechtigten Erben Nachlaßfrüchte soweit auskehrt, als diese für den angemessenen Unterhalt des Erben im Sinne der §§ 1601 ff. BGB erforderlich sind (siehe hierzu auch das Gutachten des DNotI in DNotI-Report 1996, 49). Auch durch Verwaltungsanordnungen gem. § 2216 Abs. 2 BGB könne der Erblasser den Testamentsvollstrecker von dieser Pflicht nicht befreien, da diese Pflicht gem. § 2220 BGB zwingendes Recht sei. Lediglich in Mangelfällen sei es möglich zu bestimmen, wie die Erträge zu verwenden seien. Nach dieser Ansicht, die offensichtlich auch von *Dieter Mayer* in Bengel/Reimann, Hdb. d. Testamentsvollstreckung, 5. Kap. Rdn. 356 geteilt wird, würden somit zwar die im Formular unter § 3 Abs. (2) getroffenen Verwaltungsanordnungen zulässig sein, sobald aber die jährlichen Nutzungen dadurch nicht aufgebaucht würden, wäre der Überschuß an den Vorerben herauszugeben und stünde dem Sozialhilfeträger zum Zugriff offen. In § 3 Abs. (3) wird versucht, auch dieser Meinung dadurch gerecht zu werden, daß der Überschuß nur als Rücklage für spätere Maßnahmen zur Verbesserung der Lebensqualität des Behinderten zurückgelegt werden darf und nicht um die Nachlaßsubstanz zugunsten der Nacherben zu stärken. *Otte* (JZ 1990, 1027/1028) ist der Meinung, Verwaltungsanordnungen des Erblassers über die Nutzungsverwendung zugunsten des Behinderten wie im Formular könnten gem. § 2216 Abs. 2 Satz 2 BGB vom Nachlaßgericht mit der Begründung aufgehoben werden, der Unterhalt des Behinderten sei gefährdet. Er stützt sich dabei auf die teilweise vertretene Meinung (*Palandt/Edenhofer*, § 2216 Rdn. 5), die Außerkraftsetzung sei nicht nur bei einer erheblichen Gefährdung des Nachlasses möglich, sondern auch bei einer Schädigung der am Nachlaß interessierten Personen. Dem steht m. E. entgegen, daß es sich beim § 2216 Abs. 2 Satz 2 BGB um einen ausdrücklich vom Gesetz geregelten Fall der ergänzenden Auslegung handelt, so daß mit ihm nur einem mutmaßlichen Willen des Erblassers Geltung verschafft werden darf. Der Erblasser will jedoch gerade den Zugriff des Sozialhilfeträgers verhindern (so auch das Gutachten des DNotI-Report 1996, 52) und außerdem wird durch die aus den Nutzungen finanzierten zusätzlichen Leistungen der Unterhalt des Behinderten gerade verbessert. Letzlich dient nach der Rechtsprechung (BGHZ 38, 296/300 = NJW 1961, 1717; BayObLGZ 1982, 459) die Aufhebungsmöglichkeit nicht den Interessen der Eigengläubiger des Erben.

7. **Kosten und Gebühren.** Siehe Form. XV. 1 Anm. 18.

20. Ehegattentestament mit Nießbrauchsvermächtnis des Überlebenden und seiner Einsetzung als Testamentsvollstrecker[1, 2]

Verhandelt zu ......
am ...... (auch als eigenhändiges Testament möglich)

§ 1 Erster Erbfall

Der Erstversterbende von uns setzt hiermit unsere gemeinschaftlichen, zum Zeitpunkt seines Todes an ihm gesetzlich erbberechtigten Abkömmlinge[3], einschließlich adoptier-

20. Ehegattentestament mit Nießbrauchsvermächtnis des Überlebenden

ter, jedoch mit Ausnahme nichtehelicher Kinder männlicher Nachkommen und ihren Abkömmlingen, unter sich jeweils nach der gesetzlichen Erbregel erster Ordnung zu seinen Erben ein.

§ 2 Vermächtnisse

(1) Der Erstversterbende von uns vermacht dem Überlebenden an seinem gesamten Nachlaß den Nießbrauch auf Lebenszeit.[4]

(2) Der Erstversterbende vermacht dem Überlebenden die gesamte Einrichtung unserer Familienwohnung im weitesten Sinne, soweit die Sachen in seinem Eigentum stehen, sowie alle seine persönlichen Gebrauchsgegenstände.

§ 3 Teilungsverbot[5]

Die Auseinandersetzung des Nachlasses des Erstversterbenden kann, solange sich der Überlebende nicht wieder verheiratet, gegen dessen Willen nicht verlangt werden. Diese Bestimmung tritt auch durch den Tod eines Erben nicht außer Kraft.

§ 4 Wiederverehelichungsklausel[6]

Im Falle der Wiederheirat des Überlebenden erlischt der Nießbrauch am Nachlaß des Erstversterbenden. Der überlebende Ehegatte erhält jedoch dann vermächtnisweise ein Viertel des amtlichen Schätzwertes des zum Zeitpunkt der Wiederheirat noch vorhandenen Reinnachlasses in Geld. Die bis dahin von ihm bezogenen Erträge des Nießbrauchs sind ihm nicht auf das Vermächtnis anzurechnen.

§ 5 Testamentsvollstreckung[7]

Der Erstversterbende von uns ernennt hiermit den überlebenden Ehegatten zu seinem Testamentsvollstrecker mit den Aufgaben, sich selbst den Nießbrauch am Nachlaß zu verschaffen und ihn zu verwalten. Er ist in der Eingehung von Verbindlichkeiten für den Nachlaß nicht beschränkt und von § 181 BGB befreit. Mit der Wiederverheiratung endet die Testamentsvollstreckung.

§ 6 Befugnisse des Überlebenden zur Erbauseinandersetzung und zu Ausstattungen[8]

(1) Der Überlebende ist berechtigt, den Nachlaß des Erstversterbenden hinsichtlich einzelner Nachlaßgegenstände auseinanderzusetzen. In diesem Fall endet sein Testamentsvollstreckeramt bezüglich dieser Gegenstände.

(2) Der Erstversterbende räumt dem Überlebenden das Recht ein, gem. § 2048 BGB nach seinem billigen Ermessen Bestimmungen über die Auseinandersetzung des Nachlasses des Erstversterbenden auch in einer Verfügung von Todes wegen zu treffen.

(3) Der Erstversterbende beschwert seine Erben im Wege des Vermächtnisses, zu Lasten ihrer Erbteile zu dulden, daß einzelnen von ihnen Geld- und Sachleistungen mit Rücksicht auf ihre Verheiratung oder auf die Erlangung einer selbständigen Lebensstellung zur Begründung oder zur Erhaltung der Wirtschaft oder der Lebensstellung jeweils im Sinne des § 1624 BGB aus dem Nachlaß des Erstversterbenden zugewendet werden. Der Überlebende bestimmt nach billigem Ermessen die Person, den Gegenstand, den Zeitpunkt, die Form und den Anrechnungsbetrag der Zuwendung. Das Bestimmungsrecht endet mit dem Tode des Überlebenden, gleichzeitig fällt auch das Vermächtnis ersatzlos weg.

§ 7 Herausgabevermächtnis[9]

Für den Fall, daß einer der Erben des Erstversterbenden vor dem Längstlebenden ohne Hinterlassung ehelicher Abkömmlinge versterben sollte, hat er vermächtnisweise bei seinem Tode alles herauszugeben, was er vom Erstversterbenden zugewandt bekommen hat und bei seinem Tod noch vorhanden ist. Bedacht sind die übrigen Erben des Erstversterbenden im Verhältnis ihrer Erbteile, ersatzweise der überlebende Ehegatte.

§ 8 Zweiter Erbfall[10]

Der Längstlebende von uns, sowie für den Fall, daß wir gleichzeitig versterben jeder von uns, setzt hiermit auf seinen Tod unsere gemeinschaftlichen zum Zeitpunkt seines Todes gesetzlich erbberechtigten Abkömmlinge, einschließlich adoptierter, jedoch mit Ausnahme nichtehelicher Kinder männlicher Nachkommen und ihren Abkömmlingen, zu seinen Erben gemäß der gesetzlichen Erbregel erster Ordnung ein. Der Längstlebende ist nach dem Tode des Erstversterbenden berechtigt, die Zuwendungen innerhalb des Kreises unserer Abkömmlinge durch Verfügung von Todes wegen zu ändern.

§ 9 Pflichtteilserschwerung[11]

Verlangt und erhält einer unserer Abkömmlinge auf den Tod des Erstversterbenden den Pflichtteil, ist er und sein Stamm auf Ableben des Längstlebenden enterbt unter Verweisung auf seinen Pflichtteilsanspruch.

§ 10 Bindung und Anfechtungsverzicht[12]

Sämtliche Bestimmungen dieses Testament sind, soweit jeweils nichts anderes bestimmt ist, und soweit gesetzlich zulässig, wechselseitig. Bei einer Wiederverheiratung entfällt allerdings die Bindung des Längstlebenden an seine Verfügung in § 8. Ein Anfechtungsrecht nach § 2079 BGB ist beiderseits ausgeschlossen.

§ 11 Schlußformel

(wie Form. XV. 1 u. XVI. 28 zusätzlich:) Ferner wurde auf die Bestimmung des § 2307 BGB (Pflichtteilsrecht eines ausschlagenden pflichtteilsberechtigten Vermächtnisnehmers) und ihre möglichen Auswirkungen hingewiesen.[13, 14]

Schrifttum: Brandenberg, Nießbrauch an Privatgrundstücken, Betriebsgrundstücken und Kapitalvermögen, 2. Aufl. 1985; *Bünger,* Nießbrauch am Nachlaß und an Erbteilen, BWNotZ 1963, 100; *Hartmann/Aschfalk,* Testamentsvollstreckung, Nießbrauch und Vorerbschaft zur Sicherung der Nachfolge des Einzelunternehmers im Zivil- und Steuerrecht, 1983; *Keller,* Überlegungen zu Ehegattentestament, BWNotZ 1970, 49; *Nieder,* Hdb. d. Testamentsgestaltung, 1992 Rdn. 567; *Petzoldt,* Vorerbschaft und Nießbrauchsvermächtnis, BB 1975 Beil 6; *Rohlff,* Nießbraucher und Vorerben als Testamentsvollstrecker, DNotZ 1971, 518.

Anmerkungen

1. **Sachverhalt.** Die Testierer sind Eheleute mit Kindern. Die Ehefrau wurde jeweils durch Einräumung von Miteigentumshälften beim Erwerb von Vermögensstücken während der Ehe am Familiengut beteiligt. Durch das Testament soll erreicht werden, daß sich beim Tode des Erstversterbenden hinsichtlich des Familiengutes nichts ändert und der Überlebende es ungestört und ungeschmälert allein besitzen und benützen darf. Das Vermögen des Erstversterbenden soll erst nach dem Tode des Längstlebenden oder dessen Wiederverehelichung unbeschränkt auf die gemeinschaftlichen Abkömmlinge übergehen.

2. **Anwendungsfälle.** Zur Erreichung ihres Ziels, das Vermögen des Erstversterbenden den gemeinschaftlichen Abkömmlingen zu erhalten, stehen den Testierern verschiedene

20. Ehegattentestament mit Nießbrauchsvermächtnis des Überlebenden XVI. 20

Möglichkeiten zur Verfügung, die sich durch das Maß der Sicherheit und die Stellung des überlebenden Ehegatten gegenüber dem Nachlaß voneinander unterscheiden. Die einfachste und für die Erbfolge der Abkömmlinge sicherste Möglichkeit ist die im Formular gewählte, die Abkömmlinge zu Erben einzusetzen und dem überlebenden Ehegatten nur den Nießbrauch einzuräumen. Diese Lösung ist, wie wir sehen werden, variabel, z.B. i.S. der Testamentsvollstrecker-Nießbrauch-Lösung. Stärker ist die Stellung des Überlebenden, wenn er zum Vorerben und die Abkömmlinge zu Nacherben eingesetzt werden, noch freier, wenn die Nacherbschaft der Abkömmlinge nur bedingt für den Fall seiner Wiederheirat angeordnet wird. Die stärkste Stellung bei dieser Zielsetzung hat der Längstlebende, wenn er zum Vollerben eingesetzt und nur vermächtnisweise verpflichtet wird, im Falle seiner Wiederverheiratung oder seines Todes Nachlaßgegenstände an die Abkömmlinge zu übertragen. Die Einsetzung des Überlebenden als Nießbrauchs-Testamentsvollstrecker erfreut sich vor allem in den verschiedensten Abwandlungen im Landesteil Württemberg des Bundeslandes Baden-Württemberg großer Beliebtheit. Varianten des Grundmodells sind unter anderem seine Anordnung im Einzeltestament, wenn nur ein Ehegatte nennenswertes Vermögen besitzt, die Zuwendung des vollen gesetzlichen Erbteils an den überlebenden Ehegatten, wenn dieser nicht bereits unter Lebenden Anteil am Familienvermögen erhalten hat und die völlige Freistellung des Überlebenden für letztwillige Verfügungen über seinen Nachlaß oder seine völlige Bindung an seine eigenen im Testament getroffenen letztwilligen Verfügungen, je nachdem woher sein Vermögen stammt und wie alt die Eheleute sind. Da im vorliegenden Fall der gesamte Nachlaß des Erstversterbenden mit einem Nutzungsrecht zugunsten des Überlebenden belastet werden soll und nicht nur ein einzelner Gegenstand, was am einfachsten durch Nießbrauch erfolgen kann und außerdem der Überlebende durch sein Testamentsvollstreckeramt ein umfassendes Verfügungsrecht über den Nachlaß erhält, bildet die befreite Vorerbschaft eine echte Alternative. Vom wirtschaftlichen Ergebnis her gesehen bestehen zwischen diesen beiden Lösungsmöglichkeiten so geringe Unterschiede, daß es oft zweifelhaft ist, welche der beiden der Erblasser wollte. Klarheit des Ausdrucks ist daher geboten (*Petzoldt* BB 1975 Beil. 6 S. 4). Zwar vermeidet man auch heute noch beim Nießbrauch die Doppelbesteuerung mit Erbschaftsteuer, aber der große steuerliche Vorteil dieser Lösung ist entfallen, seit durch § 25 ErbStG im Verhältnis zwischen Erblasser und seinem Ehegatten die Abzugsmöglichkeit des kapitalisierten Nießbrauchs weggefallen ist. Die Nießbraucher-Testamentsvollstrecker-Lösung hat gegenüber der Vorerbschaft den Vorteil, daß bei beiden zwar die gleiche Verfügungsbefugnis besteht, der Eigentümer aber gegenüber dem Testamentsvollstrecker nach §§ 2218, 666 BGB weitergehende Ansprüche auf Auskunftserteilung und Rechnungslegung hat als nach § 2122 BGB der Nacherbe gegen den Vorerben. Während der befreite Vorerbe nicht mehr der Verpflichtung zur ordnungsgemäßen Verwaltung nach §§ 2130, 2136 BGB unterliegt und seine Befugnisse lediglich an dem Verbot der absichtlichen Schädigung des Nacherben (BGH LM § 2136 Nr. 1) eine Grenze finden, trifft den Nießbraucher-Testamentsvollstrecker die unabdingbare Verpflichtung zur ordnungsgemäßen Ausübung seines Amtes (§ 2216 BGB). Letztlich ist der Nießbraucher nach §§ 1036 Abs. 2, 1037 Abs. 1, 1041 BGB grundsätzlich verpflichtet, die wirtschaftliche Zweckbestimmung des belasteten Vermögensgegenstandes zu belassen, während der Vorerbe als Eigentümer auf Zeit dazu nicht verpflichtet ist. Es liegt somit hauptsächlich an der strengeren Bindung im Innenverhältnis gegenüber den künftigen Berechtigten der Nachlaßgegenstände bei gleichzeitiger freier Verfügungsbefugnis nach außen, daß auch nach Wegfall der erbschaftsteuerlichen Bevorzugung die Verknüpfung von Nießbrauch und Testamentsvollstreckung gewählt wird.

3. Eigene Abkömmlinge. Diese Formulierung empfiehlt sich, da die Auslegungsregel des § 2070 BGB nicht für die Berufung eigener Abkömmlinge gilt (*Palandt/Edenhofer* § 2070 Rdn. 1). Durch sie wird sichergestellt, daß wie nach der Regel des § 2070 BGB und entsprechend der gesetzlichen Erbregel zwar die nach § 1923 Abs. 2 BGB erbfähigen beim Erbfall noch nicht geborenen aber bereits erzeugten Abkömmlinge erben, nicht jedoch auch zum Zeitpunkt des Todes des Testierers noch nicht gezeugte, dh. daß die Nacherbenregelung für noch nicht Gezeugte gem. §§ 2101 Abs. 1, 2105 Abs. 2, 2106 Abs. 2 BGB nicht eintreten soll. Man kann natürlich auch anders formulieren, wie etwa „die Abkömmlinge nach gesetzlicher Erbregel". Fehlt, wie oft, eine solche Klarstellung, soll nach verbreiteter Meinung (*Palandt/Edenhofer* aaO.) in freier Auslegung (§§ 133, 2084 BGB) entschieden werden, ob der Erblasser noch nicht erzeugte Abkömmlinge als Nacherben einsetzen wollte. Meines Erachtens sollten jedoch in diesem Fall in Anlehnung an die Regeln der gesetzlichen Erbfolge nur die zum Zeitpunkt des Erbfalls erbfähigen Personen als bedacht angesehen werden (MünchKomm/*Leipold* § 2070 Rn. 3).

4. Nießbrauch am Nachlaß. a) **Nießbrauch allgemein.** Der Nießbrauch ist das unvererbliche und bei natürlichen Personen unübertragbare dingliche Recht sämtliche Nutzungen des belasteten Gegenstandes zu ziehen (§§ 1030 Abs. 1, 1036, 1059, 1061 BGB). Er verpflichtet den Eigentümer nur zur Duldung dieser Nutznießung, nicht zu irgendwelchen Leistungen (BayObLG 72, 364 = DNotZ 1973, 299). Ferner berechtigt der Nießbrauch grundsätzlich nur zur Nutznießung, nicht dagegen zur Verfügung über den nießbrauchsbelasteten Gegenstand (MünchKomm/*Petzoldt*, 2. Aufl. Vor § 1030 Rdn. 4). Durch den Nießbrauch entstehen zwischen den Beteiligten kraft Gesetzes schuldrechtliche Beziehungen (gesetzliches Schuldverhältnis), die das Verhältnis zwischen Nießbraucher einerseits und Eigentümer oder Rechtsinhaber bzw. Nießbrauchsbesteller regeln (MünchKomm/*Petzoldt*, 2. Aufl. Vor § 1030 Rdn. 13). Das gesetzliche Schuldverhältnis ist mit dinglicher Wirkung durch Vereinbarung, gegebenenfalls nebst Grundbucheintragung, abänderbar, soweit dadurch nicht gegen das Wesen des Nießbrauchs verstoßen wird und insbesondere die begriffswesentlichen Grenzen zwischen Eigentum und Nießbrauch und der Grundsatz der Substanzerhaltung der nießbrauchsbelasteten Sache nicht verletzt werden (BayObLG 72, 363/367). Ein Nießbrauch kann bestellt werden an Sachen aller Art (§§ 1030 bis 1067 BGB), an Rechten (§§ 1068 bis 1084 BGB) sowie an einem Vermögen (§§ 1085 bis 1088 BGB) und einer Erbschaft (§ 1089 BGB), letzteres Sachgesamtheiten (MünchKomm/*Petzoldt*, 2. Aufl. Vor § 1030 Rdn. 3).

b) **Nachlaßnießbrauch.** Der Nießbrauch am Nachlaß ist die in der Praxis am häufigsten auftretende Form des Vermögensnießbrauchs (MünchKomm/*Petzoldt* § 1089 Rdn. 1). Auf ihn finden nach § 1089 BGB die Vorschriften der §§ 1085 bis 1088 BGB über den Nießbrauch an einem Vermögen entsprechende Anwendung. Der Nießbrauch an einem Nachlaß hat wie der an einem Vermögen als dingliches Recht keinen besonderen Inhalt. Er ist Nießbrauch an den einzelnen Nachlaßgegenständen (*Staudinger/Promberger* § 1089 Rdn. 16). Er wird wie der Nießbrauch am Vermögen gem. § 1085 BGB an den einzelnen Gegenständen nach den für sie geltenden Vorschriften bestellt (*Staudinger/Promberger* § 1089 Rdn. 13). Scheiden einzelne Nachlaßgegenstände nachträglich aus dem Nachlaß aus, besteht der Nießbrauch an ihnen fort, bis der Nießbraucher ihn nach den jeweils dafür geltenden Vorschriften aufgibt. Kommen nachträglich Nachlaßersatzgegenstände hinzu, entsteht an ihnen der Nießbrauch nicht von selbst, sondern muß jeweils an ihnen, soweit ein Anspruch darauf besteht, ausdrücklich bestellt werden. Eine dingliche Surrogation der Art, daß der Nießbrauch sich beim Ausscheiden einzelner Gegenstände aus dem Nachlaß ohne weiteres auf die Ersatzgegenstände erstrecken würde, ist weder für den Vermögens- noch für den Nachlaßnießbrauch vorgesehen (MünchKomm/*Petzoldt*, 2. Aufl. § 1085 Anm. 4; OLG Bremen Betr. 1970, 1436). Der Erblasser kann natürlich durch ein weiteres Vermächtnis dem Nießbraucher einen Anspruch auf Nießbrauchsbestellung an solchen später in den Nachlaß gelangenden Ersatzstücken bestellen (*Staudinger/Promberger* § 1089 Rdn. 10), jedoch besteht dann, falls die Verfügung nicht klar und eindeutig ist, die Gefahr, daß mittels Auslegung Vor-

20. Ehegattentestament mit Nießbrauchsvermächtnis des Überlebenden **XVI. 20**

erbschaft statt vermachtem Nießbrauch angenommen wird. Die Rechtslage ist beim Nießbrauch an einem Erbteil, der ein Rechtsnießbrauch nach § 1068 BGB ist, gerade umgekehrt (*Staudinger/Promberger* § 1089 Rdn. 16). Im Falle der Veräußerung eines Nachlaßgegenstandes ist hier zwar gem. § 1071 BGB die Zustimmung des Nießbrauchers notwendig, dann scheidet aber der Gegenstand ohne weiteres unbelastet aus der Nachlaßmasse aus und an seine Stelle tritt die Gegenleistung, ohne daß an ihr der Nießbrauch neu begründet werden müßte (*Bünger* BWNotZ 1963, 100/101 mwN.).

Da der Nießbrauch am gesamten Nachlaß und der an allen Erbteilen praktisch zum selben Ergebnis führen, wird oft zwischen beiden Möglichkeiten nicht klar unterschieden und werden sie als austauschbar betrachtet (Beck'sches Formularbuch/*Graf zu Castell* Form. VI.32 Anm. 2 für Erbteilskauf und -übertragungsvertrag). Dabei wird jeweils der Nießbrauch an allen Erbteilen bevorzugt, da er zwar immer notarielle Beurkundung erfordert (§§ 2033 Abs. 1, 1068 BGB) aber in einem Akt erfolgt (Beck'sches Formularbuch/*Graf zu Castell* Form. VI.32 Anm. 2), während der Nießbrauch am gesamten Nachlaß als Summe von Nießbrauchsrechten an den einzelnen Nachlaßgegenständen recht schwerfällig jeweils an diesen nach den entsprechenden Vorschriften bestellt werden muß. Da zwischen beiden Möglichkeiten neben der unterschiedlichen Bestellung verschiedene wichtige Unterschiede in Wirkung und bei der Nachlaßauseinandersetzung bestehen (s. im einzelnen *Bünger* BWNotZ 1963, 100), sollte in der letztwilligen Verfügung klar bestimmt werden, welche Nießbrauchsart zugewandt werden soll und derjenige, dem der Nießbrauch am gesamten Nachlaß vermacht ist, braucht sich nicht darauf einzulassen, daß ihm die Erben den Nießbrauch an sämtlichen Erbanteilen bestellen (*Petzoldt* BB 1975 Beil. 6 S. 3; MünchKomm/*Petzoldt*, 2. Aufl. § 1089 Rdn. 4; *Staudinger/Promberger* § 1089 Rdn. 35; *Wolff/Raiser* SachenR 10. Aufl. § 123 I; *Kipp/Coing* ErbR § 113 II 2 Fn. 3). Legt der Erblasser, der den Nießbraucher nicht wie hier zugleich zum Testamentsvollstrecker einsetzt, Wert darauf, daß dieser ein Mitspracherecht bei Verfügungen der Erben über Nachlaßgegenstände, insbesondere bei der Erbauseinandersetzung erhält, so muß er ihm statt des Nießbrauchs am gesamten Nachlaß den „an allen Erbteilen" vermachen (*Bünger* BWNotZ 1963, 100/103). Während nämlich beim Nießbrauch am gesamten Nachlaß die Erben die Auseinandersetzung ohne den Nießbraucher vornehmen können, dessen Recht auch nach der Teilung unverändert als Belastung der einzelnen Gegenstände bestehen bleibt, können sie sich beim Nießbrauch an allen Erbteilen gem. §§ 1068 Abs. 2, 1066 Abs. 2 u. 3, 1071 BGB nur mit Zustimmung des Nießbrauchers auseinandersetzen, da mit der Aufhebung der Erbengemeinschaft der Nießbrauch an den Erbteilen untergehen würde (*Bünger* BWNotZ 1963, 100/102). Diese Möglichkeit ist natürlich bei Einsetzung eines Alleinerben nicht möglich, hier kann nur ein Nießbrauch am Nachlaß vermacht werden.

5. Teilungsverbot. Der nach § 2044 BGB zulässige Teilungsausschluß verhindert ebenso wie die Anordnung einer Dauertestamentsvollstreckung nach § 2209 Satz 1 Halbs. 2 BGB, daß die Erben gem. §§ 2042, 2204 BGB vom Testamentsvollstrecker die Auseinandersetzung des Nachlasses fordern können, woran sie allein durch den Nießbrauch am gesamten Nachlaß nicht gehindert wären, da diese auch nach der Teilung an den einzelnen Nachlaßgegenständen verbleiben würde. Das Teilungsverbot wirkt wie eine entsprechende Vereinbarung unter den Miterben nur schuldrechtlich nicht dinglich (§ 137 Abs. 1 BGB). Aus wichtigem Grund ist das Aufhebungsverlangen trotz des Teilungsverbots möglich (§§ 2044 Abs. 1 Satz 2, 749 BGB). Im Zweifel erlischt das Teilungsverbot mit dem Tode eines Miterben (§§ 2044 Abs. 1 Satz 2, 750 BGB), so daß diese Rechtsfolge, wenn sie nicht gewünscht wird, ausdrücklich ausgeschlossen werden muß. Der Ausschluß wirkt auch gegen Sonderrechtnachfolger von Nachlaßgegenständen (§§ 2044 Abs. 1 Satz 2, 751, 1010 Abs. 1 BGB). Ist, wie im Formular, das Teilungsverbot nur zugunsten eines der Miterben, hier der Witwe, angeordnet, so handelt es sich um ein Vorausvermächtnis zu ihren Gunsten. Ist sie, wie hier, gleichzeitig zum Testamentsvollstrecker berufen, so kann sie, auch ohne ausdrückliche Gestattung im Testament, jederzeit den Nachlaß auseinandersetzen (OLG Stuttgart HEZ 2, 115).

6. Wiederheirat des Überlebenden. Hier ist eine Reihe von Abwandlungen denkbar, angefangen vom ersatzlosen Wegfall des Nießbrauchs im Falle der Wiederheirat. Diese Möglichkeit wäre zu erwägen, wenn die Eheleute den Vermögenszuwachs jeweils bereits unter Lebenden unter sich verteilt hätten. Statt des hier als Ersatz für den Wegfall des Nießbrauchs bei Wiederverehelichung gewählten bedingten Geldvermächtnisses, könnte man auch den Überlebenden aufschiebend bedingt durch die Wiederheirat auf seinen gesetzlichen Erbteil evtl. ohne das Zugewinnviertel einsetzen. Das hätte den Nachteil, daß dann bezüglich dieses Erbteils bis zum Eintritt der Bedingung nach § 2105 Abs. 1 BGB kraft Gesetzes die gesetzlichen Erben einschließlich des überlebenden Ehegatten und nicht die eingesetzten Erben (MünchKomm/*Grunsky* § 2106 Rdn. 1) Vorerben würden (sog. gedachte oder konstruktive Vorerbberufung), mit allen damit verbundenen Beschränkungen. Zumindest sollte man in diesem Fall ausdrücklich die eingesetzten Erben zu Vorerben einsetzen, besser aber, wie im Formular, den Nachteilen der durch die Bedingung eintretenden Vor- und Nacherbschaft durch Anordnung eines bedingten Vermächtnisses ausweichen (*Haegele* JurBüro 1969, 1/5).

7. Nießbrauch und Testamentsvollstreckung. Es könnte zweifelhaft sein, ob die Verbindung von Nießbrauch und Testamentsvollstreckung wegen des zweifellos bestehenden Interessenwiderstreits zulässig ist. Da aber der Erblasser den Testamentsvollstrecker sogar vom Verbot des Selbstkontrahierens befreien und ihm zusätzlich eine postmortale Vollmacht zur Vertretung erteilen kann, so daß ihm sogar unentgeltliche Verfügungen erlaubt sind (*Palandt/Edenhofer* § 2205 Anm. 4; BGH NJW 1962, 1718), bestehen keine Bedenken, dem Nießbraucher zugleich die Stellung des Testamentsvollstreckers einzuräumen (*Rohlff* DNotZ 1971, 518/521; MünchKomm/*Petzoldt*, 2. Aufl. vor § 1030 Rdn. 10; *Staudinger/Promberger* Anh. zu §§ 1068, 1069 Rdn. 19). Die Verknüpfung von Nießbrauch und Testamentsvollstreckung versetzt den Berechtigten in die Lage, über alle Nachlaßgegenstände zu verfügen. Das findet nur seine Grenzen im Gebot der ordnungsgemäßen Verwaltung des Nachlasses (§§ 2216, 2220 BGB).

8. Befugnisse des überlebenden Ehegatten zu wertverschiebender Verteilung des Nachlasses des verstorbenen Ehegatten zwischen dessen Erben. Diese Bestimmungen dienen dazu, dem Überlebenden in festgelegten Grenzen die Möglichkeit zu geben, wertmäßig eine von den Erbquoten abweichende Erbteilung des Nachlasses des Erstversterbenden zwischen den Abkömmlingen vorzunehmen. Wegen § 2065 BGB ist es nicht möglich, etwa dem Überlebenden ein Widerrufsrecht bezüglich der Verfügungen des Erstversterbenden vorzubehalten (*Huber* Rpfleger 1981, 41/43 mwN.). Zunächst legt der Erblasser fest, daß der Überlebende nur so lange Testamentsvollstrecker bezüglich eines bestimmten Nachlaßgegenstandes bleibt, bis er selbst bezüglich dieses Gegenstandes die Auseinandersetzung verlangt. Damit entfällt die Unsicherheit über seine Befugnis zur Freigabe von Nachlaßgegenständen gem. § 2217 BGB (*Keller* BWNotZ 1970, 49/50). Ferner erhält der Überlebende gem. § 2048 BGB die Befugnis, die Auseinandersetzung der Nachlaßgegenstände unter den Erben nach billigem Ermessen vorzunehmen. Dieses Bestimmungsrecht kann er dabei auch in einer Verfügung von Todes wegen ausüben (*Keller* BWNotZ 1970, 49/51). Damit kann der Überlebende jedoch noch keine Wertverschiebungen zwischen den Erben vornehmen, diese müssen sich vielmehr mit den ihnen vom Überlebenden zugeteilten Nachlaßgegenständen nach ihren Erbquoten ausgleichen. Um dem Überlebenden die Möglichkeit zu geben, zu Lasten des Nachlasses des Erstversterbenden Anordnungen zu treffen, die Wertverschiebungen unter dessen Erben zur Folge haben, werden die Erben mit einem Bestimmungsvermächtnis gem. §§ 2151, 2153 BGB verbunden mit einem Zweckvermächtnis gem. § 2156 BGB beschwert, und zum Bestimmungsberechtigten der Überlebende ernannt. Dieser kann dann gem. § 2156 BGB innerhalb des ihm vom Erblasser zu setzenden Rahmens, hier der der

20. Ehegattentestament mit Nießbrauchsvermächtnis des Überlebenden XVI. 20

Ausstattung gem. § 1624 BGB, Gegenstand, Zeitpunkt und Bedingungen der Leistung aus dem Nachlaß des Erstversterbenden nach billigem Ermessen bestimmen. Ferner bestimmt er nach freiem Ermessen gem. § 2151 BGB die Person des Berechtigten und gem. § 2153 BGB dessen Anteil am Nachlaßgegenstand (*Keller* BNotZ 1970, 49/52). Eine andere Gestaltungsmöglichkeit, dem Überlebenden die freie, wertmäßige Verteilung des Nachlasses des Erstversterbenden nach seinem Ermessen zu ermöglichen, wäre einzelne Nachlaßgegenstände oder eine Gruppe von Nachlaßgegenständen z. B. sämtliche Grundstücke den Kindern gemeinsam als Vorausvermächtnis zuzuwenden und dem Überlebenden gem. § 2151 BGB das Recht einzuräumen, evtl. unter gleichzeitiger Anordnung von Ausgleichszahlungen zu bestimmen, wer von den Abkömmlingen jeweils das Vermächtnis erhalten soll (*Vogt* BWNotZ 1955, 60; *Keller* BWNotZ 1970, 49/51). Modifizieren läßt sich diese Gestaltungsmöglichkeit dadurch, daß gem. § 2153 BGB dem Überlebenden auch das Recht eingeräumt werden kann, die Quoten zu bestimmen, zu denen bestimmte Gegenstände zugewandt sein sollen (*Keller* BWNotZ 1970, 49/51; *Staudinger/Otte* § 2153 Rdn. 1; *Soergel/Wolf* § 2153 Rdn. 3). Wegen im Schrifttum (*Staudinger/Seybold* § 2153 Anm. 4) geäußerter Zweifel, sollte in der Verfügung ausdrücklich bestimmt werden, daß die anteilsmäßige Verteilung auch getrennt für jeden einzelnen der vermachten Gegenstände erfolgen kann (*Keller* BWNotZ 1970, 49/ 52). Wertverschiebende Verteilung des Nachlasses des verstorbenen Ehegatten zwischen den Abkömmlingen durch den Überlebenden sind einfacher zu ermöglichen, wenn der Überlebende zum Vorerben und die Abkömmlinge zu Nacherben eingesetzt werden und außerdem bestimmt wird, daß durch eine Verteilung des Nachlasses des Erstverstorbenen unter Lebenden oder von Todes wegen durch den Überlebenden unter die Abkömmlinge die dadurch auflösend bedingte Nacherbfolge entfällt und die aufschiebend bedingte Vollerbschaft des Überlebenden wirksam wird (siehe Form. XVI. 12 u. 21).

9. **Schutz des Überlebenden vor dem Eindringen Familienfremder.** Beim Ehegattennießbrauchstestament besteht immer die Gefahr, daß der oder einer der zu Erben eingesetzten Abkömmlinge bereits vor dem Tode des Längstlebenden des Ehegatten verstirbt, und, falls er kinderlos war, über seinen Erbfall Familienfremde in die Erbengemeinschaft hereinkommen. Zwar ändert das nichts am Nießbrauch des Überlebenden, wird aber trotzdem vom Erblasser meist nicht gewünscht. Hier kann durch die Anordnung einer bedingten Nacherbfolge oder besser, da nicht wie diese mit Verfügungsbeschränkungen verbunden, wie im Formular, mit einem Herausgabevermächtnis geholfen werden (*Keller* BWNotZ 1970, 49/ 53).

10. **Bestimmungen auf den zweiten Erbfall.** Es bleibt dem Einzelfall überlassen, ob auch für den Erbfall des Längstlebenden im Testament letztwillige Verfügungen getroffen werden sollen oder ob dieser über sein Vermögen auch von Todes wegen frei verfügen können soll. Letzteres wird oft der Fall sein, wenn bereits Kinder oder Enkel vorhanden sind. Zum Selbstschutz sollte der Notar dann aber ausdrücklich in das gemeinschaftliche Testament aufnehmen, daß der Überlebende der Eheleute heute keine Verfügungen von Todes wegen treffen will. Werden Verfügungen auf den zweiten Erbfall getroffen, stellt sich sofort die Frage nach der Bindung des Überlebenden nach dem Tod des Erstversterbenden und einer ganzen oder teilweisen Freistellung davon (Freistellungsklausel). Im Formular ist dem Überlebenden nur die Befugnis zur teilweisen Durchbrechung der Bindungswirkung, nämlich zur anderweitigen Verteilung seines eigenen Nachlasses unter die gemeinschaftlichen Abkömmlinge, eingeräumt worden (sog. umfangmäßig beschränkte Wechselbezüglichkeit). Der Begriff des gleichzeitigen Versterbens umfaßt nach der Rechtsprechung (KG FamRZ 1970, 148/149; LG Ellwangen BWNotZ 1981, 94) auch den Fall, daß die Ehegatten zwar zeitlich nacheinander sterben, der überlebende Gatte aber ab dem Eintritt des ersten Erbfalls durch anhaltende Unfähigkeit der Willensbildung oder -äußerung zu eigenen Handlungen nicht mehr fähig war. Das ist insbesondere dann anzunehmen, wenn beide Todesfälle die Folge desselben

äußeren Ereignisses (z. B. eines Unfalls) sind, das Versterben beider somit gleichzeitig „begonnen" hat. Seit auch nichteheliche Kinder „gesetzliche Erben" geworden sind (OLG Stuttgart FamRZ 1973, 279), kann praktisch die Auslegungsregel des § 2066 BGB nicht mehr zur Vereinfachung der Formulierung eines Testaments herangezogen werden. Man muß individuell nach den Wünschen des Erblassers formulieren und dabei auch beachten, daß die Auslegungsregel des § 2070 BGB nicht für eigene Abkömmlinge gilt (siehe oben Anm. 3).

11. Pflichtteilsstrafklausel. Da im Formular die Abkömmlinge bereits allein zu Erben des Erstversterbenden eingesetzt sind, kann hier die erweiterte sog. Jastrowsche Pflichtteilsstrafklausel keine Anwendung finden, da beim zweiten Erbfall der Nachlaß des Erstversterbenden nicht mehr im Nachlaß des Längstlebenden enthalten ist.

12. Festlegung der Wechselbezüglichkeit. Wegen der Schwierigkeiten, die mit der Feststellung der Wechselbezüglichkeit einer Verfügung in einem gemeinschaftlichen Testament verbunden sind (*Palandt/Edenhofer* § 2270 Rdn. 5), sollte in jedem gemeinschaftlichen notariellen Testament ausdrücklich festgelegt werden, welche der Verfügungen wechselbezüglich sein sollen. Da ungeklärt ist (*Huber* Rpfleger 1981, 41/44), ob bei Vorliegen einer Wiederverehelichungsklausel und deren Erfüllung im Falle der Wiederheirat die im gemeinschaftlichen Testament getroffenen Verfügungen des Längstlebenden auf den zweiten Erbfall automatisch wegfallen oder nur die Bindung an sie wegfällt, sollten die Folgen der Wiederverehelichung auf die Verfügungen des Längstlebenden ausdrücklich im gemeinschaftlichen Testament bestimmt werden. Ferner sollte auch die Frage eines Verzichts des Überlebenden auf ein Anfechtungsrecht nach § 2079 BGB (Übergehung eines Pflichtteilsberechtigten) und evtl. auch des § 2078 BGB (Irrtum) erörtert und das Ergebnis im Testament festgehalten werden.

13. Pflichtteilsrecht des ausschlagenden Vermächtnisnehmers. Neben der bei jeder Verfügung von Todes wegen gebotenen Belehrung über das Pflichtteilsrecht (*Daimer/Reithmann*, Die Prüfungs- und Belehrungspflicht des Notars, 5. Aufl. 1982 Rdn. 562; *Dittmann/Reimann/Bengel* § 17 BeurkG Rdn. 10 mwN.), sollte hier insbesondere auch auf das Pflichtteilsrecht des ein ihm zugewandtes Vermächtnis ausschlagenden Pflichtteilsberechtigten nach § 2307 BGB hingewiesen werden. Ferner, daß für die Annahme oder Ausschlagung von Vermächtnissen gesetzliche Fristen nicht bestehen, dafür aber der mit dem Vermächtnis beschwerte Erbe gem. § 2307 Abs. 2 BGB dem Vermächtnisnehmer eine Frist zur Annahme setzen kann, bei deren fruchtlosem Ablauf das Vermächtnis als ausgeschlagen gilt.

14. Steuern. (1) Erbschaftsteuer. Die Zuwendung eines Nießbrauchs von Todes wegen unterliegt der Erbschaftsteuer (§ 3 Abs. 1 Ziff. 1 ErbStG). Der Steuerpflichtige hat dabei das Wahlrecht, entweder einmalig nach dem Kapitalwert des Nießbrauchs oder jährlich wiederkehrend nach dem Jahreswert des Nießbrauchs die Erbschaftsteuer zu entrichten (§ 23 Abs. 1 ErbStG). Wird die Versteuerung nach dem Jahreswert gewählt, besteht nach § 23 Abs. 2 ErbStG die Möglichkeit, die Jahressteuer zum nächsten Fälligkeitstermin mit ihrem Kapitalwert abzulösen. Der Vorteil der Versteuerung nach dem Jahreswert liegt in der einkommensteuerlichen Abzugsfähigkeit der jährlichen Steuerbeträge als dauernde Lasten (so *Kapp* § 23 Anm. 26 ff.), ihr Nachteil in der Ungewißheit der tatsächlichen Lebensdauer des Nießbrauchers. Die Bewertung des Nießbrauchs für die Erbschaftsteuer richtet sich nach §§ 13 ff. BewG jeweils nach der Art des belasteten Gegenstandes. Wird der Nießbrauch, wie im Formular, am gesamten Nachlaß oder an einem Erbteil bestellt, so läßt sich der Jahreswert nicht einheitlich berechnen, sofern der Nachlaß nicht nur aus einem einzigen Vermögensgegenstand besteht. So wie der Nießbrauch am gesamten Nachlaß zivilrechtlich Nießbrauch an den einzelnen Nachlaßgegenständen ist, ist auch für die erbschaftsteuerliche Bewertung die Summe der Werte der einzelnen Nießbrauchsrechte an den Nachlaßgegenständen maßgebend (BFH BStBl. III

20. Ehegattentestament mit Nießbrauchsvermächtnis des Überlebenden XVI. 20

1966, 507). Das schließt jedoch nicht aus, daß eine Verrechnung zwischen positiven und negativen Einkünften aus den einzelnen Nießbrauchsrechten vorgenommen wird. Zur Ermittlung des Jahreswertes des Nießbrauchs am gesamten Nachlaß sind von den Einnahmen der ertragbringenden Nach laßgegenstände die Aufwendungen auf die ertragslosen Nachlaßgegenstände abzuziehen (BFH BStBl. II 1970, 368). Vor dem 1. 1. 1974 konnte der mit dem Nießbrauchsvermächtnis belastete Erbe den Wert des Nießbrauchs von dem steuerlichen Wert des Nießbrauchsobjekts in Abzug bringen. Darin lag der besondere steuerliche Anreiz von Nießbrauchsvorbehalt und Nießbrauchsvermächtnis. Seither besteht insoweit nach § 25 ErbStG ein Abzugsverbot, das allerdings seit 30. 8. 1980 (Tag des Inkrafttretens des Steuervereinfachungsgesetzes 1980) nur noch dann eintritt, wenn, wie im Formular, der Ehegatte des Erblassers der Vermächtnisnehmer des Nießbrauchs ist. In den Fällen, in denen der Abzug danach ausgeschlossen ist, kann der beschwerte Erbe jedoch die zinslose Stundung des geschuldeten Erbschaftsteuerbetrages, soweit er auf das Nießbrauchsrecht entfällt, bis zu dessen Erlöschen beantragen. Die zu stundende Steuer ist der Differenzbetrag zwischen der für den Erwerb vor Abzug des Nießbrauchs errechneten Erbschaftsteuer und der nach seinem Abzug errechneten. Die so gestundete Steuer kann auf Antrag jederzeit abgelöst werden (§ 25 Abs. 1 ErbStG).

(2) **Einkommensteuer.** Der Nießbrauch ist als dingliche Belastung einer Sache oder eines Rechts Teilrechtsnachfolge, die darin besteht, daß aus den in der Hand des Rechtsinhabers vereinigten Herrschaftsrechten das Recht auf den originären Bezug der Nutzungen für den Nießbraucher abgespalten wird, während das Herrschaftsrecht an der Substanz beim Rechtsinhaber verbleibt. Die Nießbrauchsbestellung bot sich daher bei ertragreichen Wirtschaftsgütern im privaten Bereich insbesondere bei Haus- und Grundbesitz als Mittel an, unter nahen Angehörigen Einkünfte an einen Berechtigten zu verlagern, der in der Steuerprogression niedriger lag als der Verpflichtete. Als steuerliche Ideallösung wurde dabei angestrebt, beim Einkommenschwächeren als Nießbraucher die Einkünfte ohne jeden Abzug (brutto) zu versteuern, während der Einkommenstärkere als Eigentümer nach wie vor sämtliche Werbungskosten einschließlich der AfA des Nießbrauchsgegenstandes von seinen übrigen Einkünften absetzen können sollte. Der steuerlich naheliegende Einwand, daß ein unentgeltlich bestellter Nießbrauch zwischen einander unterhaltsverpflichteten Personen gem. § 12 Nr. 2 EStG nicht zur Verlagerung der Einkünfte auf den Nießbraucher führen darf, ist seit BFH BStBl. III 1966, 584 = BB 1967, 1073 allgemein ausgeräumt und würde sowieso hier nicht greifen, da nach der hM (BFH BStBl. III 1965 706; BFH BStBl. III 1964, 422; BFH BStBl. II 1968, 263; BFH BStBl. II 1975, 881; BFH in FR 1978, 172; BFH BStBl. II 1978, 332 = FR 1978, 245 m. Anm. v. *L. Schmidt;* BFH BStBl. II 1980, 575; *Herrmann/Heuer* EStG, 18. Aufl. 1978 § 12 Rdn. 10; *Littmann,* Das Einkommensteuerrecht, 12. Aufl. 1978 § 12 Rdn. 111; *Jansen/Jansen,* Der Nießbrauch im Zivil- und Steuerrecht, 4. Aufl. 1985 Rdn. 126; *Peter/Petzoldt/Winkler,* Unternehmensnachfolge, Testamente und Gesellschaftsverträge in der Praxis, 4. Aufl. 1977 S. 287; *Fetsch,* Rentenversicherungen und ihre steuerlichen Folgen, 1973 S. 36 f.; *Esch/Schulze zur Wiesche,* Handbuch der Vermögensnachfolge, 2. Aufl. 1981 Rdn. II 394; *Schulze zur Wiesche* Betr. 1977, 1214/1219; *Langenfeld,* Das Testament des Gesellschafter-Geschäftsführers einer GmbH und GmbH & Co., 1980, S. 98 f.; aA FG Münster EFG 1980, 441) Aufwendungen, die im Zusammenhang mit einer Vermögensübertragung (Vorbehaltsnießbrauch) oder aufgrund testamentarischer Anordnung (Vermächtnisnießbrauch) begründet sind, für den Verpflichteten entgeltlich und damit keine Zuwendungen i. S. von § 12 Nr. 2 EStG sind, so daß das Abzugsverbot die einkommensteuerliche Anerkennung nicht hindert. Die allgemeine Möglichkeit der Verlagerung von Einkünften durch eine bürgerlich-rechtlich formgerecht begründete und auch tatsächlich vollzogene Nießbrauchsbestellung wird daher nach wie vor einkommensteuerlich voll anerkannt. Die durch die Rechtsprechung des BFH eingetretenen Erschwerungen betreffen nur die Frage, ob überhaupt und bei wessen Einkünften die be-

züglich des Nießbrauchsgegenstandes anfallenden Werbungskosten abgezogen werden dürfen. Der BFH hat dabei zunächst entgegen der Auffassung der Finanzverwaltung dem Eigentümer beim Zuwendungsnießbrauch für die Dauer des Nießbrauchs die Geltendmachung der AfA verwehrt, da er in dieser Zeit aus dem Grundstück keine Einnahmen erzielt und dem Nießbraucher, weil er mangels Eigentum keinen Wertverzehr trägt (BGH BStBl. II 1981, 295). Beim Vorbehaltsnießbrauch sollte der Nießbraucher und bisherige Eigentümer die AfA weiterhin wie bisher geltend machen können. Später hat der BFH dann auch noch entgegen der Ansicht der Finanzverwaltung die Gleichbehandlung obligatorischer Nutzungsrechte mit den dinglichen (Nießbrauch und Wohnungsrecht) anerkannt (BFH BStBl. II 1984, 366 u. 371). Die Finanzverwaltung hat in wiederholt geänderten sog. Nießbraucherlassen versucht, diese Rechtsprechung für die Praxis zusammenzufassen und praktikabel zu machen. Derzeit ist der Erlaß vom 15. 11. 1984 (BStBl. I 1984, 561) in Kraft. Er verweist bezüglich des Vermächtnisnießbrauchs an Haus- und Grundbesitz im privaten Bereich auf seine Ausführungen zum sog. Vorbehaltsnießbrauch. Durch diese Gleichstellung von Vorbehalts- und Vermächtnisnießbrauch sind von Anfang an Zweifelsfragen entstanden. Während nämlich beim Vorbehaltsnießbrauch der Übergeber die AfA im bisherigen Umfang weiter absetzen darf, weil er praktisch wirtschaftlicher Eigentümer bleibt, ist beim Vermächtnisnießbraucher, der nie selbst Herstellungs- oder Anschaffungsaufwand gehabt hat und auf den nach bürgerlichem Recht die Rechtsstellung des Erblassers auch nicht unmittelbar übergeht, die Berechtigung zu dieser Befugnis nicht recht ersichtlich. Daher ist umstritten, ob die Gleichstellung von Vorbehalts- und Vermächtnisnießbrauch durch den Nießbraucherlaß vom 15. 11. 1984 zur Folge hat, daß der Vermächtnisnießbraucher nicht nur die von ihm aufgrund des Vermächtnisses zu tragenden laufenden Aufwendungen für das Gebäude, bis zum Veranlagungszeitraum 1986 ggf. begrenzt nach § 21a EStG, als Werbungskosten abziehen darf, sondern auch die AfA wie bisher der Erblasser (so *Spiegelberger* MittBayNot 1985, 7; *Bühler* BWNotZ 1985, 25/31; *Streck* NJW 1985, 2454/2459; *Brandenberg* Rdn. 229) oder ob er keine AfA-Befugnis hat, da bei ihm die dem Vorbehaltsnießbrauch typische Zurückbehaltung des Nutzungsrechtes durch den Eigentümer, der bisher schon AfA-befugt war, fehlt und eine analoge Anwendung des § 11d EStDV nicht vorgenommen wird (*Seithel*, Einkommensteuerrechtliche Behandlung des Nießbrauchs und anderer Nutzungsrechte bei Einkünften aus Vermietung und Verpachtung und aus Kapitalvermögen, 3. Aufl. 1985, S. 49; *Jansen/Jansen*, Der Nießbrauch in Zivil- und Steuerrecht, 4. Aufl. 1985 Rdn. 171). Durch Urteil vom 28. 9. 1993 (NJW 1994, 2783) hat der BFH festgestellt, daß ein Vermächtnisnießbraucher entgegen Tz. 51, 41 des Nießbraucherlasses vom 15. 11. 1984 keine AfA wegen Anschaffungs- oder Herstellungskosten des Erblassers in Anspruch nehmen kann. Er begründet das damit, daß der Erlaß insoweit durch den Beschluß des Großen Senats des BFH vom 5. 7. 1990 zur Erbauseinandersetzung überholt sei, da darin die steuerrechtliche Fiktion einer rechtlichen Einheit von Erbfall und Erbauseinandersetzung aufgegeben worden sei. Seither empfiehlt sich bei Hausbesitz ein Nießbrauchsvermächtnis nur dann, wenn mit grundlegenden Erneuerungsarbeiten an dem nießbrauchsbelasteten Objekt noch bis zum voraussichtlichen Erlöschen des Nießbrauchs gewartet werden kann. An Ersatzlösungen bietet sich, trotz des unter Umständen zweimaligen Anfalls von Erbschaftsteuer (§ 6 ErbStG), eine sog. gegenständlich beschränkte Vor- und Nacherbschaft an (siehe Form. XVI. 14). Dabei ist, je nachdem welche Teile des Nachlasses für die Abkömmlinge gesichert werden sollen, der überlebende Ehegatte als Vorerbe und die Abkömmlinge als Nacherben einzusetzen und dem Überlebenden oder den Abkömmlingen der Nachlaß mit Ausnahme der Grundstücke ganz oder teilweise als Vorausvermächtnis zuzuwenden, bei den Abkömmlingen evtl. belastet mit einem Nießbrauch für den Überlebenden. Bezüglich der Grundstücke ist der Überlebende dann auf jeden Fall als Vorerbe Volleigentümer und hat damit die AfA-Befugnis. Als weitere Ersatzlösungen kommen das Vermächtnis einer wertgesicherten Rente (siehe Form. XVI. 8, 9 und 23) oder einer dauernden Last (siehe Form. XVI. 8) in Frage. Das Vermächtnis einer dauernden Last könnte z. B. lauten, dem Vermächtnisnehmer auf Lebenszeit den jährlichen jeweiligen Überschuß der Mieteinnahmen über die Hausunkosten (ohne Abschreibungen) des Grundstücks oder den Überschuß der Mieteinnahmen über die laufenden Unkosten i. S. der §§ 1041, 1045, 1047 BGB zu vermachen. Sicherbar wäre beides entweder durch eine Reallast, deren Inhalt nur bestimmbar zu sein braucht (*Palandt/Bassenge* § 1105 Anm. 4c) oder eine Grundschuld, bei der der Kapitalbetrag im Hinblick auf eine zu erwartende Geldentwertung bzw. Mieterhöhung und die Lebenserwartung des Berechtigten zu schätzen wäre. Die Sicherung durch eine Grundschuld hätte den Vorteil, daß im Falle einer Zwangsversteigerung nicht wie bei der Reallast die unter Form. XVI. 8 Anm. 5 geschilderten unerwünschten Rechtswirkungen eintreten könnten. Einkommensteuerlich würden Rente und dauernde Last wie unter Form. XVI. 8 Anm. 10 Abs. 2a u. b dargelegt behandelt. Vor der Auswahl der Gestaltung, empfiehlt sich in jedem Fall ein Steuerbelastungsvergleich unter Einbeziehung von Erbschaftsteuer und Einkommensteuer.

15. **Kosten und Gebühren.** Wie Form. XVI. 1 Anm. 18.

21. Nießbrauchsvermächtnis an Erbteilen[1, 2]

Verhandelt zu ......
am ...... (auch als eigenhändiges Testament möglich)

§ 1 Erbeinsetzung

Auf meinen Tod setze ich meine Ehefrau A, geb. E, meinen Sohn B und meine Tochter C zu meinen Erben zu je 1/3 Erbteil ein. Ersatzerben meiner Ehefrau sind unsere gemeinschaftlichen Kinder B und C je zur Hälfte. Weitere Ersatzerben meiner Ehefrau und Ersatzerben unserer Kinder sind deren Abkömmlinge, einschließlich adoptierter, jedoch mit Ausnahme nichtehelicher Kinder männlicher Nachkommen und ihren Abkömmlingen, jeweils nach der gesetzlichen Erbregel erster Ordnung. Meine Ehefrau A, geb. E ist mit ihrem Erbteil lediglich den gesetzlichen Beschränkungen unterliegende Vorerbin. Nacherben auf den Tod der Vorerbin sind unsere Kinder B und C je zur Hälfte. Die Nacherbschaftsrechte sind vom Erbfall bis zum Nacherbfall weder übertragbar noch, mit Ausnahme an die Ersatznacherben, vererblich.[3] Die Ersatznacherbschaft entspricht der Ersatzerbschaft. Meine Ehefrau A, geb. E ist jedoch als Vorerbin befugt, abweichende letztwillige Verfügungen hinsichtlich des ihr zugewendeten Erbteils unter unseren ehelichen Abkömmlingen einschließlich adoptierter, jedoch mit Ausnahme nichtehelicher Kinder männlicher Nachkommen und ihren Abkömmlingen, zu treffen.[4] Die Auseinandersetzung meines Nachlasses schließe ich bis zum Tode meiner Ehefrau A, geb. E aus.

§ 2 Vermächtnisse

1. Meiner Ehefrau A vermache ich im voraus den lebtäglichen Nießbrauch an den Erbteilen der Kinder B und C.[5] Einen Ersatzvermächtnisnehmer bestelle ich nicht. Sobald mein Sohn B aufgrund des ihm unter Ziff. 3 eingeräumten Übernahmerechts mein von mir einzelkaufmännisch betriebenes Heizungsbauunternehmen einschließlich des Betriebsgrundstücks übernimmt, endet, unbeschadet der Fortdauer an den anderen Nachlaßgegenständen, der Nießbrauch daran.
2. Ferner vermache ich meiner Ehefrau A im voraus die Haushaltseinrichtung soweit sie mir gehört.

3. Meinem Sohn B räume ich im Wege des Vorausvermächtnisses, nicht der bloßen Teilungsanordnung, das Recht ein, nach Vollendung seines 21. Lebensjahres und nach dem Bestehen der Meisterprüfung im Heizungsbauerhandwerk mein Heizungsbauunternehmen, und zwar gleichgültig in welcher Rechtsform es zu diesem Zeitpunkt betrieben wird, einschließlich des Betriebsgrundstücks zu übernehmen.[6] Ein Ersatzvermächtnisnehmer bezüglich dieses Übernahmerechts wird nicht bestellt. Der Übernahmepreis ist durch Schiedsgutachten[7] eines von der zuständigen Handwerkskammer zu bestimmenden vereidigten Sachverständigen bezüglich des Betriebs und des zuständigen Gutachterausschusses nach dem Bundesbaugesetz bezüglich des Grundstücks auf den Übernahmezeitpunkt zu ermitteln.

4. Mein Sohn B hat ab dem Zeitpunkt der Betriebsübernahme meiner Ehefrau A eine monatlich im voraus zahlbare Unterhaltsrente in Höhe des jeweiligen Grundgehalts ohne alle Zuschläge eines Bundesbeamten der Besoldungsgruppe A 11 in der Endalterstufe zu zahlen.[8] Diese Rente ist zum Zeitpunkt der Übernahme nach finanzmathematischen Grundsätzen unter Zugrundelegung eines Zinssatzes von 7% und der neuesten Sterbetafel zu kapitalisieren. Der Kapitalisierungsbetrag ist vom nach Ziff. 3 berechne ten Übernahmepreis in Abzug zu bringen und die Hälfte des restlichen Übernahmepreises hat B in vier gleichen unverzinslichen Jahresrenten ab dem Zeitpunkt der Übernahme an seine Schwester C auszuzahlen.

§ 3 Testamentsvollstreckung

Ich setze meine Ehefrau A zu meinem Testamentsvollstrecker ein[9] und zwar auch mit den Befugnissen nach § 2222 BGB. Sie kann sich auch den ihr vermachten Nießbrauch an den Erbteilen der Kinder selbst einräumen. Im übrigen ist sie nur insoweit beschränkt, als sie Grundstücke nicht ohne Zustimmung der übrigen Erben, mit Ausnahme der Nacherben, veräußern darf und sie zur Nachlaßauseinandersetzung deren Zustimmung bedarf.

§ 4 Schlußformel

Belehrung über das Pflichtteilsrecht ist erfolgt. (Schluß wie Form. XV. 1)

Schrifttum: Bünger, Nießbrauch am Nachlaß und an Erbteilen, BWNotZ 1963, 100; *Nieder,* Hdb. d. Testamentsgestaltung, 1992 Rdn. 566; *Rohlff,* Nießbraucher und Vorerbe als Testamentsvollstrecker, DNotZ 1971, 518.

Anmerkungen

1. **Sachverhalt.** Der Testator ist verheiratet und hat zwei Kinder. Er ist Inhaber eines einzelkaufmännisch betriebenen Heizungsbauunternehmens. Die Ehefrau hat keine eigenständige Altersversorgung.

2. **Anwendungsfälle.** Ziel des Testaments ist die Alterssicherung der Ehefrau und die Sicherstellung des Vermögens für die Abkömmlinge und der Fortführung des Unternehmens. Erreicht werden soll dies durch eine Kombination zwischen Vorerbschaft und Nießbrauchsvermächtnis für die Witwe und der Erweiterung ihrer Verfügungsbefugnis durch ihre Einsetzung als Testamentsvollstreckerin. Da die Stellung eines Nießbrauchers wirtschaftlich gesehen in etwa der eines nicht befreiten Vorerben entspricht, hat die Einsetzung der Ehefrau zu ⅓ Erbteil hauptsächlich optische Bedeutung. Sie dient aber auch dazu, ihr über die Konstruktion der auflösend bedingten Vorerbschaft (*Palandt/ Edenhofer* § 2065 Rdn. 8) bezüglich des ⅓ Erbteils die Möglichkeit zu geben, wenigstens bezüglich dieser Erbquote trotz Bindung durch die Nacherbschaft unter den Ab-

kömmlingen eine von den gesetzlichen Erbquoten abweichende letztwillige Verteilung vornehmen zu können. Abgesehen davon wäre wirtschaftlich das gleiche Ergebnis auch dadurch zu erreichen, daß der Ehefrau kein Erbteil zugewandt und ihr nur der Nießbrauch am gesamten Nachlaß vermacht würde.

3. Vererblichkeit und Übertragbarkeit des Nacherbenanwartschaftsrechts. Solange teilweise (RGZ 142, 171; 169, 38 = DR 1942, 1187; BayObLG 1951, 570 u. 161, 132; OLG Köln NJW 1955, 633; *Palandt/Edenhofer* § 2108 Rdn. 4) die Einsetzung von Ersatznacherben nicht gleichzeitig als Ausschluß der Vererblichkeit der Nacherbenanwartschaft gewertet wird, muß die Vererblichkeit des Nacherbenanwartschaftsrechts auch neben einer Ersatznacherbeneinsetzung ausdrücklich ausgeschlossen werden (*Haegele* Rpfleger 1967, 161/163 u. 166; oben Form. XVI. 11 Anm. 8). Auch der Ausschluß der Übertragbarkeit ist zulässig (*Palandt/Edenhofer* § 2108 Rdn. 9 mwN.).

4. Die vom Willen des Vorerben abhängige Vorerbeinsetzung. Siehe insoweit die Ausführungen bei Form. XVI. 12 Anm. 3. Mit dieser Konstruktion läßt sich bei der Vorerbschaft das beim Nießbrauchsvermächtnis des überlebenden Ehegatten schwer zu lösende Problem, dem Überlebenden die wertverschiebende Verteilung des Nachlasses des Erstversterbenden unter den Abkömmlingen zu ermöglichen (siehe Form. XVI. 20 Anm. 8), relativ einfach lösen.

5. Nießbrauch an einem Erbteil. Der Nießbrauch an einem Erbteil oder an allen Erbteilen ist etwas anderes als der Nießbrauch am Nachlaß oder an einem Bruchteil des Nachlasses. Ist letzterer Vermögensnießbrauch (§ 1089 BGB) und besteht an den einzelnen Nachlaßgegenständen und ist, wenn er vermächtnisweise zugewandt wird, beim Vermächtniserfüllungsvertrag an den einzelnen Gegenständen nach den für sie geltenden Vorschriften zu bestellen, ist der Nießbrauch am Erbteil Nießbrauch an einem Recht und fällt unter §§ 1068 ff. BGB (MünchKomm/*Petzoldt*, 2. Aufl. §§ 1068 Rdn. 8 u. 1089 Rdn. 3; *Staudinger/Promberger* § 1089 Rdn. 24). Gem. § 1069 BGB erfolgt die Bestellung des Nießbrauchs an einem Recht nach den für die Übertragung geltenden Vorschriften, dh. beim Erbteil durch notariell beurkundeten Erbteilsübertragungsvertrag gem. § 2033 Abs. 1 BGB. Aus welchen Gegenständen der Nachlaß besteht, vielleicht nur aus einem einzigen Gegenstand, spielt dafür keine Rolle (*Staudinger/Promberger* § 1089 Rdn. 26). Bezüglich des Unterschieds zum Nießbrauch am Nachlaß siehe Form. XVI. 20 Anm. 4.

6. Übernahmerecht. Durch ein Übernahmerecht wird einem Miterben das Gestaltungsrecht eingeräumt, durch eine von seinem freien Willensentschluß abhängende Übernahmeerklärung das Recht zu erlangen, einen Gegenstand aus dem Nachlaß zu entnehmen. Es kommt dabei auf den Einzelfall an, ob das dem Bedachten in dieser Weise eingeräumte Forderungsrecht auf eine Vorwegbefriedigung aus dem Nachlaß gerichtet ist und dann als Vorausvermächtnis zu betrachten ist oder ob der Erblasserwille auf die Zuweisung des Gegenstandes im Rahmen der Gesamtauseinandersetzung ging und deshalb lediglich eine ausgleichungspflichtige Teilungsanordnung nach § 2048 BGB ist (*Benk* MittRhNotK 1979, 53/58). Wenn in dem Testament nicht, wie im Formular, eine ausdrückliche Klarstellung erfolgt, ist die Frage der Abgrenzung zwischen Teilungsanordnung und Vorausvermächtnis gerade bei Übernahmerechten gegen Wertausgleich besonders schwierig. Nach der Rechtsprechung des BGH BGHZ 36, 115 = LM § 2048 BGB Nr. 4 m. Anm. *Mattern* ist allein entscheidend für die Rechtsnatur des Übernahmerechts das subjektive Abgrenzungskriterium des Begünstigungswillens des Erblassers. Lag ein solcher vor, handelt es sich bei dem Übernahmerecht um ein Vorausvermächtnis nach § 2150 BGB, scheidet er hingegen aus, liegt eine bloße Teilungsanordnung vor (*Benk* aaO. S. 61; des näheren siehe Form. XVI. 27 Anm. 6 Abs. 4). Über die Bedeutung des Unterschieds zwischen Vermächtnis und Teilungsanordnung siehe *Palandt/Edenhofer* § 2048 Anm. 4a.

7. Schiedsgutachten. Die genannten Institutionen haben den Übernahmepreis als Schiedsgutachter rechtsgestaltend endgültig festzustellen (*Palandt/Heinrichs* § 317 Rdn. 4). Angreifbar ist diese Feststellung nur mit der Begründung, sie sei gem. § 319 BGB offenbar unbillig erfolgt (*Palandt/Heinrichs* § 319 Rdn. 4).

8. Rentenvermächtnis. Bezüglich des wertgesicherten Rentenvermächtnisses siehe Form. XVI. 8 Anm. 4.

9. Nießbrauch und Testamentsvollstreckung. Vgl. Form. XVI. 20 Anm. 7.

10. Steuern. (1) **Erbschaftsteuer.** Die Erben sind mit ihren Zuwendungen gem. § 3 Abs. 1 Ziff. 1 ErbStG entsprechend ihren Steuerklassen und Freibeträgen erbschaftsteuerpflichtig. Soweit die überlebende Ehefrau mit ihrem $1/3$ Erbteil nur Vorerbin ist, hat sie nach § 6 Abs. 1 ErbStG trotzdem die volle Erbschaftsteuer zu entrichten, die mit der Nacherbschaft verbundene Verfügungsbeschränkung wird nicht berücksichtigt. Nach dem mit ihrem Tod eintretenden Nacherbfall, haben die Nacherben diesen Erbteil gem. § 6 Abs. 2 ErbStG nochmals zu versteuern. Bezüglich der Erbschaftsteuer der ihr an den Erbteilen zu je $1/3$ der beiden Kinder vermachten Nießbrauchsrechte hat die Ehefrau gem. § 23 Abs. 1 ErbStG die Wahl, ob sie einmalig nach den Kapitalwerten oder jährlich wiederkehrend nach den Jahreswerten der Nießbrauchsrechte die Erbschaftsteuer entrichten will. Die Bewertung der Nießbrauchsrechte richtet sich gem. §§ 13 ff. BewG jeweils nach den mit der wahrscheinlichen Lebenserwartung der Berechtigten gem. Anl. 9 BewG vervielfältigten den Erbteilsquoten entsprechenden Teilen der Summe der tatsächlichen jährlichen Erträge der einzelnen Nachlaßgegenstände. Bei der Ermittlung der Jahreswerte können dabei von den Einnahmen der ertragbringenden Nachlaßgegenstände die Aufwendungen für die ertraglosen Nachlaßgegenstände abgezogen werden (BFH BStBl. II 1970, 368). Da der Nießbrauch der Witwe des Erblassers zugewendet wird, können die Erben nach § 25 ErbStG nicht die kapitalisierten Nießbrauchsrechte an den Erbteilen vom steuerlichen Wert ihres Gesamterwerbs abziehen, sondern haben nur die Möglichkeit der zinslosen Stundung der auf den Wert der Nießbrauchsrechte entfallenden Erbschaftsteuerbeträge bis zum Erlöschen dieser Rechte. Da dem Sohn B das Betriebsübernahmerecht als Vorausvermächtnis zugewandt ist, ist es unbestritten erbschaftsteuerlich zu berücksichtigen, was, wenn es im Wege der Teilungsanordnung zugewandt worden wäre, zur Wahl der Erben gestanden hätte (*Benk* MittRhNotK 1979, 53/62). Da die der Witwe unter § 2 Ziff. 4 vermachte Unterhaltsrente erst ab dem Zeitpunkt der Betriebübernahme durch den Sohn B zu zahlen ist, steht dieser Erwerb unter einer aufschiebenden Bedingung (§ 4 BewG) und die Erbschaftsteuerpflicht entsteht daher gem. § 9 Abs. 1a ErbStG erst mit dem Zeitpunkt des Eintritts der Bedingung. Dann wird die Rente gem. § 14 BewG bewertet, indem ihr tatsächlicher Jahreswert, ohne Berücksichtigung etwaiger späterer Erhöhungen infolge der Wertsicherungsklausel (*Dürkes*, Wertsicherungsklauseln, 8. Aufl. 1972 Rdn. D 286 ff.), mit der wahrscheinlichen Lebenserwartung der Berechtigten aufgrund Anl. 9 BewG vervielfältigt wird.

(2) **Einkommensteuer.** Die überlebende Ehefrau hat die ihr aus den Nießbrauchsrechten an den beiden Erbteilen zufließenden Einkünfte anstelle der Erben als originäres Einkommen zu versteuern. Dagegen können, und darin liegt der Nachteil eines Nießbrauchsvermächtnisses, die Erben und die Nießbraucherin in Höhe der nießbrauchsbelasteten Erbquoten keine Absetzungen für Abnutzung (AfA) und sonstige Werbungskosten bezüglich der Nachlaßgegenstände geltend machen (BGH BStBl. II 1981, 299). In jedem Einzelfall ist durch Steuerbelastungsvergleich zu ermitteln, ob eine gegenständlich beschränkte Vorerbschaft günstiger ist. Die Unterhaltsrente, die die Witwe nach Betriebsübernahme erhält, ist bei ihr gem. § 22 Ziff. 1a EStG nur mit dem aus der dort enthaltenen Tabelle zu entnehmenden Ertragsanteil abzüglich der Werbungskosten zu versteuern und kann vom Rentenverpflichteten auch gem. § 10 Abs. 1 Ziff. 1a EStG nur in dieser Höhe als Sonderausgabe geltend gemacht werden. Obwohl die Rente im Zu-

sammenhang mit dem Erwerb eines Unternehmens steht, ist sie nicht als gewerbeertragsmindernde Betriebsausgabe abzugsfähig (BFH BStBl. II 1973, 184; FG Nürnberg EFG 1974, 250), da sich der Betriebserwerb und die Entstehung der Rentenverpflichtung nicht im betrieblichen sondern im privaten Bereich vollzogen haben. Andererseits findet auch keine Realisierung stiller Reserven im Betriebsvermögen statt.

11. Kosten und Gebühren. Siehe Form. XV. 1 Anm. 18.

22. Vermächtnis eines Quotennießbrauchs an einem Grundstück und eines Nießbrauchs an Wertpapieren mit Einsetzung des Nießbrauchers als Testamentsvollstrecker[1]

Verhandelt zu ......
am ...... (auch als eigenhändiges Testament möglich)

§ 1 Erbeinsetzung

Ich setze meine beiden Kinder B und C je zur Hälfte zu Erben meines Nachlasses ein. Ersatzerben sind deren leibliche Abkömmlinge, einschließlich adoptierter, jedoch mit Ausnahme nichtehelicher Kinder männlicher Nachkommen und ihren Abkömmlingen, unter sich nach der gesetzlichen Erbregel erster Ordnung. Mangels Ersatzerben soll Anwachsung eintreten.

§ 2 Vermächtnisse

(1) Meiner Ehefrau A, geb. E vermache ich den lebenslangen unentgeltlichen Quotennießbrauch[3] am ganzen Grundstück auf die Hälfte der gesamten Nutzungen an meinem Mehrfamilienhausgrundstück in ...... (Ort, Straße) mit der Flst. Nr. .. Abweichend von der gesetzlichen Lastenverteilungsregelung haben die Grundstückseigentümer auch die Kosten der gewöhnlichen Erhaltungsaufwendungen im Sinne des § 1041 BGB, der Versicherungsaufwendungen nach § 1047 BGB und die öffentlichen und privaten Lasten im Sinne des § 1047 BGB zu tragen und sind dem Nießbraucher gegenüber zur Vornahme der außergewöhnlichen Ausbesserungen verpflichtet. Soweit diese Abänderungen des gesetzlichen Schuldverhältnisses zwischen Eigentümer und Nießbraucher als Inhalt des dinglichen Nießbrauchs nicht zulässig sind, sollen sie nur schuldrechtlich erfolgen. Die Ausübung des Quotennießbrauchs soll nicht übertragbar sein. Er soll auch bestehen bleiben, wenn sich meine Ehefrau wieder verheiratet. Innerhalb von drei Monaten nach meinem Tod hat der Testamentsvollstrecker die Eintragung des Nießbrauchs an einem Miteigentumsanteil von 1/2 meines Hausgrundstücks im Grundbuch mit der Maßgabe zu beantragen, daß zur Löschung des Rechts der Nachweis des Todes der Berechtigten genügt.[4] Unabhängig vom Grundbuchvollzug soll der Quotennießbrauch schuldrechtlich ab meinem Todestag Geltung haben.[5]

(2) Meiner Ehefrau A, geb. E vermache ich weiter den vollen Nießbrauch auf Lebenszeit an meinen sämtlichen Wertpapieren ohne Rücksicht auf ihren Kurswert, die sich zum Zeitpunkt meines Todes auf meinem Depotkonto Nr. .. bei der X-Bank in ...... (Ort) befinden.[6]

(3) Letztlich vermache ich meiner Ehefrau A, geb. E die gesamte Einrichtung unserer Familienwohnung im weitesten Sinne und alle sonstigen persönlichen Gebrauchsgegenstände, soweit sie in meinem Eigentum stehen.

(4) Bis zum Tode meiner Ehefrau schließe ich die Erbauseinandersetzung bezüglich meines Mehrfamilienhauses und des Inhalts meines Wertpapierdepots aus.

§ 3 Testamentsvollstreckung

Ich ernenne meine Ehefrau A, geb. E zum Testamentsvollstrecker mit der Aufgabe, insbesondere das Mehrfamilienhaus und die Wertpapiere zu verwalten und den übrigen Nachlaß auseinanderzusetzen. Sie ist dabei von allen gesetzlichen Beschränkungen soweit zulässig und von den Beschränkungen nach § 181 BGB befreit. Sie ist berechtigt, statt ihrer einen anderen Testamentsvollstrecker und ihren Nachfolger zu bestimmen. Sollte meine Ehefrau aus irgendeinem Grund nicht als Testamentsvollstrecker in Frage kommen und auch keinen anderen bestimmt haben, so ersuche ich das Nachlaßgericht um Ernennung eines Testamentsvollstreckers mit dem obigen Aufgabenbereich, der aber den gesetzlichen Beschränkungen voll unterliegt.

§ 4 Schlußformel (wie Form. XV. 1)

Schrifttum: Jansen/Jansen, Der Nießbrauch im Zivil- und Steuerrecht, 4. Aufl. 1985; *Petzoldt,* Vorerbschaft und Nießbrauchsvermächtnis, BB Beil. 6/1975; *Rosenau,* Der Nießbrauch in rechtlicher und steuerlicher Sicht, BB Beil. 3/1969; *Hoyer,* Ausgewählte ertragsteuerliche Fragen zum Nießbrauch, BB 1980, 1461; *ders.,* Der Nießbrauch an Grundbesitz im Privatvermögen, BB 1981, 230; *Nieder,* Hdb. d. Testamentsgestaltung, 1992 Rdn. 565; *Schellenberger,* Nießbrauch im Steuerrecht – eine Standortbestimmung, DStR 1981, 395; *Schmidt-Carré,* Die Rechtsprechung des Bundesfinanzhofs zur steuerrechtlichen Zurechnung von Einkünften aus mit einem Nießbrauch belasteten Gegenständen, MittRhNotK 1980, 61; *Seithel,* Einkommensteuerliche Auswirkungen eines im Grundbuch nicht vollzogenen schuldrechtlichen Nießbrauchs bzw. Wohnrechts im Privatbereich, DStR 1980, 582; *Troll,* Renten und Nießbrauch im Steuerrecht, 1980.

Anmerkungen

1. Sachverhalt. Der Testierer ist verheiratet und hat zwei Söhne B und C, die bereits außer Haus sind und beide mehr verdienen, als ihre Mutter an Witwenbezügen zu erwarten hat. Außer einem Mehrfamilienwohnhaus und Wertpapierbesitz hat der Testierer nur noch unwesentliches Vermögen.

2. Anwendungsfälle. Der Quotennießbrauch ist immer dann angebracht, wenn bei einer auf Lebenszeit zu versorgenden Person die Zuwendung eines Bruchteils der Nutzungen einer Sache ausreicht, die Sache selbst aber anderen bereits fest zugewiesen werden soll. Der Quotennießbrauch ist, wie unten näher ausgeführt wird, insbesondere als sog. Bruttonießbrauch steuerlich immer noch günstig. Die Stellung des Nießbrauchers, der neben seiner Verwaltungsbefugnis nur äußerst geringe Verfügungsbefugnisse über den belasteten Gegenstand hat, kann wesentlich dadurch verstärkt werden, daß man ihn gleichzeitig zum Testamentsvollstrecker ernennt. Er erhält dann die ihm fehlende Verfügungsbefugnis, mit Ausnahme von unentgeltlichen Verfügungen, kann sich den dinglichen Nießbrauch selbst bestellen und die ihm zustehenden Nutzungen selbst ziehen. Die Gestaltung setzt allerdings Vertrauen voraus, da die Mißbrauchsmöglichkeiten groß sind. Insbesondere beim Quotennießbrauch, bei dem der Nießbraucher mit den Erben in einem Gemeinschaftsverhältnis bezüglich der Nutzungen des Nießbrauchsgegenstandes steht, kann diese Lösung zur Vermeidung von Streitigkeiten nützlich sein (s. hierzu auch das Formular bei *Langenfeld,* Das Testament des Gesellschafter-Geschäftsführers einer GmbH und GmbH & Co, 1980 S. 131, das für Meinungsverschiedenheiten zwischen Eigentümer und Nießbraucher die Einschaltung eines vom Nachlaßgericht zu bestimmenden Testamentsvollstreckers als Schiedsrichter vorsieht).

Eine Alternative zu der hier getroffenen Problemlösung wäre das Vermächtnis einer schuldrechtlichen quotenmäßigen Beteiligung der Ehefrau A, geb. E auf Lebenszeit am

22. Vermächtnis eines Quotennießbrauchs an einem Grundstück

Gesamtbetrag der Soll-Mieten des Mietgrundstücks unabhängig vom tatsächlichen Eingang der Mietzinsforderungen, die durch eine Reallast gesichert werden könnte, evtl. aber nach dem Erbfall der Genehmigung nach § 3 Währungsgesetz bedürfte (*Szagunn* BB 1955, 969/970 a. A. mit Recht *Dürkes*, Wertsicherungsklauseln, 8. Aufl. 1972 Rdn. D 135). Die Berechtigte hätte diese Bezüge nach § 22 Nr. 1 EStG zu versteuern. Die Erben müßten die vollen Mieteinnahmen sich zwar als Einkünfte aus Vermietung und Verpachtung anrechnen lassen, könnten aber aufgrund der Beteiligung an die Vermächtnisnehmerin abzuführenden Beträge voll nach § 10 Abs. 1 Nr. 1a EStG (dauernde Lasten) als Sonderausgaben absetzen. Desgleichen könnten sie bei dieser Lösung unbestritten die vollen Grundstücksaufwendungen einschließlich AfA als Werbungskosten absetzen. Eine andere Möglichkeit der Wahl wäre, der Ehefrau eine Miteigentumshälfte des Mietgrundstücks als Vorvermächtnisnehmerin gem. § 2191 BGB zuzuwenden und die Söhne zu Nachvermächtnisnehmern einzusetzen. Dabei entstünde nach dem Erbfall für die Nachvermächtnisnehmer zwar nur ein schuldrechtlicher Anspruch (§ 2174 BGB), der jedoch nach Eintragung der Vorvermächtnisnehmerin im Grundbuch durch eine Vormerkung sicherbar ist (BayObLG Rpfleger 1981, 190 mwN.). Diese Lösung wäre allerdings für das Bestreben, die steuerlichen Abzugs- und Abschreibungsmöglichkeiten den besserverdienenden Söhnen zuzuweisen, nicht günstig, da diese Möglichkeiten nur im Verhältnis der Miteigentumsquoten bestehen. Durch die Festlegung des Nießbrauchsvermächtnisses an den Wertpapieren auf den Depotbestand zum Zeitpunkt des Todes hat es der Testierer in der Hand, ohne Änderung des Testaments laufend auf die Höhe des Vermächtnisses Einfluß zu nehmen.

3. Quotennießbrauch. a) **Nießbrauch allgemein.** Der Nießbrauch ist das unvererbliche und bei natürlichen Personen unübertragbare dingliche Recht eine Sache in Besitz zu nehmen, sie zu verwalten und zu bewirtschaften und die Nutzungen daraus zu ziehen (§§ 1030 Abs. 1, 1036, 1059, 106 BGB). Er verpflichtet den Eigentümer nur zur Duldung dieser Nutznießung, nicht zu irgendwelchen Leistungen (BayObLG 72, 364 = DNotZ 1973, 299). Die Ausübungsbefugnis kann Dritten überlassen werden (§ 1059 Satz 2 BGB), diese Berechtigung kann jedoch durch Vereinbarung mit dinglicher Wirkung ausgeschlossen werden (LG Mönchengladbach NJW 1969, 140 = DNotZ 1969, 164). Zwischen Nießbraucher und Eigentümer entsteht ein dingliches, gesetzliches Schuldverhältnis, nach dem der Nießbraucher zur gewöhnlichen Unterhaltung des Grundstücks (§ 1041 BGB), zur Tragung der laufenden öffentlichen und privaten Lasten (§ 1045 BGB) und der Versicherungsbeiträge (§ 1045 BGB) verpflichtet ist. Zur Vornahme außergewöhnlicher Ausbesserungen ist der Nießbraucher nicht verpflichtet, wohl aber berechtigt (§§ 1043, 1044, 1049 BGB). Er kann die Vornahme solcher außergewöhnlicher Ausbesserungen auch nicht vom Eigentümer verlangen (BGHZ 52, 234/237). Das gesetzliche Schuldverhältnis ist mit dinglicher Wirkung durch Vereinbarung nebst Eintragung im Grundbuch abänderbar, soweit dadurch nicht gegen das Wesen des Nießbrauchs verstoßen und insbesondere die begriffswesentlichen Grenzen zwischen Eigentum und Nießbrauch und damit der Grundsatz der Erhaltung der Substanz der nießbrauchbelasteten Sache nicht verletzt wird (BayObLG 72, 364/367). Danach können die innerhalb des gesetzlichen Schuldverhältnisses den Nießbraucher treffenden Verpflichtungen gegenüber dem Eigentümer sowohl zugunsten als auch zu Lasten des Nießbrauchers mit dinglicher Wirkung abgeändert (BayObLG 79, 273/277 = Rpfleger 1979, 382) nicht jedoch dem Eigentümer Leistungsverpflichtungen (z. B. Unterhaltungspflicht) gegenüber dem Nießbraucher auferlegt werden, da der Nießbrauch seinem Wesen nach eine Dienstbarkeit ist, in deren Rahmen den Eigentümer nur Duldungs- aber keine Leistungspflichten treffen können (BayObLG 72, 364/367). Schuldrechtlich kann der Eigentümer natürlich solche Leistungsverpflichtungen übernehmen, die dann durch eine zusätzliche Reallast für den Nießbraucher gesichert werden könnten.

b) **Bruchteils- und Quotennießbrauch.** § 1066 BGB enthält eine ausdrückliche Vorschrift für den Fall, daß ein Miteigentümer an seiner Miteigentumsquote einen Nießbrauch bestellt. Es ist aber anerkannt, daß auch ein Alleineigentümer Nießbrauch an bloßen Bruchteilen eines Gegenstandes begründen kann und zwar entweder, daß er ihn mehreren jeweils an ideellen Bruchteilen des ganzen Gegenstandes bestellt und diese Bruchteile zusammen den ganzen Gegenstand bilden oder daß er von vornherein nur einem Berechtigten den Nießbrauch nur an einem ideellen Bruchteil der Sache einräumt, während der restliche Bruchteil des ganzen Gegenstandes lastenfrei bleibt (sog. Bruchteilsnießbrauch). Beides ist zulässig, obwohl sich der Gegenstand weiterhin in Alleineigentum befindet, ideelle Miteigentumsbruchteile somit garnicht vorhanden sind. Die Zulässigkeit dieser Art der Bestellung wird allgemein damit begründet, daß beim Nießbrauch ein den §§ 1095, 1106, 1114, 1192 und 1199 BGB entsprechendes Verbot fehlt und der Nießbrauch an einem ideellen Bruchteil der Sache daher nicht nur bestellt werden kann, wenn er Anteil eines Miteigentümers ist (*Staudinger/Promberger* § 1030 Rdn. 16 mwN; KG OLGZ 40, 52; *Staudinger/Spreng* § 1066 Rdn. 6; LG Hamburg DNotZ 1969, 39). Unbestritten zulässig und darf mit dem bisherigen nicht verwechselt werden ist auch die Belastung des ganzen Gegenstandes mit einem Nießbrauchsrecht, das mehreren in Bruchteilsgemeinschaft gem. §§ 741 ff BGB oder als Gesamtberechtigte gem. § 428 BGB zusteht (KGJ 49, 191; KG Recht 1929, 480; KG OLGRspr. 40, 52; RG HRR 1937 Nr. 1443; BayObLG DNotZ 1956, 209; *Staudinger/Spreng* § 1066 Rdn. 7; *Staudinger/Promberger* § 1030 Rdn. 30; *Faber* BWNotZ 1978 151/153).

Letztlich ist aber auch denkbar, daß das ganze Grundstück mit einem Nießbrauch belastet wird, der nur auf eine Quote der Gesamtnutzungen geht (sog. Quotennießbrauch). Nachdem das Kammergericht (KG OLGRspr. 26, 85) zunächst die Zulässigkeit eines solchen Nießbrauch im Hinblick auf den Wortlaut des § 1030 BGB abgelehnt hat, erkannte es ihn später (KGJ 49, 191) für den Fall an, daß einer von mehreren Berechtigten einer Bruchteilsgemeinschaft an einem Nießbrauch verstirbt und sein Bruchteil am Nießbrauch daher erlischt (§ 1061 BGB). In Fortführung dieser Entscheidung hat das Kammergericht schließlich (KG JFG 13, 447 = JW 1936, 2747) allgemein anerkannt, daß, wie im Formular vorgesehen, ein Nießbrauch von vornherein am ganzen Gegenstand für einen Berechtigten beschränkt auf einen Bruchteil (Quote) der Gesamtnutzungen bestellt werden kann (sog. Quotennießbrauch). Die wohl hM. ist dem gefolgt (*Staudinger/Spreng* § 1030 Rdn. 2 b u. § 1085 Rdn. 3; *Soergel/Siebert/Baur*, 10. Aufl. § 1030 Rdn. 4 u. 10; *Staudinger/Promberger* § 1030 Rdn. 31; *Palandt/Bassenge* § 1030 Rdn. 9; *Beyerle* JZ 1955, 257/259; BayObLG DNotZ 1974, 241). Der Unterschied zwischen Bruchteils- und Quotennießbrauch ist, daß beim ersten nur ein ideeller Bruchteil des ganzen Gegenstandes mit dem Nießbrauch belastet ist, beim zweiten dagegen der ganze Gegenstand, der Nießbrauch aber nur auf die Nutzungen zu einer Quote geht (*Staudinger/Promberger* § 1030 Rdn. 32). Nicht zu verwechseln sind der Bruchteils- und der Quotennießbrauch mit der Möglichkeit der Beschränkung des Nießbrauchs durch Ausschluß einzelner Nutzungen nach § 1030 Abs. 2 BGB. Dazu sei darauf hingewiesen, daß aufgrund dieser Vorschrift der Ausschluß der Nießbrauchsnutzung an einer oder mehrerer Wohnungen eines Mietwohngrundstücks nicht möglich ist (BayObLG Rpfleger 1980, 17 = MittBayNot 1979, 230). Hier hilft nur die Bestellung einer beschränkten persönlichen Dienstbarkeit für die vorbehaltenen Wohnungen. Allgemein wird zumindest bei Vorliegen eines rechtlichen Interesses auch die Bestellung eines Eigentümernießbrauchs für zulässig gehalten (LG Hamburg DNotZ 1969, 39; *Harder* DNotZ 1970, 267, der sogar auf das Erfordernis eines besonderen Interesses verzichtet).

4. Vermächtniserfüllung. Der Quotennießbrauch ist an dem Miteigentumsanteil gem. §§ 873, 874 BGB durch Einigung und Grundbucheintrag zu bestellen. Es genügt eine Eintragungsbewilligung in öffentlich beglaubigter Form (§§ 19, 29 GBO) nebst formlosem Eintragungsantrag des Berechtigten oder des Verpflichteten (§ 13 GBO). Die Ein-

22. Vermächtnis eines Quotennießbrauchs an einem Grundstück XVI. 22

tragung einer sog. Vorlöschungsklausel nach § 23 Abs. 2 GBO vereinfacht später die Löschung nach dem Tode des Berechtigten. Die Bedachte kann als Testamentsvollstreckerin sich nach dem Erbfall den Nießbrauch selbst bestellen, ohne durch § 181 BGB daran gehindert zu sein (*Haegele/Winkler*, Der Testamentsvollstrecker, 13. Aufl. 1994 Rdn. 209).

5. Diese Klausel ist notwendig, da die Meinung vertreten wird (KG NJW 1964, 1808), der testamentarisch mit einem Nießbrauch Bedachte sei nicht berechtigt, aus den zur Erbschaft gehörenden, mit dem Nießbrauch belasteten Grundstücken Nutzungen zu ziehen, bevor nicht der Nießbrauch entsprechend § 873 BGB bestellt und im Grundbuch eingetragen sei.

6. Der Nießbrauch an Wertpapieren ist ein Nießbrauch an Rechten gem. §§ 1068ff. BGB. Er wird gem. § 1069 Abs. 1 BGB nach den Vorschriften über ihre Übertragung bestellt. Somit bei Namens- und Orderpapieren durch Indossament, Einigung über die Nießbrauchsbestellung und Papierübergabe oder deren Surrogat. Bei Inhaberpapieren (z. B. Inhaberaktien und festverzinsliche Wertpapiere = Inhaberschuldverschreibungen nach §§ 793ff. BGB) und bei den ihnen gleichgestellten blankoindossierten Orderpapieren durch Einigung über die Nießbrauchsbestellung und Papierübergabe, wobei jedoch nach § 1081 Abs. 2 BGB die Einräumung des Mitbesitzes genügt. Hinsichtlich des Verhältnisses zwischen Eigentümer und Nießbraucher gelten für Inhaberpapier- und blankoindossierte Orderpapiere die Vorschriften der §§ 1081–1084 BGB. Der Besitz an ihnen steht Eigentümer und Nießbraucher gemeinschaftlich zu, das Dividendenrecht dem Nießbraucher allein. Stimmberechtigt ist nach der hM. nur der Eigentümer bzw. Gesellschafter (*Wiedemann*, Die Übertragung und Vererbung von Mitgliedschaftrechten bei Handelsgesellschaften, 1965 S. 413/414 mwN. aM. dh. Stimmrecht des Nießbrauchers *Palandt/Bassenge* § 1068 Rdn. 3 mwN.). Näheres über Nießbrauch an Aktien s. *Spieß* MittRhNotK 1969, 752ff.

7. **Steuern.** (1) **Erbschaftsteuer.** Der Erwerb der Nießbrauchsvermächtnisse ist nach § 3 Abs. 1 Ziff. 1 ErbStG erbschaftsteuerpflichtig. Nach § 12 ErbStG sind dabei die zu versteuernden Kapitalwerte der Nießbrauchsrechte nach den Vorschriften des Bewertungsgesetzes (§§ 13 bis 16 BewG) zu bewerten (s. hierzu *Troll* S. 239ff.). Der tatsächliche Jahreswert der gezogenen Nutzungen am Miethausgrundstück und am Wertpapierbesitz ist danach gem. § 15 BewG zu ermitteln und mit dem dem Anteil des Nutzungsrechts am ganzen Wirtschaftsgut entsprechenden (Absch. 63 Abs. 1 VStR) Teil des achtzehnten Teils (§ 16 BewG) des nach den Vorschriften des Bewertungsgesetzes ermittelten Wertes des genutzten Wirtschaftsgutes zu vergleichen. Der niedrigste der beiden Werte ist der Jahreswert. Der Wert des Grundstücks richtet sich dabei nach §§ 145ff. BewG, der der Wertpapiere der niedrigste Tageskurs am Todestag (§ 11 BewG). Der so ermittelte Jahreswert ist, da es sich um Nutzungen auf Lebenszeit handelt, mit der aus Anlage 9 BewG zu entnehmenden durchschnittlichen Lebenserwartung des Berechtigten zu vervielfachen (§ 14 BewG) und ergibt dann den zu versteuernden Kapitalwert. Nach § 23 ErbStG hat die Witwe, wenn ihre Freibeträge nicht ausreichen sollten, die Wahl zwischen der sofortigen vollen Versteuerung und der jährlichen Versteuerung bis zum Ende des Nießbrauchs (zum Sonderausgabenabzug der jährlichen Erbschaftsteuerzahlungen s. *Kapp* § 23 Anm. 26). Da das Nießbrauchsvermächtnis zugunsten der Ehegattin des Erblassers angeordnet ist, können gem. § 25 ErbStG die Erben den Kapitalwert des Nießbrauchsrechtes nicht mit erbschaftsteuerlicher Wirkung von ihrem Erwerb abziehen, wodurch das Nießbrauchsvermächtnis viel von seiner früheren erbschaftsteuerlichen Attraktivität verloren hat. Ihnen bleibt allerdings die Möglichkeit, denjenigen Teil der Erbschaftsteuer, der auf die Nießbrauchsbelastung entfällt, bis zu deren Wegfall auf Antrag stunden zu lassen. Bezüglich einer evtl. günstigeren Gestaltung s. Form. XVI. 8 Anm. 10 (1).

(2) Einkommensteuer.

a) Bezüglich der einkommensteuerlichen Behandlung des Nießbrauchs an Hausbesitz im privaten Bereich allgemein siehe Form. XVI. 20 Anm. 14 (2).

b) ESt bei Bruchteils- und Quotennießbrauch. Beim Bruchteils- und Quotennießbrauch und bei Wohnungsrechten in Mehrfamilienhäusern sind nach dem Nießbrauchserlaß vom 15. 11. 1984 (BStBl. I 1984, 561) die Einkünfte, die Werbungskosten und die AfA entsprechend dem Verhältnis der vereinbarten anteiligen Nutzung zwischen Eigentümer und Berechtigtem aufzuteilen und steuerlich zuzurechnen bzw. absetzbar (siehe auch BFH Betr. 1985, 2538/2540).

c) ESt beim Wertpapiernießbrauch. Auf den Nießbrauch an Kapitalvermögen sind nach Tz. 60 des Nießbraucherlasses vom 15. 11. 1984 weiterhin die entsprechenden Vorschriften des Nießbraucherlasses vom 23. 11. 1983 (BStBl. I 1983, 508) anzuwenden. Danach werden beim Vorbehalts- und Vermächtnisnießbrauch die Einkünfte unmittelbar dem Nießbraucher zugerechnet (Nießbraucherlaß vom 23. 11. 1983 Tz. 55).

8. Kosten und Gebühren. Siehe Form. XV. 1 Anm. 18.

23. Nießbrauchsvermächtnis an einem Einzelunternehmen mit Rentenoption und Bestellung des Nießbrauchers zum Testamentsvollstrecker (Dispositionsnießbrauch)[1, 2]

Verhandelt zu . . . . . .
am . . . . . . (auch als eigenhändiges Testament möglich)

§ 1 Erbeinsetzung

Zu meinen Erben setze ich meine beiden Söhne B und C je zur Hälfte ein. Ersatzerben sind deren Abkömmlinge, einschließlich adoptierter, jedoch mit Ausnahme nichtehelicher Kinder Qmännlicher Nachkommen und ihren Abkömmlingen, unter sich jeweils nach der gesetzlichen Erbregel erster Ordnung. Mangels Ersatzerben soll Anwachsung eintreten.

§ 2 Vermächtnisse

(1) Meiner Ehefrau A, geb. B vermache ich auf Lebenszeit den vollen dinglichen Nießbrauch,[3] also Qnicht bloß den Ertragsnießbrauch, an dem von mir unter der Firma A, Tabakwaren Groß- und Einzelhandel einzelkaufmännisch betriebenen Unternehmen, das im Handelsregister des Amtsgerichts S unter HRA Nr... eingetragen ist. Der Nießbrauch endet im Falle ihrer Wiederheirat. Der Nießbrauch ist wie folgt auszugestalten: Der Nießbrauch ist der Nießbraucherin an dem Betriebsgrundstück in . . . . . . (Ort, Straße), Flst. Nr... sowie an allen beweglichen Wirtschaftsgütern des Betriebsvermögens, somit an allen Gegenständen, die steuerlich bei dem Einzelunternehmen aktiviert sind, einzuräumen. Alle Gegenstände des Umlaufvermögens gehen in das Eigentum der Nießbraucherin über. Sie ist verpflichtet, sie nach Beendigung des Nießbrauchs entsprechend in Natur zu erstatten. Alle betrieblichen Forderungen sind an die Nießbraucherin abzutreten. Entsprechend ist die Nießbraucherin verpflichtet, alle zum Zeitpunkt meines Todes bestehenden betriebsbedingten Verbindlichkeiten zu übernehmen bzw. falls die Gläubiger der befreienden Schuldübernahme nicht zustimmen sollten, die Erben von jeglicher Inanspruchnahme freizustellen. Die Nießbraucherin ist, im Rahmen einer ordnungsgemäßen Wirtschaft und mit der Verpflichtung zur Ersatzbeschaffung, berechtigt auch über Gegenstände des Anlagevermögens zu verfügen.

23. Nießbrauchsvermächtnis an einem Einzelunternehmen

Die Vermächtnisnehmerin hat in ihrer Eigenschaft als Nießbraucherin die Firma mit oder ohne Beifügung eines Nachfolgezusatzes im eigenen Namen und unter eigener Haftung fortzuführen.

Diejenigen persönlichen Steuern die die Erben hinsichtlich des nießbrauchsbelasteten Unternehmens und die Nießbraucherin auf Erträge, die zivilrechtlich nicht ihr, sondern den Erben zustehen, zu zahlen haben, können aus den jährlichen Gewinnen des Unternehmens entnommen werden. Bei der Berechnung der auf solche Erträge entfallenden Einkommensteuer sind diese jeweils als Spitzeneinkünfte anzusehen.

Die Nutzungen der Nießbraucherin errechnen sich wie folgt:[4]

Auszugehen ist vom jährlichen Steuerbilanzgewinn. Davon sind zunächst diejenigen persönlichen Steuern in Abzug zu bringen, die die Erben und die Nießbraucherin aufgrund der obigen Regelung zu entnehmen berechtigt sind. Danach sind etwaige Verluste vergangener Jahre auszugleichen, soweit dies nicht bereits in der Steuerbilanz geschehen ist. Danach ist für die Erben ein Betrag in Höhe von 20% der in der Steuerbilanz vorgenommenen Abschreibungen abzuziehen als Ausgleich für die erhöhten Wiederbeschaffungskosten der Ergänzungsinvestitionen. Der danach verbleibende Rest steht der Nießbraucherin zu 75% und den Erben zu 25%, letzteren zur Sicherung des Wachstums des Unternehmens, zu. Die Erben dürfen die ihnen zugerechneten Beträge nicht entnehmen. Verluste trägt die Nießbraucherin nur insoweit, als sie durch die obige Regelung bis zur Beendigung des Nießbrauchs wieder durch Gewinne ausgeglichen werden können.

Die jährlichen Entnahmen der Nießbraucherin müssen jedoch mindestens die Höhe der ihr unten zur Wahl eingeräumten Rente erreichen können.[5] Ist dies nicht der Fall, so entfallen bis auf die Steuerrückvergütungen alle Zuwendungen an die Erben sowie der Verlustausgleich. Ist auch dann die Höhe der Rente nicht aus dem Jahresertrag zahlbar, vermache ich hiermit meiner Ehefrau A, geb. E das Recht, die zur Erreichung der Rentenhöhe erforderlichen Mittel aus der Substanz des Unternehmens zu entnehmen. Die Übertragung der Ausübung des Nießbrauchs an einen Dritten ist ausgeschlossen.[6]

(2) Meine Ehefrau A, geb. E kann, wenn sie auf den Unternehmensnießbrauch verzichtet, durch Erklärung gegenüber den Erben verlangen,[7] daß ihr statt des Nießbrauchs eine monatlich im voraus zahlbare Rente auf Lebenszeit jeweils in derselben Höhe wie das monatliche Grundgehalt nebst Ortszulage und Weihnachtsgeld, jedoch ohne sonstige Zulagen und Sonderzahlungen eines unverheirateten und kinderlosen Bundesbeamten der Besoldungsgruppe A 13 in der Enddienstaltersstufe gezahlt wird. Die Rentenberechtigte nimmt jeweils automatisch an den jährlichen Gehaltsänderungen zur Anpassung an die Lebenshaltungskosten dieser Beamtenkategorie teil. Das Verlangen kann unter Einhaltung einer Frist von drei Monaten jeweils nur auf den Schluß eines Kalenderjahres gestellt werden.

Im Falle der Wiederverheiratung meiner Ehefrau endet auch diese Rente.

(3) Ferner vermache ich meiner Ehefrau A, geb. E die gesamte Einrichtung unserer Familienwohnung im weitesten Sinne soweit sie XOin meinem Eigentum steht und alle meine persönlichen Gebrauchsgegenstände.

Einen Ersatzvermächtnisnehmer bestelle ich hinsichtlich aller meiner Ehefrau zugewandten Vermächtnisse nicht.

§ 3 Testamentsvollstreckung[8]

Ich ernenne meine Ehefrau A, geb. E zu meiner Testamentsvollstreckerin. Ihr stehen dabei alle Rechte zu, die ihr nach dem Gesetz eingeräumt werden können. Sie ist von den Beschränkungen des § 181 BGB befreit. Die Testamentsvollstreckerin kann unter Verzicht auf ihren Nießbrauch und nach Wahl der Rente im Wege der Teilungsanordnung das Unternehmen nach billigem Ermessen einem meiner Erben zuteilen. Sie hat dabei denjenigen auszuwählen, der ihr für die betriebliche Nachfolge am geeignetsten erscheint. Eine besondere Vergütung erhält die Testamentsvollstreckerin nicht.

§ 4 Schlußformel

Der Notar wird mit der Einholung eines Negativattestes der Landeszentralbank bezüglich der Spannungsklausel[9] unter § 2 Abs. 2 beauftragt.

Schrifttum: Barz, Gestaltungen in der erbrechtlichen Praxis heute, DNotTag 1965, 53 ff. u. 82 ff.; *Bökelmann,* Nutzungen und Gewinn beim Unternehmensnießbrauch, 1971; *Fichtelmann,* Der Nießbrauch an Unternehmen und Beteiligungen, DStR 1974, 267 ff., 299 ff., 341 ff.; *R. von Godin,* Nutzungsrechte an Unternehmen und Unternehmensbeteiligungen, 1949; *Haegele,* Nießbrauch an einem Handelsgeschäft sowie bei Personen- und Kapitalgesellschaften, BWNotZ 1974, 24; *Hartmann/Aschfalk,* Testamentsvollstreckung, Nießbrauch und Vorerbschaft zur Sicherung der Nachfolge des Einzelunternehmers im Zivil- und Steuerrecht, 1983; *Hassel,* Der Nießbrauch am Handelsgeschäft, MittRhNotK 1968, 161 ff.; *Jansen/Jansen,* Der Nießbrauch im Zivil- und Steuerrecht, 4. Aufl. 1985; *Langenfeld,* Das Testament des Gesellschafter Geschäftsführers einer GmbH und GmbH & Co., 1980; *Nieder,* Hdb. d. Testamentsgestaltung, 1992 Rdn. 567; *Petzoldt,* Vorerbschaft und Nießbrauchsvermächtnis, BB 1975 Beil. 6; *Walter,* Unternehmensnießbrauch, BB 1983, 1151.

Anmerkungen

1. Sachverhalt. Die Söhne des Testierers sind noch zu jung zur Unternehmensnachfolge und um einen Unternehmensnachfolger unter ihnen auszuwählen. Die Ehefrau ist infolge ihrer bisherigen Mitarbeit in der Lage und auch bereit, das Unternehmen nach dem Tode ihres Ehemannes fortzuführen. An seinem privaten, nicht bilanzierten Vermögen hat der Testierer seiner Ehefrau bereits unter Lebenden jeweils Miteigentumsanteile eingeräumt. Die Eheleute leben im gesetzlichen Güterstand. Die Ehefrau hat keine oder nur eine geringe eigenständige Altersrente zu erwarten.

2. Anwendungsfälle. Hier soll einerseits der Fortbestand des Unternehmens und seine Zuwendung an die Abkömmlinge gesichert und andererseits die Versorgung der Witwe sichergestellt werden. Der Fortbestand des Unternehmens wird durch den Nießbrauch am Gesamtunternehmen gesichert, der einerseits der Witwe die volle Inhaberstellung gewährt und ihr durch die Testamentsvollstreckung eine über die Verwaltungs- und Verfügungsbefugnis eines Nießbrauchers hinausgehende Verfügungsmacht einräumt und andererseits die Substanz des Unternehmens den Söhnen erhält. Die Versorgung der Witwe erfolgt mindestens in Höhe der zu ihrer Wahl stehenden Rente aus dem Unternehmen, und zwar durch die zusätzliche Vermächtnisanordnung uU. auf Kosten seiner Substanz. Wenn die Witwe später einem der Söhne, der den anderen natürlich abzufinden hat, das Unternehmen übergeben will, kann sie das infolge der Teilungsanordnung und ist dann durch die bereits festgesetzte, wertgesicherte Rente versorgt. Infolge ihrer Stellung als Testamentsvollstreckerin könnte sie grundsätzlich den Betrieb auch verpachten und sogar veräußern, was ihr kraft des Nießbrauchs nicht möglich wäre. Da jedoch der Nießbraucherin ausdrücklich der volle Unternehmensnießbrauch zugewandt ist und, wie unter Anm. 8 näher ausgeführt wird, sich echter Nießbrauch und Testamentsvollstreckung an einem Unternehmen gegenseitig ausschließen, ist damit die Testamentsvollstreckung gem. § 2208 BGB bezüglich des Unternehmens auf die Bestellung des Nießbrauchs an ihm beschränkt, was im Testamentsvollstreckerzeugnis vermerkt werden muß (§ 2368 Abs. 1 BGB). Bezüglich der anderen Nachlaßgegenstände besteht die volle Verfügungsbefugnis der Testamentsvollstreckerin. Gewählt kann die Gestaltungsmöglichkeit nur werden, wenn der Testierer volles Vertrauen zu seiner Ehefrau hat, sonst kann er ihr nicht die Führung seines Unternehmens nach seinem Tod mit der umfassenden Befugnis des echten Unternehmensnießbrauchs anvertrauen. Andererseits ist das

23. Nießbrauchsvermächtnis an einem Einzelunternehmen XVI. 23

Vertrauen wegen der Möglichkeit einer Wiederheirat und der Geburt weiterer Kinder in einer neuen Ehe nicht so groß, daß er sie zur Alleinerbin verbunden mit der Bindung an eine eigene Verfügung von Todes wegen zugunsten der gemeinschaftlichen Abkömmlinge mittels Erbvertrag oder gemeinschaftlichem Testament einsetzen möchte. Schließlich bestehen manigfache Möglichkeiten, die Bindung zu durchbrechen. Auch ist zu bedenken, daß ein Nießbraucher am Gesamtunternehmen mit dessen wirtschaftlichem Schicksal verbunden ist und dadurch zur Eigeninitiative angespornt wird. Würde andererseits die Ehefrau als Nurhausfrau nicht zur Führung des Unternehmens in der Lage sein, wäre an die Einsetzung eines fremden Testamentsvollstreckers zu denken, der die Befugnis zur Auseinandersetzung des Nachlasses und zur Bestimmung eines Unternehmensnachfolgers nach Beendigung der Berufsausbildung der Söhne haben müßte (siehe Form. XVI. 7). Die Witwe wäre dann mit einem Ertragnießbrauch, einer stillen Beteiligung oder einer wertgesicherten Rente zu versorgen. Man könnte ihr aber auch den Unternehmensnießbrauch mit einer Verpachtungsauflage vermachen. Eine Alternative zu der im Formular gewählten Lösung wäre die Einsetzung einer Vor- und Nacherbschaft, und zwar, da es sich nicht um die Zuwendung des Nachlasses im ganzen oder zu Bruchteilen handelt, vielmehr um die Einzelzuwendung einer Sachgesamtheit (Unternehmen), in der Form des Vor- und Nachvermächtnisses. Nachteilig wäre dabei, daß dann nicht wie bei der Nacherbschaft dinglicher Anfall eintritt, da das Vermächtnis nur obligatorisch wirkt und allenfalls bei Grundstücken der Anspruch des Nachvermächtnisnehmers, wenn es der Erblasser angeordnet hat, nach Eintritt der Erbfolge und Eintragung des Vorerben im Grundbuch durch eine Vormerkung gesichert werden kann (BayObLG Rpfleger 1981, 190). Ein dinglicher Anfall läßt sich allerdings bei der Zuwendung von Einzelgegenständen dadurch erreichen, daß die Witwe als Vorerbin des gesamten Nachlasses und die Söhne zu Nacherben auf ihren Tod eingesetzt werden und der Erblasser den Söhnen auf seinen Tod sämtliche nicht zum Betriebsvermögen gehörenden Nachlaßgegenstände vermacht (*Petzoldt* BB 1975 Beil. 6, 3; Form. XVI. 14). Erbschaftsteuerliche Gründe, die früher wegen der Vermeidung der Doppelversteuerung desselben Vermögens bei der Wahl zwischen Vor- und Nacherbschaft oder Nießbrauchsvermächtnis eindeutig zugunsten letzteren gesprochen haben (*Rosenau* Betr. 1968 Beil. 15, 1 f.), sind heute wegen § 25 ErbStG nicht mehr generell ausschlaggebend. Das erbschaftsteuerlich günstigste Ergebnis zwischen Vorerbschaft und Nießbrauchsvermächtnis läßt sich nur anhand des Einzelfalles unter Gegenüberstellung der beiden Gestaltungsmöglichkeiten errechnen (*Fichtelmann/Mittelbach/Petzoldt/Schulze zur Wiesche*, Steuer-Formularhandbuch, 2. Aufl. 1981 S. 545). Zu beachten ist dabei, daß bei kleinen Erbschaften wegen der hohen Freibeträge der Ehefrau (250.000,– DM bzw. 500.000,– DM) die Anordnung der Vorerbschaft erbschaftsteuerlich unbedenklich ist (*Stein* DNotTag 1965, 80; *Rohlff* DNotZ 71, 518/522). Ferner ist zu beachten, daß, falls die Nacherbfolge auch bei Wiederverheiratung der Witwe eintreten soll, in diesem Fall nach § 6 Abs. 3 ErbStG die von der Vorerbin gezahlte Erbschaftsteuer in gewissem Umfang auf die des Nacherben angerechnet wird. Den Ausschlag für das Nießbrauchsvermächtnis dürfte wohl die größere Sicherheit geben, die es gegenüber der Vorerbschaft den Abkömmlingen bietet. Der Vorerbe ist nämlich nicht verpflichtet, die wirtschaftliche Zweckbestimmung der Nachlaßgegenstände aufrecht zu erhalten. Er kann darüber entscheiden, ob er das Unternehmen fortführen will oder nicht (*Staudinger/Seybold* § 2112 Rdn. 5 u. § 2145 Rdn. 5; *Petzoldt* BB 1975 Beil. 6 S. 9). Ihm steht nach § 27 Abs. 2 HGB das Recht zu, ohne Zustimmung des Nacherben durch Einstellung des Geschäftsbetriebs innerhalb dreier Monate nach Kenntniserlangung vom Anfall der Erbschaft die unbeschränkte Haftung für die Geschäftsschulden nach § 25 Abs. 1 HGB abzuwenden (*Staudinger/Seybold* § 2145 Rdn. 5). Demgegenüber ist der Nießbraucher nach §§ 1036 Abs. 2, 1037 Abs. 1, 1041 BGB grundsätzlich verpflichtet, die wirtschaftliche Zweckbestimmung des belasteten Vermögensgegenstandes zu belassen. Er ist zum Betrieb des Unternehmens verpflichtet und hat es in seinem wirtschaftlichen Bestand zu erhalten (MünchKomm/*Petzoldt*, 2. Aufl.

§ 1085 Rdn. 14; *Staudinger/Promberger* Anh. zu §§ 1068, 1069 Rdn. 35). Der Nießbraucher ist zur Einstellung des Unternehmens ebensowenig befugt wie zu seiner wesentlichen Umstrukturierung. Bezüglich der Verfügungsbefugnis besteht allerdings zwischen der Vorerbschaft und dem echten Unternehmensnießbrauch kein wesentlicher Unterschied, da der Nießbraucher bei letzterem bezüglich des Umlaufvermögens und gemäß § 1048 BGB auch bezüglich des Anlagevermögens verfügungsberechtigt ist. Dabei hat jedoch der Unternehmensnießbraucher nur einen Überschuß an äußerer Rechtsmacht während sie dem Vorerben auch im Innenverhältnis zusteht. Die Auskunfts- und Rechenschaftspflicht des Nutzungsberechtigten ist bei beiden Rechtsinstituten gleich gering und erschöpft sich im wesentlichen in der Aufstellung eines Verzeichnisses (§ 1035 BGB einerseits und § 2121 BGB andererseits). Wer die unbestreitbaren zivil- und steuerrechtlichen Rechtsunklarheiten beim Nießbrauch an einem Einzelunternehmen vermeiden will, sollte erwägen, das Unternehmen in eine GmbH & atypische stille Gesellschaft umzuwandeln, weil Nießbrauchsrechte an GmbH-Anteilen und stillen Gesellschaften leicht zu bestellen sind und zu klaren und eindeutigen Rechtsverhältnissen führen.

3. Unternehmensnießbrauch. (1) Der Nießbrauch an einem Unternehmen kann vermächtnisweise in dreierlei Form angeordnet werden:
– Zuwendung eines Nutzungsvermächtnisses, auf Grund dessen der Vermächtnisnehmer lediglich einen schuldrechtlichen Anspruch gegen den Erben auf den ganzen oder teilweisen Reinertrag des Unternehmens hat (*Barz* DNotTag 1965, 64; *Hassel* S. 163; *Peter/Petzoldt/Winkler,* Unternehmernachfolge, Testamente und Gesellschaftsverträge in der Praxis, 4. Aufl. 1977 S. 258 f.; BGH WPM 1969, 337).
– Zuwendung des zwar dinglichen Nießbrauchs an den einzelnen Gegenständen des Unternehmens jedoch nur auf den Ertrag gerichtet und wobei der Nießbraucher keinen unmittelbaren Besitz hat, von der Wirtschaftführung ausgeschlossen ist, kein Unternehmer wird und nach außen nicht haftet (schlichter Ertragnießbrauch am Unternehmen). Diese Form kann mangels Unternehmerstellung des Nießbrauchers praktisch nur zu einer Quote des Ertrags (Quotennießbrauch) bestellt werden (*Staudinger/Promberger* Anh zu §§ 1068, 1069 Rdn. 31; *Beyerle* JZ 1955, 257/259; *Palandt/Bassenge* § 1085 Rdn. 4; BGH DNotZ 1954, 399/402). Dabei spricht, da das Recht zur Unternehmensleitung begrifflich nicht nach ideellen Bruchteilen aufteilbar ist, die Bestellung von Quotennießbrauch für diese Nießbrauchsform (BayObLG 1973, 168 = DNotZ 1974, 241).
– Zuwendung des vollen dinglichen Nießbrauchs am Unternehmen (Unternehmensnießbrauch mit Unternehmerstellung oder echter Unternehmensnießbrauch) mit unmittelbarem Besitz des Nießbrauchers an den Gegenständen des Unternehmens, der Verfügungsmacht über das Umlaufvermögen im Rahmen der selbständigen Wirtschaftsführung, dem Recht auf Eigenerwerb des Ertrags (BayObLG 1973, 168) bei voller Haftung nach außen.

(2) **Unternehmensnießbrauch mit Unternehmerstellung.** Die Bestellung des Nießbrauchs an einem Handelsgeschäft ist im Gesetz nicht ausdrücklich geregelt. Er wird nur in § 22 Abs. 2 HGB vorausgesetzt. Auf seine Bestellung findet § 1085 Satz 2 BGB und auf seinen Inhalt finden die §§ 1085–1089 BGB nur Anwendung, wenn das Unternehmen das gesamte Vermögen des Bestellers darstellt (*MünchKomm/Petzoldt* § 1085 Rdn. 8; *Staudinger/ Promberger* Anh. zu §§ 1068, 1069 Rdn. 32). Sonst sind auf ihn die §§ 1030–1084 BGB über den Nießbrauch an Sachen und Rechten anzuwenden (*Staudinger/Promberger* aaO.).

Wie beim Vermögensnießbrauch ist auch hier eine Bestellung des Nießbrauchs durch einheitlichen Rechtsakt nicht möglich (RGZ 70, 226/232). Er muß nach dem Spezialitätsprinzip des Sachenrechts an sämtlichen Gegenständen des Unternehmens entsprechend den jeweiligen gesetzlichen Bestimmungen bestellt werden, dh. an Grundstücke durch Einigung und Grundbucheintragung (§ 873 BGB), an beweglichen Sachen nach

§ 1032 BGB und an Forderungen nach § 1069 BGB. Natürlich kann er an Gegenständen, für die spezielle Formvorschriften fehlen, durch zusammenfassenden Rechtsakt uU. auch durch schlüssiges Verhalten bestellt werden (*Staudinger/Promberger* Anh. zu §§ 1068, 1069 Rdn. 25). Da der Nießbraucher das Handelsgeschäft als Inhaber betreiben muß, ist die Nießbrauchsbestellung vom Besteller und Nießbraucher zum Handelsregister anzumelden (*Staudinger/Promberger* aaO. Rdn. 36). Gemäß § 22 Abs. 2 HGB kann der Nießbraucher und muß im Zweifel aus dem Gesichtspunkt der Erhaltungspflicht heraus, die bisherige Firma mit oder ohne einen Nachfolgevermerk fortführen (*Staudinger/Promberger* aaO.; *MünchKomm/Petzoldt* § 1085 Rdn. 11). Beim Nießbrauchsvermächtnis sind dabei die Erben zur Zustimmung zur Firmenfortführung verpflichtet. Der Nießbraucher haftet gem. § 25 HGB im Außenverhältnis für die Geschäftsschulden des Erblassers. Die Haftung kann durch Vereinbarung mit den Erben und Eintragung im Handelsregister ausgeschlossen werden (§ 25 Abs. 2 HGB). Im Zweifel sind die Erben jedoch dazu nicht verpflichtet, da der Nießbraucher keine günstigere Stellung als der Erblasser erhalten soll (*MünchKomm/Petzoldt* aaO. Rdn. 13). Eigentümer des Umlaufvermögens wird gem. § 1067 BGB der Nießbraucher, während das Anlagevermögen im Eigentum der Erben verbleibt. Der Nießbraucher kann jedoch in entspr. Anwendung des § 1048 BGB innerhalb der Grenzen einer ordnungsgemäßen Wirtschaft über Inventarstücke verfügen und ist dann zur Ersatzbeschaffung verpflichtet (BGH Betr. 1973, 146). Die bei Beginn bestehenden Geschäftsforderungen sind ihm abzutreten. Der Nießbraucher ist verpflichtet, das Unternehmen in seinem wirtschaftlichen Bestand zu erhalten. Nach der hM. (*Palandt/Bassenge* § 1085 Rdn. 6; *Staudinger/Promberger* Anh. zu §§ 1068, 1069 Rdn. 42; *MünchKomm/Petzoldt* § 1085 Rdn. 15) steht dem Nießbraucher der bilanzmäßig ausgewiesene Reingewinn zu. Entscheidend ist also die nach kaufmännischen Grundsätzen, dh. anerkannten Bilanzierungs- und Bewertungsmethoden aufgestellte jährliche Handelsbilanz. Der damit eingeräumte Spielraum kann natürlich durch den Erblasser eingeengt oder erweitert werden (des näheren zur Ermittlung des dem Nießbraucher zustehenden Reingewinns s. *Fichtelmann* DStR 1974, 267/272 f.). Zweckmäßig ist, wie im Form., eine genaue Festlegung der dem Nießbraucher zustehenden Gewinnanteile und ihrer Berechnung. Bei Beendigung des Nießbrauchs ist das Anlagevermögen an den Eigentümer herauszugeben. Nach § 1067 BGB hätte der Nießbraucher bei Beendigung des Nießbrauchs nur den Wert des zu Beginn in sein Eigentum übergegangenen Umlaufvermögens zu ersetzen. Meist wird jedoch beim Unternehmensnießbrauch vereinbart, daß der Eigentümer die Herausgabe des vorhandenen Umlaufvermögens verlangen kann und nur die Wertdifferenz zum Anfangsvermögen, meist sogar zu den Wertverhältnissen bei Beendigung, in Geld auszugleichen ist (*MünchKomm/Petzoldt* aaO. Rdn. 16). Da hinsichtlich der rechtlichen Behandlung des vollen Unternehmensnießbrauchs die Meinungen vielfältig und konträr sind und Rspr. kaum vorliegt, wird zur Vermeidung von Unsicherheit und ungewollten Ergebnissen geraten, vertraglich oder testamentarisch die Rechtstellung zwischen Nießbraucher und Eigentümer möglichst genau zu regeln (*MünchKomm/Petzoldt* aaO. Rdn. 8; *Jansen/Jansen* aaO. Rdn. 44). Sollte es dann doch Streit geben, bieten die oben im Schrifttum aufgeführten Monographien von *Bökelmann* und *v. Godin* Entscheidungshilfen.

4. Gewinnzuordnung. Im Anschluß an *Jansen/Jansen* aaO. (Vertragsmuster S. 167 f.) sind im Formular genaue Berechnungsgrundlagen für den entnahmefähigen Gewinnanteil der Nießbraucherin und dem nicht entnahmefähigen, der Substanzerhaltung und Wachstumssicherung dienenden, der Erben pauschal festgelegt. Da jedoch nicht nur der entnahmefähige, sondern der ganze Steuerbilanzgewinn versteuert werden muß, ist damit gleichzeitig festgelegt, mit welchen Teilen des Gewinns Nießbraucher und Eigentümer zur Einkommensteuer heranzuziehen sind (*Rosenau* Betr. 1969 Beil. 3, 9; *Peter/Petzoldt/Winkler*, Unternehmensnachfolge, Testament und Gesellschaftsverträge in der Praxis, 4. Aufl. 1977 S. 261). Da beim Vollnießbrauch der Eigentümer keine Einkünfte aus dem Nießbrauchsobjekt hat, ist ihm für die auf das Unternehmen zu zahlende Einkommen- und Vermögenssteuer ein Entnahmerecht zugebilligt (*Baums* Betr. 1981, 355). Da die einkommensteuerliche Heranziehung beim Unternehmensnießbrauch sehr umstritten ist (*Jansen/Jansen* Rdn. 188 ff.), die hM. (s. *Petzoldt* S. 259) will den gesamten Steuerbilanzgewinn beim Unternehmensnießbraucher versteuern, ist fürsorglich für den Fall einer solchen Heranziehung auch der Nießbraucherin ein Entnahmerecht für Steuern, die sie für ihr nicht zustehenden Gewinn zahlen muß, eingeräumt. Für Eigentümer und Nießbraucher ist dabei wegen der Progression des Einkommensteuertarifs jeweils festgelegt, daß für die Berechnung der entnahmefähigen Einkommensteuerbeträge die Einkünfte aus dem Unternehmen als ihre Spitzeneinkünfte anzusehen sind (MünchKomm/*Petzoldt* § 1068 Rdn. 16). Ferner wurde festgelegt, daß die Nießbraucherin zwar während seiner Dauer Verluste des Unternehmens mit Gewinnen kommender Jahre auszugleichen hat, daß sie aber über das Ende des Nießbrauchs hinaus zwar nach außen für solche Verluste haftet, sie aber im Verhältnis zu den Erben nicht zu tragen hat (*Jansen/Jansen* Rdn. 49 ff.).

5. Mindestversorgung. Reichen die Erträge des Nießbrauchs nicht zur Deckung des Lebensunterhalts der Witwe aus, kann sie als Nießbraucherin die Substanz des Unternehmens nicht angreifen (§ 1037 Abs. 1 BGB). Aber auch wenn sie als Testamentsvollstreckerin über die Substanz verfügt, fällt der Erlös kraft dinglicher Surrogation gem. § 2041 BGB in den Nachlaß. Will man ihr wie *Barz* DNotTag 1965, 83 das Recht einräumen, die Substanz der Erbschaft anzugreifen, so geht das nicht durch Modifikation des Nießbrauchsrechts, da der Grundsatz der Erhaltung der Substanz nicht abdingbar ist (BayObLG Rpfleger 1977, 251). Möglich ist es nur durch eine zusätzliche Vermächtnisanordnung, wonach der Nießbraucherin für den Fall der nicht ausreichenden Versorgung zusätzlich Mittel zum Lebensunterhalt aus der Substanz des Nachlasses zur Verfügung zu stellen sind (*Rohlff* DNotZ 1971, 518/522). Um zu verhindern, daß das Vermächtnis wegen Unbestimmtheit seines Gegenstandes unwirksam ist, sollte man auf jeden Fall den zu ihrer Versorgung notwendigen Mindestbetrag und zugleich Höchstbetrag der Entnahmen aus der Substanz bestimmbar festlegen (*Rohlff* DNotZ 1971, 518/523).

6. Ohne diesen zulässigen Ausschluß (LG Mönchengladbach NJW 1969, 140) könnte die Ausübung des Nießbrauchs einem anderen überlassen werden (§ 1059 Satz 2 BGB).

7. Zum Rentenwahlrecht und der evtl. Wertsicherung der Rente s. Form. XVI. 8 Anm. 4.

8. Testamentsvollstreckung. Beim Zusammentreffen von echtem Unternehmensnießbrauch und Testamentsvollstreckung in einer Person (sog. erbrechtlicher Dispositionsnießbrauch – hierzu eingehend *Hartmann/Aschfalk* S. 117 ff) ist, sofern er nicht wie im Formular klar zum Ausdruck gebracht ist, der Wille des Testators zu unterstellen, daß das Unternehmen von dem Bedachten in seiner Eigenschaft als Nießbraucher und nicht als Testamentsvollstrecker geführt werden soll (*Rohlff* DNotZ 1971, 518/519). Bezüglich des Unternehmens hat er als Testamentsvollstrecker die alleinige Aufgabe, das Nießbrauchsvermächtnis gegenüber sich selbst zu erfüllen (*Hartmann/Aschfalk* S. 120). Die dem Testamentsvollstrecker nach §§ 2218, 666 BGB obliegende Auskunfts- und Rechenschaftspflicht erschöpft sich bezüglich des Unternehmens deshalb auf die Auskunft über die ordnungsgemäße Bestellung des Nießbrauchs. Über die Angelegenheiten des Unternehmens selbst hat der Nießbraucher, außer der Verpflichtung einmal ein Verzeichnis der dem Nießbrauch unterliegenden Gegenstände zu erstellen, keine Auskunfts- und Rechenschaftspflicht (*Hartmann/Aschfalk* S. 70 f). Sollte allerdings nach dem Willen des Testierers der Bedachte das Unternehmen in seiner Eigenschaft als Testamentsvollstrecker führen sollen, was unter Anordnung der Art und Weise der Testamentsvollstreckung (Vollmacht- oder Treuhandlösung) deutlich im Testament zum Ausdruck zu bringen wäre, hätte er zwar über das Unternehmen die erweiterte Verfügungsbefugnis eines Testamentsvollstreckers, dafür aber auch dessen Auskunfts- und Rechenschaftspflicht. Mit einem echten Unternehmensnießbrauch wäre die Unterstellung des Unternehmens unter die Testamentsvollstreckung auf jeden Fall nicht vereinbar, da dieser Nießbraucher die Unternehmerstellung erhalten und als Inhaber im Handelsregister eingetragen werden muß (*Hartmann/Aschfalk* S. 120). Da somit die Witwe aufgrund ihres vollen Nießbrauchs die Unternehmerstellung erhalten wird, entfällt die Problematik der Testamentsvollstreckung über ein einzelkaufmännisches Unternehmen (*John* BB 1980, 757) und es verbleibt bei einer normalen Verwaltungstestamentsvollstreckung.

9. Spannungsklausel. Die wahlweise zu leistende Rente ist, da sie nicht nur mit einem genau bestimmten Beamtengehalt gleichläufig ist, sondern ihm genau gleicht, eine schon bisher genehmigungsfreie Spannungsklausel. Auch das bis 31. 12. 1998 empfohlene Negativattest der LZB wird ab 1. 1. 1999 entbehrlich, da mWv diesem Tage § 3 des Währungsgesetzes aufgehoben ist (Art. 9 § 1 EuroEG v. 9. 6. 1998, BGBl. I S. 1242).

10. Steuern. (1) **Erbschaftsteuer.** Der vermachte Nießbrauch ist nach § 3 Abs. 1 Ziff. 1 ErbStG erbschaftsteuerpflichtig. Die Erbschaftsteuer wird dabei gem. §§ 12 Abs. 1 ErbStG, 14 BewG aus dem mit der wahrscheinlichen Lebenserwartung der Berechtigten nach Anl. 9 BewG vervielfältigten Jahreswert des Nießbrauchs nach den Steuersätzen des § 19 ErbStG berechnet. Der Jahreswert des Nießbrauchs ist dabei nach § 15 Abs. 3 BewG der Betrag, der in Zukunft im Durchschnitt der Jahre voraussichtlich aus dem Unternehmen erzielt werden kann, höchstens jedoch $1/18$ des Betriebeinheitswerts (§ 16 BewG). Die Praxis geht bei der Ermittlung des künftigen Durchschnittswerts in aller Regel vom Durchschnitt der dem Stichtag vorangegangenen drei Jahre aus (*Troll*, Erbschaftsteuer- und Schenkungssteuergesetz, 6. Aufl. 1997, § 12 Rdn. 83). Die Nießbraucherin hat nach § 23 Abs. 1 ErbStG die Wahl, ob sie die Erbschaftsteuer sofort in einer Summe aus dem kapitalisierten Nießbrauch oder jährlich aus dem Jahreswert entrichten will. Der Vorteil wäre, daß sie die Jahresbeträge als dauernde Last einkommensteuerlich absetzen könnte. Wählt die Nießbraucherin später die Rente, ist dies erbschaftsteuerlich unbeachtlich (s. Form. XVI. 9 Anm. 11/1). Die Erben können nach der seit 31. 12. 1973 geltenden Regelung, da der Nießbrauch der Ehegattin des Erblassers zugewandt ist, bei ihrer Erbschaftsteuer den Kapitalwert des Nießbrauchs nicht mehr vom Wert des ihnen im Erbwege zugewandten Vermögens abziehen (§ 25 ErbStG). Sie haben jedoch die Möglichkeit, sich die Erbschaftsteuer soweit sie auf den Kapitalwert des Nießbrauchs entfällt, bis zu seinem Erlöschen zinslos stunden zu lassen.

(2) **Einkommensteuer.** Da beim vollen dinglichen Nießbrauch an einem Einzelunternehmen der Nießbraucher das Unternehmerrisiko trägt, ist er Unternehmer im steuerlichen Sinn und bezieht originär Einkünfte nach § 15 EStG (*Jansen/Jansen* aaO. S. 188). Bezüglich der Versteuerung und dem Ausgleich von Gewinnteilen, die nach der Steuerbilanz zu versteuern sind, aber zivilrechtlich dem Nießbraucher nicht zustehen siehe oben Anm. 4. Beim schuldrechtlichen Nutzungsrecht und beim schlichten Ertragsnießbrauch an Einzelunternehmen ist die einkommensteuerliche Behandlung der Einkünfte umstritten. Teils werden Eigentümer und Nießbraucher als Mitunternehmer (§ 15 Abs. 1 Ziff. 2 EStG) angesehen mit der Folge, daß beide Einkünfte aus Gewerbebetrieb erzielen, oder der Nießbraucher wird wie ein stiller Gesellschafter nach § 20 Abs. 1 Ziff. 4 EStG behandelt (*Jansen/Jansen* Rdn. 201; *Peter/Petzoldt/Winkler* S. 258 f.). In der Praxis werden dem Nießbraucher die Einkünfte meist als vom Eigentümer abgeleitet nach § 22 Ziff. 1 EStG versteuert und für den Eigentümer und Betriebsinhaber werden die an den Nießbraucher abgeführten Beträge als dauernde Last angesehen, die er nach § 10 Abs. 1 Nr. 1a EStG als Sonderausgaben abziehen kann (*Jansen/Jansen* Rdn. 201). Daran ist er beim Vermächtnisnießbrauch mangels einer Zuwendung auch nicht durch das Abzugsverbot des § 12 Nr. 2 EStG gehindert (*Petzoldt* S. 259 *Jansen/Jansen* Rdn. 202; *Walter* BB 1983, 1153). Weder die Bestellung des vollen Nießbrauchs aufgrund des Vermächt-

nisses noch sein späterer Wegfall infolge Todes der Berechtigten stellt eine Entnahme aus dem Betrieb mit der Folge einer Gewinnrealisierung dar (BFH BStBl. II 1976, 378), da bei Fortführung des Unternehmens durch den Nießbraucher auch für den Nießbrauchsbesteller die Voraussetzungen des Gewerbebetriebes weiterbestehen und daher keine Betriebsaufgabe vorliegt.

11. Kosten und Gebühren. Siehe Form. XV. 1 Anm. 18.

24. Nießbrauchsvermächtnis an der Beteiligung an einer OHG[1, 2]

Verhandelt zu ......
am ...... (auch als eigenhändiges Testament möglich)

§ 1 Erbeinsetzung

Zu meinem Erben setze ich meine beiden Kinder B und C je zur Hälfte ein. Ersatzerben sind deren Abkömmlinge, einschließlich adoptierter, jedoch mit Ausnahme nichtehelicher Kinder männlicher Nachkommen und ihren Abkömmlingen, unter sich jeweils nach der gesetzlichen Erbregel erster Ordnung. Mangels Ersatzerben soll Anwachsung eintreten.

§ 2 Nachfolgerbestimmung[3]

(1) Ich bin Gesellschafter der im Handelsregister des Amtsgerichts von ...... (Ort), HRA ...... eingetragenen offenen Handelsgesellschaft mit der Firma F & Co OHG. Nach dem Gesellschaftsvertrag wird beim Tode eines Gesellschafters die Gesellschaft nur mit einem der Erben als Nachfolger fortgesetzt. Dieser ist vom Erblasser durch Testament zu bestimmen, ersatzweise durch die Gesamtheit der Miterben, notfalls durch den Präsidenten der zuständigen Industrie- und Handelskammer. Ich bestimme hiermit zu diesem Nachfolger meinen Sohn B.

(2) Er hat, wie ich hiermit im Wege des Vermächtnisses bestimme, seine Schwester C wie folgt gleichzustellen:
Auf meinen Todestag ist eine Auseinandersetzungsbilanz der OHG zu erstellen, in der alle stillen Reserven aufzulösen sind, ein Firmenwert aber nicht in Ansatz kommt. Von dem in dieser Bilanz auf meinen OHG-Anteil entfallenden Auseinandersetzungsguthaben sind für den in § 3 Abs. 1 meiner Ehefrau vermachten Quotennießbrauch am OHG-Anteil ein Betrag abzuziehen, der sich aus dem in § 3 Abs. 1 bestimmten jährlichen Mindestbetrag des Nießbrauchs vervielfältigt mit der aus der neuesten amtlichen Sterbetafel entnommenen durchschnittlichen Lebenserwartung meiner Ehefrau zum Zeitpunkt meines Todes ergibt. Die Hälfte des dann noch verbleibenden Guthabens hat mein Sohn B in fünf gleichen Jahresraten, von denen die erste ½ Jahr nach meinem Tod und die weiteren jeweils ein Jahr später fällig werden, zinslos an seine Schwester C auszuzahlen. Sollte dieser Ausgleich nicht dem Vollwert meiner Beteiligung an der OHG entsprechen, gilt die Differenz meinem Sohn B als im voraus vermacht.

§ 3 Vermächtnisse

(1) Meinen Sohn B verpflichte ich vermächtnisweise, seiner Mutter und meiner Ehefrau A, geb. E an meinem Geschäftsanteil an der Firma F & Co OHG einen Nießbrauch[4] auf Lebenszeit in folgendem Umfang und folgender Ausgestaltung zu bestellen:

a) Der Nießbrauch besteht nur an den vermögensrechtlichen Bezügen, dh. den jährlichen Gewinnansprüchen und einem etwaigen Auseinandersetzungsguthaben jeweils in Höhe von 40%. Mein Sohn B bleibt somit Gesellschafter und Anteilsinhaber. Ein Wertersatz nach §§ 1067, 1075 Abs. 2 BGB für bezogene und verbrauchte Gewinne hat die Nießbraucherin nach Beendigung des Nießbrauchs nicht zu leisten.[5] Für den Fall, daß dieser Verzicht nicht anerkannt werden sollte, wird hiermit ein Bruchteil von je 40% aller künftigen Gewinnansprüche sowie eines künftigen Auseinandersetzungsguthabens an die Nießbraucherin abgetreten.

b) Sollte dieser Quotennießbrauch der Nießbraucherin nicht jährlich einen Ertrag erbringen, der den Bruttobezügen des bestbezahltesten Angestellten der Firma F & Co OHG entspricht, so hat mein Sohn B die Differenz am Jahresende aufzuzahlen.

c) Soweit die Nießbraucherin aufgrund ihres Nießbrauchs Steuern auf Erträge zu zahlen hat, die handelsrechtlich nicht ihr, sondern dem Gesellschafter zugerechnet werden, ist sie berechtigt von ihm ihre Erstattung zu verlangen.[6] Dabei sind diese Erträge bei ihr jeweils als Spitzeneinkünfte anzusehen. Ferner hat im Innenverhältnis der Gesellschafter die auf den belasteten Anteil entfallende Vermögenssteuer zu tragen.

d) Die Nießbraucherin hat keinerlei Stimm- und sonstige Verwaltungsrechte an der Gesellschaft. Der Nießbrauch erstreckt sich auch auf die aus Gesellschaftsmitteln vorgenommenen Kapitalerhöhungen, nicht jedoch auf solche gegen Einlagen. Im Rahmen seiner Rechte auf Auskunft und Einsichtnahme in die Geschäftsunterlagen ist der Gesellschafter verpflichtet, die Nießbraucherin jederzeit umfassend über die Angelegenheiten der Gesellschaft zu informieren. Die Nießbraucherin ist berechtigt, den Jahresabschluß einschließlich der Gewinnverwendung einzusehen und sich dazu eines Sachverständigen zu bedienen.

e) Der Gesellschafter darf nur mit Zustimmung der Nießbraucherin seinen Anteil veräußern, seine Beteiligung kündigen oder aus der Gesellschaft austreten. Verstößt er gegen diese Verpflichtung, so ist die Nießbraucherin aufgrund eines ihr hiermit zugewandten Vermächtnisses berechtigt, die unentgeltliche Vollübertragung des gesamten Anteils auf sich zu verlangen.[7]

Der Gesellschafter ist gegenüber der Nießbraucherin verpflichtet, seine Mitwirkung an Gesellschafterbeschlüssen zu versagen, durch die über das betriebswirtschaftlich notwendige Maß hinaus Reserven gebildet werden sollen oder der Gewinnverteilungsschlüssel geändert wird.

(2) Meiner Ehefrau A, geb. E vermache ich weiter das unentgeltliche lebtägliche Wohnungsrecht gemäß § 1093 BGB an meinem Einfamilienhaus in (Ort, Straße), Flst.-Nr. .... nebst Gartennutzung. Bei der Bestellung ist zu vermerken, daß zur Löschung des Rechts der Nachweis des Todes der Berechtigten genügen soll.[8]

(3) Letztlich vermache ich meiner Ehefrau A, geb. E die gesamte Einrichtung unserer Familienwohnung im weitesten Sinne soweit sie in meinem Eigentum steht und alle meine persönlichen Gebrauchsgegenstände.

(4) Die Vermächtnisse sollen auch im Falle einer Wiederheirat meiner Ehefrau bestehen bleiben. Ersatzvermächtnisnehmer werden nicht bestellt.

§ 4 Schlußformel

Der Notar wird mit der Einholung eines Negativattestes der Landeszentralbank bezüglich der Spannungsklausel in § 3 (1) b beauftragt.[9, 10]

Schrifttum: Bender, Nießbrauch und Unterbeteiligung an Personengesellschaften, Betr. 1979, 1445; *Bunke*, Der Nießbrauch an der Beteiligung an einer Personalgesellschaft, DNotZ 1968, 5; *Fichtelmann*, Der Nießbrauch an Unternehmen und Beteiligungen, DStR 1974, 267ff; *Finger*, Der Nießbrauch am Gesellschaftsanteil einer Personengesellschaft, DB 1977, 1033; *Hoyer*, Der Nießbrauch an einem Gesellschaftsanteil, BB 1978, 1459; *Jansen/Jansen*, Der Nießbrauch im Zivil- und Steuerrecht, 4. Aufl. 1985; *Langen-*

feld, Das Testament des Gesellschafter-Geschäftsführers einer GmbH und GmbH & Co., 1980; *Nieder,* Hdb. d. Testamentsgestaltung, 1992 Rdn. 572; *Schulze zur Wiesche,* Der Nießbrauch am Gesellschaftsanteil, DStR 1980, 222; *ders.,* Die ertragsteuerliche Behandlung des Nießbrauchs an einem Gesellschaftsanteil, Betr. 1977, 1214; *Schüller,* Nießbrauch und Pfandrecht am Anteil einer Personengesellschaft, MittRhNotK 1980, 97; *Siebert,* Nießbrauch am Gewinnrecht des Gesellschafters einer offenen Handelsgesellschaft, BB 1956, 1126; *Sudhoff,* Nochmals: Der Nießbrauch am Gesellschaftsanteil, NJW 1974, 2205; *Rohlff,* Die Verwendung des Nießbrauchs am Anteil einer Personenhandelsgesellschaft zur Einsparung von Schenkungs- und Erbschaftsteuer, NJW 1971, 481; *Teichmann,* Der Nießbrauch in Gesellschaftsanteilen, ZGR 1972, 1 ff. u. 1973, 25 ff.

Anmerkungen

1. Sachverhalt. Die Ehefrau des Testierers ist zur tätigen Mitarbeit in der OHG nicht geeignet. Da sie keine oder nur eine unwesentliche eigenständige Altersversorgung hat, soll diese aus Mitteln der Beteiligung gesichert werden. Der Sohn B ist nach Alter und Ausbildung zur Nachfolge seines Vaters an der Beteiligung und zur Mitarbeit in der OHG bereit und in der Lage. Die Tochter ist außer Haus und soll abgefunden werden.

2. Anwendungsfälle. Während die Übergabe der Beteiligung an einer OHG unter Lebenden mit Nießbrauchsvorbehalt des Übergebenden dazu dient, dem sich zurückzuziehen den, alternden Gesellschafter noch die Mitwirkungsmöglichkeit in der Gesellschaft zu belassen, hat das Nießbrauchsvermächtnis an der Beteiligung zum Ziel, den überlebenden Ehegatten zu versorgen, ohne ihn am unternehmerischen Entscheidungsprozeß zu beteiligen. Diese Rolle ist für den Nachfolger vorgesehen. Da somit der Nießbraucher beim Nießbrauchsvermächtnis von der Mitwirkungsmöglichkeit in der Gesellschaft ausgeschlossen sein soll, kommt der Vollnießbrauch, der ja mit einer Übernahme der vollen Gesellschafterstellung während der Dauer des Nießbrauchs verbunden ist, nicht in Frage. Auch ein Ertragsnießbrauch mit Aufspaltung der Gesellschafterstellung zwischen Nießbraucher und Gesellschafter, wenn man ihn entgegen der wohl noch hM. für zulässig hält, dürfte sich aus diesem Grund verbieten. Aus dem gleichen Grund scheidet auch eine Vor- und Nacherbschaft aus, da sie dem überlebenden Ehegatten die volle Gesellschafterstellung bringen würde, die der Nachfolger erhalten soll. Es bleibt daher nur die Wahl eines Nießbrauchs an den vermögensrechtlichen Bezügen der Beteiligung, dh. am Gewinnanteil bzw. dem Auseinandersetzungsguthaben. Da der Nachfolger bereits im Unternehmen mitarbeitet, kommt, um ihm die Motivation nicht zu nehmen, nur ein Quotennießbrauch in Frage. Eine Alternative zur Lösung des Formulars wäre, insbesondere um den zivil- und steuerrechtlichen Rechtsunklarheiten beim Nießbrauch an Personengesellschaftsbeteiligungen zu entgehen, das Vermächtnis einer gewinnabhängigen Rente mit Mindest- und evtl. Höchstgrenzsätzen. Auch dies wäre eine erfolgsabhängige Alterssicherung. Hierbei bestünde allerdings keine Möglichkeit, die Rentenbeträge als Verlagerung von Einkünften vom Nachfolger auf den Rentenberechtigten steuerlich anerkannt zu bekommen. Das hätte allerdings keine große Bedeutung, da das Abzugsverbot des § 12 Nr. 2 EStG im Zusammenhang mit vermächtnisweisen Zuwendungen keine Anwendung findet und diese Rente deshalb auf jeden Fall vom Nachfolger als dauernde Last abgezogen werden kann. Eine weitere Ersatzlösung wäre die vermächtnisweise Einräumung einer Unterbeteiligung des überlebenden Ehegatten an der OHG-Beteiligung.

3. Nachfolgeklausel. Es handelt sich um eine sog. qualifizierte Nachfolgeklausel. Sie bewirkt, daß die Nachfolge beim Tode des Testierers unmittelbar und automatisch (Sondererbfolge) in dessen gesamte Mitgliedschaft eintritt (BGHZ 68, 225 = NJW 1977, 1339 u. Form. XVI. 10 Anm. 10).

4. Formen des Nießbrauchs an Personengesellschaftsbeteiligungen. (1) **Nießbrauch mit voller Gesellschafterstellung (Vollnießbrauch).** Die Beteiligung an einer Personengesellschaft ist grundsätzlich nicht übertragbar und belastbar (§§ 717, 719 BGB). Beides ist jedoch zulässig, wenn es im Gesellschaftsvertrag zugelassen ist oder die übrigen Gesellschafter zustimmen. Unter dieser Voraussetzung ist somit gem. § 1069 Abs. BGB eine Nießbrauchsbestellung an einer Beteiligung grundsätzlich zulässig. Nach der hM. ist jedoch die Begründung eines normalen Nießbrauchsrechts im Sinne des BGB mit dem Verbleib der Rechtsinhaberschaft als Stammwert beim Besteller und dem Übergang der Nutzungsbefugnis auf den Nießbraucher an Personengesellschaftsanteilen nicht zulässig, da die Abspaltung einzelner Teilbefugnisse an dem Gesellschaftsanteil durch Übertragung an Nichtgesellschafter mit dem Wesen der Gesamthandsgemeinschaft unvereinbar ist sog. Abspaltungsverbot (BGHZ 3, 354 = NJW 1952, 178; BGHZ 20, 363 = NJW 1956, 1198; BGH BB 1953, 926) Die hM. (s. Übersichten bei *Staudinger/Promberger* Anh. zu §§ 1068, 1069 Rdn. 53 u. MünchKomm/*Petzoldt,* 2. Aufl. § 1068 Rdn. 14) verlangt daher für die Bestellung eines Nießbrauchs an einem Personengesellschaftsanteil, daß der Nießbraucher, über die gesetzliche Gestaltung des Nießbrauchs im BGB hinausgehend, für die Dauer seines Rechts die volle Gesellschafterstellung nach innen und außen mit allen haftung- und registerrechtlichen Konsequenzen treuhänderisch an Stelle des Gesellschafters einnimmt (Nießbrauchsbestellung = treuhänderische Vollrechtsübertragung auf Zeit). Der Nießbraucher verdrängt den Gesellschafter aus der Gesellschaft und dem Gesamthandsvermögen und wird selbst uneingeschränkter Gesellschafter auf Zeit. Der auf diese Weise vom Nießbraucher treuhänderisch gewonnene Überschuß an äußerer Rechtsmacht, kann nur schuldrechtlich im Innenverhältnis ausgeglichen werden (BGH DNotZ 1975, 735 = BB 1975, 295). Bei dieser Art des Nießbrauchs ist der Nießbraucher anstelle des Bestellers als Gesellschafter im Handelsregister einzutragen (s. hierzu u. zum folgenden MünchKomm/*Petzold,* 2. Aufl. § 1068 Rdn. 17 ff.). Es stehen ihm alle gesellschaftlichen Verwaltungsrechte in dem Umfang zu, wie sie der bisherige Gesellschafter hatte, dh. evtl. Geschäftsführung, Vertretung und Stimmrecht. Handelt es sich um einen Anteil an einer GdbR, bei der die Gesellschafter einzeln im Grundbuch eingetragen sind, kann der Nießbraucher im Wege der Grundbuchberichtigung eingetragen werden (OLG Hamm DNotZ 1977, 376). Für die Verbindlichkeiten der Gesellschaft haftet der Nießbraucher, wenn es sich um einen OHG- Anteil oder einen sonstigen Anteil mit Vollhaftung handelt, wie jeder neu eintretende Gesellschafter sowohl für die während der Nießbrauchszeit entstehenden als auch für vorher entstandenen Schulden. Im Innenverhältnis ist er ohne besondere vertragliche Regelung nicht verpflichtet, einen in der Bilanz ausgewiesenen Verlust anteilig zu übernehmen (*Bunke* DNotZ 1968, 5/14). Gewinne gebühren dem Nießbraucher nur insoweit, als sie auch der Gesellschafter nach Gesetz, Gesellschaftsvertrag und Jahresabschluß zu entnehmen berechtigt gewesen wäre (BGHZ 58, 316 = NJW 1972, 1755). Da ihm auch das Stimmrecht im vollen Umfang zusteht, kann er zusammen mit den anderen Gesellschaftern den Gesellschaftsvertrag ändern, zur Aufnahme oder Ausschließung eines Gesellschafters seine Zustimmung geben und auch die eigene Beteiligung aufkündigen. Alle diese Maßnahmen sind gesellschaftsrechtlich wirksam, obwohl bürgerlich-rechtlich das Stammrecht am Gesellschaftsanteil nicht durch den Nießbraucher beeinträchtigt werden darf (§ 1071 BGB). Streitig ist, ob der Besteller nach Ende des Nießbrauchs automatisch wieder in seine volle Gesellschafterstellung einrückt oder ob es dazu einer förmlichen Rückübertragung bedarf (MünchKomm/*Petzoldt,* 2. Aufl. § 1068 Rdn. 20). Auch der Vollnießbrauch kann an nur einem Teil der Beteiligung eingeräumt werden (Quotennießbrauch), so daß der Besteller mit dem anderen Teil Gesellschafter bleibt (MünchKomm/ *Petzold,* 2. Aufl. § 1068 Rdn. 15; *Bunke* DNotZ 1968, 5/8 Fn. 17). Muß, wie meist bei der OHG, der Gesellschafter zur Erreichung des Gesellschaftszwecks mitarbeiten, dann eignet sich deswegen und wegen der Haftung der Vollnießbrauch nicht für den allein Versorgungszwecke dienenden Witwennießbrauch (*Mittelbach,* Nießbrauch, 4. Aufl.

1980 S. 27). Da die Pflicht zur Mitarbeit beim Kommanditisten nicht besteht, kann man, wenn der Witwennießbrauch unbedingt als Vollnießbrauch ausgestaltet werden soll, mit Zustimmung der Mitgesellschafter anordnen, daß die OHG-Beteiligung für die Dauer des Nießbrauchs in eine Kommanditbeteiligung umgewandelt werden soll (*v. Godin*, Nutzungsrechte an Unternehmen und Unternehmensbeteiligungen, 1949 S. 89; *Baumbach/Hopf* § 124 Anm. 2 E; *Bunke* DNotZ 1968, 5/18), an der dann der Nießbrauch mit voller Gesellschafterstellung unbedenklich bestellt werden kann (s. hierzu Form. XVI. 25).

(2) **Ertragsnießbrauch** (Aufspaltung der Gesellschafterstellung zwischen Nießbraucher und Gesellschafter). Gegen die hM. mit ihrer Gleichsetzung von Nießbrauchsbestellung und Vollübertragung wendet sich ein in letzter Zeit immer größer werdender Kreis von Autoren (s. Übersicht bei *Baums* Betr. 1981, 355 Fn. 2). Sie halten entgegen dem Abspaltungsverbot mit Zustimmung der Mitgesellschafter eine dingliche Nießbrauchsbestellung am Gesellschaftsanteil ohne dessen gleichzeitige Vollübertragung für möglich mit der Wirkung, daß der Nießbraucher ohne zugleich Gesellschafter zu sein, gewisse für die Sicherung seines Nutzungsrechts wesentliche Verwaltungsbefugnisse in der Gesellschaft unmittelbar kraft seines Nießbrauchs selbst ausüben kann. Streitig ist unter diesen Autoren jedoch, welche Verwaltungsrechte und Befugnisse ein solcher Nießbrauch im einzelnen vermitteln soll (s. hierzu *Finger* Betr. 1977, 1033). Der BGH DNotZ 1975, 735/737 = BB 1975, 295 hat die Frage der Zulässigkeit dieser Nießbrauchsform angesprochen, ihre Beantwortung aber ausdrücklich zurückgestellt. Wegen dieser Unsicherheit sollte man m. E. auf dieses Gestaltungsmittel verzichten. Wer es jedoch wählt, sollte angesichts der vielen Streitfragen den gewünschten Inhalt des Nießbrauchs in der letztwilligen Verfügung eingehend formulieren. Ein Formular für die Bestellung eines vermächtnisweise zugewendeten Ertragsnießbrauchs an dem Gesellschaftsanteil einer OHG bringt *Oldenburg* in Münchener Vertragshandbuch Bd. 1 Form. II.10.

(3) **Nießbrauch an den vermögensrechtlichen Bezügen** (Nießbrauch an den Gewinnansprüchen). Unstreitig kann, wie im Formular, der Nießbrauch auf den Gewinnanspruch und den Anspruch auf das Auseinandersetzungsguthaben beschränkt werden (*Staudinger/Promberger* Anh. zu §§ 1068, 1069 Rdn. 68; MünchKomm/*Petzoldt* § 1068 Rdn. 21 ff.). Da diese Ansprüche nach § 717 Satz 2 BGB frei übertragbar sind, bedarf es zu dieser Nießbrauchsbestellung auch nicht der Zustimmung der Mitgesellschafter. Die Befürworter des Ertragsnießbrauchs am gesamten Anteil werfen dieser Nießbrauchsform vor, der Reingewinn könne als Gegenstand des Nießbrauchs nicht selbst Nutzung sein und daher stünde dem Nießbraucher nur die Zinsen der nach § 1079 BGB anzulegenden Gewinnbeträge zu (*Staudinger/Promberger* Anh. zu §§ 1068, 1069 Rdn. 68). Dagegen wird mit Recht eingewandt, daß es sich bei den Gewinnansprüchen um Forderungen auf Leistung von verbrauchbaren Sachen (Geld) handelt, an denen der Nießbraucher gem. § 1075 Abs. 2 BGB mit ihrer Auszahlung das Eigentum mit voller Verfügungsgewalt erwirbt. Gem §§ 1075 Abs. 2, 1067 BGB wäre er insoweit zwar nach Beendigung des Nießbrauchs zum Wertersatz und somit zur Rückzahlung verpflichtet, § 1067 BGB kann jedoch nach allgM. abbedungen werden (MünchKomm/*Petzoldt*, 2. Aufl. § 1068 Rdn. 24; *Bunke* DNotZ 1968,5/10; *Finger* Betr. 1977, 1033 Palandt/Bassenge § 1067 Rdn. 3). Dem wird wiederum entgegengehalten, ein Ausschluß des Wertersatzes nach § 1067 BGB wäre unwirksam, da er die charakteristischen Merkmale des Nießbrauchs beseitigen würde (GroßKomm HGB/*Ulmer* § 139 Anm. 87, *Staudinger/Promberger* Anh. z. §§ 1068, 1069 Rdn. 68). Schwerwiegender ist da schon der Einwand, wenn ein Nießbrauch an den Gewinnansprüchen mit der Maßgabe eingeräumt würde, daß der Nießbraucher den Gewinn auf die Dauer behalten könne, läge in Wahrheit keine Nießbrauchsbestellung vor, sondern eine Vorausabtretung der künftigen Gewinnansprüche und damit seien die Nießbrauchsvorschriften der §§ 1069 ff BGB nicht anwendbar

(GroßKomm HGB/*Ulmer* aaO.; *Finger* Betr. 1977, 1033 f.). Immerhin ist der auf Gewinnbezug beschränkte Nießbrauch an Personengesellschaftsanteilen vom BGH DNotZ 1975, 735/737 = BB 1975, 295 ausdrücklich anerkannt worden. Die obengenannten Schwierigkeiten aus dem Nießbrauchsrecht des BGB heraus dem Nießbraucher die realisierten Gewinnbeträge zur freien Verfügung zu verschaffen, veranlaßte Siebert (BB 1956, 1126) ein von der Mitgliedschaft getrenntes „Gewinnstammrecht" zu konstruieren, das selbständig mit einem Nießbrauch belastet werden könne und die Gewinne dann als Erträge für den Nießbraucher abwerfe. Es handelt sich hierbei um eine Zweckkonstruktion, die im Gesellschaftsrecht keine Stütze findet (*Staudinger/Promberger,* Anh. zu §§ 1068, 1069 Rdn. 70). Widerlegt wurde die Zulässigkeit und Notwendigkeit eines Nießbrauchs am „Gewinnstammrecht" vor allem von *Rohlff* NJW 1971, 1337/1340 f. und *Petzoldt* (MünchKomm/*Petzoldt,* 2. Aufl. § 1068 Rdn. 24 u. GmbH- Rdsch. 1980, 197). Der BGH hat in der oben zitierten Entscheidung die Frage der generellen Zulässigkeit eines Nießbrauchs am „Gewinnstammrecht" offengelassen. Auch der BFH BStBl. II 1976, 592 ist der Vorfrage nach der zivilrechtlichen Zulässigkeit dieser Nießbrauchsart ausgewichen, hat ihn aber einkommensteuerlich nur als Vorausabtretung künftiger Gewinnansprüche gewertet. Das kann bei der derzeitigen Tendenz der Finanzrechtsprechung und -verwaltung aber auch beim Nießbrauch an den Gewinnansprüchen passieren und könnte wegen des Abzugsverbots nach § 12 Nr. 2 EStG beim Vorbehaltsnießbrauch evtl. dazu führen, daß die Verlagerung der Einkünfte auf den Nießbraucher steuerlich nicht anerkannt wird. Dagegen findet das Abzugsverbot nach § 12 Nr. 2 EStG auf alle Fälle beim Nachlaßnießbrauch keine Anwendung, da der damit belastete Erbe ihn nicht unentgeltlich bestellt (zuwendet), sondern aufgrund der ihm letztwillig auferlegten Verpflichtung (BFH BStBl. II 1979, 562), steuerlich ist es daher ziemlich gleichgültig, ob das Nießbrauchsvermächtnis am Gesellschaftsanteil als Ertragnießbrauch, Nießbrauch am Gewinnanteil, am Gewinnstammrecht oder nur als Vorausabtretung künftiger Gewinnansprüche ausgestaltet ist. In der Beurkundungspraxis sollte man jedoch angesichts der Meinungsverschiedenheiten und Unklarheiten in der Literatur und dem Fehlen einer höchstrichterlichen Stellungnahme alle Nießbrauch-Zwischenlösungen meiden und stattdessen je nach Zielrichtung entweder den Vollnießbrauch mit dem Nießbraucher als Gesellschafter auf Zeit oder den Nießbrauch an den vermögensrechtlichen Bezügen, der dem Besteller die Gesellschafterstellung und die Mitgliedschaftsrechte beläßt und dem Nießbraucher nur das Gewinnbezugsrecht gibt und ihn nicht haften läßt, wählen (so auch *Esch/ Schulz zur Wiesche,* Handbuch der Vermögensnachfolge, 2. Aufl. 1981 Rdn. I 1234 f). Soll der Vollnießbrauch gewählt werden und stört dabei die Vollhaftung und die Mitarbeitspflicht des persönlich haftenden Gesellschafters, so kann, wie in Form. XVI. 24, mit Zustimmung der Mitgesellschafter die Anordnung der Umwandlung der vollhaftenden Beteiligung in eine Kommanditbeteiligung für die Dauer des Nießbrauchs helfen.

5. Verzicht auf Wertersatz. Wie unter Anm. 4 Abs. 3 bereits ausgeführt, muß auf den auf Rückzahlung der bezogenen Gewinne gehenden Wertersatzanspruch nach § 1067 Abs. 1 BGB verzichtet werden. Fürsorglich sollte dies ausdrücklich geschehen, obwohl man mit Petzoldt (MünchKomm/*Petzoldt,* 2. Aufl. § 1068 Rdn. 24) bei einem Nießbrauch an den Gewinnansprüchen aufgrund der allgemeinen Lebenserfahrung davon ausgehen kann, daß § 1067 BGB abbedungen ist, auch ohne daß dies mit ausdrücklichen Worten geschieht. Um den Einwand zu vermeiden, daß bei einem völligen Ausschluß des Wertsatzes nach § 1067 BGB in Wirklichkeit kein Nießbrauch, sondern nur eine Abtretung künftiger Gewinnansprüche vorliege, erfolgt hier der Ausschluß nur hinsichtlich der vom Nießbraucher verbrauchten Gewinnanteile (*Petzoldt* GmbH-Rdsch., 1980/197/ 198; *Palandt/Bassenge* § 1067 Anm. 3). Die im Unternehmen verbliebenen Anteile fallen daher nach Beendigung des Nießbrauchs an den Gesellschafter zurück. Für den Fall, daß trotzdem der Nießbrauch nicht anerkannt werden sollte, erfolgt zur Sicherheit die Abtretung der Gewinnansprüche (*Finger* Betr. 1977, 1033/1034).

6. Steuerbeihilfe. Auch beim Nießbrauch am Reingewinn will die hM. den Nießbraucher den ganzen Steuerbilanzgewinn versteuern lassen, obwohl er zivilrechtlich lediglich Anspruch auf den festgestellten und ausgeschütteten Jahresgewinn hat. Um diese Unbilligkeit zu vermeiden, ist in der Nießbrauchsbestellung der Ausgleich in Form einer Steuerbeihilfe vorzusehen (BGHZ 58, 316/322 = NJW 1972, 1755). Desgleichen ist der Ersatz der Vermögenssteuer zu regeln.

7. Schuldrechtliche Vereinbarungen zur Sicherung des Nießbrauchers. Die Stellung des Nießbrauchers am Reingewinn ist keine sehr sichere (hierzu u. zum folgenden *Bunke* DNotZ 1968, 5/14; *Finger* Betr. 1977, 1033). Die Bestimmungen des Gesellschaftsvertrages über die Gewinnermittlung und Gewinnverteilung und das Auseinandersetzungsguthaben können nachträglich ohne Zustimmung des Nießbrauchers zu seinen Ungunsten geändert werden (BGH DNotZ 1975, 735 = BB 1975, 295), man kann zB. übermäßige Reserven bilden. Der Gesellschafter kann seine Beteiligung kündigen und aus der Gesellschaft ausscheiden. Durch § 1071 BGB ist der Nießbraucher nur gegen eine rechtsgeschäftliche Aufhebung oder Änderung des belasteten Recht geschützt, dh. der Gesellschafter kann nicht ohne seine Zustimmung auf die Gewinnansprüche und das Auseinandersetzungsguthaben verzichten. Bezüglich aller anderen Beeinträchtigungsmöglichkeiten kann sich der Nießbraucher nur wie im Formular vorgesehen durch schuldrechtliche Vereinbarungen mit dem Gesellschafter zu schützen versuchen. Verstößt der Gesellschafter gegen sie, macht er sich schadensersatzpflichtig. Schutz gegen Maßnahmen anderer Gesellschafter wird dem Nießbraucher nur im Rahmen des § 826 BGB gewährt (*Bunke* DNotZ 1968, 5/15).

8. Ein Wohnungsrecht nach § 1093 BGB kann auch an sämtlichen Räumen eines Hauses bestellt werden (LG Freiburg BWNotZ 1974, 85; BGH DNotZ 1978, 157).

9. Spannungsklausel. Bei der Wertsicherungsklausel unter § 3 Abs. 1 b) handelt es sich schon bisher um eine genehmigungsfreie Spannungsklausel. Auch das bis 31. 12. 1998 empfohlene Negativattest der LZB ist ab 1. 1. 1999 entbehrlich, da mWv diesem Tage § 3 des Währungsgesetzes aufgehoben wurde (Art. 9 § 1 EuroEG v. 9. 6. 1998, BGBl. I S. 1242).

10. Steuern. (1) Erbschaftsteuer. Die Zuwendung des OHG-Anteils an den Sohn B ist gem. § 3 Abs. 1 Nr. 1 ErbStG entspr. seiner Steuerklasse u. seinen Freibeträgen erbschaftsteuerpflichtig. Der der Besteuerung zugrundezulegende Wert des Anteils ist dabei nach § 12 Abs. 5 ErbStG der gem. § 3 BewG entsprechend dem Verhältnis der Kapitalanteile der Gesellschafter zueinander (*Troll*, Erbschaftsteuer- und Schenkungssteuergesetz, 6. Aufl. 1997, § 12 Rdn. 137) aufgeteilte und nach §§ 97, 99 BewG festgestellte Wert des Betriebsvermögens. Der Ausgleichsanspruch der Schwester C ist mit seinem vollen Wert zu versteuern und zwar nicht weil er ihr im Wege des Vermächtnisses und nicht im Wege der Teilungsanordnung zugewiesen wurde, sondern weil B den OHG-Anteil aufgrund der qualifizierten Nachfolgeklausel bürgerlichrechtlich im Wege der Sondererbnachfolge unmittelbar vom Erblasser und nicht über die Erbengemeinschaft zwischen ihm und der C erworben hat (*Petzoldt*, Erbschaftsteuer- und Schenkungssteuergesetz, 1978, § 3 Anm. 23; *Ebeling* DStZ A 1977, 443 u. *Kapp/Ebeling*, Handbuch der Erbengemeinschaft, 2. Aufl. 1979 f, Rdn. III 590.4) und somit eine Teilungsanordnung über einen Nachlaßgegenstand der Erbengemeinschaft mit der erbschaftsteuerlichen Folge der Besteuerung nach der Erbquote seines nach dem Bewertungsgesetz ermittelten Wertes garnicht möglich war. Andererseits kann B den Ausgleichsanspruch auch zu seinem vollen Wert nach § 10 Abs. 5 Nr. 2 ErbStG als Nachlaßverbindlichkeit abziehen. Auch der der Witwe vermächtnisweise zugewandte Quotennießbrauch an den Gewinnansprüchen ist nach § 3 Abs. 1 Nr. 1 ErbStG erbschaftsteuerpflichtig. Er wird nach den

24. Nießbrauchsvermächtnis an der Beteiligung an einer OHG XVI. 24

Vorschriften der §§ 13 ff. BewG bewertet (*Troll* aaO. § 12 Rdn. 147), dh. gem. §§ 13, 14 BewG zu dem mit der wahrscheinlichen Lebenserwartung der Berechtigten nach Anl. 9 BewG vervielfältigten Jahreswert des Nießbrauchs, der seinerseits aus der dem Nießbrauch entsprechenden Quote der durchschnittlichen künftigen Jahresgewinne (§ 15 Abs. 3 BewG) berechnet wird. Die Höchstwertvorschrift des § 16 BewG, nach der dieser Jahreswert höchstens den 18. Teil des steuerlichen Werts des mit dem Nießbrauch belasteten Wirtschaftsguts betragen darf, ist hier allerdings nicht anwendbar. Zwar wird eine „Nutzung eines Wirtschaftsgutes" im Sinne von § 16 BewG nicht mehr nur dann angenommen, wenn der Berechtigte sie unmittelbar zieht, was bei Gewinnbeteiligungsrechten nicht der Fall ist (BFH BStBl. 1966 III, 307), sondern auch dann, wenn die Nutzungen in die Form dinglicher oder obligatorischer Ansprüche gegen den unmittelbaren Besitzer des Wirtschaftsgutes gekleidet sind (BFH BStBl. 1983 II, 740), so daß jetzt die Höchstwertvorschrift des § 16 BewG auch auf Nießbrauchsrechte an Gewinnanteilen anwendbar sind. Voraussetzung ist aber, daß sich die dinglichen oder obligatorischen Ansprüche auf die Erträge des Wirtschaftsgutes beschränken und nicht, wie hier (§ 3 Abs. 1 b), gegen den Rechtsinhaber ein persönlicher Anspruch auf „Mindestgewinn" besteht, falls das Wirtschaftsgut keinen Gewinn abwirft (BGH BStBl. 1983, II, 740/741; *Kapp* ErbStG, 9. Aufl. § 12 Rdn. 260). In diesem Fall besteht nach Ansicht des BFH die geforderte enge rechtliche und wirtschaftliche Bindung zwischen dem Anspruch des Nutzungsberechtigten und dem genutzten Wirtschaftsgut nicht mehr. Gleichgültig ist, entgegen früherer Ansicht, ob der Nießbrauchsberechtigte daneben in der Gesellschaft noch eine über die reine Vermögensverwaltung hinausgehende Tätigkeit ausübt oder Stellung innehat (*Kapp* Rdn. 259). Die Nießbraucherin hat nach § 23 Abs. 1 ErbStG wiederum die Wahl zwischen sofortiger oder jährlicher Versteuerung und B kann nach § 25 ErbStG den kapitalisierten Nießbrauch, da er der Ehegattin des Erblassers zugewandt ist, nicht als Nachlaßverbindlichkeit abziehen, sondern hat nur die Möglichkeit seiner zinslosen Stundung bis zum Erlöschen.

(2) **Einkommensteuer.** Beim Vollnießbrauch ist der Nießbraucher Mitunternehmer und bezieht originär Einkünfte aus Gewerbebetrieb (s. Form. XVI. 23 Anm. 10 (2)). Streitig ist die einkommensteuerliche Zurechnung der Einkünfte bei den eingeschränkten Nießbrauchsformen an einem Personengesellschaftsanteil. Höchstrichterlich eindeutig geklärt ist nur aufgrund des Urteils des BFH BStBl. II 1976, 562, daß beim Nießbrauch am sog. Gewinnstammrecht dem Gesellschafter nach wie vor die Einkünfte zuzurechnen sind. Beim Nießbrauch am Reingewinn steht die Auffassung sowohl der Nießbraucher als auch der Gesellschafter bezögen nebeneinander Einkünfte aus Gewerbebetrieb (*Rosenau* Betr. 1969 Beil. Nr. 3 S. 8; v. *Schilling* Betr. 1954, 563; *Schulze zur Wiesche* Betr. 1977, 1214/1217; *Peter/Petzoldt/Winkler*, Unternehmernachfolge, Testamente und Gesellschaftsverträge in der Praxis, 4. Aufl. 1977, Ziff. 16.12.4) derjenigen gegenüber, die originäre gewerbliche Einkünfte nur bei dem anerkennt, der sie durch seine unternehmerische Tätigkeit und Initiative selbst erwirtschaftet hat, was beim bloßen Nießbrauch am Reingewinn natürlich nicht der Fall ist (*Fichtelmann* DStR 1974, 341; *Hoyer* BB 1978, 1459; *Sudhoff* NJW 1971, 481/484; *Jansen/Jansen*, Der Nießbrauch im Zivil- und Steuerrecht, 4. Aufl. 1985 Rdn. 209 u. 210; *Esch/Schulze zur Wiesche*, Handbuch der Vermögensnachfolge, 2. Aufl. 1981 Rdn. II 380 ff.; BFH BStBl. II 1979, 40 = DStR 1979, 144 Nr. 51). Nach der letztgenannten jetzt wohl herrschenden Auffassung hat der Gesellschafter den auf seine Beteiligung entfallenden Gewinnanteil voll als Einkünfte aus Gewerbebetreib zu versteuern. Die von ihm an die Nießbraucherin aufgrund des Quotennießbrauchs abzuführenden Beträge kann er jedoch als dauernde Lasten innerhalb der Sonderausgaben nach § 10 Abs. 1 Ziff. 1a EStG geltend machen, ohne bei durch Verfügung von Todes wegen zugewandtem Nießbrauch daran durch das Abzugsverbot nach § 12 Nr. 2 EStG gehindert zu sein (*Schulze zur Wiesche* Betr. 1977, 1214/1219; *Petzoldt* aaO.; *Langenfeld* aaO. S. 90; *Esch/Schulze zur Wiesche* aaO. Rdn. II 382;

Hoyer BB 1978, 1459/1462). Die Nießbraucherin hat ihre Bezüge nach § 22 Nr. 1 EStG als sonstige Einkünfte voll zu versteuern.

11. Kosten und Gebühren. Siehe Form. XV. 1 Anm. 18.

25. Nießbrauchsvermächtnis an der Beteiligung an einer KG[1,2]

Verhandelt zu ......
am ...... (auch als eigenhändiges Testament möglich)

§ 1 Erbeinsetzung

Zu meinen Erben setze ich meine beiden Töchter B und C je zur Hälfte ein. Ersatzerben sind deren Abkömmlinge, einschließlich adoptierter, jedoch mit Ausnahme nichtehelicher Kinder männlicher Nachkommen und ihren Abkömmlingen, unter sich jeweils nach der gesetzlichen Erbregel erster Ordnung. Mangels Ersatzerben soll Anwachsung eintreten.

§ 2 Auflagen und Vermächtnisse

(1) Ich bin Gesellschafter der im Handelsregister des Amtsgerichts von ...... (Ort), HRA ...... eingetragenen offenen Handelsgesellschaft mit der Firma M & Co OHG. Nach dem Gesellschaftsvertrag wird beim Tode eines Gesellschafters die Gesellschaft nicht aufgelöst, sondern mit dessen Erben als Nachfolger fortgesetzt.[3] Ferner ist die Abtretung der Beteiligung an Ehegatten und eheliche Abkömmlinge einschließlich adoptierter zulässig.[4] Wer durch Erbfolge oder Abtretung der Beteiligung Gesellschafter wird, ist befugt seine vollhaftende Beteiligung in eine Kommanditbeteiligung umzuwandeln. Die Mitgesellschafter können in diesen Fällen diese Umwandlung verlangen, wenn der Betreffende minderjährig ist oder keine zur Mitarbeit im Unternehmen geeignete Vor- oder Ausbildung nachweist, oder vom Standpunkt der Gesellschaft aus gegen seine Aufnahme als geschäftsführungs- und vertretungsberechtigter Gesellschafter schwerwiegende Bedenken geltend gemacht werden können.[5]

(2) Im Wege der Auflage bestimme ich, daß meine beiden Töchter B und C ihre ererbten OHG-Anteile aufgrund der obengenannten Umwandlungsklausel im Gesellschaftsvertrag auf den Zeitpunkt meines Todes in Kommanditanteile umwandeln.[6]

(3) Meine Erbinnen verpflichte ich im Wege des Vermächtnisses, ihrer Mutter und meiner Ehefrau A, geb. E an den beiden Kommanditanteilen unentgeltliche Nießbrauchsrechte auf Lebenszeit in folgendem Umfang und folgender Ausgestaltung einzuräumen:[7]

a) Die beiden Nießbrauchsrechte sollen an den Kommanditbeteiligungen jeweils die volle Rechtsstellung eines Gesellschafters erfassen (Vollnießbrauch) und sind so auszugestalten, daß die Nießbraucherin Mitunternehmer im steuerlichen Sinne wird.

b) Der Nießbrauch erstreckt sich auch auf die Privat- und Darlehnskonten und das Sonderbetriebsvermögen der Nießbrauchsbestellerinnen[8] und umfaßt die Kommanditanteile in ihrem jeweiligen Bestand.[9] Für den Fall der Auflösung der KG oder des Ausscheidens mit den Beteiligungen erstreckt sich der Nießbrauch auf die Auseinandersetzungsguthaben bzw. die Abfindungsansprüche.[10]

c) Die Nießbraucherin hat Anspruch auf Auszahlung der auf die belasteten Kommanditanteile entfallenden Gewinne, soweit sie die Nießbrauchsbestellerinnen auch zu entnehmen berechtigt wären.[11] Der Nießbraucherin gebühren ferner die Zinsen der auf die Nießbrauchsbestellerinnen lautenden Privat- und Darlehnskonten und die Miet- und Pachtzinsen ihres etwaigen Sonderbetriebsvermögens.

d) Bei Erhöhungen der Kapitalanteile gegen Einlagen hat die Nießbraucherin die auf ihre Kommanditanteile entfallenden Erhöhungsbeträge vorzuschießen, soweit sie nicht mit Guthaben von Rücklagenkonten oder mit nicht entnahmefähigen Gewinnen verrechnet werden können.[12] Nach Beendigung des Nießbrauchs sind ihr die vorgeschossenen Beträge zu ersetzen.

e) Soweit die Nießbrauchsbestellerinnen Steuern auf Erträge zu zahlen haben, die aufgrund des Nießbrauchs nicht ihnen, sondern der Nießbraucherin zufließen, sind sie ihnen zu erstatten. Desgleichen können sie die Erstattung der etwa auf die Anteile entfallenden Vermögenssteuer verlangen. Sollte die Nießbraucherin ihrerseits Steuern für Erträge zu bezahlen haben, die handelsrechtlich nicht ihr, sondern den Nießbrauchsbestellerinnen zugerechnet werden, ist sie berechtigt, von ihnen ihre Erstattung zu verlangen. Bezüglich aller obigen Steuererstattungsansprüchen sind die zu versteuernden aber nicht zugeflossenen Einkünfte jeweils als Spitzeneinkünfte des Betreffenden anzusehen.[13]

f) Da die Nießbraucherin im Außenverhältnis Kommanditistin mit allen Rechten wird, steht ihr auch im vollen Umfang das Stimmrecht zu.[14] Schuldrechtlich ist sie gegenüber den Nießbrauchsbestellerinnen verpflichtet, folgende Maßnahmen nicht ohne deren Zustimmung vorzunehmen oder ihnen zuzustimmen:[15]

aa) Veräußerung und Belastung der Kommanditanteile;
bb) Änderung der Beteiligungsverhältnisse oder des Gewinnverteilungsschlüssels;
cc) Erhöhung der Einlagen;
dd) Kündigung des Gesellschaftsverhältnisses;
ee) Erhebung einer Klage auf Aufhebung der Gesellschaft;
ff) Auflösung oder Umwandlung der Gesellschaft.

Für den Fall, daß die Nießbraucherin gegen diese Verpflichtungen verstößt, steht jeder der Nießbrauchsbestellerinnen das Recht zu, die Nießbrauchsrechte durch Kündigung zu beenden.

g) Die Nießbrauchsrechte enden mit dem Tod der Nießbraucherin oder mit ihrer Aufgabeerklärung. Die Nießbraucherin darf die Ausübung des Nießbrauchs nicht an Dritte überlassen.[16]

(4) Meiner Ehefrau A, geb. E vermache ich ferner das unentgeltliche und lebtägliche Wohnungsrecht gemäß § 1093 BGB an der Erdgeschoßwohnung meines Zweifamilienhauses ...... (Ort, Straße), Flst. Nr ...... nebst anteiliger Gartennutzung. Bei der Bestellung ist zu vermerken, daß zur Löschung des Rechts der Nachweis des Todes der Berechtigten genügen soll.

(5) Letztlich vermache ich meiner Ehefrau A, geb. E die gesamte Einrichtung unserer Familienwohnung im weitesten Sinne soweit sie in meinem Eigentum steht und alle meine persönlichen Gebrauchsgegenstände.

(6) Die Vermächtnisse sollen auch im Falle einer Wiederheirat meiner Ehefrau bestehen bleiben. Ersatzvermächtnisnehmer werden nicht bestellt.

§ 3 Schlußformel[17] (wie Form. XV. 1)

Schrifttum: Baums, Wer trägt beim Nießbrauch an der Mitgliedschaft in einer Personengesellschaft die Vermögensteuer?, Betr. 1981, 355; *Bender,* Nießbrauch und Unterbeteiligung an Personengesellschaftsanteilen, Betr. 1979, 1445; *Jansen/Jansen,* Der Nießbrauch im Zivil- und Steuerrecht, 4. Aufl. 1985; *Nieder,* Hdb. d. Testamentsgestaltung, 1992 Rdn. 572; *Petzoldt,* Vorerbschaft und Nießbrauchsvermächtnis, BB 1975, Beil. 6; *Schulze zur Wiesche,* Der Nießbrauch am Kommanditanteil, Betr. 1970, 171; *ders.,* Die ertragsteuerliche Behandlung des Nießbrauchs an einem Gesellschaftsanteil, Betr. 1977, 1214; *ders.*, Der Nießbrauch am Gesellschaftsanteil, DStR 1980, 222; *Teichmann*, Der Nießbrauch an Gesellschaftsanteilen – Probleme der praktischen Gestaltung, ZGR 1973, 24 ff.

Anmerkungen

1. Sachverhalt. Der Testierer ist Gesellschafter einer OHG. Er hat eine Ehefrau und zwei Töchter, die alle nicht bereit und in der Lage sind, seine Stellung als mitarbeitender, geschäftsführender und vertretungsberechtigter Gesellschafter in dem Unternehmen nach seinem Tod zu übernehmen. Seine Ehefrau hat keine ausreichende eigenständige Altersversorgung und ist daher versorgungsbedürftig. Die Töchter sind auswärts verheiratet und gut versorgt.

2. Anwendungsfälle. Das Ziel des Testierers ist die Altersversorgung seiner Witwe bei gleichzeitiger Erhaltung der Substanz seines Vermögens für seine Nachkommen. Dieses Ziel kann durch eine horizontale Nutzungsaufspaltung (*Sudhoff*, Handbuch der Unternehmensnachfolge, 3. Aufl. 1984, § 42) der Beteiligung in Inhaberschaft und Nutzungsbefugnis erreicht werden. Der Testierer muß dabei zunächst die Schwierigkeit beseitigen, die darin besteht, daß in einer OHG die Gesellschafter nicht nur kapitalistisch an dem Unternehmen beteiligt sein, sondern zur Erreichung des Gesellschaftszwecks selbst mitarbeiten sollen. Da weder die Erben noch die Nießbraucherin dazu willens und in der Lage sind, könnte er durch Vereinbarung mit seinen Mitgesellschaftern sie von der Verpflichtung zur Geschäftsführung freistellen lassen. Das sollte unbedingt im Einvernehmen mit den anderen Gesellschaftern durch Änderung des Gesellschaftsvertrages geschehen und nicht, obwohl zulässig (*Weimar* JR 1977, 234), durch Auflage an die Erben zur Kündigung der Geschäftsführungspflicht aus „wichtigem Grund" gem. der entsprechend anwendbaren §§ 114 Abs. 1 HGB, 712 Abs. 2 BGB (*Weimar* JR 1977, 234). Es ist nämlich nicht sicher, ob die auswärtige Hausfrauentätigkeit der verheirateten Töchter die Geschäftsführertätigkeit als unzumutbar erscheinen läßt. Durch die Entpflichtung von der Geschäftsführung wäre jedoch die Vollhaftung für die nicht mitarbeitenden Erben besonders gefährlich und lästig. Da die Erben wegen des unabdingbaren § 139 HGB sowieso nicht zur vollhaftenden Übernahme der Beteiligung gezwungen werden können, ist die bessere Lösung, durch gesellschaftsvertragsändernde Vereinbarung mit den Mitgesellschaftern den Erben das Recht auf Umwandlung der vollhaftenden Beteiligung in eine Kommanditbeteiligung einzuräumen und gleichzeitig den Mitgesellschaftern die Möglichkeit zu geben, wenn es im Interesse der Gesellschaft angezeigt ist, die personale Beteiligung auf eine kapitalistische zu reduzieren, diese Umwandlung zu erzwingen. Erst wenn der Gesellschaftsvertrag in dieser Weise den Nachfolgewünschen des Testierers angepaßt ist, kann er wie im Form. vorgesehen testieren. Da die Kommanditistenstellung keine Mitarbeit im Unternehmen verlangt und nur mit der vollen Einlage gehaftet wird, kann der Nießbrauch dann unbedenklich mit der vollen Gesellschafterstellung ausgestaltet werden. Das kommt auch dem Wunsch entgegen, der Witwe im Interesse ihrer Versorgung auf Lebenszeit sämtliche Nutzungen der Beteiligung zufließen zu lassen und die Erben auf die Zeit nach ihrem Tod zu verweisen. Eine Alternative zur vermächtnisweisen Einräumung des Vollnießbrauchs an der Beteiligung wäre, insbesondere um den zivil- und steuerrechtlichen Rechtsunklarheiten beim Nießbrauch an Personengesellschaftsbeteiligungen zu entgehen, die Einsetzung der Witwe als Vorerbin, wobei die Beschränkung der Vorerbschaft auf den Gegenstand der KG-Beteiligung durch eine vermächtnisweise Zuwendung aller anderen Vermögensgegenstände an die Abkömmlinge als Nacherben zu erreichen wäre. Da wegen § 25 Abs. 1 des neuen Erbschaftsteuergesetzes das Nießbrauchsvermächtnis gegenüber der Vorerbschaft keine wesentlichen Steuervorteile mehr bietet, entscheidet sich die Wahl zwischen den beiden Lösungsmög-

25. Nießbrauchsvermächtnis an der Beteiligung an einer KG   XVI. 25

lichkeiten nach dem gewünschten Maß der Sicherung der Beteiligung für die Abkömmlinge. Während die Vorerbschaft eine Veräußerung und Umgestaltung der Beteiligung nicht verbietet, gewährt der Nießbrauch nicht die Möglichkeit der Änderung der Zweckbestimmung des belasteten Gegenstandes und bietet damit ein höheres Maß an Sicherung. Da der Vollnießbrauch an einer Beteiligung allerdings die volle Gesellschafterstellung für den Nießbraucher während der Dauer des Nießbrauchs verlangt, ist diese Sicherheit nur schuldrechtlicher Natur. In Fällen, in denen zu Mißtrauen Anlaß besteht, empfiehlt sich daher, lediglich einen Nießbrauch an den Gewinnansprüchen oder eine Unterbeteiligung zu vermachen. Beides beläßt den Erben die Inhaberschaft an der Beteiligung und bietet ihnen unmittelbaren Schutz gegen unberechtigte Verfügungen über die Beteiligung.

    3. **Nachfolgeklausel.** Da bei einer OHG grundsätzlich der Tod eines Gesellschafters nach § 131 Nr. 4 HGB zur Auflösung der Gesellschaft führt, ist diese Folge, sofern sie nicht gewünscht wird, im Gesellschaftsvertrag auszuschließen (Fortsetzungsklausel) und wenn die Fortsetzung nicht nur mit den übrigen Gesellschaftern erfolgen soll, sondern auch mit den Erben des Verstorbenen, ist auch dies wie im Formular in den Vertrag aufzunehmen (einfache Nachfolgeklausel). Die Erben erwerben dann die Beteiligung nicht in Gesamtrechtsnachfolge, sondern in Einzelnachfolge automatisch beim Erbfall, dh. nicht in Erbengemeinschaft, sondern jeder für sich im Verhältnis ihrer Erbteile (BGHZ 22, 186/ 192; 55, 267/269; 68, 225/237), was aus dem Wortlaut des § 139 Abs. 1 HGB geschlossen wird, nach dem jeder Erbe unabhängig vom anderen die Einräumung der Stellung eines Kommanditisten verlangen kann. Die im Gesellschaftsvertrag vereinbarte Nachfolgeklausel hat nur die Funktion, den Gesellschaftsanteil vererblich zu stellen. Sie begründet nicht etwa selbst für die Angehörigen des Gesellschafters ein Recht zum Eintritt in die Gesellschaft, sondern überläßt es der testamentarischen oder gesetzlichen Erbfolgeregelung des Gesellschafters, ob die durch den Gesellschaftsvertrag ermöglichte Vererblichkeit des Anteils sich tatsächlich verwirklicht (BGH NJW 1978, 264). Handelt es sich um eine sog. qualifizierte Nachfolgeklausel, so ist der Kreis der Nachfolgeberechtigten beschränkt. Wenn dann niemand aus diesem Kreis Erbe wird, ist, da Gesellschaftsvertrag und letztwillige Verfügung nicht miteinander im Einklang stehen, die gesellschaftsvertraglich festgelegte erbrechtliche Nachfolgeregelung gescheitert (BGH NJW 1978, 264). Die qualifizierte Nachfolgeklausel kann dann aber evtl. im Wege der ergänzenden Vertragsauslegung in eine rechtsgeschäftliche Eintrittsklausel umgedeutet werden (BGH NJW 1978, 264). Aber auch dann müßte dem Nachfolgeberechtigten durch Verfügung von Todes wegen wenigstens der Vermögenswert der Beteiligung des verstorbenen Gesellschafters zugewandt sein, da er sonst die Einlage aus eigenen Mitteln aufbringen müßte (BGH NJW 1974, 264/265). Eingehend zu vorstehendem siehe oben Form. XVI. 10 Anm. 8 u. 10.

    4. **Übertragbarkeit.** Die Zulässigkeit des Nießbrauchs mit voller Gesellschafterstellung an der Beteiligung an einer Personalgesellschaft richtet sich nach der Übertragbarkeit dieses Rechts (§ 1069 Abs. 2 BGB). Nach den Vorschriften der §§ 717, 719 BGB, die auf die OHG und KG anzuwenden sind (§§ 105 Abs. 2, 161 Abs. 2 HGB), sind im Gegensatz zu den in § 717 Satz 2 BGB genannten sog. vermögensrechtlichen Bezüge die einzelnen Ansprüche aus dem Gesellschaftsverhältnis und der Anteil am Gesellschaftsvermögen grundsätzlich nicht übertragbar (*Bunke* DNotZ 1968, 5/6). Dieses Übertragungsverbot ist allerdings nicht zwingend und kann mit im Gesellschaftsvertrag vorweggenommener oder im Einzelfall erteilter Zustimmung der Mitgesellschafter durchbrochen werden. Die generelle Zustimmung zur Veräußerung enthält dabei in aller Regel auch die Zustimmung zur Belastung mit einem Nießbrauch (*Bunke* DNotZ 1968, 5/7; *Petzoldt* BB 1975 Beil. 6 S. 11; *Fichtelmann* DStR 1974, 305). Der Gesellschaftsanteil eines Kommanditisten ist hingegen mangels entgegenstehender gesellschaftsvertraglicher Abreden frei vererblich (§ 177 HGB; MünchKomm/*Petzoldt* § 1068 Rdn. 12).

5. Umwandlungsklausel. Nach § 139 Abs. 1 HGB kann jeder Erbe eines OHG-Gesellschafters an die Mitgesellschafter den Antrag richten, ihn zum Kommanditisten zu machen. Nehmen die Mitgesellschafter diesen Antrag nicht an, kann der Erbe ausscheiden (§ 139 Abs. 2 HGB). Dieses Wahlrecht der Erben ist unabdingbar (*Baumbach/Hopt* § 139 Rdn. 61). Die Zustimmung zu dieser Umwandlung kann auch wie im Form. bereits im Gesellschaftsvertrag in einer sog. Umwandlungsklausel enthalten sein (*Esch/Schulze zur Wiesche*, Handbuch der Vermögensnachfolge, 2. Aufl. 1981 Rdn. II 929; *Bunke* DNotZ 1968, 5/18; *v. Godin,* Nutzungsrecht an Unternehmen und Unternehmensbeteiligungen, 1949, S. 89).

6. Umwandlungsauflage. Die gesellschaftsvertragliche Umwandlungsklausel gibt den Erben lediglich das Recht, die Umwandlung der vollhaftenden in eine Kommanditbeteiligung zu verlangen. Damit der Nießbrauch wie vorgesehen an den Kommanditbeteiligungen bestellt werden kann, müssen die Erbinnen mittels einer Auflage gem. §§ 2192 ff. BGB zur Umwandlung verpflichtet werden. Vollziehungsberechtigte gem. § 2194 BGB ist die Witwe. Natürlich könnte die Umwandlung auch zur Bedingung der Erbeinsetzung der beiden Erbinnen gemacht werden (*Staudinger/Seybold* Vorbem. vor § 2192 Rdn. 3).

7. Vollnießbrauch. Zum Vollnießbrauch an der Beteiligung an einer Personengesellschaft s. auch Form. XVI. 24 Anm. 4 (1). Der Nießbrauch an einer Beteiligung ist ein Nießbrauch an einem Recht gem. § 1068 Abs. 1 BGB (*Palandt/Bassenge* § 1068 Rdn. 4). Wegen des von der Rspr. noch nicht aufgegebenen Verbots der Abspaltung von Mitgliedschaftsrechten der Beteiligung kann ein Nießbrauch an ihr nach der noch hM. nur durch quasi treuhänderische Vollrechtsübertragung des Anteils begründet werden (Nießbrauch mit voller Gesellschafterstellung = uneingeschränkter Nießbrauch = Vollnießbrauch), der dem Nießbraucher einen im Innenverhältnis schuldrechtlich auszugleichenden Überschuß an äußerer Rechtsmacht gibt (BGB DNotZ 1975, 735 = BB 1975, 295). Der Nießbraucher tritt in die volle Gesellschafterstellung ein und nur im Innenverhältnis zwischen Nießbrauchsbesteller und Nießbraucher finden die Bestimmungen über den Nießbrauch Anwendung. Bei einem, wie hier, Nießbrauch an einer Kommanditbeteiligung wird der Nießbraucher Kommanditist und haftet nur mit der Einlage, beim Nießbrauch an einer Komplementärbeteiligung wird er dagegen persönlich vollhaftender Gesellschafter und es steht ihm die Befugnis zur Geschäftsführung und Vertretung der Gesellschaft zu. Die Vermächtniserfüllung durch Bestellung des Vollnießbrauchs erfolgt, da es sich um einen Nießbrauch an einem Recht handelt gem. § 1069 Abs. 1 BGB in der gleichen Weise wie die Übertragung der Beteiligung, dh. durch einen formlos gültigen Vertrag zwischen Erben und Nießbraucherin, der gegebenenfalls auch stillschweigend abgeschlossen werden kann (*Jansen/Jansen* Rdn. 54). Ferner ist der Vollnießbraucher als Gesellschafter ins Handelsregister einzutragen (BayObLGZ 1973, 168 = BB 1973, 956). Zu den Rechten des Vollnießbrauchers gehört auch das Stimmrecht in der Gesellschaft (zur Rechtsstellung des Nießbrauchers als Gesellschafter s. *Fichtelmann* DStR 1974, 267 u. 299/307). Hinsichtlich des Umfangs der Nutzungsbefugnis des Nießbrauchers ist zu beachten, daß der Nießbrauch nicht unmittelbar am Gesellschaftsvermögen, sondern an der Beteiligung besteht. Es gebühren dem Nießbraucher daher die Erträge dieses Rechts, nicht die anteiligen Gewinne des Unternehmens schlechthin. Hierbei kommen nur die Erträge in Betracht, die das Recht, dh. die Beteiligung „seiner Bestimmung nach" gewährt (§ 99 Abs. 2 BGB). Das sind diejenigen Gewinnanteile, die der Gesellschafter im Rahmen von Gesetz, Gesellschaftsvertrag und festgestelltem Jahresabschluß zu entnehmen berechtigt ist – entnahmefähiger Gewinn – (BGHZ 58, 316/320 = NJW 1972, 1755; *Bunke* DNotZ 1968, 5/15; aA. *Fichtelmann* S. 308 u. *Sudhoff* NJW 1971, 481/483). Gesellschaftsvertragliche Entnahmebeschränkungen wirken auch gegen den Nießbraucher, er erhält dann nur den Teil des Gewinns, der zur freien Verfügung der Gesellschafter steht. Wenn im Gesellschaftsvertrag nicht abbedungen (dh. sog. feste Kapitalkonten gebildet sind), werden bei einem Nießbrauch an einem OHG-Anteil gem.

25. Nießbrauchsvermächtnis an der Beteiligung an einer KG XVI. 25

§ 120 Abs. 2 HGB Gewinne dem Kapitalanteil zugeschrieben und Verluste abgeschrieben (sog. veränderliche Kapitalanteile). Dafür steht dem Gesellschafter und damit auch dem Nießbraucher das Entnahmerecht nach § 122 Abs. 1 HGB zu (*Bunke* DNotZ 1968, 5/15). Das gilt grundsätzlich auch dann, wenn ein entsprechender Gewinn nicht vorhanden ist. Jedoch wird das als übermäßige Fruchtziehung anzusehen sein und der Nießbraucher wäre dem Nießbrauchsbesteller gegenüber nach § 1039 BGB zum Wertersatz verpflichtet (*Bunke* DNotZ 1968, 5/15 Fn. 54). Beim Nießbrauch an einem Kommanditanteil gelten insoweit Besonderheiten, als nach der gesetzlichen Regelung der Gewinn des Kommanditisten seinem Kapitalanteil nur so lange gutgeschrieben wird, bis die bedungene Einlage erreicht ist (§ 167 Abs. 2 HGB), so daß der Nießbraucher, falls gesellschaftsvertraglich nichts anderes vereinbart ist, beim Vorliegen dieser Voraussetzungen immer Anspruch auf Auszahlung des Gewinns hat (MünchKomm/*Petzoldt* § 1068 Rdn. 31). Ein Entnahmerecht hat der Kommanditist und entsprechend auch der Nießbraucher nach der gesetzlichen Regelung nicht. Nach § 169 Abs. 1 HGB darf er auch die auf ihn entfallenden Gewinne nicht entnehmen, soweit sie dazu benötigt werden, ein Absinken des Kommanditanteils unter den Betrag der Pflichteinlage zu verhindern oder auszugleichen (BGHZ 58, 316/321). Da das alles in der Literatur sehr umstritten ist und wenig klärende Rechtsprechung vorliegt, ist es angezeigt, wie im Form., im Rahmen des Gesellschaftsvertrages, der seinerseits sich nicht auf die gesetzliche Regelung verlassen darf, sondern dem Einzelfall angepaßte eingehende und klare Bestimmungen über die Gewinnansprüche der Kommanditisten und ihre Berechnung enthalten muß, in der Verfügung von Todes wegen eingehende Regelungen über die Nutzungsbefugnis des Nießbrauchers zu treffen.

8. Ohne eine solche Festlegung würde sich der Nießbrauch nicht auf die Privat- und Darlehnskonten und etwaiges Sonderbetriebsvermögen des Nießbrauchsbestellers erstrecken (*Schulze zur Wiesche* Betr. 1977, 1214/1215).

9. Da die Frage streitig ist, ob sich bei einer Erhöhung des Kapitalanteils der Nießbrauch automatisch auf den erhöhten Anteil erstreckt (s. hierzu *Teichmann* ZGR 1972, 1/16 f.), wird durch diese Formulierung Klarheit geschaffen.

10. Diese Formulierung dient nur der Klarstellung, da anders als beim eingeschränkten Nießbrauch an den vermögensrechtlichen Bezügen beim Vollnießbrauch das Auseinandersetzungsguthaben bei Auflösung der Gesellschaft oder dem Ausscheiden des Gesellschafters an die Stelle der Beteiligung tritt. Entsprechend den Vorschriften der §§ 1076 ff. BGB ist dann das Auseinandersetzungsguthaben gemeinsam an Besteller und Nießbraucher zu zahlen und beide haben es bei gleichzeitiger Bestellung eines neuen Nießbrauchs mündelsicher anzulegen (*Bunke* DNotZ 1968, 5/16).

11. Diese Regelung entspricht der hM. nach der dem Vollnießbraucher nur der gesellschaftsvertraglich entnahmefähige Gewinn zusteht (BGHZ 58, 316/320 = DNotZ 1972, 1755).

12. Diese Vereinbarung empfiehlt sich, wenn wie hier, die Nießbrauchsbesteller selbst keine Einkünfte aus der Gesellschaft haben und andererseits kraft ausdrücklicher Vereinbarung der Nießbraucher auch die Nutzungen aus dem erhöhten Anteil hat. Da der Nießbraucher aber den Erhöhungsanteil nicht etwa als freies Vermögen erwirbt (BGHZ 58, 316/319), erscheint die Einräumung eines Erstattungsanspruchs nach Beendigung des Nießbrauchs angemessen.

13. Ähnlich wie beim Nießbrauch an einem Unternehmen ist auch bei einem echten Nießbrauch an einer Personengesellschaftsbeteiligung noch nicht völlig geklärt, ob der Nießbraucher auch den nicht ausschüttungsfähigen bzw. den zur Bildung von Rücklagen verwendeten Gewinn zu versteuern hat (*Fichtelmann/Mittelbach/Petzoldt/Schulze zur Wiesche*, Steuer-Formular-Kommentar, 2. Aufl. 1981, S. 580). Da andererseits auch die Nießbrauchsbestellerinnen mit Steuern für Erträge belegt werden können, die dem

Nießbraucher zugeflossen sind und ferner nach der hM. (*Baums* Betr. 1981, 355 ff.) auch beim Vollnießbrauch der Besteller die Vermögenssteuer bezüglich der Beteiligung zu tragen hat, empfiehlt sich über diese Punkte eine eingehende erbrechtliche Regelung zu treffen (MünchKomm/*Petzoldt* § 1068 Rdn. 16; *Schulze zur Wiesche* DStR 1980, 222/225).

14. Eine Einschränkung der Ausübung des Stimmrechts durch den Nießbraucher wäre mit dem Vollnießbrauch nicht vereinbar und würde außerdem bedeuten, daß der Nießbraucher steuerrechtlich nicht mehr als Mitunternehmer nach § 15 Abs. 1 Nr. 2 EStG anerkannt würde (BFH BStBl. II 1973, 528).

15. Der Nießbraucher ist auch beim Vollnießbrauch im Innenverhältnis gegenüber dem Nießbrauchsbesteller gem. §§ 1041, 1044, 1050 BGB zur Erhaltung der Substanz der Sache verpflichtet. Trotzdem empfiehlt es sich schuldrechtlich ausdrücklich die Zustimmungsbedürftigkeit solcher Maßnahmen anzuordnen, die eine Beeinträchtigung der Substanz mit sich bringen können (BGH DNotZ 1975, 735/737 = BB 1975, 295).

16. Ohne dieses Verbot könnte die Ausübung des Nießbrauchs gem. § 1059 Satz 2 BGB Dritten überlassen werden.

17. Steuern. (1) Erbschaftsteuer. Die Erbinnen sind wegen der Zuwendung der Personengesellschaftsbeteiligung nach § 3 Abs. 1 Nr. 1 ErbStG entspr. ihrer Steuerklasse und ihren Freibeträgen erbschaftsteuerpflichtig. Der Wert des Anteils wird dabei gem. §§ 12 Abs. 5 ErbStG, 3, 95 BewG berechnet. Desgleichen hat die Nießbraucherin den ihr vermachten Vollnießbrauch nach § 3 Abs. 1 Nr. 1 ErbStG mit seinem Kapitalwert zu versteuern. Der Kapitalwert wird dabei gem. §§ 13, 14 BewG auf der Grundlage des Jahreswerts der Nutzungen ermittelt, der seinerseits sich nach den §§ 15, 16 BewG berechnet. Da es sich hier um einen Vollnießbrauch und damit einkommensteuerrechtlich um eine Mitunternehmerschaft des Nießbrauchers handelt, liegt eine wiederkehrende Nutzung vor und damit ist die Anwendung der Höchstwertvorschrift des § 16 BewG gegeben (Betr. 1965 1196 f.; *Rössler/Troll/Langner* BewG, 10. Aufl. 1975, § 16 Rdn. 4; *Troll*, Erbschaftsteuer- und Schenkungsteuergesetz, 6. Aufl. 1997, § 12 Rdn. 85). Das bedeutet, daß nach § 16 BewG der Jahreswert der Nutzungen bei der Ermittlung des Kapitalwertes nicht mehr als der 18,6. Teil des steuerlichen Wertes des Wirtschaftsgutes betragen kann. Da der Nießbrauch der Witwe des Erblassers zugewendet wird, können die Erben auch nach dem geänderten § 25 ErbStG nicht den kapitalisierten Nießbrauch vom steuerlichen Wert ihres Gesamterwerbs abziehen und haben nur die Möglichkeit der zinslosen Stundung des auf den Wert des Nießbrauchs entfallenden Erbschaftsteuerbetrages bis zum Erlöschen des Nießbrauchs. Die Nießbraucherin hat nach § 23 Abs. 1 ErbStG die Wahl zwischen sofortiger oder jährlicher Versteuerung mit der Möglichkeit späterer Ablösung.

(2) Einkommensteuer. Da beim Vollnießbrauch der Nießbraucher für die Dauer des Nießbrauchs selbst die vollen Gesellschafterrechte wahrnimmt und Gesellschafter auf Zeit ist, wird er, da er insoweit das Unternehmerrisiko trägt und seine Einkünfte von den wirtschaftlichen Erfolgen des von der Gesellschaft betriebenen Gewerbes abhängen, einkommensteuerlich als Mitunternehmer gem. § 15 Abs. 1 Nr. 2 EStG angesehen und bezieht als solcher originäre Einkünfte aus Gewerbebetrieb (*Schulze zur Wiesche* Betr. 1970, 171/172 u. DStR 1980, 222; *Hoyer* BB 1978, 1459/1460). Die Einkunftsquelle ist somit zu ihm verlagert. Dem Nießbraucher ist dabei nach wohl hM. der ganze Gewinn der Steuerbilanz als Einkunft zuzurechnen, gleichgültig ob er ihm bürgerlichrechtlich verbleibt oder nicht (*Bender* Betr. 1979, 1445/1446; *Finger* Betr. 1977, 1033/1038; *Schilling* Betr. 1954, 561; *Esch/Schulze zur Wiesche*, Handbuch der Vermögensnachfolge, 2. Aufl. 1981 Rdn. II 381; aA. *Jansen/Jansen*, Der Nießbrauch im Zivil- und Steuerrecht, 4. Aufl. 1985 Rdn. 204). Die Einkünfte des Nießbrauchers werden einheitlich und gesondert festgestellt (§ 180 AO). Sollte dem Nießbrauchsbesteller neben dem Nießbraucher die Stellung eines Mitunternehmers zukommen, so ist bei der Nießbrauchsbestellung darauf zu achten, daß dem Besteller neben dem Nießbraucher Unternehmerinitiative verbleibt, dh. ihm im Innenverhältnis wenigstens eine Rechtstellung verbleibt, die der eines Kommanditisten gleichkommt (*Schulze zur Wiesche* DStR 1980, 222/223). Aber auch wenn er nicht Mitunternehmer ist, werden, sofern im Einzelfall der Nießbraucher nicht als wirtschaftlicher Eigentümer anzusehen ist, dem Nießbrauchsbesteller weiterhin die Wirtschaftsgüter des Betriebsvermögens zugerechnet, solange er nicht die Betriebsaufgabe erklärt, was einen nach §§ 16 Abs. 3, 34 Abs. 1 EStG (½ Steuersatz) zu versteuernden Aufgabegewinn zur Folge hätte (*Schulze zur Wiesche* S. 225). Die Mitunternehmerschaft des Nießbrauchers bringt es mit sich, daß der Mitunternehmer aus der Gesellschaft nur einheitliche Einkünfte beziehen kann. Wenn er daher aufgrund von schuldrechtlichen Verträgen wie z. B. Arbeits-, Miet-, Pacht- oder Darlehnsverträgen mit der Gesellschaft von dieser ein Entgelt bezieht, wird dies steuerrechtlich als Vorabgewinn behandelt (§ 15 Abs. 1 Nr. 2 EStG). Das Entgelt mindert somit, anders als in der Handelsbilanz, den Gewinn der Gesellschaft nicht. Dies ist insbesondere bedeutsam für die Gewerbeertragsbesteuerung. Ein weiterer Nachteil der Mitunternehmerschaft ist, daß alle Wirtschaftsgüter die ein Mitunternehmer der Gesellschaft zur Verfügung stellt sog. Sonderbetriebsvermögen werden und er im Falle einer Veräußerung den Veräußerungsgewinn nach §§ 16, 34 EStG mit dem halben Steuersatz als Einkommen versteuern muß. Siehe ferner Form. VI. 64 und 65.

18. Kosten und Gebühren. Siehe Form. XV. 1 Anm. 18.

26. Nießbrauchsvermächtnis am Geschäftsanteil einer GmbH[1, 2]

Verhandelt zu ......
an ...... (auch als eigenhändiges Testament möglich)

§ 1 Erbeinsetzung

Zu meinen Erben setze ich hiermit meine Ehefrau A, geb. E, meinen Sohn B und meine Tochter C zu gleichen Teilen ein. Meine Ehefrau ist jedoch mit ihrem Erbteil nur von allen nach dem Gesetz vorgesehenen Beschränkungen befreite Vorerbin. Nacherben sind mein Sohn B und meine Tochter C zu gleichen Teilen. Der Fall der Nacherbfolge tritt ein mit dem Tode oder der Wiederverheiratung der Vorerbin. Die Nacherbschaftsrechte sind vom Erbfall bis zum Nacherbfall weder übertragbar noch vererblich.[3] Es soll allein die Ersatznacherbfolge eintreten können. Ersatzerben und Ersatznacherben meiner Ehefrau sind unsere beiden Kinder je zur Hälfte, deren Ersatzerben und weitere Ersatzerben und Ersatznacherben meiner Ehefrau sind deren Abkömmlinge, einschließlich adoptierter, jedoch mit Ausnahme nichtehelicher Kinder männlicher Nachkommen und ihren Abkömmlingen, gemäß der gesetzlichen Erbregel erster Ordnung. Mangels Ersatzerben soll jeweils Anwachsung eintreten. Die Auseinandersetzung meines Nachlasses schließe ich bis zum Tode meiner Ehefrau aus.

§ 2 Vermächtnisse

(1) Ich halte an der M-GmbH, eingetragen im Handelsregister des Amtsgerichts F unter HRB ...... fünf Geschäftsanteile im Nennbetrag von je 40.000,– DM. Das Stammkapital der Gesellschaft beträgt insgesamt DM 400.000,–. Sämtliche Bareinlagen sind einbezahlt und sämtliche Sacheinlagen vollwertig erbracht. Nach der Satzung kann, wenn ein Gesellschafter nicht ausschließlich von anderen Gesellschaftern, seinem Ehegatten oder seinen Abkömmlingen beerbt wird, sein Geschäftsanteil gegen Entgelt einge-

zogen werden.⁴ Statt der Einziehung kann die Gesellschaft verlangen, daß der Anteil ganz oder geteilt an die Gesellschaft selbst, an einen oder mehrere Gesellschafter oder an einen Dritten abgetreten wird. Ferner bedarf nach der Satzung die Abtretung eines Geschäftsanteils einschließlich seiner Sicherungsübereignung oder treuhänderischen Übertragung, seine Verpfändung und seine Belastung mit einem Nießbrauch der Zustimmung der Gesellschaft, es sei denn, daß die Übertragung oder Belastung des ungeteilten Anteils an Abkömmlinge, einschließlich adoptierter, jedoch mit Ausnahme nichtehelicher Kinder männlicher Nachkommen und ihren Abkömmlingen, oder den Ehegatte des abtretenden oder belasteten Gesellschafters oder an andere Gesellschafter erfolgt.⁵

(2) Ich vermache hiermit auf meinen Tod meiner Schwester S den lebenslänglichen unentgeltlichen Nießbrauch an einem der Geschäftsanteile⁷ in folgendem Umfang und folgender Ausgestaltung und wobei ich darauf hinweise, daß die Gesellschaft durch ihren alleinvertretungsberechtigten Geschäftsführer G mit Schreiben vom ...... (Datum) an mich aufgrund Gesellschafterbeschlusses vom ...... (Datum) in diese Nießbrauchsbestellung bereits eingewilligt hat:

a) Die mit der Beteiligung verbundenen Mitverwaltungsrechte, insbesondere das Stimmrecht, steht weiterhin den Erben zu. Sie sind jedoch verpflichtet, bei Ausübung der Verwaltungsrechte alles zu unterlassen, was den Nießbrauch an der Beteiligung beeinträchtigen oder vereiteln könnte. Die Erben haben der Nießbraucherin auf Verlangen unverzüglich Auskunft über die Angelegenheiten der Gesellschaft, insbesondere ihre wirtschaftlichen Verhältnisse zu erteilen.⁸

b) Die Nießbraucherin hat Anspruch auf denjenigen Gewinn, der auf den mit dem Nießbrauch belasteten Geschäftsanteil für die Zeit ihrer Berechtigung zur Auszahlung kommt.⁹

c) Zu den Nutzungen des Nießbrauchsrechts gehören nicht:[10]
   aa) die Liquidationsquote nach § 72 GmbHG bzw. das Abfindungsguthaben;
   bb) das Einziehungsentgelt nach § 34 GmbHG;
   Die Erben sind jedoch bzgl. aa) und bb) verpflichtet, der Nießbraucherin jeweils an den hinterlegten Beträgen erneut den Nießbrauch zu bestellen;[11]
   cc) das Bezugsrecht auf neue Geschäftsanteile nach § 55 GmbHG;
   dd) zurückgezahlte Nachschüsse nach § 30 Abs. 2 GmbHG;
   ee) Teilrückzahlungen der Stammeinlage nach § 58 Abs. 2 GmbHG;
   ff) ein etwaiger Überschuß aus dem Verkauf des abandonnierten Geschäftsanteils[12] nach § 27 Abs. 2 GmbHG.

d) Bei Kapitalerhöhungen oder Ausgabe neuer Geschäftsanteile stehen den Erben die erhöhten bzw. neuen Anteile zu. Sie haben auch die Mittel dazu aufzubringen. Die Nießbraucherin hat jedoch einen Anspruch auf Einräumung eines Nießbrauchs an den erhöhten bzw. neuen Anteilen.[13] Zur Erbringung etwaiger Nachschüsse sind ebenfalls die Erben verpflichtet.

e) Die Anrechnung der Körperschaftsteuer auf die Einkommensteuer steht den Erben, die der Kapitalertragsteuer der Nießbraucherin zu.[14]

f) Der Nießbrauch erlischt mit dem Tode der Nießbraucherin oder durch ihre schriftliche Aufgabeerklärung.

(3) Meiner Ehefrau A, geb. E vermache ich ferner das unentgeltliche und lebenslängliche Wohnungsrecht gemäß § 1093 BGB an meinem Einfamilienhaus in F in der T-Straße Nr..., Flst.Nr... Bei der Bestellung ist zu vermerken, daß zur Löschung des Rechts der Nachweis des Todes der Berechtigten genügen soll.

(4) Letztlich vermache ich meiner Ehefrau A, geb. E die gesamte Einrichtung unserer Familienwohnung im weitesten Sinne soweit die Sachen in meinem Eigentum stehen sowie alle meine persönlichen Gebrauchsgegenstände.

(5) Diese Vermächtnisse sollen auch im Falle einer Wiederverheiratung meiner Ehefrau bestehen bleiben. Ersatzvermächtnisnehmer werden nicht bestellt.

26. Nießbrauchsvermächtnis am Geschäftsanteil einer GmbH   XVI. 26

§ 3 Schlußformel[15] (wie Form. XV. 1)

Schrifttum: Fichtelmann, Der Nießbrauch an Unternehmen und Beteiligungen, DStR 1974, 267 ff. u. 299 ff.; *Jansen/Jansen,* Der Nießbrauch im Zivil- und Steuerrecht, 4. Aufl. 1985; *Nieder,* Hdb. d. Testamentsgestaltung, 1992 Rdn. 574; *Petzoldt,* Vorerbschaft und Nießbrauchsvermächtnis, BB 1975 Beil. 6; *ders.,* Gesellschaftsvertrag und Erbrecht bei der GmbH und der GmbH & Co. KG, GmbHRdsch. 1972, 25; *Spieß,* Der Nießbrauch an Aktien und GmbH-Geschäftsanteilen, MittRhNotK 1969, 752 ff.; *Sudhoff,* Der Nießbrauch am Geschäftsanteil einer GmbH, GmbHRdsch. 1971, 53.

Anmerkungen

1. Sachverhalt. Der Erblasser ist zur Hälfte an einer GmbH beteiligt. Diese Beteiligung soll zur Versorgung seiner Hinterbliebenen dienen. Seine Ehefrau und seine beiden Kinder werden Erben, der Erbteil seiner Ehefrau wird dabei durch Anordnung der Nacherbschaft für seine Kinder gesichert. Seine unverheiratete Schwester wird durch das Nießbrauchsvermächtnis an einem der Geschäftsanteile versorgt.

2. Anwendungsfälle. Auch hier dient die vermächtnisweise Einräumung eines Nießbrauchs der Versorgung des Vermächtnisnehmers durch Zuwendung der Nutzungen bei gleichzeitiger Sicherung der Vermögenssubstanz für die Erben. Wegen eines Vergleichs des Nießbrauchsvermächtnisses mit ähnlichen Gestaltungsmöglichkeiten s. Form. XVI. 19 Anm. 2. Gegenüber der Vor- und Nacherbschaft hat das Nießbrauchsvermächtnis den Vorteil, daß mit ihm die Nutzung eines einzelnen Vermögensgegenstandes unter Sicherung seiner Substanz zugewandt werden kann, was bei der Vorerbschaft nur durch Abänderung möglich ist. Da die Finanzverwaltung beim Nießbrauch an einem GmbH-Anteil dem Nießbraucher keine originären Einkünfte mehr zuerkennen will (s. Anm. 15), käme als Alternative auch die vermächtnisweise Einräumung eines Nießbrauchs nur an den Gewinnansprüchen oder die Einräumung einer Unterbeteiligung am Anteil (s. *Hachenburg/ Schilling/Zutt* Anh. § 15 Rdn. 35) in Frage. Dies wäre vor allem die Lösung, wenn die Gesellschaft der Nießbrauchsbestellung nicht zustimmen würde.

3. Übertragbarkeit und Vererblichkeit der Nacherbenrechte. Überlebt der Nacherbe den Erblasser, verstirbt aber vor dem Eintritt der Nacherbfolge, ist sein Anwartschaftsrecht nach der Auslegungsregel des § 2108 Abs. 2 BGB vererblich, wenn nicht ein anderer Wille des Erblassers anzunehmen ist. Desgleichen ist nach hM. nach Eintritt des Erbfalls die Anwartschaft des Nacherben veräußerlich (*Palandt/Edenhofer* § 2108 Rdn. 6). Nach einer verbreiteten Ansicht (RGZ 142, 171; 169, 38 = DR 1942, 1187; BayObLG 1951, 570 u. 1961, 132; OLG Köln NJW 1955, 633; *Palandt/Edenhofer* § 2108 Rdn. 4) kann der Ausschluß der Vererblichkeit der Anwartschaft nicht allein daraus geschlossen werden, daß der Erblasser einen Ersatznacherben ernannt hat, da diese Ersatzerbeinsetzung für den Fall des § 2142 Abs. 2 BGB getroffen sein könnte (aA. mit Recht *Haegele* Rpfleger 1967, 161/ 162 f.). Solange jedoch diese Meinung vertreten wird, bleibt dem vorsichtigen Notar nichts anderes übrig, als die Vererblichkeit und Veräußerlichkeit (Ausschluß möglich: RGZ 170, 168; *Palandt/Edenhofer* § 2108 Rdn. 9) durch den Testierer ausdrücklich ausschließen und den oder die Ersatzerben möglichst genau bezeichnen zu lassen (*Haegele* Rpfleger 1967, 161/163 u. 166).

4. Vererblichkeit von GmbH-Geschäftsanteilen. Im Gegensatz zu den Beteiligungen an Personengesellschaften die grundsätzlich gem. §§ 717, 719 BGB nicht übertragbar und vererblich sind, können Geschäftsanteile grundsätzlich veräußert und vererbt werden (§ 15 Abs. 1 GmbHG). Die Veräußerung erfolgt durch Abtretung in notarieller Form (§ 15 Abs. 3, 4 GmbHG). Der Gesellschaftsvertrag kann die Übertragung von Geschäftsanteilen erschweren, dh. z.B. von der Zustimmung der anderen Gesellschafter oder der Gesellschaft abhängig machen, ja sogar nach verbreiteter Ansicht ganz ausschließen. Die Vererblichkeit eines Geschäftsanteils kann dagegen nach hM. durch die Satzung nicht ausgeschlossen werden (*Scholz/Winter* GmbHG, § 15 Rdn. 12; *Hachenburg/Schilling/Zutt* § 15 Rdn. 4) und auch nicht durch Festlegung eines Genehmigungserfordernisses beschränkt werden (*Scholz/Winter* § 15 Rdn. 12; *H. W. Westermann* ZIP 1985, 1249). Wohl kann jedoch eine dem Gesellschaftsverhältnis angepaßte Steuerung der Gesellschaftsnachfolge in der Satzung dadurch erreicht werden, daß der Nachfolgerkreis eingeschränkt wird und entweder nicht nachfolgeberechtigte Erben zur Abtretung verpflichtet werden (*Scholz/Winter* § 15 Rdn. 15), oder einem Erben oder Dritten ein Entrittsrecht eingeräumt wird (*Haegele* BWNotZ 1976, 53/56 mwN.), oder der Gesellschaft das Recht zur Einziehung eingeräumt wird, oder nur ein oder einzelne Erben Nachfolger des Verstorbenen werden können (sog. qualifizierte Nachfolgeklausel). Mit dem Tod des Gesellschafters geht der Anteil ohne weiteres auf die gesetzlichen oder testamentarischen Erben über. Bei, wie hier, einer Mehrheit von Erben steht der Geschäftsanteil ungeteilt der Erbengemeinschaft zu und geht nicht wie bei Personengesellschaften im Wege der Sondererbfolge aufgeteilt auf die Erben über. Soll im Wege der Erbauseinandersetzung oder der Vermächtniserfüllung oder darf nach der Satzung den Geschäftsanteil nur ein Erbe oder ein Dritter erhalten, so muß die Abtretung in notarieller Form geschehen (§ 15 Abs. 3 GmbHG). Testamentsvollstreckung an GmbH-Anteilen ist zulässig (*Hachenburg/Schilling/Zutt* § 15 Rdn. 119–122), was bei Personengesellschaften bekanntlich sehr streitig ist. Die Sicherung der gewünschten Nachfolge gegen die nichtnachfolgeberechtigten Erben kann durch auf seinen Tod aufschiebend bedingte Abtretung des Anteils durch den Erblasser oder durch Anordnung einer entsprechenden Testamentsvollstreckung erfolgen. Eine solche Abtretung würde allerdings die Mitwirkung des Nachfolgers bei der Vereinbarung der hierzu erforderlichen Satzungsbestimmung voraussetzen, da eine Abtretung zugunsten eines am Vertrag nicht beteiligten Dritten daran scheitert, daß es Verfügungen zugunsten und Verträge zu Lasten Dritter nicht gibt (*Hachenburg/Schilling/Zutt* HGB, 7. Aufl. § 15 Anh. Rdn. 105).

5. Auswirkungen von Abtretungsverboten und -beschränkungen auf die Nießbrauchsbestellung. Der Gesellschaftsvertrag kann die Übertragbarkeit von Geschäftsanteilen beschränken (§ 15 Abs. 5 GmbHG) und sogar nach allerdings nicht unbestrittener Meinung ganz ausschließen (*Hachenburg/Schilling/Zutt* § 15 Rdn. 4; *Scholz/Winter* GmbHG § 15 Rdn. 78; RGZ 80, 175/179). Da nach § 1069 Abs. 2 BGB an einem nicht übertragbaren Recht auch kein Nießbrauch bestellt werden kann, sind diese Abtretungsverbote bzw. -beschränkungen auch auf die Nießbrauchsbestellung anwendbar (*Staudinger/Promberger* Anh. zu §§ 1068, 1069 Rdn. 83; *Hachenburg/Schilling/Zutt* Anh. § 15 Rdn. 58; *Scholz/ Winter* GmbHG § 15 Rdn. 142). Der Gesellschaftsvertrag könnte aufgrund § 15 Abs. 5 GmbHG auch allein die Nießbrauchsbestellung von einer Genehmigung abhängig machen und die Übertragung zulassen (*Staudinger/Promberger* aaO.). Unbestritten ist auch, daß im Gesellschaftsvertrag eine Nießbrauchsbestellung an einem Geschäftsanteil ganz ausgeschlossen werden kann (*Scholz/Winter* GmbHG § 15 Rdn. 142). Soweit die Übertragung eines Geschäftsanteils und damit auch seine Belastung mit einem Nießbrauch von der Genehmigung der Gesellschaft oder der Gesellschafter abhängig ist, muß diese zwar erst zur Erfüllung eines Nießbrauchsvermächtnisses vorliegen, sollte aber bereits vor der Testamentserrichtung eingeholt werden, damit bei ihrer Versagung auf ein ähnliches nicht der Genehmigung bedürftiges Gestaltungsmittel wie z.B. Nießbrauch lediglich an den Gewinnansprüchen oder Unterbeteiligung (*Hachenburg/Schilling/Zutt* Anh. § 15 Rdn. 35 f.) ausgewichen werden kann.

6. Bei Teilung von Geschäftsanteilen ist die Zustimmung durch die Gesellschaft zwingend (§ 17 Abs. 1 GmbHG).

7. Nießbrauch am GmbH-Geschäftsanteil. Der Nießbrauch an einem Geschäftsanteil einer GmbH ist ein Nießbrauch an einem Recht gem. §§ 1068 ff. BGB. Seine Bestellung bedarf nach § 1069 Abs. 1 BGB der gleichen Form wie die Übertragung des Rechts, also nach § 15 Abs. 3 GmbHG der Form der notariellen Beurkundung. Im Gegensatz zur Nießbrauchsbestellung am Anteil an einer Personengesellschaft (Vollnießbrauch = Gesellschafter auf Zeit) geht bei der Bestellung eines Nießbrauchs am Geschäftsanteil einer GmbH nicht die volle Gesellschafterstellung auf den Nießbraucher über. Nach hM. (MünchKomm/*Petzoldt* § 1068 Rdn. 35; *Hachenburg/Schilling/Zutt* Anh. § 15 Rdn. 61; *Scholz/Winter* GmbHG § 15 Rdn. 146; *Staudinger/Promberger* Anh. zu §§ 1068, 1069 Rdn. 87 mwN.; aA. *Jansen/Jansen* Rdn. 35 mwN.) fallen dem Nießbraucher nur die Vermögensrechte zu, während die Herrschafts- oder Mitverwaltungsrechte beim Gesellschafter verbleiben. Einem Übergang auch der Mitverwaltungsrechte steht nach der hM. bei der GmbH der gesellschaftsrechtliche Grundsatz entgegen, daß diese Rechte wegen ihres sozialrechtlichen Charakters nicht von der Person des Gesellschafters getrennt werden können (*Petzoldt* BB 1975 Beil. 6 S. 14).

8. Wenn auch die Mitverwaltungsrechte und insbesondere das Stimmrecht weiterhin dem Gesellschafter und nicht dem Nießbraucher zustehen, so hat der Gesellschafter doch bei ihrer Ausübung die Interessen des Nießbrauchers zu berücksichtigen (*Hachenburg/Schilling/Zutt* Anh. § 15 Rdn. 62; *Staudinger/Promberger* Anh. zu §§ 1068, 1069 Rdn. 88). Schuldrechtlich könnte man bei der Nießbrauchsbestellung im Innenverhältnis den Gesellschafter hinsichtlich des Stimmrechts an die Zustimmung des Nießbrauchers binden, soweit bei seiner Ausübung das Nießbrauchsrecht unmittelbar berührt wird (*Staudinger/ Promberger* Rdn. 88). Ferner könnte der Nießbraucher vom Gesellschafter soweit es die Satzung nicht verbietet auch zur Stimmabgabe bevollmächtigt werden (*Staudinger/Promberger* Rdn. 89; *Hachenburg/Schilling/Zutt* Anh. § 15 Rdn. 65). Zur Ausübung der Gesellschafterrechte, die zum Untergang des Geschäftsanteils führen oder ihn in einer den Nießbraucher beeinträchtigenden Weise verändern, bedarf der Gesellschafter gem. § 1071 BGB im Innenverhältnis der Zustimmung des Nießbrauchers, wobei aber ihr Fehlen die gesellschaftsrechtliche Wirksamkeit der Maßnahme nicht beeinträchtigt, der Nießbraucher vielmehr nur einen Schadensersatzanspruch gegen den Gesellschafter erwirbt (OLG Hamm DNotZ 1971, 247/248; *Hachenburg/Schilling/Zutt* Anh. § 15 Rdn. 64; *Scholz/ Winter* GmbHG § 15 Rdn. 143; *Staudinger/Promberger* Anh. zu §§ 1068, 1069 Rdn. 88).

9. Der Nießbraucher kann, solange der Nießbrauch besteht, die auf den Geschäftsanteil entfallenden Jahresreingewinn (§ 29 GmbHG) beziehen, und zwar kann er sie kraft der Dinglichkeit seines Rechts unmittelbar von der GmbH verlangen, sobald diese die Gewinnverteilung beschlossen hat (*Scholz/Winter* GmbHG § 15 Rdn. 144). Das setzt allerdings die Anmeldung des Nießbrauchs bei der Gesellschaft gem. § 16 GmbHG voraus (MünchKomm/*Petzoldt* § 1068 Rdn. 39; RG JW 1934, 977; *Staudinger/Promberger* Anh. zu §§ 1068, 1069 Rdn. 84).

10. Da der Umfang der Nutzungen des Nießbrauchers umstritten ist, empfiehlt es sich vertraglich eine genaue Regelung vorzunehmen (*Fichtelmann* DStR 1974, 341/344).

11. Die Liquidationsquote, das Abfindungsentgelt und das Einziehungsentgelt sind Surrogate des Geschäftsanteils und sind daher nach § 1077 BGB an den Nießbraucher und den Gesellschafter gemeinschaftlich auszuzahlen. Beide haben das Kapital mündelsicher und verzinslich anzulegen, wobei der Nießbraucher die Art der Anlegung bestimmt und der Nießbrauch am Kapital neu zu bestellen ist (§ 1079 BGB).

12. Nach *Scholz/Winter* GmbHG § 15 Rdn. 145 setzt sich an den unter lit. cc) bis ff) aufgeführten Surrogaten des Geschäftsanteils das Nießbrauchsrecht in entsprechender Anwendung des § 1075 Abs. 1 BGB fort.

13. **Nießbrauch und Kapitalerhöhung.** Der Nießbraucher hat keinen Anspruch darauf, bei einer Kapitalerhöhung zur Übernahme eines neuen Geschäftsanteils zugelassen zu werden, und zwar auch dann nicht, wenn sie aus Gesellschaftsmitteln erfolgt und die

verwendeten Rücklagen während der Dauer des Nießbrauchs gebildet wurden (so für KG: BGHZ 58, 316 = NJW 1972, 1755; BGH NJW 1972, 1755; für AG: OLG Bremen Betr. 1970, 1436), da es sich bei dem Bezugsrecht nicht um den Ertrag des Geschäftsanteils, sondern einen Ausfluß der Mitgliedschaft in der Gesellschaft handelt. Wohl hat er aber bei Kapitalerhöhungen aus Gesellschaftsmitteln einen Anspruch darauf, daß ihm an dem neuen Anteil ebenfalls der Nießbrauch eingeräumt wird (*Hachenburg/Schilling/Zutt* Anh. § 15 Rdn. 63; *Scholz/Winter* GmbHG § 15 Rdn. 145). Es empfiehlt sich jedoch hierüber eine ausdrückliche Vereinbarung zu treffen (MünchKomm/*Petzoldt* § 1068 Rdn. 38).

14. Steuerbeihilfe. Die Festlegung einer gegenseitigen Steuerbeihilfe zwischen Nießbraucher und Gesellschafter ist hier nicht notwendig, da die Besteuerungspraxis der handelsrechtlichen Gewinnverteilung zwischen den Beteiligten entspricht (*Peter/Petzoldt/Winkler*, Unternehmensnachfolge, Testamente und Gesellschaftsverträge, 4. Aufl. 1977, Ziff. 16. 12. 5.). Nicht an die Gesellschafter ausgeschüttete Steuerbilanzgewinne werden nicht wie bei den Personengesellschaften dem Nießbraucher oder dem Gesellschafter uU. abweichend von deren Vereinbarungen zugerechnet, sondern sind von der Gesellschaft selbst mit einer 56%igen Körperschaftsteuer (§ 23 Abs. 1 KStG) zu versteuern. Den entnommenen und zugeteilten Gewinn hat zwar, wie in Anm. 15 Abs. 2 näher ausgeführt, grundsätzlich der Gesellschafter zu versteuern, soweit er jedoch dem Nießbraucher zufließt und von ihm versteuert wird, kann der Gesellschafter ihn als dauernde Last absetzen. Hätten die Erben allerdings keinerlei Einkünfte aus der Gesellschaft, wäre daran zu denken, die Erstattung der von ihnen auf den mit dem Nießbrauch belasteten Anteil zu zahlenden Vermögenssteuer (*Baums* Betr. 1981, 355) anzuordnen. Die Körperschaftsteuer ist die Einkommensteuer der nicht natürlichen Personen und somit auch der GmbH als juristischer Person. Die Körperschaftsteuer beträgt grundsätzlich 56% des zu versteuernden Einkommens, ermäßigt sich jedoch hinsichtlich des ausgeschütteten Gewinns auf 36 vH. Ferner wird die Körperschaftsteuer den Anteilseigner auf ihre persönliche Einkommensteuerschuld angerechnet bzw. erstattet (§ 36 Abs. 2 Ziff. 3 EStG), so daß letztlich ausgeschüttete Gewinne nur in Höhe der persönlichen Steuerbelastung des Anteilseigners versteuert werden und eine Doppelbelastung vermieden wird. Da die Finanzverwaltung auf dem Standpunkt steht, daß eine Anrechnung von Körperschaftsteuer nur für den Nießbrauchsbesteller (= Inhaber des Kapitalvermögens) in Betracht komme (OFD Düsseldorf BB 1981, 1257 Abschn. III Tz. 2.2.; OFD Münster GmbH-Rdsch. 1981, 243 Abschn. III Tz. 2.2.) ist hier diese Anrechnungsregelung angeordnet. Möglich wäre auch die Anordnung, daß die Erben der Nießbraucherin für den Vorteil aus der Anrechnung der Körperschaftsteuer Ersatz zu leisten haben bzw. daß sobald die Finanzverwaltung Nießbrauchern an Kapitalvermögen die Einkünfte wieder originär zurechnet, der Nießbraucher auch hinsichtlich der Körperschaftsteuer anrechnungsberechtigt ist. Kapitalertragsteuer ist wie die Lohnsteuer nur eine besondere Erhebungsform der Einkommensteuer. Sie muß von der Gesellschaft in Höhe von 25 vH. vom Kapitalertrag einbehalten und abgeführt werden (§§ 43ff. EStG) und wird auf die persönliche Einkommensteuer des Anteilseigners angerechnet (§ 36 Abs. 2 Ziff. 2 EStG). Da letztlich allein der Nießbraucher Einkommensteuer für den Gewinnanteil zu zahlen hat, ist allein er, wie hier klargestellt wird, hinsichtlich der einbehaltenen Kapitalertragsteuer anrechnungsberechtigt (*Peter/Petzoldt/Winkler*, Unternehmensnachfolge, Testamente und Gesellschaftsverträge in der Praxis, 4. Aufl. 1977, Ziff. 16.12.5.).

15. Steuern. (1) **Erbschaftsteuer.** Die GmbH-Geschäftsanteile der Erben unterliegen nach § 3 Abs. 1 ErbStG der Erbschaftsteuer, deren Höhe sich nach dem gemeinen Wert der Anteile, dem Verwandtschaftsgrad und den Freibeträgen berechnet. Der der Erbschaftsteuerberechnung nach §§ 12 ErbStG, 11 Abs. 2 BewG zugrundezulegende gemeine Wert der Anteile wird gem. Abschn. 76ff. VStR nach dem sog. Stuttgarter Verfahren berechnet. Es handelt sich dabei um die vereinfachte betriebswirtschaftliche Bewertungsmethode der sog. Übergewinnabgeltung. Da der Nießbrauch nicht der Ehefrau des Erblassers, sondern seiner Schwester vermacht ist, können die Erben den Kapitalwert des Nießbrauchs, der jedoch nach § 16 Abs. 1 BewG den 18. Teil des nach dem Stuttgarter Verfahren berechneten Wert des Geschäftsanteils nicht übersteigen darf (BFH BStBl. II 1978, 257 = BB 1978, 947), gem. § 25 Abs. 1 ErbStG vom steuerlichen Wert ihres Gesamterwerbs abziehen. Die Nießbraucherin hat den kapitalisierten Wert des Nießbrauchs nach § 3 Abs. 1 ErbStG entsprechend ihrer Steuerklasse und ihren Freibeträgen zu versteuern. Der Kapitalwert des Nießbrauchs berechnet sich gem. §§ 13, 14 BewG nach den addierten Jahreswerten der mutmaßlichen Lebensdauer der Nießbraucherin mit Revisionsmöglichkeit nach § 14 Abs. 2 BewG, darf jedoch nach der Höchstwertvorschrift des § 16 BewG den 18. Teil des nach dem Stuttgarter Verfahren berechneten Wertes des Geschäftsanteils nicht übersteigen (BFH BStBl. II 1980, 631 = BB 1980, 1510). Nach § 23 ErbStG hat die Nießbraucherin die Wahl, ob sie den Nießbrauch sofort zum Kapitalwert versteuern will oder laufend jährlich in voraus von den einzelnen Jahreswerten mit der Möglichkeit späterer Ablösung. Der Vorteil der Jahresversteuerung liegt in ihrer Abzugsfähigkeit als dauernder Last, ihr Nachteil in der Ungewißheit der tatsächlichen Lebensdauer.

(2) **Einkommensteuer.** Auf den Nießbrauch an Kapitalvermögen sind nach Tz. 60 des Nießbraucherlasses vom 15. 11. 1984 (BStBl. I 1984, 561) weiterhin die entsprechenden Vorschriften des Nießbraucherlasses vom 23. 11. 1983 (BStBl. I 1983, 508) anzuwenden. Danach werden beim Vorbehalts- und Vermächtnisnießbrauch die Einkünfte aus Kapitalvermögen dem Nießbraucher zugerechnet (Tz. 55).

16. Kosten und Gebühren. Siehe Form. XV. 1 Anm. 18.

Einflußnahme des Erblassers auf den Nachlaß über den Tod hinaus

27. Testament mit Vermächtnissen, Auflagen, Verwirkungsklauseln, Teilungsanordnungen und -verbote, Übernahmerechte, Ausgleichsanordnung, familienrechtlichen Anordnungen, Testamentsvollstreckung und Schiedsklausel[1, 2]

Verhandelt zu ......
am ...... (auch als eigenhändiges Testament möglich)

§ 1 Erbeinsetzung

Zu meinen Erben setze ich hiermit meine Ehefrau A, geb. E und unsere Kinder B, C und D zu je ¼ Erbteil ein. Ersatzerben meiner Ehefrau sind unsere Kinder zu gleichen Teilen. Weitere Ersatzerben meiner Ehefrau und Ersatzerben unserer Kinder sind jeweils deren Abkömmlinge, einschließlich adoptierter, jedoch mit Ausnahme nichtehelicher Kinder männlicher Nachkommen und ihren Abkömmlingen, unter sich jeweils nach der gesetzlichen Erbregel erster Ordnung. Mangels Ersatzerben soll Anwachsung eintreten.

§ 2 Vermächtnisse und Auflagen

Meine Erben belaste ich mit folgenden Vermächtnissen, die, soweit Erben zugewendet, als Vorausvermächtnisse nicht auf den Erbteil anzurechnen sind:

a) Meiner Ehefrau A, geb. E vermache ich das lebtägliche und in der Ausübung unentgeltliche Nießbrauchsrecht an meinem Einfamilienhausgrundstück in M-Stadt in der S-Straße Nr ......, eingetragen im Grundbuch von M-Stadt Blatt ......, Flst. Nr ...... Das Recht ist nach meinem Tod in Grundbuch mit der Maßgabe einzutragen, daß zu seiner Löschung der Nachweis des Todes der Berechtigten genügen soll. Ersatzvermächtnisnehmer bestimme ich nicht.
b) Das Wohn- und Geschäftsgrundstück in M-Stadt, W-Straße Nr ......, eingetragen im Grundbuch von M-Stadt Blatt ......, Flst. Nr ...... vermache ich meinen Kindern B, C und D zu je 1/3 Miteigentum. Dabei schließe ich im Wege der Auflage bezüglich dieser Bruchteilsgemeinschaft die Teilung auf immer aus und ordne an, daß dieses Auseinandersetzungsverbot nach meinem Tod als Anteilsbelastung gem. § 1010 Abs. 1 BGB im Grundbuch eingetragen werden soll.[3] Die Vermächtnisnehmer sind verpflichtet, sämtliche Grundpfandrechte, die auf diesem Grundbesitz zum Zeitpunkt meines Todes lasten, mit den durch sie gesicherten persönlichen Forderungen mit schuldbefreiender Wirkung für die übrigen Miterben zu übernehmen. Sämtliche bezüglich dieser Grundpfandrechte bei meinem Tod bestehenden Eigentümerrechte sind ebenfalls im voraus an die Vermächtnisnehmer vermacht. Ersatzvermächtnisnehmer sind jeweils die Abkömmlinge der Vermächtnisnehmer, einschließlich adoptierter, jedoch mit Ausnahme nichtehelicher in männlichen Linien, unter sich jeweils zu Bruchteilen entsprechend den Erbquoten der gesetzlichen Erbregel erster Ordnung. Mangels Ersatzerben soll Anwachsung eintreten.
c) Die Erben B, C und D beschwere ich mit dem Vermächtnis, meiner Ehefrau und ihrer Mutter, A, geb. E, monatlich ab meinem Tod auf ihre Lebenszeit einen Betrag zu zahlen, der den jeweiligen Nettomieteinkünften aus dem ihnen unter lit. b vermachten Hausgrundstück entspricht. Ersatzvermächtnisnehmer bestimme ich nicht.
d) Meinem Enkel H vermache ich mein Segelboot unter der aufschiebenden Bedingung,[4] daß er innerhalb von drei Jahren ab dem Erbfall den Segelschein B erwirbt.
e) Meine Sammlung moderner Malerei und Plastik vermache ich meiner Heimatstadt M-Stadt mit der Auflage,[5] sie ungeteilt in nebeneinanderliegenden Räumen der städtischen Kunsthalle unter dem Namen „Sammlung A" auf Dauer der Öffentlichkeit zugänglich zu machen. Das Vermächtnis ist durch die Erfüllung dieser Auflage auflösend bedingt.[4] Ersatzvermächtnisnehmer bestimme ich nicht.

§ 3 Teilungsanordnungen und Teilungsverbot

Für die Teilung meines Nachlasses treffe ich folgende Anordnungen, die, soweit sie Gegenstandszuweisungen an Erben enthalten, innerhalb des Rahmens des Erbteils erfolgen, dh. auszugleichen sind:[6]
a) Mein Sohn D erhält im Wege des Vorausvermächtnisses das Recht, mein Einfamilienhausgrundstück in M-Stadt, S-Straße Nr ......, eingetragen im Grundbuch von M-Stadt Blatt ...... Flst. Nr ...... zum amtlichen Schätzwert, abzüglich des Wertes des unter § 2 lit. a meiner Ehefrau an dem Hausgrundstück vermachten Nießbrauchsrecht, zu übernehmen.
b) Diejenigen meiner Kinder, die darauf bauen wollen, können die Bauplätze in M-Stadt im Gewann „Rosengärtle" zum amtlichen Schätzwert übernehmen. Sollten mehr daran interessiert sein, als Bauplätze vorhanden sind, soll das Los unter Aufsicht des Testamentsvollstreckers entscheiden.
c) Mein Vermögen an in- und ausländischen Wertpapieren, die ich in verschiedenen Depotkonten im In- und Ausland habe, soll zur Versorgung meiner Erben ungeteilt und unter Dauerverwaltung eines fachkundigen Testamentsvollstreckers bleiben. Ich schließe daher insoweit im Wege der Auflage das Recht, die Auseinandersetzung zu verlangen, auf die Dauer von 30 Jahren nach meinem Tod aus.[3] Das Teilungsverbot soll auch nach dem Tode eines Miterben fortbestehen.

27. Testament mit Vermächtnissen, Auflagen, Verwirkungsklauseln

§ 4 Anordnung der Ausgleichungspflicht[7]

Meiner Tochter D habe ich am ...... (Datum) eine Bauplatz geschenkt. In dem notariellen Schenkungsvertrag wurde ausdrücklich vermerkt, daß ich mir bei der Schenkung die nachträgliche Anordnung der Ausgleichungspflicht vorbehalten habe. Gemäß diesem Vorbehalt ordne ich hiermit an, daß sich die D nach meinem Tod mit ihren Geschwistern hinsichtlich dieser Zuwendung auszugleichen hat.

§ 5 Familienrechtliche Anordnungen[8]

Sollte mein Sohn C vor mir versterben und daher seine Kinder an seine Stelle treten, entziehe ich, soweit sie noch minderjährig sind, ihrer Mutter die Vermögensverwaltung über das von mir ererbte Vermögen. Zum Ergänzungspfleger benenne ich insoweit den Testamentsvollstrecker.

§ 6 Testamentsvollstreckung[9] und Schiedsklausel[10]

(1) Zu meinem Testamentsvollstrecker ernenne ich Herrn Prokurist M, den Leiter der Wertpapierabteilung der R-Bank, Filiale M-Stadt. Der Testamentsvollstrecker hat die Vermächtnisse und Übernahmerechte zu erfüllen und die Erhaltung der Auflagen zu überwachen. Während er bezüglich des anderen Nachlasses Abwicklungsvollstrecker ist, soll er bezüglich des Wertpapiervermögens Dauervollstrecker sein und soll im Rahmen seiner Verwaltung das Wertpapiervermögen im Hinblick auf die bestmögliche Rendite erforderlichenfalls umschichten. Bezüglich des Wertpapiervermögens ist er von allen Beschränkungen befreit, von denen ihm nach dem Gesetz Befreiung erteilt werden kann und er hat insbesondere die erweiterte Verpflichtungsbefugnis nach § 2207 BGB. Dem Testamentsvollstrecker steht zunächst eine einmalige Vergütung von 6% des Bruttonachlasses zu und außerdem für die Verwaltung des Wertpapiervermögens 5% seiner jährlichen Bruttoeinnahmen. Sollte der Testamentsvollstrecker nicht in der Lage sein, das Amt zu versehen oder die Übernahme ablehnen, so soll das zuständige Nachlaßgericht einen geeigneten Testamentsvollstrecker ernennen, der in der Wertpapieranlage und -verwaltung versiert ist. Für ihn gelten die vorstehenden Anordnungen in gleicher Weise.

(2) Streitigkeiten der Erben, Vermächtnisnehmer und sonstiger Begünstigter unter sich oder mit dem Testamentsvollstrecker, welche sich bei der Durchführung der letztwilligen Anordnung ergeben, sind unter Ausschluß der ordentlichen Gerichte durch einen Schiedsrichter als Einzelrichter zu entscheiden.[10] Tatsachen kann er auch ohne Schiedsverfahren durch ein Schiedsgutachten feststellen. Soweit keine zwingenden Gesetze entgegenstehen, entscheiden Schiedsrichter und Schiedsgutachter prozeß- und materiellrechtlich nach freiem Ermessen. Schiedsrichter und -gutachter sind die jeweiligen Testamentsvollstrecker für die Dauer ihres Amtes. Der Schiedsrichter erhält für jeden Streitfall eine Pauschale in Höhe von $13/10$ der vollen Gebühr entsprechend der Gebührentabelle zur Bundesrechtsanwaltsgebührenordnung. Damit sind sämtliche Ansprüche, ausschließlich der entstandenen und nachgewiesenen Spesen und Auslagen, abgegolten.

(3) Beteiligte, welche die ordentlichen Gerichte in anderen als den zwingend vorgeschriebenen Fällen anrufen oder einstweilige Verfügungen oder Arreste beantragen, haben alles, was sie noch als Erbteil oder Vermächtnis unmittelbar besitzen, vermächtnisweise an die anderen Erben im Verhältnis ihrer Erbteile herauszugeben.[4]

§ 7 Schlußformel (wie Form. XV. 1)

Schrifttum: Beck, Grenzen der Teilungsanordnung, DNotZ 1961, 565; *Benk,* Teilungsanordnung, Vorausvermächtnis, Übernahmerecht, MittRhNotK 1979, 53; *Birk,* Die Problematik der Verwirkungsklausel in letztwilligen Verfügungen, DNotZ 1972,

284; *Bund,* Aufgaben und Risiko des Testamentsvollstreckers, JuS 1966, 60; *Coing,* Vorausvermächtnis und Teilungsanordnung, JZ 1962, 529; *Frischknecht,* Bringt eine Ausstattung lediglich einen rechtlichen Vorteil? BWNotZ 1960, 269; *Grunsky,* Zur Abgrenzung der Teilungsanordnung gegenüber dem Vorausvermächtnis, JZ 1963, 250; *Haegele/Winkler,* Der Testamentsvollstrecker, 6. Aufl. 1979; *Haegele,* Bedingte, namentlich unter einer Verwirkungs- oder Strafklausel stehende testamentarische Anordnungen, JurBüro 1969, 1; *ders.,* Zu den Verfügungsrechten eines Testamentsvollstreckers, Rpfleger 1972, 43; *ders.,* Einzelfragen der Testamentsvollstreckung, BWNotZ 1974, 109; *Haß,* Zur „schwierigen" Auflage im Erbrecht, SchlHA 1978, 61; *Hilgers,* Die bedingte Erbeinsetzung, MittRhNotK 1962, 381; *Kapp,* Die rechtliche Stellung des Testamentsvollstreckers, BB 1981, 113; *Kehrer,* Strafklauseln in letztwilligen Verfügungen, BWNotZ 1957, 125; *Keuk,* Der Erblasserwille post testamentum, Zur Unzulässigkeit der testamentarischen Potestativbedingung, FamRZ 1972, 9; *Kohler,* Testamentarisches Familiengut, NJW 1957, 1173; *ders.,* Das Teilungsverbot besonders beim testamentarischen Familiengut, DNotZ 1958, 245; *ders.,* Letztwillige Schiedsklauseln, DNotZ 1962, 125; *Lange,* Die Rechtsmacht des Testamentsvollstreckers und ihre Grenzen, JuS 1970, 101; *Mattern,* Einzelzuweisungen von Todes wegen, DNotZ 1963, 450; *Meincke,* Zum Verfahren der Miterbenausgleichung, AcP 178, 43; *Natter,* Teilungsanordnung und Vermächtnis, JZ 1959, 151; *Nieder,* Hdb. d. Testamentsgestaltung, 1992 Rdn. 502 ff., 514 ff. u. 677 ff.; *Philipp,* Zur Berücksichtigung des Kaufkraftschwundes bei der Berechnung von Pflichtteilsansprüchen, Betr. 1976, 664; *Reimann,* Testamentsvollstreckung in der Wirtschaftspraxis, 1985; *Schmid,* Ausstattung und Schenkung, BWNotZ 1971, 29; *Sostmann,* Grundstücksübertragungen an Abkömmlinge und ihre Auswirkungen auf das Pflichtteilsrecht, MittRhNotK 1976, 479; *Weimar,* Rechtsfragen zur Ausgleichungspflicht unter Miterben, JR 1967, 97; *ders.,* Der Ausgleichsanspruch eines Abkömmlings bei besonderer Mitarbeit und Pflege (§ 2057 a BGB), MDR 1972, 23; *Werner,* Werterhöhung als ausgleichspflichtiger Zugewinn und erbrechtlicher Vorempfang, DNotZ 1978, 66; *Wolfsteiner,* Anrechnung auf Erb- und Pflichtteil, MittBayNot 1982, 61.

Anmerkungen

1. Sachverhalt. Der Testierer ist verheiratet und hat drei Kinder. Neben der gegenständlichen Verteilung seiner wesentlichen Nachlaßgegenstände zwischen seinen Erben innerhalb und außerhalb deren Erbquoten will er mit seinem Wertpapiervermögen ein Familiengut schaffen, aus dessen Erträgen die Erben über lange Zeit Nutzen ziehen sollen. Außerdem will er seine Bildersammlung nach seinem Tod der Öffentlichkeit zugänglich machen.

2. Anwendungsfälle. Erblassern ist oft nicht damit getan, ihr Vermögen von Todes wegen vertikal zu Erbteilen oder einzelnen Nachlaßgegenständen oder horizontal durch Aufspaltung in Vermögensnutzung und Vermögenssubstanz (Vor- und Nacherbschaft, Nießbrauchsvermächtnis) zu verteilen. Sie wollen darüber hinaus über ihren Tod Einfluß auf die Verwendung ihres Vermögens und seiner Nutzungen haben, und damit etwas erreichen, was ihnen zu Lebzeiten nicht möglich war, da sie das Vermögen zu eigenen Zwecken benötigten oder wollen mit den letztwilligen Zuwendungen über ihren Tod hinaus Einfluß auf die Lebensführung und Handlungsfreiheit der Bedachten nehmen. Der Gesetzgeber hat zu diesem Zweck die in diesem Formular behandelten Rechtsinstitute zur Verfügung gestellt, denen jedoch allen eine absolute zeitliche Begrenzung zu eigen ist. Bei der Nacherbfolge (§ 2109 BGB) und damit über die sog. konstruktive Vorerbschaft (§ 2105 BGB) auch bei der bedingten Erbeinsetzung (§§ 2074, 2075 BGB), beim bedingten oder betagten Vermächtnis (§§ 2162, 2163 BGB), beim Teilungsverbot

27. Testament mit Vermächtnissen, Auflagen, Verwirkungsklauseln XVI. 27

(§ 2044 Abs. 2 BGB) und bei der Dauertestamentsvollstreckung (§ 2210 BGB) werden die Anordnungen des Erblassers unwirksam, wenn dreißig Jahre seit dem Erbfall verstrichen sind. Diese Frist kann sich nur dann verlängern, wenn sie bis zum Eintritt eines bestimmten Ereignisses in der Person eines Menschen dauern soll, der aber beim Erbfall bereits gelebt haben muß. Die äußerste Zeitspanne der Nachlaßbindung ist daher die Lebenszeit eines individuell bestimmten, beim Erbfall lebenden oder doch bereits erzeugten Menschen. Über diese zeitliche Schranke hinaus, kann der Erblasser aber, da die zeitliche Begrenzung für das Wirksamwerden eines Vermächtnisses (§§ 2162, 2163 BGB) für die Auflage nicht gilt, eine als Erbe oder Vermächtnisnehmer bedachte juristische Person mit einer Auflage zu wiederkehrenden Leistungen zu einem bestimmten Zweck (unselbständige oder treuhänderische Stiftung oder Zweckzuwendung) zeitlich unbegrenzt beschweren (*Staudinger/ Otte* § 2192 Rdn. 16; *Palandt/Edenhofer* § 2192 Rdn. 1; *Haegele* JurBüro 1969, 1/8; RGZ 88, 339). Gegenüber natürlichen Personen setzen dafür indirekt die §§ 2191, 2147, 2109, 2162f BGB und bezüglich einmaliger Leistungen die Verjährungsvorschriften (§ 195 BGB) zeitliche Grenzen (*Staudinger/Otte*, aaO.). Bezüglich unselbständiger Stiftungen von Todes wegen siehe Form. XVII. 1 und Münchener Vertragshandbuch Bd. 1, 4. A., Form. VII. 5. Zeitlich unbegrenzten Einfluß auf seinen Nachlaß kann der Erblasser auch durch die Bestimmung des Stiftungszwecks bei Anordnung einer rechtfähigen Stiftung (§ 83 BGB) nehmen (*Kohler* NJW 1957, 1173/1175).

3. Teilungsverbot. Nach § 2044 BGB kann der Erblasser durch letztwillige Verfügung die Auseinandersetzung bezüglich des ganzen Nachlasses oder einzelner Nachlaßgegenstände ausschließen oder von der Einhaltung einer Kündigungsfrist abhängig machen (negative Auseinandersetzungsanordnung). Ein solches Auseinandersetzungsverbot kann zweierlei Rechtscharakter haben. Es kann entweder nur der Anspruch jedes einzelnen Miterben oder einzelner Miterben gegen die übrigen auf Erbauseinandersetzung gem. § 2042 Abs. 1 BGB ausgeschlossen sein sollen (BGHZ 40, 115/117 = NJW 1963, 2320 = DNotZ 1964, 623). Ein solches Einrederecht ist dann ein Vermächtnis (§ 2150 BGB) zugunsten aller oder einzelner Miterben (*Staudinger/Werner* § 2044 Rdn. 6) und hindert die Erbauseinandersetzung nicht, wenn keiner der Miterben die Einrede geltend macht. Oder der Erblasser kann mit seinem Teilungsverbot bezwecken, die Auseinandersetzung unabhängig vom Willen der Erben zu untersagen. Eine solche Ausschlußanordnung hat dann den Rechtscharakter einer Auflage gem. §§ 1940, 2190ff BGB (BGH aaO.). Dingliche Wirkung hat wegen § 137 Satz 1 BGB auch eine solche Anordnung nicht (*Staudinger/Werner* § 2044 Rdn. 3) lediglich schuldrechtliche (§ 137 Satz 2 BGB). Die Erben können sich daher im allseitigen Einverständnis auch darüber hinwegsetzen (BGH aaO.). Ist zusätzlich Testamentsvollstreckung angeordnet, ist der Testamentsvollstrecker grundsätzlich an das Auseinandersetzungsverbot gebunden (MünchKomm/*Dütz*, § 2044 Rdn. 9; BGHZ 40, 115/118), kann sich aber auch zusammen mit allen Miterben über das Verbot hinwegsetzen (BGHZ 40, 115/118; BGHZ 56, 275/280 = NJW 1971, 1805; *Haegele* Rpfleger 1972, 43). Sicherheit hat der Erblasser insoweit nur dann, wenn er die Erbeinsetzung unter der auflösenden Bedingung der Vornahme der Nachlaßauseinandersetzung entgegen seinem Verbot vornimmt (MünchKomm/*Dütz*, 2. Aufl. § 2044 Rdn. 9). Er muß dann allerdings für diesen Fall Nacherben einsetzen (§ 2104 BGB). Da das Teilungsverbot somit sowohl Vermächtnis als auch Auflage sein kann, sollte im notariellen Testament zur Vermeidung von Auslegungsschwierigkeiten seine Rechtsnatur jeweils eindeutig klargestellt werden. Den Einfluß des Erblassers auf den Nachlaß durch Anordnung eines Teilungsverbots schränkt das Gesetz mit Rücksicht auf die Bedürfnisse der Miterben durch Verweisung auf die Vorschriften über den vereinbarten Auseinandersetzungsausschluß von Gemeinschaftern (§ 2044 Abs. 1 BGB) ein. Die Anordnung ist danach wirkungslos, wenn für die Auseinandersetzung ein wichtiger Grund vorhanden ist (§ 749 Abs. 2, 3 BGB). Ferner tritt im Zweifel eine auf Zeit getroffene Anordnung mit dem Tod eines Miterben außer Kraft (§ 750 BGB). Die Anordnung wirkt zwar für und gegen die Sondernachfolger (§ 751 Satz 1 BGB), auf die der Erbteil gem. § 2033 BGB übertragen wird, aber nicht gegenüber dem Gläubiger, der aufgrund eines nicht nur vorläufig vollstreckbaren Schuldtitels die Pfändung des Erbteils erwirkt hat (§ 751 Satz 2 BGB) und auch nicht im Konkurs eines Miterben (§ 16 Abs. 2 Satz 2 KO). Die entsprechende Anwendung des § 1010 BGB, dh. Wirkung des Aufhebungsausschlusses bei Miteigentum an Grundstücken gegen (für: bereits nach § 751 Satz 1 BGB) den Sondernachfolger eines Eigentümers, hat zur Voraussetzung, daß der Erblasser die Umwandlung der Erbengemeinschaft bezüglich eines Nachlaßgrundstücks in eine Bruchteilsgemeinschaft anordnet oder gestattet, die Teilung dieser Bruchteilsgemeinschaft aber ausschließt (*Staudinger/Gursky* § 1010 Rdn. 10 mwN.). Dann wirkt das Teilungsverbot gegen einen Sondernachfolger in den Anteil des Miterben an der Bruchteilsgemeinschaft, wenn es als Belastung gem. § 1010 BGB im Grundbuch eingetragen ist (*Staudinger/Werner* § 2044 Rdn. 16). Umstritten ist, ob ein Elternteil, der mit minderjährigen Kindern in einer Vermögensgemeinschaft lebt, sich gem. § 1683 BGB bei seiner Wiederheirat mit ihnen entgegen eines bestehenden Teilungsverbots des Erblassers auseinandersetzen muß (dafür: *Palandt/Edenhofer* § 2044 Rdn. 5; BayObLG NJW 1967, 2407; dagegen: *Schumacher* BWNotZ 1968, 204; *Staudenmaier* BWNotZ 1968, 251). Der Ausschluß der Auseinandersetzung ist, ähnlich wie die Einsetzung von Nacherben (§ 2109 BGB), zeitlich begrenzt. Die Anordnung wird im Regelfall 30 Jahre nach dem Erbfall unwirksam (§ 2044 Abs. 2 BGB), es sei dann, daß das Verbot bis zum Eintritt eines bestimmten Ereignisses in der Person eines Miterben, bis zum Eintritt einer angeordneten Nacherbschaft oder bis zum Anfall eines ausgesetzten Vermächtnisses gelten soll, für die aber auch entsprechende Zeitgrenzen (§§ 2109, 2102 f. BGB) bestehen (MünchKomm/ *Dütz* § 2044 Rdn. 21).

4. Bedingte Zuwendungen. (1) Bedingte Erbeinsetzung. a) Allgemein. Verfügungen von Todes wegen können wie Rechtsgeschäfte unter Lebenden auch unter einer Bedingung oder Zeitbestimmung getroffen werden. Dem Erblasser wird dadurch die Möglichkeit gegeben, durch entsprechende Klauseln in einem Testament oder Erbvertrag künftigen Entwicklungen Rechnung zu tragen, die Herrschaft über sein Vermögen über seinen Tod hinaus zu erstrecken und den Willen des Bedachten durch seinen eigenen in der Rechtswirkung fortlebenden Willen zu beeinflussen (*Hilgers* MittRhNotK 1962, 381). Dabei kann er durch Zuwendung unter einer aufschiebenden Bedingung den Bedachten vornehmlich zu einer Handlung veranlassen und durch eine solche unter auflösender Bedingung zu einer Unterlassung bewegen. Unter einer Bedingung wird die einer Willenserklärung beigefügte Beschränkung verstanden, durch die der Eintritt oder das Ende einer Rechtswirkung von einem in der Zukunft liegenden ungewissen Umstand abhängig gemacht wird (*Haegele* JurBüro 1969, 1). Eine echte Bedingung liegt vor, wenn das künftige Ereignis sowohl objektiv als auch nach den Vorstellungen des Erklärenden ungewiß ist (BayObLG NJW 1967, 729). Es können, wie aus § 2075 BGB hervorgeht, auch solche Umstände zur Bedingung gemacht werden, deren Eintritt oder Nichteintritt vom Willen des mit der Zuwendung Bedachten abhängen (Potestativbedingungen) (MünchKomm/*Leipold*, 2. Aufl. § 2074 Rdn. 10). Sie finden allerdings ihre Schranken an § 2065 Abs. 1 BGB, dh. Geltung, Inhalt oder Empfänger einer Zuwendung können nicht von der bloßen Willensäußerung eines anderen, auch nicht des Bedachten, abhängig gemacht werden, und weiterhin an § 138 Abs. 1 BGB, dh. das Verhalten, zu dem der Bedachte veranlaßt werden soll, darf nicht sittenwidrig sein (MünchKomm/*Leipold*, 2. Aufl. § 2074 Rdn. 11, 14; *Keuk* FamRZ 1972, 9). Alles für die Bedingung gesagte gilt jeweils in gleicher Weise für befristete Zuwendungen (§ 163 BGB). Ist in einer Verfügung von Todes wegen eine Bedingung enthalten, so unterliegt der dadurch gemachte Vorbehalt den allgemeinen Vorschriften der §§ 158 bis 163 BGB, ergänzt durch die §§ 2074 bis 2076 BGB. Dabei ist jedoch zu beachten, daß eine bedingte letztwillige Ver-

27. Testament mit Vermächtnissen, Auflagen, Verwirkungsklauseln XVI. 27

fügung keine bedingte Verfügung i. S. v. § 161 BGB ist (*Palandt/Edenhofer* § 2074 Rdn. 1).

b) Aufschiebend bedingte Erbeinsetzung. Hat der Erblasser eine Erbeinsetzung unter einer aufschiebenden Bedingung gemacht (§ 2074 BGB), verlangt der Grundsatz der sofortigen Gesamtrechtsnachfolge (§ 1922 BGB), daß die Erbschaft vom Erbfall bis zum Eintritt der Bedingung einem anderen zufällt. Mangels anderer Bestimmung des Erblassers sind in einem solchen Fall seine gesetzlichen Erben gem. § 2105 BGB als Vorerben und der Bedachte zum Nacherben berufen. Man spricht von sog. gedachter oder konstruktiver Vorerbenberufung, da sie nur Folge der vom Erblasser gewählten Rechtskonstruktion ist und nicht vom Erblasser ausdrücklich und bewußt angeordnet wurde (*Haegele* JurBüro 1969, 1/3; *Birk* DNotZ 1972, 284/300; *Hilgers* MittRhNotK 1962, 381/193). Ferner ist im Zweifel anzunehmen, daß der unter einer aufschiebenden Bedingung Bedachte die Zuwendung nur erhalten soll, wenn er den Eintritt der Bedingung erlebt (§ 2074 BGB). Verstirbt der Bedachte vor dem Eintritt der aufschiebenden Bedingung, ist die Zuwendung im Zweifel unwirksam. § 2074 BGB geht, wie § 2108 Abs. 2 Satz 2 BGB ausdrücklich klarstellt, der gem. § 2108 Abs. 2 Satz 1 BGB vermuteten Vererblichkeit der Nacherbenanwartschaft bei der bedingten Nacherbeneinsetzung vor (MünchKomm/*Leipold*, 2. Aufl. § 2074 Rdn. 2).

c) Auflösend bedingte Erbeinsetzung. Bei einer auflösend bedingten Erbeinsetzung wird der Berufene sofort mit dem Erbfall Erbe, aber nur Vorerbe, da er verpflichtet ist, die Erbschaft nach Eintritt der auflösenden Bedingung herauszugeben und sie dann nicht herrenlos bleiben darf. Hat der Erblasser niemand bestimmt, dem die Erbschaft nach Eintritt der auflösenden Bedingung zufallen soll, fällt sie gem. § 2104 BGB denjenigen Personen als Nacherben an, welche die gesetzlichen Erben des Erblassers wären, wenn er erst zur Zeit des Eintritts der auflösenden Bedingung verstorben wäre. Auch diese Vor- und Nacherbschaft tritt konstruktiv ein, dh. ohne vom Erblasser besonders angeordnet und gewollt zu sein. Die kraft Gesetzes durch ergänzende Auslegung der aufschiebend oder auflösend bedingten Erbeinsetzung eintretende konstruktive Vor- und Nacherbfolge ist die gleiche wie die unbedingte (*Staudinger/Seybold* § 2100 Rdn. 3) und es finden daher alle Verfügungsbeschränkungen und Kontroll- und Sicherungsrechte zum Schutze des Nacherben Anwendung (OLG München JFG 15, 39/40; *Ripfel* Rpfleger 1951, 577/579 f.; *Palandt/Edenhofer* § 2113 Rdn. 7; *Staudinger/Seybold* § 2113 Rdnr. 9; *Staudinger/Dittmann* § 2269 Rdn. 29; MünchKomm/*Grunsky* § 2113 Rdn. 16; *Staudinger/Behrends* § 2113 Rdn. 20; *Haegele* Rpfleger 1971, 121/122; *Kanzleiter* DNotZ 1970, 326/330). Die Tatsache der bedingten Erbeinsetzung, die zur Nacherbfolge führt, ist gem. § 2363 BGB im Erbschein zu vermerken (*Hilgers* MittRhNotK 1962, 381/392). Letztlich dürfen bei einer bedingten Erbeinsetzung die Pflichtteilsrechte des Ehegatten, der Abkömmlinge und evtl. Eltern nicht außer acht gelassen werden (*Haegele* JurBüro 1969, 1/3). Hat der mit einer Bedingung belastete Erbe die Stellung eines Vorerben, so findet § 2306 Abs. 1 BGB und ist er als Nacherbe zu betrachten § 2306 Abs. 2 BGB Anwendung.

d) Verwirkungsklauseln. Selten in notariellen, häufiger in eigenhändigen Testamenten finden sich sog. Verwirkungsklauseln auch Strafklauseln, privatorische oder kassatorische Klauseln genannt, mit denen der Erblasser demjenigen, der gegen seinen letzten Willen vorgeht, androht, er solle nichts bzw. nur den Pflichtteil erhalten (MünchKomm/ *Leipold*, 2. Aufl. § 2074 Rdn. 19). Wenn die Rechtsfolge dabei im Verlust testamentarischer Zuwendungen besteht, handelt es sich im Zweifel nach § 2075 BGB um eine auflösende Bedingung für den Fall der Zuwiderhandlung (MünchKomm/*Leipold*, 2. Aufl. § 2074 Rdn. 19). *Birk* (DNotZ 1972, 284/288) unterscheidet zwischen allgemeinen und speziellen Verwirkungsklauseln. Bei allgemeinen Verwirkungsklauseln haben die vom Erblasser an die Zuwendung geknüpften Verhaltensanforderungen an den Bedachten keinen präzis fixierten Ausdruck gefunden oder werden mit unbestimmten Begriffen umschrieben (zB. „wer mein Testament angreift, erhält nur den Pflichtteil"; weitere Beispiele aus der Rspr. bei *Schopp* Rpfleger 1954, 545/547 Fn. 5). Vor solchen Klauseln ist zu warnen. Sie führen letztlich nur zur Schmälerung des Nachlasses durch hohe Prozeßkosten. Bei den speziellen Verwirkungsklauseln ist die vom Bedachten geforderte Verhaltensweise genau oder wenigstens genauer bestimmt. Spezielle Verwirkungsklauseln sind zB. solche, durch die die Einhaltung eines Veräußerungsverbotes, Teilungsverbotes, Verpfändungsverbotes oder einer Teilungsanordnung des Erblassers sanktioniert werden sollen, oder die Erfüllung eines Vermächtnisses oder einer Auflage erzwungen oder die Anfechtung der letztwilligen Verfügung gem. §§ 2078, 2079 BGB verhindert werden soll. Auch die Pflichtteilsstrafklauseln und letztlich auch die Wiederverheiratungsklauseln gehören in diesen Zusammenhang. Denkbar wäre auch eine Klausel, in der in einem gemeinschaftlichen Testament bestimmt umrissene Pflichtverletzungen der Abkömmlinge gegenüber dem überlebenden Ehegatten zum Eintritt der auflösenden Bedingung ihrer Erbeinsetzung nach dem Längstlebenden gemacht werden, um das Wohlverhalten der Kinder gegenüber dem Überlegenden sicherzustellen (*Schopp* Rpfleger 1954, 545/547). Hier würde keine konstruktive Nacherbfolge eintreten, da die Bedingung ja mit dem Tod des Längstlebenden ausfällt. Bei allen diesen Verwirkungsklauseln handelt es sich in der Regel um auflösend bedingte Zuwendungen (*Palandt/Edenhofer* § 2074 Rdn. 7).

e) Zu den bedingten Zuwendungen gehören auch die sog. kaptatorischen Verfügungen, bei denen die letztwillige Zuwendung an die Bedingung geknüpft ist, daß der Zuwendungsempfänger den Geber oder einen Dritten seinerseits durch Verfügung von Todes wegen bedenkt. Eine solche Verfügung, durch die lediglich die Zuwendung des Erblassers eingeschränkt wird, verstößt nicht gegen die Testierfreiheit (MünchKomm/*Musielak*, 2. Aufl. § 2302 Rdn. 3; BGH WPM 1971, 1510; BGH NJW 1977, 950; *Staudinger/Seybold,* Bem. zu §§ 2074–2076 Rdn. 7; MünchKomm/*Leipold*, 2. Aufl. § 2074 Rdn. 13; *Palandt/Edenhofer* § 2074 Rdn. 4 u. § 2302 Rdn. 3; *Haegele* JurBüro 1969, 1/6). Zulässig ist auch eine Bedingung, die vom Bedachten eine bestimmte letztwillige Verfügung über das ihm vom Erblasser selbst Zugewendete verlangt (*Staudinger/Seybold,* Bem. zu §§ 2074–2076 Rdn. 16; *Haegele* JurBüro 1969, 1/6). Hierher gehören auch die Wiederverehelichungsklauseln (MünchKomm/*Leipold*, 2. Aufl. § 2074 Rdn. 15) und die Nacherbeneinsetzung unter Vorbehalt anderweitiger Verfügungen des Vorerben (Form. XVI. 12 Anm. 3).

f) Praktische Ratschläge. Da die Verfügungsbeschränkung und die Kontroll-, Sicherungs- und Mitwirkungsrechte auch zugunsten bedingter Nacherben gelten (OLG München JFG 15, 39/40; *Ripfel* Rpfleger 1951, 577/579 f.; *Palandt/Edenhofer* § 2113 Rdn. 7; *Staudinger/Seybold* § 2113 Rdn. 9; *Staudinger/Dittmann* § 2269 Rdn. 29; MünchKomm/*Grunsky*, 2. Aufl. § 2113 Rdn. 16; *Staudinger/Behrends* § 2113 Rdn. 20; *Haegele,* Rpfleger 1971, 121/122; *Kanzleiter* DNotZ 1970, 326/330), erfreut sich die bedingte oder befristete Erbeinsetzung, die zwangsläufig zur bedingten Nacherbfolge führt, keiner großen Beliebtheit. Besonders mißlich ist an dieser Gestaltung, daß auch der Erbe, der die Erwartungen des Erblassers voll erfüllt, zeitlebens durch die Kontroll-, Sicherungs- und Mitwirkungsrechte des bedingten Nacherben in seiner Eigentümerstellung beeinträchtigt wird. Meist reicht es daher aus, statt dessen ein bedingtes oder befristetes Geldvermächtnis anzuordnen, mit dem der Erbe beschwert wird, wenn er das vom Erblasser erwartete Verhalten verweigert (BayObLG 1962, 48; *Ripfel* Rpfleger 1951, 583; *Haegele* JurBüro 1969, 1/5; *Kehrer* BWNotZ 1957, 125/136). Zwar ist dabei die Sicherung des mit dem Vermächtnis Bedachten nicht mit der des Nacherben vergleichbar, aber darauf kommt es dem Erblasser auch gar nicht an. Er will durch die Gestaltung nur den Erstbedachten zu einem bestimmten Verhalten veranlassen, gelingt dies nicht, soll er durch den Entzug der Zuwendung bestraft werden, der Zweitbedachte ist dabei nur Mittel zum Zweck. Sollte der Erblasser jedoch ausdrücklich eine bedingte oder befristete Erbeinsetzung verlangen, so sollte der Notar die damit verbundene Anordnung einer bedingten Nacherbschaft klar zum Ausdruck bringen (*Kehrer* BWNotZ 1957, 125/136) und sich nicht auf die Auslegungsregeln der §§ 2104, 2105 BGB verlassen.

(2) **Bedingtes Vermächtnis.** a) Aufschiebend bedingtes Vermächtnis. Ist ein Vermächtnis unter einer aufschiebenden Bedingung angeordnet, finden neben dem § 2174 BGB auch die §§ 2177, 2179 BGB Anwendung. Siehe hierzu eingehend Form. XVI. 5 Anm. 4. Mit einem aufschiebend bedingten Vermächtnis kann der Bedachte zu einem Tun bestimmt werden, wie im Formular unter § 2 d, es kann aber auch insoweit als Strafklausel dienen, als der Beschwerte mit dem Eintritt der Bedingung bedroht und so zu einem Tun oder Unterlassen veranlaßt werden soll (Form. § 6 Abs. 3). Der Vorteil einer solchen Strafklausel ist, daß die Erbenstellung unangetastet bleibt und der Erbe nur schuldrechtlich verpflichtet wird, nach Eintritt der Bedingung den Nachlaß oder Teile davon an Dritte als Vermächtnisnehmer herauszugeben. Solange der Erbe die Erwartungen des Erblassers erfüllt, tritt die Bedingung nicht ein und er ist durch keine Kontroll-, Sicherungs- und Mitwirkungsrechte des Zweitbedachten wie bei der Vorerbschaft in seiner Erbenstellung beeinträchtigt.

b) Auflösend bedingtes Vermächtnis. Steht ein Vermächtnis unter einer auflösenden Bedingung, findet § 2075 BGB Anwendung. Das Vermächtnis fällt ungeachtet der Bedingung mit dem Erbfall an (§ 2176 BGB), es sei denn, die auflösende Bedingung ist schon vorher eingetreten (MünchKomm/*Skibbe*, 2. Aufl. § 2177 Rdn. 6). Tritt die Bedingung nach dem Erbfall ein, so ist ein Nachvermächtnisnehmer (§ 2191 BGB) nur dann berufen, wenn der Erblasser dies ausdrücklich angeordnet hat (MünchKomm/*Leipold*, 2. Aufl. §§ 2074 Rdn. 30, 2075 Rdn. 5; Staudinger/*Otte* § 2177 Rdn. 7). Eine gesetzliche Vermutung wie in § 2104 BGB besteht hier nicht. Ist kein Nachvermächtnisnehmer berufen, erlischt der Vermächtnisanspruch ersatzlos und bereits erfolgte Leistungen sind nach Bereicherungsrecht (§ 812 Abs. 1 Satz 2 BGB) an den ursprünglich Beschwerten zurückzugeben (MünchKomm/*Leipold* aaO.; aM. dh: Nachvermächtnis zugunsten des Erstbeschwerten *Natter* DRZ 1946, 163/167). Bei Nichterfüllung der Auflage hätte somit in § 2 e des Form. die Stadt die Kunstsammlung den Erben zurückzugeben. Da die Verjährung erst mit der Entstehung des Bereicherungsanspruchs beginnt (§ 198 Satz 1 BGB), ist, da eine juristische Person mit der Auflage beschwert ist, und ihr Inhalt in wiederkehrenden Leistungen besteht, in diesem Fall die Wirkung der Anordnung des Erblassers zeitlich unbegrenzt (Staudinger/*Otte* § 2192 Rdn. 6).

5. Auflage. Die Auflage ist eine Anordnung von Todes wegen, durch die der Erblasser Erben oder Vermächtnisnehmer zu einer Leistung verpflichten kann, ohne einem anderen ein Recht auf diese Leistung zuzuwenden (§§ 1940, 2193 bis 2196 BGB). Siehe hierzu Form. XVI. 3 Anm. 8. Bietet Form. XVI. 3 unter § 3 Abs. 1 ein Beispiel für eine Zuwendung durch eine Auflage, so bietet das obige Formular ein Beispiel für eine Auflage zwecks Einflußnahme des Erblassers auf das Verhalten eines Bedachten nach dem Erbfall. Erzwungen werden kann die Einhaltung der Auflage durch die Vollziehungsberechtigten gem. § 2194 BGB. Um die Einhaltung der Auflage besser zu schützen, ist im vorliegenden Formular ihre Nichteinhaltung zur auflösenden Bedingung des Vermächtnisses gemacht worden. Auflagen zwecks Einflußnahme auf das Verhalten der Bedachten sind auch die zur Unternehmensführung oder -umgründung wie Form. XVI. 9 Anm. 5 und *Esch/Schulze zur Wiesche*, Handbuch der Vermögensnachfolge, 2. Aufl. 1981 Rdn. I 571 bis 573.

6. Teilungsanordnung. (1) **Allgemein.** In § 2048 Satz 1 BGB erkennt das Gesetz die Zulässigkeit letztwilliger Anordnungen über die Teilung des Nachlasses durch Gegenstandszuweisung innerhalb des Rahmens des Erbteils ausdrücklich an. Durch eine Teilungsanordnung kann der Erblasser insbesondere einem Erben einen bestimmten Gegenstand zuweisen, den der sich allerdings auf seinen Erbteil anrechnen zu lassen hat. Die Zuweisung des Gegenstandes erfolgt jedoch als Folge des Typenzwangs und des § 137 Satz 1 BGB nur mit schuldrechtlicher nicht mit dinglicher Wirkung (RGZ 110, 270/274). Diese schuldrechtliche Verpflichtung ist vom Testamentsvollstrecker (§§ 2203, 2204 BGB) und vom Richter bzw. Notar bei der Auseinandersetzungsvermittlung nach §§ 86 ff FGG zu beachten, während die Miterben sich einverständlich darüber hinwegsetzen können (BGHZ 40, 115). Der Erblasser kann aber der Teilungsanordnung auch die Rechtsnatur einer Auflage (§ 1940 BGB) geben, damit sich die Miterben nicht einverständlich über seinen Willen hinwegsetzen können (*Staudinger/Werner* § 2048 Rdn. 9). Die Rechtslage ist dann die gleiche wie beim entsprechenden Teilungsverbot (siehe oben Anm. 3). Inhalt der Teilungsanordnung oder besser Auseinandersetzungsanordnung nach § 2048 BGB kann nicht nur die Zuweisung bestimmter Gegenstände an Miterben sein, sondern auch Verwaltungsanordnungen über die Art der Verwaltung des Nachlasses abweichend von § 2038 BGB (*Staudinger/Werner* § 2048 Rdn. 10) sowie die Anordnung eines schiedsrichterlichen Verfahrens gem. § 1048 ZPO für die Entscheidung von bei der Auseinandersetzung entstehender Streitigkeiten (RGZ 100, 77). Eine Teilungsordnung bildet eine Beschränkung i. S. v. § 2306 BGB und ist daher unwirksam, wenn der dem Pflichtteilsberechtigten hinterlassene Erbteil die Hälfte des gesetzlichen Erbteils nicht übersteigt. Ist er größer, so kann der pflichtteilsberechtigte Erbe den Erbteil ausschlagen und den vollen Pflichtteil verlangen.

(2) **Teilung nach billigem Ermessen eines Dritten.** Nach § 2048 Satz 2 BGB kann der Erblasser unabhängig von der Ernennung eines Testamentsvollstreckers anordnen, daß die Auseinandersetzung des Nachlasses nach dem billigen Ermessen eines Dritten erfolgen soll. Dritter kann hierbei jede Person innerhalb und außerhalb der Erbengemeinschaft sein, auch ein Miterbe (RGZ 110, 274) oder ein Testamentsvollstrecker (*Staudinger/Werner* § 2048 Rdn. 13). Ist der Dritte nicht zugleich Testamentsvollstrecker, kann er die Erbteilung nicht selbst vornehmen, sondern ist darauf beschränkt, einen Auseinandersetzungsplan aufzustellen, ohne dabei an die gesetzlichen Teilungsregeln gebunden zu sein (*Staudinger/Werner* § 2048 Rdn. 12; *MünchKomm/Dütz*, 2. Aufl. § 2048 Rdn. 18). Die Erben sind dann schuldrechtlich untereinander verpflichtet, die Erbauseinandersetzung in der vom Dritten bestimmten Weise vorzunehmen (*Staudinger/Werner* § 2048 Rdn. 14). Die Bestimmungen der Dritten sind nicht verbindlich, wenn sie offenbar unbillig sind (§ 2048 Satz 3 BGB), die Bestimmung erfolgt dann durch Urteil. Kann oder will der Dritte die Entscheidung nicht treffen oder verzögert er sie, ist § 319 Abs. 1 Satz 2 BGB entsprechend anwendbar (*Staudinger/Werner* § 2048 Rdn. 16 mwN.). Als Beispiel für eine Teilung nach billigem Ermessen eines Dritten sei auf die angeordnete Befugnis des Testamentsvollstreckers zur Auswahl des Unternehmensnachfolgers nach billigem Ermessen in Form. XVI. 22 § 3 hingewiesen.

(3) **Teilungsanordnung und Nacherbfolge.** Bei einer Erbengemeinschaft zwischen Vollerben und Vorerben ist die Teilungsanordnung geeignet, dem nicht durch Nacherbfolge beschränkten Vollmiterben Teile des Nachlasses vor Eintritt des Nacherbfalls in Anrechnung auf seinen Erbteil zur freien Verfügung zuzuweisen (*Beck* DNotZ 1961, 565/573). Aber auch eine Teilungsanordnung zugunsten von Vormiterben ist zulässig und dient dazu, einzelne Nachlaßgegenstände während der Dauer der Vorerbschaft einzelnen Mitvorerben zuzuweisen. Zur Nachlaßteilung aufgrund dieser Anordnung unter den Mitvorerben bedarf es dabei nicht der Zustimmung der Nacherben (*MünchKomm/Grunsky*, 2. Aufl. § 2113 Rdn. 12; BayObLG 1974, 312 = Rpfleger 1974, 355). Der dem Mitvorerben aufgrund der Teilungsanordnung zugeteilte Nachlaßgegenstand unterliegt als Surrogat gem. § 2111 BGB immer noch der Nacherbschaft (BGH MDR 1959, 290 = LM § 242 Ca Nr. 13 IV 3; RGZ 89, 53; RG JFG 18, 109; OLG München JFG 22, 145) und bei einem insoweit zugeteilten Grundstück ist daher der Nacherbenvermerk einzutragen (BayObLG 1958, 109; KG OLG 8, 322; *Deimann* Rpfleger 1978, 244/245; aA. *Beck* DNotZ 1961, 565/573). Da teilweise (*Beck* DNotZ 1961, 565/574) die Meinung vertreten wird, durch die Zuweisung eines Nachlaßgegenstandes an einen Mitvorerben aufgrund einer Teilungsanordnung müsse dieser sich ihn zwar auf den Erbteil anrechnen lassen oder seinen Wert dem Nacherben ersetzen, im übrigen aber würde dieser Gegenstand aus der Nacherbenverstrickung ausscheiden, sollte man zweckmäßi-

gerweise in der Verfügung von Todes wegen klarstellen, ob der Gegenstand im Wege des Vorausvermächtnisses einem Mitvorerben zugewandt werden soll oder ihm ausdrücklich im Wege der Verwaltungsanordnung lediglich die alleinige Verwaltung und Nutznießung des Gegenstandes für die Dauer der Vorerbschaft zuweisen, damit dies nicht als endgültige Verteilung zu freiem Eigentum aufgefaßt werden kann (*Beck* aaO. S. 575).

(4) **Unterschied zwischen Teilungsanordnung und Vorausvermächtnis.** Eine Teilungsanordnung (§ 2048 BGB) erschöpft sich in der Gegenstandzuweisung innerhalb des Rahmens des Erbteils, während das einem Miterben zugewendete Vorausvermächtnis (§ 2150 BGB) zusätzlich Zuwendungen außerhalb des Erbteils, dh. über ihn hinaus enthält. Typischerweise ist der Wert des Gegenstandes einer Teilungsanordnung auf den Erbteil anzurechnen, der eines Vorausvermächtnisses dagegen nicht (*Mattern* DNotZ 1963, 450, 454).

Der Vorausvermächtnisnehmer kann von der Erbengemeinschaft normalerweise die Übertragung des Zuweisungsgegenstandes zeitlich schon vor der Erbauseinandersetzung (§ 2176 BGB) und rangmäßig zwar erst hinter den sonstigen Nachlaßgläubigern (§ 1991 Abs. 4 BGB iVm. § 226 Abs. 2 Nr. 5 KO) aber vor der Verteilung des übrigen Nachlasses unter den Miterben beanspruchen (§§ 1967 Abs. 2, 2046 gegenüber § 2047 BGB), während der durch Teilungsanordnung Bedachte den Gegenstand erst im Rahmen und zum Zeitpunkt der Erbauseinandersetzung (§ 2047 BGB) zugeteilt verlangen kann (*Mattern* aaO.). Der Übertragungsanspruch des Vermächtnisnehmers ist von seiner Erbenstellung nicht abhängig, wohl aber die Zuweisung eines Gegenstandes durch eine Teilungsanordnung. Der Vorvermächtnisgegenstand unterliegt in der Regel nicht der Nacherbenbeschränkung (§ 2110 Abs. 2 BGB) und dem Erbteilsverkauf (§ 2373 Satz 1 BGB) und nach dem Vermächtnisvollzug nicht mehr der Verfügung des Nachlaßverwalters oder des Testamentsvollstreckers (§§ 1984, 1985, 2205, 2209, 2211 BGB) und der auf den Nachlaß beschränkten Erbenhaftung (§§ 1973, 1975, 1990 BGB). Der durch Teilungsanordnung zugewiesene Gegenstand behält dagegen in diesen Beziehungen seinen Zusammenhang mit dem Erbteil auch nach Durchführung der Erbauseinandersetzung und wird grundsätzlich von der Nacherbeinsetzung, dem Erbteilsverkauf, der beschränkten Erbenhaftung (BayObLG 1974, 312/315) und der Testamentsvollstreckung miterfaßt (*Mattern* DNotZ 1963, 450/455). Ferner kann das Vorausvermächtnis ausgeschlagen werden (§ 2180 BGB), die Teilungsanordnung nicht. Der wesentlichste Wirkungsunterschied zwischen Vorausvermächtnis und Teilungsanordnung ist für Praxis jedoch, daß dem Vorausvermächtnis kraft ausdrücklicher gesetzlicher Vorschrift im gemeinschaftlichen Testament (§§ 2270 Abs. 3, 2271 BGB) und im Erbvertrag (§§ 2287 Abs. 2, 2289 bis 2292 BGB) bindende Wirkung von Todes wegen beigelegt werden kann, während die Teilungsanordnung stets frei widerruflich ist (§§ 2253, 2299 BGB). Weil der Teilungsanordnung keine bindende Wirkung beigelegt werden kann, mußte die Rspr. in Zweifelsfällen im Wege der Auslegung die Grenzziehung zwischen diesen beiden Rechtsfiguren vornehmen. In drei grundsätzlichen Urteilen hat der BGH (BGHZ 36, 115 = DNotZ 1962, 322 = NJW 1962, 343; BGH DNotZ 1962, 327; BGH DNotZ 1963, 112) die Abgrenzungsmerkmale dahin festgelegt, daß bei Vorausvermächtnissen jedenfalls ein objektiver Vermögensvorteil für den Bedachten vorhanden sein muß (*Mattern* DNotZ 1963, 450/457), daß sie Verkoppelung mit der Erbenstellung keineswegs immer eine Teilungsanordnung bedeuten muß (*Mattern* aaO. S. 457) und daß auch die Anordnung der Anrechnung auf den Erbteil nicht unbedingt ein Vorausvermächtnis ausschließt (*Mattern* aaO. S. 458). Als einziges Abgrenzungskriterium erkennt der BGH das Erfordernis des subjektiven Begünstigungswillens an (*Mattern* aaO. S. 461), so daß nur bei dessen Fehlen eine reine Teilungsanordnung gegeben ist (siehe hierzu *Natter* JZ 1959, 151; *Coing* JZ 1962, 529; *Grunsky* JZ 1963, 250). Als Dispositivregeln hat der BGH ferner aufgestellt, daß bei einem sog. entgeltlichen Erbvertrag die Begünstigungsabsicht und der vertragsmäßige Charakter des daraus resultierenden Vorausvermächtnisses vermutet wird (*Mattern* aaO. S. 463f). *Mattern* DNotZ 1963, 450/462 verweist hinsichtlich dieser rein subjektiven Abgrenzung auf die parallelen subjektiven Abgrenzungskriterien der Rspr. bei der Unentgeltlichkeit nach §§ 516, 2113 Abs. 2 und 2205 Satz 3 BGB. Bei diesen Abgrenzungsschwierigkeiten ist es besonders wichtig, in der Verfügung von Todes wegen um gedankliche und ausdrucksmäßige Klarheit unter möglichster Verwendung der gesetzlichen Begriffe bemüht zu sein (*Langenfeld*, Das Testament des Gesellschafter-Geschäftsführers einer GmbH und GmbH & Co, 1980 S. 29). In jüngster Zeit hat der BGH die ausschließlich an dem subjektiven Merkmal des „Begünstigungswillens" des Erblassers ausgerichtete Rechtsprechung (kritisch hierzu *Dieckmann* FS Coing, 1982, S. 53 ff) über die Abgrenzung der Teilungsanordnung vom Vorausvermächtnis aufgegeben und stellt jetzt in erster Linie auf das objektive Moment ab, ob, falls der Erblasser einem Miterben Gegenstände zugewiesen hat, deren Wert höher als seine Erbquote ist, er in der Verfügung von Todes wegen irgendwie zum Ausdruck gebracht hat, daß der Bedachte die übrigen Miterben aus seinem eigenen Vermögen ausgleichen müsse (BGHZ 82, 274/279 = FamRZ 1982, 56/57; BGH FamRZ 1982, 370; BGH FamRZ 1984, 688; BGH FamRZ 1985, 62 m. Anm. *Rudolf*). Erst wenn gegebenenfalls durch Auslegung feststeht, daß der Erblasser dem Bedachten eine Ausgleichungspflicht nicht auferlegen wollte, soll auch der Begünstigungswille geprüft werden (BGH FamRZ 1984, 688; *Rudolf* FamRZ 1985, 64).

(5) **Übernahmerecht.** Übernahmerechte sind alle Erblasseranordnungen, mit denen einem Miterben das Recht eingeräumt wird, auf Grund eigener Entscheidung einen Gegenstand aus dem Nachlaß zu entnehmen. Die Festsetzung eines Übernahmepreises ist dabei unerheblich (*Benk* MittRhNotK 1979, 58). Das Forderungsrecht des damit Bedachten entsteht nicht automatisch mit dem Erbfall, sondern erst nach der Übernahmeerklärung des Bedachten und ist damit von einer Potestativbedingung abhängig (*Benk* aaO. S. 58). Auch bei diesen speziellen Teilungsanordnungen besteht die Schwierigkeit ihrer Einordnung im Einzelfall als Teilungsanordnung oder Vorausvermächtnis. Soll keine Anrechnung erfolgen, handelt es sich sicher um ein Vorausvermächtnis. Streitig wird die Lage erst bei Anrechenbarkeit. Der BGH verwendet besonders hier das subjektive Abgrenzungsmerkmal des Begünstigungswillens, so daß ein Übernahmerecht eines Miterben in einer Verfügung von Todes wegen auch bei objektiv vollwertigem Übernahmepreis über eine Teilungsanordnung hinaus ein Vermächtnis sein kann (BGHZ 36, 115 = DNotZ 1962, 322 = NJW 1962, 343). Der objektive Vermögensvorteil besteht dann in der Möglichkeit der Entscheidung über die Übernahme. Denkbar ist auch die Anordnung einer Übernahmepflicht durch den Erblasser in der Weise, daß er die Erbeinsetzung des Bedachten von der Übernahme eines konkreten Nachlaßgegenstandes abhängig macht. Die Erbeinsetzung des Bedachten ist dann durch die Abgabe der Übernahmeerklärung aufschiebend bedingt (*Benk* MittRhNotK 1979, 53/61).

7. Ausgleichung und Anrechnung. (1) **Ausgleichung von Vorempfängen.** a) **Ausgleichungspflichtige und -berechtigte Personen.** Bei der gesetzlichen Erbfolge sind bestimmte Vorempfänge, die ein Abkömmling des Erblassers bereits zu dessen Lebzeiten von ihm erhalten hat, bei der Erbauseinandersetzung zu berücksichtigen (§§ 2050 ff BGB). Ausgleichspflichtig und -berechtigt sind nur Abkömmlinge des Erblassers, soweit sie als gesetzliche Erben zur Erbfolge gelangen (§ 2050 Abs. 1 BGB) oder sie durch Verfügung von Todes wegen zu Erbteilen eingesetzt sind, die in demselben Verhältnis zueinander stehen wie bei der gesetzlichen Erbfolge (§ 2052 BGB – RGZ 90, 420). Das ist auch der Fall, wenn die Erbteile der Abkömmlinge größer oder kleiner als ihre gesetzlichen sind, wenn sie nur untereinander im Verhältnis der gesetzliche Erbteile stehen, und auch dann, wenn nur einige der Abkömmlinge nach dem Verhältnis ihrer gesetzlichen Erbteile eingesetzt sind (*Staudinger/Werner* § 2052 Rdn. 2; MünchKomm/*Dütz*, 2. Aufl. § 2052 Rdn. 2). Fallen Abkömmlinge weg, so haben die kraft Eintrittsrechts an ihre Stelle tretenden entfernteren Abkömmlinge auszugleichen (§ 2051 Abs. 1 BGB). Sind für wegge-

27. Testament mit Vermächtnissen, Auflagen, Verwirkungsklauseln XVI. 27

fallene Abkömmlinge Ersatzerben eingesetzt, so haben diese im Zweifel ebenfalls auszugleichen (§ 2051 Abs. 2 BGB). Entferntere Abkömmlinge haben das, was sie vor dem Wegfall der sie ausschließenden näheren Abkömmlinge vom Erblasser erhalten haben, im Falle ihres Erbantritts nur dann zur Ausgleichung zu bringen, wenn der Erblasser dies bei der Zuwendung angeordnet hat (§ 2053 BGB).

b) **Gegenstand der Ausgleichung.** Zur Ausgleichung zu bringen sind gem. § 2050 BGB:

aa) Ohne Erblasseranordnung: Ausstattungen gem. § 1624 Abs. 1 BGB, die der Erblasser als Vater oder Mutter einem Kind zu Lebzeiten zu einem der in § 1624 BGB genannten Zwecke unentgeltlich zugewendet hat, sofern die Ausgleichungspflicht bei der Zuwendung nicht ausgeschlossen wurde (§ 2050 Abs. 1 BGB), was jedoch nicht zum Nachteil eines Pflichtteilsberechtigten möglich ist (§ 2316 Abs. 3 BGB). Ausstattungszwecke sind dabei gem. § 1624 Abs. 1 BGB, daß die Zuwendung von den Eltern an das Kind mit Rücksicht auf seine Verheiratung oder auf die Erlangung einer selbständigen Lebensstellung zur Begründung oder zur Erhaltung der Wirtschaft oder der Lebensstellung erfolgt. Ausstattung ist auch das, was einem Kind von den Eltern zur Verbesserung seiner Wirtschaft oder Lebenstellung zu dem Zweck zugewendet wird, ihm eine auskömmliche Lebensführung zu ermöglichen (HRR 29 Nr. 608). Ausstattungen können danach sein zB. eine Aussteuer (BGHZ 11, 206; 14, 205), die Einrichtung eines Handwerksbetriebs, die Zahlung der Schulden des Schwiegersohnes (RG JW 1912, 913), eine einmalige Kapitalzuwendung und überhaupt jeder Vermögensvorteil, den der Abkömmling vom Erblasser zumindest auch zu einem der genannten Ausstattungszwecke erhalten hat. Die Zuwendung darf jedoch nicht nur aus reiner Freigebigkeit erfolgt sein (RG Warn 38 Nr. 22), sondern mindestens auch zu einem der Ausstattungszwecke (BGHZ 44, 91/93 = NJW 1965, 2056; OLG Stuttgart BWNotZ 1977, 150). Nicht entscheidend ist, ob die Zuwendung zur Erlangung des Zwecks notwendig war (BGH aaO.; RG JW 1906, 426; *Schmid* BWNotZ 1971, 29/ 32). Wenn eine Zuwendung bei der Hingabe ausdrücklich als Ausstattung bezeichnet wurde, ist diese Absicht maßgebend, solange nicht dargetan ist, daß entgegen dieser ausdrücklichen Erklärung mit der Zuwendung keine Ausstattungsabsicht verbunden war (RG HRR 29 Nr. 608; RG JW 1906, 426; *Siegmann* BWNotZ 1977, 152; *Schmid* BWNotZ 1971, 29/32). Entgegen dem Wortlaut des § 1624 BGB ist auch auszugleichen, was der Erblasser nicht seinen Kindern, sondern entfernteren Abkömmlingen zu dem Ausstattungszweck gegeben hat (MünchKomm/*Dütz*, 2. Aufl. § 2050 Rdn. 15; *Staudinger/Werner* § 2050 Rdn. 21) und ferner kommt es entgegen § 1624 BGB für die Ausgleichungspflicht nicht darauf an, ob die Ausstattung den Vermögensverhältnissen der Beteiligten gerecht wird oder als übermäßig anzusehen ist (*Staudinger/Werner* § 2050 Rdn. 22; MünchKomm/*Dütz*, 2. Aufl. § 2050 Rdn. 16) (einschließlich Übermaß!). Auf Ausstattungen, die das den Umständen, insbesondere den Vermögensverhältnissen der Eltern entsprechende Maß nicht über steigen, finden die Schenkungsvorschriften keine Anwendung (§ 1624 Abs. 1 BGB). Übermäßige Ausstattungen sind dagegen grundsätzlich Schenkungen, dh. es liegen dann zwei Rechtsgeschäfte vor, unterhalb des Übermaßes eine Ausstattung und darüber eine Schenkung, jedes zu einem bestimmten Betrag und mit eigenen rechtlichen Wirkungen (*Schmid* BWNotZ 1971, 29/30). Jedoch können die Vertragspartner auch kraft der Vertragsfreiheit bestimmen, daß auch das Übermaß als Ausstattung angesehen werden soll (RG JW 1908, 71; *Schmid* BWNotZ 1971, 29/30). Das Übermaß der Ausstattung wird jedoch in jedem Fall als pflichtteilsergänzungspflichtige Schenkung gem. § 2325 BGB angesehen (*Staudinger/Ferid/Cieslar* § 2325 Rdn. 6; MünchKomm/*Frank*, 2. Aufl. § 2325 Rdn. 13; *Schmid* BWNotZ 1971, 29/35).

bb) Ohne Erblasseranordnung: Zuschüsse, die zu dem Zwecke gegeben sind, als Einkünfte verwendet zu werden und zwar auch wenn sie unter den Begriff der Ausstattung fallen, aber nur hinsichtlich des Übermaßes, dh. soweit sie das den Vermögensverhältnissen des Erblassers entsprechende Maß übersteigen und soweit der Erblasser die Anrechnung nicht bei der Zuwendung ausgeschlossen hat (§ 2050 Abs. 2 BGB) (nur für Übermaß!). Zuschüsse zu Einkunftszwecken, also zur Erfüllung des laufenden Bedarfs, setzen eine gewisse Dauer und Regelmäßigkeit voraus, ohne daß allerdings eine entsprechende Erblasserverpflichtung vorliegen muß (MünchKomm/*Dütz,* 2. Aufl. § 2050 Rdn. 24). Ein einmaliger Zuschuß ist ohne entsprechende Erblasseranordnung nicht ausgleichspflichtig.

cc) Ohne Erblasseranordnung: Aufwendungen für die Vorbildung zu einem Beruf, jedoch nur hinsichtlich des Übermaßes und soweit der Erblasser die Anrechnung nicht bei der Zuwendung ausgeschlossen hat (§ 2050 Abs. 2 BGB) (nur für Übermaß!). Nicht hierunter fallen die Kosten der allgemeinen Schulbildung an höheren Schulen.

dd) Andere lebzeitige Zuwendungen des Erblassers an Abkömmlinge sind nur auszugleichen, wenn dies der Erblasser bei der Zuwendung angeordnet hat (§ 2050 Abs. 3 BGB). Diese Anordnung kann auch hinsichtlich Zuschüssen (oben bb) und Aufwendungen für die Berufsausbildung (oben cc) unterhalb des Übermaßes erfolgen (*Staudinger/Werner* § 2050 Rdn. 31). Eine Form ist für diese Anordnung nicht vorgeschrieben, sie kann daher auch konkludent erfolgen (*Staudinger/Werner* § 2050 Rdn. 32). Sie sollte aus Beweisgründen jedoch schriftlich erfolgen. *Wolfsteiner* (MittBayNot 1982, 61) schlägt dafür folgende Formulierung vor: „Der Empfänger der Schenkung hat deren Wert im Verhältnis zu den übrigen Abkömmlingen des Schenkers auszugleichen." Die Bezeichnung der Zuwendung als Ausstattung ordnet die Ausgleichung auch für das Übermaß an (*Schramm* BWNotZ 1959, 227/228). Die Bestimmung, daß die Übertragung „in Vorwegnahme der zukünftigen Erbregelung" erfolge, stellt dagegen keine eindeutige Ausgleichsanordnung dar (*Palandt/Edenhofer* § 2050 Rdn. 16; OLG Stuttgart BWNotZ 1977, 150/151; *Weimar* JR 1967, 97/98; aM. BGH NJW 1982, 43 = Rpfleger 1982, 28).

Die Ausgleichsanordnung muß spätestens gleichzeitig mit der Zuwendung dem Bedachten so zur Kenntnis gebracht werden, daß er die Zuwendung ablehnen oder durch seine Annahme sein Einverständnis erklären kann (RGZ 67, 308). Ein minderjähriger Bedachter braucht zur Annahme einer Schenkung unter Ausgleichsanordnung keiner Einwilligung seines gesetzlichen Vertreters (BGHZ 15, 168 = NJW 1955, 1353). Die Anordnung ist keine Auflage, sondern eine das Erbrecht gestaltende Anordnung (*Kipp/Coing* ErbR. 13. Bearb. § 120 IV, 4; BGHZ 15, 168/171). Die Anordnung kann auch im voraus für zukünftige Zuwendungen erfolgen (*Staudinger/Werner* § 2050 Rdn. 32). Ferner wird man, wie bei der Anordnung der Anrechnungspflicht nach § 2315 BGB im Schrifttum ausdrücklich anerkannt (*Staudinger/Ferid* § 2315 Rdn. 41; *Staudinger/Ferid/Cieslar* § 2315 Rdn. 40; *Sostmann* MittRhNotK 1976, 484), die Ausgleichungsanordnung auch in der Weise bedingt treffen können, daß eine jetzt gewährte Zuwendung bei Eintritt eines späteren Ereignisses ausgleichungspflichtig werden oder die zunächst angeordnete Ausgleichspflicht wegfallen soll. Der Erblasser kann sich deshalb auch, wie in § 4 des Formulars, bei der Schenkung die nachträgliche Anordnung der Ausgleichungspflicht in einer Verfügung von Todes wegen ausdrücklich vorbehalten. Eine nachträgliche Anordnung der Ausgleichungspflicht kann der Erblasser nicht einseitig durch Rechtsgeschäft unter Lebenden bestimmen (§ 2050 Abs. 3 BGB). Die gleiche Wirkung kann jedoch durch eine Verfügung von Todes wegen erreicht werden, in der der Empfänger der Zuwendung durch Vermächtnis zugunsten der Miterben mit der Ausgleichung beschwert wird (RGZ 90, 419; 67, 307). Diese Möglichkeit findet jedoch ihre Grenze an dem Pflichtteilsrecht des bevorzugten Abkömmlings, da Vermächtnisse und Auflagen gem. § 2306 BGB wegfallen oder durch Ausschlagung beseitigt werden können, wenn sie das Pflichtteilsrecht beeinträchtigen (RGZ 67, 306/309; *Staudinger/Werner* § 2050 Rdn. 33). Abhilfe könnte hier nur ein Teilpflichtteilsverzichtsvertrag (§ 2346 Abs. 2 BGB) bringen, etwa mit der Formulierung: „Verzicht auf das Pflichtteilsrecht insoweit, als bei der Pflichtteilsberechnung die Zuwendung ...... als ausgleichspflichtige Ausstattung in die Berechnung einzubeziehen ist" (*Schmid* BWNotZ

27. Testament mit Vermächtnissen, Auflagen, Verwirkungsklauseln XVI. 27

1971, 29/34 Fn. 34; unten Form. VIII. 52 Anm. 3 Abs. 5). Eine nachträgliche Vereinbarung des Erblassers unter Lebenden mit dem im voraus Begünstigten über eine Ausgleichung ist möglich und ist ein Vertrag zugunsten Dritter, da mit der Vereinbarung das Ausgleichsrecht der übrigen Miterben begründet wird (*Staudinger/Werner* § 2050 Rdn. 33). Eine nachträgliche Beseitigung der bei der Zuwendung angeordneten Ausgleichung ist dem Erblasser durch Verfügung von Todes wegen möglich und zwar als Vermächtnis zugunsten des Zuwendungsempfängers und zu Lasten der übrigen ausgleichsberechtigten Abkömmlinge, wobei auch hier die Pflichtteilsrechte der damit Beschwerten nicht beeinträchtigt werden dürfen (*Staudinger/Werner* § 2050 Rdn. 34; *Schmid* BWNotZ 1971, 29/34). Der Erblasser kann aber auch indirekt die Ausgleichspflicht dadurch beseitigen, daß er die Abkömmlinge nachträglich in einem anderen als dem Verhältnis ihrer gesetzlichen Erbteile zueinander einsetzt und damit die Voraussetzungen der Ausgleichungspflicht nach den §§ 2050, 2052 BGB beseitigt (*Schmid* BWNotZ 1971, 29/34 f). Daraus ergibt sich auch, daß bei einer Änderung von Erbteilen von Abkömmlingen, die bisher im Verhältnis der gesetzlichen Erbteile zueinander standen, geklärt werden muß, was mit ausgleichungspflichtigen Zuwendungen geschehen soll (*Schmid* BWNotZ 1971, 29/35 Fn. 37). Problematisch ist der Fall, daß Ehegatten, die ein sog. Berliner Testament (§ 2269 BGB) haben, gemeinschaftlichen Kindern Ausstattungen gewähren. Stirbt hier einer der Ehegatten, wird der andere Alleinerbe und erst nach dessen Tod werden die Abkömmlinge Erben und müssen sich ausgleichen. Folgerichtig müßte diese Ausgleichung aber nur hinsichtlich der Zuwendung des Letztversterbenden erfolgen, was aber nicht gewollt sein kann (*Schmid* BWNotZ 1971, 29/34). Abhilfe kann dadurch erfolgen, daß bei Ausstattungen allgemein bestimmt wird, daß für den Fall, daß der zuerst versterbende Ausstattungsgeber von dem überlebenden Ausstattungsgeber allein beerbt wird, die Ausstattung als von dem überlebenden Ausstattungsgeber allein gemacht gelten und als seine Zuwendung auf seinen Tod in voller Höhe ausgeglichen werden soll. Bei der Anordnung der Ausgleichungspflicht sollte beachtet werden, daß sich dies gem. § 2316 Abs. 1 BGB zwar für die Vorempfänger pflichtteilsmindernd, für die übrigen Pflichtteilsrechte aber pflichtteilserhöhend auswirkt (*Schramm* BWNotZ 1959, 229). Wird dagegen nur die Anrechnungspflicht auf den Pflichtteil gem. § 2315 BGB angeordnet, so stellt dies, sofern neben den Abkömmlingen ein überlebender Ehegatte vorhanden ist, die stärkste Form der Pflichtteilsminderung dar (*Schmid* BWNotZ 1971, 29/35). Geringer ist dagegen die Pflichtteilsminderung, wenn, wie üblich (so zB. *Wolfsteiner* MittBayNot 1982, 61) für denselben Betrag Anrechnung- und Ausgleichungspflicht (§ 2316 Abs. 4 BGB) angeordnet ist (*Sostmann* MittRhNotK 1976, 479/491/494; *Schmid* BWNotZ 1971, 29/35). *Schramm* BWNotZ 1959, 227/229 f rät deshalb, um dem Erblasser für die Zukunft alle Möglichkeiten offen zu halten, bei Schenkungen nur die Anrechnung nach § 2315 BGB zu bestimmen, die Ausgleichungsanordnung dagegen vermächtnisweise in einem Testament zu treffen, das jederzeit widerrufen werden kann. Die Anrechnungsbestimmung könnte dann etwa lauten: „Der Beschenkte hat sich den Wert der Schenkung auf seinen Pflichtteil nach dem Schenker anrechnen zu lassen. Der Schenker behält sich die vermächtnisweise Anordnung der Ausgleichung vor." Dem Notar obliegt es grundsätzlich nicht, die erbrechtlichen Auswirkungen einer Schenkung von sich aus zu erörtern und Ermittlungen in dieser Richtung anzustellen (*Reithmann/Röll/Geßele*, Handbuch der notariellen Vertragsgestaltung, 5. Aufl. 1983 Rdn. 414). Ergibt sich jedoch aus den ausdrücklichen oder auszulegenden Erklärungen der Beteiligten oder ausnahmsweise aus den vorgetragenen Tatsachen, daß eine Zuwendung eine Ausstattung oder in sonstiger Weise ausgleichungspflichtig oder auf den Pflichtteil anzurechnen ist, muß der Notar die Beteiligten auf die erbrechtliche Relevanz hinweisen und den Text der Urkunde entsprechend formulieren (*Reithmann/Röll/Geßele* aaO.). Einen speziellen gesetzlichen Ausgleichungsanspruch für Abkömmlinge bei besonderer Mitarbeit und Pflege bietet § 2057 a BGB (siehe hierzu insb. *Weimar* MDR 1973, 23).

c) **Durchführung der Ausgleichung.** Die Ausgleichung geschieht im Rahmen der Erbauseinandersetzung. Sie wird nicht dadurch vollzogen, daß der Ausgleichungspflichtige den empfangenen Wert in den Nachlaß einschießen muß, sondern durch rechnerische Zurechnung des Wertes des Vorempfangs zu dem Wert der beteiligten Erbteile (§ 2055 Abs. 1 BGB). Dazu werden vom Wert des wirklich vorhandenen Nachlasses als erstes die Werte aller Erbteile nicht ausgleichungspflichtiger und -berechtigter Erben (zB. Ehegatten) abgezogen, da sie mit der Ausgleichung nichts zu tun haben. Dem verbleibenden Nachlaßwert werden dann die Werte aller auszugleichender Zuwendungen hinzugerechnet (§ 2055 Abs. 1 Satz 2 BGB – fiktiver Nachlaß). Aus diesem Gesamtwert werden dann die Erbanteile der Ausgleichsbeteiligten berechnet und dann bei jedem ausgleichspflichtigen Erben von seinem Anteil sein Vorempfang abgezogen (§ 2055 Abs. 1 Satz 1 BGB) (Beispiele siehe *Palandt/Edenhofer* § 2055 Rdn. 1). Hat dabei einer als Vorempfang bereits mehr erhalten, als ihm danach zustehen würde, muß er den Mehrbetrag jedoch nicht herauszahlen (§ 2056 Satz 1 BGB). Er bekommt lediglich bei der Erbauseinandersetzung nichts mehr und der Nachlaß wird ohne Berücksichtigung seiner Zuwendung und seines Erbteils unter die übrigen Miterben entsprechend ihrer Erbteile verteilt (§ 2056 Satz 2 BGB). Für die Wertberechnung ist in erster Linie eine etwaige Anordnung des Erblassers maßgebend (*Staudinger/Werner* § 2055 Rdn. 12; MünchKomm/*Dütz* § 2055 Rdn. 16). Hat der Erblasser den Ausgleichswert nicht festgelegt, ist der Wert zur Zeit der Zuwendung maßgeblich (§ 2055 Abs. 2 BGB). Eine Wertsteigerung zwischen der Zuwendung und dem Erbfall bleibt unberücksichtigt. Jedoch berücksichtigt die wohl hM. (BGHZ 65, 75 = DNotZ 1975, 721 = NJW 1975, 1831 m. Anm. von *Löbbecke* NJW 1975, 1193; *Philipp*, Betr. 1976, 664; *Werner* DNotZ 1978, 66) den laufenden Kaufkraftschwund des Geldes in der Weise, daß der Wert des zugewendeten Gegenstandes zum Empfangszeitpunkt mit dem vom statistischen Bundesamt ermittelten Lebenshaltungskostenindex im Zeitpunkt des Erbfalls multipliziert und dieser Betrag durch den Lebenshaltungskostenindex zum Zeitpunkt der Zuwendung dividiert wird (*Staudinger/Werner* § 2055 Rdn. 7). Die gleiche Formel zur Berücksichtigung der allgemeinen Geldentwertung wird auch bei den Wertberechnungsbestimmungen der §§ 1376 Abs. 1 und 2315 Abs. 2 Satz 2 BGB angewandt. Eine besondere Bewertungsvorschrift bietet § 2312 BGB, nach dem, wenn ein pflichtteilsberechtigter Miterbe nach Anordnung des Erblassers ein Landgut zum Ertragswert übernehmen darf oder bei einem pflichtteilsberechtigten Alleinerben der Erblasser für die Pflichtteilsberechnung die Zugrundelegung des Ertragswerts angeordnet hat, bei der Pflichtteilsberechnung für dieses Landgut der Ertragswert zugrunde zu legen ist (siehe hierzu *Goller* BWNotZ 1959, 18).

d) **Auswirkungen der Ausgleichungspflicht auf den Pflichtteil.** Während die Ausgleichungspflicht nach §§ 2050, 2052 BGB nur unter Abkömmlingen des Erblassers eintritt, die als gesetzliche Erben zur Erbfolge gelangen, ist die Ausgleichung der sich nach § 2050 Abs. 1 bis 3 BGB ergebenden Ausgleichsposten im Rahmen der Pflichtteilsberechnung unter den pflichtteilsberechtigten Abkömmlingen nach § 2316 Abs. 1 BGB ohne Rücksicht darauf vorzunehmen, ob ihre Erbquoten zueinander im Verhältnis der gesetzlichen Erbregel stehen, sie von der Erbfolge ausgeschlossen sind, die Erbschaft ausgeschlagen haben, oder für erbunwürdig erklärt werden (§ 2310 Satz 1 BGB). Lediglich wer durch Erbverzicht von der gesetzlichen Erbfolge ausgeschlossen ist, ist nicht zu berücksichtigen (§ 2310 Satz 2 BGB). Hinsichtlich des Pflichtteils kann daher der Erblasser die Ausgleichungspflicht nicht indirekt dadurch ändern, daß er die Erbquoten seiner Abkömmlinge entgegen dem Verhältnis der gesetzlichen Erbteile ändert. Die Tendenz des Gesetzes wird noch dadurch verstärkt, daß nach § 2316 Abs. 3 BGB der Erblasser hinsichtlich der Pflichtteilsberechnung nicht auf die Ausgleichung von Ausstattungen und Übermaßzuschüssen (§ 2050 Abs. 1 und 2 BGB) verzichten kann. Ferner hat nach § 2316 Abs. 2 BGB ein pflichtteilsberechtigter Abkömmling als Miterbe, wenn ihm weniger hinterlassen ist als sein Pflichtteil unter Berücksichtigung der Ausgleichungsposten betragen würde, gegen die Miterben einen Pflichtteilsrestanspruch auf wertmäßige

27. Testament mit Vermächtnissen, Auflagen, Verwirkungsklauseln XVI. 27

Aufstockung seines Erbteils bis zur Höhe des Wertes des ausgeglichenen Pflichtteils. Die Ausgleichung wird bei der Pflichtteilsberechnung rechnerisch wie oben lit. c beschrieben durchgeführt und dabei dem Wert des Nachlasses, soweit er auf die ausgleichungspflichtigen und -berechtigten Abkömmlinge entfällt, sämtliche Ausgleichsbeträge (nicht nur die des betreffenden Ausgleichungspflichtigen wie bei der Anrechnung) hinzugerechnet (fiktive Nachlaßsumme) und daraus die Werte der Erbteile der einzelnen Abkömmlinge nach den Regeln der gesetzlichen Erbfolge berechnet (kollektive Ausgleichung). Von den so ermittelten fiktiven Erbteilen jedes einzelnen Abkömmlings werden dann die ihm gemachten ausgleichspflichtigen Zuwendungen abgezogen (Ausgleichserbteil). Die Hälfte des so gefundenen Betrages ist dann der Pflichtteil des Abkömmlings (Ausgleichungspflichtteil) (Beispiele siehe *Palandt/Edenhofer* § 2316 Rdn. 2 ff.). Da sämtliche Ausgleichsposten dem Gesamtnachlaß zugerechnet werden (kollektive Ausgleichung) vermindert die Ausgleichungsverpflichtung mittelbar über § 2316 Abs. 1 BGB nur den Pflichtteilsanspruch des im voraus Begünstigten, erhöht jedoch gleichzeitig die der anderen pflichtteilsberechtigten Abkömmlinge. Die Pflichtteilssumme bleibt die gleiche, es ändert sich durch die Anordnung der Ausgleichung nur ihre Verteilung unter den pflichtteilsberechtigten Abkömmlingen (*Sostmann* MittRhNotK 1976, 479/493).

(2) **Anrechnung von Vorempfängen auf den Pflichtteil.** Nach § 2315 Abs. 1 BGB hat sich ein Pflichtteilsberechtigter eine lebzeitige freigebige Zuwendung des Erblassers dann auf seinen Pflichtteil anrechnen zu lassen, wenn der Erblasser dies bei der Zuwendung bestimmt hat. Diese Anrechnungsbestimmung ist eine einseitige empfangsbedürftige, jedoch nicht formbedürftige Willenserklärung, die vor oder bei der Zuwendung erfolgen muß (*Palandt/Edenhofer* § 2315 Rdn. 2). Teilweise wird eine stillschweigende Anrechnungsbestimmung für genügend gehalten (*Palandt/Edenhofer* § 2315 Rdn. 2; *Sostmann* MittRhNotK 1976, 479/483). Die Anrechnung kommt unter diesen Voraussetzungen für alle Pflichtteilsberechtigten in Betracht, während die Ausgleichung nur unter Abkömmlingen erfolgen kann. Setzt die Ausgleichung eine Mehrheit von Abkömmlingen voraus, ist die Anrechnung auch bei nur einem Pflichtteilsberechtigten möglich. Kann die Ausgleichung auch auf Grund Gesetzes erfolgen (§ 2050 Abs. 1 u. 2 BGB), setzt die Anrechnung stets eine, spätestens mit der Zuwendung erfolgende Anrechnungsanordnung des Erblassers voraus (*Staudinger/Ferid/Cieslar* § 2315 Rdn. 9). Die Anrechnungsbestimmung kann auch bedingt getroffen werden (*Staudinger/Ferid/Cieslar* § 2315 Rdn. 40). Eine nachträgliche Anrechnungsbestimmung kann insbesondere nicht durch Anordnung von Todes wegen erfolgen, da sie eine Beeinträchtigung des Pflichtteils wäre (*Staudinger/Ferid/Cieslar* § 2315 Rdn. 35). Möglich wäre sie nur durch einen der Form des § 2348 BGB genügenden Pflichtteilsverzichtsvertrag zwischen Erblasser und dem betreffenden Pflichtteilsberechtigten (*Staudinger/Ferid/Cieslar* aaO.). Es ist Tatfrage, ob eine Anrechnungsbestimmung, wenn der Bedachte doch nicht auf den Pflichtteil gesetzt wurde, sondern seinen gesetzlichen Erbteil erhalten hat, als Ausgleichsanordnung gewertet werden kann (*Staudinger/Ferid/Cieslar* § 2315 Rdn. 47). Die Anrechnung erfolgt gem. § 2315 BGB in der Weise, daß, da jeder Pflichtteilsberechtigte sich nur das anrechnen lassen muß, was gerade ihm unter Anrechnungsbestimmung zugewendet wurde, für jeden einzelnen Pflichtteilsberechtigten eine gesonderte Berechnung aufgestellt wird (individuelle Anrechnung im Gegensatz zur kollektiven Ausgleichung). Dabei werden zunächst nur seine anrechnungspflichtigen Zuwendungen (nicht sämtliche, wie bei der Ausgleichung) fiktiv dem wirklichen Nachlaß zugerechnet, dann wird aus diesem rein rechnerischen Gesamtnachlaß der rein rechnerischen Pflichtteilsanspruch des betreffenden Anrechnungspflichtigen berechnet und zum Schluß von dem so berechneten Pflichtteil seine Zuwendungen, dh. das gleiche was zunächst fiktiv dem Nachlaß zugerechnet wurde, abgezogen (Beispiele siehe *Palandt/ Edenhofer* § 2315 Rdn. 6). Eine ähnliche Regelung für die Anrechnung von Vorempfängen auf die Ausgleichsforderung eines Ehegatten bei der Zugewinngemeinschaft enthält § 1380 BGB (siehe hierzu insbes. *Ols-*

hausen FamRZ 1978, 755/758 ff). Wenn eine Zuwendung gleichzeitig ausgleichungspflichtig nach § 2316 BGB und anrechnungspflichtig nach § 2315 BGB ist, erfolgt gem. § 2316 Abs. 4 BGB zunächst die Ausgleichung gem. § 2316 Abs. 1 BGB, dh. wie oben Abs. (1) lit. d und danach ist von dem so bezüglich des betreffenden Pflichtteilsberechtigten errechneten Ausgleichspflichtteil lediglich die Hälfte des Wertes der anrechnungspflichtigen Zuwendung (halber Vorempfang) abzuziehen, da ja dieser Vorempfang zur anderen Hälfte bereits bei der Ausgleichung berücksichtigt wurde (*Staudinger/ Ferid/Cieslar* § 2316 Rdn. 49; Beispiele siehe *Palandt/Edenhofer* § 2316 Rdn. 2 ff.). Diese Berechnung wird auch beim Zusammentreffen des überlebenden Ehegatten mit den Abkömmlingen in dieser Weise vorgenommen, obwohl bei dem zunächst vorzunehmenden Ausgleich nach § 2316 Abs. 1 BGB die Ausgleichsposten nur dem Bruchteil des Nachlasses zuzurechnen sind, der den Abkömmlingen insgesamt zukommt, während demgegenüber nach § 2315 BGB die Anrechnungsposten dem ganzen Nachlaß, also auch dem zB. auf den überlebenden Ehegatten entfallenden Teil, zuzuschlagen sind (*Staudinger/Ferid/Cieslar* § 2316 Rdn. 54). Der Wert des anrechnungspflichtigen Zuwendung bestimmt sich, wenn der Erblasser keine Wertbestimmung vorgenommen hat, nach der Zeit ihrer Vornahme, wobei der Kaufkraftschwund des Geldes bis zum Zeitpunkt der Anrechnung bzw. dem Erbfall wie oben (Abs. (1) lit. c dargestellt, ausgeglichen wird (BGHZ 65, 75 = NJW 1975, 1831). Zu beachten ist, daß weder die Ausgleichung nach § 2316 BGB, mit Ausnahme des Sonderfalls nach § 2316 Abs. 2 BGB, noch die Anrechnung nach § 2315 BGB zur Rückzahlung erhaltener Vorempfänge führen kann (§ 2056 BGB). Allerdings kann auch im Rahmen der Ausgleichung ein Anspruch nach § 2325 BGB (Pflichtteilsergänzungsanspruch) entstehen. Das nach § 2056 BGB beim Ausgleichsvollzug keine Vorempfänge zurückgezahlt werden müssen, bedeutet nämlich nicht, daß ausgleichungspflichtige Vorempfänge soweit sie als Schenkungen anzusehen sind, nicht zu einem Anspruch auf Ergänzung des Pflichtteils nach § 2325 BGB führen könnten. Nach dieser Vorschrift ist der Pflichtteilsberechtigte so zu stellen, als wäre der verschenkte Wert z. Zt. des Erbfalls noch im Nachlaß vorhanden. Aus dem so erhöhten rechnerischen Nachlaß ist gem. § 2316 Abs. 1 BGB dann die Berechnung des Ausgleichspflichtteils vorzunehmen und nur, wenn auch dann der Ausgleichspflichtige durch den Vorempfang mehr erhalten hat, als seinem daraus errechneten Erbanteil entspricht, braucht er wegen § 2056 BGB den Mehrbetrag auch nicht als Ergänzungspflichtteil gem. § 2325 BGB zu leisten. Ist dies jedoch nicht der Fall, weil der Erblasser kein nennenswertes Vermögen hinterlassen hat, muß er den Pflichtteil ergänzen (BGH NJW 1965, 1526 = DNotZ 1966, 239 = Rpfleger 1966, 251 m. Anm. *Haegele; Keßler* DRiZ 1966, 399).

Die unterschiedliche Art der Berechnung (individuelle Anrechnung und kollektive Ausgleichung) führt dazu, daß die Anrechnung auf den Pflichtteil (§ 2315 BGB) eine einschneidendere Beschränkung des Pflichtteils bewirkt als die Berücksichtigung der Ausgleichungspflicht (§§ 2316, 2055 ff BGB *Sostmann* MittRhNotK 1976, 479/493; *Staudinger/Ferid/ Cieslar* § 2315 Rdn. 10). Die Anwendung des § 2315 BGB einerseits und des § 2316 Abs. 4 BGB andererseits führen nur dann zu demselben Pflichtteil des Zuwendungsempfängers, wenn ausschließlich Abkömmlinge pflichtteilsberechtigt sind und nur einer von ihnen eine ausgleichungspflichtige Zuwendung erhalten hat (*Sostmann* MittRhNotK 1976, 479/495). Sonst und insbesondere beim Vorhandensein eines überlebenden Ehegatten wird der Pflichtteil am stärksten durch bloße Anrechnung (§ 2315 BGB) gemindert, danach durch Zusammentreffen von Anrechnungs- und Ausgleichungspflicht (§ 2316 Abs. 4 BGB) und am wenigsten durch bloße Ausgleichung (§ 2316 Abs. 1 BGB; *Sostmann* MittRhNotK 1976, 479/494; *Schmid* BWNotZ 1971, 29/35; *Wieser* MittBayNot 1972, 106/111).

8. Familienrechtliche Anordnungen. Nach § 1638 Abs. 1 BGB kann der Zuwendende bei einer unentgeltlichen Zuwendung unter Lebenden und der Erblasser bei einer letzt-

27. Testament mit Vermächtnissen, Auflagen, Verwirkungsklauseln **XVI. 27**

willigen Zuwendung an einen Minderjährigen bestimmen, das dessen Eltern das zugewendete Vermögen nicht verwalten dürfen. Diese Bestimmung kann auch hinsichtlich der gesetzlichen Erbfolge (BayObLG FamRZ 1964, 522 f.) und des Pflichtteilsanspruchs und des zu seiner Erfüllung Geleisteten erfolgen (OLG Hamm FamRZ 1969, 662; MünchKomm/ *Hinz*, 2. Aufl. § 1638 Rdn. 2). Die Bestimmung kann auch unter einer Bedingung oder Zeitbestimmung getroffen werden, zB. für den Fall der Wiederverheiratung des sorgeberechtigten Elternteils (MünchKomm/*Hinz*, 2. Aufl. § 1638 Rdn. 4). Die Bestimmung hat bei der lebzeitigen Zuwendung und in der letztwilligen Verfügung zu erfolgen, kann jedoch nicht Inhalt des Erbvertrages sein (MünchKomm/*Hinz*, 2. Aufl. aaO.). Wird die Verwaltungsbefugnis nur einem Elternteil entzogen, verwaltet der andere allein (§ 1638 Abs. 3 BGB). Wird sie beiden Elternteilen entzogen, entsteht verwaltungsfreies Vermögen und es ist gem. § 1909 Abs. 1 Satz 2 BGB ein Pfleger zu bestellen. Der Zuwendende hat nach § 1917 Abs. 1 BGB ein Benennungsrecht (MünchKomm/ *Hinz*, 2. Aufl. § 1638 Rdn. 6). Die Eltern sind nach § 1909 Abs. 2 BGB anzeigepflichtig, wenn eine solche Pflegschaft erforderlich wird. Liegt eine Bestimmung nach § 1638 Abs. 1 BGB neben einer Dauertestamentsvollstreckung vor, so nimmt der Pfleger die Rechte des Kindes gegenüber dem Testamentsvollstrecker wahr (MünchKomm/*Hinz* § 1638 Rdn. 9). Nach § 1638 Abs. 2 BGB gilt für das der Vermögenssorge der Eltern entzogene Vermögen das Surrogationsprinzip.

Durch familienrechtliche Anordnung in einer letztwilligen Verfügung (§ 1777 Abs. 3 BGB) können Eltern, wenn ihnen zur Zeit ihres Todes die Sorge für die Person und das Vermögen des Kindes zusteht (§ 1777 Abs. 1 BGB), für das Kind auch einen Vormund benennen (§ 1776 Abs. 1 BGB). Haben Vater und Mutter verschiedene Personen benannt, so gilt die Benennung durch den zuletzt verstorbenen Elternteil (§ 1776 Abs. 2 BGB). Ein so benannter Vormund darf ohne seine Zustimmung nur übergangen werden, wenn einer der unter § 1778 Abs. 1 BGB aufgeführten Gründe vorliegt.

9. Testamentsvollstreckung. (1) **Zweck der Testamentsvollstreckung.** Der Erblasser kann eine Person seines Vertrauens, Testamentsvollstrecker genannt, in einer Verfügung von Todes wegen mit Machtbefugnissen hinsichtlich des Nachlasses unter Ausschluß der Erben ausstatten. Der Erblasser will dabei seine Herrschaft über sein Vermögen mit seinem Tod nicht aufgeben, sondern sie über diesen hinaus durch die Person des Testamentsvollstreckers weiter ausüben. Das Vertrauen, das der Erblasser seinen Erben nicht entgegenbringt, schenkt er uneingeschränkt dem Testamentsvollstrecker (*Lange* JuS 1970, 102). (2) Arten der Testamentsvollstreckung. Überlicherweise wird zwischen folgenden Arten von Testamentsvollstreckungen unterschieden (*Haegele/Winkler*, Der Testamentsvollstrecker, 6. Aufl. Rdn. 3):

a) **Abwicklungsvollstreckung** (§§ 2203, 2204 BGB). Normalerweise (Regeltypus), dh. wenn der Erblasser seine Aufgaben nicht anders bestimmt, hat der Testamentsvollstrecker die letztwilligen Verfügungen des Erblassers zur Ausführung zu bringen (§ 2303 BGB) und bei mehreren Erben den Nachlaß unter ihnen auseinanderzusetzen (§ 2204 BGB – Auseinandersetzungsvollstreckung). Die auszuführenden letztwilligen Anordnungen des Erblassers können dabei verschiedenster Art sein, zB. Vermächtnisse oder Auflagen zu Lasten der Erben, Teilungsanordnungen und überhaupt alle Verfügungen, die ohne Ernennung eines Testamentsvollstreckers die Erben auszuführen hätten (*Staudinger/Reimann* § 2203 Rdn. 2). Ferner hat der Testamentsvollstrecker die Nachlaßverbindlichkeiten zu erfüllen (MünchKomm/*Brandner*, 2. Aufl. § 2203 Rdn. 5). Die Auseinandersetzung unter Miterben hat der Testamentsvollstrecker, sofern sie der Erblasser nicht nach § 2044 BGB ausgeschlossen hat, alsbald zu bewirken (*Staudinger/ Reimann* § 2204 Rdn. 9) und zwar, soweit der Erblasser keine besonderen Anordnungen getroffen hat, nach den gesetzlichen Vorschriften über die Auseinandersetzung zwischen Miterben (§§ 2204, 2042, 2046 ff., 2050 ff., 752 bis 754, 755 ff. BGB). Wegen Beispielen von Abwicklungsvollstreckungen siehe Form. XVI. 3 § 4, XVI. 4 § 1 und XVI. 5 § 3.

Nieder

b) **Dauertestamentsvollstreckung** (§ 2209 Satz 1 Halbs. 2 BGB). Der Erblasser kann den Wirkungskreis des Testamentsvollstreckers dahin erweitern (Sondertypus), daß er ihm die Verwaltung des Nachlasses auch für die Zeit nach der Erledigung seiner sonstigen Aufgaben überträgt. Die Erledigung der sonst zugewiesenen Aufgaben führt somit nicht zu der normalerweise eintretenden Amtsbeendigung, sondern die Verwaltung dauert fort bis zu dem vom Erblasser festgesetzten Zeitpunkt, äußerstenfalls bis zur zeitlichen Grenze nach § 2210 BGB.

c) **Schlichte Verwaltungsvollstreckung** (§ 2209 Satz 1 Halbs. 1 BGB). Hier ist nach der Anordnung des Erblassers die reine Verwaltung des Nachlasses die einzige Aufgabe des Testamentsvollstreckers. Dies Verwaltungsvollstreckung kann insbesondere angeordnet werden zB. bis zur Volljährigkeit von Miterben (so Form. XVI. 16 § 5), zu Gunsten des überlebenden Ehegatten auf dessen Lebenszeit (so Form. XVI. 20 § 5, XVI. 21 § 3, XVI. 22 § 3 u. XVI. 23 § 3), als Instrument der Enterbung in guter Absicht gem. § 2338 BGB (so Form. XVI. 18 § 2) und allgemein um einen überschuldeten Erben vor seinen Eigengläubigern zu schützen (so Form. XVI. 17 § 3).

d) **Nacherbentestamentsvollstrecker** (§ 2222 BGB). Siehe hierzu Form. XVI. 11 § 8 und insb. Anm. 20, XVI. 12 § 4 und XVI. 13 § 5.

e) **Vermächtnis-Testamentsvollstreckung** (§ 2223 BGB). Hierbei ernennt der Erblasser den Testamentsvollstrecker nur zu dem Zweck, daß er für die Ausführung der einem Vermächtnisnehmer auferlegten Beschwerung, dh. Auflage, Nach- oder Untervermächtnis sorgt. Hier kann auch der Alleinerbe Testamentsvollstrecker sein.

f) **Testamentsvollstreckung mit beschränktem Aufgabenkreis** (§ 2208 BGB). Nach dieser Vorschrift kann der Erblasser den Wirkungskreis des Testamentsvollstreckers nach jeder Richtung, auch zeitlich beschränken, insbesondere kann er anordnen, daß die Verwaltung des Nachlasses dem Testamentsvollstrecker nur hinsichtlich einzelner Nachlaßgegenstände zustehen soll.

(2) **Beginn und Ende der Testamentsvollstreckung.** Der Erblasser bestimmt im Normalfall die Person des Testamentsvollstreckers im Testament oder als einseitige Bestimmung im Erbvertrag (§ 2197 BGB). Er kann einen oder mehrere Testamentsvollstrecker benennen. Mehrere Testamentsvollstrecker führen im Regelfall ihr Amt gemeinschaftlich (§ 2224 BGB). Es kann jedoch jedem ein besonderer Wirkungskreis mit eigener Verantwortung und voller Vertretungsmacht zugewiesen werden. Ein Testamentsvollstrecker kann seinerseits testamentarisch ermächtigt werden, einen oder mehrere Mitvollstrecker oder seinen Nachfolger zu ernennen (§ 2199 BGB). Ferner kann der Erblasser die Bestimmung der Person des Testamentsvollstreckers einem Dritten überlassen (§ 2198 BGB). Letztlich kann er das Nachlaßgericht in der Verfügung von Todes wegen um Auswahl und Ernennung eines Testamentsvollstreckers ersuchen (§ 2200 BGB). Die Bestimmung des Testamentsvollstreckers erfolgt in den Fällen der §§ 2198, 2199 BGB durch öffentlich beglaubigte Erklärung gegenüber dem Nachlaßgericht (§ 2198 Abs. 1 BGB). Die Ernennung eines Testamentsvollstreckers ist unwirksam, wenn er zu der Zeit, zu welcher er das Amt anzutreten hat, geschäftsunfähig oder in der Geschäftsfähigkeit beschränkt ist oder nach § 1910 BGB zur Besorgung seiner Vermögensangelegenheiten einen Pfleger erhalten hat (§ 2201 BGB). Das Amt des Testamentsvollstreckers beginnt mit dem Zeitpunkt, in dem der Ernannte das Amt annimmt. Die Annahme kann erst nach dem Erbfall, aber schon vor der Testamentseröffnung erklärt werden (§ 2202 BGB). Die Annahme ist formfrei. Zur Annahme des Amtes ist niemand verpflichtet. Die Kündigung des Amtes ist jederzeit möglich, jedoch kann eine zur Unzeit erfolgte Kündigung schadensersatzpflichtig machen (§ 671 Abs. 2, 3 BGB). Das Amt des Testamentsvollstreckers erlischt mit seinem Tod oder wenn ein Fall eintritt, in welchem die Ernennung nach § 2201 BGB unwirksam sein würde (§ 2225 BGB). Ferner endet die Testamentsvollstreckung mit der Kündigung durch den Testamentsvollstrecker (§ 2226 BGB), mit seiner Entlassung durch das Nachlaßgericht aus wichtigem Grund

27. Testament mit Vermächtnissen, Auflagen, Verwirkungsklauseln XVI. 27

auf Antrag eines Beteiligten (§ 2227 BGB) und ohne ausdrückliche Aufhebung automatisch mit der Erledigung der ihm obliegenden Aufgaben (BGH NJW 1964, 1316; BGHZ 41, 25).

(3) **Abänderungsmöglichkeiten der Testamentsvollstreckung vom Normalfall.** Wenn der Erblasser nur die Testamentsvollstreckung anordnet, ohne die Aufgaben des Testamentsvollstreckers im einzelnen zu bestimmen, sind seine regelmäßigen Aufgaben die Ausführung der letztwilligen Verfügung (§ 2203 BGB), die Auseinandersetzung unter den Miterben (§ 2204 BGB) und, soweit es zur Erfüllung dieser Aufgaben notwendig ist, die Verwaltung des Nachlasses (sog. Abwicklungsvollstreckung). Zu ausdrücklichen Anordnungen des Erblassers in der Verfügung von Todes wegen besteht bei der Testamentsvollstreckung nur Veranlassung und muß dann aber auch klar und eindeutig zum Ausdruck gebracht werden:

a) Wenn die Befugnisse des Testamentsvollstreckers beschränkt werden sollen (§ 2208 BGB). Ein Mindestumfang ist dabei für die verbleibenden Befugnisse des Testamentsvollstreckers nicht vorgeschrieben. Der Erblasser kann dem Testamentsvollstrecker als einzige Aufgabe zB. die Ausführung einer Bestattungsanordnung übertragen (*Staudinger/Reimann* § 2208 Rdn. 4; MünchKomm/*Brandner,* 2. Aufl. § 2208 Rdn. 2). Man unterscheidet hinsichtlich der Beschränkungen:

aa) Inhaltliche Beschränkungen, bei denen der Erblasser dem Testamentsvollstrecker die ihm in §§ 2203 bis 2206 BGB zugewiesenen Regelaufgaben und Befugnisse, insbesondere die Verwaltungs-, Verfügungs- und Verpflichtungsbefugnis ganz oder teilweise entzieht oder ihm nur einzelne Aufgaben dieser Art überträgt. Inhaltliche Beschränkungen besonderer Art sind die Übertragung der Verwaltung als einziger Aufgabe nach § 2209 BGB und die bloße Beaufsichtigung der Erben nach § 2208 Abs. 2 BGB. Weitere gesetzlich geregelte, inhaltlich beschränkte Testamentsvollstreckungen sind die Nacherbentestamentsvollstreckung gem. § 2222 BGB (siehe hierzu Form. XVI. 11 Anm. 20) und die nach § 2223 BGB zu dem alleinigen Zweck angeordnete, für die Ausführung der einem Vermächtnisnehmer auferlegten Beschwerung zu sorgen (Vermächtnisvollstreckung). Der Wirkungskreis des Testamentsvollstreckers kann sich auch darauf beschränken, daß die Erben seiner Zustimmung zu Verfügungen über Nachlaßgegenstände bedürfen (*Staudinger/Reimann* § 2208 Rdn. 10) oder daß er an Weisungen Dritter gebunden wird (*Staudinger/Reimann* § 2208 Rdn. 11). Der Erblasser kann jedoch nicht anordnen, daß der Testamentsvollstrecker bei seiner Tätigkeit über das Gesetz hinaus der Aufsicht des Nachlaßgerichts unterstehen oder von dort Weisungen entgegennehmen soll (*Staudinger/Reimann* § 2208 Rdn. 12).

bb) Gegenständliche Beschränkung. Die Befugnisse des Testamentsvollstreckers können auch auf einzelne Nachlaßgegenstände beschränkt werden. Der Erblasser kann ihn auch nur für den Erbteil eines Miterben oder Mitvorerben ernennen (*Staudinger/Reimann* § 2208 Rdn. 13).

cc) Zeitliche Beschränkung. Der Erblasser kann die Testamentsvollstreckung auch befristen oder auflösend bedingen (*Staudinger/Reimann* § 2208 Rdn. 9).

dd) Die Beschränkungen sind im Testamentsvollstreckerzeugnis anzugeben (§ 2368 Abs. 1 Satz 2 BGB).

b) Wenn die Befugnisse des Testamentsvollstreckers erweitert werden sollen. Dies unterliegt allerdings Grenzen (MünchKomm/*Brandner* § 2208 Rdn. 2 u. 14). Erweiterungsmöglichkeiten sind insbesondere:

aa) Die Dauervollstreckung nach § 2209 Satz 1 Halbs. 2 BGB, bei der dem Testamentsvollstrecker die Verwaltung des Nachlasses auch für die Zeit nach der Erledigung seiner sonstigen Aufgaben übertragen ist.

bb) Die erweiterte Verpflichtungsbefugnis nach § 2207 BGB, bei der der Testamentsvollstrecker vom Erblasser ermächtigt ist, Verbindlichkeiten für den Nachlaß einzugehen, auch soweit sie zur ordnungsgemäßen Verwaltung nicht erforderlich sind.

cc) Wenn bei der Einsetzung mehrerer Testamentsvollstrecker von der Regel der gemeinschaftlichen Amtsführung, der Entscheidung von Meinungsverschiedenheiten durch das Nachlaßgericht und der Amtsführung der übrigen beim Fortfall eines Vollstreckers vom Erblasser abweichende Anordnungen getroffen worden sind (§ 2224 Abs. 1 Satz 3 BGB).

dd) Mittelbar, daß nach § 2220 BGB der Erblasser den Testamentsvollstrecker lediglich von folgenden Verpflichtungen nicht befreien darf: Von der Verpflichtung zur Aufnahme des Nachlaßverzeichnisses (§ 2215 BGB), zur ordnungsgemäßen Verwaltung des Nachlasses (§ 2216 BGB), zur Unterrichtung der Erben, Erteilung von Auskunft, Rechenschaftslegung und zur Herausgabe des Nachlasses an die Erben (§ 2218 BGB) und zum Ersatz des verschuldeten Schadens (§ 2219 BGB). Ferner kann der Erblasser den Testamentsvollstrecker nicht vom Verbot der unentgeltlichen Verfügung (§ 2205 Satz 3 BGB) und des Schenkungsversprechens (§ 2207 Satz 2 BGB) befreien.

ee) Alle obigen Erweiterungsmöglichkeiten sind als Abweichungen gegenüber der gesetzlichen Normalregelung im Testamentsvollstreckerzeugnis anzugeben (MünchKomm/*Promberger*, 2. Aufl. § 2368 Rdn. 9).

ff) Da der Erblasser Befugnisse, die er jedem Dritten einräumen kann, auch dem Testamentsvollstrecker übertragen kann (*Staudinger/Reimann* § 2208 Rdn. 18; Münch-Komm/*Brandner*, 2. Aufl. § 2208 Rdn. 14), kann er ihm die Erbauseinandersetzung nach billigem Ermessen übertragen (§ 2048 Satz 2 BGB), ihm eine über den Tod hinaus gültige Generalvollmacht erteilen, die allerdings vom Erben widerrufen werden kann (*Staudinger/Reimann* Vorbem. zu §§ 2197 ff. Rdn. 116), ihn zum Schiedsrichter in Testamentsauslegungsstreitigkeiten bestellen (MünchKomm/*Brandner*, 2. Aufl. § 2203 Rdn. 18) und ihn von den Beschränkungen des § 181 BGB befreien (RGZ 61, 139; BGHZ 30, 67 = NJW 1959, 1429 = DNotZ 1959, 480). Diese erweiterten Befugnisse können noch dadurch verstärkt werden, daß die Erben zu ihrer Einräumung und Respektierung durch Auflagen verpflichtet werden und/oder die Erfüllung der Anordnungen zur aufschiebenden oder ihre Nichterfüllung zur auflösenden Bedingung der Erbeinsetzung gemacht werden (*Lange* JuS 1970, 102; *Staudinger/Reimann* Vorbem. zu §§ 2197 ff. Rdn. 116).

(4) Rechtsstellung des Testamentsvollstreckers. Der Testamentsvollstrecker ist weder Vertreter des Erblassers, der Erben, des Nachlasses noch der Nachlaßgläubiger, sondern Träger eines privaten Amtes zu eigenem Recht, aber im fremden Interesse (Amtstheorie) (BGHZ 13, 203 = NJW 1954, 1036). Er hat, im Rahmen der letztwilligen Anordnungen, Verpflichtungs-, Verfügungs-, Erwerbs- und Prozeßführungsermächtigung (§§ 2205, 2206 BGB). Er kann im eigenen Namen, jedoch, damit die materiellrechtlichen und prozessualen Folgen seines Handelns nicht ihn selbst treffen, stets mit dem Zusatz: „...... als Testamentsvollstrecker des Nachlasses auf Ableben des ......", über Nachlaßgegenstände verfügen, den Erben verpflichten, für ihn erwerben und Rechtsstreitigkeiten über Nachlaßgegenstände als Partei kraft Amtes mit Wirkung für und gegen den Erben führen (RG JW 1912, 147). Aus den Rechtshandlungen des Testamentsvollstreckers wird der Erbe nur als Träger des Sondervermögens Nachlaß, nicht als Träger seines Eigenvermögens berechtigt und verpflichtet.

(5) Verhältnisse des Testamentsvollstreckers zum Erben. Soweit die Verfügungsbefugnis des Testamentsvollstreckers geht, ist dem oder den Erben die Verfügungsbefugnis entzogen (§§ 2205 Satz 2, 2211 BGB). Die Anordnung der Testamentsvollstreckung enthält somit eine Beschränkung der Rechtsstellung des Erben (§§ 2306, 2338 Abs. 1, 2376 BGB). Die trotzdem vorgenommenen Verfügungen des Erben sind absolut abwirksam. Die Verfügungsbeschränkung des Erben beginnt mit dem Erbfall und zwar unabhängig davon, ob der Testamentsvollstrecker sein Amt entnommen hat oder nicht (BGHZ 25, 282). Vor dem Amtsantritt ist weder der Erbe noch der Testamentsvollstrecker verfügungsberechtigt (KGJ 40, 196/200). Deshalb kann sich eine durch den

27. Testament mit Vermächtnissen, Auflagen, Verwirkungsklauseln XVI. 27

Amtsantritt des Testamentsvollstreckers auflösend bedingte, über den Tod hinaus gültige Vollmacht empfehlen. Durch die Eintragung des Testamentsvollstreckervermerks gem. § 52 GBO im Grundbuch wird das Grundbuch gegen Verfügungen der Erben gesperrt. Die Verfügungsbeschränkung der Erben macht den Nachlaß zu einem Sondervermögen (BGH JZ 1967, 703). Den Eigengläubigern des Erben ist nach § 2214 BGB vom Erbfall an der Zugriff auf die der Verwaltung des Testamentsvollstreckers unterliegenden Nachlaßgegenstände verwehrt. Der Testamentsvollstrecker hat gegenüber den Erben das Recht die Herausgabe des Nachlasses an ihn (§ 2205 Satz 1 BGB), den Ersatz seiner notwendigen Aufwendungen (§§ 2218, 670 BGB) und eine angemessene Vergütung (§ 2221 BGB) zu verlangen. Auf das Rechtsverhältnis zwischen Testamentsvollstrecker und Erben finden nach § 2218 BGB gewisse für den Auftrag geltende Vorschriften entsprechende Anwendung. Die Pflichten des Testamentsvollstreckers gegenüber den Erben ergeben sich aus den §§ 2215 bis 2219 BGB und sind gemäß § 2220 BGB zwingender Natur (*Staudinger/Reimann* Vorbem. zu §§ 2197 ff. Rdn. 21). Es sind im einzelnen die Ansprüche der Erben gegen den Testamentsvollstrecker auf Mitteilung eines Nachlaßverzeichnisses (§ 2215 BGB), auf ordnungsgemäße Verwaltung des Nachlasses (§ 2216 BGB), auf Überlassung der Nachlaßgegenstände die er zur Erfüllung seiner Obliegenheiten nicht mehr bedarf (§ 2217 BGB), auf Auskunftserteilung und Rechnungslegung (§§ 2218, 666 BGB) und auf Schadensersatz, wenn der Testamentsvollstrecker schuldhaft eine ihm obliegende Pflicht verletzt (§ 2219 BGB). Gegen die Testamentsvollstreckung kann der Erbe gem. § 2306 Abs. 1 Satz 2 BGB die Erbschaft ausschla gen und seinen davon unbeschwerten Pflichtteil verlangen (BGHZ 12, 103; *Weiler*, DNotZ 1952, 296; *Holch* DNotZ 1958, 295). Ferner kann er die Anordnung gem. § 2078 BGB anfechten, wenn sich der Erblasser über die Notwendigkeit der Anordnung geirrt hat (*Lange* JuS 1970, 107). Gegen den einzelnen Testamentsvollstrecker hat der Erbe die Möglichkeit bei Vorliegen eines wichtigen Grundes beim Nachlaßgericht gem. § 2227 BGB seine Entlassung zu beantragen. Ein solcher Grund ist nach dem Gesetz insbesondere bei grober Pflichtverletzung oder Unfähigkeit zur ordnungsmäßigen Geschäftsführung gegeben. Die Entlassung ist nicht nur bei Verschulden oder Unfähigkeit des Vollstreckers zulässig, sondern auch aus anderen wichtigen Gründen, die auch in der Person des Erben, eines Erbbeteiligten oder in der Entwicklung der Verhältnisse liegen können (*Lange* aaO.; OLG Düsseldorf DNotZ 1950, 67). So zB. berechtigtes Mißtrauen gegen den Vollstrecker (BayObLG 1957, 317; OLG Hamm Rpfleger 1959, 53 u. NJW 1968, 800 = DNotZ 1968, 443; OLG Zweibrücken DNotZ 1973, 112), Interessenkonflikt (OLG Dresden JFG 3, 169) und sogar Verfeindung zwischen Erben und Vollstrecker (OLG Köln OLGZ 1969, 281 = Rpfleger 1969, 207). In der Praxis dient der Antrag eines Erben auf Entlassung des Testamentsvollstreckers oft nur dazu, auf diesem Weg zu einer Überwachung des Testamentsvollstreckers durch das Nachlaßgericht zu kommen (*Lange* aaO.), die sonst nicht möglich ist (*Staudinger/Reimann* Vorbem. zu §§ 2197 ff. Rdn. 28). Anordnungen des Erblassers wie zB. eine auflösend bedingte Erbeinsetzung, die den Erben davon abhalten sollen, die Entlassung des Testamentsvollstreckers gem. § 2227 BGB zu beantragen, sind unwirksam (MünchKomm/*Brandner*, 2. Aufl. § 2220 Rdn. 3; *Staudinger/Reimann* § 2220 Rdn. 2; RGZ 133, 128/135).

(6) **Regelmäßige Aufgaben und Befugnisse des Testamentsvollstreckers.** Der Testamentsvollstrecker hat den Nachlaß zu verwalten (§ 2205 Satz 1 BGB). Das Verwaltungsrecht umfaßt die Befugnis über die Nachlaßgegenstände, nicht jedoch die Erbteile, zu verfügen (§ 2205 Satz 2 BGB). Die Wirksamkeit der Verfügungen hängt nicht von der Ordnungsmäßigkeit der Verwaltung gem. § 2216 BGB ab (MünchKomm/*Brandner* § 2205 Rdn. 28). Unwirksam sind unentgeltliche Verfügungen des Testamentsvollstreckers, soweit sie nicht einer sittlichen Pflicht oder einer auf den Anstand zu nehmenden Rücksicht entsprechen (§ 2205 Satz 3 BGB). Eine unentgeltliche Verfügung des Testamentsvollstreckers liegt, wie beim Vorerben, dann vor, wenn er objektiv ohne gleichwer-

tige Gegenleistung Opfer aus der Erbmasse bringt und subjektiv entweder weiß, daß dem Opfer keine gleichwertige Leistung an die Erbmasse gegenübersteht, oder doch bei ordnungsmäßiger Verwaltung der Masse unter Berücksichtigung seiner künftigen Pflicht, die Erbschaft an den Erben herauszugeben, das Fehlen oder die Unzulänglichkeit der Gegenleistung hätte erkennen müssen (RGZ 105, 246/248; BGHZ 5, 173/182 = NJW 1952, 698; BGHZ 7, 274/277 = NJW 1953, 219; BGH NJW 1963, 1613/1614; BGHZ 57, 84/ 89 = NJW 1971, 2264). Nach der Rspr. (BGHZ 57, 84 = NJW 1971, 2264 = DNotZ 1972, 90) ist der Testamentsvollstrecker dann zur Vornahme unentgeltlicher Verfügungen berechtigt, wenn sämtliche Erben, auch Vor- und Nacherben und die Vermächtnisnehmer bei der Verfügung mitwirken. Nicht erforderlich ist, daß kein entgegenstehender Wille des Erblassers erkennbar sein darf und daß die anderen Nachlaßgläubiger nicht geschädigt werden (zu der BGH-Entscheidung siehe eingehend *Haegele* Rpfleger 1972, 43). Der Testamentsvollstrecker ist berechtigt, Verbindlichkeiten für den Nachlaß einzugehen, soweit die Eingehung zur ordnungsgemäßen Verwaltung erforderlich ist (§ 2206 Abs. 1 BGB). Ein Dritter wird dabei in seinem guten Glauben daran geschützt, daß die Eingehung der Verbindlichkeit zur ordnungsgemäßen Verwaltung erforderlich ist (RGZ 83, 348/353; 130, 131/134; BGH NJW 1983, 40). Soweit die Verbindlichkeit vom Testamentsvollstrecker zur Verfügung über einen Nachlaßgegenstand eingegangen wird, entfällt gem. § 2206 Abs. 1 Satz 2 BGB die Voraussetzung, daß ihre Eingehung zur ordnungsmäßigen Verwaltung erforderlich sein muß. Dingliche Verfügungsmacht und Verpflichtungsermächtigung haben damit hier den gleichen Umfang (MünchKomm/*Brandner* § 2206 Rdn. 4). Der Testamentsvollstrecker unterliegt nicht den sich aus § 1365 BGB für den gesetzlichen Güterstand oder aus den entsprechenden Vorschriften bei den vertraglichen Güterständen für einen Erben ergebenden Verfügungsbeschränkungen und bedarf auch keiner vormundschaftsgerichtlichen Genehmigung, wenn sich unter den Erben geschäftsunfähige oder in der Geschäftsfähigkeit beschränkte Personen befinden, für die der gesetzliche Vertreter für die betreffende Rechtshandlung dieser Genehmigung bedürfte (siehe hierzu eingehend *Haegele* Rpfleger 1963, 330). Die Anordnung der Testamentsvollstreckung eignet sich daher vorzüglich, die erbrechtliche Abwicklung solcher Fälle zu vereinfachen. Besonders problematisch und umstritten ist die Verwaltung von einzelkaufmännischen Unternehmen oder Personengesellschaftsanteilen durch einen Testamentsvollstrecker (siehe hierzu Form. XVI. 7 Anm. 8).

10. Schiedsklausel. Erbrechtliche Streitigkeiten können (auch nach der Neufassung des 10. Buches ZPO durch das SchiedsVfG v. 22. 12. 1997, BGBl. I S. 3224) durch ein Schiedsgericht entschieden werden, soweit sie vermögensrechtliche Ansprüche betreffen (§ 1030 Abs. 1 Satz 1 n.F. ZPO) bzw. soweit die Parteien durch Vergleich über den Steitgegenstand verfügen könnten (§ 1030 Abs. 1 Satz 2 n.F. ZPO). Die Schiedsklausel (§ 1029 Abs. 2 ZPO) kann in einer letztwilligen Verfügung des Erblassers enthalten sein. Ist dabei die ausschließliche Zuständigkeit des Schiedsgerichts angeordnet, handelt es sich um eine Auflage (*Kohler* DNotZ 1962, 127). Die stark liberalisierten Formvorschriften, die jegliche schriftliche oder nachweisbare Fixierung genügen lassen (§ 1031 Abs. 1 ZPO), werden durch eine formgültige Verfügung von Todes wegen regelmäßig erfüllt. Trotz der aus § 1031 Abs. 2 ZPO ableitbaren Möglichkeit, auf ein nicht zur Verfügung vTw gehöriges Schriftstück Bezug zu nehmen, wird man auch nach neuem Recht eine in der Verfügung selbst enthaltene Schiedsklausel als notwendig ansehen müssen. Grundsätzlich kann auch der Testamentsvollstrecker, wie im Formular, zum Schiedsrichter bestellt werden (MünchKomm/*Brandner,* 2. Aufl. § 2204 Rdn. 18). Jedoch darf auf diesem Weg das Drittbestimmungsverbot des § 2065 BGB nicht umgangen werden (BGHZ 15, 199 = NJW 1955, 100). Ferner kann er auch nicht für Streitigkeiten über den Bestand seines Amtes zu Schiedsrichter berufen werden, weil er nicht in eigener Sache Richter sein kann (BGHZ 41, 23 = NJW 1964, 1316). Die Bestellung nur eines Schiedsrichters (vgl. demgegenüber § 1034 Abs. 1 Satz 2 n.F. ZPO) dient der Kostenersparnis.

11. Steuern. (1) **Erbschaftsteuer.** Bis zum BFH-Urteil vom 16. 3. 1977 (BStBl. 1977 II, 640) war, entsprechend der erbschaftsteuerlichen Behandlung der Erbauseinandersetzung, die auf die Erbschaftsbesteuerung auch keinen Einfluß hat, eine Teilungsanordnung nach § 2048 BGB grundsätzlich für die Steuerlastverteilung unter den Miterben ohne Einfluß. Aufgrund des oben genannten BFH-Urteils waren jedoch Teilungsanordnungen mit unmittelbarer Verbindlichkeit erbschaftsteuerlich zu beachten. Die Finanzverwaltung ließ allerdings den Miterben die Wahl, ob sie die Teilungsanordnung erbschaftsteuerlich berücksichtigt haben wollten. Seit dem Urteil des BFH vom 10. 11. 1982 (BStBl. 1983 II 329) ist jedoch wieder der alte Zustand hergestellt, so daß gemäß den Grundsätzen des bürgerlichen Rechts der Vermögenszuwachs als unmittelbar durch den Erbfall eingetreten angesehen wird, die verbindliche Teilungsanordnung der Erbauseinandersetzung zugeordnet bleibt und damit erbschaftsteuerlich unbeachtlich ist, so daß der Nachlaßwert den Miterben stets, ohne Berücksichtigung der Teilungsanordnung so zugerechnet wird, wie es ihren Erbquoten entspricht (*Kapp* ErbStG, 9. Aufl. § 3 Rdn. 126 ff; kritisch hierzu *Flume* Betr. 1983, 2271). Nach § 31 Abs. 5 ErbStG ist die Erbschaftsteuererklärung vom Testamentsvollstrecker abzugeben, desgleichen ist ihm der Erbschaftsteuerbescheid bekannt zu geben (§ 32 Abs. 1 Satz 2 ErbStG). Nach der wohl hM. (*Kapp* BB 1981, 115) ist der Testamentsvollstrecker auch befugt, den Erbschaftsteuerbescheid selbständig anzufechten und das Verfahren zu betreiben.

(2) **Einkommensteuer.** Der Testamentsvollstrecker muß dem Finanzamt binnen Monatsfrist Anzeige erstatten, wenn er nach dem Tod des Erblassers erkennt, daß Erklärungen, die dieser zur Festsetzung oder Veranlagung von Steuern abgegeben hat, unrichtig oder unvollständig sind oder daß der Erblasser es pflichtwidrig unterlassen hat, solche Erklärungen abzugeben (§ 153 AO). Das Vermächtnis unter § 2c des Formulars ist, da die wiederkehrenden Leistungen in wechselnder Höhe zu leisten sind, einkommensteuerlich eine sog. dauernde Last (siehe hierzu Form. XVI. 8 Anm. 10 Abs. 2b) mit der Folge, daß die Leistungen von dem Bedachten nach § 22 Nr. 1 EStG in voller Höhe zu versteuern sind und bei den Beschwerten ebenfalls in voller Höhe nach § 10 Abs. 1 Nr. 1a EStG als Sonderausgaben abzugsfähig sind. Einkommensteuerlich besonders interessant ist jedoch, daß die Beschwerten hinsichtlich des Miethausgrundstücks ihre volle Abschreibungsmöglichkeit für Abnutzung (AfA) und sämtliche anderen Werbungskosten behalten, was zweifelhaft wäre, wenn stattdessen der Bedachten ein Nießbrauchsrecht an dem Mietshaus vermacht worden wäre (siehe Form. XVI. 20 Anm. 14 Abs. 2).

12. Kosten und Gebühren. Siehe Form. XV. 1 Anm. 18.

Bindung an Verfügungen von Todes wegen und ihre Grenzen

28. Gegenseitiges Berliner Testament[1,2]

Verhandelt zu ......
am ...... (auch als eigenhändiges Testament möglich)

§ 1 Erster Erbfall

(1) Wir, die Eheleute A und A, geb. E, setzen uns hiermit gegenseitig[3,4] zu alleinigen und ausschließlichen Vollerben ein. Eine Nacherbfolge findet nicht statt.[6]

(2) Schlägt der Längstlebende die Erbschaft aus, so ist er nicht als gesetzlicher Miterbe berufen.

§ 2 Zweiter Erbfall[5]

Schlußerben[6] beim Tod des Überlebenden von uns und Erben von uns beiden im Falle unseres gleichzeitigen Versterbens sind unsere gemeinschaftlichen Abkömmlinge, einschließlich adoptierter, jedoch mit Ausnahme nichtehelicher Kinder männlicher Nachkommen und ihren Abkömmlingen, unter sich nach den Regeln der gesetzlichen Erbfolge erster Ordnung zum Zeitpunkt des zweiten Erbfalls.

§ 3 Wiederverehelichungsklausel[7]

Sollte sich der Überlebende von uns wieder verheiraten, so hat er an unsere gemeinschaftlichen Abkömmlinge, einschließlich adoptierter, jedoch mit Ausnahme nichtehelicher Abkömmlinge in männlichen Linien, Geldvermächtnisse entsprechend ihren gesetzlichen Erbteilen erster Ordnung neben ihm, wenn der Erstversterbende erst zum Zeitpunkt der Wiederverehelichung verstorben wäre, berechnet aus dem Wert des reinen Nachlasses des Erstversterbenden zum Zeitpunkt des Erbfalls herauszuzahlen. Von der Bewertung sind dabei die gesamte Haushaltseinrichtung, Kleider, Wäsche und die Hochzeitsgeschenke ausgenommen. Jeder Abkömmling hat einen selbständigen, von den übrigen unabhängigen Vermächtnisanspruch. Die Vermächtnisse sind innerhalb von drei Monaten nach der Wiederverheiratung fällig und bis dahin unverzinslich. Der Anspruch eines Vermächtnisnehmers entfällt, wenn er oder einer seiner weggefallenen Vorfahren Pflichtteilsansprüche auf Ableben des Erstversterbenden geltend gemacht und erhalten hat. Zwecks Feststellung des Wertes des reinen Nachlasses des Erstversterbenden hat der Überlebende auf Kosten des Nachlasses den Nachlaß des Erstversterbenden alsbald nach dessen Tod amtlich verzeichnen und schätzen zu lassen.

§ 4 Sanktioniertes Verfügungsunterlassungsvermächtnis[8]

(1) Der Erstversterbende von uns beschwert den Überlebenden mit dem Vermächtnis zugunsten der Schlußerben nach § 2, über unser Hausgrundstück in M-Stadt in der S-Straße Nr. ...... , eingetragen im Grundbuch des Amtsgerichts von M-Stadt Blatt ...... mit der Flst.Nr. ...... unter Lebenden nicht zu verfügen.

(2) Sollte der Überlebende gegen dieses schuldrechtliche Verfügungsverbot verstoßen, so hat er, wie der Erstversterbende hiermit vermächtnisweise anordnet, auf seine Kosten das genannte Hausgrundstück an diejenigen unserer gemeinschaftlichen Abkömmlinge, einschließlich adoptierter, jedoch mit Ausnahme nichtehelicher Abkömmlinge in männlichen Linien, unentgeltlich zu übertragen, welche zur Zeit der Zuwiderhandlung gesetzliche Erben des Erstversterbenden wären, wenn er erst in diesem Zeitpunkt verstorben wäre und zwar zu den ihren gesetzlichen Erbteilen entsprechenden Bruchteilen. Abkömmlinge die auf Ableben des Erstversterbenden den Pflichtteil verlangen und erhalten haben und ihre Nachkommen sind von diesem bedingten Vermächtnis ausgeschlossen. Soweit der Erstversterbende bei diesen Vermächtnissen über Gegenstände verfügt, die nicht oder nicht ganz zu seinem Nachlaß gehören, gelten die Anordnungen als Verschaffungsvermächtnisse. Zur Sicherung dieses bedingten Übereignungsanspruchs hat der Überlebende nach dem Tod des Erstversterbenden auf dem Grundstück zugunsten der Vermächtnisnehmer eine Vormerkung im Grundbuch an bereitester Rangstelle eintragen zu lassen.

§ 5 Pflichtteilsklausel[9]

(1) Verlangt und erhält einer unserer Abkömmlinge auf den Tod des Erstversterbenden den Pflichtteil, so sind er und seine Nachkommen von der Erbfolge auf Ableben des Längstlebenden ausgeschlossen.

(2) Ferner erhalten in diesem Fall jeder nach § 2 berufene Abkömmling mit Ausnahme dessen, der den Pflichtteil verlangt hat und seiner Nachkommen, aus dem Nachlaß des

Erstversterbenden ein Geldvermächtnis in Höhe des Wertes seines gesetzlichen Erbteils auf Ableben des Erstversterbenden, wenn dieser erst beim Tod des Längstlebenden verstorben wäre, berechnet aus dem zum Zeitpunkt des Todes des Längstlebenden noch vorhandenen Nachlasses des Erstversterbenden. Diese Vermächtnisse fallen erst mit dem Tod des Längstlebenden an und nur an zu diesem Zeitpunkt noch lebende Bedachte. Soweit eine Enterbung vom Überlebenden aufgrund der Freistellung nach § 6 Abs. 1 widerrufen wird, entfallen diese Vermächtnisse.

§ 6 Bindung und Anfechtungsverzicht

(1) Sämtliche Bestimmungen dieses Testaments sind soweit nichts anderes bestimmt ist und soweit gesetzlich zulässig wechselbezüglich.[4] Der Überlebende von uns ist jedoch berechtigt, die Enterbung eines Abkömmlings nach § 5 Abs. 1 jederzeit zu widerrufen und zwar auch bezüglich einzelner betroffener Abkömmlinge.[10] Im Rahmen der Freistellung entfällt auch die Wechselbezüglichkeit der Verfügungen. Bei einer Wiederverheiratung des Überlebenden entfällt seine Bindung an seine Verfügungen nach § 2, er kann sie somit ganz oder teilweise widerrufen.[11]

(2) Sollten beim Tode eines von uns ein Scheidungs- oder Eheauflösungsantrag zugestellt sein, sollen alle vorstehenden Verfügungen von Todes wegen ihrem ganzen Inhalt nach unwirksam sein und zwar ohne daß die gesetzlichen Voraussetzungen für die Eheauflösung gegeben sein müßten. Zugleich wird der überlebende Ehegatte enterbt.

(3) Nach dem Tod eines jeden von uns sollen seine letztwilligen Verfügungen auch Bestand haben, wenn bei ihm bei ihrer Errichtung Willensmängel vorlagen und unabhängig sein von seinen Beweggründen, Erwartungen, bewußten und unbewußten Vorstellungen und seiner Unkenntnis künftiger Umstände und zwar auch unvorhersehbarer. Wir nehmen das damit verbundene Risiko bewußt in Kauf und verzichten hiermit auf ein künftiges Anfechtungsrecht wegen Irrtums gem. § 2078 BGB. Ferner erfolgen sämtliche letztwilligen Verfügungen unabhängig davon, ob und welche Pflichtteilsberechtigten beim Ableben eines jeden von uns vorhanden sind. Wir verzichten hiermit auch auf ein künftiges Anfechtungsrecht wegen Übergehung eines Pflichtteilsberechtigten gem. § 2079 BGB.[12]

(4) Trotz Belehrung wünschen wir keinen gegenseitigen Pflichtteilsverzicht.[13]

§ 7 Schlußformel

(wie Form. XV. 1 sowie zusätzlich:) Ferner wurde darauf hingewiesen, daß die wechselbezüglichen Verfügungen in diesem Testament zu Lebzeiten beider Ehegatten einseitig in förmlich zuzustellender notarieller Urkunde widerrufen werden können, jedoch nach dem Tod eines von ihnen der andere seine Verfügungen nach Annahme der Erbschaft nicht mehr widerrufen kann. Letztlich, daß diese Bindung durch individuelle Freistellungsklauseln eingeschränkt werden könnte und daß sie Verfügungen unter Lebenden nicht hindert.

Schrifttum: *Battes,* Gemeinschaftliches Testament und Ehegattenerbvertrag als Gestaltungsmittel für die Vermögensordnung der Familie, 1974; *Beckmann,* Die Aushöhlung von Erbverträgen und gemeinschaftlichen Testamenten durch Rechtsgeschäft unter Lebenden, MittRhNotK 1977, 25; *Bengel,* Zum Begriff „nahestehende Person" in § 2270 Abs. 2 BGB, DNotZ 1977, 5; *Buchholz,* Berliner Testament (§ 2269 BGB) und Pflichtteilsrecht der Abkömmlinge – Überlegungen zum Ehegattenerbrecht, FamRZ 1985, 872; *Bühler,* Zur Wechselbezüglichkeit und Bindung beim gemeinschaftlichen Testament und Erbvertrag, DNotZ 1962, 359; *Dilcher,* Der Widerruf wechselbezüglicher Verfügungen im gemeinschaftlichen Testament, JuS 1961, 20; *Haegele,* Wiederverheiratungsklauseln, Rpfleger 1976, 73; *Häußermann,* Korrespektivität in Testamenten, BWNotZ 1960, 256;

Huber, Freistellungsklauseln in gemeinschaftlichen Testamenten, Rpfleger 1981, 41; *Hilgers,* Die bedingte Erbeinsetzung, MittRhNotK 1962, 381; *Huken,* Bleibt in einem gemeinschaftlichen Testament mit Wiederverheiratungsklausel die letztwillige Verfügung des überlebenden Ehegatten nach seiner Wiederverheiratung im Zweifel bestehen? DNotZ 1965, 729; *Hurst,* Wiederverheiratungsklauseln in letztwilligen Verfügungen, MittRhNotK 1962, 435; *Jastrow,* Wie können sich Eheleute bei einem Testament nach § 2269 BGB gegen die Vereitelung ihrer Absichten durch Pflichtteilsansprüche ihrer Kinder sichern? DNotV 1904, 424; *Johannsen,* Der Schutz der durch gemeinschaftliches Testament oder Erbvertrag berufenen Erben, DNotT 1977, 69; *Kanzleiter,* Die Aufrechterhaltung der Bestimmungen in unwirksamen gemeinschaftlichen Testamenten als einseitige letztwillige Verfügungen, DNotZ 1973, 133; *Keller,* Überlegungen zum Ehegattentestament, BWNotZ 1970, 49; *Mattern,* Zur Rechtsstellung des von Todes wegen bindend Bedachten, BWNotZ 1962, 229; *ders.,* Die Testamentsaushöhlung, BWNotZ 1966, 1; *ders.,* Die Rechtsprechung des Bundesgerichtshofs zur Testamentsaushöhlung, DNotZ 1964, 196; *J. Mayer,* Der Fortbestand letztwilliger Verfügungen bei Scheitern von Ehe, Verlöbnis und Partnerschaft, ZEV 1997, 280; *Meincke,* Vorteile und Nachteile von Ehegatten-Testamenten und Erbverträgen, DStR 1981, 523; *Nieder,* Hdb. d. Testamentsgestaltung, 1992 Rdn. 376 ff. u. 575 ff.; *v. Olshausen,* Die Sicherung gleichmäßiger Vermögensteilhabe bei „Berliner Testamenten" mit nicht-gemeinsamen Kindern als Schlußerben, DNotZ 1979, 707; *Peter,* Anfechtung oder Zuwendungsverzicht? BWNotZ 1977, 113; *Raitz von Frentz,* Gestaltungsformen zur Abgrenzung der Rechte von überlebenden Ehegatten und Kindern in gemeinschaftlichen Testamenten und Erbverträgen, DNotZ 1962, 635; *Recker,* Schutz des von Todes wegen Bedachten, MittRhNotK 1978, 125; *Remmele,* „Lebzeitiges Eigeninteresse" bei Schenkungen zugunsten des zweiten Ehegatten? NJW 1981, 2290; *Ripfel,* Die Nacherbschaft bei Wiederverheiratung des überlebenden Ehegatten, Rpfleger 1951, 578; *Rötelmann,* Erfordernisse des eigenhändigen gemeinschaftlichen Testaments, Rpfleger 1958, 146; *Schramm,* Nochmals das Wahlrecht des Erben nach § 1948 BGB, DNotZ 1965, 734; *Staudenmaier,* Abzug des Voraus bei der Pflichtteilsberechnung, DNotZ 1965, 68; *Stöcker,* Erbenschutz zu Lebzeiten des Erblassers bei der Betriebsnachfolge in Familienunternehmen und Höfe, WPM 1980, 482; *Strobel,* Nochmals: Pflichtteilsstrafklausel im Ehegatten-Testament, MDR 1980, 363; *Strobl,* Das Wahlrecht des Erben nach § 1948 BGB, DNotZ 1965, 337; *Weiss,* Pflichtteilsstrafklausel im Ehegatten-Testament, MDR 1979, 812.

Anmerkungen

1. Sachverhalt. Die Testierer sind Eheleute mit gemeinschaftlichen Kindern. Nach dem Tod des erstversterbenden Ehegatten soll der Überlebende hinsichtlich des beiderseitigen Vermögens weitgehend freigestellt werden. Gleichzeitig soll aber auch weitgehend sichergestellt werden, daß nach dem Tod des Längstlebenden den Kindern der beiderseitige Nachlaß zufällt.

2. Anwendungsfälle. Wenn Eheleute mit Kindern die Erbfolge in der Weise anordnen wollen, daß einerseits dem Überlebenden das Familienvermögen ganz, zum Teil oder wenigstens seine Nutzung zur Verfügung stehen soll, andererseits sichergestellt werden soll, daß es nach dem Tod des Längstlebenden an die Kinder fällt, haben sie im wesentlichen je nach dem gewünschten Grad der Freistellung des Überlebenden und der Sicherstellung der endbedachten Kinder folgende Wahl:

(1) **Testamentsvollstrecker-Nießbrauch-Lösung.** Hier tritt beim Tode eines Ehegatten entweder die gesetzliche Erbfolge ein oder nur die Kinder werden Erben, und der überlebende Ehegatte erhält jeweils zu Lasten der Erbteile der Kinder ein Nießbrauchsvermächtnis und wird Testamentsvollstrecker (so im Form. XVI. 20). Diese Gestaltungs-

möglichkeit dürfte sich empfehlen, wenn die Sicherung der Abkömmlinge besonders stark sein soll, weil zB. eine Wiederverheiratung des überlebenden Ehegatten wahrscheinlich ist.

(2) **Alleinerbenlösung.** Hier wird der überlebende Ehegatte zum Alleinerben eingesetzt, wobei folgende Varianten möglich sind:

a) Der Überlebende ist von Anfang an oder durch seine Wiederheirat bedingt Vorerbe und die Abkömmlinge sind Nacherben des Erstversterbenden und Vollerben des Überlebenden (so zB. im Form. XVI. 11). Man nennt dies die Trennungslösung, da der Nachlaß des Erstversterbenden beim Überlebenden von seinem Vermögen durch die Nacherbfolge getrennt bleibt. Hier ist die Stellung des Überlebenden freier gestaltet, ohne die Sicherheit der Abkömmlinge zu beeinträchtigen.

b) Der Überlebende ist Vollerbe, dagegen sind die Abkömmlinge nur Schlußerben des beiderseitigen Vermögens (so im vorst. Formular). Man nennt dies die Einheitslösung, weil sich die Vermögensmassen beider Ehegatten beim Überlebenden zu einer Einheit zusammenfinden (Berliner Testament). Diese Gestaltungsmöglichkeit ist meist mit einer Wiederverheiratungsklausel kombiniert, nach der im Falle der Wiederheirat des Überlebenden der Nachlaß des Erstversterbenden den Abkömmlingen ganz oder teilweise vermächtnisweise oder als Nacherbschaft anfällt. Wenn hier vom Erblasser keine zusätzlichen Sicherungen für die Abkömmlinge angeordnet waren, haben diese nur den Rest des beiderseitigen Vermögens der Ehegatten zu erwarten und diese Aussicht ist nach dem Tod des Erstversterbenden lediglich gegen beeinträchtigende Verfügungen von Todes wegen, nicht auch gegen solche unter Lebenden geschützt. *Von Olshausen* (DNotZ 1979, 707) hat im Anschluß an eine Entscheidung des OLG Stuttgart (DNotZ 1979, 104) darauf hingewiesen, daß, wenn beim Berliner Testament die Eheleute nicht nur gemeinsame Kinder haben, für ein nach dem zufällig Längstlebenden der Ehegatten pflichtteilberechtigtes Kind der Pflichtteil größer sein kann als sein Erbteil als Schlußerbe neben seinen Stief- oder Halbgeschwistern. Um in solchen Fällen eine Störung der gleichmäßigen Vermögensverteilung nach dem Tod des Längstlebenden durch Geltendmachung von Pflichtteilsansprüchen auszuschließen, empfiehlt sich die Trennungslösung, dh. Vorerbschaft des überlebenden Ehegatten und durch die Geltendmachung des Pflichtteils auf den Tod des Längstlebenden auflösend bedingte Nacherbschaft der Kinder am Nachlaß des Erstversterbenden (*v. Olshausen* DNotZ 1979, 707/713).

c) Der Überlebende der Eheleute soll unbeschränkter Vollerbe sein, und auf den Tod des Längstlebenden werden keine Verfügungen getroffen. Hier sind die Abkömmlinge völlig ungesichert und der Überlebende vollkommen freigestellt.

(3) Hinsichtlich der **Bindung bzw. Widerrufsmöglichkeit** der beiderseitigen Verfügungen von Todes wegen haben die Eheleute die Wahl:

a) Sie können ihre Anordnungen jeweils in Einzeltestamenten oder durch einseitige Verfügungen im gegenseitigen Testament treffen, mit der Folge, daß diese jederzeit von ihnen einseitig widerrufen werden können.

b) Sie können sie im gemeinschaftlichen Testament durch wechselbezügliche Verfügungen (§ 2270 Abs. 1 BGB) treffen, die dann zu Lebzeiten beider Ehegatten nur in notarieller Urkunde und nach dem Tod des Partners und Annahme der Erbschaft überhaupt nicht mehr widerrufen werden können (§ 2271 BGB).

c) Letztlich können sie ihre Anordnungen in einem Ehegattenerbvertrag durch vertragsmäßige Verfügungen treffen, die schon vom Zeitpunkt des Vertragsschlusses an nicht mehr einseitig widerrufen werden können (§§ 2278, 2289 BGB). Scheidungsfest sind jedoch alle diese Verfügungen nicht (§§ 2077, 2268, 2279 BGB), auch können sie angefochten werden (§§ 2078 ff., 2281 BGB) und sind grundsätzlich nicht gegen Verfügungen unter Lebenden geschützt (§ 2286 BGB).

3. Gemeinschaftliches Testament. (1) **Allgemein.** Ein gemeinschaftliches Testament liegt vor, wenn mehrere Erblasser ihren letzten Willen gemeinschaftlich erklären, wobei jedoch, sofern es sich nicht um wechselbezügliche Verfügungen (§ 2270 Abs. 1 BGB) handelt, jeder von ihnen ohne inneres Beziehungsverhältnis einseitig für den Fall seines Todes verfügt, beide aber einen gemeinsamen Testierwillen haben, der in einer der gewählten Testamentsform entsprechenden Weise zum Ausdruck gebracht werden muß (Errichtungszusammenhang) (BGHZ 9, 113; *Coing* DZ 1952, 611/613). Ein solches gemeinschaftliches Testament ist nur zwischen Eheleuten zulässig (§ 2265 BGB). Bezüglich der Möglichkeit und den Voraussetzungen der Aufrechterhaltung eines zwischen Nichteheleuten geschlossenen gemeinschaftlichen Testaments als einseitige letztwillige Verfügung siehe *Kanzleiter* DNotZ 1973, 133. Ein gemeinschaftliches Testament muß stets letztwillige Verfügungen beider Ehegatten enthalten, seien es wechselbezügliche (§ 2270 Abs. 1 BGB) oder einseitige. Es braucht weder eine wechselbezügliche Verfügung noch eine gegenseitige Zuwendung enthalten, sondern kann ausschließlich aus einseitigen Verfügungen bestehen (*Dittmann/Reimann/Bengel,* Testament und Erbvertrag, 1972, Vorbem. § 2265 Rdn. 15).

(2) **Form des gemeinschaftlichen Testaments.** Nach der jetzt herrschenden vermittelnden Auffassung vom Wesen des gemeinschaftlichen Testaments kann ein gemeinschaftliches Testament von den Eheleuten auch in verschiedenen öffentlichen Urkunden oder eigenhändig beschriebenen Papierbogen niedergelegt werden, wenn nur der Wille, gemeinsam letztwillig zu verfügen, zu einer gemeinschaftlichen Erklärung beider Ehegatten geführt hat, die aus den beiden Einzeltestamenten selbst äußerlich erkennbar sein muß (BGHZ 9, 113 = NJW 1953, 698). Der BGH hält somit sowohl ein subjektives Element (Einheit des Willens) als auch ein objektives (Gemeinschaftlichkeit der Erklärung) für erforderlich. Weiter können natürlich die Eheleute im öffentlichen Testament in einer einheitlichen Urkunde bzw. beim eigenhändigen auf einem Blatt in der Weise testieren, daß jeder seine letztwillige Verfügung in der allgemeinen Form erklärt (zwei Haupterklärungen). Hierbei kann der gemeinsame Testierwille bereits daraus entnommen werden, daß beide Eheleute in einer Niederschrift testieren. Besser ist es jedoch auch hier, wenn der Wille, gemeinschaftlich zu testieren, aus den beiden Erklärungen selbst nach außen erkennbar ist, etwa durch die Worte „wir" oder „auch ich". Letztlich bringt § 2267 BGB für das gemeinschaftliche eigenhändige Testament ein Formprivileg in der Weise, daß es genügt, wenn ein Ehegatte das Testament in der vorgeschriebenen privatschriftlichen Form errichtet und der andere die Erklärung eigenhändig mitunterzeichnet. Das Gesetz dispensiert damit den einen Ehegatten von dem Zwang, seine Verfügung in vollem Umfang selbst eigenhändig zu schreiben. Bei dieser Form ist die Feststellung des gemeinsamen Testierwillens völlig unproblematisch. Ein gemeinschaftliches Testament kann auch als Bürgermeister- oder Dreizeugentestament nach §§ 2249, 2250 BGB schon dann errichtet werden, wenn die Todesbesorgnis nur bei einem der Ehegatten vorliegt (§ 2266 BGB).

(3) **Besonderheiten des gemeinschaftlichen Testaments sind:**
a) Der gemeinschaftliche Testierwille der Eheleute beim gemeinschaftlichen Testament schließt den Willen zu rückhaltloser Offenlegung der eigenen letztwilligen Verfügungen dem Ehepartner gegenüber ein (Offenheitsprinzip) und zwar auch für nicht wechselbezügliche Verfügungen (*Bühler* DNotZ 1962, 359/362). Die Folge ist, daß, wenn der eine Ehegatte seinen Teil des gemeinschaftlichen Testaments formrichtig errichtet hat, seine Verfügung trotzdem solange unwirksam ist, bis auch der andere verfügt hat, da bis dahin kein abgeschlossenes gemeinschaftliches Testament vorliegt (*Bühler* aaO.). Ferner kann keiner der Eheleute für seinen Teil des gemeinschaftlichen Testaments eine Errichtungsform wählen, die dem anderen die Erkennbarkeit verwehrt. So kann nicht der eine mündlich, der andere durch Übergabe einer verschlossenen, dem anderen nicht bekannten Schrift testieren. Wenn einer Geschriebenes nicht lesen kann, müssen beide mündlich testieren (*Bühler* aaO. S. 363). Auf den Schutz des Offenheitsprinzips kann allerdings verzichtet werden. Da zur Errichtung eines gemeinschaftlichen Testaments auch in öffentlicher Form gleichzeitige Anwesenheit der Ehegatten nicht erforderlich ist, können

28. Gegenseitiges Berliner Testament   XVI. 28

beide ihre Anordnungen zu verschiedenen Zeiten und vor verschiedenen Notaren treffen und dem zuerst Verfügenden nützt dann die Erkennbarkeit der Anordnungen des zuletzt Verfügenden nichts mehr (*Bühler* aaO. S. 364). Gegen eine sonst mögliche heimliche Aufhebung der nicht wechselbezüglichen Verfügungen des Ehepartners in einem gemeinschaftlichen Testament durch Rücknahme aus der besonderen amtlichen Verwahrung schützt § 2272 BGB, wonach ein gemeinschaftliches Testament nur von beiden Ehegatten gemeinsam zurückgenommen werden kann. Kein Schutz ist gegen die heimliche Aufhebung nicht wechselbezüglicher Verfügungen durch ein Widerrufstestament (§ 2254 BGB) oder ein widersprechendes Testament (§ 2258 BGB) gegeben. Grundsätzlich kann bei einem gegenseitigen Testament jeder Ehegatte jederzeit, dh. auch nach dem Tod des anderen Ehegatten, einseitig seine nicht wechselbezüglichen Verfügungen widerrufen (§ 2253 Abs. 1 BGB). Wenn sich das gemeinschaftliche Testament nicht in besonderer amtlicher Verwahrung befindet, kann jeder Ehegatte seine einseitigen Verfügungen, soweit sie sich von denen des anderen sondern lassen, auch dadurch widerrufen, daß er sie durchstreicht oder den sie enthaltenden Teil der Testamentsurkunde vernichtet (*Staudinger/Dittmann* § 2271 Rdn. 4).

b) Für die Eröffnung gemeinschaftlicher Testamente gelten nach § 2273 BGB besondere, die allgemeinen Eröffnungsvorschriften der §§ 2260 bis 2263 BGB ergänzende Regeln. Vor allem sind danach nach dem Tod des Erstversterbenden die Verfügungen des Überlebenden nicht zu verkünden, soweit sie sich sondern lassen. Siehe zu der trennbaren Gestaltung gemeinschaftlicher Testamente und ihrem geringen Nutzen Form. XVI. 11 Anm. 3.

c) Wird beim Vorliegen eines gemeinschaftlichen Testaments die Ehe aufgelöst, so werden dadurch nicht nur die Verfügungen unwirksam, mit denen sich die Eheleute gegenseitig bedacht haben (§ 2077 Abs. 1 BGB), sofern nicht anzunehmen ist, daß sie auch für diesen Fall getroffen wären (§ 2077 Abs. 3 BGB), sondern das Testament wird seinem ganzen Inhalt nach unwirksam (§ 2268 Abs. 1 BGB), sofern nicht auch diese anderen Verfügungen auch für diesen Fall getroffen sein sollten (§ 2268 Abs. 2 BGB). Bezüglich des für die Fortgeltung auch nach Eheauflösung sprechenden Aufrechterhaltungswillens des Erblassers kommt es dabei jeweils auf den Zeitpunkt der Errichtung der letztwilligen Verfügung an (*Dieterle* BWNotZ 1970, 170).

d) Für gemeinschaftliche Testamente, in denen sich die Ehegatten gegenseitig bedacht haben (gegenseitige gemeinschaftliche Testamente), stellt § 2269 BGB bestimmte Auslegungsregeln auf.

e) In erster Linie bietet das gemeinschaftliche Testament den Eheleuten jedoch die Möglichkeit, einzelne Verfügungen wechselbezüglich, dh. in ihrem rechtlichen Bestand wechselseitig voneinander abhängig zu machen (§ 2270 Abs. 1 BGB), was vor allem die Folge hat, daß sie mit dem Tod des Ehepartners Vertragscharakter und damit Bindungswirkung erhalten (§ 2271 Abs. 2 BGB).

4. Wechselbezügliche Verfügungen. (1) **Begriff und Zulässigkeit.** Wechselbezügliche Verfügungen sind nach § 2270 Abs. 1 BGB durch den gemeinschaftlichen rechtsgeschäftlichen Willen beider Ehegatten so miteinander verbunden, daß sie sich in ihrer Wirksamkeit gegenseitig bedingen (*Schlüter* ErbR, 12. Aufl. § 26 VII, 1 a). Die eine steht und fällt mit der anderen (RGZ 116, 148 f.). Wechselbezüglich ist dabei nur die einzelne Verfügung, nicht das gemeinschaftliche Testament insgesamt (*Staudinger/Dittmann* § 2270 Rdn. 2). Die Wechselbezüglichkeit muß daher für jede einzelne Verfügung des gemeinschaftlichen Testaments gesondert geprüft werden (BGH LM § 2270 Nr. 2; BayObLG 65, 92). Die Eheleute können nach Belieben im gemeinschaftlichen Testament keine wechselbezüglichen Verfügungen treffen oder neben ihnen auch voneinander unabhängige. Auch kann nur die Verfügung des einen Ehegatten von der Wirksamkeit der des anderen abhängig gemacht werden, während die des anderen unabhängig sein soll (einseitige Wechselbezüglichkeit). Die Ermächtigung des überlebenden Ehegatten, über seinen Nachlaß auch von Todes wegen zu verfügen, muß nicht notwendig gegen eine

Wechselbezüglichkeit der betreffenden Verfügung sprechen, da es denkbar ist, daß die Ehegatten einander zwar für die Zeit nach dem Tod des ersten freie Hand lassen wollten, für die Zeit vorher aber darauf Wert legten, von einer Testamentsänderung des anderen unterrichtet zu werden, dh. das Offenheitsprinzip gelten lassen wollten (BGH NJW 1964, 2056 = LM § 2270 Nr. 3). Wechselbezüglich können nur solche Verfügungen getroffen werden, die auch in einem Erbvertrag als vertragsmäßige zulässig sind, nämlich Erbeinsetzungen, Vermächtnisse und Auflagen (§ 2270 Abs. 3 BGB). Andere Verfügungen wie zB. Ernennung eines Testamentsvollstreckers (§ 2170 Abs. 3 BGB), familienrechtliche Anordnungen, Enterbung (§ 1938 BGB), Teilungsanordnungen (§ 2048 BGB), Entziehung des Pflichtteils (§§ 2333 ff. BGB) oder eine Auflassungsvollmacht für den Todesfall können zwar auch in einem gemeinschaftlichen Testament getroffen werden, aber nicht wechselbezüglich.

(2) **Wirkung der Wechselbezüglichkeit.** Haben Eheleute ihre letztwilligen Verfügungen in einem gemeinschaftlichen Testament in dieser Weise voneinander abhängig, dh. wechselbezüglich gemacht, so fordert das gegenseitige Vertrauen in den Bestand der Verfügungen des anderen einen gewissen Schutz, den der Gesetzgeber in § 2270 Abs. 1 BGB dadurch gibt, daß, wenn sich eine wechselbezügliche Verfügung in einem gemeinschaftlichen Testament als nichtig erweist oder wenn sie gem. § 2271 BGB wirksam widerrufen wird, die von ihr abhängigen (wechselbezüglichen) Anordnungen des anderen Ehegatten ebenfalls unwirksam sind, und zwar kraft Gesetzes, dh. ohne ausdrücklichen Widerruf. Beim gemeinschaftlichen Testament gilt für das Verhältnis der wechselbezüglichen Verfügungen bei Nichtigkeit oder Widerruf der einen Verfügung statt der Auslegungsregel des § 2085 BGB die Vorschrift des § 2270 Abs. 1 BGB. Dies gilt aber nicht bezüglich der Verfügungen desselben Ehegatten untereinander, sondern nur zwischen den Eheleuten (MünchKomm/ *Leipold* § 2085 Rdn. 10) und auch hier nicht in anderen Fällen der Unwirksamkeit wie zB. Vorversterben, Erbverzicht oder Ausschlagung. Bezüglich der von jedem Ehegatten innerhalb seiner Verfügungen im gemeinschaftlichen Testament getroffenen einseitigen oder wechselbezüglichen Anordnungen untereinander und für andere Fälle der Unwirksamkeit als durch Nichtigkeit oder Widerruf einer Verfügung gilt § 2085 BGB. Wegen der Bindungswirkungen wechselbezüglicher Verfügungen siehe unten Absatz 4.

(3) **Feststellung der Wechselbezüglichkeit.** Ehegatten, die ein gemeinschaftliches Testament errichten, können frei bestimmen, ob und inwieweit ihre letztwilligen Anordnungen wechselbezüglich sein sollen, oder, besser ausgedrückt, es steht ihnen frei, die Wirkungen, die das Gesetz an die Wechselbezüglichkeit knüpft, auszuschließen oder zu beschränken (BGHZ 2, 35 = NJW 1951, 959; OLG Hamm NJW 1972, 1088/1089; *Staudinger/Dittmann* § 2270 Rdn. 5; *Palandt/Edenhofer* § 2270 Rdn. 3). Daraus, daß sich eine Verfügung in einem gemeinschaftlichen Testament befindet, kann allein nicht auf ihre Wechselbezüglichkeit geschlossen werden (*Bengel* DNotZ 1977, 5/7). Zweckmäßigerweise sollte man daher in einem gemeinschaftlichen Testament ausdrücklich festlegen, welche der Verfügungen und gegebenenfalls wieweit wechselbezüglich sein sollen. Ist die Wechselbezüglichkeit einer Verfügung nicht eindeutig aus dem Text des gegenseitigen Testaments feststellbar, so muß zunächst versucht werden, mit den Mitteln der Auslegung, und zwar unter Einbeziehung auch von außerhalb der Testamentsurkunde liegenden Umständen (RGZ 116, 148), den Willen des Testierers zu erforschen (§§ 133, 2084 BGB). Erst wenn das mißlingt, greift die Auslegungsregel des § 2270 Abs. 2 BGB Platz, nach der im gemeinschaftlichen Testament im Zweifel Wechselbezüglichkeit anzunehmen ist:
a) wenn sich die Ehegatten gegenseitig bedenken (§ 2270 Abs. 2, 1. Alt. BGB),
b) wenn der eine Ehegatte den anderen bedenkt und dieser für den Fall seines Überlebens eine Person bedenkt, die mit dem ihn bedenkenden Ehegatten verwandt ist (§ 2270 Abs. 2, 2. Alt. BGB),

c) wenn der eine Ehegatte den anderen bedenkt und dieser für den Fall seines Überlebens eine Person bedenkt, die dem ihn bedenkenden Ehegatten sonst nahesteht (§ 2270 Abs. 2, 3. Alt. BGB). Bei den „sonst nahestehenden" Personen muß es sich um solche handeln, zu denen der betreffende Ehegatte konkrete, deutlich über das normale Maß hinausgehende, mindestens dem üblichen Verhältnis zu Verwandten entsprechende, gute Beziehungen hatte (*Bengel* DNotZ 1977, 5/8). Ein bloß verträgliches Miteinanderauskommen dürfte keinesfalls genügend sein, denn in aller Regel werden die testierenden Ehegatten ohnehin nur solche Personen bedenken, zu denen sie ein spannungsfreies und ungetrübtes Verhältnis haben (*Bengel* aaO.). Verschwägerte zählen daher nicht ohne weiteres zu den nahestehenden Personen (*Palandt/Edenhofer* § 2270 Rdn. 9; BGH FamRZ 1985, 1287).

(4) **Die Bindungswirkung wechselbezüglicher Verfügungen.** Die grundsätzlich bestehende Testierfreiheit (§ 2302 BGB) findet ihre Schranken im Pflichtteilsrecht (§§ 2303 ff. BGB) und in der Bindung an wechselbezügliche Verfügungen im gemeinschaftlichen Testament (§ 2271 BGB) und vertraglichen in Erbverträgen (§ 2289 BGB). Diese Wirkung wechselbezüglicher Verfügungen bedeutet, daß die Ehegatten gehindert sind, ohne weiteres einseitig abweichende Verfügungen von Todes wegen zu treffen, dh. daß sie an ihre wechselbezüglichen gebunden sind. Hinsichtlich dieser Bindung ist zu unterscheiden, ob beide Ehegatten noch leben oder einer bereits verstorben ist. Solange beide Ehegatten leben, können sie natürlich auch ihre wechselbezüglichen Verfügungen gemeinsam widerrufen, und zwar durch reines Widerrufstestament (§ 2254 BGB), durch widersprechendes Testament (§ 2258 BGB), durch Vernichtung oder Veränderung der Urkunde (§ 2255 BGB) oder durch gemeinsame Rücknahme des Testaments aus der besonderen amtlichen Verwahrung (§§ 2256, 2272 BGB). Ferner kann, wenn in dem gemeinschaftlichen Testament Vermächtnisse und Auflagen enthalten sind, jeder Ehegatte diese in entsprechender Anwendung des § 2291 BGB durch einfaches Testament mit notariell beurkundeter Zustimmung des anderen widerrufen (*Palandt/Edenhofer* § 2271 Rdn. 2). Einseitig kann ein Ehegatte bei Lebzeiten des anderen seine wechselseitigen Verfügungen aus Gründen der Rechtssicherheit und der Verhinderung eines heimlichen Widerrufs gem. § 2271 Abs. 1 BGB nur in der für den Rücktritt von einem Erbvertrag gem. § 2296 BGB angeordneten Form widerrufen, dh. der Widerrufende muß die Urschrift oder eine Ausfertigung seiner notariell beurkundeten Widerrufserklärung dem anderen Ehegatten zugehen oder zustellen lassen (§§ 2296 Abs. 2, 130, 132 BGB). Zu Lebzeiten beider Ehegatten besteht somit noch keine Bindung bezüglich wechselbezüglicher Verfügungen in gemeinschaftlichen Testamenten. Durch die Formbedürftigkeit des Widerrufs ist lediglich die Möglichkeit des heimlichen Widerrufs ausgeschaltet. Nach dem Tod des einen Ehegatten tritt jedoch die Bindung des überlebenden Ehegatten an seine eigenen wechselbezüglichen Verfügungen ähnlich wie die des Erblassers an vertragsmäßige Verfügungen im Erbvertrag ein. Er hat nach Annahme der Erbschaft kein Widerrufsrecht hinsichtlich der eigenen wechselbezüglichen Verfügungen mehr (§ 2271 Abs. 2 Satz 1 BGB). Da nur wechselbezügliche Verfügungen bindend werden können (§ 2271 Abs. 1 BGB), bezieht sich die Bindungswirkung nicht auf die gesamten Anordnungen in einem gemeinschaftlichen Testament, sondern nur auf bestimmte einzelne Verfügungen des Erblassers, die zudem nur Erbeinsetzungen, Vermächtnisse und Auflagen sein können (§ 2270 Abs. 3 BGB). Andere Anordnungen des Erblassers und solche, bei denen er die Wechselbezüglichkeit ausdrücklich ausgeschlossen hat, sind nicht bindend, so daß bindende und nichtbindende Verfügungen in einem gemeinschaftlichen Testament nebeneinander stehen können und jeweils anderen Grundsätzen folgen. Die nichtbindenden Verfügungen können jederzeit grundlos und ohne Verständigung des anderen Ehegatten (heimlich) in den Formen der §§ 2254, 2258 BGB widerrufen werden. Dabei hat dies nicht die automatische Unwirksamkeit der bindenden oder nichtbindenden Verfügungen des anderen Ehegatten in dem gemeinschaftlichen Testament zur Folge, da diese Wir-

kung nur für wechselbezügliche Verfügungen gilt (§ 2270 Abs. 1 BGB). Nur bei Auflösung der Ehe entfällt das gesamte Anordnungswerk nach § 2268 BGB (*Lange* NJW 1963, 1572).

(5) **Die Wirkung der Wechselbezüglichkeit auf andere letztwillige Verfügungen.** Widerspricht eine wechselbezügliche Verfügung einer früheren einseitigen letztwilligen Verfügung, so wird das frühere Testament insoweit aufgehoben (§ 2258 Abs. 1 BGB). Nachträgliche Verfügungen von Todes wegen sind insoweit unwirksam, als sie den früheren wechselbezüglichen Anordnungen widersprechen und den anderen Teil beeinträchtigen (§ 2271 Abs. 1 Satz 2 BGB). Wegen des Fehlens dieser Wirkung kann bei Nichteheleuten auch nicht die volle Wirkung der Wechselbezüglichkeit durch gegenseitige Bedingung der letztwilligen Verfügungen erreicht werden, sondern muß auf den Erbvertrag ausgewichen werden. Die gesetzliche Regelung bewirkt jedoch nicht, daß eine einseitig widersprechende Verfügung nichtig ist. Wird nachträglich die widersprechende frühere wechselbezügliche Verfügung aufgehoben oder gegenstandslos, erlangt die einseitige Verfügung Wirksamkeit (RGZ 65, 275; 149, 200/201). Nach hM. wird ein Ehegatte durch frühere wechselbezügliche Verfügungen auch nicht gehindert, den anderen Ehegatten durch spätere einseitige letztwillige Verfügungen rechtlich besser zu stellen (BGHZ 30, 261/264 = NJW 1959, 1730; *Haegele* Rpfleger 1959, 378; aM. *Bärmann* NJW 1960, 142). Letztlich kann ein Ehegatte auch durch einseitige letztwillige Verfügung die Bindung des anderen an eine wechselbezügliche Verfügung beseitigen, weil dadurch nicht seine eigene Bindung wegfällt (KG DNotZ 1938, 180; BayObLG 1966, 242; BGHZ 30, 263). Gemeinsam können die Ehegatten ihre wechselbezüglichen Verfügungen natürlich in jeder zulässigen Form widerrufen.

(6) **Die einseitige Beseitigung der Bindungswirkung wechselbezüglicher Verfügungen.**
a) **Zu Lebzeiten beider Ehegatten** (soweit hier überhaupt von einer Bindung gesprochen werden kann):

Nur durch Widerruf nach den für den Rücktritt von einem Erbvertrag gem. § 2296 BGB geltenden Vorschriften, dh. in Form einer notariellen Urkunde, nicht etwa auch in Form eines Widerrufstestaments oder eines widersprechenden Testaments (§ 2271 Abs. 1 BGB). Dies auch dann, wenn die wechselbezüglichen Verfügungen in einem gemeinschaftlichen eigenhändigen Testament enthalten sind. Wenn der andere Ehegatte bei der Abgabe der Widerrufserklärung beim Notar nicht anwesend ist, wird sie gem. § 130 BGB erst wirksam, wenn sie ihm zugeht. Es muß ihm nach der hM. entweder die Urschrift der Urkunde oder eine sie im Rechtsverkehr ersetzende Ausfertigung zugehen (BGHZ 36, 201 = NJW 1962, 736; BGHZ 48, 374 = NJW 1968, 496 = DNotZ 1968, 360; *Bärmann* NJW 1964, 53; aM. dh. begl. Abschrift genügt: *Hieber* DNotZ 1960, 240; *Jansen* NJW 1960, 475; *Röll* DNotZ 1961, 312). Der Beweis für das Zugehen der Widerrufserklärung in Urschrift oder Ausfertigung obliegt dem Erblasser bzw. seinen Gesamtrechtsnachfolgern. Am sichersten wird dieser Beweis durch Zustellung gem. § 132 BGB erbracht, die ein Ersatzmittel für das gewöhnliche Zugehen darstellt, das unabhängig vom tatsächlichen Empfang wirkt (*Palandt/Heinrichs* § 132 Rdn. 1). Diese Zustellung kann nur durch den Gerichtsvollzieher bewirkt werden (§ 132 Abs. 1 BGB i.V.m. §§ 166ff. ZPO), Übersendung mittels Einschreibebrief, Einschreiben gegen Rückschein oder Zustellung gegen Zustellungsurkunde unmittelbar durch die Post (Postzustellungsauftrag, § 193 ZPO) wirken nicht als Ersatz für den Zugang (BGHZ 67, 271/277; *Röll* DNotZ 1961, 313f.). Natürlich hat der Notar den Widerrufenden auf diese Besonderheiten hinzuweisen. Übernimmt der Notar die Weiterleitung der Ausfertigung zwecks Zustellung an den Gerichtsvollzieher, hat er zur Vermeidung einer Amtshaftung bei dem Zustellungsauftrag ausdrücklich zu verlangen, daß der Gerichtsvollzieher die Ausfertigung und nicht etwa, wie im Fall des BGHZ 31, 5 = NJW 1960, 33 = LM § 839 (Ff) BGB Nr. 10 m. Anm. *Pagendarm* (Amtshaftungsfall!), eine von ihm gefertigte beglaubigte Abschrift zustellt (*Röll* aaO. S. 314). Am einfachsten wird der Notar dem Gerichtsvollzieher zwei Ausfertigungen übersenden, mit dem ausdrücklichen Ersuchen, die eine zuzustellen und die andere gem. § 190 Abs. 2 ZPO mit der Zustellungsurkunde zu verbinden. Nach § 130 Abs. 2 BGB ist der Widerruf wirksam, obwohl der Widerrufende nach Abgabe der Erklärung verstirbt und die Zustellung erst nach seinem Tode erfolgt (RGZ 65, 270). Der Widerruf ist jedoch unwirksam, wenn der Adressat zwischen Abgabe und Zugang verstirbt (RGZ 65, 270/273). Unzulässig ist die Anweisung des Widerrufenden an den Notar, den Widerruf erst nach dem eigenen Tod dem anderen Ehegatten zuzustellen, dh. die bewußte Verzögerung der Übermittlung (BGHZ 9, 233 = NJW 1953, 938 = DNotZ 1953, 415). War zunächst nur eine beglaubigte Abschrift der Widerrufserklärung zugestellt worden, so kann dies nach dem Tod des Widerrufenden nicht dadurch geheilt werden, daß jetzt eine Ausfertigung zugestellt wird, da die Anwendung des § 130 Abs. 2 BGB voraussetzt, daß sich die Willenserklärung beim Tod des Erklärenden auf dem Weg zum Adressaten befindet und die Zustellung alsbald nachfolgt (BGHZ 48, 374/380 = DNotZ 1968, 360; *Bärmann* NJW 1964, 53; aM. OLG Celle NJW 1964, 53 f. = DNotZ 1964, 238/239 ff.; *Hieber* DNotZ 1964, 240/241). Die Erklärung des Widerrufs kann auch öffentlich zugestellt werden, wenn der Aufenthaltsort des anderen Ehegatten nicht bekannt ist. Diese Zustellung ist auch wirksam, wenn die Bewilligung der Zustellung vom Erblasser erschlichen wird (BGHZ 64, 5 = NJW 1975, 827/828 = DNotZ 1975, 724). Der BGH (aaO.) läßt hier jedoch den Einwand der unzulässigen Rechtsausübung zu. Der widerrufende Ehegatte muß testierfähig sein (MünchKomm/*Musielak*, 2. Aufl. § 2271 Rdn. 6). Auch hier gilt die Sonderregelung des § 2253 Abs. 2 BGB, so daß er auch noch widerrufen kann, wenn er wegen Geistesschwäche, Verschwendung, Trunksucht oder Rauschgiftsucht entmündigt ist (MünchKomm/*Musielak* aaO.). Wenn der Ehegatte, gegenüber dem widerrufen werden soll, geschäftsunfähig oder in der Geschäftsfähigkeit beschränkt ist, so muß der Widerruf seinem gesetzlichen Vertreter zugehen (§ 131 BGB) (*Staudinger/Kanzleiter* § 2271 Rdn. 14; *Palandt/Edenhofer* § 2271 Rdn. 5). Zu beachten ist, daß der wirksame Widerruf einer wechselbezüglichen Verfügung eines Ehegatten nach § 2270 Abs. 1 BGB bewirkt, daß auch die wechselbezüglichen Verfügungen des anderen Ehegatten automatisch unwirksam werden. Ein Widerruf des Widerrufs ist unzulässig und unwirksam (*Dittmann/Reimann/Bengel*, Testament und Erbvertrag, 2. Aufl. 1986 § 2271 Rdn. 26), wohl kann jedoch der Widerruf nach § 2078 BGB angefochten werden (*Palandt/Edenhofer* § 2271 Rdn. 4).

b) **Nach dem Tod des Erstversterbenden:**

aa) **Befreiung von der Bindung durch Ausschlagung.** Schlägt der Überlebende das ihm wechselbezüglich durch Erbeinsetzung, Vermächtnis oder Auflage Zugewendete aus, so kann er auch seine eigenen wechselbezüglichen Verfügungen aufheben (§ 2271 Abs. 2 Satz 1 HS 2 BGB). War ihm nichts zugewandt, so kann er sich von seiner Bindung nicht lösen (*Palandt/Edenhofer* § 2271 Rdn. 17). Es steht ihm jedoch der Weg der Anfechtung nach § 2278 BGB offen. Ist ein Verwandter oder eine dem Überlebenden nahestehende Person bedacht, so berechtigt deren Ausschlagung zum Widerruf des Überlebenden (*Palandt/Edenhofer* aaO.). Umstritten ist, ob und inwieweit der in einem gemeinschaftlichen Testament wechselbezüglich bedachte Ehegatte die Bindung an seine eigenen Verfügungen nach dem Tod des anderen Ehegatten dadurch beseitigen kann, daß er das ihm testamentarisch Zugewandte zwar ausschlägt, dann aber die Erbschaft gem. § 1948 BGB als gesetzlicher Erbe annimmt. Die hM. (*Strohal* Dt. ErbR., 3. Aufl. 1903 Bd. I S. 342 f; OLG München JFG 15, 36 = DNotZ 1937, 338; KG NJW-RR 1991, 330; *Staudinger/Dittmann* § 2271 Rdn. 42; *Soergel/Wolf* § 2271 Rdn. 19; *Dittmann/Reimann/Bengel*, Testament und Erbvertrag, 2. Aufl. § 2271 Rdn. 40; MünchKomm/ *Musielak*, 2. Aufl. § 2271 Rdn. 25; *Palandt/Edenhofer* § 2271 Rdn. 17; a.M. *Tiedke* FamRZ 1991, 1259) läßt den Überlebenden bei Ausschlagung grundsätzlich nur dann von seiner Bindung freiwerden, wenn er aus beiden Berufungsgründen ausschlägt, es sei denn, der gesetzliche Erbteil ist erheblich geringer als der testamentarische. *Staudinger/*

Lehmann (§ 1948 Rdn. 2) ließ ihn dagegen durch Ausschlagung und Annahme nach § 1948 BGB die freie Verfügungsbefugnis von Todes wegen wiedererlangen, während *Staudinger/Otte/Marotzke* (§ 1948 Rdn. 8) jetzt eine Ausschlagung nur „als eingesetzter Erbe" überhaupt nicht als solche nach § 2271 Abs. 2 Satz 1 HS 2 BGB ansehen. Um Auslegungsschwierigkeiten zu vermeiden, sollte man die vom Erblasser unerwünschte Folge beim gemeinschaftlichen Testament entweder wie im Formular unter § 1 Abs. 2 ausdrücklich ausschließen oder aber durch Einsetzung von Ersatzerben das Eintreten der gesetzlichen Erbfolge überhaupt verhindern (*Schramm* BWNotZ 1965, 735). Eingesetzte (§ 2096 BGB) wie vermutete (§§ 2069, 2102 Abs. 1 BGB) Ersatzerben und das Anwachsungsrecht (§ 2094 BGB) gehen nämlich der Teilbarkeit von Annahme und Ausschlagung vor (*Schramm* DNotZ 1965, 735; *Holzhauer*, Erbrechtliche Untersuchungen, 1973, S. 88 ff; BGH bei *Johannsen* WM 1973, 534). Teilweise (*Staudinger/Dittmann* § 2269 Rdn. 12; *Kipp/Coing* ErbR, 13. Bearb. § 79 III 3 d; RGZ 60, 115/117; OLG Stuttgart BWNotZ 1979, 11) wird angenommen, daß beim Berliner Testament (§ 2269 BGB) im Zweifel die zu Erben des Längstlebenden eingesetzten Personen zugleich als Ersatzerben des Vorverstorbenen eingesetzt sind. Auch die Erbausschlagung zur Wiedergewinnung der eigenen Testierfreiheit nach § 2271 Abs. 2 BGB muß innerhalb der Sechswochenfrist des § 1944 Abs. 1 BGB erfolgen, wobei allerdings die Fristversäumung, da es sich um ein Rechtsgeschäft unter Lebenden handelt, bei Vorliegen eines Grundes nach §§ 119, 120, 123 BGB und nicht etwa nach §§ 2078 ff. BGB anfechtbar ist (§ 1956 BGB). Ist dem überlebenden Ehegatten nur ein Vermächtnis zugewendet, fehlt es im Gegensatz zur Erbfolge an einer Frist für die Ausschlagung (§§ 1944, 1943, 2180 BGB). Durch die Ausschlagung zur Wiedergewinnung der Testierfreiheit durch den überlebenden Ehegatten werden nicht etwa gleichzeitig seine wechselbezüglichen Verfügungen aufgehoben. Er erwirbt dadurch nur das Recht, abweichend von seinen wechselbezüglichen Verfügungen zu testieren (KG KGJ 48, 99/101; MünchKomm/*Musielak*, 2. Aufl. § 2271 Rdn. 22). Er muß sie daher durch Widerrufstestament (§ 2254 BGB), widersprechendes Testament (§ 2258 BGB) oder Erbvertrag (§ 2289 BGB) aufheben, nicht durch Vernichtung der Testamentsurkunde (§ 2255 BGB) oder durch Rückgabe aus der amtlichen Verwahrung (§ 2256 BGB, *Dittmann/ Reimann/Bengel* aaO. § 2271 Rdn. 42). Das widersprechende Testament kann auch schon vor der Ausschlagung errichtet sein (RGZ 65, 275). Da der überlebende Ehegatte durch die Ausschlagung das ihm vom Erstversterbenden Zugewendete verliert, lohnt sich dieser Weg, die Testierfreiheit wiederzuerlangen nur, wenn das eigene Vermögen des Überlebenden wesentlich größer ist als das des Erstversterbenden.

bb) **Aufhebung bei Verfehlung des Bedachten.** Nach § 2271 Abs. 2 Satz 2 BGB ist der überlebende Ehegatte auch nach der Annahme der Zuwendung des verstorbenen Ehegatten berechtigt, seine eigenen wechselbezüglichen Verfügungen aufzuheben, wenn sich der durch sie Bedachte einer Verfehlung schuldig gemacht hat, die den Überlebenden zur Entziehung des Pflichtteils berechtigt, oder, falls der Bedachte nicht zu den Pflichtteilsberechtigten gehört, ihn zu der Entziehung berechtigen würde, wenn der Bedachte sein Abkömmling wäre (§ 2294 BGB). Durch eine so begründete Aufhebung wird jedoch die Zuwendung des verstorbenen Ehegatten an den Überlebenden nicht etwa gem. § 2270 Abs. 1 BGB unwirksam (*Staudinger/Dittmann* § 2271 Rdn. 49; MünchKomm/*Musielak*, 2. Aufl. § 2271 Rdn. 28; *Dittmann/Reimann/Bengel* aaO. § 2271 Rdn. 46). Die Aufhebung ist gem. § 2336 BGB durch letztwillige Verfügung vorzunehmen, in der der Grund der Aufhebung genannt sein muß (MünchKomm/*Musielak* § 2271 Rdn. 29).

cc) **Beschränkung in guter Absicht.** Wenn der durch bindend gewordene wechselbezügliche Verfügung Bedachte durch Verschwendung oder Überschuldung seinen späteren Erwerb erheblich gefährdet, kann der überlebende Ehegatte entgegen seiner Bindung gem. § 2271 Abs. 3 BGB eine sog. Pflichtteilsbeschränkung in guter Absicht gem. § 2338 BGB anordnen (siehe hierzu Form. XVI. 18).

28. Gegenseitiges Berliner Testament XVI. 28

dd) **Selbstanfechtung.** Da die Bindung des überlebenden Ehegatten an seine wechselbezüglichen Verfügungen erbvertragsähnlichen Charakter hat, gewährt die hM. (RGZ 132, 1/4; BGHZ 37, 331/333 = NJW 1962, 1913; BGH FamRZ 1970, 79; OLG Hamm NJW 1972, 1088; MünchKomm/*Musielak*, 2. Aufl. § 2271 Rdn. 36 mwN.) in entsprechender Anwendung der für den Erbvertrag geltenden Bestimmungen der §§ 2281 ff. BGB dem überlebenden Ehegatten hinsichtlich seiner eigenen wechselbezüglichen Verfügungen ein Anfechtungsrecht gem. §§ 2078, 2079 BGB. Der überlebende Ehegatte kann seine eigenen wechselbezüglichen Verfügungen anfechten, wenn er sich bezüglich seiner Erklärungen im Irrtum befunden hat oder eine Erklärung dieses Inhalts überhaupt nicht abgeben wollte (§ 2078 Abs. 1 BGB), wenn er zu seiner Verfügung durch die irrige Annahme oder Erwartung des Eintritts oder Nichteintritts eines Umstandes (Motivirrtum!) oder widerrechtlich durch Drohung bestimmt worden ist (§ 2078 Abs. 2 BGB) oder wenn er durch seine Verfügung einen Pflichtteilsberechtigten übergangen hat, dessen Vorhandensein ihm bei Errichtung der Verfügung nicht bekannt war, oder der erst nach der Errichtung geboren oder pflichtteilsberechtigt geworden ist, und der zur Zeit der Anfechtung vorhanden ist (§§ 2079 Satz 1, 2281 Abs. 1 HS 2 BGB). Im Gegensatz zu § 119 Abs. 2 BGB ist nach § 2078 BGB jeder Motivirrtum erheblich. § 2078 Abs. 1 BGB verzichtet auf eine objektive Würdigung der Erklärungshandlung und läßt vielmehr die subjektive Fehlvorstellung des Erblassers für die Anfechtung genügen (*Mattern* BWNotZ 1961, 277/283 f.). So genügt zB. als Anfechtungsgrund, daß der Erblasser hinsichtlich des Verhaltens des Schlußerben enttäuscht ist, wobei dessen beanstandetes Verhalten nicht einmal verschuldet zu sein braucht (*Johannsen* DNotTag 1977, 73). Die Anfechtung nach § 2078 BGB kann der überlebende Ehegatte auf einen Teil seiner letztwilligen Anordnungen beschränken, dagegen ergreift die Anfechtung nach § 2079 BGB grundsätzlich seine sämtlichen im gemeinschaftlichen Testament enthaltenen wechselbezüglichen Verfügungen (*Dittmann/Reimann/Bengel* aaO. § 2271 Rdn. 62), allerdings vorbehaltlich des § 2079 Satz 2 BGB (OLG Hamm NJW 1972, 1088/1089; RGRK/*Johannsen* § 2271 Rdn. 50), sofern anzunehmen ist, daß der Erstversterbende seine mit der angefochtenen wechselbezügliche Verfügung auch getroffen hätte, wenn in dieser Verfügung der angefochtene Teil gefehlt hätte (beschränkte Wechselbezüglichkeit). Der Nachteil der Selbstanfechtung liegt darin, daß bei ihrem Erfolg Verfügungen des Erstversterbenden, die mit der angefochtenen im Verhältnis der Wechselbezüglichkeit stehen, gemäß § 2270 Abs. 1 BGB automatisch nichtig werden. Damit tritt rückwirkend auf den ersten Erbfall die gesetzliche Erbfolge ein, wenn nicht ein wegen der wechselbezüglichen Verfügungen bisher unwirksames Testament aufgrund ihrer Nichtigkeit Wirksamkeit erlangt (MünchKomm/*Musielak*, 2. Aufl. § 2271 Rdn. 43). Im Gegensatz zur Ausschlagung zwecks Wiedererlangung der Testierfreiheit verbleibt dem Längstlebenden bei der Selbstanfechtung wenigstens der gesetzliche Erbteil auf Ableben des Erstversterbenden. Bei nur teilweiser Anfechtung bleiben die Verfügungen des vorverstorbenen Ehegatten wirksam, soweit anzunehmen ist, er hätte sie auch getroffen, wenn sein Ehepartner nur seine nicht angefochtenen Verfügungen getroffen hätte (*Dittmann/Reimann/Bengel* aaO. § 2271 Rdn. 61). Die Selbstanfechtung ist daher ebenso wie die Erbausschlagung zur Wiedererlangung der eigenen Testierfreiheit für den Längstlebenden nur empfehlenswert, wenn diese ihm wichtiger ist als das ihm vom Erstversterbenden Zugewendete. Bei dieser Wirkung der Anfechtung, auf die der Notar bei ihrer Beurkundung hinzuweisen hat (*Peter* BWNotZ 1977, 114), sollte man jeweils erwägen, ob nicht ein durch Verhandlung mit dem Schlußerben im Wege des Vergleichs erzielter Zuwendungsverzichtsvertrag gem. § 2352 BGB im Einzelfall die bessere Lösung zur Wiedererlangung der Testierfreiheit ist (*Peter* BWNotZ 1977, 113 ff.). Auch die Selbstanfechtung muß in entsprechender Anwendung von § 2282 Abs. 3 BGB notariell beurkundet werden. Sie ist entsprechend § 2281 Abs. 2 BGB dem Nachlaßgericht gegenüber zu erklären. Die Anfechtungsfrist beträgt 1 Jahr (§ 2283 BGB) und beginnt frühestens mit dem Tod der erstversterbenden Ehegatten, im übrigen bei Drohung mit dem Ende der Zwangslage und sonst mit dem Zeitpunkt, in welchem der Erblasser von dem Anfechtungsgrund Kenntnis erlangt hat. Der BGH WM 1973, 974 läßt die Jahresfrist im Falle sich wiederholender Zwistigkeiten erst beginnen, wenn der Erblasser zu der Überzeugung gelangt ist, es werde nicht mehr zu einem harmonischen und friedlichen Zusammenleben mit den Bedachten kommen. Von dem Anfechtungsgrund hat der Berechtigte erst dann Kenntnis, wenn er über objektiv genügend Beweismittel für den Anfechtungsgrund verfügt (MünchKomm/*Leipold*, 2. Aufl. § 2082 Rdn. 4). Irrt er sich über für den Anfechtungsgrund relevante Tatsachen, beginnt die Frist nicht zu laufen, während ein Irrtum in der rechtlichen Beurteilung des Fristbeginns dessen Lauf nicht hindert (MünchKomm/*Leipold*, 2. Aufl. § 2082 Rdn. 5). Nach der Rspr. (siehe MünchKomm/*Leipold*, 2. Aufl. § 2082 Rdn. 7) soll ein Rechtsirrtum hier jedoch beachtlich sein, wenn er die Unkenntnis einer die Anfechtung begründenden Tatsache zur Folge hat. Daraus, daß die Anfechtung ausgeschlossen ist, wenn der Erblasser die Verfügung auch bei Kenntnis der Sachlage getroffen hätte (§§ 2078 Abs. 1, 2079 Satz 2 BGB), wird gefolgert, daß der Erblasser auf sein künftiges Anfechtungsrecht ganz, wie im Form. § 6 Abs. 2, oder teilweise verzichten kann (OLG Celle NJW 1963, 353 = MDR 1963, 221; *Dittmann/Reimann/Bengel* aaO. § 2281 Rdn. 13; *Staudinger/Dittmann* § 2281 Rdn. 13; *Erman/Hense* § 2281 Rdn. 2; RGRK/*Kregel* § 2281 Rdn. 6; MünchKomm/*Musielak*, 2. Aufl. § 2281 Rdn. 16 u. § 2271 Rdn. 37; *Johannsen* DNotTag 1977, 69/74; *Kipp/Coing* ErbR, 13. Bearb. § 38 II 4). Der Verzicht könnte auch einfacher etwa formuliert werden: „Auf das Anfechtungsrecht nach §§ 2078, 2079 BGB wird allseits verzichtet" (so *Dittmann/Reimann/Bengel* aaO. Anh. A Rdn. 25). Die im Formular in § 6 Abs. 2 gewählte Formulierung entwickelt demgegenüber Belehrungswirkung und bezeugt ihre Erteilung. Natürlich kann der Überlebende auch die einseitigen und wechselbezüglichen Verfügungen seines verstorbenen Ehegatten nach § 2078 BGB anfechten. Die Anfechtung, die auch nach Annahme des ihm durch das gemeinschaftliche Testament Zugewendeten zulässig ist, braucht dabei nur in der Form des § 2081 BGB, dh. formlos gegenüber dem Nachlaßgericht und nicht in notarieller Urkunde gem. § 2282 Abs. 3 BGB zu erfolgen. Auch hier hat allerdings die erfolgreiche Anfechtung die Nichtigkeit der mit der angefochtenen Verfügung wechselseitigen des anfechtenden Ehegatten nach § 2270 Abs. 1 BGB zur Folge.

ee) **Anfechtung durch Dritte.** Sowohl nach dem Tod des Erstversterbenden als auch nach dem des Überlebenden können nach den allgemeinen Bestimmungen der §§ 2078 ff. BGB Dritte, denen die Aufhebung der letztwilligen Verfügungen des Erblassers in dem gemeinschaftlichen Testament zustatten kommen würden, sowohl die Verfügungen des Erstversterbenden als auch des Überlebenden anfechten. Wegen der entsprechenden Anwendung des § 2285 BGB (RGZ 77, 165; BGH FamRZ 1956, 83/84; OLG Hamm FamRZ 1972, 395) können Dritte aber nach dem Tod des Längstlebenden dessen eigene wechselbezügliche Verfügungen nur anfechten, wenn der Längstlebende sein Recht zur Selbstanfechtung nicht durch Fristablauf oder Bestätigung (§§ 2283, 2284 BGB) verloren hatte (*Dittmann/Reimann/Bengel* aaO. § 2271 Rdn. 68). Nicht-wechselbezügliche Verfügungen des Längstlebenden können von Dritten ohne Beschränkung durch § 2285 BGB gem. §§ 2078 ff. BGB angefochten werden (BGH FamRZ 1956, 83). Ob auch auf die Anfechtung wechselbezüglicher Verfügungen des erstversterbenden Ehegatten durch Dritte, vor oder nach dem Tod des Längstlebenden, § 2285 BGB entsprechende Anwendung findet, ist bestritten (*Palandt/Edenhofer* § 2271 Rdn. 32). Auch die wirksame Anfechtung wechselbezüglicher Verfügungen eines Ehegatten durch Dritte hat nach § 2270 Abs. 1 BGB die Nichtigkeit der wechselbezüglichen Verfügungen des anderen zur Folge (*Palandt/Edenhofer* § 2271 Anm. 4 D c).

5. Der gesetzliche Schutz der von Todes wegen bindend Bedachten gegen lebzeitige Zweitgeschäfte des Erblassers. (1) Von der Aushöhlungsnichtigkeit zur Schenkung in Beeinträchtigungsabsicht. Grundsätzlich verbietet die Bindung an seine eigenen wech-

28. Gegenseitiges Berliner Testament

selbezüglichen Verfügungen im gemeinschaftlichen Testament dem überlebenden Ehegatten nicht, über sein Vermögen, soweit er über es von Todes wegen nicht mehr frei verfügen kann, unter Lebenden frei zu verfügen, da § 2286 BGB auf bindend gewordene wechselbezügliche Verfügungen entsprechende Anwendung findet (BGH DNotZ 1951, 343/345). Gesetzlich verboten sind dem überlebenden Ehegatten daher nur Zweitgeschäfte von Todes wegen, nicht solche unter Lebenden. Nicht verboten sind auch Verträge zugunsten Dritter auf den Todesfall, da sie auch Verträge unter Lebenden sind (siehe hierzu *Speth* NJW 1985, 463). Bis 1954 war der einzige gesetzliche Schutz des Bedachten, der von der Rspr. (RGZ 58, 64; OGHZ 1, 161) entsprechend auf bindend gewordene wechselbezügliche Verfügungen in gemeinschaftlichen Testamenten angewandte § 2287 BGB, der, wenn der Erblasser eine Schenkung in der Absicht den Bedachten zu beeinträchtigen macht, dem Bedachten innerhalb dreier Jahre nach dem Erbfall gegen den Beschenkten einen Herausgabeanspruch wegen ungerechtfertigter Bereicherung einräumt. Diese Vorschrift führte jedoch ein Schattendasein, da die Rspr. (BGH LM § 2287 Nr. 5 mwN.) sie nur anwandte, wenn der Zweck, den Schlußerben zu beeinträchtigen, der alleinige oder wenigstens der „eigentlich leitende und bestimmende Beweggrund" des Erblassers war. Da der bestimmende Beweggrund jedoch meist die Begünstigung des Beschenkten war, konnte der Schlußerbe den ihm obliegenden Beweis für dieses Motiv des Zweitgeschäfts nicht erbringen. Diese restriktive Auslegung des § 2287 BGB weckte ein Schutzbedürfnis zugunsten der bindend oder vertraglich Bedachten, das der BGH ab der Entscheidung vom 8. 7. 1954 (LM § 2271 Nr. 4 = DNotZ 1955, 85 = NJW 1956, 1501; über den zugrundeliegenden Fall siehe insb. *Burkart* NJW 1956, 1501) bis zum Jahre 1972 dadurch zu befriedigen suchte, daß er unter dem Schlagwort „Testamentsaushöhlung" Verfügungen des überlebenden Ehegatten unter Lebenden (Zweitgeschäfte) über Vermögensstücke, die wirtschaftlich dem Ziel des gemeinschaftlichen Testaments widersprachen, wegen Gesetzesumgehung nach § 134 BGB oder Sittenverstoß nach § 138 BGB für nichtig erklärte (wegen dieser nach Voraussetzungen und Begründung variierenden Rspr. siehe *Mattern* DNotZ 1964, 196 u. *Johannsen* WM 1969, 1227 u. 1973, 532). Das Bemühen mußte fehlschlagen, weil ihm die klare und eindeutige Entscheidung entgegenstand, die der Gesetzgeber in den §§ 2286 und 2287 BGB getroffen hat (*Johannsen* DNotTag 1977, 77). In der Grundsatzentscheidung vom BGHZ 59, 343 (= NJW 1973, 240 = DNotZ 1973, 421) gab der BGH ausdrücklich seine bisherige Rechtsprechung zur sogenannten „Aushöhlungsnichtigkeit" von Rechtsgeschäften unter Lebenden bei Erbverträgen und gemeinschaftlichen Testamenten auf. Er sah sich dazu in der Lage, weil er gleichzeitig die oben beschriebene einengende Rspr. bezüglich der Beeinträchtigungsabsicht als Voraussetzung des Anspruchs des Vertragserben oder bindend Bedachten gegen den Beschenkten nach § 2287 BGB aufgab. Seither gelten für die Anwendung des § 2287 BGB zum Schutz des Vertragserben und in entsprechender Anwendung (BGHZ 66, 8/15 = NJW 1976, 749) des in einem gemeinschaftlichen Testament nach dem Tod des Erstversterbenden bindend Bedachten folgende Anspruchsvoraussetzungen:

a) **Einigung über die Unentgeltlichkeit.** Es muß, da der Bedachte den Bereicherungsanspruch dem Erbfall nur gegenüber dem Beschenkten geltend machen kann, zumindest eine gemischte Schenkung vorliegen. Unter einer Schenkung i.S. von § 2287 BGB ist ebenso wie bei § 2325 BGB eine i.S. von § 516 BGB zu verstehen (BGH NJW 1982, 43/44 = Rpfleger 1982, 28). Das bedeutet, daß allein ein objektives Mißverhältnis von Leistung und Gegenleistung nicht ausreicht, daß vielmehr zu der Bereicherung des anderen Teils noch eine Einigung der Beteiligten über die Unentgeltlichkeit der Zuwendung oder bei der gemischten Schenkung über die Unentgeltlichkeit des nicht durch die Gegenleistung abgegoltenen Teils der Zuwendung hinzukommen muß (BGHZ 59, 132/136 = NJW 1972, 1709; BGH NJW 1981, 1956 u. 1981, 2458; BGH NJW 1982, 43/45). Nur wenn ein auffallendes grobes Mißverhältnis zwischen den wirklichen Werten von Leistung und Gegenleistung festzustellen ist (BGHZ 59, 132/136), ist eine Schenkung anzunehmen, auch wenn die Vertragspartner keine Einigung über die teilweise Unentgeltlichkeit erzielt haben (BGH aaO.). Der das Zweitgeschäft beurkundende Notar sollte daher in der Urkunde auf solche Umstände hinweisen, die geeignet sind, eine unübliche, außergewöhnliche Höherbewertung der Gegenleistung zu rechtfertigen (*Beckmann* MittRhNotK 1977, 25/27), so zB. der Gesundheitszustand und damit das Risiko eines jahrelangen Siechtums bei der Bewertung einer Pflegeverpflichtung oder der Verzicht des Pflegeverpflichteten auf günstige Berufsaussichten, um die Pflegeverpflichtung übernehmen zu können (vgl. das Beispiel bei *Spellenberg* FamRZ 1974, 350/359, wo die Tochter teilweise auf die Ausübung ihres Arztberufs verzichtete, um die Pflege übernehmen zu können).

b) **Beeinträchtigungsabsicht.** Nach § 2287 BGB muß die Schenkung in der Absicht gemacht sein, den Vertragserben oder bindend Bedachten zu beeinträchtigen (böswillige Schenkung). Nach der Änderung der BGH-Rechtsprechung ist die Benachteiligungsabsicht mit der Absicht, den Beschenkten zu begünstigen, meist untrennbar verbunden und daher, von Ausnahmefällen abgesehen, praktisch immer gegeben (BGHZ 59, 343/350 = NJW 1973, 240; BGHZ 66, 8/15 = NJW 1976, 749; BGH NJW 1982, 43/45). Es gilt jetzt die Regel: Begünstigung des Dritten = Absicht, den Vertragserben oder bindend Bedachten zu benachteiligen (*Beckmann* MittRhNotK 1977, 25/28).

c) **Rechtfertigung der Beeinträchtigung durch ein „lebzeitiges Eigeninteresse".** Der BGH (BGHZ 59, 343/350; 77, 264/266) entschärft die Regel, daß in der Begünstigung des Dritten zugleich die Beeinträchtigungsabsicht liegt, dadurch, daß er zusätzlich fordert, daß der Erblasser das ihm verbliebene Recht zu lebzeitigen Verfügungen mißbraucht haben muß. Das ist nicht der Fall, wenn z. B. der verschenkte Gegenstand nur von ganz geringem Wert ist (*Beckmann* aaO. S. 28; BGHZ 66, 8/16 = NJW 1976, 749/751 = „wesentliche Vermögensteile"; *Johannsen* DNotT 1977, 93). Hauptsächlich fehlt jedoch nach der Rspr. (BGHZ 59, 343 = NJW 1973, 240; BGHZ 77, 264 = NJW 1980, 2307; BGHZ 83, 44 = NJW 1982, 1100) die Beeinträchtigungsabsicht, wenn der Erblasser ein „lebzeitiges Eigeninteresse" an der beeinträchtigenden Schenkung an einen Dritten hat. Dies ist nach der Rspr. des BGH (z. B. BGHZ 77, 264 = NJW 1980, 2307/2308) anzunehmen, wenn nach dem Urteil eines objektiven Beobachters die Schenkung in Anbetracht der gegebenen Umstände auch unter Berücksichtigung der Bindung als billigenswert und gerechtfertigt erscheint. Es kommt darauf an, daß die Gründe, die den Erblasser zu der Verfügung bestimmt haben, ihrer Art nach so sind, daß der Vertragspartner oder Schlußerbe sie anerkennen und deswegen die sich aus der Schenkung für ihn ergebende Benachteiligung hinnehmen muß. Dem auf *Spellenberg* FamRZ 1972, 349/355 zurückgehenden Ausdruck „lebzeitiges Eigeninteresse" fehlt noch eine allgemeine begriffliche Festlegung. Sie wird auch gar nicht möglich sein, so daß die gebotene Präzisierung durch eine Kasuistik erfolgen wird.

aa) Bisher wurde von der Rspr. das „lebzeitige Eigeninteresse" bejaht: Wenn es darum geht, die Altersversorgung des Erblassers zu sichern oder zu verbessern (BGHZ 66,8 = NJW 1976, 749/751 = DNotZ 1976, 55; BGH FamRZ 1977, 539). Dabei kommt es nicht darauf an, ob die Verfügung zur Erlangung der Alterssicherung wirtschaftlich notwendig war oder ob der Erblasser die ihm versprochene Versorgung auch „billiger" hätte haben können (BGH LM § 2287 Nr. 10; BGH NJW 1982, 43/45). Es kann auch nicht vom Vertrags- oder Schlußerben eingewendet werden, der Erblasser hätte die Altersversorgung auch von ihm erhalten können (*Johannsen* DNotT 1977, 94). Offen ist, ob der BGH zur Anerkennung des „lebzeitigen Eigeninteresses" die bloße Erwartung des Erblassers, der Beschenkte werde sich angesichts seiner Begünstigung den Versorgungswünschen des Erblassers letztlich nicht entziehen können, genügen läßt, oder ob dazu eine rechtliche Absicherung der Alterssicherung gefordert wird (*Beckmann* MittRhNotK 1977, 25/29). Sicherheitshalber sollte der Notar bei einer Durchbrechung der Bindung in dieser Weise immer auf der Übernahme einer rechtlichen Verbindlichkeit bezüglich der Altersversorgung durch den Empfänger bestehen. Nicht nur materielle, sondern auch ideelle Gründe können ein lebzeitiges Eigeninteresse begründen. So kann es in der Erfüllung einer sittlichen Verpflichtung liegen, wenn z. B. der Erblasser mit dem Geschenk einer Person, die ihm in besonderem Maße geholfen hat, seinen Dank abstatten will (BGHZ 66, 8 = NJW 1976, 749/751). Nach *Johannsen* DNotT 1977, 93 sind dem Erblasser auch Schenkungen zu mildtätigen Zwecken erlaubt und solche an ihm nahestehende Personen, um ihnen eine Freude zu machen oder ihnen in einer Notlage oder Bedrängnis zu helfen. Dabei kommt es jeweils auf das Ausmaß der Schenkung im Verhältnis zum restlichen Vermögen des Erblassers an. Nach LG Gießen MDR 1981, 582 soll auch eine schwere Verfehlung des Vertragserben ein lebzeitiges Eigeninteresse des Erblassers an einer anderweitigen Schenkung begründen. *Johannsen* DNotT 1977, 92 hält allgemein dieses Interesse beim Erblasser für gegeben, wenn er aufgrund der sich neu ergebenden Sachlage die Verfügung anfechten könnte oder früher hätte anfechten können. *Remmele* NJW 1981, 2290 sieht grundsätzlich ein lebzeitiges Eigeninteresse des Erblassers an Schenkungen zugunsten des nach der bindenden Verfügung von Todes wegen geehelichten (zweiten) Ehegatten für gegeben, während *Palandt/Edenhofer* § 2287 Rdn. 7 aE. dies bezweifelt, wenn diese Schenkung einen wesentlichen Teil des Nachlasses umfaßt und der Erblasser keine Anfechtung nach §§ 2281, 2079 BGB erklärt hat.

bb) Bisher wurde von der Rspr. das „lebzeitige Eigeninteresse" verneint: Wenn die Verfügung des Erblassers ihrem Gehalt nach auf eine Korrektur des Erbvertrages oder des gemeinschaftlichen Testaments angelegt war (BGHZ 66, 8 = NJW 1976, 749/751). Das ist insbesondere der Fall, wenn der Erblasser an Stelle der bedachten Person einer anderen wesentliche Vermögenswerte ohne Gegenleistung zuwendet, nur weil sie ihm genehmer ist (BGHZ 77, 264 = NJW 1980, 2307/2308). So rechtfertigt z. B. die Einsicht des Erblassers, die Ehefrau unzureichend bedacht zu haben, keine Schenkung an sie (BGH aaO.) und auch nicht eine Korrektur zugunsten des nichtehelichen Sohnes (BGH WM 1977, 201). Abgelehnt wurde das Eigeninteresse auch, wenn der Besitz des Anwesens nur in der Familie und mit dem Namen verbunden bleiben (BGH NJW 1973, 240) oder der Elterngrundbesitz in einer Hand verbleiben und nicht an eine Erbenmehrheit fallen sollte (BGH WM 1973, 680).

d) **Beweislast.** Die Beweislast für die Benachteiligungsabsicht hat im Rechtsstreit der Vertragserbe bzw. der bindend Bedachte (BGHZ 66, 8 = NJW 1976, 749/751). Den Beschenkten trifft jedoch die Darlegungslast, die Umstände darzulegen, die nach seiner Meinung den Erblasser zu der Schenkung bewogen haben könnten (BGH aaO.). Tut er das nicht oder ergeben sie nicht, daß die Verfügung einem lebzeitigen Eigeninteresse des Erb lassers dient, besteht der Anspruch nach § 2287 BGB (BGH aaO.).

e) **Inhalt des Anspruchs.** Erst mit dem Erbfall entsteht dem Schluß- oder Vertragserben gegen den Beschenkten ein Anspruch auf Herausgabe des verschenkten Gegenstandes in Natur nach Bereicherungsrecht (§§ 818–822 BGB). Kenntnis des Anspruchs oder seiner Rechtshängigkeit verschärfen die Haftung (§ 819 BGB). Der Einwand des Wegfalls der Bereicherung ist möglich (§ 818 Abs. 3 BGB). Vor dem Erbfall kann ein evtl. Anspruch nach §§ 2287, 2288 BGB nicht durch Eintragung einer Vormerkung im Grundbuch gesichert werden, selbst wenn der überlebende Ehegatte diese Eintragung bewilligen sollte (*Dittmann/Reimann/Bengel* aaO. § 2271 Rdn. 74).

f) Der Anspruch entfällt, wenn der Bedachte der Schenkung zustimmt (BGHZ 83, 44 = NJW 1984, 1100/1102; *Staudinger/Kanzleiter* § 2287 Rdn. 16; *Soergel/Wolf* § 2287 Rdn. 6; MünchKomm/*Musielak*, 2. Aufl. § 2287 Rdn. 20). Ob diese Zustimmung, die er als partiellen Erbverzicht wertet, der Form des § 2348 BGB bedarf (so *Palandt/Edenhofer* § 2287 Rdn. 8), hat der BGH (BGHZ 108, 252 = NJW 1989, 2618) gegen die wohl hM. (vgl. *Kanzleiter* DNotZ 1990, 776) bejaht.

(2) Trotz Abkehr von der „Aushöhlungsnichtigkeit" kann ein gegen einen Erbvertrag oder bindend gewordenes gemeinschaftliches Testament verstoßendes lebzeitiges Zweitgeschäft des Erblassers immer noch **nach § 138 BGB nichtig sein,** wenn besondere Um-

stände hinzutreten, die es als unvereinbar mit den guten Sitten kennzeichnen (BGHZ 59, 343/348 = NJW 1973, 240). Der BGH (aaO.) nennt als Beispiel das anstößige Zusammenwirken des Erblassers und des Dritten, um die in einem entgeltlichen Erbvertrag übernommene Bindung im Ergebnis wirkungslos zu machen und den Dritten zu bereichern.

(3) Soweit der Beschenkte Kenntnis von der Beeinträchtigungsabsicht des Erblassers hat, kann im Einzelfall ein **Schadensersatzanspruch** wegen vorsätzlicher Schädigung gegen den Beschenkten nach § 826 BGB in Betracht kommen (RGZ 111, 151; *Mattern* BWNotZ 1966, 1/10; *Beckmann* MittRhNotK 1977, 25/31; *Recker* MittRhNotK 1978, 125/126), so zB. wenn der Beschenkte die Willensschwäche des Überlebenden sittenwidrig zum eigenen Vorteil mißbraucht (BGH DNotZ 1959, 205). Der Anspruch würde jedoch frühestens mit dem Erbfall fällig (*Kohler* NJW 1964, 1393/1397).

(4) Vor dem ersten Erbfall besteht eine **schutzwürdige Rechtsposition** des Schlußbedachten grundsätzlich nicht, er hat nur eine tatsächliche Erwerbsaussicht. Nach dem ersten Erbfall und dem Eintritt der Bindungswirkung, erlangt der Schlußerbe eine Anwartschaft (BGH NJW 1962, 1910/1911; *Mattern* BWNotZ 1962, 229/234) im Gegensatz zum Vermächtnisnehmer, da bei ihm der Erblasser den Vermächtnisgegenstand aus seinem Vermögen ausscheiden kann. Trotz dieser Anwartschaft ist die Rechtsstellung des Schlußerben vor dem zweiten Erbfall praktisch wertlos (*Recker* MittRhNotK 1978, 125/126), da sie nicht durch einstweilige Verfügung (OLG 21, 263) oder Vormerkung (BGHZ 12, 115; *Recker* aaO. S. 126) gesichert werden kann.

6. Berliner Testament. Haben sich Eheleute in einem gemeinschaftlichen Testament gegenseitig als Erben eingesetzt und bestimmt, daß nach dem Tod des Überlebenden der beiderseitige Nachlaß an einen Dritten fallen soll, so stellt § 2269 Abs. 1 BGB eine Auslegungsregel zugunsten der Einheitslösung (s. oben Anm. 2 Abs. 2b) auf. Das heißt, der überlebende Ehegatte ist uneingeschränkter Erbe des erstverstorbenen Ehegatten und der Dritte nur (Schluß-)Erbe des überlebenden Ehegatten, bei dem beim ersten Erbfall die Vermögen beider Ehegatten zu einer Einheit verschmolzen sind. Dieser Auslegung des Testaments ist nach der Auslegungsregel des § 2269 BGB der Vorzug zu geben, wenn auch eine Deutung dahin möglich wäre, daß der überlebende Ehegatte hinsichtlich des Nachlasses des Erstversterbenden nur Vorerbe, der Dritte aber Nacherbe sein, dh. der Nachlaß des Erstversterbenden und der des Überlebenden jeweils getrennt (Trennungslösung) vererbt werden sollen. Die Bestimmung, daß der beiderseitige Nachlaß Dritten als Schlußerben zufallen soll, muß nicht ausdrücklich im Testament enthalten sein, sie kann auch im Wege der Auslegung ermittelt werden (MünchKomm/*Musielak* § 2269 Rdn. 12). Die Formulierung in § 1 Abs. 1 des Formulars stellt die Entscheidung für die Einheitslösung klar. *John* (Grdzge d. ErbR, 1981 Rdn. 177 Fn. 49) hält der gebräuchlichen weitergehenden Formulierung: „Wir setzen uns gegenseitig zu unbeschränkten Alleinerben ein. Der Überlebende von uns soll daher über unser beiderseitiges Vermögen in jeder Weise frei verfügen können." entgegen, sie könne als Ablehnung der analogen Anwendung der §§ 2287f. BGB (siehe oben Anm. 5 Abs. 1) verstanden werden, die möglich wäre, da der Erblasser den Umfang der Bindung frei bestimmen kann. Nach BayObLG FamRZ 1985, 209 (ebenso *Palandt/Edenhofer* § 2271 Rdn. 22) ermächtigt die zitierte Klausel mangels weiterer Anhaltspunkte nur zu Verfügungen unter Lebenden.

7. Wiederverheiratungsklausel. (1) Sollen für den Fall der Wiederverheiratung des überlebenden Ehegatten Anordnungen des Erstversterbenden aufgenommen werden, so ist bei der Auswahl der Gestaltungsmöglichkeiten von der Interessenlage der möglichen Beteiligten auszugehen. Es sind dies die Interessen des überlebenden Ehegatten an seiner weitgehenden Sicherung gegenüber den Abkömmlingen vor einer Wiederheirat, die der Abkömmlinge für den Fall der Wiederheirat und die des künftigen zweiten Ehegatten und der evtl. aus der neuen Ehe hervorgehenden Kinder. Sinn einer Wiederverheiratungsklausel ist, den Nachlaß des Erstversterbenden zugunsten der Abkömmlinge mehr oder weniger sicherzustellen, während Zweck der Bindungswirkung wechselbezüglicher Verfügungen des gemeinschaftlichen Testaments oder der vertraglichen eines Erbvertrags ist, ihnen auch das Vermögen des Längstlebenden möglichst zu erhalten. Gegen die Gefahren, die dem Erhalt des beiderseitigen Vermögens durch Verfügungen unter Lebenden drohen, schützt beides grundsätzlich nicht. Zur Wahl stehen im wesentlichen (siehe hierzu insb. *Hurst* MittRhNotK 1962, 435 ff. u. *Haegele* Rpfleger 1976, 73 ff.):

a) **Trennungslösung.** Eine normale, bedingungslos angeordnete, Vor- und Nacherbschaft, bei der der Nacherbfall in erster Linie auf den Tod des überlebenden Ehegatten und erst in zweiter Linie auf seine Wiederheirat eintreten soll. Der Überlebende ist dabei, falls er nicht wieder heiratet, bis zu seinem Tod unbedingter Vorerbe. Tritt die Nacherbfolge bereits infolge der Wiederverheiratung ein, so wird die für den Tod vorgesehene Nacherbfolge gegenstandslos. Der Erblasser wird bei Verwendung dieser Gestaltungsmöglichkeit den Ehegatten in der Regel zum befreiten Vorerben (§ 2136 BGB) berufen. Über die tatsächliche Vermutung, daß bei solchen Wiederverheiratungsklauseln in der Regel befreite Vorerbschaft anzunehmen ist siehe Form. VIII. 27 Anm. 5 Abs. 1 am Ende. Eine Vermutung besteht hierfür allerdings nicht. Eine andere Möglichkeit ist, die angeordnete Vorerbschaft nicht bei Wiederverheiratung enden zu lassen, sondern sie bis dahin befreit und danach nicht befreit sein zu lassen (*Haegele* aaO. S. 74). Weiter kann angeordnet werden, daß dem überlebenden Ehegatten an dem nach seiner Wiederverheiratung auf die Abkömmlinge übergegangenen Nachlaß der Nießbrauch zustehen soll. Letztlich kann eine Besserstellung des Überlebenden dadurch erreicht werden, daß die Nacherbfolge im Falle seiner Wiederheirat nur zu einem Bruchteil eintritt (BGH Rpfleger 1980, 95; *Palandt/Edenhofer* § 2100 Rdn. 5), während der Restbruchteil für den Überlebenden von der Nacherbbindung frei wird (so Form. XVI. 27 § 3), was ausdrücklich im Testament festgelegt werden sollte (*Ripfel* Rpfleger 1951, 577/581; *Haegele* aaO. S. 75), damit nicht bezüglich dieser Quote die Nacherbfolge weiterhin mit dem Tod des wiederverheirateten Überlebenden eintritt.

b) **Einheitslösung.** Der Erblasser setzt den Ehegatten zum alleinigen Vollerben ein, bestimmt aber, daß dieser den ganzen Nachlaß im Falle seiner Wiederverheiratung an die gemeinschaftlichen Abkömmlinge herauszugeben hat, worin gem. § 2103 BGB eine aufschiebend bedingte Einsetzung der Abkömmlinge zu Nacherben liegt (RGZ 156, 172). Der Erblasser könnte auch anordnen, daß die bedingten Nacherben mit der Wiederverheiratung zwar unbedingte Nacherben werden, der Nacherbfall aber erst mit dem Tod des Vorerben eintreten soll (*Haegele* aaO. S. 75). An Stelle der aufschiebend bedingten Nacherbschaft wäre auch eine unter der auflösenden Bedingung der Nichtwiederverheiratung des Ehegatten stehende Nacherbschaft denkbar (*Haegele* aaO.). In beiden Fällen tritt die Bedeutung der Einsetzung des überlebenden Ehegatten zum alleinigen Vollerben erst bei seinem Tod besonders in Erscheinung. Heiratet er bis zu diesem Zeitpunkt nicht, steht fest, daß er von Anfang an Vollerbe war. Da bis zu diesem Zeitpunkt die Wiederheirat noch erfolgen kann und damit nie feststeht, ob nicht doch noch die Nacherbfolge eintritt, ist der Nachlaß des Erstverstorbenen bei dieser Gestaltung stets als mit der bedingten Nacherbschaft belastet anzusehen und der Überlebende hat nur die Rechtsstellung eines Vorerben, obgleich er nach dem Testament Vollerbe sein soll, solange er nicht heiratet (*Haegele* aaO. S. 75 mwN.). Der Nachlaß unterliegt damit auch in seiner Gesamtheit den für einen Vorerben bestehenden Verfügungsbeschränkungen (§§ 2113 ff. BGB) und den Kontroll- und Sicherungsrechten zugunsten der Nacherben (*Haegele* aaO. S. 75 mwN.). Ferner steht deshalb bis zu seinem Tod nicht fest, ob seine letztwilligen Verfügungen, soweit er nicht der Bindung nach §§ 2270, 2271 BGB unterliegt, hinsichtlich des vom Erstverstorbenen ererbten Vermögens wirksam sind. In Fällen dieser Art sieht die hM. (*Palandt/Edenhofer* § 2136 Anm. 2 b mwN. u. *Palandt/Edenhofer* § 2269 Anm. 5 b) den Überlebenden im Zweifel als befreiten Vorerben an. Der Erblasser kann auch, statt durch Wiederheirat bedingte Nacherbfolge für den ganzen Nachlaß dies nur für einen Bruchteil zB. in Höhe der gesetzlichen Erbteile der Abkömmlinge anordnen. Aber auch hier unterliegt der ganze Nachlaß den bei einer Vorerbschaft geltenden Verfügungsbeschränkungen (*Haegele* aaO. S. 76). Über die Möglichkeit, in entsprechender Anwendung des § 2120 BGB in diesen Fällen dem überlebenden Ehegatten einen völlig freien Vermögensbereich zu verschaffen, siehe *Haegele* aaO. S. 77.

c) **Wiederverheiratungsvermächtnis.** Der Erblasser beruft den Ehegatten zu seinem alleinigen Vollerben, bestimmt aber, daß dieser im Falle seiner Wiederverheiratung den noch vorhandenen Rest des Nachlasses, eine bestimmte Quote des Nachlaßwertes in Geld (so wie in Form. § 3), einen bestimmten Geldbetrag oder bestimmte Nachlaßgegenstände an die Abkömmlinge als Vermächtnis herauszugeben hat und wobei wieder variiert werden kann, ob dieses Vermächtnis sofort, bei der Wiederheirat oder erst beim Tod des Überlebenden anfallen oder fällig sein soll (*Weihe* DNotZ 1939, 12; siehe hierzu auch *Raitz von Frentz* DNotZ 1962, 635). Es handelt sich in diesen Fällen um aufschiebend bedingte Vermächtnisse (siehe hierzu Form. XVI. 5). Beim Vermächtnisanfall verbleibt der Überlebende unverändert alleiniger Vollerbe. Er ist vor und nach der Wiederverheiratung über den Nachlaß voll verfügungsberechtigt, kann auch unentgeltliche Verfügungen vornehmen und ist durch keine Verfügungsbeschränkungen und Kontroll- und Sicherungsrechte beeinträchtigt (*Haegele* aaO. S. 77; *Ripfel* Rpfleger 1951, 577/583 f.). In dieser Weise vermachte Geldforderungen können nach dem Erbfall durch ein Grundpfandrecht gesichert werden (*Haegele* aaO.; *Ripfel* aaO.). Falls der vermachte Geldbetrag sich aus dem Wert des Nachlasses beim Erbfall errechnen soll, empfiehlt es sich, wie im Formular, die Erstellung eines amtlichen Nachlaßverzeichnisses und eine Nachlaßschätzung anzuordnen (*Ripfel* aaO.). Ferner sollte angeordnet werden, welche Auswirkungen die Geltendmachung des Pflichtteilanspruchs durch einen Abkömmling auf sein Vermächtnis haben soll (*Ripfel* aaO.).

d) Zweckmäßig ist, bei Wiederverehelichungsklauseln dem überlebenden Ehegatten zusätzlich die zum ehelichen Haushalt gehörenden und die seinem persönlichen Gebrauch dienenden Gegenstände als Vermächtnis zuzuwenden (*Ripfel* aaO. Sp. 583; *Haegele* aaO. S. 77).

(2) **Wegfall der Bindung** des überlebenden Ehegatten an seine wechselbezüglichen Verfügungen nach Eintritt der Wiederverheiratungsklausel. Nach der hM. (MünchKomm/ *Musielak* § 2269 Rdn. 59 Fn. 104) ist es, sofern nicht ausdrücklich eine gegenteilige Anordnung getroffen ist, als Inhalt jeder Wiederverheiratungsklausel anzusehen, daß mit der Wiederheirat und der damit verbundenen Einbuße der Rechte am Nachlaß des verstorbenen Ehegatten zugunsten der Kinder regelmäßig die Bindung des überlebenden Ehegatten an seine wechselbezüglichen Verfügungen im gemeinschaftlichen Testament entfällt. Streitig ist nur, ob nur diese Bindung entfällt und er damit in die Lage versetzt wird, seine Verfügungen frei aufzuheben oder abzuändern (differenzierend die wohl hM., so MünchKomm/*Musielak*, § 2269 Rdn. 59; *Palandt/Edenhofer* § 2269 Rdn. 21) oder ob, wie eine Mindermeinung vertritt (KG FamRZ 1968, 331; OLG Hamm FamRZ 1995, 250, dagegen eingehend *Huken* DNotZ 1965, 729), diese Verfügungen von selbst wegfallen, ohne daß es einer neuen, abweichenden Verfügung des überlebenden Ehegatten bedarf. Folgt man dieser Auffassung, so tritt auf den Tod des überlebenden Ehegatten die gesetzliche Erbfolge ein, falls dieser nicht bis dahin testamentarisch etwas anderes bestimmt hat (*Haegele* aaO. S. 78). Bei dieser unklaren Rechtslage ist es zweckmäßig, immer in gemeinschaftlichen Testamenten mit Wiederverehelichungsklausel aufzunehmen, was nach Eintritt der Wiederverehelichungsklausel mit den wechselbezüglichen Verfügungen des Überlebenden geschehen soll (*Huken* DNotZ 1965, 734). Fassungsvorschläge (nach *Haegele* aaO.): Entweder: „Im Falle einer Wiederverheiratung kann der überlebende Ehegatte die Erbeinsetzung der Abkömmlinge ganz oder teilweise widerrufen." Oder: „Im Falle einer Wiederverheiratung des überle-

benden Ehegatten gilt die von ihm vorgenommene Erbeinsetzung der Kinder als nicht angeordnet."

(3) **Pflichtteil und Wiederverheiratungsklausel.** Der mit einer Wiederverheiratungsklausel belastete als Erbe eingesetzte überlebende Ehegatte kann im Falle seiner Wiederheirat einen Pflichtteil nicht geltend machen, auch wenn er dann die ganze Erbschaft verliert. Er hätte bereits beim Erbfall die Erbschaft fristgemäß ausschlagen und den Pflichtteil verlangen müssen (§ 2306 Abs. 1 Satz 2 BGB). Ist der Überlebende dagegen nur mit einem Vermächtnis bedacht, so kann er innerhalb von drei Jahren (§ 2332 BGB) entweder seinen Pflichtteilsrestanspruch oder, falls er das Vermächtnis noch nicht angenommen hat, unter seiner Ausschlagung den vollen Pflichtteil verlangen (§ 2307 BGB), da beim Vermächtnis keine Ausschlagungsfrist läuft (§ 2180 BGB). Leben die Ehegatten in Zugewinngemeinschaft, so steht der Überlebende vor der Wahl, ob er die Erbschaft mit der Wiederverehelichungsklausel annehmen oder ausschlagen soll (§ 1371 Abs. 3 BGB). Im Falle der Ausschlagung erhält er den rechnerischen Zugewinnausgleich und daneben den Pflichtteil aus dem um den Zugewinn verringerten Nachlaß (*Palandt/Diederichsen* § 1371 Rdn. 19) zu der um das Zugewinnviertel gekürzten Pflichtteilsquote (kleiner Pflichtteil; *Haegele* aaO. S. 82). Ist der überlebende Ehegatte zum Vorerben und sind die Abkömmlinge zu Nacherben berufen, können diese im Rahmen des § 2306 BGB die Erbschaft ausschlagen und den Pflichtteil verlangen. Da die Ausschlagungsfrist für Nacherben frühestens mit dem Eintritt der Nacherbfolge beginnt (§§ 2139, 2106 BGB), haben sie dazu drei Jahre, dh. bis zur Verjährung des Pflichtteils (§ 2332 BGB) Zeit. Ist der überlebende Ehegatte alleiniger Vollerbe, sind die Abkömmlinge, auch wenn sie zu durch seine Wiederverheiratung aufschiebend bedingte Nacherben eingesetzt sind, von der Erbfolge nach dem Erstversterbenden ausgeschlossen (BayObLG 1966, 227 = FamRZ 1967, 695) und können daher, ohne die bedingte Nacherbschaft ausschlagen zu müssen, den Pflichtteil verlangen (§ 2303 Abs. 1 Satz 1 BGB), müssen sich diesen allerdings im Falle des Eintritts der Nacherbschaft auf sie anrechnen lassen (BayObLG aaO.).

8. Der Schutz des von Todes wegen bindend Bedachten gegen lebzeitige Zweitgeschäfte des Erblassers durch Gestaltung von Todes wegen. (1) Wie oben Anm. 5 ausgeführt, ist der Schutz des Gesetzes für in einem gemeinschaftlichen Testament bindend Bedachte gegen aushöhlende Verfügungen des überlebenden Ehegatten recht gering. Durch entsprechende Gestaltung der Verfügung von Todes wegen kann er jedoch verstärkt werden.

a) Bei der **Trennungslösung**, d. h. wenn die Abkömmlinge als Nacherben des Erstversterbenden eingesetzt sind, ist ihr Schutz gegen solche Beeinträchtigungen bereits kraft Gesetzes umfangreicher. Sie erwerben mit dem ersten Erbfall ein gegenwärtiges, unentziehbares, unbeschränkbares, vererbliches und übertragbares Anwartschaftsrecht (*Palandt/Edenhofer* § 2100 Rdn. 11), das gemäß §§ 2122 ff. BGB vor Eintritt des Nacherbfalls weitgehend vor beeinträchtigenden Verfügungen des Vorerben schützt. Dieses Anwartschaftsrecht kann durch Feststellungsklage geltend gemacht werden und ist durch einstweilige Verfügung sicherbar (*Recker* MittRhNotK 1978, 125/127). Dagegen ist eine Sicherung des Anwartschaftsrechts auf einem zum Nachlaß gehörenden Grundstück nicht möglich (*Recker* aaO. S. 127). Eine Verstärkung der Nacherbenstellung ist dadurch möglich, daß der Erblasser die Vornahme eines Aushöhlungsgeschäfts zur aufschiebenden Bedingung des vorzeitigen Eintritts der Nacherbfolge macht (*Recker* aaO. S. 127) und durch Anordnung von Testamentsvollstreckung.

b) Demgegenüber hat der Schlußerbe beim **Berliner Testament (Einheitslösung)** zwischen Erb- und Schlußerbfall überhaupt keine gesetzlichen Einwirkungsmöglichkeiten gegenüber aushöhlenden Verfügungen des Vollerben. Der Erblasser kann jedoch seine Rechtsposition durch letztwillige Anordnungen verbessern.

aa) **Verfügungsunterlassungsvermächtnis.** Der Erstversterbende kann, wie im Form. § 4 Abs. 1, den Überlebenden mit dem Vermächtnis zugunsten der Schlußerben beschweren, über bestimmte Nachlaßgegenstände, etwa Grundstücke, nicht zu verfügen (*Mattern* BWNotZ 1966, 1/13; *Palandt/Edenhofer* § 2286 Rdn. 4; *Soergel/Wolf* § 2286 Rdn. 7; *Recker* MittRhNotK 1978, 125/127 f.; *Dittmann/Reimann/Bengel* aaO. § 2286 Rdn. 7). Das durch ein Vermächtnis begründete Forderungsrecht gegenüber dem Erben kann auch auf eine Unterlassung gerichtet sein (*Staudinger/Otte* § 1939 Rdn. 6). Durch dieses Vermächtnis entsteht bereits beim Tod des erstversterbenden Elternteils ein schuldrechtlicher Vermächtniserfüllungsanspruch der Kinder gegen den überlebenden Elternteil auf Unterlassung einer anderweitigen Verfügung über das Grundstück (*Mattern* aaO. S. 13). Dieser Anspruch leidet allerdings unter denselben Schwächen wie der durch Verfügungsunterlassungsvertrag (§ 137 Satz 2 BGB) unter Lebenden begründete Verfügungsunterlassungsanspruch (*Mattern* aaO.). Wie dieser ist er nicht durch Vormerkung im Grundbuch sicherbar (MünchKomm/*Musielak*, 2. Aufl. § 2286 Rdn. 12 mwN.) und bei Verstoß gegen die übernommene Verpflichtung erwirbt der Schlußerbe erst mit dem Erbfall (*Recker* aaO. S. 128) gegen den Erben, d. h. hier gegen sich selbst als Schlußerben (*Johannsen* DNotT 1977, 78) einen Anspruch auf Wiederherstellung des früheren Zustands und bei deren Unmöglichkeit entsprechende Schadensersatzansprüche (MünchKomm/*Musielak* aaO. mwN.). Da ab dem ersten Erbfall den Schlußerben gegen den Erben ein Verfügungsunterlassungsanspruch zusteht, könnten diese allerdings, bei Vorliegen der Voraussetzungen, gegen ihn eine einstweilige Verfügung erwirken (BGH DNotZ 1962, 497) und das auf diese Weise erwirkte Veräußerungsverbot im Grundbuch eintragen lassen.

bb) **Bedingte Vermächtniseinsetzung.** Der Verstoß gegen das Verfügungsunterlassungsvermächtnis kann jedoch wirksamer gegenüber dem Erben zugunsten der Schlußerben dadurch sanktioniert werden, daß der Fall des Verstoßes gegen die Verfügungsunterlassungsverpflichtung, wie im Form. § 4 Abs. 2, zur aufschiebenden Bedingung des Vermächtnisses des betreffenden Grundstücks an die Schlußerben gemacht wird (bezgl. des bedingten Vermächtnisses siehe Form. XVI. 5). Die dadurch zwischen dem ersten Erbfall und dem Eintritt oder Ausfall der Bedingung gem. §§ 160 ff., 2179 BGB gegebene Vermächtnisanwartschaft (Form. XVI. 5 Anm. 4 (2)) ist, sofern vom Erblasser angeordnet, nach dem ersten Erbfall durch Vormerkung im Grundbuch sicherbar (Form. XVI. 5 Anm. 4 (4a)). Erwägenswert ist, ob der Erblasser nicht im Einzelfall Ausnahmen vom Verfügungsverbot für den Fall zulassen sollte, daß der Überlebende in Not gerät oder er das Grundstück begrenzt mit Grundpfandrechten belasten will.

cc) **Bedingte Nacherbeinsetzung.** Eine Sicherung des Schlußerben ist auch dadurch möglich, daß der Erblasser eine durch eine aushöhlende Verfügung über einen Nachlaßgegenstand bedingte Nacherbfolge zugunsten des Schlußerben anordnet. Die betreffende Verfügung wäre dann gem. §§ 2113, 2136 Abs. 1 BGB nichtig, gutgläubiger Erwerb bliebe allerdings möglich (§ 2113 Abs. 3 BGB). Man belastet dadurch allerdings wieder den Erben mit den Verfügungsbeschränkungen und Kontroll- und Sicherungsrechten zugunsten der bedingten Nacherben.

dd) **Testamentsvollstreckung.** Die Interessen des Schlußerben können auch durch Anordnung von Testamentsvollstreckung gesichert werden, was allerdings eine völlige Entziehung der Verfügungsbefugnis des Längstlebenden über den Nachlaß mit sich bringt.

(2) Keinen Schutz gewähren die unter Abs. 1 beschriebenen Gestaltungsmöglichkeiten dagegen, daß der Überlebende nach der Wiederverheiratung mit seinem neuen Ehepartner Gütergemeinschaft vereinbart oder den gesetzlichen Güterstand der Zugewinngemeinschaft gelten läßt. Etwaige Pflichtteils- und Zugewinnausgleichsverbindlichkeiten, die aus Anlaß des Todes des Überlebenden zu Gunsten seines neuen Ehepartners oder von Abkömmlingen aus zweiter Ehe erwachsen, muß der Schlußerbe erfüllen (BGH FamRZ 1969, 207).

9. Jastrow'sche Klausel. Zur Verhütung der Störung der gleichmäßigen Vermögensverteilung unter den Schlußerben durch Geltendmachung von Pflichtteilsansprüchen ein-

28. Gegenseitiges Berliner Testament   XVI. 28

zelner Schlußerben auf den Tod des erstversterbenden Ehegatten, pflegt man, wie unter § 5 Abs. 1 des Formulars, die den Pflichtteil verlangenden Schlußerben auf den Tod des Längstlebenden zu enterben. Die Abschreckungswirkung dieser Klausel wird dadurch beträchtlich vermindert, daß das den Pflichtteil verlangende Kind ihn faktisch zweimal vom Nachlaß des Erstversterbenden erhält, nämlich einmal bei dessen Tod und ein zweites Mal beim Tod des Längstlebenden, weil sich in dessen Nachlaß bei der Einheitslösung (Berliner Testament) auch der Nachlaß des Erstversterbenden befindet. *Jastrow* hat dagegen vorgeschlagen (DNotV 1904, 424), der Erstversterbende solle für die anderen Abkömmlinge Vermächtnisse in Höhe ihrer gesetzlichen Erbteile aussetzen, die sofort anfallen (richtiger gem. § 2177 BGB mit dem zeitlich nach dem Tod liegenden Pflichtteilsverlangen), aber erst beim Tod des Überlebenden fällig sein sollen. Als vom Erstversterbenden angeordnet, gehören diese Vermächtnisse zu seinen Nachlaßverbindlichkeiten und mindern daher von vornherein den Wert des Nachlasses des Längstlebenden und damit auch die Höhe der gegen seinen Nachlaß gerichteten Pflichtteilsansprüche (*Staudinger/ Seybold* § 2181 Rdn. 2). Die Klausel ist mehrfach verbessert worden. So hat *Weiss* (MDR 1979, 812) darauf hingewiesen, daß die sofort anfallenden und nur auf den Tod des Längstlebenden gestundeten Vermächtnisse vererblich sind und daher u.U. beim Vorversterben eines Abkömmlings durch sie Familienfremde hereinkommen können. Er schlägt statt dessen die Anordnung auf den Tod des Längstlebenden aufschiebend befristeter (betagter) Vermächtnisse vor, deren Vererblichkeit und Übertragbarkeit ausgeschlossen werden bzw. die aufschiebend bedingt davon abhängen, daß die Bedachten den Beschwerten überleben (RG JW 1918, 502). *Strobel* (MDR 1980, 363) hat sich dem angeschlossen und zusätzlich verlangt, den Kreis der Vermächtnisnehmer auf den Zeitpunkt des Schlußerbfalls bestimmbar zu bezeichnen und den ganzen Stamm des den Pflichtteil Verlangenden auszuschließen, damit nicht seine Abkömmlinge über die Auslegungsregel des § 2069 BGB an seiner Stelle die Strafvermächtnisse erhalten. Letztlich hat *von Olshausen* DNotZ 1979, 707/714 Fn. 19 vorgeschlagen, die Vermächtnisse auf das beim Tod des Überlebenden noch vorhandene Vermögen des Erstversterbenden zu begrenzen (was möglich ist: OLG Bremen DNotZ 1956, 149/150), damit nicht die mit den Vermächtnissen bedachten Kinder zur Sicherung ihrer bedingten Ansprüche u.U. die Anordnung eines Arrestes (§ 916 Abs. 2 ZPO), einer einstweiligen Verfügung (§ 935 ZPO) oder einer Nachlaßverwaltung (§ 1981 Abs. 2 BGB) beantragen können. Siehe zu vorstehendem auch *Buchholz* FamRZ 1985, 872. Sofern das gegenseitige Testament keine Strafklausel enthält, kann der überlebende Ehegatte seine Erbeinsetzung des den Pflichtteil fordernden Abkömmlings wegen Motivirrtums anfechten (oben Anm. 4 (6) b) dd), ohne befürchten zu müssen, daß dadurch die Verfügungen des Erstversterbenden zu seinen Gunsten gem. § 2270 Abs. 1 BGB automatisch nichtig werden, da man diese Verfügungen des Erstversterbenden dahin auslegen muß, daß er sie auch getroffen hätte, wenn ihm die Anfechtung und ihr Grund bekannt gewesen wären. Beide Verfügungen müssen daher insoweit inhaltlich als nur beschränkt wechselbezüglich angesehen werden (*Holzhauer,* Erbrechtliche Probleme, 1973, S. 129 Fußn. 82; OLG Hamm NJW 1972, 1089; RGRK/*Johannsen* § 2271 Rdn. 50; *Staudinger/Dittmann* § 2271 Rdn. 69; *Soergel/Wolf* § 2271 Rdn. 31; MünchKomm/*Musielak,* 2. Aufl. § 2271 Rdn. 44; a.A. („nur ausnahmsweise") wohl *Palandt/Edenhofer* § 2271 Rdn. 34.

10. Diese Möglichkeit sollte man dem überlebenden Ehegatten stets für den Fall einräumen, daß sich die Beziehungen zu dem Enterbten oder seinen Abkömmlingen bessern. Bezüglich der Zulässigkeit einer Freistellung des Überlebenden von der Bindung an seine eigenen Verfügungen siehe Form. XVI 29 Anm. 3. Ungeklärt ist die Frage, ob und inwieweit durch eine solche Freistellung die Wechselbezüglichkeit berührt wird. Die Rechtsprechung (BGH NJW 1964, 2056 = LM 2270 Nr. 3; BGH NJW 1987, 901 m. Anm. *Kanzleiter;* BayObLG FamRZ 1989, 1353) trennt klar die Bindungsfreistellung von der Wechselbezüglichkeit, so daß eine Freistellungsklausel die Wechselbezüglichkeit

von beiderseitigen Verfügungen in einem gemeinschaftlichen Ehegattentestament nicht notwendig ausschließt. Wird dieser Punkt nicht wie im Formular ausdrücklich geregelt, entscheidet die Auslegung des Testaments. Dabei dürfte allerdings ein Erfahrungssatz dafür sprechen, daß Eheleute im Rahmen von Freistellungsklauseln allenfalls eine zeitlich bis zum Tode des Erstversterbenden begrenzte Wechselbezüglichkeit wollte, dagegen kaum eine über dessen Tod hinausgehende, die die Freistellungsklausel durch die Aussicht, das vom Verstorbenen Ererbte aufgrund § 2270 Abs. 1 wieder herausgeben zu müssen, illusorisch machen würde (siehe hierzu auch *Palandt/Edenhofer* § 2271 Rdn. 24; BayObLGZ 1987, 23/28).

11. Siehe hierzu oben Anm. 7 Abs. 2.

12. Siehe hierzu oben Anm. 4 Abs. 6 b dd.

13. Seit der BGH die diesbezügliche Entscheidung zum Ehegattenerbvertrag (BGHZ 22, 364 = NJW 1957, 422) dahin erweitert hat (BGH NJW 1977, 1728), daß durch Auslegung ein gegenseitiger Erb- und Pflichtteilsverzicht der Ehegatten auch in einem notariellen gemeinschaftlichen Testament gefunden werden kann, empfiehlt sich jeweils eine ausdrückliche Klarstellung.

14. **Steuern.** Erbschaftsteuer. Nach § 15 Abs. 3 ErbStG sind bei einem Berliner Testament, soweit der überlebende Ehegatte an seine wechselbezüglichen Verfügungen gebunden ist, die mit dem erstverstorbenen Ehegatten näher als mit dem Längstlebenden verwandten Erben und Vermächtnisnehmer (z.B. dessen Geschwister) auf den Tod des Längslebenden so anzusehen, als würden sie vom Erstverstorbenen und nicht vom Längstlebenden erben, aber nur bzgl. des vom erstverstorbenen stammenden und noch vorhandenen Vermögens (*Petzoldt,* Erbschaftsteuer- und Schenkungsteuergesetz, 2. Aufl., § 15 Rdn. 40 ff.). Die Begünstigungsklausel ist auch auf Fälle anwendbar, in denen aufgrund einer Freistellungsklausel in dem Berliner Testament der Überlebende seine Bindung hätte durchbrechen können, davon aber keinen Gebrauch gemacht hat (BFH BStBl. 1983 II 44; *Petzoldt* aaO. Rdn. 36; *Kapp* BB 1980, 689).

15. **Kosten und Gebühren.** Siehe Form. XV. 1 Anm. 18.

29. Berliner Testament mit gegenständlich beschränkter Freistellung

Verhandelt zu . . . . . .
am . . . . . . (auch als eigenhändiges Testament möglich)

§ 1 Erster Erbfall

(1) Wir, die Eheleute A und A, geb. E, setzen uns hiermit gegenseitig zu alleinigen und ausschließlichen Vollerben ein. Eine Nacherbfolge findet nicht statt.

(2) Schlägt der Längstlebende die Erbschaft aus, so ist er nicht als gesetzlicher Miterbe berufen.

§ 2 Zweiter Erbfall

Schlußerben beim Tod des Überlebenden von uns und Erben von uns beiden im Falle unseres gleichzeitigen Versterbens sind unsere gemeinschaftlichen Abkömmlinge, einschließlich adoptierter, jedoch mit Ausnahme nichtehelicher Kinder männlicher Nachkommen und ihren Abkömmlingen, unter sich nach den Regeln der gesetzlichen Erbfolge erster Ordnung zum Zeitpunkt des zweiten Erbfalls.

29. Berliner Testament mit gegenständlich beschränkter Freistellung

§ 3 Bindung, gegenständlich beschränkte Freistellung und Anfechtungsverzicht

(1) Sämtliche Bestimmungen dieses Testaments sind, soweit nichts anderes bestimmt ist, und soweit gesetzlich zulässig, wechselbezüglich. Der Überlebende von uns wird jedoch bezüglich derjenigen Vermögenswerte von der Bindung an seine eigenen Verfügungen freigestellt, welche er erst nach dem Tode des Erstversterbenden erwirbt, so daß er über diese Gegenstände vermächtnisweise verfügen kann. Zur Feststellung des der Bindung unterliegenden Vermögens hat der Überlebende beim Tode des Erstversterbenden ein notarielles Vermögensverzeichnis über unser beiderseitiges Vermögen zu diesem Zeitpunkt errichten zu lassen. Zu den der Bindung unterliegenden Vermögenswerten gehört auch alles, was der Überlebende auf Grund eines zu diesem Vermögen gehörenden Rechts, als Ersatz für die Zerstörung, Beschädigung oder Entziehung eines Gegenstandes dieses Vermögens oder durch Rechtsgeschäft mit Mitteln dieses Vermögens erwirbt. Der Überlebende hat jeweils, wenn ein Austausch wesentlicher Vermögensstücke stattgefunden hat, das Verzeichnis in notarieller Nachtragsurkunde ergänzen zu lassen. Der Anspruch auf Errichtung des Vermögensverzeichnisses wird den Schlußerben vom Erstversterbenden im Wege des Vermächtnisses zugewandt. Die obengenannten Ersatzgegenstände werden den Schlußerben vom Erstversterbenden im Wege des beim Tod des Längstlebenden anfallenden Verschaffungsvermächtnisses zugewandt. Über das nicht der Bindung unterliegende Vermögen kann der Längstlebende im Wege des Vermächtnisses frei verfügen.

(2) Der Überlebende von uns verzichtet ausdrücklich auf sein Anfechtungsrecht wegen Übergehung eines Pflichtteilsberechtigten gem. § 2079 BGB.

(3) Trotz Belehrung wünschen die Eheleute keinen gegenseitigen Pflichtteilsverzicht.

§ 4 Schlußformel (wie Form. XV. 1 und XVI. 28)

Schrifttum: Huber, Freistellungsklauseln in gemeinschaftlichen Testamenten, Rpfleger 1981, 41; *Nieder,* Hdb. d. Testamentsgestaltung, 1992 Rdn. 400.

Anmerkungen

1. Sachverhalt. Die Testierer sind ein Arztehepaar mit Kindern im mittleren Alter. Sie bringen einander das für die Errichtung eines gemeinschaftlichen Testaments notwendige Vertrauen entgegen. Sie möchten die mit dem Berliner Testament verbundene freie Stellung des überlebenden Ehegatten zu Verfügungen unter Lebenden verknüpfen mit einer auf den „Zugewinn" des Überlebenden nach dem Tod des Erstversterbenden beschränkten Freistellung für Verfügungen von Todes wegen.

2. Anwendungsfälle. Durch die nach dem Tod des Erstversterbenden beim Berliner Testament (Einheitslösung) hinsichtlich der eigenen wechselbezüglichen Verfügungen eintretenden Bindungswirkung wird der Überlebende nicht nur an der freien Verfügung von Todes wegen über die Vermögensteile gehindert, die er vom Verstorbenen geerbt hat oder die er bis zum Tod des Ehepartners selbst erworben hat, sondern wegen der Verschmelzung der beiden Vermögen auch bezüglich der Vermögenswerte, die er nach dem Tod seines Ehegatten unter Lebenden oder von Todes wegen erwirbt (*Staudinger/ Dittmann* § 2271 Rdn. 31; *MünchKomm/Musielak,* 2. Aufl. § 2271 Rdn. 15). Dies ist oft nicht im Sinne jüngerer Eheleute, bei denen die Möglichkeit besteht, daß nach dem Tod des einen der andere noch eine lange Lebenszeit vor sich hat, eine neue Ehe eingeht, weitere Kinder kommen und erhebliches Vermögen hinzukommt. Auf der anderen Seite möchte der Erstversterbende meist nur gesichert wissen, daß sein eigenes und das bis zu seinem Tod vom anderen erworbene Vermögen den gemeinsamen Abkömmlingen erhalten bleibt. Gegen eine Zuwendung des nach seinem Tod erworbenen Vermögens an einen zweiten Ehegatten und dessen Kinder hat er nichts einzuwenden. In diesen Fällen dürfte die vorliegende Gestaltungsmöglichkeit, die eine schuldrechtliche Absonderung des beiderseits bis zum Tod des Erstversterbenden erworbenen Vermögens vorsieht, zweckmäßig sein. An sich würde sich bezüglich des Vermögens des Erstversterbenden die Trennungslösung mit Vor- und Nacherbschaft anbieten. Dann wäre der Überlebende jedoch bezüglich dieses Vermögens stark beschränkt und bezüglich seines eigenen bis zum Tod seines Ehegatten erworbenen Vermögens müßte trotzdem auf die hier getroffene Lösung zurückgegriffen werden. Die Gestaltung setzt natürlich gegenseitiges Vertrauen voraus, da keinerlei Sicherungen zugunsten der Schlußerben vorgesehen sind. Sie soll mehr dazu dienen, den Überlebenden gegenüber einem neuen Ehegatten und weiterer Kinder wegen der von ihm weiterhin gewollten Verteilung seines Nachlasses zu rechtfertigen (Alibifunktion). Eine Alternative zu der Gestaltung wäre, daß der Überlebende in dem Berliner Testament den gemeinschaftlichen Abkömmlingen von vornherein nur das beiderseits bis zum Tod des Erstversterbenden erworbene Vermögen nebst seinen Surrogaten vermacht. Die Bestimmbarkeit des Vermächtnisgegenstandes genügt (Münch-Komm/*Leipold*, 2. Aufl. § 2065 Rdn. 24) und wird durch ein vom Erstversterbenden vermächtnisweise anzuordnendes Vermögensverzeichnis auf seinen Tod möglich gemacht.

3. Gegenständlich beschränkte Freistellung. Da der Gesetzgeber es den Ehegatten freigestellt hat, ob und in welchem Umfang sie ihre letztwilligen Verfügungen wechselbezüglich sein lassen wollen (§ 2270 BGB), können sie sich im gemeinschaftlichen Testament auch einander das Recht einräumen, eigene wechselbezügliche Verfügungen nach dem ersten Erbfall ganz oder zum Teil aufzuheben oder abzuändern (*Huber* Rpfleger 1981, 41/42 mwN.). Dabei sind folgende Möglichkeiten denkbar (*Huber* aaO.):

a) Die Ehegatten wollen sich für die Zeit nach dem Tod freie Hand lassen, bei Lebzeiten aber von Testamentsänderungen gegenseitig unterrichtet werden (Offenheitsprinzip).

b) Die Eheleute wollen die Verfügungen weder vor noch nach dem ersten Erbfall wechselbezüglich haben.

c) Es soll nur eine Befugnis zur teilweisen Durchbrechung der Bindung festgelegt werden (sog. umfangmäßige beschränkte Wechselbezüglichkeit). Hierher gehört auch der im Formular gegebene Fall, daß der überlebende Ehegatte hinsichtlich der Erbfolge der Schlußerben gebunden sein soll, er aber zu Lasten der Schlußerben Vermächtnisse anordnen darf (*Kipp/Coing* ErbR. 13. Bearb. § 35 III 4d; BGH WM 73, 205; BGH FamRZ 1973, 189/ 199; *Johannsen* WM 73, 534; *Palandt/Edenhofer* § 2271 Rdn. 22). Ferner kann die Freistellung auch vom Vorliegen bestimmter Gründe (zB. dem Fehlverhalten der Abkömmlinge) abhängig gemacht werden (BGH NJW 1951, 959) und zwar gerichtlich nachprüfbar oder nicht.

Bei der im Formular gewählten Gestaltung bleibt der überlebende Ehegatte an seine Schlußerbeinsetzung gebunden. Er kann jedoch Vermächtnisse anordnen, jedoch nicht aus dem ganzen miteinander verschmolzenen Vermögen, sondern nur aus den Vermögensteilen, die er selbst nach dem Tod des Erstverstorbenen erworben hat. Zwecks Feststellung des gegenständlichen Umfangs seiner Freistellung für Vermächtnisanordnungen muß beim Tode des Erstversterbenden über das beiderseitige Vermögen ein amtliches Nachlaßverzeichnis errichtet werden. Zur Sicherung dieser Vermögensteile ist eine schuldrechtliche Surrogation im Wege des Verschaffungsvermächtnisses (§§ 2169 Abs. 1, 2170 Abs. 1 BGB) angeordnet. Die Schwächen und Schwierigkeiten der Konstruktion seien nicht verschwiegen. Sie liegen darin, daß die einem Testament nach § 2269 BGB zugrunde liegende Absicht der Eheleute, ihr beiderseitiges Vermögen als eine Einheit zu behandeln und ein unterschiedliches Schicksal der beiden Vermögensmassen gerade auszuschließen, durch die hier gewählte Gestaltung weitgehend vereitelt wird. Trotzdem beide Vermögensmassen dem Überlebenden als Rechtsträger zustehen, ist er schuldrechtlich gezwungen, sie weitgehend getrennt zu verwalten. Man kann gegen die Gestaltung dieselben Bedenken geltend machen, die gegen die Jastrow'sche Klausel vorgebracht werden (siehe hierzu *v. Olshausen* DNotZ 1979, 707/718). Beide sind Fremdkörper bei der Einheitslösung. Dies spricht aber nicht gegen ihre rechtliche Zulässigkeit und ihre Zweckmäßigkeit in bestimmten Fällen.

4. Kosten und Gebühren. Siehe Form. XV. 1 Anm. 18.

30. Gemeinschaftliches Testament mit Auslandsberührung[1,2]

Verhandelt zu . . . . . .
am . . . . . . (auch als eigenhändiges Testament möglich)

§ 1 Vorbemerkung

A und A, geb. E sind Eheleute. Sie haben am . . . . . . vor dem Standesbeamten in . . . . . . geheiratet. Der Ehemann ist britischer Staatsangehöriger, die Ehefrau ist deutsche Staatsangehörige. Sie haben einen gemeinschaftlichen Sohn B. Die Eheleute wohnen in Dortmund. Der Ehemann hat schon seit 20 Jahren seinen Wohnsitz in Dortmund, ist dort als Ingenieur tätig und beabsichtigt nicht mehr für dauernd in sein Heimatland zurückzukehren. Die Eheleute sind im Grundbuch von Dortmund Blatt . . . . . . in Miteigentum zu je $1/2$ eingetragen bezüglich des Einfamilienhausgrundstücks Flst. Nr. . . . . . . , R-Straße Nr. . . . . . . Sie besitzen z. Z. neben dem üblichen Hausrat, verschiedene Sparguthaben und Wertpapiere in der Bundesrepublik Deutschland. Ferner sind die Eheleute gemeinschaftliche Eigentümer eines möblierten Landhauses mit Grundstück in Brighton/England.[3]

§ 2 Erbeinsetzung

Wir, die Eheleute A, setzen uns gegenseitig zu unbeschränkten Alleinerben ein. Ein einseitiger Widerruf dieser wechselseitigen Erbeinsetzung zu Lebzeiten von uns beiden muß, sofern keine weitergehenden gesetzlichen Formvorschriften bestehen, zumindest dem anderen Ehegatten gegenüber persönlich erklärt werden.[4]

§ 3 Schlußerbe

Der Längstlebende von uns oder für den Fall unseres gleichzeitigen Versterbens jeder von uns setzt auf seinen Tod unseren gemeinschaftlichen ehelichen Sohn B zu seinem Alleinerben ein, wobei er Schlußerbe des Längstlebenden von uns hinsichtlich unseres beim Tod des Erstversterbenden miteinander verschmolzenen beiderseitigen Vermögens sein soll.[5] Ersatzerben für den Fall des Vorversterbens unseres Sohnes B sollen dessen Abkömmlinge, einschließlich adoptierter, jedoch mit Ausnahme nichtehelicher Kinder männlicher Nachkommen und ihren Abkömmlingen, unter sich nach der gesetzlichen Erbfolge erster Ordnung des deutschen Rechts sein.

§ 4 Bindung

Auch die Verfügung unter § 3 soll nach deutschem Recht wechselseitig sein, dh. der Längstlebende darf über unser beiderseitiges Vermögen nicht von Todes wegen zum Nachteil des Schlußerben verfügen, hat jedoch freie Hand zu Verfügungen unter Lebenden. Der Längstlebende kann jedoch dann auch nach dem Tode des Erstversterbenden seine Verfügungen nach § 3 widerrufen, wenn er vorher die ihm auf Ableben des Erstversterbenden angefallene Erbschaft ausschlägt.[4] Soweit englisches Recht Anwendung findet, verpflichten sich die Eheleute gegenseitig schuldrechtlich, soweit die Bindungswirkung dieses Testaments nach deutschem Recht geht, die letztwillige Verfügung nicht aufzuheben oder abzuändern.[6]

§ 5 Wiederverehelichungsklausel

Sollte der Längstlebende von uns wieder heiraten, so entfällt seine Bindung an seine Verfügung nach § 3. Er hat jedoch die Hälfte des Wertes des Nachlasses des Erstversterbenden, berechnet auf dessen Todeszeitpunkt, vermächtnisweise an unseren Sohn B in Geld herauszuzahlen. Ersatzvermächtnisnehmer sind die Abkömmlinge des B, einschließlich adoptierter, jedoch mit Ausnahme nichtehelicher Kinder männlicher Nachkommen und ihren Abkömmlingen, unter sich nach der gesetzlichen Erbfolge erster Ordnung des deutschen Rechts, zum Zeitpunkt der Wiederverehelichung.[7]

§ 6 Testamentsvollstreckung

Auf den Tod des Längstlebenden von uns wird Testamentsvollstreckung angeordnet. Testamentsvollstrecker soll Rechtsanwalt D in Dortmund sein. Falls er ausfällt, soll das deutsche Nachlaßgericht einen geeigneten Testamentsvollstrecker ernennen. Der deutsche Testamentsvollstrecker soll auch, sofern und soweit englisches Recht bei der Ausführung des Testaments zur Anwendung kommt, executor sein.[8]

§ 7 Auslegungsklausel[9]

Unabhängig davon, welches Recht im Erbfall Anwendung findet, soll dieses Testament nach deutschem Recht ausgelegt werden. Die Bindung jedes Ehegatten an das Testament soll sich jedoch nach dem für seine Beerbung maßgebenden Recht richten.

§ 8 Sonstiges

Den Wert unseres beiderseitigen reinen Vermögens geben wir mit DM ...... an. Die Kosten dieses Testaments und seiner Verwahrung trägt der Ehemann.

§ 9 Hinweise[10,11]

Der Notar weist die Testierer darauf hin, daß infolge der britischen Staatsangehörigkeit des Ehemannes und der in England gelegenen Vermögensgegenstände beim Erbfall englisches Erbrecht zur Anwendung kommen kann, jedoch auch die Möglichkeit der Rückverweisung auf deutsches Recht besteht. Es gehört nicht zu den Amtspflichten eines deutschen Notars, ausländisches Recht zu kennen. Soweit der Notar trotzdem Hinweise über ausländisches Recht erteilt, schließt er hiermit jegliche Haftung aus. Die Beteiligten wurden darauf hingewiesen, daß die Möglichkeit besteht, ein Gutachten eines Universitätsinstituts für ausländisches und internationales Privatrecht einzuholen. Die Testierer wollen davon jedoch keinen Gebrauch machen, sondern bestanden auf der sofortigen Beurkundung des Testaments und befreien den Notar, soweit für ihn keine Belehrungspflicht besteht, von jeglicher Haftung.

Schrifttum: Dopffel, Deutsch-englische gemeinschaftliche Testamente, DNotZ 1979, 335; *Eder,* Die internationale Zuständigkeit des deutschen Notars, BWNotZ 1982, 74; *Ferid,* Einführung in die Internationale Nachlaßbehandlung, in: *Ferid/Firsching/ Lichtenberger,* Internationales Erbrecht, Bd. 1, 4. Aufl. (Loseblattwerk); *Jayme/ Hausmann,* Internationales Privat- und Verfahrensrecht, 9. Aufl. 1998; *Kiefer,* Grundzüge des internationalen Erbrechts, MittRhNotK 1977, 65; *Nieder,* Hdb. d. Testamentsgestaltung, 1992 Rdn. 446; *Schotten,* Das internationale Privatrecht in der notariellen Praxis, 1995; *Schütze,* Internationales Notarverfahrensrecht, DNotZ 1992, 66;

30. Gemeinschaftliches Testament mit Auslandsberührung XVI. 30

Seibold, Die Errichtung einer Verfügung von Todes wegen durch ausländische Staatsangehörige, BWNotZ 1979, 153; *Pinckernelle/Spreen,* Das Internationale Nachlaßverfahrensrecht, DNotZ 1967, 195; *Umstätter,* Gemeinschaftliche Testamente mit Auslandsberührung, DNotZ 1984, 532.

Anmerkungen

1. Wahl des Formulars und Grundzüge des deutschen internationalen Erbrechts.
(1) Das Formular beruht auf dem oben aufgeführten Aufsatz von Dopffel. An ihm sollen die Probleme eines Testaments mit Auslandsberührung und die Möglichkeiten ihrer Bewältigung aufgezeigt werden.

(2) **Auslandsberührung, Anknüpfungsgegenstand und Anknüpfungspunkt, Qualifikation.** Ein Erbfall mit Auslandberührung liegt vor oder kann aus der Sicht bei Testamentserrichtung eintreten, wenn der Erblasser oder Testator eine fremde Staatsangehörigkeit hat, im Ausland wohnt, Nachlaßgegenstände im Ausland liegen oder eine Verfügung von Todes wegen im Ausland errichtet wurde oder errichtet werden soll (*Staudinger/Firsching,* Vorbem. z. Art. 24–26 EGBGB Rdn. 10). Welche der nationalen Rechtordnungen (Sachnormen) der am Erbfall beteiligten Staaten Anwendung finden, bestimmen, wenn zwischen den betreffenden Staaten kein Staatsvertrag mit einschlägigen Bestimmungen besteht, der dann auf jeden Fall Vorrang hat (Staatsvertrag = lex specialis) (Art. 3 Abs. 2 EGBGB n. F.), die international-erbrechtlichen Kollisionsnormen (Verweisungsnormen) des Staates, aus dessen Sicht der Erbfall behandelt werden soll. Da die Kollosionsnormen der einzelnen Staaten nicht immer übereinstimmen, kann das Ergebnis, dh. die Verweisung je nach Staat verschieden sein. Aufgabe der Kollisionsnormen ist die Festlegung von Kriterien (Anknüpfungspunkte), die über die Verknüpfung eines generell materiell-privatrechtlichen Sachverhalts (Anknüpfungsgegenstand) wie zB. Erbrecht, Sachenrecht usw. mit einer der beteiligten Rechtsordnungen (lex causae) entscheiden. Die Kollisionsnormen für den Anknüpfungsgegenstand „Erbrecht" sind im deutschen internationalen Privatrecht (IPR) die Art. 25, 26 EGBGB n. F. Das Internationale Privatrecht wurde zum 1. 9. 1986 neu geregelt. Übergangsvorschriften befinden sich in Art. 220 EGBGB n. F. (umfassende Dokumentation aller einschlägigen Texte bei *Jayme/Hausmann,* Internationales Priavat- und Verfahrensrecht, 9. Aufl. 1998). Seit der Neuregelung des IPR ist Art. 25 EGBGB eine allseitige Kollisionsnorm, d.h. der Anknüpfungspunkt die Staatsangehörigkeit ist, daß jeder Erblasser aus deutscher Sicht nach seinem Heimatrecht zum Zeitpunkt seines Todes beerbt wird. Die erbrechtlichen Normen seines Heimatrechts nennt man sein Erbstatut. Da man bis zum Tode eines Erblassers nicht weiß, welches Erbrecht maßgebend sein wird, ist das Erbstatut ein sog. schwebendes Statut. Bei Mehrstaatern richtet sich gem. Art. 5 Abs. 1 EGBGB n. F. das Erbstatut nach dem Recht des Staates, mit dem der Erblasser am engsten verbunden war, insbesondere durch seinen gewöhnlichen Aufenthalt oder durch den Verlauf seines Lebens (Grundsatz der effektiven Staatsangehörigkeit). War der Erblasser jedoch auch Deutscher, so gilt das deutsche Erbstatut (Art. 5 Abs. 1 Satz 2 EGBGB n.F.). War der Erblasser staatenlos oder kann seine Staatsangehörigkeit nicht festgestellt werden, so gilt das Erbstatut des Staates, in dem er seinen gewöhnlichen Aufenthalt oder mangels eines solchen, seinen Aufenthalt hatte (Art. 5 Abs. 2 EGBGB n.F.). Volksdeutsche Flüchtlinge und Vertriebene mit fremder Staatsangehörigkeit und ihre Ehegatten und Abkömmlinge sind seit dem 24. 5. 1949 kollisionsrechtlich deutschen Staatsangehörigen gleichgestellt (Art. 116 GG und Art. 9 Abschn. II Z. 5 FamRÄndG v. 11. 8. 1961, BGBl. I S. 1222). Die Einordnung (Qualifikation) des im Einzelfall gegebenen Sachverhalts unter den Anknüpfungspunkt „Erbrecht" nach Art. 25 EGBGB und damit der Umfang der Anwendung des Erbstatuts erfolgt nach den Begriffen der lex fori,

dh. des deutschen Rechts (BGHZ 29, 139). Aus deutscher Sicht unterfallen dem Erbstatut alle mit dem Erbfall zusammenhängenden Fragen wie zB.: Berufung zur Erbschaft, Erbunwürdigkeit, Erbfähigkeit, Testierfähigkeit, Form einer Verfügung von Todes wegen (Art. 26 EGBGB n. F. bzw. das vorgehende jedoch gleichlautende HaagerTestÜbK), materielle Voraussetzungen und zulässiger Inhalt von Verfügungen von Todes wegen, Erbvertrag, gemeinschaftliches Testament, Testamentsauslegung, Testamentsanfechtung, Testamentsvollstreckung, Zulässigkeit und Inhalt der Vor- und Nacherbfolge, Erwerb, Annahme und Ausschlagung einer Erbschaft, Erbverzicht, Verhältnis der Erben zueinander, Pflichtteilsrecht, Pflichtteilsergänzungsanspruch, Erbersatzanspruch, Zwangserbrecht des Ehegatten und der Abkömmlinge, Erbenhaftung, Anrechnung von Vorempfängen, Ausgleichspflicht, Anrechnung auf den Pflichtteil, Umfang des Nachlasses, Auskunftsanspruch gegen den Erbschaftsbesitzer, Aktivlegitimation der Miterben, Erbschaftsanspruch, Erbschaftskauf, Schenkung von Todes wegen und gesetzliches Erbrecht des Fiskus (*Staudinger/Firsching* Vorbem. z. Art. 24–26 Rdn. 219). Nicht unter das Erbstatut fallen nach deutscher Sicht der Eintritt des Todes (Personalstatut), Todeserklärung und Todesvermutung sowie der vorzeitige Erbausgleich (*Staudinger/Firsching* aaO. Rdn. 220).

(3) **Rück- und Weiterverweisung.** Die Verweisung durch Art. 25 EGBGB n. F. auf ein fremdes Recht erfolgt gem. Art. 4 Abs. 1 Satz 1 EGBGB n. F. auf das gesamte fremde Recht (Gesamtverweisung), dh. einschließlich dessen Kollisionsnormen (BGHZ 28, 380 = NJW 1958, 750; BayObLGZ 1980, 276/ 282 mwN.). Vor Anwendung der materiellen Normen des fremden Rechts ist daher zu prüfen, ob die IPR-Normen dieses Rechts die Verweisung überhaupt annehmen. Es besteht nämlich, insbesondere bei Ländern, deren Anknüpfungspunkt das Domizil des Erblassers ist, die Möglichkeit, daß das IPR des fremden Staates auf das deutsche Recht ganz oder teilweise zurückverweist (renvoi) oder gar auf das Recht eines dritten Staates weiterverweist. Eine Rückverweisung auf deutsches Recht wird nach Art. 27 EGBGB grundsätzlich angenommen (BGH NJW 1958, 750; BGHZ 45, 351). Voraussetzung und Umfang einer solchen Rück- oder Weiterverweisung beurteilen (qualifizieren) sich dabei nach den Begriffen der fremden, verweisenden Rechtsordnung, dh. der lex causae (BGH FamRZ 1980, 673 = NJW 1980, 2016/2017; BGHZ 24, 352/355 = NJW 1957, 1316; *Staudinger/Graue* Art. 27 Rdn. 12). Die Rück- oder Weiterverweisung ist allerdings, um einen Zirkelschluß zu vermeiden, nur Sachnormenverweisung, so daß die Verweisung beim deutschen Recht abgebrochen wird (Art. 4 Abs. 1 Satz 2 EGBGB n. F.).

(4) **Nachlaßspaltung.** Wenn die Rück- oder Weiterverweisung nicht das ganze zu beurteilende Rechtsverhältnis ergreift, ist sie eine partielle. Das ist bei Ländern, die in ihrem IPR für die Beerbung des unbeweglichen Nachlasses Lagerecht (= lex rei sitae, = Belegenheitsrecht) anwenden, der Fall und führt zur sog. Nachlaßspaltung. Der durch Aufspaltung entstandene Nachlaßteil ist dabei als selbständiger Nachlaßteil anzusehen und entgegen dem Prinzip der Universalsukzession (Gesamtrechtsnachfolge) nach dem für ihn maßgeblichen Erbstatut so zu behandeln, als ob er der Gesamtnachlaß wäre (BGHZ 24, 352/ 355; BayObLG NJW 1960, 775 = DNotZ 1960, 431). In diesen Fällen ist somit auch die getrennte Erbeinsetzung bezüglich der verschiedenen Rechten unter liegenden Nachlaßteilen ohne Bruchteilsangabe mit gleichzeitiger Teilungsanordnung möglich (OLG Karlsruhe JFG 7, 135/139; hinsichtlich Immobilien in der DDR siehe *Dörner* DNotZ 1977, 324/ 336; *Staudinger/Firsching* Vorbem. z. Art. 24–26 Rdn. 361). Der Grundsatz des Vorrangs eines Sonderstatuts (= Einzelstatuts) gegenüber dem Gesamtstatut nach Art. 28 EGBGB a. F. bzw. Art. 3 Abs. 3 EGBGB n. F. (Vortrittsklausel) führt nach der hM. (*Staudinger/Graue* Art. 28 Rdn. 2; *Palandt/Heldrich* Art. 3 EGBGB Rdn. 14; BGH NJW 1966, 2270; BGHZ 50, 63 = NJW 1968, 1571 = DNotZ 1968, 662; BayObLGZ 59, 391 = NJW 1960, 775; dagegen *Raape/Sturm* IPR, 6. Aufl. § 12 S. 184 ff.) dazu, daß auch bei einem deutschen Erblasser, der Grundstücke in ei-

30. Gemeinschaftliches Testament mit Auslandsberührung XVI. 30

nem Land mit Nachlaßspaltung hat, hinsichtlich dieser das deutsche Erbstatut dem ausländischen Einzelstatut weichen muß und er deshalb bezüglich dieser Grundstücke mit allen Konsequenzen nach dem Recht des Belegenheitsstatuts beerbt wird. Ein deutscher Erbschein wäre in solchen Fällen mit der Einschränkung zu erteilen, daß er nicht die Erbfolge des in dem fremden Staat belegenen Grundbesitzes bezeugt (*Firsching* DNotZ 1960, 565/572 f.; *Karle* BWNotZ 1970, 78/80; *Kunz* IPR, 1981, S. 152; *Weithase* Rpfleger 1985, 267). Hinsichtlich Österreichs ist dieses Problem entfallen, da es für Erbfälle ab 1. 1. 1979 durch sein neues IPR-Gesetz vom 15. 6. 1978 die Nachlaßspaltung aufgegeben hat (*Ferid/Firsching* IErbR, Bd. IV Österreich Grdz. C I). Es verbleibt weiterhin gegenüber den Ländern mit „besonderen Vorschriften" des Belegenheitsrechts = Nachlaßspaltung wie zB. England, Kanada, Einzelstaaten der USA, Frankreich (*Staudinger/Graue* Art. 28 Rdn. 24–44). Durch die jetzt gem. Art. 25 Abs. 2 EGBGB n. F. für im Inland gelegenes unbewegliches Vermögen eines ausländischen Erblassers zulässige Rechtswahl zugunsten des deutschen Rechts kann ausnahmsweise auch nach dem Recht der Bundesrepublik Deutschland eine Nachlaßspaltung eintreten.

(5) Überblick über die **erbrechtlichen Anknüpfungspunkte** ausländischer Rechtsordnungen. Man unterscheidet zwischen Ländern mit Nachlaßeinheit und solchen mit Nachlaßspaltung.
a) Rechtsordnungen mit **Nachlaßeinheit** knüpfen ohne Unterschied der Art der Nachlaßgegenstände das Erbstatut entweder an die Staatsangehörigkeit, den letzten Wohnsitz oder das Domizil des Erblassers an. Dabei ist jedoch zu beachten, daß der Begriff Domizil im anglo-amerikanischen Rechtskreis nicht unserem Wohnsitz entspricht, sondern mehr dem, was wir unter Heimat verstehen. Deshalb kommt das Domizilprinzip in diesem Rechtskreis dem Staatsangehörigkeitsprinzip nahe (*Raape* DNotZ 1950, 183/ 192).
Nachlaßeinheit haben mit
  aa) Staatsangehörigkeitsprinzip:
      Ägypten, Algerien, Bulgarien, Nationalchina, Finnland, Griechenland, Indonesien, Irak, Iran, Italien, Japan, Jugoslawien, Kuba, Kuwait, Libanon, Libyen, Marokko, Niederlande, Österreich, Philippinen, Polen, Portugal, Schweden, Senegal, Spanien, Südkorea, Syrien, Tschechoslowakei, Tunesien, Ungarn, Vatikanstaat.
  bb) Wohnsitzprinzip:
      Brasilien, Dänemark, Island, Israel, Nicaragua, Norwegen.
b) Länder mit **Nachlaßspaltung** knüpfen die Vererbung von Grundstücken an das Erbrecht des Lageorts (lex rei sitae), während sie hinsichtlich des beweglichen Nachlasses wieder entweder an die Staatsangehörigkeit, den letzten Wohnsitz oder das Domizil des Erblassers anknüpfen.
Es haben Nachlaßspaltung mit
  aa) Staatsangehörigkeitsprinzip bezüglich der Mobilien:
      Jordanien, Liechtenstein, Rumänien, San Marino, Türkei, Bolivien, Österreich (für Sterbefälle bis zum 31. 12. 1978).
  bb) Wohnsitz- bzw. Domizilprinzip bezüglich der Mobilien:
      Argentinien, Australien, Belgien, Burma, Volksrepublik China, Großbritannien, Irland, Frankreich, Gabun, Indien, Kanada, Luxemburg, Madagaskar, Monaco, Neuseeland, Pakistan, Sudan, Südafrika, Thailand, USA (alle Einzelstaaten außer Mississippi, dort ist die gesetzliche Erbfolge in beweglichen Nachlaß, soweit dieser in Mississippi gelegen ist, dem Recht von Mississippi unterstellt), Zentralafrikanisches Kaiserreich.
  cc) Vererbung aller Nachlaßgegenstände nach dem jeweiligen Lagerecht: Honduras, Mexiko, Urugay.

c) **Gemischte Systeme** bestehen in:
Schweiz (siehe *Kraiß* BWNotZ 1976, 73), Albanien, Chile, Bolivien, El Salvador, Ecuador, Kolumbien, Costa Rica, Paraguay, Guatemala, Panama, Venezuela, Peru, den Nachfolgestaaten der UdSSR.
(Eine eingehende Übersicht über die erbrechtlichen Kollisionsnormen fremder Rechtsordnungen einschließlich des jeweiligen Güterstatuts bietet *Staudinger/Firsching* EGBGB Art. 25 Rdn. 51–109.)

(6) **Vorfragen.** Als Vorfragen versteht man im IPR alle zur Subsumtion eines Lebensvorgangs unter eine bestimmte Kollisionsnorm präjudiziellen Fragen wie zB. die Wirksamkeit der Ehe bezüglich des Ehegattenerbrechts, des Kindschaftsverhältnisses bezüglich des Aszendetenerbrechts, des Güterstands, der Adoption usw. Es war streitig, ob diese Vorfragen nach dem Kollisionsrecht der lex fori zu beantworten sind, dh. eine selbständige Anknüpfung stattzufinden habe (so die früher hM. zB. *Firsching* DNotZ 1952, 330/336) oder ob die Anknüpfung unselbständig, dh. nach der lex causae stattfindet. Die heutige deutsche IPR-Rechtsprechung vertritt hierzu keine radikale Entweder-Oder-Meinung, sondern entscheidet nach dem Maß der Inlandsbeziehung des Einzelfalles, ob der internen oder der internationalen Entscheidungsharmonie der Vorzug gegeben werden soll (BGHZ 41, 136; 46, 87; BGH NJW 73, 1619; BGH NJW 1981, 1900/1901 a. E. für lex fori; BGHZ 43, 213/218 = NJW 1965, 1129 im Ergebnis für lex causae; siehe hierzu auch *Wengler* NJW 1981, 2617). Die Staatsangehörigkeit des Erblassers bestimmt sich jedoch in jedem Fall nach den Gesetzen des Staates, dem er angehört (*Palandt/Heldrich* Art. 5 EGBGB Rdn. 1).

(7) **Disharmonie zwischen Güterrecht und Erbrecht.** In Erbfällen mit Auslandsberührung können Disharmonien entstehen, wenn z. B., bedingt durch die verschiedenen Anknüpfungspunkte der Kollisionsnormen für Erb- und Güterrecht, diese Rechtsbereiche verschiedenen Rechtsordnungen unterfallen und gleichzeitig das anzuwendende Erbrecht vom Güterrecht bestimmt wird. Da das Güterrechtsstatut unwandelbar mit der Heirat erworben wird (Art. 15 Abs. 1 EGBGB n. F.), während das Erbstatut wandelbar bleibt (z. B. Staatsangehörigkeitswechsel und eingeschränkte Rechtswahlmöglichkeit für Ausländer) sind solche Divergenzen nicht selten. Man spricht von sog. Normmangel, wenn z. B. das Erbstatut kein Ehegattenerbrecht kennt, weil diese Rechtsordnung die Beteiligung des überlebenden Ehegatten am Vermögen des verstorbenen allein güterrechtlich regelt (z. B. Schweden und die französische, belgische und luxemburgische universale Gütergemeinschaft mit Zuteilung des vollständigen Gesamtgutes an den überlebenden Ehegatten [clause d' attribution au survivant]). Normhäufung ist es dagegen, wenn Erb- und Güterrechtsstatut die Beteiligung des überlebenden Ehegatten mit dem Ergebnis regeln, daß der Überlebende sowohl erb- wie güterrechtlich am Vermögen des Erstversterbenden beteiligt wird. Hier kann nur durch Angleichung (Anpassung) der Kollisions- und Sachnormen im Einzelfall unter Berücksichtigung der Interessenlage eine Harmonisierung der verschiedenen Rechtssysteme erreicht werden (*Palandt/Heldrich* Einl v EGBGB 3 Rdn. 32; *Clausnitzer,* Die güter- und erbrechtliche Stellung des überlebenden Ehegatten nach den Kollisionsrechten der Bundesrepublik Deutschland und der USA, Diss. Konstanz, 1986).

Streitig ist auch die Frage, ob die Zugewinnpauschale nach § 1371 Abs. 1 BGB güterrechtlich oder erbrechtlich zu qualifizieren ist (zum Streitstand Staudinger/*v. Bar* Art. 15 EGBGB a. F. Rz. 101, 106). Während die eine Meinung die Pauschale güterrechtlich qualifiziert (*Palandt/Heldrich* Art. 15 EGBGB n. F. Rdn. 26 m. w. N.) und sie daher auch gewährt, wenn deutsches Güterrecht neben ausländischem Erbrecht anzuwenden ist, qualifiziert die andere Meinung sie erbrechtlich (OLG Düsseldorf MittRhNotK 1988, 68/69 m. w. N.), so daß sie nur gewährt wird, wenn Güterrecht und Erbrecht deutschem Recht unterliegen. Richtig dürfte die güterrechtliche Qualifizierung des § 1371 Abs. 1 BGB sein, verbunden mit der Korrektur unbilliger Ergebnisse im Einzelfall durch Angleichung (Anpassung) (so LG Bonn MittRhNotK 1985, 106; *Clausnitzer* aaO.; *ders.*, ZRP 1986, 254; *ders.*, MittRhNotk 1987, 15; *ders.*, IPrax 1987, 102; *Palandt/Heldrich* Art. 15 EGBGB Rdn. 26). Für im Inland belegene unbewegliche Vermögensgegenstände kann der Zweifel dadurch behoben werden, daß der Erblasser das deutsche Erbstatut wählt (Art. 25 Abs. 2 EGBGB n.F.) und zugleich dafür mit seinem Ehegatten gem. Art. 15 Abs. 2 Ziff. 3 EGBGB n.F. das deutsche Güterrechtsstatut (*Henrich* FamRZ 1986, 841/847). Die Erhöhung des Ehegattenerbteils bei der Gütertrennung durch § 1931 Abs. 4 wird von der h.M. erbrechtlich qualifiziert. Seine Anwendung bei ausländischem Güterrechtsstatut setzt jedoch eine der deutschen entsprechende ausländische Gütertrennung voraus (*Palandt/Heldrich* Art. 15 Rdn. 26).

(8) **Ordre public (Vorbehaltsklausel).** Die fremden Erbrechtsvorschriften werden gem. Art. 6 EGBGB jeweils nur unter dem Vorbehalt anerkannt, daß ihre Anwendung nicht gegen die guten Sitten oder gegen den Zweck eines deutschen Gesetzes verstößt (*Staudinger/Firsching* Vorbem. Art. 24–26 Rdn. 286). Ferner sind die Bestimmungen des deutschen IPR und einer durch sie anzuwendenden fremden Rechtsordnung auf ihre Vereinbarkeit mit den Grundrechten zu prüfen (BVerfGE 31, 58).

(9) **Rechtswahl (Parteiautonomie).** Vor seiner Neuregelung hat das deutsche IPR für das Erbrecht eine Rechtswahl nicht zugelassen (BGH NJW 1972, 1001/1002 = DNotZ 1972, 692; *Staudinger/Firsching* Vorbem. Art. 24–26 a.F. Rdn. 208). Seit dem 1.9. 1986 kann der Erblasser gem. Art. 25 Abs. 2 EGBGB n.F. „für im Inland belegenes unbewegliches Vermögen in der Form einer Verfügung von Todes wegen deutsches Recht wählen". Die Rechtswahl ist in folgender Weise eingeschränkt:
- Sie gilt nur für unbewegliches im Inland belegenes Vermögen. Ausländische Erblasser können deshalb, selbst wenn sie ihren gewöhnlichen Aufenthalt in der Bundesrepublik Deutschland haben, nicht für ihr Gesamtvermögen deutsches Erbrecht wählen. Sie können dies nur für ihr inländisches unbewegliches Vermögen, nicht für ihr bewegliches Vermögen und das im Ausland belegene unbewegliche Vermögen. Falls jedoch ausländische Eheleute unbedingt ihr gesamtes inländisches Vermögen deutschem Erbrecht unterstellen wollen, bietet sich die Ersatzlösung an, für ihr gesamtes Vermögen durch Güterrechtswahl gem. Art. 15 Abs. 2 EGBGB n.F. deutsches Güterrecht zu wählen und dann fortgesetzte Gütergemeinschaft (§§ 1483 ff.) zu vereinbaren und dabei das inländische unbewegliche Vermögen zum Vorbehaltsgut zu erklären. Dieses Vorbehaltsgut könnte dann aufgrund Erbrechtswahl dem Überlebenden nach deutschem Erbrecht vererbt werden. Bezüglich des Restvermögens hätte der überlebende Ehegatte als Gesamtgutsverwalter zeitlebens eine starke Stellung gegenüber den gemeinschaftlichen Abkömmlingen (§ 1487 BGB).
- Nur deutsches Erbrecht kann gewählt werden und das auch nur als ganzes, d.h. auch mit den Bestimmungen über den Pflichtteil. Es können somit nur Ausländer und keine deutsche Staatsangehörige und Mehrstaater mit deutscher Staatsangehörigkeit die Rechtswahl treffen und die Ausländer haben hinsichtlich ihres unbeweglichen Inlandsvermögens lediglich die Wahl, ihr fremdes Erbstatut zu belassen oder das deutsche Erbrecht zu wählen.
- Die Rechtswahl darf nur in der Form einer Verfügung von Todes wegen getroffen werden.

Die Wahl deutschen Rechts bedeutet, daß der Erblasser deutsches materielles Erbrecht für maßgeblich erklären kann (Sachnormverweisung), nicht etwa auch deutsches Kollisionsrecht (Art. 4 Abs. 2 EGBGB n.F.) (*Palandt/Heldrich* Art. 4 EGBGB Rdn. 11).

Im einzelnen ist hinsichtlich dieser in letzter Minute in das IPR-Reformgesetz aufgenommenen eingeschränkten Rechtswahlmöglichkeit vieles ungeklärt und streitig. Die Zweifelsfälle sind im wesentlichen:
- Da der Begriff unbewegliches Vermögen bisher dem deutschen IPR fremd war, ist streitig, was alles unter ihn subsummiert werden kann. Unstritig ist, daß die Ausle-

gung des Begriffs nach deutschem Recht zu erfolgen hat (*Jayme* IPRax 1986, 265/270; *Lichtenberger* DNotZ 1986, 644/659; *Krzywon* BWNotZ 1986, 154/159; *Palandt/Heldrich* Art. 25 EGBGB Anm. 2 b). Unstreitig ist ferner, daß unter den Begriff „unbewegliches Vermögen" neben dem Eigentum und Miteigentum an Grundstücken einschließlich deren Bestandteile und Zubehörstücke das Wohnungs- und Teileigentum und die Erbbaurechte fallen (*Palandt/Heldrich* Art. 25 EGBGB Rdn. 7). Weiter setzt sich im Schrifttum immer mehr die Meinung durch, daß auch die sonstigen beschränkt dinglichen Rechte einschließlich der Hypotheken und Grundschulden dem Begriff zuzuordnen sind (*Jayme* IPRax 1986, 265/270; *Krzywon* BWNotZ 1986, 154/159; *Reinhart* BWNotZ 1987, 97/101; *Lichtenberger* DNotZ 1986, 644/659; *Dörner* DNotZ 1988, 67/95; *Palandt/Heldrich* Art. 25 EGBGB Rdn. 7). Ob dagegen auch schuldrechtliche Ansprüche auf Erwerb von Eigentum oder Grundstücksrechten (so jedoch *Dörner* DNotZ 1988, 67/96) und Anteile an Erbengemeinschaften mit Grundstücken und Grundstücksgesellschaften dazu gezählt werden können (so jedoch *Krzywon* BWNotZ 1986, 154/159; *Dörner* DNotZ 1988, 67/95 f.) erscheint bei dem Ausnahmecharakter der Vorschrift sehr zweifelhaft (so auch *Reinhard* BWNotZ 1987, 97/101; *Palandt/Heldrich* Art. 25 EGBGB Rdn. 7). Eher können Anwartschaftsrechte auf Erwerb obiger Grundstücksrechte darunter gezählt werden (so *Lichtenberger* DNotZ 1986, 644/659). Auf jeden Fall sollte der Rechtsgestalter bis zur höchstrichterlichen Klärung der Zweifelsfragen gegenüber diesen Gestaltungsmöglichkeiten Zurückhaltung üben und gegebenenfalls einen Bedenklichkeitsvermerk gem. § 17 Abs. 2 Satz 2 BeurkG in die Urkunde aufnehmen.

– Wie auch bei Art. 15 Abs. 2 Ziff. 3 EGBGB n. F. ist umstritten, ob ein ausländischer Erblasser, der in der Bundesrepublik mehrere Grundstücke besitzt, alle diese Grundstücke nur einer einheitlichen Rechtswahl unterwerfen kann (einheitliche oder unbeschränkte Rechtswahl) oder auch verschiedene dem deutschen Recht unterstellen kann, während es für andere bei seinem ausländischen Erbstatut verbleibt (partielle oder gegenständlich beschränkte Rechtswahl). Aus dem Gesetzeswortlaut (...... kann für im Inland belegenes unbewegliches Vermögen ......) kann m. E. der Zweifel nicht behoben werden. Zwar heißt es nicht „für das" oder „für sein im Inland belegenes Vermögen", es heißt aber auch nicht „...... kann jeweils für im Inland belegene unbewegliche Vermögensgegenstände ......" und der Sammelbegriff „unbewegliches Vermögen" weist eher auf eine einheitliche Rechtswahl hin (so auch *Wegmann* NJW 1987, 1740/1743), insbesondere wenn die Ausnahme des Art. 25 Abs. 2 EGBGB n. F. vom Grundsatz der Nachlaßeinheit seine einschränkende Auslegung nahelegt. Außerdem geht keiner derjenigen, die bei Art. 15 Abs. 2 Ziff. 3 EGBGB n. F. für die partielle Güterrechtswahl eintreten, so weit, daß er für jedes Grundstück die Wahl eines anderen deutschen Güterstandes zulassen würde (*Böhringer* BWNotZ 1907, 109; *Wegmann* NJW 1987, 1740/1743) oder eine Rechtswahl nur hinsichtlich eines Teils des deutschen Erbrechts (*Krzywon* BWNotZ 1987, 4/5; *Ferid*, IPR, 3. Aufl. Rdn. 9–12, 12), obwohl der unklare Gesetzeswortlaut beides decken würde. Trotzdem tritt eine beachtliche Meinung in der Literatur (*Lichtenberger* DNotZ 1986, 644/665 u. DNotZ 1987, 300; *Siehr* IPRax 1987, 4/7; *Reinhart* BWNotZ 1987, 97/102; *Hoffmann* DNotZ 1987, 646; *Dörner* DNotZ 1988, 67/86; *Röll* MittBayNot 1989, 1/6; *Ferid*, IPR, 3. Aufl. Rdn. 9–12, 12; *Palandt/Heldrich* Art. 25 Anm. 2 b; ablehnend: *Kühner* IPRax 1987, 69/73; für Art. 15 Abs. 2 Ziff. 3 EGBGB n. F. *Langenfeld* BWNotZ 1986, 153 u. FamRZ 1987, 9/13; *Wegmann* NJW 1987, 1740/1743; zweifelnd: *Henrich* FamRZ 1986, 841/847; *Krzywon* BWNotZ 1987, 4/6) unter Hinweis auf den Gesetzeswortlaut sowohl bei der Güterrechtswahl als auch bei der Erbrechtswahl für die Zulässigkeit einer partiellen Rechtswahl ein. Bei dieser Rechtslage muß man dem professionellen Rechtsgestalter zur Vermeidung einer Haftung dringend raten, bis zur höchstrichterlichen Klärung der Frage gegenständlich beschränkte Rechtswahlen zu unterlassen oder zumindest hilfsweise für den Fall ihrer Unzulässig-

30. Gemeinschaftliches Testament mit Auslandsberührung   XVI. 30

keit die unbeschränkte Rechtswahl für alles unbewegliche Inlandsvermögen treffen zu lassen.
- Umstritten ist auch, ob die in einer Verfügung von Todes wegen zu treffende Rechtswahl gem. Art. 25 Abs. 2 EGBGB n. F. bindend erfolgen kann. Art. 26 Abs. 5 Satz 1 EGBGB n. F. verweist hinsichtlich der Bindung auf die anzuwendenden Sachnormen und somit auf das deutsche Erbrecht. Damit ist die in einem Testament vorgenommene Rechtswahl jederzeit widerruflich (§ 2253). In einem gemeinschaftlichen Ehegattentestament wäre sie es dagegen nicht, wenn sie wechselbezüglich (§ 2270) und in einem Erbvertrag, wenn sie vertragsmäßig (§ 2278) erfolgen könnte. Da jedoch nach §§ 2270 Abs. 3, 2278 Abs. 2 nur Erbeinsetzungen, Vermächtnisse und Auflagen wechselbezüglich oder vertragsmäßig sein können, verneint die eine Meinung die Möglichkeit einer bindenden Rechtswahl (*Dörner* DNotZ 1988, 67/91; *Kühne* IPRax 1987, 69/74; *Palandt/Heldrich* Art. 25 EGBGB Rdn. 8), sieht jedoch die Interessen des Partners dadurch gewahrt, daß durch den Widerruf der Rechtswahl die durch sie bedingte Gültigkeit und Bindung der vor oder gleichzeitig mit ihr errichteten Verfügungen von Todes wegen nicht berührt wird. Die Gegenmeinung, die eine vertragsmäßige oder wechselbezügliche und damit bindende Rechtswahl zuläßt, sieht hierin eine zu formale Betrachtungsweise (so *Lichtenberger* DNotZ 1986, 665; *Krzywon* BWNotZ 1987, 6; *Siehr* IPRax 1987, 4/7). Statt sich darauf zu verlassen, sollte man im Bedarfsfall lieber die Beständigkeit der Rechtswahl durch eine auflösend bedingte Erbeinsetzung oder Vermächtniszuwendung sichern. Im übrigen kann die Rechtswahl auch befristet oder bedingt getroffen werden (*Ferid*, IPR, 3. Aufl. Rdn. 9–12, 12; *Krzywon* BWNotZ 1987, 4/6; einschränkend bezüglich der bedingten Rechtswahl: *Dörner* DNotZ 1988, 67/89 f.).

Die Rechtswahl muß in den Verfügungen von Todes wegen nicht ausdrücklich erfolgen. Es genügt eine schlüssige Rechtswahl, z. B. durch die inhaltliche Gestaltung der Verfügung von Todes wegen unter Verwendung deutscher erbrechtlicher Begriffe (*Ferid*, IRP, 3. Aufl. Rdn. 9–12, 16; *Dölle* DNotZ 1988, 67/89; *Krzywon* BWNotZ 1987, 4/6; *Reinhart* BWNotZ 1987, 97/102). Die Rechtswahl kann in einer Verfügung von Todes wegen auch isoliert vorgenommen werden und führt dann zum Eintreten der gesetzlichen Erbfolge (*Kühne* IPRax 1987, 69/74). Die Rechtswahl bedeutet, daß die deutschen Grundstücke als ein selbständiger Nachlaß anzusehen sind und das restliche Vermögen des Erblassers als ein anderer. Jeder der beiden wird nachlaßrechtlich so behandelt, als sei er der Gesamtnachlaß. Für die Nachlaßschulden haften grundsätzlich beide Nachlässe (*Palandt/Heldrich* Art. 25 Rdn. 9). Wählt ein verheirateter Ausländer für seine inländischen Grundstücke deutsches Erbrecht, muß er stets auch sein Ehegüterrecht beachten. Hier sollte jeweils Gleichlauf erstrebt werden, was durch parallele Güterrechtswahl gem. Art. 15 Abs. 2 EGBGB n. F. erreicht werden kann.

(10) **Formstatut.** Formulierungsvorschlag für eine Erbrechtswahl innerhalb einer Verfügung von Todes wegen siehe hierzu auch *Lichtenberger* DNotZ 1986, 645/685; *Röll* MittBayNot 1989, 1/5):

„Als Erbstatut für mein gesamtes (gegenwärtiges und künftiges) in der Bundesrepublik Deutschland belegenes unbewegliches Vermögen wähle ich deutsches Erbrecht. Es ist mir bekannt, daß sich diese Rechtswahl hinsichtlich des genannten Vermögens nicht nur auf die in dieser Urkunde enthaltenen Verfügungen von Todes wegen bezieht, sondern auf das deutsche Erbrecht als ganzes, insbesondere auch auf die Bestimmungen über den Pflichtteil."

Die Rechtswahl sollte immer dann getroffen werden, wenn der Ausländer auch künftig die Bundesrepublik als Mittelpunkt seiner Lebensinteressen wählen will. Eine Rechtswahl auf deutsches Erbrecht ist auch nicht, wie verschiedentlich vertreten wurde (*Ferid*, IPR, 3. Aufl. Rdn. 9–12, 13), überflüssig, wenn das Heimatrecht des Ausländers ganz oder jedenfalls hinsichtlich des dem deutschen Recht unterstellten unbeweglichen

Vermögens auf das deutsche Erbrecht zurückverweist (Art. 4 Abs. 1 EGBGB n. F.). Zunächst ist die Feststellung des ausländischen Rechts meist schwierig und die Rechtswahl schafft Klarheit und erspart die Kosten eines Rechtsgutachtens (*Dölle* DNotZ 1988, 67/86; *Basedow* NJW 1986, 2977). Sodann gibt es Fälle, in denen der fremde Staat zwar das Wohnsitzprinzip oder Lagerecht anwendet, dann aber wieder die Rückverweisung durch Art. 25 Abs. 1 EGBGB n. F. annimmt, so daß aus seiner Sicht doch wieder sein Erbrecht anzuwenden ist, während das deutsche IPR gem. Art. 4 Abs. 1 Satz 2 EGBGB n. F. deutsches Erbrecht anwendet (*Hoffmann* DNotZ 1987, 646). Sodann braucht der deutsche Begriff des unbeweglichen Vermögens nicht mit dem des abzuwählenden ausländischen Rechts übereinzustimmen. Bei der bloßen Rückverweisung wäre der Begriff nach der ausländischen Rechtsordnung auszulegen (*Palandt/Heldrich* Art. 4 Rdn. 1), bei der zusätzlichen Rechtswahl jedoch nach der uns geläufigen deutschen. Letztlich wird durch die Rechtswahl der ausländische ordre public ausgeschaltet, so daß Erbverzicht, Erbschaftskauf, Schenkung auf den Todesfall, gemeinschaftliches Testament, Erbvertrag und Nacherbeinsetzung möglich sind, selbst wenn das Heimatrecht dies verbietet (*Reinhart* BWNotZ 1987, 97/102).

Bei der Beurkundung einer Rechtswahl ist der deutsche Notar nach § 17 Abs. 3 BeurkG, ausgenommen einer evtl. Rückverweisung auf deutsches Recht, nicht zur Ermittlung des Erbkollisionsrechts des Heimatstaates des Erblassers und zur Belehrung darüber verpflichtet (*Lichtenberger* DNotZ 1986, 644/675 f.; *Krzywon* BWNotZ 1987, 4/5; *Dörner* DNotZ 1988, 67/86). Deshalb braucht er auch nicht darüber zu belehren, wie die zugunsten des deutschen Erbrechts getroffene Rechtswahl aus der Sicht seines Heimatlandes beurteilt wird und welche Folgen dies für sein Auslandsvermögen haben kann. Hat er nämlich in seinem Heimatland nicht nur unbeträchtliches Vermögen, so kann evtl. dort ein Ausgleich zugunsten naher testamentarisch übergangener Angehöriger wegen des ihnen in der Bundesrepublik entzogenen Grundvermögens erfolgen, der wirtschaftlich gesehen die hiesige Erbrechtsgestaltung aufhebt, vergl. zu dieser „Regreßproblematik" bei der Nachlaßspaltung: Staudinger/Firsching vor Art. 24–26 EGBGB a. F. Rdn. 367; zum jetzigen IPR: *Ferid*, IPR, 3. Aufl. Rdn. 9–12, 14 u. 15. Als nobile officium sollte trotzdem bei einer Verfügung von Todes wegen mit Rechtswahl neben der unten Ziff. 15 vorgeschlagenen Belehrungs- und Haftungsausschlußklausel folgender Hinweis aufgenommen werden (siehe auch *Ferid*, IPR, 3. Aufl. Rdn. 9–12, 15):

„Dem Notar ist nicht bekannt und muß dies auch nicht, ob und inwieweit die getroffene Erbrechtswahl vom Heimatrecht des Erblassers anerkannt wird. Sofern der Erblasser im Ausland wesentliches Vermögen hinterläßt, könnte dessen Nachlaßabwicklung im Falle einer Nichtanerkennung der Rechtswahl zu den Motiven dieser Verfügung von Todes wegen entgegenstehender Auswirkungen führen, z. B. könnten u. U. übergangene Pflichtteils- oder Noterbberechtigte sich am Auslandsvermögen für das ihnen durch diese Verfügung von Todes wegen entgangene Inlandsvermögen schadlos halten. Es ist Sache des Erblassers, sich über die Reaktion seines Heimatlandes auf die hier getroffene Rechtswahl und ihre möglichen Folgen zu informieren."

Bereits vor der Neuregelung wurde es als statthaft angesehen, wenn der Erblasser in einem Testament ausdrücklich anordnet, nach welcher Rechtsordnung seine Verfügungen auszulegen sind (BGH NJW 1972, 1001/1002 = DNotZ 1972, 692; *Nußbaum* Deutsches IPR, 1932 S. 263 f.; *Dölle* RabelsZ 30 (1966), 205/211 sowie die dort zitierte Rspr.; *Dopfel* DNotZ 1976, 347; *Palandt/Heldrich* Art. 25 Rdn. 7). Man kann auch nicht, um zur Rechtswahl zu kommen, auf eine Schenkung, deren Erfüllung auf den Tod des Schenkers aufgeschoben und damit nach deutscher Auffassung eine Schenkung unter Lebenden ist (*Staudinger/Böhmer* Erbrecht Einl. § 26 Rdn. 8), ausweichen. Bereits nach deutschem IPR ist nämlich streitig, ob auf solche Schenkungen das Schenkungs- oder das Erbstatut anzuwenden ist, welchen Inhalt das Schenkungsstatut hat und wenn es anwendbar ist, ob es eine Rechtswahl zuläßt. Da es einen in den Rechtsordnungen einheitlichen Begriff der Schenkung auf den Tod nicht gibt, ist ihre kollisionsrechtliche Einord-

30. Gemeinschaftliches Testament mit Auslandsberührung XVI. 30

nung, Zulässigkeit und Wirkung in fremden Rechtsordnungen kaum vorhersehbar, so daß schon deshalb diese Rechtsform für die vorsorgende Rechtspflege im internationalen Bereich ausscheiden dürfte (siehe hierzu *Winkler,* Die Schenkung auf den Todesfall im internationalen Privatrecht, Diss. München 1967).

(10) **Formstatut.** Das Formstatut ist ein Sonder- und Spezialstatut, da für die Form eines Rechtsgeschäfts mit Auslandsberührung neben dem Grund- oder Hauptstatut, der lex causae oder, wie es im Gegensatz zum Formstatut auch genannt wird, dem Wirkungsstatut steht. Die Anknüpfungspunkte für das Formstatut fanden sich im deutschen IPR für Testamente (auch Nottestamente) und gemeinschaftliche Testamente bisher im Haager Übereinkommen über das auf die Form letztwilliger Verfügungen anzuwendende Recht vom 5. 10. 1961 (BGBl. II 1965, 1145) – TestÜbK – bezüglich der Erbverträge in Art. 11 Abs.1 i.V.m. 24, 25 EGBGB a.F. Das TestÜbK ist in der Bundesrepublik seit 1. 1. 1966 und war für die DDR seit 21. 9. 1974 in Kraft. Mit dem Zeitpunkt des Inkrafttretens ist jeweils das IPR des das TestÜbK ratifizierenden Staates in seinem Sinn abgeändert, d.h. in der Bundesrepublik ist es für letztwillige Verfügungen an die Stelle des Art. 11 Abs. 1 i.V.m. 24, 25 EGBGB a.F. getreten (*Schack* DNotZ 1966, 131). Nach Art. 6 TestÜbK findet es auch gegenüber Erblassern Anwendung, die keine Angehörigen eines Vertragsstaates sind (*Palandt/Heldrich* Art. 26 Rdn. 1). Die Vorschriften des Haager Übereinkommens sind bei der Neuordnung in Art. 26 Abs. 1 bis 3 EGBGB n.F. aufgenommen (inkorporiert) worden. Was unter Form zu verstehen ist (Qualifikation), definiert das Abkommen nicht, dies beantwortet sich vielmehr auch weiterhin nach der lex fori. Art. 5 TestÜbK setzt lediglich fest, daß auf jeden Fall Beschränkungen und Verbote nationaler Rechte, die für Erblasser oder Testamentszeugen in Bezug auf die Staatsangehörigkeit, die Rasse, das Geschlecht oder andere persönliche Eigenschaften, wie z.B. Blind-, Stumm- oder Taubheit, Geisteskrankheit, Geistesschwäche, Verschwendung oder Trunksucht bestehen, zur Form zu rechnen sind. Die Frage der Zulässigkeit gemeinschaftlicher Testamente gehört nicht in den Bereich der Form, sondern wird in den Ländern, die dieses Verbot haben, meist nach dem jeweiligen Erbstatut beantwortet (*Schack* DNotZ 1966, 131/134; *Umstätter* DNotZ 1984, 532). Eine letztwillige Verfügung (Testament) ist nach Art. 1 TestÜbK bzw. Art. 26 Abs. 1 EGBGB n.F. hinsichtlich dieser Form gültig, wenn sie den Formerfordernissen des Staates entspricht, dessen Staatsangehörigkeit der Erblasser bei der Errichtung der Verfügung oder im Zeitpunkt seines Todes besaß oder denen, die am Ort ihrer Errichtung oder an dem Ort gelten, an dem der Erblasser im Zeitpunkt ihrer Errichtung oder seines Todes seinen Wohnsitz oder gewöhnlichen Aufenthalt hatte oder wo sich unbewegliches Vermögen befindet, das Gegenstand der Verfügung ist. Dazu kommt für das deutsche IPR, wie nach Art. 3 TestÜbK zugelassen, gem. Art. 26 Abs. 1 Ziff. 5 EGBGB n.F. die Form der lex causae, d.h. des Erbstatuts des Erblassers (*Staudinger/Firsching* Vorbem. zu Art. 24–26 a.F. Rdn. 413; *Schack* DNotZ 1966, 131/145; *Palandt/Heldrich* Art. 26 Rdn. 4). Die genannten Anknüpfungsvorschriften gelten nicht nur für die Form der Errichtung einer letztwilligen Verfügung, sondern nach Art. 26 Abs. 2 EGBGB n.F. auch für ihren Widerruf. Für die Form der Erbverträge und gemeinschaftlichen Testamente gelten gem. Art. 26 Abs. 4 EGBGB n.F. die obigen Anknüpfungspunkte entsprechend. Diese Erweiterung der Vorschriften des Abkommens bedeutet jedoch lediglich eine Formerleichterung. Über die Zulässigkeit, Gültigkeit und den Inhalt von Erbverträgen oder gemeinschaftlichen Testamenten entscheidet nach wie vor das Erbstatut des berufenen Rechts. Sieht es in einem Verbot solcher Verfügungen von Todes wegen eine materiellrechtliche Norm, so hilft die Anerkennung der Formgültigkeit durch das deutsche Recht im konkreten Fall nicht (*Reinhart* BWNotZ 1987, 97).

(11) **Statutenwechsel.** Staatsangehörigkeitswechsel zieht auch im internationalen Erbrecht einen Wechsel des Erbstatuts nach sich. Aus deutscher Sicht ist nach Art. 25 EGBGB für die Beerbung die Staatsangehörigkeit des Erblassers z.Z. seines Todes, nicht

eine frühere, maßgebend (*Staudinger/Firsching* Vorbem. zu Art. 24–26 Rdn. 183). Dieser Grundsatz erleidet durch Art. 26 Abs. 5 EGBGB n. F. dahingehend eine Ausnahme, als ein Statutenwechsel an der Formgültigkeit und Bindungswirkung bisher vom Erblasser errichteter Verfügungen von Todes wegen und seiner bisherigen Testierfähigkeit nichts ändert (Errichtungsstatut), d. h. z. B. das von Deutschen errichtete gemeinschaftliche Testament bleibt auch gültig, wenn sie als Italiener sterben, für die diese Art von letztwilligen Verfügungen unzulässig ist. Die Testierfähigkeit unterliegt dem Erbstatut des Testierers, das anzuwenden wäre, wenn er zum Zeitpunkt der Errichtung der Verfügung verstorben wäre und wird durch einen späteren Statutenwechsel nicht beeinträchtigt (Art. 26 Abs. 5 Satz 2 EGBGB n. F.) (*van Venrooy* JR 1988, 485).

(12) Internationales Nachlaßverfahrensrecht. Die Bearbeitung von Nachlaßsachen ausländischer Staatsangehöriger ist nur möglich, wenn das betreffende deutsche Organ international zuständig ist. Werden deutsche Notare im Inland tätig, sind sie grundsätzlich auch dann international zuständig, wenn an dem Beurkundungsakt ausländische Staatsangehörige oder Personen mit ausländischem Wohnsitz beteiligt sind oder wenn sich die Urkunde auf im Ausland belegene Gegenstände bezieht (*Blumenwitz* DNotZ 1966, 712ff.; *Eder* BWNotZ 1982, 74). Nach der hM. gilt die Urkundsgewährungspflicht des § 15 BNotO auch in Fällen mit Auslandsberührung (*Seybold/Hornig* BNotO, 5. Aufl. § 15 Rdn. 43; *Schoetensack* DNotZ 1952, 265/268). *Eder* BWNotZ 1982, 74 ff. sieht diesen Grundsatz jedoch mit Recht insbesondere dann teilweise eingeschränkt, wenn mangels detaillierter Kenntnis des ausländischen Rechts seitens des deutschen Notars die erforderliche Gleichwertigkeit mit dem ausländischen Beurkundungsorgan tatsächlich nicht gegeben ist oder die ausländische Rechtsordnung sogar die Zuständigkeit zur Beurkundung ausdrücklich ihren eigenen, einheimischen Rechtspflegeorganen vorbehalten hat. § 17 Abs. 3 BeurkG schränkt die Haftung des Notars in Fällen mit Auslandsberührung ein. Die internationale Zuständigkeit eines deutschen Nachlaßgerichts ist im Gesetz nicht ausdrücklich geregelt. § 73 FGG bezieht sich nur auf die örtliche Zuständigkeit. Sie ist nach bisheriger Rechtsprechung gegeben, wenn durch Staatsvertrag oder Rückverweisung deutsches materielles Erbrecht auf den Fall anzuwenden ist (Gleichlaufgrundsatz = Gleichlauf von deutschem materiellem und Verfahrensrecht vgl. *Palandt/Heldrich* Art. 25 Rdn. 18; BGHZ 49, 1). Ausnahmen von dieser Regel sind die Anordnung von Sicherungsmaßnahmen (*Staudinger/Firsching* Vorbem. zu Art. 24–26 Rdn. 317) und die Erteilung eines sog. Fremdrechtserbscheins nach § 2369 BGB mit Wirkung für die im Inland befindlichen Nachlaßgegenstände. Die Rechtsprechung nimmt neuerdings eine internationale Zuständigkeit deutscher Nachlaßgerichte auch in Fällen an, in denen der Erblasser beim Tod in Deutschland seinen Aufenthalt gehabt hat oder Nachlaßgegenstände sich im Inland befinden und eine Ablehnung der Zuständigkeit zur Rechtsverweigerung führen würde, weil das Heimat- oder Wohnsitzgericht nicht tätig wird (siehe dazu *Heldrich* NJW 1967, 417 und *Staudinger/Firsching* Vorbem. zu Art. 24–26 Rdn. 327f.). In diesen Fällen kommt es oft zum Konflikt zwischen dem ausländischen Erbrecht und dem deutschen Verfahrensrecht, der nur durch Anpassung der Normen gelöst werden kann. Verständlicherweise ist dabei vieles umstritten. Letztlich halten sich die deutschen Nachlaßgerichte für die Erteilung allgemeiner Erbscheine von Erblassern zuständig, die als Volksdeutsche ohne deutsche Staatsangehörigkeit in ihrer alten Heimat oder während der Vertreibung gestorben sind (BayObLG NJW 1961, 1969).

(13) **Das Erbrecht der ehemaligen DDR und seine Überleitung**
a) **Entwicklung und Grundzüge des Erbrechts in der bisherigen DDR.** Für Erbfälle bis zum 31. 3. 1965 galten in der DDR noch ausschließlich die erbrechtlichen Vorschriften des BGB in seiner alten Fassung. Seit 1951 wurde lediglich von der dortigen Rechtsprechung aufgrund der in den Art. 7 und 30 der DDR-Verfassung von 1949 erklärten Gleichberechtigung von Mann und Frau ein familienrechtlicher, schuldrechtlicher und

30. Gemeinschaftliches Testament mit Auslandsberührung XVI. 30

nicht vererblicher Ausgleichsanspruch des überlebenden Ehegatten auf einen Anteil am Vermögen des anderen Ehegatten anerkannt, sofern der Überlebende zur Vergrößerung oder Erhaltung des Vermögens des verstorbenen Ehegatten wesentlich beigetragen hatte. Dieser Ausgleichsanspruch wurde dann ab 1. 4. 1966 in § 40 des Familiengesetzbuches (FamGB) vom 20. 12. 1965 (GBl. I 1966 S. 1) übernommen und galt dann bis zum Beitritt am 3. 10. 1990. Durch das Einführungsgesetz zum Familiengesetzbuch (EGFGB) vom 20. 12. 1965 (GBl. I 1966 S. 19) wurde dann für Erbfälle ab dem 1. 4. 1966 das Ehegattenerbrecht und das Erbrecht der nichtehelichen Kinder abweichend vom BGB geregelt. Der überlebende Ehegatte erbte nach § 10 EGFGB wie ein Erbe erster Ordnung neben den Kindern des Erblassers oder deren Abkömmlinge zu einem Kopfteil. Sein Anteil mußte jedoch mindestens ¼ betragen. Er erbte allein, wenn keine erbberechtigten Kinder oder Abkömmlinge von Kindern des Erblassers vorhanden waren. War der Erblasser jedoch bei kinderloser Ehe zur Zeit des Erbfalls seinen eigenen Eltern unterhaltspflichtig, so erbte der überlebende Ehegatte nur ½, während die andere Hälfte den Eltern je zur Hälfte oder dem Überlebenden allein zufiel (§ 10 Abs. 2 Satz 2 EGFGB). Nach § 9 EGFGB erbte das nichteheliche Kind des Erblassers – nicht auch seine Abkömmlinge – solange es minderjährig war, wie ein eheliches Kind. Aber auch wenn es volljährig (18 Jahre) war, erbte es, wenn es noch unterhaltsbedürftig war oder der Vater bis zur Volljährigkeit das Erziehungsrecht hatte oder es während seiner Minderjährigkeit überwiegend im Haushalt des Vaters gelebt hatte oder es im Zeitpunkt des Erbfalls mit ihm in einem gemeinsamen Haushalt lebte oder wenn beim Tode des Vaters keine Ehefrau, Eltern oder eheliche Abkömmlinge vorhanden waren. Andererseits hatten gem. § 9 Abs. 4 EGFGB auch der nichteheliche Vater und seine Verwandten unter bestimmten Voraussetzungen ein gesetzliches Erbrecht beim Tode des Kindes. Hinsichtlich der erbrechtlichen Verhältnisse adoptierter Kinder wurde ab 1. 1. 1957 durch die Verordnung über die Annahme an Kindesstatt vom 29. 11. 1956 (GBl. I 1956 S. 1326) festgelegt, daß entgegen § 1759 BGB a. F. auch dem Annehmenden gegenüber dem Kind ein Erbrecht zustand und daß das Kind auch die Verwandten des Annehmenden beerbte und umgekehrt, wogegen ein Erbrecht zwischen den leiblichen Verwandten aufsteigender Linie des Kindes und ihm entfiel. Die Verordnung wurde durch § 27 EGFGB mit Wirkung vom 1. 4. 1966 aufgehoben und ihre Regelungen in die §§ 66, 72, 73 FamGB vom 20. 12. 1965 übernommen und galten dann bis zum Beitritt am 3. 10. 1990. Die Regelungen des Ehegattenerbrechts (§ 10 EGFGB) und des Erbrechts nichtehelicher Kinder (§ 9 EGFGB) galten nur für Erbfälle, die zwischen dem 1. 4. 1966 bis zum 1. 1. 1976 eintraten. Zu diesem Zeitpunkt wurden die durch diese Regelungen ergänzten Vorschriften des BGB vollkommen ersetzt durch die erbrechtlichen Vorschriften des dann in Kraft tretenden Zivilgesetzbuches der DDR (ZGB) vom 19. 6. 1975 (GBl. I 1975 S. 465). Seit dem 1. 1. 1976 bis zum Beitritt am 3. 10. 1990 wich die gesetzliche Erbfolge in der DDR in folgenden Punkten von der des BGB ab: Die Verwandtenerbfolge war gegenüber dem BGB auf drei Ordnungen beschränkt, danach erbte der Staat (§ 369 Abs. 1 ZGB). Erben erster Ordnung waren die Kinder und der überlebende Ehegatte zu gleichen Teilen. Der Ehegatte erbte jedoch mindestens ¼ des Nachlasses (§ 365 Abs. 1 ZGB). Neben Angehörigen der zweiten oder dritten Ordnung erbte der überlebende Ehegatte allein (§ 366 ZGB). Daneben bekam der überlebende Ehegatte aufgrund Güterrechts die Hälfte des gemeinschaftlichen Vermögens des in der ehemaligen DDR zwingenden gesetzlichen Güterstandes der „Errungenschaftsgemeinschaft" (Güterstand der Eigentums- und Vermögensgemeinschaft) gem. §§ 13 Abs. 1, 39 FamGB, 365 Abs. 2 ZGB, evtl. den Ausgleichsanspruch für einen Beitrag zur Vergrößerung oder Erhaltung des Vermögens des verstorbenen Ehegatten nach § 40 FamGB und im Wege der Sondererbfolge die zum ehelichen Haushalt gehörenden Gegenstände (Voraus) gem. § 365 Abs. 1 Satz 2 ZGB. Das nichteheliche Kind war in der Erbfolge dem ehelichen Kind und der nichteheliche Vater einem ehelichen Vater völlig gleichgestellt, und zwar ohne Begrenzung auf die nach dem 1. 7. 1949 geborenen nichtehelichen Kinder. Gesetzliche Er-

Nieder

ben der zweiten und dritten Ordnung waren die Eltern bzw. Großeltern des Erblassers und deren Abkömmlinge. Das Eintrittsrecht dieser Abkömmlinge entstand jedoch entgegen der Regelungen im BGB (§§ 1925 Abs. 2 Satz 1, 1926 Abs. 3 Satz 1 BGB) erst nach dem Tod beider Eltern- bzw. Großelternteile (§§ 367 Abs. 2, 368 Abs. 3 ZGB). Testierfähig wurde ein Erblasser erst mit 18 Jahren. Hinsichtlich der Gestaltungsmittel für die gewillkürte Erbfolge entfiel die Möglichkeit eine Vor- und Nacherbschaft anzuordnen. Gem. § 8 Abs. 2 S. 2 EGZGB blieb jedoch eine vor dem 1. 1. 1976 angeordnete Vor- und Nacherbfolge in Kraft, auch wenn der Erbfall erst nach dem Inkrafttreten des ZGB am 1. 1. 1976 eintrat. Die Verfügungsbeschränkungen des Vorerben entfielen jedoch in diesem Fall. Falls die Vor- und Nacherbfolge in der Zeit zwischen dem 1. 1. 1976 und dem 2. 10. 1990 angeordnet worden war, war das Testament auszulegen. Dabei konnte nach DDR-Auffassung als Faustregel gelten: Ein befreiter Vorerbe war Alleinerbe, während bei nicht befreiter Vorerbschaft der Nacherbe Alleinerbe war und dem „Vorerben" das Nutzungsrecht an den Nachlaßgegenständen als vermächtnisweise zugewandt angesehen wurde. Einen Erbvertrag kannte das ZGB nicht. Nach § 2 Abs. 2 Satz 2 EGZGB blieb jedoch der Inhalt eines vor dem 1. 1. 1976 geschlossenen Erbvertrages auch dann weiterhin bindend, wenn der Erbfall erst nach dem 1. 1. 1976 eintrat. Zwischen Ehegatten konnten gemeinschaftliche Testamente errichtet werden, deren Bindungswirkung nach dem Tod des Erstversterbenden gegenüber der entsprechenden Regelung im BGB jedoch stark eingeschränkt waren (§§ 392 Abs. 4, 393 ZGB), da gem. § 393 BGB der überlebende Ehegatte auch nach der Annahme der Erbschaft durch Erklärung gegenüber dem Staatlichen Notariat von der Bindung an seine eigenen Verfügungen frei wurde, wenn er den Nachlaß an den Schlußerben herausgab, soweit er seinen gesetzlichen Erbteil überstieg oder der Schlußerbe auf die Herausgabe verzichtete. Testamentsvollstreckung konnte zwar angeordnet werden (§ 371 Abs. 3 ZGB), beschränkte jedoch die Verfügungsbefugnis der Erben nicht (§ 371 Abs. 2 ZGB). Sie gewährte somit lediglich eine Vertreterstellung für die Erben und konnte von diesen jederzeit widerrufen werden. Im Gegensatz zum BGB war allein der Ehegatte des Erblassers unbeschränkt pflichtteilsberechtigt. Kinder, Enkel und Eltern hatten nur dann Anspruch auf einen Pflichtteil, wenn sie zur Zeit des Erbfalls gegenüber dem Erblasser unterhaltsberechtigt waren (§ 396 Abs. 2 ZGB). Gegenüber der Aushöhlung des Pflichtteilsanspruchs durch Schenkungen zu Lebzeiten des Erblassers traf das ZGB keinerlei Vorsorge. Nur § 397 Abs. 2 ZGB sorgte für einen Pflichtteilsschutz gegenüber Vermächtnissen und Auflagen, jedoch ausschließlich bezogen auf den zum Zeitpunkt des Todes des Erblassers vorhandenen Nachlaß. Weggefallen waren im ZGB gegenüber dem BGB auch die Vorschriften über den Erbschaftsanspruch, die Miterbenausgleichung, den Erbverzicht und den Erbschaftskauf. Die Anfechtung eines Testaments war in § 374 Abs. 1 ZGB strenger als nach dem BGB geregelt, da sie nur möglich war bei Irrtum über den Inhalt der Erklärung, arglistiger Täuschung oder widerrechtlicher Drohung, jedoch nicht mehr bei Motivirrtum oder Übergehung eines unbekannten Pflichtteilsberechtigten. Die Ausschlagungsfrist betrug für Erben im Inland zwei Monate und im Ausland sechs Monate (§ 402 Abs. 1 ZGB). Ferner hatte die Anfechtung nicht durch eine Erklärung gegenüber dem Nachlaßgericht zu erfolgen, sondern durch Klage gegen den Begünstigten. Ohne wie beim BGB etwas unternehmen zu müssen, haftete der Erbe für Nachlaßverbindlichkeiten nur mit dem Nachlaß (§ 409 ZGB). Lediglich für die Kosten der Bestattung, des Nachlaßverfahrens und für Kreditzinsen haftete er persönlich (§ 411 Abs. 2, 2 ZGB). Falls der Erbe jedoch ein vom Nachlaßgericht angefordertes Nachlaßverzeichnis nicht einreichte, haftete er persönlich und unbeschränkbar (§ 411 Abs. 4 ZGB).

b) **Das interlokale Erbrecht zwischen der Bundesrepublik und der DDR bis zu deren Beitritt.** Gegenüber der früheren DDR wurde bis zu ihrem Beitritt zur Bundesrepublik aus deren Sicht die allgemeinen Grundsätze des IPR entsprechend angewendet. Anstelle der Staatsangehörigkeit trat dabei in der Rechtsprechung allgemein der letzte gewöhnliche Aufenthalt des Erblassers im Zeitpunkt des Erbfalls. Vereinzelt wurde in der Literatur als Anknüpfungspunkt auf die „effektive Staatsangehörigkeit" abgestellt, wobei aber auch hier der Aufenthalt eine Indizwirkung hatte (*Heldrich* NJW 1978, 2169). Seit 1.1. 1976 war das IPR der DDR im Rechtsanwendungsgesetz (RAG) vom 5.12.1975 (GBl. I 748) geregelt. Es knüpfte gem. § 25 RAG bezüglich erbrechtlicher Verhältnisse an die Staatsangehörigkeit an, machte davon aber die Ausnahme, daß hinsichtlich in der DDR gelegener Grundstücke Lagerecht anzuwenden war (*Dörner* DNotZ 1977, 324). Für in der DDR gelegene Grundstücke von Einwohnern der Bundesrepublik kam und kommt es dadurch für Erbfälle bis zum Beitritt gem. Art. 3 Abs. 3 i.V.m. § 25 Abs. 2 RAG zur Nachlaßspaltung mit allen Konsequenzen (*Dörner* DNotZ 1977, 324/336). Für Altfälle bis zum Beitritt der früheren DDR am 3.10.1990 bleibt gem. Art. 236 § 1 EGBGB in der Fassung des Einigungsvertrages auch weiterhin das bisherige IPR anwendbar. Im Interesse eines einheitlichen innerdeutschen Kollisionsrechts kann dies allerdings nur bedeuten, daß für solche Altfälle die Anknüpfung aus der bisherigen Sicht der Bundesrepublik, d.h. an den letzten gewöhnlichen Aufenthalt des Erblassers maßgeblich bleibt und insoweit für die Anwendung der Kollisionsnormen des RAG kein Raum mehr ist (*Palandt/Edenhofer* Art. 236 EGBGB Rdn. 4).

c) Die Überleitung des Erbrechts der ehemaligen DDR. Nach Art. 8 des Einigungsvertrages i.V.m. Art. 230 Abs. 2 EGBGB gilt für Erbfälle, die ab 3.10.1990, 0.00 Uhr im Gebiet der ehemaligen DDR eingetreten sind, das Erbrecht des BGB mit den unten aufgeführten Ausnahmen. Bei der gesetzlichen Erbfolge erben somit z.B. künftig auch wieder Eltern, Geschwister oder deren Abkömmlinge neben dem überlebenden Ehegatten bei kinderloser Ehe, auch wirtschaftlich selbständige Abkömmlinge oder Eltern haben wieder einen Pflichtteilsanspruch, aber nur mehr in Höhe der Hälfte ihres gesetzlichen Erbteils. Beschränkungen der Verfügungsbefugnis der Erben, wie z.B. Testamentsvollstreckung und Nacherbfolge, sind wieder wirksam und es können wieder Erbverträge abgeschlossen werden (*Trittel* DNotZ 1991, 237/238). Bezüglich aller vor dem 2.10. 1990, 24.00 Uhr im Gebiet der ehemaligen DDR verstorbener Erblasser verbleibt es dagegen bezüglich der erbrechtlichen Verhältnisse weiterhin beim bisherigen Recht (Art. 235 § 1 Abs. 1 EGBGB). Auch die Form der Errichtung oder Aufhebung einer vor dem Beitrittszeitpunkt errichteten Verfügung von Todes wegen und die Testierfähigkeit des Erblassers beurteilt sich, auch wenn der Erbfall nach dem Beitrittszeitpunkt eintritt, nach dem bisherigen Recht (Art. 235 § 2 Satz 1 EGBGB). Der Inhalt einer solchen Verfügung, seine Auslegung und ihre Wirkung beurteilt sich jedoch nach BGB-Recht (*Palandt/Edenhofer* Art. 235 § 2 Rdn. 2). Die Bindungswirkung eines vor dem Beitritt errichteten gemeinschaftlichen Ehegattentestaments unterliegt gem. Art. 235 § 2 Satz 2 EGBGB weiterhin den bisherigen Einschränkungen der §§ 392 Abs. 4, 393 ZGB, d.h. auch noch nach Annahme der Erbschaft des erstverstorbenen Ehegatten wird der Überlebende weiterhin von der Bindung an seine Verfügungen frei, wenn er den Nachlaß an den oder die Schlußerben herausgibt, soweit er seinen gesetzlichen Erbteil übersteigt, oder wenn die Schlußerben auf die Herausgabe verzichten. Ein vor dem 2.10.1990, 24.00 Uhr im Gebiet der ehemaligen DDR geborenes nichteheliches Kind erbte beim Tode seines Vaters bzw. eines väterlichen Verwandten nach dem Beitrittszeitpunkt und vor dem 1.4.1998 (Inkrafttreten des ErbrechtsgleichstellungsG) auch weiterhin wie bisher nach DDR-Recht wie ein eheliches Kind erben und war nicht auf die §§ 1934a bis 1934e, 2338a a.F. BGB verwiesen (Art. 235 § 1 Abs. 2 EGBGB). Die Erbquote des nichtehelichen Kindes bemaß sich immer nach den Bestimmungen des BGB. Diese Fragen sind seit der erbrechtlichen Gleichstellung nichtehelicher Kinder nur noch in Altfällen interessant. Unstreitig war die Anwendbarkeit der Sonderregelung nach Art. 235 § 1 Abs. 2 EGBGB (= Ehelichenerbrecht statt Erbersatzanspruch und vorzeitigem Erbausgleich) nur in den Fällen, in denen Kind und Vater zum Zeitpunkt des Beitritts ihren gewöhnlichen Aufenthalt im Gebiet der ehemaligen DDR hatten und der Vater dort auch starb. Streitig war, wie sich Änderungen des gewöhnlichen Aufenthalts nach dem Beitrittszeitpunkt auswirken. Die zuletzt wohl h.M. stellte zutreffend auf die „Anwartschaft" auf Besserstellung der in der ehemaligen DDR geborenen nichtehelichen Kinder zum Beitrittszeitpunkt ab, die durch die Vorschrift geschützt werden sollte. Sie berücksichtigte daher hinsichtlich beider Teile Änderungen des gewöhnlichen Aufenthalts vom Beitrittszeitpunkt bis zum Erbfall überhaupt nicht (*Palandt/Edenhofer* Art. 235 Rdn. 2). *Henrich* (IPRax 1991, 14/19) stellte dagegen allein auf das Erbstatut des Erblassers und damit seinen gewöhnlichen Aufenthalt im Zeitpunkt seines Todes ab und wollte deshalb einem in der ehemaligen DDR geborenen und dort lebenden nichtehelichen Kind, dessen Vater zwar zum Beitrittszeitpunkt in der DDR lebte, jedoch mit Wohnsitz in der Bundesrepublik verstarb, nur den Erbersatzanspruch gewähren, räumte aber umgekehrt auch einem nichtehelichen Kind eines beim Tod mit Wohnsitz in der ehemaligen DDR lebenden Bundesbürgers das Erbrecht eines ehelichen Kindes ein.

Bei der Verwandtenadoption gestaltet sich die Erbfolge bei vor dem Beitritt nach DDR-Recht Adoptierten gegenüber denen in der Bundesrepublik aufgrund der Übergangsvorschrift des Art. 234 § 13 EGBGB insoweit anders, als daß gem. § 73 Abs. 1 FamGB die Verwandtschaft zu allen blutsmäßigen Verwandten zunächst erlischt und dann durch die Adoption gem. § 72 Abs. 1 FamGB von dem neuen Elternverhältnis her erneut begründet wird. Ferner erlischt bei der Stiefkindadoption gem. § 73 Abs. 2 FamGB auch bei der Adoption von Halbwaisen durch den Stiefelternteil das Verhältnis zu den Verwandten des verstorbenen Elternteils. Nach Art. 234 § 4 Abs. 2 EGBGB i. d. F. des Einigungsvertrages kann jeder Ehegatte für seine Ehe bis zum 2. 10. 1992, 24.00 Uhr einem beliebigen Kreisgericht gegenüber durch notariell zu beurkundende einseitige Erklärung für die Fortgeltung des bisherigen gesetzlichen Güterstandes der DDR (Güterstand der Eigentums- und Vermögensgemeinschaft = „Errungenschaftsgemeinschaft") optieren. Endet eine Ehe, in der in dieser Weise optiert wurde, durch den Tod eines Ehegatten, so findet die Erhöhung des Erbteils gem. § 1371 Abs. 1 nicht statt, es verbleibt bei der Regelung des § 1931 Abs. 1. Dafür ist zunächst das gemeinschaftliche Vermögen der Ehegatten zwischen dem Überlebenden und der Erbengemeinschaft nach den Vorschriften des § 39 FamGB zu teilen. Erst danach findet die eigentliche Erbauseinandersetzung statt. Ferner kann auch noch ein Ausgleichsanspruch gem. § 40 FamGB entstanden sein, wenn der Überlebende Alleineigentum des Verstorbenen während der Ehe in seinem Wert vergrößert oder erhalten hat.

(14) **Einschlägige Staatsverträge.** Kollisionsrechtliche Bestimmungen in Staatsverträgen haben Vorrang vor deutschem Gesetzes- und Gewohnheitsrecht. Zu beachten sind im einzelnen:
a) Deutsch-persisches Niederlassungsabkommen vom 17. 2. 1929 (BGBl. II 1955, 829). Nach dessen Art. 8 Abs. 3 (abgedruckt bei *Jayme/Hausmann* unter Nr. 17) ist im Verhältnis zum heutigen Iran für den gesamten Nachlaß das Recht des Heimatstaates maßgebend. Es ist trotz der politischen Verhältnisse im Iran bisher noch nicht gekündigt und deshalb wohl noch anzuwenden.
b) Deutsch-türkischer Konsularvertrag vom 28. 5. 1929 (BGBl. II 1952, 608; abgedruckt bei *Jayme/Hausmann* unter Nr. 40). Nach § 14 der Anlage zu Art. 20 (Nachlaßabkommen) richtet sich die Erbfolge in Mobilien nach dem Heimatrecht und die in Immobilien nach dem Lagerecht.
c) Konsularabkommen zwischen der Bundesrepublik und der UdSSR vom 25. 4. 1958 (BGBl. II 1959, 233 u. 469). Nach Art. 28 Abs. 3 (*Jayme/Hausmann*, Fn. 4 zu Text Nr. 40) gilt für Immobilien Lagerecht. Der Vertrag gilt jedoch nicht für Berlin.

2. Handlungsanweisung für Verfügungen von Todes wegen mit Auslandberührung.
(1) Wer eine Verfügung von Todes wegen entwirft oder beurkundet, muß jeweils darauf achten, ob nicht ein Fall mit Auslandberührung vorliegt oder er später kollisionsrechtlich relevant werden könnte. Der fremdländisch klingende Name oder Akzent, das Aussehen oder der ausländische Wohnsitz eines Beteiligten müssen zur Frage nach der Staatsangehörigkeit veranlassen (BGH DNotZ 1963, 315 ff.; *Grader* DNotZ 1959,

30. Gemeinschaftliches Testament mit Auslandsberührung XVI. 30

563/566 f.; *Sturm* FS Ferid, 417/428). Ein weiteres Indiz ist die Lage von Vermögensgegenständen im Ausland.

(2) Sofern eine Auslandsberührung vorliegt, ist der deutsche Anknüpfungspunkt festzustellen, und zwar, falls keine Staatsverträge vorgehen, nach Art. 25 EGBGB n. F. (Staatsangehörigkeit) oder Art. 3 Abs. 3 EGBGB n. F. (Einzelstatut der auslandsbelegenen Sache). Dabei ist bei Vorfragen (Güterstand, Ehelichkeit der Abkömmlinge usw.) zu prüfen, ob für sie nicht selbständige Anknüpfungspunkte gegeben sind, die das Statut der Hauptfrage verdrängen. Zu beachten ist, daß es im deutschen IPR keine dem Art. 15 Abs. 2 Halbsatz 2 EGBGB entsprechende Vorschrift gibt und daher die Errichtung einer bei Beachtung deutschen Erbrechts wenigstens im Inland gültigen (hinkenden) Verfügung von Todes wegen nicht möglich ist (BGH DNotZ 1972, 692).

(3) Sofern die deutsche Kollisionsnorm auf fremdes Erbrecht (Erbstatut) verweist, sind zunächst
a) dessen Kollisionsnormen zu prüfen, ob sie nicht ganz oder teilweise (Nachlaßspaltung) auf deutsches Recht zurückverweisen oder gar auf ein drittes Recht weiterverweisen; trifft dies nicht zu, ist
b) aufgrund der erbrechtlichen Sachnormen des fremden Erbstatuts zu prüfen, ob die vom Erblasser gewünschte Verfügung zulässig ist.

(4) Nach deutscher Sicht ist für Verfügungen von Todes wegen die Ortsform auf jeden Fall ausreichend (siehe hierzu Art. 26 Abs. 1 Ziff. 2 EGBGB n. F. und Art. 1 TestÜbK). Soll die Verfügung auch in einem anderen Land Geltung haben, ist auch die dort geforderte Form zu ermitteln und anzuwenden. Da in vielen Rechtordnungen streitig ist, ob die Pflicht zur Zuziehung von Zeugen bei der Beurkundung eine Frage des formellen oder materiellen Rechts ist, sollten im Zweifel immer Zeugen zugezogen werden. Besondere Vorsicht ist geboten, wenn ein gemeinschaftliches Testament errichtet werden soll, weil viele Staaten diese Testamentsform nicht zulassen, d. h. entweder ausdrücklich verbieten oder aber im Gesetz keine Regelung vorsehen (*Seibold* BWNotZ 1979, 158; eingehend mit Länderübersicht *Umstätter* DNotZ 1984, 532).

(5) Muß die Verfügung wegen Nachlaßspaltung, Belegenheit des Nachlasses in verschiedenen Staaten, Beteiligung von Personen mit verschiedenem Erbstatut oder vorauszusehendem Statuswechsel in mehreren Ländern Wirksamkeit entfalten, so muß die Prüfung ihrer formellen und materiellen Gültigkeit aus der Sicht jedes dieser Länder vorgenommen werden. Danach muß durch entsprechende Gestaltung versucht werden, ihre Rechtsbeständigkeit und den Gleichlauf ihrer Wirkungen in den verschiedenen Ländern zu erreichen (*Ferid/Firsching* IntErbR, Bd. I Einf. Rdn. 42; *Blumenwitz* DNotZ 1968, 712/724; *Sturm* FS Ferid S. 417/424 f.). Diese Untersuchungen kann der Rechtsanwalt oder Notar, wenn er sich dazu befähigt fühlt, aufgrund der einschlägigen deutschen Literatur selbst vornehmen (*Grader* DNotZ 1959, 563/576). Standardwerke dazu sind: *Ferid/Firsching/Lichtenberger*, Internationales Erbrecht, 7 Bde. (Loseblatt), z.Zt. 4. Aufl.; *Jayme/Hausmann*, Internationales Privat- und Verfahrensrecht, 9. Aufl. 1998; *Makarov*, Quellen des Internationalen Privatrechts, I. Gesetzestexte, II. Texte der Staatsverträge, 3. Aufl. 1978, hrsg. von *Kropholler/Neuhaus/Waehler; Staudinger/ Firsching*, Internationales Erbrecht (Art. 24–26), 1981. In schwierigen Fällen sollte der Notar den Beteiligten jedoch die Einholung eines Gutachtens einer der in DNotZ 1974, 133 aufgeführten Institute für ausländisches und internationales Privatrecht anraten, wozu ihn *Sturm* FS Ferid S. 417/ 429 aus dem Gesichtspunkt der Betreuungspflicht heraus sogar für verpflichtet hält. Auskunftsersuchen nach dem Europäischen Rechtsauskunftsübereinkommen können Notare und Rechtsanwälte nicht stellen (*Wolf* NJW 1975, 1583/1584). In DNotZ 1979, 130 sind jedoch diejenigen ausländischen Notarorganisationen und Notare aufgeführt, die bereit sind, auf kollegialer Basis Auskünfte über ihre nationalen Rechte zu erteilen. Ohne genaue Untersuchung des fremden Rechts ein-

schließlich seiner Kollisionsnormen sollte nur bei naher Todesgefahr des Erblassers (*Sturm* FS Ferid S. 430) oder wenn die Beteiligten von sich aus die Wirksamkeit der Verfügung kraft eigener Kenntnis des ausländischen Rechts behaupten (*Josef* DNotZ 1930, 123; *Grader* DNotZ 1959, 563/576) eine letztwillige Verfügung beurkundet oder entworfen werden. Da viele Rechtsordnungen eine Bindung an Verfügungen von Todes wegen durch Erbvertrag oder gemeinschaftliches Testament ablehnen, sollte man in diesen Fällen jedenfalls getrennt testieren lassen (*Raape* DNotZ 1950, 183/190). Sodann empfiehlt sich die Aufnahme einer von *Kohler* DNotZ 1961, 195 angeregten Teilunwirksamkeitsklausel etwa mit folgendem Inhalt: „Sind einzelne der letztwilligen Verfügungen in Ländern, in denen sie Wirkung entfalten sollen, ganz oder teilweise unwirksam, so sollen sie jeweils, soweit zulässig, in erster Linie durch Auslegung, dann durch Umdeutung und letztlich durch Bestimmung eines vom Nachlaßgericht zu ernennenden Testamentsvollstreckers oder der entsprechenden Person im fremden Recht durch diejenige zulässige Regelung ersetzt werden, die dem Zweck der unzulässigen Verfügung am weitgehendsten nahekommt. Mangels einer passenden Ersatzregelung ist das Interesse des Bedachten in Geld zu ersetzen". Zum Selbstschutz des Notars sollte etwa folgender Belehrungsvermerk aufgenommen werden: „Es wurde darauf hingewiesen, daß auf den Tod des Testierers und damit auch auf das Testament ausländisches Recht Anwendung finden kann. Der Notar wies darauf hin, daß er zur Belehrung über den Inhalt ausländischer Rechtsordnungen nicht verpflichtet ist und er, soweit er Hinweise darüber erteilt hat, hierfür keine Haftung übernimmt. Die Beteiligten wurden ferner darauf hingewiesen, daß die Möglichkeit bestünde, ein Gutachten eines wissenschaftlichen Instituts über den Inhalt des ausländischen Rechts einzuholen. Hiervon wollten sie jedoch keinen Gebrauch machen und bestanden vielmehr auf der sofortigen Beurkundung".

3. Voraussichtliches Erbstatut. (1) Beim Tode des Ehemannes verweisen derzeit, dh. vorbehaltlich der Änderung der Staatsangehörigkeit, des Wohnsitzes oder auch des Kollisionsrechts, die Art. 25 EGBGB auf das britische Internationale Privatrecht. Großbritannien ist ein Mehrrechtsstaat, dessen kollisionsrechtliche Regelung jedoch einheitlich ist. Diese verweist hinsichtlich des unbeweglichen Vermögens auf das Recht des Lageorts zurück, so daß für die Dortmunder Grundstückshälfte des Mannes deutsches und für sein in Brighton gelegenes Grundstückseigentum englisches Erbrecht Anwendung findet. Mobilien werden nach dem Recht des letzten Domizils des Erblassers vererbt. „Domizil" ist nach britischem Recht jedoch nicht identisch mit dem deutschen „Wohnsitz", sondern bedeutet Heimat (*Raape* DNotZ 1950, 183/192). Man unterscheidet zwischen dem domicile of origin (Ursprungsdomizil), das mit der Geburt erworben wird und dem domicile of choice (Wahldomizil), das man durch Niederlassung in einem fremden Land mit der Absicht, dort für immer oder doch auf unbestimmte Zeit zu bleiben und nicht mehr auf Dauer ins Heimatland zurückzukehren, begründet (*Staudinger/Firsching* Art. 25 Rdn. 67). Im Zweifel wird der Fortbestand des Ursprungsdomizils vermutet. Man kann immer nur ein Domizil haben (*Dopffel* DNotZ 1976, 335/349). Damit steht aufgrund der in der Vorbemerkung aufgenommenen persönlichen Angaben und Äußerungen zur Frage des Domizils (*Staudinger/Firsching* Art. 25 Rdn. 67 S. 295) fest, daß die Mobilien des Ehemannes derzeit nach deutschem Recht vererbt würden. Sein Domizil und damit sein Erbstatut kann sich jedoch ändern, wenn sich die Eheleute etwa im Alter auf Dauer in ihrem Haus in Brighton niederlassen (*Dopffel* aaO. S. 353). Zum gleichen Ergebnis kommt man auch bei Zugrundelegung des britischen Rechts, so daß hier insoweit der erstrebte internationale Gleichklang vorliegt.

(2) Beim Tode der Ehefrau findet ebenfalls wieder vorbehaltlich der Änderung der Staatsangehörigkeit, des Wohnsitzes oder auch des Kollisionsrechts eines der beteiligten Staaten aus deutscher Sicht nach Art. 25 EGBGB deutsches Erbrecht Anwendung. Bezüglich ihrer Haushälfte in England findet jedoch nach Art. 3 Abs. 3 EGBGB n. F. engli-

30. Gemeinschaftliches Testament mit Auslandsberührung

sches Erbrecht Anwendung. Aus der Sicht des britischen Kollisionsrechts kommt für die Haushälfte in Dortmund deutsches und für die in England englisches Recht zur Anwendung. Für die Mobilien kommt deutsches Recht zur Anwendung, da die Ehefrau nach englischer Sicht ihr Domizil in Deutschland hat. Seit 1. 1. 1974 gilt die Ansicht des common law, Ehefrauen teilten immer das Domizil ihres Ehemannes, nicht mehr (*Dopffel* aaO. S. 349).

4. Um die Gleichmäßigkeit der Bestimmungen über den Widerruf nach beiden Rechten herbeizuführen, empfiehlt es sich, die nach deutschem Recht bestehende gesetzliche Regelung (§§ 2271 Abs. 1, 2, 2296 BGB) für das englische Recht ausdrücklich als testamentarische Bestimmung aufzunehmen (*Dopffel* aaO. S. 344).

5. Da das Testament unter Zugrundelegung des deutschen Erbrechts errichtet wird, aber auch in England gültig sein soll, müssen Begriffe und Rechtswirkungen des deutschen Rechts in der Urkunde allgemeinverständlich festgelegt und erklärt werden (*Dopffel* aaO. S. 245). Eine Bezugnahme auf deutsche gesetzliche Regelungen oder gar die Ausnützung deutscher gesetzlicher Auslegungsregeln ist untunlich.

6. Eine unmittelbare Bindung des Erblassers an eine getroffene Verfügung von Todes wegen ist dem englischen Erbrecht fremd. Dort ist jede Verfügung von Todes wegen frei widerruflich, selbst wenn der Testator ausdrücklich das Gegenteil erklärt haben sollte. Dies gilt grundsätzlich auch für wechselbezügliche Verfügungen (*Dopffel* aaO. S. 336; *Claudi* MittRhNotK 1981, 79/101). Allerdings sind vertragliche Beschränkungen der Testierfreiheit (sog. Testierverträge) im englischen Rechtskreis, anders als bei uns (§ 2302 BGB), grundsätzlich zulässig, machen bei Verstoß den Erblasser bzw. seine Erben schadensersatzpflichtig (*Dopffel* aaO. S. 337; *Claudi* aaO. S. 101) und führen über diesen schuldrechtlichen Umweg praktisch zum gleichen Ergebnis wie die deutsche Bindungswirkung bei Erbverträgen und gegenseitigen Ehegattentestamenten (BayObLGZ 1974, 223/ 226 = FamRZ 1975, 292 LS; BayObLGZ 1967, 418/429). Soll also eine Bindung sowohl nach deutschem als auch nach englischem Recht herbeigeführt werden, ist ausdrücklich der nach englischem Recht zulässige und erforderliche Testiervertrag mit der schuldrechtlichen Bindung aufzunehmen (*Dopffel* aaO. S. 344 f.).

7. Infolge der unterschiedlichen Auswirkungen einer Wiederverheiratung auf ein gemeinschaftliches Testament im deutschen und englischen Recht empfiehlt sich immer die Aufnahme einer Wiederverehelichungsklausel mit genauen Bestimmungen (*Dopffel* aaO. S. 342, 346).

8. Immer, wenn auf einen Erbfall auch englisches Recht zur Anwendung kommen kann, wird die Nachlaßabwicklung durch Ernennung eines Testamentsvollstreckers (executors) erleichtert (*Höynck* DNotZ 1964, 19/27).

9. Wie unter Anm. 1 Abs. 9 ausgeführt, ist eine solche Wahl des „Auslegungsstatuts" zulässig (*Dopffel* aaO. S. 354). Um Zweifel hinsichtlich der Ernsthaftigkeit der Anordnung zu beseitigen, auch im englischen Recht so weit wie möglich eine Bindung herbeizuführen, sollte bestimmt werden, daß sich die Bindungswirkung jeweils nach dem Erbstatut richtet, d. h. nach deutschem als echte Bindung und nach englischem nur schuldrechtlich (*Dopffel* aaO. S. 354).

10. Grundsätzlich ist es dem Notar ebenso wie den Beamten versagt, sich von der Haftung für Amtspflichtverletzungen freizuzeichnen (*Haug*, Die Amtshaftung des Notars, 2. Aufl. 1997, Rdn. 282 m.w.N.). Nach § 17 Abs. 3 Satz 2 BeurkG braucht der Notar jedoch über den Inhalt ausländischer Rechtsordnungen nicht zu belehren und sie demnach auch nicht zu kennen (*Haug* a.a.O., Rdn. 497). Ihre Kenntnis fällt somit nicht unter seine Amtspflichten, sehr wohl hingegen der Hinweis auf die Problematik der Auslandsberührung als solche (*Haug* a.a.O., Rdn. 496). Streitig ist hierbei nur, ob er die deutschen und fremden Kollisionsnormen kennen und über sie belehren muß oder ob er,

wie die wohl hM. annimmt, wenigstens die deutschen Kollisionsnormen einschließlich der Staatsverträge kennen muß, sich aber die Prüfung etwaiger Rück- oder Weiterverweisungen sparen kann (zum älteren Meinungsstand *Sturm* FS Ferid 1978 S. 417/422). Nach § 17 Abs. 3 Satz 1 BeurkG hat der Notar jedoch die Beteiligten darauf hinzuweisen, daß das beurkundete Geschäft fremdem Recht unterliegt oder zumindest hinsichtlich der Geltung deutschen Rechts Zweifel bestehen (Hinweispflicht). Er hat dies in der Urkunde zu vermerken, macht sich jedoch, falls der Hinweis erfolgt ist, durch das Unterlassen des Vermerks nicht haftpflichtig (BGH DNotZ 1974, 296). Der Hinweis ist nur erforderlich, wenn die Umstände des Falles (ausländischer Name, fremdländischer Akzent, Aussehen oder ausländischer Wohnsitz) Anlaß geben, an die Möglichkeit von Auslandsbeziehungen zu denken (BGH DNotZ 1963, 315). Nimmt der Notar diesen Hinweis in die Urkunde auf und die Beteiligten nehmen trotz der ungeklärten Rechtslage keinen Abstand von der Beurkundung, kann er unbedenklich nach und aufgrund deutschen Rechts verfahren und haftet nicht, falls die Urkunde ganz oder teilweise unwirksam ist, weil tatsächlich fremdes Recht Anwendung findet (*Sturm* FS Ferid S. 417/427/433; *Seybold/Hornig* BNotO, 5. Aufl. § 15 Rdn. 66 f. u. § 19 Rdn. 58; *Jansen* BeurkG, 2. Aufl. § 17 Rdn. 20 u. 23; *Keidel/Kuntze/Winkler* FGG Teil B BeurkG, 13. Aufl. § 17 Rdn. 23; *Grader* DNotZ 1959, 563/569 f.). Interessant ist hierzu auch die Meinung des BGH (DNotZ 1981, 451/453), wenn deutsche Beteiligte einen ausländischen Notar aufsuchten, komme einem Verzicht auf Belehrung gleich, da von ihm regelmäßig keine Kenntnis des fremden Rechts und damit eine umfassende Belehrung erwartet werden könne. Belehrt der Notar jedoch über das ausländische Recht, und das ist letztlich immer der Fall, wenn er die Urkunde entsprechend dem fremden Recht abzufassen versucht, muß die Belehrung richtig sein (*Ferid* IPR, JA-Sonderheft 1975 Nr. 3–59 S. 71). Dies folgt aus dem Grundsatz, daß eine Auskunft sachgerecht, unmißverständlich und vollständig zu erteilen ist, auch wenn eine Pflicht zu ihrer Erteilung nicht besteht (*Palandt/Thomas* § 839 Rdn. 44 mwN.). Wohl kann aber der Notar im Rahmen der gesetzlichen Haftungsbeschränkung des § 17 Abs. 3 BeurkG, falls er über fremdes Recht belehrt, den Umfang seiner Amtspflicht und damit seiner Haftung ausdrücklich einschränken (siehe bezgl. der Bestimmung des Umfangs der Amtspflicht durch die Beteiligten *Seybold/Hornig* aaO. § 19 Rdn. 59–61). Er legt dadurch seine hinsichtlich des fremden Rechts eingeschränkte Kompetenz offen, verhindert, daß durch seine Tätigkeit insoweit ein Vertrauenstatbestand geschaffen wird und die Beteiligten nehmen, wenn sie trotzdem weiterhin seine Dienste in Anspruch nehmen, eine fehlerhafte Anwendung fremden Rechts mit allen Folgen in Kauf (*Sturm* aaO. S. 421). Der gleiche Gedanke führt auch zur Haftungsbeschränkung, wenn sich der Notar, wozu er nach *Sturm* aaO. S. 429 und entgegen *Grader* DNotZ 1959, 563/570 aufgrund seiner Betreuungspflicht verpflichtet sein soll, eines Gutachtens bedient, das meist ohne Gewähr erstattet wird und dieses sich als unrichtig erweisen sollte (*Sturm* aaO. S. 432 f.), sofern er nur in der Urkunde auf den Haftungsausschluß hinweist. Sorgfältige Abfassung des Hinweises ist geboten, da die allgemeinen Versicherungsbedingungen vieler deutscher Haftpflichtversicherungen den Versicherungsschutz für Schäden ausschließen, die wegen Verletzung oder Nichtbeachtung ausländischen Rechts entstehen.

11. Steuern. Der deutsche Gesetzgeber knüpft die Erbschaft- und Schenkungssteuer nicht daran, ob die vererbten oder verschenkten Vermögenswerte von einem deutschen oder fremden Staatsangehörigen stammen (Zuwendungsgeber) oder erworben werden (Zuwendungsempfänger) oder ob ihr Gegenstand sich in Deutschland oder im Ausland befindet (Belegenheit der Sache). Für die persönliche Steuerpflicht (Erbanfallsteuer) ist vielmehr § 2 ErbStG maßgebend, der zwischen unbeschränkter und beschränkter persönlicher Steuerpflicht unterscheidet. Unbeschränkte Steuerpflicht, dh. für den ganzen Erwerb ohne Rücksicht auf die Belegenheit der Sache im In- oder Ausland tritt ein, wenn entweder der Zuwendungsgeber zum Zeitpunkt des Erbfalls oder der Schenkung oder

der Zuwendungsempfänger zum Zeitpunkt des Erwerbs Inländer ist. In Inländerbegriff ist in § 2 ErbStG definiert. Natürliche Personen sind Inländer, wenn sie ihren Wohnsitz oder gewöhnlichen Aufenthalt (§§ 8, 9 ErbStG) im Inland (Bundesrepublik, West-Berlin, Festlandsockel § 2 Abs. 2 ErbStG) haben. Körperschaften, Personenvereinigungen, Vermögensmassen, Stiftungen sind Inländer, wenn sie Geschäftsleitung (§ 10 ErbStG) oder Sitz (§ 11 ErbStG) im Inland haben. Inländer bleiben ferner in Erweiterung dieses Begriffes alle deutschen Staatsangehörigen bis zu 5 Jahren nach ihrem Wegzug ins Ausland und alle deutschen Staatsangehörigen und deren Angehörigen im Ausland, die in einem Dienstverhältnis zu einer inländischen Körperschaft des öffentlichen Rechts stehen und aus einer inländischen öffentlichen Kasse Arbeitslohn beziehen (d.h. die Angehörigen des auswärtigen Dienstes). Ferner besteht für die Zeit zwischen 5 bis 10 Jahren nach dem Wegzug eines deutschen Staatsangehörigen ins Ausland eine sog. erweiterte beschränkte Steuerpflicht bezüglich verschiedener Inlandsgegenstände über den § 121 BewG hinaus (*Langenfeld/Gail* VII Rz. 314–316). Ist weder der Zuwendungsgeber noch der Zuwendungsempfänger Inländer, so beschränkt sich die Besteuerung auf das Inlandsvermögen i. S. des § 121 BewG (beschränkte Erbschaftsteuerpflicht). Der Zuwendungsempfänger bei Erwerben von DDR-Bewohnern wird wie jeder andere inländische Erwerber behandelt, jedoch entfällt die Steuerpflicht für den Erwerb von Vermögenswerten, die sich im Gebiet der DDR befinden. Auslandserwerbe werden nicht zur Erbschaftsteuer herangezogen, wenn mit dem betreffenden Land ein Doppelbesteuerungsabkommen (DBA) besteht (siehe bezgl. DBA *Troll* Erbschaftsteuer- und Schenkungssteuergesetz, 6. Aufl. § 2 Rdn. 31–40). Bei Zuwendungsempfängern, die mit ihrem ausländischen Erwerb im Ausland zu einer der deutschen Erbschaftsteuer entsprechenden Steuer herangezogen werden, ist diese, sofern der Auslandserwerb auch der deutschen Erbschaftsteuer unterliegt, auf die deutsche Steuer anzurechnen (§ 21 Abs. 1 ErbStG). Deutschland hat mit Großbritannien kein Doppelbesteuerungsabkommen bezgl. der Erbschaftsteuer. Großbritannien erhebt keine Erbanfallsteuer, sondern eine Nachlaßsteuer, die den gesamten ungeteilten Nachlaß umfaßt, ohne Rücksicht darauf, unter wieviel Erben oder Vermächtnisnehmer er aufgeteilt werden muß (*Troll* aaO. Anh. zu § 21 Rdn. 13).

12. Kosten und Gebühren. Für die Beurkundung des gemeinschaftlichen Testaments wird nach § 46 Abs. 1 KostO eine doppelte Gebühr und für seine obligatorische Verwahrung beim Amtsgericht eine viertel Gebühr nach § 101 KostO erhoben. Die Gebühren berechnen sich jeweils gem. § 46 Abs. 4 KostO aus dem Verkehrswert des beiderseitigen vererbbaren Vermögens nach Abzug der Verbindlichkeiten (reines Vermögen) und zwar wird dieser Wert auch dann nur einmal gerechnet, wenn über dieselbe Masse oder denselben Gegenstand im Testament mehrmals verfügt wird (*Korintenberg/Lappe/Bengel/Reimann* KostO, § 46 Rdn. 22). In der Regel sind die Angaben des Testators über den Wert seines Vermögens zugrunde zu legen (§ 46 Abs. 5 KostO. Erstattet der Notar selbst das erforderliche Gutachten über die Anwendung ausländischen Rechts und die Wirkungen des Testaments im Ausland, so steht ihm daneben mindestens die halbe Gebühr nach § 147 Abs. 1 KostO zu (*Grader* DNotZ 1959, 563/577 Fn. 27). Handelt es sich bei dem Gutachten jedoch um eine die Judikatur und Literatur im wesentlichen erschöpfende Darstellung der Rechtslage mit einer begründeten Stellungnahme des Notars, so steht ihm entgegen § 140 KostO, auch wenn er das Testament selbst beurkundet, für diese Nebentätigkeit i.S. des § 8 Abs. 3 BNotO eine angemessene, frei zu vereinbarende Vergütung zu (*Korintenberg/Lappe/Bengel/Reimann* KostO § 147 Rdn. 143). Holt der Notar ein Gutachten ein, so sollte er sich dazu von den Beteiligten schriftlich unter Hinweis auf die Kostenfolge beauftragen lassen, damit diese sich später nicht unter Hinweis auf § 137 Ziff. 4 KostO weigern, die evtl. über die Entschädigung nach dem ZuSEntschG hinausgehenden Kosten des Gutachtens zu erstatten. Zweckmäßig ist zugleich auch die Erhebung eines Kostenvorschusses.

31. Erbvertrag mit Unterhalts- und Verfügungsunterlassungsvertrag[1,2]

Verhandelt zu ......
am ...... (kann nur in notarieller Urkunde errichtet werden!)
(weiter wie Form. XV. 15)

§ 1 Vertragliche Vermächtniseinsetzung

(1) Ich, die A, vermache hiermit, unter Aufrechterhaltung der gesetzlichen Erbfolge und zu Lasten meiner Erben erbvertraglich[3] und damit bindend mit der C, dieser mein in M-Stadt in der R-Straße Nr. ...... gelegenes Einfamilienhausgrundstück, eingetragen im Grundbuch von M-Stadt Blatt Nr. ...... mit der Flst. Nr. ...... Ersatzvermächtnisnehmer sind die Abkömmlinge der C, einschließlich adoptierter, jedoch mit Ausnahme nichtehelicher Kinder männlicher Nachkommen und ihren Abkömmlingen, zu den ihren gesetzlichen Erbquoten nach der C zum Zeitpunkt meines Todes entsprechenden Bruchteilen. Ich, die C, nehme diese Erklärung hiermit als erbvertragliche an.[7]

(2) Durch einseitige Verfügung[4] vermache ich, die A, hiermit meiner Schwägerin E den Sarough-Perserteppich aus meinem Wohnzimmer. Ersatzvermächtnisnehmer bestelle ich nicht.

(3) Die A behält sich die Einsetzung gewillkürter Erben vor.

§ 2 Verfügungsunterlassungsanspruch und bedingter Übertragungsanspruch[5,6]

(1) Die A verpflichtet sich hiermit schuldrechtlich gegenüber der C und nach deren Wegfall gegenüber den Ersatzvermächnisnehmern gem. § 1 Abs. 1, über das unter § 1 Abs. 1 beschriebene Hausgrundstück nicht zu verfügen oder sich zu einer solchen Verfügung zu verpflichten.

(2) Sollte die A gegen diese Verpflichtung verstoßen oder gegen das Grundstück Zwangsvollstreckungsmaßnahmen ergriffen werden, so können die C bzw. nach ihrem Wegfall die Ersatzvermächtnisnehmer verlangen, daß die A unter dem Vorbehalt ihres lebtäglichen und unentgeltlichen Nießbrauchs das genannte Hausgrundstück sofort der C oder nach ihrem Wegfall den unter § 1 Abs. 1 genannten Ersatzvermächtnisnehmern, die insoweit ein eigenes Recht erhalten, auf deren Kosten unentgeltlich zu Eigentum überträgt. Zur Sicherung dieser bedingter Übertragungsansprüche bewilligt die A und beantragt die C die Eintragung je einer Vormerkung zu ihren Gunsten und im Rang danach für den Fall ihres Wegfalles zu Gunsten der Ersatzvermächtnisnehmer gem. § 1 Abs. 1 zu den dort genannten Bruchteilen im Grundbuch an bereitester Rangstelle[9]

(3) Die Unterhaltsverpflichtung gemäß § 3 wird durch die Übertragung desEigentums auf die C oder die Ersatzvermächtnisnehmer nicht berührt. Zur Sicherung des Rückübertragungsanspruchs der A für den Fall ihres berechtigten Rücktritts gemäß § 4 Abs. 2 ist bei Übertragung des Eigentums am Grundstück eine Rückübertragungsvormerkung für sie im Grundbuch einzutragen.

§ 3 Unterhaltsvertrag

Ich, die C, verpflichte mich, die A bis zu ihrem Tod in gesunden und kranken Tagen zu pflegen und zu verpflegen, und zwar auch bei dauernder Pflegebedürftigkeit. Die C hat dabei, sofern es der Gesundheitszustand der A erfordert, bei ihr Wohnung zu nehmen. Ferner hat die C das von der Berechtigten bewohnte Einfamilienhaus in der R-Straße Nr. ...... zu reinigen, ihre Wäsche zu waschen, die Kleider auszubessern und der Berechtigten die notwendigen Dienste und Handreichungen zu leisten sowie die erfor-

31. Erbvertrag mit Unterhalts- und Verfügungsunterlassungsvertrag   XVI. 31

derlichen Gänge zu erledigen. Dabei sind die hierfür von der C, ihren Familienangehörigen oder einer gem. § 4 Abs. 2 gestellten Ersatzkraft geleisteten persönlichen Dienste unentgeltlich, während alle anderen Aufwendungen, insbesondere die Kosten für die Nahrungs- und Verbrauchsmittel, einschließlich der eigenen Verpflegung der C, wenn sie bei der A wohnt, sowie die der Gegenstände des persönlichen Gebrauchs der Berechtigten und ihrer Arzt-, Arznei- und Krankenhauskosten von der A zu tragen sind.

§ 4 Verbindung der Verträge[8]

(1) Der Unterhaltsvertrag unter § 3 erfolgt im Hinblick auf die unter §§ 1 und 2 getroffenen Vereinbarungen hinsichtlich des Einfamilienhausgrundstücks. Die Wirksamkeit dieser Verträge wird hiermit wechselseitig zu ihrer Bedingung gemacht.

(2) Sollte die C ihre unter § 3 übernommenen Verpflichtungen trotz erfolgter Abmahnung objektiv nicht ordnungsgemäß erfüllen, ist die A zum Rücktritt vom Erbvertrag und den unter § 2 eingegangenen Verpflichtungen berechtigt.[5] Dieses Rücktrittsrecht steht ihr auch zu, wenn die C wegfällt oder infolge Krankheit zur Leistung der von ihr unter § 3 übernommenen Verpflichtungen unfähig wird und die C oder ihre Erben keine der A genehme Ersatzkraft stellen. Im Falle des berechtigten Rücktritts der A steht der C oder ihren Rechtnachfolgern kein Anspruch auf Entgelt für bereits aufgrund § 3 geleistete Dienste zu. Weitere Rücktrittsrechte werden nicht vereinbart.

(3) Die A verzichtet auf ihr Anfechtungsrecht nach §§ 2078, 2079 BGB.[5]

§ 5 Schlußformel[10, 11] (wie Form. XV. 15)

Schrifttum: Beckmann, Die Aushöhlung von Erbverträgen und gemeinschaftlichen Testamenten durch Rechtsgeschäft unter Lebenden, MittRhNotK 1977, 25; *Bühler,* Zur Wechselbezüglichkeit und Bindung beim gemeinschaftlichen Testament und Erbvertrag, DNotZ 1962, 359; *Coing,* Wie ist die bindende Wirkung von Erbverträgen zu ermitteln?, NJW 1958, 689; *Knieper,* Die Verbindung des Erbvertrages mit anderen Verträgen, DNotZ 1968, 331; *Nieder,* Hdb. d. Testamentsgestaltung, 1992 Rdn. 377 ff., 579, 784 u. 969 ff.; *Nolting,* Inhalt, Ermittlung und Grenzen der Bindung beim Erbvertrag, 1985; *Recker,* Schutz des von Todes wegen Bedachten, Mitt RhNotK 1978, 125; *Reithmann,* Erbverträge zwischen mehr als zwei Beteiligten, DNotZ 1957, 527; *Strobel,* Mittelbare Sicherung erbrechtlicher Erwerbsaussichten, 1982.

Anmerkungen

1. Sachverhalt. Die A steht im hohen Alter, ist verwitwet und hat keine Abkömmlinge, nur verschiedene Nichten und Neffen, denen sie sich nicht verpflichtet fühlt. Sie möchte sich mit der Substanz ihres Einfamilienhauses Aufwartung und Pflege in ihren altersschwachen Tagen sichern. Ihre langjährige Hausangestellte C, der sie vertraut, ist dazu bereit, wenn sie nach dem Tod der C deren Hausgrundstück erhält und dieser Anspruch entsprechend abgesichert wird.

2. Anwendungsfälle. Ein Erbvertrag kann mit einem anderen Vertrag in derselben Urkunde verbunden werden (§ 34 Abs. 2 BeurkG). Für den Ehevertrag ist diese Möglichkeit ausdrücklich in § 2276 Abs. 2 BGB aufgeführt. Neben dem Ehevertrag kommen als Verträge, die in der Praxis mit einem Erbvertrag verbunden werden, hauptsächlich der Erbverzichtsvertrag (§§ 2346 ff BGB, BGHZ 22, 364) und, wie im Formular, der sog. Verpfründungsvertrag in Betracht. Bei einem Verpfründungsvertrag wird die Verpflichtung übernommen, den Erblasser bis zu seinem Tod zu unterhalten, während dieser den Verpflichteten durch den Erbvertrag zum Erben oder, wie hier, zum Vermächtnisnehmer einsetzt (BGHZ 36, 65/70 = NJW 1962, 249/250). Ob derart verbundene Verträge eine rechtliche Einheit bilden, richtet sich nach dem Willen der Vertragsparteien, dem sog. Einheitlichkeitswillen oder Motiv des Zusammenhangs (§§ 139, 2085 BGB). Liegt dieses Motiv vor, bedarf auch das mit dem Erbvertrag zusammenhängende Geschäft der Form des § 2276 BGB, sonst unterliegt jede der Vereinbarungen den für sie geltenden Formvorschriften (BGHZ 36, 71). Auch wenn der Erbvertrag im Hinblick auf die Versorgungszusage des anderen Vertragschließenden geschlossen wird, stehen dennoch die vertragsmäßigen Zuwendungen nicht im Verhältnis der Leistungen eines gegenseitigen Vertrages im Sinne der §§ 320 ff BGB zueinander (BGHZ 29, 129 = NJW 1959, 625; BGHZ 50, 63/ 72; MünchKomm/ *Musielak*, 2. Aufl. Einl. § 2274 Rdn. 21).

3. Die Bindungswirkung vertragsmäßiger Zuwendungen und Auflagen. (1) Über die Arten der Erbverträge, die Form ihrer Errichtung und die Vertragschließenden siehe Form. XV. 15 Anm. 2 bis 6. § 2280 BGB überträgt die Auslegungsregel zugunsten der Einheitslösung des § 2269 BGB auf den Ehegattenerbvertrag, so daß, wenn sich Ehegatten durch vertragsmäßige Verfügungen gegenseitig im Erbvertrag zu Erben und einen Dritten als Erben des Längstlebenden einsetzten, dies im Zweifel dahin auszulegen ist, daß der Überlebende Vollerbe des Erstversterbenden und der Dritte Schlußerbe des Längstlebenden sein soll.

(2) **Bindungswirkung.** Verfügungen von Todes wegen sind grundsätzlich letztwillige Verfügungen, dh. sie sind frei widerruflich (§ 2253 Abs. 1 BGB). Ausnahmen hiervon sind das gemeinschaftliche Testament, dessen Bindungswirkung aber erst nach dem Tod eines der Ehepartner eintritt (§ 2271 Abs. 2 BGB) und der Erbvertrag, der bindende Verfügungen zugunsten des anderen Vertragsschließenden bereits zu Lebzeiten des Erblassers zuläßt. Diese Bindung folgt aus der Rechtsnatur des Erbvertrages als „wirklichem Vertrag" (BGHZ 26, 204/208 = NJW 1958, 498). Auf dieser Bindung beruht die Vorschrift des § 2289 Abs. 1 BGB. Er bestimmt

a) einerseits, daß durch den Erbvertrag frühere letztwillige Verfügungen des Erblassers aufgehoben werden, soweit sie das Recht des vertragsmäßig Bedachten beeinträchtigen würden (§ 2289 Abs. 1 Satz 1 BGB, Aufhebungswirkung). Dieser Aufhebungseffekt ist wesentlich stärker als der eines widersprechenden Testaments nach § 2258 BGB. Während beim widersprechenden Testament sich die Aufhebungswirkung durch Auslegung ergeben muß, ist es beim Erbvertrag genau umgekehrt, hier müßte sich der Fortbestand der früheren beeinträchtigenden Verfügung durch Auslegung ergeben (*Johannsen* DNotZ 1977, 70 f). Ferner umfaßt das „beeinträchtigen" des § 2289 Abs. 1 Satz 1 BGB im Gegensatz zu dem „in Widerspruch stehen" des § 2258 BGB neben den rechtlichen auch bloße wirtschaftliche Beeinträchtigungen des vertragsmäßig Bedachten (BGHZ 26, 204). Umgekehrt liegt aber eine zur Unwirksamkeit führende Beeinträchtigung auch dann vor, wenn die Verfügung den Vertragspartner nur rechtlich beeinträchtigt, wirtschaftlich aber begünstigt (BGH aaO.). Die Aufhebungswirkung entfällt, wenn der Erbvertrag später durch rechtsgeschäftliche Aufhebung oder Rücktritt beseitigt wird, oder durch Wegfall des Bedachten vor oder nach dem Erbfall gegenstandslos wird (*Palandt/Edenhofer* § 2289 Rdn. 2).

b) andererseits sind aber auch nachträgliche Verfügungen von Todes wegen des Erblassers unwirksam, soweit sie das Recht des vertragsmäßig Bedachten beeinträchtigen (§ 2289 Abs. 1 Satz 2 BGB, Bindungswirkung). Der Erblasser kann somit die vertragsmäßigen Verfügungen nicht durch eine neue Verfügung von Todes wegen widerrufen. Diese Bindungswirkung betrifft nur die sog. vertragsmäßigen Verfügungen von Todes wegen (§ 2278 Abs. 1 BGB). Vertragsmäßig können nur Erbeinsetzung, Vermächtnisse und Auflagen getroffen werden (§ 2278 Abs. 2 BGB). Alle anderen Anordnungen wie zB. Ernennung eines Testamentsvollstreckers (§ 2197 BGB), familienrechtliche Anordnungen, Enterbung (§ 1938 BGB), Teilungsanordnungen (§ 2048 BGB), Entziehung des Pflichtteils (§§ 2333 ff BGB) und Auflassungsvollmacht für den Todesfall können im

31. Erbvertrag mit Unterhalts- und Verfügungsunterlassungsvertrag

Erbvertrag nur einseitig (§ 2299 BGB) erfolgen. Eine Vermutung dafür, daß in einem Erbvertrag getroffene Verfügungen soweit zulässig grundsätzlich vertragsmäßig erfolgen, besteht nicht (RGZ 116, 321). Wohl sieht jedoch die Rspr. es als Anzeichen der Vertragsmäßigkeit an, wenn die Zuwendung an einen Vertragspartner (BGHZ 26, 204/208 = NJW 1958, 498) oder einen mit ihm verwandten Dritten (BGH LM § 2278 Nr. 4) erfolgen. Es ist daher notwendig, im Erbvertrag zur Vermeidung von Zweifeln ausdrücklich abzugrenzen, wieweit die einzelnen Verfügungen vertraglich oder einseitig gewollt sind (*Dittmann/Reimann/Bengel*, 2. Aufl. § 2299 Rdn. 10; *Palandt/Edenhofer* § 2278 Rdn. 3; MünchKomm/ *Musielak*, 2. Aufl. § 2278 Rdn. 3). Nach der hM. (BGHZ 26, 208; *Staudinger/Dittmann* § 2278 Rdn. 2; BGH NJW 1982, 441; OLG Stuttgart Die Justiz 1985, 395) muß im Erbvertrag mindestens eine Verfügung vertragsmäßig und damit bindend sein. Nach § 2279 Abs. 1 BGB finden auf vertragsmäßige Verfügungen die für letztwillige Zuwendungen und Auflagen geltenden Vorschriften entsprechende Anwendung, dh. soweit sich nicht aus den §§ 2274 bis 2298 BGB oder aus dem Wesen des Erbvertrages etwas anderes ergibt (RGZ 67, 65; MünchKomm/*Musielak* § 2279 Rdn. 1; siehe zu der entspr. Anwendung der einzelnen Vorschriften insb. *Dittmann/ Reimann/Bengel* aaO. § 2279 Rdn. 1–10). So gilt für einseitige erbvertragliche Verfügungen auch § 2085 BGB über die Teilunwirksamkeit einer einheitlichen Verfügung von Todes wegen. Für wechselbezügliche (zweiseitige) vertragliche Verfügungen trifft dagegen § 2298 BGB eine dem § 2085 BGB vorgehende Sonderregelung (MünchKomm/ *Musielak*, 2. Aufl. § 2279 Rdn. 2).

(3) **Wechselbezügliche Erbverträge.** Von der Vertragsmäßigkeit ist beim Erbvertrag die Wechselbezüglichkeit zu unterscheiden. Nach § 2298 Abs. 1 BGB, der insoweit § 2085 BGB vorgeht, hat bei einem zweiseitigen oder gemeinschaftlichen Erbvertrag, dh. einem von zwei Personen abgeschlossenen, in dem sich beide vertragsmäßig entweder gegenseitig bedenken (gegenseitiger Erbvertrag) oder zugunsten eines Dritten verfügen, im Zweifel die Nichtigkeit einer dieser vertragsmäßigen Verfügungen die Unwirksamkeit des ganzen Ver trages zur Folge, dh. der vertragsmäßigen Verfügungen beider Teile. Die beiderseitigen vertragsmäßigen Verfügungen sind damit gegenseitig voneinander abhängig (Wechselbezüglichkeit). Dabei wird die gegenseitige Abhängigkeit vertraglicher Verfügungen im zweiseitigen Erbvertrag vermutet (§ 2298 Abs. 1 BGB), wogegen das Fehlen einer solchen Abhängigkeit als Ausnahmetatbestand behauptet und bewiesen werden muß (§ 2298 Abs. 3 BGB). Diese Folge tritt jedoch nur für den Fall der ursprünglichen oder durch Anfechtung herbeigeführten Nichtigkeit ein, während bei Gegenstandslosigkeit der vertragsmäßigen Verfügungen durch Vorversterben des Bedachten, Erbausschlagung, Zuwendungsverzicht des Dritten oder Erb- oder Vermächtnisunwürdigkeit nach der hM. (*Bühler* DNotZ 1962, 359/367; MünchKomm/*Musielak*, 2. Aufl. § 2298 Rdn. 3 mwN.) die Auswirkungen nicht nur auf die eigenen, sondern auch auf die vertragsmäßigen Verfügungen des Vertragsgegners nach § 2085 BGB beurteilt werden. Damit ist anders als beim gemeinschaftlichen Testament beim Erbvertrag eine Wechselbezüglichkeit möglich, die alle Fälle der Unwirksamkeit umfaßt. Wird nämlich eine vertragliche Verfügung des einen Erblassers durch Vorversterben oder Erbverzicht des Bedachten gegenstandslos, so kann bei Vorliegen der Voraussetzungen des § 2085 BGB, anders als beim gemeinschaftlichen Testament, dies zur automatischen Unwirksamkeit der Verfügungen des anderen Erblassers führen. Der Erbvertrag ist dadurch wesentlich geeigneter als das gemeinschaftliche Testament, eine volle Abhängigkeit der beiderseitigen Verfügungen zu erreichen (*Bühler* DNotZ 1962, 359/367f). Durch die Ausübung eines in einem gegenseitigen Erbvertrag vorbehaltenen Rücktrittsrecht (§ 2293 BGB) durch einen Vertragsschließenden werden im Zweifel sämtliche vertragsmäßigen Verfügungen (§ 2298 Abs. 2 Satz 1 BGB) und in der Folge auch die einseitigen Verfügungen (§ 2299 Abs. 3 BGB) aufgehoben. Ferner erlischt das Rücktrittsrecht im Zweifel mit dem Tode des Vertragspartners (§ 2298 Abs. 2 Satz 2 BGB). Der Überlebende kann

dann jedoch, wenn er das ihm durch Vertrag Zugewendete ausschlägt, seine Verfügungen durch Testament aufheben (§ 2298 Abs. 2 Satz 3 BGB). Wegen der Auslegungsregel des § 2298 Abs. 3 BGB ist es beim gegenseitigen Erbvertrag besonders wichtig, die Folgen der Unwirksamkeit einzelner vertragsmäßiger Verfügungen sowie das Schicksal eines vorbehaltenen Rücktrittsrechts beim Tode des Vertragsgegners ausdrücklich in der Urkunde zu regeln.

4. Einseitige Verfügungen im Erbvertrag. In einem Erbvertrag können neben mindestens einer vertragsmäßigen Verfügung auch einseitige Verfügungen von Todes wegen getroffen werden, und zwar auch von dem nur annehmenden Teil (§ 2299 Abs. 1 BGB). Hierbei ist jede Art von Verfügungen zulässig, die auch in einem einfachen Testament zulässig wäre. Auf sie ist das Testamentsrecht ohne Einschränkung anwendbar (§ 2099 Abs. 2 Satz 1 BGB). Werden einzelne vertragsmäßige Verfügungen in einem Erbvertrag gegenstandslos, so richten sich die Folgen für andere in ihm enthaltenen einseitigen Verfügungen nach § 2085 BGB (MünchKomm/*Musielak*, 2. Aufl. § 2298 Rdn. 2). Ist der gesamte Erbvertrag unwirksam, dann umfaßt die Unwirksamkeit auch die in ihm enthaltenen einseitigen Verfügungen (MünchKomm/ *Musielak* aaO.). Dagegen kann die Nichtigkeit einer einseitigen Verfügung keine Bedeutung für die Gültigkeit vertragsmäßiger haben (MünchKomm/*Musielak*, 2. Aufl. § 2298 Rdn. 2; aM. *Bühler* DNotZ 1962, 359/368 f), es sei denn, die Geltung der einseitigen Verfügung ist zur Bedingung für die Wirksamkeit der vertragsmäßigen erhoben oder der Erblasser hat sich für den Fall der Unwirksamkeit der einseitigen den Rücktritt von den vertragsmäßigen Verfügungen vorbehalten (MünchKomm/*Musielak*, 2. Aufl. § 2298 Rdn. 2). Einseitige Verfügungen können vom Erblasser wahlweise einseitig (§ 2299 Abs. 2 Satz 1 BGB) oder durch Vertrag zusammen mit vertragsmäßigen Verfügungen aufgehoben werden (§ 2299 Abs. 2 Satz 2 BGB).

5. Die Grenzen der Bindungswirkung vertragsmäßiger Zuwendungen. (1) **Vorbehalt des Erblassers.** Aufgrund der Vertragsfreiheit kann die vertragsmäßige Bindung im Erbvertrag in der Form des § 2276 BGB ausdrücklich oder stillschweigend durch den Vorbehalt des Rechts eingeschränkt oder gelockert werden, daß der Erblasser im bestimmten Rahmen über seinen Nachlaß anders als im Erbvertrag verfügen darf, zB. Vorbehalt von Vermächtnissen und Auflagen (OLG Düsseldorf OLGZ 66, 68) oder der anderweitigen Verteilung des Gesamtnachlasses durch den überlebenden Ehegatten (LG Koblenz JurBüro 1968, 254). Der BGH (BGHZ 26, 204/208 = NJW 1958, 498) verlangt jedoch dabei, daß mindestens eine vertragsmäßige Anordnung vom Vorbehalt nicht erfaßt wird, sondern für den Erblasser verbindlich bleibt, da sonst der Vertrag seines eigentlichen Wesens entkleidet würde (eingehend hierzu OLG Stuttgart Die Justiz 1985, 395). Die Testfrage, ob und in welchem Umfang ein solcher Vorbehalt zulässig ist, lautet demnach, ob es zulässig wäre, durch vertragsmäßige Verfügung von vornherein das anzuordnen, was sich nach Ausübung des Vorbehalts ergibt (MünchKomm/ *Musielak*, 2. Aufl. § 2278 Rdn. 19). Die Vorbehaltsklausel entspricht der Freistellungsklausel beim gemeinschaftlichen Testament.

(2) **Beschränkung in guter Absicht.** Nach § 2289 Abs. 2 BGB kann für den Fall, daß sich der bedachte, pflichtteilsberechtigte Abkömmling in solchem Maß der Verschwendung ergeben oder derart überschuldet ist, daß sein späterer Erwerb erheblich gefährdet ist, der Erblasser trotz vertraglicher Bindung die Zuwendung an den Abkömmling im Rahmen des § 2338 BGB in guter Absicht beschränken (siehe hierzu Form. XVI. 18).

(3) **Zustimmung des Bedachten.** Ob das Einverständnis des Vertragsgegners bzw. des Bedachten die Bindungswirkung beseitigt und damit zur Wirksamkeit beeinträchtigender Verfügungen führt, ist umstritten (für formloses Einverständnis des Bedachten: RGZ 134, 325; RGRK/*Kregel* § 2289 Rdn. 3; *Lange/Kuchinke*, 3. Aufl. § 37 III 3 mwN.; dagegen Freistellung nur durch notariellen Vertrag mit Vertragsgegner oder Bedachtem

31. Erbvertrag mit Unterhalts- und Verfügungsunterlassungsvertrag XVI. 31

nach dem §§ 2290 oder 2352 BGB: BGH NJW 1989, 2618; *Staudinger/Kanzleiter* § 2289 Rdn. 19; MünchKomm/*Musielak*, 2. Aufl. § 2289 Rdn. 18; *Palandt/Edenhofer* § 2289 Rdn. 5; OLG Hamm NJW 1974, 1774 = Rpfleger 1974, 223).

(4) **Unwirksamkeit durch Eheauflösung.** Nach § 2279 Abs. 2 BGB finden auf einen Erbvertrag zwischen Ehegatten oder Verlobten die Vorschriften des § 2077 BGB Anwendung, und zwar auch soweit ein Dritter bedacht ist, dh. die Verfügung ist im Falle der Auflösung der Ehe oder Verlobung unwirksam, sofern sie nicht auch für diesen Fall getroffen ist.

(5) **Aufhebungsvertrag.** Der ganze Erbvertrag, einschließlich der darin enthaltenen einseitigen Verfügungen (§ 2299 Abs. 2 Satz 2 BGB), sowie einzelne vertragsmäßige Verfügungen können durch Vertrag von den Personen aufgehoben werden, die ihn geschlossen haben (§ 2290 Abs. 1 BGB). Nach § 2290 Abs. 1 Satz 2 BGB entfällt die Möglichkeit eines Aufhebungsvertrages nach dem Tode eines der Vertragsschließenden. Der im Erbvertrag bedachte Dritte, der nicht Vertragsschließender war, kann keinen Aufhebungsvertrag schließen und hat kein Recht auf Mitwirkung beim Aufhebungsvertrag (LG Mosbach MDR 1971, 222). Der Dritte kann aber in einem Zuwendungsverzichtsvertrag gem. § 2352 Satz 2 BGB mit dem Erblasser auf seine Zuwendungen verzichten. Dies kann dagegen ein im Erbvertrag bedachter Vertragspartner nicht, weil das Gesetz für diesen Fall den Aufhebungsvertrag vorsieht, für den strengere Formvorschriften gelten (OLG Hamm DNotZ 1977, 751/753; OLG Stuttgart OLGZ 1979, 129 = DNotZ 1979, 107). Die Formerfordernisse (notarielle Urkunde) und Abschlußmodalitäten des Aufhebungsvertrages (§ 2290 Abs. 2 bis 3 BGB) sind im allgemeinen dieselben wie beim Erbvertrag (siehe dazu Form. VIII. 15 Anm. 3 bis 5). Ein Erblasser, der in der Geschäftsfähigkeit beschränkt ist (§§ 106, 114 BGB), kann den Aufhebungsvertrag ohne Mitwirkung oder Zustimmung seines gesetzlichen Vertreters schließen (§ 2290 Abs. 2 Satz 2 BGB), weil er durch ihn von der erbrechtlichen Bindung befreit wird (ähnlich § 2253 Abs. 2 BGB). Der Vertragsgegner und daher beim gegenseitigen Erbvertrag beide, bedarf, wenn er unter Vormundschaft bzw. seit 1. 1. 1992 unter Betreuung oder elterlicher Sorge steht, gem. § 2290 Abs. 3 BGB zum Aufhebungsvertrag der Genehmigung des Vormundschaftsgerichts, es sei denn, daß der Vertrag unter Ehegatten oder unter Verlobten geschlossen wird. Der Aufhebungsvertrag bewirkt, daß der Erbvertrag oder die aufgehobenen vertragsmäßigen Verfügungen außer Kraft treten. Wird der ganze Erbvertrag aufgehoben, so erstreckt sich die Aufhebungswirkung im Zweifel auch auf die in ihm enthaltenen einseitigen Verfügungen (§ 2299 Abs. 3 BGB). Der Aufhebungsvertrag ist anfechtbar, wobei sachlich die §§ 2078 ff BGB entsprechend gelten (*Dittmann/Reimann/Bengel* aaO. § 2290 Rdn. 15, 16). Wird der Aufhebungsvertrag seinerseits aufgehoben oder wirksam angefochten, so lebt der ursprüngliche Erbvertrag wieder auf (*Dittmann/Reimann/Bengel* aaO. § 2290 Rdn. 14).

(6) **Gemeinschaftliches Aufhebungstestament.** Nach § 2292 BGB können Eheleute einen zwischen ihnen geschlossenen Erbvertrag statt durch notariell beurkundeten Aufhebungsvertrag auch in einem gemeinschaftlichen Testament, das auch eigenhändig (§ 2267 BGB) errichtet werden kann, aufheben.

(7) **Aufhebungstestament mit Zustimmung des Vertragspartners.** Für die Aufhebung vertragsmäßiger Vermächtnis- und Auflageanordnungen bietet § 2291 BGB eine Erleichterung. Sie können vom Erblasser zu Lebzeiten mittels eines Testaments in jeder zulässigen Form aufgehoben werden, wenn der Vertragsgegner in notarieller Urkunde zustimmt. Die Zustimmung ist eine einseitige empfangsbedürftige Willenserklärung (MünchKomm/*Musielak*, 2. Aufl. § 2291 Rdn. 3). Sie ist, einmal erklärt, unwiderruflich (§ 2291 Abs. 2 Halbs. 2 BGB). Sie kann nach dem Tod des Vertragsgegners nicht mehr erklärt werden. Sie wird vor der Errichtung des Aufhebungstestaments als Einwilligung oder danach als Genehmigung erteilt.

(8) Rücktritt. a) Gesetzliche Rücktrittsrechte. Dem Erblasser steht ein gesetzliches Rücktrittsrecht zu, wenn sich der Bedachte einer Verfehlung schuldig gemacht hat, die den Erblasser zur Entziehung des Pflichtteils berechtigen würde, wenn der Bedachte eine pflichtteilsberechtigte Person wäre (§ 2294 BGB). Ferner steht dem Erblasser nach § 2294 BGB ein Rücktrittsrecht zu, wenn vertragliche Verpflichtungen des Bedachten zu lebtäglich wiederkehrenden Leistungen an den Erblasser, die mit Rücksicht auf dessen vertragsmäßige Verfügungen eingegangen wären, vor dem Tod des Erblassers aufgehoben werden. Dagegen berechtigen Schlechterfüllung, Verzug oder Nichterfüllung durch den Bedachten den Erblasser nicht zu diesem Rücktritt, weil die Verpflichtung zur Leistung unverändert bestehen bleibt (MünchKomm/*Musielak*, 2. Aufl. § 2295 Rdn. 5). Auf die Ausübung dieser gesetzlichen Rücktrittsrechte findet beim zweiseitigen Erbvertrag die Auslegungsregel des § 2298 Abs. 2 BGB keine Anwendung, es verbleibt bei der des § 2085 BGB (MünchKomm/*Musielak*, 2. Aufl. § 2298 Rdn. 4). Diese beiden gesetzlichen Rücktrittsrechte sind zwingendes Recht, ebenso wie das im § 2271 Abs. 2 Satz 2 BGB vorgesehene Recht, eine in einem gemeinschaftlichen Testament getroffene wechselbezügliche Verfügung wegen schwerer Verfehlungen des Schlußerben aufheben zu können (BGHZ 29, 129 = NJW 1959, 625 = DNotZ 1959, 209).

b) **Vorbehaltener Rücktritt.** Der Vertragserblasser kann sich von der Bindung lösen, wenn ihm im Erbvertrag ein Rücktrittsrecht vorbehalten wurde (§ 2293 BGB). Er kann sich den Rücktritt für den ganzen Erbvertrag oder auch nur für einzelne vertragsmäßige Verfügungen vorbehalten, schlechthin oder nur für gewisse Fälle, bedingt oder unbedingt, befristet oder unbefristet (Motive z. Entw. d. BGB 5, 343). Ist der Vorbehalt auf bestimmte Gründe beschränkt, so ist im Vertrag zu bestimmen, ob das Vorliegen der Gründe gerichtlich nachprüfbar sein soll oder, was möglich ist (BGH NJW 1951, 959), der Erblasser verbindlich über ihr Vorliegen befinden darf. Hat sich der Erblasser den Rücktritt für den Fall vorbehalten, daß der Vertragserbe eine bestimmte Verpflichtung nicht ordnungsgemäß erfüllt, kann er nach Treu und Glauben erst nach einer erfolglosen Abmahnung zulässig sein (BGH LM § 242 (Cd) Nr. 118). Dies wird immer dann der Fall sein, wenn der Umfang der übernommenen Verpflichtungen nur sehr ungenau festgelegt ist (BGH NJW 1981, 2299/2300). Der Rücktritt bewirkt, daß der Erbvertrag oder die betreffenden vertragsmäßigen Verfügungen außer Kraft treten, soweit der Vorbehalt und die Rücktrittserklärung reichen. Bei einem Rücktritt vom ganzen Vertrag treten im Zweifel auch die einseitigen Verfügungen außer Kraft (§ 2299 Abs. 3 BGB). Beim zweiseitigen Erbvertrag wird durch den Rücktritt im Zweifel der ganze Erbvertrag aufgehoben (§ 2298 Abs. 2 Satz 2 BGB).

c) **Die Form des gesetzlichen und vorbehaltenen Rücktritts.**

aa) Zu Lebzeiten des Vertragsgegners. Der Rücktritt ist vom Erblasser höchstpersönlich in notarieller Urkunde gegenüber dem anderen Vertragsschließenden (Vertragsgegner) zu erklären (§ 2296 BGB). Er wird wirksam, wenn die notarielle Rücktrittserklärung in Urschrift oder Ausfertigung dem anderen Teil zugeht (§ 130 Abs. 1 BGB) oder wenn sie ihm durch Vermittlung des Gerichtsvollziehers nach den Vorschriften der ZPO zugestellt wird (§ 132 Abs. 1 BGB, siehe hierzu Form. XVI. 28 Anm. 4 Abs. 6a). Die Angabe des Grundes für den Rücktritt ist in der notariellen Urkunde grundsätzlich nicht erforderlich, ist jedoch zweckmäßig, falls das Rücktrittsrecht nach dem Vertrag von bestimmten Gründen abhängt. Die Rücktrittserklärung ist bedingungsfeindlich (OLG Stuttgart OLGZ 1979, 129 = DNotZ 1979, 107). Grundsätzlich ist der erklärte Rücktritt unwiderruflich (MünchKomm/*Musielak* § 2296 Rdn. 9).

bb) Nach dem Tod des Vertragsgegners. Nach dem Tod des Vertragsgegners kann der zum Rücktritt berechtigte Erblasser gem. § 2297 BGB die vertragsmäßige Verfügung durch ein Testament in jeder zulässigen Form aufheben. Der Erblasser kann das Aufhebungstestament seinerseits widerrufen, wodurch die aufgehobenen Verfügungen wieder als vertragsmäßige wirksam werden (MünchKomm/*Musielak*, 2. Aufl. § 2297 Rdn. 5).

31. Erbvertrag mit Unterhalts- und Verfügungsunterlassungsvertrag   XVI. 31

(9) **Anfechtung durch den Erblasser (Selbstanfechtung).** a) **Anfechtungsgründe.** Gem. § 2281 Abs. 1 BGB kann der Erbvertrag aufgrund der §§ 2078, 2079 BGB, dh. wegen Inhalts-, Erklärungs- und Motivirrtum, wegen Drohung und wegen Übergehung eines Pflichtteilsberechtigten auch vom Erblasser (Selbstanfechtung) angefochten werden (siehe hierzu auch Form. XVI. 27 Anm. 4 Abs. 6 b dd, da die Anfechtungsvorschriften des Erbvertrages entsprechend auf bindend gewordene wechselbezügliche Verfügungen in gemeinschaftlichen Testamenten angewendet werden). Zur Anfechtung nach § 2079 BGB ist erforderlich, daß der Pflichtteilsberechtigte zur Zeit der Anfechtung vorhanden ist (§ 2281 Abs. 1 Halbs. 2 BGB).

b) **Form der Anfechtung.** Die Anfechtung ist vom Erblasser höchstpersönlich vorzunehmen, es ist weder Vertretung im Willen noch in der Erklärung zulässig (*Lent* DNotZ 1951, 151). Während die Anfechtungserklärung nach §§ 2078 ff BGB keine besondere Form erfordert, bedarf die Anfechtung des Erbvertrages durch den Erblasser der notariellen Beurkundung (§ 2282 Abs. 3 BGB). Die notarielle Anfechtungserklärung muß dem Anfechtungsgegner in Urschrift oder Ausfertigung zugehen oder durch Vermittlung eines Gerichtsvollziehers nach den Vorschriften der ZPO zugestellt werden (§ 132 Abs. 1 BGB). Diese zum Rücktritt vom Erbvertrag (§ 2296 BGB) und Widerruf des gemeinschaftlichen Testaments (§ 2271 Abs. 1 Satz 1 BGB) entwickelten Grundsätze (siehe Form. XVI. 27 Anm. 4 Abs. 6 a und oben Anm. 5 Abs. 8 c), gelten angesichts der Übereinstimmung und der Gleichheit des Rechtsgrundes der Vorschriften auch für die Erbvertragsanfechtung (BayObLG NJW 1964, 205 = DNotZ 1964, 635). Anfechtungsgegner ist, solange der andere Vertragsschließende lebt, dieser. Nach seinem Tod kann der Erblasser eine zugunsten Dritter getroffene Verfügung gegenüber dem Nachlaßgericht des verstorbenen Vertragsgegners anfechten (§ 2281 Abs. 1 BGB). Das Nachlaßgericht soll in diesem Fall die Erklärung dem Dritten mitteilen. Ein in der Geschäftsfähigkeit beschränkter Erblasser bedarf zur Anfechtung nicht der Zustimmung seines gesetzlichen Vertreters (§ 2282 Abs. 1 Satz 2 BGB). Für einen geschäftsunfähigen Erblasser kann sein gesetzlicher Vertreter mit Genehmigung des Vormundschaftsgerichts den Erbvertrag anfechten (§ 2282 Abs. 2 BGB).

c) **Anfechtungsfrist.** Die Anfechtung durch den Erblasser kann nur binnen einer Ausschlußfrist von einem Jahr (§ 2283 Abs. 1 BGB) erfolgen. Die Frist beginnt bei Drohung mit dem Ende der Zwangslage und im übrigen mit dem Zeitpunkt, in welchem der Erblasser vom Anfechtungsgrund Kenntnis erlangt (§ 2283 Abs. 2 BGB). Kenntnis bedeutet dabei Informiertsein über alle für das Anfechtungsrecht wesentlichen, auch innere, Tatsachen (BGH FamRZ 1970, 79/81), so zB. über das dauernde Ausbleiben der dem Erblasser für die vertragliche Zuwendung versprochenen Unterhaltsleistungen (BayObLG NJW 1964, 205 = DNotZ 1964, 635). Ein Rechtsirrtum zB. über das Bestehen eines Anfechtungsrecht ist grundsätzlich unbeachtlich (KG NJW 1963, 767). Nach der Rspr. (BGH FamRZ 1970, 80 f) ist er jedoch dann beachtlich, wenn er die Unkenntnis einer die Anfechtung begründenden Tatsache zur Folge hat. In den Fällen der §§ 203 und 206 BGB ist der Lauf der Anfechtungsfrist gehemmt (§ 2283 Abs. 2 Satz 2 BGB). Nach der hM. trägt derjenige, der sich auf die Ungültigkeit des Erbvertrages beruft, die Beweislast für das Vorliegen der Anfechtungsgründe, während der Anfechtungsgegner diejenige für den Ablauf der Frist trägt (BayObLG NJW 1964, 205 = DNotZ 1964, 635).

d) **Wirkung der Anfechtung.** Die wirksame Anfechtung führt zur Nichtigkeit des Erbvertrages von Anfang an (§ 142 BGB). Die Anfechtung kann den ganzen Erbvertrag oder einzelne in ihm enthaltene Verfügungen zum Gegenstand haben. Werden Teile eines einseitigen Erbvertrages aufgrund einer Anfechtung unwirksam, hat dies die Nichtigkeit der übrigen vertragsmäßigen und einseitigen Verfügungen zur Folge, wenn anzunehmen ist, daß der Erblasser diese ohne die unwirksame Verfügung nicht getroffen haben würde (§ 2085 BGB). Bei zweiseitigen Erbverträgen hat die Nichtigkeit einer vertragsmäßigen Verfügung die der anderen zur Folge, wenn nicht ein anderer Wille beider Vertragsschließenden anzunehmen ist (§ 2298 Abs. 1, 3 BGB). Ob auch bei Anfechtung des Erbvertrages durch den Erblasser § 2078 Abs. 3 BGB einen Anspruch des Vertragsgegners auf Ersatz des Vertrauensschadens gem. § 122 BGB ausschließt, ist umstritten (MünchKomm/*Musielak*, 2. Aufl. § 2281 Rdn. 20 mwN.). Die Wirkung der Anfechtung erschöpft sich in der Vernichtung der anfechtbaren und angefochtenen Verfügung. Sie kassiert, aber reformiert nicht (*Sieber* RG-Festschrift III, 378). Aus diesen Gründen muß stets vor einer Anfechtung geprüft werden, ob nicht mit Mitteln der ergänzenden Vertragsauslegung der Wille des Erblassers zur Geltung gebracht und der Anfechtungsgrund auf diese Weise beseitigt werden kann (MünchKomm/*Musielak*, 2. Aufl. § 2281 Rdn. 19).

e) **Bestätigung des Erbvertrages und Verzicht auf das Anfechtungsrecht.** Der Erblasser kann einen anfechtbaren Erbvertrag persönlich formlos bestätigen (§ 2284 Satz 1 BGB). Die Bestätigung ist ausgeschlossen, wenn der Erblasser in der Geschäftsfähigkeit beschränkt ist (§ 2284 Satz 2 BGB). Die Anfechtung ist ausgeschlossen, wenn der Erblasser den Erbvertrag auch bei Kenntnis der Sachlage abgeschlossen haben würde (§§ 2078 Abs. I, 2079 Satz 2 BGB). Daraus wird allgemein (BGH NJW 1983, 2247/2249; OLG Celle NJW 1963, 353 = MDR 1963, 221; *Dittmann/Reimann/Bengel* aaO. § 2281 Rdn. 14; *Staudinger/Dittmann* § 2281 Rdn. 13; *Staudinger/Seybold* Bem z. §§ 2078, 2079 Rdn. 12; *Erman/Hense* § 2281 Rdn. 2; RGRK/*Kregel* § 2281 Rdn. 6; MünchKomm/*Musielak*, 2. Aufl. § 2281 Rdn. 16 u. § 2271 Rdn. 37; *Johannsen* DNotZ 1977, 69/74; *Kipp/Coing* ErbR, 13. Bearb. § 38 II 4; *Bengel* DNotZ 1984, 132) geschlossen, daß der Erblasser in dem Erbvertrag ganz oder teilweise auf ein künftiges Anfechtungsrecht verzichten kann. Ist der Verzicht auf ein künftiges Anfechtungsrecht wie im Formular § 4 Abs. 3 einfach formuliert und nicht ausführlich wie im Form. XVI. 28 § 6 Abs. 3, wird er so auszulegen sein, daß der Erblasser nur die Unerheblichkeit solcher Umstände festlegen will, mit denen er rechnen oder die er voraussehen konnte. Die Anfechtung wegen unvorhersehbarer Umstände wird dann im Zweifel nicht ausgeschlossen sein *(Dittmann/Reimann/Bengel* aaO. § 2281 Rdn. 14).

(10) **Anfechtung durch Dritte.** Ein Recht Dritter, vertragsmäßige Verfügungen in Erbverträgen anfechten zu können, entsteht erst mit dem Tod des Erblassers, vorher ist allein er anfechtungsberechtigt (MünchKomm/*Musielak*, 2. Aufl. § 2285 Rdn. 2). Danach sind die in § 2080 BGB bezeichneten Personen, sofern die Voraussetzungen der §§ 2078 ff BGB gegeben sind, anfechtungsberechtigt. Wenn jedoch das eigene Anfechtungsrecht des Erblassers gem. § 2281 BGB zur Zeit des Erbfalls durch Fristablauf (§ 2283 BGB) oder Bestätigung (§ 2284 BGB) erloschen ist, können auch diese dritte Personen den Erbvertrag nicht mehr anfechten (§ 2285 BGB). Das gleiche gilt entsprechend der Zweckrichtung des § 2285 BGB, wenn der Erblasser auf sein Anfechtungsrecht vertraglich verzichtet hat (MünchKomm/*Musielak*, 2. Aufl. § 2285 Rdn. 5).

6. Der Schutz der vertragsmäßig Bedachten gegen lebzeitige Zweitgeschäfte des Erblassers. (1) **Die Rechtsstellung des Bedachten vor dem Erbfall.** Durch die vertragsmäßigen Verfügungen im Erbvertrag wird das Recht des Erblassers, über sein Vermögen von Todes wegen zu verfügen, beschränkt (§ 2289 Abs. 1 Satz 2 BGB). Die Sicherung des vertragsmäßig Bedachten ist jedoch bereits dadurch beeinträchtigt, daß der Erblasser auch ohne vertraglichen Vorbehalt vom Erbvertrag zurücktreten kann, wenn der Bedachte gegen §§ 2294, 2295 BGB verstößt, und daß er, falls er nicht darauf verzichtet hat, den Vertrag wegen eines Willensmangels gem. §§ 2078 ff BGB anfechten kann. Da schon die Unkenntnis von einem noch nicht vorhandenen Pflichtteilsberechtigten dazu ausreicht, stellen eine Ehe, die der Erblasser nach Vertragsschluß eingeht und jede Geburt eines Kindes, den Bestand des Erbvertrages in Frage. Die einzige Besserstellung des Vertragserben oder -vermächtnisnehmers gegenüber dem testamentarisch Bedachten ist, daß er gegen Widerruf durch Verfügung von Todes wegen gesichert ist. Vor allem bietet der Erbvertrag keine Sicherung dafür, daß dem Bedachten die Erbschaft oder der vermachte Gegenstand später wirklich zufallen wird, da nach § 2286 BGB der Erblasser durch den Erbvertrag nicht gehindert ist, über sein Vermögen durch Rechtsgeschäft un-

31. Erbvertrag mit Unterhalts- und Verfügungsunterlassungsvertrag

ter Lebenden zu verfügen. Lediglich gegen böswillige Schenkungen (§ 2287 BGB) und Vereitelung von Vermächtnissen (§ 2288 BGB) besteht eine geringfügige Sicherung (siehe hierzu Abs. 2). Wenn der Erblasser den vermachten Gegenstand veräußert, so daß er zur Zeit des Erbfalls nicht mehr zur Erbschaft gehört, ist das Vermächtnis unwirksam (§ 2169 BGB, BGHZ 31, 13 = NJW 1959, 2252 = DNotZ 1960, 207). Letztlich kann der vertragsmäßig Bedachte durch eine Eheschließung des Erblassers und durch Adoptionen und Ehelichkeitserklärungen, die Pflichtteils- bzw. Zugewinnausgleichsansprüche Dritter begründen, mittelbar benachteiligt werden. Auch kann der Erblasser zB. einen Pflichtteilsverzichtsvertrag nach § 2351 BGB zusammen mit dem Pflichtteilsberechtigten wieder aufheben, so daß dessen Pflichtteilsanspruch wieder gegen den Vertragserben gerichtet ist (BGH NJW 1980, 2307/2308 = DNotZ 1981, 49; aA. *Hölsmeier* NJW 1981, 2043). Es besteht eben keine schuldrechtliche Verpflichtung des Erblassers aus dem Erbvertrag gegenüber dem Bedachten, den Zueignungsgegenstand für diesen ordnungsgemäß zu verwalten oder auch nur zu erhalten (BGHZ 31, 13/21). Bei dieser Rechtslage kann kaum von einem Anwartschaftrecht des Vertragserben vor dem Erbfall gesprochen werden (zum Meinungsstand MünchKomm/ *Musielak*, 2. Aufl. § 2286 Rdn. 3). Jedenfalls ist die Rechtsstellung des im Erbfall Bedachten vor dem Erbfall nicht vererbbar, nicht übertragbar, nicht verpfändbar und kann nicht gepfändet oder im Konkurs zur Konkursmasse des Bedachten gezogen werden (MünchKomm/*Musielak*, 2. Aufl. § 2286 Rdn. 4). Vor dem Erbfall besteht kein Anspruch, der hinsichtlich eines Grundstücks durch Vormerkung gesichert werden könnte (BGHZ 12, 115 = DNotZ 1954, 264 = NJW 1954, 633), und ebensowenig kann bei Bedrohung zu Lebzeiten des Erblassers die Rechtsstellung des Bedachten durch Arrest oder einstweilige Verfügung gesichert werden (MünchKomm/*Musielak*, 2. Aufl. § 2286 Rdn. 6 mwN.). Dagegen ist bei Vorliegen eines rechtlichen Interesses eine Feststellungsklage des Vertragsgegners gegen den Erblasser zulässig (BGHZ 37, 331 334 = NJW 1962, 913; aA. *Lange* NJW 1963, 1571/ 1673).

(2) **Schutz aufgrund Gesetzes.** Bezüglich des Schutzes, den die Rspr. des BGH gestützt auf §§ 134, 138 BGB dem vertragsmäßig Bedachten gegen eine Aushöhlung des Erbvertrages durch lebzeitige Zweitgeschäfte des Erblassers in den Jahren 1954 bis 1972 gewährte (Aushöhlungsnichtigkeit) und der ausdehnenden Auslegung, die stattdessen seither der böswilligen Schenkung (§ 2287 BGB) und der Vereitelung von Vermächtnissen (§ 2288 BGB) zuteil wird, siehe Form. XVI. 28. Anm. 5.

(3) **Schutz aufgrund Gestaltung unter Lebenden.** Der Erblasser, der einen Erbvertrag abschließt, wird im allgemeinen an einer zusätzlichen Bindung unter Lebenden nicht interessiert sein, da er sonst den betreffenden Gegenstand u.U. unter Nießbrauchsvorbehalt sofort dem Bedachten hätte übereignen können. Trotzdem sind Fälle denkbar, in denen der Erblasser unter allen Umständen bis zu seinem Tod Eigentümer bleiben möchte, andererseits dem im Erbvertrag Bedachten, etwa weil er dem Erblasser Unterhalt gewährt oder in dessen Hausgrundstück Geld investiert hat, der schwache Schutz, den das Gesetz ihm gewährt, nicht ausreicht. Hier ist ein weiterreichender Schutz dadurch möglich, daß mit dem Erbvertrag zusätzliche, vertragliche Vereinbarungen unter Lebenden verbunden werden. Eine solche Verbindung ist nach allgemeiner Meinung zulässig (*Recker* MittRhNotK 1978, 125/128 mwN.; MünchKomm/*Musielak*, 2. Aufl. Einl. § 2274 Rdn. 20 u. § 2286 Rdn. 8).

a) **Verfügungsunterlassungsvertrag.** Der Erblasser kann dem Bedachten dadurch neben dem Erbvertrag eine zusätzliche Sicherung einräumen, daß er sich ihm gegenüber schuldrechtlich vertraglich negativ verpflichtet, über bestimmte Gegenstände seines Vermögens unter Lebenden nicht zu verfügen (§ 137 Satz 2 BGB, BGHZ 31, 13/18 = NJW 1959, 2252 = DNotZ 1960, 207; BGH DNotZ 1964, 214; BGH FamRZ 1967, 470; BGH DNotZ 1962, 497; *Holthöfer* JZ 1955, 11; *Haegele* Rpfleger 1969, 271; *Mattern* DNotZ 1964, 196/214; ders., BWNotZ 1966, 1/12; *Bund* JuS 1968, 268; *Beckmann* MittRhNotK 1977, 25/31; *Recker* MittRhNotK 1978, 125/129 f; Münch-

Komm/*Musielak*, 2. Aufl. § 2286 Rdn. 10). Der Unterlassungsvertrag sollte sich dabei nur auf einen oder einige bestimmte Vermögensgegenstände beziehen, nicht auf alle, da sonst Gefahr besteht, daß er als Knebelungsvertrag nach § 138 BGB nichtig ist (*Lange* NJW 1963, 1576). Der Verfügungsunterlassungsvertrag ist grundsätzlich nicht an eine Form gebunden, und zwar auch dann nicht, wenn ein Grundstück Gegenstand der Verpflichtung ist, da § 313 BGB nur die Verpflichtung zur Veräußerung und dem Erwerb eines Grundstücks der Form unterwirft (BGH NJW 1963, 1603 = DNotZ 1964, 214; BGH FamRZ 1967, 470). Lediglich wenn der Verfügungsunterlassungsvertrag mit dem Erbvertrag wegen Einheitlichkeitswillens der Parteien zu einer rechtlichen Einheit zusammengefaßt wird, bedarf er der Form des Erbvertrages (BGHZ 36, 65/70 = NJW 1962, 249/250). Der Verfügungsunterlassungsvertrag kann auch stillschweigend abgeschlossen werden (BGHZ 31, 13/19; MünchKomm/*Musielak*, 2. Aufl. § 2286 Rdn. 11 mwN.). Für das Vorliegen einer stillschweigenden Unterlassungsverpflichtung besteht jedoch keine rechtliche oder tatsächliche Vermutung (BGH NJW 1963, 1602). Bei Verstoß gegen die Nichtverfügungsverpflichtung entsteht ein vom Verschulden des Erblassers unabhängiger Erfüllungsanspruch des Bedachten gegen den Erblasser auf Rückgängigmachung des durch den Verstoß eingetretenen Erfolgs (BGH NJW 1963, 1602/1604 = DNotZ 1964, 214). Ist die verbotswidrige Verfügung bereits endgültig, so erwirbt der Bedachte gegen den Erblasser, wenn dieser die Unmöglichkeit der Erfüllung der Unterlassungspflicht zu vertreten hat, einen Schadensersatzanspruch gem. §§ 280, 276 BGB (BGHZ 31, 13/19 = NJW 1959, 2252 = DNotZ 1960, 207). Ein gefährdeter Unterlassungsanspruch kann notfalls im Wege der einstweiligen Verfügung durch Erlaß eines, bei Grundstücken im Grundbuch eintragbaren, Verfügungsverbots gem. §§ 136, 135 BGB gesichert werden (BGH DNotZ 1962, 499). Dagegen können die Ansprüche aus einem Verfügungsunterlassungsvertrag nicht durch Vormerkung im Grundbuch gesichert werden (BGHZ 12, 122 ff; MünchKomm/*Musielak*, 2. Aufl. § 2286 Rdn. 12 mwN.).

b) Durch den Verstoß gegen die Unterlassungspflicht bedingte Übertragungsverpflichtung. Die Wirkung des Verfügungsunterlassungsvertrages kann durch die zusätzliche Verpflichtung des Erblassers verstärkt werden, bei einem Verstoß gegen die Unterlassungspflicht das Eigentum an dem betreffenden Gegenstand auf den Bedachten übertragen zu müssen (*Recker* MittRhNotK 1978, 125/130; MünchKomm/*Musielak*, 2. Aufl. § 2286 Rdn. 12). Zur Vermeidung von Umgehungen, könnte neben dem Verstoß gegen die Unterlassungspflicht auch die Anordnung der Zwangsversteigerung und die Eröffnung des Konkursverfahrens als auslösende Bedingung für die Übertragungsverpflichtung vereinbart werden. Ein solcher aufschiebend bedingter Übertragungsanspruch ist bei Grundstücken durch Vormerkung sicherbar, eine unzulässige Umgehung des § 137 Satz 1 BGB ist darin nicht zu erblicken (KG KGJ 40, 123; BayObLGZ 1977, 247 = Rpfleger 1978, 14; BayObLGZ 1977, 268 = DNotZ 1978, 159 = Rpfleger 1978, 135; BayObLG Rpfleger 1978, 442; BayObLG NJW 1978, 700 = DNotZ 1979, 27; OLG Zweibrücken Rpfleger 1981, 189; *Haegele* Rpfleger 1969, 266/271; *Pikalo* DNotZ 1972, 644/651; Erman/*Hense* § 2286 Rdn. 3; Soergel/*Wolf* § 2286 Rdn. 6; MünchKomm/*Musielak*, 2. Aufl. § 2286 Rdn. 12; aA. BGH FamRZ 1967, 470; Palandt/*Edenhofer* § 2286 Rdn. 4; MIR § 45 Rdn. 94; zweifelnd Staudinger/*Dittmann* § 2286 Rdn. 8).

c) **Andere Gestaltungsmöglichkeiten.** aa) Forderungen und bewegliche Sachen können aufschiebend befristet auf den Todesfall des Erblassers übertragen werden. Die aufschiebend befristete Übertragung schützt den Begünstigten vor beeinträchtigenden Verfügungen des Erblassers unter Lebenden nur gem. §§ 160 ff BGB, so daß bei beweglichen Sachen ein gutgläubiger Erwerb Dritter nicht ausgeschlossen ist (*Recker* MittRhNotK 1978, 125/ 128).

bb) Forderungen und bewegliche Sachen können auch durch das Überleben des Begünstigten aufschiebend bedingt übertragen werden (*Recker* aaO.). Auch hier wird der Begünstigte nur im Rahmen der §§ 160 ff BGB geschützt. In dieser Weise bedingte un-

31. Erbvertrag mit Unterhalts- und Verfügungsunterlassungsvertrag XVI. 31

entgeltliche Verfügungen sind keine Schenkungsversprechen von Todes wegen nach § 2301 BGB, da lediglich die schuldrechtlichen Wirkungen bedingt sind, während das dingliche Geschäft mit dem Abschluß voll gültig ist und daher die Leistung gem. § 2301 Abs. 2 BGB bereits vollzogen ist (*Recker* aaO. mwN.).

cc) Ein gebräuchlicher Schutz des von Todes wegen Bedachten ist auch durch einen bloßen schuldrechtlichen Vertrag unter Lebenden mit auf den Tod des Erblassers verzögerter Erfüllung möglich, wobei bei Grundstücken der Auflassungsanspruch durch eine Vormerkung gesichert wird (siehe Form. XVI. 33). Die Beteiligten schließen dabei neben dem Erbvertrag einen unbedingten notariellen Kauf- oder Schenkungsvertrag ab, in dem sich der Erblasser unbedingt zur Übertragung des Grundstücks an den Bedachten auf den Zeitpunkt seines Todes verpflichtet (BGHZ 8, 23 = NJW 1953, 182 = DNotZ 1953, 275; BGH DNotZ 1957, 548 = FamRZ 1957, 171; RG SeuffArch 77 Nr. 60; BayObLG DNotZ 1953, 599 = BayObLGZ 1953, 226; OLG Hamburg MDR 1950, 615; OLG Düsseldorf NJW 1954, 1041; *Palandt/Edenhofer* § 2301 Rdn. 5; *Staudinger/Dittmann* § 2286 Rdn. 7; *Staudinger/Boehmer* Einl. § 26 Rdn. 8; *Dittmann/Reimann/Bengel* aaO. Vorbem. § 2274 Rdn. 5 ff, § 2278 Rdn. 5 ff, § 2301 Rdn. 15 ff; *Rehbeim* DNotZ 1927, 10 u. 73; *Knieper* DNotZ 1968, 331/337; *Hieber* DNotZ 1952, 432; *ders.*, DNotZ 1953, 635; *ders.*, DNotZ 1958, 306; *Mattern* BWNotZ 1966, 1/8; *Pikalo* DNotZ 1972, 644/650; *Steppuhn* RdL 1960, 229; *Bund* JuS 1968, 268; *Schulte* DNotZ 1953, 355/368; *Thieme* JR 1956, 292/293; aA. OGHBrZ NJW 1949, 822; *MünchKomm/Musielak* § 2301 Rdn. 5 ff). Bei einem solchen Vertrag ist der Erbe des Erblassers verpflichtet, dem Bedachten den Gegenstand zu verschaffen, zu dessen Übereignung bei seinem Ableben der Erblasser sich dem Bedachten gegenüber durch Rechtsgeschäft unter Lebenden bedingungslos verpflichtet hat. Ob ein solches Rechtsgeschäft unter Lebenden oder eine Verfügung von Todes wegen vorliegt, hängt davon ab, ob die Beteiligten schon zu Lebzeiten Rechte und Pflichten begründen wollten, auch wenn diese erst beim Tode des einen von ihnen voll wirksam werden sollten, oder ob eine Bindung des Erblassers zu Lebzeiten nicht gewollt war (BGHZ 31, 13/20). Im Falle einer Schenkung bedarf der Vertrag, da noch unvollzogen, gem. § 518 BGB der notariellen Beurkundung (*Palandt/Edenhofer* § 2301 Anm. 2c). Ist die Schenkung mit einer Überlebensbedingung i.S.v. § 2301 Abs. 1 BGB verknüpft, dann ist diese Vorschrift zu beachten (*MünchKomm/Musielak*, 2. Aufl. § 2286 Rdn. 9). Die Anwendbarkeit des § 2301 Abs. 1 BGB hätte allerdings zur Folge, daß, da der bedingt Beschenkte dann keine Anwartschaft erwirbt (*MünchKomm/Musielak*, 2. Aufl. § 2301 Rdn. 14), er bei Grundstücken nicht durch eine Vormerkung gesichert werden kann (LG Zweibrücken MittBayNot 1972, 118). Liegt allerdings, wie im Formular § 2 Abs. 2, ein entgeltliches Geschäft vor, dann ist § 2301 BGB unanwendbar (BGHZ 8, 31; *Palandt/Edenhofer* § 2301 Rdn. 1). War das Schenkungsversprechen unbedingt, fällt beim Vorversterben des Beschenkten das Geschenk an dessen Erben (*Palandt/Edenhofer* aaO.). Bezüglich einer solchen unbedingten, erst mit dem Tode des Schenkers zu erfüllenden Schenkung unter Lebenden (betagte Schenkung unter Lebenden) sind drei Gestaltungsmöglichkeiten gegeben. Zum einen können die Beteiligten die Auflassung bereits im notariellen Vertrag erklären, aber den Notar gem. §§ 51, 53 BeurkG unwiderruflich anweisen, Ausfertigungen und beglaubigte Abschriften der Auflassung erst nach dem Tod des Schenkers zu erteilen und beim Grundbuchamt einzureichen. Zum anderen können sie vereinbaren, daß die Auflassung nach dem Tod des Schenkers von dem dazu bevollmächtigten Beschenkten erklärt werden soll und letztlich können sie sich mit der bloßen, die Erben des Zuwendenden bindenden schuldrechtlichen Vereinbarung begnügen. In allen drei Fällen kann der unbedingte, nur in der Erfüllung auf den Tod des Verpflichteten hinausgeschobene Eigentumsübertragungsanspruch durch eine Auflassungsvormerkung gesichert werden (*Recker* MittRhNotK 1978, 125/129 mwN.; BayObLGZ 1953, 226 = DNotZ 1953, 599). Ein solcher Vertrag unter Lebenden kann auch zum Schutz eines vertragsmäßig bedachten Dritten neben dem Erbvertrag als Vertrag zugunsten Dritter nach §§ 328 ff BGB geschlossen werden

(*Staudinger/Seybold* Vorbem. v. § 2147 Rdn. 4; *Pabst* MittBayNot 1952, 157; *Schulte* DNotZ 1953, 355/365; *Dittmann/Reimann/Bengel* aaO. Rdn. 101). Der Anspruch kann auch durch eine Vormerkung gesichert werden, wenn der Dritte noch nicht individuell bestimmt ist, spätere Bestimmbarkeit genügt (BGHZ 28, 99 = NJW 1958, 1677). Klargestellt sollte werden, ob der Dritte selbst ein Recht erwerben soll, die Leistung zu fordern (§ 328 Abs. 1 BGB) und ob den Vertragsschließenden die Befugnis vorbehalten bleibt, die Rechte des Dritten ohne seine Zustimmung aufzuheben oder abzuändern (§ 328 Abs. 2 BGB). Wurde bereits im Erbvertrag ein Vermächtnis angeordnet und die einzelnen Übergabemodalitäten vereinbart, so soll es in dem mit ihm verbundenen Vertrag unter Lebenden nicht mehr der Wiederholung dieser Einzelheiten bedürfen. Es genüge vielmehr, wenn zusätzlich zu den erbvertraglichen Regeln in die notarielle Urkunde der Passus aufgenommen werde, daß sich die Vertragsschließenden auch durch Rechtsgeschäft unter Lebenden verpflichten, die Übergabe des Anwesens in der bereits erwähnten Weise durchzuführen (*Pabst* MittBayNot 1952, 157; *Hieber* MittBayNot 1960, 130; *Dittmann/Reimann/Bengel* aaO. Teil D Rdn. 103 u. Anh. A Rdn. 47).

7. Annahme der vertragsmäßigen Verfügungen. Bezüglich der ausdrücklichen Annahme der vertragsmäßigen Verfügung durch den Vertragsgegner siehe Form. XV. 15 Anm. 7.

8. Verbindung des Erbvertrages mit anderen Verträgen. Wie sich aus § 34 Abs. 2 Halbs. 2 BeurkG (früher § 2277 Abs. 2 Satz 2 BGB) ergibt, kann ein Erbvertrag mit einem anderen Vertrag verbunden werden. Ein Erbvertrag kann dabei auch den Charakter eines entgeltlichen Rechtsgeschäfts annehmen (BGHZ 36/65/70 f = DNotZ 1962, 319). Trotzdem stehen dann die vertragsmäßigen Zuwendungen, die sich die Vertragspartner gegenseitig gewähren, nicht in einem Verhältnis von Leistung und Gegenleistung im Sinne der §§ 320 ff BGB (MünchKomm/*Musielak,* 2. Aufl. Einl. § 2274 Rdn. 21 u. § 2295 Rdn. 1; *Dittmann/Reimann/Bengel* aaO. Vorbem. § 2274 Rdn. 8). Trotz der wirtschaftlichen Verknüpfung stehen beide Verträge formal unabhängig nebeneinander. Die gesetzliche Ausgestaltung (§ 2302 BGB) steht der Annahme eines einheitlichen, gegenseitigen Vertrages zwingend entgegen (*Knieper* DNotZ 1968, 331/332). Die Anwendung der gesetzlichen Vorschriften für gegenseitige Verträge, die Unmöglichkeit, Rücktritt, Verzug und andere Leistungsstörungen regeln, ist daher bei der Verbindung des Erbvertrages mit anderen Verträgen ausgeschlossen (*Knieper* DNotZ 1968, 331/333). Jeder der verbundenen Verträge unterliegt den für sie geltenden Formvorschriften. Lediglich wenn der Erbvertrag mit den übrigen Vereinbarungen der Parteien eine rechtliche Einheit bildet, bedürfen auch diese der Form des § 2276 BGB (BGHZ, 36, 65/71 = DNotZ 1962, 319). Der Gesetzgeber hat nur durch zwei Bestimmungen eng begrenzte Konfliktsituationen aus diesem Bereich geregelt. § 2295 BGB räumt dem Erblasser das Recht zum Rücktritt ein, wenn er seine Verfügung „mit Rücksicht auf" die Verpflichtung des Vertragspartners auf Erbringung wiederkehrender Leistungen getroffen hat und diese Verpflichtung nachträglich aufgehoben wird. Dabei berechtigt nur deren Aufhebung nicht aber ihre Schlechterfüllung, Verzug oder Nichterfüllung zu diesem Rücktritt (MünchKomm/*Musielak* § 2295 Rdn. 5). Ferner ergreifen nach § 2298 BGB Nichtigkeit und Rücktritt den gesamten Vertrag, wenn beide Parteien Verfügungen von Todes wegen getroffen haben. Ferner haben sowohl der Erblasser als auch der Bedachte Ansprüche aus ungerechtfertigter Bereicherung, die auf Einwilligung in die Aufhebung der Verfügung bzw. Rückerstattung des bereits Erbrachten gehen, wenn der jeweils andere Teil seine Leistungen nicht erbringt (*Knieper* DNotZ 1968, 331/334 mwN.). Da die Leistung des Erblassers nur in seiner Verfügung liegt, kann er sie zwar erfüllen, indem er sie bestehen läßt, kann aber sein Vermögen durch wirksame Leistungen unter Lebenden aushöhlen (*Knieper* aaO. S. 335). Außerdem hat der Erblasser, wenn die Verpflichtungen des Bedachten nicht seinen Erwartungen gemäß erfüllt werden, ein Anfechtungsrecht wegen Irrtums (§§ 2078 Abs. 2, 2281 BGB). Allem nach geht das Fehlen der Gegenseitigkeit beim entgeltlichen Erbvertrag in erster Linie zu Lasten des Bedachten (*Knieper* DNotZ

31. Erbvertrag mit Unterhalts- und Verfügungsunterlassungsvertrag

1968, 331/337). Ihm muß daher durch entsprechende Vertragsgestaltung Sicherheit gewährt werden. Dies kann geschehen:

a) durch zusätzlichen Verfügungsunterlassungsvertrag mit bedingter Übertragungsverpflichtung (oben Anm. 6 Abs. 3 a, b) oder durch zusätzlichen schuldrechtlichen Übertragungsvertrag unter Lebenden mit aufgeschobener Erfüllung (oben Anm. 6 Abs. 3 c dd). Beidemal handelt es sich um Verpflichtungsgeschäfte unter Lebenden, die im Verhältnis zur Gegenleistung des Bedachten zur Anwendung der §§ 323 ff BGB führen (*Knieper* aaO. S. 336).

b) indem die Parteien den Willen ausdrücklich zum Ausdruck bringen, daß der Erbvertrag mit der Verpflichtung zur Gegenleistung ein einheitliches Geschäft darstellen soll, so daß die Nichtigkeit des einen die des anderen Teils gem. § 139 BGB nach sich zieht (*Boehmer*, Entgeltliche Erbverträge, FS Lehmann, Bd. I. 1956, S. 467; *Kipp/Coing* ErbR., 13. Bearb. § 36 IV 1).

c) indem die Parteien die Wirksamkeit der verbundenen Verträge ausdrücklich gegenseitig zur Bedingung nach § 158 BGB machen (*Staudinger/Dittmann* § 2295 Anm. 7; *Dittmann/Reimann/Bengel* aaO. Vorbem. § 2274 Rdn. 8; *Knieper* aaO. S. 337).

9. Sukzessivberechtigung und ihre Vormerkbarkeit. Der bedingte Übertragungsanspruch in § 2 Abs. 2 des Formulars steht zunächst der C zu und nach ihrem Vorversterben vor der Erblasserin nicht etwa ihren Erben, sondern den von der Erblasserin unter § 1 Abs. 1 eingesetzten Ersatzvermächtnisnehmern. Würde es sich im Formular nicht um eine wegen der Unterhaltsgegenverpflichtung der C entgeltliche Übertragungsverpflichtung handeln, sondern um eine Schenkung, wäre wegen der Überlebensbedingung der C § 2301 Abs. 1 BGB anzuwenden, mit der Folge, daß der Anspruch der C nicht durch Vormerkung gesichert werden könnte (LG Zweibrücken MittBayNot 1972, 118). Bei Schenkungen müßten daher in einem solchen Fall als Sukzessivberechtigte des bedingten Übertragungsanspruchs immer die Erben des Erstberechtigten eingesetzt werden. Liegt jedoch, wie hier, keine Schenkung vor, ist § 2301 BGB nicht anwendbar (BGHZ 8, 31; *Palandt/Edenhofer* § 2301 Rdn. 1). Soweit die Ersatzvermächtnisnehmer beim Vorversterben der C Berechtigte des bedingten Übertragungsanspruchs werden, handelt es sich um einen Vertrag zugunsten Dritter. Es sind dabei drei Ansprüche zu unterscheiden. Zunächst der persönliche der C, dann der der C auf Leistung an die noch unbekannten Ersatzvermächtnisnehmer (§ 335 BGB) und letztlich der Anspruch dieser zum Zeitpunkt des Vertragsschlusses noch unbekannten Ersatzvermächtnisnehmer (§ 328 Abs. 1 BGB). Es frägt sich, ob und wieweit diese Ansprüche durch Vormerkung sicherbar sind. Da nach § 883 Abs. 1 Satz 2 BGB auch künftige und bedingte Ansprüche durch Vormerkung gesichert werden können, könnte nur fraglich sein, ob die derzeit ihrer Person nach noch unbekannten Ersatzvermächtnisnehmer dem grundbuchmäßigen Bestimmtheitserfordernis entsprechen. Das grundbuchmäßige Erfordernis der genauen Bezeichnung des Berechtigten gilt jedoch nach der Rspr. (KG JFG 9, 207 = JW 1932, 2445; BGHZ 28, 99/104 = NJW 1958, 1677; LG Traunstein NJW 1962, 2207; LG Regensburg MittBayNot 1971, 18; LG München II MittBayNot 1972, 229; LG Köln Rpfleger 1982, 17; *Holch* BWNotZ 1956, 144; *Tröster* Rpfleger 1967, 313/316) nur für die Erstanspruchsberechtigten, während für die später Berechtigten die künftige Bestimmbarkeit genügt aber auch erforderlich ist. Bezüglich der im Formular vorliegenden Ansprüche können entweder drei verschiedene Vormerkungen eingetragen werden (wie zB. im Fall des LG Köln Rpfleger 1982, 17) oder aber auch alle Ansprüche können nur in einem Grundbuchvermerk vorgemerkt werden (wie im Fall des LG Flensburg SchlHA 1970, 230). Auch bei der letztgenannten Eintragungsweise haben beim Wegfall des Erstberechtigten die Ansprüche der späteren volle Vormerkungswirkung, und zwar sowohl hinsichtlich des Sicherungseffekts als auch der Rangwirkung (*Tröster* Rpfleger 1967, 313/316).

10. Steuern. Erbschaftsteuer. Der Erwerb aufgrund eines Erbvertrages wird erbschaftsteuerlich nicht anders behandelt als der aufgrund gesetzlicher Erbfolge oder Testament. Nach BFH BStBl. 1984 II 37 kann der Vertragsgegner beim Erbvertrag eine „Gegenleistung", die er für die erbvertragliche Zuwendung etwa durch Pflege und Unterhalt des Erblassers unter Lebenden erbracht hat, beim Eintritt des Erbfalls erbschaftsteuerlich vom Erwerb abziehen.

11. Kosten und Gebühren. Siehe Form. XV. 1 Anm. 18. Mit einem Erbvertrag verbundene andere Verträge wie zB. der Unterhaltsvertrag, der Verfügungsunterlassungsvertrag mit bedingter Übertragungsverpflichtung oder ein zum Schutz des Bedachten zusätzlich vereinbarter schuldrechtlicher Übertragungsvertrag mit verzögerter Erfüllung sind kostenmäßig jeweils gesondert zu bewerten und in Kostenansatz zu bringen. § 44 KostO findet in diesen Fällen keine Anwendung (*Dittmann/Reimann/Bengel* aaO., Teil D 109; *Korintenberg/Lappe/Bengel/Reimann* KostO, 13. Aufl. § 44 Rdn. 5, 6).

32. Erbvertrag bei nichtehelicher Lebensgemeinschaft[1, 2]

Verhandelt zu ......
am ...... (kann nur in notarieller Urkunde errichtet werden!)
(weiter wie Form. XV. 15)

§ 1 Gegenseitige Erbeinsetzung

(1) Wir, A und B, sind beide unverheiratet und leben in nichtehelicher Lebensgemeinschaft.

(2) Vertragsmäßig setzen wir uns hiermit gegenseitig zu alleinigen und ausschließlichen Vollerben ein. Eine Nacherbfolge findet nicht statt. Wir nehmen diese Erklärungen gegenseitig als vertragliche an. Der Überlebende von uns trifft heute keine Verfügungen von Todes wegen.

§ 2 Rücktrittsvorbehalt

Jeder von uns behält sich den jederzeit ohne Angaben von Gründen[3] möglichen Rücktritt von dem Erbvertrag vor.

§ 3 Verzicht auf Anfechtungsrecht

Wir verzichten hiermit gegenseitig auf künftige Anfechtungsrechte gem. §§ 2078, 2079 BGB, und zwar auch bezüglich solcher Umstände mit denen wir nicht rechnen oder die wir nicht voraussehen konnten.[4]

§ 4 Schlußformel[6, 7]

Wir verzichten auf eine besondere amtliche Verwahrung dieses Erbvertrages.[5] Die Kosten der Urkunde trägt der A. Den Wert unseres beiderseitigen reinen Vermögens geben wir mit DM ...... an.

Schrifttum: Grziwotz, Partnerschaftsvertrag für die nichteheliche Lebensgemeinschaft, 3. Aufl. 1998; *Kunigk*, Die Lebensgemeinschaft, 1978; *Nieder*, Hdb. d. Testamentsgestaltung, 1992 Rdn. 629; *Meier-Scherling*, Die eheähnliche Lebensgemeinschaft, DRiZ 1979, 296.

Anmerkungen

1. Sachverhalt. A und B sind unverheiratet und leben in nichtehelicher Lebensgemeinschaft. Sie haben sich einen Hausstand angeschafft und wollen vorsorgen, daß auf den

Tod eines von ihnen der Überlebende nicht von den Verwandten des anderen durch über die gesetzlichen Pflichtteilsrechte hinausgehenden Erbansprüchen belästigt wird. Im übrigen wollen sie sich jedoch, so wie sie sich auch nicht in ihrer Gemeinschaft binden wollen, auch nicht von Todes wegen binden, sondern jeder soll, allerdings nicht ohne Wissen des anderen, anderweitig letztwillig verfügen können.

2. **Anwendungsfälle.** Ein gesetzliches Erbrecht besteht für Partner einer nichtehelichen Gemeinschaft nicht. Durch Verfügung von Todes wegen kann jedoch jeder den anderen bedenken, jedenfalls zweifelsfrei dann, wenn keiner von ihnen anderweitig verheiratet ist (*Meier-Scherling* DRiZ 1979, 298). Bei beiderseits ungebundenen Partnern bestehen die sonst aus § 138 BGB (Sittenwidrigkeit) hergeleiteten Bedenken nicht. Hinsichtlich der Form ist zu beachten, daß Testamentsformen, die eine gültige Ehe voraussetzen (§§ 2265, 2267 BGB), für die eheähnliche Gemeinschaft nicht gelten, und zwar auch nicht die für ein Verlöbnis (§ 2276 Abs. 2 BGB) bestehenden, weil die Partner einer solchen Gemeinschaft ja gerade keine gültige Ehe eingehen wollen und daher auch nicht i.S.d. BGB miteinander verlobt sind (*Meier-Scherling* DRiZ 1979, 298). Insbesondere können die Partner einer nichtehelichen Gemeinschaft kein gemeinschaftliches Testament mit wechselbezüglichen Verfügungen errichten. Sie können jedoch mit einem gegenseitigen Erbvertrag (§ 2298 BGB) dieselben Rechtswirkungen erzielen. Wenn sie zB. vertragsmäßig sich gegenseitig zu Alleinerben einsetzen und der Längstlebende vertragsmäßig einen Dritten einsetzt und sie behalten sich solange sie beide leben gegenseitig bedingungslose Rücktrittsrechte vor, nicht jedoch für die Zeit nach dem Tod des Erstversterbenden, erreichen sie damit die Bindungswirkung des Berliner Testaments (§ 2269 BGB). Grundsätzlich dürften hinsichtlich der erbvertraglichen Bindungswirkung folgende Gestaltungsmöglichkeiten zwischen Partnern einer solchen Gemeinschaft denkbar sein:

a) Sie können sich vertragsmäßig gegenseitig zu Alleinerben einsetzen und sich bedingungslose Rücktrittsrechte vorbehalten. Eine solche Regelung hat trotz des vollen Rücktrittsvorbehalts gegenüber Einzeltestamenten den Vorteil, daß keiner seine Verfügungen widerrufen kann, ohne daß es der andere erfährt, da der Rücktritt in notarieller Urkunde erklärt und dem Vertragsgegner zugehen muß (§ 2296 Abs. 2 BGB, *Küster* JZ 1958, 394/ 395). Diese Regelung macht sich den Schutz des Offenheitsprinzips zunutze. Außerdem fällt mit dem Rücktritt des einen Partners auch dessen Erbeinsetzung durch den anderen automatisch weg (§ 2298 Abs. 1 BGB). Wenn die Partner, wie im Formular, außerdem gegenseitig auf ihre künftigen Anfechtungsrechte verzichten, hindert das vor allem die Entstehung von Anfechtungsrechten Dritter (MünchKomm/*Musielak*, 2. Aufl. § 2285 Rdn. 5) und verhindert dadurch, daß Verwandte des Erstversterbenden seine vertragsmäßigen Verfügungen aus Gründen anfechten, die ihn selbst nicht zur Anfechtung veranlaßt hätten. Eine solche Drittanfechtung dürfte immer drohen, wenn die Verwandtschaft das Verhältnis mißbilligt.

b) Die Partner können statt dessen die Rücktrittsmöglichkeiten nur für den Fall zulassen, daß der andere Partner durch sein Verhalten die Lebensgemeinschaft so zerrüttet hat, daß dem anderen ein Festhalten daran nicht mehr zugemutet werden kann (siehe zum auf bestimmte Gründe beschränkten Vorbehalt Form. XVI. 31 Anm. 5 (8 b)). Dagegen, dem an der Auflösung der Lebensgemeinschaft schuldigen Partner die Rücktrittsmöglichkeit zu verweigern, sie dem anderen dagegen zu geben, könnte § 138 BGB sprechen. Da jedoch bis vor kurzem im Eherecht die Scheidungsfolgen an das Verschulden gekoppelt waren, dürfte man dies kaum als unsittlich ansehen können (siehe auch *Walter* NJW 1981, 1409/1412). Ferner könnte eine solche Bedingung wegen ihres Strafcharakters gegenüber dem Schuldigen als Verstoß gegen das Verbot erbrechtlicher Verpflichtungsverträge gem. § 2302 BGB angesehen werden. Da jedoch eine Bindung, und zwar ohne jeden Rücktrittsvorbehalt durch Erbvertrag möglich ist, wenn nur die gesetzlichen Rücktrittsrechte gem. §§ 2294, 2295 BGB verbleiben (BGHZ 29, 129 = NJW 1959, 625 = DNotZ 1959, 209; *Palandt/Edenhofer* § 2302 Anm. 1), dürfte die Gestaltung auch aus diesem Grund nicht unzulässig sein. Dagegen erscheint mir ihre Zweckmäßigkeit fraglich. Sobald das Rücktrittsrecht vom Vorliegen bestimmter Gründe abhängen soll, muß ausdrücklich klargestellt werden, ob deren Vorliegen gerichtlich nachprüfbar sein soll (MünchKomm/*Musielak*, 2. Aufl. § 2293 Rdn. 2).

c) Letztlich könnte die gegenseitige Erbeinsetzung der Lebensgefährten auch unter der Bedingung erfolgen, daß die Lebensgemeinschaft bis zum Tod des Erstversterbenden bestanden hat.

d) Selbst wenn sich jedoch die Partner gegenseitig ohne Rücktrittsvorbehalt zu Erben einsetzen würden, könnte jeder von ihnen im Fall des Scheiterns der Lebensgemeinschaft seine Verfügungen gem. §§ 2281, 2078 BGB wegen Motivirrtum, der in den enttäuschten Erwartungen zu finden wäre, anfechten.

e) Keine gute Lösung wäre es m. E., wenn die Partner statt in einem Erbvertrag sich in zwei Einzeltestamenten gegenseitig zu Alleinerben einsetzten und, um eine Bindung zu erreichen, entweder die Wirksamkeit der Verfügung des anderen gegenseitig zur Bedingung der eigenen machen, oder sie ausdrücklich gegenseitig zum Motiv der eigenen Verfügung zu erklären, damit der Ausfall der Bedingung zur Anfechtung berechtigt (unechte Wechselbezüglichkeit *Bühler* DNotZ 1962, 359/364). Die so erreichte unechte Wechselbezüglichkeit hat den Nachteil, daß sie entgegen der Rechtslage bei der echten (§ 2271 Abs. 1 Satz 2 BGB) keine verdrängende Wirkung auf spätere beeinträchtigende letztwillige Verfügungen hat und deshalb jeder der Partner heimlich seine Verfügung durch eigenhändiges widersprechendes oder widerrufendes Testament aufheben könnte, in der Hoffnung, selbst der Längstlebende zu bleiben.

3. Rücktrittsvorbehalt. Der Erblasser kann sich gem. § 2293 BGB den bedingungslosen Rücktritt von seinen vertragsmäßigen Verfügungen im Erbvertrag vorbehalten (*Staudinger/Dittmann* § 2293 Rdn. 7; *Dittmann/Reimann/Bengel* aaO., § 2293 Rdn. 7; MünchKomm/*Musielak*, 2. Aufl. § 2293 Rdn. 2).

4. Verzicht auf künftige Anfechtungsrechte. Über die Möglichkeit, im Erbvertrag auf künftige Anfechtungsrechte zu verzichten, siehe Form. XVI. 31 Anm. 5 (9e).

5. Ausschluß der besonderen amtlichen Verwahrung. Die Parteien des Erbvertrages können gemeinsam die besondere amtliche Verwahrung des Erbvertrages ausschließen (§ 34 Abs. 2 BeurkG).

6. Steuern. Erbschaftsteuer. Die Partner einer nichtehelichen Lebensgemeinschaft werden auch nach der Neufassung des ErbStG (Bek. v. 27. 2. 1997, BGBl. I S. 378) wie Verlobte erbschaftsteuerlich nach der ungünstigen Steuerklasse III versteuert. Außerdem steht ihnen nur ein Steuerfreibetrag von 10.000,– DM und nicht der Ehegattenfreibetrag von 600.000,– DM nach § 16 Abs. 1 Nr. 1 ErbStG zu. Das FG Hamburg NJW 1982, 1895/1896 wollte zwar dann den besonderen Versorgungsfreibetrag (z.Zt. 500.000,– DM) nach § 17 Abs. 1 Satz 1 ErbStG in entsprechender Anwendung gewähren, wenn die nichteheliche Lebensgemeinschaft auf Dauer angelegt war, eine nicht unerhebliche Zeit bestanden hat und der Erblasser den überlebenden Partner auch bedacht hat, um ihn zu versorgen; diese Entscheidung wurde jedoch vom BFH NJW 1983, 1080 aufgehoben. Die Möglichkeit der Umgehung durch Geltendmachung eines angemessenen Entgelts für Pflege und Unterhalt des Erblassers durch den überlebenden Partner ist ebenfalls nicht mehr gegeben, seit dies nach § 13 Abs. 1 Nr. 9 ErbStG nur mehr eingeschränkt (z.Zt. bis zu 10.000,– DM) möglich ist. Wurden Leistungen zur Grundpflege oder hauswirtschaftlichen Versorgung eines pflegebedürftigen Partners erbracht, so sind Geldzuwendungen *unter Lebenden* – fraglich allerdings, ob auch solche auf den Todesfall! – bis zur Höhe des nach § 37 SGB XI oder nach entsprechenden privaten Versicherungsverträgen gewährten Pflegegeldes erbschaft- und schenkungsteuerfrei (§ 13 Abs. 1 Nr. 9 a ErbStG).

7. Kosten und Gebühren. Siehe Form. XV. 1 Anm. 18.

33. Schenkungsvertrag mit auf den Tod verzögerter Erfüllung[1,2]

Verhandelt zu ......
am ...... (kann wegen §§ 518, 313 BGB nur in notarieller Urkunde errichtet werden!)

§ 1 Grundstücksbeschrieb

Der A ist im Grundbuch von M-Stadt Blatt ...... eingetragen bezüglich des unbelasteten Hausgrundstücks Flst. Nr. ......, S-Straße Nr. ......

§ 2 Schenkung

Der A schenkt hiermit dieses Grundstück unbedingt, dh. insbesondere ohne die Bedingung, daß der Beschenkte den Schenker überlebt, dem B, der die Schenkung annimmt. Die Erfüllung dieser Schenkung durch Auflassung und Grundbucheintragung soll jedoch erst mit dem Tod des Schenkers erfolgen.[3,4] Danach soll der B das Grundstück aufgrund der ihm unten erteilten Vollmacht auf sich auflassen und den Antrag auf Vollzug des Eigentumswechsels im Grundbuch stellen. Bis zum Tod des Schenkers ist der Anspruch des Beschenkten durch eine Vormerkung zu sichern.

§ 3 Übergabe

Die Übergabe des Grundstücks mit allen Rechtswirkungen erfolgt am Todestag des A.

§ 4 Gewährleistungsausschluß

Der Schenker schließt gegenüber dem Beschenkten seine Haftung wegen Rechts- und Sachmängel aus.

§ 5 Eigentumserwerbsvormerkung

Zur Sicherung des Anspruchs des B auf Eigentumserwerb nach dem Tod des A an dem unter § 1 bezeichneten Grundstück aufgrund des obigen Schenkungsvertrages bewilligt der A und beantragt der B die Eintragung einer Vormerkung im Grundbuch an bereitester Rangstelle.

§ 6 Auflassungsvollmacht

Der A bevollmächtigt hiermit unwiderruflich[5] und unter Befreiung von den Beschränkungen des § 181 BGB den B, ihn nach seinem Tod bei der Auflassung und dem Antrag auf Vollzug des Eigentumswechsels bezüglich des unter § 1 beschriebenen Grundstücks auf sich selbst zu vertreten. Von der Vollmacht darf nur nach Vorlage einer Sterbeurkunde des A Gebrauch gemacht werden.

§ 7 Hinweise

Die Beteiligten wurden vom Notar darauf hingewiesen, daß durch diesen Schenkungsvertrag für den Beschenkten ein veräußerlicher und vererblicher Anspruch auf Erwerb des Grundstücks begründet wird. Ferner, daß eine Rückforderung oder ein Widerruf der Schenkung nur bei Vorliegen der Voraussetzungen des Notbedarfs beim Schenker oder des groben Undanks gegenüber dem Schenker nach dem Schenkungsrecht des BGB möglich ist.

§ 8 Schluß[7]

Beantragt werden:
1. Grunderwerbsteuerliche Unbedenklichkeitbescheinigung des Finanzamts M-Stadt
2. Mitteilung an das Finanzamt – Erbschaftsteuerstelle – M-Stadt[6]
3. Je eine beglaubigte Abschrift für beide Vertragsteile
4. Ausfertigung an das Amtsgericht – Grundbuchamt – M-Stadt zum Vollzug gegen Vollzugsanzeige.

In Gegenwart des Notars den Beteiligten vorgelesen, von ihnen genehmigt und eigenhändig unterschrieben.

....
Unterschriften

Schrifttum: Nieder, Hdb. d. Testamentsgestaltung, 1992 Rdn. 425.

Anmerkungen

1. Sachverhalt. Der A will dem B das Grundstück auf seinen Tod zukommen lassen. Da der B das Haus noch zu Lebzeiten des A auf seine Kosten umbauen lassen will, ist ihm der Schutz des Bedachten, den eine Verfügung von Todes wegen bietet, zu gering.

2. Anwendungsfälle. Wenn man eine Reihenfolge der Gestaltungsmöglichkeiten, einen Gegenstand einem anderen auf den Tod zukommen zu lassen, nach dem Maß der Sicherheit für den Bedachten aufstellt, den Gegenstand tatsächlich zu erhalten, bietet die Zuwendung durch ein Einzeltestament die geringste Sicherheit. Hier kann der Erblasser sowohl das Testament widerrufen als auch den Gegenstand unter Lebenden veräußern. Als Schlußerbe oder Schlußvermächtnisnehmer in einem Berliner Testament ist der Widerruf der letztwilligen Zuwendung wenigstens nach dem Tod des Erstversterbenden nicht mehr möglich und als Bedachter und Vertragsgegner in einem Erbvertrag ist dieser Widerruf sogar ab dem Vertragsschluß ausgeschlossen. Bei beiden Gestaltungsmöglichkeiten ist der Bedachte jedoch nicht vor beeinträchtigenden Verfügungen des Erblassers durch Rechtsgeschäfte unter Lebenden geschützt. Hier bietet beim Erbvertrag ein zusätzlicher Verfügungsunterlassungsvertrag mit bedingter Übertragungsverpflichtung bei Verstoß gegen die Unterlassungspflicht (siehe Form. XVI. 31) größeren Schutz. Wirkliche Sicherheit gewährt jedoch, wie im vorliegenden Formular, ein schuldrechtlicher Vertrag unter Lebenden mit auf den Tod des Veräußerers verzögerter Erfüllung nebst bei Grundstücken der Sicherung des Auflassungsanspruchs durch eine Vormerkung (Rechtsgeschäft unter Lebenden auf den Todesfall). Diese Gestaltungsmöglichkeit konkurriert bezüglich der Sicherheit für den Bedachten mit der sofortigen Übertragung unter Nießbrauchsvorbehalt des Veräußerers. Die Wahl zwischen diesen beiden Gestaltungen wird von steuerlichen und psychologischen Aspekten bestimmt. Oft ist es der gefühlsmäßig geprägte Wunsch des Veräußerers, bis zu seinem Tod Eigentümer zu bleiben. Zu der verzögerten Erfüllung sind verschiedene Varianten möglich:

a) Die Beteiligten können die Auflassung bereits im notariellen Vertrag erklären, aber den Notar unwiderruflich gem. §§ 51, 53 BeurkG anweisen, Ausfertigungen und beglaubigte Abschriften erst zu erteilen und beim Grundbuchamt einzureichen, wenn der Zuwendende verstorben ist.

b) Die Beteiligten können sich mit der bloßen schuldrechtlichen Vereinbarung begnügen, die dann von den Erben des Zuwendenden erfüllt werden muß.

Bei der Gestaltung des Formulars würden bei einem Vorversterben des B, dessen Erben den Eigentumsübertragungsanspruch erben. Im Wege des Vertrages zugunsten Dritter könnte für diesen Fall auch ein anderer Nachfolgeberechtigter bestimmt und auch dessen bedingter Anspruch durch Vormerkung gesichert werden.

3. Zulässigkeit von Rechtsgeschäften unter Lebenden auf den Todesfall. Über die Zulässigkeit von Rechtsgeschäften unter Lebenden auf den Todesfall wie im Formular siehe Form. XVI. 31 Anm. 6 Abs. 3c cc und BGH NJW 1974, 2319 = DNotZ 1975, 414.

4. Der Beginn der Zehnjahresfrist für die Berücksichtigung von Schenkungen beim Pflichtteilsergänzungsanspruch. Nach § 2325 Abs. 3 bleiben hinsichtlich der Pflichtteilsergänzung alle Schenkungen des Erblassers unberücksichtigt, bei denen zum Zeitpunkt des Erbfalls zehn Jahre seit der Leistung des verschenkten Gegenstandes verstrichen sind (Ausschlußfrist). Lediglich Schenkungen des Erblassers an seine Ehefrau sind davon ausgenommen. Bei ihnen beginnt die Zehnjahresfrist nicht vor der Auflösung der Ehe (§ 2325 Abs. 3 Satz 2), d.h., wenn die Ehe durch den Tod des Erblassers aufgelöst wird, sind sämtliche Schenkungen an den Ehegatten während der Dauer der Ehe mit Ausnahme der Pflicht- und Anstandsschenkungen gem. § 2330 ergänzungspflichtig. Streitig war und ist, ob unter „Leistung" des verschenkten Gegenstandes, ab der die Ausschlußfrist zu laufen beginnt, die Leistungshandlung (Anwartschaftsbegründung), der wirtschaftliche Leistungserfolg (wirtschaftliche Ausgliederung + Vermögensopfer) oder erst der rechtliche Leistungserfolg (Vollendung des Rechtsübergangs) zu verstehen ist, zum Meinungsstand *Paulus* Rpfleger 1986, 206. Der BGH (NJW 1970, 1638 m. abl. Anm. *Speckmann* = JuS 1970, 1638 m. abl. Anm. *Reuter* in JuS 1971, 289) hat die Frist zunächst im Falle einer auf den Tod des schenkenden Gesellschafters aufschiebend bedingten Übertragung eines Personengesellschaftsanteils eindeutig mit der Leistungshandlung (Anwartschaftsbegründung) beginnen lassen. Der Schenker müsse nur alles getan haben, was von seiner Seite für den Erwerb des Leistungsgegenstandes durch den Beschenkten erforderlich sei. Es genüge die Begründung eines unentziehbaren Anwartschaftsrechts, das sich zwangsläufig zum Vollrecht entwickeln müsse (so auch *Dänzer-Vanotti* JZ 1981, 432; *Sudhoff* Betr. 1971, 227 u. 1973, 54; *Palandt/Edenhofer* bis 46. Aufl. 1987, § 2325 Anm. 5 m.w.N.). Im Falle einer Grundstücksschenkung rückte der BGH (NJW 1974, 2320 m. Anm. *Finger* in NJW 1975, 535 = DNotZ 1975, 414) vorsichtig von dieser Meinung ab, um sie schließlich in der Grundsatzentscheidung vom 17. 9. 1986 (BGHZ 98, 226 = NJW 1987, 122 = DNotZ 1987, 315 m. Anm. *Nieder* = JR 1987, 240 m. Anm. *Frank* = JZ 1987, 150 m. Anm. *Paulus*) ausdrücklich ganz zugunsten des Fristbeginns zum Zeitpunkt des wirtschaftlichen Leistungserfolgs (wirtschaftliche Ausgliederung + Vermögensopfer) aufzugeben. Der BGH fordert in dieser Entscheidung unter ausdrücklicher Aufgabe seiner früheren Rechtsprechung für den Beginn der Zehnjahresausschlußfrist, „daß der Erblasser einen Zustand geschaffen hat, dessen Folgen er selbst noch zehn Jahre lang zu tragen hat und der schon im Hinblick auf diese Folgen von einer böslichen Schenkung abhalten kann" und weiter, daß es dazu „jedenfalls einer wirtschaftlichen Ausgliederung des Geschenks aus dem Vermögen des Erblassers" bedarf (so auch die wohl h.M. in der Literatur: *Soergel/Stein* § 2325 Rdn. 15 m.w.N.; inzwischen *Palandt/Edenhofer* § 2325 Rdn. 22). Dieses Abstellen auf konturlose wirtschaftliche Aspekte dient nicht dem Gebot der Rechtssicherheit (*Frank* JR 1987, 244), zumal der BGH auch noch mit dem Kriterium „bösliche" Schenkung, ohne durch den Gesetzeswortlaut dazu gezwungen zu sein, dem § 2325 ein subjektives Tatbestandsmerkmal hinzugefügt hat (*Paulus* JZ 1987, 153; *Nieder* DNotZ 1987, 320f). Dem Bedürfnis nach Rechtssicherheit und Rechtsklarheit hätte es allein entsprochen, wenn auf den vollen rechtlichen Leistungserfolg abgestellt worden wäre (so OLG Hamm NJW 1969, 2148; MünchKomm/*Frank* § 2325 Rdn. 24; ders., JR 1987, 244; *Paulus* Rpfleger 1986, 206; ders., JZ 1987, 154). Lediglich bei Grundstücksschenkungen sollten Auflassung und Stellung des Grundbuchantrags durch den Beschenkten zum Fristbeginn ausreichen, da der Gesetzgeber auch in anderem Zusammenhang das vom Zufall abhängige Eintragungsdatum nicht als entscheidend ansieht, so z.B. in §§ 878, 892 Abs. 2 und § 879 i.V.m. § 45 GBO (*Frank* JR 1987, 244; LG Marburg NJW-RR 1987, 1290; aA. BGHZ

102, 289). Schwierigkeiten bereitet diese wirtschaftliche Betrachtungsweise besonders bei Schenkungen, bei denen sich der Schenker durch schuldrechtliche oder dingliche Vereinbarung die Nutzung des verschenkten Gegenstandes noch ganz oder teilweise vorbehält (z. B. Grundstücksschenkung unter Nießbrauchsvorbehalt oder mit Rücktrittsmöglichkeit), so daß von einer endgültigen wirtschaftlichen Ausgliederung des Geschenks aus dem Vermögen des Erblassers trotz Herbeiführung des rechtlichen Leistungserfolgs nicht gesprochen werden kann, *Frank* JR 1987, 244. Trotzdem wird man auch in diesen Fällen grundsätzlich von einer „wirtschaftlichen Ausgliederung" und damit dem Fristbeginn ausgehen können, da der Schenker zumindest die Verfügungsmöglichkeit über den Schenkungsgegenstand verliert (*Wieser* MittBayNot 1970, 135/139; *Dittmann/Reimann/Bengel,* Testament und Erbvertrag, 2. Aufl. 1986, D 75; *Frank* JR 1987, 244; *Nieder* DNotZ 1987, 320; LG Marburg NJW-RR 1987, 1290/1291; a. M. *Speckmann* NJW 1970, 1638 u. 1978, 358). Allerdings können Gestaltungen, die wirtschaftlich alles beim alten lassen, wie z. B. der mit einer unwiderruflichen Verfügungsvollmacht gekoppelte Nießbrauchsvorbehalt (sog. Dispositionsnießbrauch) Fall des OLG Celle DNotZ 1974, 731 m. Anm. *Winkler* oder die frei widerrufliche Schenkung, die Frist nicht in Lauf setzen.

Selbst wenn im vorliegenden Formular die Auflassung sofort erfolgt, aber nur eine Eigentumserwerbsvormerkung im Grundbuch eingetragen worden wäre, würde das nach der geltenden Rechtsprechung des BGH für den Fristbeginn nach § 2325 Abs. 3 BGB nicht ausreichen. Eine Schenkung mit auf den Tod des Schenkers verzögerter Erfüllung ist daher generell nicht geeignet, einen Pflichtteil zu verkürzen.

5. Widerruf einer Vollmacht über den Tod hinaus. Der Erblasser kann eine über seinen Tod hinaus geltende Vollmacht erteilen (postmortale Vollmacht, *Haegele* Rpfleger 1968, 345). Aus der Vollmacht muß klar hervorgehen, daß sie auch für die Zeit nach dem Tod des Vollmachtgebers oder überhaupt erst ab seinem Tod gelten soll (RGZ 88, 348), es sei denn, daß dies, wie bei der Auflassungsvollmacht, bereits aus dem Geschäft selbst hervorgeht (KG JW 1939, 432; LG Kassel DNotZ 1958, 429; LG Kiel NJW 1963, 719). Nach dem Tod vertritt der Bevollmächtigte dann die Erben und nicht den Erblasser (BGH NJW 1969, 1245 m. Anm. *Finger* NJW 1969, 1624). Deshalb können die Erben auch grundsätzlich nach dem Tod des Vollmachtgebers die Vollmacht widerrufen (BGH aaO.; *Haegele* aaO. S. 346; *Staudinger/Reimann* Vorbem. zu §§ 2197 ff Rdn. 113 ff). Bei einer Spezialvollmacht kann der Erblasser diese Widerrufsmöglichkeit der Erben ausschließen, wenn auch für ihn die Vollmacht unwiderruflich war (*Staudinger/Boehmer* Einl. § 26 Rdn. 18; *Dittmann/Reimann/Bengel* aaO. Teil A Rdn. 60) und die Erteilung der Vollmacht auch im Interesse des Bevollmächtigten liegt (BGH DNotZ 1972, 229), so insbesondere, wenn, wie im Formular, nach dem Tod des Vollmachtgebers aufgrund der Vollmacht sich der Bevollmächtigte ein Grundstück auflassen soll, wozu die Verpflichtung auf die Erben übergegangen ist (*Staudinger/Lehmann* § 1922 Rdn. 226; RGZ 114, 351 ff).

6. Steuern. (1) Erbschaftsteuer. Nach § 9 Abs. 1 Nr. 2 ErbStG entsteht bei Schenkungen unter Lebenden die Steuer mit dem Zeitpunkt der Ausführung der Zuwendung. Bei Grundstücksschenkungen ist dabei der maßgebliche Zeitpunkt nicht erst der zivilrechtliche Eigentumswechsel, sondern bereits der Zeitpunkt in dem die Auflassung erklärt und die Eintragung im Grundbuch bewilligt und beantragt ist (*Ebeling* BB 1976, 1072 mwN.). Dies gilt auch für die betagte Schenkung, wie im Formular (*Troll,* Erbschaftsteuer- und Schenkungssteuergesetz, 6. Aufl., 1997, § 7 Rdn. 13 u. § 9 Rdn. 14). Die Steuer entsteht somit erst beim Tod des Schenkers.

(2) Einkommensteuer. Nachdem beim Nießbrauch sowohl dem Nießbraucher als auch dem Eigentümer die Möglichkeit versagt wird, die AfA geltend zu machen, dürfte wie die Vorerbschaft auch die Grundstücksschenkung auf den Todesfall einkommensteuerlich interessant sein, da hier der Schenker bis zu seinem Tod Eigentümer bleibt

und daher die AfA und alle anderen Werbungskosten geltend machen kann. Die Wahl sollte allerdings nicht ohne Steuerbelastungsvergleich vorgenommen werden.

7. Kosten und Gebühren. Bei dem Schenkungsvertrag handelt es sich um ein zweiseitiges Rechtsgeschäft, so daß nach § 36 Abs. 2 KostO für die notarielle Beurkundung eine doppelte Gebühr aus dem Verkehrswert des Grundstücks (§ 19 Abs. 2 KostO) anfällt. Die Auflassungsvormerkung und die Auflassungsvollmacht haben mit der Schenkung denselben Gegenstand gem. § 44 Abs. 1 KostO, so daß sie nicht besonders bewertet werden, vielmehr mit der doppelten Gebühr für den Schenkungsvertrag abgegolten sind.

XVII. Unselbständige Stiftung[1,2]

1. Erbeinsetzung[3]

Mein Testament[4]

Zu meinem alleinigen Erben[5] bestimme ich, A., z.Z. wohnhaft in B-Stadt, C-Straße 1, geborem am ...... 19.. in D., die private Universität Witten/Herdecke GmbH in Witten.[6] Die Universität wird hiermit verpflichtet,[7] mit meinem Vermögen eine treuhänderische/nichtrechtsfähige Stiftung einzurichten, die den Namen A-Stiftung (evt. ergänzend: für Studienförderung/medizinische Forschung o.ä.) tragen soll. Das Stiftungsvermögen soll in seinem Werte erhalten bleiben, und nur die Erträge sollen zur Förderung des zuvor genannten Stiftungszwecks zur Verfügung gestellt werden.

Im einzelnen soll die Stiftung gemäß anliegendem Statut[8] verwaltet werden.

...... (Ort), den ......

....
(Unterschrift)

Schrifttum: Hof, Stiftungsgeschäft von Todes wegen, in: Münchener Vertragshandbuch, Bd. 1 Gesellschaftsrecht, 4. Aufl. 1996, Form VII.2 (mit umfangreichem Literaturnachweis); *Seifart,* Handbuch des Stiftungsrechts, 2. Aufl., 1998. *Materialsammlung*: *Burhenne/Neuhoff*: Recht der gemeinnützigen Organisationen und Einrichtungen (Loseblattsammlung).

Anmerkungen

1. **Rechtsnatur.** (1) Potentiellen Stiftern stehen zur Realisierung ihres Stiftungsvorhabens mehrere Alternativen zur Verfügung:
a) die rechtsfähige Stiftung des bürgerlichen Rechts (BGB-Stiftung) als Prototyp der Stiftung (vgl. dazu Münchener Vertragshandbuch Bd. 1 Gesellschaftsrecht, 4. Aufl., Form. VII.1–4)
b) in Ausnahmefällen auch die rechtsfähige Stiftung des öffentlichen Rechts (Verwaltungsrecht oder Kirchenrecht), was allerdings die Kooperation des Staates (vornehmlich eines Landes) oder der Kirche für einen entsprechenden Verwaltungsakt voraussetzt
c) die nichtrechtsfähige Stiftung in privatrechtlicher Trägerschaft oder in öffentlichrechtlicher Trägerschaft (vgl. Anm. 4)
d) körperschaftliche Ersatzformen (gemeinnütziger Verein = A-Stiftung e.V. oder gemeinnützige GmbH = A-Stiftung gGmbH), die jedoch in der Praxis Ausnahmeerscheinungen sind und keine absolute Gewähr für die ‚ewige Dauer' der ‚Stiftung' und den ihr zur Verwirklichung aufgetragenen Stifterwillen bieten (wg. der Autonomie in Satzungsfragen von Mitglieder- bzw. Gesellschafterversammlung). Im Stiftungsverzeichnis des Bundesverbandes Deutscher Stiftungen e.V. (3. Auflage, 1997) machen sie nur 2,3% des Gesamtbestandes an Stiftungen aus (1994: 2%).

(2) Der Sprachgebrauch sowie die Verkehrsauffassung, die Stiftungspraxis wie auch – teilweise – die ständige Rechtsprechung und die herrschende Lehre stimmen darin überein, daß die nichtrechtsfähige (untechnisch auch unselbständig oder treuhänderisch = fiduziarisch genannte) Stiftung den Charakter einer Stiftung hat, nämlich

a) mit Stiftungsabsicht zur Entstehung kommt,
b) einen auf gewisse Dauer gerichteten Stiftungszweck verfolgen bzw. erfüllen soll (vgl. dazu die Begriffsbestimmung in § 2 Abs. 2 StiftG NW)
c) über ein eigenes, unveräußerliches Stiftungsvermögen verfügt und
d) durch eine Stiftungsorganisation institutionelle und damit letztlich auch personelle Zuständigkeiten und Bindungen in bezug auf Zweckverfolgung und Vermögen begründet.

Das ihr fehlende Element der Rechtsfähigkeit ist nicht konstitutiv. Rechtsordnung und Rechtsprechung stellen auch sie, wenngleich in unterschiedlichem Maße und nicht so eindeutig wie die rechtsfähige Stiftung, unter den Schutz der Gesetze (vgl. dazu im einzelnen *Soergel/Neuhoff* Rz. 21 ff. Vor § 80; für eine kommunale unselbständige Stiftung vgl. z. B. OVG NW DÖV 1985, 983 m. Anm. *Neuhoff*). Vorwiegend wird dabei allerdings auf das Entstehungsgeschäft abgestellt, was die hL dann zur Ablehnung des Analogieschlusses zur rechtsfähigen Stiftung veranlaßt.

(3) Zwar kennt das BGB analog zu § 54 Stiftungen, „die nicht rechtsfähig sind", nicht, aber die Betonung der „Entstehung einer rechtsfähigen Stiftung" in § 80 impliziert, daß es daneben wohl auch noch eine nichtrechtsfähige Stiftung zivilrechtlichen Charakters (wie beim Verein) geben kann (und zwar nicht als de facto-Stiftung vor Erlangung der Rechtsfähigkeit/Vorstiftung, s. dazu Form. 6; vgl. *Liermann*, Handbuch des Stiftungsrechts, Tübingen 1963, S. 250). Bei den Beratungen über den Entwurf eines Bürgerlichen Gesetzbuches ist das auch genau so zum Ausdruck gekommen (vgl. *Pleimes*, Irrwege der Dogmatik im Stiftungsrecht, München 1954, S. 94; Prot. I, 590).

(4) Das öffentliche Recht, hier insbesondere das Verwaltungsrecht (so z. B. in den Gemeindeordnungen der Länder, wo sie unter dem Oberbegriff ‚örtliche Stiftungen' für rechtsfähige wie nichtrechtsfähige Stiftungen auch ‚unselbständige Stiftungen' heißen, vgl. z. B. Art. 84 Abs. 1 GO Bayern), aber auch das Steuerrecht (vgl. §§ 34 AO, 1 Abs. 1 Ziff. 5 KStG), und das Kirchenrecht (in sogenannten Kirchenstiftungsordnungen bzw. -gesetzen; für das Katholische Kirchenrecht vgl. Can. 1303 CIC/1983) haben aus Praktikabilitätsgründen diesen Stiftungstyp schon früh anerkannt. In jüngster Zeit haben auch das StiftG NW (in §§ 1, 2 Abs. 2, 32 f.), das z. Zt. noch in drei neuen Bundesländern geltende StiftG DDR (§ 28) sowie das StiftG Brandenburgs (§§ 26 Abs. 5, 27) einen ersten – wenn auch nicht ganz unumstrittenen – Vesuch einer Regelung dieser Rechtsmaterie gemacht (jeweils unterschiedlich hinsichtlich Anerkennung ihrer Existenz, Definition, Rechtsaufsicht über die Stiftungen in verwaltungsrechtlicher Trägerschaft und Eintragung in das Stiftungsverzeichnis). Weitergehend ist das noch für drei der neuen Bundesländer (Sachsen, Sachsen-Anhalt, Thüringen) gemeinsam geltende StiftG DDR (vom 13. 9. 1990, GBl. I Nr. 61 1990 S. 1483), das in § 28 Abs. 2 „die Bestimmungen über die privatrechtliche Stiftung entsprechend" gelten läßt.

(5) Die Rechtsprechung ist in den wenigen Entscheidungen, die zu diesem Komplex bisher ergangen sind, noch nicht so weit gegangen. Danach verharrt die nichtrechtsfähige Stiftung weitgehend in ihrem Entstehungsgeschäft (Auflagenschenkung, Erbeinsetzung bzw. Vermächtnis unter Anordnung einer Auflage als letztwillige Stiftungsgeschäfte; nicht im BGB geregeltes Stiftungsgeschäft in der Form eines Vertrages *sui generis*, uneigennützige Verwaltungstreuhand zu Stiftungszwecken oder Absonderungserklärung, wenn der Stifter, z. B. ein Unternehmen, die Stiftung errichtet und selbst verwaltet). Demnach sind Art und Rechtsfolgen der (treuhänderischen) Bindung des Rechtsträgers dem Zweck und dem in diesem konstituierenden Rechtsgeschäft niedergelegten Stifterwillen zu entnehmen; auch Rechte Dritter am Stiftungsvermögen bzw. auf Ertragsausschüttungen aus dem Vermögen sind zu beachten. Was vom Stifter dabei im Einzelfall gewollt war, ist Auslegungsfrage (RGZ 88, 335, 338; VGH Karlsruhe, VerwRspr 8, 554).

1. Erbeinsetzung

(6) Das führt zu der Frage der entsprechenden Anwendung der §§ 80 ff. BGB auf die nichtrechtsfähige Stiftung, wenn es zu rechtlichen Problemen kommt. Die inzwischen überholte Leitentscheidung (RGZ 105, 305) lehnt die Analogie (hier in bezug auf die Zweckänderungskompetenz in § 87 BGB) ab, weil „die rechtsfähige Stiftung und die unselbständige (fiduziarische) Stiftung ihrem rechtlichen Wesen nach so grundverschieden (sind), daß auch die entsprechende Anwendung ausgeschlossen ist." *Pleimes* (S. 96) nennt das – apodiktisch – eine ‚Fehlentscheidung' und die ‚unselbständige' Stiftung „ihr augenfälliges Opfer". Jedenfalls dürfte die Schärfe des damaligen Urteils in dieser Form heute nicht mehr zu erwarten sein (*Neuhoff* DÖV 1985, 986: „im Lichte BVerfGE 15, 46, 51, 69 ... als Fehlentscheidung"). Der Berater bzw. Praktiker sollte sich allerdings stets der Tatsache bewußt sein, daß im Zweifelsfalle u.U. das konstitutive Rechtsgeschäft (und seine Fehler) schwerer wiegen als die im Wege der entsprechenden Anwendung eventuell günstiger (weil stiftungsfreundlicher) erscheinenden Lösungen (vgl. dazu die kritischen Bemerkungen bei *Reuter* MünchKomm/3. Aufl., Rz. 42 Vor § 80 betr. die durch Treuhandvertrag entstandene Stiftung). Bisher waren jedenfalls die von den Gerichten unter Berücksichtigung der Besonderheiten des Entstehungsgeschäftes gefundenen Lösungen (z.B. beim Wegfall des Treuhänders = VGH Karlsruhe, VerwRspr 8, 554 oder bei einer anderen Art der Vollziehung der Auflage = BGH, NJW 1965, 688) auch unter stiftungsrechtlichen Gesichtspunkten voll befriedigend, was schon auf Erhaltung der Stiftung als solcher bzw. des sie beherrschenden, auf öffentliche Wirkung abzielenden Stifterwillens hindeutende Absichten der Gerichte schließen läßt. Und diese Annahme wiederum stärkt ihre Rechtsstellung, stellt unter Beweis, daß die nichtrechtsfähige Stiftung nach ihrer Entstehung eigentlich etwas anderes, mehr ist als das Papier, auf dem das Entstehungsgeschäft niedergelegt wurde. Sie wird mit Leben erfüllt, nimmt am allgemeinen Verkehr teil, entfaltet Innen- wie Außenwirkungen, bindet Personen im Interesse des Stiftungszwecks in ein Amt ein und befördert uneigennützig außerhalb ihrer eigenen Sphäre liegende öffentliche bzw. – eingeschränkter – private Angelegenheiten. Sie juristisch zu einer ‚Unperson' erklären zu wollen, geht an ihrem innersten Wesen vorbei. Das OLG Dresden hatte ihr daher schon im Jahre 1908 Parteifähigkeit zugestanden (ROLG 20, 36).

2. Gestaltungsfreiheit. Der Mangel an rechtlicher Festschreibung und Typisierung ist für die Praxis ein großer Vorteil. Es lassen sich – ohne Intervention der staatlichen Stiftungsaufsicht, wo manches bei der Einrichtung der Stiftung Verhandlungssache ist – viele Varianten ausgestalten (sowohl bei der Entstehung wie auch später bei Änderungen). Auch die im Prinzip ‚ewige Dauer' der rechtsfähigen Stiftung ist zur Disposition gestellt. Allerdings zählt für viele Stifter als besonderer Pluspunkt wohl das Fehlen einer (als mitgestaltend und regulierend empfundenen) staatlichen Stiftungsaufsicht (die anders geartete und andere Funktionen erfüllende Aufsicht durch das zuständige Finanzamt muß als unumgänglich betrachtet werden). Das ‚Stiftungshandbuch' des Stifterverbandes (1989, S. 11 und 22) weist für die letzten Jahre einen zunehmenden Gebrauch des Typs der nichtrechtsfähigen Stiftung in privater Trägerschaft aus (12,3% aller erfaßten Stiftungen exkl. Ersatzformen, aber 15,5% aller von 1981 bis 1988 errichteten Stiftungen); ähnlich das ‚Verzeichnis der Deutschen Stiftungen' des Bundesverbandes Deutscher Stiftungen e.V., Bonn (drei Aufl.: 1991, 1994 und 1997), das bei weitgehender Außerachtlassung der zahlreichen kommunalen nichtrechtsfähigen Stiftungen für 1991 einen Satz von 8,1% an unselbständigen Stiftungen, gemessen an der Gesamtzahl aller Stiftungen (exkl. Ersatzformen), ausweist (1994: knapp 8,9%; 1997: 10%). Interessant ist dabei, daß deren Vermögensausstattung wächst, womit die – bisher – typische Kleinstiftung in – vermögensmäßig – neue Dimensionen vorstößt. Sie wird damit zu einer echten Konkurrenz für die im Durchschnitt auch noch immer recht kleine rechtsfähige Stiftung des privaten Rechts (um 1 Mill. Mark als Erstausstattung), das insbesondere bei der Bewirtschaftung ihres Vermögens. Rechtsfähige Stiftungen unterliegen hier je nach

Bundesland bestimmten Beschränkungen (z. B. bei Darlehensgewährung an das Unternehmen des Stifters bzw. an das stiftende Unternehmen). Auch die durch § 58 Ziff. 7 a) AO ermöglichte Thesaurierung von bis zu 25% der jährlichen Erträge (Admassierung) dürfte im aufsichtsfreien Raum leichter durchzuführen sein. Insofern kann fast schon von einem Mißtrauensvotum – von seiten der Stifter – der Institution ‚Stiftungsaufsicht' gegenüber gesprochen werden. Es zeigt sich, daß in einem pluralistisch organisierten, rechtsstaatlichen System der engagierte, stiftungswillige Bürger nach echten Alternativen ohne bürokratische Bevormundung sucht und sie auch findet. Vereinfacht gesagt: die Stifter wandern in beachtlicher (und steigender) Zahl aus der beaufsichtigten Stiftung in aufsichtsfreie Räume aus.

3. Weitere Entstehungsgeschäfte. Neben der Erbeinsetzung unter Anordnung einer Auflage gem. § 1940 BGB kommen noch in Frage:

(1) Auflagenschenkung.

a) Unter Lebenden kann eine nichtrechtsfähige Stiftung als Schenkung unter Auflage gem. § 525 BGB errichtet werden. Die Auflage betrifft üblicherweise den Namen der Stiftung, den (nachweisbaren) Vermögenserhalt und (was nicht unbedingt sein muß; dann liegt Übereinstimmung bei Stiftungszweck und Trägerzweck vor) die Zweckbindung der Vermögenserträge. Es können jedoch weitergehende Auflagen verfügt werden (z. B. hinsichtlich der Organisation der Stiftung, der Anlage des Stiftungsvermögens, des Einflusses der Destinatäre o. ä.).

b) Zu beachten ist, daß bei der Schenkung der Beschenkte zumindest teilweise dauernd bereichert sein muß (vgl. RGZ 105, 305; RGZ 112, 210). Der Vollzug der Auflage darf also nicht die Bereicherung, was materiell zu verstehen ist, auskehren. Häufig ist allerdings mangels Bereicherung keine Schenkung anzunehmen, da der Träger als echter Fiduziar nur die Last der Verwaltung hat und bezüglich der jährlich zur Verfügung stehenden Stiftungsmittel nur Durchgangs- oder Mittelsperson zugunsten Dritter ist (RGZ 105, 308 f.; RGZ 62, 389, 391). Auch kann für den Fall der Beendigung der Stiftung ein Vermögensanfall an einen anderen Träger vorgesehen sein. Die Belastung durch Stiftungsverwaltung bedeutet für den Treuhänder üblicherweise wegen Zweckparallelität oder -identität und bei entsprechend eingerichteter Organisation keine echte Beeinträchtigung seiner Ressourcen. Außerdem kann dafür mit dem Stifter oder später mit dem Stiftungsgremium eine Verwaltungsgebühr vereinbart werden (vgl. Form XVII. 3 Anm. 11 (12)).

c) Liegt die Vollziehung der Auflage im öffentlichen Interesse, so kann gem. § 525 Abs. 2 BGB nach dem Tode des Schenkers eine (Landes-)Behörde dieses verlangen (zu seinen Lebzeiten ist nur der Schenker berechtigt, Vollziehung zu verlangen). Dem Tod des Schenkers ist dessen sonstiger Wegfall (z. B. durch Konkurs der stiftenden juristischen Person) gleichzusetzen. Die Bestimmung der „zuständigen Behörde" richtet sich nach Landesrecht (zumeist in den AGBGB). Was „öffentliches Interesse" ist, wird ggf. auf dem ordentlichen Rechtsweg geklärt (vgl. *Soergel/Dieckmann*, 12. Aufl., § 2194 Rz. 5). Die „zuständige Behörde" hat einen stiftungsrechtlichen Charakter (so *Bley*, Die Universitätskörperschaft als Vermögensträger, Freiburg, 1963, S. 134). Dem Landesgesetzgeber ist es unbenommen, diesen de lege ferenda herauszutypisieren. In Nordrhein-Westfalen ist in einem gewissen Sinne ein Anfang damit gemacht worden (vgl. Anm. 1 (4). Ob auch der begünstigte Dritte einen Anspruch auf Vollziehung hat, hängt von den Umständen des jeweiligen Falles ab. Im Hinblick auf die (bis auf den Testamentsvollstrecker) abschließende Aufzählung von Berechtigten in dem § 525 entsprechenden § 2194 BGB und besonders im Hinblick auf die Inpflichtnahme der „zuständigen Behörde" bei Auflagen im öffentlichen Interesse ist von keinem (direkten) Anspruch auf Vollziehung auszugehen. Andererseits ist dieser Vollziehungsanspruch in der Praxis nur von geringer Bedeutung, denn die Behörde muß zum Tätigwerden erst einmal Kenntnis von der Existenz solcher Auflagen haben. Das ist aber

1. Erbeinsetzung XVII. 1

bei privatrechtlicher Trägerschaft der Stiftung meistens nicht der Fall. Zur Bestimmung der „zuständigen Behörde" vgl. *Soergel/Dieckmann*, 12. Aufl. § 2194 Rz. 5).

d) Das hier abgedruckte Formular kann unter Änderung der typischen erbrechtlichen Bestimmungen ohne weiteres für die Auflagenschenkung stiftungshalber verwendet werden.

(2) Stiftungsvertrag oder Treuhandvertrag (s. Form. XVII. 4).

(3) Absonderungserklärung. a) Will beispielsweise ein Unternehmen eine nichtrechtsfähige Stiftung errichten und selbst verwalten (rechtshistorisch als ‚Eigenstiftung' bekannt), so genügt eine Absonderungserklärung (einschließlich Satzung), um diese rechtlich und steuerlich von den übrigen Vermögenswerten des Unternehmens zu trennen. Wird das Stiftungsvermögen im Unternehmen angelegt, so verlangt die Finanzverwaltung im Interesse der dauernden Vermögensbindung an den (gemeinnützigen) Stiftungszweck überwiegend eine Absicherung durch Eintragung in entsprechender Höhe in das Grundbuch (Treuhandvermerk), was als Eigentümergrundschuld anzusehen ist. Ob damit die ‚ewige Dauer' der Stiftung sichergestellt ist (z. B. im Konkurs des Unternehmens), muß bezweifelt werden. Es handelt sich hierbei um einen der wenigen Schwachpunkte in der rechtlichen Struktur der nichtrechtsfähigen Stiftung. Buchungsmäßig wird das Stiftungsvermögen dann als Passivposten in der Bilanz des Unternehmens ausgewiesen; aber aus steuerlichen Gründen (Gemeinnützigkeit, sonstige Steuerbefreiungen) werden auch auf der Aktivseite ein Bestandskonto und ein laufendes Konto zu führen sein. Solche Stiftungen kommen heute vornehmlich als Stiftung für soziale Zwecke vor, die auf die Wohlfahrt der Mitarbeiter oder ihrer Angehörigen zielen. Da deren – u. U. zugesicherte – Rechte zu beachten sind, kann es im Konkurs des Unternehmens zu einer Bestandssicherung der Stiftung gegen Vermögensvereinnahmung in die Konkursmasse kommen. Auch Zuwendungen Dritter (Zweckzuwendungen) an solche Sondervermögen sind möglich und geniessen Rechtsschutz.

b) Steuerrechtlich wird, weil ggfs. nur wenig Vermögen, dafür aber mehr laufende Mittel für die beabsichtigte Initiative eingesetzt werden sollen, statt der nichtrechtsfähigen Stiftung ein sogen. ‚anderes Zweckvermögen' i. S. des § 1 Abs. 1 Ziff. 5 KStG einzurichten sein (s. dazu Form. XVII. 5).

4. Erbvertrag. Als weitere Verfügung von Todes wegen kommt – inhaltlich gleich – ein Erbvertrag mit dem zukünftigen Träger der Stiftung in Frage. Einzelheiten zum Erbvertrag s. Form. XVI.3 (1).

5. Alternativen. (1) Dieses eigenhändige (privatschriftliche) Testament gem. § 2247 BGB kann so in amtliche Verwahrung beim Amtsgericht (§§ 2248, 2258a BGB) gegeben werden oder als öffentliches Testament gem. §§ 2231 Ziff. 1, 2232 BGB zur Niederschrift eines Notars errichtet werden.

(2) Ehegatten errichten ein gemeinschaftliches Testament (§§ 2265, 2267 BGB) dergestalt: „Unser letzter Wille – Zu unserem alleinigen Erben ...". Dabei genügt beim eigenhändigen Testament die Mitunterzeichnung inkl. Ort und Datum des nicht schreibenden Ehegatten.

(3) Zur wirtschaftlichen Sicherung des überlebenden Ehegatten empfiehlt sich ein Berliner Testament mit gegenseitiger Erbeinsetzung und Erbeinsetzung des zukünftigen Stiftungsträgers nach dem Tode des Überlebenden (§ 2269 BGB). Allerdings sind die steuerlichen Folgen zu bedenken (ErbSt-Pflicht des Überlebenden bei letztlich in der steuerfreien Sphäre angesiedeltem Vermögen). Alternativ wäre u. a. an einen Nießbrauch am Stiftungsvermögen zu denken (s. dazu BFH, DB 1998, S. 659, wo festgestellt wird, daß eine testamentarisch auferlegte Rentenverpflichtung das zugewendete Stiftungsvermögen von Anfang an (als Verbindlichkeit) minderte und somit kein Verstoß gegen die steuerrechtlich geforderte Selbstlosigkeit oder Ausschließlichkeit der Stiftung ist).

6. Rechtsstellung des Trägers. (1) Während die rechtsfähige Stiftung selbst Eigentümerin ihres Vermögens ist, geht dieses bei der nichtrechtsfähigen Stiftung in das Eigentum des Rechtsträgers über (RG Recht 1912, Nr. 321; VGH Karlsruhe, VerwRspr. 8, 553; OVG NW, DÖV 1985, 983). Deshalb kann eine solche Stiftung auch letztwillig bedacht werden, wenngleich das aber letzten Endes nur als eine Bedenkung (unter Auflage) des Rechtsträgers anzusehen sein wird (vgl. *Soergel/Loritz*, 12. Aufl./1992, § 2072 Rz. 9 mit Hinweis auf RG Recht 1911, Nr. 1702 und KG OLGZ 1968, 329, BayOLGZ 1965, 77, 81 f.).

(2) Während die rechtsfähige Stiftung Trägerin von Rechten und Pflichten ist und im Rechtsverkehr im eigenen Namen auftreten kann, ist die nichtrechtsfähige Stiftung auf die Wahrnehmung der mit ihr verbundenen Rechte und Pflichten durch ihren Rechtsträger angewiesen (vgl. § 28 Abs. 1 S. 2 StiftG DDR). Der Rechtsträger tritt nach außen zwar im eigenen Namen auf, ist dabei aber treuhänderisch gebunden. Er kann bzw. muß jedoch bestimmte Funktionen (z. B. die Art und Weise der Zweckverfolgung oder die Vermögensbewirtschaftung) auslagern und sie insbesondere den vom Stifter vorgeschriebenen Gremien übertragen. Allerdings kann er, bei aller Reduzierung seiner Trägerfunktionen, im Rechts- und Geschäftsverkehr nicht aus der Letztverantwortung entlassen werden.

(3) Im Steuerrecht ist daher bezüglich solcher nichtrechtsfähiger Gebilde aus Praktikabilitätsgründen eine Art passive Subjektivität eingeführt worden. Die nichtrechtsfähige Stiftung ist Steuersubjekt, dem steuerliche Pflichten auferlegt sind (vgl. §§ 34 AO, 1 Abs. 1 Ziff. 5 KStG, § 8 ErbStG = Zweckzuwendung; *Streck*, Die Steuerpflicht nichtrechtsfähiger Stiftungen und anderer Zweckvermögen, StuW 1975, 135; *Troll*, Erbschaftsteuer- und Schenkungsteuergesetz, 6. Aufl., 1997, § 8 Rz. 1 f.). Einzelheiten zur steuerlichen Behandlung unter Form. XVII. 3 Anm. 11.

(4) Zur Frage des Wegfalls (z. B. durch Konkurs) des Trägers vgl. *Soergel/Neuhoff*, 13. Aufl./1998, Vor § 80, Rz. 26. Die Existenz der Stiftung über das Ende des Treuhänders hinaus ist in der Regel gewährleistet (z. T. in der Literatur str.). Wegen der häufig zu findenden engen Verzahnung bzw. Identität von Träger und Destinatär ist dann aber auch noch eine Zweck- und Organisationsänderung nötig.

(5) Auch natürliche Personen können als Träger einer nichtrechtsfähigen Stiftung in Frage kommen (ein vergleichbarer Fall ist unter Form. XVII. 5 abgedruckt). Allerdings werden, schon um der Dauerhaftigkeit willen, in der Regel juristische Personen oder Behörden in diese Verantwortung genommen. Bei steuerbegünstigte Zwecke verfolgenden Stiftungen muß der Träger nicht auch gemeinnützig sein; dazu s. unter Form. XVII. 3 Anm. 11 (6).

7. Vertrauensstellung des Trägers. (1) Die Wahl der Form einer nichtrechtsfähigen Stiftung von seiten des Stifters ist überwiegend geprägt von praktischen Erwägungen (Schnelligkeit der Errichtung, größere Gestaltungsfreiheit, einfache und – vorwiegend – kostenlose Verwaltung sowie Fachkompetenz bei der Zweckverfolgung durch den Träger, z. B. Namenswechsel und Zweckänderung unter Lebenden durch einfachen Beschluß möglich) und Vertrauensmomenten (VGH Karlsruhe VerwRspr. 8, 553). Insofern muß sie nicht als bewußte Entscheidung gegen die Rechtsfähigkeit der Stiftung gedacht werden. Um diese kann, gegebenenfalls unter Beachtung von Rechten Dritter, nachträglich durch den Träger nachgesucht werden (*Strickrodt*, Stiftungsrecht, 1977, I 7a), S. 98); die Praxis sieht gelegentlich zwecks Betonung der Eigenständigkeit der Stiftung gegenüber dem Träger die Option der rechtlichen Verselbständigung in der Satzung vor. Anders der Fall, wenn dem Entstehungsgeschäft zu entnehmen ist, daß der Stifter die staatliche Stiftungsaufsicht ausschalten wollte. Dann sollte der Stiftung durch Ausnutzung der schuld- bzw. erbrechtlichen Gestaltungsfreiheit ein gegenüber der rechtsfähigen Stiftung größerer Entfaltungsspielraum bei der Zweckverfolgung gesichert werden.

(2) Die Verpflichtung des Trägers auf die Beachtung des Stifterwillens hat zunächst nur Innenwirkung. Dabei kann der Träger nach außen optisch weitgehend unterdrückt

werden (es gibt keine Rechtspflicht zur Aufdeckung des Treuhandverhältnisses; in den Ländern Sachsen, Sachsen-Anhalt und Thüringen werden die nichtrechtsfähigen Stiftungen jedoch gem. §§ 28 Abs. 2, 20 StiftG DDR in ein bei der Stiftungsbehörde zu führendes Stiftungsverzeichnis eingetragen) oder aber so dominieren, daß die Stiftung praktisch nur eine Existenz in den Büchern des Trägers führt. Dementsprechend sind sogar Anstaltsstiftungen wie auch Unternehmensträgerstiftungen mit – notwendiger – Eigenorganisation in privater wie öffentlicher Trägerschaft bekannt. Wenn eben möglich, sollten Stifter zwecks größerer Rechtssicherheit im Entstehungsgeschäft auf die Eintragung ‚ihrer' Stiftung seitens des Trägers in ein öffentliches Stiftungsverzeichnis dringen (zusätzlich zu den vorgenannten neuen Bundesländern noch NW und Brandenburg), evtl. diese sogar bei einem Träger in einem solchen Land ansiedeln.

(3) Um aufsichtsähnliche Elemente in das Rechtsverhältnis zu bringen, sind von der Praxis Modelle entwickelt worden, bei denen entweder der Träger und der Destinatär auseinanderfallen (z.B. Träger die Gemeinde und Destinatär ein privatrechtlich organisiertes Museum) oder der Destinatär Sitz und Stimme im Stiftungsgremium hat bzw. der Träger dem Destinatär rechenschaftspflichtig ist. Ähnliche Wirkungen erzeugt auch die Bestellung geborener Gremiumsmitglieder, wobei eine bestimmte Institution als entsendungsberechtigt bezeichnet wird oder die Auswahl aus einer ausgewählten, kleinen Berufsgruppe oder unter bestimmten Amtsträgern vorzunehmen ist.

8. **Satzung (Statut).** S. dazu Form. XVII. 3.

2. Vermächtnis[1]/Auflage[2]

Zu meinem Erben bestimme ich A, z.Z. wohnhaft in B (Straße), meinen (Verwandten) D in C (Straße). Ich setze folgende Vermächtnisse ein:
1. ....
2. die (der, das) Universität Witten/Herdecke, (Gemeinde B, Krankenhaus, Museum o.ä.) erhält einen Betrag von 100 000,– DM (mein Sparkonto Nr. ... bei der X-Bank, die Gemäldesammlung etc.). Damit soll eine meinen Namen tragende nichtrechtsfähige Stiftung zur Förderung von ...... eingerichtet werden. Das weitere regelt die beigefügte Satzung[3] (eine vom Testamentsvollstrecker/Träger auszuarbeitende Satzung).
3. ....

Anmerkungen

1. **Rechtsnatur des Vermächtnisses.** Einzelheiten dazu vgl. Form. XVI.3 Anm. 4. – Der in Aussicht genommene Rechtsträger der Stiftung hat ein Forderungsrecht gegen den Beschwerten (Erben).

2. **Rechtsnatur der Auflage.** Einzelheiten dazu vgl. Form. XVI.3 Anm. 8 und XVI.27 Anm. 5; insbes. RGZ 96, 15/19 und RG LZ 1918, 268. Handelt es sich bei den zu verfolgenden Zwecken um solche im öffentlichen Interesse, so ist eine Abgrenzung zwischen Vermächtnis und Auflage, bei der der Stiftungsträger als Begünstigter kein Forderungsrecht gegen den Beschwerten hat, unter Umständen schwierig. Sie ist jedoch nur theoretischer Natur, denn mit der ‚zuständigen Behörde' gem. § 2194 S. 2 BGB ist ein dem Anspruchsberechtigten (gem. § 2174 BGB) vergleichbarer Vollziehungsberechtigter vorhanden, der dem Begünstigten zu seinem vermögenswerten Vorteil verhelfen kann. Im Zweifelsfall kann dieser das ordentliche Gericht bemühen, um feststellen zu lassen, ob eine Auflage im öffentlichen Interesse liegt (*Soergel/Dieckmann*, 12. Aufl./1992, § 2194 Rz.5).

3. **Satzung (Statut).** S. dazu Form. XVII. 3.

3. Satzung[1]

§ 1 Name, Rechtsform

(1) Die Stiftung führt den Namen A-Stiftung (zur Förderung des/r/von ......)

(2) Sie ist eine nichtrechtsfähige Stiftung in der Verwaltung des (der) ...... in D und wird von diesem/r im Rechts- und Geschäftsverkehr vertreten.[2]

§ 2 Stiftungszweck

(1) Der Zweck der Stiftung ist die Förderung des (der) ......

(2) Dies soll insbesondere geschehen durch[3]
    a) ...... (z.B. Beihilfen zur Anschaffung von Kunstwerken)
    b) ...... (z.B. Stipendien)
    c) ...... (z.B. Vergabe eines Preises)
    d) ...... (z.B. Gewährung von Hilfe in Not an Familien in D).

§ 3 Gemeinnützigkeit[4]

(1) Die Stiftung dient steuerbegünstigten Zwecken im Sinne der §§ 51–68 der Abgabenordnung vom 16. 3. 1976. Sie verfolgt ihre(n) gemeinnützigen (und/oder mildtätigen) Zweck(e) in selbstloser Absicht ausschließlich und unmittelbar.

(2) Eigenwirtschaftliche Zwecke dürfen nicht verfolgt werden. Die Mittel der Stiftung dürfen nur für den/die satzungsmäßigen Zweck(e) verwendet werden. Es darf keine Person durch Ausgaben, die dem Stiftungszweck/den Stiftungszwecken fremd sind, oder durch unverhältnismäßig hohe Vergütungen begünstigt werden.

(3) Die Wirksamkeit von Beschlüssen des Kuratoriums über Zweckänderungen (§ 2) und über die Aufhebung der Stiftung (§ 10) ist von einer Unbedenklichkeitserklärung des für die Stiftung bzw. den (die, das) ...... (als Stiftungsträger) zuständigen Finanzamts abhängig.[5] Sonstige Satzungsänderungen sind dem Finanzamt anzuzeigen. Bei Zweckänderungen hat der neue Stiftungszweck möglichst dem alten zu entsprechen. Auch er muß zu den steuerbegünstigten Zwecken der AO zählen.

§ 4 Stiftungsvermögen und Mittelverwendung[6]

(1) Das Stiftungsvermögen beträgt

                DM ......

(2) Die Stiftung erfüllt ihre(n) Zweck(e) aus den Erträgen des Stiftungsvermögens.

Alternative:
1) Das Stiftungsvermögen beträgt zunächst

                DM ......

Durch Verfügung von Todes wegen wird die Stiftung ihre endgültige Dotation erhalten.

2) Die Stiftung erfüllt ihre(n) Zweck(e) aus den Erträgen des Stiftungsvermögens (ggf. auch noch: aus diesem selbst) und aus dazu bestimmten Zuwendungen des Stifters bzw. Dritter.

(3) Im Interesse des langfristigen Bestandes der Stiftung ist das Vermögen einschl. eventueller Zustiftungen ungeschmälert und in seiner Substanz zu erhalten. Zu diesem Zweck können Teile der jährlichen Erträge im Rahmen des steuerrechtlich Zulässigen dem Stiftungsvermögen bzw. einer freien Rücklage zugeführt werden.[7]

3. Satzung

§ 5 Kuratorium (Beirat, Vorstand o. ä.)[8]

(1) Einziges Gremium der Stiftung ist das Kuratorium. Es beschließt über die Vergabe der Stiftungsmittel (ggf. auch noch: und über die Verwaltung des Stiftungsvermögens).[9]

(2) Das Kuratorium besteht aus ......
(entweder eine bestimmte, möglichst ungerade Zahl oder, was erfahrungsgemäß besser ist, eine Spanne angeben, z.B.: 3–5) Mitgliedern. Geborene Kuratoren sind
a) der Direktor des X-Kunstinstituts in B
oder
ein Vertreter der (Stifter-) Firma H in D
bzw.
der Stifter (auf Lebenszeit)
b) ein Vertreter des ...... (als Stiftungsträger, z.B. Präsident der Universität, Dekan einer Fakultät).

(3) Die restlichen Kuratoren werden zunächst vom Stifter ernannt und später von den jeweils verbleibenden Kuratoren zugewählt (oder: vom Stiftungsträger ernannt). Eine Abwahl gewählter Kuratoren ist jederzeit und ohne Nennung von Gründen möglich.

(4) Die Kuratoren sind ehrenamtlich tätig. Sie haben Anspruch auf Ersatz der ihnen entstandenen Kosten. Das Kuratorium kann in Abstimmung mit dem Träger beschließen, daß den (oder: einzelnen) Kuratoren für besonderen Zeitaufwand eine angemessene Pauschale gezahlt wird.

§ 6 Amtszeit und Organisation des Kuratoriums

(1) Die Kuratoren werden jeweils auf 3 (5) Jahre bestellt. Einmalige (zweimalige) Wiederwahl bzw. -bestellung ist zulässig.

(2) Das Kuratorium wählt aus seiner Mitte einen Vorsitzenden und einen stellvertretenden Vorsitzenden. Es sollte mindestens einmal jährlich zusammentreten.

§ 7 Beschlußfassung

(1) Das Kuratorium ist beschlußfähig, wenn mehr als die Hälfte aller Kuratoren, einschließlich des Vorsitzenden oder des stellvertretenden Vorsitzenden, anwesend sind. Die Beschlüsse werden mit Stimmenmehrheit gefaßt. Bei Stimmengleichheit entscheidet die Stimme des Vorsitzenden, in seiner Abwesenheit die des stellvertretenden Vorsitzenden.

(2) Zweckändernde Beschlüsse (§ 2) und der Beschluß zur Aufhebung der Stiftung bedürfen der Einstimmigkeit. Sie sind zu ihrer Gültigkeit von der schriftlichen Zustimmung des Trägers abhängig. Ein neuer Stiftungszweck kann nur beschlossen werden, wenn der alte Zweck nicht mehr zu verwirklichen bzw. unsinnig zu verfolgen ist. Er soll so weit wie möglich dem alten Stiftungszweck entsprechen.

§ 8 Schriftliche Abstimmung

Beschlüsse, die nicht eine Zweckänderung (§ 2) oder die Aufhebung der Stiftung (§ 10) betreffen, können auf Beschluß des Vorsitzenden oder – nach seinem Wegfall – des stellvertretenden Vorsitzenden auch ausnahmsweise im schriftlichen Verfahren gefaßt werden. Zu ihrer Gültigkeit ist die Teilnahme aller Kuratoren am Abstimmungsprozeß notwendig. Hat sich ein Kurator nicht innerhalb von 4 Wochen seit Absendung der Aufforderung zur Abstimmung geäußert, so gilt sein Schweigen als Ablehnung.

§ 9 Stiftungsverwaltung

(1) Der (Die, Das) ...... übernimmt die (kostenlose) Verwaltung der Stiftungsmittel und die Mittelvergabe sowie den laufenden Geschäftsverkehr mit den zuständigen Be-

hörden und den Stiftungsdestinatären. (Er kann der Stiftung dafür eine Pauschale in Rechnung stellen.)

(2) Der Stiftungsträger legt dem Kuratorium auf den 31. 12. eines jeden Jahres einen Tätigkeitsbericht vor. Der Tätigkeitsbericht soll auch über die Anlage der Stiftungsmittel und über die Mittelverwendung berichten.

(3) Eine Kündigung dieses Stiftungsvertrages ist ausgeschlossen. Nach dem Tode des Stifters wird diese Satzung auf Dauer für die Geschicke der Stiftung bestimmend sein.[10] Die Stiftung ist nach ihrer Einrichtung in ein Verzeichnis der unselbständigen Stiftungen bei der zuständigen Stiftungsaufsicht einzutragen bzw. mit ihren Kerndaten im jeweils aktuellen „Verzeichnis der Deutschen Stiftungen" des Bundesverbandes Deutscher Stiftungen e. V. zu führen.

§ 10 Aufhebung

(1) Im Interesse des langfristigen Bestandes der Stiftung kann das Kuratorium beim Wegfall des Trägers die Fortsetzung der Stiftung bei einem anderen Träger oder als selbständige Stiftung beschließen.

(2) Eine Aufhebung der Stiftung durch den Träger kann nur eingeleitet werden, wenn der Stiftungszweck erfüllt ist bzw. seine weitere Verfolgung durch die Stiftung unsinnig erscheint.

(3) Bei der Aufhebung der Stiftung fällt das verbleibende Vermögen in den allgemeinen Etat des Trägers, der es ausschließlich und unmittelbar für einen dem ursprünglichen Stiftungszweck möglichst nahekommenden gemeinnützigen Zweck zu verwenden hat (ggf.: ...... an den/die/das ......, der es ......).

Anmerkungen

1. **Organisation.** Wegen der großen Formfreiheit und wegen des Fehlens einer staatlichen Stiftungsaufsicht mit einengenden Genehmigungsvoraussetzungen (z.B. bezüglich der in jüngster Zeit heraufgesetzten Höhe des Stiftungsvermögens) und -verfahren (formell gilt für die rechtsfähige Stiftung noch das aus dem vorigen Jahrhundert stammende Konzessionssystem, wenngleich rechtsstaatlich gemildert durch ein Recht des Bürgers auf Stiftung) kann bei nichtrechtsfähigen Stiftungen eine große Bandbreite an organisatorischen Vorstellungen verwirklicht werden. Die Satzung oder das Statut kann, wenn weder vom Vermögen her (kein Problemvermögen, z.B. keine Anstalt, kein Grundbesitz o.ä.) noch von der Zweckverfolgung her (z.B. wenn der Mittelempfänger schon vorgegeben ist) ein aufwendiger Verwaltungsapparat geboten ist, recht knapp abgefaßt sein und schon in das Entstehungsgeschäft integriert werden. Ein Beispiel dafür ist der unter Form. XVII.4 abgedruckte Treuhandvertrag. Die hier abgedruckte Satzung betont schon eine gewisse Eigenständigkeit der Stiftung neben dem Träger (z.B. durch das in § 5 vorgesehene Gremium, das vornehmlich mit der Vergabe der jährlichen Stiftungsmittel befaßt sein wird, aber auch dem Träger gegenüber als Wächter über den Stifterwillen eingesetzt ist – vgl. dazu §§ 3 Abs. 3, 7 Abs. 2, 8 S. 1, 9 Abs. 2 und 10 Abs. 1). Je mehr Eigenständigkeit, d.h. Zurückdrängung der Trägerfunktion gewünscht wird, desto umfangreicher wird die Satzung ausfallen. Bei zu komplizierten Sachverhalten sollte der Berater jedoch den Stifter auf die rechtsfähige Stiftung (vgl. dazu Münchener Vertragshandbuch Band 1, Form. VII.), ggf. auf eine der Ersatzformen (vgl. dazu Form. XVII.1 Anm. 1 (1) d)) verweisen. Erfahrungsgemäß überfordern solche Sachverhalte im Konfliktfall, der dann nicht so selten ist, die nichtrechtsfähige Stiftung.

2. **Vertretungsmacht.** Der zweite Halbsatz hat zwar juristisch nur deklaratorischen Charakter, verdeutlicht jedoch gegenüber Behörden (z.B. gegenüber dem zuständigen

3. Satzung

Finanzamt) und den anderen Beteiligten in der Stiftung (Gremienmitglieder), wo die Letztverantwortung liegt (vgl. OVG NW, DÖV 1985 S. 984 für eine Stiftung in kommunaler Trägerschaft, bei der der Vollzug des Leistungsverhältnisses durch Verwaltungsakt des Trägers erfolgt, d. h. durch Ratsbeschluß).

3. Zweckverdeutlichung. Diese Formulierung ist Ausfluß der Mustersatzung Anlage 1 zu § 60 AO im Anwendungserlaß zur AO 1997. Sie ist unumgänglich zwecks KSt-Freistellung, wird aber durch das ‚insbesondere' relativiert.

4. Gemeinnützigkeit. Dieser Paragraph kann entfallen, wenn das gestiftete Vermögen zu echtem, wenngleich gebundenem Vermögen des Trägers wird (z. B. nur unter dem Namen des Stifters auf Dauer getrennt zu verwalten ist). Einzelheiten dazu Anm. 11 (6).

5. In der Formulierung abhängig davon, ob steuerlich ein eigens freizustellendes Stiftungsvermögen oder ob Trägervermögen vorliegt (s. zuvor Anm. 4 und Anm. 11 (6)).

6. Vermögen. Wegen des Erfordernisses eines Stiftungsvermögens (etwa 100 000,– DM, länderweise auch schon 300 000,– DM oder mehr) bei der Genehmigung rechtsfähiger Stiftungen wird bei kleineren Vermögen oder bei Spendensammlungen zum Aufbau eines Stiftungsvermögens über einen längeren Zeitraum hinweg häufig zwangsläufig auf die unselbständige Stiftung als Organisationsform dieses speziellen Anliegens zurückgegriffen werden müssen.

7. Freie Rücklage/Familienbezug. a) Seit 1985 können bis zu 25% der jährlichen Erträge abzüglich „Unkosten der Vermögensverwaltung" in eine sog. freie Rücklage eingestellt bzw. dem Vermögen zugeschlagen werden (§ 58 Ziff. 7a) AO).

b) Neben diesem Ertragseinbehalt kann auch die nichtrechtsfähige Stiftung bis zu einem Drittel des Einkommens für (nicht gemeinnützige) Familienzwecke abzweigen (angemessener Unterhalt des Stifters und seiner nächsten Angehörigen = Enkelgeneration, Pflege derer Gräber und Andenken). Die nichtrechtsfähige Stiftung kann solche Leistungen ohne Satzungsauftrag auf Antrag gewähren, was bei der rechtsfähigen Stiftung nicht möglich wäre. § 58 Ziff. 5 AO macht aus der steuerrechtlich an und für sich exklusiv gemeinnützigen Stiftung eine Teil-Familienstiftung auf Zeit. Eine Bedürftigkeitsprüfung muß nicht angestellt werden, wenngleich es hier keinen Automatismus der Leistung geben darf, auch nicht durch eine entsprechende Satzungsformulierung, die ggf. sogar für die Erlangung der Gemeinnützigkeit hinderlich wäre.

8. Gremium. Ein Stiftungsgremium kann bei satzungsmäßig festgelegtem Empfänger (z. B. Forschungsinstitut, Museum o. ä.) oder bei einfach zu erfüllendem Stiftungszweck entfallen. Ohne Organ (Kuratorium o. ä.) könnte der § 5 wie folgt lauten:
„Die Vergabe der jährlich zur Verfügung stehenden Stiftungsmittel besorgt der Träger in eigener Verantwortung." §§ 6–8 entfallen dann, §§ 9 und 10 sind entsprechend umzuformulieren.

9. Während hinsichtlich der Vermögensverwaltung das Kuratorium als weisungsbefugt anzusehen ist, hat der Träger bei den Vergabebeschlüssen dieses Gremiums ein Vetorecht. Seine fiduziarische Verpflichtung umfaßt auch die Gewährleistung der Steuerbefreiung der Stiftung. Dieses höherrangige Recht muß dem der Autonomie eines qua Satzung vom Stifter eingesetzten Gremiums vorgehen.

10. Mit dieser Formulierung nähert sich diese Stiftung stark der rechtsfähigen Stiftung, bei der das Eintrittsgeld (des Stifters) nicht mehr zurückgezahlt wird. Natürlich kann insbesondere ein Treuhandvertrag im Rahmen üblicher Fristen und unter Beachtung bestimmter (Form-) Vorschriften jederzeit gekündigt werden. Dagegen zielt der Vertrag *sui generis* (Stiftungsgeschäft außerhalb des BGB-Stiftungsrechts) eindeutig auf die nicht mehr zurückholbare Stiftung. Anders würden auch die Versuche verschiedener Gesetzgeber, diesem Stiftungstyp vermittels Eintragung in öffentliche Stiftungsregister Publizität und damit eine gewisse Rechtssicherheit zu geben, ins Leere laufen. Stiften

heißt, sich eindeutig und endgültig zugunsten bestimmter, im öffentlichen Interesse liegender und langfristig angelegter Zwecke von Vermögen zu trennen. Entsprechend versucht auch die Finanzverwaltung mit Formulierungsgeboten bei der Satzungsgestaltung, insbesondere bei nicht staatlich beaufsichtigten Institutionen, das mit Spendenbescheinigung bzw. unter ErbStBefreiung in die Sphäre der Gemeinnützigkeit gelangte Vermögen dort zu halten (gemeinnütziger Anfallberechtigter bei der Beendigung, praktisch genehmigungspflichtige Zweckänderungen nur zugunsten gemeinnütziger Zwecke). Da auch der Stifter gemeinhin an der ‚ewigen Existenz' der Stiftung interessiert ist, kann er dies noch durch das Publizierungsgebot in einem – wenn im Lande gesetzlich so vorgesehen – öffentlichen Stiftungsregister verstärken. Hilfsweise kann er ein solches Gebot für privat organisierte Stiftungsverzeichnisse verfügen.

11. Steuern. (1) Ein besonderes Steuerrecht für gemeinnützige Stiftungen gibt es nicht, vielmehr ist dieses rechtsformenübergreifend.

(2) Generelle Steuerpflicht. Rechtsfähige wie nichtrechtsfähige Stiftungen des privaten Rechts, ebenso wie ähnlich strukturierte eingetragene Vereine oder Kapitalgesellschaften des Handelsrechts (Ersatzformen) sind gemäß § 1 Abs. 1 Nr. 5 KStG 1996 hinsichtlich ihrer Einkünfte unbeschränkt körperschaftsteuerpflichtig (Steuersatz 45% – die Ermäßigung auf 42% nach § 23 Abs. 2 S. 1 wird durch die Gegenausnahme des § 23 Abs. 2 S. 2 Nr. 2 auf Geschäftsbetriebe einer KSt-befreiten Stiftung beschränkt). Sowohl die Erstausstattung mit Vermögen als auch weitere Zuwendungen sind unentgeltliche Zuwendungen und unterliegen daher der Erbschaft- bzw. Schenkungsteuer (Steuerklasse III). Zustiftungen wie Spenden an eine bestehende Stiftung (de jure an den Stiftungsträger) unterliegen nur dann einer Doppelbesteuerung (KSt und ErbSt), wenn diese buchführungspflichtig ist, also einen Gewerbebetrieb unterhält (vgl. *Hahn/Schindler*, Die Besteuerung der Stiftungen, S. 154), was bei nichtrechtsfähigen Stiftungen praktisch nicht vorkommt. Grundsteuer wird erhoben (beim Träger).

(3) Steuervermeidung. In der Praxis, vornehmlich in der Wirtschaft, ist aus unterschiedlichen Gründen ein gewisser Bedarf nach einer – zwangsläufig steuerpflichtigen – Stiftung, die nicht Familienstiftung ist, festzustellen (z.B. als PR-Instrument). Meistens schrecken die steuerlichen Folgen die potentiellen Stifter vor einer Realisierung ihres Stiftungsvorhabens ab. Diese müssen jedoch nicht prohibitiv sein. Bei Ausnutzung von Freigrenzen (nach § 16 Abs. 1 Nr. 5 ErbStG: 10 000 DM) und Schenkung von ‚Schulden' (z.B. Übertragung von Beteiligungen an Abschreibungsgesellschaften – Stichwort: negatives Kapitalkonto – in diesem Zusammenhang sei jedoch auf die Änderung der Rechtsprechung betr. Abschreibungsgesellschaften durch das BFH-Urteil vom 25. 6. 1984 hingewiesen; mit Wirkung vom 1. 1. 1986 wird daher durch die Finanzverwaltung bei der Übertragung von Anteilen an geschlossenen Immobilienfonds und Hausbesitzbriefen die Schenkungsteuer nach den Grundsätzen der gemischten Schenkung ermittelt, vgl. Fin.Min. NW vom 25. 2. 1985, DB 1985, 788) läßt sich häufig die Erbschaft- bzw. Schenkungsteuer vermeiden. Eventuell empfiehlt es sich, statt einer Stiftung mit mehreren Zwecken derer mehrere kleine mit jeweils einem Zweck zu errichten (mit jeweils gleicher Verwaltung durch den Träger); das gilt insbesondere für kleinere Familienkassen. Bezüglich der Einkommenbesteuerung ist allgemein auf den § 24 KStG hinzuweisen, der für unbeschränkt steuerpflichtige Körperschaften einen Freibetrag von 7500 Mark vorsieht. Eine nach steuerschonender Vermögensausstattung und Umschichtung heute mit rund 150 000 Mark dotierte Stiftung bleibt demnach bei den üblichen Durchschnittsrenditen KSt-frei. Es kommt hinzu, daß die Stiftung natürlich Werbungskosten (z.B. für die Verwaltung) und Spenden abziehen kann.

(4) Steuerbefreiung. Stiftungen usw. können wegen Verfolgung steuerbegünstigter (gemeinnütziger, mildtätiger, kirchlicher) Zwecke von der Körperschaftsteuer, Erbschaftsteuer, Grundsteuer (eingeschränkt auf die unmittelbar zur Zweckverfolgung ge-

nutzten Grundstücke) befreit werden (vgl. § 5 Abs. 1 Ziff. 9 KStG, §§ 51–68 AO). Von der Erhebung der Kapitalertragsteuer (inkl. Solidaritätszuschlag) wird Abstand genommen (gesonderte Nichtveranlagungs-/NV-Bescheinigung gem. § 44a Abs. 4 EStG). Bei der Anlage in Aktien-Investmentfonds wird grundsätzlich keine Kapitalertragsteuer erhoben; die Stiftung kommt also in den sofortigen Genuß der gesamten Ausschüttungen. Die Steuerbefreiung (von der KSt) bedeutet allerdings auch, daß diese Stiftungen hinsichtlich der Erträge aus Beteiligungen an Kapitalgesellschaften (Dividenden auf Aktien, Ausschüttungen auf GmbH-Anteile) nicht in den Genuß der Anrechnung bzw. Vergütung der körperschaftsteuerlichen Ausschüttungsbelastung kommen (vgl. *Vogel*, Arbeitserschwernisse für gemeinnützige und mildtätige Stiftungen durch die Körperschaftsteuerreform und *Neuhoff*, Auswirkungen und Systemwidrigkeiten der Körperschaftsteuerreform 1977, insbesondere im Hinblick auf gemeinnützige Stiftungen, in DB-Beilage Nr. 11/80 zu Heft 23/1980; *Leisner,* Kein Anrechnungsverfahren für Steuerbefreite?, StuW 1984, 244), dies mit beachtlichen Argumenten bestätigend BFH-U vom 12. 12. 1990, BStBl II 1991, 427 (rkr., da die Verfassungsbeschwerde mit Beschluß vom 29. 11. 1993–2BvR 629/91 nicht angenommen wurde).

(5) Die in § 3 abgedruckten Formulierungen müssen in dieser oder ähnlicher Form in der Satzung einer eigens steuerbefreiten Stiftung enthalten sein. Im AEAO 1977 vom 24. 9. 1987 i.d.F. vom 27. 10. 1995 sind in drei Anlagen zu § 60 Mustersatzungen für einen e. V., andere Körperschaften und Ordensgemeinschaften abgedruckt. Die Stiftung wird mittels eines vorläufigen Körperschaftsteuer-Freistellungsbescheides als ‚gemeinnützig' anerkannt. Er ist gemeinhin 18 Monate gültig und wird dann nach Prüfung der Übereinstimmung von Satzung und tatsächlicher Geschäftsführung durch einen endgültigen Körperschaftsteuer-Freistellungsbescheid ersetzt. Dieser ist drei Jahre gültig. Er dient üblicherweise als Leitentscheid für die Freistellung von anderen Steuern.

(6) Stiftungsvermögen oder Trägervermögen? Gem. § 1 Abs. 1 Ziff. 5 KStG sind „nichtrechtsfähige Vereine, Anstalten, Stiftungen und andere Zweckvermögen des privaten Rechts" unbeschränkt körperschaftsteuerpflichtig, und zwar unabhängig davon, ob der Träger als juristische Person des öffentlichen Rechts (Umkehrbeschluß aus § 1 Abs. 1 Ziff. 6 KStG) oder nach § 5 KStG Abs. 1 von der Körperschaftsteuer befreit ist oder nicht (vgl. *Streck* KStG/1995, ABC: Zweckvermögen, Ziff. 7f., S. 720 f.). Darüber hinaus sind sie auch steuerpflichtig nach anderen Steuergesetzen. Obwohl nicht rechtsfähig, werden sie als quasi-rechtsfähig angesehen und sind somit selbständige Steuersubjekte. § 3 Abs. 1 KStG sieht bei diesen Stiftungen, und zwar in jedweder Trägerschaft, einen Vorrang der Besteuerung bei einem anderen Steuerpflichtigen vor, d.h. bei den Destinatären. Solche mit klagbaren Ansprüchen an die Stiftung gibt es üblicherweise nicht; das sollte auch vermieden werden. Dann aber ist die Stiftung selbst steuerpflichtig. Das für den Träger zuständige FA prüft dabei zunächst, ob überhaupt eine Steuerrechtsperson i.S. von § 1 Abs. 1 Nr. 5 KStG vorliegt (s. dazu Rdvfg. der OFD Düsseldorf v. 16. 12. 1982, Wpg 1983, 92/94). Soll sie steuerbegünstigte Zwecke verfolgen, ist eine eigene Freistellung zu besorgen, wobei die nach § 5 Abs. 1 Ziff. 9 KStG gemeinhin als Leitentscheid dient. Die Voraussetzungen des § 59 AO sind zu erfüllen, insbesondere muß eine Satzung o.ä. Dokument vorliegen. Steuerbefreite nichtrechtsfähige Stiftungen oder andere Zweckvermögen können auch im Rahmen der weiteren Befreiungstatbestände des § 5 Abs. 1 KStG möglich sein.

Eine eigenständige Freistellung von der Körperschaftsteuer ist nicht notwendig, wenn der (steuerbefreite) Träger durch den Vermögenserwerb bereichert wird (z.B. durch Schenkung), also rechtlicher und wirtschaftlicher Eigentümer des Vermögens wird, was bei letztwilligen Zuwendungen noch eher zu vermuten ist. Das gilt auch dann, wenn Auflagen des Entstehungsgeschäfts durchaus stiftungshafte Tatbestände heraustypisieren (z.B. Vermögenserhalt, eigener Name, Zweckverfolgung nur aus den Erträgen). Solange Zweckidentität zwischen Träger und Stiftung besteht und der Träger in eigener Verantwortung die Mittelverwendung beschließt, liegt steuerlich noch Vermögen des Trägers vor; anders jedoch, wenn das Zuwendungsgeschäft die Stiftung beispielsweise mit einem zeitlich begrenzten Nießbrauch oder ähnlichen Auflagen belastet. Auch eine Einengung des Stiftungszwecks gegenüber den weiteren des Trägers (z. B. „nur für Hunde" bei einem gemeinnützigen „Tierheim e. V.") ist unbedenklich, wenn nicht unterschiedliche Zweckkategorien berührt werden (vgl. weiter unten und Ziff. 7). Das gilt auch, wenn die Stiftung über ein eigenes Beschlußgremium verfügt; sie ist steuerlich Vermögen des Trägers geworden. Anders bei den Stiftungen in Trägerschaft der Kommunen (örtlichen Stiftungen), die zwar auch Gemeindevermögen geworden sind (OVG NW DÖV 1985, 983), aber normalerweise mit ihren Zwecken im Bereich der freiwilligen Aufgaben einer Gemeinde angesiedelt sind; vergleichbares gilt für die Universitätsstiftungen. Und kirchliche Stiftungen sind ähnlich einzustufen, weil sie weniger den (steuerrechtlich eng definierten) kirchlichen (Kultus-)Zwecken gewidmet sind, sondern eher deren karitativen (gemeinnützigen) Zwecken, die an und für sich integraler Bestandteil kirchlichen Wirkens sind.

Verfügt das Entstehungsgeschäft auch die Konstituierung eines Stiftungsgremiums, so kann leicht die Grenze zur eigenständigen Freistellung überschritten werden. Diese ist nicht überschritten, wenn die Mitglieder des Gremiums als ‚besondere Vertreter' im Sinne des § 30 BGB bzw. als ‚Verfügungsberechtigte' im Sinne des § 35 AO (mit der Stellung von ‚gesetzlichen Vertretern' des Trägers im Sinne des § 34 Abs. 1 AO) anzusehen sind (Beirat). Das ist anzunehmen, wenn das Gremium aus Mitgliedern, Angestellten oder Organen des Trägers gebildet wird. Dritte können – ohne Folgen für den Status der Stiftung als Trägervermögen – ebenfalls in ein solches Gremium gewählt werden, wenn das in der Hand des Trägers liegt. Setzt der Stifter sich selbst oder einen Vertreter ein, so dürfte das bei – beispielsweise – 3 Mitgliedern und keinen statutarischen Sonderrechten des Stifters bzw. seines Vertreters unbedenklich sein.

Sind einem solchen Gremium in der Satzung besondere Rechte hinsichtlich der Vermögensverwaltung bzw. -disposition (z. B. Benennung des Anfallberechtigten bei der Auflösung der Stiftung) oder bei der Zweckverwirklichung bzw. hinsichtlich einer eventuell notwendig werdenden Zweckänderung eingeräumt worden, so hat es gem. § 34 Abs. 1 bzw. Abs. 3 AO die Stellung eines ‚Geschäftsführers bzw. Vermögensverwalters einer nichtrechtsfähigen Vermögensmasse' bzw. geht es über diese noch hinaus. Die Stiftung ist dann ein eigenständiges Steuersubjekt.

Streck (KStG, ABC: Nichtrechtsfähige Stiftungen, Ziff. 3, S. 681) deutet an, daß schon die Möglichkeit des Auseinandergehens im bisher identischen Zweck von Träger und Stiftung (z. B. durch Beschluß zur Zweckänderung beim Träger) die Steuersubjektivität der Stiftung determiniert. Dem ist nicht zuzustimmen. Vielmehr ist erst bei einer grundlegenden Änderung des Satzungszwecks von Träger oder Stiftung (Aufhebung der Zweckparallelität) die Steuersubjektivität der Stiftung anzunehmen.

Zu beachten sind ferner die unterschiedlichen Kategorien steuerbegünstigter Zwecke gem. §§ 52 – 54 AO (gemeinnützige, mildtätige und kirchliche Zwecke; hinzu kommen noch die als ‚besonders förderungswürdig anerkannten gemeinnützigen' bzw. als ‚besonders förderungswürdig anerkannten kulturellen Zwecke' des ESt- und KSt-Rechts), die unterschiedliche Abzugsfähigkeit von Ausgaben zur Dotierung oder Förderung von steuerbefreiten Stiftungen (und anderen Körperschaften sowie Personenvereinigungen) gem. §§ 9 Abs. 1 Nr. 2 KStG, 10b) EStG Abs. 1 (5% und weitere 5% für mildtätige, als besonders förderungswürdig anerkannte kulturelle und wissenschaftliche Zwecke), die verwendungsbezogene Beschränkung der Berechtigung zum Ausstellen von Spendenbescheinigungen (vgl. Abschn. 111 EStR und Anl. 7 zu R 111 Abs. 1) und nicht zuletzt die Begünstigung der Stiftungsleistungen auf seiten der Destinatäre gem. § 3 Ziff. 11, 26, 44 EStG. Hier ist schnell die Grenze zwischen (unter Auflagen stehendem) Trägervermögen einerseits und eigenständig freizustellender Stiftung andererseits überschritten. Die Finanzverwaltung tendiert zum Zwecke einer lückenlosen Erfassung und besseren Aufsicht über derartige Rechtsverhältnisse mit – eher – Dauercharakter mehr und mehr zur Annahme der Steuersubjektivität bzw. spricht den (Träger-) Vereinen das Recht ab, selbst Spendenbescheinigungen für das gestiftete Vermögen auszustellen; bezeichnend dafür OFD Düsseldorf v. 26. 6. 1980 – A St 13 H (unveröffentlicht) wo zwischen Körperschaften und Stiftungen unterschieden wurde, wobei nur bei letzteren Zustiftungen dem Vermögen zuwachsen könnten. Allerdings wurde diese restriktive Einstellung der Verwaltung inzwischen durch Ziff. 5 Abs. 2 zu § 55 Abs. 1 Nr. 1 AEAO (vom 24. 9. 1987 i.d.F. vom 27. 10. 1995) dahingehend richtig gestellt, daß nunmehr jeglicher steuerbegünstigten Körperschaft zugestanden wird, daß es kein Verstoß gegen das Gebot der zeitnahen Mittelverwendung sei, wenn sie auf Wunsch des Zuwenders den zugewendeten Betrag in ihrem Vermögen behält; ähnlich bei Aufrufen zu Zustiftungen sowie bei nachgelassenen Vermögenstransfers, die damit vollends in das Belieben der Körperschaft gestellt sind: Spende oder Vermögensaufstockung.

(7) Spendenabzug. Die Beantwortung der Frage nach Trägervermögen oder Stiftungsvermögen entscheidet über die technische Verfahrensweise des Spendenabzugs. Entweder wird sofort eine Spendenbescheinigung des Trägers ausgestellt, oder es muß zunächst durch diesen eine eigene Freistellung der Stiftung beim zuständigen (Sitz-) Finanzamt besorgt werden. In beiden Fällen sind bei steuerbefreiten Stiftungen sowohl die Erstausstattung wie auch spätere Zustiftungen und Spenden abzugsfähig, und zwar bis zur Höhe von 5 bzw. 10% (für wissenschaftliche, mildtätige und als besonders förderungswürdig anerkannte kulturelle Zwecke) des Gesamtbetrages der Einkünfte bzw. des Einkommens (bei juristischen Personen) – §§ 10b Abs. 1 EStG, 9 Abs. 1 Nr. 2 KStG; alternativ kann diesbezüglich jedoch für Gewerbetreibende und Kapitalgesellschaften die Abzugsfähigkeit nach der Formel „0,2% des Umsatzes plus Löhne und Gehälter" vorteilhafter sein (bei AGs im Durchschnitt in den letzten Jahren rd. 30% Abzugsfähigkeit). Sachspenden bzw. -dotationen, allerdings nicht Nutzungen und Leistungen, unterliegen den gleichen Kriterien; angesetzt wird der gemeine Wert bzw. der Teilwert (bei Entnahmen aus Betriebsvermögen – § 6 Abs. 1 Nr. 4 S. 1 EStG). Die Entnahme kann auch zum Buchwert erfolgen, wenn dieser bei der empfangenden Stiftung fortgeführt wird (Fiktion der Nicht-Realisierung stiller Reserven bei der Entnahme – § 55 Abs. 3 AO). Allerdings kann dann der Stifter auch nur den Buchwert absetzen (§§ 10b Abs. 3 S. 2 EStG, 9 Abs. 1 Nr. 2 S. 3 KStG). Zu prüfen ist dabei, ob der Spendenvor- und -rücktrag nicht die Entnahme zum höheren Teilwert als vorteilhafter erscheinen läßt (vgl. Ziff. 8).

Ein Stifter kann gemäß § 55 Abs. 1 Nr. 2, Abs. 3 AO das Stiftungsvermögen auch nur zeitlich zur Verfügung stellen, es also in der Sphäre der Gemeinnützigkeit ‚parken'. Das ist bei rechtsfähigen Stiftungen wegen des Erfordernisses eines auf Dauer gewidmeten Vermögens problematisch (höchstens als Zusatz-Quasi-Stiftungsvermögen auf Zeit). Bei unselbständigen Stiftungen bedarf es dazu nur der Zustimmung des Stiftungsträgers. Der Stifter hat dies allerdings entweder in der Satzung oder im Stiftungsgeschäft zu verankern. Zusätzlich müssen Wertsteigerungen während der ‚Parkzeit' in der Sphäre der Gemeinnützigkeit verbleiben. Das ist für die Einbringung von Grundstücken oder anderen Sachwerten von Bedeutung. Der Rückfall kann an ihn selbst (steuerfrei) erfolgen oder an seine Erben o.ä. Der Spendenabzug kann dann jedoch nicht genutzt werden (vgl. Ziff. 9 zu § 55 Abs. 3 S. 3 AEAO 1977).

(8) Zustiftungen. Weiterhin kann eine Stiftung im Rahmen der Höchstgrenzen der Abzugsfähigkeit auch pro rata dotiert werden. Diese jährlichen, abzugsfähigen Zustiftungen, die im Zuwendungsgeschäft ausdrücklich als solche zu bezeichnen sind, werden nicht als ansonsten nur begrenzt mögliche Rücklagenbildung i.S.d. § 58 Nr. 6 AO (Rücklagenbildung zur nachhaltigen Zweckerfüllung, wozu auch Spenden verwendet werden dürfen, s. dazu Ziff. 8 zu § 58 AEAO) bzw. Nr. 7 (Bildung einer ‚freien Rücklage' bzw. Bildung einer Rücklage zur Teilnahme an der Kapitalerhöhung einer Kapitalge-

sellschaft, an der die Stiftung beteiilgt ist, wobei sie die Beteiligungsquote in ihrer Höhe erhalten will) angesehen.

Durch Kultur- und StiftFördG vom 22. 12. 1990 wurde die Pro-rata-Dotierung nun dahingehend erleichtert, daß im EStG (§ 10b Abs. 1 S. 3) ein zweijähriger Spendenrücktrag sowie ein fünfjähriger Spendenvortrag (Verteilung der Erstausstattung oder der Zustiftung auf insgesamt 8 Jahre) und im KStG (§ 9 Abs. 1 Nr. 2 S. 3) ein siebenjähriger Vortrag für Groß-Spenden i. d. F. jeweils einer Einzelzuwendung (über 50 000 Mark) zur Förderung wissenschaftlicher oder als besonders förderungswürdig anerkannter kultureller Zwecke eingeführt wurde (vgl. dazu *Thiel/Eversberg*, G zur steuerl. Förd. von Kunst, Kultur und Stiftungen sowie zur Änd. steuerl. Vorschr., DB 1991, 118; im gl. Heft, S. 128: Änderung AEAO/1990). Da die Pro-rata-Dotierung (in die Zukunft) hier eigentlich schon zufriedenstellende Ergebnisse zeitigte, ist einzig die Rücktragsmöglichkeit des EStG von Belang. Dennoch können nun zweifelsfrei größere Vermögen *en bloc* oder auf Raten übertragen und in der Stiftung angesammelt werden. Die gleichzeitige Absetzbarkeit vom laufenden Einkommen dürfte ein weiterer Anreiz zur Errichtung und höheren Dotierung von Stiftungen unter Lebenden sein. In diesem Zusammenhang kann auch eine im o. a. Gesetz eingeführte Ergänzung des § 29 Abs. 1 ErbStG (durch eine neue Nr. 4) hilfreich sein, die Erben, Vermächtnisnehmer oder Beschenkte für 24 Monate von der ErbSt freigestellt, wenn sie so erworbenes Vermögen einer wissenschaftlichen oder kulturellen (hier mal nicht besonders förderungswürdig anerkannte kulturelle Zwecke!) Stiftung zuwenden (Fiktion der Zuwendung durch den Verstorbenen bzw. Schenker selbst).

(9) Spendenbescheinigung. Je nach Zwecksetzung wird gemeinnützigen Körperschaften und Stiftungen mit der Ausstellung des Körperschaftsteuer-Freistellungsbescheides nicht automatisch das Recht zur Ausstellung von Spendenbescheinigungen zugestanden. Dotation und Zustiftungen müssen dann dem Finanzamt des Stifters anhand von Unterlagen und gegebenenfalls Bankbelegen nachgewiesen werden. (Ausnahmen: Spendenbescheinigung einer öffentlichrechtlichen Durchlaufinstanz oder des Stiftungsträgers – s. o. Ziff. 7).

(10) Keine Spendenbescheinigung der Stiftung. Spendenbescheinigungen können nicht für die ganze Bandbreite steuerbegünstigter Zwecke ausgestellt werden. Das geht nur bei mildtätigen (§ 53 AO), kirchlichen und religiösen (§ 54 AO), wissenschaftlichen und staatspolitischen Zwecken. Zuwendungen an die Stiftung für gemeinnützige Zwecke sind nur dann spendenbescheinigungsfähig, wenn sie zu den in § 48 EStDV/Anl. 7 zu Abschn. 111 Abs. 1 EStR als ‚allgemein besonders förderungswürdig' anerkannten gemeinnützigen Zwecken gehören. Dabei ist zu beachten, daß Zwecke wie z. B. Sport, Kunst und Förderung der Pflege von Kulturwerten, Heimatpflege und Heimatkunde, Naturschutz und Landschaftspflege, Entwicklungshilfe und Umweltschutz beim Stifter oder Zustifter nur abgesetzt werden können, wenn die Zuwendung zunächst an eine inländische juristische Person des öffentlichen Rechts oder eine öffentliche Dienststelle als sogenannte Durchlaufspende geleistet und dann an die Stiftung bzw. den Träger weitergeleitet wird (vgl. Abschn. 111 Abs. 3 ‚Durchlaufspenden' EStR). Die Spendenbescheinigung muß zu diesem Zweck vom öffentlichen ‚Zwischenhändler' ausgestellt werden. Das ‚vormoderne', staatliches Mißtrauen signalisierende Institut der Durchlaufspende ist im Rahmen von Reformüberlegungen ins Gespräch gekommen, abgeschafft zu werden. Bei karitativen und wohltätigen Zwecken kann die Stiftung bzw. der Träger das entsprechende Dokument mit Wirkung für den Stifter nur dann selbst ausstellen, wenn Zwecke der Spitzenverbände der freien Wohlfahrtspflege verfolgt werden, was jedoch nicht Mitgliedschaft in einem dieser Wohlfahrtsverbände bedeutet.

(11) Soll die Stiftung mehrere Zwecke in unterschiedlichen Kategorien verfolgen können, ohne daß vom Stifter in der Satzung eine bestimmte, jährlich einzuhaltende Quote vorgeschrieben wird, empfiehlt sich die Durchleitung des ganzen Betrages durch eine für

4. Treuhandvertrag																		XVII. 4

den Hauptzweck zuständige öffentlichrechtliche Körperschaft. Dann kann allerdings nur eine Abzugsfähigkeit von 5% erreicht werden; andernfalls hat die Stiftung entsprechend den unterschiedlich abzugsfähigen Zweckzuwendungen besondere Buchhaltungen einzurichten, um die jährlichen Mittel (vorwiegend wohl Vermögenserträge und Spenden) ihren jeweiligen Zwecken zuweisen zu können.

(12) Wird für die Verwaltung der Stiftung eine Gebühr vereinbart (etwa 10 bis 15% der für die Zweckverwirklichung bereitgestellten Mittel sind in der Praxis üblich), so ist diese beim (gemeinnützigen) Träger, selbst bei gesonderter KSt-Freistellung der Stiftung, weder USt- noch KSt-pflichtig. Das folgt aus dem (hier höherrangigen) Rechtsprinzip, daß der Träger formaljuristisch Eigentümer des Vermögens und nur fiduziarisch bei dessen Verwaltung und der daraus resultierenden Mittelverwendung gebunden ist. Bei einer nicht gemeinnützigen Stiftung (z. B. Familienstiftung in Verwaltung der Gemeinde) gilt allerdings das Trennprinzip, und die Stiftung ist eigenständig steuerpflichtig, ebenso die an die Gemeinde gezahlte Verwaltungsgebühr (keine hoheitliche Betätigung mit Einnahmen). Ähnlich ist natürlich ein steuerpflichtiger Träger/Verwalter mit der Verwaltungsgebühr einer gemeinnützigen Stiftung steuerpflichtig.

4. Treuhand-/Schenkungsvertrag (in Sponsoringabsicht)[1]

Art. 1. Zu dem Zwecke der Förderung von Kunst und Kultur, insbesondere

a) des Ankaufs von Kunstwerken für öffentliche Gebäude in D und
b) des Kunstunterrichts in Zusammenarbeit mit den Schulen in D

wird beim Y-Museum gGmbH unter dem Namen

X-Kulturfonds

eine nichtrechtsfähige Stiftung eingerichtet.

Art. 2. Die X-GmbH übereignet unwiderruflich auf das Y-Museum gGmbH aus Anlaß ihres 20 jährigen Firmenjubiläums am ......[2] einen Betrag von 50 000,– DM[3] und verbindet damit die Auflage, den gemeinsam eingerichteten Fonds zu dotieren. Das Fondsvermögen ist in seinem Werte zu erhalten und soll bei Gelegenheit aufgestockt werden.[4]

Art. 3. Die Erträge des Vermögens zuzüglich etwaiger Spenden,[3] die nicht anderweitig zweckbestimmt sind, sollen zu ungefähr gleichen Teilen den unter Nr. 1 Buchst. a) und b) genannten Zwecken zugeführt werden.

Art. 4. Über die Art und Weise der Zweckerfüllung beschließt – mehrheitlich – ein aus 3 Personen bestehender Beirat. Ihm gehören neben dem Direktor des Y-Museums gGmbH als Vorsitzenden ein Vertreter der X-GmbH und der Kulturdezernent der Gemeinde D an.[5]

Art. 5. Dieser Vertrag ist auf unbestimmte Dauer geschlossen. Eine Kündigung ist ausgeschlossen.[4]

Art. 6. Das Y-Museum gGmbH verwaltet das Fondsvermögen getrennt von seinem eigenen Vermögen und besorgt gemäß der Beschlußfassung des Beirats die Zweckverfolgung in eigener Verantwortung. Es legt dem Beirat jährlich Rechenschaft über die Verwendung der Mittel ab.

Art. 7. Sollte der Beirat einstimmig der Meinung sein, die Zwecke des Fonds seien in der vorgesehenen Form nicht mehr sinnvoll zu verwirklichen, so kann dieser aufgehoben werden. Das verbleibende Fondsvermögen fällt dann in den laufenden Etat des Y-Museums gGmbH/an die Stadt D für Zwecke der unmittelbaren und ausschließlichen Kunstförderung.[5]

Anmerkungen

1. **Rechtsnatur.** Der Begriff ‚Treuhandvertrag' ist hier eher untechnisch gebraucht. Beim Treuhandvertrag (uneigennützige Verwaltungstreuhand zu Stiftungszwecken) handelt es sich um ein im BGB nicht geregeltes Rechtsverhältnis. Ihm können Stellvertreterrecht und Auftragsrecht zugrunde liegen, aber auch eine Verpflichtung zum Gebrauch des übereigneten Vermögens in eine bestimmte Richtung, u. U. außerhalb der Interessensphären der beteiligten Vertragspartner (vgl. RGZ 62, S. 389). Daher entfällt hier die schenkungs- bzw. erbrechtlich ‚zuständige Behörde' mit ihrem Vollziehungsanspruch (s. dazu Form. XVII. 1. Anm. 3 (1) c). Wegen der weitgehenden Zweckparallelität beim Träger und bei der Stiftung und wegen des Vermögenserhalts bzw. des Verbleibs des Vermögens beim Träger kann der vorliegende Fall auch als eine Schenkung (materielle Bereicherung) gedeutet werden (s. u. Nr. 5). Bei der letztwilligen Zuwendung ist diese Bereicherung nicht notwendig.

2. **Sponsoring.** Unternehmen gehen mehr und mehr dazu über, mit ihren Spenden, ähnlich wie mit Mitteln aus ihren Werbeetats (abzugsfähige Betriebsausgaben), geschäftliche Absichten zu verbinden. Als Partner dienen sich dabei häufig, wegen der Zugkraft des guten Namens, gemeinnützige Organisationen an (Sportvereine, Museen, Umweltorganisationen, Selbsthilfegruppen, etc.). In der Praxis wird diese Verbindung kommerzieller Interessen mit solchen aus der Gemeinnützigkeit Sozio-Marketing genannt. Eine werbliche Botschaft wird dabei indirekt, eher unauffällig an eine bestimmte Zielgruppe herangetragen. Das Marktvolumen dieses neuen Marketinginstruments wird zur Zeit auf 4 Mrd. Mark geschätzt (1998). Das hier vorgestellte Formular bindet die Stiftung ein in das örtliche oder regionale Marketingkalkül eines mittelständischen Unternehmens.

3. **Mitteleinsatz.** Der einmalige, aus gegebenem Anlaß gestiftete – eher geringe – Betrag dient zunächst der Institutionalisierung der auf längere Frist geplanten Initiative. Später können je nach Bedarf und Gewinn auf Seiten des stiftenden/sponsornden Unternehmens Spenden zur effektiveren Zweckverwirklichung gegeben werden. Auch über die primär festgelegten Zwecke kann dabei hinausgegangen werden, was Elemente von Flexibilität in diese Stiftung bringt.

4. **Dauer.** Im Gegensatz zu den üblichen Treuhandverhältnissen soll diese Treuhand zu Stiftungszwecken praktisch ‚ewig' währen. Ein Ende wird wegen der ‚ewigen Dauer' von Stiftungen in der Regel nicht vereinbart; Zweckerreichung als Endigungsgrund ist unwahrscheinlich. Der gestiftete Betrag wird, wie hier bei einem Unternehmen, ausgebucht, d. h. mittels Spendenbescheinigung dem laufenden Geschäftsergebnis (als dessen Minderung) zugewiesen. Dementsprechend überlebt die so eingerichtete Stiftung den Tod oder sonstigen Wegfall (z. B. Konkurs) des Stifters. Weder die Erben noch der Konkursverwalter haben dann gegen den Stiftungsträger einen Anspruch auf Herausgabe des Vermögens (vgl. *Soergel/Neuhoff,* 13. Aufl., Rz. 26 Vor § 80 in Anlehnung an RGZ 62, S. 386, 389; 88, S. 335, 338 f.; 105, S. 307; a. A. für das echte Treuhandverhältnis MünchKomm/*Reuter* Rz. 42 f. Vor § 80). Und beim Wegfall des Trägers stehen dem Stifter ausreichende Rechte (z. B. Aussonderungs- und Drittwiderspruchsrecht) zur Verfügung, die das Stiftungsvermögen vor dem Schicksal des Vermögens des Trägers schützen. Allerdings ist nicht sichergestellt, daß dieser Personenkreis die Stiftung satzungsgemäß fortführt. Das kann durch Eintragung in ein öffentliches Stiftungsverzeichnis, wenn in einem Bundesland gesetzlich vorgesehen, zumindest bestärkt werden. Ist dieser

Personenkreis ebenfalls entfallen, so ist es Aufgabe der Rechtsordnung, analog zu VGH Karlsruhe VerwRspr. 8, 554 für einen Ersatzträger zu sorgen.

5. Schenkung? Dieses spezielle Stiftungsgeschäft (außerhalb des BGB-Stiftungsrechts) könnte auch als Schenkung unter Auflage gedeutet werden. Zweifellos ist der Träger in einem gewissen Sinne bereichert, bestimmt aber nicht ausschließlich selbst über die – gegenüber den eigenen Zwecken einerseits engere und andererseits etwas darüber hinaus gehende – Zweckverwirklichung. Die angestrebte Dauerwirkung, eventuell auch über die Auflösung des Trägers hinaus (ermöglicht durch die getrennte Vermögensverwaltung), sowie ggf. der Vermögensanfall bei Beendigung an einen Dritten relativieren allerdings die materielle Bereicherung. Die Sponsoring-Absichten einerseits und die angestrebte Flexibilität der Zweckverwirklichung mit weiteren Spenden andererseits lassen zudem eher auf andauernde Beziehungen (weniger in Vertragsform, sondern in Organstellung) als auf einmalige Bereicherung schließen.

6. Steuern. (1) Wegen (Teil-)Zweckidentität des Fonds mit dem Träger eher keine eigene KSt-Freistellung (vgl. dazu im einzelnen Form. XVII. 3. Anm. 11 (6) – im Zweifelsfall mit der Finanzverwaltung abklären). Spendenbescheinigungen stellt im allgemeinen der Träger aus (auch für die Dotationssumme); hier allerdings Durchlaufspende nötig (s. dazu Form. XVII. 3. Anm. 11. (10).

(2) Wegen späterer Spenden in den Fonds hinein und erst dann Konkretisierung der Spendenverwirklichung durch das qua Satzung installierte Stiftungsorgan entfällt die Gefahr gegenseitiger Beziehungen, die typisch sind für das Sponsoring; dann mit den Folgen der USt-Pflicht für den gemeinnützigen Träger der Initiative und ggf. KSt-Pflicht.

5. Zweckvermögen[1]

Erklärung über Einrichtung und Verwaltung eines stiftischen[2] Zweckvermögens zur Förderung archäologischer Forschungen

Präambel
– hier eine förderungspolitische Absichtserklärung, die u.U. auch einen Hinweis darauf enthalten kann, warum diese nicht ganz so gebräuchliche Form der Institutionalisierung gewählt wurde –[3]
Dem Fonds wird hiermit das nachfolgende Statut gegeben:

Art. 1. Name, Rechtsform, Sitz

(1) Dieser Initiative zur Beförderung und Durchführung archäologischer Forschungen im Raume ...... soll unter dem Namen

Z-Fonds (für ......)

eine gewisse Dauer verliehen werden.

(2) Es handelt sich dabei um ein nichtrechtsfähiges anderes Zweckvermögen i.S.d. § 1 Abs. 1 Ziff. 5 KStG.[4]

(3) Der Fonds wird zunächst von Herrn ...... in D, A-Str. 1 verwaltet. Ein Wechsel in dieser Funktion ist unverzüglich dem zuständigen Finanzamt anzuzeigen.[5]

Art. 2. Zweck

(1) Der Z-Fonds verwirklicht ausschließlich und unmittelbar einen gemeinnützigen (wissenschaftlichen) Zweck im Sinne des Abschnitts ‚Steuerbegünstigte Zwecke' der Abgabenordnung.

(2) Zweck des Fonds soll es sein, prähistorische und archäologische Forschungen im Rahmen der Altertumswissenschaft zu ermöglichen bzw. zu fördern. Topographische Schwerpunkte sind dabei der Raum ...... (kann auch im Ausland sein)

(3) Der statutarische Zweck wird insbesondere verwirklicht durch:
a) Surveyforschung (kartographisches Erfassen von Siedlungsstrukturen),
b) Bauaufnahme von Denkmälern,
c) Ausgrabungen vor Ort,
d) Auswertung des Fundmaterials,
e) Veröffentlichung der Forschungsergebnisse.

(4) Soweit der Fonds nicht durch fachlich ausgewiesene Kuratoren tätig wird, kann er bestimmte Arbeitsbereiche gegen Entgelt durch entsprechend qualifizierte Dritte besorgen lassen (Auftragsvergabe) bzw. sich anderer Organisationen als Hilfspersonen i. S. d. § 57 Abs. 1 S. 2 AO bedienen.[6]

Art. 3. Mittel des Fonds

(1) Die Zweckverwirklichung wird mittels Spenden, privater oder öffentlicher (gebundener) Zuwendungen und Erträge der zwischenzeitlichen Mittelanlage angestrebt.

(2) Der Fonds kann Zuwendungen unter der Auflage des Vermögenserhalts annehmen und setzt dann deren Erträge ebenso zur Zweckverwirklichung ein (Zustiftungen).

(3) Die Mittel des Fonds dürfen nur für den statutarischen Zweck eingesetzt werden. Der Fonds wird dabei selbstlos tätig und verfolgt keine eigenwirtschaftlichen Zwecke. Die für die Fondsverwaltung und/oder für die Zweckverwirklichung tätigen Personen bzw. weitere Personen dürfen durch keine unverhältnismäßig hohen Vergütungen begünstigt werden; Ausgaben, die dem Zweck des Fonds fremd sind, dürfen nicht getätigt werden.

(4) Das Geschäftsjahr der Mittelverwendung ist das Kalenderjahr.

Art. 4. Organisation

(1) Der Fonds wird von einem Kuratorium von 2 bis 5 Personen verwaltet. Erste Kuratoren sind:
– Herr ...... aus ......,
– Herr ...... aus ....

(2) Die o. a. Kuratoren können bei Bedarf im Rahmen dieser statutarischen Bestimmungen weitere Kuratoren hinzuwählen.

(3) Alle Kuratoren sind mit ihrer Bestellung auf drei Jahre in das Amt gewählt. Wiederwahl ist zulässig.

(4) Ausscheidende Kuratoren werden durch die verbliebenen Kuratoren ersetzt.

(5) Soweit die Kuratoren nicht im Sinne der Zweckverwirklichung für den Fonds tätig werden, sind sie ehrenamtlich tätig. Sie haben jedoch Anspruch auf Ersatz der ihnen im Rahmen ihrer Verwaltungsaufgaben entstandenen Kosten. Im Sinne der Zweckverwirklichung tätig werdende Kuratoren haben Anspruch auf eine in der archäologischen Disziplin übliche Vergütung. Darüber sind Aufzeichnungen zu machen und vorzuhalten.[7]

(6) Entscheidungen über Fördermaßnahmen sowie über Zweckänderungen und die Auflösung des Fonds bedürfen der Einstimmigkeit im Kuratorium.

(7) Das Kuratorium wählt aus seiner Mitte einen Vorsitzenden, der auch die Geschäfte des Fonds führt, und seinen Stellvertreter. Der Vorsitzende, im Falle seines Wegfalls, dessen Stellvertreter, beruft zu Sitzungen ein. In solchen Sitzungen wird über die Zweckverwirklichung und ggf. über andere Geschäfte des Fonds entschieden.

5. Zweckvermögen

Art. 5. Änderung des Statuts, Auflösung oder Verselbständigung des Fonds

(1) Erscheint die Handhabung dieses Statuts nicht mehr sinnvoll, so kann das Kuratorium eine entsprechende Anpassung an die veränderten Verhältnisse beschließen.

(2) Sollten die finanziellen Verhältnisse es aufgrund von Zustiftungen ermöglichen, dem Fonds Dauer zu verleihen, so soll das Kuratorium die Umwandlung des Fonds in eine (rechtsfähige oder nicht-rechtsfähige) Stiftung mit gleicher wissenschaftlicher Zwecksetzung beschließen.

(3) Beschlüsse über Änderungen dieses Statuts sowie über die Auflösung des Fonds und über dessen Umwandlung in eine Stiftung sind dem zuständigen Finanzamt anzuzeigen. Für die Wirksamkeit von Zweckänderungen ist eine Unbedenklichkeitsbescheinigung des zuständigen Finanzamts einzuholen.

(4) Sollte der Zweck nicht mehr sinnvoll verwirklicht werden können, so ist der Fonds aufzulösen. Bei der Auflösung fallen die verbleibenden Mittel an das Deutsche Archäologische Institut (DAI) in Berlin, das sie unmittelbar und ausschließlich für gemeinnützige Zwecke i. S. dieses Statuts zu verwenden hat.

D-Stadt, den 1998

....
....
(Unterschriften)

Anmerkungen

1. Rechtsnatur. (1) Obwohl im BGB der Begriff Sondervermögen nicht gebraucht wird, gibt es im Sachen- und Schuldrecht einzelne Vermögensgegenstände, über die die Rechtsmacht des Eigentümers beschränkt ist, weil es z. B. noch andere Berechtigte gibt, mit der Folge, daß sie abgesondert von dessen sonstigem Vermögen ein eigenständiges rechtliches Schicksal erleben (z. B. Gütergemeinschaft, Nachlaß, Vermächtnisvermögen, Vermögenszuwendungen unter Auflage, Gesamthandsgemeinschaft, offene Handelsgesellschaft, Investmentfonds einer Kapitalanlagegesellschaft, Konkursmasse, Kindervermögen). Solche Beschränkungen kann der Berechtigte sich teilweise auch selbst auferlegen, indem er kraft eigener Rechtsmacht mit Wirkung für Dritte unwiderruflich und ggf. auch über den Tod hinaus mehrere natürliche Sacheinheiten vermittels eines Rechtsakts zu einer rechtlichen (und wirtschaftlichen) Einheit zusammenfaßt (Sachgesamtheit unter einheitlicher Zweckbindung). Solch ein Sondervermögen kann dann Gegenstand eines schuldrechtlichen Geschäfts sein.

(2) Allerdings wird dinglich nur über die einzelne Sache verfügt, ist somit verfügungsrechtlich die Sachgesamtheit doch keine Einheit (vgl. *Soergel/Mühl*, 12. Aufl., Rz 8, 10 Vor § 90 BGB). In diesem Zusammenhang muß es für etliche Absichten in der Praxis als erschwerend angesehen werden, daß Sondervermögen nur aufgrund gesetzlicher Bestimmungen Anerkennung vor der Rechtsordnung finden, die Fülle ihrer Erscheinungsformen also nur eingeschränkt rechtlich geregelt ist, sie zum Rechtsverkehr zwar weitgehend zugelassen sind, dann aber – mangels Rechtssubjektivität – nicht den vollen Schutz der Rechtsordnung genießen.

(3) Das hier vorgestellte Zweckvermögen hat im BGB keine solche Regelung gefunden, obwohl es im früheren Recht mit der Eigenstiftung durchaus ein gewisses Vorbild gab und der Trust des angelsächsischen Rechts das klassische Institut eines solchen rechtlich geregelten Sondervermögens ohne Rechtspersönlichkeit ist; allein das Sammelvermögen (für öffentliche oder private Zwecke) gem. § 1914 BGB ist hier als Ausnahme zu nennen (formalrechtlich Eigentum der(s) Sammler(s), Verfügungsbeschränkung und

Gläubigerimmunität durch den öffentlich erklärten Sammlungszweck = fiduziarisches Vermögen). Im Handelsrecht gibt es dagegen als Rechtsgesamtheit (selbst definiertes Sondervermögen) das Handels- oder Erwerbsgeschäft; ein Unterfall ist das Wertpapiersondervermögen der Kapitalanlagegesellschaften gem. §§ 38, 44 KAAG vom 14. 1. 1970.

(4) Unverkennbar ist in der Praxis moderner, pluralistischer Gesellschaften ein steigender Bedarf nach Sonder-/Zweckvermögen unter Kontrolle des Initiators festzustellen. Nicht immer scheint es notwendig oder erreichbar, daß der Einzelne seine uneigennützigen, auf die Gesellschaft bezogenen Vorstellungen in Gemeinschaft, in körperschaftlichen Formen ausleben und vollstrecken kann oder will. Der typische Einzelgänger, das verkannte Genie oder der Unangepaßte sind heute durchaus in der Lage und bereit, eigene Mittel zur Erreichung überindividueller Zwecke einzusetzen, um relevante Fragen von öffentlichem Interesse einer Lösung zuzuführen. Gelegentlich ist dazu auch die fördernde Hilfe weniger Dritter nötig, die dem Initiator genug Vertrauen entgegenbringen, mit ihren materiellen Beiträgen schon das Richtige und Notwendige zu tun. Die Rechtsfähigkeit qua Verein oder Stiftung scheint mangels genügender Interessenten bzw. ausreichender Vermögensausstattung zumindest in der Anfangsphase dafür nicht in Frage zu kommen.

(5) Zu diesem Zweck bietet das Steuerrecht mit dem Zweckvermögen gem. § 1 Abs. 1 Nr. 5 KStG (§ 34 AO spricht von nichtrechtsfähigen Vermögensmassen) ein Institut an, das vielen Vorstellungen einzelner bei ihren auf das Gemeinwohl zielenden Initiativen entgegenkommt. Die ungenügende rechtliche Absicherung wird dabei als zweitrangig angesehen. Denn die Umsetzung von Solidarität und Loyalität Dritter in materielle Unterstützung bedarf einer Institutionalisierung, die bei der Korporation (Verein) von einer genügenden Zahl von Gründungsmitgliedern und bei insbesondere der rechtsfähigen Stiftung von einem ausreichenden Stiftungsvermögen abhängig ist. Insofern ist die nichtjuristische Person für die Anfangsphase einer im öffentlichen Interesse wirkenden privaten Initiative u. U. lebenswichtig, überlebenswichtig, da nur so zu starten. In dieser Phase muß der Initiator beweisen, daß die Initiative sich irgendwie materiell trägt, Zukunft hat. Dann mag die Verrechtlichung als e. V., gGmbH oder Stiftung erfolgen. Und wenn der Initiator keinen Träger für seine Initiative als unselbständige Stiftung findet, weil es ihm beispielsweise an dem dafür notwendigen Vermögenseinschuß mangelt, bleibt ihm praktisch nichts anderes übrig, als ein solches Zweckvermögen in eigener Regie einzurichten. Überspitzt könnte davon gesprochen werden, daß sich jemand in eine private und eine auf öffentliche Wirkung zielende Person spaltet und letzteren Teil als gemeinnützig erklärt. Er ist dann in der Lage, Spendenbescheinigungen für Zuwendungen auszustellen, die als solche unter Auflage anzusehen sind und das rechtliche Schicksal des Trägers nicht teilen (Vollziehungsberechtigung bzw. Rückforderungsrecht des Zuwenders). Zumindest die Steuerrechtsordnung hält also ein adäquates Instrument vor, was für den Bedarf der Praxis ausreichend ist.

(6) Die Abgrenzung zur nichtrechtsfähigen Stiftung in Trägerschaft des Initiators dürfte dabei wohl darin zu sehen sein, daß kein substantielles Vermögen zum Erhalt auf Dauer eingebracht wird und daß die Initiative eher von der Dynamik des Initiators und den materiellen Beiträgen Dritter lebt.

2. Nähe zur Stiftung. (1) Mit dem Begriff Zweck*vermögen* ist angedeutet, daß auch steuerrechtlich ein gewisses, auf mittelfristige Dauer gewidmetes Vermögen nachgewiesen werden muß. Ohne den glaubhaften Nachweis auf einen solchen Einschuß, der dann in der Folgezeit in seiner Höhe durch Verbrauch und Mittelzuführung schwanken kann, wird sich die Finanzverwaltung schwerlich zu der Anerkennung einer Quasi-Selbständigkeit des Vorhabens (eigenständige Freistellung von der KSt) überzeugen lassen. Mit dem Begriff ‚stiftisch' wird hier die Brücke geschlagen zu dem Rechtsinstitut der nichtrechts-

5. Zweckvermögen

fähigen Stiftung in privater Trägerschaft. Diese Nähe zur Stiftung ist dem Zweckvermögen irgendwie immanent.

(2) Streitig könnte die Höhe des zunächst einmal aufzu- bzw. einzubringenden ‚Vermögens' und dessen Vorhaltung auf Zeit sein. Hier wird man sich daran zu orientieren haben, daß die rechtsfähige Stiftung als eine besondere Form des Zweckvermögens üblicherweise zwischen 50000 und 100000 Mark ‚kostet' (vgl. dazu Arbeitsgemeinschaft Deutscher Stiftungen, Hrsg.: Errichtung einer Stiftung – Handreichung für Stifter, 1995, S. 17 – neuerdings sogar 200000/300000 Mark und mehr bei einigen Landes-Genehmigungsbehörden). Die gGmbH kann, z.B. auch als Ein-Mann-GmbH, mit einem Mindeststammkapital von 50000 Mark gegründet werden, wobei als Mindesteinzahlung nur 25000 Mark zu erbringen sind (bei Sicherungsbestellung für den Rest). Dementsprechend sollten die Anforderungen an die Vermögensausstattung eines Zweckvermögens deutlich unter 50000 Mark liegen, sie könnten auch unterhalb der angedeuteten GmbH-Grenze von 25000 Mark liegen. Da das Vermögen nicht unbedingt stiftungshaft gebunden sein muß, kann seitens der Finanzverwaltung nicht verlangt werden, daß es auch für die Dauer der Existenz des Zweckvermögens in dieser Höhe vorzuhalten sei. Es muß genügen, daß Vermögen eingebracht wird und daß damit mittelfristig gemeinnützige Zwecke verwirklicht werden.

3. Der Finanzverwaltung ist das hier vorgestellte Institut nicht unbedingt geläufig; insofern ist es angebracht, etwas von den Absichtsüberlegungen und Institutionalisierungsschwierigkeiten an dieser Stelle einfließen zu lassen. Das Steuerrecht und die dieses anwendende Finanzverwaltung sind nicht berufen, in gesellschaftlichen Fragen und solchen von öffentlichem Interesse als Schiedsrichter zu fungieren oder den Schutz der Rechtsordnung im Rechts- und Geschäftsverkehr zu besorgen. Das zuständige Finanzamt muß also ein ordnungsgemäß eingerichtetes Institut der Steuerrechtsordnung auch anerkennen (durch KSt-Freistellungsbescheid).

4. Das hier beschriebene Institut ist dingfest gemacht in § 1 Abs. 1 Ziff. 5 KStG, wo es sich zusammen mit den nichtrechtsfähigen Vereinen, Stiftungen und Anstalten des privaten Rechts befindet (vgl. dazu *Felix/Streck,* KStG, 1995, Stichworte ‚Sammelvermögen', ‚Zweckvermögen' und ‚Nichtrechtsfähige Stiftungen' unter ABC; § 1 Ziff. 19: Sonstige Zweckvermögen; *Streck,* Die Steuerpflicht nichtrechtsfähiger Stiftungen und anderer Zweckvermögen, StuW 1975, 135).

5. **Geschäftsführer/Vermögensverwalter.** Gem. § 34 AO haben die Geschäftsführer bzw. Vermögensverwalter von nichtrechtsfähigen Vermögensmassen deren steuerliche Pflichten zu erfüllen. Da bei einer gemeinnützigen Vermögensmasse das Einkommen gem. § 3 Abs. 1 KStG nicht unmittelbar bei einem anderen Steuerpflichtigen zu versteuern sein wird, ist sie selbst steuerpflichtig und handelt diesbezüglich durch einen Vertretungsberechtigten.

6. **Hilfsperson.** Der Fonds wird im allgemeinen durch den Initiator/Vorsitzenden selbst tätig werden. Dieser ist natürlich daran interessiert, seine Auslagen abgegolten und z.T. wohl auch ein Entgelt für seinen Zeiteinsatz zu bekommen. Es handelt sich dabei u.U. um einen Fall des Selbstkontrahierens, das jedoch durch die Zustimmung weiterer Kuratoren abgemildert wird. Die hier tätig werdende Person, wenn Außenstehender, muß sicherstellen, daß ihr Wirken gem. § 57 AO nach den Umständen des Falles, insbesondere nach den rechtlichen und tatsächlichen Beziehungen, die zwischen dem Zweckvermögen und der Hilfsperson bestehen, wie eigenes Wirken des Zweckvermögens anzusehen ist. Dabei darf keine Person, auch kein Geschäftsführer o.ä., durch unverhältnismäßig hohe Vergütungen (zulässig sind also nur branchen- oder disziplinübliche Entgelte) begünstigt werden (§ 55 Abs. 1 Nr. 3 AO). Vertragliche o.ä. Dokumente über den Umfang und die Honorierung sowie die Rechenschaftslegung der vorgesehenen Arbeiten sind deshalb anzuraten.

7. Buchführung. Diese Formulierung dient der ausdrücklichen Verdeutlichung des zuvor genannten Prinzips selbstlosen Handelns von gemeinnützigen Körperschaften und Vermögensmassen. Es soll den in solchen Organisatoren tätigen Laien immer ein Hinweis sein, die Entnahmen sachgerecht abzurechnen und zu dokumentieren. Denn auch das Zweckvermögen unterliegt alle drei Jahre der Prüfung durch das Finanzamt auf die Übereinstimmung von Satzungsauftrag und tatsächlichem Handeln (zwecks Erneuerung der KSt-Freistellung).

8. Steuern. (1) Das Zweckvermögen in Verwaltung natürlicher Personen sowie steuerpflichtiger juristischer Personen, wie hier ausgebildet, wird immer zunächst unbeschränkt steuerpflichtig sein. Es kann wegen Verfolgung steuerbegünstigter Zwecke von Steuern befreit werden (s. dazu unter Form. XVII. 3 Anm. 11).

(2) Das Zweckvermögen in der Verwaltung steuerbegünstigte Zwecke verfolgender juristischer Personen bzw. von Körperschaften des öffentlichen Rechts kann eventuell der Steuerbefreiung des Trägers unterfallen. Zur Abgrenzung vgl. Form. XVII 3 Anm. 11 (6)f.).

6. Vertrag über eine Vorstiftung[1,2]

Präambel

Bei der privaten Universität Witten/Herdecke gGmbH in Witten soll durch letztwillige Verfügung/durch späteres Stiftungsgeschäft unter Lebenden eine gemeinnützige Stiftung zur Föderung der ...... eingerichtet und mit einem Vermögen von

DM ......
(in Worten: ... tausend Deutsche Mark)

ausgestattet werden. Der Stifter/die Stifterin beabsichtigt jedoch, diese Stiftung schon vorher fördernd wirksam werden zu lassen.

Zu diesem Zweck schliessen

– Herr/Frau XY, z. Zt. wohnhaft in A-Stadt, B- Straße 11 (im folgenden ‚Stifter/in' genannt),

und die

– Universität Witten/Herdecke GmbH in 58448 Witten, vertreten durch den Präsidenten und den Vize-Präsidenten (im folgenden „Universität" genannt),
folgende Vereinbarung stiftungshalber ab (zur Begründung einer Vorstiftung vor der eigentlichen Stiftung):
Art. 1. Einrichtung der Vorstiftung

Bei der Z-Bank AG, Filiale Witten 3, wird durch die Universität ein Konto unter dem Namen

XY-Stiftung

eingerichtet, worauf der Stifter/die Stifterin den für Stiftungszwecke vorgesehenen Betrag von

DM ......
(in Worten: xtausend Deutsche Mark)

einzahlt.

6. Vertrag über eine Vorstiftung   XVII. 6

Art. 2. Verfügungsberechtigung [4]

Über das Konto ist allein der Stifter/die Stifterin verfügungsberechtigt. Er/sie wird bei der Vermögensanlage durch die Universität beraten. [5]

Art. 3. Stiftungszweck/Ertragsverwendung

Die jährlich erwirtschafteten Mittel sollen zur Förderung der ...... an der Universiät Witten/Herdecke ausgegeben werden.

Art. 4. Zweckkonkretisierung[6]

Die Mittelverwendung wird im einzelnen zwischen dem Stifter/der Stifterin und dem Destinatär (Lehrstuhl, Institut, Fakultät o.ä.) abgestimmt. Dies kann in schriftlicher Form oder in dazu einberufenen Sitzungen geschehen. Über die Mittelverwendung ist seitens der Universität Rechenschaft abzulegen.

Art. 5. Errichtung der Stiftung

Der Stifter/die Stifterin beabsichtigt, die Vorstiftung noch zu Lebzeiten/im Wege der letztwilligen Verfügung in eine rechtsfähige/nicht-rechtsfähige Stiftung in der Verwaltung/in Trägerschaft der Universität[7] zu überführen. Die entsprechende Stiftungssatzung ist/wird mit der Universität abgestimmt/worden. [8]

Art. 6. Beendigung des Vertrags

Dieser Vertrag kann seitens des Stifters/der Stifterin mit sofortiger Wirkung/mit Wirkung auf den Schluß des nächsten Vierteljahres (schriftlich) gekündigt werden. Die Universität/das begünstigte Institut (o.ä.) wird die Fördervorhaben so einrichten, daß auf den Stifter/die Stifterin keine Zahlungsverpflichtungen mehr zukommen, falls solch eine Kündigung ausgesprochen wird.

Anmerkungen

1. Begründung. (1) Gelegentlich wollen vermögende Personen (und potentielle Stifter), insbesondere solche, die als Rentner kein hohes steuerpflichtiges Einkommen mehr haben, über die durch die dann begrenzte steuerliche Absetzbarkeit von Spenden und Stiftungsdotationen (5 bzw. 10% der zu versteuernden Einkünfte) niedrigere jährliche Spendenmöglichkeit hinausgehen und höhere Beträge für das Gemeinwohl für eine bestimmte gemeinnützige Einrichtung ihrer Wahl bereitstellen, praktisch in der Höhe, wie sie ein bestimmtes, für die (spätere) Dotierung einer Stiftung vorgesehenes Vermögen abwirft. Nur wollen sie aus Sicherheitsgründen das Vermögen noch nicht dermaßen in einer Stiftung binden, daß es für den – eher unwahrscheinlichen – Notfall völlig verloren ist. Denn ,Stiftung' heißt nach dem Rechtsakt die endgültige Trennung von eigenem Vermögen. Auch die (steuerrechtlich) eingeräumte Möglichkeit, aus dem Stiftungseinkommen später bis zu einem Drittel der Erträge, quasi eine Rente, für die eigenen Bedürfnisse auskehren zu können, erscheint nicht als die hier gewünschte Sicherheit (so stehen in einer Modellrechnung aus einem Stiftungsvermögen von 500 000 Mark dem Stifter jährlich höchstens gut 8000 Mark zu = rd. 700 Mark monatlich). Ebenfalls hilft hier die Erstreckung einer Groß-Spende (von mehr als 50 000 Mark) über mehrere Jahre gem. § 10b Abs. 1 S. 3 EStG (vgl. dazu Form. XVII. 3. Anm. 11 (8) meistens nicht weiter, das vor allem deshalb nicht, weil der dabei gesetzlich zugestandene Zeitraum von 5 Jahren in die Zukunft altersbedingt für die Realisierung des Projekts als zu lang erscheint. Die Substanz für die Stiftungsinitiative ist ja vorhanden; sie wird augenblicklich für den eigenen Lebensunterhalt nicht benötigt, soll aber für den Notfall unmittelbar verfügbar sein. Hier kann mit einer sog. Vorstiftung geholfen werden.

(2) Abgesehen von einigen wenigen sehr großen Stiftungen und etlichen mittleren Stiftungen (überwiegend aus unternehmerischer Hand) sind die meisten Stiftungen in Deutschland nur von ‚mittelständischer' Statur. Das gilt auch dann noch, wenn nach sog. An-Stiftungen (zur Begründung einer Stiftungstradition schon zu Lebzeiten des Stifters), die naturgemäß mit einem kleinen Anfangsvermögen ausgestattet werden, und der endgültigen Stiftungsdotation unterschieden wird. Im Durchschnitt liegt das Vermögen der meisten Stiftungen der letzten Jahre zwischen 0,5 und 1 Mio. Mark, wobei die nicht-rechtsfähigen Stiftungen noch darunter liegen. Insofern ist die Gefühlslage älterer (alleinstehender) Stifter zu verstehen, daß sie nach allen Erfahrungen der deutschen Geschichte die im Augenblick für die persönliche Lebensführung nicht benötigten Mittel (vielleicht gerade ein spezielles Depot mit 300 000 oder 500 000 Mark) noch nicht endgültig aus der Hand geben sollten, sie vielmehr als Reserve vorhalten wollen. Andererseits soll der Neigung zum Wohltun doch schon jetzt nachgegeben werden, vor allem dann, wenn ‚man' einer bestimmten Institution sehr zugetan ist. Gelegentlich fühlt man sich auch aufgrund einer Erbschaft aus familiären Zusammenhängen mit dem Erbe zu einer besonderen wohlwollenden Geste verpflichtet.

2. Rechtsnatur. (1) Im Gegensatz zum Vorverein und zur Vorgesellschaft gibt es die Vorstiftung rechtlich nicht (vgl. *Soergel/Neuhoff*, § 80 Rz 16); daher die vertragliche Gestaltung. Die beabsichtigte Stiftung kommt erst mit der staatlichen Genehmigung bzw. mit der Annahme der Zuwendung (als letztwillige oder unter Lebenden) seitens des Trägers/Treuhänders zustande. Dann entsteht der Anspruch der Stiftung bzw. des Trägers auf Übertragung des zugesicherten Vermögens, was hier ja gerade vermieden werden soll. Und erst mit der materiellen Grundlage (des Stiftungsvermögens) ist die Stiftung in der Lage, ihre gemeinwohlorientierte Tätigkeit zu entfalten. Eventuelle Rechtshandlungen im Namen ‚der Stiftung' sind solche des Spenders/Stifters bzw. des Vertragspartners.

(2) Die Vorstiftung ist besonders geeignet bei einem engen Vertrauensverhältnis zwischen Stifter und Willensvollstrecker und zielt damit mehr auf die spätere (letztwillige) Einrichtung einer nicht-rechtsfähigen (unselbständigen) Stiftung. Noch immer werden nämlich die meisten Stiftungen von natürlichen Personen als nachgelassene Stiftung verfügt. Sie ergänzt also das Instrumentarium dieses Stiftungstyps nach vorn. Allerdings kann der Kooperationspartner (z.B. als Testamentsvollstrecker oder als Vermächtnisnehmer bzw. Auflagenbegünstigter) zur Einrichtung einer rechtsfähigen Stiftung verpflichtet werden.

3. Sicherheit für den Stifter/die Stifterin. Zur Erhöhung der Sicherheit für den Stifter/die Stifterin könnte auch das Bankinstitut am Wohnsitz des Stifters/der Stifterin gewählt werden. Jedenfalls sollte zur Verdeutlichung der stifterischen Absichten ein Sonderkonto schon unter dem Namen der beabsichtigten Stiftung geführt werden. Die hier vorgeschlagene Lösung setzt ein besonders enges Vertrauensverhältnis zwischen dem potentiellen Stifter/der Stifterin und dem in Aussicht genommenen Stiftungsträger als Willens- und Zweckvollstreckers voraus. Sie bedarf dann bei der rechtstatsächlichen Einrichtung der (unselbständigen) Stiftung keiner besonderen Transaktionen mehr (außer: Information der Bank über die nunmehrige Einrichtung der Stiftung und Freistellung des gestifteten Vermögens von der Schenkung- bzw. Erbschaftsteuer; ggf. eigenständige KSt-Freistellung, s. dazu Form XVII.3. Anm. 11(6).

4. Verfügungsberechtigung. Mit der hier gewählten Formulierung bleibt der Stifter/die Stifterin Herr im Hause, begibt sich keiner materiellen Werte und hält die Zügel in der Hand; ggf. kann dem Träger oder einer Vertrauensperson vor Ort Bankvollmacht erteilt werden. Sicherheitshalber sollte die Einrichtung der beabsichtigten Stiftung entweder noch zu Lebzeiten bewirkt oder zumindest letztwillig verfügt werden. Im Hinblick auf BGH, NJW 1983, 1487 (dazu: *Kuchinke,* Das versprochene Bankguthaben auf den To-

6. Vertrag über eine Vorstiftung   XVII. 6

desfall .../Verfügungvollmacht ..., in: FamRZ 1984, 109) ist diesbezüglich eine unwiderrufliche Vollmacht an den Stiftungsträger nicht anzuraten.

5. Vermögensanlage. Die Vermögensanlage kann für den hier beabsichtigten Zweck anderer Art sein als das für persönliche Zwecke geeignet erscheint. Dann kann z. B. zwecks Vermeidung steuerpflichtiger Erträge ein Investment gewählt werden, das steuerfreie Wertzuwächse sicherstellt. Für Stiftungszwecke wäre eine solche Anlagepolitik natürlich nicht geeignet. Hier wären maximale Erträge erwünscht. Das spricht eher für eine Anlage in festverzinslichen Werten. Natürlich verbietet sich auch hier schon jegliche Form eines spekulativen Investments.

6. Begründung einer Stiftungstradition. (1) Ähnlich wie mit einer An-Stiftung (Stiftung wird schon zu Lebzeiten eingerichtet, aber nur mit einem kleinen Vermögen ausgestattet) kann mit einer Vorstiftung seitens des Stifters/der Stifterin eine stifterische Tradition begründet werden, ebenso eine schon bestehende (fördernde) Beziehung vertieft werden; persönliche Nähe wird gestiftet. Der Partner bei der Realisierung des Stiftungszwecks oder die Mitglieder in einem hierfür schon zu berufenen Entscheidungsgremium (später, in der Stiftung: Vorstand, Beirat, Kuratorium) lernen den Stifter und sein Wollen kennen und können sich schon einfühlen in seine Denkweise und Absichten. Wenn denn der Stifterwille nach den Stiftungsgesetzen und nach der Interpretation des Bundesverfassungsgerichts die oberste Leitschnur für das Handeln der Stiftungsorgane ist, so ist eine gute Kenntnis der Persönlichkeit des Stifters schon wichtig. Außerdem wird auf diese Art und Weise schon zu Lebzeiten des Stifters gefördert, wenngleich dagegensteht, daß ohne solche Förderung die spätere Stiftung wahrscheinlich etwas höher dotiert worden wäre.

(2) Sollte schon für die Vorstiftung ein Quasi-Stiftungsorgan konstituiert werden, so könnte die Formulierung in Form. 3 (§ 5) analog dafür verwendet werden.

7. Wahl der Rechtsform. (1) Kleinere Vermögen (vielleicht bis zu 500 000 oder 1 Mio. Mark) sind am besten in die Form der nicht-rechtsfähigen Stiftung zu kleiden. Zum einen verlangen die Genehmigungsbehörden (allerdings länderweise unterschiedlich) heute schon Beträge in einer Größenordnung von 300 000 bis 500 000 Mark, um eine rechtsfähige Stiftung zur Entstehung kommen zu lassen. Zum anderen ist das beschränkte finanzielle Leistungsvermögen einer Kleinstiftung zu bedenken. Ein Stiftungsvermögen von 500 000 Mark wirft langfristig etwa 25–30000 Mark an jährlichen Erträgen ab. Nach Abzug von manchmal unumgänglichen Verwaltungskosten (erfahrungsgemäß etwas unter oder um 10% der Erträge) und eventuell zu bildenden ‚freien Rücklagen' (bis zu 25% der Erträge aus Vermögensverwaltung – vgl. Form. 3 Anm. 7) verbleiben dann nur noch jährliche Fördermittel von rd. 15 000 Mark, die eigentlich keinen großen und vor allem eigenständigen Verwaltungsapparat rechtfertigen.

(2) Allerdings kann auch eine rechtsfähige Stiftung so in den Verwaltungsapparat einer privaten oder öffentlich-rechtlichen Einrichtung eingebaut werden, daß mit ihr ähnliche Wirkungen und insbesondere Einsparungen möglich sind.

8. vgl. Form. 3

9. Steuern. (1) **Ehemalige Vermögensteuer.** Die hier vorgestellte Vorstiftung ist auch für das Steuerrecht kein Gebilde, das es anzuerkennen hätte. Würde die aufgrund eines Urteils des Bundesverfassungsgerichts (vom 22. 6. 1995) verworfene (alte) Vermögensteuer noch erhoben, so müßte für das dem Stifter zuzurechnende Vermögen VSt gezahlt werden. Anders dagegen, wenn das für Stiftungszwecke vorgesehene Vermögen einer gemeinnützigen Einrichtung stiftungshalber als Leihe (auf Zeit oder bis zum Tode) zur Verfügung gestellt würde und bei der Beendigung der Stiftung wieder an den Stifter zurückfällt (Fall des § 55 Abs. 1 Ziff. 4 AO, s. a. Zu § 55 Abs. 3 Ziff. 9 AEAO). Dann ist das Vermögen (auf Zeit) aus der steuerpflichtigen Sphäre des Stifters ausgeschieden.

(2) Einkommensteuer. (a) Nicht so verhält es sich bei der Einkommensteuer. Die auf dem Konto der Vorstiftung anfallenden Erträge sind seitens des Stifters bei der Einkommensteuer als Einkünfte aus Vermögensverwaltung zu deklarieren. Die zur Zweckverwirklichung eingesetzten Mittel können dann – kompensatorisch, was bei der VSt fehlt – als Spende abgezogen werden. Allerdings dürfte der Spendenrahmen dafür meistens nicht ausreichen (s. Anm. 1 (1)).

(b) Zur Vermeidung der Einkommensteuer kann vereinbart werden, daß ein Investment gewählt wird, das keine steuerpflichtigen Vermögenserträge abwirft. Um dennoch Stiftungsleistungen zu erbringen, wird dann periodisch (wohl jährlich) in der Höhe einer vorab vereinbarten Standardverzinsung (5 oder 6% des für die Vorstiftung bereitgestellten Vermögens) Substanz verkauft, was zwar Transaktionskosten verursacht, aber gegenüber den sonstigen Ersparnissen hinnehmbar erscheint. Um die ESt zu vermeiden, müßte eine unselbständige/nicht-rechtsfähige Stiftung oder zumindest ein sonstiges Zweckvermögen des privaten Rechts begründet werden.

(3) Schenkung- und Erbschaftsteuer

Da bei der Vorstiftung kein Vermögen weggeben wird, fällt die Schenkungsteuer nicht an. Der Anfall des vorgesehenen Stiftungsvermögens an eine rechtsfähige Stiftung oder an den Träger einer nicht-rechtsfähigen Stiftung aufgrund letztwilliger Verfügung oder vorheriger Verfügung unter Lebenden ist dann erbschaft- bzw. schenkungsteuerfrei.

XVIII. Erb- und Pflichtteilsverzicht

1. Bedingter und gegenständlich beschränkter Pflichtteilsverzicht[1, 2]

Verhandelt zu ...... (kann nur zu notarieller Urkunde errichtet werden!)
am ......
Vor dem unterzeichneten Notar ......
erscheinen, ausgewiesen durch Personalausweise:

    A, geboren am ...... in ......, wohnhaft in ...... (Ort, Straße)

                      – Erblasser –

    E, wohnhaft in ...... (Ort, Straße) handelnd für C, wohnhaft in ...... (Ort, Straße) und D, wohnhaft in ...... (Ort, Straße) aufgrund privatschriftlicher Vollmachten vom ......

                      – Verzichtende –

Die Erschienenen erklären zu öffentlicher Urkunde:

§ 1 Pflichtteilsverzicht[3]

Die C und die D verzichten hiermit für sich und ihre Abkömmlinge gegenüber ihrem Vater A unter den unter § 2 gemachten Bedingungen auf ihre Pflichtteilsrechte bei Ableben ihres Vaters A nur insoweit, daß bei der Nachlaßbewertung zum Zwecke der Pflichtteilsberechnung der Wert der Beteiligung ihres Vaters an der A-OHG außer Betracht bleiben soll. Der A nimmt diese gegenständlich beschränkte Verzichtserklärung an.[5]

§ 2 Bedingungen[6]

Die beiden gegenständlich beschränkten Pflichtteilsverzichte erfolgen unter der aufschiebenden Bedingung, daß A seinen Töchtern C und D und im Falle ihres Vorversterbens ihren Abkömmlingen unter sich nach der gesetzlichen Erbregel erster Ordnung entweder bis zu seinem Tod an seinem Geschäftsanteil an der A-OHG jeweils Unterbeteiligungen in Höhe von betragsmäßig je 20% seines Kapitalanteils einschließlich des Kapitalkontos II zum Zeitpunkt des Abschusses der Unterbeteiligungsverträge, jedoch nicht weniger als nach dem heutigen Stand, durch gültige Rechtsgeschäfte unter Lebenden einräumt oder durch gültige Verfügung von Todes wegen vermächtnisweise zuwendet. Weiter erfolgen die Pflichtteilsverzichte und die Abfindungsverträge unter der gegenseitigen auflösenden Bedingung, daß sie gültig sind und bleiben.[7]

§ 3 Gestaltung der ausbedungenen Unterbeteiligungen[9]

Die abzuschließenden Unterbeteiligungsverträge sollen insbesondere folgende Bestimmungen enthalten:
a) Die Unterbeteiligten sind im Verhältnis zum Hauptbeteiligten mit je 20% an dessen Gewinn und Verlust beteiligt, am Verlust jedoch eingeschränkt auf die Höhe ihrer Einlagen.
b) Die Unterbeteiligten können vom Hauptbeteiligten die Vorlage der jährlichen Bilanz und der Gewinn- und Verlustrechnung der OHG verlangen.
c) die Unterbeteiligungen sind grundsätzlich auf unbestimmte Zeit geschlossen.

Sie enden jedoch
- bei Beendigung der Hauptbeteiligung,
- beim Tod des Hauptbeteiligten, wenn die Hauptbeteiligung nicht aufgrund des OHG-Vertrages mit den oder einigen der Erben des Hauptbeteiligten fortgesetzt wird,
- beim Tod der Unterbeteiligten, falls die Unterbeteiligungen nicht jeweils auf deren Ehegatten oder ehelichen Abkömmlinge übergehen und dabei mehrere Erben oder Vermächtnisnehmer sich nicht durch einen gemeinsamen Bevollmächtigten aus ihrer Mitte vertreten lassen,
- bei Kündigung, die jeweils von beiden Teilen ab dem 7. Jahr nach dem Tod des A jeweils auf Jahresende mit einer Frist von 6 Monaten zulässig ist.

d) Im Falle der Beendigung der Unterbeteiligung erhält der Unterbeteiligte eine Abfindung in Höhe des Nominalbetrages seiner Einlage zuzüglich etwaiger auf seinem Darlehenskonto verbuchter Gewinnanteile einschließlich Zinsen nach dem Stand zum Beendigungszeitpunkt. Zu den Auseinandersetzungsguthaben gehören jeweils auch die auf die Unterbeteiligten entfallenden Anteile an den auf dem Kapitalkonto II des Hauptbeteiligten gutgeschriebenen Gewinnbeträgen nach dem Stand zum Beendigungszeitpunkt. Wegen der Begrenzung unter lit. a) noch nicht ausgeglichene Verlustanteile der Unterbeteiligten mindern ihre Auseinandersetzungsguthaben. Ansprüche auf anteilige stille Reserven und den Firmenwert bestehen für die Unterbeteiligten nicht. Die Abfindungsguthaben der Unterbeteiligten sind unbeschadet der Zulässigkeit früherer Erfüllung jeweils in fünf gleichen Jahresraten auszuzahlen. Wird die Unterbeteiligung durch Beendigung der Hauptbeteiligung beendet, so richtet sich die Auszahlung der Abfindung nach der der Hauptbeteiligung.

§ 4 Hinweise

Die Beteiligten wurden vom Notar darauf aufmerksam gemacht, daß durch diesen Vertrag der Verzichtende und seine Abkömmlinge lediglich ihre Pflichtteilsansprüche bezüglich des Wertes der Beteiligung des Erblassers an der A-OHG verlieren, die gesetzliche Erbfolge sowie die Pflichtteilsansprüche der Verzichtenden bezüglich anderer Nachlaßgegenstände des Erblassers aber bestehen bleiben. Ferner, daß der Erblasser die gesetzliche Erbfolge jederzeit ändern kann.

In Gegenwart des Notars den Beteiligten vorgelesen, von ihnen genehmigt und eigenhändig unterschreiben:[10, 11, 12]

....
Unterschriften

Schrifttum: Ackermann, Zum KostO-Geschäftswert bei Erbverzicht, Pflichtteilsverzicht, Anerbenverzicht, Vermächtnisverzicht, JVBl. 1967, 221; *Baumgärtel,* Die Wirkung des Erbverzichts auf Abkömmlinge, DNotZ 1959, 63; *Bilsdorfer,* Gesellschafts- und steuerliche Probleme bei der Unterbeteiligung von Familienangehörigen, NJW 1980, 2785; *Blomeyer,* Die vorweggenommene Auseinandersetzung der in gemeinschaftlichem Testament bedachten Kinder nach dem Tod des einen Elternteils, FamRZ 1974, 421; *Bülow,* Die Unterbeteiligung, 1980, *Coing,* Zur Lehre vom teilweisen Erbverzicht, JZ 1960, 209; *ders.,* Grundlagenirrtum bei vorweggenommener Erbfolge, NJW 1967, 1977; *ders.,* Nachlaßverteilungsverträge im deutschen Erbrecht, FS Schwind, 1978, 63; *Dremer,* Zur Zulässigkeit des gegenständlich beschränkten Pflichtteilsverzichtsvertrages, MittRhNotK 1978, 169; *Damrau,* Der Erbverzicht als Mittel zweckmäßiger Vorsorge für den Todesfall, 1966; *ders.,* Nochmals: Bedarf der dem Erbverzicht zugrundeliegende Verpflichtungsvertrag notarieller Beurkundung? NJW 1984, 1163; *Daniels,* Verträge mit Bezug auf den Nachlaß eines noch lebenden Dritten, 1973; *Degenhart,* Erbverzicht und Abfindungsvereinbarung, Rpfleger 1969, 145; *Dieckmann,* Zur Auswirkung eines

1. Bedingter und gegenständlich beschränkter Pflichtteilsverzicht XVIII. 1

Erb- oder Pflichtteilsverzichts auf die nachehelichen Unterhaltsansprüche eines (früheren) Ehegatten, NJW 1970, 743; *Habermann,* Stillschweigender Erb- und Pflichtteilsverzicht im notariellen gemeinschaftlichen Testament, JuS 1979, 169; *Haegele,* Inhalt und wirtschaftliche Bedeutung des Erb-(Pflichtteils-)Verzichts, Rpfleger 1968, 247; *ders.,* Rechtsfragen zum Erbverzicht, BWNotZ 1971, 36; *Harrer,* Zur Lehre vom Erbverzicht, ZBlFG 15, 1; *Heine,* Zur Lehre vom Erbverzicht, ZBlFG 19, 201; *Jackschath,* Der Zuwendungsverzichtsvertrag, MittRhNotK 1977, 117; *Jordan,* Der gegenständlich beschränkte Pflichtteilsverzicht, Rpfleger 1985, 7; *Keim,* Zuwendungsausgleich durch Erbverzicht, Diss. 1979; *Kuchinke,* Bedarf der dem Erbverzicht zugrunde liegende Verpflichtungsvertrag notarieller Beurkundung? NJW 1983, 2358; *Lange,* Der entgeltliche Erbverzicht, FS Nottarp, 1961, *Larenz,* Der Erbverzicht als abstraktes Rechtsgeschäft, JhJb 81, 2; *Nieder,* Hdb. d. Testamentsgestaltung, 1992 Rdn. 869; *Peter,* Anfechtung oder Zuwendungsverzicht? BWNotZ 1977, 113; *Regler,* Erbverzicht von Vorfahren oder Ehegatten mit Wirkung für deren Abkömmlinge? DNotZ 1970, 646; *Rheinbay,* Erbverzicht – Abfindung – Pflichtteilsergänzung, 1983; *Roellenbleg,* Ausgewählte Probleme der Grundstücksüberlassung in zivilrechtlicher und steuerlicher Sicht, DNotZ 1973, 708; *Schopp,* Der „gegenständliche" Pflichtteilsverzicht, Rpfleger 1984, 175; *Schramm,* Möglichkeiten zur Einwirkung auf das Pflichtteilsrecht, BWNotZ 1959, 227; *ders.,* Abfindung für Erbverzicht = Schenkung i. S. v. § 2325 BGB? BWNotZ 1971, 162; *ders.,* Wie berücksichtigt § 2310 BGB denjenigen, der sowohl durch letztwillige Verfügung als auch durch Erbverzicht von der gesetzlichen Erbfolge ausgeschlossen ist? BWNotZ 1977, 88; *Schüller,* Die Unterbeteiligung, MittRhNotK 1977, 45; *Schulze zur Wiesche,* Die Unterbeteiligung in der steuerlichen Rechtsprechung, NJW 1983, 2362; *Speckmann,* Der Erbverzicht als „Gegenleistung" in Abfindungsverträgen, NJW 1979, 117; *Weirich,* Der gegenständlich beschränkte Pflichtteilsverzicht, DNotZ 1986, 5; *Wendelstein,* Die Unterbeteiligung als zweckmäßige Erbfolgeregelung, BB 1970, 735; *Wiedemann,* Abfindungs- und Wertfestsetzungsvereinbarungen unter zukünftigen Erben, NJW 1968, 769; *Wieser,* Zum Pflichtteilsrecht des nichtehelichen Kindes, MittBayNot 1970, 135; *Wirner,* Vorzeitiger Erbausgleich oder Pflichtteilsverzicht, MittBayNot 1984, 13.

Anmerkungen

1. Sachverhalt. Der Sachverhalt ist der gleiche wie bei Form. XVI. 10. Der A ist persönlich haftender Gesellschafter einer offenen Handelsgesellschaft. Er ist verwitwet und hat einen Sohn B, der ihm in der Beteiligung nachfolgen soll, und zwei Töchter C und D. Die Nachfolge seines Sohnes in seinen Anteil an der OHG hat A durch eine der in Form. XVI. 10 aufgezeigten Möglichkeiten geregelt, möchte jedoch zusätzlich sicherstellen, daß die Nachfolge nicht durch ordentliche oder außerordentliche Pflichtteilsansprüche seiner Töchter gestört wird.

2. Anwendungsfälle. Jede erbrechtliche Regelung und jede vorweggenommene Erbfolge ist bei Vorhandensein Pflichtteilsberechtigter letztlich trotz aller noch so fein ersonnener Minderungsmöglichkeiten (siehe hierzu z.B. *Schramm,* BWNotZ 1959, 227; *Sudhoff* Betr. 1968, 648; *Wieser* MittBayNot 1970, 135 u. 1972, 106) durch die Geltendmachung ordentlicher (§ 2303 BGB) oder außerordentlicher (§ 2325 BGB) Pflichtteilsansprüche gefährdet. Insbesondere wenn sich im Nachlaß die Beteiligung an einer Handelsgesellschaft befindet, kann die Geltendmachung solcher Ansprüche die vorgesehene Nachfolgeregelung durchkreuzen und den Fortbestand des Unternehmens gefährden. Der einfachste Weg der Abhilfe ist der Abschluß eines auf den Anteil gegenständlich beschränkten Pflichtteilsverzichtsvertrages mit den nicht nachfolgeberechtigten Pflichtteilsberechtigten (RGRK/*Johannsen* § 2346 Rdn. 24; *Staudinger/Murad/Cieslar*

§ 2346 Rdn. 37; *Zimmermann* BB 1969, 969; *Damrau,* Der Erbverzicht als Mittel zweckmäßiger Vorsorge für den Todesfall, 1966, S. 77 ff; *Palandt/Edenhofer* § 2346 Rdn. 5; *Cremer* MittRhNotK 1978, 169). Der wird allerdings nicht ohne eine angemessene Gegenleistung zu erlangen sein. Hat der Erblasser nicht genügend außerbetriebliches Vermögen für die Gegenleistung, bietet sich die lebzeitige Einräumung oder vermächtnisweise Zuwendung einer Unterbeteiligung an der Gesellschaftsbeteiligung an (*Zimmermann* BB 1969, 969; *Rüthers* AcP 168 (1968), 261/281 ff; *Wendelstein* BB 1970, 735; *Damrau,* Der Erbverzicht S. 82; *Knobbe-Keuk,* Bilanz- und Unternehmenssteuerrecht, 4. Aufl. 1983, S. 223 f). Der Erblasser sollte sich daher nicht auf Patentrezepte verlassen (z. B. *Sudhoff* Betr. 1968, 648; *ders.,* Betr. 1973, 53 u. 1006), die den Pflichtteilsanspruch gering zu halten versprechen, sondern sollte den Pflichtteilsberechtigten ein großzügiges Angebot machen, um sie zum Abschluß eines zumindest beschränkten Pflichtteilsverzichts zu veranlassen (*Damrau* BB 1970, 474).

3. Erb- und Pflichtteilsverzichtsvertrag. (1) Begriff und Rechtsnatur. Gesetzliche Erben (ausgenommen der Fiskus), gewillkürte Erben, Vermächtnisnehmer und Pflichtteilsberechtigte können durch Erbverzichtsvertrag mit dem Erblasser auf den künftigen Erwerb von Todes wegen verzichten (§§ 2346 Abs. 1, 2352 BGB). Der Erbverzicht kommt durch erbrechtlichen, abstrakten (selbständige) Vertrag des Erblassers mit seinen künftigen gesetzlichen oder gewillkürten Erben, Pflichtteilsberechtigten oder Vermächtnisnehmern zustande (BGHZ 37, 319/327). Verzichtende nach § 2346 BGB können nur Verwandte und der Ehegatte sein. Allerdings kann auch der künftige Ehegatte auf sein erst durch die Eheschließung entstehendes Erbrecht schon vorher verzichten, wie sich aus der Erwähnung des Verlobten in § 2347 Abs. 1 BGB ergibt (*Palandt/Edenhofer* § 2346 Rdn. 1). Er besitzt verfügenden Charakter, da er unmittelbar auf die Erbfolge bzw. das Pflichtteilsrecht einwirkt (BGHZ 37, 319/328; KG OLGZ 1974, 263/264). Er hat rein negativen Inhalt (BGHZ 37, 319/325). Er ist ein Rechtsgeschäft unter Lebenden, daher beurteilen sich Willensmängel nach §§ 116 ff BGB, eine teilweise Unwirksamkeit nach § 139 BGB und nicht nach § 2085 BGB, seine Auslegung erfolgt nach §§ 133, 157, 242 BGB und nicht nach § 2084 BGB (BayObLGZ 1981, 30) und seine Anfechtung richtet sich nach §§ 119 ff BGB, so daß ein Motivirrtum anders als nach § 2078 Abs. 2 BGB unbeachtlich ist (*Palandt/Edenhofer* Überbl. v. § 2346 Rdn. 2; OLG Dresden OLGE 34, 315). Die Vertragsparteien können den Erbverzicht und eine gewährte Abfindung zum Gegenstand eines Vertrages i. S. der §§ 320 ff BGB machen (*MünchKomm/Strobel,* 2. Aufl. § 2346 Rdn. 21; *Palandt/Edenhofer* Überbl. v. § 2346 Rdn. 7).

(2) Rechtswirkungen. Vor dem Erbfall ist der Erbverzicht, wie sich aus seinem Vertragscharakter ergibt, unwiderruflich. Ein Widerrufs- oder Rücktrittvorbehalt ist unzulässig und kann allenfalls als auflösende Bedingung gewertet werden (*Staudinger/Ferid/Cieslar* § 2346 Rdn. 16). Der Erbverzicht verhindert den Anfall der Erbschaft an den Verzichtenden, wie wenn er zur Zeit des Erbfalls nicht gelebt hätte – Verlust der Erbenstellung – (§ 2346 Abs. 1 Satz 2 BGB). Diese Fiktion führt zu einer unmittelbaren Änderung der Erbfolge (*Staudinger/Ferid/Cieslar* § 2346 Rdn. 20). Da nach der ausdrücklichen Vorschrift des § 2310 Satz 2 BGB bei der Feststellung des für die Berechnung des Pflichtteils maßgebenden Erbteils die durch Erbverzicht ausgeschlossenen Pflichtteilsberechtigten nicht mitgezählt werden, erhöhen sich durch einen Erbverzicht (nicht auch beim reinen oder bloßen Pflichtteilsverzicht nach § 2346 Abs. 2 BGB) die Pflichtteilsquoten der anderen Pflichtteilsberechtigten – Quotenerhöhung – (*Staudinger/Ferid/Cieslar* § 2346 Rdn. 28). Folgerichtig bleibt nach § 2316 Abs. 1 Satz 2 BGB auch bei der Berechnung der Ausgleichspflichtteile ein erbverzichtender Abkömmling außer Betracht (*Staudinger/Ferid/Cieslar* aaO.). Unberührt bleibt von den Folgen des Erbverzichts die Möglichkeit des Erblassers den Verzichtenden letztwillig zu bedenken, ein Verzicht auf Erbrechte aus künftigen Verfügungen von Todes wegen ist nicht möglich (Münch-

1. Bedingter und gegenständlich beschränkter Pflichtteilsverzicht XVIII. 1

Komm/*Strobel* § 2352 Rdn. 3). Der Erbverzicht führt auch automatisch zum Verlust des Pflichtteilsrechts (§ 2346 Abs. 1 Satz 2 2. HS BGB). Der Verzichtende kann sich jedoch auch das Pflichtteilsrecht vorbehalten (*Palandt/Edenhofer* § 2346 Rdn. 6). Kraft ausdrücklicher gesetzlicher Vorschrift (§ 2346 Abs. 2 BGB) kann auch nur auf das Pflichtteilsrecht verzichtet werden (reiner oder bloßer Pflichtteilsverzicht), der Verzichtende bleibt dann gesetzlicher Erbe, wenn der Erblasser nicht zusätzlich ein Enterbungstestament errichtet. Mit dem Erbverzicht geht auch ein Pflichtteilsrestanspruch (§ 2305 BGB) und ein Pflichtteilsergänzungsanspruch (§ 2325 BGB) verloren. Der Erbverzicht eines Ehegatten gegenüber seinem mit ihm in Zugewinngemeinschaft lebenden Ehepartners umfaßt nicht etwa auch seinen etwaigen rechnerischen Zugewinnausgleichsanspruch nach §§ 1371 Abs. 2, 1372 ff BGB (*Haegele* BWNotZ 1971, 36/41). Auf ihn kann er jedoch in einem Ehevertrag verzichten (MünchKomm/*Kanzleiter*, 2. Aufl. § 1408 Rdn. 14 mwN), ohne daß dies zur Gütertrennung führt. Das dürfte jedoch kaum zweckmäßig sein, da dann lediglich die Verfügungsbeschränkungen der §§ 1365, 1369 BGB aufrechterhalten bleiben. Zweckmäßiger ist als Ergänzung des Erbverzichts entweder die völlige Gütertrennung oder der Ausschluß des Zugewinnausgleichs nur für den Fall der Scheidung im Wege des Ehevertrages (*Langenfeld*, Handbuch der Eheverträge und Scheidungsvereinbarungen, 3. Aufl. 1996, Rdn. 163). Zulässig ist auch ein Verzicht auf den Bruchteil des Pflichtteils, der sich durch die Erhöhung des gesetzlichen Erbteils um ¼ gem. § 1371 BGB ergibt (*Firsching/Graf*, Nachlaßrecht, 7. Aufl. 1994, Muster 40). Mangels anderslautender Regelung im Erb- und/oder Pflichtteilsverzichtsvertrag erstreckt sich der Verzicht eines Abkömmlings oder Seitenverwandten des Erblassers gem. § 2349 BGB auch auf die Abkömmlinge des Verzichtenden, auch wenn sie dem Verzicht nicht zugestimmt haben. Diese Erstreckung tritt unabhängig davon ein, ob eine Abfindung gewährt wird (*Baumgärtel* DNotZ 1959, 64). Keine Erstreckung der Verzichtswirkung auf die Abkömmlinge erfolgt dagegen, wenn der Ehegatte oder ein Vorfahre des Erblassers verzichtet (*Regler* DNotZ 1970, 646). Diese Erstreckungswirkung des Erb- und/oder Pflichtteilsverzichts kann ausgenützt werden, um entferntere Abkömmlinge auch vom Pflichtteilsrecht auszuschließen (siehe Form. XVI. 15 Anm. 3). Darüber, daß beim Zuwendungsverzicht (§ 2352 BGB) die Erstreckung auf die Abkömmlinge des Verzichtenden grundsätzlich nicht stattfindet siehe unter Anm. 3 Abs. 8. Nach Dieckmann (NJW 1980, 2777; zustimmend *Soergel/Häberle* § 1586b Rdn. 1) führt ein Erb- und/oder Pflichtteilsverzicht zwischen Ehegatten dazu, daß der Verzichtende nach der Scheidung der Ehe und dem Tod seines früheren Ehegatten den nachehelichen Unterhaltsanspruch gegen die Erben gem. § 1586b Abs. 1 BGB verliert, da die Unterhaltsschuld durch den fiktiven Pflichtteil (§ 1586b Abs. 1 Satz 3 BGB) begrenzt und gerechtfertigt wird. Dieckmann schlägt vor, in Vereinbarungen über den nachehelichen Unterhalt, falls dieser nicht ganz ausgeschlossen wird, festzulegen, ob die Unterhaltspflicht mit dem Tod des Verpflichteten erlöschen soll, ob sie bis zur Grenze des fiktiven Pflichtteils nach § 1586b Abs. 1 Satz 3 BGB oder ohne summenmäßige Begrenzung bestehen soll oder ob eine Abwandlung dieser Grundmuster getroffen wird.

(3) **Beschränkungen des Verzichts.** Die Verzichtswirkung kann rechtsgeschäftlich in verschiedener Weise beschränkt werden. Beispiele:

a) Verzicht mit Beschränkung auf das Pflichtteilsrecht (§ 2346 Abs. 2 BGB). Siehe hierzu des näheren unten Abs. 4.

b) Verzicht lediglich auf das gesetzliche Erbrecht unter Vorbehalt des Pflichtteilsrechts (*Staudinger/Ferid/Cieslar* § 2346 Rdn. 40 ff; RGRK/*Johannsen* § 2346 Rdn. 16; *Dieckmann* NJW 1980, 2778 Fußn. 4 mwN), obwohl der Erblasser diese Wirkung regelmäßig auch durch Enterbung erreichen kann (*Soergel/Damrau* § 2346 Rdn. 5). Eventuell will der Erblasser jedoch die Enterbung nicht ohne Zustimmung des gesetzlichen Erben vornehmen oder der Erblasser ist wegen Testierunfähigkeit zur Enterbung nicht in der Lage, während er auch als Geschäftsunfähiger durch seinen gesetzlichen Vertreter einen Erbverzicht abschließen kann.

c) Verzicht lediglich auf einen Bruchteil des Erbrechts (*Staudinger/Ferid/Cieslar* § 2346 Rdn. 43; RGZ 71, 133; KG JFG 15, 98 = DNotZ 1937, 1734), so daß der vom Verzicht nicht umfaßte Erbteil an den Verzichtenden fällt, soweit die gesetzliche Erbfolge eintritt, bzw. er ein Pflichtteilsrecht in Höhe des halben Wertes des nicht vom Verzicht umfaßten Anteils hat (*Staudinger/Ferid/Cieslar* aaO). Dieser Teilverzicht kann sich jedoch nur auf eine ideelle Quote des Erbrechts erstrecken, nicht auf Vermögenskomplexe, etwa Erbverzicht mit Ausnahme des nach Vertragsschluß erworbenen Vermögens, oder einzelner realer Gegenstände, da dies nicht mit dem im Erbrecht herrschenden Typenzwang vereinbar wäre und das BGB keine unmittelbare erbrechtliche Rechtsnachfolge an einzelnen Gegenständen kennt (KG DNotZ 1930, 165; KG JW 1937, 1734 = KG JFG 15, 98; *Staudinger/Ferid/Cieslar* § 2346 Rdn. 44; Coing JZ 1960, 210). Gegenständlicher Verzicht auf ein Vermächtnis ist allerdings zulässig – § 2352 BGB – (*Coing* JZ 1960, 211). Ein unzulässiger Erbverzicht in bezug auf einen einzelnen Gegenstand kann allerdings u. U. in einen zulässigen quotenmäßigen Verzicht umgedeutet werden (KG JW 1937, 1735 = DNotZ 1937, 571; *Soergel/Damrau* § 2346 Rdn. 4).

d) Auch eine zeitliche Einschränkung des Erbverzichts in der Weise, daß der Verzichtende erst von einem bestimmten Zeitpunkt an Erbe sein will oder nach einer bestimmten Zeit aufhören will Erbe zu sein, ist zulässig (*Staudinger/Ferid/Cieslar* § 2346 Rdn. 46; RGRK/*Johannsen* § 2346 Rdnr. 23) und führt über die §§ 2104, 2105 BGB zur Vor- und Nacherbfolge.

e) Der Verzicht kann auch auf die Übernahme von Beschränkungen und Beschwerungen beschränkt werden, wie z.B. die Ernennung eines Testamentsvollstreckers, eine Teilungsanordnung, die Belastung mit Vermächtnissen und Auflagen (OLG Dresden OLGE 34, 315; *Kretzschmar* JW 1914, 1122; BGH NJW 1978, 1153; *Coing* JZ 1960, 209), die Umwandlung von Voll- in Vor- oder Nacherbeinsetzung (MünchKomm/ *Strobel* 2. Aufl. § 2346 Rdn. 19), die Berücksichtigung oder Nichtberücksichtigung von Anrechnungs- und/oder Ausgleichungspflichten gem. §§ 2315, 2050 BGB (RGZ 71, 133; *Staudinger/Ferid/Cieslar* § 2346 Rdn. 4; *Haegele* Rpfleger 1968, 249; *Damrau*, Erbverzicht S. 56), oder die Unterstellung nur des Erbteils des Verzichtenden unter die Verwaltung eines Testamentsvollstreckers (*Staudinger/Ferid/Cieslar* § 2346 Rdn. 47; *Coing* JZ 1960, 209/211). Ein so beschränkter Erbverzicht wäre insbesondere im Hinblick auf § 2306 BGB empfehlenswert, da dann der Erbe nicht ausschlagen und seinen Pflichtteil fordern kann.

f) Der Verzicht kann auch auf den Erbersatzanspruch beschränkt werden (*Staudinger/ Ferid/Cieslar* § 2346 Rdn. 55; RGRK/*Johannsen* § 2346 Rdn. 20). Dieser Verzicht empfahl sich bis zur erbrechtlichen Gleichstellung nichtehelicher Kinder mWv 1. 4. 1998 vor allem, wenn dem nichtehelichen Kind eine testamentarische oder erbvertragliche Zuwendung gemacht wurde, da beides den Anspruch des Kindes auf vorzeitigen Erbausgleich nicht ausschloß (MünchKomm/*Strobel*, 2. Aufl. § 2346 Rdn. 7). Dagegen kann der Anspruch nur auf den vorzeitigen Erbausgleich nicht Gegenstand eines Erbverzichts sein, da dieses Rechtsinstitut für sich allein nicht zur Disposition der Beteiligten steht (*Staudinger/Ferid/Cieslar* § 2346 Rdn. 58 mwN). Erb- und/oder Pflichtteilsverzicht haben jedoch eine geringere Wirkung als der vorzeitige Erbausgleich, da durch ihn auch die erbrechtlichen Beziehungen zu den väterlichen Verwandten beseitigt werden (*Staudinger/Ferid/Cieslar* Einl. z. §§ 2346 ff Rdn. 66).

g) Beschränkungen der Verzichtswirkungen sind auch der gegenständlich beschränkte Pflichtteilsverzicht (unten Anm. 5) und der Verzicht unter einer Bedingung oder Befristung (unten Anm. 6).

(4) **Insbesondere bloßer Pflichtteilsverzicht.** Eine häufige Beschränkung der Verzichtswirkung ist, wie im Formular, der bloße Verzicht auf das Pflichtteilsrecht unter

1. Bedingter und gegenständlich beschränkter Pflichtteilsverzicht XVIII. 1

Vorbehalt des gesetzlichen Erbrechts (§ 2346 Abs. 2 BGB), wodurch der Erblasser die volle Testierfreiheit erhält. Auch der bloße Pflichtteilsverzicht erstreckt sich im Zweifel automatisch auf die Abkömmlinge des Verzichtenden, wenn ein Abkömmling oder Seitenverwandter des Erblassers verzichtet (*Staudinger/Ferid/Cieslar* § 2349 Rdn. 12; MünchKomm/*Strobel* § 2350 Rdn. 5; *Soergel/Damrau* § 2349 Rdn. 1; *Baumgärtel* DNotZ 1959, 65). Gerade diese Erstreckungswirkung macht den bloßen Pflichtteilsverzicht zum geeigneten Gestaltungsmittel um bei Übereinstimmung von Erblasser und näheren Abkömmlingen entfernteren Abkömmlingen auch den Pflichtteil zu entziehen (*Stanovsky* BWNotZ 1974, 102 ff; oben Form. XVI. 15). Da hinsichtlich der Regelungen in §§ 2310 Satz 2, 2316 Abs. 1 Satz 2 BGB der bloße Pflichtteilsverzicht dem Erb- und Pflichtteilsverzicht nicht gleichgestellt ist (*Staudinger/Ferid/Cieslar* § 2346 Rdn. 28, 35), erhöht der bloße Pflichtteilsverzicht nicht die Pflichtteilsquoten (Quotenerhöhung) der übrigen Pflichtteilsberechtigten und auch nicht die Pflichtteilsbeträge beim durch ausgleichungspflichtige Zuwendungen unter Abkömmlingen erhöhten Pflichtteil. Hat ein in Zugewinngemeinschaft lebender Ehegatte nur auf seinen Pflichtteil verzichtet, so verbleibt ihm bei gesetzlicher Erbfolge der gem. §§ 1371 Abs. 1, 1931 BGB um ¼ erhöhte Erbteil (*Staudinger/Ferid/Cieslar* aaO.). Der uneingeschränkte Pflichtteilsverzicht schließt den Verzicht auf den Pflichtteilsrestanspruch (§ 2305 BGB), den Pflichtteilsanspruch bei Zuwendung eines Vermächtnisses (§ 2307 BGB), den Wegfall der Beschränkungen und Beschwerungen gem. § 2306 BGB, den Pflichtteilsergänzungsanspruch (§ 2325 BGB) und auf die Berufungsmöglichkeiten nach den §§ 2318 Abs. 2, 2319 und 2328 BGB ein (*Staudinger/Ferid/Cieslar* § 2346 Rdn. 35; *Schramm* BWNotZ 1966, 31).

(5) **Zweckmäßigkeit von Erb- oder Pflichtteilsverzichtsvertrag.** Normalerweise ist der bloße Pflichtteilsverzichtsvertrag in Verbindung mit enterbendem Testament dem Erbverzicht vorzuziehen (*Damrau,* Der Erbverzicht S. 30, 46, 51 u. 137; *ders.,* BB 1970, 469/470 u. 474; *Haegele* BWNotZ 1971, 43; *Rheinbay,* Erbverzicht – Abfindung – Pflichtteilsergänzung, 1983, S. 155; *Wirner* MittBayNot 1984, 13). Vor allem weil beim bloßen Pflichtteilsverzicht gemäß § 2310 Satz 1 BGB im Gegensatz zum Erbverzicht der Verzichtende mitgezählt wird und sich daher die Pflichtteilsrechte der übrigen Abkömmlinge (*Bühler* DNotZ 1967, 778) und bei der Gütertrennung auch der Ehefrau (*Soergel/Dieckmann* § 2310 Rdn. 2) nicht erhöhen (keine Quotenerhöhung). Keine Quotenerhöhung gemäß § 2310 Satz 2 BGB erfolgt auch beim Erbverzicht unter Pflichtteilsvorbehalt (*Soergel/Dieckmann* aaO.). Liegt ein Fall vor, der zur Ausgleichung von Zuwendungen unter Abkömmlingen führen kann, so hat der Erblasser in seine Erwägungen einzubeziehen, daß die Quotenerhöhung der übrigen Pflichtteilsberechtigten durch den Erbverzicht (§ 2316 Abs. 1 Satz 2 BGB) zugunsten der ausgleichungsberechtigten Pflichtteilsberechtigten zur Erhöhung ihrer Ausgleichungspflichtteilsansprüche oder Pflichtteilsrestansprüche aus dem um die ausgleichungspflichtigen Zuwendungen erhöhten Nachlaß führt und zwar auch, wenn sie Miterben geworden sind, aber der Wert des ausgeglichenen Pflichtteils den des ihnen hinterlassenen Erbteils übersteigt (§ 2316 Abs. 2 BGB) (*Bühler* DNotZ 1967, 778; *Haegele* BWNotZ 1971, 36/43 Fußn. 66; *Reinbay* S. 22). Allerdings unterbleibt beim Erbverzicht auch die Zurechnung einer dem Verzichtenden gemachten ausgleichungspflichtigen Zuwendung (*Staudinger/Ferid/Cieslar* § 2316 Rdn. 28). Beim bloßen Pflichtteilsverzicht wird dagegen der Verzichtende bei der Feststellung der für die Berechnung der Pflichtteile maßgeblichen Erbteile mitgezählt und daher kommt der evtl. auf ihn entfallende Ausgleichungspflichtteil aus dem um die Zuwendungen (auch an ihn) vermehrten Nachlaß letztlich den Erben zugute, da sie an die übrigen Pflichtteilsberechtigten entsprechend niedrigere Pflichtteilsbeträge oder Pflichtteilsrestansprüche (§ 2316 Abs. 2 BGB) auszuzahlen haben. Bezüglich der Durchführung der Ausgleichung von Zuwendungen unter Abkömmlingen im Pflichtteilsrecht siehe Form. XVI. 27 Anm. 7 (1 c). *Basty* in Reithmann/Albrecht/Basty, Handbuch der notariellen

Vertragsgestaltung, 7. Aufl. 1995, Rdn. 739 ist der Meinung, daß der Notar, der um Beratung darüber gebeten wird, ob Erbverzicht oder nur Pflichtteilsverzicht vereinbart werden soll, auf diese unterschiedlichen mittelbaren Auswirkungen hinzuweisen hätte. Grundsätzlich kann wegen § 2310 Satz 2 BGB ein Erbverzicht nur empfohlen werden, wenn auch alle übrigen pflichtteilsberechtigten Personen Erbverzichte abgeben oder sicher abgeben werden. Sonst sollte zum bloßen Pflichtteilsverzicht mit ergänzender Verfügung von Todes wegen geraten werden (*Schramm* BWNotZ 1959, 227/230; *Basty* aaO.). Ein weiterer Vorteil des bloßen Pflichtteilsverzichts liegt darin, daß er im Gegensatz zum Erbverzicht eine gegenständliche Beschränkung zuläßt (siehe unter Anm. 5). Gerade durch entsprechend beschränkten Pflichtteilsverzicht (siehe oben Abs. 3e), kann man die Gefahr vermeiden, daß der Erbe, obwohl sein Erbteil größer als der Pflichtteil oder gar als der gesetzliche Erbteil ist, jedoch mit Beschränkungen oder Beschwerungen im Sinne des § 2306 BGB beschwert ist, die Erbschaft ausschlägt und den Pflichtteil verlangt (*Esch/Schulze zur Wiesche*, Handbuch der Vermögens-Nachfolge, 2. Aufl. Rdn. 728).

Der uneingeschränkte Erbverzichtsvertrag gem. § 2346 Abs. 1 BGB bietet sich daher vor allem für Fälle an, in denen der Erblasser eine Erbaussicht nicht durch Enterbungstestament beseitigen kann. Dies sind im wesentlichen (siehe dazu eingehend *Damrau*, Der Erbverzicht als Mittel zweckmäßiger Vorsorge für den Todesfall, 1966, S. 31 ff):

a) Testierunfähigkeit des Erblassers, da er auch bei Geschäfts- und Testierunfähigkeit einen Erbverzichtsvertrag durch seinen gesetzlichen Vertreter schließen kann, der dazu allerdings der Genehmigung des Vormundschaftsgerichts bedarf (§ 2347 BGB).

b) Beseitigung wechselbezüglicher Verfügungen eines gemeinschaftlichen Testaments im Einverständnis des Bedachten zur Wiedererlangung der eigenen Verfügungsfreiheit, entweder um zu vermeiden, daß der andere Ehegatte durch die Zustellung des Widerrufs (§§ 2271 Abs. 1, 2296 Abs. 2 BGB) davon erfährt (*Staudinger/Ferid/Cieslar* Einl zu §§ 2346 ff Rdn. 6; *Damrau*, Der Erbverzicht S. 43) oder nach dem Tod des anderen Ehegatten, wenn der Erblasser das ihm Zugewendete nicht ausschlagen will (*Staudinger/Ferid/Cieslar* Einl zu §§ 2346 ff Rdn. 5; *Damrau*, Der Erbverzicht, S. 42). Durch diesen Zuwendungsverzicht (§ 2352 BGB) werden die zugunsten des Erblassers vom vorverstorbenen Ehegatten getroffenen und mit denjenigen, auf die verzichtet wird, wechselbezüglichen Verfügungen jedoch nicht gem. §§ 2270 Abs. 1 BGB unwirksam (wie etwa bei einer Anfechtung nach § 2079 BGB), da durch den Zuwendungsverzicht die Verfügungen des Erblassers nur gegenstandslos und nicht, wie § 2270 Abs. 1 BGB voraussetzt, nichtig werden (*Staudinger/Kanzleiter* § 2270 Rdn. 37; MünchKomm/*Musielak*, 2. Aufl. § 2271 Rdn. 18; *Soergel/Wolf* § 2270 Rdn. 16; *Peter* BWNotZ 1977, 113 ff). Die Verfügungsfreiheit des überlebenden Ehegatten tritt aber durch den Zuwendungsverzicht grundsätzlich dann nicht ein, wenn Ersatzerbfolge angeordnet ist oder Anwachsung eintritt (Auslegungsfrage; vgl. *Palandt/Edenhofer* § 2352 Rdn. 6 sowie unten (6)). Die gleiche Lage besteht und die gleiche Lösung hilft beim Erbvertrag nach dem Tod eines der Vertragschließenden, wenn ein Dritter bedacht ist (§§ 2290 Abs. 1, 2298 Abs. 2 BGB).

c) Haben Abkömmlinge Vorempfänger mit oder ohne Ausgleichungspflicht gem. §§ 2050, 2316 BGB erhalten, die sie nach der voraussichtlichen Entwicklung des Vermögens des Erblassers besser stellen würden als ihre Geschwister, kann der Erbverzicht der Vereinfachung der späteren Nachlaßabwicklung und der Verhütung von Streit dienen (*Lange* FS Nottarp, S. 119/120).

Dagegen sind bloße Pflichtteilsverzichte verbunden mit einer evtl. einverständlichen testamentarischen Enterbung im wesentlichen als Vorsorge für den Todesfall sinnvoll und gebräuchlich:

a) Der Pflichtteilsverzicht zur Sicherstellung der Befolgung eines Berliner Testaments (*Damrau*, Der Erbverzicht S. 53), damit beim Tod des Erstversterbenden der Eltern kein Kind die Erbeinsetzung des Längstlebenden durch Pflichtteilsforderung beeinträchtigen

1. Bedingter und gegenständlich beschränkter Pflichtteilsverzicht XVIII. 1

kann. Diese Lösung ist der komplizierten verbesserten Jastrow'schen Pflichtteilstrafklausel (Form. XVI. 28 Anm. 9) vorzuziehen.

b) Pflichtteilsverzicht um die einverständliche Enterbung des Verzichtenden zwecks Übertragung seines zukünftigen Nachlaßanteils oder gesamten Nachlasses auf einen Dritten im Wege der Erbfolge sicherzustellen. Dies erfolgt an Stelle eines Vertrages unter zukünftigen gesetzlichen Erben gem. § 312 Abs. 2 BGB (*Damrau*, Der Erbverzicht S. 54f). Ein Bedürfnis dazu kann z.B. beim Berliner Testament nach dem Tod des erstversterbenden Elternteils bestehen, wenn sich die Abkömmlinge als zukünftige Schlußerben vorweg über den Nachlaß auseinandersetzen wollen und ein Vertrag zwischen ihnen gem. § 312 Abs. 2 BGB nicht riskiert werden kann, da streitig ist, ob ein solcher Vertrag auch wirksam ist, wenn es nicht zur gesetzlichen, sondern zur gewillkürten Erbfolge kommt (differenzierend BGH NJW 1988, 2726/2727 mwN.; bejahend *Palandt/Heinrichs* § 312 Rdn. 6; MünchKomm/*Söllner* § 312 Rdn. 13). Erbschaftsteuerlich wäre allerdings ein Vertrag unter künftigen gesetzlichen Erben nach § 312 Abs. 2 BGB zwecks Übertragung des künftigen Nachlaßanteils auf den oder die Miterben immer günstiger als ein Erb- und/oder Pflichtteilsverzicht, da bei ihm nur der spätere Anfall der Erbschaft bei dem zur Übertragung Verpflichteten steuerpflichtig ist, beim Erbund/oder Pflichtteilsverzicht aber gem. § 7 Abs. 1 Nr. 5 ErbStG die Zahlung der Abfindung, die als Schenkung unter Lebenden fingiert wird und der spätere Erbfall (*Damrau*, Der Erbverzicht S. 35 u. 55).

c) Der Pflichtteilsverzicht zur Erhaltung von Unternehmen im Familienbesitz (*Damrau*, Der Erbverzicht S. 77 ff; oben Form. XVI. 10 Anm. 11 Abs. 1).

d) Hat der Erblasser einem pflichtteilsberechtigten Abkömmling eine Zuwendung ohne Anrechnungs- oder Ausgleichungsbestimmung gem. §§ 2315 Abs. 1, 2050 Abs. 3 BGB gemacht, kann dem im Einverständnis mit dem Zuwendungsempfänger dadurch abgeholfen werden, daß im Wege eines gegenständlich beschränkten Pflichtteilsverzichtsvertrages mit ihm die Anrechnung der Zuwendung auf den Pflichtteilsanspruch vereinbart wird (RGZ 71, 131; *Langenfeld/Gail* IV Rdn. 395; *Haegele* Rpfleger 1968, 249; *Staudinger/Ferid/Cieslar* § 2315 Rdn. 35 mwN; *Geßele* aaO. Rdn. 742; *Damrau*, Der Erbverzicht S. 56; *Schmidt* BWNotZ 1971, 29/34 Fußn. 34).

(6) **Zuwendungsverzicht**. Nach § 2352 BGB kann der Erblasser mit demjenigen, der durch Testament oder als nicht am Erbvertrag beteiligter Dritter von ihm als Erbe eingesetzt oder mit einem Vermächtnis bedacht ist, einen Vertrag abschließen, in dem auf diese Zuwendung verzichtet wird. Verzichten können nicht nur die unmittelbar eingesetzte, sondern auch Ersatzerben und Ersatzvermächtnisnehmer (*Staudinger/Ferid/Cieslar* § 2352 Rdn. 26). Die Bedeutung dieser Vorschrift wird dadurch eingeschränkt, daß Testamente grundsätzlich frei widerrufen (§§ 2253 ff BGB) und Erbverträge von den Vertragschließenden jederzeit aufgehoben werden können (§ 2290 BGB). Zuwendungsverzichte sind daher nur dann zweckmäßig, wenn der Widerruf oder die Aufhebung der Verfügung von Todes wegen nicht möglich ist. Dies ist der Fall, wenn der Erblasser geschäftsunfähig geworden ist, so daß er seine Verfügung nicht aufheben, sein gesetzlicher Vertreter aber einen Zuwendungsverzichtsvertrag schließen kann, beim gemeinschaftlichen Testament hinsichtlich wechselbezüglicher Verfügungen nach dem Tod eines Ehegatten (OLG Hamm Rpfleger 1982, 148) und beim Erbvertrag nach dem Tod eines der Vertragschließenden (*Jackschath* MittRhNotK 1977, 117/123 f; *Erman/Schlüter* Vor § 2346 Rdn. 2). Form und persönliche Voraussetzungen sind beim Zuwendungsverzichtsvertrag gemäß den in § 2352 Satz 2 BGB in Bezug genommenen §§ 2347, 2348 BGB dieselben wie beim Erbverzichtsvertrag. Die Vertragschließenden eines Erbvertrages können seine vertragsmäßigen Verfügungen, auch wenn sie Erblasser und Begünstigter sind, nicht durch Zuwendungsverzichtsvertrag aufheben, sondern nur durch Aufhebungsvertrag gem. § 2290 BGB (OLG Stuttgart DNotZ 1979, 107 = OLGZ 1979, 129 mwN). Wurde der Erbvertrag allerdings zwischen mehr als zwei Personen abgeschlos-

sen, so kann, je nachdem zwischen wem materiell die betreffende Verfügung getroffen wurde, auch ein Vertragschließender bezüglich dieser Verfügung nur formal beteiligter Dritter im Sinne des § 2352 Satz 2 BGB sein (so vom BGH nicht entschiedener Vorlagebeschluß des BayObLG NJW 1965, 1552 = BayObLGZ 1965, 188; BayObLGZ 1974, 401; RGRK/*Johannsen* § 2352 Rdn. 4; MünchKomm/*Strobel*, 2. Aufl. § 2352 Rdn. 9; *Soergel/Damrau* § 2352 Rdn. 3; *Palandt/Edenhofer* § 2352 Rdn. 7). Andererseits können vertragsmäßige Verfügungen eines Erbvertrages vom Erblasser und dem durch den Vertrag begünstigten jedoch nicht am Vertragsabschluß beteiligten Dritten ohne Zuziehung und ohne Zustimmung des Vertragsgegners, also auch nach seinem Tod durch Zuwendungsverzichtsvertrag gem. § 2352 Satz 2 BGB aufgehoben werden (*Dittmann/ Reimann/Bengel*, Testament und Erbvertrag, 2. Aufl. § 2290 Anm. 9). Im Gegensatz zur Rechtslage beim Erb- und bloßen Pflichtteilsverzichtsvertrag (§ 2349 BGB) erstreckt sich die Wirkung des Zuwendungsverzichts grundsätzlich nicht auf die Abkömmlinge des Verzichtenden (OLG Hamm Rpfleger 1982, 148 = MittRhNotK 1982, 147 = OLGZ 82, 272; OLG Stuttgart NJW 1958, 347; KGJ 34, 111; KGJ 53, 37; *Baumgärtel* DNotZ 1959, 63; *Blomeyer* FamRZ 1974, 427; OLG Hamm Rpfleger 1982, 148), da § 2349 BGB in § 2352 BGB nicht erwähnt ist. Eine Quasi-Erstreckung erfolgt hier allerdings durch eine Reihe von tatsächlichen Vermutungen, die von der Rechtsprechung entwickelt wurden, und zwar nicht der Auslegung des Zuwendungsverzichtsvertrages dienen, da bei ihm auch durch ausdrückliche Vereinbarung diese Erstreckungswirkung nicht herbeigeführt werden kann (*Soergel/Damrau* § 2352 Rdn. 2), jedoch der Verfügung von Todes wegen des Erblassers. Gegen diese tatsächlichen Vermutungen ist der Gegenbeweis zugelassen. Zu unterscheiden sind dabei folgende Fallgruppen:

a) Wenn die Verfügung von Todes wegen eine ausdrückliche Ersatzerbeinsetzung enthält (§ 2096 BGB), erstreckt sich der Zuwendungsverzicht gleichgültig ob eine Abfindung gewährt wird nicht auf die Abkömmlinge des Verzichtenden (OLG Düsseldorf DNotZ 1974, 367; *Soergel/Damrau* § 2349 Rdn. 2; MünchKomm/*Strobel*, 2. Aufl. § 2352 Rdn. 14 mwN; *Baumgärtel* DNotZ 1959, 67; OLG Hamm Rpfleger 1982, 148) und zwar auch dann nicht, wenn der Verzichtende zugleich mit Wirkung für die Abkömmlinge auf ein daneben bestehendes gesetzliches Erbrecht verzichtet hat (*Staudinger/ Ferid* § 2352 Rdn. 32).

b) Die Verfügung von Todes wegen enthält keine ausdrückliche Ersatzerbenberufung. Es steht daher nur die Ersatzberufung der Abkömmlinge nach der Auslegungsregel des § 2069 BGB in Frage. Die wohl hM nimmt in diesem Fall eine gegen die Ersatzberufung der Abkömmlinge nach § 2069 BGB sprechende tatsächliche Vermutung an, falls der Verzicht gegen vollständige Abfindung erfolgt (BGH NJW 1974, 43 = DNotZ 1974, 231 = JuS 1974, 392 m. Anm. *Karsten Schmidt*; OLG Düsseldorf DNotZ 1974, 231; KG JFG 20, 160; *Palandt/Edenhofer* § 2352 Rdn. 2; MünchKomm/*Strobel* § 2352 Rdn. 15; RGRK/*Johannsen* § 2352 Rdn. 8; *Soergel/Damrau* § 2349 Rdn. 2; *Baumgärtel* DNotZ 1959, 70; *Faßbender* MittRhNotK 1962, 602/615; *Jackschath* MittRhNotK 1977, 122; *Staudinger/Ferid/Cieslar* § 2352 Rdn. 33).

c) Die Verfügung von Todes wegen enthält keine ausdrückliche Ersatzerbenberufung und der Zuwendungsverzicht wird ohne Abfindung erklärt. In diesem Fall wird nach der wohl hM, sofern sich kein entgegenstehender Wille des Erblassers feststellen läßt, die Auslegungsregel des § 2069 BGB durch den Zuwendungsverzichtsvertrag nicht berührt und zwar auch dann nicht, wenn der Verzichtende gleichzeitig auf sein gesetzliches Erbrecht verzichtet. Ersatzerbfolge der Abkömmlinge tritt daher ein (MünchKomm/*Strobel* § 2352, 2. Aufl. Rdn. 15; *Soergel/Damrau* § 2349 Rdn. 2; RGRK/*Johannsen* § 2352 Rdn. 7; *Baumgärtel* DNotZ 1959, 67ff; *Jackschath* MittRhNotK 1977, 122; OLG Hamm Rpfleger 1982, 148/150). Die abweichende Meinung läßt § 2069 BGB „vor allem dann" eingreifen, wenn der Zuwendungsverzicht ausdrücklich zugunsten der Abkömmlinge des Verzichtenden erklärt wird (*Palandt/Edenhofer* § 2352 Rdn. 6). Sonst soll, sofern der Verzichtende gleichzeitig auf sein gesetzliches Erbrecht verzichtet, in die-

1. Bedingter und gegenständlich beschränkter Pflichtteilsverzicht   XVIII. 1

sen Fällen die Abkömmlinge des Verzichtenden nicht gem. § 2069 BGB seine Ersatzerben sein, da sie dann wegen der Erstreckungswirkung nach § 2349 BGB nicht, wie in § 2069 BGB vorausgesetzt, „bei der gesetzlichen Erbfolge" an seine Stelle treten (KG JFG 20, 160 = HRR 39, 1163; *Haegele* Rpfleger 1968, 247/250; *Faßbender* MittRhNotK 1962, 602/615 f; LG Lübeck SchlHA 1959, 211).

Bei dieser Rechtslage sollte der Erblasser, sofern er nicht durch eine Bindung daran gehindert ist, in einem Zuwendungsverzichtsvertrag ausdrücklich seinen der vermuteten Ersatzerbenberufung entgegenstehenden Willen klar zum Ausdruck bringen (*Jackschath* MittRhNotK 1977, 117/122), etwa durch den Zusatz: „Einseitig letztwillig verfügt der Erblasser, soweit zulässig, daß er hiermit alle ausdrücklichen oder vermuteten Ersatzerbeinsetzungen für den Wegfall des Verzichtenden widerruft. Er wurde darauf hingewiesen, daß dieser Widerruf hinfällig ist, falls die Ersatzerbeinsetzungen wechselseitig in einem gemeinschaftlichen Testament oder vertraglich in einem Erbvertrag erfolgt sind."

Wie beim Erbverzicht (oben Abs. 3) ist auch ein teilweiser Zuwendungsverzicht möglich. So auf ideelle Bruchteile und auf Gegenstände, wenn sie vermächtnisweise zugewendet wurden (MünchKomm/*Strobel*, 2. Aufl. § 2352 Rdn. 4; Soergel/*Damrau* § 2352 Rdn. 1). Insbesondere kann durch Verzicht dem Erblasser die Befugnis eingeräumt werden, den gewillkürten Erben mit neuen Auflagen und Vermächtnissen zu beschweren, sowie Testamtensvollstreckung und Nacherbschaft anzuordnen (MünchKomm/*Strobel*, 2. Aufl. § 2352 Rdn. 4; aM *Jackschath* MittRhNotK 1977, 121). Durch die Einräumung einer derartigen Befugnis durch Zuwendungsverzicht sind diese Beschränkungen oder Beschwerungen jedoch noch nicht angeordnet, dazu bedarf es einer entsprechenden Verfügung von Todes wegen (MünchKomm/*Strobel* § 2352 Rdn. 4 Fußn. 11, der dadurch die Bedenken von Jackschath mit Recht als zerstreut ansieht). Beschränkte Zuwendungsverzichte und damit nach § 2348 BGB formbedürftig sind auch die Zustimmung des Bedachten eines Erbvertrages zu ihn beeinträchtigenden späteren Verfügungen von Todes wegen gem. § 2289 Abs. 1 Satz 2 BGB (MünchKomm/*Musielak*, 2. Aufl. § 2289 Rdn. 18; Soergel/*Damrau* § 2289 Rdn. 8) und die Zustimmung eines durch Erbvertrag oder bindend gewordenes gemeinschaftliches Testament Bedachten zu beeinträchtigenden Schenkungen nach § 2287 Abs. 1 BGB (BGHZ 83, 44 = NJW 1982, 1100/1102). Der Verzicht auf eine Zuwendung aus einer Verfügung von Todes wegen enthält nicht notwendig einen Verzicht auf das gesetzliche Erb- und Pflichtteilsrecht und umgekehrt (RG LZ 1919 Sp. 594; *Staudinger/Ferid/Cieslar* § 2352 Rdn. 29; MünchKomm/*Strobel*, 2. Aufl. § 2352 Rdn. 17; *Haegele* Rpfleger 1968, 250). Andererseits hat der Bundesgerichtshof (WPM 1972, 313 = DNotZ 1972, 500) in einem Fall, in dem „auf Erbteils- und Pflichtteilsansprüche für jetzt und in alle Zukunft" verzichtet war, angenommen, daß, wenn nicht sonstige gegenteilige Umstände vorlägen, damit auch auf Zuwendungen in Verfügungen von Todes wegen verzichtet wurde. Bei einem Zuwendungsverzichtsvertrag ist daher klar zum Ausdruck zu bringen, ob sich der Verzicht auch auf ein evtl. gesetzliches Erb- und Pflichtteilsrecht erstrecken soll. Sind mehrere Berufungsgründe gegeben oder möglich, ist genau anzugeben, auf welche sich der Verzicht erstrecken soll, gegebenenfalls sollte vorsorglich auf alle derartigen Zuwendungen mitverzichtet werden. Umgekehrt sollte, da die Rechtsprechung stillschweigende Verzichte zuläßt (siehe unter Abs. 8) auch bei einem Erb- und Pflichtteilsverzichtsvertrag geregelt werden, ob etwaige Zuwendungen in bereits bestehenden Verfügungen von Todes wegen vom Verzicht miterfaßt werden (*Jackschath* MittRhNotK 1977, 124). Letztlich ist es wegen der Rechtsprechung zur Erstreckung des Zuwendungsverzichts auf Abkömmlinge ratsam, in die Urkunde aufzunehmen, ob und welche Abfindung gewährt wird (*Basty* in Reithmann/Albrecht/Basty, Handbuch der notariellen Vertragsgestaltung, 7. Aufl. 1995, Rdn. 745).

(7) **Schuldrechtlicher Verpflichtungsvertrag.** Der Erbverzicht ist ein erbrechtlicher abstrakter Verfügungsvertrag negativen Inhalts (BGHZ 37, 319 = NJW 1962, 1910). Der Erbverzicht hat selbst keinen verpflichtenden Inhalt, sondern führt unmittelbar eine

Rechtwirkung herbei, den Verlust des Erbrechts. Früher nahm man an, daß der Erbverzicht als Verfügungsgeschäft seine Rechtfertigung in sich selbst trage, es bei ihm daher keines Rechtsgrundes (causa) bedürfe. Seit *Larenz* (JherJb Bd. 81 (1931) S. 22 ff) und vor allem *Lange* (FS Nottarp, 1961, S. 119 ff) ist jedoch hM, daß der Erbverzicht zwar wie jedes Verfügungsgeschäft abstrakt ist, aber eines Rechtsgrundes, eines schuldrechtlichen Verpflichtungsgeschäfts (Kausalgeschäft) bedarf (*Lange/Kuchinke*, 3. Aufl. § 7 I, 4; *Soergel/Damrau* Vor § 2346 Rdn. 3; *Staudinger/Ferid/Cieslar* Einl zu §§ 2346 ff Rdn. 59; *MünchKomm/Strobel*, 2. Aufl. § 2346 Rdn. 31; *Palandt/Edenhofer* Überbl. v. § 2346 Rdn. 7; *Degenhardt* Rpfleger 1969, 145; *Haegele* BWNotZ 1971, 37; KG OLGZ 1974, 263; noch zurückhaltend, jedoch deutlich zur Bejahung neigend BGHZ 37, 319 = NJW 1962, 1910 m. Anm. *Mattern* in LM § 2271 Nr. 13). Dieses Verpflichtungsgeschäft ist beim unentgeltlichen Verzicht ein einseitiges Rechtsgeschäft, jedoch keine Schenkung (*Haegele* Rpfleger 1968, 250; *Staudinger/Ferid/Cieslar* Einl zu §§ 2346 ff Rdn. 54; BGHZ 77, 264/270; *Palandt/Edenhofer* Überbl. v. § 2346 Rdn. 1; *Soergel/Damrau* Vor § 2346 Rdn. 2). Beim entgeltlichen Erbverzicht ist das Verpflichtungsgeschäft ein gegenseitiger Schuldvertrag nach §§ 320 ff BGB (*MünchKomm/Strobel* § 2346 Rdn. 31; aA. *Palandt/Edenhofer* Überbl. v. § 2346 Rdn. 1 u. 6), der den einen Vertragsteil zum Abschluß eines Erbverzichtsvertrages mit dem Erblasser und den anderen zur Zahlung einer Abfindung verpflichtet (*Mattern* LM § 2271 Nr. 13). Neben dem Verpflichtungsvertrag als schuldrechtlichem Kausalgeschäft stehen dabei als seine Verfügungsgeschäfte der dinglich wirkende Erbverzicht und das einseitige Abfindungsversprechen. Dieser Verpflichtungsvertrag bedarf nach heute wohl hM entsprechend § 2348 BGB der notariellen Form (KG OLGZ 1974, 263 = DNotZ 1975, 163; die bei *Kuchinke* NJW 1983, 2354 Fußn. 5 Genannten; *Damrau* NJW 1984, 1163; aM *Kuchinke* NJW 1983, 2354). Bei der häufigen Nichtbeachtung der Form tritt analog §§ 313 Satz 2, 518 Abs. 2, 766 Satz 2, 2301 Abs. 2 BGB, 15 Abs. 4 GmbHG mit Abschluß des gültigen Erbverzichtsvertrages Formheilung ein (*Soergel/Damrau* Vor § 2346 Rdn. 3 mwN; *Damrau* NJW 1984, 1163/1164). Das Stellvertretungsverbot hinsichtlich des Erblassers beim Erbverzicht nach § 2347 Abs. 2 BGB findet auf den Verpflichtungsvertrag keine Anwendung (BGHZ 37, 319/328). Da ein echter gegenseitiger Vertrag nach §§ 320 ff BGB vorliegt (str., aA *Palandt/Edenhofer* Überbl. v. § 2346 Rdn. 6 u. 8), können Leistungsstörungen in dem Austauschverhältnis nach diesen Vorschriften durch Leistungsklage, Schadensersatz oder Rücktritt beseitigt werden. Notfalls kann bei fehlendem oder nichtigem Erbverzicht die geleistete Abfindung kondiziert (§ 812 BGB) werden (BGHZ 77, 264/270 = NJW 1980, 2307/2309). Stirbt der Erblasser vor Abschluß des Erbverzichtsvertrages, wird der zum Verzicht Verpflichtete gem. § 275 BGB von seiner Leistung frei, da hier ein höchstpersönlicher Anspruch des Erblassers auf Regelung seiner Erbfolge vorliegt (BGHZ 37, 319/329 f; KG OLGZ 1974, 263/265; *MünchKomm/Strobel* § 2346 Rdn. 32). Die Erben des Erblassers können dann aber nach §§ 323 Abs. 2, 812 BGB Rückzahlung der Abfindung für den Erbverzicht verlangen (*Schlüter*, ErbR, 12. Aufl. § 5 II 7 b bb (1). Schwierigkeiten bereitet der Ausgleich allerdings bei wirksamem abstraktem Erbverzicht jedoch fehlendem oder nichtigem Verpflichtungsvertrag. Die sonst in solchen Fällen eingreifende Kondiktion (§§ 812 ff BGB) wird von der hM abgelehnt, weil der Erblasser durch den Erbverzicht nicht „etwas", dh. einen Vermögensvorteil und nicht „auf Kosten", dh. mangels vermögenswerter Anwartschaft zum Nachteil eines anderen erlangt hat (*Damrau*, Der Erbverzicht S. 99 ff; *ders., Soergel/Damrau* Vor § 2346 Rdn. 4; *Staudinger/Ferid/Cieslar* Einl zu §§ 2346 ff Rdn. 94; *Palandt/Edenhofer* Überbl. v. § 2346 Rdn. 8; aM *MünchKomm/Strobel*, 2. Aufl. § 2346 Rdn. 33 mwN). Als Ersatzlösungen werden ein Anfechtungsrecht analog § 2081 BGB, ein Rücktrittsrecht entsprechend § 2295 BGB, eine stillschweigende Bedingung, der Einwand der unzulässigen Rechtsausübung und der Wegfall der Geschäftsgrundlage angeboten (siehe hierzu *Staudinger/Ferid/Cieslar* Einl zu §§ 2346 ff Rdn. 92 ff; *Soergel/Damrau* Vor § 2346 Rdn. 4). Aus diesem Grund empfiehlt

1. Bedingter und gegenständlich beschränkter Pflichtteilsverzicht　　　　XVIII. 1

sich immer die rechtsgeschäftliche Verbindung zwischen Erbverzicht und Abfindungsvereinbarung durch wechselseitige Bedingungen (siehe Anm. 7).

(8) **Stillschweigender Erbverzicht.** Entgegen der fast einhelligen Ablehnung durch die Literatur (*Staudinger/Ferid/Cieslar* Einl zu §§ 2346 ff Rdn. 45 ff; MünchKomm/*Strobel* § 2348 Rdn. 8; *Soergel/Damrau* § 2346 Rdn. 4; *Kipp/Coing* § 82 III Fußn. 24; *Jochem* JuS 1977, 765; *Habermann* JuS 1979, 169; BayObLGZ 1981, 35 = MDR 1981, 673), die im Anschluß an die Rechtsprechung des Reichsgerichts (RGZ 115, 391; RGZ 118, 66; RG HRR 1932 Nr. 628) fordern, daß der Erbverzicht ausdrücklich erklärt werden oder sich aus dem Inhalt des Vertrages mit Zuverlässigkeit ergeben muß, hat der Bundesgerichtshof (BGHZ 22, 364 = NJW 1957, 422 = JR 1957, 339 m. Abl. Anm. v. *Lübtow*) in einem Erbvertrag, in dem sich die Ehegatten gegenseitig als Alleinerben einsetzen und ein gemeinsames Kind, das Vertragspartner des Erbvertrages war, zum Schlußerben bestimmten, zugleich einen stillschweigenden Verzicht dieses Kindes auf sein Pflichtteilsrecht nach dem erstversterbenden der Ehegatten gefunden. In Fortführung dieser Rechtsprechung hat dann der BGH (NJW 1977, 1728 = Rpfleger 1977, 247) in einem notariellen gemeinschaftlichen Testament, durch das die Eheleute Dritte zu Erben einsetzten, einen Pflichtteilsverzicht des überlebenden Ehegatten auf den Tod des erstversterbenden gesehen. Die notarielle Praxis ist durch diese Rechtsprechung gezwungen, die Frage des Pflichtteilsrechts in gemeinschaftlichen Testamenten und Ehegattenerbverträgen jeweils ausdrücklich zu regeln (siehe o. Form. XVI. 28 Anm. 13).

(9) **Rechtsgeschäftliche Aufhebung des Erbverzichts.** Der Verzicht auf das gesetzliche Erbrecht oder auf Pflichtteilsansprüche kann gem. § 2351 BGB durch Aufhebungsvertrag, für den hinsichtlich Form und Vertretungsverbot des Erblassers die Vorschriften für den Erbverzichtsvertrag gelten, wieder beseitigt werden. Nach der hM gilt dies, obwohl § 2352 BGB nicht auf § 2351 BGB verweist, entsprechend auch für Zuwendungsverzichtsverträge (*Staudinger/Ferid/Cieslar* § 2351 Rdn. 2; *Soergel/Damrau* § 2351 Rdn. 1; MünchKomm/*Strobel*, 2. Aufl. § 2351 Rdn. 1; *Palandt/Edenhofer* § 2351 Anm. 1; *Jackschath* MittRhNotK 1977, 123; LG Kempten MittBayNot 1978, 63 m. zust. Anm. *Büttel*; aM *Kipp/Coing* § 82 V 2; *Brox* ErbR, 9. Aufl. Rdn. 290). Da in § 2351 BGB nur „in Ansehung des Erblassers" und nur auf den Abs. 2 des § 2347 BGB verwiesen ist, wendet die eine Meinung (*Staudinger/Ferid/Cieslar* § 2351 Rdn. 9, 10; *Staudinger/Ferid* § 2351 Rdn. 9, 10; MünchKomm/*Strobel*, 2. Aufl. § 2351 Rdn. 3; *Haegele* Rpfleger 1968, 250) auf den Verzichtenden die allgemeinen Vorschriften der §§ 104 ff BGB mit der Folge an, daß ein beschränkt geschäftsfähiger Verzichtender den Aufhebungsvertrag persönlich und ohne Zustimmung seines gesetzlichen Vertreters abschließen darf, da er durch ihn lediglich einen rechtlichen Vorteil erlangt (§ 107 BGB) und auch wenn er geschäftsunfähig ist und von seinem gesetzlichen Vertreter vertreten werden muß, keiner Genehmigung des Vormundschaftsgerichts bedarf. Der beschränkt geschäftsfähige Erblasser kann nach dieser Meinung den Aufhebungsvertrag nur persönlich schließen und bedarf dazu nicht der Zustimmung seines gesetzlichen Vertreters, obwohl die Aufhebung für ihn nachteilig ist. Ist der Erblasser geschäftsunfähig, hat für ihn sein gesetzlicher Vertreter zu handeln und braucht dazu die vormundschaftsgerichtliche Genehmigung, sofern der Erblasser nicht unter elterlicher Sorge steht und der Aufhebungsvertrag zwischen Verlobten oder Ehegatten geschlossen wird. Die andere Meinung sieht in der Verweisung ein Redaktionsversehen, beläßt es bei der obigen Lösung hinsichtlich des Verzichtenden, verlangt aber beim beschränkt geschäftsfähigen Erblasser die Zustimmung seines gesetzlichen Vertreters (*Soergel/Damrau* § 2351 Rdn. 1; *Palandt/Edenhofer* § 2351 Anm. 1). Der Aufhebungsvertrag hat zur Folge, daß der Erb- und/oder Pflichtteils- oder Zuwendungsverzicht beseitigt ist, so als sei er nie erfolgt (*Staudinger/Ferid/Cieslar* § 2351 Rdn. 14). Die bereits geleistete Abfindung kann kondiziert (§ 812 BGB) werden (BGHZ 77, 264/270 = NJW 1980, 2307/2309). Durch die Aufhebung können Pflichtteilsansprüche wieder begründet werden. Auch eine erbver-

tragliche Bindung hindert den Erblasser nicht, einen Erb- und/oder Pflichtteilsverzicht aufzuheben, auch wenn dadurch gegen die Vertragserben wieder Pflichtteilsansprüche erwachsen. Er verstößt damit auch nicht gegen § 2287 BGB (BGHZ 77, 264/269 f = NJW 1980, 2307/2308). Der Aufhebungsvertrag nach § 2351 BGB ist die einzige Beseitigungsmöglichkeit für Erb- und/oder Pflichtteils- oder Zuwendungsverzichtsverträge. Ein Rücktritt kann nur vom Verpflichtungsvertrag, nicht vom Verzichtsvertrag vorbehalten werden, da der Erbverzicht nicht schuldrechtlicher sondern erbrechtlicher Vertrag ist und in den §§ 2346 ff BGB im Gegensatz zu § 2293 BGB kein Rücktrittsvorbehalt vorgesehen ist (*Staudinger/Ferid/Cieslar* Einl zu §§ 2346 ff Rdn. 41; *Soergel/Damrau* § 2346 Rdn. 7; *Palandt/Edenhofer* Überbl. v. § 2346 Rdn. 2; BayObLGZ 1957, 292 = NJW 1958, 344; *Faßbender* MittRhNotK 1962, 621). Ein vorbehaltener Rücktritt kann jedoch in eine auflösende Bedingung umgedeutet werden (BayObLG aaO.; *Soergel/Damrau* § 2346 Rdn. 7).

(10) **Abgrenzung von anderen Gestaltungsmöglichkeiten.** Für die vorweggenommene Erbfolge zwischen Erblasser und künftigen Erben und die vorgezogene Erbauseinandersetzung zwischen künftigen Erben stehen eine ganze Reihe allerdings nur schuldrechtlich wirkender Vorbereitungsgeschäfte zur Verfügung, die wirtschaftlich zum gleichen Ergebnis führen wie Erb- und/oder Pflichtteilsverzichte, jedoch ohne deren unmittelbare erbrechtlich-dingliche Wirkung zu haben. Letzteres sollte beachtet werden, wenn Abfindungen oder sonstige Gegenleistungen vereinbart werden. Sie sollten entweder erst nach dem Erbfall fällig gestellt oder irgendwie gesichert werden.

a) Unbeschränkt können schuldrechtliche Vereinbarungen dieser Art unter Lebenden von den künftigen Erben mit dem Erblasser getroffen werden. Dem steht insbesondere nicht das Verbot eines Vertrages über den Nachlaß eines noch lebenden Dritten nach § 312 Abs. 1 BGB entgegen, da der Erblasser nicht zugleich Dritter sein kann (*Damrau,* Der Erbverzicht S. 27; 49, 97; *Staudinger/Ferid* Vorbem §§ 2346 ff Rdn. 64; *Wiedemann* NJW 1968, 769/772; BGHZ 37, 319/328 = NJW 1962, 1910/1912; *Palandt/Heinrichs* § 312 Rdn. 4; MünchKomm/*Söllner* § 312 Rdn. 11). Eine Einschränkung ist allerdings insoweit zu machen, als die Beteiligung des Erblassers an dem Vertrag sich nicht in der Zustimmung zu einem zwischen den anderen über seinen künftigen Nachlaß geschlossenen Vertrag erschöpfen darf. Ein solcher Vertrag wäre trotz der Zustimmung des Erblassers nach § 312 Abs. 1 BGB, sofern nicht die Ausnahme des Abs. 2 gegeben ist, nichtig (*Staudinger/Wufka* § 312 Rdn. 2; MünchKomm/*Söllner,* 2. Aufl. § 312 Rdn. 11; *Staudinger/Kaduk* § 312 Rdn. 1). Der Erblasser muß vielmehr selbst als Vertragspartner auftreten und einen eigenen rechtsgeschäftlichen Willen äußern (MünchKomm/*Söllner* aaO.; *Wiedemann* NJW 1968, 772). Hierher gehören z. B.:

aa) Nach § 2050 Abs. 3 BGB hat der Erblasser die Ausgleichung von Zuwendungen an Abkömmlinge, die als gesetzliche Erben zur Erbfolge gelangen, vor oder spätestens bei der Zuwendung anzuordnen. Eine nachträgliche einseitige Anordnung der Ausgleichungspflicht durch den Erblasser ist nicht möglich (KG OLGE 21, 318; RGRK/*Kregel* § 2050 Rdn. 19). Möglich ist allerdings eine nachträgliche Anordnung als Teilungsanordnung oder Vorausvermächtnis durch Verfügung von Todes wegen, wodurch aber das Pflichtteilsrecht des Zuwendungsempfängers gem. § 2316 Abs. 3 BGB nicht beeinträchtigt wird (RGZ 90, 419/422; RGZ 71, 133/135). Ferner ist eine nachträgliche Vereinbarung des Erblassers mit dem Begünstigten über dessen Ausgleichungspflicht als Rechtsgeschäft unter Lebenden in Form eines Vertrages zugunsten Dritter, hier der übrigen Miterben möglich (*Staudinger/Werner* § 2050 Rdn. 33). Diese Vereinbarung hat aber nur schuldrechtliche nicht unmittelbar erbrechtlich-dingliche Wirkung und ebenfalls keine Wirkung auf die Pflichtteilsberechnung unter Berücksichtigung der Ausgleichungspflicht nach § 2316 BGB, da diese sich nach dem Wert des Erbteils in seiner gesetzlichen, entsprechend der gesetzlichen Anrechnungsvorschriften des § 2050 BGB ermittelten Größe richtet (RGZ 71, 133/135). Ob allerdings eine solche Vereinbarung

1. Bedingter und gegenständlich beschränkter Pflichtteilsverzicht XVIII. 1

formlos gültig ist (so *Staudinger/Werner* § 2050 Rdn. 33), halte ich für zweifelhaft. Richtigerweise dürfte sie als Verpflichtungsvertrag über das Pflichtteilsrecht entsprechend § 2348 BGB der notariellen Beurkundung bedürfen (*Damrau*, Der Erbverzicht S. 50). Auch die Anrechnungsbestimmung auf den Pflichtteil gem. § 2315 Abs. 1 BGB muß der Erblasser durch einseitig empfangsbedürftige Erklärung vor oder bei der Zuwendung treffen (RG SeuffA 76 Nr. 57 = LZ 1921, 144). Eine spätere Bestimmung durch Testament ist selbst dann nicht möglich, wenn der Pflichtteilsberechtigte zustimmt (RGZ 67, 306). Um die nachträgliche unmittelbare erbrechtlich-dingliche Anrechnungswirkung zu erreichen, müssen Erblasser und Anrechnungsverpflichteter einen beschränkten Pflichtteilsverzichtsvertrag schließen, der die Vereinbarung der Anrechnung zum Inhalt hat (RGZ 71, 133/136; *Damrau*, Der Erbverzicht S. 58). Aber auch hier ist es schuldrechtlich im Wege des Vertrages zugunsten Dritter zwischen Erblasser und anrechnungsverpflichtetem Pflichtteilsberechtigten möglich, die Anrechnung indirekt dadurch nachträglich zu erreichen, daß sich der pflichtteilsberechtigte Zuwendungsempfänger gegenüber dem Erblasser zugunsten der Erben verpflichtet, sich im Falle seines Pflichtteilsverlangens so behandeln zu lassen, als wäre die Anrechnungspflicht gegeben (*Damrau*, Der Erbverzicht S. 48). Allerdings bedarf auch dieser Vertrag nach der hM (bei *Kuchinke* NJW 1983, 2354 Fußn. 5) als Verpflichtungsvertrag über das Pflichtteilsrecht entsprechend § 2348 BGB der notariellen Form (*Damrau*, Der Erbverzicht S. 50), jedoch ohne das Stellvertretungsverbot für den Erblasser (BGHZ 37, 319/328).

bb) Wird ein Abkömmling im Wege der vorweggenommenen Erbfolge gegenüber den anderen voll oder teilweise abgefunden, so steht ein ganzer oder teilweiser Pflichtteilsverzicht zur Erwägung (siehe *Damrau*, Der Erbverzicht S. 64 ff). Damrau schlägt hier einen Verzicht auf den Pflichtteil vor, soweit er eine bestimmte Summe übersteigt, nämlich das was ihm wertmäßig nach dem jetzigen Stand des Erblasservermögens an seinem Erbanteil noch fehlt. Diese Lösung hat aber, worauf *Bühler* (DNotZ 1967, 778) hinweist, den Nachteil, daß sie den Verzichtenden hinsichtlich seines Pflichtteils von der Teilnahme an den künftigen Werterhöhungen des Nachlasses ausschließt. Aus diesem Grund hat die Rechtsprechung (RG LZ 1932, 102/103 = HRR 1932 Nr. 628; BayObLGZ 1981, 30 = Rpfleger 1981, 305; BayObLG Rpfleger 1984, 191) es auch wiederholt abgelehnt, mehrdeutige Abfindungserklärungen in Übergabeverträgen im Wege der Auslegung als Erb- oder Pflichtteilsverzichte zu werten, da der Übernehmer kaum auf die Teilhabe an einem späteren Vermögenserwerb des Übergebers verzichten will (RG HRR 1932 Nr. 628). Zweckmäßiger ist es, und so haben die obigen Gerichte die Abfindungsklauseln auch ausgelegt, den Übernehmer nur hinsichtlich des gegenwärtigen Vermögens des Übergebers als abgefunden zu erklären und etwa erklärend hinzuzufügen: „Schuldrechtlich verpflichtet sich der Übernehmer gegenüber dem Übergeber und zugunsten der späteren Erben, bei der Erbauseinandersetzung nach dem Tod des Übergebers lediglich Ansprüche auf Teilhabe am künftigen Vermögenserwerb des Übergebers geltend zu machen."

cc) Ein Pflichtteilsberechtigter kann sich ganz allgemein im Vertrag mit dem künftigen Erblasser schuldrechtlich verpflichten, sein eventuelles künftiges Pflichtteilsrecht nicht geltend zu machen oder zugunsten eines oder aller Erben zu erlassen oder an den oder die Erben abzutreten (*Damrau*, Der Erbverzicht S. 48; *Roellenbleg* DNotZ 1973, 708/712). Es ist dies ein Verpflichtungsvertrag zugunsten Dritter, der das Versprechen, eine Forderung nicht geltend zu machen, zum Inhalt hat (*Damrau*, Der Erbverzicht S. 50 und die dort unter Fußn. 10 Genannten). Auch dieser Vertrag ist jedoch, da er die Verpflichtung zum Verzicht auf das Pflichtteilsrecht enthält, entsprechend § 2348 BGB beurkundungsbedürftig (*Damrau*, Der Erbverzicht S. 50), jedoch ohne das Stellvertretungsverbot für den Erblasser (BGHZ 37, 319/328). Ein Nachteil besteht darin, daß der Vertrag keine Wirkung gegenüber den Abkömmlingen des Pflichtteilsberechtigten hat, sofern diese nicht seine Erben werden.

dd) Im Wege des Vertrages zugunsten Dritter auf den Tod des Übergebers pflegen auch die Zuwendungen an weichende Erben in Übergabeverträgen, insbesondere über landwirtschaftliche Anwesen, geregelt werden (*Staudinger/Kanzleiter* § 2301 Rdn. 1). Der Übernehmer verpflichtet sich dabei gegenüber dem Übergeber zugunsten seiner Geschwister nach dem Tod des Übergebers an diese Gleichstellungsgelder zu zahlen (§ 331 BGB). Ein solcher Vertrag unterliegt auch nicht gem. § 2301 Abs. 1 BGB den Vorschriften über Verfügungen von Todes wegen, hier also denen des Erbvertrages, da es sich meist um ein entgeltliches Geschäft handeln dürfte, die Zuwendungen an die weichenden Erben unbedingt und nicht unter Überlebensbedingung erfolgen und zumindest die Schenkung als mit Vertragsabschluß vollzogen im Sinne des § 2301 Abs. 2 BGB anzusehen ist (BGH NJW 1975, 382 mwN).

ee) Für den Fall, daß die Beteiligten nicht dem Kreis der gesetzlichen Erben des Erblassers angehören und daher keinen Vertrag gem. § 312 Abs. 2 BGB schließen können, wird als zulässig und sogar mit unmittelbar erbrechtlich-dinglicher Wirkung ausgestattet angesehen, daß der Veräußerer der künftigen Erbschaft mit dem künftigen Erblasser einen Erb- oder Zuwendungsverzichtsvertrag abschließt, dieser den Erwerber erbvertraglich zum Erben einsetzt und in einem schuldrechtlichen Vertrag zwischen Veräußerer und Erwerber die Abfindung des Veräußerers geregelt wird (*Staudinger/Kaduk* § 312 Rdn. 10; *Daniels,* Verträge mit Bezug auf den Nachlaß eines noch lebenden Dritten, 1974, S. 141 ff; *Damrau,* Der Erbverzicht S. 97 Fußn. 23).

b) Vorgezogene Erbauseinandersetzungen zwischen künftigen Erben ohne Beteiligung des Erblassers mit Verpflichtungswillen stehen unter der Beschränkung des § 312 BGB, nach dessen Abs. 1 ein Vertrag über den Nachlaß eines noch lebenden Dritten oder über ein Vermächtnis oder den Pflichtteil nichtig ist. Ein solcher Vertrag ist auch nicht mit Zustimmung des Erblassers wirksam (*MünchKomm/Söllner* § 312 Rdn. 11). Abs. 2 läßt schuldrechtliche Verträge in notarieller Beurkundung zwischen künftigen gesetzlichen Erben über den gesetzlichen Erbteil oder den Pflichtteil nicht jedoch über ein Vermächtnis (BGH NJW 1956, 1151) eines von ihnen zu. Nach der hM (RGZ 65, 367; RGZ 71, 136; RGZ 169, 99; BGHZ 37, 319/325 = NJW 1962, 1910) unterfallen dieser Vorschrift nur schuldrechtliche Verträge, nicht solche mit erbrechtlich-dinglicher Wirkung, da nach den Grundsätzen des BGB solche Verträge über den Nachlaß eines lebenden Dritten undenkbar sind (aM. *Daniels,* Verträge mit Bezug auf den Nachlaß eines lebenden Dritten, 1973, S. 60; *Blomeyer* FamRZ 1974, 423; *Staudinger/Wufka* § 312 Rdn. 3). Künftige gesetzliche Erben im Sinne des § 312 BGB sind diejenigen, die gegenüber dem Dritten (= Erblasser) zur Zeit des Vertragsschlusses in einem solchen Verhältnis stehen, daß sie nach §§ 1924 ff BGB seine gesetzlichen Erben werden können (RGZ 98, 332; BGH NJW 1956, 1152; *Staudinger/Wufka* § 312 Rdn. 20). Es müssen dabei nicht die derzeit unmittelbaren Erben, es können auch entferntere gesetzliche Erben sein. Ob die Vertragschließenden beim Erbfall wirklich Erben werden, ist für die Gültigkeit des Vertrages unerheblich (RGZ aaO.; BGH aaO.). Werden die Vertragschließenden später nicht Erben, so wird der Vertrag gegenstandslos und ist rückabzuwickeln (siehe hierzu *MünchKomm/Söllner* § 312 Rdn. 13). Ein Vertrag nach § 312 Abs. 2 BGB steht immer unter der Rechtsbedingung, daß die Erbfolge eintritt bzw. der Pflichtteilsanspruch entsteht. Werden die Vertragschließenden später nicht kraft Gesetzes, sondern aufgrund letztwilliger Verfügung Erben, so ist die Folge streitig. Die einen (*Wiedemann* NJW 1968, 769/771; RGRK/*Ballhaus* § 312 Rdn. 6; *Blomeyer* FamRZ 1974, 421/425; MünchKomm/*Söllner* § 312 Rdn. 13; BGH MittBayNot 1988, 168) lassen auch testamentarische Erbfolge genügen, während die anderen (RGZ 98, 332; BGH NJW 1956, 1151; *Staudinger/Wufka* § 312 Rdn. 22) den Vertrag auch in diesem Fall als gegenstandslos ansehen. Eine im Vordringen befindliche differenzierende Betrachtung (BGH NJW 1988, 2726, 2727 = BGHZ 104, 279 unter ausdrücklicher Abweichung von RGZ 98, 330; *Palandt/Edenhofer* § 312 Rdn. 6) stellt die Erbschaft kraft Verfügung von Todes wegen jedenfalls bis zur Höhe des gesetzlichen Erbteils diesem gleich. Ging die

1. Bedingter und gegenständlich beschränkter Pflichtteilsverzicht XVIII. 1

Vereinbarung zwischen potentiellen gesetzlichen Erben um das Pflichtteilsrecht, ist nach der hM nicht notwendig, daß der Vertragsgegner des Pflichtteilsberechtigten beim Erbfall gesetzlicher Erbe wird, wenn er nur bei Vertragsschluß diesem Kreis angehörte (RGZ 98, 330/334). Auf jeden Fall nichtig ist ein Vertrag, der von Anfang an auf einen testamentarischen Erbteil gerichtet ist (BGH NJW 1956, 1151; MünchKomm/*Söllner*, 2. Aufl. § 312 Rdn. 14; *Staudinger/Wufka* § 312 Rdn. 22; aA. jetzt im Ergebnis BGH NJW 1988, 2726/2727 = BGHZ 104, 279, soweit der Erblasser die Erbfolge so ordnet, wie sie auch kraft Gesetzes einträte). Deshalb ist ein solcher Vertrag zwischen den Schlußerben eines gemeinschaftlichen Testaments nach dem Tod des Erstversterbenden nicht möglich (BGH NJW 1974, 43 = DNotZ 1974, 231 m. krit. Anm. *Blomeyer* in FamRZ 1974, 421; aA auch *Wiedemann* NJW 1968, 769/771). Evtl. kann jedoch ein solcher Vertrag, sofern der Erblasser daran beteiligt war, in einen Erbverzichtsvertrag umgedeutet werden (BGH aaO.). Auf eine erst künftig durch Erbeinsetzung begründete testamentarische Erbanwartschaft kann nicht verzichtet werden (KG DNotZ 1930, 165).

Bei dieser Rechtslage ist zwischen künftigen Erben ohne Beteiligung des künftigen Erblassers im wesentlichen nur folgendes zulässig:

aa) Schuldrechtlich verpflichtende Verträge gem. § 312 Abs. 2 BGB in notarieller Urkunde zwischen abstrakt möglichen gesetzlichen Erben über ihre gesetzlichen Erbteile, den Pflichtteil oder den ihm gleichstehenden Erbersatzanspruch, nicht jedoch über Vermächtnisse (MünchKomm/*Söllner* § 312 Rdn. 14; BGH NJW 1956, 1151) ausgenommen gesetzliche Vermächtnisse (*Staudinger/Wufka* § 312 Rdn. 22). Kein Vertragsschluß ist dagegen möglich zwischen einem testamentarisch eingesetzten Erben, der zum Zeitpunkt des Vertragsschlusses nicht auch zum Kreis der gesetzlichen Erben gehört, und einem künftigen gesetzlichen Erben, etwa über dessen künftiges Pflichtteilsrecht (RGZ 93, 297 ff). Zu solchen Erbschaftsverträgen siehe das Formular bei *Dittmann/Reimann/Bengel*, Testament und Erbvertrag, 1972, Anh. A Rdn. 44.

bb) Verträge zwischen beliebigen Personen über einzelne Gegenstände eines künftigen Nachlasses (RG LZ 24, 587; OGH NJW 1949, 603; BGH LM § 312 Nr. 3), es sei denn der Nachlaß wird durch die Einzelgegenstände erschöpft oder besteht nur aus einem Gegenstand (OGH NJW 1949, 603; BGHZ 26, 325; BGH MDR 1960, 575). Maßgebend ist dabei der Zeitpunkt des Vertragsschlusses (BGH LM § 312 Nr. 3). Nicht unter diese vom Verbot des § 312 Abs. 1 BGB freigestellte Fallgruppe fällt die Verpflichtung zur Geldzahlung in Höhe eines Bruchteils des Wertes der Erbschaft eines noch lebenden Dritten (BGHZ 26, 320 = NJW 1958, 705 m. Anm. *Johannsen* in LM § 312 Nr. 2).

cc) Abfindungs- und Wertfestsetzungsvereinbarungen sind zwischen potentiellen gesetzlichen Erben in notarieller Form gem. § 312 Abs. 2 BGB möglich. Ob sie allerdings auch zwischen künftigen gesetzlichen Erben einerseits und testamentarisch bedachten Erben z.B. Schlußerben andererseits zulässig sind (so *Wiedemann* NJW 1968, 769 ff; *Staudinger/Wufka* § 312 Rdn. 13) erscheint angesichts des Dogmas, daß alle Vertragschließenden künftige gesetzliche Erben sein müssen, fraglich. Die Praxis sollte sich nicht darauf verlassen, sondern in diesen Fällen den Erblasser zum Vertragsschluß zuziehen. Betrifft die Abfindungs- und Wertfestsetzungsvereinbarung allerdings nur einen einzelnen Gegenstand aus dem künftigen Nachlaß eines noch lebenden Dritten, ist sie gem. der oben lit. bb) zitierten Rechtsprechung zulässig (*Daniels* S. 57).

dd) In den Fällen oben Abs. 10a) bb) kann anstelle eines oft nicht zweckmäßigen beschränkten Pflichtteilsverzichts oder eines schuldrechtlichen Vertrages zugunsten Dritter mit dem künftigen Erblasser auch ein schuldrechtlicher Verzicht der Geschwister des Übernehmers eines bestimmten Gegenstandes im Rahmen des Übergabevertrages auf die künftigen Pflichtteilsergänzungsansprüche bezüglich dieses Gegenstandes erfolgen. Dieser Vertrag verstößt schon deshalb nicht gegen § 312 Abs. 1 BGB, da er nur einen Einzelgegenstand betrifft (*Daniels* S. 56). Er ist allerdings entspr. § 2348 BGB beurkundungspflichtig.

ee) Entgegen dem Grundsatz (BGHZ 37, 319/327; BGHZ 104, 280), daß § 312 Abs. 2 BGB nur schuldrechtliche Verträge und keine mit erbrechtlich-dinglicher Wirkung zuläßt, läßt die hM in der Literatur antizipierte Abtretungen bzw. Erlaßverträge von Pflichtteilsansprüchen zwischen potentiellen gesetzlichen Erben mit der Begründung zu, daß auch sonst Verfügungen über künftige Rechte und Forderungen zugelassen werden (*Lange/Kuchinke* § 39 III 3; *Staudinger/Kaduk* § 312 Rdn. 16; *Ermann/Battes* § 312 Rdn. 3; *Palandt/Heinrichs* § 312 Rdn. 7; *Daniels* S. 130 und die dort Fußn. 271 Genannten; *U.v. Lübtow* ErbR, I S. 550). Da jedoch zu dieser Frage noch keine höchstrichterliche Rechtsprechung vorliegt, sollte sich die Praxis auf diese Literaturmeinung nicht verlassen, sondern immer, wie Roellenbleg (DNotZ 1973, 712) vorschlägt, neben Abtretung und Erlaß auch noch die zweifellos zulässige schuldrechtliche Verpflichtung zu diesen Erfüllungsgeschäften aufnehmen.

Eine Abtretung des gesetzlichen Erbteils ist dagegen erst und frühestens ab dem Erbfall zulässig (BGHZ 37, 325; *Staudinger/Wufka* § 312 Rdn. 30; *Palandt/Heinrichs* § 312 Rdn. 7; aM *Daniels* S. 118 ff). Insoweit ist nur zwischen künftigen gesetzlichen Erben die Verpflichtung zur Übertragung möglich, die durch Aufnahme einer unwiderruflichen über den Tod des Vollmachtgebers hinaus gültigen und von den Beschränkungen des § 181 BGB befreiten Vollmacht des künftigen Erwerbers zur Vornahme des Verfügungsgeschäftes nach dem Tod des Dritten verstärkt werden kann (*Daniels* S. 132). Desgleichen ist die Übertragung der Erbschaft durch den künftigen Alleinerben nicht möglich (*Daniels* S. 117). Dagegen ist die Vollmacht des künftigen Erben, wonach ein Dritter berechtigt ist, in bestimmter Weise über den Nachlaß nach dessen Anfall zu verfügen, gültig, sofern sie nicht unwiderruflich sein soll (RG Recht 1914 Nr. 2628).

ff) Nicht unter § 312 Abs. 1 BGB fällt und ist daher zulässig die von einem Vermächtnisnehmer gegenüber den Erben übernommene Verpflichtung, vom Erblasser unter Lebenden keine Zuwendungen anzunehmen oder sie doch an die späteren Erben herauszugeben (BGH WPM 1977, 689/699). Diese Verpflichtung ist auch kein Erbvertrag, fällt daher nicht unter § 2276 BGB und ist somit auch formlos gültig (BGH aaO.).

4. Form und persönliche Voraussetzungen des Erbverzichts. (1) **Form.** Der Erb- und/oder Pflichtteilsverzichtsvertrag bedarf nach § 2348 BGB der notariellen Beurkundung. Bei der notariellen Beurkundung wird die gleichzeitige Anwesenheit beider Teile, wie sie z.B. beim Erbvertrag vorgeschrieben ist (§ 2348 BGB) nicht gefordert (*Staudinger/Ferid/Cieslar* § 2348 Rdn. 14; *Soergel/Damrau* § 2348 Rdn. 1). Die Beurkundung kann daher sukzessiv, d.h. durch Angebot und Annahme vorgenommen werden (§ 152 BGB). Dabei müssen Angebot und Annahme und zwar in dieser Reihenfolge beurkundet werden und nicht nur die Verzichtserklärung (RG JW 1909, 139). Die Nichtwahrung der Form bewirkt die Nichtigkeit des Erbverzichts (§ 125 BGB). Der Erblasser kann den Erbverzicht nur persönlich schließen (§ 2347 Abs. 2 BGB), seine Vertretung im Willen oder in der Erklärung ist ausgeschlossen. Der Verzichtende kann sich jedoch wie bei jedem anderen Rechtsgeschäft unter Lebenden formlos vertreten lassen (*Staudinger/Ferid/Cieslar* § 2347 Rdn. 4; *Soergel/Damrau* § 2347 Rdn. 2). Die Genehmigung eines ohne Vertretungsmacht abgeschlossenen Vertrages ist jedoch nur bis zum Tod des Erblassers möglich (BGH NJW 1978, 1159). Der Erb- und/oder Pflichtteilsverzicht kann auch in einem Prozeßvergleich wirksam vereinbart werden. Dessen Form genügt, aber der Erblasser muß persönlich anwesend sein (BGH FamRZ 1960, 28/30; RGZ 48, 183; BayObLG NJW 1965, 1276).

(2) **Persönliche Voraussetzungen des Erblassers.** Im Gegensatz zur Regelung beim Erbvertrag (§ 2274 BGB) kann für einen gem. § 104 Ziff. 1 bis 3 BGB geschäftsunfähigen Erblasser sein gesetzlicher Vertreter einen Erb- und/oder Pflichtteilsverzichtsvertrag abschließen (§ 2347 Abs. 2 Satz 2 BGB). Sofern für den geschäftsunfähigen Erblasser der Vertrag nicht mit seinem Ehegatten oder Verlobten geschlossen wird und er gleichzeitig unter elterlicher Sorge steht, bedarf der gesetzliche Vertreter dazu der Genehmi-

1. Bedingter und gegenständlich beschränkter Pflichtteilverzicht

gung des Vormundschaftsgerichts (§ 2347 Abs. 2 Satz 2 2. Halbs. BGB). Der in der Geschäftsfähigkeit beschränkte Erblasser kann den Erb- und/oder Pflichtteilsverzichtsvertrag nur persönlich abschließen und braucht dazu weder der Zustimmung seines gesetzlichen Vertreters noch die Genehmigung des Vormundschaftsgerichts (§ 2347 Abs. 2 Satz 1 BGB).

(3) **Persönliche Voraussetzungen des Verzichtenden.** Für den geschäftsunfähigen Verzichtenden (§ 104 Ziff. 1 bis 3 BGB) schließt der gesetzliche Vertreter den Erb- und/oder Pflichtteilsverzichtsvertrag. Der in der Geschäftsfähigkeit beschränkte Verzichtende (§§ 106, 114 BGB) schließt ihn selbst mit Zustimmung seines gesetzlichen Vertreters (§§ 108 ff BGB). Steht der Verzichtende unter Vormundschaft oder umfaßt die Betreuung diesen Aufgabenkreis (§ 1896 Abs. 2–4 n. F.) bedarf er immer dazu der vormundschaftsgerichtlichen Genehmigung, steht er unter elterlicher Gewalt nur dann nicht, wenn der Verzicht gegenüber seinem Ehegatten oder Verlobten erfolgt (§ 2347 Abs. 1 BGB). Die vormundschaftsgerichtliche Genehmigung kann nur bis zum Tod des Erblassers erteilt werden (BGH NJW 1978, 1159). Handelt für den Verzichtenden ein Pfleger gem. § 1910 BGB, so bedarf der ebenfalls der vormundschaftsgerichtlichen Genehmigung (§§ 1910 Abs. 1, 2347 Abs. 1 BGB). Das Erfordernis der vormundschaftsgerichtlichen Genehmigung nach § 2347 Abs. 1 BGB ist nicht entspr. anwendbar auf die Übernahme von Belastungen durch Minderjährige bei vorweggenommener Erbfolge (BGHZ 24, 372).

5. Gegenständlich beschränkter Pflichtteilverzicht. Während der Erbverzicht auf einen realen Vermögensgegenstand des künftigen Nachlasses wegen des Grundsatzes der Universalsukzession nicht möglich ist (*Coing* JZ 1960, 209/210; *Fette* NJW 1970, 743), wenn es sich nicht um den Zuwendungsverzicht auf ein Vermächtnis handelt, wird der auf einen einzelnen realen Nachlaßgegenstand beschränkte bloße Pflichtteilsverzichtsvertrag von der hM für zulässig gehalten (*Staudinger/Ferid/Cieslar* § 2346 Rdn. 37; *Soergel/Damrau* 2346 Rdn. 6; *MünchKomm/Strobel* § 2346 Rdn. 24; *Palandt/Edenhofer* § 2346 Anm. 3b; RGZ 71, 133; *Coing* JZ 1960, 209/210; *Fette* NJW 1970, 743; *Dittmann/Reimann/Bengel,* Testament und Erbvertrag, 2. Aufl. Anh. A Rdn. 65; *Cremer* MittRhNotK 1978, 169; *Haegele* BWNotZ 1971, 36/40; *Jordan* Rpfleger 1985, 7; *Weirich* DNotZ 1986, 5/11). Begründet wird dies damit, daß der Pflichtteilsanspruch lediglich ein Geldanspruch in Höhe des Wertes des halben Erbteils ist, d. h. eine Rechnungsgröße auf die man teilweise verzichten kann, ohne dadurch gegen den Grundsatz der Universalsukzession zu verstoßen. Der betreffende Gegenstand ist dann bei der Berechnung des Pflichtteils nicht zu berücksichtigen (*Fette* NJW 1970, 773). A. M. sind nur *Harrer* (ZBlFG 15, 1/11), der seinerzeit jede Beschränkung des Erbverzichts für unmöglich hielt und neuerdings *Schopp* (Rpfleger 1984, 175), der darin einen Verstoß gegen das Verbot von Wertbestimmungen durch den Erblasser für die Pflichtteilsberechnung nach § 2311 Abs. 2 Satz 2 BGB sieht (widerlegt von *Jordan* Rpfleger 1985, 7) und allenfalls einen Teilpflichtteilsverzicht auf die besonderen Pflichtteilsformen nach §§ 2305, 2306 und 2325 BGB zulassen will. Ein gegenständlich beschränkter Pflichtteilverzicht bietet sich bei der vorweggenommenen Erbfolge an, wenn dem Bedachten der gegenwärtige Vermögenserwerb im Hinblick auf den späteren Erbfall sichergestellt werden soll (*Jordan* Rpfleger 1985, 8). Weitere rechtsgeschäftliche Beschränkungen der Verzichtswirkung beim Pflichtteilverzicht sind neben den oben Anm. 3 Abs. 3 genannten z. B. möglich auf einen Bruchteil, auf eine besondere Bewertungsweise, Festlegung auf eine feste Summe oder soweit der Pflichtteil eine bestimmte Summe übersteigt (*Schramm* BWNotZ 1959, 227/235) oder auf Pflichtteilsergänzungsansprüche (*Wieser* MittBayNot 1972, 106/111; *Staudinger/Ferid/Cieslar* § 2346 Rdn. 37).

6. Verzicht unter Bedingung oder Befristung. (1) **Allgemein.** Der Erbverzichtsvertrag kann unter einer auflösenden oder aufschiebenden Bedingung oder Befristung geschlossen werden. Das ergibt sich schon daraus, daß der Gesetzgeber in § 2350 BGB bestimmte Fälle eines bedingten Erbverzichts geregelt hat (BGHZ 37, 219 = NJW 1962, 1910/1912; OLG Frankfurt JZ 1952, 119 = DNotZ 1952, 488; BayObLGZ 1957, 292 = NJW 1958, 344; *Staudinger/Ferid/Cieslar* Einl zu §§ 2346 ff Rdn. 33; MünchKomm/*Strobel*, 2. Aufl. § 2346 Rdn. 18; *Soergel/Damrau* § 2346 Rdn. 7).

(2) **Wirkung der Bedingung oder Befristung.** Gemäß §§ 158, 163 BGB wirkt der Eintritt der Bedingung oder Befristung dinglich nicht zurück (§ 159 BGB hat nur schuldrechtliche Wirkung), die abhängig gemachte Wirkung tritt vielmehr erst ab dem Eintritt der Bedingung oder Befristung ein (aufschiebende Bedingung) oder endet mit ihrem Eintritt (auflösende Bedingung). Mit der Begründung, zum Zeitpunkt des Todes des Erblassers müsse die Erbfolgeregelung auf fester Grundlage stehen, wird von einer Mindermeinung die Vereinbarung von Bedingungen abgelehnt, die erst nach dem Erbfall eintreten können (*Staudinger/Ferid/Cieslar* Einl zu §§ 2346 ff Rdn. 89; *Lange* FS Nottarp, 1961, S. 123). Zur Begründung wird dabei auf die Entscheidung des BGH (NJW 1978, 1159) hingewiesen, nach der nach dem Tod des Erblassers ein wegen fehlender vormundschaftsgerichtlicher Genehmigung schwebend unwirksamer Erbvertrag oder Erbverzichtsvertrag nicht mehr durch Erteilung dieser Genehmigung oder Zustimmung des volljährig gewordenen Vertragsgegners geheilt werden kann. Diese Meinung verkennt, daß im Gegensatz zu der unsicheren Rechtslage in diesem Fall beim bedingten Erbverzicht durch die Vorschriften der §§ 2104, 2105 BGB (sog. konstruktive oder konstruierte Nacherbfolge) beim Tod des Erblassers dadurch klare erbrechtliche Verhältnisse geschaffen werden, daß bei zum Erbfall noch laufender aufschiebender Bedingung der Verzichtende Vorerbe und die gesetzlichen Erben Nacherben (§ 2104 BGB) und bei auflösender Bedingung umgekehrt die gesetzlichen Erben Vorerben und der Verzichtende Nacherbe (§ 2105 BGB) werden (BayObLGZ 1957, 292/300 = NJW 1958, 344/345; *Palandt/Edenhofer* Überbl. v. § 2346 Rdn. 9; *Soergel/Damrau* § 2346 Rdn. 7; MünchKomm/*Strobel* § 2346 Rdn. 25; insbesondere wie hier mit eingehender Begründung *Mayer* MittBayNot 1985, 101).

(3) **Verzicht zugunsten eines anderen (relativer Erbverzicht).** Der Erbverzicht kann zugunsten eines anderen erfolgen, er ist dann im Zweifel dadurch bedingt, daß dieser andere gesetzlicher oder gewillkürter Erbe wird (§ 2350 Abs. 1 BGB). Verzichtet ein Abkömmling des Erblassers, so ist auch ohne eine solche ausdrückliche Bedingung im Zweifel anzunehmen, daß dieser Verzicht nur zugunsten der anderen Abkömmlinge und des Ehegatten des Erblassers gelten soll – vermuteter relativer Erbverzicht – (§ 2350 Abs. 2 BGB). Streitig ist, ob entgegen dem Wortlaut des § 2350 Abs. 1 BGB und obwohl § 2350 BGB in § 2352 Satz 3 BGB nicht aufgeführt ist, diese Auslegungsregel auch auf einen Zuwendungsverzicht zugunsten eines anderen anwendbar ist (dafür: *Lange/Kuchinke*, 3. Aufl. § 7 III, 3 c; BGH NJW 1974, 43 = DNotZ 1974, 231; *Blomeyer* FamRZ 1974, 426; dagegen: *Palandt/Edenhofer* § 2350 Rdn. 1; *Staudinger/Ferid/Cieslar* § 2352 Rdn. 28; *Jackschath* MittRhNotK 1977, 119 mwN). Man sollte daher beim Zuwendungsverzicht, sofern gewünscht, diese Bedingung ausdrücklich zum Gegenstand der Parteivereinbarung machen (*Staudinger/Ferid/Cieslar* aaO.; OLG Hamm MittRhNotK 1982, 144/145). Sehr umstritten sind von jeher die Auswirkungen des relativen Erbverzichts, wenn aufgrund der gesetzlichen Erbregel an die Stelle des Verzichtenden nicht nur der Begünstigte, sondern weitere gesetzliche Erben treten. Hier vertritt eine starke Meinung (KG JFG 23, 179 unter Aufgabe der Gegenmeinung in KG OLGE 46, 240; *Staudinger/Ferid/Cieslar* § 2350 Rdn. 17; *Palandt/Edenhofer* § 2350 Anm. 1 b; RGRK/*Johannsen* § 2350 Rdn. 6; *Erman/Schlüter* § 2350 Rdn. 3; *Faßbender* MittRhNotK 1962, 609; *Harrer* ZBlFG 15, 7; *Heine* ZBlFG 19, 201), daß dann der ganze gesetzliche Erbteil, auf den verzichtet wurde, dem Begünstigten zufällt („An-wachsung kraft Erbverzichts" = *Harrer* ZBlFG 19, 201; „unmittelbar transmissorische Wirkung" = *Staudinger/Ferid/Cieslar* § 2352 Rdn. 28), ohne daß der Erblasser dies ausdrücklich letztwillig verfügen müsse. Begründet wird dies damit, daß der mutmaßliche Wille des

1. Bedingter und gegenständlich beschränkter Pflichtteilsverzicht

Erblassers und des Verzichtenden, wenn sie einen Erbverzicht unter dieser Bedingung schließen, dahin gehe, daß der Erbteil, auf den verzichtet wird, im vollen Umfang dem Begünstigten zufallen oder anwachsen solle. Dem Erbverzicht wird für diesen Sonderfall damit positive Wirkung zugeschrieben. Die Gegenmeinung lehnt dies mit Recht mit der Begründung ab, in § 2346 Abs. 1 Satz 2 BGB komme deutlich zum Ausdruck, daß dem Erbverzicht nur eine negative Wirkung in der Weise zukommt, daß er den Anfall der Erbschaft an den Verzichtenden verhindert, daß sich die Wirkung des Verzichts daher auf die Regelung zwischen dem Erblasser und dem bedingt Verzichtenden beschränkt und dem Begünstigten, sofern der Erblasser nicht anders letztwillig verfügt, nur der aufgrund der gesetzlichen Erbfolge zufallende Teil der Verzichtsquote zuwächst (OLG München JFG 15, 364; *Lange/Kuchinke*, 3. Aufl. § 7 III, 2 c; *Damrau*, Der Erbverzicht S. 37 f; *Blomeyer* FamRZ 1974, 421/426; *Keim*, Zuwendungsausgleich durch Erbverzicht, Diss. 1979 S. 67). Unbestritten ist, daß ein Zuwendungsverzicht (§ 2352 BGB) zugunsten bestimmter Personen keine unmittelbar übertragende Wirkung hat, sondern voraussetzt, daß der Begünstigte Erbe wird (OLG Hamm MittRhNotK 1982, 145).

7. **Koppelung von Verzichts- und Abfindungsvertrag.** Um die oben Anm. 3 Abs. 7 aufgezeigten Schwierigkeiten zu vermeiden, empfiehlt es sich (*Lange* FS Nottarp S. 124; *Haegele* BWNotZ 1971, 37; *Staudinger/Ferid/Cieslar* Einl zu §§ 2346 ff Rdn. 80), durch Vereinbarung eines gegenseitigen Bedingungsverhältnisses Erbverzicht und Abfindungsvereinbarung rechtsgeschäftlich miteinander zu verbinden (BGHZ 37, 319/327 = NJW 1962, 1910; MünchKomm/*Strobel* § 2346 Rdn. 27; *Palandt/Edenhofer* Überbl. v. § 2346 Rdn. 9). Streitig ist, ob ein solches Bedingungsverhältnis bei einem entgeltlichen Erbverzicht stillschweigend angenommen werden kann. Die heute wohl hM (*Damrau* S. 92 ff; RGRK/*Johannsen* § 2346 Rdn. 5 mwN; MünchKomm/*Strobel*, 2. Aufl. § 2346 Rdn. 28 mwN) verlangt, daß sich zumindest aus dem Wortlaut der Urkunde Anhaltspunkte für einen entsprechenden einheitlichen Geschäftswillen der Vertragsparteien auf Vereinbarung eines Bedingungsverhältnisses ergeben müssen (*Damrau*, Der Erbverzicht S. 93 ff). In dieser Weise kann auch die Aufrechterhaltung einer Verfügung von Todes wegen zur auflösenden Bedingung eines Erb- und/oder Pflichtteilsverzichts gemacht werden (*Staudinger/Ferid/Cieslar* Einl zu §§ 2346 ff Rdn. 84, 87). Eine Verpflichtung zur Errichtung einer Verfügung von Todes wegen kann dagegen wegen § 2302 BGB nicht Gegenstand der Abfindung sein (*Staudinger/Ferid/Cieslar* Einl zu §§ 2346 ff Rdn. 84), wohl aber zur auflösenden oder aufschiebenden Bedingung des Verzichts, da dadurch lediglich dieser eingeschränkt wird, nicht die Testierfreiheit.

8. **Abfindung und andere Pflichtteilsberechtigte.** Verzichtet ein Pflichtteilsberechtigter gegen Abfindung auf sein gesetzliches Erb- oder Pflichtteilsrecht, so schmälert die Abfindung das Vermögen des Erblassers und damit seinen späteren Nachlaß. Dies mindert die Ansprüche der übrigen Pflichtteilsberechtigten. Es fragt sich daher, ob die Abfindung Schenkungscharakter im Sinne des § 2325 BGB haben kann und damit Pflichtteilsergänzungsansprüche auslöst oder ob sie durch den Erbverzicht als Gegenleistung grundsätzlich entgeltlich erfolgt. Während die wohl immer noch hM die grundsätzliche Entgeltlichkeit der Abfindung annimmt (*Lange* FS Nottarp, 1961 S. 119 f; *Coing* NJW 1967, 278; *Damrau* FamRZ 1969, 131; *Staudinger/Ferid/Cieslar* § 2325 Rdn. 7), hält eine starke Gegenmeinung entweder grundsätzlich Unentgeltlichkeit für gegeben oder differenziert nach der Höhe der Abfindung (*Speckmann* NJW 1970, 117; *Haegele* BWNotZ 1971, 36/37 ff; *Schramm* BWNotZ 1971, 162; *Wieser* MittBayNot 1970, 135/139; eingehend *Rheinbay*, Erbverzicht – Abfindung – Pflichtteilsergänzung, 1983, der Lösung über erweiterte Anwendung des § 2310 Satz 2 BGB vorschlägt). Für die Praxis dürfte es zweckmäßig sein, beim Erbverzicht gegen Abfindung jeweils festzulegen, was von der Abfindung reines Entgelt für den Verzicht, was Schenkung oder was bei Abkömmlingen Ausstattung sein soll (*Schramm* BWNotZ 1971, 162/163).

9. Unterbeteiligung. Die Unterbeteiligung ist die Beteiligung an einer Beteiligung (*Schüller* MittRhNotK 1977, 45). Sie ist eine Beteiligung, die ein Beteiligter (Hauptbeteiligter) einer anderen Person (Unterbeteiligter) an einer ihm zustehenden Gesellschaftsbeteiligung (Hauptbeteiligung) einräumt. Sie ist gesetzlich nicht geregelt. Durch die Unterbeteiligung werden Rechtsbeziehungen nur zwischen dem Hauptbeteiligten und dem Unterbeteiligten begründet, nicht dagegen zwischen dem Unterbeteiligten und der Gesellschaft oder den übrigen Gesellschaftern. Die Unterbeteiligung ist Innengesellschaft im Sinne der §§ 705 ff BGB (BGHZ 50, 316/319 = NJW 1968, 2003), die nach außen hin nicht in Erscheinung tritt und die kein Gesamthandvermögen der Gesellschafter kennt. Der Unterbeteiligte hat hinsichtlich des Gesellschaftsanteils an der Hauptbeteiligung die Stellung eines stillen Gesellschafters. Die Unterbeteiligung kann, weil das Erbrecht dafür keine Handhabe bietet, nicht unmittelbar mit dem Erbfall „kraft Erbrecht" entstehen. Sie muß durch Vermächtnis angeordnet werden, das dem Begünstigten einen schuldrechtlichen Anspruch (§ 2174 BGB) gegen den Gesellschafter-Erben auf Abschluß des Unterbeteiligungsvertrages gibt (BGHZ 50, 316/320). Das hindert den Erblasser nicht, wie hier, den Inhalt des Unterbeteiligungsvertrages schon in der letztwillige Verfügung festzulegen (*Wendelstein* BB 1970, 735/736; *Rüthers* AcP 168, 283). Dies ist zweckmäßig, um Meinungsverschiedenheiten zwischen den künftigen Vertragspartnern über den Vertragsinhalt weitgehend auszuschließen. Einer besonderen Form bedarf der durch Vermächtnis angeordnete Unterbeteiligungsvertrag nicht. Lediglich eine schenkweise eingeräumte Unterbeteiligung bedarf gemäß § 518 BGB der notariellen Beurkundung, da die bloße Einbuchung der Unterbeteiligung nicht als Bewirkung der versprochenen Leistung im Sinne des § 518 Abs. 2 BGB angesehen wird (BGHZ 7, 378 = BB 1952, 901; BFH BStBl. 1979 II, 768). Steuerlich unterscheidet man zwischen typischer und atypischer Unterbeteiligung. Die Ansprüche des typischen Unterbeteiligten beschränken sich, wie hier, auf einen bestimmten Anteil am laufenden Gewinn. Der typische Unterbeteiligte bezieht daher Einkünfte aus Kapitalvermögen (§ 20 Abs. 1 Nr. 4 EStG). Der Gewinnanteil, der dem Unterbeteiligten von Hauptbeteiligten ausbezahlt wird, ist beim Hauptbeteiligten als Sonderbetriebsausgabe abziehbar. Gewerbesteuerlich müssen allerdings auch die Gewinnanteile eines Unterbeteiligten dem Gewerbeertrag zwecks Berechnung der Gewerbesteuer hinzugerechnet werden (BFH BStBl. 1968 II 669). Nähert sich die Stellung eines Unterbeteiligten jedoch der eines Kommanditisten, ist er auch am Substanzwert des Hauptgesellschaftsanteils beteiligt und hat bei Beendigung der Unterbeteiligung Anteil an etwaigen anteilsmäßigen stillen Reserven und dem Firmenwert, oder ist seine Stellung rechtlich und wirtschaftlich besonders stark ausgestaltet, weil er etwa als Nichtgesellschafter auch Kontroll- und Mitwirkungsrechte in der Hauptgesellschaft hat (BFH BStBl 1965 III 260), liegt eine atypische Unterbeteiligung vor und der Unterbeteiligte bezieht als Mitunternehmer Einkünfte aus Gewerbebetrieb gem. § 15 Abs. 1 Nr. 2 EStG – mitunternehmerische Unterbeteiligung – (*Bilsdorfer* NJW 1980, 2785; *Schulze zur Wiesche* NJW 1983, 2362).

10. Urkundenbehandlung. Eine besondere amtliche Verwahrung wie bei Verfügungen von Todes wegen findet beim Erbverzichtsvertrag nicht statt. Der Notar hat aber gem. § 16 Abs. 2 DNotO und der bundeseinheitlichen AV über die Benachrichtigung in Nachlaßsachen vom 3. 7. 1978/1. 1. 1980/15. 6. 1984 (DNotZ 1980, 65 u. 1984, 658) das Standesamt des Geburtsorts des Erblassers oder wenn der außerhalb des Geltungsbereichs des Grundgesetzes geboren ist, die Hauptkartei für Testamente beim Amtsgericht Berlin-Schöneberg vom Erbverzicht zu benachrichtigen. Ferner hat der Notar, sobald er vom Erbfall Kenntnis erhält, eine beglaubigte Abschrift des Erbverzichtsvertrages dem Nachlaßgericht einzureichen. Beim bloßen Pflichtteilsverzicht, wie hier, entfällt diese Benachrichtigungspflicht, da durch ihn die Erbfolge nicht geändert wird. Da durch die obigen Verwaltungsvorschriften die Verschwiegenheitspflicht der Notare nach § 18 BNotO nicht geändert werden konnte (*Kanzleiter* DNotZ 1972, 519/522 u.

1975, 26/27), sollte beim Erbverzichtsvertrag durch einen entsprechenden Antrag der Beteiligten eine Entbindung vom Schweigegebot herbeigeführt werden.

11. Steuern. Erbschaftsteuer. Nicht der Erb- und/oder Pflichtteilsverzicht ist steuerbar, wohl aber die Abfindung für einen solchen Verzicht. Sie gilt gem. § 7 Abs. 1 Nr. 5 ErbStG als Schenkung unter Lebenden. Auch wenn die Abfindung von einem Dritten bezahlt wird, bestimmt sich die Steuerklasse jeweils nach dem Verhältnis des Verzichtenden zum Erblasser (BFH BStBl. 1977 II 733). Steuerpflichtig ist der Verzichtende.

12. Kosten und Gebühren. Für den Erb- und/oder Pflichtteilsverzichtsvertrag entsteht eine doppelte Gebühr nach § 36 Abs. 2 KostO. Dieselbe Gebühr fällt auch bei der Aufhebung eines solchen Vertrages nach § 2351 BGB an. Erfolgt der Erb- und/oder Pflichtteilsverzicht im Rahmen eines Austauschvertrages (*Ackermann* Rpfleger 1955, 218), so bestimmt sich der Geschäftswert gem. § 39 Abs. 2 KostO nach dem Wert der höherwertigen Leistung. In diesem Fall und wenn der Verzicht ohne Gegenleistung erfolgt, ist sein Wert nach § 30 Abs. 1 KostO zu ermitteln, dh. nach freiem Ermessen unter objektiven Gesichtspunkten zu schätzen. Dabei ist vom Erbteil des Verzichtenden, dem gegenwärtigen Reinvermögen des Erblassers und der mehr oder minder großen Wahrscheinlichkeit des Überlebens des Verzichtenden und der Änderung des Vermögens des Erblassers bis zu seinem Tod auszugehen (OLG Hamm DNotZ 1971, 621). Andere (*Korintenberg/ Lappe/Bengel/Reimann* KostO, 13. Aufl. § 39 Rdn. 23, 24) gehen einfach davon aus, daß sich der Wert des Erbverzichts nach dem Reinwertbruchteil des Verzichtenden am Vermögen des Erblassers bestimmt, das sich seinerseits gem. §§ 39 Abs. 1, 18 Abs. 1 KostO nach den Verhältnissen im Zeitpunkt des Verzichts bestimmt. Beim bloßen Pflichtteilsverzicht beträgt der Geschäftswert nur die Hälfte des ermittelten Wertes und es sind diejenigen Vermögenswerte in Abzug zu bringen, die dem Verzichtenden vorher unter Anrechnung auf seinen Pflichtteil zugewendet wurden (§ 2315 BGB). Bei Verbindung des Erb- und/oder Pflichtteilsverzichtsvertrages mit einem anderen Rechtsgeschäft unter Lebenden (z. B. Ehe-, Übergabe-, Schenkungs- oder Ausstattungsvertrag) haben diese Erklärungen einen verschiedenen Gegenstand, so daß § 44 Abs. 2 KostO anzuwenden ist (OLG Stuttgart Rpfleger 1975, 409). Bei gleichzeitiger Beurkundung mit einer Verfügung von Todes wegen ist dagegen § 44 KostO nicht anwendbar, die Gebühren sind in diesem Fall gesondert in Ansatz zu bringen (OLG Frankfurt JurBüro 1965, 76).

2. Vorzeitiger Erbausgleich eines nichtehelichen Kindes nach altem Recht

(Hinweise)

Schrifttum: S. Münchener Vertragshandbuch, Bd. 4/2 Bürgerliches Recht, 3. Auflage, Form XVIII. 2, S. 922.

Bis zum 31. 3. 1998 galten für nach dem 1. 7. 1949 geborene nichteheliche Kinder hinsichtlich der Beerbung nach ihrem Vater und den väterlichen Verwandten folgende **Sonderregelungen:**

Das nichteheliche Kind und seine Abkömmlinge waren bei Tod des nichtehelichen Vaters und der väterlichen Verwandten wie eheliche Abkömmlinge erbberechtigt (§§ 1589, 1924 BGB). Neben ehelichen Abkömmlingen des Erblassers und neben dem überlebenden Ehegatten des Erblassers (sog. Kollisionserben) hatten sie jedoch nur einen Erbersatzanspruch in Höhe des Wertes ihres Erbteils, wenn sie ehelich gewesen wären (§ 1934 a Abs. 1 BGB). Umgekehrt waren beim Tod des nichtehelichen Kindes der nichteheliche Vater und seine Verwandten erbberechtigt, neben der Mutter des nichtehelichen Erblassers, ihren Abkömmlingen und seinem Ehegatten aber auch nur in Form eines Erbersatzanspruchs (§§ 1589, 1925, 1934 a Abs. 2, 3 BGB). Erbrecht und Erbersatzanspruch konnten durch Verfügung von Todes wegen entzogen werden; dann stand den Berechtigten ein Pflichtteilsanspruch zu (§ 2338 a BGB). Da nichteheliche Kinder regelmäßig nicht in der Familie des Vaters aufwuchsen und deshalb keine Zuwendungen im Wege der vorweggenommenen Erbfolge erwarten konnten, hatte der Gesetzgeber in § 1934 d BGB für nichteheliche Kinder die Möglichkeit vorgesehen, zwischen ihrem 21. und 27. Lebensjahr von ihrem nichtehelichen Vater den sog. vorzeitigen Erbausgleich als eine Art Starthilfe für ihre Berufsausbildung oder Gründung eines Hausstandes zu verlangen. Dem Vater stand dagegen kein Abfindungsrecht zu. Ein Anreiz für das nichteheliche Kind, von diesem Recht Gebrauch zu machen, konnte darin bestehen, daß es den Geldbetrag bereits in einem Lebensabschnitt bekam, in dem es eine Unterstützung zur Erlangung einer gefestigten Lebensstellung gebrauchen konnte und nicht erst beim Tod des nichtehelichen Vaters, dh. bei den heutigen durchschnittlich hohen Lebenserwartungen viel später, wenn es die Starthilfe nicht mehr benötigte. Ferner wurde durch den vorzeitigen Erbausgleich für das nichteheliche Kind die Unsicherheit beseitigt, die in der Entwicklung des Vatervermögens und der Familienverhältnisse des Vaters bis zu seinem Tod für seinen Erb- oder Erbausgleichsanspruch lagen (*Bosch* FamRZ 1969, 509). Letztlich entging das nichteheliche Kind dadurch der Gefahr, daß sich sein Vater noch zu Lebzeiten so einrichtete, daß bei seinem Ableben nicht mehr viel Nachlaß vorhanden war (*Bosch* aaO.), wozu *Wieser* (MittBayNot 1970, 135) Anleitungen gab. Aber auch für den nichtehelichen Vater konnte der vorzeitige Erbausgleich interessant sein, da er gem. § 1934 e BGB zum Wegfall des gegenseitigen Erb- und Pflichtteilsrecht und damit zu einer Generalbereinigung der erbrechtlichen Beziehungen zwischen der nichtehelichen Verwandtschaft (väterliche Verwandte und Abkömmlinge des Kindes) führte. Dadurch konnten Streitigkeiten beim späteren Erbfall vermieden werden (*Damrau* BB 1970, 470). Da der Vater jedoch kein Abfindungsrecht hatte, mußte er sich das Verlangen seines nichtehelichen Kindes durch ein entsprechendes Abfindungsangebot erkaufen. Ungünstig war der vorzeitige Erbausgleich meist für die Ehefrau des nichtehelichen Vaters, sofern Kinder aus der Ehe vorhanden waren. Während sie nämlich die Erbersatzanspruchs- oder Pflichtteilslast für das nichteheliche Kind nicht zu tragen hatte (§§ 1934 b, 2320 BGB), trug sie infolge der Minderung des künftigen Nachlasses die mit dem vorzeitigen Erbausgleich verbundene Vermögensminderung ihres Ehemannes praktisch zur Hälfte (*Lutter*, Das Erbrecht des nichtehelichen Kindes, 2. Aufl. S. 91; *Damrau* FamRZ 1969, 579/589 f; *Knur* FamRZ 1970, 269/279).

Ein Muster für den vorzeitigen Erbausgleich war bis zur 3. Aufl. an dieser Stelle abgedruckt und erläutert.

Aufgrund des zum 1. 4. 1998 in Kraft getretenen **Erbrechtsgleichstellungsgesetzes** vom 19. 12. 1997 (BGBl. I 1997, 2668 f.) sind sämtliche obigen Sonderregelungen für danach eintretende Erbfälle außer Kraft getreten. Für nach dem 1. 7. 1949 geborene nichteheliche Kinder gilt somit bei Erbfällen nach dem 1. 4. 1998 nach ihrem Vater und den väterlichen Verwandten das normale gesetzliche Erbrecht für Abkömmlinge (§§ 1924 f. BGB). Ferner **kann seit dem 1. 4. 1998 kein vorzeitiger Erbausgleich** (§ 1934 d aF. BGB) **mehr vereinbart und beurkundet werden.** In diesen Fällen muß auf Erb- und/oder Pflichtteilsverzichtsverträge ausgewichen werden.

3. Übersicht über die Pflichtteilsrechte von Erben und Vermächtnisnehmern

Pflichtteilsansprüche kommen grundsätzlich nur in Betracht, wenn ein Pflichtteilsberechtigter, dh. Abkömmling, Ehegatte, oder, sofern nicht durch Abkömmlinge ausgeschlossen, Elternteil des Erblassers von der Erbfolge gänzlich ausgeschlossen ist (§ 2303 Abs. 1 BGB). Die Fälle und ihre Voraussetzungen in denen der Berechtigte, obwohl nicht völlig von der Erbfolge ausgeschlossen, trotzdem den Pflichtteil verlangen kann, sind im Folgenden dargestellt:

Der Pflichtteilsberechtigte hat kraft Gesetzes od. durch Verfg. v. Todes wegen erhalten:	Um mehr zu erhalten, muß er unternehmen als Ehegatte des Erblassers im ges. Güterstand (Zugewinngemeinschaft):	als sonstiger Pflichtteilsberechtigter:
1. Den vollen gesetzl. Erbteil = Erbquote[1], eine größere oder eine zwischen der ges. und deren Hälfte (= Pflichtteilsquote) liegende Quote – jeweils unbeschränkt u. unbeschwert –	Wahl: a) Annahme b) Ausschlagung,[2] dann kleiner Pflichtteil = aus der ges. Erbquote ohne Zugewinnviertel (§ 1371 Abs. 3 BGB) u. zusätzl. der güterrechtl. Zugewinnausgleich (§ 1372 BGB)	Nichts, bei Ausschlagung würde er jeden erbrechtlichen Anspruch verlieren (BGHZ 28, 177 = NJW 1958, 1964)
2. Eine Erbquote[1] kleiner als seine Pflichtteilsquote, unbeschränkt und unbeschwert –	Wahl: a) Annahme u. Forderung des Pflichtteilsrestanspruchs (Zusatzpflichtteil) gem. § 2305 BGB berechnet aus dem großen Pflichtteil = ges. Erbteil + Zugewinnviertel b) Ausschlagung,[2] dann kleiner Pflichtteil + güterrechtlicher Zugewinnausgleich	Geltendmachung des Pflichtteilsrestanspruchs (§ 2305 BGB) = Differenzbetrag zwischen dem Wert der zugewandten Erbquote und dem Wert des Pflichtteils unter Berücksichtigung der Anrechnungen und Ausgleichungen und evtl. Vermächtnisse. Bei Ausschlagung erhält er nur diesen Zusatzpflichtteil (RGZ 93, 3/9; BGH NJW 1973, 995/996)
3. Erbteil (Erbquote)[1] gleich od. kleiner als sein Pflichtteil u. beschränkt durch Nacherbschaft, Testamentsvollstreckung od. Teilungsanordnung od. beschwert mit Vermächtnis oder Auflage (§ 2306 Abs. 1 BGB) od. Pflichtteilsberechtigter ist zu dem Erbteil bloß als Nacherbe eingesetzt (§ 2306 Abs. 2 BGB)[4]	Wahl: a) Annahme, dann fällt die Beschränkung od. Beschwerung weg bzw. wird der Nacherbe sofort Vollerbe (§ 2306 Abs. 1 Satz 1 BGB) b) Ausschlagung,[2] dann kleiner Pflichtteil + güterrechtl. Zugewinnausgleich	Nichts, dann fällt die Beschränkung od. Beschwerung sofort weg bzw. wird der Nacherbe sofort Vollerbe (§ 2306 Abs. 1 Satz 1 BGB). Dazu kommt evtl. noch ein Zusatzpflichtteil (§ 2305 BGB). Bei Ausschlagung er hält er nur diesen Zusatzpflichtteil.

Der Pflichtteilsberechtigte hat kraft Gesetzes od. durch Verfg. v. Todes wegen erhalten:	Um mehr zu erhalten, muß er unternehmen	
	als Ehegatte des Erblassers im ges. Güterstand (Zugewinngemeinschaft):	als sonstiger Pflichtteilsberechtigter:
4. Erbteil (Erbquote)[1] größer als sein Pflichtteil aber beschränkt durch Nacherbschaft, Testamentsvollstreckung od. Teilungsanordnung od. beschwert mit Vermächtnis od. Auflage (§ 2306 Abs. 1 BGB) od. Pflichtteilsberechtigter ist zu diesem Erbteil nur als Nacherbe eingesetzt (§ 2306 Abs. 2 BGB)[4]	Wahl: a) Annahme mit Beschränkung u. Belastung (§ 2306 Abs. 1 BGB) b) Ausschlagung,[2] dann voller kleiner Pflichtteil + güterrechtl. Zugewinnausgleich (BGHZ 42, 142)	Wahl: a) Annahme mit Beschränkung u. Beschwerung b) Ausschlagung, dann voller Pflichtteil (§ 2306 Abs. 1 Satz 2 BGB). Diese Wahl besteht auch, wenn die zugewandte Erbquote gleich oder größer als die gesetzliche Erbquote ist.
5. Nur ein Vermächtnis a) unabhängig von dessen Wert	Wahl: a) Annahme b) Ausschlagung,[3] dann kleiner Pflichtteil + güterrechtl. Zugewinnausgleich (§ 1371 Abs. 3 BGB)	Wahl: a) Annahme b) Ausschlagung,[3] dann Pflichtteil (§ 2307 Abs. 1 Satz 3 BGB)
b) wenn der Wert des Vermächtnisses kleiner ist als der Wert des Pflichtteils	Wahl a) Annahme u. Forderung des Pflichtteilsrestanspruchs = Wertdifferenz zwischen Vermächtnis u. dem großen Pflichtteil ohne Abzug von Beschränkungen u. Beschwerungen (§ 2307 Abs. 1 Satz 2 BGB) b) Ausschlagung,[3] dann kleiner Pflichtteil + güterrechtl. Zugewinnausgleich (§ 1371 Abs. 3 BGB)	Wahl: a) Annahme u. Forderung des Pflichtteilsrestanspruchs = Differenz zwischen Wert des Vermächtnisses ohne Abzug seiner Beschränkungen u. Beschwerungen u. dem Pflichtteil (§ 2307 Abs. 1 Satz 2 BGB) b) Ausschlagung,[3] dann Pflichtteil (§ 2307 Abs. 1 Satz 1 BGB)

Schrifttum: Kerscher/Tanck, Pflichtteilsrecht, 1997; *Nieder,* Hdb. d. Testamentsgestaltung, 1992 Rdn. 223 ff.

Anmerkungen

1. **Quotentheorie** (Erbquote ist maßgebend). Zu vergleichen sind die halbe gesetzliche Erbquote (Pflichtteil) mit dem quotenmäßigen (bruchteilsmäßigen) Anteil des hinterlassenen Erbteils am Gesamtnachlaß, unter Hinzurechnung eines etwa neben dem Erbteil zugewendeten Vermächtnisses (*Palandt/Edenhofer* § 2307 Anm. 2 BGB; OLG Neustadt NJW 1957, 1523) und wobei die Belastungen des hinterlassenen Erbteils unberücksichtigt bleiben (sog. Quotentheorie). Auf den Wert des Erbgutes kommt es nicht an (RGZ 113, 45/48 = JW 1926, 1543/1544 m. Anm. *Kipp*; BGH WPM 1968, 542/543 = LM § 2306 Nr. 4; OLG Schleswig NJW 1961, 1929 m. Anm. *Lange*). Bei der Erbeinsetzung nach Vermögensgruppen (Form. XVI. 2 Anm. 3 Abs. 2 a) muß zuvor die Quote des Hinterlassenen aus dem Wertverhältnis zwischen Zuwendung und dem Gesamtnachlaß errechnet werden (*Palandt/Edenhofer* § 2306 Rdn. 5; RG LZ 32, 1050). Bei der Zuge-

3. Übersicht über die Pflichtteilsrechte von Erben und Vermächtnisnehmern XVIII. 3

winngemeinschaft berechnet sich der gesetzliche Erbteil und damit die Pflichtteile des überlebenden Ehegatten und der Abkömmlinge oder Eltern des Erblassers nach dem erhöhten Ehegattenerbteil des § 1371 Abs. 1 BGB. Bei Einsetzung des Pflichtteilsberechtigten als Nacherben, ist der Nacherbteil mit dem Pflichtteil zu vergleichen (MünchKomm/*Frank*, 2. Aufl. § 2306 Rdn. 6). Sind jedoch bei der Berechnung des Pflichtteils Anrechnungs- und Ausgleichungspflichten gem. §§ 2315, 2316 BGB zu berücksichtigen, dann sind nach der hM. (RGZ 93, 3/5; RGZ 113, 45/48 = JW 1926, 1543/1544 m. Anm. Kipp; BayObLG 1959, 77/80; BayObLG 1968, 112/114; *Staudinger/Ferid/Cieslar* § 2306 Rdn. 48; MünchKomm/*Frank*, 2. Aufl. § 2306 Rdn. 3; RGRK/*Johannsen* § 2306 Rdn. 3; *Soergel/Dieckmann* § 2306 Rdn. 3; aA. *Natter* JZ 1955, 138; OLG Stuttgart NJW 1959, 138) statt der Quoten die Werte des Pflichtteils unter Berücksichtigung der gesetzlichen Ausgleichungs- und Anrechnungspflichten und des hinterlassenen Erbteils (ohne Abzug der Beschränkungen oder Beschwerungen) miteinander zu vergleichen (sog. Werttheorie). Der Pflichtteilsergänzungsanspruch gem. § 2325 BGB ist selbständig und unabhängig vom Bestehen eines ordentlichen Pflichtteilsanspruchs nach § 2303 BGB bzw. seiner Geltendmachung durch den Pflichtteilsberechtigten (*Staudinger/Ferid/Cieslar* § 2325 Rdn. 42).

2. Ausschlagung eines Erbteils. (1) Frist. Die Ausschlagung hat gem. § 1944 BGB innerhalb einer Frist von 6 Wochen ab dem Zeitpunkt zu erfolgen, in welchem der Erbe von dem Anfall und dem Grund der Berufung Kenntnis erlangt. Bei Erbeinsetzung durch Verfügung von Todes wegen beginnt die Frist nicht vor der Eröffnung der Verfügung. Auf den Lauf der Frist finden die §§ 203, 206 BGB entspr. Anwendung. Die Frist beträgt 6 Monate, wenn der Erblasser seinen letzten Wohnsitz im Ausland gehabt hat oder sich der Erbe bei Beginn der Frist im Ausland aufhält. Bei dem Wahlrecht der pflichtteilsberechtigten Erben nach § 2306 Abs. 1 Satz 2 BGB beginnt die Ausschlagungsfrist erst, wenn der Pflichtteilsberechtigte von den Beschränkungen und Beschwerungen Kenntnis erlangt hat. Dies dürfte, wenn der Erbe auf einen festen Nachlaßbruchteil eingesetzt ist, mit der Kenntnis vom Anfall und dem Grund der Berufung zusammenfallen (*Staudinger/Ferid/Cieslar* § 2306 Rdn. 80). Bei der Erbeinsetzung nach Vermögensgruppen (Form. XVI. 2 Anm. 3 Abs. 2 a) oder wenn die Höhe des Pflichtteilswertes durch eine Anrechnungs- oder Ausgleichspflicht beeinflußt wird, beginnt die Frist aufgrund dieser Vorschrift erst zu laufen, wenn der Berechtigte die Wertverhältnisse übersehen kann (*Staudinger/Ferid/Cieslar* § 2306 Rdn. 80, 81).

(2) **Form.** Die Ausschlagung erfolgt durch Erklärung gegenüber dem Nachlaßgericht, und zwar entweder zu dessen Niederschrift oder in öffentlich beglaubigter Form (§ 1945 Abs. 1 BGB).

(3) **Anfechtung der Ausschlagung.** Die Ausschlagung ist ebenso wie die Annahme gem. den §§ 119, 120, 123 BGB innerhalb einer Frist von 6 Wochen (§ 1954 BGB) anfechtbar. Das bedeutet, daß nur der Irrtum in der Erklärungshandlung, der über den Inhalt der Erklärung, der Eigenschaftsirrtum und der wegen falscher Übermittlung, nicht jedoch, wie bei § 2078 BGB, auch der Motivirrtum zur Anfechtung berechtigen. Wenn daher der ausreichend bedachte Pflichtteilsberechtigte infolge Rechtsirrtums ausschlägt, um den Pflichtteil zu beanspruchen, kann er, wenn er dann nichts oder nur den Zusatzpflichtteil erhält, seine Ausschlagungserklärung nicht anfechten, weil er sich nur über die Rechtsfolgen seiner Erklärung geirrt hat (*Schlüter* ErbR, 12. Aufl. § 46 IV 1 b; MünchKomm/*Frank*, 2. Aufl. § 2305 Rdn. 2). Aufgrund ausdrücklicher Vorschrift des § 2308 Abs. 1 BGB ist jedoch der Pflichtteilsberechtigte ausnahmsweise dann zur Anfechtung der Ausschlagung berechtigt, wenn er den Erbteil in Unkenntnis dessen ausgeschlagen hat, daß seine Beschränkungen und/oder Beschwerungen zwischen Erbfall und Ausschlagung weggefallen sind. Der Irrtum über die Zugehörigkeit bestimmter Sachen oder Rechte zum Nachlaß, über seine Zusammensetzung und über wertbildende Faktoren von Nachlaßgegenständen berechtigen wegen Irrtums über verkehrswesentliche Eigen-

schaften der Sache (§ 119 Abs. 2 BGB) zur Anfechtung, nicht jedoch fehlerhafte Vorstellungen über den Wert des gesamten Nachlasses (ohne Irrtum über den Nachlaßbestand, MünchKomm/*Leipold*, 2. Aufl. § 1954 Rdn. 7).

3. Ausschlagung eines Vermächtnisses. Die Ausschlagung eines Vermächtnisses erfolgt gem. § 2180 BGB durch nicht formbedürftige, bedingungs- und befristungsfeindliche Erklärung gegenüber dem Beschwerten und ist an keine Frist gebunden. Der beschwerte Erbe kann jedoch dem mit dem Vermächtnis Bedachten gem. § 2307 Abs. 2 BGB formlos eine angemessene Frist zur Erklärung über die Annahme des Vermächtnisses setzen. Mit dem erfolglosen Ablauf der Frist gilt das Vermächtnis als ausgeschlagen.

4. Beschränkungen und Beschwerungen i. S. der § 2306 BGB. Die Aufzählung der Beschränkungen und Beschwerungen in § 2306 Abs. 1 u. 2 BGB ist erschöpfend (MünchKomm/*Frank* § 2306 Rdn. 4). Familienrechtliche Anordnungen, Ersatzerbeinsetzungen und Pflichtteilsbeschränkungen in guter Absicht (§ 2338 BGB) muß der Pflichtteilsberechtigte daher hinnehmen. Ist der Pflichtteilsberechtigte unter einer aufschiebenden Bedingung als Nacherbe eingesetzt, so gilt § 2306 Abs. 2 BGB nicht, er ist zunächst als von der Erbfolge ausgeschlossen anzusehen und kann daher, ohne auszuschlagen, den Pflichtteil verlangen, muß sich allerdings bei Eintritt des Nacherbfalls, was er darauf erhalten hat, anrechnen lassen (MünchKomm/*Frank*, 2. Aufl. § 2306 Rdn. 7; BayObLG 1973, 272/275; OLG Breslau DR 1943, 91). Auch einem Ersatzerben ist zunächst nichts hinterlassen.

XIX. Erbauseinandersetzung

1. Erbauseinandersetzungsvertrag[1,2]

Verhandelt zu ......
am ...... (kann wegen § 313 BGB nur in notarieller Urkunde errichtet werden!)

§ 1 Erbfall

Der Kaufmann A ist am ...... in ...... M-Stadt verstorben und wurde laut Erbschein des Amtsgerichts vom ...... (Az. ../..) auf Grund Gesetzes beerbt von
a) seiner Witwe A, geb. E zu 1/2 Erbteil,
b) seinem Sohn B zu 1/4 Erbteil und
c) seiner Tochter C zu 1/4 Erbteil.

Der Erblasser war mit A, geb. E in einziger am ...... in ...... geschlossener Ehe verheiratet. In der Ehe galt der gesetzliche Güterstand der Zugewinngemeinschaft. Der Erblasser und die Witwe sind deutsche Staatsangehörige.

§ 2 Nachlaßbestand und Anspruchsberechnung

Der Nachlaß des Erblassers setzt sich nach dem Stand vom Todestag wie folgt zusammen:

A. Aktiven

a) Eine unter der Firma A – Papierwaren und Büroartikel in M-Stadt einzelkaufmännisch betriebene Großhandlung mit diesem Gegenstand, die im Handelsregister des Amtsgerichts M-Stadt unter Nr. HRA ...... eingetragen ist. Sie wurde am ...... durch den Steuerberater und Wirtschaftsprüfer R auf den Todestag mit geschätzt. In der Schätzung enthalten ist auch das im Grundbuch von M-Stadt Band ...... Blatt ...... mit der Flst. Nr. ...... eingetragene, in M-Stadt, F-Straße Nr. ...... gelegene Betriebsgrundstück.   DM 1.500.000.–

b) Eine Miteigentumshälfte an dem im Grundbuch von M-Stadt Band ...... Blatt ...... mit der Flst. Nr. ...... eingetragene Einfamilienhausgrundstück in M-Stadt in der S-Straße Nr. ...... Das Grundstück wurde durch den Gutachterausschuß von M-Stadt am ...... auf DM 600.000,– geschätzt. Hiervon hierher die Hälfte mit   DM 300.000,–

c) Der Bestand des Wertpapierdepots Nr. ...... bei der R u. W Bank, Filiale M-Stadt mit einem Kurswert per dem Todestag des Erblassers von   DM 60.000,–

d) Privatgirokonto des Erblassers bei der Stadtsparkasse M-Stadt Nr. ...... mit einem Kontostand per Todestag von   DM 21.439,–

e) Bargeld   DM 5.793,–

Summe DM 1.887.232,–

Die beweglichen Gegenstände wurden bereits unter den Miterben aufgeteilt.

B. Passiven

a) Grundschuld in Höhe von DM 200.000,– auf dem unter A b beschriebenen Einfamilienhausgrundstück, noch valutiert per Todestag für die Volksbank M-Stadt mit DM 123.400,–, hiervon hierher die Hälfte mit   DM   61.700,–

b) Beerdigungskosten sowie Kosten der Grabanlage einschließlich des Grabmals, laut Belegen ausgelegt von der Witwe   DM   7.500,–

Summe DM 69.200,–

Somit beträgt der Reinnachlaß:

	Aktiven	DM 1.887.232,–
abzüglich	Passiven	DM 69.200,–
	Reinnachlaß =	DM 1.818.032,–

Davon haben die Miterben im einzelnen anzusprechen:

a) die Witwe A, geb. E	1/2 =	DM 909.016,–
b) der Sohn B	1/4 =	DM 454.508,–
c) die Tochter C	1/4 =	DM 454.508,–
		DM 1.818.032,–

§ 3 Auseinandersetzung, Zuteilung und Ausgleichung

Die Beteiligten heben die Erbengemeinschaft an den unter § 2 aufgeführten Nachlaßgegenstände auf und setzen sich über sie wie folgt auseinander:

a) Die Witwe erhält die Miteigentumshälfte an dem unter § 2 A b beschriebenen Einfamilienhausgrundstück, dessen andere Hälfte ihr bereits gehört. Der B verpflichtet sich gegenüber seiner Mutter innerhalb von fünf Jahren die auf diesem Hausgrundstück ruhende Belastung von DM 123.400,– abzulösen und bis dahin die laufende Verzinsung und Tilgung der Schuld zu tragen. Der Rückübertragungsanspruch und alle anderen Gläubigerrechte bezüglich der Grundschuld werden hiermit an die Witwe abgetreten. B verpflichtet sich ferner, seiner Mutter eine monatlich im voraus ab ...... zahlbare Versorgungsrente in Höhe von DM 3.500,– monatlich auf Lebenszeit zu zahlen. Die Höhe der Rente soll sich ab heute bis zum Tod der Berechtigten jährlich im gleichen prozentualen Verhältnis nach oben oder unten verändern, in dem sich der vom Statistischen Bundesamt in Wiesbaden für die gesamte Bundesrepublik amtlich festgestellte Lebenshaltungskostenindex für die mittlere Verbrauchergruppe (Basis 1979 = 100) verändert. Jeweils nach Eintreten der genannten Bedingungen erfolgt die entsprechende Anpassung ab dem 1. Januar des folgenden Jahres. Auf eine dingliche Sicherung der Rente durch eine Reallast auf dem Betriebgrundstück und die Unterwerfung unter die sofortige Zwangsvollstreckung wird, trotz Hinweis des Notars über die damit verbundenen Gefahren, verzichtet. Letztlich erhält die Witwe A, geb. E den Bestand des Wertpapierdepots gem. § 2 A c und wird hiermit von den anderen Miterben unwiderruflich bevollmächtigt, die zur Übertragung erforderlichen Erklärungen gegenüber den Schuldnern und der verwahrenden Bank abzugeben.

b) Der Sohn B erhält das unter der Firma A – Papierwaren und Büroartikel vom Erblasser einzelkaufmännisch betriebene Unternehmen mit Aktiven und Passiven und sämtlichen Betriebsmitteln, Einrichtungsgegenständen und dem Betriebsgrundstück, wie sie sich aus der letzten vom Erblasser vor seinem Tod errichteten Bilanz ergeben und dem Recht, jedoch nicht der Pflicht, zur Fortführung der Firma. Er verpflichtet sich, die Miterben von jeglicher Inanspruchnahme aus den Geschäftsschulden freizustellen. Zum

1. Erbauseinandersetzung

Ausgleich mit seiner Schwester C hat er, unter Berücksichtigung der an und für seine Mutter zu leistenden Zahlungen (oben lit. a), an die C DM 500.000,- zu zahlen. Dieser Betrag verbleibt als typische stille Beteiligung im Unternehmen und nimmt an dessen Gewinn in Höhe von ⅓ des Gewinnbetrages teil, der auf die stille Beteiligung entfällt, wenn man den Jahresgewinn im Verhältnis der Beteiligung zu dem bilanzierten Eigenkapital des B aufteilt. Am Verlust des Unternehmens ist die C nicht beteiligt, desgleichen nicht an seinen stillen Reserven. Die stille Gesellschaft ist auf die Dauer von 15 Jahren ab heute unkündbar, danach ist sie mit einjähriger Kündigungsfrist zum Schluß eines Kalenderjahres kündbar.

§ 4 Übergabe

Die an die Übergabe der übertragenen Grundstücke geknüpften Rechtswirkungen sollen bereits mit dem Todestag des Erblassers eingetreten sein. Das Unternehmen gilt als seit dem Todestag für Rechnung seines Übernehmers geführt.

§ 5 Verzichtklausel[3]

Mit der heute erfolgten Auseinandersetzung solle alle den Miterben aufgrund des Erbfalls gegeneinander zustehenden Ansprüche vergleichsweise ausgeglichen sein. Auf alle darüber hinausgehenden Ansprüche wird ausdrücklich gegenseitig verzichtet.

§ 6 Gewährleistungsausschluß[4]

Die Miterben schließen hiermit jegliche Gewährleistungsansprüche hinsichtlich der zugeteilten Nachlaßgegenstände gegenseitig aus.

§ 7 Kosten[6]

Die Kosten dieser Urkunde tragen die Beteiligten im Verhältnis ihrer Erbquoten, die Kosten des Grundbuchvollzugs trägt jeder für seinen Erwerb.

§ 8 Güterrecht

Die Beteiligten leben, soweit verheiratet nach ihren Angaben jeweils im gesetzlichen Güterstand der Zugewinngemeinschaft und verfügen nicht über ihr Vermögen im ganzen oder wesentlichen. Die Witwe lebt nicht in fortgesetzter Gütergemeinschaft.

Auflassung

Die Beteiligten sind sich über die Eigentumsübergänge der Grundstücke wie oben unter §§ 3 a und b bestimmt einig und bewilligen und die Erwerber beantragen den Vollzug der Eigentumswechsel im Grundbuch.

Hinweise

Die Beteiligten wurden vom beurkundenden Notar darauf hingewiesen, daß der Eigentumserwerb an den Grundstücken erst durch Eintragung im Grundbuch erfolgt und diese erst nach dem Vorliegen der Unbedenklichkeitsbescheinigung des Finanzamts und Zahlung der Gebühren erfolgen kann.

Schluß[5]

Beantragt werden:
1. Grunderwerbsteuerliche Unbedenklichkeitsbescheinigung des Finanzamts
2. Genehmigung der zuständigen Landeszentralbank gem. § 3 Währungsgesetz bezüglich der Wertsicherungsklausel unter § 3 a.
3. Beglaubigte Abschrift an das Finanzamt – Erbschaftsteuerstelle . . . . . .

4. Je eine beglaubigte Abschrift an die Vertragspartner.
5. Nach Vollzugsreife Ausfertigung an das Grundbuchamt M-Stadt zum Vollzug gegen Vollzugsanzeige.

In Gegenwart des Notars den Beteiligten vorgelesen, von ihnen genehmigt und eigenhändig unterschrieben.

....
Unterschriften

Schrifttum: Barton, Steuerrechtliche Probleme bei der Unternehmensnachfolge, MittRhNotK 1982, 1; *Bracker,* Die amtliche Vermittlung der Nachlaßauseinandersetzung, MittBayNot 1984, 114; *Drischler,* Die Aufhebung der ungeteilten Erbengemeinschaft durch Zwangsversteigerung des Nachlaßgrundstücks, JurBüro 1963, 241; *Firsching,* Nachlaß recht, 5. Aufl. 1980; *Kürzel,* Grundstücksveräußerung bei Erbauseinandersetzung, Betr. 1958, 1067; *Lange,* Verwaltung, Verfügung und Auseinandersetzung bei der Erbengemeinschaft, JuS 1967, 453; *Littmann,* Einkommensteuerliche Fragen der Erbauseinandersetzung und der Erbanteilsveräußerung, DStR 1972, 227; *Märkle,* Der Erbfall und die Erbauseinandersetzung im Ertragsteuerrecht, BWNotZ 1984, 73; *Mittelbach,* Übertragung von Betriebsvermögen aus privatem Anlaß, DStR 1981, 404; *Patschke,* Erbteilsübernahme durch den Miterben, NJW 1955, 444; *Rössler,* Kreditzinsen eines Miterben als Sonderausgaben, BB 1985, 460; *Schulze zur Wiesche,* Erbauseinandersetzung als entgeltlicher oder unentgeltlicher Vorgang? Betr. 1978, 2381; *Stöcker,* Die einkommensteuerliche Behandlung der Unternehmensvererbung – Eingriff in die Erbrechtsgarantie, WPM 1981, 570; *Streck,* Unerwünschte und geplante Steuerfolgen der Erbauseinandersetzung, NJW 1985, 2454; *Weimar,* Die Auseinandersetzung unter Miterben, MDR 1978, 287; *Westphal,* Vermittlung der Auseinandersetzung einer Erbengemeinschaft, RpflJB 1981, 345; *Zunft,* Die Übertragung sämtlicher Nachlaßgegenstände an einen Miterben gegen Abfindung der übrigen Miterben, JZ 1956, 550.

Anmerkungen

1. Sachverhalt. Die Erbengemeinschaft auf Ableben des A soll aufgehoben, und der Nachlaß einverständlich auseinandergesetzt werden, und zwar durch Zuteilung der einzelnen Nachlaßgegenstände an die Miterben und Ausgleichung ihrer Werte, wobei jedoch die Witwe bezüglich eines Teils zugunsten ihrer Kinder verzichtet.

2. Überblick. (1) **Erbengemeinschaft.** Miterben bilden nach §§ 2032 ff BGB bezüglich der Nachlaßgegenstände eine Gesamthandsgemeinschaft. Die Verwaltung des Nachlasses erfolgt durch die Miterben grundsätzlich gemeinschaftlich (§ 2038 BGB). Desgleichen haben die Miterben die Verfügungsmacht nur gemeinschaftlich (§ 2040 BGB). Zum Nachlaß gehören nicht nur die bei Eintritt des Erbfalls vorhandenen Vermögensgegenstände, sondern im Rahmen des § 2041 BGB auch deren Surrogationen. Die Erbengemeinschaft bleibt ohne zeitliche Grenze solange bestehen, bis die Miterben sich über sämtliche Nachlaßgegenstände auseinandergesetzt haben. Stirbt ein Erbe, so treten an seine Stelle seine Erben (Erbeserben). Da die Erbengemeinschaft nicht auf Dauer, sondern auf Liquidation angelegt ist, kann jeder Miterbe grundsätzlich jederzeit die Auseinandersetzung verlangen (§ 2042 Abs. 1 BGB). Die Auseinandersetzung der Miterbengemeinschaft bedeutet Auflösung der vermögensrechtlichen gesamthänderischen Bindung an allen Nachlaßgegenständen. Der Erblasser kann die Auseinandersetzung des Nachlasses in der Verfügung von Todes wegen für den ganzen Nachlaß oder an einzelnen Teilen ausschließen (§ 2044 Abs. 1 BGB). Dies ist grundsätzlich nur für die Dauer von 30 Jahren möglich (§ 2044 Abs. 2 BGB). Die Anordnung ist wirkungslos, wenn ein wichtiger Grund für die Auseinandersetzung spricht (§§ 2044 Abs. 1, 749 Abs. 2, 3

1. Erbauseinandersetzung

BGB). Die Miterben können sich jedoch einverständlich ohne besonderen Grund über das Auseinandersetzungsverbot des Erblassers hinwegsetzen (BGHZ 40, 115). Auch wenn ein Testamentsvollstrecker eingesetzt ist, kann dieser zusammen mit den Miterben einverständlich ein Auseinandersetzungsverbot des Erblassers durchbrechen (BGHZ 56, 275). Auch die Miterben können einstimmig die Auseinandersetzung auf Zeit oder auf Dauer ausschließen (§§ 2042 Abs. 2, 749 Abs. 2, 3, 750, 751 BGB; *Staudinger/Werner* § 2042 Rdn. 29 u. 46; MünchKomm/*Dütz*, 2. Aufl. § 2042 Rdn. 10) oder von besonderen Voraussetzungen, wie zB. einer Kündigung, abhängig machen. Bei Vorliegen eines wichtigen Grundes kann aber auch hier die Auseinandersetzung verlangt werden (§§ 749 Abs. 2, 3, 750, 751 BGB). Die unter Miterben getroffene Vereinbarung wirkt für und gegen einen Sonderrechtsnachfolger im Erbteil (§§ 2042 Abs. 2, 751 BGB), so daß ihre Eintragung im Grundbuch als überflüssig abgelehnt wird (RG JW 1935, 3121; *Staudinger/Werner* § 2042 Rdn. 47; MünchKomm/*Dütz*, 2. Aufl. § 2042 Rdn. 11). Gegenüber Pfandrechtsgläubigern, die nicht lediglich aufgrund eines vorläufig vollstreckbaren Titels in den Anteil vollstrecken, gilt dieser vereinbarte Auseinandersetzungsausschluß nicht (§§ 2042 Abs. 2, 751 Satz 2 BGB). Für eine solche Miterbenvereinbarung gilt die 30-Jahresgrenze nicht (MünchKomm/*Dütz*, 2. Aufl. § 2042 Rdn. 10). Die Vereinbarung kann formlos erfolgen, und zwar trotz § 313 BGB auch, wenn ein Grundstück Gegenstand der Erbschaft ist, da das Grundstück nicht den Eigentümer wechselt. Teilungsverbote, und zwar gleichgültig, ob vom Erblasser angeordnet oder von den Miterben einstimmig vereinbart, sind in einer Teilungsversteigerung eines Nachlaßgrundstücks gem. §§ 180 ff ZVG in entspr. Anwendung mit der Widerspruchsklage des § 771 ZPO geltend zu machen (OLG Bamberg JW 1927, 2473; OLG Dresden HRR 38, 1060; OLG Hamburg NJW 1961, 610). Kraft Gesetzes ist die Auseinandersetzung ausgeschlossen, soweit die Erbteile wegen der zu erwartenden Geburt eines Miterben noch unbestimmt sind (§ 2043 Abs. 1 BGB) und wenn die Entscheidung über eine Ehelichkeitserklärung, über einen Antrag auf Annahme als Kind, über die Aufhebung eines Annahmeverhältnisses oder über die Genehmigung einer vom Erblasser errichteten Stiftung noch aussteht (§ 2043 Abs. 2 BGB). Letztlich darf gem. § 2045 BGB jeder Miterbe den Aufschub der Auseinandersetzung verlangen, bis ein Gläubigeraufgebot nach § 1970 BGB beendigt oder die Frist zur Anmeldung von Nachlaßforderungen aufgrund einer von einem Miterben gem. § 2061 BGB durchgeführten öffentlichen Aufforderung abgelaufen ist. Bis zur Auseinandersetzung kann der einzelne Miterbe über einzelne Nachlaßgegenstände oder seinen Anteil an ihnen nicht verfügen (§ 2033 Abs. 3 BGB), und auch seine Privatgläubiger können sich nicht an bestimmte einzelne Nachlaßgegenstände halten. Jedoch kann jeder Erbe in der Form des § 2033 BGB dinglich über seinen Anteil am ganzen Nachlaß verfügen, und in ihn können auch seine Privatgläubiger vollstrecken.

(2) **Durchführung der Erbauseinandersetzung.**

a) **Auseinandersetzung nach Maßgabe der gesetzlichen Vorschriften.** Hat der Erblasser keine Anordnungen für die Auseinandersetzung getroffen (§ 2048 BGB), so haben die Miterben gegeneinander den Anspruch auf Auseinandersetzung nach der in den §§ 2042 ff BGB festgelegten Art und Weise (BGHZ 21, 232/234). Das bedeutet, daß zunächst aus dem Nachlaß die Nachlaßverbindlichkeiten zu berichtigen sind (§ 2046 Abs. 1 BGB). Dafür ist der Nachlaß, soweit erforderlich, in Geld umzusetzen (§ 2046 Abs. 3 BGB). Der nach Berichtigung der Nachlaßverbindlichkeiten verbleibende Überschuß ist unter die Erben nach dem Verhältnis ihrer Erbteile zu verteilen (§ 2047 Abs. 1 BGB). Bei der Teilung sind die allgemeinen Vorschriften der §§ 752 bis 754 BGB über die Gemeinschaftsteilung anzuwenden (§ 2042 Abs. 2 BGB). Die Teilung hat daher in Natur zu erfolgen, wenn ein gemeinschaftlicher Gegenstand oder mehrere sich ohne Minderung ihres Wertes in gleichartige, den Erbanteilen entsprechende Teile zerlegen lassen (§ 752 BGB). Teilbar sind danach Geldbeträge, unbebaute Grundstücke, Wertpapiere, Forderungen, Geschäftsanteile, sofern nicht durch Satzung ausgeschlossen, und ein Erbteil (*Staudinger/Werner* § 2042 Rdn. 53). Kein Anspruch steht jedoch einem Miterben auf Umwandlung des Gesamthandeigentums der Erbengemeinschaft in Bruchteilseigentum zu (RGZ 67, 61/64; BGHZ 21, 232/233). Ist die Teilung in Natur ausgeschlossen, erfolgt die Auseinandersetzung durch Verkauf und Teilung des Erlöses (§ 753 BGB). Der Verkauf der Nachlaßgegenstände erfolgt für bewegliche Gegenstände nach den Vorschriften über den Pfandverkauf (§§ 1253 f BGB), bei Grundstücken gem. §§ 180 ff ZVG durch Zwangsversteigerung (§ 753 Abs. 1 Satz 1 BGB; *Drischler* JurBüro 1963, 242). Ist die Teilung oder Veräußerung an Dritte zB. wegen Anordnung des Erblassers ausgeschlossen, ist der Nachlaßgegenstand unter den Miterben zu versteigern (§ 753 Abs. 1 Satz 2 BGB). Diese gesetzlichen Teilungsregeln gelten für die Auseinandersetzung bei fehlender gütlicher Vereinbarung zwischen den Miterben und fehlender Anordnung des Erblassers gem. § 2048 BGB (*Staudinger/Werner* § 2042 Rdn. 50). Auf diese Regeln muß sich vor allem, bei Fehlen von Erblasseranordnungen, der Teilungsplan stützen, zu dessen Einwilligung ein Miterbe die anderen im Wege der sog. Erbteilungsklage verklagen kann (*v. Lübtow* ErbR, II S. 843; *Kipp/Coing* ErbR, 13. Bearb. § 118 V, 2). Nach ihnen hat bei Fehlen von Erblasseranordnungen und mangelnder Einigung mit den Erben gem. § 2204 Abs. 1 BGB auch der Testamentsvollstrecker zu verfahren (*Staudinger/Reimann* § 2204 Rdn. 11 ff; *Staudinger/Werner* § 2042 Rdn. 6). Der Testamentsvollstrecker hat dabei einen Auseinandersetzungsplan aufzustellen und nach Anhörung der Erben (§ 2204 Abs. 2 BGB) durch einseitiges empfangsbedürftiges Rechtsgeschäft (BayObLG 1967, 230/240) ausdrücklich oder stillschweigend den Erben gegenüber zu erklären, daß die Auseinandersetzung nach diesem Plan erfolgen soll (*Staudinger/Reimann* § 2204 Rdn. 20). Dieser Teilungsplan bedarf keiner Form, und zwar auch nicht nach § 313 BGB, wenn Grundstücke zum Nachlaß gehören, da er kein Vertrag, sondern ein einseitiges feststellendes Rechtsgeschäft ist, auf den § 313 BGB keine Anwendung findet (*Haegele* Rpfleger 1963, 331; *Haegele/Winkler*, Der Testamentsvollstrecker, 6. Aufl. Rdn. 484; *Staudinger/Reimann* § 2204 Rdn. 21). Der Plan hat jedoch nur obligatorische Wirkung, so daß bei Grundstücken zu seiner Ausführung eine Auflassung in der Form des § 925 BGB notwendig ist. Bei Einigkeit mit den Erben wird der Testamentsvollstrecker mit ihnen einen Auseinandersetzungsvertrag schließen. Bezüglich der bei der Nachlaßauseinandersetzung evtl. vorzunehmenden Ausgleichung von Vorempfängen siehe oben Form. XVI. 27 Anm. 7.

b) **Vertragliche Regelung der Erbauseinandersetzung.** Die Erben einigen sich dabei freiwillig und gütlich über die Teilung und haben, soweit der Erblasser keine Anordnungen getroffen hat, von denen sie allerdings auch einstimmig abweichen können, volle Gestaltungsfreiheit, dh. sie können von den Teilungsvorschriften der §§ 2042 ff BGB abweichen. Der obligatorische Auseinandersetzungsvertrag hebt die Erbengemeinschaft ganz oder teilweise auf und legt fest, wie die Nachlaßgegenstände verteilt werden sollen. Er ist ein gegenseitiger (BGH DNotZ 1956, 406), schuldrechtlicher Vertrag und der Rechtsgrund für den Erwerb der Nachlaßgegenstände durch die einzelnen Miterben. Soweit er von den gesetzlichen oder letztwillig angeordneten Auseinandersetzungsregeln abweicht, kommt ihm konstitutive Wirkung zu, und in ihm kann ein Anerkenntnis, ein Verzicht oder ein Vergleich gefunden werden (*Staudinger/Werner* § 2042 Rdn. 22 ff; MünchKomm/*Dütz* § 2042 Rdn. 33). Mangels Einigung über die Unentgeltlichkeit wird jedoch kaum je in einer Mehrzuteilung im Rahmen eines Erbauseinandersetzungsvertrages eine Schenkung erblickt werden können (*Lange/Kuchinke*, Lehrbuch des Erbrechts, 3. Aufl. § 46 III 3). Der nur schuldrechtlich wirkende Auseinandersetzungsvertrag muß durch dingliche Übertragung der Nachlaßgegenstände entsprechend der Vereinbarung vollzogen werden, dh. Grundstücke müssen aufgelassen, Forderungen abgetreten und bewegliche Sachen übereignet werden. Erst dadurch endet die gesamthänderische Bindung der einzelnen Nachlaßgegenstände (MünchKomm/*Dütz*, 2. Aufl. § 2042 Rdn. 42). Die vertragliche Auseinandersetzung kann auch in der Umwandlung des Gesamthand-

1. Erbauseinandersetzung

seigentums an allen oder einzelnen Nachlaßgegenständen in Bruchteilseigentum zu den Erbquoten entsprechenden Berechtigungsbruchteilen der Miterben bestehen (BGHZ 21, 232/233; *Staudinger/Werner* § 2042 Rdn. 27; MünchKomm/*Dütz*, 2. Aufl. § 2042 Rdn. 15). Allerdings dürfte das bei der wirtschaftlichen Gleichheit zwischen einer Gesamthands- und einer Bruchteilsgemeinschaft (RGZ 30, 150; RGZ 57, 434) wenig zweckmäßig sein, zudem dadurch die Grunderwerbsteuerfreiheit für den Erwerb durch einen Miterben zur Teilung des Nachlasses gem. § 3 Ziff. 3 GrEStG 1983 verbraucht wird. Zum wirtschaftlich gleichen Ergebnis würde die Einigung der Miterben führen, an dem oder den betreffenden Nachlaßgegenständen die Gesamthandsgemeinschaft durch zeitlichen oder dauernden Ausschluß des Rechts auf Auseinandersetzung aufrecht zu erhalten (§§ 2042 Abs. 2, 749 Abs. 2, 3, 750, 751 BGB). Die Erbauseinandersetzung kann auch durch Übertragung sämtlicher Erbanteile auf einen Miterben evtl. gegen Abfindung erfolgen (siehe hierzu *Patschke* NJW 1955, 444; *Zunft* JZ 1956, 550).

c) **Form.** Der schuldrechtliche Erbauseinandersetzungsvertrag bedarf als solcher keiner Form, sofern er nicht formbedürftige Abreden enthält, wie zB. die Verpflichtung zur Übertragung eines Grundstücks (§ 313 BGB), eines GmbH-Anteils (§ 15 GmbHG) oder die Übernahme einer Bürgschaft (§ 766 BGB) (*Palandt/Edenhofer* § 2042 Rdn. 4; *Staudinger/Werner* § 2042 Rdn. 31; MünchKomm/*Dütz*, 2. Aufl. § 2042 Rdn. 36). Übernimmt ein Miterbe im Wege der Erbauseinandersetzung alle Erbanteile gegen Abfindung, so ist dies kein nach § 2371 BGB formgebundener Erbteilsverkauf, sondern ein formfreier Auseinandersetzungsvertrag (RG WarnR 1909 Nr. 512; *Zunft* JZ 1956, 550 mwN.; MünchKomm/*Dütz* § 2042 Rdn. 36; *Palandt/Edenhofer* § 2042 Rdn 6; aA. *Patschke* NJW 1955, 444/446; *Grunau* DNotZ 1951, 366). Wohl bedarf jedoch der Vollzug dieses Vertrages durch dingliche Übertragung der Erbanteile nach § 2033 BGB der notariellen Form (*Rötelmann* NJW 1951, 198; aM. OLG Celle DNotZ 1951, 365).

d) **Genehmigungsbedürftigkeit.** Steht ein minderjähriger Miterbe unter Vormundschaft, bedarf der Erbauseinandersetzungsvertrag der Genehmigung des Vormundschaftsgerichts nach § 1822 Ziff. 2 BGB. Eltern bedürfen dagegen nach § 1643 Abs. 1 BGB keiner vormundschaftsgerichtlichen Genehmigung, wenn sie ihr Kind bei einem Erbauseinandersetzungsvertrag vertreten, es sei denn, der Vertrag oder sein Vollzug enthält andere nach § 1643 Abs. 1 BGB genehmigungspflichtige Geschäfte (*Staudinger/Werner* § 2042 Rdn. 33). Sind die Eltern, ein Elternteil oder andere Verwandte gerader Linie neben den Kindern an der auseinanderzusetzenden Erbschaft beteiligt, können diese gem. §§ 1629 Abs. 2, 1795 BGB nicht durch die Eltern vertreten werden, sondern bedürfen eines Ergänzungspflegers nach § 1909 BGB. Sind dabei mehrere minderjährige Miterben beteiligt, bedarf jeder von ihnen wegen § 181 BGB eines eigenen gesetzlichen Vertreters (BGHZ 21, 229 = NJW 1956, 1433 = DNotZ 1956, 559). Erfolgt allerdings, was selten der Fall sein wird, die Auseinandersetzung genau nach den gesetzlichen Teilungsregeln der §§ 2042 ff BGB, können alle minderjährigen Miterben von einem gesetzlichen Vertreter vertreten werden, da es sich dann nur um die Erfüllung einer Verbindlichkeit (§ 181 BGB) handelt (BGH aaO.). Die Umwandlung des Gesamthandseigentums der Erbengemeinschaft in Bruchteilseigentum ist jedoch keine Auseinandersetzung nach den gesetzlichen Teilungsregeln (BGH aaO.). Übertragen die minderjährigen Kinder ihre Erbteile an den überlebenden Elternteil oder einen anderen volljährigen Miterben, so kommt kein Vertrag zwischen ihnen, sondern jeweils einer zwischen dem einzelnen Kind und dem Erbteilserwerber zustande, und alle Minderjährigen können daher auch hier von einem gesetzlichen Vertreter vertreten werden (RGZ 93, 334; KG KGJ 40 A 1; OLG München HRR 1940 Nr. 779; MünchKomm/*Dütz* § 2042 Rdn. 38). Ein im gesetzlichen Güterstand lebender Ehegatte bedarf gem. § 1365 BGB der Zustimmung des anderen, wenn der Erbteil sein ganzes oder doch wesentliches Vermögen bildet (BGHZ 35, 135/143 = NJW 1961, 1301). Zur Wirksamkeit der Auseinandersetzung können weiter bei Vorhandensein landwirtschaftlicher Grundstücke eine Genehmigung nach dem Grundstücksverkehrsgesetz und wenn, wie im Formular, der Vertrag eine Wertsicherungsklausel enthält, eine Genehmigung nach § 3 des Währungsgesetzes erforderlich sein.

e) **Teilauseinandersetzung.** Es besteht ein Anspruch der Miterben gegeneinander auf Auseinandersetzung des ganzen Nachlasses (Totalerledigung). Es kann daher grundsätzlich keine persönliche Teilauseinandersetzung verlangt werden (MünchKomm/*Dütz*, 2. Aufl. § 2042 Rdn. 18; BGH NJW 1985, 51). Die gegenständlich beschränkte Teilauseinandersetzung hingegen ist gegen den Willen von Miterben dann zulässig, wenn besondere Gründe es rechtfertigen und die Belange der Erbengemeinschaft und der anderen Miterben nicht beeinträchtigt werden (*Palandt/Edenhofer* § 2042 Rdn. 19 mwN.; *Staudinger/Werner* § 2042 Rdn. 30; BGH MDR 1963, 578). Der BGH (FamRZ 1965, 267 = Rpfleger 1965, 271 = DNotZ 1965, 694; aA. *Lange* JuS 1967, 453) sieht in § 2038 Abs. 1 Satz 2 BGB, nach dem jeder Miterbe zur Mitwirkung an der ordnungsgemäßen Verwaltung des Nachlasses verpflichtet ist, eine Grundlage, im Einzelfall die Zustimmung der Miterben zur Teilauseinandersetzung zu erzwingen. Unbestritten ist eine Teilerbauseinandersetzung bei Zustimmung aller Miterben möglich (MünchKomm/ *Dütz*, 2. Aufl. § 2042 Rdn. 17 mwN.). Sie kann entweder den Zweck verfolgen, einen Miterben auszuzahlen (subjektive Teilauseinandersetzung), während die übrigen weiter der Erbengemeinschaft angehören, oder sie beschränkt sich auf einzelne Nachlaßgegenstände, während der Rest allen Miterben in Gesamthand verbleibt (objektive Teilauseinandersetzung). Eine Miterbengemeinschaft kann weder ganz noch teilweise durch Vertrag begründet oder wiederhergestellt werden (MünchKomm/*Dütz*, 2. Aufl. § 2042 Rdn. 15; KG DNotZ 1952, 84). Es kann hinsichtlich des Nachlaßgegenstandes höchstens eine neue Gesamthandsgemeinschaft, etwa in Form einer BGB-Gesellschaft, begründet werden. Es ist daher auch keine Teilauseinandersetzung mit dem Ziel möglich, daß innerhalb der Gemeinschaft aller Miterben eine engere Gemeinschaft nur zwischen einzelnen Miterben begründet wird (MünchKomm/*Dütz* aaO.). Eine Auseinandersetzung nur bezüglich einzelner Nachlaßgegenstände birgt insoweit eine Gefahr, als die Miterben bis zur vollständigen Nachlaßteilung weiterhin als Gesamtschuldner haften (§ 2058 BGB; *Lange/ Kuchinke,* Lehrbuch d. ErbR., 2. Aufl. § 46 III 2a).

f) Jeder Miterbe kann gegen die übrigen auf Zustimmung zu einem von ihm vorgelegten **Auseinandersetzungsplan klagen.** Dieser Auseinandersetzungsplan hat sich zu richten nach den entsprechenden Anordnungen des Erblassers (§ 2048 BGB), den bereits bindenden Vereinbarungen unter den Miterben und nach den gesetzlichen Teilungsregeln der §§ 2042 ff BGB. Das rechtskräftige Urteil ersetzt die Zustimmung der beklagten Miterben zur Nachlaßauseinandersetzung (§ 894 ZPO), und, wenn die Klage auch auf die dingliche Rechtsänderung gerichtet ist, auch die Zustimmung zu ihr. Dem Richter ist jeder gestaltende Eingriff in den Auseinandersetzungsplan verwehrt. Er hat nur darüber zu befinden, ob die gestellten Anträge, an die er gebunden ist (§ 306 ZPO), begründet sind. Lediglich im Rahmen seiner richterlichen Aufklärungspflicht (§ 139 ZPO) kann er auch insoweit auf sachgemäße Anträge hinwirken. Der Kläger trägt somit bei der Erbteilungsklage ein erhebliches Prozeßrisiko (Muster einer Erbauseinandersetzungsklage siehe Beck'sches Prozeßformularbuch/*Böhmer*, 8. Aufl. 1998, II. I. 11).

g) **Nachlaßgerichtliches FGG-Vermittlungsverfahren** (siehe zu diesem Verfahren im einzelnen *Firsching/Graf,* Nachlaßrecht, 7. Aufl. Rdn. 4 890 ff.; *Westphal* RpflJB 1981, 345 ff und *Bracker* MittBayNot 1984, 114). Gemäß §§ 86 ff. FGG hat auf Antrag eines Miterben und unter der Voraussetzung, daß kein zur Auseinandersetzung befugter Testamentsvollstrecker eingesetzt oder Nachlaßverwaltung oder Nachlaßkonkurs eingeleitet ist, das Nachlaßgericht die Auseinandersetzung zu vermitteln. Es kann dabei jedoch nur zwischen den Beteiligten vermitteln und nicht gestaltend eingreifen. Funktionell ist der Rechtspfleger zuständig (§§ 3 Nr. 2c, 16 Abs. 1 Nr. 8 RpflG). Das Gericht hat dabei einen Auseinandersetzungsplan aufzustellen (§ 93 FGG). Sind die Erben mit ihm einverstanden, ist er zu beurkunden und wirkt wie ein Auseinandersetzungsvertrag. Widerspricht ein Erbe, so kann der Streit nur durch Erbteilungsklage vor dem Prozeßgericht

1. Erbauseinandersetzung **XIX. 1**

ausgetragen werden, dem Nachlaßgericht steht keine Entscheidungsbefugnis zu. Der Widerspruch gegen den Auseinandersetzungsplan kann nur im Termin und nicht schriftlich erklärt werden (*Firsching* DNotZ 1952, 117). Falls ein Miterbe im Termin zur Vermittlung der Auseinandersetzung trotz ordnungsgemäßer Ladung nicht erscheint oder sich während der Verhandlung entfernt, ohne dem Teilungsplan zu widersprechen, findet gem. §§ 91 Abs 3, 92 FGG gegen ihn ein Versäumnisverfahren statt. Er bekommt den Teilungsplan mit dem Hinweis zugestellt, daß sein Einverständnis angenommen wird, wenn er nicht innerhalb einer vom Gericht bestimmten Frist einen neuen Termin zur Fortsetzung der mündlichen Verhandlung beantragt oder in dem neuen Termin wieder nicht erscheint (§ 91 Abs. 3 S. 2–4 FGG). Ein säumiger Beteiligter wird somit als Zustimmender behandelt. Das Verfahren hat somit letztlich den Zweck, alle Miterben an den Verhandlungstisch zu zwingen und nützt nur gegenüber einem uninteressierten und gleichgültigen Miterben, der sich nur mit den anderen nicht zusammensetzen will, jedoch keine materiellen Interessen an der Erbschaft hat. Da jeder Miterbe die Durchführung des Verfahrens durch Erscheinen und Widerspruch im Termin verhindern kann, ist die praktische Bedeutung des Verfahrens gering (MünchKomm/*Dütz*, 2. Aufl. § 2042 Rdn. 54; RGRK/*Kregel* § 2042 Rdn. 13).

3. Verzichtsklausel. Die Klausel stellt sich als Vergleich i. S. des § 779 BGB dar. Für die Auslegung eines Vergleichs gelten die allgemeinen Regeln der §§ 133, 157 BGB. Danach erstreckt sich eine solche allgemeine Verzichtserklärung nicht auf Ansprüche, die auf einem arglistig verschwiegenen strafbaren Verhalten des Vertragspartners beruhen und solche, die dem Berechtigten unbekannt sind (MünchKomm/*Pecher*, 2. Aufl. § 779 Rdn. 31). Ferner ist nach § 779 BGB der Erbteilungsvertrag unwirksam, wenn sich ein Miterbe hinsichtlich der Vergleichsgrundlage zB. der Gültigkeit eines Testaments geirrt hat, während ein Irrtum über solche Zweifelsfragen, die durch den Vergleich beseitigt werden sollten, bedeutungslos ist (MünchKomm/*Werner*, 2. Aufl. § 2042 Rdn. 24).

4. Gewährleistungsausschluß. Bei Zuteilung eines Nachlaßgegenstandes innerhalb der Auseinandersetzung an einen Miterben haften die anderen Miterben ihm für Rechts- und Sachmängel wie Verkäufer (§§ 2042 Abs. 2, 757 BGB). Diese wenig glückliche Regelung bedarf der vertraglichen Einschränkung (*Lange/Kuchinke*, Lehrbuch d. ErbR., 3. Aufl. § 46 IV 5 a).

5. Steuern. (1) **Erbschaftsteuer.** Die Erbengemeinschaft wird in Abweichung von der bürgerlich-rechtlichen Regelung, wonach die Erben zu gesamter Hand Eigentümer des Nachlasses sind, gem. § 39 Abs. 2 Nr. 2 AO so zur Erbschaftsteuer herangezogen, als ob die Miterben zu Bruchteilen in Höhe ihrer Erbteile an ihr beteiligt wären. Für die Erhebung der Erbschaftsteuer kommt es dabei allein auf den Erbteil an, den der einzelne Miterbe beim Tod des Erblassers kraft Gesetzes oder durch Verfügung von Todes wegen erhalten hat. Wie im Rahmen der Erbauseinandersetzung dann die Verteilung der einzelnen Nachlaßgegenstände und ihre Bewertung erfolgt, ist erbschaftsteuerlich grundsätzlich unerheblich. In einer wertmäßig von den Erbquoten abweichenden Erbauseinandersetzung kann jedoch u. U. eine Schenkung zwischen den Erben liegen. Erhält bei klaren Erbverhältnissen ein Erbe im Rahmen der Erbauseinandersetzung mehr zugeteilt, als ihm nach den gesetzlichen Vorschriften oder nach der Verfügung von Todes wegen zusteht, andere dagegen weniger, so handelt es sich steuerlich dann um eine freigebige Zuwendung, wenn die einen auf Kosten der anderen bereichert sind und zudem die Bereicherung seitens der Benachteiligten gewollt ist (*Peter/Petzoldt/Winkler*, Unternehmernachfolge, Testamente und Gesellschaftsverträge in der Praxis, 4. Aufl. Ziff. 15. 2. 1 a).

(2) **Einkommensteuer.** Zu den einkommensteuerlichen Problemen, die in Erbfällen auftreten, gibt es im Einkommensteuerrecht nur wenige gesetzliche Vorschriften (*Nissen* Betr. 1970, 945). Dementsprechend ist alles strittig. Grundsätzlich wurde bisher der Erbfall und unter bestimmten Voraussetzungen auch die Erbauseinandersetzung als un-

entgeltlicher, außerbetrieblicher Vorgang der Privatsphäre angesehen, der ertragsteuerlich irrelevant war. Handelt es sich bei den Nachlaßgegenständen um Privatvermögen, so stellte sich einkommensteuerlich vor allem die Frage, inwieweit eine im Rahmen der Erbauseinandersetzung gezahlte Abfindung an weichende Miterben als Anschaffungskosten und damit neue Bemessungsgrundlage für die AfA angesehen werden konnte. Hierzu stand bisher die hM. (*Schulze zur Wiesche* Betr. 1978, 2381 mwN.; *Märkle* BWNotZ 1984, 73) grundsätzlich auf dem Standpunkt, daß Erben und Erbauseinandersetzung ein einheitlicher Vorgang sei, wenn der zeitliche Zusammenhang gewahrt war, und sah deshalb einen in der Nachlaßauseinandersetzung erworbenen Gegenstand als direkt vom Erblasser erworben an (Fußstapfentheorie). Diese Fiktion des Direkterwerbs vom Erblasser in der Erbauseinandersetzung führte folgerichtig dazu, einen unentgeltlichen Erwerb vom Erblasser auch dann anzunehmen, wenn der Erwerber den übrigen Erben eine Abfindung zahlen mußte, soweit der Wert des von ihm übernommenen Gegenstandes dem seiner Erbquote überstieg (*Schulze zur Wiesche* aaO.). Das hat zur Folge, daß der Erwerber gem. § 11 d EStDV bezüglich der AfA-Befugnis in die Rechtsstellung des Erblassers eintrat und nur dessen restliche AfA fortsetzen kann, die von ihm gezahlten Gleichstellungsgelder jedoch nicht abschreibungsfähig waren. Gegen die Auffassung, Abfindungszahlungen an Miterben bei Erbvorgängen im Privatbereich nicht als Anschaffungskosten anzuerkennen, wurde von jeher angegangen (zB *Reiche* Betr. 1985, 2379). Der Bundesfinanzhof wertete in seinem Urteil vom 9. 7. 1985 – IX R 49/83 – (BB 1986, 47 = NJW 1986, 608) unter ausdrücklicher Aufgabe seiner bisherigen Rechtsprechung Abfindungszahlungen im Rahmen einer Erbauseinandersetzung im privaten Bereich dann als entgeltlicher Vorgang mit der Folge ihrer Absetzbarkeit als Anschaffungskosten, wenn der die Abfindung zahlende Miterbe für sie Vermögenswerte außerhalb der Erbmasse einsetzen mußte. Ein unentgeltlicher Erwerb lag jedoch nach wie vor in dem Umfang vor, in dem er wertmäßig am Nachlaß beteiligt war. Hatte der übernehmende Miterbe zur Finanzierung der Ausgleichszahlungen an die weichenden Miterben Kredit aufgenommen, so konnte er nach dem BFH-Urteil vom 19. 5. 1983 (BStBl. 1983 II 380 = BB 1983, 1194) die Schuldzinsen als Sonderausgaben geltend machen (so auch BFH BB 1986, 49; kritisch hierzu *Rössler* BB 1985, 460). Ein radikaler Wandel in diesen Anschauungen trat durch den Beschluß des Großen Senats des BFH vom 5. 7. 1990 (GrS 2/89) (BStBl. II 1990, 837 = NJW 1991, 249) ein. Seither wird die Erbauseinandersetzung, selbst wenn sie unmittelbar nach dem Erbfall erfolgt, grundsätzlich als ein vom Erbfall getrennter Vorgang angesehen. Kommt es bei der Erbteilung zu Abfindungszahlungen, weil einzelne Erben mehr aus dem Nachlaß erhalten als ihnen daran zusteht, handelt es sich um einen entgeltlichen Vorgang und die Übernehmer haben dadurch steuerlich verwertbare Anschaffungskosten. Erfolgt dagegen Natural- oder Realteilung ohne Spitzenausgleichszahlungen durch eine entsprechende Verteilung der Nachlaßgegenstände, so wird diese immer noch als unentgeltlicher Vorgang angesehen (*Groh* Betr. 1990, 2135; *Söffing* DStR 1991, 201).

Soweit sich im Nachlaß Betriebsvermögen befindet, mußte man früher unterscheiden, ob die Auseinandersetzung zeitnah zum Erbfall (rund zwei Jahre) erfolgte oder ob der Nachlaßbetrieb von den Miterben über längere Zeit weitergeführt wurde. Bei zeitnaher Auseinandersetzung hatte der Vorgang auch hinsichtlich einer Geldabfindung von weichenden Miterben keinerlei einkommensteuerliche Auswirkungen, da Erbfall und Erbauseinandersetzung auch bezüglich des Betriebsvermögens entgegen der zivilrechtlichen Betrachtungsweise einkommensteuerlich als einheitlicher, unentgeltlicher und privater Vorgang angesehen wurde (*Märkel/Franz* BB 1991 Beil. 5 S. 3). Wurde der Betrieb jedoch von den Miterben fortgeführt, so wurden sie von Anfang an als Miteigentümer betrachtet und eine spätere Erbauseinandersetzung führte zu einer mitunternehmerischen Auseinandersetzung (= wie bei Personenhandelsgesellschaften) mit der Folge, daß der weichende Miterbe hinsichtlich des Unterschieds seiner Abfindung zu den anteiligen Buchwerten seines Kapitalkontos einkommensteuerlich einen nach §§ 16, 34 EStG mit

1. Erbauseinandersetzung
XIX. 1

dem halben Steuersatz zu versteuernden Veräußerungsgewinn erzielte (*Märkle/Franz* aaO.). Mit dem Beschluß des Großen Senats des BFH vom 5. 7. 1990 (GrS 2/89) (BStBl. II 1990, 837 = NJW 1991, 249) ist demgegenüber ein Wandel eingetreten. Seither sind Miterben hinsichtlich des Betriebsvermögens in der Erbschaft ab dem Erbfall geborene Mitunternehmer i. S. von § 15 Abs. 1 Nr. 2 EStG mit allen sich daraus ergebenden einkommensteuerlichen Konsequenzen (*Schmidt*, EStG, 16. Aufl. 1997 § 16 Anm. 124 b; *Märkle/Franz* BB 1991 Beil. 5 S. 4). Damit ist jede Erbauseinandersetzung über Betriebsvermögen eine mitunternehmerische Auseinandersetzung, bei der dieselben Grundsätze gelten wie bei Auseinandersetzungen über das Vermögen gewerblich tätiger Personengesellschaften (*Märkle/Franz* BB 1991 Beil. 5 S. 6). Das hat zur Folge, daß auch bei zeitnaher Auseinandersetzung sowohl bei Geldabfindung eines ausscheidenden Miterben (*Märkle/Franz* BB 1991 Beil. 5 S. 5; *Felix* KÖSDI 1991, 8369) als auch bei einer Realteilung des Betriebsvermögens mit Spitzenausgleich (*Märkle/Franz* aaO. S. 6) ein gem. §§ 16, 34 EStG tarifbegünstigter Veräußerungsgewinn in Höhe des Unterschieds zwischen der Geldabfindung bzw. dem Spitzenausgleich einerseits und dem seiner Erbquote entsprechenden Teil des Buchwertes des Kapitalkontos andererseits erzielt wird, der von dem betreffenden Erben zu versteuern ist.

Aber auch wenn der Nachlaß wie normal aus Betriebs- und Privatvermögen besteht (Mischnachlaß), gelten die gleichen Regeln (*Märkle/Franz* BB 1991 Beil. 5 S. 7). Es ist daher einkommensteuerlich neutral, wenn die Miterben sowohl Betriebs- als auch Privatvermögen ohne Abfindung untereinander verteilen (Natural- oder Realteilung), sofern das Betriebsvermögen beim Erwerber jeweils wiederum einem Betriebsvermögen zugeführt wird (*Meincke* NJW 1991, 198/201). Ist dagegen einem Miterben eine Abfindung zu leisten, so wird diese in dem Verhältnis in dem die Zuteilung von Betriebsvermögen beim Erwerber dessen Erbquote an den Buchwerten überschreitet (Überquotenausgleich für Mehrempfang von Betriebsvermögens), beim Betriebsübernehmer als Anschaffungskosten und beim Abfindungsberechtigten tarifbegünstigter Veräußerungsgewinn gewertet (*Märkle/Franz* BB 1991 Beil. 5 S. 7; *Felix* BB 1990, 2085, *ders.*, KÖSDI 1991, 8369; *Meincke* NJW 1991, 198/201). Die Erbauseinandersetzung über Betriebsvermögen ist auch weiterhin einkommensteuerlich neutral, soweit die Ausgleichszahlungen zu den Buchwerten des Betriebsvermögens erfolgen. Das wird in der Praxis allerdings kaum jemals der Fall sein. Auch wenn von einem Miterben Schulden übernommen werden, führt dies bei Vorhandensein von Betriebsvermögen zu keinem entgeltlichen Erwerb mit Anschaffungskosten und Veräußerungsgewinn, soweit die Schulden anteilig auf die weichenden Erben entfallen (*Märkle/Franz* BB 1991 Beil. 5 S. 8; *Schmidt*, EStG, 16. Aufl. 1997 § 16 Anm. 124 b). Die Erfüllung eines Sachvermächtnisses hinsichtlich eines Wirtschaftsgutes des Betriebsvermögens führt nicht zu Anschaffungskosten bei den zur Erfüllung verpflichteten Erben und nur dann zu einem laufenden und nicht tarifbegünstigten Entnahmegewinn beim Vermächtnisnehmer, wenn er den Gegenstand nicht wieder einem Betriebsvermögen zuführt (*Märkle/Franz* BB 1991 Beil. 5 S. 10; *Meincke* NJW 1991, 198/201). Abfindungsleistungen hinsichtlich des Betriebsvermögens zwischen den Miterben, die vom Erblasser im Wege des Vorausvermächtnisses und nicht nur im Wege der Teilungsanordnung bestimmt sind, werden nach wie vor einkommensteuerlich als unentgeltlicher Vorgang angesehen und führen daher weder zu Anschaffungskosten noch zu Veräußerungsgewinn (*Groh* DStJG Bd. 10 (1987), 135/154; *Herzig/Müller* DStR 1990, 359/362; *Felix* GmbHR 1990, 561; *ders.*, BB 1990, 2085; *Schmidt*, EStG, 16. Aufl. 1997 § 16 Anm. 121 a u. Anm. 128 a; *Meincke* NJW 1991, 198/201; *Felix* KÖSDI 1991, 8356; *Märkle/Franz* BB 1991 Beil. 5 S. 11). Kann die Abfindung von vornherein aus liquiden Mitteln des Nachlasses (z. B. Bargeld, Spargutshaben, Schecks) geleistet werden, sind auch darauf die obigen Regeln für die Natural- oder Realteilung anzuwenden (*Märkle/Franz* BB 1991 Beil. 5 S. 8 bestr.). Wird die Abfindungszahlung vom erwerbenden Miterben an die weichenden allerdings durch Verwertung oder Belastung des Nachlasses aufgebracht, ist ein Anschaffungsvorgang mit Anschaffungskosten und Veräußerungsgewinn gegeben (BFH-Beschluß vom 5. 7. 1990 Abschnitt C, II, 5 – BB 1990 Beil. 36 S. 8; *Meincke* NJW 1991, 198/201). Unerheblich ist bezüglich der Einkommensteuerfolgen die Zeitdauer der Fortführung des Betriebes durch die ungeteilte Erbengemeinschaft (*Felix* KÖSDI 1990, 8281). Anschaffungskosten und Veräußerungsgewinn entstehen somit bei der Erbauseinandersetzung von Betriebsvermögen immer dann, wenn ein Miterbe mehr an Betriebsvermögen aus dem Nachlaß erhält als dem Wert seiner Erbquote entspricht und dafür die weichenden Miterben Abfindungsleistungen erhalten, die über ihren Anteilen am Buchwert des Betriebsvermögens liegen und nicht durch Zuteilungen aus dem Privatnachlaß ersetzt werden können. Ferner ist die Vermächtnisleistung im Unterschied zur Abfindungsleistung im Rahmen der Erbauseinandersetzung nach wie vor einkommensteuerlich neutral (*Meincke* NJW 1991, 198/201). Bei testamentarischen Teilungsanordnungen droht bei Betriebsvermögen eine Gewinnrealisierung, nicht dagegen bei Vermächtnissen über Betriebsvermögen (*Felix* KÖSDI 1989, 7711). Nach der Änderung der Rechtsprechung des BFH zur einkommensteuerlichen Beurteilung der Erbauseinandersetzung darf bei einem steuerorientierten Unternehmertestament der Erblasser daher den Ausgleich des Betriebsvermögens entsprechend den Erbquoten nicht den Miterben im Rahmen der Erbauseinandersetzung überlassen, sondern muß ihn durch wertidentische Festsetzung der Erbquoten oder zusätzliche Vorausvermächtnisse selbst im Testament regeln. Es bieten sich ihm dabei im wesentlichen folgende Gestaltungsmöglichkeiten:

a) Der vorgesehene Betriebsübernehmer wird zum Alleinerben eingesetzt und der Ausgleich mit den sonstigen Bedachten erfolgt durch Vermächtnisse (*Felix* KÖSDI 1989, 7711).

b) Betriebs- und Privatvermögen wird durch Teilungsanordnungen unter die Miterben verteilt und diese werden zu den Erbquoten eingesetzt, die dem Wert der ihnen zugeteilten Nachlaßgegenstände zueinander zum Zeitpunkt des Erbfalls entsprechen (siehe oben Rdn. 476). Dieses sog. „Frankfurter Testament" wurde von *Felix* am 27. 10. 1990 auf dem Taylorix-Fachseminar 1990 für steuerberatende Berufe in Frankfurt/Main vorgeschlagen (*Felix* KÖSDI 1990, 8265; *ders.*, GmbHR 1990, 561/566; *Meincke* NJW 1991, 198/201).

Formulierungsvorschlag von *Felix* (KÖSDI 1990, 8265): „Mein Sohn und meine Tochter sind Miterben im Verhältnis der Werte der ihnen durch die Teilungsanordnung zugewiesenen Vermögensteile. ... Mein Sohn erhält mein Einzelunternehmen und meine Tochter mein Privatvermögen. ... Mein Testamentsvollstrecker, Steuerberater A., bewertet nach freiem Ermessen nach den Grundsätzen ordnungsmäßiger Unternehmens- und Grundstücksbewertung das Betriebsvermögen und das Privatvermögen. Meine Tochter erhält ein nicht anrechnungspflichtiges Vorausvermächtnis in Höhe der Hälfte der Bewertungsdifferenz in bar, welches zwei Jahre nach meinem Tod fällig ist und den Erbteil meines Sohnes belastet."

c) Dem erbrechtlichen Typenzwang entsprechender und hinsichtlich der Erbscheinserteilung unproblematischer erscheint mir allerdings eine Erbeinsetzung der Miterben zu bestimmten Erbquoten und Vornahme der Ausgleichung durch Vorausvermächtnisse.

Formulierungsvorschlag:

„Mein Sohn und meine Tochter setze ich je zur Hälfte zu meinen Erben ein. Im Wege der Teilungsanordnung erhält mein Sohn mein Einzelunternehmen und meine Tochter mein Privatvermögen. Mein Testamentsvollstrecker, Steuerberater A., bewertet nach billigem Ermessen nach den Grundsätzen ordnungsmäßiger Unternehmens- und Grundstücksbewertung das Betriebs- und Privatvermögen. Meiner Tochter vermache ich im Wege des nicht anrechnungspflichtigen Vorausvermächtnisses zu Lasten des Erbteils meines Sohnes die Hälfte der Bewertungsdifferenz in bar. Dieses Vermächtnis ist zwei Jahre nach meinem Tod fällig."

(3) **Grunderwerbsteuer.** Nach § 3 Ziff. 2 GrEStG 1983 ist der Grundstückserwerb von Todes wegen im Sinne des Erbschaftsteuergesetzes von der Grunderwerbsteuer ausge-

1. Erbauseinandersetzung

nommen. Ferner ist nach § 3 Ziff. 3 GrEStG 1983 der Erwerb eines zum Nachlaß gehörenden Grundstücks durch Miterben zur Teilung des Nachlasses von der Grunderwerbsteuer ausgenommen. Den Miterben steht der überlebende Ehegatte gleich, wenn er mit den Erben des verstorbenen Ehegatten gütergemeinschaftliches Vermögen zu teilen hat oder wenn ihm in Anrechnung auf eine Ausgleichsforderung am Zugewinn des verstorbenen Ehegatten ein zum Nachlaß gehörendes Grundstück übertragen wird. Den Miterben stehen außerdem ihre Ehegatten gleich, so daß bei einer Erbteilung zB. ein Grundstück grunderwerbsteuerfrei von der Erbengemeinschaft, an der nur die Ehefrau beteiligt war, beiden Eheleuten in Miteigentum zu je $1/2$ übertragen kann, ohne daß man wie früher den Umweg über die Zuteilung an die Ehefrau zu Alleineigentum wählen müßte.

6. Kosten und Gebühren. Der Erbauseinandersetzungsvertrag ist ein zweiseitiges Rechtsgeschäft und es fällt daher für seine Beurkundung eine doppelte Gebühr nach § 36 Abs. 2 KostO an. Geschäftswert des Auseinandersetzungsvertrages ist der Gesamtwert des auseinandergesetzten Vermögens ohne Schuldenabzug (§§ 39 Abs. 1 Satz 1, 18 Abs. 3 KostO). Beim Erwerber des Nachlaßgegenstandes ist nicht etwa die eigene Quote abzuziehen.

XX. Erbschaftskauf

1. Erbteilskauf- und Übertragungsvertrag[1]

Verhandelt zu ......
am ...... (muß in notarieller Urkunde errichtet werden!)

§ 1 Kaufgegenstand

Der A verstarb am ...... in ...... Er wurde laut Erbschein des Amtsgerichts ...... vom ...... kraft Gesetzes unter anderem beerbt von dem Anwesenden B zu $1/3$ Erbteil. Die Miterben sind C und D. Der ungeteilte Nachlaß des A besteht nur noch aus dem im Grundbuch des Amtsgerichts ...... für ...... Bandv Blatt ...... auf den A als Alleineigentümer eingetragenen Mehrfamilienhausgrundstücks Flst.Nr. ......
Der übrige Nachlaß ist bereits unter den Erben auseinandergesetzt.[2]

§ 2 Belastungen

Das unter § 1 aufgeführte Hausgrundstück ist in der III. Abteilung unter lfd. Nr. 1 mit einer Briefgrundschuld von ...... DM nebst bis zu ...... % Jahreszinsen für die Volksbank ...... und unter lfd. Nr. 2 mit einer Buchgrundschuld von ...... DM nebst bis zu ...... % Zinsen für die Sparkasse ...... belastet. Im übrigen ist das Grundstück unbelastet. Die Grundschulden sichern gegenüber der Erbengemeinschaft per ...... für die Volksbank ...... noch ...... DM und für die Sparkasse noch ...... DM. Für diese Verbindlichkeiten haftet der B gegenüber den Gläubigern als Gesamtschuldner, im Verhältnis zu seinen Miterben aber nur zu einem seinem Erbteil entsprechenden Bruchteil.[3] Diesen Bruchteil soll der Käufer ab sofort in Anrechnung auf den Kaufpreis übernehmen. Weitere Nachlaßverbindlichkeiten sind nach Angaben des Verkäufers nicht vorhanden.

§ 3 Verkauf und Kaufpreis

Der B – künftig Verkäufer genannt – verkauft hiermit den unter § 1 beschriebenen Erbteil an den E – künftig Käufer genannt – zu Alleinberechtigung[4] zum Kaufpreis von ...... DM.

§ 4 Kaufpreisfälligkeit und Zahlungsbedingungen

Der Kaufpreis ist wie folgt zahlbar:
a) Der Käufer übernimmt ab sofort in Anrechnung auf den Kaufpreis – jedoch durch die Rechtbeständigkeit des Kaufvertrages bedingt[5] – die durch die unter § 2 genannten Grundschulden gesicherten Verbindlichkeiten in Höhe von jeweils $1/3$ der genannten Valutierungen insgesamt jedoch höchstens bis zu ...... DM zur ferneren Verzinsung und Tilgung zu den ihm bekannten Bedingungen der Darlehnsverträge in persönlicher und dinglicher Haftung mit für den Verkäufer schuldbefreiender Wirkung. Die hierzu erforderlichen Gläubigergenehmigungen werden die Beteiligten selbst einholen. Soweit der übernommene Betrag unter dem genannten Höchstbetrag liegt, hat die Ausgleichung bei Fälligkeit des Restkaufpreises zu erfolgen. Der Verkäufer verpflichtet sich, den Käufer von jeglicher Inanspruchnahme durch diese oder andere Nachlaßgläubiger über den obengenannten Höchstbetrag hinaus freizustellen.
b) Der Restkaufpreis von ...... DM ist bis spätestens ...... zahlbar, jedoch nicht früher als eine Woche nachdem der Notar[6] dem Käufer schriftlich mitgeteilt hat, daß die un-

ten beantragte Grundbuchberichtigung beim Grundbuchamt eingelaufen ist, die Verzichtserklärungen der Miterben auf ihr Vorkaufsrecht eingekommen sind bzw. die Frist zur Ausübung des Vorkaufsrechts verstrichen ist.[7] Er wird bis zu diesem Zeitpunkt zinslos gestundet. Bei Zahlungsverzug hat der Verkäufer ohne besondere Inverzugssetzung das Recht, wahlweise einen Zinssatz von ...... % über dem jeweiligen Bundesbankdiskontsatz zu verlangen oder vom Vertrag zurückzutreten.
Die Sicherung des Austauschverhältnisses von Kaufpreis und Erbteil erfolgt dadurch,[8] daß die dingliche Übertragung des Erbteils zwar sofort erfolgt, jedoch unter der auflösenden Bedingung des Rücktritts des Verkäufers vom Kaufvertrag wegen Zahlungsverzugs des Käufers, diese Verfügungsbeschränkung des Erbteilskäufers im Grundbuch eingetragen wird und der Notar die ihm zu treuen Händen überlassene öffentlich beglaubigte Löschungsbewilligung des Verkäufers bezüglich dieser Verfügungsbeschränkung[9] erst dann beim Grundbuchamt einreichen und den Löschungsantrag stellen darf, wenn ihm der Verkäufer die vollständige Zahlung des Kaufpreises schriftlich anzeigt oder die Kaufpreiszahlung in sonstiger Weise zur Überzeugung des Notars nachgewiesen ist.

§ 5 Übergang und Gewähr

Der Übergang von Nutzen, Lasten und Gefahr erfolgt mit Wirkung ab dem auf die vollständige Kaufpreiszahlung folgenden Monatsersten.[10] Der Verkäufer hat andere Nachlaßgegenstände oder Surrogate als den Anteil an dem oben beschriebenen Grundstück nicht herauszugeben, keinen Wertersatz zu leisten und verzichtet auf den Ersatz aller von ihm auf die Erbschaft gemachten Aufwendungen, erfüllten Verbindlichkeiten, Abgaben und außerordentlichen Lasten.[11]

Bezüglich der Gewährleistung verbleibt es bei der gesetzlichen Regelung, wonach der Verkäufer nur für die in § 2376 Abs. 1 BGB aufgeführten Rechtsmängel des Erbteils[12] nicht jedoch für Sachmängel der Nachlaßgegenstände haftet.[13]

Darüber hinaus garantiert der Verkäufer selbständig vertraglich mit Verjährungsfrist von fünf Jahren,[14] daß
– er mit der genannten Quote Erbe des Erblassers geworden ist,
– sich das oben beschriebene Grundstück in der Erbschaft befindet,
– keine weiteren Nachlaßverbindlichkeiten als die in der Urkunde aufgeführten bestehen,
– die Erbschaftssteuer bereits bezahlt ist,
  er den Erbteil nicht anderweitig veräußert oder verpfändet hat und er auch nicht gepfändet oder mit sonstigen Rechten Dritter belastet ist.
Sollten sich außer dem unter § 1 aufgeführten Nachlaßgegenstand doch noch weitere Gegenstände ungeteilt im Nachlaß befinden, verpflichtet sich der Käufer schuldrechtlich, sie unentgeltlich an den Verkäufer auf dessen Kosten zu übertragen.

§ 6 Kosten und Steuern

Die Kosten dieser Urkunde, der Grundbuchberichtigung sowie die Grunderwerbssteuer trägt der Käufer. Die Erbschaftssteuer trägt im Innenverhältnis der Verkäufer.
Der Vertrag bedarf keiner Genehmigung.[15]

§ 7 Eheliches Güterrecht

Die Vertragsparteien leben nach ihren Angaben jeweils im gesetzlichen Güterstand. Der Verkäufer erklärt, mit diesem Vertrag nicht über sein Vermögen im ganzen oder wesentlichen zu verfügen.

§ 8 Erbteilsübertragung

Im Vollzug des obigen Kaufvertrages überträgt der B hiermit den obengenannten Erbteil an den E mit dinglicher Wirkung gem. § 2033 BGB unter der auflösenden Bedin-

1. Erbteilskauf- und Übertragungsvertrag

gung des Rücktritts des Verkäufers vom Kaufvertrag wegen Zahlungsverzugs des Käufers. Der E nimmt diese bedingte Übertragung hiermit an.[16]

§ 9 Grundbuchberichtigungsantrag

Der B bewilligt und der E beantragt die Berichtigung des Grundbuchs von ...... Band ...... Blatt ...... dahin, daß E anstelle des B als Mitglied der Erbengemeinschaft eingetragen wird und zugleich auch die in der auflösenden Bedingung der Erbteilsübertragung liegende Verfügungsbeschränkung des Erbteilserwerbers E im Grundbuch eingetragen wird.[17]

§ 10 Hinweise

Die Beteiligten wurden vom beurkundenden Notar insbesondere auf folgendes hingewiesen:
– Der Erbteilserwerber wird in seinem Vertrauen an die unbeschränkte und unbelastete Erbenstellung des Veräußerers und die Zugehörigkeit des Grundstücks zur Erbschaft nicht geschützt und ist insoweit auf die Richtigkeit der Angaben des Verkäufers angewiesen.
– Mit der dinglichen Übertragung nach § 2033 BGB gehen alle noch im ungeteilten Nachlaß befindlichen Vermögenswerte automatisch anteilsmäßig auf den Erwerber über.
– Den Miterben steht gemäß §§ 2034 ff BGB ein gesetzliches Vorkaufsrecht an dem verkauften Erbteil zu, das innerhalb zweier Monate nach Mitteilung des rechtsgültigen und vollwirksamen Kaufvertrages auszuüben wäre. Der Verkäufer behält sich für den Fall der Ausübung dieses Vorkaufsrechts im Verhältnis zum Käufer das Rücktrittsrecht vor.
– Unbeschadet der Vereinbarungen in diesem Vertrag haftet im Verhältnis zu den Nachlaßgläubigern der Erwerber ab sofort neben dem weiterhin haftenden Veräußerer für alle etwaigen Nachlaßschulden.[19]
– Unbeschadet der Vereinbarungen in diesem Vertrag haften die Vertragsparteien gesamtschuldnerisch für die Vertragskosten und die Grunderwerbssteuer.
– Der Verkauf der Erbschaft und der Name der Käufers sind nach § 2384 Abs. 1 BGB unverzüglich dem Nachlaßgericht anzuzeigen.
– Die beantragte Grundbuchberichtigung kann erst erfolgen, wenn die Unbedenklichkeitsbescheinigung des Finanzamts vorliegt und die Notariats- und Grundbuchgebühren bezahlt sind.

Schluß

Der Notar wird von den Beteiligten beauftragt sämtliche zum Vollzug dieses Vertrages notwendigen oder sachdienlichen Genehmigungen und Erklärungen einzuholen und ist dabei zur Entgegennahme aller vorbehaltslosen Genehmigungen ermächtigt.
Insbesondere hat er einzuholen bzw. zu erteilen:
– Unbedenklichkeitsbescheinigung des Finanzamts ......[20]
– Verzicht der Miterben C und D auf ihr gesetzliches Vorkaufsrecht durch Zustellung einer Vertragsausfertigung mittels Postzustellungsurkunde mit dem Anschreiben, daß den Miterben nach § 2034 BGB ein gesetzliches Vorkaufsrecht an dem Erbteil zusteht, das innerhalb von zwei Monaten ab dem Zugang dieses Schreibens gegenüber dem Käufer (§ 2035 Abs. 1 BGB) auszuüben wäre und mit der Bitte, sich über ihre Entschließung baldmöglichst gegenüber dem Notar schriftlich zu äußern.
– Beglaubigte Abschrift an das Grundbuchamt ...... mit dem Ersuchen um Vollzug der Grundbuchberichtigung und Eintragung der Verfügungsbeschränkung.

Vorgelesen, genehmigt und unterschrieben:

....
Unterschriften

Schrifttum: Haegele, Rechtsfragen zu Erbschaftskauf und Erbteilsübertragung, BWNotZ 1971, 129 und 1972, 1; *H. Keller,* Formproblematik der Erbteilsveräußerung, 1995; *Neusser,* Probleme des Erbteilskaufes, MittRhNotK 1979, 143; *Zarnekow,* Der Erbschaftskauf, MittRhNotK 1969, 620; *Winkler,* Verfügungen des bedingten Grundstückseigentümers, MittBayNot 1978, 1.

Anmerkungen

1. Sachverhalt und Überblick. (1) Das Formular geht davon aus, daß der Käufer den Erbanteil des B zu $1/3$ an dem Mehrfamilienhausgrundstück, das der einzige noch ungeteilte Nachlaßgegenstand im Nachlaß des A ist, erwirbt, um danach entweder die Erbanteile der beiden Miterben C und D im Verhandlungsweg ebenfalls zu erwerben oder, wozu er als Erbteilserwerber berechtigt ist (*Palandt/Edenhofer* § 2042 Rdn. 1), nach §§ 2042 BGB, 180 ff ZVG die Zwangsversteigerung des Grundstücks zwecks Aufhebung der Erbengemeinschaft zu betreiben und das Gesamtgrundstück zu ersteigern.

(2) Der Erbschaftskauf ist der in den §§ 2371 bis 2384 BGB gesetzlich weitgehend dispositiv geregelte, gegenseitige, schuldrechtliche Vertragstyp für den Verkauf ganzer Erbschaften, Erbteile, Bruchteile ganzer Erbschaften oder Erbteile und Vor- und Nacherbschaften. § 2385 BGB ordnet darüber hinaus die Anwendung dieser Vorschriften auf andere Geschäfte über Erbschaften wie z.B. Erbteilsschenkung, Weiterverkauf und Tausch an. Kaufgegenstand ist jeweils nicht das Erbrecht des Verkäufers, sondern die Alleinerbschaft als Vermögensinbegriff bzw. die vermögensrechtliche und mitgliedschaftliche Seite des Miterbenanteils. Der Käufer wird nicht Erbe, er hat nur einen schuldrechtlichen Anspruch, wirtschaftlich wie ein Erbe gestellt zu werden. Erbe bzw. Miterbe bleibt der Verkäufer, da diese Stellung auf verwandtschaftlicher Beziehung oder auf Verfügung von Todes wegen beruht und daher nicht durch Rechtsgeschäft unter Lebenden voll übertragen werden kann (BGHZ 56, 115; *Staudinger/Ferid/Cieslar* Einl. § 2371 Rz. 29 ff). Deshalb wird der Erbschaftserwerber auch nicht im Erbschein aufgeführt oder dieser berichtigt (*Palandt/Edenhofer* § 2353 Rdn. 1).

(3) Die Vorschriften über den Erbschaftskauf sind bis auf die Formvorschrift des § 2371 BGB und die zum Schutz der Gläubiger getroffenen Bestimmungen der §§ 2382, 2383 BGB vertraglich abänderbar (*Staudinger/Ferid/Cieslar* Einl. § 2371 Rz. 100).

(4) Der schuldrechtliche Vertrag nach §§ 2371 ff BGB ist zu unterscheiden von dem dinglichen Erfüllungsgeschäft. Die Erfüllung erfolgt beim Verkauf einer Alleinerbschaft und von Erbteilen nach erfolgter Teilung durch die für die betreffenden einzelnen Nachlaßgegenstände vorgeschriebenen Übertragungsakte – Einzelübertragung – (*Staudinger/Ferid/Cieslar* Einl. § 2371 Rz. 101 ff; BGH DNotZ 1968, 358). Beim Verkauf eines Miterbenanteils, wie hier, erfolgt dagegen die Erfüllung durch den einheitlichen dinglichen Übertragungsakt nach §§ 2033 ff BGB (*Staudinger/Ferid/Cieslar* Einl. § 2371 Rz. 117 ff; *Staudinger/Werner* § 2033 Rz. 2 ff). Eine Verfügung eines Miterben über einen einzelnen Nachlaßgegenstand ist gem. § 2033 Abs. 2 BGB nicht zulässig. Die wird oft übersehen, wenn ein Miterbanteil an mehrere Miterben weitervererbt wird. Damit wird er Nachlaßgegenstand des 2. Nachlasses. Ein Miterbe des 2. Nachlasses kann über seinen „Anteil" am 1. Nachlaß nicht verfügen (RGZ 162, 397/400).

(5) Sowohl der schuldrechtliche Erbschaftskauf nach § 2371 BGB als auch die dingliche Erbteilsübertragung nach § 2033 Abs. 1 BGB, bedürfen der notariellen Beurkundung. Der Vollzug des dinglichen Erfüllungsgeschäftes nach § 2033 Abs. 1 BGB bewirkt dabei, anders als bei Grundstücksveräußerungen durch die Sondervorschrift des § 313 Satz 2 BGB, keine Heilung des formnichtigen schuldrechtlichen Kaufvertrages nach § 2371 BGB (BGH NJW 1967, 1128 = DNotZ 1968, 48; BGH DNotZ 1971, 37; a.M.

1. Erbteilskauf- und Übertragungsvertrag XX. 1

Habscheid FamRZ 1968, 13; *H. Keller,* Formproblematik der Erbteilsveräußerung, 1995 Rdn. 215). Das Formerfordernis nach § 2371 BGB umfaßt den gesamten Kaufvertrag mit allen Nebenabreden – Vollständigkeitsgrundsatz – (BGH NJW 1967, 1128). Verletzung der Formvorschrift bei Nebenabreden kann über § 139 BGB zur Gesamtnichtigkeit führen *(Staudinger/Ferid/Cieslar* § 2371 Rz. 21 ff). Für die Wirksamkeit des dinglichen Geschäfts ist der Mangel der Form des schuldrechtlichen Geschäfts an sich bedeutungslos. Der veräußernde Erbe kann jedoch mit der Bereicherungsklage Rückübertragung des Erbteils verlangen, soweit dem nicht die Einrede der Arglist entgegensteht (siehe hierzu *Staudinger/Ferid/Cieslar* § 2371 Rz. 36).

Ein Notar darf daher eine dingliche Erbteilsübertragung nur dann vom schuldrechtlichen Geschäft getrennt beurkunden, wenn dieses bereits vorher notariell beurkundet worden ist *(Rohs,* Die Geschäftsführung der Notare, 7. Aufl. 1981, I. 27. S. 32).

2. Anwendungsfälle. (1) Da der Erwerber zum Zeitpunkt der Verfügung nach § 2033 Abs. 3 BGB an die Stelle des ausscheidenden veräußernden Miterben als Teilhaber in das Gesamthandverhältnis eintritt (RGZ 60, 131; 83, 30; *Staudinger/Werner* § 2033 Rz. 23), kann das Formular nur gewählt werden, wenn wirklich das Grundstück der einzige noch nicht geteilte Nachlaßgegenstand ist. Sind etwa noch andere Grundstücke im ungeteilten Nachlaß, so setzt seine Anwendung voraus, daß zunächst der Nachlaß durch einen Teilerbauseinandersetzungsvertrag, an dem alle Miterben mitwirken müssen, soweit bereinigt wird, daß nur noch das Grundstück im ungeteilten Nachlaß verbleibt, das von der Erbteilsübertragung betroffen werden soll. Erbteilskauf und -übertragung begrenzt auf ein einzelnes Grundstück bei Vorhandensein weiterer Gegenstände im ungeteilten Nachlaß ist unzulässig (§ 2033 Abs. 2 BGB).

(2) Erfolgt dagegen, wie in der Praxis häufig, der Erbteilskauf und -übertragungsvertrag unter Miterben, so spielt der Umfang des noch ungeteilten Nachlasses keine Rolle und die Angabe der einzelnen unverteilten Nachlaßgegenstände im Vertrag kann entfallen.

(3) Übertragung des Anwartschaftsrechts des Nacherben auf den Vorerben. Der Nacherbe hat nach dem Erbfall, sofern der Erblasser dies nicht ausgeschlossen hat, ein vererb- und veräußerliches Anwartschaftsrecht (siehe Form. XVI. 11 Anm. 8). Seine Übertragung bedarf der notariellen Beurkundung entspr. § 2033 BGB (RGZ 101, 186; KG JFG 6, 273; KG DNotZ 1954, 389), ebenso die Verpflichtung hierzu nach § 2371 BGB *(Palandt/Edenhofer* § 2108 Rdn. 6 aE.; *Gantzer* MittBayNot 1993, 67). Überträgt der Nacherbe seine Anwartschaft auf den Vorerben, so wird dieser dadurch nur dann endgültiger Vollerbe, wenn keine Ersatznacherbfolge vom Erblasser ausdrücklich angeordnet war oder aufgrund § 2069 BGB vermutet wird (BGHZ 33, 61 = NJW 1960, 1899 = DNotZ 1960, 662; LG Duisburg NJW 1960, 1205 = DNotZ 1960, 430 L), oder wenn der Erblasser sie für diesen speziellen Fall ausdrücklich (*Kanzleiter* DNotZ 1970, 697) oder stillschweigend (LG München II MittBayNot 1980, 29) ausgeschlossen hat. Sind jedoch Ersatznacherben ausdrücklich (§ 2069 BGB) oder kraft der Auslegungsregel des § 2069 BGB eingesetzt, dann bedarf der Nacherbe zwar zur Übertragung seiner Anwartschaft auf den Vorerben keiner Mitwirkung des Ersatznacherben (RGZ 145, 316; OLG Köln NJW 1955, 633), und der Vorerbe kann, nachdem er die Anwartschaft des Nacherben erworben hat, frei, mit Wirkung auch gegen den Ersatznacherben und ohne seine Zustimmung über die Nachlaßgegenstände verfügen (BayObLG 1970, 137 = DNotZ 1970, 687 m. Anm. *Kanzleiter* DNotZ 1970, 693 ff). Die Rechtsstellung des Ersatznacherben wird dadurch nicht berührt und bleibt weiter bestehen. Der Vorerbe verliert dann aber seine durch die Übertragung erworbene Rechtsstellung als Nacherbe in dem Fall und zu dem Zeitpunkt an den Ersatznacherben, an dem sie auch der ursprüngliche Nacherbe verloren hätte (BayObLG aaO.; OLG Stuttgart BWNotZ 1957, 152). Aus diesem Grund kann nach der Übertragung des Anwartschaftsrechts des Nacherben auf den Vorerben auch nicht die Löschung des Nacherbenvermerks im Grundbuch ohne

Zustimmung des oder der Ersatznacherben erfolgen (BayObLG aaO.; OLG Stuttgart aaO.; OLG Hamm DNotZ 1970, 688; OLG Frankfurt DNotZ 1970, 691). Will der Vorerbe daher sicher gehen, daß er endgültig Vollerbe wird, so muß er sich sämtliche Anwartschaftsrechte, dh. auch das des Ersatznacherben übertragen lassen (Münch-Komm/*Grunsky* § 2102 Rdn. 8). Dabei kann u. U. eine Pflegschaft für die Ersatznacherben notwendig werden (LG Duisburg NJW 1960, 1205). Es kann zweckmäßig sein, den Erblasser bei ausdrücklicher oder stillschweigender (§ 2069 BGB) Anordnung einer Ersatznacherbfolge auf diese Frage hinzuweisen. Er könnte dann evtl. anordnen, daß die Ersatznacherbfolge erlöschen soll, wenn der Nacherbe sein Anwartschaftsrecht auf den Vorerben überträgt (*Kanzleiter* DNotZ 1970, 697 mwN.).

3. Miterbenhaftung. Mehrere Erben haften grundsätzlich vor und nach der Teilung gegenüber den Nachlaßgläubigern als Gesamtschuldner (§ 2058 BGB). Das Eigenvermögen des einzelnen Miterben ist jedoch vor der Teilung durch § 2059 Abs. 1 Satz 1 BGB, der bis dahin nur den Zugriff auf den Erbteil zuläßt, und ferner und insbesondere danach durch die jedem Miterben zustehenden allgemeinen Möglichkeiten der Haftungsbeschränkung nach §§ 1967–2017 BGB gegen den Zugriff von Nachlaßgläubigern geschützt. Deshalb haftet der Erbschaftsverkäufer auch nach § 2376 Abs. 1 BGB dafür, daß keine unbeschränkte Haftung gegenüber allen oder einzelnen Nachlaßgläubigern eingetreten ist. Ferner tritt, sofern die Voraussetzungen dazu herbeigeführt wurden, gemäß §§ 2060, 2061 BGB nach der Teilung anteilige Haftung des Miterben zur ideellen Erbquote ein. Unter den Miterben sind die Nachlaßverbindlichkeiten gem. §§ 2038 Abs. 2, 748 BGB im Verhältnis der ideellen Erbquoten auszugleichen.

4. Verkauf von Bruchteilen eines Erbteils und zu Bruchteilen. Obwohl § 2033 Abs. 1 BGB sich dem Wortlaut nach lediglich auf den „Anteil am Nachlaß" bezieht, läßt die hM. zu, daß auch ein Bruchteil eines Erbteils an eine Person oder ein Erbteil zu Bruchteilen an mehrere Personen übertragen wird (BGH NJW 1963, 1610; *Palandt/Edenhofer* § 2033 Rdn. 1; *Neusser* MittRhNotK 1979, 143/145). Nach der hM. spaltet sich dabei der Erbteil nicht in entsprechende Gesamthandsanteile an der Erbengemeinschaft auf, sondern der Veräußerer bildet mit dem Erwerber bzw. die Erwerber des Anteils bilden untereinander eine Bruchteilsgemeinschaft an dem Erbteil (OLG Düsseldorf MittRhNotK 1967, 524 = Rpfleger 1968, 188; BayObLGZ 1967, 405 = Rpfleger 1968, 187; OLG Köln MittRhNotK 1973, 595 = Rpfleger 1974, 109; *Palandt/Edenhofer* aaO.; *Haegele* Rpfleger 1968, 173 und BWNotZ 1971, 173 u. 1972, 1; *Neusser* MittRhNotK 1979, 143/145), die auch als solche im Grundbuch zu verlautbaren sind (*Neusser* MittRhNotK 1979, 143/146; *Haegele* Rpfleger 1968, 173 u. BWNotZ 1972, 1 mwN.). Wird dagegen ein Erbteil von einem Miterben im ganzen auf alle übrigen an der Erbengemeinschaft beteiligten Miterben übertragen, so wächst – mangels abweichender Vereinbarung – dieser Erbteil den Erwerbern entsprechend §§ 1935, 2094 BGB im Verhältnis ihrer Erbteile zur gesamten Hand an (*Haegele* Rpfleger 1968, 173/174 u. BWNotZ 1971, 129/136; BayObLG Rpfleger 1980, 21 = NJW 1981, 830).

5. Bedingung der Schuldübernahme. Die ausdrückliche Bedingung der Schuldübernahme durch den rechtlichen Bestand des Kaufvertrages ist entbehrlich, wenn man mit der Rechtsprechung (BGHZ 31, 321 = NJW 60, 621; OLG Hamburg NJW 66, 985 m. krit. Anm. *Heckelmann* NJW 66, 1925 mwN.) Einwendungen aus dem Grundgeschäft zwischen Übernehmer (Käufer) und Altschuldner (Verkäufer) entgegen dem Wortlaut des § 417 Abs. 2 BGB auch gegenüber dem Gläubiger zuläßt, wenn Grundgeschäft und Schuldübernahme untrennbare Bestandteile eines einheitlichen Grundgeschäfts im Sinne des § 139 BGB sind. Angesichts der einhelligen Ablehnung, den diese Rechtsprechung im Schrifttum gefunden hat (MünchKomm/*Möschel*, 2. Aufl. § 417 Rz. 3 ff m. w. Nachw.), und der Differenzierung den die Rechtsprechung nach der Art der Übernahme (§ 414 oder 415 BGB) und dem Vorliegen der Gläubigergenehmigung macht (*Heckelmann* NJW 1966, 1925), scheint mir eine Klarstellung durch Vereinbarung einer Bedingung

1. Erbteilskauf- und Übertragungsvertrag XX. 1

geboten zu sein (MünchKomm/*Möschel* § 417 Rz. 3 ff. hält allerdings auch das wegen § 417 Abs. 2 BGB für unzulässig).

6. Mitteilung der Kaufpreisfälligkeit durch den Notar. Diese Betreuungstätigkeit löst eine ½ Betreuungsgebühr nach § 147 Abs. 1 KostO aus 30% des Restkaufpreises aus (BayObLG DNotZ 1980, 187; OLG Düsseldorf Rpfleger 1978, 72; Beck'sches Formularbuch/*Schippel*, 6. Aufl. 1995 III. B. 1 Anm. 7).

7. Kaufpreisfälligkeitsvoraussetzungen zur Sicherung des Käufers. Der Eingang des Grundbuchberichtigungsantrags beim Grundbuchamt reicht zur Sicherung des Käufers aus. Obwohl zwar nur der Inhalt des Grundbuchs selbst, nicht der vorliegender unvollzogener Anträge gemäß § 892 BGB den gutgläubigen Erwerb vom Nichtberechtigten verhindert (*Staudinger/Seufert* Rz. 7 a § 892), garantiert doch die Vorschrift des § 17 GBO, daß der Grundbuchberichtigungsantrag bezüglich der Erbteilsübertragung vor später eingelaufenen Anträgen vollzogen wird und gegen diese dann als Grundbuchinhalt zum maßgeblichen Zeitpunkt der Vollendung des Rechtserwerbs (BGH Rpfleger 80, 336 = NJW 1980, 2413 mwN.) geltend gemacht werden kann. Im Interesse der Sicherung des Käufers wären hier auch für den Erbschaftskauf notwendige Genehmigungen behördlicher und rechtsgeschäftlicher Art und die Nachreichung eines Erbscheins zur Voraussetzung der Kaufpreisfälligkeit zu machen.

8. Die Sicherung des Austauschverhältnisses. (1) Die Sicherung des Austauschverhältnisses zwischen Erbteilskäufer und Verkäufer ist deshalb relativ einfach zu gestalten, weil die dingliche Erbteilsübertragung nach § 2033 Abs. 1 BGB nicht wie die Auflassung nach § 925 Abs. 2 BGB bedingungsfeindlich ist (*Palandt/Edenhofer* § 2033 Rdn. 9; *Staudenmaier* BWNotZ 1959, 191/192; KG MittRhNotK 1973, 263; *Meikel/Imhof/Riedel* GBO, 6. Aufl. Rz. 22 § 47; *Winkler* MittBayNot 1978, 1; *Neusser* MittRhNotK 1979, 143/147).

(2) Bei der hier gewählten Lösung wird entsprechend dem Vorschlag, den *Staudenmaier* BWNotZ 1959, 191 ff für die sicherungsweise Erbteilsübertragung gemacht hat, die dingliche Erbteilsübertragung zwar gleichzeitig mit dem Kaufvertrag protokolliert, jedoch auflösend bedingt durch die Ausübung des vorbehaltenen Rücktrittsrechts des Verkäufers bei Verzug des Käufers mit der Kaufpreiszahlung. Da das dingliche Rechtsgeschäft zusammen mit dem obligatorischen Rechtsgeschäft erfolgt und auf das erstere nach § 413 BGB die Abtretungsbestimmungen nach §§ 398 ff BGB Anwendung finden (*Staudenmaier* BWNotZ 1959, 191), ist der Käufer gegen vertragswidrige Verfügungen des Verkäufers und seiner Gläubiger über den Erbteil selbst ab Vertragsschluß gesichert, da eine Forderung außer im Sonderfall des § 405 BGB nicht gutgläubig erworben werden kann (*Staudenmaier* BWNotZ 1959, 191/ 193; *Palandt/Heinrichs* § 161 Rdn. 3, § 404 Rdn. 1). Aber auch der einzelne Nachlaßgegenstand, hier das Mehrfamilienhaus, kann vom Erbteilsveräußerer als nach der Übertragung Nichtberechtigtem nicht mehr gutgläubig erworben werden, sobald der Antrag auf Eintragung der Erbteilsübertragung im Wege der Grundbuchberichtigung beim Grundbuchamt eingelaufen ist. Der Schutz des Käufers ist somit ab diesem Zeitpunkt gegeben. Um allerdings auch den Verkäufer bis zum Ausfall der auflösenden Bedingung durch vollständige Kaufpreiszahlung durch den nach § 161 Abs. 3 BGB durch gutgläubigen Erwerb möglichen Verlust seiner Sicherung zu schützen, muß die in der auflösenden Bedingung liegende Verfügungsbeschränkung des Erwerbers im Grundbuch eingetragen werden. Zwar ist nach der h.M. (MünchKomm/*Westermann*, 2. Aufl. Rz. 7 § 161; *Staudinger/Dilcher* Rz. 10 § 161) der bis zum Eintritt der Bedingung Berechtigte absolut in der Verfügung beschränkt und nicht nur relativ im Verhältnis zu dem durch die Bedingung Geschützten und damit ist die Eintragungsfähigkeit dieser Beschränkung nicht unmittelbar aus § 892 Abs. 1 Satz 2 BGB zu begründen, da diese Vorschrift nur relative Verfügungsbeschränkungen betrifft. Nach jetzt wohl herrschender Meinung (KEHE/*Ertl* GBR 4. Aufl. 1991 Einl. J 6; KGJ

49, 187/190 sowie die unten Zitierten) ist aber eine absolute Verfügungsbeschränkung dann eintragungsfähig, wenn, wie hier, nur durch die Eintragung ein gutgläubiger Erwerb verhindert werden kann. Für die Eintragung der in der bedingten Erbteilsübertragung liegenden Verfügungsbeschränkung im Grundbuch sind daher *Staudenmaier* BWNotZ 1959, 191/194f; *Keller* BWNotZ 1962, 286ff; *Kehrer/Bühler,* Notar u. Grundbuch, Bd. 1 § 9 S. 14; *Güthe/Triebel,* GBO, 6. Aufl. 1936/37 Rz. 80 § 13; *Meikel/Imhof/Riedel,* 6. Aufl. § 47 Rz. 22; *Neusser* MittRhNotK 1979, 143/159; *Winkler* MittBayNot 1978, ½. Streit besteht lediglich darüber, ob der Vermerk m.E. richtigerweise analog dem Nacherbenvermerk in der II. Abt. des Grundbuchs (so *Staudenmaier* aaO.; *Kehrer/ Bühler* aaO.; *Neusser* aaO.; *Güthe/Triebel* aaO) oder in der I. Abteilung bei den zwischen den Miterben bestehenden Rechtsverhältnissen (so *Keller* aaO.) einzutragen ist. Die Frage ist akademisch, da der für die Verhinderung des gutgläubigen Erwerbs maßgebliche „Inhalt des Grundbuchs" von der Gesamtheit der nach dem Grundbuchsystem zulässigen Eintragungen, gleichgültig in welcher Abteilung und Spalte sie erfolgt sind, gebildet wird (MünchKomm/*Wacke* Rz. 8 § 892). *Staudenmaier* (aaO.) schlägt für die Eintragung in der II. Abt. folgende Formulierung vor: „Die am ...... erfolgte Erbteilsübertragung des B auf E ist auflösend bedingt. Die Bedingung tritt ein mit dem Rücktritt des B vom Erbteilskaufvertrag nach Zahlungsverzug des E." Die Lösung sollte man dann nicht anwenden, wenn der Erwerber bereits Miterbe ist oder andere Erbteile erworben hat und durch die Übertragung die Erbschaft insgesamt erhält, da dann durch die dinglich auflösend bedingte Übertragung des letzten Erbteils die einzelnen Erbteile nicht mehr existieren, da sie sich durch Konfusion beim Erwerber vereinigt haben, so daß der Eintritt der auflösenden Bedingung nur noch schuldrechtliche Ansprüche gegen ihn auslösen kann. Wenn allerdings die Erbschaft durch die auflösend bedingte Übertragung noch nicht insgesamt in seine Hand kommt, ist eine Rückübertragung des Anteils möglich (LG Frankenthal MittBayNot 1978, 17; *Palandt/Edenhofer* § 2033 Rdn. 4; MünchKomm/*Dütz,* 3. Aufl. § 2033 Rdn. 5).

(3) *Faßbender/Grauel/Kemp/Ohmen/Peter,* Notariatskunde, 3. Aufl. 1982 S. 488f schlagen zur Sicherung des Austauschverhältnisses vor, zunächst lediglich den Erbteilskauf zu beurkunden, den Kaufpreis im Vertrag erst nach Vorlage der notwendigen Genehmigungen und der Verzichte auf Vorkaufsrechte fällig zu stellen und erst nach Kaufpreiszahlung die dingliche Erbteilsübertragung gegebenenfalls durch hierzu Bevollmächtigte erklären zu lassen. Diese Lösung schützt den Käufer jedoch nicht vor vertragswidrigen Verfügungen des Verkäufers und seiner Gläubiger in der Zeit bis zur dinglichen Erbteilsübertragung (*Neusser* MittRhNotK 1979, 143/147).

(4) *Neusser* MittRhNotK 1979, 143/147/149 will die Sicherung dadurch gewährleisten, daß die dingliche Erbteilsübertragung wie hier gleichzeitig mit dem Erbteilskaufvertrag erfolgt, jedoch aufschiebend bedingt durch die vollständige Zahlung des Kaufpreises. Da der Nachweis der Kaufpreiszahlung in grundbuchmäßiger Form auf Schwierigkeiten stößt und er andererseits die Errichtung einer getrennten, öffentlich beglaubigten Löschungsbewilligung bezüglich der Bedingung ersparen will, soll alternativ die aufschiebende Bedingung auch bei Erteilung einer den Grundbuchberichtigungsantrag enthaltenden Ausfertigung oder beglaubigten Abschrift des Vertrages durch den Notar eintreten. Der Notar soll daher zur Sicherung des Käufers zunächst nur eine auszugsweise, den Grundbuchberichtigungsantrag nicht enthaltende Ausfertigung mit dem Antrag beim Grundbuchamt einreichen, nur die durch die aufschiebend bedingte Erbteilsübertragung für den Käufer bewirkte Verfügungsbeschränkung in der II. Abt. einzutragen. Erst nach Kaufpreiszahlung soll er dann mit einer vollständigen Ausfertigung die Grundbuchberichtigung beantragen und dadurch gleichzeitig die Bedingung eintreten lassen und ihren Nachweis führen. M.E. ist aber die Eintragung der Verfügungsbeschränkung nur zusammen mit dem Vollzug der Grundbuchberichtigung möglich, da die Verfügungsbeschränkung eben allein in der aufschiebend bedingten Erbteilsübertragung

1. Erbteilskauf- und Übertragungsvertrag XX. 1

besteht. Auf die Anträge nach Neusser müßte das Grundbuchamt daher zunächst die Erbteilsübertragung im Wege der Grundbuchberichtigung in der I. Abt. und gleichzeitig ihre Beschränkung durch die aufschiebende Bedingung in der II. Abt. vollziehen. Sobald der Antrag mit der vollständigen Ausfertigung der Urkunde eingeht, müßte es, da dadurch die Bedingung eingetreten ist, die Beschränkung in der II. Abt. löschen. Eine Variante zu dieser Lösung ist, die dingliche Erbteilsübertragung aufschiebend zu bedingen durch die Bestätigung des Notars an das Grundbuchamt, daß der Kaufpreis vollständig bezahlt ist und den Notar dazu von den Beteiligten bevollmächtigen zu lassen.

(5) Eine weitere Möglichkeit ist, entsprechend dem bei der Auflassung vorgeschlagenen Verfahren (*Greiner* BWNotZ 1969, 243), daß der Erwerber die dingliche Erbteilsübertragung und den Grundbuchberichtigungsantrag allein auch namens des Veräußerers in Vertretung ohne Vertretungsmacht erklärt und daß der dies in getrennter öffentlicher beglaubigter Urkunde genehmigt. Diese Urkunde nimmt der Notar solange in Verwahrung (Schubladengenehmigung), bis ihm der Veräußerer die Kaufpreiszahlung bestätigt. Erst danach gibt er sie an das Grundbuchamt, das dann die Grundbuchberichtigung vornimmt. Da hier die dingliche Erbteilsübertragung bereits vorliegt, ist eine vertragswidrige weitere Verfügung des Veräußerers über den Erbteil nicht möglich, da eine Forderung nicht gutgläubig erworben werden kann. Wohl ist allerdings gutgläubiger Erwerb eines einzelnen Nachlaßgegenstandes möglich. Hierauf sollte im Belehrungsvermerk hingewiesen werden.

(6) Nicht möglich ist die von *Gass* JuS 1963, 153/155 vorgeschlagene Sicherung der Anwartschaft des Erbteilsverkäufers vor der Erbteilsübertragung durch Eintragung einer Vormerkung, die *Gass* zumindest in den Fällen, in denen der Nachlaß wie hier nur noch aus einem Grundstück besteht im Wege der Analogie für zulässig hält. Dem steht entgegen, daß eine Vormerkung nur einen Anspruch auf ein Recht am Grundstück oder an einem Recht am Grundstück sichern kann, während der Erbteilskauf nur einen Anspruch auf Übertragung eines Erbteils gibt und ferner, daß die Bewilligung einer Vormerkung eine Verfügung über einen Nachlaßgegenstand ist, die gemäß § 2041 Abs. 1 BGB nur von allen Miterben vorgenommen werden kann (KG OLG 10, 82; *Michaelis* JuS 1963, 230; *Neusser* MittRhNotK 1979, 143/148).

9. Die Löschung der Verfügungsbeschränkung des Erbteilserwerbers. Damit die Verfügungsbeschränkung des Erbteilserwerbers nach Zahlung des Kaufpreises gelöscht werden kann, ist vom beurkundenden Notar im Kaufvertragstermin eine vom Verkäufer zu unterschreibende und vom Notar zu beglaubigende Berichtigungsbewilligung gemäß § 22 GBO mit etwa folgendem Wortlaut aufzunehmen:

„Der Erbteilsverkäufer ...... bewilligt nach dem Ausfall der auflösenden Bedingung durch die vollständige Kaufpreiszahlung die Löschung des Vermerks der auflösenden Bedingung der Erbteilsübertragung vom ...... durch den Rücktritt des Verkäufers nach Zahlungsverzug des Käufers."

Den Antrag auf Vollzug der Berichtigungsbewilligung stellt der Notar nach Zahlungsnachweis gemäß seiner Ermächtigung nach § 15 GBO.

10. Übergang von Nutzen, Lasten und Gefahr. Nach § 2360 BGB ist dieser Zeitpunkt der Abschluß des Kaufvertrages. Abweichungen wie hier sind vertraglich zu vereinbaren.

11. Modifizierung der gegenseitigen gesetzlichen Verpflichtungen. Der Grundsatz der dispositiven gesetzlichen Regelung ist die schuldrechtliche Verpflichtung der Parteien, einander zu gewähren, was sie haben würden, wenn an Stelle des Verkäufers der Käufer zum Zeitpunkt des Erbfalls Erbe geworden wäre (*Staudinger/Ferid/Cieslar* Einl. § 2371 Rz. 21). Demzufolge hat daher der Verkäufer nicht nur die zur Zeit des Verkaufs vorhandenen Erbschaftsgegenstände an den Käufer herauszugeben, sondern auch alle Surrogate für solche Gegenstände, die im Zeitpunkt des Erbfalls vorhanden waren (§ 2374 BGB), sowie Ersatz zu leisten für die Erbschaftsgegenstände, die er vor dem Verkauf verbraucht, unentgeltlich veräußert oder unentgeltlich belastet hat (§ 2375 BGB). Andererseits kann der Verkäufer vom Käufer Ersatz für alle Nachlaßschulden verlangen, die er nach dem Erbfall erfüllt hat (§ 2378 Abs. 2 BGB), für alle Verwendungen auf die Erbschaft, die notwendig waren oder ihren Wert erhöhten (§ 2381 BGB) und für die von der Erbschaft zu entrichtenden Abgaben und außerordentliche Lasten (§ 2379 Satz 2 BGB). Wenn wie hier der Vertrag wirtschaftlich nur zur Übertragung des Erbanteils an einem bestimmten Nachlaßgegenstand führen soll, sind alle diese Verpflichtungen vertraglich abzubedingen.

12. Die gesetzliche Rechtsmängelhaftung. Nach § 2376 Abs. 1 BGB haftet der Erbschaftsverkäufer dem Käufer dafür, daß ihm das Erbrecht zusteht, daß es nicht durch das Recht eines Nacherben oder durch die Ernennung eines Testamentsvollstreckers beschränkt ist, daß nicht Vermächtnisse, Auflagen, Pflichtteilslasten, Ausgleichungpflichten oder Teilungsanordnungen bestehen, und daß nicht unbeschränkte Haftung gegenüber den Nachlaßgläubigern oder einzelnen von ihnen eingetreten ist.

13. Sachmängel von Nachlaßgegenständen. Fehler einer zur Erbschaft gehörenden Sache hat der Verkäufer von Arglist abgesehen (§ 443 BGB) nicht zu vertreten (§ 2376 Abs. 2 BGB), da den Gegenstand des Kaufes ein Inbegriff von Gegenständen als Ganzes bildet, nicht aber die einzelnen zur Erbschaft gehörenden Sachen (*Staudinger/Ferid/Cieslar* § 2376 Rz. 8). Durch Parteivereinbarung kann natürlich die Sachmängelhaftung für Gegenstände übernommen und Eigenschaften zugesichert werden.

14. Vertragliche Garantie. Eine echte Sicherung des Erbteilskäufers dafür, daß sich der Gegenstand, auf den es ihm ankommt, überhaupt in der Erbschaft befindet und der Erbteil unbelastet ist, gibt es nicht (*Neusser* MittRhNotK 1979, 143/147). Sein guter Glaube wird, da er ein Recht (§§ 413, 398 ff BGB) und keine Sache erwirbt, nicht geschützt (*Staudenmaier* BWNotZ 1959, 193; *Neusser* MittRhNotK 1979, 143/148). Er wird gemäß § 2030 BGB noch nicht einmal in seinem guten Glauben daran geschützt, daß der Veräußerer Erbe des Erblassers geworden ist (*Staudinger/Gursky* § 2030 Rdn. 3). Selbst der öffentliche Glaube des Erbscheins kommt dem Erbteilserwerber nicht zugute, da § 2366 BGB nur den Erwerber einzelner Nachlaßgegenstände schützt (*Neusser* MittRhNotK 1979, 143/148). Ein gewisser Schutz gegen Gefahren dieser Art kann durch eine Verstärkung der Haftung des Verkäufers insoweit erreicht werden. Sie erfolgt hier durch eine ausdrückliche vertragliche Garantie dieser Umstände. Der Garantievertrag ist als atypischer Vertrag im Gesetz nicht geregelt. Für ihn gelten die allgemeinen Vorschriften über gegenseitige Verträge (§§ 320 ff BGB). Im Gegensatz zu den Gewährleistungsansprüchen gilt bei ihm, soweit nichts anderes vereinbart ist, nicht die kurze Verjährungsfrist nach § 477 BGB, sondern die normale 30jährige des § 195 BGB (*Staudinger/Honsell* Rz. 88 § 459). Da die Haftung des Verkäufers für Fehler und zugesicherte Eigenschaften ihre Begrenzung im Fehler- und Eigenschaftsbegriff hat (*MünchKomm/Westermann* Rz. 86 § 459) und es sich in der Praxis oft schwer feststellen läßt, ob ein Umstand ein Fehler oder eine zusicherungsfähige Eigenschaft im Sinne des § 459 BGB ist, wurde hier der Weg gewählt, bezüglich sämtlicher Umstände eine vertragliche Garantie durch den Verkäufer geben zu lassen. Es erscheint dabei allerdings billig, die normale Verjährungsfrist durch Vereinbarung zu verkürzen.

15. Genehmigungsbedürftigkeit. Erbteilskauf- und Übertragungsverträge sind insbesondere in folgenden Fällen genehmigungspflichtig:

Nach § 2 Abs. 2 Nr. 2 GrdstVG die Veräußerung eines Erbteils an einen anderen als an einen Miterben, wenn der Nachlaß im wesentlichen aus einem land- oder forstwirtschaftlichen Betrieb besteht.

Vormundschaftsgerichtliche Genehmigung nach § 1822 Nr. 1 BGB, wenn ein Minderjähriger den Erbteil veräußert und nach § 1822 Nr. 10 BGB wegen der Übernahme der Haftung nach § 2382 BGB bei entgeltlichem (hier auch nach § 1821 Abs. 1 Nr. 5

1. Erbteilskauf- und Übertragungsvertrag XX. 1

BGB falls Grundstück in der Erbschaft) und unentgeltlichem Erwerb eines Erbteils durch einen Minderjährigen und zwar jeweils auch, wenn er unter elterlicher Gewalt steht (§ 1643 Abs. 1 BGB). Wegen der Haftung aus § 2382 BGB bringt dem Minderjährigen eine schenkweise Erbteilsübertragung auch nicht lediglich einen rechtlichen Vorteil iSd. § 107 BGB, so daß er auch nicht allein handeln kann (AG Stuttgart BWNotZ 1970, 177 = MDR 1971, 182). Ist der Minderjährige bereits Miterbe und erwirbt einen Anteil dazu, so bedarf sein gesetzlicher Vertreter und auch seine Eltern (§ 1643 Abs. 1 BGB), wenn zum Nachlaß Grundbesitz gehört (*Haegele* BWNotZ 1972, 1/5), bei entgeltlichem Erwerb der Genehmigung nach § 1821 Abs. 1 Nr. 5 BGB, während er bei unentgeltlichem Erwerb selbst auftreten kann und keiner Genehmigung bedarf (§ 107 BGB), da er ja ohnehin für die Nachlaßverbindlichkeiten haftet.

Stellt bei einem im gesetzlichen Güterstand lebenden Ehegatten der Erbteil das ganze oder wesentliche Vermögen dar, bedarf er zur Veräußerung der Genehmigung seines Ehegatten nach § 1365 BGB (BGHZ 35, 135 NJW 1961, 1301). Bei Gütergemeinschaft können bei Erbteilsübertragungen Genehmigungen nach §§ 1423, 1425 BGB bei fortgesetzter Gütergemeinschaft iVm. § 1487 Abs. 1 BGB in Frage kommen.

Da Erbteilsübertragung und nicht Grundstücksübertragung vorliegt, bedarf es, auch wenn sich in der Erbschaft ein Grundstück befindet, keiner Genehmigung nach § 19 BBauG, oder, falls sie ein Erbbaurecht enthält, nach § 5 Abs. 1 ErbbRVO (BayObLGZ 1967, 408 = Rpfleger 1968, 188). Auch kann kein gesetzliches Grundstücksvorkaufsrecht z. B. nach § 24 BBauG ausgeübt werden (BGH DNotZ 1970, 423).

16. Erbteilsübertragung. Sie ist die dingliche Verfügung gemäß § 2033 BGB über den Erbteil (Anteil an der Gesamthandsgemeinschaft) durch einen einheitlichen, vertraglichen Übertragungsakt, der Gesamtrechtsnachfolge bewirkt und in seiner Wirksamkeit von der Gültigkeit des schuldrechtlichen Vertrages unabhängig ist (Abstraktionsprinzip; BGH WM 1969, 592). Die Verfügung ist nur möglich, wenn schon und solange noch gemeinschaftliches Vermögen vorhanden ist (OLG Hamm DNotZ 1966, 746/747). Sie ist daher nicht möglich vor dem Erbfall (BGHZ 37, 324/325), nach erfolgter vollständiger dinglicher Teilung des Nachlasses (RGZ 134, 299) und nachdem ein Miterbe sämtliche Anteile erworben hat (RGZ 88, 116). Sie ist jedoch auch möglich, wenn, wie hier, der ungeteilte Nachlaß lediglich noch aus einem einzigen Gegenstand besteht (BGH NJW 1969, 92 = DNotZ 1969, 626) und wenn der Nachlaß einen Anteil an einem anderen Nachlaß enthält (BayObLGZ 1960, 138 = Rpfleger 1961, 19). § 2033 enthält zwingendes Recht und wird auch nicht durch Testamentsvollstreckung eingeschränkt. Der Erblasser kann die Veräußerlichkeit des Erbteils mit dinglicher Wirkung nicht ausschließen oder beschränken und auch nicht von der Zustimmung eines Testamentsvollstreckers abhängig machen (RG WarnR 1915 Nr. 292; *Staudinger/Werner* § 2033 Rz. 4). Er kann jedoch ein Veräußerungsverbot durch eine auflösende Bedingung der Erbenstellung sanktionieren.

17. Grundbuchberichtigung. Der Anteilserwerber tritt mit der Übertragung in alle durch die Erbengemeinschaft begründeten und in dem Erbteil enthaltenen Rechtsbeziehungen des Veräußerers ein und damit auch in die gegenstandsrechtlichen Anteilsrechte an den einzelnen Nachlaßgegenständen (*Staudinger/Werner* § 2033 Rz. 26). Ist der Veräußerer als Teilhaber der Erbengemeinschaft im Grundbuch eingetragen (§ 47 GBO), wird das Grundbuch unrichtig und der Erwerber kann vom Veräußerer nach § 894 BGB entsprechende Berichtigungsbewilligung verlangen (*Staudinger/Werner* aaO.). Bei mehreren Anteilserwerbern ist deren Gemeinschaftsverhältnis im Grundbuch anzugeben (BGH DNotZ 1967, 434).

18. Vorkaufsrecht der Miterben. (1) Verkauft ein Miterbe oder dessen Erbe (BGH NJW 1966, 2207 = DNotZ 1967, 313) seinen Erbanteil an einen Nichterben, so sind die übrigen Miterben nach § 2034 Abs. 1 BGB zum Vorkauf berechtigt. Ausgelöst wird dieses obligatorische, gesetzliche Vorkaufsrecht durch den schuldrechtlichen Kaufvertrag über den Erbteil (§§ 2371 ff BGB). Die dingliche Erbteilsübertragung (§ 2033 BGB) ist lediglich von Bedeutung für die Frage, wem gegenüber das Vorkaufsrecht auszuüben ist. Ausübungsadressat ist gemäß §§ 2034 Abs. 1, 505 Abs. 1 BGB bis zum dinglichen Vollzug der Verkäufer, danach gemäß § 2035 Abs. 1 BGB der Käufer (BGH BB 1967, 1104). Das Vorkaufsrecht kann innerhalb der Ausübungsfrist von zwei Monaten durch formlose Erklärung (§ 505 Abs. 1 BGB) ausgeübt werden, seit der Vorkaufsberechtigte die vom Verkäufer geschuldete, aber auch dem Käufer mögliche Mitteilung des Inhalts des Kaufvertrages empfangen hat (§§ 2034 Abs. 2, 510 BGB). Dabei hat, sofern der Kaufvertrag genehmigungsbedürftig ist, die Mitteilung auch die Erteilung der Genehmigung zu umfassen (BGHZ 23, 342/348 = DNotZ 1960, 551; BGH WPM 79, 1066 = BWNotZ 80, 160). Unabhängig von dieser Mitteilungspflicht, hat der Verkäufer nach § 2035 Abs. 2 BGB den Miterben auch unverzüglich Mitteilung über die dingliche Übertragung des Erbteils zu machen. Erst danach können sie gemäß § 2035 Abs. 1 BGB das Vorkaufsrecht nur noch dem Käufer gegenüber ausüben. Ist das Vorkaufsrecht für einen Miterben erloschen, sind die übrigen wiederum gemeinschaftlich berechtigt, es im ganzen auszuüben (§ 513 S. 2 BGB). Die Ausübung des Vorkaufsrechts führt zur schuldrechtlichen Verpflichtung auf dingliche Erbteilsübertragung. Die Übertragung erfolgt an die das Vorkaufsrecht ausübenden Miterben gemäß § 2033 BGB, denen der Erbteil nach der hM. entsprechend §§ 1935, 2094 BGB nach dem Verhältnis ihrer Erbteile anwächst (*Staudinger/Werner* Rz. 19 § 2034; *Palandt/Edenhofer* Anm. 3 § 2035; BayObLG NJW-RR 1991, 1030; aM. dh. Erwerb zu Bruchteilsgemeinschaft im Verhältnis ihrer Erbteile *Kehrer/Bühler/Tröster*, Notar und Grundbuch Bd. I § 9 S. 14 f). Das Vorkaufsrecht hat, obwohl es nur schuldrechtlicher Natur ist, insofern Drittwirkung, als es nach § 2035 BGB gegen den Käufer und nach § 2037 BGB gegen weitere Erwerber wirkt (BayObLGZ 1952, 247). Das Vorkaufsrecht erlischt außer durch ungenutzten Ablauf der Ausübungsfrist durch Verzicht sämtlicher Berechtigten, der auch schon vor der Mitteilung formlos erfolgen kann (*Staudinger/Werner* Rz. 21 § 2034). Der Notar hat bei der Beurkundung des Erbteilskaufvertrages die Beteiligten auf das Vorkaufsrecht hinzuweisen (§§ 20, 17 BeurKG; BGH MDR 1968, 1002 = MittBayNot 1968, 307 = WPM 1968, 1042).

(2) Gegenstand des Vorkaufsrechts muß ein Miterbenanteil sein. Das Vorkaufsrecht erlischt daher nach vollständiger Auseinandersetzung des Nachlasses (*Soergel/Wolf* § 2034 Rdn. 4). Das Miterbenvorkaufsrecht setzt einen gültigen Kaufvertrag voraus. Ein wegen Formmangels nichtiger oder mangels behördlicher Genehmigung unwirksamer Vertrag löst kein Vorkaufsrecht aus (BGH DNotZ 1960, 551). Ein wirksam ausgeübtes Vorkaufsrecht nach § 2034 BGB kann nicht durch nachträgliche Aufhebung des Kaufvertrages wieder beseitigt werden (OLG Stuttgart BWNotZ 1979, 150). Da § 506 BGB gilt, ist die Vereinbarung eines Rücktrittsrechts oder einer auflösenden Bedingung für den Vorkaufsfall dem Vorkaufsberechtigten gegenüber unwirksam (MünchKomm/*Dütz* § 2034 Rdn. 9; *Soergel/Wolf* § 2034 Rdn. 3; *Staudinger/Werner* § 2034 Rdn. 4). Der Kreis der Vorkaufsberechtigten und der mit dem Vorkaufsrecht Belasteten bestimmt sich nach dem Zweck der Regelung, die Erbengemeinschaft gegen das Eindringen außenstehender, nicht dem Familienbund zugehöriger Personen zu schützen (BGH LM § 2034 Nr. 3 = JZ 1965, 617).

(3) Von dem Vorkaufsrecht betroffen ist der Verkauf durch einen Miterben. Da der Erwerber eines Erbteils nicht Miterbe wird (§ 2033 BGB), läßt der Weiterverkauf durch ihn kein Vorkaufsrecht nach § 2034 BGB entstehen (*Staudinger/Werner* § 2034 Rdn. 6; MünchKomm/*Dütz* § 2034 Rdn. 17; *Soergel/Wolf* § 2034 Rdn. 5). Der Verkauf des Erbteils am 1. Nachlaß durch den oder die Erben oder Erbeserben eines nachverstorbenen Miterben am ersten Nachlaß an einen Dritten läßt dagegen ein Vorkaufsrecht nach § 2034 BGB entstehen, da die Erben oder Erbeserben durch die weiteren Erbfälle jeweils in die volle Miterbenstellung des Miterben am 1. Nachlaß eingetreten sind (BGH NJW

1. Erbteilskauf- und Übertragungsvertrag XX. 1

1966, 2207 = DNotZ 1967, 313; BGH NJW 1969, 92 = DNotZ 1969, 623). Verkaufen jedoch die Erben oder Erbeserben des Miterben am 1. Nachlaß ihre Anteile an seinem Nachlaß (2. Nachlaß), so entsteht grundsätzlich nur ein Vorkaufsrecht zugunsten der übrigen Miterben am 2. Nachlaß, nicht auch eines zugunsten der Miterben am 1. Nachlaß, von dem sich ein Erbteil als Nachlaßgegenstand im 2. Nachlaß befindet (BGHZ 56, 115/120 = NJW 1971, 1264; BGH Rpfleger 1975, 445/446 = DNotZ 1975, 726; *Schubert* JR 1975, 290; *Kanzleiter* DNotZ 1969, 625; eingehend hierzu *Kreuzer* MittBayNot 1989, 293). Ausnahmsweise entsteht jedoch auch in diesem Fall ein Vorkaufsrecht für die Miterben des 1. Nachlasses, wenn der 2. Nachlaß nur noch aus dem Miterbenanteil am 1. Nachlaß besteht, dh. beide Nachlässe im wesentlichen identisch sind (BGH NJW 1969, 92 = DNotZ 1969, 623) und die Miterben des 2. Nachlasses ihre Anteile in einem einzigen Vertrag mit einheitlichem Kaufpreis an einen Dritten verkaufen und nicht in selbständigen Verträgen (BGH, Urt. v. 2. 7. 1970 II ZR 27/67 in MittRhNotK 1970, 535; BGH LM § 2034 Nr. 6 = DNotZ 1971, 744; BGH 56, 115/120 = NJW 1971, 1264 = DNotZ 1972, 26; BGH Rpfleger 1975, 445/446 = DNotZ 1975, 726 = JR 1975, 288 m. zust. Anm. *Schubert*).

(4) Der Verkauf muß, um das Vorkaufsrecht auszulösen, an einen Dritten erfolgen. Dritter gem. § 2034 Abs. 1 BGB sind alle Personen, die nicht Miterben sind. Zu Miterben in diesem Sinne gehören auch die Erben und Erbeserben usw. eines Miterben, da sie kraft Erbfolge in die Miterbenstellung des Miterben eintreten (*Soergel/Wolf* § 2034 Rdn. 6). Ferner zählt die Rechtsprechung zu den Miterben in diesem Sinne auch diejenigen, die bereits einen Erbteil von einem Miterben im Wege der vorweggenommenen Erbfolge erhalten haben, wenn sie einen weiteren Erbteil dieses Nachlasses hinzuerwerben (BGH LM § 2034 Nr. 3 = DNotZ 1966, 242; aM. *Staudinger/Werner* § 2034 Rdn. 7). Wird von einem Miterben ein Erbteil an den Abkömmling und gesetzlichen Erben eines Miterben veräußert, der noch nicht dessen Erbe geworden ist und von ihm auch seinen Erbteil noch nicht im Wege der vorweggenommenen Erbfolge erhalten hat, so wäre dieser erwerbende Abkömmling eines Miterben eigentlich Dritter mit der Folge, daß der Verkauf an ihn das Vorkaufsrecht der Miterben nach § 2034 BGB auslösen würde. Trotzdem läßt der BGH (WPM 1971, 457 = DNotZ 1971, 744) auch in diesem Fall das Vorkaufsrecht nicht entstehen, da der miterbberechtigte Elternteil des Erbschaftskäufers in diesem Fall der Ausübung des gesetzlichen Vorkaufsrechts durch die anderen Miterben widersprechen könnte, was in entsprechender Anwendung des dem § 511 BGB innewohnenden Rechtsgedankens nicht rechtsmißbräuchlich wäre, da er den Erbteil ja selbst erwerben und an seinen Abkömmling hätte weiterübertragen können, ohne dadurch das Miterbenvorkaufsrecht auszulösen. Dritter gem. § 2034 Abs. 1 BGB mit der Folge, daß ein Verkauf an ihn das Vorkaufsrecht auslöst ist dagegen derjenige, der nur Miterbe oder Erbeserbe eines 1. Nachlasses ist, von dem sich ein Erbteil als Nachlaßgegenstand im 2. Nachlaß befindet, wenn jetzt ein Erbteil dieses 2. Nachlasses an ihn verkauft wird und zwar auch dann, wenn der Erbteil des 1. Nachlasses der einzige Nachlaßgegenstand des 2. Nachlasses ist (BGHZ 56, 115 = NJW 1971, 1264; *Johannsen* LM § 2034 Nr. 9a). Es spielt somit keine Rolle, daß der Erwerber des Erbteils an dem Haupt- oder auch einzigen Nachlaßgegenstand bereits kraft eines anderen Rechtsverhältnisses als Mitberechtigter beteiligt ist (*Johannsen* LM § 2034 Nr. 9a Ziff. II).

(5) Vorkaufsberechtigt sind gem. § 2034 Abs. 1 BGB die Miterben und, da dieses Vorkaufsrecht vererblich ist (§ 2034 Abs. 2 Satz 2 BGB), auch deren Erben und Erbeserben usw. (MünchKomm/*Dütz* § 2034 Rdn. 24; *Soergel/Wolf* § 2034 Rdn. 7; *Johannsen* WPM 1970, 747; BGH NJW 1969, 92 = DNotZ 1969, 623). Dabei ist die Größe des Bruchteils, zu dem der Vorkaufsberechtigte an der Erbschaft beteiligt ist, unerheblich (BGH DNotZ 1972, 361). Nach *Soergel/Wolf* (§ 2034 Rdn. 7, offenbar in Anlehnung an die „Dritten"-Rechtsprechung des BGH in LM § 2034 Nr. 3 = DNotZ 1966, 242) steht das Vorkaufsrecht auch dem künftigen Erben eines Miterben zu, dem bereits

ein Erbteil im Wege der vorweggenommenen Erbfolge übertragen wurde. Einem Dritten, dh. einem der nicht Miterbe oder Erbeserbe ist, steht auch dann kein Vorkaufsrecht zu, wenn er bereits einen Erbteil des Nachlasses erworben hat, da die Regelung nicht nur vor dem Eindringen Fremder, sondern auch vor einer Überfremdung der Erbengemeinschaft schützen soll (BGHZ 56, 115/118 = NJW 1971, 455; aM. *Staudinger/Werner* § 2034 Rdn. 9). Ein Miterbe, der durch Veräußerung seines Erbteils bereits aus der Gemeinschaft ausgeschieden ist, hat gleichfalls kein Vorkaufsrecht mehr (OLG Stuttgart NJW 1967, 2409/2410; *Palandt/Edenhofer* § 2034 Anm. 3; *Staudinger/Werner* § 2034 Rdn. 9a; MünchKomm/*Dütz* § 2034 Rdn. 7; *Soergel/Wolf* § 2034 Rdn. 7; aM. *Johannsen* WPM 1970, 746 und das von ihm dort zitierte BGH-Urteil v. 13. 1. 1960, V ZR 142/58).

(6) Vorkaufsberechtigt sind nach dem ergänzend anwendbaren § 513 BGB alle Miterben gemeinschaftlich (BGH LM § 2034 Nr. 6 = DNotZ 1971, 74). Zur Ausübung des Vorkaufsrechts bedarf es daher einer Einigung der Miterben. Übt ein Miterbe sein Vorkaufsrecht nicht aus oder ist er für ihn erloschen, so sind die anderen ohne seine Teilnahme und Verpflichtung wiederum gemeinschaftlich und im ganzen vorkaufsberechtigt (BGH NJW 1982, 330 = DNotZ 1982, 368).

19. Haftung des Erwerbers. Der Käufer eines Erbteils haftet unabdingbar ab dem Abschluß des Kaufvertrages neben dem Verkäufer als weiterer Gesamtschuldner für alle Nachlaßverbindlichkeiten (§§ 2382, 1967, 2058–2063, 421 BGB). Anderweitige Vereinbarungen zwischen den Vertragsparteien haben nur Wirkung für das Innenverhältnis (§ 2382 Abs. 2 BGB; *Reithmann/Röll/Geßele,* Handbuch der notariellen Vertragsgestaltung, 5. Aufl. Rdn. 760). Nach § 2383 BGB haftet er jedoch nur soweit der Verkäufer als Miterbe haftet (siehe insoweit oben Anm. 3). Um einen Erbschaftskauf mit Auslösung der Haftung nach § 2382 BGB handelt es sich auch, wenn nur ein einzelner Gegenstand einer Erbschaft verkauft wird, der jedoch den ganzen oder nahezu den ganzen Nachlaß bildet und – entsprechend der von der Rspr. für die Haftung des Vermögensübernehmers nach § 419 BGB entwickelten Grundsätzen –, der Käufer dies positiv gewußt hat oder doch zum mindesten die Verhältnisse auf seiten des Verkäufers kannte, aus denen sich dies ergab (BGH LM Nr. 2 § 2382 = WPM 1965, 343).

20. Steuern. Der Erbschaftskauf ist kein steuerpflichtiger Vorgang iS. des Erbschaftsteuergesetzes, da er keinem der unter § 3 ErbStG aufgezählten Tatbestände unterfällt (*Staudinger/Ferid/Cieslar* Einl. § 2371 Rz. 176). Für die beim Erbfall entstandene Erbschaftsteuer haftet der Käufer jedoch neben dem Verkäufer der Steuerbehörde aus § 2382 BGB und bis zur Teilung nach § 20 Abs. 3 ErbStG. Im Innenverhältnis zum Verkäufer hat mangels abweichender, formbedürftiger Abrede nach § 2379 BGB der Käufer die Erbschaftsteuer, die eine von der Erbschaft zu entrichtende Abgabe ist, zu tragen (*Staudinger/Ferid/Cieslar* § 2379 Rz. 8; *Palandt/Edenhofer* Anm. 1 § 2379). Seit der Grundsatzentscheidung (BFHE 117, 270 = MittRhNotK 1975, 786 = MittBayNot 1976, 45 = BStBl. II 1976, 159 = BB 1976, 734 = DNotZ 1977, 532 ist jeder Übergang eines Erbteils, zu dem Grundbesitz gehört, an einen Dritten ein grunderwerbsteuerbarer Vorgang nach § 1 Abs. 1 Nr. 3 GrEStG, der nur nach den allgemeinen Vorschriften grunderwerbsteuerfrei sein kann. Die Übertragung eines Erbteils auf einen Miterben ist nach Ansicht der Finanzverwaltung jedoch nach § 3 Ziff. 3 GrEStG als Nachlaßteilung steuerfrei (DNotZ 1985, 193; *Boruttau/Klein* Rz. 15h § 1 GrEStG). Veräußert ein Miterbe seinen Erbanteil, zu dem ein gesamthänderisch gebundener Betriebsvermögensanteil gehört, an einen Dritten außerhalb der Erbengemeinschaft, so kann, wenn der Veräußerungspreis über dem Buchwert liegt, dies einen gem. §§ 16, 34 EStG zu versteuernden Veräußerungsgewinn auslösen (*Kapp/Ebeling,* Handbuch der Erbengemeinschaft, 3. Aufl. III. 692).

21. Kosten und Gebühren. (1) Der Notar erhält je eine doppelte Gebühr nach § 36 Abs. 2 KostO für den Erbteilskauf und die Erbteilsübertragung. Werden, wie hier, beide

1. Erbteilskauf- und Übertragungsvertrag XX. 1

gleichzeitig beurkundet, sind sie gegenstandsgleich iS. des § 44 Abs. 1 KostO so daß die doppelte Gebühr nur einmal entstehen. Der Geschäftswert bestimmt sich nach § 39 KostO und ist der höhere Wert im Vergleich zwischen dem Wert des Erbteils und dem der Gegenleistung d.h. dem Kaufpreis. Der Wert des Erbteils wird nach § 18 Abs. 3 KostO nach dem Aktivwert des Nachlasses ohne Schuldenabzug bestimmt (OLG Hamm DNotZ 1971, 124 = Rpfleger 1971, 77; *Korintenberg/Lappe/Bengel/Reimann*, 13. Aufl. KostO § 39 Rz. 21). Der Grundbuchberichtigungsantrag ist gegenstandsgleich mit der Erbteilsübertragung (§ 44 Abs. 1 KostO). Wenn jedoch nicht nur der Erbteilserwerber, sondern, weil der Erblasser noch im Grundbuch steht, noch andere Miterben im Wege der Grundbuchberichtigung eingetragen werden müssen, haben die beiden Erklärungen verschiedenen Gegenstand und es fällt nach § 44 Abs. 2b KostO der beim Vergleich zwischen der getrennten Berechnung und der Anwendung des höchsten Gebührensatzes aus der Addition der Geschäftswerte günstigste Kostenbetrag an.

Für die Einholung und Entgegennahme der Verzichtserklärung der Miterben für die Fälligstellung des Kaufpreises, für die Überwachung der Kaufpreiszahlung und Sperre der Löschungsbewilligung und für die Anzeige an das Nachlaßgericht nach § 2384 BGB entsteht je eine, somit insgesamt vier, ½ Nebentätigkeitsgebühren nach § 147 Abs. 1 KostO aus einem gemäß § 30 Abs. 1 KostO nach freiem Ermessen regelmäßig auf einen Bruchteil des Kaufpreises festzusetzenden Geschäftswert.

Für die Einholung etwa notwendiger Genehmigungen erhält der Notar jeweils ½ Gebühr nach § 147 Abs. 1 KostO, nicht etwa nach § 146 Abs. 1 KostO und zwar auch wenn sich im Nachlaß ein Grundstück befindet (*Rohs/Wedewer* KostO, 2. Aufl. Anm. 14 § 146).

(2) Für die Entgegennahme der Mitteilung nach § 2384 BGB erhebt das Nachlaßgericht ¼ Gebühr nach § 112 Abs. 1 Nr. 7 KostO.

(3) Das Grundbuchamt erhebt für den Vollzug der Grundbuchberichtigung eine Gebühr nach § 60 Abs. 1 KostO aus dem Kaufpreis, für die Verfügungsbeschränkung ½ Gebühr nach § 65 KostO und für ihre Löschung ¼ Gebühr nach § 68 KostO jeweils aus einem nach § 30 KostO zu bestimmenden Wert.

Sachregister

2. Halbband

Römische und arabische Zahlen
beziehen sich auf die Systematik in Bd. 4/2 des Vertragshandbuches;
Zahlen mit dem Zusatz „Anm." kennzeichnen die betreffende Anmerkung.

Abfindung
Abgeschlossenheitsbescheinigung
 (Wohnungseigentum) IX. 1 Anm. 5
– Abfindungsklauseln, gesellschaftsrechtliche XI. 25 Anm. 2
Abtretung von Rückgewähransprüchen mit Vormerkung
– bei eingetragener Grundschuld X. 42
Abtretung
– einer Buchgrundschuld X. 31
– einer Eigentümerbriefgrundschuld X. 33
Adoption s. Annahme als Kind
AGB-Gesetz
– bei Hypothek X. 34 Anm. 8
– im Wohnungseigentum IX. 1 Anm. 9
Altenteilsvertrag
s. Übergabe eines landwirtschaftlichen Betriebs
Altersdiskrepanz
– Ehevertrag XI. 7
Alterstestament XIV. 4
Änderung der Gemeinschaftsordnung
(bei Wohnungseigentum) IX. 8
Aneignung eines aufgegebenen Grundstücks X. 8
Ankaufsrecht
– Begriff X. 27 Anm. 2
– Form X. 27 Anm. 3
– Kosten X. 27 Anm. 4
– Vorkaufsrecht X. 27 Anm. 1
Annahme als Kind
– Annahme durch Nichtverheirateten XIII. 4
– Einwilligung des Kindes XIII. 5
– Einwilligung der Kindeseltern XIII. 6 Anm. 1
– Einwilligung der nichtehelichen Mutter in die Inkognito-Adoption XIII. 7
– Annahme eines nichtehelichen gemeinsamen Kindes durch Ehegatten XIII. 1
– Stiefkindadoption XIII. 2
– Stiefkindunterhaltsvertrag XIII. 3
– Verzicht auf Antrag der Übertragung der Sorge für das nichteheliche Kind XIII. 8
– Widerruf der Einwilligung durch Kind XIII. 9 Anm. 1
Annahme als Kind durch Nichtverheirateten
– Ergänzungspfleger XIII. 4 Anm. 2
– Verwandtenadoption XIII. 4 Anm. 3

Annahme eines nichtehelichen Kindes durch Ehegatten
– Adoptionsdekret XIII. 1 Anm. 4
– Ausländerbeteiligung XIII. 1 Anm. 2
– Einwilligungen, erforderliche XIII. 1 Anm. 3
– Kosten XIII. 1 Anm. 10
– Name des Kindes XIII. 1 Anm. 7
– Steuer XIII. 1 Anm. 9
– Voraussetzungen XIII. 1 Anm. 1
Annahme eines Volljährigen
– Einwilligung XIII. 10 Anm. 3
– Kindeswohl XIII. 10 Anm. 4
– Wirkungen XIII. 10 Anm. 2
Anrechnung
– Testament XVI. 27 Anm. 7
Anwesenheit, gleichzeitige
– Auflassung X. 6 Anm. 3
Arbeitsvertrag
– Lebensgemeinschaft, nichteheliche XII. 2 Anm. 2 (2); Anm. 15 (9)
Arresthypothek X. 36
Aufgabe
– Grundstückseigentum X. 7
Aufhebung des Ausschlusses des Löschungsanspruchs X. 39
Aufhebung eines Erbbaurechts VIII. 25
– Grundbuch VIII. 25 Anm. 5
– Handlungsanweisung VIII. 25 Anm. 2
– Kosten VIII. 25 Anm. 7
Aufhebung von Sondereigentum IX. 12
– Übertragung von Miteigentumsanteilen bei IX. 12 Anm. 4; Anm. 5
Aufhebungstestament, gemeinschaftliches
– Erbvertrag, Unterhalts- und Verfügungsunterlassungsvertrag XVI. 31 Anm. 5
Auflagen
– Testament XVI. 3 Anm. 8; XVI. 27 Anm. 5
Auflassung
– Anwesenheit, gleichzeitige X. 6 Anm. 3
– Auslegung X. 6 Anm. 2
– Eigentumswechselzeitpunkt X. 6 Anm. 16
– Eintragungsantrag X. 6 Anm. 10
– Eintragungsbewilligung X. 6 Anm. 9
– Ermächtigung X. 6 Anm. 19
– Gemeinschaftsverhältnis X. 6 Anm. 7
– Grundbucheinsicht X. 6 Anm. 17

Sachregister

Römische und arabische Zahlen = Formulare

- Grundbucherklärung X. 6 Anm. 8
- Grundgeschäftsurkunde X. 6 Anm. 4
- Kosten X. 6 Anm. 25
- Kostentragungsregelung X. 6 Anm. 14
- Niederschriftsverlesung X. 6 Anm. 21
- Vertrag, schuldrechtlicher X. 6
- Vertretung X. 6 Anm. 3
- Weisung X. 6 Anm. 18
- Wirksamkeitsvoraussetzungen X. 6 Anm. 2

Auflassung, nach schuldrechtlichem Vertrag X. 6
- Grundbucheinsicht X. 6 Anm. 17
- Eintragungsantrag X. 6 Anm. 10–12
- Eintragungsbewilligung X. 6 Anm. 9–12
- Kosten X. 6 Anm. 25
- Urkunde über Grundgeschäft X. 6 Anm. 4
- Vertretung X. 6 Anm. 3

Auflassungsvormerkung
- Vorkaufsrecht, schuldrechtliches X. 25 Anm. 8
- Wiederkaufsrecht mit X. 28
- Wirksamkeitsvermerk X. 30 Anm. 17

Aufteilung eines Erbbaurechts
- nach § 8 WEG VIII. 12
- nach § 8 WEG (Kurzfassung) VIII. 13

Aufteilung des Erbbauzinses VIII. 14

Aufteilungsplan (Wohnungseigentum) IX. 1 Anm. 4; IX. 10 Anm. 5

Ausbietungsgarantie
- Befristung X. 9 Anm. 29
- Darlehensgewährung X. 9 Anm. 13
- Dispositionsgrist X. 9 Anm. 12
- Forderungen X. 9 Anm. 5
- Formen von Vereinbarungen X. 9 Anm. 2
- Garanten X. 9 Anm. 27
- Gewährleistungsausschluß X. 9 Anm. 26
- Grundpfandrecht X. 9 Anm. 11
- Grundstückszwangsversteigerung X. 9 Anm. 2
- Haftungsbefreiung X. 9 Anm. 23
- Kosten X. 9 Anm. 32
- Pflichten des Garanten X. 9 Anm. 3
- Rechte X. 9 Anm. 16
- Rücktrittsrecht X. 9 Anm. 28
- Schadensersatzpflicht X. 9 Anm. 24
- Schuld, persönliche X. 9. Anm. 17
- Sicherheitsleistung X. 9 Anm. 10
- Sicherheitsleistungsverzicht X. 9 Anm. 9
- Steuern X. 9 Anm. 31
- Teildeckung X. 9 Anm. 8
- Terminverschiebung X. 9 Anm. 6
- Umfang X. 9 Anm. 7
- Wiederversteigerung X. 9 Anm. 20

Ausbietungsvertrag
- Ausfallgarantie X. 12 Anm. 3
- Befriedigungserklärung X. 12 Anm. 8
- Bereicherungsanspruch X. 12 Anm. 11
- Garanten X. 12 Anm. 10
- Grundstückszwangsversteigerung X. 12 Anm. 1
- Kosten X. 12 Anm. 17
- Kostenerstattung X. 12 Anm. 7
- Schadensersatzpauschale X. 12 Anm. 12
- Sicherheitsleistung X. 12 Anm. 5
- Sicherheitsleistungsverzicht X. 12 Anm. 6
- Steuern X. 12 Anm. 16

Ausbuchung
- Antragsberechtigung X. 5 Anm. 3
- Antragsform X. 5 Anm. 6
- Buchungsfreiheit X. 5 Anm. 2
- Grundstück, buchungsfreies X. 5
- Kosten X. 5 Anm. 7
- Voraussetzung X. 5 Anm. 4
- Zeitpunkt X. 5 Anm. 5

Ausfallgarantie, ausführliche
- Darlehensbewilligung X. 10 Anm. 3
- Dispositionsfreiheit X. 10 Anm. 12
- Forderungsabtretung X. 10 Anm. 11
- Formerfordernis X. 10 Anm. 15
- Garanten X. 10 Anm. 14
- Garantenbefugnisse X. 10 Anm. 7
- Garantiebegrenzung X. 10 Anm. 9
- Höchstbetrag X. 10 Anm. 8
- Hypothek X. 10 Anm. 4
- Inhalt X. 10 Anm. 12, 16
- Kosten X. 10 Anm. 18
- Umschuldung X. 10 Anm. 1
- Steuern X. 10 Anm. 17
- Wahlrecht X. 10 Anm. 5

Ausfallgarantie, kürzere
- für eine Hypothek X. 11 Anm. 4
- Umfang X. 10 Anm. 3
- Umschuldung X. 11 Anm. 1

Auslandsberührung
- Eheverträge mit XI. 11–XI. 13
- Testament, gemeinschaftliches mit XVI. 30

Ausschluß des Geschäftsbesorgungsrechts (Ehevereinbarungen)
- Anwendungsbereich XI. 14 Anm. 3
- Regelungen, gesetzliche XI. 14 Anm. 1
- Güterrechtsregister XI. 14 Anm. 1, 3

Ausschluß des gesetzlichen Löschungsanspruchs bei Grundpfandrechtsbestellung
- Aufhebung des X. 39
- Einzelfälle X. 37 Anm. 4
- Rechtsgrundlage X. 37 Anm. 3
- Ausschluß, späterer X. 38
- Zweck des Ausschlusses X. 37 Anm. 2

Ausstattung
s. ehebedingte Zuwendung und Ausstattung

Baulast
- Arten X. 20 Anm. 3
- Baulasterklärungsform X. 20 Anm. 5
- Baulastverzeichnis X. 20 Anm. 7
- Begriff X. 20 Anm. 2

Zahlen nach Anm. = Anmerkungen der Formulare **Sachregister**

- Entstehung X. 20 Anm. 4
- Kosten X. 20 Anm. 10
- Lagepläne X. 20 Anm. 6
- Verpflichtung, öffentlich rechtliche X. 20 Anm. 2
- Wirkung X. 20 Anm. 8

Bedingte Zuwendung
- Testament XVI. 16 Anm. 4

Begründung von Erbbaurecht VIII. 27

Behinderte
- Übersicht über Sondervorschriften für Verfügungen von Todes wegen XV. 4

Behindertentestament XVI. 19
- Erbquote XVI. 19 Anm. 2
- Erträge des Vorerbanteils XVI. 19 Anm. 6
- Lösungsmöglichkeiten XVI. 19 Anm. 2
- Vorerbe, nicht befreiter XVI. 19 Anm. 4

Bekanntmachung, öffentliche
- Buchung, nachträgliche X. 4 Anm. 9

Belastung des Erbbaurechts
- Grundbuchbelastung (Abt. II.) VIII. 5
- Zustimmungserklärung VIII. 15, VIII. 19, VIII. 20

Benutzungsdienstbarkeit X. 21
- Abgrenzung zu Dauerwohn- und Dauernutzungsrecht X. 21 Anm. 3
- Abgrenzung zu Grunddienstbarkeit X. 21 Anm. 3
- Abgrenzung zu Nießbrauch X. 21 Anm. 3
- Ausübungsstelle X. 21 Anm. 5
- Inhalt X. 21 Anm. 4
- Kosten X. 21 Anm. 12
- Nebenleistungspflichten X. 21 Anm. 6, 7
- Schadenshaftung X. 21 Anm. 9
- Steuern X. 21 Anm. 11

Berliner Testament, gegenseitiges
- Anwendungsfälle XVI. 28 Anm. 2
- Definition XVI. 28 Anm. 6
- Ehegattenerbvertrag XVI. 28 Anm. 13
- Jastrow'sche Klausel XVI. 28 Anm. 9
- Nacherbeneinsetzung, bedingte XVI. 28 Anm. 8
- Steuern XVI. 27 Anm. 14
- Testament, gemeinschaftliches XVI. 28 Anm. 3
- Verfügungen, wechselbezügliche XVI. 28 Anm. 4
- Verfügungsunterlassungsvermächtnis XVI. 28 Anm. 8
- Vermächtniseinsetzung, bedingte XVI. 28 Anm. 8
- Wiederverheiratungsklausel XVI. 28 Anm. 7
- Zweitgeschäfte des Erblassers XVI. 28 Anm. 5

Berliner Testament, gegenständlich beschränkte Freistellung
- Anwendungsfälle XVI. 29 Anm. 2
- Definition XVI. 29 Anm. 3

Betreuer XIV. 3

Betreuerbestellung für geschäftsunfähigen Minderjährigen
- Bestellungsurkunde XIV. 3 Anm. 7
- Betreuer XIV. 3 Anm. 2
- Einwilligungsvorbehalt XIV. 3 Anm. 4
- Genehmigungspflichten XIV. 3 Anm. 5
- Rechtsstellung des Betreuten XIV. 3 Anm. 3
- Verfahren XIV. 3 Anm. 6

Betreuungsverfügung XIV. 4
- Ablieferungspflicht XIV. 4 Anm. 5
- Schriftform XIV. 4 Anm. 3
- Unterschied zur Vorsorgevollmacht XIV. 4 Anm. 4

Bietervollmacht X. 52 d

Blinde
- Errichtung einer Verfügung von Todes wegen XV. 6

Briefaushändigen/Briefgrundschuld X. 30 Anm. 6

Bruttonießbrauch
- Vorbehaltsnießbrauch VII. 2 Anm. 6

Buchgrundschuld X. 30
- Abtretung Auszahlungsanspruch X. 30 Anm. 16
- AGB-Gesetz X. 30 Anm. 3
- Allgemeine Bestimmungen X. 30 Anm. 14
- Anrechnungsvereinbarung X. 30 Anm. 20
- Auflassungsvormerkungsrücktritt X. 30 Anm. 16
- Ausfertigungen X. 30 Anm. 28
- Belehrung X. 30 Anm. 15
- Buchgrundschuldbestellung X. 30, VIII. 16
- Buchgrundschuldabtretung X. 31
- Buchrecht X. 30 Anm. 6
- Fälligkeit X. 30 Anm. 8
- Forderung X. 30 Anm. 18
- Gesamtgrundschuld X. 30 Anm. 24
- Grundbuchanträge X. 30 Anm. 11
- Grundschuldbrief X. 30 Anm. 25
- Grundschuldgläubiger X. 30 Anm. 23
- Hebungsverzicht X. 30 Anm. 21
- Kaufpreiszahlungssicherung X. 30 Anm. 16
- Kosten X. 30 Anm. 30
- Nebenleistungen X. 30 Anm. 7
- Notarbestätigung X. 30 Anm. 27
- Notarermächtigung X. 30 Anm. 26
- Rangstelle X. 30 Anm. 9
- Rückgewähranspruch X. 30 Anm. 19
- Rückgewähranspruchsabtretung X. 30 Anm. 19
- Rücktritt VIII. 17 Anm. 3
- Schuldversprechen X. 30 Anm. 13
- Sicherungsgrunschuld X. 30 Anm. 8
- Steuern X. 30 Anm. 29
- Vollstreckungsunterwerfung, dingliche X. 30 Anm. 10
- Vollmacht X. 30 Anm. 16
- Zinsen X. 30 Anm. 7
- Zustimmungserfordernis VIII. 17 Anm. 2

Hennig 1107

Sachregister

Römische und arabische Zahlen = Formulare

- Zweckbestimmungserklärung X. 30 Anm. 16, 18

Buchgrundschuldabtretung
- Grundschuldabtretung X. 31 Anm. 2
- Kosten X. 31 Anm. 7
- Schuldversprechen X. 31 Anm. 4
- Sicherungsabrede X. 31 Anm. 5
- Steuern X. 31 Anm. 6
- Zinsen X. 31 Anm. 3
- mit Unterwerfungsklausel und persönlicher Haftung VIII. 17

Buchung, nachträgliche
- Antragsform X. 4 Anm. 10
- Bekanntmachung, öffentliche X. 4 Anm. 9
- Beweismittelbeibringung X. 4 Anm. 6
- Buchungszwang X. 4 Anm. 2
- Grundbuchblatt X. 4 Anm. 4
- Grundstück X. 4
- Grundstück, buchungsfreies X. 4
- Katasterunterlagen X. 4 Anm. 8
- Kosten X. 4 Anm. 12
- Steuern X. 4 Anm. 11

Buchungsfreiheit
- Ausbuchung X. 5 Anm. 2
- Grundstück X. 4

Buchungszwang
- Buchung, nachträgliche X. 4 Anm. 2

Bürgermeister-Nottestament
- Anwendungsfälle XV. 13 Anm. 2
- Bürgermeister XV. 13 Anm. 4
- Errichtung XV. 13 Anm. 3
- Form XV. 13 Anm. 7
- Gültigkeitsdauer XV. 13 Anm. 8
- Todesbesorgnis XV. 13 Anm. 6
- Unterschrift XV. 13 Anm. 9
- Voraussetzung XV. 13 Anm. 1
- Zeugen XV. 13 Anm. 5

Checklisten
- Partnerschaftsverträge XII. 2 Anm. 15
- Verfügung von Todes wegen XVI. 1

Dauertestamentsvollstreckung (Behindertentestament) XVI. 16 Anm. 2; Anm. 6

Dauerwohnrecht
- Eigentumsähnliches X. 29
- gemäß § 31 WEG X. 24 Anm. 3

Dienstbarkeit
- Benutzungsdienstbarkeit X. 21
- Unterlassungsdienstbarkeit X. 22
- Vorbehaltswohnungsrecht VII. 3 Anm. 4

Diskrepanzehe s. Ehevertrag der Diskrepanzehe

Dispositionsnießbrauch
- Zuwendungsnießbrauch X. 23 Anm. 3

Dorftestament s. Bürgermeister-Nottestament

Doppelbevollmächtigung des Notars XIV. 2
- Beurkundung XIV. 2 Anm. 1
- Genehmigung, vormundschaftliche XIV. 2
- Vollmacht XIV. 2

Doppelvollmacht
- Genehmigung, vormundschaftliche XIV. 2

Drei-Zeugen-Testament
- Erblasserunterschrift XV. 14 Anm. 9
- Erklärung, mündliche XV. 14 Anm. 8
- Geschäfts- und Testierfähigkeit XV. 14 Anm. 7
- Gültigkeitsdauer XV. 14 Anm. 11
- Niederschrift XV. 14 Anm. 3
- Niederschriftsbehandlung XV. 14 Anm. 10
- Schreibunfähigkeit XV. 14 Anm. 6
- Todesbesorgnis XV. 14 Anm. 5
- Voraussetzung XV. 14 Anm. 2
- Zeugen XV. 14 Anm. 4
- Zeugenunterschrift XV. 14 Anm. 9

Ehebedingte Zuwendung aus Haftungsgründen
- Anwendungsbereich VII. 9 Anm. 1
- Rückforderungsrecht VII. 9 Anm. 2
- Scheidungsklausel VII. 9 Anm. 2
- Vertragstyp VII. 9 Anm. 1
- Zwangsvollstreckung VII. 9 Anm. 3

Ehebedingte Zuwendung einer Eigentumswohnung (Gütertrennung)
- Fallgruppen ehebedingter Zuwendungen VII. 7 Anm. 2
- Gütertrennung VII. 7 Anm. 2
- Rückforderungsausschluß VII. 8 Anm. 2
- Steuer VII. 7 Anm. 7
- Vertragstyp VII. 8 Anm. 1

Ehebedingte Zuwendung einer Miteigentumshälfte (Gesetzlicher Güterstand)
- Berechnung des Zugewinnausgleichs VII. 7 Anm. 3
- Ehegattenschenkung VII. 7 Anm. 5
- Fallgruppen VII. 7 Anm. 2
- Gebühren VII. 7 Anm. 8
- Gütertrennung VII. 7 Anm. 3
- Rechtsprechung zur Ehegattenschenkung VII. 7 Anm. 4
- Rechtsprechung zur Rückabwicklung im Scheidungsfall VII. 7 Anm. 3
- Rückabwicklung und Zugewinnausgleich VII. 7 Anm. 3
- Steuer VII. 7 Anm. 7
- Vertragstypen VII. 7 Anm. 3
- Verhältnis zu Dritten VII. 7 Anm. 6

Ehebedingte Zuwendung und Ausstattung
- Anwendungsbereich VII. 11 Anm. 1
- Ausstattung VII. 11 Anm. 2
- Gebühren VII. 11 Anm. 6
- Kettenschenkung VII. 11 Anm. 1, 3
- Rückforderungsrecht VII. 11 Anm. 4

Zahlen nach Anm. = Anmerkungen der Formulare

Sachregister

- Steuer VII. 11 Anm. 1, 5
- Vertragstyp VII. 11 Anm. 1

Ehefähigkeitszeugnis XI. 13 Anm. 6

Ehegatten, kinderlose s. Ehevertrag der kinderlosen Partnerschaftsehe

Ehegattenschenkung VII. 7 Anm. 4–5

Ehegattentestament, gemeinschaftliches mit Vorerbschaft des Überlebenden
- Abkömmlingseinsetzung XVI. 11 Anm. 6
- Anfechtungsausschuß XVI. 11 Anm. 18
- Anwendungsfälle XVI. 11 Anm. 2
- Befugnis des überlebenden Ehegatten XVI. 11 Anm. 11
- Behindertentestament XVI. 19
- Erbenhaftung XVI. 11 Anm. 4 (3)
- Freistellungsklausel XVI. 11 Anm. 13
- Gestaltung, trennbare XVI. 11 Anm. 3
- Nacherbenanwartschaft XVI. 11 Anm. 8
- Nacherbenschutz XVI. 11 Anm. 4 (2)
- Nacherbentestamentsvollstreckung XVI. 11 Anm. 20
- Nacherbe, unbekannter XVI. 11 Anm. 7
- Nacherbschaft XVI. 11 Anm. 4
- Pflichtteilsstrafklausel XVI. 11 Anm. 16
- Steuern XVI. 11 Anm. 22
- Versterben, gleichzeitiges XVI. 11 Anm. 15
- Vorausvermächtnis XVI. 11 Anm. 10
- Vor- und Nacherbschaft XVI. 11 Anm. 4
- Vorerbschaft, befreite XVI. 11 Anm. 5
- Wiederverheiratungsklausel XVI. 11 Anm. 9, 14

Ehegattentestament mit Nießbrauchsvermächtnis
- Abkömmlinge, eigene XVI. 20 Anm. 3
- Anwendungsfälle XVI. 20 Anm. 2
- Befugnisse des Überlebenden XVI. 20 Anm. 8
- Nachlaßnießbrauch XVI. 20 Anm. 4 b
- Nachlaßverwaltung XVI. 20 Anm. 4
- Pflichtteilsstrafklausel XVI. 20 Anm. 11
- Steuern XVI. 20 Anm. 14
- Teilungsverbot XVI. 20 Anm. 5
- Testamentsvollstreckung XVI. 20 Anm. 7
- Wechselbezüglichkeit der Verfügung XVI. 20 Anm. 12
- Wiederverehelichungsklausel XVI. 20 Anm. 6

Ehegattenzuwendungen s. Ehebedingte Zuwendung

Ehegüterrecht, Wahl des deutschen
- Abwicklung des ausländischen Güterstandes XI. 11 Anm. 2
- Anerkennung im Heimatland XI. 11 Anm. 1 (4)
- Form XI. 11 Anm. 1 (2)
- Rechtswahl XI. 11 Anm. 1

Ehegüterrecht, Wahl für unbewegliches Vermögen
- Gütertrennung XI. 12 Anm. 2
- Rechtswahl, beschränkte XI. 12 Anm. 1
- Rechtswahl, einheitliche XI. 12 Anm. 3

Eheleute, ältere
- Ehe-, Erb- und Pflichtteilsverzichtvertrag XI. 9

Eheleute, getrenntlebende s. Getrenntlebensvertrag

Eheleute, junge
- Ehevertrag der berufstätigen Verlobten XI. 1
- Ehevertrag der kinderlosen Partnerschaftsehe XI. 4

Ehelicherklärung des Kindes
- Verzicht des Vaters auf Beantragung der Übertragung der Sorge für das nichteheliche Kind XIII. 8

Ehemakler s. Partnervermittlungsvertrag

Ehe- und Erbvertragsbeurkundung
- Annahme XV. 16 Anm. 8
- Anwendungsfälle XV. 16 Anm. 2
- Anwesenheit, gleichzeitige XV. 16 Anm. 7
- Eheschließung, nachfolgende XV. 16 Anm. 9
- Eheverträge, bisherige XV. 16 Anm. 6
- Form XV. 16 Anm. 4
- Geschäftsfähigkeit XV. 16 Anm. 3
- Höchstpersönlichkeit XV. 16 Anm. 5

Ehe-, Erb- und Pflichtteilsverzichtvertrag bei Wiederverheiratung älterer Eheleute
- Anwendungsbereich XI. 9 Anm. 1
- Gebühren XI. 9 Anm. 3
- Steuer XI. 9 Anm. 2

Ehe- und Erbvertrag bei Wiederverheiratung
- Anwendungsbereich XI. 8 Anm. 1
- Gebühren XI. 8 Anm. 5
- Stiefkindunterhalt XI. 8 Anm. 2
- Erbvertrag XI. 8 Anm. 4

Ehevertrag
- Ausländer XI. 11–XI. 13
- Diskrepanzehe XI. 7
- Einkunftsermittlung XI. 1 Anm. 6 (1)
- Ehetypen XI. 1 Anm. 1 (2)
- Ehevertragsbegriff, erweiterter XI. 1 Anm. 2
- Ehevertragsfreiheit, Umfang XI. 1 Anm. 3
- Ehevertragsgestaltung XI. 1 Anm. 1
- Fallgruppenbildung XI. 1 Anm. 1 (3)
- Form XI. 1 Anm. 4
- Freiberufler XI. 6
- Gebühren XI. 1 Anm. 7
- Geschäftsbesorgungsrecht, Ausschuß XI. 14
- Gesetzliche Regelung XI. 1 Anm. 1 (4)
- Güterrecht, eheliches XI. 1 Anm. 3 (3)
- Güterstandswechsel XI. 10
- Islamisches Recht XI. 13
- Rechtswahl (IPR) XI. 11 Anm. 1; XI. 12; s. a. Ehegüterrecht
- Rollenverteilung, eheliche XI. 1 Anm. 3 (2)
- Schadensersatzpflicht als Sanktion XI. 1 Anm. 3 (2)
- Scheidungsbezogener XI. 16; s. a. Scheidungsvereinbarungen
- Schulden s. Ehevertrag mit verschuldetem Partner

Sachregister

Römische und arabische Zahlen = Formulare

- Steuer XI. 1 Anm. 6; XI. 6 Anm. 3
- Stiefkindunterhalt XI. 8 Anm. 2
- Typen XI. 1 Anm. 1 (6)
- Unterhalt, nachehelicher XI. Anm. 3 (5); XI. 4 Anm. 3; XI. 5 Anm. 4; XI. 7 Anm. 3
- Unternehmer XI. 5
- Vermögensverzeichnis XI. 3 Anm. 2 (2)
- Versorgungsausgleich XI. 1 Anm. 3 (4), 5; XI. 4 Anm. 4; XI. 6 Anm. 2
- Wertsicherungsklausel XI. 5 Anm. 4 (2)
- Wiederverheiratung XI. 8; XI. 9
- Zugewinnausgleich, Modifizierung XI. 2 Anm. 3; XI. 4 Anm. 2; XI. 5 Anm. 4 (3); XI. 7 Anm. 2

Ehevertrag der berufstätigen Verlobten
- Form XI. 1 Anm. 4
- Gebühren XI. 1 Anm. 7
- Güterrecht, eheliches XI. 1 Anm. 3 (3)
- Rollenverteilung, eheliche XI. 1 Anm. 3 (2)
- Steuer XI. 1 Anm. 6
- Unterhalt, nachehelicher XI. 1 Anm. 3 (5)
- Versorgungsausgleich XI. 1 Anm. 3 (4), 5

Ehevertrag der Diskrepanzehe
- Anwendungsbereich XI. 7 Anm. 1
- Gebühren XI. 7 Anm. 5
- Unterhalt, nachehelicher XI. 7 Anm. 3
- Versorgungsausgleich, Ausschluß gegen Kapitallebensversicherung XI. 7 Anm. 2

Ehevertrag der kinderlosen Partnerschaftsehe
- Anwendungsbereich XI. 4 Anm. 1
- Scheidungsverschulden und Unterhaltsverzicht XI. 4 Anm. 3 (4)
- Steuer XI. 4 Anm. 6
- Unterhaltsverzicht XI. 4 Anm. 3
- Versorgungsausgleich, Ausschluß XI. 4 Anm. 4
- Zugewinngemeinschaft, modifizierte XI. 4 Anm. 2
- Zuwendungen der Ehegatten untereinander XI. 4 Anm. 5

Ehevertrag des Kaufmanns oder Freiberuflers
- Anwendungsbereich XI. 6 Anm. 1
- Gebühren XI. 6 Anm. 4
- Steuer XI. 6 Anm. 3
- Versorgungsausgleich, Ausschluß gegen Lebensversicherung, XI. 6 Anm. 2

Ehevertrag des Unternehmers
- Anwendungsbereich XI. 5 Anm. 1
- Bewertungsvereinbarungen XI. 5 Anm. 3
- Unterhalt, nachehelicher XI. 5 Anm. 4
- Verfügungsbeschränkung, Ausschluß XI. 5 Anm. 2
- Versorgungsausgleich, Ausschluß XI. 5 Anm. 4
- Wertsicherungsklausel XI. 5 Anm. 4 (2)

Eheverträge mit Auslandsberührung
- nach islamischem Recht XI. 13
- Wahl deutschen Ehegüterrechts XI. 11; XI. 12

Ehevertrag mit verschuldetem Partner
- Anwendungsbereich XI. 3 Anm. 1
- Rechtsfolgen XI. 3 Anm. 2
- Vermögensverzeichnis XI. 3 Anm. 2 (2)
- Zwangsvollstreckung XI. 3 Anm. 2 (5)

Ehevertrag nach islamischem Recht
- Dispens von Ehefähigkeitszeugnis XI. 13 Anm. 6
- Ehefähigkeit XI. 13 Anm. 6
- Eheschließungsformel XI. 13 Anm. 7
- Form XI. 13 Anm. 3–5, 14
- Freizügigkeit der Frau XI. 13 Anm. 12
- Gebühren XI. 13 Anm. 15
- Gütertrennung XI. 13 Anm. 9
- Informationsblätter XI. 13 Anm. 2
- Islamisches Eherecht XI. 13 Anm. 1
- Kinder XI. 13 Anm. 1, 13
- Morgengabe XI. 13 Anm. 1, 8
- Scheidungsrechte XI. 13 Anm. 10
- Unterhalt, nachehelicher XI. 13 Anm. 11
- Zeugen XI. 13 Anm. 5

Ehevertrag über Herausnahme von Vermögensgegenständen aus dem Zugewinnausgleich
- Anwendungsbereich XI. 2 Anm. 1
- Ausgleichspflicht für Verwendungen XI. 2 Anm. 2 (2)
- Rechtsfolgen der Regelung XI. 2 Anm. 2
- Vereinbarungsmöglichkeiten für den Zugewinnausgleich XI. 2 Anm. 3

Ehe auf Probe s. Partnerschaftsvertrag

Eigentümerbriefgrundschuld
- Abtretung X. 33
- Briefübergabe X. 33 Anm. 6
- Ehegattenzustimmung X. 33 Anm. 2
- Eintragungsantrag X. 33 Anm. 7
- Form X. 33 Anm. 1
- Kosten X. 33 Anm. 9
- Schuldversprechen X. 33 Anm. 3
- Zessionar X. 33 Anm. 5
- Zinsen X. 33 Anm. 4

Eigentümergrunddienstbarkeit
- Grunddienstbarkeit X. 19 Anm. 10

Eigentümergrundschuld
- Bestellung X. 32 Anm. 1
- Eigentümerbriefgrundschuld X. 33
- Gläubiger X. 32 Anm. 2
- Grundbuchblattabschrift X. 32 Anm. 8
- Grundschuldbrief X. 32 Anm. 3
- Kosten X. 32 Anm. 11
- Löschungsanspruch X. 32 Anm. 5
- Schuldbekenntnis X. 32 Anm. 9
- Vollstreckungsunterwerfung X. 32 Anm. 7
- Zinsbeginn X. 32 Anm. 4
- Zweck X. 32 Anm. 6

Eigentümernießbrauch
- Zuwendungsnießbrauch X. 23 Anm. 3

Eigentümerversammlung (Wohnungseigentum) IX. 1 Anm. 20; IX. 3 Anm. 14 f.

Zahlen nach Anm. = Anmerkungen der Formulare

Sachregister

Eigentumsähnliches Dauerwohnrecht X. 29
- Anwendungsbereich X. 29 Anm. 2
- Begriff X. 29 Anm. 3
- Einkommensteuer X. 29 Anm. 5
- Grunderwerbsteuer X. 29 Anm. 7
- Grundsteuer X. 29 Anm. 10
- Schenkungssteuer X. 29 Anm. 8
- Umsatzsteuer X. 29 Anm. 8
- Zwangsvollstreckung X. 29 Anm. 4

Eigentumsverzicht
- Grundbuchstücksaufgabe X. 7 Anm. 1

Eigentumswohnung
- Ehebedingte Zuwendung einer VII. 7
- Unterteilung einer IX. 9

Eigentum, wirtschaftliches
- Vorbehaltsnießbrauch VII. 2 Anm. 13

Einheit, wirtschaftliche
- Grundstücksvereinigung X. 2 Anm. 1

Einkommensdiskrepanz XI. 7
- Unterhalt, nachehelicher XI. 7 Anm. 3
- Zugewinn- und Versorgungsausgleich XI. 7 Anm. 2

Einkommensteuer
- Benutzungsdienstbarkeit X. 21 Anm. 11
- Dauerwohnrecht, eigentumsähnliches X. 29 Anm. 5, 6
- Ehegattentestament, gemeinschaftliches mit Vorerbschaft des Überlebenden XVI. 11 Anm. 22 (2)
- Ehegattentestament mit Nießbrauchsvermächtnis des Überlebenden XVI. 20 Anm. 14 (2)
- Ehevertrag der berufstätigen Verlobten XI. 1 Anm. 6
- Ehevertrag des Kaufmanns oder Freiberuflers XI. 6 Anm. 3
- Erbauseinandersetzungsvertrag XIX. 1 Anm. 5 (2)
- Erbschaftskauf XX. 1 Anm. 20
- Kapitalvermächtnis mit Rentenoption XVI. 8 Anm. 11 (2)
- Landwirtschaftsbetrieb, Übergabe VII. 4 Anm. 8
- Lebensgemeinschaft, nichteheliche, XII. 2 Anm. 17
- Nießbrauchsvermächtnis an der KG-Beteiligung XVI. 25 Anm. 17 (2)
- Nießbrauchsvermächtnis an der OHG-Beteiligung XVI. 24 Anm. 10 (2)
- Nießbrauchsvermächtnis an einem Einzelunternehmen XVI. 23 Anm. 10 (2)
- Nießbrauchsvermächtnis an GmbH-Geschäftsanteil XVI. 26 Anm. 15 (2)
- Nießbrauchsvermächtnis an Erbteilen XVI. 21 Anm. 10 (2)
- Personengesellschaften, Nachfolgeregelungen auf den Todesfall XVI. 10. Anm. 22 (2)
- Scheidungsvereinbarung, steuergünstige XI. 26 Anm. 2; XI. 27 Anm. 2
- Scheidungsvereinbarung über den Ausschluß des Versorgungsausgleichs XI. 18. Anm. 9; XI. 19 Anm. 5
- Scheidungsvereinbarung über den Einkauf in die gesetzliche Rentenversicherung XI. 20 Anm. 4
- Scheidungsvereinbarung über Unterhaltsmodifizierungen XI. 22 Anm. 7
- Schenkungsvertrag mit auf den Tod verzögerter Erfüllung XVI. 33 Anm. 6 (2)
- Stiftung XVII. 3 Anm. 11 (6), (7)
- Testament mit Erb- und Ersatzerbeinsetzung XVI. 2 Anm. 9 (3)
- Testament mit gegenständlicher Nacherbfolge an Grundstücken XVI. 14 Anm. 5
- Testament mit Nacherbfolge an einem Unternehmen XVI. 12 Anm. 12 (2)
- Testament mit Vermächtnisanordnungen XVI. 3 Anm. 12 (2)
- Testament mit Vermächtnissen, Auflagen, Verwirkungsklauseln XVI. 27 Anm. 11 (2)
- Überbaurente X. 13 Anm. 18; X. 16 Anm. 13
- Übertragung eines Mehrfamilienhauses VII. 1 Anm. 2, Anm. 5, Anm. 7
- Unternehmertestament, vorzeitiges XVI. 7 Anm. 12 (2)–(3)
- Vermächtnis einer Rente, dauernden Last und Wohnungsrecht XVI. 8 Anm. 10 (2)
- Vermächtnis eines Quotennießbrauchs an einem Grundstück XVI. 22 Anm. 7 (2)
- Vermietung und Verpachtung VII. 1 Anm. 7
- Vorweggenommene Erbfolge mit Nießbrauchsvorbehalt VII. 2 Anm. 12, 13
- Vorweggenommene Erbfolge mit Leibgedingsvorbehalt VII. 3 Anm. 12, 13
- Wiederkehrende Bezüge, Einkommenbesteuerung von VII. 1 Anm. 5
- Wohnungseigentum, Teilungserklärung IX. 2 Anm. 13
- Zuwendungsnießbrauch X. 23 Anm. 9, 10
- Zuwendungswohnungsrecht X. 24 Anm. 10, 11

Einwilligung des Kindes
- Annahme als Kind XIII. 5
- Widerruf der Einwilligung XIII. 9

Einwilligung der Kindeseltern
- Annahme als Kind XIII. 6

Einwilligung der nichtehelichen Mutter
- Annahme als Kind XIII. 7

Erbauseinandersetzungsvertrag
- Erbauseinandersetzungsdurchführung XIX. 1 Anm. 2 (2)
- Erbengemeinschaft XIX. 1 Anm. 2 (1)
- Gebühren XIX. 1 Anm. 6
- Genehmigungsbedürftigkeit XIX. 1 Anm. 2 (2) d
- Gewährleistungsausschluß XIX. 1 Anm. 4
- Nachlaßgericht XIX. 1 Anm. 2 (2) f
- Steuern XIX. 1 Anm. 5

Sachregister

Römische und arabische Zahlen = Formulare

- Teilauseinandersetzung XIX. 1 Anm. 2 (2) e
- Verzichtsklausel XIX. 1 Anm. 3

Erbausgleich, vorzeitiger eines nichtehelichen Kindes (nach altem Recht) XVIII. 2
- Anspruchsvoraussetzungen XVIII. 2 Anm. 4
- Anwendungsfälle XVIII. 2 Anm. 2
- Bedingungen XVIII. 2 Anm. 8
- Erbrechtliche Folgen XVIII. 2 Anm. 9
- Gebühren XVIII. 2 Anm. 12
- Leistungsstörungen XVIII. 2 Anm. 7
- Rechtsnatur XVIII. 2 Anm. 3
- Steuern XVIII. 2 Anm. 11
- Urkundenbehandlung XVIII. 2 Anm. 10
- Vereinbarung, vertragliche XVIII. 2 Anm. 6

Erbbaurecht VIII. 1 ff.
- Aufhebung VIII. 25
- Aufteilung des Erbbauzinses VIII. 14
- Aufteilung nach § 8 WEG VIII. 12
- Aufteilung nach § 8 WEG (Kurzfassung) VIII. 13
- Begründung von Wohnerbbaurechten VIII. 26
- Belastungszustimmung VIII. 15
- Bestellung einer Buchgrundschuld VIII. 17
- Erbbaurechtsvertrag zur Errichtung einer gewerblichen Anlage VIII. 3
- Erbbaurechtsvertrag mit festem Erbbauzins VIII. 1
- Erbbauzinserhöhung VIII. 8
- Gesamterbbaurecht VIII. 2 Anm. 3, VIII. 4
- Kaufvertrag über eine Erbbaurechtswohnung VIII. 16
- Löschen von Vorlasten VIII. 6
- Nachtrag mit Messungsanerkennung VIII. 7
- Pfanderstreckung von Vorlagen VIII. 5
- Rangrücktritt VIII. 5
- Realteilung und Übertragung VIII. 11
- Realteilung in zwei Erbbaurechte VIII. 9, VIII. 10
- Rücktritt nach Bildung von Wohnungserbbaurecht VIII. 15
- Sachenrechtsbereinigung VIII. 26
- Stillhalteerklärung des Eigentümers VIII. 22
- Stillhalteerklärung des Gläubigers VIII. 21
- Übertragung des Erbbaurechts VIII. 11
- Verpflichtung des Eigentümers VIII. 15
- Wegmessung von Teilflächen im Tauschweg VIII. 24
- Wertsicherung VIII. 1 Anm. 38
- Zumessung von Teilflächen im Tauschweg VIII. 24
- Zumessung und Wegmessung VIII. 23
- Zustimmung zur Belastung VIII. 19
- Zustimmungserklärung zur Belastung und Zwangsversteigerung VIII. 20
- Zustimmungserklärung zur Veräußerung VIII. 18

Erbbaurechtsaufhebung VIII. 25
- Dinglich Berechtigte VIII. 25 Anm. 4
- Grundbuch VIII. 25 Anm. 5
- Grunderwerbsteuer VIII. 25 Anm. 6
- Handlungsanweisung VIII. 25 Anm. 2

Erbbaurechtsbestellung
- Sachenrechtsbereinigung VIII. 26 Anm. 4

Erbbaurechtsvertrag zur Errichtung einer gewerblichen Anlage
- Ankaufsrecht VIII. 3 Anm. 6
- Entschädigung bei Beendigung des Erbbaurechts VIII. 3 Anm. 4
- Erbbauzins VIII. 3 Anm. 7, 8
- Genehmigungen VIII. 3 Anm. 14
- Gewährleistung VIII. 3 Anm. 11
- Grundbuchanträge VIII. 3 Anm. 12
- Kosten VIII. 3 Anm. 16
- Messungsanerkennung VIII. 3 Anm. 3
- Vergütung bei Heimfall VIII. 3 Anm. 5
- Vormerkung VIII. 3 Anm. 9, 13
- Zwangsvollstreckungsunterwerfung VIII. 3 Anm. 10

Erbbaurechtsvertrag mit festem Erbbauzins VIII. 1
- Bauliche Veränderungen VIII. 1 Anm. 13
- Bauverpflichtung VIII. 1 Anm. 7, 10
- Bauwerksbegriff VIII. 1 Anm. 7
- Beginn des Erbbaurechts VIII. 1 Anm. 5
- Besichtigungsrecht VIII. 1 Anm. 14
- Dauer des Erbbaurechts VIII. 1 Anm. 4
- Entschädigung beim Heimfall VIII. 1 Anm. 29
- Entschädigung bei Zeitablauf VIII. 1 Anm. 30
- Erbbauzins in der Zwangsversteigerung VIII. Anm. 50
- Erschließungskosten VIII. 1 Anm. 20
- Gesetzliche und vertragliche Bestimmungen VIII. 1 Anm. 6
- Gewährleistung VIII. 1 Anm. 41
- Grunderwerbsteuer VIII. 1 Anm. 51
- Haftung VIII. 1 Anm. 17
- Heimfall VIII. 1 Anm. 27
- Instandhaltung VIII. 1 Anm. 11
- Kosten VIII. 1 Anm. 52
- Öffentliche Lasten VIII. 1 Anm. 18
- Rangstelle VIII. 1 Anm. 3
- Übertragung des Erbbaurechts VIII. 1 Anm. 28
- Vermietung VIII. 1 Anm. 25 f.
- Versicherungspflicht VIII. 1 Anm. 15
- Vorkaufsrecht VIII. 1 Anm. 42
- Wiederaufbau VIII. 1 Anm. 16
- Zustimmung zur Belastung VIII. 1 Anm. 22
- Zustimmung zur Belastung VIII. 1 Anm. 44
- Zustimmung zur Veräußerung VIII. 1 Anm. 23
- Zustimmung zur Zwangsversteigerung VIII. 1 Anm. 24

Erbbaurechtsvertrag mit gleitendem Erbbauzins
- Bestimmtheitsprinzip VIII. 2 Anm. 11

Zahlen nach Anm. = Anmerkungen der Formulare   **Sachregister**

- Erbbauberechtigter VIII. 2 Anm. 5
- zur Errichtung von Wohngebäuden VIII. 2
- Gesamterbbaurecht VIII. 2 Anm. 3 ff.
- Heimfall VIII. 2 Anm. 6
- Kosten VIII. 2 Anm. 16
- mit der Möglichkeit der Aufteilung nach dem WEG VIII. 2
- Rangrücktritt VIII. 2 Anm. 12
- Teilung in Wohnungseigentum VIII. 2 Anm. 13
- Vormerkung VIII. 2 Anm. 9, 14
- Zinsanpassung VIII. 2 Anm. 8
- Zustimmung zur Belastung VIII. 2 Anm. 12
- Zwangsvollstreckungsunterwerfung VIII. 2 Anm. 10

Erbbaurechtswohnung
- Eintritt in den Erbbaurechtsvertrag VIII. 16 Anm. 6
- Erbbaurechtsdauer VIII. 16 Anm. 3
- Grunderwerbsteuer VIII. 16 Anm. 10
- Grundpfandrechtsbestellungen VIII. 16 Anm. 8
- Kaufvertrag über VIII 16
- Kosten VIII. 16 Anm. 11
- Teilungserklärung VIII. 16 Anm. 5
- Vorkaufsrechte, gesetzliche VIII. 16 Anm. 9

Erbbauzins
- Aufteilung VIII. 14
- gleitender Erbbauzins, Erbbaurechtsvertrag VIII. 2, VIII. 3
- Sachenrechtsbereinigung VIII. 26 Anm. 16; 17

Erbbauzinserhöhung VIII. 8
- Reallast VIII. 8 Anm. 3
- Vormerkung wegen VIII. 8 Anm. 2

Erbeinsetzung (Unselbständige Stiftung)
- Alternativen zu Erbvertrag XVII. 1 Anm. 3
- Rechtsstellung des Trägers XVII. 1 Anm. 6
- Satzung XVII. 1 Anm. 8
- Vertrauensstellung des Trägers XVII. 1 Anm. 7

Erbe, behinderter XVI. 19
- Erbquote XVI. 19 Anm. 3
- Vorerbe, nicht befreiter XVI. 19 Anm. 4

Erbe, minderjähriger
- Unternehmertestament, vorzeitiges XVI. 7 Anm. 8

Erbengemeinschaft
- Erbauseinandersetzungsvertrag XIX. 1 Anm. 2 (1)
- Grundstückverkehr I. 24 Anm. 1

Erbfolgemaßnahmen
- Pflichtteilsverzicht, beschränkter XVIII. 1; XI. 9

Erbfolge, vorweggenommene
- Gewerbebetriebsübergabe VII. 2
- mit Leibgedingvorbehalt VII. 3
- s. Vorbehaltswohnungsrecht
- mit Nießbrauchsvorbehalt VII. 2
- s. Vorbehaltsniesbrauch
- Schenkungsvertrag, Erfüllung nach Tod XVI. 33
- Unternehmertestament, einzelkaufmännisch XVI. 12 Anm. 9

Erbrecht
- der ehemaligen DDR und seine Überleitung XVI. 30 Anm. 1 (13)
- Erbfolgemaßnahmen, vorbereitende XVIII. 1
- Erbausgleich nichtehelicher Kinder, vorzeitiger (alte Rechtsprechung) XVIII. 2
- Gesellschaftsvertragliche Nachfolgeregelungen XVI. 10
- Lebensgemeinschaft, nichteheliche XII. 2 Anm. 15 (19); Anm. 2 (4)
- Pflichtteilsrechte von Erben und Vermächtnisnehmern XVIII. 3

Erbschaftsteuer
- Annahme als Kind XIII. 1 Anm. 9
- Berliner Testament, gegenseitiges XVI. 28 Anm. 14
- Ehe-, Erb- und Pflichtteilsverzichtvertrag bei Wiederverheiratung älterer Eheleute XI. 9 Anm. 2
- Ehegattentestament, gemeinschaftliches mit Vorerbschaft des Überlebenden XVI. 11 Anm. 22 (1)
- Ehegattentestament mit Nießbrauchsvermächtnis des Überlebenden XVI. 20 Anm. 14 (1)
- Ehevertrag der kinderlosen Partnerschaftsehe XI. 4 Anm. 6
- Erbauseinandersetzungsvertrag XIX. 1 Anm. 5 (1)
- Erbausgleich, vorzeitiger eines nichtehelichen Kindes (nach altem Recht) XVIII. 2 Anm. 11
- Erbteilskauf- und Übertragungsvertrag XX. 1 Anm. 20
- Erbvertrag mit Nacherbfolge und Pflichtteilsverzicht des Vorerben XVI. 15 Anm. 8
- Erbvertrag mit Unterhalts- und Verfügungsunterlassungsvertrag XVI. 31 Anm. 6
- Grundstücksschenkung VII. 6 Anm. 4
- Grundzüge der Erbschaftsteuer XVI. 2 Anm. 9
- Herausgabevermächtnis, aufschiebend befristetes XVI. 5 Anm. 9
- Kapitalvermächtnis mit Rentenoption XVI. 8 Anm. 11 (1)
- Lebensgemeinschaft, nichteheliche XII. 2 Anm. 17; XVI. 32 Anm. 6
- Nacherbfolge, mehrfache XVI. 13 Anm. 7
- Nießbrauchsvermächtnis an der KG-Beteiligung XVI. 25 Anm. 17 (1)
- Nießbrauchsvermächtnis an der OHG-Beteiligung XVI. 24 Anm. 10 (1)
- Nießbrauchsvermächtnis an einem Einzelunternehmen XVI. 23 Anm. 10 (1)
- Nießbrauchsvermächtnis an GmbH-Geschäftanteil XVI. 26 Anm. 15 (1)

Sachregister

Römische und arabische Zahlen = Formulare

- Nießbrauchsvermächtnis an Erbteilen XVI. 21 Anm. 10 (1)
- Personengesellschaften, Nachfolgeregelungen auf den Todesfall XVI. 10 Anm. 22 (1)
- Schenkungsvertrag mit auf den Tod verzögerter Erfüllung XVI. 33 Anm. 6 (1)
- Stiftung XVII. 3 Anm. 6
- Testament, gemeinschaftliches mit Auslandsberührung XVI. 30 Anm. 11
- Testament mit Erb- und Ersatzerbeinsetzung XVI. 2 Anm. 9
- Testament mit gegenständlicher Verteilung des Nachlasses XVI. 4 Anm. 11
- Testament mit Nacherbfolge an einem Unternehmen XVI. 12 Anm. 12 (1)
- Testament mit Nach- und Untervermächtnis XVI. 6 Anm. 6
- Testament mit Vermächtnisanordnungen XVI. 3 Anm. 12 (1)
- Testament mit Vermächtnissen, Auflagen, Verwirkungsklauseln XVI. 27 Anm. 11 (1)
- Unternehmertestament, vorzeitiges XVI. 7 Anm. 12 (1)
- Vermächtnis einer Rente, dauernden Last und Wohnungsrecht XVI. 8 Anm. 10 (1)
- Vermächtnis eines Quotennießbrauchs an einem Grundstück XVI. 22 Anm. 7 (1)
- Zuwendung und Ausstattung, ehebedingte VII. 11 Anm. 1

Erbteil
- Gemeinschaftliches XVI. 2 Anm. 4
- Nießbrauchsvermächtnis an Erbteilen XVI. 21

Erbteilkaufs- und Übertragungsvertrag
- Anwendungsfälle XX. 1 Anm. 2
- Austauschverhältnissicherung XX. 1 Anm. 8
- Erbschaftskauf XX. 1 Anm. 1
- Erbteilsübertragung XX. 1 Anm. 16
- Erwerberhaftung XX. 1 Anm. 19
- Gebühren XX. 1 Anm. 21
- Gefahrübergang XX. 1 Anm. 10
- Genehmigungsbedürftigkeite XX. 1 Anm. 15
- Grundbuchberichtigung XX. 1 Anm. 17
- Kaufpreisfälligkeitsermittlung durch Notar XX. 1 Anm. 6
- Kaufpreisfälligkeitsvoraussetzung XX. 1 Anm. 7
- Miterbenhaftung XX.1 Anm. 3
- Nutzungsübergang XX. 1 Anm. 10
- Rechtsmängelhaftung XX. 1 Anm. 12
- Sachmängel von Nachlaßgegenständen XX. 1 Anm. 13
- Schubladengenehmigung XX. 1 Anm. 8 (5)
- Schuldübernahme XX. 1 Anm. 5
- Sicherung des Austauschverhältnisses XX. 1 Anm. 8
- Steuern XX. 1 Anm. 20
- Verfügungsbeschränkungslöschung des Erbteilserwerbers XX. 1 Anm. 9
- Verkauf von Bruchteilen XX. 1 Anm. 4
- Vertragsgarantie XX. 1 Anm. 14
- Vorkaufsrecht des Miterben XX. 1 Anm. 18

Erbteilsnießbrauchsvermächtnis
- Anwendungsfälle XVI. 21 Anm. 2
- Begriff XVI. 21 Anm. 5
- Nacherbenanwartschaftsrechtsübertragung XVI. 21 Anm. 3
- Nacherbenbestimmung XVI. 21 Anm. 4
- Rentenvermächtnis XVI. 21 Anm. 8
- Schiedsgutachten XVI. 21 Anm. 7
- Steuern XVI. 21 Anm. 10
- Übernahmerecht XVI. 21 Anm. 6

Erbteilsverzicht
- Eheleute, getrenntlebende XVI. 15 Anm. 6

Erb- und Ersatzerbeinsetzung
- Ausschluß der Ersatzerbfolge XVI. 2 Anm. 5 (3)

Erbvertrag
- Ehe- und Erbvertragsbeurkundung XV. 16
- Erbvertragsbeurkundung XV. 15 Anm. 3
- Erbvertrag, Lebensgemeinschaft, nichteheliche XVI. 32
- Erbvertrag, Nacherbfolge XVI. 15
- Erbvertrag, Verfügungsunterlassungsvertrag XVI. 31
- Pflichtteilsverzicht XVIII. 1
- Stiftungen, unselbständige Erbeinsetzung XVII. 1 Anm. 4
- Wiederverheiratung VII. 11, 12

Erbvertrag, Lebensgemeinschaft, nichteheliche
- Anfechtungsrechtsvericht XVI. 32 Anm. 4
- Anwendungsfälle XVI. 32 Anm. 2
- Rücktrittvorbehalt XVI. 32 Anm. 3
- Steuern XVI 32 Anm. 6

Erbvertrag, Nacherbfolge
- Anwendungsfälle XVI. 15 Anm. 2
- Erbverzicht XVI. 15 Anm. 5
- Pflichtteilsverzicht XVI. 15 Anm. 3
- Steuern XVI. 15 Anm. 4
- Vorerbenpflichtteilsverzicht XVI. 15 Anm. 2

Erbvertrag, Unterhalts- und Verfügungsunterlassungsvertrag
- Annahme der vertragsgemäßen Verfügungen XVI. 31 Anm. 7
- Anwendungsfälle XVI. 31 Anm. 2
- Aufhebungstestament, gemeinschaftliches XVI. 31 Anm. 5 (6)
- Bindungswirkung vertragsgemäßer Zuwendungen und Auflagen XVI. 31 Anm. 3
- Bindungswirkungsgrenzen XVI. 31 Anm. 5
- einseitige Verfügung XVI. 31 Anm. 4
- Rücktritt XVI. 31 Anm. 5 (8)
- Selbstanfechtung XVI. 31 Anm. 5 (9)
- Steuern XVI. 31 Anm. 10
- Sukzessiv-Berechtigung XVI. 31 Anm. 9
- Verbindung des Erbvertrags mit anderen Verträgen XVI. 31 Anm. 8
- Zweitgeschäfte des Erblassers XVI. 31 Anm. 6

Zahlen nach Anm. = Anmerkungen der Formulare

Sachregister

Erbvertragsbeurkundung
- Anwendungsfälle XV. 15 Anm. 2
- Anwesenheit, gleichzeitige XV. 15 Anm. 6
- Ehe- und Erbvertragsbeurkundung XV. 16
- Erblasser XV. 15 Anm. 3
- Belehrung des Erblassers XV. 15 Anm. 9
- Erbvertrag XV. 15
- Form XV. 15 Anm. 5
- Pflichtteilsrecht XV. 15 Anm. 10
- Testierfreiheit XV. 15 Anm. 8
- Urkundenbehandlung XV. 15 Anm. 12
- Verfügungsannahme XV. 15 Anm. 7
- Vertragsgegner XV. 15 Anm. 4

Ergänzungspfleger XIV. 1
Erwerbsrecht (ehebedingte Zuwendung) VII. 10

Familienheim
- Vermögensauseinandersetzung in Scheidungsvereinbarung XI. 25 Anm. 4

Finanzierungsvollmacht X. 56 Anm. 2
Frankfurter Testament XIX. 1 Anm. 5 (2) b

Garantieverträge (Zwangsversteigerung) X. 9 ff.
Gemeinsame Annahme eines nichtehelichen Kindes durch Ehegatten
- Adoptionsdekret XIII. 1 Anm. 4
- Adoptionswirkungsbelehrung XIII. 1 Anm. 8
- Ausländerbeteiligung XIII. 1 Anm. 2
- ein Ehegatte allein XIII. 1 Anm. 5
- Einwilligungen XIII. 1 Anm. 3
- Geburtsnahme des Kindes XIII. 1 Anm. 7
- Grundlagen, gesetzliche XIII. 1 Anm. 1
- Steuern XIII. 1 Anm. 9
- Todesfall XIII. 1 Anm. 6
- Vornamen eines Kindes XIII. 1 Anm. 7

Gemeinschaftseigentum
- Umwandlung in Sondereigentum IX. 10
- Umwandlung aus Sondereigentum IX. 11
- Wohnungseigentum IX. 1 Anm. 6

Gemeinschaftsordnung
- Änderung der IX. 8
- Wohnungseigentum IX. 1 Anm. 9, 10; IX. 3 Anm. 6

Gemeinschaftsverhältnis
- Miteigentümervereinbarungen X. 18 Anm. 2

Generalvollmacht
- Erlöschen einer X. 51 Anm. 3
- Erteilung einer X. 51 Anm. 1
- Umfang einer X. 51 Anm. 6
- Untervollmacht X. 51 Anm. 5

Gesamterbbaurecht VIII. 4
Gesamtgrundschuld
- Buchgrundschuld X. 30 Anm. 23

Geschäftsbesorgungsrecht s. Ehevertrag über Ausschluß des Geschäftsbesorgungsrechts
Geschäftsunfähiger Minderjähriger
- Betreuerbestellung XIV. 3

Geschiedenentestament
- Anordnung, familienrechtliche XVI. 16 Anm. 5
- Anwendungsfälle XVI. 16 Anm. 2
- Dauer- oder Verwaltungsvollstreckung XVI. 16 Anm. 7
- Erben des Vorerbens als Nacherben XVI. 16 Anm. 3
- Nacherbeneinsetzung, weitere XVI. 16 Anm. 4
- Testamentsvollstrecker XVI. 16 Anm. 8

Gesellschaftsvertragliche Nachfolgeregelungen
- Abfindungsanspruch der Erben XVI. 10 Anm. 4
- Anwendungsfälle XVI. 10 Anm. 2
- Auswirkungen, steuerliche XVI. 10 Anm. 12
- Eintrittsklausel, rechtsgeschäftliche XVI. 10 Anm. 6
- Fortsetzung der Gesellschaft XVI. 10 Anm. 2 (2)
- Fortsetzungsklausel XVI. 10 Anm. 3
- Nachfolgeklausel, erbrechtliche XVI. 10 Anm. 8
- Nachfolgeklausel, qualifizierte XVI. 10 Anm. 10
- Nachfolgeklausel, rechtsgeschäftliche XVI. 10 Anm. 7
- Rechtsstellung der Nachlaßbeteiligten XVI. 10 Anm. 10 (6)
- Testamentsvollstreckung an Gesellschaftsanteilen XVI. 10 Anm. 9
- Verfügung von Todes wegen XVI. 10 Anm. 5

Getrenntlebensvertrag
- Anwendungsbereich XI. 15 Anm. 1
- Erb- und Pflichtteilsverzicht XI. 15 Anm. 6
- Gebühren XI. 15 Anm. 12
- Grunderwerbssteuer XI. 15 Anm. 4
- Hausratverteilung XI. 15 Anm. 5
- Kinder XI. 15 Anm. 7, 9
- Steuer XI. 15 Anm. 11
- Unterhalt XI. 15 Anm. 8, 10
- Vertragstyp XI. 15 Anm. 2
- Zugewinnausgleich XI. 15 Anm. 3

Gewerbebetrieb s. Übergabe eines Gewerbebetriebs
Gewillkürte Vertretung X. 53 Anm. 5
GmbH-Nießbrauchsvermächtnis
- Abtretungsverbote XVI. 26 Anm. 5
- Anwendungsfälle XVI. 26 Anm. 2
- GmbH-Geschäftsanteile-Vererblichkeit XVI. 26 Anm. 4
- Jahresreingewinn XVI. 26 Anm. 9
- Kapitalerhöhung XVI. 26 Anm. 13
- Liquidationsquote XVI. 26 Anm. 11
- Nießbrauch an GmbH-Geschäftsanteil XVI. 26 Anm. 7
- Nutzungsumfang XVI. 26 Anm. 10
- Steuerbeihilfe XVI. 26 Anm. 14
- Steuern XVI. 26 Anm. 15

Sachregister

Römische und arabische Zahlen = Formulare

- Stimmrecht XVI. 26 Anm. 8
- Übertragbarkeit der Nacherbenrechte XVI. 26 Anm. 3

Grundabnahme
- Eigentumsübertragung X. 17 Anm. 7
- Erfüllung X. 17 Anm. 6
- Rechtsinhaber X. 17 Anm. 3
- Rentenanspruchsdauer X. 17 Anm. 9
- Rentenanspruchserlöschen X. 17 Anm. 9
- Steuern X. 17 Anm. 10
- Überbau X. 17 Anm. 1
- Verlangen X. 17 Anm. 4
- Verlangenswirkung X. 17 Anm. 5
- Wertersatz X. 17 Anm. 3

Grundbuchbelastung (GB-Abt. II) VIII. 5

Grunddienstbarkeit
- Ausübungsbeschränkung X. 19 Anm. 7
- Ausübungsverlegung X. 19 Anm. 11
- Belastungsgegenstand X. 19 Anm. 6
- Berechtigter X. 19 Anm. 8
- Bestellungsform X. 19 Anm. 15
- Bestellungsvertrag X. 19
- Eigentümergrunddienstbarkeit X. 19 Anm. 10
- Entstehung X. 19 Anm. 14
- Grundstück, dienendes X. 19 Anm. 13
- Grundstück, herrschendes X. 19 Anm. 12
- Grundstücksteilung X. 19 Anm. 12, 13
- Handlungspflicht X. 19 Anm. 4
- Herrschvermerk X. 19 Anm. 16
- Inhalt X. 19 Anm. 2
- Kosten X. 19 Anm. 19
- Verpflichteter X. 19 Anm. 9
- Versorgungsleitungsrecht X. 19 Anm. 3
- Wegeleitungsrecht X. 19 Anm. 3

Grunderwerbsteuer
- Auflassung X. 6 Anm. 24
- Auflassungsvormerkung X. 25 Anm. 16
- Buchgrundschuldabtretung X. 31 Anm. 6
- Buchgrundschuldbestellung X. 30 Anm. 29
- Buchung eines Grundstücks X. 4 Anm. 11
- Dauerwohnrecht, eigentumsähnliches X. 29 Anm. 7
- Eigentümerbriefgrundschuld, Abtretung X. 33 Anm. 8
- Eigentümergrundschuld, Bestellung X. 32 Anm. 10
- Eigentumverschaffungsanspruch, Abtretung des I. 26 Anm. 10
- Erbauseinandersetzungsvertrag XIX. 1 Anm. 5 (3)
- Erbbaurecht, Aufhebung VIII. 25 Anm. 6
- Erbbaurecht, Kaufvertrag über Wohnung VIII. 16 Anm. 10
- Erbbaurecht, Realteilung und Übertragung VIII. 11 Anm. 4
- Erbbaurecht, Zu- und Wegmessung VIII. 23 Anm. 5; VIII. 24 Anm. 2
- Erbbaurechtsvertrag, fester Zins VIII. 1 Anm. 51
- Erbbaurechtsvertrag, gleitender Zins VIII. 2 Anm. 15; VIII. 3 Anm. 15
- Erbbaurechtsvertrag, Nachtrag mit Messungsanerkennung VIII. 7 Anm. 5
- Erbteilskauf- und Übertragungsvertrag XX. 1 Anm. 20
- Gewerbebetriebsübergabe VII. 5 Anm. 12
- Grunddienstbarkeit X. 19 Anm. 18
- Grundstück, Ausbietungsgarantie X. 9 Anm. 31
- Grundstück, Ausbietungsvertrag X. 12 Anm. 16
- Grundstück, Ausfallgarantie X. 10 Anm. 17; X. 11 Anm. 13
- Grundstücksaneignung X. 8 Anm. 9
- Vorkaufsrecht, schuldrechtliches X. 25 Anm. 16
- Vorweggenommene Erbfolge mit Leibgedingsvorbehalt VII. 3 Anm. 15
- Vorweggenommene Erbfolge mit Nießbrauchsvorbehalt VII. 2 Anm. 15
- Wiederkaufsrecht mit Auflassungsvormerkung X. 28 Anm. 14
- Wohnungseigentum, Gemeinschaftsordnung XI. 8 Anm. 10
- Wohnungseigentum, Kellertausch IX. 6 Anm. 8
- Wohnungseigentum, Sondernutzungsrechtübertragung IX. 7 Anm. 7
- Wohnungseigentum, Teilungserklärung IX. 2 Anm. 13
- Wohnungseigentum, Teilungsvertrag IX. 4 Anm. 20; IX. 5 Anm. 17
- Zuwendung einer Miteigentumshälfte, ehebedingte VII. 7 Anm. 7
- Zuwendung und Ausstattung, ehebedingte VII. 11 Anm. 5

Grundpfandrechte
- Aufhebung des Ausschlusses des Löschungsanspruchs X. 39
- Ausschluß des Löschungsanspruchs X. 37; X. 38
- Grundstückszuschreibung X. 3 Anm. 13
- Löschungsvormerkung X. 40; X. 41
- Übertragungsvormerkung X. 43

Grundschuld
s. auch Buchgrundschuld
- Abtretung Eigentümerbriefgrundschuld X. 33
- Abtretung von Rückgewähransprüchen mit Vormerkung X. 42
- Buchgrundschuldabtretung X. 31
- Eigentümerbriefgrundschuld X. 32
- Rangrücktrittserklärung eines Gläubigers X. 48
- Grundschuldformular X. 30 Anm. 2
- Rangvorbehalt X. 45 Anm. 7
- Übertragungsvormerkung bei einer X. 43

Zahlen nach Anm. = Anmerkungen der Formulare

Sachregister

Grundsteuer
- Dauerwohnrecht, eigentumsähnliches X. 29 Anm. 10

Grundstück, buchungsfreies
- Antragsberechtigung X. 4 Anm. 3
- Aufgebot X. 4 Anm. 9
- Ausbuchung X. 5
- Beweismittel X. 4 Anm. 6
- Buchung, nachträgliche X. 4
- Eigentümereintragung X. 4 Anm. 5
- Eigentümereintragungswirkung X. 4 Anm. 5
- Grundbuchblatt X. 4 Anm. 4
- Kosten X. 4 Anm. 12

Grundstück, rentenbegünstigtes
- Pfandrechte X. 14 Anm. 3
- Kosten X. 14 Anm. 7
- Rentenhöheneintragung X. 14 Anm. 1

Grundstücksaneigung
- Aneignungserklärung X. 8 Anm. 7
- Aneignungsrechtsabtretung X. 8 Anm. 5
- Aneignungsrechtsverzicht X. 8 Anm. 5
- Berechtigung X. 8 Anm. 4
- Bewilligung X. 8 Anm. 8
- Gegenstand X. 8 Anm. 3
- Kosten X. 8 Anm. 10
- Steuern X. 8 Anm. 9
- Umfang X. 8 Anm. 6
- Voraussetzung X. 8 Anm. 2
- Zeitpunkt X. 8 Anm. 6

Grundstücksaufgabe
- Bewilligung X. 7 Anm. 7
- Eigentumsverzicht X. 7 Anm. 1
- Gegenstand X. 7 Anm. 3
- Grundstücksvoreintragung X. 7 Anm. 4
- Kosten X. 7 Anm. 10
- Verzichtserklärung X. 7 Anm. 6
- Voraussetzung X. 7 Anm. 2
- Wirksamwerden X. 7 Anm. 8
- Wirkung X. 7 Anm. 5

Grundstückerwerb
- Vollmacht zum X. 52 b

Grundstücksschenkung
- Anwendungsbereich VII. 6 Anm. 1
- Gebühren VII. 6 Anm. 5
- Regelungsumfang VII. 6 Anm. 3
- Steuer VII. 6 Anm. 4
- Vertragstyp VII. 6 Anm. 2

Grundstücksteilung
- Dienstbarkeiten X. 1 Anm. 7
- Genehmigung X. 1 Anm. 6
- Grundstücksbuchung X. 1 Anm. 9
- Grundstücksrechte X. 1 Anm. 8
- Kataster X. 1 Anm. 4
- Kosten X. 1 Anm. 11
- Teilungsbegriff X. 1 Anm. 2
- Teilungserklärung X. 1 Anm. 3
- Wirksamkeitserfordernisse X. 1 Anm. 5

Grundstücksüberlassung
- Familienrecht VII. 1
- Wohnungseigentumsgesetz IX. 5

Grundstücksüberlassung mit Teilungsvertrag nach § 3 WEG
- Aufteilungsplan IX. 5 Anm. 9
- Kosten IX. 5 Anm. 18
- Nachbarrecht IX. 5 Anm. 14 a
- Raumeigentum IX. 5 Anm. 6
- Realteilung IX. 5 Anm. 15
- Sondernutzungsrechte IX. 5 Anm. 11
- Steuern IX. 5 Anm. 17

Grundstücksveräußerung
- Vollmacht zur X. 52 a

Grundstücksvereinigung
- Einheit, wirtschaftliche X. 2 Anm. 1
- Entscheidung über Vereinigung X. 2 Anm. 4, 5
- Gegenstand X. 2 Anm. 3
- Grundpfandrechte X. 2 Anm. 10
- Kosten X. 2 Anm. 16
- Löschungsvormerkung X. 2 Anm. 12
- Mitbelastung, nachträgliche X. 2 Anm. 6
- Rangordnung X. 2 Anm. 11
- Unterwerfungsklausel X. 2 Anm. 13
- Verwirrung der Rechtsverhältnisse X. 2 Anm. 5
- Wirksamkeitserfordernisse X. 2 Anm. 14
- Zweckmäßigkeit X. 2 Anm. 4

Grundstücksvollmacht
- Bietervollmacht X. 52 d
- Erwerbsvollmacht X. 52 b
- im Unternehmensbereich X. 52 c
- Veräußerungsvollmacht X. 52 a

Grundstückszusammenlegung
- Formen X. 2 Anm. 2
- Grundstücksvereinigung X. 2 Anm. 2
- Wirkung X. 2 Anm. 2

Grundstückszuschreibung
- Gegenstand X. 2 Anm. 3; 3 Anm. 3
- Grundpfandrechte X. 3 Anm. 9, 13
- Grundpfandrechtsrangvorbehalt X. 3 Anm. 11
- Grundstücksvereinigung X. 3 Anm. 8
- Kosten X. 3 Anm. 16
- Löschungsvormerkung X. 3 Anm. 12
- Rangbverhältnis X. 3 Anm. 9
- Sicherungshypothek X. 3 Anm. 1
- Vollstreckungsunterwerfung X. 3 Anm. 10

Grundstückszwangsversteigerung
- Ausbietungsgarantie X. 9 Anm. 2
- Ausbietungsvertrag X. 12 Anm. 2
- Ausfallgarantie, ausführliche X. 10 Anm. 1

Güterstand
- Abwicklung des ausländischen XI. 11 Anm. 2
- Gebiet der ehemaligen DDR I. 23 Anm. 1
- Güterrecht, eheliches XI. 1 Anm. 3 (3)
- Güterstandsregister XI. 14 Anm. 1, Anm. 3
- Güterstandswechsel XI. 10
- Rechtswahl XI. 11; XI 12

Sachregister

Römische und arabische Zahlen = Formulare

Gütertrennung
- Ehevertrag nach islamischem Recht XI. 13 Anm. 9
- Güterrechtswahl für unbewegliches Vermögen XI. 12 Anm. 2
- Scheidungsbezogener Ehevertrag zwecks einverständlicher Scheidung XI. 16 Anm. 2
- Scheidungsvereinbarung über Vermögensauseinandersetzung XI. 25 Anm. 2

Haftung
- bei Bestellung einer Buch-Grundschuld, persönliche VIII. 17
- Ehebedingte Zuwendung VII. 9
- Verwalter IX. 13 Anm. 24

Hausgrundstückserwerbsrecht
- des finanzierenden Ehegatten VII. 10

Hausrat
- Getrenntlebensvertrag XI. 15 Anm. 5
- Lebensgemeinschaft, nichteheliche XII. 2 Anm. 2 (3), 15 (3)
- Scheidungsvereinbarung über Vermögensauseinandersetzung XI. 25 Anm. 3

Heimfall VIII. 5

Heiratsgeld (Ehevertrag, islamischer) XI. 13 Anm. 8
s. a. Morgengabe

Hypothek
- Arresthypothek X. 36
- Rangvorbehalt X. 44 Anm. 7
- Zwangshypothek X. 35

Hypothekenbestellung
- Schuldbekenntnis mit X. 34

Indexklausel
s. Wertsicherungsklausel

Inkognito-Adoption
- Annahme als Kind XIII. 7 Anm. 1
- Einwilligung der nichtehelichen Mutter XIII. 7 Anm. 1
- Rechtsnatur der Einwilligung XIII. 7 Anm. 2

Internationale Vollmachten X. 57

Internationales Erbrecht
- Testament, gemeinschaftliches, Auslandsberührung XVI. 30 Anm. 1

Islamisches Recht s. Ehevertrag nach islamischem Recht

Kapitalvermächtnis, Rentenoption
- Anwendungsfälle XVI. 9 Anm. 2
- Begriff XVI. 9 Anm. 6
- Rentensicherstellung XVI. 9 Anm. 9
- Steuern XVI. 9 Anm. 11
- Unternehmensumwandlung XVI. 9 Anm. 5
- Wertsicherung XVI. 9 Anm. 8

- Wertsicherungsklausel XVI. 9 Anm. 10
- Zweckvermächtnis mit Drittbestimmung XVI. 9 Anm. 7

Kellertausch
- Wohnungseigentumsgesetz IX. 6

KG-Nießbrauchsvermächtnis
- Anwendungsfälle XVI. 25 Anm. 2
- Gewinn XVI. 25 Anm. 11
- Kapitalanteilserhöhung XVI. 25 Anm. 9
- Nachfolgeklausel XVI. 25 Anm. 3
- Steuern XVI. 25 Anm. 17
- Substanzerhaltung XVI. 25 Anm. 15
- Übertragbarkeit XVI. 25 Anm. 4
- Umwandlungsklausel XVI. 25 Anm. 5
- Vollnießbrauch XVI. 25 Anm. 7

Kindesunterhalt
- Scheidungsvereinbarung XI. 22 Anm. 10
- Stiefkindunterhalt XI. 8 Anm. 2

Körperschaftsteuer
- Stiftung XVII. 3 Anm. 11
- Treuhandvertrag XVII. 4 Anm. 6
- Zweckvermögen XVII. 5 Anm. 3, 7–8

Kraftfahrzeugstellplatz
- Sondernutzungsrechtsübertragung IX. 7

Krankenversicherung
- Scheidungsvereinbarung XI. 22 Anm. 8, 11

Lebensgemeinschaft, nichteheliche, siehe Nichteheliche Lebensgemeinschaft

Leibgedingvorbehalt
s. Vorbehaltswohnungsrecht

Leibrente s. Scheidungsvereinbarung über Unterhaltsverzicht gegen Leibrente

Letztwillige Verfügung s. Testament

Löschung von Vorlasten (Erbbaurecht) VIII. 6

Löschungsanspruch
- Aufhebung des Ausschlusses X. 39
- Späterer Ausschluß X. 38

Löschungsvormerkung
- für zukünftige Vereinigung mit dem Eigentum X. 41
- Grundstücksvereinigung X. 2 Anm. 12
- Grundstückszuschreibung X. 3 Anm. 12
- Rangänderungserklärung X. 49 Anm. 3
- Rangvorbehalt X. 45 Anm. 7
- Rechtsgrundlage X. 40 Anm. 2
- Rechtswirkungen X. 40 Anm. 4
- Vereinigung mit dem Eigentum X. 40

Löschungsvormerkung und Übertragungsvormerkung
- bei Grundpfandrechten X. 37 ff.

Merkblatt für Wohnungseigentümer IX. 1 Anhang 1

Messungsanerkennung
- Erbbaurechtsvertrag VIII. 3 Anm. 3
- Nachtrag mit VIII. 7

Zahlen nach Anm. = Anmerkungen der Formulare **Sachregister**

Mietrecht
- Lebensgemeinschaft, nichteheliche XII. 2 Anm. 5; Anm. 15 (10)–(11)

Mitbelastung, nachträgliche
- Altenteil X. 2 Anm. 7
- Form X. 2 Anm. 8
- Grundpfandrechte X. 2 Anm. 10
- Grundstücksvereinigung X. 2 Anm. 6
- Rangordnung X. 2 Anm. 11

Miteigentumsanteil
- Übertragung eines IX. 12

Miteigentümervereinbarungen
- Anbauermächtigung X. 18 Anm. 12
- Begriff X. 18 Anm. 4
- Benutzungsregelungen X. 18 Anm. 10
- Berechtigter X. 18 Anm. 8
- Beteiligte X. 18 Anm. 6
- Form X. 18 Anm. 7
- Gemeinschaftsverhältnis X. 18 Anm. 2
- Gesamtschuldvereinbarungen X. 18 Anm. 15
- Grundbucheintragungen X. 18 Anm. 9
- Kosten X. 18 Anm. 16
- Regelungsbedürfnis X. 18 Anm. 3
- Teilungsausschuß X. 18 Anm. 11
- Verwaltungsregelung X. 18 Anm. 10
- Vorkaufsrecht X. 18 Anm. 13
- Wirkungen X. 18 Anm. 4

Morgengabe XI. 13 Anm. 1, 8

Nacherbeneinsetzung
- Einzelkaufmännisches Unternehmen XVI. 12
- Unternehmertestament, vorzeitiges XVI. 7 Anm. 3

Nacherbeneinsetzung, Ehegatte, überschuldeter
- Anfechtungsmöglichkeit XVI. 17 Anm. 5
- Anwendungsfälle XVI. 17 Anm. 2
- Pflichtteilsrecht XVI. 17 Anm. 2
- Vollstreckungsschutz zu Gunsten des Nacherben XVI. 17 Anm. 3
- Zugriffsverbot auf Nachlaßgegenstände XVI. 17 Anm. 4

Nacherbentestamentsvollstreckung XVI. 11 Anm. 20

Nacherbfolge, Grundstücke
- Anwendungsfälle XVI. 14 Anm. 2
- Steuern XVI. 14 Anm. 5
- Vorausvermächtnis an Alleinerben XVI. 14 Anm. 3

Nacherbfolge, Kombination mit Dauertestamentsvollstreckung XVI. 19 Anm. 2; Anm. 6

Nacherbfolge, mehrfache
- Anwendungsfälle XVI. 13 Anm. 2
- Ersatznacherbe XVI. 13 Anm. 3
- Nacherbentestamentsvollstreckung XVI. 13 Anm. 6
- Nacherbfolge XVI. 13 Anm. 5

- Nachgeborener XVI. 13 Anm. 5
- Nach-Nacherben XVI. 13 Anm. 4
- Steuern XVI. 13 Anm. 7

Nacherbschaft
- Behindertentestament XVI. 19 Anm. 2
- Ehegattentestament, gemeinschaftliches XVI. 11 Anm. 4

Nachfolgeregelungen auf den Todesfall bei Personengesellschaften XVI. 10
- Abfindungsanspruch der Erben XVI. 10 Anm. 4
- Anwendungsfälle XVI. 10 Anm. 2
- Einkommensteuer XVI. 10 Anm. 12 (2)
- Eintrittsklausel, rechtsgeschäftliche XVI. 10 Anm. 6
- Erbschaftsteuer XVI. 10 Anm. 12 (1)
- Fortsetzungsklausel XVI. 10 Anm. 3
- Kosten XVI. 10 Anm. 13
- Nachfolgeklausel, erbrechtliche XVI. 10 Anm. 8, 10, 11
- Nachfolgeklausel, rechtsgeschäftliche XVI. 10 Anm. 7
- Testamentsvollstreckung an Gesellschaftsanteilen XVI. 10 Anm. 9
- Übersicht über Regelungsmöglichkeiten XVI. 10 vor Anm. 1

Nachlaßnießbrauch
- Zuwendungsnießbrauch X. 23 Anm. 3

Nachlaßvollmacht X. 54 Anm. 1

Nachtrag mit Messungsanerkennung VIII. 7

Namensänderung
- Adoption XIII. 1 Anm. 7

Nettonießbrauch
- Verhaltensnießbrauch VII. 2 Anm. 6
- Zuwendungsnießbrauch X. 23 Anm. 3

Nichteheliches Kind
- Adoption XIII. 1
- Erbausgleich, vorzeitiger (nach altem Recht) XVIII. 2

Nichteheliche Lebensgemeinschaft
- Abwicklungsgrundsätze der Rechtsprechung XII. 2 Anm. 3
- Anwendung von Gesellschaftsrecht XII. 2 Anm. 2 (4), 14 (3), 15 (1)
- Arbeitsverhältnis zwischen den Partnern XII. 2 Anm. 2 (2), 15 (9)
- Ausgleichsansprüche der Erben XII. 2 Anm. 2 (4)
- Check-Liste für Partnerschaftsverträge XII. 2 Anm. 15
- Darlehen XII. 2 Anm. 14 (5)
- Dauerschuldverhältnis, Abwicklung XII. 2 Anm. 2 (7), 3 (7)
- Eigentumsordnung XII. 2 Anm. 15 (2)
- Eintrittsrecht in Mietverhältnis nach Tod XII. 2 Anm. 5
- Erbrecht XII. 2 Anm. 15 (19)
- Erbvertrag XVI. 31
- Form XII. 2 Anm. 15 (18)

Sachregister

Römische und arabische Zahlen = Formulare

- Funktion von Partnerschaftsverträgen XII. 2 Anm. 7
- Gesamtabrechnung, Ausschluß XII. 2 Anm. 2 (1)
- Grundstückszuwendungen XII. 2 Anm. 15 (8)
- Haushaltsführung XII. 2 Anm. 14 (2), 15 (7)
- Hausratsauseinandersetzung XII. 2 Anm. 2 (3), 15 (3)
- Innengesellschaft XII. 2 Anm. 15 (1)
- Kinder XII. 2 Anm. 16
- Kinder, einseitige XII. 2 Anm. 15 (17)
- Mietverhältnis XII. 2 Anm. 15 (10)–(11)
- Partnerschaftsverträge im persönlichen Bereich XII. 2 Anm. 7 (1), 14 (1)
- Partnerschaftsverträge im wirtschaftlichen Bereich XII. 2 Anm. 7 (2)
- Persönlicher Bereich XII. 2 Anm. 15 (14)
- Rechtsfreier Raum XII. 2 Anm. 10, 13
- Rechtsprechung zur Vermögensauseinandersetzung XII. 2 Anm. 2
- Regelung, gesetzliche XII. 2 Anm. 6
- Schadensersatzpflicht als Sanktion XII. 2 Anm. 11 (2)
- Schulden, gemeinsame XII. 2 Anm. 15 (5)
- Schwellenrecht XII. 2 Anm. 10
- Sittenwidrigkeit nichtehelicher Beziehungen XII. 2 Anm. 8
- Soziologische Betrachtung XII. 2 Anm. 1
- Steuer XII. 2 Anm. 17
- Trennungsfolgenvereinbarung XII. 2 Anm. 14 (6), (16)
- Typenzwang persönlicher Ehewirkungen XII. 2 Anm. 9
- Unterhalt nach Trennung XII. 2 Anm. 14 (6)
- Vergleich mit Gütertrennungs-Ehe XII. 2 Anm. 4
- Vermögensauseinandersetzung, Lösungsansätze in der Literatur XII. 2 Anm. 2
- Vermögensbezogene Vereinbarungen XII. 2 Anm. 12, 14 (3)
- Vermögenszuwendungen, Rückforderung XII. 2 Anm. 2 (4), 14 (4)–(5), 15 (6), 15 (8)
- Vertragsstrafen XII. 2 Anm. 11 (1)
- Verwendungsersatz XII. 2 Anm. 2 (5), (7), 14 (5), 15 (8)
- Vollmacht XII. 2 Anm. 15 (12)
- Wegfall der Geschäftsgrundlage XII. 2 Anm. 4
- Wertschöpfung, gemeinsame XII. 2 Anm. 2

Nießbrauch X. 24 Anm. 4
- Arten X. 23 Anm. 3
- Dispositionsnießbrauch XVI. 23
- Quotennießbrauch XVI. 22 Anm. 3
- schuldrechtlicher (bei Zuwendungsnießbrauch) X. 23 Anm. 3 (11)
- Zuwendungsnießbrauch X. 23

Nießbrauchsvermächtnis XVI. 21–XVI. 26

Nießbrauchsvermächtnis an Einzelunternehmen mit Rentenoption XVI. 23
- Anwendungsfälle XVI. 23 Anm. 2
- Gewinnzuordnung XVI. 23 Anm. 4
- Mindestversorgung XVI. 23 Anm. 5
- Spannungsklausel XVI. 23 Anm. 9
- Steuer XVI. 23 Anm. 10
- Testamentsvollstreckung XVI. 23 Anm. 8
- Unternehmensnießbrauch XVI. 23 Anm. 3

Nießbrauchsvermächtnis an Erbteilen XVI. 21
- Anwendungsfälle XVI. 21 Anm. 2
- Nießbrauch an einem Erbteil XVI. 21 Anm. 5
- Schiedsgutachten XVI. 21 Anm. 7
- Steuer XVI. 21 Anm. 10
- Übertragbarkeit des Nacherbenanwartschaftsrechts XVI. 21 Anm. 3
- Übernahmerecht XVI. 21 Anm. 6
- Vorerbeneinsetzung XVI. 21 Anm. 4

Nießbrauchsvermächtnis an GmbH-Geschäftsanteil
- Abtretungsverbote und -beschränkungen XVI. 26 Anm. 5
- Anwendungsfälle XVI. 26 Anm. 2
- Kapitalerhöhung XVI. 26 Anm. 13
- Nießbrauch am GmbH-Geschäftsanteil XVI. 26 Anm. 7
- Steuer XVI. 26 Anm. 15
- Steuerbeihilfe XVI. 26 Anm. 14
- Stimmrecht XVI. 26 Anm. 8
- Übertragbarkeit der Nacherbenrechte XVI. 26 Anm. 3
- Vererblichkeit von GmbH-Anteilen XVI. 26 Anm. 4

Nießbrauchsvermächtnis an KG-Beteiligung XVI. 25
- Anwendungsfälle XVI. 25 Anm. 2
- Nachfolgeklausel XVI. 25 Anm. 3
- Steuer XVI. 25 Anm. 17
- Stimmrecht XVI. 25 Anm. 14
- Übertragbarkeit XVI. 25 Anm. 4
- Umwandlungsauflage XVI. 25 Anm. 6
- Umwandlungsklausel XVI. 25 Anm. 5
- Vollnießbrauch XVI. 25 Anm. 7

Nießbrauchsvermächtnis an OHG-Beteiligung XVI. 24
- Anwendungsfälle XVI. 24 Anm. 2
- Ertragsnießbrauch XVI. 24 Anm. 4 (2)
- Nachfolgeklausel XVI. 24 Anm. 3
- Nießbrauch an den Gewinnansprüchen XVI. 24 Anm. 4 (3)
- schuldrechtliche Vereinbarungen zur Sicherung XVI. 24 Anm. 7
- Spannungsklausel XVI. 24 Anm. 9
- Steuer XVI. 24 Anm. 10
- Steuerbeihilfe XVI. 24 Anm. 6
- Vollnießbrauch XVI. 24 Anm. 4 (1)
- Wertersatzverzicht XVI. 24 Anm. 5

Nießbrauchsvermächtnis an Wertpapieren XVI. 22 Anm. 6

Zahlen nach Anm. = Anmerkungen der Formulare **Sachregister**

Nießbrauchsvorbehalt
- Vertrag der vorweggenommenen Erbfolge VII. 2
- s. Vorbehaltsnießbrauch

Nottestament
- s. a. Bürgermeister-Nottestament
- Drei-Zeugen-Testament XV. 14

Notweg
- Berechti7gter X. 15 Anm. 17
- Grundbuch X. 15 Anm. 8
- Notwegrente X. 15 Anm. 2

Notwegrente
- Bemessung X. 15 Anm. 10
- Eintragungsvereinbarung X. 15 Anm. 2
- Funktion X. 15 Anm. 9
- Kosten X. 15 Anm. 19
- Urteilsfestsetzung X. 15 Anm. 6
- Verbindung, notwendige X. 15 Anm. 3
- Vereinbarungen X. 15 Anm. 11

OHG-Nießbrauchsvermächtnis
- Anwendungsfälle XVI. 24 Anm. 2
- Ertragsnießbrauch XVI. 24 Anm. 4
- Formen XVI. 24 Anm. 4
- Nachfolgeklausel XVI. 24 Anm. 3
- Sicherung des Nießbrauches XIV. 24 Anm. 7
- Spannungsklausel XIV. 24 Anm. 9
- Steuerbeihilfe XVI. 24 Anm. 6
- Steuern XVI. 24 Anm. 10
- Wertersatzverzicht XVI. 24 Anm. 5

Partnerschaftsehe
- Ehevertrag XI. 4

Partnerschaftsvertrag
- der Ehe auf Probe XII. 1
- nicht nichtehelichen Lebensgemeinschaft XII. 2
- s. Nichteheliche Lebensgemeinschaft

Patiententestament X. 53
- Rechtsfragen des X. 53 Anm. 6

Personengesellschaft
- Nachfolgeregelungen auf den Todesfall XVI. 10
- Unternehmertestament, vorzeitiges XVI. 7 Anm. 4

Pfanderstreckung (Erbbaurecht) XIII. 6

Pflegschaft
- Ergänzungspflegerbestellung XIV. 1

Pflichtteilsbeschränkung, Abkömmling, überschuldeter
- Anwendungsfälle XVI. 18 Anm.2
- Beschränkungsmöglichkeit XVI. 18 Anm. 4
- Wirkung der zulässigen Beschränkung XVI. 18 Anm. 5
- Wohlmeinende Pflichtteilsbeschränkung XVI. 18 Anm. 3

Pflichtteilsrecht
- Erbvertragsbeurkundung XV. 15 Anm. 10
- Nacherbeneinsetzung, Ehegatte, überschuldeter XVI. 17 Anm. 6
- Testament, notarielles, mündliche Erklärung XV. 1 Anm. 12
- Testament, Testamentsvollstrecker XVI. 4 Anm. 9

Pflichtteilsrecht, Übersicht
- Ausschlagung XVIII. 3 Anm. 2, 3
- Beschränkungen XVIII. 3 Anm. 4
- Beschwerungen XVIII. 3 Anm. 4
- Quotentheorie XVIII. 3 Anm. 1

Pflichtteilsverzicht
- Abfindung XVIII. 1 Anm. 8
- Anwendungsfälle XVIII. 1 Anm. 2
- Bedingungen XVIII. 1 Anm. 6
- Beschränkung, gegenständliche XVIII. 1 Anm. 5
- Erb- und Pflichtteilsverzichtsvertrag XVIII. 1 Anm. 3
- Erbverzicht, stillschweigender XVIII. 1 Anm. 3 (8)
- Form und persönliche Voraussetzungen XVIII. 1 Anm. 4
- Gebühren XVIII. 1 Anm. 12
- Geschwisterabfindung VII. 4 Anm. 5
- Gestaltungsvarianten XVIII. 1 Anm. 3 (10)
- Koppelung mit Abfindungsvertrag XVIII. 1 Anm. 7
- Steuern XVIII. 1 Anm. 11
- Unterbeteiligung XVIII. 1 Anm. 9
- Urkundenbehandlung XVIII. 1 Anm. 10
- Verpflichtungsvertrag, schuldrechtlicher XVIII. 1 Anm. 3 (7)
- Wiederverheiratung älterer Eheleute XI. 9
- Zuwendungsverzicht XVIII. 1 Anm. 3 (6)
- Zweckmäßigkeit XVIII. 1 Anm. 3 (5)

Pflichtteilsverzichtsvertrag
- Eheleute, ältere XI. 9

Postmortale Vollmacht X. 54 Anm. 2

Quotennießbrauch
- Zuwendungsnießbrauch X. 23 Anm. 3

Quotennießbrauchsvermächtnis, Grundstück
- Anwendungsfälle XVI. 22 Anm. 2
- Begriff XVI. 22 Anm. 3
- Steuern XVI. 22 Anm. 7
- Vermächtniserfüllung XVI. 22 Anm. 4
- Wertpapiernießbrauch XVI. 22 Anm. 6

Rangänderung, nachträgliche
- Eigentümerzustimmung X. 50 Anm. 5
- Gleichrang X. 50 Anm. 2
- Grundbuchabteilungen X. 50 Anm. 4
- Kosten X. 50 Anm. 6
- Rangverhältnisse X. 50 Anm. 1
- Recht, nicht eingetragenes X. 50 Anm. 3

Sachregister

Römische und arabische Zahlen = Formulare

Rangänderungserklärung
- des Grundstückseigentümers X. 49
- Kosten X. 49 Anm. 4
- Löschungsvormerkung X. 49 Anm. 3
- Zustimmung X. 49 Anm. 2

Rangrücktritt, Zustimmungserklärung zum VIII. 19

Rangrücktrittserklärung
- Änderungserklärung X. 48 Anm. 9
- Anwendungsbereich X. 48 Anm. 2
- Bedingung X. 48 Anm. 7
- Erbbaurecht VIII. 5
- Grundbankgläubiger X. 48 Anm. 2
- Kosten X. 48 Anm. 10
- Löschungsanspruch X. 48 Anm. 6
- Rangrücktritt X. 48 Anm. 4
- Rangrücktrittswirksamkeitserfordernisse X. 48 Anm. 5
- Recht, erstrangiges X. 48 Anm. 4
- Rechtsbezeichnung X. 48 Anm. 3
- Urkunden X. 48 Anm. 9

Rangvorbehalt
- Anwendungsbereich X. 44 Anm. 2
- Ausnutzung X. 44 Anm. 8; X. 45 Anm. 8; X. 46; X. 47
- Ausnutzung, nachträgliche X. 47
- Ausnutzungszeitpunkt X. 46 Anm. 2
- bei Rechtsbestellung X. 45
- Eintragung X. 45 Anm. 9
- Gesamtpfandrecht X. 44 Anm. 12
- Grundbucheintragung X. 44 Anm. 4
- Grundschuld X. 44 Anm. 7
- Höchstbetragsangabe X. 44 Anm. 8
- Hypothek X. 44 Anm. 7
- Löschungsvormerkung X. 45 Anm. 7
- nach Rechtsbestellung X. 45
- Nebenleistungen X. 44 Anm. 10
- spätere Erklärung X. 45 Anm. 1
- vermögenswerte Position X. 44 Anm. 11
- Vormerkung X. 45 Anm. 2
- Wirksamkeitserfordernisse X. 44 Anm. 3
- Zwecksetzung X. 45 Anm. 6

Rangvorbehaltsausnutzung
- Ausnutzung, nachträgliche X. 47 Anm. 2
- Rangverhältnisse X. 46 Anm. 5
- Rangvorbehalt X. 46
- Rangvorbehaltslöschung X. 46 Anm. 6
- Rechte, mehrere X. 46 Anm. 4
- Voraussetzungen X. 46 Anm. 7
- Vorbehaltsinhalt X. 44 Anm. 5
- Vorrangvorbehalt X. 44 Anm. 6

Realsplitting
- Scheidungsvereinbarung XI. 22 Anm. 7

Realteilung
- Wohnungeigentumsgrundstücksüberlassung IX. 5 Anm. 15

Realteilung eines Erbbaurechts
- in zwei Erbbaurechte VIII. 9
- nach Vermessung VIII. 10
- und Übertragung VIII. 11
- vor Vermessung VIII. 9

Realteilung und Übertragung des Erbbaurechts VIII. 11
- Kosten VIII. 11 Anm. 7

Recht, islamisches
- Ehevertrag XI. 13

Rechtsanwalt s. Mandatsbedingungen für Rechtsanwälte
- Ehegüterrecht, deutsches XI. 11
- für unbewegliches Vermögen XI. 12

Registervollmacht X. 55

Rente
- Einkauf in die gesetzliche Rentenversicherung XI. 20
- s. Kauf gegen Rente

Rentenoption
- Kapitalvermächtnis XVI. 9
- Nießbrauchsvermächtnis an Unternehmen mit Rentenoption XVI. 23

Rentenvermächtnis
- Ablösungsrecht XVI. 8 Anm. 6
- Anwendungsfälle XVI. 8 Anm. 2
- Betriebsvermächtnis XVI. 8 Anm. 3
- Erbteilsnießbrauchsvermächtnis XVI. 19 Anm. 8
- Steuern XVI. 8 Anm. 10
- Testament, Vermächtnisanordnung XVI. 8
- Verfallsklausel XVI. 8 Anm. 6
- Wohnungsreallast XVI. 8 Anm. 8
- dingliches Wohnungsrecht XVI. 8 Anm. 2
- Zwangsvollstreckungsunterwerfung XVI. 8 Anm. 7

Rentenvermächtnis, Reallastsicherungswirkung XVI. 8 Anm. 5

Rentenzweckvermächtnis
- Unternehmertestament, vorzeitiges XVI. 7 Anm. 11

Rückgewährungsansprüche
- Abtretung von X. 42

Sachenrecht
- Arresthypothek X. 36
- Aufhebung des Ausschlusses des Löschungsanspruchs X. 39
- Aufhebung eines Erbbaurechts VIII. 25
- Aufteilung eines Erbbaurechts VIII. 13
- Aufteilung eines Erbbaurechts nach § 8 WEG VIII. 12
- Aufteilung eines Erbbauzinses VIII.14
- Ausschluß des Löschungsanspruchs bei Grundpfandrechtsbestellung X. 37
- Benutzungsdienstbarkeit X. 21
- Bereinigung VIII. 26; VIII. 27
- Buchgrundschuld VIII. 14
- Dauerwohnrecht X. 29
- Eigentumsähnliches Dauerwohnrecht X. 29

Zahlen nach Anm. = Anmerkungen der Formulare

- Erbbaurecht VIII. 1 ff.
- Erbbaurechtsvertrag zur Errichtung einer gewerblichen Anlage VIII. 3
- Erbbaurechtsvertrag mit gleitendem Erbbauzins VIII. 2
- Erbbauzinserhöhung VIII. 8
- Gesamterbbaurecht VIII. 4
- Grundpfandrechte X. 37
- Grundstücksüberlassung mit Teilungsvertrag nach § 3 WEG IX. 5
- Kaufvertrag über eine Erbbaurechtswohnung VIII. 16
- Löschung einer Grundschuld (bei Erbbaurecht) VIII. 6
- Löschungsvormerkung X. 37
- Löschungsvormerkung X. 40
- Realteilung eines Erbbaurechts VIII. 9
- Realteilung eines Erbbaurechts VIII. 10
- Realteilung und Übertragung des Erbbaurechts VIII. 11
- Schuldbekenntnis mit Hypothekenbestellung X. 34
- Späterer Ausschluß des gesetzlichen Löschungsanspruch X. 38
- Teilungsvertrag nach § 3 WEG IX. 4
- Übergabe mit Leibgeding VII. 4
- Übertragungsvormerkung X. 37
- Übertragungsvormerkung bei einer Grundschuld X. 43
- Unterlassungsdienstbarkeit X. 22
- Vorbehaltswohnungsrecht VII. 3
- Wohnungseigentum IX. 1 ff.
- Zumessung und Wegmessung an Erbbaurechten VIII. 23
- Zumessung und Wegmessung von Teilflächen (Erbbaurecht) VIII. 24
- Zuwendungswohnrecht X. 24
- Zwangshypothek X. 35

Sachenrechtsbereinigung (Erbbaurechtsvertrag) VIII. 26, 27
- Ankaufsrecht VIII. 26 Anm. 14
- Anspruch auf Erbbaurechtsbestellung VIII. 26 Anm. 4
- Bauliche Nutzung VIII. 26 Anm. 7
- Erbbauzinsregelung VIII. 26 Anm. 16, 17

Satzung (Unselbständige Stiftung)
- Familienbezug XVII. 3 Anm. 7
- Gemeinnützigkeit XVII. 3 Anm. 4
- Gremium XVII. 3 Anm. 8
- Steuern XVII. 3 Anm. 11
- Vermögen XVII. 3 Anm. 6
- Vertretungsmacht XVII. 3 Anm. 2
- Zweckverdeutlichung XVII. 3 Anm. 3

Scheidungsvereinbarung
- Anwendungsbereich XI. 16 Anm. 1
- Einkauf in die gesetzliche Rentenversicherung XI. 20
- Gütertrennung XI. 16 Anm. 2
- Hausrat XI. 25 Anm. 3

- Nichtigkeit des Unterhaltsverzichts X. 16 Anm. 3 (1)–(3)
- Scheidungsbezogener Ehevertrag zwecks einverständlicher Scheidung XI. 16
- Steuergünstige XI. 26; XI. 27
- Unterhalt, Modifizierung des nachehelichen und des Kindesunterhalts XI. 22
- Unterhaltsverzicht XI. 16 Anm. 3
- Unterhaltsverzicht, aufgeschobener XI. 21
- Unterhaltsverzicht gegen Leibrente XI. 24
- Unterhaltsverzicht und andere Versorgungsansprüche XI. 16. Anm. 3 (4)–(5)
- Vermögensauseinandersetzung XI. 25
- Versorgungsausgleich XI. 17 Anm. 5
- Versorgungsausgleich, Ausschluß XI. 18; XI. 19
- Versorgungsausgleich, Verzicht XI. 16 Anm. 4; XI. 25. Anm. 9
- Wertausgleich, Ausschluß XI. 17
s. Versorgungsausgleich

Scheidungsvereinbarung über Einkauf in die gesetzliche Rentenversicherung
- Bereiterklärung XI. 20. Anm. 3
- Festsetzungen des Rechtspflegers XI. 20 Anm. 2
- Gebühren XI. 20 Anm. 5
- Steuer XI. 20 Anm. 4
- Vertragstyp XI. 20 Anm. 1

Scheidungsvereinbarung, steuergünstige über nachehelichen Unterhalt
- Anwendungsbereich XI. 26 Anm. 1
- Steuer XI. 26 Anm. 2

Scheidungsvereinbarung über befristeten nachehelichen Unterhalt
- Abänderungsverzicht XI. 23 Anm. 2
- Gebühren XI. 23 Anm. 3
- Übergangsbeihilfe, Unterhalt als XI. 23 Anm. 1

Scheidungsvereinbarung über Unterhaltsmodifizierungen
- Abänderungsklage XI. 22 Anm. 4
- Anrechnungsmethode XI. 22 Anm. 5
- Arten von Unterhaltsvereinbarungen XI. 22 Anm. 2
- Differenzmethode XI. 22 Anm. 5
- Gebühren XI. 22 Anm. 13
- Kinder XI. 22 Anm. 9–11
- Krankenversicherung XI. 22 Anm. 8; Anm. 11
- Realsplitting XI. 22 Anm. 7
- Unterhaltsbemessung XI. 22 Anm. 3
- Vermögensstamm XI. 22 Anm. 6
- Vertragstyp XI. 22 Anm. 1
- Wertanpassung XI. 22 Anm. 4

Scheidungsvereinbarung über Unterhaltsverzicht gegen Leibrente
- Befristung XI. 24 Anm. 4
- Gebühren XI. 24 Anm. 5
- Vertragstyp XI. 24 Anm. 1
- Wertsicherung XI. 24 Anm. 2

Sachregister

Scheidungsvereinbarung über Vermögensauseinandersetzung
- Abfindungsklauseln, gesellschaftsrechtliche XI. 25 Anm. 5
- Anfangsvermögen XI. 25 Anm. 6
- Anwendungsbereich XI. 25 Anm. 1
- Ehegattenzuwendungen XI. 25 Anm. 4
- Familienheim XI. 25 Anm. 4
- Form XI. 25 Anm. 10
- Gebühren XI. 25 Anm. 12
- Gesellschaftsbeteiligung, Bewertung von XI. 25 Anm. 5
- Gütertrennung XI. 25 Anm. 2
- Hausrat XI. 25 Anm. 3
- Versorgungsausgleich, Verzicht XI. 25 Anm. 9

Scheidungsvereinbarung, steuergünstige über Zugewinnausgleich
- Anwendungsbereich XI. 27 Anm. 1
- Steuer XI. 27 Anm. 2

Schenkung
- Ehegattenschenkung VII. 7 Anm. 4–5
- Schenkungswiderruf VII. 7 Anm. 4
- s. a. Grundstücksschenkung

Schenkungsteuer
- Ausstattung und ehebedingte Zuwendung VII. 1 Anm. 1, Anm. 5
- Ehebedingte Zuwendung einer Miteigentumshälfte VII. 7 Anm. 7
- Gewerbebetriebsübergabe VII. 5 Anm. 10
- Grundstücksschenkung VII. 6 Anm. 4
- Übertragung eines Mehrfamilienhauses VII. 1 Anm. 8
- Vorbehaltsnießbrauch VII. 2 Anm. 14

Schenkungsvertrag, Erfüllung nach dem Tod
- Anwendungsfälle XVI. 33 Anm. 2
- Kosten XVI. 33 Anm. 7
- Pflichtteilsergänzungsanspruch XVI. 33 Anm. 4
- Steuern XVI. 33 Anm. 6
- Vollmachtswiderruf über den Tod hinaus XVI. 33 Anm. 5
- Zehnjahresfrist XVI. 33 Anm. 4
- Zulässigkeit XVI. 33 Anm. 3

Schiedsgericht für Wohnungseigentumssachen (ESWiD) IX. 1 Anhang 1

Schuldbekenntnis mit Hypothekenbestellung
- AGB–Gesetz X. 34 Anm. 8
- Bewilligung X. 34 Anm. 14
- Form X. 34 Anm. 2
- Hypothek X. 34 Anm. 12
- Kündigung X. 34 Anm. 9
- Nebenleistungen X. 34 Anm. 4
- Tilgung X. 34 Anm. 5
- Verzugszinsen X. 34 Anm. 6
- Vollstreckungsunterwerfung X. 34 Anm. 13
- Zinsen X. 34 Anm. 4

Sicherungsnießbrauch
- Zuwendungsnießbrauch X. 23 Anm. 3

Sondereigentum
- Aufhebung von IX. 12
- Umwandlung von IX. 10; IX. 11
- Wohnungseigentum IX. 1 Anm. 5, 6
- Wohnungseigentümer-Kellertausch IX. 6 Anm. 1

Sorge, elterliche
- Eheleute, getrenntlebende XI. 22 Anm. 9
- Islamisches Recht XI. 13 Anm. 1, 13

Späterer Ausschluß des gesetzlichen Löschungsanspruchs
- Altrechte X. 38 Anm. 5
- Neurechte X. 38 Anm. 5
- Zweck des Ausschlusses X. 38 Anm. 2

Spezialvollmacht
- Erlöschen einer X. 51 Anm. 3
- Erteilung einer X. 51 Anm. 1
- Umfang einer X. 51 Anm. 6
- Untervollmacht X. 51 Anm. 5

Steuern
s. Einkommensteuer, Erbschaftsteuer, Grundsteuer, Grunderwerbsteuer, Körperschaftsteuer, Schenkungsteuer, Umsatzsteuer, Vermögensteuer

Stiefkindadoption
- Besonderheiten XIII. 2 Anm. 1
- Ergänzungspfleger XIII. 2 Anm. 2

Stiefkindunterhaltsvertrag
- Auflösende Bedingung XIII. 3 Anm. 4
- Rechtslage XIII. 3 Anm. 1
- Unterhaltsmaß XIII. 3 Anm. 3
- unechter Vertrag zugunsten Dritter XIII. 3 Anm. 2

Stiftung, unselbständige
- Absonderungserklärung XVII. 1 Anm. 3 (3)
- Auflage XVII. 2
- Auflagenschenkung XVII. 1 Anm. 3 (1)
- Entstehungsgeschäfte XVII. 1 Anm. 3
- Erbeinsetzung XVII. 1
- Gestaltungsfreiheit XVII. 1 Anm. 2
- Rechtsnatur XVII. 1
- Treuhandvertrag XVII. 1 Anm. 3 (2); XVII. 4
- Vermächtnis XVII. 2
- Zweckvermögen XVII. 5
- s. Treuhandvertrag

Stiftungssatzung, Erbeinsetzung
- Organisation XVII. 3 Anm. 1
- Steuern XVII. 3 Anm. 11
- s. a. Satzung (unselbständige Stiftung)

Stille Gesellschaft
- Unternehmertestament, einzelkaufmännisches XVI. 12 Anm. 8

Stillhalteerklärung des Eigentümers (Erbbaurecht)
- Beleihungsgrenzen VIII. 22 Anm. 8
- Kosten VIII. 22 Anm. 9
- Rechtsnachfolger VIII. 22 Anm. 6
- Stillhalteerklärung VIII. 22 Anm. 4

Zahlen nach Anm. = Anmerkungen der Formulare

- Vereinbarung mit dem Ersteher VIII. 22 Anm. 7
- Zustimmung anderer Beteiligter VIII. 22 Anm. 5
- Zwangsversteigerung durch Eigentümer VIII. 22 Anm. 3
- Zwangsversteigerung durch Grundpfandrechtsgläubiger VIII. 22 Anm. 2

Stillhalteerklärung des Gläubigers (Erbbaurecht)
- Doppelaufgebot VIII. 21 Anm. 5
- erbbauzinsberechtigte Eigentümer VIII. 22
- Kosten VIII. 21 Anm. 7
- Vereinbarung mit Ersteher VIII. 21 Anm. 6
- Verpflichtungserklärung VIII. 21 Anm. 4
- Versteigerungsbedingungen VIII. 21 Anm. 2
- Zustimmung anderer Beteiligter VIII. 21 Anm. 3

Stimmrechtsvollmacht X. 55

Supersplitting
- Verbot des XI. 1 Anm. 5 (5); XI. 17 Anm. 5 (3)

Taube
- Errichtung einer Verfügung von Todes wegen XV. 7; XV. 8

Teilflächen
- Zumessung und Wegmessung VIII. 24

Teilung eines Erbbaurechts
- Realteilung in zwei Erbbaurechte VIII. 9

Teilung eines Grundstücks
- nach Vermessung X. 1

Teilungsanordnung
- Testament XVI. 27 Anm. 6

Teilungserklärung mit Gemeinschaftsordnung und Baubeschreibung IX. 1
- Abgeschlossenheitsbescheinigung IX. 1 Anm. 5
- Aufteilungsplan IX. 1 Anm. 4
- Baubeschreibung IX. 1 Anm. 25
- Dachausbau IX. 1 Anm. 14
- Eigentümerversammlung IX. 1 Anm. 20
- Form IX. 1 Anm. 2
- Garten IX. 1 Anm. 13
- Gemeinschaftseigentum IX. 1 Anm. 6
- Gemeinschaftsordnung IX. 1 Anm. 9, 10
- Genehmigung IX. 1 Anm. 2
- Grundbuchprüfung IX. 1 Anm. 7
- Kosten IX. 1 Anm. 26
- Kraftfahrzeugstellplätze IX. 1 Anm. 15
- Lastentragung IX. 1 Anm. 17
- Mehrhausanlage IX. 3
- Merkblatt für Wohnungseigentümer IX. 1 Anhang 1
- Miteigentumsanteile IX. 1 Anm. 3
- Rechtsnachfolge IX. 1 Anm. 19
- Sondereigentum IX. 1 Anm. 6
- Sondereigentumsfähigkeit IX. 1 Anm. 5

Sachregister

- Sondernutzungsrechte IX. 1 Anm. 12
- Überbau IX. 1 Anm. 8
- Veräußerungsbeschränkung IX. 1 Anm. 16
- Vergleich Kfz-Stellplätze bei Sondereigentum und Sondernutzungsrechten IX. 1 Anm. 15 (3)
- Verwalter IX. 1 Anm. 24
- Verwaltungsbeirat IX. 1 Anm. 10
- Wiederaufbauklausel IX. 1 Anm. 23
- Zahlungspflicht IX. 1 Anm. 18
- Zweckbestimmungen IX. 1 Anm. 11

Teilungserklärung mit Gemeinschaftsordnung und Baubeschreibung für eine Mehrhausanlage IX. 3
- Begriff IX. 3 Anm. 1
- Eigentümerversammlung IX. 3 Anm. 14, 15
- Fertigstellungstheorie IX. 3 Anm. 1
- Garten IX. 3 Anm. 10
- Gemeinschaftsordnung IX. 3 Anm. 3
- Heizkosten IX. 3 Anm. 13
- Kosten IX. 3 Anm. 25
- Lastentragung IX. 3 Anm. 12
- Miteigentumsanteile IX. 3 Anm. 4
- Nutzungsaufteilung IX. 3 Anm. 11
- spätere Teilung IX. 3 Anm. 5
- Verwalter IX. 3 Anm. 23
- Verwaltungsbeirat IX. 3 Anm. 19
- Wiederaufbau IX. 3 Anm. 21
- Zweckbestimmung IX. 3 Anm. 7

Teilungserklärung nach § 8
- Unterteilung einer Eigentumswohnung IX. 9 Anm. 4

Teilungserklärung nach § 8 WEG (Kurzform)
- Aufteilungsplan IX. 2 Anm. 6
- Besondere Bestimmungen IX. 2 Anm. 7
- Eigentümerversammlung IX. 2 Anm. 11
- Form IX. 2 Anm. 2
- Miteigentumsanteile IX. 2 Anm. 5
- Stellplätze IX. 2 Anm. 9
- Steuern IX. 2 Anm. 14

Teilungsvertrag nach § 3 WEG
- Aufteilungsplan IX. 4 Anm. 5
- Eigentümerversammlung IX. 4 Anm. 15
- Form IX. 4 Anm. 2
- Garagenbau IX. 4 Anm. 17
- Garten IX. 4 Anm. 11
- Gemeinsame Miteigentumsanteile IX. 4 Anm. 6
- Gläubigerzustimmungen IX. 4 Anm. 4
- Grundstücksüberlassung mit IX. 5
- Kosten IX. 4 Anm. 21
- Lastentragung IX. 4 Anm. 14
- Miteigentum IX. 4 Anm. 3
- Sondernutzungsrechte IX. 4 Anm. 9
- Stimmrechtsbeschränkung IX. 4 Anm. 16
- Terrasse IX. 4 Anm. 10
- Veräußerungsbeschränkung IX. 4 Anm. 12
- Vermietungsbeschränkung IX. 4 Anm. 13
- Verwalter IX. 4 Anm. 18

Sachregister

Römische und arabische Zahlen = Formulare

- Wohnungseigentumsgesetz IX. 4
- Zweckbestimmung IX. 4 Anm. 8

Testament
- Anordnung, familienrechtliche XVI. 26 Anm. 8
- Anrechnung XVI. 27 Anm. 7
- Anwachsung XVI. 2 Anm. 7
- Auflagen XVI. 3 Anm. 8; XVI. 27 Anm. 5
- Ausgleichung XVI. 27 Anm. 7
- Behindertentestament XVI. 19
- Berliner Testament, gegenseitiges XVI. 27
- Beschränkung des überschuldeten Abkömmlings XVI. 18
- Beschränkung des überschuldeten Ehegatten XVI. 17
- Bürgermeister-Nottestament XV. 13
- Checkliste XVI. 1
- Drei-Zeugen-Testament XV. 14
- Ehegattentestament, gemeinschaftliches XVI. 11
- Erbeinsetzung XVI. 2 Anm. 3
- Erbeinsetzung, auflösend bedingte XVI. 27 Anm. 4 (1)
- Erbeinsetzung, aufschiebend bedingte XVI. 27 Anm. 4 (1)
- Ersatzerbeinsetzung XVI. 2 Anm. 5
- gemeinschaftlicher Erbteil XVI. 2 Anm. 4
- Geschiedenentestament XVI. 16
- GmbH-Nießbrauchsvermächtnis XVI. 26
- Heimbedienstete, Zuwendung an XVI. 4 Anm. 7
- Kaptatorische Verfügung XVI. 27 Anm. 4
- KG-Nießbrauchsvermächtnis XVI. 25
- Nacherbeneinsetzung, Ehegatte, überschuldeter XVI. 17
- Nacherbfolge an Grundstücken, gegenständliche XVI. 14
- Nachlaßverteilung, gegenständliche XVI. 4 Anm. 5 ff.
- Pflichtteil XVI. 27 Anm. 7
- Pflichtteilsbeschränkung, Abkömmling, überschuldeter XVI. 17
- Quotennießbrauchsvermächtnis, Grundstück XVI. 22
- Schiedsklausel XVI. 27 Anm. 10
- Sondervorschriften behinderte Personen XV. 4
- Steuern XVI. 27 Anm. 11
- Stiftungen, unselbständige, Auflage XVII. 2 Anm. 2
- Stiftungen, unselbständige, Vermächtnis XVII. 2 Anm. 1
- Stiftungssatzung, Erbeinsetzung XVII. 3
- Teilungsanordnung XVI. 27 Anm. 6
- Teilungsverbot XVI. 27 Anm. 3
- Testament, notarielles, Blinder XV. 6
- Testament, notarielles, mündliche Erklärung XV. 1
- Testament, notarielles, offene Schrift XV. 2
- Testament, notarielles, Stummer XV. 9
- Testament, notarielles Schreibunfähiger XV. 5
- Testament, notarielles, Tauber XV. 7
- Testament, notarielles, Tauber, die sprechen können XV. 8
- Testament, Testamentsvollstrecker XVI. 4
- Testamentsvollstreckung XVI. 3 Anm. 9; XVI. 27 Anm. 9
- Unternehmertestament, einzelkaufmännisch XVI. 12
- Unternehmertestament, vorzeitiges XVI. 7
- Vermächtnis, bedingtes XVI. 27 Anm. 4 (2)
- Verwirkungsklausel XVI. 27 Anm. 4
- Zuwendungen, bedingte XVI. 27 Anm. 4

Testament, Anwachsung XVI. 2 Anm. 7

Testament, Ehegattentestament, Nießbrauchsvermächtnis XVI. 20
- Generationsüberspringen XVI. 2 Anm. 9
- Steuern XVI. 2 Anm. 9
- Teilungsanordnung XVI. 2 Anm. 9
- Testament XVI. 2 Anm. 3

Testament, Erbeinsetzung
- Abkömmling XVI. 2 Anm. 6
- Familienstandswechsel XVI. 2 Anm. 9

Testament, Erbteilsnießbrauchsvermächtnis XVI. 21

Testament, Ersatzerbeneinsetzung
- Entziehung XVI. 2 Anm. 8
- Testament XVI. 2 Anm. 5, 8

Testament, gemeinschaftlicher Erbteil XVI. 2 Anm. 4

Testament, gemeinschaftliches
- Berliner Testament, gegenseitiges XVI. 28 Anm. 3
- Berliner Testament, gegenständlich beschränkte Freistellung XVI. 28
- Deutsches internationales Erbrecht XVI. 30 Anm. 1
- Ehegattentestament XVI. 11

Testament, gemeinschaftliches mit Auslandsberührung XVI. 30
- Auslegungsstatut XVI. 30 Anm. 9
- Disharmonie zwischen Güter- und Erbrecht XVI. 30 Anm. 1 (7)
- Erbrecht der ehemaligen DDR XVI. 30 Anm. 1 (13)
- Erbrecht, interlokales XVI. 30 Anm. 1 (13) b
- Erbrecht, internationales XVI. 30 Anm. 1
- Erbstatut XVI. 30 Anm. 3
- Errichtungsanweisung XVI. 30 Anm. 2
- Formstatut XVI. 30 Anm. 1 (10)
- Haftungsfreizeichnung XVI. 30 Anm. 10
- Kosten XVI. 30 Anm. 12
- Nachlaßspaltung XVI. 30 Anm. 1 (4)
- Ordre public XVI. 30 Anm. 1 (8)
- Parteiautonomie XVI. 30 Anm. 1 (9)
- Rückverweisung XVI. 30 Anm. 1 (3)
- Statutenwechsel XVI. 30 Anm. 1 (11)
- Steuern XVI. 30 Anm. 11

Zahlen nach Anm. = Anmerkungen der Formulare **Sachregister**

- Vorfragen XVI. 30 Anm. 1 (6)
- Weiterverweisung XVI. 30 Anm. 1 (3)
- Wiederverheiratungsklausel XVI. 30 Anm. 7

Testament, Nacherbfolge, Grundstücke XVI. 14
Testament, Nacherbfolge, mehrfache XVI. 13
Testament, Nachvermächtnis
- Anwendungsfälle XVI. 6 Anm. 2

Testament, notarielles, Blinder
- Anwendungsfälle XV. 6 Anm. 2
- Behinderungsfeststellung XV. 6 Anm. 4
- Errichtung XV. 6 Anm. 1
- Testiermöglichkeit XV. 6 Anm. 3
- Unterschrift XV. 6 Anm. 6
- Zeugenzuziehung XV. 6 Anm. 5

Testament, notarielles, Ja-Sagen
- Anwendungsfälle XV. 12 Anm. 2
- Genehmigung XV. 12 Anm. 6
- mündliche Erklärung XV. 12 Anm. 3
- Testierfähigkeit XV. 12 Anm. 4
- Voraussetzung XV. 12 Anm. 1
- Willenserklärung XV. 12 Anm. 6

Testament, notarielles, mündliches Erklärung
- Anwendungsfälle XV. 1 Anm. 2
- Ausschließungsgründe XV. 1 Anm. 4
- Familienverhältnisse XV. 1 Anm. 11
- Form XV. 1 Anm. 10
- Genehmigung XV. 1 Anm. 15
- Geschäftsfähigkeit XV. 1 Anm. 8
- Hinweispflichten XV. 1 Anm. 2
- Identitätsfeststellung XV. 1 Anm. 5
- Kosten XV. 1 Anm. 18
- Niederschrift XV. 1 Anm. 1
- Niederschriftsvorlesung XV. 1 Anm. 15
- Niederschriftsvorschriften XV. 1 Anm. 3
- Personalienaufnahme XV. 1 Anm. 6
- Pflichtteilsrecht XV. 1 Anm. 12
- Staatsangehörigkeit XV. 1 Anm. 7
- Stumme XV. 1 Anm. 8
- Taube XV. 1 Anm. 8
- Testierfreiheit XV. 1 Anm. 13
- Unterschrift des Testierers XV. 1 Anm. 16
- Widerruf früherer letztwilliger Verfügungen XV. 1 Anm. 14
- Verwahrung XV. 1 Anm. 17
- Zeugen XV. 1 Anm. 9

Testament, notarielles, offene Schrift
- Anwendungsfälle XV. 2 Anm. 2
- Beifügung der übergebenen Schrift XV. 2 Anm. 9
- zusätzliche Erklärung XV. 2 Anm. 5
- Errichtung XV. 2 Anm. 1
- Kennzeichnung XV. 2 Anm. 8
- Lesensunkundige Personen XV. 2 Anm. 7
- Notarspflichten XV. 2 Anm. 6
- offene Schrift XV. 2 Anm. 4
- Übergabe XV. 2 Anm. 3

Testament, notarielles, Schreibunfähiger
- Anwendungsfälle XV. 5 Anm. 2
- Kosten XV. 5 Anm. 9

- Mitwirkungsverbot XV. 5 Anm. 7
- Schreibzeuge XV. 5 Anm. 6
- Testament, öffentliches XV. 5 Anm. 4
- Unfähigkeit XV. 5 Anm. 5
- Zeugen XV. 5 Anm. 3

Testament, notarielles, Stummer
- Anwendungsfälle XV. 9 Anm. 1, 2
- Behinderungsfeststellung XV. 9 Anm. 4
- Lese und Schreibfähigkeit XV. 9 Anm. 6
- Niederschrift, eigenhändige XV. 9 Anm. 10
- Verhinderung am Sprechen XV. 9 Anm. 5
- Voraussetzung XV. 9 Anm. 1
- Zeugenzuziehung XV. 9 Anm. 7

Testament, notarielles, Tauber, schriftliche Verständigung möglich
- Anwendungsfälle XV. 7 Anm. 2
- Behinderungsfeststellung XV. 7 Anm. 4
- Errichtung XV. 7 Anm. 1
- Niederschriftsvorlage XV. 7 Anm. 8
- Testamentsformen XV. 7 Anm. 3
- Verständigungsmöglichkeit XV. 7 Anm. 7
- Zeugenzuziehung XV. 7 Anm. 5

Testament, notarielle, Tauber, schriftliche Verständigung unmöglich, aber Sprechfähigkeit
- Anwendungsfälle XV. 8 Anm. 2
- Errichtung XV. 8 Anm. 1
- Testiermöglichkeit XV. 8 Anm. 3
- Unterschrift der mitwirkenden Personen XV. 8 Anm. 9
- Unterschrift des Testierers XV. 8 Anm. 8
- Vertrauensperson XV. 8 Anm. 5
- Verständigung der Vertrauensperson mit Behinderten XV. 8 Anm. 6
- Vorlesen XV. 8 Anm. 7
- Zeugenzuziehung XV. 8 Anm. 4

Testament, notarielles, Taubstummer
- Anwendungsfälle XV. 10 Anm. 2
- Unkundiger der deutschen Sprache XV. 10 Anm. 9
- Testiermöglichkeiten XV. 10 Anm. 4
- Verständigungsmöglichkeit XV. 10 Anm. 3
- Voraussetzung XV. 10 Anm. 1
- Zeugenzuziehung XV. 10 Anm. 8

Testament, notarielles, Unkundiger der deutschen Sprache
- Anwendungsfälle XV. 11 Anm. 2
- Dolmetschervereidigung XV. 11 Anm. 8
- Dolmetscherzuziehung XV. 11 Anm. 6
- Testamentsformen XV. 11 Anm. 3
- Übersetzung XV. 11 Anm. 9, 10
- Urkundssprache XV. 11 Anm. 4
- Voraussetzung XV. 11 Anm. 1

Testament, notarielles, verschlossene Schrift
- Anwendungsfälle XV. 3 Anm. 2
- Errichtung XV. 3 Anm. 1

Testament, öffentliches s. Testament, notarielles, mündliche Erklärung; s. Testament, notarielles, offene Schrift; s. Testament notarielles, Schreibunfähiger XV. 5 Anm. 4

Sachregister

Römische und arabische Zahlen = Formulare

Testament, OHG-Nießbrauchsvermächtnis XVI. 23
Testament, Vermächtnisanordnung XVI. 3 Anm. 4
- Aufschieben bedingtes oder befristetes Vermächtnis XVI. 5
- Ersatzvermächtnis XVI. 6 Anm. 3
- Ersatzvermächtnisnehmen XVI. 3 Anm. 10
- Gattungs- und Zweckvermächtnis XVI. 3 Anm. 7
- Haftung des Bedachten XVI. 3 Anm. 4
- Kapitalvermächtnis, Rentenoption XVI. 9
- Nachvermächtnis XVI. 6 Anm. 4
- Nachvermächtnisanwartschaftssicherung XVI. 6 Anm. 5
- Rückvermächtnis XVI. 6 Anm. 4
- Rentenvermächmis XVI. 8
- Steuern XVI. 3 Anm. 6
- Stückvermächtnis XVI. 3 Anm. 11
- Vermächtnisanwartschaftssicherung XVI. 5 Anm.4
- Vermächtnisarten XVI. 3 Anm. 4
- Verwendungsersatz XVI. 5 Anm. 4
- Wahlvermächtnis XVI. 3 Anm. 5
- Wohnungsrecht XVI. 8

Testamentsvollstreckung
- Allgemeines XVI. 4 Anm. 2; XVI. 16 Anm. 9
- an Gesellschaftsanteilen XVI. 10
- des Behindertentestaments XVI. 19
- Einzelunternehmensnießbrauchsvermächtnis XVI. 22 Anm. 8
- Grundstücksverkauf durch Testamentsvollstrecker I. 24 Anm. 4
- Grundstücksvermächtnis XVI. 4 Anm. 5
- Heimbedienstete XVI. 4 Anm. 7
- Nacherbentestamentsvollstreckung XVI. 11 Anm. 20
- Nießbrauchsvermächtnis XVI. 19 Anm. 7
- Steuer XVI. 4 Anm. 11
- testamentarisch bestimmte XVI. 4
- Testamentsvollstrecker, mehrere XVI. 7 Anm. 7

Testierfreiheit
- Testament, notarielles, mündliche Erklärung XV. 1 Anm. 13

Treuhandvertrag
- Dauer XVII. 4 Anm. 4
- Mitteleinsatz XVII. 4 Anm. 3
- Rechtsnatur XVII. 4 Anm. 1
- Schenkung XVII. 4 Anm. 5
- Sponsoring XVII. 4 Anm. 2
- Steuern XVII. 4 Anm. 6

Überbau
- Grundabnahme X. 17 Anm. 1
- im Wohnungseigentum IX. 1 Anm. 8

Überbaurente
- Arten X. 13 Anm. 2
- Bemessung X. 13 Anm. 10
- Duldungspflicht X. 13 Anm. 8
- Eintragung beim rentenberechtigten Grundstück X. 14; X. 15
- Fahrlässigkeit, grobe X. 13 Anm. 7
- Funktion X. 13 Anm. 9
- Gebäude X. 13 Anm. 5
- Grundbucheintragung X. 13 Anm. 15
- Grundstückseigentümer X. 13 Anm. 4
- Grundstückserwerber X. 13 Anm. 14
- Kosten X. 13 Anm. 19
- Rentenanspruchsinhaber X. 13 Anm. 13
- Rentenansprüchshöhe X. 13 Anm. 11
- Rentenvereinbarungserfordernisse X. 13 Anm. 16
- Steuern X. 13 Anm. 18
- Verzicht X. 16
- Vorsatz X. 13 Anm. 7
- Widerspruch X. 13 Anm. 6

Überbaurentenverzicht
- Bewilligung X. 16 Anm. 9
- Eintragungsort X. 16 Anm. 10
- Entschädigung X. 16 Anm. 5
- Grundbucheintragung X. 16 Anm. 6
- Kosten X. 16 Anm. 14
- Lageplanbeifügung X. 16 Anm. 4
- Rechtsnachfolger X. 16 Anm. 8
- Steuern X. 16 Anm. 13
- Verzichtswirkung X. 16 Anm. 2, 8

Übergabe eines Gewerbebetriebs
- Arbeitsvetträge VII. 5 Anm. 6
- Betriebsprüfungsrisiko VII. 5 Anm. 5
- Einkommensteuer VII. 5 Anm. 9
- Gebühren VII. 5 Anm. 13
- Grunderwerbsteuer VII. 5 Anm. 12
- Gewährleistungsübernahme VII. 5 Anm. 4
- Haftung VII. 5 Anm. 3
- Nießbrauch VII. 5 Anm. 7
- Rücktritt VII. 5 Anm. 8
- Schenkungssteuer VII. 5 Anm. 10
- Umsatzsteuer VII. 5 Anm. 11
- Untetnehmenskontinuität VII. 5 Anm. 1
- Versorgung des Übergebers VII. 5 Anm. 7
- Vertragsgegenstand VII. 5 Anm. 2
- Widerrufsvorbehalt VII. 5 Anm. 8

Übergabe eines landwirtschaftlichen Betriebs VII. 4
- Einkommensteuer VII. 4 Anm. 8
- Einzelrechte VII. 4 Anm. 3
- Geschwisterabfindung VII. 4 Anm. 5
- Grundbucheintragung VII. 4 Anm. 6
- Umsatzsteuer VII. 4 Anm. 10
- Kosten VII. 4 Anm. 11
- Leibgeding VII. 4 Anm. 3
- Vorweggenommene Erbfolge VII. 4 Anm. 1
- Zwangsvollstreckung VII. 4 Anm. 7

Übertragung des Erbbaurechts
- und Realteilung VIII. 11

Zahlen nach Anm. = Anmerkungen der Formulare

Sachregister

Übertragung eines Mehrfamilienhauses
- Alternativen zur vorgeschlagenen Vertragsgestaltung VII. 1 Anm. 2
- Dauernde Last und EStG VII. 1 Anm. 5 (3)
- Gebühren VII. 1 Anm. 10
- Grunderwerbsteuer VII. 1 Anm. 9
- Leibrente und EStG VII. 1 Anm. 5 (2)
- Mietvertrag und EStG VII. 1 Anm. 7
- Mindestleistung VII. 1 Anm. 5 (5)
- Nießbrauchsvorbehalt VII. 1 Anm. 2
- Rechtsprechung des BFH VII. 1 Anm. 6
- Reallast VII. 1 Anm. 4
- Rückauflassungsanspruch und EStG VII. 1 Anm. 3
- Rückauflassungsvormerkung VII. 1 Anm. 3
- Schenkungssteuer VII. 1 Anm. 8
- Steuer VII. 1 Anm. 2; Anm. 5–7
- Unterhaltsrente und EStG VII. 1 Anm. 5 (1)
- Verlöschungsklausel VII. 1 Anm. 3
- Wertverrechnung VII. 1 Anm. 5 (6)
- Wohnungsrechtvorbehalt VII. 1 Anm. 2

Übertragungsvormerkung
- bei einer Grundschuld X. 43
- bei Grundpfandrechten X. 37

Umsatzsteuer
- Landwirtschaftsbetrieb, Übergabe VII. 4 Anm. 10
- Vorweggenommene Erbfolge mit Leibgedingsvorbehalt VII. 3 Anm. 16
- Vorweggenommene Erbfolge mit Nießbrauchsvorbehalt VII. 2 Anm. 16
- Zuwendungsnießbrauch X. 23 Anm. 12
- Zuwendungswohnungsrecht X. 24 Anm. 13

Umschuldung
- Ausfallgarantie, ausführliche X. 10 Anm. 1

Umwandlung
- Gemeinschaftseigentum in Sondereigentum IX. 10
- Sondereigentum in Gemeinschaftseigentum IX. 11

Unbenannte Zuwendung
- und Dritte VII. 7 Anm. 6
- Erwerbsrecht des finanzierenden Ehegatten VII. 7
- Fallgruppen VII. 7 Anm. 1
- Rechtsprechung zur Rückabwicklung VII. 7 Anm. 3
- und Schenkung VII. 7 Anm. 4–5
- Steuer VII. 7 Anm. 7
- und Zugewinnausgleich VII. 7 Anm. 3
- Vertragstypen VII. 7 Anm. 2

Universalsukzession
- Testament, Testamentsvollstrecker XVI. 4 Anm. 4

Unterhalt
- Anrechnungsmethode XI. 22 Anm. 5
- Differenzmethode XI. 22 Anm. 5
- Erbvertrag mit Unterhaltsvertrag XVI. 31

- Getrenntlebensvertrag XI. 15 Anm. 7; Anm. 9
- Kindesunterhalt XI. 22 Anm. 10
- Lebensgemeinschaft, nichteheliche XII. 2 Anm. 14 (6)
- Scheidungsvereinbarung über befristeten nachehelichen Unterhalt XI. 23
- Scheidungsvereinbarung über Modifizierungen XI. 22
- Steuergünstige Scheidungsvereinbarung über nachehelichen Unterhalt XI. 26
- Steuergünstige Scheidungsvereinbarung über Zugewinnausgleich XI. 27
- Stiefkind XI. 8 Anm. 2
- Unterhaltsverzicht XI. 4 Anm. 3; XI. 16 Anm. 3; XI. 21; XI. 24

Unterhalt, nachehelicher
- Arten von Unterhaltsvereinbarungen XI. 22 Anm. 2
- Diskrepanzehe XI. 7 Anm. 3
- Ehevertrag der berufstätigen Verlobten XI. 1 Anm. 3 (5)
- Ehevertrag des Unternehmers XI. 5 Anm. 4
- Ehevertrag nach islamischem Recht XI. 13 Anm. 11
- Scheidungsvereinbarung über befristeten XI. 23

Unterhaltsverzicht
- Aufgeschobener XI. 21
- Ehevertrag der kinderlosen Partnerschaftsehe XI. 4 Anm. 3
- gegen Leibrente XI. 24
- Scheidungsbezogener Ehevertrag XI. 16 Anm. 3
- Sozialhilfe XI. 16 Anm. 3

Unterlassungsdienstbarkeit X. 22

Unternehmensnießbrauch
- Zuwendungsnießbrauch X. 23 Anm. 3

Unternehmer
- Ehevertrag XI. 5
- Testament, einzelkaufmännisches XVI. 12
- Testament, vorzeitiges XVI. 7

Unternehmertestament, einzelkaufmännisch
- Anwendungsfälle XVI. 12 Anm. 2
- Erbfolge, vorweggenommene XVI. 12 Anm. 9
- Nacherbeneinsetzung XVI. 12 Anm. 3
- Pflichtteilsstrafklausel XVI. 12 Anm. 11
- Steuern XVI. 12 Anm. 12
- typische stille Gesellschaft XVI. 12 Anm. 8
- Testamentsvollstrecker XVI. 12 Anm. 10
- Unternehmensfortführung XVI. 12 Anm. 4
- Unternehmensgewinne XVI. 12 Anm. 5
- Vorausvermächtnis an Alleinvorerbin XVI. 12 Anm. 7
- Vorerbe XVI. 12 Anm. 3
- Vorerbenmindestversorgung XVI. 12 Anm. 6

Unternehmertestament, vorzeitiges
- Anwendungsfälle XVI. 7 Anm. 2

Sachregister

- Drittbestimmung des Zuwendungsempfängers XVI. 7 Anm. 4
- Ehefrauversorgung XVI. 7 Anm. 10
- Erbe, minderjähriger XVI. 7 Anm. 8
- Gewinnprovision des Testamentsvollstreckers XVI. 7 Anm. 9
- Nacherbeneinsetzung XVI. 7 Anm. 3
- Personengesellschaft XVI. 7 Anm. 4
- Rentenzweckvermächtnis XVI. 7 Anm. 11
- Steuern XVI. 7 Anm. 12
- atypische stille Gesellschaft XVI. 7 Anm. 6
- Testamentsvollstrecker, mehrere XVI. 7 Anm. 7
- Treuhandlösung XVI. 7 Anm. 8
- Unternehmensführung durch Testamentsvollstrecker XVI. 7 Anm. 8
- Vermächtnisnehmerbestimmung durch einen Dritten XVI. 7 Anm. 4
- Verwaltungstestamentsvollstrecker XVI. 7 Anm. 8
- Vollmachtslösung XVI. 7 Anm. 8
- Zweckauflage XVI. 7 Anm. 4

Unterteilung einer Eigentumswohnung IX. 9
- Abgeschlossenheitsbescheinigung IX. 9 Anm. 3
- Aufteilungsplan IX. 9 Anm. 5

Unterwerfungsklausel (Buchgrundschuld) VIII. 17

Veräußerung des Erbbaurechts
- Zustimmungserklärung VIII. 17

Vereinbarung des schuldrechtlichen Versorgungsausgleichs
- Steuern XI. 17 Anm. 6
- Verbot des Supersplittings XI. 17 Anm. 5 (3)

Vereinabrung über vorzeitigen Erbausgleich (nach altem Recht)
- Nichteheliches Kind XVIII. 3

Vereinigung von Grundstücken X. 2

Verfügunng von Todes wegen s. Testament, s. Erbvertrag

Verfügungsbeschränkungen
- Ehegattentestament, gemeinschaftliches XVI. 11 Anm. 4

Verfügungsunterlassungsvertrag XVI. 30

Verlobte s. Ehevertrag der berufstätigen Verlobten

Vermächtnis
- Arten XVI. 3 Anm. 4–6
- Ersatzvermächtnisnehmer XVI. 3 Anm. 10
- Herausgabevermächtnis XVI. 5 Anm. 4
- Nießbrauchsvermächtnis XVI. 21–XVI. 26
- Quotennießbrauch XVI. 22
- Rückvermächtnis XVI. 6 Anm. 4 (2)
- Testament XVI. 27 Anm. 4
- Übersicht über Pflichtteilsrechte XVIII. 3

Vermächtnisanwartschaft XVI. 5 Anm. 4

Vermächtnisnießbrauch
- Zuwendungsnießbrauch X. 23 Anm. 3

Vermietungsbeschränkung
- Wohnungseigentumsteilungsvertrag IX. 4 Anm. 12

Vermögensauseinandersetzung
- Lebensgemeinschaft, nichteheliche XII. 2 Anm. 2
- Scheidungsvereinbarung XI. 25

Vermögensteuer
- Ehevertrag der berufstätigen Verlobten XI. 1 Anm. 6

Vermögensverzeichnis, notarielles
- Ehevertrag XI. 3 Anm. 2

Verpflichtung, öffentlich-rechtliche
- Baulast X. 20 Anm. 2

Versorgungsausgleich
- Ausschluß gegen Lebensversicherung XI. 4 Anm. 4; XI. 5 Anm. 2; XI. 6 Anm. 2; XI. 7 Anm. 2; XI. 18; XI. 19
- Ehevertrag der berufstätigen Verlobten XI. 1 Anm. 3 (4), 5
- Ehevertrag der Diskrepanzehe XI. 7 Anm. 2
- Genehmigungserfordernis XI. 17 Anm. 5 (1)
- Gütertrennung XI. 1 Anm. 5 (3)
- Jahressperrfrist XI. 1 Anm. 5 (2)
- Scheidungsvereinbarungen XI. 17 Anm. 5
- Schuldrechtlicher XI. 17 Anm. 4
- Supersplitting, Verbot XI. 1 Anm. 5 (5); XI. 17 Anm. 5 (3)
- Verzicht XI. 25 Anm. 9

Versorgungsausgleich, Ausschluß gegen Lebensversicherung mit Beitragsdepot
- Abtretungsverbot XI. 18 Anm. 7
- Anpassungsdynamik XI. 18 Anm. 6
- Beitragsdepot XI. 18 Anm. 4, 5
- Berufsunfähigkeits-Zusatzversicherung XI. 18 Anm. 3
- Gebühren XI. 18 Anm. 10
- Lebensversicherung, Anforderungen an XI. 18 Anm. 2
- Steuer XI. 18 Anm. 9
- Vertragstyp XI. 18 Anm. 1
- Vollstreckbarkeit XI. 18 Anm. 8

Versorgungsausgleich, Ausschluß gegen Lebensversicherung mit laufender Beitragszahlung
- Gebühren XI. 19 Anm. 6
- Rückkaufrecht XI. 19 Anm. 4
- Steuer XI. 19 Anm. 5
- Vertragssumme XI. 19 Anm. 2
- Vertragstyp XI. 19 Anm. 1
- Zusatzversicherungen XI. 19 Anm. 3

Versorgungsausgleich, Ausschluß des Wertausgleichs
- Anwendungsbereich XI. 17 Anm. 2
- Fälligkeitszeitpunkt XI. 17 Anm. 4
- Gebühren XI. 17 Anm. 7
- Steuer XI. 17 Anm. 6

Zahlen nach Anm. = Anmerkungen der Formulare

Sachregister

- Versorgungsausgleich, schuldrechtlicher XI. 17 Anm. 3
- Vertragstyp XI. 17 Anm. 1

Verwalter (Wohnungseigentum)
- Aufgaben IX. 1 Anm. 10; IX. 13 Anm. 5
- Bestellung IX. 1 Anm. 24; IX. 13 Anm. 2
- Haftung IX. 13 Anm. 24
- Rechtsnatur des Verwaltervertrages IX. 13 Anm. 1
- Vergütung IX. 13 Anm. 21
- Vertrag IX. 13
- Vertretungsrecht IX. 13 Anm. 15
- Vollmacht IX. 14

Verwaltungsbeirat (Wohnungseigentum) IX. 1 Anm. 10; IX. 3 Anm. 19

Verzicht
- des Vaters auf Ehelicherklärung XIII. 10

Volljährigenadoption s. Annahme eine Volljährigen

Vollmacht
- Generalvollmacht X. 51
- im Gesellschaftsrecht X. 55
- im Grundstücksverkehr X. 52
- Grundschuldbestellung X. 30 Anm. 16
- internationale X. 57
- Lebensgemeinschaft, nichteheliche XII. 2 Anm. 15 (12)
- mit erbrechtlichem Bezug X. 54
- notarielle Vollzugsmacht X. 56
- Patiententestament X. 53
- Spezialvollmacht X. 51
- Verwaltungsvollmacht IX. 13; IX. 14
- Vorsorgevollmacht X. 53

Vollstreckungsunterwerfung, dingliche
- Buchgrundschuld X. 28 Anm. 10

Vollzugsvollmacht X. 56

Vorbehaltsnießbrauch
- Abgrenzung zum Zuwendungsnießbrauch VII. 2 Anm. 13 (1)
- Anerkennung, steuerliche VII. 2 Anm. 12
- Anwendungsfälle VII. 2 Anm. 2
- Belastungsgegenstand VII. 2 Anm. 73 (5)
- Betriebsvermögen VII. 2 Anm. 1
- Eigentum, wirtschaftliches VII. 2 Anm. 13 (2)
- Einkommensteuer VII. 2 Anm. 13
- gesetzlicher Inhalt VII. 2 Anm. 6
- Grundbucheintragung VII. 2 Anm. 10
- Grunderwerbsteuer VII. 2 Anm. 15
- Grundstücksübertragung unter Nießbrauchsvorbehalt, ErbStG VII. 2 Anm. 14
- Kosten VII. 2 Anm. 17
- Löschungsvormerkung VII. 2 Anm. 5
- Minderjährige VII. 2 Anm. 9
- Nutzungswertzurechnung VII. 2 Anm. 13 (3)
- Schenkungsteuer VII. 2 Anm. 14
- Schuldübernahme VII. 2 Anm. 4
- Umsatzsteuer VII. 2 Anm. 16
- Variationen VII. 2 Anm. 8; VII. 1 Anm.1
- Vorbehaltsnutzungsrechte, schuldrechtliche VII. 2 Anm. 13 (4)
- Zuwendungsnießbrauch VII. 2 Anm. 6 (3); X. 23 Anm. 3
- Zwangsvollstreckung VII. 2 Anm. 11

Vorbehaltswohnungsrecht VII. 3
- Abgrenzung Zuwendungswohnrecht VII. 3 Anm. 13 (1)
- Belastungs- und Veräußerungsverbot VII. 3 Anm. 8
- Beurkundungspflicht VII. 3 Anm. 2
- Einkommensteuer VII. 3 Anm. 13
- Grundbucheintragung VII. 3 Anm. 9
- Grunderwerbssteuer VII. 3 Anm. 15
- Kosten VII. 3 Anm. 17
- Lastenabwälzung auf Eigentümer VII. 3 Anm. 7
- Lastentragung, gesetzliche VII. 3 Anm. 6
- Nutzungswertzurechnung VII. 3 Anm. 13 (2)
- Schenkungssteuer VII. 3 Anm. 14
- Sonderausgabenabzug VII. 3 Anm. 13 (4)
- Umsatzsteuer VII. 3 Anm. 16
- Wohnungsrecht, Arten VII. 3 Anm. 4
- Zwangsvollstreckung VII. 3 Anm. 10

Vorerbschaft
- Behindertentestament XVI. 19 Anm. 2
- Ehegattentestament, gemeinschaftliches XVI. 11 Anm. 4

Vorkaufsrecht
- Dingliches X. 26
- Schuldrechtliches X. 25
- und Ankaufsrecht X. 27

Vorkaufsrecht, dingliches
- Ausübungserklärungswirkung X. 26 Anm. 10
- Begriff X. 26 Anm. 1
- Entstehung X. 26 Anm. 5
- Form der Bestellung X. 26 Anm. 6
- Gegenstand X. 26 Anm. 4
- Inhalt X. 26 Anm. 7
- Kosten X. 26 Anm. 13
- Übertragbarkeit X. 26 Anm. 8
- Vererblichkeit X. 26 Anm. 9
- Vorkaufsberechtigter X. 26 Anm. 2
- Vorkaufsrechte, mehrere X. 26 Anm. 11
- Vorkaufsverpflichteter X. 26 Anm. 3
- Wertersatz X. 26 Anm. 12

Vorkaufsrecht, schuldrechtliches
- Ausübung X. 25 Anm. 11
- Ausübungserklärungsform X. 25 Anm. 12
- Ausübungserklärungswirkung X. 25 Anm. 14
- Ausübungsfrist X. 25 Anm. 13
- Begriff X. 25 Anm. 2
- Entstehung X. 25 Anm. 6
- Gegenstand X. 25 Anm. 6
- Inhalt X. 25 Anm. 8
- Kosten X. 25 Anm. 17
- Verdinglichung X. 25 Anm. 15
- Vererblichkeit X. 25 Anm. 10
- Steuern X. 25 Anm. 16

Sachregister

Römische und arabische Zahlen = Formulare

- Übertragbarkeit X. 25 Anm. 9
- Vereinbarungsform X. 25 Anm. 7
- Vorkaufsberechtigter X. 25 Anm. 3
- Vorkaufsverpflichteter X. 25 Anm. 4

Vorlasten
- Löschung VIII. 6
- Pfanderstreckung (Erbbaurecht) VIII. 5

Vormundschaftliche Genehmigung
- Doppelbevollmächtigung des Notars XIV. 2

Vorsorgevollmacht X. 53
- gewillkürte Vertretung X. 53 Anm. 5
- im Vermögensbereich X. 53 Anm. 4
- in persönlichen Angelegenheiten X. 53 Anm. 5
- Patiententestament X. 53 Anm. 2
- Umfang der X. 53 Anm. 3
- Unterschiede zur Betreuungsverfügung XIV. 4 Anm. 4

Vorstiftung XVII. 6

Wechselbezügliche Verfügungen
- Berliner Testament, gegenseitiges XVI. 28 Anm. 4

Wegleitungsrecht
- Grunddienstbarkeit X. 19 Anm. 3

Wegmessung
- an Erbbaurechten VIII. 23
- von Teilflächen im Tauschweg VIII. 24

Wertausgleich s. Versorgungsausgleich, Ausschluß des Wertausgleichs

Wertsicherungsklausel
- Ehevertrag des Unternehmers XI. 5 Anm. 4 (2)
- Scheidungsvereinbarung über Unterhaltsverzicht gegen Leibrente XI. 24 Anm. 2
- Vermächtnis XVI. 9 Anm. 10

Widerruf
- der Einwilligung des Kindes (Adoption) XIII. 11

Wiederkaufsrecht mit Auflassungsvormerkung X. 28
- Ausübungserklärung X. 28 Anm. 10, 11
- Begriff X. 28 Anm. 2
- Berechtigter X. 28 Anm. 4
- Eigentumsvormerkung X. 28 Anm. 13
- Frist X. 28 Anm. 5
- Kosten X. 28 Anm. 15
- Steuern X. 28 Anm. 14

Wiederverheiratung
- Ehename XI. 8 Anm. 3
- Ehevertrag XI. 8; XI. 9
- Erbvertrag XI. 8 Anm. 4; XI. 9 Anm.1
- Kosten XI. 8 Anm. 5; XI. 9 Anm. 3
- Steuer XI. 9 Anm. 2
- Stiefkind, Unterhalt XI. 8 Anm. 2

Wirksamkeitsvermerk
- bei Grundschuld
- bei Vormerkung X. 30 Anm. 17

Wohnrecht
- Dauerwohnrecht X. 29
- Vorbehalt VII. 1 Anm. 2
- Zuwendungswohnrecht X. 24

Wohnungseigentum IX. 1 ff.
- Abgeschlossenheit IX. 1 Anm. 5
- Abgeschlossenheitsbescheinigung IX. 1 Anm. 5
- AGB-Gesetz IX. 1 Anm. 9
- Altbau Besonderheiten IX. 1 Anm. 18a
- Änderung der Gemeinschaftsordnung IX. 1 Anm. 9; IX. 8
- Aufhebung von Sondereigentum IX. 12
- Aufteilungsplan IX. 1 Anm. 4
- Bauliche Veränderungen IX. 1 Anm. 10
- Bestandteilszuschreibung IX. 6 Anm. 6
- Dachausbau IX. 1 Anm. 14
- Doppelhaus IX. 5
- Dreifamilienhaus IX. 4
- Duplexgarage IX. 1 Anm. 15
- Eigentümerversammlung IX. 1 Anm. 20
- Form IX. 1 Anm. 2, IX. 6 Anm. 4
- Fremdenverkehrsgebiete IX. 1 Anm. 2a
- Garagen IX. 1 Anm. 15
- Gebrauchsregelungen IX. 1 Anm. 10
- Gemeinschaftseigentum IX. 1 Anm. 6
- Gemeinschaftsordnung IX. 1 Anm. 9
- Genehmigung bei Fremdenverkehrsgebieten IX. 1 Anm. 2a
- Genehmigung bei Milieuschutzgebieten IX. 1 Anm. 2a
- Gläubigerzustimmung IX. 1 Anm. 12; 3 Anm. 3, 5, 22; 4 Anm. 5; 6 Anm. 5; 7 Anm. 8
- Grundbuchprüfung IX. 1 Anm. 7
- Hotelappartements IX. 1 Anm. 11a
- Kellertausch IX. 6
- Kfz.-Stellplatz Übertragung bei Sondernutzungsrecht IX. 7
- Kosten- und Lastentragung IX. 1 Anm. 17
- Kraftfahrzeugstellplätze Regelungsmöglichkeiten IX. 1 Anm. 15
- Mehrhausanlage IX. 3
- Merkblatt für Wohnungseigentümer IX. 1 Anhang 1
- Milieuschutzgebiete IX. 1 Anm. 2a
- Miteigentumsanteile Berechnung IX. 1 Anm. 3
- Miteigentumsanteilsvereinigung IX.4 Anm. 6
- Negativbescheinigung IX. 1 Anm. 2a
- Numerierung von Sondereigentum IX. 1 Anm. 4
- Pseudovereinbarungen IX. 8 Anm. 3
- Regelungsmöglichkeiten IX. 1 Anm. 10
- Schiedsverfahren IX. 1 Anm. 26
- Seniorenheime IX. 1 Anm. 11a
- Sondereigentum IX. 1 Anm. 6
- Sondereigentumsfähigkeit IX. 1 Anm. 5a

Zahlen nach Anm. = Anmerkungen der Formulare

Sachregister

- Sondereigentumstausch bei Kellertausch IX. 6
- Sondernutzungsrechte IX. 1 Anm. 12; IX. 5 Anm. 11
- Teilungserklärung nach § 8 WEG mit Gemeinschaftsordnung und Baubeschreibung IX. 1
- Teilungserklärung nach § 8 WEG, einfache IX. 2
- Tiefgarage IX. 1 Anm. 15
- Überbau IX. 1 Anm. 8
- Überlassung mit Teilung nach § 3 WEG IX. 4
- Übertragung von Sondernutzungsrechten IX. 1 Anm. 12; IX. 7
- Übertragung von Miteigentumsanteilen IX. 12
- Umwandlung Gemeinschaftseigentum in Sondereigentum IX. 10
- Umwandlung Sondereigentum in Gemeinschaftseigentum IX. 11
- Umwandlung Wohnungs- und Teileigentum IX. 8 Anm. 5
- Unterteilung IX. 9
- Veräußerungsbeschränkung IX. 1 Anm. 16; IX. 4 Anm. 12
- Vereinigung IX. 6 Anm. 6
- Vermietungsbeschränkung IX. 4 Anm. 12
- Verwalter, Verwaltungsbeirat siehe jeweils dort
- Vollmacht bei Mehrhausanlage IX. 3 Anm. 22
- Vormerkung auf Übertragung von Sondereigentum IX. 6 Anm. 1
- Zweckbestimmungen IX. 1 Anm. 11

Wohnungseigentümer-Kellertausch
- Form IX. 6 Anm. 4
- Gläubigerzustimmung IX. 6 Anm. 5
- Grunderwerbssteuer IX. 6 Anm. 8
- Kosten IX. 6 Anm. 9
- Numerierung IX. 6 Anm. 7
- Pfänderstreckung IX. 6 Anm. 6
- Problematik IX. 6 Anm. 2
- Sondereigentum IX. 6 Anm. 1
- Vormerkung IX. 6 Anm. 3

Wohnungserbbaurecht
- Begründung von VIII. 27
- Rücktritt nach Bildung von VIII. 14

Wohnungsrecht
- Vorbehaltswohnungsrecht VII. 3
- Zuwendungswohnungsrecht X. 24

Zugewinnausgleich
- Bewertungsvereinbarung XI. 5 Anm. 3
- Ehevertrag über Herausnahme von Vermögensgegenständen aus dem Zugewinnausgleich XI. 2
- Ehevertrag der Diskrepanzehe XI. 7 Anm. 2
- Freiwilliger VII. 8
- Getrenntlebensvertrag XI. 15 Anm. 3
- Rückwirkende Vereinbarung der Zugewinngemeinschaft XI. 10 Anm. 1
- Scheidungsvereinbarung, steuergünstige über XI. 27
- Vorweggenommener VII. 7
- Zugewinngemeinschaft, modifizierte XI. 4 Anm. 2

Zugewinngemeinschaft, rückwirkende Vereinbarung
- Anwendungsbereich XI. 10 Anm. 1
- Steuer XI. 10 Anm. 3

Zumessung und Wegmessung
- an Erbbaurechten VIII. 23
- von Teilflächen im Tauschweg VIII. 24

Zuschreibung eines Grundstücks X. 3

Zustimmungserklärung
- zur Belastung des Erbbaurechtes VIII. 19
- zur Belastung und Zwangsversteigerung VIII. 20
- zur Veräußerung des Erbbaurechts VIII. 18

Zuwendung s. Zuwendungsverträge

Zuwendungsnießbrauch
- Begriff X. 23 Anm. 3
- Belastungsgegenstand X. 23 Anm. 4
- Bruttonießbrauch X. 23 Anm. 3
- Dispositionsnießbrauch X. 23 Anm. 3 (7)
- Eigentümernießbrauch X. 23 Anm. 3 (10)
- Einkommensteuer X. 23 Anm. 10
- Entgeltlicher Nießbrauch X. 23 Anm. 10 (1)
- Grundbucheintragung X. 23 Anm. 7
- Inhalt X. 23 Anm. 3
- Kosten X. 23 Anm. 13
- Minderjähriger X. 23 Anm. 6
- Nachlaßnießbrauch X. 23 Anm. 3 (9)
- Nettonießbrauch X. 23 Anm. 3
- Nießbtauch X. 23 Anm. 3
- Nießbrauchspfändung X. 23 Anm. 8
- Obligatorische Nutzungsrechte X. 23 Anm. 10 (3)
- Quotennießbrauch X. 23 Anm. 3 (6)
- Schenkungssteuer X. 23 Anm. 11
- Schuldrechtlicher Nießbrauch X. 23 Anm. 3 (11)
- Sicherungsnießbrauch X. 23 Anm. 3 (8)
- Steuerliche Anerkennung X. 23 Anm. 9
- Tod des Nießbrauchers X. 23 Anm. 3 (1)
- Umsatzsteuer X. 23 Anm. 12
- unentgeltlicher Nießbrauch X. 23 Anm. 10 (2)
- Unternehmensnießbrauch X. 23 Anm. 3 (9)
- Variationen X. 23 Anm. 5
- Vermächtnisnießbrauch X. 23 Anm. 3 (5)
- Vorbehaltsnießbrauch X. 23 Anm. 3 (4)

Zuwendungsverträge
- Ausstattung mit anschließender ehebedingter Zuwendung VII. 11
- Bestimmtheitsgrundsatz und Reallast VII. 1 Anm. 4
- Erbfolge, vorweggenommene mit Leibgedingsvorbehalt VII. 3

Sachregister

Römische und arabische Zahlen = Formulare

- Erbfolge, vorweggenommene mit Nießbrauchsvorbehalt VII. 2
- Erwerbsrecht für ein Hausgrundstück VII. 10
- Grundstücksschenkung VII. 6
- Übergabe eines Gewerbebetriebes VII. 5
- Übergabe eines landwirtschaftlichen Betriebs VII. 4
- Übertragung eines Hauses mit dauernder Last, Mietvertrag und Rückfallklausel VII. 1; s. Übertragung eines Mehrfamilienhauses
- Zuwendung einer Eigentumswohnung, unbenannte (Gütertrennung) VII. 8
- Zuwendung einer Miteigentumshälfte, unbenannte VII. 7; VII. 9; s. Ehebedingte Zuwendung
- Zugewinnausgleich, freiwilliger VII. 8
- Zugewinnausgleich, vorweggenommener VII. 7
- Zuwendung aus Haftungsgründen VII. 9

Zuwendungswohnrecht X. 24
- Arten X. 24 Anm. 3
- Begriff X. 24 Anm. 3
- Bestellung X. 24 Anm. 2
- Einkommensteuer X. 24 Anm. 11
- Grundbucheintragung X. 24 Anm. 6
- Rangvorbehalt X. 24 Anm. 7
- Steuerliche Anerkennung X. 24 Anm. 10

Zwangshypothek X. 35
- Betrag X. 35 Anm. 4
- Eintragungsvoraussetzungen X. 35 Anm. 5
- Kosten X. 35 Anm. 7
- Verteilung X. 35 Anm. 6
- Vollstreckungstitel X. 35 Anm. 3
- Wesen X. 35 Anm. 1

Zwangsversteigerung
- Garantieverträge für X. 9–12
- Zustimmungserklärung zu VIII. 20

Zwangsversteigerungsvollmacht X. 52 d
- Form X. 52 d Anm. 2
- Umfang X. 52 d Anm. 1
- Wirksamkeitszusammenhang mit Grundgeschäft X. 52 d Anm. 3

Zweckvermögen
- Rechtsnatur XVII. 5 Anm. 1
- Steuern XVII. 5 Anm. 1 (5), 8
- Vermögensverwalter XVII. 5 Anm. 5